哈佛燕京图书馆书目丛刊第九种

Harvard-Yenching Library Bibliographical Series IX

20世纪
中文著作者笔名录
(修订版)

Twentieth-Century Chinese Authors
and Their Pen Names
(Revised edition)

朱宝樑编著

广西师范大学出版社

桂林

图书在版编目（CIP）数据

20世纪中文著作者笔名录 / 朱宝樑编著. 一桂林：广西师范大学出版社，2002. 10

ISBN 7-5633-3719-9

Ⅰ. 2… Ⅱ. 朱… Ⅲ. 中文—作者—笔名—名录
Ⅳ. K811-63

中国版本图书馆 CIP 数据核字（2002）第 005443 号

广西师范大学出版社出版发行
（广西桂林市育才路 15 号　　邮政编码：541004
网址：http://www.bbtpress.com.cn）
出版人：萧启明
全国新华书店经销
广西师范大学出版社印刷厂印刷
（广西桂林市临桂县金山路 168 号　邮政编码：541100）
开本：787 mm×1 092 mm　1/16
印张：120　字数：6 240 千字
2002 年 10 月第 1 版　2002 年 10 月第 1 次印刷
印数：0 001～1 000　定价：288.00 元

哈佛燕京图书馆书目丛刊第九种
Harvard-Yenching Library Bibliographical Series IX

20 世纪
中文著作者笔名录
(修订版)

Twentieth-Century Chinese Authors and Their Pen Names
(Revised edition)

朱宝樑编著

广西师范大学出版社
桂林

图书在版编目（CIP）数据

20世纪中文著作者笔名录 / 朱宝樑编著．—桂林：广西师范大学出版社，2002．10

ISBN 7-5633-3719-9

Ⅰ．2…　Ⅱ．朱…　Ⅲ．中文—作者—笔名—名录

Ⅳ．K811-63

中国版本图书馆 CIP 数据核字（2002）第 005443 号

广西师范大学出版社出版发行

（广西桂林市育才路 15 号　　邮政编码：541004
网址：http://www.bbtpress.com.cn）

出版人：萧启明

全国新华书店经销

广西师范大学出版社印刷厂印刷

（广西桂林市临桂县金山路 168 号　邮政编码：541100）

开本：787 mm×1 092 mm　1/16

印张：120　字数：6 240 千字

2002 年 10 月第 1 版　2002 年 10 月第 1 次印刷

印数：0 001～1 000　定价：288.00 元

20世纪中文著作者笔名录

(修订版)

目 次

Contents

感言

Acknowledgements

The preparation of this revised edition has been supported by a grant from the National Endowment for the Humanities, an independent federal agency.

I am grateful to Zunvair Yue(1907-1999). He read through the entire manuscript of the original edition despite illness and corrected numerous mistakes. He also supplied a Comparative Transcription Table of spelling systems, which is appended to all three editions.

A work like this cannot be done by a single person. I would like to express my appreciation to those who helped me, in one way or another, in the preparation of this edition. They are, in alphabetical order, Hao Chang, Jame K. M. Cheng, Timothy Connor, Donald A. Gibbs, Patrick D. Hanon, Yanping Hao, Tien-tung Hsueh, Zaijong Hwang, Leo Oufan Lee, Li Zhizhong, Lo Wai-luen, Raymond D. Lum, Ma Tai-loi, Ma Yau-woon, Shen Zhenghua, Shum Chun, Wang Xiaolei, Wu Fuhui, Xu Naixiang, Yan Lizhong, Sharon Li-shiuan Yang, Tsing Yuan, Zhang Zhongda, Zhou Heping.

Special thanks goes to Dr. Fang-kuo Sun, president of Reading Information Technology Inc. and Ching-mi Sun, for their kindness and help. Dr. Sun supplied both hardware and software for this edition free of charge. Mrs. Sun processed all materials into their computers; she typed and wrote data for the previous two editions. She has contributed a great deal to this book.

Finally, I want to thank my wife, Nancy, for her moral support and assistance.

In addition, I would like to take this opportunity to express my sincere appreciation for those book reviews and suggestions, and to apologize to those whose pen names have been missed or recorded in error.

Pao-liang Chu
Cambridge, MA
March, 2001

20 世纪中文著作者笔名录

(修订版)

目 次

Contents

感言

Acknowledgements

The preparation of this revised edition has been supported by a grant from the National Endowment for the Humanities, an independent federal agency.

I am grateful to Zunvair Yue(1907-1999). He read through the entire manuscript of the original edition despite illness and corrected numerous mistakes. He also supplied a Comparative Transcription Table of spelling systems, which is appended to all three editions.

A work like this cannot be done by a single person. I would like to express my appreciation to those who helped me, in one way or another, in the preparation of this edition. They are, in alphabetical order, Hao Chang, Jame K. M. Cheng, Timothy Connor, Donald A. Gibbs, Patrick D. Hanon, Yanping Hao, Tien-tung Hsueh, Zaijong Hwang, Leo Oufan Lee, Li Zhizhong, Lo Wai-luen, Raymond D. Lum, Ma Tai-loi, Ma Yau-woon, Shen Zhenghua, Shum Chun, Wang Xiaolei, Wu Fuhui, Xu Naixiang, Yan Lizhong, Sharon Li-shiuan Yang, Tsing Yuan, Zhang Zhongda, Zhou Heping.

Special thanks goes to Dr. Fang-kuo Sun, president of Reading Information Technology Inc. and Ching-mi Sun, for their kindness and help. Dr. Sun supplied both hardware and software for this edition free of charge. Mrs. Sun processed all materials into their computers; she typed and wrote data for the previous two editions. She has contributed a great deal to this book.

Finally, I want to thank my wife, Nancy, for her moral support and assistance.

In addition, I would like to take this opportunity to express my sincere appreciation for those book reviews and suggestions, and to apologize to those whose pen names have been missed or recorded in error.

Pao-liang Chu
Cambridge, MA
March, 2001

Introduction

This is a revised third edition of *Twentieth-Century Chinese Authors and Their Pen Names* (the original edition was published by G.K. Hall & Co. in 1977; the enlarged edition was published by the Center for Chinese Studies in 1989. All Chinese names in both editions are transliterated in the Wade-Giles system).

This work has been written with the intention of assisting scholars and librarians whose research focuses on modern China. The contents of this edition have been expanded to include all subjects and its coverage has been doubled, the title has been changed to " Twentieth-Century Chinese Authors and Their Pen Names ".

Traditionally, Chinese writers had a penchant for using pen names (including studio names, sobriquets, and other aliases) to publish their literary works, and to use different pen names to publish different styles of literature. Very often, one writer had more than one pen name.

The 20th century has been a period of transition for China. A great many writers have taken part in the continuing dialogue on culture, education, literature, politics and social and economic conditions. With the flood of literary works that were published in this period, an enormous number of pen names were used. The writings of Chou Shu-jen alone appeared under more than 200 different names.

A Chinese writer may have preferred to use a pen name rather than his own name for one or more of the following reasons:

1. A writer trying to have his first work published but not confident of success often used a pen name. If he were satisfied with his writings later, he would then reveal himself.
2. A writer might use different names for different styles of literature.
3. A writer having two or more essays or short stories published in the same issue of one magazine either used different names for each article himself or was assigned them by the editor.
4. A writer sometimes used strange names for fun to express his philosophical or political attitudes.
5. A writer might adopt various names to simulate a dialogue or to create an effect of support for his views expressed in previous works.
6. The last and the most important reasons were due to political repression. The heavy hand of the censor was always lurking in the background, especially during the periods of Civil Wars and Resistance to the Japanese invasion. Anything touching the authorities would swiftly involve the writer in trouble. Pen names were thus helpful in avoiding persecution by the authorities.

Pen names have caused much difficulty for students of Chinese literature as well as for librarians. Haoran (浩然), the author of *Jin Guang Da Dao* (金光大道), for example, has been wrongly identified as Xia Kangnong (夏康农) because, from the existing lists of pen names, "Haoran" is known only as the pen name of Xia Kangnong.

The first work dealing with assumed names of modern Chinese writers is *Xian Dai Zhongguo Zuo Jia Bi Ming Lu* (现代中国作家笔名录) by Yuan Yongjin (袁湧进) published in 1936. It lists all known pen names of a writer under his real name with a pen name index. In 1968, Austin C. W. Shu compiled his *Modern Chinese Writers, a List of Pseudonyms*, in which pen names and real names appear in two separate lists arranged by romanization. It is based on Yuan's work, but is somewhat enlarged.

Because of personal interest and cataloguing needs, the author began to collect pen names of writers in 1973 and compiled *Twentieth-Century Chinese Writers and Their Pen Names,* published by G.K. Hall & Company in 1977.

The arrangement of this revised edition is in alphabetical word order by romanized entry with both the real names and the pen names listed in one sequence. All pen names of a writer are listed below his real name, and each pen name is cross-referenced to the real name. Real names appear in capital letters and pen names in lower case. For each entry, the Chinese characters corresponding to the romanized name are provided. The romanization system is Hanyu Pinyin.

Preceding the main body of the work is an index to first words in Hanyu Pinyin romanization and in Chinese characters keyed to page number. A comparative transcription table of Hanyu Pinyin and other spelling systems, and a Wade-Giles to Hanyu Pinyin conversion table, are appended.

导言

本书是《二十世纪中国作家笔名录》修订第三版。 初版于 1977 年由 G.K. Hall 出版，增订版于 1989 年由汉学研究中心出版。 前两版中文姓名均按韦氏音标音译排序；本版则以汉语拼音音译排序。

编著本书的目的是为了帮助从事近代中国研究的学者和图书馆人员查询方便。第三版的内容不再限于文学家，已将范围扩大到所有著作者。 数量也倍增，书名也相应改为《20 世纪中文著作者笔名录》。

中国作家一向喜欢用笔名（包括字、号、室名、别名等）发表文章，并用不同的笔名发表不同的作品，一个作者有几个笔名是很常见的。二十世纪是中国转型的时代。很多人参与了对文化、教育、政治、社会和经济状况的讨论，发表了大量的文章，也使用了很多笔名，其中周树人即用了二百多个不同的笔名。

中国作者使用笔名大概有下列几种情形：

1. 在第一次投稿时没有把握能成功，常用笔名。 写得不好没有人知道，如果获得好评，就渐渐露面了；
2. 用不同的名字发表不同体材的文章。 作诗用一个，写小说用另一个；
3. 一位作者把两三篇文章发表在同一期杂誌上，作者本人或期刊编辑就为这些文章写上不同的名字发表，以示园地公开；
4. 有时为批评政府、社会、某人或某事而使用一些不同的名字，以抒发他对问题的看法和态度；
5. 在讨论某事的过程中，用不同的名字假装拥护其以前发表的观点，以壮声势；
6. 最重要的一点是政治问题。 特别是在内战和抗日战争期间，政府查禁很严。为避免不必要的麻烦，遂隐姓埋名，另取假名，以免影响自己及家庭安全。

笔名对研究中国近代史的学者和图书馆人员造成很大的困难。例如《金光大道》的作者浩然就被误认为是夏康农，因为当时所知的浩然是夏康农的笔名，于是《金光大道》就成了夏康农的作品。

袁湧进先生曾于 1936 出版了一本《现代中国作家笔名录》，收录了该书出版前所收集的笔名。 舒纪维先生于 1968 年编制了一部《近代中文作家》，两者都是把本名、笔名分列，查找起来比较费时。

作者本人也因为兴趣和工作需要，自 1970 年代起开始收集笔名，并于 1977 年出版了《二十世纪中国作家笔名录》。其编排方法是将本名和笔名用韦氏音标音译为英文，列成一个音序，把本名和笔名排在一起，只查一次即可，以利快速检索。

这一修订版，改用汉语拼音音译，在主文前有一首字音序索引，附有页码，把同音字置于同一音节中。 主文后附有各式拼音对照表及韦氏拼音和汉语拼音音节对照表。

使用说明

Explanatory Notes

1. 本名录计收二十世纪海内外中文著作者约 15,000 余人，笔名约 40,000 余个。

2. 本名录所收本名与笔名按汉语拼音顺序混合排列。

3. 作者本名之拼音全用大写字母，汉字用楷书印刷，并附生卒年代（生年容或有一二年之差别。生卒年不详者缺）。

4. 作者笔名之拼音除开头字母用大写外，余均用小写字母。汉字用宋体细字印刷。

5. 姓氏后有一逗号，以利西方人识别；名字不相连结，以适应汉字和其拼音之排列。

6. 各作者之笔名均列于其本名之下；其每一笔名别出时也附註该作者之本名。

7. 主文前附有首字音序索引，同音字都排在同一音节中；主文后附有各式拼音对照表及韦氏拼音和汉语拼音音节对照表。

8. 本名录之拼音和排序与新华字典相同，故不再附录笔画检字表。读者可用新华字典或本名录的音序索引，在其同音字的音节中查检该字。

首字音序索引

Index to First Words

20世纪中文著作者笔名录

A

A. A.
ZHU, QIAN ZHI 朱谦之 (1899-1972)

A. A.
ZHOU, SUO FEI 周索非 (1900?-)

A B
YI, JIA YUE 易家钺 (1898-1972)

A. D.
YI, JIA YUE 易家钺 (1898-1972)

A. M.
YAN, HAN MIN 严汉民 (1914-)

A. N.
GUO, AN REN 郭安仁 (1909-1968)

A. S.
DENG, ZHONG XIA 邓中夏 (1894-1933)

A. S.
MA, XIN 马炘 (1920-)

A. Sofia
ZHOU, SUO FEI 周索非 (1900?-)

Adam
LI, YUAN 李远 (1951-)

Aisky
LI, SHENG XUAN 李生萱 (1910-1966)

Aj Lino
QIAN, XUAN TONG 钱玄同 (1887-1939)

Annan
GUO, AN REN 郭安仁 (1909-1968)

A. Y. G. nü shi A. Y. G.女士
YANG, MO LEI 杨没累 (1897-1928)

A. Yang A. 杨
YANG, JIA CHANG 杨嘉昌 (1914-)

A bai 阿拜
YU, LI 于犁 (1946-)

A bao 阿宝
ZHENG, LIAN 郑连 (1928-)

A biao 阿彪
LI, BIAO 李彪 (1974-)

A bin 阿滨
ZHANG, LU BIN 张鲁滨 (1954-)

A bing 阿炳
HUA, YAN JUN 华彦均 (1893-1950)

A bing 阿冰
SUN, JIAN BING 孙剑冰 (1921-)

A bo 阿波
HE, YUAN WEN 何元文 (1940-)

A bo 阿波
HUANG, YU YE 黄玉液 (1944-)

A bu 阿不
HE, BAO SHENG 何宝生 (1955-)

A bu la ti 阿不拉提
YAN, HAO 严浩 (1952-)

A cai 阿彩
WU, TONG MEI 吴通美 (1946-)

A cai bo 阿才伯
ZHONG, ZE CAI 钟泽才 (1943-)

A cang 阿仓
WU, JUN QING 吴俊卿 (1844-1927)

A chang 阿昌
CHEN, BING CHANG 陈炳昶 (1940-)

A chang 阿昶
CHEN, BING CHANG 陈炳昶 (1940-)

A cheng 阿城
ZHONG, A CHENG 钟阿城 (1949-)

A cheng 阿城
CAI, JIN TU 蔡金塗

A cheng 阿澄
YANG, CHEN BIN 杨臣彬 (1932-)

A chuan 阿川
CAI, YI HUAI 蔡益怀 (1962-)

A ci 阿刺
JIN, XING YAO 金性尧 (1916-)

A ci 阿茨
LI, JING CI 李景慈 (1918-)

A cong 阿丛
SHAO, YAN XIANG 邵燕祥 (1933-)

A da 阿大
YI, TING XI 易廷熹 (1874-1941)

A da 阿大
WANG, REN SHU 王任叔 (1901-1972)

A da 阿达
XU, JING DA 徐景达 (1934-1987)

A da 阿达
XU, DA LI 许大立 (1947-)

A dai 阿呆
XU, FU LIN 徐傅霖 **(1880-　　)**

A dan 阿丹
ZHAO, FENG AO 赵凤翱 **(1915-1980)**

A dan 阿丹
PAN, YA TUN 潘亚暾 **(1931-　)**

A dan 阿丹
ZHU, PU SHENG 朱溥生 **(1934-　)**

A dan 阿丹
HAN, SHAN YUAN 韩山元 **(1942-　)**

A dan 阿丹
ZHOU, DAN YA 周丹亚 **(1954-　)**

A de 阿德
ZHANG, QI QU 张契渠 **(1910-　)**

A de 阿德
WU, ZU DE 吴祖德 **(1947-　)**

A de 阿德
ZHAO, DE MING 赵德明 **(1955-　)**

A di 阿迪
WANG, DI 王迪 **(1952-　)**

A di 阿娣
WANG, YANG 王扬 **(1917-1986)**

A dou 阿斗
ZUO, SHUN SHENG 左舜生 **(1893-1969)**

A du 阿都
DU, BING RU 都冰如 **(1902-1987)**

A du qin fu 阿杜沁夫
DA, MU LIN 达木林 **(1927-　)**

A dun 阿敦
WU, WEI CHENG 吴伟程 **(1937-　)**

A er 阿尔
JIANG, FEI HONG 蒋飞虹 **(1914-　)**

A er 阿二
ZHOU, SHU REN 周树人 **(1881-1936)**

A er xun 阿儿逊
JUE LUO, DE LIN 觉洛德林 **(1921-　)**

A fa 阿发
CAI, CHUAN SHENG 蔡川胜

A fa 阿法
ZHOU, SHU REN 周树人 **(1881-1936)**

A fan 阿凡
RAO, XIANG CAI 饶襄才

A fan 阿凡
ZHANG, FAN 张帆 **(1962-　)**

A fan 阿帆
FAN, XI KUI 范希奎 **(1944-　)**

A fan 阿帆
XIA, CHUN HAI 夏春海 **(1952-　)**

A fan 阿帆
YANG, BIN 杨彬 **(1968-　)**

A fang 阿放
FANG, GUO RONG 方国荣 **(1951-　)**

A fang 阿钫
HE, QI FANG 何其芳 **(1912-1977)**

A fang 阿芳
WANG, CHENG ZHOU 王承周 **(1921-　)**

A fen 阿芬
WANG, KE FEN 王克芬 **(1927-　)**

A feng 阿凤
LÜ, JUN 吕濬 **(1886-1959)**

A feng 阿凤
WANG, MING FENG 王鸣凤 **(1920-　)**

A fu 阿福
XU, SHAN YUAN 徐善源 **(1914-1977)**

A gan 阿甘
HUANG, HUAN XIN 黄焕新 **(1941-　)**

A gen 阿根
XIANG, SI GENG 向思赓 **(1909-1994)**

A geng 阿耕
GENG, YU FANG 耿予方 **(1929-　)**

A geng 阿庚
LIANG, MENG GENG 梁梦庚 **(1914-　)**

A gong 阿工
ZOU, ZONG XU 邹宗绪 **(1938-　)**

A gu 阿谷
ZHOU, ZHI NING 周志宁 **(1920-1975)**

A guang 阿广
PAN, SHU GUANG 潘树广 **(1940-　)**

A gui 阿圭
LEI, ZENG XI 雷曾熹 **(1906-1990)**

A gui 阿贵
LIU, NAI CHONG 刘乃崇 **(1921-　)**

A gui 阿贵
SUN, ZHONG GUI 孙重贵 **(1946-　)**

A guo 阿果
ZHANG, YAN 张彦 **(1938-　)**

A H yuan 阿H湲
HUA, CHUAN YUAN 华川湲 **(1962-　)**

A hai 阿海
HAN, XIAO YING 韩晓鹰 (1921-)

A han 阿憨
HU, SHAN 胡山 (1926-)

A he 阿何
LIN, YAN HE 林燕何 (1957-)

A he 阿鹤
YU, XIONG HE 余熊鹤 (1938-)

A he nai gu deng zhi 阿和乃古登志
GUO, MO RUO 郭沫若 (1892-1978)

A hei 阿黑
WANG, SHU CHEN 王树忱 (1931-1991)

A hong 阿红
ZHANG, YI LAI 张贻来 (1925-)

A hong 阿红
WANG, ZHAN BIAO 王占彪 (1930-)

A hong 阿洪
XIONG, SHANG ZHI 熊尚志 (1954-)

A hong 阿虹
LUO, WEN HONG 骆文宏 (1915-)

A hong 阿虹
ZHAO, RUI HONG 赵瑞霟 (1915-)

A hong 阿虹
YUE, HONG WU 岳鸿武 (1938-)

A hou 阿侯
CAI, REN HOU 蔡壬侯 (1917-)

A hu 阿虎
SHEN, MING DE 沈明德 (1920-)

A hua 阿华
ZHU, KUN HUA 朱堃华 (1918-)

A huai 阿淮
WANG, SHU HUAI 王树淮 (1955-)

A huai 阿槐
XU, ZHAO HUAI 徐兆淮 (1939-)

A huang 阿凰
HU, XIAO FENG 胡晓风 (1924-)

A hui 阿辉
PAN, WEN HUI 潘文辉 (1940-)

A hui 阿辉
CHEN, WEN HUI 陈文辉 (1960-)

A jia 阿甲
FU, LÜ HENG 符律衡 (1907-)

A jia 阿甲
CHEN, FAN 陈凡 (1915-1997)

A jia 阿迦
YU, YI 俞逸

A jian 阿见
KE, PING 柯平 (1956-)

A jian 阿涧
LIU, JIAN PING 刘建平 (1956-)

A jian 阿健
SONG, ZONG JIAN 宋宗建 (1960-)

A jiang 阿疆
FENG, JIANG 冯疆 (1901-1983)

A jiao 阿皎
YANG, XIAN ZHI 杨献芝 (1918-)

A jie 阿杰
HOU, TIE 侯铁 (1965-)

A jin・feng xu 阿金・冯虚
FENG, ZENG LIE 冯增烈 (1926-)

A jing 阿景
PAN, DA WEI 潘达微 (1880-1929)

A juan 阿娟
ZHOU, MEI JUAN 周美娟 (1940-)

A jue 阿觉
CAO, YIN 曹殷 (1943-)

A kai 阿恺
MENG, ZHAO YU 孟昭禹 (1934-)

A kang 阿康
GU, HUAN KANG 顾缓康 (1933-)

A ke 阿克
ZHANG, XIANG DONG 张湘东 (1957-)

A ken 阿肯
YANG, WAN NING 杨万宁 (1963-)

A ku 阿苦
ZHANG, HONG 张讧 (1965-)

A kui hua 阿葵花
CHEN, RUI TIAN 陈锐添 (1941-)

A kun 阿昆
YAO, YU KUN 姚煜焜 (1934-)

A la 阿拉
WANG, CHANG GUANG 王长光 (1920-)

A la ding 阿拉丁
CHEN, XI YI 陈锡仪 (1918-)

A lan 阿岚
XU, LAN YING 徐兰英 (1946-)

A lang 阿朗
TANG, YU 唐瑜 (1905-)

A lao 阿老
LAO, XIAN HONG 老宪洪 (1920-)

A lao 阿老
ZHOU, YE 周野 (1950-)

A lao 阿劳
LU, XIANG GAN 陆象淦 (1938-)

A lei 阿累
ZHU, YI WEI 朱一苇 (1909-1987)

A li 阿立
CHEN, SHOU CHANG 陈寿昌 (1906-1934)

A li 阿利
GU, PEI LI 顾培利 (1962-)

A li 阿里
WU, BU NAI 吴步乃 (1929-)

A li 阿丽
YAN, LI XIA 严丽霞 (1956-)

A li 阿犁
YANG, FU DONG 杨复冬 (1922-1978)

A lian 阿莲
WU, ZHAO XIU 吴兆修 (1931-)

A liang 阿良
CAI, NÜ LIANG 蔡女良 (1938-)

A liang 阿梁
QIU, TAO LIANG 丘陶亮 (1947-)

A liang 阿亮
YANG, LIANG CAI 杨亮才 (1933-)

A lie 阿列
XIONG, LI JIA 熊例嘉

A lie 阿烈
YE, YONG LIE 叶永烈 (1940-)

A lin 阿林
QU, QIU BAI 瞿秋白 (1899-1935)

A lin 阿林
ZHOU, RUI HUA 周瑞华 (1918-)

A ling 阿玲
HUANG, KE ZHONG 黄克忠 (1927-)

A ling 阿玲
SUN, GUAN LIN 孙观琳 (1939-)

A liu 阿留
GUAN, QING LIU 关庆留 (1935-)

A liu 阿刘
LIU, YONG KAI 刘永凯 (1927-)

A long 阿垅
CHEN, SHOU MEI 陈守梅 (1907-1967)

A long 阿龙
LIU, YOU LONG 刘有龙 (1962-)

A long 阿隆
XIONG, SHU LONG 熊述隆 (1944-)

A lu 阿鹿
HU, YI WEI 胡亦为 (1932-)

A lu 阿庐
LU, JUN 陆军 (1955-)

A lu 阿陆
LU, SHI YING 陆诗瀛 (1903-1978)

A lu 阿卢
SHANG, ZHONG HAO 尚仲豪 (1934-)

A lu si nü shi 阿露丝女士
XU, JIN 许瑾 (1919-)

A lun si qin 阿伦斯钦
YU, YUN CHONG 于云翀 (1931-)

A luo 阿洛
CHEN, YU HUI 陈玉慧

A luo 阿洛
LI, XIN LUO 李心洛

A luo 阿罗
WU, SI HONG 吴似鸿 (1906-)

A ma 阿玛
YU, GUO ZHEN 余国振 (1948-)

A man 阿曼
WU, YU WEI 吴堉威 (1906-1989)

A mang 阿芒
ZHANG, FA ZAN 张发赞 (1916-)

A mang 阿芒
LI, JING CI 李景慈 (1918-)

A mao 阿毛
MAO, WEN ZUO 毛文佐 (1944-)

A mao 阿茅
MAO, YI BO 毛一波 (1902-)

A mao 阿茂
WANG, ZONG YUAN 汪宗元 (1937-)

A mei 阿梅
MEI, YING 梅英 (1910-)

A mei 阿美
WANG, SHU MEI 王淑美

A men 阿门
XU, JUN FAN 徐君藩 (1914-)

A meng 阿蒙
DU, YOU MING 杜又明 (1915-1983)

A meng 阿蒙
WU, JIAN XIAN 吴建贤 (1923-1991)

A meng 阿蒙
GU, PING DAN 顾平旦 (1930-)

A mi 阿咪
LI, BO LONG 李伯龙 (1905-1989)

A mi 阿咪
GU, YONG ZHONG 顾用中 (1913-)

A mi 阿蜜
LI, CHU JUN 李楚君

A miao 阿苗
WANG, MIAO GEN 汪苗根 (1943-)

A miao 阿苗
SHI, YU ZU 石裕祖 (1947-)

A min 阿敏
LU, MIN SUN 陆敏荪 (1917-)

A min 阿敏
GAO, HUI MIN 高惠敏 (1948-)

A min 阿敏
WANG, PEI MIN 王培敏 (1962-)

A ming 阿名
CHEN, JIAN GONG 陈建功 (1938-)

A ming 阿明
TONG, MING GUANG 佟明光 (1936-)

A ming 阿明
XIE, MING DE 谢明德 (1951-)

A ming 阿明
SONG, XIAO MING 宋晓明 (1962-)

A ming 阿鸣
ZHANG, XIN 张鑫 (1939-)

A miu 阿谬
LUO, LIANG DE 罗良德 (1945-)

A mu 阿木
WANG, REN SHU 王任叔 (1901-1972)

A mu 阿木
ZHANG, HAI FENG 张海峰 (1937-)

A mu 阿木
GONG, XiU SEN 龚修森 (1949-)

A mu 阿木
LI, FU MIN 李茀民 (1967?-)

A mu 阿木
CAI, AO CHENG 蔡敖成

A mu 阿木
XU, ZHENG YI 徐正义

A mu lin 阿木林
XIE, BING YING 谢冰莹 (1906-2000)

A mu lin 阿木林
LI, XUE TING 李学亭 (1910-)

A nan 阿南
HE, NAN CHANG 何南昌 (1927-)

A nan 阿难
SU, XUAN YING 苏玄瑛 (1884-1918)

A nan 阿难
HE, JUN 贺骏 (1891-1977)

A nan 阿难
CHEN, QI 陈淇 (1911-)

A nan 阿难
YAN, GUANG HUA 严光化 (1924-)

A nan 阿难
LI, SHI NAN 李世南 (1940-)

A nan 阿难
ZENG, GUANG XUN 曾广勋

A nang 阿囊
CHU, TU NAN 楚图南 (1899-)

A ning 阿宁
DING, NING 丁宁 (1924-)

A niu 阿牛
PAN, YOU WEI 潘有炜 (1925-)

A niu 阿牛
ZHANG, YI LAI 张贻来 (1925-)

A niu 阿牛
ZHUO, GE YUN 卓戈云 (1925-)

A nong 阿浓
ZHU, PU SHENG 朱溥生 (1934-)

A pai 阿派
LIN, PEI 林沛 (1950-)

A pei 阿培
CAI, YUAN PEI 蔡元培 (1868-1940)

A pin 阿品
ZHANG, YUN CHENG 张云骋 (1924-)

A ping 阿平
SHAO, ZHEN QING 邵振青 (1884-1926)

A ping 阿平
AI, DI CHEN 艾涤尘 (1905-1975)

A ping 阿平
LIN, XIAO PING 林小平 (1954-)

A pu 阿璞
YANG, EN PU 杨恩璞 (1939-)

A Q 阿Q
CHEN, QI XIU 陈启修 (1886-1960)

A Q 阿Q
WANG, REN SHU 王任叔 (1901-1972)

A Q zhi di 阿Q之弟
XU, KUN QUAN 徐坤泉 (1907-1954)

A qi 阿启
CHEN, QIU FAN 陈秋帆 (1909-1984)

A qi 阿奇
CHEN, QIU FAN 陈秋帆 (1909-1984)

A qian 阿茜
ZHANG, YA QIAN 张雅茜 (1950-)

A qiang 阿蔷
WU, QIAN 吴倩 (1956-)

A qiang 阿强
XIE, ZHEN QIANG 谢振强 (1954-)

A qing 阿庆
GAO, GUO QING 高国庆 (1953-)

A qing 阿庆
ZHONG, SHI QING 钟世庆 (1956-)

A qiong 阿琼
LIN, HAI OU 林海鸥 (1948-)

A qu 阿曲
QU, JIAN FANG 曲建方 (1935-)

A rong 阿榕
LIN, YI AN 林一安 (1936-)

A rong 阿荣
ZHANG, JIN RONG 章锦荣 (1954-)

A ru 阿如
RU, ZHI JUAN 茹志鹃 (1925-)

A ru 阿如
ZHANG, YONG HE 张永和 (1936-)

A ru 阿孺
ZHONG, RU QIAN 钟孺乾 (1950-)

A rui 阿睿
LI, HENG RUI 李恒瑞 (1945-)

A ruo 阿婼
HUANG, YAN 黄雁 (1962-)

A san 阿三
LI, LI SAN 李立三 (1899-1967)

A san 阿三
WANG, REN SHU 王任叔 (1901-1972)

A sha 阿沙
HU, DE HUA 胡德华 (1925-)

A sha 阿沙
ZHEN, KE JUN 甄可君

A shan 阿山
DONG, TIE SHAN 董铁山 (1947-)

A sheng 阿生
LIANG, ZHI SHENG 梁志生 (1912-)

A sheng 阿生
YE, TE SHENG 叶特生 (1951-)

A sheng 阿盛
YANG, MIN SHENG 杨敏盛 (1950-)

A shi 阿石
HUANG, WEI CHAO 黄维超 (1939-)

A shi 阿十
ZHUO, GE YUN 卓戈云 (1925-)

A shou 阿寿
PAN, TIAN SHOU 潘天寿 (1897-1971)

A shuang 阿双
QU, QIU BAI 瞿秋白 (1899-1935)

A shui 阿谁
CHEN, JIE 陈杰 (1917-)

A si 阿四
ZHANG, HAN FU 章汉夫 (1906-1972)

A su 阿素
MAO, HUAI SU 冒怀苏 (1927-)

A su 阿苏
ZOU, LU 邹鲁 (1885-1954)

A sun 阿隼
YAO, ZHEN 姚溱 (1921-1966)

A tan 阿昙
SU, XUAN YING 苏玄瑛 (1884-1918)

A tang 阿棠
JIANG, LUN 姜崙

A tao 阿萄
TANG, XIU JU 唐秀菊 (1935-)

A tao 阿陶
WANG, JING TAO 王景陶 (1948-)

A tao 阿涛
ZHONG, JIN TAO 钟锦涛 (1928-)

A tao 阿涛
YAO, ZHEN HAN 姚振函 (1940-)

A tiao 阿窕
YANG, FU DONG 杨复冬 (1922-1978)

A ting 阿挺
CAO, JU REN 曹聚仁 (1900-1972)

A tong 阿彤
MO, YI TONG 莫义同 **(1933-)**

A tu 阿图
XU, REN TU 许仁图 **(1949-)**

A wai 阿外
MENG, CHUAN DUO 孟传铎 **(1913-)**

A wan 阿顽
LIN, TANG 林镗

A wan 阿湾
LIN, TANG 林镗

A wan 阿宛
SHI, LI HENG 史立恒 **(1926-)**

A wang 阿旺
ZHONG, ZE CAI 钟泽才 **(1943-)**

A wei 阿蔚
LI, WEI 李蔚 **(1931-)**

A wei 阿维
LI, WEI HENG 李维恒 **(1916-)**

A wei 阿维
ZHANG, CHANG LIN 张长林

A wen 阿文
SUN, SHI YI 孙师毅 **(1904-1966)**

A wen 阿文
PENG, CHANG YUN 彭昌运 **(1916-)**

A wen 阿文
ZENG, QING GUAN 曾庆冠 **(1922-)**

A wen 阿文
ZHOU, YUAN XUN 周元勋 **(1927-)**

A wen 阿文
JIANG, BIN 江斌 **(1930-)**

A wen 阿文
FANG, WEN JU 方文举 **(1965-)**

A wu 阿五
LIANG, XI 梁希 **(1883-1958)**

A wu 阿五
LI, WEI KANG 李伟康 **(1910-)**

A wu 阿五
ZHANG, TONG 张同 **(1918-)**

A xi 阿西
ZHU, HUAN TIAN 朱焕添 **(1941-)**

A xi 阿西
ZHANG, TING ZHU 张廷竹 **(1950-)**

A xi 阿西
LIN, YUE SI 林月丝 **(1954-)**

A xiang 阿祥
REN, DE XIANG 任德祥 **(1948-)**

A xiang 阿翔
LONG, KAI LANG 龙开朗 **(1938-)**

A xiao 阿筱
XIAO, YAN QING 萧艳清 **(1924-)**

A xin 阿辛
WANG, XI XUAN 王锡宣 **(1912-1988)**

A xin 阿新
CHEN, PEI XIN 陈培信 **(1934-)**

A xing 阿兴
ZHENG, WEN ZHONG 郑文中 **(1923-)**

A xing 阿兴
XI, A XING 奚阿兴 **(1944-)**

A xiong 阿雄
XIONG, QI XIONG 熊启雄 **(1943-)**

A xiong 阿雄
SUN, DAO XIONG 孙道雄 **(1954-)**

A xu 阿旭
PAN, YA TUN 潘亚暾 **(1931-)**

A xue 阿雪
BAO, YU KE 包玉珂

A ya 阿呀
YAO, HUI 姚辉 **(1965-)**

A yan 阿炎
NI, SHU GEN 倪树根 **(1933-)**

A yang 阿洋
PENG, YANG 彭洋 **(1953-)**

A yang 阿杨
YANG, JIA CHANG 杨嘉昌 **(1914-)**

A yao 阿尧
LIU, GUO YAO 刘国尧 **(1947-)**

A ye 阿叶
CHEN, JING HUI 陈静惠 **(1953-)**

A yi 阿义
PAN, JING YI 潘景义 **(1965-)**

A yi 阿怡
QIAN, HOU QING 钱厚庆 **(1925-1947)**

A yin 阿因
WU, YUE YING 吴月英 **(1942-)**

A ying 阿英
SU, XUAN YING 苏玄瑛 **(1884-1918)**

A ying 阿英
QIAN, XING CUN 钱杏邨 **(1900-1977)**

A ying 阿英
LI, JING WEN 李京文 **(1933-)**

A ying 阿瑛
SU, XUAN YING 苏玄瑛 **(1884-1918)**

A ying 阿瑛
SUN, PU 孙璞 **(1884-1953)**

A yong 阿勇
LUO, LAI YONG 罗来勇 **(1951-)**

A yong 阿勇
LIU, YE YONG 刘业勇 **(1959-)**

A yu 阿郁
CHEN, YU 陈郁 **(1901-1974)**

A yu 阿雨
YANG, ZUO YU 杨作雨 **(1920-)**

A yu 阿玉
ZHANG, QI XUN 章启勋 **(1916-)**

A yun 阿芸
DENG, XIU YUN 邓秀云

A yun 阿云
GAN, TIE SHENG 甘铁生 **(1946-)**

A yun 阿筠
XU, CHANG WEI 许昌威 **(1905-1988)**

A zai 阿再
TANG, ZAI QING 唐载清 **(1934-)**

A zhan 阿湛
LI, JIAN WU 李健吾 **(1906-1982)**

A zhan 阿湛
WANG, ZHAN XIAN 王湛贤 **(1925-1960)**

A zhang 阿章
ZHENG, CHUN HUI 郑春辉 **(1927-)**

A zhang 阿张
ZHOU, SHU REN 周树人 **(1881-1936)**

A zhao 阿召
ZHAO, GUANG MING 赵光鸣 **(1949-)**

A zhen 阿真
CHEN, BAO SHU 陈宝书 **(1926-1988)**

A zhen 阿真
WANG, ZHENG 王正 **(1940-)**

A zhi 阿芝
QI, HUANG 齐璜 **(1864-1957)**

A zhi 阿芝
LIN, JUE FU 林觉夫 **(1919-1992)**

A zhi 阿植
XU, BO JIAN 许伯建 **(1913-)**

A zhi 阿止
YU, HE LIN 余鹤林 **(1910-1939)**

A zhi 阿芷
YU, HE LIN 余鹤林 **(1910-1939)**

A zhi 阿智
ZHANG, RU ZHI 张汝智 **(1922-)**

A zhong 阿忠
HUANG, A ZHONG 黄阿忠 **(1952-)**

A zhou 阿舟
FAN, JIAN 範坚 **(1954-)**

A zhu 阿竺
CHENG, JUN 成骏 **(1916-1983)**

A zhu 阿珠
CHENG, JUN 成骏 **(1916-1983)**

A zhu 阿珠
LI, SAI RONG 李赛蓉 **(1949-)**

A zi 阿子
SONG, ZONG JIAN 宋宗建 **(1960-)**

A zi 阿紫
YU, HE LIN 余鹤林 **(1910-1939)**

A zi shi yi hao A 字十一号
OU YANG, BEN YI 欧阳本义 **(1902-1993)**

A-D 阿 D
XU, DUO 许多 **(1911-1941)**

Ai 艾
JIAN, XIAN AI 蹇先艾 **(1906-)**

Ai 哀
ZHANG, XIN YUAN 张心远 **(1895-1967)**

Ai, Ai 艾艾
SHI, XUE YUN 史雪云 **(1930-)**

Ai, Ai 艾艾
NAN, XIN ZHOU 南新宙 **(1931-1986)**

Ai ai 皑皑
CAI, BAO AI 蔡保皑

Ai ai 爱爱
HUANG, ZHENG PIN 黄正品 **(1897-1922)**

Ai ai 爱爱
WANG, YING XIANG 王映湘 **(1924-)**

Ai an ju shi 隘庵居士
SUN, DE QIAN 孙德谦 **(1869-1935)**

Ai, Ang fu 艾昂甫
DAI, MENG OU 戴梦鸥 **(1905-1950)**

Ai, Bai hua 艾百华
CHEN, TIAN YU 陈天育 **(1922-)**

Ai, Bai shui 艾白水
YANG, BEN QUAN 杨本泉 (1923-)

AI, BAO YUAN 艾宝元 (1938-)
Ai, Feng 艾丰

Ai, Bei 艾北
FEI, QI 费启 (1919-)

Ai, Bei 艾蓓
ZHANG, AI PEI 张爱培 (1955-)

Ai cang 爱苍
SHEN, YU QING 沈瑜庆 (1858-1918)

Ai cang 霭苍
SHEN, YU QING 沈瑜庆 (1858-1918)

Ai, Cao 艾草
LAI, NAN GUANG 赖南光 (1936-)

Ai chan 哀蝉
GAO, XU 高旭 (1877-1925)

Ai, Chuan 艾川
HAN, WEN ZHOU 韩文洲 (1926-)

Ai, Chun hua 艾春华
SHI, DAI ZONG 石岱宗 (1923-)

Ai, Cong 艾丛
XIAO, MAN RUO 萧蔓若 (1908-)

Ai, Da 艾达
KUAI, SHI XUN 蒯世勋 (1906-1987)

Ai dai 叆叇
HU, YU ZHI 胡愈之 (1896-1986)

Ai, De fu 艾德福
XUE, YONG LU 薛永禄 (1915-1981)

Ai, Di 艾迪
MA, GUO LIANG 马国亮 (1908-)

Ai, Di 艾荻
LI, ZHENG XIN 李正新 (1947-)

AI, DI CHEN 艾涤尘 (1905-1975)
A ping 阿平
Ai, Han song 艾寒松
Ai, Ti sheng 艾逖生
Ai, Yi chen 艾逸尘
Han song 寒松
He, Jing zhi 何敬之
Yi, Shui 易水

Ai, Ding 艾丁
ZHANG, YU XIA 张煜遐 (1910-)

Ai du ge ming jun zhe 爱读革命军者
ZHANG, SHI ZHAO 章士钊 (1882-1973)

Ai, Dun 艾顿
PAN, NAI GUANG 潘乃光

Ai, Duo 艾朵
JIN, XI GUANG 金希光 (1930-)

Ai en 埃恩
LIU, DE XIN 刘德馨 (1925-)

Ai en ji 爱恩基
PENG, GUI RUI 彭桂蕊 (1917-)

Ai, Er 艾而
LI, SHENG ZHUANG 李生庄 (1910-1946)

Ai er 爱而
LI, YU AN 李遇安

Ai er 爱耳
ZHAO, PING FU 赵平复 (1902-1931)

Ai, Fan 艾凡
LIU, NAI QIANG 刘廼强 (1947-)

Ai, Fan 艾帆
YANG, TIAN BIAO 杨天彪 (1927-)

Ai, Fang 艾方
BAO, CHANG 鲍昌 (1930-1989)

Ai, Fang 艾芳
TAN, JIAN YAO 谭鉴尧 (1922-)

AI, FEI 艾飞 (1946-)
Ai, Fei 艾非
Ai, Ji fei 艾继飞
Fei tian 飞天
Mai, Mang 麦芒

Ai, Fei 艾非
AI, FEI 艾飞 (1946-)

Ai, Fei 艾斐
ZHANG, FENG QI 张凤岐 (1933-)

Ai, Fei 艾斐
SUN, ZENG FA 孙增发 (1945-)

Ai, Fen 艾分
JIA, JI 贾霁 (1916-1985)

Ai, Feng 艾丰
AI, BAO YUAN 艾宝元 (1938-)

Ai, Feng 艾风
CHEN, XUN ZHI 陈迅之 (1923-)

Ai, Feng 艾枫
CHEN, WAN RONG 陈婉容 (1953-)

Ai feng 爱枫
LUO, LANG 罗琅 (1931-)

Ai fu 哀夫
CAI, SHOU 蔡守 (1879-1941)

Ai fu fu ren 艾芙夫人
WANG, LEI JIA 王蕾嘉 (1906-)

Ai, Gan 艾淦
SONG, RU ZHAO 宋汝昭 (1914-1956)

Ai, Ge 艾歌
LI, YU TIAN 李裕田 (1941-)

Ai ge 皑哥
PENG, LONG FEI 彭龙飞 (1936-)

Ai guan xian shi 爱管闲事
ZHANG, TING QIAN 章廷谦 (1901-1981)

AI, GUANG DAO 艾光道 (1922-)
Ai, Xuan 艾煊
Quan yan 荃岩
Yan quan 岩荃

Ai, Gui gui 艾圭圭
AI, XUAN 艾轩 (1947-)

AI, GUI SHENG 艾贵生 (1957-)
He, Tong 何童

Ai guo zhe 爱国者
LIANG, QI CHAO 梁启超 (1873-1929)

Ai, Han 艾寒
LIANG, RUN SHAN 梁润珊 (1938-)

Ai, Han song 艾寒松
AI, DI CHEN 艾涤尘 (1905-1975)

Ai, He 艾禾
LIU, MENG 刘猛 (1945-)

Ai, Hong 艾鸿
CAI, WEI MIN 蔡伟民

Ai hong 哀鸿
FAN, GUANG QI 范光启 (1882-1914)

Ai hong 哀鸿
SONG, RU ZHAO 宋汝昭 (1914-1956)

Ai, Hua 艾华
HAN, ZHEN YAO 韩振耀 (1922-)

Ai, Hua 艾华
LÜ, YUN SONG 吕云松 (1930-)

Ai, Hua 艾华
LIU, WEN XING 刘文性 (1935-)

Ai, Hua 艾华
ZHAO, ZE 赵泽 (1948-)

Ai, Hua 艾华
ZHAN, RUI LIN 詹瑞麟 (1949-)

Ai, Hua 艾华
LIAO, XING QIAO 廖星桥

Ai hua 爱华
XU, LIN 徐琳 (1922-)

Ai hua 爱华
ZHAO, ZHONG 赵锺 (1928-)

Ai hua 爱华
PU, BAO QIANG 蒲葆强 (1932-)

Ai, Huang 艾篁
WANG, JING SHAN 王景山 (1924-)

Ai, Huang 艾煌
YANG, DE JI 杨德基 (1913-1980)

Ai, Huo 艾火
PAN, YAO MING 潘耀明 (1947-)

Ai, Ji fei 艾继飞
AI, FEI 艾飞 (1946-)

Ai, Jia 艾佳
ZHOU, GUO CAN 周国粲 (1934-)

Ai jia 爱珈
ZHONG, MEI YIN 钟梅音 (1922-1984)

AI, JIA ZHENG 艾家政 (1925-)
Ai, Zhi ping 艾治平
Ai, Zi 艾子
Chu, Tian bi 楚天碧
Fang, Ge jin 方歌今
Fang, Wei ai 方未艾
Huang, Mei 黄梅
Huang, Mei 黄眉
Ming, Hu 明湖
Mu rong, Dan 慕容丹
Ruo nan 若男
Yi, Shui chou 易水愁
Zhi ping 芷苹

Ai jiao 爱娇
BAO, GONG YI 包公毅 (1876-1973)

Ai, Jing 艾菁
JIANG, MU 姜穆 (1929-)

Ai, Jing 艾静
SONG, SU QIN 宋素琴 (1955-)

Ai ju 爱菊
CHEN, HAN GUANG 陈汉光 (1921-1973)

Ai ju 爱居
LIU, HOU ZI 刘厚滋 (1909-)

Ai, Juan 艾鹃
PAN, AI JUAN 潘爱娟 (1963-)

Ai juan 哀鹃
SHEN, SI JI 沈思吉 (1905-)

Ai, Jun 艾君
FENG, AI QUN 冯爱群 (1918-)

Ai, Jun 艾军
QIU, JIA CHUO 邱家绰 (1920-)

Ai, Jun 艾军
LAI, JING WEN 赖敬文 (1952-)

Ai, Jun 艾菌
LIU, SHU CHUN 刘树春 (1923-)

Ai kan 隘堪
SUN, DE QIAN 孙德谦 (1869-1935)

Ai ke 爱柯
HU, ZHEN HUA 胡振华 (1931-)

Ai, Ku 艾苦
WANG, YAN SHENG 王燕生 (1934-)

Ai, Ku 艾苦
JIN, ZHEN LIN 金振林 (1938-)

Ai, Lan 艾兰
ZHANG, ZHI 张志 (1926-)

Ai lan 皑岚
LUO, ZHENG ZHUO 罗正晫 (1906-1983)

Ai lan 爱兰
WANG, AI LAN 王爱兰 (1921-)

Ai, Le 艾乐
WU, AI YUE 吴爱月 (1955-)

Ai, Lei 艾雷
WANG, NAI DONG 王乃东 (1941-)

Ai, Li 艾立
HU, CHEN ZHEN 胡谌珍 (1934-)

Ai, Li 艾黎
LIU, SHU CHUN 刘树春 (1923-)

Ai, Li 艾黎
ZHOU, XIU ZHAN 周修展 (1925-)

Ai, Li 艾骊
MA, LIN 马琳 (1926-)

Ai, Li 艾里
WANG, ZENG YUAN 王增元 (1951-)

Ai, Li 艾理
YIN, DENG XIANG 殷登祥 (1939-)

Ai, Li 艾丽
YU, ZHONG ZHENG 郁钟正 (1915-)

Ai, Li 艾藜
ZENG, DE ZHEN 曾德镇 (1921-1988)

Ai, Li 艾藜
ZHOU, XIU ZHAN 周修展 (1925-)

Ai li 哀梨
ZHANG, XIN YUAN 张心远 (1895-1967)

Ai li hu ma 艾力胡麻
SAI, FU DING 赛福鼎 (1915-)

Ai li shi 哀梨室
LIU, DA 刘达

Ai li shi zhu 哀梨室主
LIU, DA 刘达

Ai, Li ya 艾丽娅
LIU, XIAO YUN 刘晓云 (1964-)

Ai lian 爱莲
TAO, LAN SUN 陶兰荪

Ai, Lin 艾林
LIN, SHI CUN 林适存 (1914-)

Ai lin 哀麐
QIAN, XUAN TONG 钱玄同 (1887-1939)

Ai lin 薖麟
QIAN, XUAN TONG 钱玄同 (1887-1939)

Ai lin 薖林
WU, ZONG CI 吴宗慈 (1879-)

Ai, Ling 艾玲
ZHENG, WEN SHUI 郑文水 (1944-)

Ai ling 瑷舲
LIU, MING CHAO 刘明朝

Ai ling 哀灵
WU, ZONG CI 吴宗慈 (1879-)

Ai, Long 艾珑
YU, QIAN DI 余茜蒂

Ai lou 爱楼
TONG, CANG HUAI 童苍怀

Ai, Lu 艾璐
WEI, JUN HAI 韦俊海 (1955-)

Ai, Lü 艾绿
LU, YONG GUANG 陆永光 (1955-)

Ai lü cao tang zhu 爱绿草堂主
WANG, LAN RUO 王兰若 (1911-)

Ai, Lun 艾伦
CHEN, QIU FANG 陈秋舫 (1926-)

Ai, Luo 艾洛
CHEN, YAN 陈炎 (1925-)

Ai, Luo lai 艾洛莱
CHEN, YAN 陈炎 (1925-)

AI, MAI TI 艾买惕 (1921-)
Ai, Yi cheng 艾意诚
Zhao, Bu yi 赵卜一

Ai, Mei 艾玫
NI, MING HUA 倪明华 (1937-)

Ai, Mei 艾玫
ZHANG, XIANG HUA 张香华 (1939-)

Ai, Mei 艾梅
PU, ZU XU 蒲祖煦 **(1935-)**

Ai, Mei 艾梅
YAN, QING SHOU 颜青守 **(1936-)**

Ai mei 爱梅
XIAO, ZI ZHANG 萧子暲 **(1896-1983)**

Ai, Meng 艾萌
LAI, GAN XIONG 赖幹雄

Ai, Meng 艾蒙
LIN, CHEN 林晨 **(1919-)**

Ai, Meng 艾梦
ZHUANG, YAN BO 莊延波 **(1945-)**

Ai, Mi 艾咪
WANG, ZHI LIAN 王志濂 **(1929-)**

Ai mi 埃弥
XIAO, ZI ZHANG 萧子暲 **(1896-1983)**

Ai mi er 爱弥儿
ZHAO, MEI WEI 赵美薇 **(1950-)**

Ai mi Hsiao 埃弥·萧
XIAO, ZI ZHANG 萧子暲 **(1896-1983)**

Ai, Min 艾敏
MA, AI MING 马爱明 **(1945-)**

Ai, Min 艾敏
ZHAO, AI MIN 赵爱民 **(1954-)**

Ai, Min 艾珉
XIA, MEI 夏玫 **(1934-)**

Ai, Min 艾民
ZHAO, AI MIN 赵爱民 **(1954-)**

Ai, Min 艾民
ZHOU, AI MIN 周爱民 **(1956-)**

Ai, Ming 艾明
YAO, LENG 姚冷 **(1923-)**

Ai, Ming 艾明
LIANG, JUN 梁骏 **(1933-)**

Ai, Ming zhi 艾明之
HUANG, ZHI KUN 黄志堃 **(1925-)**

Ai, Mo 艾漠
HE, JING ZHI 贺敬之 **(1924-)**

Ai mou 爱牟
GUO, MO RUO 郭沫若 **(1892-1978)**

Ai, Mu 艾牧
WANG, JIN SHENG 王进生 **(1935-)**

Ai, Mu 艾木
WANG, WU SHENG 王悟生 **(1936-)**

Ai, Na 艾纳
FENG, BIN FU 冯宾符 **(1914-1966)**

Ai, Nan 艾南
ZHU, AI NAN 朱艾南 **(1923-)**

Ai ning 蔼宁
LI, RU LIN 李如琳 **(1923-)**

Ai, Pu 艾蒲
CAI, WEI LIAN 蔡伟濂 **(1923-)**

Ai, Qi 艾旗
LI, CHUN SHENG 李春生 **(1931-)**

Ai, Qi 艾琪
LU, DE GEN 陆德根 **(1940-)**

Ai, Qi de 艾其德
MA, GUO LIANG 马国亮 **(1908-)**

Ai, Qi yao 艾琪瑶
FU, JIN CHENG 傅金城 **(1943-)**

Ai qian 霭骞
WANG, TONG ZHAO 王统照 **(1897-1957)**

Ai, Qing 艾青
JIANG, HAI CHENG 蒋海澄 **(1910-1996)**

Ai, Qiu biao 艾秋飙
SA, KONG LIAO 萨空了 **(1907-1988)**

Ai qu xian sheng 爱去先生
WANG, XIAO YI 王小逸

Ai, Ren 艾任
JI, GUANG AN 吉光安 **(1949-)**

Ai rong 爱容
LIU, YU FENG 刘玉峰 **(1929-)**

Ai, Rui 艾芮
DENG, TUO 邓拓 **(1912-1966)**

Ai, San 艾三
LI, WEI LUN 李维纶 **(1916-)**

Ai, Sen hua 艾森华
LI, FU YUAN 李福源 **(1933-)**

Ai, Sha 艾莎
DING, PING 丁平 **(1922-)**

Ai, Sha 艾砂
LIU, SHU CHUN 刘树春 **(1923-)**

Ai, Shan 艾山
LIN, ZHEN SHU 林振述

Ai shan 爱山
ZHAO, MEI WEI 赵美薇 **(1950-)**

Ai shan lu zhu ren 爱山庐主人
ZHU, JING NONG 朱经农 **(1887-1951)**

Ai, Sheng 艾生
DAI, MENG OU 戴梦鸥 **(1905-1950)**

Ai sheng 蔼生
JIAN, XIAN AI 蹇先艾 **(1906-)**

Ai, Shi 艾士
ZHANG, XI YA 章西厓 **(1917-)**

Ai shi ke 哀时客
LIANG, QI CHAO 梁启超 **(1873-1929)**

Ai, Si 艾斯
YI, XI GAO 易希高 **(1942-)**

Ai, Si 艾斯
ZHANG, XIU ZHEN 张秀贞 **(1953-)**

Ai, Si 艾思
ZHANG, FU XUN 张福勋 **(1939-)**

Ai si 爱丝
ZHAO, JING SHEN 赵景深 **(1902-1985)**

Ai si ji 爱思基
PENG, GUI E 彭桂萼 **(1908-1952)**

Ai si nü shi 爱丝女士
ZHAO, JING SHEN 赵景深 **(1902-1985)**

Ai si nü shi 爱丝女士
HU, YAO HUA 胡耀华 **(1906-1965)**

Ai, Si qi 艾思奇
LI, SHENG XUAN 李生萱 **(1910-1966)**

Ai song guan zhu 爱松馆主
LIN, SONG NIAN 林松年 **(1927-)**

Ai, Ti 艾提
FENG, BAO LIN 冯宝麟 **(1915-)**

Ai, Ti man 艾提曼
FENG, BAO LIN 冯宝麟 **(1915-)**

Ai, Ti sheng 艾逖生
AI, DI CHEN 艾涤尘 **(1905-1975)**

Ai, Tian 艾钿
ZHENG, GUI QUAN 郑桂泉

AI, TIAN YOU 艾天佑 **(1930-)**
Ai, Xing 艾兴
He, Dan 贺丹
Ma, Zhe ren 马哲仁

Ai, Tong 艾彤
LI, DUN AI 李敦蔼 **(1928-)**

Ai, Tong 艾童
WANG, DAO SHENG 王道生 **(1940-)**

Ai, Tu 艾荼
LI, WEI HENG 李维恒 **(1916-)**

Ai, Tuo 艾佗
DU, CHENG LONG 杜承龙 **(1927-)**

AI, WEI 艾伟 **(1891-1955)**
Ai, Xian zhou 艾险舟
Xian zhou 险舟

Ai wei 爱薇
SU, FENG XI 苏凤喜 **(1941-)**

Ai, Wei lin 艾未林
ZHENG, ZAO 郑造 **(1921-1966)**

Ai, Wei lin 艾韦林
ZOU, WEI XI 邹维熙 **(1927-)**

Ai, Wen 艾文
ZHENG, NAI JI 郑乃吉 **(1943-)**

Ai, Wen 艾文
HUANG, XIAN BI 黄先笔 **(1958-)**

Ai, Wen 艾纹
LIU, SHU SHENG 刘树声 **(1927-)**

Ai, Wen 艾汶
PENG, CHANG YUN 彭昌运 **(1916-)**

Ai, Wen 艾雯
XIONG, KUN ZHEN 熊崐珍 **(1923-)**

Ai, Wen hui 艾文会
LI, GENG SHENG 李更生 **(1923-)**

Ai, Wu 艾芜
TANG, DAO GENG 汤道耕 **(1904-1992)**

Ai, Wu 艾悟
WANG, ZU GUANG 王祖光 **(1919-)**

Ai wu 哀吾
CHEN, DONG 陈东 **(1912-)**

Ai wu 爱吾
WANG, REN SHU 王任叔 **(1901-1972)**

Ai wu 爱吾
TANG, DAO GENG 汤道耕 **(1904-1992)**

Ai, Xian 艾弦
XIE, YONG CHENG 谢永成 **(1948-)**

Ai xian 爱仙
PAN, HAN NIAN 潘汉年 **(1905-1977)**

Ai, Xian zhou 艾险舟
AI, WEI 艾伟 **(1891-1955)**

Ai, Xiang 艾乡
LI, BAO JIA 李葆家 **(1920-)**

Ai, Xin 艾新
JIAN, XIAN AI 蹇先艾 **(1906-)**

Ai, Xin 艾欣

ZHANG, BO SHU 张伯树 (1928-)

AI XIN JUE LUO, YU TONG 爱新觉罗毓桐 (1912-)
Hua, Yan 华岩
Hua yan 譁言
Jin, Yu tong 金毓桐
Jin, Zhao ye 金肇野
Wang, Jie 王介
Xi jun 细君
Yu li 予里
Zhao ye 肇野
Zhao, Yu 赵聿

Ai, Xing 艾兴
AI, TIAN YOU 艾天佑 (1930-)

Ai xiu 爱秀
MA, BO LIANG 马博良 (1933-)

AI, XIU FENG 艾秀峰
Da yan 大炎

AI, XUAN 艾轩 (1947-)
Ai, Gui gui 艾圭圭

Ai, Xuan 艾煊
AI, GUANG DAO 艾光道 (1922-)

Ai xuan 皑玄
LIU, ZHEN KUN 刘振堃 (1919-1983)

Ai, Xun 艾循
WEN, CHENG YUN 温成筠 (-1948)

Ai ya 爱亚
LI, QI 李亓 (1945-)

Ai, Yan 艾雁
SUN, MENG REN 孙梦仁 (1946-)

Ai, Yan 艾雁
PAN, JING ZHI 潘经智

Ai, Yan 艾炎
WEN, YU YANG 文誉扬 (1914-)

Ai, Yang 艾扬
XU, ZONG XIAN 续宗先 (1923-)

Ai, Yang 艾阳
XU, ZONG XIAN 续宗先 (1923-)

Ai yang 哀羊
SUN, QIN PING 孙钦平 (1922-)

Ai, Ye 艾野
CHEN, QIU FANG 陈秋舫 (1926-)

Ai, Ye 艾叶
LI, YANG 李扬 (1928-)

Ai, Ye 艾叶
LIANG, TING AI 梁挺爱 (1951-)

Ai, Yi 艾宜
CHEN, XIU RONG 陈秀荣 (1959-)

Ai, Yi 艾以
FU, YONG LING 傅永龄 (1927-)

Ai, Yi chen 艾逸尘
AI, DI CHEN 艾涤尘 (1905-1975)

Ai, Yi cheng 艾意诚
AI, MAI TI 艾买惕 (1921-)

Ai, Yi hua 艾义华
AI, ZHI MING 艾之明 (1956-)

Ai, Yin 艾茵
PU, BAO QIANG 蒲葆强 (1932-)

Ai, Yin 艾音
XIA, HONG FEI 夏鸿飞 (1924-)

Ai you shan ren 爱游山人
WANG, XING TANG 王兴堂 (1921-)

Ai, Yu 艾于
CAO, GUANG HUI 曹光辉

Ai, Yu 艾雨
HE, BEN JUN 何本浚 (1921-)

Ai, Yu 艾玉
LI, WEI LUN 李维纶 (1916-)

Ai, Yu 艾禺
LIU, GUI LAN 刘桂兰

Ai yu sheng 爱欲生
YANG, SHOU MO 杨守默 (1912-1967)

Ai, Yuan 艾袁
FAN, PEI SONG 范培松 (1943-)

Ai, Yue 艾越
CHEN, ZHI CHENG 陈志成 (1940-)

Ai, Yun 艾云
JING, YOU LIN 荆有麟 (1903-1951)

Ai, Yun 艾芸
QIU, SHENG MING 丘声明 (1940-)

Ai, Zhen 艾真
PAN, LIAN SHENG 潘连升 (1913-)

Ai, Zhi 艾芝
LIU, SHI JI 刘世骥 (1928-)

Ai, Zhi 艾之
ZHANG, HONG XIU 张洪修 (1950-)

Ai zhi 爱之
FEI, HAI JI 费海玑 (1924-)

Ai zhi 爱智
WU, YU 吴虞 (1872-1949)

Ai zhi 爱智
TONG, HAN ZHANG 童汉章 (1894-1926)

AI, ZHI GUO 艾治国 (1937-)
Mo mo 陌默

Ai zhi lu 爱智庐
WU, YU 吴虞 (1872-1949)

AI, ZHI MING 艾之明 (1956-)
Ai, Yi hua 艾义华
Yu fu 渔夫

Ai, Zhi ping 艾治平
AI, JIA ZHENG 艾家政 (1925-)

AI, ZHONG XIN 艾中信 (1915-)
Luo, Ke 罗科
Song, Lai 宋莱

Ai zhou 爱周
WANG, YING 王英 (1936-)

Ai, Zhuang 艾莊
ZHUANG, YAN BO 莊延波 (1945-)

Ai, Zi 艾子
YIN, SHEN 殷参 (1916-)

Ai, Zi 艾子
AI, JIA ZHENG 艾家政 (1925-)

Ai, Zi 艾子
MAO, YUN ZHI 毛云之 (1931-)

Ai zi you zhe 爱自由者
JIN, TIAN HE 金天翮 (1874-1947)

Ai zu guo zhe 爱祖国者
GAO, XU 高旭 (1877-1925)

An 安
JI, BAI XING 吉百星 (1916-)

An 案
ZHOU, ZUO REN 周作人 (1885-1967)

An 唵
XU, HU 徐琥 (1909-)

An 庵
LI, MO YING 李默映 (1910-)

An, An 安安
AN, YU YING 安裕英 (1925-)

An, An 安安
CHEN, AN AN 陈安安 (1949-)

An an 庵庵
YANG, ZHONG XI 杨钟羲 (1854-1940)

An, Bo 安波
LIU, QING LU 刘清禄 (1915-1965)

An, Chang weng 安昌翁
SONG, YAO CHEN 宋耀辰 (1911-)

An, Chen 安晨
CHEN, AN 陈安

An, Cheng 安诚
JIANG, SHAO QUAN 江绍铨 (1883-1954)

An, Chu 安处
LAI, JI XUN 来稷勋 (1904-1976)

An, Chu 安初
WANG, MENG YUN 王梦云 (1894-)

An cun 厂村
ZHENG, RUN SHENG 郑润生 (1925-)

An, De 安得
ZHANG, CHUN QIAO 张春桥 (1917-)

An, Di 安荻
TIAN, LIN 田琳 (1916-)

An, Di 安迪
WANG, FU MIN 王福民 (1919-)

AN, DING XIN 安鼎新
Ding xin 鼎新

An dong ni ao 安东尼奥
WANG, JI SHENG 王寄生 (1918-)

An, Du 安都
DU, SONG SHOU 杜松寿 (1905-)

An, Du sheng 安都生
LAI, HE 赖河 (1894-1943)

An, E 安娥
ZHANG, SHI YUAN 张式瑗 (1905-1976)

An, E nü shi 安娥女士
ZHANG, SHI YUAN 张式瑗 (1905-1976)

An, Er shan 安尔善
CHEN, XI ZHOU 陈晞舟 (1957-)

An, Fan 安凡
WANG, XIN 王信 (1934-)

AN, FENG LIN 安凤麟 (1916-1972)
An, Xi 安犀
An, Xi 安西
An, Xing wen 安行文
Cao, Da 曹达
Liu, Jing ting 柳敬亭
Liu, Ren he 柳稔河
Sun, Chang you 孙长有
Xing wen 行文

An, Gang 安岗
AN, ZHENG YUAN 安正元 (1918-)

An gang 岸冈
ZHANG, ZHI LIANG 张志良 **(1934-)**

An, Ge 安歌
WANG, SHOU AN 王守安 **(1948-)**

An gong 岸公
YI, TING XI 易廷熹 **(1874-1941)**

An gong 闇公
DING, CHUAN JING 丁传靖 **(1870-1930)**

An, Gui 安归
LIN, AN GUI 林安归

AN, GUO LIANG 安国梁 **(1925-)**
Ba tu he xi ge 巴图贺喜格
Ye la 耶拉
Yi ke ai li 伊克艾利

An, He 安禾
ZHU, XIU KUN 朱秀坤 **(1944-)**

An, Heng 安恒
DENG, JIN SHEN 邓进深 **(1940-)**

An, Hu lin 安岵林
CHEN, HUO QUAN 陈火泉 **(1908-)**

An, Hua 安华
SHI, ZHE CUN 施蛰存 **(1905-)**

An, Huai 安怀
YANG, JIA CHANG 杨嘉昌 **(1914-)**

AN, HUAI YIN 安怀音
Bei dou 北斗
Huai yin 淮阴
Nan, Zhi 南枝
Shou min shi 手民氏

An, Ji 安吉
WU, JUN QING 吴俊卿 **(1844-1927)**

An, Ji 安济
ZHAO, AN JI 赵安济 **(-1975)**

An, Jian 安蹇
YING, HUA 英华 **(1867-1926)**

An, Jian ping 安剑平
AN, RUO DING 安若定

An jian zhai zhu 安蹇斋主
YING, HUA 英华 **(1867-1926)**

An jian zhu ren 安蹇主人
YING, HUA 英华 **(1867-1926)**

An, Jiang 安江
ZHANG, SHI YAO 张士尧 **(1950-)**

An, Jing 安静
AN, ZHI GUO 安治国 **(1930-)**

An, Ju 安居
FU, XU WEN 傅绪文 **(1956-)**

An, Ka 安卡
AN, SHUANG CHAO 安双朝 **(1962-)**

An, Ke 安克
WANG, YU TANG 王玉堂 **(1907-)**

AN, KE HUI 安克慧 **(1947-)**
Lu, Cao 路草

AN, KE ZHONG 安克忠 **(1942-)**
An, Wei 安危

An, Lan 安澜
DAI, AN LAN 戴安澜 **(1905-1942)**

An lan 盦岚
YU, HAI YAN 于海晏 **(1902-)**

An le xiang ren 安乐鄉人
JIN, ZHAO FAN 金兆蕃 **(1868-1950)**

An, Li 安黎
AN, SHUANG CHAO 安双朝 **(1962-)**

An, Li 安立
LI, WEN TAO 李文涛 **(1880-1942)**

AN, LIANG FA 安良发 **(1943-)**
Mo ran 默然

An, Ling 安陵
MAO, JIN FA 毛金法 **(1932-)**

An liu 岸柳
LIU, JUN JIE 刘俊杰 **(1953-)**

An, Mei 安煤
TANG, YU TING 汤禹廷 **(1922-)**

An, Mi 安米
AN, ZHEN JI 安振继 **(1928-)**

An, Mi 安谧
AN, ZHEN JI 安振继 **(1928-)**

An, Mi 安弥
XIAO, ZI ZHANG 萧子暲 **(1896-1983)**

An, Mi 安弥
YAN, HAN MIN 严汉民 **(1914-)**

An, Miao 安苗
HUANG, AN MIAO 黄安淼 **(1928-)**

An, Min 安敏
YAN, HAN MIN 严汉民 **(1914-)**

An, Na 安娜
GUO, MO RUO 郭沫若 **(1892-1978)**

An, Na 安娜
HE, ZHANG PING 何章平 **(1916-1968)**

An, Na 安娜
SONG, JIU ZHI 宋九祉 (1917-)

An, Na 安娜
PENG, DING AN 彭定安 (1928-)

An, Nan po 安南坡
SHEN, BAO QING 沈葆青 (1923-)

An, Ni 安尼
WEN, ZHE QU 文哲渠 (1911-)

An, Ni 安尼
MA, JI LIANG 马骥良 (1914-1988)

An, Ni bai 安尼柏
TANG, LIAO YUAN 唐燎原 (1956)

An, Ning 安宁
LI, AN NING 李安宁 (1939-)

An, Ning quan 安宁泉
LI, AN NING 李安宁 (1939-)

An, Peng 安鹏
AN, ZHI HAO 安志豪

An, Ping 安平
CHU, AN PING 储安平 (1905-1966)

An, Ping 安萍
ZHANG, TONG 张同 (1918-)

An, Qi 安琦
JIAN, XIAN AI 蹇先艾 (1906-)

An, Qi 安琦
AN, YU YING 安裕英 (1925-)

An, Qi 安琪
AN, YU YING 安裕英 (1925-)

An, Qi 安琪
WANG, AN QI 王安岐 (1952-)

An, Qi 安琪
WANG, AN QI 王安琪 (1963-)

An, Qi 安旗
AN, YU YING 安裕英 (1925-)

An, Qiao 安乔
LEI, QIAN 雷倩 (1957-)

An, Qin 安钦
HE, LÜ TING 贺绿汀 (1903-)

An, Ran 安然
HU, SHAN YUAN 胡山源 (1897-1988)

An, Ran 安然
WANG, ZHI AN 王治安 (1936-)

An, Ran 安然
LU, AN NA 鲁安娜 (1954-)

An, Ran 安然
ZHANG, DE XUE 张德学

An, Ran bing 安冉冰
AN, ZHI HAO 安志豪

An, Ren 安仁
PENG, XUN ZHI 彭逊之

An, Ren 安忍
PENG, XUN ZHI 彭逊之

An, Ru 安如
LIU, YA ZI 柳亚子 (1887-1958)

An, Ru shan 安如山
HE, WEN XUAN 何文轩 (1930-)

An, Ruo 安若
CHANG, JING YU 常敬宇 (1940-)

AN, RUO DING 安若定
An, Jian ping 安剑平
An, Tian xia 安天侠
Ji qin 寄秦
Yi an 逸庵

An, Sai 安塞
ZHANG, AN SAI 张安塞 (1944-)

An shan 案山
ZHOU, ZUO REN 周作人 (1885-1967)

An, Shan shu 安山叔
ZHOU, ZUO REN 周作人 (1885-1967)

An, Shi 安石
BI, CHUN XUAN 毕椿萱 (1902-1927)

AN, SHI SEN 安世森 (1933-)
Xin, Yi 辛悒

AN, SHUANG CHAO 安双朝 (1962-)
An, Ka 安卡
An, Li 安黎

AN, SHUN GUO 安顺国 (1960-)
Xiao an 晓安

An, Si wei 安思危
PAN, DI 潘涤 (1909-)

An, Tang 安汤
ZHANG, CHUN QIAO 张春桥 (1917-)

AN, TI CHENG 安体诚 (1896-1927)
Cun zhen 存真

An, Tian xia 安天侠
AN, RUO DING 安若定

An, Wei 安慰
LIU, XIN HUANG 刘心皇 (1915-)

An, Wei 安危

WANG, JI XUAN 王寄玄 **(1916-1985)**

An, Wei 安危
AN, KE ZHONG 安克忠 **(1942-)**

AN, WEI BANG 安伟邦 **(1930-)**
An, Xiang ming 安向明

An, Wen 安文
LIU, XIAO BIN 刘晓滨 **(1950-)**

AN, WEN BIN 安文斌 **(1943-)**
Wen, Lan 文兰

An, Wen qin 安文钦
AN, XING YUN 安兴运 **(1874-1962)**

An wu nü zi 安吴女子
HU, YUAN 胡渊

An, Xi 安西
AN, FENG LIN 安凤麟 **(1916-1972)**

An, Xi 安犀
AN, FENG LIN 安凤麟 **(1916-1972)**

An, Xia 安侠
WANG, ZU XUN 王祖勋 **(1921-)**

An, Xiang ming 安向明
AN, WEI BANG 安伟邦 **(1930-)**

An, Xin shi 安心室
ZHANG, NAI YAN 张乃燕 **(1893-1958)**

An, Xing wen 安行文
AN, FENG LIN 安凤麟 **(1916-1972)**

AN, XING YUN 安兴运 **(1874-1962)**
An, Wen qin 安文钦

An, Yan 安燕
JIN, GUAN SHAN 靳冠山 **(1933-)**

An, Yang 安扬
SHEN, HAO 沈灏 **(1929-)**

An, Yi 安簃
SHI, ZHE CUN 施蛰存 **(1905-)**

An yin lao ren 安隐老人
GAO, XIE 高燮 **(1878-1958)**

An yong 岸泳
LI, YONG AN 李永安 **(1949-)**

AN, YONG JUN 安永军 **(1951-)**
An, Yong zhi 安勇知

An, Yong zhi 安勇知
AN, YONG JUN 安永军 **(1951-)**

An, You 安有
SHEN, AN YOU 沈安有 **(1936-)**

AN, YU RONG 安裕荣 **(1941-)**
Wang, Bu 王布

AN, YU YING 安裕英 **(1925-)**
An, An 安安
An, Qi 安旗
An, Qi 安琦
An, Qi 安琪
Fu, Ying 傅英

An zhai 闇斋
LI, DA ZHAO 李大钊 **(1889-1927)**

AN, ZHEN JI 安振继 **(1928-)**
An, Mi 安谧
An, Mi 安米

AN, ZHENG YUAN 安正元 **(1918-)**
An, Gang 安岗
Zheng, Yuan 郑远

An, Zhi 安知
YANG, QI YU 杨启宇 **(1948-)**

An, Zhi 安之
ZENG, XIANG QI 曾祥祺 **(1916-)**

An, Zhi 安之
LIU, SHU QIN 刘叔琴

AN, ZHI GUO 安治国 **(1930-)**
An, Jing 安静

AN, ZHI HAN 安志瀚 **(1909-1980)**
An, Zhi wen 安志文
An, Zi wen 安子文

AN, ZHI HAO 安志豪
An, Peng 安鹏
An, Ran bing 安冉冰

An, Zhi wen 安志文
AN, ZHI HAN 安志瀚 **(1909-1980)**

An, Zhu 安住
LI, WEN TAO 李文涛 **(1880-1942)**

An, Zi 安子
WANG, CHANG AN 王长安 **(1956-)**

An, Zi wen 安子文
AN, ZHI HAN 安志瀚 **(1909-1980)**

AN, ZUO ZHANG 安作璋 **(1926-)**
Hong, Shan en 洪善恩
Qi, Liang xiao 齐亮晓

Ang chong 昂冲
WU, TIAN CI 吴天赐 **(1911-1948)**

Ang fu 昂夫
WANG, YU TANG 王玉堂 **(1907-)**

Ao 敖
ZHOU, SHU REN 周树人 **(1881-1936)**

Ao ao 翱翱
ZHANG, ZHEN AO 张振翱 (1943-)

Ao bo fan 傲泊梵
HUANG, LUAN 黄鸾 (1943-)

Ao di luo 奥的洛
LI, YAO NAN 李耀南 (1917-)

Ao fei ou 奥非欧
LI, OU FAN 李欧梵 (1939-)

Ao shan 傲山
LI, YING HAO 李英豪 (1941-)

Ao shuang hua 傲霜花
JIANG, MU 姜穆 (1929-)

Ao shuang xue 傲霜雪
JIANG, MU 姜穆 (1929-)

Ao si 奥斯
ZHOU, GUO CAN 周国粲 (1934-)

Ao si ka 奥斯卡
TIAN, YING CHENG 田英成 (1940-)

Ao xi hen ren 鳌西恨人
CHEN, SHI QING 陈世庆

Ao xiang 翱翔
GAO, JI LIN 高李琳 (1909-)

Ao zhe 鏖者
FENG, LIN ZHENG 冯麟征 (1941-)

Ao zhe 敖者
ZHOU, SHU REN 周树人 (1881-1936)

Ao zhi 敖之
LI, AO 李敖 (1935-)

Ao zhi 熬直
ZHANG, GUANG REN 张光人 (1902-1985)

B

B. B.
LI, YAO TANG 李尧棠 (1904-)

B. P.
XU, SHENG YAO 许绳尧 (1897-1984)

B zi B仔
LIU, JIAN TIAN 刘健甜

Ba 巴
WANG, REN SHU 王任叔 (1901-1972)

Ba, An 巴岸
LUO, DI 罗的 (1928-)

Ba bao wang lang 八宝王郎
WANG, JUN QING 王濬卿

Ba, Bi 巴比
LI, YAO TANG 李尧棠 (1904-)

Ba, Bo 巴波
ZENG, XIANG QI 曾祥祺 (1916-)

Ba chen 芭沉
SU, QING QIANG 苏清强 (1948-)

Ba, Cheng 巴城
LI, MING CHENG 李明诚 (1914-)

Ba di 拔荻
GUO, JIA GUI 郭嘉桂 (1919-)

Ba, Dong 巴东
CAO, CHUAN MEI 曹传美 (1914-1993)

Ba du ma gai shuang 巴都玛该霜
DIAO, GUO HUA 刁国华 (1944-)

Ba, Er 巴尔
YAN, YU SHENG 颜裕盛 (1914-)

Ba er 八儿
GUO, MO RUO 郭沫若 (1892-1978)

Ba, Fei 巴飞
HUANG, YI LU 黄懿陆 (1953-)

Ba, Fu 巴夫
HAN, YU JIE 韩于洁 (1915-)

Ba, Ga lin 巴嘎林
JIA, GUANG YU 贾光宇 (1933-)

BA, GAN 巴干 (1940-)
Ha, Ri chi 哈日赤

Ba, Gen 巴根
SHI, SONG MAO 石松茂 (1958-)

Ba gu sheng ren 八股圣人
XIA, ZENG YOU 夏曾佑 (1863-1924)

Ba gua shan ren 八卦山人
ZHUANG, WEN HUA 莊文桦

Ba, Hu 巴胡
JIANG, YUAN MING 蒋元明 (1949-)

Ba, Hui 巴慧
LIU, ZHI YI 刘志一 (1937-)

Ba jiao 芭焦
SHAO, BO ZHOU 邵伯周 (1924-)

Ba jie 八戒
WANG, REN SHU 王任叔 (1901-1972)

Ba, Jin 巴金
LI, YAO TANG 李尧棠 (1904-)

Ba, Ke 巴克
WANG, REN SHU 王任叔 (1901-1972)

Ba, Ke 巴克

XU, YUN ZHI 徐韫知 (1906-)

Ba, Ke 巴克
DAI, JIE MIN 戴介民

Ba, Ke 巴客
SHEN, DUAN XIAN 沈端先 (1900-1995)

Ba Kin
LI, YAO TANG 李尧棠 (1904-)

Ba, La 巴拉
YAN, LIANG 燕亮 (1938-)

Ba, Lai 巴來
JIN, CHENG ZAI 金承栽 (1910-1936)

Ba, Lai 巴莱
YANG, YAN QI 杨彦歧 (1920-1978)

Ba, Lan 巴兰
XIAO, ZONG PU 萧宗朴 (1905-)

Ba, Lang 巴浪
WEI, CANG SHI 魏沧石 (1928-)

Ba, Lei 巴雷
WU, WANG YAO 吴望尧 (1932-)

Ba, Lei 巴蕾
SHEN, YING WEI 沈英卫

Ba, Lei 巴蕾
WU, NING 吴宁

Ba, Li 巴力
LIU, GUO XING 刘国兴 (1915-)

Ba, Liang 巴亮
MA, BO LIANG 马博良 (1933-)

Ba lin 芭林
ZHANG, YI SAN 张伊三 (1922-)

Ba, Lin fu 巴林夫
SANG, JI YA 桑吉雅

Ba, Ling 巴陵
CHEN, TIAN LAN 陈天岚 (1939-)

Ba, Ling 巴陵
YE, MENG YOU 叶梦友

Ba, Lu 巴路
LIU, MAO FA 刘茂发 (1940-)

Ba lu jue shi 巴鲁爵士
SHEN, CONG WEN 沈从文 (1902-1988)

Ba, Lü 巴旅
ZHENG, YU HUA 郑玉华

Ba, Luo 巴洛
WANG, REN SHU 王任叔 (1901-1972)

Ba, Man 巴曼
WANG, YAN LI 王衍励 (1942-)

Ba, Meng 巴蒙
HE, YU MING 何毓明 (1941-)

Ba meng 拔艨
TAN, PI MO 谭丕谟 (1899-1958)

Ba, Mu 巴牧
QU, SHENG 屈声 (1923-1968)

Ba, Nan 巴南
FAN, JI YAN 范继淹 (1925-)

Ba, Nu 巴弩
WANG, XIE 王燮 (1929-)

Ba nu 拔弩
FU, SHAN WEN 傅善文 (1924-)

Ba, Ping 巴平
YU, YOU FA 于友发 (1943-)

Ba, Ren 巴人
ZHOU, SHU REN 周树人 (1881-1936)

Ba, Ren 巴人
HU, YU ZHI 胡愈之 (1896-1986)

Ba, Ren 巴人
XIAO, GONG QUAN 萧公权 (1897-1981)

Ba, Ren 巴人
YANG, CUN REN 杨邨人 (1901-1955)

Ba, Ren 巴人
WANG, REN SHU 王任叔 (1901-1972)

Ba, Ren 巴人
LIU, ZHI MING 刘智明 (1911-)

Ba, Ren 巴任
WEI, XI LIN 魏锡林 (1937-)

Ba, Sai 巴塞
YAN, YU SHENG 颜裕盛 (1914-)

Ba, Shan 巴山
YANG, CUN REN 杨邨人 (1901-1955)

Ba, Shan 巴山
LI, JING KUAN 李经宽 (1918-)

Ba, Shan 巴山
WANG, CHENG ZHOU 王承周 (1921-)

Ba, Shan 巴山
QU, SHENG 屈声 (1923-1968)

Ba, Shan 巴山
XIE, QI GUI 谢其规 (1933-)

Ba, Shan 巴山
LI, HONG FU 李洪福 (1934-)

Ba shan 拔山

SONG, JIU ZHI 宋九祉 (1917-)

Ba, Shan qing 巴山青
WANG, QING YUAN 王庆沅 (1938-)

Ba, Shan shui 巴山水
JIANG, YUAN MING 蒋元明 (1949-)

Ba shi si sou 八十四叟
ZHANG, DA QIAN 张大千 (1899-1983)

Ba shuo lou tou jiu bie ren 八硕楼头久别人
QI, HUANG 齐璜 (1864-1957)

Ba shuo lou tou zhu ren weng 八硕楼头主人翁
QI, HUANG 齐璜 (1864-1957)

Ba, Si 巴斯
CHEN, SUO JU 陈所巨 (1948-)

Ba, Song 巴松
XIANG, DAN 向丹 (1942-)

Ba, Te er 巴特尔
CAO, XIAO QIANG 曹小强 (1956-)

Ba, Tong 巴桐
ZHENG, ZI JING 郑梓敬 (1947-)

Ba, Tong 巴童
ZHENG, ZI JING 郑梓敬 (1947-)

Ba tong 芭桐
QIU, MING KUN 邱名崐 (1940-)

Ba, Tu 巴突
CHEN, JUN SHAN 陈君山 (1922-)

Ba, Tu 巴土
NING, SHI XIAN 宁世贤 (1949-)

Ba, Tu er 巴图尔
WANG, CHENG YAN 王承琰

Ba tu he xi ge 巴图贺喜格
AN, GUO LIANG 安国梁 (1925-)

Ba, Wang 巴望
YE, YUE DIAN 叶岳典 (1937-)

BA, XIN CHENG 巴信诚
Jin, Zhong 金重

Ba, Yan 巴彦
GU, SAN DUO 顾三多 (1920-)

Ba, Yan bu 巴彦布
HE, YU MING 何毓明 (1941-)

Ba yan lou tou lao zi 八砚楼头老子
QI, HUANG 齐璜 (1864-1957)

Ba yan lou zhu ren 八砚楼主人
QI, HUANG 齐璜 (1864-1957)

Ba yan lou zhu zhe 八砚楼主者
QI, HUANG 齐璜 (1864-1957)

Ba, Yi 巴伊
JIA, LI PING 贾利平 (1960-)

Ba, Yin 巴音
LIN, CHENG SI 林澄思 (1918-)

Ba yin 八音
WEI, DONG YU 魏栋宇 (1961-)

Ba, Yin fu 巴音夫
SHA, HAI 沙海 (1936-)

Ba zhi tou tuo 八指頭陀
JING, AN 敬安 (1852-1912)

Ba zhou 拔舟
ZHUO, GE YUN 卓戈云 (1925-)

Ba, Zi 巴紫
HE, LI DIAO 和礼钓 (1930-)

Bai 白
LU FEI, KUI 陆费逵 (1886-1941)

Bai 白
DAI, MENG OU 戴梦鸥 (1905-1950)

Bai 白
YAO, GUAN SAN 姚冠三 (1910-1999)

Bai 白
DAI, ZI CHENG 戴自诚 (1918-)

Bai 白
CHEN, TIAO 陈调 (1926-)

Bai 柏
SUN, FU YUAN 孙福源 (1894-1966)

Bai, Ai 白艾
CHEN, BING YI 陈秉彝 (1916-)

Bai, Ai 白艾
JIANG, ZHI XIA 蒋志侠 (1926-)

Bai, An 柏庵
JIANG, QI 姜琦 (1886-1951)

Bai, An 白暗
ZHAO, ZHONG 赵锺 (1928-)

Bai, Ao 柏敖
CHEN, ZHONG LIANG 陈中良 (1946-)

Bai bei 百琲
FAN, GUANG XIAN 范广宪 (1897-1980)

Bai bei ci ren 百琲词人
FAN, GUANG XIAN 范广宪 (1897-1980)

Bai, Ben 白奔
YAN, JIN FU 严金符 (1915-)

Bai bi 百弼

WEI, BI 魏弼 (1914-1983)

Bai, Bing 白冰
WU, JIN LAN 吴晋澜 (1907-1984)

Bai, Bing 白冰
CHEN, SHU YUAN 陈淑媛 (1918-1986)

Bai, Bing 白冰
HUANG, HUA QIANG 黄华强 (1930-)

Bai, Bing 白冰
SHEN, QI 沈奇 (1951-)

Bai, Bing 白冰
BAI, YU ZHUO 白玉琢 (1956-)

Bai, Bo 白波
LI, XU 李旭 (1907-1984)

Bai, Bo 白波
WEN, GE 文戈 (-1955)

Bai, Bu 白步
FU, SHI SEN 宓世森 (1933-)

Bai, Cai 白采
TONG, HAN ZHANG 童汉章 (1894-1926)

Bai, Cai 白菜
WEI, CHONG WU 韦崇武 (1905-1978)

Bai, Cang 柏苍
QIN, BEN LI 钦本立 (1918-1991)

Bai, Cao qing 白草青
ZHANG, ZI QI 张自旗 (1928-)

Bai cao shu wu 百草书屋
ZHOU, SHU REN 周树人 (1881-1936)

Bai, Cha 白茶
WANG, ZHENG 王政 (1914-)

BAI, CHANG SHENG 白长生 (1950-)
Bai, Tian 白天
Yu qing 雨晴

Bai, Che 白澈
YAO, YI BANG 姚贻邦

Bai, Chen 白尘
CHEN, ZENG HONG 陈增鸿 (1908-)

Bai, Chen 白尘
CUI, BAI CHENG 崔百城 (1916-)

Bai, Chen 柏臣
HE, BING SONG 何炳松 (1890-1946)

Bai, Chen 白沉
HE, ZHANG PING 何章平 (1916-1968)

Bai, Chen 白辰
ZOU, ZI ZHEN 邹自振 (1949-)

Bai, Chi 白痴
ZHAO, SHU LI 赵树礼 (1906-1970)

Bai, Chi 白痴
CUI, WEN XIA 崔雯霞 (1959-)

Bai chi lou 百尺楼
CHEN, QU BING 陈去病 (1874-1933)

Bai chi lou tou yi zhang fu 百尺楼头一丈夫
HE, JUN 贺骏 (1891-1977)

BAI, CHONG MI 白崇密 (1952-)
Bai, Mi 白密
Han kong yue 寒空月

BAI, CHONG XIAN 白崇贤
Chong xian 崇贤

BAI, CHONG YI 白崇义 (1931-)
Wu sheng 雾升

Bai, Chu hu 白雏虎
HU, WEI BIAO 胡维标 (1939-)

Bai, Chu xiang 白楚香
BAI, YU HUAN 白逾桓 (1875-1935)

Bai chuan 百川
CHEN, RU XUN 陈汝埙 (1906-)

Bai chuan 百川
REN, GAO 任镐 (1926-)

Bai chuan 百川
JIN, LONG XIE 金龙燮 (1932-)

Bai chuan 百川
NI, ZHENG XIANG 倪政祥 (1935-)

Bai, Chun 白莼
DUAN, KE QING 段可情 (1899-)

Bai, Chun 白春
HOU, JUN 侯军 (1959-)

Bai, Chun 白纯
XIN, FA JUN 信法钧 (1920-1990)

Bai, Chun chao 白纯超
LIU, CHENG HUI 刘承蕙 (1925-)

Bai, Chun jin 白纯金
DUAN, KE QING 段可情 (1899-)

Bai, Chun lu 白唇鹿
LUO, LU MING 罗鹿鸣 (1963-)

Bai, Ci piao 白慈飘
BAI, ZI PIAO 白恣票 (1945-)

Bai, Cui 白翠
CHEN, RU XUN 陈汝埙 (1906-)

Bai, Cui 柏翠
CHEN, RU XUN 陈汝埙 (1906-)

Bai, Cun 白村
XIN, FA JUN 信法钧 **(1920-1990)**

Bai, Dan 白丹
LIN, CHEN 林晨 **(1919-)**

Bai, Dan 白丹
LU, YUAN 陆原 **(1928-)**

Bai, Dao 白道
ZHOU, SHU REN 周树人 **(1881-1936)**

Bai dao lao ren 白道老人
LIN, WAN LI 林万里 **(1873-1926)**

Bai, De yi 白得易
YAN, ZHI DAO 严志道 **(1919-)**

Bai, Deng dao 白登道
WANG, HUI FENG 王惠风 **(-1942)**

Bai, Di 白荻
HUANG, KE MEI 黄克梅 **(1915-1961)**

Bai, Di 白荻
YUAN, XUE BO 袁学博 **(1917-)**

Bai, Di 白荻
CAO, ER XU 曹尔序 **(1926-)**

Bai, Di 白荻
CHEN, JIA GUI 陈家桂 **(1942-)**

Bai, Di 白蒂
CHEN, ZHEN YA 陈振亚 **(1919-)**

Bai, Di 白堤
ZHOU, ZHI NING 周志宁 **(1920-1975)**

Bai, Di 白堤
SU, YOU CAI 苏有才 **(1927-)**

Bai, Di 白帝
WANG, ZHI YUN 王志云 **(1945-)**

Bai, Di 白地
ZHAO, REN DE 赵仁德 **(1924-)**

Bai, Di si 白蒂斯
WANG, SEN RAN 王森然 **(1895-1984)**

BAI, DI ZHOU 白涤洲 **(1900-1934)**
Bai, Zhen ying 白镇瀛
Di zhou 涤洲
Di zhou 荻舟

Bai, Die 白蝶
HUANG, XIU HUA 黄秀华

Bai, Die 白迭
YUAN, GUANG MEI 袁光楣 **(1916-1982)**

Bai, Ding 白丁
XU, JIA RUI 徐嘉瑞 **(1895-1977)**

Bai, Ding 白丁
HU, YE PIN 胡也频 **(1903-1931)**

Bai, Ding 白丁
WANG, WEI XIONG 王为雄 **(1909-1986)**

Bai, Ding 白丁
JIANG, SHENG KANG 江升康 **(1912-1989)**

Bai, Ding 白丁
DENG, LIANG 邓亮 **(1914-)**

Bai, Ding 白丁
XU, WEI 徐炜 **(1916-)**

Bai, Ding 白丁
TIAN, JUN SHI 田君实 **(1917-1984)**

Bai, Ding 白丁
LIU, SI HAI 刘斯海 **(1919-)**

Bai, Ding 白丁
DING, MING ZHE 丁明哲 **(1920-1993)**

Bai, Ding 白丁
LI, MIAN YU 李勉予 **(1923-)**

Bai, Ding 白丁
ZHONG, JIN RONG 钟锦荣 **(1927-)**

Bai, Ding 白丁
ZHAO, SHU REN 赵淑忍 **(1932-)**

Bai, Ding 白丁
DUAN, BAO LIN 段宝林 **(1934-)**

Bai, Ding 白丁
CHEN, GUO AN 陈国安 **(1937-)**

Bai, Ding 白丁
DUAN, XIANG JUN 段相君 **(1942-)**

Bai, Ding 白丁
ZHANG, XI GUO 张系国 **(1944-)**

Bai, Ding 白丁
DING, ZHONG DE 丁中德 **(1945-)**

Bai, Ding 白丁
ZHONG, GAO YUAN 钟高渊 **(1946-)**

Bai, Ding 白丁
CHEN, WU MEN 陈无闷

Bai, Ding 白丁
CHENG, SHAN FEN 成善棻

Bai, Ding 白丁
ZHANG, SHI BAO 张世宝

Bai, Dong 柏冬
XIA, XIAO HUA 夏晓华 **(1954-)**

Bai, Duo 柏铎
DONG, TAI HE 董太龢 **(1915-)**

Bai, Er 白尔
WANG, SHI YI 王十仪 (1917-)

Bai, Fan 白帆
QIN, HAO 秦浩 (1908-)

Bai, Fan 白帆
LI, WEI HENG 李维恒 (1916-)

Bai, Fan 白帆
HU, QIU PING 胡秋坪 (1917-)

Bai, Fan 白帆
LI, QI GANG 李启刚 (1925-)

Bai, Fan 白帆
CAI, YU PING 蔡育平 (1927-)

Bai, Fan 白帆
KONG, QING CONG 孔庆聪 (1928-)

Bai, Fan 白帆
ZHANG, HUI REN 张惠仁 (1932-)

Bai, Fan 白帆
FENG, YUN 冯云 (1934-)

Bai, Fan 白帆
HUANG, SHOU YAN 黄寿延 (1934-)

Bai, Fan 白帆
LIU, JIN ZHONG 刘金忠 (1946?-)

Bai, Fan 白帆
WANG, SONG QING 王松青 (1947-)

Bai, Fan 白帆
YU, XIN QING 余新庆 (1949-)

Bai, Fan 白帆
HUA, ZHI GUANG 华志广 (1952-)

Bai, Fan 白帆
SI TU, JIE 司徒杰 (1955-)

Bai, Fan 白帆
SUO, MING XIN 所明心 (1955-)

Bai, Fan 白帆
LI, DA JIU 李大玖

Bai, Fang 柏芳
LU, BAI SHU 陆柏树

Bai, Feng 白峰
BAI, YU YING 白玉瑛 (1927-)

Bai, Feng 白风
LI, KUI 李魁 (1968-)

Bai, Feng 白枫
YUAN, XIAN 袁先 (1921-)

Bai, Feng 白讽
ZHANG, SHI XUN 张世勋 (1925-)

Bai, Fu 白夫
HONG, SHENG ZENG 洪绳曾 (1917-)

Bai, Fu 白夫
ZHANG, RONG GUI 章荣圭

Bai, Gang 白岗
FENG, YU HUAN 冯予焕 (1887-1952)

Bai, Ge 白格
GUAN, DONG YAN 关东彦 (1919-)

Bai, Ge 白鸽
GUO, WEI NONG 郭味农 (1918-)

Bai, Ge 白鸽
XIE, PEI ZHEN 谢培贞 (1921-1953)

Bai, Ge 白戈
REN, NAI FAN 任迺凡 (1906-1986)

Bai ge 百歌
XU, REN 许仁

Bai, Geng 白耕
LI, ZHEN 李振 (1937-)

Bai geng 百耕
WANG, XIU CHUN 王秀春 (1947-)

Bai gong 百弓
LIU, GUANG BI 刘光弼 (1925-)

Bai, Gu 白谷
XIE, KE QIANG 谢克强 (1947-)

Bai, Guang 白光
BAI, GUANG YUAN 白光远 (1916-)

BAI, GUANG YUAN 白光远 (1916-)
Bai, Guang 白光
Xi ren 喜人
Ye, Xing yin 叶行寅

BAI, GUANG ZHENG 白光正 (1922-)
Bai, Ou 白鸥
Bai, Shi 白石
Chang chun 长春
Du, Yu 杜宇
Ni nan yan 呢喃燕
Wei ling 微灵
Ying, Di 英弟

Bai, Gui 白圭
GUO, MO RUO 郭沫若 (1892-1978)

Bai, Gui 白圭
MA, BI 马璧 (1911-1985)

Bai, Gui 白龟
WU, ZHONG QING 吴仲青 (1900-1948)

Bai gui 百归
CHEN, YING SHI 陈应时 (1933-)

Bai, Guo 白果
HUANG, JIAN 黄坚

Bai, Guo 白果
QIAO, CHUAN ZAO 乔传藻 **(1939-)**

Bai, Hai zhen 白海珍
BAI, ZHANG 白章 **(1942-)**

Bai, Han 柏寒
CAO, BO HAN 曹伯韩 **(1897-1959)**

Bai, Han 柏寒
ZHU, SHENG 朱声 **(1919-1966)**

Bai, Han 白寒
CHEN, BING YI 陈秉彝 **(1916-)**

Bai, Han 白寒
XIE, YAO HUI 谢耀辉 **(1919-)**

Bai, Han 白寒
SHAN, MING ZHU 单铭珠 **(1931-)**

Bai, Hang 白航
LIU, XIN MIN 刘新民 **(1926-)**

Bai, Hao 白昊
XU, BAI HAO 许白昊 **(1889-1928)**

Bai, He 白禾
KANG, MU 康穆

Bai, He 白禾
MU, GUANG CAI 穆广才 **(1944-)**

Bai, He 白鹤
KONG, LING JUN 孔令俊 **(1904-1972)**

Bai, He 白鹤
WU, HE QIN 吴鹤琴 **(1913-1969)**

Bai, He 白荷
LIANG, MENG XIAN 梁孟娴 **(1937-)**

Bai, He 白河
WANG, FU QUAN 王福全 **(1905-1983)**

Bai, He 白河
TANG, DE LIANG 唐德亮 **(1958-)**

Bai, He 白合
ZHOU, GUO KUN 周国坤 **(1925-)**

Bai he 百合
ZHANG, RUO GU 张若谷 **(1904-)**

Bai he 百合
CHEN, LIN RUI 陈麟瑞 **(1905-1969)**

Bai, Hei 白黑
WAN, QING LI 万青力 **(1945-)**

Bai, Hen 白痕
BAO, CHONG ZHANG 包崇章 **(1917-)**

Bai, Heng 白珩
WU, SHUANG 吴塽 **(1928-)**

Bai, Heng 白珩
LI, ZHENG NAI 李政乃 **(1934-)**

Bai, Heng 白衡
HUANG, BO HENG 黄伯亨 **(1924-)**

Bai heng 百衡
XU, BO CHENG 许伯承 **(1903-1978)**

Bai, Hong 白虹
LIU, WEI XIN 刘维新 **(1933-)**

Bai, Hong 白虹
CHEN, YUN HE 陈运和 **(1941-)**

Bai, Hong 白虹
LI, DONG FANG 李东方 **(1962-)**

Bai, Hong 白蕻
HE, ZHANG PING 何章平 **(1916-1968)**

Bai, Hong hu 柏鸿鹄
BAI, YU LIAN 柏玉莲 **(1921-)**

Bai, Hua 白桦
SI TU, CHUAN 司徒传 **(1912-1950)**

Bai, Hua 白桦
YU, MING REN 于明仁 **(1917-)**

Bai, Hua 白桦
WU, BAI HUA 吴白桦 **(1918-1955)**

Bai, Hua 白桦
GUO, LI JUN 郭丽君 **(1923-)**

Bai, Hua 白桦
CHEN, YOU HUA 陈佑华 **(1930-)**

Bai, Hua 白桦
FENG, JIANG TAO 冯江涛

Bai, Hua 白华
LÜ, BAI HUA 吕白华 **(1912-1949)**

Bai, Hua 白华
LI, BING LU 李冰炉 **(1917-)**

Bai, Hua 白华
YANG, LI QIAO 杨歷樵

Bai, Hua 柏华
WU, GUANG CHONG 吴广崇 **(1959-)**

Bai hua cao lu 白花草卢
YU, YOU REN 于右任 **(1879-1964)**

Bai hua cun zhang 百花村长
PAN, FEI SHENG 潘飞声 **(1857-1934)**

Bai hua dao ren 白话道人
LIN, WAN LI 林万里 **(1873-1926)**

Bai hua ju shi 白华居士
ZHANG, MO JUN 张默君 **(1884-1965)**

Bai, Hua shu 白桦树
BAO, CHANG 鲍昌 **(1930-1989)**

Bai hua tong ri sheng 百花同日生
ZHANG, QIU CHONG 张秋虫 **(1904-1974)**

Bai, Hua yi 白华义
LI, YING RU 李英儒 **(1914-1989)**

Bai, Huai 白槐
WANG, HUAI YI 王槐一 **(1941-)**

Bai huan 百幻
JIANG, MENG YIN 蒋孟引 **(1907-)**

Bai, Hui 白晖
ZHU, ZI QING 朱自清 **(1898-1948)**

Bai, Hui 白辉
WANG, JIN SHENG 王进生 **(1935-)**

Bai, Hui hua 白晖华
WU, MING HUA 吴明华 **(1943?**

BAI, HUI MIN 白会民 **(1955-)**
Shao gu 少古

Bai, Ji 白集
YANG, BEN QUAN 杨本泉 **(1923-)**

Bai ji 拜汲
CHEN, QU BING 陈去病 **(1874-1933)**

Bai, Ji an 白吉庵
BAI, YING XIANG 白应祥 **(1930-)**

Bai ji lou 拜汲楼
CHEN, QU BING 陈去病 **(1874-1933)**

BAI, JI YUAN 白继元 **(1935-)**
Ji, Yuan 纪元

Bai, Ji zhong 白季仲
LOU, JIAN NAN 楼建南 **(1905-)**

Bai, Jia 白甲
JIANG, XING YU 蒋星煜 **(1920-)**

Bai, Jian 白健
HUANG, JIN SHENG 黄金声 **(1939-)**

Bai jian tang zhu 百剑堂主
CHEN, FAN 陈凡 **(1915-1997)**

Bai, Jiang sheng 白江生
LI, SI QIANG 黎思强 **(1923-)**

Bai, Jiao 白蕉
HE, XU CHU 何旭初 **(1908-1969)**

Bai, Jin 白金
JIN, CHENG HUI 金成辉 **(1933-1990)**

Bai, Jin 白金
BAI, JING REN 白景仁 **(1937-)**

Bai, Jin 白金
HUANG, WAN YUAN 黄万源 **(1939-)**

Bai, Jin 白金
HE, RUO JIN 何若锦

Bai, Jin han 白金汉
LIU, REN YONG 刘仁勇 **(1927-)**

BAI, JIN KUN 白金坤 **(1944-)**
Hong hao 鸿灏

Bai jin shi zhu 拜金室主
MAI, LIU GUANG 麦馏光 **(1931-)**

Bai, Jing 白静
HUANG, NING 黄宁 **(1925-)**

BAI, JING REN 白景仁 **(1937-)**
Bai, Jin 白金
Lei, Huo 雷火
Wen, Gan 文淦

Bai, Ju 白驹
FENG, YU QIU 冯裕球 **(1903-1973)**

Bai, Ju 白驹
YAN, QING 严清 **(1919-)**

Bai, Ju 白驹
ZENG, BAI JU 曾白驹 **(1936-)**

Bai, Ju 白菊
KOU, WANG WEI 寇望微 **(-1950?)**

Bai juan 拜鹃
GAO, XIE 高燮 **(1878-1958)**

Bai, Jun shao 白君勺
FANG, GUI DE 方珪德 **(1922-)**

Bai, Ke 白克
BAI, MING XIN 白明新 **(-1964)**

Bai, Ke 白柯
WEN, ZHE QU 文哲渠 **(1911-)**

Bai, Ke 柏克
HUANG, BO FEI 黄伯飞 **(1914-)**

Bai, Lan 白蓝
LI, LI MING 李立明 **(1926-)**

Bai, Lan hua 白兰花
QIAO, GUAN HUA 乔冠华 **(1913-1983)**

Bai, Lang 白朗
LIU, DONG LAN 刘东兰 **(1912-)**

Bai, Lang 白朗
CHEN, TING GUI 陈廷桂 **(1913-1988)**

Bai, Lang 白朗
CHEN, YU GAN 陈毓淦 **(1917-)**

Bai, Lang 白浪
ZHOU, GUANG DOU 周光斗 **(1920-)**

Bai, Lang 白浪
DONG, CHENG 董成 **(1927-)**

Bai, Lang 白浪
WEN, GE 文戈 **(-1955)**

Bai, Lang 白浪
PAN, JIA HUI 潘嘉惠

Bai, Lang 白郎
LIU, WEI XIN 刘维新 **(1933-)**

Bai, Lang ping 白浪萍
CAI, LIANG REN 蔡良人 **(1938-)**

BAI, LE CHENG 白乐成 **(1946-)**
Bai, Luo 白洛
Bai, Qing 柏青
Cheng, Yin 程殷
Fang, Ling 方苓
Lü, Hua 吕桦
Min hua 旻华
Peng si 芃斯
Pi li 霹雳
Ping rui 萍蕊
Shi, Ping 石坪
Wen, Yi 文易
Yun, Ru 云如

Bai, Le fu 白乐夫
TIAN, ZHONG LUO 田锺洛 **(1924-)**

Bai, Lei 白蕾
LI, WEN 李文

Bai, Leng 白冷
DAI, KE CHONG 戴克崇 **(1907-1964)**

Bai, Li 白黎
BAI, XIAN YONG 白先勇 **(1937-)**

Bai, Li 白藜
WANG, GUANG TI 王光逖 **(1918-1981)**

Bai, Li 柏李
ZHOU, ER XIAN 周尔贤

Bai li 百里
JIANG, FANG ZHEN 蒋方震 **(1882-1938)**

Bai li 百里
MA, HUA 马骅 **(1916-)**

Bai li chang hong 百里长虹
TANG, YU TING 汤禹廷 **(1922-)**

BAI, LI PING 白立平 **(1958-)**
Sai fu 塞夫

Bai, Li shi 白力士
CHENG, XING SAN 程省三 **(1913-)**

Bai, Lian 白练
CHEN, GANG 陈刚 **(1918-1988)**

Bai, Lian 白练
CHEN, SI SHUN 陈思舜 **(1929-)**

Bai, Lian 白莲
GUO, CHANG SHUN 郭长顺 **(1937-)**

Bai, Lian hua 白莲花
PEI, YOU MING 裴有明 **(1921-)**

Bai lian lao tie 百炼老铁
LIU, MENG PENG 刘孟鹏 **(1857-1909)**

Bai, Lian qiu 白怜秋
LAI, ZHAO ZENG 赖肇增 **(1926-)**

Bai, Lin 白琳
HUANG, KE MEI 黄克梅 **(1915-1961)**

Bai, Lin 白琳
MU, XIAN SONG 慕显松 **(1916-1988)**

Bai, Lin 白麟
ZHENG, JIN XIAN 郑锦先 **(1926-)**

Bai, Lin 柏林
ZHUANG, BAI LIN 莊柏林 **(1932-)**

Bai, Ling 白岺
HUANG, ZHANG 黄彰 **(1893-1987)**

Bai, Ling 白灵
ZHANG, BAI SHAN 张白山 **(1912-)**

Bai, Ling 白灵
ZHUANG, ZU HUANG 莊祖煌 **(1951-)**

Bai, Ling 白翎
LI, YOU ZHONG 李友忠 **(1931-)**

Bai, Ling 白翎
ZHANG, BAI LING 张白翎

Bai, Ling 白鸰
XIE, PEI ZHEN 谢培贞 **(1921-1953)**

Bai, Ling 白凌
YE, LAI CHENG 叶来诚 **(1943-)**

Bai, Ling 白零
ZHANG, QING YU 张青榆 **(1916-)**

Bai, Ling 白玲
ZHOU, ZHI NING 周志宁 **(1920-1975)**

Bai ling 百灵
HUANG, RI HUA 黄日华 **(1911-1943)**

Bai ling 百灵
WANG, YONG SUO 王永梭 **(1915-)**

Bai ling 百灵
YAN, BAO KANG 严宝康 **(1953-)**

Bai ling 百龄
ZHANG, BAI LIN 张百麟 **(1878-1919)**

Bai, Ling hai 白令海
WANG, SHAO HUA 王少华 **(1935-)**

Bai, Liu 白流
LÜ, LUO 吕洛

BAI, LONG JU 柏龙驹 **(1933-)**
Bai, Mu 柏木

Bai long shan ren 白龙山人
WANG, ZHEN 王震 **(1867-1938)**

Bai, Lu 白芦
CHEN, DI FAN 陈涤凡 **(1909-)**

Bai, Lu 白芦
FU, SHAN WEN 傅善文 **(1924-)**

Bai, Lu 白潞
FENG, CHI 冯池 **(1931-)**

Bai, Lu 白路
FU, HONG YU 符红雨 **(1929-)**

Bai, Lu 白庐
LI, YU ZHONG 李育中 **(1911-)**

Bai, Lu 白鲁
WU, TING GUAN 吴廷琯 **(1914-)**

Bai, Lü 柏绿
FU, SHAN WEN 傅善文 **(1924-)**

Bai, Lü 柏绿
SUN, BAI LÜ 孙柏绿

Bai, Lü yang 白旅阳
WEN, ZHEN TING 文振庭 **(1924-)**

Bai, Lun 白仑
WANG, LUN 汪崙 **(1912-)**

Bai, Luo 白洛
BAI, LE CHENG 白乐成 **(1946-)**

Bai, Ma 白马
LI, SHU HAN 李叔翰 **(1932-)**

Bai, Ma 白马
YUAN, CONG MEI 袁丛美

Bai, Ma ben 白马奔
SUN, QIN PING 孙钦平 **(1922-)**

Bai, Mang 白芒
WU, GU HONG 吴谷虹 **(1923-1988)**

Bai, Mang 白芒
ZHANG, SHI XUN 张世勋 **(1925-)**

Bai, Mang 白莽
XU, ZU HUA 徐祖华 **(1909-1931)**

Bai, Mei 白眉
ZHU, JI LIANG 朱季良 **(1908-1989)**

Bai, Mei 白眉
MA, SHU LIANG 马叔良 **(1913-)**

Bai, Mei 柏梅
BAI, YU LIAN 柏玉莲 **(1921-)**

Bai, Mei chu 白眉初
BAI, YUE HENG 白月恒

Bai men qiu sheng 白门秋生
YE, YUN PU 叶韫璞 **(1905-1975)**

Bai, Meng 白濛
CHEN, JUN SHAN 陈君山 **(1922-)**

Bai, Meng 白蒙
LIN, CHEN 林晨 **(1919-)**

Bai, Meng 白蒙
CHEN, QUAN 陈全

Bai, Meng 白梦
ZHENG, YANG HONG 郑仰鸿 **(1948-)**

Bai, Mi 白密
BAI, CHONG MI 白崇密 **(1952-)**

Bai, Mian 白勉
LI, XIANG FA 李翔发 **(1958-)**

Bai, Miao 白描
BAI, ZHI GANG 白志钢 **(1952-)**

Bai, Min 柏闽
WANG, BO MIN 王伯敏 **(1924-)**

Bai, Ming 白明
CHEN, XI GUANG 陈锡光 **(1904-1935)**

Bai, Ming 白明
HUANG, WEN XIANG 黄文湘 **(1925-)**

Bai, Ming 白明
YANG, MING 杨明 **(1929-)**

Bai, Ming 白明
BAI, ZHI MING 白志明 **(1939-)**

Bai, Ming 白名
CAI, BO MING 蔡伯铭 **(1924-)**

Bai, Ming 白冥
YAN, BEI MING 严北溟 **(1907-)**

BAI, MING XIN 白明新 **(-1964)**
Bai, Ke 白克
Fang, Di 方迪

Bai, Mo 白默

LI, TAO 李涛 **(1925-)**

Bai, Mo 白沫
MU, SHAO LIANG 沐绍良 **(1912-1969)**

Bai, Mu 柏木
BAI, LONG JU 柏龙驹 **(1933-)**

Bai, Mu 白牧
LI, SHI 李实 **(1923-)**

Bai, Mu 白牧
GUO, FA ZHAN 郭发展 **(1940-)**

Bai, Mu 白牧
ZHANG, WEI 张葳

Bai, Mu 白牧
ZHANG, ZHONG JIANG 张忠江

Bai, Mu 白木
WANG, REN SHU 王任叔 **(1901-1972)**

Bai, Mu 白木
WANG, MING HENG 王名衡 **(1912-1984)**

Bai, Mu 白木
LI, TAO 李涛 **(1925-)**

Bai, Mu 白木
YANG, LIANG CAI 杨亮才 **(1933-)**

Bai, Mu 白木
YANG, BAI QING 杨柏青 **(1964-)**

Bai, Mu 白穆
YUE, ZHONG YUAN 乐忠元 **(1920-)**

Bai mu 百木
ZHENG, JIAN BAI 郑健柏 **(1927-1991)**

Bai mu 百木
OU, RU BAI 区如柏

Bai mu ci lang 白木次郎
WANG, MING HENG 王名衡 **(1912-1984)**

Bai, Ni 白尼
LIN, CHEN 林晨 **(1919-)**

Bai, Ni 白尼
OU, QING 区晴

Bai, Ni 白霓
YAN, JIN FU 严金符 **(1915-)**

Bai, Ni 白霓
LIN, GUO JIAN 林国鉴

Bai, Nian 柏年
ZHOU, JUE 周觉 **(-1933)**

Bai, Nian 柏年
SUN, FU YUAN 孙福源 **(1894-1966)**

Bai, Ning 白苧

PAN, DI 潘涤 **(1909-)**

Bai, Ning 白凝
ZHOU, GUAN WU 周观武 **(1944?-)**

Bai nong 拜农
LIU, SHOU PENG 刘寿彭 **(1891-1934)**

Bai, Ou 白鸥
ZHOU, JI ZHANG 周玑璋 **(1904-1981)**

Bai, Ou 白鸥
DAI, MENG OU 戴梦鸥 **(1905-1950)**

Bai, Ou 白鸥
BAI, GUANG ZHENG 白光正 **(1922-)**

Bai, Ou 白鸥
LIU, GUI QING 刘贵卿 **(1932-)**

Bai, Ou 白鸥
XU, WEN HUA 许文华 **(1934-)**

Bai, Ou 白鸥
XU, LAN SUN 许兰孙

Bai ou nü shi 白鸥女士
XU, LAN SUN 许兰孙

Bai, Peng 白蓬
LIU, ZONG HUANG 刘宗璜 **(1915-1983)**

Bai, Ping 白苹
CHEN, YU GAN 陈毓淦 **(1917-)**

Bai, Ping 白苹
HONG, WEI FAN 洪为蕃

Bai, Ping 白萍
CHEN, YUAN 陈渊 **(1885-1907)**

Bai, Ping 白萍
LÜ, PEI LIN 吕沛林 **(1889-1947)**

Bai, Ping 白萍
YU, MING HENG 俞铭衡 **(1900-1990)**

Bai, Ping 白萍
LI, BO PING 李伯平 **(1920-)**

Bai, Ping 白萍
ZHANG, JIAN NAN 张建南

Bai, Ping 白平
LÜ, PEI LIN 吕沛林 **(1889-1947)**

Bai, Ping 白屏
LI, BO PING 李伯屏 **(1931-)**

Bai, Ping jie 白平阶
BAI, WEN ZHI 白文治 **(1915-)**

Bai, Ping lou 白苹楼
ZHANG, HOU ZAI 张厚载 **(1895-)**

Bai Ping nü shi 白苹女士

SONG, YONG SUN 宋泳荪

Bai ping nü shi 拜苹女士
HU, YAO HUA 胡耀华 **(1906-1965)**

Bai, Ping sheng 白萍生
CHEN, YUAN 陈渊 **(1885-1907)**

Bai, Qi 白琪
HAO, AI 郝艾 **(1915-)**

Bai, Qian 白蒨
ZHANG, ZI QI 张自旗 **(1928-)**

Bai, Qian ceng 白千层
LIU, JING JUAN 刘静娟 **(1940-)**

Bai, Qiao 白樵
CHEN, GUI FA 陈贵发 **(1957-)**

Bai, Qiao 白桥
WU, ZONG HAI 吴宗海 **(1925-)**

Bai, Qing 白情
KANG, HONG ZHANG 康洪章 **(1896-1945)**

Bai, Qing 柏青
ZHANG, WEI QING 张薇青 **(1927-)**

Bai, Qing 柏青
BAI, LE CHENG 白乐成 **(1946-)**

Bai, Qing 柏青
WU, CHUAN JIU 吴传玖 **(1948-)**

Bai, Qing 柏青
ZHANG, BAI QING 张柏青 **(1953-)**

BAI, QING SHAN 白青山 **(1944-)**
Lü shui 绿水

BAI, QING XIANG 白庆祥 **(1955-)**
Bing zhu 冰竹
Shen, Ran 沈然
Xiao bai 晓白

Bai, Qiu 白秋
FU, CHAO WU 傅超武 **(1922-)**

Bai, Qiu 白萩
HE, JIN RONG 何锦荣 **(1937-)**

Bai, Qiu shui 柏秋水
SHI, RUN DE 施润德 **(1917-)**

Bai, Qiu yi 白求易
ZHOU, PEI LI 周培礼 **(1938-)**

Bai, Quan 白泉
LIN, RU JI 林如稷 **(1902-1976)**

Bai, Quan 白泉
WANG, GUO XIN 王国新 **(1949-)**

BAI, QUAN CHENG 白全成 **(1954-)**
Xia, Xin 夏心

Bai, Ren 白人
NIU, BO CHENG 牛伯成 **(1949-)**

Bai, Ren 白刃
WANG, JI SHENG 王寄生 **(1918-)**

Bai ren 百韧
SHI, BAI REN 师百韧 **(1955?-)**

Bai ren 百忍
ZHANG, XIN YUAN 张心远 **(1895-1967)**

Bai ren hou ren 百忍后人
ZHANG, XIN YUAN 张心远 **(1895-1967)**

Bai, Ri 白日
SONG, GUI HUANG 宋桂煌 **(1903-1987)**

Bai, Rong 白榕
TAN, ZHI REN 谭之仁 **(1929-)**

Bai, Ru 白如
CHEN, QU BING 陈去病 **(1874-1933)**

Bai, Ru 柏儒
CHEN, QU BING 陈去病 **(1874-1933)**

Bai ru 百如
CHEN, QU BING 陈去病 **(1874-1933)**

BAI, RU BIN 白汝斌 **(1936-)**
Bing xue 冰雪

BAI, RU YUAN 白汝瑗 **(1915-1987)**
Ling jun 玲君

Bai, Rui 白蕊
HE, JIA RUI 贺家瑞

Bai, Rui xian 白蕊先
QIAN, JUN TAO 钱君匋 **(1906-)**

Bai, Rui xian nü shi 白蕊先女士
QIAN, JUN TAO 钱君匋 **(1906-)**

Bai, Ruo 白若
CHEN, XUN RU 陈巽如 **(1949-)**

Bai, Ruo hua 白若华
CEN, MEI HUA 岑美华 **(1947-)**

Bai, Ruo xue 白若雪
ZHENG, XI YUAN 郑西园

Bai, San 柏三
LI, LI SAN 李立三 **(1899-1967)**

Bai, Sang 白桑
CHEN, YU KUN 陈煜坤 **(1934-)**

Bai, Sen 柏森
XU, XI LIN 徐锡麟 **(1873-1907)**

Bai, Sen 柏森
ZHANG, YOU LUAN 张友鸾 **(1904-1990)**

Bai, Sen 柏森
LIU, MENG TIAN 刘蒙天 **(1918-)**

Bai, Sen 柏森
YIN, BO SHENG 尹伯生 **(1930-)**

Bai, Sen 柏森
WANG, BAI SHENG 王柏生 **(1941-)**

Bai, Sha 白沙
TANG, MING SHI 唐鸣时 **(1901-1982)**

Bai, Sha 白沙
LIU, ZHEN PENG 刘振鹏 **(1915-)**

Bai, Sha 白沙
CHAO, RUO BING 晁若冰 **(1919-)**

Bai, Sha 白沙
ZHOU, WU 周芜 **(1921-)**

Bai, Sha 白沙
MU, DE HUI 穆德辉 **(1924-)**

Bai, Sha 白沙
ZHOU, SHI CHENG 周诗成 **(1925-)**

Bai, Sha 白沙
WEN, XIAO CUN 文晓村 **(1928-)**

Bai, Sha 白沙
HE, JIA LIANG 何家良 **(1937-)**

Bai, Sha 白沙
HE, MING LIANG 何明亮 **(1950-)**

Bai, Sha 白莎
CHAO, RUO BING 晁若冰 **(1919-)**

Bai, Sha 白莎
PENG, XIN QI 彭新琪 **(1929-)**

Bai, Sha 白莎
BAN, ZHI ZHOU 班志洲

Bai, Sha di 白沙堤
LIN, LIANG YA 林良雅 **(1948-)**

Bai sha li ren 白沙里人
TAN, QUAN 谭泉

Bai, Sha zi 白沙子
YI, KUN 易坤 **(1886-1921)**

Bai, Sha zi 白沙子
JIANG, ZHEN LI 蒋振立 **(1940-)**

Bai, Shan 白山
ZHONG, JI MING 钟纪明 **(1906-)**

Bai, Shan 白山
BAO, SHU YUAN 包叔元 **(1911-)**

Bai, Shan 白山
ZHANG, BAI SHAN 张白山 **(1912-)**

Bai, Shan 白山
ZHANG, DE BI 张德壁 **(1919-)**

Bai, Shan 白山
JIANG, HAI RUI 蒋海瑞 **(1922-)**

Bai, Shan 柏山
LI, LI SAN 李立三 **(1899-1967)**

Bai, Shan 柏山
PENG, BING SHENG 彭丙生 **(1910-1968)**

Bai, Shan 柏山
XIAO, JIAN HENG 萧建亨 **(1930-)**

Bai, Shan 白珊
DONG, PEI YI 董培宜 **(1922-)**

Bai shan hua yang 白山华阳
CHEN, TIAN LAN 陈天岚 **(1939-)**

Bai, Shan shi 白山石
ZHONG, SHI PAN 钟士攀 **(1929-)**

Bai shan shi 拜山氏
HU, SHOU REN 胡守仁 **(1908-)**

Bai, Shan song 白山松
LIAN, ZHENG XIANG 廉正祥 **(1945-)**

Bai, Shao 白勺
CHENG, ZHI DI 程至的 **(1922-)**

Bai, She 白舌
ZHOU, SHU REN 周树人 **(1881-1936)**

Bai, Sheng 柏生
SUN, FU YUAN 孙福源 **(1894-1966)**

Bai, Sheng 柏生
LI, LI SAN 李立三 **(1899-1967)**

Bai, Sheng 柏生
CHEN, BAI SHENG 陈柏生 **(1926-)**

Bai, Shi 白石
QI, HUANG 齐璜 **(1864-1957)**

Bai, Shi 白石
WANG, YUAN FANG 汪原放 **(1897-1980)**

Bai, Shi 白石
WANG, REN SHU 王任叔 **(1901-1972)**

Bai, Shi 白石
XU, YU XUN 许郁勋 **(1907-1958)**

Bai, Shi 白石
CAI, GUO ZHENG 蔡国政 **(1915-1983)**

Bai, Shi 白石
BAI, GUANG ZHENG 白光正 **(1922-)**

Bai, Shi 白石
BAO, HUI JING 鲍慧晶 **(1938-)**

Bai, Shi 白石
XU, DA YUAN 许大远

Bai shi 百石
JIN, YING XI 金应熙 **(1919-)**

Bai shi 拜士
CAO, CHUAN MEI 曹传美 **(1914-1993)**

Bai shi hua wu 白石画屋
QI, HUANG 齐璜 **(1864-1957)**

BAI, SHI JIAN 白石坚 **(1931-)**
Bai, Yan 白岩

Bai shi lao ren 白石老人
QI, HUANG 齐璜 **(1864-1957)**

Bai shi lao weng 白石老翁
QI, HUANG 齐璜 **(1864-1957)**

Bai shi seng xian gu 白石僧贤固
QI, HUANG 齐璜 **(1864-1957)**

Bai, Shi shan 白石山
LIU, RONG CHI 刘溶池 **(1917-)**

Bai shi shan ren 白石山人
QI, HUANG 齐璜 **(1864-1957)**

Bai shi shan weng 白石山翁
QI, HUANG 齐璜 **(1864-1957)**

Bai, Shi weng 白石翁
QI, HUANG 齐璜 **(1864-1957)**

Bai, Shou 柏寿
ZHAO, SHI KAI 赵世开 **(1926-)**

BAI, SHOU YI 白守义 **(1936-)**
Yi xiang 翼翔

Bai, Shu 白叔
CHEN, BAI 陈白 **(1869-1934)**

Bai, Shu 白曙
CHEN, ZUO MEI 陈作梅 **(1912-1986)**

Bai, Shu 白术
ZHENG, XUE JIA 郑学稼（**1906-1987**）

Bai, Shu cun 柏树村
YANG, YAN WEN 杨延文 **(1939-)**

Bai, Shu lan 白淑兰
BAI, YAN 白炎 **(1921-)**

BAI, SHU RONG 白舒荣 **(1941-)**
Shu, Xin 舒心
Wei feng 蔚风

Bai, Shuang 白霜
HUANG, HUA QIANG 黄华强 **(1930-)**

Bai, Shui 白水
LIN, WAN LI 林万里 **(1873-1926)**

Bai, Shui 白水
ZHU, ZI QING 朱自清 **(1898-1948)**

Bai, Shui 白水
WANG, BAI SHUI 王白水 **(1922-)**

Bai, Shui 白水
ZHENG, RUO QUAN 郑若泉 **(1927-)**

Bai, Shui 白水
LIU, YONG QUAN 刘涌泉 **(1929-)**

Bai, Shui 白水
XIAO, YUN HUI 肖云辉 **(1929-)**

Bai, Shui 白水
GU, QUAN XIONG 顾泉雄 **(1936-)**

Bai, Shui 白水
XU, RUN QUAN 许润泉 **(1938-)**

Bai, Shui 白水
HONG, ZHI HUI 洪智惠 **(1939-)**

Bai, Shui 白水
LIN, YI QUAN 林义泉 **(1941-)**

Bai, Shui 白水
DING, ZHENG QUAN 丁正泉 **(1946-)**

Bai, Shui 白水
YANG, YONG CAI 杨永才 **(1946-)**

Bai, Shui 白水
LI, BAI TAO 李柏涛 **(1949-)**

Bai, Shui 白水
DUAN, YUE QING 段跃庆 **(1958-)**

Bai, Shui 白水
WANG, TIAN LU 王天禄

Bai, Si 柏思
CHU, BAI SI 褚柏思

Bai, Si 白丝
YUE, CHAI JUN 乐茝军 **(1932-)**

BAI, SI HONG 白嗣宏 **(1937-)**
Shi, Gong 石公

Bai, Song 白松
ZHOU, KUN 周坤 **(1828-)**

Bai, Song zhu 柏松竹
BAI, YU LIAN 柏玉莲 **(1921-)**

Bai, Sou 白叟
DENG, BAI 邓白 **(1906-)**

Bai, Su 白素
NI, YI MING 倪亦明 **(1935-)**

Bai, Su 白苏
ZHU, YI SHU 朱以书 **(1904-)**

Bai, Sun 白隼
LU, ZU PIN 卢祖品 **(1937-)**

Bai, Ta 白塔
ZHAO, WEI WEN 赵蔚文 **(1928-)**

Bai, Tang 白唐
ZHOU, MENG PU 周孟璞 **(1923-)**

Bai, Tao 白桃
DAI, BO TAO 戴伯韬 **(1907-1981)**

Bai, Tao 白桃
YANG, FAN DAI 杨帆代

Bai, Tao 白韬
DAI, BO TAO 戴伯韬 **(1907-1981)**

Bai, Tao 白弢
HAN, JIN 韩进

Bai, Tao 柏涛
XU, HUAN RONG 徐焕荣 **(1916-)**

Bai, Tao 柏涛
LI, BAI TAO 李柏涛 **(1949-)**

Bai, Tao 白匋
WU, ZHENG ZHU 吴征铸 **(1906-1992)**

Bai, Te 白特
DU, XING SHUN 杜兴顺 **(1911-1986)**

Bai, Tian 白天
BAI, CHANG SHENG 白长生 **(1950-)**

Bai, Tian 白天
WANG, GUANG MING 王光明 **(1955-)**

Bai, Tian 柏天
MU, DE HUI 穆德辉 **(1924-)**

Bai, Tie zheng 白铁铮
BAI, ZHONG ZHENG 白中铮

Bai, Ting 柏汀
BAI, YING XIANG 白应祥 **(1930-)**

Bai, Ting 白汀
WANG, FU QUAN 王福全 **(1905-1983)**

Bai, Ting 白汀
LIU, ZHONG HAN 刘忠涵 **(1919-)**

Bai, Ting 白汀
ZHOU, FA SHU 周发书 **(1931-)**

Bai, Ting 白汀
CHEN, GUO AN 陈国安 **(1937-)**

Bai, Ting 白亭
WAN, WEN DE 万文德 **(1915-)**

Bai tou gong jian 白头宫监
QI, MU 戚牧 **(1877-1938)**

Bai tou shuo meng ren 白头说梦人
FENG, MAO LONG 冯懋龙 **(1882-1958)**

Bai, Tou tong 白头通
CUI, GONG DING 崔恭定 **(1864-1937)**

Bai, Tu feng 白吐凤
TONG, HAN ZHANG 童汉章 **(1894-1926)**

Bai, Tuo fang 白拓方
YU, MING REN 于明仁 **(1917-)**

Bai, Wang 白望
ZHENG, SHU QIN 郑树钦 **(1942-)**

Bai, Wei 柏围
CHEN, YUAN 陈原 **(1918-)**

Bai, Wei 白葳
FU, YONG 傅永 **(1925-)**

Bai, Wei 白韦
HAN, JIN 韩进

Bai, Wei 白苇
ZOU, GUAN QUN 邹冠群 **(1912-)**

Bai, Wei 白苇
QU, SHENG 屈声 **(1923-1968)**

Bai, Wei 白苇
HAN, JIN 韩进

Bai, Wei 白薇
HUANG, ZHANG 黄彰 **(1893-1987)**

Bai, Wei 白薇
JIANG, MU 姜穆 **(1929-)**

Bai, Wei 白危
WU, BO 吴渤 **(1911-1984)**

Bai, Wei 柏苇
ZHAN, BO HUI 詹伯慧 **(1931-)**

Bai wei nü shi 白薇女士
HUANG, ZHANG 黄彰 **(1893-1987)**

Bai, Wen 白文
SHI, JI XING 史济行 **(1906-)**

Bai, Wen 白文
LIU, JUN REN 刘骏仁 **(1923-)**

Bai, Wen 白纹
HE, ZHANG PING 何章平 **(1916-1968)**

BAI, WEN ZHI 白文治 **(1915-)**
Bai, Ping jie 白平阶

Bai, Weng 白翁
WU, HE QIN 吴鹤琴 **(1913-1969)**

Bai, Wu 白屋
JIN, QING YAN 金庆棪 **(1880-1932)**

Bai, Wu 白屋
WANG, REN SHU 王任叔 **(1901-1972)**

Bai, Wu 白屋
WU, CHENG HUI 吴承惠 **(1926-)**

Bai, Wu 白屋
GUO, DONG FANG 郭东方 **(1949-)**

Bai wu 百无
ZHANG, ZHI PING 张治平

Bai wu mo ren 白屋默人
SHEN, WEN SHENG 沈文胜 **(1963-)**

Bai, Wu ren 白屋人
SHEN, WEN SHENG 沈文胜 **(1963-)**

Bai wu shi ren 白屋诗人
JIN, QING YAN 金庆棪 **(1880-1932)**

Bai wu shi ren 白屋诗人
WU, FANG JI 吴芳吉 **(1897-1932)**

Bai wu wu sheng 白屋吴生
WU, FANG JI 吴芳吉 **(1897-1932)**

Bai, Xi 白汐
CHENG, BU TAO 程步涛 **(1949-)**

Bai, Xi 白兮
DU, YE MU 杜也牧 **(1910-1984)**

Bai, Xia 白峡
LIU, FANG SHENG 刘方盛 **(1921-)**

Bai xia lao he 白下老鹤
CHEN, SHI YI 陈世宜 **(1884-1959)**

Bai, Xian 白衔
DAI, MENG OU 戴梦鸥 **(1905-1950)**

Bai xian 百先
ZHAO, SHENG 赵声 **(1881-1911)**

BAI, XIAN YONG 白先勇 **(1937-)**
Bai, Li 白黎
Xiao, Lei 萧雷
Yu jin 鬱金

Bai, Xiang 白翔
OU, RU BAI 区如柏

Bai, Xiang 柏香
ZHU, ZI QING 朱自清 **(1898-1948)**

Bai, Xiang deng 白香灯
YU, YANG SHEN 余阳申

Bai, Xiang ren 白向人
DONG, FU DONG 董福东 **(1942-)**

Bai, Xiang zhi 白香芷
CAO, YU TING 曹予庭 **(1929-)**

Bai, Xiao 白晓
ZHU, WEN YUAN 朱文渊 **(1916-)**

Bai, Xiao guang 白晓光
BAI, YONG FENG 白永丰 **(1910-)**

Bai xiao sheng 百笑生
FU, CHAO JIAN 傅朝健

Bai, Xin 白辛
WANG, GUANG TI 王光逖 **(1918-1981)**

Bai, Xin 白辛
WU, YU HONG 吴宇洪 **(1920-1966)**

Bai, Xin 白辛
WANG, YE WEI 王业玮 **(1923-)**

Bai, Xin 白辛
GUO, FA ZHAN 郭发展 **(1940-)**

Bai, Xin 柏馨
LIN, BO XUN 林伯勳 **(1955-)**

Bai, Xing 白星
LIN, RU JI 林如稷 **(1902-1976)**

Bai, Xing 白星
LIU, CHENG HUI 刘承蕙 **(1925-)**

Bai xing 百姓
LI, WEN HUI 李文会 **(1899-1958)**

Bai xing 百姓
XIAO, JUN 萧军 **(1907-1988)**

Bai, Xu 白虚
PAN, DU QING 潘独清 **(1917-)**

Bai, Xu 白絮
ZHANG, JIAN WEN 张建文 **(1953-)**

Bai, Xue 白雪
PENG, XIU DAO 彭修道 **(1905-1944)**

Bai, Xue 白雪
WANG, XUE CHEN 王雪尘 **(1906-1949)**

Bai, Xue 白雪
LIANG, JIN GUANG 梁金广 **(1932-)**

Bai, Xue 白雪
YU, YANG CHUN 于阳春（**1935-)**

Bai, Xue 白雪
LIANG, RUN SHAN 梁润珊 **(1938-)**

Bai, Xue 白雪
LUO, YUE MEI 罗月妹 **(1953-)**

Bai, Xue shi 白雪石
BAI, ZENG RUI 白增锐 **(1915-)**

BAI, XUE XIAN 白雪仙 **(1930-)**
Chen, Shu liang 陈淑良

Bai, Xue yin 白雪吟
GUO, WEI QIU 郭蔚球 **(1931-)**

Bai, Xun 白迅
HUANG, RUI XING 黄瑞兴 **(1938-)**

Bai, Yan 白岩
DENG, YAN LIN 邓燕林 **(1920-)**

Bai, Yan 白岩
BAI, SHI JIAN 白石坚 **(1931-)**

Bai, Yan 白岩
CHEN, XUE FU 陈学夫 **(1939)**

Bai, Yan 白炎
LU, ZHEN HUA 卢镇华 **(1918-)**

BAI, YAN 白炎 **(1921-)**
Bai, Shu lan 白淑兰

Bai, Yan 白砚
ZENG, BAI JU 曾白驹 **(1936-)**

Bai, Yan 白烟
LUO, DI 罗的 **(1928-)**

Bai, Yan 白眼
YU, GUAN YING 余冠英 **(1906-)**

Bai, Yan 白眼
XU, FU MIN 许伏民

Bai, Yan 白雁
QU, LIU YI 曲六乙 **(1930-)**

Bai, Yan 白燕
QIU, ZHEN HUI 邱振惠 **(1919-)**

Bai, Yan 白燕
CHEN, YU PING 陈玉屏

Bai, Yan 白巖
KUAI, XIAN 蒯宪 **(1954-)**

Bai, Yan 柏言
BAI, ZHI GANG 白志钢 **(1952-)**

Bai, Yan 柏巖
WANG, PIN ZHI 王聘之 **(1919-)**

Bai, Yan hua 白彦花
ZENG, DE ZHEN 曾德镇 **(1921-1988)**

Bai, Yan wen 白雁文
GUO, WEI QIU 郭蔚球 **(1931-)**

Bai, Yan zi 白雁子
LI, WEI XUAN 李维宣 **(1926-)**

Bai, Yan zi 白燕子
XIAO, JUN 萧军 **(1907-1988)**

Bai, Yang 白羊
CHEN, WEN WEI 陈文威 **(1948-)**

Bai, Yang 白羊
FENG, MO DA 冯莫达

Bai, Yang 白杨
YANG, WEI QUAN 杨维铨 **(1900-1957)**

Bai, Yang 白杨
YANG, CHENG FANG 杨成芳 **(1920-)**

Bai, Yang 白杨
FU, CHUAN CHANG 符传昌

Bai, Yang 白杨
YANG, JUN LI 杨君丽

Bai, Yang 柏杨
GUO, YI DONG 郭衣洞 **(1920-)**

Bai yang nü shi 白杨女士
LI, HUI QUN 李辉群

Bai, Yao 白垚
LIU, GUO JIAN 刘国坚 **(1934-)**

Bai yao sheng 百药生
LI, SHEN YAN 李慎言 **(1859-1931)**

Bai, Ye 白夜
LIAO, JIA QUAN 廖家权 **(1907-1990)**

Bai, Ye 白夜
FEI, QI 费启 **(1919-)**

Bai, Ye 白野
GUO, CAN ZHI 郭灿之 **(1920-)**

Bai, Ye 白叶
LI, SHI YING 李士英 **(1942-)**

BAI, YE 白烨 **(1952-)**
Wen, Bo 文勃
Xiao bai 晓白

Bai, Ye 柏叶
HAO, AI 郝艾 **(1915-)**

Bai, Ye yue 白野月
ZHAO, MENG YUAN 赵孟原 **(1912-)**

Bai, Yi 白一
CHEN, TIAO 陈调 **(1926-)**

Bai, Yi 白衣
WANG, FENG QI 王凤岐 **(1918-)**

Bai, Yi 白衣
MAO, JIN FA 毛金法 **(1932-)**

Bai, Yi 白易
YAO, YU XIANG 姚玉祥 **(1915-)**

Bai, Yi 白易
JI, HONG CHUN 纪宏春 **(1923-)**

Bai, Yi 白蚁
YAO, YU XIANG 姚玉祥 **(1915-)**

Bai, Yi 白裔
LI, KAI LIANG 李恺良 **(1908-)**

Bai, Yi 白毅
ZHUANG, XIAO RONG 庄筱荣 **(1934-)**

Bai yi 白矣
ZHANG, MIN XIANG 张民享

Bai yi hua ren 白衣画人
JIN, YONG HAO 金永镐 **(1931-)**

Bai Yi lang 白衣郎
YU, DA FU 郁达夫 **(1896-1945)**

Bai yi lou zhu 百一楼主
HOU, HONG JIAN 侯鸿鑑 **(1872-1961)**

Bai, Yi ren 白衣人
ZHAO, AN JI 赵安济 **(-1975)**

Bai, Yi zhu 柏荑珠
YANG, JI YUN 杨霁云 **(1910-)**

Bai, Yin 白银
BAI, YUN HUA 白韻华

Bai, Yin 白音
QU, JIN JU 瞿金驹 **(1910-1979)**

Bai, Yin 白吟
TAO, YONG BAI 陶咏白 **(1937-)**

Bai, Ying 白莹
HUANG, GUAN YI 黄冠义 **(1917-1941)**

Bai, Ying 白莹
XING, XU HUAN 邢煦寰 **(1938-)**

Bai, Ying 白婴
SI TU, CHUAN 司徒传 **(1912-1950)**

Bai, Ying 白婴
HUNG, JUN 洪骏 **(1913-)**

Bai, Ying 白英
LI, RONG PEI 李荣培 **(1903-1981)**

Bai, Ying 白鹰
SANG, YI 桑伊

Bai, Ying 白瑛
TAN, JIAN YAO 谭鉴尧 **(1922-)**

Bai, Ying 柏英
LIANG, BAI 梁柏 **(1954-)**

Bai ying 百英
MIAO, BO YING 缪伯英

BAI, YING XIANG 白应祥 **(1930-)**
Bai, Ji an 白吉庵

Bai, Ting 柏汀

Bai, Yong 白庸
ZHENG, YA BEN 郑亚本 **(1936-)**

BAI, YONG FENG 白永丰 **(1910-)**
Bai, Xiao guang 白晓光
Ma, Jia 马加

Bai, You 白友
LI, LIAN QING 李连庆 **(1925-)**

Bai, You 白悠
LÜ, BO YOU 吕伯悠

Bai you 百忧
CHENG, XI JI 成希箕 **(1898-1991)**

Bai, Yu 白榆
CHEN, RU HUI 陈汝惠 **(1916-)**

Bai, Yu 白羽
GONG, ZHU XIN 宫竹心 **(1899-1966)**

Bai, Yu 白羽
WANG, ZONG FAN 王宗璠 **(1903-1983)**

Bai, Yu 白羽
LIU, BAI YU 刘白羽 **(1916-)**

Bai, Yu 白羽
GUAN, BAO YI 关葆叔 **(1923-)**

Bai, Yu 白玉
NIU, YU HUA 牛玉华 **(1919-)**

Bai, Yu 白玉
XIAO, SHAO LIAN 萧绍连 **(1931-)**

Bai, Yu 白雨
SU, BAI YU 苏白宇 **(1949-)**

Bai, Yu 白鬱
YANG, SEN 杨森 **(1930-1954)**

Bai, Yu 白予
YUAN, TIAN ZHEN 袁天桢 **(1935-)**

Bai, Yu 白渔
ZHOU, WEN YU 周问渔 **(1937-)**

BAI, YU HUAN 白逾桓 **(1875-1935)**
Bai, Chu xiang 白楚香
Chu, Qing 楚卿
Chu, Xiang 楚湘
Chu, Xiang 楚香
Wu, You shi 吴友石

BAI, YU KUN 白毓崑 **(1868-1912)**
Ya yu 雅雨

BAI, YU LIAN 柏玉莲 **(1921-)**
Bai, Hong hu 柏鸿鹄
Bai, Song zhu 柏松竹

Bai, Mei 柏梅
Hong hu 鸿鹄
Song zhu 松竹

BAI, YU YING 白玉瑛 **(1927-)**
Bai, Feng 白峰
Chi hang wu la 赤航乌拉

Bai, Yu zhai 白羽斋
SHE, XUE MAN 佘雪曼 **(1909-)**

BAI, YU ZHUO 白玉琢 **(1956-)**
Bai, Bing 白冰

Bai, Yuan 白园
CHEN, BAI 陈白 **(1869-1934)**

Bai, Yuan 白原
ZHONG, FENG MEI 钟逢美 **(1914-)**

Bai, Yuan 白原
ZHAO, XING GUO 赵兴国 **(1916-1984)**

Bai, Yuan 白原
TAO, JIN YUAN 陶锦源 **(1941-)**

Bai, Yuan 柏原
WANG, BO YUAN 王博渊 **(1952?-)**

Bai yuan tang 拜袁堂
ZHANG, ZHONG RUI 张仲瑞 **(1908-)**

BAI, YUE HENG 白月恒
Bai, Mei chu 白眉初

Bai, Yun 白云
ZHANG, YOU LUAN 张友鸾 **(1904-1990)**

Bai, Yun 白云
WANG, HUA GUANG 王华光 **(1918-)**

Bai, Yun 白云
WU, SHOU MING 吴守明 **(1938-)**

Bai, Yun 白云
NI, ZHEN MAO 倪震懋 **(1940-)**

Bai, Yun 白云
CHEN, XI TIAN 陈锡添 **(1941-)**

Bai, Yun 白云
CAI, BING 蔡兵 **(1943-)**

Bai, Yun 白云
LIU, JIAN MIN 刘建民 **(1956-)**

Bai, Yun 白云
LIAO, HUA GE 廖华歌 **(1958-)**

Bai yun 百云
CHANG, HUAI ZU 常怀祖 **(1931-)**

Bai yun can fu 白云残夫
LI, SHI WEI 李士伟 **(1929-)**

Bai, Yun chuang 白芸窗
GAO, YONG 高詠 **(1920-1942)**

Bai, Yun fei 白云飞
ZHANG, JIONG 张炯 **(1933-)**

Bai, Yun fei 白云飞
LIANG, RUN SHAN 梁润珊 **(1938-)**

Bai, Yun gong 白运工
WU, JI XUE 巫继学 **(1946-)**

Bai yun hong shu guan zhu 白云红树馆主
HUANG, XU WU 黄勗吾 **(1906-)**

BAI, YUN HUA 白韻华
Bai, Yin 白银

Bai yun huang hua shu wu zhu ren 白云黄花书屋主人
JIANG, YING LONG 江应龙 **(1920-)**

BAI, YUN QIN 白韻琴
Hong mu dan 红牡丹

Bai, Yun shan 白云山
LIANG, FENG 梁风 **(1919-1987)**

Bai, Yun shen 白云深
DU, NIAN SHAO 杜念绍 **(1921-)**

Bai, Yun tian 白云天
SHI, RUN DE 施润德 **(1917-)**

BAI, YUN ZHOU 白云洲 **(1948-)**
Xue qi 雪祁

Bai, Zai xuan 白在宣
ZHOU, SHU REN 周树人 **(1881-1936)**

Bai, Zai xuan 白在宣
WU, XIAO TIAN 吴孝田 **(1928-)**

Bai, Zao 白藻
WU, ZHAO AN 吴兆安 **(1924-)**

BAI, ZENG RUI 白增锐 **(1915-)**
Bai, Xue shi 白雪石

BAI, ZHANG 白章 **(1942-)**
Bai, Hai zhen 白海珍

Bai, Zhang 柏樟
LIU, ZHEN 刘珍 **(1915-)**

Bai zhen 百臻
LI, LIAN QING 李连庆 **(1925-)**

Bai, Zhen ying 白镇瀛
BAI, DI ZHOU 白涤洲 **(1900-1934)**

Bai, Zheng dong 白征东
DAI, BO TAO 戴伯韬 **(1907-1981)**

Bai, Zhi 白芷
CHEN, XIANG HE 陈翔鹤 **(1901-1969)**

Bai, Zhi 白芷

FENG, XUE FENG 冯雪峰 **(1903-1976)**

Bai, Zhi 白芷
CAI, WEN XUAN 蔡文玄 **(1905-1995)**

Bai, Zhi 白芷
ZOU, GUAN QUN 邹冠群 **(1912-)**

Bai, Zhi 白芷
LIN, SHI CUN 林适存 **(1914-)**

BAI, ZHI GANG 白志钢 **(1952-)**
Bai, Miao 白描
Bai, Yan 柏言
Mo, Hui 墨绘
Xiao ya 小丫

BAI, ZHI MING 白志明 **(1939-)**
Bai, Ming 白明

BAI, ZHONG ZHENG 白中铮
Bai, Tie zheng 白铁铮

Bai, Zhou 柏舟
CHEN, RU XUN 陈汝埙 **(1906-)**

Bai, Zhou han 白昼寒
XIE, ZHEN DONG 谢振东 **(1930-)**

Bai, Zi 柏子
CHEN, BAI SHENG 陈柏生 **(1926-)**

Bai, Zi 柏子
ZHENG, YAN HUI 郑延慧 **(1929-)**

BAI, ZI PIAO 白恣票 **(1945-)**
Bai, Ci piao 白慈飘
Ci xin 慈心
Xin feng 心风

Bai, Zong yi 白宗义
LI, YING RU 李英儒 **(1914-1989)**

Ban 半
LIU, SHOU PENG 刘寿彭 **(1891-1934)**

Ban bi 半壁
JIANG, BIN 江斌 **(1930-)**

Ban bi weng 半臂翁
HU, PU AN 胡朴安 **(1878-1947)**

Ban can lao ren 半残老人
LIN, YI LIN 林以霖 **(1898-1989)**

Ban cang 半仓
WU, JUN QING 吴俊卿 **(1844-1927)**

Ban chi 半痴
ZHAN, LI WU 詹励吾

Ban chi ren 半痴人
JIN, LÜ XIA 金吕夏 **(1944-)**

Ban cun 半村
HU, SHAN YUAN 胡山源 **(1897-1988)**

Ban cun zhu ren 半村主人
HU, SHAN YUAN 胡山源 **(1897-1988)**

Ban dao 半岛
LUO, MEI ZHAO 罗梅沼 **(1930-)**

Ban dao 半岛
ZHANG, SHUI ZHOU 张水舟 **(1954-)**

Ban geng 伴耕
FENG, XUE FENG 冯雪峰 **(1903-1976)**

Ban guan 半鳏
LI, TIE MIN 李铁民 **(-1947?)**

Ban gui 半圭
CHEN, ZHAO ZHANG 陈兆璋 **(1923-)**

Ban, Han dao 班汉道
WEI, JU XIAN 卫聚贤 **(1898-)**

BAN, HE LIAN 班荷莲
Ban, He lian 斑荷莲

Ban, He lian 斑荷莲
BAN, HE LIAN 班荷莲

Ban jin 半斤
JIN, CHUN BIN 金纯斌 **(1913-)**

Ban jing 半睛
SHENG, SHOU ZAO 盛寿藻 **(1922-)**

Ban ke ke 半呇呇
WEN, YU SHU 温玉书 **(1911-)**

Ban ku ban xiao lou zhu 半哭半笑楼主
YU, YOU REN 于右任 **(1879-1964)**

Ban kuang 半狂
YOU, BAN KUANG 尤半狂

Ban, Lan 班澜
BAN, WEN ZHONG 班文中 **(1946-)**

Ban lan 半兰
HU, YUN 胡蕴 **(1868-1938)**

Ban lan 半阑
CHEN, LIAN QING 陈炼青 **(1907-1940)**

Ban lao xu niang 半老徐娘
WANG, SHU TIAN 王书天

Ban lin 半林
GU, WAN CHUAN 谷万川 **(1905-1970)**

Ban long 半聋
ZHAO, HE QIN 赵鹤琴 **(1894-)**

Ban long 半聋
HU, KE XI 胡克熙 **(1911-)**

Ban long 半龙

XU, GUAN ZENG 许观曾 **(1899-1939)**

Ban mei 半槑
XU, FU LIN 徐傅霖 **(1879-1958)**

Ban, Men fu 班门斧
ZENG, YUE 曾钺 **(1919-)**

Ban meng 半梦
XU, RANG 徐儴 **(1885-)**

Ban min 般皿
CHENG, XING SAN 程省三 **(1913-)**

Ban nong 半农
LIU, SHOU PENG 刘寿彭 **(1891-1934)**

Ban nong 伴侬
LIU, SHOU PENG 刘寿彭 **(1891-1934)**

Ban nong 瓣秾
LIU, SHOU PENG 刘寿彭 **(1891-1934)**

Ban piao dao ren 半瓢道人
XIAO, TIAN SHI 萧天石 **(1909-)**

Ban ping 半瓶
ZHANG, XIN YUAN 张心远 **(1895-1967)**

Ban po 半坡
YIN, JIAN DING 尹建鼎 **(1922-)**

Ban qiao 半桥
CHEN, TIAO MIN 陈调民 **(1921-)**

Ban qin 半琴
WANG, YANG 王扬 **(1917-1986)**

Ban ri cun 半日邨
WU, JUN QING 吴俊卿 **(1844-1927)**

Ban seng 半僧
CHEN, JIA DING 陈家鼎 **(1877-1928)**

Ban seng 半僧
ZHANG, BO ZHEN 张伯祯 **(1877-1947)**

Ban seng 半僧
LÜ, FO TING 吕佛庭 **(1911-)**

Ban seng lao yu 半僧老渔
ZHANG, BO ZHEN 张伯祯 **(1877-1947)**

Ban shan 半山
DUAN, KE XING 段克兴 **(1906-)**

Ban shan ren 半山人
ZHANG, DE XUE 张德学

Ban shi 伴石
MAO, BING QIAN 毛秉乾 **(1921-)**

BAN, SHU GE 班书阁 **(1900-)**
Shu ge 书阁

Ban shui 半水
XIAO, YU TIAN 萧毓田 **(1937-)**

Ban su 半粟
LI, JIAN NONG 李剑农 **(1880-1963)**

Ban tang 半塘
REN, NE 任讷 **(1897-1991)**

BAN, WEN ZHONG 班文中 **(1946-)**
Ban, Lan 班澜

Ban xia 伴霞
ZHU, ZHEN YUAN 朱桢元

Ban xia lou zhu 伴霞楼主
TONG, CHANG ZHE 童昌哲 **(1927-)**

Ban xian 半仙
LUO, WAN JU 罗万俥 **(1898-)**

Ban xu 半须
ZHAO, XIN FANG 赵信芳 **(1927-)**

Ban ya 半雅
YUAN, KUI JIU 袁睽九 **(1922-)**

BAN YAO WEN 班耀文 **(1942-)**
Lao ban 老板

Ban ye lou 半野楼
JIN, AN QING 金安清

Ban, Yi 班毅
LU, SHAO QUAN 卢绍权 **(1920-1980)**

Ban yin 半隐
ZHU, KONG YANG 朱孔阳 **(1842-1919)**

Ban you 半油
ZHANG, XIN YUAN 张心远 **(1895-1967)**

Ban you xuan 半幽轩
YAO, GUAN SAN 姚冠三 **(1910-1999)**

Ban yuan 斑园
JIAN, YOU WEN 简又文 **(1896-1979)**

Ban zhang 板章
LIANG, MAN CANG 梁满仓

Ban zhi 半之
CHE, SHOU ZHOU 车寿周 **(1914-)**

BAN, ZHI ZHOU 班志洲
Bai, Sha 白莎
Zhi zhou 志洲

Bang bang 邦邦
PANG, BANG BEN 庞邦本 **(1935-)**

Bang ren 邦人
XU, BING YUE 徐秉钺 **(1926-)**

Bang shi 邦式
ZHOU, BANG SHI 周邦式

Bang zi 梆子
HUANG, JIA ANG 黄甲昂 **(1934-)**

Bang xian 邦宪
QIN, BANG XIAN 秦邦宪 **(1907-1946)**

Bao 报
TAO, LAN SUN 陶兰荪

Bao, Ai di 鲍爱蒂
LI, SHANG ZHONG 李尚忠 **(1915-)**

Bao, Ai ru 鲍霭如
LU, XIANG XIAN 陆象贤 **(1917-)**

Bao, An 宝安
LIANG, JIN XIU 梁锦秀 **(1953-)**

BAO, AN BAO 包安保
Bao, You fu 包柚斧
You fu 柚斧

Bao, Bai hen 包白痕
BAO, CHONG ZHANG 包崇章 **(1917-)**

Bao, Bang en 包邦恩
BAO, YU GUO 包于国 **(1927-)**

Bao, Bao 包苞
BAO, YA DONG 包亚东 **(1933-)**

Bao, Bao 宝宝
LIN, HUI YIN 林徽音 **(1903-1955)**

Bao, Bu ping 包不平
DING, JING TANG 丁景唐 **(1920-)**

Bao, Bu ping 鲍布萍
YANG, YOU TIAN 杨佑田 **(1958-)**

Bao can 抱残
LIU, MENG PENG 刘孟鹏 **(1857-1909)**

Bao can lao ren 抱残老人
LUO, ZHEN YU 罗振玉 **(1866-1940)**

Bao can shou que zhai zhu ren 抱残守缺斋主人
LIU, MENG PENG 刘孟鹏 **(1857-1909)**

BAO, CHANG 鲍昌 **(1930-1989)**
Ai, Fang 艾方
Bai, Hua shu 白桦树
Bao, De ren 鲍得人
Gu, Liang chun 谷梁春
Ji, Feng cheng 纪风城
Li, Lan ling 李兰陵
Liao, Yin 廖垔
Si ma, Chang ying 司马长缨
Yan, Wu ji 言无忌
Yu, Ai ya 余爱亚

Bao, Chang 宝常
SONG, BING HENG 宋秉恒 **(1912-)**

BAO, CHANG MING 包长命 **(1956-)**
Mo • da ri han fu 莫•达日罕夫

Bao chen 饱尘
LI, BAO ZHEN 李保真 **(1907-1979)**

BAO, CHEN CHU 包辰初 **(1928-)**
Di feng 荻风

Bao, Cheng 宝诚
ZHOU, LU SHI 周路石 **(1924-)**

BAO, CHONG ZHANG 包崇章 **(1917-)**
Bai, Hen 白痕
Bao, Bai hen 包白痕
Bao, Gu 包谷
Ku ding 苦丁
Xin, Ru 辛茹

Bao, Chuan 包川
BAO, DE CHUAN 包德川 **(1942-)**

Bao cun 抱存
YUAN, KE WEN 袁克文 **(1890-1931)**

Bao cun 褎存
YUAN, KE WEN 袁克文 **(1890-1931)**

Bao dao 抱道
MEI, MO SHENG 梅墨生 **(1960-)**

Bao de 葆德
PENG, CHANG YUN 彭昌运 **(1916-)**

BAO, DE CHUAN 包德川 **(1942-)**
Bao, Chuan 包川

Bao, De ren 鲍得人
BAO, CHANG 鲍昌 **(1930-1989)**

Bao ding 葆丁
LIU, NING 刘宁 **(1931-)**

Bao, Er 保尔
XU, YUAN DU 徐元度 **(1907-1986)**

Bao, Er cong 鲍耳聪
XU, SHI LIAN 许世连 **(1920-)**

Bao, Fang 鲍方
BAO, JI HUAN 鲍继焕 **(1922-)**

Bao, Fei di 包菲的
WANG, REN SHU 王任叔 **(1901-1972)**

Bao feng 暴风
BAO, GUI FU 暴桂福 **(1942-)**

BAO, GAN FU 包干夫 **(1920-)**
Bao, Yu qian 包玉谦
Gan, Fu 干夫
Ge, Zhen ying 戈振缨
Li qing 沥青
Yang, Fan 扬帆

BAO, GANG 包钢 **(1947-)**
He chuan 鹤川

Bao gong 抱公
YUAN, KE WEN 袁克文 **(1890-1931)**

Bao gong 褒公
YUAN, KE WEN 袁克文 **(1890-1931)**

BAO, GONG YI 包公毅 **(1876-1973)**
Ai jiao 爱娇
Bao, Lang sheng 包郎生
Bao, Lang sun 包郎孙
Bao, Qing zhu 包清柱
Bao, Shan 包山
Bao, Shan zi 包山子
Bao, Tian xiao 包天笑
Chuan ying 钏影
Chuan ying lou 钏影楼
Chun yun 春云
Dan lou 旦楼
De bao 德宝
Jia ye 迦叶
Jian ying 剑影
Jiang xiang lü yan zhi lou 绛香绿艳之楼
Lang sheng 朗生
Lang sheng 阆笙
Lang xun 朗孙
Lao bing 老兵
Lao chou 老丑
Lao sheng 老生
Leng, Xiao 冷笑
Man miao 曼妙
Nian hua 拈花
Qie lou 且楼
Qie zhu lou 且住楼
Qing yun nan 青云南
Qing zhu 清柱
Qiu, Xin 秋心
Qiu xin ge 秋心阁
Qiu, Xing 秋星
Qiu xing ge 秋星阁
Qiu xing ge zhu ren 秋星阁主人
Ran zhi weng 染指翁
Tian xiao 天笑
Tian xiao sheng 天笑生
Wei miao 微妙
Wei xiao 微笑
Wo xian bai hua shi ri sheng 我先百花十日生
Wu men tian xiao sheng 吴门天笑生
Xiao 笑
Xiao nian hua 笑拈花
Xiao sheng 小生
Xiao weng 笑翁
Yi hong 怡红
Yu weng 馀翁

Bao, Gu 包谷
BAO, CHONG ZHANG 包崇章 **(1917-)**

Bao, Gu 包谷
WANG, BAO GUO 王保国 **(1950-)**

Bao gu 抱谷
CUI, BAO GUO 崔宝国 **(1949-)**

Bao gu 苞谷
WANG, BAO GUO 王保国 **(1950-)**

Bao guang 葆光
JIN, BAO GUANG 金葆光

BAO, GUI FU 暴桂福 **(1942-)**
Bao feng 暴风

BAO, GUO LU 鲍国路 **(1946-)**
Ke, Yun lu 柯云路

BAO, GUO ZHONG 鲍国忠 **(1947-)**
Lu, Shi 卢石
Xiang shan 象山
Xin lai 新来

Bao, Hong 鲍红
LIU, ZHAO LIN 刘兆林 **(1949-)**

Bao hua 葆华
CAO, BAO HUA 曹宝华 **(1905-1978)**

Bao hua jing she 抱华精舍
QIAN, JUN TAO 钱君匋 **(1906-)**

BAO, HUA PU 鲍化普 **(1922-)**
Da shun nian 大顺年
Guan, Hua 管桦
Guan, Hua 管华
Li, Yu ru 李玉如
Yu gong hou dai 愚公后代

Bao, Huai chen 包怀琛
BAO, HUI SENG 包惠僧 **(1894-1979)**

BAO, HUAN RAN 包焕然 **(1932-)**
Bao, Lei 鲍磊
Bao, Yong xin 包永新
Gao, Zhan 高展

BAO, HUI JING 鲍慧晶 **(1938-)**
Bai, Shi 白石
Hai, Ling 海灵
Hui jing 慧晶

BAO, HUI SENG 包惠僧 **(1894-1979)**
Bao, Huai chen 包怀琛
Bao, Hui sheng 鲍晦生
Bao, Sheng 包生
Bao, Yi de 鲍一德
Bao, Yi yi 包一亦
Bao, Yi yu 包一宇

Hui seng 惠僧
Lei 雷
Ming 鸣
Qi wu lao ren 栖梧老人
Seng 僧
Yi de 一德
Yi yu 亦愚

Bao, Hui sheng 鲍晦生
BAO, HUI SENG 包惠僧 **(1894-1979)**

BAO, JI HUAN 鲍继焕 **(1922-)**
Bao, Fang 鲍方
Fang, Ge 方歌
Wei, Ye 韦野
Yan nan 彦南

BAO, JIA JUN 包家骏 **(1948-)**
Bo • ba er si 博•巴尔斯
Jia jun 佳峻

BAO, JIA LING 鲍嘉龄 **(1942-)**
Jia xiang 嘉湘

Bao, Jian 保健
JIANG, BAO JIAN 姜保健 **(1947-)**

BAO, JIAN SHENG 鲍建胜 **(1969-)**
Cheng, Lan 承岚

Bao, Jie 鲍介
LOU, JIAN NAN 楼建南 **(1905-)**

Bao jie 葆劼
ZHANG, BAO JIE 张宝杰 **(1946-)**

Bao, Jun 鲍钧
CHAI, ZHI YING 柴之英 **(1928-)**

Bao jun 豹军
WU, XIANG RONG 吴相融

BAO, KE HUA 包可华
Ke hua 可华
Zhi hua 智华

BAO, KUN 鲍昆 **(1953-)**
Li, Lei 李雷
Wu, Ming 吴铭

Bao, Lan 包兰
DING, BAO LAN 丁宝兰 **(1917-1988)**

Bao, Lang sheng 包郎生
BAO, GONG YI 包公毅 **(1876-1973)**

Bao, Lang sun 包郎孙
BAO, GONG YI 包公毅 **(1876-1973)**

Bao, Le di 鲍乐蒂
ZHANG, FAN 张帆 **(1909-)**

Bao, Lei 鲍磊
BAO, HUAN RAN 包焕然 **(1932-)**

Bao, Lei 包蕾
NI, QING ZHI 倪庆秩 **(1918-1989)**

BAO, LI LI 鲍利黎 **(1948-)**
Li, Li 李黎
Li, Yang 黎阳
Xue, Li 薛荔

BAO, LI MIN 包立民 **(1941-)**
Li, Min 犁敏
Yun, Hai 云海

Bao, Lian 宝莲
LÜ, BI CHENG 吕碧城 **(1883-1943)**

Bao liang 抱良
LI, LIU RU 李六如 **(1887-1973)**

Bao, Lie si 鲍列斯
LU, XIANG XIAN 陆象贤 **(1917-)**

Bao, Lin 宝林
LI, ZHEN YING 李震瀛

Bao, Lin 宝林
ZHONG, KAI MING 钟开明 **(1918-1992)**

Bao, Luo 保罗
LIU, ZHEN YI 刘贞一 **(1907-1941)**

Bao, Luo 保罗
CAI, GUO YING 蔡国英 **(1912-)**

Bao, Luo 保罗
XU, BAI YI 徐百益

Bao, Luo di 包落弟
HU, SHAN YUAN 胡山源 **(1897-1988)**

Bao, Luo duo 包罗多
FU, YAN CHANG 傅彦长 **(1891-1961)**

Bao, Mi 保密
WANG, LI XIONG 王力雄

Bao, Ming 包明
YAN, BAO MING 阎葆明 **(1907-)**

BAO, MING LU 鲍明路 **(1927-1977)**
Bao, Xing jian 鲍行健

Bao pi 报癖
TAO, LAN SUN 陶兰荪

Bao, Ping 鲍平
XIE, BAO PING 解保平 **(1953-)**

Bao pu 抱朴
QIN, DI QING 秦涤清

Bao, Qin cun 鲍芹村
ZHAO, JING SHEN 赵景深 **(1902-1985)**

Bao, Qing 宝卿
LI, BAO XUN 李葆恂 **(1859-1915)**

Bao qing 葆青
LI, BAO JING 李宝靖 **(1934-)**

Bao, Qing nan 鲍庆南
BAO, QING XIAN 鲍庆献 **(1923-)**

BAO, QING XIAN 鲍庆献 **(1923-)**
Bao, Qing nan 鲍庆南
Bian, Xiao luan 边小鸾
Gao, Ju 高炬
Gao, Yuan 高远
Lu, Xin 卢辛
Peng, Bai 彭拜
Qin, Lan 秦览
Tie hai 铁孩
Wang, Qing yun 王庆云
Xiao tian 笑天
Yi, Hong 易红
Yu, Hong mian 郁红棉

Bao, Qing zhu 包清柱
BAO, GONG YI 包公毅 **(1876-1973)**

Bao, Quan 宝权
GE, BAO QUAN 戈宝权 **(1913-)**

Bao, Quan 宝泉
ZHANG, BAO QUAN 张宝泉 **(1901-1928)**

Bao quan 葆荃
GE, BAO QUAN 戈宝权 **(1913-)**

Bao ren 报人
ZHANG, XIN YUAN 张心远 **(1895-1967)**

Bao run 抱润
MA, QI CHANG 马其昶 **(1854-1929)**

BAO, RUN PU 鲍润普 **(1924-)**
Ren, Pu 任朴

Bao sang 苞桑
LAO, SI GUANG 劳思光

Bao, Sen 宝森
LI, ZHEN YING 李震瀛

Bao, Shan 包山
BAO, GONG YI 包公毅 **(1876-1973)**

Bao, Shan 包珊
GONG, BAO SHAN 龚宝善 **(1907-)**

Bao, Shan 宝珊
OU, SHAO JIU 欧少久 **(1911-)**

Bao shan bing sou 鲍山病叟
QIAN, XUAN TONG 钱玄同 **(1887-1939)**

Bao, Shan zi 包山子
BAO, GONG YI 包公毅 **(1876-1973)**

Bao, Sheng 包生
BAO, HUI SENG 包惠僧 **(1894-1979)**

BAO, SHENG 宝生 **(1961-)**
Bo・yi lan 博・屹岚

Bao sheng 葆盛
XIE, BAO CHENG 谢保成 **(1943-)**

Bao, Shi 宝石
LIANG, XIAO ZHONG 梁小中 **(1926-)**

Bao shi 抱石
DIAO, BAO SHI 刁抱石

BAO, SHU YUAN 包叔元 **(1911-)**
Bai, Shan 白山
Luo, Dian hua 罗甸华
Suo yuan 索原
Ye, Jun 叶君
Ye, Lai shi 叶籁士

Bao, Si 保斯
TIAN, YUAN 田源 **(1927-1987)**

Bao, Si wen 包斯文
GENG, RONG SHUI 耿荣水

Bao, Tian 包天
HUANG, SHU LIN 黄叔麟 **(1939-)**

Bao, Tian xiao 包天笑
BAO, GONG YI 包公毅 **(1876-1973)**

BAO, WEN DI 包文第 **(1920-)**
Bao, Wen di 包文棣
Guan huai 关怀
Guo, Wen ge 过闻歌
Jing ji xin 荆棘心
Ling, Ke 凌柯
Mai, Ji 麦季
Mai, Xiu 麦秀
Mo, Huai gu 莫怀古
Qi, Si wen 齐思闻
Qi, Tian le 齐天乐
Si ma, Qian 司马倩
Wei, Bai xin 韦柏馨
Wen, Ge 闻歌
Xin, Wei ai 辛未艾
Zeng, Hen 曾痕
Zhou, Mi 周密

Bao, Wen di 包文棣
BAO, WEN DI 包文第 **(1920-)**

BAO, WEN WEI 鲍文蔚
Gan, Ren 甘人

Bao, Wen zheng 包文正
LIN, WU XIAN 林武宪 **(1944-)**

Bao weng 豹翁
SU, WEI MING 苏伟明

Bao xi chang yin ke 抱膝长吟客
SONG, JIAO REN 宋教仁 **(1882-1913)**

Bao xi chang yin zhe 抱膝长吟者
SONG, JIAO REN 宋教仁 **(1882-1913)**

BAO, XIAN 保贤
Huo tou seng 火头僧

Bao xiang 抱香
XIE, HUA GUO 谢华国 **(1882-1939)**

Bao, Xiang zhai 宝襄斋
ZHU, JIA JIN 朱家溍 **(1914-)**

Bao, Xiao 鲍晓
DONG, QING FANG 董庆芳 **(1954-)**

Bao, Xiao hui 鲍晓晖
ZHANG, JING YING 张竟英 **(1926-)**

Bao, Xing jian 鲍行健
BAO, MING LU 鲍明路 **(1927-1977)**

BAO, YA DONG 包亚东 **(1933-)**
Bao, Bao 包苞

Bao, Yan 保彦
FEI, ZI BIN 费子彬 **(1890-)**

Bao, Yan 宝燕
YUAN, KE WEN 袁克文 **(1890-1931)**

Bao yan 瀑岩
ZHAO, BAO ZHONG 赵宝忠 **(1919-)**

Bao, Yao ming 鲍耀明
CAO, JU REN 曹聚仁 **(1900-1972)**

BAO, YAO MING 鲍耀明 **(1920-)**
Cheng, Zhong en 成仲恩
Gan, Niu 甘牛
Gan, Zhong 甘中
Jie 杰

Bao yi 抱壹
CHEN, BAO YI 陈抱一 **(1893-1945)**

Bao yi 抱一
HUANG, YAN PEI 黄炎培 **(1878-1965)**

Bao yi 抱一
CHEN, BAO YI 陈抱一 **(1893-1945)**

Bao yi 抱一
REN, LI QING 任理卿 **(1895-)**

Bao yi 抱一
LI, GUO QING 李国庆 **(1941-)**

Bao yi 豹异
CHENG, ZHUO RU 程灼如 **(1924-)**

Bao yi 抱遗
SHEN, ZENG ZHI 沈曾植 **(1850-1922)**

Bao, Yi de 鲍一德
BAO, HUI SENG 包惠僧 **(1894-1979)**

Bao, Yi yi 包一亦
BAO, HUI SENG 包惠僧 **(1894-1979)**

Bao, Yi yu 包一宇
BAO, HUI SENG 包惠僧 **(1894-1979)**

Bao, Yin 宝音
LI, WEN TAO 李文涛 **(1880-1942)**

Bao yin 豹隐
CHEN, QI XIU 陈启修 **(1886-1960)**

Bao, Yong xin 包永新
BAO, HUAN RAN 包焕然 **(1932-)**

Bao, You fu 包柚斧
BAO, AN BAO 包安保

Bao, You fu 包柚斧
LI, HAN QIU 李涵秋 **(1873-1923)**

Bao, Yu 鲍雨
QIN, GUO XIAN 钦国贤 **(1913-1983)**

Bao, Yu 宝玉
SU, XUAN YING 苏玄瑛 **(1884-1918)**

BAO, YU GUO 包于国 **(1927-)**
Bao, Bang en 包邦恩

BAO, YU KE 包玉珂
A xue 阿雪

Bao, Yu qian 包玉谦
BAO, GAN FU 包干夫 **(1920-)**

Bao, Yu tang 包玉堂
BAO, ZU TANG 包祖堂 **(1934-)**

Bao, Yu tang 包裕堂
BAO, ZU TANG 包祖堂 **(1934-)**

Bao, Yuan 保园
CUI, YU ZHANG 崔豫章 **(1924-)**

Bao yuan 苞园
NI, BAO YUAN 倪宝元 **(1925-)**

Bao, Zhen 保真
JIANG, BAO ZHEN 姜保真 **(1955-)**

Bao zhen 抱真
HE, LÜ TING 贺绿汀 **(1903-)**

BAO, ZHEN WEI 鲍镇威 **(1930-)**
Zheng, Wei 郑威

Bao, Zheng 包正
TU, ZU GEN 屠祖根 **(1939-)**

Bao, Zheng wen 包正文
SHAO, YAN XIANG 邵燕祥 **(1933-)**

Bao, Zhong 保中
SHEN, YAN BING 沈雁冰 **(1896-1981)**

BAO, ZHONG WEN 包忠文 **(1932-)**
Mai, Mang 麦芒
Ni, Bin 倪斌

Bao, Zong 保宗
SHEN, YAN BING 沈雁冰 **(1896-1981)**

BAO, ZU TANG 包祖堂 **(1934-)**
Bao, Yu tang 包玉堂
Bao, Yu tang 包裕堂
Gu, Nan duo 古男朵
Nan, Duo 南多
Shan yin 山音
Shang, Tu 尚土
Ye guang 夜光
Yu, Tang 于汤
Yu tang 裕堂
Zu, Tang 祖堂

BAO, ZUN PENG 包遵彭 **(1916-1970)**
Xiao long 小龙

Bei 北
CHEN, BO OU 陈伯欧 **(1912-1981)**

Bei 贝
FENG, DING 冯定 **(1902-1983)**

Bei, Bei 贝贝
MENG, CHUAN DUO 孟传铎 **(1913-)**

Bei, Bei 贝北
YOU, JING DONG 尤劲东 **(1949-)**

Bei bei 琲琲
FENG, CHENG ZHI 冯承植 **(1905-1993)**

Bei bian 北编
SHU, FENG 舒风 **(1935-)**

Bei bing 北冰
LI, BEI BING 李北冰 **(1944-)**

Bei chan 悲禅
XU, XIANG 徐翔

Bei chen 北辰
CHEN, GONG QI 陈公琪 **(-1971)**

Bei chen 北辰
JIANG, BING ZHI 蒋冰之 **(1904-1986)**

Bei chen 北辰
GE, BAO QUAN 戈宝权 **(1913-)**

Bei chen 北辰
LI, YONG CHI 李永炽 **(1939-)**

Bei chen 北辰
YAO, WEI DOU 姚维斗 **(1940-)**

Bei chen 北辰
YAN, ZHEN DONG 颜振东 **(1943-)**

Bei chen 北辰
WANG, WEI ZHENG 王为政 **(1944-)**

Bei chi yi lao 北池逸老
ZHANG, YU 章钰 **(1865-1937)**

Bei chuan 北川
XIANG, DAN 向丹 **(1942-)**

Bei chuan 北川
WANG, SONG QING 王松青 **(1947-)**

Bei chuang 悲幢
LI, WEN TAO 李文涛 **(1880-1942)**

Bei cun 北村
KANG, HONG 康洪 **(1965-)**

Bei, Da 贝达
LIN, CHAO 林超 **(1909-)**

Bei, Da di 贝达棣
LIN, CHAO 林超 **(1909-)**

Bei dao 北岛
ZHAO, ZHEN KAI 赵振开 **(1949-)**

Bei di 北笛
GUO, JIA GUI 郭嘉桂 **(1919-)**

Bei, Ding 贝丁
WU, ZONG HAI 吴宗海 **(1925-)**

Bei ding 北丁
LIANG, RUN SHAN 梁润珊 **(1938-)**

Bei dou 北斗
ZHOU, ZUO REN 周作人 **(1885-1967)**

Bei dou 北斗
MA, SHI HAO 马世豪 **(1927-)**

Bei dou 北斗
AN, HUAI YIN 安怀音

Bei, Fan 贝梵
WANG, WEN BIN 王文彬 **(1928-)**

Bei fang 北方
YANG, XIAN YAO 杨献瑶 **(1930-)**

Bei fang ren 北方人
LIU, SHU ZHANG 刘树章 **(1948-)**

Bei feng 北峯
WANG, YU JUN 王羽军

Bei, Fu 贝夫
LIN, GUO PING 林国平 **(1943-)**

Bei gai 北丐
MA, BU SHENG 马步升 **(1963-)**

Bei gai 北钙
MA, BU SHENG 马步升 **(1963-)**

Bei gu 北顾
XU, CHENG QUAN 徐成全 **(1962-)**

BEI, GUANG FENG 贝光峰 **(1946-)**
Xiao bo 晓波

Bei guo 北果
GAO, WEI XI 高维晞 **(1933-)**

Bei guo feng 北国风
ZHANG, XIANG LIN 张祥麟 **(1963-)**

Bei hai 北海
HU, YAO HUA 胡耀华 **(1906-1965)**

Bei hai 北海
QIAN, BO HAI 钱伯海 **(1928-)**

Bei he 被褐
MA, FU TIAN 马福田 **(1882-1967)**

Bei hong 北虹
LIU, YING YUAN 刘映元

Bei hua 悲华
LÜ, PEI LIN 吕沛林 **(1889-1947)**

Bei hua jing she 悲华经舍
HONG, YUN XIANG 洪允祥 **(1874-1933)**

Bei hua shi 悲华室
LÜ, PEI LIN 吕沛林 **(1889-1947)**

Bei hua shi zhu 悲华室主
LÜ, PEI LIN 吕沛林 **(1889-1947)**

Bei hua zi 悲华子
LÜ, PEI LIN 吕沛林 **(1889-1947)**

Bei hui 悲慧
PAN, SHI 潘式 **(1904-1966)**

Bei jia 北笳
HUANG, GUI GEN 黄贵根 **(-1974)**

Bei jiang 北疆
XIAO, SHU KUAN 萧树宽 **(1949-)**

Bei, Jin 贝金
ZHANG, QI CHUN 张其春 **(1913-1967)**

Bei jing ren 北京人
LIU, HOU MING 刘厚明 **(1933-1989)**

Bei jing seng hong kong 北京僧宏空
LÜ, PEI LIN 吕沛林 **(1889-1947)**

Bei lan ling 北蓝羚
ZHENG, NAI JI 郑乃吉 **(1943-)**

Bei lao 北佬
WU, JUN JIE 吴俊傑 **(1925-)**

Bei li 北黎
ZHAO, GUANG MING 赵光鸣 **(1949-)**

Bei lin 北林
MA, HUA 马骅 **(1916-)**

Bei, Ling 贝岭
HUANG, BEI LING 黄贝岭 **(1959-)**

Bei ling 北陵
LI, LIAN CUI 李连萃 **(1911-1991)**

Bei liu 北流
LI, BEI LIU 李北流

Bei lu 北麓
CAI, RUI WU 蔡瑞武 **(1920-)**

Bei lu 北露
FU, SHAN WEN 傅善文 **(1924-)**

Bei mang 北莽
LIU, DE LIANG 刘德亮 **(1956-)**

Bei men cun ren 北门邨人
TU, CAN LIN 涂璨琳 **(1947-)**

Bei, Meng han 贝梦寒
CAI, JIN LAI 蔡金来

Bei ming 北溟
CAI, BO MING 蔡伯铭 **(1924-)**

Bei ming 北明
ZHAO, XIAO MING 赵晓明

Bei, Na tai 贝娜苔
YANG, JI GUANG 杨际光 **(1926-)**

Bei nai mu 北乃木
LIU, CHENG HUI 刘承蕙 **(1925-)**

Bei ou 北鸥
CHEN, BO OU 陈伯欧 **(1912-1981)**

Bei ping 北平
LI, WEI SEN 李伟森 **(1903-1931)**

Bei, Qian 贝茜
LI, LIN 李霖 **(1911-1988)**

Bei qian 北千
WANG, TIAN XI 王天锡 **(1940-)**

Bei qiao weng 北桥翁
WANG, ZAO XIANG 汪藻香 **(1908-1980)**

Bei qiu 悲秋
HONG, LIAN YUAN 洪楝园

Bei qiu san ren 悲秋散人
HONG, LIAN YUAN 洪楝园

Bei quan 北泉
GE, BAO QUAN 戈宝权 **(1913-)**

Bei ren 北人
ZHU, ZHEN HUA 祝振华 **(1925-)**

Bei, Sha 贝莎
GAN, ZHAO GUANG 甘兆光 **(1919-)**

Bei sha 北沙
KONG, XIAN 孔贤

Bei, Shan 贝珊
FENG, NAN JIANG 冯南江 **(1931-)**

Bei shan 北山
WU, BAO CHU 吴保初 **(1869-1913)**

Bei shan 北山
SHI, ZHE CUN 施蛰存 **(1905-)**

Bei shan 北山
YU, DE YUAN 虞德元 **(1909-1989)**

Bei shan 北山
ZHANG, BAI SHAN 张白山 **(1912-)**

Bei, Si rong 贝思戎
LI, GUANG BIN 李广彬 **(1926? -)**

Bei si shi zhai 备四时斋
WANG, YUN ZHANG 王蕴章 **(1884-1942)**

Bei song 北嵩
GAO, JUN YING 高俊英 **(1927-)**

Bei, Tai 贝台
ZHU, ZU YI 朱祖贻 **(1929-)**

Bei tang 北堂
LIN, ZHI JUN 林志钧 **(1879-1960)**

Bei tu shan ren 北图山人
YAN, FEI HONG 阎飞鸿 **(1950-)**

Bei wang 北望
ZHANG, YI HOU 张逸侯 **(1916-1978)**

Bei wu 北屋
LIU, MING YI 刘明毅 **(1935-)**

Bei xi 北溪
YANG, WEI QUAN 杨维铨 **(1900-1957)**

Bei, Xi er 贝西儿
LI, ZHAO LIN 黎兆麟 **(1959-)**

Bei xing 北星
LI, XU 李旭 **(1907-1984)**

Bei xing 北星
LIU, CHENG HUI 刘承蕙 **(1925-)**

Bei xing 北星
YANG, XUE RU 杨学儒 **(1950-)**

Bei yan 北岩
LI, CHENG HUI 李成徽 **(1921-)**

Bei yan 北雁
ZHANG, XIN YUAN 张心远 **(1895-1967)**

Bei yan 北雁
MAI, WEI CHENG 麦伟成 **(1956-)**

Bei, Ye 贝叶
FENG, DING 冯定 **(1902-1983)**

Bei ye 北野
DU, GUO AN 杜果安 **(1906?-1963)**

Bei ye 北野
HU, ZAI QIU 胡载球 **(1906-)**

Bei, Yi 贝一
ZENG, REN DAO 曾任道 **(1937-)**

Bei yi 北译
FENG, DING 冯定 **(1902-1983)**

Bei ying 北婴
DU, LIAN ZHAI 杜联斋 **(1908-1963)**

Bei yu 北雨
ZHANG, JI XUE 张冀雪 **(1951-)**

Bei yu shan ren 北峪山人
WANG, SHU CHUAN 王书川 **(1919-)**

Bei yuan 悲愿
LI, WEN TAO 李文涛 **(1880-1942)**

Bei yuan 北原
YANG, ZHAN YING 杨绽英 **(1958-)**

Bei yuan 北远
ZHAO, GUO JUN 赵国军 **(1953-)**

Bei yuan zi 北塬子
MAO, JING WEN 毛敬文 **(1951-)**

Bei, Yue 贝岳
XU, BAO SHAN 徐宝山

Bei yue 北岳
HU, YAN QING 胡燕青 **(1954-)**

Ben bao tong ren 本报同仁
CAI, HE SEN 蔡和森 **(1895-1931)**

Ben bao tong xun yuan 本报通讯员
CHEN, ZHANG TAI 陈章太 **(1932-)**

Ben cong 本聪
LIANG, BEN CONG 梁本聪

Ben fu 笨斧
LI, BEN FU 李本府 **(1949-)**

Ben ge 本阁
XU, REN JIN 徐仁锦 **(1888-1961)**

Ben jiang 奔江
ZHONG, SHI LIN 钟诗林 **(1921-)**

Ben lang 奔浪
LI, CHENG ZHANG 李承璋 **(1950-)**

Ben liu she tong ren 奔流社同人
ZHOU, SHU REN 周树人 **(1881-1936)**

Ben niu 犇牛
YANG, XIAN JIANG 杨贤江 **(1895-1931)**

Ben niu 犇牛
TAO, DA YONG 陶大镛 **(1918-)**

Ben she 本社
MENG, XIAN QI 孟宪棨 **(1902-1976)**

Ben she 本社
ZHOU, SHAO YI 周绍仪 **(1908-1979)**

Ben she tong ren 本社同人
YING, XIU REN 应修人 **(1900-1933)**

Ben she tong ren 本社同仁
YANG, ZHONG JIAN 杨钟健 **(1897-1979)**

Ben she zhu bian 本社主编
LIU, QING KU 刘庆库 **(1941-)**

Ben shi zhu ren 本室主人
ZHENG, QIAN 郑骞 **(1906-1991)**

Ben shui 奔水
ZHU, ZHEN FANG 朱振方 **(1916-)**

Ben weng 笨翁
PAN, TIAN SHOU 潘天寿 **(1897-1971)**

Ben wu 本无
XIAO, TUI 萧蜕 **(1863-1958)**

Ben xing 奔星
YE, PENG 叶蓬 **(1929-)**

Ben xing 奔星
XU, FU JI 许福吉 **(1960-)**

Ben yan 本炎
SA, MENG WU 萨孟武 **(1897-1984)**

Ben yang 奔炀
ZHANG, LIANG ZE 张良泽 **(1939-)**

Ben yu 本予
LIN, ZHONG MIN 林忠民

Ben zhi tong ren 本志同人
YE, SHAO JUN 叶绍钧 **(1894-1988)**

Beng wu 莑梧
SHEN, EN FU 沈恩孚 **(1864-1944)**

Beng wu 莑梧
ZHOU, SHAO YI 周绍仪 **(1908-1979)**

Bi an 彼岸
LIN, JUN DA 林俊达 **(1941-)**

Bi an 彼岸
WANG, JING BIN 王景斌 **(1953-)**

Bi an 壁厂
TAN, ZHENG BI 谭正璧 **(1901-1991)**

Bi bai 比白
LEI, ZHAO XING 雷昭性 **(1873-1920)**

Bi bai 比白
ZHANG, SHAO FENG 张少峰

Bi bo 碧波
WANG, SEN RAN 王森然 **(1895-1984)**

Bi bo 碧波
BI, XIU SHAO 毕修勺 **(1902-1992)**

Bi bo 碧波
TAN, GUANG ZU 谭光祖 **(1913-)**

Bi bo 碧波
DAI, ZI CHENG 戴自诚 **(1918-)**

Bi bo 碧波
LAI, ZHAO ZENG 赖肇增 **(1926-)**

Bi bo 碧波
ZHENG, XING FU 郑兴富 **(1938-)**

Bi bo 碧波
ZHANG, ZHI CHUN 张志春 **(1941-)**

Bi, Bu xiu 毕不朽
GAO, CHENG JUN 高成均 **(1900-1980)**

Bi cen ci xian guan 碧参差仙馆
YU, YI 俞逸

Bi cheng 碧城
LÜ, BI CHENG 吕碧城 **(1883-1943)**

Bi cheng 碧澄
LI, YU CAI 黎煜才 **(1941-)**

Bi cheng 璧成
HANG, MING SHI 杭鸣时 **(1931-)**

Bi cheng nü shi 碧城女史
LÜ, BI CHENG 吕碧城 **(1883-1943)**

Bi cheng nü shi 碧城女士
LÜ, BI CHENG 吕碧城 **(1883-1943)**

Bi chuan tang 必传堂
ZHANG, HAI PING 张海平 **(1900-1965)**

BI, CHUN XUAN 毕椿萱 **(1902-1927)**
An, Shi 安石
Bi, Lei 毕磊
Jian ru 坚如
San shi 三石

BI, DIAN YUAN 毕殿元
Di yan 滴岩

Bi dong 笔洞
ZHANG, ZENG ZHONG 张增忠 **(1963-)**

Bi, Duan 毕端
KONG, FAN YAN 孔繁衍 **(1912-)**

Bi fa 笔伐
SHI, TIAN FA 施添发

Bi, Fang 毕方
CHEN, BI FANG 陈碧芳 **(1931-)**

Bi feng 碧峰
CHAI, FU SHAN 柴福善 **(1956-)**

Bi feng 笔锋
SHI, YONG BI 施涌笔

Bi fu 碧夫
LIU, ZHONG HUA 刘忠华 **(1952-)**

Bi, Ge fei 毕革飞
BI, QI WEN 毕其文 **(1919-1962)**

Bi geng 笔耿
MAI, WEI CHENG 麦伟成 **(1956-)**

Bi gong 鼻公
GU, JIE GANG 顾颉刚 **(1893-1980)**

Bi gu 辟古
REN, BI SHI 任粥时 **(1904-1950)**

Bi guan 壁观
ZHAO, SHI 赵适 **(1923-)**

Bi guang 碧光
LIAO, BI GUANG 廖苾光 **(1902-)**

Bi guang 碧光
MA, BIN 马彬 **(1924-1983)**

Bi guang 碧光
LI, FENG XING 李凤行 **(1926-)**

Bi guang 璧光
LIAO, BI GUANG 廖苾光 **(1902-)**

Bi guo 必果
ZHENG, FENG ZAO 郑风藻 **(1938-)**

Bi guo 碧果
JIANG, HAI ZHOU 姜海洲 **(1932-)**

Bi hai 碧海
WANG, XI HAI 王希海 **(1963-)**

Bi hong 碧红
BI, HUA YONG 毕华勇 **(1963-)**

Bi hu qiu meng ci ren 碧湖秋梦词人
YI, SHUN DING 易顺鼎 **(1858-1920)**

Bi hua 碧华
HONG, WEI QI 洪维琪

Bi hua 碧骅
JI, FU HUA 纪馥华 **(1934-)**

Bi hua 壁华
JI, FU HUA 纪馥华 **(1934-)**

Bi hua 璧华
JI, FU HUA 纪馥华 **(1934-)**

Bi hua ju shi 笔花居士
GUO, MO RUO 郭沫若 **(1892-1978)**

Bi, Hua liu 毕华流
WU, HAN YUAN 吴汉源 **(1961-)**

BI, HUA YONG 毕华勇 **(1963-)**
Bi hong 碧红

BI, HUAN WU 毕奂午 **(1909-)**
Bi, Huan wu 毕桓武
Bi, Huan wu 毕奂武
Bi, Huan wu 毕焕午
Bi, Wei sheng 毕蔚生

Bi, Huan wu 毕桓武
BI, HUAN WU 毕奂午 **(1909-)**

Bi, Huan wu 毕奂武
BI, HUAN WU 毕奂午 **(1909-)**

Bi, Huan wu 毕焕午
BI, HUAN WU 毕奂午 **(1909-)**

Bi hui 碧辉
WANG, YA NAN 王亚南 **(1901-1969)**

Bi hui shi 皕诲室
FAN, YI 范祎 **(1866-1939)**

Bi, Ji wen 毕及文
JIN, EN HUI 金恩晖 **(1938-)**

Bi, Jia 毕加
ZHOU, ZE HUANG 周泽煌 **(1929-)**

Bi, Jian 毕坚
BI, JIAN GUO 毕建国 **(1949-)**

Bi jian 碧坚
ZHU, XI ZHI 朱西治 **(1935-)**

BI, JIAN GUO 毕建国 **(1949-)**
Bi, Jian 毕坚
Fa wang 法旺
Hua, Zi 华子
Teng ming 腾明
Xiao bi 晓毕

BI, JIAN HENG 毕剑横 **(1935-)**
Tian, Huang 田黄

Bi jiang 笔匠
FANG, SI RUO 方思若 **(1931-)**

Bi jiang 碧江
TIAN, CHANG WU 田昌五 (1925-)

Bi jin 比金
LI, YAO TANG 李尧棠 (1904-)

Bi jun 碧君
BI, SHU TANG 毕树棠 (1900-1983)

BI, KAI WEN 毕开文 (1931-)
Meng, Sheng 蒙生
Xin tian you 信天游

Bi, Ke xue 毕可雪
XU, ZI XIONG 徐子雄 (1936-)

Bi keng 笔坑
FAN, CHUN FA 范春发 (1936-)

Bi kun 璧堃
YANG, BEN 杨奔 (1928-)

Bi, Lai 毕来
ZHANG, QI QUAN 张启权 (1914-1991)

Bi, Lei 毕磊
BI, CHUN XUAN 毕椿萱 (1902-1927)

BI, LIAN SHOU 毕连寿 (1902-1971)
Lian, Kuo ru 连阔如
Lian, Zhong san 连仲三
Yun, You ke 云游客

Bi lie 比烈
TONG, JI LIN 童霁霖 (1909-1979)

Bi, Lin 毕林
BI, ZHAO LIN 毕兆林 (1942? -)

Bi lin 碧林
BI, ZHAO LIN 毕兆林 (1942? -)

Bi ling 碧灵
WU, FEI DAN 吴斐丹 (1907-1981)

Bi liu 碧流
ZHANG, JIA JUN 张家钧 (1935-)

Bi liu 碧柳
WU, FANG JI 吴芳吉 (1897-1932)

Bi lou 碧楼
SHEN, JIA BEN 沈家本 (1840-1913)

Bi lu 蔽庐
JIANG, ZHU CHAO 蒋箸超 (-1928)

Bi lü 碧侣
LU, YAN HAO 陆雁豪 (-1992)

Bi luo 碧萝
WANG, SEN RAN 王森然 (1895-1984)

Bi, Luo 毕洛
ZHANG, QI QING 张齐清

Bi luo 碧罗
ZHOU, ZUO REN 周作人 (1885-1967)

Bi luo nü shi 碧罗女士
ZHOU, ZUO REN 周作人 (1885-1967)

Bi meng 碧梦
WANG, SEN RAN 王森然 (1895-1984)

Bi meng shu wu 碧梦书屋
WU, XI 吴惜 (1898-1949)

Bi, Ming 毕铭
CHEN, WANG DAO 陈望道 (1890-1977)

Bi ming 笔鸣
WANG, FU GU 王復古 (1933-)

Bi nong 笔农
LIU, WEI XIN 刘维新 (1933-)

Bi nu 笔怒
WU, AI YUE 吴爱月 (1955-)

Bi nu 笔奴
ZHAO, DA CHENG 赵大成 (1920-1988)

Bi nu 笔奴
ZHOU, YU RONG 周玉容 (1936-)

Bi ou 碧鸥
JIANG, BI HOU 蒋璧厚 (1923-)

Bi pei 碧沛
HUANG, BI PEI 黄碧沛 (1931-1982)

Bi, Pu 毕璞
ZHOU, SU SHAN 周素珊 (1922-)

BI, QI WEN 毕其文 (1919-1962)
Bi, Ge fei 毕革飞
Qi wen 其文

BI, QING HANG 毕庆航 (1918-)
Bi, Shuo wang 毕朔望
Shuo wang 朔望
Si mo 思默
Si tu, Si li 司徒斯丽
Su wang 粟旺
Yan, Ru 燕如

Bi qiu 弼逌
CHEN, KUI 陈逵 (1902-1990)

Bi qu guan zhu 碧渠馆主
FU, XI HUA 傅惜华 (1907-1970)

Bi quan 笔泉
SUN, YUE 孙岳 (1918-)

Bi quan 碧泉
YUAN, SHU 袁殊 (1911-1987)

Bi quan 碧泉

ZHAO, RUI EN 赵瑞恩 (1946-)

Bi ren 鄙人
MU, DE HUI 穆德辉 (1924-)

Bi ren 敝人
TIAN, HAN 田汉 (1898-1968)

BI, REN CHANG 毕任昌 (1948-)
Lin, Shen 林深

Bi ru 碧如
YANG, JIA JU 杨家驹 (1917-)

Bi san nü shi 碧三女士
WANG, REN SHU 王任叔 (1901-1972)

Bi shan 碧珊
WANG, REN SHU 王任叔 (1901-1972)

Bi shan nü shi 碧珊女士
WANG, REN SHU 王任叔 (1901-1972)

Bi She qi 笔涉淇
MA, YU LIN 马玉麟 (1957-)

Bi shi 弼时
REN, BI SHI 任弼时 (1904-1950)

Bi shi 弼实
REN, BI SHI 任弼时 (1904-1950)

Bi shi 弼世
REN, BI SHI 任弼时 (1904-1950)

Bi shi 辟时
REN, BI SHI 任弼时 (1904-1950)

Bi shi 辟士
REN, BI SHI 任弼时 (1904-1950)

Bi shi 辟世
REN, BI SHI 任弼时 (1904-1950)

Bi shi 避世
REN, BI SHI 任弼时 (1904-1950)

Bi shou weng 壁寿翁
ZHENG, NAI GUANG 郑乃珖 (1912-)

BI, SHU TANG 毕树棠 (1900-1983)
Bi jun 碧君
Min you 民猶

Bi, Shuo wang 毕朔望
BI, QING HANG 毕庆航 (1918-)

BI, SI HAI 毕四海 (1949-)
Si hai 四海
Si qin 思芹

Bi tao 碧涛
ZHANG, ZHENG WU 张正吾 (1926-)

Bi tao 碧涛
LIU, PING AN 刘平安 (1956-)

Bi ti 碧提
LI, XIN AN 李心安

Bi tian 碧天
WANG, SEN RAN 王森然 (1895-1984)

Bi tian 碧天
YANG, YU LONG 杨御龙 (1929-1980)

Bi tian shi 碧天氏
DENG, XIAO CUN 邓晓村 (1913-1937)

Bi, Wei sheng 毕蔚生
BI, HUAN WU 毕奂午 (1909-)

Bi, Wei xiu 毕未朽
GAO, CHENG JUN 高成均 (1900-1980)

Bi wu 碧梧
DONG, BI WU 董必武 (1885-1975)

Bi xia 碧夏
WU, ZONG HUI 吴宗蕙 (1934-)

Bi, Xiang 毕向
DAI, ZI CHENG 戴自诚 (1918-)

Bi xiang 碧湘
DAI, ZI CHENG 戴自诚 (1918-)

Bi xiang ge 碧湘阁
CHEN, JIA QING 陈家庆 (-1969)

Bi xiao 壁啸
ZHENG, NAI GUANG 郑乃珖 (1912-)

Bi, Xin 毕欣
LUO, BAI NIAN 罗柏年 (1927-1986)

Bi xin 弼辛
OU YANG, BAI CHUAN 欧阳百川 (1928-)

Bi xing 碧星
LEI, BI XING 雷必兴 (1908-)

Bi xing 碧星
CHEN, CHAO KUI 陈朝葵 (1932-)

BI, XING XING 毕星星 (1948-)
Xiao bi 晓笔
Xing xing 星星

BI, XIU SHAO 毕修勺 (1902-1992)
Bi bo 碧波
Hua, Su 华素
Wang, Luo 王洛
Xiu, Ping 修平
Xiu, Shao 修勺
Zhen tian 震天
Zheng, Shao wen 郑绍文
Zheng, Tie 郑铁

Bi xu 碧虚
WU, FEI DAN 吴斐丹 **(1907-1981)**

Bi yan 壁岩
WANG, XIE 王燮 **(1909-1962)**

Bi yan 壁巖
WANG, XIE 王燮 **(1909-1962)**

Bi yao 碧遥
HUANG, JIU RU 黄九如

Bi yao 碧瑶
HUANG, JIU RU 黄九如

Bi ye 碧野
WENG, LIN SHENG 翁麟声 **(1910-)**

Bi ye 碧野
HUANG, CHAO YANG 黄潮洋 **(1916-)**

Bi ye 碧野
ZHU, JIA JUN 朱家骏 **(1930-1968)**

Bi ye zheng 必也正
HUANG, ZHONG CONG 黄仲琮 **(1923-)**

Bi yi 比翼
HUANG, YOU JI 黄友吉 **(1935-)**

Bi yi 弼毅
REN, BI YI 任必义 **(1955-)**

Bi, Yi hong 毕倚虹
BI, ZHEN DA 毕振达 **(1862-1926)**

BI, YUAN 毕元 **(1955-)**
Lan, Qi yuan 蓝启元

BI, YUAN MING 毕渊明 **(1907-)**
Zhi le lao ren 至乐老人

Bi yun 碧云
WANG, SEN RAN 王森然 **(1895-1984)**

Bi yun 碧云
XIE, BING YING 谢冰莹 **(1906-2000)**

BI, YUN CHENG 毕云程 **(1891-1971)**
Xin sheng 新生

Bi, Zhang 毕张
LIU, ZHI ZHONG 刘治中 **(1921-)**

BI, ZHAO LIN 毕兆林 **(1942?-)**
Bi, Lin 毕林
Bi lin 碧林

Bi, Zhen 毕珍
LI, SHI WEI 李士伟 **(1929-)**

BI, ZHEN DA 毕振达 **(1862-1926)**
Bi, Yi hong 毕倚虹
Chun bo 蓴波
Chun bo 莼波
Chun bo xie 蓴波榭
Chun ming zhu ke 春明逐客
Hong 虹
Long dao ren 龙道人
Qing bo 清波
Song ying 淞鹰
Suo po 娑婆
Suo po sheng 娑婆生
Tian kuang 天贶
Tian kuang lou 天贶楼
Tian lang 天狼
Xia lou 霞楼
Xian yun 闲云
Xiao ke 小可
Yang, Fen ruo 杨芬若
Yi hong 倚虹
Yi hong lou zhu 倚虹楼主

Bi zheng 碧征
CONG, WEI XI 从维熙 **(1933-)**

Bi zhi 辟支
NING, TIAO YUAN 甯调元 **(1873-1913)**

Bi zhi 辟支
XU, JUE 徐觉 **(1889-1937)**

Bi zhi 笔直
ZHANG, ZHI MIN 张稚民 **(1926-)**

Bi zhou shi zhu 敝帚室主
SHA, ZHONG HU 沙仲虎 **(1914-)**

Bi zhu 比珠
FAN, GUANG XIAN 范广宪 **(1897-1980)**

Bi zhu 碧竹
HUANG, YAN DE 黄燕德 **(1950-)**

Bi zhu ci ren 比珠词人
FAN, GUANG XIAN 范广宪 **(1897-1980)**

Bi zhuang 碧庄
WANG, ZHONG QI 王锺麒 **(1890-1975)**

Bi zi 辟子
XU, JUE 徐觉 **(1889-1937)**

Bian bian 便便
QIAN, JING FANG 钱静方

Bian che 扁车
LIU, WEN XIAN 刘文铣 **(1922-)**

Bian, Cheng 边城
DONG, PEI QIN 董培勤 **(1948-)**

BIAN, CHENG JUN 边成军 **(1953-)**
Cheng, Jun 成均

Bian, Cun 边村
WANG, CHONG GANG 汪崇刚 **(1924-)**

Bian, Dao 边岛
BIAN, YUE BO 边月波 **(1950-)**

Bian, Di 边地
LI, JIN SHENG 李进生 **(1941-)**

Bian, Di ying 边地鶯
YU, HUAN SU 于还素 **(1920-1993)**

Bian, Dong liu 卞东流
XIE, FU SEN 谢复森 **(1919-)**

Bian, Feng 边烽
QIN, WEN YU 秦文玉 **(1948-)**

Bian feng bian ya lou 变风变雅楼
CHEN, YU CHANG 陈郁瑺 **(1890-1944)**

Bian, Gong 边公
FU, YONG 傅永 **(1925-)**

Bian, Gu 边古
CHEN, DONG SHENG 陈栋生 **(1935-)**

BIAN, GUANG XING 卞光兴 **(1939-)**
Bian, Ka 卞卡
Yao, Cun ding 姚村丁

Bian, Han 卞汉
SHAO, HAO RAN 邵浩然 **(1922?-1955)**

Bian, He zhi 卞和之
SHI, DAI ZONG 石岱宗 **(1923-)**

Bian, Hui 边惠
SHI, NING 史宁

Bian, Hui 卞慧
ZHOU, ZHEN FU 周振甫 **(1911-)**

Bian, Hui 卞慧
ZHANG, SHOU KANG 张寿康 **(1925-1991)**

Bian, Ji 边纪
WANG, ZHEN ZHOU 王振洲 **(1934-)**

Bian, Ji 边纪
BIAN, ZHI FU 卞直甫 **(1935-)**

Bian, Ji 卞吉
ZHANG, LIN 张林 **(1927-)**

Bian ji shi 编辑室
SUN, SHU XUN 孙树勋 **(1913-)**

Bian ji zhe 编辑者
ZHOU, SHU REN 周树人 **(1881-1936)**

Bian, Jia 边笳
WU, BIAN JIA 吴边笳

BIAN, JIA HUA 卞家华 **(1943-)**
Lao Ka 老卡

Bian jia yi 便佳簃
SHEN, ZONG JI 沈宗畸 **(1857-1926)**

Bian jian 辨奸
HU, HAN MIN 胡汉民 **(1879-1936)**

Bian, Jun 边军
BIAN, XING DE 边兴德 **(1938-)**

Bian, Jun qing 卞均卿
HE, ZHEN YE 何振业 **(1922-)**

Bian, Ka 卞卡
BIAN, GUANG XING 卞光兴 **(1939-)**

BIAN, LI JUN 边丽君 **(1958-)**
Li jun 丽君

Bian, Luo 卞洛
NI, QING ZHI 倪庆秩 **(1918-1989)**

BIAN, QI ZHONG 卞奇中 **(1939-)**
Bian, Xin xiu 卞心修

Bian, Sheng 边生
MENG, XIAN QI 孟宪棨 **(1902-1976)**

Bian, Sun 边隼
LI, NIAN DONG 李念东 **(1946-)**

Bian, Tan 边谭
ZONG, REN FA 宗仁发 **(1960-)**

Bian, Ting 边霆
BIAN, ZHEN XIA 边震遐 **(1935-)**

Bian wei 辨微
ZHOU, MU ZHAI 周木斋 **(1910-1941)**

Bian, Xiao luan 边小鸾
BAO, QING XIAN 鲍庆献 **(1923-)**

Bian xie zu 编写组
LI, SHI YUE 李时岳 **(1928-)**

Bian, Xin xiu 卞心修
BIAN, QI ZHONG 卞奇中 **(1939-)**

BIAN, XING DE 边兴德 **(1938-)**
Bian, Jun 边军

Bian, Yi 卞易
HOU, JIN JING 侯金镜 **(1920-1971)**

Bian, Yi 边一
MO, YU AN 莫玉安 **(1956-)**

Bian yin 辨音
LI, WEN TAO 李文涛 **(1880-1942)**

Bian, Ying 边鹰
WANG, XIE 王燮 **(1909-1962)**

Bian, Yuan 边远
HE, YI MING 贺益明 **(1947-)**

BIAN, YUE BO 边月波 **(1950-)**

Bian, Dao 边岛

BIAN, ZENG NIAN 卞增年 **(1968-)**
Chan meng 禅梦

Bian zhe 编者
ZHOU, SHU REN 周树人 **(1881-1936)**

Bian zhe 编者
ZHOU, ZUO REN 周作人 **(1885-1967)**

Bian zhe 编者
YE, SHAO JUN 叶绍钧 **(1894-1988)**

Bian zhe 编者
ZOU, EN RUN 邹恩润 **(1895-1944)**

Bian zhe 编者
HU, SHAN YUAN 胡山源 **(1897-1988)**

Bian zhe 编者
ZHENG, ZHEN DUO 郑振铎 **(1898-1958)**

Bian zhe 编者
XU, GUANG PING 许广平 **(1898-1968)**

Bian zhe 编者
QIAN, XING CUN 钱杏邨 **(1900-1977)**

Bian zhe 编者
WANG, REN SHU 王任叔 **(1901-1972)**

Bian zhe 编者
MENG, XIAN QI 孟宪棨 **(1902-1976)**

Bian zhe 编者
HU, YE PIN 胡也频 **(1903-1931)**

Bian zhe 编者
HONG, LUN XIU 洪伦修 **(1903-1933)**

Bian zhe 编者
JIANG, BING ZHI 蒋冰之 **(1904-1986)**

Bian zhe 编者
TANG, DAO GENG 汤道耕 **(1904-1992)**

Bian zhe 编者
ZHAO, SHU LI 赵树礼 **(1906-1970)**

Bian zhe 编者
LI, PING XIN 李平心 **(1907-1966)**

Bian zhe 编者
XIAO, JUN 萧军 **(1907-1988)**

Bian zhe 编者
SUN, SHU XUN 孙树勋 **(1913-)**

Bian zhe 编者
WEN, SI XIANG 温嗣翔 **(1916-)**

BIAN, ZHEN XIA 边震遐 **(1935-)**
Bian, Ting 边霆
Wei, Ren ming 卫刃明
Xiao xia 晓霞
Zeng, Xia 曾霞
Zhen, Xia 甄瑕
Zheng, Xia 郑侠
Zheng xia 征遐
Zheng xia 蒸霞

Bian, Zheng 卞正
ZHAO, FENG QI 赵凤岐 **(1930-)**

BIAN, ZHI FU 卞直甫 **(1935-)**
Bian, Ji 边纪
Shen, Ren 沈仁

BIAN, ZHI LIN 卞之琳 **(1910-2000)**
Da xue 大雪
Ji, Ling 纪陵
Ji, Ling 季陵
H. C.
Lao bian 老卞
Li san 立三
Lin, Da 林达
Lin, Zhi 林之
Ren ye 人也
Xue, Li an 薛理安
Xue, Lin 薛邻
Xue, Lin 薛林
Yao ge 么哥

Bian, Zhi men 卞之门
DU, YOU MING 杜又明 **(1915-1983)**

Bian zhi yan 变质岩
CHEN, ZHI CHENG 陈智成 **(1957-)**

Bian, Zi zheng 边子正
MIAO, ZHENG BAO 苗正宝 **(1923-)**

Bian, Zu 边卒
LUO, DE LONG 罗德龙 **(1928-)**

Bian zuan zhe 编纂者
ZHOU, SHU REN 周树人 **(1881-1936)**

Biao lun 表伦
HUANG, ZU QIA 黄祖洽 **(1924-)**

BIAO, XING BIN 彪型斌 **(1946-)**
Quan jiang 泉江

Biao zhun shi min 标準市民
XIAO, JUN 萧军 **(1907-1988)**

Bie shi 别士
XIA, ZENG YOU 夏曾佑 **(1863-1924)**

Bie shu 别墅
LIN, CAI YING 林彩英 **(1922-)**

Bie yi mou xian sheng 别一某先生
ZHOU, SHU REN 周树人 **(1881-1936)**

Bin 宾

ZHAO, CI TING 赵次庭

Bin 彬
LIANG, WEI ZHOU 梁维周 **(1914-)**

Bin 彬
LIN, CAI YING 林彩英 **(1922-)**

Bin bai 彬白
CAI, HE SEN 蔡和森 **(1895-1931)**

Bin bei 斌贝
LIU, CHANG QING 刘长青 **(1917-)**

Bin bin 彬彬
LI, DA ZHAO 李大钊 **(1889-1927)**

Bin bin 彬彬
XU, REN JIN 徐仁锦 **(1888-1961)**

Bin bin 彬彬
XIE, BING YING 谢冰莹 **(1906-2000)**

Bin bin 彬彬
LIN, CAI YING 林彩英 **(1922-)**

BIN, EN HAI 宾恩海 **(1965-)**
Hai, Bin 海滨

Bin fang guan zhu 槟芳馆主
YAN, ZHEN 严桢 **(1889-1968)**

Bin fei 斌菲
YU, YI PING 于一平 **(1914-)**

Bin fen 賓芬
ZHENG, ZHEN DUO 郑振铎 **(1898-1958)**

Bin fu 宾符
FENG, BIN FU 冯宾符 **(1914-1966)**

Bin gong 宾公
HUANG, ZHI 黄质 **(1865-1955)**

Bin gong 滨公
HUANG, ZHI 黄质 **(1865-1955)**

BIN, GUO ZHEN 宾国振 **(1910?-1977)**
Bin, Mo yuan 宾默园
Mo yuan 默园
Wan hui lou zhu 晚悔楼主

Bin hai 滨海
ZHANG, JIA BIN 张家滨 **(1935-)**

Bin hong 宾弘
HUANG, ZHI 黄质 **(1865-1955)**

Bin hong 宾虹
HUANG, ZHI 黄质 **(1865-1955)**

Bin hong 宾谹
HUANG, ZHI 黄质 **(1865-1955)**

Bin hong 宾鸿
HUANG, ZHI 黄质 **(1865-1955)**

Bin hong 宾䜤
HUANG, ZHI 黄质 **(1865-1955)**

Bin hong 滨虹
HUANG, ZHI 黄质 **(1865-1955)**

Bin hong 镔虹
YE, YU SEN 叶玉森 **(1880-1933)**

Bin hong cao tang 宾虹草堂
HUANG, ZHI 黄质 **(1865-1955)**

Bin hong guan 宾鸿馆
LIU, LIN SHENG 刘麟生 **(1894-1980)**

Bin hong san ren 滨虹散人
HUANG, ZHI 黄质 **(1865-1955)**

Bin, Mo yuan 宾默园
BIN, GUO ZHEN 宾国振 **(1910?-1977)**

Bin ran 彬然
FU, BIN RAN 傅彬然 **(1896-1978)**

Bin shen 斌深
HAO, BIN SHENG 郝斌生 **(1956-)**

Bin sheng 濒生
QI, HUANG 齐璜 **(1864-1957)**

Bin shi 镔石
XU, SHI LIAN 许世连 **(1920-)**

Bin si 宾四
QIAN, MU 钱穆 **(1895-1990)**

Bin su 彬肃
CAI, HE SEN 蔡和森 **(1895-1931)**

Bin weng 宾翁
HUANG, ZHI 黄质 **(1865-1955)**

Bin xing 彬星
LI, DE AN 李德安

Bin xuan 宾紘
JIANG, XI ZHONG 蒋希仲 **(1901-1973)**

Bin yan 宾衍
DING, HAO 丁浩 **(1917-)**

Bin ye 彬叶
CHAI, JIAN FENG 柴建锋 **(1974-)**

Bin zhai 邠斋
YANG, SHU KAN 杨庶堪 **(1881-1942)**

Bin zhi 宾芷
JIANG, BING ZHI 蒋冰之 **(1904-1986)**

Bin zhi 彬之
JIANG, BING ZHI 蒋冰之 **(1904-1986)**

Bin zhi 彬芝
JIANG, BING ZHI 蒋冰之 (1904-1986)

Bin zhi 彬芷
JIANG, BING ZHI 蒋冰之 (1904-1986)

Bin zhi 彬芷
YAO, FANG REN 姚方仁 (1905-1969)

Bin zi 斌子
CHEN, GUANG PING 陈光平 (1932-1979)

Bin zong 斌宗
SHI, BIN ZONG 施斌宗

Bing 冰
SHEN, YAN BING 沈雁冰 (1896-1981)

Bing 冰
YAO, GUAN SAN 姚冠三 (1910-1999)

Bing 冰
ZHANG, SHI FANG 张世方 (1914-)

Bing 冰
WU, JIN SHENG 吴金声 (1914-)

Bing 冰
LIANG, XIANG WU 梁襄武

Bing 秉
YE, SHAO JUN 叶绍钧 (1894-1988)

Bing 丙
SHEN, YAN BING 沈雁冰 (1896-1981)

Bing 丙
ZHANG, HAN FU 章汉夫 (1906-1972)

Bing 丙
ZENG, MAN FANG 曾曼方

Bing bing 丙秉
YE, SHAO JUN 叶绍钧 (1894-1988)

Bing bing 冰冰
YUAN, YU BING 袁玉冰 (1899-1927)

Bing bing 冰冰
SHI, YAN BING 施雁冰 (1928-)

Bing bo 冰波
WANG, QI LIN 王启霖 (1915-1949)

Bing bo 冰波
ZHU, PING BEN 朱平本 (1935-)

Bing bo 冰波
ZHAO, BING BO 赵冰波 (1957-)

Bing can 冰蚕
TIAN, SHI YUAN 田世源（1919- ）

Bing chan 冰禪
HU, QIU YUAN 胡秋原 (1910-1989)

Bing chan 病禅
CHEN, QU BING 陈去病 (1874-1933)

Bing chan 病禅
HUANG, KAN 黄侃 (1886-1935)

Bing chan 病蝉
HUANG, KAN 黄侃 (1886-1935)

Bing chen 丙辰
YANG, ZHEN WEN 杨震文 (1892-)

Bing chen 秉臣
YE, SHAO JUN 叶绍钧 (1894-1988)

Bing cheng 丙丞
YE, SHAO JUN 叶绍钧 (1894-1988)

Bing cheng 秉丞
YE, SHAO JUN 叶绍钧 (1894-1988)

Bing cheng 秉诚
YE, SHAO JUN 叶绍钧 (1894-1988)

Bing cheng 秉诚
LI, BO SHI 李伯实 (1924-)

Bing chuan 冰川
GU, WAN CHUAN 谷万川 (1905-1970)

Bing dao 冰岛
YUAN, HENG LONG 袁恒龙 (1964-)

Bing deng an 冰灯庵
ZHANG, REN ZHENG 张任政 (1898-1960)

Bing dian 冰点
LI, YONG LE 李永乐 (1956-)

Bing ding 丙丁
ZHOU, ZUO REN 周作人 (1885-1967)

Bing ding 丙丁
LIU, YI 刘毅 (1916-)

Bing ding 丙丁
SUN, YAO DONG 孙耀东 (1922-)

Bing en 炳恩
HU, BING EN 胡炳恩 (1931-)

Bing er 冰儿
MA, JI HONG 马继红 (1954-)

Bing fei 冰菲
LIANG, MENG GENG 梁梦庚 (1914-)

Bing feng 冰峰
LI, HONG WU 李洪武 (1949-)

Bing fu 病夫
ZENG, PU 曾朴 (1872-1935)

Bing fu 病夫
HUANG, CHAO DONG 黄朝东

Bing fu 冰夫
WANG, YUN 王沄 (1931-)

Bing fu guo zhi bing fu 病夫国之病夫
ZENG, PU 曾朴 (1872-1935)

Bing ge 兵戈
QI, LONG XI 齐隆锡 (1924-)

Bing gong 丙公
ZHANG, BING XIN 张秉新 (1913-1986)

Bing gu 冰谷
GU, WAN CHUAN 谷万川 (1905-1970)

Bing gu 冰谷
LI, SHOU ZHANG 李守章 (1905-1993)

Bing gu 冰谷
WANG, TONG 王彤 (1939-)

Bing gu 冰谷
LIN, CHENG XING 林成兴 (1940-)

Bing guan 病鳏
HOU, HONG JIAN 侯鸿鑑 (1872-1961)

Bing guan 病鳏
TAO, MU 陶牧 (1874-1934)

Bing guang 炳光
GENG, BING GUANG 耿炳光

Bing guo qing nian 病国青年
HUANG, BO YAO 黄伯耀 (1871?-)

Bing hai 病骸
ZHUANG, JI LIANG 庄继良 (1885-1970)

Bing he 病鹤
QIAN, XIN 钱辛 (1879-1944)

Bing hong 冰鸿
HUANG, ZHI 黄质 (1865-1955)

Bing hong 病虹
LI, ZI FENG 李紫凤

Bing hong 病虹
PANG, SHU SONG 庞树松

Bing hong shan ren 病红山人
PANG, SHU SONG 庞树松

Bing hu 冰壶
SUN, HONG JIE 孙鸿杰 (1921-)

Bing hu 冰壶
ZHU, XIANG YUN 朱湘云

Bing hua 冰华
SHI, RU BI 石汝璧 (1902-1928)

Bing huo 病火
FENG, WEN BING 冯文炳 (1901-1967)

Bing huo 冰火
WANG, ZHI CHONG 王志冲 (1936-)

Bing ji 病骥
HOU, HONG JIAN 侯鸿鑑 (1872-1961)

Bing ji 冰季
XIE, WEI JI 谢为楫 (1910-1984)

Bing jia 丙甲
SHEN, YAN BING 沈雁冰 (1896-1981)

Bing jian 冰溅
ZHANG, WEI 张威 (1910-)

Bing jian 并剪
ZHANG, XIN YUAN 张心远 (1895-1967)

Bing jie 兵捷
JIANG, BING JIE 蒋冰杰 (1925-)

Bing kuai 冰块
FENG, YE XIN 冯叶莘 (1917-1989)

Bing kun 冰昆
ZHAO, BING KUN 赵炳坤 (1944-)

Bing lian 冰涟
HONG, ZHI HUI 洪智惠 (1939-)

Bing lin 冰淋
LIU, BIN LAI 刘宾来 (1944-)

Bing lin 冰临
LU, BING LIN 陆炳麟 (1924-)

Bing lin 冰琳
WU, AI YUE 吴爱月 (1955-)

Bing ling 冰凌
JIANG, WEI MIN 姜卫民 (1956-)

Bing ling 冰菱
XU, SI XING 徐嗣兴 (1923-)

Bing ling 冰菱
TAN, YA MU 谭亚木 (1942-)

Bing liu 冰流
LI, LIN CHUN 李遴春

Bing lu 冰庐
SHI, JI QUN 施济群 (1896-1946)

Bing lu 冰庐
GONG, BING LU 龚冰庐 (1908-1955)

Bing lü 冰旅
ZHANG, LIE 张烈 (1918-)

Bing mao 病毛
YANG, DUN YI 杨敦颐

Bing mei 冰梅
YANG, YI CHUN 杨益春

Bing nan 丙南
ZHAO, BING NAN 赵炳南 **(1929?-)**

Bing nong shan 秉农山
ZHAI, BING ZHI 翟秉志 **(1889-1965)**

Bing qi 炳奇
PAN, XUN 潘训 **(1902-1934)**

Bing qian 秉乾
XIAO, BING QIAN 萧秉乾 **(1910-1999)**

Bing qian 炳乾
XIAO, BING QIAN 萧秉乾 **(1910-1999)**

Bing q'ian 病倩
CHEN, QU BING 陈去病 **(1874-1933)**

Bing qing 冰清
YUAN, BING QING 袁炳清 **(1937-)**

Bing qiu 冰丘
LIU, SHOU SHI 刘守世

Bing quan 冰泉
LIU, ZHI QING 刘志清 **(1938-)**

Bing ruo 冰若
LI, DONG SHUI 李冬水 **(1925-)**

Bing ruo 冰若
LIU, YU XUAN 刘禹轩 **(1926?-)**

Bing ruo 冰若
LI, LIN CHUN 李遴春

Bing seng 病僧
LEI, ZHAO XING 雷昭性 **(1873-1920)**

Bing shan 冰山
PENG, BING SHENG 彭丙生 **(1910-1968)**

Bing shan 冰山
ZHANG, BING SHAN 张秉山 **(1931-)**

Bing shan 冰山
LI, YING HAO 李英豪 **(1941-)**

Bing shan 冰山
XIAO, LI QUN 萧力群 **(1963-)**

Bing shang hong fei guan 冰上鸿飞馆
HUANG, ZHI 黄质 **(1865-1955)**

Bing shen 丙申
SHEN, YAN BING 沈雁冰 **(1896-1981)**

Bing shen sheng 丙申生
SHEN, YAN BING 沈雁冰 **(1896-1981)**

Bing sheng 丙生
SHEN, YAN BING 沈雁冰 **(1896-1981)**

Bing sheng 丙生
YUAN, KE 袁珂 **(1916-)**

Bing sheng 丙生
CHEN, SHENG MOU 陈圣谋 **(1936-)**

Bing sheng 炳生
QIU, YAO YUAN 仇曜元 **(1876-1970)**

Bing sheng 炳生
LIU, DAO YI 刘道一

Bing sheng 秉声
ZHANG, ZI PING 张资平 **(1893-1959)**

Bing shi 炳蓍
SHEN, DUAN XIAN 沈端先 **(1900-1995)**

Bing shu 冰舒
MIAO, BIN SHU 苗斌书 **(1927-)**

Bing shu 昞姝
XIE, BAO CHENG 谢保成 **(1943-)**

Bing shui 冰水
ZHU, SI CHENG 朱四成 **(1939-)**

Bing si 仌丝
XU, NAI CHANG 徐乃昌 **(1862-1936)**

Bing tian 冰天
YAO, GUAN SAN 姚冠三 **(1910-1999)**

Bing wen 丙文
FENG, WEN BING 冯文炳 **(1901-1967)**

Bing wen 炳文
HONG, LIAN YUAN 洪楝园

Bing wen 冰文
SHEN, YAN BING 沈雁冰 **(1896-1981)**

Bing weng 病翁
LIANG, DING FEN 梁鼎菜 **(1859-1920)**

Bing xian 秉铣
CHEN, LIAN QING 陈炼青 **(1907-1940)**

Bing xiang yi 冰香簃
YU, KONG WO 余空我 **(1898-)**

Bing xin 冰心
XIE, WAN YING 谢婉莹 **(1900-1999)**

Bing xin 冰心
WU, LI HUA 吴立华 **(1913-)**

Bing xin nü shi 冰心女士
XIE, WAN YING 谢婉莹 **(1900-1999)**

Bing xiong 冰兄
LIAO, DONG SHENG 廖东生 **(1915-)**

Bing xiu 冰秀
CHEN, XIU YUAN 陈秀元

Bing xuan 冰轩
ZHAO, QIN XUAN 赵勤轩 **(1938-)**

Bing xue 冰雪
BAI, RU BIN 白汝斌 **(1936-)**

Bing xun 冰迅
HE, WEN E 何文娥

Bing yan 炳炎
HE, SONG LING 何崧龄 **(1889-1977)**

Bing yan 冰岩
HUANG, KUN 黄堃 **(1962-)**

Bing yan 冰焰
ZHAO, JIN XIAN 赵进先 **(1939-)**

Bing yan 冰焰
HUANG, XIN DA 黄新达 **(1943-)**

Bing yang 冰洋
WANG, XIE 王燮 **(1909-1962)**

Bing ye 兵也
DING, HAO 丁浩 **(1917-)**

Bing ye 冰野
XU, YONG LU 徐詠禄 **(1923-)**

Bing yi 冰夷
CHEN, BING YI 陈秉彝 **(1916-)**

Bing yi 冰矣
GU, WAN CHUAN 谷万川 **(1905-1970)**

Bing ying 冰莹
XIE, BING YING 谢冰莹 **(1906-2000)**

Bing ying nü shi 冰莹女士
XIE, BING YING 谢冰莹 **(1906-2000)**

Bing yong 秉庸
GAO, MIN 高敏 **(1927-)**

Bing yuan 病鸳
ZHANG, QING LIN 张庆霖

Bing yun 病云
ZHOU, ZUO REN 周作人 **(1885-1967)**

Bing zhai 饼斋
QIAN, XUAN TONG 钱玄同 **(1887-1939)**

Bing zhang 炳章
ZHANG, WEN XUN 张文勋 **(1926-)**

Bing zhi 冰之
JIANG, BING ZHI 蒋冰之 **(1904-1986)**

Bing zhi 冰之
YAN, BING ZHI 严冰之 **(1906-)**

Bing zhi 冰之
ZHU, SI CHENG 朱四成 **(1939-)**

Bing zhi 秉志
ZHAI, BING ZHI 翟秉志 **(1889-1965)**

Bing zhu 冰竹
BAI, QING XIANG 白庆祥 **(1955-)**

Bing zi 冰姿
JIANG, BING ZHI 蒋冰之 **(1904-1986)**

Bing zi 冰子
LIANG, QI CHAO 梁启超 **(1873-1929)**

Bing zi 冰子
YAN, CAI LOU 严才楼 **(1939-)**

Bo 博
CHEN, GONG BO 陈公博 **(1892-1946)**

Bo 伯
DING, BO LIU 丁伯骝

Bo 伯
KE, JIU JIA 柯久加

Bo 波
SHEN, YAN BING 沈雁冰 **(1896-1981)**

Bo 波
SUN, MING EN 孙铭恩 **(1909-1972)**

Bo 勃
XING, TONG HUA 邢桐华 **(-1940)**

Bo an 钵菴
SONG, BO LU 宋伯鲁 **(1854-1932)**

Bo • ba er si 博•巴尔斯
BAO, JIA JUN 包家骏 **(1948-)**

Bo bo wei qi 波波维奇
CHEN, SHAO YU 陈绍禹 **(1904-1974)**

Bo, Cai 薄采
YANG, SHI JUN 杨时俊 **(1917-)**

Bo chao 伯超
XUAN, BO CHAO 宣伯超 **(1912-)**

Bo cheng 伯成
HUANG, ZHI 黄质 **(1865-1955)**

Bo chuan 伯川
DU, GUO XIANG 杜国庠 **(1889-1961)**

Bo chuan 伯川
LIU, YONG LIAN 刘永濂 **(1928-)**

Bo chuan 伯传
MO, YI TONG 莫义同 **(1933-)**

Bo chui 伯吹
CHEN, RU XUN 陈汝埙 **(1906-)**

Bo chui 伯垂
LIU, FEN 刘芬 **(-1928)**

Bo chun 伯春
HUANG, XI TING 黄希庭 **(1937-)**

Bo cun 伯村
ZENG, YAN XIU 曾彦修 (1919-)

Bo da 伯达
CHEN, SHANG YOU 陈尚友 (1904-1989)

Bo da 伯达
ZHOU, BO DA 周伯达 (1914-1947)

Bo da 波达
MENG, SHOU ZENG 孟绶曾 (1916-)

Bo da fu 波打夫
CHE, SHOU ZHOU 车寿周 (1914-)

BO DIAN FU 薄殿辅 (1931-)
Ding, Li 丁力
Ding, Yi san 丁一三

Bo dong 伯东
SUN, ZHEN 孙震 (1934-)

Bo dong 博董
ZHAO, JING SHEN 赵景深 (1902-1985)

Bo er 波儿
HUANG, DONG TAO 黄东涛 (1945-)

Bo feng 泊风
WANG, BIAO 王彪

Bo feng 伯峰
ZHANG, YI 张易

Bo fu 博夫
RAO, BAI HUA 饶柏华 (1938-)

Bo fu 波夫
WANG, ZHONG YUAN 王仲源 (1939-)

Bo fu 伯符
ZHANG, MENG LIN 张梦麟

Bo gai 泊丐
GUAN, DONG YAN 关东彦 (1919-)

Bo ge 勃戈
ZHANG, MIN XIANG 张民享

Bo gong 博公
CHEN, GONG BO 陈公博 (1892-1946)

Bo gu 伯谷
LIN, HOU JI 林后继

Bo gu 博古
QIN, BANG XIAN 秦邦宪 (1907-1946)

Bo guang 博广
MA, YU LIN 马玉麟 (1957-)

Bo guang 波光
YAO, ZHEN 姚溱 (1921-1966)

Bo guang 波光
XIE, QI GUI 谢其规 (1933-)

Bo guang 波光
TANG, SHOU YU 唐守愚

Bo guo 剥果
YU, YOU REN 于右任 (1879-1964)

Bo hai sheng 渤海生
JIA, GUANG YU 贾光宇 (1933-)

Bo, Hai ya 薄海涯
FENG, GANG YI 冯刚毅

Bo han 伯韩
JIANG, QI 姜琦 (1886-1951)

Bo han 伯韩
CAO, BO HAN 曹伯韩 (1897-1959)

Bo he 波赫
LIU, HONG SHUN 刘洪顺 (1962-)

Bo he 伯和
ZHUANG, BO HE 莊伯和

Bo hen 波痕
YANG, CHUN BO 杨春波 (1907-)

Bo heng 伯恆
KE, JIU JIA 柯久加

Bo hong 伯洪
KOU, HONG LIE 寇鸿烈 (1931-)

Bo hong 伯鸿
TIAN, HAN 田汉 (1898-1968)

Bo, Hou 薄厚
LI, BO HOU 李博厚 (1952-)

Bo hou 伯厚
LIU, YAO MIN 刘尧民 (1898-1968)

Bo hou 伯厚
WANG, QING LIN 王庆麟 (1932-)

Bo hu 伯虎
ZHU, BAI YING 祝百英 (1902-)

Bo hu 伯虎
QIN, BANG XIAN 秦邦宪 (1907-1946)

Bo hua dao ren 钵华道人
YOU, LIE 尢列 (1865-1936)

Bo huang 擘黄
TANG, YUE 唐钺 (1891-1987)

Bo hui 伯晦
WANG, XIAN 王显 (1922-)

Bo ji 伯基
GUO, JI NAN 郭基南 (1923-)

Bo ji 伯戢
QIAO, ZENG QU 乔曾劬 (1892-1948)

Bo jian 伯简
TAI, JING NONG 臺静农 **(1902-1990)**

Bo jian 伯坚
XIE, LI HUI 谢立惠 **(1907-)**

Bo jian 伯鑯
YANG, ZHAO KUN 阳兆鲲

Bo jing 博经
SU, XUAN YING 苏玄瑛 **(1884-1918)**

Bo jing 伯京
YU, ZHONG ZHENG 郁钟正 **(1915-)**

Bo ju 泊居
JI, JU WEI 纪钜维 **(1848-1920)**

Bo ju lao ren 泊居老人
JI, JU WEI 纪钜维 **(1848-1920)**

Bo jun 伯骏
HONG, SHEN 洪深 **(1894-1955)**

Bo jun 伯隽
LIANG, CHAO JIE 梁朝杰

Bo ken 伯恳
HU, BO KEN 胡伯恳 **(1900-1968)**

Bo kui 伯揆
TANG, ZENG BI 汤增璧 **(1882-1947)**

Bo kui 伯夔
TANG, ZENG BI 汤增璧 **(1882-1947)**

Bo la 波拉
HUANG, ZHEN QIU 黄振球 **(1911-1980)**

Bo lan 伯澜
CHEN, TAO 陈涛

Bo lang 博浪
LU, ZU SHEN 卢祖燊

Bo lang lou zhu 博浪楼主
WU, ZHUANG 伍庄 **(1881-1959)**

Bo li 伯利
LIANG, MENG GENG 梁梦庚 **(1914-)**

Bo li 伯力
LIU, WEN ZHUO 刘文卓 **(1913-)**

Bo liang 波良
WANG, BAO LIANG 王宝良

Bo lie 伯烈
LIANG, DING FEN 梁鼎棻 **(1859-1920)**

Bo long 波龙
WANG, BO LONG 王波龙

Bo lun 伯沦
WU, BO LUN 武伯纶

Bo luo 博洛
LIU, JIA XIANG 刘家相 **(1936-)**

Bo, Ming 薄鸣
XU, TONG QIANG 徐通锵 **(1931-)**

Bo ming 伯明
SONG, GUI HUANG 宋桂煌 **(1903-1987)**

Bo ming 伯明
ZHANG, XIN RUO 张昕若 **(1929-)**

Bo na 伯纳
WANG, SEN RAN 王森然 **(1895-1984)**

Bo ou 伯欧
CHEN, BO OU 陈伯欧 **(1912-1981)**

Bo ou 伯欧
HUANG, QI HAN 黄启汉 **(1912-)**

Bo ping 播平
CHEN, JIAN QUN 陈建群 **(1947-)**

Bo ping 伯萍
CHEN, YUAN 陈渊 **(1885-1907)**

Bo ping 泊平
JIN, BAO PING 靳保平 **(1955-)**

Bo qi 伯奇
ZHENG, LONG JIN 郑隆谨 **(1895-1979)**

Bo qian 伯潜
CHEN, BAO CHEN 陈宝琛 **(1849-1935)**

Bo qian 伯潜
CHEN, SAN LI 陈三立 **(1852-1937)**

Bo qian 伯谦
ZHANG, GONG 张恭 **(1877-1912)**

Bo qin 伯禽
CHEN, WEI 陈玮 **(1936-)**

Bo qin 檗琴
HUANG, ZHI 黄质 **(1865-1955)**

Bo ren 伯仁
CHEN, WEN GUI 陈文贵 **(1948-)**

Bo ren 伯人
FAN, DANG SHI 范当世 **(1854-1904)**

Bo ren 博仁
HU, SHENG 胡绳 **(1918-)**

Bo ren 泊人
YANG, YONG CAI 杨永才 **(1946-)**

Bo ru 伯儒
CHEN, QU BING 陈去病 **(1874-1933)**

Bo san 伯三
LI, LI SAN 李立三 **(1899-1967)**

Bo shan 伯山
LI, LI SAN 李立三 **(1899-1967)**

Bo shan 伯山
ZHANG, BAI SHAN 张白山 **(1912-)**

Bo shan 博山
PAN, CHENG HOU 潘承厚 **(1904-1943)**

Bo shang zhou 波上舟
ZENG, CHUN SHENG 曾春生 **(1938-)**

Bo shen 伯申
LI, ZHAO FU 李肇甫 **(1887-1950)**

Bo shen 博申
LIU, BAO SHEN 刘保申 **(1937-)**

Bo sheng 勃生
XING, TONG HUA 邢桐华 **(-1940)**

Bo sheng 伯圣
XU, XI LIN 徐锡麟 **(1873-1907)**

Bo sheng 泊生
ZHANG, BAI SHAN 张白山 **(1912-)**

Bo shi 伯实
GAO, BAI SHI 高拜石 **(1901-1969)**

Bo shi 伯石
ZHU, ZUN ZHU 朱遵柱 **(1919-)**

Bo shu 伯树
MAO, HUI CHUAN 毛汇川 **(1924-)**

Bo sun 伯荪
XU, XI LIN 徐锡麟 **(1873-1907)**

Bo tang 伯唐
WANG, DA XIE 汪大燮 **(1859-1928)**

Bo tang 伯堂
WANG, DA XIE 汪大燮 **(1859-1928)**

Bo tang 伯堂
REN, BI SHI 任弼时 **(1904-1950)**

Bo tao 伯弢
CHEN, RUI 陈锐 **(1861-1923?)**

Bo tao 伯韬
DAI, BO TAO 戴伯韬 **(1907-1981)**

Bo tao 波涛
OU YANG, TAO 欧阳涛 **(1924-)**

Bo tao 波涛
LI, JIN ZHAO 李金钊 **(1936-)**

Bo wan 伯宛
WU, CHANG SHOU 吴昌绶

Bo wei 伯韦
HUA, SHAN 华山 **(1920-1985)**

Bo wei 波微
SHI, RU BI 石汝璧 **(1902-1928)**

Bo wei 波微
WANG, YONG TANG 汪永棠 **(1912-)**

Bo weng 钵翁
SU, YUAN LEI 苏渊雷 **(1908-)**

Bo wo 博我
HUANG, BI TING 黄必珽

Bo xi 波西
YU, GENG YU 于赓虞 **(1902-1963)**

Bo xian 伯咸
HUANG, ZHI 黄质 **(1865-1955)**

Bo xiang 伯翔
HUANG, FU YI 黄甫翼 **(1903-)**

Bo xiang 伯祥
WANG, ZHONG QI 王锺麒 **(1890-1975)**

Bo xiao 伯箫
WU, XI CHENG 吴熙成 **(1906-1982)**

Bo xin 波心
LIU, ZHEN SHENG 刘振声 **(1920-1973)**

Bo xin 伯昕
XU, LIANG 徐亮 **(1905-1984)**

Bo xiu 伯修
DU, GUO XIANG 杜国庠 **(1889-1961)**

Bo xiu 伯岫
MENG, XIAN YUN 孟宪云 **(1938-)**

Bo xun 伯恂
LI, BO XUN 李伯恂

Bo xun 波迅
PAN, GAN TING 潘幹庭 **(1909-1979)**

Bo xun 伯勋
ZHOU, HONG YE 周宏业 **(1878-)**

Bo yan 伯严
CHEN, SAN LI 陈三立 **(1852-1937)**

Bo yan meng he 博彦孟和
HAN, RU CHENG 韩汝诚 **(1933-)**

Bo yang 柏杨
GUO, YI DONG 郭衣洞 **(1920-)**

Bo yang 波阳
PENG, DING AN 彭定安 **(1928-)**

Bo yao 伯耀
HUANG, BO YAO 黄伯耀 **(1871?-)**

Bo yi 伯荑
SHEN, JIAN YI 沈坚毅 **(1957-)**

Bo yi 博艺
WANG, YI HUA 王义华 **(1961-)**

Bo・yi lan 博・屹岚
BAO, SHENG 宝生 **(1961-)**

Bo yin 伯尹
SANG, YI 桑伊

Bo ying 伯英
ZHU, BAI YING 祝百英 **(1902-)**

Bo ying 伯英
DU, LIAN ZHAI 杜联斋 **(1908-1963)**

Bo ying 伯鹰
PAN, SHI 潘式 **(1904-1966)**

Bo yong 伯庸
LI, MING XUN 李铭训

Bo yu 伯于
CHEN, HAO 陈浩

Bo yu 伯屿
LI, TAO 李涛 **(1925-)**

Bo yu 伯餘
LIU, FENG YI 刘凤仪 **(1933-)**

Bo yu fu 伯隅父
WANG, GUO WEI 王国维 **(1877-1927)**

Bo yu ling 波于凌
YU, LING BO 于凌波 **(1926-)**

Bo yuan 伯元
SHEN, YAN BING 沈雁冰 **(1896-1981)**

Bo yuan 帛园
XU, WEN SHAN 徐文珊 **(1899-)**

Bo yuan 泊园
ZHOU, SHU MO 周树谟 **(1860-1925)**

Bo yue 伯约
SHEN, DUAN XIAN 沈端先 **(1900-1995)**

Bo yun 波云
XIE, YU 谢瑜 **(1945-)**

Bo yun shan ren 拨云山人
LI, ZHEN YING 李振英 **(1929-)**

Bo zan 伯贊
JIAN, BO ZAN 翦伯赞 **(1898-1968)**

Bo zhai 博斋
LI, YAN SHENG 李AAA生 **(1897-1975)**

Bo zhang 伯张
GUAN, YOU WEI 关有维 **(1909-1941)**

Bo zhao 伯钊
LI, BO ZHAO 李伯钊 **(1911-1985)**

Bo zhen 伯桢
JIN, QING YAN 金庆棪 **(1880-1932)**

Bo zhi 泊智
LI, ZHEN YING 李震瀛

Bo zhi 泊之
ZHANG, BO 张波 **(1949-)**

Bo zhi 泊之
LI, ZHEN YING 李震瀛

Bo zhong shu 伯仲叔
YU, CHANG JIANG 俞长江 **(1939-)**

Bo zi 檗子
PANG, SHU BAI 庞树柏 **(1884-1916)**

Bu, Bao nan 卜宝南
BU, NAI FU 卜乃夫 **(1917-)**

Bu, Bao yuan 卜宝源
BU, SHAO FU 卜少夫 **(1908-2000)**

Bu, Bing 步兵
TANG, DUAN YI 唐端毅 **(1913-1992)**

Bu cai 不才
XU, GUO YING 许国英 **(1875-1923)**

Bu cai 不才
XIAO, JUN 萧军 **(1907-1988)**

Bu cai zi 不才子
XU, GUO YING 许国英 **(1875-1923)**

Bu can 补残
LIU, MENG PENG 刘孟鹏 **(1857-1909)**

Bu, Chao 步超
WANG, BU CHAO 王步超 **(1936-)**

Bu, Chao fan 卜超凡
GU, ZHAO JI 顾肇基 **(1924-)**

Bu, Cheng 步程
LI, SHOU ZHANG 李守章 **(1905-1993)**

BU, CHENG ZHONG 卜成中 **(1902-1983)**
Chen, Zhong 陈钟
Geng, Yong 庚庸
He, Yan 何言
Shen, Xing 沈行
Sun, Yong 孙用
Sun, Yong zhi 孙用之

Bu chu ting cao zhai fu 不除庭草斋夫
TAO, XING ZHI 陶行知 **(1891-1946)**

Bu dan 布丹
CHEN, QI BANG 陈启榜 **(1924-)**

Bu dang 不党
YAN, QUN 严群 **(1907-1985)**

Bu de 布德
XIE, DE YAO 谢德耀

Bu, Ding 卜丁
MA, GUO GUANG 马国光 **(1942-)**

Bu, Dong 卜冬
HE, QI FANG 何其芳 **(1912-1977)**

Bu dong 不动
LI, WEN TAO 李文涛 **(1880-1942)**

Bu, Er 卜二
BU, ZONG XUE 卜宗学 **(1958-)**

Bu er 不耳
PAN, QI LIANG 潘齐亮 **(1923-1968)**

Bu fan zhai zhu ren 不烦斋主人
LIU, CHANG CHAO 刘昌潮 **(1907-)**

Bu fei 逋飞
WU, MEI 吴梅 **(1884-1939)**

Bu, Fu 卜夫
CHANG, JUN SHI 常君实 **(1920-)**

Bu gan nü zi 不甘女子
ZHANG, PEI QIU 张佩秋

Bu ge 布哥
HUANG, SHOU CHANG 黄寿昌 **(1927-)**

Bu, Gong 卜公
HU, SHENG 胡绳 **(1918-)**

Bu, Gu 卜古
QIN, BANG XIAN 秦邦宪 **(1907-1946)**

Bu gu 布谷
JIANG, XING YU 蒋星煜 **(1920-)**

Bu gu 不古
ZHOU, NAI YAO 周乃尧 **(1932-)**

Bu, Guan 步关
ZHAO, SHU LI 赵树礼 **(1906-1970)**

Bu he 布禾
TIAN, JING HUI 田景惠 **(1923-)**

Bu, Huai jun 卜怀君
BU, NAI FU 卜乃夫 **(1917-)**

Bu hui shan min 不回山民
LIANG, DING FEN 梁鼎菜 **(1859-1920)**

Bu hui weng 不回翁
LIANG, DING FEN 梁鼎菜 **(1859-1920)**

Bu huo 不惑
XIAO, JIN ZHONG 萧金钟 **(1937-)**

Bu huo zhai 不获斋
ZHANG, GUO HUA 张国华 **(1871-1945)**

Bu, Ji 步及
WU, BU NAI 吴步乃 **(1929-)**

Bu, Ji ci 卜吉慈
WU, ZHAO YUAN 吴照愿 **(1910-)**

Bu, Jia 卜家
LI, RONG PEI 李荣培 **(1903-1981)**

Bu jin 不进
MA, JUN SHENG 马骏声 **(1889-)**

Bu jing 不竞
YE, XIA SHENG 叶夏声 **(1883-)**

BU, JUN YOU 步俊有 **(1950-)**
Bu, Ke 步克
Hua, Jie 华杰

Bu, Ke 步克
BU, JUN YOU 步俊有 **(1950-)**

Bu ke 布克
SHI, SONG MAO 石松茂 **(1958-)**

Bu ke 不柯
ZHOU, ZUO REN 周作人 **(1885-1967)**

Bu ke deng lu 不可登庐
KUANG, FU 匡扶 **(1911-)**

Bu kui shi zhu 不匮室主
HU, HAN MIN 胡汉民 **(1879-1936)**

Bu lao 不老
HU, SHAN YUAN 胡山源 **(1897-1988)**

Bu lei 布雷
CHEN, XUN EN 陈训恩 **(1890-1948)**

Bu leng 不冷
CHEN, LENG 陈冷 **(1878-1965)**

Bu leng tang 不冷堂
ZHANG, SHUN QIN 张舜琴 **(1846-1911)**

Bu, Liang 卜量
MA, BO LIANG 马博良 **(1933-)**

Bu liao weng 不了翁
HAN, DAO CHENG 韩道诚 **(1917-)**

Bu, Lin 卜琳
BU, NAI FU 卜乃夫 **(1917-)**

Bu ling 不灵
JIANG, ZHONG HUA 姜忠华 **(1946-)**

Bu liu weng 补柳翁
LIN, SHU 林纾 **(1852-1924)**

Bu, Lü 步履
QUE, XIANG DONG 阙向东 **(1953-)**

Bu, Man er 卜曼尔
MA, HUA 马骅 **(1916-)**

Bu man yan zhai 不满砚斋
ZHANG, ZONG XIANG 张宗祥 (1881-1965)

Bu, Meng long 卜朦胧
ZHAO, JING SHEN 赵景深 (1902-1985)

Bu, Ming 卜明
BU, ZHAO LIN 卜兆麟

Bu ming 不明
ZHOU, ZUO REN 周作人 (1885-1967)

BU, NAI FU 卜乃夫 (1917-)
Bu, Bao nan 卜宝南
Bu, Huai jun 卜怀君
Bu, Lin 卜琳
Bu, Ning 卜宁
Ning, Shi 宁士
Wu ming shi 无名氏

Bu, Nei men 卜内门
LIN, JUE FU 林觉夫 (1919-1992)

Bu, Ning 卜宁
BU, NAI FU 卜乃夫 (1917-)

Bu ning 不佞
HUANG, KAN 黄侃 (1886-1935)

Bu ning 不佞
JIANG, ZHONG HUA 姜忠华 (1946-)

Bu, Peng 卜蓬
ZHANG, ZE ZHONG 张泽忠 (1949-)

Bu, Ping 卜平
LI, FAN WEN 李范文 (1931-)

Bu ping 不平
ZHANG, XIN YUAN 张心远 (1895-1967)

Bu ping 不平
YU, YU 余愚 (1900-1963)

Bu ping 不平
WANG, REN SHU 王任叔 (1901-1972)

Bu qi 不齐
CHEN, WANG DAO 陈望道 (1890-1977)

Bu, Qing 步卿
ZHONG, QING YUN 钟青云 (1910-)

Bu qiu sheng 不丘生
WU, YU 吴虞 (1872-1949)

Bu ran 不然
WU, ZHEN FENG 吴振峰 (1957-)

Bu, Ren 卜人
HU, SHENG 胡绳 (1918-)

Bu ren 不忍
KANG, YOU WEI 康有为 (1858-1927)

BU, REN LIANG 卜仁亮 (1934-)
Yuan, Guang 远光

Bu ren sheng 不忍生
KANG, YOU WEI 康有为 (1858-1927)

Bu, San 卜三
ZHANG, SHI BAO 张世宝

BU, SHAO FU 卜少夫 (1908-2000)
Bu, Bao yuan 卜宝源
O. K.
Song, Xiao lan 宋小岚
Wu ti lou 无梯楼
Xia, Lai 夏莱
Xiao fu 小夫

Bu, Sheng 步声
JIN, PU SEN 金普森 (1932-)

Bu shi jiao shou 不是教授
HUANG, ZHONG MING 黄仲鸣

BU, SHI XU 步世绪 (1914-1973)
Chang ling 长岭
Du, Mai qing 杜麦青
He, You 何忧
Liu huo 榴火
Si meng 思蒙
Yln wen 荫义

Bu, Shu 卜束
XIE, FU SEN 谢复森 (1919-)

Bu shu tang 不殊堂
LU, ZHENG SHEN 卢正绅 (1905-1951)

Bu song lao ren 补松老人
WU, QING CHI 吴庆坻 (1848-1924)

Bu song lu 补松庐
WU, QING CHI 吴庆坻 (1848-1924)

Bu song zhai 补松斋
WU, QING CHI 吴庆坻 (1848-1924)

Bu, Sou 步叟
SHAN, SHUANG HE 单双和 (1920-)

Bu tang 不堂
ZHOU, SHU REN 周树人 (1881-1936)

Bu, Tao 步韬
JIANG, PI ZHI 姜丕之 (1920-)

Bu tian zhai 补天斋
YAN, BIN 燕斌

Bu, Tong 卜同
LI, JIN XIANG 栗金襄 (1909-1989)

Bu wa wa 布娃娃
LI, YUAN BEN 李元本 (1945-)

BU, WEI QIN 卜维勤 **(1933-)**
Pu shi 朴实
Ye bin 业宾

Bu wen 布文
FENG, YU QIU 冯裕球 **(1903-1973)**

Bu weng shan min 不翁山民
JIANG, HAN 江瀚 **(1853-1931)**

Bu, Wu ji 卜无忌
DENG, TUO 邓拓 **(1912-1966)**

Bu xi 不息
LI, WEN TAO 李文涛 **(1880-1942)**

Bu xi lao ren 不息老人
JIN, LIANG 金梁 **(1878-1962)**

Bu xia 不遐
ZHOU, ZUO REN 周作人 **(1885-1967)**

Bu xiang 不翔
WANG, ZHONG QI 王锺麒 **(1890-1975)**

Bu xiao sheng 不肖生
XIANG, KUI 向逵 **(1889-1957)**

Bu xuan 不玄
YI, TING XI 易廷熹 **(1874-1941)**

Bu yan 不言
HAN, ZHI ZHONG 韩致中 **(1921-)**

BU, YAN PING 步燕萍 **(1946-)**
Jun jun 君君
Yi ping 亦平

Bu, Yang 卜央
ZHENG, BING ZHONG 郑炳中 **(1922-)**

Bu yang 不扬
ZHAO, AN JI 赵安济 **(-1975)**

Bu, Yi 卜一
HU, ZHEN QING 胡振清 **(1916-)**

Bu yi 布衣
HU, YUN 胡蕴 **(1868-1938)**

Bu yi 布衣
ZHANG, XIN YUAN 张心远 **(1895-1967)**

Bu yi 布衣
DING, ZHONG JIANG 丁中江 **(1918-)**

Bu yi 布衣
WEI, YU QING 魏毓庆 **(1933-)**

Bu yi 布衣
PAN, YING XI 潘英喜 **(1936-)**

Bu yi 布衣
CHEN, JIAN CHENG 陈建成 **(1941-)**

Bu yi 布衣
FENG, XIANG JIE 冯向傑 **(1941-)**

Bu yi 布衣
GUO, GE 郭戈 **(1946-)**

BU, YING FAN 卜英梵 **(1908-)**
Ma, Feng 马风

Bu, Yun 步云
XU, BAO TI 徐宝梯 **(1901-)**

Bu, Yun 步云
CHEN, YAN 陈炎 **(1925-)**

Bu, Yun 步云
LING, JIN REN 凌近仁

Bu yun 瓿云
CAO, YUAN ZHONG 曹元忠 **(1865-1923)**

Bu yun ju shi 步云居士
LIN, YING SHAN 林英珊 **(1940-)**

Bu, Zhao jie 卜昭杰
GU, ZHAO JI 顾肇基 **(1924-)**

BU, ZHAO LIN 卜兆麟
Bu, Ming 卜明

Bu zhen 布振
ZHENG, ZAO 郑造 **(1921-1966)**

Bu, Zhi 卜之
LIANG, ZHI SHENG 梁志生 **(1912-)**

Bu zhi 不知
ZHOU, ZUO REN 周作人 **(1885-1967)**

Bu zhi lao zhi jiang zhi zhai zhu 不知老之将至斋主
ZHANG, YI PENG 张一鹏 **(1873-)**

Bu zhi shi 不执室
JI, GUO XUAN 纪国宣 **(1909-)**

Bu, Zhou 步洲
SHEN, LIAN 沈联 **(1888-1932)**

Bu, Zhou 步洲
TONG, JUN 佟军 **(1926-)**

Bu zhou 不周
ZHOU, ZHONG REN 周中仁 **(1927-)**

Bu zhu 不著
LI, WEN TAO 李文涛 **(1880-1942)**

Bu zhuan 不转
LI, WEN TAO 李文涛 **(1880-1942)**

Bu zhuo 不着
LI, WEN TAO 李文涛 **(1880-1942)**

Bu zhuo 补拙
PENG, SHI QIN 彭师勤

BU, ZONG XUE 卜宗学 **(1958-)**

Bu, Er 卜二
Gong ping 公平
Li, Si 李四

C

C
GAO, YANG YU 高仰愈 **(1898-1949)**

C
WANG, TONG ZHAO 王统照 **(1897-1957)**

C
ZHENG, ZHEN DUO 郑振铎 **(1898-1958)**

C C
CHEN, DU XIU 陈独秀 **(1879-1942)**

C. C.
LIU, QIAN CHU 刘谦初 **(1897-1931)**

C. C.
ZHANG, JIN YAN 张金燕 **(1901-)**

C. C.
WEN, YU SHU 温玉书 **(1911-)**

C. C.
XIA, YUN 夏云

C C sheng C C 生
CHEN, DU XIU 陈独秀 **(1879-1942)**

C. C. T.
ZHENG, ZHEN DUO 郑振铎 **(1898-1958)**

C. Cen
ZHANG, QI CHENG 张企程 **(1913-)**

C D
ZHENG, ZHEN DUO 郑振铎 **(1898-1958)**

CF
ZHANG, JIN FEN 张近芬 **(-1940)**

C. F.
LI, RONG DI 李荣第 **(1897-1971)**

CF nü shi CF 女士
ZHANG, JIN FEN 张近芬 **(-1940)**

C. H.
GAO, YANG YU 高仰愈 **(1898-1949)**

CH
ZHUANG, SONG LIN 庄松林 **(1910-1974)**

C. K.
WEI, JIAN GONG 魏建功 **(1901-1980)**

C. L. T.
CHEN, LI TING 陈鲤庭 **(1910-)**

C. P.
FENG, CHENG ZHI 冯承植 **(1905-1993)**

C. T.
ZHENG, ZHEN DUO 郑振铎 **(1898-1958)**

C. T.
SHI, CUN TONG 施存统 **(1899-1970)**

C. T.
WEN, ZHEN TING 文振庭 **(1924-)**

CTP
QU, QIU BAI 瞿秋白 **(1899-1935)**

C. W.
XU, SHENG YAO 许绳尧 **(1897-1984)**

C. W.
MA, ZHONG HAN 马锺汉 **(1912-)**

C. Z.
GENG, KUANG 耿匡 **(1899-1947)**

C jun C 君
ZHOU, CHENG SHU 周承澍 **(1902-1983)**

C jun C 君
LIANG, ZHI SHENG 梁志生 **(1912-)**

CAMERA
WANG, KE WU 王克武 **(1939-)**

Chapin
CAO, JING PING 曹京平 **(1912-)**

Chiu, Vermier Y.
ZHAO, BING 赵冰 **(1890-1964)**

Chou, Eric
ZHOU, YU RUI 周榆瑞 **(1917-1980)**

Cicio Mar
YE, JUN JIAN 叶君健 **(1914-)**

Co Co
HUANG, YONG NAN 黄永楠

Ctpaxob
QU, QIU BAI 瞿秋白 **(1899-1935)**

Cai 材
LI, CHU CAI 李楚材 **(1905-)**

Cai, A pei 蔡阿培
CAI, YUAN PEI 蔡元培 **(1868-1940)**

CAI, AN FU 蔡安福 **(1904-1938)**
Cai, Diao tu 蔡钓徒
Hai shang diao tu 海上钓徒

CAI, AO CHENG 蔡敖成
A mu 阿木

CAI, BAO AI 蔡保皑
Ai ai 皑皑

CAI, BEI HUA 蔡北华 **(1916-)**
Leng, Feng 冷枫
Liu, An 柳岸
Liu, Fang hua 刘芳华

CAI, BEI YU 蔡备豫 **(1935-)**

Cai, De yu 蔡德予
De yu 得雨

CAI, BI E 蔡碧娥 **(1948-)**
Cai, Bi hang 蔡碧航
Han, Ting 韩汀
Lü xin 绿心

Cai, Bi hang 蔡碧航
CAI, BI E 蔡碧娥 **(1948-)**

Cai bin 彩斌
ZHU, CAI BIN 朱彩斌 **(1930-1971)**

CAI, BING 蔡兵 **(1943-)**
Bai, Yun 白云

CAI, BO FEN 蔡伯芬
Jin kang 晋康

CAI, BO MING 蔡伯铭 **(1924-)**
Bai, Ming 白名
Bei ming 北溟
Ding fan 定凡
Jiang, Han wen 江汉文
Shi, Mu 石木

CAI, CHANG XIAN 蔡长贤
Zhi jin 至津

CAI, CHAO 蔡超 **(1944-)**
Cao ming 草明
Wei, Min 卫民
Yu can 餘残

Cai chen 才辰
LIAO, QI GUANG 廖其光 **(1933-)**

CAI, CHEN WEI 蔡辰卫 **(1934-)**
Cai, Jian wei 蔡建伟
Ye cao shan ren 野草山人

CAI, CHENG 蔡郕 **(1877-1945)**
Cai, Dong fan 蔡东帆
Cai, Dong fan 蔡东藩
Dong fan 东帆
Dong fan 东飒
Gu yue dong fan 古越东飒

CAI, CHONG DE 蔡崇德 **(1937-)**
Cai, Zhong de 蔡仲德

CAI, CHONG JIANG 蔡冲江
Jiang, Yi ya 江一涯

Cai, Chou dong 蔡愁洞
CAI, QIU TONG 蔡秋桐 **(1900-)**

CAI, CHU SHENG 蔡楚生 **(1906-1968)**
Gao, Fei 高菲
Liu, Lang 刘琅
Lu, Shan 鲁山
Xiao yun 小云
Zhong hua 重华

CAI, CHUAN SHENG 蔡川胜
A fa 阿发
Cai, San chuan 蔡三川
Chen, Qun 陈群
Fan, Long 樊龙
Li, Yu 李瑜
Xi li 希里
Yan, Dong 严冬

Cai, Chun 蔡纯
GUAN, YONG HE 管用和 **(1937-)**

CAI, DA JUN 蔡达君 **(1923-1946)**
Zheng, Ding wen 郑定文

Cai, Dan 蔡淡
CAI, JIN ZHI 蔡锦芝 **(1944-)**

Cai, Dan ye 蔡丹冶
CAI, WEI LIAN 蔡伟濂 **(1923-)**

CAI, DE DONG 蔡德东 **(1957-)**
Sha, Mo qiao 沙默乔

CAI, DE SHENG 蔡德盛
Ge, Bi 戈壁

Cai, De yin 蔡德音
CAI, TIAN LAI 蔡天来

Cai, De yu 蔡德予
CAI, BEI YU 蔡备豫 **(1935-)**

Cai, Diao tu 蔡钓徒
CAI, AN FU 蔡安福 **(1904-1938)**

Cai, Dong fan 蔡东帆
CAI, CHENG 蔡郕 **(1877-1945)**

Cai, Dong fan 蔡东藩
CAI, CHENG 蔡郕 **(1877-1945)**

Cai duo 采多
HONG, GUI MAO 洪桂茂 **(1950-)**

CAI, E 蔡锷 **(1882-1916)**
Fen he sheng 奋翮生
Gen yin 艮寅
Ji zhui sheng 击椎生
Song po 松坡

Cai, Er chu 蔡尔楚
CHEN, ZONG TANG 陈宗棠 **(1936-)**

CAI, ER KANG 蔡尔康 **(1858-1923?)**
Cai zhi weng 采芝翁
Hai bin ye shi 海滨野史
Hai shang cai zi 海上蔡子
Hai shang ting cai zi 海上亭蔡子
Lü xian 缕仙

Lü xin xian shi 缕馨仙史
Zhi, Fo 支佛
Zhi fo 芝佛
Zhi fu 之茀
Zhi fu 芝绂
Zhi fu 芷祓
Zhu tie an zhu 铸铁盦主
Zhu tie sheng 铸铁生
Zhu tie xian 铸铁仙
Zi fu 子茀
Zi fu 紫绂
Zi fu 紫黻

CAI, FANG XIN 蔡方信 **(1902-1963)**
Fang, Ke qin 方克勤
Fang, Xin 芳信

Cai, Fei jun 蔡斐君
CAI, JIAN 蔡健 **(1915-)**

Cai feng 采风
WANG, ZAO 王灶 **(1938-)**

Cai, Feng yun 蔡峰云
CAI, WEI CAI 蔡维才 **(1933-)**

Cai, Fu sheng 蔡馥生
CAI, JIA GUI 蔡家桂 **(1903-)**

CAI, FU XING 蔡福兴
Ling sui 灵随

CAI, GONG SHI 蔡公时 **(1888-1928)**
Chi gong 痴公

CAI, GUO YING 蔡国英 **(1912-)**
Bao, Luo 保罗
You jun 右军
Zhong shan 中山

CAI, GUO ZHENG 蔡国政 **(1915-1983)**
Bai, Shi 白石
Cai, Jie 蔡捷
Cai, Tian xin 蔡天心
Cai, Zhe 蔡哲
Jun mo 君谟
Tian xin 天心

CAI, HAN YUN 蔡汉云
Luo ying 落影

Cai, He qing 蔡鹤卿
CAI, YUAN PEI 蔡元培 **(1868-1940)**

CAI, HE SEN 蔡和森 **(1895-1931)**
Ben bao tong ren 本报同仁
Bin bai 彬白
Bin su 彬肃
Cai, He xian 蔡和仙
Cai, Lin bin 蔡林彬
Cai, Ze ying 蔡泽膺
H. S.
He sen 合森
He, Sen 和森
He, Sheng 和生
Ji zhe 记者
WAT. SON
Zhen yu 振宇

Cai, He xian 蔡和仙
CAI, HE SEN 蔡和森 **(1895-1931)**

Cai, Hong 蔡虹
CAI, LI JUN 蔡丽君 **(1939-)**

CAI, HONG JI 蔡鸿基 **(1908-)**
Cai, Tian pei 蔡天培
Cai, Wei si 蔡苇丝
Hong, Zhi 洪枝
Qie fu 且夫
Ruo xu 若絮
Wei si 苇丝

CAI, HONG MING 蔡宏明 **(1954-)**
Tian luo 天洛

CAI, HONG SEN 蔡鸿森
Zheng xin 筝心

CAI, HONG SHENG 蔡宏生 **(1940-)**
Cai, Hong sheng 蔡洪声

Cai, Hong sheng 蔡洪声
CAI, HONG SHENG 蔡宏生 **(1940-)**

Cai, Hua wu 蔡华五
CAI, ZHEN YANG 蔡振扬 **(1917-)**

CAI, HUI RU 蔡惠如 **(1881-1929)**
Cai, Tie sheng 蔡铁生

Cai, Ji tian 蔡寄天
CAI, WEI LIAN 蔡伟濂 **(1923-)**

CAI, JIA GUI 蔡家桂 **(1903-)**
Cai, Fu sheng 蔡馥生
Fu sheng 馥生
Yi su 一粟

CAI, JIA PING 蔡嘉苹 **(1954-)**
Shu, Fei 舒非

CAI, JIAN 蔡健 **(1915-)**
Cai, Fei jun 蔡斐君
Yi, Fei jun 易斐君

Cai, Jian 蔡俭
WANG, YANG 王扬 **(1917-1986)**

Cai, Jian wei 蔡建伟
CAI, CHEN WEI 蔡辰卫 **(1934-)**

Cai, Jie 蔡捷
CAI, GUO ZHENG 蔡国政 **(1915-1983)**

Cai, Jie min 蔡孑民
CAI, YUAN PEI 蔡元培 (1868-1940)

CAI, JIE REN 蔡孑人 (1926-)
Chai, Jie ran 柴洁燃

CAI, JIN LAI 蔡金来
Bei, Meng han 贝梦寒
Han xiao 寒啸

CAI, JIN LIANG 蔡金凉
Jin liang 津凉

Cai, Jin sheng 蔡金声
CAI, ZHEN YANG 蔡振扬 (1917-)

CAI, JIN TU 蔡金塗
A cheng 阿城

CAI, JIN ZHI 蔡锦芝 (1944-)
Cai, Dan 蔡淡
Kong, Tian feng 孔田风
Wang, Zhong 王钟

CAI, JING FU 蔡景福 (1924-1987)
Xiao, Mo er 萧莫尔
Ya wei 亚薇

CAI, JING LIAN 蔡景濂
Cai, Wen guang 蔡文光

CAI, JING LONG 蔡景龙 (1941-)
Yue qu liao 月曲了

Cai, Jiu 蔡九
WANG, YANG 王扬 (1917-1986)

Cai jiu 采久
PI, ZUO JIU 皮作玖 (1917-)

Cai jiu 彩久
PI, ZUO JIU 皮作玖 (1917-)

Cai jiu 彩玖
PI, ZUO JIU 皮作玖 (1917-)

Cai lan 採蓝
LAN, CAI YU 蓝採钰 (1950-)

CAI, LI JUN 蔡丽君 (1939-)
Cai, Hong 蔡虹

CAI, LI SI 蔡丽丝 (1959-)
Can ying 璨颖

CAI, LI TONG 蔡立彤 (1944-)
Guang ru 光儒
Luo, Ping 罗平

CAI, LIAN TONG 蔡连铜 (1946-)
Lian, Tong 连铜

CAI, LIANG QIAN 蔡良乾 (1943-)
Cui hua 翠华
Ji, Qun 纪群
Li, Xiang 黎响
Yan, Liang 燕良
Yan, Wei 燕微

CAI, LIANG REN 蔡良人 (1938-)
Bai, Lang ping 白浪萍
Chen, Liang ren 陈良人
Wu an 无庵
Wu yun 无云

Cai, Lin bin 蔡林彬
CAI, HE SEN 蔡和森 (1895-1931)

CAI, LING 蔡玲 (1933-)
Fan, Si qi 范思綺

Cai lun 彩轮
YUE, XI RUI 岳喜瑞 (1920-)

Cai, Luo ding 蔡罗丁
CAI, REN HOU 蔡壬侯 (1917-)

Cai, Luo ye 蔡落叶
CAI, QIU TONG 蔡秋桐 (1900-)

CAI, MAN XING 蔡满杏 (1953-)
Shi ya 诗亚

CAI, MEI LAN 蔡梅兰 (1956-)
Fang, Han 方涵
Huan zhu 浣竹
Mei, Lan 梅兰
Shi, Zi zi 石子仔

Cai, Min you 蔡民友
CAI, YUAN PEI 蔡元培 (1868-1940)

CAI, MING CHUAN 蔡明川 (1927-)
Su, Qun 苏群

CAI, NAN GUAN 蔡南冠 (1906-1992)
Cai, Yi 蔡仪
Nan, Guan 南冠

Cai, Nong 蔡农
CAI, ZHENG JIAN 蔡正健

CAI, NÜ LIANG 蔡女良 (1938-)
A liang 阿良

CAI, PEI HUO 蔡培火 (1889-1983)
Feng shan 峰山

Cai, Pei tian 蔡培田
PU, SHAN 浦山 (1923-)

CAI, PENG HUI 蔡鹏辉 (1950-)
Leng, Yun 冷云

CAI, QI KANG 蔡其康 (1934-)
Xiang, Yang 向阳

Cai, Qian 蔡浅

CAI, RONG YONG 蔡荣勇 (1955-)

CAI, QIN SHENG 蔡钦笙 (1935-)
Cai, Qing sheng 蔡庆生
Gang feng 钢锋
Qing shan 青杉

Cai, Qing 蔡庼
CAI, YUAN PEI 蔡元培 (1868-1940)

Cai, Qing sheng 蔡庆生
CAI, QIN SHENG 蔡钦笙 (1935-)

CAI, QIU TONG 蔡秋桐 (1900-)
Cai, Chou dong 蔡愁洞
Cai, Luo ye 蔡落叶
Chou dong 愁洞
Chou tong 愁桐
Chou tong 愁童
Kuang, Ren ye 匡人也
Qiu, Dong 秋洞
Qiu, Kuo 秋潤
Yuan, Liao 元寮

CAI, QUAN 蔡权
Die xi 蝶兮
Qiu, Bing 秋冰

CAI, QUAN BAO 蔡泉宝 (1939-)
Tiao xi cha ren 苕溪茶人

Cai ren 采人
ZHANG, HOU ZAI 张厚载 (1895-)

Cai ren 采人
ZHENG, ZHONG JIN 郑中进

CAI, REN HOU 蔡壬侯 (1917-)
A hou 阿侯
Cai, Luo ding 蔡罗丁
Ren, Hou 任侯
Ren, Hua 任华

CAI, RONG YONG 蔡荣勇 (1955-)
Cai, Qian 蔡浅
Yun, Zhong 云中

CAI, RUI HE 蔡瑞和 (1945-)
Cai, Shi he 蔡诗河
Jiang, Lang cai 江郎才
Jiang, Nan 江南
Lei he 泪河

CAI, RUI WU 蔡瑞武 (1920-)
Bei lu 北麓
Cai, Yan qiao 蔡燕荞
Cai, Yue mu 蔡月牧
Luo, Yang tian 罗阳天
Luo yi 洛裔
Luo, Zhao bin 罗照滨
Yue, Jun 岳军

CAI, RUN TIAN 蔡润田 (1943-)
Ru xin 茹歆

Cai, Ruo hong 蔡若红
CAI, YONG 蔡雍 (1910-)

Cai, San chuan 蔡三川
CAI, CHUAN SHENG 蔡川胜

Cai sha 菜沙
SHI, XIAO CHONG 石啸冲 (1908-)

CAI, SHANG SI 蔡尚思 (1905-)
Guo, Sheng 郭生
Zhong rui 中睿

Cai, Shang xiong 蔡尚雄
CAI, ZHUO XUAN 蔡卓轩 (1919-)

CAI, SHENG YI 蔡胜义 (1950-)
Lü qi 绿绮

Cai, Shi 蔡史
MA, GUO LIANG 马国亮 (1908-)

Cai shi 采石
CUI, ZHEN WU 崔真吾 (1902-1937)

Cai shi 采石
SUN, BING LUN 孙冰轮 (1926-)

CAI, SHI FENG 蔡诗峰 (1970-)
Jiu xiang meng 九香梦
Zi tan 紫谈

Cai, Shi he 蔡诗河
CAI, RUI HE 蔡瑞和 (1945-)

CAI, SHI HUA 蔡诗华 (1961-)
Shan ji 山脊
Xue mei 雪梅
Ye niu 野牛

CAI, SHOU 蔡守 (1879-1941)
Ai fu 哀夫
Cai, Xun 蔡珣
Cha qiu can ke 茶丘残客
Cha qiu ju shi 茶丘居士
Cha qiu sheng 茶丘生
Cha shang ren 茶上人
Cheng, Cheng 成城
Cheng, Cheng zi 成城子
Han dao ren 寒道人
Han qiong 寒琼
Han weng 寒翁
Jian lei ci ren 检泪词人
Kun han 髡寒
Li sao zi 离骚子
Qi bi 奇璧
Shou yi 守一
Shui, Chuang 水窗
Si lang 思琅

You shou 有守
Zhe fu 哲夫
Zhe fu 喆夫

Cai, Shu jun 蔡叔君
CAI, SHU QING 蔡叔卿 **(1939-)**

CAI, SHU LIU 蔡湫六
Lin lan nü shi 林兰女士

CAI, SHU PENG 蔡曙鹏 **(1949-)**
Li, Nong 李秾
Ye, Man tian 叶漫天

CAI, SHU QING 蔡叔卿 **(1939-)**
Cai, Shu jun 蔡叔君
Cheng cong 琤琮
Lü ying 绿影
Qing qing cao 青青草
Shang, Lü 尚绿
Xie, Yu 谢羽

Cai, Shu sheng 蔡蜀生
PAN, DU QING 潘独清 **(1917-)**

Cai, Shu sheng 蔡叔声
SHEN, DUAN XIAN 沈端先 **(1900-1995)**

CAI, SHU XIN 蔡述信 **(1964-)**
Lang ying 浪影

CAI, SHU YUAN 蔡淑媛 **(1941-)**
Cui ping 翠屏

Cai, Shuang 蔡霜
LIANG, DING FEN 梁鼎芬 **(1859-1920)**

CAI, SI CHENG 蔡思诚 **(1914-1935)**
Xu, Lun yin 许仑音

Cai, Si guo 蔡思果
CAI, ZHUO TANG 蔡濯堂 **(1918-)**

Cai tian 采田
SONG, YUAN MO 宋元模 **(1911-)**

Cai tian 采田
PAN, LONG HUANG 潘隆璜 **(1930-)**

CAI, TIAN LAI 蔡天来
Cai, De yin 蔡德音

Cai, Tian pei 蔡天培
CAI, HONG JI 蔡鸿基 **(1908-)**

Cai, Tian xin 蔡天心
CAI, GUO ZHENG 蔡国政 **(1915-1983)**

CAI, TIE MIN 蔡铁民 **(1932-)**
Fang, Ming 方明

Cai, Tie sheng 蔡铁生
CAI, HUI RU 蔡惠如 **(1881-1929)**

CAI, TING 蔡庭 **(1939-)**
Lei, Ze yu 雷泽雨

CAI, WAN LEI 蔡万雷
Jing ming 静铭
Xiao min 孝闽

CAI, WEI 蔡炜 **(1928-)**
Jiao shi 礁石

Cai wei 采薇
SUN, YAO DONG 孙耀东 **(1922-)**

CAI, WEI CAI 蔡维才 **(1933-)**
Cai, Feng yun 蔡峰云

CAI, WEI LIAN 蔡伟濂 **(1923-)**
Ai, Pu 艾蒲
Cai, Dan ye 蔡丹冶
Cai, Ji tian 蔡寄天
Dan ye 丹冶
Ding, Li 丁力
Du yue lou zhu ren 读月楼主人
Ling, Yu yang 凌羽扬
Long, Tian fu 龙田夫
Ou yang, Shu dan 欧阳舒丹
Shu, Xian 舒弦
Shu, Xuan 舒玄

CAI, WEI MIN 蔡伟民
Ai, Hong 艾鸿

Cai, Wei si 蔡苇丝
CAI, HONG JI 蔡鸿基 **(1908-)**

CAI, WEN CHAO 蔡文超
Ji wen 集文
Li zhuan 丽砖

Cai, Wen guang 蔡文光
CAI, JING LIAN 蔡景濂

CAI, WEN XUAN 蔡文玄 **(1905-1995)**
Bai, Zhi 白芷
Li, Cun 李邨
Liu, Bei an 柳北岸
Qin, Xi men 秦西门
Qin, Zhi 覃芷
Si tu, Wen 司徒雯
Su, Lai man 苏莱曼
Wu, Liu qiao 吴六桥
Yang, Di 杨隄
Zhu, Bei 朱贝

Cai, Xi jun 蔡西君
XU, SHOU DA 许寿大 **(1916-)**

CAI, XI LIN 蔡西林 **(1940-)**
Lin, Qing 林庆
Wang, Jing lin 王景林

CAI, XIANG HUA 蔡向华 **(1946-)**

Sha ke 莎克

CAI, XIANG RONG 蔡向荣 **(1947-)**
Cai, Xin 蔡欣
Yi ran 怡然
Yu wen, Xuan 宇文轩

CAI, XIAO LI 蔡小丽 **(1936-)**
Yun ju shan ren 云居山人

Cai, Xin 蔡欣
CAI, XIANG RONG 蔡向荣 **(1947-)**

CAI, XING JI 蔡兴济
Xie cun 絜邨

CAI, XING ZAN 蔡星赞 **(1948-)**
Shan ge 山歌

CAI, XIU BAO 蔡秀报
Huang shan 荒山

CAI, XIU HUI 蔡秀惠
Liu sha 流沙

CAI, XIU RUN 蔡秀润
Lü ping 绿萍
Zi yun 紫云

Cai, Xuan 蔡玄
YE, HAN MING 叶汉明

Cai, Xun 蔡珣
CAI, SHOU 蔡守 **(1879-1941)**

CAI, YA DI 蔡雅笛 **(1954-)**
Qiu, Jing xi 丘静溪

CAI, YAN PEI 蔡炎培 **(1935-)**
Du, Du 杜杜
Du, Hong 杜红
Li, Xiao tong 李孝铜
Lu, Chou 陆醜
P. S.
Ye, Ying yu 叶影予
Yi, Xiang 易象

Cai, Yan qiao 蔡燕荞
CAI, RUI WU 蔡瑞武 **(1920-)**

CAI, YANG YAN 蔡仰颜 **(1931-)**
Yuan, Ye 原野

Cai, Yi 蔡仪
CAI, NAN GUAN 蔡南冠 **(1906-1992)**

Cai, Yi 蔡忆
LIN, HAO JI 林浩基 **(1943-)**

CAI, YI HONG 蔡义鸿 **(1939-)**
Shi, Di 史镝
Tian xiang 天翔

CAI, YI HUAI 蔡益怀 **(1962-)**
A chuan 阿川
Gu, Feng 谷风
Liang, Shan 梁山

Cai, Yi lang 蔡一郎
CAI, ZHENG JIAN 蔡正健

CAI, YI LING 蔡奕灵 **(1945-)**
Guo hun 国魂
Ling yuan 灵渊
Ye he 野鹤
You, Zi 游子

CAI, YI SHU 蔡艺术
Long, Yin 龙吟

CAI, YI ZHONG 蔡义忠 **(1924-)**
Jin, Hong 金虹
Yin bai 音白

CAI, YIN 蔡寅 **(-1937)**
Han zhong zhi zhong yi han zhong 汉种之中一汉种
Huai, Lu 怀庐
Qing chun 青纯
Qing ren 清任
Ye min 冶民

CAI, YIN ER 蔡寅二 **(1926-)**
Chai, Ying 柴英

Cai, Ying hu 蔡瀛壶
CAI, ZHUO XUN 蔡卓勲

CAI, YONG 蔡雍 **(1910-)**
Cai, Ruo hong 蔡若红
Lei, Meng 雷萌
Lei, Meng 雷蒙

Cai, Yong kui 蔡詠葵
XU, YONG CHU 许勇初 **(1952-)**

CAI, YONG SHANG 蔡咏裳 **(1901-1940)**
Cai, Yong yan 蔡永言
Yong shang 咏裳
Zhu, Kong 竹空

Cai, Yong shang 蔡泳裳
DONG, SHAO MING 董绍明 **(1899-1969)**

Cai, Yong yan 蔡永言
DONG, SHAO MING 董绍明 **(1899-1969)**

Cai, Yong yan 蔡永言
CAI, YONG SHANG 蔡咏裳 **(1901-1940)**

Cai yu 采玉
REN, GAO 任镐 **(1926-)**

Cai yu 彩羽
ZHANG, HUANG 张恍 **(1928-)**

CAI, YU PING 蔡育平 **(1927-)**
Bai, Fan 白帆

Lei, Da 雷达

CAI, YU ZHI 蔡宇知 (1953-)
Cao ji 草祭
Wu, Shan 吴山
Yu zhi 雨之

CAI, YUAN FENG 蔡元丰 (1963-)
Yi fan 毅帆

CAI, YUAN KANG 蔡元康 (1879-1921)
Guo qin 国亲

CAI, YUAN PEI 蔡元培 (1868-1940)
A pei 阿培
Cai, A pei 蔡阿培
Cai, He qing 蔡鹤卿
Cai, Jie min 蔡孑民
Cai, Min you 蔡民友
Cai, Qing 蔡庼
Cai, Zhen 蔡振
Cai, Zhong shen 蔡仲申
E qing 锷青
Gui ji shan ren 会稽山人
He qing 鹤庼
Jie min 孑民
Zhou, Zi yu 周子餘

Cai, Yue mu 蔡月牧
CAI, RUI WU 蔡瑞武 (1920-)

Cai, Yun 蔡云
JIANG, CHUN FANG 姜椿芳 (1912-1987)

CAI, YUN CHEN 蔡运辰 (1900-)
Nian sheng 念生
Nian sheng ju shi 念生居士

Cai yun fei 彩云飞
LIU, XIU ZHEN 刘秀珍 (1949-)

CAI, YUN GUI 蔡运桂 (1934-)
Lu, Shi 陆士

Cai, Ze ying 蔡泽膺
CAI, HE SEN 蔡和森 (1895-1931)

CAI, ZHAO XIAN 蔡昭仙
Zhao xian 昭仙

CAI, ZHAO ZHEN 蔡兆臻 (1942-)
Cao mang 草莽
Ming, Yi 明夷
Yi jie 一介

Cai, Zhe 蔡哲
CAI, GUO ZHENG 蔡国政 (1915-1983)

CAI, ZHE MOU 蔡哲谋 (1947-)
Zhu, Luo 诸罗

Cai, Zhen 蔡桢
CAI, ZHUO TANG 蔡濯堂 (1918-)

Cai, Zhen 蔡振
CAI, YUAN PEI 蔡元培 (1868-1940)

Cai zhen 采真
ZHANG, SHI JUN 张士儁 (1902-1930)

CAI, ZHEN DE 蔡振德
Zhen de 振德

CAI, ZHEN HUA 蔡镇华 (1938-)
Song, Ya 宋雅

CAI, ZHEN TONG 蔡镇桐 (1936-)
Sha jia 莎笳
Xiao fan 小凡

CAI, ZHEN XING 蔡振兴 (1953-)
Song mu 松木

CAI, ZHEN YANG 蔡振扬 (1917-)
Cai, Hua wu 蔡华五
Cai, Jin sheng 蔡金声
Fei zhai 斐斋
Hua, Wu 华五
Jin, Sheng 金声
Jun mian 君勉
Liu, Wang yue 柳望月
Mian chang 绵长
Qi ran 岂然
Shou zi 瘦子
Yi feng 忆风

CAI, ZHENG JIAN 蔡正健
Cai, Nong 蔡农
Cai, Yi lang 蔡一郎

CAI, ZHI FENG 蔡志峰 (1972-)
Zhi feng 智疯

CAI, ZHI LI 蔡志礼 (1958-)
Hua, Zhi feng 华之风

Cai zhi weng 采芝翁
CAI, ER KANG 蔡尔康 (1858-1923?)

CAI, ZHONG DA 蔡仲达
Chu, Ke 楚客
Si ma 司马
Ye ke 椰客

Cai, Zhong de 蔡仲德
CAI, CHONG DE 蔡崇德 (1937-)

Cai, Zhong shen 蔡仲申
CAI, YUAN PEI 蔡元培 (1868-1940)

CAI, ZHONG XIU 蔡忠修 (1955-)
Gu yun 孤云

CAI, ZHUO TANG 蔡濯堂 (1918-)
Cai, Si guo 蔡思果
Cai, Zhen 蔡桢

Fang, Ji gu 方纪谷
Fang, Ji gu 方济谷
Si guo 思果
Zhuo tang 拙堂

CAI, ZHUO XUAN 蔡卓轩 **(1919-)**
Cai, Shang xiong 蔡尚雄
Chen ding 晨丁

CAI, ZHUO XUN 蔡卓勲
Cai, Ying hu 蔡瀛壶

CAI, ZI E 蔡子谔 **(1943-)**
Chu, Dian 楚甸
Chu, Yang 楚阳

CAI, ZI ZHENG 蔡字征 **(1931-1991)**
Shi, Zheng 石铮

CAI, ZONG YANG 蔡宗阳
Yi lu 逸庐

Can er 残二
LIU, SHAO MING 刘绍铭 **(1934-)**

Can fo 惨佛
HONG, YUN XIANG 洪允祥 **(1874-1933)**

Can fu 殘夫
QIAN, XING CUN 钱杏邨 **(1900-1977)**

Can fu 残夫
HAN, CHUN MING 韩春明 **(1952-)**

Can he shan 灿河山
ZHANG, SHI ZHAO 章士钊 **(1882-1973)**

Can hong 残红
GAO, YANG YU 高仰愈 **(1898-1949)**

Can hua 残华
LI, ZAN HUA 李赞华

Can hua 灿华
TONG, CHANG RONG 童长荣

Can kui lao ren 惭愧老人
LIU, YI LING 刘翼凌 **(1903-)**

Can liu 残柳
ZHAO, HONG YAN 赵红雁 **(1949-)**

Can mang 残芒
ZHANG, GUO ZHEN 张国珍 **(1923-)**

Can min 惨民
WANG, ZHONG QI 王锺麒 **(1880-1913)**

Can mo 残墨
ZHAO, BO HUA 赵伯华 **(1952-)**

Can san 残三
WANG, JING XIAN 王靖献 **(1940-)**

Can shan sheng shui lou zhu ren 残山剩水楼主人
GAO, XU 高旭 **(1877-1925)**

Can shang 参赏
HE, ZHEN YE 何振业 **(1922-)**

Can shou 残守
LI, GUO YING 黎国颖 **(1938-)**

Can xia san ren 餐霞散人
YU, XI HUANG 郁锡璜 **(1882-1941)**

Can xu 惭虚
ZOU, EN RUN 邹恩润 **(1895-1944)**

Can xue 残雪
DENG, XIAO HUA 邓小华 **(1953-)**

Can yi 参一
CHEN, WANG DAO 陈望道 **(1890-1977)**

Can ying 璨颖
CAI, LI SI 蔡丽丝 **(1959-)**

Can ying 餐樱
KUANG, ZHOU YI 况周颐 **(1859-1926)**

Can ying ju shi 餐英居士
LIN, SHU 林纾 **(1852-1924)**

Can ying wu ren 餐樱庑人
KUANG, ZHOU YI 况周颐 **(1859-1926)**

Can ying zi 餐英子
FU, BAO KUN 傅宝堃 **(1902-)**

Can yue 残月
ZHU, GENG MING 祝庚明 **(1907-1986)**

Can zhe 粲者
WANG, TONG ZHAO 王统照 **(1897-1957)**

Cang 苍
GAO, BAO ZHEN 高宝珍 **(1933-)**

Cang 沧
SU, WEI ZHEN 苏维桢 **(1888-1943)**

Cang 沧
LUO, ZHANG LONG 罗章龙 **(1896-)**

Cang 沧
LI, SHOU ZHANG 李守章 **(1905-1993)**

Cang bai 沧白
YANG, SHU KAN 杨庶堪 **(1881-1942)**

Cang bai lou zhu 藏稗楼主
ZHANG, XIN YUAN 张心远 **(1895-1967)**

Cang bo 沧波
CHENG, ZHONG XING 程中行 **(1903-1990)**

Cang bo 沧波
LIU, YAN FU 刘延甫

Cang bo ju shi 沧波居士

CHENG, ZHONG XING 程中行 **(1903-1990)**

Cang er 苍耳
WANG, XING DONG 王兴东 **(1951-)**

Cang fei 苍扉
YU, ZU SHENG 余祖胜 **(1926-1949)**

Cang fu 伧父
DU, WEI SUN 杜炜孙 **(1873-1933)**

Cang fu 伧夫
PENG, KAI ZHONG 彭闓忠 **(1913-)**

Cang gong 藏弓
TANG, DUAN YI 唐端毅 **(1913-1992)**

Cang hai 沧海
QIU, FENG JIA 丘逢甲 **(1864-1912)**

Cang hai 沧海
CUI, GONG DING 崔恭定 **(1864-1937)**

Cang hai 沧海
ZHANG, BO ZHEN 张伯祯 **(1877-1947)**

Cang hai 沧海
SU, WEI ZHEN 苏维桢 **(1888-1943)**

Cang hai 沧海
LUO, ZHANG LONG 罗章龙 **(1896-)**

Cang hai 沧海
SHEN, ZUI 沈醉 **(1914-)**

Cang hai jun 沧海君
QIU, FENG JIA 丘逢甲 **(1864-1912)**

Cang hai shui 沧海水
CHEN, SHUI YUAN 陈水源 **(1939-)**

Cang hai su 沧海粟
WANG, LU SONG 王禄松 **(1933-)**

Cang hai xing 苍海星
YANG, WEN HAN 杨文翰 **(1935-)**

Cang hai yi min 沧海遗民
WANG, SONG 王松 **(1866-1930)**

Cang hai yu weng 沧海渔翁
ZHANG, BO ZHEN 张伯祯 **(1877-1947)**

Cang hui 藏晖
HU, SHI 胡适 **(1891-1962)**

Cang hui shi zhu ren 藏晖室主人
HU, SHI 胡适 **(1891-1962)**

Cang hui zhu ren 藏晖主人
HU, SHI 胡适 **(1891-1962)**

Cang jian 苍涧
ZHENG, CHANG GAN 郑昌淦 **(1918-)**

Cang jiang 沧江
LIANG, QI CHAO 梁启超 **(1873-1929)**

Cang kong 苍空
WANG, CHUN YAN 王纯炎 **(1949-)**

Cang lang 仓浪
WU, JIN FA 吴锦发 **(1954-)**

Cang lang 沧浪
LIU, CANG LANG 刘沧浪 **(1919-)**

Cang lang 沧浪
WU, JIN FA 吴锦发 **(1954-)**

Cang lang ke 沧浪客
WANG, XIAO 王孝 **(1922-)**

Cang lang ke 苍浪客
LIANG, GUAN ZHONG 梁冠中 **(1942-)**

Cang lang shui 沧浪水
MA, ZHUO HUA 马濯华 **(1950-)**

Cang mu 苍木
LI, LI SAN 李立三 **(1899-1967)**

Cang ping 沧萍
WEI, QING HUANG 韦庆煌 **(1916-)**

Cang qi 苍騎
ZHOU, CHANG QI 周昌岐 **(1921-)**

Cang qu lou zhu 沧趣楼主
CHEN, BAO CHEN 陈宝琛 **(1849-1935)**

Cang ran 苍然
ZOU, PEI JI 邹培基 **(1937-)**

Cang ren 苍人
HUANG, GAN CHEN 黄干臣 **(1949-)**

Cang sang zhai 沧桑斋
YANG, SHOU NAN 杨寿枏 **(1868-1947)**

Cang shan 藏山
LIANG, DING FEN 梁鼎芬 **(1859-1920)**

Cang shi 仓石
WU, JUN QING 吴俊卿 **(1844-1927)**

Cang shi 苍石
WU, JUN QING 吴俊卿 **(1844-1927)**

Cang shi 苍石
XU, CHANG SHUO 徐昌硕 **(1922-)**

Cang shi dao ren 仓石道人
WU, JUN QING 吴俊卿 **(1844-1927)**

Cang song 苍松
FENG, HE LING 冯鹤龄（**1914-** ）

Cang song ge 苍松阁
XUE, DA KE 薛大可 **(1881-1960)**

Cang sou 伧叟

DU, WEI SUN 杜炜孙 (1873-1933)

Cang sou 藏叟
LIANG, DING FEN 梁鼎菜 (1859-1920)

Cang tou 藏头
CHEN, HUA SHENG 陈华生 (1928-)

Cang weng 仓翁
WU, JUN QING 吴俊卿 (1844-1927)

Cang xing 苍星
LU, YONG GUANG 陆永光 (1955-)

Cang yan 滄衍
ZHOU, MING KUI 周明夔 (1899-1970)

Cang yi 仓夷
ZHENG, YI JIN 郑贻进 (1912-1946)

Cang yu 苍禹
ZHOU, RU CHANG 周汝昌 (1918-)

Cang yuan 藏园
YANG, SHOU NAN 杨寿楠 (1868-1947)

Cang yun 藏云
QIAN, MU 钱穆 (1895-1990)

Cang yun 藏云
HE, CHANG QUN 贺昌羣 (1903-1973)

Cang zhe 藏者
LIANG, DING FEN 梁鼎菜 (1859-1920)

Cang zhou 沧洲
SHI, NIAN HAI 史念海 (1912-)

Cao an 草庵
ZHANG, YOU LUAN 张友鸾 (1904-1990)

Cao, Bai 曹白
LIU, PING RUO 刘平若 (1907-)

Cao, Ban 曹半
XU, CHANG JI 徐长吉 (1916-1964)

Cao, Bang 曹邦
WU, WEN CHAO 吴文超 (1924-)

CAO, BAO HUA 曹宝华 (1905-1978)
Bao hua 葆华
Cao, Bao hua 曹保华
Cao, Bao hua 曹葆华
Yi, Ren 伊人

Cao, Bao hua 曹保华
CAO, BAO HUA 曹宝华 (1905-1978)

Cao, Bao hua 曹葆华
CAO, BAO HUA 曹宝华 (1905-1978)

CAO, BAO MING 曹保明 (1949-)
Huang cao 荒草

Cao, Ben 曹贲
SANG, YA ZHONG 桑雅忠

Cao, Biao 曹飈
CAO, CHENG DE 曹承德 (1948-)

Cao bing 草兵
PENG, CHU NAN 彭初南

CAO, BO HAN 曹伯韩 (1897-1959)
Bai, Han 柏寒
Bo han 伯韩
Han 寒
Jin, Hua 金华
Jin zhi 进之
P. H.
Qiang wei yuan zhu 蔷薇园主
Tong, Zhen hua 童振华
Wen, Bo 文博

CAO, BU LA 曹布拉 (1953-)
Lin, Zhi 林之
Ye, Qin 叶钦

Cao, Cai 曹采
CAO, GUANG HUI 曹光辉

Cao, Cao 曹曹
CAO, LI JUAN 曹丽娟 (1960-)

Cao cao 艸艸
GAN, NAI GUANG 甘乃光 (1897-1956)

Cao cao 艸艸
SHENG, WEI CANG 盛蔚苍

Cao cao 草草
GAN, NAI GUANG 甘乃光 (1897-1956)

Cao cao 草草
ZHU, WEN SEN 朱文森 (1912-1944)

Cao cao 草草
HE, ZHEN 何真 (1947-)

Cao cao 中中
YANG, HUAI BAI 杨怀白

Cao cao shuai weng 草草衰翁
DU, WEI SUN 杜炜孙 (1873-1933)

Cao chang 草長
ZHANG, YOU LUAN 张友鸾 (1904-1990)

Cao, Chao 曹抄
CAO, QI 曹祺 (1930-)

CAO, CHENG DE 曹承德 (1948-)
Cao, Biao 曹飈
Lao ke 老柯
Shan shi 山石

CAO, CHENG HE 曹承和 (1922-)
Cao, Yang 曹阳

CAO, CHONG DE 曹崇德 **(1911-1963)**
Cao, Wei feng 曹未风

CAO, CHONG YI 曹崇义 **(1933-)**
Cao, Yang 曹阳

Cao chuan 草川
ZHANG, HAO RAN 张浩然 **(1943-)**

CAO, CHUAN MEI 曹传美 **(1914-1993)**
Ba, Dong 巴东
Bai shi 拜士
Cao, Jia yu 曹家裕
Cao, Jie ru 曹芥茹
Du, Ai 杜埃
Du, Juan 杜鹃
Du, Luo 杜洛
Du, Luo er 杜洛儿
He, Er 赫尔
Jie ru 芥茹
Ou yang, Rui wei 欧阳瑞薇
T. A.

Cao chuan wei yu 草川未雨
ZHANG, YU KUN 张毓坤 **(1905-1944)**

Cao chuang 草窗
SHEN, ZONG JI 沈宗畸 **(1857-1926)**

CAO, CHUN DE 曹春德 **(1925-)**
Cao, Wan sha 曹皖砂
Ding, Feng 丁风
Hong, Huang 洪荒
Huo 火
Wan sha 皖砂

Cao, Da 曹达
AN, FENG LIN 安凤麟 **(1916-1972)**

Cao, Da 曹大
CAO, XIAO NING 曹晓宁 **(1956-)**

CAO, DA CHANG 曹大昌 **(1930-)**
Da cang 大沧

CAO, DA JIN 曹达金 **(1932-)**
Da jin 大劲
Xin ge 新戈

Cao, Di 曹迪
CAO, FU MING 曹福明 **(1955-)**

Cao di 草笛
WANG, XIAO JUN 王晓军 **(1955-)**

Cao di 草地
WU, XI MIAO 吴细庙 **(1945-)**

CAO, DIAN HU 曹典湖 **(-1931)**
Tian, Fu 田夫

CAO, ER XU 曹尔序 **(1926-)**
Bai, Di 白荻
Cao, Wen 曹汶
Cao, Xu 曹序
Cao yuan 草原
Chao, Wen 晁闻
Er xu 尔序
Ye, Ming 叶明

Cao, Fan 曹泛
CAO, ZHENG JIA 曹正家 **(1934-)**

Cao, Fei ya 曹菲亚
CAO, JIN FENG 曹金凤 **(1925-)**

Cao feng 草风
ZHENG, RUN SHENG 郑润生 **(1925-)**

Cao feng 草风
CHEN, YONG AN 陈永安 **(1944-)**

Cao, Fu 曹夫
ZENG, TIAN 曾天 **(1930-)**

CAO, FU LUAN 曹辅銮 **(1935-)**
Fu nan 夫南
Pu, Lan 普兰

CAO, FU MING 曹福明 **(1955-)**
Cao, Di 曹迪

CAO, FU QIANG 曹富强
Yi, Dian 伊甸

CAO, FU YUAN 曹福元
Sui han 邃翰
Zai han 再韩
Zhong, Xiu 仲修

Cao ge 草歌
YANG, QUAN ZENG 杨全增 **(1932-)**

Cao, Gu xi 曹谷溪
CAO, GUO XI 曹国玺 **(1941-)**

Cao, Guang 曹光
CAO, GUANG MEI 曹光楣 **(1933-)**

CAO, GUANG HUI 曹光辉
Ai, Yu 艾于
Cao, Cai 曹采
Cao, Za 曹杂

CAO, GUANG MEI 曹光楣 **(1933-)**
Cao, Guang 曹光

CAO, GUO PING 曹国平 **(1946-)**
Ji kui 积跬

CAO, GUO XI 曹国玺 **(1941-)**
Cao, Gu xi 曹谷溪

Cao, Han wen 曹汉文
CAO, JING PING 曹京平 **(1912-)**

CAO, HAO XIAN 曹浩贤 (1948-)
Qi quan 起铨

Cao, He 曹何
CAO, JIN QING 曹锦清 (1928-)

Cao, Hong 曹红
GU, XING 顾行 (1928-)

CAO, HONG WEI 曹宏威 (1951-)
Cao, Wei 曹为

Cao hu 草湖
ZHANG, HUO QING 张火庆

Cao, Hua 曹华
CAO, KE HUA 曹克华 (1944-)

Cao, Huai 曹怀
JIANG, CHAO HUAI 蒋朝淮 (1920-)

CAO, HUI MIN 曹慧民 (1961-)
Pi, Nuo cao 皮诺曹

Cao huo 草火
YUAN, KANG NIAN 苑康年 (1918-)

Cao, Huo xing 曹火星
CAO, ZHI 曹峙 (1924-)

Cao ji 草祭
CAI, YU ZHI 蔡宇知 (1953-)

CAO, JI DUO 曹继铎 (1935-)
Lü ye 绿野

CAO, JI QI 曹继启 (1908-)
Cha sou 茶叟

Cao, Jia jing 曹家京
CAO, JING PING 曹京平 (1912-)

Cao, Jia ju 曹家驹
WEI, JIAN GONG 魏建功 (1901-1980)

Cao, Jia yu 曹家裕
CAO, CHUAN MEI 曹传美 (1914-1993)

CAO, JIAN LOU 曹简楼 (1913-)
Jian qiu 剑秋

Cao, Jian xun 曹建勋
CAO, XIANG RAN 曹祥然 (1936-)

CAO, JIE 曹杰 (1935-)
Lu, Sang 陆桑

CAO, JIE 曹洁 (1931-)
Qin bai 沁白

CAO, JIE 曹捷 (1958-)
Tao, Jie 陶傑
Yang, Fei jie 杨非劼

CAO, JIE PING 曹洁萍
Cao, Yi 曹毅

Cao, Jie ru 曹芥茹
CAO, CHUAN MEI 曹传美 (1914-1993)

CAO, JIN FENG 曹金凤 (1925-)
Cao, Fei ya 曹菲亚

CAO, JIN QING 曹锦清 (1928-)
Cao, He 曹何

Cao, Jing hua 曹靖华
CAO, LIAN YA 曹联亚 (1897-1987)

CAO, JING PING 曹京平 (1912-)
Cao, Han wen 曹汉文
Cao, Jia jing 曹家京
Cao, Ping 曹坪
Cao, Zhi lin 曹之琳
Chapin
Ding, Ning 丁宁
Duan mu, Hong liang 端木蕻良
Hong 蕻
Hong liang 红莨
Hong liang nü shi 红良女史
Hong lou nei shi 红楼内史
Huang, Ye 黄叶
Jin, Yong 金泳
Jin, Yong ni 金咏霓
JIn, Yong wel 金咏微
Jing, Ping 荆坪
Jing ping 京平
Liao dong gong zi 辽东公子
Luo, Xuan 罗旋
Luo xuan 螺旋
Mei ying lou 梅影楼
Sun 隼
Xin, Ren 辛人
Ye, Zhi lin 叶之林
Ye, Zhi lin 叶之琳

CAO, JU REN 曹聚仁 (1900-1972)
A ting 阿挺
Bao, Yao ming 鲍耀明
Cao, Ting xiu 曹挺秀
Cao, Ting xiu 曹挺岫
Chen, Si 陈思
Ding, Xiu 丁秀
Ding, Zhou 丁舟
Fu ze 辅泽
Gan sheng 橄生
Han, Ze 韩泽
Ji, Dan 姬旦
Ju ren 聚仁
Liu, Shuai zhen 刘率真
Meng, Zi wei 孟子微
Peng, Guan qing 彭观清
Qin yuan 沁园
Tao sheng 涛声

Tian long 天龙
Ting tao 听涛
Tu lao er 土老儿
Wei sheng 尾生
Wu, Ya 乌鸦
Yuan, Da lang 袁大郎
Yun ting shan ren 云亭山人
Zhao, Tian yi 赵天一
Zhu, Jia 诸家

CAO, JU YI 曹聚义 **(1909-)**
Cao, Yi 曹艺
Chen, Zhuo zhuo 陈卓卓
Li, You 李由

Cao, Jun 曹钧
GUO, KUN FU 郭坤福 **(1947-)**

CAO, KAI XIANG 曹开翔 **(1943-)**
Kai xiang 凯翔

CAO, KE HUA 曹克华 **(1944-)**
Cao, Hua 曹华
Qu, Yi ri 曲一日

CAO, KUI YI 曹奎一 **(1934-)**
Yi kui 一奎
Yi xing 一星

Cao lai 草莱
WANG, YANG SONG 王仰嵩 **(1898-1964)**

Cao, Lan 曹兰
MIAO, PEI SHI 苗培时 **(1918-)**

Cao, Leng quan 曹冷泉
CAO, ZAN QING 曹赞卿 **(1901-1980)**

Cao, Li fu 曹立夫
LI, FU 李夫 **(1927-)**

CAO, LI JIAN 曹立坚 **(1928-)**
Xiang zhu 湘竹
Zhuo, Fang 卓芳

CAO, LI JUAN 曹丽娟 **(1960-)**
Cao, Cao 曹曹

Cao lian shan 草恋山
CHENG, BAO LIN 程宝林 **(1962-)**

CAO, LIAN YA 曹联亚 **(1897-1987)**
Cao, Jing hua 曹靖华
Dan 丹
Jing hua 靖华
K. H.
Ru zhen 汝珍
Ya dan 亚丹
Zheng, Ru zhen 郑汝珍

Cao lin 草林
JIANG, GUO SEN 蒋国森 **(1946-)**

Cao ling 草玲
ZHENG, XIAN HUA 郑仙花 **(1951-)**

Cao, Long ding 曹陇丁
CAO, XI ZHEN 曹希真 **(1914-1961)**

CAO, LÜ MING 曹履铭 **(1942-)**
Cao, You fang 曹又方
Guang hong 光虹
Jin, Ming 金名
Su, Xuan xuan 苏玄玄
Yi, Wa 衣娃
Zhen, Ni fo 甄尼佛

Cao, Lu ying 曹陆英
NI, ZHENG XIANG 倪政祥 **(1935-)**

Cao mang 草莽
MENG, XIAN QI 孟宪棨 **(1902-1976)**

Cao mang 草莽
CAI, ZHAO ZHEN 蔡兆臻 **(1942-)**

Cao, Mang 曹莽
LIU, MAO FA 刘茂发 **(1940-)**

Cao mang shi jia 草莽史家
MENG, XIAN QI 孟宪棨 **(1902-1976)**

Cao mang shi jia 草莽世家
WU, CHUN HAN 吴春晗 **(1909-1969)**

Cao mao 草茅
MAO, WEI RAN 茅蔚然 **(1923-)**

Cao mei 草莓
CAO, QI MEI 曹启梅 **(1969-)**

Cao meng 草梦
LIU, RONG FU 刘荣夫 **(1909-)**

CAO, MIN 曹敏
Cao, Yun xia 曹云霞

Cao, Ming 曹明
XIANG, SHOU KANG 项寿康 **(1920-)**

Cao ming 草明
WU, XUAN WEN 吴绚文 **(1913-)**

Cao ming 草明
CAI, CHAO 蔡超 **(1944-)**

Cao, Ming ming 曹明明
CAO, YIN 曹殷 **(1943-)**

Cao ming nü shi 草明女士
WU, XUAN WEN 吴绚文 **(1913-)**

Cao mu 草木
XU, XIANG RONG 徐向荣 **(1932-)**

Cao mu 草木
YE, SHI DAO 叶世道 **(1942-)**

CAO, NAI QIAN 曹乃谦 **(1949-)**
Zhao ren 招人

CAO, NING 曹宁 **(1959-)**
Huang yuan 荒原

Cao, Peng 曹彭
DONG, DA ZHONG 董大中 **(1935-)**

Cao peng 草蓬
YE, PENG 叶蓬 **(1929-)**

CAO, PENG LING 曹彭龄 **(1937-)**
Peng, Ling 彭龄

Cao, Ping 曹坪
CAO, JING PING 曹京平 **(1912-)**

Cao ping 草平
ZHONG, SHAO KUN 钟绍锟 **(1914-)**

CAO, QI 曹祺 **(1930-)**
Cao, Chao 曹抄

Cao, Qi 曹起
QIN, HAO 秦浩 **(1908-)**

CAO, QI JUN 曹启钧 **(1932-)**
Meng, Man 蒙慢
Meng man 萌蔓

CAO, QI MEI 曹启梅 **(1969-)**
Cao mei 草莓

Cao qiao 草桥
YUAN, GUANG MEI 袁光楣 **(1916-1982)**

Cao qiao 草樵
ZENG, ZHONG LING 曾中令 **(1930-)**

Cao, Qin quan 曹沁泉
CAO, YUN 曹澐 **(1864-1938)**

Cao qin zhe 操琴者
LI, GUANG LIN 李光琳 **(1926-)**

CAO, QING 曹清 **(1918-1960)**
Cao, Xi 曹熹
Chao xi 朝熹
Xin yan 新焰

Cao qing 草青
ZHANG, XIAN MIN 张宪民 **(1932-)**

Cao qing 草青
XU, SHAO YI 许少逸 **(1939-)**

Cao ren 草人
WANG, YUN SHENG 王芸生 **(1901-1980)**

CAO, RU QUN 曹汝群 **(1926-)**
Jin, Sui 金穗

CAO, SAN CHANG 曹三长 **(1939-)**
Mo, Han 墨酣

Cao, San jie 曹三洁
LIN, YIN XUAN 林荫煊 **(1924-)**

Cao sha 草沙
HU, LIAN JIANG 胡连江 **(1921-)**

Cao, Shan 曹山
LIU, BING QING 刘炳清 **(1951-)**

Cao shan shang ren 草山上人
YAN, QING SHU 严庆澍 **(1919-1981)**

Cao shang fei 草上飞
ZHANG, FANG 张放 **(1957-)**

Cao, Shang yi 曹尚沂
WANG, YANG 王扬 **(1917-1986)**

Cao, Sheng 曹声
DU, YOU MING 杜又明 **(1915-1983)**

Cao sheng 草生
LI, JING CI 李景慈 **(1918-)**

Cao, Shi 曹士
MA, GUO LIANG 马国亮 **(1908-)**

Cao shu 草束
ZHAO, SHU LI 赵树礼 **(1906-1970)**

CAO, SHU XUN 曹树勲
Meng qiao 梦樵

Cao, Si bai 曹思白
CAO, XIAO RONG 曹效融 **(1928-)**

CAO, SI MING 曹思明 **(1926-)**
Shan, Xing zhi 单行之

Cao, Su 曹肃
LI, HONG BI 李宏贲 **(1914-1991)**

Cao su 草肃
XIAO, YING 萧瑛 **(1931-)**

CAO, SU LING 曹苏玲 **(1930-)**
Nan, Li 南离
Su, Ling 苏玲
Zhe qu 哲渠

Cao tang 草堂
CUI, GONG DING 崔恭定 **(1864-1937)**

Cao tian 草田
MIAO, PEI SHI 苗培时 **(1918-)**

CAO, TIAN SHU 曹天舒 **(1940-)**
Huang, Wei ming 黄维明

CAO, TING JIE 曹廷杰 **(1850-1926)**
Ya dong ping qing ren 亚东平情人
Yi qing 彝卿

CAO, TING WEI 曹廷伟 **(1936-)**
Chao wei 朝伟

Yu, Hui 宇辉

Cao, Ting xiu 曹挺秀
CAO, JU REN 曹聚仁 (1900-1972)

Cao, Ting xiu 曹挺岫
CAO, JU REN 曹聚仁 (1900-1972)

Cao, Wan sha 曹皖砂
CAO, CHUN DE 曹春德 (1925-)

Cao, Wei 曹为
CAO, HONG WEI 曹宏威 (1951-)

Cao, Wei feng 曹未风
CAO, CHONG DE 曹崇德 (1911-1963)

CAO, WEI MING 曹伟明 (1958-)
Xia, He 夏鹤

Cao, Wen 曹汶
CAO, ER XU 曹尔序 (1926-)

Cao, Wen 曹文
XI, CHENG ZHENG 席诚正 (1922-)

CAO, WEN HAN 曹文瀚 (1938-)
Hao han 浩瀚

CAO, WEN JUN 曹文君 (1968-)
Gu, Pan 顾盼

Cao, Wu 曹吾
CAO, XIN ZHI 曹辛之 (1917-1995)

Cao, Xi 曹熹
CAO, QING 曹清 (1918-1960)

CAO, XI 曹兮 (1911-)
Chao xi 潮汐
Ge, Guo sheng 葛国胜
Ge, Xi 葛兮
Lan, Cao 蓝草

Cao, Xi song 曹锡松
CAO, XUE SONG 曹雪松

CAO, XI ZHEN 曹希真 (1914-1961)
Cao, Long ding 曹陇丁

CAO, XI ZHEN 曹锡珍
Lu, Yang 路阳

Cao, Xian qiang 曹先强
CAO, YING XIANG 曹应祥 (1961-)

CAO, XIANG RAN 曹祥然 (1936-)
Cao, Jian xun 曹建勋
Jiang, Tian 江天

Cao, Xiao bo 曹晓波
CAO, ZHENG WEN 曹正文 (1950-)

CAO, XIAO NING 曹晓宁 (1956-)
Cao, Da 曹大

CAO, XIAO QIANG 曹小强 (1956-)
Ba, Te er 巴特尔

CAO, XIAO RONG 曹效融 (1928-)
Cao, Si bai 曹思白

Cao, Xin 曹辛
CAO, XIN ZHI 曹辛之 (1917-1995)

Cao xin 草心
LIU, CHENG HUI 刘承蕙 (1925-)

Cao, Xin quan 曹心泉
CAO, YUN 曹澐 (1864-1938)

CAO, XIN ZHI 曹辛之 (1917-1995)
Cao, Wu 曹吾
Cao, Xin 曹辛
Chai, Fu 柴父
Hang, Yue he 航约赫
Hei, Ling 黑凌
Hu, Shuang cheng 胡双城
Jiang, Tian mo 江天漠
Kong, Xiu 孔休
Lin, Ji si 林棘丝
Qu, Gong 曲公
Xin, Bai yu 辛白宇
Xin, Zhi 辛之
Yue he 约赫

Cao, Xu 曹序
CAO, ER XU 曹尔序 (1926-)

Cao, Xu 曹叙
TENG, SHU CHAO 滕树超

Cao, Xu hua 曹勖华
CHEN, XI GUANG 陈锡光 (1904-1935)

Cao, Xuan yi 曹玄衣
CAO, YU TING 曹予庭 (1929-)

Cao, Xuan yi 曹玄怡
CAO, YU TING 曹予庭 (1929-)

Cao xue 草雪
HE, SONG AI 何松爱 (1957-)

CAO, XUE SONG 曹雪松
Cao, Xi song 曹锡松
Feng huang 凤凰
Jiang, Feng 江峯
Xue song 雪松

Cao, Yang 曹阳
CAO, CHENG HE 曹承和 (1922-)

Cao, Yang 曹阳
CAO, CHONG YI 曹崇义 (1933-)

Cao yang 草央
WANG, WEI QUAN 王维泉 (1926-)

Cao ye 草野
DIAO, RU JUN 刁汝钧 (1907-)

Cao ye 草野
LIN, HAN ZONG 林汉宗 (1938-)

CAO, YE HAI 曹业海 (1944-)
Zhang, Yang yuan 章阳原

Cao ye jie shi 草野介士
HAN, DAO CHENG 韩道诚 (1917-)

Cao, Yi 曹毅
CAO, JIE PING 曹洁萍

Cao, Yi 曹艺
CAO, JU YI 曹聚义 (1909-)

CAO, YI OU 曹轶欧 (1903-)
Yi e 一萼

CAO, YIN 曹殷 (1943-)
A jue 阿觉
Cao, Ming ming 曹明明
Ma, Jue 马觉
Mai jing kai 迈敬开
Ran hang 苒航

Cao yin 草茵
WU, FU YING 伍福盈 (1940-)

Cao, Ying 曹英
NI, ZHENG XIANG 倪政祥 (1935-)

CAO, YING 曹瑛 (1908-)
Shi, Lei 石磊
Zhang, Mu liang 张慕良
Zhong, Zhen cai 钟真才

CAO, YING 曹瀛 (1956-)
Yue fan 月凡

Cao ying 草婴
SHENG, JUN FENG 盛峻峰 (1923-)

CAO, YING XIANG 曹应祥 (1961-)
Cao, Xian qiang 曹先强

Cao yong 草甬
DU, HE LUAN 杜和銮

CAO, YONG SEN 曹永森 (1953-)
Lin, Mu 林木
Shan mu 杉木

CAO, YONG XIANG 曹永祥 (1937-)
Huang, Shu jin 黄书津
Wang, Ji 王骥

Cao, Yong zheng 曹永正
CAO, ZENG YU 曹增玉 (1960-)

Cao, You cai 曹有才
XI, CHENG ZHENG 席诚正 (1922-)

Cao, You fang 曹又方
CAO, LÜ MING 曹履铭 (1942-)

Cao, Yu 曹禺
WAN, JIA BAO 万家宝 (1910-1996)

Cao yu 草遇
WU, YUAN MAI 吴元迈 (1934-)

CAO, YU MEI 曹郁美
Luo xiao xiang 洛晓湘

CAO, YU MEI 曹雨煤 (1938-)
Yu mei 雨煤

CAO, YU TING 曹予庭 (1929-)
Bai, Xiang zhi 白香芷
Cao, Xuan yi 曹玄衣
Cao, Xuan yi 曹玄怡
Sha, Gu ling 沙谷铃
Shen, Lu 沈露
Xuan yan 玄燕
Xuan yi 玄衣
Y. E.
Yu yi 予以
Yu, Yi 余怡

Cao yuan 草原
CAO, ER XU 曹尔序 (1926-)

Cao yuan 草原
WENG, YUAN FA 翁元法 (1927-)

Cao yuan 草原
LI, LIN HU 李林虎 (1936-)

CAO, YUAN BI 曹元弼 (1879-)
Shu yan 叔彦
Xu yan 叙彦

CAO, YUAN ZHONG 曹元忠 (1865-1923)
Bu yun 瓿云
Jun zhi 君直
Kui yi 夔一
Ling, Bo 凌波
Ling bo ju shi 凌波居士

Cao, Yue zhai 曹约斋
LI, PING XIN 李平心 (1907-1966)

CAO, YUN 曹澐 (1864-1938)
Cao, Qin quan 曹沁泉
Cao, Xin quan 曹心泉

CAO, YUN PENG 曹云鹏
Guo hui nü shi 国辉女士

Cao, Yun xia 曹云霞
CAO, MIN 曹敏

Cao, Za 曹杂
CAO, GUANG HUI 曹光辉

CAO, ZAN QING 曹赞卿 **(1901-1980)**
Cao, Leng quan 曹冷泉
Gong yu 公羽
Leng 冷
Leng, Gong yu 冷公羽
Leng, Quan 冷泉
Leng, Weng 冷翁
Ping 萍
Ping, Fan 平凡
Qing 青
Qing qing 青青
Qiu, Ping 秋平
Qiu, Ping 秋萍
Yi min 一民

CAO, ZENG YU 曹增玉 **(1960-)**
Cao, Yong zheng 曹永正

CAO, ZHAO JI 曹肇基 **(1921-)**
Jian fu 建甫

CAO, ZHE ZHI 曹者祉 **(1935-)**
Gu, Bing 古兵

Cao, Zhen 曹真
ZHENG, CHAO LIN 郑超麟 **(1901-)**

CAO, ZHEN YOU 曹振友 **(1956-)**
Xiao cao 小草

Cao, Zheng 曹正
GUO, JI GUANG 郭绳光 **(1920-)**

CAO, ZHENG JIA 曹正家 **(1934-)**
Cao, Fan 曹泛

CAO, ZHENG LU 曹征路 **(1949-)**
Xiao, Chao 肖潮

CAO, ZHENG WEN 曹正文 **(1950-)**
Cao, Xiao bo 曹晓波
Mi, Shu 米舒
Wen, Yun 文蕴
Wen, Zhong xia 文中侠
Xiao, Bo 肖波
Zheng, Wen 郑文

CAO, ZHI 曹峙 **(1924-)**
Cao, Huo xing 曹火星
Huo xing 火星
Xiao gong 小工

Cao zhi 草芷
LU, RU YIN 卢汝吟 **(1918-)**

CAO, ZHI GUO 曹治国 **(1938-)**
Yue, Niu 乐牛

Cao, Zhi lin 曹之琳
CAO, JING PING 曹京平 **(1912-)**

CAO, ZHI LIN 曹志麟
Zhi ren 趾仁

CAO, ZHI YUAN 曹志渊 **(1933-)**
Xia li ba ren 下里巴人

Cao zhong 草重
DONG, SI ZHU 董泗珠 **(1928-)**

CAO, ZHONG JUN 曹忠骏 **(1927-)**
He miao 禾苗

Cao, Zi xi 曹子西
CAO, ZUO GENG 曹作庚 **(1929-)**

CAO, ZUO GENG 曹作庚 **(1929-)**
Cao, Zi xi 曹子西
Zao geng 早耕
Zi xi 紫兮

Ce 策
WANG, YI NIAN 汪诒年 **(1866-)**

Ce ji 册几
ZHA, QI DIAN 乍启典 **(1922-)**

Ce jian zi 厕简子
DENG, TIE 邓铁 **(1898-1963)**

Ce san 策三
TU, ZHI 涂治 **(1903-1976)**

Ce shi 厕石
ZHU, HONG GUAN 朱宏观 **(1960-)**

Ce zong 策纵
ZHOU, CE ZONG 周策纵 **(1916-)**

Cen, Bei 岑北
HUANG, GUO HAI 黄国海 **(1936-)**

Cen, Chun xuan 岑春煊
CEN, CHUN ZE 岑春泽 **(1861-1933)**

CEN, CHUN ZE 岑春泽 **(1861-1933)**
Cen, Chun xuan 岑春煊
Cen, Yun jie 岑云阶
Chun xuan 春萱
Jiong tang lao ren 炯堂老人
Yue, Zhai 乐斋

CEN, FAN 岑藩 **(1874-)**
Cen, Xue lü 岑学侣
Feng gang ji men di zi 凤冈及门弟子
Kuan xian 宽贤
Xue lü 学侣

Cen, Feng 岑风
CHEN, YAO TING 陈耀庭 **(1933-1984)**

Cen, Feng 岑峰
MAO, SHI YING 毛世英 **(1946-)**

Cen, Gu 岑谷
LIU, HUAI ZHANG 刘怀章 **(1932-)**

Cen, Guang 岑光
LI, CUN GUANG 李存光 **(1942-)**

Cen, Hua 岑桦
CHEN, XIANG HUA 陈翔华 **(1934-)**

Cen, Hui 岑慧
WU, CHENG HUI 吴承惠 **(1926-)**

Cen, Ji 岑棘
CHEN, JIAN QUN 陈建群 **(1947-)**

Cen, Ji 岑冀
ZHOU, CEN QI 周岑琦 **(1927-)**

CEN, JIA SI 岑嘉驷 **(1945-)**
Cen, Yi fei 岑逸飞

CEN, KUN NAN 岑崑南 **(1935-)**
Kun nan 崑南
Ye, Dong 叶冬

Cen, Lu 岑路
SHI, HONG LU 史红路 **(1939-)**

CEN, MEI HUA 岑美华 **(1947-)**
Bai, Ruo hua 白若华
Feng, Zhi ju 封芝菊
Lü xiao die 绿小蝶
Shan, Qian 单倩

CEN, MEI QIANG 岑美强 **(1941-)**
Cen, Wen 岑文

Cen, Qi 岑琦
ZHOU, CEN QI 周岑琦 **(1927-)**

Cen, Ren 岑刃
TONG, CHANG QING 佟长青 **(1913-1945)**

CEN, RU MAO 岑汝懋 **(1885-1961)**
Cen, Zhong mian 岑仲勉

Cen, Ru yang 岑汝仰
CEN, RU YANG 岑汝养 **(1926-)**

CEN, RU YANG 岑汝养 **(1926-)**
Cen, Ru yang 岑汝仰
Cen, Sang 岑桑
Duan mu, Qiao 端木桥
Gu, Fu 谷夫
Xiao jun 筱君

Cen, Sang 岑桑
CEN, RU YANG 岑汝养 **(1926-)**

Cen, Shan 岑珊
WU, CHENG HUI 吴承惠 **(1926-)**

Cen, Wen 岑文
CEN, MEI QIANG 岑美强 **(1941-)**

CEN, XIAN QING 岑献青 **(1955-)**
Ping, Chang 平常
Yuan, Shan 远山

Cen, Xiu 岑秀
WANG, XIAN ZHI 王先智 **(1923-)**

Cen, Xue lü 岑学侣
CEN, FAN 岑藩 **(1874-)**

Cen, Yi fei 岑逸飞
CEN, JIA SI 岑嘉驷 **(1945-)**

Cen, Yuan 岑源
LI, BO SHENG 李博生 **(1941-)**

Cen, Yun jie 岑云阶
CEN, CHUN ZE 岑春泽 **(1861-1933)**

Cen, Zhong mian 岑仲勉
CEN, RU MAO 岑汝懋 **(1885-1961)**

Cen, Zhong yi 岑中逸
CHEN, YAN 陈炎 **(1925-)**

CEN, ZHUO YUN 岑卓云 **(1912-)**
Ping, Ke 平可

Cha an 茶庵
LIANG, DING FEN 梁鼎菜 **(1859-1920)**

Cha an 茶菴
ZHOU, ZUO REN 周作人 **(1885-1967)**

Cha fei sha 茶菲莎
ZHENG, HUI SHAN 郑惠山 **(1916-)**

Cha fu 茶夫
CHENG, WEN CAI 程文才 **(1936-)**

Cha ke 茶客
ZHOU, RU CHANG 周汝昌 **(1918-)**

Cha ling 茶陵
ZHOU, YU SHAN 周玉山 **(1950-)**

Cha na 茶衲
SHEN, QI WU 沈启无 **(1902-1969)**

Cha nong 茶农
DUAN, JIAN ZHEN 段建真 **(1936-)**

Cha qiu can ke 茶丘残客
CAI, SHOU 蔡守 **(1879-1941)**

Cha qiu ju shi 茶丘居士
CAI, SHOU 蔡守 **(1879-1941)**

Cha qiu sheng 茶丘生
CAI, SHOU 蔡守 **(1879-1941)**

Cha shang ren 茶上人
CAI, SHOU 蔡守 **(1879-1941)**

Cha sou 茶叟
CAO, JI QI 曹继启 **(1908-)**

Cha ta 差它

LI, GUO YING 黎国颖 **(1938-)**

Cha ting ting zhang 茶亭亭长
SHEN, DUAN XIAN 沈端先 **(1900-1995)**

CHAI, BAO QUAN 柴宝泉 **(1923-)**
Lin, Yang 林杨

Chai, Che 柴车
XIE, RONG 谢荣 **(1914-)**

Chai, Chi 柴池
ZHANG, SHI YI 张师颤 **(1921-)**

CHAI, DE SEN 柴德森 **(1935-)**
Sen sen 森森
Yu, Wen 余文

Chai, Ding 柴丁
WU, YUE JUAN 吴月娟 **(1919-)**

CHAI, E 柴萼 **(1893-)**
Chai, Xiao fan 柴小梵
Fan tian lu 梵天庐
Hong bing guan 红冰馆
Song hai jing she 松海精舍
Xiao fan 小梵
Yan yi 檐簃
Yan yi 簷簃

Chai, Fang 柴放
ZOU, FANG FANG 邹放放

Chai, Fei 柴扉
CHAI, SHI YI 柴世彝 **(1929-)**

Chai, Feng 柴逢
WANG, LI KANG 汪立康 **(1927-)**

CHAI, FENG 柴峰 **(1954-)**
Wu, Cai 吴才

Chai, Feng zi 柴枫子
LÜ, SONG QUAN 吕松泉 **(1957-)**

Chai, Fu 柴父
CAO, XIN ZHI 曹辛之 **(1917-1995)**

CHAI, FU SHAN 柴福善 **(1956-)**
Bi feng 碧峰

Chai guang 钗光
SHEN, YAN BING 沈雁冰 **(1896-1981)**

CHAI, JIAN FENG 柴建锋 **(1974-)**
Bin ye 彬叶

CHAI, JIAN GUO 柴建国 **(1946-)**
Si, Mu 斯木

Chai, Jie ran 柴洁燃
CAI, JIE REN 蔡孑人 **(1926-)**

Chai, Jing chun 柴景春
CHAI, XIANG RONG 柴向荣 **(1929-)**

Chai, Jiong 柴扃
CHAI, SHI YI 柴世彝 **(1929-)**

CHAI, JUN SHAN 柴军山 **(1962-)**
Chai, Ran 柴燃

CHAI, LI YANG 柴立扬 **(1946-)**
Xiao, Lin 肖林

Chai, Ran 柴燃
CHAI, JUN SHAN 柴军山 **(1962-)**

Chai, Sang 柴桑
HUANG, YONG YONG 黄永勇 **(1940-)**

Chai, Sang 柴桑
JIN, CHUN LIN 金春麟 **(1940-)**

CHAI, SHAO WU 柴绍武
Wu xiang 妩乡

CHAI, SHI YI 柴世彝 **(1929-)**
Chai, Fei 柴扉
Chai, Jiong 柴扃

Chai, Wa wa 柴娃娃
PAN, ZHENG YING 潘正英

CHAI, XIANG RONG 柴向荣 **(1929-)**
Chai, Jing chun 柴景春
Qin, Sheng 秦声

Chai, Xiao fan 柴小梵
CHAI, E 柴萼 **(1893-)**

Chai, Ye yu 柴也愚
LIANG, ZHI SHENG 梁志生 **(1912-)**

Chai, Yi 柴艺
ZOU, FANG FANG 邹放放

Chai, Ying 柴英
CAI, YIN ER 蔡寅二 **(1926-)**

CHAI, YU HENG 柴毓珩 **(1928-)**
Ding, Heng 丁珩

CHAI, ZHI QUN 柴枝群 **(1921-)**
Han, Gang 韩刚

CHAI, ZHI YING 柴之英 **(1928-)**
Bao, Jun 鲍钧
Qiu, Ren ye 仇任野
Tang, Tie hai 唐铁海
Zhou, Lu 周鲁

Chan 禅
LI, YING 李英 **(1899-1983)**

Chan ding 禅定
HU, YONG YAO 胡詠姚

Chan fei 铲非

SHI, LIAN XUE 石联学 **(1906-)**

Chan fu 禅父
LI, YING 李英 **(1899-1983)**

Chan ge 阐歌
SHI, QI GANG 石其刚 **(1933-)**

Chan han shi zhu 忏憨室主
HU, REN JIE 胡人杰 **(1880-1926)**

Chan hong 忏红
SONG, YI HONG 宋一鸿

Chan lao 禅老
LI, YING 李英 **(1899-1983)**

Chan meng 禅梦
BIAN, ZENG NIAN 卞增年 **(1968-)**

Chan qi an zhu ren 忏绮盦主人
LIAO, EN TAO 廖恩焘 **(1864-1954)**

Chan qi zhai 忏绮斋
YI, SHUN DING 易顺鼎 **(1858-1920)**

Chan qi zhai zhu ren 忏绮斋主人
YI, SHUN DING 易顺鼎 **(1858-1920)**

Chan yan 巉岩
XU, DE JIN 徐德锦 **(1921-)**

Chan yu 蝉羽
HONG, XUE HUA 洪雪华

Chang 昌
HE, CHANG 贺昌 **(1906-1935)**

Chang 常
LI, DA ZHAO 李大钊 **(1889-1927)**

Chang 长
TANG, DUAN YI 唐端毅 **(1913-1992)**

Chang an 长安
CHEN, ZHEN PENG 陈振鹏 **(1920-)**

Chang an 长安
ZHA, QUAN WU 查全武 **(1941-)**

Chang an lao ren 长安老人
LU, DAN LIN 陆丹林 **(1898-1972)**

Chang an leng huan 长安冷宦
SHEN, ZONG JI 沈宗畸 **(1857-1926)**

Chang an mai hua weng 长安卖画翁
LIN, SHU 林纾 **(1852-1924)**

Chang an xing ren 长厈行人
FEI, YAN 费砚 **(1879-1938)**

Chang, Bai 常白
XIAO, JUN ZHE 萧俊哲 **(1913-)**

Chang bai 长白
XUE, ZHEN JIA 薛振家 **(1908-1965)**

Chang bai 长白
PENG, LONG FEI 彭龙飞 **(1936-)**

Chang bai lao ren 长白老人
XU, SHAO KANG 徐绍康 **(1892-1975)**

Chang bai lao ren 长白老人
LI, HUI 李挥 **(1925-)**

Chang bai le gong 长白乐公
SHI, GUANG WEI 石光伟 **(1934-)**

Chang bai san ren 长白散人
WANG, KE REN 王克仁 **(1907-)**

Chang bai shan ren 长白山人
ZHOU, JING WEN 周鲸文 **(1908-1985)**

Chang bai shan ren 长白山人
SUN, ZHONG HAI 孙忠海 **(1947-)**

Chang bai yan 长白雁
QU, LIU YI 曲六乙 **(1930-)**

CHANG, BAO GUANG 常葆光 **(1926-)**
Chang, Feng 常锋

Chang, Bei 常悲
CHANG, HUI 常惠 **(1894-1985)**

Chang bei 长北
ZHANG, YAN 张燕 **(1944-)**

Chang, Bu qing 常不轻
Ci, HANG 慈航

Chang, Can 常惭
ZHAO, SHENG LIANG 赵圣量 **(1861-1940)**

Chang can kui Seng 常惭愧僧
ZHAO, SHENG LIANG 赵圣量 **(1861-1940)**

CHANG, CE OU 常策欧
Gu zhu ye ren 孤竹野人

Chang, Chang 常常
JIN, CHUN JI 金淳基

Chang, Cheng 常成
ZHANG, JING 张静 **(1929-)**

Chang, Cheng 常程
ZHAO, FU SHUN 赵福顺 **(1944-)**

Chang cheng 长城
GUO, LU MIN 郭鲁民 **(1952-)**

Chang, Chu 常础
CHANG, GE LUO 常葛洛 **(1920-)**

Chang chu 长楚
SUN, JIA JIN 孙家晋 **(1918-)**

Chang chu 苌楚

SUN, JIA JIN 孙家晋 **(1918-)**

Chang chun 长春
BAI, GUANG ZHENG 白光正 **(1922-)**

Chang chun 长春
LIU, SHI LING 刘诗龄 **(1944-)**

Chang, Chun 常春
QIAN, ZHONG HAN 钱忠汉 **(1926-)**

Chang, Chun 常春
ZHOU, JI CHANG 周姬昌 **(1928-)**

Chang chun shi zhu ren 长春室主人
FU, ZENG XIANG 傅增湘 **(1872-1949)**

Chang, Chun teng 常春藤
LI, ZHENG ZHONG 李正中 **(1921-)**

Chang, Dao zhi 常导之
CHANG, DAO ZHI 常道直

CHANG, DAO ZHI 常道直
Chang, Dao zhi 常导之

Chang dong 场东
FAN, YONG 范镛 **(1894-1967)**

Chang, E 常娥
DAI, MENG OU 戴梦鸥 **(1905-1950)**

Chang, Fang 常方
CHEN, XIANG HUA 陈翔华 **(1934-)**

Chang, Fen 常芬
JIANG, XI JIN 蒋锡金 **(1915-)**

Chang, Fen 常棻
JIANG, XI JIN 蒋锡金 **(1915-)**

Chang, Feng 常锋
CHANG, BAO GUANG 常葆光 **(1926-)**

Chang feng 长风
LOU, JIAN NAN 楼建南 **(1905-)**

Chang feng 长风
WU, MU FENG 吴慕风 **(1915-)**

Chang feng 长风
FENG, XUN 冯洵 **(1922-)**

Chang feng 长风
ZHANG, ZHEN 张震 **(1923-)**

Chang, Feng 常风
LI, ZHENG ZHONG 李正中 **(1921-)**

Chang, Feng 常风
CHANG, FENG ZHUAN 常凤瑑

Chang feng ge 长风阁
LI, SAN FENG 李三锋 **(1940-)**

Chang feng ge 长风葛
LI, SAN FENG 李三锋 **(1940-)**

CHANG, FENG ZHUAN 常凤瑑
Chang, Feng 常风
Chang, Sun bo 常荪波

Chang, Fu 常夫
FAN, JING 范经 **(1923-)**

Chang, Fu 常赋
WANG, CHANG FU 王长富 **(1948-)**

Chang gan 长甘
ZHANG, LIAN JIE 张连捷 **(1920-)**

Chang ge 长戈
LUO, JI CHANG 罗继长 **(1935-)**

CHANG, GE LUO 常葛洛 **(1920-)**
Chang, Chu 常础
Ge, Luo 葛洛
Yu, Qing 于顷

Chang gen 长根
ZHOU, SHU REN 周树人 **(1881-1936)**

Chang, Geng 常耕
LUO, JI LONG 罗继龙 **(1952-)**

Chang, Geng 常庚
ZHOU, SHU REN 周树人 **(1881-1936)**

Chang geng 长庚
ZHOU, SHU REN 周树人 **(1881-1936)**

Chang geng 长庚
ZHOU, ZUO REN 周作人 **(1885-1967)**

Chang geng 长庚
JIANG, XI JIN 蒋锡金 **(1915-)**

Chang geng 长庚
MAO, YI CHUN 茅以春 **(1923-)**

Chang geng 长庚
CHEN, YAO TING 陈耀庭 **(1933-1984)**

Chang geng 长庚
WAN, JUN 万军 **(1944-)**

Chang, Geng wu 常耿武
LIN, BO YE 林伯野 **(1925-)**

CHANG, GENG XI 常庚西 **(1932-)**
Geng, Xi 耿西

Chang, Gong 常弓
ZHANG, CONG ZHI 张聪致 **(1905-1954)**

Ch'ang, Gong 常弓
ZHANG, CHANG GONG 张长弓 **(1931-)**

Chang, Gong 常工
ZHANG, CONG ZHI 张聪致 **(1905-1954)**

Chang gong 长公
SHEN, CHANG MEI 沈昌眉 **(1872-1932)**

Chang gong 长公
ZHU, ZONG YUAN 诸宗元 **(1875-1932)**

Chang gong 长公
ZHANG, SONG LIN 张松林 **(1932-)**

Chang gong 长弓
WANG, REN SHU 王任叔 **(1901-1972)**

Chang gong 长弓
ZHANG, CONG ZHI 张聪致 **(1905-1954)**

Chang gong 长弓
ZHANG, CHUN QIAO 张春桥 **(1917-)**

Chang gong 长弓
ZHANG, JI CHUN 张继春 **(1934-)**

Chang gong 长弓
ZHANG, ZHEN GUO 张振国 **(1937-)**

Chang gong 长弓
ZHANG, CUI FU 张翠福 **(1958-)**

Chang gong 长工
ZHANG, ZHI PU 张治谱 **(1928-)**

CHANG, GUI LIN 常桂林 **(1940-)**
Lin, Feng 林峰

Chang, Hai 常海
ZHANG, CHANG HAI 张常海 **(1930-)**

Chang he 长河
LU, DIAN SAN 路殿三 **(1915-)**

Chang he 长河
MA, DE ZHAO 马德昭 **(1940-)**

Chang he 长河
CHEN, CHUAN BO 陈川波 **(1941-)**

CHANG, HENG QIANG 常恒强 **(1928-)**
Shang, Gong 尚弓

Chang hong 长红
GAO, YANG YU 高仰愈 **(1898-1949)**

Chang hong 长虹
GAO, YANG YU 高仰愈 **(1898-1949)**

Chang hong 长虹
ZHANG, WEN TIAN 张闻天 **(1900-1976)**

Chang hong 长虹
YANG, ZHI LIN 杨植霖 **(1911-)**

Chang hong 长虹
YU, ZONG XIN 于宗信 **(1945-)**

Chang hong 苌弘
ZHANG, ZI CHEN 张紫臣 **(1929-1993)**

Chang hou 昌厚
LI, RONG 李荣 **(1921-)**

CHANG, HUAI ZU 常怀祖 **(1931-)**
Bai yun 百云
Hai zhou 海舟
Li fu 犁夫
S. T.
Tian, Tao 田弢

Chang huan 长环
YU, MING HENG 俞铭衡 **(1900-1990)**

CHANG, HUI 常惠 **(1894-1985)**
Chang, Bei 常悲
Chang, Wei jun 常维钧
Wei jun 为君

Chang, Jia xuan 常家选
CHANG, REN XIA 常任侠 **(1904-)**

Chang, Jian 常俭
CHANG, JING YU 常敬宇 **(1940-)**

Chang, Jian 常健
ZHANG, YOU SONG 张友松 **(1903-)**

Chang jian 长剑
ZHANG, TIAN JIAN 张天健 **(1932-)**

Chang jian 长剑
ZHANG, XUE JIAN 张学俭 **(1951-)**

CHANG, JIAN FEI 常剑飞 **(1935-)**
Chang, Yin 常茵

CHANG, JIANG 常江 **(1943-)**
Yang, Zi 杨紫

CHANG, JIANG 常江 **(1958-)**
Chang jiang 长江

Chang jiang 长江
FAN, CHENG QUAN 范承全 **(1909-1970)**

Chang jiang 长江
YU, CHANG JIANG 俞长江 **(1939-)**

Chang jiang 长江
CHANG, JIANG 常江 **(1958-)**

CHANG, JING YU 常敬宇 **(1940-)**
An, Ruo 安若
Chang, Jian 常俭
Shang, Jin 尚今
Tang, Yuan 唐苑

Chang, Jiu 常久
CHANG, ZHONG YUAN 常钟元 **(1913-1982)**

CHANG, JUN SHI 常君实 **(1920-)**
Bu, Fu 卜夫
Huang, He 黄河
Jun shi 君实

Luo, Qi 罗琪
Nan, Hai 南海
Shang, Jin 尚今
Shi, Qiao 石桥
Song shan 嵩山
Yu fu 豫夫
Zhu, Jiang 朱江

Chang le 长乐
ZHENG, ZHEN DUO 郑振铎 **(1898-1958)**

Chang le 长乐
LIU, ZHEN 刘珍 **(1952-)**

Chang le lao 长乐老
WANG, CHUAN 汪僎 **(1855-1918)**

Chang, Li zhi 常立志
DAI, YAN TIAN 戴砚田 **(1932-)**

Chang, Liang 常亮
ZHANG, SHENG MING 张升明 **(1925?-)**

Chang lin 长林
ZHANG, LIN 张林 **(1927-)**

Chang lin 长林
LIN, SHAO WEN 林少雯 **(1950-)**

CHANG, LIN YAN 常林炎 **(1920-)**
Shang, Mu huo 尚木火

Chang ling 长岭
BU, SHI XU 步世绪 **(1914-1973)**

Chang ling 长岭
LIU, CHANG LING 刘长岭 **(1951?-)**

Chang ling 畅灵
XU, CHANG LIN 徐昌霖 **(1917-)**

Chang lu 长禄
HE, YONG SHENG 何勇胜 **(1951-)**

Chang Lü 常绿
GU, SAN DUO 顾三多 **(1920-)**

Chang mang 长芒
WU, LI HUA 吴立华 **(1913-)**

Chang mao 长矛
PENG, GUI E 彭桂萼 **(1908-1952)**

Chang, Mei 常枚
CHEN, WEN SHENG 陈文生 **(1939-)**

Chang, Meng qiu 常梦秋
CHANG, ZHONG YUAN 常钟元 **(1913-1982)**

Chang, Ming 常明
WU, LI HUA 吴立华 **(1913-)**

Chang, Ming 常明
WU, CHANG MING 吴昌明 **(1955-)**

Chang ming 长明
CHEN, ZHEN PENG 陈振鹏 **(1920-)**

Chang ming 长明
MAO, YI CHUN 茅以春 **(1923-)**

Chang ming 长明
ZHANG, SHENG MING 张升明 **(1925?-)**

Chang ming 长明
HUANG, GAN CHEN 黄干臣 **(1949-)**

Chang ming 昌酩
XU, CHANG MING 徐昌明 **(1929-)**

Chang mou 长牟
ZHOU, ZUO REN 周作人 **(1885-1967)**

Chang, Na dan 常那丹
CHANG, YOU MIN 常友民 **(1925-)**

Chang, Nai de 常乃悳
CHANG, YAN SHENG 常燕生 **(1898-1947)**

Chang, Nai ying 常乃瑛
CHANG, YAN SHENG 常燕生 **(1898-1947)**

Chang nan zi 昌南子
WANG, LONG FU 王隆夫 **(1931-)**

Chang nian 长年
ZHOU, ZUO REN 周作人 **(1885-1967)**

Chang ning 长宁
WANG, XIAO YI 王小逸

Chang, Nu wen 常奴问
HE, QI FANG 何其芳 **(1912-1977)**

Chang ping 昌平
WEI, QING HUANG 韦庆煌 **(1916-)**

Chang, Qing 常青
LIANG, QI TANG 梁启堂 **(1944-)**

Chang, Qing 常青
XU, CHANG QING 徐长青 **(1956-)**

Chang qing 长青
REN, ZHUO XUAN 任卓宣 **(1896-1990)**

Chang qing 长青
WANG, SHI ZHAO 王世昭 **(1905-)**

Chang qing 长青
CHEN, CAI 陈采 **(1918-)**

Chang qing 长青
ZHANG,JING 张静 **(1929-)**

Chang qing 长青
WANG, CHANG QING 王长青 **(1930-)**

Chang qing 长青
DAI, WEN GUANG 戴文光 **(1938-)**

Chang Qing 长青
QI, ZHEN REN 漆振仁

Chang qing 长庆
QI, GONG 启功 **(1912-)**

Chang, Qing shu 常青树
ZHANG, ZHAO LIN 张兆林 **(1929-)**

Chang, Qing shu 常青树
CHANG, XIAO PU 常效普 **(1933-)**

Chang, Qing teng 常青藤
LI, ZHENG ZHONG 李正中 **(1921-)**

Chang qun 昌群
HE, CHANG QUN 贺昌羣 **(1903-1973)**

Chang, Ren 常仁
PENG, XUN ZHI 彭逊之

CHANG, REN XIA 常任侠 **(1904-)**
Chang, Jia xuan 常家选
Chang, Xing yuan 常醒元
Chang, Zheng 常征
Chang zheng 长征
Ji, Qing 季青
Ju meng 剧孟
Mu yuan 牧原
Ren, Xia 任侠
Shen, Mo 沈默
Xing yuan 醒元
Zhai, Duan 翟端

Chang ru 长孺
KANG, YOU WEI 康有为 **(1858-1927)**

Chang ru, 长孺
ZHANG, YU 章钰 **(1865-1937)**

Chang, Sha 常莎
YI, HONG BIN 易洪斌 **(1943-)**

Chang, Shan 常山
WANG, XIAN QIANG 王先强 **(1945-)**

Chang shan 长山
HUANG, PI XING 黄丕星 **(1924-)**

Chang sheng 长生
HU, SHAN YUAN 胡山源 **(1897-1988)**

Chang, Shi 常式
CHANG, ZHONG YUAN 常钟元 **(1913-1982)**

Chang, Shi 常式
WANG, ZI SHUO 王子硕 **(1952-)**

Chang shi 长石
ZHANG, WEN LONG 章文龙 **(1917-)**

Chang shou 长绶
ZHU, MU JIA 朱慕家 **(1890-1970)**

Chang shou ren 长寿人
JIANG, SHI 江石 **(1899-)**

Chang, Shu 常熟
ZHANG, CHUN QIAO 张春桥 **(1917-)**

Chang shu 长树
ZHOU, SHU REN 周树人 **(1881-1936)**

CHANG, SHU TAI 常舒泰 **(1921-)**
Shu, Ping 舒平
Tuo ling 驼铃

Chang shui 长水
ZHANG, BA 张拔 **(1928-)**

Chang, Si 常思
JIN, ZHE 金哲 **(1931-)**

Chang, Si 常思
FEI, CHANG FU 费长富 **(1941-)**

Chang song 长松
LIU, CHANG SONG 刘长崧 **(1915-)**

Chang song shan fang zhu ren 长松山房主人
JING, HENG YI 经亨颐 **(1877-1938)**

Chang su 长素
KANG, YOU WEI 康有为 **(1858-1927)**

Chang, Su min 常苏民
CHANG, XIAO CHUN 常效春 **(1910-)**

Chang, Sun bo 常荪波
CHANG, FENG ZHUAN 常凤瑑

Chang, Tan 常谈
HOU, ZHAO LIN 侯兆麟 **(1903-1987)**

Chang tian 长天
JIANG, SHU GE 姜书阁 **(1907-)**

CHANG, WANG YUN 常望云
Wang yun 望云

Chang wei 昌蔚
CHEN, BIN HE 陈彬和 **(1897-1970)**

Chang, Wei jun 常维钧
CHANG, HUI 常惠 **(1894-1985)**

Chang, Wen 常文
WEI, DENG 魏登 **(1923-)**

Chang, Wen 常文
ZHENG, XIAN WEN 郑宪文 **(1943-)**

CHANG, WEN LI 常文立 **(1952-)**
Chang, Wen li 常文理

Chang, Wen li 常文理
CHANG, WEN LI 常文立 **(1952-)**

Chang, Wu 常悟

TIAN, CHANG WU 田昌五 **(1925-)**

Chang wu 畅吾
SHU, WEI ZHOU 舒维周 **(1893-1960)**

Chang wu lu 畅吾庐
SHU, WEI ZHOU 舒维周 **(1893-1960)**

Chang, Wu tian 常舞天
FANG, TANG HUA 方棠华

Chang xiang yi 长相忆
CHU, PEI CHENG 储佩成 **(1942-)**

Chang xiao 长啸
LI, GONG PU 李公朴 **(1902-1946)**

CHANG, XIAO CHUN 常效春 **(1910-)**
Chang, Su min 常苏民

CHANG, XIAO PU 常效普 **(1933-)**
Chang, Qing shu 常青树

Chang, Xing yuan 常醒元
CHANG, REN XIA 常任侠 **(1904-)**

Chang xiong 长雄
SUN, WEN 孙文 **(1866-1925)**

Chang, Xiu 常秀
WU, XIU ZHEN 吴秀珍 **(1940-)**

CHANG, XIU HUAN 常秀环 **(1976-)**
Rong bing 融冰

Chang xu 昶旭
WU, ZHONG QING 吴仲青 **(1900-1948)**

Chang, Xue si 常学思
HUANG, SHU LIE 黄述烈 **(1921-)**

CHANG, XUE YONG 常学墉 **(1911-)**
Ren, Hong 任虹
Yi xin 一心

Chang yan 畅言
WANG, CHANG YAN 王昌言 **(1925-)**

Chang, Yan dao 常言道
XIE, FU SEN 谢复森 **(1919-)**

CHANG, YAN QING 常延青 **(1920-)**
Wu, Jian 吴坚

CHANG, YAN SHENG 常燕生 **(1898-1947)**
Chang, Nai de 常乃悳
Chang, Nai ying 常乃瑛
Chi yin 痴隐
De 德
Fan min 凡民
Hui zhi 惠之
Ling shang bai yun zhai 岭上白云斋
Liu, Xia 柳下
Ping, Sheng 平生
Ping, Zhi 平之
Ping zhi 萍之
Ping, Zi 平子
Xin guang 新光
Yan, Sheng 燕生
Zhang, Zhi jun 张直君
Zhang, Zhi sheng 张直生
Zhong, An 仲安

Chang yang 徜徉
MA, DENG YUN 马登云 **(1955-)**

Chang yao 长谣
LIU, SHI LING 刘诗龄 **(1944-)**

Chang yao 昌耀
WANG, CHANG YAO 王昌耀 **(1936-)**

Chang yi 长宜
LI, ZHANG YI 李章义 **(1953-)**

Chang, Yin 常茵
CHANG, JIAN FEI 常剑飞 **(1935-)**

Chang, Yin 常音
CHEN, CHANG QUN 陈长群 **(1955-)**

Chang, Yin 常吟
HAO, CHANG YIN 郝长印 **(1965-)**

Chang ying 长缨
ZHANG, YING 张英 **(1920-)**

Chang ying 长缨
ZHUANG, SHU ZHAO 莊淑昭 **(1946-)**

CHANG, YOU MIN 常友民 **(1925-)**
Chang, Na dan 常那丹
Chang, You ming 常又明
Na dan you min 那丹友民

Chang, You ming 常又明
CHANG, YOU MIN 常友民 **(1925-)**

Chang, You sheng 常有声
XU, EN XI 许恩熙 **(1923-)**

Chang, Yu 常雨
WANG, REN SHU 王任叔 **(1901-1972)**

CHANG, YU CHANG 常玉昌 **(1942-)**
Xiao chang 小常
Yu cang 鬱蒼

Chang, Yu zi 常愉子
LIU, ZENG QING 刘增庆 **(1930-)**

Chang yue 昶月
ZHUANG, YONG MING 庄永明 **(1942-)**

Chang yun 长云
HU, SHAN YUAN 胡山源 **(1897-1988)**

Chang yun 长云

SUN, SHENG REN 孙盛仁 (1942-)

Chang, Zai 常哉
ZHAO, SHU LI 赵树礼 (1906-1970)

Chang, Zheng 常征
CHANG, REN XIA 常任侠 (1904-)

Chang, Zheng 常政
JIN, CHANG ZHENG 金常政 (1929-)

Chang zheng 长征
CHANG, REN XIA 常任侠 (1904-)

Chang zheng 畅征
HAN, CHANG ZHENG 韩长征 (1947-)

Chang zheng 长争
ZHANG, QIAO FU 张乔夫 (1931-)

Chang zheng 长正
ZHANG, YAN YI 张延裔 (1930-)

Chang, Zhi 常直
ZHANG, ZHEN 张祯 (1927-)

Chang zhi 长之
LI, CHANG ZHI 李长植 (1910-1978)

Chang zhi 长植
LI, CHANG ZHI 李长植 (1910-1978)

Chang zhi 嘗之
LI, CHANG ZHI 李长植 (1910-1978)

CHANG, ZHI QI 常智奇 (1953-)
Gao, Yin 高引

CHANG, ZHONG YUAN 常钟元 (1913-1982)
Chang, Jiu 常久
Chang, Meng qiu 常梦秋
Chang, Shi 常式
Fang, Yin 方殷
Fang yin 芳茵
Xiao hong 晓虹
Yin 殷

Chang zhou mei dao ren 长洲呆道人
WU, MEI 吴梅 (1884-1939)

Chang zhu yuan 长竹园
YU, YING MAO 余英茂 (1964-)

Chang, Zhui feng 常追风
LIANG, QI TANG 梁启堂 (1944-)

Chang, Zhui qi 常追气
LIANG, QI TANG 梁启堂 (1944-)

Chao 超
FENG, NAI CHAO 冯乃超 (1901-1983)

Chao 超
ZHAO, CHAO GOU 赵超构 (1910-1992)

Chao 超
SHAO, GONG WEN 邵公文

Chao 朝
WANG, REN SHU 王任叔 (1901-1972)

Chao bin 超彬
LIN, CHU PING 林楚平 (1921-)

Chao bing 超冰
LIN, CHU PING 林楚平 (1921-)

Chao bo 朝波
SI MA, CHAO BO 司马朝波 (1960-)

Chao bo 超博
ZHAO, CHUN REN 赵纯仁 (1930-)

Chao fan 超凡
SU, XUAN YING 苏玄瑛 (1884-1918)

CHAO, FANG FANG 晁方方 (1962-)
Fang, Fang 方方

Chao fu 朝赋
SUN, HUAI CHUAN 孙怀川 (1939-)

Chao gong 抄公
LI, JIE REN 李劼人 (1891-1962)

Chao gu 朝谷
ZHAO, ZHONG 赵锺 (1928-)

Chao guan 超观
LU, YI AN 卢毅安

Chao hai 超海
HUANG, TIAN JUN 黄天俊 (1898-1988)

Chao hua 超华
RAO, SHA OU 饶沙鸥

Chao hua she 朝花社
ZHOU, SHU REN 周树人 (1881-1936)

Chao hua she tong ren 朝花社同人
ZHOU, SHU REN 周树人 (1881-1936)

Chao jie 超杰
QU, SHI YING 瞿世英 (1900-1976)

Chao jin 超今
HUANG, CHAO QIN 黄朝琴 (1897-1972)

Chao lang 朝浪
XIAO, JIN ZHONG 萧锦钟 (1953-)

Chao lin 超麟
ZHENG, CHAO LIN 郑超麟 (1901-)

Chao, Ling gan 巢令干
JIANG, BI HOU 蒋壁厚 (1923-)

Chao mai 超麦
KANG, YONG PING 康永平 (1958-)

Chao nan 巢南
CHEN, QU BING 陈去病 **(1874-1933)**

Chao nan zi 巢南子
CHEN, QU BING 陈去病 **(1874-1933)**

Chao qing 潮清
LIN, CHAO QING 林潮清 **(1928-)**

Chao qing 朝庆
YANG, QI 杨圻 **(1875-1941)**

Chao ran 超然
CHEN, XU 陈栩 **(1879-1940)**

Chao ran 超然
WANG, JING HUA 王境华 **(1947-)**

Chao ran 超然
SHI, CHUN NI 施纯妮 **(1951-)**

Chao ran 超然
ZHU, KUI YI 朱揆一

Chao ren 超人
WANG, QING BAI 王庆柏 **(1920-)**

Chao ren 超人
LU, GAN ZHI 卢幹之 **(1922-)**

Chao ru 潮如
YANG, LIAN ZHENG 杨廉政 **(1900-1946)**

CHAO, RUO BING 晁若冰 **(1919-)**
Bai, Sha 白沙
Bai, Sha 白莎
Feng tao 风涛
Ruo bing 若冰

Chao sheng 潮声
YANG, LIAN ZHENG 杨廉政 **(1900-1946)**

Chao shui 朝水
YANG, LIAN ZHENG 杨廉政 **(1900-1946)**

Chao shui 潮水
YANG, LIAN ZHENG 杨廉政 **(1900-1946)**

Chao wei 朝伟
CAO, TING WEI 曹廷伟 **(1936-)**

Chao, Wen 晁闻
CAO, ER XU 曹尔序 **(1926-)**

Chao xi 朝熹
CAO, QING 曹清 **(1918-1960)**

Chao xi 潮汐
CAO, XI 曹兮 **(1911-)**

Chao, Xi 晁曦
RUAN, XI CHAO 阮熙朝 **(1897-1935)**

CHAO, XI DI 晁锡第 **(1943-)**
Xiao hai 晓海

Chao xin 朝新
FAN, JIAN YA 范剑涯

Chao yang 朝阳
LOU, XI 楼曦 **(1908-)**

Chao yang ju shi 朝阳居士
SONG, JIU ZHI 宋九祉 **(1917-)**

Chao yi 超一
LI, CHAO YI 李超一

Chao yin ge 潮音阁
XUE, DA KE 薛大可 **(1881-1960)**

Chao yu 潮雨
LIU, SI HAI 刘斯海 **(1919-)**

Chao yuan zhao xiong 朝元照雄
CHEN, JUN XUN 陈俊勋

Chao yun 超云
LI, JIN QUAN 李金泉 **(1916-)**

Chao zhen 超真
PENG, YOU SHAN 彭友善 **(1911-)**

Che 彻
FENG, DING 冯定 **(1902-1983)**

Che, Bei 车倍
PAN, LIAN PEI 潘连培 **(1920-)**

Che, Bu la 车不拉
LIANG, BING JUN 梁秉钧 **(1948-)**

Che, Fu 车辐
CHE, SHOU ZHOU 车寿周 **(1914-)**

Che, Fu 车夫
LI, PU YUAN 李朴园 **(1901-)**

Che, Fu 车夫
PAN, CHANG FU 潘长福 **(1942-)**

Che, Gan 车干
SUN, YE HE 孙叶河 **(1930-)**

CHE, JIN 车进 **(1947-)**
Che, Jin shu 车金树

Che, Jin shu 车金树
CHE, JIN 车进 **(1947-)**

Che, Ka 车卡
CHE, MAO QI 车懋奇

CHE, MAO QI 车懋奇
Che, Ka 车卡

CHE, MING SHEN 车铭深
Ming shen 铭深

Che mo 撤末
SHEN, JIE FEI 沈杰飞 **(1915-)**

Che, Qian cao 车前草
ZHENG, SHU MEI 郑淑梅 **(1919-)**

Che, Qian zi 车前子
GU, PAN 顾盼 **(1963-)**

CHE, QING HE 车庆和 **(1898-1971)**
Che, Xiang chen 车向忱

CHE, SHOU ZHOU 车寿周 **(1914-)**
Ban zhi 半之
Bo da fu 波打夫
Che, Fu 车辐
Che, Shou zhou 车寿舟
Che, Shou zhou 车瘦舟
Huai tang 槐堂
Huang, Hua 黄话
Lao che 老车
Pi, Zhong chi 皮仲篪
Shou zhou 瘦舟
Su, Dong pi 苏东皮
Tian, Jiu lang 田九郎
Xiang ying 襄萤
Yang, Huai 杨槐
Yin, Zhou 殷周

Che, Shou zhou 车寿舟
CHE, SHOU ZHOU 车寿周 **(1914-)**

Che, Shou zhou 车瘦舟
CHE, SHOU ZHOU 车寿周 **(1914-)**

CHE, WEN BO 车文博 **(1931-)**
Xu ren 需人

Che, Xiang chen 车向忱
CHE, QING HE 车庆和 **(1898-1971)**

Che, Xin 车薪
ZOU, WEI XI 邹维熙 **(1927-)**

Che, Ya fu 车亚夫
CHEN, HENG JIA 陈恒嘉 **(1944-)**

Chen 蔯
CHEN, QIU CAO 陈秋草 **(1906-1988)**

Chen 晨
HE, CHANG 贺昌 **(1906-1935)**

Chen 臣
KUANG, ZHOU YI 况周颐 **(1859-1926)**

Chen 沉
XIE, WU LIANG 谢无量 **(1884-1964)**

Chen 沉
SHEN, CONG WEN 沈从文 **(1902-1988)**

Chen 琛
LI, JING KUAN 李经宽 **(1918-)**

Chen 忱
XIE, WU LIANG 谢无量 **(1884-1964)**

Chen 辰
YANG, WU SHENG 杨戊生 **(1915-1982)**

Chen, Ai 陈艾
ZHANG, CHANG 张昶 **(1930-)**

Chen, Ai cao 陈爱草
CHEN, HAN GUANG 陈汉光 **(1921-1973)**

Chen, Ai ni 陈艾妮
CHEN, LIAN JUAN 陈莲涓 **(1950-)**

CHEN, AI QIAO 陈蔼翘 **(1937-)**
Chen, Qiao 陈翘

Chen, Ai xin 陈艾新
JIAN, XIAN AI 蹇先艾 **(1906-)**

CHEN, AN 陈安
An, Chen 安晨

CHEN, AN AN 陈安安 **(1949-)**
An, An 安安

CHEN, AN KANG 陈安康 **(1931-)**
Chen, Dan chen 陈丹晨
Dan ge 丹戈
Hu, Yu 胡余
Xin, Xu 辛旭

Chen, An mei 陈厂梅
CHEN, ZHENG 陈征 **(1928-)**

Chen, Ang 陈昂
CHEN, MAN PING 陈满平 **(1939-)**

Chen, Ao 陈翱
CHEN, DA YU 陈大羽 **(1912-)**

CHEN, BAI 陈白 **(1869-1934)**
Bai, Shu 白叔
Bai, Yuan 白园
Chen, Shao bai 陈少白
Chen, Wen shao 陈闻韶
Fu bu ci lang 服部次郎
Huang, Xi 黄溪
Kui shi 葵石
Kui shi 夔石
Shao bai 少白
Tian yu 天羽
Wu jiu 无咎
Wu jiu zi 无咎子

Chen, Bai 陈白
CHEN, TIAO 陈调 **(1926-)**

Chen, Bai 陈白
CHEN, CHUN NIAN 陈椿年 **(1931-)**

Chen, Bai 陈白
PENG, BI YU 彭碧玉

Chen, Bai bing 陈白冰
CHEN, SHU YUAN 陈淑媛 **(1918-1986)**

Chen, Bai chen 陈白尘
CHEN, ZENG HONG 陈增鸿 **(1908-)**

Chen, Bai ding 陈白丁
LUO, DA GANG 罗大刚 **(1909-)**

Chen, Bai dong 陈柏冬
CHEN, SHU ZHANG 陈淑章 **(1906-1991)**

Chen, Bai nian 陈百年
CHEN, DA QI 陈大齐 **(1887-1983)**

Chen, Bai nian 陈百年
CHEN, GUO ZHAO 陈国昭 **(1942-)**

CHEN, BAI SHENG 陈柏生 **(1926-)**
Bai, Sheng 柏生
Bai, Zi 柏子
Xiao, Bai 肖柏

Chen, Bai shi 陈白石
CHEN, HONG 陈洪 **(1907-)**

Chen, Bai shu 陈白曙
CHEN, ZUO MEI 陈作梅 **(1912-1986)**

Chen, Bai tian 陈白天
CHEN, BO JIAN 陈伯坚 **(1925-)**

Chen, Bai yi 陈白一
CHEN, TIAO 陈调 **(1926-)**

Chen, Bai ying 陈白影
CHEN, HUA SHENG 陈华生 **(1916-)**

CHEN, BAI ZHONG 陈百中 **(1935-)**
Chen, Bo zhong 陈伯中
Chen, Jian 陈箭
Chen, Si 陈思

Chen, Ban ding 陈半丁
CHEN, NIAN 陈年 **(1876-1970)**

Chen, Ban sha 陈斑沙
CHEN, HE NAN 陈鹤南 **(1913-)**

CHEN, BAO CHEN 陈宝琛 **(1849-1935)**
Bo qian 伯潜
Cang qu lou zhu 沧趣楼主
Ju sou 橘叟
Ju yin 橘隐
Tao, An 陶庵
Tao an 弢庵
Tie shi dao ren 铁石道人
Ting shui 听水
Ting shui lao ren 听水老人
Ting shui zhai lao ren 听水斋老人
Ting shui zhai zhu ren 听水斋主人

CHEN, BAO CHEN 陈葆琛 **(1943-)**
Chen shi 沉石

CHEN, BAO E 陈宝锷 **(1923-)**
Chen geng 晨耕

CHEN, BAO QUAN 陈宝铨 **(1946-)**
Chen, Song 陈松

CHEN, BAO RUN 陈宝润 **(1914-)**
Yan, Gong 严恭

CHEN, BAO SHU 陈宝书 **(1926-1988)**
A zhen 阿真

CHEN, BAO XUAN 陈葆煊 **(1925-)**
Chen ge 晨歌
Chen, Lü bai 陈侣白
Chen, Qian 陈茜
Chen, Tiao 陈苕
Lü bai 侣白
Zi ai 子艾

CHEN, BAO YI 陈抱一 **(1893-1945)**
Bao yi 抱一
Bao yi 抱壹

Chen, Bao yin 陈豹隐
CHEN, QI XIU 陈启修 **(1886-1960)**

CHEN, BAO YUN 陈宝云 **(1934-)**
Chen, Yuan 陈远
Shang, Tao 尚涛
Zhong, Yi 钟艺

CHEN, BAO ZHEN 陈宝珍 **(1953-)**
Long, Nü 龙女

Chen, Bei meng 陈北萌
CHEN, JUN SHAN 陈君山 **(1922-)**

Chen, Bei ou 陈北鸥
CHEN, BO OU 陈伯欧 **(1912-1981)**

CHEN, BEI XU 陈悲煦 **(1887-1944)**
Chen, Da bei 陈大悲
Chen, Ting yi 陈听彝
Da bei 大悲
Xiao ke 小可
Yong gong 蛹公
Yong yun 踊云

Chen, Ben 陈贲
CHEN, MIN JIAN 陈民键 **(1928-)**

Chen, Bi 陈弼
CHEN, SHOU NAN 陈寿南 **(1932-)**

Chen, Bi cen 陈碧岑
CHEN, YIN 陈荫 **(1893-1982)**

CHEN, BI FANG 陈碧芳 **(1931-)**
Bi, Fang 毕方
Chen, Jia han 陈加寒

CHEN, BI QIANG 陈必强 **(1960-)**
Chen, Mo 陈墨

Chen, Bi qiu 陈弼遒
CHEN, KUI 陈逵 **(1902-1990)**

CHEN, BI SHENG 陈碧笙 **(1908-)**
Hai, Dong sheng 海东生
Nan, Quan 南泉

Chen, Bi yun 陈碧云
HU, SHAN YUAN 胡山源 **(1897-1988)**

CHEN, BI ZHEN 陈必珍
Xue zi 雪子

Chen, Biao ru 陈彪如
CHEN, YOU BING 陈友炳 **(1910-)**

CHEN, BIN HE 陈彬和 **(1897-1970)**
Chang wei 昌蔚
Chen, Le su 陈乐素
Song xuan 松轩

CHEN, BING 陈炳 **(1934-)**
Chen, Yi bing 陈依炳
Cheng bin 诚斌
Ma, Ming 马鸣
Nu feng 怒风

CHEN, BING CHANG 陈炳昶 **(1940-)**
A chang 阿昌
A chang 阿昶

CHEN, BING FU 陈炳富 **(1920-)**
Chen, Bing han 陈炳汉

CHEN, BING GUANG 陈炳光 **(1939-)**
Shuo yang 硕洋

Chen, Bing han 陈炳汉
CHEN, BING FU 陈炳富 **(1920-)**

CHEN, BING HUA 陈炳华 **(1957-)**
Chen, Mo 陈默

CHEN, BING HUANG 陈炳煌 **(1903-)**
Ji long sheng 鸡笼生

CHEN, BING JUN 陈秉钧 **(1906-1988)**
Chen, Ning qiu 陈凝秋
Ning qiu 凝秋
Sai, Ke 塞克
WC

CHEN, BING KUN 陈炳堃 **(1898-1990)**
Chen, Bing kun 陈炳坤
Chen, Zi zhan 陈子展
Chu, Kuang 楚狂
Chu kuang lao ren 楚狂老人
Da niu 大牛
Dong yuan 东园
He, Dian 何典
He, Ru 何如
Hu nan niu 湖南牛
Luo, Fu 罗复
Qi, Shi 戚施
Qu lu 蘧庐
Ru he 如何
Yu, Shi xia 于时夏
Zi zhan 子展

Chen, Bing kun 陈炳坤
CHEN, BING KUN 陈炳堃 **(1898-1990)**

CHEN, BING YI 陈秉彝 **(1916-)**
Bai, Ai 白艾
Bai, Han 白寒
Bing yi 冰夷
Chen, Bing yi 陈冰夷
Hua, Xu 华胥
Liang, Xiang 梁香
Xiao, Se 萧瑟
Yu, Jian 于健

Chen, Bing yi 陈冰夷
CHEN, BING YI 陈秉彝 **(1916-)**

CHEN, BING YUAN 陈炳元 **(1918-)**
Kang, Ni 康妮
Ping, Yuan 平原
Xue ting 雪汀
Ying zi 樱子

Chen, Bing zhong 陈秉忠
FAN, QI XIN 范启新 **(1914-)**

Chen, Bo 陈波
MENG, XIAN QI 孟宪棨 **(1902-1976)**

Chen bo 辰伯
WU, CHUN HAN 吴春晗 **(1909-1969)**

Chen bo 沉波
YANG, ZHONG LUN 杨仲伦 **(1943-)**

Chen, Bo chui 陈伯吹
CHEN, RU XUN 陈汝埙 **(1906-)**

Chen, Bo da 陈伯达
CHEN, SHANG YOU 陈尚友 **(1904-1989)**

Chen, Bo er 陈波儿
CHEN, SHUN HUA 陈舜华 **(1910-1951)**

CHEN, BO HUA 陈伯华 **(1929-)**
Luo shan Bo hua 罗山伯华

CHEN, BO JIAN 陈伯坚 **(1925-)**
Chen, Bai tian 陈白天

CHEN, BO JIAN 陈伯坚 **(1938-)**
Chen, Nian jiu 陈年酒
Fang, Hai 方海

Chen, Bo nian 陈伯年
CHEN, DA QI 陈大齐 **(1887-1983)**

CHEN, BO OU 陈伯欧 **(1912-1981)**
Bei 北
Bei ou 北鷗
Bo ou 伯歐
Chen, Bei ou 陈北鷗
Ou 歐

CHEN, BO PING 陈伯萍 **(1923-)**
Chen, Xiao 陈萧
Shi, Heng liu 史横流
Wu, Cha 伍岔

Chen, Bo ping 陈伯平
CHEN, YUAN 陈渊 **(1885-1907)**

Chen, Bo ru 陈伯儒
CHEN, QU BING 陈去病 **(1874-1933)**

CHEN, BO TAO 陈伯陶 **(1855-1930)**
Chen, Zi li 陈子砺
Gua lu 瓜庐
Jiu long zhen yi 九龍真逸
Wan, Nian qing 万年青

CHEN, BO WEN 陈博文 **(1932-1989)**
Chen, Yun zhong 陈允中
Hua, Lan 华兰
Ren, Jian 任坚
Xiao, Yan 萧燕

Chen, Bo yan 陈伯严
CHEN, SAN LI 陈三立 **(1852-1937)**

Chen, Bo yin 陈伯尹
CHEN, YAN 陈衍 **(1856-1937)**

Chen, Bo yu 陈伯余
CHEN, HAO 陈浩

Chen, Bo zao 陈伯早
CHEN, MIAN 陈绵 **(1901-)**

Chen, Bo zhong 陈伯中
CHEN, BAI ZHONG 陈百中 **(1935-)**

Chen, Bo zi 陈跛子
CHEN, YU LI 陈玉理 **(1934-)**

Chen, Bu hui 陈不讳
CHEN, WEN WEI 陈文威 **(1948-)**

Chen, Bu lei 陈布雷
CHEN, XUN EN 陈训恩 **(1890-1948)**

Chen, Cai 陈采
LUO, DA GANG 罗大刚 **(1909-)**

CHEN, CAI 陈采 **(1918-)**
Chang qing 长青
Tian, Xiu 田秀
Ting cai 庭彩

Chen, Cai 陈才
CHEN, CHUN REN 陈纯仁

CHEN, CAI FEN 陈才芬 **(1939-)**
Ha, Xiao 哈笑

CHEN, CAI LUAN 陈彩銮 **(1952-)**
Chen, Li 陈离

Chen, Can 陈灿
LUO, DA GANG 罗大刚 **(1909-)**

Chen, Can yi 陈参一
CHEN, WANG DAO 陈望道 **(1890-1977)**

Chen, Can yun 陈残云
CHEN, FU CAI 陈福才 **(1914-)**

Chen, Cao 陈草
CHEN, JIE MING 陈介明 **(1925-)**

CHEN, CHANG BEN 陈昌本 **(1935-)**
Lu, Dan 鲁丹

CHEN, CHANG E 陈嫦娥 **(1961-)**
Chen, Ling 陈凌

CHEN, CHANG FENG 陈长风 **(1911-)**
Chen, Feng zi 陈风子
Feng zi 风子

CHEN, CHANG GUI 陈长贵 **(1934-)**
Lao, Chen 劳尘

CHEN, CHANG HUA 陈长华 **(1946-)**
Qiu, Ru jin 秋如锦

Chen, Chang ming 陈长明
CHEN, ZHEN PENG 陈振鹏 **(1920-)**

CHEN, CHANG QUN 陈长群 **(1955-)**
Chang, Yin 常音
Chen, Chang yin 陈长吟
Jin, Han 金汉
Si ma, Qun 司马群

CHEN, CHANG XI 陈长喜 **(1957-)**
Chen, Rong 陈荣
Ming, Rui 明瑞
Rong, Ling yan 容灵彦

Chen, Chang yin 陈长吟
CHEN, CHANG QUN 陈长群 **(1955-)**

Chen, Chang yuan 陈昌源
CHEN, YI XIN 陈一新 **(1938-)**

CHEN, CHAO 陈超 **(1958-)**
Chen, Mo 陈墨
Chen mo 沉默

Chen, Chao 陈潮
LIN, MU HAI

CHEN, CHAO DONG 陈朝栋
Han feng 寒枫

Chen, Chao hong 陈朝红
CHEN, TIAN XING 陈天性 **(1937-)**

CHEN, CHAO KUI 陈朝葵 **(1932-)**
Bi xing 碧星

Chen, Chen 陈尘
CHEN, ZHI CHENG 陈志成 **(1940-)**

Chen, Chen 陈晨
CHEN, YING JIE 陈英捷 **(1934-)**

Chen, Chen 陈晨
CHEN, ZI DIAN 陈子典 **(1937-)**

Chen, Chen hong 陈晨虹
CHEN, JING WEN 陈景文 **(1952-)**

Chen, Chen ying 陈尘英
CHEN, YING 陈锳 **(1907-1988)**

Chen, Chen ying 陈沉樱
CHEN, YING 陈锳 **(1907-1988)**

CHEN, CHENG 陈澄 **(1896-1943)**
Chen, Tan qiu 陈潭秋
Liu, Yun sheng 刘云生
Tan qiu 潭秋
Tan shao lian 潭少连
Wen, Guang 文光
Wen, Sheng 文生
Wu, Jue min 吴觉民
Xu, Jie 徐杰
Yun, Xian 云先

Chen, Cheng 陈程
HE, ZHANG PING 何章平 **(1916-1968)**

CHEN, CHENG FENG 陈成丰 **(1939-)**
Chen feng 晨风

CHEN, CHENG GUI 陈成贵 **(1943-)**
Liu chuan 流川

Chen, Cheng zhi 陈澄之
CHEN, GUANG XIANG 陈广湘 **(1912-)**

CHEN, CHENG ZUO 陈承祚 **(1914-)**
Xiao qing 啸青
Ying zi 婴子

Chen, Chi 陈迟
CHEN, XIAO MEI 陈晓梅 **(1924-)**

CHEN, CHI 陈驰
Long, Gong 龙恭
Qian er 钳耳
Qin, Mi jian 秦弥坚

Chen, Chong mu 陈重穆
MU, AN XI 穆安熹 **(1926-)**

CHEN, CHONG QIAO 陈崇桥 **(1926-)**
Chen, Chong qiao 陈崇翘
Cong, Qiao 丛樵
Tian, Yong 田庸
Tian, Zhong shi 田钟实

Chen, Chong qiao 陈崇翘
CHEN, CHONG QIAO 陈崇桥 **(1926-)**

Chen, Chong san 陈崇三
CHEN, CHONG SHAN 陈崇山 **(1933-)**

CHEN, CHONG SHAN 陈崇山 **(1933-)**
Chen, Chong san 陈崇三
Zhong, Shan 钟山

Chen, Chou 陈仇
CHEN, DUN KUAN 陈敦宽 **(1930-)**

Chen, Chu 陈出
WAN, DE HAN 万德涵 **(1905-)**

Chen, Chu 陈刍
WANG, REN SHU 王任叔 **(1901-1972)**

CHEN, CHU CAI 陈楚材 **(1902-)**
Chen, Qin lu 陈琴庐
Chen, You qin 陈友琴
Chu, Cai 楚材
Guo, Jun man 郭君曼
Jing yan 静岩
Jue ren 珏人
Xia, Jing yan 夏静岩
You jin 友今
You qin 友琴

CHEN, CHU HUAI 陈楚淮 **(1908-)**
Heng Zi 蘅子

Chen, Chu nan 陈楚楠
CHEN, LIAN CAI 陈连才 **(1884-1971)**

CHEN, CHU SHENG 陈初生 **(1946-)**
Chen, Chu xin 陈出新
San yu zhai zhu 三余斋主
Wu yan lou zhu 五研楼主
Yue guang qiu zi 月光丘子

Chen, Chu xin 陈出新
CHEN, CHU SHENG 陈初生 **(1946-)**

Chen, Chuan 陈川
WANG, HONG TAO 王鸿涛 **(1935-)**

Chen, Chuan 陈川
XIE, XUE XIU 谢学修 **(1939-)**

CHEN, CHUAN BO 陈川波 **(1941-)**
Chang he 长河
Hai, Qing 海青
Jiang, Jing lang 江静浪

Nan, Hai ke 南海客
Shan he 山河
Xia, Mu qing 夏木清
Yu, Nan zhu 郁南竹

CHEN, CHUAN QIANG 陈川强 (1939-)
Chen, Liang 陈良
Chen, Shun qiang 陈顺强
Chuan qiang 川强
Gao, Liang 高良
Huai, Liu 怀柳
Lie pu 烈浦
Liu juan 流涓
San gong 三弓
Zhong shi 忠石

CHEN, CHUAN XI 陈传席 (1950-)
Chi, Lin 池邻
Peng fei 鹏飞
Ye, Bing 叶病

CHEN, CHUAN XIAN 陈传贤 (1952-)
Chen, Meng bai 陈梦白

CHEN, CHUAN XING 陈川兴 (1954-)
Shen, Chuan xin 沈穿心

CHEN, CHUI LIANG 陈垂良 (1951-)
Chui yang 垂仰

Chen, Chui ying 陈垂映
CHEN, RUI RONG 陈瑞荣 (1916-)

CHEN, CHUN AN 陈春安 (1952-)
Ding, Yun 丁云
Meng, Xing hun 孟星魂
Xing hun 星魂
Ye, Kai 叶开

CHEN, CHUN CHENG 陈春城
Chun cheng 春城

CHEN, CHUN DE 陈春德 (1933-)
Yun, Li feng 云里风

CHEN, CHUN FENG 陈春凤 (1957-)
Yan zhi 彦之

Chen, Chun fu 陈椿富
CHEN, CUN FU 陈村富 (1937-)

CHEN, CHUN HONG 陈春红 (1961-)
Xue ying 雪影

Chen, Chun jiao 陈春郊
CHEN, LIU DE 陈柳德 (1941-)

Chen, Chun lu 陈春陆
XU, CHUN XI 许春惜 (1930-)

Chen, Chun nian 陈椿年
CHEN, YU SUN 陈虞孙 (1904-)

CHEN, CHUN NIAN 陈椿年 (1931-)
Chen, Bai 陈白
Chen, Lie 陈列

CHEN, CHUN REN 陈纯仁
Chen, Cai 陈才

Chen, Chun sen 陈春森
CHEN, QI TIAN 陈启天 (1893-1984)

Chen, Chun sui 陈春随
CHEN, DENG KE 陈登恪

CHEN, CHUN XIONG 陈春雄 (1943-)
Chen, Huai qiu 陈槐秋

CHEN, CHUN XIU 陈春秀 (1959-)
Chen, Ye 陈烨
Qing he 青禾

CHEN, CHUN ZI 陈春子
Chen, Wei 陈薇

Chen, Ci 陈辞
CHEN, XIAO MEI 陈晓梅 (1924-)

Chen, Ci 陈词
CHEN, ZHEN PENG 陈振鹏 (1920-)

CHEN, CI 陈词 (1961-)
Tian lang 天朗

CHEN, CI SHENG 陈此生 (1900-1981)
Ci sheng 此生

CHEN, CI YUAN 陈次园
Chen, Ken 陈垦
Fang, Xing 方兴
Jin, Bu huan 金不换

Chen, Cong 陈聪
YANG, ZHI YI 杨志一 (1926-)

CHEN, CONG YAO 陈从耀 (1946-)
Hei, Xin zang 黑辛藏
Ye ai 夜埃

Chen, Cong zhou 陈从舟
CHEN, YU WEN 陈郁文 (1918-)

Chen, Cong zhou 陈从周
CHEN, YU WEN 陈郁文 (1918-)

CHEN, CUI 陈粹 (-1910)
Chen, Meng xiong 陈梦熊
Xiong, Rong 熊融

CHEN, CUI YING 陈翠英 (1921-)
Li, Mu ge 李牧歌

Chen, Cun 陈村
HUANG, WANG QING 黄望青 (1913-)

Chen, Cun 陈村
YANG, YI HUA 杨遗华 (1954-)

CHEN, CUN CHENG 陈存诚 **(1949-)**
Chun cheng 春成
Guan, Tian 关天

CHEN, CUN FU 陈村富 **(1937-)**
Chen, Chun fu 陈椿富

CHEN, DA AN 陈大安
T. A.

Chen, Da bei 陈大悲
CHEN, BEI XU 陈悲煦 **(1887-1944)**

CHEN, DA GU 陈大鹄 **(1922-)**
Dan gu 旦谷

Chen, Da guang 陈大光
CHEN, SHOU RONG 陈守荣 **(1915-1979)**

CHEN, DA QI 陈大齐 **(1887-1983)**
Chen, Bai nian 陈百年
Chen, Bo nian 陈伯年
You you wo si 悠悠我思

Chen, Da quan 陈大铨
CHEN, QUAN 陈铨 **(1905-1968)**

CHEN, DA REN 陈达人 **(1937-)**
Zheng yan 征雁

CHEN, DA YU 陈大羽 **(1912-)**
Chen, Ao 陈翱

Chen, Da yuan 陈大远
LI, SHU REN 李树人 **(1916-)**

CHEN, DA ZHE 陈大哲 **(1934-)**
Da fang 大方
Shui, Cao ping 水草平
Si mei 思湄
Yan, Huan 颜欢
Yu, Huan yan 余欢颜

CHEN, DA ZHUAN 陈达专 **(1952-)**
Gu, Er nan 顾尔南
Lao wu 老悟

Chen, Dai 陈代
LIN, WEI YIN 林微音 **(1899-1982)**

Chen, Dai hu 陈黛湖
MA, HUA 马骅 **(1916-)**

Chen, Dai sun 陈岱孙
CHEN, ZONG 陈总 **(1900-)**

Chen, Dan chen 陈丹晨
CHEN, AN KANG 陈安康 **(1931-)**

Chen, Dan cheng 陈丹诚
CHEN, SHI 陈实 **(1921-)**

CHEN, DAO LIN 陈道林 **(1934-)**
Xiao lin 晓林

CHEN, DAO MO 陈道谟 **(1921-)**
Wu ming 芜鸣
Ye, Qian sha 叶倩莎

CHEN, DAO TAN 陈道坦 **(1919-)**
Dao tan 道坦

Chen, Dao yi 陈道一
CHEN, JIAN HONG 陈剑虹 **(1880-1946)**

CHEN, DE CHEN 陈德琛
Lang cun 浪村

CHEN, DE CI 陈得次 **(1942-)**
Zhi zhi 志之

CHEN, DE HUAI 陈德怀 **(1925-)**
Chen, Zi jun 陈子君

CHEN, DE JU 陈德矩 **(1920-)**
Chen, Si qin 陈思勤
Chen, Yang 陈漾
Peng, Yan jiao 彭燕郊
Tian, Yan 田焰

CHEN, DE MING 陈德铭
Chen, Su feng 陈素风

CHEN, DE RONG 陈德荣
De rong 德荣

Chen, De rong 陈德荣
GUO, QUAN BEN 郭全本 **(1920-)**

CHEN, DE RONG 陈德容 **(1935-)**
Chen, Rong 谌容

CHEN, DE SHU 陈德树 **(1930-)**
Chen, De shu 陈德澍
Chen, Run lin 陈润霖

Chen, De shu 陈德澍
CHEN, DE SHU 陈德树 **(1930-)**

CHEN, DE XING 陈德星 **(1929-)**
Chen, Shu 陈述

CHEN, DE XUAN 陈德宣 **(1916-1980)**
Chen, Jun shi 陈君实
Cun ye 村野
Meng hai 梦海
Shi, Ji bang 史吉邦
Shi, Yuan 史源
Si li 思立

CHEN, DE ZHANG 陈德璋 **(1940-)**
Chen, Min 陈泯

CHEN, DE ZHENG 陈德徵
De zheng 德徵
De zheng 德征

CHEN, DENG KE 陈登恪

Chen, Chun sui 陈春随
Chun sui 春随

CHEN, DENG KE 陈登科 **(1919-)**
Xiao ke 小科

Chen, Di 陈隄
LIU, GUO XING 刘国兴 **(1915-)**

CHEN, DI 陈迪 **(1925-)**
Nian ling 念龄
Zhen, Di 甄堤
Zheng, Di 郑笛

CHEN, DI FAN 陈涤凡 **(1909-)**
Bai, Lu 白芦
Chen, Di fan 陈荻帆
Di fan 荻帆
Lu hun 芦魂
Qiu, Yun 秋云
Yi fan 一帆
Yi wei 一苇

Chen, Di fan 陈荻帆
CHEN, DI FAN 陈涤凡 **(1909-)**

Chen, Di man 陈的曼
LI, JIN FENG 李金凤 **(1956-)**

Chen, Di yi 陈涤夷
CHEN, JI XUN 陈积勋 **(1908?-)**

CHEN, DIAN GUO 陈殿国 **(1936-)**
Chen, Dian guo 陈淀国
Gong, Zhen 巩真

Chen, Dian guo 陈淀国
CHEN, DIAN GUO 陈殿国 **(1936-)**

CHEN, DIAN MO 陈典模 **(1930-)**
Qu, Mu 曲木

Chen, Die 陈蝶
CHEN, XU 陈栩 **(1879-1940)**

Chen, Die 陈蝶
CHEN, WAN RONG 陈婉容 **(1953-)**

Chen, Die xian 陈蝶仙
CHEN, XU 陈栩 **(1879-1940)**

Chen, Die yi 陈蝶衣
CHEN, JI XUN 陈积勋 **(1908?-)**

Chen ding 晨丁
CAI, ZHUO XUAN 蔡卓轩 **(1919-)**

Chen, Ding ding 陈丁丁
WANG, GUANG ZHENG 王光正 **(1949-)**

Chen, Ding gong 陈定公
CHEN, DING SHAN 陈定山 **(1895-1984)**

CHEN, DING JIE 陈定节 **(1909-1990)**
Chen, Men zhu 陈門竹
Chen, Shou zhu 陈瘦竹
Chen, Tai lai 陈泰來
Ruo wei 若苇
Shan zhu 山竹
Shi, Fo 石佛
Tai lai 泰來

CHEN, DING SHAN 陈定山 **(1895-1984)**
Chen, Ding gong 陈定公
Chen, Qi 陈琪
Chen, Qu 陈蘧
Chen, Xiao die 陈小蝶
Die ye 蝶野
Ding gong 定公
Ding shan cao tang 定山草堂
Shan ju 山居
Xiao, Zhai 萧斋
Zui ling 醉灵
Zui ling sheng 醉灵生
Zui ling xuan 醉灵轩

CHEN, DING YANG 陈定扬
Chen, Kan 陈侃
Chen, Lian hen 陈莲痕
Jiu yan 旧燕
Lian hen 莲痕

CHEN, DONG 陈东 **(1912-)**
Ai wu 哀吾
Chen, Duan dong 陈端东
Fang sheng wei si zhai zhu 方生未死斋主
Yi jin 疑今

Chen, Dong 陈东
CHEN, XIANG HUA 陈翔华 **(1934-)**

Chen dong 沉冬
ZHU, CHEN DONG 朱辰东 **(1933-1990)**

CHEN, DONG HONG 陈东红 **(1963-)**
Han bing 寒冰

CHEN, DONG QI 陈东琪 **(1955-)**
Zhen ming 真明

CHEN, DONG SHENG 陈栋生 **(1935-)**
Bian, Gu 边古
Ren, Yuan bin 任源滨

CHEN, DONG TING 陈洞庭 **(1929-)**
Jun shan 君山

CHEN, DONG YANG 陈东阳 **(1938-)**
Dong yang 东阳

Chen, Dong ye 陈冬野
CHEN, ZHAO JU 陈昭钜 **(1919-)**

CHEN, DU XIU 陈独秀 **(1879-1942)**
C C

C C sheng C C 生
Chen, Duo sheng 陈铎生
Chen, Qian sheng 陈乾生
Chen, Qing tong 陈庆同
Chen, Shi an 陈实庵
Chen, You ji 陈由己
Chen, Ze sheng 陈泽生
Chen, Zhong 陈仲
Chen, Zhong fu 陈仲甫
Chen, Zhong fu 陈众甫
Chen, Zhong fu 陈重甫
Chen, Zhong fu 陈重辅
Chen, Zhong ju shi 陈仲居士
Chen, Zhong shan 陈仲山
Chen, Zhong zi 陈仲子
Cheng zhai 诚斋
Cheng zhai 城斋
Cheng, Zhi meng 程志孟
Cheng, Zhong fu 程仲甫
Cheng, Zhong hua 程仲华
Chun shui 春水
Du xiu 独秀
Du xiu shan min 独秀山民
Fang, Heng fu 方恒甫
Ji, Dan 季丹
Ji zhe 记者
Jue wu 觉悟
Kong, Jia 孔甲
Lao fu 老辅
Ming 明
Ming, Yi 明夷
Ming, Yi 明宜
Sa, Weng 撒翁
San ai 三爱
San hu 三户
Shan min 山民
Sheng tang shan min 盛唐山民
Shi 实
Shi an 实庵
Shi tong 实同
Shuang lin 双林
Shui 水
Su, Zi gu 苏子谷
T. S.
T. S. Chen
Wan shi 顽石
Weng, Shi 翁实
Xi zhou zhong zi 熙州仲子
Xi zhou zhong zi ju shi 熙洲仲子居士
Xiu 秀
Xue yi 雪衣
Yi er 卮儿
You, Ji 由己
Zheng yi 正谊
Zhi meng 志孟
Zhi yan 只眼
Zhi zhong 致中
Zhong 仲
Zhong, Fu 仲甫
Zhong fu 众甫
Zhong fu 重甫
Zhong fu 重辅
Zhong, Zi 仲子

CHEN, DUAN 陈端 **(1952-)**
Lan, Xin 兰心

Chen, Duan dong 陈端东
CHEN, DONG 陈东 **(1912-)**

CHEN, DUN GEN 陈钝根
Dun gen 钝根

CHEN, DUN HUI 陈敦慧 **(1949-)**
Chen, Xiao dong 陈晓东
Da ye 大野
Xiao dong 晓东

CHEN, DUN KUAN 陈敦宽 **(1930-)**
Chen, Chou 陈仇

CHEN, DUN REN 陈敦仁 **(1903-1984)**
Chen, Meng shao 陈梦韶
Meng shao 梦韶

CHEN, DUN XIU 陈敦秀
Meng yue 梦月

CHEN, DUN ZHENG 陈敦正 **(1911-)**
Chen, Xun sheng 陈勋生
Chen, Yuan sheng 陈元生
Li, Yuan sheng 李元生
Li, Yuan sheng 厉元生
Li yuan sheng 力元生
Li yuan sheng 力员生

Chen, Duo 陈多
CHEN, YANG WEI 陈扬纬 **(1947-)**

Chen, Duo sheng 陈铎生
CHEN, DU XIU 陈独秀 **(1879-1942)**

Chen, En 陈恩
CHEN, GUO EN 陈国恩 **(1940-)**

Chen, En 陈恩
CHEN, XIAO YING 陈孝英 **(1942-)**

CHEN, EN FENG 陈恩凤 **(1910-)**
Chen, Hui tong 陈惠同

Chen, En yi 陈恩遺
JIAN, BO ZAN 翦伯赞 **(1898-1968)**

Chen er 辰耳
LIU, BING 刘炳 **(1925-)**

Chen, Er dong 陈迩冬
CHEN, ZHONG YAO 陈钟瑶 **(1913-1990)**

CHEN, ER JIAN 陈尔简 **(1887-1958)**
Chen, Shen yan 陈慎言
Tian he ge 天合阁

CHEN, FA KONG 陈法空
Fa kong 法空

CHEN, FAN 陈凡 **(1915-1997)**
A jia 阿甲
Bai jian tang zhu 百剑堂主
Chen, Geng yu 陈更鱼
Chen, Neng yu 陈能豫
Chen, Shao xiao 陈少校
Chi, Shang yu 池上羽
Feng, Yi 冯異
Nan, Bi ren 南鄙人
Pi, Yi cun 皮以存
Qian, Chan 钱忏
Qian, Wan ying 钱万缨
Xia, Chu lin 夏初临
Xu, Ke ruo 徐克弱
Yang, Yuan lue 杨远略
Zhou, Wei 周为

Chen, Fan 陈凡
CHEN, YUAN FA 陈源发 **(1932-)**

Chen, Fan 陈凡
ZHANG, FENG 张凤 **(1950-)**

Chen, Fan 陈范
CHEN, YI FAN 陈彝范 **(1860-1913)**

CHEN, FAN 陈范 **(1940-)**
Su wang na 素旺娜
Xiang, Yu mao 向羽毛
Zhang, Wang 张望

Chen, Fan geng 陈藩庚
WANG, PAN GENG 王潘庚 **(1946-)**

Chen, Fan sheng 陈范生
CHEN, ZHI FAN 陈之藩 **(1925-)**

Chen, Fan shu 陈蕃薯
ZHANG, FENG 张凤 **(1950-)**

CHEN, FANG 陈方 **(1897-1962)**
Chen, Zhi ting 陈芷町
Da huang 大荒
Da huang zhai zhu 大荒斋主
Huang zhai 荒斋
Lian, Xin 连心

Chen, Fang 陈方
SUN, SU FAN 孙速蕃 **(1939-)**

Chen, Fang 陈放
CHEN, SHI JI 陈世集 **(1928-)**

Chen, Fang 陈放
CHEN, SONG ZHAN 陈松沾 **(1940-)**

CHEN, FANG 陈放
Wen, Fang 文方

Chen, Fang 陈芳
YU, HE LIN 余鹤林 **(1910-1939)**

Chen, Fang chen 陈芳尘
CHEN, SHU ZHANG 陈淑章 **(1906-1991)**

CHEN, FANG MING 陈芳明 **(1947-)**
Chen, Jia nong 陈嘉农
Shi, Min hui 施敏辉
Song, Dong yang 宋冬阳

CHEN, FANG SHU 陈方树 **(1929-)**
He jin 禾金
He, Qing 何青

Chen, Fang zhou 陈放舟
CHEN, LAI SHUI 陈来水 **(1954-)**

Chen, Fei 陈非
CHEN, HUA LI 陈化鲤 **(1910-)**

Chen, Fei 陈非
LI, SHU REN 李树人 **(1916-)**

Chen, Fei 陈非
LONG, GUO YUN 龙国云

Chen, Fei 陈菲
CHEN, HUA LI 陈化鲤 **(1910-)**

Chen, Fei 陈斐
CHEN, ZENG HONG 陈增鸿 **(1908-)**

CHEN, FEI QIN 陈斐琴 **(1911-)**
Fei qin 斐琴

Chen, Fei shi 陈匪石
CHEN, SHI YI 陈世宜 **(1884-1959)**

CHEN, FENG 陈枫 **(1953-)**
Chen feng 晨风
Mu feng 木风

Chen, Feng 陈凤
CHEN, ZI YUN 陈子云 **(1931-)**

Chen, Feng 陈凤
CHEN, TAN 陈坦

Chen, Feng 陈凤
REN, FENG SHENG 任凤生

Chen, Feng 陈锋
CHEN, ZHI YU 陈治宇 **(1911-)**

Chen, Feng 陈峰
CHENG, SHAN 程珊 **(1923-)**

CHEN, FENG 陈丰 **(1958-)**

Gu, Rong 古榕
Zhu, Ying 竹影

Chen, Feng 陈逢
SHEN, PENG NIAN 沈彭年 **(1928-)**

CHEN, FENG 陈烽 **(1932-)**
Yun, Shi 云石

Chen feng 晨风
JIN, YING XI 金应熙 **(1919-)**

Chen feng 晨风
LIN, HAN BIAO 林汉标 **(1929-)**

Chen feng 晨风
CHEN, YAO TING 陈耀庭 **(1933-1984)**

Chen feng 晨风
CHEN, CHENG FENG 陈成丰 **(1939-)**

Chen feng 晨风
ZHU, ZHI YONG 朱志勇 **(1943-)**

Chen feng 晨风
HE, JIN FANG 何金芳 **(1949-)**

Chen feng 晨风
CHEN, FENG 陈枫 **(1953-)**

Chen feng 晨枫
WANG, ZHONG YUAN 王仲源 **(1939-)**

Chen, Feng chun 陈逢春
SHEN, PENG NIAN 沈彭年 **(1928-)**

CHEN, FENG HUI 陈奉辉
Chen, Mo 陈默

CHEN, FENG KUN 陈凤鲲 **(1915-)**
Hua yu 化虞

Chen feng lu 晨风庐
ZHOU, QING YUN 周庆云 **(1864-1933)**n

Chen feng lu zhu 晨风庐主
ZHOU, QING YUN 周庆云 **(1864-1933)**

Chen, Feng xi 陈凤兮
CHEN, HUAN NONG 陈幻侬 **(1905-)**

CHEN, FENG XIANG 陈凤翔 **(1938-)**
Chen, Ying shi 陈映实

CHEN, FENG YUAN 陈逢源 **(1893-1982)**
Fang yuan 芳园
Nan, Du 南都

CHEN, FENG YUE 陈枫月
Xia, Zhi fang 夏芷芳

Chen, Feng zi 陈风子
CHEN, CHANG FENG 陈长风 **(1911-)**

Chen, Fo du 陈佛读
CHEN, WEI MO 陈炜谟 **(1903-1955)**

Chen, Fo te 陈佛特
CHEN, WANG DAO 陈望道 **(1890-1977)**

Chen, Fo tu 陈佛突
CHEN, WANG DAO 陈望道 **(1890-1977)**

Chen, Fu 陈抚
CHEN, RONG WANG 陈荣旺 **(-1941)**

Chen, Fu 陈浮
GAO, JI LIN 高季琳 **(1909-)**

Chen, Fu 陈夫
WANG, QING BAI 王庆柏 **(1920-)**

Chen, Fu 陈敷
ZHU, JIE FAN 朱介凡 **(1912-)**

Chen fu 沉浮
CHEN, YI FU 陈贻福 **(1927-)**

Chen fu 辰夫
JIANG, JUN CHEN 姜君辰 **(1904-1985)**

CHEN, FU BIN 陈福彬 **(1922-)**
Huang sha 荒沙
Lan, Shi 兰石
Peng, Gui zhen 彭桂贞
Zi shi 紫石

CHEN, FU CAI 陈福才 **(1914-)**
Chen, Can yun 陈残云
Chen, Yuan 陈远
Fang, Yuan 方远
Zhun feng yue ke 准风月客

CHEN, FU MIN 陈福民 **(-1926)**
Fu min 福民
Zhe hou 哲侯

CHEN, FU TONG 陈福桐
Wu shan 梧山

CHEN, FU XIANG 陈辅相
Chen, Wu wo 陈无我
Lao shang hai 老上海
Wu wo 无我

CHEN, FU YU 陈福榆
Sang, Yu 桑榆

CHEN, FU ZHU 陈扶助
Chu, Fu sheng 楚复生
Xiao ying 小英

CHEN, GAN YI 陈赣一
Chen, Gan yi 陈甘簃
Di xiang zhai 睇向斋
Gan, Yi 甘簃
Ting tian you ming sheng 听天由命生

Chen, Gan yi 陈甘簃
CHEN, GAN YI 陈赣一

CHEN, GANG 陈刚 **(1918-1988)**
Bai, Lian 白练
Cheng, Kang 程亢
Gang jun 刚君
Jiang, Cheng 江成
Jiang, Cheng 江澄
Nai fan 耐烦
Shu feng 叔丰
Shu, Feng 舒风

Chen, Gang 陈刚
CHEN, SI SHUN 陈思舜 **(1929-)**

CHEN, GANG 陈刚 **(1934-)**
Ye, Yu 叶羽

CHEN, GANG SHENG 陈港生 **(1954-)**
Cheng, Long 成龙

CHEN, GAO LIN 陈高林 **(1916-)**
Chen, Shi lin 陈士林

Chen, Ge 陈葛
CHEN, MEI MIAO 陈美妙

Chen, Ge 陈戈
CHEN, QIAN YI 陈谦贻 **(1916-1981)**

Chen, Ge 陈戈
GU, XING 顾行 **(1928-)**

Chen ge 晨歌
CHEN, BAO XUAN 陈葆煊 **(1925-)**

Chen ge 沉戈
WU, JI YUE 吴继岳 **(1905-)**

Chen ge 沉戈
SUN, JUN QING 孙俊卿 **(1922-)**

CHEN, GE XIN 陈歌辛 **(1914-1961)**
Chen, Shou chang 陈寿昌
Ge, Xin 戈忻
Lin, Mei 林枚
Qing yu 庆余

Chen, Gen fu 陈根福
CHEN, LI TING 陈鲤庭 **(1910-)**

Chen, Geng 陈庚
GUO, YI DONG 郭翊东 **(1920-)**

Chen geng 晨耕
CHEN, BAO E 陈宝锷 **(1923-)**

Chen, Geng fu 陈耿夫
CHEN, YOU TING 陈友亭 **(-1918)**

Chen, Geng xin 陈更新
CHEN, XIANG RU 陈相儒 **(1924-)**

CHEN, GENG YA 陈赓雅 **(1905-)**
Nan, Yun 南云
Ren, An 任安
Shi, Ying 石英

Chen, Geng yu 陈更鱼
CHEN, FAN 陈凡 **(1915-1997)**

Chen, Gong 陈弓
CHEN, JIN CHENG 陈金城

Chen, Gong 陈拱
CHEN, WEN MEI 陈问梅 **(1925-)**

Chen, Gong 陈共
CHEN, YONG XIANG 陈永湘 **(1927-)**

Chen gong 辰工
YU, ZHEN JIANG 于振江 **(1931-)**

CHEN, GONG BO 陈公博 **(1892-1946)**
Bo 博
Bo gong 博公
Gong bo 公博

CHEN, GONG PEI 陈公培 **(1901-1968)**
Wu, Ming 吴明
Wu ming 无明

Chen, Gong qi 陈公其
CHEN, GONG QI 陈公琪 **(-1971)**

CHEN, GONG QI 陈公琪 **(-1971)**
Bei chen 北辰
Chen, Gong qi 陈公其
Chen, Zhong qu 陈忠渠
Ding, Zong en 丁宗恩

CHEN, GONG ZHONG 陈公重 **(1934-)**
Dong wu 东吴
Gong qian li 公千里
Gong zhong 公仲

Chen gu 晨谷
WANG, HE PING 王和平 **(1948-)**

Chen, Gu yi 陈谷一
CHEN, TING JUN 陈廷俊 **(1942-)**

CHEN, GUAN SHENG 陈观生 **(1939-)**
Chen, Zhi 陈之

Chen, Guan xue 陈冠学
CHEN, YING JUN 陈英俊 **(1934-)**

Chen, Guan zhi 陈贯之
CHEN, QI TONG 陈其通 **(1916-)**

Chen, Guang 陈广
ZHOU, EN LAI 周恩来 **(1898-1976)**

Chen, Guang 陈光
WU, TIAN CI 吴天赐 **(1911-1948)**

Chen guang 晨光
ZHOU, EN LAI 周恩来 **(1898-1976)**

Chen guang 晨光
MIAO, WEN WEI 缪文渭 **(1915-)**

Chen guang 晨光
LÜ, SHU QIAN 吕书谦 **(1921-)**

Chen guang 晨光
ZHAO, CHEN GUANG 赵晨光 **(1954-)**

Chen guang 辰光
ZHAO, YUE SHAN 赵岳山 **(1920-)**

Chen guang 辰光
ZHENG, GUANG SONG 郑光松 **(1933-)**

CHEN, GUANG CHONG 陈光崇 **(1918-)**
Dong shan 东山

CHEN, GUANG DE 陈广德 **(1956-)**
Chen, Lu 陈辂
Ge, Yi ren 戈乙人

CHEN, GUANG GAN 陈广淦 **(1947-)**
Lan, Tian 蓝天

CHEN, GUANG HUI 陈广惠
Yi, Huang 易黄

CHEN, GUANG LIAN 陈光莲 **(1937-)**
Chen, Jian 陈坚
Yan song 岩松

CHEN, GUANG MEI 陈光美 **(1913-1997)**
Chen, Huang mei 陈荒煤
Hu sheng 沪生
Huang mei 荒煤
Huang mei 荒梅
Mei, Bai 梅白
Mei, Ding 梅丁
Yi ping 漪萍
Yi yun 漪云
Yi zhi 漪之

Chen, Guang pi 陈广皮
YE, JUN JIAN 叶君健 **(1914-)**

CHEN, GUANG PING 陈光平 **(1932-1979)**
Bin zi 斌子

CHEN, GUANG SHAN 陈光山 **(1925-)**
Chen, Ke ming 陈克明
Chen, Qiu nong 陈秋农
Chen, Ri xiang 陈日祥

CHEN, GUANG SHENG 陈广生 **(1931-)**
Chen sheng 晨升
Hei, Yang 黑羊

CHEN, GUANG TAO 陈光焘
Chen, Zhu shan 陈筑山
Zhu shan zui weng 筑山醉翁

Chen, Guang wu 陈光武
CHEN, RUI DE 陈睿德 **(1917-)**

CHEN, GUANG XIANG 陈广湘 **(1912-)**
Chen, Cheng zhi 陈澄之
Fang, Ding ping 方丁平

CHEN, GUANG YAO 陈光尧 **(1906-1972)**
Chen, Guang yao 陈光垚
Gu, Dui 古兑

Chen, Guang yao 陈光垚
CHEN, GUANG YAO 陈光尧 **(1906-1972)**

Chen, Guang yu 陈光裕
CHEN, QIAO SHENG 陈桥生 **(1918-)**

CHEN, GUANG YU 陈光裕 **(1955-)**
Chen, Mu yuan 陈牧元

Chen, Guang zu 陈光祖
CHEN, XI DING 陈熙鼎 **(1920-)**

CHEN, GUI FA 陈贵发 **(1957-)**
Bai, Qiao 白樵
Chen, Qiao 陈乔

CHEN, GUI LIAN 陈桂莲 **(1946-)**
Lian zi 莲子
Ning xiu 凝秀

CHEN, GUI RU 陈珪如 **(1907-1986)**
Chen, Xiao shi 陈晓时
Xiao shi 晓时

Chen, Guo 陈果
XU, YONG CHU 许勇初 **(1952-)**

CHEN, GUO AN 陈国安 **(1937-)**
Bai, Ding 白丁
Bai, Ting 白汀
Ding, Yan 丁彦
Fei, Bin 斐斌
Huang, Tao 黄涛
Lin, Zhen 林臻

CHEN, GUO CHENG 陈国城 **(1951-)**
Chen, Jing hua 陈镜花

CHEN, GUO EN 陈国恩 **(1940-)**
Chen, En 陈恩

Chen, Guo fan 陈国藩
CHEN, TIE ZHENG 陈铁铮 **(1906-1990)**

Chen, Guo fu 陈果夫
CHEN, ZU TAO 陈祖焘 **(1892-1951)**

CHEN, GUO JUN 陈国俊 **(1923-)**
Gu, Jun 谷峻

CHEN, GUO LIANG 陈国良 **(1913-)**
Chen, Luo 陈落
Gao mu 槁木

CHEN, GUO LIANG 陈国良 **(1949-)**
Gu, Liang 谷亮

CHEN, GUO LIANG 陈国梁 **(1963-)**
Chen, Mo 陈默

CHEN, GUO QING 陈果卿 **(1940-)**
Tian, Mu 田木
Yan, Chen 严陈

CHEN, GUO TUAN 陈国团
Yi, Cao shu 易草舒

CHEN, GUO XIN 陈国新
Shan lang 山狼

CHEN, GUO ZHAO 陈国钊 **(1912-)**
Sui sheng 遂生
Wen tian 问天

CHEN, GUO ZHAO 陈国昭 **(1942-)**
Chen, Bai nian 陈百年
Chen, Zui 陈醉

CHEN, GUO ZHEN 陈国桢 **(1953-)**
Rui sheng 睿生

Chen, Hai guo 陈海果
CHENG, HAI DONG 程海东 **(1936-)**

CHEN, HAI LIANG 陈海量
Hai, Liang 海量

Chen, Hai wen 陈海文
CHEN, JU MAO 陈居茂 **(1945-)**

Chen, Han 陈汗
CHEN, JIN CHANG 陈锦昌 **(1958-)**

CHEN, HAN BO 陈寒波 **(-1952)**
Li, Hua 李华

CHEN, HAN BO 陈翰伯 **(1914-1988)**
Mei, Bi hua 梅碧华
Wang, Shao feng 王少峰
Wang, Xiao feng 王孝风

Chen, Han di 陈汉第
CHEN, SHU TONG 陈叔通 **(1876-1966)**

CHEN, HAN GUANG 陈汉光 **(1921-1973)**
Ai ju 爱菊
Chen, Ai cao 陈爱草
Chen, Zhong cao 陈忠草
Gao, Li yun 高丽云
Qiu shi zhai zhu ren 求适斋主人
Ye ren 野人

Chen, Han guang 陈含光
CHEN, YAN WEI 陈延韡 **(1879-1957)**

Chen, Han mei 陈寒梅
CHEN, KE HUI 陈克惠 **(1918-)**

CHEN, HAN QIANG 陈汉强 **(1960-)**
Chen, Yue qi 陈悦齐

CHEN, HAN SHENG 陈翰笙 **(1897-)**
Chen, Shu 陈枢
Han 翰

CHEN, HAN SHENG 陈憨生
Di ke 谛克
Jin, Xu ren 金絮人
Xue li hong 雪里红
Ying chuan 颖川
Ying sheng 颖声
Yu guan 豫观

CHEN, HAN WEN 陈汉文
Han wen 汉文

Chen, Han zhen 陈翰珍
CHEN, XIANG YI 陈香贻 **(1897-)**

CHEN, HAO 陈浩
Bo yu 伯于
Chen, Bo yu 陈伯余
Chen, Hao miao 陈浩渺

CHEN, HAO 陈浩 **(1944-)**
Chen hao 晨号
Chen, Zhong shu 陈忠书

Chen hao 晨号
CHEN, HAO 陈浩 **(1944-)**

Chen, Hao guang 陈浩光
CHEN, ZHAO RONG 陈钊荣 **(1913-1966)**

Chen, Hao guang 陈浩光
YANG, HAO QUAN 杨浩泉 **(1918-)**

Chen, Hao miao 陈浩渺
CHEN, HAO 陈浩

Chen, Hao quan 陈浩泉
CHEN, WEI XIAN 陈维贤 **(1949-)**

CHEN, HAO ZENG 陈浩增 **(1941-)**
Da su 达苏
Zhi bian 志边

Chen, He 陈熇
CHEN, QING HE 陈庆熇 **(1923-)**

CHEN, HE 陈鹤 **(1912-1984)**
Fei fu fei 非夫非
Fei guang fei 非光非
Ke, Ping 柯萍
Ke, Rong 柯荣
Li, Ming ming 李明明
Ling, Li 凌莉
Lu, Si 鲁思
Ping er 苹儿
Qu, Shi gong 瞿史公

Si, Ji 斯基
Tao, Li ling 陶丽玲
Xin, Ke 辛克
Xin, Qi ji 辛弃疾
Yu, Si 于思

CHEN, HE JIN 陈和谨 **(1959-)**
He, Jin 何谨
He jing 河井
Huang mo 荒漠

CHEN, HE NAN 陈鹤南 **(1913-)**
Chen, Ban sha 陈斑沙
Ma jin 玛金

Chen, He nian 陈和年
CHEN, ZHEN HUAN 陈振寰 **(1934-)**

CHEN, HE QUAN 陈和权
He, Quan 和权

Chen, He shan 陈和山
LUO, MAO QI 罗楙其 **(1902-)**

Chen, Heng 陈亨
LIAO, CHEN YUN 廖陈云 **(1905-1995)**

CHEN, HENG 陈珩 **(1924-)**
Chen, Yu 陈玗

Chen, Heng 陈衡
ZHENG, HONG 郑洪 **(1936?-)**

Chen, Heng 陈衡
CHEN, ZONG WEN 陈宗文 **(1938-)**

CHEN, HENG JIA 陈恒嘉 **(1944-)**
Che, Ya fu 车亚夫
Chen, Ji 陈稷
Chen, Yi 陈逸
Huang fu, Jia 皇甫嘉
Qiao, Xing jia 乔幸嘉
Zi jia 子嘉

CHEN, HENG KE 陈衡恪 **(1876-1923)**
Chen, Huai tang 陈槐堂
Chen, Shi zeng 陈师曾
Huai tang zhu ren 槐堂主人
Xiu dao ren 朽道人

CHEN, HENG QING 陈恒庆
Jian shu xi an zhu ren 谏书稀庵主人

CHEN, HENG ZHE 陈衡哲 **(1890-1976)**
Heng zhe 衡哲
Leng, Ou 冷鸥
Sha fei 莎菲
Sophia

CHEN, HONG 陈洪 **(1907-)**
Chen, Bai shi 陈白石
Chen, Zhao yao 陈肇尧
Chen, Zuo you 陈作猷

Chen, Hong 陈洪
YANG, TIAN CHENG 杨天成 **(1919-1969)**

Chen, Hong 陈洪
HOU, JIN JING 侯金镜 **(1920-1971)**

CHEN, HONG 陈宏 **(1949-)**
Mo hong 默虹

Chen, Hong 陈虹
CHEN, LANG QIU 陈朗秋 **(1917-)**

Chen, Hong 陈虹
XIAO, HUI KAI 萧辉楷 **(1926-1992)**

CHEN, HONG 陈虹 **(1930-)**
You you 悠悠

CHEN, HONG CHENG 陈鸿诚 **(1971-)**
Chen, Mo 陈默

CHEN, HONG JU 陈鸿举 **(1938-)**
Chen, Xi 陈熙
Ji, Mei 纪梅
Lü, Shan 吕珊
Qin, Shao lang 秦少郎
Xiao hua gong 小华工
Yun, Shan qiu 云山秋
Zhong yang 忠扬

CHEN, HONG NENG 陈鸿能 **(1945-)**
Chen, Mu 陈暮
Chen, Ya li 陈雅礼
He, Lan ning 贺兰宁
Hong, Neng zhi 洪能之
Ling, Hong 凌鸿
Shao zi 少滋
Xiu qi 秀其

CHEN, HONG SHAN 陈鸿山
Xia, Ming 夏明
Xia, Mu 夏牧
Xia, Ying 夏影

CHEN, HONG SHENG 陈红胜 **(1940-)**
Dong jiang yue 东江月

CHEN, HONG TAO 陈洪涛 **(-1919?)**
Huai hai 淮海
You hai 又海
Zhi an 厔厂

Chen, Hong tao 陈洪涛
CHEN, WEI YING 陈蔚英 **(1899-1937)**

CHEN, HONG XIAN 陈宏先 **(1947-)**
Shi, Lei 石磊

CHEN, HONG XIANG 陈鸿祥 **(1937-)**
Miao, Nuo 缪诺
Shi gao 示羔

Xiao feng 笑枫
Xue xun 学迅

Chen, Hong xiu 陈宏秀
CHEN, PEI XUN 陈培勋 **(1921-)**

CHEN, HONG YING 陈红英 **(1962-)**
Hong ying 虹影

CHEN, HONG ZHOU 陈鸿洲 **(1936-)**
Yi yun 疑云

Chen, Hua 陈华
ZHONG, FENG MEI 钟逢美 **(1914-)**

Chen, Hua 陈华
DENG, LIANG 邓亮 **(1914-)**

Chen, Hua 陈华
ZENG, XIANG QI 曾祥祺 **(1916-)**

Chen, Hua 陈华
LU, QI ZHI 鲁启智 **(1924-)**

Chen, Hua 陈华
CHEN, JING CHI 陈经炽 **(1924-)**

CHEN, HUA 陈华 **(1928-)**
Chen, Shi de 陈石德

Chen, Hua 陈花
CHEN, XIAN MIN 陈献民 **(1938-)**

Chen hua 辰华
HU, ZHEN HUA 胡振华 **(1931-)**

CHEN, HUA FU 陈华福 **(1948-)**
Chen, Lun xin 陈纶新
Chen, Lun xin 陈伦新
Lun xin 伦欣
Wen, Xin 文馨
Wen, Xin 闻欣

CHEN, HUA LI 陈化鲤 **(1910-)**
Chen, Fei 陈非
Chen, Fei 陈菲
Chen, Qing 陈晴
Chen, Shi 陈时
Chen, Shi yan 陈时阏
Chen, Yan 陈阏
Chen, Yu men 陈雨门
Chen, Yu men 陈禹门
Li, Lei 李蕾
Man shuo 曼硕
Ren, He 任何
Wan qing 晚晴
Wan qing 晚清
Xiao ping 小萍
Yu men 雨门
Yu, Men 禹门

CHEN, HUA SHENG 陈华生 **(1916-)**
Chen, Bai ying 陈白影

CHEN, HUA SHENG 陈华生 **(1928-)**
Cang tou 藏头
Hui xing 会性

CHEN, HUA SHU 陈华淑 **(1939-)**
Chen, Shu hua 陈淑华
Duo lin 朵林
Meng, Shu qing 孟淑卿
Si, Te 斯特
Yu zhi 玉芷

CHEN, HUA ZHONG 陈华中 **(1933-)**
Chen, Luo 陈洛

Chen, Huai qiu 陈槐秋
CHEN, CHUN XIONG 陈春雄 **(1943-)**

Chen, Huai shuang 陈怀霜
CHEN, XIANG HE 陈翔鹤 **(1901-1969)**

Chen, Huai tang 陈槐堂
CHEN, HENG KE 陈衡恪 **(1876-1923)**

Chen, Huan 陈还
LI, MAO LIN 李茂林 **(-1937)**

CHEN, HUAN NONG 陈幻侬 **(1905-)**
Chen, Feng xi 陈凤兮
Chen Huan nong nü shih 陈幻侬女士
Feng xi 凤兮
Feng xi 凤西
Feng xi 枫溪
Ruo ye 若耶

Chen, Huan nong 陈还农
CHEN, SHU HUI 陈淑惠 **(1961-)**

Chen Huan nong nü shih 陈幻侬女士
CHEN, HUAN NONG 陈幻侬 **(1905-)**

CHEN, HUAN REN 陈焕仁 **(1945-)**
Da ren 达人
Huan ran 焕然

CHEN, HUAN TING 陈奂廷 **(1960-)**
Chen, Jin 陈金

CHEN, HUAN YANG 陈焕旸 **(1948-)**
Meng yu 梦雨
Si xia 思霞

CHEN, HUAN YONG 陈焕镛 **(1890-1971)**
Chen, Yun zhong 陈韵钟

CHEN, HUAN ZHAN 陈焕展 **(1933-)**
Ping zong 萍踪
San chun 三春
Shan cun 山村

Chen, Huang 陈煌
CHEN, HUI HUANG 陈辉煌 **(1954-)**

Chen, Huang guang 陈黄光
CHEN, XI GUANG 陈锡光 **(1904-1935)**

Chen, Huang mei 陈荒煤
CHEN, GUANG MEI 陈光美 **(1913-1997)**

Chen, Hui 陈晖
CHEN, XIN JING 陈心镜

Chen, Hui 陈辉
WU, SHENG HUI 吴盛辉 **(1920-1944)**

CHEN, HUI 陈辉 **(1960-)**
Chun sun 春笋
Gao, Su 高速
Xiao chen 晓晨

Chen, Hui 陈蕙
CHEN, MEI FENG 陈美枫

Chen, Hui 陈惠
CHEN, SHU ZHANG 陈淑章 **(1906-1991)**

Chen, Hui 陈惠
WU, CHENG HUI 吴承惠 **(1926-)**

Chen, Hui 陈惠
CHEN, MEI FENG 陈美枫

Chen hui 晨辉
ZHANG, CHEN HUI 张晨辉

CHEN, HUI CHOU 陈惠畴
Chen, Shou tian 陈寿田

CHEN, HUI CONG 陈慧聪 **(1954-)**
Fang, Hong 方虹
Fei, Chong 斐翀
Yi ming 逸名
You, Ying 尤颖

CHEN, HUI FANG 陈惠方 **(1943-)**
Han feng 寒峰

CHEN, HUI GUAN 陈惠冠 **(1935-)**
Er dong 尔东

Chen, Hui hua 陈慧桦
CHEN, PENG XIANG 陈鹏翔 **(1942-)**

CHEN, HUI HUANG 陈辉煌 **(1954-)**
Chen, Huang 陈煌

CHEN, HUI JIAN 陈慧剑 **(1925-)**
Shang guan, Hui jian 上官慧剑

Chen hui lao ren 晨晖老人
LI, WEN TAO 李文涛 **(1880-1942)**

CHEN, HUI LING 陈惠龄 **(1916-)**
Lian lian 莲连
Yuan min 圆民

CHEN, HUI QIN 陈慧琴
Zhu jin 筑今

Chen, Hui tong 陈惠同
CHEN, EN FENG 陈恩凤 **(1910-)**

CHEN, HUI TONG 陈会同 **(1929-)**
Chen, Hui tong 陈惠彤

Chen, Hui tong 陈惠彤
CHEN, HUI TONG 陈会同 **(1929-)**

CHEN, HUI XIANG 陈惠湘 **(1960-)**
Chen, Mo 陈默
Hui xiang 惠湘

Chen, Hui zhen 陈惠贞
CHEN, ZHEN 陈真 **(1932-)**

CHEN, HUO 陈货 **(1921-1985)**
Chen, Shan wen 陈善文

Chen huo 辰火
HU, ZHEN QING 胡振清 **(1916-)**

CHEN, HUO QUAN 陈火泉 **(1908-)**
An, Hu lin 安岵林
Geng, Pei 耿沛
Geng, Mei 耿湄
Xin quan 心泉

Chen, Ji 陈迹
WANG, YU TANG 王玉堂 **(1907-)**

Chen, Ji 陈迹
CHEN, XI YI 陈锡仪 **(1918-)**

Chen, Ji 陈迹
CHEN, MING SHU 陈鸣树 **(1931-)**

Chen, Ji 陈稷
CHEN, HENG JIA 陈恒嘉 **(1944-)**

Chen, Ji bu 陈季布
REN, ZHUO XUAN 任卓宣 **(1896-1990)**

CHEN, JI GUANG 陈继光 **(1947-)**
Hong lang hua 红浪花

CHEN, JI HUI 陈继会 **(1952-)**
Ji, Hui 冀慧

Chen, Ji lou 陈汲楼
CHEN, QU BING 陈去病 **(1874-1933)**

Chen, Ji nan 陈季男
JI, FU GEN 季夫根 **(1933-)**

Chen, Ji qi 陈积奇
CHEN, ZHI YI 陈职仪 **(1937-)**

Chen, Ji sun 陈棘荪
LU, KENG 陆铿 **(1918-)**

Chen, Ji tao 陈寄涛
CHEN, JIE 陈杰 **(1917-)**

CHEN, JI XUN 陈积勋 **(1908?-)**
Chen, Di yi 陈涤夷
Chen, Die yi 陈蝶衣
Die yi 蝶衣
Ji xue 积雪

CHEN, JI YAN 陈继俨
Yi kan 仪侃

CHEN, JI YING 陈纪滢 **(1907-1997)**
Chen, Ji ying 陈纪瀛
Chen, Yu 陈余
Chou da ge 丑大哥
Ji ying 羁瀛
Sheng ren 生人
Ying 滢
Ying ying 影影
You ying 有滢

Chen, Ji ying 陈纪瀛
CHEN, JI YING 陈纪滢 **(1907-1997)**

CHEN, JI ZHOU 陈继周
Liao, Hua 廖华

Chen, Ji zi 陈季子
CHEN, QU BING 陈去病 **(1874-1933)**

Chen, Jia 陈伽
RAO, YOU HU 饶友瑚 **(1918-1938)**

CHEN, JIA CHUN 陈家春 **(1941-)**
Cun yu 村语

CHEN, JIA DING 陈家鼎 **(1877-1928)**
Ban seng 半僧
Chen, Zeng 陈曾
Han shu 汉叔
Han yuan 汉元
Han yuan 汉援
Han yuan 汉辕
Ke yi 可毅
Tie lang 铁郎
Yi jun 毅君

CHEN, JIA GUI 陈家桂 **(1942-)**
Bai, Di 白荻
Sha, Yan 沙燕
Sha, Yang lin 沙扬琳
Zhuang, Mu 庄牧

Chen, Jia han 陈加寒
CHEN, BI FANG 陈碧芳 **(1931-)**

CHEN, JIA HUI 陈家辉 **(1948-)**
Chen, Mo 陈默
Qiao xin 巧新
You xin 又新

Chen, Jia jie 陈家杰
CHEN, JIA XIONG 陈家雄

Chen, Jia kang 陈家康
CHEN, KUAN 陈宽 **(1913-1970)**

CHEN, JIA NING 陈家宁 **(1938-)**
Jia ning 佳宁
Wu, Qing 吴晴

Chen, Jia nong 陈嘉农
CHEN, FANG MING 陈芳明 **(1947-)**

CHEN, JIA QING 陈家庆 **(-1969)**
Bi xiang ge 碧湘阁
Li xiang 丽湘
Yun bian cao tang 芸鞭草堂

CHEN, JIA QIU 陈嘉求
Chi yang 赤阳

CHEN, JIA QUAN 陈家铨 **(1933-)**
Jiang, Jing san 江景三

CHEN, JIA SHENG 陈家生 **(1939-)**
Jia sheng 佳声
Jia sheng 笳声

CHEN, JIA SI 陈家驷 **(1902-)**
Chen, Tie cheng 陈铁乘

CHEN, JIA XIANG 陈家骧 **(1932-)**
Chen, Shi 陈石
Chen shi 沉石

CHEN, JIA XIN 陈嘉欣 **(1932-)**
Ding, Shan 丁山
Ding, Shui 丁水
Dong fang, Xin 东方欣
Si tu, Xin 司徒欣
Yun lin shan ren 云林山人

CHEN, JIA XIONG 陈家雄
Chen, Jia jie 陈家杰
Jia jie 家杰

CHEN, JIA YING 陈家英
Ding yuan 定元
Ding yuan 定原

Chen, Jia yong 陈笳咏
CHEN, JIA YONG 陈嘉墉 **(1926-)**

CHEN, JIA YONG 陈嘉墉 **(1926-)**
Chen, Jia yong 陈笳咏
Jia yong 笳咏

CHEN, JIA ZONG 陈嘉宗 **(1949-)**
Chu, Xia 初夏

Chen, Jian 陈箭
CHEN, BAI ZHONG 陈百中 **(1935-)**

Chen, Jian 陈坚
CHEN, GUANG LIAN 陈光莲 **(1937-)**

Chen, Jian 陈建

CHEN, TI QIANG 陈体强 (1917-1983)

Chen, Jian 陈剑
CHEN, SONG ZHAN 陈松沾 (1940-)

Chen, Jian 陈健
LI, RUN HU 李润湖 (1913-1947)

Chen jian 晨谏
CHEN, NAI JU 陈乃举 (1949-)

CHEN, JIAN CHENG 陈建成 (1941-)
Bu yi 布衣
Chen, Meng 陈孟
Du, Wen feng 杜文风
Fei, Shuo 费朔
He, Ren 何人
He, Su 何素
Hu, Shuo 胡朔
Huang, Yan 黄炎
Jia wen 嘉文
Lin, Zhi liu 林之流
Liu fang 流芳
Qin, Bai 秦白
Xiao he 小禾

CHEN, JIAN GONG 陈建功 (1938-)
A ming 阿名
Chen ming 晨明
Jian gong 见公
Ren, Yuan 任缘

CHEN, JIAN HONG 陈剑虹 (1880-1946)
Chen, Dao yi 陈道一
Chen, Shui 陈水
Chi song jiu zi 赤松旧子
Dao gong 道公
Dao yi 道一
Gong, Yao 公瑶
Guan ti 观体
Jian hong 剑虹
Tao, Shui 陶水
Tao, Yi 陶怡
Tao, Yi 陶遗
Tao yi 淘夷
Tian zhen dao ren 天真道人
Wo zi 卧子
Zhi zhai 止斋

CHEN, JIAN HUI 陈建辉 (1954-)
Chen, Jian hui 陈剑晖
Chen, Yang 陈阳
Ge, Fan 戈凡
Han, Jiang 韩江

Chen, Jian hui 陈剑晖
CHEN, JIAN HUI 陈建辉 (1954-)

CHEN, JIAN QUN 陈建群 (1947-)
Bo ping 播平
Cen, Ji 岑棘

CHEN, JIAN SHENG 陈建生 (1953-)
He, Xue sheng 何雪生

CHEN, JIAN WU 陈建吾 (1917-)
Chen, Rui 陈瑞
Ou, Jiang 瓯江

Chen, Jian xiang 陈建相
CHEN, SHANG YOU 陈尚友 (1904-1989)

CHEN, JIAN XIONG 陈剑雄 (1915-)
Xiong zi 雄子

Chen, Jian yao 陈见尧
CHEN, JIAN YAO 陈鉴尧 (1931-)

CHEN, JIAN YAO 陈鉴尧 (1931-)
Chen, Jian yao 陈见尧
Jian yao 剑瑶
Wang cheng 望城

CHEN, JIAN YIN 陈剑吟 (1923-)
Chen, Wu 陈芜
Cun wu 村芜
Jian yin 剑吟
Jian yu 剑羽

CHEN, JIAN ZHONG 陈建中 (1947-)
Chen yan 沉岩
Chen zhong 晨钟

Chen, Jian zhong 陈建中
CHEN, SI YUAN 陈思远 (1953-)

CHEN, JIAN ZU 陈建祖 (1957-)
Lao he 老河

Chen, Jiang 陈江
CHEN, JIE MING 陈介明 (1925-)

CHEN, JIANG NAN 陈江南 (1947-1992)
Hua, Tian lang 华天浪
Ye, Zhi qiu 叶知秋
Zhu fu 铸夫

Chen, Jiao 陈郊
LIU, YONG YU 刘庸愚 (1919-)

Chen, Jiao xuan 陈斠玄
CHEN, ZHONG FAN 陈钟凡 (1888-1982)

Chen, Jie 陈杰
CHEN, ZHI FO 陈之佛 (1898-1962)

CHEN, JIE 陈杰 (1917-)
A shui 阿谁
Chen, Ji tao 陈寄涛
Chen, Qi 陈七
Chen, Qi shui 陈其谁
Lin, Peng 林朋

Mai, Ke jia 麦克加
Meng wen 梦文

Chen, Jie 陈捷
HUANG, WEI ZONG 黄伟宗 **(1935-)**

Chen, Jie 陈捷
CHEN, SONG ZHAN 陈松沾 **(1940-)**

Chen, Jie 陈节
QU, QIU BAI 瞿秋白 **(1899-1935)**

CHEN, JIE MING 陈介明 **(1925-)**
Chen, Cao 陈草
Chen, Jiang 陈江

Chen, Jie yi 陈孑遗
CHEN, RU JIU 陈如旧 **(-1983)**

Chen, Jie zhi 陈劫之
CHEN, YONG LU 陈永禄 **(1912-)**

Chen, Jin 陈金
CHEN, HUAN TING 陈奂廷 **(1960-)**

Chen, Jin 陈晋
CHEN, SHI YUAN 陈世远 **(1958-)**

Chen, Jin 陈今
CHEN, XIU LU 陈修禄 **(1918-1988)**

Chen, Jin 陈锦
TIAN, ZHONG JI 田仲济 **(1907-)**

Chen, Jin 陈谨
WANG, ZHU 王铸 **(1902-1986)**

CHEN, JIN 陈进 **(1931-)**
Zi ye 子叶
Ye, Yong 叶咏

Chen, Jin 陈瑾
QIU, REN ZONG 邱仁宗 **(1932-)**

CHEN, JIN BO 陈锦波
Jin bo 禁波

CHEN, JIN CAI 陈进才 **(1926-)**
Chen, Yun hua 陈云华

CHEN, JIN CHANG 陈锦昌 **(1958-)**
Chen, Han 陈汗

CHEN, JIN CHENG 陈金城
Chen, Gong 陈弓

CHEN, JIN FANG 陈锦芳
Jin, Feng 金枫

CHEN, JIN LIAN 陈金连 **(1927-)**
Jin lian 锦连

CHEN, JIN LIANG 陈金良
Hong ye 红叶

CHEN, JIN LING 陈晋岭 **(1928-)**
Chen, Zhe 陈哲
Wei, Cong jiang 魏淙江

CHEN, JIN QIANG 陈锦强 **(1963-)**
Chen, Yuan fan 陈远帆
Jiang, Ao tian 江敖天
Jiang, Qing zhou 江轻舟
Liu, Wan ting 柳晚亭
Qi, Jian shuang 齐剑霜
Shang, Jian li 商剑离

Chen, Jin qing 陈荩青
TIAN, DE YU 田德裕 **(1915-)**

CHEN, JIN SHUI 陈金水 **(1938-)**
Jin, He shui 金河水

Chen, Jin ting 陈金汀
CHEN, ZHONG 陈钟 **(1934-)**

CHEN, JIN XIANG 陈金祥 **(1941-)**
Jin, Xiang 金翔

CHEN, JIN XING 陈进兴 **(1950-)**
Kai ruo 凯若

CHEN, JIN YAN 陈今言 **(1925-1977)**
Xiao, Yan 肖言

CHEN, JIN YU 陈晋郁 **(1937-)**
Chen, Meng 陈梦

Chen, Jing 陈敬
CHEN, SU YUN 陈素云 **(1952-)**

Chen, Jing 陈靖
CHEN, QIAO SHENG 陈桥生 **(1918-)**

Chen, Jing 陈静
CHEN, YUAN XIANG 陈元祥 **(1918-)**

CHEN, JING 陈竟 **(1940-)**
Shan hua 山花
Xin, Jian 辛剪

CHEN, JING CHI 陈经炽 **(1924-)**
Chen, Hua 陈华

Chen, Jing fu 陈敬夫
ZHENG, ZHEN DUO 郑振铎 **(1898-1958)**

Chen, Jing han 陈景寒
CHEN, LENG 陈冷 **(1878-1965)**

Chen, Jing han 陈景韩
CHEN, LENG 陈冷 **(1878-1965)**

Chen, Jing hua 陈镜花
CHEN, GUO CHENG 陈国城 **(1951-)**

CHEN, JING HUI 陈静惠 **(1953-)**
A ye 阿叶

Chen, Jing lie 陈景烈
WANG, YI PING 王夷平 **(1932-)**

Chen, Jing min 陈竞民
CHEN, ZENG GU 陈曾固

Chen, Jing qiu 陈晶秋
CHEN, XIN LAO 陈辛劳 (1911-1945)

CHEN, JING RONG 陈敬容 (1917-1989)
Cheng, Hui 成辉
Hei, Gong 黑弓
Lan, Bing 蓝冰
Wen, Gu 文谷

CHEN, JING SHAN 陈京善
Chen, Yun 陈云

CHEN, JING SONG 陈劲松 (1959-)
Xiao lu 晓鲁

CHEN, JING WEN 陈景文 (1952-)
Chen, Chen hong 陈晨虹

CHEN, JING YAO 陈景瑶 (1938-)
Si jing 思静

Chen, Jing yong 陈敬咏
CHEN, JING YONG 陈敬泳 (1931-)

CHEN, JING YONG 陈敬泳 (1931-)
Chen, Jing yong 陈敬咏
Jin yuan 近远

CHEN, JING ZHI 陈敬之 (1912-1982)
Chen, San 陈三
Jing, Yuan 敬园
Pang seng 胖僧
Si tu, Bo qiu 司徒伯秋
Tai han sheng 太憨生

CHEN, JIONG MING 陈炯明 (1878-1933)
Jing cun 竞存

Chen, Jiu 陈九
ZHU, XIU LIANG 朱秀良 (-1943)

Chen, Jiu 陈旧
CHEN, SI QING 陈思庆 (1935-)

Chen, Ju hua 陈菊华
YANG, DE EN 杨德恩 (1908-)

CHEN, JU MAO 陈居茂 (1945-)
Chen, Hai wen 陈海文

Chen, Juan 陈娟
CHEN, XIU JUAN 陈秀娟 (1942-)

Chen, Juan 陈涓
ZHANG, FANG XU 章方叙 (1909-1959)

Chen, Juan 陈涓
CHEN, LI JUAN 陈丽娟 (1917-)

Chen, Jue xuan 陈觉玄
CHEN, ZHONG FAN 陈钟凡 (1888-1982)

Chen, Jue yuan 陈觉元
CHEN, ZHONG FAN 陈钟凡 (1888-1982)

CHEN, JUN 陈钧 (1900-1989)
Chen, Ru heng 陈汝衡

Chen, Jun 陈俊
CHEN, YONG FU 陈甬夫 (1928-)

Chen, Jun 陈君
LIU, XIU ZHEN 刘秀珍 (1949-)

CHEN, JUN BAO 陈君葆 (1898-1982)
Xiao feng 晓风

CHEN, JUN HAN 陈君涵
Jun han 君涵

CHEN, JUN HUA 陈骏华 (1936-)
Chen, Jun tao 陈骏涛
Jin, Xin 靳欣
Zhou, Ke 周柯

CHEN, JUN HUI 陈君惠
Ning xiu 凝秀

Chen, Jun ma 陈俊马
CHEN, YONG FU 陈甬夫 (1928-)

Chen, Jun ren 陈俊人
CHEN, ZI JUN 陈子儁 (1919-1989)

CHEN, JUN RONG 陈俊荣 (1959-)
Meng, Fan 孟樊

CHEN, JUN SHAN 陈君山 (1922-)
Ba, Tu 巴突
Bai, Meng 白濛
Chen, Bei meng 陈北萌
Chen, Tian 陈天
Chen, Tuo meng 陈托萌
Dan tu lin 丹涂林
Han, Bing 韩冰
Han, Bing liu 韩冰流
Han, Meng 韩萌
Hong, Yang 洪阳
Luo, Ning 罗宁
Song, Ran 宋然
Xiao, Bing 萧冰
Xiao, Mu 萧牧
Zhou, Han 周寒

CHEN, JUN SHAN 陈俊山 (1937-)
Jun shan 君山
Yu chen 浴晨

Chen, Jun shi 陈君实
CHEN, DE XUAN 陈德宣 (1916-1980)

Chen, Jun shi 陈君实
HUANG, YING RUI 黄英瑞 (1923-)

Chen, Jun tao 陈骏涛
CHEN, JUN HUA 陈骏华 **(1936-)**

CHEN, JUN XUN 陈俊勋
Chao yuan zhao xiong 朝元照雄

Chen, Jun ying 陈俊英
FANG, FANG 方方 **(1904-1971)**

CHEN, JUN YU 陈俊愉 **(1917-)**
Da xiang 大翔
Xiang sheng 翔生

Chen, Kai 陈开
CHEN, REN XIA 陈任侠 **(1929-)**

Chen, Kai 陈凯
CHEN, QI TONG 陈其通 **(1916-)**

Chen, Kai 陈凯
CHEN, SONG ZHAN 陈松沾 **(1940-)**

CHEN, KAI 陈楷 **(1911-1931)**
Zi mo 梓模

Chen, Kai ling 陈恺令
CHEN, SHU FANG 陈淑芳 **(1941-)**

CHEN, KAI MING 陈开鸣 **(1929-)**
Ke meng 克蒙

CHEN, KAI RUI 陈开瑞
Guan, Yu 关玉

Chen, Kai yuan 陈开遠
CHEN, TIE ZHENG 陈铁铮 **(1906-1990)**

Chen, Kan 陈侃
CHEN, DING YANG 陈定扬

CHEN, KANG 陈康 **(1903-)**
Chen, Zhong huan 陈忠寰

CHEN, KANG 陈康 **(1908-)**
Chen, Zhuo kun 陈卓坤

CHEN, KANG SHUN 陈康顺 **(1929-)**
Si en 思恩

Chen, Ke 陈克
CHEN, ZUO SHI 陈作师 **(1915-)**

Chen, Ke bai 陈克白
CHEN, YAO TANG 陈耀唐 **(1908-1970)**

Chen, Ke han 陈克寒
CHENG, HE LING 成鹤令 **(1917-1980)**

Chen, Ke hui 陈克会
CHEN, KE HUI 陈克惠 **(1918-)**

CHEN, KE HUI 陈克惠 **(1918-)**
Chen, Han mei 陈寒梅
Chen, Ke hui 陈克会
Lao, Sheng 劳生
Li, Zi 李紫
Lu, Di 陆地
Wu, Wei 吴谓

CHEN, KE KUAN 陈克宽 **(1942-)**
Huan ying 幻影

Chen, Ke ming 陈克明
CHEN, GUANG SHAN 陈光山 **(1925-)**

CHEN, KE QIN 陈克勤 **(1951-)**
Wen, Zhong 文众
Xue chen 雪晨

CHEN, KE ZHEN 陈克振 **(1938-)**
Qin, Feng 秦风

Chen, Ke zhen 陈克桢
CHEN, XIN REN 陈辛仁 **(1915-)**

Chen, Ken 陈垦
CHEN, CI YUAN 陈次园

Chen, Kong san 陈空三
CHEN, TING FAN 陈廷播 **(1897-)**

Chen, Kuai 陈侩
OU, WEN ZHUANG 区文庄 **(1913-)**

CHEN, KUAN 陈宽 **(1913-1970)**
Chen, Jia kang 陈家康

Chen, Kuan 陈宽
ZHENG, NENG RUI 郑能瑞 **(1918-1991)**

Chen, Kui 陈逵
QU, QIU BAI 瞿秋白 **(1899-1935)**

CHEN, KUI 陈逵 **(1902-1990)**
Bi qiu 弼遒
Chen, Bi qiu 陈弼遒

CHEN, KUI LONG 陈夔龙 **(1857-1948)**
Shao shi 韶石
Xiao shi 筱石
Yong an 庸庵
Yong an ju shi 庸庵居士

Chen, Kun 陈坤
CHEN, TIE ZHENG 陈铁铮 **(1906-1990)**

Chen, Kun yuan 陈坤元
CHEN, TIE ZHENG 陈铁铮 **(1906-1990)**

Chen, Kun yuan 陈堃遠
CHEN, TIE ZHENG 陈铁铮 **(1906-1990)**

Chen, Lai 陈莱
SHU, ZENG CAI 舒增才 **(1919-)**

CHEN, LAI FA 陈来发
Ma, Tian 马田
Song, Xiao qing 宋小青

CHEN, LAI HUA 陈来华 **(1940-)**
Ma, Tian 马田

CHEN, LAI JIANG 陈来江 **(1960-)**
Chen, Si 陈思
Chen xing 辰星

CHEN, LAI SHUI 陈来水 **(1954-)**
Chen, Fang zhou 陈放舟

Chen, Lan 陈蓝
ZHANG, XIU YA 张秀亚 **(1919-)**

Chen lan 晨兰
CHEN, MEI LAN 陈美兰 **(1937-)**

CHEN, LAN YING 陈兰英 **(1932-)**
Lan ying 岚颖

CHEN, LANG 陈朗 **(1920-)**
Zhang, De biao 张得标

Chen, Lang 陈朗
CHEN, ZHI LIANG 陈志良 **(1945-)**

CHEN, LANG QIU 陈朗秋 **(1917-)**
Chen, Hong 陈虹
Chen, Ze guang 陈则光
Lang qiu 朗秋
Lang, Qu 郎曲
Xlan mlng 鲜名
Xian ming 鲜明

Chen, Lang shi 陈狼石
CHEN, RUI RONG 陈瑞荣 **(1916-)**

Chen, Lang shi 陈琅石
CHEN, RUI RONG 陈瑞荣 **(1916-)**

Chen, Le su 陈乐素
CHEN, BIN HE 陈彬和 **(1897-1970)**

Chen, Lei 陈雷
CHEN, YI PING 陈奕萍 **(1935-)**

CHEN, LEI SI 陈类思
Guan, Lu yi 关路易

CHEN, LENG 陈冷 **(1878-1965)**
Bu leng 不冷
Chen, Jing han 陈景寒
Chen, Jing han 陈景韩
Chen, Leng xue 陈冷血
Hua, Sheng 华生
Jing 景
Jing, Han 景寒
Leng 冷
Leng, Xiao 冷笑
Leng, Xue 冷血
Wu ming 无名
Xin zhong guo zhi fei wu 新中国之废物

Chen, Leng 陈冷
CHEN, MEI NA 陈美娜 **(1941-)**

Chen, Leng xue 陈冷血
CHEN, LENG 陈冷 **(1878-1965)**

Chen, Li 陈离
CHEN, CAI LUAN 陈彩銮 **(1952-)**

CHEN, LI 陈丽 **(1936-)**
Chen, Li li 陈丽丽
Lu zi 鹿子

Chen, Li 陈黎
CHEN, YING WEN 陈膺文 **(1954-)**

Chen li 晨丽
WANG, RONG GUI 王荣贵 **(1939-)**

Chen li 沉犁
YU, ZHEN LI 于振立 **(1949-)**

CHEN, LI DAN 陈力丹 **(1951-)**
LI, Xiao dong 李小冬
Ma, Wen li 马闻理

CHEN, LI DE 陈立德 **(1935-)**
He, Fei 何非
Gao, Lu 高鲁

CHEN, LI DU 陈礼读 **(1951-)**
Xian chuan 弦川

CHEN, LI FENG 陈立峰 **(1919-1963)**
Xiao lu 小鲁

CHEN, LI FU 陈立夫 **(1900-2001)**
Qing long shan ren 青龙山人

CHEN, LI JUAN 陈丽娟 **(1917-)**
Chen, Juan 陈涓
Juan 涓
Nü ke 女客
Xiao mao 小猫
Yi juan 一涓

CHEN, LI LAN 陈丽岚
Li, Nan 李男

Chen, Li li 陈丽丽
CHEN, LI 陈丽 **(1936-)**

CHEN, LI MEI 陈丽美
Gu, Jing 谷瀞

CHEN, LI MING 陈利明 **(1938-)**
Li, Ming 黎明

CHEN, LI SHENG 陈礼生 **(1970-)**
Li, Sheng 李笙

Chen, Li tian 陈立天
ZHOU, LUO XIA 周落霞 **(1937-)**

CHEN, LI TING 陈鲤庭 **(1910-)**
C. L. T.

Chen, Gen fu 陈根福
Chen, Si bai 陈思白
Li, Ran 黎然
Li jun 丽君
Li ting 鲤庭
Li zhe 犁者
Qi lin 麒麟
Si bai 思白
Tai li 苔立
Wang, Yuan 王原
Yu jun 玉君
Yun, Que 云雀

CHEN, LI TONG 陈立同 (1948-)
Feng zhi 凤枝
Tian, Si 田思
Tian, Yan 田雁
Xiao yan 小雁
Yue, Min 岳民

CHEN, LI YANG 陈黎阳
Li, Yang 黎阳

CHEN, LI ZONG 陈立宗 (1957-)
Dong shuang 冬霜
Shu ren 蜀仁

CHEN, LIAN CAI 陈连才 (1884-1971)
Chen, Chu nan 陈楚楠
Si ming zhou zhi shao nian 思明洲之少年

Chen, Lian hen 陈莲痕
CHEN, DING YANG 陈定扬

CHEN, LIAN JUAN 陈莲涓 (1950-)
Chen, Ai ni 陈艾妮
Lao ai 老艾

CHEN, LIAN QING 陈炼青 (1907-1940)
Ban lan 半阑
Bing xian 秉铣
Lao wu 老五
Meng, Jin 孟晋
Wei zhao 未兆
Wu liao 无聊

CHEN, LIANG 陈良 (1925-)
Hu zi 虎子
Wu, La 邬拉

Chen, Liang 陈良
CHEN, CHUAN QIANG 陈川强 (1939-)

Chen, Liang 陈良
CHEN, MIN 陈民 (1951-)

CHEN, LIANG 陈亮 (-1989)
Tian, She lang 田舍郎

Chen, Liang 陈亮
WANG, LIN TAI 王临泰 (1919-)

Chen, Liang 陈亮
CHEN, QI BANG 陈启榜 (1924-)

Chen, Liang bo 陈亮伯
CHEN, LIU 陈浏 (1863-1929)

CHEN, LIANG GUANG 陈良光 (1922-)
Yang, Cun 杨村

Chen, Liang ren 陈良人
CAI, LIANG REN 蔡良人 (1938-)

Chen, Liao 陈辽
CHEN, ZHENG YANG 陈拯阳 (1931-)

Chen, Lie 陈列
CHEN, CHUN NIAN 陈椿年 (1931-)

Chen, Lie 陈列
WU, CHENG LIE 伍成列 (1937-)

Chen, Lie 陈烈
CHEN, RUI LIN 陈瑞麟 (1946-)

Chen, Lin 陈林
REN, BI SHI 任弼时 (1904-1950)

CHEN, LIN RUI 陈麟瑞 (1905-1969)
Bai he 百合
Lin, Shuai 林率
Shi, Hua fu 石华父

Chen, Ling 陈凌
CHEN, CHANG E 陈嫦娥 (1961-)

Chen, Ling shi 陈灵实
LU, ZHAO LING 卢昭灵 (1935-)

Chen, Ling xi 陈灵犀
CHEN, TING CHAO 陈听潮 (1902-)

CHEN, LING XIAO 陈凌霄 (1915-)
Fu shi 俯拾
Li, Ying 黎莹

CHEN, LING XING 陈玲兴 (1948-)
Chen, Shi 陈实

CHEN, LIU 陈浏 (1863-1929)
Chen, Liang bo 陈亮伯
Liu jiang liu shan lao ren 六江六山老人

CHEN, LIU DE 陈柳德 (1941-)
Chen, Chun jiao 陈春郊
Chen, Meng qiu 陈孟秋
Chen, Shi kui 陈世魁
Liu, Ge 柳哥
Xiao liu ge 小柳哥

CHEN, LIU DI 陈六弟 (1950-)
Lu, Di 陆棣

Chen, Liu sha 陈流沙
CHEN, RUI QI 陈瑞淇 (1921-)

CHEN, LONG 陈珑 **(1957-)**
Ren, Ping 任凭
Si si 丝丝

Chen long 辰龙
WU, NONG HUA 吴农花

CHEN, LONG LONG 陈龙龙 **(1948-)**
Long, Long 龙龙

CHEN, LONG YU 陈龙玉
Long, Lang 龙郎
Qin, Huai 秦淮
Qin, Huai bi 秦淮碧
Xi cheng fang cao 西城芳草
Yi bai 夷白

Chen, Lu 陈辂
CHEN, GUANG DE 陈广德 **(1956-)**

Chen, Lu 陈鲁
CHEN, WEN TONG 陈文统 **(1926-)**

Chen, Lu di 陈芦荻
CHEN, PEI DI 陈培迪 **(1912-)**

CHEN, LU LIU 陈陆留 **(-1987)**
Li, Hei 李黑
Lü liu 绿流

Chen, Lü bai 陈侣白
CHEN, BAO XUAN 陈葆煊 **(1925-)**

Chen, Lun xin 陈伦新
CHEN, HUA FU 陈华福 **(1948-)**

Chen, Lun xin 陈纶新
CHEN, HUA FU 陈华福 **(1948-)**

Chen, Luo 陈落
CHEN, GUO LIANG 陈国良 **(1913-)**

Chen, Luo 陈洛
TANG, YANG HE 唐扬和 **(1920-)**

Chen, Luo 陈洛
CHEN, HUA ZHONG 陈华中 **(1933-)**

CHEN, MAI 陈霡
Mo, Shen 墨深

Chen, Man 陈漫
CHEN, YING SHANG 陈英赏 **(-1984)**

CHEN, MAN PING 陈满平 **(1939-)**
Chen, Ang 陈昂
Man, Ping 满平

CHEN, MAN QIAN 陈曼倩 **(1932-)**
Mo qian 陌阡

CHEN, MAN YING 陈满盈 **(1896-1965)**
Chen, Xu gu 陈虚谷
Xu gu 虚谷
Yi cun 一村
Yu cun 雨村

Chen, Man zai 陈漫哉
CHEN, MENG JIA 陈梦家 **(1911-1966)**

CHEN, MAO LIN 陈懋林 **(1933-)**
Xi ding 西丁

Chen, Mao xin 陈茂欣
CHEN, ZHONG PU 陈钟璞 **(1936-)**

CHEN, MEI FENG 陈美枫
Chen, Hui 陈惠
Chen, Hui 陈蕙

CHEN, MEI HUA 陈美华 **(1943-)**
Mei hua 美华

CHEN, MEI JIN 陈美今 **(1928-)**
Meng, Zi 孟紫
Niu lao lao 牛姥姥
Xiao si 筱思
Ya xiao 雅筱
Yi ming 逸鸣
Yin kai 音凯

CHEN, MEI LAN 陈美兰 **(1937-)**
Chen lan 晨兰
Kai wen 凯文
Zhong, Ping 钟平

CHEN, MEI MIAO 陈美妙
Chen, Ge 陈葛
Chen, Zheng 陈铮
Jiu chong ge 九重葛

CHEN, MEI NA 陈美娜 **(1941-)**
Chen, Leng 陈冷
Hui gong 惠公
Xia, Men 夏门

CHEN, MEI RU 陈美儒 **(1952-)**
Xiao ru 晓儒

Chen, Mei yi 陈梅益
CHEN, MEI YU 陈梅雨 **(1914-)**

Chen, Mei yi 陈梅逸
CHEN, YAN PING 陈燕萍 **(1941-)**

CHEN, MEI YU 陈梅雨 **(1914-)**
Chen, Mei yi 陈梅益
Chen, Shao qing 陈少卿
Gong yan 公言
Jun xuan 君萱
Mei 梅
Mei, Yi 梅益
Mei yi 美益
Mei yi 美逸
Mei yi 美懿
Mei, Yu 梅雨

Xiao, Yang 萧扬
Yi 懿
Zhu, Jin 朱進

Chen, Men zhu 陈門竹
CHEN, DING JIE 陈定节 **(1909-1990)**

Chen, Meng 陈梦
CHEN, JIN YU 陈晋郁 **(1937-)**

Chen, Meng 陈孟
CHEN, JIAN CHENG 陈建成 **(1941-)**

CHEN, MENG 陈孟 **(1954-)**
Meng, Feng 孟风

Chen, Meng bai 陈梦白
CHEN, CHUAN XIAN 陈传贤 **(1952-)**

Chen, Meng bu 陈梦逋
CHEN, YI FAN 陈彝范 **(1860-1913)**

CHEN, MENG HEN 陈梦痕
Meng hen 梦痕

CHEN, MENG JIA 陈梦家 **(1911-1966)**
Chen, Man zai 陈漫哉
Chen, Meng jia 陈梦甲
Man zai 漫哉
Meng jia 梦甲
Meng jia 梦家

Chen, Meng jia 陈梦甲
CHEN, MENG JIA 陈梦家 **(1911-1966)**

Chen, Meng po 陈梦坡
CHEN, YI FAN 陈彝范 **(1860-1913)**

Chen, Meng qiu 陈孟秋
CHEN, LIU DE 陈柳德 **(1941-)**

Chen, Meng shao 陈梦韶
CHEN, DUN REN 陈敦仁 **(1903-1984)**

Chen, Meng xiong 陈梦熊
CHEN, CUI 陈粹 **(-1910)**

CHEN, MENG YIN 陈梦因
Da tian er 大天二
Te ji jiao dui 特级校对

Chen meng zi 晨梦子
LIN, MA LI 林玛丽

Chen, Mi 陈祢
CHEN, ZI FAN 陈子范 **(1881-1914)**

CHEN, MIAN 陈绵 **(1901-)**
Chen, Bo zao 陈伯早

Chen, Miao 陈淼
CHEN, ZHI WEI 陈治渭 **(1927-)**

Chen, Min 陈泯
CHEN, DE ZHANG 陈德璋 **(1940-)**

CHEN, MIN 陈民 **(1951-)**
Chen, Liang 陈良
Xun zu 迅足

Chen, Min 陈敏
MA, GUO LIANG 马国亮 **(1908-)**

CHEN, MIN JIAN 陈民键 **(1928-)**
Chen, Ben 陈贲

Chen, Ming 陈明
CHEN, RUO XING 陈若星 **(1902-1941)**

Chen, Ming 陈明
CHEN, WEI MING 陈维明 **(1905-1961)**

Chen, Ming 陈明
MA, GUO LIANG 马国亮 **(1908-)**

Chen, Ming 陈明
CHEN, ZHI XIANG 陈芝祥 **(1917-)**

CHEN, MING 陈明 **(1954-)**
Min li 闽力

Chen, Ming 陈冥
CHEN, WEI MING 陈维明 **(1905-1961)**

Chen ming 晨明
CHEN, ZHEN DUO 陈振铎 **(1905-)**

Chen ming 晨明
CHEN, JIAN GONG 陈建功 **(1938-)**

Chen, Ming cai 陈明才
CHEN, MING GANG 陈明刚 **(1919-)**

CHEN, MING GANG 陈明刚 **(1919-)**
Chen, Ming cai 陈明才
Jin, Sa 金飒
Jin, Sha 金沙
Jin, Zhong 金重
Lu, Ning 鲁凝

CHEN, MING GUI 陈明贵 **(1949-)**
Ming, Gui 明贵
Wen, Ying 闻莺

CHEN, MING MOU 陈明谋 **(1920-)**
Dai, Yun sou 戴云叟
Qi qiao 七樵
Yu ren 予人

CHEN, MING PAN 陈铭磻 **(1951-)**
Shen, Yun sheng 沈芸生

CHEN, MING SHU 陈鸣树 **(1931-)**
Chen, Ji 陈迹
Chen, Song shou 陈松寿
Chen, Zhi tang 陈志堂
Han feng 寒风
Zao xue 澡雪

Zhi tang 志堂

CHEN, MING SHU 陈铭枢 **(1889-1965)**
Chen, Zhen ru 陈真如

CHEN, MING SHUN 陈明顺 **(1949-)**
Chen, Yu hang 陈雨航

CHEN, MING XIAN 陈名贤 **(1929-)**
Ma, Zhu ting 马驻听

Chen, Ming zhi 陈明芝
KUANG, YA MING 匡亚明 **(1906-)**

Chen, Ming zhi 陈明志
CHEN, QI TIAN 陈启天 **(1893-1984)**

CHEN, MING ZHONG 陈明中 **(1903-)**
Chen, Xin 陈新
Chen, Xin 陈欣
Fei fei 非非
Su fei 素非
Zhong lang 忠郎

Chen, Mo 陈墨
CHEN, CHAO 陈超 **(1958-)**

Chen, Mo 陈墨
CHEN, BI QIANG 陈必强 **(1960-)**

Chen, Mo 陈默
CHEN, TIAN YU 陈天育 **(1922-)**

Chen, Mo 陈默
CHEN, JIA HUI 陈家辉 **(1948-)**

Chen, Mo 陈默
LI, XIAO WEI 李晓伟 **(1954-)**

Chen, Mo 陈默
CHEN, BING HUA 陈炳华 **(1957-)**

Chen, Mo 陈默
CHEN, HUI XIANG 陈惠湘 **(1960-)**

Chen, Mo 陈默
CHEN, GUO LIANG 陈国梁 **(1963-)**

Chen, Mo 陈默
CHEN, HONG CHENG 陈鸿诚 **(1971-)**

Chen, Mo 陈默
CHEN, FENG HUI 陈奉辉

Chen, Mo 陈模
FU, CHENG MO 傅承谟 **(1922-)**

Chen, Mo 陈没
YU, SHU GUANG 于曙光 **(1944-)**

Chen mo 沉默
HU, YE PIN 胡也频 **(1903-1931)**

Chen mo 沉默
CHEN, CHAO 陈超 **(1958-)**

Chen mo 沉默
SHEN, XI RUI 沈希瑞

CHEN, MO HEN 陈墨痕 **(1917-1942)**
Chen, Qing fu 陈庆福
Li, Man hong 李满红
Mo, Hen 墨痕

Chen, Mo li 陈茉莉
CHEN, YI CHANG 陈义长

Chen, Mo yan 陈墨砚
ZHU, JIN CHEN 朱金晨 **(1947-)**

Chen, Mu 陈暮
CHEN, HONG NENG 陈鸿能 **(1945-)**

Chen, Mu 陈木
CHEN, SHI NENG 陈世能 **(1940-)**

Chen, Mu 陈牧
MAO, QUAN SHENG 毛泉生 **(1927-)**

Chen, Mu 陈牧
CHEN, YUAN FA 陈源发 **(1932-)**

Chen mu 晨牧
SHEN, CONG WEN 沈从文 **(1902-1988)**

Chen mu 晨牧
WANG, CHEN MU 王晨牧 **(1917-)**

CHEN, MU CHENG 陈木城 **(1955-)**
Wang, He yi 王和义

Chen, Mu ping 陈慕平
REN, ZHUO XUAN 任卓宣 **(1896-1990)**

Chen, Mu qin 陈慕秦
LIAN, HENG 连横 **(1878-1936)**

Chen, Mu sheng 陈姆生
XU, SHAN YUAN 徐善源 **(1914-1977)**

Chen, Mu yuan 陈牧元
CHEN, GUANG YU 陈光裕 **(1955-)**

Chen, Na 陈纳
LI, FU YUAN 李福源 **(1933-)**

CHEN, NA LIAN 陈娜莲
Na lian 娜莲

CHEN, NAI CHAO 陈乃超
Nai chao 乃超

CHEN, NAI JU 陈乃举 **(1949-)**
Chen jian 晨谏

CHEN, NAI QIAN 陈乃乾 **(1896-1971)**
Dong jun 东君
Gong du lou 共读楼

CHEN, NAI WEN 陈乃文
Hui yi 蕙漪

Hui yi nü shi 蕙漪女士

CHEN, NAI XIANG 陈乃祥 **(1932-)**
Cheng, Feng 成风
Shi, Hua 石花
Xiao, Cheng 肖诚

CHEN, NAI XIONG 陈乃雄 **(1933-)**
Ye, Han 叶寒

Chen, Nan 陈南
CHEN, RU JIU 陈如旧 **(-1983)**

Chen, Nan 陈南
XIE, XUE XIU 谢学修 **(1939-)**

Chen, Nan 陈楠
SHEN, DUAN XIAN 沈端先 **(1900-1995)**

CHEN, NENG LI 陈能梨
Chen, Ya xin 陈亚馨

Chen, Neng yu 陈能豫
CHEN, FAN 陈凡 **(1915-1997)**

CHEN, NIAN 陈年 **(1876-1970)**
Chen, Ban ding 陈半丁
Jing shan 静山

Chen, Nian jiu 陈年酒
CHEN, BO JIAN 陈伯坚 **(1938-)**

Chen, Ning gui 陈宁贵
CHEN, YING ZHOU 陈映舟 **(1954-)**

Chen, Ning qiu 陈凝秋
CHEN, BING JUN 陈秉钧 **(1906-1988)**

Chen, Nong fei 陈农非
ZHANG, HAN JUN 张翰君 **(1906-1968)**

Chen, Nong fei 陈农菲
ZHANG, HAN JUN 张翰君 **(1906-1968)**

Chen, Nong fei 陈侬非
ZHANG, HAN JUN 张翰君 **(1906-1968)**

CHEN, PAN XU 陈磐绪 **(1940-)**
Shi, Ying 史英
Ye cao 野草
Zhong, Yuan 仲原

CHEN, PEI 陈培 **(1925-)**
Chen, Ying hao 陈膺浩
Fang, Tun 方芚
Hong ye 宏冶
Leng, Yong 冷永
Leng, Yong an 冷永安
Shen, Fang 沈放
Ying hao 膺浩

CHEN, PEI DI 陈培迪 **(1912-)**
Chen, Lu di 陈芦荻
Lu di 芦荻

CHEN, PEI E 陈佩娥 **(1960-)**
Chen, Pei er 陈佩儿
Xiao yu lin 潇郁霖

Chen, Pei er 陈佩儿
CHEN, PEI E 陈佩娥 **(1960-)**

CHEN, PEI LIN 陈沛霖
Du zun 独尊
Qiu, Lin 秋霖

CHEN, PEI QIU 陈佩秋 **(1922-)**
Jian bi 健碧

Chen, Pei ren 陈佩忍
CHEN, QU BING 陈去病 **(1874-1933)**

CHEN, PEI XIN 陈培信 **(1934-)**
A xin 阿新

CHEN, PEI XUN 陈培勋 **(1921-)**
Chen, Hong xiu 陈宏秀

CHEN, PENG 陈鹏 **(1891-1969)**
Chen, Wan li 陈万里
Mei, Yun 梅筠
You you 优优

Chen, Peng 陈蓬
ZHANG, HAN JUN 张翰君 **(1906-1968)**

Chen peng 晨朋
LI, YU LAN 李玉兰 **(1933-)**

CHEN, PENG JIE 陈鹏杰
Lan, Zhen 蓝珍

CHEN, PENG XIANG 陈鹏翔 **(1942-)**
Chen, Hui hua 陈慧桦
Fang, Tang 方唐
Hui hua 慧桦
Lin, Han jian 林寒涧
Lin, E 林莪

Chen, Pian da 陈篇达
ZENG, ZHENG CHANG 曾正昌 **(1922-1966)**

Chen, Ping 陈平
MAO, QUAN SHENG 毛泉生 **(1927-)**

CHEN, PING 陈平 **(1943-1991)**
San mao 三毛

Chen ping 晨平
LI, REN CHEN 李仁臣 **(1941-)**

CHEN, PING QING 陈萍青
Yan nan ping dao ren 燕南萍道人

CHEN, PING SHAN 陈萍珊 **(1914-)**
Lin, Di 林蒂
Lin, Wang zhong 林望中
Wang zhong 望中

CHEN, PU ZHI 陈普之 **(1913-1940)**
Lan, Qie 蓝伽
Pu, Zhi 普之

CHEN, QI 陈淇 **(1911-)**
A Nan 阿难
Chen, Yi qi 陈揖旗
Chui su 吹素
He, Xuan tong 何玄通
Hei, Zi 黑子
Nan bian ci ke 南边词客
Shi xiang ci ren 十香词人
Xiao sheng 小生

CHEN, QI 陈弃
Dan yuan 澹园
Wu si 无私

Chen, Qi 陈七
CHEN, JIE 陈杰 **(1917-)**

Chen, Qi 陈琪
CHEN, DING SHAN 陈定山 **(1895-1984)**

Chen, Qi 陈琪
CHEN, ZHEN YA 陈振亚 **(1919-)**

Chen, Qi 陈齐
MA, GUO LIANG 马国亮 **(1908-)**

Chen qi 辰乞
ZHANG, ZHEN QIAN 章振乾 **(1907-)**

CHEN, QI AN 陈其安 **(1934-)**
Chen, Qian 陈千
Qi, Ming 齐鸣

CHEN, QI BANG 陈启榜 **(1924-)**
Bu dan 布丹
Chen, Liang 陈亮
Xiao liang 小亮

Chen, Qi biao 陈其标
CHEN, QI FENG 陈奇峰 **(1918-)**

CHEN, QI CHANG 陈其昌 **(1934-)**
Chen ye 晨野
Tie fei 铁飞

CHEN, QI CHANG 陈其昌 **(1939-)**
Chen yi 晨逸

CHEN, QI CHANG 陈其昌 **(-1942)**
Chen, Zhong shan 陈仲山

Chen, Qi cong 陈綺从
CHENG, YI RONG 程一戎 **(1910-)**

CHEN, QI DONG 陈启东 **(1911-1955)**
Chen, Tian he 陈田鹤

CHEN, QI FENG 陈奇峰 **(1918-)**
Chen, Qi biao 陈其标
Lu, Feng 鲁风

CHEN, QI GAN 陈启淦 **(1955-)**
Chen, Yang 陈洋

CHEN, QI HE 陈奇合 **(1946-)**
Xiong gu 夐古

CHEN, QI JIE 陈奇杰 **(1951-)**
Xiao hei 小黑

CHEN, QI MEI 陈其美 **(1877-1916)**
Gao, Ye ying 高野英
Wu wei 无为
Ying, Shi 英士

Chen, QI shul 陈其谁
CHEN, JIE 陈杰 **(1917-)**

CHEN, QI SU 陈启肃 **(1911-1975)**
Qi, Su 启肃
Yi shan 意珊
Zeng, yu 曾聿

CHEN, QI TIAN 陈启天 **(1893-1984)**
Chen, Chun sen 陈春森
Chen, Ming zhi 陈明志
Chen, Sheng yi 陈声翊
Chen, Xiu ping 陈修平
Chen, Yi lin 陈翊林
Chen, Zhi tao 陈止韬
Ji yuan 寄园
Li, Zhi yuan 李致远
Mian zhi 勉之
Ming, Zhi 明志
Wu, Sen 吴森
Wu sheng 无生
Wu, Zhu qing 吴竹清
Xiu, Ping 修平
Yi lin 翊林
Zhi yuan 致远

CHEN, QI TONG 陈其通 **(1916-)**
Chen, Guan zhi 陈贯之
Chen, Kai 陈凯
Chen, Ran 陈然
Hao ran 浩然
Qiu, Shan 丘山
Qiu, Shan 邱山

Chen, Qi xia 陈企霞
CHEN, TING GUI 陈廷桂 **(1913-1988)**

CHEN, QI XIONG 陈其雄
Qiu, Lang 秋朗

CHEN, QI XIU 陈启修 **(1886-1960)**
A Q 阿Q
Bao yin 豹隐
Chen, Bao yin 陈豹隐

Chen, Shao shui 陈勺水
Chen, Xin nong 陈莘农
Chen, Xing nong 陈惺农
Luo, Jiang 罗江
Qi, Xiu 启修
Shao shui 勺水
Xin nong 莘农
Xing nong 惺农

CHEN, QI YOU 陈启佑 **(1953-)**
Du ye 渡也
Jiang shan zhi zhu 江山之助

Chen, Qian 陈茜
CHEN, BAO XUAN 陈葆煊 **(1925-)**

Chen, Qian 陈千
CHEN, QI AN 陈其安 **(1934-)**

Chen, Qian 陈谦
HUANG, SHI WEI 黄狮威 **(1930-)**

Chen, Qian hua 陈倩华
JIANG, GUANG CI 蒋光慈 **(1901-1931)**

CHEN, QIAN RU 陈倩如 **(1952-)**
Chen, Xiao bing 陈晓冰

Chen, Qian sheng 陈乾生
CHEN, DU XIU 陈独秀 **(1879-1942)**

Chen, Qian wu 陈千武
CHEN, WU XIONG 陈武雄 **(1922-)**

CHEN, QIAN YI 陈谦贻 **(1916-1981)**
Chen, Ge 陈戈
Chen, Qian yi 陈千一

Chen, Qian yi 陈千一
CHEN, QIAN YI 陈谦贻 **(1916-1981)**

Chen, Qiang hua 陈强华
CHEN, XIANG HUA 陈翔华 **(1934-)**

CHEN, QIANG HUA 陈强华 **(1960-)**
Ji fan 极凡

Chen, Qiao 陈翘
CHEN, AI QIAO 陈蔼翘 **(1937-)**

Chen, Qiao 陈乔
ZHANG, GUANG REN 张光人 **(1902-1985)**

CHEN, QIAO 陈乔 **(1912-)**
Feng, Qiao 丰桥

Chen, Qiao 陈乔
SONG, JIU ZHI 宋九祉 **(1917-)**

Chen, Qiao 陈乔
CHEN, TIAO MIN 陈调民 **(1921-)**

Chen, Qiao 陈乔
CHEN, YUN ZHAO 陈韵昭 **(1934-)**

Chen, Qiao 陈乔
CHEN, GUI FA 陈贵发 **(1957-)**

Chen, Qiao 陈乔
CHEN, WAN ER 陈婉儿

CHEN, QIAO MEI 陈侨美 **(1955-)**
Cheng xiang feng 呈向风
Qiao, Mei 乔美
Qing guo 青果

CHEN, QIAO SHENG 陈桥生 **(1918-)**
Chen, Guang yu 陈光裕
Chen, Jing 陈靖
Guang yu 光玉
Li qing 立青
Ping fan 萍帆
Qiao, Sheng 乔生
Xiao miao 小苗
Xiao qing 小青
Yu, Jian 于尖

CHEN, QIAO XIAN 陈乔先 **(1938-)**
Han, Jiang zhu 韩江竹
Qiao, Xian 乔先

Chen, Qin 陈勤
CHEN, ZHI QUN 陈志群

Chen, Qin 陈琴
LUO, DA GANG 罗大刚 **(1909-)**

Chen, Qin lu 陈琴庐
CHEN, CHU CAI 陈楚材 **(1902-)**

CHEN, QIN QUAN 陈钦权 **(1949-)**
Chen, Qing 陈青
Qing jia 青家

CHEN, QIN YUAN 陈钦源 **(1921-1987)**
Liu, Zhi 柳枝
Yang, Zhi 杨枝

Chen, Qing 陈晴
CHEN, HUA LI 陈化鲤 **(1910-)**

CHEN, QING 陈青 **(1920-)**
Lu, Chun 鲁纯
Wen, Xiu 文修
Xiao, Mu 萧木

Chen, Qing 陈青
LIU, ZONG XIANG 刘宗向 **(1921-)**

Chen, Qing 陈青
CHEN, QIN QUAN 陈钦权 **(1949-)**

Chen, Qing 陈情
JIANG, GUANG CI 蒋光慈 **(1901-1931)**

Chen, Qing 陈情
FU, YONG LING 傅永龄 **(1927-)**

CHEN, QING CHANG 陈庆昌
Jun yuan 君苑

CHEN, QING CHEN 陈庆琛
Ting xiang 听香

Chen, Qing feng 陈青枫
CHEN, ZHI CHENG 陈致诚 **(1946-)**

Chen, Qing fu 陈庆福
CHEN, MO HEN 陈墨痕 **(1917-1942)**

CHEN, QING HAO 陈庆浩
Cheng, Hai 程海

CHEN, QING HE 陈庆熇 **(1923-)**
Chen, He 陈熇
Qing he 青禾

CHEN, QING HUA 陈清华 **(1910-1982)**
Shuo ru 硕儒

Chen, Qing lin 陈庆林
CHEN, QU BING 陈去病 **(1874-1933)**

CHEN, QING LONG 陈庆隆 **(1910-)**
Chen, Yi Ping 陈一萍
Chen, Zi bin 陈子彬
Lin, Ji 林棘
Lin, Yan 林岩
Lin, Ying 林影
Lin, Zhi jian 林之间
Xiang nong 乡侬
Yi jiao 一礁
Yi ping 一平

Chen, Qing nong 陈清侬
WANG, HUI FENG 王惠风 **(-1942)**

CHEN, QING QUAN 陈清泉
Wei ju 味菊
Wei ju xuan zhu 味菊轩主

Chen, Qing tong 陈庆同
CHEN, DU XIU 陈独秀 **(1879-1942)**

CHEN, QING ZHEN 陈卿珍
Yu, Si 郁思

CHEN, QING ZHI 陈清枝 **(1955-)**
Yi hong 益虹

Chen, Qiong 陈琼
WU, JI YUE 吴继岳 **(1905-)**

CHEN, QIONG HUA 陈琼华 **(1940-)**
Xiao hua 小华

CHEN, QIU CAO 陈秋草 **(1906-1988)**
Chen 蔯
Feng zhi lou zhu 风之楼主
Jing cao 劲草
Li shuang 犁霜
Shi zhai 实斋

CHEN, QIU FAN 陈秋帆 **(1909-1984)**
A qi 阿启
A qi 阿奇
Chen, Qiu zi 陈秋子
Qin, A qi 秦阿奇
Qiu 秋
Qiu, Fan 秋帆
Qiu, Zhi 秋枳
Qiu, Zi 秋子
Xiao qiu 小秋

CHEN, QIU FANG 陈秋舫 **(1926-)**
Ai, Lun 艾伦
Ai, Ye 艾野
Chen, Xin 陈辛
Dong, Shu 董舒
Duan mu, Shuo 端木朔
Duan mu, Xing huo 端木星火
Gao, Lang dai 高朗岱
Jiang, Shang feng 江上枫
Mo, Bin 莫彬
Ou yang, Xin 欧阳辛
Qiu, Fan 丘帆
Shi, Ting 史汀
Shi, Xin 史辛
Shu, Xin ping 舒辛屏
Xin, Wei wen 辛未文
Yu, Ping 俞萍

Chen, Qiu jiang 陈秋江
CHEN, YI 陈毅 **(1901-1972)**

Chen, Qiu nong 陈秋农
CHEN, GUANG SHAN 陈光山 **(1925-)**

Chen, Qiu zi 陈秋子
CHEN, QIU FAN 陈秋帆 **(1909-1984)**

Chen, Qu 陈蘧
CHEN, DING SHAN 陈定山 **(1895-1984)**

Chen, Qu 陈趣
CHEN, RUO HUI 陈若晖 **(1948-)**

CHEN, QU BING 陈去病 **(1874-1933)**
Bai chi lou 百尺楼
Bai ji 拜汲
Bai ji lou 拜汲楼
Bai, Ru 白如
Bai, Ru 柏儒
Bai ru 百如
Bing chan 病禅
Bing qian 病倩
Bo ru 伯儒
Chao nan 巢南
Chao nan zi 巢南子
Chen, Bo ru 陈伯儒

Chen, Ji lou 陈汲楼
Chen, Ji zi 陈季子
Chen, Pei ren 陈佩忍
Chen, Qing lin 陈庆林
Chui hong 垂虹
Chui hong ting zhang 垂虹亭长
Da ai 大哀
Dong yang ling shi zi sun 东阳令史子孙
Fa ren 法忍
Hao ge tang 浩歌堂
Hong ting zhang 虹亭长
Ji lou 汲楼
Ji, Zi 季子
Lao na 老纳
Nan, Chao zi 南巢子
Nan, Shi shi 南史氏
Pei ren 佩忍
Qin bu lao ren 勤补老人
Tian fang 天放
Wu ming 无名
Xing shi 醒狮
You gui xue yin 有妫血胤

CHEN, QUAN 陈全
Bai, Meng 白蒙
Chen, Yan 陈言
Ding, Yu 丁于
Jia wu 甲午

CHEN, QUAN 陈铨 **(1905-1968)**
Chen, Da quan 陈大铨
Chen, Tao xi 陈涛西
T
Tang, Mi 唐密
Tao xi 涛西

Chen, Qun 陈群
DING, CHENG XIANG 丁成相 **(1939-)**

Chen, Qun 陈群
CAI, CHUAN SHENG 蔡川胜

Chen, Ran 陈然
CHEN, QI TONG 陈其通 **(1916-)**

Chen, Ran 陈然
GUO, QIAN 郭潜

CHEN, RAN 陈染 **(1962-)**
Ran er 染儿

Chen, Ren 陈人
WANG, JUN JIE 王俊傑 **(1927-)**

CHEN, REN JIAN 陈仁鉴 **(1913-)**
Jing fan 竟凡
Wei bai 苇白

CHEN, REN XIA 陈任侠 **(1929-)**
Chen, Kai 陈开
Chen, Ren xia 陈任遐
Huang ye 荒野
Nie, Pin 聂品
Zi hong 紫虹

Chen, Ren xia 陈任遐
CHEN, REN XIA 陈任侠 **(1929-)**

CHEN, REN YU 陈人钰 **(1943-)**
Ling shi 灵石

CHEN, RI 陈日 **(1934-)**
Mu jia 牧家

Chen, Ri xi 陈日习
XIA, MING HAN 夏明翰 **(1900-1928)**

Chen, Ri xiang 陈日祥
CHEN, GUANG SHAN 陈光山 **(1925-)**

CHEN, RI XIN 陈日新 **(1900-1990)**
Chen, Tao 陈涛
Qi, Dong 启东
Shu min 述民
Wen, Ying 文瑛

CHEN, RI XIN 陈日新 **(1916-)**
Chen, Yu jin 陈余劲

Chen, Rong 陈荣
CHEN, RUI RONG 陈瑞荣 **(1916-)**

Chen, Rong 陈荣
CHEN, CHANG XI 陈长喜 **(1957-)**

Chen, Rong 谌容
CHEN, DE RONG 陈德容 **(1935-)**

Chen, Rong 陈融
CHEN, WANG DAO 陈望道 **(1890-1977)**

Chen rong 晨容
CHEN, XIAN RONG 陈显荣 **(1938-)**

CHEN, RONG DE 陈荣德
Xin xiu 心秀

CHEN, RONG GUANG 陈荣光 **(1933-)**
Dong yun 东云

CHEN, RONG GUN 陈荣衮 **(1862-1922)**
Chen, Zi bao 陈子褒
Fu ru zhi pu 妇孺之仆

CHEN, RONG SHENG 陈榕生 **(1936-)**
Shi, Nan 石南

CHEN, RONG WANG 陈荣旺 **(-1941)**
Chen, Fu 陈抚

Chen, Ru heng 陈汝衡
CHEN, JUN 陈钧 **(1900-1989)**

CHEN, RU HUI 陈汝惠 **(1916-)**
Bai, Yu 白榆

CHEN, RU JIU 陈如旧 (-1983)
Chen, Jie yi 陈孑遗
Chen, Nan 陈南
Dong fang, Bing 东方丙
Dong fang, Ding 东方丁
Jie yi 孑遗
Jin, Yu nu 金玉奴

CHEN, RU XUAN 陈茹玄 **(1894-1955)**
Chen, Yi fan 陈逸凡
Yi fan 逸凡

CHEN, RU XUN 陈汝埙 **(1906-)**
Bai chuan 百川
Bai, Cui 白翠
Bai, Cui 柏翠
Bai, Zhou 柏舟
Bo chui 伯吹
Chen, Bo chui 陈伯吹
Chun lei 春雷
Da hai zi 大孩子
Fei cui 翡翠
Hong hai zi 红孩子
Lei, Ting 雷霆
Leng, Fei cui 冷翡翠
Tian feng 天风
Xia, Lei 夏雷
Xia, Ri kui 夏日葵

Chen, Ru ying 陈乳婴
JIN, DE CHENG 金德成 **(1918-)**

CHEN, RUI 陈锐 **(1861-1923?)**
Bo tao 伯弢
Chun fang 纯方

Chen, Rui 陈瑞
CHEN, JIAN WU 陈建吾 **(1917-)**

CHEN, RUI DE 陈睿德 **(1917-)**
Chen, Guang wu 陈光武
Fang, Ren 方轫

CHEN, RUI FENG 陈锐锋 **(1930-)**
Dong feng 东丰
Rui feng 瑞丰

Chen, Rui ji 陈瑞记
FANG, FANG 方方 **(1904-1971)**

CHEN, RUI LAI 陈瑞来 **(1950-)**
Yi, Fei 易非

CHEN, RUI LIN 陈瑞麟 **(1946-)**
Chen, Lie 陈烈

CHEN, RUI QI 陈瑞淇 **(1921-)**
Chen, Liu sha 陈流沙
Chu, Ge 楚戈
Chu, Tian gu 楚天孤
Gu, Du zi 古都子
Liu, Sha 柳莎
Liu sha 流沙
Pu, Ji 蒲戟
Pu, Liu feng 蒲柳风
Pu, Qi 蒲旗
Sha, Tuo 沙陀
Wen, Yi 闻艺

CHEN, RUI QIN 陈瑞琴 **(1932-)**
Chen, Rui qing 陈瑞晴

Chen, Rui qing 陈瑞晴
CHEN, RUI QIN 陈瑞琴 **(1932-)**

CHEN, RUI RONG 陈瑞荣 **(1916-)**
Chen, Chui ying 陈垂映
Chen, Lang shi 陈琅石
Chen, Lang shi 陈狼石
Chen, Rong 陈荣
Chen, Xue feng 陈雪峰
Chui ying 垂映
Chui ying sheng 垂映生

CHEN, RUI SHAN 陈瑞山 **(1955-)**
Shan di 山蒂

CHEN, RUI TIAN 陈锐添 **(1941-)**
A kui hua 阿葵花
Chen, Xiang yang 陈向阳
Han xiao 含笑
Lin, Shui 林水

CHEN, RUI TONG 陈瑞统 **(1942-)**
Li, Sheng 黎声
Xiao fan 晓帆

CHEN, RUI XIAN 陈瑞献 **(1943-)**
Mu ling nu 牧羚奴

CHEN, RUI YAN 陈瑞炎
Jin, Xiao mao 金小毛
Shi, Gang 史岗

CHEN, RUI YUN 陈瑞云 **(1933-)**
Jian, Jie 简洁

Chen, Run lin 陈润霖
CHEN, DE SHU 陈德树 **(1930-)**

CHEN, RUO HUI 陈若晖 **(1948-)**
Chen, Qu 陈趣

Chen, Ruo qun 陈若群
CHEN, ZHAO RONG 陈钊荣 **(1913-1966)**

Chen, Ruo xi 陈若曦
CHEN, XIU MEI 陈秀美 **(1938-)**

CHEN, RUO XING 陈若星 **(1902-1941)**
Chen, Ming 陈明

Chen, San 陈三

CHEN, JING ZHI 陈敬之 **(1912-1982)**

CHEN, SAN LI 陈三立 **(1852-1937)**
Bo qian 伯潜
Bo yan 伯严
Chen, Bo yan 陈伯严
San yuan 散原
San yuan jing she 散原精舍
San yuan lao ren 散原老人
Shen zhou xiu shou ren 神州袖手人
Tui yuan 蜕园
Xian yuan 闲园
Yan jun 衍君

CHEN, SAN SU 陈三苏
Yu yin 羽音

Chen, San yuan 陈三元
REN, ZHUO XUAN 任卓宣 **(1896-1990)**

Chen, Sang 陈桑
HU, SHENG 胡绳 **(1918-)**

CHEN, SEN 陈森 **(1911-)**
Yu tian 雨田

CHEN, SEN HAN 陈森汉 **(1946-)**
Xiang, Feng 向风
Zu yu 卒羽

Chen, Sha 陈沙
HE, WEN XUAN 何文轩 **(1938-)**

Chen, Sha 陈沙
XIE, XUE XIU 谢学修 **(1939-)**

Chen, Sha bing 陈沙兵
CHEN, SU PING 陈素屏 **(1920-1979)**

Chen, Shan 陈善
CHEN, YONG SHAN 陈永善 **(1937-)**

Chen, Shan 陈山
YANG, SHI JUN 杨时俊 **(1917-)**

Chen, Shan jiao 陈山椒
CHEN, YI YUN 陈逸云 **(1910-1969)**

Chen, Shan tai 陈山泰
CHEN, SHAO YU 陈绍禹 **(1904-1974)**

Chen, Shan wen 陈善文
CHEN, HUO 陈货 **(1921-1985)**

CHEN, SHANG QIAN 陈尚谦 **(1913-1968)**
Chen, You xin 陈又新

Chen, Shang wen 陈尚文
CHEN, SONG YAN 陈颂言 **(1900-1978)**

CHEN, SHANG YOU 陈尚友 **(1904-1989)**
Bo da 伯达
Chen, Bo da 陈伯达
Chen, Jian xiang 陈建相
Chen, Wan li 陈万里
Chen, Zhi mei 陈志梅
Mei, Zhuang 梅庄
Qu, Tu 曲突
Shi, Da 史达
Wang, Tong 王通
Wang, Wen shu 王文殊
Zhou, Jin 周金

Chen, Shao bai 陈少白
CHEN, BAI 陈白 **(1869-1934)**

Chen, Shao ben 陈绍本
CHEN, ZHI FO 陈之佛 **(1898-1962)**

CHEN, SHAO CONG 陈少聪 **(1941-)**
He, Xi mei 何晞美

CHEN, SHAO HONG 陈少红 **(1964-)**
Luo feng 洛枫

CHEN, SHAO HUA 陈少华 **(1949-)**
Chen, Yi wen 陈一文
Xiao wan 小宛
Xiao wen 筱文
Yi wen 一文

Chen, Shao hua 陈韶华
CHEN, ZHAO MING 陈照铭 **(1940-)**

CHEN, SHAO HUA 陈绍华 **(1954-)**
Chen, Shuang hua 陈双华

CHEN, SHAO LUN 陈绍伦 **(1913-)**
Chen, Xu 陈叙
Yi fu 彝甫
Yun chang 允常

CHEN, SHAO MEI 陈绍枚
Jing wu lao tie 精武老铁
Tie sheng 铁生

Chen, Shao qing 陈少卿
CHEN, MEI YU 陈梅雨 **(1914-)**

Chen, Shao shui 陈勺水
CHEN, QI XIU 陈启修 **(1886-1960)**

CHEN, SHAO WEI 陈绍伟 **(1941-)**
Lu, Bing nian 庐冰念
Nan, Xiang zi 南乡子
Ru zhi fu 儒之父
Xin, Hua 辛桦

CHEN, SHAO WU 陈少武 **(1876-)**
Shang yi 上逸

Chen, Shao xiao 陈少校
CHEN, FAN 陈凡 **(1915-1997)**

CHEN, SHAO YU 陈绍禹 **(1904-1974)**
Bo bo wei qi 波波维奇
Chen, Shan tai 陈山泰

Chen, Shao yu 陈韶玉
Feng kang 风康
Gao, Luo 高洛
Ke lao bai fu 克老白夫
Ma ma wei qi 马马维奇
Mu 慕
Mu, Shi 慕石
Shao yu 绍玉
Shao yu 绍予
Shao yu 绍禹
Shao yu 绍虞
Shao yu 韶玉
Shi 石
Shi, Shao yu 石绍予
Tai shan 泰山
W M
Wang, Ming 王明
Yu 玉
Zhao, Yu 兆雨
Zhao yu 诏玉

Chen, Shao yu 陈韶玉
CHEN, SHAO YU 陈绍禹 **(1904-1974)**

Chen, Shen 陈深
CHEN, XIAN ZHONG 陈贤仲 **(1937-)**

Chen, Shen ming 陈慎铭
ZHEN, YONG AN 甄永安 **(1905-1980)**

Chen, Shen yan 陈慎言
CHEN, ER JIAN 陈尔简 **(1887-1958)**

Chen sheng 晨升
CHEN, GUANG SHENG 陈广生 **(1931-)**

Chen sheng 晨声
YAO, KUN BING 姚昆炳 **(1943-)**

CHEN, SHENG CONG 陈声聪 **(1907-)**
Hu yin 壶因
Jian yu 兼於

CHEN, SHENG LIN 陈胜邻 **(1937-)**
Dan ge 丹舸
Shan mao 山茅

CHEN, SHENG MOU 陈圣谋 **(1936-)**
Bing sheng 丙生

CHEN, SHENG QING 陈盛清 **(1910-)**
Chen, Shuo 陈说

Chen, Sheng yi 陈声翊
CHEN, QI TIAN 陈启天 **(1893-1984)**

Chen, Shi 陈石
CHEN, JIA XIANG 陈家骧 **(1932-)**

CHEN, SHI 陈时 **(1891-1953)**
Chen, Shu cheng 陈叔澄

Chen, Shi 陈时
YU, SHANG YUAN 余上沅 **(1897-1970)**

Chen, Shi 陈时
CHEN, HUA LI 陈化鲤 **(1910-)**

Chen, Shi 陈实
CHEN, WEI XIN 陈维信 **(1918-)**

CHEN, SHI 陈实 **(1921-)**
Chen, Dan cheng 陈丹诚
Fang, Sheng 方生

Chen, Shi 陈实
CHEN, YUN HE 陈运和 **(1941-)**

Chen, Shi 陈实
CHEN, LING XING 陈玲兴 **(1948-)**

Chen, Shi 陈湜
WANG, GUANG ZHENG 王光正 **(1949-)**

Chen shi 沉石
CHEN, JIA XIANG 陈家骧 **(1932-)**

Chen shi 沉石
CHEN, BAO CHEN 陈葆琛 **(1943-)**

Chen shi 沉石
WANG, JIAN GUO 王建国 **(1959-)**

Chen, Shi an 陈实庵
CHEN, DU XIU 陈独秀 **(1879-1942)**

CHEN, SHI BAO 陈世保
Shi bao 诗葆

CHEN, SHI CHONG 陈世崇 **(1945-)**
Shi, Cong 石丛

Chen, Shi cun 陈适存
CHEN, SI CUN 陈思忖 **(1934-)**

Chen, Shi de 陈石德
CHEN, HUA 陈华 **(1928-)**

CHEN, SHI GUO 陈士果 **(1950-)**
Chen xiao 晨晓
Wan, Ruo 宛若

CHEN, SHI HAO 陈世豪 **(1942-)**
Qiu, Ye 秋叶

Chen, Shi he 陈时和
XU, DIAO FU 徐调孚 **(1901-1981)**

CHEN, SHI JI 陈世集 **(1928-)**
Chen, Fang 陈放
Chen, Zhuang 陈莊

CHEN, SHI JIE 陈世杰 **(1948-)**
Tao, Yi 陶怡

CHEN, SHI JIN 陈士金 **(1925-)**
Chen, Zhi ming 陈志铭

Lin, Wu si 林芜斯

CHEN, SHI JIONG 陈士炯 **(1912-1985)**
Ning dan 凝丹

Chen, Shi kui 陈世魁
CHEN, LIU DE 陈柳德 **(1941-)**

Chen, Shi lian 陈士廉
LIN, CHENG SI 林澄思 **(1918-)**

Chen, Shi lin 陈士林
CHEN, GAO LIN 陈高林 **(1916-)**

CHEN, SHI MIN 陈世民 **(1927-)**
Chen, Xi min 陈细民
Chen, Zhi ye 陈之也
Cheng, Lang 程朗

CHEN, SHI MING 陈世明 **(1953-)**
Jun bo 隽波
Qian de 倩德

Chen, Shi mu 陈师穆
CHEN, SHOU MEI 陈守梅 **(1907-1967)**

CHEN, SHI NENG 陈世能 **(1940-)**
Chen, Mu 陈木
Chen, Tian 陈忝
Hua wai 化外

CHEN, SHI QIN 陈石琴
Shi, Qin 石琴

CHEN, SHI QING 陈世庆
Ao xi hen ren 鳌西恨人

CHEN, SHI QUAN 陈石泉 **(1922-)**
Yue, Qiao 岳樵

CHEN, SHI WEN 陈世文 **(1951-)**
Ye, Feng 叶枫

Chen, Shi yan 陈时阙
CHEN, HUA LI 陈化鲤 **(1910-)**

CHEN, SHI YAO 陈世瑶 **(1926-)**
Sui gu 随谷

CHEN, SHI YI 陈世宜 **(1884-1959)**
Bai xia lao he 白下老鹤
Chen, Fei shi 陈匪石
Fei shi 匪石
Jiu shi yue se zhai 旧時月色斋
Juan he 倦鹤
Xiao shu 小树

CHEN, SHI YONG 陈诗永 **(1919-)**
Chen, Si yong 陈斯庸
Ma, Qi 马琪
Si, Yong 斯庸

CHEN, SHI YUAN 陈世远 **(1958-)**
Chen, Jin 陈晋
Yi shui 亦水

CHEN, SHI YUAN 陈仕元 **(1931-)**
Chen, Wen 陈闻
Si yuan 思源

Chen, Shi zeng 陈师曾
CHEN, HENG KE 陈衡恪 **(1876-1923)**

CHEN, SHI ZHONG 陈诗忠 **(1943-)**
Wen, Chu 文初

Chen, Shou 陈寿
WAN, DE HAN 万德涵 **(1905-)**

Chen, Shou bai 陈瘦白
YE, ZHEN FU 叶振富 **(1956-)**

CHEN, SHOU CHANG 陈寿昌 **(1906-1934)**
A li 阿立
Xiu cang 袖沧

Chen, Shou chang 陈寿昌
CHEN, GE XIN 陈歌辛 **(1914-1961)**

CHEN, SHOU GAO 陈寿高
Lan, Yang 蓝阳

CHEN, SHOU KANG 陈寿康 **(1944-)**
Yuan yi 媛翌

CHEN, SHOU MEI 陈守梅 **(1907-1967)**
A long 阿垅
Chen, Shi mu 陈师穆
Chen, Wen xiang 陈文祥
Chen, Yi men 陈亦门
Chen, Yi men 陈衣门
Dong shan 东山
Fang, Mu 方木
Fang, Xin 方信
Huai, Chao 怀潮
Ren pu 人仆
S M
Sheng men 圣门
Sheng mu 圣木
Shi, Mu 史木
Shi, Mu 史目
Shi, Mu 师穆
Si meng 思猛
Si, Meng 斯蒙
Wei, Ben ren 魏本仁
Wen, Xiang 文祥
Yi men 亦门
Zeng, Xin gen 曾心艮
Zhang, Huai rui 张怀瑞
Zi wei hua ou 紫微花藕
Zi wei hua ou 紫薇花藕

CHEN, SHOU NAN 陈寿南 **(1932-)**
Chen, Bi 陈弼
Cheng bi 澄碧

Ma, Hang 马杭
Nan, Shi 南石

CHEN, SHOU RONG 陈守荣 **(1915-1979)**
Chen, Da guang 陈大光
Chen, Yi fu 陈夷夫
Lu, Shao 鲁哨
Yi fu 夷夫

CHEN, SHOU SHI 陈守实 **(1893-1974)**
Leng, An 冷庵
Shu shi 漱石

Chen, Shou shi 陈瘦石
CHEN, WANG SHEN 陈望绅 **(1908-)**

Chen, Shou song 陈寿嵩
CHEN, XU 陈栩 **(1879-1940)**

Chen, Shou tian 陈寿田
CHEN, HUI CHOU 陈惠畴

CHEN, SHOU XIANG 陈绶祥 **(1944-)**
Xiao san 晓三
Xiao shan 晓山

CHEN, SHOU XING 陈寿星 **(1964-)**
Luo, Ba 罗巴

Chen, Shou zhu 陈瘦竹
CHEN, DING JIE 陈定节 **(1909-1990)**

Chen, Shu 陈枢
CHEN, HAN SHENG 陈翰笙 **(1897-)**

Chen, Shu 陈淑
LIANG, SHI QIU 梁实秋 **(1902-1987)**

Chen, Shu 陈述
CHEN, TING GUI 陈廷桂 **(1913-1988)**

Chen, Shu 陈述
CHEN, DE XING 陈德星 **(1929-)**

Chen, Shu 陈庶
CHEN, SHU FA 陈庶发 **(1910-1985)**

CHEN, SHU 陈澍 **(1956-)**
Mou, Shi 牟石
Xiong, Xiong 熊雄

CHEN, SHU BIN 陈树斌 **(1938-)**
Fang, Tang 方唐

Chen, Shu cheng 陈叔澄
CHEN, SHI 陈时 **(1891-1953)**

CHEN, SHU FA 陈庶发 **(1910-1985)**
Chen, Shu 陈庶
Chen, Zi heng 陈子恒

CHEN, SHU FANG 陈淑芳 **(1941-)**
Chen, Kai ling 陈恺令
Kai ling 恺令

Yi zhu 奕朱

CHEN, SHU GUANG 陈淑光 **(1931-)**
Shu guang 淑光

Chen, Shu hua 陈叔华
CHEN, WEI MO 陈炜谟 **(1903-1955)**

Chen, Shu hua 陈淑华
CHEN, HUA SHU 陈华淑 **(1939-)**

CHEN, SHU HUI 陈淑惠 **(1961-)**
Chen, Huan nong 陈还农

CHEN, SHU LE 陈书乐 **(1959-)**
Rui run 瑞润

Chen, Shu liang 陈淑良
BAI, XUE XIAN 白雪仙 **(1930-)**

CHEN, SHU MAN 陈树满 **(1916-)**
Fei chen 非陈
Fei chen 飞尘

CHEN, SHU REN 陈树人 **(1884-1948)**
Chen, Zhe 陈哲
Jia wai 葭外
Jia wai yu fu 葭外渔夫
Mei hun nü shi 美魂女士
Meng jin 猛进
Meng mai 猛迈
Ren sheng 訒生

CHEN, SHU SHI 陈叔时
Te wei 特伟
You, Di 由迪

CHEN, SHU TONG 陈叔通 **(1876-1966)**
Chen, Han di 陈汉第
Fu, Lu 伏庐
Xiao zhe 謞者
Zhong, Shu 仲恕

CHEN, SHU XUAN 陈淑璇
Xuan xuan 璇璇

CHEN, SHU YAO 陈蜀尧 **(1923-)**
Tui zhi 推之

Chen, Shu ying 陈淑英
CHEN, SHU ZHANG 陈淑章 **(1906-1991)**

CHEN, SHU YUAN 陈淑媛 **(1918-1986)**
Bai, Bing 白冰
Chen, Bai bing 陈白冰
Chen, Yuan 陈爰
Mo, Ye 莫耶
Sha, Dao 沙岛
Ye zi 椰子

CHEN, SHU ZHANG 陈淑章 **(1906-1991)**
Chen, Bai dong 陈柏冬
Chen, Fang chen 陈芳尘

Chen, Hui 陈惠
Chen, Shu ying 陈淑英
Chen, Xue zhao 陈学昭
Hui 惠
Jiu 玖
Jiu nü shi 玖女士
Lü zao 绿藻
Shi wei 式微
Xia, Qu 夏蕖
Xue zhao 学昭
Ye qu 野渠
Zhong yu 重余
Zhu, Ying 竹影

Chen, Shu zi 陈书子
CHEN, YU SHU 陈玉书 **(1941-)**

Chen, Shuang hua 陈双华
CHEN, SHAO HUA 陈绍华 **(1954-)**

Chen, Shui 陈水
CHEN, JIAN HONG 陈剑虹 **(1880-1946)**

CHEN, SHUI YUAN 陈水源 **(1939-)**
Cang hai shui 沧海水
Chen, Yan 陈言
Lu, Mang 鲁莽
Meng jiang ling 梦江陵
Ye lang 夜郎

CHEN, SHUN HUA 陈舜华 **(1910-1951)**
Chen, Bo er 陈波儿
Chen, Zuo fen 陈佐芬

Chen, Shun qiang 陈顺强
CHEN, CHUAN QIANG 陈川强 **(1939-)**

CHEN, SHUN XIAN 陈顺贤 **(1950-)**
Dong nian 东年

CHEN, SHUN YAO 陈舜瑶
Chun yue 淳跃

Chen, Shun ying 陈顺瑛
GONG, XIANG PING 龚湘萍 **(1931-)**

Chen, Shuo 陈说
CHEN, SHENG QING 陈盛清 **(1910-)**

Chen, Si 陈思
CAO, JU REN 曹聚仁 **(1900-1972)**

Chen, Si 陈思
CHEN, ZUO SHI 陈作师 **(1915-)**

Chen, Si 陈思
PAN, DU QING 潘独清 **(1917-)**

Chen, Si 陈思
WU, CHENG HUI 吴承惠 **(1926-)**

Chen, Si 陈思
CHEN, BAI ZHONG 陈百中 **(1935-)**

Chen, Si 陈思
CHEN, SONG ZHAN 陈松沾 **(1940-)**

Chen, Si 陈思
CHEN, XIAO YING 陈孝英 **(1942-)**

Chen, Si 陈思
CHEN, LAI JIANG 陈来江 **(1960-)**

Chen si 沉思
YAO, GUAN SAN 姚冠三 **(1910-1999)**

Chen si 沉思
CHEN, ZUO SHI 陈作师 **(1915-)**

Chen si 沉思
MA, HUA 马骅 **(1916-)**

Chen si 沉思
DAI, ZI CHENG 戴自诚 **(1918-)**

Chen si 沉思
ZHU, ZHANG XIN 朱章新 **(1923-)**

Chen Si 沉思
SHEN, YUN XI 沈允锡 **(1928-)**

Chen, Si bai 陈思白
CHEN, LI TING 陈鲤庭 **(1910-)**

CHEN, SI CUN 陈思忖 **(1934-)**
Chen, Shi cun 陈适存
Si cun 思忖

Chen, Si qin 陈思勤
CHEN, DE JU 陈德矩 **(1920-)**

CHEN, SI QING 陈思庆 **(1935-)**
Chen, Jiu 陈旧
Chen, Xue feng 陈雪风
Chen, Zhi jiu 陈之旧
Mei, Yu tian 梅雨天
Yu, Ren 郁人

CHEN, SI SHUN 陈思舜 **(1929-)**
Bai, Lian 白练
Chen, Gang 陈刚

CHEN, SI YA 陈司亚
Si ya 司亚

CHEN, SI YI 陈四益 **(1939-)**
Dong er 东耳

Chen, Si yong 陈斯庸
CHEN, SHI YONG 陈诗永 **(1919-)**

CHEN, SI YUAN 陈思远 **(1953-)**
Chen, Jian zhong 陈建中
Li, Ruo 李若
Shi, Qiao 石桥

Chen, Song 陈松
CHEN, BAO QUAN 陈宝铨 **(1946-)**

CHEN, SONG LING 陈松龄
Chen, Xin jia 陈辛嘉
Mao, LI 毛利
Xia, Jian 夏简
Xin, Jia 辛嘉

Chen, Song nian 陈松年
LIAO, YU XIANG 廖玉祥

Chen, Song shou 陈松寿
CHEN, MING SHU 陈鸣树 **(1931-)**

CHEN, SONG YAN 陈颂言 **(1900-1978)**
Chen, Shang wen 陈尚文

CHEN, SONG ZHAN 陈松沾 **(1940-)**
Chen, Fang 陈放
Chen, Jian 陈剑
Chen, Jie 陈捷
Chen, Kai 陈凯
Chen, Si 陈思
Ling shang qing 岭上青

CHEN, SU BAI 陈素白 **(1930-)**
Chen, Yan 陈言

Chen, Su feng 陈素风
CHEN, DE MING 陈德铭

CHEN, SU PING 陈素屏 **(1920-1979)**
Chen, Sha bing 陈沙兵

Chen, Su xing 陈素行
DU, GUO AN 杜果安 **(1906?-1963)**

CHEN, SU YAN 陈素琰 **(1935-)**
Su, Yan 苏雁

CHEN, SU YUN 陈素云 **(1952-)**
Chen, Jing 陈敬
Yi, Yun 伊云

CHEN, SUO JU 陈所巨 **(1948-)**
Ba, Si 巴斯
Sang, Yu 桑雨

Chen, Tai 陈泰
ZHONG, LI HUI 钟丽慧 **(1953-)**

Chen, Tai lai 陈泰来
CHEN, DING JIE 陈定节 **(1909-1990)**

CHEN, TAN 陈坦
Chen, Feng 陈凤
Lin, Shao 林梢

Chen, Tan qiu 陈潭秋
CHEN, CHENG 陈澄 **(1896-1943)**

CHEN, TANG HUA 陈棠花
Tang hua 棠花

Chen, Tao 陈涛
CHEN, WEI YING 陈蔚英 **(1899-1937)**

Chen, Tao 陈涛
CHEN, RI XIN 陈日新 **(1900-1990)**

Chen, Tao 陈涛
ZENG, DE ZHEN 曾德镇 **(1921-1988)**

CHEN, TAO 陈涛
Bo lan 伯澜
Shen an zhai zhu ren 审安斋主人

Chen, Tao 陈淘
LIU, PING 刘平 **(1938-)**

Chen, Tao 谌陶
YE, SHAO JUN 叶绍钧 **(1894-1988)**

Chen, Tao xi 陈涛西
CHEN, QUAN 陈铨 **(1905-1968)**

CHEN, TE MING 陈特明 **(1944-)**
Xiang lei 湘磊

Chen, Ti an 陈惕庵
CHEN, YU SHU 陈玉澍 **(1853-1906)**

CHEN, TI QIANG 陈体强 **(1917-1983)**
Chen, Jian 陈建

CHEN, TI SHEN 陈体申 **(1933-)**
Ding, Ding 丁仃

Chen, Tian 陈天
CHEN, JUN SHAN 陈君山 **(1922-)**

Chen, Tian 陈忝
CHEN, SHI NENG 陈世能 **(1940-)**

CHEN, TIAN 陈田 **(1849-1921)**
Qian ling shan qiao 黔灵山樵
Ting shi zhai zhu 听诗斋主

CHEN, TIAN GE 陈天戈 **(1930-)**
Cheng, Tian ge 成天歌
Lin, Zi 林子

Chen, Tian he 陈田鶴
CHEN, QI DONG 陈启东 **(1911-1955)**

CHEN, TIAN HUA 陈天华 **(1875-1905)**
Si hua 思华
Si huang 思黄
Tian hua 天华
Xing tai 星台

CHEN, TIAN HUAI 陈天怀 **(1915-1988)**
Ruo gu 若谷

CHEN, TIAN JUN 陈恬君 **(1940-)**
Lan, Meng 藍梦
Xin lei 新蕾

CHEN, TIAN LAN 陈天岚 **(1939-)**
Ba, Ling 巴陵

Bai shan hua yang 白山华阳
Lu, Zhen 鲁真

Chen, Tian xi 陈天犀
CHEN, TING CHAO 陈听潮 **(1902-)**

CHEN, TIAN XING 陈天性 **(1937-)**
Chen, Chao hong 陈朝红

CHEN, TIAN YU 陈天育 **(1922-)**
Ai, Bai hua 艾百华
Chen, Mo 陈默
Ding, Nan 丁南
Ge, Chang 葛畅
Li, Ke guan 栗克关
Zhu, Yi zu 朱艺祖

CHEN, TIAO 陈调 **(1926-)**
Bai 白
Bai, Yi 白一
Chen, Bai 陈白
Chen, Bai yi 陈白一

Chen, Tiao 陈苕
CHEN, BAO XUAN 陈葆煊 **(1925-)**

CHEN, TIAO MIN 陈调民 **(1921-)**
Ban qiao 半桥
Chen, Qiao 陈乔

Chen, Tie cheng 陈铁乘
CHEN, JIA SI 陈家驷 **(1902-)**

Chen, Tie geng 陈铁耕
CHEN, YAO TANG 陈耀唐 **(1908-1970)**

CHEN, TIE HAN 谌铁汉
Chen, Yi 谌毅

Chen, Tie ying 陈铁英
CHEN, TIE ZHENG 陈铁铮 **(1906-1990)**

CHEN, TIE ZHENG 陈铁铮 **(1906-1990)**
Chen, Guo fan 陈国藩
Chen, Kai yuan 陈开遠
Chen, Kun 陈坤
Chen, Kun yuan 陈坤元
Chen, Kun yuan 陈堃遠
Chen, Tie ying 陈铁英
Chen, Wei min 陈为民
Chen, Zi jian 陈子堅
Di sheng 迪生
Kong, Yuan 孔原
Kong, Zi jian 孔子堅
Lao bai 老白
Lao dai 老戴
Shi, Lin 石林
Shi, Xin 石心
Shi, Yi lin 石宜林
Shi, Yu lin 石玉林
Tian, Fu 田夫
Tie zu 铁卒
Zhong xin 中心
Zi jian 子堅

CHEN, TING 陈廷 **(-1992)**
Chen, Xiao ping 陈小苹
Du, Ge ling 杜格灵
Luo, Bo mi 罗波密
Meng, Jin 孟津

CHEN, TING 陈亭 **(1957-)**
Cheng, Ding 成丁
Yi qing 一清

Chen, Ting 陈汀
XIE, YU HENG 谢宇衡 **(1926-)**

CHEN, TING CHAO 陈听潮 **(1902-)**
Chen, Ling xi 陈灵犀
Chen, Tian xi 陈天犀
Du, Zhong 杜仲
Ling xi 灵犀
Qiang gong 羌公
Ting chao sheng 听潮生
Zi su 紫苏

CHEN, TING FAN 陈廷璠 **(1897-)**
Chen, Kong san 陈空三
Kong san 空三
Ting fan 廷璠

CHEN, TING GUI 陈廷桂 **(1913-1988)**
Bai, Lang 白朗
Chen, Qi xia 陈企霞
Chen, Shu 陈述
Jiang, Hua 江华
Jing cao 劲草
Qi xia 企霞
Wan, Li 万里
Xia 霞
Yi, Jing cao 易劲草

CHEN, TING JUN 陈廷俊 **(1942-)**
Chen, Gu yi 陈谷一

CHEN, TING RUI 陈霆锐 **(1890-1976)**
Hao ran tang 浩然堂
Ting gong 霆公
Ting rui 霆锐

CHEN, TING SHI 陈庭诗 **(1916-)**
Er dai 耳代

Chen, Ting yi 陈听彝
CHEN, BEI XU 陈悲煦 **(1887-1944)**

CHEN, TING YI 陈廷一 **(1947-)**
Chen, Guang 晨光

CHEN, TING YING 陈廷英

Shou shuang qin xuan zhu ren 寿双亲轩主人

CHEN, TING ZAN 陈廷瓒
Qin, Nü 秦女

Chen, Tong 陈通
LIN, HONG TONG 林洪桐 **(1938-)**

Chen, Tong bo 陈通伯
CHEN, YUAN 陈源 **(1896-1970)**

CHEN, TONG KUN 陈同坤 **(1940-)**
Sen sen 森森

Chen, Tong ming 陈统明
CHEN, XIN JING 陈心镜

Chen, Tong sheng 陈同生
ZHANG, HAN JUN 张翰君 **(1906-1968)**

CHEN, TU 陈土
Zui zai 醉在

Chen, Tui 陈蜕
CHEN, YI FAN 陈彝范 **(1860-1913)**

Chen, Tui 陈蜕
ZOU, SU HAN 邹素寒

Chen, Tuo 陈沱
MA, JI LIANG 马骥良 **(1914-1988)**

Chen, Tuo meng 陈托萌
CHEN, JUN SHAN 陈君山 **(1922-)**

CHEN, WAN ER 陈婉儿
Chen, Qiao 陈乔

CHEN, WAN FEN 陈婉芬 **(1946-)**
Lan, Ling 蓝苓
Lan, Ling 蓝菱

Chen, Wan li 陈万里
CHEN, PENG 陈鹏 **(1891-1969)**

Chen, Wan li 陈万里
CHEN, SHANG YOU 陈尚友 **(1904-1989)**

CHEN, WAN RONG 陈婉容 **(1953-)**
Ai, Feng 艾枫
Chen, Die 陈蝶
Ji ji 寂寂

CHEN, WANG 陈望 **(1922-)**
Qin, Man 秦曼

CHEN, WANG DAO 陈望道 **(1890-1977)**
Bi, Ming 毕铭
Bu qi 不齐
Can yi 参一
Chen, Can yi 陈参一
Chen, Fo te 陈佛特
Chen, Fo tu 陈佛突
Chen, Rong 陈融
Chen, Xiao feng 陈晓风
Chen, Xue fan 陈雪帆
Chun hua 春华
Chun hua nü shi 春华女士
Dao 道
Dong fu 东阜
Fo tu 佛突
Gu, Yang shan 顾阳山
Gui qi 瑰琦
Ji zhe 记者
Jiao, Feng 焦风
Long, Gong gong 龙贡公
Nan 南
Nan, Qi ming 南齐明
Nan, Shan 南山
Ping, Ru 平如
Ping, Sha 平沙
Qi, Ming 齐明
Ren, Zhong 任重
Ren zi 仁子
V. D.
Wang dao 望道
Xiao 晓
Xiao feng 晓风
Xiao ren zi 晓仁子
Xue, Fan 薛凡
Xue fan 雪帆
Yi ge yi wu ren 一个义乌人
Yi jie 一介
Zhang, Hua 张华

CHEN, WANG HENG 陈望衡 **(1944-)**
Dong xing 东行
Dui yu 对宇

CHEN, WANG JIU 陈望久 **(1934-)**
Wan jiu 湾九

CHEN, WANG SHEN 陈望绅 **(1908-)**
Chen, Shou shi 陈瘦石
Shou shi 瘦石

Chen, Wei 陈微
XU, SHI LIAN 许世连 **(1920-)**

Chen, Wei 陈微
GAN, LIU LIN 甘柳林 **(1938-)**

CHEN, WEI 陈玮 **(1936-)**
Bo qin 伯禽
Xu yu 旭羽

Chen, Wei 陈薇
CHEN, CHUN ZI 陈春子

Chen, Wei 陈卫
CHEN, ZI DIAN 陈子典 **(1937-)**

Chen, Wei 陈威
LIAN, SHUI MIAO 连水淼 **(1949-)**

Chen, Wei 陈蔚
SHI, ZHE CUN 施蛰存 **(1905-)**

Chen, Wei 陈蔚
CHEN, ZI DIAN 陈子典 **(1937-)**

CHEN, WEI FANG 陈伟芳 **(1922-)**
Tian, Dong 田洞
Wei fang 危舫

Chen, Wei lin 陈维琳
CHEN, ZU SHAN 陈祖山

Chen, Wei min 陈为民
CHEN, TIE ZHENG 陈铁铮 **(1906-1990)**

Chen, Wei min 陈维敏
CHEN, WEI MING 陈维明 **(1905-1961)**

Chen, Wei ming 陈微明
CHEN, WEI MING 陈维明 **(1905-1961)**

CHEN, WEI MING 陈维明 **(1905-1961)**
Chen, Ming 陈明
Chen, Ming 陈冥
Chen, Wei min 陈维敏
Chen, Wei ming 陈微明
Gu, Fu 古夫
Ke fu 克夫
Ming 明
Ming, Ming 冥冥
Sa, Ke 萨柯
Sha, Ke fu 沙可夫
Wei ming 微明
Yao yao 窈窈

CHEN, WEI MING 陈伟明 **(1954-)**
Yu nong lu 裕农路

CHEN, WEI MO 陈炜谟 **(1903-1955)**
Chen, Fo du 陈佛读
Chen, Shu hua 陈叔华
Rong, Zhou 容舟
Shu hua 叔华
Si, Hua shi 斯华士
Xiong, Xin 熊昕
You xiong 有熊

Chen, Wei ren 陈为人
CHEN, WEI YING 陈蔚英 **(1899-1937)**

Chen, Wei ren 陈蔚人
CHEN, WEI YING 陈蔚英 **(1899-1937)**

CHEN, WEI XIAN 陈维贤 **(1949-)**
Chen, Hao quan 陈浩泉
Ding, Yi ying 丁亦鹰
Ge shu ying 哥舒鹰
Hao quan 浩泉
Sang, Quan 桑泉
Xia, Luo sang 夏洛桑

Chen, Wei xiang 陈为湘
CHEN, XING ZHONG 陈性忠 **(1920-)**

CHEN, WEI XIN 陈维信 **(1918-)**
Chen, Shi 陈实

CHEN, WEI XUN 陈伟勋 **(1924-)**
Chen, Yi ren 陈亦人

CHEN, WEI YING 陈蔚英 **(1899-1937)**
Chen, Hong tao 陈洪涛
Chen, Tao 陈涛
Chen, Wei ren 陈为人
Chen, Wei ren 陈蔚人
Wei ren 为人

Chen, Wen 陈闻
CHEN, SHI YUAN 陈仕元 **(1931-)**

Chen, Wen 陈文
LI, GENG CHEN 李庚辰 **(1940-)**

Chen wen 辰文
YANG, ZHEN WEN 杨振文 **(1939-)**

CHEN, WEN FANG 陈文芳 **(1930-)**
Mu, Wen 慕文

CHEN, WEN GUI 陈文贵 **(1948-)**
Bo ren 伯仁
Si ting 思婷
Wen, Gui 文龟

CHEN, WEN HE 陈文和 **(1927-)**
Lei, Feng 雷枫
Xiang ren 芗人
Yi qing 一清

CHEN, WEN HE 陈文和 **(1948-)**
Wen, He 文龢

CHEN, WEN HUAI 陈文怀 **(1934-)**
Tian ya cha ren 天涯茶人
Wen, Huai 闻淮
Wen hui 雯回
Xin biao 心表

CHEN, WEN HUANG 陈文煌 **(1951-)**
Sha, Qin 沙禽

CHEN, WEN HUI 陈文辉 **(1960-)**
A hui 阿辉

CHEN, WEN LI 陈文立 **(1953-)**
Chuan cao 川草
Yue, Lian 岳帘

CHEN, WEN MEI 陈问梅 **(1925-)**
Chen, Gong 陈拱

CHEN, WEN QI 陈文祺 **(1949-)**
Ruo mo 若默

CHEN, WEN QUAN 陈文泉 **(1918-)**
Jian dao 建道
Wen, Quan 文泉

Chen, Wen sen 陈文森
HE, ZHANG PING 何章平 **(1916-1968)**

CHEN, WEN SHANG 陈文尚 **(1929-)**
Guo, Shao 郭哨
Lan, Tian er 蓝天儿
Liu, Li yuan 刘霾原
Tian, Shi 田湜
Tie lu 铁露

Chen, Wen shao 陈闻韶
CHEN, BAI 陈白 **(1869-1934)**

CHEN, WEN SHENG 陈文生 **(1939-)**
Chang, Mei 常枚

CHEN, WEN TONG 陈文统 **(1926-)**
Chen, Lu 陈鲁
Feng, Yu ning 冯瑜宁
Li, Fu ren 李夫人
Liang, Hui ru 梁慧如
Liang, Yu sheng 梁羽生
Tong, Shuo zhi 佟硕之

CHEN, WEN WEI 陈文威 **(1948-)**
Bai, Yang 白羊
Chen, Bu hui 陈不讳
Da ying 大婴
He, He 贺贺
Jin, Chao 金朝
Pang, Guan 庞观
Qi, Ye xue 齐也雪
Wen, Wei 文威
Xian jun 闲君
Xie, Zhen peng 谢珍朋
Yu zhen 欲真

Chen, Wen xiang 陈文祥
CHEN, SHOU MEI 陈守梅 **(1907-1967)**

Chen, Wen xin 陈文新
JIAN, XIAN AI 蹇先艾 **(1906-)**

Chen, Wen xiu 陈文秀
SHI, RU BI 石汝璧 **(1902-1928)**

Chen wu 尘无
WANG, CHENG MO 王承谟 **(1911-1938)**

Chen wu 尘芜
WANG, CHENG MO 王承谟 **(1911-1938)**

Chen, Wu 陈芜
ZHENG, YU JUN 郑毓钧 **(1917-1943)**

Chen, Wu 陈芜
CHEN, JIAN YIN 陈剑吟 **(1923-)**

CHEN, WU MEN 陈无闷
Bai, Ding 白丁
Wu meng 无梦

Chen, Wu sheng 陈武生
CHEN, WU XING 陈武星 **(1939-)**

Chen, Wu wo 陈无我
CHEN, FU XIANG 陈辅相

CHEN, WU XING 陈武星 **(1939-)**
Chen, Wu sheng 陈武生

CHEN, WU XIONG 陈武雄 **(1922-)**
Chen, Qian wu 陈千武
Huan, Fu 桓夫

Chen, Xi 陈希
ZHANG, XIAO GUANG 张晓光 **(1955-)**

Chen, Xi 陈犀
REN, XIAO DING 任萧丁 **(1930-)**

Chen, Xi 陈熙
CHEN, HONG JU 陈鸿举 **(1938-)**

Chen xi 晨曦
ZOU, EN RUN 邹恩润 **(1895-1944)**

Chen xi 晨曦
SUN, QI XU 孙其旭 **(1933-)**

Chen xi 晨曦
WANG, ZHEN QING 王振清 **(1951-)**

Chen xi 晨曦
JIANG, CHEN SHI 江陈诗

Chen, Xi bei 陈西贝
ZENG, ZHENG CHANG 曾正昌 **(1922-1966)**

CHEN, XI CHEN 陈锡琛 **(1931-)**
Chen, Xue chen 陈雪琛
Shan yu 山雨
Xue chuan 雪川

CHEN, XI DING 陈熙鼎 **(1920-)**
Chen, Guang zu 陈光祖
Chen, Xi ting 陈西汀
Chen, Xiang bai 陈象百

CHEN, XI FAN 陈锡蕃 **(1934-)**
Xiao zhong 小仲

CHEN, XI GUANG 陈锡光 **(1904-1935)**
Bai, Ming 白明
Cao, Xu hua 曹勖华
Chen, Huang guang 陈黄光
Chen, Zai hua 陈再华
Huang, Guang 黄光
Xi guang 锡光
Yun, Guang 云光
Zai hua 再华

CHEN, XI HE 陈西禾 **(1911-1983)**
Huai, Jiu 怀久
Huai , Jiu 怀玖
Lin, Ke 林柯
Lin, Ke 林珂
Wan, Yue 万岳
Xi he 西禾
Yin xia 隐霞

Chen, Xi li 陈西里
JIANG, GUANG CI 蒋光慈 **(1901-1931)**

CHEN, XI MEI 陈喜美
Meng, Jia 孟佳

Chen, Xi min 陈细民
CHEN, SHI MIN 陈世民 **(1927-)**

CHEN, XI RONG 陈希荣 **(1911-1970)**
Chen, Yan qiao 陈烟桥
Guo, Mo 郭墨
Li, Wu cheng 李雾城
Wu cheng 雾城
Yan qiao 烟桥

CHEN, XI RU 陈喜儒 **(1946-)**
Qin, Sang 秦桑

CHEN, XI TIAN 陈锡添 **(1941-)**
Bai, Yun 白云

Chen, Xi ting 陈西汀
CHEN, XI DING 陈熙鼎 **(1920-)**

CHEN, XI XIANG 陈锡襄
Xi xiang 息响

CHEN, XI YI 陈锡仪 **(1918-)**
A la ding 阿拉丁
Chen, Ji 陈迹
Lu, A 鲁阿
Lu, Bing 鲁兵
Lu, Ding 鲁丁
Xiao ding 小丁
Xing lü 行侣

Chen, Xi ying 陈西滢
CHEN, YUAN 陈源 **(1896-1970)**

CHEN, XI ZHEN 陈锡桢 **(1913-1992)**
Yuan hui 圆慧
Zhu, Zi 祝子

CHEN, XI ZHEN 陈锡祯
Yi, Jin 易金

Chen, Xi zhong 陈西中
CHEN, XI ZHONG 陈熙中 **(1940-)**

CHEN, XI ZHONG 陈熙中 **(1940-)**
Chen, Xi zhong 陈曦钟
Chen, Xi zhong 陈西中
Xi zhong 曦仲

Chen, Xi zhong 陈曦钟
CHEN, XI ZHONG 陈熙中 **(1940-)**

CHEN, XI ZHOU 陈晞舟 **(1957-)**
An, Er shan 安尔善

Chen, Xia 陈侠
CHEN, YAN 陈衍 **(1856-1937)**

Chen, Xian 陈闲
FENG, PEI LAN 冯培澜 **(1902-)**

Chen, Xian 陈岘
CHEN, ZU MEI 陈祖美 **(1938-)**

Chen xian 尘仙
ZHU, ZONG LIANG 朱宗良 **(1892-1970)**

CHEN, XIAN FU 陈显涪 **(1949-)**
Hu, Ping 胡萍
Jian wen 剑文
Liu, Wan ming 刘万铭
Xian, Fu 冼夫
Xian weng 先翁

CHEN, XIAN LIN 陈贤林 **(1928-)**
Hong mang 红芒

CHEN, XIAN MIN 陈献民 **(1938-)**
Chen, Hua 陈花
Li hua 利花

CHEN, XIAN RONG 陈显荣 **(1938-)**
Chen rong 晨容

CHEN, XIAN YI 陈先艺 **(1919-)**
Chen, Zi 陈紫
Chen, Zi shu 陈子树
Peng, Tong 彭彤
Wu, Hua chang 吴化常
Xun min 循民

CHEN, XIAN ZHONG 陈贤仲 **(1937-)**
Chen, Shen 陈深

CHEN, XIANG 陈香 **(1906-1986)**
Chen yin 沉吟
Luo sha 萝莎

Chen, Xiang bai 陈象百
CHEN, XI DING 陈熙鼎 **(1920-)**

Chen, Xiang he 陈祥和
CHEN, XIANG HE 陈翔鹤 **(1901-1969)**

CHEN, XIANG HE 陈翔鹤 **(1901-1969)**
Bai, Zhi 白芷
Chen, Huai shuang 陈怀霜
Chen, Xiang he 陈祥和
Ding bo 定波
Huai, Shuang 怀霜

Ran shuang 冉霜
Xiang he 翔鹤
Yu shan 雨山
Zhong, Zi 仲子

CHEN, XIANG HUA 陈翔华 **(1934-)**
Cen, Hua 岑桦
Chang, Fang 常方
Chen, Dong 陈东
Chen, Qiang hua 陈强华
Tian, Jiang 田疆
Xiang 翔

Chen, Xiang ping 陈向平
CHEN, ZENG SHAN 陈增善 **(1909-1974)**

CHEN, XIANG RU 陈相儒 **(1924-)**
Chen, Geng xin 陈更新
Chen, Xiang ru 陈湘茹
Shi, Ren 石人
Tian, Ye 田野

Chen, Xiang ru 陈湘茹
CHEN, XIANG RU 陈相儒 **(1924-)**

Chen, Xiang yang 陈向阳
CHEN, RUI TIAN 陈锐添 **(1941-)**

CHEN, XIANG YI 陈香贻 **(1897-)**
Chen, Han zhen 陈翰珍

CHEN, XIANG YUAN 陈向元 **(1894-1974)**
Chen, Xiao wei 陈孝威
Jing, Sheng zhai 敬胜斋
Ruo ding lu 若定庐
Xiang, Yuan 向元

Chen, Xiao 陈萧
CHEN, BO PING 陈伯萍 **(1923-)**

CHEN, XIAO 陈晓 **(1936-)**
Xiao qing 晓青

Chen xiao 晨晓
LI, REN XIAO 李仁孝 **(1935-)**

Chen xiao 晨晓
CHEN, SHI GUO 陈士果 **(1950-)**

Chen, Xiao bing 陈晓冰
CHEN, QIAN RU 陈倩如 **(1952-)**

Chen, Xiao bing 陈晓兵
CHEN, YAO ZONG 陈耀宗

CHEN, XIAO CEN 谌小岑 **(1896-)**
Xiao cen 小岑
Xiao cen 晓岑

Chen, Xiao cui 陈小翠
CHEN, YU CUI 陈玉翠 **(1907-1968)**

Chen, Xiao die 陈小蝶
CHEN, DING SHAN 陈定山 **(1895-1984)**

Chen, Xiao dong 陈晓东
CHEN, DUN HUI 陈敦慧 **(1949-)**

Chen, Xiao feng 陈晓风
CHEN, WANG DAO 陈望道 **(1890-1977)**

Chen, Xiao feng 陈晓枫
CHEN, ZUO ER 陈佐洱 **(1942-)**

Chen, Xiao feng 陈笑峯
QU, QIU BAI 瞿秋白 **(1899-1935)**

CHEN, XIAO GUANG 陈晓光 **(1948-)**
Xiao guang 晓光

CHEN, XIAO HONG 陈小虹 **(1940-)**
Feng hong 枫红

CHEN, XIAO HU 陈晓虎 **(1950-)**
Xiao chen 小尘

CHEN, XIAO HUA 陈小华 **(1949-)**
Xiao, Hua 肖华
Xiao, Xiao 肖潇

CHEN, XIAO JUN 陈小军 **(1962-)**
Xiao jun 筱君

CHEN, XIAO LIN 陈晓林 **(1949-)**
Feng pian 风片

CHEN, XIAO MEI 陈晓梅 **(1924-)**
Chen, Chi 陈迟
Chen, Ci 陈辞
Cheng chi 城池
Hu, Bu huan 胡不欢
Huai, Tao 怀涛
Xiao, Sang 萧桑
Xin, Su 辛肃

CHEN, XIAO MEI 陈筱梅
Xiao mei 筱梅

Chen, Xiao ping 陈小苹
CHEN, TING 陈廷 **(-1992)**

CHEN, XIAO QIONG 陈小琼
Xiao qiong 小琼

CHEN, XIAO REN 陈孝仁 **(1940-)**
Chen, Xiao ren 陈肖人
Xiao chen 小辰
Xiao chen 晓辰

Chen, Xiao ren 陈肖人
CHEN, XIAO REN 陈孝仁 **(1940-)**

Chen, Xiao shi 陈晓时
CHEN, GUI RU 陈珪如 **(1907-1986)**

CHEN, XIAO TING 陈孝庭 **(1930-)**
Wei sheng 维生

Xiao, Ting 萧亭
Xiao ting 孝亭

Chen, Xiao wei 陈孝威
CHEN, XIANG YUAN 陈向元 **(1894-1974)**

CHEN, XIAO YING 陈孝英 **(1942-)**
Chen, En 陈恩
Chen, Si 陈思
Cheng, Si 成思
Ding, Yi 丁毅
Zhong, Yi 钟毅

Chen, Xiao yu 陈笑雨
CHEN, YIN EN 陈荫恩 **(1917-1966)**

CHEN, XIAO YUN 陈小云
Fei yan 飞雁
Xiao yun 小云

CHEN, XIE FEN 陈撷芬 **(1883-1923)**
Chu nan nü zi 楚南女子
Xie fen nü lang 撷芬女郎

Chen, Xin 陈欣
CHEN, MING ZHONG 陈明中 **(1903-)**

Chen, Xin 陈欣
LI, JIN YUN 李金韵 **(1943-)**

Chen, Xin 陈欣
CHEN, ZHENG XIN 陈政欣 **(1948-)**

Chen, Xin 陈新
CHEN, MING ZHONG 陈明中 **(1903-)**

Chen, Xin 陈新
QIN, HAO 秦浩 **(1908-)**

Chen, Xin 陈新
LIU, SI HAI 刘斯海 **(1919-)**

Chen, Xin 陈新
CHEN, ZHEN GUO 陈振国 **(1940-)**

Chen, Xin 陈辛
CHEN, QIU FANG 陈秋舫 **(1926-)**

Chen, Xin 陈心
CHEN, ZHI CHENG 陈志成 **(1940-)**

CHEN, XIN CHUAN 陈新川 **(1952-)**
Shu wai ren 书外人
Xin yu 新羽

CHEN, XIN CHUN 陈心纯
Xiao ke 小可

Chen, Xin jia 陈辛嘉
CHEN, SONG LING 陈松龄

CHEN, XIN JING 陈心镜
Chen, Hui 陈晖
Chen, Tong ming 陈统明

CHEN, XIN LAO 陈辛劳 **(1911-1945)**
Chen, Jing qiu 陈晶秋
Xin, Lao 辛劳

CHEN, XIN MING 陈鑫明 **(1944-)**
Jian zhi 剪枝
Jing wei 泾渭

Chen, Xin nong 陈莘农
CHEN, QI XIU 陈启修 **(1886-1960)**

CHEN, XIN QIAN 陈新乾
Xin quan 心泉

CHEN, XIN REN 陈辛仁 **(1915-)**
Chen, Ke zhen 陈克桢
Lin, Zhi ying 林稚英
Shi, Fang 史芳
Xin, Ren 辛人
Zuo, Xin ren 左辛人

Chen, Xin xin 陈欣心
CHEN, YU MEI 陈毓美 **(1947-)**

CHEN, XIN YUAN 陈信元 **(1953-)**
Lu, Yi lin 陆以霖

Chen xing 晨星
WANG, YUAN 王蘧 **(1884-1944)**

Chen xing 晨星
LI, MIN XING 郦民兴

Chen xing 辰星
CHEN, LAI JIANG 陈来江 **(1960-)**

CHEN, XING DE 陈兴德
Mei, Yin jun 梅隐君

Chen, Xing fu 陈兴福
LI, FAN FU 李凡夫 **(1906-1967)**

Chen, Xing lu 陈惺庐
CHEN, YAO GUI 陈耀妫 **(1876?-1948?)**

Chen, Xing nong 陈惺农
CHEN, QI XIU 陈启修 **(1886-1960)**

CHEN, XING PING 陈星平 **(1949-)**
Yi long 一聋

CHEN, XING YAO 陈性耀 **(1927?-)**
Sheng guang 生光

CHEN, XING ZHONG 陈性忠 **(1920-)**
Chen, Wei xiang 陈为湘
Ji, Fang 冀汸
Ji, Fu 吉父
Ling, Heng 凌恒
Wen, Yi zhu 文仪珠

CHEN, XIONG XUN 陈雄勋 **(1926-)**
Chen, Zhi zhi 陈知止

Mu lou zhu ren 慕楼主人

CHEN, XIU JUAN 陈秀娟 **(1942-)**
Chen, Juan 陈娟

CHEN, XIU LU 陈修禄 **(1918-1988)**
Chen, Jin 陈今
Chen, Xu lu 陈旭麓
Lao chen 老陈
Lin, Fu 林父
Weng an 嗡唵
Yue, Shan 岳山

CHEN, XIU MEI 陈秀美 **(1938-)**
Chen, Ruo xi 陈若曦

Chen, Xiu ping 陈修平
CHEN, QI TIAN 陈启天 **(1893-1984)**

CHEN, XIU RONG 陈秀荣 **(1959-)**
Ai, Yi 艾宜

Chen, Xiu xi 陈秀喜
ZHANG, XIU XI 张秀喜 **(1922-)**

CHEN, XIU YUAN 陈秀元
Bing xiu 冰秀

CHEN, XU 陈栩 **(1879-1940)**
Chao ran 超然
Chen, Die 陈蝶
Chen, Die xian 陈蝶仙
Chen, Shou song 陈寿嵩
Chen, Xu yuan 陈栩园
Da qiao shi yu 大桥式羽
Die xian 蝶仙
Guo huo zhi yin zhe 国货之隐者
Hou he hua shi ri sheng 後荷花十日生
Lao die 老蝶
Shu bao 叔宝
Tai chang xian die 太常仙蝶
Tian xu wo sheng 天虚我生
Xi hong sheng 惜红生
Xu 栩
Xu yuan 栩园
Ying chuan san lang 樱川三郎

Chen, Xu 陈叙
CHEN, SHAO LUN 陈绍伦 **(1913-)**

Chen xu 晨旭
ZHENG, ZHEN MING 郑贞铭 **(1936-)**

Chen, Xu gu 陈虚谷
CHEN, MAN YING 陈满盈 **(1896-1965)**

Chen, Xu lu 陈旭麓
CHEN, XIU LU 陈修禄 **(1918-1988)**

Chen, Xu yuan 陈栩园
CHEN, XU 陈栩 **(1879-1940)**

CHEN, XUAN WEN 陈绚文 **(1922-)**
Hua, Sang 华桑
Liang, Zheng 梁政
Lin, Wei xue 林未雪
Ru yi 如意
Xia, Yi 夏易
Yan, Qian zi 言茜子
Ye, Shu 叶舒
Ye, Wen 叶问
Zhang, Ru yi 章如意
Zi heng 紫珩

CHEN, XUAN ZHEN 陈璇珍 **(1909-)**
Wei chen 微尘

Chen, Xue 沉雪
LI, DA XIN 李大信 **(1940-)**

Chen, Xue chen 陈雪琛
CHEN, XI CHEN 陈锡琛 **(1931-)**

Chen, Xue fan 陈雪帆
CHEN, WANG DAO 陈望道 **(1890-1977)**

Chen, Xue feng 陈雪峰
CHEN, RUI RONG 陈瑞荣 **(1916-)**

Chen, Xue feng 陈雪风
CHEN, SI QING 陈思庆 **(1935-)**

CHEN, XUE FU 陈学夫 **(1939-)**
Bai, Yan 白岩
Han tian lei 旱天雷
Niu, Jiao jian 牛角尖

CHEN, XUE MEI 陈雪美
Yu lian 雨莲

CHEN, XUE SHU 陈学书 **(1943-)**
Zhang, Yi chi 张一驰
Zuo, Xian 左弦
Zuo, Zi Xuan 左子玄

CHEN, XUE WEN 陈学文 **(1931-)**
Yu, Li 余力

CHEN, XUE YING 陈学英 **(-1950)**
Yi ling 一零

Chen, Xue zhao 陈学昭
CHEN, SHU ZHANG 陈淑章 **(1906-1991)**

CHEN, XUN 陈洵 **(1870-1942)**
Reng du tang 仍度堂
Si ge li shi zhu 思蛤蜊室主

CHEN, XUN EN 陈训恩 **(1890-1948)**
Bu lei 布雷
Chen, Bu lei 陈布雷
Chen, Yan ji 陈彦及
Lei 垒
Wei lei 畏垒

Xu, Dao lin 徐道邻
Yan ji 彦及
Yue yan 曰彦

CHEN, XUN RU 陈巽如 **(1949-)**
Bai, Ruo 白若
Er dong 耳东

Chen, Xun sheng 陈勋生
CHEN, DUN ZHENG 陈敦正 **(1911-)**

CHEN, XUN ZHENG 陈训正 **(1872-1944)**
Ju yang bo zi 句阳伯子
Tian ying 天婴
Tian ying zi 天婴子
Wan shan ren 晚山人
Xuan lin 玄林
Xuan ying 玄婴
Yi shang ren 圯上人
Ying ning 婴宁
Ying ning 樱宁
Ying ning lao ren 樱宁老人

CHEN, XUN ZHI 陈迅之 **(1923-)**
Ai, Feng 艾风
Shi, Te 史特
Shun zhi 舜之
Xu, Wen 徐文
Xun zhi 迅之

Chen, Ya 陈雅
ZHENG, SHU QIN 郑树钦 **(1942-)**

CHEN, YA DAN 陈雅丹 **(1942-)**
Ya dan 雅丹
Ya dan 亚丹

CHEN, YA GUANG 陈亚光
Ya guang 亚光

Chen, Ya li 陈雅礼
CHEN, HONG NENG 陈鸿能 **(1945-)**

CHEN, YA NAN 陈亚南 **(1950-)**
Chen, Yi 陈依

Chen, Ya xin 陈亚馨
CHEN, NENG LI 陈能梨

Chen, Yan 陈阏
CHEN, HUA LI 陈化鲤 **(1910-)**

Chen, Yan 陈湮
SHAO, QUAN JIAN 邵全建 **(1926-)**

Chen, Yan 陈言
LIU, BAI QING 刘柏青 **(1924-)**

Chen, Yan 陈言
CHEN, SU BAI 陈素白 **(1930-)**

Chen, Yan 陈言
CHEN, SHUI YUAN 陈水源 **(1939-)**

CHEN, YAN 陈言 **(1967-)**
Yi, Yin 伊因

Chen, Yan 陈言
CHEN, QUAN 陈全

Chen, Yan 陈炎
CHEN, ZHANG YAN 陈章炎 **(1916-)**

CHEN, YAN 陈炎 **(1925-)**
Ai, Luo 艾洛
Ai, Luo lai 艾洛莱
Bu, Yun 步云
Cen, Zhong yi 岑中逸
Chen, Yi ming 陈轶明
Ding, Er 丁耳
Ding, Mang 丁芒
Ku ding zhai 苦丁斋
Lu, Er lun 陆尔纶
Nan, Tong 南通
Shun feng 舜封
Tian, Fu li 田复离
Tian, Li 田立
Xiao tuo 小陀
Yi ming 轶明

CHEN, YAN 陈研 **(1956-)**
Xiao yan 晓研

CHEN, YAN 陈衍 **(1856-1937)**
Chen, Bo yin 陈伯尹
Chen, Xia 陈侠
Chi, Yuan 迟园
Pi yuan 匹园
Pi yuan 匹远
Shi, Yi 石遗
Shi yi 拾遗
Shi yi lao ren 石遗老人
Shi yi shi 石遗室
Shu yi 叔伊
Zui shi 醉石

Chen, Yan 陈彦
CHEN, ZHI CHENG 陈志成 **(1940-)**

Chen, Yan 陈彦
CHEN, ZU YAN 陈祖彦 **(1945-)**

Chen yan 沉岩
CHEN, JIAN ZHONG 陈建中 **(1947-)**

CHEN, YAN HUA 陈艳华
Zhou, Tong 周桐

Chen, Yan ji 陈彦及
CHEN, XUN EN 陈训恩 **(1890-1948)**

CHEN, YAN JIE 陈延杰 **(1888-1970)**
Chen, Zhong zi 陈仲子
Xi yang 晞阳

CHEN, YAN MIN 陈燕民 **(1954-)**
Zi wei 子微

Chen, Yan nan 陈燕南
HUANG, REN FANG 黄任芳 **(1926-)**

CHEN, YAN NIAN 陈延年 **(1899-1927)**
Lin, Mu 林木
Nian, Ren 年人

CHEN, YAN PING 陈岩平
Yi xin 义昕

CHEN, YAN PING 陈燕萍 **(1941-)**
Chen, Mei yi 陈梅逸
Mei, La 梅拉
Song, Mei 宋玫

Chen, Yan qiao 陈烟桥
CHEN, XI RONG 陈希荣 **(1911-1970)**

CHEN, YAN WEI 陈延韡 **(1879-1957)**
Chen, Han guang 陈含光
Huai hai ke 淮海客

Chen, Yang 陈漾
CHEN, DE JU 陈德矩 **(1920-)**

Chen, Yang 陈阳
CHEN, JIAN HUI 陈建辉 **(1954-)**

Chen, Yang 陈洋
CHEN, QI GAN 陈启淦 **(1955-)**

CHEN, YANG WEI 陈扬纬 **(1947-)**
Chen, Duo 陈多

CHEN, YAO GUI 陈耀妫 **(1876?-1948?)**
Chen, Xing lu 陈惺庐

CHEN, YAO MIN 陈耀民 **(1927-)**
Liang, Chu 梁楚
Ma, Ning 马宁
Qin, Sheng 秦笙
Xia, Hou 夏侯
Xiao mi 小咪
Yan yin 雁荫
Yan, Ying 燕英
Yang, Liu qing 杨柳青
Yao min 耀民
Yin 荫

CHEN, YAO NAN 陈耀南 **(1941-)**
Liang, Shan 梁山

CHEN, YAO SHAN 陈尧山 **(1898-)**
Yi lu 奕庐
Zuo, Ming 左明

CHEN, YAO TANG 陈耀唐 **(1908-1970)**
Chen, Ke bai 陈克白
Chen, Tie geng 陈铁耕
Chen, You cun 陈又村
Ke bai 克白
Mo ming 没铭
Mo ming 沫名
Tie geng 铁耕
Wei ming 未名
You cun 又村

CHEN, YAO TING 陈耀庭 **(1933-1984)**
Cen, Feng 岑风
Chang geng 长庚
Chen feng 晨风
He, Xing 何行
Xin, Wen 辛文

Chen, Yao xian 陈耀先
MOU, HAN QING 牟翰卿 **(1912-1980)**

CHEN, YAO ZONG 陈耀宗
Chen, Xiao bing 陈晓兵
Chong shan 崇山

Chen, Ye 陈烨
CHEN, CHUN XIU 陈春秀 **(1959-)**

Chen, Ye 陈夜
ZHANG, ZI QI 张自旗 **(1928-)**

Chen ye 晨野
CHEN, QI CHANG 陈其昌 **(1934-)**

Chen, Ye huan 陈也欢
OU YANG, XUAN 欧阳璿 **(1932-)**

Chen, Yi 陈依
CHEN, YA NAN 陈亚南 **(1950-)**

Chen, Yi 陈沂
SHE, LI PING 佘立平 **(1912-)**

Chen, Yi 陈易
TAN, XI YONG 谈锡永 **(1935-)**

CHEN, YI 陈益 **(1949-)**
Gui, Yu 桂雨

Chen, Yi 陈逸
CHEN, HENG JIA 陈恒嘉 **(1944-)**

CHEN, YI 陈逸
Chen, Zui yun 陈醉云
Zui yun 醉云

CHEN, YI 陈毅 **(1901-1972)**
Chen, Qiu jiang 陈秋江
Chen, Zhong zi 陈仲子
Heng shuo 横槊
Heng shuo ke 横槊客
Jiang fu 绛夫
Qian fu 纤夫
Qiu, Jiang 秋江
Qu, Qiu 曲秋

Shi ke 士可
Yong zhang 用章
Zhong, Hong 仲弘
Zhong, Hong 仲宏
Zhong, Zi 仲子

Chen, Yi 陈毅
SHE, LI PING 佘立平 **(1912-)**

Chen, Yi 谌毅
CHEN, TIE HAN 谌铁汉

Chen yi 晨逸
CHEN, QI CHANG 陈其昌 **(1939-)**

Chen, Yi bing 陈依炳
CHEN, BING 陈炳 **(1934-)**

CHEN, YI CHANG 陈义长
Chen, Mo li 陈茉莉

CHEN, YI DING 陈义丁
Lan, Tian 蓝天

CHEN, YI FAN 陈彝范 **(1860-1913)**
Chen, Fan 陈范
Chen, Meng bu 陈梦逋
Chen, Meng po 陈梦坡
Chen, Tui 陈蜕
Lao tui 老蜕
Meng bu 梦逋
Meng po 梦坡
Shu rou 叔柔
Tui an 蜕安
Tui an 蜕庵
Tui cun 蜕存
Tui seng 退僧
Tui seng 蜕僧
Tui weng 退翁
Tui weng 蜕翁
Xi an 息庵
Xi chou 锡畴
Yao tian 瑶天
Yao tian lao tui 瑶天老蜕
Yi fan 彝范
Yi yun 忆云

Chen, Yi fan 陈逸凡
CHEN, RU XUAN 陈茹玄 **(1894-1955)**

CHEN, YI FEI 陈逸飞 **(1904-)**
Chen, Zui Liao 陈醉蓼
Han tian lu zhu 憾天庐主
Yi, Fei 易飞

CHEN, YI FENG 陈一峰 **(1943-)**
Yu feng 玉峰

Chen, Yi fu 陈夷夫
CHEN, SHOU RONG 陈守荣 **(1915-1979)**

CHEN, YI FU 陈贻福 **(1927-)**
Chen fu 沉浮

Chen, Yi lin 陈翊林
CHEN, QI TIAN 陈启天 **(1893-1984)**

Chen, Yi men 陈衣门
CHEN, SHOU MEI 陈守梅 **(1907-1967)**

Chen, Yi men 陈亦门
CHEN, SHOU MEI 陈守梅 **(1907-1967)**

Chen, Yi ming 陈轶明
CHEN, YAN 陈炎 **(1925-)**

Chen, Yi Ping 陈一萍
CHEN, QING LONG 陈庆隆 **(1910-)**

CHEN, YI PING 陈奕萍 **(1935-)**
Chen, Lei 陈雷
Hong, Yin 洪音
Jin, Feng 金锋
Yi ping 亦平

Chen, Yi pu 陈艺圃
DAI, MENG OU 戴梦鸥 **(1905-1950)**

Chen, Yi qi 陈揖旗
CHEN, QI 陈淇 **(1911-)**

CHEN, YI QIANG 陈宜强 **(1962-)**
Xi feng 西风

Chen, Yi ren 陈亦人
CHEN, WEI XUN 陈伟勋 **(1924-)**

CHEN, YI SHAN 陈一山
Jing lei 菁蕾

CHEN, YI SONG 陈逸松 **(1907-)**
Yi yu shan ren 疑雨山人

Chen, Yi tong 陈一统
CHEN, ZHEN GUO 陈振国 **(1940-)**

Chen, Yi wen 陈一文
LI, SHI ZHAO 李士钊 **(1916-)**

Chen, Yi wen 陈一文
CHEN, SHAO HUA 陈少华 **(1949-)**

CHEN, YI XIN 陈一新 **(1938-)**
Chen, Chang yuan 陈昌源

CHEN, YI YI 陈以义 **(-1915)**
Xi xi 西溪
Zhong, Quan 仲权

Chen, Yi yi 陈以益
CHEN, ZHI QUN 陈志群

Chen, Yi yun 陈一云
WANG, XIAN ZE 王显泽 **(1925-)**

Chen, Yi yun 陈逸云

WANG, XIAN ZE 王显泽 **(1925-)**

CHEN, YI YUN 陈逸云 **(1910-1969)**
Chen, Shan jiao 陈山椒
Yun, He 云鹤

Chen, Yi zhi 陈异植
CHEN, YI ZHI 陈义芝 **(1953-)**

CHEN, YI ZHI 陈义芝 **(1953-)**
Chen, Yi zhi 陈异植
Yi zhi 异植

Chen, Yin 陈因
CHEN, YING 陈锳 **(1907-1988)**

Chen, Yin 陈因
TONG, CHANG QING 佟长青 **(1913-1945)**

Chen, Yin 陈因
CHEN, YONG FU 陈永福 **(1921-)**

Chen, Yin 陈茵
MENG, XIAN QI 孟宪棨 **(1902-1976)**

CHEN, YIN 陈荫 **(1893-1982)**
Chen, Bi cen 陈碧岑

Chen, Yin 陈寅
CHEN, YIN KE 陈寅恪 **(1889-1969)**

Chen, Yin 陈寅
CHEN, YONG XI 陈永禧

Chen yin 尘因
YANG, CHEN YIN 杨尘因

Chen yin 沉吟
CHEN, XIANG 陈香 **(1906-1986)**

CHEN, YIN EN 陈荫恩 **(1917-1966)**
Chen, Xiao yu 陈笑雨
Ma, Hu 马虎
Ma, Tie ding 马铁丁
Qiao yu 樵渔
Si ma, Long 司马龙

CHEN, YIN KE 陈寅恪 **(1889-1969)**
Chen, Yin 陈寅
Han liu tang 寒柳堂
Jin, Ming guan 金明馆

CHEN, YING 陈锳 **(1907-1988)**
Chen, Chen ying 陈尘英
Chen, Chen ying 陈沉樱
Chen, Yin 陈因
Chen, Ying 陈瑛
Chen ying 沉樱
Chen ying nü shi 沉樱女士
Fei zhao 非兆
Ling mei 岭梅
Xiao ling 小玲
Xiao ling 小铃

Chen, Ying 陈锳
CHEN, YING 陈锳 **(1907-1988)**

Chen, Ying 陈荧
CHEN, YU ZHU 陈玉珠 **(1950-)**

Chen, Ying 陈婴
LI, YE DAO 李业道 **(1924-)**

Chen ying 沉樱
CHEN, YING 陈锳 **(1907-1988)**

Chen ying 晨婴
WU, ZONG HAI 吴宗海 **(1925-)**

Chen ying 沉英
LIU, ZHEN YING 刘振瀛 **(1951-1990)**

CHEN, YING DE 陈应德 **(1938-)**
Mang fu 莽夫
Qing chuan 晴川
Xiao feng 晓峰

Chen, Ying hao 陈膺浩
CHEN, PEI 陈培 **(1925-)**

CHEN, YING JIE 陈英捷 **(1934-)**
Chen, Chen 陈晨

CHEN, YING JUN 陈英俊 **(1934-)**
Chen, Guan xue 陈冠学

CHEN, YING MING 陈应明 **(1932-)**
Chen, Yu mo 陈予漠
Yu, Mo 于末
Yu mo 渔沫

Chen ying nü shi 沉樱女士
CHEN, YING 陈锳 **(1907-1988)**

CHEN, YING SHANG 陈英赏 **(-1984)**
Chen, Man 陈漫
Yi fei 亦非

CHEN, YING SHI 陈应时 **(1933-)**
Bai gui 百归
Sha, Li 沙里
Shi, Li 石里

Chen, Ying shi 陈映实
CHEN, FENG XIANG 陈凤翔 **(1938-)**

CHEN, YING WEN 陈膺文 **(1954-)**
Chen, Li 陈黎

CHEN, YING XIONG 陈英雄 **(1941-)**
Ying di 鹰娣

Chen, Ying zhen 陈映真
CHEN, YONG SHAN 陈永善 **(1937-)**

CHEN, YING ZHOU 陈映舟 **(1954-)**

Chen, Ning gui 陈宁贵

Chen, Yong 陈用
FENG, PEI LAN 冯培澜 (1902-)

Chen, Yong 陈涌
YANG, XI ZHONG 杨熹中 (1919-)

Chen, Yong 陈涌
CHEN, YONG FU 陈甬夫 (1928-)

Chen, Yong 陈湧
YANG, XI ZHONG 杨熹中 (1919-)

CHEN, YONG AN 陈永安 (1944-)
Cao feng 草风
Hua fei hua long zu 花非花龙族

CHEN, YONG CAI 陈永才
Jia, Yong 贾用
Tian, Qing 田青

CHEN, YONG FENG 陈永丰 (1952-)
Xia, Nan 夏楠

CHEN, YONG FU 陈永福 (1921-)
Chen, Yin 陈因

CHEN, YONG FU 陈甬夫 (1928-)
Chen, Jun 陈俊
Chen, Jun ma 陈俊马
Chen, Yong 陈涌

CHEN, YONG HONG 陈泳红 (1969-)
Xiao hong 晓宏

CHEN, YONG HUA 陈永华 (1946-)
Chen, Yong hua 陈咏华
Jing chun 静春
Shan er 山尔

Chen, Yong hua 陈咏华
CHEN, YONG HUA 陈永华 (1946-)

CHEN, YONG KANG 陈永康
Yong kang 咏慷

CHEN, YONG LING 陈永龄 (1918-)
Lin, Yong chen 林涌沉

CHEN, YONG LU 陈永禄 (1912-)
Chen, Jie zhi 陈劫之

CHEN, YONG SHAN 陈永善 (1937-)
Chen, Shan 陈善
Chen, Ying zhen 陈映真
Xu, Nan cun 许南村

CHEN, YONG XI 陈永禧
Chen, Yin 陈寅
Fu chen 浮尘

CHEN, YONG XIANG 陈永湘 (1927-)
Chen, Gong 陈共

CHEN, YONG YUAN 陈永源 (1931-)
Qin zhai 琴斋

CHEN, YONG ZHENG 陈永正 (1941-)
Zhi dou 志豆
Zhi shui 止水
Zhi zhai 沚斋

CHEN, YOU BING 陈友炳 (1910-)
Chen, Biao ru 陈彪如

Chen, You cun 陈又村
CHEN, YAO TANG 陈耀唐 (1908-1970)

CHEN, YOU HUA 陈佑华 (1930-)
Bai, Hua 白桦
Ge, Teng 葛藤
Hei, Hua 黑桦
Ye, Man li 叶曼莉
Ye, Ying 叶英

Chen, You ji 陈由己
CHEN, DU XIU 陈独秀 (1879-1942)

CHEN, YOU KUI 陈佑魁 (1900-1928)
You Kui 佑魁

Chen, You qin 陈友琴
CHEN, CHU CAI 陈楚材 (1902-)

Chen, You sheng 陈友生
PENG, BING SHENG 彭丙生 (1910-1968)

CHEN, YOU TING 陈友亭 (-1918)
Chen, Geng fu 陈耿夫
Geng, Fu 耿夫
Geng, Geng 耿耿

Chen, You xin 陈又新
CHEN, SHANG QIAN 陈尚谦 (1913-1968)

Chen, Yu 陈余
CHEN, JI YING 陈纪滢 (1907-1997)

Chen, Yu 陈玙
CHEN, HENG 陈珩 (1924-)

Chen, Yu 陈瑜
TIAN, HAN 田汉 (1898-1968)

CHEN, YU 陈瑜 (1923-)
Dong fang, Yu 东方玉
Han shan 汉山

CHEN, YU 陈郁 (1901-1974)
A yu 阿郁
You yi 有邑

CHEN, YU 陈淯
Chen, Yu sheng 陈愚生
Yu, sheng 愚生

Chen yu 辰雨

LI, ZHEN XIA 李振霞 (1934-)

Chen yu 晨雨
WANG, CHEN 王晨 (1950-)

Chen yu 晨语
WANG, CHEN 王晨 (1950-)

CHEN, YU CHANG 陈郁瑞 (1890-1944)
Bian feng bian ya lou 变风变雅楼
Chen, Zhu 陈柱
Shi wan juan lou 十万卷楼
Shou xuan ge 守玄阁
Zhu zun 柱尊

CHEN, YU CUI 陈玉翠 (1907-1968)
Chen, Xiao cui 陈小翠
Cui lou 翠楼
Cui yin lou 翠吟楼
Cui yun lou zhu 翠云搂主

Chen, Yu fan 陈雨帆
CHEN, ZONG HAN 陈宗汉 (1940-)

CHEN, YU FU 陈郁夫 (1941-)
Shi, Qu 石渠

CHEN, YU GAN 陈毓淦 (1917-)
Bai, Lang 白朗
Bai, Ping 白苹
Chu, Feng 楚风
Du, Ling 杜陵
Hei, Ni 黑尼
Jin men 津门
Li, Song ping 黎颂平
Shi, Gan 石敢
Wai lou 外楼
Xia, Bo yang 夏伯阳
Yu, Gan 于干
Yu, Gan 郁甘

CHEN, YU GANG 陈玉刚 (1927-)
You ke 有客
Wu yu 无欲

CHEN, YU HAN 陈玉汉 (1922-)
Quan shi 泉石

Chen, Yu hang 陈雨航
CHEN, MING SHUN 陈明顺 (1949-)

CHEN, YU HUI 陈玉慧
A luo 阿洛

CHEN, YU HUI 陈玉辉
Hui ge 辉哥

Chen, Yu jin 陈余劲
CHEN, RI XIN 陈日新 (1916-)

CHEN, YU KUN 陈煜坤 (1934-)
Bai, Sang 白桑
Hong ye 红叶
Lie ri 烈日
Yang, Qi yun 杨綺云
Yu kun 煜坤
Zhu ji 珠玑

Chen, Yu li 陈与李
CHEN, YU LI 陈玉理 (1934-)

Chen, Yu li 陈与李
LI, QING AI 李青艾 (1939-)

CHEN, YU LI 陈玉理 (1934-)
Chen, Bo zi 陈跛子
Chen, Yu li 陈与李

CHEN, YU LIAN 陈玉莲 (1947-)
Ning, Zhou 宁舟

CHEN, YU LONG 陈玉龙 (1921-)
Lü, Gu 吕谷

CHEN, YU MEI 陈毓美 (1947-)
Chen, Xin xin 陈欣心

Chen, Yu men 陈雨门
CHEN, HUA LI 陈化鲤 (1910-)

Chen, Yu men 陈禹门
CHEN, HUA LI 陈化鲤 (1910-)

Chen, Yu ming 陈愈明
CHEN, ZHAO 陈炤

Chen, Yu mo 陈予漠
CHEN, YING MING 陈应明 (1932-)

CHEN, YU PING 陈玉屏
Bai, Yan 白燕

CHEN, YU QIANG 陈聿强 (1938-)
Yu qiang 聿强

CHEN, YU QING 陈愉庆 (1947-)
Da li 达理

CHEN, YU QING 陈瑜清 (1907-)
Zhu, Hou 诸侯

CHEN, YU QING 陈玉庆 (1918-)
Yi xuan 亦玄

Chen, Yu shan 陈于善
CHEN, ZHEN PENG 陈振鹏 (1920-)

Chen, Yu sheng 陈愚生
CHEN, YU 陈淯

Chen, Yu sheng 陈瑜生
DAI, ZI CHENG 戴自诚 (1918-)

CHEN, YU SHU 陈玉书 (1941-)
Chen, Shu zi 陈书子
Da kuan 大款

CHEN, YU SHU 陈玉澍 **(1853-1906)**
Chen, Ti an 陈惕庵
Hou, Le tang 后乐堂

CHEN, YU SHUANG 陈玉爽 **(1929-)**
Wen, Hua 文华
Yan ying 彦颖
Yu, Zhi 于之

CHEN, YU SUN 陈虞孙 **(1904-)**
Chen, Chun nian 陈椿年
Zhang, Shao xian 张绍贤
Zhong, Heng 仲亨

CHEN, YU TIAN 陈雨田 **(1912-)**
Yi mo 颐模

CHEN, YU WEN 陈郁文 **(1918-)**
Chen, Cong zhou 陈从舟
Chen, Cong zhou 陈从周
Cong zhou 从舟
Sha weng 莎翁
Sui yue lou zhu ren 随月楼主人
Zi shi 梓室
Zi weng 梓翁

Chen, Yu yue 陈御月
DAI, MENG OU 戴梦鸥 **(1905-1950)**

CHEN, YU ZHU 陈玉珠 **(1950-)**
Chen, Ying 陈荧
Hai, Ying 海缨

CHEN, YUAN 陈垣 **(1880-1971)**
Chen, Yuan an 陈圆庵
Chen, Yuan an 陈援庵
Li yun shu wu 励耘书屋
Pu man 扑满
Qian 钱
Qian 谦
Qian yi 谦益
Qian, Ying 钱罂
Wei 蔚
Xing fan 星藩
Yan 艳
Yi 益
Yuan an 圆庵
Yuan an 援庵
Yuan guo 援国
Zong 宗

CHEN, YUAN 陈渊 **(1885-1907)**
Bai, Ping 白萍
Bai, Ping sheng 白萍生
Bo ping 伯萍
Chen, Bo ping 陈伯平
Guang fu zi 光复子
Mo, Feng 墨峰

CHEN, YUAN 陈源 **(1896-1970)**
Chen, Tong bo 陈通伯
Chen, Xi ying 陈西滢
Xi ying 西莹
Xi ying 西滢
Ying 莹
Ying 滢

CHEN, YUAN 陈原 **(1918-)**
Bai, Wei 柏围
Chen yuan 尘元

CHEN, YUAN 陈原
Di yuan 荻原
Slight

Chen, Yuan 陈远
CHEN, FU CAI 陈福才 **(1914-)**

Chen, Yuan 陈远
CHEN, BAO YUN 陈宝云 **(1934-)**

Chen, Yuan 陈爰
CHEN, SHU YUAN 陈淑媛 **(1918-1986)**

Chen, Yuan 陈愿
YUAN, GUANG MEI 袁光楣 **(1916-1982)**

Chen yuan 尘元
CHEN, YUAN 陈原 **(1918-)**

Chen yuan 晨原
SHI, CHEN YUAN 史晨原 **(1954-)**

Chen yuan 沉渊
SUN, CHENG XUN 孙承勲 **(1919-)**

Chen, Yuan an 陈圆庵
CHEN, YUAN 陈垣 **(1880-1971)**

Chen, Yuan an 陈援庵
CHEN, YUAN 陈垣 **(1880-1971)**

CHEN, YUAN FA 陈源发 **(1932-)**
Chen, Fan 陈凡
Chen, Mu 陈牧
Duan mu, Jun 端木军
Yun, Xiao ke 云霄客

Chen, Yuan fan 陈远帆
CHEN, JIN QIANG 陈锦强 **(1963-)**

CHEN, YUAN HUI 陈元晖 **(1913-)**
Xue, Er 薛尔

Chen, Yuan sheng 陈元生
CHEN, DUN ZHENG 陈敦正 **(1911-)**

CHEN, YUAN XIANG 陈元祥 **(1918-)**
Chen, Jing 陈静

Chen, Yue 陈月
GUO, JIA GUI 郭嘉桂 **(1919-)**

CHEN, YUE 陈约 **(1909-)**
Yue zhi 约之

Chen, Yue qi 陈悦齐
CHEN, HAN QIANG 陈汉强 **(1960-)**

Chen, Yue wen 陈约文
HUANG, WEN XIANG 黄文湘 **(1925-)**

Chen, Yun 陈云
LIAO, CHEN YUN 廖陈云 **(1905-1995)**

Chen, Yun 陈云
CHEN, JING SHAN 陈京善

Chen, Yun 陈韵
FANG, SI RUO 方思若 **(1931-)**

Chen, Yun 陈恽
SHE, LI PING 佘立平 **(1912-)**

CHEN, YUN GEN 陈云根
Si, Yu 斯雨

CHEN, YUN HE 陈允鹤 **(1933-)**
Yun, He 云鹤

CHEN, YUN HE 陈运和 **(1941-)**
Bai, Hong 白虹
Chen, Shi 陈实

Chen, Yun hua 陈云华
CHEN, JIN CAI 陈进才 **(1926-)**

CHEN, YUN LIN 陈韵琳 **(1959-)**
Ying ying 莹莹

CHEN, YUN QUAN 陈运权 **(1959-)**
Shi, Quan 石泉

CHEN, YUN TONG 陈运通 **(1914-)**
Dong fang, Yue 东方月
Gong sun, Bai 公孙白
Gong sun, Niu 公孙牛
Lao yun 老运
Pei pei 沛沛
She shang she 舍上舍
Shou zhai fu 瘦斋夫
Wang, Tong 王统

CHEN, YUN YI 陈运义 **(1925-)**
Xing yi 行宜

CHEN, YUN ZHAO 陈韵昭 **(1934-)**
Chen, Qiao 陈乔

CHEN, YUN ZHEN 陈蕴珍 **(1921-1972)**
Xiao, Shan 萧珊

Chen, Yun zhong 陈允中
CHEN, BO WEN 陈博文 **(1932-1989)**

Chen, Yun zhong 陈韵钟
CHEN, HUAN YONG 陈焕镛 **(1890-1971)**

Chen, Zai hua 陈再华
CHEN, XI GUANG 陈锡光 **(1904-1935)**

CHEN, ZAI HUA 陈载华 **(1923-)**
Dong ge 东戈

CHEN, ZAI XING 陈再兴 **(1948-)**
Nian lin 念林

CHEN, ZAO CHUN 陈早春 **(1934-)**
Shi, Suo 史索

Chen, Ze guang 陈则光
CHEN, LANG QIU 陈朗秋 **(1917-)**

Chen, Ze sheng 陈泽生
CHEN, DU XIU 陈独秀 **(1879-1942)**

Chen, Ze wen 陈泽文
LUO, YUAN WEN 罗源文 **(1928-)**

CHEN, ZE YU 陈则愚
Ze yu 则愚

CHEN, ZE YUN 陈泽云 **(1914-)**
Yu, Gang 于刚

Chen, Zeng 陈曾
CHEN, JIA DING 陈家鼎 **(1877-1928)**

CHEN, ZENG GU 陈曾固
Chen, Jing min 陈竞民

CHEN, ZENG HONG 陈增鸿 **(1908-)**
Bai, Chen 白尘
Chen, Bai chen 陈白尘
Chen, Fei 陈斐
Chen, Zheng hong 陈征鸿
Hao 皓
Huang, Ye 黄叶
Jiang, Hao 江浩
Jiang, Hao 姜皓
Ma, Bu tuo 马不陀
Mo, Sha 墨沙
Xu, Cheng si 徐乘驷
Zheng hong 征鸿

CHEN, ZENG SHAN 陈增善 **(1909-1974)**
Chen, Xiang ping 陈向平
Shuang xi yi shi 双溪一士
Xiang, Ping 向平

CHEN, ZHAN RUO 陈湛若 **(1921-)**
Zhu, Rong 祝融

CHEN, ZHAN XIONG 陈战雄
Nan, Shan he 南山鹤

CHEN, ZHAN YUAN 陈占元 **(1909-)**
Lei, Di 雷地
Zhan yuan 占元

CHEN, ZHANG 陈章 **(1936-)**

Kang, Zhang 康章

CHEN, ZHANG 陈彰 **(1950-)**
Zhang, Chen 章晨

CHEN, ZHANG HAN 陈章汉 **(1947-)**
Zhang, Han 章翰

CHEN, ZHANG TAI 陈章太 **(1932-)**
Ben bao tong xun yuan 本报通讯员
Hong, Ping 洪平
Liang, Ren 梁仁
Wu, Qing wen 伍青文
Zhong, Yu 钟雨

CHEN, ZHANG WU 陈章武 **(1942-)**
Zhang, Wu 章武

CHEN, ZHANG YAN 陈章炎 **(1916-)**
Chen, Yan 陈炎

CHEN, ZHAO 陈炤
Chen, Yu ming 陈愈明
Lü, Guang 吕光

CHEN, ZHAO JU 陈昭钜 **(1919-)**
Chen, Dong ye 陈冬野

CHEN, ZHAO MING 陈照铭 **(1940-)**
Chen, Shao hua 陈韶华

CHEN, ZHAO RONG 陈钊荣 **(1913-1966)**
Chen, Hao guang 陈浩光
Chen, Ruo qun 陈若群
Chen, Zhong da 陈仲达
Da 达
Ding, Zhi jiu 丁之久
Jun yang 君羊
Si ma, Wen 司马温
Zhong, Da 仲达

Chen, Zhao yao 陈肇尧
CHEN, HONG 陈洪 **(1907-)**

CHEN, ZHAO ZHANG 陈兆璋 **(1923-)**
Ban gui 半圭
Jing ying 晶莹
Yi wei 一苇

Chen, Zhe 陈哲
CHEN, SHU REN 陈树人 **(1884-1948)**

Chen, Zhe 陈哲
CHEN, JIN LING 陈晋岭 **(1928-)**

CHEN, ZHE 陈喆 **(1938-)**
Feng huang 凤凰
Qiong yao 琼瑶
Xin ru 心如

Chen, Zhe sheng 陈哲生
TIAN, HAN 田汉 **(1898-1968)**

Chen, Zhen 陈真
GAO, MING 高明 **(1908-)**

Chen, Zhen 陈真
WANG, XIAO PING 王啸平 **(1919-)**

CHEN, ZHEN 陈真 **(1932-)**
Chen, Hui zhen 陈惠贞
Lu, Ying 陆英

Chen, Zhen 陈真
DUAN, BAO LIN 段宝林 **(1934-)**

CHEN, ZHEN 陈阵 **(1952-)**
Cheng, Sang 成桑
He zhong zhou 河中舟

CHEN, ZHEN 陈振 **(1931-)**
Geng sheng 庚生
Gao, Sheng 高生
Shen, Ji hong 沈继宏

CHEN, ZHEN DUO 陈振铎 **(1905-)**
Chen ming 晨明
Da sheng 大声

CHEN, ZHEN GUO 陈振国 **(1940-)**
Chen, Xin 陈新
Chen, Yi tong 陈一统
Xin, Chen 辛臣

CHEN, ZHEN HE 陈振和 **(1944-)**
Chen, Zhen he 陈震和

Chen, Zhen he 陈震和
CHEN, ZHEN HE 陈振和 **(1944-)**

CHEN, ZHEN HUAN 陈振寰 **(1934-)**
Chen, He nian 陈和年
He, Nian 和年

CHEN, ZHEN PENG 陈振鹏 **(1920-)**
Chang an 长安
Chang ming 长明
Chen, Chang ming 陈长明
Chen, Ci 陈词
Chen, Yu shan 陈于善
Feng, Ya zhong 丰雅仲
Guo, Jiang 过江
Li zhu 骊珠
Luo luo 落落
Luo yang 洛阳
Wen, Le 闻乐
Wen, Luo 文落
Xiao, Ding 萧丁

Chen, Zhen ping 陈震平
FU, CHENG MO 傅承谟 **(1922-)**

Chen, Zhen ru 陈真如
CHEN, MING SHU 陈铭枢 **(1889-1965)**

CHEN, ZHEN XING 陈振兴 **(1934-)**
Mai, Qing 麦青
Yang, Qing 杨青

CHEN, ZHEN YA 陈振亚 **(1919-)**
Bai, Di 白蒂
Chen, Qi 陈琪
Jiang, Ling 江陵
Luo ping 洛萍

CHEN, ZHENG 陈征 **(1928-)**
Chen, An mei 陈厂梅
Han mei 寒梅

Chen, Zheng 陈铮
CHEN, MEI MIAO 陈美妙

CHEN, ZHENG CAI 陈正才 **(1961-)**
Gu, Jun 古军

Chen, Zheng hong 陈征鸿
CHEN, ZENG HONG 陈增鸿 **(1908-)**

CHEN, ZHENG LONG 陈正隆 **(1947-)**
Xiao yu 小鱼

CHEN, ZHENG XIANG 陈正祥 **(1920-)**
Du xing 独行

CHEN, ZHENG XIN 陈政欣 **(1948-)**
Chen, Xin 陈欣
Lü lang 绿浪

CHEN, ZHENG XING 陈正兴 **(1938-)**
Qing fen 青芬

CHEN, ZHENG YANG 陈拯阳 **(1931-)**
Chen, Liao 陈辽
He, Zu wen 何祖文
Ji, Ti lai 吉体来
Jiang, Wen jun 江文军
Shen, Xuan 沈萱
Su, Xuan 苏萱
Su, Zuo san 苏作三
Wen, Jun 文军
Zeng, Yang 曾阳

CHEN, ZHENG YI 陈正义 **(1943-)**
Qing kong 青空

CHEN, ZHENG YI 陈正毅 **(1952-)**
Qiao, Sha man 乔沙曼
Zhuang, Yi 庄毅

CHEN, ZHENG YUAN 陈正元 **(1940-)**
Cheng, Zhou 程舟

CHEN, ZHENG ZHI 陈正之
Tian, Zhuang 田壮

Chen, Zhi 陈之
CHEN, GUAN SHENG 陈观生 **(1939-)**

Chen, Zhi 陈芝
ZHOU, LU 周輅 **(1916-)**

CHEN, ZHI 陈直 **(1901-1980)**
Jin yi 进宜
Mu lu 墓庐
Nong wa weng 弄瓦翁

Chen zhi 沉之
HE, JIA LIN 何家麟 **(1907-)**

Chen zhi 晨知
XU, CHENG ZHI 许承志 **(1917-)**

CHEN, ZHI AN 陈志安 **(1940-)**
Ling, Yan 凌雁

CHEN, ZHI ANG 陈志昂 **(1927-)**
Qi, Yang 戚扬
Yan, Jun 严峻
Yin, Gang 殷钢
Zhi ang 峙昂

CHEN, ZHI BIN 陈志斌 **(1952-)**
Lao bin 老斌
Xin ge 心戈

CHEN, ZHI CHENG 陈志成 **(1940-)**
Ai, Yue 艾越
Chen, Chen 陈尘
Chen, Xin 陈心
Chen, Yan 陈彦
Shi, Tu 史徒
Shi, Yi 史译

CHEN, ZHI CHENG 陈致诚 **(1946-)**
Chen, Qing feng 陈青枫

CHEN, ZHI CHENG 陈智成 **(1957-)**
Bian zhi yan 变质岩

CHEN, ZHI CHUN 陈志春 **(1961-)**
Qing chun 青春

CHEN, ZHI DU 谌志笃
Wu, Ling 武陵
Wu ling 五0

CHEN, ZHI FAN 陈之藩 **(1925-)**
Chen, Fan sheng 陈范生
Fan, Sheng 范生
Zhi fan 之藩

CHEN, ZHI FO 陈之佛 **(1898-1962)**
Chen, Jie 陈杰
Chen, Shao ben 陈绍本
Xue weng 雪翁

CHEN, ZHI GUANG 陈之光 **(1930-)**
Zhi guang 之光

Chen, Zhi jiu 陈之旧

CHEN, SI QING 陈思庆 (1935-)

CHEN, ZHI LIANG 陈志良 (1945-)
Chen, Lang 陈朗
Liang zi cheng 凉紫城
Xin, Ren da 辛任达
Yu, Yao 余姚

CHEN, ZHI MAI 陈之迈 (1908-1978)
Wei chen 微尘

Chen, Zhi mei 陈志梅
CHEN, SHANG YOU 陈尚友 (1904-1989)

Chen, Zhi min 陈志民
SHI, ZHI MIN 史智敏 (1930-)

CHEN, ZHI MIN 陈志民
Zhi min 志民

CHEN, ZHI MING 陈志明 (1936-)
Cheng, Ming 成明

Chen, Zhi ming 陈志铭
CHEN, SHI JIN 陈士金 (1925-)

Chen, Zhi ping 陈之平
REN, ZHUO XUAN 任卓宣 (1896-1990)

Chen, Zhi qi 陈职棋
CHEN, ZHI YI 陈职仪 (1937-)

CHEN, ZHI QING 陈知青 (1922-)
Dong fang, Bai 东方白
Dong fang, Qing bai 东方青白
Fang, Bai 方白

CHEN, ZHI QUN 陈志群
Chen, Qin 陈勤
Chen, Yi yi 陈以益
Ru jin 如瑾
Song zhu mei zhai zhu ren 松竹梅斋主人
Zhi qun 志群

Chen, Zhi tang 陈志堂
CHEN, MING SHU 陈鸣树 (1931-)

Chen, Zhi tao 陈止韬
CHEN, QI TIAN 陈启天 (1893-1984)

Chen, Zhi ting 陈芷町
CHEN, FANG 陈方 (1897-1962)

CHEN, ZHI WEI 陈治渭 (1927-)
Chen, Miao 陈淼

CHEN, ZHI WEN 陈治文 (1926-)
Yue, Dong fu 乐东甫

CHEN, ZHI XIANG 陈芝祥 (1917-)
Chen, Ming 陈明

Chen, Zhi yan 陈之衍
ZHANG, ZU PING 张祖苹 (1922-)

Chen, Zhi ye 陈之也
CHEN, SHI MIN 陈世民 (1927-)

CHEN, ZHI YI 陈职仪 (1937-)
Chen, Ji qi 陈积奇
Chen, Zhi qi 陈职棋

CHEN, ZHI YU 陈治宇 (1911-)
Chen, Feng 陈锋
Zheng qiu 征秋
Zheng qiu 征丘
Zhi yu 治宇

CHEN, ZHI ZE 陈志泽 (1943-)
Hua, Yu 华雨
Hua, Yu 华宇

Chen, Zhi zhi 陈知止
CHEN, XIONG XUN 陈雄勋 (1926-)

CHEN, ZHI ZHONG 陈之中 (1913-)
Zhi he 致和

CHEN, ZHI ZHONG 陈枝忠 (1944-)
Wang, Zhi zhong 王枝忠

Chen, Zhong 陈仲
CHEN, DU XIU 陈独秀 (1879-1942)

Chen, Zhong 陈钟
BU, CHENG ZHONG 卜成中 (1902-1983)

CHEN, ZHONG 陈钟 (1934-)
Chen, Jin ting 陈金汀

Chen, Zhong 陈中
ZHU, DE MO 朱德模 (1926-)

Chen zhong 晨钟
JIN, ZHE 金哲 (1931-)

Chen zhong 晨钟
ZHONG, SHAO BIAO 钟少彪 (1936-)

Chen zhong 晨钟
CHEN, JIAN ZHONG 陈建中 (1947-)

Chen zhong 晨钟
XIA, XIAO HUA 夏晓华 (1954-)

Chen zhong 晨钟
WANG, GUO QING 王国庆 (1955-)

Chen zhong 沉钟
XING, JUN JI 邢军纪 (1955-)

Chen, Zhong cao 陈忠草
CHEN, HAN GUANG 陈汉光 (1921-1973)

Chen, Zhong da 陈仲达
CHEN, ZHAO RONG 陈钊荣 (1913-1966)

Chen, Zhong fan 陈中凡
CHEN, ZHONG FAN 陈钟凡 (1888-1982)

CHEN, ZHONG FAN 陈钟凡 **(1888-1982)**
Chen, Jiao xuan 陈斠玄
Chen, Jue xuan 陈觉玄
Chen, Jue yuan 陈觉元
Chen, Zhong fan 陈中凡
Jiao xuan 斠玄
Jue yuan 觉元

Chen, Zhong fu 陈仲甫
CHEN, DU XIU 陈独秀 **(1879-1942)**

Chen, Zhong fu 陈众甫
CHEN, DU XIU 陈独秀 **(1879-1942)**

Chen, Zhong fu 陈重甫
CHEN, DU XIU 陈独秀 **(1879-1942)**

Chen, Zhong fu 陈重辅
CHEN, DU XIU 陈独秀 **(1879-1942)**

Chen, Zhong huan 陈忠寰
CHEN, KANG 陈康 **(1903-　)**

Chen Zhong ju shi 陈仲居士
CHEN, DU XIU 陈独秀 **(1879-1942)**

CHEN, ZHONG LIANG 陈中良 **(1946-　)**
Bai, Ao 柏敖
Jiang, Sa 江飒
Jiang, Xiao chuan 江小川
Li, Shi huang 李拾荒
Xu, Bai ao 徐柏敖

Chen, Zhong ming 陈仲明
REN, ZHUO XUAN 任卓宣 **(1896-1990)**

Chen, Zhong ping 陈仲平
REN, ZHUO XUAN 任卓宣 **(1896-1990)**

CHEN, ZHONG PU 陈钟璞 **(1936-　)**
Chen, Mao xin 陈茂欣

Chen, Zhong qu 陈忠渠
CHEN, GONG QI 陈公琪 **(　-1971)**

Chen zhong ren 尘中人
ZHU, XIU 朱秀

Chen, Zhong shan 陈仲山
CHEN, QI CHANG 陈其昌 **(　-1942)**

Chen, Zhong shan 陈仲山
CHEN, DU XIU 陈独秀 **(1879-1942)**

Chen, Zhong shu 陈忠书
CHEN, HAO 陈浩 **(1944-　)**

CHEN, ZHONG XI 陈中禧
Su 粟

CHEN, ZHONG XIAO 陈忠孝 **(1944-　)**
Kong, Xue zhi 孔学之
Le guan 乐观

CHEN, ZHONG XIN 陈忠信 **(1949-　)**
Hang zhi 杭之

CHEN, ZHONG XIN 陈重馨 **(1947-　)**
Lü qi shi 绿骑士

Chen, Yun 陈云
LIAO, CHEN YUN 廖陈云 **(1905-1995)**

CHEN, ZHONG XIONG 陈中雄
Shu dai zi 书呆子

Chen, Zhong xuan 陈中宣
CHEN, ZHONG XUAN 陈钟瑄 **(1920-　)**

CHEN, ZHONG XUAN 陈钟瑄 **(1920-　)**
Chen, Zhong xuan 陈中宣
Ge, Bao hua 葛包华
Jin, Ru 金如
Yang, He sheng 阳和生
Zhong, Xuan 钟瑄

CHEN, ZHONG YAO 陈钟瑶 **(1913-1990)**
Chen, Er dong 陈迩冬
Dong lang 冬郎
Er dong 迩冬
Huang fu, Ding 皇甫鼎
Shen, Dong 沈东
Yun an 蕴庵

Chen, Zhong yi 陈仲逸
DU, WEI SUN 杜炜孙 **(1873-1933)**

Chen, Zhong zi 陈仲子
CHEN, DU XIU 陈独秀 **(1879-1942)**

Chen, Zhong zi 陈仲子
CHEN, YAN JIE 陈延杰 **(1888-1970)**

Chen, Zhong zi 陈仲子
CHEN, YI 陈毅 **(1901-1972)**

Chen, Zhu 陈柱
CHEN, YU CHANG 陈郁瑺 **(1890-1944)**

Chen, Zhu 陈著
FANG, SHU GUANG 方曙光 **(1898-1964)**

Chen, Zhu shan 陈筑山
CHEN, GUANG TAO 陈光焘

Chen, Zhuang 陈莊
CHEN, SHI JI 陈世集 **(1928-　)**

Chen, Zhuo kun 陈卓坤
CHEN, KANG 陈康 **(1908-　)**

CHEN, ZHUO YING 陈卓莹 **(1908-1980)**
Xiang, Rong 向荣

Chen, Zhuo zhuo 陈卓卓
CAO, JU YI 曹聚义 **(1909-　)**

Chen, Zi 陈子

MA, GUO LIANG 马国亮 **(1908-)**

Chen, Zi 陈子
XUAN, XI MING 轩西明 **(1949-)**

Chen, Zi 陈紫
CHEN, XIAN YI 陈先艺 **(1919-)**

Chen zi 辰子
ZHANG, HUI JIAN 张慧剑 **(1904-1970)**

Chen zi 晨子
ZHANG, ZI CHEN 张紫臣 **(1929-1993)**

Chen zi 晨子
WANG, TIAN JIE 王天杰 **(1959-)**

Chen, Zi bao 陈子褒
CHEN, RONG GUN 陈荣衮 **(1862-1922)**

Chen, Zi bin 陈子彬
CHEN, QING LONG 陈庆隆 **(1910-)**

CHEN, ZI DIAN 陈子典 **(1937-)**
Chen, Chen 陈晨
Chen, Wei 陈卫
Chen, Wei 陈蔚

CHEN, ZI FAN 陈子范 **(1881-1914)**
Chen, Mi 陈祢
Da chu ji zhu 大楚击筑
Le sheng 勒生
Mi sheng 祢生
San fa jiu tu 散发酒徒
Yan shi jiu tu 燕市酒徒

CHEN, ZI FEN 陈子奋 **(1898-1976)**
Shui, Sou 水叟
Wu mei 无寐

CHEN, ZI GU 陈子谷 **(1916?-)**
Zi gu 子谷

Chen, Zi heng 陈子恒
CHEN, SHU FA 陈庶发 **(1910-1985)**

CHEN, ZI HUI 陈姿蕙 **(1955-)**
Ling zi 灵姿

Chen, Zi jia 陈子家
JIN, XIONG BAI 金雄白 **(1903-1985)**

Chen, Zi jia 陈子家
CHEN, ZI JUN 陈子儁 **(1919-1989)**

Chen, Zi jian 陈子坚
CHEN, TIE ZHENG 陈铁铮 **(1906-1990)**

CHEN, ZI JUN 陈子儁 **(1919-1989)**
Chen, Jun ren 陈俊人
Chen, Zi jia 陈子家
Jun ren 俊人
Wan, Ren jie 万人杰
Zi jia 子家

Chen, Zi jun 陈子君
CHEN, DE HUAI 陈德怀 **(1925-)**

Chen, Zi li 陈子砺
CHEN, BO TAO 陈伯陶 **(1855-1930)**

CHEN, ZI LING 陈子伶 **(1942-)**
Dong zi jin 东子今
Yan, Zhi 言之

Chen, Zi shu 陈子树
CHEN, XIAN YI 陈先艺 **(1919-)**

Chen, Zi si 陈子思
JIN, QIN JUN 金钦俊 **(1935-)**

CHEN, ZI XIANG 陈梓翔
Ti ya 梯亚

Chen, Zi ying 陈子英
LUO, XIAO HANG 陈小航 **(1898-1971)**

CHEN, ZI YUN 陈子云 **(1931-)**
Chen, Feng 陈风

Chen, Zi zhan 陈子展
CHEN, BING KUN 陈炳堃 **(1898-1990)**

Chen, Zi zhen 陈子桢
CHEN, ZUO MEI 陈作梅 **(1912-1986)**

CHEN, ZI ZHONG 陈子忠 **(1919-)**
Li, Jing 李兢
Zui feng 醉风

CHEN, ZONG 陈总 **(1900-)**
Chen, Dai sun 陈岱孙

CHEN, ZONG FENG 陈宗凤 **(1919-)**
Han shi po 寒十坡

CHEN, ZONG HAN 陈宗汉 **(1940-)**
Chen, Yu fan 陈雨帆
Du, Yu 杜宇
Yu, Fan 宇凡

CHEN, ZONG MING 陈宗明 **(1934-)**
Zhong, Ming 钟鸣

CHEN, ZONG TANG 陈宗棠 **(1936-)**
Cai, Er chu 蔡尔楚
Gu, Meng shan 顾蒙山
Ma, Ti ji 马蹄疾
Qi, Jun 齐君
Xi, Chun 奚纯
Xue, Lan 薛岚
Yu, Shu ren 余蜀人
Yu, Yue ren 余越人
Zhen, Suo 甄索

CHEN, ZONG WEN 陈宗文 **(1938-)**

Chen, Heng 陈衡
Tong, Dan 童丹

Chen, Zong ying 陈宗英
WU, WEN QI 吴文祺 **(1901-1991)**

Chen, Zu chen 陈祖琛
LUO, YUAN WEN 罗源文 **(1928-)**

CHEN, ZU JIAN 陈祖謇 **(1905-1968)**
Liu, Zhi ming 刘芝明

CHEN, ZU MEI 陈祖美 **(1938-)**
Chen, Xian 陈岘

CHEN, ZU QI 陈祖麒 **(1945-)**
Zu, Qi 祖其

CHEN, ZU SHAN 陈祖山
Chen, Wei lin 陈维琳
Ou yang, Jian 欧阳健

CHEN, ZU TAO 陈祖焘 **(1892-1951)**
Chen, Guo fu 陈果夫

CHEN, ZU YAN 陈祖彦 **(1945-)**
Chen, Yan 陈彦
Shen, Yan 沈嫣
Yan, Yan 燕燕

Chen, Zui 陈醉
CHEN, GUO ZHAO 陈国昭 **(1942-)**

Chen, Zui Liao 陈醉蓼
CHEN, YI FEI 陈逸飞 **(1904-)**

Chen, Zui yun 陈醉云
CHEN, YI 陈逸

CHEN, ZUO ER 陈佐洱 **(1942-)**
Chen, Xiao feng 陈晓枫
Qin, Ming chuan 秦明川
Zuo, Er 左耳

Chen, Zuo fen 陈佐芬
CHEN, SHUN HUA 陈舜华 **(1910-1951)**

CHEN, ZUO HUA 陈佐华 **(1930-)**
Luan nan 峦枬
Ye, Nan 叶楠

CHEN, ZUO MEI 陈作梅 **(1912-1986)**
Bai, Shu 白曙
Chen, Bai shu 陈白曙
Chen, Zi zhen 陈子桢
Fang, Wei ai 方未艾
Gong, Su lan 龚素兰
Jiang, Ben tao 江奔涛
Jing, Hua 荆华
Li, Ming 黎明
Luo, Dan feng 罗丹凤

CHEN, ZUO SHI 陈作师 **(1915-)**

Chen, Ke 陈克
Chen, Si 陈思
Chen si 沉思
Hua, Tian 华田
Tian, Xin 田心

Chen, Zuo you 陈作猷
CHEN, HONG 陈洪 **(1907-)**

Cheng 乘
FANG, SHI QIAO 方时乔 **(1897-1973)**

Cheng 澄
YAN, QIE 严锲 **(1899-)**

Cheng, An 程岸
SU, YING BO 苏英博 **(1938-)**

Cheng, Bai 成柏
REN, ZHUO XUAN 任卓宣 **(1896-1990)**

Cheng, Bai quan 成柏泉
QIAN, BO CHENG 钱伯城 **(1922-)**

CHENG, BAO LIN 程宝林 **(1962-)**
Cao lian shan 草恋山

Cheng, Bao yi 程抱一
CHENG, JI XIAN 程纪贤 **(1929-)**

CHENG, BAO ZHANG 成葆彰 **(1940-)**
Dong hong 東虹

CHENG, BEN PU 成本璞
Tian min 天民
Yu gong 愚公
Zhao yu 櫂渔
Zhuo ru 琢如

Cheng bi 澄碧
CHEN, SHOU NAN 陈寿南 **(1932-)**

Cheng, Bi bing 程碧冰
WU, ZU XIANG 吴组缃 **(1908-1994)**

Cheng, Bi de 程彼德
CHENG, ZHONG XIANG 程中祥 **(1931-)**

Cheng, Bian 程边
CHENG, GUANG RUI 程光锐 **(1918-)**

Cheng bin 诚斌
CHEN, BING 陈炳 **(1934-)**

Cheng, Bu gao 程步高
SHEN, DUAN XIAN 沈端先 **(1900-1995)**

Cheng, Bu Kui 程步奎
ZHENG, PEI KAI 郑培凯 **(1948-)**

CHENG, BU TAO 程步涛 **(1949-)**
Bai, Xi 白汐

CHENG, CAI 成才 **(1930-)**
Chun feng 春风

Shao hua 少华
Wang, Tai li 王太礼
Xiao shi 笑时
Yi ding 一丁

Cheng, Cai 程才
TU, XIANG YU 涂翔宇 **(1916-)**

Cheng, Cai 程采
ZHANG, CHENG CAI 张成材 **(1932-)**

Cheng can 乘参
HAN, WEN JU 韩文举 **(1855-1937)**

CHENG, CANG 程沧 **(1912-1979)**
Cheng, Da qian 程大千
Si ma, Xu 司马訏

Cheng, Cang bo 程沧波
CHENG, ZHONG XING 程中行 **(1903-1990)**

Cheng, Chen 程辰
ZHU, ZHEN SHENG 朱振声 **(1933-)**

Cheng, Cheng 程乘
GUO, JIA 郭嘉 **(1929-)**

Cheng, Cheng 成城
CAI, SHOU 蔡守 **(1879-1941)**

Cheng, Cheng 成城
YANG, CHENG XUN 杨承训 **(1935-)**

Cheng, Cheng zi 成城子
CAI, SHOU 蔡守 **(1879-1941)**

Cheng chi 城池
CHEN, XIAO MEI 陈晓梅 **(1924-)**

Cheng, Chu 承初
LI, CHUN CAI 李春材

Cheng cong 琤琮
CAI, SHU QING 蔡叔卿 **(1939-)**

CHENG, DA LI 程大利 **(1945-)**
He mu 禾木
Mu yang 牧阳
Shi, Qing 石青

Cheng, Da lu 程大路
CHENG, YI RONG 程一戎 **(1910-)**

Cheng, Da qian 程大千
CHENG, CANG 程沧 **(1912-1979)**

Cheng, Dai xi 程代熙
CHENG, DAI XI 程代曦 **(1927-)**

CHENG, DAI XI 程代曦 **(1927-)**
Cheng, Dai xi 程代熙
He, Zeng 何曾
Ren yi 人弋
Xiao feng 晓风
Yi ren 弋人

CHENG, DE YAN 程德严
De yan 德严

Cheng, Ding 成丁
CHEN, TING 陈亭 **(1957-)**

CHENG, DING XING 程鼎兴 **(1904-1933)**
Ding xing 鼎兴
Duan hong shu shi 断虹书室

Cheng, Fan 程帆
TIAN, ZHONG JI 田仲济 **(1907-)**

Cheng, Fang 程方
XIANG, KUI 向逵 **(1889-1957)**

CHENG, FANG WU 成仿吾 **(1897-1984)**
Cheng, Hao 成灏
Cheng shi 澄实
Fang wu 仿吾
Fang wu 芳坞
Hou, Sheng 厚生
Shi, Hou sheng 石厚生
Shi, Jun 石君

Cheng, Fei yin 成菲茵
XU, ZHI QIAO 许之乔 **(1914-1986)**

Cheng, Feng 成风
CHEN, NAI XIANG 陈乃祥 **(1932-)**

Cheng, Feng 程枫
CHENG, SHI GUAN 程式管 **(1942-)**

Cheng feng 城风
ZHONG, LIANG YI 钟良沂 **(1921-)**

Cheng feng 乘风
GUAN, WEI NING 关卫宁 **(1961-)**

CHENG, FENG CAI 成凤彩 **(1902-)**
Cheng, Tie wu 成铁吾
Tie wu 铁吾

Cheng, Fu 程芙
LONG, GUAN HAI 龙冠海 **(1907-1983)**

CHENG, FU CHUN 程扶錞 **(1928-)**
Chu, Ru 楚茹
Wang, Lei zhi 王磊之
Wu gong 蕪弓
Xin yi 心一

CHENG, FU DUO 程敷铎 **(1916-)**
Hu, Jiao 胡椒
Wang, Zi ye 王子野

Cheng fu ke 乘桴客
FENG, MAO LONG 冯懋龙 **(1882-1958)**

Cheng, Gan 程敢

WANG, XING TANG 王兴堂 (1921-)

CHENG, GEN YUAN 程根源 (1927-)
Cheng, Hua dong 程化栋
Cheng, Xiao 程箫

Cheng, Geng dong 程耿东
GAO, CHENG QI 高程棋 (1941-)

CHENG, GUAN XIN 程观心
Guan xin 观心

CHENG, GUANG HUA 程光华 (1927-)
He mu 禾木

CHENG, GUANG LIN 程广林 (1944-)
Cheng, Ma 程麻

CHENG, GUANG RUI 程光锐 (1918-)
Cheng, Bian 程边
He jun 禾君
Xu, Liu 徐流

Cheng, Guo 程果
CHENG, GUO YING 程国英 (1922-1968)

Cheng, Guo liang 成国良
CHENG, ZU DE 成祖德 (1933-)

CHENG, GUO MING 程国明 (1932-)
Yi ming 一鸣
You le ju 悠乐居

CHENG, GUO QIANG 程国强 (1936-)
Cheng, Yi 程漪

CHENG, GUO YING 程国英 (1922-1968)
Cheng, Guo 程果

CHENG, GUO ZHEN 程国贞
Cheng, Ze 程泽
Cheng ze 澄泽

Cheng, Hai 程海
CHEN, QING HAO 陈庆浩

CHENG, HAI DONG 程海东 (1936-)
Chen, Hai guo 陈海果
Lin, Xi ling 林希翎

Cheng, Han xun 成汉勋
CHENG, XI JI 成希箕 (1898-1991)

Cheng, Hao 成灏
CHENG, FANG WU 成仿吾 (1897-1984)

CHENG, HE LING 成鹤令 (1917-1980)
Chen, Ke han 陈克寒
Ke 克
Ke han 克寒
Li, Xiao 李肖
Xiao 肖

Cheng, He xi 程鹤西
CHENG, KAN SHENG 程侃声 (1908-)

Cheng, Hong 程弘
CHENG, YI ZHONG 程毅中 (1930-)

CHENG, HONG MING 程宏明 (1937-)
He, Yue 何越

Cheng, Hu 程虎
CHENG, JIA PEI 程嘉霈 (1930-)

Cheng, Hua 成骅
TANG, MAN CHENG 唐满城 (1932-)

Cheng, Hua dong 程化栋
CHENG, GEN YUAN 程根源 (1927-)

CHENG, HUA HUN 程华魂 (1921-)
Cheng, Wei jia 程维嘉
Yi ding 义丁

CHENG, HUA NAN 程化南 (1919-)
Cheng, Zhong qi 程仲琦

Cheng, Hui 成灰
LIU, CHENG HUI 刘承辉 (1965-)

Cheng, Hui 成辉
CHEN, JING RONG 陈敬容 (1917-1989)

Cheng, Hui 程辉
TAN, JIONG HUAN 谭炯寰 (1944-)

Cheng, Hui 程辉
DU, CHENG WEI 杜成维 (1944-)

CHENG, HUI CHANG 程会昌 (1913-)
Cheng, Ping fan 程平帆
Cheng, Qian fan 程千帆
Ping, Fan 平帆
Qian fan 千帆
Xian tang 闲堂
Yang, Zhi shui 杨之水
Zuo, Shi jin 左式金

Cheng, Hui zhai 程辉斋
CHENG, XIAO QING 程小青 (1893-1976)

Cheng hun 澄浑
LÜ, QIN 吕沁 (1925-)

Cheng, Ji 成己
LI, JIAN WU 李健吾 (1906-1982)

CHENG, JI TIAN 程继田 (1933-)
Cheng, Wen 程文

CHENG, JI XIAN 程纪贤 (1929-)
Cheng, Bao yi 程抱一

CHENG, JIA CHENG 程家柽 (1874-1914)
Hong tian yin 轟天隐
Xia zhai 下斋
Yun sun 韵荪

CHENG, JIA PEI 程嘉霈 **(1930-　　)**
Cheng, Hu 程虎
Jiang, Zhou 江舟
Su, Meng hang 苏梦航

Cheng jiang 澄江
HUANG, SHI WEI 黄狮威 **(1930-　　)**

Cheng, Jie san 成捷三
CHENG, ZHAO CAI 成兆才 **(1874-1929)**

Cheng, Jing 程荆
JIN, SONG 金松 **(1917-　　)**

CHENG, JING LIN 程景林
Jing, Lin 景林

CHENG, JING MING 程竟明 **(1928-　　)**
Jing ming 竟明

CHENG, JING XUAN 程景宣 **(1874-1934)**
Long hu sou 龙湖叟
Long hu yu sou 龙湖渔叟
Zhu, Yun 竹韻
Zhuan xiang shi zhu 篆香室主

CHENG, JING YU 程靖宇
Jin sheng tan 今圣歎
Yan ying shi 檐樱室

Cheng, Jiu 成就
LI, WEN TAO 李文涛 **(1880-1942)**

Cheng, Ju nong 程菊儂
CHENG, YAN QIU 程砚秋 **(1904-1958)**

Cheng, Jun 成君
CHENG, TAI ZHONG 成泰忠 **(1951-　　)**

Cheng, Jun 成均
GAO, CHENG JUN 高成均 **(1900-1980)**

Cheng, Jun 成均
BIAN, CHENG JUN 边成军 **(1953-　　)**

CHENG, JUN 成骏 **(1916-1983)**
A zhu 阿竺
A zhu 阿珠
Cheng, Xian 成弦
Cheng, Xuan 成玄
Cheng, Xue zhu 成雪竹
Diao dou 刁斗
Hen cang 恨苍
Ji, Zhi 纪之
Jie 洁
Jun 骏
Nai he tang 奈何堂
Nian jiao 念娇
Nie, Huai 聂怀
Qing dao ren 清道人
Qiu, Ping 秋萍
Si ma, Shi 司马氏
Wang, Tu 王突
Wei, Ze 魏则
Wei zhe 未哲
Wu, Bu zhe 伍不折
Wu, Wei zhe 伍未折
Xue zhu 雪竹
Xue, Zhu 薛竺
You, Nian lian 尤念莲
Zhu 烛

CHENG, KAN SHENG 程侃声 **(1908-　　)**
Cheng, He xi 程鹤西
He xi 鹤西

Cheng, Kang 程亢
CHEN, GANG 陈刚 **(1918-1988)**

CHENG, KANG DING 程康定 **(1920-　　)**
Kang, Ding 康定
Shou gang 瘦钢
Wen, Gong cang 闻弓藏

CHENG, KE JIAN 成克坚
Su yu 素愚

Cheng ken 诚恳
FENG, GUANG RONG 冯光荣 **(1934-　　)**

Cheng, Lan 承岚
BAO, JIAN SHENG 鲍建胜 **(1969-　　)**

Cheng lan 澄覽
LI, WEN TAO 李文涛 **(1880-1942)**

Cheng, Lang 程朗
CHEN, SHI MIN 陈世民 **(1927-　　)**

CHENG, LE KUN 程乐坤 **(1940-　　)**
Liao liao cun tong 了了村童

Cheng lei 诚磊
ZHU, CONG YU 朱从玉 **(1952-　　)**

Cheng, Li 成立
WANG, WEI LIAN 王威廉 **(1922-　　)**

Cheng, Li 成例
WU, CHENG LIE 伍成列 **(1937-　　)**

CHENG, LI 程犁 **(1941-　　)**
Cheng, Rui zhen 程瑞珍

Cheng, Li 程黎
ZHANG, ZHAO JIA 张兆嘉 **(1956-　　)**

Cheng, Li fu 程力夫
CHENG, XIAN DA 程贤达 **(1920-　　)**

CHENG, LI HUA 程丽华
Gu, Zhi hua 谷之华
Si jia 思嘉

Cheng, Lin 成林

XU, DE ZHI 徐德志 (1939-)

Cheng, Lin 承临
WANG, TONG FA 王统发 (1924-)

Cheng, Ling 成岭
ZHAO, LI SHAN 赵立山 (1946-)

Cheng liu 柽柳
JI, CHENG 姬柽 (1969-)

Cheng, Long 成龙
CHEN, GANG SHENG 陈港生 (1954-)

Cheng, Long 成龙
GUO, BAO AN 郭保安 (1964-)

Cheng, Lu 程路
LIU, SI HAI 刘斯海 (1919-)

Cheng, Lü 程履
DAI, MING XIAN 戴明贤 (1935-)

Cheng, Ma 程麻
CHENG, GUANG LIN 程广林 (1944-)

CHENG, MAN FU 程漫父 (1904-)
Man man 漫漫

Cheng, Mao lin 成茂林
REN, ZHUO XUAN 任卓宣 (1896-1990)

CHENG, MAO YUN 程懋筠 (1900-1957)
Mo yun 默云
Yu song 雨松
Yu song 謦松

Cheng, Mei ying 程美英
MENG, XIAN QI 孟宪棨 (1902-1976)

Cheng, Min ya 成敏亚
LIU, SHENG YA 刘盛亚 (1915-1960)

Cheng, Ming 成名
XU, WEN DE 徐文德 (1928-)

Cheng, Ming 成明
CHEN, ZHI MING 陈志明 (1936-)

Cheng mo 澄墨
ZHANG, TIAN MIN 张天民 (1946-)

Cheng, Nan yuan 程南园
CHENG, ZHAN LU 程瞻庐 (-1943)

Cheng, Nu jiang 程怒江
FENG, XUN 冯洵 (1922-)

Cheng, Pan ming 程盘铭
CHENG, XING SAN 程省三 (1913-)

Cheng, Peng 程鹏
ZHOU, XIU ZHAN 周修展 (1925-)

Cheng, Ping 成平
CHENG, XI JI 成希箕 (1898-1991)

Cheng, Ping 成平
ZHI, TI JIE 智体洁 (1911-)

Cheng, Ping 成平
DING, CHENG XIANG 丁成相 (1939-)

Cheng, Ping fan 程平帆
CHENG, HUI CHANG 程会昌 (1913-)

Cheng pu 逞普
ZHOU, LU QUAN 周鲁泉 (1917-1983)

CHENG, QI KUN 程启坤 (1937-)
Cheng, Qing 成青

CHENG, QI YOU 程启佑 (1923-)
Cheng, Yuan 程远

Cheng, Qian 程前
CHENG, YI RONG 程一戎 (1910-)

Cheng, Qian fan 程千帆
CHENG, HUI CHANG 程会昌 (1913-)

Cheng, Qiao 成竅
FENG, NAI CHAO 冯乃超 (1901-1983)

Cheng, Qing 成青
CHENG, QI KUN 程启坤 (1937-)

Cheng, Qing 程青
MAO, JUN GUANG 毛钧光 (1928-)

Cheng, Qing 程清
LI, JI QIN 李寄秦 (1936-)

Cheng qing 澄清
LI, RONG PEI 李荣培 (1903-1981)

Cheng qing 澄清
HUANG, HE QING 黄河清 (1905-)

CHENG, QING HUA 程庆华 (1932-)
Cheng, Zu 承族
E hua 鄂华

Cheng, Qing xin 程青心
CHENG, XIAO QING 程小青 (1893-1976)

Cheng, Qun 成群
LI, NAN SHAN 李南山 (1931-)

Cheng ran gu 诚然谷
GU, WEN RUI 谷文瑞 (1946-)

Cheng ren 称人
FU, ZHEN LUN 傅振伦 (1906-)

CHENG, REN QIAN 程人乾 (1932-)
He ren 禾人

Cheng, Rui 成瑞
WANG, CHENG RUI 王承瑞 (1941-)

Cheng, Rui zhen 程瑞珍
CHENG, LI 程犁 **(1941-)**

Cheng, Sang 成桑
CHEN, ZHEN 陈阵 **(1952-)**

Cheng, Shan 成山
SUN, PI YONG 孙丕永 **(1930-)**

CHENG, SHAN 程珊 **(1923-)**
Chen, Feng 陈峰
Hua, Xia 华夏
Li, Jiang 李江

CHENG, SHAN FEN 成善棻
Bai, Ding 白丁

CHENG, SHAN TANG 成善棠 **(1925-)**
Ye gu 野谷

CHENG, SHAN ZHI 程善之 **(1880-1942)**
Shan zhi 善之
Shan zhi sheng 善之生

CHENG, SHANG ZHI 成尚志 **(1950-)**
Hu, xiao 虎啸

CHENG, SHAO HUAI 程少怀
Shao huai 少怀
Xi hua 西华

CHENG, SHAO ZONG 成绍宗
Shao 绍
Shao zong 绍宗

Cheng, Sheng 程生
YE, SHAO JUN 叶绍钧 **(1894-1988)**

Cheng sheng 澄生
QIU, QI MING 丘启明

Cheng, Shi 成实
LI, WEN TAO 李文涛 **(1880-1942)**

Cheng, Shi 程石
ZHANG, XIAO GUANG 张晓光 **(1955-)**

Cheng, Shi 程式
QIAN, JUN TAO 钱君匋 **(1906-)**

Cheng, Shi 程试
CHENG, SHI LIANG 程适良 **(1937-)**

Cheng shi 澄实
CHENG, FANG WU 成仿吾 **(1897-1984)**

Cheng, Shi fa 程十发
CHENG, TONG 程潼 **(1921-)**

CHENG, SHI GUAN 程式管 **(1942-)**
Cheng, Feng 程枫

CHENG, SHI LIANG 程适良 **(1937-)**
Cheng, Shi 程试

Cheng, Shi ren 程始仁
GAO, YU HAN 高语罕 **(1888-1948)**

Cheng, Shu 程淑
LIANG, SHI QIU 梁实秋 **(1902-1987)**

Cheng, Shu 成熟
SONG, CHENG SHU 宋承书 **(1922-)**

Cheng, Shu tang 程树棠
GENG, CHENG BIN 耿承彬 **(1910-1951)**

CHENG, SHU ZHEN 程树榛 **(1934-)**
Qin, He 秦禾
Qin, Mu 秦木

Cheng, Shuang yu 程双雨
HUANG, YAN DE 黄燕德 **(1950-)**

Cheng, Shuo qing 程朔青
QIAN, JUN TAO 钱君匋 **(1906-)**

Cheng, Si 成思
CHEN, XIAO YING 陈孝英 **(1942-)**

Cheng, Si jin 程似锦
CHENG, YI RONG 程一戎 **(1910-)**

Cheng, Si you 程思西
SONG, ZHEN TING 宋振庭 **(1921-1985)**

CHENG, TAI 程泰 **(1935-)**
Hong ji 鸿基

Cheng, Tai zhong 成泰中
CHENG, TAI ZHONG 成泰忠 **(1951-)**

CHENG, TAI ZHONG 成泰忠 **(1951-)**
Cheng, Jun 成君
Cheng, Tai zhong 成泰中
Cheng, Xiang yang 成向阳
Ge, Yin 戈尹
Nie, Hai 聂海
Yi xiao 一笑

Cheng tang 诚堂
XIA, TING YU 夏廷棫 **(1902-1979)**

Cheng, Tian ge 成天歌
CHEN, TIAN GE 陈天戈 **(1930-)**

CHENG, TIE NAN 程铁男 **(1952-)**
Tian, Li 田力

Cheng, Tie wu 成铁吾
CHENG, FENG CAI 成凤彩 **(1902-)**

Cheng ting 澄渟
LI, WEN TAO 李文涛 **(1880-1942)**

CHENG, TONG 程潼 **(1921-)**
Cheng, Shi fa 程十发

Cheng, Tu 程途

CHENG, YI RONG 程一戎 **(1910-)**

Cheng, Wan li 程万里
GUO, YOU YONG 郭有勇 **(1920-)**

Cheng, Wan li 程万里
FAN, HONG TU 樊宏图 **(1928-)**

Cheng, Wei 成炜
CHENG, ZU DE 成祖德 **(1933-)**

CHENG, WEI 程玮 **(1957-)**
Chun hui 春晖

Cheng, Wei jia 程维嘉
CHENG, HUA HUN 程华魂 **(1921-)**

CHENG, WEI LIAN 程维廉 **(1956-)**
Lu, Fu 鲁夫

Cheng, Wen 程文
CHENG, WEN XIANG 程文祥 **(1929-)**

Cheng, Wen 程文
CHENG, JI TIAN 程继田 **(1933-)**

Cheng wen 城文
JIANG, WEI YANG 蒋维扬 **(1948-)**

CHENG, WEN CAI 程文才 **(1936-)**
Cha fu 茶夫

CHENG, WEN KAI 程文恺 **(1947-)**
Shi, Cong 石聪
Shi, Gan dang 石敢当
Shi, Min 石敏
Wen, Feng zi 文丰子
Wen, Kai 文愷

CHENG, WEN XI 程文熙 **(1904-)**
Zhu, Zhai 竺斋

CHENG, WEN XIANG 程文祥 **(1929-)**
Cheng, Wen 程文

Cheng, Wen ying 成文英
FENG, XUE FENG 冯雪峰 **(1903-1976)**

Cheng, Wo zha 程沃渣
CHENG, ZHEN XING 程振兴 **(1905-1974)**

Cheng, Wu 成吾
WANG, REN SHU 王任叔 **(1901-1972)**

CHENG, XI JI 成希箕 **(1898-1991)**
Bai you 百忧
Cheng, Han xun 成汉勋
Cheng, Ping 成平
Cheng, She wo 成舍我
Cheng, Xun 成勋
Cheng, Ze wang 成则王
Chun xuan 蓴烜
Da ai 大哀
Ding, Yi 丁一
She 舍
She wo 舍我
Wu xu sheng 戊戌生
Xiao bai 小白
Yi ding 一丁
Yi ge 一戈

Cheng, Xi sheng 程希生
CHENG, XI ZHENG 程西铮 **(1907-1984)**

Cheng xi shui an lao ren 城西睡庵老人
SHEN, ZENG ZHI 沈曾植 **(1850-1922)**

CHENG, XI ZHENG 程西铮 **(1907-1984)**
Cheng, Xi sheng 程希生
Ke luo 克洛
Ke luo fu 克洛夫
Xi sheng 希生
Xi zheng 西铮

Cheng, Xian 成弦
CHENG, JUN 成骏 **(1916-1983)**

Cheng, Xian 成弦
HU, SHENG 胡绳 **(1918-)**

CHENG, XIAN DA 程贤达 **(1920-)**
Cheng, Li fu 程力夫
Li fu 笠伕
Niu, Fan tuo 牛凡陀
Zhang, Geng 张庚

Cheng, Xiang 程鄉
ZHANG, SU ZONG 张宿宗 **(1941-)**

Cheng xiang feng 呈向风
CHEN, QIAO MEI 陈侨美 **(1955-)**

CHENG, XIANG RONG 程向荣 **(1926-)**
Xiang, Rong 向荣

Cheng, Xiang yang 成向阳
CHENG, TAI ZHONG 成泰忠 **(1951-)**

Cheng, Xiao 程箫
CHENG, GEN YUAN 程根源 **(1927-)**

CHENG, XIAO DONG 成宵冬 **(1955-)**
Wu yang 雾洋

CHENG, XIAO QING 程小青 **(1893-1976)**
Cheng, Hui zhai 程辉斋
Cheng, Qing xin 程青心
Cheng, Zhan lu 程瞻庐
Jian weng 茧翁
Jin, Keng 金铿
Mai gan lan zhe 卖橄榄者
Qing 青
Xiao qing 小青

CHENG, XIAO TIAN 程啸天 **(1911-)**
Cheng, Yue 程岳

Cheng, Zhong fang 程仲芳

CHENG, XING SAN 程省三 **(1913-)**
Bai, Li shi 白力士
Ban min 般皿
Cheng, Pan ming 程盘铭

CHENG, XIU SHAN 程秀山 **(1912-1983)**
Ma, Guang rui 马光瑞
Wang, Hua 王华

Cheng, Xu 程序
HE, ZHEN YE 何振业 **(1922-)**

Cheng, Xuan 成玄
CHENG, JUN 成骏 **(1916-1983)**

Cheng, Xue zhu 成雪竹
CHENG, JUN 成骏 **(1916-1983)**

Cheng, Xun 成勋
CHENG, XI JI 成希箕 **(1898-1991)**

CHENG, YA JUN 程亚君 **(1921-)**
Ya jun 亚军

Cheng, Yan 成言
ZHAO, MING YI 赵铭彝 **(1906-)**

CHENG, YAN 成燕 **(1925-)**
Yan, Zhi ji 燕之矶

Cheng, Yan 程衍
CHENG, YU BI 程玉璧 **(1935-)**

Cheng yan 乘言
PAN, YU CHENG 潘毓成

CHENG, YAN QIU 程砚秋 **(1904-1958)**
Cheng, Ju nong 程菊儂
Cheng, Yan qiu 程艳秋
Yu shuang 御霜
Yu shuang yi zhu 玉霜簃主

Cheng, Yan qiu 程艳秋
CHENG, YAN QIU 程砚秋 **(1904-1958)**

Cheng, Yang 成扬
ZHENG, CHENG YANG 郑成扬 **(1939-)**

Cheng, Yi 成一
WANG, CHENG YE 王成业 **(1943-)**

Cheng, Yi 程漪
CHENG, GUO QIANG 程国强 **(1936-)**

Cheng, Yi 程乙
CHENG, YI RONG 程一戎 **(1910-)**

Cheng, Yi 程义
DUAN, YANG 段杨 **(1956-)**

CHENG, YI 程翊 **(1913-1941)**
Lu, Ma 路马

CHENG, YI RONG 程一戎 **(1910-)**
Chen, Qi cong 陈綺从
Cheng, Da lu 程大路
Cheng, Qian 程前
Cheng, Si jin 程似锦
Cheng, Tu 程途
Cheng, Yi 程乙
Cheng, Yuan 程远
Cheng, Zao 程早
Cong rong 从戎
Gan, Ge 干戈
Ge, Ge 戈哥
Gu wo 故我
Qi cong 綺从
Tian di 天地
Wan, Da lin 万大林
Wang, He 王和
Wang, Jia he 王加和
Wang, Shi ge 王十戈
Xiang, Cun 项邨
Xiang cun ci lang 项村次郎
Xiang, Cun ren 项村人
Yin, Yi jun 尹伊君
Zhu, Gu lü 朱古律
Zhu, Zhu 朱珠

Cheng, Yi sha 程忆莎
ZOU, WEI XI 邹维熙 **(1927-)**

CHENG, YI ZHONG 程毅中 **(1930-)**
Cheng, Hong 程弘

Cheng, Yin 成荫
ZHAO, MING YI 赵铭彝 **(1906-)**

Cheng, Yin 成荫
CHENG, YUN BAO 成蕴保 **(1917-1984)**

Cheng, Yin 程殷
BAI, LE CHENG 白乐成 **(1946-)**

Cheng ying 澄英
LI, RONG PEI 李荣培 **(1903-1981)**

Cheng ying 呈英
WU, QI XIANG 吴启庠 **(1929-1984)**

CHENG, YING LIU 程应镠 **(1916-1994)**
Kuang qie 况且
Liu jin 流金
Xu, Fang 徐芳

Cheng, Yu 成语
PAN, YU CHENG 潘毓成

Cheng yu 澄宇
LI, CHENG YU 李澄宇 **(1882-)**

Cheng yu 澄宇
GAO, SHANG DE 高尚德 **(1896-1925)**

Cheng yu 澄宇
LIU, REN JING 刘仁静 **(1902-1987)**

CHENG, YU BI 程玉壁 **(1935-)**
Cheng, Yan 程衍

CHENG, YU ZHEN 程育真 **(1921-)**
Da qing 大青

Cheng, Yuan 程远
CHENG, YI RONG 程一戎 **(1910-)**

Cheng, Yuan 程远
CHENG, QI YOU 程启佑 **(1923-)**

Cheng, Yuan 成苑
YANG, XI GUANG 杨锡光 **(1928-)**

Cheng yuan 澄源
YU, HUA QING 郁化清 **(1932-)**

Cheng yuan 澄源
ZHANG, CHENG YUAN 张成元 **(1943-)**

Cheng, Yue 程岳
CHENG, XIAO TIAN 程啸天 **(1911-)**

Cheng, Yun 程云
MA, LI JIE 马立杰 **(1920-)**

CHENG, YUN BAO 成蕴保 **(1917-1984)**
Cheng, Yin 成荫

Cheng, Zao 程早
CHENG, YI RONG 程一戎 **(1910-)**

Cheng, Zao zhi 程造之
CHENG, ZHAO XIANG 程兆翔 **(1914-1986)**

Cheng, Ze 程泽
CHENG, GUO ZHEN 程国贞

Cheng ze 澄泽
CHENG, GUO ZHEN 程国贞

Cheng, Ze ren 成则人
SHEN, ZE MIN 沈泽民 **(1900-1933)**

Cheng, Ze ren 成则仁
SHEN, YAN BING 沈雁冰 **(1896-1981)**

Cheng, Ze wang 成则王
CHENG, XI JI 成希箕 **(1898-1991)**

Cheng zhai 诚斋
CHEN, DU XIU 陈独秀 **(1879-1942)**

Cheng zhai 诚斋
TAN, PING SHAN 谭平山 **(1886-1956)**

Cheng zhai 城斋
CHEN, DU XIU 陈独秀 **(1879-1942)**

Cheng zhai 澄斋
XIE, GUAN 谢观 **(1880-1950)**

Cheng zhai 澄斋
ZOU, LU 邹鲁 **(1885-1954)**

CHENG, ZHAN LU 程瞻庐 **(-1943)**
Cheng, Nan yuan 程南园
Nan, Yuan 南园
Zhan lu 瞻庐

Cheng, Zhan lu 程瞻庐
CHENG, XIAO QING 程小青 **(1893-1976)**

CHENG, ZHAO CAI 成兆才 **(1874-1929)**
Cheng, Jie san 成捷三
Dong lai shun 东来顺

CHENG, ZHAO XIANG 程兆翔 **(1914-1986)**
Cheng, Zao zhi 程造之
Shao zi 韶紫

CHENG, ZHAO XIONG 程兆熊 **(1908-)**
Fei lang 芾浪

CHENG, ZHEN JIA 程振家 **(1938-)**
Yan ling 雁翎

CHENG, ZHEN XING 程振兴 **(1905-1974)**
Cheng, Wo zha 程沃渣

Cheng, Zhi 成之
ZHAO, MING YI 赵铭彝 **(1906-)**

Cheng, Zhi 成志
YANG, HAO 杨浩 **(1901-)**

Cheng, Zhi 成智
LI, WEN TAO 李文涛 **(1880-1942)**

Cheng, Zhi 成智
LIU, ZHI YUAN 刘志远 **(1925-)**

Cheng, Zhi 承志
JIAO, CHENG ZHI 焦承志 **(1905-1975)**

Cheng, Zhi 承志
CHENG, ZHI YU 承志宇 **(1930-)**

Cheng, zhi 乘之
JI, ZE CHANG 纪泽长 **(1911-)**

Cheng, Zhi 程芷
WU, ZONG XI 吴宗锡 **(1925-)**

Cheng, Zhi 程志
LIU, CHANG QING 刘长青 **(1917-)**

Cheng zhi 澄之
LU, QI QING 陆其清 **(1908-)**

Cheng zhi 澄之
XU, RUN ZHI 徐润芝 **(1927-)**

Cheng zhi 澄之
DONG, HAN HE 董汉和 **(1945-)**

CHENG, ZHI DI 程至的 **(1922-)**

Bai, Shao 白勺

CHENG, ZHI DING 程志定 (1925-)
Shen, Ru gang 沈如钢

Cheng, Zhi meng 程志孟
CHEN, DU XIU 陈独秀 (1879-1942)

Cheng, Zhi wei 成志伟
SHEN, LU CHANG 沈碌昌 (1941-)

CHENG, ZHI WEI 成志伟 (1941-)
Ju, Song 居松
Zhi wei 之伟

CHENG, ZHI YU 承志宇 (1930-)
Cheng, Zhi 承志

Cheng, Zhong 程中
ZHAO, SHU LI 赵树礼 (1906-1970)

Cheng zhong 澄衷
XIA, CHEN ZHONG 夏晨中 (1912-)

Cheng, Zhong en 成仲恩
BAO, YAO MING 鲍耀明 (1920-)

Cheng, Zhong fang 程仲芳
CHENG, XIAO TIAN 程啸天 (1911-)

Cheng, Zhong fu 程仲甫
CHEN, DU XIU 陈独秀 (1879-1942)

Cheng, Zhong hua 程仲华
CHEN, DU XIU 陈独秀 (1879-1942)

Cheng, Zhong qi 程仲琦
CHENG, HUA NAN 程化南 (1919-)

CHENG, ZHONG XIANG 程中祥 (1931-)
Cheng, Bi de 程彼德

CHENG, ZHONG XING 程中行 (1903-1990)
Cang bo 沧波
Cang bo ju shi 沧波居士
Cheng, Cang bo 程沧波

CHENG, ZHONG YUAN 程忠元 (1911-)
Zhong yuan 重远

Cheng, Zhou 程舟
CHEN, ZHENG YUAN 陈正元 (1940-)

Cheng, Zhu 成竹
ZHANG, CHENG ZHU 张成珠 (1935-)

Cheng, Zhui 程追
LUO, SHI HUAN 罗士桓 (1911-)

CHENG, ZHUO RU 程灼如 (1924-)
Bao yi 豹异
Jia yan 家桜
Qi you 其尤
Qin, Wei ke 秦唯科
Tao, Yuan 陶原
Wang, Jia yan 王家桜
Zheng, Jue xu 郑爵叙

Cheng zi 橙子
ZHANG, YONG 张勇 (1958-)

Cheng, Zi liang 程子量
XU, YI 徐毅 (1964-)

Cheng, Zu 承族
CHENG, QING HUA 程庆华 (1932-)

CHENG, ZU DE 成祖德 (1933-)
Cheng, Guo liang 成国良
Cheng, Wei 成炜
Lu, Mei cheng 鲁美成

Chi 赤
ZHANG, SONG NIAN 张崧年 (1893-1986)

Chi 赤
WANG, CHI HUA 王持华

Chi an 尺盦
YAN, FU 严復 (1854-1921)

CHI, BAO LUN 迟宝伦
Shang guan, Bao lun 上官宝伦

Chi, Bei ou 池北偶
TAN, WEN RUI 谭文瑞 (1922-)

Chi bing 赤兵
SHEN, JIA XIN 申家信 (1941-)

Chi, Che 池澈
WANG, WEN 王汶 (1922-)

Chi cheng 驰骋
FENG, GUO REN 冯国仁 (1927-)

Chi cheng 赤城
SHEN, YAN BING 沈雁冰 (1896-1981)

Chi, Cheng 迟骋
ZHANG, YONG 张勇 (1958-)

Chi chu 彳亍
SHI, JI XING 史济行 (1906-)

Chi chui 尺棰
LIN, HUI YIN 林徽音 (1903-1955)

Chi dao 赤道
SHI, HONG LU 史红路 (1939-)

Chi deng 赤灯
YANG, JIAN CHI 杨剑赤 (1918-)

Chi er 赤儿
HAO, BAO ZHU 郝宝珠

Chi, Fan 迟帆
WANG, CHANG SHOU 王长寿

Chi feng 赤枫

WANG, DE JIN 王德进 **(1937-)**

Chi feng 赤枫
YANG, GUO PING 杨国平 **(1969-)**

Chi, Feng 迟峰
REN, XING 任兴

Chi fu 痴夫
WANG, KE QIN 王克勤 **(1938-)**

Chi fu 赤父
ZHANG, XIA CHANG 张遐昌 **(1916-)**

Chi gong 痴公
CAI, GONG SHI 蔡公时 **(1888-1928)**

Chi gong 痴公
WANG, JIA YIN 王嘉荫 **(1911-1976)**

Chi guang 持光
ZHOU, ZUO REN 周作人 **(1885-1967)**

Chi hang wu la 赤航乌拉
BAI, YU YING 白玉瑛 **(1927-)**

Chi, Hong 迟红
TANG, ZENG BI 汤增璧 **(1882-1947)**

Chi hong 驰鸿
MA, HONG ZENG 马鸿增 **(1940-)**

Chi hua 赤华
WANG, CHI HUA 王持华

Chi huan 赤环
LEI, HUA TING 雷华廷 **(1956-)**

Chi hui 炽卉
LIU, JUN REN 刘俊仁 **(1931-)**

Chi jiu 痴鸠
ZHANG, SHU NAI 张叔耐

Chi jun 赤军
ZHENG, CUN 郑存 **(1928-)**

Chi kan lou zhu 赤嵌楼主
HUANG, DIAN QUAN 黄典权 **(1927-)**

Chi kong 赤空
WANG, REN SHU 王任叔 **(1901-1972)**

Chi lao 赤老
ZHANG, YAN LI 张延礼 **(1870-1937)**

Chi, Le 迟乐
YANG, HAI FAN 杨海帆 **(1958-)**

Chi, Lian zi 池莲子
CHI, YU YAN 池玉燕 **(1950-)**

Chi, Lin 池邻
CHEN, CHUAN XI 陈传席 **(1950-)**

Chi lin 赤鳞

LI, CHUN TAO 李春涛 **(1897-1927)**

Chi liu 持六
FENG, QI YONG 冯其庸 **(1924-)**

Chi lu 耻庐
ZHANG, NAN XIAN 张难先 **(1874-1968)**

Chi, Man he 迟曼荷
SUN, CHENG XUN 孙承勲 **(1919-)**

Chi, Man qiu 池满秋
YANG, MAN QIU 杨曼秋 **(-1994)**

Chi mang 蚩氓
XU, MAO RONG 徐茂荣 **(1911-1977)**

Chi ming 驰明
WU, GUAN YU 吴冠玉 **(1957-)**

Chi mo lao ren 持默老人
WANG, SHOU QI 王寿祺 **(1880-1960)**

Chi, Pan feng 池畔风
LÜ, XIU LIAN 吕秀莲 **(1944-)**

Chi, Pei 池沛
JIANG, XI ZHONG 蒋希仲 **(1901-1973)**

Chi, Ping 池萍
ZHAO, CHI PING 赵赤坪

Chi ping 赤坪
ZHAO, CHI PING 赵赤坪

Chi ping 持平
XU, GUANG PING 许广平 **(1898-1968)**

Chi ping 持平
GONG, BING LU 龚冰庐 **(1908-1955)**

Chi ping 痴萍
SONG, YI HONG 宋一鸿

Chi qing 持卿
SHEN, ZENG ZHI 沈曾植 **(1850-1922)**

Chi ren 痴人
ZHANG, JING SHENG 张竞生 **(1888-1970)**

Chi shan 痴山
ZHANG, ZHI CHUN 张之纯

Chi, Shang yu 池上羽
CHEN, FAN 陈凡 **(1915-1997)**

Chi sheng 赤生
XIN, PU TIAN 辛朴田 **(1902-1928)**

Chi sheng 痴生
ZHANG, JING SHENG 张竞生 **(1888-1970)**

Chi shi 赤石
WANG, ZHAO WEN 王朝闻 **(1909-)**

Chi shi 赤石

PANG, RUI YING 庞瑞瀛 **(1937-)**

Chi shi 痴石
XU, CHEN LIAN 许陈联 **(1953-)**

Chi shi dao ren 赤石道人
JIANG, DAN SHU 姜丹书 **(1885-1962)**

Chi song 尺松
ZHU, EN BIN 朱恩彬 **(1933?-)**

Chi song 赤松
WU, FEI DAN 吴斐丹 **(1907-1981)**

Chi song jiu zi 赤松旧子
CHEN, JIAN HONG 陈剑虹 **(1880-1946)**

Chi song zi 赤松子
ZHANG, RUN CANG 张润苍 **(1893-1974)**

Chi, Tai 迟骀
LI, GUANG BIN 李广彬 **(1926? -)**

Chi tong 痴桐
YU, YI 俞逸

Chi, Xi 迟犀
ZHU, ZI CHENG 朱子澄 **(1939-)**

Chi, Xi 迟樨
LIANG, CHAO RAN 梁超然 **(1936-)**

Chi, Xing 池兴
LI, CHI XING 李池兴 **(1937-)**

Chi ya 炽亚
ZHOU, CHI XIA 周炽夏 **(1911-)**

Chi yan di 赤炎地
WANG, ZAO 王灶 **(1938-)**

Chi yan feng 赤岩峰
WANG, BING LIAN 王秉琏 **(1932-)**

Chi yang 赤阳
CHEN, JIA QIU 陈嘉求

Chi ye 赤叶
LI, JUN 李军 **(1930-)**

Chi yi 赤邑
HAO, CUN XIANG 郝存祥 **(1939-)**

Chi yi 鸱夷
FAN, YONG 范镛 **(1894-1967)**

Chi yi shi zhu 鸱夷室主
FAN, YONG 范镛 **(1894-1967)**

Chi yi yi ke 鸱夷逸客
SONG, YU REN 宋育仁 **(1858-1931)**

Chi yin 痴隐
CHANG, YAN SHENG 常燕生 **(1898-1947)**

Chi ying 赤婴
XU, XIONG 徐熊 **(1927-)**

Chi ying 赤婴
LIU, JIA LIANG 刘家良

Chi, Yu 迟雨
SHEN, YIN MO 沈尹默 **(1883-1971)**

Chi, Yu 迟雨
QIN, YING 秦影 **(1923-)**

Chi yu 持宇
DENG, SI YU 邓嗣禹 **(1905-1988)**

Chi yu 赤宇
WU, CHI YU 吴赤宇 **(1945-)**

CHI, YU YAN 池玉燕 **(1950-)**
Chi, Lian zi 池莲子

Chi, Yuan 迟园
CHEN, YAN 陈衍 **(1856-1937)**

Chi yuan 痴鸳
TAO, ZHU 陶铸 **(1908-1969)**

Chi yue 赤岳
LIU, HAI QING 刘海清 **(1933-1991)**

Chi, Yun 迟云
XU, JIAN CHENG 徐建成 **(1947-)**

Chi yun 赤云
XIE, ZHI YUN 谢直云 **(1948-)**

Chi zi 尺子
ZHAO, CHI ZI 赵尺子

Chi zi 赤子
ZHANG, SONG NIAN 张崧年 **(1893-1986)**

Chi zi 赤子
LU, DAN LIN 陆丹林 **(1898-1972)**

Chi zi 赤子
ZU, MING HUA 祖明华 **(1955-)**

Chong 崇
LI, SHENG XUAN 李生萱 **(1910-1966)**

Chong de lao ren 崇德老人
ZENG, JI FEN 曾纪芬 **(1852-1942)**

Chong en 宠恩
DENG, PU 邓溥 **(1883-1954)**

Chong er xian sheng 虫二先生
JIANG, SHI 江石 **(1899-)**

Chong fu 重夫
LIU, GONG HUANG 刘恭煌 **(1931-)**

Chong gang 崇冈
YU, SHI CHANG 喻世长 **(1916-)**

Chong gong dao 崇公道
ZHANG, XIN YUAN 张心远 **(1895-1967)**

Chong guang 重光
ZANG, JUN SHENG 臧俊声 **(1905-)**

Chong han 崇汉
ZOU, XI QIU 邹昔璆 **(1945-)**

Chong ji 崇基
LI, SHENG XUAN 李生萱 **(1910-1966)**

Chong jin 重进
YU, ZHONG ZHENG 郁钟正 **(1915-)**

Chong lan jing she 崇兰精舍
PAN, FEI SHENG 潘飞声 **(1857-1934)**

Chong li 重立
GUO, YI CEN 郭一岑 **(1894-1977)**

Chong ling 冲凌
SHI, MING XIN 施明新 **(1930-)**

Chong min 崇民
YU, ZHEN GUI 余振贵 **(1946-)**

Chong ming 崇明
LIN, ZE RONG 林泽荣 **(1906-1981)**

Chong qi 崇奇
LI, SHENG XUAN 李生萱 **(1910-1966)**

Chong qing ke 重庆客
ZHANG, XIN YUAN 张心远 **(1895-1967)**

Chong qun 崇群
MIAO, CHONG QUN 缪崇群 **(1907-1945)**

Chong Shan 崇善
WANG, ZHUANG HONG 王壮弘 **(1931-)**

Chong shan 崇山
FAN, CHONG SHAN 范崇山 **(1938-)**

Chong shan 崇山
CHEN, YAO ZONG 陈耀宗

Chong she xuan zhu ren 虫蛇轩主人
LU, HUA BAI 陆华柏 **(1914-)**

Chong shi 崇实
ZHANG, YAO ZENG 张耀曾 **(1884-1938)**

Chong shi 崇实
SHEN, XIA HUN 沈侠魂 **(1915-1966)**

Chong ti 重提
SHI, ZHUO REN 施卓人 **(1921-)**

Chong tu 冲突
LÜ, ZHONG SHAN 吕中山 **(1934-)**

Chong wen 崇文
SHEN, CONG WEN 沈从文 **(1902-1988)**

Chong xi 重溪
LU, YUAN CHENG 陆元诚 **(1908-)**

Chong xian 崇贤
BAI, CHONG XIAN 白崇贤

Chong xiao 冲霄
MA, CHENG 马骋 **(1927-)**

Chong xie 崇协
HONG, BAO SU 洪保苏 **(1947-)**

Chong xuan 崇轩
HU, YE PIN 胡也频 **(1903-1931)**

Chong xun 崇巽
ZHOU, SHU REN 周树人 **(1881-1936)**

Chong yang 重阳
QIU, XU XU 丘絮絮 **(1909-1967)**

Chong yang 重阳
JIN, PU SEN 金普森 **(1932-)**

Chou 畴
WEI, FENG BIAO 魏凤标 **(1898-1928)**

Chou 丑
SHEN, DUAN XIAN 沈端先 **(1900-1995)**

Chou cheng xia ke 愁城侠客
FAN, YONG 范镛 **(1894-1967)**

Chou da ge 丑大哥
CHEN, JI YING 陈纪滢 **(1907-1997)**

Chou dong 愁洞
CAI, QIU TONG 蔡秋桐 **(1900-)**

Chou hua hen shui sheng 愁花恨水生
ZHANG, XIN YUAN 张心远 **(1895-1967)**

Chou lü 丑侣
XIAO, SHU LIE 萧树烈 **(1896-1927)**

Chou lü 醜侣
XIAO, SHU LIE 萧树烈 **(1896-1927)**

Chou nu er 醜奴儿
GUAN, WEI NING 关卫宁 **(1961-)**

Chou nü 丑女
XIAO, SHU LIE 萧树烈 **(1896-1927)**

Chou shi 愁石
WANG, LI DAO 王立道 **(1931-)**

Chou si zhu ren 抽絲主人
WU, WO YAO 吴沃尧 **(1867-1910)**

Chou tong 愁桐
CAI, QIU TONG 蔡秋桐 **(1900-)**

Chou tong 愁童
CAI, QIU TONG 蔡秋桐 **(1900-)**

Chou xin 丑信
XIAO, SHU LIE 萧树烈 **(1896-1927)**

Chou xuan 愁轩
JING, DING CHENG 景定成 **(1879-1949)**

Chou yi 醜簃
WU, WAN 吴万 **(1894-1970)**

Chou yin ju shi 畴隐居士
DING, FU BAO 丁福保 **(1874-1952)**

Chou yü 抽玉
XIAO, SHU LIE 萧树烈 **(1896-1927)**

Chu 楚
XIAO, SHU LIE 萧树烈 **(1896-1927)**

Chu, Ai 楚艾
LIN, YANG MIN 林央敏 **(1955-)**

Chu, An 初厂
SHAO, XUN MEI 邵洵美 **(1906-1968)**

Chu, An 初盦
SHAO, XUN MEI 邵洵美 **(1906-1968)**

CHU, AN PING 储安平 **(1905-1966)**
An, Ping 安平
Chu, Ping 储平

Chu, Bai 楚白
LI, GUANG BI 李光壁 **(1914-1976)**

Chu, Bai chun 楚白纯
XIN, FA JUN 信法钧 **(1920-1990)**

CHU, BAI SI 褚柏思
Bai, Si 柏思
Fo lin 佛邻
Fo lin ju shi 佛邻居士
Fo lin ju shi 佛林居士

Chu, Bao yi 褚葆彝
CHU, BAO YI 褚葆一 **(1913-)**

CHU, BAO YI 褚葆一 **(1913-)**
Chu, Bao yi 褚葆彝

Chu, Bin jie 褚斌杰
CHU, TIAN EN 褚天恩 **(1933-)**

Chu, Bo 初波
LIU, BAO YUAN 刘保元 **(1934-)**

Chu, Bo 楚波
HUANG, ZHANG 黄彰 **(1893-1987)**

Chu, Bu 楚布
YANG, XIANG YANG 杨向阳 **(1932-)**

Chu, Cai 楚材
CHEN, CHU CAI 陈楚材 **(1902-)**

Chu, Cang 楚伧
YE, ZONG YUAN 叶宗源 **(1887-1946)**

Chu, Chan 楚禅
NING, XIE WAN 甯协万 **(1896-)**

Chu chu mao lu 初出茅庐
ZHUANG, MING CHUN 庄名春 **(1932-)**

CHU, DA HONG 储大泓 **(1927-)**
Chu, Qian li 储千里
Dan hong 丹红
Jie zi 芥子
Qian shan 千山
Qiu, Shui 秋水
Yan bai 炎白

Chu, Dian 楚佃
CAI, ZI E 蔡子谔 **(1943-)**

Chu, Ding 楚丁
XIANG, KONG YAN 项孔言 **(1925-)**

Chu, Dong tian 楚洞天
HUANG, GUI GEN 黄贵根 **(-1974)**

Chu, Du 初犊
ZHU, ZHEN SHENG 朱振生 **(1922-)**

Chu, Du 初犊
SHI, CHENG HAN 史成汉 **(1923-)**

Chu er 刍耳
HU, ZI DAN 胡子丹 **(1929-)**

Chu, Er men 初二门
LAI, JI XUN 来稷勋 **(1904-1976)**

Chu fei 锄非
LIU, DAO YI 刘道一

Chu fei 雏飞
ZHU, SHAO HOU 朱绍侯 **(1926-)**

Chu, Feng 楚风
CHEN, YU GAN 陈毓淦 **(1917-)**

Chu, Feng 楚风
LIU, WEI ZHI 刘维之 **(1939-)**

CHU, FENG YI 褚凤仪 **(1898-1975)**
Chu, Han lai 褚汉来

Chu, Fu 楚凫
LAI, JI XUN 来稷勋 **(1904-1976)**

CHU, FU CHENG 褚辅成 **(1873-1948)**
Hui seng 慧僧

CHU, FU JUN 褚福军 **(1967-1991)**
Ge, Mai 戈麦

Chu, Fu sheng 楚复生
CHEN, FU ZHU 陈扶助

Chu, Ge 初歌

WANG, BING XUN 王秉勋 **(1930-)**

Chu, Ge 楚戈
CHEN, RUI QI 陈瑞淇 **(1921-)**

Chu, Ge 楚戈
YUAN, DE XING 袁德星 **(1932-)**

Chu, Ge 楚歌
ZENG, ZHAN LANG 曾展郎 **(1948?-)**

Chu, Guan 初官
WANG, KANG NIAN 汪康年 **(1860-1911)**

Chu guan 楮冠
ZHOU, SHU REN 周树人 **(1881-1936)**

Chu guan bing sou 楮冠病叟
ZHOU, SHU REN 周树人 **(1881-1936)**

CHU, GUO LIANG 楚国良 **(1962-)**
Qin, Yan fang 覃言方

Chu, Han 楚汉
XU, YONG ZHANG 许永璋 **(1935-)**

Chu, Han lai 褚汉来
CHU, FENG YI 褚凤仪 **(1898-1975)**

Chu, Heng 楚珩
WU, JIA JIN 吴家瑾 **(1930-)**

Chu, Hong 楚红
HUANG, ZHANG 黄彰 **(1893-1987)**

Chu, Hong 楚洪
HUANG, ZHANG 黄彰 **(1893-1987)**

Chu, Hua 储华
CHU, YU KUN 储玉坤 **(1912-)**

Chu, Huang 楚黄
MIAO, CHU HUANG 缪楚黄 **(1923-)**

Chu, Hui 楚晖
GUO, NAI AN 郭鼐安 **(1920-)**

CHU, JIA CHANG 储家昌 **(1913-)**
Zhen sheng 振声

CHU, JIAN ZHONG 褚建中
Mu, Ran 穆然
Ruo ne 若讷

Chu, Jin 楚金
QU, XUAN YING 瞿宣颖 **(1892-1973)**

Chu, Jun 楚军
ZHOU, ZUO MIN 周佐民 **(1920-)**

Chu, Jun 楚君
YIN, JUN SHENG 尹均生 **(1936-)**

Chu, Ke 楚客
CAI, ZHONG DA 蔡仲达

Chu, Ke xia 储克侠
CHU, YU KUN 储玉坤 **(1912-)**

Chu, Kuang 楚狂
CHEN, BING KUN 陈炳堃 **(1898-1990)**

Chu, Kuang 楚狂
TAN, YING 谈瀛 **(1913-)**

Chu kuang lao ren 楚狂老人
CHEN, BING KUN 陈炳堃 **(1898-1990)**

Chu, Kuang ren 楚狂人
DENG, TIE 邓铁 **(1898-1963)**

Chu, Kuang sheng 楚狂生
LU, JIAN HONG 陆健鸿（**1949-)**

Chu, Kun 楚琨
ZHANG, CHU KUN 张楚琨 **(1912-)**

Chu lan 樗岚
WANG, SU LAN 王素兰

Chu, Li 初梨
LI, RU WEN 李如文 **(1900-)**

Chu, Li 楚离
LI, RU WEN 李如文 **(1900-)**

Chu, Li 楚篱
SUN, SAN TONG 孙三同 **(1918-)**

Chu, Liang 楚良
FANG, LIANG HAI 方良海 **(1943-)**

Chu, Lü 楚侣
XIAO, SHU LIE 萧树烈 **(1896-1927)**

Chu, Min 初民
DENG, JING XI 邓经喜 **(1889-1981)**

Chu min 刍民
WANG, REN SHU 王任叔 **(1901-1972)**

CHU, MIN YI 褚民谊 **(1884-1946)**
Min 民

Chu, Ming 初鸣
XING, DAN 邢丹 **(1951-)**

Chu mo 处默
ZHANG, JIAN 张謇 **(1853-1926)**

Chu nan nü zi 楚南女子
CHEN, XIE FEN 陈撷芬 **(1883-1923)**

Chu ni 刍尼
SHI, ZHE CUN 施蛰存 **(1905-)**

Chu nong 樗农
PANG, SHU SONG 庞树松

Chu, Nü 楚女
XIAO, SHU LIE 萧树烈 **(1896-1927)**

Chu, Nü 楚女
ZHANG, SHEN QIE 张深切 **(1904-1965)**

CHU, PEI CHENG 储佩成 **(1942-)**
Chang xiang yi 长相忆
Lü ru lan 绿如兰
Yan cheng 言成
Yi fei 一飞

CHU, PEI RONG 褚佩荣 **(1964-)**
Rong, Rong 荣荣

Chu, Ping 储平
CHU, AN PING 储安平 **(1905-1966)**

Chu, Ping 褚平
HUANG, HUI FU 黄恢复 **(1917-)**

Chu, Qi 楚齐
YUAN, DE GONG 袁德公 **(1928-)**

CHU, QI EN 楚启恩 **(1933-)**
Chu, Tuo 楚驼

Chu, Qian li 储千里
CHU, DA HONG 储大泓 **(1927-**

Chu, Qiao 楚翘
SHEN, ZENG ZHI 沈曾植 **(1850-1922)**

Chu, Qing 楚青
DI, BAO XIAN 狄葆贤 **(1873-1941)**

Chu, Qing 楚卿
DI, BAO XIAN 狄葆贤 **(1873-1941)**

Chu, Qing 楚卿
BAI, YU HUAN 白逾桓 **(1875-1935)**

Chu, Qing 楚卿
HU, CHU QING 胡楚卿 **(1923-1994)**

Chu, Qiu 楚囚
NING, TIAO YUAN 甯调元 **(1873-1913)**

Chu, Qiu 楚囚
QIAN, CHENG 钱城 **(1889-1938)**

Chu, Qiu 楚囚
WANG, ZHI ZHI 王誌之 **(1905-1990)**

Chu, Que 楚雀
HUANG, WEI TANG 黄炜棠 **(1944-)**

Chu, Ren 楚人
DENG, TIE 邓铁 **(1898-1963)**

Chu, Ren 楚人
YAN, GUO QIANG 颜国强 **(1937-)**

Chu, Ri lou 初日楼
YAN, QIE 严锲 **(1899-)**

Chu, Rong 楚容
ZHANG, XING 张行 **(1932-)**

Chu, Ru 楚茹
CHENG, FU CHUN 程扶錞 **(1928-)**

CHU, RUI GENG 储瑞耕 **(1946-)**
Dong fang, Yun shui 东方云水
Jiang, Nan cao 江南草
Shi, Zhu quan 石竹泉
Yang, Liu qing 杨柳青

Chu, San hu 楚三户
ZHOU, ZUO MIN 周佐民 **(1920-)**

Chu, Sang 楚桑
HUANG, XIAO RONG 黄效融 **(1955-)**

Chu, Shan 楚山
CUI, SHUN DE 崔顺德 **(1932-)**

Chu, Shan gu 楚山孤
HAN, DIAN YUAN 韩殿元 **(1946-)**

Chu, Shao bai 褚少白
SUN, SHI JIE 孙士杰 **(1935-)**

Chu, Sheng 初生
LAI, JI XUN 来稷勋 **(1904-1976)**

Chu, Sheng 初声
GUO, XIAN JI 郭先楫 **(1943-)**

Chu, Sheng 楚生
LAI, JI XUN 来稷勋 **(1904-1976)**

Chu, Sheng 楚生
YUAN, XIN 袁欣 **(1948-)**

Chu si 厨司
JIANG, JIAN HOU 蒋剑侯

CHU, SONG XUE 褚松雪 **(1900-)**
Chu Song xue nü shi 褚松雪女士
Chu, Wen juan 褚问鹃
He lu 禾庐
Jiu nong 疚侬
Luo, Fei 骆菲
Shu, Hua 舒华
Wen juan 问鹃
Wen juan nü shi 问鹃女士
Xiao yu 小玉
Xue ya 雪崖
Yi ge nü shi 一舸女士

Chu Song xue nü shi 褚松雪女士
CHU, SONG XUE 褚松雪 **(1900-)**

Chu, Tian 楚天
ZHOU, SHAO YI 周绍颐 **(1930-)**

Chu, Tian 楚天
LUO, JI CHANG 罗继长 **(1935-)**

Chu, Tian 楚天

ZHANG, TIAN CI 张天赐 (1937-)

Chu, Tian 楚天
XIE, YU JIU 谢玉久 (1952-)

Chu tian 触天
YU, YI 于艺

Chu, Tian bi 楚天碧
AI, JIA ZHENG 艾家政 (1925-)

CHU, TIAN EN 褚天恩 (1933-)
Chu, Bin jie 褚斌杰
Chu, Zi 楚子

Chu, Tian gu 楚天孤
CHEN, RUI QI 陈端淇 (1921-)

Chu, Tian kuo 楚天阔
LI, JING CI 李景慈 (1918-)

Chu, Tian shu 楚天舒
YI, ZHENG 易征 (1930-)

Chu, Tian shu 楚天舒
WANG, YI PING 王夷平 (1932-)

CHU, TIE ZHU 储铁柱 (1958-)
Wan yue 皖岳
Xia, Cao 夏草

CHU, TU NAN 楚图南 (1899-)
A nang 阿囊
Chu, Zeng 楚曾
Gao, Han 高寒
Gao, Su 高素
Jie qing 介青
Tu nan 图南

Chu, Tuo 楚驼
CHU, QI EN 楚启恩 (1933-)

Chu, Wei 楚潍
DU, WEI MING 杜维明 (1963-)

Chu, Wen juan 褚问鹃
CHU, SONG XUE 褚松雪 (1900-)

Chu, Wo 初我
DING, ZU YIN 丁祖荫

Chu, Xia 初夏
CHEN, JIA ZONG 陈嘉宗 (1949-)

Chu, Xiang 楚香
BAI, YU HUAN 白逾桓 (1875-1935)

Chu, Xiang 楚湘
BAI, YUHUAN 白逾桓 (1875-1935)

Chu, Xiang 楚湘
WEN, YAN ZE 文衍泽 (1923-)

Chu, Xiu 楚岫
ZHOU, BO DA 周伯达 (1914-1947)

Chu xiu 出岫
WANG, YUN WU 王云五 (1888-1979)

Chu, Xu 初旭
RU, ZHI JUAN 茹志鹃 (1925-)

Chu, Xun 楚讯
YI, ZHU XIAN 易竹贤 (1935-)

Chu, Ya ming 褚雅明
WU, XUAN WEN 吴绚文 (1913-)

Chu, Yang 初阳
YANG, PING ZHANG 杨平章 (1947-)

Chu, Yang 楚阳
CAI, ZI E 蔡子谔 (1943-)

Chu, Yi 楚遗
QIU, YAO YUAN 仇曜元 (1876-1970)

Chu, Ying 楚英
LIAO, XING QIAO 廖星桥

CHU, YOU MEI 褚幼梅
You mei 幼梅

Chu, Yu 初玉
ZHOU, YU LIN 周俞林 (1969-)

Chu, Yu 初遇
XIAO, SHU LIE 萧树烈 (1896-1927)

Chu, Yu 初煜
XIE, MIN 谢敏 (1925-)

Chu, Yu 楚语
ZHOU, KANG NAN 周康南 (1918-)

CHU, YU KUN 储玉坤 (1912-)
Chu, Hua 储华
Chu, Ke xia 储克侠
Yi min 一民
Yu jun 雨君

Chu, Yu lou 楚雨楼
LUO, ZHEN YU 罗振玉 (1866-1940)

Chu, Yuan 楚园
LIU, SHI HENG 刘世珩 (1875-1937)

Chu, Yuan 楚原
LI, XIAN YAO 黎先耀 (1925-)

Chu, Yun 初耘
HUANG, LI YE 黄立业 (1930-)

Chu, Yun 楚云
ZHANG, CHU KUN 张楚琨 (1912-)

CHU, YUN CHENG 初韫成 (1916-)
Hu, Peng 胡朋

Chu yun guan zhu ren 出云馆主人
LIANG, CHAO JIE 梁朝杰

Chu, Zeng 楚曾
CHU, TU NAN 楚图南 **(1899-)**

Chu, Zhi 初知
WANG, LI GANG 王立纲 **(1934-)**

Chu, Zhong lin 楚中林
LÜ, JI BAO 吕纪葆 **(1950-)**

Chu, Zi 楚子
ZHANG, BO SHU 张伯树 **(1928-)**

Chu, Zi 楚子
WANG, YUN 王沄 **(1931-)**

Chu, Zi 楚子
CHU, TIAN EN 褚天恩 **(1933-)**

Chu, Zi 楚子
LIU, ZHI YI 刘志一 **(1937-)**

Chu, Zi 楚子
ZHENG, JIA ZHEN 郑家镇

Chu, Zu 楚卒
YAN, GUO BAO 严国保 **(1938-)**

Chuan 川
WU, GUANG CHUAN 吴广川 **(1901-)**

Chuan cao 川草
TANG, SI MIN 唐思敏 **(1938-)**

Chuan cao 川草
CHEN, WEN LI 陈文立 **(1953-)**

Chuan chu 传初
YAN, FU 严復 **(1854-1921)**

Chuan dao 川岛
ZHANG, TING QIAN 章廷谦 **(1901-1981)**

Chuan duo 船舵
MENG, CHUAN DUO 孟传铎 **(1913-)**

Chuan fu 川夫
KOU, ZONG E 寇宗鄂 **(1941-)**

Chuan gu 川谷
ZHENG, ZHONG QIN 郑钟琴 **(1910-1938)**

Chuan gu 川谷
LAI, SHUN YU 赖顺裕 **(1946-)**

Chuan han 川汉
SHI, YONG FU 时永福 **(1945-)**

Chuan jiang 川江
FENG, HUAN QIU 冯还球 **(1933-)**

Chuan kai 传开
LUO, CHUAN KAI 罗传开 **(1932-)**

Chuan lin 川琳
SHU, ZONG LIN 舒宗琳 **(1939-)**

Chuan lin 川麟
SHAO, JUN YUN 邵骏运 **(1906-1971)**

Chuan liu 川流
DUAN, PING AN 段平安 **(1931-)**

Chuan mu shan nü 椽木山女
DUAN, JI ZHANG 段吉璋 **(1928-)**

Chuan qiang 川强
CHEN, CHUAN QIANG 陈川强 **(1939-)**

Chuan qin 传芹
ZHANG, QING SHAN 张青山 **(1963-)**

Chuan ren 川人
ZHOU, WEN QIN 周文钦 **(1882-1929)**

Chuan sheng 川生
ZENG, QING HUI 曾庆辉 **(1932-)**

Chuan shui 川水
LI, CHUAN RUI 李传瑞 **(1947-)**

Chuan song 川松
SUN, CHUAN SONG 孙传松 **(1944-)**

Chuan xi 川曦
WANG, JUN JIE 王俊傑 **(1927-)**

Chuan xi 传熙
SHU, CHUAN XI 舒传熹 **(1932-)**

Chuan xi 传曦
SHU, CHUAN XI 舒传熹 **(1932-)**

Chuan ye 川野
ZENG, QING REN 曾庆仁 **(1957-)**

Chuan ye 传业
YANG, CHUAN YE 杨传业 **(1923-)**

Chuan ye 椽叶
YANG, CHUAN YE 杨传业 **(1923-)**

Chuan yi 川一
WEI, CHUAN YI 魏传义 **(1928-)**

Chuan ying 钏影
BAO, GONG YI 包公毅 **(1876-1973)**

Chuan ying lou 钏影楼
BAO, GONG YI 包公毅 **(1876-1973)**

Chuan you 传佑
WU, CHUAN YOU 吴传佑 **(1914-1982)**

Chuan zhang 川章
WANG, CHUAN ZHANG 王传章 **(1943-)**

Chuan zhen 川针
LI, JIAN WU 李健吾 **(1906-1982)**

Chuan zhi 川之
LI, SHI QI 李世琦 **(1938-)**

Chui 吹
ZHANG, SHU TONG 张叔通 (1877-1967)

Chui di yi hua ren 吹笛衣花人
WU, XIAO TIAN 吴孝田 (1928-)

Chui gong 吹公
TAN, ZHONG XIA 谭仲夏 (1926-)

Chui hei ming 吹黑明
HUANG, ZHENG PING 黄正平 (1930-)

Chui hong 垂虹
CHEN, QU BING 陈去病 (1874-1933)

Chui hong ting zhang 垂虹亭长
CHEN, QU BING 陈去病 (1874-1933)

Chui hua jue rui lu 吹花嚼蕊庐
ZHU, MU JIA 朱慕家 (1890-1970)

Chui kang 垂康
YE, YIN 叶荫 (1941-)

Chui lian zi 锤炼子
SUN, WU 孙武 (1926-)

Chui su 吹素
CHEN, QI 陈淇 (1911-)

Chui wan 吹万
GAO, XIE 高燮 (1878-1958)

Chui wan ju shi 吹万居士
GAO, XIE 高燮 (1878-1958)

Chui yan 炊烟
ZHANG, REN ZHENG 张任政 (1916-)

Chui yang 垂仰
CHEN, CHUI LIANG 陈垂良 (1951-)

Chui ying 垂映
CHEN, RUI RONG 陈瑞荣 (1916-)

Chui yin han hui 椎印寒灰
YANG, YU LIN 杨毓麟 (1872-1911)

Chui ying sheng 垂映生
CHEN, RUI RONG 陈瑞荣 (1916-)

Chui yu 垂鬱
XU, MEI LI 徐美丽 (1950-)

Chui yun 吹云
PAN, XU ZU 潘序祖 (1902-)

Chui yun ge zhu 垂云阁主
FENG, YUAN YI 冯远翼

Chun 纯
ZHU, DE AN 朱德安 (1901-1941)

Chun 春
ZHANG, TAI LEI 张太雷 (1898-1927)

Chun 春
LIANG, YU CHUN 梁遇春 (1906-1932)

Chun 椿
ZHANG, TAI LEI 张太雷 (1898-1927)

Chun 蓴
WANG, YUN ZHANG 王蕴章 (1884-1942)

Chun bing 春冰
LI, YUE RUI 李岳瑞 (1852-1927)

Chun bing 春冰
WANG, KE REN 王克仁 (1907-)

Chun bing shi 春冰室
LI, YUE RUI 李岳瑞 (1852-1927)

Chun bing shi zhu 春冰室主
LI, YUE RUI 李岳瑞 (1852-1927)

Chun bo 纯波
MAO, XIA 毛侠 (1927-)

Chun bo 春波
YANG, CHUN BO 杨春波 (1907-)

Chun bo 莼波
BI, ZHEN DA 毕振达 (1862-1926)

Chun bo 蓴波
BI, ZHEN DA 毕振达 (1862-1926)

Chun bo lou 春波楼
LIU, DA JIE 刘大杰 (1904-1977)

Chun bo xie 蓴波榭
BI, ZHEN DA 毕振达 (1862-1926)

Chun cai 淳采
DONG, CHUN CAI 董纯才 (1905-)

Chun cai 蠢才
HU, YU ZHI 胡愈之 (1896-1986)

Chun can 春蚕
SU, XUAN YING 苏玄瑛 (1884-1918)

Chun can 春蚕
LIU, YA ZI 柳亚子 (1887-1958)

Chun can 春蚕
ZHANG, JIE 张杰 (1933-)

Chun can Ju shi 春蚕居士
LIU, YA ZI 柳亚子 (1887-1958)

Chun chao 春潮
HU, CHUN CHAO 胡春潮 (1933-)

Chun chao 春潮
LI, CHUN CHAO 李春潮

Chun cheng 春成
CHEN, CUN CHENG 陈存诚 (1949-)

Chun cheng 春城
YUAN, GUANG MEI 袁光楣 **(1916-1982)**

Chun cheng 春城
CHEN, CHUN CHENG 陈春城

Chun chun 纯纯
ZHOU, SHU CHUN 周叔纯 **(1949-)**

Chun chun 春春
LI, GUO RONG 李国荣 **(1948-)**

Chun da 春大
WANG, XIN FU 王新甫 **(1902-)**

Chun fan 春凡
ZHANG, CHUN FAN 张春帆 **(1872-1935)**

Chun fan 春帆
ZHANG, CHUN FAN 张春帆 **(1872-1935)**

Chun fan 春帆
LIN, JIN LUAN 林金銮 **(1925-)**

Chun fan 春帆
NONG, GUAN PIN 农冠品 **(1936-)**

Chun fan 春蕃
KE, BAI NIAN 柯柏年 **(1904-1985)**

Chun fang 纯方
CHEN, RUI 陈锐 **(1861-1923?)**

Chun fang 春舫
SONG, CHUN FANG 宋春舫 **(1891-1938)**

Chun fang 蠢仿
JIANG, CHUN FANG 姜椿芳 **(1912-1987)**

Chun fei 纯飞
XU, CHANG 徐昌 **(1869-1928)**

Chun fei guan zhu 纯飞馆主
XU, CHANG 徐昌 **(1869-1928)**

Chun fei qiu lang ge zhu 春妃秋郎阁主
WANG, SEN RAN 王森然 **(1895-1984)**

Chun feng 春风
YE, ZONG YUAN 叶宗源 **(1887-1946)**

Chun feng 春风
ZOU, EN RUN 邹恩润 **(1895-1944)**

Chun feng 春风
LI, YAO TANG 李尧棠 **(1904-)**

Chun feng 春风
LI, SHUO CHENG 李硕诚 **(1922-)**

Chun feng 春风
CHENG, CAI 成才 **(1930-)**

Chun feng 春风
FENG, ZHI HUI 冯智慧

Chun feng lü 春风绿
TANG, WEI BO 汤为伯 **(1930-)**

Chun fu 春夫
TIAN, HAN 田汉 **(1898-1968)**

Chun fu 春馥
WU, CHUN FU 吴春富 **(1940-)**

Chun fu 蠢夫
WU, ZHAO YUAN 吴照愿 **(1910-)**

Chun ge 春歌
XU, CHUN 徐春 **(1947-)**

Chun gui 纯规
YU, CHUN GUI 于春桂 **(1934-)**

Chun han 春寒
LIN, ZONG HAN 林宗汉

Chun hang 春航
FENG, XU 冯旭

Chun hao 春浩
ZHANG, CHUN HAO 张春浩

Chun hen 春痕
LIU, LIN SHENG 刘麟生 **(1894-1980)**

Chun hong 春红
ZENG, SHI LONG 曾仕龙 **(1936-)**

Chun hu 蓴湖
LIANG, DING FEN 梁鼎棻 **(1859-1920)**

Chun hua 春华
CHEN, WANG DAO 陈望道 **(1890-1977)**

Chun hua 春华
LIN, XIANG YANG 林向阳 **(1936-)**

Chun hua nü shi 春华女士
CHEN, WANG DAO 陈望道 **(1890-1977)**

Chun huang 纯黄
FAN, GUANG QI 范光启 **(1882-1914)**

Chun hui 春卉
LI, JIA XIN 李家馨 **(1937-)**

Chun hui 春辉
LIU, ZAI FU 刘载福 **(1933-)**

Chun hui 春晖
SU, MEI 苏梅 **(1897-1999)**

Chun hui 春晖
LI, WU BIN 李武斌 **(1947-)**

Chun hui 春晖
CHENG, WEI 程玮 **(1957-)**

Chun jian 纯剑
GAO, XU 高旭 **(1877-1925)**

Chun jian sheng 春茧生
ZHANG, CHONG DING 张崇鼎

Chun jiang diao tu 春江钓徒
YU, DA FU 郁达夫 **(1896-1945)**

Chun jie 淳杰
WANG, CHUN JIE 王淳杰 **(1958-)**

Chun jue zhai 春觉斋
LIN, SHU 林纾 **(1852-1924)**

Chun lei 春雷
FU, MAO GONG 傅懋功 **(1902-1997)**

Chun lei 春雷
CHEN, RU XUN 陈汝埙 **(1906-)**

Chun lei 春雷
XIE, YING XIN 谢颖新 **(1937-)**

Chun lei 春蕾
WANG, LE TIAN 王乐天 **(1917-1990)**

Chun li 春里
XIE, CUN LI 谢存礼 **(1948-)**

Chun lin 春林
WANG, CHUN LIN 王春林 **(1860-1929)**

Chun lin 春林
TAN, YA MU 谭亚木 **(1942-)**

Chun lin 春林
LI, CHUN LIN 李春林 **(1945-)**

Chun liu 春柳
OU YANG, LI YUAN 欧阳立袁 **(1889-1962)**

Chun liu 春柳
DONG, XI JIU 董锡玖 **(1925-)**

Chun long 春龙
GE, MAO CHUN 葛懋春 **(1926-)**

Chun lu 杶庐
QU, XUAN YING 瞿宣颖 **(1892-1973)**

Chun lu 春陆
XU, CHUN XI 许春惜 **(1930-)**

Chun lu 春璐
GUO, YING CHUN 郭迎春 **(1961-)**

Chun lu 莼庐
WANG, YUN ZHANG 王蕴章 **(1884-1942)**

Chun lu 蓴庐
WANG, YUN ZHANG 王蕴章 **(1884-1942)**

Chun man lou 春满楼
SHAN, XIAO TIAN 单孝天 **(1921-)**

Chun man zi 春满子
XIE, CHUN MAN 谢春满

Chun meng 春萌
QU, CHUN SHAN 屈春山 **(1940-)**

Chun meng sheng 春梦生
ZHOU, XIANG JUN 周祥骏 **(1870-1914)**

Chun min 纯民
SHI, CHUN MIN 史纯民 **(1947? -)**

Chun ming 春明
NAN, FANG 南方 **(1940-)**

Chun ming 春鸣
HAN, CHUN MING 韩春明 **(1952-)**

Chun ming 淳明
ZHOU, ZUO REN 周作人 **(1885-1967)**

Chun ming zhu ke 春明逐客
BI, ZHEN DA 毕振达 **(1862-1926)**

Chun mu 春木
LI, HUANG 李璜 **(1895-1991)**

Chun mu 春木
ZHANG, TAI LEI 张太雷 **(1898-1927)**

Chun mu 春沐
WANG, KE REN 王克仁 **(1907-)**

Chun mu 春畝
SHEN, DUAN XIAN 沈端先 **(1900-1995)**

Chun nong 莼农
WANG, YUN ZHANG 王蕴章 **(1884-1942)**

Chun nong 蓴农
WANG, YUN ZHANG 王蕴章 **(1884-1942)**

Chun qiao 春桥
ZHANG, CHUN QIAO 张春桥 **(1917-)**

Chun qing 纯青
LI, CHUN QING 李纯青 **(1908-1990)**

Chun qing 纯青
YAO, HUAN JI 姚焕吉 **(1944-)**

Chun qing 淳清
YANG, ZHENG XIONG 杨正雄 **(1938-)**

Chun qiu 春秋
JIN, XING YAO 金性尧 **(1916-)**

Chun qiu 春秋
MENG, MIN 孟敏 **(1933-)**

Chun qiu 春秋
HUANG, DI 黄迪 **(1935-)**

Chun qiu tong zi 春秋童子
HUANG, ZONG JIANG 黄宗江 **(1921-)**

Chun qu 春曲
QU, CHUN LI 曲春礼 **(1937-)**

Chun qu 春渠
FAN, SHI ZHONG 樊时中 **(1872-1906)**

Chun quan 春泉
XU, WANG 徐旺 **(1925-)**

Chun ren 春人
ZHAO, CHUN REN 赵纯仁 **(1930-)**

Chun rong 春容
WANG, CHUN RONG 王春荣 **(1945-)**

Chun ru 纯儒
JIN, WEN SI 金问泗 **(1892-1968)**

Chun ru 春如
GAO, BING FANG 高秉坊

Chun shan 春山
WANG, JING SHAN 王景山 **(1924-)**

Chun shan 春山
ZHOU, PEI LI 周培礼 **(1938-)**

Chun shan 春山
ZHANG, YONG SHUN 章永顺 **(1940-)**

Chun shen ke 春申客
LI, YONG XIANG 李永祥

Chun sheng 纯生
MENG, SEN 孟森 **(1868-1938)**

Chun sheng 春生
LI, CHUN 李春 **(1933-)**

Chun sheng 春生
JIN, BI WEN 金必文

Chun sheng 春声
GAO, CHUN SHENG 高椿生 **(1936-)**

Chun sheng 春賸
SHEN, DE YONG 沈德镛 **(1898-1971)**

Chun shui 春水
CHEN, DU XIU 陈独秀 **(1879-1942)**

Chun shui 春水
GUO, WEI NONG 郭味农 **(1918-)**

Chun shui 春水
LIANG, JIN GUANG 梁金广 **(1932-)**

Chun shui 春水
SONG, DE YIN 宋德胤 **(1939-)**

Chun sui 春随
CHEN, DENG KE 陈登恪

Chun sun 春笋
CHEN, HUI 陈辉 **(1960-)**

Chun sun 春筍
GUO, YAN LI 郭延礼 **(1937-)**

Chun tai 春台
ZHOU, XI GAO 周熙高 **(1938-)**

Chun tai 春苔
SUN, FU XI 孙福熙 **(1898-1962)**

Chun tian 春天
WEN, NUAN 温暖 **(1954-)**

Chun ting 春霆
GE, SHAO FA 戈绍发 **(1890-1935)**

Chun wu da lang 椿屋大郎
HUANG, YONG YU 黄永玉 **(1924-)**

Chun xi 纯熙
HUANG, JIE 黄节 **(1873-1935)**

Chun xian 纯先
ZHU, ZONG LIANG 朱宗良 **(1892-1970)**

Chun xin 纯心
ZHAO, LING MAO 赵令茂 **(1946-)**

Chun xu 春徐
FAN, SHI ZHONG 樊时中 **(1872-1906)**

Chun xuan 春萱
CEN, CHUN ZE 岑春泽 **(1861-1933)**

Chun xuan 蓴烜
CHENG, XI JI 成希箕 **(1898-1991)**

Chun xue 春雪
WENG, GUO LIANG 翁国樑 **(1910-1978)**

Chun ya 春娅
ZHANG, ZHI MING 章智明 **(1950-)**

Chun yan 春燕
SUN, SHU XUN 孙树勋 **(1913-)**

Chun yan 春燕
MA, CHUN 马春 **(1940-)**

Chun yang 春阳
JIANG, LIN CHUN 姜林春 **(1929-)**

Chun yang 春阳
YANG, CHANG 杨畅 **(1931-)**

Chun yang 春阳
DOU, SHI RONG 窦世荣 **(1947-)**

Chun yi 纯夷
MIAO, LI TIAN 苗力田 **(1917-)**

Chun yi 春逸
YANG, CHUN YU 杨春瑜 **(1912-1988)**

Chun yi xiao li 鹑衣小吏
LI, XIANG XIAN 李象贤 **(1914-1978)**

Chun ying 春英
HU, CHUN BING 胡春冰 **(1906-1960)**

Chun yu 淳于
ZHOU, ZUO REN 周作人 **(1885-1967)**

Chun yu, Bu jing 淳于不敬
XIA, QIN HAN 夏钦瀚 **(1926-)**

Chun yu, Er 淳于尔
XIA, QIN HAN 夏钦瀚 **(1926-)**

Chun yu, Fen 淳于汾
HUANG, YONG EN 黄永恩 **(1929-)**

Chun yu, Pu 淳于朴
REN, YU CHENG 任禹成 **(1907-)**

Chun yu, Qing 淳于清
WANG, GUANG TI 王光逖 **(1918-1981)**

Chun yue 淳跃
CHEN, SHUN YAO 陈舜瑶

Chun yun 春云
BAO, GONG YI 包公毅 **(1876-1973)**

Chun zhi 纯芝
QI, HUANG 齐璜 **(1864-1957)**

Chun zhi 淳之
LI, CHUN JUN 李春俊 **(1961-)**

Chun zhou 春舟
WANG, YING CHUN 王迎春 **(1942-)**

Chun zhou 春舟
YANG, LI ZHOU 杨力舟 **(1942-)**

Chun zi 春子
WANG, CHUN RONG 王春荣 **(1945-)**

Chun zi 春子
WU, XIU CHUN 吴秀春 **(1951-)**

Chun zi 春子
WANG, JIE 王杰 **(1960-)**

Chun zi 淳子
LI, HAN WEI 李汉伟 **(1955-)**

Ci deng 慈灯
LI, WEN TAO 李文涛 **(1880-1942)**

Ci deng 慈灯
YANG, JIAN CHI 杨剑赤 **(1918-)**

Ci di 慈砥
GAO, XIE 高燮 **(1878-1958)**

Ci en 慈恩
LIN, CHUAN FANG 林传芳

Ci feng 慈风
LI, WEN TAO 李文涛 **(1880-1942)**

Ci gong 次弓
YANG, SHI 杨适 **(1932-)**

Ci gong 次公
SHEN, CHANG ZHI 沈昌直 **(1882-1949)**

Ci gong 次公
SHAO, RUI PENG 邵瑞彭 **(1886-1938)**

Ci gong 此公
YAO, XIN NONG 姚莘农 **(1905-1991)**

Ci hai 慈海
XIAO, GAN TIAN 萧干田 **(1950-)**

Ci han 辞寒
YANG, WEI CHUN 杨为春 **(1965-)**

Ci, HANG 慈航
Chang, Bu qing 常不轻
Ci, Shi 慈氏
Hu fa tong zi 护法童子
Pu ti 菩提
Ren lai 人籁

Ci hu 慈护
GU, YI SHENG 顾易生 **(1924-)**

Ci li 慈力
LI, WEN TAO 李文涛 **(1880-1942)**

Ci mu 慈目
LI, WEN TAO 李文涛 **(1880-1942)**

Ci ren shi zhu ren 慈忍室主人
MAN, ZHI 满智

Ci shan 次山
LI, CI SHAN 李次山 **(1887-1935)**

Ci shan 次珊
SHAO, RUI PENG 邵瑞彭 **(1886-1938)**

Ci shan 词山
WU, CHANG SHOU 吴昌绶

Ci she 慈捨
LI, WEN TAO 李文涛 **(1880-1942)**

Ci sheng 此生
CHEN, CI SHENG 陈此生 **(1900-1981)**

Ci sheng 慈生
WANG, PU 王普 **(1900-)**

Ci shi 次室
SHAO, RUI PENG 邵瑞彭 **(1886-1938)**

Ci shi 茨石
FENG, RUN ZHANG 冯润章 **(1902-1994)**

Ci, Shi 慈氏
Ci, HANG 慈航

Ci shi 慈石
DI, BAO XIAN 狄葆贤 **(1873-1941)**

Ci shi 慈石

GAO, XIE 高燮 **(1878-1958)**

Ci tang 茨堂
LIAO, BAO YING 廖宝荟 **(1909-)**

Ci xi 次溪
ZHANG, ZHONG RUI 张仲瑞 **(1908-)**

Ci xian 慈现
LI, WEN TAO 李文涛 **(1880-1942)**

Ci xiang 慈祥
LI, CI XIANG 李慈祥

Ci xin 慈心
BAI, ZI PIAO 白恣票 **(1945-)**

Ci xun 慈讯
YANG, CI XUN 杨慈讯

Ci yin 慈音
MA, JING XIAN 马景贤 **(1933-)**

Ci yue 慈月
LI, WEN TAO 李文涛 **(1880-1942)**

Ci zang 慈藏
LI, WEN TAO 李文涛 **(1880-1942)**

Ci zha 次栅
ZHAO, ER XUN 赵尔巽 **(1844-1927)**

Ci zhi 刺之
WANG, ZHI ZHI 王誌之 **(1905-1990)**

Ci zhou 慈舟
LIN, CHENG LU 林呈禄

Cong, Bi 从碧
ZHANG, JIA QI 张家骐 **(1898-1982)**

Cong cong 淙淙
ZHONG, KUAN HONG 钟宽洪 **(1937-)**

Cong cong 聪聪
QIE, CONG WEI 郄聪魏 **(1941-)**

Cong, Cui tang 从翠堂
QIAN, JUN TAO 钱君匋 **(1906-)**

CONG, FENG XUAN 丛凤轩 **(1928-)**
Cong, Shen 从深
Ye yin 夜音

Cong jin 从今
HE, HE CHUAN 何和川

CONG, JING WEN 丛静文 **(1927-)**
Cong, Lin 从林

Cong, Lin 从林
CONG, JING WEN 丛静文 **(1927-)**

Cong, Lin 从林
GENG, XING YU 耿兴余 **(1941-)**

Cong luo 从洛
TANG, DUAN YI 唐端毅 **(1913-1992)**

Cong min 从民
XU, CHANG JI 徐长吉 **(1916-1964)**

Cong mu 从木
WAN, CONG MU 万从木 **(1898-)**

Cong, Qiao 从樵
CHEN, CHONG QIAO 陈崇桥 **(1926-)**

Cong rong 从戎
CHENG, YI RONG 程一戎 **(1910-)**

Cong rong 从戎
WU, CHENG REN 武承仁 **(1930-)**

Cong rong 从容
YAO, WEN YUAN 姚文元 **(1931-)**

Cong, Shen 从深
CONG, FENG XUAN 丛凤轩 **(1928-)**

Cong shi 葱石
LIU, SHI HENG 刘世珩 **(1875-1937)**

CONG, SONG 丛耸 **(1934?-)**
Wei ai 未艾

Cong, Su 从甦
CONG, YE ZI 丛掖滋 **(1939-)**

CONG, WEI XI 从维熙 **(1933-)**
Bi zheng 碧征

Cong wen 从文
SHEN, CONG WEN 沈从文 **(1902-1988)**

Cong wen 从文
MA, YAN XIANG 马彦祥 **(1907-1988)**

Cong, Wu 从芜
WEI, CHONG WU 韦崇武 **(1905-1978)**

Cong, Xiao hou 从啸候
REN, ZHUO XUAN 任卓宣 **(1896-1990)**

Cong xin xian sheng 从心先生
DENG, FEN 邓芬 **(1894-1964)**

CONG, XIU YUN 丛秀云 **(1958-)**
Shan wa 山娃

Cong, Xuan 从喧
JIANG, BING ZHI 蒋冰之 **(1904-1986)**

CONG, YE ZI 丛掖滋 **(1939-)**
Cong, Su 从甦

Cong yi 从易
ZHENG, ZHONG 郑中 **(1923-)**

Cong yu 从予
FAN, ZHONG YUN 樊仲云 **(1899-)**

Cong yuan 琮源
WANG, ZONG YUAN 汪宗元 (1937-)

CONG, ZHENG LI 丛正礼 (1931-)
Cong, Zheng li 丛正里
Cong, Zheng li 丛正理
Meng, Zhu 梦竹

Cong, Zheng li 丛正里
CONG, ZHENG LI 丛正礼 (1931-)

Cong, Zheng li 丛正理
CONG, ZHENG LI 丛正礼 (1931-)

Cong zhong 从众
YANG, ZHEN HUA 杨镇华

Cong, Zhong lai 从中来
MA, GUO GUANG 马国光 (1942-)

Cong zhou 从舟
CHEN, YU WEN 陈郁文 (1918-)

CUI, BAI CHENG 崔百城 (1916-)
Bai, Chen 白尘
Lai fu 莱夫
Lai gong 莱公
Piao ping 飘萍
Ping zong 萍踪
Shan jia 山佳
Xi ping 希平

CUI, BAO GUO 崔宝国 (1949-)
Bao gu 抱谷

CUI, BAO YING 崔宝瑛 (1916-)
Xiao, Bing 萧冰

Cui bing 翠冰
FU, LIAN E 符连娥

Cui, Bo 崔博
CUI, MENG BO 崔孟博

Cui, Bo chang 崔伯常
GAO, BAI CANG 高柏苍 (1916-)

Cui bu 摧布
GAN, CI SEN 甘祠森 (1914-1982)

Cui, Can 崔粲
WU, SHENG FENG 吴晟锋 (1947-)

Cui, Cheng da 崔成达
CUI, GONG DING 崔恭定 (1864-1937)

Cui, Chi 崔驰
MA, YI JUN 马以君 (1942-)

Cui chun 摧春
TIAN, ZAI RONG 田再荣

Cui, Cui 崔璀
CUI, LI HUA 崔丽华 (1963-)

CUI, DE CAO 崔德操 (1932-)
Guo, Chao 果超

Cui, De zhi 崔德志
CUI, DE ZHI 崔德智 (1927-)

CUI, DE ZHI 崔德智 (1927-)
Cui, De zhi 崔德志
Ma, Fei 马非

Cui fen ge zhu 粹芬阁主
SHEN, ZHI FANG 沈知芳 (1883-)

Cui feng 翠峰
SHI, ZHEN SHU 施振枢 (1928-)

Cui gang 翠岗
YE, YIN 叶荫 (1941-)

CUI, GONG DING 崔恭定 (1864-1937)
Bai, Tou tong 白头通
Cang hai 沧海
Cao tang 草堂
Cui, Cheng da 崔成达
Cui, Tong yue 崔通约
Gong kuang 公狂
Yi wo 亦我

Cui, Gong he 崔功河
CUI, ZHEN WU 崔真吾 (1902-1937)

CUI, GUAN ZHANG 崔冠璋 (1925-)
Cui, Miao 崔苗
Cun zhao 邨召

CUI, HAI RONG 崔海容 (1954-)
Hai, Rong 海容
Shan hun 山魂
Xiao mian 笑面

CUI, HE PING 崔和平
Ou yang, Jun yi 欧阳君忆

Cui, Hua 崔桦
CUI, RUN SEN 崔润森 (1931-)

Cui hua 翠华
CAI, LIANG QIAN 蔡良乾 (1943-)

Cui, Jia 崔迦
NIU, SHU HE 牛树禾 (1918-)

CUI, JIA RONG 崔家蓉 (1951-)
Yu, Rong rong 余绒绒

CUI, JIE 崔介 (1909?-)
Jie ren 介人

Cui, Jing 崔井
YUAN, SHU 袁殊 (1911-1987)

CUI, JING WEN 崔景文 (1912-1979)
Cui, Wei 崔嵬

Feng zi 疯子

CUI, JUN TAN 崔君坦 **(1921-)**
Cui, Xuan 崔璇
Ji li 蒺藜

Cui, Ke 崔柯
CUI, SHI XI 崔士喜 **(1952-)**

Cui, Lan 崔岚
LI, HONG BI 李宏贲 **(1914-1991)**

CUI, LI HUA 崔丽华 **(1963-)**
Cui, Cui 崔璀

CUI, LI MIN 崔立民
Lao jing 老井

Cui lou 翠楼
CHEN, YU CUI 陈玉翠 **(1907-1968)**

CUI, MENG BO 崔孟博
Cui, Bo 崔博
Meng, Bo 孟博
Shan shui 山水

Cui, Miao 崔苗
CUI, GUAN ZHANG 崔冠璋 **(1925-)**

CUI, PEI CHENG 崔沛成 **(1931-)**
Cui, Ping 崔坪
Shan ge 山戈

CUI, PEI LU 崔培鲁 **(1944-)**
Ye lu 也鲁

Cui, Ping 崔坪
CUI, PEI CHENG 崔沛成 **(1931-)**

Cui, Ping 崔萍
CUI, XIU LAN 崔秀兰

Cui ping 翠屏
CAI, SHU YUAN 蔡淑媛 **(1941-)**

Cui qing 粹卿
YANG, DUN YI 杨敦颐

Cui ru 粹儒
DONG, CHUN CAI 董纯才 **(1905-)**

CUI, RUN SEN 崔润森 **(1931-)**
Cui, Hua 崔桦
Hua, Fan 华凡
Lin, Run qin 林润琴

Cui, Ruo qin 崔若沁
SHEN, DUAN XIAN 沈端先 **(1900-1995)**

CUI, SAN LONG 崔三龙 **(1939-)**
Wen, Yan bi 文延笔

CUI, SEN LIN 崔森林 **(1943-)**
Li, En 李恩
Lin, Lin 林琳

CUI, SHANG ZHI 崔尚志 **(1915-)**
Cui, Zi fan 崔子范
Zi fan 子範

CUI, SHAO TANG 崔绍堂 **(1939-)**
Feng lei 风雷
Fu ze 福泽

Cui, Shen 崔绅
HUA, CUI SHEN 华粹深 **(1909-1981)**

Cui shen 粹深
HUA, CUI SHEN 华粹深 **(1909-1981)**

Cui, Sheng 崔生
MA, ZHI YUAN 马志远 **(1918-)**

CUI, SHI XI 崔士喜 **(1952-)**
Cui, Ke 崔柯
Lan, Xing 蓝星
Seng yang xue 僧仰雪

CUI, SHI YING 崔世莹 **(1954-)**
Hei, Ma 黑马

Cui, Shu 崔束
GAO, BAI CANG 高柏苍 **(1916-)**

CUI, SHU GUI 崔树桂 **(1938-)**
Qing quan 清泉

CUI, SHU REN 崔树人
Gao, Meng 高猛
Gao, Shan 高山
Meng, Tao 孟涛

CUI, SHUN DE 崔顺德 **(1932-)**
Chu, Shan 楚山

CUI, SU HUA 崔素华 **(1918-)**
Ou yang, Cui 欧阳翠

Cui, Tong yue 崔通约
CUI, GONG DING 崔恭定 **(1864-1937)**

CUI, WAN QIU 崔万秋 **(1905-)**
Lu, Ren 鲁人
Ye, Xin hua 叶莘华

Cui, Wei 崔嵬
CUI, JING WEN 崔景文 **(1912-1979)**

CUI, WEN XIA 崔雯霞 **(1959-)**
Bai, Chi 白痴

Cui, Wen yu 崔文瑜
CUI, YI KUAN 崔以宽 **(1936-)**

CUI, XI ZHEN 崔锡桢 **(1927-)**
Zhang, Yu 张羽

CUI, XIAN SHU 崔贤淑
San hong 散红

CUI, XIAO GUANG 崔晓光 **(1941-)**
Xiao guang 笑广

CUI, XIU LAN 崔秀兰
Cui, Ping 崔萍

Cui, Xuan 崔璇
CUI, JUN TAN 崔君坦 **(1921-)**

CUI, YA MING 崔亚明 **(1960-)**
Ya ming 亚明

CUI, YA NAN 崔亚楠 **(1955-)**
Da yu 大愚
Hei, Ma 黑马
Mo jie xing 摩羯星
You, Mo 尤墨

Cui, Yan dang 崔雁荡
CUI, ZHEN DI 崔振第 **(1911-)**

CUI, YAN KUN 崔焰焜 **(1932-)**
Jin, Jian 金剑
Ye he 野鹤

CUI, YAN QIN 崔彦勤 **(1930-)**
Jia shan 佳山
Xiao bing 小兵

Cui yi 翠漪
LUO, ZHI TIAN 骆之恬 **(1932-)**

CUI, YI KUAN 崔以宽 **(1936-)**
Cui, Wen yu 崔文瑜
Wen, Yu 文瑜

Cui yin lou 翠吟楼
CHEN, YU CUI 陈玉翠 **(1907-1968)**

Cui, You sheng 崔悠笙
ZOU, WEI XI 邹维熙 **(1927-)**

Cui yu 翠羽
YU, LIAN KE 于莲客

CUI, YU ZHANG 崔豫章 **(1924-)**
Bao, Yuan 保园

CUI, YU ZHUO 崔玉琢 **(1948-)**
Tong, Wei 佟伟
Xin ran 欣然
Yan ming 雁鸣

Cui yuan 翠园
PENG, SHI LIN 彭士麟 **(1923-)**

Cui yun lou zhu 翠云搂主
CHEN, YU CUI 陈玉翠 **(1907-1968)**

Cui zhen 粹缜
ZOU, EN RUN 邹恩润 **(1895-1944)**

CUI, ZHEN DI 崔振第 **(1911-)**
Cui, Yan dang 崔雁荡
Yan dang 雁荡
Yu jia 雨嘉

CUI, ZHEN QUAN 崔振权 **(1971-)**
Yan xia 彦瑕

CUI, ZHEN WU 崔真吾 **(1902-1937)**
Cai shi 采石
Cui, Gong he 崔功河
Sha, Sha 沙刹
Shi, Dong 史东
Zhen wu 真吾

Cui zhu 翠竹
WU, CHAO ZHU 邬朝祝 **(1923-)**

CUI, ZHU HOU 崔注厚 **1950-)**
Lu, Hai 鲁海
Xiao quan 小泉

Cui, Zi fan 崔子范
CUI, SHANG ZHI 崔尚志 **(1915-)**

CUI, ZI JIAN 崔子剑 **(1939-)**
Zi jian 紫剑

Cun 邨
TIAN, ZHONG JI 田仲济 **(1907-)**

Cun 村
TIAN, ZHONG JI 田仲济 **(1907-)**

Cun 村
GAO, JI LIN 高季琳 **(1909-)**

Cun bin 村彬
YANG, RUI LIN 杨瑞麟 **(1911-1989)**

Cun cao 寸草
LI, YOU LAN 李又兰 **(1919-)**

Cun cao 寸草
ZENG, ZHAO HUI 曾兆惠 **(1939-)**

Cun cao 寸草
SHI, DE REN 石德仁 **(1958-)**

Cun cao xin 寸草心
WANG, QING FENG 王清风

Cun cui 存粹
LIAO, JIA QUAN 廖家权 **(1907-1990)**

Cun di 村笛
HUANG, HAI ER 黄海耳 **(1939-)**

Cun fu 村夫
ZHAO, SHU LI 赵树礼 **(1906-1970)**

Cun fu 村夫
YU, NAI CUN 俞乃村 **(1920-)**

Cun fu 村夫
LIAO, QING XIU 廖清秀 **(1927-)**

Cun fu 村夫
ZHOU, SI MIN 周思民 **(1930-)**

Cun fu 村夫
JIAO, YAN FENG 焦巖峰 **(1932-)**

Cun fu 村夫
LI, WEI XIONG 李威熊

Cun fu 村夫
WANG, WEI ZHEN 王伟珍

Cun fu zi 村夫子
LIAO, QING XIU 廖清秀 **(1927-)**

Cun guan 存关
ZENG, YAN NIAN 曾延年 **(1873-1937)**

Cun han 村汉
LIAN, HAN CHUAN 连汉川

Cun hong 邨鸿
PENG, PIN GUANG 彭品光 **(1926-)**

Cun hou tang 存厚堂
LIU, ZHI XUN 柳直荀 **(1889-1932)**

Cun hui 存悔
KUANG, ZHOU YI 况周颐 **(1859-1926)**

Cun hui ju shi 存晦居士
YE, JING KUI 叶景葵 **(1874-1949)**

Cun lao 村老
YANG, SONG MAO 杨松茂 **(1905-1959)**

Cun li 存理
XIE, CUN LI 谢存礼 **(1948-)**

Cun lu 村路
FANG, CHUN RU 房纯如 **(1929-)**

Cun meng 村萌
YANG, ZHAN SHAN 杨占山 **(1965-)**

Cun qing 存青
TIAN, YING ZHANG 田英章 **(1950-)**

Cun ren 邨人
YANG, CUN REN 杨邨人 **(1901-1955)**

Cun ren 村人
WANG, YU LIN 王玉林 **(1949-)**

Cun sheng 村生
MA, CHUN SHENG 马春生

Cun shi 村士
WANG, REN SHU 王任叔 **(1901-1972)**

Cun shi 村石
XU, SHI CHENG 徐世成 **(1937-)**

Cun tie 寸铁
XIAO, SHU LIE 萧树烈 **(1896-1927)**

Cun tie 寸铁
LIN, TIE HUN 林铁魂 **(1900-)**

Cun tong 存统
SHI, CUN TONG 施存统 **(1899-1970)**

Cun wu 存吾
YAO, CONG WU 姚从吾 **(1894-1970)**

Cun wu 存庑
SHEN, CHANG ZHI 沈昌直 **(1882-1949)**

Cun wu 村芜
CHEN, JIAN YIN 陈剑吟 **(1923-)**

Cun xin 寸心
LI, ZHENG WEN 李正文 **(1908-)**

Cun xin 村炘
WANG, WEN YI 王文漪 **(1914-)**

Cun yan 寸言
LU, WEI TING 卢维廷 **(1948-)**

Cun yan 村燕
REN, YAN FANG 任彦芳 **(1937-)**

Cun ye 村野
CHEN, DE XUAN 陈德宣 **(1916-1980)**

Cun yi 村艺
ZHANG, CUN YI 张存义 **(1956-)**

Cun yin 村因
YU, ZHONG RUI 郁钟瑞 **(1917-)**

Cun ying 村英
HUANG, ZONG XIN 黄宗信 **(1948-)**

Cun ying lao ren 存影老人
YU, BI YUN 俞陛云 **(1867-1950)**

Cun yu 村语
CHEN, JIA CHUN 陈家春 **(1941-)**

Cun zhang 存璋
WENG, WEN HAO 翁文灏 **(1889-1971)**

Cun zhang 村长
LI, WEN HUI 李文会 **(1899-1958)**

Cun zhao 邨召
CUI, GUAN ZHANG 崔冠璋 **(1925-)**

Cun zhen 存真
AN, TI CHENG 安体诚 **(1896-1927)**

D

D
HAO, AI 郝艾 **(1915-)**

Dch
HUANG, DIAN CHENG 黄典诚 **(1914-)**

DDT

WANG, WAN RONG 王婉容 (1926-)

D Y
YUN, DAI YING 恽代英 (1895-1931)

D. Y.
LU, DING YI 陆定一 (1906-)

Doulon
QU, QIU BAI 瞿秋白 (1899-1935)

Da 大
ZHANG, TAI LEI 张太雷 (1898-1927)

Da 达
LI, DA 李达 (1890-1966)

Da 达
YU, DA FU 郁达夫 (1896-1945)

Da 达
CHEN, ZHAO RONG 陈钊荣 (1913-1966)

Da ai 大哀
CHEN, QU BING 陈去病 (1874-1933)

Da ai 大哀
WANG, ZHONG QI 王锺麒 (1880-1913)

Da ai 大哀
CHENG, XI JI 成希箕 (1898-1991)

Da an 大安
LI, WEN TAO 李文涛 (1880-1942)

Da an 大庵
YI, TING XI 易廷熹 (1874-1941)

Da bai 大白
JIN, QING YAN 金庆棪 (1880-1932)

Da bai 大白
WU, CHENG SHI 吴承仕 (1884-1939)

Da bai 大白
DU, YOU MING 杜又明 (1915-1983)

Da Bao 大保
WU, ZHEN GANG 吴振刚 (1916-)

Da bei 大悲
CHEN, BEI XU 陈悲煦 (1887-1944)

Da bei 大悲
ZHAN, PEI HAN 詹培瀚 (1888-1927)

Da bi 大弼
XIAO, BAI LIANG 萧百亮

Da bing 大兵
XU, ZHI MO 徐志摩 (1896-1931)

Da bing 大兵
ZHOU, DA LU 周大鹿 (1922-)

Da bing 大兵

LIAO, ZHEN QING 廖振卿 (1951-)

Da bu zhi yi 大布之衣
HU, YUN 胡蕴 (1868-1938)

Da cang 大沧
CAO, DA CHANG 曹大昌 (1930-)

Da chai 大拆
YI, TING XI 易廷熹 (1874-1941)

Da cheng 大成
WANG, REN SHU 王任叔 (1901-1972)

Da cheng 大城
LIAO, BAO YING 廖宝蓥 (1909-)

Da cheng 达城
LIU, YI DA 刘一达 (1954-)

Da chi 大赤
WANG, HE 王赫

Da chong 达崇
GAO, FA LIN 高法霖 (1950-)

Da chu ji zhu 大楚击筑
CHEN, ZI FAN 陈子范 (1881-1914)

Da chuan 大川
WANG, YUN TANG 王蕴瑭 (1960-)

Da ci 大慈
LI, WEN TAO 李文涛 (1880-1942)

Da ci seng 大慈僧
LI, WEN TAO 李文涛 (1880-1942)

Da cun xi ya 大邨西崖
WANG, SEN RAN 王森然 (1895-1984)

Da da 达达
XU, XUN HE 胥勋和 (1941-)

Da di 大笛
XU, YONG PING 徐詠平 (1912-)

Da di 姐娣
TIAN, LIN 田琳 (1916-)

Da dian 大颠
YU, SHOU YI 余寿颐 (1883-1930)

Da ding 大丁
DING, HONG CHANG 丁宏昌 (1948-)

Da ding 大定
TANG, DA DING 唐大定

Da ding 达丁
MENG, QUAN 孟全 (1933-)

Da du shan ren 大度山人
LI, NAN HENG 李南衡 (1940-)

Da dun 大墩

LI, JIN YOU 李金友 (1943-)

Da dun shan fang 大遁山房
LIAN, HENG 连横 (1878-1936)

Da fan shu 大蕃薯
WEN, RUI AN 温瑞安 (1954-)

Da fang 大方
FANG, ER QIAN 方尔谦 (1871-1936)

Da fang 大方
FANG, SHI DUO 方师铎 (1911-)

Da fang 大方
CHEN, DA ZHE 陈大哲 (1934-)

Da fang 大方
XU, YING 徐莹

Da fei 达飞
FENG, JIAN NAN 冯健男 (1940-)

Da feng 大风
YU, YOU REN 于右任 (1879-1964)

Da feng 大风
ZHANG, WEN TIAN 张闻天 (1900-1976)

Da feng 大风
LI, SHU REN 李树人 (1916-)

Da feng 大风
YU, ZHEN MIN 郁振民 (1916-)

Da feng 大风
HE, ZHI JIAN 贺志坚 (1930-)

Da feng 大风
LÜ, JUN 吕濬 (1886-1959)

Da feng qiao zi 达峯樵子
JIAO, DA FENG 焦达峯 (1886-1911)

Da feng tang 大风堂
ZHANG, DA QIAN 张大千 (1899-1983)

Da fu 大夫
HUANG, YI SHENG 黄亦生 (1947-)

Da fu 大副
FU, ZE GANG 傅泽刚 (1961-)

Da fu 达夫
YU, DA FU 郁达夫 (1896-1945)

Da fu 达夫
XIA, HONG 夏虹 (1965-)

Da fu yu wen 达夫郁文
YU, DA FU 郁达夫 (1896-1945)

Da gang 大刚
XU, DA GANG 徐大刚 (1926-)

Da ge 大戈
TAO, DA YONG 陶大镛 (1918-)

Da ge 大戈
YU, MEI CHENG 于美成 (1943-)

Da ge 大哥
YAN, GUANG HUA 严光化 (1924-)

Da ge 达戈
XUE, ZI ZHENG 薛子正 (1905-1980)

Da gong 大公
JIANG, ZHOU 姜舟 (1941-)

Da gong 达公
ZOU, LIN 邹琳 (1888-)

Da gong ci 大宫赐
LIU, TIAN CI 刘天赐 (1950-)

Da gu 大古
TAO, DA YONG 陶大镛 (1918-)

Da gu 大古
MIAO, PEI SHI 苗培时 (1918-)

Da gu 大孤
LIAO, BAO YING 廖宝蓥 (1909-)

Da guan 大观
MA, HUA 马骅 (1916-)

Da guan 达观
YANG, JUN JIE 杨俊傑 (1933-)

Da guang 大光
HU, ZHEN XUN 胡振勋 (1917-)

Da guang 达光
TANG, FENG KUAN 唐凤宽 (1934-)

Da hai 大海
WAN, DE HAN 万德涵 (1905-)

Da hai 大海
LI, YUN HE 李云鹤 (1914-1991)

Da hai 大海
ZHANG, ZHI XIAN 张志先 (1928-)

Da hai 大海
ZHENG, ZI LIN 郑子林 (1928-)

Da hai 大海
WANG, DA HAI 王大海 (1934-)

Da hai zi 大孩子
CHEN, RU XUN 陈汝埙 (1906-)

Da han 大汉
LI, ZHEN YING 李震瀛

Da he 大河
YANG, SHAO XUAN 杨绍萱 (1893-1971)

Da he 大河

HE, BAO LIU 何报榴 **(1933-)**

Da he 大河
LIU, DE RUN 刘德润 **(1950-)**

Da he 大鹤
ZHENG, WEN ZHUO 郑文焯（**1856-1918**）

Da he 大壑
DENG, ZHONG XIA 邓中夏 **(1894-1933)**

Da he shan ren 大鹤山人
ZHENG, WEN ZHUO 郑文焯（**1856-1918**）

Da hong shan ren 大洪山人
XU, XUE YUAN 许学沅 **(1886-1972)**

Da hua 大化
ZHANG, SHEN HUA 张身华 **(1922-1988)**

Da hua 大话
ZHANG, MING JIN 张明锦

Da hua lie shi 大华烈士
JIAN, YOU WEN 简又文 **(1896-1979)**

Da Huai 大槐
YE, DA HUAI 叶大槐 **(1934-)**

Da huan ju shi 大圜居士
ZHANG, YI LIN 张一麐 **(1867-1943)**

Da huang 大荒
CHEN, FANG 陈方 **(1897-1962)**

Da huang 大荒
LIU, WEN XIAN 刘文铣 **(1922-)**

Da huang 大荒
WU, MING GAO 伍鸣皋 **(1930-)**

Da huang 大荒
LUO, WU YA 骆无涯

Da huang shan ren 大荒山人
LU, MING ZAO 路鸣藻 **(1895-1972)**

Da huang zhai zhu 大荒斋主
CHEN, FANG 陈方 **(1897-1962)**

Da hui 大辉
ZHOU, JI GANG 周纪纲 **(1916-1968)**

Da ji 大吉
ZENG, MAN NI 曾曼尼 **(1901-)**

Da ji 大吉
LU, TING JIE 卢廷杰 **(1904-1991)**

Da jia 达甲
LIU, SHI JUN 刘士俊 **(1932-)**

Da jia 达甲
JIA, DE YIN 贾德因 **(1936-)**

Da jian 大舰
XU, HUI 徐辉 **(1955-)**

Da jian 达艱
JIN, CHENG JUN 金成钧 **(1918-)**

Da jiang 大江
WANG, TONG XUN 王桐勋 **(1915-1992)**

Da jiang 大江
LIU, YONG LIAN 刘永濂 **(1928-)**

Da jiang 大江
JIANG, WAN HUA 姜万华 **(1946-)**

Da jiao 大角
LU, SHENG QUAN 陆圣泉 **(1908-1942)**

Da jie 大杰
LIU, DA JIE 刘大杰 **(1904-1977)**

Da jin 大劲
CAO, DA JIN 曹达金 **(1932-)**

Da ju 大愳
LI, WEN TAO 李文涛 **(1880-1942)**

Da jue sheng 大觉生
ZENG, RUI XIONG 曾瑞熊 **(1903-)**

Da jun 大君
FANG, JING YUAN 方靖远 **(1906-)**

Da jun 大君
RAO, BAI HUA 饶柏华 **(1938-)**

Da kang 大康
ZHOU, DA LU 周大鹿 **(1922-)**

Da ke 大可
ZHANG, ZHEN QIAN 章振乾 **(1907-)**

Da ke 大可
ZHU, ZI QI 朱子奇 **(1920-)**

Da ke 大可
FU, CHENG MO 傅承谟 **(1922-)**

Da ke 大可
GONG, QI 宫琦 **(1922-)**

Da ke 大可
ZHENG, CUN 郑存 **(1928-)**

Da ke 大可
ZHANG, QI 张奇 **(1929-)**

Da ke 大可
LI, CHAO QI 李超奇 **(1933-)**

Da ke 大可
FENG, QI 冯琦 **(1947-)**

Da ke 大可
LIU, ZHONG 刘仲 **(1947-)**

Da ke 大可

MAO, SHI QI 毛诗奇 (1948-)

Da ke 大可
SHEN, QI 沈奇 (1951-)

Da ke 大可
MEN, WEN QI 门文奇 (1962-)

Da kong 大空
KONG, XIANG PENG 孔祥鹏 (1943-)

Da kuan 大款
CHEN, YU SHU 陈玉书 (1941-)

Da kui 大魁
LI, KUI ZHENG 李魁正 (1942-)

Da kun 大琨
WU, DA KUN 吴大琨 (1916-)

Da lang 大郎
FANG, JING YUAN 方靖远 (1906-)

Da lang 大郎
TANG, YUN JING 唐云旌 (1907-1980)

Da lang 大郎
SUN, JUN 孙俊

Da lei 大雷
ZHANG, TAI LEI 张太雷 (1898-1927)

Da lei 大雷
YU, YI 俞逸

Da leng 大楞
ZHANG, ZI ZHAI 张子斋 (1913-1989)

Da li 大力
ZHANG, LI 张力 (1956-)

Da li 达丽
ZHANG, LI 张力 (1956-)

Da li 达理
LI, XIAN JI 李宪基 (1943-)

Da li 达理
ZHANG, CHANG HUAI 张长怀 (1943-)

Da li 达理
CHEN, YU QING 陈愉庆 (1947-)

Da li 达理
MA, DA JING 马大京 (1947-)

Da li 达黎
XU, DA LI 许大立 (1947-)

Da li shi 大理石
ZHENG, YONG SHI 郑詠诗 (1960-)

Da liang 大亮
LÜ, ZHAN QING 吕展青 (1909-)

Da liang jiu tu 大梁酒徒
LI, RAN XI 李然犀

Da liao 大僇
ZHANG, JIA SEN 张嘉森 (1887-1969)

Da lin 大林
GE, WEI JING 葛为璟 (1915-)

Da lin 大林
FAN, LIN 樊林 (1939-)

Da lin shan ren 大林山人
TANG, YONG BIN 汤用彬 (1876-)

Da liu 大流
LIU, TONG XING 刘同兴 (1942-)

Da liu 达六
LI, LIE WEN 黎烈文 (1904-1972)

Da long 大龙
LONG, RUI 龙瑞 (1946-)

Da long 大聋
WU, JUN QING 吴俊卿 (1844-1927)

Da long 大聋
ZANG, NAN QIAO 臧南乔 (1924-)

Da long ren 大聋人
WU, JUN QING 吴俊卿 (1844-1927)

Da lu 大路
PENG, LONG FEI 彭龙飞 (1936-)

Da lü 大吕
LÜ, QU JI 吕去疾 (1909-)

Da lü xian sheng 大吕先生
LÜ, JUN 吕濬 (1886-1959)

Da luan 大鸾
ZHOU, EN LAI 周恩来 (1898-1976)

Da lun 达伦
PENG, LONG FEI 彭龙飞 (1936-)

Da mao 大毛
NAN, YU JIAN 南豫见 (1952-)

Da mao shan ren 大帽山人
LI, SHI JIAN 李实坚 (1885-1964)

Da miao 大苗
WU, ZHAO XIU 吴兆修 (1931-)

Da min 大民
ZHAO, RU KANG 赵汝康 (1926-)

Da ming 大明
LI, WEN TAO 李文涛 (1880-1942)

Da ming 大鸣
LIU, DA MING 刘大鸣 (1929-)

Da ming 达明

LIU, YU FENG 刘玉峰 (1929-)

Da mo 大漠

GU, XIAN RONG 顾宪融 (1901-1955)

Da mo 大漠

LIU, JIN AN 刘进安 (1957-)

Da mo shi ren 大漠诗人

GU, XIAN RONG 顾宪融 (1901-1955)

Da mu 大木

SHI, JI XING 史济行 (1906-)

Da mu 大木

YANG, FU KUAN 杨富宽 (1929-)

Da mu 大牧

FAN, YU 范禹 (1923-)

DA, MU LIN 达木林 (1927-)

A du qin fu 阿杜沁夫

Te·Da mu lin 特·达木林

Da nan 大枏

ZHU, DA NAN 朱大枏 (1900-1931)

Da nan 大南

WANG, XIAN ZHONG 王献忠 (1934-)

Da nian 大年

ZHAO, DA NIAN 赵大年

Da nian 大年

MA, YUN FU 马允甫 (1904-1979)

Da nian 大年

QIAO, MU 乔木 (1920-)

Da nian 大年

QIU, FENG 邱丰 (1923-)

Da niu 大牛

CHEN, BING KUN 陈炳堃 (1898-1990)

Da nong 大农

ZHENG, NENG RUI 郑能瑞 (1918-1991)

Da peng 大鹏

JIAO, DA FENG 焦达峯 (1886-1911)

Da peng 大鹏

FU, XI PENG 傅溪鹏 (1938-)

Da peng 达鹏

LI, DA PENG 李大鹏 (1947-)

Da ping 大平

ZHANG, PING LIANG 张平良 (1933-)

Da ping 大平

WANG, DA PING 王大平 (1948-)

Da ping 大平

LIU, YONG PING 刘永平 (1954-)

Da ping 达平

LUO, GUANG 罗光 (1905-1933)

Da pu 大朴

LI, ZHI PU 李志璞 (1949-)

Da qi 大琦

FENG, SHU LAN 冯淑兰 (1900-1974)

Da qi 大琦

WANG, PIN QING 王品清

Da qi 达奇

QI, FU JUN 齐福君 (1934-)

Da qi 大旗

ZHANG, ZHEN XIANG 张镇湘

Da qian 大千

HUANG, ZHI 黄质 (1865-1955)

Da qian 大千

ZHANG, DA QIAN 张大千 (1899-1983)

Da qian ju shi 大千居士

ZHANG, DA QIAN 张大千 (1899-1983)

Da qiang 大强

ZHAO, SHU LI 赵树礼 (1906-1970)

Da qiao shi yu 大桥式羽

CHEN, XU 陈栩 (1879-1940)

Da qin 大芹

LI, DE QIN 李德芹 (1947-)

Da qing 大青

CHENG, YU ZHEN 程育真 (1921-)

Da qiu 达秋

TANG, JING YANG 唐景阳 (1914-1971)

Da quan 大泉

QIAN, DAO SUN 钱稻孙 (1887-1962)

Da quan 达诠

WU, DING CHANG 吴鼎昌 (1884-1950)

Da qun 大群

YAN, XI QUN 阎西群 (1960-)

Da ren 大任

LAN, YU YE 蓝裕业 (1902-1928)

Da ren 大任

REN, ZHE WEI 任哲维 (1918-)

Da ren 达人

CHEN, HUAN REN 陈焕仁 (1945-)

Da ren 达人

JIANG, YUE 蒋跃 (1958-)

Da ren han tian 达人汗天

LIU, KUI 刘魁 (1959-)

Da rong 大容
YE, SHAO JUN 叶绍钧 **(1894-1988)**

Da san 达三
WU, ZAI TING 吴再挺

Da shan 大山
LI, WEN TAO 李文涛 **(1880-1942)**

Da shan 大山
ZHU, WEN YUAN 朱文渊 **(1916-)**

Da shan 大山
XU, CHENG FEI 徐承飞

Da she 大捨
LI, WEN TAO 李文涛 **(1880-1942)**

Da sheng 大声
CHEN, ZHEN DUO 陈振铎 **(1905-)**

Da sheng 大声
LU, KENG 陆铿 **(1918-)**

Da sheng 达生
TAN, YING 谈瀛 **(1913-)**

Da sheng 大胜
ZHANG, QING RONG 张清荣 **(1902-1955)**

Da shi 大石
TANG, YUN 唐云 **(1910-)**

Da shi 大石
SUN, MO 孙漠 **(1911-)**

Da shi 大石
DU, XIAN QING 杜显清 **(1922-)**

Da shi 大石
SHI, SHI YUAN 石诗元 **(1928-)**

Da shi 大誓
LI, WEN TAO 李文涛 **(1880-1942)**

Da shi 达士
DAI, MENG OU 戴梦鸥 **(1905-1950)**

Da shi 达史
HUANG, FANG 黄访 **(1903-1987)**

Da shi weng 大石翁
TANG, YUN 唐云 **(1910-)**

Da shui 大水
PAN, YI REN 潘义人 **(1936-)**

Da shun nian 大顺年
BAO, HUA PU 鲍化普 **(1922-)**

Da si fu 大司伕
XIAO, JUN 萧军 **(1907-1988)**

Da song 达颂
SONG, HONG GANG 宋宏刚 **(1947-)**

Da su 达苏
CHEN, HAO ZENG 陈浩增 **(1941-)**

Da tian 大田
HUANG, YONG SHENG 黄永盛 **(1934-)**

Da tian er 大天二
CHEN, MENG YIN 陈梦因

Da tong 大同
YU, PEI CHU 余培初 **(1882-1941)**

Da tong 大同
LIU, TAI LONG 刘泰隆 **(1927-)**

Da tong shan ren 大同山人
WU, SHAN 吴山 **(1876-1936)**

Da wan 大万
GAO, WAN JIA 高万佳 **(1941-)**

Da wei 大卫
JIANG, YING LONG 江应龙 **(1920-)**

Da wei 大伟
JIANG, YING LONG 江应龙 **(1920-)**

Da wei 大沩
ZHU, JIA CHANG 朱甲昌 **(1880-1941)**

Da wei 大威
WANG, FU QUAN 王福全 **(1905-1983)**

Da wei 大维
WANG, HUA QI 王化歧

Da wen 达文
HU, DA WEN 胡大文 **(1941-1990)**

Da wo 大我
LI, DA WO 李大我 **(1926-)**

Da wu 达五
LI, LIE WEN 黎烈文 **(1904-1972)**

Da wu 达伍
LIAO, JIA QUAN 廖家权 **(1907-1990)**

Da wu 达屋
HE, JUN 贺骏 **(1891-1977)**

Da wu tai zhong yi shao nian 大舞台中一少年
XIE, HUA GUO 谢华国 **(1882-1939)**

Da wu wei 大无畏
RU, YU LI 茹欲立

Da xia 大夏
ZHANG, YI TONG 张翼彤 **(1916-)**

Da xian 大闲
ZHOU, ZUO REN 周作人 **(1885-1967)**

Da xian sheng 大先生
ZHOU, SHU REN 周树人 **(1881-1936)**

Da xiang 大翔
CHEN, JUN YU 陈俊愉 **(1917-)**

Da xin 大心
LI, WEN TAO 李文涛 **(1880-1942)**

Da xin fan fu 大心凡夫
LI, WEN TAO 李文涛 **(1880-1942)**

Da xiong 大雄
ZHANG, MO JUN 张默君 **(1884-1965)**

Da xiong 大雄
LIU, ZHEN YI 刘贞一 **(1907-1941)**

Da xiong 大雄
YU, XUN 余洵 **(-1938)**

Da xiong 大雄
GAO, ZENG 高增

Da xu 达虚
ZENG, DA XUAN 曾达玄

Da xuan 达玄
LIU, DA XUAN 刘达玄

Da xue 大雪
BIAN, ZHI LIN 卞之琳 **(1910-2000)**

Da xue zhong yin 大学中隐
ZHENG, QIAN 郑骞 **(1906-1991)**

Da ya 大雅
DENG, PU 邓溥 **(1883-1954)**

Da ya 大雅
ZOU, YA 邹雅 **(1916-1974)**

Da yan 大炎
AI, XIU FENG 艾秀峰

Da ye 大冶
LIU, BO JIAN 刘伯坚

Da ye 大野
CHEN, DUN HUI 陈敦慧 **(1949-)**

Da ye 大野
WANG, FEI 王飞 **(1955-)**

Da yi 大一
NING, TIAO YUAN 甯调元 **(1873-1913)**

Da yi shou 大颐寿
PAN, TIAN SHOU 潘天寿 **(1897-1971)**

Da yi shou zhe 大颐寿者
PAN, TIAN SHOU 潘天寿 **(1897-1971)**

Da yin 大尹
ZHANG, JIA 张甲 **(1921-)**

Da ying 大英
ZHANG, LIAN YING 张莲英 **(1964-)**

Da ying 大婴
CHEN, WEN WEI 陈文威 **(1948-)**

Da ying 大鹰
JIN, DA YING 靳大鹰 **(1951-)**

Da yong 大用
HUANG, PEI XU 黄培需 **(1932-)**

Da yong 大勇
JIN, GUO ZHENG 金国正 **(1942-)**

Da you 打油
ZHANG, XIN YUAN 张心远 **(1895-1967)**

Da you ci ren 打油词人
ZHANG, XIN YUAN 张心远 **(1895-1967)**

Da you shi ren 打油诗人
ZHANG, XIN YUAN 张心远 **(1895-1967)**

Da yu 大玉
TIAN, DE YU 田德裕 **(1915-)**

Da yu 大宇
YU, JING YU 于镜宇 **(1907-1999)**

Da yu 大迂
ZHENG, JI YUN 郑际云 **(1895-1992)**

Da yu 大雨
ZHANG, XIN YUAN 张心远 **(1895-1967)**

Da yu 大鱼
WANG, RU YU 王汝玙 **(1902-1985)**

Da yu 大愚
CUI, YA NAN 崔亚楠 **(1955-)**

Da yu ju shi 大迂居士
ZHENG, JI YUN 郑际云 **(1895-1992)**

Da yuan 大园
TANG, DA YUAN 唐大园

Da yuan 大远
WANG, REN SHU 王任叔 **(1901-1972)**

Da yun 大云
ZHANG, YUN CHENG 张云骋 **(1924-)**

Da yun 大云
YU, YI 俞逸

Da zhang 达章
ZHANG, CE 张策 **(1956-)**

Da zhao 大钊
LI, DA ZHAO 李大钊 **(1889-1927)**

Da zhao 大招
JING, YAO YUE 景耀月 **(1883-1944)**

Da zhao 大招
MO, DA ZHAO 莫大招

Da zhi 大至
ZHU, ZONG YUAN 诸宗元 **(1875-1932)**

Da zhi 达之
ZHOU, GANG MING 周刚明 **(1909-1981)**

Da zhi 达之
LIU, MING DA 刘明达 **(1945-)**

Da zhi ju shi 大至居士
ZHU, ZONG YUAN 诸宗元 **(1875-1932)**

Da zhou 大舟
LI, WEN TAO 李文涛 **(1880-1942)**

Da zhuang 大壮
MENG, LING RONG 孟令荣 **(1943-)**

Da zu 大足
MA, YING 马瑛 **(1950-)**

Dai 呆
XU, FU LIN 徐傅霖 **(1880-)**

DAI, AI LAN 戴爱兰 **(1916-)**
Dai, Ai lian 戴爱莲

Dai, Ai lian 戴爱莲
DAI, AI LAN 戴爱兰 **(1916-)**

Dai, Ai lu 戴蔼庐
DAI, KE XIE 戴克谐 **(1892-)**

Dai, An 戴庵
LÜ, ZHEN BAI 吕贞白 **(1907-1984)**

Dai an 待庵
ZHONG, TAI 钟泰 **(1888-1979)**

Dai an 黛安
LI, HUI YING 李惠英 **(1930-)**

DAI, AN LAN 戴安澜 **(1905-1942)**
An, Lan 安澜
Dai, Hai ou 戴海鸥

Dai, Bai tao 戴白桃
DAI, BO TAO 戴伯韬 **(1907-1981)**

Dai, Bai tao 戴白韬
DAI, BO TAO 戴伯韬 **(1907-1981)**

Dai, Bang 戴邦
DAI, BO TAO 戴伯韬 **(1907-1981)**

DAI, BANG 戴邦 **(1917-)**
Dai, Yu yan 戴禹言
Ge 戈
Geng, Sheng 耿生
Tian, Ge 田戈
Wu, Xin 吴新

Dai, Bang jie 戴邦杰
DAI, BO TAO 戴伯韬 **(1907-1981)**

Dai, Bi xiang 戴碧湘
DAI, ZI CHENG 戴自诚 **(1918-)**

Dai, Bing 戴兵
DAI, HAN HUI 戴汉辉 **(1946-)**

DAI, BING HENG 戴秉衡 **(1926-)**
Dai, Yi 戴逸
Wang, Jin mu 王金穆
Xing yu 星宇

DAI, BO TAO 戴伯韬 **(1907-1981)**
Bai, Tao 白桃
Bai, Tao 白韬
Bai, Zheng dong 白征东
Bo tao 伯韬
Dai, Bai tao 戴白桃
Dai, Bai tao 戴白韬
Dai, Bang 戴邦
Dai, Bang jie 戴邦杰
Dan ning 丹宁
Xu, Chong shi 许崇实

DAI, BU FAN 戴不凡 **(1922-1980)**
Li hua bai 梨花白
Yan, Ling zi 严陵子

Dai, Chao cai 戴朝宷
DAI, MENG OU 戴梦鸥 **(1905-1950)**

DAI, CHENG YI 戴成义 **(1937-)**
Dai, Tian 戴天
Nan, Lai yan 南来雁

DAI, CHUAN XIAN 戴传贤 **(1890-1949)**
Dai, Ji tao 戴季陶
Dai, Liang bi 戴良弼
Dai, Tian chou 戴天仇
Ji, Tao 季陶
Tian chou 天仇
Xiao yuan 孝园

Dai, Cong 戴聪
DAI, JI AN 戴际安 **(1933-)**

Dai, Dan 戴旦
HUANG, WAN ZHONG 黄万钟 **(1912-)**

Dai dan 待旦
HAN, WEN FU 韩文甫 **(1938-)**

Dai dan shi 待旦室
LIN, RU JI 林如稷 **(1902-1976)**

Dai dao ren 呆道人
WU, MEI 吴梅 **(1884-1939)**

Dai, Di 戴蒂
LI, SHUO CHENG 李硕诚 **(1922-)**

Dai ding 黛丁
HUANG, ZI SHAN 黄子山 **(1912-1979)**

Dai ding 黛丁
  WANG, XIAO PING 王啸平 **(1919-)**

Dai, Du heng 戴杜衡
  DAI, KE CHONG 戴克崇 **(1907-1964)**

Dai e gou tu ru 代俄勾兔汝
  LI, YONG CAI 李永才 **(1926-)**

DAI, EN SONG 戴恩嵩 **(1938-)**
  Shan gao 山高

Dai fa 代伐
  DAI, MING JIU 戴明久 **(1950-)**

DAI, FENG SHENG 戴奉生 **(1926-)**
  Dai, Qing 戴清
  Dai, Shi ming 戴石明

Dai, Fu 戴夫
  WU, HUAN ZHANG 吴焕章 **(1941-1990)**

Dai, Fu 戴夫
  DAI, FU SHENG 戴富生 **(1944-)**

Dai, Fu 戴富
  WU, HUAN ZHANG 吴焕章 **(1941-1990)**

DAI, FU SHENG 戴富生 **(1944-)**
  Dai, Fu 戴夫

Dai gong 待公
  YI, TING XI 易廷熹 **(1874-1941)**

Dai, Guang 戴光
  ZHI, ZHEN YUAN 支振垣 **(1919-)**

DAI, GUANG XI 戴光晰 **(1930-)**
  Dai qian 黛倩
  Li hong 礼闳

Dai, Guang zhong 戴光中
  DAI, GUANG ZONG 戴光宗 **(1949-)**

DAI, GUANG ZONG 戴光宗 **(1949-)**
  Dai, Guang zhong 戴光中

Dai, Hai ou 戴海鸥
  DAI, AN LAN 戴安澜 **(1905-1942)**

DAI, HAN HUI 戴汉辉 **(1946-)**
  Dai, Bing 戴兵

Dai he shan ren 待鹤山人
  ZHENG, GUAN YING 郑观应 **(1842-1922)**

Dai, He wu 戴何勿
  DAI, XING EN 戴行恩 **(1913-1988)**

Dai hong 黛红
  YAN, HUI 严辉

DAI, HONG JUN 戴鸿君 **(1935-)**
  Yu hong 羽虹

DAI, HONG SEN 戴鸿森 **(1932-)**
  Xia, Hong 夏闳

DAI, HUA SHAN 戴华山
  Hua, Shan 华山

Dai, Huang 戴煌
  DAI, SHU LIN 戴澍霖 **(1928-)**

DAI, JI AN 戴际安 **(1933-)**
  Dai, Cong 戴聪

Dai, Ji tao 戴季陶
  DAI, CHUAN XIAN 戴传贤 **(1890-1949)**

Dai, Jiao 戴角
  ZHANG, BING LIN 章炳麟 **(1869-1936)**

DAI, JIE MIN 戴介民
  Ba, Ke 巴克

Dai, Jie nan 戴介南
  DAI, ZHAO JUAN 戴昭卷 **(1921-)**

DAI, JIN HUA 戴锦华 **(1959-)**
  Xiao dai 小戴

DAI, JUN 戴均 **(1903-1945)**
  Dai, Ping wan 戴平万
  Dai, Wan ye 戴万叶
  Jun bo 君博
  Ping, Wan 平万
  Wan, Ye 万叶
  Yue, Zhao 岳昭
  Zhuang, Cuo 莊错

DAI, KAN 戴戡 **(1941-)**
  Han fang 含方
  Ye, Qing 叶青

Dai, Kang de 戴康德
  DAI, LU MING 戴鹿鸣 **(1925-)**

DAI, KE CHONG 戴克崇 **(1907-1964)**
  Bai, Leng 白冷
  Dai, Du heng 戴杜衡
  De chou 德畴
  Du, Heng 杜衡
  Jiang, Jian xia 江兼霞
  Lao tou er 老头儿
  Li, Jin 李今
  Li, Ling 李令
  Su, Wen 苏文
  Su, Wen 苏汶
  Wen, Mu 文木
  Zhong guo wen yi nian jian she 中国文艺年鑑社

DAI, KE LAI 戴可来 **(1935-)**
  Zhong, Min yan 钟民岩

DAI, KE RANG 戴克让 **(1874-)**
  Lu ling 芦舲

DAI, KE XIE 戴克谐 **(1892-)**
Dai, Ai lu 戴蔼庐

DAI, LAN CUN 戴兰村 **(1924-)**
Ye, Ni 叶泥

Dai, Lang 戴朗
DAI, WEN GUANG 戴文光 **(1938-)**

Dai lang 黛郎
DAI, YAN QIANG 戴燕羌 **(1924-)**

Dai lao ban 呆老板
QIU, HENG JIN 邱衡近 **(1899-1949)**

DAI, LI RAN 戴立然 **(1960-)**
Meng hen 梦痕
Xiao ran 晓然

Dai, Liang 戴良
DAI, YAN QIANG 戴燕羌 **(1924-)**

Dai, Liang bi 戴良弼
DAI, CHUAN XIAN 戴传贤 **(1890-1949)**

Dai ling 呆令
WANG, DE LIN 王德林 **(1920-)**

DAI, LING YUN 戴凌云 **(1963-)**
Ling, Yun 凌云
Yu yuan 雨原

Dai lu 代鲁
DAI, QING FU 戴庆福 **(1930-)**

DAI, LU MING 戴鹿鸣 **(1925-)**
Dai, Kang de 戴康德

Dai luo 代洛
YE, NAI FEN 叶乃芬 **(1912-1985)**

Dai luo 岱洛
YE, NAI FEN 叶乃芬 **(1912-1985)**

Dai, Mei 戴梅
TANG, MEI SHENG 唐梅生 **(1931-)**

DAI, MENG OU 戴梦鸥 **(1905-1950)**
Ai, Ang fu 艾昂甫
Ai, Sheng 艾生
Bai 白
Bai, Ou 白鸥
Bai, Xian 白衔
Chang, E 常娥
Chen, Yi pu 陈艺圃
Chen, Yu yue 陈御月
Da shi 达士
Dai, Chao cai 戴朝宷
Dai, Wang shu 戴望舒
Dai, Yue 戴月
Du, Wan 杜万
Fang, Ren 方仁
Huo lu 蠖庐
Jiang, Hu 江湖
Jiang, Jin si 江近思
Jiang, Si 江思
Jiang, Wen sheng 江文生
Lang, Fang 郎芳
Lin, Quan ju 林泉居
Lin quan ju shi 林泉居士
Lü, An se 吕安瑟
Mang ou 芒鸥
Meng ou 梦鸥
Miao, Xiu 苗秀
Pei hua 佩华
Sheng 生
Shi, Fang yu 史方域
Shi gan 莳甘
Sun, Cheng 孙诚
Tang, Tai 唐苔
Tu, Si 屠思
Wang shu 望舒
Wen, Sheng 文生
Wu, Jia ming 吴家明
Xi shi 冼适
Xin fang 信芳
Ya, Ba jia 亚巴加
Yi pu 艺圃
Yi, Ying 易应
Yue 月
Zhang, Bai xian 张白衔
Zhou, Yan 周彦
Zhuang, Zhong 庄重

DAI, MING JIU 戴明久 **(1950-)**
Dai fa 代伐
Wen, Ding 文丁

DAI, MING XIAN 戴明贤 **(1935-)**
Cheng, Lü 程履
Dong men, Liu sheng 东门柳生
Yi ren 弋人

DAI, PEI QING 戴佩卿
Pei qiong 珮琼

DAI, PENG HAI 戴鹏海 **(1929-)**
Xiao, Peng 萧鹏

Dai, Ping wan 戴平万
DAI, JUN 戴均 **(1903-1945)**

Dai, Qian 戴乾
GU, MIN YUAN 顾民元 **(1912-1941)**

Dai qian 黛倩
DAI, GUANG XI 戴光晰 **(1930-)**

Dai, Qing 戴清
DAI, FENG SHENG 戴奉生 **(1926-)**

Dai, Qing 戴晴

FU, NING 傅凝 (1941-)

DAI, QING FU 戴庆福 (1930-)
Dai lu 代鲁

Dai, Qing tian 戴青天
NIU, MING TONG 牛明通 (1938?-)

Dai, Qun 戴群
HUA, SHENG 华生 (1953-)

Dai ren 呆人
HU, DAI RUN 胡代润 (1926-)

Dai ren 呆人
ZOU, XIANG BAO 邹祥保 (1948-)

Dai shan 黛山
HUANG, ZI SHAN 黄子山 (1912-1979)

DAI, SHAN KUI 戴善奎 (1948-)
Tu, Yi ge 涂一歌

Dai, Shi ming 戴石明
DAI, FENG SHENG 戴奉生 (1926-)

DAI, SHU LIN 戴澍霖 (1928-)
Dai, Huang 戴煌

Dai, Shu qing 戴叔清
QIAN, XING CUN 钱杏邨 (1900-1977)

DAI, SHU XUN 戴书训 (1932-)
Lin, Qing 林青
Shu, Lan 舒兰
Shu, Xun 舒逊

DAI, SHU YU 戴述雨
Jin, Yu 金雨

Dai si 黛丝
ZHU, XIAO YAN 朱小燕

Dai si lou 待死楼
ZOU, TAO 邹弢

Dai song 岱松
LIU, DIAN GE 刘殿阁 (1937-)

DAI, SU HUA 戴素华 (1939-)
Heng zhong 恒忠
Ming quan 铭铨

Dai, Tian 戴天
DAI, CHENG YI 戴成义 (1937-)

Dai, Tian 戴天
WU, HUAN ZHANG 吴焕章 (1941-1990)

Dai, Tian chou 戴天仇
DAI, CHUAN XIAN 戴传贤 (1890-1949)

DAI, TIAN SONG 戴天送 (1925-1969)
Dou, Yi hu 窦一虎
Jiang, Hong 江洪
Song, Ren 宋人

DAI, TIE XIONG 戴铁雄
Yong hong 永鸿

Dai, Wan ye 戴万叶
DAI, JUN 戴均 (1903-1945)

Dai, Wang shu 戴望舒
DAI, MENG OU 戴梦鸥 (1905-1950)

Dai, Wei 戴维
WEI, CUI MEI 魏翠梅 (1949-)

Dai, Wei 戴薇
WANG, DING JUN 王鼎钧 (1927-)

Dai, Wei fu 戴畏夫
FU, LAI XING 傅来兴

DAI, WEN BAO 戴文葆 (1923-)
Ding, Sun 丁隼
Huang, Ran 黄然
Ji hua 济华
Mu, Song 慕松
Wei, Chi 魏迟
Wu wen 吾闻
Yang, Qi ji 杨弃疾
Yu, Jin 郁进

DAI, WEN GUANG 戴文光 (1938-)
Chang qing 长青
Dai, Lang 戴朗
Gao, Xiu 高秀
Ge, Feng 葛凤
Ge, Min 葛敏
Gu, Jun 谷军
Lan, Ye 蓝野
Shi, yang 史扬
Tian, Fu 田夫
Tian, Mei 田玫
Tian, Sang 田桑

DAI, WEN HUA 代文花 (1956-)
Ping, Sheng 平生

DAI, WEN SAI 戴文赛 (1911-1979)
Dai, Zhuo sheng 戴卓生

Dai, Wen yi 戴文逸
HUANG, ZAI SHENG 黄载生 (1945-1991)

Dai weng 待翁
YI, TING XI 易廷熹 (1874-1941)

DAI, XING EN 戴行恩 (1913-1988)
Dai, He wu 戴何勿
Gu, Lin 古林
He, Wu 何勿
He, Wu 何芜
Mu, Xun 穆逊
Xiao, Dai 萧岱

DAI, XUN YANG 戴训扬 **(1954-)**
Ming yi ju shi 明夷居士

Dai yan 岱嵒
HUANG, TING HUI 黄廷惠 **(1930-)**

DAI, YAN QIANG 戴燕羌 **(1924-)**
Dai lang 黛郎
Dai, Liang 戴良
He, Juan tuo 赫倦驼
Lao, Zhong ma 老仲马
Mo feng 默凤

DAI, YAN QING 戴延庆 **(1946-)**
Dai yun 代云
Dai, Yun 戴云
Si ma, Fei long 司马飞龙

DAI, YAN TIAN 戴砚田 **(1932-)**
Chang, Li zhi 常立志
Ge, Tian 戈田
Lu, Shi 路拾

Dai yang 歹羊
YANG, WEN YING 杨文颖 **(-1977)**

Dai, Yi 戴逸
DAI, BING HENG 戴秉衡 **(1926-)**

Dai yin 代音
YUN, DAI YING 恽代英 **(1895-1931)**

DAI, YIN LANG 戴隐郎 **(1907-1985)**
Dai, Ying lang 戴英郎
Ji liu 疾流
Ma, Kang 马康
Shi, Jian 石坚
Tian, Jian 田坚
Yin lang 隐郎
Yin, Mo 殷沫
Ying, Lang 英浪

Dai, Ying 戴英
YUN, DAI YING 恽代英 **(1895-1931)**

Dai ying 代英
YUN, DAI YING 恽代英 **(1895-1931)**

Dai ying 黛英
WANG, DAI YING 王黛英

Dai ying 黛影
WANG, QIONG ZHU 王琼珠 **(1930-)**

Dai, Ying lang 戴英郎
DAI, YIN LANG 戴隐郎 **(1907-1985)**

Dai, Yu 戴玉
XIAO, MAN RUO 萧蔓若 **(1908-)**

Dai yu lou 待雨楼
FAN, NING JI 范凝蹟 **(1878-1954)**

Dai, Yu yan 戴禹言
DAI, BANG 戴邦 **(1917-)**

DAI, YUAN 戴媛 **(1959-)**
Yu shan 雨珊

DAI, YUAN CHEN 戴园晨 **(1926-)**
Ruan, Chen 阮辰
Suo zhen 索真

Dai, Yue 戴月
DAI, MENG OU 戴梦鸥 **(1905-1950)**

DAI, YUE 戴岳
Jin, Qu 金渠

Dai, Yun 戴云
DAI, YAN QING 戴延庆 **(1946-)**

DAI, YUN 戴筠 **(1928-)**
Zhu, Zi 竹子

Dai yun 代云
DAI, YAN QING 戴延庆 **(1946-)**

DAI, YUN FEI 戴云飞 **(1962-)**
Shuang yan 双言
Yan, Wu 言午

DAI, YUN LANG 戴蕴郎 **(1909-1984)**
Yun lang 蕴郎

Dai, Yun sou 戴云叟
CHEN, MING MOU 陈明谋 **(1920-)**

DAI, ZHAO JUAN 戴昭卷 **(1921-)**
Dai, Jie nan 戴介南

Dai zhe 岱哲
LI, JIE 李杰 **(1939-)**

DAI, ZHEN YU 戴振宇 **(1949-)**
Qi, Wei 齐巍

DAI, ZHONG GUANG 戴仲光 **(1949-)**
Dan ran 淡然

Dai, Zhuo sheng 戴卓生
DAI, WEN SAI 戴文赛 **(1911-1979)**

DAI, ZI CHENG 戴自诚 **(1918-)**
Bai 白
Bi bo 碧波
Bi, Xiang 毕向
Bi xiang 碧湘
Chen si 沉思
Chen, Yu sheng 陈瑜生
Dai, Bi xiang 戴碧湘
Dong fang, Li hong 东方黎洪
Dong fang, Xi 东方曦
Ge, Zhong qing 戈仲卿
Mu 目
Mu 木

Qi 启
Shi 石
Shui 水
Wang, Bai shi 王白石
Yu 瑜
Yu 玉
Yu qi 瑜启

Dai zuo ba ren 岱左巴人
WANG, ZHONG YIN 王众音 (1915-)

DAM nü shi DAM 女士
DENG, LI CHENG 邓丽诚

Dan 丹
CAO, LIAN YA 曹联业 (1897-1987)

Dan 但
YUN, DAI YING 恽代英 (1895-1931)

Dan 澹
YU, YAO 俞垚 (1893-1947)

Dan an 澹安
LU, DAN AN 陆澹安 (1894-1980)

Dan an 澹庵
LU, DAN AN 陆澹安 (1894-1980)

Dan an 澹庵
SU, JIN REN 苏晋仁 (1915-)

Dan an 澹庵
GAO, ZENG 高增

Dan bo 澹波
GUO, DONG KUI 郭东奎 (1927-)

Dan chi 丹赤
WANG, JIAN JIA 王建家 (1940-)

Dan chun 丹纯
MEI, SHAO JING 梅绍静 (1948-)

Dan cun 澹村
LI, RONG PEI 李荣培 (1903-1981)

Dan dan 丹丹
XIONG, XIONG 熊雄 (1963-)

Dan dan 旦丹
ZHU, EN ZHU 朱恩铸 (1946-)

Dan dan 旦旦
WANG, XI 王曦 (1950-)

Dan dan 淡淡
XU, FU CHANG 许福昌 (1941-)

Dan dang ge zhu 澹盪阁主
JIANG, YONG 江庸 (1877-1960)

Dan di 丹地
ZHAO, QI MING 赵启鸣 (1928-)

Dan di 丹笛
LI, FU YUAN 李福源 (1933-)

Dan ding 丹丁
DING, XIU SHENG 丁秀生 (1927-)

Dan ding 丹丁
YANG, TANG JIE 杨唐杰 (1934-)

Dan ding 但丁
WANG, REN SHU 王任叔 (1901-1972)

Dan ding 但丁
GAO, DE XIONG 高德雄 (1918-1981)

Dan dong 丹东
FENG, XIANG GUANG 冯祥光 (1927-)

Dan dong 丹冬
ZHANG, XIU WEN 张修文 (1930-)

Dan, Du yu 但杜宇
DAN, SHENG WU 但绳武 (1896-1972)

Dan fei 丹扉
ZHENG, JIN XIAN 郑锦先 (1926-)

Dan feng 丹枫
SHI, LIAN XUE 石联学 (1906-)

Dan feng 丹枫
ZHANG, XUN 章巽 (1914-)

Dan feng 丹枫
WANG, JIN YUN 王锦云 (1917-)

Dan feng 丹枫
LI, PING 李萍 (1926-)

Dan feng 丹枫
LIAO, ZHONG XUAN 廖仲宣 (1931-)

Dan feng 丹枫
ZHAI, GUO ZHONG 翟国忠 (1938-)

Dan feng 丹枫
LIANG, RUI MING 梁瑞明 (1941-)

Dan feng 丹峰
WEI, GUO FANG 魏国芳 (1932-1986)

Dan feng 丹锋
ZHU, YI XIONG 朱一雄 (1923-)

Dan fu 丹斧
ZHANG, YAN LI 张延礼 (1870-1937)

Dan fu 丹复
SHAN, JI 单勣 (1914-)

Dan fu 旦夫
YANG, WEN CHUN 杨问春 (1940-)

Dan ge 丹戈
CHEN, AN KANG 陈安康 (1931-)

Dan ge 丹戈
WU, KANG CHENG 伍康成

Dan ge 丹哥
XU, SONG NIAN 徐颂年 **(1904-1981)**

Dan ge 丹舸
CHEN, SHENG LIN 陈胜邻 **(1937-)**

Dan ge 丹歌
XU, SONG NIAN 徐颂年 **(1904-1981)**

Dan gong 旦公
LIN, ZE RONG 林泽荣 **(1906-1981)**

Dan gong 旦攻
LIN, ZE RONG 林泽荣 **(1906-1981)**

Dan gong 亶公
WANG, FU MIN 王福民 **(1919-)**

Dan gong shuo 但公说
FANG, GUI DE 方珪德 **(1922-)**

Dan gu 旦谷
CHEN, DA GU 陈大鹄 **(1922-)**

Dan guo sun 澹果孙
LI, YUN 李允 **(1884-1969)**

Dan hong 丹红
CHU, DA HONG 储大泓 **(1927-)**

Dan hong 丹虹
ZHOU, JI GANG 周纪纲 **(1916-1968)**

Dan hui 丹辉
ZHAO, SHU LI 赵树礼 **(1906-1970)**

Dan hui 丹辉
QIAN, DA CHUN 钱大纯 **(1919-)**

Dan hui 丹慧
ZHANG, JIAN 张健 **(1939-)**

Dan hui 丹慧
WANG, DAN HUI 王丹慧

Dan jin 丹金
WANG, REN SHU 王任叔 **(1901-1972)**

Dan jing 澹静
FENG, SHU QIAN 冯恕谦

Dan jing 澹静
SHEN, HOU CI 沈厚慈

Dan kan 倓堪
YANG, ZENG LUO 杨增荦 **(1860-1933)**

Dan ke 但珂
LIN, JUE FU 林觉夫 **(1919-1992)**

Dan li 丹荔
ZHONG, LI ZHU 钟丽珠 **(1929-)**

Dan li 丹礫
HU, YUN 胡蕴 **(1868-1938)**

Dan, Li nu 但犁努
WANG, JIU YU 王久馀 **(1921-)**

Dan lin 丹林
LU, DAN LIN 陆丹林 **(1898-1972)**

Dan ling 丹苓
PAN, FENG TU 潘枫涂 **(1901-1988)**

Dan ling 丹陵
NIE, YUN LAN 聂云岚

Dan lou 旦楼
BAO, GONG YI 包公毅 **(1876-1973)**

Dan lu 旦庐
ZHANG, NAN XIAN 张难先 **(1874-1968)**

Dan Lu 但路
WANG, JIU YU 王久馀 **(1921-)**

Dan lu 淡庐
XU, JUN 徐鋆

Dan lu 澹庐
YU, YAO 俞垚 **(1893-1947)**

Dan lu 澹庐
XU, JUN 徐鋆

Dan lu zhu ren 澹庐主人
XU, JUN 徐鋆

Dan lü 丹梠
HU, DOU NAN 胡斗南

Dan mo 淡墨
LIN, HUI XIANG 林惠祥 **(1901-1959)**

Dan mu 丹木
ZHONG, TING MING 钟廷明 **(1915-1964)**

Dan na 丹娜
LI, FU YUAN 李福源 **(1933-)**

Dan ni 丹尼
JIN, RUN ZHI 金润芝 **(1912-)**

Dan ni 旦尼
HUANG, ZHANG 黄彰 **(1893-1987)**

Dan ning 丹宁
DAI, BO TAO 戴伯韬 **(1907-1981)**

Dan ning dao ren 澹泞道人
LI, WEN TAO 李文涛 **(1880-1942)**

Dan ning ju shi 澹宁居士
ZENG, XI 曾玺 **(1931-)**

Dan ning lao ren 澹濘老人
LI, WEN TAO 李文涛 **(1880-1942)**

Dan qiang 丹蔷
WANG, XIE 王燮 **(1929-)**

Dan qing 丹青
LI, FU YUAN 李福源 **(1933-)**

Dan qing 丹青
SUN, QING YUN 孙青云 **(1940-)**

Dan qing 丹青
YANG, ZHAO 杨钊 **(1945-)**

Dan qing 丹青
JIANG, YING HAO 蒋英豪 **(1947-)**

Dan qing 丹青
ZHU, JIAN ZHONG 朱剑钟 **(1955-)**

Dan qing 丹青
XIAO, HONG JI 萧弘吉

Dan qing 丹青
TIAN, ZAI RONG 田再荣

Dan qing 丹情
PU, MAN XIANG 浦漫湘 **(1930-)**

Dan qiu 丹秋
LI, MING 李明 **(1926-)**

Dan qiu 旦丘
LI, YA NONG 李亚农 **(1906-1962)**

Dan qiu 淡秋
LIN, ZE RONG 林泽荣 **(1906-1981)**

Dan qun 丹群
WANG, FENG YUN 王凤云

Dan ran 淡然
DAI, ZHONG GUANG 戴仲光 **(1949-)**

Dan ren 丹仁
FENG, XUE FENG 冯雪峰 **(1903-1976)**

Dan rong ye 丹戎叶
YE, TAI HEN 叶苔痕 **(1905-1982)**

Dan ru 旦如
XIE, DAN RU 谢淡如 **(1904-1962)**

Dan ru 淡如
XIE, DAN RU 谢淡如 **(1904-1962)**

Dan ru 淡如
ZENG, CHI YAN 郑赤琰 **(1941?-)**

Dan ru 澹如
ZHU, JING NONG 朱经农 **(1887-1951)**

Dan ru 澹如
GENG, DAN RU 耿淡如 **(1898-1975)**

Dan ru 澹如
GAO, WAN JIA 高万佳 **(1941-)**

Dan sha 丹沙
XU, DA 许达 **(1904-1991)**

Dan shan 丹山
LI, XU 李旭 **(1907-1984)**

Dan shan 丹山
XIAO, HONG JI 萧弘吉

Dan sheng 亶生
LIU, TING FANG 刘廷芳 **(1891-1947)**

DAN, SHENG WU 但绳武 **(1896-1972)**
Dan, Du yu 但杜宇
Du, Yu 杜宇
Sheng wu 绳武

Dan, Shi 但是
HU, KANG XIN 胡康新 **(1932-)**

Dan, Shi 但是
ZENG, REN DAO 曾任道 **(1937-)**

Dan shi 丹矢
YUAN, DA WEN 袁达文 **(1924-)**

Dan shui 淡水
XIA, JI DIAN 夏基甸 **(1928-)**

Dan si 澹思
ZHANG, MAN TAO 张曼涛

Dan sou 誕叟
QIAN, XI BAO 钱锡宝

Dan tai mie an 澹台滅闇
NIE, GAN NU 聂甘弩 **(1903-1986)**

Dan tai mie ming 澹台滅明
NIE, GAN NU 聂甘弩 **(1903-1986)**

Dan tai yue ming 澹台月明
ZHANG, FANG 张放 **(1957-)**

Dan, Tao 但涛
DAN, TAO 但焘 **(1881-1970)**

DAN, TAO 但焘 **(1881-1970)**
Dan, Tao 但涛
Guan wu hua zhai 观物化斋
Tian qiu 天囚
Tian qiu ju shi 天囚居士
Zhi zhi 植之

Dan tong 丹彤
TONG, MING GUANG 佟明光 **(1936-)**

Dan tu 丹徒
XIANG, JIN JIANG 向锦江 **(1914-)**

Dan wan 弹丸
LI, JIN FA 李金发 **(1900-1976)**

Dan wen 丹文
ZHAO, GUANG CHEN 赵光宸

Dan weng 丹翁
ZHANG, YAN LI 张延礼 **(1870-1937)**

DAN, XI FAN 但夕凡 **(1933-)**
Xiao xun 效迅

Dan xin 丹心
QIAN, SHUN JUAN 钱舜娟 **(1928-)**

Dan xin 丹心
XIAO, HONG JI 萧弘吉

Dan xing 淡星
XIAO, JIN DUI 萧金堆 **(1927-)**

Dan ya 丹亚
ZHOU, DAN YA 周丹亚 **(1954-)**

Dan ya 丹崖
ZHANG, YI 张颐 **(1887-1969)**

Dan ye 丹治
CAI, WEI LIAN 蔡伟濂 **(1923-)**

Dan, Yi 但一
YUN, DAI YING 恽代英 **(1895-1931)**

Dan yi 旦一
YUN, DAI YING 恽代英 **(1895-1931)**

Dan yin 丹音
LI, WEN TAO 李文涛 **(1880-1942)**

Dan, Ying 但英
LIN, JIAN MIN 林健民 **(1914-)**

Dan ying 丹影
WANG, JI GENG 王济庚

Dan ying 淡莹
LIU, BAO ZHEN 刘宝珍 **(1943-)**

Dan yu 丹羽
LIU, CHANG QING 刘长青 **(1917-)**

Dan yu 丹羽
LIN, ZHI QIANG 林志强 **(1933-)**

Dan yuan 澹园
YANG, DAN YUAN 杨澹园

Dan yuan 澹园
CHEN, QI 陈弃

Dan zhai 澹斋
GAO, BAO GUANG 高葆光 **(1902-)**

Dan zhao 淡诏
XIE, DAN RU 谢淡如 **(1904-1962)**

Dan, Zhong 亶中
WU, TAO 吴梼

Dan zhu 丹朱
LÜ, ZHAN QING 吕展青 **(1909-)**

Dan zi 弹子
TAN, YING 谈瀛 **(1913-)**

Dang bing 宕冰
ZHU, FENG JUN 朱凤军 **(1956-)**

DANG, BO MING 党伯明 **(1935-)**
Lang, Xuan 郎轩

Dang dai ren 当代人
LIU, ZHI LUN 刘志纶 **(1921-)**

Dang gui 当归
GE, ZU LAN 葛祖兰 **(1887-1987)**

DANG, GUO DONG 党国栋 **(1936-)**
E jian 鄂剑
Lu, Ge 鲁歌
Nan, Qiu 南秋

Dang lang 珰瑯
JIANG, BING ZHI 蒋冰之 **(1904-1986)**

Dang lu xun 珰鲁迅
ZHOU, SHU REN 周树人 **(1881-1936)**

Dang ran 当然
DU, QIN ZHI 杜勤职 **(1905-1988)**

DANG, SHENG YUAN 党圣元 **(1955-)**
Sheng, Yuan 盛源

Dang shu 砀叔
LIU, ZHEN DE 刘振德 **(1917-)**

DANG, XI PENG 党玺澎
Gong fu 弓夫

Dang, Yu feng 党玉峯
DANG, YUN XIU 党蕴秀

DANG, YUN XIU 党蕴秀
Dang, Yu feng 党玉峯

Dang zhong di si 当中第四
QIAN, XUAN TONG 钱玄同 **(1887-1939)**

Dao 道
CHEN, WANG DAO 陈望道 **(1890-1977)**

DAO, BU 道布 **(1934-)**
Rong, Dan 容丹

Dao cao ren 稻草人
LIN, JUN DA 林俊达 **(1941-)**

Dao fei 道非
SHEN, LI 沈砺 **(1879-1946)**

Dao fu 导夫
MA, CHUN BAO 马春宝 **(1961-)**

Dao fu shou 刀斧手
ZENG, SHUI SHOU 曾水手

Dao gong 道公
CHEN, JIAN HONG 陈剑虹 **(1880-1946)**

Dao hai zi 蹈海子
WANG, ZHONG QI 王锺麒 **(1880-1913)**

Dao han 葑汉
ZHANG, BING LIN 章炳麟 **(1869-1936)**

Dao han da shi 葑汉大师
ZHANG, BING LIN 章炳麟 **(1869-1936)**

Dao han ge zhu 葑汉阁主
ZHANG, BING LIN 章炳麟 **(1869-1936)**

Dao he 稻河
YE, XIANG 叶乡 **(1953?-)**

Dao hun 岛魂
SUN, SHI HAN 孙世翰

Dao nan 道南
WU, JIE 伍杰 **(1930-)**

Dao qiu 悼秋
GU, SONG CHEN 顾崧臣 **(-1929)**

Dao quan 稻泉
ZHENG, DAO CHUAN 郑道传 **(1919-)**

Dao sheng 道生
NI, WEI LIANG 倪伟良 **(1918-1988)**

Dao sheng 道生
LIN, DAO SHENG 林道生

Dao Shi gong 刀石公
LI, DONG QUAN 李冬泉 **(1958-)**

Dao sun 稻孫
QIAN, DAO SUN 钱稻孙 **(1887-1962)**

Dao tan 道坦
CHEN, DAO TAN 陈道坦 **(1919-)**

Dao tian 岛田
QIAN, XING CUN 钱杏邨 **(1900-1977)**

Dao weng 悼翁
LU, DAN AN 陆澹安 **(1894-1980)**

Dao xi 岛西
PENG, JIA HUANG 彭家煌 **(1898-1933)**

Dao xin an 刀新安
ZHENG, PENG 征鹏 **(1943-)**

Dao yi 道一
CHEN, JIAN HONG 陈剑虹 **(1880-1946)**

Dao yin 导音
SHAO, JI MIN 邵吉民 **(1937-)**

Dao yu 岛雨
LIU, CHENG HUI 刘承蕙 **(1925-)**

Dao, Yuan 道源
YANG, XU KONG 杨绪孔 **(1936-)**

DAO, YUAN 道源
Zhong lun 中轮

Dao zhang 道章
JIANG, DAO ZHANG 姜道章

Dao zi 岛子
WANG, MIN 王敏 **(1956-)**

Dao zi 稻子
HE, KAI RONG 何开荣 **(1907-1952)**

De 德
SHEN, YAN BING 沈雁冰 **(1896-1981)**

De 德
CHANG, YAN SHENG 常燕生 **(1898-1947)**

De 德
TAO, KANG DE 陶亢德 **(1908-1983)**

De an 得安
ZHU, DE AN 朱德安 **(1901-1941)**

De bao 德宝
BAO, GONG YI 包公毅 **(1876-1973)**

De bo xi fu 德伯希夫
JIN, QI XIANG 金起祥 **(1927-)**

De chang 德常
YUAN, DE CHANG 袁德常

De cheng 德成
LI, DE CHENG 李德成 **(1956-)**

De chou 德畴
DAI, KE CHONG 戴克崇 **(1907-1964)**

De chuang 德幢
LI, WEN TAO 李文涛 **(1880-1942)**

De fu 德府
ZOU, DI FAN 邹荻帆 **(1917-1995)**

De fu 德馥
FENG, SHU LAN 冯淑兰 **(1900-1974)**

De hao 德浩
GUO, DE HAO 郭德浩 **(1909-1987)**

De hong 德宏
FANG, JIAN MING 方健明 **(1919-)**

De hong 德洪
SHEN, YAN BING 沈雁冰 **(1896-1981)**

De hong 德鸿
SHEN, YAN BING 沈雁冰 **(1896-1981)**

De hou 德厚
YIN, DE HOU 殷德厚 **(1930?-)**

De huan 德桓
JIANG, MENG YIN 蒋孟引 **(1907-)**

De ji 德济
LUO, DE JI 骆德济 **(1925-)**

De ke jun 德克俊
WANG, CHUAN 汪僎 **(1855-1918)**

De lan 德兰
XIONG, DE LAN 熊德兰 **(1924-)**

De liang 德亮
WU, DE LIANG 吴德亮 **(1952-)**

De lin 德林
WANG, DE LIN 王德林 **(1920-)**

De lin 德林
LIN, DE LIN 林德林

De lin 德麟
WANG, DE LIN 王德林 **(1920-)**

De long 德龙
QIAO, DE LONG 乔德珑 **(1942-)**

De long 德隆
YIN, DE HOU 殷德厚 **(1930?-)**

De ming 德明
SUN, WEN 孙文 **(1866-1925)**

De mo 德谟
QIAN, DUAN SHENG 钱端升 **(1900-1990)**

De mo 德谟
LI, YI MANG 李一氓 **(1902-1990)**

De peng 德鹏
WANG, YUN SHENG 王芸生 **(1901-1980)**

De qian 德虔
WANG, CHANG QING 王长青 **(1922-)**

De qian 德潜
QIAN, XUAN TONG 钱玄同 **(1887-1939)**

De ren 德仁
FENG, JUN MING 冯浚明

De rong 德荣
CHEN, DE RONG 陈德荣

De rong 德容
WANG, MING SHU 王明书 **(1924-)**

De san 德三
XIONG, XUE JUN 熊学峻 **(1891-1939)**

De san 德三
ZHOU, BO DA 周伯达 **(1914-1947)**

De sheng 德生
LI, JIAN NONG 李剑农 **(1880-1963)**

De sheng 德生
WU, JING XIONG 吴经熊 **(1899-)**

De wei 德巍
FU, XIONG XIANG 傅熊湘 **(1883-1930)**

De xia 德侠
LING, WEN SI 凌文思 **(1912-)**

De xin 德馨
GUAN, WEI NING 关卫宁 **(1961-)**

De xin 德馨
ZHOU, DE XIN 周德馨

De yan 德严
CHENG, DE YAN 程德严

De yi 得一
FAN, ZHONG YUN 樊仲云 **(1899-)**

De yi 得意
ZHAO, SHU LI 赵树礼 **(1906-1970)**

De Yong 德咏
SONG, DE YONG 宋德永 **(1940-)**

De you 德有
LIU, JIN SHUI 刘金水 **(1953-)**

De yu 得雨
CAI, BEI YU 蔡备豫 **(1935-)**

De yuan 德渊
WANG, YUN ZHONG 汪允中

De yuan 德元
LIU, QIAN CHU 刘谦初 **(1897-1931)**

De zang 德藏
LI, WEN TAO 李文涛 **(1880-1942)**

De zheng 德征
CHEN, DE ZHENG 陈德徵

De zheng 德徵
CHEN, DE ZHENG 陈德徵

De zhong 德忠
LI, DE ZHONG 李德忠 **(1931-)**

De zhou 德洲
HAN, DE ZHOU 韩德洲 **(1932-)**

De zhu 得竹
LI, MING 李明 **(1926-)**

De zi 德子
ZHANG, YING 张瑛 **(1962-)**

Deng 邓
DENG, ZHONG XIA 邓中夏 **(1894-1933)**

Deng, A lan 邓阿蓝
DENG, WEN YAO 邓文耀 **(1946-)**

DENG, BAI 邓白 **(1906-　　)**
Bai, Sou 白叟

DENG, BANG SHU 邓邦述 **(1868-1939)**
Han sou shan fang 寒叟山房
Zheng an ju shi 正闇居士
Zheng an xue ren 正闇学人

DENG, BI 邓壁 **(1903-1986)**
Deng, Shao feng 邓少峯

Deng, Bin 邓斌
DENG, XI XIAN 邓希贤 **(1904-1997)**

Deng, Chang quan 邓昌权
DENG, JING XI 邓经喜 **(1889-1981)**

DENG, CHAO HUA 邓超华 **(1950-　　)**
Deng, Hua 邓华
Hua shi 化石

Deng, Cheng jun 邓成均
DENG, JUN WU 邓均吾 **(1898-1969)**

Deng, Chu min 邓初民
DENG, JING XI 邓经喜 **(1889-1981)**

Deng, Dang shi 邓当世
ZHOU, SHU REN 周树人 **(1881-1936)**

DENG, DING LONG 邓定巃 **(1910-　　)**
Deng, Qi dong 邓启东
Hai, Rong 海容

Deng, Dong zhe 鄧東遮
ZHENG, YU JUN 郑毓钧 **(1917-1943)**

DENG, EN MING 邓恩明 **(1901-1931)**
Deng, En ming 邓恩铭

Deng, En ming 邓恩铭
DENG, EN MING 邓恩明 **(1901-1931)**

DENG, ER JING 邓尔敬 **(1918-　　)**
Xiao wen 小文

Deng, Er ya 邓尔雅
DENG, PU 邓溥 **(1883-1954)**

DENG, FA 邓发 **(1906-1946)**
Yi, Lin 易林

DENG, FANG BAI 邓方柏 **(1929-　　)**
Fang, Bai 方柏
Yan zhi 砚之

DENG, FEN 邓芬 **(1894-1964)**
Cong xin xian sheng 从心先生
Er bu ju shi 二不居士
Fen 芬
Jian weng 蹇翁
Lao tan 老檀
Tan shu 昙殊
Tan shu ju shi 昙殊居士
Yong ren 泳人

DENG, FU JIA 邓付加
Fu jia 付加

DENG, FU NIAN 邓富年 **(1924-　　)**
Deng, Nian 邓年
Deng, Ye 邓野

Deng, Gang 邓刚
MIN, YU RU 闵玉如 **(1912-　　)**

Deng, Gang 邓刚
MA, QUAN LI 马全理 **(1945-　　)**

Deng gao 登高
GAO, DENG 高登

Deng, Gong san 邓恭三
DENG, GUANG MING 邓广铭 **(1897-　　)**

DENG, GONG XUAN 邓公玄 **(1901-1977)**
Yan ling shan ren 炎陵山人

DENG, GUANG MING 邓广铭 **(1897-　　)**
Deng, Gong san 邓恭三

DENG, GUI FEN 邓桂芬
Deng, Jie 邓洁

DENG, GUO TAI 邓国泰 **(1936-　　)**
Deng, Ke 邓柯

Deng hai 登海
GAO, DENG HAI 高登海

Deng, Hai zhu 邓海茱
DENG, HAI ZHU 邓海珠 **(1953-　　)**

DENG, HAI ZHU 邓海珠 **(1953-　　)**
Deng, Hai zhu 邓海茱

Deng, Hong 邓洪
ZHENG, ZI QING 郑子卿 **(1886-　　)**

Deng, Hua 邓华
DENG, CHAO HUA 邓超华 **(1950-　　)**

DENG, HUA 邓华 **(1951-　　)**
Zhi yan 知言

Deng, Hui 邓惠
DENG, HUI BO 邓惠伯 **(1938-　　)**

DENG, HUI BO 邓惠伯 **(1938-　　)**
Deng, Hui 邓惠
Ke, Chuan 柯川
Xiao ding 小丁

Deng huo 灯火
LI, JIE WEN 李介文 **(1927-　　)**

DENG, JI FANG 邓寄芳
Deng, Ji lang 邓芰郎

Fang lang 芳郎
Gui shi 桂史
Su, Zhai 苏斋

Deng, Ji lang 邓芰郎
DENG, JI FANG 邓寄芳

DENG, JI SHENG 邓纪生 **(1938-)**
Xia, Ma 夏马

DENG, JIA QI 邓家琪 **(1935-)**
Gan shui 赣水

DENG, JIA RONG 邓加荣 **(1932-)**
Zhang, Fan 张帆

DENG, JIA YAN 邓家彦 **(1883-1966)**
Deng, Meng shuo 邓孟硕

DENG, JIAN HUA 邓建华 **(1965-)**
Wen, Le 文乐

Deng, Jie 邓洁
DENG, GUI FEN 邓桂芬

Deng, Jie mei 邓介眉
DENG, YONG CHANG 邓永昌

DENG, JIN SHEN 邓进深 **(1940-)**
An, Heng 安恒
Wen, Zhi 闻之

DENG, JING BIN 邓景滨
Jin, Zhong zi 金中子

DENG, JING XI 邓经喜 **(1889-1981)**
Chu, Min 初民
Deng, Chang quan 邓昌权
Deng, Chu min 邓初民
Deng, Xi yu 邓希禹
Fei tun 肥豚
Fei zhu 肥豬
Tian, Yuan 田原

DENG, JUN RU 邓俊如 **(1945-)**
Jun ru 隽如

Deng, Jun te 邓君特
DENG, TUO 邓拓 **(1912-1966)**

DENG, JUN WU 邓均吾 **(1898-1969)**
Deng, Cheng jun 邓成均
Jun wu 均吾
Mo sheng 默声
Wei zhong 微中

DENG, JUN YAO 邓君耀 **(1952-)**
Guang zhai 光翟
Xin, Lei 辛磊

DENG, KAI AN 邓开安 **(1954-)**
Ma, Fei 马飞
Qin deng 勤登

Deng, Kang 邓康
DENG, ZHONG XIA 邓中夏 **(1894-1933)**

Deng, Ke 邓柯
DENG, GUO TAI 邓国泰 **(1936-)**

Deng, Ke bao 邓克保
GUO, YI DONG 郭衣洞 **(1920-)**

Deng, Ke yun 邓珂云
DENG, ZHI YUN 邓织云

DENG, KUI YING 邓魁英 **(1929-)**
Lu, Ji 鲁冀

Deng, Lan ting 邓兰汀
DENG, ZHONG XIA 邓中夏 **(1894-1933)**

Deng, Li 邓立
LIANG, MENG GENG 梁梦庚 **(1914-)**

DENG, LI CHENG 邓丽诚
DAM nü shi DAM 女士
L. S.
L. S. nü shi L. S. 女士
T. T. nü shi T. T. 女士

DENG, LI QUN 邓力群 **(1915-)**
Xiang, Qun 向群
Xu, Xin xue 许辛学
Yang, Deng 杨邓

DENG, LIANG 邓亮 **(1914-)**
Bai, Ding 白丁
Chen, Hua 陈华
Ding, Ying 丁瑛
Jing 鲸
Peng jiu 鹏九
Qin 勤
Tai yang 太阳
Ting yin 汀茵
Xiao deng 小邓
Yang, Guang 阳光
Yang, Ming 杨明
Yang, Ming yang 杨明扬
Yang, Tai yang 阳太阳

Deng, Long shun 邓隆顺
DENG, ZHONG XIA 邓中夏 **(1894-1933)**

Deng, Lu 邓鲁
DENG, YAN LU 邓延陆 **(1946-)**

Deng, Luo fu 邓洛夫
ZHANG, FAN 张帆 **(1909-)**

Deng, Meng 邓孟
DENG, TIE 邓铁 **(1898-1963)**

Deng, Meng shuo 邓孟硕
DENG, JIA YAN 邓家彦 **(1883-1966)**

Deng, Nan zhe 邓南遮

ZHENG, YU JUN 郑毓钧 (1917-1943)

Deng, Nian 邓年
DENG, FU NIAN 邓富年 (1924-)

DENG, NIU DUN 邓牛顿 (1940-)
Li, Sheng 黎生

Deng, Pan shi 邓磐石
DENG, QING WU 邓晴午 (1921-)

DENG, PING 邓平 (1925-1985)
Deng, Yu ping 邓禹平
Xia, Di 夏荻
Yu ping 雨萍

DENG, PU 邓溥 (1883-1954)
Chong en 宠恩
Da ya 大雅
Deng, Er ya 邓尔雅
Deng, Wan sui 邓万岁
Dong guan wan sui 东官万岁
Lü qi tai zhu 绿绮台主
Shan gui 山鬼

Deng, Qi dong 邓启东
DENG, DING LONG 邓定隆 (1910-)

DENG, QI MING 邓启明 (1933-)
Shang, Tian 尚天

DENG, QING WU 邓晴午 (1921-)
Deng, Pan shi 邓磐石
Ting zhu xuan zhu ren 听竹轩主人

DENG, REN ZHANG 邓人璋 (1940-)
Wen, Yan 闻严

DENG, RONG KUN 邓荣坤 (1958-)
Deng, Sheng hao 邓胜豪
Feng ying 枫影
Yuan, Yuan 远远

DENG, RU LUN 邓汝纶 (1919-)
Tan, Tian 谭天

Deng, San mu 邓散木
DENG, TIE 邓铁 (1898-1963)

Deng, Shao feng 邓少峯
DENG, BI 邓璧 (1903-1986)

DENG, SHAO JI 邓绍基 (1933-)
Guo, Ying 郭荧
Li, Ting 李亭

DENG, SHAO QING 邓少青 (1942-)
You, Ran 由然

DENG, SHEN SHI 邓神势
Fan yu 梵予

Deng, Sheng hao 邓胜豪
DENG, RONG KUN 邓荣坤 (1958-)

DENG, SHI 邓实 (1877-1951)
Ji ming 鸡鸣
Ji ming feng yu lou zhu 鸡鸣风雨楼主
Mei zi 玫子
Qiu, Mei 秋枚
Ye can 野残

Deng, Shi jie 邓士杰
DENG, TIE 邓铁 (1898-1963)

DENG, SHI MING 邓士铭 (1914-)
Deng, Sui ning 邓绥宁
Meng, Qian 孟迁
Su, Bao 苏宝
Sui, Ning 隋凝
Ye yu 也愚

Deng, Shi rong 邓石榕
YE, SHI TAO 叶石涛 (1925-)

Deng, Shi zhong 邓式中
DENG, SHI ZHONG 邓式钟 (1919-)

DENG, SHI ZHONG 邓式钟 (1919-)
Deng, Shi zhong 邓式中
Ding, Yi 丁邑
Liu, Ye 刘冶
Mei, Xiang 梅骧
Shi zhong 矢中
Shi, Zhong 石钟
Shu, Xie hua 舒絜华
Wen, Jing 闻靓
Yi, Ma 易马
Zhong, Huang zhi 钟黄之
Zhong, Shi dun 钟诗敦

DENG, SHU PING 邓蜀平 (1932-)
Mo, Fei 莫非
Su, Wen 苏文

DENG, SI YU 邓嗣禹 (1905-1988)
Chi yu 持宇
Si yu 丝雨
Zhi, Yu 支宇

DENG, SUI FU 邓遂夫 (1943-)
Fu shui 釜水
Lei, Ru yu 雷如雨
Xu fu 旭夫

Deng, Sui ning 邓绥宁
DENG, SHI MING 邓士铭 (1914-)

DENG, TIAN YOU 邓天佑 (1915-)
Qiu, Qin 丘琴
Tian you 天佑

DENG, TIAN YU 邓天矞
Mei, Jue 梅觉

DENG, TIE 邓铁 **(1898-1963)**
Ce jian zi 厕简子
Chu, Kuang ren 楚狂人
Chu, Ren 楚人
Deng, Meng 邓孟
Deng, San mu 邓散木
Deng, Shi jie 邓士杰
Dun tie 钝铁
Fen 粪
Fen gong 粪公
Fen weng 粪翁
Ju shi shan ren 居士山人
Kui 夔
Lao tie 老铁
Lu zhong ren 芦中人
Qie qu zi 且渠子
San mu 散木
Shan ren ju shi 山人居士
Shuang tie 双铁
Tian hu 天乎
Tian huo qie qu zhi 天祸且渠之
Wu wai ju shi 无外居士
Wu yang 无恙
Xu mu 虚木
Yan zhu 研斸
Yi kan 一龛
Yi zu 一足
Yi zu sou 一足叟
Yu qing dao ren 郁青道人
Yu shan di zi 虞山弟子

Deng, Tie tao 邓铁涛
DENG, XI CAI 邓锡才 **(1916-)**

DENG, TING YI 邓庭毅 **(1951-)**
Ting yi 庭义

DENG, TUO 邓拓 **(1912-1966)**
Ai, Rui 艾芮
Bu, Wu ji 卜无忌
Deng, Jun te 邓君特
Deng, Tuo zhou 邓拓洲
Deng, Yun te 邓云特
Deng, Zi jian 邓子健
Di, Man gong 狄曼公
Ding, Da yun 丁大云
Ding, Luo an 丁萝庵
Ding, Man gong 丁曼公
Ding, Shan 丁山
Dong fang, Bai 东方白
Fu zheng 弗政
Gao, Mi 高密
Guan, Bai 关白
Ma, Nan cun 马南邨
Ma nan cun ren 马南邨人
Man gong 曼公
Nan, Ma cun 南马邨
Nan, Yang 南阳
Ou, Zi 欧子
Rui, Xin 芮新
Shan, Wen sheng 单文生
Shi, Si ping 石思平
Shi, Tian kai 石天开
Shi, Xian 石仙
Wei nong 慰农
Wen, Yi qian 文益谦
Wen, Zhou 温州
Wu, Dan 武丹
Wu, Nan xing 吴南星
Xiang, Yang sheng 向阳生
Xiao jing 晓晶
Xiao, Si 肖斯
Yin, Di 尹堤
Yin, Zhou 殷洲
Yu, Sui an 于遂安
Yun, Te 云特
Yun, Te 恽忒
Zuo, Hai 左海

Deng, Tuo zhou 邓拓洲
DENG, TUO 邓拓 **(1912-1966)**

Deng, Wan sui 邓万岁
DENG, PU 邓溥 **(1883-1954)**

Deng, Wang 邓潢
LIU, HUI MIN 刘惠民 **(1917-)**

Deng, Wei 邓维
DENG, WEI XIN 邓维新 **(1948-)**

DENG, WEI QUAN 邓伟权
Jun ping 君平

DENG, WEI XIN 邓维新 **(1948-)**
Deng, Wei 邓维

Deng, Wen 邓文
DENG, YAO PING 邓耀平 **(1932-)**

DENG, WEN GUANG 邓文光
Gu, Bian ming 古辨明
Gu, Cheng 古澄
Tang, Zhi ren 唐之人
Wu feng lou zhu 无风楼主

DENG, WEN GUO 邓文国 **(1955-)**
Fang, Zhou 方舟
Tian ma 天马
Zhao, Yan 赵燕

DENG, WEN LAI 邓文来 **(1931-)**
Gu, Wen 顾问
Meng, Dong 孟东
Meng, Xiang 孟湘
Qiao yin 樵隐

Sha, Yan 沙雁

DENG, WEN LONG 邓文龙
Jian yang 剑扬

Deng, Wen ru 邓文如
DENG, ZHI CHENG 邓之诚 **(1887-1960)**

DENG, WEN SHU 邓文淑 **(1904-1992)**
Deng, Yin jiao 邓银娇
Deng, Ying chao 邓颖超
Li zhi fan tai tai 李知凡太太
Wu, Mei 伍妹
Wu, Mei 伍美
Xiao chao 小超
Yi 壹
Yi hao 逸豪
Ying chao 颖超

DENG, WEN YAO 邓文耀 **(1946-)**
Deng, A lan 邓阿蓝

DENG, WEN YI 邓文仪 **(1906-)**
Deng, Xue bing 邓雪冰
Xue bing 雪冰

DENG, XI CAI 邓锡才 **(1916-)**
Deng, Tie tao 邓铁涛

DENG, XI XIAN 邓希贤 **(1904-1997)**
Deng, Bin 邓斌
Deng, Xiao ping 邓小平
Kan, Jia lin 阚家麟

Deng, Xi yu 邓希禹
DENG, JING XI 邓经喜 **(1889-1981)**

Deng xia bai tou ren 灯下白头人
ZHENG, JI YUN 郑际云 **(1895-1992)**

Deng xian 登贤
LUO, GUANG 罗光 **(1905-1933)**

DENG, XIAN CHENG 邓先成 **(1928-)**
Shu dao xing ren 蜀道行人

DENG, XIANG CHUN 邓向椿 **(-1940)**
Te lang 特朗

DENG, XIANG NONG 邓向农 **(1944-)**
Deng, Yong 邓咏

DENG, XIAO CUN 邓晓村 **(1913-1937)**
Bi tian shi 碧天氏
Zhou, Jian hua 周建华

DENG, XIAO HUA 邓小华 **(1953-)**
Can xue 残雪

Deng, Xiao ping 邓小平
DENG, XI XIAN 邓希贤 **(1904-1997)**

Deng, Xiao xian 邓小闲
ZHANG, KE BIAO 章克标 **(1900-)**

DENG, XING YU 邓星雨 **(1938-)**
Feng, Min 丰民
Mo, Zhu 墨竹

DENG, XIU YUN 邓秀云
A yun 阿芸

Deng, Xue bing 邓雪冰
DENG, WEN YI 邓文仪 **(1906-)**

DENG, XUE DI 邓雪涤
Xue di 雪涤

DENG, YA LI 邓雅丽
Huai, Bing 怀冰

DENG, YAN CUN 邓演存
Yan cun 演存

DENG, YAN LIN 邓燕林 **(1920-)**
Bai, Yan 白岩
Jian dan 涧丹

DENG, YAN LU 邓延陆 **(1946-)**
Deng, Lu 邓鲁
Lu, Ruo bing 陆若冰

DENG, YAO PING 邓耀平 **(1932-)**
Deng, Wen 邓文

Deng, Ye 邓野
DENG, FU NIAN 邓富年 **(1924-)**

DENG, YE JUN 邓叶君 **(1955-)**
Ye, Jun 叶君

Deng, Yi mei 邓亦梅
ZENG, DE ZHEN 曾德镇 **(1921-1988)**

DENG, YI ZHE 邓以蛰
Shu cun 叔存

Deng, Yin jiao 邓银娇
DENG, WEN SHU 邓文淑 **(1904-1992)**

Deng ying 登瀛
LI, ZI ZHOU 李子洲 **(-1929)**

Deng, Ying chao 邓颖超
DENG, WEN SHU 邓文淑 **(1904-1992)**

DENG, YING LIE 邓英烈 **(1923-)**
Hong lu 红芦
Zhou, Bi 周彼

Deng, Yong 邓咏
DENG, XIANG NONG 邓向农 **(1944-)**

DENG, YONG CHANG 邓永昌
Deng, Jie mei 邓介眉
Jie mei 介眉
Jie mei 芥梅

DENG, YONG TAO 邓泳涛 **(1917-)**

Nu jiang 怒江

DENG, YOU MEI 邓友梅 **(1931-)**
Fang, Wen 方文
Jin zhi 锦直
You mei 右枚
You mei 右梅
Yu dong 愈冬

Deng, Yu 邓玉
LIN, SONG KUI 林颂葵 **(1928-)**

Deng, Yu 邓雨
ZU, MING HUA 祖明华 **(1955-)**

Deng, Yu ping 邓禹平
DENG, PING 邓平 **(1925-1985)**

DENG, YU XIA 邓玉霞
Zai, Zhu 宰主

Deng yue 等月
LI, WEN TAO 李文涛 **(1880-1942)**

Deng yun 登云
GUO, EN DA 郭恩大 **(1919-1976)**

Deng, Yun te 邓云特
DENG, TUO 邓拓 **(1912-1966)**

DENG, ZE RU 邓泽如 **(1869-1934)**
Yu weng 愚翁

DENG, ZHAO 邓钊 **(1917-)**
Liu, Sha 柳莎
Zheng, Mu yun 郑慕云
Zheng, Wen 郑文
Zheng, Wen 郑闻

DENG, ZHI CHENG 邓之诚 **(1887-1960)**
Deng, Wen ru 邓文如
Ming, Zhai 明斋
Wen, Ru 文如
Wu shi zhai 五石斋

DENG, ZHI CHENG 邓志成 **(1956-)**
Ming, Hun 明昏

DENG, ZHI YUN 邓织云
Deng, Ke yun 邓珂云
Ke li 珂莉
Ke yun 珂云

Deng, Zhong 邓忠
DENG, ZHONG XIA 邓中夏 **(1894-1933)**

DENG, ZHONG LONG 邓中龙 **(1926-)**
Xu, Xue hui 徐学慧

DENG, ZHONG XIA 邓中夏 **(1894-1933)**
A. S.
Da he 大壑
Deng 邓
Deng, Kang 邓康
Deng, Lan ting 邓兰汀
Deng, Long shun 邓隆顺
Deng, Zhong 邓忠
Deng, Zhong xia 邓仲夏
Deng, Zhong xie 邓仲澥
Deng, Zhong yuan 邓重远
Lao ge 老葛
Lao yang 老阳
Li, Cheng 李成
Shi, Yi 施义
Shou sheng 寿生
Xia 夏
Xin mei 心美
Zeng chang 增昌
Zhong 中
Zhong xia 中夏
Zhong, Xie 仲澥
Zhong yuan 重远

Deng, Zhong xia 邓仲夏
DENG, ZHONG XIA 邓中夏 **(1894-1933)**

Deng, Zhong xie 邓仲澥
DENG, ZHONG XIA 邓中夏 **(1894-1933)**

Deng, Zhong yuan 邓重远
DENG, ZHONG XIA 邓中夏 **(1894-1933)**

DENG, ZHUO HUA 邓焯华 **(1921-)**
Ke ting 克汀
Luo, Ke ting 罗克汀

DENG, ZHUO YUAN 邓拙园
Zhuo yuan 拙园

DENG, ZI HUI 邓子恢 **(1896-1972)**
Zi hui 子恢

Deng, Zi jian 邓子健
DENG, TUO 邓拓 **(1912-1966)**

DENG, ZI JING 邓子敬 **(1943-)**
Qing chen 清晨

DENG, ZI ZHANG 邓滋璋 **(1928-1981)**
Gu, Ding 古丁

DENG, ZU XING 邓祖兴 **(1957-)**
Zhen xing 振兴

Di 狄
QU, QIU BAI 瞿秋白 **(1899-1935)**

Di 涤
XU, SHENG WEN 许声闻 **(1906-1988)**

Di 荻
YU, NIAN YUAN 俞念远 **(1904-)**

Di 谛
ZHENG, ZHEN DUO 郑振铎 **(1898-1958)**

Di 堤
YANG, DAN SHENG 杨澹生

Di 棣
HUANG, SHI ZHONG 黄世仲 **(1872-1912)**

Di 棣
XU, SHAO DI 许绍棣 **(1900-1980)**

DI, BAO XIAN 狄葆贤 **(1873-1941)**
Chu, Qing 楚青
Chu, Qing 楚卿
Ci shi 慈石
Di, Ping 狄平
Di, Ping zi 狄平子
Gao, Ping zi 高平子
Liu gen qing jing ren 六根清净人
Ping deng ge zhu ren 平等阁主人
Ping qing ju shi 平情居士
Ping qing wai shi 平情外史
Ping qing zhu ren 平情主人
Ping, Zi 平子
Ya 雅

Di, Cao cheng 狄操诚
DI, YOU QING 狄幽青 **(1910-1977)**

Di, Chao bai 狄超白
DI, YOU QING 狄幽青 **(1910-1977)**

Di chen 涤尘
XI, HONG SHOU 席鸿绶

Di di 谛谛
WANG, YU JUN 王聿均 **(1918-)**

Di, En 狄恩
WANG, YAO 王瑶 **(1914-1989)**

Di er hao kan bao ren 第二号看报人
YAO, ZHEN 姚朕

Di er pang guan sheng 第二傍观生
HUANG, QI MING 黄启明

Di fa 迪法
HOU, YU CHENG 侯玉成 **(1937-)**

D fan 涤凡
SHEN, FAN 沈凡 **(1912-)**

Di fan 荻帆
CHEN, DI FAN 陈涤凡 **(1909-)**

Di fan 荻帆
ZOU, DI FAN 邹荻帆 **(1917-1995)**

Di feng 荻风
GUO, DONG KUI 郭东奎 **(1927-)**

Di feng 荻风
BAO, CHEN CHU 包辰初 **(1928-)**

Di feng 笛风
ZHANG, XIU WEN 张修文 **(1930-)**

Di, Fu 狄福
SHEN, YAN BING 沈雁冰 **(1896-1981)**

Di, Fu 狄福
XU, DIAO FU 徐调孚 **(1901-1981)**

Di fu 滴扶
LI, DE FU 李德复 **(1932-)**

Di, Fu ding 狄福鼎
DI, YING 狄膺 **(1895-1964)**

Di, Fu zhe 狄福者
SHEN, YAN BING 沈雁冰 **(1896-1981)**

Di ge hua jiang 涤舸画匠
FENG, JIONG 冯迥 **(1882-1954)**

Di, Geng 狄耕
ZHANG, DI GENG 张棣赓 **(1914-1957)**

Di gong 笛公
YIN, GUAN 尹爟

Di ji 迪吉
MENG, XIAN QI 孟宪棨 **(1902-1976)**

Di jia 荻迦
GUO, DONG KUI 郭东奎 **(1927-)**

Di, Jun wu 狄君武
DI, YING 狄膺 **(1895-1964)**

DI, KAN 狄侃
Di, Shan 狄山

Di, Kang 狄康
QU, QIU BAI 瞿秋白 **(1899-1935)**

Di, Ke 狄克
ZHANG, CHUN QIAO 张春桥 **(1917-)**

Di ke 谛克
CHEN, HAN SHENG 陈憨生

Di ke 蒂克
KAO, ZHAO XU 考昭绪 **(1918-1965)**

Di lei 地雷
LIN, WAN LI 林万里 **(1873-1926)**

Di leng 滴冷
LI, DING SHENG 李鼎声 **(1914-)**

Di, Li 狄厉
LIU, GEN SHENG 刘根生 **(1950-)**

Di long 帝龙
LIN, CI LONG 林赐龙 **(1942-)**

Di lou 涤楼
WANG, SEN RAN 王森然 **(1895-1984)**

Di, Man gong 狄曼公

DENG, TUO 邓拓 **(1912-1966)**

Di mei 涤梅
QU, QIU BAI 瞿秋白 **(1899-1935)**

Di, Meng jiao 狄梦娇
LI, QI LIU 李杞柳

Di, Miao 狄苗
HU, KANG XIN 胡康新 **(1932-)**

Di ming 笛鸣
LI, QUAN LIN 李全林

Di, Mo 狄谟
GENG, KUANG 耿匡 **(1899-1947)**

Di mou 谛牟
JIAN, YOU WEN 简又文 **(1896-1979)**

Di, Nai 狄廼
SHAO, SEN DI 邵森棣

Di neng 低能
YE, DUAN JIN 叶端瑾

Di neng er 低能儿
HU, JI NAN 胡寄南 **(1908-)**

Di nu 帝奴
HE, CHANG XIU 何畅秀 **(1890-1983)**

Di, Ping 狄平
DI, BAO XIAN 狄葆贤 **(1873-1941)**

Di, Ping 狄平
HU, SHAN YUAN 胡山源 **(1897-1988)**

Di ping 迪平
HU, SHAN YUAN 胡山源 **(1897-1988)**

Di, Ping zi 狄平子
DI, BAO XIAN 狄葆贤 **(1873-1941)**

DI, QING 狄青 **(1968-)**
Xiao qing 晓青
Xiao qiu 晓秋

Di qing 荻青
JIANG, DE QING 江德清 **(1923-)**

Di qing 荻青
TIAN, JING HUI 田景惠 **(1923-)**

Di qiu 涤秋
ZHU, ZHAO ZU 朱肇祖 **(1902-1967)**

Di shan 地山
FANG, ER QIAN 方尔谦 **(1871-1936)**

Di shan 地山
XU, DI SHAN 许地山 **(1893-1941)**

Di shan 地山
WANG, DI SHAN 王地山 **(1933-)**

Di, Shan 狄山
LU, XIANG GAN 陆象淦 **(1938-)**

Di, Shan 狄山
DI, KAN 狄侃

Di sheng 迪生
CHEN, TIE ZHENG 陈铁铮 **(1906-1990)**

Di sheng 荻声
GUO, DONG KUI 郭东奎 **(1927-)**

Di sheng 荻笙
HU, DAI RUN 胡代润 **(1926-)**

Di shi xing zi sun zhi yi ge ren 第十姓子孙之一个人
SONG, JIAO REN 宋教仁 **(1882-1913)**

Di shui shan fang 滴水山房
LIU, BAO CHUN 刘宝纯 **(1932-)**

Di shui xuan zhu 滴水轩主
YE, ZHAO 叶钊 **(1945-)**

Di, Si liu 狄思浏
ZOU, WEI XI 邹维熙 **(1927-)**

Di sou 笛叟
YIN, GUAN 尹爟

Di sou 篴叟
YIN, GUAN 尹爟

Di sun 棣荪
HUANG, SHI ZHONG 黄世仲 **(1872-1912)**

Di, Wei 狄卫
FENG, DA WEI 冯大卫 **(1938-)**

Di wei 棣威
ZHU, REN JIAN 朱仁健 **(1913-1983)**

DI, WEI JING 邸维精 **(1927-)**
Su, Zhong 苏中
Zhou, He 周和

Di wen 迪文
TANG, YANG HE 唐扬和 **(1920-)**

Di, Xian 狄咸
LIU, SHU DE 刘澍德 **(1906-1970)**

Di xian 迪先
LUO, DI XIAN 罗迪先

Di xian 涤先
LIU, SHU DE 刘澍德 **(1906-1970)**

Di xiang zhai 睇向斋
CHEN, GAN YI 陈赣一

Di, Xin 狄辛
ZHANG, DI XIN 张涤新

Di xin 迪心

YANG, ZHAO JUN 杨兆钧 (1909-)

Di xin 涤新
XU, SHENG WEN 许声闻 (1906-1988)

Di xin 棣新
WEN, JIE RUO 文洁若 (1927-)

Di ya 荻亚
DONG, TAI HE 董太龢 (1915-)

Di ya 荻亚
LIN, MIAN 林勉 (1922-)

Di ya 蒂芽
TAO, DI YA 陶涤亚 (1909-)

Di yan 滴岩
BI, DIAN YUAN 毕殿元

Di yi 地一
ZHU, BAO KANG 朱葆康 (1881-1942)

Di yi 荻宜
XIE, XIU LIAN 谢秀莲 (1948-)

Di yi sheng xiu mei hua guan 第一生修梅花馆
KUANG, ZHOU YI 况周颐 (1859-1926)

DI, YING 狄膺 (1895-1964)
Di, Fu ding 狄福鼎
Di, Jun wu 狄君武
Jun wu 君武
Ping chang lao ren 平常老人
Yan yue 雁月

DI, YOU QING 狄幽青 (1910-1977)
Di, Cao cheng 狄操诚
Di, Chao bai 狄超白

Di yu 笛宇
LIN, TIAN CHENG 林添成

Di yuan 荻原
HU, QIU YUAN 胡秋原 (1910-1989)

Di yuan 荻原
CHEN, YUAN 陈原

Di zhai 迪斋
WU, WO YAO 吴沃尧 (1867-1910)

Di zhao 帝招
JING, YAO YUE 景耀月 (1883-1944)

Di zhi 地植
GAO, ZHI 高植 (1911-1960)

Di zhi 迪之
GU, SHAO HUA 谷绍华 (1921-)

Di zhou 荻舟
BAI, DI ZHOU 白涤洲 (1900-1934)

Di zhou 涤洲
BAI, DI ZHOU 白涤洲 (1900-1934)

Di zi 笛子
TANG, GE LIN 汤阁麟 (1916-)

Dian 典
SHEN, YAN BING 沈雁冰 (1896-1981)

Dian 颠
LEI, JIN 雷瑨

Dian chang 电长
SHI, RUN DE 施润德 (1917-)

Dian cun 典存
WANG, MAO ZU 汪懋祖

Dian er 奠耳
ZHENG, ZAO 郑造 (1921-1966)

Dian fan lou zhu 点帆楼主
WANG, SHI CEN 王石岑 (1914-)

Dian gong 颠公
YU, SHOU YI 余寿颐 (1883-1930)

Dian gong 颠公
LEI, JIN 雷瑨

Dian, Long 电龙
MEI, GONG BIN 梅龚彬 (1901-1975)

Dian nu 佃奴
KUANG, FU 匡扶 (1911-)

Dian ren 点人
ZHU, SHI FENG 朱石峰 (1903-1947)

Dian xiang 滇湘
LIU, GUO XIANG 刘国香

Dian xiao er 店小二
LI, SHENG XUAN 李生萱 (1910-1966)

Dian, Xiao jun 佃晓军
DIAN, YU WEN 佃毓文 (1920-)

DIAN, YU WEN 佃毓文 (1920-)
Dian, Xiao jun 佃晓军

Dian yuan 殿元
QU, ZHI SHENG 曲直生 (1901-)

DIAO, BAO SHI 刁抱石
Bao shi 抱石

Diao bing 雕冰
SHEN, YAN BING 沈雁冰 (1896-1981)

Diao dou 刁斗
CHENG, JUN 成骏 (1916-1983)

DIAO, DOU MING 刁斗明 (1929-)
Han sheng 寒生

Diao, Fei 刁非

DIAO, YONG QUAN 刁永泉 **(1945-)**

Diao fu 调孚
XU, DIAO FU 徐调孚 **(1901-1981)**

DIAO, GUO HUA 刁国华 **(1944-)**
Ba du ma gai shuang 巴都玛该霜

DIAO, HUAN WEN 刁焕文 **(1921-)**
Diao, Peng 刁蓬

DIAO, JUN LIN 雕俊麟 **(1924-)**
Diao, Jun ning 刁均宁
Diao, Yun lin 刁筠林
Lei zi 蕾子
Tu ding 土丁
Yun min 匀皿

Diao, Jun ning 刁均宁
DIAO, JUN LIN 雕俊麟 **(1924-)**

Diao long sheng 雕龙生
ZHU, XIA TIAN 朱霞天

Diao, Peng 刁蓬
DIAO, HUAN WEN 刁焕文 **(1921-)**

DIAO, RU JUN 刁汝钧 **(1907-)**
Cao ye 草野

Diao shan zi 貂山子
HE, CHUN XI 何春喜

Diao, Wen mei 貂问湄
WU, QIAN YU 吴谦裕 **(1920-)**

DIAO, XIU YING 刁秀英 **(1950-)**
Xiu ying 秀英

DIAO, YONG QUAN 刁永泉 **(1945-)**
Diao, Fei 刁非
Shuo dong fang 朔东方
Xia li ba 下里巴

Diao, Yun lin 刁筠林
DIAO, JUN LIN 雕俊麟 **(1924-)**

Die 蝶
HU, SHI 胡适 **(1891-1962)**

Die er 蝶儿
HU, SHI 胡适 **(1891-1962)**

Die shuang 蝶霜
FAN, ZENG XIANG 樊增详 **(1846-1931)**

Die weng 蜨翁
LIU, MENG PENG 刘孟鹏 **(1857-1909)**

Die xi 蝶兮
CAI, QUAN 蔡权

Die xian 蝶仙
CHEN, XU 陈栩 **(1879-1940)**

Die ye 蝶野
CHEN, DING SHAN 陈定山 **(1895-1984)**

Die yi 蝶衣
CHEN, JI XUN 陈积勋 **(1908?-)**

Die yin 蝶隐
LIU, MENG PENG 刘孟鹏 **(1857-1909)**

Ding 丁
WANG, TONG ZHAO 王统照 **(1897-1957)**

Ding 丁
HAO, AI 郝艾 **(1915-)**

Ding 丁
XU, CHANG JI 徐长吉 **(1916-1964)**

Ding 定
QU, QIU BAI 瞿秋白 **(1899-1935)**

Ding 定
ZHAO, SHU LI 赵树礼 **(1906-1970)**

Ding 定
LU, DING YI 陆定一 **(1906-)**

Ding 鼎
GUO, MO RUO 郭沫若 **(1892-1978)**

Ding 鼎
SHEN, YAN BING 沈雁冰 **(1896-1981)**

Ding, Ai 丁艾
XU, ZHEN 徐震 **(1929-)**

Ding, Ai 丁爱
YAO, FANG REN 姚方仁 **(1905-1969)**

Ding, Ba 丁巴
DING, CHENG XIANG 丁成相 **(1939-)**

DING, BAO LAN 丁宝兰 **(1917-1988)**
Bao, Lan 包兰
Xin yan 心言

Ding, Bing 丁冰
SU, WEN MU 苏文慕 **(1927-1960)**

Ding, Bing 丁冰
LUAN, CHANG GU 栾长嘏 **(1930-)**

Ding, Bing li 丁丙莉
ZHANG, HE YUN 张鹤云 **(1923-)**

DING, BING SUI 丁秉鐩 **(1917-1980)**
Yan jing san ren 燕京散人

Ding, Bing zhi 丁冰之
JIANG, BING ZHI 蒋冰之 **(1904-1986)**

Ding bo 定波
CHEN, XIANG HE 陈翔鹤 **(1901-1969)**

DING, BO LIU 丁伯骝

Bo 伯
Su, Ming 苏明

Ding, Bu 丁卜
LIU, YU 刘宇

Ding, Bu yue 丁步月
DING, ZHE GUI 丁折桂 **(1902-)**

DING, CAN CHENG 丁灿成 **(1919-1969)**
Ding, Di 丁蒂
Ding, Jiu 丁九
Ding, Tie 丁铁
Hong di 虹蒂
Xi di 西蒂
Xiao, Ding 萧丁
Xiao jiu 晓酒

Ding, Ce 丁策
DING, JING ZHANG 丁径章 **(-1970)**

Ding, Chen 丁辰
DING, LI QING 丁礼庆 **(1940-)**

Ding, Chen 丁琛
ZHENG, BING ZHONG 郑炳中 **(1922-)**

DING, CHEN 丁琛 **(1923-)**
Xin xin 芯心

DING, CHENG XIANG 丁成相 **(1939-)**
Chen, Qun 陈群
Cheng, Ping 成平
Ding, Ba 丁巴
Ding, Guo cheng 丁国成
Guo, Cheng 国成
Peng, Ning ning 彭宁宁
Ruan, Ding 阮丁
Shi, Ping 史平
Shi, Shan 石山

DING, CHI TAN 丁痴昙
Xiao dun 小钝

Ding, Chou yin 丁畴隐
DING, FU BAO 丁福保 **(1874-1952)**

Ding, Chu 丁楚
FANG, ZHI YUAN 房志远

Ding, Chu wo 丁初我
DING, ZU YIN 丁祖荫

Ding, Chuan 丁川
ZENG, XIAN RUI 曾宪瑞 **(1936-)**

DING, CHUAN JING 丁传经 **(1925-)**
Ding, Liang 丁良
Ding, Liang 丁梁

DING, CHUAN JING 丁传靖 **(1870-1930)**
An gong 闇公
Song yin xing jiao seng 松隐行脚僧
Xiu fu 秀夫
Xiu fu 秀甫
Xiu fu 琇甫

DING, CHUN LIN 丁春霖 **(1947-)**
Xi chen 洗尘

Ding, Cong 丁淙
ZENG, MIN ZHI 曾敏之 **(1917-)**

DING, CONG 丁聪 **(1916-)**
Ding, Song zi 丁悚子
Xiao ding 小丁

DING, CONG 丁聪 **(1948-)**
Ting lan 汀兰

Ding, Da 丁达
ZHANG, QI CHENG 张企程 **(1913-)**

Ding, Da xin 丁大心
DING, JING TANG 丁景唐 **(1920-)**

Ding, Da yun 丁大云
DENG, TUO 邓拓 **(1912-1966)**

Ding, Dang 丁珰
ZHOU, SHU REN 周树人 **(1881-1936)**

Ding, Dang 丁珰
ZHU, ZHEN HUA 朱震华 **(1915-)**

Ding, Di 丁谛
WU, DING DI 吴鼎第 **(1914-)**

Ding, Di 丁蒂
WU, DING DI 吴鼎第 **(1914-)**

Ding, Di 丁蒂
DING, CAN CHENG 丁灿成 **(1919-1969)**

Ding, Di hao 丁迪豪
DING, XUE XIAN 丁学贤 **(1910-1935)**

DING, DI ZHONG 丁砥中 **(1910-)**
Ding, Yu chao 丁裕超

Ding, Ding 丁丁
DING, JIA SHU 丁嘉树 **(1907-1990)**

Ding, Ding 丁仃
CHEN, TI SHEN 陈体申 **(1933-)**

Ding, Dong 丁东
ZHANG, QI QUAN 张启权 **(1914-1991)**

Ding, Dong 丁东
SUN, CHANG YONG 孙昌永 **(1918-)**

Ding, Dong 丁东
LI, JUN CAI 李俊才 **(1921-)**

Ding, Dong 丁东
ZHAO, BING NAN 赵炳南 **(1929?-)**

Ding, Dong 丁冬

HUANG, GU LIU 黄谷柳 (1908-1977)

Ding, Dong 丁冬
DING, KE WU 丁克武 (1915-)

Ding, Dong 丁冬
LI, JUN CAI 李俊才 (1921-)

Ding, Dong fu 丁东父
HUANG, YI 黄遗 (1916-)

Ding, Er 丁二
ZHENG, JIE LIANG 郑杰梁 (1928-)

Ding, Er 丁耳
CHEN, YAN 陈炎 (1925-)

DING, ER GANG 丁尔纲 (1933-)
Song wei 嵩巍

Ding, Fan 丁凡
GUO, SHUI LIN 郭水林 (1940-)

Ding, Fan 丁凡
WANG, CHENG ZHI 王承智 (1954-)

Ding, Fan 丁藩
HUANG, DONG FAN 黄东藩 (1922-)

Ding fan 定凡
CAI, BO MING 蔡伯铭 (1924-)

Ding fan 顶凡
LU, DING FAN 陆鼎蕃

Ding, Fang 丁方
YE, TING FANG 叶廷芳 (1936-)

Ding, Fang 丁访
HU, YU ZHI 胡愈之 (1896-1986)

Ding, Fang 丁放
YAN, JIN FU 严金符 (1915-)

Ding, Fei 丁飞
SUN, XI ZHEN 孙席珍 (1906-1984)

Ding, Fei 丁非
SUN, XI ZHEN 孙席珍 (1906-1984)

Ding fei 鼎飞
ZHAN, ZUN QUAN 詹尊权 (1941-)

Ding, Feng 丁风
CAO, CHUN DE 曹春德 (1925-)

DING, FENG 丁枫 (1938-)
Ding, Zhong liang 丁忠良
Zhong, Liang 钟良
Zhong, Ruo 钟若

Ding, Feng 丁峰
ZHONG, LONG BAO 钟龙宝 (1933-)

Ding, Feng 丁锋
WU, TIAN CAI 吴天才 (1936-)

Ding, Fo yan 丁佛言
DING, SHI YI 丁世峄 (1878-1931)

Ding, Fu 丁夫
HE, EN YU 何恩余 (1917-)

Ding, Fu 丁甫
MO, PU 莫朴 (1915-)

Ding fu 定甫
GUO, MO RUO 郭沫若 (1892-1978)

DING, FU BAO 丁福保 (1874-1952)
Chou yin ju shi 畴隐居士
Ding, Chou yin 丁畴隐
Ding, Zhong you 丁仲祐
Ji yang po na 济阳破衲
Jin ling xia gong 晋陵下工
Po na 破衲
Zhong, You 仲祐

DING, FU YUAN 丁福源 (1914-)
Ding, Ke quan 丁克全

Ding, Gang 丁冈
OU, QING 区晴

Ding, Ge 丁戈
TAN, ZHONG XIA 谭仲夏 (1926-)

Ding, Ge 丁戈
GAO, JIA LIN 高嘉麟 (1927-)

Ding ge 鼎革
HUANG, KAN 黄侃 (1886-1935)

Ding, Gong 丁工
XIONG, DA 熊达 (1929-)

Ding, Gong 丁弓
WANG, ZHEN GONG 王箴躬 (1936-)

Ding, Gong 丁巩
MA, JIA XIANG 马家骧 (1916-)

Ding gong 定公
CHEN, DING SHAN 陈定山 (1895-1984)

Ding, Guang 丁光
DING, YA SI 丁亚思 (1944-)

Ding, Guang wu 丁广午
WANG, GENG NIAN 王庚年 (1930-)

Ding, Guo cheng 丁国成
DING, CHENG XIANG 丁成相 (1939-)

Ding, Hai 丁亥
HU, HAN HUA 胡汉华 (1911-)

DING, HAO 丁浩 (1917-)
Bin yan 宾衍
Bing ye 兵也
Hao sou 皓叟

Ding, He 丁禾
ZHU, KAN 朱侃 **(1925-)**

Ding he 鼎和
JIANG, MEI LING 姜梅龄

Ding, He sheng 丁鹤生
ZHOU, ZUO REN 周作人 **(1885-1967)**

Ding, Heng 丁珩
CHAI, YU HENG 柴毓珩 **(1928-)**

Ding, Hong 丁洪
TANG, YOU YAN 汤幼言 **(1918-)**

DING, HONG CHANG 丁宏昌 **(1948-)**
Da ding 大丁
Yan, Zhi 严之
Zhong, Gu 钟鼓

DING, HOU XIANG 丁厚祥 **(1955-)**
Jiang, Nan 江楠

Ding hu jiu lü 顶湖旧侣
LU, DAN LIN 陆丹林 **(1898-1972)**

DING, HUA YONG 丁华永 **(1930-)**
Hua, Yu 华羽

Ding, Hua zhen 丁华真
SHUAI, RU XIAN 帅儒先

DING, HUAI JIN 丁怀瑾 **(1880-1956)**
Ding, Shi seng 丁石僧
Ding, Shi sheng 丁石生

DING, HUAI LI 丁怀理 **(1943-)**
Ding, Xiang 丁香
Yun, Li 云力

Ding, Huan 丁奂
YANG, MING 杨明 **(1919-)**

DING, HUI KANG 丁惠康 **(1870-1909)**
Shu ya 叔雅
Shu yan 叔雁
Xing an 惺安
Xing an 惺庵

Ding, Hui li 丁惠利
DING, JING TANG 丁景唐 **(1920-)**

Ding, Ji 丁际
ZENG, MIN ZHI 曾敏之 **(1917-)**

DING, JI PING 丁继萍
Ji ping 继萍

Ding, Ji si 丁集思
DING, LI QING 丁礼庆 **(1940-)**

Ding, Jia 丁甲
LI, DING JIA 李丁甲 **(1934-)**

Ding, Jia min 丁稼民
DING, XI TIAN 丁锡田

Ding, Jia rui 丁家瑞
XU, ZHI ZHENG 许之正 **(1916-)**

DING, JIA SHU 丁嘉树 **(1907-1990)**
Ding, Ding 丁丁
Ding, Miao 丁淼
Ding, Sen 丁森
Jin, Ma 金马
Lin, Fan 林梵
Ling, Yun 凌云
Ma, Ke ba 马克巴
T. T.
Xia, Ying 夏莺
Ye ma 野马
Ye, Shan 叶山
Ye ying 夜莺

Ding, Jian 丁艰
LIU, SHI ZE 刘世泽 **(1928-)**

Ding, Jie 丁杰
DING, ZONG YU 丁宗裕 **(1931-)**

DING, JIE YIN 丁洁因 **(1926-)**
Ding, Tan 丁檀

Ding, Jing 丁静
YAO, ZHEN 姚溱 **(1921-1966)**

Ding, Jing 丁鲸
PENG, GUI RUI 彭桂蕊 **(1917-)**

DING, JING TANG 丁景唐 **(1920-)**
Bao, Bu ping 包不平
Ding, Da xin 丁大心
Ding, Hui li 丁惠利
Ding, Ning 丁宁
Ding, Xing 丁行
Ding, Ying 丁英
Ding, Zong shu 丁宗叔
Fang ding 芳丁
Ge, Qing chun 戈庆春
Ge qing chun 歌青春
Guo, Wen yi 郭汶依
Hu, Yuan liang 胡元亮
Jiang, Shui tian 江水天
Jin, Zhong shu 今忠恕
Jing, Yu 景玉
Li, Qiong 黎琼
Li, Rong guang 黎容光
Li, Yang 黎扬
Lu, Bei wen 鲁北文
Lu, Ji wen 鲁纪文
Luo li yang 洛黎扬
Mei ying 煤婴
Pu, Liu 蒲柳
Qin, Yue 秦月

Tang, Tu 唐突
Wang, Shu jun 王叔俊
Wei, Li 卫理
Wei ping 微萍
Wu jing 芜菁
Xin, Xi zhao 辛夕照
Yao, Li 姚里
Yu, Fen 于奋
Yu feng 雨峰
Yu, Feng 于封
Yu, Yi de 于一得
Yu, Yi wen 余逸文
Yue, Wei yang 乐未央
Yue, Wu yang 乐无恙
Zong, Shu 宗叔

Ding, Jing wen 丁井文
DING, JING WEN 丁景文 **(1914-)**

DING, JING WEN 丁景文 **(1914-)**
Ding, Jing wen 丁井文
Lao, Ding 劳丁

DING, JING YAO 丁景垚
Xiang, Yu 项羽
Xu yu 须羽

DING, JING ZHANG 丁径章 **(-1970)**
Ding, Ce 丁策

Ding, Jiu 丁九
YING, XIU REN 应修人 **(1900-1933)**

Ding, Jiu 丁九
DING, CAN CHENG 丁灿成 **(1919-1969)**

Ding, Jiu 丁久
GAO, ZHI 高植 **(1911-1960)**

Ding, Jiu 丁久
SHAO, HENG QIU 邵恒秋 **(1916-)**

Ding, Jiu zi 丁玖滋
DING, YI 丁漪 **(1929-)**

Ding, Jue sheng 丁觉生
DING, MING ZHE 丁明哲 **(1920-1993)**

Ding, Jun 丁钧
HUANG, DING JUN 黄鼎钧 **(1923-)**

Ding, Jun wu 丁君吾
QIAN, XING CUN 钱杏邨 **(1900-1977)**

Ding, Jun wu 丁君吾
SHEN, DUAN XIAN 沈端先 **(1900-1995)**

Ding, Kai 丁开
LÜ, YUAN FENG 吕远凤 **(1929-)**

Ding, Kai shan 丁开山
DING, ZUO LIN 丁作霖 **(1870-1945)**

DING, KAI SHU 丁开书 **(1955-)**
Ding, Ke 丁可
Lao peng 老彭
Peng, Cheng 彭城
Zou, Zhe 邹哲

Ding, Kai zhang 丁开嶂
DING, ZUO LIN 丁作霖 **(1870-1945)**

Ding, Kan 丁侃
DING, LI QING 丁礼庆 **(1940-)**

Ding, Ke 丁可
DING, KAI SHU 丁开书 **(1955-)**

Ding ke 仃轲
QI, LONG XI 齐隆锡 **(1924-)**

Ding, Ke quan 丁克全
DING, FU YUAN 丁福源 **(1914-)**

DING, KE WU 丁克武 **(1915-)**
Ding, Dong 丁冬
Ping, Fu 平夫
Wen, Er 文二

Ding, Ke xin 丁克辛
HU, HUI DE 胡惠德 **(1911-)**

DING, KE YONG 丁克用 **(1925-)**
Ding, Yi 丁衣
Ni luo 尼罗

Ding, Lai xian 丁来先
DING, LAI XIAN 丁来珗 **(1932-)**

DING, LAI XIAN 丁来珗 **(1932-)**
Ding, Lai xian 丁来先

Ding, Lan 丁兰
SHI, ZE HUA 石泽华 **(1958-)**

DING, LAN BAO 丁兰葆 **(1929-)**
Gu, Zheng qiu 顾正秋

DING, LAN HUI 丁兰惠
Huang, Jue 黄桷

Ding, Lang 丁郎
JIANG, XI JIN 蒋锡金 **(1915-)**

Ding, Lang 丁朗
YU, FU ZHONG 于福中 **(1931-)**

Ding, Lang 丁浪
YE, QI SHENG 叶其声 **(1938-)**

Ding, Lang 丁琅
DOU, QIN BO 窦琴伯 **(1899-)**

Ding, Lang 丁瑯
ZHOU, SHU REN 周树人 **(1881-1936)**

Ding, Lei 丁蕾

SHI, XIAO CHONG 石啸冲 (1908-)

Ding, Li 丁力
HE, SHI DE 何士德 (1910-)

Ding, Li 丁力
DING, MING ZHE 丁明哲 (1920-1993)

Ding, Li 丁力
CAI, WEI LIAN 蔡伟濂 (1923-)

Ding, Li 丁力
BO, DIAN FU 薄殿辅 (1931-)

Ding, Li 丁力
SHI, DING 施丁 (1933-)

Ding, Li 丁立
DING, XIAO LI 丁小莉 (1957-)

Ding, Li 丁里
DING, YONG HUAI 丁永淮 (1936-)

Ding, Li 丁里
LI, LIAN ZHU 李连珠 (1952-)

Ding, Li 丁离
WU, BING AN 乌丙安 (1929-)

Ding, Li 丁犁
LUO, DI 罗的 (1928-)

Ding li 顶立
DING, MING ZHE 丁明哲 (1920-1993)

DING, LI QING 丁礼庆 (1940-)
Ding, Chen 丁辰
Ding, Ji si 丁集思
Ding, Kan 丁侃
Ding, Wen 丁文
Ding, Yin 丁寅
Ding, Yuan 丁元

Ding, Li zhen 丁立镇
DING, LÜ ZHEN 丁履镇 (1938-)

DING, LIAN YUAN 丁连元 (1941-)
Qiu, Shi 丘石

Ding, Liang 丁良
DING, CHUAN JING 丁传经 (1925-)

Ding, Liang 丁梁
DING, CHUAN JING 丁传经 (1925-)

DING, LIN YI 丁临一 (1953-)
Ding, Yi 丁一
Xiao ding 晓丁

Ding, Ling 丁令
REN, ZHE WEI 任哲维 (1918-)

Ding, Ling 丁玲
JIANG, BING ZHI 蒋冰之 (1904-1986)

Ding, Ling 丁铃
JIANG, BING ZHI 蒋冰之 (1904-1986)

DING, LING SHENG 丁凌生 (1932-)
Xiao he 小禾

DING, LING WU 丁令武 (1937-)
Wen, Nan 文南

Ding, Liu 丁流
LIU, YU AN 刘于安 (1933-)

Ding, Liu 丁流
LIU, GUO JUN 刘国钧

DING, LIU QIANG 丁留强 (1964-)
Ding, Zi 丁子
Xin, Lu 辛路

DING, LÜ JIN 丁履进
Lao gan 老赣

DING, LÜ ZHEN 丁履镇 (1938-)
Ding, Li zhen 丁立镇
Qin, Lu 秦鲁
Shuo jin 硕金

Ding luo 鼎洛
YE, DING LUO 叶鼎洛 (1900-)

Ding, Luo an 丁萝庵
DENG, TUO 邓拓 (1912-1966)

Ding, Ma 丁马
HE, XIAO QIAN 何孝骞 (1922-)

Ding, Mai 丁迈
WANG, FO SU 王佛苏 (1907-1957)

Ding, Mai 丁迈
DING, ZHENG XIAN 丁正献 (1914-)

Ding, Mai dun 丁迈钝
DING, SHI YI 丁世峄 (1878-1931)

Ding, Man 丁曼
ZOU, BAO SHUN 邹保顺 (1924-)

Ding, Man gong 丁曼公
DENG, TUO 邓拓 (1912-1966)

Ding, Mang 丁芒
CHEN, YAN 陈炎 (1925-)

DING, MAO 丁茂 (1940-)
Nan, Shan 南山

Ding, Meng 丁萌
ZHOU, SHU REN 周树人 (1881-1936)

Ding, Meng 丁蒙
WANG, FO SU 王佛苏 (1907-1957)

DING, MENG ZHOU 丁梦周 (1934-)
Huang di 荒地

Nan, Ke 南柯

Ding, Miao 丁淼
DING, JIA SHU 丁嘉树 **(1907-1990)**

Ding, Ming 丁名
JIN, EN HUI 金恩晖 **(1938-)**

Ding, Ming 丁明
LIAO, XING ZHI 廖性之 **(1920-)**

Ding, Ming 丁明
HE, ZI QUAN 何子铨 **(1921-)**

Ding, Ming 丁明
WANG, YI DING 王弋丁 **(1927-)**

DING, MING 丁明 **(1933-)**
Hua, Shi 华实
Shi, Yi chang 施艺昌

Ding, Ming 丁鸣
LÜ, SHOU KE 吕守科 **(1925-)**

DING, MING ZHE 丁明哲 **(1920-1993)**
Bai, Ding 白丁
Ding, Jue sheng 丁觉生
Ding, Li 丁力
Ding li 顶立
Hong, Hu 洪湖
Jue sheng 觉生
Jue xian 觉先
Ke ling 可另
Ming, Zhe 明哲

DING, MU QIN 丁慕琴 **(1891-1969)**
Ding, Song 丁悚

Ding, Na 丁娜
ZHANG, CHAO ZUO 张朝佐 **(1900-)**

Ding, Na 丁娜
ZHANG, SHI YUAN 张式瑗 **(1905-1976)**

Ding, Nai pei 丁廼霈
DING, ZHI JIAN 丁志坚

DING, NAI WU 丁廼武 **(1941-)**
Xu shi 虚石

Ding, Nan 丁南
CHEN, TIAN YU 陈天育 **(1922-)**

Ding, Ni 丁尼
LIU, JIAN HUA 刘建化 **(1930-)**

Ding, Ni 丁尼
FENG, JI YING 丰季盈

Ding, Nian xian 丁念先
DING, SHOU TANG 丁守棠 **(1906-)**

Ding, Ning 丁宁
SHI, ZHE CUN 施蛰存 **(1905-)**

Ding, Ning 丁宁
XU, ZHU CHENG 徐铸成 **(1907-1991)**

Ding, Ning 丁宁
CAO, JING PING 曹京平 **(1912-)**

Ding, Ning 丁宁
SU, LI YAN 苏立言 **(1918-)**

Ding, Ning 丁宁
DING, JING TANG 丁景唐 **(1920-)**

DING, NING 丁宁 **(1924-)**
A ning 阿宁
Zi ding 紫丁

Ding, Ning 丁宁
LIU, ZHONG FU 刘中孚 **(-1940)**

Ding, Niu 丁牛
WANG, CHUN REN 王纯人 **(1933-)**

Ding, Nong 丁农
LI, YU QIONG 李玉琼 **(1941-)**

DING, PENG 丁鹏 **(1919-)**
Ding, Qing quan 丁清泉
Qing quan 清泉

DING, PING 丁平 **(1922-)**
Ai, Sha 艾莎
Sha, Sha 沙莎

Ding, Ping 丁平
WU, TIAN CAI 吴天才 **(1936-)**

Ding, Ping 丁屏
DING, XUE SONG 丁雪松

Ding ping 鼎苹
HUANG, KAN 黄侃 **(1886-1935)**

Ding, Pu 丁普
WANG, ZHI DUI 王之兑 **(1915-1990)**

Ding, Qi 丁琪
XU, MAO RONG 许茂荣 **(1939-)**

DING, QIAN 丁千 **(1931-)**
Ding, Shi 丁十
Yi ling 一陵

Ding, Qian 丁倩
ZHANG, YE LONG 张叶隆 **(1914-1988)**

Ding, Qian ping 丁谦平
SHEN, DUAN XIAN 沈端先 **(1900-1995)**

Ding, Qian wu 丁谦吾
SHEN, DUAN XIAN 沈端先 **(1900-1995)**

Ding, Qian zhi 丁谦之
SHEN, DUAN XIAN 沈端先 **(1900-1995)**

Ding, Qing quan 丁清泉

DING, PENG 丁鹏 **(1919-)**

Ding, Qiu ye 丁秋野
ZHANG, HONG YOU 章鸿猷 **(1913-1994)**

Ding, Qiu ye 丁秋野
LIU, ZONG HUANG 刘宗璜 **(1915-1983)**

Ding, Ren 丁人
WANG, DING CHENG 王鼎成 **(1917-1983)**

Ding, Ren jun 丁人俊
MA, XU LUN 马叙伦 **(1884-1970)**

Ding, Ren zhong 丁仁仲
LI, YUN SHENG 李云升 **(1948-)**

DING, RI CHU 丁日初 **(1917-)**
Hua, Qi lu 华启鲁
Wu, Tong ge 伍同戈
Xia, Di 夏迪
Xia, Di meng 夏迪蒙

DING, RUI ZHANG 丁瑞章 **(1912-1986)**
Ding, Rui zhao 丁锐爪

Ding, Rui zhao 丁锐爪
DING, RUI ZHANG 丁瑞章 **(1912-1986)**

Ding, Ruo gao 丁若高
JIANG, XI JIN 蒋锡金 **(1915-)**

Ding, Ruo lan 丁若兰
JIANG, XI JIN 蒋锡金 **(1915-)**

Ding, San 丁三
LIN, ZE RONG 林泽荣 **(1906-1981)**

Ding, San 丁三
YANG, JIN HAO 杨晋豪 **(1910-)**

Ding, San 丁伞
HUANG, DONG TAO 黄东涛 **(1945-)**

Ding san 鼎三
YE, GONG XIAN 叶公贤 **(1938-)**

Ding, Sen 丁森
DING, JIA SHU 丁嘉树 **(1907-1990)**

Ding, Shan 丁山
DENG, TUO 邓拓 **(1912-1966)**

Ding, Shan 丁山
CHEN, JIA XIN 陈嘉欣 **(1932-)**

DING, SHAN 丁汕 **(1946-)**
Qing shan 青山

Ding shan cao tang 定山草堂
CHEN, DING SHAN 陈定山 **(1895-1984)**

DING, SHAN XI 丁善玺 **(1936-)**
Er yang 尔羊

DING, SHAN XIONG 丁善雄 **(1941-)**
Lin, Lü 林绿
Shan feng 山枫

Ding sheng 定生
YAO, HONG YE 姚宏业 **(1887-1906)**

Ding sheng 鼎声
LI, PING XIN 李平心 **(1907-1966)**

Ding sheng 鼎生
ZHANG, ZHEN DUO 张振铎 **(1908-)**

DING, SHENG SHU 丁声树 **(1909-)**
Ding, Wu zi 丁梧梓

Ding, Shi 丁十
DING, QIAN 丁千 **(1931-)**

Ding, Shi 丁史
WANG, REN SHU 王任叔 **(1901-1972)**

Ding shi 鼎室
FENG, CHENG ZHI 冯承植 **(1905-1993)**

DING, SHI RONG 丁士荣 **(1933-)**
Hui yin 回音
Lü mai 绿麦

Ding, Shi seng 丁石僧
DING, HUAI JIN 丁怀瑾 **(1880-1956)**

Ding, Shi sheng 丁石生
DING, HUAI JIN 丁怀瑾 **(1880-1956)**

DING, SHI TONG 丁士通 **(1908-)**
Li, Bai meng 李百蒙
Li, Kang feng 李抗风
Li, Zheng 李政
Luo, Geng mo 骆耕漠

DING, SHI YI 丁世峄 **(1878-1931)**
Ding, Fo yan 丁佛言
Ding, Mai dun 丁迈钝
Huan cang shi zhu 还仓室主
Song you an zhu 松游庵主

DING, SHOU HE 丁守和 **(1927-)**
Jiang, Hai 江海
Liu, Ming 刘铭
Qing du 庆都

DING, SHOU TANG 丁守棠 **(1906-)**
Ding, Nian xian 丁念先
Nian sheng lou 念圣楼
Shou su 守素

Ding, Shou xian 丁守贤
DING, YAO XIAO 丁耀孝 **(1930-)**

Ding, Shu nan 丁树南
OU, TAN SHENG 欧坦生 **(1923-)**

DING, SHU QING 丁淑卿 **(1934-)**
Ling yue 岭月

DING, SHU RONG 丁淑容 (1912-)
Ding, Shu yong 丁叔庸
Jin, Su qiu 金素秋
Xiao hui xian 筱惠仙

Ding, Shu yong 丁叔庸
DING, SHU RONG 丁淑容 (1912-)

Ding, Shu zhi 丁叔之
SHEN, DUAN XIAN 沈端先 (1900-1995)

Ding, Shui 丁水
CHEN, JIA XIN 陈嘉欣 (1932-)

Ding, Si 丁巳
WEI, ZI YUN 魏子云 (1917-)

Ding si 定思
PAN, ZI NIAN 潘梓年 (1893-1972)

DING, SI YI 丁思逸 (1929-)
Su xin 甦心
Wang xian 望仙

Ding, Song 丁悚
DING, MU QIN 丁慕琴 (1891-1969)

Ding, Song 丁颂
ZHU, JIONG QIANG 朱炯强 (1933-)

Ding, Song nian 丁松年
GAO, JI LIN 高季琳 (1909-)

Ding, Song zi 丁悚子
DING, CONG 丁聪 (1916-)

Ding, Sun 丁隼
DAI, WEN BAO 戴文葆 (1923-)

Ding, Tan 丁檀
DING, JIE YIN 丁洁因 (1926-)

Din tang 鼎堂
GUO, MO RUO 郭沫若 (1892-1978)

Ding, Tao 丁韬
XU, JIAN QUAN 徐鉴泉 (1908-1975)

Ding, Tie 丁铁
DING, CAN CHENG 丁灿成 (1919-1969)

DING, TU 丁图
Lü, Ren 吕人

Ding, Tuo sheng 丁拓生
MA, HAO 马皓 (1914-)

DING, WANG 丁望 (1942-)
Ding, You guang 丁友光

Ding, Wang xuan 丁望萱
LI, XI 李希 (1911-1989)

Ding, Wei 丁未
YUAN, SHU 袁殊 (1911-1987)

DING, WEI 丁威 (1934-)
Guan, Shan 关山

DING, WEI CI 丁慰慈 (1910-1968)
Ding, Zan 丁瓒

Ding, Wei er 丁维儿
HUANG, DONG TAO 黄东涛 (1945-)

DING, WEI YA 丁卫亚 (1960-)
Meng yu 梦雨

Ding, Wen 丁文
DING, WEN QING 丁文庆 (1939-)

Ding, Wen 丁文
DING, LI QING 丁礼庆 (1940-)

DING, WEN JIANG 丁文江 (1887-1936)
Ding, Zai jun 丁在君
Yan 淹
Zai jun 在君
Zong, Yan 宗淹

DING, WEN QING 丁文庆 (1939-)
Ding, Wen 丁文

Ding, Wu 丁武
FENG, WEN BING 冯文炳 (1901-1967)

Ding, Wu 丁舞
WEI, ZHAO FENG 魏照风 (1913-)

Ding, Wu ji 丁戊己
LUO, YAN 罗燕 (1930-)

Ding, Wu zi 丁梧梓
DING, SHENG SHU 丁声树 (1909-)

Ding, Xi 丁郤
WEN, RONG FU 文荣福 (1933-)

Ding, Xi lin 丁西林
DING, XIE LIN 丁燮林 (1893-1974)

DING, XI NING 丁希宁 (1913-)
Guan, Kan 管龛
Gui yi 桂义
Lu, Gen 鲁根
Ping shou wai shi 平寿外史

DING, XI TIAN 丁锡田
Ding, Jia min 丁稼民
Shi hu yuan 十笏园

Ding, Xiang 丁向
YAO, QIAN XIANG 姚谦祥 (1912-)

Ding, Xiang 丁香
LAI, XUE MU 赖雪慕 (1939-)

Ding, Xiang 丁香
DING, HUAI LI 丁怀理 (1943-)

Ding, Xiang gong 丁象恭
XU, MAO RONG 徐茂荣 (1911-1977)

DING, XIANG HUA 丁翔华 (1919-1939)
Wo niu ju shi 蜗牛居士

Ding xiang ju shi 定香居士
QIAN, JUN TAO 钱君匋 (1906-)

DING, XIANG ZENG 丁湘增 (1928-)
Ding, Yi 丁一

Ding, Xiao 丁笑
WANG, ZHEN HU 王振湖 (1937-)

DING, XIAO LI 丁小莉 (1957-)
Ding, Li 丁立
Xiao li 晓立
Xiao li 晓笠

Ding, Xiao weng 丁晓翁
TONG, DIAN CHEN 佟殿臣 (1937-)

DING, XIE LIN 丁燮林 (1893-1974)
Ding, Xi lin 丁西林
Ding, Xun fu 丁巽甫
Xi lin 西林

Ding, Xin 丁辛
FANG, TANG HUA 方棠华

Ding xin 鼎新
WANG, JIA XIANG 王嘉祥 (1906-1974)

Ding xin 鼎新
AN, DING XIN 安鼎新

Ding, Xing 丁行
DING, JING TANG 丁景唐 (1920-)

DING, XING 丁星 (1924-)
En zhao 恩召
Jian ren 坚忍
Ri sheng 日生
Xiao ye 小耶

Ding xing 鼎兴
CHENG, DING XING 程鼎兴 (1904-1933)

DING, XING YAO 丁行尧
Luo, Si 罗思

Ding, Xiu 丁秀
CAO, JU REN 曹聚仁 (1900-1972)

DING, XIU GE 丁秀阁 (1932-)
Shi, Feng 石峰

Ding, Xiu ren 丁休人
YING, XIU REN 应修人 (1900-1933)

Ding, Xiu ren 丁修人
YING, XIU REN 应修人 (1900-1933)

DING, XIU SHENG 丁秀生 (1927-)
Dan ding 丹丁

Ding, Xu 丁旭
GAO, XU WANG 高旭旺 (1948-)

Ding, Xuan 丁宣
LI, HONG BI 李宏贲 (1914-1991)

Ding, Xue 丁雪
WANG, XIAO FU 王晓福 (1918-)

DING, XUE SONG 丁雪松
Ding, Ping 丁屏

DING, XUE XIAN 丁学贤 (1910-1935)
Ding, Di hao 丁迪豪

Ding, Xun fu 丁巽甫
DING, XIE LIN 丁燮林 (1893-1974)

DING, YA MIN 丁亚民 (1958-)
Ye min 野民

DING, YA SI 丁亚思 (1944-)
Ding, Guang 丁光

Ding, Yan 丁彦
CHEN, GUO AN 陈国安 (1937-)

Ding, Yan 丁湮
ZHANG, QING GUANG 张清广 (1921-)

Ding, Yang 丁央
LUO, DE JI 骆德济 (1925-)

DING, YANG ZHONG 丁扬忠 (1932-)
Fang, Yan 方燕

DING, YAO HUA 丁耀华 (1938-)
Ding, Yi bo 丁一波
Sha, Bo 沙波

DING, YAO XIAO 丁耀孝 (1930-)
Ding, Shou xian 丁守贤
Mei, Ping 梅平

Ding, Ye 丁耶
HUANG, DONG FAN 黄东藩 (1922-)

Ding, Ye 丁野
JING, RI ZHENG 荆日政 (1946-)

Ding, Yi 丁一
SUN, FU XI 孙福熙 (1898-1962)

Ding, Yi 丁一
CHENG, XI JI 成希箕 (1898-1991)

Ding, Yi 丁一
YAO, YU TAI 姚豫太 (1913-)

Ding, Yi 丁一
YE, DING YI 叶鼎彝 (1913-1954)

Ding, Yi 丁一

SHAO, SHUN LING 邵顺龄 (1917-)

Ding, Yi 丁一
MEI, MING ZHENG 梅明正 (1922-)

Ding, Yi 丁一
WANG, ZHI LIANG 王智量 (1928-)

Ding, Yi 丁一
DING, XIANG ZENG 丁湘增 (1928-)

Ding, Yi 丁一
XIE, SHUI WANG 谢水旺 (1931-)

Ding, Yi 丁一
YU, LONG 于龙 (1935-)

Ding, Yi 丁一
JIN, SHUANG PENG 靳双鹏 (1947-)

Ding, Yi 丁一
DING, LIN YI 丁临一 (1953-)

Ding, Yi 丁一
MA, CONG 马聪 (1963-)

Ding, Yi 丁乙
ZHOU, YAO PING 周耀平 (1906-)

Ding, Yi 丁乙
ZHOU, LU QUAN 周鲁泉 (1917-1983)

DING, YI 丁艺 (1952-)
Yu lu zhai zhu 愚庐斋主
Zui mo 醉墨

Ding, Yi 丁屹
PENG, GUI E 彭桂萼 (1908-1952)

Ding, Yi 丁邑
DENG, SHI ZHONG 邓式钟 (1919-)

Ding, Yi 丁依
SHEN, DUAN XIAN 沈端先 (1900-1995)

Ding, Yi 丁衣
DING, KE YONG 丁克用 (1925-)

Ding, Yi 丁依
LIU, YI LIANG 刘宜良 (1932-1984)

Ding, Yi 丁易
YE, DING YI 叶鼎彝 (1913-1954)

DING, YI 丁漪 (1929-)
Ding, Jiu zi 丁玖滋

Ding, Yi 丁毅
GU, KANG 顾康 (1921-)

Ding, Yi 丁毅
CHEN, XIAO YING 陈孝英 (1942-)

Ding, Yi 丁翼
GAO, PIN HUA 高品华

Ding yi 定一
SHEN, DING YI 沈定一 (1892-1928)

Ding yi 定一
LU, DING YI 陆定一 (1906-)

Ding yi 定夷
LI, JIAN QING 李健卿 (1899-1963)

Ding yi 鼎彝
YE, DING YI 叶鼎彝 (1913-1954)

Ding, Yi bo 丁一波
DING, YAO HUA 丁耀华 (1938-)

Ding, Yi lan 丁一岚
LIU, XIAO SI 刘孝思 (1921-)

Ding, Yi san 丁一三
JIANG, DIAN FU 蒋殿辅 (1931-)

Ding, Yi wan 丁一万
LI, JIAN WU 李健吾 (1906-1982)

Ding, Yi ying 丁亦鹰
CHEN, WEI XIAN 陈维贤 (1949-)

Ding, Yi yuan 丁一元
GAO, JI LIN 高季琳 (1909-)

Ding, Yi zhi 丁一之
SHEN, DUAN XIAN 沈端先 (1900-1995)

Ding, Yi zhi 丁一之
GAO, JI LIN 高季琳 (1909-)

Ding, Yi zhi 丁一之
SHAO, SHUN LING 邵顺龄 (1917-)

Ding, Yin 丁寅
DING, LI QING 丁礼庆 (1940-)

Ding, Yin 丁隐
HUANG, DONG FAN 黄东藩 (1922-)

Ding yin 仃吟
LUO, ZENG JIAO 罗曾教 (1923-)

Ding, Ying 丁英
DING, JING TANG 丁景唐 (1920-)

Ding, Ying 丁瑛
DENG, LIANG 邓亮 (1914-)

Ding, Ying 丁颖
DING, ZAI CHEN 丁载臣 (1928-)

Ding, Ying 丁頴
DING, ZAI CHEN 丁载臣 (1928-)

Ding, Ying 丁鹰
LIANG, DING YING 梁鼎英 (1939-)

DING, YONG HUAI 丁永淮 (1936-)
Ding, Li 丁里
Tian, Ding 田丁

Ding, You 丁又
NI, ZHENG XIANG 倪政祥 (1935-)

Ding, You 丁右
DU, DING YOU 杜定友 (1898-1967)

Ding, You guang 丁友光
DING, WANG 丁望 (1942-)

Ding, Yu 丁于
CHEN, QUAN 陈全

Ding, Yu 丁宇
SHAO, SHUN LING 邵顺龄 (1917-)

Ding, Yu 丁宇
SHENG, YUAN FU 盛元富 (1941-)

DING, YU 丁羽 (1964-)
Fo lin 佛琳

Ding, Yu 丁雨
SHI, LEI 石垒

Ding, Yu 丁裕
SHAO, SHUN LING 邵顺龄 (1917-)

Ding, Yu chao 丁裕超
DING, DI ZHONG 丁砥中 (1910-)

Ding, Yu xuan 丁雨轩
GUO, REN DE 郭仁德

Ding, Yuan 丁元
FANG, YOU XIN 房友新 (1934-)

Ding, Yuan 丁元
DING, LI QING 丁礼庆 (1940-)

Ding, Yuan 丁远
WANG, ZHEN SHENG 王鍼生 (1905-1986)

Ding, Yuan 丁远
ZU, DING YUAN 祖鼎元 (1933-)

Ding yuan 定元
CHEN, JIA YING 陈家英

Ding yuan 定原
CHEN, JIA YING 陈家英

Ding, Yue xin 丁月心
NING, YOU ZHI 宁有志 (1936-)

Ding, Yun 丁云
GUO, EN DA 郭恩大 (1919-1976)

Ding, Yun 丁云
CHEN, CHUN AN 陈春安 (1952-)

DING, ZAI CHEN 丁载臣 (1928-)
Ding, Ying 丁颖
Ding, Ying 丁顥
Meng hen zhai zhu ren 梦痕斋主人

Ding, Zai jun 丁在君
DING, WEN JIANG 丁文江 (1887-1936)

Ding, Zan 丁瓒
DING, WEI CI 丁慰慈 (1910-1968)

Ding, Zhang 丁章
WU, GONG ZHENG 吴功正 (1943-)

DING, ZHAO GUANG 丁兆光 (1938-)
Shi, Di ding 史地丁

Ding, Zhao qing 丁照青
XU, SHUI LONG 许水龙 (1965-)

Ding, Zhe 丁喆
LIU, LI LI 刘黎丽 (1959-)

DING, ZHE GUI 丁折桂 (1902-)
Ding, Bu yue 丁步月

DING, ZHEN DUO 丁振铎 (-1914)
Sheng bo 声伯
Xun qing 巡卿
Zhen duo 振铎

Ding, Zheng 丁正
DING, ZHENG XIAN 丁正献 (1914-)

DING, ZHENG QUAN 丁正泉 (1946-)
Bai, Shui 白水

DING, ZHENG XIAN 丁正献 (1914-)
Ding, Mai 丁迈
Ding, Zheng 丁正

Ding, Zhi 丁芝
SHAO, SHUN LING 邵顺龄 (1917-)

Ding zhi 定之
ZHAO, SHU LI 赵树礼 (1906-1970)

DING, ZHI GANG 丁志刚 (1919-)
Ding, Zhu tie 丁铸铁
Guan, Yi ding 管一丁

DING, ZHI JIAN 丁志坚
Ding, Nai pei 丁廼霈

Ding, Zhi jiu 丁之久
CHEN, ZHAO RONG 陈钊荣 (1913-1966)

Ding, Zhi ping 丁之屏
LIU, NING 刘宁 (1920-)

Ding, Zhong 丁中
YAO, YU TAI 姚豫太 (1913-)

DING, ZHONG DE 丁中德 (1945-)
Bai, Ding 白丁

DING, ZHONG JIANG 丁中江 (1918-)
Bu yi 布衣
Tian, Bu yi 田布衣

Ding, Zhong liang 丁忠良
DING, FENG 丁枫 **(1938-)**

Ding, Zhong you 丁仲祐
DING, FU BAO 丁福保 **(1874-1952)**

Ding, Zhou 丁舟
CAO, JU REN 曹聚仁 **(1900-1972)**

Ding, Zhou 丁周
ZOU, WEI XI 邹维熙 **(1927-)**

Ding, Zhu 丁主
WANG, DE ZHAO 王德昭 **(1914-1982)**

Ding, Zhu jun 丁竹君
ZHOU, LUO XIA 周落霞 **(1937-)**

Ding, Zhu tie 丁铸铁
DING, ZHI GANG 丁志刚 **(1919-)**

Ding, Zi 丁子
HE, SHI QUAN 何世权 **(1916-)**

Ding, Zi 丁子
DING, LIU QIANG 丁留强 **(1964-)**

Ding, Zong en 丁宗恩
CHEN, GONG QI 陈公琪 **(-1971)**

Ding, Zong shu 丁宗叔
DING, JING TANG 丁景唐 **(1920-)**

DING, ZONG YU 丁宗裕 **(1931-)**
Ding, Jie 丁杰

DING, ZU WEI 丁祖威
Zu, Wei 祖威

DING, ZU YIN 丁祖荫
Chu, Wo 初我
Ding, Chu wo 丁初我
Zhi sun 芝孙
Zhi sun 芝荪

DING, ZUO LIN 丁作霖 **(1870-1945)**
Ding, Kai shan 丁开山
Ding, Kai zhang 丁开嶂
Kai zhang 开嶂

Dong 东
KONG, LING JUN 孔令俊 **(1904-1972)**

Dong 冬
YAO, GUAN SAN 姚冠三 **(1910-1999)**

Dong an 冬厂
LIANG, DING FEN 梁鼎棻 **(1859-1920)**

Dong bai 冬白
JIANG, JUN ZHANG 蒋君章 **(1905-1986)**

Dong bai 冬白
YAO, GUAN SAN 姚冠三 **(1910-1999)**

Dong bai 东白
SU, DONG BAI 苏东白

Dong bai 恫百
ZHUANG, XIAN SHI 莊先识

DONG, BAO HE 董葆和 **(1925-)**
Niu, Bu yi 牛布衣
Wu, Cheng 吴澄
Yu, Hao cheng 于浩成
Zhuo mu 拙木

DONG, BAO RUI 董宝瑞 **(1949-)**
Dong yan 东燕

Dong, Bi 董璧
DONG, WEN QIAO 董问樵 **(1910-)**

DONG, BI WU 董必武 **(1885-1975)**
Bi wu 碧梧
Yong wei 用威

DONG, BIAN 董边 **(1916-)**
Yi, Fan 伊凡

DONG, BIN 董滨 **(1955-)**
Gu, Xiao 古萧
Shi, Cheng 石城

Dong, Bing 董兵
XU, JUN XUN 徐君勋 **(1925-)**

DONG, BING CHEN 董秉宸 **(1929-)**
Dong, Chen sheng 董辰生
Hui chong 卉冲

DONG, CAI SHI 董蔡时 **(1921-)**
Dong, Chi 董迟
Peng rong 鹏荣

Dong cao 冬草
ZHAN, YI SHUN 詹益顺

Dong, Chao hui 董朝晖
DONG, PEI QIN 董培勤 **(1948-)**

Dong, Chen sheng 董辰生
DONG, BING CHEN 董秉宸 **(1929-)**

DONG, CHENG 董成 **(1927-)**
Bai, Lang 白浪

Dong, Chi 董迟
DONG, CAI SHI 董蔡时 **(1921-)**

Dong chi 东驰
MA, QING YOU 马庆有 **(1936-)**

Dong chou xiao yin 东畴小隐
SHEN, ZENG ZHI 沈曾植 **(1850-1922)**

Dong chu 东初
SUN, DA XIANG 孙大翔 **(1920-1976)**

Dong chun 东蓴
YANG, REN QI 杨人杞 **(1900-1979)**

DONG, CHUN CAI 董纯才 **(1905-)**
Chun cai 淳采
Cui ru 粹儒
Zheng yang 正阳

Dong cun 东邨
MENG, CHONG YU 孟重舆 **(1914-)**

Dong cun 东邨
XU, ZHEN SHI 徐震时 **(1937-)**

DONG, CUN JUE 董存爵 **(1942-)**
Dong, Qiao 董桥

DONG, DA ZHONG 董大中 **(1935-)**
Cao, Peng 曹彭
Dong, Da zhong 董达钟
Dong, Dao peng 董道彭
Gong ren 工人
Hong, Liang 洪良
Hong, Liang 洪亮
Hong yu 红宇
Lao, Dong 劳动
Mei, Ye 梅叶
Men ye 门业
Ye zi 烨了
Yun, Qing 云青

Dong, Da zhong 董达钟
DONG, DA ZHONG 董大中 **(1935-)**

Dong, Dai 董代
KONG, FAN YAN 孔繁衍 **(1912-)**

Dong, Dao peng 董道彭
DONG, DA ZHONG 董大中 **(1935-)**

DONG, DE LI 董得理 **(1928-)**
Dong, Mo 董墨

Dong di 冬笛
ZHAO, ZHONG 赵锺 **(1928-)**

Dong ding 冬丁
JIANG, SHU CHUAN 姜澍川 **(1931-)**

Dong, Ding san 董鼎三
DONG, XIU JIA 董修甲 **(1891-)**

DONG, DING SHAN 董鼎山 **(1922-)**
Jian wei 坚卫
Ling hu, Hui 令狐慧
Sang, Zi 桑紫
Tian, Ni 田妮
Zhuo, Zi 卓子

Dong dong 冬冬
LIU, YU 刘瑜 **(1922-)**

Dong, Dong 董东
DONG, XIANG LIAN 董湘莲 **(1955-)**

Dong er 东耳
CHEN, SI YI 陈四益 **(1939-)**

Dong fan 东帆
CAI, CHENG 蔡郕 **(1877-1945)**

Dong fan 东藩
HUANG, DONG FAN 黄东藩 **(1922-)**

Dong fan 东颿
CAI, CHENG 蔡郕 **(1877-1945)**

DONG, FAN 董播 **(1896-1953)**
Dong, Lu an 董鲁安
Dong luan 东峦
Lu, An 鲁安
Yu, Li 于力

Dong, Fang 董方
ZHANG, JIONG 张炯 **(1933-)**

Dong fang 东方
YANG, TIAN JI 杨天骥 **(1880-1960)**

Dong fang 东方
HU, ZHONG YU 胡钟育 **(1891-1922)**

Dong fang 东方
LI, KUN 李坤 **(1918-1990)**

Dong fang 东方
XIE, ZHEN DONG 谢振东 **(1930-)**

Dong fang 东方
ZHANG, JIONG 张炯 **(1933-)**

Dong fang 东方
YANG, XIAO YU 杨小于 **(1969-)**

Dong fang, Bai 东方白
HUANG, GONG WEI 黄公伟 **(1908-)**

Dong fang, Bai 东方白
DENG, TUO 邓拓 **(1912-1966)**

Dong fang, Bai 东方白
CHEN, ZHI QING 陈知青 **(1922-)**

Dong fang, Bai 东方白
LIN, WEN DE 林文德 **(1938-)**

Dong fang, Bai 东方白
LI, NIAN DONG 李念东 **(1946-)**

Dong fang, Bai 东方白
LIU, MIAN ZHI 柳勉之

Dong fang, Bi zhu 东方碧珠
ZHANG, ZHI CHUN 张志春 **(1941-)**

Dong fang, Bing 东方丙
CHEN, RU JIU 陈如旧 **(-1983)**

Dong fang, Bu liang 东方不亮
HAN, DAO CHENG 韩道诚 (1917-)

Dong fang, Dan 东方丹
LI, GUO RUI 厉国瑞 (1909-)

Dong fang, Ding 东方丁
CHEN, RU JIU 陈如旧 (-1983)

Dong fang, Fu ming 东方復明
WANG, ZHI JING 王之景

Dong fang, He 东方赫
HUANG, ZHEN XIA 黄震遐 (1907-1974)

Dong fang, Hong 东方红
MOU, LUN YANG 牟伦扬 (1919-1943)

Dong fang, Hong 东方红
TIAN, SHU JI 田树基 (1925-)

Dong fang, Hui 东方晦
ZHANG, XIN YUAN 张心远 (1895-1967)

Dong fang, Hui 东方晦
SHEN, DUAN XIAN 沈端先 (1900-1995)

Dong fang, Hui ming 东方慧明
LUO, TING 罗廷 (1918-)

Dong fang, Hui zhi 东方晦之
SHEN, DUAN XIAN 沈端先 (1900-1995)

Dong fang, Ji bai 东方既白
XU, BO XU 徐伯訏 (1908-1980)

Dong fang, Ji bai 东方既白
TAO, BAI 陶白 (1911-)

Dong fang, Ji xiao 东方既晓
WANG, GUO XIANG 王国祥 (1937-)

Dong fang, Jian 东方剑
ZHAO, FU REN 赵福忍 (1940-)

Dong fang, Ju 东方炬
LU, XI CHUN 卢希纯 (1939-)

Dong fang, Li hong 东方黎洪
DAI, ZI CHENG 戴自诚 (1918-)

Dong fang, Liang 东方亮
WU, LI HUA 吴立华 (1913-)

Dong fang, Liang 东方亮
WANG, ZHI NONG 王智浓 (1932-)

Dong fang, Liang 东方亮
ZHANG, JIONG 张炯 (1933-)

Dong fang, Liang 东方亮
HAN, YI LIANG 韩以亮

Dong fang, Man 东方漫
ZHENG, XI LIN 郑锡麟 (1914-)

Dong fang, Mei 东方梅
LIN, ZHI QIANG 林志强 (1933-)

Dong fang, Meng 东方濛
ZHENG, XI LIN 郑锡麟 (1914-)

Dong fang, Ming 东方明
FENG, MING ZHI 冯明之 (1919-1982)

Dong fang, Mu 东方木
ZHANG, GUO DONG 章国栋 (1929-)

Dong fang, Qiang 东方强
WANG, ZHI NONG 王智浓 (1932-)

Dong fang, Qiao fu 东方樵夫
TANG, SHU WEN 唐树文 (1954-)

Dong fang, Qing 东方青
LI, JIAN WU 李健吾 (1906-1982)

Dong fang, Qing bai 东方青白
CHEN, ZHI QING 陈知青 (1922-)

Dong fang, Ruo shuo 东方若朔
HAN, DAO CHENG 韩道诚 (1917-)

Dong fang, Sheng 东方生
ZHANG, TIAN BAI 张天白 (1902-)

Dong fang, Shuo 东方朔
LIN, HONG XING 林宏星

Dong fang, Su 东方溯
PENG, MIAO YAN 彭妙艳 (1952-)

Dong fang, Tao 东方涛
WANG, WEN ZHONG 王文衷 (1931-)

Dong fang, Tao 东方涛
WANG, PENG JU 王鹏举 (1933-)

Dong fang, Tao 东方涛
YANG, XIANG XI 杨向曦 (1949-)

Dong fang, Wang 东方望
XU, YONG PING 徐詠平 (1912-)

Dong fang, Wei bai 东方未白
WANG, PIN ZHI 王聘之 (1919-)

Dong fang, Wei bai 东方未白
PENG, XU 彭徐 (1925-)

Dong fang, Wei bai 东方微白
LI, XING XUAN 李行轩

Dong fang, Wei ming 东方未明
SHEN, YAN BING 沈雁冰 (1896-1981)

Dong fang, Wei ming 东方未明
SHEN, DUAN XIAN 沈端先 (1900-1995)

Dong fang, Xi 东方曦
KONG, LING JUN 孔令俊 (1904-1972)

Dong fang, Xi 东方曦
DAI, ZI CHENG 戴自诚 **(1918-)**

Dong fang, Xiao 东方晓
WU, CHENG HUI 吴承惠 **(1926-)**

Dong fang, Xin 东方欣
CHEN, JIA XIN 陈嘉欣 **(1932-)**

Dong fang, Xue 东方雪
LIANG, RUN SHAN 梁润珊 **(1938-)**

Dong fang, Xue 东方雪
HUANG, HONG HUI 黄翃晖 **(1963-)**

Dong fang, Yan 东方雁
QU, LIU YI 曲六乙 **(1930-)**

Dong fang, Ye lin 东方椰林
WANG, YE LIN 王椰林 **(1953-)**

Dong fang, Yi he 东方逸鹤
DU, XIA YUN 杜霞云 **(1937-)**

Dong fang, Yu 东方玉
CHEN, YU 陈瑜 **(1923-)**

Dong fang, Yu 东方羽
WU, CHENG HUI 吴承惠 **(1926-)**

Dong fang, Yue 东方月
CHEN, YUN TONG 陈运通 **(1914-)**

Dong fang, Yun shui 东方云水
CHU, RUI GENG 储瑞耕 **(1946-)**

Dong fang, Zhou 东方舟
LIU, XING MING 刘兴明 **(1936-)**

DONG, FEI 董斐 **(1941-)**
Fei fei 菲菲

Dong, Fei 董斐
ZHENG, WEN SHUI 郑文水 **(1944-)**

Dong fen 冬芬
SHEN, YAN BING 沈雁冰 **(1896-1981)**

Dong fen 冬芬
DONG, QIU FANG 董秋舫 **(1897-1977)**

Dong, Feng 董枫
LIU, JIA 刘甲 **(1924-)**

Dong feng 东丰
CHEN, RUI FENG 陈锐锋 **(1930-)**

Dong feng 东峰
SHEN, DUAN XIAN 沈端先 **(1900-1995)**

Dong feng 东峰
JIA, DONG FENG 贾东峰 **(1950-)**

Dong feng 东风
SHEN, DUAN XIAN 沈端先 **(1900-1995)**

Dong feng 东风
XIE, ZHEN DONG 谢振东 **(1930-)**

Dong, Feng ya 董逢亚
LIU, JIA 刘甲 **(1924-)**

Dong fo 冻佛
XU, RANG 徐俍 **(1885-)**

Dong fu 东阜
CHEN, WANG DAO 陈望道 **(1890-1977)**

DONG, FU DONG 董福东 **(1942-)**
Bai, Xiang ren 白向人
Nong, Zi 农子

DONG, FU WEN 董辅文 **(1938-)**
Tang, Qi 唐奇
Wen, Si 文思
Xin, Yu 辛羽

DONG, GANG 董钢 **(1921-)**
Wu, Zhao di 武兆堤

Dong ge 东戈
CHEN, ZAI HUA 陈载华 **(1923-)**

Dong guan 冬官
ZHOU, ZHONG ZHU 周忠著 **(1910-)**

Dong guan wan sui 东官万岁
DENG, PU 邓溥 **(1883-1954)**

Dong guo 东郭
LIU, SHU DE 刘澍德 **(1906-1970)**

Dong guo, Di ji 东郭迪吉
MENG, XIAN QI 孟宪棨 **(1902-1976)**

Dong guo, Sheng 东郭生
ZHOU, ZUO REN 周作人 **(1885-1967)**

Dong guo, Shi tang 东郭十堂
ZHOU, ZUO REN 周作人 **(1885-1967)**

Dong quo, Wen gai 东郭文丐
ZHANG, XIN YUAN 张心远 **(1895-1967)**

Dong guo xian sheng 东郭先生
MENG, XIAN QI 孟宪棨 **(1902-1976)**

Dong guo xian sheng 东郭先生
LIU, WEI DIAN 刘维典 **(1925-)**

Dong guo, Ya 東郭牙
JIANG, SHI 江石 **(1899-)**

Dong hai 东海
XU, SHI CHANG 徐世昌 **(1858-1939)**

Dong hai jiao ren 东海鲛人
XU, JUE 徐觉 **(1889-1937)**

Dong hai jue wo 东海觉我
XU, NIAN CI 徐念慈 **(1874-1908)**

Dong hai ke 东海客
LI, DA PING 黎大平 (1951-)

Dong hai san lang 东海三郎
XU, JUE 徐觉 (1889-1937)

Dong hai sheng 东海生
HE, XU CHU 何旭初 (1908-1969)

Dong hai ye sou 东海野叟
YU, BI YUN 俞陛云 (1867-1950)

Dong hai yu min 东海愚民
LUO, ZHEN YU 罗振玉 (1866-1940)

DONG, HAN HE 董汉和 (1945-)
Cheng zhi 澄之
Dong, Han he 董汉河
Jiang, He 江河
Lan, Xin 兰新
Shui, Miao 水渺

Dong, Han he 董汉河
DONG, HAN HE 董汉和 (1945-)

DONG, HENG SHAN 董恒山 (1919-)
Dong, Wei xian 董维贤

DONG, HENG XUN 董衡巽 (1934-)
Shi, Mei 石枚

Dong hong 東虹
CHENG, BAO ZHANG 成葆彰 (1940-)

DONG, HONG LIANG 董宏量 (1953-)
Zheng, Lie 郑烈

Dong hong xian sheng 冬烘先生
GU, HONG MING 辜鸿铭 (1857-1928)

DONG, HONG YOU 董宏猷 (1950-)
Zheng, Yun 郑耘

Dong hu 东湖
WU, SAN LIAN 吴三连 (1899-)

Dong hu an zhu 东湖菴主
SHEN, ZENG ZHI 沈曾植 (1850-1922)

Dong hu shan zhuang 东湖山庄
SU, JU XIAN 苏局仙 (1882-1991)

DONG, HUA 董华 (1907-1980)
Dong, Mei kan 董每戡
Ge, Li shi 戈力士
Mei kan 每戡
Mian gai 丏丐
Yang, Da yuan 杨大元
Yang, Mei kan 杨每戡

DONG, HUA 董华 (1951-)
Lü gu 绿谷

Dong hua 冬华
ZHOU, SHU REN 周树人 (1881-1936)

Dong hua 东华
FU, ZE HUANG 傅则黄 (1893-1971)

Dong hua 冻华
FU, ZE HUANG 傅则黄 (1893-1971)

Dong hua 冻蘤
FU, ZE HUANG 傅则黄 (1893-1971)

Dong hua jiu shi 東华旧史
JIN, LIANG 金梁 (1878-1962)

Dong hui 冬晖
YAO, DONG HUI 姚东辉 (1945-)

Dong, Hui lin 董惠林
DONG, LIN 董霖 (1907-)

Dong, Ji he 董季荷
ZHOU, SHU REN 周树人 (1881-1936)

Dong, Jian 董健
DONG, JIAN JI 董健吉 (1936-)

DONG, JIAN GUO 董建国 (1952-)
Dong yang 冬阳

DONG, JIAN JI 董健吉 (1936-)
Dong, Jian 董健

DONG, JIAN SHENG 董健生 (1936-)
Hong yi 鸿仪

DONG, JIAN WU 董健吾
You gu 幽谷

Dong jiang 东江
WANG, ZHONG YIN 王众音 (1915-)

Dong jiang yue 东江月
CHEN, HONG SHENG 陈红胜 (1940-)

Dong jie 东傑
LI, MING YUAN 李明元 (1937-)

Dong jing 东劲
SHEN, DUAN XIAN 沈端先 (1900-1995)

Dong, Jing tian 董景天
DONG, SHAO MING 董绍明 (1899-1969)

Dong jun 东君
LIN, HE LE 林和乐 (1895-1976)

Dong jun 东君
CHEN, NAI QIAN 陈乃乾 (1896-1971)

Dong jun 东君
ZHENG, XI LIN 郑锡麟 (1914-)

Dong jun 东君
ZHENG, XIN LING 郑心伶（1938-)

Dong jun 东君

HUANG, WEI CHAO 黄维超 (1939-)

Dong, Jun jun 董君君
HUANG, XIU QI 黄秀琪 (1939-)

DONG, JUN LUN 董均伦 (1915-)
Jun lun 均伦

DONG, KANG 董康 (1867-1947)
Shou jin 绶金
Shou jing 授经
Shou jing 綬经
Song fen zhu ren 诵芬主人

DONG, KE NA 董克娜 (1929-)
Dong, Wen juan 董文娟

DONG, KUI 董揆 (1904-)
Dong, Shou ping 董寿平

Dong lai shi 东来石
WU, WEI PING 吴伟平

Dong lai shun 东来顺
CHENG, ZHAO CAI 成兆才 (1874-1929)

Dong lang 东廊
ZHENG, LI SHENG 郑丽生 (1911-)

Dong lang 冬郎
HUANG, SHU ZHONG 黄树中 (1883 1948)

Dong lang 冬郎
CHEN, ZHONG YAO 陈钟瑶 (1913-1990)

Dong le 懂了
HONG, BAO SU 洪保苏 (1947-)

Dong lei 冬雷
LIU, ZHI LUN 刘志纶 (1921-)

Dong li 东篱
ZHANG, CHANG XIN 张常信 (1940-)

Dong li 冬立
WANG, DE LI 王德立 (1932-)

Dong li 冬立
DONG, LI BO 董立勃 (1956-)

Dong li 东离
LI, LIAN CUI 李连萃 (1911-1991)

Dong li 东黎
HAO, DONG LI 郝东黎 (1959-)

DONG, LI BO 董立勃 (1956-)
Dong li 冬立

Dong li ci ke 东篱词客
WU, MEI 吴梅 (1884-1939)

DONG, LIAN BAO 董连宝 (1935-)
Zhong che yu 重车玉

DONG, LIAN SHENG 董连生 (1952-)
Jie jue 解触

DONG, LIN 董霖 (1907-)
Dong, Hui lin 董惠林
Dong, Ru song 董如松
Dong, Wei gong 董为公
Wei gong 为公
Wei, Gu 魏谷

Dong lin 东琳
LIANG, YI 梁漪 (1925-)

Dong lin 冬林
JIN, MAN CHENG 金满成 (1900-1971)

Dong lin 東林
JIN, MAN CHENG 金满成 (1900-1971)

DONG, LIN ZHONG 董林忠 (1942?-)
Xin, Ge 辛戈

Dong liu 东流
WAN, GUO RU 万国儒 (1931-1990)

Dong, Long 董龙
QU, QIU BAI 瞿秋白 (1899-1935)

Dong lu 東庐
JIN, LIANG 金梁 (1878-1962)

Dong, Lu an 董鲁安
DONG, FAN 董璠 (1896-1953)

Dong luan 东峦
DONG, FAN 董璠 (1896-1953)

Dong mei 东美
YU, GENG YU 于赓虞 (1902-1963)

Dong, Mei kan 董每戡
DONG, HUA 董华 (1907-1980)、

Dong men cao si lang 东门草四郎
FU, GUO YUE 符国钺

Dong men, Huan 东门焕
HUA, XI LU 花禧禄 (1912-1946)

Dong men, Liang 东门亮
XUAN, JIAN REN 宣建人 (1914-)

Dong men, Liu sheng 东门柳生
DAI, MING XIAN 戴明贤 (1935-)

Dong men, Wai 东门外
TIAN, JING HUI 田景惠 (1923-)

Dong mian 冬眠
YUAN, LI XUN 袁立勳

Dong min 东民
LI, HONG KUI 李弘奎 (1927-)

Dong, Ming 董明
DONG, SHAO MING 董绍明 (1899-1969)

Dong ming 洞冥
FENG, NAI CHAO 冯乃超 **(1901-1983)**

Dong ming 东明
YANG, WU SHENG 杨戊生 **(1915-1982)**

Dong, Mo 董墨
DONG, DE LI 董得理 **(1928-)**

Dong mu 东木
ZHANG, ZONG DONG 张宗栋 **(1925-)**

Dong mu 冬木
TONG, NAI LIN 佟乃林 **(1935-)**

DONG, NAI BIN 董乃斌 **(1942-)**
Hao, Bing 郝冰

Dong nan 东南
DU, JIN NAN 杜金南 **(1921-)**

Dong nan xi 东南西
WANG, JIU YU 王久馀 **(1921-)**

Dong nian 东年
CHEN, SHUN XIAN 陈顺贤 **(1950-)**

Dong ne 东讷
SHEN, ZHANG 沈章

DONG, PEI JI 董培记 **(1948-)**
Yu, Wang ying 于王英
Yu, Ying 于瑛

DONG, PEI QIN 董培勤 **(1948-)**
Bian, Cheng 边城
Dong, Chao hui 董朝晖

Dong pei shan min 东培山民
WANG, XIAO KUI 王孝煃

DONG, PEI YI 董培宜 **(1922-)**
Bai, Shan 白珊

Dong pi 东辟
JU, ZHENG 居正 **(1876-1951)**

DONG, PING 董平 **(1929-)**
Dong ye 冬也
Dong, Zhong yuan 董仲元
Xiang, Ming 向明
Zhong, Di 仲弟
Zhong, Ge 仲哥

Dong ping 动平
JI, CHAO DING 冀朝鼎 **(1903-1963)**

Dong ping 東平
QIU, DONG PING 丘东平 **(1910-1941)**

Dong, Qi 董圻
SHEN, DUAN XIAN 沈端先 **(1900-1995)**

Dong qi 冬琦
QIU, MING KUN 邱名崐 **(1940-)**

Dong, Qi fang 董其昉
DONG, ZU JIAO 董祖蛟 **(1902-)**

DONG, QIAN 董谦 **(1915-)**
Jiang, Heng 江横

Dong, Qian li 董千里
DONG, YAN 董炎 **(1923-)**

Dong, Qiao 董桥
DONG, CUN JUE 董存爵 **(1942-)**

Dong qiao 东乔
ZHANG, SI JIAN 张思鉴 **(1938-)**

Dong qin 冬琴
PENG, DU SHENG 彭杜生 **(1947-)**

Dong qing 冬青
HUANG, GU LIU 黄谷柳 **(1908-1977)**

Dong qing 冬青
SHI, SONG BEI 史松北 **(1918-)**

Dong qing 冬青
TONG, YU PENG 佟遇鹏 **(1929-)**

Dong qing 冬青
XU, CHUN XI 许春惜 **(1930-)**

Dong qing 冬青
GAO, BAO ZHEN 高宝珍 **(1933-)**

Dong qing 冬青
LI, XIAN ZHI 李显智 **(1933-)**

Dong qing 冬青
JIA, SHU MIN 贾书敏 **(1937-)**

Dong qing 冬青
ZHI, HUI 郅辉 **(1947-)**

Dong qing 冬青
ZHANG, JIAN DONG 张建东 **(1963-)**

DONG, QING FANG 董庆芳 **(1954-)**
Bao, Xiao 鲍晓
Ren, Dong sheng 任东生
Tie liu 铁流

DONG, QING SHENG 董庆生 **(1928-)**
Jiu gong 九公

Dong, Qiu fang 董秋芳
DONG, QIU FANG 董秋舫 **(1897-1977)**

DONG, QIU FANG 董秋舫 **(1897-1977)**
Dong fen 冬芬
Dong, Qiu fang 董秋芳
Qiu, Fang 秋方
Qiu, Fang 秋舫

Dong, Qiu si 董秋斯

DONG, SHAO MING 董绍明 **(1899-1969)**

Dong ren 冬人
TONG, XI REN 佟希仁 **(1935-)**

Dong ren 冬人
TONG, WEN XI 佟文西 **(1945-)**

Dong, Ru song 董如松
DONG, LIN 董霖 **(1907-)**

Dong rui 东瑞
HUANG, DONG TAO 黄东涛 **(1945-)**

Dong run 东润
ZHU, SHI ZHEN 朱世溱 **(1896-1988)**

Dong, Sang 董桑
LIU, HUI MIN 刘惠民 **(1917-)**

Dong shan 东山
ZHENG, LONG JIN 郑隆谨 **(1895-1979)**

Dong shan 东山
LIN, HUAN DAO 林环岛 **(1904-1941)**

Dong shan 东山
CHEN, SHOU MEI 陈守梅 **(1907-1967)**

Dong shan 东山
CHEN, GUANG CHONG 陈光崇 **(1918-)**

Dong shan 东山
LUO, CHENG LIE 骆承烈 **(1935-)**

Dong shan 东山
LI, YING ZHE 李颖哲 **(1948-)**

Dong shan 冬山
WU, DONG SHUANG 吴东双 **(1948-)**

Dong shan xie 东山谢
ZHAO, YUN AN 赵允安 **(1898-1965)**

DONG, SHAO HUA 董绍华 **(1942-)**
Shi, Lei 石蕾

DONG, SHAO MING 董绍明 **(1899-1969)**
Cai, Yong shang 蔡泳裳
Cai, Yong yan 蔡永言
Dong, Jing tian 董景天
Dong, Ming 董明
Dong, Qiu si 董秋斯
Dong zhong ren 洞中人
Ling, Kong 凌空
Liu, Han 刘汉
Qiu, Shi 秋士
Qiu shi 求实
Qiu shi 求是
Qiu si 求思
Qiu, Si 秋斯
Shao ming 绍明
Shu er 述而
Yong yan 永言
Zhi tang 炙堂

Dong, Shao nan 董少南
DONG, ZUN XIN 董尊鑫 **(1916-1955)**

Dong, Shao wen 董少文
LI, RONG 李荣 **(1921-)**

Dong shen 东申
KUAI, DA SHEN 蒯大申 **(1953-)**

Dong sheng 东生
ZHAO, SHI YAN 赵世炎 **(1901-1927)**

Dong sheng 东生
LI, XIANG YI 李向沂 **(1929-)**

Dong sheng 东生
SUI, DONG 隋东 **(1942-)**

Dong sheng 东声
HAN, YUN PU 韩云浦 **(1908-1987)**

DONG, SHENG LONG 董生龙 **(1949-)**
Qian, Zhen 钱稹
Tan, Tou 谈头

DONG, SHI XIONG 董世雄
Lan, Ma 兰马

Dong, Shou ping 董寿平
DONG, KUI 董揆 **(1904-)**

Dong, Shu 董舒
CHEN, QIU FANG 陈秋舫 **(1926-)**

DONG, SHU FAN 董树藩 **(1932-)**
Jian ping 建屏
Sui ren 绥人

Dong, Shuang 董双
LIU, HUI MIN 刘惠民 **(1917-)**

Dong shuang 冬霜
CHEN, LI ZONG 陈立宗 **(1957-)**

DONG, SI ZHU 董泗珠 **(1928-)**
Cao zhong 草重
Shi, Zhu 石竹
Shi zhu 诗珠

Dong, Su 董速
DONG, XUE HENG 董雪蘅 **(1918-)**

Dong sun 东荪
ZHANG, DONG SUN 张东荪 **(1886-1973)**

DONG, TAI HE 董太龢 **(1915-)**
Bai, Duo 柏铎
Di ya 荻亚

DONG, TIAN YOU 董天佑 **(1943-)**
Dong, Tian you 董天柚

Tian, You 田柚

Dong, Tian you 董天柚
DONG, TIAN YOU 董天佑 **(1943-)**

Dong, Tian zhu 董天柱
ZHU, XIANG 朱湘 **(1904-1933)**

DONG, TIE SHAN 董铁山 **(1947-)**
A shan 阿山

Dong, Ting bo 董庭波
LUO, SHI SHAN 罗石山 **(1940-)**

Dong ting bu ke 洞庭逋客
YANG, ZHONG KUI 杨仲揆 **(1923-)**

Dong wei 冬韦
TONG, YU PENG 佟遇鹏 **(1929-)**

Dong wei 冻薇
GUO, DONG KUI 郭东奎 **(1927-)**

Dong, Wei gong 董为公
DONG, LIN 董霖 **(1907-)**

DONG, WEI HAN 董维汉 **(1924-)**
Yu, Wei ye 余薇野

DONG, WEI QING 董为清 **(1949-)**
Qin ren 沁人
Wei qing 苇青
Xiao, Yi lun 肖艺伦

Dong, Wei xian 董维贤
DONG, HENG SHAN 董恒山 **(1919-)**

Dong wen 冬文
LI, SHI DONG 李世栋 **(1933-)**

Dong, Wen juan 董文娟
DONG, KE NA 董克娜 **(1929-)**

DONG, WEN QIAO 董问樵 **(1910-)**
Dong, Bi 董璧

Dong weng 东翁
YUAN, DONG YA 苑东亚 **(1922-)**

Dong wu 东吴
CHEN, GONG ZHONG 陈公重 **(1934-)**

Dong wu 冬舞
MAO, DONG WU 毛东武 **(1937-)**

Dong wu jiu sun 东吴旧孙
SUN, YU XIU 孙毓修 **(1871-1922)**

DONG, XI JIU 董锡玖 **(1925-)**
Chun liu 春柳

Dong xi nan bei ren 东西南北人
GU, HONG MING 辜鸿铭 **(1857-1928)**

DONG, XIANG LIAN 董湘莲 **(1955-)**
Dong, Dong 董东

DONG, XIAO YU 董小宇 **(1956-)**
Xiao yu 小雨
Xiao yu 潇雨

Dong xin 冬心
HU, SHI 胡适 **(1891-1962)**

Dong xin 冬心
JIN, CHENG FU 金诚夫 **(1897-1981)**

Dong xin 冬昕
TANG, XIAO DING 唐小丁 **(1929-)**

Dong xin 冬馨
HUANG, DONG TAO 黄东涛 **(1945-)**

Dong xing 东行
CHEN, WANG HENG 陈望衡 **(1944-)**

Dong, Xing fang 董行芳
TANG, MEI XIAO 汤梅笑 **(1949-)**

DONG, XIU JIA 董修甲 **(1891-)**
Dong, Ding san 董鼎三

Dong xu 东旭
LIU, XI 刘玺 **(1939-)**

Dong xu 东序
ZHANG, MING YANG 张明养 **(1906-1991)**

Dong xuan 东轩
SHEN, ZENG ZHI 沈曾植 **(1850-1922)**

Dong xuan 动轩
ZHOU, SHU REN 周树人 **(1881-1936)**

Dong xuan ju shi 东轩居士
SHEN, ZENG ZHI 沈曾植 **(1850-1922)**

Dong xuan zhi li sou 东轩支离叟
SHEN, ZENG ZHI 沈曾植 **(1850-1922)**

Dong xue 冬雪
YAN, QING SHU 严庆澍 **(1919-1981)**

DONG, XUE CHENG 董学诚 **(1939-)**
Wei cheng 未成

DONG, XUE HENG 董雪蘅 **(1918-)**
Dong, Su 董速
Xue heng 雪蘅

Dong xue lao ren 东雪老人
FAN, ZHEN XU 范振绪 **(1872-1960)**

Dong ya bing fu 东亚病夫
ZENG, PU 曾朴 **(1872-1935)**

Dong ya fen ren 东亚愤人
GAO, ZENG 高增

DONG, YAN 董炎 **(1923-)**
Dong, Qian li 董千里
Xiang, Zhuang 项庄

Dong yan 东彦
GUAN, DONG YAN 关东彦 (1919-)

Dong yan 东燕
DONG, BAO RUI 董宝瑞 (1949-)

Dong, Yan tang 董彦堂
DONG, ZUO BIN 董作宾 (1898-1963)

Dong yang 冬阳
LI, JING HE 李静荷 (1929-)

Dong yang 东阳
CHEN, DONG YANG 陈东阳 (1938-)

Dong yang 冬阳
DONG, JIAN GUO 董建国 (1952-)

Dong yang 冬阳
HUANG, SUN XING 黄孙星

Dong yang 冬杨
YANG, YUN E 杨云鹗 (1910-1991)

Dong yang ling shi zi sun 东阳令史子孙
CHEN, QU BING 陈去病 (1874-1933)

Dong yang zhong zi 东阳仲子
SHEN, YIN MO 沈尹默 (1883-1971)

DONG, YAO SHAN 董乐山 (1924-)
Mai, Ye 麦耶
Shi, Di 史蒂
Shi, Di hua 史蒂华
Tian, He 田禾

Dong ye 冬也
DONG, PING 董平 (1929-)

Dong ye 冬野
HU, QIU YUAN 胡秋原 (1910-1989)

Dong yi 东乙
WANG, ZHU CHEN 王祝晨 (1882-)

Dong yin 冬饮
WANG, XIE 汪鳌 (1871-1944)

Dong ying 东滢
WEI, CHONG WU 韦崇武 (1905-1978)

Dong ying 东英
FANG, DONG MEI 方东美 (1899-1976)

Dong ying 东英
LI, SHU PENG 李叔鹏

Dong ying 东缨
FU, YU 傅余

Dong you 东游
ZHENG, LONG JIN 郑隆谨 (1895-1979)

Dong yu 东雨
ZHANG, ZHI GE 张志革 (1921-)

Dong yu 冬语
ZHANG, ZHI GE 张志革 (1921-)

Dong yu xuan zhu 东雨轩主
HUANG, GONG WEI 黄公伟 (1908-)

Dong yuan 东园
QIU, WEI XUAN 丘炜萲 (1873-1941)

Dong yuan 东园
CHEN, BING KUN 陈炳堃 (1898-1990)

Dong yuan 东园
ZHUO, EN CHANG 禚恩昶 (1912-1977)

Dong yuan 东园
WANG, DONG 王栋

Dong yuan 冬原
YANG, FU LIN 杨福林 (1947-)

Dong yuan 冬园
SUN, DONG YUAN 孙东元 (1917-)

Dong yue da yi 东越大颐
PAN, TIAN SHOU 潘天寿 (1897-1971)

Dong yue ju shi 东岳居士
MENG, QING JIA 孟庆甲 (1920-)

Dong yue shou zhe 东越寿者
PAN, TIAN SHOU 潘天寿 (1897-1971)

Dong yue yi min 东岳一民
MENG, QING JIA 孟庆甲 (1920-)

Dong yue yi zhe 东越颐者
PAN, TIAN SHOU 潘天寿 (1897-1971)

Dong yun 东云
TONG, CHANG MING 佟常明 (1927-1990)

Dong yun 东云
CHEN, RONG GUANG 陈荣光 (1933-)

Dong yun 冬云
ZHUANG, RONG YUAN 莊荣远

DONG, YUN QING 董云卿
Yun, Qing 云卿

Dong zhai 东斋
JIN, TIAN HE 金天翮 (1874-1947)

Dong zhai 东斋
LI, GEN YUAN 李根源 (1879-1965)

DONG, ZHEN GUO 董振国 (1944-)
Wen, Yuan 文苑

Dong zhi 冬至
LIU, SHU PING 刘殊萍 (1962-)

DONG, ZHI CHANG 董志昌 (1950-)
Ji, Lü 嵇律

Dong, Zhi cheng 董志城
LI, YAN RUI 李延瑞 **(1902-1979)**

Dong, Zhi jia 董志加
DONG, ZHI JIA 董治家 **(1939-)**

Dong, Zhi jia 董志佳
DONG, ZHI JIA 董治家 **(1939-)**

DONG, ZHI JIA 董治家 **(1939-)**
Dong, Zhi jia 董志加
Dong, Zhi jia 董志佳

Dong zhong ren 洞中人
DONG, SHAO MING 董绍明 **(1899-1969)**

Dong, Zhong yuan 董仲元
DONG, PING 董平 **(1929-)**

Dong zhu 冬竹
LI, ZU JIE 李祖杰 **(1912-)**

Dong zhuang 东庄
WU, WAN 吴万 **(1894-1970)**

Dong zi jin 东子今
CHEN, ZI LING 陈子伶 **(1942-)**

DONG, ZI XING 董子兴 **(1899-1927)**
Zhi sheng 挚声

DONG, ZU JIAO 董祖蛟 **(1902-)**
Dong, Qi fang 董其昉
K M
Tong, Kai ming 佟楷明

DONG, ZUN XIN 董尊鑫 **(1916-1955)**
Dong, Shao nan 董少南
Hai, Shan 海山
He, Jia ning 何家宁
Li cheng 力呈
Shao, Zi nan 邵子南
Su, Ji chang 苏季常
Xiong, Hai shan 熊海山
Xiong, Hai yun 熊海云
Zhan shi 战士
Zi nan 子南

DONG, ZUO BIN 董作宾 **(1898-1963)**
Dong, Yan tang 董彦堂
Dong, Zuo ren 董作仁
Ping, Lu 平庐

Dong, Zuo ren 董作仁
DONG, ZUO BIN 董作宾 **(1898-1963)**

DOU, CHANG RONG 窦昌荣 **(1933-)**
Dou, Mao fang 窦懋芳
Mai, Liang 麦梁

Dou cun 豆村
LIANG, SHU NIAN 梁树年 **(1911-)**

Dou fei 抖飞
LIN, JUE MIN 林觉民 **(1887-1911)**

Dou fu gan 豆腐干
WANG, DE LIN 王德林 **(1920-)**

Dou gui 斗鬼
TIAN, KUI 田魁 **(1930-)**

DOU, GUI XUAN 窦桂萱 **(1933-)**
Dou, Qiang 窦强

DOU, HAI SHI 窦海狮 **(1954-)**
Dou, Ying jie 窦英杰
Dou, Zhi 窦植
Mu zhi 木直
Tian cheng 天成

Dou hua shu yu fang zhu 豆花疏雨房主
YING, YI NING 应懿凝 **(1910-)**

Dou, Mao fang 窦懋芳
DOU, CHANG RONG 窦昌荣 **(1933-)**

Dou, Qiang 窦强
DOU, GUI XUAN 窦桂萱 **(1933-)**

Dou qin 斗勤
WANG, CHENG 王诚 **(1898-1940)**

DOU, QIN BO 窦琴伯 **(1899-)**
Ding, Lang 丁琅
Hua du rong nü 花都蓉女

Dou shan 斗山
HUANG, SHU ZE 黄树则 **(1914-)**

Dou shan 斗山
LIN, ZONG HAN 林宗汉

DOU, SHI KUI 窦世魁 **(1942-)**
Shi, Ling 石岭

DOU, SHI RONG 窦世荣 **(1947-)**
Chun yang 春阳

Dou wu 荳芜
LUO, ZE PU 罗泽浦 **(1927-1998)**

Dou, Yi hu 窦一虎
DAI, TIAN SONG 戴天送 **(1925-1969)**

Dou, Yin fu 窦隐夫
DU, XING SHUN 杜兴顺 **(1911-1986)**

Dou, Ying jie 窦英杰
DOU, HAI SHI 窦海狮 **(1954-)**

Dou, Zhi 窦植
DOU, HAI SHI 窦海狮 **(1954-)**

Du 独
ZHOU, ZUO REN 周作人 **(1885-1967)**

Du, Ai 杜埃

CAO, CHUAN MEI 曹传美 **(1914-1993)**

Du, Bai 杜白
GAN, XI FEN 甘惜分 **(1916-)**

DU, BEI CHEN 度北辰 **(1922-)**
Shi, Nong 石农

Du, Bian 杜边
PAN, YUN SHENG 潘允生 **(1914-)**

DU, BING PO 杜冰坡
Tie po bing sheng 铁坡冰生

DU, BING RU 都冰如 **(1902-1987)**
A du 阿都

DU, BING SHEN 杜炳申 **(1942-)**
Hua, Nong 华农

Du, Bo 杜波
DU, YAN ZHI 杜彦之 **(1922-)**

DU, BO KUI 杜伯奎
Du, Hui zhi 杜晦之
Hui zhi 晦之
Tao hui 韬晦

Du, Cao yong 杜草甬
DU, HE LUAN 杜和銮

Du, Chai 杜茝
DU, YU XIN 杜玉新

Du, Chan 杜禅
DU, LI XIN 杜立新 **(1960-)**

Du chao 踱潮
SU, QING QIANG 苏清强 **(1948-)**

Du, Chao bin 杜超彬
DU, SHAO WEN 杜绍文 **(1909-)**

Du, Cheng 杜诚
DU, ZHU CHENG 杜珠成 **(1935-)**

Du, Cheng hong 杜承洪
DU, CHENG LONG 杜承龙 **(1927-)**

DU, CHENG LONG 杜承龙 **(1927-)**
Ai, Tuo 艾佗
Du, Cheng hong 杜承洪
Ge, Ji 戈基

DU, CHENG NAN 杜承南 **(1933-)**
Jiang, Nan yu 江南雨
Xiao mu 小牧

DU, CHENG WEI 杜成维 **(1944-)**
Cheng, Hui 程辉

Du, Chi 杜痴
DU, RONG CHEN 杜荣琛 **(1955-)**

Du, Chuan 杜川
GUI, HAN BIAO 桂汉标 **(1949-)**

Du, Dan 杜丹
LIU, GUI NAN 刘桂楠 **(1916-)**

Du, Dan 杜丹
LIN, LIANG 林良 **(1924-)**

Du, De ji 杜德机
ZHOU, SHU REN 周树人 **(1881-1936)**

DU, DE JIE 杜德傑 **(1944-)**
Du, Zhen yuan 杜镇远

DU, DE MING 杜德明 **(1926-)**
Li, Dan ren 李丹人
Li, Ruo bing 李若冰
Sha, Tuo ling 沙驼铃
Tuo ling 驼铃

Du, Di 杜笛
ZHU, CHEN DONG 朱辰东 **(1933-1990)**

DU, DING YOU 杜定友 **(1898-1967)**
Ding, You 丁右

DU, DONG QI 杜栋齐 **(1953-)**
Du, Wei dong 杜卫东
Xiao du 晓渡

Du, Du 杌杌
CAI, YAN PEI 蔡炎培 **(1935-)**

Du, Du 杜杜
HE, GUO DAO 何国道 **(1948-)**

Du, Du 杜都
DU, SHAO WEN 杜绍文 **(1909-)**

Du du 都都
LU, QI ZHI 鲁启智（**1924-)**

Du du 嘟嘟
MA, RUO PU 马若璞 **(1913-)**

DU, ER WEI 杜而未 **(1915-)**
Du, Wang zhi 杜望之
Wei tang 未堂

DU, FA EN 杜发恩 **(1891-1983)**
Du, Fu weng 杜负翁
Du, Zhao tang 杜召棠
Fu weng 负翁
Yang zhou xiao du 扬州小杜

Du, Fang 杜芳
JIANG, BI HOU 蒋壁厚 **(1923-)**

Du, Fang 杜芳
SU, MEI 苏梅 **(1897-1999)**

Du, Fang ming 杜方明
HUANG, QIU YUN 黄秋耘 **(1918-)**

Du, Fei 杜飞
ZHU, YU 朱羽 **(1938-   )**

Du, Fei 杜非
LI, GUO RUI 厉国瑞 **(1909-   )**

Du, Fei 杜斐
ZHOU, SHU REN 周树人 **(1881-1936)**

Du, Feng 杜风
DU, SHENG RONG 杜生荣 **(1925-   )**

Du, Feng 杜烽
YAN, HAO WEN 阎好文 **(1920-   )**

DU, FENG CHEN 杜逢辰
Ou ying 偶影

Du fu 独夫
LIAO, ZHONG KAI 廖仲恺 **(1877-1925)**

Du fu 独夫
ZHANG, HAN CHENG 张汉城 **(1923-   )**

Du fu 笃夫
XU, DE PEI 徐德培

Du fu 笃甫
XU, DE PEI 徐德培

Du, Fu weng 杜负翁
DU, FA EN 杜发恩 **(1891-1983)**

Du, Fu xiu 杜富修
DU, SHU XIU 杜树修 **(1928-   )**

DU, GANG 杜刚 **(1915-   )**
Du, Shi jia 杜矢甲

Du, Gang bai 杜岗柏
DU, WEN LIAN 杜文炼 **(1903-1983)**

Du, Gang bai 杜钢百
DU, WEN LIAN 杜文炼 **(1903-1983)**

Du, Gao 杜高
LI, CHUAN HUI 李传惠 **(1930-   )**

Du, Ge ling 杜格灵
CHEN, TING 陈廷 **(-1992)**

Du, Gu 杜谷
LIU, XI RONG 刘锡荣 **(1920-   )**

Du, Gu chou 杜古仇
ZHU, ZHEN SHENG 朱振生 **(1922-   )**

Du gu, Dan 独孤旦
WEI, JIAN GONG 魏建功 **(1901-1980)**

Du gu, Ding 独孤定
LU, ZHI PING 陆志平 **(1917-   )**

Du gu, Hong 独孤红
LI, BING KUN 李炳坤

Du gu, Shi 独孤氏
SONG, XIAO WU 宋小武 **(1944-   )**

Du gu, Shu long 独孤恕龙
WANG, WAN QING 王万清

Du gu, Yue 独孤月
HU, XIAO FENG 胡晓风 **(1924-   )**

Du gu, Yu 独孤玉
HU, SHAN YUAN 胡山源 **(1897-1988)**

DU, GUANG SHI 杜广狮 **(1936-   )**
Du, Shu bo 杜曙波

Du, Gui 杜归
SHANG, QING XI 商庆玺 **(1929-   )**

DU, GUO AN 杜果安 **(1906?-1963)**
Bei ye 北野
Chen, Su xing 陈素行
Xian yu zhi yin 鲜于知音

Du, Guo fu 杜果夫
REN, ZHUO XUAN 任卓宣 **(1896-1990)**

DU, GUO JUN 杜国俊 **(1950-   )**
Tong, Nuan 佟暖

DU, GUO QING 杜国清 **(1941-   )**
Shi, Qiu 石湫

Du, Guo ren 杜果人
REN, ZHUO XUAN 任卓宣 **(1896-1990)**

DU, GUO WEI 杜国玮
Shan chou 珊俦
Ying, San 英三

DU, GUO XIANG 杜国庠 **(1889-1961)**
Bo chuan 伯川
Bo xiu 伯修
Du, Huo 杜惑
Du, Ming guo 杜名国
Du, Shou su 杜守素
Hong mian wu 红棉屋
Lin, Bo 林伯
Lin, Bo xiu 林伯修
Lin, Su an 林素庵
Shou su 守素
Su an 素庵
Su yuan 素园
Wu, Nian ci 吴念慈
Wu, Xiao xian 吴啸仙
Zhe lu 赭庐

DU, HAO HUI 杜皓晖 **(1947-   )**
Du, Wen jing 杜文靖

Du he 独鹤
YAN, ZHEN 严桢 **(1889-1968)**

DU, HE LUAN 杜和銮

Cao yong 草甬
Du, Cao yong 杜草甬
Liang, Fu yin 梁甫吟

Du, Heng 杜桁
GUO, MO RUO 郭沫若 **(1892-1978)**

Du, Heng 杜衡
DAI, KE CHONG 戴克崇 **(1907-1964)**

Du, Hong 杜红
CAI, YAN PEI 蔡炎培 **(1935-)**

Du, Hong 杜红
ZHENG, YA BEN 郑亚本 **(1936-)**

Du, Hong nian 杜鸿年
DU, SHU XIU 杜树修 **(1928-)**

Du, Hong xi 杜红喜
DU, PENG CHENG 杜鹏程 **(1921-1991)**

Du, Hong xi 杜洪溪
DU, PENG CHENG 杜鹏程 **(1921-1991)**

Du, Hui 杜晖
ZHENG, WEN HUI 郑文辉 **(1939-)**

Du, Hui 杜辉
ZHENG, WEN HUI 郑文辉 **(1939-)**

Du, Hui 杜徽
LIU, DONG LAN 刘东兰 **(1912-)**

Du, Hui zhi 杜晦之
DU, BO KUI 杜伯奎

Du, Huo 杜惑
DU, GUO XIANG 杜国庠 **(1889-1961)**

Du, Ji 杜寄
LI, ZHEN PENG 李振鹏 **(1922-1980)**

Du ji 独及
LIN, TONG JI 林同济 **(1906-1980)**

Du ji jian zhai 读已见斋
YU, JIA XI 余嘉锡 **(1884-1956)**

DU, JIA FU 杜家福 **(1949-)**
Du, Jia fu 杜嘉夫
Du, Kan 杜侃
Jia fu 嘉夫

Du, Jia fu 杜嘉夫
DU, JIA FU 杜家福 **(1949-)**

Du, Jian 杜健
DU, ZONG XUN 杜宗勋

Du, Jian 杜渐
SHE, LI PING 佘立平 **(1912-)**

Du, Jian 杜渐
LI, WEN JIAN 李文健 **(1934-)**

Du, Jian 杜渐
DU, KEN TANG 杜肯堂 **(1935-)**

Du jian 独见
LING, RONG BAO 凌荣宝

DU, JIAN GUO 杜建国 **(1941-)**
Xiao, Kai 肖开
Yi lan 一览

Du, Jian ming 杜渐明
WU, CHUAN YOU 吴传佑 **(1914-1982)**

DU, JIAN PING 杜建平 **(1964-)**
Liu, Lan 柳岚

Du jiao 独角
ZHANG, BING LIN 章炳麟 **(1869-1936)**

DU, JIN NAN 杜金南 **(1921-)**
Dong nan 东南
Du, Nan 杜南
Du, Nan 杜楠
Nan yi 难易
Pei xing 沛行
Qing song 青松

Du, jin zi 度今子
ZHOU, WAN LIN 周万琳 **(1961-)**

Du, Jing 杜璟
DU, LIAN ZHAI 杜联斋 **(1908-1963)**

DU, JING HUA 杜景华 **(1938-)**
Guang zhi 光之
Jing, Hua 景华

DU, JIU TIAN 杜就田
Nong, Yin 农隐
Qiu, Sun 秋孙
Wei liu an zhu 味六盦主
Yi chun 忆蓴

Du, Juan 杜鹃
CAO, CHUAN MEI 曹传美 **(1914-1993)**

Du, Juan 杜鹃
DU, XIA YUN 杜霞云 **(1937-)**

Du, Juan 杜鹃
HUANG, RUI TIAN 黄瑞田 **(1951-)**

Du, Jue 杜绝
LÜ, CHAO JING 吕朝景 **(1943-)**

Du, Jun 杜峻
DU, YUN BIN 杜云滨 **(1941-)**

Du, Jun ao 杜君敖
LAI, GUANG JIN 赖广进 **(1963-)**

DU, JUN HUI 杜君慧 **(1904-1981)**
Lu, Lan 卢兰

Du, Kan 杜侃
DU, JIA FU 杜家福 **(1949-)**

Du, Kan 杜衎
GUO, MO RUO 郭沫若 **(1892-1978)**

Du, Kang 杜康
ZHU, WEN HUI 朱文辉

Du, Ke zhan 杜克展
ZHAO, XUN 赵洵 **(1917-1988)**

DU, KEN TANG 杜肯堂 **(1935-)**
Du, Jian 杜渐

DU, KUI 杜逵 **(1938-)**
Gu, Chuan 谷川

Du, La 杜拉
LEI, SHI YU 雷石榆 **(1911-)**

Du, La 杜拉
MO, YU AN 莫玉安 **(1956-)**

Du, Lei 杜雷
HONG, LIAN SHUN 洪连顺 **(1948-)**

Du, Li 杜力
DU, QIN ZHI 杜勤职 **(1905-1988)**

Du, Li 杜丽
MENG, KE QIN 孟克勤 **(1939-)**

Du, Li 杜李
DU, LIAN SUN 杜连荪 **(1909-)**

Du li 独立
ZHANG, LUO 张洛

Du, Li fu 杜力夫
DU, QIN ZHI 杜勤职 **(1905-1988)**

Du li shan ren 独立山人
PAN, FEI SHENG 潘飞声 **(1857-1934)**

Du li sheng 独立生
ZHANG, BING LIN 章炳麟 **(1869-1936)**

DU, LI XIN 杜立新 **(1960-)**
Du, Chan 杜禅

DU, LIAN SUN 杜连荪 **(1909-)**
Du, Li 杜李
Du, Men 杜门
Du, Zhi shi 杜之诗
He hua 荷花
Li, Jian 李坚
Zhu zhi 助之

DU, LIAN YI 杜连义 **(1947-)**
Li, Zi 李子

DU, LIAN ZHAI 杜联斋 **(1908-1963)**
Bei ying 北婴
Bo ying 伯英
Du, Jing 杜璟
Du, Ying tao 杜颖陶
Jian xiao 剑啸
Lei, Nan 雷南
Lü yi 绿依
Luo 洛
Qing shang 清商
Se zhai 涩斋
Wei 微
Ye he 野鹤
Yun, Sheng 云生
Yun, Shi 云士

Du, Lin feng 杜临风
FENG, LING XIAO 冯凌宵 **(1933-)**

Du, Ling 杜凌
LIU, NING 刘宁 **(1920-)**

Du, Ling 杜陵
CHEN, YU GAN 陈毓淦 **(1917-)**

Du liu 独流
QIN, HAO 秦浩 **(1908-)**

Du, Lu ren 杜鲁人
TAN, YU JUN 谭毓均 **(1906-1969)**

Du, Luo 杜洛
CAO, CHUAN MEI 曹传美 **(1914-1993)**

Du, Luo er 杜洛儿
CAO, CHUAN MEI 曹传美 **(1914-1993)**

Du, Luo fu 杜洛夫
ZHANG, FAN 张帆 **(1909-)**

Du, Luo fu 杜洛甫
ZHANG, FAN 张帆 **(1909-)**

Du, Mai qing 杜麦青
BU, SHI XU 步世绪 **(1914-1973)**

Du man na mu jia 杜曼纳姆嘉
DU, SHENG GUI 杜生贵 **(1955-)**

Du, Mei fen 杜妹芬
SHAO, YAN XIANG 邵燕祥 **(1933-)**

Du, Men 杜门
DU, LIAN SUN 杜连荪 **(1909-)**

Du, Meng 杜蒙
MA, HUA 马骅 **(1916-)**

DU, MIN 杜敏 **(1935-)**
Li, Lan 李兰

Du, Ming 杜明
LIU, GUO XING 刘国兴 **(1915-)**

Du, Ming guo 杜名国
DU, GUO XIANG 杜国庠 **(1889-1961)**

Du mu 独木
WANG, REN SHU 王任叔 (1901-1972)

Du mu qiao 独木桥
ZHANG, SU 张苏 (1900-1988)

Du, Nan 杜南
DU, JIN NAN 杜金南 (1921-)

Du, Nan 杜楠
DU, JIN NAN 杜金南 (1921-)

DU, NAN FA 杜南发 (1952-)
Jiang, Jun 江俊
Jiang, Nan 江南
Nan, Mu 南木
Xiang, Xiu 向秀
Yang, Ye 杨野

DU, NAN XING 杜南星 (1910-1996)
Nan, Xing 南星

DU, NIAN SHAO 杜念绍 (1921-)
Bai, Yun shen 白云深
Du, Tiao 杜苕
Du, Tiao 杜笤
Tiao zhi hua 苕之华
Tiao zi 苕子
Wang, Yang 王羊
Xiao, Long 萧龙

Du, Nie 杜涅
XIE, FU SEN 谢复森 (1919-)

Du, Ning 杜宁
YANG, ZHI HUA 杨之华 (1900-1973)

Du, Pei 都沛
DU, XING QIANG 都兴强 (1949-)

Du, Peng 杜澎
WANG, RUN QUAN 王润泉

DU, PENG CHENG 杜鹏程 (1921-1991)
Du, Hong xi 杜红喜
Du, Hong xi 杜洪溪
Du, Qiong 杜穷
Du, Qiong 杜茕
Pu, Cheng 普诚
Pu cheng 朴诚
Si ma, Jun 司马君

DU, PENG LAI 杜蓬莱 (1920-)
Du, Yu 杜宇
Jin, Meng xing 金孟星
Jin, Mu shui 金木水
Mo, Xun 莫珣
Mu, Jia jun 穆家军
Mu, Lai 穆莱
Mu, Xin 穆欣
Mu, Zhi di 穆之弟
Peng, Lai 彭籁

DU, PI MIAN 杜丕勉 (1943-)
Yan, Si 严思

DU, QI PING 杜启平 (1922-)
Shi, Qin 石琴

DU, QI RONG 杜奇荣 (1929-)
Du, Yu 杜宇
Yan, Fei 燕飞
Yan, Ren 燕人
Yan, Zhao rong 燕赵容
You fu 又甫

Du qi shan ren 都崎山人
LU, JIAO NAN 陆峤南

Du, Qian 杜千
WANG, YOU QIN 王有钦 (1930-)

Du qiao mu 独桥木
LIU, XIAO XIN 刘晓欣 (1958-)

DU, QIN ZHI 杜勤职 (1905-1988)
Dang ran 当然
Du, Li 杜力
Du, Li fu 杜力夫
Du, Ren zhi 杜任之
Li ge 力戈
Liao ran 了然

Du qing 独清
WANG, CHENG 王诚 (1898-1940)

Du, Qing chi 杜清池
DU, QING CHI 杜清持

DU, QING CHI 杜清持
Du, Qing chi 杜清池

Du, Qiong 杜穷
DU, PENG CHENG 杜鹏程 (1921-1991)

Du, Qiong 杜茕
DU, PENG CHENG 杜鹏程 (1921-1991)

Du, Qiu fan 杜秋帆
DU, WEI SUN 杜炜孙 (1873-1933)

Du, Quan 杜泉
TANG, DAO GENG 汤道耕 (1904-1992)

Du, Quan 杜荃
GUO, MO RUO 郭沫若 (1892-1978)

Du, Quan 杜荃
GUO, AN REN 郭安仁 (1909-1968)

Du ren 都人
WEI, JUN HAI 韦俊海 (1955-)

Du, Ren zhi 杜任之
DU, QIN ZHI 杜勤职 (1905-1988)

Du, Ren Zhou 度人舟
XIONG, FU XI 熊福禧 **(1900-1965)**

DU, RONG CHEN 杜荣琛 **(1955-)**
Du, Chi 杜痴
Du, Zi 杜子
Shu dai zi 书呆子

Du, Ruo 杜若
SU, MEI 苏梅 **(1897-1999)**

Du, Ruo 杜若
LU, GUANG YI 鲁广益 **(1911-1984)**

Du, Ruo 杜若
ZUO, JING QING 左景清 **(1912-1984)**

Du, Ruo 杜若
XU, SHOU ZHONG 徐守中 **(1917-)**

Du, Ruo 杜若
KE, SHU BAO 柯叔宝 **(1920-1988)**

Du, Ruo 杜若
LIU, JIA QIONG 刘家璚 **(1926-)**

Du, Ruo 杜若
HE, QI FU 何启富 **(1939-)**

Du, Ruo 杜若
GUAN, FEI 关飞 **(1955-)**

Du ruo 度若
GUAN, FEI 关飞 **(1955-)**

DU, RUO JUN 杜若君 **(1912-1987)**
Yue, Jun 岳钧

Du, Ruo ying 杜若英
XIE, YAO HUI 谢耀辉 **(1919-)**

Du sha 渡沙
WANG, GUO QIANG 王国强

Du Shan 杜山
XIE, XING 谢兴 **(1907-1975)**

DU, SHAO WEN 杜绍文 **(1909-)**
Du, Chao bin 杜超彬
Du, Du 杜都
Du, You kai 杜又开

Du, Sheng 杜生
DU, ZHU CHENG 杜珠成 **(1935-)**

Du sheng 笃生
YANG, YU LIN 杨毓麟 **(1872-1911)**

DU, SHENG GUI 杜生贵 **(1955-)**
Du man na mu jia 杜曼纳姆嘉

DU, SHENG RONG 杜生荣 **(1925-)**
Du, Feng 杜风
Shun ying 舜莹

Du, Shi jia 杜矢甲
DU, GANG 杜刚 **(1915-)**

Du, Shi san 杜十三
HUANG, REN HE 黄人和 **(1950-)**

DU, SHI YING 杜仕英 **(1936-)**
Du, Shi yong 杜士勇

Du, Shi yong 杜士勇
DU, SHI YING 杜仕英 **(1936-)**

Du, Shou su 杜守素
DU, GUO XIANG 杜国庠 **(1889-1961)**

Du, Shu bo 杜曙波
DU, GUANG SHI 杜广狮 **(1936-)**

DU, SHU XIU 杜树修 **(1928-)**
Du, Fu xiu 杜富修
Du, Hong nian 杜鸿年
Tu mu 土木

DU, SHU YING 杜书瀛 **(1938-)**
Tian, Zhong mu 田中木

DU, SHU ZHEN 杜淑贞 **(1948-)**
Du, Xuan 杜萱
Li, Ao 李璈

DU, SONG SHOU 杜松寿 **(1905-)**
An, Du 安都
Fang, Duo 方多
Gong shi 公士
Gong shi 恭士
Qin, Shi 秦实
Ruo meng 若蒙
Ruo wen 若文
Shi wei 士未
Shi, Wen 石文
Tuo mu 拓牧
Wang, Yang 王羊

Du, Tan 杜谈
DU, XING SHUN 杜兴顺 **(1911-1986)**

Du, Tiao 杜笤
DU, NIAN SHAO 杜念绍 **(1921-)**

Du, Tong li 杜同力
DU, ZI JING 杜子劲 **(1898-1955?)**

Du, Tu 杜土
GUI, HAN BIAO 桂汉标 **(1949-)**

Du, Wan 杜万
DAI, MENG OU 戴梦鸥 **(1905-1950)**

Du, Wan shu 杜顽庶
GUO, MO RUO 郭沫若 **(1892-1978)**

Du, Wang zhi 杜望之
DU, ER WEI 杜而未 **(1915-)**

Du, Wei 杜微
REN, NAI FAN 任廼凡 **(1906-1986)**

Du, Wei 杜微
LI, CHUN QING 李纯青 **(1908-1990)**

Du, Wei 杜微
ZHANG, YI HOU 张逸侯 **(1916-1978)**

Du, Wei 杜蘶
WANG, SEN RAN 王森然 **(1895-1984)**

Du, Wei dong 杜卫东
DU, DONG QI 杜栋齐 **(1953-)**

DU, WEI MING 杜维明 **(1963-)**
Chu, Wei 楚潍

Du, Wei mo 杜未末
DU, XIN 杜鑫 **(1926-)**

Du, Wei mo 杜维沫
DU, XIN 杜鑫 **(1926-)**

DU, WEI SUN 杜炜孙 **(1873-1933)**
Cang fu 伧父
Cang sou 伧叟
Cao cao shuai weng 草草衰翁
Chen, Zhong yi 陈仲逸
Du, Qiu fan 杜秋帆
Du, Ya quan 杜亚泉
Gao, Lao 高劳
Hua yang Chen Zhong yi 华阳陈仲逸
Qiu fan 秋帆
Ya quan 亚泉

DU, WEN CHENG 杜文成
Lin, Qi 林栖
Nan, Xing 南星

Du, Wen da 杜文达
DU, ZHI KUI 杜之逵 **(1932-)**

Du, Wen feng 杜文风
CHEN, JIAN CHENG 陈建成 **(1941-)**

DU, WEN GENG 杜文更 **(1942-)**
Hai, Yue 海月
Shang, Fu 尚甫

DU, WEN HE 杜文和 **(1954-)**
He zi 禾子
Mo shi 默士
Yue, Feng 越风

Du, Wen jing 杜文靖
DU, HAO HUI 杜皓晖 **(1947-)**

DU, WEN LIAN 杜文煉 **(1903-1983)**
Du, Gang bai 杜钢百
Du, Gang bai 杜岗柏
Gao, Pu 高朴
Gao, Pu 高普

DU, WEN XIAN 杜文贤 **(1960-)**
Hui ying 慧盈
Ka fu 卡夫
Ya zi 痖子

Du, Wu 杜芜
WEI, CANG SHI 魏沧石 **(1928-)**

DU, XI 杜羲 **(1887-1936)**
You qian 宥前
You quan 幼泉
You quan 友荃
Zhong, Fu 仲虙
Zhong, Mi 仲宓

Du, Xi bing 杜惜冰
ZHOU, JIAN XIAO 周剑箫 **(1911-1992)**

DU, XI RUI 杜锡瑞 **(1947-)**
Jin, Yi 金易

DU, XI TANG 杜希唐 **(1915-)**
Meng, Liang 孟良
Pu, Liu 蒲柳

DU, XI TANG 杜锡棠
Lu si 露丝

DU, XI WU 杜锡武 **(1927-)**
Lin, Cao 林草
Lin, Hong 林红
Qin, Lin 秦林
Xiao lin 小林

DU, XIA YUN 杜霞云 **(1937-)**
Dong fang, Yi he 东方逸鹤
Du, Juan 杜鹃
Wang xia 望遐
Xiao, Yu 萧宇

DU, XIAN QING 杜显清 **(1922-)**
Da shi 大石

DU, XIANG MING 杜祥明 **(1932-)**
Yan, Di 严地

Du xiao 独笑
PANG, SHU SONG 庞树松

DU, XIAO SI 杜肖思
Shuang hua 霜华

DU, XIN 杜鑫 **(1926-)**
Du, Wei mo 杜未末
Du, Wei mo 杜维沫
Du, Yu 杜宇
Li, Fei 李非
Wei mo 微末
Wen, Xiao 文驍

Du xing 独行

CHEN, ZHENG XIANG 陈正祥 **(1920-)**

DU, XING FU 都幸福 **(1935-)**
Yi ding 一丁
Zhe yi 者邑

DU, XING QIANG 都兴强 **(1949-)**
Du, Pei 都沛

DU, XING SHUN 杜兴顺 **(1911-1986)**
Bai, Te 白特
Dou, Yin fu 窦隐夫
Du, Tan 杜谈
Du, Ying fu 杜英夫
Yin fu 隐夫
Zhu, Peng 朱彭

Du xiu 独秀
CHEN, DU XIU 陈独秀 **(1879-1942)**

Du xiu shan min 独秀山民
CHEN, DU XIU 陈独秀 **(1879-1942)**

DU, XIU SHI 杜秀实 **(1923-)**
Du, Xiu shi 杜岫石

Du, Xiu shi 杜岫石
DU, XIU SHI 杜秀实 **(1923-)**

Du, Xuan 杜宣
GUI, CANG LING 桂苍凌 **(1914-)**

Du, Xuan 杜萱
DU, SHU ZHEN 杜淑贞 **(1948-)**

DU, XUE SHU 杜学舒
Xue shu 雪舒

Du, Ya 杜亚
WU, KUN JI 吴坤纪 **(1933-)**

Du, Ya quan 杜亚泉
DU, WEI SUN 杜炜孙 **(1873-1933)**

DU, YA YU 杜亚瑜
Yu qi 聿期

Du, Yan 杜衍
GUO, MO RUO 郭沫若 **(1892-1978)**

DU, YAN ZHI 杜彦之 **(1922-)**
Du, Bo 杜波
Fang, Li 方黎
Xia, Sha 夏沙
Yan, Zi 燕梓

Du ye 渡也
CHEN, QI YOU 陈启佑 **(1953-)**

DU, YE MU 杜也牧 **(1910-1984)**
Bai, Xi 白兮
Gu, Bai 古柏
Ke, Di 柯狄
Kong, Ling ji 孔令寂
Su, Su 苏苏
Suo er 索耳
Wang yang 望阳
Xuan, Xin zhao 宣心照
Zhong, Wang yang 钟望阳

Du, Yi 杜夷
YOU, LU HUI 游禄辉 **(1939-)**

Du, Yi 杜衣
WANG, JING XI 王敬羲 **(1933-)**

Du, Yi 杜意
DU, YU HUA 杜玉华 **(1940-)**

Du yi 独逸
FAN, ZHONG YUN 樊仲云 **(1899-)**

Du yi 读易
GU, HONG MING 辜鸿铭 **(1857-1928)**

Du, Yi bai 杜一白
DU, YI BO 杜毅伯 **(1933-)**

DU, YI BO 杜毅伯 **(1933-)**
Du, Yi bai 杜一白

Du yi lao ren 读易老人
GU, HONG MING 辜鸿铭 **(1857-1928)**

Du, Yi ming 杜亦鸣
REN, ZHUO XUAN 任卓宣 **(1896-1990)**

Du, Yin 杜印
REN, TONG 任垌 **(1919-)**

Du ying 独应
ZHOU, SHU REN 周树人 **(1881-1936)**

Du ying 独应
ZHOU, ZUO REN 周作人 **(1885-1967)**

Du, Ying fu 杜英夫
DU, XING SHUN 杜兴顺 **(1911-1986)**

Du, Ying tao 杜颖陶
DU, LIAN ZHAI 杜联斋 **(1908-1963)**

Du, You kai 杜又开
DU, SHAO WEN 杜绍文 **(1909-)**

DU, YOU MING 杜又明 **(1915-1983)**
A meng 阿蒙
Bian, Zhi men 卞之门
Cao, Sheng 曹声
Da bai 大白
Gao, Da ming 高大明
Jiang, Huai he 江淮河
Leng, Hua 冷桦
Sha, Yu 沙彧
Wang, Nai 王乃
Yu, Mo wo 于沫我
Yuan, Zhi yuan 袁之园

Zeng, Qi fei 曾起飞

Du, Yu 杜宇
DAN, SHENG WU 但绳武 **(1896-1972)**

Du, Yu 杜宇
TU, XIANG YU 涂翔宇 **(1916-)**

Du, Yu 杜宇
DU, PENG LAI 杜蓬莱 **(1920-)**

Du, Yu 杜宇
BAI, GUANG ZHENG 白光正 **(1922-)**

Du, Yu 杜宇
DU, XIN 杜鑫 **(1926-)**

Du, Yu 杜宇
DU, QI RONG 杜奇荣 **(1929-)**

Du, Yu 杜宇
CHEN, ZONG HAN 陈宗汉 **(1940-)**

Du, Yu 杜宇
SUN, WEI MANG 孙玮芒 **(1955-)**

Du, Yu 杜雨
MENG, KE QIN 孟克勤 **(1939-)**

Du yu 蠹鱼
HUANG, XI MING 黄锡鸣 **(1946-)**

DU, YU HUA 杜玉华 **(1940-)**
Du, Yi 杜意

Du, Yu ling 杜宇玲
GUO, XUE FANG 郭雪芳 **(1961-)**

DU, YU XIN 杜玉新
Du, Chai 杜茝
Ruo meng 若梦
Xi meng 希蒙
Yi xin 忆新

DU, YUAN 杜远 **(1957-)**
Lu, Yuan 路远

Du yue lou zhu ren 读月楼主人
CAI, WEI LIAN 蔡伟濂 **(1923-)**

DU, YUN BIN 杜云滨 **(1941-)**
Du, Jun 杜峻

DU, YUN XIE 杜运燮 **(1918-)**
Wu, Da han 吴达翰
Wu, Jin 吴进
Yun xie 运燮

DU, YUN ZHANG 杜韫章 **(1905-)**
Zhang, Yun 章蕴

DU, YUN ZHI 杜云之 **(1923-)**
Yi gong 艺公

Du, Zai 杜哉
LIU, WEN XIAN 刘文铣 **(1922-)**

Du, Zhao tang 杜召棠
DU, FA EN 杜发恩 **(1891-1983)**

Du, Zhen 杜真
LIN, GAN QUAN 林甘泉 **(1931-)**

Du, Zhen yi 杜振衣
OU, ZONG ZHI 欧宗智 **(1954-)**

Du, Zhen yuan 杜镇远
DU, DE JIE 杜德傑 **(1944-)**

DU, ZHI KUI 杜之逵 **(1932-)**
Du, Wen da 杜文达

Du, Zhi shi 杜之诗
DU, LIAN SUN 杜连荪 **(1909-)**

Du zhi tang 独志堂
ZHANG, QI HUANG 张其锽 **(1877-1927)**

Du, Zhong 杜仲
CHEN, TING CHAO 陈听潮 **(1902-)**

Du, Zhou 杜周
DU, ZHU CHENG 杜珠成 **(1935-)**

DU, ZHU CHENG 杜珠成 **(1935-)**
Du, Cheng 杜诚
Du, Sheng 杜生
Du, Zhou 杜周
Duo fei 多非
Yu, Fei 于非
Yu, Wen 于文

Du, Zhu jun 杜竹君
LI, YI MANG 李一氓 **(1902-1990)**

DU, ZHU XUAN 杜竹轩 **(1883-)**
Zhu, Xuan 竹宣

DU, ZHUO SHU 杜卓曙 **(1954-)**
Zhuo, Shu 卓曙

Du, Zi 杜子
DU, RONG CHEN 杜荣琛 **(1955-)**

DU, ZI JING 杜子劲 **(1898-1955?)**
Du, Tong li 杜同力

DU, ZONG XUN 杜宗勋
Du, Jian 杜健

Du zun 独尊
LI, SHI QUAN 李世铨 **(1879-1943)**

Du zun 独尊
CHEN, PEI LIN 陈沛霖

Du, Zuo ren 杜作人
REN, ZHUO XUAN 任卓宣 **(1896-1990)**

Duan 端

TANG, DUAN YI 唐端毅 **(1913-1992)**

Duan, Bai chun 段白莼
DUAN, KE QING 段可情 **(1899-   )**

Duan, Bai su 段白苏
DUAN, KE QING 段可情 **(1899-   )**

DUAN, BAO LIN 段宝林 **(1934-   )**
Bai, Ding 白丁
Chen, Zhen 陈真
Lin, Zhong 林中
Xiao, Bao 肖宝

Duan bing 短兵
LIN, TIE HUN 林铁魂 **(1900-   )**

Duan, Chao ren 段超人
DUAN, YING 段英 **(1910-   )**

DUAN, CHENG HU 段承祜 **(1919-   )**
Gui, Ming 桂明

Duan, Cheng ming 段成明
DUAN, SHEN MIN 段慎民 **(1931-   )**

Duan, Chuan xiao 段传孝
DUAN, KE QING 段可情 **(1899-   )**

DUAN, DE CHENG 段德成 **(1928-   )**
Lin, Chen 林辰

Duan, Fei 段飞
DUAN, RUI TANG 段瑞堂 **(1942-   )**

Duan fu 端父
HUA, JUN WU 华君武 **(1915-   )**

DUAN, GENG XIN 段更新 **(1940-   )**
Gu, Huai 谷怀

Duan gong 端公
SHEN, DUAN XIAN 沈端先 **(1900-1995)**

DUAN, GUAN ZHI 段贯之 **(1933-   )**
Tao zhi 韬之

DUAN, GUO 段果 **(1953-   )**
Ni feng 逆风

DUAN, HAI FENG 段海峰 **(1963-   )**
Hai, Feng 海风

Duan, Han sun 段翰荪
DUAN, ZE HANG 段泽杭 **(1901-1946)**

Duan hong shu shi 断虹书室
CHENG, DING XING 程鼎兴 **(1904-1933)**

Duan, Hua 段华
XU, YONG 许勇 **(1969-   )**

DUAN, JI ZHANG 段吉璋 **(1928-   )**
Chuan mu shan nü 椽木山女

DUAN, JIA FENG 段家锋 **(1924-   )**
Hui tian 惠天

DUAN, JIAN ZHEN 段建真 **(1936-   )**
Cha nong 茶农

DUAN, KE QING 段可情 **(1899-   )**
Bai, Chun 白莼
Bai, Chun jin 白纯金
Duan, Bai chun 段白莼
Duan, Bai su 段白苏
Duan, Chuan xiao 段传孝
Jin man 锦蛮

DUAN, KE XING 段克兴 **(1906-   )**
Ban shan 半山

DUAN, LIAN RONG 段连荣 **(1912-   )**
Duan, Yun 段云

Duan liu 端六
WANG, QU CHANG 王蘧常 **(1900-1989)**

DUAN, MEI 段玫 **(1931-   )**
Nan, Hang 南航

DUAN, MEI FANG 段玫芳 **(1941-   )**
Fang, Yan 方言
Yan, Yan 言言

DUAN, MU HUAI 段暮怀 **(1963-   )**
Duan, Sheng bai 段生柏
Shan quan 山泉
Wan nan 晚南

Duan mu, Fang 端木方
LI, WEI 李玮 **(1921-   )**

Duan mu, Feng 端木风
LÜ, ZONG QUAN 吕宗权 **(1928-   )**

Duan mu, Hao 端木豪
HU, DUAN HAO 胡端豪 **(1923-   )**

Duan mu, Hao feng 端木豪风
HU, DUAN HAO 胡端豪 **(1923-   )**

Duan mu, Heng 端木珩
WANG, NIAN QIAO 王年樵 **(1923-   )**

Duan mu, Hong 端木红
LIANG, HUI ZHU 梁慧珠 **(1925-   )**

Duan mu, Hong 端木虹
HUANG, AI MIN 黄爱民 **(1939-   )**

Duan mu, Hong liang 端木蕻良
CAO, JING PING 曹京平 **(1912-   )**

Duan mu, Jun 端木军
CHEN, YUAN FA 陈源发 **(1932-   )**

DUAN MU, KAI 端木恺 **(1901-1987)**
Duan mu, Zhu qiu 端木铸秋
Zhu qiu 铸秋

Duan mu, Qiao 端木桥
CEN, RU YANG 岑汝养 (1926-)

Duan mu, Qing zhi 端木青枝
LÜ, DE HUA 吕德华 (1927-)

Duan mu, Shuo 端木朔
CHEN, QIU FANG 陈秋舫 (1926-)

Duan mu, Xing huo 端木星火
CHEN, QIU FANG 陈秋舫 (1926-)

Duan mu, Yang 端木扬
WU, YU HONG 吴宇洪 (1920-1966)

Duan mu, Ye 端木野
WEI, DUAN 魏端 (1924)

Duan mu, Yi fei 端木翊斐
WANG, YU 王余 (1949-)

Duan mu, Zhou 端木舟
ZHOU, WEI JIE 周维介 (1952-)

Duan mu, Zhu qiu 端木铸秋
DUAN MU, KAI 端木恺 (1901-1987)

Duan mu, Zong heng 端木纵横
LIU, JI XIAN 刘集贤 (1933-)

Duan na 端纳
ZHANG, GUANG CHEN 张光琛 (1922-)

Duan na 端纳
ZHANG, YAN 张彦 (1938-)

Duan ni 端尼
TANG, DUAN YI 唐端毅 (1913-1992)

Duan ni 端倪
NI, BAO CHENG 倪宝诚 (1935-)

Duan, Ping 段平
DUAN, PING AN 段平安 (1931-)

DUAN, PING 段平 (1936-)
Shu, Hui 束蕙

DUAN, PING AN 段平安 (1931-)
Chuan liu 川流
Duan, Ping 段平

Duan qing 短擎
GAO, YANG YU 高仰愈 (1898-1949)

DUAN, QUAN RUO 段泉若
Quan ruo 泉若

DUAN, RU DONG 段儒东 (1942-)
Yu dong 雨东

DUAN, RUI TANG 段瑞堂 (1942-)
Duan, Fei 段飞

DUAN, RUO FEI 段若非 (1936-)
Duan, Shi xian 段世贤

DUAN, SHEN MIN 段慎民 (1931-)
Duan, Cheng ming 段成明

Duan sheng 端昇
QIAN, DUAN SHENG 钱端升 (1900-1990)

Duan, Sheng bai 段生柏
DUAN, MU HUAI 段暮怀 (1963-)

Duan, Shi xian 段世贤
DUAN, RUO FEI 段若非 (1936-)

DUAN, SU SHAN 段宿山 (1962-)
Duan, Wen fei 段文飞
Su shan 宿山
Wen, Гei 文飞

DUAN, TI LI 段体礼 (1902-)
Duan, Zi jing 段子敬

Duan, Tian heng 段天衡
YU, CHUN HOU 于纯厚 (1924-)

DUAN, WEI YONG 段惟庸 (1923-)
Ge, Zhen 葛珍
Yi ming 彝铭

Duan, Wen fei 段文飞
DUAN, SU SHAN 段宿山 (1962-)

DUAN, WEN HUA 段文华 (1949-)
Xiao wei 笑薇

DUAN, WEN JIE 段文杰 (1917-)
Duan, Ya qin 段雅勤
Duan, Ye guang 段业广

Duan xi 端喜
WEN, HUAN RAN 文焕然 (1919-1986)

Duan xian 端先
SHEN, DUAN XIAN 沈端先 (1900-1995)

DUAN, XIANG JUN 段相君 (1942-)
Bai, Ding 白丁
Duo nong 多农
Qiu, Nong 秋农

DUAN, XING MIAN 段杏绵 (1928-)
Xing mian 杏绵

Duan, Xu 段续
DUAN, ZHAO JING 段肇京 (1930-)

Duan xu 端绪
ZHANG, AI PING 张爱萍 (1910-)

Duan, Xue sheng 段雪生
DUAN, ZE HANG 段泽杭 (1901-1946)

Duan, Xue sheng 段雪笙
DUAN, ZE HANG 段泽杭 (1901-1946)

Duan, Ya qin 段雅勤

DUAN, WEN JIE 段文杰 (1917-)

DUAN, YANG 段杨 (1956-)
Cheng, Yi 程义
Yang, Yi 杨易

Duan, Yang 段洋
YANG, RONG CHANG 杨荣昌 (1951-)

Duan yang 端阳
QIU, ZUO PING 邱作屏 (1924-)

Duan, Ye guang 段业广
DUAN, WEN JIE 段文杰 (1917-)

Duan yi 端毅
TANG, DUAN YI 唐端毅 (1913-1992)

DUAN, YING 段英 (1910-)
Duan, Chao ren 段超人
Ying, Zi 英子

DUAN, YU NONG 段禹农 (1957-)
Xiao yu 晓雨

DUAN, YUE QING 段跃庆 (1958-)
Bai, Shui 白水
Lu, Yu 鲁愚
Yao, Yuan 尧元

Duan, Yun 段云
DUAN, LIAN RONG 段连荣 (1912-)

Duan yun 端云
LU, YI FEI 陆一飞 (1931-)

DUAN, ZE HANG 段泽杭 (1901-1946)
Duan, Han sun 段翰荪
Duan, Xue sheng 段雪生
Duan, Xue sheng 段雪笙
Xue ceng ying 雪层樱
Xue chen 雪晨
Xue sheng 雪笙

DUAN, ZHAO JING 段肇京 (1930-)
Duan, Xu 段续

DUAN, ZHU LIN 段竹林 (1929-)
Zhou, Yu 周予
Zhu, Lin 竹林

Duan zi 端紫
QIU, ZUO PING 邱作屏 (1924-)

Duan, Zi jing 段子敬
DUAN, TI LI 段体礼 (1902-)

Dui 兑
QU, XUAN YING 瞿宣颖 (1892-1973)

Dui an tong bao 对岸同胞
LI, CHUN QING 李纯青 (1908-1990)

Dui he 对河
LI, SI FA 李思法 (1944-)

Dui lu 兑庐
SHEN, ZENG ZHI 沈曾植 (1850-1922)

Dui shu shu wu 对树书屋
ZHAO, YI CHEN 赵诒琛 (-1934)

Dui yu 对宇
CHEN, WANG HENG 陈望衡 (1944-)

Dui yuan 兑园
QU, XUAN YING 瞿宣颖 (1892-1973)

Dui zhi 兑之
QU, XUAN YING 瞿宣颖 (1892-1973)

Dun 盾
SHEN, YAN BING 沈雁冰 (1896-1981)

Dun an 钝安
FU, XIONG XIANG 傅熊湘 (1883-1930)

Dun an 钝庵
FU, XIONG XIANG 傅熊湘 (1883-1930)

Dun an 遯厂
QIN, DING YI 秦鼎彝 (1877-1906)

Dun an 遯庵
XU, BING CHANG 徐炳昶 (1888-1976)

Dun an 遯菴
QIN, DING YI 秦鼎彝 (1877-1906)

Dun an 遯菴
XU, BING CHANG 徐炳昶 (1888-1976)

Dun chu 钝初
SONG, JIAO REN 宋教仁 (1882-1913)

Dun chu 遯初
SONG, JIAO REN 宋教仁 (1882-1913)

Dun fu 敦夫
XIE, JUE ZAI 谢觉哉 (1884-1971)

Dun fu 敦夫
JIANG, GUANG CI 蒋光慈 (1901-1931)

Dun ge 盾戈
XU, FU BAO 徐甫堡 (1913-)

Dun gen 钝根
FU, XIONG XIANG 傅熊湘 (1883-1930)

Dun gen 钝根
WANG, HUI 王晦 (1888-1950?)

Dun gen 饨根
CHEN, DUN GEN 陈钝根

Dun gong 沌公
ZHANG, XIANG WEN 张相文 (1867-1933)

Dun gong 遯公

QIN, DING YI 秦鼎彝 **(1877-1906)**

Dun gu ju shi 沌谷居士
ZHANG, XIANG WEN 张相文 **(1867-1933)**

Dun huan 钝宧
MAO, GUANG SHENG 冒广生 **(1873-1959)**

Dun jian 钝剑
GAO, XU 高旭 **(1877-1925)**

Dun jian 钝剑
FU, XIONG XIANG 傅熊湘 **(1883-1930)**

Dun ju shi 钝居士
SHEN, RU JIN 沈汝瑾 **(1858-1917)**

Dun kai 敦恺
ZHENG, DUN KAI 郑敦恺 **(1918-)**

Dun kan 遯堪
ZHANG, ER TIAN 张尔田 **(1874-1945)**

Dun li shan da 遯力山大
QIN, DING YI 秦鼎彝 **(1877-1906)**

Dun lou zhu ren 遁楼主人
LIN, XIAN TANG 林献堂 **(1881-1956)**

Dun pang 敦庞
XU, MAO RONG 徐茂荣 **(1911-1977)**

Dun pu 遯圃
GUO, ZE YUN 郭则澐 **(1884-1940)**

Dun qing 敦庆
WANG, DUN QING 王敦庆 **(1898-1990)**

Dun san 钝三
HOU, REN JUN 侯人俊 **(1930-)**

Dun shui 钝水
FANG, HAO 方豪 **(1910-1980)**

Dun sou 遯叟
SHEN, ZENG ZHI 沈曾植 **(1850-1922)**

Dun sou 遯叟
HU, NAI AN 胡耐安 **(1903-)**

Dun tian 遁天
LÜ, BI CHENG 吕碧城 **(1883-1943)**

Dun tie 钝铁
DENG, TIE 邓铁 **(1898-1963)**

Dun wei 敦伟
LUO, DUN WEI 罗敦伟 **(1898-1964)**

Dun weng 钝翁
SUN, KAI DI 孙楷第 **(1898-1986)**

Dun weng 遯翁
HE, JIAN CONG 何鑑琮 **(1905-)**

Dun xing 敦行
SHEN, DENG YING 沈登瀛 **(1904-1968)**

Dun yi 敦易
YAN, DUN YI 严敦易 **(1905-1962)**

Dun yuan 遯园
HU, NAI AN 胡耐安 **(1903-)**

Dun yuan 遯园
SU, YUAN LEI 苏渊雷 **(1908-)**

Dun zhe 敦者
ZHAO, JIAN YU 赵建玉 **(1953-)**

Dun zhuo 钝拙
SHOU, ZHU LIN 寿洙邻 **(1871-1961)**

Duo 铎
ZHENG, ZHEN DUO 郑振铎 **(1898-1958)**

Duo 铎
ZHAO, CHAO GOU 赵超构 **(1910-1992)**

Duo 铎
LÜ, CHAO XIANG 吕朝相 **(1919-)**

Duo duo 多多
WANG, PU 王璞 **(1950-)**

Duo duo 多多
LI, SHI ZHENG 栗世征 **(1951-)**

Duo fei 多非
DU, ZHU CHENG 杜珠成 **(1935-)**

Duo feng 铎烽
SUN, XIAO ZU 孙孝祖 **(1931-)**

Duo fo 多佛
LIN, HUAN ZHANG 林焕彰 **(1939-)**

Duo gong 鐸公
LONG, YU SHENG 龙榆生 **(1902-1966)**

Duo la 朵拉
LIN, YUE SI 林月丝 **(1954-)**

Duo la 朵拉
PAN, AI LIAN 潘爱莲

Duo lin 朵林
CHEN, HUA SHU 陈华淑 **(1939-)**

Duo ling 多灵
PAN, GAN TING 潘幹庭 **(1909-1979)**

Duo min 铎民
ZHENG, ZHEN DUO 郑振铎 **(1898-1958)**

Duo mo 多默
ZHANG, MING JIN 张明锦

Duo mu 多木
FAN, LIN 樊林 **(1939-)**

Duo nong 多农

DUAN, XIANG JUN 段相君 **(1942-)**

Duo si 朵思
ZHOU, CUI QING 周翠卿 **(1939-)**

Duo wei 多韦
HUANG, DU WEI 黄笃维 **(1918-)**

Duo wen 多闻
YAO, SAN YOU 姚三友 **(1925-)**

Duo wen zhi 多问之
ZANG, YUAN WANG 臧瑗望 **(1903-1946)**

Duo xian xuan tong 掇献玄同
QIAN, XUAN TONG 钱玄同 **(1887-1939)**

Duo yi mu 多一木
WU, SONG QIAO 伍松乔 **(1948-)**

Duo zhi yu 惰之余
YANG, FU DONG 杨复冬 **(1922-1978)**

E

E. E.
LEI, ZENG XI 雷曾熹 **(1906-1990)**

E.L.
ZHANG, XING ZHI 张星芝 **(1901-1934)**

EL
ZHOU, SHU REN 周树人 **(1881-1936)**

ELEF
ZHOU, SHU REN 周树人 **(1881-1936)**

E. S.
XIAO, ZI ZHANG 萧子暲 **(1896-1983)**

Eltunko
XU, SHOU ZHEN 许寿真 **(1914-1949)**

Emi Siao
XIAO, ZI ZHANG 萧子暲 **(1896-1983)**

E 谔
GU, LIN SHI 顾麟士 **(1865-1930)**

E e 谔谔
XU, ZHI MO 徐志摩 **(1896-1931)**

E hua 鄂华
CHENG, QING HUA 程庆华 **(1932-)**

E, JI MENG 鄂吉梦
Shi, Ming 时明

E jia 峨伽
JIANG, HAI CHENG 蒋海澄 **(1910-1996)**

E jia 莪伽
JIANG, HAI CHENG 蒋海澄 **(1910-1996)**

E jian 鄂剑
DANG, GUO DONG 党国栋 **(1936-)**

E jun 萼君
FU, LEI 傅雷 **(1908-1966)**

E liao 莪蓼
ZHANG, TUO WU 张拓芜 **(1928-)**

E mei 萼梅
ZHOU, E MEI 周娥眉 **(1929-)**

E pi 噩疋
XU, MO YU 许默语 **(1913-1945?)**

E qing 锷青
CAI, YUAN PEI 蔡元培 **(1868-1940)**

E sheng 谔声
YAN, E SHENG 严谔声 **(1898-1969)**

E shi 谔士
LUO, JI ZU 罗继祖 **(1913-)**

E shi zhi guan 恶诗之官
WU, JUN QING 吴俊卿 **(1844-1927)**

E sou 饿叟
QI, HUANG 齐璜 **(1864-1957)**

E xi lao ren 鹅溪老人
FAN, ZENG XIANG 樊增祥 **(1846-1931)**

E yi 谔一
GU, LIN SHI 顾麟士 **(1865-1930)**

E, ZHI YONG 鄂志永 **(1931-)**
Fang, Jing yu 方景玉

E zi 萼子
FU, LEI 傅雷 **(1908-1966)**

En da 恩大
GUO, EN DA 郭恩大 **(1919-1976)**

En fu 恩夫
LIU, ZHAN YING 刘战英 **(1943-)**

En he 恩和
LU, DAN LIN 陆丹林 **(1898-1972)**

En lai 恩来
ZHOU, EN LAI 周恩来 **(1898-1976)**

En miao 恩淼
SHI, DE SHAN 施德善 **(1955-)**

En run 恩润
ZOU, EN RUN 邹恩润 **(1895-1944)**

En wei ming 恩维铭
ZHANG, YI HOU 张逸侯 **(1916-1978)**

En zhao 恩召
DING, XING 丁星 **(1924-)**

Er ba 二八
LI, ZHEN YING 李震瀛

Er ba shou 二把手
LI, SHI YING 李士英 (1912-)

Er bai 尔柏
GAO, ER BAI 高尔柏 (1901-)

Er bei 二北
REN, NE 任讷 (1897-1991)

Er bin 贰鬓
XU, BO XU 徐伯訏 (1908-1980)

Er bu ju shi 二不居士
DENG, FEN 邓芬 (1894-1964)

Er can 二残
LIU, SHAO MING 刘绍铭 (1934-)

Er chi 二痴
WANG, DE QI 王德錡

Er chun ju shi 二春居士
LI, BAO JIA 李宝嘉 (1867-1906)

Er dai 二呆
ZHAO, TONG HE 赵同和 (1916-)

Er dai 耳代
CHEN, TING SHI 陈庭诗 (1916-)

Er de 尔德
WANG, XIN DI 王馨迪 (1912-)

Er ding 二丁
MEI, MING ZHENG 梅明正 (1922-)

Er dong 尔东
FU, CHENG MO 傅承谟 (1922-)

Er dong 尔东
CHEN, HUI GUAN 陈惠冠 (1935-)

Er dong 耳东
FU, CHENG MO 傅承谟 (1922-)

Er dong 耳东
CHEN, XUN RU 陈巽如 (1949-)

Er dong 迩冬
CHEN, ZHONG YAO 陈钟瑶 (1913-1990)

Er feng 尔风
ZHENG, SHI ZHONG 郑世忠 (1954-)

Er gong 尔弓
MI, SONG YI 弥松颐 (1939-)

Er han 二憨
ZHAO, JUN SHENG 赵俊生 (1944-)

Er he 二合
OU YANG, HUI XU 欧阳恢绪 (1924-)

Er ji 耳击
LU, QI 陆琦 (1957-)

Er jiu 二九
MA, JUN 马骏 (1895-1928)

Er lang 二郎
YUAN, XIAN AN 袁贤安 (1874-1954)

Er lang shen 二郎神
YI, JIA YUE 易家钺 (1898-1972)

Er ling 尔龄
WANG, ER LING 王尔龄

Er ma 二马
FENG, DENG YUAN 冯登源 (1937-)

Er mei 尔眉
LIU, GUO SONG 刘国松

Er mei 尔梅
ZHAI, QING HE 翟庆和 (-1949)

Er mu 二木
FAN, QIN YAO 范钦尧 (1954-)

Er nu lao ren 二驽老人
ZHAO, SHI GANG 赵时棡 (1874-1945)

Er qu 二渠
WANG, ZHI ZHANG 王芷章 (1903-1982)

Er qu ye sou 二曲野叟
YANG, LONG SHAN 杨隆山 (1914-)

Er quan ting zhang 二泉亭长
WANG, YUN ZHANG 王蕴章 (1884-1942)

Er sa 尔萨
SU, FEI 苏菲 (1919-)

Er shi ba hua sheng 二十八劃生
MAO, ZE DONG 毛泽东 (1893-1976)

Er shuang zi 二双子
JIANG, HAI JIANG 蒋海将 (1961-)

Er song 尔松
GAO, ER SONG 高尔松 (1900-)

Er wan 尔琬
ZHANG, SHU XIA 张淑侠 (1923-)

Er wan 尔琬
ZHANG, SHU YING 张淑英 (1923-)

Er wang 尔忘
ZHOU, KAI QING 周开庆 (1906-)

Er wu ju shi 二毋居士
ZHANG, RU ZHOU 张汝舟 (1899-1982)

Er xu 尔序
CAO, ER XU 曹尔序 (1926-)

Er ya 二丫
GAO, SHU QING 杲淑清 (1920-)

Er ya 二鸦
NIE, GAN NU 聂甘弩 **(1903-1986)**

Er yan shi zhu 二研室主
LI, SHEN YAN 李慎言 **(1859-1931)**

Er yang 二阳
YANG, YANG 杨阳 **(1946-)**

Er yang 尔羊
DING, SHAN XI 丁善玺 **(1936-)**

Er ye 耳耶
NIE, GAN NU 聂甘弩 **(1903-1986)**

Er ye 耳耶
XU, WEI 徐炜 **(1916-)**

Er yi 而已
XIA, ZHENG HE 夏正和 **(1904-)**

Er yi 而已
LIU, DA HAI 刘大海 **(1920-)**

Er yi lao ren 二一老人
LI, WEN TAO 李文涛 **(1880-1942)**

Er you 二油
ZHANG, XIN YUAN 张心远 **(1895-1967)**

Er yu 尔玉
ZHU, XI 朱玺 **(1894-1921)**

Er yu 尔玉
LIU, XI 刘玺 **(1939-)**

Er yue 二月
YAN, GUANG ZONG 鄢光宗 **(1946-)**

Er yue he 二月河
LING, JIE FANG 凌解放 **(1945-)**

Er yun 二云
KUANG, ZHOU YI 况周颐 **(1859-1926)**

Er zhan lao min 二瞻老民
ZHU, QI ZHAN 朱屺瞻 **(1892-)**

Er zhi 尔之
SHI, LIAN XUE 石联学 **(1906-)**

F

F
ZHU, WEN YAO 朱文尧

F. K.
PENG, JIA HUANG 彭家煌 **(1898-1933)**

F. M.
YUN, DAI YING 恽代英 **(1895-1931)**

F. O.
LI, DA ZHAO 李大钊 **(1889-1927)**

F nü shi F女史
JIANG, YU SHEN 江郁燊 **(1916-1984)**

F S
FENG, XUE FENG 冯雪峰 **(1903-1976)**

Francais Houang
HUANG, JIA CHENG 黄家城 **(1911-)**

Fa cheng 法城
LI, WEN TAO 李文涛 **(1880-1942)**

Fa chuang 法幢
LI, WEN TAO 李文涛 **(1880-1942)**

Fa ding 法丁
ZHAO, YONG HAI 赵永海 **(1961-)**

Fa fa 法筏
ZHANG, DA QIAN 张大千 **(1899-1983)**

Fa fo 法佛
PENG, LONG FEI 彭龙飞 **(1936-)**

Fa kong 法空
CHEN, FA KONG 陈法空

Fa ren 法忍
CHEN, QU BING 陈去病 **(1874-1933)**

Fa ri 法日
LI, WEN TAO 李文涛 **(1880-1942)**

Fa shao 法绍
LIN, FA SHAO 林法绍

Fa shen 伐申
LI, DA ZHAO 李大钊 **(1889-1927)**

Fa sheng 发生
WU, YIN YI 吴因易 **(1946-)**

Fa shu 发抒
ZHOU, FA SHU 周发书 **(1931-)**

Fa wang 法旺
BI, JIAN GUO 毕建国 **(1949-)**

Fa xian 法贤
QU, YING GUANG 屈映光 **(1883-1973)**

Fa xian shang shi 法贤上师
QU, YING GUANG 屈映光 **(1883-1973)**

Fa yang 发扬
ZHOU, GUO HUI 周国辉 **(1929-)**

Fa yang 伐扬
MU, SHI YING 穆时英 **(1912-1940)**

Fa yang 伐扬
ZHANG, BING WEN 张炳文 **(1915-)**

Fa yin 法印
TAN, FA YIN 谭法印

Fa yu 法雨

ZHU, HUA YU 朱化雨

Fa yuan 法圆
ZHANG, MAN TAO 张曼涛

Fa zeng 法增
XU, MING 续明

Fa zheng 法铮
ZHANG, MAN TAO 张曼涛

Fan 凡
SHEN, YAN BING 沈雁冰 (1896-1981)

Fan 泛
FAN, CHENG QUAN 范承全 (1909-1970)

Fan 範
ZHANG, FAN JIU 张范九 (1923-)

Fan, Ai jing 范爱静
LIN, CI LONG 林赐龙 (1942-)

Fan, Bei ling 范北羚
LUO, HONG KUN 罗鸿堃 (1932-)

Fan, Bi hui 范邴诲
FAN, YI 范祎 (1866-1939)

Fan, Bin 樊斌
FAN, SHI LING 樊世玲 (1926-)

Fan bing 凡兵
FAN, YUAN ZI 樊原子 (1947-)

FAN, BING QING 樊炳清
Fan, Kang fu 樊抗父
Kang fu 抗父

Fan, Bing yi 范秉彝
FAN, HUA SHENG 范华生 (1917-)

Fan, Bo qun 范伯群
SU, YU HENG 苏玉衡 (1931-)

Fan cao 番草
ZHONG, DING WEN 钟鼎文 (1914-)

Fan, Chang jiang 范长江
FAN, CHENG QUAN 范承全 (1909-1970)

FAN, CHANG YU 范长钰 (1937-)
Xiao fan 晓凡

Fan, Chen 樊琛
FAN, YU JIAN 樊玉俭 (1926-)

Fan cheng 梵澄
XU, HU 徐琥 (1909-)

Fan, Cheng 樊成
FAN, XUE LI 范学蠡 (1916-1986)

FAN, CHENG 范程 (1927-)
Yang, Bo 杨波
Yong xue 永学

FAN, CHENG QUAN 范承全 (1909-1970)
Chang jiang 长江
Fan 泛
Fan, Chang jiang 范长江
Fan, Xi tian 范希天

Fan, Cheng xiang 范承祥
HUAN, XIANG 宦乡 (1909-1989)

Fan chi 梵持
SHEN, ZENG ZHI 沈曾植 (1850-1922)

FAN, CHONG SHAN 范崇山 (1938-)
Chong shan 崇山
Jun ling 峻岭
Zi dan 紫丹

Fan, Chuan 樊川
FAN, YU JIAN 樊玉俭 (1926-)

FAN, CHUAN PEI 范传培 (1928-)
Hai, Fan 海帆

FAN, CHUN FA 范春发 (1936-)
Bi keng 笔坑
Han shi 寒士
Zhi ren 知人
Zi kuang 子狂

FAN, CHUN ZHI 范纯智 (1912-1985)
Fan, Ruo yu 范若愚
Ru qian 如潜

Fan, Cong yu 樊从予
FAN, ZHONG YUN 樊仲云 (1899-)

Fan, Cui ting 樊粹庭
FAN, YU 樊郁 (1905-1966)

FAN, CUN DU 范存犊 (1949-)
Fan, Xiang dong 范向东

FAN, CUN ZHONG 范存忠 (1903-1988)
He, Kuang 何况
Xue qiao 雪桥
Xue qiao 雪樵

Fan, Da yong 范大用
FAN, HE YONG 范鹤镛 (1923-)

FAN, DANG SHI 范当世 (1854-1904)
Bo ren 伯人
Fan, Jin 范今
Gu ying kuang ke 古瀛狂客
Tong shi 铜士
Wu cuo 无错

FAN, DE KANG 樊德康 (1940-)
Fan ke 凡可
Xiao fan 晓帆

Fan, Di wen 樊棣文
HUANG, WEN XIANG 黄文湘 **(1925-)**

FAN, DIAN WU 樊殿武 **(1957-)**
Xiao fan 小帆

Fan, Duan nan 樊端难
FAN, DUAN RAN 樊端然 **(1956-)**

FAN, DUAN RAN 樊端然 **(1956-)**
Fan, Duan nan 樊端难

Fan er 梵尔
YE, MIN ER 叶敏尔

Fan er 凡尔
ZHANG, WEN XUN 张文勋 **(1926-)**

FAN, ER SHUI 范二水 **(1933-)**
Lie bing 列兵

FAN, FA JIA 樊发家 **(1937-)**
Fan, Fa jia 樊发稼

Fan, Fa jia 樊发稼
FAN, FA JIA 樊发家 **(1937-)**

Fan fan 帆凡
ZHU, WEN YUAN 朱文渊 **(1916-)**

Fan, Fan shan 樊樊山
FAN, ZENG XIANG 樊增祥 **(1846-1931)**

Fan, Fang 范方
ZHANG, WAN FANG 张万芳 **(1921-)**

Fan feng 帆风
ZHU, WEN YUAN 朱文渊 **(1916-)**

FAN, FENG HUA 范凤华
Li, Hai hua 黎海华

FAN, FENG LIN 樊凤林 **(1925-)**
Fan, Qing rui 樊庆瑞

Fan fu 凡夫
YE, RONG ZHONG 叶荣鐘 **(1900-1978)**

Fan fu 凡夫
XU, SHI LIAN 许世连 **(1920-)**

Fan fu 凡夫
WANG, TONG FA 王统发 **(1924-)**

Fan fu 凡夫
LI, CHANG XIANG 李长祥 **(1939-)**

Fan fu 凡夫
XIA, HONG 夏虹 **(1965-)**

Fan fu 凡夫
HUANG, JIN BAO 黄金保

FAN, FU GENG 樊福庚 **(1931-)**
Fu geng 福庚

Wang yun 望云
Xiao, Lin 肖林

FAN, GAO GUI 范高贵 **(1934-)**
Jin, Ze 金则
Tang tang 堂堂
Xia, Jie 夏洁
You, Mian 尤勉
Yu jian 御剑

Fan gu 泛谷
FAN, YU 范禹 **(1923-)**

FAN, GU NONG 范古农 **(1881-1951)**
Gu, Nong 古农
Hai, Shi 海尸
Hai shi dao ren 海尸道人
Huan an 幻庵

FAN, GUANG QI 范光启 **(1882-1914)**
Ai hong 哀鸿
Chun huang 纯黄
Fan, Hong xian 范鸿仙
Gu dao 孤岛
Gu hong 孤鸿
Hong xian 鸿仙
Xie, Ren 解人

FAN, GUANG XIAN 范广宪 **(1897-1980)**
Bai bei 百琲
Bai bei ci ren 百琲词人
Bi zhu 比珠
Bi zhu ci ren 比珠词人
Fan, Jun bo 范君博
Gui sui 龟岁
Ying ge 鹦哥
Zhuang an 戆盦

FAN, GUO 范国
Lei, Xiang yue 雷湘粤

FAN, GUO HUA 范国华 **(1931-)**
Fan, Min 范敏
Li ta 里塔
Xi lian 洗炼

Fan hai 凡海
YANG, FENG QI 杨凤岐 **(1908-)**

Fan hai 凡海
FANG, HAI CHUN 方海春 **(1912-1970)**

FAN, HAN SHENG 范汉生 **(1934-)**
Fan, Ruo ding 范若丁
Ru yi 汝伊

FAN, HE YONG 范鹤镛 **(1923-)**
Fan, Da yong 范大用
Fan, Yong 范用
Ye, Yu 叶雨

Fan heng 繁恒
MA, LIANG 马良 **(1950-)**

FAN, HONG TU 樊宏图 **(1928-)**
Cheng, Wan li 程万里
Fan, Li 樊篱
Fan, Xiao yun 樊笑云
Hong tu 鸿图
Yi wei 一苇

Fan, Hong xian 范鸿仙
FAN, GUANG QI 范光启 **(1882-1914)**

Fan, Hua 樊华
FAN, YU JIAN 樊玉俭 **(1926-)**

FAN, HUA SHENG 范华生 **(1917-)**
Fan, Bing yi 范秉彝
Jin, Feng 金风
Ke pei 可珮
Shi, Ling 史令
Tian, Cun 田邨
Xiao fan 小范
Xiao, Fan 萧范
Yu fang guan zhu 玉芳馆主

Fan, Huai lie 范怀烈
FAN, HUAI ZU 范怀祖 **(1936-)**

FAN, HUAI ZU 范怀祖 **(1936-)**
Fan, Huai lie 范怀烈

Fan, Hui 范蕙
HUAN, XIANG 宦乡 **(1909-1989)**

FAN, JI CHANG 樊际昌 **(1922-)**
Ye, Pin 叶频

FAN, JI YAN 范继淹 **(1925-)**
Ba, Nan 巴南

Fan, Jia 樊嘉
FAN, ZENG XIANG 樊增详 **(1846-1931)**

Fan, Jia fu 樊嘉父
FAN, ZENG XIANG 樊增详 **(1846-1931)**

Fan, Jian 范剑
ZHENG, XIONG 郑雄 **(1930-)**

FAN, JIAN 範坚 **(1954-)**
A zhou 阿舟
Yi sha 一刹

FAN, JIAN FENG 樊建峰 **(1955-)**
Yu shan 雨山

FAN, JIAN YA 范剑涯
Chao xin 朝新
Shu, Han 舒翰

FAN, JIANG 范江 **(1924-)**
Jiang, Fan 江帆

Fan jiang zhai 凡将斋
MA, HENG 马衡 **(1881-1955)**

Fan jiang zhai zhu 凡将斋主
MA, HENG 马衡 **(1881-1955)**

Fan jie 凡捷
QU, AN JUN 瞿安钧 **(1936-)**

Fan, Jin 范今
FAN, DANG SHI 范当世 **(1854-1904)**

Fan, Jin 范金
ZHAO, ZHI CHENG 赵之诚 **(1916-)**

Fan, Jin 范金
FAN, JIN GANG 范金刚 **(1954-)**

Fan, Jin 范瑾
FAN, YUAN ZHEN 范元贞 **(1912-)**

Fan, Jin 范瑾
XU, MIAN WEN 许勉文 **(1919-)**

FAN, JIN CHUAN 范晋川 **(1953-)**
Jin chuan 晋川

FAN, JIN GANG 范金刚 **(1954-)**
Fan, Jin 范金

FAN, JING 范经 **(1923)**
Chang, Fu 常夫
Fan, Ti mo 范提摩

FAN, JING KUI 樊敬奎 **(1939-)**
You, Lu 尤路

Fan jun 藩君
XU, JUN FAN 徐君藩 **(1914-)**

Fan, Jun Bao 范俊宝
FAN, YANG 范阳 **(1927-)**

Fan, Jun bo 范君博
FAN, GUANG XIAN 范广宪 **(1897-1980)**

Fan, Jun hong 范钧宏
FAN, XUE LI 范学鑫 **(1916-1986)**

FAN, JUN XUN 范俊勋 **(1928?-)**
Jun ren 俊人

Fan, Kang 范亢
QU, QIU BAI 瞿秋白 **(1899-1935)**

Fan, Kang 樊康
XU, MAO RONG 许茂荣 **(1911-1977)**

Fan, Kang fu 樊抗父
FAN, BING QING 樊炳清

Fan ke 凡可
FAN, DE KANG 樊德康 **(1940-)**

Fan ke 梵可

XU, HU 徐琥 **(1909-　)**

Fan ke 番客
SONG, YUAN MO 宋元模 **(1911-　)**

Fan, Lai 范莱
RONG, DING CHANG 容鼎昌 **(1919-　)**

Fan, Li 樊篱
FAN, HONG TU 樊宏图 **(1928-　)**

FAN, LI YAN 范立言 **(1938?-　)**
Lang, Ge fei 郎格非

Fan, Lian xin 樊廉欣
FAN, LIAN XIN 樊廉馨 **(1932-　)**

FAN, LIAN XIN 樊廉馨 **(1932-　)**
Fan, Lian xin 樊廉欣
Fan, Xin 樊欣

FAN, LIN 樊林 **(1939-　)**
Da lin 大林
Duo mu 多木

Fan, Ling 范凌
ZHANG, SI JIAN 张思鉴 **(1938-　)**

Fan ling 梵灵
ZHANG, XIANG QUAN 张湘泉 **(1917-　)**

Fan liu 凡柳
YANG, SI XUN 杨思迅 **(1935-　)**

Fan, Long 樊龙
CAI, CHUAN SHENG 蔡川胜

Fan lu 繁露
WANG, YUN MEI 王韵梅 **(1918-　)**

Fan, Meng 范蒙
HUANG, GUO HONG 黄国鸿 **(1937-　)**

Fan min 凡民
CHANG, YAN SHENG 常燕生 **(1898-1947)**

Fan, Min 范敏
FAN, GUO HUA 范国华 **(1931-　)**

FAN, MING 范明 **(1947-　)**
Yang, Quan 扬泉

FAN, MING TI 樊明体 **(1915-　)**
Min ti 民题

FAN, MING YING 范鸣英
Yu ren 豫人

Fan, Mo shi 范模士
WENG, TAI AN 翁泰安 **(1939-　)**

Fan mu 凡木
TAN, FENG LIANG 谭凤樑 **(1936-　)**

Fan ni 凡尼

LIN, HUAN BIAO 林焕标 **(1937-　)**

Fan niao 凡鸟
ZHU, QIAN LIANG 朱谦良 **(1889-　)**

Fan niao 凡鸟
LI, EN JI 李恩绩 **(1907-　)**

Fan niao 凡鸟
MA, YAN XIANG 马彦祥 **(1907-1988)**

Fan niao 凡鸟
YANG, FENG QI 杨凤岐 **(1908-　)**

Fan niao 凡鸟
QIAN, GUO RONG 钱国荣 **(1919-　)**

Fan niao 凡鸟
ZHANG, FENG 张凤 **(1950-　)**

FAN, NING JI 范凝踦 **(1878-1954)**
Dai yu lou 待雨楼
Fan, Zi dong 范紫东

Fan niu 饭牛
PAN, YOU WEI 潘有炜 **(1925-　)**

Fan niu weng 饭牛翁
QI, MU 戚牧 **(1877-1938)**

Fan, Nu dong 范奴冬
LIU, SHOU PENG 刘寿彭 **(1891-1934)**

Fan nu dong nü shi 范奴冬女士
LIU, SHOU PENG 刘寿彭 **(1891-1934)**

Fan, Pei 樊沛
SHEN, DUAN XIAN 沈端先 **(1900-1995)**

FAN, PEI SONG 范培松 **(1943-　)**
Ai, Yuan 艾袁

Fan, Peng tao 范澎涛
HU, YUE 胡越 **(1920-1980)**

Fan, Ping 范平
ZHOU, ZHEN QIU 周振球 **(1920-　)**

Fan ping 凡平
LIAN, SHU QUAN 连树泉 **(1933-　)**

Fan ping 凡屏
FAN, YONG GE 范咏戈 **(1946-　)**

Fan pu 繁朴
HE, ZHEN 何真 **(1947-　)**

FAN, QI XIN 范启新 **(1914-　)**
Chen, Bing zhong 陈秉忠
Fan, Shi xiong 范世雄
Huo chuan xin 火传薪
Huo yan 火焱
Ku xiao ren 哭笑人
Li, Yi 李毅

Lü di 绿蒂
Luo, Ting 罗亭
Man hua 曼华
Wen, Shi gong 文史公
Wen, Su zhi 文夙之

Fan qiang 繁蔷
FAN, ZI QIANG 范自强 **(1944-)**

Fan qie 番茄
HUANG, FANG 黄访 **(1903-1987)**

Fan qin 凡禽
FENG, FANG MIN 冯放民 **(1919-)**

FAN, QIN YAO 范钦尧 **(1954-)**
Er mu 二木
Fang, Yi 方乙

Fan, Qin yi 范沁一
LIU, KAN YUAN 刘侃元 **(1894-)**

Fan, Qing 范青
HUANG, SHU LIE 黄述烈 **(1921-)**

FAN, QING RONG 樊庆荣 **(1932-)**
Fang, Lin 方林
Zeng, Yong 曾庸

Fan, Qing rui 樊庆瑞
FAN, FENG LIN 樊凤林 **(1925-)**

Fan qing wu shi zhu ren 饭青芜室主人
WU, JUN QING 吴俊卿 **(1844-1927)**

Fan, Quan 范泉
XU, WEI 徐炜 **(1916-)**

FAN, REN 范任 **(1906-1971)**
Fan, Xing 范行
Ren, Dian 任典
Xi heng 希衡
Zhi ren 知人

Fan ren 凡人
WANG, TONG FA 王统发 **(1924-)**

Fan ren 凡人
PENG, SHI FAN 彭适凡 **(1937-)**

Fan rong 凡容
ZHU, YI WEI 朱一苇 **(1909-1987)**

Fan, Rui 樊锐
FAN, ZHEN XIA 樊振侠 **(1949-)**

Fan, Ruo ding 范若丁
FAN, HAN SHENG 范汉生 **(1934-)**

Fan, Ruo yu 范若愚
FAN, CHUN ZHI 范纯智 **(1912-1985)**

Fan seng 凡僧
LIANG, XI 梁希 **(1883-1958)**

Fan, Shan 范山
LIU, SHENG ZHI 刘生智 **(1919-)**

Fan, Shan 樊山
FAN, ZENG XIANG 樊增详 **(1846-1931)**

Fan shan 凡山
ZHAO, ZI XUN 赵子逊 **(1933-)**

Fan shan ju shi 樊山居士
FAN, ZENG XIANG 樊增详 **(1846-1931)**

Fan, Sheng 范生
CHEN, ZHI FAN 陈之藩 **(1925-)**

Fan shi 繁市
LI, XIU SHI 李岫石 **(1911-1938)**

FAN, SHI FU 范石甫 **(1943-)**
Shi, Fu 石父

FAN, SHI LING 樊世玲 **(1926-)**
Fan, Bin 樊斌

Fan, Shi xiong 范世雄
FAN, QI XIN 范启新 **(1914-)**

FAN, SHI YUAN 樊世渊 **(1940-)**
Sheng yue 圣月
Weng, Lou 翁娄

FAN, SHI ZHONG 樊时中 **(1872-1906)**
Chun qu 春渠
Chun xu 春徐
Fan, Zhui 樊锥
Yi nai 一鼐

Fan, Shu han 范叔寒
WANG, GUANG TI 王光逖 **(1918-1981)**

Fan, Shu ya 范淑雅
LU, QING ZHEN 陆庆珍（**1938-)**

Fan shuang 繁霜
SHEN, ZONG JI 沈宗畸 **(1857-1926)**

Fan, Si ping 范思平
ZHANG, AI LING 张爱玲 **(1920-1995)**

Fan, Si qi 范思綺
CAI, LING 蔡玲 **(1933-)**

Fan, Su 范甦
YANG, GENG SHENG 杨更生 **(1921-1990)**

Fan su 繁素
XIE, SHENG PEI 谢盛培 **(1929-)**

Fan su tuo 凡俗陀
ZHENG, YU HUA 郑玉华

Fan suo 凡索
ZHANG, YING 张瑛 **(1962-)**

Fan, Tao 范涛

LI, XUE MIN 李学敏 **(1923-1961)**

Fan teng 翻腾
HUANG, REN HUA 黄仁华 **(1949-)**

Fan, Ti mo 范提摩
FAN, JING 范经 **(1923-)**

Fan tian lu 梵天庐
CHAI, E 柴萼 **(1893-)**

Fan, Ting 范婷
FAN, YUAN ZHEN 范元贞 **(1912-)**

Fan, Tong 范统
WANG, QIU TIAN 王秋田 **(1905-)**

FAN, WEI YUE 樊惟岳 **(1948-)**
Wei yue 巍岳

Fan wen 帆稳
ZHOU, BO NAI 周伯乃 **(1934-)**

FAN, WEN 范文 **(1950-)**
Fan, Xiao 范笑

Fan, Wen 樊温
SHI, ZHE CUN 施蛰存 **(1905-)**

FAN, WEN FU 范文甫 **(1870-1936)**
Geng zhi 赓治
Gu, Kuang sheng 古狂生
Wen, Hu 文虎

FAN, WEN LAN 范文澜 **(1893-1969)**
Fan, Zhong yun 范仲澐
Wu, Bo 武波
Wu, Pi 武陂
Yin, Qi min 尹启民

FAN, XI KUI 范希奎 **(1944-)**
A fan 阿帆

Fan, Xi tian 范希天
FAN, CHENG QUAN 范承全 **(1909-1970)**

FAN, XI YI 樊习一 **(1940-)**
Xia, Pu 夏仆
Yi fan 一凡

Fan, Xiang dong 范向东
FAN, CUN DU 范存犊 **(1949-)**

FAN, XIANG YONG 范祥雍 **(1913-)**
Fang, Xiang 方祥

Fan, Xiao 范笑
FAN, WEN 范文 **(1950-)**

Fan, Xiao yun 樊笑云
FAN, HONG TU 樊宏图 **(1928-)**

Fan, Xin 樊欣
FAN, LIAN XIN 樊廉馨 **(1932-)**

FAN, XIN YI 樊心一 **(1922-)**
Fan yi 凡一

Fan, Xing 范行
FAN, REN 范任 **(1906-1971)**

Fan xing 繁星
LIAO, JIA QUAN 廖家权 **(1907-1990)**

Fan xing 繁星
ZHANG, LU KUN 张鲁坤 **(1927-)**

Fan xing 繁星
LI, ZHI SHAN 李至善 **(1937-)**

Fan, Xiu 范秀
XU, SHI JING 徐世京 **(1931-)**

Fan xu 繁绪
KONG, FAN YAN 孔繁衍 **(1912-)**

FAN, XU YI 樊煦义 **(1925-)**
Feng, Jian 冯健

FAN, XUE LI 范学蠡 **(1916-1986)**
Fan, Cheng 樊成
Fan, Jun hong 范钧宏
Ling, Xin 凌欣
Ping, Ke 平客
Xiao, Dong 萧冬

Fan, Yan 樊言
XUE, XING GUO 薛兴国

Fan, Yan qiao 范煙桥
FAN, YONG 范镛 **(1894-1967)**

FAN, YANG 范阳 **(1927-)**
Fan, Jun Bao 范俊宝

Fan yang 梵杨
LIANG, MING GANG 梁铭纲 **(1930-)**

FAN, YANG SONG 范扬松 **(1958-)**
Fan, Yin zhi 范隐之

Fan, Ye 范野
SHU, LI ZHEN 舒丽珍 **(1932-)**

Fan, Yi 范易
QU, QIU BAI 瞿秋白 **(1899-1935)**

Fan yi 凡一
FAN, XIN YI 樊心一 **(1922-)**

FAN, YI 范祎 **(1866-1939)**
Bi hui shi 皕诲室
Fan, Bi hui 范皕诲
Fan, Zi mei 范子美
Gu, Huan 古懽
Gu huan lao ren 古懽老人
Huan zhai 还斋

Fan, Yi jia 范易嘉

QU, QIU BAI 瞿秋白 (1899-1935)

Fan yi lin 凡易林
LIN, GUO JIAN 林国鉴

Fan, Yi tian 樊益田
KONG, FAN DING 孔繁定 (1931-)

Fan, Yin zhi 范隐之
FAN, YANG SONG 范扬松 (1958-)

Fan ying 帆影
WANG, JUN JIE 王俊傑 (1927-)

Fan ying 帆影
ZHOU, BO NAI 周伯乃 (1934-)

Fan ying 帆影
ZHANG, JING RUI 张精锐 (1962-)

Fan ying 帆影
SU, XIU LUAN 苏秀銮

Fan ying lou zhu 帆影楼主
LIAN, QUAN 廉泉 (1868-1931)

Fan, Ying yang 范嬰羊
YANG, WEN YING 杨文颖 (-1977)

Fan, Yong 范用
FAN, HE YONG 范鹤镛 (1923-)

FAN, YONG 范镛 (1894-1967)
Chang dong 场东
Chi yi 鸱夷
Chi yi shi zhu 鸱夷室主
Chou cheng xia ke 愁城侠客
Fan, Yan qiao 范煙桥
Han liang 含凉
Han liang sheng 含凉生
Qiao, Mu 乔木
Xi zao 西灶
Yan qiao 烟桥

Fan, Yong 樊庸
MOU, RUN SUN 牟润孙 (1907-1988)

FAN, YONG GE 范咏戈 (1946-)
Fan ping 凡屏

FAN, YU 范禹 (1923-)
Da mu 大牧
Fan gu 泛谷
Fei, Ping 费平
Liu, Jin sheng 刘金声

Fan, Yu 樊宇
HOU, JIN JING 侯金镜 (1920-1971)

FAN, YU 樊郁 (1905-1966)
Fan, Cui ting 樊粹庭

Fan, Yu 樊昱
WANG, BU CHAO 王步超 (1936-)

Fan yu 梵予
DENG, SHEN SHI 邓神势

Fan yu 凡宇
HOU, JIN JING 侯金镜 (1920-1971)

Fan yu 繁玉
HUANG, YU YE 黄玉液 (1944-)

FAN, YU HENG 范玉衡 (1931-)
Fan, Bo qun 范伯群

FAN, YU JIAN 樊玉俭 (1926-)
Fan, Chen 樊琛
Fan, Chuan 樊川
Fan, Hua 樊华
Xiao fan 晓帆
Xiao, Fan 萧梵

Fan, Yu qin 范禹勤
FAN, ZHEN XU 范振绪 (1872-1960)

FAN, YU SHENG 樊玉生 (1956-)
Shan feng 山风
Yang, Fan 扬帆

FAN, YU TIAN 樊雨田 (1946-)
Yu tian 雨田

FAN, YU ZHEN 樊玉振 (1929-)
Zeng, Fan 曾凡

FAN, YUAN LIAN 范源廉 (1876-1927)
Fan, Yuan lian 范源濂
Jing sheng 静生

Fan, Yuan lian 范源濂
FAN, YUAN LIAN 范源廉 (1876-1927)

FAN, YUAN ZHEN 范元贞 (1912-)
Fan, Jin 范瑾
Fan, Ting 范婷

FAN, YUAN ZI 樊原子 (1947-)
Fan bing 凡兵

Fan yun 凡云
ZENG, FAN RONG 曾繁荣 (1943-)

FAN, YUN FANG 樊云芳 (1945-)
Hu, Du 胡都

Fan, Zeng 樊增
FAN, ZENG XIANG 樊增祥 (1846-1931)

FAN, ZENG RONG 范增荣 (1938-)
Fan, Zheng rong 范峥嵘

FAN, ZENG XIANG 樊增祥 (1846-1931)
Die shuang 蝶霜
E xi lao ren 鹅溪老人
Fan, Fan shan 樊樊山

Fan, Jia 樊嘉
Fan, Jia fu 樊嘉父
Fan, Shan 樊山
Fan shan ju shi 樊山居士
Fan, Zeng 樊增
Mou zhu yi zhu 牟珠簃主
Tian qin 天琴
Tian qin lao ren 天琴老人
Tian qin lou zhu 天琴楼主
Wu bing ju shi 无病居士
Yun, Men 云门
Yun, Shan 云山

FAN, ZHEN XIA 樊振侠 **(1949-)**
Fan, Rui 樊锐

FAN, ZHEN XU 范振绪 **(1872-1960)**
Dong xue lao ren 东雪老人
Fan, Yu qin 范禹勤

Fan, Zheng 范政
LI, WAN WAN 李万万 **(1925-1968)**

Fan, Zheng rong 范峥嵘
FAN, ZENG RONG 范增荣 **(1938-)**

Fan, Zhi 范之
HUANG, JING KUN 黄京昆 **(1955-)**

Fan, Zhi hou 樊志厚
WANG, GUO WEI 王国维 **(1877-1927)**

Fan, Zhong yun 范仲澐
FAN, WEN LAN 范文澜 **(1893-1969)**

FAN, ZHONG YUN 樊仲云 **(1899-)**
Chen, Zhong xing 陈仲行
Cong yu 从予
De yi 得一
Du yi 独逸
Fan, Cong yu 樊从予
Fan, Zhong zi 樊仲子
Zhong, Yun 仲云
Zhong, Zi 仲子

Fan, Zhong zi 樊仲子
FAN, ZHONG YUN 樊仲云 **(1899-)**

Fan zhu 梵竹
YU, JIN FENG 俞金凤 **(1943-)**

Fan zhuang 梵庄
LIU, ZHI MING 刘智明 **(1911-)**

Fan, Zhuang 樊庄
LIU, ZHI MING 刘智明 **(1911-)**

Fan, Zhui 樊锥
FAN, SHI ZHONG 樊时中 **(1872-1906)**

Fan, Zi 樊梓
QU, QIU BAI 瞿秋白 **(1899-1935)**

Fan zi 凡子
WANG, TONG FA 王统发 **(1924-)**

Fan, Zi dong 范紫东
FAN, NING JI 范凝绩 **(1878-1954)**

Fan, Zi mei 范子美
FAN, YI 范祎 **(1866-1939)**

FAN, ZI QIANG 范自强 **(1944-)**
Fan qiang 繁蔷
Qu, Gong 曲弓
Yu, Wen 余文

Fan, Zi sheng 樊梓生
QU, QIU BAI 瞿秋白 **(1899-1935)**

Fang 方
SHEN, YAN BING 沈雁冰 **(1896-1981)**

Fang 芳
HU, SHOU MEI 胡寿楣 **(1908-1982)**

Fang 放
ZHAO, SHU LI 赵树礼 **(1906-1970)**

Fang 舫
SHEN, YAN BING 沈雁冰 **(1896-1981)**

Fang, Ang 方昂
FANG, CHONG QIAO 方崇侨 **(1952-)**

Fang, Bai 方白
MA, HUA 马骅 **(1916-)**

Fang, Bai 方白
CHEN, ZHI QING 陈知青 **(1922-)**

Fang, Bai 方柏
DENG, FANG BAI 邓方柏 **(1929-)**

Fang, Ban lin 方半林
WEN, RONG FU 文荣福 **(1933-)**

FANG, BAO YUAN 方葆元 **(1930-)**
Fang, Yuan 方元

Fang, Bao zong 方保宗
SHEN, YAN BING 沈雁冰 **(1896-1981)**

Fang, Bei fang 方北方
FANG, ZUO BIN 方作斌 **(1919-)**

Fang, Bei long 方北泷
HE, ZHAO 贺照 **(1922-)**

Fang, Bei wang 方北望
HE, ZHAO 贺照 **(1922-)**

Fang, Bi 方壁
SHEN, YAN BING 沈雁冰 **(1896-1981)**

FANG, BI YU 方笔羽 **(1922-)**
Wu, Ge 吴戈
Wu, Wen hui 吴文慧

Xiang, Dun 向盾

FANG, BIN 方斌 **(1946-)**
Fang, Pei ji 方培基
Xin wu 心悟

Fang, Bin 方滨
LIU, CANG LANG 刘沧浪 **(1919-)**

Fang, Bing 方冰
ZHANG, SHI FANG 张世方 **(1914-)**

Fang, Bing 方冰
SHI, ZHENG YI 施正一 **(1931-)**

Fang, Bing 方冰
LI, PENG ZHU 李鹏翥 **(1934-)**

Fang, Bing da 方秉达
LIU, GUI DE 刘贵德 **(1944-)**

FANG, BING ZHENG 方秉政 **(1952?-)**
Feng, Ji fu 冯纪夫

Fang, Bo 方波
ZHU, YA FU 朱亚夫 **(1943-)**

Fang, Bo 方勃
YANG, WEN HAN 杨文翰 **(1935-)**

Fang, Bu 方卜
ZHAO, LU 赵橹 **(1922-)**

Fang, Bu 方卜
FANG, PU 方朴 **(1956-)**

Fang, Cai 方才
LIU, SI HAI 刘斯海 **(1919-)**

Fang cao 芳草
PENG, SHOU SHAN 彭寿山 **(1904?-)**

Fang cao 芳草
PENG, DING AN 彭定安 **(1928-)**

Fang cao 芳草
LÜ, RI SHENG 吕日生 **(1931-)**

Fang cao 芳草
SUN, SHU FANG 孙树芳 **(1937-)**

Fang cao 芳草
SU, YUN DAI 苏允岱 **(1939-)**

Fang cao 芳草
HE, QIAO CHAN 何巧婵 **(1954-)**

Fang cao 芳草
YAN, HUA 阎华 **(1955-)**

Fang cao 芳草
TIAN, ZAI RONG 田再荣

Fang cao 芳草
ZHANG, YANG WU 张养吾

Fang, Chang 方长
HOU, CHANG MING 侯长明 **(1953-)**

FANG, CHANG QI 方昌期 **(1928-)**
Huang wen 潢汶

Fang, Chen 方辰
ZHAO, YI XUAN 赵宜轩 **(1945-)**

Fang chen 芳晨
JIN, YING XI 金应熙 **(1919-)**

Fang, Cheng 方成
SUN, SHUN CHAO 孙顺潮 **(1918-)**

Fang, Cheng 方城
TANG, DUAN YI 唐端毅 **(1913-1992)**

Fang, Cheng 方乘
FANG, SHI QIAO 方时乔 **(1897-1973)**

FANG, CHONG QIAO 方崇侨 **(1952-)**
Fang, Ang 方昂

Fang, Chu 方初
ZHANG, YONG JIANG 张永江 **(1936-)**

Fang Chui 芳垂
RONG, DING CHANG 容鼎昌 **(1919-)**

Fang, Chun 方春
ZHAO, ZHONG 赵忠 **(1920-)**

FANG, CHUN RU 房纯如 **(1929-)**
Cun lu 村路

FANG, CI SHI 方次石 **(1887-1915)**
Nan, Gang 南冈

Fang, Cun 方村
XU, JIA SHI 徐佳士 **(1922-)**

Fang, Da 方达
LIU, SHI CHAO 刘世朝 **(1917-)**

Fang, Dan 方丹
HAO, MING 郝明 **(1940-)**

Fang, De hong 方德闳
FANG, JIAN MING 方健明 **(1919-)**

Fang, Di 方迪
QIAN, JIAN YING 钱剑英 **(1932-)**

Fang, Di 方廸
BAI, MING XIN 白明新 **(-1964)**

Fang, Di 方狄
LIU, GEN SHENG 刘根生 **(1950-)**

Fang, Di 房笛
XI, GEN FU 奚根福 **(1941-)**

Fang, Dian 方典
WANG, YUAN HUA 王元化 **(1920-)**

Fang, Ding 方定
ZHAO, SHU LI 赵树礼 **(1906-1970)**

Fang, Ding 方定
YANG, FENG ZHANG 杨凤章 **(1934-)**

Fang ding 芳丁
DING, JING TANG 丁景唐 **(1920-)**

Fang, Ding ping 方丁平
CHEN, GUANG XIANG 陈广湘 **(1912-)**

Fang, Dong 方东
LIANG, ZU QIANG 梁祖强 **(1922-)**

Fang, Dong 方冬
LI, YING TANG 李英堂 **(1916-)**

Fang, Dong 方冬
WU, TONG 吴佟 **(1922-)**

FANG, DONG MEI 方东美 **(1899-1976)**
Dong ying 东英
Fang, Xun 方珣

Fang, Dong xu 方东旭
LIN, CAN HUAN 林灿桓 **(1911-)**

Fang, Du 方度
WANG, REN SHU 王任叔 **(1901-1972)**

Fang, Duo 方多
DU, SONG SHOU 杜松寿 **(1905-)**

FANG, E ZHEN 方娥真 **(1954-)**
Fang, Lan jun 方兰君
Fang, Mi 方迷
Liao yan 寥湮

FANG, ER QIAN 方尔谦 **(1871-1936)**
Da fang 大方
Di shan 地山

FANG, ER XIAN 方尔咸 **(1873-)**
Xiao fang 小方
Ze shan 泽山

Fang, Fan ren 方凡人
FANG, ZAI YUAN 方再远 **(1934-)**

FANG, FANG 方方 **(1904-1971)**
Chen, Jun ying 陈俊英
Chen, Rui ji 陈瑞记
Fang, Kun 方堃
Jia 甲
Lao er 老二
Wang, Da zhong 王大钟
Wu, Yao xiang 吴耀翔
Xing xing 星星
Ye cao 野草
Zhi hua 穉华

Fang, Fang 方方
ZHOU, DA LU 周大鹿 **(1922-)**

Fang, Fang 方方
WANG, ZHENG FANG 王正方 **(1938-)**

Fang, Fang 方方
WANG, FANG 汪芳 **(1955-)**

Fang, Fang 方方
FANG, JIAN WEN 方建文 **(1958-)**

Fang, Fang 方方
CHAO, FANG FANG 晁方方 **(1962-)**

Fang, Fang 方访
FANG, ZHAO RUI 方肇瑞 **(1934-)**

Fang, Fang 方芳
QUE, QUAN FANG 阙全芳 **(1931-)**

Fang, Fang 方放
LI, ZHEN YING 李振瀛 **(1915-)**

Fang, Fang 方放
ZOU, FANG FANG 邹放放

Fang, Fang 方昉
MA, SHU MIN 马抒敏 **(1938-)**

Fang, Fang tu 方方土
WANG, LI KUN 王丽坤 **(1952-)**

Fang, Fei 方非
SHEN, YAN BING 沈雁冰 **(1896-1981)**

Fang, Fei 方菲
LI, CHENG JUN 李成俊 **(1926-)**

Fang, Fei 方菲
WU, XIU ZHEN 吴秀珍 **(1940-)**

Fang fei 芳菲
LIU, HUA YUN 刘华云 **(1943-)**

Fang fei 芳菲
XIE, YOU RONG 谢犹荣

Fang fei nü shi 芳菲女士
FANG, HUI ZHU 方慧珠

Fang, Fu 方甫
FANG, ZE PU 方泽溥 **(1931-)**

Fang fu 髣髴
ZHONG, JIN SHENG 钟金盛

Fang, Fu qi 方辅起
WU, KANG MIN 吴康民 **(1926-)**

Fang, Fu yun 方扶云
FANG, SHI XU 方时旭

Fang, Gang 方刚
WAN, GUO RU 万国儒 **(1931-1990)**

Fang, Ge 方戈

ZHAO, LU 赵橹 **(1922-)**

Fang, Ge 方戈
LI, DONG 李栋 **(1942-)**

Fang, Ge 方格
HUANG, FANG 黄访 **(1903-1987)**

Fang, Ge 方歌
BAO, JI HUAN 鲍继焕 **(1922-)**

Fang, Ge 方歌
MA, LIN FAN 马林帆 **(1939-)**

Fang ge 放歌
MA, HUA 马骅 **(1916-)**

Fang ge 放歌
FANG, ZE PU 方泽溥 **(1931-)**

Fang, Ge jin 方歌今
AI, JIA ZHENG 艾家政 **(1925-)**

Fang, Gen 方艮
LIU, SHAN ZHEN 刘善镇 **(1934-)**

Fang, Geng 方庚
YU, TIAN CONG 尉天聪 **(1935-)**

Fang gong 仿工
FANG, REN GONG 方仁工 **(1937-)**

FANG, GONG WEN 方恭温 **(1933-)**
Gong, Wen 宫文

Fang, Gu 方谷
FANG, GUO XIONG 方国雄 **(1944-)**

Fang, Guan 方管
FANG, GUI DE 方珪德 **(1922-)**

FANG, GUAN QIN 方冠琴 **(1957-)**
Fang, Yuan 方圆

Fang, Guang 方广
LI, WEN TAO 李文涛 **(1880-1942)**

Fang, Guang lan 房广兰
YE, MEI 叶梅 **(1953-)**

Fang, Guang ming 方光明
WANG, REN SHU 王任叔 **(1901-1972)**

Fang, Guang tao 方光焘
FANG, SHU GUANG 方曙光 **(1898-1964)**

FANG, GUI DE 方珪德 **(1922-)**
Bai, Jun shao 白君勺
Dan gong shuo 但公说
Fang, Guan 方管
Fang, Zhong yu 方重禹
Ge, Wan 葛挽
Gui, Wei wan 桂未晚
Guo, Wan 郭畹
Jian, Yi zhi 简夷之
Lin, Mu wo 林慕沃
Long, Liang zhi 龙亮之
Shen tu, Jing yuan 申屠敬远
Shu, Wu 舒吴
Shu, Wu 舒芜
Si kong, Yu 司空雨
Sun, Kan 孙堪
Sun, Zi ye 孙子野
Tu, Jing yuan 屠敬远
Wan yan, Li 完颜荔
Xu, Wu 许无
Xu, Wu 徐舞
Yao, Ji yin 姚箕隐
Yu chi, Kui 尉迟葵
Zhao, Yuan shen 赵元申
Zheng, Da fu 郑达夫
Zheng, Jian fu 郑建夫
Zhong yu 重禹
Zhong, Yu 钟雨
Zhou, Wu 周午
Zhu, Yi zhi 竺夷之
Zong, Gui fu 宗珪父

Fang, Guo cai 方国才
GAO, BAO XIN 高保鑫 **(1934-)**

Fang, Guo chang 方国昌
SHI, CUN TONG 施存统 **(1899-1970)**

FANG, GUO RONG 方国荣 **(1951-)**
A fang 阿放
Wan, Fang zhou 万方舟

FANG, GUO XIONG 方国雄 **(1944-)**
Fang, Gu 方谷

FANG, GUO YU 方国瑜 **(1903-1983)**
Kun xue zhai 困学斋

FANG, GUO ZHENG 方国政 **(1948-)**
Fang, Wen 方文
Rong, Zhen 荣镇

Fang, Hai 方海
CHEN, BO JIAN 陈伯坚 **(1938-)**

FANG, HAI CHUN 方海春 **(1912-1970)**
Fan hai 凡海
Ou yang, Cheng fang 欧阳成方
Ou yang, Fan hai 欧阳凡海
Wu, Wang 吴往

FANG, HAI RU 方海如 **(1931-)**
Xue yang 雪羊

Fang, Han 方涵
XU, SUI ZENG 许绥曾 **(1921-)**

Fang, Han 方涵

CAI, MEI LAN 蔡梅兰 **(1956-)**

Fang, Han qi 方汉奇
FANG, HAN QIAN 方汉迁 **(1926-)**

FANG, HAN QIAN 方汉迁 **(1926-)**
Fan, Han qi 方汉奇

FANG, HAO 方豪 **(1910-1980)**
Dun shui 钝水
Fang, Jie 方杰
Fang, Jie ren 方杰人
Huang, Bao shan 黄宝善
Jie 杰
Jie ren 杰人
Jue chen 绝尘
Mao, Lu 茅庐
Sheng lao 圣老
Ting ting 婷婷
Wan, Li gu 万里孤
Wu, Wan 吴琬

Fang, Hao 方暤
XIAO, HUI KAI 萧辉楷 **(1926-1992)**

Fang, He 方赫
FENG, QI KANG 冯启康 **(1930-)**

FANG, HE CHEN 方荷臣
Yi ru 一如

Fang, Heng 方衡
HUA, GANG 华岗 **(1903-1972)**

Fang, Heng fu 方恒甫
CHEN, DU XIU 陈独秀 **(1879-1942)**

Fang, Hong 方弘
XIAO, ZHUO QIAN 萧卓千 **(1912-)**

Fang, Hong 方红
LI, WEI LUN 李维纶 **(1916-)**

Fang, Hong 方虹
CHEN, HUI CONG 陈慧聪 **(1954-)**

Fang, Hou sheng 方厚生
FANG, ZHENG 方拯 **(1906-)**

Fang, Hu 方湖
WANG, GUO YUAN 王国垣 **(1890-1966)**

Fang hu zhu ren 方湖主人
WANG, GUO YUAN 王国垣 **(1890-1966)**

Fang, Hua 方华
ZHANG, QIAO FU 张乔夫 **(1931-)**

Fang, Huang 方皇
LU, RU YIN 卢汝吟 **(1918-)**

Fang, Huang 方徨
YUAN, JIN YUAN 袁金元 **(1916-)**

Fang, Hui 方惠
ZHANG, JIONG 张炯 **(1933-)**

Fang, Hui xin 方慧心
LIANG, XI FANG 梁惜芳 **(1912-1937)**

FANG, HUI ZHU 方慧珠
Fang fei nü shi 芳菲女士

Fang, Huo ren 方火人
SHI, BING JIAN 施炳建

Fang, Ji 方纪
FENG, JI 冯骥 **(1919-)**

Fang, Ji 方纪
GAO, JI 高集 **(1920-)**

Fang, Ji 方棘
XIA, QIN HAN 夏钦瀚 **(1926-)**

Fang, Ji gu 方纪谷
CAI, ZHUO TANG 蔡濯堂 **(1918-)**

Fang, Ji gu 方济谷
CAI, ZHUO TANG 蔡濯堂 **(1918-)**

FANG, JI SHENG 方纪生 **(1908-1983)**
Fang, Jia 方佳
Yue hua sheng 月华生

FANG, JI ZHONG 方济众 **(1923-1988)**
Xue nong 雪农

Fang, Jia 方佳
FANG, JI SHENG 方纪生 **(1908-1983)**

FANG, JIA JIE 方家杰 **(1919-)**
Fang, Jie 方杰
He jia 禾佳
Xia, Yi lin 夏益林

FANG, JIA QI 方家齐 **(1914-)**
Fang, Jing 方敬
Qiu, Zhen 裘珍
Yang, Fan 杨番
Yi, Shui 易水
Yi wu 一无
Yi wu 夷吾
Yuan, Zi 远兹

FANG, JIAN MING 方健明 **(1919-)**
De hong 德宏
Fang, De hong 方德闳
Lin, Shu hua 林淑华
Mei 梅
Mu mei 木每
Xiao gu 小孤

Fang, Jian qin 方剑琴
FU, SUN ZHONG 傅孙中 **(1941-)**

FANG, JIAN WEN 方建文 **(1958-)**

Fang, Fang 方方

Fang, Jian yun 方剑云
HE, JIA HUA 何家骅 **(1920-)**

Fang, Jiao 方郊
WEN, RONG FU 文荣福 **(1933-)**

Fang, Jie 方杰
FANG, HAO 方豪 **(1910-1980)**

Fang, Jie 方杰
FANG, JIA JIE 方家杰 **(1919-)**

FANG, JIE CHENG 方捷成 **(1954-)**
Fang, Jing cheng 方竟成
Wei lan se 蔚蓝色
Yuan, Fang 远方

Fang, Jie kan 方介堪
FANG, WEN JU 方文榘 **(1901-1987)**

Fang, Jie ren 方杰人
FANG, HAO 方豪 **(1910-1980)**

Fang, Jin 方进
WANG, EN BAO 王恩保 **(1938-)**

Fang, Jing 方敬
FANG, JIA QI 方家齐 **(1914-)**

Fang, Jing 方旌
LIU, FU LONG 刘伏龙 **(1918-)**

Fang, Jing 方镜
FANG, ZHI ZHONG 方之中 **(1908-1987)**

Fang, Jing cheng 方竟成
FANG, JIE CHENG 方捷成 **(1954-)**

Fang, Jing liang 方景良
WANG, CHENG MO 王承谟 **(1911-1938)**

FANG, JING LONG 方井龙 **(1928-)**
Tie niu 铁牛

Fang, Jing yu 方景玉
E, ZHI YONG 鄂志永 **(1931-)**

FANG, JING YUAN 方靖远 **(1906-)**
Da jun 大君
Da lang 大郎
Fang, Wei ai 方未艾
Fang, Xi 方晞
Fang, Xi 方曦
Fang, Yu shu 方玉书
Fang, Zhao lin 方兆麟
Lin, Lang 林郎
Lin lang 琳郎
Lin, Xiao 林啸

Fang, Jue 方珏
SU, FENG XI 苏凤喜 **(1941-)**

Fang, Jue 方觉
WANG, YONG 王庸 **(1933-)**

Fang, Jun 方君
YIN, SHEN 殷参 **(1916-)**

Fang, Jun 方均
ZHENG, LONG JIN 郑隆谨 **(1895-1979)**

Fang, Jun 方钧
ZHENG, LONG JIN 郑隆谨 **(1895-1979)**

FANG, JUN 方骏 **(1943-)**
Yuan, Wen 原文

Fang jun 芳君
SUN, XI ZHEN 孙席珍 **(1906-1984)**

Fang jun 芳君
HU, SHOU MEI 胡寿楣 **(1908-1982)**

Fang, Jun feng 方峻峰
TAO, XI SHENG 陶希圣 **(1899-1988)**

Fang, Jun yi 方君逸
HONG, WEI JI 洪为济 **(1912-)**

Fang, Kang 方亢
WEI, CHENG WU 韦承武 **(1933-)**

Fang, Ke 方可
ZHANG, XI CHEN 章锡琛 **(1889-1969)**

Fang, Ke 方可
LI, LIAN CUI 李连萃 **(1911-1991)**

Fang, Ke 方柯
FANG, SHI HAO 方世豪 **(1933-)**

Fang ke 舫客
YU, SHANG YUAN 余上沅 **(1897-1970)**

Fang, Ke bai 方克白
LIN, HUAN ZHANG 林焕彰 **(1939-)**

Fang, Ke jing 方可静
ZHU, WEN LIANG 朱文良 **(1927-)**

FANG, KE LI 方克立 **(1938-)**
Fang, Li 方蠡
Yue, Hua 岳华

Fang, Ke qin 方克勤
CAI, FANG XIN 蔡方信 **(1902-1963)**

Fang, Kuang 方旷
LU, ZHEN HUA 卢镇华 **(1918-)**

Fang, Kun 方堃
FANG, FANG 方方 **(1904-1971)**

Fang, Lan 方兰
LI, FANG LAN 李芳兰 **(1917-)**

Fang, Lan 方岚

HUANG, SHU PING 黄淑娉 (1930-)

Fang lan 芳兰
HU, SHOU MEI 胡寿楣 (1908-1982)

Fang, Lan jun 方兰君
FANG, E ZHEN 方娥真 (1954-)

Fang, Lan ru 方兰汝
RONG, DING CHANG 容鼎昌 (1919-)

Fang lang 芳郎
DENG, JI FANG 邓寄芳

FANG, LE TIAN 方乐天
Luo, Si 罗斯

Fang, Leng 方棱
LI, CHANG ZHI 李长植 (1910-1978)

Fang, Li 方励
ZHANG, ZHAO LIN 张兆林 (1929-)

Fang, Li 方里
FANG, ZUO BIN 方作斌 (1919-)

Fang, Li 方里
WANG, FANG LI 王芳礼 (1939-)

Fang, Li 方理
ZHANG, SHEN XIU 张慎修 (1936-)

Fang, Li 方黎
DU, YAN ZHI 杜彦之 (1922-)

Fang, Li 方蠡
FANG, KE LI 方克立 (1938-)

Fang, Li chu 房立初
FANG, XUAN CHU 方玄初 (1929-)

Fang, Liang 方亮
LI, SHU GUANG 李曙光 (1928-)

FANG, LIANG HAI 方良海 (1943-)
Chu, Liang 楚良

Fang, Lin 方林
FAN, QING RONG 樊庆荣 (1932-)

Fang, Lin 方林
WANG, JING WEN 王敬文 (1936-)

Fang, Lin 方麟
ZHONG, WEN LING 钟文灵 (1931-)

Fang, Ling 方苓
BAI, LE CHENG 白乐成 (1946-)

FANG, LING GUI 方龄贵 (1918-)
Fang, Yan 方炎
Lin, Zhao 林照
Xin, Dai 辛代
Xue wen 雪文

FANG, LING RU 方令孺 (1897-1976)
Ling ru 令孺

Fang, Liu 方六
ZHOU, ZUO REN 周作人 (1885-1967)

FANG, LONG CHENG 方龙城 (1942-)
Fang, Xiao long 方小龙
Tian wen 天文

Fang, Long xiang 方龙骧
FANG, TANG HUA 方棠华

FANG, LONG YING 方龙英
Tian xing ke 天行客

Fang lu 芳路
YANG, XUE RU 杨学儒 (1950-)

Fang, Lu di 方芦荻
FANG, RONG ZHUO 方荣焯 (1940-)

Fang, Mao 方矛
ZHANG, BAO XIN 张葆莘 (1932-)

Fang, Meng 方孟
SHEN, DUAN XIAN 沈端先 (1900-1995)

Fang, Meng 方梦
LI, ZHENG LIAN 李正廉 (1924-)

Fang, Meng 方萌
QIAN, XING CUN 钱杏邨 (1900-1977)

Fang, Meng 方萌
ZENG, QING GUAN 曾庆冠 (1922-)

Fang, Meng 方萌
MAO, CHENG ZHI 毛承志 (1928-)

Fang, Meng 方萌
MIAO, YIN TANG 缪印堂 (1935-)

Fang, Meng 方萌
LIN, MING ZHOU 林明洲 (1937-)

FANG, MENG 方蒙
Jiang, Liu 江流

Fang meng 芳萌
LU, GUANG YI 鲁广益 (1911-1984)

Fang, Mi 方迷
FANG, E ZHEN 方娥真 (1954-)

Fang, Mi 房密
ZHOU, ZUO REN 周作人 (1885-1967)

FANG, MIAO YING 方妙英 (1930-)
Fang, Tian 方天

Fang, Ming 方明
SHEN, DUAN XIAN 沈端先 (1900-1995)

Fang, Ming 方明
WANG, REN SHU 王任叔 (1901-1972)

Fang, Ming 方明
SUI, SHU SEN 隋树森 **(1906-)**

Fang, Ming 方明
TAO, XIONG 陶雄 **(1911-)**

Fang, Ming 方明
LU, GUANG YI 鲁广益 **(1911-1984)**

Fang, Ming 方明
LIU, GUANG REN 刘光人 **(1922-)**

Fang, Ming 方明
CAI, TIE MIN 蔡铁民 **(1932-)**

Fang, Ming 方明
HUANG, XIU JI 黄修己 **(1935-)**

Fang, Ming 方明
LI, JING FENG 李景峰 **(1939-)**

Fang, Ming 方明
XUAN, WAN MING 宣万明 **(1958-)**

Fang ming 芳明
LU, GUANG YI 鲁广益 **(1911-1984)**

Fang, Mu 方木
CHEN, SHOU MEI 陈守梅 **(1907-1967)**

Fang, Mu 方木
SHI, XIAN RONG 施咸荣 **(1927-)**

Fang, Mu 方牧
WANG, XUE YUAN 王学渊 **(1936-)**

Fang, Mu 方牧
XIONG, SHU LONG 熊述隆 **(1944-)**

FANG, MU 方牧
Mu ye 牧野

Fang, Mu 方穆
SHI, RUN DE 施润德 **(1917-)**

Fang, Mu li 方慕黎
WU, SHAO BAO 吴绍葆 **(1925-)**

Fang, Nan 方南
ZHANG, SHI XUN 张世勋 **(1925-)**

Fang, Nan 方楠
LI, ZHAN XUE 李占学 **(1939-)**

Fang, Ning 方宁
ZENG, QING GUAN 曾庆冠 **(1922-)**

Fang, Ning 方宁
FENG, ZHI GONG 冯志恭 **(1932-)**

Fang, Pei ji 方培基
FANG, BIN 方斌 **(1946-)**

Fang, Peng 方鹏
QIAO, LING YUN 乔凌云 **(1955-)**

FANG, PING 方平 **(1917-)**
Lu, Su 卢肃

Fang, Ping 方平
LU, JI PING 陆吉平 **(1921-)**

FANG, PING 方平 **(1932-)**
Wan, Qian 万千

Fang, Ping 方平
LIAO, BANG YAN 廖邦彦 **(1939-)**

Fang ping 芳萍
ZHOU, LU QUAN 周鲁泉 **(1917-1983)**

Fang ping 放平
XU, SHI LIAN 许世连 **(1920-)**

FANG, PU 方朴 **(1956-)**
Fang, Bu 方卜
Yi yun 一韵

Fang, Pu 方浦
ZHOU, WEN BO 周文博 **(1924-)**

Fang, Pu 方浦
FANG, ZE PU 方泽溥 **(1931-)**

Fang, Qi 方杞
JI, GUANG YU 吉广舆 **(1953-)**

Fang, Qi 方其
QIAN, XING CUN 钱杏邨 **(1900-1977)**

Fang, Qi 方祺
SHI, RUN DE 施润德 **(1917-)**

Fang, Qi 方旗
HUANG, ZHE YAN 黄哲彦 **(1937-)**

Fang, Qi hua 方启华
FANG, XUAN CHU 方玄初 **(1929-)**

Fang, Qing 方青
XUE, E GUO 薛萼果 **(1908-1983)**

Fang, Qing 方青
HOU, JING YI 侯精一 **(1935-)**

Fang, Qing 方晴
HUANG, ZHANG 黄彰 **(1893-1987)**

Fang, Qing 方晴
GUO, ZHI YOU 郭志友 **(1931-)**

Fang, Qing 方晴
ZHENG, QUAN LI 郑权利 **(1935-)**

Fang, Qing yun 方青云
YIN, ZHI YANG 殷志扬 **(1929-)**

Fang, Qiu 方求
ZHOU, YANG 周扬 **(1908-1989)**

Fang, Qiu 方遒

HAN, SHAO HUA 韩少华 (1933-)

Fang qiu 访秋
REN, WEI KUN 任维焜 (1909-)

Fang, Quan 方泉
WANG, YUAN FANG 汪原放 (1897-1980)

FANG, QUN 方群 (1930-)
Shi, Dong 施冬
Wei quan 唯诠

Fang, Qun 方群
LIN, YU HONG 林于弘 (1966-)

Fang, Ran 方然
ZHU, SHENG 朱声 (1919-1966)

Fang, Ran 方然
LIN, GUO PING 林国平 (1943-)

Fang, Ran 方燃
MA, HUA 马骅 (1916-)

Fang, Ren 方人
TANG, ZHEN CHANG 唐振常 (1922-)

Fang, Ren 方人
ZHANG, LONG CHAO 张隆超 (1922-1989)

Fang, Ren 方人
SHI, ZHAO XI 施肇锡 (1932-)

Fang, Ren 方人
FANG, REN GONG 方仁工 (1937-)

Fang, Ren 方仁
DAI, MENG OU 戴梦鸥 (1905-1950)

Fang, Ren 方仁
YAO, FANG REN 姚方仁 (1905-1969)

Fang, Ren 方仁
YA, HAN ZHANG 牙含章 (1916-1989)

Fang, Ren 方仁
SHI, ZHENG YI 施正一 (1931-)

Fang, Ren 方仁
YU, YING JIE 于英杰 (1938-)

Fang, Ren 方任
FENG, YING ZI 冯英子 (1915-)

Fang, Ren 方韧
CHEN, RUI DE 陈睿德 (1917-)

Fang, Ren Ding 方人定
FANG, SHI QIN 方士钦 (1901-1975)

FANG, REN GONG 方仁工 (1937-)
Fang gong 仿工
Fang, Ren 方人
Ren, Gong 任功
Yu, Yu 于余

Fang, Ren ye 方人也
SHI, ZUO SHI 施作师 (1926-)

Fang, Ri 方日
YA, MEI CHANG 牙美昌 (1927-)

Fang, Ri 方日
LIU, KE SHI 刘可式 (1947-)

Fang, Rong 方荣
ZHENG, XI LIN 郑锡麟 (1914-)

FANG, RONG GAO 方荣杲
Gen ya 艮崖
Luo ya 荦崖
Xu zhi 旭芝

FANG, RONG ZHUO 方荣焯 (1940-)
Fang, Lu di 方芦荻

Fang ru yuan 芳如园
LU, ZHENG SHEN 卢正绅 (1905-1951)

Fang, Rui 方瑞
ZHANG, ZHAO LIN 张兆林 (1929-)

Fang, San 方三
SUN, TI XIAN 孙逖先 (1911-1970)

Fang, Sha 方沙
HE, FU REN 何福仁 (1952-)

FANG, SHAN JING 方善境 (1907-)
Jiao, Feng 焦风
Qian tie 千铁
Tikos

Fang, Sheng 方生
WANG, REN SHU 王任叔 (1901-1972)

Fang, Sheng 方生
YANG, HAO QUAN 杨浩泉 (1918-)

Fang, Sheng 方生
CHEN, SHI 陈实 (1921-)

Fang, Sheng 方声
JIANG, JUN CHEN 姜君辰 (1904-1985)

Fang, Sheng 方胜
WU, SHENG XI 吴圣昔 (1932-)

Fang, Sheng 方盛
LIU, FANG SHENG 刘方盛 (1921-)

Fang sheng 芳生
HUANG, KUN FANG 黄坤坊 (1926-)

FANG, SHENG TAO 方声涛 (1885-1934)
Yun song 韻松

Fang sheng wei si zhai zhu 方生未死斋主
CHEN, DONG 陈东 (1912-)

Fang, Shi 方矢

LI, YUAN QING 李元庆 **(1914-1979)**

Fang, Shi 方石
SHEN, ZHI PING 沈治平 **(1939-)**

Fang, Shi 方石
ZHANG, ZONG HOU 张宗厚 **(1945-)**

FANG, SHI DUO 方师铎 **(1911-)**
Da fang 大方

FANG, SHI HAO 方世豪 **(1933-)**
Fang, Ke 方柯

FANG, SHI HENG 方诗恒 **(1914-1983)**
Shi hen 诗痕
Yue ru 月如

Fang, Shi pei 方市沛
RAN, YU DA 冉欲达 **(1923-)**

FANG, SHI QIAO 方时乔 **(1897-1973)**
Cheng 乘
Fang, Cheng 方乘
Fang, Xiao yue 方孝岳
Yu can 御骖

FANG, SHI QIN 方士钦 **(1901-1975)**
Fang, Ren Ding 方人定

FANG, SHI WEN 方式文 **(-1970)**
Shi san mei 十三妹

FANG, SHI XU 方时旭
Fang, Fu yun 方扶云
Yun, Lang 云郎

FANG, SHOU YI 方守彝 **(1847-1924)**
Qing yi lao ren 清一老人

Fang, Shu 方叔
SONG, LONG FEI 宋龙飞 **(1936-)**

Fang, Shu 方曙
GU, ZHUN 顾准 **(1915-1974)**

Fang, Shu 方曙
WANG, JING ZHI 王静芝 **(1916-)**

Fang, Shu 方曙
WANG, TONG FA 王统发 **(1924-)**

Fang, Shu 方曙
LI, SAN FENG 李三锋 **(1940-)**

FANG, SHU GUANG 方曙光 **(1898-1964)**
Chen, Zhu 陈著
Fang, Guang tao 方光焘
Xue fu 雪甫

Fang, Shuo 方朔
WANG, LIN 王林 **(1956-)**

Fang, Si 方思
HUANG, SHI SHU 黄时枢 **(1925-)**

Fang, Si hua 方斯华
LU, QING ZHEN 陆庆珍（**1938-)**

FANG, SI RUO 方思若 **(1931-)**
Bi jiang 笔匠
Chen, Yun 陈韵
Nai fang 乃方
Shi, Ming 史明
You, Ge 游戈
Zhou, Yun 周云

Fang, Su wa 房素娃
LU, QING ZHEN 陆庆珍（**1938-)**

Fang, Sui 方绥
HOU, ZHEN QIU 侯镇球 **(1914-)**

Fang, Sun 方隼
WANG, YUAN HUA 王元化 **(1920-)**

FANG, TAI XING 方泰兴 **(1911-)**
Fang, Zhi nan 方之南
Zhi nan 指南

Fang, Tan 方探
WANG, LIU 汪流 **(1929-)**

Fang, Tang 方唐
CHEN, SHU BIN 陈树斌 **(1938-)**

Fang, Tang 方唐
XU, WAN MING 徐万明 **(1941-)**

Fang, Tang 方唐
CHEN, PENG XIANG 陈鹏翔 **(1942-)**

FANG, TANG HUA 方棠华
Chang, Wu tian 常舞天
Ding, Xin 丁辛
Fang, Long xiang 方龙骧
Long, Xiang 龙骧
Lu, Sen bao 卢森堡

Fang, Tian 方天
ZHANG, HAI WEI 张海威 **(1927?-)**

Fang, Tian 方天
FANG, MIAO YING 方妙英 **(1930-)**

Fang tian 芳田
XU, JUN MEI 徐君梅 **(1911-1966)**

Fang, Tian liang 方天亮
SHE, ZHONG QIU 佘仲秋 **(1923-)**

Fang, Tian shu 方天曙
SHI, XIAO CHONG 石啸冲 **(1908-)**

FANG, TING ZHEN 方廷桢 **(1901-1983)**
Fang, Zhong ru 方仲如

Fang, Tong 方彤

YE, QI SHENG 叶其声 **(1938-)**

Fang, Tu ren 方土人
FANG, ZHENG 方拯 **(1906-)**

Fang, Tun 方芚
CHEN, PEI 陈培 **(1925-)**

Fang, Wei 方为
MA, QING GUO 马庆国 **(1945-)**

Fang, Wei 方炜
JIANG, PI ZHI 姜丕之 **(1920-)**

Fang, Wei 方炜
RU, XIN 汝信 **(1931-)**

Fang, Wei 方维
WANG, SHEN QUAN 王深泉 **(1923-)**

Fang, Wei ai 方未艾
FANG, JING YUAN 方靖远 **(1906-)**

Fang, Wei ai 方未艾
CHEN, ZUO MEI 陈作梅 **(1912-1986)**

Fang, Wei ai 方未艾
AI, JIA ZHENG 艾家政 **(1925-)**

Fang, Wei ai 方未艾
ZU, DING YUAN 祖鼎元 **(1933-)**

Fang, Wei bai 方苇白
YIN, SHEN 殷参 **(1916-)**

Fang, Wen 方文
LU, YUAN TONG 陆元同 **(1922-)**

Fang, Wen 方文
SHI, DAI ZONG 石岱宗 **(1923-)**

Fang, Wen 方文
XIE, HUI E 谢会娥 **(1926-)**

Fang, Wen 方文
DENG, YOU MEI 邓友梅 **(1931-)**

Fang, Wen 方文
FANG, GUO ZHENG 方国政 **(1948-)**

Fang, Wen 方文
FANG, ZE LU 方则禄

Fang, Wen 方文
LIU, RUN HE 刘润和

Fang, Wen 方闻
WU, CHUAN YOU 吴传佑 **(1914-1982)**

Fang, Wen 方闻
GAO, SI 高斯 **(1923-)**

Fang, Wen 方闻
GAO, ZENG DE 高增德 **(1932-)**

FANG, WEN JU 方文举 **(1965-)**
A wen 阿文

FANG, WEN JU 方文榘 **(1901-1987)**
Fang, Jie kan 方介堪
Fang, Yan 方岩

Fang, Wen kang 方文亢
XU, WAN XIONG 许万雄 **(1924-)**

Fang, Weng 方翁
LIANG, JIA GUAN 梁嘉官 **(1908-1970)**

Fang, Wu 方吾
LI, NAI REN 李乃仁 **(1916-)**

Fang, Wu 方悟
GAO, ZENG DE 高增德 **(1932-)**

Fang wu 仿吾
CHENG, FANG WU 成仿吾 **(1897-1984)**

Fang wu 芳坞
CHENG, FANG WU 成仿吾 **(1897-1984)**

Fang, Wu ji 方无忌
GAO, JI 高集 **(1920-)**

Fang, Xi 方晞
FANG, JING YUAN 方靖远 **(1906-)**

Fang, Xi 方曦
FANG, JING YUAN 方靖远 **(1906-)**

Fang, Xi kong 方希孔
FANG, ZHI 方治 **(1927-)**

Fang xia 芳夏
LIU, XI RONG 刘锡荣 **(1920-)**

Fang, Xian yu 方先餘
FANG, ZHEN 方振 **(1928-)**

Fang, Xiang 方向
XIANG, DA 向达 **(1900-1966)**

Fang, Xiang 方向
LIN, KE SHUANG 林克双 **(1942-)**

Fang, Xiang 方祥
FAN, XIANG YONG 范祥雍 **(1913-)**

Fang, Xiang zhi 方向之
FANG, ZUO BIN 方作斌 **(1919-)**

FANG, XIANG ZHONG 方向众 **(1937-)**
Fang, Xiao 方笑

Fang, Xiao 方晓
SHI, XIAO CHONG 石啸冲 **(1908-)**

FANG, XIAO 方晓 **(1921-)**
Han zi 菡子

Fang, Xiao 方晓
GAO, CHENG YI 高呈毅 **(1928?-)**

Fang, Xiao 方晓
WU, YUN SHENG 吴筠生 **(1929-)**

Fang, Xiao 方晓
LI, ZU LIANG 李祖良

Fang, Xiao 方笑
FANG, XIANG ZHONG 方向众 **(1937-)**

Fang, Xiao bai 方晓白
ZHANG, YI HOU 张逸侯 **(1916-1978)**

Fang, Xiao hong 方晓虹
GE, MAO CHUN 葛懋春 **(1926-)**

Fang, Xiao long 方小龙
FANG, LONG CHENG 方龙城 **(1942-)**

FANG, XIAO SHI 方小石 **(1911-)**
Xiao shi 晓时

Fang, Xiao yue 方孝岳
FANG, SHI QIAO 方时乔 **(1897-1973)**

Fang, Xin 方辛
XIANG, QI YUAN 项启源 **(1925-)**

Fang, Xin 方辛
FANG, XIN 方新 **(1939-)**

Fang, Xin 方欣
WANG, BO FANG 王伯方 **(1947-)**

Fang, Xin 方信
CHEN, SHOU MEI 陈守梅 **(1907-1967)**

Fang, Xin 方莘
FANG, XIN 方新 **(1939-)**

FANG, XIN 方新 **(1939-)**
Fang, Xin 方辛
Fang, Xin 方莘

Fang Xin 芳信
CAI, FANG XIN 蔡方信 **(1902-1963)**

Fang xin 放新
LI, ZU JIE 李祖杰 **(1912-)**

Fang, Xing 方兴
FANG, ZHANG XIU 方彰修 **(1902-1970)**

Fang, Xing 方兴
FANG, ZUO DE 方祚德 **(1923-)**

Fang, Xing 方兴
FANG, ZHAO RUI 方肇瑞 **(1934-)**

Fang, Xing 方兴
ZHANG, PEI FANG 张沛芳 **(1937-)**

Fang, Xing 方兴
CHEN, CI YUAN 陈次园

Fang, Xing 方行
ZHANG, XIE HE 张协和 **(1917-)**

FANG, XING 方行 **(1926-)**
Fang, You wen 方友文

Fang, Xing 方醒
JI, FU HUA 纪馥华 **(1934-)**

Fang, Xiu 方修
WU, ZHI GUANG 吴之光 **(1922-)**

Fang xiu 芳修
GONG, XIE 龚燮

FANG, XU 方旭 **(1952-)**
Lai yang ren 莱阳人

Fang, Xu 方序
ZHANG, FANG XU 章方叙 **(1909-1959)**

Fang, Xuan 方轩
ZHAO, SHU LI 赵树礼 **(1906-1970)**

FANG, XUAN CHU 方玄初 **(1929-)**
Fang, Li chu 房立初
Fang, Qi hua 方启华
Gan feng 敢峰

FANG, XUAN ZHI 方选之 **(1947-)**
Fang, Yuan 方园

Fang, Xue 方学
MO, SHI GUANG 莫士光 **(1927-)**

Fang, Xue 方学
SHI, DA QIAN 史大千 **(1929-)**

FANG, XUE CHUN 方雪纯
Xiang ling 湘灵

Fang, Xun 方珣
ZHENG, LONG JIN 郑隆谨 **(1895-1979)**

Fang, Xun 方珣
FANG, DONG MEI 方东美 **(1899-1976)**

Fang, Yan 方言
FANG, ZUO DE 方祚德 **(1923-)**

Fang, Yan 方言
GAO, ZENG DE 高增德 **(1932-)**

Fang, Yan 方言
DUAN, MEI FANG 段玫芳 **(1941-)**

Fang, Yan 方岩
FANG, WEN JU 方文榘 **(1901-1987)**

Fang, Yan 方炎
FANG, LING GUI 方龄贵 **(1918-)**

Fang, Yan 方炎
SHANG, JIU CAN 尚久骖 **(1935-)**

Fang, Yan 方演
HE, KONG ZHOU 何孔周 **(1942-)**

Fang, Yan 方燕
DING, YANG ZHONG 丁扬忠 **(1932-)**

Fang, Yan 芳彦
WANG, REN SHU 王任叔 **(1901-1972)**

Fang, Yan hao 方延豪
FANG, YI 方毅

Fang, Yang 方扬
ZENG, YUE BO 曾月波 **(1917-)**

Fang, Yang 方羊
YU, WEN HUI 余文晖

Fang, Yang 方杨
ZUO, CHAO ZONG 左朝宗 **(1930-)**

Fang, Yang 方洋
SHI, JI MEI 施济美 **(1920-1968)**

Fang, Yang 方飏
ZHOU, ZHI HUI 周之辉 **(1923-)**

Fang, Yao 方耀
ZHU, SHAN JUN 朱善钧 **(-1980)**

Fang, Ye 方夜
ZHOU, BING 周兵 **(1958-)**

Fang, Ye 方晔
WANG, CHANG MAO 王昌茂 **(1933-)**

Fang, Ye 方烨
ZHENG, GUI FU 郑桂富 **(1942-)**

Fang, Ye 方野
WENG, SHI JIE 翁诗杰 **(1956-)**

Fang, Ye 方野
TANG, DE LIANG 唐德亮 **(1958-)**

Fang, Yi 方乙
FAN, QIN YAO 范钦尧 **(1954-)**

Fang, Yi 方以
HU, SHAN YUAN 胡山源 **(1897-1988)**

Fang, Yi 方宜
MA, FANG YI 马芳仪 **(1963-)**

Fang, Yi 方易
SHEN, YAN BING 沈雁冰 **(1896-1981)**

Fang, Yi 方易
QIAN, JIAN YING 钱剑英 **(1932-)**

Fang, Yi 方逸
LI, MING CHENG 李明诚 **(1914-)**

FANG, YI 方毅
Fang, Yan hao 方延豪

FANG, YI MIN 方益民 **(1955-)**
Qi, Sheng 启升

Fang, Yi ping 方以屏
HU, SHAN YUAN 胡山源 **(1897-1988)**

FANG, YI QUN 方轶群 **(1914-)**
Wang, Xin yue 王心月

Fang, Yi ru 方亦如
ZHU, BAI YING 祝百英 **(1902-)**

Fang, Yi zhi 方以直
WANG, DING JUN 王鼎钧 **(1927-)**

Fang, Yin 方殷
CHANG, ZHONG YUAN 常钟元 **(1913-1982)**

Fang, Yin 方殷
LU, FANG 卢滂 **(1914-)**

Fang yin 芳茵
CHANG, ZHONG YUAN 常钟元 **(1913-1982)**

Fang, Ying 方影
LI, SAN FENG 李三锋 **(1940-)**

Fang, Ying 方瀛
HUANG, KUN FANG 黄坤坊 **(1926-)**

Fang, Ying 方英
QIAN, XING CUN 钱杏邨 **(1900-1977)**

FANG, YING YANG 方应旸 **(1925-1969)**
Fang, Yu chen 方宇晨

Fang, Yong 方永
LIANG, WEN FU 梁文福 **(1964-)**

Fan you 放游
LU, YING YU 陆英育 **(1929-)**

Fang, You wen 方友文
FANG, XING 方行 **(1926-)**

FANG, YOU XIN 房友新 **(1934-)**
Ding, Yuan 丁元
Re jiang 热江

Fang, You yuan 方又圆
LIN, ZHEN YAO 林振耀 **(1950-)**

Fang, Yu 方宇
ZHOU, MI MI 周蜜蜜 **(1953-)**

Fang, Yu 方羽
WENG, ZU LIANG 翁祖亮 **(1929-)**

Fang, Yu 方雨
FENG, XUE FENG 冯雪峰 **(1903-1976)**

FANG, YU 方瑀 **(1944-)**
Yi, Lian 依莲

Fang, Yu 方瑜
YANG, QUN FEN 杨群奋 **(1917-)**

Fang yu 仿予

Fang, Zhi 方之
HAN, JIAN GUO 韩建国 **(1930-1979)**

Fang, Zhi 方之
LU, WEI RAN 陆伟然 **(1935-)**

FANG, ZHI 方治 **(1927-)**
Fang, Xi kong 方希孔

Fang, Zhi 方治
GAO, ZENG DE 高增德 **(1932-)**

Fang, Zhi 方直
WANG, REN SHU 王任叔 **(1900-1972)**

Fang, Zhi 方直
LIU, KE LI 柳克立 **(1903-1968)**

Fang, Zhi 方知
YANG, FENG ZHANG 杨凤章 **(1934-)**

Fang, Zhi fu 方之夫
XU, SHENG YAO 许绳尧 **(1897-1984)**

Fang, Zhi hua 方之华
LI, ZHENG ZHONG 李正中 **(1921-)**

Fang, Zhi min 方志敏
FANG, ZHENG GU 方正鹄 **(1900-1935)**

Fang, Zhi nan 方之南
FANG, TAI XING 方泰兴 **(1911-)**

Fang, Zhi ping 方治平
XU, SHENG WEN 许声闻 **(1906-1988)**

FANG, ZHI YUAN 房志远
Ding, Chu 丁楚

FANG, ZHI ZHONG 方之中 **(1908-1987)**
Fang, Jing 方镜
Jia shen 佳申

Fang, Zhong 方中
LIANG, JIA GUAN 梁嘉官 **(1908-1970)**

Fang, Zhong 方仲
SHEN, YAN BING 沈雁冰 **(1896-1981)**

Fang, Zhong ru 方仲如
FANG, TING ZHEN 方廷桢 **(1901-1983)**

Fang, Zhong yu 方重禹
FANG, GUI DE 方珪德 **(1922-)**

Fang, Zhou 方舟
YU, LAN ZHU 于兰渚 **(1900-1928)**

Fang, Zhou 方舟
WANG, REN SHU 王任叔 **(1901-1972)**

Fang, Zhou 方舟
LI, QI GANG 李启刚 **(1925-)**

Fang, Zhou 方舟
MAN, SHOU TIAN 满守天 **(1935-)**

Fang, Zhou 方舟
DENG, WEN GUO 邓文国 **(1955-)**

Fang, Zhou 方舟
ZHOU, JUN 周俊 **(1956-)**

Fang zhou 芳洲
YU, LAN ZHU 于兰渚 **(1900-1928)**

Fang zhou 芳洲
ZHENG, HAI XIANG 郑海翔 **(1955-)**

Fang zhou zhu zi 房州竹子
XU, CHENG ZHOU 许澄宙

Fang zhu 访竹
YE, DING YI 叶鼎彝 **(1913-1954)**

Fang, Zhu cun 方竹村
YANG, MENG TING 杨萌亭 **(1939-)**

Fang, Zhuang you 方壮猷
FANG, ZHANG XIU 方彰修 **(1902-1970)**

FANG, ZHUO FEN 方卓芬
Huai, Shu 怀庶
Huang, Xing 黄醒
Zhuo, Fen 卓芬

Fang, Zi 方子
LUO, LAI YONG 罗来勇 **(1951-)**

Fang zi 芳子
SUN, JIA RUI 孙嘉瑞 **(1920-)**

Fang, Zuo 方佐
ZENG, QING GUAN 曾庆冠 **(1922-)**

FANG, ZUO BIN 方作斌 **(1919-)**
Fang, Bei fang 方北方
Fang, Li 方里
Fang, Xiang zhi 方向之
Hei, Jin 黑金
Zuo bing 作兵

FANG, ZUO DE 方祚德 **(1923-)**
Fang, Xing 方兴
Fang, Yan 方言

Fei 飞
ZHOU, SHU REN 周树人 **(1881-1936)**

Fei 飞
LU FEI, KUI 陆费逵 **(1886-1941)**

Fei 飞
XIONG, MENG FEI 熊梦飞 **(1896-)**

Fei 飞
ZHOU, EN LAI 周恩来 **(1898-1976)**

Fei 飞
SUN, XI ZHEN 孙席珍 **(1906-1984)**

Fei 芾
LI, YAO TANG 李尧棠 **(1904-)**

Fei 沸
QU, QIU BAI 瞿秋白 **(1899-1935)**

Fei 菲
HONG, LUN XIU 洪伦修 **(1903-1933)**

Fei 霏
ZHANG, GUANG REN 张光人 **(1902-1985)**

Fei, Ai na 费爱娜
GAO, LUO LIN 高珞琳 **(1922-)**

Fei an 飞龠
LU FEI, KUI 陆费逵 **(1886-1941)**

Fei an 非厂
YU, ZHAO 于照 **(1889-1959)**

Fei an 非厂
WANG, REN SHU 王任叔 **(1901-1972)**

Fei an 非庵
TAN, YAN KAI 谭延闿 **(1880-1930)**

Fei an 朏龠
WU, JING HENG 吴敬恒 **(1865-1953)**

Fei an lao ren 朏龠老人
WU, JING HENG 吴敬恒 **(1865-1953)**

Fei bai 飞白
WANG, FEI BAI 汪飞白 **(1929-)**

Fei bai 飞白
HUO, HAN JI 霍汉姬 **(1937-)**

Fei, Bei 费北
FEI, XIAO TONG 费孝通 **(1910-)**

Fei bi 飞碧
ZHANG, FENG 张凤 **(1950-)**

Fei, Bin 斐斌
CHEN, GUO AN 陈国安 **(1937-)**

Fei bing 废兵
ZHANG, QING RONG 张清荣 **(1902-1955)**

Fei bo 菲薄
LAN, YU 蓝钰 **(1919-1966)**

FEI, CHANG FU 费长富 **(1941-)**
Chang, Si 常思

Fei chen 飞尘
CHEN, SHU MAN 陈树满 **(1916-)**

Fei chen 非陈
CHEN, SHU MAN 陈树满 **(1916-)**

Fei, Chong 斐翀
CHEN, HUI CONG 陈慧聪 **(1954-)**

Fei, Ci 费辞
YUAN, KUI JIU 袁暌九 **(1922-)**

Fei cui 翡翠
CHEN, RU XUN 陈汝埙 **(1906-)**

Fei cun 斐村
LIU, JIN JIANG 刘锦江

Fei dan 斐丹
WU, FEI DAN 吴斐丹 **(1907-1981)**

Fei diao 飞雕
MA, JIAN LING 马健翎 **(1907-1965)**

Fei ding 废丁
LI, XING HUA 李兴华

Fei ding 菲丁
SU, LI REN 苏立人 **(1912-1938)**

Fei ding 菲丁
TIAN, GUANG HUA 田光华（**1944-)**

Fei, En 费恩
LIU, RUI FENG 刘瑞峰 **(1916-)**

Fei er 菲尔
LIU, WEN TAO 刘文涛 **(1952-)**

Fei er 斐儿
TANG, DAO GENG 汤道耕 **(1904-1992)**

Fei er 斐尔
WU, PI TI 吴丕悌 **(1910-1972)**

Fei fang 菲芳
ZHANG, HUI HUAN 张辉环

Fei fei 菲菲
ZHAO, FEI 赵飞 **(1950-)**

Fei fei 飞飞
XIE, JUE ZAI 谢觉哉 **(1884-1971)**

Fei fei 飞飞
ZHOU, EN LAI 周恩来 **(1898-1976)**

Fei fei 非非
LEI, ZHAO XING 雷昭性 **(1873-1920)**

Fei fei 非非
SU, XUAN YING 苏玄瑛 **(1884-1918)**

Fei fei 非非
SHEN, YAN BING 沈雁冰 **(1896-1981)**

Fei fei 非非
ZHOU, EN LAI 周恩来 **(1898-1976)**

Fei fei 非非
CHEN, MING ZHONG 陈明中 **(1903-)**

Fei fei 非非
WANG, WAN RONG 王婉容 **(1926-)**

Fei fei 非非
LIU, YAN LI 刘言立 **(1930-)**

Fei fei 非非
LIU, JI XIAN 刘集贤 **(1933-)**

Fei fei 非非
XU, TAI QUAN 许泰权 **(1963-)**

Fei fei 菲菲
YUAN, XIAN AN 袁贤安 **(1874-1954)**

Fei fei 菲菲
DONG, FEI 董斐 **(1941-)**

Fei fei 斐斐
ZHENG, WEN SHUI 郑文水 **(1944-)**

Fei fei 斐斐
XU, TAI QUAN 许泰权 **(1963-)**

Fei feng 绯枫
YANG, PI HENG 杨丕衡 **(1922-)**

Fei fu fei 非夫非
CHEN, HE 陈鹤 **(1912-1984)**

FEI, FU XIONG 费福熊 **(1905-1945)**
Fei, Gong 费巩

Fei gan 芾甘
LI, YAO TANG 李尧棠 **(1904-)**

Fei ge na 费格娜
ZHU, ZI QI 朱子奇 **(1920-)**

Fei, Gong 费巩
FEI, FU XIONG 费福熊 **(1905-1945)**

Fei gong 非攻
TONG, XIANG HE 仝相和 **(1946-)**

Fei, Gong zhi 费公直
FEI, SHAN JI 费善机

Fei, Gu 费固
ZOU, DE HONG 邹德鸿 **(1922-)**

Fei gu 非骨
WANG, YUAN HUA 王元化 **(1920-)**

Fei guang fei 非光非
CHEN, HE 陈鹤 **(1912-1984)**

Fei gui 飞归
LI, WEN QI 李文祷 **(1902-)**

FEI, HAI JI 费海玑 **(1924-)**
Ai zhi 爱之
Guang hua 光华
Hu, Xuan 胡璇
Juan ai 涓埃
You mei 友梅
You zhi 友智
Yu, She wei 于舍为

Fei hua 飞花
YUAN, GUANG MEI 袁光楣 **(1916-1982)**

Fei, Huo 费火
LIU, XI FU 刘喜富 **(1925-)**

FEI, JI ZHI 费辑止 **(1906-1951)**
Fei, Jing lu 费敬庐
Fei, Mu 费穆

Fei, Jie 费解
ZHUO, GE YUN 卓戈云 **(1925-)**

Fei, Jing lu 费敬庐
FEI, JI ZHI 费辑止 **(1906-1951)**

Fei, Jing zhong 费敬仲
FEI, XING JIAN 费行简 **(1871-1955)**

Fei jun nü shi 斐君女士
SUN, FEI JUN 孙斐君

Fei, Ke 费克
JIANG, XIAO HUI 蒋晓晦 **(1917-1968)**

Fei ke 菲可
WEN, XIANG YONG 温相勇 **(1964-)**

Fei ke wu 非可恶
LU, RU YIN 卢汝吟 **(1918-)**

Fei lai ke 飞来客
LUO, ZHENG ZHUO 罗正晫 **(1906-1983)**

Fei lang 芾浪
CHENG, ZHAO XIONG 程兆熊 **(1908-)**

Fei, Lei 费雷
ZOU, SHANG LU 邹尚录 **(1914-1986)**

Fei, Li 费力
WANG, LIAO SHENG 王辽生 **(1930-)**

Fei, Li 费礼
PING, XIN TAO 平鑫涛 **(1927-)**

Fei, Li 费立
SUN, SHU YU 孙述宇 **(1933-)**

Fei lie 菲烈
WANG, ZHEN YU 王振宇 **(1903-1990)**

Fei lie 斐烈
WANG, ZHEN YU 王振宇 **(1903-1990)**

Fei lin 非林
LUO, LIN 罗林 **(1929-)**

Fei, Lin 费林
MA, RUI LIN 马瑞麟 **(1929-)**

Fei, Long ding 费龙丁
FEI, YAN 费砚 **(1879-1938)**

Fei lou 斐楼
KUANG, GUANG ZHAO 匡光照 **(1900-)**

Fei lu men 非鲁门
WANG, REN SHU 王任叔 **(1901-1972)**

Fei luo 菲洛
YE, FEI LUO 叶菲洛

Fei ma 非马
MA, WEI YI 马为义 **(1936-)**

Fei meng 非蒙
GUAN, FEI MENG 关非蒙 **(1921-)**

Fei, Meng 费蒙
LI, FEI MENG 李费蒙 **(1925-)**

Fei meng 菲萌
QIU, SHENG MING 丘声明 **(1940-)**

Fei, Ming 费明
JIANG, CHUN FANG 姜椿芳 **(1912-1987)**

Fei ming 废名
FENG, WEN BING 冯文炳 **(1901-1967)**

Fei ming 废名
QIU, SHI ZHEN 丘士珍 **(1904-)**

Fei ming 废名
JIANG, CHUN FANG 姜椿芳 **(1912-1987)**

FEI, MING JUN 费明君
Lei, Bai wen 雷白文

Fei, Mu 费穆
FEI, JI ZHI 费辑止 **(1906-1951)**

Fei na 绯娜
LU, BAO HUA 卢葆华

Fei peng 飞蓬
YE, PENG 叶蓬 **(1929-)**

Fei, Pin 费品
YAO, HUI 姚辉 **(1965-)**

Fei, Ping 费平
FAN, YU 范禹 **(1923-)**

FEI, QI 费启 **(1919-)**
Ai, Bei 艾北
Bai, Ye 白夜
Jin, Ge 金戈
Lu 路
Lü xing 绿荇
Nan 南
Qian, Xiu wen 钱绣文
Qiu, Shui 秋水
Su qing 素清
Sun, Bao sui 孙宝邃

Fei qin 斐琴
CHEN, FEI QIN 陈斐琴 **(1911-)**

Fei ran 非然
ZHANG, ZHONG DING 张中定 **(1961-)**

Fei ran 斐然
LI, WEN QIN 李文钦 **(1920-)**

Fei ran 斐然
ZHAO, XIAN ZHANG 赵宪章 **(1951-)**

Fei, Ren 费仁
XU, ZHEN 徐震 **(1915-1946)**

Fei ren 废人
ZHENG, MING 郑明

Fei ren 非人
YANG, CHUAN YE 杨传业 **(1923-)**

Fei ru 斐如
SONG, WEN RUI 宋文瑞

FEI, SHAN JI 费善机
Fei, Gong zhi 费公直
Qi zhi 器之
Qiu, Ming 秋明
Tian jian 天健
Yi piao 一瓢

Fei sheng 飞生
JIANG, FANG ZHEN 蒋方震 **(1882-1938)**

Fei shi 飞矢
WANG, REN SHU 王任叔 **(1901-1972)**

Fei shi 非石
YANG, JIAN BAI 杨坚白 **(1911-)**

Fei shi 匪石
WANG, SHU MING 汪叔明 **(1873-)**

Fei shi 匪石
CHEN, SHI YI 陈世宜 **(1884-1959)**

Fei shi 匪石
XIAO, SHU LIE 萧树烈 **(1896-1927)**

Fei shi 菲士
WANG, PU QING 汪普庆 **(1917-)**

FEI, SHI XUN 费师逊 **(1934-)**
Nan, Fang ren 南方仁

Fei, Shuo 费朔
CHEN, JIAN CHENG 陈建成 **(1941-)**

Fei si 非斯
HAN, DAO CHENG 韩道诚 **(1917-)**

Fei si 非斯
MO, FEI SI 莫非斯

Fei su 非素
LU, DAN LIN 陆丹林 **(1898-1972)**

Fei tian 飞天
AI, FEI 艾飞 (1946-)

Fei tun 肥豚
DENG, JING XI 邓经喜 (1889-1981)

Fei wen 非文
PENG, KAI ZHONG 彭闓忠 (1913-)

Fei wen 非文
LI, WEN QIN 李文钦 (1920-)

Fei wen 斐文
YANG, ZHE RONG 杨哲荣 (1951-)

Fei wen.sheng 非文生
SU, LI REN 苏立人 (1912-1938)

Fei weng 非翁
LU, YU ZHONG 陆羽中 (1908-)

Fei wo 非我
SHU, QING CHUN 舒庆春 (1899-1966)

Fei wo 非我
LEI, SHI YU 雷石榆 (1911-)

Fei wo 非我
ZHANG, HAI PENG 张海澎 (1963-)

Fei wu 非吾
SHU, QING CHUN 舒庆春 (1899-1966)

Fei xi 非锡
SU, XUAN YING 苏玄瑛 (1884-1918)

Fei xian 非闲
SHEN, XIA HUN 沈侠魂 (1915-1966)

Fei, Xiao 费啸
FEI, YUN WEN 费云文 (1916-)

Fei, Xiao tian 费啸天
FEI, YUN WEN 费云文 (1916-)

FEI, XIAO TONG 费孝通 (1910-)
Fei, Bei 费北
Wang, Tong hui 王同惠

Fei xin 非心
LÜ, PEI LIN 吕沛林 (1889-1947)

Fei xin 非心
XU, GUANG PING 许广平 (1898-1968)

FEI, XIN WO 费新我 (1903-1992)
Li ping 立平

FEI, XING JIAN 费行简 (1871-1955)
Fei, Jing zhong 费敬仲
Wo qiu zhong zi 沃丘仲子

Fei xiong 飞熊
WANG, YUAN TE 王元特 (1920-)

Fei, Xue 费学
WEI, CHONG WU 韦崇武 (1905-1978)

Fei xue 飞血
WANG, SHI JUN 王世浚 (1912-1949)

Fei xue 飞雪
GAO, ZHAO XUAN 高兆萱 (1932-)

Fei ya 菲雅
WANG, FU 王扶 (1938-)

FEI, YAN 费砚 (1879-1938)
Chang an xing ren 长圧行人
Fei, Long ding 费龙丁
Fo ye ju shi 佛耶居士
Jian shi 见石
Jian shi 剑石

Fei yan 飞雁
CHEN, XIAO YUN 陈小云

Fei yan 斐彦
SHI, LI PING 师立平 (1974-)

Fei yan jiu zhu 飞燕旧主
GU, SONG CHEN 顾崧臣 (-1929)

Fei, Yang 费扬
WU, LIAN ZENG 吴连增 (1936-)

Fei yang 飞扬
MA, SEN 马森 (1932-)

Fei yang 飞扬
XIE, SHI JIAN 谢诗坚 (1945-)

Fei ye 非叶
LAI, JI XUN 来稷勋 (1904-1976)

Fei, Yi 费逸
PAN, FEI 潘非 (1918-1986)

Fei yi 非一
PEI, YU CHANG 裴毓昌 (1922-)

FEI, YI FU 费彝复 (1913-1982)
Yi fu 以复

FEI, YI MIN 费彝民 (1908-1988)
Yi ming 夷明
Zhi zhong 执中

Fei ying 飞鹰
GENG, YING 耿瑛 (1933-)

Fei ying 吠影
JIN, CHUN BIN 金纯斌 (1913-)

Fei yu 非予
GONG, JI GUANG 龚继光 (1939-)

Fei yu guan 非宇馆
XIAO, YI SHAN 萧一山 (1902-1978)

Fei yue 非越

HU, ZHU SHENG 胡珠生 (1927-)

Fei yun 斐云
ZHAO, WAN LI 赵万里 (1905-1980)

FEI, YUN WEN 费云文 (1916-)
Fei, Xiao 费啸
Fei, Xiao tian 费啸天
Xiao tian 啸天

Fei zhai 斐斋
CAI, ZHEN YANG 蔡振扬 (1917-)

Fei zhao 非兆
CHEN, YING 陈锳 (1907-1988)

Fei zhi 非之
TIAN, JING HUI 田景惠 (1923-)

Fei, Zhi 费枝
LU, SHENG FA 卢盛法 (1921-)

FEI, ZHI XIONG 费之雄 (1934-)
Zuo chuan san lang 左传三郎

Fei zhu 肥豬
DENG, JING XI 邓经喜 (1889-1981)

Fei zi 非子
WEI, HUI LIN 卫惠林 (1903-)

FEI, ZI BIN 费子彬 (1890-)
Bao, Yan 保彦

Fen 芬
ZHANG, JIN FEN 张近芬 (-1940)

Fen 芬
DENG, FEN 邓芬 (1894-1964)

Fen 芬
SHEN, YAN BING 沈雁冰 (1896-1981)

Fen 粪
DENG, TIE 邓铁 (1898-1963)

Fen bu ping 愤不平
WEI, BA QUN 韦拔群 (1894-1932)

Fen fei 汾飞
FENG, YU NAN 冯育楠 (1935-)

Fen fei 奋飞
WU, ZHONG XI 吴仲禧 (1895-)

Fen fei 奋飞
SU, CHANG YI 苏长怡 (1936-)

Fen fei 奋飞
QI, FENG WU 齐凤午 (1949-)

Fen fen 奋奋
ZOU, EN RUN 邹恩润 (1895-1944)

Fen fen 愤愤
SHA, GAN 沙淦 (-1913)

Fen ge 焚戈
FENG, YING ZI 冯英子 (1915-)

Fen gong 粪公
DENG, TIE 邓铁 (1898-1963)

Fen he 汾河
FENG, YU DONG 冯育栋 (1921-)

Fen he sheng 奋翮生
CAI, E 蔡锷 (1882-1916)

Fen hu jiu yin 分湖旧隐
LIU, YA ZI 柳亚子 (1887-1958)

Fen jun 芬君
SHEN, YAN BING 沈雁冰 (1896-1981)

Fen jun 芬君
LU, YI 陆诒 (1911-)

Fen jun 芬君
XU, FEN 徐芬

Fen min 愤民
LIU, YA ZI 柳亚子 (1887-1958)

Fen nan yu xia 汾南渔侠
ZHOU, BIN 周斌 (-1933)

Fen nan yu yin 汾南渔隐
ZHOU, BIN 周斌 (-1933)

Fen ruo 奋若
ZHANG, ZHI XIANG 张致祥

Fen shui 分水
FENG, XUE FENG 冯雪峰 (1903-1976)

Fen shui 分水
ZHOU, FEN 周汾 (1913-)

Fen si 奋思
KANG, YONG PING 康永平 (1958-)

Fen tuo 芬陀
LÜ, PEI LIN 吕沛林 (1889-1947)

Fen weng 粪翁
DENG, TIE 邓铁 (1898-1963)

Fen xia 愤侠
SHA, GAN 沙淦 (-1913)

Fen xin 焚心
JIANG, SHOU NAN 江授南 (1924-)

Fen yang fei xia 汾阳飞侠
WANG, WEI BO 王薇伯

Fen yi zhu ren 汾易主人
GUO, MO RUO 郭沫若 (1892-1978)

Fen yu 焚玉

GU, DE LONG 顾德隆 **(1903-1965)**

Fen zhi 奋之
XU, HAN CHEN 徐汉臣 **(1911-)**

Feng 丰
SHEN, DUAN XIAN 沈端先 **(1900-1995)**

Feng 丰
LIAO, BI GUANG 廖苾光 **(1902-)**

Feng 丰
YE, YUN PU 叶韫璞 **(1905-1975)**

Feng 丰
LIN, FENG 林丰

Feng 风
SHEN, YAN BING 沈雁冰 **(1896-1981)**

Feng 风
SHEN, ZE MIN 沈泽民 **(1900-1933)**

Feng 风
ZHANG, GUANG REN 张光人 **(1902-1985)**

Feng 风
YE, YUN PU 叶韫璞 **(1905-1975)**

Feng 风
FU, LEI 傅雷 **(1908-1966)**

Feng 风
HUANG, RI HUA 黄日华 **(1911-1943)**

Feng 风
TANG, DUAN YI 唐端毅 **(1913-1992)**

Feng 风
YE, YUN PU 叶韫璞 **(1905-1975)**

Feng 枫
WANG, REN SHU 王任叔 **(1901-1972)**

Feng 枫
PENG, XIU DAO 彭修道 **(1905-1944)**

Feng 枫
GU, ZHUN 顾准 **(1915-1974)**

Feng 枫
LIU, YI 刘毅 **(1916-)**

Feng 峰
JUE LUO, DE LIN 觉洛德林 **(1921-)**

FENG, AI QUN 冯爱群 **(1918-)**
Ai, Jun 艾君

Feng, Bai hua 冯白桦
FENG, JIANG TAO 冯江涛

Feng, Bai ju 冯白驹
FENG, YU QIU 冯裕球 **(1903-1973)**

FENG, BAI LU 冯白鲁
Sang, Ting 桑汀

FENG, BAO LIN 冯宝麟 **(1915-)**
Ai, Ti 艾提
Ai, Ti man 艾提曼
Feng, Qi 冯契
Ti man 提曼

Feng, Bin 冯斌
FENG, XIAN ZHANG 冯宪章 **(1908-1931)**

FENG, BIN FU 冯宾符 **(1914-1966)**
Ai, Na 艾纳
Bin fu 宾符
Feng, Zhong zu 冯仲足
Zhong, Zu 仲足

Feng, Bing 冯冰
FENG, BING 冯竝 **(1945-)**

Feng, Bing 冯并
FENG, BING 冯竝 **(1945-)**

FENG, BING 冯竝 **(1945-)**
Feng, Bing 冯并
Feng, Bing 冯冰
Feng, Zhan 冯站
Gao, Yuan 高原
Sai yuan 塞原
Si ma, Shuang 司马双

FENG, BING NAN 封炳楠 **(1943-)**
Feng, Yun 封云
Yang, Bing zhong 杨炳忠

Feng bo 峰波
YANG, MO 杨模 **(1944-)**

FENG, CAI ZHANG 冯彩章 **(1931-)**
Li, Feng 黎风

Feng cao 丰草
LU, LIN SHEN 陆林深 **(1946-)**

Feng, Ce 冯策
SHEN, DUAN XIAN 沈端先 **(1900-1995)**

FENG, CHAO 冯超 **(1883-1912)**
Feng, Te min 冯特民
Xian min 鲜民

Feng, Chao ran 冯超然
FENG, JIONG 冯迥 **(1882-1954)**

Feng chen 风尘
WU, CHUN HENG 吴春恒 **(1910-)**

Feng chen hong dong shi 风尘澒洞室
JI, GUO XUAN 纪国宣 **(1909-)**

Feng cheng 凤城
GU, FENG CHENG 顾凤城 **(1908-1940)**

Feng, Cheng ji 冯成骥
FENG, YUN 冯云 **(1934-)**

Feng, Cheng lin 冯成林
FENG, CHENG LIN 冯成麟 **(1898-)**

FENG, CHENG LIN 冯成麟 **(1898-)**
Feng, Cheng lin 冯成林

FENG, CHENG ZHI 冯承植 **(1905-1993)**
Bei bei 琲琲
C. P.
Ding shi 鼎室
Feng, Jun pei 冯君培
Feng, Zhi 冯至
Jun pei 君培
Niao ying 鸟影
Zhi 至

Feng, Cheng zhi 冯诚之
FENG, XUE FENG 冯雪峰 **(1903-1976)**

Feng chi 凤癡
LÜ, JUN 吕濬 **(1886-1959)**

FENG, CHI 冯池 **(1931-)**
Bai, Lu 白潞
Hong shi 红石
Yu hua 毓华

Feng, Chi 冯迟
FENG, QI YONG 冯其庸 **(1924-)**

Feng chou sheng 凤俦生
ZHANG, GE NONG 张个侬

Feng, Chun 冯春
GUO, ZHEN ZONG 郭振宗 **(1934-)**

Feng chun 逢春
REN, ZHUO XUAN 任卓宣 **(1896-1990)**

Feng, Ci 冯慈
HU, KANG XIN 胡康新 **(1932-)**

Feng, Cun 丰村
FENG, YE XIN 冯叶莘 **(1917-1989)**

Feng, Da 冯达
FENG, XUE FENG 冯雪峰 **(1903-1976)**

FENG, DA GUANG 冯大广 **(1934-)**
Guang xuan 广宣
Wan, Xuan 万宣

Feng, Da ke 丰大克
FENG, YE XIN 冯叶莘 **(1917-1989)**

FENG, DA WEI 冯大卫 **(1938-)**
Di, Wei 狄卫
Feng, Jia 冯嘉
Lu, Sen bao 卢森堡
Shi, Gang 石冈

Feng, De fu 冯德馥
FENG, SHU LAN 冯淑兰 **(1900-1974)**

FENG, DENG YING 冯登瀛 **(1908-)**
Feng, Xian zhou 冯仙舟
Feng yi 风一
Feng yi 峰毅
Feng, Yi zhi 冯毅之
Lu, Feng 鲁风
Yi zhi 一知

FENG, DENG YUAN 冯登源 **(1937-)**
Er ma 二马

FENG, DI 冯棣 **(1904-1985)**
Feng, Peng di 冯朋弟

Feng di 风堤
LIU, KE KUAN 刘克宽

Feng di 风笛
XI, HONG SHOU 席鸿绶

Feng di 枫堤
LI, KUI XIAN 李魁贤 **(1937-)**

Feng, Di ge 冯涤舸
FENG, JIONG 冯迥 **(1882-1954)**

Feng dian kuang 疯巅狂
LIU, CHANG QING 刘长青 **(1917-)**

FENG, DING 冯定 **(1902-1983)**
Bei 贝
Bei, Ye 贝叶
Bei yi 北译
Che 彻

Feng, Ding shan 冯定山
FENG, XUN 冯洵 **(1922-)**

Feng du 风度
PAN, FENG TU 潘枫涂 **(1901-1988)**

Feng, Duo 冯夺
FENG, YE XIN 冯叶莘 **(1917-1989)**

FENG, EN CHANG 冯恩昌 **(1937-)**
Han mo 含默

Feng, Er 冯耳
YE, JUN JIAN 叶君健 **(1914-)**

Feng, Er lang 冯二郎
LIU, PING RUO 刘平若 **(1907-)**

FENG, FA SI 冯法禩 **(1914-)**
Luo, Feng 骆风

Feng, Fan 冯帆
FENG, LIAN CHENG 冯联承 **(1948-)**

FENG, FANG MIN 冯放民 **(1919-)**
Fan qin 凡禽

Feng, Huang min 冯荒民
Feng xi 凤兮
He, De shuai 何德衰
Lu, Shan 卢山
Lu, Shan 鲁山
Luo wei 洛威
Shi, Yuan 石渊

Feng, Fei 丰非
FENG, ZHONG PU 冯钟璞 **(1928-)**

Feng, Fei 冯斐
FENG, ZHI CAI 冯志才（**1943-** ）

Feng fei 葑菲
SUN, JIA JIN 孙家晋 **(1918-)**

Feng, Feng 冯丰
FENG, QI YONG 冯其庸 **(1924-)**

Feng, Feng 冯冯
FENG, SHI XIONG 冯士雄 **(1936-)**

Feng, Feng 冯峰
FENG, ZENG RONG 冯增荣 **(1925-)**

Feng, Feng 冯逢
FENG, YING ZI 冯英子 **(1915-)**

Feng, Feng 冯锋
FENG, ZHI GONG 冯志恭 **(1932-)**

Feng feng 烽烽
YANG, FU DONG 杨复冬 **(1922-1978)**

Feng feng 风锋
WENG, HAN GUANG 翁寒光 **(1911-)**

Feng, Feng san 冯凤三
FENG, YUAN XIANG 冯元祥 **(1918-)**

Feng, Feng zi 封凤子
FENG, JI REN 封季壬 **(1912-)**

Feng, Fu 冯妇
FENG, GUANG RONG 冯光荣 **(1934-)**

Feng, Fu chun 冯福春
FENG, XUE FENG 冯雪峰 **(1903-1976)**

Feng, Gang 冯岗
FENG, JU PEI 冯菊培 **(1916-1986)**

Feng gang ji men di zi 凤冈及门弟子
CEN, FAN 岑藩 **(1874-)**

FENG, GANG YI 冯刚毅
Bo, Hai ya 薄海涯

Feng, Ge 馮戈
QIAN, DA CHUN 钱大纯 **(1919-)**

Feng ge 凤哥
SHEN, CONG WEN 沈从文 **(1902-1988)**

Feng ge 锋戈
LI, FENG GE 李凤阁 **(1936-)**

Feng, Gong lan 冯恭兰
FENG, SHU LAN 冯淑兰 **(1900-1974)**

Feng, Gong shi 冯貢世
FENG, SI LUAN 冯斯栾

Feng, Gong tao 冯公韬
FENG, NAI CHAO 冯乃超 **(1901-1983)**

FENG, GUANG RONG 冯光荣 **(1934-)**
Cheng ken 诚恳
Feng, Fu 冯妇

FENG, GUO HUI 冯国辉 **(1953-)**
Feng, Liang nu 冯两努
Guo xi 国喜

FENG, GUO REN 冯国仁 **(1927-)**
Chi cheng 驰骋

FENG, GUO WEI 冯国伟 **(1950-)**
Tian, Shi 田实

Feng, Guo zhu 冯国柱
FENG, LI 冯力 **(1941-)**

Feng han 疯汉
ZENG, RUI XIONG 曾瑞熊 **(1903-)**

Feng, Han jin 冯汉津
FENG, RI DE 冯日德 **(1935-)**

Feng, Han quan 冯汉全
FENG, RI DE 冯日德 **(1935-)**

Feng, Hao 冯浩
FENG, YANG LAN 冯养兰 **(1955-)**

Feng, He 冯河
MA, ZUO JI 马作楫 **(1922-)**

FENG, HE 冯河（**1931-** ）
Feng, Min xun 冯民勋

FENG, HE FA 冯和法（**1910-1993**）
Feng, Jing yuan 冯静远
San qiu fang 三秋方

FENG, HE LING 冯鹤龄（**1914-** ）
Cang song 苍松
Feng, Yue lin 冯岳麟
He lin 鹤麟
He ling 鹤龄
Lin 麟
Yue 岳
Yue, Lin 岳麟

Feng, He yi 冯和仪
FENG, YUN ZHUANG 冯允莊 **(1917-1982)**

Feng, He zi 封禾子

FENG, JI REN 封季壬 **(1912-)**

Feng, Heng 冯蘅
FENG, YUAN XIANG 冯元祥 **(1918-)**

FENG, HENG SHAN 封恒山 **(1934-)**
Gen chuan 亘川

Feng, Hong 冯鸿
TONG, SHU YE 童书业 **(1908-1968)**

Feng hong 枫红
CHEN, XIAO HONG 陈小虹 **(1940-)**

FENG, HONG CHI 冯鸿墀 **(1873-1931)**
Feng, Jun mu 冯君木
Feng, Kai 冯开
Fu xu ge zhu 夫须阁主
Hui feng 回风
Hui feng ting zhang 回风亭长
Jun man 君曼
Mu ju shi 木居士

Feng, Hong dao 冯宏道
LIANG, KUAN 梁宽 **(1913-)**

FENG, HOU SHENG 冯厚生 **(1913-)**
Wang, Di 王笛
Wang di 望涤

FENG, HU XIANG 冯沪祥 **(1948-)**
Hua, Xia zi 华夏子

FENG, HUAN HAO 冯焕好
He, Meng 何濛

Feng, Huan qiu 冯还求
FENG, HUAN QIU 冯还球 **(1933-)**

FENG, HUAN QIU 冯还球 **(1933-)**
Chuan jiang 川江
Feng, Huan qiu 冯还求
Huan qiu 还求

Feng, Huang 冯荒
LIU, HUI MIN 刘惠民 **(1917-)**

Feng huang 凤凰
CHEN, ZHE 陈喆 **(1938-)**

Feng huang 凤凰
YING, FENG HUANG 应凤凰 **(1950-)**

Feng huang 凤凰
CAO, XUE SONG 曹雪松

Feng, Huang min 冯荒民
FENG, FANG MIN 冯放民 **(1919-)**

Feng hui 凤翚
LI, YUN HE 李云鹤 **(1914-1991)**

Feng hui 风灰
LI, SHOU ZHANG 李守章 **(1905-1993)**

FENG, HUI YUE 冯辉岳 **(1949-)**
Feng, Yue 冯岳
Feng, Yue 冯嶽
Feng yue 逢岳

Feng huo 风火
MEI, MING ZHENG 梅明正 **(1922-)**

Feng, Ji 冯纪
WANG, YE WEI 王业玮 **(1923-)**

FENG, JI 冯骥 **(1919-)**
Fang, Ji 方纪
Feng ji 风季
Gong yang 公羊
Wei mu 唯木
Yang, Zi 扬子

Feng ji 逢吉
LI, YU AN 李遇安

Feng ji 风季
FENG, JI 冯骥 **(1919-)**

Feng, Ji fu 冯纪夫
FANG, BING ZHENG 方秉政 **(1952?-)**

FENG, JI REN 封季壬 **(1912-)**
Feng, Feng zi 封凤子
Feng, He zi 封禾子
Feng zi 凤子
He zi 禾子

Feng, Ji xiao 冯寄肖
WANG, SHOU SHAN 王寿山 **(1921-)**

FENG, JI YING 丰季盈
Ding, Ni 丁尼

Feng, Jia 冯嘉
FENG, DA WEI 冯大卫 **(1938-)**

Feng jia 凤家
GUO, NI DI 郭尼迪 **(1916-)**

FENG, JIA SHENG 冯加盛 **(1944-)**
Qiu, Lin 邱林

Feng, Jian 冯健
FAN, XU YI 樊煦义 **(1925-)**

Feng, Jian 冯笺
SHEN, YAN BING 沈雁冰 **(1896-1981)**

Feng, Jian hua 冯建华
FENG, MAO LONG 冯懋龙 **(1882-1958)**

FENG, JIAN NAN 冯剑南
Ma, Su fu 马甦夫
Su fu 甦夫

FENG, JIAN NAN 冯健男 **(1922-)**
Zhang, Mu fei 张慕飞

Zhuang shi 壮士

FENG, JIAN NAN 冯健男 (1940-)
Da fei 达飞

Feng, Jian ru 丰剑如
LUO, CHENG XUN 罗承勋 (1921-)

Feng, Jian yu 封建余
LUO, CHENG XUN 罗承勋 (1921-)

FENG, JIANG 冯疆 (1901-1983)
A jiang 阿疆
Feng, Kang hou 冯康侯
Kang, Weng 康翁
Ke po ju zhu ren 可叵居主人
Lao feng 老冯
Lao, Kang 老康

FENG, JIANG TAO 冯江涛
Bai, Hua 白桦
Feng, Bai hua 冯白桦
Feng, Shou ju 冯瘦菊
Han chao 寒潮
Shou ju 瘦菊

FENG, JIAO YI 冯蕉衣 (1913-1940)
La yin 拉因
Sha jin 砂今

Feng, Jie 冯捷
SUO, FENG GUANG 索峰光 (1929-)

FENG, JIN HUI 冯金晖 (1958-)
Jin, Hui 金晖

FENG, JIN SONG 冯今松 (1934-)
Jin, Song 金松

FENG, JIN XIN 冯金辛 (1914-)
Xia, Qi xiang 夏麒祥

FENG, JIN YONG 冯晋庸 (1925-)
Feng, Zhi yuan 冯致远

FENG, JIN ZHAO 冯锦钊 (1915-)
Hua, Lin 华琳
Hua, Ling 华铃

Feng, Jing lu 冯晴鲁
FENG, JING LU 冯靖鲁 (1950-)

FENG, JING LU 冯靖鲁 (1950-)
Feng, Jing lu 冯晴鲁
Feng, Qing 冯青

Feng, Jing yu 冯镜予
FENG, YU HUAN 冯予焕 (1887-1952)

Feng, Jing yuan 冯静远
FENG, HE FA 冯和法（1910-1993）

FENG, JIONG 冯迥 (1882-1954)
Di ge hua jiang 涤舸画匠
Feng, Chao ran 冯超然
Feng, Di ge 冯涤舸
Shen de 慎得
Song shan ju shi 嵩山居士

Feng, Jiu 丰久
SHAO, HENG QIU 邵恒秋 (1916-)

Feng ju 凤举
ZHANG, HUANG 张黄 (1895-)

FENG, JU PEI 冯菊培 (1916-1986)
Feng, Gang 冯岗

FENG, JU PO 冯菊坡
Feng. Y. S. 冯. Y. S.
Feng, Yu sheng 冯余生
Feng, Yu sheng 冯余声

FENG, JU ZHI 冯菊枝 (1943-)
Leng, Yun 冷筠
Qian qing 千青

FENG, JU ZHONG 冯巨中 (1932-)
Yu lin 豫林

Feng, Juan 馮涓
QIAN, DA CHUN 钱大纯 (1919-)

Feng, Jun 丰君
ZHOU, BO NAI 周伯乃 (1934-)

Feng jun 凤君
LI, BAO QIANG 李宝强 (1937-)

Feng jun 逢君
PENG, YANG 彭洋 (1953-)

FENG, JUN MING 冯浚明
De ren 德仁

Feng, Jun mu 冯君木
FENG, HONG CHI 冯鸿墀 (1873-1931)

Feng, Jun pei 冯君培
FENG, CHENG ZHI 冯承植 (1905-1993)

Feng, Kai 冯开
FENG, HONG CHI 冯鸿墀 (1873-1931)

FENG, KAI 冯恺 (1929-)
Ke, Yan 柯岩

Feng kang 风康
CHEN, SHAO YU 陈绍禹 (1904-1974)

Feng, Kang hou 冯康侯
FENG, JIANG 冯疆 (1901-1983)

FENG, KANG SHENG 冯抗胜 (1945-)
Lin, Wan 林晚

FENG, KE LI 冯可立
Ke qi 可泣

FENG, KENG 冯铿 **(1907-1931)**
Feng, Ling mei 冯岭梅
Feng, Zhan chun 冯占春
Lei, Ruo 雷若
Ling mei 岭梅
Ling mei nü shi 岭梅女士
Lü e 绿萼

FENG, KUN MING 冯坤明 **(1950-)**
Si mo 思墨

Feng lan 枫岚
WENG, JIU CHANG 翁久长 **(1927-)**

FENG, LAN RUI 冯兰瑞 **(1920-)**
Feng, Nan 冯楠

Feng, Lang bo 冯浪波
FENG, XUN 冯洵 **(1922-)**

Feng, Lang sheng 冯浪声
HU, ZHONG CHEN 胡忠臣 **(1933-)**

Feng lei 风雷
MEI, MING ZHENG 梅明正 **(1922-)**

Feng lei 风雷
ZHOU, ZHONG XUN 周仲勋 **(1925-)**

Feng lei 风雷
CUI, SHAO TANG 崔绍堂 **(1939-)**

Feng li 凤立
PAN, QI 潘琦 **(1944-)**

FENG, LI 冯力 **(1941-)**
Feng, Guo zhu 冯国柱

Feng, Li 冯璃
SU, QING QIANG 苏清强 **(1948-)**

Feng, Lian cheng 冯连城
FENG, LIAN CHENG 冯联承 **(1948-)**

FENG, LIAN CHENG 冯联承 **(1948-)**
Feng, Fan 冯帆
Feng, Lian cheng 冯连城
Feng, Shang 冯上

FENG, LIAN WU 冯连吴 **(1910-1989)**
Tai yu 太虞

FENG, LIAN YUN 冯连运 **(1935-)**
Qing lin 青林

Feng, Liang nu 冯两努
FENG, GUO HUI 冯国辉 **(1953-)**

FENG, LIANG SHU 封良殊 **(1941-)**
Feng, Tian shuang 封天爽

Feng lin 枫林
LIN, DE GUAN 林德冠 **(1942-)**

Feng lin chang 风林长
LIU, JIAN JUN 刘建军 **(1935-)**

Feng, Lin huang 冯麟煌
FENG, QING DE 冯庆德 **(1942-)**

FENG, LIN SHAN 冯林山 **(1942-)**
Lin, Shan 林杉

FENG, LIN ZHANG 冯霖章 **(1943-)**
Yu lin 雨林

FENG, LIN ZHENG 冯麟征 **(1941-)**
Ao zhe 鏖者

Feng ling cao 风铃草
ZHANG, FENG QI 张凤岐 **(1933-)**

Feng ling cao 风铃草
WEN, RUI AN 温瑞安 **(1954-)**

Feng, Ling mei 冯岭梅
FENG, KENG 冯铿 **(1907-1931)**

FENG, LING XIAO 冯凌宵 **(1933-)**
Du, Lin feng 杜临风
Zhuo, Li 卓力

FENG, LIU TANG 冯柳堂 **(-1943)**
Liu, Tang 柳堂
Xi nan 溪南

FENG, LIU YI 冯柳猗 **(1896-1963)**
Feng, Wen qian 冯文潜

Feng, Long 丰隆
JIANG, XI JIN 蒋锡金 **(1915-)**

FENG, LU XIANG 冯禄祥 **(1923-1968)**
Feng, Zhi 冯志

Feng lü 凤侣
LU, DAN LIN 陆丹林 **(1898-1972)**

Feng ma niu 风马牛
WANG, WEI HUA 王蔚桦 **(1938-)**

Feng, Ma niu 封马牛
ZOU, WEI XI 邹维熙 **(1927-)**

Feng man lou 风满楼
LIU, TING FANG 刘廷芳 **(1891-1947)**

Feng mang 锋芒
LI, CHANG LIN 李昶林 **(1931-)**

Feng mang 蜂芒
HU, SHAO WEI 胡绍渭 **(1931-)**

FENG, MAO LONG 冯懋龙 **(1882-1958)**
Bai tou shuo meng ren 白头说梦人
Cheng fu ke 乘桴客
Feng, Jian hua 冯建华
Feng, Zi you 冯自由
Jian hua 建华
Zi you 自由

Feng, Mei 冯梅
TONG, SHU YE 童书业 **(1908-1968)**

Feng mei 逢美
ZHONG, FENG MEI 钟逢美 **(1914-)**

FENG, MENG YUN 冯梦云
Ling long 玲珑

Feng, Miao yan 冯苗延
PENG, MIAO YAN 彭妙艳 **(1952-)**

Feng, Min 丰民
DENG, XING YU 邓星雨 **(1938-)**

FENG, MIN 封敏 **(1931-)**
Ke, Bian 柯边

Feng, Min xun 冯民勋
FENG, HE 冯河 **(1931-)**

Feng ming 风鸣
SUN, FENG MING 孙烽明 **(1927-)**

Feng ming 凤鸣
WANG, ZHEN QUAN 王振荃 **(1930-)**

Feng ming 凤鸣
YANG, LIANG CAI 杨亮才 **(1933-)**

Feng, Ming fang 冯明方
ZHANG, MING YANG 张明养 **(1906-1991)**

FENG, MING ZHI 冯明之 **(1919-1982)**
Dong fang, Ming 东方明
Feng, Shi 冯式
Nan, Shan yan 南山燕

FENG, MO DA 冯莫达
Bai, Yang 白羊
Feng, Zi su 冯孜肃
Luo, Qi dong 骆起东

Feng, Mu 丰木
LÜ, YI FAN 吕一凡 **(1926-)**

Feng, Mu 冯牧
FENG, XIAN ZHI 冯先植 **(1919-)**

FENG, NAI CHAO 冯乃超 **(1901-1983)**
Chao 超
Cheng, Qiao 成窌
Dong ming 洞冥
Feng, Gong tao 冯公韬
Feng, Zhong kan 冯仲堪
Feng, Zi tao 冯子韬
Gong, Tao 公韬
Gong, Yue 公越
Li, Jun yi 李君毅
Li, Yi shui 李易水
Ma, Gong yue 马公越
Ma, Zi yue 马子越
N. C.
Nai chao 乃超
Tao 韬
Yi sheng 一声
Zhong, Kan 仲堪
Zi tao 子韬

Feng, Nai tian 丰乃天
FENG, YE XIN 冯叶莘 **(1917-1989)**

Feng, Nan 冯楠
FENG, LAN RUI 冯兰瑞 **(1920-)**

FENG, NAN JIANG 冯南江 **(1931-)**
Bei, Shan 贝珊
Nan, Jiang 南江

Feng ni 风尼
GE, XUAN XUAN 葛萱萱 **(1952-)**

Feng ning 封宁
ZHU, WU SHI 朱吾石 **(1918-1986)**

FENG, PEI LAN 冯培澜 **(1902-)**
Chen, Xian 陈闲
Chen, Yong 陈用

Feng, Peng di 冯朋弟
FENG, DI 冯棣 **(1904-1985)**

Feng pian 风片
CHEN, XIAO LIN 陈晓林 **(1949-)**

FENG, PING 冯平
Fu su 复苏
Jing you 競优
Xin xia 心侠
Zhuang gong 壮公

Feng, Ping 冯平
LIU, SI HAI 刘斯海 **(1919-)**

Feng ping 风平
MA, ZHI YUAN 马志远 **(1918-)**

Feng, Ping ying 冯萍影
FENG, YING ZI 冯英子 **(1915-)**

Feng, Qi 冯契
FENG, BAO LIN 冯宝麟 **(1915-)**

FENG, QI 冯琦 **(1947-)**
Da ke 大可

Feng, Qi 封齐
LU, BO XUN 陆伯壎 **(1919-)**

Feng qi 风奇
ZHENG, FENG QI 郑凤岐 **(1960-)**

FENG, QI KANG 冯启康 **(1930-)**
Fang, He 方赫

Feng, Qi nong 冯启农

FENG, ZHONG YUN 冯仲云 **(1908-1968)**

Feng, Qi xiong 冯其雄
FENG, QI YONG 冯其庸 **(1924-)**

FENG, QI YONG 冯其庸 **(1924-)**
Chi liu 持六
Feng, Chi 冯迟
Feng, Feng 冯丰
Feng, Qi xiong 冯其雄
Ji, Wen 季文
Kuan tang 寬堂
Qi long 起龙
Qi yong 其邕

FENG, QI ZHANG 冯绮璋 **(1927-)**
Shen, An lin 沈安琳

FENG, QIAN WEN 冯千文 **(1934-)**
Ma, Er 马尔
Pu, Luo 普罗

Feng, Qiao 丰桥
CHEN, QIAO 陈乔 **(1912-)**

Feng, Qing 冯青
FENG, JING LU 冯靖鲁 **(1950-)**

FENG, QING DE 冯庆德 **(1942-)**
Feng, Lin huang 冯麟煌

Feng, Qiu yan 冯秋雁
FENG, YUN 冯云 **(1934-)**

FENG, QUAN SHENG 冯全生 **(1940-)**
Quan sun 荃荪

FENG, REN 丰仁 **(1898-1975)**
Feng, Run 丰润
Feng, Zi kai 丰子恺
Feng, Zi yi 丰子顗
Kai 恺
T.K.
Yuan yuan tang 缘缘堂
Zi kai 子恺

Feng ren 风人
QIU, HENG JIN 邱衡近 **(1899-1949)**

Feng ren 风人
ZHANG, XIAO HU 张肖虎 **(1914-)**

Feng ren 风人
SHEN, DA REN 沈达人 **(1929-)**

FENG, REN AN 冯仁安
Shui, Dong liu 水东流

FENG, RI DE 冯日德 **(1935-)**
Feng, Han jin 冯汉津
Feng, Han quan 冯汉全
Yuan, Xiu 远岫

Feng, Ri xin 奉日心
JIN, XI GUANG 金希光 **(1930-)**

Feng ru song 风入松
YANG, SONG NIAN 杨松年 **(1941-)**

Feng, Run 丰润
FENG, REN 丰仁 **(1898-1975)**

FENG, RUN ZHANG 冯润章 **(1902-1994)**
Ci shi 茨石
Feng，Zhuang 丰莊
Hei, Ge zi 黑鸽子
Yi wen 一雯
Zhou, Ci shi 周次石
Zhou, Ci shi 周茨石

FENG, RUO MEI 冯若梅
Sang, Dan hua 桑旦华

FENG, SAN MEI 冯三昧
San mei 三昧

Feng sha 风沙
ZHANG, WEI RONG 章维荣 **(1909-1942)**

Feng sha 风沙
TIAN, XIU FENG 田秀峰 **(1916-)**

Feng sha 风沙
JIANG, FU ZHOU 姜辅周 **(1917-)**

Feng sha yan 风沙雁
OU, QING CHI 欧清池 **(1943-)**

Feng, Shan 丰山
YANG, WEI QUAN 杨维铨 **(1900-1957)**

Feng shan 风山
ZHOU, XIANG JUN 周祥骏 **(1870-1914)**

Feng shan 峰山
CAI, PEI HUO 蔡培火 **(1889-1983)**

Feng shan ci ren 凤山词人
LIANG, DING FEN 梁鼎芬 **(1859-1920)**

Feng, Shang 冯上
FENG, LIAN CHENG 冯联承 **(1948-)**

FENG, SHAO QIANG 冯少强
Qiong sheng 琼生

Feng, Shen 冯深
FENG, YIN DE 冯银德 **(1926-)**

Feng sheng 风声
ZHOU, SHU REN 周树人 **(1881-1936)**

Feng sheng 风声
LIU, SHU SHENG 刘树声 **(1927-)**

FENG, SHENG LIANG 冯声亮 **(1922-)**
Gao, Fan 高帆

FENG, SHENG QIAN 冯晟乾 (1922-)
Feng, Yun tao 冯云涛

Feng, Shi 冯式
FENG, MING ZHI 冯明之 (1919-1982)

FENG, SHI CAI 冯世才 (1938-)
Guo, Lai ren 郭来仁
Ma, Xing tian 马行田
You, Huan ming 尤焕明

FENG, SHI CHANG 冯世昌 (1933-)
Shi, Chang 时常

FENG, SHI XIONG 冯士雄 (1936-)
Feng, Feng 冯冯

Feng, Shou 丰收
FENG, YU SHENG 丰玉生 (1950-)

Feng, Shou ju 冯瘦菊
FENG, JIANG TAO 冯江涛

FENG, SHU LAN 冯淑兰 (1900-1974)
Da qi 大琦
De fu 德馥
Feng, De fu 冯德馥
Feng, Gong lan 冯恭兰
Feng, Yuan jun 冯沅君
Gan 淦
Gan nü shi 淦女士
Shu lan nü shi 淑兰女士
Shu luan 漱峦
Wu, Yi 吴仪
Yi, An 易安
Yuan jun 沅君

FENG, SHU LUAN 冯叔鸾
Feng, Yuan xiang 冯远祥
Ma, Er 马二
Ma er xian sheng 马二先生
Shu luan 叔鸾
Xiao hong xuan zhu ren 啸虹轩主人

FENG, SHU QIAN 冯恕谦
Dan jing 澹静

FENG, SHU YAN 冯淑燕 (1946-)
Feng, Yan qing 冯燕卿
Peng cao 蓬草

Feng si 风斯
LIU, FANG SONG 刘芳松 (1910-1994)

FENG, SI LUAN 冯斯栾
Feng, Gong shi 冯貢世
Zi qiang shi 自强氏

Feng, Song 丰松
QIU, FENG SONG 邱丰松 (1937-)

Feng song 烽嵩
XU, SI XING 徐嗣兴 (1923-)

FENG, SONG TING 冯松庭 (1928-)
Hai, Bo 海波

Feng su 风素
LIU, FANG SONG 刘芳松 (1910-1994)

FENG, SU YING 冯素英
Yang, Zi 羊子

FENG, SUI FANG 冯穗芳 (1954-)
Feng, Xiang hong 冯湘红
Feng, Xiang xiang 冯湘湘
Qi qi 淇淇
Shu yin 书茵
Xiang nü 湘女
Xiang xiang 湘湘

Feng tao 风涛
CHAO, RUO BING 晁若冰 (1919-)

Feng tao 风涛
ZHANG, FENG 张锋 (1936-)

Feng tao 枫涛
WEN, HAI 温海 (1972-)

Feng, Te min 冯特民
FENG, CHAO 冯超 (1883-1912)

Feng tian 凤田
GU, FENG TIAN 谷凤田

Feng, Tian shuang 封天爽
FENG, LIANG SHU 封良殊 (1941-)

FENG, TONG JUN 冯同军 (1947-)
Shi, Lei 石磊
Xiao feng 晓峰
Zhao chun 照春

FENG, TONG YI 冯统一
Tuo ba, Feng 拓跋逢

FENG, WAN HUA 冯畹华 (-1996)
Fu sheng nü shi 浮生女士
Meng, Jun 孟君
Ping si 屏斯

Feng, Wei 冯韦
MA, RU WEI 马汝伟 (1949-)

Feng wei 风威
ZHU, QIAN LIANG 朱谦良 (1889-)

Feng wei 风蔚
ZHU, QIAN LIANG 朱谦良 (1889-)

Feng, Wei dian 冯维典
FENG, YE XIN 冯叶莘 (1917-1989)

FENG, WEN BING 冯文炳 (1901-1967)
Bing huo 病火

Bing wen 丙文
Ding, Wu 丁武
Fei ming 废名
Hui min 惠敏
Nan, Wu 南无
Wen, Bing 文炳
Wen, Wen bing 温文炳

FENG, WEN CI 冯文慈 (1926-)
Ming, Ke 明柯

Feng, Wen qian 冯文潜
FENG, LIU YI 冯柳猗 (1896-1963)

Feng wu 凤吾
QIAN, XING CUN 钱杏邨 (1900-1977)

Feng, Wu qiao 冯五桥
FENG, XUN 冯洵 (1922-)

Feng xi 凤兮
WEI, YI YUN 魏义云 (1900-1972)

Feng xi 凤兮
CHEN, HUAN NONG 陈幻侬 (1905-)

Feng xi 凤兮
XIE, BING YING 谢冰莹 (1906-2000)

Feng xi 凤兮
FENG, FANG MIN 冯放民 (1919-)

Feng xi 凤兮
WANG, SI XIANG 王思翔 (1922-)

Feng xi 凤兮
FENG, ZHAO CHANG 冯兆昌 (1936-1975)

Feng xi 凤兮
HUANG, CHAN HUA 黄忏华

Feng xi 凤西
CHEN, HUAN NONG 陈幻侬 (1905-)

Feng xi 枫夕
ZHANG, YU RUI 张宇瑞 (1935-)

Feng xi 枫溪
CHEN, HUAN NONG 陈幻侬 (1905-)

Feng, Xi quan 冯锡泉
FENG, YING ZI 冯英子 (1915-)

FENG, XIA 冯霞（1946- ）
Feng xia 峰峡

Feng xia 峰峡
FENG, XIA 冯霞（1946- ）

Feng, Xian 冯娴
WANG, FENG XIAN 王凤贤 (1932-)

Feng xian sheng 凤先生
LÜ, JUN 吕濬 (1886-1959)

FENG, XIAN ZHANG 冯宪章 (1908-1931)
Feng, Bin 冯斌
Xian zhang 宪章
Xin bo 心波
Zhang, Man man 张蔓蔓

FENG, XIAN ZHI 冯先植 (1919-)
Feng, Mu 冯牧
Ruo xiang 若湘

Feng, Xian zhou 冯仙舟
FENG, DENG YING 冯登瀛 (1908-)

Feng, Xiang 冯向
SUN, SHANG QING 孙尚清 (1930-)

Feng xiang 凤翔
ZHOU, SHAO YI 周绍仪 (1908-1979)

FENG, XIANG GUANG 冯祥光（1927- ）
Dan dong 丹东
Feng, Zi dan 冯子丹
Ma, Fang 马方

Feng, Xiang hong 冯湘红
FENG, SUI FANG 冯穗芳 (1954-)

FENG, XIANG JIE 冯向傑（1941- ）
Bu yi 布衣
Nie yuan 涅源

Feng, Xiang xiang 冯湘湘
FENG, SUI FANG 冯穗芳 (1954-)

Feng xiao 风啸
YU, YOU LIN 余有麟 (1913-)

FENG, XIAO LUN 奉孝伦（1940- ）
Xiao lun 晓伦

FENG, XIAO PING 丰小平（1954- ）
Feng, Yun 丰蕴

FENG, XIAO WEN 冯晓文（1942- ）
Xiao wen 晓文

FENG, XIAO XIU 冯小秀（1920-1976）
Xiao xiu 小秀

Feng, Xiao yin 冯小隐
FENG, YUAN YI 冯远翼

Feng, Xiao yun 冯小韻
FENG, ZHEN 冯真 (1931-)

FENG, XIN XIN 冯忻忻
Jun bi 君比

Feng xin zi 风信子
YUAN, KE 袁珂 (1916-)

Feng xin zi 风信子
ZHANG, JING ZHONG 张敬忠 (1949-)

Feng, Xiu 冯岫
HUANG, SHU ZE 黄树则 **(1914-)**

FENG, XU 冯旭
Chun hang 春航
Xiao niu 小牛
Xiao zi he 小子和

FENG, XU 冯煦 **(1843-1927)**
Hao an 蒿菴
Hao an 蒿盦
Hao sou 蒿叟
Hao yin gong 蒿隐公
Meng hua 梦华
Xiao hao sou 呺蒿叟

Feng, Xu 冯虚
SHEN, YAN BING 沈雁冰 **(1896-1981)**

Feng, Xu 冯虚
SHEN, ZE MIN 沈泽民 **(1900-1933)**

Feng, Xu nü shi 冯虚女士
SHEN, YAN BING 沈雁冰 **(1896-1981)**

Feng xuan 凤轩
YE, YUN PU 叶韫璞 **(1905-1975)**

Feng xuan 沣宣
ZENG, FAN RONG 曾繁荣 **(1943-)**

FENG, XUE BIN 冯学彬 **(1933-)**
Xiu tie 朽铁

FENG, XUE BING 冯雪冰 **(1907-1935)**
Xue, Bing 薛冰

FENG, XUE DONG 冯学栋 **(1938-)**
Xue dong 雪冬

FENG, XUE FENG 冯雪峰 **(1903-1976)**
Bai, Zhi 白芷
Ban geng 伴耕
Cheng, Wen ying 成文英
Dan ren 丹仁
F S
Fang, Yu 方雨
Fen shui 分水
Feng, Cheng zhi 冯诚之
Feng, Da 冯达
Feng, Fu chun 冯福春
Gan, Quan 甘泉
Geng sha 庚沙
He, Lai 何莱
He, Dan ren 何丹仁
He, Gu lai 何古莱
He, Su wen 何素文
Hua shi 画室
L Y
Li, Ding zhong 李定中
Li, Ru 李如
Li, Yi shui 李易水
Li, Yong 李雍
Lü, Ke yu 吕克玉
Luo yang 洛扬
Ma, Fu chun 马福春
Meng, Lie 孟列
Meng, Liu 孟刘
Meng, Xin 孟辛
Mou sheng 某生
Mu ting 木亭
O. V.
S F
Shi, Hua 石化
Shi, Hua 石花
Shi, Mu 史木
Shi, Yin 施茵
Wang, Li min 王黎民
Wei shan 维山
Wen, Ying 文英
Wu, Ding he 武定河
Wu li 五里
Wu yue 五月
Xi fang 息方
Xue fang 雪方
Xue feng 雪峯
Yan, Shui 燕水
Yan, Xuan 燕旋
Yi, Shui 易水
Yu, Mi 俞密
Yu shao 庾少
Yu, Zi 于子
Yue, Yang 乐扬

FENG, XUE XING 冯学行 **(1934-)**
Shi, Fei 石飞

FENG, XUE ZHENG 冯学争 **(1947-)**
Feng, Zheng 冯峥

FENG, XUN 冯洵 **(1922-)**
Chang feng 长风
Cheng, Nu jiang 程怒江
Feng, Ding shan 冯定山
Feng, Lang bo 冯浪波
Feng, Wu qiao 冯五桥
Yang, Qi bo 杨其波

Feng. Y. S. 冯. Y. S.
FENG, JU PO 冯菊坡

Feng ya 枫亚
GONG, YUN REN 龚允仁 **(1929-)**

Feng ya 峰崖
MA, DA ZHAO 马大赵 **(1943-)**

FENG, YA HENG 冯亚珩 **(1919-1982)**
Shi, Lu 石鲁

Feng, Ya zhong 丰雅仲
CHEN, ZHEN PENG 陈振鹏 **(1920-)**

FENG, YAN JUN 冯雁军 **(1957-)**
Zhu, Jing zhi 祝静枝

FENG, YAN NING 冯彦宁 **(1963-)**
Feng, Yan ning 冯晏宁
Yan, Ning 晏宁

Feng, Yan ning 冯晏宁
FENG, YAN NING 冯彦宁 **(1963-)**

Feng, Yan qing 冯燕卿
FENG, SHU YAN 冯淑燕 **(1946-)**

FENG, YANG LAN 冯养兰 **(1955-)**
Feng, Hao 冯浩

Feng, Yao 冯珧
XU, HU 徐琥 **(1909-)**

Feng, Yao ji 冯尧基
FENG, YING ZI 冯英子 **(1915-)**

Feng ye 风叶
WEN, JIA HUA 闻家骅 **(1899-1946)**

Feng ye 风叶
WEI, XU WEN 魏绪文 **(1924-)**

Feng ye 枫叶
WU, HONG WU 吴洪武 **(1939-)**

Feng ye 枫野
TU, YUAN QU 涂元渠 **(1921-1981)**

Feng ye 枫野
ZENG, ZHAO HUI 曾兆惠 **(1939-)**

FENG, YE XIN 冯叶莘 **(1917-1989)**
Bing kuai 冰块
Feng, Cun 丰村
Feng, Da ke 丰大克
Feng, Duo 冯夺
Feng, Nai tian 丰乃天
Feng, Wei dian 冯维典
Huang, He 黄河
Ji, Hong mu 季红木
Lin, Ye 林野
Lu, Ji liang 鲁冀良
Qi, Ling jun 綦灵均
Wang liao 望辽
Zhen mu 贞木

Feng, Yi 冯夷
SHEN, YAN BING 沈雁冰 **(1896-1981)**

Feng, Yi 冯夷
ZHAO, LI SHENG 赵俪生 **(1917-)**

Feng, Yi 冯異
CHEN, FAN 陈凡 **(1915-1997)**

Feng, Yi 冯異
WU, HONG YI 吴宏一 **(1943-)**

Feng, Yi 冯轶
FENG, YING ZI 冯英子 **(1915-)**

Feng, Yi 冯轶
WANG, XIAO YI 王小逸

Feng yi 凤仪
LEI, FENG YI 雷凤翼 **(1898-1931)**

Feng yi 风一
FENG, DENG YING 冯登瀛 **(1908-)**

Feng yi 枫宜
TANG, FENG YI 唐丰义 **(1932-)**

Feng yi 峰毅
FENG, DENG YING 冯登瀛 **(1908-)**

Feng, Yi dai 冯亦代
FENG, YI DE 冯贻德 **(1913-)**

FENG, YI DE 冯贻德 **(1913-)**
Feng, Yi dai 冯亦代
Feng, Zhi an 冯之安
Gong sun, Zhong zi 公孙仲子
Lie lin 冽凛
Lou, Feng 楼风
Ma, Gu 马谷
Ting feng lou 听风楼
Ting feng lou zhu 听风楼主
Ye, Mang 叶芒

FENG, YI LU 冯亦鲁
Feng, Yale
Ma, Bu ji 马不羁

FENG, YI MEI 冯伊湄 **(1908-1976)**
Qiu, Zi 秋子
Yi, Mei 伊湄

Feng, Yi shui 冯一水
FENG, ZHONG YI 冯中一 **(1923-)**

Feng, Yi zhi 冯毅之
FENG, DENG YING 冯登瀛 **(1908-)**

FENG, YIN DE 冯银德 **(1926-)**
Feng, Shen 冯深

Feng ying 枫盈
YANG, FENG YING 杨凤英

Feng ying 枫影
DENG, RONG KUN 邓荣坤 **(1958-)**

FENG, YING ZI 冯英子 **(1915-)**
Fang, Ren 方任
Fen ge 焚戈
Feng, Feng 冯逢
Feng, Ping ying 冯萍影

Feng, Xi quan 冯锡泉
Feng, Yao ji 冯尧基
Feng, Yi 冯铁
Lu, Shan yi 陆珊宜
Ping ying 萍影
Qi, Hua 启华
San liu 三流
Su, Ke 苏克
Wang, Xun 王寻
Wu, Shi 吴士
Xiao, Rong 萧榕
Ying zi 樱子

Feng, You 冯由
SHEN, DUAN XIAN 沈端先 **(1900-1995)**

FENG, YOU LAN 冯友兰 **(1895-1990)**
Feng, Zhi sheng 冯芝生

Feng, Yu 丰裕
LI, HONG 李竑 **(1931-)**

Feng, Yu 丰瑜
ZHOU, SHU REN 周树人 **(1881-1936)**

Feng, Yu 丰餘
ZHOU, SHU REN 周树人 **(1881-1936)**

Feng, Yu 封餘
ZHOU, SHU REN 周树人 **(1881-1936)**

FENG, YU DONG 冯育栋 **(1921-)**
Fen he 汾河

FENG, YU HUA 冯裕华
Hua, Shan 华山

FENG, YU HUAN 冯予焕 **(1887-1952)**
Bai, Gang 白岗
Feng, Jing yu 冯镜予

Feng yu lou 风雨楼
HU, E GONG 胡鄂公 **(1884-1951)**

FENG, YU NAN 冯育楠 **(1935-)**
Fen fei 汾飞

Feng, Yu ning 冯瑜宁
CHEN, WEN TONG 陈文统 **(1926-)**

FENG, YU QIU 冯裕球 **(1903-1973)**
Bai, Ju 白驹
Bu wen 布文
Feng, Bai ju 冯白驹

FENG, YU SHENG 丰玉生 **(1950-)**
Feng, Shou 丰收

Feng, Yu sheng 冯余生
FENG, JU PO 冯菊坡

Feng, Yu sheng 冯余声
FENG, JU PO 冯菊坡

FENG, YU XIANG 冯玉祥 **(1882-1948)**
Huan zhang 焕章

Feng yuan 风原
LU, QI ZHI 鲁启智 **(1924-)**

Feng yuan 枫原
WANG, YI PING 王夷平 **(1932-)**

Feng yuan 枫园
LU, DAN LIN 陆丹林 **(1898-1972)**

Feng, Yuan jun 冯沅君
FENG, SHU LAN 冯淑兰 **(1900-1974)**

FENG, YUAN XIANG 冯元祥 **(1918-)**
Feng, Feng san 冯凤三
Feng, Heng 冯蘅
Mei, Xia 梅霞
Si ming 司明
Si tu, Ming 司徒明

Feng, Yuan xiang 冯远祥
FENG, SHU LUAN 冯叔鸾

FENG, YUAN YI 冯远翼
Chui yun ge zhu 垂云阁主
Feng, Xiao yin 冯小隐
Xiao yin 小隐
Zun tan shi 尊谭室

Feng, Yue 冯岳
FENG, HUI YUE 冯辉岳 **(1949-)**

Feng, Yue 冯嶽
FENG, HUI YUE 冯辉岳 **(1949-)**

Feng yue 逢岳
FENG, HUI YUE 冯辉岳 **(1949-)**

Feng, Yue lin 冯岳麟
FENG, HE LING 冯鹤龄 **(1914-)**

FENG, YUN 冯云 **(1934-)**
Bai, Fan 白帆
Feng, Cheng ji 冯成骥
Feng, Qiu yan 冯秋雁
Han xing 寒星
Han ying 寒英
Tie ming 铁铭

Feng, Yun 冯云
FENG, YUN YONG 冯运勇 **(1940-)**

Feng, Yun 丰蕴
FENG, XIAO PING 丰小平 **(1954-)**

Feng, Yun 封云
FENG, BING NAN 封炳楠 **(1943-)**

Feng yun 枫云
XIAO, JIAN ZHENG 萧鉴铮 **(1936-)**

Feng, Yun tao 冯云涛
FENG, SHENG QIAN 冯晟乾 (1922-)

FENG, YUN YONG 冯运勇 (1940-)
Feng, Yun 冯云

FENG, YUN ZHUANG 冯允莊 (1917-1982)
Feng, He yi 冯和仪
Su, Huai qing 苏怀青
Su, Qing 苏青

FENG, ZENG LIE 冯增烈 (1926-)
A jin • feng xu 阿金•冯虚
A li ma 阿里马

FENG, ZENG RONG 冯增荣 (1925-)
Feng, Feng 冯峰
Xin, Ru 辛如
Zhen hong 真虹
Zhen yun 真蕴

Feng, Zhan 冯站
FENG, BING 冯竝 (1945-)

Feng zhan 风展
LI, PU 李普

Feng, Zhan chun 冯占春
FENG, KENG 冯铿 (1907-1931)

Feng zhang 凤章
TENG, FENG ZHANG 滕凤章 (1930-)

FENG, ZHAO CHANG 冯兆昌 (1936-1975)
Feng xi 凤兮
Jie sen 杰森
Ling gu 灵谷
Meng gu 梦谷
Xu gu 虚谷
Zui meng zhai 醉梦斋

FENG, ZHEN 冯真 (1931-)
Feng, Xiao yun 冯小韻

Feng, Zhen kai 冯振凯
FENG, ZUO MIN 冯作民 (1927-)

Feng, Zheng 冯峥
FENG, XUE ZHENG 冯学争 (1947-)

Feng, Zhi 冯至
FENG, CHENG ZHI 冯承植 (1905-1993)

Feng, Zhi 冯志
FENG, LU XIANG 冯禄祥 (1923-1968)

Feng zhi 凤枝
CHEN, LI TONG 陈立同 (1948-)

Feng, Zhi an 冯之安
FENG, YI DE 冯贻德 (1913-)

FENG, ZHI CAI 冯志才 (1943-)

Feng, Fei 冯斐

FENG, ZHI FANG 冯志芳
T. F.

FENG, ZHI GONG 冯志恭 (1932-)
Fang, Ning 方宁
Feng, Feng 冯锋

FENG, ZHI HUI 冯智慧
Chun feng 春风

FENG, ZHI JIU 冯志久 (1939-)
Jia 稼
Zi jiu 子久

Feng, Zhi ju 封芝菊
CEN, MEI HUA 岑美华 (1947-)

Feng zhi lou zhu 风之楼主
CHEN, QIU CAO 陈秋草 (1906-1988)

Feng, Zhi sheng 冯芝生
FENG, YOU LAN 冯友兰 (1895-1990)

Feng, Zhi yu 丰之餘
ZHOU, SHU REN 周树人 (1881-1936)

Feng, Zhi yuan 冯致远
FENG, JIN YONG 冯晋庸 (1925-)

Feng, Zhong kan 冯仲堪
FENG, NAI CHAO 冯乃超 (1901-1983)

FENG, ZHONG PU 冯钟璞 (1928-)
Feng, Fei 丰非
Feng, Zong pu 冯宗璞
Lü fan 绿繁
Ren, Xiao zhe 任小哲
Zong, Pu 宗璞

FENG, ZHONG YI 冯中一 (1923-)
Feng, Yi shui 冯一水
Zhong yi 众一

FENG, ZHONG YUN 冯仲云 (1908-1968)
Feng, Qi nong 冯启农

Feng, Zhong zu 冯仲足
FENG, BIN FU 冯宾符 (1914-1966)

Feng, Zhuang 丰莊
FENG, RUN ZHANG 冯润章 (1902-1994)

Feng zi 凤子
LÜ, JUN 吕濬 (1886-1959)

Feng zi 凤子
FENG, JI REN 封季壬 (1912-)

Feng zi 凤子
JIA, CHANG 贾昌

Feng zi 凤子
JIANG, FENG ZI 蒋凤子

Feng zi 风子
CHEN, CHANG FENG 陈长风 **(1911-)**

Feng zi 风子
TANG, DUAN YI 唐端毅 **(1913-1992)**

Feng zi 风紫
JIA, CHANG 贾昌

Feng zi 疯子
CUI, JING WEN 崔景文 **(1912-1979)**

Feng zi 蜂子
HAN, ZHI XIANG 韩致祥 **(1900-1934)**

Feng, Zi dan 冯子丹
FENG, XIANG GUANG 冯祥光 **(1927-)**

Feng, Zi kai 丰子恺
FENG, REN 丰仁 **(1898-1975)**

FENG, ZI SHU 冯子树 **(1914-)**
Wu, Shi 武石

Feng, Zi su 冯孜肃
FENG, MO DA 冯莫达

Feng, Zi tao 冯子韬
FENG, NAI CHAO 冯乃超 **(1901-1983)**

Feng, Zi yi 丰子顗
FENG, REN 丰仁 **(1898-1975)**

Feng, Zi you 冯自由
FENG, MAO LONG 冯懋龙 **(1882-1958)**

Feng zi zhe 风子者
ZHOU, SHU REN 周树人 **(1881-1936)**

Feng, Zong pu 冯宗璞
FENG, ZHONG PU 冯钟璞 **(1928-)**

Feng, Zou 馮騶
ZHOU, JIAN XIAO 周剑箫 **(1911-1992)**

FENG, ZUO MIN 冯作民 **(1927-)**
Feng, Zhen kai 冯振凯
Huai yin zhai zhu 淮阴斋主
Wu, Ya ke 武雅客
Yin shu zhai 阴书斋

Fo 佛
XIONG, FU XI 熊福禧 **(1900-1965)**

Fo an shao nian 佛岸少年
XUE, ZUO MEI 薛作梅 **(1903-1956)**

Fo chu 佛雏
TAN, FO CHU 谭佛雏 **(1919-)**

Fo feng shao shou 佛峰少手
XUE, ZUO MEI 薛作梅 **(1903-1956)**

Fo gong 佛公
XU, ZHAN YUAN 徐湛源 **(1879-1943)**

Fo hang 佛航
WU, YU GAN 武堉幹 **(1899-)**

Fo hui tang 佛慧堂
ZHOU, FO HAI 周佛海 **(1897-1948)**

Fo lang 佛郎
ZHU, GENG MING 祝庚明 **(1907-1986)**

Fo lang 佛郎
GU, XIAN RONG 顾宪融 **(1901-1955)**

Fo lang 佛朗
ZHU, GENG MING 祝庚明 **(1907-1986)**

Fo lin 佛邻
CHU, BAI SI 褚柏思

Fo lin 佛琳
DING, YU 丁羽 **(1964-)**

Fo lin ju shi 佛邻居士
CHU, BAI SI 褚柏思

Fo lin ju shi 佛林居士
CHU, BAI SI 褚柏思

Fo qing 佛青
LIN, JIN 林瑾

Fo ru 佛如
ZHU, HUA YU 朱化雨

Fo ruo 佛若
LIU, XIN HUANG 刘心皇 **(1915-)**

Fo su 佛苏
XU, ZHAN YUAN 徐湛源 **(1879-1943)**

Fo tu 佛突
CHEN, WANG DAO 陈望道 **(1890-1977)**

Fo tuo ye she 佛驮耶舍
XIANG, DA 向达 **(1900-1966)**

Fo tuo ye she 佛陀耶舍
XIANG, DA 向达 **(1900-1966)**

Fo xi 佛西
XIONG, FU XI 熊福禧 **(1900-1965)**

Fo xin 佛心
XU, ZHAN YUAN 徐湛源 **(1879-1943)**

Fo ye ju shi 佛耶居士
FEI, YAN 费砚 **(1879-1938)**

Fo yin 佛茵
YUAN, LAO 袁烙

Fo ying 佛影
GU, XIAN RONG 顾宪融 **(1901-1955)**

Fo zhuang 佛庄
JIN, FO ZHUANG 金佛庄 **(1897-1926)**

Fo zi 佛子
GAO, ZENG 高增

Fou 缶
WU, JUN QING 吴俊卿 **(1844-1927)**

Fou dao ren 缶道人
WU, JUN QING 吴俊卿 **(1844-1927)**

Fou fou 否否
WANG, JI SHA 王冀沙 **(1948-)**

Fou ji 缶记
WU, JUN QING 吴俊卿 **(1844-1927)**

Fou lao 缶老
WU, JUN QING 吴俊卿 **(1844-1927)**

Fou lu 缶庐
WU, JUN QING 吴俊卿 **(1844-1927)**

Fou weng 缶翁
WU, JUN QING 吴俊卿 **(1844-1927)**

Fou zhu ren 缶主人
WU, JUN QING 吴俊卿 **(1844-1927)**

Fu 夫
ZHANG, HAN FU 章汉夫 **(1906-1972)**

Fu 伏
SUN, FU YUAN 孙福源 **(1894-1966)**

Fu 孚
XU, DIAO FU 徐调孚 **(1901-1981)**

Fu 甫
SHEN, YAN BING 沈雁冰 **(1896-1981)**

Fu 佛
WU, WO YAO 吴沃尧 **(1867-1910)**

Fu 浮
MA, FU TIAN 马福田 **(1882-1967)**

Fu 浮
GAO, JI LIN 高季琳 **(1909-)**

Fu 复
ZHAO, PING FU 赵平复 **(1902-1931)**

Fu 復
WANG, FU MIN 王福民 **(1919-)**

Fu 馥
WANG, FU YAN 汪馥炎 **(1891-1940)**

Fu 福
ZHAO, PING FU 赵平复 **(1902-1931)**

Fu an 復庵
SHEN, JUN YE 沈钧业 **(1884-1951)**

Fu an 福盦
WANG, SHOU QI 王寿祺 **(1880-1960)**

Fu, Bai lu 傅白芦
FU, SHAN WEN 傅善文 **(1924-)**

FU, BAO KUN 傅宝堃 **(1902-)**
Can ying zi 餐英子
Fu, Yun zi 傅芸子
Yun zhi 韫之
Yun zi 芸子
Zhu, Zui sheng 竹醉生

FU, BAO QING 傅抱青 **(1910-)**
Fu, Juan fu 傅狷夫
Xin xiang shi zhu 心香室主
Xue hua cun ren 雪华邨人
Ye ke 野客

Fu, Bao quan 傅宝泉
FU, XI HUA 傅惜华 **(1907-1970)**

Fu bian nan 涪边男
TANG, XIAO DING 唐小丁 **(1929-)**

Fu bin 扶彬
FU, BING CHONG 傅炳崇 **(1938-)**

FU, BIN RAN 傅彬然 **(1896-1978)**
Bin ran 彬然

Fu, Bing 傅冰
FU, BING JIA 傅秉甲 **(1932?-)**

FU, BING CHONG 傅炳崇 **(1938-)**
Fu bin 扶彬
Fu miao 扶苗
Xiao, Fu 肖夫

FU, BING JIA 傅秉甲 **(1932?-)**
Fu, Bing 傅冰

Fu, Bo 伏波
XIA, JI DIAN 夏基甸 **(1928-)**

Fu bu ci lang 服部次郎
CHEN, BAI 陈白 **(1869-1934)**

Fu cang 福藏
XU, SHAN YUAN 徐善源 **(1914-1977)**

Fu cao 浮草
WANG, WAN RONG 王婉容 **(1926-)**

Fu chai 夫差
WANG, CHANG GUANG 王长光 **(1920-)**

FU, CHAO JIAN 傅朝健
Bai xiao sheng 百笑生
Fu, Man hui 傅曼慧
Fu, Zhong sheng 傅仲生
Liu yun 流云
Man hui 曼慧

FU, CHAO WU 傅超武 **(1922-)**
Bai, Qiu 白秋

Liu, Lin 柳林

Fu, Chen 伏琛
XIE, FU SEN 谢复森 **(1919-)**

Fu chen 凫晨
ZHU, REN JIAN 朱仁健 **(1913-1983)**

Fu chen 浮尘
CHEN, YONG XI 陈永禧

Fu chen 浮沉
HUANG, ZHI KUN 黄志堃 **(1925-)**

FU, CHENG 符程 **(1910-1988)**
Jian feng 剑峰
Wan, Zhong wen 万仲文
Yi kong 一空
Yun, An 云庵

Fu cheng 父城
LI, YU CHENG 李玉成 **(1957-)**

FU, CHENG MO 傅承谟 **(1922-)**
Chen, Mo 陈模
Chen, Zhen ping 陈震平
Da ke 大可
Er dong 尔东
Er dong 耳东
Nai ren 乃人
Nai ren 迺人
Xiao cheng 晓程

Fu, Chi 傅迟
FU, JIA YING 傅家英

Fu chi 扶持
HU, ZHEN XUN 胡振勋 **(1917-)**

Fu chong 俯冲
YANG, SHI JUN 杨时俊 **(1917-)**

FU, CHONG FU 傅崇黻 **(1861-1931)**
Nen yuan 嫩园

Fu, Chou 傅仇
FU, YONG KANG 傅永康 **(1928-1985)**

FU, CHUAN CHANG 符传昌
Bai, Yang 白杨

Fu chun 甫春
JIN, JIAN ZHI 金践之 **(1930-)**

Fu chun 富春
LI, FU CHUN 李富春 **(1900-1975)**

Fu chun shan ren 富春山人
ZHANG, DA ZHUANG 张大壮 **(1903-1980)**

Fu cui shi 浮翠室
ZHANG, SHOU LIN 张寿林 **(1907-)**

Fu cun 涪村
ZHANG, DA MING 张大明 **(1937-)**

Fu, Da 傅达
ZHANG, YOU LUAN 张友鸾 **(1904-1990)**

Fu da 付达
YUAN, GUANG MEI 袁光楣 **(1916-1982)**

Fu, Da xing 傅大兴
FU, XI HUA 傅惜华 **(1907-1970)**

Fu dan 斧丹
YE, BING HUANG 叶炳煌 **(1933-)**

Fu, De min 傅德岷
FU, DE MING 傅德明 **(1937-)**

FU, DE MING 符德铭 **(1925-)**
Huang, Zong lin 黄宗林
Zhong ling 中凌

FU, DE MING 傅德明 **(1937-)**
Fu, De min 傅德岷

FU, DI QUAN 符涤泉 **(1914-)**
Fu, Jie he 符节合

FU, DING MEI 傅鼎梅 **(1922-)**
Fu, Xue yi 傅雪漪
Fu, Xue yi 傅雪簃

Fu, Dong hua 傅东华
FU, ZE HUANG 傅则黄 **(1893-1971)**

Fu, Dong hua 傅冻藹
FU, ZE HUANG 傅则黄 **(1893-1971)**

Fu, Dong ying 傅东缨
FU, YU 傅余

FU, DUAN 傅端 **(1947-)**
Fu, Tian hong 傅天虹
Yang, Lai shun 杨来顺

Fu, Duo 傅铎
FU, TONG FEN 傅桐芬 **(1917-)**

Fu fa 浮筏
WU, LI HUA 吴立华 **(1913-)**

Fu fan 夫凡
WANG, XIN FU 王新甫 **(1902-)**

Fu, Fang qiao 傅方樵
XU, ZHAO HUAN 许兆焕 **(1937-)**

Fu feng 扶风
YAN, SHUN XI 严顺晞 **(1922-)**

Fu feng 扶峰
LI, JUN ZHE 李君哲 **(1929-)**

Fu feng 浮风
GUI, WEN YA 桂文亚 **(1949-)**

Fu feng hu zhang 敷丰湖长
LIANG, DING FEN 梁鼎棻 **(1859-1920)**

Fu, Feng shan 符凤山
FU, JIAN XI 符建西 **(1900-)**

Fu, Fu 傅専
FU, XIONG XIANG 傅熊湘 **(1883-1930)**

Fu geng 福庚
FAN, FU GENG 樊福庚 **(1931-)**

FU, GENG SHENG 傅庚生 **(1910-1984)**
Fu, Xiao yan 傅肖岩
Geng sheng 更生
Geng, Sheng 耿生
Qi, Zheng 齐争
Xiao, Yan 肖严
Xiao, Yan 肖岩
Xiao yan 筱岩

Fu gong 凫工
PAN, SHI 潘式 **(1904-1966)**

Fu gong 凫公
PAN, SHI 潘式 **(1904-1966)**

FU, GUANG 傅光 **(1962-)**
Yu qing 煜卿

Fu, Gui 傅贵
XIE, RONG HUA 谢荣华

Fu, Guo 符果
FU, ZHAO LIU 符肇流 **(1940-)**

Fu guo 甫郭
LIN, SHI CUN 林适存 **(1914-)**

FU, GUO YUE 符国钺
Dong men cao si lang 东门草四郎

Fu, Hai 富海
FU, KAI CHUAN 傅开川 **(1937-)**

FU, HAN QING 傅汉清 **(1941-)**
Han shui 汉水
Jiang, Han 江汉

Fu, Hang 符杭
FU, JIA LEI 符加雷 **(1924-)**

FU, HAO 宓浩 **(1931-1988)**
Fu, Shi di 宓世棣

Fu, Hao 符号
FU, RUI JIN 符瑞金 **(1906-)**

Fu, Hao 符号
GU, FENG CHENG 顾凤城 **(1908-1940)**

Fu, Hao 符浩
FU, RUI JIN 符瑞金 **(1906-)**

FU, HENG XIAO 傅恒孝 **(1933-)**
Fu, Heng xue 傅恒学
Fu, Jun 傅军

Fu, Heng xue 傅恒学
FU, HENG XIAO 傅恒孝 **(1933-)**

FU, HONG YIN 付洪寅 **(1938-)**
Hong yin 宏寅

FU, HONG YU 符红雨 **(1929-)**
Bai, Lu 白路
Fu, Ye hong 符也红

Fu, Hua 傅华
FU, PEI RONG 傅佩荣 **(1950-)**

FU, HUA 富华 **(1928-)**
Tian, Jun 田军

Fu hua 馥华
WANG, YI 王毅 **(1949-)**

Fu hui 弗悔
ZHENG, SHU QIN 郑树钦 **(1942-)**

FU, HUI FANG 傅蕙芳 **(1914-)**
Fu, Jie xia 傅洁霞
Gu hong 孤鸿

Fu, Huo 傅活
FU, TANG HUO 傅堂活 **(1940-)**

Fu ji 夫基
LI, FU QI 李富祺 **(1936-)**

FU, JI SHAN 符绩善 **(1954-)**
Mai, Lang 麦浪

FU, JI ZHONG 符绩忠 **(1932-)**
Huo ya 火牙
Ling nan ren 岭南人

Fu jia 付加
DENG, FU JIA 邓付加

FU, JIA CHEN 傅家琛
Fu, Ling zhen 傅灵真
Fu, Yu 傅予
Meng ying 梦影
Shi jing 诗静

FU, JIA LEI 符加雷 **(1924-)**
Fu, Hang 符杭
Fu, Lei ke 符雷克
Xing ling 性灵

FU, JIA LIN 傅家麟 **(1911-1988)**
Fu, Yi ling 傅衣凌
Ren mu 人木
Xiu xiu sheng 休休生
Yi, Ling 衣凌

FU, JIA MO 伏嘉谟 **(1912-)**

Jia he 嘉禾

FU, JIA YING 傅家英
Fu, Chi 傅迟

Fu, Jian 服謇
ZHANG, FO QIAN 张佛千 **(1909-)**

Fu, Jian 符剑
ZHENG, MENG ZHOU 郑梦周 **(1920-1982)**

FU, JIAN WEN 傅建文 **(1964-)**
Hua, Zi 华子

FU, JIAN XI 符建西 **(1900-)**
Fu, Feng shan 符凤山

FU, JIANG 符江 **(1956-)**
Pu, Jiang 浦江

Fu, Jiao shi 傅教石
GAO, ZHEN NONG 高振农 **(1927-)**

Fu, Jie he 符节合
FU, DI QUAN 符涤泉 **(1914-)**

Fu, Jie xia 傅洁霞
FU, HUI FANG 傅蕙芳 **(1914-)**

FU, JIN CHENG 傅金城 **(1943-)**
Ai, Qi yao 艾琪瑶
Lian, Cheng 连城
Mei, Fu 梅夫

FU, JING FA 傅敬法 **(1915-)**
Fu, Meng 傅蒙

FU, JU FENG 傅举丰 **(1905-1982)**
Fu, Ren gan 傅任敢
Ju feng 举丰
Tiao nian 苕年

Fu, Juan fu 傅狷夫
FU, BAO QING 傅抱青 **(1910-)**

Fu juan he shang 復鹏和尚
WANG, QI YUN 汪绮云

Fu, Jun 傅军
FU, HENG XIAO 傅恒孝 **(1933-)**

Fu jun 斧军
WANG, FU 王斧 **(1880-1942)**

FU, JUN XIAO 傅军晓 **(1954-)**
Ji, Jun 冀军

FU, KAI 傅凯 **(1946-)**
Yue, Ren 乐人

FU, KAI CHUAN 傅开川 **(1937-)**
Fu, Hai 富海
Hai, Chuan 海船

FU, KAI HU 傅开笏 **(1965-)**
Xue qi 雪琪

Fu ke 付克
FU, WEN RANG 傅温让 **(1919-)**

Fu, Ke 傅克
FU, WEN RANG 傅温让 **(1919-)**

Fu, Ke xing 傅克兴
FU, ZHONG TAO 傅仲涛

Fu kun 福坤
TIAN, ZAI RONG 田再荣

FU, KUN SHENG 傅焜生 **(1920-)**
Fu, Xiao 傅晓
Peng, Xiao fu 彭小夫

FU, LAI XING 傅来兴
Dai, Wei fu 戴畏夫

FU, LEI 傅雷 **(1908-1966)**
E jun 萼君
E zi 萼子
Feng 风
Fu, Ru lin 傅汝霖
Fu, Shu an 傅恕安
Fu, Shu an 傅怒庵
Ji feng 疾风
Ji shou 疾首
Kuang qie 狂且
Lei 雷
Shu an 恕安
Shu an 怒庵
Xiao qing 小青
Xun yu 迅雨
Yi shan 移山

Fu, Lei ke 符雷克
FU, JIA LEI 符加雷 **(1924-)**

Fu li 伏枥
ZHAI, BING ZHI 翟秉志 **(1889-1965)**

Fu li 浮离
TANG, DUAN YI 唐端毅 **(1913-1992)**

FU, LIAN E 符连娥
Cui bing 翠冰

Fu lian hui 妇联会
MENG, XIAN QI 孟宪棨 **(1902-1976)**

Fu, Liang 伏量
SHI, CUN TONG 施存统 **(1899-1970)**

Fu liang 复亮
SHI, CUN TONG 施存统 **(1899-1970)**

Fu lin 福林
HU, HOU XUAN 胡厚宣 **(1911-)**

FU, LIN TONG 傅林统 **(1933-)**

Lin, Tong 林桐

Fu, Ling 符灵
ZHOU, SHU REN 周树人 (1881-1936)

FU, LING YUN 傅凌云 (1935-)
Yi bing 艺兵

Fu, Ling zhen 傅灵真
FU, JIA CHEN 傅家琛

Fu, Long 伏龙
LIANG, HAN CAO 梁寒操 (1899-1975)

Fu, Lu 伏庐
CHEN, SHU TONG 陈叔通 (1876-1966)

Fu, Lu 伏庐
SUN, FU YUAN 孙福源 (1894-1966)

Fu, Lu 傅路
FU, TIAN CHOU 傅天仇 (1920-1990)

Fu lu 復庐
YAO, GUANG 姚光 (1918-1945)

Fu, Lü bing 傅履冰
HE, QI FANG 何其芳 (1912-1977)

FU, LÜ HENG 符律衡 (1907-)
A jia 阿甲
Fu, Zheng 符正

FU, LUO FEI 符罗飞 (1896-1971)
Yi quan 移权

Fu luo la 芙罗拉
ZHAO, MEI WEI 赵美薇 (1950-)

FU, MAN FEI 傅漫飞 (1936-)
He, Feng xing 贺风行
Mei, Fei 梅菲
Wen, Xiao feng 文啸风
Wen, Yi qi 文逸奇

Fu, Man hui 傅曼慧
FU, CHAO JIAN 傅朝健

FU, MAO GONG 傅懋功 (1902-1997)
Chun lei 春雷
Peng, Zhen 彭真

FU, MAO JI 傅懋勣 (1913-)
Zi jia 兹嘉

Fu mei 服媚
GU, SONG CHEN 顾崧臣 (-1929)

Fu, Meng 符蒙
WANG, PIN ZHI 王聘之 (1919-)

Fu, Meng 傅蒙
FU, JING FA 傅敬法 (1915-)

Fu, Meng zhen 傅孟真
FU, SI NIAN 傅斯年 (1896-1950)

Fu miao 扶苗
FU, BING CHONG 傅炳崇 (1938-)

Fu miao 復妙
ZENG, FU MIAO 曾復妙

Fu, Min 傅敏
LI, MIN YONG 李敏勇 (1947-)

Fu min 福民
CHEN, FU MIN 陈福民 (-1926)

Fu, Ming 傅铭
FU, YA WEN 傅雅雯 (1930-)

Fu ming 付鸣
WANG, FU MING 王幅明 (1949-)

Fu ming 苐名
LI, FU MIN 李苐民 (1967?-)

FU, MING DONG 符名栋
Ge, Ka 戈卡

Fu mo 浮末
LIN, WEN HUANG 林文煌 (1947-)

FU, MOU BO 傅侔波
Mu, Pu 穆普

Fu, Nai qi 傅乃奇
FU, NAI QI 傅乃琦 (1909-1993)

FU, NAI QI 傅乃琦 (1909-1993)
Fu, Nai qi 傅乃奇
Ji, Zhu 纪竹
K N
Ke ning 克宁
Luo, Feng 罗峯
Luo, Feng 罗烽
Luo hong 洛虹
Luo, Xun 罗迅
Peng, Bo 彭勃
Yao, Ning 尧宁

Fu nan 夫南
CAO, FU LUAN 曹辅銮 (1935-)

FU, NING 傅凝 (1941-)
Dai, Qing 戴晴

Fu ou 浮鸥
GAN, CI SEN 甘祠森 (1914-1982)

FU, PEI RONG 傅佩荣 (1950-)
Fu, Hua 傅华
Fu, Xuan 傅轩

Fu, Ping 傅萍
YUAN, FU PING 袁付萍

Fu ping 浮萍

WU, SHAO BAO 吴绍葆 (1925-)

Fu, Qi 符祺
FU, RUI JIN 符瑞金 (1906-)

FU, QI NAN 符气南 (1944-1978)
Fu, Quan 符铨
Nan, Shan 南山
Zhu, Fu 竹付

Fu, Qi shi 符其实
FU, RUI JIN 符瑞金 (1906-)

FU, QI WEN 符启文（1944-)
Qiu, Ping 秋平

Fu qiang 大强
WU, FU QIANG 伍福强 (1930-)

Fu qing 茀青
WANG, SHOU KANG 王寿康

Fu qiu zi 浮丘子
PENG, XUN ZHI 彭逊之

Fu qu 芙渠
LI, YUAN BEN 李元本 (1945-)

Fu, Quan 符铨
FU, QI NAN 符气南 (1944-1978)

Fu quan 馥泉
WANG, FU YAN 汪馥炎 (1891-1940)

FU, QUAN RONG 傅全荣 (1922-)
Yang, Xin 杨辛

Fu qun 服群
LIN, ZE RONG 林泽荣 (1906-1981)

Fu ren 负人
ZHUANG, CHUI SHENG 莊垂胜

Fu ren 孚人
HU, SHAN YUAN 胡山源 (1897-1988)

Fu ren 敷仁
LI, WEN HUI 李文会 (1899-1958)

Fu ren 黻人
WANG, FU REN 王富仁 (1941-)

Fu, Ren gan 傅任敢
FU, JU FENG 傅举丰 (1905-1982)

Fu, Rong 傅容
XIONG, FU 熊复 (1915-)

Fu rong 夫冗
ZHU, FU RONG 祝富荣 (1939-)

Fu, Rong hua 富容华
FU, RUI JIN 符瑞金 (1906-)

Fu rong ke 芙蓉客
WANG, ZI HENG 王子恒 (1921-)

Fu rong mu 芙蓉木
LI, XIANG SHU 李湘树 (1954-)

FU, RU CHENG 宓汝成 (1924-)
Yi zhen 夷贞

Fu, Ru lin 傅汝霖
FU, LEI 傅雷 (1908-1966)

Fu ru zhi pu 妇孺之仆
CHEN, RONG GUN 陈荣衮 (1862-1922)

FU, RUI JIN 符瑞金 (1906-)
Fu, Hao 符号
Fu, Hao 符浩
Fu, Qi 符祺
Fu, Qi shi 符其实
Fu, Rong hua 富容华
Fu, San ji 符三吉
Fu, Ye qi 符业祺
Fu, Zhu cun 符竹邨
Ma, A ke 马阿可
Mo er 默尔
Qi, Shi 祁石
Qi shi 奇石
San xiang bu nai an zhu 三湘不耐庵主
Shui jin 睡今
Wu shi an 兀十厂
Xie, Hao 谢浩
Y. F.
Ye, Wu ye 叶五叶
Ye, Xian lin 叶献麟
Yi ming 亦鸣
Zhang, Zhen nan 张震南
Zhou, Jian 周健
Zhou, San ji 周三吉
Zhu, Cun 竹村

Fu san 甫三
LAI, HE 赖河 (1894-1943)

Fu, San ji 符三吉
FU, RUI JIN 符瑞金 (1906-)

Fu sang 扶桑
PENG, YANG 彭洋 (1953-)

FU, SHAN WEN 傅善文 (1924-)
Ba nu 拔弩
Bai, Lu 白芦
Bai, Lü 柏绿
Bei lu 北露
Fu, Bai lu 傅白芦
Ge, Zhi 葛支
Shou ta lao qing nian 守塔老青年
Xi zhao 樨炤
Yu fu 渔夫

FU, SHAO FANG 富少舫
Xiao yao dan 小药旦

Fu, Sheng 伏生
HU, YU ZHI 胡愈之 **(1896-1986)**

Fu sheng 负生
WU, EN YU 吴恩裕 **(1909-)**

Fu sheng 浮生
WU, EN YU 吴恩裕 **(1909-)**

Fu sheng 浮生
LIN, BAO HUA 林保华 **(1938-)**

Fu sheng 浮生
LI, YONG XIANG 李永祥

Fu sheng 復生
LIN, ZHI XIA 林之夏 **(1878-1947)**

Fu sheng 復生
SHEN, JUN YE 沈钧业 **(1884-1951)**

Fu sheng 福陞
YANG, ZHEN HONG 杨振鸿 **(1874-1909)**

Fu sheng 馥生
SHEN, JUN YE 沈钧业 **(1884-1951)**

Fu sheng 馥生
CAI, JIA GUI 蔡家桂 **(1903-)**

Fu sheng 负生
HUANG, FENG QING 黄风清 **(1891-1922)**

Fu sheng nü shi 浮生女士
FENG, WAN HUA 冯畹华 **(-1996)**

Fu shi 俯拾
CHEN, LING XIAO 陈凌霄 **(1915-)**

Fu shi 浮石
YANG, WEI QUAN 杨维铨 **(1900-1957)**

Fu, Shi di 宓世棣
FU, HAO 宓浩 **(1931-1988)**

FU, SHI KUI 富世魁 **(1949-)**
Yi, Ye 易也

FU, SHI QIAO 傅士翘
Tian, Feng 田风

FU, SHI SEN 宓世森 **(1933-)**
Bai, Bu 白步
Gu, Du 古渡
Sheng, Nai cheng 盛乃承
Xin, Yu 辛郁
Xin, Yu 辛鬱
Xue fang 雪舫

FU, SHI XIA 傅世侠
Si xia 思夏

FU, SHI ZENG 傅师曾 **(1928-)**
Mao she 矛舍

FU, SHOU YI 傅寿宜
Pu chan 菩禅
Tie jian 铁肩

Fu, Shu an 傅恕安
FU, LEI 傅雷 **(1908-1966)**

Fu, Shu an 傅恕庵
FU, LEI 傅雷 **(1908-1966)**

Fu, Shu he 傅叔和
FU, ZENG XIANG 傅增湘 **(1872-1949)**

Fu shui 釜水
DENG, SUI FU 邓遂夫 **(1943-)**

FU, SI NIAN 傅斯年 **(1896-1950)**
Fu, Meng zhen 傅孟真
Meng, Zhen 孟真

Fu song zhai zhu 抚松斋主
ZHANG, YI DONG 张奕东 **(1926-)**

Fu su 复苏
FENG, PING 冯平

FU, SUN ZHONG 傅孙中 **(1941-)**
Fang, Jian qin 力剑琴

FU, TANG HUO 傅堂活 **(1940-)**
Fu, Huo 傅活

Fu te 弗特
LIU, YU 刘瑜 **(1922-)**

FU, TENG LONG 傅腾龙 **(1943-)**
Huan xin 幻心

FU, TIAN CHOU 傅天仇 **(1920-1990)**
Fu, Lu 傅路
Ma, Ding 马丁
Qiu, Lang 秋浪
Wen, You 文佑
Wen, Zuo 文佐

Fu, Tian hong 傅天虹
FU, DUAN 傅端 **(1947-)**

FU, TONG FEN 傅桐芬 **(1917-)**
Fu, Duo 傅铎

Fu, Tu 伏图
SHI, CUN TONG 施存统 **(1899-1970)**

Fu tu 浮屠
HE, XIANG JIU 何香久 **(1955-)**

Fu, Wei 傅韦
FU, WEI CI 傅惟慈 **(1923-)**

Fu, Wei ben 傅维本
FU, ZHEN LUN 傅振伦 **(1906-)**

FU, WEI CI 傅惟慈 **(1923-)**
Fu, Wei 傅韦

FU, WEN JIN 傅文金
Wen, Wai han 文外汉

FU, WEN RANG 傅温让 **(1919-)**
Fu, Ke 傅克
Fu ke 付克
Xiao bing 小兵

Fu, Weng 伏翁
WANG, SHANG ZHENG 王尚政 **(1923-)**

Fu weng 负翁
ZHANG, YU 章钰 **(1865-1937)**

Fu weng 负翁
DU, FA EN 杜发恩 **(1891-1983)**

Fu weng 负翁
LAI, JI XUN 来稷勋 **(1904-1976)**

Fu weng 復翁
MIN, ER CHANG 闵尔昌 **(1872-1948)**

Fu weng 凫翁
LI, BAO XUN 李葆恂 **(1859-1915)**

Fu weng 阜瓮
REN, XIAO JUN 任晓军 **(1963-)**

Fu, Xi 宓曦
MAO, JI QUAN 茅及铨 **(1921-)**

Fu xi 福熙
SUN, FU XI 孙福熙 **(1898-1962)**

FU, XI HUA 傅惜华 **(1907-1970)**
Bi qu guan zhu 碧渠馆主
Fu, Bao quan 傅宝泉
Fu, Da xing 傅大兴
Fu, Zhong han 傅仲涵
Han hu 涵滬
Han lu 涵卢
Han shan 寒山
Pu, Quan 蒲泉
Qu, An 曲庵
Qu, Mang 曲莽
Zhong, Han 仲涵

FU, XI PENG 傅溪鹏 **(1938-)**
Da peng 大鹏
Lan, Hai 蓝海

FU, XI ZHENG 傅玺政 **(1941-)**
Yu, Shi hu 于是乎

Fu xian 弗先
XU, MAO RONG 许茂荣 **(1911-1977)**

FU, XIANG JUN 付祥军 **(1966-)**
Yao ye 遥野

Fu, Xiao 傅晓
FU, KUN SHENG 傅焜生 **(1920-)**

FU, XIAO HANG 傅晓航 **(1929-)**
Wen, Zhong 文众

FU, XIAO HUA 傅小华 **(1959-)**
Lu, Yu 路羽

Fu, Xiao yan 傅肖岩
FU, GENG SHENG 傅庚生 **(1910-1984)**

Fu, Xin 傅辛
FU, XIN 傅欣 **(1923-)**

FU, XIN 傅欣 **(1923-)**
Fu, Xin 傅辛

FU, XIN MIN 傅新民 **(1955-)**
Shang, Fu 尚夫
Xiao, Fu 萧夫

Fu xing 浮星
WANG, FU XING 王復兴 **(1950-)**

FU, XIONG XIANG 傅熊湘 **(1883-1930)**
De wei 德巍
Dun an 钝安
Dun an 钝庵
Dun gen 钝根
Dun jian 钝剑
Fu, Fu 傅尃
Gan, Jiang 干将
Geng sheng 更生
Gu ping 孤萍
Gu ping ke 孤萍客
Hong wei 红薇
Hong wei guan zhu 红薇馆主
Hong wei sheng 红薇生
Jin, Tun 金屯
Juan huan 倦还
Juan weng 倦翁
Jue fu 觉夫
Jun jian 君剑
Mo, Xie 莫邪
Qing, Ping 青苹
Sheng huan 声焕
Tun an 屯安
Tun an 屯庵
Tun gen 屯艮
Tun gen 屯根
Tun lu 屯庐
Wen, Qu 文渠
Wen, Qu 文蕖
Wen, Shu 文殊
Wu men 无闷
Xiang jun 湘君
Xiang lei 湘累

Xiang lei 湘纍
Yin, Qian 尹僉

Fu xu ge zhu 夫须阁主
FENG, HONG CHI 冯鸿墀 **(1873-1931)**

FU, XU WEN 傅绪文 **(1956-)**
An, Ju 安居
Wen, Yun 文筠

Fu, Xuan 傅轩
FU, PEI RONG 傅佩荣 **(1950-)**

Fu, Xue yi 傅雪漪
FU, DING MEI 傅鼎梅 **(1922-)**

Fu, Xue yi 傅雪簃
FU, DING MEI 傅鼎梅 **(1922-)**

Fu ya 扶亚
XIE, FU YA 谢扶雅 **(1892-)**

Fu ya 扶雅
XIE, FU YA 谢扶雅 **(1892-)**

FU, YA WEN 傅雅雯 **(1930-)**
Fu, Ming 傅铭

Fu, Yan 傅彦
HUANG, YUE 黄越 **(1938-)**

Fu yan 馥炎
WANG, FU YAN 汪馥炎 **(1891-1940)**

FU, YAN CHANG 傅彦长 **(1891-1961)**
Bao, Luo duo 包罗多
Luo, Cha 罗茶
Mu, Long 穆龙
Mu, Luo cha 穆罗茶

FU, YAN NAN 傅燕南 **(1948-)**
Fu, Yan nan 傅燕喃

Fu, Yan nan 傅燕喃
FU, YAN NAN 傅燕南 **(1948-)**

Fu yao 扶摇
SHEN, WEN HUA 沈文华 **(1897-)**

Fu yao 扶摇
JING, XI REN 荆溪人 **(1926-)**

FU, YAO SHENG 傅尧笙 **(1936-)**
Nan, Shi 南石
Tao, Mi 陶迷

Fu, Ye hong 符也红
FU, HONG YU 符红雨 **(1929-)**

Fu, Ye qi 符业祺
FU, RUI JIN 符瑞金 **(1906-)**

Fu, Yi ling 傅衣凌
FU, JIA LIN 傅家麟 **(1911-1988)**

Fu, Yi shi 傅一石
GU, ZHAO SHEN 古兆申 **(1945-)**

Fu yin 芙茵
YUAN, LAO 袁烙

Fu yin 复吟
WU, FU YING 伍福盈 **(1940-)**

Fu, Ying 傅英
AN, YU YING 安裕英 **(1925-)**

Fu ying 芙英
XIE, BING YING 谢冰莹 **(1906-2000)**

FU, YONG 傅永 **(1925-)**
Bai, Wei 白葳
Bian, Gong 边公
Fu, Ze 傅则
Ke, Ke 柯客
Yi, Wei 易薇

FU, YONG KANG 傅永康 **(1928-1985)**
Fu, Chou 傅仇

FU, YONG LING 傅永龄 **(1927-)**
Ai, Yi 艾以
Chen, Qing 陈情
Gu, Tian 谷田
Yang, Shu shan 扬树山

Fu you sheng 蜉蝣生
ZOU, RONG 邹容 **(1885-1905)**

Fu you weng 浮游翁
SHEN, ZENG ZHI 沈曾植 **(1850-1922)**

Fu you zi 蜉蝣子
GU, NENG HAO 古能豪 **(1955-)**

FU, YU 傅余
Dong ying 东缨
Fu, Dong ying 傅东缨

FU, YU 傅禹 **(1920-1989)**
Yang, Fu yu 杨傅禹
Zhi yu 止予
Zi yu 子予
Zi yu 子于

Fu, Yu 傅予
FU, JIA CHEN 傅家琛

Fu yu 伏敌
ZHANG, BAI SHAN 张白山 **(1912-)**

Fu, Yu ping 傅雨坪
MU, YA CAI 穆亚才 **(1921-)**

Fu, Yuan 伏园
SUN, FU YUAN 孙福源 **(1894-1966)**

Fu, Yuan 富原
FU, ZHI FAN 傅之凡 **(1932-)**

Fu yuan 茀原
TAO, DE LIN 陶德麟 **(1931-)**

Fu yuan 复员
WANG, SHANG ZHENG 王尚政 **(1923-)**

Fu, Yuan shu 傅沅叔
FU, ZENG XIANG 傅增湘 **(1872-1949)**

Fu yue 斧钺
WANG, REN SHU 王任叔 **(1901-1972)**

Fu yun 拂云
HU, TI WEI 胡梯维

Fu yun sheng 拂云生
HU, TI WEI 胡梯维

FU, YUN SHENG 傅云生 **(1928-)**
Lin, Zhong lu 林中路
Lu, Di 路地
Shen, Yuan 沈园

Fu, Yun zi 傅芸子
FU, BAO KUN 傅宝堃 **(1902-)**

Fu, Ze 傅则
FU, YONG 傅永 **(1925-)**

Fu ze 辅泽
CAO, JU REN 曹聚仁 **(1900-1972)**

Fu ze 福泽
CUI, SHAO TANG 崔绍堂 **(1939-)**

FU, ZE GANG 傅泽刚 **(1961-)**
Da fu 大副

FU, ZE HUANG 傅则黄 **(1893-1971)**
Dong hua 东华
Dong hua 冻华
Dong hua 冻藹
Fu, Dong hua 傅东华
Fu, Dong hua 傅冻藹
Guo, Ding yi 郭定一
Hua 华
Huang, Yi 黄彝
Huang, Yi zhai 黄彝斋
Huang, Yue zhai 黄约斋
Jiao 角
Lu, Ruo shui 陆若水
Ruo shui 若水
Shui 水
Wu, Shi 伍实
Yue zhai 约斋

FU, ZENG XIANG 傅增湘 **(1872-1949)**
Chang chun shi zhu ren 长春室主人
Fu, Shu he 傅叔和
Fu, Yuan shu 傅沅叔
Jiang an 薑庵
Run yuan 润沅
Shu qian 书潜
Shuang jian lou zhu ren 双鉴楼主人
Xi feng lao nong 西峰老农
Yuan shu 沅叔
Zang yuan ju shi 藏园居士
Zang yuan lao ren 藏园老人

FU, ZHAO LIU 符肇流 **(1940-)**
Fu, Guo 符果

Fu, Zhen lie 傅振烈
FU, ZI DONG 傅子东 **(1893-1972)**

FU, ZHEN LUN 傅振伦 **(1906-)**
Cheng ren 称人
Fu, Wei ben 傅维本
Pu, Ze 蒲泽
Wei ben 威贲
Wei ben 维本
Xi wang 希王
Yan wu 衍五
Zhen lun 振伦
Zhen lun 箴论

Fu, Zheng 符正
FU, LÜ HENG 符律衡 **(1907-)**

Fu zheng 弗政
DENG, TUO 邓拓 **(1912-1966)**

FU, ZHENG SHEN 傅正深 **(1943-)**
Shan shi 山石
Zheng, Sen 郑森

Fu zhi 孚志
HU, ZHONG CHI 胡仲持 **(1900-1968)**

FU, ZHI FAN 傅之凡 **(1932-)**
Fu, Yuan 富原
Jia he 嘉禾

FU, ZHI YING 伏志英
Zhi ying 志英

Fu, Zhong han 傅仲涵
FU, XI HUA 傅惜华 **(1907-1970)**

Fu, Zhong sheng 傅仲生
FU, CHAO JIAN 傅朝健

FU, ZHONG TAO 傅仲涛
Fu, Ke xing 傅克兴
Ke xing 克兴

Fu, Zhu cun 符竹邨
FU, RUI JIN 符瑞金 **(1906-)**

FU, ZHU YING 符竹英 **(1903-1986)**
Zhu yin nü shi 竹茵女士

Fu, Zi 傅紫
WANG, WEI 汪炜 **(1972-)**

FU, ZI DONG 傅子东 (1893-1972)
Fu, Zhen lie 傅振烈

FU, ZI JIU 傅子玖 (1934-)
Hong zi 鸿子
Jiang, Zi 江子
Wen, Hong zi 文鸿子

Fu, Zi zhang 宓子章
ZHOU, SHU REN 周树人 (1881-1936)

FU, ZONG TAO 符宗涛 (1926-)
Zhong, Tao 钟涛

G

G
GAO, JUN JIA 高君珈 (1904-)

Gitav
LU, TING JIE 卢廷杰 (1904-1991)

G K Sheng G K 生
LIN, ZHI XIA 林之夏 (1878-1947)

GM
ZHANG, JUN TI 张君悌 (1910-1971)

Gai gong 盖公
SHI, ZHE CUN 施蛰存 (1905-)

Gai hua ke 溉花客
LI, BAO JIA 李宝嘉 (1867-1906)

Gai kan za zhi bian ji bu diao cha yuan 该刊杂志编辑部调查员
ZHOU, YU FENG 周玉峰 (1919-)

Gai tian 盖天
LIN, LI 林蛎

Gai yuan 该员
ZHOU, SHU REN 周树人 (1881-1936)

Gai zi 荄滋
LI, YUE RUI 李岳瑞 (1852-1927)

Gai zi an 荄滋龕
LI, YUE RUI 李岳瑞 (1852-1927)

Gai zi kan 荄兹堪
LI, YUE RUI 李岳瑞 (1852-1927)

Gan 干
ZHOU, SHU REN 周树人 (1881-1936)

Gan 干
QU, QIU BAI 瞿秋白 (1899-1935)

Gan 干
WANG, YE WEI 王业玮 (1923-)

Gan 甘
LI, YAO TANG 李尧棠 (1904-)

Gan 淦
FENG, SHU LAN 冯淑兰 (1900-1974)

Gan 淦
TIAN, ZHONG JI 田仲济 (1907-)

Gan 幹
ZHOU, SHU REN 周树人 (1881-1936)

Gan an 干龕
ZHANG, BO ZHEN 张伯祯 (1877-1947)

Gan, Cao 甘草
MA, GUO LIANG 马国亮 (1908-)

Gan, Cao 甘草
GU, BING XIN 顾炳鑫 (1923-)

Gan chen 幹臣
WANG, REN JUN 王仁俊 (1866-1913)

Gan chen 幹臣
ZHOU, WEI ZHEN 周维桢

Gan, Cheng 干城
GUO, SHOU HUA 郭寿华 (1902-)

Gan, Cheng 干城
YU, ZHI XUE 于志学 (1935-)

GAN, CI SEN 甘祠森 (1914-1982)
Cui bu 摧布
Fu ou 浮鸥
Gan, Xin 甘辛
Gan, Yong bai 甘永柏
Ge ai 割爱
Hua, Nian tun 华念暾
Ke, Tong 柯同
Shen an 慎安
Yi ci 刈刺
Yu wen 雨纹
Zou yi 走一

GAN, DA WEN 甘大文
Gan, Zhe xian 甘蛰仙
Zhe xian 蛰仙

Gan, Dan 甘丹
REN, NAI FAN 任迺凡 (1906-1986)

GAN, DANG YAN 甘当炎 (1937-)
Ning, Fei 宁非
Xi lian jiang 西连江

GAN, DAO SHENG 甘道生
He, Qiu 何求
Lin, Meng 林蒙

Gan dong 桿东
LI, DONG FANG 李东方 (1962-)

Gan, Dun 甘遯
WU, CHANG SHOU 吴昌绶

Gan, Fei 甘芾
LI, YAO TANG 李尧棠 **(1904-)**

Gan feng 敢峰
FANG, XUAN CHU 方玄初 **(1929-)**

Gan, Feng sui 甘丰穗
GAN, ZHAO GUANG 甘兆光 **(1919-)**

Gan, Fu 干夫
BAO, GAN FU 包干夫 **(1920-)**

Gan, Ge 干戈
CHENG, YI RONG 程一戎 **(1910-)**

Gan, Ge 干戈
WANG, YE WEI 王业玮 **(1923-)**

Gan, Ge 干戈
WU, KUN JI 吴坤纪 **(1933-)**

GAN, JI XI 甘绩熙 **(1887-1960)**
Shan hu 珊瑚
Shan hu 芟胡

Gan, Ji yong 甘吉庸
GAN, YU PEI 甘雨沛 **(1907-)**

Gan, Jia xin 甘家馨
GAN, YOU LAN 甘友兰 **(1904-1977)**

Gan, Jiang 干将
FU, XIONG XIANG 傅熊湘 **(1883-1930)**

Gan, Jin ying 甘锦英
HUANG, XIAN FAN 黄现璠 **(1899-1982)**

Gan, Jing 甘竟
GAN, ZHANG 甘章 **(1927-)**

Gan, Jing cun 甘竟存
GAN, ZHANG 甘章 **(1927-)**

Gan, Lan 甘兰
YANG, FU DONG 杨复冬 **(1922-1978)**

Gan, Li 甘隶
SU, WEI ZHEN 苏维桢 **(1888-1943)**

Gan, Lian yi 干恋一
WANG, JI XUAN 王寄玄 **(1916-1985)**

Gan, Lin 甘霖
LU, DAN LIN 陆丹林 **(1898-1972)**

Gan, Lin 甘霖
HUANG, WAN YUAN 黄万源 **(1939-)**

Gan, Lin 甘霖
LIU, GONG 刘珙 **(1947-)**

Gan, Ling an 甘灵庵
GAN, SHU CHUN 甘树椿

GAN, LIU LIN 甘柳林 **(1938-)**
Chen, Wei 陈微
Luo, Feng 罗丰

Gan, Lu 甘露
GAN, ZONG RONG 甘宗容 **(1925-)**

Gan, Lu 甘露
WANG, BAO CHENG 王保成 **(1948-)**

Gan, Lu 甘露
GAN, YUN HENG 甘运衡

Gan, Mai 甘迈
GAN, REN GANG 甘人纲 **(1915-)**

Gan, Mei 甘美
ZHU, PING BEN 朱平本 **(1935-)**

Gan, Mo 甘漠
YANG, YING XIN 杨迎新 **(1946-)**

Gan, Mou 甘牟
GAN, YU PEI 甘雨沛 **(1907-)**

Gan, Mu 甘木
WANG, MENG REN 王猛仁 **(1959-)**

GAN, NAI GUANG 甘乃光 **(1897-1956)**
Cao cao 草草
Cao cao 艸艸
Gan, Zi ming 甘自明

Gan, Ning 甘宁
YANG, AI 杨瑷 **(1927-)**

Gan, Niu 甘牛
ZUO, XIAO HONG 左啸红 **(1905-1986)**

Gan, Niu 甘牛
BAO, YAO MING 鲍耀明 **(1920-)**

Gan, Niu 甘牛
ZHANG, YOU JI 张友济 **(1920-)**

Gan, Niu 甘牛
ZHOU, TI 周倜 **(1934-)**

Gan, Nu 甘奴
NIE, GAN NU 聂甘弩 **(1903-1986)**

Gan, Nu 甘弩
NIE, GAN NU 聂甘弩 **(1903-1986)**

Gan nu 绀弩
NIE, GAN NU 聂甘弩 **(1903-1986)**

Gan nü shi 淦女士
FENG, SHU LAN 冯淑兰 **(1900-1974)**

GAN, PENG YUN 甘鹏云 **(1861-1940)**
Jiang lu 将庐
Qian lu 潜庐

Qian lu lao ren 潜庐老人
Xi yuan 息园
Yao qiao 蘗樵
Ye, Qiao 叶樵
Yi fu 翼父
Yue qiao 月樵
Yue qiao 樾侨
Yue wei 樾伪

Gan ping 赣萍
ZHANG, ZHEN ZHI 张振之 **(1920-1971)**

Gan, Quan 甘泉
FENG, XUE FENG 冯雪峰 **(1903-1976)**

Gan, Quan 甘泉
LEI, DA XUE 雷达学 **(1943-)**

Gan, Ren 甘人
BAO, WEN WEI 鲍文蔚

Gan ren 赣人
LIU, REN YONG 刘仁勇 **(1927-)**

GAN, REN GANG 甘人纲 **(1915-)**
Gan, Mai 甘迈

Gan ru 绀乳
NIE, GAN NU 聂甘弩 **(1903-1986)**

Gan, Sha 甘莎
ZHANG, JING YUN 张景云 **(1940-)**

Gan sheng 橄生
CAO, JU REN 曹聚仁 **(1900-1972)**

GAN, SHU CHUN 甘树椿
Gan, Ling an 甘灵庵
Gan Yu ting 甘雨亭
Hua yin lao ren 花隐老人

Gan shui 赣水
DENG, JIA QI 邓家琪 **(1935-)**

Gan, Si qi 甘泗淇
JIANG, FENG WEI 姜凤威 **(1903-1964)**

Gan, Su 甘肃
GAN, YU PEI 甘雨沛 **(1907-)**

Gan, Tang 甘棠
REN, ZHUO XUAN 任卓宣 **(1896-1990)**

Gan, Tang 甘棠
ZHANG, BAI SHAN 张白山 **(1912-)**

Gan, Tang 甘棠
XU, GAN TANG 徐甘棠

GAN, TIE SHENG 甘铁生 **(1946-)**
A yun 阿云
Zi feng 紫风

Gan, Wei quan 甘渭泉
GAN, YU PEI 甘雨沛 **(1907-)**

Gan, Wei ru 甘为孺
YANG, FU DONG 杨复冬 **(1922-1978)**

Gan, Wen 甘文
TIAN, SHI SHAN 田师善 **(1932-)**

GAN, XI FEN 甘惜分 **(1916-)**
Du, Bai 杜白

GAN, XI QING 甘喜清 **(1937-)**
Hua, Jiang 华江

Gan, Xin 甘辛
GAN, CI SEN 甘祠森 **(1914-1982)**

GAN, YI 甘弋 **(1956-)**
Ke, Le 柯勒

Gan, Yi 甘簃
CHEN, KAN YI 陈赣一

GAN, YI WEN 甘以雯 **(1954-)**
Xiao yu 晓雨
Yi wen 以雯

Gan, Yong bai 甘永柏
GAN, CI SEN 甘祠森 **(1914-1982)**

GAN, YONG LONG 甘永龙
Yong long 永龙
Zuo lin 作霖

GAN, YOU LAN 甘友兰 **(1904-1977)**
Gan, Jia xin 甘家馨

Gan, Yu 甘愈
GAN, ZHAO GUANG 甘兆光 **(1919-)**

GAN, YU PEI 甘雨沛 **(1907-)**
Gan, Ji yong 甘吉庸
Gan, Mou 甘牟
Gan, Su 甘肃
Gan, Wei quan 甘渭泉
Shi yu 市雨

Gan, Yu ting 甘雨亭
GAN, SHU CHUN 甘树椿

GAN, YUN HENG 甘运衡
Gan, Lu 甘露
Heng zi 衡子
Yun heng 运衡

GAN, ZHANG 甘章 **(1927-)**
Gan, Jing 甘竟
Gan, Jing cun 甘竟存
Shen, Jian 沈践

GAN, ZHAO GUANG 甘兆光 **(1919-)**
Bei, Sha 贝莎
Gan, Feng sui 甘丰穗
Gan, Yu 甘愈

Liu, Yan qiao 柳烟桥
Sha, Bo ye 沙波野
Yu, Ji 俞集
Zhu, Yong ping 祝永平

Gan, Zhe xian 甘蛰仙
GAN, DA WEN 甘大文

Gan zheng 桿郑
WANG, REN JUN 王仁俊 **(1866-1913)**

Gan, Zhong 甘中
BAO, YAO MING 鲍耀明 **(1920-)**

Gan zhu tan xi shi ren 甘竹滩洗石人
HUANG, JIE 黄节 **(1873-1935)**

Gan, Zi ming 甘自明
GAN, NAI GUANG 甘乃光 **(1897-1956)**

GAN, ZONG RONG 甘宗容 **(1925-)**
Gan, Lu 甘露

Gang 刚
GU, JIE GANG 顾颉刚 **(1893-1980)**

Gang 刚
XIE, GUO ZHEN 谢国桢 **(1901-1982)**

Gang 刚
XU, DAI SHAN 徐岱珊 **(1924-)**

Gang 罡
SHAO, WEN JIN 邵文锦 **(1931-)**

Gang di 冈荻
HUANG, TING XI 黄廷熙 **(1919-1989)**

Gang fan 钢帆
HU, GUANG FAN 胡光凡 **(1931-)**

Gang feng 刚峰
XU, GUO HUA 徐国华 **(1928-)**

Gang feng 岗枫
WEN, SHAO XIAN 温绍贤 **(1934-)**

Gang feng 钢锋
CAI, QIN SHENG 蔡钦笙 **(1935-)**

Gang fu 冈夫
WANG, YU TANG 王玉堂 **(1907-)**

Gang fu 刚甫
ZENG, XI JING 曾习经 **(1867-1926)**

Gang guo 刚果
XUE, SHU MING 薛述明 **(1924-)**

Gang jie ye fu 冈捷耶夫
WANG, YU TANG 王玉堂 **(1907-)**

Gang jun 刚君
CHEN, GANG 陈刚 **(1918-1988)**

Gang lan 岗岚
LIN, CHUN YING 林纯瀛 **(1921?-)**

Gang ming 鋼鳴
ZHOU, GANG MING 周刚明 **(1909-1981)**

Gang ping 刚萍
ZHENG, JIANG PING 郑江萍 **(1923-)**

Gang ren 冈人
XIE, KE QIANG 谢克强 **(1947-)**

Gang tou qiao 岡頭樵
JIAO, DA FENG 焦达峯 **(1886-1911)**

Gang weng 刚翁
HUANG, KAN 黄侃 **(1886-1935)**

Gang xi ting zhang 纲溪亭长
YU, DA CHENG 于大成 **(1934-)**

Gang yan 岗烟
YANG, QIU QING 杨秋卿 **(1954-)**

Gang zhai 刚斋
WANG, SHU RONG 王树荣 **(1871-)**

Gao, An 高岸
LI, GUO TAO 李国涛 **(1930-)**

Gao, An 高岸
ZHANG, ZHI CHUN 张志春 **(1955-)**

Gao, Ang 高昂
GAO, ZHI YU 高智瑜 **(1934-)**

GAO, BAI CANG 高柏苍 **(1916-)**
Cui, Bo chang 崔伯常
Cui, Shu 崔束
Ying zi 影子
Yu, You yu 余有虞

GAO, BAI SHI 高拜石 **(1901-1969)**
Bo shi 伯实
Gao, Ban ruo 高般若
Gu chun feng lou 古春风楼
Gu chun feng lou zhu 古春风楼主
Jie yuan 介园
Nan, Hu 南湖
Nan, Yun 南芸
Nan yun 难云
Wang, Sun chu 王孙楚
Zhi an 芝厂
Zhi sou 芝叟
Zhi weng 芝翁

Gao, Ban ruo 高般若
GAO, BAI SHI 高拜石 **(1901-1969)**

Gao, Ban shao 高半勺
XIAO, MAN RUO 萧蔓若 **(1908-)**

GAO, BAO GUANG 高葆光 **(1902-)**
Dan zhai 澹斋

GAO, BAO XIN 高保鑫 **(1934-)**
Fang, Guo cai 方国才

GAO, BAO ZHEN 高宝珍 **(1933-)**
Cang 苍
Dong qing 冬青
Le 勒

GAO, BAO ZHONG 高宝忠 **(1925-)**
Gao, Qian 高前

Gao, Biao 高标
YUAN, KE 袁珂 **(1916-)**

Gao, Biao 高飈
GAO, ZHEN DUO 高振铎 **(1920-)**

Gao, Bing 高丙
GAO, ZHI 高植 **(1911-1960)**

GAO, BING FANG 高秉坊
Chun ru 春如

Gao, Bo yu 高伯雨
GAO, ZHEN BAI 高贞白 **(1906-1992)**

Gao, Cai 高才
YAO, GAO WU 姚高悟 **(1945-)**

Gao, Cen 高岑
SUN, JIA JIN 孙家晋 **(1918-)**

Gao chang han shi sheng 高昌寒食生
HE, GUI SHENG 何桂笙

Gao, Chang hong 高长虹
GAO, YANG YU 高仰愈 **(1898-1949)**

GAO, CHAO 高潮 **(1922-)**
Ju lan 巨澜
Ma, Ji 马骥

GAO, CHENG JUN 高成均 **(1900-1980)**
Bi, Bu xiu 毕不朽
Bi, Wei xiu 毕未朽
Cheng, Jun 成均
Gao, Mu hong 高沐鸿
M
Ma, Ding 马丁
Ma, Gu 马古
Mu, Hong 沐鸿

GAO, CHENG QI 高程棋 **(1941-)**
Cheng, Geng dong 程耿东

GAO, CHENG YI 高呈毅 **(1928?-)**
Fang, Xiao 方晓

GAO, CHONG LI 高崇礼 **(1924-1969)**
Guo, Min ren 郭敏仁
Wang, Ming fu 王命夫

GAO, CHONG MIN 高崇民 **(1891-1971)**
Li, Yan lu 李延禄
Li, You wen 栗又文
Sun, Han chao 孙汉超

GAO, CHONG XIN 高崇信 **(1909-)**
Gao, Yuan bai 高元白

Gao, Chu 高处
GU, WAN LI 古万利 **(1952-)**

Gao, Chuan zhen 高传真
HUANG, RUI TIAN 黄瑞田 **(1951-)**

GAO, CHUN SHENG 高椿生 **(1936-)**
Chun sheng 春声
Gao, Xi 高曦

Gao, Da 高达
NI, YI MING 倪亦明 **(1935-)**

Gao, Da 高达
GAO, DA PENG 高大鹏 **(1949-)**

Gao, Da ming 高大明
DU, YOU MING 杜又明 **(1915-1983)**

GAO, DA PENG 高大鹏 **(1949-)**
Gao, Da 高达

Gao, Dai 高岱
GAO, ZONG WEN 高宗文 **(1935-)**

GAO, DAO SHENG 高道生 **(1949-)**
Liu, Si 柳思
Mo, Ding 墨丁

GAO, DE SHENG 高德生 **(1917-1987)**
Gao, Dong yao 杲东杳
Gao, Huan 高还
Gao, Yao 杲杳
Gao, Ye deng 高也登
Gao, Ye ping 高也平
Gao, Zai tian 高再天
Ji zhe 记者
Lin, Cang 林仓
Lin, Chang 林昌
Qi hong 七虹
Sa hua 洒滑
Sa hua 飒划
Shi zhe 是者
Wu ai 五艾
Wu chuan 无川
Wu, Lang 邬郎
Yan, Chi zhu 颜赤珠
Ye deng 野灯
Zhuang mo ru 壮寞如

GAO, DE TIAN 高德田 **(1940-)**
Gu, Zhu tian 古竹田

GAO, DE XIONG 高德雄 **(1918-1981)**
Dan ding 但丁

Gao, Xiong 高雄
Jing ji la 经纪拉
San su 三苏
Shi, De 史得
Shi, Gou 石狗
Shi, Gou gong 石狗公
Wu, Qi 吴起
Xiao sheng xing Gao 小生姓高
Xu, De 许德
Zhou, Gong 周公

GAO, DENG 高登
Deng gao 登高

GAO, DENG HAI 高登海
Deng hai 登海

GAO, DI 高帝 **(1928-)**
Tuo ri cha ge 托日查戈

Gao, Di 高地
GAO, ZHI 高植 **(1911-1960)**

Gao, Di zhi 高地植
GAO, ZHI 高植 **(1911-1960)**

Gao, Dong yao 杲东杳
GAO, DE SHENG 高德生 **(1917-1987)**

GAO, EN CAI 高恩才 **(1942-)**
Hai, Yun 海韵

GAO, ER BAI 高尔柏 **(1901-)**
Er bai 尔柏
Gao, Yong wei 高詠薇
Guo, Zhen 郭真
Mei, Sheng 梅生

GAO, ER GONG 高尔公 **(1920-1976)**
Gu, Jia 古甲
Liang, Xing 梁星

GAO, ER LIANG 高尔樑
Gao, Pi shu 高圮书

Gao, Er shi 高二适
GAO, XI HUANG 高锡璜 **(-1977)**

GAO, ER SONG 高尔松 **(1900-)**
Er song 尔松
Gao, Ji xun 高继郇
Gao, Xi sheng 高希圣
Xi sheng 希圣

Gao, Er tai 高尔太
GAO, ER TAI 高尔泰 **(1935-)**

GAO, ER TAI 高尔泰 **(1935-)**
Gao, Er tai 高尔太

Gao, Fa lin 高伐林
GAO, FA LIN 高法霖 **(1950-)**

GAO, FA LIN 高法霖 **(1950-)**
Da chong 达崇
Gao, Fa lin 高伐林
Zheng zheng 丁丁

Gao, Fan 高帆
FENG, SHENG LIANG 冯声亮 **(1922-)**

Gao, Fang 高方
LIU, ZHI XUN 柳直荀 **(1889-1932)**

Gao, Fang 高放
ZHENG, BING ZHONG 郑炳中 **(1922-)**

Gao, Fang 高放
GAO, YUAN HONG 高元泓 **(1927-)**

Gao, Fei 高飞
GAO, JI LIN 高季琳 **(1909-)**

Gao, Fei 高飞
NI, YI MING 倪亦明 **(1935-)**

Gao, Fei 高飞
WU, WEI HUA 吴伟华 **(1939-)**

GAO, FEI 高飞 **(1962-)**
Jian yu 健羽
Yue shu 阅疏

Gao, Fei 高菲
CAI, CHU SHENG 蔡楚生 **(1906-1968)**

GAO, FENG 杲峰 **(1955-)**
Hai, Lun 海伦

GAO, FENG 高丰 **(1916-)**
Gao, Jie 高洁

Gao, Feng 高风
WANG, SHAO QING 王绍清 **(1911-)**

Gao, Feng 高风
SUN, WEN LIN 孙文林 **(1914-1987)**

Gao, Feng 高风
GU, SAN DUO 顾三多 **(1920-)**

Gao, Feng 高风
ZHAI, JUN SHI 翟君石 **(1920-1998)**

Gao, Feng 高风
WANG, SHAO 王劭 **(1930-)**

GAO, FENG 高风 **(1932-)**
Yu, Shu 余蜀

Gao, Feng 高风
WU, WEI HUA 吴伟华 **(1939-)**

Gao, Feng 高风
GAO, FENG 高峰 **(1962-)**

Gao, Feng 高峰
OU, FANG 区芳 **(-1931)**

Gao, Feng 高峰
GAO, YU RU 高玉如 **(1928-)**

Gao, Feng 高峰
GAO, WEN SHI 高文狮 **(1938-)**

Gao, Feng 高峰
ZHANG, ZHI CHUN 张志春 **(1955-)**

GAO, FENG 高峰 **(1962-)**
Gao, Feng 高风
Gao, Ping 高平

Gao, Feng 高烽
GAO, YOU PING 高佑平 **(1952-)**

Gao, Feng 高锋
REN, ZHUO XUAN 任卓宣 **(1896-1990)**

GAO, FENG CHI 高凤池 **(1935-)**
Xi ling zi 西陵子

Gao, Gan 高幹
LIN, SHENG CAI 林生财 **(1953-)**

Gao, Gang 高岗
ZHOU, JIE FU 周介福 **(1910-1982)**

Gao, Ge 高戈
GAO, YU LIANG 高玉良 **(1950-)**

Gao, Ge 高戈
HUANG, XIAO FENG 黄晓峰

Gao, Ge 高格
LUO, YUN 罗云 **(1928-)**

Gao, Ge 高歌
GAO, YANG CI 高仰慈 **(1900-1975)**

Gao, Ge 高歌
GAO, JUN JIA 高君珈 **(1904-)**

Gao, Ge 高歌
YU, QING LING 喻庆龄 **(1923-)**

Gao, Ge 高歌
WANG, XING ZHI 王兴志 **(1934-)**

Gao, Ge 高歌
YU, YANG CHUN 于阳春 **(1935-)**

Gao, Ge 高歌
GAO, GUO ZHU 高国柱 **(1950-)**

Gao, Ge 高歌
GAO, JI CHENG 高继成 **(1951-)**

Gao, Ge dong 高歌东
GAO, YU LIANG 高玉良 **(1950-)**

Gao, Ge jin 高歌今
HU, YU ZHU 胡玉柱 **(1951-)**

Gao, Gen 高跟
QIU, ZHAO FEI 丘肇飞 **(1943-)**

Gao, Guan lu 高观庐
GAO, GUAN RU 高观如

GAO, GUAN RU 高观如
Gao, Guan lu 高观庐
Guan lu 观庐
Guan ru 观如

Gao, Guang 高光
WU, CHUN HAN 吴春晗 **(1909-1969)**

Gao, Guang 高光
GAO, HUA WEN 高华文 **(1924-)**

GAO, GUANG 高光 **(1926-)**
Yao, Han zhi 姚汗治

GAO, GUI 高圭 **(1898-)**
Jie gong 介公
Jie lu xian sheng 介庐先生
Jie weng 介翁
Jie zi 介子
Jun jie 君介

GAO, GUO QING 高国庆 **(1953-)**
A qing 阿庆
Guang yu 广羽
Shu, Guang 舒广

GAO, GUO ZHU 高国柱 **(1950-)**
Gao, Ge 高歌

GAO, HAI 高海 **(1938-)**
Hai, Feng 海风

Gao, Han 高汉
WEN, YU SHU 温玉书 **(1911-)**

Gao, Han 高涵
YI, QIONG 易琼 **(1916-)**

Gao, Han 高寒
CHU, TU NAN 楚图南 **(1899-)**

Gao, Han 高寒
GAO, WEN XIANG 高文翔 **(1960-)**

Gao, Han liang 高汉亮
WU, JIN ZHEN 吴金针 **(1947-)**

Gao, Hao ran 高浩然
GUO, MO RUO 郭沫若 **(1892-1978)**

Gao, He 高禾
GAO, ZHEN DUO 高振铎 **(1923-)**

GAO, HE NIAN 高鹤年
He nian 鹤年

GAO, HENG 高亨 **(1900-1986)**
Gao, Jin sheng 高晋生
Gao, Xian qiao 高仙翘

Jin sheng 晋生

Gao, Hong 高虹
GAO, QING YUAN 高清远 **(1918-1988)**

Gao, Hong 高鸿
GAO, YANG YU 高仰愈 **(1898-1949)**

GAO, HONG SHI 高红石 **(1951-)**
Gao, Yuan 高原
Gao, Yuan feng 高原风

GAO, HONG XING 杲红星 **(1936-)**
Hong xing 红星

GAO, HONG YI 高洪仪 **(1929-)**
Gao, Ying 高缨
Hong ni 红霓
Hong, Yi 洪仪
Li, Hua 李桦

Gao, Hou 高厚
GAO, SHUANG JIN 高双金 **(1950-)**

Gao, Hou 高垕
GAO, XU 高旭 **(1877-1925)**

Gao, Hu 高湖
HUANG, GUI GEN 黄贵根 **(-1974)**

Gao, Hua 高华
HUA, ZHI GUANG 华志广 **(1952-)**

Gao, Hua 高华
WANG, LING 王陵 **(-1995)**

GAO, HUA 高桦 **(1935-)**
Yi, Wei 伊惟

GAO, HUA WEN 高华文 **(1924-)**
Gao, Guang 高光
Gao, Yan 高盐
Hai, Bian 海边
Ji li 蒺藜
Tuo ling 驼铃
Yan, Xia 燕侠
Yang, Ye 杨野

Gao, Huan 高还
GAO, DE SHENG 高德生 **(1917-1987)**

Gao, Huang 高荒
ZHANG, GUANG REN 张光人 **(1902-1985)**

GAO, HUI MIN 高惠敏 **(1948-)**
A min 阿敏

Gao, Hui yun 高慧云
GAO, XU 高旭 **(1877-1925)**

Gao, Ji 高基
QIU, BIN CUN 丘斌存 **(1903-)**

GAO, JI 高集 **(1920-)**
Fang, Ji 方纪
Fang, Wu ji 方无忌

GAO, JI CHENG 高继成 **(1951-)**
Gao, Ge 高歌

Gao, Ji lin 高季林
GAO, JI LIN 高季琳 **(1909-)**

GAO, JI LIN 高季琳 **(1909-)**
Ao xiang 翱翔
Chen, Fu 陈浮
Cun 村
Ding, Song nian 丁松年
Ding, Yi yuan 丁一元
Ding, Yi zhi 丁一之
Fu 浮
Gao, Fei 高飞
Gao, Ji lin 高季林
Gao, Long ren 高隆任
Ji, Lin 季琳
Jing guan 静观
Ke, Ling 柯灵
Lin, Zhen 林真
Ni min 逆民
Si tu, Qin 司徒琴
Song, Yue 宋约
Wen 文
Wu 芜
Wu cun 芜村
Yu, Wen 郁文
Zhu, Fan 朱梵
Zhuang, Ru 庄濡

Gao, Ji xun 高继郇
GAO, ER SONG 高尔松 **(1900-)**

GAO, JIA LIN 高嘉麟 **(1927-)**
Ding, Ge 丁戈

Gao, Jia suo 高加索
YING, HAN ZHANG 应汉章 **(1915-)**

Gao, Jia suo 高加索
LÜ, JIAN JUN 吕健军 **(1925-)**

GAO, JIA XIN 高家鑫 **(1938-)**
Gao, Wei 高炜

Gao, Jian fu 高剑父
GAO, LUN 高崙 **(1879-1951)**

Gao, Jian gong 高剑公
GAO, XU 高旭 **(1877-1925)**

Gao, Jian ting 高健庭
WANG, YU 王佘 **(1949-)**

Gao, Jie 高节
HU, YUE 胡越 **(1920-1980)**

Gao, Jie 高洁
GAO, FENG 高丰 (1916-)

Gao, Jie 高洁
LIU, WEI XIN 刘维新 (1933-)

GAO, JIE 高洁 (1947-)
Gao, Xi wei 高西维
Long, Fei li 龙飞立
Xi wei 西维

Gao, Jie 高捷
ZHANG, ZHEN 张祯 (1927-)

GAO, JIE YU 高玠瑜 (1939-)
Jie yu 玠瑜

Gao, Jie zhi 高介植
GAO, ZHI 高植 (1911-1960)

GAO, JIN CHANG 高觐昌 (1856-1924)
Kui yuan dun sou 葵园遯叟

GAO, JIN LIANG 高锦亮 (1905-1975)
Gao, Min fu 高敏夫
Min fu 敏夫
Tu zhen 吐真

GAO, JIN QIANG 高金锵
Han feng 寒风

GAO, JIN SHAN 高金山 (1916-)
Gao, Yuan jun 高元钧

Gao, Jin sheng 高晋生
GAO, HENG 高亨 (1900-1986)

GAO, JING 高静
Jing ren 镜人

GAO, JING EN 高敬恩
Jing en 敬恩

Gao, Jing yu 高静宇
GAO, SHANG DE 高尚德 (1896-1925)

Gao, Ju 高炬
LI, YUN HE 李云鹤 (1914-1991)

Gao, Ju 高炬
BAO, QING XIAN 鲍庆献 (1923-)

Gao, Jue fu 高觉敷
GAO, ZHUO 高卓 (1896-)

Gao, Jue ting 高爵廷
GAO, LUN 高崙 (1879-1951)

GAO, JUN 高君 (1938-)
Huai, Zhen 怀甄
Wu yin 戊寅

GAO, JUN 高均 (1888-1970)
Gao, Jun ping 高君平
Gao, Ping zi 高平子

GAO, JUN JIA 高君珈 (1904-)
G
Gao, Ge 高歌
Gao Jun jia nü shi 高君珈女士
Jun jia nü shi 君珈女士

Gao Jun jia nü shi 高君珈女士
GAO, JUN JIA 高君珈 (1904-)

Gao, Jun ping 高君平
GAO, JUN 高均 (1888-1970)

GAO, JUN WU 高俊武 (-1948)
Lao yi 老翼

GAO, JUN YING 高俊英 (1927-)
Bei song 北嵩
Gao, Ying 高颖
Shan zhu 山竹

Gao, Jun yu 高君宇
GAO, SHANG DE 高尚德 (1896-1925)

GAO, KAI 高凯 (1963-)
Liang zi 亮子
Mi, Zi 米子

Gao, Kan 高堪
GAO, XU 高旭 (1877-1925)

Gao, Kang 高抗
GAO, SHU QING 杲淑清 (1920-)

Gao ke 告可
GAO, KE 郜科 (1956-)

GAO, KE 郜科 (1956-)
Gao ke 告可

GAO, KE YI 高克毅 (1912-)
Qiao, Zhi gao 乔治高

Gao, Kui chang 高魁昌
GAO, MING 高明 (1926-)

Gao, Lan 高兰
GUO, DE HAO 郭德浩 (1909-1987)

Gao, Lan 高岚
GAO, SHU QING 杲淑清 (1920-)

Gao, Lan 高澜
HE, XIAO DA 何孝达 (1915-1994)

Gao, Lang 高郎
TANG, YUN JING 唐云旌 (1907-1980)

Gao, Lang 高浪
OU, WEN ZHUANG 区文庄 (1913-)

Gao, Lang dai 高朗岱
CHEN, QIU FANG 陈秋舫 (1926-)

Gao, Lao 高劳
DU, WEI SUN 杜炜孙 **(1873-1933)**

Gao, Lao 高劳
ZHANG, XI CHEN 章锡琛 **(1889-1969)**

Gao, Lei 高磊
ZHU, HONG 朱弘 **(1936-)**

Gao, Li 高礼
SU, GAO LI 苏高礼 **(1937-)**

Gao, Li 高立
ZHANG, BAO MING 张宝明 **(1930-)**

Gao, Li 高黎
LI, GEN YUAN 李根源 **(1879-1965)**

Gao, Li 高黎
ZHANG, ZI ZHAI 张子斋 **(1913-1989)**

Gao, Li fu 高力夫
TIAN, ZHONG JI 田仲济 **(1907-)**

Gao, Li gong 高黎贡
LI, GEN YUAN 李根源 **(1879-1965)**

Gao li gong shan ren 高黎贡山人
LI, GEN YUAN 李根源 **(1879-1965)**

Gao, Li han 高丽汉
XU, GUANG YI 许光一 **(1934-)**

GAO, LI PING 高丽萍 **(1959-)**
Gao, Xue 高雪

Gao, Li wen 高理文
GAO, SU MING 高素明

Gao, Li yun 高丽云
CHEN, HAN GUANG 陈汉光 **(1921-1973)**

Gao, Liang 高良
MA, GUO LIANG 马国亮 **(1908-)**

Gao, Liang 高良
CHEN, CHUAN QIANG 陈川强 **(1939-)**

Gao, Liang 高梁
LIANG, DI YUN 梁荻云 **(1919-)**

Gao, Liang 高梁
LIANG, SHUANG QING 梁双庆 **(1942-)**

GAO, LIANG AN 高良安 **(1952-)**
Hai, Mo 海默

Gao, Liang hong 高梁红
SONG, JIU ZHI 宋九祉 **(1917-)**

Gao liang yu ling 高凉遇零
WANG, YU CHANG 王堉昌

Gao, Lin 高林
TAO, DA YONG 陶大镛 **(1918-)**

Gao, Ling 高玲
SUN, JIA RUI 孙嘉瑞 **(1920-)**

Gao, Ling 高陵
WANG, SHAO HAN 王少寒

GAO, LING ZENG 高玲曾 **(1932-)**
Zeng, Hong 曾红

Gao, Liu 高流
HE, WEN CHAO 何文潮

GAO, LIU AN 高留安 **(1954-)**
Xiao bo 晓波

Gao, Long ren 高隆任
GAO, JI LIN 高季琳 **(1909-)**

GAO, LONG SHENG 高龙生 **(1903-1977)**
Hua jiang 画匠
Shang, Yang 尚阳
Yi fu 佚夫

Gao, Lu 高炉
WANG, ZI CHAO 汪子超 **(1927-)**

Gao, Lu 高鲁
WANG, SHI XUE 王世学 **(1912-)**

Gao, Lu 高鲁
LI, TIAN JI 李天济 **(1921-)**

Gao, Lu 高鲁
CHEN, LI DE 陈立德 **(1935-)**

Gao, Lü 高旅
SHAO, YUAN CHENG 邵元成 **(1918-)**

GAO, LÜ QIAN 高履谦 **(1914-)**
Lü, Fu 吕复

GAO, LUN 高崙 **(1879-1951)**
Gao, Jian fu 高剑父
Gao, Jue ting 高爵廷
Jian 剑
Jian fu 剑夫
Jian lu 剑庐
Jian shi 剑士
Jue ting 爝庭
Lao jian 老剑
Lin 麐
Lin 麟
Lun 仑
Que ting 鹊亭
Shao ting 芍亭
Zhen gang qiao zi 贞冈樵子
Zhuo, Ting 卓庭

Gao, Luo 高洛
CHEN, SHAO YU 陈绍禹 **(1904-1974)**

GAO, LUO LIN 高珞琳 **(1922-)**

Fei, Ai na 费爱娜

Gao, Man 高曼
ZHANG, JUN TI 张君悌 **(1910-1971)**

Gao, Mang 高芒
LI, JIA YAN 李嘉言 **(1911-1967)**

GAO, MANG 高莽 **(1926-)**
Xue ke 雪客
Wu, Lan han 乌蓝汗
Wu, Lan han 乌兰汉

Gao, Mao chen 高茂辰
GUO, GUAN YING 郭冠英

Gao, Mei 高梅
WANG, FU MIN 王福民 **(1919-)**

Gao, Meng 高孟
GAO, WEN XIANG 高文翔 **(1960-)**

Gao, Meng 高梦
ZHANG, QING GUANG 张清广 **(1921-)**

Gao, Meng 高猛
CUI, SHU REN 崔树人

Gao, Mi 高密
DENG, TUO 邓拓 **(1912-1966)**

Gao, Meng ling 高梦龄
GAO, ZHI LING 高志凌 **(1937-)**

GAO, MIN 高敏 **(1927-)**
Bing yong 秉庸
Gao, Xiang 高湘
Gao, Zheng fang 高正芳
Yu zhe 愚者

Gao, Min fu 高敏夫
GAO, JIN LIANG 高锦亮 **(1905-1975)**

GAO, MING 高明 **(1908-)**
Chen, Zhen 陈真
Huai hai shao nian 淮海少年
Ni ming zi 匿名子
Qu, Ran 瞿然
Shen, Hui 沈晦
X Y Z
Zhu hu yu yin 珠湖渔隐
Zun wen shi zhu 尊闻室主

GAO, MING 高明 **(1926-)**
Gao, Kui chang 高魁昌

Gao, Ming 高鸣
GUO, MO RUO 郭沫若 **(1892-1978)**

GAO, MING CHEN 高明晨 **(1949-)**
Ying ying 颖颖

GAO, MING DE 高明德
Zui meng 醉梦

GAO, MING FANG 郜名芳 **(1952-)**
Ye, Si 叶思

Gao, Mu 高穆
ZHU, XI JIANG 朱希江 **(1936-)**

Gao, Mu 高穆
SHI, MEI JUN 史美钧

Gao mu 槁木
CHEN, GUO LIANG 陈国良 **(1913-)**

Gao, Mu hong 高沐鸿
GAO, CHENG JUN 高成均 **(1900-1980)**

Gao, Ou 高鸥
JIANG, MING YUAN 蒋明元 **(1937-)**

GAO, PEI 高沛 **(1936-)**
Zi zhu 紫竹

GAO, PENG 高鹏 **(1932-)**
Xiao, Tie 肖铁

Gao, Peng 高鹏
GAO, TONG BAO 高同宝 **(1937-)**

Gao, Pi shu 高圮书
GAO, ER LIANG 高尔樑

GAO, PIN HUA 高品华
Ding, Yi 丁翼

Gao, Ping 高平
XU, MAO RONG 徐茂荣 **(1911-1977)**

Gao, Ping 高平
RAO, ZHANG FENG 饶彰风 **(1915-1970)**

Gao, Ping 高平
LUO, NAN CHUAN 罗南传 **(1920-)**

Gao, Ping 高平
ZHU, GUI 朱桂 **(1923-)**

Gao, Ping 高平
HU, YU ZHU 胡玉柱 **(1951-)**

Gao, Ping 高平
GAO, FENG 高峰 **(1962-)**

GAO, PING WU 高屏五
Gao, Shen 高深

Gao, Ping zi 高平子
DI, BAO XIAN 狄葆贤 **(1873-1941)**

Gao, Ping zi 高平子
GAO, JUN 高均 **(1888-1970)**

Gao, Pu 高朴
DU, WEN LIAN 杜文炼 **(1903-1983)**

Gao, Pu 高普
DU, WEN LIAN 杜文炼 **(1903-1983)**

Gao, Pu 高普
TAN, WEI HAN 谭惟翰 **(1913-)**

Gao, Qi 高旗
MA, HUA 马骅 **(1916-)**

Gao, Qian 高前
GAO, BAO ZHONG 高宝忠 **(1925-)**

Gao, Qiao 高乔
SHAO, DA ZHEN 邵大箴 **(1934-)**

Gao, Qiao ping 高乔平
YUAN, WEN ZHANG 袁文彰 **(1905-)**

GAO, QIN RONG 高勤荣 **(1955-)**
Leng, Jun 冷峻

Gao, Qing 高清
WU, JIN 吴进 **(1927-)**

GAO, QING CONG 高庆琮 **(1928-)**
Zhou, Nan 周南

GAO, QING LIAN 高庆琏
Zhou, Nan 周南

GAO, QING YUAN 高清远 **(1918-1988)**
Gao, Hong 高虹
Jian ming 健明
Jun wei 君韦
Li, Guang can 李光灿
Ma, Zi jing 马子静
Shi, Ming 史明
Shi, Yan 史言

GAO, QING ZHENG 高清政 **(1920-1986)**
Gao, Yuan 高原

GAO, QING ZHOU 高擎洲 **(1920-)**
Zhou, Jing 周敬

GAO, QUAN ZHI 高全之
Wei, Que 魏阙

Gao, Rong 高荣
ZHANG, DI GENG 张棣赓 **(1914-1957)**

GAO, RONG GUI 高荣贵 **(1935-)**
Gao, Yuan 高原

GAO, RONG RONG 高蓉蓉 **(1951-)**
Jin, Zhen 金真

Gao, Ru hong 高汝鸿
GUO, MO RUO 郭沫若 **(1892-1978)**

Gao, Ruo hong 高若虹
GAO, SHUANG YUAN 高双元 **(1954-)**

Gao, Sai 高塞
WANG, HONG HU 王鸿鹄

Gao, Sha 高沙
HU, DE HUA 胡德华 **(1925-)**

Gao, Sha 高沙
SUN, PU 孙璞 **(1927-)**

Gao, Shan 高山
ZHOU, JIAN REN 周建人 **(1888-1984)**

Gao, Shan 高山
JIN, MAN CHENG 金满成 **(1900-1971)**

Gao, Shan 高山
WEI, YI YUN 魏义云 **(1900-1972)**

Gao, Shan 高山
TONG, XING YU 佟醒愚 **(-1940?)**

Gao, Shan 高山
ZHOU, FA SHU 周发书 **(1931-)**

Gao, Shan 高山
GUO, JI XIAN 郭继贤 **(1933-)**

Gao, Shan 高山
LI, BEN LIAN 黎本廉 **(1939-)**

Gao, Shan 高山
LI, WEI LÜ 李维绿 **(1946-)**

Gao, Shan 高山
CUI, SHU REN 崔树人

Gao, Shan 高山
QIU, JIN ZHANG 丘瑾璋

Gao, Shan ke 高山客
YAN, QING SHU 严庆澍 **(1919-1981)**

Gao, Shan luan 高山峦
ZENG, TIAN 曾天 **(1930-)**

Gao, Shan nong 高山农
GAO, XIAO NONG 高笑侬 **(1907-)**

Gao, Shan qing 高山青
ZHENG, TIAN BAO 郑天宝 **(1935-)**

Gao, Shan sun 高山隼
LIN, SHENG CAI 林生财 **(1953-)**

Gao, Shan yun 高山云
HUANG, JI YAO 黄纪尧 **(1943-)**

Gao, Shang 高尚
REN, ZHUO XUAN 任卓宣 **(1896-1990)**

GAO, SHANG DE 高尚德 **(1896-1925)**
Cheng yu 澄宇
Gao, Jing yu 高静宇
Gao, Jun yu 高君宇
Hong yue 红越
Ji, Qing xiu 纪清修
Jun yu 君宇
K. J.
Tian xin 天辛

Xi san 锡三
Xi shan 锡山

Gao, Shang qin 高上秦
GAO, XIN JIANG 高信疆 **(1944-)**

Gao, Shang zhi 高尚志
GAO, SHANG ZHONG 高尚忠 **(1964-)**

GAO, SHANG ZHONG 高尚忠 **(1964-)**
Gao, Shang zhi 高尚志

Gao, Shao ping 高少平
GONG, SHAO PING 龚绍平 **(1955-)**

Gao, Shen 高深
GAO, SHI SEN 高世森 **(1935-)**

Gao, Shen 高深
GAO, PING WU 高屏五

Gao, Sheng 高生
CHEN, ZHEN 陈振 **(1931-)**

GAO, SHENG LIAN 高盛连 **(1912-)**
Jing si xuan 静思轩
Jiu si zhai 九思斋

Gao, Sheng wei 高生微
YAN, SHUN XI 严顺晞 **(1922-)**

GAO, SHI HONG 高仕鸿 **(1963-)**
Shi hong 世虹

GAO, SHI JI 高仕錤 **(1905-1988)**
Gao, Shi qi 高士其

GAO, SHI JIE 高士杰
Shi jie 士杰

GAO, SHI JIE 高世杰 **(1935-)**
Hu, Yang 胡杨

GAO, SHI KUO 高时阔 **(1947-)**
Qin, Huai 秦淮
Shi ke 士科

Gao, Shi qi 高士其
GAO, SHI JI 高仕錤 **(1905-1988)**

GAO, SHI SEN 高世森 **(1935-)**
Gao, Shen 高深
Gao, Shi shen 高世深
Guo, Chang jiang 郭常江
Jian yan 检验
Ma, Ming hua 马明华
Mo, Ce 莫测
Sha, Mu 沙木
Shi, Shen 石渗
Zhu, Ren 竹人

Gao, Shi shen 高世深
GAO, SHI SEN 高世森 **(1935-)**

GAO, SHU HUA 高淑华 **(1965-)**
Yi, Hong 依虹

GAO, SHU JI 高树基 **(1943-)**
Su ji 素跡

GAO, SHU QING 杲淑清 **(1920-)**
Er ya 二丫
Gao, Kang 高抗
Gao, Lan 高岚
Gao, Xiang zhen 杲向真
Ke bin 克彬
Pang shi 胖实
Ru ye 如也
Shang, Zhi 尚直
Shu qing 淑清
Wan, Ni ya 万尼亚
Xiang, Lan 向岚
Xiang, Zhen 向真
Ying wan 霙菀

GAO, SHUANG JIN 高双金 **(1950-)**
Gao, Hou 高厚

GAO, SHUANG YUAN 高双元 **(1954-)**
Gao, Ruo hong 高若虹
Re feng 热风

Gao, Shui zi 高水子
HE, WEN CHAO 何文潮

GAO, SI 高斯 **(1923-)**
Fang, Wen 方闻
Luo fu 洛夫

Gao, Si yuan 高思原
GAO, YU 高榆 **(1930-)**

GAO, SONG 高松 **(1913-)**
Xin xiang 心祥

Gao, Song 高松
GAO, ZUO GAN 高作感 **(1919-)**

Gao, Song 高嵩
GAO, ZUO GAN 高作感 **(1919-)**

Gao, Song 高嵩
LIU, SI HAI 刘斯海 **(1919-)**

GAO, SONG 高嵩 **(1936-)**
Shu, Zi 舒紫

Gao, Su 高素
CHU, TU NAN 楚图南 **(1899-)**

Gao, Su 高速
CHEN, HUI 陈辉 **(1960-)**

GAO, SU MING 高素明
Gao, Li wen 高理文

Gao, Tang 高堂

GAO, XU 高旭 **(1877-1925)**

Gao, Tang 高堂
WU, YU WEI 吴堉威 **(1906-1989)**

Gao, Tang 高唐
TANG, YUN JING 唐云旌 **(1907-1980)**

Gao, Tang ren 高唐人
HAN, YING SHAN 韩英山 **(1941-)**

Gao, Tao 高滔
GAO, TIAN XING 高天行 **(1902-1950)**

Gao, Tian 高天
LIU, XIN HUANG 刘心皇 **(1915-)**

Gao, Tian 高天
HOU, FU SHENG 侯福生 **(1940-)**

GAO, TIAN BAI 高天白 **(1927-)**
Tian bai 天白
Xing mang 星芒

Gao, Tian fu 高田夫
TIAN, ZHONG JI 田仲济 **(1907-)**

Gao, Tian lang 高天朗
QIU, ZHAO FEI 丘肇飞 **(1943-)**

Gao, Tian lang 高天朗
LUO, HONG KUN 罗鸿堃 **(1932-)**

Gao, Tian mei 高天梅
GAO, XU 高旭 **(1877-1925)**

GAO, TIAN XIAN 高阆仙 **(1911-1980)**
Zong, Yao 宗瑶

GAO, TIAN XING 高天行 **(1902-1950)**
Gao, Tao 高滔
Ke, Xi 柯西
Qi, Tong 齐同

GAO, TIAN XING 高天行 **(1915-1985)**
Tian, Hang 田航

GAO, TONG BAO 高同宝 **(1937-)**
Gao, Peng 高鹏

GAO, WAN JIA 高万佳 **(1941-)**
Da wan 大万
Dan ru 澹如
Qi yuan 圻原
Wan, Jia 万佳

Gao, Wan ti 高万提
LI, CHENG ZHANG 李承璋 **(1950-)**

Gao, Wei 高炜
GAO, JIA XIN 高家鑫 **(1938-)**

GAO, WEI XI 高维晞 **(1933-)**
Bei guo 北果
Lu, Ning 鲁宁
Wang nan 望南

Gao, Wen feng 高文峯
XU, BING CHENG 许炳成 **(1930-1987)**

Gao, Wen jiang 高文江
PI, ZUO JIU 皮作玖 **(1917-)**

GAO, WEN SHENG 高文生
Gao, Zhi 高直

GAO, WEN SHI 高文狮 **(1938-)**
Gao, Feng 高峰

GAO, WEN XIANG 高文翔 **(1960-)**
Gao, Han 高寒
Gao, Meng 高孟
Wen, Ye 文野

GAO, WEN XIU 高文修 **(1945-)**
Tu gu le 图古勒
Xue wen 雪文

Gao, Wo 高渥
LU, RU YIN 卢汝吟 **(1918-)**

Gao wo ju 膏渥居
LU, ZHENG SHEN 卢正绅 **(1905-1951)**

GAO, WU 高悟 **(1934?-)**
Xue dai 雪岱

Gao, Wu 高梧
ZHAO, ZUN YUE 赵尊嶽 **(1896-)**

Gao, Wu 高梧
YAO, GAO WU 姚高悟 **(1945-)**

Gao, Xi 高曦
GAO, CHUN SHENG 高椿生 **(1936-)**

GAO, XI HUANG 高锡璜 **(-1977)**
Gao, Er shi 高二适

Gao, Xi sheng 高希圣
GAO, ER SONG 高尔松 **(1900-)**

GAO, XI SHUN 高希舜 **(1895-1982)**
Qing liang shan ren 清凉山人
Yi feng shan ren 一峰山人

Gao, Xi wei 高西维
GAO, JIE 高洁 **(1947-)**

Gao, Xian qiao 高仙翘
GAO, HENG 高亨 **(1900-1986)**

Gao, Xiang 高祥
WANG, NAI GAO 王乃高 **(1936-)**

Gao, Xiang 高湘
GAO, MIN 高敏 **(1927-)**

Gao, Xiang 高翔

SUN, JIA RUI 孙嘉瑞 **(1920-)**

Gao, Xiang 高翔
LI, FU YUAN 李福源 **(1933-)**

Gao, Xiang 高翔
LEI, JIA MING 雷甲铭 **(1935-)**

Gao, Xiang 高翔
GAO, ZHONG XUAN 高仲选 **(1944-)**

Gao, Xiang 高翔
GAO, YUN XIANG 高芸香 **(1947-)**

Gao, Xiang yang 高向阳
YANG, SU MIN 杨苏民 **(1934-)**

Gao, Xiang zhen 杲向真
GAO, SHU QING 杲淑清 **(1920-)**

GAO, XIAO LI 高晓力 **(1954-)**
Xiao li 晓理

GAO, XIAO NONG 高笑侬 **(1907-)**
Gao, Shan nong 高山农
Gao, Yuan 高原

GAO, XIE 高燮 **(1878-1958)**
An yin lao ren 安隐老人
Bai juan 拜鹃
Chui wan 吹万
Chui wan ju shi 吹万居士
Ci di 慈砥
Ci shi 慈石
Gu zhong shi ren 孤塚诗人
Han pa 寒葩
Han ya 寒雅
Han yin 寒蚓
Han yin 寒隐
Han yin ju shi 寒隐居士
Huang, Tian 黄天
Lan niu 懒牛
Pa sou 葩叟
Pa weng 葩翁
Rang lu 攘庐
Shi, Ruo 时若
Shu ai zi 书騃子
Tui mi lao ren 退密老人
Tui mi weng 退密翁
Wu you zi 无忧子
Xian shan ren 闲山人
Yi min 蚁民
Zhi rang 志攘

Gao, Xin 高信
LI, GAO XIN 李高信 **(1942-)**

GAO, XIN JIANG 高信疆 **(1944-)**
Gao, Shang qin 高上秦

Gao, Xing 高兴
WANG, NAI GAO 王乃高 **(1936-)**

Gao, Xing 高杏
TAN, JIAN YAO 谭鉴尧 **(1922-)**

Gao, Xing 高杏
SU, ZAI DUN 苏在敦 **(1932-)**

Gao, Xiong 高雄
GAO, DE XIONG 高德雄 **(1918-1981)**

Gao xiong 糕兄
WU, PI TI 吴丕悌 **(1910-1972)**

Gao, Xiu 高秀
PI, ZUO JIU 皮作玖 **(1917-)**

Gao, Xiu 高秀
DAI, WEN GUANG 戴文光 **(1938-)**

GAO, XIU HUA 高秀华 **(1952-)**
Gao, Xiu hua 高琇华

Gao, Xiu hua 高琇华
GAO, XIU HUA 高秀华 **(1952-)**

GAO, XU 高旭 **(1877-1925)**
Ai chan 哀蝉
Ai zu guo zhe 爱祖国者
Can shan sheng shui lou zhu ren 残山剩水楼主人
Chun jian 纯剑
Dun jian 钝剑
Gao, Hou 高垕
Gao, Hui yun 高慧云
Gao, Jian gong 高剑公
Gao, Kan 高堪
Gao, Tang 高堂
Gao, Tian mei 高天梅
Han jian 汉剑
Hui yun 慧云
Hui zi 慧子
Jian gong 剑公
Jiang nan kuai jian 江南快剑
Ku an 哭厂
Qin, Feng 秦风
Shi, Jiang 师姜
Shou huang 寿黄
Tian mei 天梅
Wei ji lou zhu 未济楼主
Zhen mei 枕梅

GAO, XU WANG 高旭旺 **(1948-)**
Ding, Xu 丁旭

Gao, Xue 高雪
GAO, LI PING 高丽萍 **(1959-)**

Gao, Yan 高言
GAO, YUN 高云 **(1957-)**

Gao, Yan 高盐
GAO, HUA WEN 高华文 **(1924-)**

GAO, YAN 高焰 **(1925-　　)**
Shan yuan 杉原
Wang, Xiu 王岫
Wang, Ying 王萤
Zhu, Shan 朱杉

Gao, Yan xue 高雁雪
GAO, ZHAO XUAN 高兆萱 **(1932-　　)**

Gao, Yang 高扬
SUN, WEN LIN 孙文林 **(1914-1987)**

Gao, Yang 高扬
WANG, DING CHENG 王鼎成 **(1917-1983)**

Gao, Yang 高扬
LIU, SHENG ZHI 刘生智 **(1919-　　)**

Gao, Yang 高扬
XIANG, SHOU KANG 项寿康 **(1920-　　)**

Gao, Yang 高扬
LIU, JI XIAN 刘集贤 **(1933-　　)**

Gao, Yang 高阳
XU, SHENG YAO 许绳尧 **(1897-1984)**

Gao, Yang 高阳
LI, GUANG ZHONG 李光中 **(1914-1978)**

Gao, Yang 高阳
HE, ZI QUAN 何子铨 **(1921-　　)**

Gao, Yang 高阳
XU, YAN PIAN 许晏骈 **(1922-1992)**

Gao, Yang 高阳
LI, YAN ZHI 李彦之

Gao yang 羔羊
ZHOU, ZUO QIU 周作秋 **(1934-　　)**

Gao yang bu cai zi 高阳不才子
XU, GUO YING 许国英 **(1875-1923)**

GAO, YANG CI 高仰慈 **(1900-1975)**
Gao, Ge 高歌

Gao yang jiu jiu tu 高阳旧酒徒
YU, CE 俞侧 **(1887-1938)**

Gao yang jiu tu 高阳酒徒
WANG, FA QIN 王法勤 **(1870-1941)**

Gao yang shi bu cai zi 高阳氏不才子
XU, GUO YING 许国英 **(1875-1923)**

GAO, YANG YU 高仰愈 **(1898-1949)**
C
C. H.
Can hong 残红
Chang hong 长红
Chang hong 长虹
Duan qing 短擎
Gao, Chang hong 高长虹
Gao, Hong 高鸿
Jiu si 九死
L
Lie zhe 劣者
Wan, Jun 万均
Yang yu 仰愈
Yuan, Jun 原均

Gao, Yao 杲杳
GAO, DE SHENG 高德生 **(1917-1987)**

Gao, Yao tian 高遥天
ZENG, TIAN 曾天 **(1930-　　)**

Gao, Ye 高野
SUN, WEN 孙文 **(1866-1925)**

Gao ye chang xiong 高野长雄
SUN, WEN 孙文 **(1866-1925)**

Gao, Ye deng 高也登
GAO, DE SHENG 高德生 **(1917-1987)**

Gao, Ye fang 高野方
SUN, WEN 孙文 **(1866-1925)**

Gao, Ye ping 高也平
GAO, DE SHENG 高德生 **(1917-1987)**

Gao, Ye ying 高野英
CHEN, QI MEI 陈其美 **(1877-1916)**

Gao, Yi 高毅
YI, GUANG HAN 蚁光汉 **(1934-　　)**

Gao, Yi chang 高怡昌
GAO, YUN LAN 高云览 **(1910-1956)**

GAO, YI HAN 高一涵 **(1885-　　)**
Han lu 涵庐
Han lu zhu ren 涵庐主人
Xiang shan 象山
Yi han 一涵

GAO, YI HU 高一呼 **(1933-　　)**
Qi shi 企石

Gao, Yin 高引
CHANG, ZHI QI 常智奇 **(1953-　　)**

Gao, Ying 高颖
GAO, JUN YING 高俊英 **(1927-　　)**

Gao, Ying 高缨
GAO, HONG YI 高洪仪 **(1929-　　)**

Gao, Ying 高鹰
SUN, YING 孙英 **(1946-　　)**

Gao, Yong 高咏
GAO, YONG 高詠 **(1920-1942)**

GAO, YONG 高詠 **(1920-1942)**

Bai, Yun chuang 白芸窗
Gao, Yong 高咏
Gao, Yong qing 高詠青
Yong qing 詠青

Gao, Yong lan 高咏览
GAO, YUN LAN 高云览 (1910-1956)

Gao, Yong qing 高詠青
GAO, YONG 高詠 (1920-1942)

Gao, Yong wei 高詠薇
GAO, ER BAI 高尔柏 (1901-)

GAO, YOU PING 高佑平 (1952-)
Gao, Feng 高烽
Yue, Feng 乐丰
Yue feng 悦风

GAO, YOU QIAN 高友谦 (1963-)
Shang, Duo 尚多

Gao, You qing 高友庆
GAO, YUN LAN 高云览 (1910-1956)

Gao, Yu 高于
YU, XI PU 于锡璞 (1923-)

Gao, Yu 高宇
ZHANG, JI LONG 张吉龙 (1924-)

GAO, YU 高榆 (1930-)
Gao, Si yuan 高思原

GAO, YU HAN 高语罕 (1888-1948)
Cheng, Shi ren 程始仁
Ge, Lu yang 戈鲁阳
Li, Zhong 李中
Wang, Ling gao 王灵皋
Wang, Ling jun 王灵钧
Wang, Rui lin 王瑞霖
Wo lu 蜗庐
Yu han 语罕
Zhang, Qi ke 张其柯

GAO, YU LIANG 高玉良 (1950-)
Gao, Ge 高戈
Gao, Ge dong 高歌东

Gao, Yu qing 高于晴
XIE, MAN NA 谢嫚娜

GAO, YU RU 高玉如 (1928-)
Gao, Feng 高峰
Ge, Jiang 戈江

Gao, Yuan 高沅
PI, ZUO JIU 皮作玖 (1917-)

Gao, Yuan 高远
BAO, QING XIAN 鲍庆献 (1923-)

Gao, Yuan 高远
GAO, ZHEN YUAN 高振远 (1938-)

Gao, Yuan 高原
GAO, XIAO NONG 高笑侬 (1907-)

Gao, Yuan 高原
LI, GUANG ZHONG 李光中 (1914-1978)

Gao, Yuan 高原
QI, CHONG XIAO 祁崇孝 (1918-)

Gao, Yuan 高原
GAO, QING ZHENG 高清政 (1920-1986)

Gao, Yuan 高原
TAI, CHANG CHENG 泰昌程 (1926-)

Gao, Yuan 高原
WU, XIAO TIAN 吴孝田 (1928-)

Gao, Yuan 高原
GAO, RONG GUI 高荣贵 (1935-)

Gao, Yuan 高原
LUO, DE YIN 罗德银 (1937-)

Gao, Yuan 高原
FENG, BING 冯竝 (1945-)

Gao, Yuan 高原
GAO, HONG SHI 高红石 (1951-)

Gao, Yuan 高原
JIANG, JI CHENG 蒋吉成 (1955-)

Gao, Yuan 高源
HU, MING CHAO 胡明超 (1926-)

Gao, Yuan bai 高元白
GAO, CHONG XIN 高崇信 (1909-)

Gao, Yuan feng 高原风
GAO, HONG SHI 高红石 (1951-)

GAO, YUAN HONG 高元浤 (1927-)
Gao, Fang 高放

Gao, Yuan jun 高元钧
GAO, JIN SHAN 高金山 (1916-)

Gao, Yuan ren 高原人
ZHANG, ZHI 张志 (1926-)

GAO, YUE DONG 高月东 (1919-)
Qiu, Shui 秋水

GAO, YUE TIAN 高越天 (1903-)
Yi an 一厂

Gao, Yun 高云
LIU, SHI CHAO 刘世朝 (1917-)

GAO, YUN 高云 (1957-)
Gao, Yan 高言

Gao, Yun 高云

WU, WEI HUA 吴伟华 **(1939-)**

GAO, YUN LAN 高云览 **(1910-1956)**
Gao, Yi chang 高怡昌
Gao, Yong lan 高咏览
Gao, You qing 高友庆
Jian ni 健尼
Yun, Lan 云览
Yun lan 芸览

GAO, YUN XIANG 高芸香 **(1947-)**
Gao, Xiang 高翔

GAO, YUN XIU 高韻琇
Qing zi 青子

Gao, Zai tian 高再天
GAO, DE SHENG 高德生 **(1917-1987)**

Gao, Ze ming 高则明
YU, ZAI CHUN 于在春 **(1909-)**

GAO, ZENG 高增
Da xiong 大雄
Dan an 澹庵
Dong ya fen ren 东亚愤人
Fo zi 佛子
Qiu, Shi 秋士
Wu, Hun 吴魂
Xiu yun 岫云
Yun an 筠庵
Zhuo, An 卓庵
Zhuo, Gong 卓公

GAO, ZENG DE 高增德 **(1932-)**
Fang, Wen 方闻
Fang, Wu 方悟
Fang, Yan 方言
Fang, Zhi 方治

Gao, Zhai 高寨
YAN, CHUN DE 阎纯德 **(1939-)**

Gao, Zhan 高展
BAO, HUAN RAN 包焕然 **(1932-)**

GAO, ZHAN FANG 高占方 **(1937-)**
Zhan fang 占方

Gao, Zhao 高照
GAO, ZHAO QING 高昭庆 **(1938-)**

GAO, ZHAO KAI 高昭凯
Zhao, Kai 赵恺

GAO, ZHAO QING 高昭庆 **(1938-)**
Gao, Zhao 高照
Ni, Ren 倪仁
Si quan 思泉

GAO, ZHAO XUAN 高兆萱 **(1932-)**
Fei xue 飞雪
Gao, Yan xue 高雁雪

Gao, Zhen 高真
YANG, ZHEN SHA 杨真砂 **(1944-)**

GAO, ZHEN BAI 高贞白 **(1906-1992)**
Gao, Bo yu 高伯雨

GAO, ZHEN DUO 高振铎 **(1923-)**
Gao, Biao 高飚
Gao, He 高禾
Mu she 木舌

GAO, ZHEN HENG 高振恒 **(1940-)**
Xian lu 岘路

GAO, ZHEN NONG 高振农 **(1927-)**
Fu, Jiao shi 傅教石

GAO, ZHEN XI 高振西 **(1907-)**
Hua pu 化普

GAO, ZHEN YUAN 高振远 **(1938-)**
Gao, Yuan 高远

Gao, Zheng 高正
LI, CHENG ZHANG 李承璋 **(1950-)**

Gao, Zheng fang 高正芳
GAO, MIN 高敏 **(1927-)**

Gao, Zhi 高枝
LIU, SHENG ZHI 刘生智 **(1919-)**

Gao, Zhi 高直
SUN, TI XIAN 孙逖先 **(1911-1970)**

Gao, Zhi 高直
GAO, WEN SHENG 高文生

Gao, Zhi 高陟
PENG, GAO ZHI 彭高致 **(1934-)**

GAO, ZHI 高植 **(1911-1960)**
Di zhi 地植
Ding, Jiu 丁久
Gao, Bing 高丙
Gao, Di 高地
Gao, Di zhi 高地植
Gao, Jie zhi 高介植
Gao, Zhi di 高植地
Zu guo chun 祖国春

Gao, Zhi di 高植地
GAO, ZHI 高植 **(1911-1960)**

GAO, ZHI LING 高志凌 **(1937-)**
Gao, Meng ling 高梦龄
Xiao, Zhong 肖中

GAO, ZHI PING 高志平 **(1952-)**
Shan gu 山姑
Xiao, Ping 萧平

GAO, ZHI YU 高智瑜 **(1934-)**
Gao, Ang 高昂
Gao, Zhuo 高琢

Gao, Zhong 高仲
LIU, SHI LING 刘诗龄 **(1944-)**

Gao, Zhong wu 高中午
GAO, ZONG WU 高宗武 **(1933-)**

GAO, ZHONG XUAN 高仲选 **(1944-)**
Gao, Xiang 高翔

Gao, Zhuang 高莊
SHEN, SHI ZHUANG 沈士庄 **(1905-)**

GAO, ZHUO 高卓 **(1896-)**
Gao, Jue fu 高觉敷

Gao, Zhuo 高琢
GAO, ZHI YU 高智瑜 **(1934-)**

Gao, Zi li 高子里
ZHANG, BING WEN 张炳文 **(1915-)**

Gao, Zi sun 高子荪
SHEN, YAN BING 沈雁冰 **(1896-1981)**

GAO, ZONG LU 高宗鲁 **(1935-)**
Kang, Bai shi 康白石
Kao, Timothy T.

GAO, ZONG WEN 高宗文 **(1935-)**
Gao, Dai 高岱
Jiang, Sen 江森

GAO, ZONG WU 高宗武 **(1933-)**
Gao, Zhong wu 高中午

GAO, ZUO GAN 高作感 **(1919-)**
Gao, Song 高松
Gao, Song 高嵩

Ge 戈
DAI, BANG 戴邦 **(1917-)**

Ge 戈
WU, ZHI GE 武止戈 **(-1933)**

Ge 阁
XU, REN JIN 徐仁锦 **(1888-1961)**

Ge, A gan 戈阿干
HE, CHONG REN 和崇仁 **(1936-)**

Ge ai 割爱
GAN, CI SEN 甘祠森 **(1914-1982)**

GE, AN RONG 葛安荣 **(1956-)**
Huang yuan 荒原
Yi ge 一格

Ge, Bai 戈白
LIU, DONG LAN 刘东兰 **(1912-)**

Ge, Ban 戈般
WANG, LING HAN 王凌汉

Ge, Bao hua 葛包华
CHEN, ZHONG XUAN 陈钟瑄 **(1920-)**

GE, BAO KOU 葛宝寇 **(1954-)**
Ge, Liang 葛亮

GE, BAO QUAN 戈宝权 **(1913-)**
Bao, Quan 宝权
Bao quan 葆荃
Bei chen 北辰
Bei quan 北泉
Su, Mu 苏牧
Xiao, Si ming 肖思明

Ge, Bei 戈北
MA, LIAN 马莲 **(1941-)**

Ge bei 歌贝
LI, GUO CAI 李国财 **(1942-)**

Ge bei 歌北
HU, ZHEN QING 胡振清 **(1916-)**

Ge, Bi 戈壁
YANG, CHANG NIAN 杨昌年 **(1930-)**

Ge, Bi 戈壁
SHEN, BI 申弼

Ge, Bi 戈壁
CAI, DE SHENG 蔡德盛

Ge, Bi quan 戈壁泉
LIU, HUI KAO 刘辉考 **(1939-)**

Ge, Bi zhou 戈壁舟
LIAO, XIN QUAN 廖信泉 **(1916-1986)**

GE, BING SHU 葛秉曙
Wang, Shi jing 王士菁

Ge, Chang 葛畅
CHEN, TIAN YU 陈天育 **(1922-)**

GE, CHANG MEI 葛昌楣
Tao hua 韬华

GE, CHAO ZHI 葛朝祉 **(1917-)**
Ge, Quan 葛铨

Ge, Chen 戈尘
GUO, GUI XIANG 郭桂香 **(1940-)**

Ge, Chen 戈陈
GU, XING 顾行 **(1928-)**

GE, CHENG DE 葛承德 **(1897-1981)**
Ge, Jian shi 葛建时

Ge, Cheng ji 葛澂霁
GE, ZENG JI 葛曾济 **(1913-)**

Ge chuan 歌川
QIAN, GE CHUAN 钱歌川 **(1903-1990)**

Ge, Cui lin 葛翠林
GE, CUI LIN 葛翠琳 **(1930-)**

GE, CUI LIN 葛翠琳 **(1930-)**
Ge, Cui lin 葛翠林
Ying lin 婴林

Ge, Dan 戈单
LIANG, ZU QIANG 梁祖强 **(1922-)**

Ge, De 葛德
LIU, JIA 刘甲 **(1924-)**

Ge, Deng ke 戈登柯
HE, CUN 何村 **(1935-)**

Ge, Ding 戈丁
WANG, YI DING 王弋丁 **(1927-)**

Ge dong shu 歌东曙
ZHAO, ZHENG MIN 赵政民 **(1944-)**

Ge, Dou 戈斗
GONG, YUN REN 龚允仁 **(1929-)**

Ge, Duo 戈多
LONG, SHI HUI 龙世辉 **(1925-1991)**

Ge, Er 戈尔
LIANG, CONG BIN 梁从斌

Ge er 格尔
ZHANG, QI XUN 章启勋 **(1916-)**

Ge er le tu 格尔勒图
LU, MING HUI 卢明辉 **(1934-)**

Ge, Fan 戈凡
LIU, HAN YONG 刘汉勇 **(1938-)**

Ge, Fan 戈凡
LIU, PING 刘平 **(1938-)**

Ge, Fan 戈凡
CHEN, JIAN HUI 陈建辉 **(1954-)**

Ge, Fan 葛凡
ZHENG, CHUN MAO 郑春茂 **(1944-)**

Ge, fang 各方
LIU, GUO FANG 刘国芳 **(1922-)**

Ge, Fei 戈非
GUAN, GUI YI 关贵颐 **(1932-1992)**

Ge, Fei 戈菲
LUO, ZONG QIANG 罗宗强 **(1931-)**

Ge, Fei 革非
LI, GUO RUI 厉国瑞 **(1909-)**

Ge fei 格非
LIU, YONG 刘勇 **(1964-)**

Ge, Feng 戈风
GUO, SHAO MING 郭少鸣 **(1930-)**

Ge, Feng 戈枫
GUO, LIANG TIAN 郭良田 **(1919-)**

Ge, Feng 戈枫
LAN, ZHEN HUA 兰振华 **(1928-)**

Ge, Feng 葛风
DAI, WEN GUANG 戴文光 **(1938-)**

Ge feng 革鋒
JIN, CHUN FENG 金春峰 **(1935-)**

Ge feng 歌风
WANG, ZHEN QUAN 王振荃 **(1930-)**

Ge, Fu 戈父
ZHAO, CONG CANG 赵丛苍 **(1952-)**

Ge fu 舸夫
QIU, CHUN LIN 仇春霖 **(1930-)**

Ge, Gang 葛岗
ZHANG, KE GANG 张克刚 **(1915-)**

Ge, Ge 戈戈
WU, SHUANG 吴塽 **(1928-)**

Ge, Ge 戈戈
WANG, CHANG FU 王长富 **(1948-)**

Ge, Ge 戈哥
CHENG, YI RONG 程一戎 **(1910-)**

Ge ge 革革
HU, YAN QING 胡燕青 **(1954-)**

Ge ge 格格
ZHAO, LI JUAN 赵丽娟 **(1959-)**

Ge gen tu ya 葛根图娅
HAN, XIA 韩霞 **(1960-)**

Ge, Gong zhen 戈公振
GE, SHAO FA 戈绍发 **(1890-1935)**

Ge, Gui 葛桂
HUANG, SHU ZE 黄树则 **(1914-)**

Ge, Guo sheng 葛国胜
CAO, XI 曹兮 **(1911-)**

GE, GUO ZHENG 葛国峥 **(1963-)**
Ke, Zheng 柯峥

Ge, Ha 戈哈
LI, WEN JUN 李文俊 **(1930-)**

Ge, He 戈禾
ZHANG, WO QUAN 张我权

Ge, He de 葛何德
ZHOU, SHU REN 周树人 **(1881-1936)**

Ge, Hong 葛洪
GONG, BAO SHAN 龚宝善 **(1907-)**

GE, HONG ZHEN 葛鸿桢 **(1946-)**
Xing zhi 省之

Ge, Hua 葛华
GE, HUAN 葛焕 **(1929-)**

Ge, Hua 葛华
HUA, FANG ZUO 华方佐 **(1936-)**

Ge, Hua 戈华
WU, GUO HUA 武国华 **(1934-)**

Ge, Hua 戈花
HE, GUO HUA 何国华 **(1941-)**

Ge, hua 阁华
MA, NING JUN 马宁钧 **(1936-)**

Ge hua 歌华
LIN, JIN WEN 林锦文 **(1933-)**

GE, HUAN 葛焕 **(1929-)**
Ge, Hua 葛华

Ge, Ji 戈基
DU, CHENG LONG 杜承龙 **(1927-)**

GE, JIAN 革建 **(1933-)**
Ni er 逆耳

Ge, Jian shi 葛建时
GE, CHENG DE 葛承德 **(1897-1981)**

Ge, Jian shuang 戈剑双
LIU, CHANG QING 刘长青 **(1917-)**

Ge, Jiang 戈江
GAO, YU RU 高玉如 **(1928-)**

Ge jiang 歌江
ZHENG, DE SONG 郑德松 **(1923-)**

Ge, Jiao tian 盖叫天
ZHANG, YING JIE 张英杰 **(1888-1971)**

Ge, Jie 戈捷
HUANG, GUO JIE 黄国杰 **(1930-)**

Ge, Jing 葛静
GE, QING FAN 葛青凡 **(1909-)**

Ge, Jun 戈君
GUO, JUN 郭军 **(1960-)**

Ge, Ka 戈卡
FU, MING DONG 符名栋

GE, KANG TONG 葛康同 **(1934-)**
Kang, Tong 康同

Ge kong 哥空
WANG, ZHI JIE 王之节

Ge, Lai 葛莱
GUO, ZHONG QIANG 郭仲强 **(1934-)**

Ge lao guan 革老观
XU, SHENG YAO 许绳尧 **(1897-1984)**

Ge lei 格雷
XIE, BING YING 谢冰莹 **(1906-2000)**

Ge lei 歌蕾
MA, HUA 马骅 **(1916-)**

Ge, Li 戈丽
LI, BO ZHAO 李伯钊 **(1911-1985)**

Ge, Li 戈里
SHEN, WEN LIN 沈文林 **(1918-1942)**

GE, LI 葛力 **(1915-)**
Li ye 力野

Ge li 歌黎
TANG, MENG XIAN 唐孟先 **(1909-1982)**

Ge, Li shi 戈力士
DONG, HUA 董华 **(1907-1980)**

Ge, Liang 戈良
MA, GUO LIANG 马国亮 **(1908-)**

Ge, Liang 葛亮
GE, BAO KOU 葛宝寇 **(1954-)**

Ge, Lin 葛林
GE, WEI JING 葛为璟 **(1915-)**

Ge, Lin 葛林
GE, YONG LIN 葛永林 **(1955-)**

Ge, Ling 葛令
XU, CHENG ZHI 许承志 **(1917-)**

Ge lou zhu ren 鸽楼主人
XU, ZHEN 徐震 **(1934-)**

Ge, Lu yang 戈鲁阳
GAO, YU HAN 高语罕 **(1888-1948)**

Ge, Luo 葛洛
CHANG, GE LUO 常葛洛 **(1920-)**

Ge, Ma 戈马
GENG, XI 耿西 **(1918-)**

Ge, Mai 戈麦
CHU, FU JUN 褚福军 **(1967-1991)**

Ge, Mang 戈茫
YAO, LENG 姚冷 **(1923-)**

Ge, Mao 戈矛
XU, GUANG XIAO 徐光霄 **(1915-1989)**

Ge, Mao 戈矛
LI, JIAN YAO 李鑑尧 **(1928-)**

Ge, Mao 戈矛
GENG, DE MING 耿德铭 **(1935-)**

Ge, Mao 葛茅
GU, BAO SUI 顾宝随 **(1897-1960)**

GE, MAO CHUN 葛懋春 **(1926-)**
Chun long 春龙
Fang, Xiao hong 方晓虹
Lu, Chun long 鲁春龙

GE, MAO SEN 盖茂森 **(1941-)**
Mu lin 木林

Ge, Meng 葛蒙
ZHANG, YE LONG 张叶隆 **(1914-1988)**

Ge, Min 葛敏
DAI, WEN GUANG 戴文光 **(1938-)**

Ge, Ming 戈明
ZHENG, NENG RUI 郑能瑞 **(1918-1991)**

Ge, Ming 戈鸣
YUAN, BING QING 袁炳清 **(1937-)**

Ge, Ming 葛明
YI, WEN CHENG 伊文成 **(1928-)**

Ge, Ming 革命
PEI, WEN ZHONG 裴文中 **(1904-1982)**

Ge ming jun zhong ma qian zu 革命军中马前卒
ZOU, RONG 邹容 **(1885-1905)**

Ge, Mu 戈牧
SHEN, ZHANG PING 沈章平 **(1919-)**

Ge, Mu 葛穆
YAN, MIN QIANG 严民强 **(1927-)**

Ge mu 歌牧
SANG, YA ZHONG 桑雅忠

Ge, Nai gan 戈乃干
LUO, DA GANG 罗大刚 **(1909-)**

Ge, Nan 戈楠
GUO, NAI AN 郭鼐安 **(1920-)**

Ge, Nu 戈弩
LIU, JIA ZE 刘家泽 **(1924-)**

Ge, Pei hua 戈佩华
SHU, SHUN ZHEN 树顺贞 **(1916-)**

Ge, Ping 戈平
MAO, QUAN SHENG 毛泉生 **(1927-)**

Ge, Ping 戈平
SHEN, LU CHANG 沈禄昌 **(1941-)**

Ge, Ping 戈平
LIU, DIAN GE 刘殿阁 **(1954-)**

Ge, Pu 戈璞
LIANG, YUN QING 梁运清 **(1934-)**

GE, QIN 葛琴 **(1907-)**
Ge, Qin 戈琴
Ge, Yun fei 葛允斐
Ge, Yun jiao 葛韵焦
He, Gui zhen 何桂贞
Ke, Qin 柯琴
Yun fei 允斐
Yun jiao 韵焦

Ge, Qin 戈琴
GE, QIN 葛琴 **(1907-)**

Ge qin 舸勤
ZHAO, GUO QING 赵国庆 **(1933-)**

Ge, Qing chun 戈庆春
DING, JING TANG 丁景唐 **(1920-)**

Ge qing chun 歌青春
DING, JING TANG 丁景唐 **(1920-)**

GE, QING FAN 葛青凡 **(1909-)**
Ge, Jing 葛静
Li, Sha 李莎
Lu, Ming 陆茗
Zhi qing 芝青

Ge, Quan 葛铨
GE, CHAO ZHI 葛朝祉 **(1917-)**

Ge, Quan 葛荃
SHE, KE QUAN 佘克泉 **(1931-)**

Ge, Rang 盖壤
GE, RU XIANG 盖如翔 **(1936-)**

Ge, Ren 戈人
ZHOU, LI GUANG 周丽光

Ge ren 歌人
TIAN, JING HUI 田景惠 **(1923-)**

Ge ri le chao ke tu 格日勒朝克图
YUN, ZHAO GUANG 云照光 **(1929-)**

GE, RONG JIN 葛荣晋 **(1935-)**
Li tao 力涛
Shu tong 庶僮
Yu li tao 瑜力涛

GE, RU XIANG 盖如翔 **(1936-)**
Ge, Rang 盖壤

Ge, Sha 戈莎
LIU, SHI LING 刘诗龄 **(1944-)**

Ge, Sha lin 葛沙林
LIAO, JIN HUA 廖金华 **(1938-)**

GE, SHANG DE 葛尚德
Wen shan 纹珊

GE, SHAO FA 戈绍发 **(1890-1935)**
Chun ting 春霆
Ge, Gong zhen 戈公振

Ge shu ying 哥舒鹰
CHEN, WEI XIAN 陈维贤 **(1949-)**

Ge, Shuang 葛霜
WU, DA CHANG 吴达昌

Ge te 歌特
ZHANG, WEN TIAN 张闻天 **(1900-1976)**

Ge te 歌特
QI, LONG XI 齐隆锡 **(1924-)**

Ge, Teng 葛藤
CHEN, YOU HUA 陈佑华 **(1930-)**

Ge, Tian 戈田
DAI, YAN TIAN 戴砚田 **(1932-)**

Ge, Tian 葛田
LONG, MING WU 龙明五 **(1936-)**

Ge, Tong 戈彤
WANG, YU SHI 王禹时 **(1929-)**

Ge tu ken 格吐肯
WU, YING ZHI 吴英志 **(1944-)**

Ge, Wan 葛挽
FANG, GUI DE 方珪德 **(1922-)**

Ge, Wan hua 葛宛华
LI, ZHENG ZHONG 李正中 **(1921-)**

Ge, Wei 葛韦
YANG, FU DONG 杨复冬 **(1922-1978)**

GE, WEI HUAN 葛维焕 **(1914-)**
Ge, Ying chao 葛英超
Ge, Yong geng 葛永耕
Lu, Man 鲁蛮

GE, WEI JING 葛为璟 **(1915-)**
Da lin 大林
Ge, Lin 葛林
Lin, Da 林大
Wang, Lin 王林

Ge, Wen 葛文
GE, WEN JI 葛文姬 **(1921-)**

GE, WEN JI 葛文姬 **(1921-)**
Ge, Wen 葛文

Ge, Wen zhong 葛温仲
GE, XIANG 葛襄

Ge, Xi 葛兮
CAO, XI 曹兮 **(1911-)**

Ge, Xi 葛兮
QIN, HAN CHUAN 覃汉川 **(1915-1984)**

Ge, Xi qi 葛锡祺
GE, ZU LAN 葛祖兰 **(1887-1987)**

Ge, Xia 葛夏
YAN, QING SHU 严庆澍 **(1919-1981)**

Ge, Xian 葛娴
YU, RUO XIA 余若瑕 **(1928-)**

GE, XIANG 葛襄
Ge, Wen zhong 葛温仲

GE, XIAO BO 葛晓波 **(1964-)**
Xiao bo 晓波

Ge, Xin 戈忻
CHEN, GE XIN 陈歌辛 **(1914-1961)**

Ge, Xin 葛辛
LIU, ZHI YI 刘志一 **(1937-)**

Ge xin 歌心
MA, HUA 马骅 **(1916-)**

Ge, Xing 戈行
GU, XING 顾行 **(1928-)**

Ge xing 歌行
WANG, GE XING 王歌行 **(1931-)**

GE, XU SHENG 葛虚声
Qin shi shan ren 琴石山人

GE, XUAN XUAN 葛萱萱 **(1952-)**
Feng ni 风尼

Ge, Yan 戈岩
LI, JIN SHENG 李进生 **(1941-)**

Ge, Yan 戈炎
GUO, LI JUN 郭丽君 **(1923-)**

Ge, Yan 戈焰
GUO, LI JUN 郭丽君 **(1923-)**

Ge, Yan 戈焱
GUO, LI JUN 郭丽君 **(1923-)**

Ge, Yang 戈扬
SHU, SHUN ZHEN 树顺贞 **(1916-)**

Ge, Yang 戈扬
YANG, BO DA 杨伯达

Ge, Yang 戈阳
WANG, ZONG LI 王宗礼 **(1939-)**

Ge yang 歌扬
GUO, SI HAI 郭四海 **(1944-)**

Ge, Yi 葛伊
HU, SHEN DING 胡申定 **(1915-)**

Ge yi 个簃

WANG, XIAN 王贤 **(1897-1988)**

Ge, Yi hong 戈一虹
GE, ZENG JI 葛曾济 **(1913-)**

Ge, Yi hong 葛一虹
GE, ZENG JI 葛曾济 **(1913-)**

Ge, Yi ren 戈乙人
CHEN, GUANG DE 陈广德 **(1956-)**

Ge, Yin 戈尹
CHENG, TAI ZHONG 成泰忠 **(1951-)**

Ge, Yin 革印
LI, GUO YING 黎国颖 **(1938-)**

Ge, Ying chao 葛英超
GE, WEI HUAN 葛维焕 **(1914-)**

Ge, Yong geng 葛永耕
GE, WEI HUAN 葛维焕 **(1914-)**

GE, YONG LIN 葛永林 **(1955-)**
Ge, Lin 葛林

Ge, Yu jin 盖郁金
SUN, ZI QIANG 孙自强 **(1912-1990)**

Ge, Yun 戈云
ZHUO, GE YUN 卓戈云 **(1925-)**

Ge, Yun fei 葛允斐
GE, QIN 葛琴 **(1907-)**

Ge, Yun jiao 葛韵焦
GE, QIN 葛琴 **(1907-)**

Ge, Zhen 葛珍
DUAN, WEI YONG 段惟庸 **(1923-)**

GE, ZENG JI 葛曾济 **(1913-)**
Ge, Cheng ji 葛澂霁
Ge, Yi hong 戈一虹
Ge, Yi hong 葛一虹
Huang, Wu yin 黄芜茵
Huang, Wu ying 黄舞莺
Ji, Xuan 纪萱
Mu, Xi 穆禊
Wu yin 芜茵
Yi hong 一虹

Ge, Zhen ying 戈振缨
BAO, GAN FU 包干夫 **(1920-)**

Ge, Zhi 葛支
FU, SHAN WEN 傅善文 **(1924-)**

GE, ZHI CHENG 葛志成 **(1920-)**
Yue, Zeng 乐曾
Zu, Shan 祖善

Ge, Zhong qing 戈仲卿
DAI, ZI CHENG 戴自诚 **(1918-)**

Ge zhong ren 个中人
ZHAO, SHU LI 赵树礼 **(1906-1970)**

GE, ZU LAN 葛祖兰 **(1887-1987)**
Dang gui 当归
Ge, Xi qi 葛锡祺
Lao zhuo 老拙
Xi qi 锡祺
Zu, Lan 祖兰

Gen 根
LIN, YU NAN 林育南 **(1897-1931)**

Gen chuan 亘川
FENG, HENG SHAN 封恆山 **(1934-)**

Gen li 艮里
XIONG, HEN GE 熊痕戈 **(1923-)**

Gen pan 根盘
WANG, HUI 王晦 **(1888-1950?)**

Gen quan 根泉
ZHANG, ZHONG CHAO 张仲超 **(1902-1926)**

Gen xin 亘心
ZHU, YING SHI 朱映石

Gen ya 艮崖
FANG, RONG GAO 方荣杲

Gen yin 艮寅
CAI, E 蔡锷 **(1882-1916)**

Gen yu 根余
YU, GENG YU 于赓虞 **(1902-1963)**

Gen yuan 艮园
WANG, DA REN 王大任 **(1913-)**

Geng 庚
ZHOU, SHU REN 周树人 **(1881-1936)**

Geng 耕
LI, YA YUN 李雅运 **(1921-)**

Geng 赓
WANG, YI TANG 王揖唐 **(1877-1946)**

Geng bai 庚白
LIN, XUE HENG 林学衡 **(1898-1941)**

GENG, BING GUANG 耿炳光
Bing guang 炳光
Jing, Shan 景山

Geng, Chan mian 耿缠绵
XIE, FU SEN 谢复森 **(1919-)**

Geng chang zi 庚长子
WANG, LI ZHI 王立志 **(1941-)**

Geng chen 庚辰
ZHOU, SHU REN 周树人 **(1881-1936)**

Geng chen 耕晨
LI, GENG CHEN 李庚辰 (1940-)

GENG, CHENG BIN 耿承彬 (1910-1951)
Cheng, Shu tang 程树棠

GENG, CHUN HAI 耿春海 (1939-)
Hai, Tao 海涛

Geng, Da 耿达
WANG, YAO 王瑶 (1914-1989)

GENG, DAN RU 耿淡如 (1898-1975)
Dan ru 澹如
Zuo jun 佐军

GENG, DE MING 耿德铭 (1935-)
Ge, Mao 戈矛

Geng, Er 耿迩
TANG, DA CONG 唐达聪 (1925-)

Geng, Fa 耿法
ZHU, GEN FA 朱根发 (1948-)

GENG, FENG GE 耿凤阁 (1940-)
Geng ge 耕歌

Geng, Fu 耿夫
CHEN, YOU TING 陈友亭 (-1918)

Geng fu 更夫
ZHA, LIANG ZHENG 查良铮 (1918-1977)

Geng fu 更夫
WEI, HONG FU 韦宏夫 (1937-)

Geng fu 耕夫
SUN, CHANG YONG 孙昌永 (1918-)

Geng fu 耕夫
LIU, WEN HUA 刘文华 (1934?-)

Geng fu 耕夫
LIN, HAN ZONG 林汉宗 (1938-)

Geng fu 耕夫
ZHAO, JUN QI 赵俊奇 (1950-)

Geng fu 耕夫
WANG, GENG FU 王耕夫 (1953?-)

Geng fu 耕夫
LI, MING 李明 (1961-)

Geng ge 耕歌
GENG, FENG GE 耿凤阁 (1940-)

Geng, Geng 耿耿
CHEN, YOU TING 陈友亭 (-1918)

GENG, HAN 耿汉 (1932-)
Yu, Shan 禹山

Geng, Hong en 耿鸿恩
GENG, ZHEN 耿震 (1917-)

Geng, Hua 耿华
LIU, GENG FA 刘耕发 (1948-)

Geng hui 畊卉
TIAN, JING HUI 田景惠 (1923-)

Geng, Ji zhi 耿济之
GENG, KUANG 耿匡 (1899-1947)

Geng, Jian 耿简
JI, QING SHEN 纪清侁 (1924-)

GENG, JIN SHENG 耿金声 (1939-)
Jin, Sheng 金声
Sa, Bi ti 萨比提
Zhen yu 振宇

GENG, KUANG 耿匡 (1899-1947)
C. Z.
Di, Mo 狄谟
Geng, Ji zhi 耿济之
Geng, Meng yong 耿孟邕
Geng, Yong 耿邕
Ji 济
Ji zhi 济之
Meng, Sheng 蒙生

Geng, Lin mang 耿林莽
LIU, DI QING 刘迪庆 (1926-)

GENG, LONG XIANG 耿龙祥 (1930-)
Yu hai 浴海

Geng, Mei 耿湄
CHEN, HUO QUAN 陈火泉 (1908-)

Geng, Meng yong 耿孟邕
GENG, KUANG 耿匡 (1899-1947)

Geng min 耕敏
LI, JIA YAN 李嘉言 (1911-1967)

Geng, Ming 耿明
SHEN, DUAN XIAN 沈端先 (1900-1995)

Geng, Ming 耿明
WANG, CHUN JIANG 王春江 (1916-)

Geng, Ming 耿明
XIE, FU SEN 谢复森 (1919-)

Geng nong 耕农
XING, LE XIAN 邢乐贤 (1926-)

Geng, Pei 耿沛
CHEN, HUO QUAN 陈火泉 (1908-)

Geng pei 耕培
WANG, HUI 王晦 (1888-1950?)

GENG, PU 耿浦 (1941-)
Ji chuan 济川

Geng qing 耕青
LIN, TONG JI 林同济 **(1906-1980)**

Geng qing 耕青
LI, YA YUN 李雅运 **(1921-)**

GENG, QING SHAN 耿青山
Ren qing 人情

Geng, Qiu 耿秋
ZOU, JIAN JUN 邹建军 **(1963-)**

GENG, REN QIU 耿仁秋 **(1963-)**
Hei, Hai 黑孩

GENG, RONG SHUI 耿荣水
Bao, Si wen 包斯文
Xu, Ce 徐策

Geng, Sang chu 庚桑楚
PENG, SHI ZHUO 彭世灼 **(1949-)**

Geng sha 庚沙
FENG, XUE FENG 冯雪峰 **(1903-1976)**

GENG, SHANG CAI 耿尚才 **(1948-)**
Jin shui 锦水

GENG, SHAO GUANG 耿绍光 **(1927-)**
Xia, Qing 夏青

GENG, SHAO YUAN 耿绍元 **(1958-)**
Fang, Yuan 方源

Geng shen 耕深
ZHANG, GENG SHENG 张更生 **(1943-)**

Geng shen 更甡
KANG, YOU WEI 康有为 **(1858-1927)**

Geng, Sheng 耿生
FU, GENG SHENG 傅庚生 **(1910-1984)**

Geng, sheng 耿生
DAI, BANG 戴邦 **(1917-)**

Geng sheng 更生
KANG, YOU WEI 康有为 **(1858-1927)**

Geng sheng 更生
ZHOU, XIANG JUN 周祥骏 **(1870-1914)**

Geng sheng 更生
FU, XIONG XIANG 傅熊湘 **(1883-1930)**

Geng sheng 更生
HUANG, ZHONG SU 黄仲苏 **(1895-)**

Geng sheng 更生
FU, GENG SHENG 傅庚生 **(1910-1984)**

Geng sheng 更生
LI, REN JIAN 李人鉴 **(1914-)**

Geng sheng 更生
YANG, SU 杨甦 **(1923-)**

Geng sheng 更生
XIAO, SU 萧甦 **(1928?-)**

Geng sheng 更生
TANG, GE FEI 唐格非

Geng sheng 庚生
CHEN, ZHEN 陈振 **(1931-)**

Geng sheng 耕声
TANG, GENG SHENG 唐更生 **(1950-)**

Geng sheng zhai 更生斋
ZHOU, XIANG JUN 周祥骏 **(1870-1914)**

Geng sheng zhai 更生斋
LIU, YA ZI 柳亚子 **(1887-1958)**

Geng shi 埂石
TANG, YU SHU 唐玉书 **(1919-)**

Geng shi 耕石
HOU, QING FU 侯庆福 **(1946-)**

Geng shi 耕石
WANG, YUN TIAN 王运天 **(1951-)**

Geng shi yi zhu 畊石簃主
MA, FAN 马范 **(1893-1969)**

Geng tang 耕堂
SUN, SHU XUN 孙树勋 **(1913-)**

Geng tian 耕天
YU, GENG SHENG 喻更生 **(1928-)**

Geng tian 耕田
LI, GENG CHEN 李庚辰 **(1940-)**

Geng wu 耕武
ZHUANG, WEN HUA 莊文桦

GENG, XI 耿西 **(1918-)**
Ge, Ma 戈马

Geng, Xi 耿西
CHANG, GENG XI 常庚西 **(1932-)**

Geng, Xiao di 耿小的
GENG, YU XI 耿郁溪

Geng, Xiao di 耿晓隄
GENG, YU XI 耿郁溪

Geng xin 耕心
LUO, DE LONG 罗德龙 **(1928-)**

Geng xin 耕心
WANG, ZAO 王灶 **(1938-)**

Geng xin 耕莘
WANG, WEN YUAN 王文元 **(1907-)**

Geng, Xin jin 庚辛金

WU, YU HONG 吴宇洪 **(1920-1966)**

Geng, Xing 耿星
ZHANG, QIAN 张茜 **(1922-1974)**

Geng, Xing hua 耿星华
GENG, ZHEN HUA 耿振华 **(1913-)**

GENG, XING YU 耿兴余 **(1941-)**
Cong, Lin 丛林
Xin yu 新宇

GENG, XIU YE 耿修业 **(1915-)**
Ru yin 茹茵

Geng ya 耕亚
HAN, WEN ZHOU 韩文洲 **(1926-)**

Geng yan 庚言
ZHOU, SHU REN 周树人 **(1881-1936)**

Geng yang 赓扬
LI, GENG YANG 李赓扬

Geng ye 耕野
JIN, WAN YI 金万义 **(1916-)**

GENG, YING 耿瑛 **(1933-)**
Fei ying 飞鹰
Qu, Ping 曲平
Wang, Ying 王英

Geng, Yong 庚庸
BU, CHENG ZHONG 卜成中 **(1902-1983)**

Geng, Yong 耿永
ZHENG, BING ZHONG 郑炳中 **(1922-)**

Geng, Yong 耿邕
GENG, KUANG 耿匡 **(1899-1947)**

Geng, Yong 耿庸
ZHENG, BING ZHONG 郑炳中 **(1922-)**

Geng yu 耕雨
WU, PIN JIN 吴品今

Geng yu 耕愚
WU, JIN LIANG 吴金良 **(1955-)**

Geng yu 赓虞
YU, GENG YU 于赓虞 **(1902-1963)**

Geng yu 畊雨
JIANG, GENG YU 姜耕玉 **(1947-)**

GENG, YU FANG 耿予方 **(1929-)**
A geng 阿耕
Jiang jue mei duo 江觉梅朵

GENG, YU XI 耿郁溪
Geng, Xiao di 耿小的
Geng, Xiao di 耿晓隄
Xiao di 晓隄

Geng yun 耕耘
LIN, YU YING 林玉英 **(1942-)**

Geng zhe 耕者
TIAN, JING FENG 田景丰 **(1949-)**

GENG, ZHEN 耿震 **(1917-)**
Geng, Hong en 耿鸿恩

GENG, ZHEN HUA 耿振华 **(1913-)**
Geng, Xing hua 耿星华
Mu jiang 木将
Xing hua 星华

GENG, ZHEN YIN 耿振印 **(1926-1983)**
Ti zhang 提章

GENG, ZHENG YUAN 耿正元 **(1944-)**
Geng, Zhi 耿直

Geng, Zhi 耿之
HU, SHAN YUAN 胡山源 **(1897-1988)**

Geng, Zhi 耿之
QI, RUI LIN 祁瑞麟 **(1937-)**

Geng, Zhi 耿直
JI, QING JIANG 吉清江 **(1926-)**

Geng, Zhi 耿直
GENG, ZHENG YUAN 耿正元 **(1944-)**

Geng zhi 赓治
FAN, WEN FU 范文甫 **(1870-1936)**

GENG, ZHI MING 耿志明 **(1943-)**
Mo, Ming 莫明

Geng zuo 赓祚
MU, SHAO LIANG 沐绍良 **(1912-1969)**

Gong 弓
TANG, DUAN YI 唐端毅 **(1913-1992)**

Gong 恭
ZHOU, SHU KUI 周树奎 **(1873-1936)**

Gong ai 公靄
HE, BING XUN 何炳勋

Gong an 弓庵
ZHANG, BAI SHAN 张白山 **(1912-)**

Gong, Bai yu 宫白羽
GONG, ZHU XIN 宫竹心 **(1899-1966)**

GONG, BAO QUAN 龚宝铨 **(1886-1922)**
Gong, Wei sheng 龚未生
Wei sheng 未生
Wei sheng 薇生
Wei su 未苏
Wei sun 味荪

GONG, BAO SHAN 龚宝善 **(1907-)**
Bao, Shan 包珊

Ge, Hong 葛洪
Nai gong 迺恭

GONG, BI 贡璧
Gong, Shao qin 贡少芹
Tian chan 天忏
Tian chan sheng 天懺生

Gong, Bin 龚彬
MEI, GONG BIN 梅龚彬 **(1901-1975)**

GONG, BING LU 龚冰庐 **(1908-1955)**
Bing lu 冰庐
Chi ping 持平
Gong, Chi ping 龚持平
Ying ying 樱影

Gong bo 公博
CHEN, GONG BO 陈公博 **(1892-1946)**

Gong, Cao 宫草
WU, LI HUA 吴立华 **(1913-)**

Gong chang 弓长
ZHANG, ZI SHEN 张子深 **(1939-)**

Gong chang 恭长
ZHANG, CHENG ZONG 张承宗 **(1910-)**

Gong, Chang 龚錩
ZHANG, SHI XIE 张士燮 **(1932-)**

Gong chao 公超
WANG, ZHEN SHENG 王鍼生 **(1905-1986)**

Gong, Chen 龚臣
SUN, CHUN TING 孙春亭 **(1943-)**

Gong, Chi ping 龚持平
GONG, BING LU 龚冰庐 **(1908-1955)**

Gong, Chuan qi 龚川琦
GONG, YAN LIU 龚衍鎏 **(1914-1991)**

GONG, CHUI XI 宫垂玺 **(1932-)**
Gong, Xi 宫玺

Gong chun 贡春
WU, YUN 吴昀 **(1939-)**

GONG, DA ZHONG 宫大中 **(1939-)**
Gu, Yuan 古原
He yang 河阳

GONG, DAO GENG 龚道耕 **(1876-1941)**
Xi zheng tang 希郑堂
Zhu yin 蛛隐

Gong, De 龚德
GONG, YUN REN 龚允仁 **(1929-)**

GONG, DE BAI 龚德柏 **(1891-1980)**
Han, Jin zhi 韩进之
Lu, Qi 陆齐

GONG, DE QUAN 龚德全 **(1923-)**
Gong, Jian jun 龚建军
Xue, Lin 薛林

Gong, De song 龚德松
ZHOU, XIAN WEN 周宪文 **(1907-)**

Gong ding 公丁
LE, GONG ZHEN 勒公贞 **(1919-)**

Gong du 公度
WANG, REN SHU 王任叔 **(1901-1972)**

Gong du lou 共读楼
CHEN, NAI QIAN 陈乃乾 **(1896-1971)**

Gong dun 公盾
ZHENG, NENG RUI 郑能瑞 **(1918-1991)**

Gong, Fei 龚非
LIU, JING SHENG 刘静生 **(1937-)**

Gong fu 工夫
LI, YU PING 李玉平 **(1961-)**

Gong fu 弓夫
DANG, XI PENG 党玺澎

Gong fu 公绂
ZHANG, YI LIN 张一麐 **(1867-1943)**

Gong fu 公辅
WANG, REN SHU 王任叔 **(1901-1972)**

Gong ga ba deng 贡嘎巴登
LUO, NIAN YI 罗念一 **(1932-)**

Gong gan 公敢
WANG, YAN SHI 王研石

Gong ge 弓戈
ZHANG, ZHI PU 张治谱 **(1928-)**

Gong ge 公戈
ZHENG, NENG RUI 郑能瑞 **(1918-1991)**

GONG, GUANG XIN 龚广新 **(1949-)**
Gong yue 共月
Tian, He 田禾

GONG, GUO CAI 龚国才 **(1956-)**
Xiao gong 晓宫

Gong han 公汗
ZHOU, SHU REN 周树人 **(1881-1936)**

Gong han 公汗
ZHENG, NENG RUI 郑能瑞 **(1918-1991)**

GONG, HAN MIN 龚汉民
Gong, Ying 龚霙

Gong he wen 弓禾文
ZHANG, JING XIU 张敬秀 **(1940-)**

GONG, HONG 龚弘 (1915-)
Hai, Ke 海客

GONG, HUAI 龚怀 (1890-1942)
Su, Huan 粟寰
Yin gong 隐公
Yin xian 隐仙
Yin xuan 隐轩
Yu xian sheng 迂先生

Gong huan 公欢
PAN, FEI SHENG 潘飞声 (1857-1934)

Gong, Huang 巩黄
QIN, DING YI 秦鼎彝 (1877-1906)

Gong, Ji 龚稷
YANG, ZHEN HUA 杨振华 (1921-1988)

GONG, JI GUANG 龚继光 (1939-)
Fei yu 非予

Gong, Ji mu 龚棘木
ZHANG, YONG NIAN 张永年 (1910-1997)

Gong, Ji mu 龚棘木
YANG, ZHEN HUA 杨振华 (1921-1988)

Gong jian 恭俭
WANG, KE RANG 汪克让 (1946-)

Gong, Jian jun 龚建军
GONG, DE QUAN 龚德全 (1923-)

Gong jian shou 弓箭手
WANG, TIAN LONG 王添隆

Gong, Jie 宫洁
GONG, LAI SHENG 宫莱生 (1962-)

Gong jin 公谨
LI, YING ZHE 李颖哲 (1948-)

Gong jin du 公今度
XU, ZHEN 徐震 (1929-)

Gong, Jing 龚敬
GONG, XIAN ZONG 龚显宗 (1943-)

Gong jing 恭敬
GONG, XIAN ZONG 龚显宗 (1943-)

Gong, Jiong 龚炯
GONG, SHU KUI 龚树揆 (1911-)

Gong kuang 公狂
CUI, GONG DING 崔恭定 (1864-1937)

GONG, LAI SHENG 宫莱生 (1962-)
Gong, Jie 宫洁
Xiao han 小寒

GONG, LAO 贡老 (1955-)
Gong que・Zha yang jian cuo 贡却・扎扬坚措

Gong lei 公磊
WANG, YAN SHI 王研石

Gong li 弓立
ZHANG, WEI YAN 张维彦 (1933-)

Gong li 公里
LI, ZHONG XIAO 李忠效 (1955-)

Gong liang 公亮
WANG, HONG PU 王洪溥 (1924-)

Gong liu 公刘
LIU, YUE ZHOU 刘月舟 (1910-1987)

Gong liu 公刘
LIU, REN YONG 刘仁勇 (1927-)

Gong liu zi 公刘子
ZHOU, WEN TANG 周文棠 (1960-)

Gong lu 公鲁
ZHOU, YING PEI 周应培 (1917-)

Gong lu 恭鲁
YANG, FENG QI 杨凤岐 (1908-)

Gong lü 公吕
ZHU, DUAN JUN 朱端钧 (1907-1978)

Gong, Luan 龚鸾
WANG, XIE 王燮 (1909-1962)

Gong ma 弓马
ZHANG, JIAN WEN 张建文 (1953-)

Gong ma shi 弓马示
ZHANG, JUN XIANG 张骏祥 (1910-)

Gong man xue 弓满雪
YAN, QING SHU 严庆澍 (1919-1981)

GONG, MAO 龚茂 (1926-)
Long, Fei 龙飞

Gong mao 公矛
ZHENG, NENG RUI 郑能瑞 (1918-1991)

Gong, Mei chun 巩梅春
WANG, GONG SHOU 王公寿 (1925-)

Gong, Min 贡敏
GONG, ZONG YAO 贡宗耀 (1930-)

Gong, Min 龚敏
ZHOU, JIAN XIAO 周剑箫 (1911-1992)

Gong min 公民
GUO, XIN MIN 郭新民 (1957-)

Gong, Min zhi 贡敏之
GONG, ZONG YAO 贡宗耀 (1930-)

Gong, Ming 龚鸣
ZHU, YU WEN 朱育文 (1939-)

Gong ming 公明
SONG, JIAO REN 宋教仁 **(1882-1913)**

GONG, MING DE 龚明德 **(1953-)**
Long, Yue xin 龙月心
Min, De 闵德
Min, Rui 闵睿
Qin, Quan 秦泉
Rui, Yan 芮言

Gong mu 公木
ZHANG, YONG NIAN 张永年 **(1910-1997)**

Gong mu 公木
YANG, JING SONG 杨劲松 **(1955-)**

Gong mu tiao shui 公木条水
ZHANG, YONG NIAN 张永年 **(1910-1997)**

GONG, NIAN NIAN 龚念年
Nian nian 念年

Gong nu li li shan 公奴隶力山
QIN, DING YI 秦鼎彝 **(1877-1906)**

Gong, Pei yao 龚佩瑶
GONG, PEI YU 龚佩瑜 **(1952-)**

GONG, PEI YU 龚佩瑜 **(1952-)**
Gong, Pei yao 龚佩瑶
Gong, Shu ting 龚舒婷
Shu, Ting 舒婷

GONG, PEI YUN 龚培云
Jing xing 静星

GONG, PENG 龚澎 **(1914-1970)**
Qian ping 倩萍
Wei hang 维航
Zhong, Wei luo 锺威洛

GONG, PI YAN 公丕炎 **(1946-)**
Xiang nong 相农

Gong, Ping 龚平
WANG, SHU FAN 王树藩 **(1926-)**

Gong ping 公平
BU, ZONG XUE 卜宗学 **(1958-)**

Gong pu 公朴
YANG, XIAN JIANG 杨贤江 **(1895-1931)**

Gong pu 公浦
WANG, GONG PU 王公浦 **(1922-)**

Gong pu 公仆
YANG, HUI 杨恢 **(-1907)**

GONG, QI 宫琦 **(1922-)**
Da ke 大可

Gong qian li 公千里
CHEN, GONG ZHONG 陈公重 **(1934-)**

Gong qiao 恭樵
ZHANG, DIAN RU 张殿儒 **(1934-)**

GONG, QIN KE 宫钦科 **(1927-)**
Jin, He 金禾

GONG, QIU KE 龚丘克 **(1955-)**
Gong, Shao dong 龚绍东
Qiu, Ke 丘克

Gong quan 公权
ZHANG, JIA AO 张嘉璈 **(1889-1979)**

Gong que・Zha yang jian cuo 贡却・扎扬坚措
GONG, LAO 贡老 **(1955-)**

Gong ren 工人
DONG, DA ZHONG 董大中 **(1935-)**

Gong sha 公沙
QIAN, MU 钱穆 **(1895-1990)**

Gong shan 弓山
ZHANG, RONG 张嵘 **(1953-)**

Gong, Shao dong 龚绍东
GONG, QIU KE 龚丘克 **(1955-)**

Gong, Shao jun 龚绍钧
GONG, XIANG PING 龚湘萍 **(1931-)**

GONG, SHAO PING 龚绍平 **(1955-)**
Gao, Shao ping 高少平

Gong, Shao qin 贡少芹
GONG, BI 贡璧

Gong, Shen 龚参
LI, PEI YUAN 李培垣 **(1939-)**

Gong shi 公士
DU, SONG SHOU 杜松寿 **(1905-)**

Gong shi 公室
ZHANG, JING SHENG 张竞生 **(1888-1970)**

Gong shi 恭士
DU, SONG SHOU 杜松寿 **(1905-)**

GONG, SHU DUO 龚书铎 **(1929-)**
Wen, Ling 温凌

GONG, SHU KUI 龚树楑 **(1911-)**
Gong, Jiong 龚炯

GONG, SHU MIAN 龚书绵 **(1924-)**
Shu mian 书绵

Gong, Shu ting 龚舒婷
GONG, PEI YU 龚佩瑜 **(1952-)**

Gong, Su lan 龚素兰
CHEN, ZUO MEI 陈作梅 **(1912-1986)**

Gong sui 弓虽

WEN, QIANG ZHOU 温强洲 **(1944-)**

Gong sun 公孙
GU, ZHAO XIONG 顾兆熊 **(1888-1973)**

Gong sun 公孙
HUA, XI LU 花禧禄 **(1912-1946)**

Gong sun 公孙
SUN, JIA BO 孙家钵 **(1939-)**

Gong sun, Bai 公孙白
CHEN, YUN TONG 陈运通 **(1914-)**

Gong sun, Hong 公孙訇
LIU, GANG FAN 刘刚范 **(1937-)**

Gong sun, Hu 公孙虎
ZHENG, ZAO 郑造 **(1921-1966)**

Gong sun, Jun chou 公孙君雠
ZHU, XI LIANG 朱锡梁 **(1873-1932)**

Gong sun, Liu 公孙柳
LIU, NENG CHAO 刘能超

Gong sun, Mu 公孙木
SUN, SONG 孙松

Gong sun, Niu 公孙牛
CHEN, YUN TONG 陈运通 **(1914-)**

Gong sun, Qi 公孙耆
SUN, QIN PING 孙钦平 **(1922-)**

Gong sun, Qi zhi 公孙器之
WU, CHUN HAN 吴春晗 **(1909-1969)**

Gong sun, Qiu zhi 公孙求之
HU, SHENG 胡绳 **(1918-)**

Gong sun, Shu 公孙澍
SUN, WU 孙武 **(1926-)**

Gong sun, Xian 公孙舷
ZHENG, NENG RUI 郑能瑞 **(1918-1991)**

Gong sun, Yan 公孙嫣
ZHA, XIAN LIN 查显琳 **(1923-)**

Gong sun, Yu 公孙宇
HAN, DONG 韩东 **(1950-)**

Gong sun, Yu 公孙羽
WENG, HUA BI 翁华璧

Gong sun, Yu 公孙雨
SHE, ZHONG QIU 佘仲秋 **(1923-)**

Gong sun, Yu 公孙渔
LIANG, MING GUANG 梁明广 **(1931-)**

Gong sun, Yu 公孙煜
WU, FEI 吴非 **(1924-)**

Gong sun, Yu zhi 公孙愈之
GU, ZHAO XIONG 顾兆熊 **(1888-1973)**

Gong sun, Zhang zi 公孙长子
YU, PEI CHU 余培初 **(1882-1941)**

Gong sun, Zhe 公孙哲
YANG, SHOU MO 杨守默 **(1912-1967)**

Gong sun, Zhong zi 公孙仲子
FENG, YI DE 冯贻德 **(1913-)**

Gong tao 公韬
FENG, NAI CHAO 冯乃超 **(1901-1983)**

Gong tong su guan 宫同苏馆
JIN, AN QING 金安清

Gong, Tong wen 龚同文
WANG, REN ZHONG 王任重 **(1906-)**

Gong, Tong wen 龚同文
MEI, MING ZHENG 梅明正 **(1922-)**

Gong wan 弓弯
ZHANG, XIN GUO 张新果 **(1952-)**

Gong, Wan xuan 宫万选
GONG, ZHU XIN 宫竹心 **(1899-1966)**

Gong, Wei 龚伟
HUANG, GONG WEI 黄公伟 **(1908-)**

GONG, WEI 龚炜 **(1958-)**
Li, Gong wei 李宫卫

Gong, Wei sheng 龚未生
GONG, BAO QUAN 龚宝铨 **(1886-1922)**

Gong, Wen 宫文
FANG, GONG WEN 方恭温 **(1933-)**

GONG, WEN CAI 弓文才
Jian shi 坚矢

GONG, WEN XUAN 龚文宣 **(1958-)**
Long, Dan 龙旦

Gong wu 公武
SUN, WEN 孙文 **(1866-1925)**

Gong wu 公武
LAN, GONG WU 蓝公武 **(1887-1957)**

Gong, Xi 宫玺
GONG, CHUI XI 宫垂玺 **(1932-)**

Gong xi hua 公西华
ZHOU, SHAO 周劭 **(1916-)**

Gong xia 公侠
LÜ, FU 吕復 **(1882-)**

Gong xia 公侠
LI, JI TANG 李吉棠 **(-1937)**

GONG, XIA CHU 龚霞初 **(-1927)**
Yong zan 咏簪

GONG, XIAN MING 龚贤明 **(1940-)**
Yan ming 延明

GONG, XIAN ZONG 龚显宗 **(1943-)**
Gong jing 恭敬
Gong, Jing 龚敬
Long, Guang 龙光

GONG, XIANG PING 龚湘萍 **(1931-)**
Chen, Shun ying 陈顺瑛
Gong, Shao jun 龚绍钧

GONG, XIAO BIN 宫晓滨 **(1946-)**
Xiao bin 晓滨

GONG, XIAO LAN 龚啸岚 **(1915-)**
Nian he 念禾

GONG, XIE 龚燮
Fang xiu 芳修
Huai, Ying 怀瑛
Jin yan 锦燕
Mu, Hua 慕华
Qiu, Ji wo 邱吉我
You ling 友玲
Zhong, Qing 仲卿

Gong xin 公心
LI, AN FANG 李安芳 **(1941-)**

Gong, Xiong 龚雄
TAO, XIONG 陶雄 **(1911-)**

GONG, XIU SEN 龚修森 **(1949-)**
A mu 阿木
Xiu, Sen 修森

Gong, Xu yan 龚栩炎
LIAO, HUA ZHAO 廖华钊 **(1937-)**

Gong xuan 弓玄
SHAO, KE PING 邵克萍 **(1916-)**

Gong xuan 公璇
SHI, ZUO SHI 施作师 **(1926-)**

Gong yan 公言
CHEN, MEI YU 陈梅雨 **(1914-)**

GONG, YAN LIU 龚衍鎏 **(1914-1991)**
Gong, Chuan qi 龚川琦
Ye he 野鹤

Gong yang 公羊
WU, YU WEI 吴堉威 **(1906-1989)**

Gong yang 公羊
FENG, JI 冯骥 **(1919-)**

Gong yang 公羊
YANG, CHUN QIU 羊春秋 **(1922-)**

Gong yang, Ai 公羊矮
WU, YU WEI 吴堉威 **(1906-1989)**

Gong yang, Geng 公羊庚
YANG, JIAN ZHONG 杨建中 **(1931-)**

Gong yang, Jiao 公羊角
HAN, RU CHENG 韩汝诚 **(1933-)**

Gong yao 工爻
JIAN, YOU WEN 简又文 **(1896-1979)**

Gong yao 公瑶
CHEN, JIAN HONG 陈剑虹 **(1880-1946)**

Gong ye 公页
SONG, PEI XIAN 宋培贤 **(1947-)**

Gong ye, Ning ming 公冶宁鸣
HAN, DAO CHENG 韩道诚 **(1917-)**

GONG, YI 龚毅 **(1957-)**
Gong yi 公忆

Gong yi 公忆
GONG, YI 龚毅 **(1957-)**

Gong yi 公衣
WANG, RONG BAO 汪荣宝 **(1878-1933)**

Gong yi 公衣
TANG, DUAN YI 唐端毅 **(1913-1992)**

Gong yi fan 弓一凡
ZHANG, MAO 张茂 **(1937-)**

Gong yi yang 公一羊
WU, YU WEI 吴堉威 **(1906-1989)**

Gong, Ying 龚霙
GONG, HAN MIN 龚汉民

GONG, YING DE 弓英德 **(1909-)**
Jie ren 傑仁

Gong you 共由
HUANG, JIAN GUO 黄建国 **(1958-)**

Gong yu 公羽
SHEN, YAN BING 沈雁冰 **(1896-1981)**

Gong yu 公羽
CAO, ZAN QING 曹赞卿 **(1901-1980)**

Gong yu 公羽
LI, GUO ZHEN 李国桢 **(1940-)**

Gong yu 贡予
WANG, JIA MAO 王家茂 **(1906-)**

Gong yu 公驭
HUANG, JIN LUAN 黄锦銮 **(1918-)**

Gong yu 公雨

LI, JING CI 李景慈 **(1918-)**

GONG, YU SHU 弓玉书
Xian lin 献麟

Gong yue 公约
LIU, MENG PENG 刘孟鹏 **(1857-1909)**

Gong yue 共月
HONG, YUAN PENG 洪远朋 **(1935-)**

Gong yue 共月
GONG, GUANG XIN 龚广新 **(1949-)**

Gong yue 弓月
ZHANG, QI MING 张启明 **(1941-)**

Gong yue 公越
FENG, NAI CHAO 冯乃超 **(1901-1983)**

GONG, YUN REN 龚允仁 **(1929-)**
Feng ya 枫亚
Ge, Dou 戈斗
Gong, De 龚德

Gong, Yun si 巩云思
XU, JUN JI 许俊基 **(1927-)**

Gong ze 公则
LU, KAI XIANG 卢开祥 **(1925-)**

GONG, ZE YUN 龚则韫
Zhe yun 哲韵

Gong zhan 公展
PAN, GONG ZHAN 潘公展 **(1894-1975)**

Gong, Zhen 巩真
CHEN, DIAN GUO 陈殿国 **(1936-)**

GONG, ZHENG YU 龚政宇 **(1941-)**
Ke, Zhen 柯桢
Long, Shan cheng 龙山城
Qi zi 杞子

Gong zhi 公直
ZHOU, SHU REN 周树人 **(1881-1936)**

Gong zhi chun 公之纯
LUO, ZHEN YU 罗振玉 **(1866-1940)**

Gong, Zhi di 弓之的
GONG, ZONG YAO 贡宗耀 **(1930-)**

Gong, Zhi yi 龚之一
MEI, MING ZHENG 梅明正 **(1922-)**

Gong zhong 公仲
CHEN, GONG ZHONG 陈公重 **(1934-)**

Gong zhu shi 公诸世
SHI, YUE HAN 施约翰

GONG, ZHU XIN 宫竹心 **(1899-1966)**
Bai, Yu 白羽
Gong, Bai yu 宫白羽
Gong, Wan xuan 宫万选
Zhu, Xin 竹心

Gong zhuo 公棹
JIANG, KAI ZHENG 蒋开征 **(1935-)**

Gong zi 公子
HUA, XI LU 花禧禄 **(1912-1946)**

Gong zi 公子
LIN, WEI LIANG 林为梁 **(1916-1943)**

Gong zi bu 公子布
YU, BAI WEI 俞百巍 **(1928-)**

Gong zi gen 弓子艮
ZHANG, QI ZHI 张齐治 **(1928-)**

Gong, Zi you 龚子游
TANG, ZHEN CHANG 唐振常 **(1922-)**

GONG, ZONG YAO 贡宗耀 **(1930-)**
Gong, Min 贡敏
Gong, Min zhi 贡敏之
Gong, Zhi di 弓之的
Jin sheng bu tan 金圣不叹
Ying, Ju cai 应聚才

Gou 构
ZHAO, CHAO GOU 赵超构 **(1910-1992)**

Gou ju 笱尻
QIAN, XUAN TONG 钱玄同 **(1887-1939)**

Gou mang 勾芒
YAN, SHUN XI 严顺晞 **(1922-)**

GOU, QING CHUAN 苟晴川 **(1919-)**
Qin, Chuan 秦川
Qing chuan 晴川

GOU, YU SHENG 苟煜升 **(1942-1984)**
Yu, Sheng 于胜

Gu 古
XU, CHANG JI 徐长吉 **(1916-1964)**

Gu 谷
ZHOU, SHU REN 周树人 **(1881-1936)**

Gu 谷
XU, ZHI MO 徐志摩 **(1896-1931)**

Gu 谷
ZHENG, ZHEN DUO 郑振铎 **(1898-1958)**

Gu 谷
ZHANG, GUANG REN 张光人 **(1902-1985)**

Gu 谷
HE, KAI RONG 何开荣 **(1907-1952)**

Gu 谷
WU, ZU XIANG 吴组缃 **(1908-1994)**

Gu 固
SHEN, YAN BING 沈雁冰 **(1896-1981)**

Gu 孤
GUO, MO RUO 郭沫若 **(1892-1978)**

Gu 顾
QU, QIU BAI 瞿秋白 **(1899-1935)**

Gu 嘏
QUAN, ZENG GU 全增嘏 **(1903-1984)**

Gu an 孤庵
LIANG, DING FEN 梁鼎芬 **(1859-1920)**

Gu an 觚庵
YU, MING ZHEN 俞明震 **(1860-1918)**

Gu, Ba yan 顾巴彦
GU, SAN DUO 顾三多 **(1920-)**

Gu, Ba 古巴
WANG, CHUN JIANG 王春江 **(1916-)**

Gu, Ba 古巴
SUN, CHENG JI 孙成己 **(1919-)**

Gu, Bai 古柏
WANG, REN SHU 王任叔 **(1901-1972)**

Gu, Bai 古柏
DU, YE MU 杜也牧 **(1910-1984)**

Gu, Bai 古柏
MA, SHAO LI 马劭力 **(1934-)**

Gu, Bai 谷白
GU, SHAO WEN 顾绍文 **(1944-)**

Gu, Bai cun 顾白村
LU, XI KUN 路西坤 **(1927-)**

GU, BAO RONG 顾葆瑢
Huai, Juan 怀鹃
Wan juan 婉娟

GU, BAO SUI 顾宝随 **(1897-1960)**
Ge, Mao 葛茅
Gu, Sui 顾随
Gu, Xian ji 顾羡季
Ku shui 苦水
Tuo an 驼庵

GU, BAO XIANG 顾宝骧 **(1930-)**
Gu, Xiang 顾骧
Gu xiang 故乡

Gu, Bei 古贝
LIN, ZHENG XIONG 林正雄 **(1939-)**

GU, BI ZHU 顾碧珠 **(1941-)**
Gu, Xiao 顾潇
Gu xiao 固潇

Gu, Bian ming 古辨明
DENG, WEN GUANG 邓文光

Gu, Bing 古兵
CAO, ZHE ZHI 曹者祉 **(1935-)**

GU, BING SONG 顾炳嵩 **(1906-)**
Gu, Yue zhong 顾岳中

GU, BING XIN 顾炳鑫 **(1923-)**
Gan, Cao 甘草
Gu, Yi xin 顾艺莘

Gu can kuang ren 孤残狂人
ZHANG, YUE REN 张悦人 **(1941-)**

Gu, Cang wu 古苍梧
GU, ZHAO SHEN 古兆申 **(1945-)**

Gu, Cao 古草
LI, SHI GU 李世古 **(1929-)**

Gu, Cao 谷草
GU, SI YONG 谷斯涌 **(1934-)**

Gu, Ceng bing 古层冰
GU, ZHI 古直 **(1884-1959)**

Gu chang 孤常
ZHANG, SHI ZHAO 章士钊 **(1882-1973)**

Gu, Chen 谷辰
HUANG, GU NONG 黄谷农 **(1916-)**

Gu, Cheng 古城
GUO, CHONG GUANG 郭重光 **(1931-)**

Gu, Cheng 古城
GU, JIN CHENG 顾金城 **(1947-)**

Gu, Cheng 古成
ZHANG, QI ZHEN 张启珍 **(1949-)**

Gu, Cheng 古澄
DENG, WEN GUANG 邓文光

Gu, Cheng wu 顾诚吾
GU, JIE GANG 顾颉刚 **(1893-1980)**

GU, CHU XIA 辜楚霞 **(1949-)**
Mei, Yun 梅筠
Qing si liu 青丝柳
Si liu 思柳

Gu, Chuan 谷川
DU, KUI 杜逵 **(1938-)**

Gu, Chuan 谷川
ZHOU, GANG 周刚 **(1961-)**

Gu chun feng lou 古春风楼
GAO, BAI SHI 高拜石 **(1901-1969)**

Gu chun feng lou zhu 古春风楼主
GAO, BAI SHI 高拜石 **(1901-1969)**

Gu ci 孤刺
WEI, MING 韦明

Gu, Dai feng 谷岱峰
GU, FENG 谷峰 **(1936-)**

Gu, Dao 古刀
JU, BAO KE 剧保科 **(1953-)**

Gu, Dao 古岛
GU, YI ZHOU 古一舟 **(1923-)**

Gu dao 孤岛
FAN, GUANG QI 范光启 **(1882-1914)**

GU, DE LONG 顾德隆 **(1903-1965)**
Fen yu 焚玉
Gu, Zhong yi 顾仲彝
Jin, Fu 金父

GU, DE XIAN 古德贤 **(1922-)**
Sha, Feng 沙风
Yuan, Shang cao 原上草

Gu, Deng dong 古登东
XIE, YAO HUI 谢耀辉 **(1919-)**

Gu, Di 古笛
SHI, JUE LING 施觉灵 **(1932-)**

GU, DI YUAN 古帝元 **(1919-)**
Gu, Yuan 古元

Gu, Dian 古典
LI, ZI GUANG 李子光 **(1962-)**

Gu, Ding 古丁
XU, CHANG JI 徐长吉 **(1916-1964)**

Gu, Ding 古丁
HU, ZHEN XUN 胡振勋 **(1917-)**

Gu, Ding 古丁
DENG, ZI ZHANG 邓滋璋 **(1928-1981)**

Gu ding 孤丁
WU, QING TANG 吴庆堂 **(1911-)**

Gu ding 孤丁
WANG, YAN LIN 王炎林 **(1922-)**

Gu, Dong 古冬
GUO, ZHI DONG 郭志东 **(1963-)**

Gu, Dong 古董
WU, CHENG SHI 吴承仕 **(1884-1939)**

Gu, Dong 古董
LIU, ZHI YI 刘志一 **(1937-)**

Gu, Dong 顾冬
GU, QIN LIANG 顾钦樑

Gu, Du 古渡
FU, SHI SEN 宓世森 **(1933-)**

Gu du ke 孤独客
TANG, PING YU 唐平裕 **(1936-)**

Gu, Du zi 古都子
CHEN, RUI QI 陈瑞淇 **(1921-)**

Gu, Dui 古兑
CHEN, GUANG YAO 陈光尧 **(1906-1972)**

Gu, Duo duo 谷多多
GU, YI HAI 谷一海 **(1960-)**

Gu, Er 顾耳
GU, ZHAO SHEN 古兆申 **(1945-)**

Gu er 孤尔
GU, JIAN 辜健 **(1939-)**

Gu, Er nan 顾尔南
CHEN, DA ZHUAN 陈达专 **(1952-)**

Gu fan 孤帆
XIA, SHU XUN 夏树勋 **(1912-)**

Gu fan 孤帆
ZHANG, GUI CAI 张贵才 **(1944-)**

Gu fan 孤帆
MA, CUN KUN 马存坤

GU, FANG SONG 顾方松 **(1932-)**
Gu, Song 古松

Gu, Fei 古飞
ZHANG, GUANG REN 张光人 **(1902-1985)**

Gu, Fei 古斐
ZHANG, GUANG REN 张光人 **(1902-1985)**

Gu, Fei 谷非
ZHANG, GUANG REN 张光人 **(1902-1985)**

Gu, Fen 顾纷
ZHANG, GUANG REN 张光人 **(1902-1985)**

Gu fen 孤愤
WANG, REN SHU 王任叔 **(1901-1972)**

Gu, Feng 古风
JIA, YU 贾羽 **(1961-)**

Gu, Feng 古枫
WU, HUAI SHENG 吴淮生 **(1929-)**

Gu, Feng 古枫
HU, NAI WU 胡乃武 **(1945-)**

Gu, Feng 古烽
LIAO, SHENG LIANG 廖圣亮 **(1931-)**

Gu, Feng 谷丰
GU, FENG 谷峰 **(1936-)**

Gu, Feng 谷风
ZHANG, GUANG REN 张光人 (1902-1985)

Gu, Feng 谷风
LIU, GUO FANG 刘国芳 (1922-)

Gu, Feng 谷风
SHI, CHENG HAN 史成汉 (1923-)

Gu, Feng 谷风
XIAO, SHU 萧淑 (1923-)

Gu, Feng 谷风
JIANG, BING JIE 蒋冰杰 (1925-)

Gu, Feng 谷风
WU, RUO PING 吴若萍 (1928-)

Gu, Feng 谷风
JIANG, GU FENG 蒋谷峰 (1934-)

Gu, Feng 谷风
YAO, GUO KUN 姚国坤 (1937-)

Gu, Feng 谷风
CAI, YI HUAI 蔡益怀 (1962-)

Gu, Feng 谷风
TAN, XIA SHENG 谭夏声

Gu, Feng 谷枫
GUO, JIA GUI 郭嘉桂 (1919-)

Gu, Feng 谷峰
JI, FU GEN 季夫根 (1933-)

GU, FENG 谷峰 (1936-)
Gu, Dai feng 谷岱峰
Gu, Feng 谷丰

Gu, Feng 顾风
ZHANG, GUANG REN 张光人 (1902-1985)

Gu feng 孤凤
LU, JIA WEN 卢嘉文 (1909-)

Gu feng 孤峰
ZOU, EN RUN 邹恩润 (1895-1944)

GU, FENG CHENG 顾凤城 (1908-1940)
Feng cheng 凤城
Fu, Hao 符号
Gu, Ren qian 顾仞千
Huang, Ren ying 黄人影
Jie mei 洁梅
Jie mei gu niang 洁梅姑娘
Jie mei nü shi 洁梅女士
Ling, Mei 凌梅
Ren qian 纫千
Xiao ping 小萍
Zhang, Xiang shan 张香山

Gu, Feng deng 谷丰登
GU, FU SHUN 谷福顺 (1946-)

Gu, Feng nian 顾丰年
GU, FENG NIAN 顾凤年 (1934-)

GU, FENG NIAN 顾凤年 (1934-)
Gu, Feng nian 顾丰年
Rui xue 瑞雪

GU, FENG TIAN 谷凤田
Feng tian 凤田
Qian xi 倩兮
Xin nong 心侬

Gu, Fo ying 顾佛影
GU, XIAN RONG 顾宪融 (1901-1955)

Gu, Fu 古夫
CHEN, WEI MING 陈维明 (1905-1961)

Gu, Fu 谷夫
CEN, RU YANG 岑汝养 (1926-)

Gu, Fu 谷甫
XU, GUO FU 徐国富 (1949-)

GU, FU SHUN 谷福顺 (1946-)
Gu, Feng deng 谷丰登

Gu, Fu zi 古復子
YANG, YU RU 杨玉如 (1877-1961)

Gu, Gan 古干
HAN, SHU ZHI 韩述之

Gu, Ge 古歌
GUO, SI HAI 郭四海 (1944-)

Gu, Ge jin 古歌今
LIU, FA JUN 刘发俊 (1932-)

Gu, Gong 古弓
LIU, QI 刘圻 (1916-)

Gu, Gong 古公
XIE, JUE ZAI 谢觉哉 (1884-1971)

Gu, Gong 顾工
GU, JU LOU 顾菊楼 (1928-)

Gu, Gong yu 古公愚
GU, ZHI 古直 (1884-1959)

Gu, Gu 谷谷
XU, DUN GU 许敦谷 (1894-)

GU, GUAN QUN 顾冠群 (1944-)
Nan, Shen 南申

Gu, Han 古汗
YANG, CHUAN YE 杨传业 (1923-)

Gu, Heng 古珩
LI, YUE FENG 李月凤 (1945-)

GU, HONG 顾鸿 (1920-1986)
He, Yuan 贺原
Jiang, Yi ming 江一明
Xia hou, Wan xun 夏侯晚浔

Gu, Hong 古虹
TAN, YA MU 谭亚木 (1942-)

Gu, Hong 谷虹
LI, SHU REN 李树人 (1916-)

Gu, Hong 谷虹
LIN, YI ZHOU 林益洲

Gu hong 孤虹
TAN, YA MU 谭亚木 (1942-)

Gu hong 孤鸿
FAN, GUANG QI 范光启 (1882-1914)

Gu hong 孤鸿
WANG, SHI XUE 王世学 (1912-)

Gu hong 孤鸿
FU, HUI FANG 傅蕙芳 (1914-)

Gu hong mei ge zhu 古红梅阁主
ZHANG, YI LIN 张一麐 (1867-1943)

GU, HONG MING 辜鸿铭 (1857-1928)
Dong hong xian sheng 冬烘先生
Dong xi nan bei ren 东西南北人
Du yi 读易
Du yi lao ren 读易老人
Gu, Tang sheng 辜汤生
Han bin du yi zhe 汉滨读易者
Hong ming 鸿铭
Tang, Sheng 汤生
Yong ren 慵人

Gu, Hua 古华
LUO, HONG YU 罗鸿玉 (1942-)

Gu, Hua 谷华
ZHA, GUO HUA 查国华 (1931?-)

Gu, Huai 谷怀
ZHU, ZHEN SHENG 朱振生 (1922-)

Gu, Huai 谷怀
DUAN, GENG XIN 段更新 (1940-)

Gu, Huai 谷怀
HU, GUO WEI 胡国伟 (-1976)

Gu huai ju shi 古槐居士
YU, MING HENG 俞铭衡 (1900-1990)

Gu, Huan 古懽
FAN, YI 范祎 (1866-1939)

GU, HUAN KANG 顾缓康 (1933-)
A kang 阿康
Xue bo 雪波

Gu huan lao ren 古懽老人
FAN, YI 范祎 (1866-1939)

Gu, Huan zhai 古欢斋
ZHU, QI FENG 朱起凤 (1874-1948)

Gu, Ji 谷几
JIANG, CHUN REN 江纯仁 (1908-)

Gu, Ji gao 顾季高
GU, YI QUN 顾翊群 (1900-)

GU, JI TANG 古继堂 (1936-)
Si, Qin 斯钦
Yao ting 耀亭

Gu, Jia 古甲
GAO, ER GONG 高尔公 (1920-1976)

GU, JIA XI 顾家熙 (1919-)
Gu, Ming 顾明
Guo, Min 郭敏
Li, Fei 李飞
Liu, Feng 刘丰
Liu, Feng 柳风

GU, JIA XIANG 顾家相 (1853-1917)
Ji, Dun 季敦

Gu, Jian 古剑
GU, JIAN 辜健 (1939-)

GU, JIAN 辜健 (1939-)
Gu er 孤尔
Gu, Jian 古剑
Kang, Fu 康馥
Xiao yang 箫扬
Zheng, Yu 郑羽

Gu, Jian chen 谷剑尘
GU, SI JIANG 谷斯江 (1897-1976)

GU, JIAN GUO 顾建国 (1933-)
Gu, Le zhen 顾乐真

GU, JIAN ZHI 辜健智 (1944-)
Gu, Yin 古寅
Yi zhe 医者
Zhi ri 知日

Gu, Jian zi 古鉴兹
LI, SHI GU 李世古 (1929-)

GU, JIE GANG 顾颉刚 (1893-1980)
Bi gong 鼻公
Gang 刚
Gu, Cheng wu 顾诚吾
Gu, Ming jian 顾铭坚
Gui, Jiang yuan 桂蕫圆
Jie gang 颉刚
San gen 三根

Shan gen 山根
Wu hui 无悔
Yu, Yi 余毅
Zhang, Jiu 张久
Zhu, Shan gen 朱山根

GU, JIN CHENG 顾金城 **(1947-　　)**
Gu, Cheng 古城

Gu, Jin yong 顾今用
WU, WEN JUN 吴文俊

GU, JIN ZHANG 顾金章 **(1925-　　)**
Gu, Zheng nan 顾征南
Huang, Shui 黄水
Li yang 犁阳
Qiu, Sha 丘沙

Gu, Jing 古井
WU, QUAN XI 吴全喜 **(1948-　　)**

Gu, Jing 谷滯
CHEN, LI MEI 陈丽美

Gu jing 孤竟
SU, QING QIANG 苏清强 **(1948-　　)**

GU, JING CHENG 顾景程 **(1897-1944)**
Gu, Ming dao 顾名道
Hu tou shu sheng 虎头书生
Mei qian nü shi 梅倩女史
Ming, Dao 明道
Ri yue sheng 日月生
Shi po tian jing shi zhu 石破天惊室主
Zheng yi zhai zhu 正谊斋主

Gu, Jiong 顾炯
GU, MING DAO 顾明道 **(1941-　　)**

GU, JU LOU 顾菊楼 **(1928-　　)**
Gu, Gong 顾工
Ji le 鸡肋
Zhen li 珍理

Gu, Jun 古军
GU, MENG OU 顾梦欧 **(1918-　　)**

Gu, Jun 古军
CHEN, ZHENG CAI 陈正才 **(1961-　　)**

Gu, Jun 谷军
DAI, WEN GUANG 戴文光 **(1938-　　)**

Gu, Jun 谷峻
CHEN, GUO JUN 陈国俊 **(1923-　　)**

Gu jun 孤君
TAN, PI MO 谭丕谟 **(1899-1958)**

GU, JUN ZHENG 顾均正 **(1902-1980)**
Qiu, Chao 秋潮
Yi de 一得
You hua 友华

Zhen huan 振寰
Zhen zhi 振之

GU, KANG 顾康 **(1921-　　)**
Ding, Yi 丁毅

GU, KE ZHAI 顾克斋
Gu, Lun 顾伦
Gu, Zhi li 顾支离

Gu, Ken 谷垦
WANG, YIN SHENG 王垠生 **(1937-　　)**

Gu, Kuang 古狂
ZHU, MU JIA 朱慕家 **(1890-1970)**

Gu, Kuang sheng 古狂生
FAN, WEN FU 范文甫 **(1870-1936)**

Gu, Kun 谷昆
YAO, GUO KUN 姚国坤 **(1937-　　)**

Gu, Kun 顾昆
XIE, XING 谢兴 **(1907-1975)**

Gu, Lan 谷兰
QIN, GU LAN 覃谷兰 **(1906-　　)**

Gu, Lan 谷兰
WANG, JIE XIN 王洁心 **(1927-　　)**

Gu, Lan 谷岚
WANG, WEN ZHONG 王文衷 **(1931-　　)**

Gu, Lan 谷岚
ZHENG, QING WEN 郑清文 **(1932-　　)**

Gu lan nü shi 谷兰女士
QIN, GU LAN 覃谷兰 **(1906-　　)**

Gu, Lan yin 顾兰银
YAN, QIANG GUO 阎强国 **(1964-　　)**

Gu, Lang 顾琅
ZHOU, SHU REN 周树人 **(1881-1936)**

Gu, Lang 顾琅
RUI, TI QIAN 芮体乾

Gu, Lao 古老
GU, WAN LI 古万利 **(1952-　　)**

Gu, Le cai 顾乐才
ZHAI, QING HE 翟庆和 **(　　-1949)**

Gu, Le zhen 顾乐真
GU, JIAN GUO 顾建国 **(1933-　　)**

Gu, Lei 顾蕾
YANG, FENG XIANG 杨凤翔 **(1931-　　)**

Gu, Li 古力
HU, WU GONG 胡武功 **(1949-　　)**

Gu, Li 古利
WU, SHENG FENG 吴晟锋 **(1947-　　)**

Gu, Li gao 古立高
GU, LI GAO 顾立高 (1923-)

GU, LI GAO 顾立高 (1923-)
Gu, Li gao 古立高
Li gao 立高
Wang, Kuai ren 王快人

Gu li hu ma 古丽胡麻
SAI, FU DING 赛福鼎 (1915-)

GU, LIAN TANG 顾连塘 (1935-)
Tie zi 铁子

Gu, Liang 谷亮
SHI, GUO LIANG 石国樑 (1939-)

Gu, Liang 谷亮
CHEN, GUO LIANG 陈国良 (1949-)

Gu, Liang chun 谷梁春
BAO, CHANG 鲍昌 (1930-1989)

Gu, Liang yi 谷梁异
LI, BAO JIA 李葆家 (1920-)

Gu, Liang yi 谷梁异
TIAN, XIAO WU 田孝武

Gu liang yi bing 谷梁异兵
LI, BAO JIA 李葆家 (1920)

Gu, Lin 古林
DAI, XING EN 戴行恩 (1913-1988)

Gu lin 固林
ZHOU, JIE FU 周介福 (1910-1982)

Gu, Lin shi 古林士
WU, GONG ZHENG 吴功正 (1943-)

GU, LIN SHI 顾麟士 (1865-1930)
E 谔
E yi 谔一
He lu 鹤庐
He yi 鹤逸
Xi jin 西津
Yun lin 筠邻

Gu, Ling 古令
WANG, YU REN 王裕仁 (1955-)

Gu, Ling 古灵
GU, ZHEN YING 古振英 (1928-)

Gu ling 孤零
ZHANG, ZHI GE 张志革 (1921-)

Gu, Ling zi 顾玲子
YANG, XIAO 杨萧

Gu, Liu 谷柳
HUANG, GU LIU 黄谷柳 (1908-1977)

Gu, Liu 古柳
LIU, YING JUN 柳英君 (1970-)

Gu, Liu 谷流
ZHAO, ZHONG 赵锺 (1928-)

Gu, Liu cun 古柳村
WANG, SHU CUN 王树村 (1923-)

Gu, Liu fang 谷流芳
WANG, YUAN HUA 王元化 (1920-)

Gu, Long 古龙
XIONG, YAO HUA 熊耀华 (1937-1985)

Gu, Lu 古鲁
WANG, ZHONG LIN 王锺麟 (1900-1959)

Gu, Lun 顾伦
GU, KE ZHAI 顾克斋

Gu, Man 谷曼
WANG, FU 王馥 (1919-)

Gu, Man ou 顾曼鸥
GU, ZHU YI 顾竹漪 (1916-1976)

Gu, Mei 古梅
ZHAO, BAO ZHEN 赵宝珍 (1942-)

Gu, Meng 古梦
ZHANG, TIE MIN 章铁民 (1899-)

GU, MENG OU 顾梦欧 (1918-)
Gu, Jun 古军

Gu, Meng ren 古蒙仁
LIN, RI YANG 林日扬 (1951-)

Gu, Meng shan 顾蒙山
CHEN, ZONG TANG 陈宗棠 (1936-)

Gu, Meng yu 顾孟餘
GU, ZHAO XIONG 顾兆熊 (1888-1973)

Gu, Meng yu 顾梦渔
GU, ZHAO XIONG 顾兆熊 (1888-1973)

Gu, Min 古民
ZHANG, ZHONG DUAN 张锺端

GU, MIN YUAN 顾民元 (1912-1941)
Dai, Qian 戴乾
Ming, Yuan 明圆

Gu, Ming 古明
XU, HU 徐琥 (1909-)

Gu, Ming 谷鸣
YANG, DONG ZHI 杨东志 (1957-)

Gu, Ming 顾明
GU, JIA XI 顾家熙 (1919-)

Gu, Ming dao 顾名道
GU, JING CHENG 顾景程 (1897-1944)

GU, MING DAO 顾明道 **(1941-　　)**
Gu, Jiong 顾炯

Gu, Ming jian 顾铭坚
GU, JIE GANG 顾颉刚 **(1893-1980)**

Gu, Mo 古墨
LI, HAI MING 李海鸣 **(1946-　　)**

Gu, Mu 古木
HU, GUO CUN 胡果存 **(1946?-　　)**

Gu, Mu 古木
HU, QING LIN 胡庆林 **(1958-　　)**

Gu, Mu 谷牧
LIU, MAN SHENG 刘曼生 **(1914-　　)**

Gu, Mu ding 顾牧丁
GU, ZHU YI 顾竹漪 **(1916-1976)**

Gu, Na 谷纳
GU, SHAO HUA 谷绍华 **(1921-　　)**

Gu, Nan 谷南
QIN, GU LAN 覃谷兰 **(1906-　　)**

Gu, Nan duo 古男朵
BAO, ZU TANG 包祖堂 **(1934-　　)**

Gu, Ne 古讷
LIU, WEI 刘伟 **(1951-　　)**

GU, NENG HAO 古能豪 **(1955-　　)**
Fu you zi 蜉蝣子
Kang, Di 康迪
Zi han 子涵

Gu, Ni 谷泥
LI, GUO YI 郦国义 **(1948-　　)**

Gu, Nian ci 顾念慈
ZHONG, SHAO KUN 钟绍锟 **(1914-　　)**

Gu, Ning 顾宁
MOU, LUN YANG 牟伦扬 **(1919-1943)**

Gu, Nong 古农
FAN, GU NONG 范古农 **(1881-1951)**

Gu, Nong 谷农
HUANG, GU NONG 黄谷农 **(1916-　　)**

Gu, Pan 顾盼
WU, CHENG HUI 吴承惠 **(1926-　　)**

GU, PAN 顾盼 **(1963-　　)**
Che, Qian zi 车前子

Gu, Pan 顾盼
CAO, WEN JUN 曹文君 **(1968-　　)**

GU, PEI LI 顾培利 **(1962-　　)**
A li 阿利

Gu ping 孤萍
FU, XIONG XIANG 傅熊湘 **(1883-1930)**

Gu ping 孤萍
YANG, TIAN SHENG 杨天生 **(1916-　　)**

GU, PING DAN 顾平旦 **(1930-　　)**
A meng 阿蒙
Ping, Sha yan 平沙燕

Gu ping ke 孤萍客
FU, XIONG XIANG 傅熊湘 **(1883-1930)**

GU, PU 顾朴 **(1923-　　)**
Mu feng 木风

Gu pu 菰莆
WANG, REN SHU 王任叔 **(1901-1972)**

GU, QI CHENG 顾其城 **(1910-　　)**
Gu, Rui min 顾瑞民
Gu, Sen qian 顾森千
Mei zi 美子
S. M.
Sen qian 森千
Wei heng 惟恒
Xi, An 席安
Xia, Rui min 夏瑞民
Yi men 亦门
Yin, Chen 殷沉
Zhu, Jie min 朱介民

Gu, Qian 古千
ZHANG, SHI QIANG 张世强 **(1942-　　)**

Gu, Qiao 古桥
ZHANG, ZUO CHENG 张作丞 **(1936-　　)**

Gu, Qiao min 古樵民
QIU, SHENG MING 丘声明 **(1940-　　)**

Gu, Qin 古琴
LIU, KE WEI 刘可为 **(1948-　　)**

GU, QIN LIANG 顾钦樑
Gu, Dong 顾冬

Gu, Qin xin 古琴心
WANG, CHU LIANG 王楚良

Gu, Qiu 古秋
HU, GANG 胡港 **(1959-　　)**

GU, QIU NENG 古求能 **(1948-　　)**
Gu, Xi ming 顾西明

Gu, Qu 谷渠
ZHAO, GUO QUAN 赵国荃 **(1937-　　)**

Gu, Qu lang 顾曲郎
ZHOU, SEN 周森 **(1931-　　)**

Gu, Qu zhou 顾曲周
XU, BAO TI 徐宝梯 **(1901-　　)**

Gu, Quan 古泉
HU, GUO QIN 胡国钦 **(1939-)**

Gu, Quan 谷泉
YE, XIAN GU 叶显谷 **(1931-)**

Gu, Quan 谷泉
TANG, MAN CHENG 唐满城 **(1932-)**

GU, QUAN XIONG 顾泉雄 **(1936-)**
Bai, Shui 白水

Gu, Ren 古刃
QIU, SHENG MING 丘声明 **(1940-)**

Gu, Ren 谷人
HAN, WEN ZHOU 韩文洲 **(1926-)**

Gu, Ren 谷人
GUO, MO RUO 郭沫若 **(1892-1978)**

Gu ren 穀人
HAN, WEN ZHOU 韩文洲 **(1926-)**

Gu ren 故人
ZHAO, NAI DING 赵廼定 **(1943-)**

Gu, Ren ji 辜人几
TIAN, YUN LIANG 田运良 **(1964-)**

Gu, Ren qian 顾仞千
GU, FENG CHENG 顾凤城 **(1908-1940)**

Gu, Ri shan 古日山
HU, XIAO FENG 胡晓峰 **(1951-)**

Gu, Rong 古榕
CHEN, FENG 陈丰 **(1958-)**

Gu, Rui min 顾瑞民
GU, QI CHENG 顾其城 **(1910-)**

GU, RUN 谷闰 **(1959-)**
Xin xin 新新

GU, SAN DUO 顾三多 **(1920-)**
Ba, Yan 巴彦
Chang, Lü 常绿
Gao, Feng 高风
Gu, Ba yan 顾巴彦
Hu, Shuo 胡朔
Luo, Ding 罗丁
Mo, Yu 墨羽
Xiao, Feng 萧风
Xiong san 雄三

Gu, Sen qian 顾森千
GU, QI CHENG 顾其城 **(1910-)**

Gu, Seng 谷僧
ZOU, EN RUN 邹恩润 **(1895-1944)**

Gu, Shan 古山
MAO, HUI CHUAN 毛汇川 **(1924-)**

Gu, Shan 谷山
ZHU, ZHEN SHENG 朱振声 **(1933-)**

GU, SHAO HUA 谷绍华 **(1921-)**
Di zhi 迪之
Gu, Na 谷纳

GU, SHAO KANG 顾绍康 **(1941-)**
Shao kang 绍康

GU, SHAO WEN 顾绍文 **(1944-)**
Gu, Bai 谷白

Gu, Shen 谷神
YE, SHAO JUN 叶绍钧 **(1894-1988)**

Gu sheng 孤生
GU, ZHI 古直 **(1884-1959)**

Gu sheng 鼓声
ZHANG, GUANG REN 张光人 **(1902-1985)**

Gu, Shi 谷实
WANG, QIU YING 王秋萤 **(1913-)**

GU, SHI 顾实 **(1876-)**
Tie seng 铁僧
Tie sheng 铁生

Gu, Shi ling 顾诗灵
GU, ZE PEI 顾泽培

Gu shu 固树
ZHOU, SHU REN 周树人 **(1881-1936)**

GU, SHU LIANG 顾叔良
Wo fo 卧佛

Gu, Si 顾思
JIANG, YUAN CHUN 蒋元椿 **(1920-)**

Gu si 孤思
LU, CHUAN FENG 卢传凤 **(1946-)**

GU, SI FAN 谷斯范 **(1916-)**
Jiang, Di 江荻

GU, SI JIANG 谷斯江 **(1897-1976)**
Gu, Jian chen 谷剑尘

GU, SI QIN 谷斯钦 **(1923-)**
Ji, Yin 季音

GU, SI YONG 谷斯涌 **(1934-)**
Gu, Cao 谷草
Shen, Lin 沈林

Gu, Song 古松
GU, FANG SONG 顾方松 **(1932-)**

Gu song 孤松
LI, DA ZHAO 李大钊 **(1889-1927)**

Gu song 孤松

PENG, BING SHENG 彭丙生 (1910-1968)

GU, SONG CHEN 顾崧臣 (-1929)
Dao qiu 悼秋
Fei yan jiu zhu 飞燕旧主
Fu mei 服媚
Gu, Wu jiu 顾无咎
Jiu di 酒帝
Lao fu 老服
Ling yun 灵云
Shen zhou jiu di 神州酒帝
Tui zhai 退斋

Gu, Song mei 古松梅
ZENG, RUI XIONG 曾瑞熊 (1903-)

Gu sou 觚叟
QIAN, XUAN TONG 钱玄同 (1887-1939)

Gu, Su 谷粟
XU, FU CHANG 许福昌 (1941-)

Gu, Sui 顾随
GU, BAO SUI 顾宝随 (1897-1960)

Gu, Sun 谷蓀
QIAN, CHENG 钱城 (1889-1938)

Gu, Tang sheng 辜汤生
GU, HONG MING 辜鸿铭 (1857-1928)

Gu, Tian 古田
LIN, BAO QUAN 林宝泉 (1913-)

Gu, Tian 谷天
HE, KAI RONG 何开荣 (1907-1952)

Gu, Tian 谷田
FU, YONG LING 傅永龄 (1927-)

Gu, Ting 谷汀
WANG, LE BIN 王乐宾 (1927-)

Gu tong 孤桐
ZHANG, SHI ZHAO 章士钊 (1882-1973)

Gu tong zi 孤桐子
ZHANG, SHI ZHAO 章士钊 (1882-1973)

GU, WAN CHUAN 谷万川 (1905-1970)
Ban lin 半林
Bing chuan 冰川
Bing gu 冰谷
Bing yi 冰矣
Han lin 寒林
Jing lin 静林
Jing zhao bu yi bing chuan 京兆布衣冰川
Jun su 君素
Lian, Qing 连青
PC wu lang PC 五郎
Qing lin 青林
Si ming 四名
Si, Yun 斯云
Su jun 素君
Yong qi 永弃
Yuan ming 怨明

GU, WAN LI 古万利 (1952-)
Gao, Chu 高处
Gu, Lao 古老
Qing feng 清风
Wan, Li lang 万里浪

Gu, Wan ren 古万忍
LIU, WAN REN 刘万仁 (1929-)

GU, WANG 顾望 (1922-)
Qi, Mu dong 齐牧东
Xue tang 雪棠

Gu, Wei 古微
ZHU, ZU MOU 朱祖谋 (1857-1931)

Gu, Wei 谷苇
LU, GUO WEI 陆国纬 (1932-)

Gu, Wei 谷威
REN, GUO WEI 任国维 (1936-)

Gu, Wei 谷维
GU, WEI 顾维 (1948-)

GU, WEI 顾维 (1948-)
Gu, Wei 谷维

Gu, Wei jin 古为今
YAN, GUANG HUA 严光化 (1924-)

Gu, Wei wei 古威威
LIAO, WEI WEI 廖威威 (1960-)

Gu, Wen 谷文
GU, WEN JUAN 谷文娟 (1930-)

Gu, Wen 顾问
DENG, WEN LAI 邓文来 (1931-)

GU, WEN JUAN 谷文娟 (1930-)
Gu, Wen 谷文

GU, WEN RUI 谷文瑞 (1946-)
Cheng ran gu 诚然谷

Gu, Wo 古卧
YE, XIU RONG 叶秀荣 (1939?-)

Gu wo 故我
CHENG, YI RONG 程一戎 (1910-)

Gu wu 孤骛
XIE, ZHEN DONG 谢振东 (1930-)

GU, WU CHANG 谷五昌 (1928-1990)
Gu, Wu chang 谷武昌
Gu, Yu 谷峪

Gu, Wu chang 谷武昌

GU, WU CHANG 谷五昌 (1928-1990)

Gu, Wu jiu 顾无咎
GU, SONG CHEN 顾崧臣 (-1929)

Gu, Xi 谷谿
XU, GUANG XIAO 徐光霄 (1915-1989)

Gu xi 孤西
YAO, SI QUAN 姚思铨 (1915-1944)

Gu, Xi dong 顾锡东
GU, ZENG DE 顾增德 (1923-)

Gu, Xi ming 顾西明
GU, QIU NENG 古求能 (1948-)

Gu, Xi zi 古溪子
XIA, TING YU 夏廷棫 (1902-1979)

Gu, Xian ji 顾羡季
GU, BAO SUI 顾宝随 (1897-1960)

GU, XIAN RONG 顾宪融 (1901-1955)
Da mo 大漠
Da mo shi ren 大漠诗人
Fo lang 佛郎
Fo ying 佛影
Gu, Fo ying 顾佛影
Hong fan jing she zhu ren 红梵精舍主人

Gu, Xiang 古巷
HU, GANG 胡港 (1959-)

Gu, Xiang 顾乡
WEI, FEI 隗芾 (1938-)

Gu, Xiang 顾骧
GU, BAO XIANG 顾宝骧 (1930-)

Gu xiang 故乡
GU, BAO XIANG 顾宝骧 (1930-)

Gu, Xiao 顾潇
GU, BI ZHU 顾碧珠 (1941-)

Gu, Xiao 古萧
DONG, BIN 董滨 (1955-)

Gu xiao 固潇
GU, BI ZHU 顾碧珠 (1941-)

Gu xiao lao ren 孤笑老人
LI, BAO XUN 李葆恂 (1859-1915)

GU, XING 顾行 (1928-)
Cao, Hong 曹红
Chen, Ge 陈戈
Ge, Chen 戈陈
Ge, Xing 戈行
Wu, Shi tu 伍识途
Xiao cao 小曹
Xiao ge 小戈
Yue, Kai 乐凯

Gu xing 孤行
TONG, JIAN YING 童建颖 (1952-)

Gu xing 孤星
SUN, XIANG JIE 孙祥偈 (1903-1965)

GU, XING GUANG 顾兴光
Meng tong 梦彤

Gu, Xing ren 古行人
PENG, XU 彭徐 (1925-)

GU, XIU HUA 顾秀华 (1926-)
Gu, Zong hua 顾宗华
Zong, Hua 宗华

Gu, Xu 谷旭
LI, GUO ZHU 李国拄 (1931-)

Gu, Xu 谷虚
WU, MING GAO 伍鸣皋 (1930-)

Gu xuan 鼓轩
PANG, XUN QIN 庞薰琹 (1906-1985)

Gu, Xue 古雪
LI, KE LING 李克灵 (1947-)

GU, XUE JIE 顾学颉 (1913-)
Gu, Zhao cang 顾肇仓
Kan zhai 坎斋
Shu kan 赤坎
Zhao cang 肇仓

Gu, Xun 古洵
YU, ZHI HUA 喻志华 (1913-1974)

Gu, Yan 谷岩
HE, XIN QUAN 和新泉 (1924-)

Gu, Yan 顾言
QIN, ZHAO YANG 秦兆阳 (1916-)

Gu, Yan 顾言
LI, CHENG ZHANG 李承璋 (1950-)

Gu, Yan 顾研
ZHOU, RU CHANG 周汝昌 (1918-)

Gu yan 孤雁
HE, SHI JUN 何时俊 (1887-1944)

Gu, Yan fei 辜燕飞
SU, QING LONG 苏庆隆 (1951-)

Gu, Yang 谷羊
MU, YI 穆毅 (1926-)

Gu, Yang shan 顾阳山
CHEN, WANG DAO 陈望道 (1890-1977)

Gu, Yao shui 顾乐水
ZHANG, SHI YI 张师顗 (1921-)

Gu, Ye 谷野
HUANG, JIA SHAN 黄嘉善 (1941-)

GU, YE CAI 顾业才 (1954-)
Shan li sheng 山里笙
Yue shan 月山

Gu, Yi 古仪
LI, GUO YI 励国仪 (1948-)

Gu, Yi 谷衣
LIAO, JIAN YU 廖建裕 (1941-)

Gu, Yi 谷依
GUO, SONG YI 郭松义 (1934-)

GU, YI HAI 谷一海 (1960-)
Gu, Duo duo 谷多多

Gu, Yi qiao 顾一樵
GU, YU XIU 顾毓琇 (1902-)

GU, YI QUN 顾翊群 (1900-)
Gu, Ji gao 顾季高
Guan ting shu shi 管艇书室

GU, YI SHENG 顾易生 (1924-)
Ci hu 慈护

Gu, Yi xin 顾艺莘
GU, BING XIN 顾炳鑫 (1923-)

GU, YI XING 顾亦兴 (1932-)
Jiu zi gu ren 九子谷人
Shan tou ren 山头人
Yi sheng 一声

GU, YI ZHOU 古一舟 (1923-)
Gu, Dao 古岛
Gu, Ying zhou 古瀛洲

Gu, Yin 古因
ZHANG, GUANG REN 张光人 (1902-1985)

Gu, Yin 古寅
GU, JIAN ZHI 辜健智 (1944-)

Gu, Yin 古寅
YE, XIONG 叶雄 (1950-)

Gu, Yin 谷荫
ZHU, DE AN 朱德安 (1901-1941)

Gu, Yin 谷荫
ZHANG, GUANG REN 张光人 (1902-1985)

Gu, Yin 谷音
ZHU, DE AN 朱德安 (1901-1941)

Gu, Yin 谷音
ZHANG, GUANG REN 张光人 (1902-1985)

Gu, Yin 谷音
WANG, LIN 王琳 (1916-)

Gu yin 姑隐
GUAN, SHAO JI 关绍箕 (1946-)

Gu yin ju shi 谷隐居士
SHEN, ZENG ZHI 沈曾植 (1850-1922)

Gu, Ying 顾盈
WANG, SHANG ZHI 王尚志 (1912-)

Gu, Ying 谷莺
LIAO, YU XIANG 廖玉祥

Gu, Ying 谷颖
HUANG, GUO KUN 黄帼坤

Gu ying 孤影
MIN, HONG KUI 闵鸿奎 (1937?-)

Gu ying kuang ke 古瀛狂客
FAN, DANG SHI 范当世 (1854-1904)

Gu, Ying zhou 古瀛洲
GU, YI ZHOU 古一舟 (1923-)

Gu, Yong 古甬
SONG, JIU ZHI 宋九祉 (1917-)

GU, YONG ZHI 顾永芝 (1936-)
Zhu, Hong 竹红

GU, YONG ZHONG 顾用中 (1913-)
A mi 阿咪
Ruo nian 若年
Xiao, Ge 肖戈
Zhong yong 中庸

Gu, Yu 古玉
HU, DE PEI 胡德培 (1937-)

Gu, Yu 古愚
ZHU, QIAN ZHI 朱谦之 (1899-1972)

Gu, Yu 古愚
ZHANG, GU YU 张古愚

Gu, Yu 谷雨
LI, SHI 李实 (1923-)

Gu, Yu 谷雨
HAO, HONG ZHANG 郝红章 (1931-)

Gu, Yu 谷雨
YU, ZI HUI 俞子徽 (1931-)

Gu, Yu 谷峪
GU, WU CHANG 谷五昌 (1928-1990)

Gu yu 縠雨
SHI, WEN QI 施文起 (1924-1872)

Gu yu 縠雨
HUANG, JIN CHENG 黄金成

Gu, Yu jin 顾喻今
YAN, GUANG HUA 严光化 (1924-)

GU, YU XIU 顾毓琇 (1902-)
Gu, Yi qiao 顾一樵
Jiao she 蕉舍
Liang xi ju shi 梁溪居士
Yi qiao 一樵

Gu, Yuan 古元
GU, DI YUAN 古帝元 (1919-)

Gu, Yuan 古苑
ZHA, QI DIAN 乍启典 (1922-)

Gu, Yuan 古原
GONG, DA ZHONG 宫大中 (1939-)

Gu, Yuan 古塬
YANG, ZHI JUN 杨志军 (1960-)

Gu, Yuan 谷远
ZHENG, ZHEN DUO 郑振铎 (1898-1958)

Gu, Yuan 顾元
WANG, YANG 王扬 (1917-1986)

Gu, Yuan qing 古远清
LIAO, YUAN QING 廖远清 (1941-)

Gu, Yue 古月
LI, TIAN XIN 李天欣 (1915-)

Gu, Yue 古月
HU, LIAN JIANG 胡连江 (1921-)

Gu, Yue 古月
HU, ZHONG YUAN 胡忠元 (1929-)

Gu, Yue 古月
HU, XIAO CHUN 胡小春 (1933-)

Gu, Yue 古月
HU, ZHEN HAI 胡振海 (1936-)

Gu, Yue 古月
HU, SHI YING 胡世英 (1937-)

Gu, Yue 古月
HU, DE BAO 胡德葆 (1942-)

Gu, Yue 古月
HU, YU HENG 胡玉衡 (1942-)

Gu, Yue 古月
SHUAI, LI GONG 帅立功 (1942-)

Gu, Yue 古月
HU, NAI WU 胡乃武 (1945-)

Gu, Yue 古月
HU, WU GONG 胡武功 (1949-)

Gu, Yue 古月
HU, WEN XIONG 胡文雄 (1953-)

Gu, Yue 古月
HU, GUO QIANG 胡国强 (1955-)

Gu, Yue 古越
HU, JING XIU 胡敬修 (1931-)

Gu, Yue 古越
HU, SHI YING 胡世英 (1937-)

Gu, Yue 古樾
HUANG, JIU HU 黄久湖 (1942-)

Gu, Yue 谷月
HU, YAO TING 胡耀亭 (1932-)

Gu, Yue 谷月
LENG, KE MING 冷克明 (1956-)

Gu, yue dong fan 古越东飘
CAI, CHENG 蔡郕 (1877-1945)

Gu, Yue zhong 顾岳中
GU, BING SONG 顾炳嵩 (1906-)

Gu, Yun 古云
GUO, GUO YONG 郭国涌 (1924-)

Gu, Yun 古云
LIANG, XIU YUN 梁秀云 (1948-)

Gu yun 孤云
HAN, ZHONG 韩重 (1870-1912)

Gu yun 孤云
QIAN, MU 钱穆 (1895-1990)

Gu yun 孤云
PAN, SHI 潘式 (1904-1966)

Gu yun 孤云
CAI, ZHONG XIU 蔡忠修 (1955-)

GU, ZE PEI 顾泽培
Gu, Shi ling 顾诗灵
Shi ling 诗灵
Yi min 佚民
Zuo, Bing 左兵

Gu, Zeng 古曾
ZOU, EN RUN 邹恩润 (1895-1944)

GU, ZENG DE 顾增德 (1923-)
Gu, Xi dong 顾锡东
Jin, Yi 金易

Gu, Zhai 顾斋
SUN, PU 孙璞 (1884-1953)

Gu zhai 觚斋
YU, MING ZHEN 俞明震 (1860-1918)

Gu, Zhao cang 顾肇仓
GU, XUE JIE 顾学颉 (1913-)

GU, ZHAO JI 顾肇基 (1924-)
Bu, Chao fan 卜超凡

Bu, Chao jie 卜昭杰

GU, ZHAO SHEN 古兆申 **(1945-)**
Fu, Yi shi 傅一石
Gu, Cang wu 古苍梧
Gu, Er 顾耳
Lan, Shan ju 蓝山居

GU, ZHAO XIONG 顾兆熊 **(1888-1973)**
Gong sun 公孙
Gong sun, Yu zhi 公孙愈之
Gu, Meng yu 顾孟餘
Gu, Meng yu 顾梦渔
Gu, Zhao xiong 顾照熊
Guo, Yi ting 郭一亭
Meng yu 梦渔
Ting, Yi ji 亭一寄

Gu, Zhao xiong 顾照熊
GU, ZHAO XIONG 顾兆熊 **(1888-1973)**

GU, ZHEN YING 古振英 **(1928-)**
Gu, Ling 古灵

Gu, Zheng 谷峥
LI, GU ZHENG 厉谷峥

Gu, Zheng jian 古铮剑
LIAO, KENG RAN 廖铿然 **(1932-)**

Gu, Zheng nan 顾征南
GU, JIN ZHANG 顾金章 **(1925-)**

Gu, Zheng qiu 顾正秋
DING, LAN BAO 丁兰葆 **(1929-)**

GU, ZHI 古直 **(1884-1959)**
Gu, Ceng bing 古层冰
Gu, Gong yu 古公愚
Gu sheng 孤生
Yu an 遇菴
Yu chun 遇春

GU, ZHI CHENG 顾志成 **(1938-)**
Yu ming 宇明

Gu, Zhi hong 古之紅
QIN, JIA HONG 秦家洪 **(1925-)**

Gu, Zhi hua 谷之华
CHENG, LI HUA 程丽华

Gu, Zhi li 顾支离
GU, KE ZHAI 顾克斋

GU, ZHI WEI 顾知微 **(1918-)**
Xin, Hao 辛浩

Gu, Zhong 古钟
GUO, ZHENG ZHONG 郭正忠 **(1937-)**

Gu, Zhong 谷中
LI, DU GONG 李笃恭 **(1929-)**

Gu, Zhong qi 顾仲起
GU, ZI JIN 顾自谨 **(1903-1929)**

Gu zhong shi ren 孤塚诗人
GAO, XIE 高燮 **(1878-1958)**

Gu, Zhong yi 顾仲彝
GU, DE LONG 顾德隆 **(1903-1965)**

GU, ZHONG YONG 顾仲雍
Zhong, Yong 仲雍

GU, ZHU JUN 顾竹君
Zhu, Jun 竹君

Gu, Zhu tian 古竹田
GAO, DE TIAN 高德田 **(1940-)**

Gu zhu ye ren 孤竹野人
CHANG, CE OU 常策欧

Gu zhu ye ren 孤竹野人
ZHOU, EN LAI 周恩来 **(1898-1976)**

GU, ZHU YI 顾竹漪 **(1916-1976)**
Gu, Man ou 顾曼鸥
Gu, Mu ding 顾牧丁
Gu, Zi jing 顾子敬
Mu ding 牧丁
Mu, Ting 穆汀
Zhu, Shi 朱实

Gu, zhu yuan ding 古竹园丁
PAN, TIAN SHOU 潘天寿 **(1897-1971)**

Gu, Zhuang 古庄
XU, GUO ZHANG 许国璋 **(1915-)**

GU, ZHUN 顾准 **(1915-1974)**
Fang, Shu 方曙
Feng 枫
Huai, Bi 怀璧
Li da 立达
Nian bi 念璧
Xiao fang 小方
Yun, Ying 云鹰

Gu, Zi 谷子
WEI, DENG 魏登 **(1923-)**

GU, ZI JIN 顾自谨 **(1903-1929)**
Gu, Zhong qi 顾仲起
Zhong, Qi 仲起

Gu, Zi jing 顾子敬
GU, ZHU YI 顾竹漪 **(1916-1976)**

Gu, Zong hua 顾宗华
GU, XIU HUA 顾秀华 **(1926-)**

Gu, Zui wen 古醉文
YUAN, DA WEN 袁达文 **(1924-)**

Gua lu 瓜庐
CHEN, BO TAO 陈伯陶 **(1855-1930)**

Gua pu 瓜圃
JIN, LIANG 金梁 **(1878-1962)**

Gua tian 瓜田
LI, XIA 李下 **(1945-)**

Guai an 夬庵
SUN, SHAO HOU 孙少侯

Guai an 乖庵
QIN, SHU SHENG 秦树声 **(1861-1926)**

Guai feng 怪风
QIN, HAO 秦浩 **(1908-)**

Guai jun 怪君
KE, QING SHI 柯庆施 **(1902-1965)**

Guai qing 夬庼
ZHU, XI LIANG 朱锡梁 **(1873-1932)**

Guai qing ju shih 夬庼居士
ZHU, XI LIANG 朱锡梁 **(1873-1932)**

Guan 冠
ZHOU, EN LAI 周恩来 **(1898-1976)**

GUAN, AI XIANG 关霭祥 **(1925-)**
Guan, Xiang 关祥
Qiao fu 樵夫
Qiao sou 樵叟
Yu yi 雨衣

Guan, Bai 关白
DENG, TUO 邓拓 **(1912-1966)**

Guan, Bai 关百
GUAN, BAO YI 关葆叙 **(1923-)**

Guan bai 贯白
HU, SHAN YUAN 胡山源 **(1897-1988)**

Guan, Bai ji 管柏己
WANG, REN SHU 王任叔 **(1901-1972)**

GUAN, BAO YI 关葆叙 **(1923-)**
Bai, Yu 白羽
Guan, Bai 关百
Guan, Bo ji 关伯基

GUAN, BO HONG 关伯鸿 **(1944-)**
Hao ming 浩鸣

Guan, Bo ji 关伯基
GUAN, BAO YI 关葆叙 **(1923-)**

Guan cang ju shi 观沧居士
WANG, QIAN GANG 王潜刚

Guan, Cha zhe 管茶哲
ZOU, WEI XI 邹维熙 **(1927-)**

Guan chang 贯长
HU, SHAN YUAN 胡山源 **(1897-1988)**

GUAN, CHANG LI 关长立 **(1936-)**
Guan, Li 关丽

Guan chao 冠潮
YU, GUAN CHAO 俞观潮 **(1931-)**

GUAN, CHENG YIN 关承荫 **(1927-)**
Guan, Ye wei 关也维

Guan, Chuan 关川
LIANG, LIANG 梁良 **(1934-)**

Guan chun 冠春
LU, ZENG YI 陆曾沂 **(-1927)**

GUAN, CHUN RU 关春如 **(1923-)**
Guan, Yu 关宇

GUAN, DA TONG 管大同 **(1913-1981)**
Ji, Heng 纪衡
Tong ming 同明
Yi tong 亦同

Guan dao lu 盥道庐
SUN, JING 孙镜 **(1883-1958)**

Guan, Dao qing 关道清
ZHOU, SHU REN 周树人 **(1881-1936)**

Guan, De run 关德润
GUAN, SHUO YING 关硕英 **(1928-)**

Guan ding 馆丁
XIAO, JUN 萧军 **(1907-1988)**

Guan dong shan qiao 关东山樵
HUANG, QIU SHI 黄秋实 **(1928-)**

GUAN, DONG YAN 关东彦 **(1919-)**
Bai, Ge 白格
Bo gai 泊丐
Dong yan 东彦
Guan, Mo nan 関沫南
Guan, Yan 関雁
Lu, Yi 路以
Meng, Lai 孟来
Mo, Nan 莫难
Mo nan 沫南
Shi, Kang di 史亢地
Xia, Bai ge 夏白格

Guan du lu 观渡庐
WU, TING FANG 伍廷芳 **(1842-1922)**

Guan, Er 关耳
ZHENG, JIA ZHEN 郑嘉真 **(1929-)**

Guan, Fang 管方
YANG, MENG TING 杨萌亭 **(1939-)**

GUAN, FEI 关飞 **(1955-)**

Du, Ruo 杜若
Du ruo 度若

GUAN, FEI MENG 关非蒙 **(1921-)**
Fei meng 非蒙
Kang, Rong 康容
Mu, Men 穆门
Ren ci 仁慈
Xi, Di jia 席地家

Guan, Feng 关锋
ZHOU, YU FENG 周玉峰 **(1919-)**

Guan fu 盥孚
XU, GUAN ZENG 许观曾 **(1899-1939)**

GUAN, FU SHEN 关福深 **(1919-)**
Guan, Fu sheng 关夫生

Guan, Fu sheng 关夫生
GUAN, FU SHEN 关福深 **(1919-)**

Guan gu 观古
LIAO, BI GUANG 廖苾光 **(1902-)**

Guan, Guan 关关
GUAN, SHAO JI 关绍箕 **(1946-)**

Guan, Guan 管管
GUAN, YUN LONG 管运龙 **(1929-)**

GUAN, GUI YI 关贵颐 **(1932-1992)**
Ge, Fei 戈非

Guan, Hai chao 关海潮
ZHAO, WEI MIN 赵卫民

Guan hai tang 观海堂
YANG, SHOU JING 杨守敬 **(1839-1915)**

GUAN, HAN 关汉 **(1930-)**
Yi yan 一言

Guan, He ling 关河令
ZHANG, DING YA 张定亚 **(1929-)**

GUAN, HE ZHANG 关和璋 **(1913-)**
Jian qin 俭琴

Guan, Hong 关鸿
XIAO, GUAN HONG 萧关鸿 **(1949-)**

Guan hua 观化
LIU, XIAN 刘咸 **(1901-1987)**

Guan, Hua 管华
BAO, HUA PU 鲍化普 **(1922-)**

Guan, Hua 管桦
BAO, HUA PU 鲍化普 **(1922-)**

Guan hua 贯华
YANG, SHOU NAN 杨寿楠 **(1868-1947)**

Guan hua 贯华

HUA, YUE 华岳 **(1916-1939)**

Guan huai 关怀
BAO, WEN DI 包文第 **(1920-)**

Guan, Huai qing 管怀情
GUAN, ZHONG MIN 管中闵 **(1956-)**

GUAN, HUAI YUAN 关怀远 **(1952-)**
Huai, Yuan 淮远

Guan, Hui ling 関慧灵
GUAN, WEI NING 关卫宁 **(1961-)**

Guan, Ji chen 关寄晨
MU, YA CAI 穆亚才 **(1921-)**

Guan, Jian 管见
ZENG, CHUAN JU 曾传炬 **(1926-)**

Guan, Jian 管见
XU, XING ZHE 徐行者 **(1928-)**

Guan, Jian zi 管見子
JIN, YAO RU 金尧如 **(1923-)**

GUAN, JIN CHAO 关进朝 **(1951-)**
Guan, Jing chao 关劲潮

GUAN, JIN DONG 官晋东 **(1957-)**
Jia lei 嘉蕾
Jin dong 缙冬
Tong, Ming 童明

Guan, Jing chao 关劲潮
GUAN, JIN CHAO 关进朝 **(1951-)**

Guan, Jing zhi 关敬之
SHEN, YAN BING 沈雁冰 **(1896-1981)**

Guan, Kan 管龛
YU, XI NING 于希宁 **(1913-)**

Guan, Ke 关可
ZHENG, KE 郑柯 **(1949-)**

Guan lan 观澜
SHEN, HUI CHUN 沈会春 **(1902-1965)**

Guan lan 观澜
WANG, JIN SHUI 王金水 **(1906-1982)**

Guan lan 观澜
YANG, GUAN LAN 杨观澜

Guan lang 琯朗
ZHU, REN JIAN 朱仁健 **(1913-1983)**

Guan, Li 关丽
GUAN, CHANG LI 关长立 **(1936-)**

Guan, Li 管里
XIA, XIE SHI 夏写时 **(1934-)**

Guan, Lian 关联
ZHANG, CHENG ZONG 张承宗 **(1910-)**

GUAN, LIANG 关良 **(1900-1986)**
Liang gong 良公

Guan, Lu 关露
HU, SHOU MEI 胡寿楣 **(1908-1982)**

Guan lu 观庐
GAO, GUAN RU 高观如

Guan, Lu yi 关路易
CHEN, LEI SI 陈类思

Guan, Meng nan 关梦南
GUAN, MU HENG 关木衡 **(1946-)**

Guan, Mo nan 関沫南
GUAN, DONG YAN 关东彦 **(1919-)**

GUAN, MO YE 管谟业 **(1956-)**
Mo, Yan 莫言

GUAN, MU HENG 关木衡 **(1946-)**
Guan, Meng nan 关梦南
Guan, Mu xing 关木行

Guan, Mu xing 关木行
GUAN, MU HENG 关木衡 **(1946-)**

Guan nan 冠南
REN, ZHUO XUAN 任卓宣 **(1896-1990)**

Guan, Ping 管平
ZHAO, CHAO GOU 赵超构 **(1910-1992)**

Guan qin 灌芹
ZOU, GUAN QUN 邹冠群 **(1912-)**

GUAN, QING LIU 关庆留 **(1935-)**
A liu 阿留

Guan qun 冠群
QU, CHONG KAI 瞿崇垲 **(1924-)**

Guan qun 冠群
XU, JUN 徐鋆

Guan ren 盥人
XIA, JING GUAN 夏敬观 **(1875-1953)**

GUAN, REN SHAN 关仁山 **(1963-)**
Tang, Shan 唐珊

Guan ru 观如
GAO, GUAN RU 高观如

Guan, Shan 关山
DING, WEI 丁威 **(1934-)**

Guan shan ren 冠山人
ZHANG, CAI 张才 **(1950-)**

Guan, Shan yue 关山月
GUAN, ZE PEI 关泽霈 **(1912-)**

Guan, Shan yue 关山月
WANG, TING 汪霆

GUAN, SHAO JI 关绍箕 **(1946-)**
Gu yin 姑隐
Guan , Guan 关关
Guan, Yun 关云

Guan, She 管设
HUANG, JIN CHANG 黄进昌 **(1959-)**

Guan sheng 冠生
ZHOU, EN LAI 周恩来 **(1898-1976)**

GUAN, SHI BIN 管士滨 **(1920-)**
Si bing 思冰
Si ruo 思若
Si ruo 丝若

GUAN, SHI XU 关士续 **(1935-)**
Shi, Shu 石树

Guan, Shu yu 管舒予
GUAN, TONG 管彤

GUAN, SHUO YING 关硕英 **(1928-)**
Guan, De run 关德润
Guan, Zhen dong 关振东
Jiang, Nan yue 江南月
Shi, Yang 石央

Guan, Si shui 关四水
GUAN, YI ZHOU 关益周 **(1929-)**

GUAN, SONG FANG 关松房 **(1901-1982)**
Guan, Zhi yun 关植耘
Xi an 夕庵
Xi an zhu ren 夕庵主人
Xi zhai 翕斋

GUAN, SU ZHI 关素质 **(1906-)**
Si min 思敏

Guan tang 观堂
WANG, GUO WEI 王国维 **(1877-1927)**

Guan ti 观体
CHEN, JIAN HONG 陈剑虹 **(1880-1946)**

Guan, Tian 关天
CHEN, CUN CHENG 陈存诚 **(1949-)**

Guan tian yan sheng 观天演生
QIU, WEI XUAN 丘炜萲 **(1873-1941)**

Guan tian yan zhai zhu 观天演斋主
QIU, WEI XUAN 丘炜萲 **(1873-1941)**

Guan ting shu shi 管艇书室
GU, YI QUN 顾翊群 **(1900-)**

Guan, Tong 管同
GUAN, TONG 管彤

GUAN, TONG 管彤

Guan, Shu yu 管舒予
Guan, Tong 管同
Zhang, Zhi xiang 张致祥

Guan, Wai liu 关外柳
ZUO, SHAO FU 左绍傅 **(1914-1984)**

GUAN, WEI NING 关卫宁 **(1961-)**
Cheng feng 乘风
Chou nu er 醜奴儿
De xin 德馨
Guan, Hui ling 関慧灵
Huang, Shan 黄山
Zhi wen 志文

Guan, Wen xiu 关文修
HU, ZHONG CHEN 胡忠臣 **(1933-)**

Guan wo sheng 观我生
HUANG, YAN PEI 黄炎培 **(1878-1965)**

Guan wo sheng shi zhu ren 观我生室主人
YAN, FU 严復 **(1854-1921)**

Guan wu hua zhai 观物化斋
DAN, TAO 但焘 **(1881-1970)**

Guan xi 冠西
YU, HONG XIN 于洪鑫 **(1922-)**

Guan xi yu zi 关西餘子
YU, YOU REN 于右任 **(1879-1964)**

Guan, Xian shi 管闲士
LI, XIANG SHU 李湘树 **(1954-)**

Guan, Xiang 关祥
GUAN, AI XIANG 关霭祥 **(1925-)**

Guan, Xiang 关餉
SONG, BANG RONG 宋邦荣 **(1909-1939)**

GUAN, XIANG YING 关向应 **(1902-1946)**
Guan, Zhi xiang 关治祥
Zhong, Bing 仲冰

Guan xin 观心
CHENG, GUAN XIN 程观心

Guan, Xin yi 关新艺
WANG, YU HUANG 王裕煌 **(1927-)**

Guan xun 贯恂
XU, JUN 徐鋆

Guan, Yan 関雁
GUAN, DONG YAN 关东彦 **(1919-)**

Guan yang 贯洋
LIU, YAN FU 刘延甫

Guan, Ye wei 关也维
GUAN, CHENG YIN 关承荫 **(1927-)**

Guan, Yi ding 管一丁
DING, ZHI GANG 丁志刚 **(1919-)**

GUAN, YI LIANG 关以良 **(1923-)**
Shi, Bo 石伯

GUAN, YI MING 管一明 **(1952-)**
Yi min 奕敏
Yi ming 逸鸣

Guan, Yi zhou 关一舟
GUAN, YI ZHOU 关益周 **(1929-)**

GUAN, YI ZHOU 关益周 **(1929-)**
Guan, Si shui 关四水
Guan, Yi zhou 关一舟

Guan ying 冠英
YU, GUAN YING 余冠英 **(1906-)**

Guan ying 灌婴
YU, GUAN YING 余冠英 **(1906-)**

GUAN, YONG HE 管用和 **(1937-)**
Cai, Chun 蔡纯
Yong he 涌河

Guan, Yong ji 关永吉
ZHANG, SHOU QIAN 张守谦 **(1916-)**

GUAN, YOU RONG 官有荣 **(1950-)**
Hong ying zi 弘萤子

GUAN, YOU WEI 关有维 **(1909-1941)**
Bo zhang 伯张
Li, Xin liang 李新良
Wei, Chu geng 魏锄耕
Wei, Min sheng 魏民生
Wei, Ming sheng 魏明胜
Wei, Zheng min 魏拯民
Zhang, Da 张达

Guan, Yu 关宇
GUAN, CHUN RU 關春如 **(1923-)**

Guan, Yu 关玉
CHEN, KAI RUI 陈开瑞

Guan yu 观鱼
ZHOU, FENG JI 周凤纪

Guan yuan 冠原
LI, RU XUN 李儒训 **(1926-)**

Guan yuan 馆园
WANG, YUAN HUA 王元化 **(1920-)**

Guan yuan sou 灌园叟
ZHOU, XIANG 周湘 **(1871-1933)**

Guan, Yun 关云
GUAN, SHAO JI 关绍箕 **(1946-)**

Guan yun 观云

JIANG, ZHI YOU 蒋智由 (1865?-1929)

Guan yun 灌筠
ZHENG, QIAN 郑骞 (1906-1991)

GUAN, YUN LONG 管运龙 (1929-)
Guan, Guan 管管
Li, Ying 李婴
Yang, Jian 杨戬

GUAN, ZE PEI 关泽霈 (1912-)
Guan, Shan yue 关山月
Guan, Zi yun 关子云

Guan, Zhao 关钊
ZOU, ZI ZHEN 邹自振 (1949-)

Guan, Zhen dong 关振东
GUAN, SHUO YING 关硕英 (1928-)

GUAN, ZHEN MIN 管震民 (1880-1962)
Lü tian lu zhu 绿天庐主

Guan zhi 观止
WU, ZHI GUANG 吴之光 (1922-)

Guan zhi 贯之
WEN, ZHE QU 文哲渠 (1911-)

Guan, Zhi xiang 关治祥
GUAN, XIANG YING 关向应 (1902-1946)

GUAN, ZHI XIONG 关志雄 (1936-)
Si ma, Ju 司马居
Yu chuang 玉窗

Guan, Zhi yun 关植耘
GUAN, SONG FANG 关松房 (1901-1982)

Guan, Zhong 关钟
LI, XING MIN 李醒民 (1945-)

GUAN, ZHONG MIN 管中闵 (1956-)
Guan, Huai qing 管怀情

GUAN, ZHONG ZHE 关中哲
Zhong zhe 中哲

Guan zhuang 观莊
MEI, GUANG DI 梅光迪 (1890-1945)

Guan, Zi mu 关子木
ZHENG, XUE MENG 郑学檬 (1937-)

Guan, Zi yun 关子云
GUAN, ZE PEI 关泽霈 (1912-)

Guan, Zu 关卒
ZHANG, XIN YUAN 张心远 (1895-1967)

Guang 广
LUO, GUANG 罗光 (1905-1933)

Guang bing 光冰
ZHOU, FEN 周汾 (1913-)

Guang cai 广采
LIU, CAI CHANG 刘才昌 (1936-)

Guang chen 光忱
LIN, GUANG CHEN 林光忱

Guang chi 光赤
JIANG, GUANG CI 蒋光慈 (1901-1931)

Guang chuan 广川
WU, GUANG CHUAN 吴广川 (1901-)

Guang chun 光椿
REN, GUANG CHUN 任光椿 (1931-)

Guang ci 光慈
JIANG, GUANG CI 蒋光慈 (1901-1931)

Guang dan 光旦
PAN, GUANG DAN 潘光旦 (1899-1967)

Guang dian 光典
KUAI, LI QING 蒯礼卿

Guang dong xi mi 广东戏迷
YANG, YAO DONG 杨曜东 (1921-)

Guang dong xiang shan ke 广东香山客
SUN, WEN 孙文 (1866-1925)

Guang duo 广铎
PEI, GUANG DUO 裴广铎 (1922-)

Guang fo 光佛
ZHA, GUANG FO 查光佛 (1885-1932)

Guang fu 光復
WANG, TIAN ZONG 王天纵 (1879?-1921)

Guang fu zi 光复子
CHEN, YUAN 陈渊 (1885-1907)

Guang han 光汉
LIU, SI FU 刘思复 (1884-1915)

Guang han 光汉
LIU, SHI PEI 刘师培 (1884-1919)

Guang han zi 光汉子
XU, XI LIN 徐锡麟 (1873-1907)

Guang han zi 光汉子
LIU, SHI PEI 刘师培 (1884-1919)

Guang hao shi 光昊氏
PENG, XUN ZHI 彭逊之

Guang he 光禾
ZHANG, HUI LI 张辉利 (1954-)

Guang hong 广红
YANG, JUN QING 杨俊青 (1945-)

Guang hong 光虹
CAO, LÜ MING 曹履铭 (1942-)

Guang hu 光湖
LAI, GUAN FU 赖观福 (1935-)

Guang hua 光华
FEI, HAI JI 费海玑 (1924-)

Guang hua 光华
JIANG, MAO XING 江茂星 (1929-)

Guang hua 光华
ZHOU, DI 周荻 (1930-)

Guang ji seng 广济僧
ZHAO, SHU LI 赵树礼 (1906-1970)

Guang jun 光军
ZHUANG, JIN HUI 莊进辉 (1916-)

Guang jun 光军
YU, ZHI HUI 俞志辉 (1926-)

Guang jun 光军
JIN, EN HUI 金恩晖 (1938-)

Guang jun 光军
ZHENG, WEN HUI 郑文辉 (1939-)

Guang liang 光亮
SHI, CUN TONG 施存统 (1899-1970)

Guang liao 广了
LIAO, RONG HAN 廖荣汉 (1946-)

Guang lin zi 广林子
MA, XU LIANG 麻旭亮 (1967-)

Guang ling 广陵
LIU, HONG YI 刘弘毅 (1931-)

Guang mang 光芒
REN, GAO 任镐 (1926-)

Guang mang 光芒
JIN, LONG XIE 金龙燮 (1932-)

Guang mang 光芒
LI, YAO ZONG 李耀宗 (1939-)

Guang mei 光美
JIN, GUANG MEI 金光楣

Guang ming 光明
LI, WEN TAO 李文涛 (1880-1942)

Guang ming 光明
SHEN, SI MING 沈思明 (1913-)

Guang ming 光明
ZHU, XIAN MING 朱先明 (1923-)

Guang ming 光明
LIU, GUANG MING 刘光明 (1944-)

Guang nian 光年
ZHANG, WEN GUANG 张文光 (1913-)

Guang pei 光沛
LI, TIAN JI 李天济 (1921-)

Guang pei 光沛
QIAN, GUANG PEI 钱光培 (1939-)

Guang ping 广平
XU, GUANG PING 许广平 (1898-1968)

Guang qian 光潜
ZHU, GUANG QIAN 朱光潜 (1897-1986)

Guang ren 广人
ZHANG, QING CHUN 张庆春 (1930-)

Guang ren 光人
ZHANG, GUANG REN 张光人 (1902-1985)

Guang ren 光仁
LI, GUANG REN 李光仁 (1950-)

Guang ru 光儒
CAI, LI TONG 蔡立彤 (1944-)

Guang sheng 光生
LUO, GUANG 罗光 (1905-1933)

Guang shi 光时
ZHOU, TING KUI 周廷奎 (1932-)

Guang sun zhi 光隼之
YE, DING YI 叶鼎彝 (1913-1954)

Guang tai 光泰
SONG, GUANG TAI 宋光泰 (1946-)

Guang tao 光涛
XU, ZHI MO 徐志摩 (1896-1931)

Guang wang 光网
LI, WEN TAO 李文涛 (1880-1942)

Guang wang 光望
LIN, SHU ZHONG 林树中 (1926-)

Guang wei ran 光未然
ZHANG, WEN GUANG 张文光 (1913-)

Guang wen 光文
SHE, LI PING 佘立平 (1912-)

Guang xia 广厦
KANG, YOU WEI 康有为 (1858-1927)

Guang xin 广心
LI, WEN TAO 李文涛 (1880-1942)

Guang xiong 光熊
WU, GUANG XIONG 吴光熊

Guang xuan 广宣
FENG, DA GUANG 冯大广 (1934-)

Guang xun 广勋
ZENG, GUANG XUN 曾广勋

Guang xun 光迅
ZHAO, DUO 赵铎 **(1921-1991)**

Guang yu 广羽
GAO, GUO QING 高国庆 **(1953-)**

Guang yu 广譽
YANG, SHAO XUAN 杨绍萱 **(1893-1971)**

Guang yu 光玉
CHEN, QIAO SHENG 陈桥生 **(1918-)**

Guang yu 光宇
XIA, CHANG CHI 夏昌炽 **(1889-1970)**

Guang yu 光羽
XU, WEN YAO 徐文耀 **(1916-)**

Guang yu 光禹
XIA, CHANG CHI 夏昌炽 **(1889-1970)**

Guang yun 广云
WANG, CONG QI 王琮祺 **(1948-)**

Guang zhai 光翟
DENG, JUN YAO 邓君耀 **(1952-)**

Guang zhen 光震
YANG, JIN HAO 杨晋豪 **(1910-)**

Guang zheng 广征
MENG, GUANG ZHENG 孟广征 **(1941-)**

Guang zhi 光之
DU, JING HUA 杜景华 **(1938-)**

Guang zi 光子
MA, XIAO GUANG 马晓光 **(1959-)**

Gui 规
TAN, PI MO 谭丕谟 **(1899-1958)**

Gui an 龟庵
YUAN, KE WEN 袁克文 **(1890-1931)**

GUI, CANG LING 桂苍凌 **(1914-)**
Du, Xuan 杜宣
Xuan 宣

Gui, Chen 桂忱
WANG, GUI CHEN 王贵宸 **(1929-)**

Gui, Chuan 桂传
MO, YI TONG 莫义同 **(1933-)**

Gui, Fang 桂芳
WU, GUI FANG 武桂芳 **(1915-)**

Gui, Fo 桂佛
WANG, DING 王鼎

Gui, Fu 桂富
ZHENG, GUI FU 郑桂富 **(1942-)**

Gui, Fu 桂馥
JIANG, XIAN JIN 江先金 **(1952-)**

Gui, Gu zhi 归固芝
LAO, SI GUANG 劳思光

Gui gu zi 鬼谷子
HAN, DONG 韩东 **(1950-)**

GUI, HAN BIAO 桂汉标 **(1949-)**
Du, Chuan 杜川
Du, Tu 杜土

Gui, Hong 桂宏
ZHONG, WEN LING 钟文灵 **(1931-)**

Gui, Hou 归厚
ZHANG, ZI ZHAI 张子斋 **(1913-1989)**

Gui ji ping yun 会稽萍云
ZHOU, ZUO REN 周作人 **(1885-1967)**

Gui ji shan ren 会稽山人
CAI, YUAN PEI 蔡元培 **(1868-1940)**

Gui ji shan ren 会稽山人
TAO, CHENG ZHANG 陶成章 **(1878-1912)**

Gui ji shan xia zhi ping min 会稽山下之平民
ZHOU, SHU REN 周树人 **(1881-1936)**

Gui ji xian sheng 会稽先生
TAO, CHENG ZHANG 陶成章 **(1878-1912)**

Gui ji zhou shi 会稽周氏
ZHOU, SHU REN 周树人 **(1881-1936)**

Gui, Jiang yuan 桂董圆
GU, JIE GANG 顾颉刚 **(1893-1980)**

Gui jing 龟競
QIAN, XUAN TONG 钱玄同 **(1887-1939)**

Gui lin 鬼邻
LI, YI MANG 李一氓 **(1902-1990)**

Gui, Lin ren 桂林人
LI, HAI MING 李海鸣 **(1946-)**

Gui lin yi zhi shi zhu 桂林一枝室主
LIN, CHANG MIN 林长民 **(1876-1925)**

Gui ling lao ren 桂岭劳人
LIANG, JI 梁济 **(1859-1918)**

Gui, Ming 桂明
DUAN, CHENG HU 段承祜 **(1919-)**

Gui nian 龟年
LI, DA ZHAO 李大钊 **(1889-1927)**

Gui qi 瑰琦
CHEN, WANG DAO 陈望道 **(1890-1977)**

Gui qi 瑰琦
SONG, SHU WEI 宋书伟 **(1931-)**

GUI, QI QUAN 桂起权 **(1940-)**

Gui, Qian 桂潜
Xue qian 学潜

Gui, Qian 桂潜
GUI, QI QUAN 桂起权 **(1940-)**

Gui, Ren 归人
HUANG, SHOU CHENG 黄守诚 **(1928-)**

Gui ren li min 归仁里民
WU, JUN QING 吴俊卿 **(1844-1927)**

Gui, Ru fang 桂如芳
WU, GUI FANG 武桂芳 **(1915-)**

Gui, Rui 桂蕊
PENG, GUI RUI 彭桂蕊 **(1917-)**

Gui, Shan 桂山
YE, SHAO JUN 叶绍钧 **(1894-1988)**

Gui shan lao ren 龟山老人
WANG, EN YANG 王恩洋

Gui, Sheng 桂生
ZHOU, SHU KUI 周树奎 **(1873-1936)**

Gui, Sheng 桂生
ZHOU, GUI SHENG 周桂生 **(1885-1911)**

Gui, Sheng 桂笙
ZHOU, SHU KUI 周树奎 **(1873-1936)**

Gui sheng 簋笙
XIE, GUAN SHENG 谢冠生 **(1897-1971)**

Gui, shi 桂史
DENG, JI FANG 邓寄芳

GUI, SHI XIN 桂诗新 **(1957-)**
Shi xin 诗新
Wu, Xin 吴欣

Gui sui 龟岁
FAN, GUANG XIAN 范广宪 **(1897-1980)**

Gui, Wei wan 桂未晚
FANG, GUI DE 方珪德 **(1922-)**

GUI, WEN YA 桂文亚 **(1949-)**
Fu feng 浮风

Gui xi zhai 贵希斋
YANG, YU FU 杨遇夫 **(1885-1956)**

Gui, Xiang di 桂乡笛
MO, ZHI YAN 莫之棪 **(1937-)**

Gui, Yan 归燕
ZHANG, XIN YUAN 张心远 **(1895-1967)**

Gui, Yan 归燕
XU, BI BO 徐碧波 **(1898-)**

Gui, Yan 归燕
LIAO, BAO YING 廖宝鍙 **(1909-)**

Gui, Yan 归燕
LI, YU QIONG 李玉琼 **(1941-)**

Gui, Yan 归雁
LIN, BEN FA 林本法 **(1950-)**

Gui, Yi 桂义
YU, XI NING 于希宁 **(1913-)**

Gui, Yong 桂庸
XU, LIANG HE 徐良河 **(1930-)**

Gui, Yu 桂雨
CHEN, YI 陈益 **(1949-)**

Gui, Yun 归云
LIN, CHUAN JIA 林传甲 **(1887-1921)**

Gui, Zhen 归真
XU, GUANG PING 许广平 **(1898-1968)**

Gun fu 衮父
WANG, RONG BAO 汪荣宝 **(1878-1933)**

Gun fu 衮甫
WANG, RONG BAO 汪荣宝 **(1878-1933)**

Guo 果
ZHANG, GUANG REN 张光人 **(1902-1985)**

Guo, Ai mou 郭爱牟
GUO, MO RUO 郭沫若 **(1892-1978)**

Guo, An 果庵
JI, GUO XUAN 纪国宣 **(1909-)**

Guo, An 郭安
HUANG, WANG QING 黄望青 **(1913-)**

GUO, AN REN 郭安仁 **(1909-1968)**
A.N.
Annan
Du, Quan 杜荃
Hua shi 化石
L.L.A
Li ni 丽尼
Ni 尼
Yan, Ren 燕人
Yi fei 一菲

GUO, AN TING 郭安廷 **(1965-)**
Nü wang 女王
Shi, Zhou 石舟

Guo, Bao 果报
GUO, GUANG BAO 郭光豹 **(1934-)**

Guo bao 国宝
JIANG, YING LONG 江应龙 **(1920-)**

GUO, BAO AN 郭保安 **(1964-)**
Cheng, Long 成龙

GUO, BEN YUAN 郭本元 **(1920-)**
Guo, Guang 郭光
Guo, Jing quan 郭竞权
Guo, Tie 郭铁

GUO, BI FAN 郭弼藩 **(1897?-1925)**
Guo, Meng liang 郭梦良
Meng liang 梦良

Guo bin 国彬
MAO, ZE DONG 毛泽东 **(1893-1976)**

Guo bin 国宾
ZHAO, CI TING 赵次庭

GUO, BING ZHEN 郭秉贞 **(1938-)**
Guo, Yi 郭逸

GUO, BING ZHEN 郭秉箴 **(1922-)**
Guo, Ge 郭戈
He, Xu ren 何许人
Jin, Xian 金咸
Qin, Cun 秦邨

GUO, BO YING 郭伯英
Shuang yi 双翼
Wu, Shuang yi 吴双翼

GUO, CAI REN 郭才人 **(1938-)**
Lu, Ren 鲁人

GUO, CAN ZHI 郭灿之 **(1920-)**
Bai, Ye 白野
Lin, Lu 林露
Lin, Zhi lu 林之露
Yan, Ming 晏明

GUO, CHANG CHUN 郭长春 **(1931-)**
Guo, Zhen 郭震
Yu chen 雨晨

Guo, Chang jiang 郭常江
GAO, SHI SEN 高世森 **(1935-)**

GUO, CHANG LIN 郭长林 **(1929-)**
Yan, Hua 严华

GUO, CHANG SHUN 郭长顺 **(1937-)**
Bai, Lian 白莲

Guo, Chao 果超
CUI, DE CAO 崔德操 **(1932-)**

Guo, Chao 郭超
GUO, ZHAO HENG 郭兆恒 **(1930-)**

Guo, Chao 郭超
GUO, JIN SHUAN 郭进栓 **(1958-)**

Guo, Chen 郭晨
GUO, GUI XIANG 郭桂香 **(1940-)**

Guo, Cheng 国成
DING, CHENG XIANG 丁成相 **(1939-)**

Guo, Cheng 国澄
ZHAO, AN JI 赵安济 **(-1975)**

GUO, CHENG QING 郭成清 **(1931-1989)**
Guo, Cheng qing 郭澄清

Guo, Cheng qing 郭澄清
GUO, CHENG QING 郭成清 **(1931-1989)**

GUO, CHENG TANG 郭成棠 **(1929-)**
You mei 友梅

GUO, CHENG YI 郭成义 **(1950-)**
Guo, Ya fu 郭亚大
Ya fu 亚夫

GUO, CHONG GUANG 郭重光 **(1931-)**
Gu, Cheng 古城

Guo, Chong shi 郭冲石
GUO, SHAO ZONG 郭少宗

GUO, CHUAN JIN 郭传金 **(1951-)**
Guo, Yong ge 郭永革
Hai, Cao 海草

Guo, Chui 果垂
LI, BAI HUA 李白华 **(1898-)**

Guo, Cong yuan 郭从远
GUO, ZHONG YUAN 郭忠远 **(1942-)**

Guo, Cui zhang 郭萃章
GUO, YU KUN 郭玉昆 **(1909-1985)**

Guo, Cun 郭村
GUO, JUN LING 郭俊岭 **(1948-)**

Guo, Da 郭达
GUO, QI YI 郭启毅 **(1909-)**

Guo, Da li 郭大力
GUO, XIU QING 郭秀勍 **(1905-1976)**

Guo, Da sen 郭大森
GUO, EN ZE 郭恩泽 **(1933-)**

Guo, Dan 郭丹
GUO, DONG KUI 郭东奎 **(1927-)**

Guo, Dan bo 郭澹波
GUO, DONG KUI 郭东奎 **(1927-)**

Guo, De 郭德
WANG, DUN QING 王敦庆 **(1898-1990)**

Guo, De fu 郭德甫
GUO, DE FU 郭德福 **(1949-)**

GUO, DE FU 郭德福 **(1949-)**
Guo, De fu 郭德甫

GUO, DE HAO 郭德浩 **(1909-1987)**
De hao 德浩
Gao, Lan 高兰
Guo, Hao 郭浩
Guo, Qi 郭琦
Hao 浩
Hei, Sha 黑沙
Qi, Yun 齐云

GUO, DE RUN 郭德润 **(1935-)**
Run shui 闰水

Guo, Di 郭迪
MENG, XIAN QI 孟宪棨 **(1902-1976)**

GUO, DING GONG 郭定功 **(1944-)**
Jin, Shi 金石

Guo, Ding tang 郭鼎堂
GUO, MO RUO 郭沫若 **(1892-1978)**

Guo, Ding yi 郭定一
FU, ZE HUANG 傅则黄 **(1893-1971)**

Guo, Dong 国栋
ZHOU, FA YANG 周发扬 **(1918-1984)**

GUO, DONG FANG 郭东方 **(1949-)**
Bai, Wu 白屋
Guo, Dong fang 郭东昉
Yue, You 乐游

Guo, Dong fang 郭东昉
GUO, DONG FANG 郭东方 **(1949-)**

GUO, DONG KUI 郭东奎 **(1927-)**
Dan bo 澹波
Di feng 荻风
Di jia 荻迦
Di sheng 荻声
Dong wei 冻薇
Guo, Dan 郭丹
Guo, Dan bo 郭澹波
Hu, Bei shuo 胡北朔
Jiang, Yan he 江堰河
Shi ding 湜丁
Xi shan 溪山
Yi feng 艺风
Yu ye 雨野

GUO, EN DA 郭恩大 **(1919-1976)**
Deng yun 登云
Ding, Yun 丁云
En da 恩大
Guo, Jian feng 郭健风
Guo, Su 郭苏
Guo, Wei ti 郭伟倜
Guo, Xiao chuan 郭小川
Jian feng 健风
Ke shi ge 克什格
Ma, Tie ding 马铁丁
Wei ti 伟倜
Xiang yun 湘云
Xiao chuan 小川
Xiao chuan 晓舡
Xiao chuan 晓船
Xiu chun 袖春

GUO, EN ZE 郭恩泽 **(1933-)**
Guo, Da sen 郭大森

Guo, Er 果耳
LI, CHAN 李阐 **(1925-)**

GUO, FA ZHAN 郭发展 **(1940-)**
Bai, Mu 白牧
Bai, Xin 白辛

Guo, Fei 郭非
ZHONG, ZE CAI 钟泽才 **(1943-)**

Guo, Feng 果风
LIU, TIE SHAN 刘铁山 **(1924-)**

Guo, Feng 郭风
GUO, JIA GUI 郭嘉桂 **(1919-)**

Guo, Feng 郭风
LU, ZHEN TING 陆震廷 **(1921-)**

Guo, Feng 郭风
GUO, SHUI LIN 郭水林 **(1940-)**

Guo, Feng 郭枫
QIU, JIA CHUO 邱家绰 **(1920-)**

Guo, Feng 郭枫
GUO, SHAO MING 郭少鸣 **(1930-)**

Guo, Fu qi 郭伏其
ZHANG, SHI YI 张师顗 **(1921-)**

GUO, FU ZHONG 郭福中
Lan, Ting 蓝亭

Guo, Gang 果刚
HU, GUO GANG 胡果刚

Guo, Ge 郭戈
GUO, BING ZHEN 郭秉箴 **(1922-)**

GUO, GE 郭戈 **(1946-)**
Bu yi 布衣
Luo, Han 罗汉

GUO, GEN SHEN 郭根深 **(1927-)**
Ren, Da xin 任大心

GUO, GUAN YING 郭冠英
Gao, Mao chen 高茂辰

Guo, Guang 郭光
GUO, YUN TING 郭云亭 **(1917-)**

Guo, Guang 郭光
GUO, BEN YUAN 郭本元 **(1920-)**

Guo, Guang 国光
YANG, GUO GUANG 杨国光 **(1937-)**

Guo, Guang 国光
LIU, GUO YAO 刘国尧 **(1947-)**

GUO, GUANG BAO 郭光豹 **(1934-)**
Guo, Bao 果报

GUO, GUANG KUN 郭光堃 **(1928-)**
Lü, Lie 吕烈

GUO, GUANG REN 郭光仁 **(1932-)**
Guo, Wu 郭兀
Shi, Lei 石磊
Zi ren 孜人

GUO, GUANG YA 郭光亚
Ya guo 亚郭

GUO, GUI XIANG 郭桂香 **(1940-)**
Ge, Chen 戈尘
Guo, Chen 郭晨
Guo, Qiu 郭秋

GUO, GUO FU 郭国甫 **(1926-)**
Lin, Jing 林静
Yi lu 亦卢

GUO, GUO XIANG 郭国翔 **(1918-)**
Guo, Lu 郭路
Guo, Xiang 郭翔
Pai feng 湃风

GUO, GUO YONG 郭国涌 **(1924-)**
Gu, Yun 古云
Guo yong 国涌
Xiang, Cheng 向诚

GUO, HAI QING 郭海清 **(1905-)**
Guo, Zhan bo 郭湛波
Zhu, Qian 朱谦

Guo, Hao 郭浩
GUO, DE HAO 郭德浩 **(1909-1987)**

Guo, Hao 郭浩
YU, JIAN QIU 于建秋 **(1917-)**

Guo, Hao 郭豪
WANG, PIN ZHI 王聘之 **(1919-)**

Guo he zu 过河卒
HE, CHANG XIU 何畅秀 **(1890-1983)**

GUO, HENG 郭恒 **(1934-)**
Su, Yuan 苏原

GUO, HONG 郭虹
Hu, Shu wen 胡述文

Guo, Hong 郭鸿
PANG, GUO HONG 庞国弘 **(1946-)**

Guo, Hong jiang 郭洪江
GUO, NIAN JUN 郭念军 **(1934-)**

Guo, Hong li 郭鸿立
GUO, YI CEN 郭一岑 **(1894-1977)**

GUO, HONG RU 郭洪如 **(1931-)**
Hong, Lu 洪炉
Lu, Hong 卢弘

GUO, HONG YING 郭宏瑛 **(1963-)**
Lin, Ke 林珂

GUO, HOU REN 郭厚仁 **(1943-)**
Guo, Yan 郭焱

Guo, Hua 国华
TONG, HAN ZHANG 童汉章 **(1894-1926)**

Guo, Hua 国华
SHI, JING WEN 史经文 **(1937-)**

Guo, Hua 郭化
XU, GUO HUA 徐国华 **(1928-)**

Guo, Hua 郭华
XU, GUO HUA 徐国华 **(1928-)**

Guo, Hua lun 郭华伦
GUO, QIAN HUI 郭乾辉 **(1906-)**

Guo hui 国辉
ZHAO, SHU PING 赵澍萍 **(1930-)**

Guo hui nü shi 国辉女士
CAO, YUN PENG 曹云鹏

Guo hun 国魂
CAI, YI LING 蔡奕灵 **(1945-)**

Guo huo zhi yin zhe 国货之隐者
CHEN, XU 陈栩 **(1879-1940)**

GUO, JI CHUN 郭继纯 **(1917-)**
Sha, Ying 沙英

GUO, JI GUANG 郭缉光 **(1920-)**
Cao, Zheng 曹正

GUO, JI NAN 郭基南 **(1923-)**
Bo ji 伯基
Ji, Nan 嵇南
Ji, Nan 嵇楠
Ma qi tu 玛奇图
Niu, Lun 牛伦

Guo, Ji qing 郭季青
TAO, DA YONG 陶大镛 **(1918-)**

GUO, JI XIAN 郭继贤 **(1933-)**
Gao, Shan 高山

Guo, Jia 郭嘉
GUO, JIA GUI 郭嘉桂 (1919-)

GUO, JIA 郭嘉 (1929-)
Cheng, Cheng 程乘

GUO, JIA GUI 郭嘉桂 (1919-)
Ba di 拔荻
Bei di 北笛
Chen, Yue 陈月
Gu, Feng 谷枫
Guo, Feng 郭风
Guo, Jia 郭嘉
Guo, Xiu neng 郭脩能
Guo, Zheng lian 郭正簾
Hu, Xue 胡雪
Jia gui 嘉桂
Jin, Ge 金戈
Lin, Che 林车
Lin, Qiu sheng 林秋声
Su, Dan 苏丹
Su, Jing 苏晶
Su, Ming 苏明
Su, Yue 苏月
Ye si 野寺
Ye, Yi zao 叶一造
Ye, Yu hao 叶于浩
Yu, Hao 于浩
Zhang, San 张伞
Zhong ye 中野
Zhu, Jing 朱晶

GUO, JIA SHEN 郭家申 (1935-)
He ren 禾人

Guo, Jian feng 郭健风
GUO, EN DA 郭恩大 (1919-1976)

GUO, JIAN REN 郭坚忍 (1880-1940)
Yang zhou fu ren 扬州妇人

Guo, Jiang 过江
CHEN, ZHEN PENG 陈振鹏 (1920-)

Guo jiang ji 过江鲫
YU, ZAI CHUN 于在春 (1909-)

Guo, Jie 郭杰
SHI, RU BI 石汝璧 (1902-1928)

Guo, Jie shu 郭节述
GUO, SHENG MING 郭圣铭 (1915-)

GUO, JIN FENG 郭金凤 (1955-)
Ya mei 亚嫩

GUO, JIN HONG 郭锦洪
Jin, Hong 金洪

GUO, JIN SHUAN 郭进栓 (1958-)
Guo, Chao 郭超
Guo, Xiao 郭笑
Hei, Niu 黑妞
Xin, Xiang 辛香

Guo, Jin xia 郭晋侠
GUO, SI FEN 郭嗣汾 (1919-)

GUO, JIN XIU 郭晋秀 (1929-)
Xiu 琇

GUO, JIN ZHEN 郭金祯
Guo, Ming 郭鸣
Guo, Qing 郭青

GUO, JING 郭菁 (1932-)
Guo, Qing 郭青

Guo, Jing fu 郭京夫
GUO, JING FU 郭景富 (1942-)

GUO, JING FU 郭景富 (1942-)
Guo, Jing fu 郭京夫
Jing fu 京夫

Guo, Jing quan 郭竞权
GUO, BEN YUAN 郭本元 (1920-)

GUO, JING RONG 郭荆荣 (1920-1978)
Guo, Jun 郭钧

GUO, JING TANG 郭静唐 (-1953)
Yi qing 一青

GUO, JUN 郭军 (1960-)
Ge, Jun 戈君
Jin, Ge 金戈
Nan, Da 南达

Guo, Jun 郭钧
GUO, JING RONG 郭荆荣 (1920-1978)

Guo jun 国钧
LIU, GUO JUN 刘国钧 (1900-1926)

GUO, JUN LING 郭俊岭 (1948-)
Guo, Cun 郭村

Guo, Jun man 郭君曼
CHEN, CHU CAI 陈楚材 (1902-)

GUO, JUN XIONG 郭俊雄 (1940-)
Guo, Ya chen 郭亚尘
Mo shang sang 陌上桑
Ruo ying 若影
Ya chen 亚尘

GUO, KAI PING 郭开平 (1913-)
Guo, Qian li 郭千里

Guo, Kai zhen 郭开贞
GUO, MO RUO 郭沫若 (1892-1978)

Guo, Ke 过客
HU, SHAN YUAN 胡山源 (1897-1988)

Guo, Ke 过客
JIANG, XING YU 蒋星煜 **(1920-)**

Guo, Ke 过客
HU, KANG XIN 胡康新 **(1932-)**

Guo, Ke 过客
WU, ZHUO FAN 伍卓凡 **(1941-)**

Guo, Ke 过客
HUANG, JIN BAO 黄金保

Guo, Ke 果克
LI, SHI CHUAN 李世传 **(1919-)**

Guo, Ke 郭砢
GUO, LUO JI 郭罗基 **(1932-)**

GUO, KE ZOU 郭可诹
Xue, Liang 薛良

GUO, KUN FU 郭坤福 **(1947-)**
Cao, Jun 曹钧
Hou, Jin 侯进
Ji, Si 纪思
Kong, Wu 孔武
Lian, Qi 连奇
Si yu 思雨
Ye, Ming 叶鸣

GUO, KUN REN 郭坤仁
Ling, Geng 凌耿

Guo, Kuo 郭廓
GUO, ZHEN DE 郭振德 **(1939-)**

Guo, Lai ren 过来人
XIAO, YAN QING 萧艳清 **(1924-)**

Guo, Lai ren 郭来仁
FENG, SHI CAI 冯世才 **(1938-)**

Guo, Lan 郭岚
GUO, ZHEN DE 郭振德 **(1939-)**

GUO, LE SHENG 郭乐昇 **(1928-)**
Guo, Ma feng 郭马风
Ma, Feng 马风

GUO, LI CHENG 郭立诚 **(1915-)**
Wen geng 问耕

GUO, LI HUA 郭丽华
Heng wu 蘅芜

GUO, LI HUAN 郭礼焕 **(1958-)**
Ju gong 菊公

GUO, LI JUN 郭丽君 **(1923-)**
Bai, Hua 白桦
Ge, Yan 戈炎
Ge, Yan 戈焰
Ge, Yan 戈焱

Guo, Mo ling 郭沫玲
Sun, Dian 孙殿

GUO, LI PI 郭力匹 **(1928-)**
Wai lou 外楼

Guo liang 国亮
MA, GUO LIANG 马国亮 **(1908-)**

Guo, Liang 果良
MA, GUO LIANG 马国亮 **(1908-)**

Guo, Liang 郭亮
YUN, ZHAO GUANG 云照光 **(1929-)**

GUO, LIANG TIAN 郭良田 **(1919-)**
Ge, Feng 戈枫
Ke, Fu 柯夫

Guo, Liang xin 郭良信
GUO, LIANG XIN 郭梁信 **(1926-)**

GUO, LIANG XIN 郭梁信 **(1926-)**
Guo, Liang xin 郭良信
Jin, Cheng 金城
Liang, Xin 梁信
Luo, Hui 罗惠
Wen, Ye fan 文也凡

Guo, Lin 果林
GUO, SI LIN 郭嗣麟 **(1912-)**

Guo, Lin 果霖
LIN, XIN JU 林新居 **(1952-)**

Guo, Lin 郭林
GUO, SI LIN 郭嗣麟 **(1912-)**

Guo, Lin 郭林
GUO, SHUI LIN 郭水林 **(1940-)**

Guo, Lin 郭麟
GUO, SI LIN 郭嗣麟 **(1912-)**

Guo, Long zhen 郭隆真
GUO, SHU SHAN 郭淑善 **(1894-1931)**

GUO, LÜ GANG 郭履刚 **(1939-)**
Qiang, Ge 强戈
Xi qiang 希强

Guo, Lu 郭路
GUO, GUO XIANG 郭国翔 **(1918-)**

GUO, LU MIN 郭鲁民 **(1952-)**
Chang cheng 长城

GUO, LUO JI 郭罗基 **(1932-)**
Guo, Ke 郭砢
Ji, Men shu 蓟门树
Liang, Xi cao 梁溪草
Qin, Huai sha 秦淮沙

Guo, Ma feng 郭马风

GUO, LE SHENG 郭乐昇 **(1928-)**

Guo, Mai ruo 郭麦弱
GUO, MO RUO 郭沫若 **(1892-1978)**

GUO, MEI CHAN 郭美婵
Ya mei 亚美

Guo, Meng fan 郭梦汎
GUO, YU XIANG 郭玉祥 **(1929-)**

GUO, MENG LIANG 郭孟良 **(1965-)**
Xiao, Meng 萧梦
Xiao meng 晓梦
Yi, Hua 伊华

Guo, Meng liang 郭梦良
GUO, BI FAN 郭弼藩 **(1897?-1925)**

Guo, Min 郭敏
GU, JIA XI 顾家熙 **(1919-)**

Guo, Min ren 郭敏仁
GAO, CHONG LI 高崇礼 **(1924-1969)**

GUO, MIN XING 郭敏行
Min xing 敏行

Guo, Ming 郭明
SHAO, XUN MEI 邵洵美 **(1906-1968)**

Guo, Ming 郭明
GUO, XIANG AN 郭祥安 **(1938-)**

Guo, Ming 郭鸣
GUO, JIN ZHEN 郭金祯

GUO, MING KUN 郭明昆
Yi zhou 一舟

GUO, MING XIAO 郭明孝 **(1929-)**
Guo, Ming xiao 郭明效
Guo, Zi zhuo 郭子卓
Nie, Yin ying 聂银鹰
Yun, Li 云理
Zi zhao 紫照
Zi zhuo 子卓

Guo, Ming xiao 郭明效
GUO, MING XIAO 郭明孝 **(1929-)**

Guo, Mo 郭墨
CHEN, XI RONG 陈希荣 **(1911-1970)**

Guo, Mo ling 郭沫玲
GUO, LI JUN 郭丽君 **(1923-)**

GUO, MO RUO 郭沫若 **(1892-1978)**
A he nai gu deng zhi 阿和乃古登志
Ai mou 爱牟
An, Na 安娜
Ba er 八儿
Bai, Gui 白圭
Bi hua ju shi 笔花居士
Ding 鼎
Ding fu 定甫
Ding tang 鼎堂
Du, Heng 杜桁
Du, Kan 杜衎
Du, Quan 杜荃
Du, Wan shu 杜顽庶
Du, Yan 杜衍
Fen yi zhu ren 汾易主人
Gao, Hao ran 高浩然
Gao, Ming 高鸣
Gao, Ru hong 高汝鸿
Gu 孤
Gu, Ren 谷人
Guo, Ai mou 郭爱牟
Guo, Ding tang 郭鼎堂
Guo, Kai zhen 郭开贞
Guo, Mai ruo 郭麦弱
Guo, Shang wu 郭尚武
Jiang, Ou 江耦
Kai zhen 开贞
Kan ren 坎人
Ke la ke 克拉克
Li, Ji 李季
Li, Ming jian 黎明健
Lin, Shou ren 林守仁
Long, Zi 龙子
Mai, Ke ang 麦克昂
Meng, Qi 蒙倛
Meng, Qi sheng 蒙倛生
Meng qi wai shi 蒙倛外史
Mo 沫
Mo ruo 沫若
Niu, He zhi 牛何之
Rong ma shu sheng 戎马书生
Shi, Tuo 石沱
Shi, Tuo sheng 石沱生
Teng zi zhang fu 滕子丈夫
Tong ren 同人
Tuo sheng 沱生
Wang, Jia wei 王假维
Wen, Bao 文豹
Wu, Cheng 吴诚
Xin, Yi zhi 辛易之
Yang, Bo mian 杨伯勉
Yang, Yi zhi 羊易之
Yi, Kan ren 易坎人
Yu, Shuo 于硕
Zuo teng, Zhen ji 佐滕贞吉

GUO, MU HUA 郭牧华 **(1956-)**
Hua shi 化石

Guo, Mu sheng 郭沐生
QIAO, MING FU 乔明甫 **(1912-)**

Guo, Nai an 郭乃安
GUO, NAI AN 郭鼐安 **(1920-)**

GUO, NAI AN 郭鼐安 **(1920-)**
Chu, Hui 楚晖
Ge, Nan 戈楠
Guo, Nai an 郭乃安
Shi, Ying 施盈

GUO, NI DI 郭尼迪 **(1916-)**
Feng jia 凤家
Ni di 尼迪
Sun, Yang 孫阳

GUO, NIAN JUN 郭念军 **(1934-)**
Guo, Hong jiang 郭洪江

GUO, NING 郭宁 **(1961-)**
Yi lang 逸浪

Guo, Pei heng 郭佩衡
ZHANG, ZONG KE 张宗可 **(1898-1975)**

Guo, Peng 郭朋
GUO, YUN ZHANG 郭云章 **(1920-)**

GUO, PING 郭平 **(1954-)**
Lao, Ren 劳人

Guo, Pu 郭璞
SU, XUAN YING 苏玄瑛 **(1884-1918)**

Guo, Qi 郭琦
GUO, DE HAO 郭德浩 **(1909-1987)**

GUO, QI YI 郭启毅 **(1909-)**
Guo, Da 郭达

GUO, QIAN 郭潜
Chen, Ran 陈然

Guo, Qian chi 郭千尺
GUO, SHUI TAN 郭水潭 **(1907-)**

GUO, QIAN HUI 郭乾辉 **(1906-)**
Guo, Hua lun 郭华伦

Guo, Qian li 郭千里
GUO, KAI PING 郭开平 **(1913-)**

Guo qin 国亲
CAI, YUAN KANG 蔡元康 **(1879-1921)**

Guo, Qing 果青
GUO, RUI QING 果瑞卿 **(1936-)**

Guo, Qing 郭庆
GUO, SHI QING 郭世庆 **(1928-)**

Guo, Qing 郭庆
LÜ, GUO QING 吕国庆 **(1943-)**

Guo, Qing 郭青
GUO, JING 郭菁 **(1932-)**

Guo, Qing 郭青
ZHANG, GUO QING 张国擎 **(1950-)**

Guo, Qing 郭青
GUO, JIN ZHEN 郭金祯

GUO, QING NIAN 郭庆年 **(1930-)**
Mu, Chao 慕朝
Song yan 松岩
Zhai, Zhuang 翟荘

Guo, Qiu 郭秋
GUO, GUI XIANG 郭桂香 **(1940-)**

GUO, QIU LIANG 郭秋良 **(1936-)**
Yan, Xun 燕迅

GUO, QIU SHENG 郭秋生 **(1904-1980)**
Jie tou xie zhen shi 街头写真师
Jie zhou 芥舟
Jie zhou sheng 芥舟生
K S
Qiu, Sheng 秋生
T P sheng T P 生

GUO, QUAN BEN 郭全本 **(1920-)**
Chen, De rong 陈德荣
Yan, Wu yin 言无隐
Yu, Xiang xiu 余向秀
Zhen qing 振清

Guo, Ran 果然
HU, DA WEN 胡大文 **(1941-1990)**

Guo, Ren 果人
REN, ZHUO XUAN 任卓宣 **(1896-1990)**

Guo ren 国人
WANG, CHENG ZONG 汪承宗 **(1928-)**

Guo ren 国人
ZHANG, GUO REN 张国人 **(1956-)**

GUO, REN DE 郭仁德
Ding, Yu xuan 丁雨轩
Guo, Yan 郭岩
Lin, Lu 林鲁

GUO, REN HUAI 郭仁怀 **(1941-)**
Ji, Shi 纪实

GUO, RONG SHENG 郭荣生 **(1947-)**
Ying shan 映山

Guo rui 国瑞
JIANG, YING LONG 江应龙 **(1920-)**

GUO, RUI QING 果瑞卿 **(1936-)**
Guo, Qing 果青
Tian, Mu 田木

GUO, RUI XIN 郭瑞心 **(1941-)**
Lan, Wei 蓝薇

Lan, Xin ying 蓝心影

Guo, Ruo feng 郭偌风
LI, JIN XIANG 栗金襄 **(1909-1989)**

GUO, SEN LIN 郭森林 **(1910-)**
Xia, Yang 夏阳

GUO, SHAN HONG 郭善鸿 **(1929-)**
Guo, Xian hong 郭先红
Xian hong 仙鸿

Guo, Shang wu 郭尚武
GUO, MO RUO 郭沫若 **(1892-1978)**

Guo, Shao 郭哨
CHEN, WEN SHANG 陈文尚 **(1929-)**

GUO, SHAO GANG 郭绍纲 **(1932-)**
Xiang yi 享邑

GUO, SHAO MING 郭少鸣 **(1930-)**
Ge, Feng 戈风
Guo, Feng 郭枫
Tong tuo 铜驼

Guo, Shao yu 郭绍虞
GUO, XI FEN 郭希汾 **(1893-1984)**

GUO, SHAO ZONG 郭少宗
Guo, Chong shi 郭冲石

GUO, SHEN 郭身 **(1933-)**
Lan, Sheng er 兰升尔
Lan, Sheng er 兰升儿

GUO, SHEN JUAN 郭慎娟 **(1937-)**
Shen, Jun 申隽

Guo, Sheng 郭圣
LI, GUO YING 黎国颖 **(1938-)**

Guo, Sheng 郭生
CAI, SHANG SI 蔡尚思 **(1905-)**

Guo, Sheng 郭生
GUO, SHENG YUAN 郭生元 **(1921-)**

GUO, SHENG MING 郭圣铭 **(1915-)**
Guo, Jie shu 郭节述

GUO, SHENG QIAN 郭胜钤 **(1927-)**
Guo, Tie 郭铁

GUO, SHENG YUAN 郭生元 **(1921-)**
Guo, Sheng 郭生
Yi qun 亦群

Guo, Shi fu 郭石夫
FANG, ZHEN 方振 **(1928-)**

GUO, SHI QING 郭世庆 **(1928-)**
Guo, Qing 郭庆
Guo, Xiang 郭襄
Guo, Xiang huo 郭乡伙

Guo shi shi 国史氏
LIANG, QI CHAO 梁启超 **(1873-1929)**

GUO, SHOU CHE 郭守坼 **(1931-)**
Lin, Shi 林诗

GUO, SHOU HUA 郭寿华 **(1902-)**
Gan, Cheng 干城

GUO, SHU MIN 郭淑敏 **(1954-)**
Mei, Zi 梅子

GUO, SHU SHAN 郭淑善 **(1894-1931)**
Guo, Long zhen 郭隆真

Guo, Shu ya 郭述亚
GUO, SHU YA 郭树雅 **(1931-)**

GUO, SHU YA 郭树雅 **(1931-)**
Guo, Shu ya 郭述亚
Ka, Zhe 卡哲

Guo, Shu yuan 郭书远
LAI, RUI HE 赖瑞和

GUO, SHU YUN 郭淑云 **(1953-)**
Wen, Ge 文戈
Xiao xiao 小小
Xin yan 心砚
Yi fei 亦非

GUO, SHUI LIN 郭水林 **(1940-)**
Ding, Fan 丁凡
Guo, Feng 郭风
Guo, Lin 郭林
Yu, Tong 禹彤

GUO, SHUI TAN 郭水潭 **(1907-)**
Guo, Qian chi 郭千尺
Qian chi 千尺

GUO, SI FEN 郭嗣汾 **(1919-)**
Guo, Jin xia 郭晋侠
Jin xia 晋侠
Yi, Shu han 易叔寒
Yi, Shui han 易水寒

GUO, SI HAI 郭四海 **(1944-)**
Ge yang 歌扬
Gu, Ge 古歌
Shi dao si lang 狮岛四郎
Shi jie ban nuo fu 史捷班诺夫
Yue se fu • ka er 约瑟夫 • 卡尔

GUO, SI LIN 郭嗣麟 **(1912-)**
Guo, Lin 果林
Guo, Lin 郭林
Guo, Lin 郭麟

Guo, Song 郭颂
GUO, ZENG FA 郭增发 **(1931-)**

GUO, SONG YI 郭松义 (1934-)
Gu, Yi 谷依

Guo, Su 郭苏
GUO, EN DA 郭恩大 (1919-1976)

Guo tao 国涛
ZHANG, GUO TAO 张国焘 (1897-1979)

Guo tao 国焘
ZHANG, GUO TAO 张国焘 (1897-1979)

Guo, Tian liu 郭天留
LIU, JIE 刘捷 (1911-)

Guo, Tie 郭铁
GUO, BEN YUAN 郭本元 (1920-)

Guo, Tie 郭铁
GUO, SHENG QIAN 郭胜钤 (1927-)

Guo, Ting 果庭
XIONG, GONG ZHE 熊公哲 (1895-)

GUO, TONG JIE 郭统界
Su fang 愫芳

Guo, Wan 郭畹
FANG, GUI DE 方珪德 (1922-)

GUO, WEI 过伟 (1928-)
Lu ming 鹿鸣
Mo, Hong 墨訇
Zhu, Rong 祝融

Guo wei 国伟
LI, WEI SEN 李伟森 (1903-1931)

Guo wei 国伟
ZHOU, GUO WEI 周国伟

Guo, Wei lie 郭威烈
GUO, YI CEN 郭一岑 (1894-1977)

GUO, WEI NONG 郭味农 (1918-)
Bai, Ge 白鸽
Chun shui 春水

GUO, WEI QIANG 郭伟强 (1937-)
Shan tian hu 山天虎
Zhong, Yu cao 钟玉操

GUO, WEI QIU 郭蔚球 (1931-)
Bai, Xue yin 白雪吟
Bai, Yan wen 白雁文

Guo, Wei ti 郭伟倜
GUO, EN DA 郭恩大 (1919-1976)

Guo, Wen 郭文
LIANG, HUI YAN 梁惠炎 (1920-)

Guo, Wen ge 过闻歌
BAO, WEN DI 包文第 (1920-)

GUO, WEN KUI 郭文奎 (1915-)
Guo, Wen kui 郭文魁

Guo, Wen kui 郭文魁
GUO, WEN KUI 郭文奎 (1915-)

Guo, Wen yi 郭汶依
DING, JING TANG 丁景唐 (1920-)

GUO, WEN YUN 郭文允 (1948-)
Long shan 陇山
Long shan feng 陇山风
Zhong, Ming 钟鸣

Guo, Wu 郭兀
GUO, GUANG REN 郭光仁 (1932-)

Guo, Xi 郭西
JIANG, SHOU KANG 蒋寿康 (1925-)

Guo xi 国喜
FENG, GUO HUI 冯国辉 (1953-)

GUO, XI FEN 郭希汾 (1893-1984)
Guo, Shao yu 郭绍虞
Shao yu 绍虞
Xi fen 希汾
Yu 虞

GUO, XI HE 郭熙和 (1917-)
Xi he 西河

GUO, XI LIANG 郭锡良 (1930-)
Lu, Ren 陆仁

Guo, Xian hong 郭先红
GUO, SHAN HONG 郭善鸿 (1929-)

GUO, XIAN JI 郭先楫 (1943-)
Chu, Sheng 初声

GUO, XIAN ZUO 郭贤作 (1959-)
Jian feng 剑风
Jiang, Yan 江烟
Juan yun 倦云
Li, Du chou 李渡愁

Guo, Xiang 郭翔
GUO, GUO XIANG 郭国翔 (1918-)

Guo, Xiang 郭襄
GUO, SHI QING 郭世庆 (1928-)

GUO, XIANG AN 郭祥安 (1938-)
Guo, Ming 郭明

Guo, Xiang huo 郭乡伙
GUO, SHI QING 郭世庆 (1928-)

Guo, Xiao 郭笑
GUO, JIN SHUAN 郭进栓 (1958-)

GUO, XIAO CHEN 郭肖晨 (1930-)
Xiao, Chen 肖晨

Guo, Xiao chuan 郭小川
GUO, EN DA 郭恩大 **(1919-1976)**

Guo, Xiao dong 郭小东
GUO, YA LEI 郭亚雷 **(1951-)**

GUO, XIAO QIAN 郭孝谦
Qian jun 谦君

GUO, XIAO YI 郭孝义 **(1941-)**
Guo, Zi wo 郭子我

GUO, XIN LI 郭新利 **(1971-)**
Hei, Yu 黑羽
Xiao jian 啸剑

GUO, XIN MIN 郭新民 **(1957-)**
Gong min 公民
Shen ding 神丁
Xin min 昕旻

Guo, Xin yun 郭心云
XIE, YUN E 谢云娥 **(1938-)**

Guo, Xing 果行
LIU, GUO XING 刘国兴 **(1915-)**

Guo xing 国兴
WANG, GUO XING 王国兴 **(1932-)**

GUO, XING SHOU 郭星寿 **(1937-)**
Jiang, Zhou 江洲

GUO, XIONG 郭雄 **(1920-)**
Guo, Yan qiao 郭燕峤
Yan ya shan qiao 燕崖山樵

GUO, XIU LIN 郭修琳 **(1935-)**
Hai, Zi 海子

Guo, Xiu neng 郭脩能
GUO, JIA GUI 郭嘉桂 **(1919-)**

GUO, XIU QING 郭秀劥 **(1905-1976)**
Guo, Da li 郭大力

Guo, Xuan 果轩
JI, GUO XUAN 纪国宣 **(1909-)**

GUO, XUE BO 郭雪波 **(1948-)**
Xue bu 雪步

GUO, XUE FANG 郭雪芳 **(1961-)**
Du, Yu ling 杜宇玲

Guo, Ya chen 郭亚尘
GUO, JUN XIONG 郭俊雄 **(1940-)**

Guo, Ya fu 郭亚夫
GUO, CHENG YI 郭成义 **(1950-)**

GUO, YA LEI 郭亚雷 **(1951-)**
Guo, Xiao dong 郭小东

Guo, Yan 郭岩
GUO, REN DE 郭仁德

Guo, Yan 郭焱
GUO, HOU REN 郭厚仁 **(1943-)**

GUO, YAN LI 郭延礼 **(1937-)**
Chun sun 春笥
Xiang, Yun 向云
Yi qing 一青

Guo, Yan qiao 郭燕峤
GUO, XIONG 郭雄 **(1920-)**

GUO, YANG TING 郭阳庭 **(1923-)**
Yang, Tian 阳天

Guo, Ye lao 过野老
LIN, RI YANG 林日扬 **(1951-)**

GUO, YE QING 郭业青 **(1958-)**
Ye qing 业青

Guo, Yi 郭逸
GUO, BING ZHEN 郭秉贞 **(1938-)**

GUO, YI CEN 郭一岑 **(1894-1977)**
Chong li 重立
Guo, Hong li 郭鸿立
Guo, Wei lie 郭威烈
Ke, Yi cen 柯一岑
Yi cen 一岑

GUO, YI DONG 郭衣洞 **(1920-)**
Bai, Yang 柏杨
Deng, Ke bao 邓克保

GUO, YI DONG 郭翊东 **(1920-)**
Chen, Geng 陈庚
Yu xian 羽仙

Guo, Yi ting 郭一亭
GU, ZHAO XIONG 顾兆熊 **(1888-1973)**

GUO, YI ZHE 郭以哲 **(1923-)**
Guo, Zhuo 郭卓

GUO, YI ZHOU 郭翼舟
Guo, Zhong ping 郭中平

Guo, Yin 郭因
HU, LU YAN 胡鲁焉 **(1926-)**

Guo, Ying 郭荧
DENG, SHAO JI 邓绍基 **(1933-)**

GUO, YING CHUN 郭迎春 **(1961-)**
Chun lu 春璐
Lei, Ming 雷鸣

Guo, Ying qiu 郭影秋
GUO, YU KUN 郭玉昆 **(1909-1985)**

GUO, YING YING 郭英英 **(1963-)**

Ying ying 英英
Ying, Zi 英子

Guo yong 国涌
GUO, GUO YONG 郭国涌 (1924-)

GUO, YONG DU 郭永都 (1937-)
Lu, Mo lan 鲁墨岚

Guo, Yong ge 郭永革
GUO, CHUAN JIN 郭传金 (1951-)

GUO, YOU YONG 郭有勇 (1920-)
Cheng, Wan li 程万里
Li, Xin 黎辛
Shen, Lian qing 沈联清
Xie, Qing 解清

GUO, YU KUN 郭玉昆 (1909-1985)
Guo, Cui zhang 郭萃章
Guo, Ying qiu 郭影秋

GUO, YU LIN 郭育麟 (1940-)
Qin, Hao 秦皓

GUO, YU SHI 郭豫适 (1933-)
Yu, Si 于斯
Yu, Si 余思

GUO, YU XIANG 郭玉祥 (1929-)
Guo, Meng fan 郭梦汎

Guo, Yuan 郭远
LI, JIN XIANG 栗金襄 (1909-1989)

Guo, Yuan geng 郭源耕
ZHENG, ZHEN DUO 郑振铎 (1898-1958)

Guo, Yuan xin 郭源新
ZHENG, ZHEN DUO 郑振铎 (1898-1958)

GUO, YUN LING 郭允苓 (1941-)
Su xin 素心

GUO, YUN MIN 郭云民 (1946-)
Shi, Yun 石云

GUO, YUN TING 郭云亭 (1917-)
Guo, Guang 郭光
Jia, Ming 贾明

GUO, YUN ZHANG 郭云章 (1920-)
Guo, Peng 郭朋

GUO, ZE YUN 郭则澐 (1884-1940)
Dun pu 遯圃
Hua, Yin weng 花隐翁
Long gu shan fang zhu ren 龙顾山房主人
Long gu shan ren 龙顾山人
Shui dong hua yin 水东花隐
Xiao lu 啸麓
Yi yuan 逸园
Yun cong hua yin 云淙花隐

Zhe yun 蛰云

GUO, ZENG FA 郭增发 (1931-)
Guo, Song 郭颂

Guo, Zhai 果斋
LIU, ER XIN 刘尔炘 (1865-1931)

Guo, Zhan bo 郭湛波
GUO, HAI QING 郭海清 (1905-)

Guo, Zhang 郭章
WANG, MENG KUI 王梦奎 (1938-)

GUO, ZHAO HENG 郭兆恒 (1930-)
Guo, Chao 郭超
Mu ding 牧丁
Xiao, Li 肖犁

Guo, Zhen 果真
JI, GUO ZHEN 纪国珍 (1949-)

Guo, Zhen 郭真
GAO, ER BAI 高尔柏 (1901-)

Guo, Zhen 郭震
GUO, CHANG CHUN 郭长春 (1931-)

Guo, Zhen 国桢
WANG, GUO WEI 王国维 (1877-1927)

GUO, ZHEN DE 郭振德 (1939-)
Guo, Kuo 郭廓
Guo, Lan 郭岚
Yuan, Shan 远山

GUO, ZHEN SHENG 郭振声 (1929-)
Shu er 殳耳

GUO, ZHEN XIAN 郭振先
Ling hu, Ling de 令狐令德

GUO, ZHEN ZONG 郭振宗 (1934-)
Feng, Chun 冯春

Guo, Zheng 郭筝
TAO, DE SAN 陶德三 (1955-)

GUO, ZHENG FU 郭征夫 (1927-)
Ni yu 猊愚

Guo, Zheng lian 郭正簾
GUO, JIA GUI 郭嘉桂 (1919-)

GUO, ZHENG YUAN 郭正元 (1937-)
Shui, Liang 水亮
Zheng, Yuan 郑远

GUO, ZHENG ZHONG 郭正忠 (1937-)
Gu, Zhong 古钟

Guo, Zhi 果之
WANG, LAN 王蓝 (1922-)

GUO, ZHI DONG 郭志东 (1963-)

Gu, Dong 古冬
Zhi dong 志东

GUO, ZHI GANG 郭志刚 **(1962-)**
Sang, Zi 桑梓

GUO, ZHI GUANG 郭志光 **(1942-)**
Xuan ming 玄明

GUO, ZHI QUAN 郭志全 **(1932-)**
Shi, Nan 石楠

GUO, ZHI YOU 郭志友 **(1931-)**
Fang, Qing 方晴

Guo zhong 国忠
WANG, REN SHU 王任叔 **(1901-1972)**

Guo, Zhong ping 郭中平
ZHANG, XUAN 张璿 **(1909-)**

Guo, Zhong ping 郭中平
LÜ, JI PING 吕冀平 **(1926-)**

Guo, Zhong ping 郭中平
GUO, YI ZHOU 郭翼舟

GUO, ZHONG QIANG 郭仲强 **(1934-)**
Ge, Lai 葛莱
Jian hong 剑虹
Lin, Hong 林虹
Lin, Jing 林静

GUO, ZHONG YUAN 郭忠远 **(1942-)**
Guo, Cong yuan 郭从远

Guo, Zhuo 郭卓
GUO, YI ZHE 郭以哲 **(1923-)**

GUO, ZI MEI 郭子美 **(1925-)**
Shi, Zhou 石舟

Guo, Zi wo 郭子我
GUO, XIAO YI 郭孝义 **(1941-)**

Guo, Zi zhuo 郭子卓
GUO, MING XIAO 郭明孝 **(1929-)**

H

H
SHEN, DUAN XIAN 沈端先 **(1900-1995)**

H
ZHENG, XIAO SONG 郑孝嵩 **(1907-)**

H. C.
BIAN, ZHI LIN 卞之琳 **(1910-2000)**

H D
HAO, AI 郝艾 **(1915-)**

H. F.
LIU, HE FANG 刘和芳 **(1927-)**

H. H.
XU, HU 徐虎 **(1926-)**

HK
SHEN, YI 沈议 **(1909-1986)**

HK
SHANG, HUI GUANG 商慧光 **(1920-)**

H. M.
LI, DA 李达 **(1890-1966)**

H. M.
XU, GUANG PING 许广平 **(1898-1968)**

H. M.
LIU, XUAN MIN 刘选民

H. S.
CAI, HE SEN 蔡和森 **(1895-1931)**

H S
NI, WEI LIANG 倪伟良 **(1918-1988)**

H. S. C.
HU, SHI 胡适 **(1891-1962)**

H. S. L.
WEN, JIA HUA 闻家骅 **(1899-1946)**

H T sheng H T 生
LIN, JIN TIAN 林金田 **(1907-)**

H. V.
ZHANG, GUANG REN 张光人 **(1902-1985)**

Henry Liu
LIU, YI LIANG 刘宜良 **(1932-1984)**

H xian sheng H 先生
WANG, XIAO YI 王小逸

Ha, Bai 哈拜
KA, TU LI 卡吐力 **(1928-)**

Ha gong 哈公
HUANG, XUAN WEI 黄宣威 **(1914-)**

Ha gong 哈公
XU, GUO 许国 **(1930-1987)**

Ha, Hua 哈华
ZHONG, KAI MING 钟开明 **(1918-1992)**

Ha, Huan zhang 哈焕章
KA, TU LI 卡吐力 **(1928-)**

Ha, Jin 哈金
JIN, XUE FEI 金雪飞 **(1955-)**

HA, KUAN GUI 哈宽贵 **(1928-1982)**
Xiao long 小龙

Ha, Lao ge 哈老哥
LI, NAN HENG 李南衡 **(1940-)**

Ha, Lei 哈雷
JIANG, QING FENG 蒋庆丰 **(1958-)**

Ha, Li ma 哈利玛
LIANG, GUAN ZHONG 梁冠中 (1942-)

Ha, Mi chi 哈迷蚩
ZHANG, TIAN YI 张天翼 (1906-1985)

Ha, Ming 哈明
LI, SHAO NI 李绍尼 (1938-)

Ha, Ri chi 哈日赤
BA, GAN 巴干 (1940-)

Ha, Sai 哈塞
PAN, YING HUA 潘迎华 (1931-)

Ha, Xiao 哈笑
CHEN, CAI FEN 陈才芬 (1939-)

Hai 海
HE, SHI JUN 何时俊 (1887-1944)

Hai 海
LI, SHU SHI 李书诗 (1890-1927)

Hai 海
LIU, SHOU PENG 刘寿彭 (1891-1934)

Hai 海
LUO, ZHANG LONG 罗章龙 (1896-)

Hai 海
ZHANG, GONG 张弓 (1899-1986)

Hai, Bei 海贝
HUA, JIAN 花建 (1953-)

Hai, Bian 海边
GAO, HUA WEN 高华文 (1924-)

Hai, Bin 海滨
ZOU, LU 邹鲁 (1885-1954)

Hai, Bin 海滨
BIN, EN HAI 宾恩海 (1965-)

Hai bin ye shi 海滨野史
CAI, ER KANG 蔡尔康 (1858-1923?)

Hai, Bo 海波
SUN, MING EN 孙铭恩 (1909-1972)

Hai, Bo 海波
ZHAO, AN JI 赵安济 (-1975)

Hai, Bo 海波
FENG, SONG TING 冯松庭 (1928-)

Hai, Bo 海波
HAI, XIN SHENG 海新生 (1950-)

Hai, Cang 海藏
ZHENG, XIAO XU 郑孝胥 (1860-1938)

Hai cang lou zhu ren 海藏楼主人
ZHENG, XIAO XU 郑孝胥 (1860-1938)

Hai, Cao 海草
LI, GUI HAI 李桂海 (1932-)

Hai, Cao 海草
GUO, CHUAN JIN 郭传金 (1951-)

Hai, Cen 海岑
LU, QING YUAN 陆清源

Hai, Chao 海潮
LUO, XIANG LIN 罗香林 (1906-1978)

Hai, Chao 海潮
YUAN, XIAN 袁先 (1921-)

Hai, Chuan 海船
FU, KAI CHUAN 傅开川 (1937-)

Hai, Dao 海岛
LIANG, JING 梁劲 (1926-)

Hai, Di 海笛
WANG, CHANG QING 王长青 (1922-)

Hai, Di shan 海底山
LIN, QI REN 林其仁

Hai, Dian 海甸
HUANG, SI CHAO 黄思超 (1939-)

Hai, Dong sheng 海东生
CHEN, BI SHENG 陈碧笙 (1908-)

Hai dong yi min 海東遺民
QIU, FENG JIA 丘逢甲 (1864-1912)

Hai, Er 海耳
HUANG, HAI ER 黄海耳 (1939-)

Hai, Fan 海凡
LI, QI GANG 李启刚 (1925-)

Hai, Fan 海凡
QIN, XI HAI 秦锡海 (1948-)

Hai, Fan 海帆
FAN, CHUAN PEI 范传培 (1928-)

Hai, Fei 海飞
LUO, GUANG LUN 骆光伦 (1946-)

Hai, Feng 海风
LUO, GUO REN 罗国仁 (1916-)

Hai, Feng 海风
ZHAN, TONG XUAN 詹同渲 (1932-1995)

Hai, Feng 海风
LI, QING YUE 李庆跃 (1933-)

Hai, Feng 海风
GAO, HAI 高海 (1938-)

Hai, Feng 海风
ZHAO, HAI FENG 赵海峰 (1948-)

Hai, Feng 海风
DUAN, HAI FENG 段海峰 **(1963-)**

Hai, Feng 海枫
ZHOU, LU QUAN 周鲁泉 **(1917-1983)**

Hai, Feng 海枫
HUANG, ZAI SHENG 黄载生 **(1945-1991)**

Hai, Fu 海父
WANG, TONG REN 王同仁 **(1937-)**

Hai, Ge 海戈
ZHANG, HAI PING 张海平 **(1900-1965)**

Hai, Ge 海歌
YANG, TAO 杨涛 **(1930-)**

Hai, Ge 海歌
YE, DA XIONG 叶达雄 **(1942-)**

Hai, Gong 海公
SONG, ZHEN TING 宋振庭 **(1921-1985)**

Hai, Gu 海谷
XU, ZHI MO 徐志摩 **(1896-1931)**

Hai, Gu 海谷
ZHAO, ZHONG 赵锺 **(1928-)**

Hai, Guan 海观
LIANG, JIAN BO 梁剑波 **(1922-)**

Hai, Guang 海光
ZHAO, SHU LI 赵树礼 **(1906-1970)**

Hai, Hang 海航
TIAN, ZU SHI 田祖士 **(1934-)**

Hai, He 海河
XIAO, SHU KUAN 萧树宽 **(1949-)**

Hai, He 海鹤
HUANG, BING SHU 黄秉枢

Hai, Hong 海泓
YU, BO 于波 **(1950-)**

Hai, Huang 海皇
LI, CHENG ZHANG 李承璋 **(1950-)**

Hai, Jiao 海交
XIAO, JUN 萧军 **(1907-1988)**

Hai, Jing 海晶
LI, SHU SHI 李书诗 **(1890-1927)**

Hai, Jing 海静
LI, WEN XUE 李文学 **(1938-)**

Hai, Jing 海镜
LI, SHU SHI 李书诗 **(1890-1927)**

Hai, Ke 海客
LIANG, DING FEN 梁鼎棻 **(1859-1920)**

Hai, ke 海客
LOU, JIAN NAN 楼建南 **(1905-)**

Hai, Ke 海客
GONG, HONG 龚弘 **(1915-)**

Hai, Lan 海蓝
WANG, DE FENG 王德风 **(1938-)**

Hai, Lang 海浪
WANG, XIANG YUN 王相云 **(1924-)**

Hai, Leng 海稜
MIAO, GUANG QIN 缪光钦 **(1915-)**

Hai, Li 海犁
LÜ, HONG REN 吕洪仁 **(1927-)**

Hai li hu yin 亥力壶隐
QIAN, XUAN TONG 钱玄同 **(1887-1939)**

Hai, Li lang 海里浪
LUO, GUAN SHAN 罗观山 **(1939-)**

Hai, Lian 海莲
WANG, JIE XIN 王洁心 **(1927-)**

Hai, Liang 海量
CHEN, HAI LIANG 陈海量

Hai, Liang 海量
KUANG, HAI LIANG 邝海量

Hai, Ling 海灵
BAO, HUI JING 鲍慧晶 **(1938-)**

Hai, Ling 海凌
YANG, ZHI HUA 杨志华

Hai, Lun 海伦
HUANG, GUI WEN 黄贵文 **(1940-)**

Hai, Lun 海伦
GAO, FENG 杲峰 **(1955-)**

Hai, Lü 海旅
MA, HUA 马骅 **(1916-)**

Hai, Man 海漫
ZHANG, ZE FAN 张泽藩 **(1923-1968)**

Hai, Ming 海明
WU, DONG HAI 吴东海 **(1929-)**

Hai, Ming 海鸣
HE, SHI JUN 何时俊 **(1887-1944)**

Hai, Mo 海默
ZHANG, ZE FAN 张泽藩 **(1923-1968)**

Hai, Mo 海默
GAO, LIANG AN 高良安 **(1952-)**

Hai, Mo an 海墨庵
WU, YU 吴虞 **(1872-1949)**

Hai, Mou 海牟
ZENG, PEI LAN 曾佩兰 **(1917-)**

Hai mu 亥木
ZHANG, ZHI MING 章智明 **(1950-)**

Hai, Nan 海南
WANG, HAI NAN 王海南 **(1943-)**

Hai, Nan 海南
SU, LI HUA 苏丽华 **(1962-)**

Hai, Ni 海尼
LIU, HAI NI 刘海尼

Hai, Niang 海娘
YANG, MEI MEI 杨美美 **(1937-)**

Hai, Nong 海农
SONG, QING HAI 宋清海 **(1947-)**

Hai, Ou 海鸥
YE, DA XIONG 叶达雄 **(1942-)**

Hai, Ou 海鸥
RUAN, HAI TANG 阮海棠 **(1953-)**

Hai, Qing 海青
WANG, ZAO XIANG 汪藻香 **(1908-1980)**

Hai, Qing 海青
CHEN, CHUAN BO 陈川波 **(1941-)**

Hai, Qing 海清
LUO, YUN 罗云 **(1928-)**

Hai, Ren 海人
WU, TONG 吴佟 **(1922-)**

Hai, Ri lou 海日楼
YAN, QIE 严锲 **(1899-)**

Hai, Rong 海容
DENG, DING LONG 邓定隆 **(1910-)**

Hai, Rong 海容
CUI, HAI RONG 崔海容 **(1954-)**

Hai, Ruo 海若
HAN, ZHONG 韩重 **(1870-1912)**

Hai, Ruo 海若
SUN, DA CHUAN 孙大川 **(1953-)**

Hai, Sang 海桑
ZHENG, KENG HAO 郑铿濠 **(1947-)**

Hai, Sha 海沙
WANG, CHENG ZHOU 王承周 **(1921-)**

Hai, Sha 海沙
ZHU, KAN 朱侃 **(1925-)**

Hai, Sha 海沙
LIU, BING YI 刘秉颐 **(1949-)**

Hai, Shan 海山
DONG, ZUN XIN 董尊鑫 **(1916-1955)**

Hai, Shan 海山
SHI, HAN DING 施汉鼎 **(1930-)**

Hai, Shan 海山
YE, ZONG SHI 叶宗轼 **(1930-)**

Hai, Shan 海珊
LEI, GUI HUA 雷桂华 **(1958-)**

Hai shan qin ke 海山琴客
PAN, FEI SHENG 潘飞声 **(1857-1934)**

Hai, Shang 海上
QIU, ZHEN HU 邱镇沪 **(1956-)**

Hai shang cai zi 海上蔡子
CAI, ER KANG 蔡尔康 **(1858-1923?)**

Hai shang diao tu 海上钓徒
CAI, AN FU 蔡安福 **(1904-1938)**

Hai shang jia yue lou 海上嘉月楼
ZHEN, JUN 震钧 **(1857-1920)**

Hai shang jing meng chi xian shu shi shi 海上警梦痴仙潄石氏
SUN, JIA ZHEN 孙家振 **(1863-1939)**

Hai shang meng wan sheng 海上梦畹生
HUANG, SHI QUAN 黄式权 **(1853-1924)**

Hai shang shu shi sheng 海上潄石生
SUN, JIA ZHEN 孙家振 **(1863-1939)**

Hai shang shuo meng ren 海上说梦人
ZHU, SHOU JU 朱瘦菊

Hai shang ting cai zi 海上亭蔡子
CAI, ER KANG 蔡尔康 **(1858-1923?)**

Hai shang xian ren 海上闲人
XU, XIAO TIAN 许啸天 **(1886-1946)**

Hai, Shi 海士
XIAO, ZONG PU 萧宗朴 **(1905-)**

Hai, Shi 海尸
FAN, GU NONG 范古农 **(1881-1951)**

Hai, Shi 海石
MAN, SHOU TIAN 满守天 **(1935-)**

Hai shi dao ren 海尸道人
FAN, GU NONG 范古农 **(1881-1951)**

Hai, Shu 海叔
HAN, YONG YUAN 韩永元

Hai, Shui 海水
WANG, LIU BIN 汪六滨 **(1910-1990)**

Hai, Si 海斯
LIN, RI YANG 林日扬 **(1951-)**

Hai, Su 海粟
LIU, HAI SU 刘海粟 (1896-)

Hai, Su 海粟
SHI, HAI SU 史海粟 (1962-)

Hai, Tang 海棠
JIANG, LUN 姜崙

Hai, Tao 海涛
SHI, YI GONG 史怡公 (1899-)

Hai, Tao 海涛
ZHU, WEN CHANG 朱文长 (1914-)

Hai, Tao 海涛
WANG, WAN RONG 王婉容 (1926-)

Hai, Tao 海涛
GENG, CHUN HAI 耿春海 (1939-)

Hai, Tao 海涛
WANG, ZHUO MIN 王卓民 (1965-)

Hai, Tao 海滔
YAN, HAI TAO 颜海涛 (1924-1975)

Hai, Tian 海天
OU, JU JIA 欧榘甲 (1858-1912)

Hai, Tian 海天
SONG, QING HAI 宋清海 (1947-)

Hai, Tian 海天
TANG, JI BING 唐继炳 (1951-)

Hai tian yan ying lou 海天雁影楼
YU, SHOU YI 余寿颐 (1883-1930)

Hai, Wai ke 海外客
LIN, JUN JIAN 林峻坚

Hai wai liu ren yin sheng 海外流人荫生
YU, DA FU 郁达夫 (1896-1945)

Hai, Wei 海为
HONG, ZENG SHOU 洪增寿 (1920-)

Hai, Wen 海汶
ZHANG, MIN 张敏 (1949-)

Hai, Wen 海闻
YANG, FU DONG 杨复冬 (1922-1978)

Hai, Xi 海系
MIAO, GUANG QIN 缪光钦 (1915-)

Hai, Xia 海侠
HOU, MING XIANG 侯明祥 (1953-)

Hai, Xiang 海翔
YANG, FENG ZHANG 杨凤章 (1934-)

Hai, Xiao 海哮
YANG, ZHONG 杨忠 (1927-)

Hai, Xiao 海笑
YANG, ZHONG 杨忠 (1927-)

Hai, Xiao 海啸
ZHANG, JIANG MING 张江明 (1921-)

Hai, Xiao 海啸
YANG, ZHONG 杨忠 (1927-)

Hai, Xiao 海啸
ZHOU, JING ZHI 周景治 (1929-)

Hai, Xiao 海啸
ZHANG, XING HAI 张星海 (1940-)

Hai, Xiao lou 海啸廔
LEI, XIAO CEN 雷啸岑 (1896-1982)

Hai, xin 海心
SUN, GUAN LIN 孙观琳 (1939-)

Hai, Xin 海辛
ZHENG, XIONG 郑雄 (1930-)

HAI, XIN SHENG 海新生 (1950-)
Hai, Bo 海波

Hai, Xing 海星
HUANG, GU LIU 黄谷柳 (1908-1977)

Hai, Xing 海星
TAO, JIAN XIN 陶剑心 (1915-)

Hai, Xing 海星
ZHENG, SHU MEI 郑淑梅 (1919-)

Hai, Ya 海牙
HAN, CHENG DUO 韩承铎 (1909-)

Hai, Ya 海牙
HONG, ZHONG WEI 洪中为 (1953-)

Hai, Ya 海雅
HUANG, DONG TAO 黄东涛 (1945-)

Hai, Yan 海岩
LÜ, YUE YUE 侣月月 (1954-)

Hai, Yan 海砚
XIE, YI XIAN 谢益先 (1910-)

Hai, Yan 海燕
MENG, XIAN QI 孟宪棨 (1902-1976)

Hai, Yan 海燕
TIAN, TI REN 田体仁（1913-1989）

Hai, Yan 海燕
ZHENG, ZI YU 郑梓瑜 (1916-)

Hai, Yan 海燕
ZHAO, ZHONG 赵锺 (1928-)

Hai, Yan 海燕
LI, JUN YING 李俊英 (1939-)

Hai, Yan 海燕
RUAN, HAI TANG 阮海棠 **(1953-)**

Hai, Yan 海燕
YANG, JI SHENG 杨季生

Hai, Yang 海阳
ZHENG, FANG 郑放 **(1920-)**

Hai, Yang 海阳
WU, SHOU MING 吴守明 **(1938-)**

Hai, Yang 海洋
HE, DA QUN 贺大群 **(1934-)**

Hai, Yang 海洋
HUANG, XI WU 黄锡武 **(1941-)**

Hai, Yang 海暘
ZHANG, ZHI HE 张志和 **(1942-)**

Hai, Yi 海遗
MOU, RUN SUN 牟润孙 **(1907-1988)**

Hai, Yin 海音
XU, DE JIN 徐德锦 **(1921-)**

Hai, Yin 海音
LIN, MIAN 林勉 **(1922-)**

Hai, Yin 海音
WAN, QING LI 万青力 **(1945-)**

Hai, Ying 海莹
ZHANG, QIONG WEN 张琼文 **(1949-)**

Hai, Ying 海缨
CHEN, YU ZHU 陈玉珠 **(1950-)**

Hai, Ying 海鹰
LI, CHENG ZHANG 李承璋 **(1950-)**

Hai, Yu 海雨
HU, DUAN HAO 胡端豪 **(1923-)**

Hai, Yu 海语
MA, HUA 马骅 **(1916-)**

Hai yu gu ke 海隅孤客
LIANG, XIANG WU 梁襄武

Hai, Yuan 海原
WEI, QUAN SHEN 魏泉深 **(1920-)**

Hai, Yue 海月
DU, WEN GENG 杜文更 **(1942-)**

Hai yue an zhu 海月盦主
QIAN, JUN TAO 钱君匋 **(1906-)**

Hai, Yun 海韵
LIN, ZU WU 林祖武 **(1940-)**

Hai, Yun 海韵
GAO, EN CAI 高恩才 **(1942-)**

Hai, Yun 海韵
WANG, YOU DA 王友达 **(1957-)**

Hai, Zhan 海湛
ZHU, HAI ZHAN 朱海湛 **(1960-)**

HAI, ZHEN ZHONG 海振忠 **(1927-)**
Zhen zhong 震钟

Hai, Zhou 海舟
CHANG, HUAI ZU 常怀祖 **(1931-)**

Hai, Zi 海子
GUO, XIU LIN 郭修琳 **(1935-)**

Hai, Zi 海子
JIANG, HAI JIANG 蒋海将 **(1961-)**

Hai, Zi 海子
ZHA, HAI SHENG 查海生 **(1964-1989)**

Han 汗
LI, SHU SHI 李书诗 **(1890-1927)**

Han 汗
PAN, HAN NIAN 潘汉年 **(1905-1977)**

Han 含
LIU, HAN CHU 刘含初 **(-1927)**

Han 罕
WANG, MU EN 王慕恩 **(1954-)**

Han 菡
HU, YE PIN 胡也频 **(1903-1931)**

Han 寒
CAO, BO HAN 曹伯韩 **(1897-1959)**

Han 寒
KONG, FAN YAN 孔繁衍 **(1912-)**

Han 翰
CHEN, HAN SHENG 陈翰笙 **(1897-)**

Han 翰
LING, QI HAN 凌其翰 **(1906-1992)**

Han 瀚
ZHAN, PEI HAN 詹培瀚 **(1888-1927)**

Han 汉
TIAN, HAN 田汉 **(1898-1968)**

Han 汉
ZHANG, HAN FU 章汉夫 **(1906-1972)**

HAN, AN YUAN 韩安远 **(1947-)**
Han, Shi shan 韩石山

Han bai 寒白
TAO, BAI 陶白 **(1911-)**

Han bai 寒白
YANG, PU 杨莆 **(1931-)**

Han, Bai hua 韩白骅
ZHUANG, WEN GONG 庄文恭

Han, Bai luo 韩白罗
HAN, BAO SHAN 韩宝善 (1912-)

Han bai zhai 寒柏斋
LIU, SI FU 刘思复 (1884-1915)

HAN, BANG QING 韩邦庆
Yun ge hua ye lian nong 云阁花也憐侬

HAN, BAO DE 汉宝德 (1934-)
Ye xing 也行

Han, Bao shan 韩宝山
HAN, BAO SHAN 韩宝善 (1912-)

HAN, BAO SHAN 韩宝善 (1912-)
Han, Bai luo 韩白罗
Han, Bao shan 韩保善
Han, Bao shan 韩宝山

Han, Bao shan 韩保善
HAN, BAO SHAN 韩宝善 (1912-)

HAN, BEI JI 韩北极 (1933-)
Hua, Yi 华毅

Han, Bei ping 韩北屏
HAN, LI 韩立 (1914-1970)

Han bei xing 寒北星
SUN, FENG HE 孙风和 (1953-)

Han bi 寒碧
LIN, JING XING 林景行 (1885-1916)

Han bin du yi zhe 汉滨读易者
GU, HONG MING 辜鸿铭 (1857-1928)

Han, Bing 韩冰
CHEN, JUN SHAN 陈君山 (1922-)

Han, Bing 韩兵
OU, WEN ZHUANG 区文庄 (1913-)

Han bing 寒冰
SUN, XI QI 孙锡琪 (1903-1940)

Han bing 寒冰
YU, ZHONG CHUN 于忠纯 (1929-)

Han bing 寒冰
CHEN, DONG HONG 陈东红 (1963-)

Han bing 含冰
SU, SHOU LIN 苏寿林 (1948-)

Han bing 涵冰
LIANG, YA ZHAI 梁雅斋 (1937-)

Han, Bing liu 韩冰流
CHEN, JUN SHAN 陈君山 (1922-)

Han, Bing ye 韩冰野

HAN, GUO RU 韩国儒 (1914-)

HAN, BO LI 韩波利 (1954-)
Jun mo 均墨

HAN, BO QUAN 韩伯泉 (1934-)
Han, Lu 韩露

Han, Bo tao 韩伯涛
HAN, JIN 韩进

Han chan 寒蝉
XIAO, TUI 萧蜕 (1863-1958)

Han chan 寒蝉
ZHAO, JUN QI 赵俊奇 (1950-)

Han, Chang 韩畅
HAN, CHANG ZHENG 韩长征 (1947-)

HAN, CHANG LIN 韩昌林 (1934-)
Han, Mo 韩默
Han, Xin 韩欣
Zhang, Jian 张健

HAN, CHANG XI 韩昌熙 (1935-)
Han, Hua 韩华

HAN, CHANG ZHENG 韩长征 (1947-)
Chang zheng 畅征
Han, Chang 韩畅

Han, Chao 韩潮
LUO, LANG 罗琅 (1931-)

Han chao 寒潮
FENG, JIANG TAO 冯江涛

Han chen 汉臣
YU, BANG XIAN 余邦宪

HAN, CHENG DUO 韩承铎 (1909-)
Hai, Ya 海牙
Han, Zhong wen 韩仲文

HAN, CHENG WEN 韩承文 (1926-1992)
Xu, Han 许寒

Han chu 含初
LIU, HAN CHU 刘含初 (-1927)

Han chuan 汉川
QIN, HAN CHUAN 覃汉川 (1915-1984)

Han chuan 汗川
XIE, WEN BING 谢文炳

Han chuan 寒川
LÜ, JI BAO 吕纪葆 (1950-)

HAN, CHUN MING 韩春明 (1952-)
Can fu 残夫
Chun ming 春鸣
Han, Chun ming 韩春鸣

Han, Chun ming 韩春鸣
HAN, CHUN MING 韩春明 (1952-)

Han, Chun ye 韩春野
HAN, YUAN GUO 韩元国 (1936-)

Han, Cong 韩琮
HE, XING CONG 何兴琮 (1921-)

HAN, DAO CHENG 韩道诚 (1917-)
Bu liao weng 不了翁
Cao ye jie shi 草野介士
Dong fang, Bu liang 东方不亮
Dong fang, Ruo shuo 东方若朔
Fei si 非斯
Gong ye, Ning ming 公冶宁鸣
Han, Jue 韩爵
Han, Jue 韩爝
Han jue 汉觉
Han jue 寒爵
Han, Shi qi 韩士奇
Ji qiu 寂秋
Lao han 牢罕
Li, Fei hou 李非厚
Li, Han 李寒
Li, Juan 李涓
Li, Meng fei 李梦非
Li, Si qi 李思齐
Liu, Hai bin 柳海滨
Ma, Qian li 马千里
Si ma, Wu wei 司马无违
Wang, Yin ming 王阴明
Wei, Wei 韦伟
Xuan, Jun 宣君
Yue, Wei qiao 岳维乔
Zhang sun, You ji 长孙有忌

Han dao ren 寒道人
CAI, SHOU 蔡守 (1879-1941)

Han, De 韩德
LI, SHI YING 李士英 (1912-)

Han, De pei 韩德培
HAN, LEI SHENG 韩蕾生 (1911-)

HAN, DE RONG 韩德荣 (1931-1994)
Han, Jing qing 韩菁清

HAN, DE ZHANG 韩德章
Han, Jun ge 韩君格
Jun ge 君格
Sha, Zi 沙子
Sha zi 莎子

HAN, DE ZHOU 韩德洲 (1932-)
De zhou 德洲

HAN, DIAN YUAN 韩殿元 (1946-)
Chu, Shan gu 楚山孤
Han, Wei 韩微
Han, Yu 韩宇
Han yu 寒雨

Han dong 邗东
LIU, MAO LIN 刘茂林 (1933-)

HAN, DONG 韩东 (1950-)
Gong sun, Yu 公孙宇
Gui gu zi 鬼谷子
Han, Dong 韩冬
Xia, Tian 夏天

Han, Dong 韩冬
HAN, DONG 韩东 (1950-)

Han er 汉儿
TIAN, HAN 田汉 (1898-1968)

HAN, FANG 韩放 (1928-)
Shen, Ning 沈宁

Han fang 含方
DAI, KAN 戴戡 (1941-)

Han fei 菡菲
WANG, CONG 王聪

Han fei 寒飞
LI, CHUN QING 李纯青 (1908-1990)

Han, Feng 韩凤
ZHANG, KUAN YI 张宽义

Han, Feng 韩风
HAN, FENG SHI 韩风师 (1935-)

Han feng 寒风
WU, WEN QI 吴文祺 (1901-1991)

Han feng 寒风
XU, JIE 许杰 (1901-1993)

Han feng 寒风
LI, YUN PING 李运平 (1919-)

Han feng 寒风
HAN, FU XIN 韩复信 (1922-)

Han feng 寒风
XIE, WEN QING 谢文清 (1922-)

Han feng 寒风
WU, MING GAO 伍鸣皋 (1930-)

Han feng 寒风
CHEN, MING SHU 陈鸣树 (1931-)

Han feng 寒风
GAO, JIN QIANG 高金锵

Han feng 寒风
LIN, ZONG HAN 林宗汉

Han feng 寒枫

CHEN, CHAO DONG 陈朝栋

Han feng 寒峰
CHEN, HUI FANG 陈惠方 (1943-)

Han feng 寒峰
QIAN, XING CUN 钱杏邨 (1900-1977)

Han feng ju shi 寒峰居士
QIAN, XING CUN 钱杏邨 (1900-1977)

HAN, FENG SHI 韩风师 (1935-)
Han, Feng 韩风

Han fu 寒父
YU, HUAN SU 于还素 (1920-1993)

Han fu 汉夫
ZHANG, HAN FU 章汉夫 (1906-1972)

Han fu 汉夫
LUO, XIANG LIN 罗香林 (1906-1978)

HAN, FU DE 韩福德 (1942-)
Xiao han 晓寒

HAN, FU XIN 韩复信 (1922-)
Han feng 寒风
Lao bing 老兵

Han, Gan 韩干
HAN, SHAO YU 韩绍玉 (1942-)

Han, Gang 韩刚
CHAI, ZHI QUN 柴枝群 (1921-)

Han ge 含戈
MAO, SHENG HAN 毛圣翰 (-1930)

Han ge 翰哥
MAO, SHENG HAN 毛圣翰 (-1930)

HAN, GONG 韩弓 (1941-)
Tao, Xi 陶熙
Zhang, Han yin 张汉音

Han gong 汉公
LIU, CHENG YU 刘成禺 (1877-1953)

Han gong 汗弓
PAN, WEN HUI 潘文辉 (1940-)

Han gu 函谷
JING, CHONG DI 荆重第 (1932-)

Han gu 寒谷
LI, HAN GU 李寒谷

Han, Guang 韩光
SUN, SAN TONG 孙三同 (1918-)

Han guang 寒光
ZOU, GUAN QUN 邹冠群 (1912-)

Han guang 寒光
LIANG, RONG LIN 梁荣林 (1917-1989)

Han guang 寒光
TAN, TIAN HE 谭天河 (1930-)

Han, guang 寒光
LIANG, HONG BIN 梁洪斌 (1945-)

Han guang 寒光
YU, PING GUANG 余平光

HAN, GUANG RONG 韩广荣 (1955-)
Wu, Liu 武柳

HAN, GUANG YU 韩光宇 (1898-1947)
Han, Le ran 韩乐然

HAN, GUI QIN 韩桂琴 (1908-1985)
Han, You tong 韩幽桐

HAN, GUO PAN 韩国磐 (1919-)
Qu an 蘧庵
Shu shi 漱石

HAN, GUO RU 韩国儒 (1914-)
Han, Bing ye 韩冰野
Lin, Huo 林火

HAN, GUO XIAN 韩国贤 (1929-)
Han, Xiao 韩笑
Han xiao 含笑
Han xiao 寒哮
Liu ren 流人
Tie liu 铁流
Wang, Di 王弟
Xiang zi 湘子

Han hai 瀚海
WANG, DE WEI 王德薇

Han hai yi ding 瀚海一丁
XU, DENG JU 徐登举 (1940-)

Han, Han 韩韩
LUO, YUAN YUAN 骆元元 (1948-)

Han, Han ming 韩罕明
ZHOU, SHAO YI 周绍仪 (1908-1979)

Han he 寒鹤
SUN, JING 孙镜 (1883-1958)

Han, Hu 韩弧
WANG, CHANG JIAN 王长简 (1910-1988)

Han hu 涵滬
FU, XI HUA 傅惜华 (1907-1970)

Han, Hua 韩华
HAN, CHANG XI 韩昌熙 (1935-)

Han hua 含华
ZHENG, XI LIN 郑锡麟 (1914-)

Han hua 寒藹
SUN, QU YUAN 孙臞媛

Han hua 汉华
WU, YUN FENG 吴云峰 (1933-)

Han, Hua kai 韩华恺
HAN, QI 韩起 (1910-1933)

HAN, HUAI REN 韩怀仁 (1953-)
Huai ren 淮人

HAN, HUAN FENG 韩焕峰 (1948-)
Han shi 寒石

Han huang 寒皇
ZHANG, ZI PING 张资平 (1893-1959)

Han hui 寒灰
YANG, YU LIN 杨毓麟 (1872-1911)

Han hui 含晖
ZHANG, HAN HUI 张寒晖 (1902-1946)

Han hui tang 含辉堂
LIU, SHOU PENG 刘寿彭 (1891-1934)

Han hun 汉魂
WU, GUANG XIONG 吴光熊

Han huo 寒火
LIN, XIAN XUE 林先学 (1964-)

Han ji 汉姬
HUO, HAN JI 霍汉姬 (1937-)

Han jia shi zhu 含嘉室主
WU, SHI JIAN 吴士鑑 (1868-1933)

Han jian 汉剑
GAO, XU 高旭 (1877-1925)

Han jian 寒剑
LU, JIAN MING 陆剑明 (1945-)

Han jian 翰健
SHE, YAN MIAO 佘延苗 (1919-)

HAN, JIAN GUO 韩建国 (1930-1979)
Fang, Zhi 方之
Hong guan 弘管

HAN, JIAN PING 韩剑平 (1955-)
Xiao, Han 肖寒

Han, Jian wen 韩剑文
HAN, RU CHENG 韩汝诚 (1933-)

Han jian zhang 汉简张
ZHANG, YOU QING 张有清 (1942-)

Han, Jiang 韩江
XIONG, QING TUO 熊庆鮀 (1924-)

Han, Jiang 韩江
YANG, ZHEN YUAN 杨振元 (1926-)

Han, Jiang 韩江
HAN, KE REN 韩克仁 (1927-)

Han, Jiang 韩江
CHEN, JIAN HUI 陈建辉 (1954-)

Han jiang 汉江
SHAN, MING ZHI 单铭智 (1909-1989)

Han jiang 寒江
XIONG, QING TUO 熊庆鮀 (1924-)

Han jiang xue 寒江雪
YANG, JUN 杨俊 (1943-)

Han jiang yue ying 寒江月影
LIU, YUN QIU 刘蕴秋

Han, Jiang zhu 韩江竹
CHEN, QIAO XIAN 陈乔先 (1938-)

Han jie 汉杰
KANG, PING 康平 (1922-)

HAN, JIN 韩进
Bai, Tao 白弢
Bai, Wei 白韦
Bai, Wei 白苇
Han, Bo tao 韩伯涛

HAN, JIN BAO 韩金宝 (1943-)
Xue yuan 雪原

Han, Jin zhi 韩进之
GONG, DE BAI 龚德柏 (1891-1980)

Han jing 厂晶
LI, SHU SHI 李书诗 (1890-1927)

Han jing 涵菁
KUANG, RUO XIA 匡若霞 (1927-)

Han, Jing feng 韩劲风
HAN, YU ZE 韩于泽 (1910-1985)

Han, Jing qing 韩菁清
HAN, DE RONG 韩德荣 (1931-1994)

Han, Jing qing 韩镜清
HAN, KE ZONG 韩克宗 (1884-1949)

HAN, JING WEI 韩敬伟 (1957-)
Lao po 老坡
Ye shi 野石

Han, Jue 韩爵
HAN, DAO CHENG 韩道诚 (1917-)

Han, Jue 韩爝
HAN, DAO CHENG 韩道诚 (1917-)

Han jue 汉觉

HAN, DAO CHENG 韩道诚 **(1917-)**

Han jue 寒爵
HAN, DAO CHENG 韩道诚 **(1917-)**

Han jun 涵君
WANG, YONG TANG 汪永棠 **(1912-)**

Han jun 寒畯
WANG, SHI JUN 王世浚 **(1912-1949)**

Han jun 汉俊
LI, SHU SHI 李书诗 **(1890-1927)**

Han jun 寒君
LIAO, HUA GE 廖华歌 **(1958-)**

Han, Jun ge 韩君格
HAN, DE ZHANG 韩德章

Han, Ke 韩克
HAN, QI ZHOU 韩栖洲 **(1927-)**

HAN, KE 韩柯 **(1929-)**
Han, Xue chun 韩学纯

Han ke 寒柯
YU, SHAO SONG 余绍宋 **(1883-1949)**

Han ke 寒柯
ZHANG, SHU HAN 张淑菡 **(1930-)**

Han ke 汉客
PAN, HUAN KUN 潘焕昆 **(1917-)**

HAN, KE REN 韩克仁 **(1927-)**
Han, Jiang 韩江

HAN, KE ZONG 韩克宗 **(1884-1949)**
Han, Jing qing 韩镜清
Han, Qing jing 韩清净

Han kong yue 寒空月
BAI, CHONG MI 白崇密 **(1952-)**

Han kou 汉口
WANG, JI SHENG 王寄生 **(1918-)**

Han lang 汉郎
WANG, REN SHU 王任叔 **(1901-1972)**

HAN, LE QUN 韩乐群 **(1933-)**
Jiang, Ding 江丁

Han, Le ran 韩乐然
HAN, GUANG YU 韩光宇 **(1898-1947)**

Han lei 寒雷
LEI, XING WU 雷省吾 **(1935-)**

HAN, LEI SHENG 韩蕾生 **(1911-)**
Han, De pei 韩德培

HAN, LI 韩立 **(1914-1970)**
Han, Bei ping 韩北屏
Kui jun 逵君
Ou yang, Meng 欧阳梦
Yan, Chong 宴冲

HAN, LI 韩黎 **(1928-)**
Han, Xing 韩星

HAN, LI JUN 韩立俊 **(1934-)**
Zhen yu 震宇

Han, Li sheng 韩立生
ZHU, ZONG BIN 朱宗彬 **(1913-1937)**

Han lian 寒连
LIU, GONG HUANG 刘恭煌 **(1931-)**

HAN, LIANG 韩亮 **(1907-)**
Sui qin lu zhu ren 碎琴庐主人

Han liang 含凉
FAN, YONG 范镛 **(1894-1967)**

Han liang sheng 含凉生
FAN, YONG 范镛 **(1894-1967)**

Han lin 汉林
LIU, HAN LIN 刘汉林 **(1935-)**

Han lin 寒林
GU, WAN CHUAN 谷万川 **(1905-1970)**

Han lin 寒林
LÜ, JI BAO 吕纪葆 **(1950-)**

Han, Lin fu 韩麐符
HAN, ZHI XIANG 韩致祥 **(1900-1934)**

Han, Lin fu 韩麟符
HAN, ZHI XIANG 韩致祥 **(1900-1934)**

Han liu 寒流
ZENG, MIN ZHI 曾敏之 **(1917-)**

Han liu 寒流
ZHAO, YA BO 赵雅博 **(1917-)**

Han liu tang 寒柳堂
CHEN, YIN KE 陈寅恪 **(1889-1969)**

Han long 汉龙
LI, DU GONG 李笃恭 **(1929-)**

Han long 翰隆
HUANG, HAN LONG 黄汉龙 **(1947-)**

Han, Lu 韩路
WANG, DA XUE 王大学 **(1928-)**

Han, Lu 韩露
HAN, BO QUAN 韩伯泉 **(1934-)**

Han lu 涵庐
GAO, YI HAN 高一涵 **(1885-)**

Han lu 涵卢
FU, XI HUA 傅惜华 **(1907-1970)**

Han lu 寒庐
HE, XIN LENG 何心冷 (-1933)

Han lu 寒露
LIN, ZHI QIANG 林志强 (1933-)

Han lu 寒露
ZHU, JIAN HUI 朱建辉 (1940-)

Han lu 憾庐
LIN, HE QING 林和清 (-1943)

Han lu zhu ren 涵庐主人
GAO, YI HAN 高一涵 (1885-)

Han lü 悍膂
NIE, GAN NU 聂甘弩 (1903-1986)

Han ma 汗马
WANG, RONG HAI 王容海

Han man sheng 汗漫生
HOU, HONG JIAN 侯鸿鑑 (1872-1961)

Han mei 寒梅
CHEN, ZHENG 陈征 (1928-)

Han, Meng 韩萌
CHEN, JUN SHAN 陈君山 (1922-)

Han, Min 韩敏
YAO, LENG 姚冷 (1923-)

Han min 厂民
YAN, HAN MIN 严汉民 (1914-)

Han min 汉民
LIU, FU LONG 刘伏龙 (1918-)

Han, Mo 韩默
HAN, CHANG LIN 韩昌林 (1934-)

Han mo 含默
FENG, EN CHANG 冯恩昌 (1937-)

Han mo 寒末
HAN, WAN ZHAI 韩万斋 (1941-)

Han, Mu 韩牧
HONG, KE QIN 洪克勤 (1924-)

Han, Mu 韩牧
HE, SI WEI 何思撝 (1938-)

Han, Mu tao 韩慕涛
ZHUANG, WEN GONG 庄文恭

Han nian 汉年
PAN, HAN NIAN 潘汉年 (1905-1977)

Han nian 汗年
PAN, HAN NIAN 潘汉年 (1905-1977)

Han ou 寒鸥
ZHOU, HONG QING 周泓清

Han pa 寒葩
GAO, XIE 高燮 (1878-1958)

Han, Pai an 韩拍岸
LI, WEN ZAO 李文藻

HAN, PENG XIANG 韩鹏翔 (1963-)
Sha, Ke 沙克

HAN, QI 韩起 (1910-1933)
Han, Hua kai 韩华恺
Han qi 寒琪
Hua, Kai 华恺

Han qi 寒琪
HAN, QI 韩起 (1910-1933)

HAN, QI ZHOU 韩栖洲 (1927-)
Han, Ke 韩克

Han qiang 汉强
YAO, YU PING 姚雨平 (1882-1974)

Han, Qing 韩青
HAN, YI YUAN 韩贻源 (1938-)

Han qing 翰青
WU, JING HENG 吴敬恒 (1865-1953)

Han qing 汉卿
ZHAO, HAN QING 赵汉卿 (1889-1950)

Han qing 寒青
OU YANG, BEN YI 欧阳本义 (1902-1993)

Han, Qing jing 韩清净
HAN, KE ZONG 韩克宗 (1884-1949)

Han qiong 寒琼
CAI, SHOU 蔡守 (1879-1941)

Han qiu 涵秋
ZHANG, MO JUN 张默君 (1884-1965)

Han qiu 涵秋
LEI, JIN 雷瑨

HAN, QIU CHANG 韩秋长 (1948-)
Qiu, Ying 秋英

HAN, QIU FU 韩秋夫 (1932-)
Qiu, Fu 秋夫

Han, Qu 韩曲
HAN, ZHEN TANG 韩振堂 (1948-)

Han ren 汉人
HUANG, YU ZHAI 黄玉斋

HAN, REN CUN 韩仁存 (1928-)
Luo, Men 罗门

HAN, RU CHENG 韩汝诚 (1933-)
Bo yan meng he 博彦孟和
Gong yang, Jiao 公羊角

Han, Jian wen 韩剑文

HAN, RUI YUAN 韩瑞元
Shui, Yuan 水源

Han ruo 翰若
XU, SHENG WEN 许声闻 **(1906-1988)**

Han ruo 瀚若
XU, SHENG WEN 许声闻 **(1906-1988)**

HAN, SEN LIN 韩森林 **(1931-)**
Han, Yu 韩羽

HAN, SEN LIN 韩森林 **(1952-)**
Lin, Chen 林辰

Han sha 含沙
WANG, ZHI ZHI 王誌之 **(1905-1990)**

Han sha 寒沙
WANG, ZHI ZHI 王誌之 **(1905-1990)**

Han shan 寒山
FU, XI HUA 傅惜华 **(1907-1970)**

Han shan 寒山
HAN, YU ZE 韩于泽 **(1910-1985)**

Han shan 寒山
ZENG, MIN ZHI 曾敏之 **(1917-)**

Han shan 寒山
WANG, YING XIONG 王英雄

Han shan 汉山
CHEN, YU 陈瑜 **(1923-)**

Han shan 含山
LAO, WEI 劳伟 **(1943-)**

Han shan 菡珊
XU, CHENG ZHI 许承志 **(1917-)**

Han shan 寒杉
ZHANG, JING 张靖 **(1880-1967)**

Han shan bi 寒山碧
HAN, WEN FU 韩文甫 **(1938-)**

HAN, SHAN YUAN 韩山元 **(1942-)**
A dan 阿丹
Hong, Ma yi 洪马义
Lu, Sheng 鲁生
Lu, Wen 鲁文
Ma, De 马德
Qiu, Wen hua 丘文华
Shan shu 山叔
Song, Dan 宋丹
Song, Qiu yang 宋秋阳
Xiao fan 小凡
Xiao tong 晓彤
Yue, Wen 岳文

Zhang, Han 章翰
Zhang, Ming 章明

Han shang fei 寒尚芾
HAN, SHANG FEI 韩尚芾 **(1962-)**

HAN, SHANG FEI 韩尚芾 **(1962-)**
Han shang fei 寒尚芾

HAN, SHANG KUAN 韩尚宽 **(1913-)**
Han, Yan ru 韩燕如
Jie zi 劼子

Han shang xiao xian she zhu 汉上消閒社主
HUAN, YING QING 宦应清 **(1861-)**

HAN, SHAO HUA 韩少华 **(1933-)**
Fang, Qiu 方遒
Mu luo 牧珞
Xiao han 晓寒
Yan bing 彦冰

HAN, SHAO YU 韩绍玉 **(1942-)**
Han, Gan 韩干

Han she 寒舍
WANG, XU 王旭 **(1963-)**

Han shen 涵深
LI, JING KUAN 李经宽 **(1918-)**

Han sheng 汉生
HUANG, HAN 黄汉 **(1920-)**

Han sheng 汉声
HUANG, HAN 黄汉 **(1920-)**

Han sheng 汉声
LIU, QI 刘绮 **(-1950)**

Han sheng 寒生
QIAN, XING CUN 钱杏邨 **(1900-1977)**

Han sheng 寒生
OU YANG, BEN YI 欧阳本义 **(1902-1993)**

Han sheng 寒生
DIAO, DOU MING 刁斗明 **(1929-)**

Han sheng 寒声
LI, JING KUAN 李经宽 **(1918-)**

Han sheng 翰笙
OU YANG, BEN YI 欧阳本义 **(1902-1993)**

Han shi 汉士
LIU, XIAN 刘咸 **(1901-1987)**

Han shi 寒士
FAN, CHUN FA 范春发 **(1936-)**

Han shi 寒士
HAN, SHU ZHI 韩述之

Han shi 寒石
LI, BAO XUN 李葆恂 (1859-1915)

Han shi 寒石
HAN, HUAN FENG 韩焕峰 (1948-)

Han shi 寒石
XIE, JIAN QIANG 解建强 (1959-)

Han, Shi heng 韩侍桁
HAN, YUN PU 韩云浦 (1908-1987)

Han shi po 寒十坡
CHEN, ZONG FENG 陈宗风 (1919-)

Han, Shi qi 韩士奇
HAN, DAO CHENG 韩道诚 (1917-)

Han, Shi shan 韩石山
HAN, AN YUAN 韩安远 (1947-)

HAN, SHI YUAN 韩士元 (1899-)
Qiu, Yan 秋岩

HAN, SHI ZHONG 韩世钟 (1928-)
Shi, Zhong 施种
Ye, Wen 叶文

Han shu 汉叔
CHEN, JIA DING 陈家鼎 (1877-1928)

HAN, SHU LING 韩淑玲
Qin zhong hui 琴仲慧

HAN, SHU YING 韩树英 (1922-)
Han, Min fu 韩敏夫

HAN, SHU ZHI 韩述之
Gu, Gan 古干
Han shi 寒士
Zhang, Gang 张钢

Han shui 汉水
LIU, MENG YU 刘孟宇 (1930-)

Han shui 汉水
FU, HAN QING 傅汉清 (1941-)

Han shui 寒水
YANG, GUI SEN 杨桂森 (1920-)

Han si 汉思
TAO, CHENG ZHANG 陶成章 (1878-1912)

Han, Si yi 韩嗣仪
PAN, XIAO FU 潘晓富 (1935-)

HAN, SONG 韩松 (1949-)
Tang, Sheng 唐生
Xiao han 晓寒
Xiao nuan 晓暖

Han song 寒松
AI, DI CHEN 艾涤尘 (1905-1975)

Han song 寒松
WU, ZHAN ZHOU 毋占洲 (1922-)

Han song 寒松
HU, DAI RUN 胡代润 (1926-)

Han song 寒松
SHI, TIAN TANG 史天堂 (1931-)

Han song 寒松
ZHUANG, BIN SONG 庄彬松

Han sou 寒叟
XIAO, TUI 萧蜕 (1863-1958)

Han sou shan fang 寒叟山房
DENG, BANG SHU 邓邦述 (1868-1939)

Han, Su yin 韩素音
ZHOU, YUE BIN 周月宾 (1917-)

Han tan 寒潭
XU, GUANG PING 许广平 (1898-1968)

Han, Tao 韩涛
HAN, ZONG YI 韩宗义 (1948-)

Han tian lei 旱天雷
CHEN, XUE FU 陈学夫 (1939-)

Han tian lu zhu 憾天庐主
CHEN, YI FEI 陈逸飞 (1904-)

Han, Tian min 韩天民
ZHANG, SHI ZHAO 章士钊 (1882-1973)

Han, Ting 韩汀
CAI, BI E 蔡碧娥 (1948-)

HAN, TONG FU 韩桐福 (1932-)
Xue shan 雪山

Han, Tong liang 韩统良
HAN, TONG LIANG 韩统梁 (1932-)

HAN, TONG LIANG 韩统梁 (1932-)
Han, Tong liang 韩统良

HAN, WAN ZHAI 韩万斋 (1941-)
Han mo 寒末
Mo ye 默野
Qin sheng 琴声
Wan, Zhai 万斋

Han, Wei 韩微
HAN, DIAN YUAN 韩殿元 (1946-)

Han wei 翰维
LIANG, ZHI QIANG 梁志强 (1942-)

Han wei 寒苇
WANG, DU FANG 王笃芳 (1947-)

HAN, WEI CAI 韩维彩
Lü, Huai 吕怀

Shi, Lan 石岚

Han wen 汉文
CHEN, HAN WEN 陈汉文

Han wen 汉闻
HUANG, GUI WEN 黄贵文 **(1940-)**

Han wen 汉雯
WANG, LUN 汪崙 **(1912-)**

Han wen 翰文
WANG, LUN 汪崙 **(1912-)**

HAN, WEN CAI 韩文才 **(1926-)**
Han, Yu ren 韩雨仁
Jin, Wen 金文
Xu, Cai 徐才

HAN, WEN DA 韩文达 **(1917-)**
Shao, Wen 邵文
Shao wen 绍文
Shao wen 少文
Shao wen 哨文
Wen, Da 文达
Xiao tian 笑天
Xiao wen 啸文
Yang tian 仰天
Yi shi feng 宜时风
Yi shi feng 益世风
Yi shi feng 逸世风
Yi si feng 一丝风
Yi si feng 乙巳风
Yu, Nai wu 余乃吾

HAN, WEN FU 韩文甫 **(1938-)**
Dai dan 待旦
Han shan bi 寒山碧

HAN, WEN JU 韩文举 **(1855-1937)**
Cheng can 乘参
Kong, An 孔厂
Kong, An 孔菴
Kong, Ze 孔仄
Men shi tan hu ke 扪蝨谈虎客
Shu, Sheng 树生
Shu, Yuan 树园
Tan, Hu ke 谈虎客
Yun, Tai 云台

HAN, WEN ZHOU 韩文洲 **(1926-)**
Ai, Chuan 艾川
Geng ya 耕亚
Gu, Ren 谷人
Gu ren 穀人
Lao han 老憨

Han weng 寒翁
CAI, SHOU 蔡守 **(1879-1941)**

Han, Wu 韩武
WU, CHUN HAN 吴春晗 **(1909-1969)**

Han wu 寒雾
LIANG, SHANG YUAN 梁上元 **(1949-)**

HAN, WU XI 韩武喜 **(1956-)**
Xiao, Han 肖函
Xiao han 晓寒

Han, Xi liang 韩希梁
ZHANG, ZHEN GUANG 张贞光

HAN, XIA 韩霞 **(1960-)**
Ge gen tu ya 葛根图娅

Han xia nü er 汉侠女兒
QIU, JIN 秋瑾 **(1875-1907)**

Han, Xian 韩先
YE, SHAO JUN 叶绍钧 **(1894-1988)**

Han xian 翰先
YE, SHAO JUN 叶绍钧 **(1894-1988)**

Han xian 汉仙
TIAN, HAN 田汉 **(1898-1968)**

Han xiang 寒香
MA, XU LUN 马叙伦 **(1884-1970)**

Han, Xiao 韩笑
HAN, GUO XIAN 韩国贤 **(1929-)**

Han xiao 含笑
HAN, GUO XIAN 韩国贤 **(1929-)**

Han xiao 含笑
CHEN, RUI TIAN 陈锐添 **(1941-)**

Han xiao 寒哮
HAN, GUO XIAN 韩国贤 **(1929-)**

Han xiao 寒啸
CAI, JIN LAI 蔡金来

Han, Xiao rui 韩小锐
SU, ZU QIAN 苏祖谦 **(1936-)**

Han, Xiao ying 韩晓影
HAN, XIAO YING 韩晓鹰 **(1921-)**

HAN, XIAO YING 韩晓鹰 **(1921-)**
A hai 阿海
Han, Xiao ying 韩晓影
Jing, San 景三
Li, Lai 黎来
Mai, Yang 麦扬
Sha, Bai 沙白
Xiao, Ying 萧英
Xiao ying 晓影
Xiao ying 晓鹰
Yu, Xiao ying 余晓鹰

Zhang, Hao 章皓

Han, Xin 韩欣
HAN, CHANG LIN 韩昌林 **(1934-)**

Han xin 汉辛
HUANG, HAN XING 黄汉兴

HAN, XIN GUAN 韩心观
Xin guan 心观

HAN, XIN RONG 韩新荣 **(1931-)**
Han, Yi ping 韩忆萍

Han, Xing 韩星
HAN, LI 韩黎 **(1928-)**

Han xing 含星
LIU, SHOU PENG 刘寿彭 **(1891-1934)**

Han xing 寒星
LIU, SHOU PENG 刘寿彭 **(1891-1934)**

Han xing 寒星
QIAN, XING CUN 钱杏邨 **(1900-1977)**

Han xing 寒星
FENG, YUN 冯云 **(1934-)**

Han xing 寒星
HE, XIN NAN 何新南 **(1944-)**

Han xing 寒星
LI, JIN 李瑾 **(1948-)**

Han xing 寒星
ZHU, DING ZHONG 朱丁中 **(1948-)**

Han xing 寒星
ZHENG, SHI ZHONG 郑世忠 **(1954-)**

Han, Xiu 韩秀
OU, SONG DE 欧松德 **(1940-)**

HAN, XIU ZHEN 韩秀珍 **(1935-)**
Leng, Ke 冷柯

Han xu 涵虚
ZHANG, MAN TAO 张曼涛

Han xuan 汉宣
RUAN, SHI 阮式 **(1888-1911)**

Han xuan 翰轩
RUAN, SHI 阮式 **(1888-1911)**

Han, Xue chun 韩学纯
HAN, KE 韩柯 **(1929-)**

Han ya 寒雅
GAO, XIE 高燮 **(1878-1958)**

Han, Yan 韩衍
HAN, ZHONG 韩重 **(1870-1912)**

Han, Yan 韩烟
XU, DU QIAN 徐笃谦 **(1925-)**

Han, Yan ru 韩燕如
HAN, SHANG KUAN 韩尚宽 **(1913-)**

Han, Yang 韩阳
ZHANG, BAI SHAN 张白山 **(1912-)**

HAN, YE 韩野 **(1933-)**
Han ye 寒野

Han ye 寒野
HAN, YE 韩野 **(1933-)**

Han ye ping 汉野平
SHAO, YAN XIANG 邵燕祥 **(1933-)**

Han, Yi 韩逸
YI, LI JUN 易丽君 **(1934-)**

Han, Yi 韩翼
LÜ, MING ZHUO 吕明灼 **(1935-)**

Han yi 寒衣
SONG, PIN XIU 宋品修

Han yi 涵逸
WANG, HAI YAN 王海燕 **(1960-)**

HAN, YI LIANG 韩以亮
Dong fang, Liang 东方亮

Han, Yi ping 韩忆萍
HAN, XIN RONG 韩新荣 **(1931-)**

HAN, YI YUAN 韩贻源 **(1938-)**
Han, Qing 韩青

Han yin 寒蚓
GAO, XIE 高燮 **(1878-1958)**

Han yin 寒隐
GAO, XIE 高燮 **(1878-1958)**

Han yin ju shi 寒隐居士
GAO, XIE 高燮 **(1878-1958)**

Han, Ying 韩盈
SUN, CHENG XUN 孙承勲 **(1919-)**

Han ying 汉英
ZHANG, HAN YING 张汉英 **(1872-1915)**

Han ying 涵影
LU, YUAN JUN 卢元骏 **(1912-1977)**

Han ying 菡影
LI, JUAN JUAN 李娟娟 **(1943-)**

Han ying 寒英
FENG, YUN 冯云 **(1934-)**

Han ying 寒影
LU, YUAN JUN 卢元骏 **(1912-1977)**

HAN, YING CHEN 韩英臣 **(1939-)**

Ying, Chen 应忱

HAN, YING SHAN 韩英山 **(1941-)**
Gao, Tang ren 高唐人
Han, Ying shan 韩英珊
Qiu tang 萩棠

Han, Ying shan 韩英珊
HAN, YING SHAN 韩英山 **(1941-)**

Han, Ying shan 韩映山
HAN, ZU PAN 韩祖盼 **(1934-)**

HAN, YONG YUAN 韩永元
Hai, Shu 海叔
Tan, Tian 谭天

Han you 寒友
TAN, REN MEI 檀仁梅 **(1908-)**

Han, You tong 韩幽桐
HAN, GUI QIN 韩桂琴 **(1908-1985)**

Han, Yu 韩宇
HAN, DIAN YUAN 韩殿元 **(1946-)**

Han, Yu 韩羽
HAN, SEN LIN 韩森林 **(1931-)**

Han, Yu 韩雨
HUANG, YI 黄怡 **(1956-)**

Han yu 函雨
WANG, YUAN HUA 王元化 **(1920-)**

Han yu 寒芋
WU, QING XIANG 吴清庠 **(1878-1961)**

Han yu 寒雨
ZHANG, YU LU 张玉禄 **(1926-)**

Han yu 寒雨
HAN, DIAN YUAN 韩殿元 **(1946-)**

HAN, YU HUA 韩玉华 **(1945-)**
Xiao, Han 萧翰

HAN, YU JIE 韩于洁 **(1915-)**
Ba, Fu 巴夫

Han, Yu ren 韩雨仁
HAN, WEN CAI 韩文才 **(1926-)**

Han yu tang 寒玉堂
PU, RU 溥儒 **(1896-1963)**

HAN, YU ZE 韩于泽 **(1910-1985)**
Han, Jing feng 韩劲风
Han shan 寒山
Lao zhu 老主
Qin na 琴那
Shi de 拾得

Han, Yu zhen 韩玉珍
LIN, JUN JING 林君靖 **(1937-)**

HAN, YU ZHI 韩愈之 **(1920-)**
Li, Jian tong 李建彤
Li, Yu 李予
Qiu, Xin 秋心
Qiu, Yin 秋茵

Han, Yuan 韩源
ZHANG, HAN HUI 张寒晖 **(1902-1946)**

Han yuan 汉元
CHEN, JIA DING 陈家鼎 **(1877-1928)**

Han yuan 汉援
CHEN, JIA DING 陈家鼎 **(1877-1928)**

Han yuan 汉辕
CHEN, JIA DING 陈家鼎 **(1877-1928)**

HAN, YUAN GUO 韩元国 **(1936-)**
Han, Chun ye 韩春野

Han yun 寒云
YUAN, KE WEN 袁克文 **(1890-1931)**

HAN, YUN PU 韩云浦 **(1908-1987)**
Dong sheng 东声
Han, Shi heng 韩侍桁
Shi heng 侍桁
Suo fu 索夫

Han yun zhu ren 寒云主人
YUAN, KE WEN 袁克文 **(1890-1931)**

Han yun zi 寒云子
YUAN, KE WEN 袁克文 **(1890-1931)**

Han zao 翰藻
LIANG, HAN CAO 梁寒操 **(1899-1975)**

Han, Ze 韩泽
CAO, JU REN 曹聚仁 **(1900-1972)**

Han Zhai 翰斋
LI, PING XIN 李平心 **(1907-1966)**

Han zhang 汉章
ZHANG, HAN FU 章汉夫 **(1906-1972)**

Han zhang 汉章
WANG, CHONG HUAN 王崇焕

Han zhang 含章
LUO, ZHEN YU 罗振玉 **(1866-1940)**

Han, Zhen fu 韩真夫
SUN, JI CAI 孙继才 **(1946-)**

HAN, ZHEN TANG 韩振堂 **(1948-)**
Han, Qu 韩曲
Han, Zheng 韩峥

HAN, ZHEN YAO 韩振耀 **(1922-)**
Ai, Hua 艾华
Qian jin 前进

Zhang, Zi pei 张子培

Han, Zheng 韩峥
HAN, ZHEN TANG 韩振堂 (1948-)

Han, Zheng 韩铮
ZENG, XI BANG 曾希邦

Han zheng 罕铮
LIU, HAN ZHENG 刘汉铮

HAN, ZHENG TIAN 韩征天 (1956-)
Shi, Zhu 石竹
Xiao han 笑寒

HAN, ZHI MO 韩植墨 (1945-)
Mu zhi 木直

HAN, ZHI XIANG 韩致祥 (1900-1934)
Feng zi 蜂子
Han, Lin fu 韩麐符
Han, Lin fu 韩麟符
Jue sheng 绝圣
Lin fu 麟符
Xiao gong 小工

HAN, ZHI YING 韩志颖
Ying 颖
Zhi ying 志颖
Zi ying 子颖

HAN, ZHI ZHONG 韩致中 (1921-)
Bu yan 不言

HAN, ZHONG 韩重 (1870-1912)
Gu yun 孤云
Hai, Ruo 海若
Han, Yan 韩衍
Xin ying 新婴

Han zhong 寒中
LUO, ZHEN YU 罗振玉 (1866-1940)

HAN, ZHONG KUN 韩钟崑 (1932-)
Xiao hong 晓红
Zheng, Fen 郑奋

Han, Zhong qi 韩仲琦
HONG, LUN XIU 洪伦修 (1903-1933)

Han, Zhong wen 韩仲文
HAN, CHENG DUO 韩承铎 (1909-)

Han, Zhong yi 韩仲漪
HONG, LUN XIU 洪伦修 (1903-1933)

Han zhong zhi zhong yi han zhong 汉种之中一汉种
ZHANG, BING LIN 章炳麟 (1869-1936)

Han zhong zhi zhong yi han zhong 汉种之中一汉种
CAI, YIN 蔡寅 (-1937)

Han zhong zhi zhong yi han zhong 汉种之中一汉种
LIU, YA ZI 柳亚子 (1887-1958)

Han zhou 汉胄
JIN, QING YAN 金庆棪 (1880-1932)

Han zhu 寒竹
YU, WEI XIN 俞维新 (1923-1966)

HAN, ZHU TONG 韩洙童 (1933-)
Jin yi 锦伊

Han, Zhuang 韩庄
OU, WEN ZHUANG 区文庄 (1913-)

Han zi 菡子
FANG, XIAO 方晓 (1921-)

HAN, ZONG YI 韩宗义 (1948-)
Han, Tao 韩涛
Hong feng 红枫

HAN, ZU PAN 韩祖盼 (1934-)
Han, Ying shan 韩映山
Shan hong 山红
Shan mei 山梅
Ying shan hong 映山红

HAN, ZUO LI 韩作黎 (1918-)
Han, Zuo lin 韩作霖
Hei, Li 黑犁
Hei, Li 黑黎

Han, Zuo lin 韩作霖
HAN, ZUO LI 韩作黎 (1918-)

Hang, Du 杭度
HANG, MING SHI 杭鸣时 (1931-)

Hang hai 航海
HANG, YONG SHENG 杭永升 (1929-)

Hang jun 航君
ZHANG, JI LUAN 张季鸾 (1888-1942)

HANG, LI WU 杭立武 (1903-)
Li wu 力舞

HANG, MING SHI 杭鸣时 (1931-)
Bi cheng 璧成
Hang, Du 杭度

HANG, SHEN XIU 杭慎修 (1869-1924)
Hang, Xin zhai 杭辛斋
Hang, Yi ze 杭夷则
Xin, Zhai 辛斋
Yi ze zi 夷则子

Hang xie 颃颉
ZHENG, BING QIAN 郑秉谦 (1930-)

Hang, Xin zhai 杭辛斋
HANG, SHEN XIU 杭慎修 (1869-1924)

HANG, XING 杭行 (1925-)

Hang, Xing 杭星
Jin, Ni 金尼
Li, Mu 李沐
Lu, Shu hua 路淑华
Luo, Fei 罗飞
Wei, Zhen 韦真
Xiao, Wen 萧文

Hang, Xing 杭星
HANG, XING 杭行 **(1925-)**

Hang yan 航燕
WENG, RUI YUAN 翁瑞媛

Hang, Yi ze 杭夷则
HANG, SHEN XIU 杭慎修 **(1869-1924)**

Hang ying 航英
LIU, HANG YING 刘航英 **(1944-)**

Hang ying 航鹰
LIU, HANG YING 刘航英 **(1944-)**

HANG, YONG SHENG 杭永升 **(1929-)**
Hang hai 航海

Hang yu 杭雨
ZHAO, JUN RUI 赵俊瑞 **(1927-)**

Hang, Yue he 航约赫
CAO, XIN ZHI 曹辛之 **(1917-1995)**

Hang zhi 杭之
CHEN, ZHONG XIN 陈忠信 **(1949-)**

Hao 浩
GUO, DE HAO 郭德浩 **(1909-1987)**

Hao 皓
CHEN, ZENG HONG 陈增鸿 **(1908-)**

HAO, AI 郝艾 **(1915-)**
Bai, Qi 白琪
Bai, Ye 柏叶
D
Ding 丁
H D
Hao, Ting 郝汀
He, Ting 何汀
He ting 荷汀
Hei, Ding 黑丁
Luo lun 洛仑
Qi 琪
T
Ting 汀
X. D.

Hao an 蒿菴
FENG, XU 冯煦 **(1843-1927)**

Hao an 蒿盦
FENG, XU 冯煦 **(1843-1927)**

HAO, BAO MING 郝宝铭 **(1947-)**
Shang Ding 商鼎

HAO, BAO ZHU 郝宝珠
Chi er 赤儿
Hao, Guang 郝光

HAO, BIN SHENG 郝斌生 **(1956-)**
Bin shen 斌深
Yi wen 亦文
Yi wu 亦武

Hao, Bing 郝冰
DONG, NAI BIN 董乃斌 **(1942-)**

Hao bing 号兵
PENG, GUI E 彭桂萼 **(1908-1952)**

Hao, Bing heng 郝秉衡
HAO, BING HENG 郝昺衡 **(1895-1979)**

HAO, BING HENG 郝昺衡 **(1895-1979)**
Hao, Bing heng 郝秉衡
Hao, Li quan 郝立权

Hao bo 浩波
XU, GUANG PING 许广平 **(1898-1968)**

HAO, CHANG YIN 郝长印 **(1965-)**
Chang, Yin 常吟
Hao, Jing 郝静
Yang, Liu 杨柳

Hao chuan 浩川
LI, PING XIN 李平心 **(1907-1966)**

Hao chun yi zhu 好春簃主
SUN, QU YUAN 孙臞蝯

HAO, CUN XIANG 郝存祥 **(1939-)**
Chi yi 赤邑
Yi er 亦耳

HAO, DONG LI 郝东黎 **(1959-)**
Dong li 东黎

Hao fan 浩帆
YA, HAN ZHANG 牙含章 **(1916-1989)**

Hao feng 浩风
LI, JING CI 李景慈 **(1918-)**

Hao feng 浩风
ZHANG, DIAN MIN 张殿民 **(1938-)**

Hao, Fu 郝夫
ZHENG, BING ZHONG 郑炳中 **(1922-)**

Hao ge 浩歌
LI, ZHI KUAN 李志宽 **(1938-)**

Hao ge tang 浩歌堂
CHEN, QU BING 陈去病 **(1874-1933)**

Hao, Guang 郝光
HAO, BAO ZHU 郝宝珠

Hao guang 皓光
LI, JING CI 李景慈 **(1918-)**

Hao han 浩瀚
CAO, WEN HAN 曹文瀚 **(1938-)**

Hao hao 好好
ZHANG, YAN 张燕 **(1924-)**

Hao hao 皓浩
LIU, GUANG HUA 刘广华 **(1953-)**

Hao hao xian sheng 好好先生
ZHANG, JIA QI 张家骐 **(1898-1982)**

Hao, He 郝赫
HAO, QING SONG 郝庆松 **(1920-1979)**

Hao hong 浩泓
NIE, ZU YOU 聂祖佑 **(1928-)**

HAO, HONG NIAN 郝洪年 **(1926-)**
Wu, Xiu bian 吴修边

HAO, HONG ZHANG 郝红章 **(1931-)**
Gu, Yu 谷雨

Hao, Jia 郝稼
LIU, YU XUAN 刘禹轩 **(1926?-)**

HAO, JIAN 郝鉴 **(1948?-)**
Yan, Shi wen 燕诗文

HAO, JIAN LIANG 郝建樑 **(1907-)**
Hao, Shu hou 郝树候
Liu ling xiang ren 柳岭乡人
Quan yin lu zhu 泉阴庐主
Shu 舒
Su, Fo 苏佛
Yuan, Shu 远树

Hao jiao 号角
LU, XIANG XIAN 陆象贤 **(1917-)**

HAO, JIN XIAN 郝进贤 **(1914-)**
He weng 鹤翁

Hao, Jing 郝静
HAO, CHANG YIN 郝长印 **(1965-)**

HAO, LAI WANG 郝来旺 **(1952-)**
Lai, Wang 来往

Hao li 浩力
JIA, HAO LI 贾好礼 **(1943-)**

HAO, LI CHUN 郝丽春 **(1912-)**
Hao, Li qun 郝力群
Li qun 力群

Hao, Li quan 郝立权

HAO, BING HENG 郝昺衡 **(1895-1979)**

Hao, Li qun 郝力群
HAO, LI CHUN 郝丽春 **(1912-)**

HAO, LIAN DONG 郝连栋 **(1925-)**
Hao, Yun 郝运

Hao miao 浩渺
WU, BAO JUN 吴宝君 **(1962-)**

HAO, MING 郝明 **(1940-)**
Fang, Dan 方丹
Si ma, Bu ping 司马不平

Hao ming 浩明
LIU, XIANG YANG 刘向阳 **(1939-)**

Hao ming 浩鸣
GUAN, BO HONG 关伯鸿 **(1944-)**

Hao, Neng 郝能
QIN, TIAN EN 覃天恩 **(1924-)**

Hao nian 灏年
WANG, KANG NIAN 汪康年 **(1860-1911)**

Hao, Ping 郝萍
XIE, JIAN QIANG 解建强 **(1959-)**

HAO, QIAN 郝谦 **(1902-)**
Xiang yuan 湘园

Hao qing 浩青
WANG, REN QIAN 王仁谦

HAO, QING SONG 郝庆松 **(1920-1979)**
Hao, He 郝赫
Hao, Wei lian 郝维廉
Li, Ke yi 李克异
Li, Wu shuang 李无双
Liang, Dao 梁稻
Ma, Shuang yi 马双翼
Qing song 庆松
Wu, Ming shi 吴明世
Wu, Ming shi 吴名氏
Yuan, Xi 袁犀

Hao, Qu bing 郝去冰
ZOU, DE HONG 邹德鸿 **(1922-)**

Hao quan 浩泉
CHEN, WEI XIAN 陈维贤 **(1949-)**

Hao ran 浩然
LI, HAO RAN 李浩然 **(1887?-1946)**

Hao ran 浩然
XIA, KANG NONG 夏康农 **(1902-1970)**

Hao ran 浩然
CHEN, QI TONG 陈其通 **(1916-)**

Hao ran 浩然

LIANG, JIN GUANG 梁金广 **(1932-)**

Hao ran 浩然
HE, ZHEN ZHONG 何震中 **(1934-)**

Hao ran 浩然
LIU, HAO RAN 刘浩然 **(1943-)**

Hao ran tang 浩然堂
CHEN, TING RUI 陈霆锐 **(1890-1976)**

Hao ran zhai 浩然斋
ZHAO, HAO RU 赵浩如 **(1938-)**

Hao, Rong jia 郝荣甲
HE, WEI 何伟 **(1926-)**

Hao ru 浩如
LIU, HAN 刘瀚 **(1935-)**

Hao shang sou 濠上叟
LI, PENG ZHU 李鹏翥 **(1934-)**

HAO, SHI KUI 郝世魁 **(1926-)**
Hao, Shui 郝水

Hao, Shu hou 郝树候
HAO, JIAN LIANG 郝建樑 **(1907-)**

Hao, Shui 郝水
HAO, SHI KUI 郝世魁 **(1926-)**

Hao si mang ge 浩思茫戈
HAO, SU MIN 郝苏民 **(1935-)**

Hao si meng ge 豪斯蒙哥
HAO, SU MIN 郝苏民 **(1935-)**

Hao song 好松
LIANG, DING FEN 梁鼎棻 **(1859-1920)**

Hao sou 皓叟
DING, HAO 丁浩 **(1917-)**

Hao sou 蒿叟
FENG, XU 冯煦 **(1843-1927)**

HAO, SU MIN 郝苏民 **(1935-)**
Hao si mang ge 浩思茫戈
Hao si meng ge 豪斯蒙哥
Su, Min 苏民

HAO, TIAN HANG 郝天航 **(1919-)**
Lu, Feng 鲁风

Hao, Ting 郝汀
HAO, AI 郝艾 **(1915-)**

Hao, Wei guang 郝伟光
HAO, FANG JIN 郝方进 **(1925-)**

Hao, Wei lian 郝维廉
HAO, QING SONG 郝庆松 **(1920-1979)**

Hao wen 好文
YANG, JIA CHANG 杨嘉昌 **(1914-)**

Hao wen 浩文
SHAO, XUN MEI 邵洵美 **(1906-1968)**

Hao wen 浩文
SHENG, PEI YU 盛佩玉

Hao, Wen bao 郝文宝
HAO, YU FENG 郝御风 **(1905-1984)**

Hao yan 蒿岩
QIU, QI HUA 仇启华 **(1926-)**

Hao, Yi feng 郝一风
HAO, YU FENG 郝御风 **(1905-1984)**

Hao yin gong 蒿隐公
FENG, XU 冯煦 **(1843-1927)**

HAO, YU FENG 郝御风 **(1905-1984)**
Hao, Wen bao 郝文宝
Hao, Yi feng 郝一风

Hao yu hao 浩于豪
WENG, WEN HAO 翁文豪

Hao yue 皓月
WANG, HAO YUE 王皓月 **(1934-)**

Hao yue 皓月
SONG, FENG MING 宋凤鸣 **(1934-)**

Hao, Yun 郝运
HAO, LIAN DONG 郝连栋 **(1925-)**

HAO, ZHAO JIA 郝肇嘉 **(1930-)**
Hua, Shi su 华士粟

Hao zhi 蒿枝
YANG, KE 杨可 **(1957-)**

HAO, ZHONG SHU 郝仲术 **(1952-)**
Zhong su 中夙

He 禾
HE, XIN 何欣 **(1922-)**

He 何
SHEN, KE REN 沈可人 **(1916-)**

He 和
ZHAO, SHU LI 赵树礼 **(1906-1970)**

He 鹤
LI, DA 李达 **(1890-1966)**

He 鹤
XU, ZHI MO 徐志摩 **(1896-1931)**

He 壑
JIANG, XI JIN 蒋锡金 **(1915-)**

He an 河岸
YAO, ZHEN HAN 姚振函 **(1940-)**

He, Bai 何白
SHU, YI REN 朿衣人 **(1925-1946)**

HE, BAI TAO 何白涛 **(1913-1939)**
He, Ke zhun 何可准

He, Bao jiu 何苞九
HE, FENG WEN 何凤文 **(1911-1967)**

HE, BAO LAN 何葆兰 **(1911-)**
He, Xin 何心

HE, BAO LIU 何报榴 **(1933-)**
Da he 大河

HE, BAO SEN 何宝森 **(1938-)**
Wang shan 忘山

HE, BAO SHENG 何宝生 **(1955-)**
A bu 阿不

HE, BAO YIN 贺保银 **(1944-)**
Jia bei 甲贝

He, Bei ren 何北仁
LIU, JIA 刘甲 **(1924-)**

HE, BEN JUN 何本浚 **(1921-)**
Ai, Yu 艾雨
He, Lin tian 何林天
Moi, Yin 梅茵
Mei, Zhi 梅芷

He, Bi 何碧
YANG, BEN QUAN 杨本泉 **(1923-)**

He, Bi wen 何必问
HE, HE CHUAN 何和川

He, Bian 何边
HE, GUANG 何光 **(1928-)**

He, Biao 何錶
HUANG, TIAN BI 黄天璧 **(1934-)**

He, Bin 何滨
HE, JIA HUAI 何家槐 **(1911-1969)**

HE, BIN 何滨 **(1930-)**
Nai chang 乃昌

He bing 禾兵
ZHUANG, RUI SHENG 庄瑞声 **(1927-)**

HE, BING KUN 何炳坤 **(1938-)**
Mu zi 木子

He, Bing nan 贺炳南
HE, JUN 贺骏 **(1891-1977)**

He, Bing qi 何炳奇
PAN, XUN 潘训 **(1902-1934)**

HE, BING SONG 何炳松 **(1890-1946)**
Bai, Chen 柏臣

He, Bing wen 何炳文
HE, SHI DE 何士德 **(1910-)**

HE, BING XUN 何炳勋
Gong ai 公靄

He bo 禾波
LIU, ZHI QING 刘智清 **(1920-)**

He bo 荷波
LIU, ZHI QING 刘智清 **(1920-)**

He, Bu gong 何不恭
LIU, CANG LANG 刘沧浪 **(1919-)**

He cang tou 鹤苍头
ZHANG, YU GUANG 张聿光 **(1885-1968)**

He cao 禾草
XU, JI HUA 徐季华 **(1923-)**

HE, CHANG 贺昌 **(1906-1935)**
Chang 昌
Chen 晨
Qi ying 其颖

He, Chang gong 何长工
HE, KUN 何堃 **(1900-1987)**

HE, CHANG QUN 贺昌羣 **(1903-1973)**
Cang yun 藏云
Chang qun 昌群
He, Ying qun 贺应羣

HE, CHANG SHENG 何长生 **(1948-)**
He, Shan 何杉

HE, CHANG XIU 何畅秀 **(1890-1983)**
Di nu 帝奴
Guo he zu 过河卒
Tian yu 天毓

He, Chao 何超
HE, GUANG YONG 何光永 **(1937-)**

He, Chao rong 何朝荣
LIAO, YI YUAN 廖一源 **(1920-)**

HE, CHEN 何辰 **(1921-)**
Ji weng 济翁

He, Chen 何晨
KUANG, YA MING 匡亚明 **(1906-)**

He, Cheng 何澂
HE, CHENG CHAO 何澄超 **(1915-)**

HE, CHENG 贺成 **(1945-)**
Yi ran 峄然

HE, CHENG CHAO 何澄超 **(1915-)**
He, Cheng 何澂
He, Zhi 何芷
He zi 荷子

Wang, Mai 王迈
Xiang, Bi 向碧
Zhang, Yuan 张远

HE, CHENG WEI 何承蔚 **(1916-1947)**
Tan, Xing 谈星

He, Chi 何迟
SONG, JIA TAI 宋家泰 **(1915-)**

He, Chi 何迟
HE, YU KUN 赫裕昆 **(1920-1990)**

He, Chi 赫赤
HE, YU KUN 赫裕昆 **(1920-1990)**

HE, CHONG REN 和崇仁 **(1936-)**
Ge, A gan 戈阿干

He chuan 鹤川
BAO, GANG 包钢 **(1947-)**

He, Chuan gang 何传钢
HE, LIAN CHENG 何炼成 **(1928-)**

HE, CHUN XI 何春喜
Diao shan zi 貂山子

He, Cong 何聪
HE, XIAO DA 何孝达 **(1915-1994)**

He, Cong 何聪
YUAN, YUE 袁越

He, Cui 何淬
YI, ZHUN 易准 **(1931-)**

HE, CUN 何村 **(1935-)**
Ge, Deng ke 戈登柯
Lan, Tian 兰天
Xing huo 星火
Yang, Cheng 羊成

He, Da 何大
HE, YU KUN 赫裕昆 **(1920-1990)**

He, Da 何达
HE, JIAN MIN 何健民 **(1902-)**

He, Da 何达
HE, XIAO DA 何孝达 **(1915-1994)**

He, Da bai 何大白
ZHENG, LONG JIN 郑隆谨 **(1895-1979)**

HE, DA QUN 贺大群 **(1934-)**
Hai, Yang 海洋

HE, DA SHUN 贺大舜 **(1937-)**
Wen, Zhuo 文濯

He da zhuang 禾大壮
YIN, HONG 殷红

He, Dan 贺丹
AI, TIAN YOU 艾天佑 **(1930-)**

He, Dan hong 何丹红
ZHOU, SHU REN 周树人 **(1881-1936)**

He, Dan ren 何丹仁
FENG, XUE FENG 冯雪峰 **(1903-1976)**

HE, DAO SHENG 何道生
He, Zi heng 何子恒

He, Dao yu 何稻玉
HE, KAI RONG 何开荣 **(1907-1952)**

HE, DE RONG 何德荣 **(1953-)**
Rong, Rong 荣荣

He, De shuai 何德衰
FENG, FANG MIN 冯放民 **(1919-)**

HE, DE XIN 何德新 **(1954-)**
He, Lao song 贺老松
Xiao, Ke ren 肖可仁
Yu, Shi xiang 余适湘

He de yu 禾得雨
MA, LI JIE 马立杰 **(1920-)**

He di 禾迪
LUO, YAN PING 骆燕平 **(1954-)**

He, Dian 何典
SHEN, YAN BING 沈雁冰 **(1896-1981)**

He, Dian 何典
CHEN, BING KUN 陈炳堃 **(1898-1990)**

He, Dian 何典
WANG, YUAN HUA 王元化 **(1920-)**

HE, DONG 何东 **(1926-)**
He, Hong zhang 何鸿章

He du ling ren 鹤渡岭人
NAN, YUN SHENG 南运生 **(1944-)**

HE, DU MAN 和都蛮 **(1952-)**
He, Gu 和谷

He, Du ruo 何杜若
HE, QI FU 何启富 **(1939-)**

He, Dun weng 何遁翁
HE, JIAN CONG 何鑑琮 **(1905-)**

He, Dun weng 何遯翁
HE, JIAN CONG 何鑑琮 **(1905-)**

HE, EN RONG 何恩荣 **(1923-)**
He, Ku 何苦
Yun, Ying 云影

HE, EN YU 何恩余 **(1917-)**
Ding, Fu 丁夫
Shi, Guo 石果

He, Er 赫尔
CAO, CHUAN MEI 曹传美 **(1914-1993)**

He er 禾耳
YANG, FU DONG 杨复冬 **(1922-1978)**

HE, FA CHANG 何发昌 **(1957-)**
He liu 河流

HE, FA REN 和法仁 **(1920-1970)**
Ke dong 克东
Li, Wen gu 李闻古
Lin, Na 林呐

He, Fan 何凡
XIA, CHENG YING 夏承楹 **(1910-)**

He fan 河帆
LIU, HE FANG 刘和芳 **(1927-)**

He, Fang 何方
ZHAO, QUAN 赵泉 **(1927-)**

He, Fang 何仿
HE, XIAO YUAN 何孝元 **(1928-)**

He, Fang 何妨
WANG, ZHONG QIN 王忠勤 **(1919-)**

He fang 鹤舫
JIN, TIAN HE 金天翮 **(1874-1947)**

He, Fei 何非
CHEN, LI DE 陈立德 **(1935-)**

He, Fei 何菲
HE, HONG ZHANG 何鸿章 **(1910-)**

He, Fei 和非
HE, WEI YUAN 和维垣 **(1939-)**

He, Fei 贺飞
LUO, XIAO HANG 陈小航 **(1898-1971)**

He, Fei 贺非
LUO, XIAO HANG 陈小航 **(1898-1971)**

He, Fei 贺非
ZHAO, GUANG XIANG 赵广湘 **(1908-1934)**

He, Fei 贺菲
ZHAO, GUANG XIANG 赵广湘 **(1908-1934)**

He, Feng 何风
LU, QI ZHI 鲁启智 **(1924-)**

He, Feng 何封
ZHANG, HAN FU 张汉辅 **(1899?-1967)**

He, Feng 何封
OU YANG, LIN 欧阳驎 **(1913-)**

He, Feng 何逢
LI, CHANG ZHI 李长植 **(1910-1978)**

He feng 禾丰
YANG, CHANG 杨畅 **(1931-)**

He feng 荷风
LI, JIA BIN 李家斌

HE, FENG WEN 何凤文 **(1911-1967)**
He, Bao jiu 何苞九
Yuan, Bo 袁勃

He, Feng xing 贺风行
FU, MAN FEI 傅漫飞 **(1936-)**

He, Fu 贺斧
ZHENG, MENG ZHOU 郑梦周 **(1920-1982)**

He fu 河夫
LI, FU 李夫 **(1927-)**

HE, FU REN 何福仁 **(1952-)**
Fang, Sha 方沙

He, Gan 何干
ZHOU, SHU REN 周树人 **(1881-1936)**

He, Gan 何干
NI, ZHENG XIANG 倪政祥 **(1935-)**

He, Gan zhi 何干之
TAN, YU JUN 谭毓均 **(1906-1969)**

He, Gang 何钢
HE, LIAN CHENG 何炼成 **(1928-)**

He, Gang 何钢
HE, XIAN FEN 何贤芬 **(1935-)**

He, Gang 贺刚
ZHU, ZONG BIN 朱宗彬 **(1913-1937)**

He, Ge zi 何歌子
SHU, SHUN ZHEN 树顺贞 **(1916-)**

He, Gong 赫公
LIU, DI 刘涤 **(1915-)**

He, Gong chao 何公超
WANG, ZHEN SHENG 王鍼生 **(1905-1986)**

He, Gong gan 何公敢
HE, SONG LING 何崧龄 **(1889-1977)**

HE, GONG HE 何共和 **(1938-)**
Shuang jiang 双江

He, Gu 何谷
HU, YU ZHI 胡愈之 **(1896-1986)**

He, Gu 和谷
HE, DU MAN 和都蛮 **(1952-)**

He, Gu lai 何古莱
FENG, XUE FENG 冯雪峰 **(1903-1976)**

He, Gu tian 何谷天

HE, KAI RONG 何开荣 **(1907-1952)**

He, Gu tian 何穀天
HE, KAI RONG 何开荣 **(1907-1952)**

He, Gu yan 和谷岩
HE, XIN QUAN 和新泉 **(1924-)**

He, Guang 何光
XIE, XING 谢兴 **(1907-1975)**

HE, GUANG 何光 **(1928-)**
He, Bian 何边
He, Guang wei 何光伟
He, Yu feng 和雨风

He, Guang 贺光
XIE, XING 谢兴 **(1907-1975)**

He guang 禾光
ZHANG, HUI LI 张辉利 **(1954-)**

HE, GUANG MING 何光明 **(1950-)**
Sun sun 笋孙

He, Guang wei 何光伟
HE, GUANG 何光 **(1928-)**

HE, GUANG XIAN 何光先 **(1937-)**
He, Wei 何畏
He, Wei 何为
He, Xiang 何湘
He, Yuan hai 何远海
Yuan, Hai 远海

HE, GUANG YONG 何光永 **(1937-)**
He, Chao 何超

HE, GUI CHENG 何贵成 **(1937-)**
He, Ying 何鹰

HE, GUI SHENG 何桂笙
Gao chang han shi sheng 高昌寒食生

He, Gui zhen 何桂贞
GE, QIN 葛琴 **(1907-)**

HE, GUO DAO 何国道 **(1948-)**
Du, Du 杜杜

HE, GUO HUA 何国华 **(1941-)**
Ge, Hua 戈花

HE, GUO LI 何国利 **(1956-)**
He liu 河流
Ren ke 仁可

HE, GUO RU 何国儒 **(1930-)**
Li, Huan min 李焕民

He, Guo rui 何国瑞
HE, YI 何以 **(1930-)**

HE, GUO YAN 何国炎 **(1865-1930)**
He, Zao xiang 何藻翔
Hui gao 翙高
Zou ya 邹崖
Zou ya bu zhe 邹崖逋者

HE, HAI 何海 **(1937-)**
Ke yin 克印
Wu yun ba tu 乌云巴图

He, Hai ming 何海鸣
HE, SHI JUN 何时俊 **(1887-1944)**

He, Hai xia 何海霞
HE, YING 何瀛 **(1908-)**

HE, HAN 何汉 **(1926-)**
Li, Xiao yu 李筱瑜

He, Han sheng 何汉生
TAN, YU JUN 谭毓均 **(1906-1969)**

He, Han zhang 何汉章
HE, ZHANG PING 何章平 **(1916-1968)**

HE, HAO LIANG 何豪亮 **(1928-)**
He, Ku 何苦

He, He 何荷
SHI, CHAO 史超 **(1921-)**

He, He 贺贺
CHEN, WEN WEI 陈文威 **(1948-)**

He, He 贺鹤
HE, ZHI QI 贺治起 **(1965-)**

HE, HE CHUAN 何和川
Cong jin 从今
He, Bi wen 何必问

HE, HE YING 何和应 **(1935-)**
Jia ding 甲丁
Zi mu 子木

He, Hen 何痕
HE, JING NAN 何竟南

HE, HONG 何鸿 **(1930-)**
Li, Qing 李晴

He hong 禾红
HUANG, JI KUN 黄季琨 **(1924-)**

He hong 呵虹
LI, JI HUAI 李继槐 **(1942-)**

He hong 荷红
HUANG, WEI ZONG 黄伟宗 **(1935-)**

HE, HONG JUN 贺鸿钧 **(1928-)**
He, Shu yu 贺抒玉
Shu yu 抒玉

He, Hong wei 贺宏伟
LI, ZI GUANG 李子光 **(1962-)**

HE, HONG YU 何红玉 **(1941-)**
Xiao, Yin guo 肖因果

HE, HONG ZHANG 何鸿章 **(1910-)**
He, Fei 何菲
He, Xiao shi 何小石

He, Hong zhang 何鸿章
HE, DONG 何东 **(1926-)**

He hua 荷花
DU, LIAN SUN 杜连荪 **(1909-)**

He, Hua lu 何化鲁
ZHAO, SHU LI 赵树礼 **(1906-1970)**

He hui 禾惠
ZHENG, CHENG BIN 郑澄滨

He, Hui xin 何慧心
WANG, ZHEN SHENG 王鍼生 **(1905-1986)**

HE, HUO REN 何火任 **(1937-)**
He, Nai 何奈

HE, JI 何佶 **(1915-1969)**
He, Qin 何勤
He, Yun pu 何云圃
Lü, Ying 吕荧
Lü, Yun pu 吕云圃
Ni, Ping 倪平

He, Ji 何稽
LIANG, WEN FU 梁文福 **(1964-)**

He, Ji 何激
ZHANG, SHENG YU 张盛裕 **(1931-)**

He ji 禾寂
LI, WEN TAO 李文涛 **(1880-1942)**

HE, JI HUA 何纪华 **(1928-)**
He, Ruo fei 何若非

HE, JI QING 何继青 **(1957-)**
Ke ren 可人

HE, JI XIN 贺继新 **(1958-)**
Qi gen la wu er 乞根拉吾尔

He, Ji yuan 何纪元
HE, JIN LIANG 何今亮 **(1901-1927)**

He, Jia 何嘉
ZANG, KE JIA 臧克家 **(1905-)**

HE, JIA 何嘉
He, Zhi shuo 何之硕
Sha, Fei 沙飞
Zhi shuo 之硕
Zhu shi 煮石

He, Jia 何甲
HE, MING KE 何明科 **(1929-)**

He jia 禾佳
FANG, JIA JIE 方家杰 **(1919-)**

He jia 禾佳
YU, JUN XIONG 余俊雄

He jia 禾稼
HE, ZE PEI 何泽沛 **(1924-)**

HE, JIA CHUN 贺家春 **(1906-1982)**
He, Yu bo 贺玉波
Lan, Cheng 兰城
Rui zhu 蕊珠
Yu bo 玉波

He, Jia dong 何家栋
WAN, SHU YANG 万舒扬 **(1924-)**

He, Jia gan 何家干
ZHOU, SHU REN 周树人 **(1881-1936)**

He, Jia gan 何家干
QU, QIU BAI 瞿秋白 **(1899-1935)**

He, Jia gan 何家干
NI, ZHENG XIANG 倪政祥 **(1935-)**

HE, JIA HUA 何家骅 **(1920-)**
Fang, Jian yun 方剑云
He, Yue qian 何岳骞
Tie ling yi min 铁岭遗民
Yue, Qian 岳骞

HE, JIA HUAI 何家槐 **(1911-1969)**
He, Bin 何滨
He kui 河溃
He, Yong xiu 何永修
Shi, Dan 时旦
Xian he 先河
Yong xiu 永修
Yu ru 与如

He, Jia jun 何家骏
WEI, MENG KE 魏猛克 **(1911-1984)**

HE, JIA LIANG 何家良 **(1937-)**
Bai, Sha 白沙
Sha, Yue dong 沙岳洞
Zhuo, Er 卓尔

HE, JIA LIN 何家麟 **(1907-)**
Chen zhi 沉之
He wei ci sheng 何为此生
Tie qi 铁器
Xue, Chen zhi 薛沉之
Xue, Cheng zhi 薛诚之
Xue, He wei 薛何为
Yu feng 玉峰

He, Jia ning 何家宁
DONG, ZUN XIN 董尊鑫 **(1916-1955)**

HE, JIA RUI 贺家瑞
Bai, Rui 白蕊

He, Jia tong 何家通
LI, CHUN QING 李纯青 **(1908-1990)**

He, Jia ying 何家英
HE, ZI QUAN 何子铨 **(1921-)**

He, Jia zhi 何家支
WANG, XIAO YI 王小逸

He, Jian 何间
YANG, SHAO JI 杨绍箕 **(1942-)**

He, Jian 何谏
HE, XIANG NING 何香凝 **(1878-1972)**

He, Jian 何鉴
HE, TONG JIAN 何同鉴 **(1918-)**

HE, JIAN CONG 何鑑琮 **(1905-)**
Dun weng 遯翁
He, Dun weng 何遁翁
He, Dun weng 何遯翁
He, Jing qun 何敬群

HE, JIAN GUO 贺建国 **(1941-)**
Jian zhi 鑑之

He, Jian min 何建民
HE, JIAN MIN 何健民 **(1902-)**

HE, JIAN MIN 何健民 **(1902-)**
He, Da 何达
He, Jian min 何建民
He, Jian ming 何健明
He, Li feng 何黎峰

He, Jian ming 何健明
HE, JIAN MIN 何健民 **(1902-)**

He, Jian shi 何剑士
HUA, ZHONG 华仲 **(1877-1915)**

HE, JIAN XUN 何剑熏
He, Jian xun 何剑薰
He, Lian 何连
Mou, Ni 牟尼
Tang, Sen mu 汤森木

He, Jian xun 何剑薰
HE, JIAN XUN 何剑熏

HE, JIAN YE 贺建业 **(1964-)**
Ye, Zi 叶子

He, Jiang 何江
JIANG, YUAN CHUN 蒋元椿 **(1920-)**

HE, JIANG 何江 **(1924-)**
He, Jiang 何疆
He, Yi zeng 何益增

He, Jiang 何疆
HE, JIANG 何江 **(1924-)**

He, Jie 何睫
WANG, TONG SHU 王同书 **(1938-)**

He, Jie chen 何介尘
HE, JIN LIANG 何今亮 **(1901-1927)**

HE, JIE SHENG 贺捷生 **(1935-)**
Xiong ying 雄鹰

He, Jin 何谨
CHEN, HE JIN 陈和谨 **(1959-)**

He, Jin 贺进
HE, JING ZHI 贺敬之 **(1924-)**

He jin 禾金
CHEN, FANG SHU 陈方树 **(1929-)**

HE, JIN FANG 何金芳 **(1949-)**
Chen feng 晨风

HE, JIN LIANG 何今亮 **(1901-1927)**
He, Ji yuan 何纪元
He, Jie chen 何介尘
He, Jing liang 何景亮
He, Song lin 何松林
Shou hua 寿华
Wang, Shou hua 汪寿华

HE, JIN LING 何锦玲
Jin xin 锦心

HE, JIN RONG 何锦荣 **(1937-)**
Bai, Qiu 白萩

HE, JIN SHAN 何锦山 **(1954-)**
Lin, Yang 林阳
Qing shan 青山

He, Jing 何京
HE, XING CONG 何兴琮 **(1921-)**

He, Jing 何鲸
HE, XING CONG 何兴琮 **(1921-)**

He, Jing 和劲
ZHOU, GUI SHENG 周桂生 **(1885-1911)**

He jing 河井
CHEN, HE JIN 陈和谨 **(1959-)**

He, Jing liang 何景亮
HE, JIN LIANG 何今亮 **(1901-1927)**

HE, JING LIAO 何景寮
Ke liang 克良

HE, JING NAN 何竟南
He, Hen 何痕
Shou qiu 瘦秋
Zhong, Yi 钟伊

He, Jing nian 何敬年
ZHENG, ZAO 郑造 **(1921-1966)**

He, Jing qun 何敬群
HE, JIAN CONG 何鑑琮 **(1905-)**

HE, JING YAN 和经雁 **(1964-)**
Xiao yan 晓雁

He, Jing zhi 何敬之
AI, DI CHEN 艾涤尘 **(1905-1975)**

HE, JING ZHI 贺敬之 **(1924-)**
Ai, Mo 艾漠
He, Jin 贺进
Jing, Zhi 荆直
Jing zhi 敬之

He, Jiu fan 何旧帆
PENG, GUI RUI 彭桂蕊 **(1917-)**

He, Juan tuo 赫倦驼
DAI, YAN QIANG 戴燕羌 **(1924-)**

He, Jun 和钧
LIANG, JING CHUN 梁敬錞 **(1892-1984)**

He, Jun 贺俊
ZHENG, KENG HAO 郑铿濠 **(1947-)**

HE, JUN 贺竣 **(1891-1977)**
A nan 阿难
Bai chi lou tou yi zhang fu 百尺楼头一丈夫
Da wu 达屋
He, Bing nan 贺炳南
He, Tian jian 贺天健
Jian fu 健父
Jian sou 健叟
Kai tian lou zhu 开天楼主
Meng yuan 梦苑
Qian qian 乾乾
Rang xiang li ren 让乡里人
Ren xiang ju shi 纫香居士
Ren xiang yin xie 纫香吟榭

He jun 禾君
CHENG, GUANG RUI 程光锐 **(1918-)**

He, Kai 贺楷
HE, LÜ TING 贺绿汀 **(1903-)**

HE, KAI GUANG 何开广 **(1936-)**
He, Zhi 何之

HE, KAI RONG 何开荣 **(1907-1952)**
Dao zi 稻子
Gu 谷
Gu, Tian 谷天
He, Dao yu 何稻玉
He, Gu tian 何谷天
He, Gu tian 何穀天
He zi 禾子
Hua, Li 华理
Jia shu 嘉树
Jing ting 劲亭
Lao gen 老根
Li fu 理夫
Ping ming 屏鸣
Shu, Jia 树嘉
Si ma, Ci 司马疵
Tian 天
Ting mang 汀芒
Tu jun 土君
Tu xi 土犀
Wang, Gang 王钢
Wang, Shi 王石
Wei ming 未名
Wen 文
Wen, Sheng 文生
Xiao yue han 小约翰
Yi wen 轶闻
Yu 玉
Yue han niu 约翰牛
Zhi yu 稺玉
Zhou, Wen 周文
Zi he 子禾

HE, KAI SI 何开四 **(1945-)**
Xia, Wen 夏文
Xiao xi 晓西

He ke cun ren 鹤窠村人
HUANG, SHI QUAN 黄式权 **(1853-1924)**

HE, KE DI 何克敌 **(1930-)**
Jing cao 劲草

He, Ke ge 何可歌
YU, GUANG ZHONG 余光中 **(1928-)**

HE, KE JIAN 何克俭 **(1952-)**
Ke ren 可人
Luo, Wei 罗炜

He, Ke mai 赫克麦
HUANG, ZHANG 黄彰 **(1893-1987)**

HE, KE QUAN 何克全 **(1906-1955)**
Kai feng 凯丰

He, Ke wan 何克万
LU, JI PING 陆吉平 **(1921-)**

He, Ke zhun 何可准
HE, BAI TAO 何白涛 **(1913-1939)**

He, Keng ran 何铿然
HE, NAN DING 何南丁 **(1931-)**

HE, KONG ZHOU 何孔周 **(1942-)**
Fang, Yan 方演

Shi, Ding 石丁

He, Ku 何苦
QU, QIU BAI 瞿秋白 **(1899-1935)**

He, Ku 何苦
HE, EN RONG 何恩荣 **(1923-)**

He, Ku 何苦
HE, HAO LIANG 何豪亮 **(1928-)**

He, Ku 何苦
LI, JIN ZAI 李今再 **(1929-)**

He, Ku 何苦
HE, XIAN FEN 何贤芬 **(1935-)**

He, Ku 何苦
HE, ZHI GUO 何志国 **(1955-)**

He, Kuang 何况
FAN, CUN ZHONG 范存忠 **(1903-1988)**

He, Kui 何亏
LIN, WEI LIANG 林为梁 **(1916-1943)**

He kui 河溃
HE, JIA HUAI 何家槐 **(1911-1969)**

HE, KUN 何堃 **(1900-1987)**
He, Chang gong 何长工

He, Lai 何莱
FENG, XUE FENG 冯雪峰 **(1903-1976)**

He, Lai 何莱
HE, YONG XIANG 何永祥 **(1939-)**

He, Lai 何籁
SHEN, YAN BING 沈雁冰 **(1896-1981)**

He, Lan 贺兰
SHEN, JI PING 沈季平 **(1927-)**

He, Lan 贺兰
HE, ZHI JIAN 贺志坚 **(1930-)**

He, Lan ning 贺兰宁
CHEN, HONG NENG 陈鸿能 **(1945-)**

He, Lang 贺朗
WANG, YOU QIN 王有钦 **(1930-)**

He, Lang 贺朗
LIN, MING SHUI 林明水 **(1941-)**

He, Lao song 贺老松
HE, DE XIN 何德新 **(1954-)**

He, Le 何乐
WAN, WEN DE 万文德 **(1915-)**

He, Lei 何磊
HE, LÜ JI 何侣纪 **(1916-1978)**

He, Lei 贺雷
YE, QI SHENG 叶其声 **(1938-)**

He, Li 何立
LIU, FO DING 刘佛丁 **(1937-)**

He, Li 贺力
WANG, SHI XIANG 王石祥 **(1939-)**

He, Li 赫黎
WANG, YU LIANG 汪玉良 **(1933-)**

HE, LI DIAO 和礼钓 **(1930-)**
Ba, Zi 巴紫
He, Mu xi 和穆熙

He, Li feng 何黎峰
HE, JIAN MIN 何健民 **(1902-)**

He, Li hua 何礼华
LIAO, CHENG ZHI 廖承志 **(1908-1983)**

He, Li shan 何立山
ZHOU, LIANG JI 周良骥 **(1916-)**

He, Li sheng 贺砺生
YI, ZHUN 易准 **(1931-)**

He, Lian 何连
XIE, XING 谢兴 **(1907-1975)**

He, Lian 何连
HE, JIAN XUN 何剑熏

HE, LIAN CHENG 何炼成 **(1928-)**
He, Chuan gang 何传钢
He, Gang 何钢
Luo, Jian xun 罗建勋

He, Liang tai 何亮泰
HE, RU 何如 **(1909-1989)**

He, Lin 何林
LI, YAN SHOU 李延寿 **(1904-1988)**

HE, LIN 贺麟 **(1902-)**
He, Zi zhao 贺自昭

He lin 鹤麟
FENG, HE LING 冯鹤龄（**1914-)**

He lin 禾林
XU, HE LIN 徐和邻 **(1922-)**

He, Lin tian 何林天
HE, BEN JUN 何本浚 **(1921-)**

He, Ling 何陵
HE, ZHI MIN 何治敏 **(1919-)**

He ling 鹤龄
FENG, HE LING 冯鹤龄（**1914-)**

He ling 鹤龄
ZHANG, HE LING 张鹤龄 **(1917-)**

He, Liu 何流

TAO, XIAO GUO 陶孝国 **(1925-)**

He, Liu 何流
LÜ, ZONG QUAN 吕宗权 **(1928-)**

He, Liu 何流
YUAN, MENG NING 袁孟宁 **(1935-)**

He liu 河流
HE, GUO LI 何国利 **(1956-)**

He liu 河流
HE, FA CHANG 何发昌 **(1957-)**

He, Liu hua 何柳华
LIAO, CHENG ZHI 廖承志 **(1908-1983)**

HE, LIU SHENG 何浏生 **(1896-1968)**
He, Si jing 何思敬
He, Wei 何畏

He, Long 何龙
YANG, HAO QUAN 杨浩泉 **(1918-)**

HE, LONG SHENG 何隆生 **(1951-)**
Xuan, Xiao fo 玄小佛

He, Lu 何鲁
HE, SHENG RONG 何胜荣 **(1942-)**

He, Lu 贺路
WANG, RUN HUA 王润华 **(1924-1987)**

He lu 河渌
LI, JING CI 李景慈 **(1918-)**

He lu 禾庐
CHU, SONG XUE 褚松雪 **(1900-)**

He lu 鹤庐
GU, LIN SHI 顾麟士 **(1865-1930)**

He, Lu hua 何鲁华
LIAO, CHENG ZHI 廖承志 **(1908-1983)**

He lu ju shi 鹤庐居士
LIN, HE NIAN 林鹤年 **(1879-1938)**

HE, LÜ JI 何侣纪 **(1916-1978)**
He, Lei 何磊

HE, LÜ TING 贺绿汀 **(1903-)**
An, Qin 安钦
Bao zhen 抱真
He, Kai 贺楷
He, Ru ping 贺如萍
Hua, Shan 华山
Hua sheng 华生
Luo, Ting 罗亭
Shan gu 山谷

He, Lun 何伦
HUANG, JING KUN 黄京昆 **(1955-)**

HE, LUO 何洛 **(1911-1992)**
He, Ming xin 何鸣心

He, Ma 赫马
XU, FU LIN 徐傅霖 **(1880-)**

He man 禾蔓
TIAN, HE MAN 田禾蔓

He, Man zi 何满子
SUN, CHENG XUN 孙承勲 **(1919-)**

He, Man zi 河满子
ZHOU, HE DONG 周河冬 **(1923-)**

HE, MAO ZHI 贺茂之 **(1947-)**
Mao zhi 懋智
Xiao he 晓鹤

He, Mei 何昧
SUN, DA KE 孙大珂 **(1909-1956)**

He, Meng 何濛
FENG, HUAN HAO 冯焕好

HE, MENG FU 贺孟斧 **(1910-1945)**
Ye, Da jun 叶大军

He, Meng hong 何梦洪
BO, ZI TAO 薄子涛 **(1946-)**

HE, MENG XIONG 何孟雄 **(1898-1931)**
Jiang, Qiu 江囚
Jing 静
Meng, Weng 孟翁
Meng, Xiong 孟雄
Meng xiong 梦熊
Zhi jun 之君
Zi jing 子静

He miao 禾苗
CAO, ZHONG JUN 曹忠骏 **(1927-)**

He, Min 和民
LIU, SHU SHENG 刘树声 **(1927-)**

He, Min hun 何民魂
LÜ, ZHEN YU 吕振羽 **(1900-1980)**

HE, MIN YING 赫民英 **(1949-)**
Yan, Zhao ren 燕照人

He, Ming 何名
WANG, ZHAO REN 王肇仁 **(1929-)**

He, Ming 何名
HE, ZHENG QING 何政清

He, Ming 何明
ZHOU, YU FENG 周玉峰 **(1919-)**

He, Ming 何明
HE, YU MING 何毓明 **(1941-)**

He ming 鹤鸣
LI, DA 李达 **(1890-1966)**

He ming 鹤鸣
WEN, HOU MING 闻厚铭 **(1935-)**

HE, MING GUANG 贺明广 **(1945-)**
Jin, Dun 金盾
Li, Jin dun 李金盾
Min guang 敏光

HE, MING KE 何明科 **(1929-)**
He, Jia 何甲

HE, MING LIANG 何明亮 **(1950-)**
Bai, Sha 白沙

He, Ming xin 何鸣心
HE, LUO 何洛 **(1911-1992)**

He, Ming yan 何明言
HE, MING YAN 何明炎 **(1930-)**

HE, MING YAN 何明炎 **(1930-)**
He, Ming yan 何明言
Ming, Yan 明言

He, Mo 何莫
XU, SHU REN 胥树人 **(1922-)**

He, Mu 何牧
HE, SHI TAI 何世泰 **(1924-)**

He mu 禾木
CHENG, GUANG HUA 程光华 **(1927-)**

He mu 禾木
CHENG, DA LI 程大利 **(1945-)**

He mu 禾木
WANG, QIU JUN 王秋君 **(1959-)**

He mu lu 褐木庐
SONG, CHUN FANG 宋春舫 **(1891-1938)**

He, Mu xi 和穆熙
HE, LI DIAO 和礼钧 **(1930-)**

He, Nai 何奈
HE, HUO REN 何火任 **(1937-)**

He nai 禾乃
WANG, XUE XIU 王学秀 **(1939-)**

HE, NAI JIAN 何乃健 **(1946-)**
Mei nan 湄南

He nai ying 禾乃英
LIN, LIE 林烈 **(1913-)**

He, Nan 何南
HE, NAN CHANG 何南昌 **(1927-)**

HE, NAN CHANG 何南昌 **(1927-)**
A nan 阿南

He, Nan 何南
HE, NAN DING 何南丁 **(1931-)**
He, Keng ran 何铿然
Nan, Ding 南丁

HE, NAN LI 何南力
Nan, Li 南力

HE, NENG 何能 **(1942-)**
Ke ren 可人

He, Nian 和年
CHEN, ZHEN HUAN 陈振寰 **(1934-)**

He nian 鹤年
GAO, HE NIAN 高鹤年

He, Ning 何凝
QU, QIU BAI 瞿秋白 **(1899-1935)**

He, Pan 何畔
HU, ZHEN BANG 胡振邦 **(1924-)**

HE, PEI GUI 何培贵 **(1946-)**
Pei gui 培贵

He, Ping 何平
ZHANG, SHI YUAN 张式瑗 **(1905-1976)**

He, Ping 何平
HOU, LI CHAO 侯立朝 **(1929-)**

He, Ping 何平
XUAN, WAN MING 宣万明 **(1958-)**

He, Ping 和平
WANG, CHUN JIE 王淳杰 **(1958-)**

He ping 河平
WANG, HE PING 王和平 **(1964-)**

He ping 禾坪
LIU, YU 刘瑜 **(1922-)**

He, Po 何迫
XIAO, MAN RUO 萧蔓若 **(1908-)**

He, Pu 何璞
QU, QIU BAI 瞿秋白 **(1899-1935)**

He, Qi 何弃
YANG, JIAN ZHONG 杨建中 **(1931-)**

He, Qi 何起
HE, QI ZHI 何启治 **(1936-)**

He, Qi 何琦
HE, QI YONG 何其庸 **(1922-)**

He, Qi 何琪
ZUO, XI XIAN 左希贤 **(1920-1976)**

He, Qi fang 何启放
HE, QI FANG 何其芳 **(1912-1977)**

HE, QI FANG 何其芳 **(1912-1977)**
A fang 阿钫
Bu, Dong 卜冬
Chang, Nu wen 常奴问
Fu, Lü bing 傅履冰
He, Qi fang 何启放
He, Qi fang 和其芳
He, Yong fang 何永芳
He, Zhi 何志
He, Zhi 贺志
He zhi 禾止
Ji, Fang 季方
Ji, Feng 季风
Jiu xin 揪心
Lao, Bai xing 劳百行
Lao, He 劳和
Lao, Jun qiao 劳君乔
Lao, Zhi feng 劳之凤
Li, Yun 黎云
Qi fang 其芳
Qi fang 其放
Qiu qiu 萩萩
Qiu, Ruo 秋若
Qiu, Zi 秋子
Sang, Ke 桑珂
Shi, Xue ning 施雪苧
Wu, Fu ai 邬夫哀
Wu, Qi fang 吴岂仿
Xue, Xi zu 薛锡祖
Xue, Xi zu 薛习祖
Xue, Xi zu 薛熙祖
Yang, Ke 杨珂
Yang, Ying lei 杨应雷

He, Qi fang 和其芳
HE, QI FANG 何其芳 **(1912-1977)**

HE, QI FU 何启富 **(1939-)**
Du, Ruo 杜若
He, Du ruo 何杜若

He, Qi leng 何其冷
WANG, XIE 王燮 **(1909-1962)**

HE, QI LIANG 何启良 **(1954-)**
He, Qi liang 何棨良
Li, Xiong fang 李雄芳

He, Qi liang 何棨良
HE, QI LIANG 何启良 **(1954-)**

HE, QI TAO 何启陶 **(1933-)**
Wen, Tao 文匋

He, Qi xiang 何其祥
QU, QIU BAI 瞿秋白 **(1899-1935)**

HE, QI YONG 何其庸 **(1922-)**
He, Qi 何琦
He, Xing 何行

HE, QI ZHANG 何錡章 **(1939-)**
Zhong wen 忠文

HE, QI ZHI 何启治 **(1936-)**
He, Qi 何起
Hong yun 红耘
Liu, Zhi 柳志

He, Qian 何谦
ZHENG, ZHEN DUO 郑振铎 **(1898-1958)**

He, Qian 何骞
HE, XIAO QIAN 何孝骞 **(1922-)**

HE, QIAO CHAN 何巧婵 **(1954-)**
Fang cao 芳草
Xiao tu 小图
Yi, Yi 依依
Ying ying 莹影

He, Qin 何勤
HE, JI 何佶 **(1915-1969)**

He, Qing 何青
CHEN, FANG SHU 陈方树 **(1929-)**

He, Qing 何清
HE, ZHENG QING 何政清

He, Qing 贺青
JIANG, CHUN FANG 姜椿芳 **(1912-1987)**

He, Qing 贺青
ZHANG, HAN QING 张汉青 **(1931-)**

He qing 禾青
HUANG, JI KUN 黄季琨 **(1924-)**

He qing 河清
HUANG, HE QING 黄河清 **(1905-)**

He qing 荷卿
WANG, LIAN 王莲

He qing 鹤庼
CAI, YUAN PEI 蔡元培 **(1868-1940)**

He, Qing bo 何晴波
HE, SONG SHOU 何松寿 **(1913-)**

HE, QIONG WEI 何琼玮 **(1928-)**
Wang, Wei 王韦

He, Qiong ya 何琼崖
HE, XING CONG 何兴琮 **(1921-)**

HE, QIU 何求 **(1918-)**
Qu, Ping 屈平

He, Qiu 何求
GAN, DAO SHENG 甘道生

He, Quan 和权

CHEN, HE QUAN 陈和权

He qun 合群
WANG, HE QUN 王合群 **(1953-)**

He qun 鹤群
ZHANG, HE QUN 张鹤群

HE, QUN YING 何群英 **(1937-)**
Ke yin 可茵
Ying, Zi 英子

He, Ren 何人
SONG, RU ZHAO 宋汝昭 **(1914-1956)**

He, Ren 何人
ZHONG, LIANG YI 钟良沂 **(1921-)**

He, Ren 何人
CHEN, JIAN CHENG 陈建成 **(1941-)**

He, Ren 何仁
XI, CHENG ZHENG 席诚正 **(1922-)**

He ren 河人
XU, BING CHANG 徐炳昶 **(1888-1976)**

He ren 禾人
CHENG, REN QIAN 程人乾 **(1932-)**

He ren 禾人
GUO, JIA SHEN 郭家申 **(1935-)**

He, Ri ping 何日平
TAO, XING ZHI 陶行知 **(1891-1946)**

He, Ri shen 何日伸
XU, JING HUA 许静华 **(1934-)**

He, Rong 何容
HE, ZHAO XIONG 何兆熊 **(1903-1990)**

HE, RONG 何溶 **(1921-)**
He, She li 何舍里
Hou, Cheng 侯城
Hou, Rong 侯荣
Ma, Song 马松
Shan bi 山碧

He, Rong 何融
HE, YONG 何庸 **(1903-)**

He, Rong 何融
HE, RONG RONG 何融融 **(1940-)**

HE, RONG RONG 何融融 **(1940-)**
He, Rong 何融

He, Ru 何如
CHEN, BING KUN 陈炳堃 **(1898-1990)**

HE, RU 何如 **(1909-1989)**
He, Liang tai 何亮泰
Liang ting 亮亭

He, Ru ping 贺如萍
HE, LÜ TING 贺绿汀 **(1903-)**

He, Ru qian 何辱谦
SUN, DA KE 孙大珂 **(1909-1956)**

He rui si 荷蕊丝
YANG, KONG XIAN 杨孔娴

He, Ruo 何若
LIANG, KANG PING 梁康平 **(1894-1972)**

He, Ruo 何若
PAN, XU LAN 潘旭澜 **(1932-)**

He, Ruo fei 何若非
HE, JI HUA 何纪华 **(1928-)**

HE, RUO JIN 何若锦
Bai, Jin 白金

He ruo, Bi 贺若璧
ZHOU, XU LIANG 周煦良 **(1905-1984)**

He, Sen 何森
LU, ZHAO LING 卢昭灵 **(1935-)**

He, Sen 和森
CAI, HE SEN 蔡和森 **(1895-1931)**

He sen 合森
CAI, HE SEN 蔡和森 **(1895-1931)**

He, Shan 何山
HE, SHU SHUI 何叔水 **(1940-)**

He, Shan 何杉
HE, CHANG SHENG 何长生 **(1948-)**

He shan 河山
HE, YU MEN 何玉门 **(1929-)**

He shan 河山
HONG, ZHEN SHAN 洪振山 **(1936-)**

He shan 禾山
WEI, YU E 魏裕鄂 **(1931-)**

He shan 荷山
LI, MENG LIAN 李梦莲

He shan lao ren 鹤山老人
YI, TING XI 易廷熹 **(1874-1941)**

He, Shan mei 何山美
WANG, ZHONG CAI 王中才 **(1940-)**

He shan yi ru 鹤山易孺
YI, TING XI 易廷熹 **(1874-1941)**

He, Shang 和尚
WANG, REN SHU 王任叔 **(1901-1972)**

He, Shang 和尚
HUANG, PENG 黄鹏 **(1908-1982)**

He shang 荷裳
TANG, DAO GENG 汤道耕 (1904-1992)

He, Shang ping 和尚平
ZHANG, HUAN TING 张焕庭 (1910-)

He shang xiong 河上雄
SUN, ZI QIANG 孙自强 (1912-1990)

He, She li 何舍里
HE, RONG 何溶 (1921-)

He, She li 赫舍里
HE, WEI 何韦 (1934-)

He, Sheng 和生
CAI, HE SEN 蔡和森 (1895-1931)

He, Sheng 和声
TAO, JUN LU 陶俊禄 (1942-)

He sheng 鹤生
ZHOU, ZUO REN 周作人 (1885-1967)

He sheng 鹤生
JIANG, HE SUN 姜龢荪

He sheng 鹤声
ZHONG, MING TIAN 钟鸣天 (1928-)

He sheng 鹤声
LI, HE SHENG 李河生 (1959-)

HE, SHENG RONG 何胜荣 (1942-)
He, Lu 何鲁

HE, SHI DE 何士德 (1910-)
Ding, Li 丁力
He, Bing wen 何炳文
He, Wei 何为

HE, SHI JUN 何时俊 (1887-1944)
Gu yan 孤雁
Hai 海
Hai, Ming 海鸣
He, Hai ming 何海鸣
He, Yi yan 何一雁
Heng 衡
Heng yan 衡雁
Heng yang yi yan 衡阳一雁
Mei 梅
Qiu xing fu zhai 求幸福斋
Qiu xing fu zhai zhu 求幸福斋主
Qiu xing fu zhai zhu ren 求幸福斋主人
Xi sheng 蹊生
Xing le 行乐
Yi yan 一雁
Yu, Xing le 余行乐

He, Shi kai 何时开
LUO, GUANG ZE 罗光泽 (1927-)

HE, SHI KUN 何世琨
He, Wen pu 何文樸

HE, SHI QUAN 何世权 (1916-)
Ding, Zi 丁子
Li, Ying min 李英敏
Wei chen 微尘
Yi sheng 毅生

He, Shi shang 何士上
HUANG, QIU YUN 黄秋耘 (1918-)

HE, SHI TAI 何世泰 (1924-)
He, Mu 何牧
He, Yi 何益

HE, SHI TONG 何仕彤 (1952-)
He, Shou wu 何首乌

He, Shi wen 何史文
QU, QIU BAI 瞿秋白 (1899-1935)

He, Shi you 贺世友
HE, SI YOU 贺思友 (1937-)

He shou 鹤瘦
JIANG, CHANG RONG 蒋长荣 (1953-)

HE, SHOU CHANG 贺寿长 (1949-)
Man ling 曼龄

He, Shou wu 何首乌
HE, SHI TONG 何仕彤 (1952-)

HE, SHOU ZHI 何守之
Shou zhi 守之

HE, SHOU ZHONG 何守中 (1932-)
Li, Tian 黎天
Shen, Chen 申辰

He, Shu 何叔
ZHANG, SHU LÜ 张叔吕 (1923-)

He shu 荷书
XIA, SHAO GUANG 夏韶光 (1922-)

He, Shu heng 何叔衡
HE, ZHAN HU 何瞻岵 (1876-1935)

He, Shu mao 贺叔懋
JIANG, CHUN FANG 姜椿芳 (1912-1987)

HE, SHU SHUI 何叔水 (1940-)
He, Shan 何山
He, Su shui 何粟水

He, Shu yu 贺抒玉
HE, HONG JUN 贺鸿钧 (1928-)

HE, SHUANG JI 何双及 (1948-)
Ji ji 积极

He, Shuang lin 赫双林
XU, BAO YU 许宝钰 (1917-)

HE, SHUI FA 何水法 (1946-)
He, Yan 何雁

He, Si 赫斯
HE, XIAO QIAN 何孝骞 (1922-)

HE, SI CHANG 贺嗣昌 (1920-)
Jun ci 君慈

He, Si jing 何思敬
HE, LIU SHENG 何浏生 (1896-1968)

He, Si mei 何思玫
HE, XIAO DA 何孝达 (1915-1994)

HE, SI WEI 何思撝 (1938-)
Han, Mu 韩牧

HE, SI YOU 贺思友 (1937-)
He, Shi you 贺世友

HE, SI YUAN 何思源 (1896-1982)
He, Xian cha 何仙槎
Xian cha 仙槎

He, Song 何松
HE, SONG TI 何松题 (1964-)

HE, SONG AI 何松爱 (1957-)
Cao xue 草雪

HE, SONG BAI 何松柏 (1938-1991)
He, Zi 何紫
Ya xin 雅心
Ye, Zhi 叶芷

He, Song lin 何松林
HE, JIN LIANG 何今亮 (1901-1927)

HE, SONG LING 何崧龄 (1889-1977)
Bing yan 炳炎
He, Gong gan 何公敢
Yi zu 一卒

HE, SONG SHOU 何松寿 (1913-)
He, Qing bo 何晴波

HE, SONG TI 何松题 (1964-)
He, Song 何松

HE, SONG XIN 何松新 (1942-)
Song, Xin 宋新

He, Su 何素
CHEN, JIAN CHENG 陈建成 (1941-)

He, Su shui 何粟水
HE, SHU SHUI 何叔水 (1940-)

He, Su wen 何素文
FENG, XUE FENG 冯雪峰 (1903-1976)

HE, SUI 何遂 (1887-1968)
Jian fu 贱夫
Qi, Fu 启甫
Xu fu 叙父
Xu pu 叙圃

He sui 禾穗
KUANG, FU 匡扶 (1911-)

He, Suo 何索
YANG, WEI 杨蔚 (1928-)

He, Tian 贺天
HUANG, SHU LIN 黄叔麟 (1939-)

He tian 禾天
PENG, XU 彭徐 (1925-)

He tian 河田
JIANG, ZHAO DE 蒋昭德 (1936-)

He, Tian jian 贺天健
HE, JUN 贺骏 (1891-1977)

HE, TIAN YAN 何天言
You huan yu sheng 憂患馀生

He, Ting 何汀
HAO, AI 郝艾 (1915-)

He ting 荷汀
HAO, AI 郝艾 (1915-)

He, Tong 何童
AI, GUI SHENG 艾贵生 (1957-)

HE, TONG JIAN 何同鉴 (1918-)
He, Jian 何鉴
Xiao he 晓河

He, Tu 何图
LIU, XIN HUANG 刘心皇 (1915-)

He, Tu sheng 何徒生
ZHUANG, ZHAN PENG 莊展鹏 (1954-)

He wang 鹤望
JIN, TIAN HE 金天翮 (1874-1947)

He, Wei 何为
HE, SHI DE 何士德 (1910-)

He, Wei 何为
LIU, GUO XING 刘国兴 (1915-)

He, Wei 何为
ZHENG, KANG YUAN 郑康源 (1921-1992)

He, Wei 何为
HE, ZHEN YE 何振业 (1922-)

HE, WEI 何为 (1924-)
Ting yue xuan 听月轩

He, Wei 何为
HE, GUANG XIAN 何光先 (1937-)

HE, WEI 何韦 (1934-)

He, She li 赫舍里

He, Wei 何伟
HUO, HENG DE 霍恒德 (1904-1973)

HE, WEI 何伟 (1926-)
Hao, Rong jia 郝荣甲

He, Wei 何苇
ZHENG, KANG YUAN 郑康源 (1921-1992)

He, Wei 何畏
HE, LIU SHENG 何浏生 (1896-1968)

He, Wei 何畏
KUANG, YA MING 匡亚明 (1906-)

He, Wei 何畏
HE, WEI 何微 (1916-)

He, Wei 何畏
MIN, TIE SHAN 闵铁山 (1918-)

He, Wei 何畏
HE, GUANG XIAN 何光先 (1937-)

He, Wei 何唯
WEI, JIAN LIN 卫建林 (1939-)

He, Wei 何维
LI, WEI HENG 李维恒 (1916-)

HE, WEI 何微 (1916-)
He, Wei 何畏
Mi, Ruo 米若

HE, WEI 贺巍 (1933-)
Hu, Wei 胡韦

He wei ci sheng 何为此生
HE, JIA LIN 何家麟 (1907-)

He, Wei gui 何为贵
ZHANG, HONG YOU 章鸿猷 (1913-1994)

HE, WEI KANG 何伟康 (1930-)
Kang, Bai 康白

He, Wei xin 何味辛
WANG, ZHEN SHENG 王鍼生 (1905-1986)

HE, WEI YUAN 和维垣 (1939-)
He, Fei 和非

He, Wen 何文
PI, ZUO JIU 皮作玖 (1917-)

He, Wen 何闻
ZHANG, CHUN QIAO 张春桥 (1917-)

HE, WEN CHAO 何文潮
Gao, Liu 高流
Gao, Shui zi 高水子
Liu, Wang zai 柳望再

HE, WEN E 何文娥
Bing xun 冰迅

He, Wen hao 何文浩
HE, ZHANG PING 何章平 (1916-1968)

HE, WEN MING 何文明 (1944-)
Ren ke 人可

He, Wen pu 何文樸
HE, SHI KUN 何世琨

HE, WEN XUAN 何文轩 (1938-)
An, Ru shan 安如山
Chen, Sha 陈沙
He, Xi lai 何西来
Li sheng 骊声
Qin, Ding 秦丁
Xi, Lai 郗来

He weng 鹤翁
HAO, JIN XIAN 郝进贤 (1914-)

He weng 鹤翁
YU, HE QING 余鹤清 (1931-)

He, Wu 何勿
DAI, XING EN 戴行恩 (1913-1988)

He, Wu 何芜
DAI, XING EN 戴行恩 (1913-1988)

He, Wu ji 何无忌
WU, CHUN HAN 吴春晗 (1909-1969)

He, Xi 何谿
XU, SI 徐思 (1929-)

He, Xi 赫戏
LIU, DI 刘涤 (1915-)

He xi 鹤西
CHENG, KAN SHENG 程侃声 (1908-)

He, Xi lai 何西来
HE, WEN XUAN 何文轩 (1938-)

He, Xi mei 何晞美
CHEN, SHAO CONG 陈少聪 (1941-)

He, Xi mou 和溪某
YANG, REN KAI 杨仁恺 (1915-)

He xian 鹤仙
YU, HE XIAN 余鹤仙 (1929-)

He, Xian cha 何仙槎
HE, SI YUAN 何思源 (1896-1982)

HE, XIAN FEN 何贤芬 (1935-)
He, Gang 何钢
He, Ku 何苦
Yi fen 一分

He, Xian quan 贺羡泉
HE, XIAN QUAN 贺献全 (1927-)

HE, XIAN QUAN 贺献全 (1927-)
He, Xian quan 贺羡泉

HE, XIANG 何湘
Huang, Yun 黄云

He, Xiang 何湘
HE, GUANG XIAN 何光先 (1937-)

HE, XIANG JIU 何香久 (1955-)
Fu tu 浮屠
Xiao he 小禾

HE, XIANG NING 何香凝 (1878-1972)
He, Jian 何谏
Shuang qing lou zhu 双清楼主

HE, XIAO CHEN 贺晓晨 (1952-)
Xiao chen 晓晨
Xiao he 晓荷

HE, XIAO DA 何孝达 (1915-1994)
Gao, Lan 高澜
He, Cong 何聪
He, Da 何达
He, Si mei 何思玫
Lin, Qian feng 林千峰
Lin, Qian shan 林千山
Ling, Yuan 凌原
Luo mei 洛美
Shang, Jing 尚京
Tao, Rong 陶融
Tao, Zui 陶最
Xia, Shang zao 夏尚早
Xiao hua 小华
Yan, Qian zi 言茜子
Ye, Qian shan 叶千山
Zi yu 紫瑜

HE, XIAO FEN 和小芬 (1948-)
Xiao he 小禾

HE, XIAO FENG 何晓峰 (1935-)
Zi zhi 紫芝

HE, XIAO QIAN 何孝骞 (1922-)
Ding, Ma 丁马
He, Qian 何骞
He, Si 赫斯
Ka ni 卡妮
Lan, Bo er 兰波儿
Meng yun 梦云

He, Xiao shi 何小石
HE, HONG ZHANG 何鸿章 (1910-)

HE, XIAO YUAN 何孝元 (1928-)
He, Fang 何仿

He, Xiao zhong 何晓钟
HE, ZU WU 何祖武 (1934-)

He, Xin 何心
LU, DAN AN 陆澹安 (1894-1980)

He, Xin 何心
HE, BAO LAN 何葆兰 (1911-)

HE, XIN 何欣 (1922-)
He 禾
He xin 禾辛
Huang, Ye 黄耶
Jiang, Sen 江森
Wang, Zhong 汪仲
Xin 辛

He, Xin 贺新
ZOU, SHANG LU 邹尚录 (1914-1986)

He xin 禾心
LI, XIU ZHONG 李秀中 (1942-)

He xin 禾辛
HE, XIN 何欣 (1922-)

He, Xin hui 贺新辉
HE, XIN MIN 贺新民 (1936-)

HE, XIN LENG 何心冷 (-1933)
Han lu 寒庐
Xin leng 心冷
Yuan ding 园丁

HE, XIN MIN 贺新民 (1936-)
He, Xin hui 贺新辉
Pu, Ren 蒲仁
Wen, Yi 闻毅
Xiang, Qun 向群

HE, XIN NAN 何新南 (1944-)
Han xing 寒星
Ke, Jin yang 柯斤羊

HE, XIN QUAN 和新泉 (1924-)
Gu, Yan 谷岩
He, Gu yan 和谷岩
Ming shan shi 名山石
Shan shi 山石
Shan yan 山岩
Wu 芜

He, Xing 何行
HE, QI YONG 何其庸 (1922-)

He, Xing 何行
CHEN, YAO TING 陈耀庭 (1933-1984)

He, Xing 何兴
LIN, RU JI 林如稷 (1902-1976)

He xing 河星
HE, ZHONG XIN 何钟鑫 (1924-)

HE, XING CONG 何兴琮 **(1921-　　)**
Han, Cong 韩琮
He, Jing 何京
He, Jing 何鲸
He, Qiong ya 何琼崖
Qiong 琼
Qiong ya 琼崖
Qiong zi 琼子
Wang, Jing 王京
Yun, Tian 云天

HE, XIU HUA 何修华 **(1925-　　)**
Wang, Qiang 王强

HE, XU 何絮
Liu, Nong 柳侬
Liu, Xu 柳絮

HE, XU 贺旭 **(1949-　　)**
Ya tian 丫田

He, Xu 贺煦
HE, ZHAO 贺照 **(1922-　　)**

HE, XU CHU 何旭初 **(1908-1969)**
Bai, Jiao 白蕉
Dong hai sheng 东海生

He, Xu ren 何许人
GUO, BING ZHEN 郭秉箴 **(1922-　　)**

HE, XU ZHONG 何虚中 **(1914-　　)**
Shi gu lou zhu 石鼓楼主

He xuan 荷轩
ZHOU, GUO XIAN 周国贤 **(1894-1968)**

He, Xuan tong 何玄通
CHEN, QI 陈淇 **(1911-　　)**

He, Xue sheng 何雪生
CHEN, JIAN SHENG 陈建生 **(1953-　　)**

He, Xun 贺勋
ZHAI, JUN SHI 翟君石 **(1920-1998)**

HE, XUN 贺埙 **(1906-1974)**
He, Zhi yi 贺志伊

He, Yan 何言
BU, CHENG ZHONG 卜成中 **(1902-1983)**

He, Yan 何言
LIU, WEN XIAN 刘文铣 **(1922-　　)**

He, Yan 何岩
ZOU, YUAN MO 邹元模 **(1947-　　)**

He, Yan 何雁
HE, SHUI FA 何水法 **(1946-　　)**

He, yan 荷严
HUANG, GUI XIANG 黄桂香 **(1951-　　)**

He, Yang 何阳
LIN, JIAN SHEN 林建神

He, yang 河阳
GONG, DA ZHONG 宫大中 **(1939-　　)**

He, Yao 何爻
JIANG, BING ZHI 蒋冰之 **(1904-1986)**

HE, YAO MING 何耀明 **(1951-　　)**
Qin, Yi 秦仪

He, Ye 何叶
YE, MAO SHENG 叶茂盛 **(1963-　　)**

He ye 荷叶
ZHENG, XIONG 郑雄 **(1930-　　)**

He ye 荷叶
YE, MAO SHENG 叶茂盛 **(1963-　　)**

He ye 荷叶
ZHANG, YING PING 张映萍

HE, YI 何以 **(1930-　　)**
He, Guo rui 何国瑞
Meng ye 萌也
Xiao lin 晓林

He, Yi 何以
LIN, KE SHUANG 林克双 **(1942-　　)**

He, Yi 何益
HE, SHI TAI 何世泰 **(1924-　　)**

He, Yi 贺依
LIU, JIAN 刘健 **(1913-1987)**

He, Yi 贺宜
ZHU, LU YUAN 朱莱园 **(1914-1987)**

He yi 荷衣
JIANG, JI PING 江寄萍

He yi 鹤逸
GU, LIN SHI 顾麟士 **(1865-1930)**

He, Yi ming 何一鸣
REN, ZHUO XUAN 任卓宣 **(1896-1990)**

HE, YI MING 贺益明 **(1947-　　)**
Bian, Yuan 边远

He, Yi ping 何一平
HU, YE PIN 胡也频 **(1903-1931)**

He, Yi ping 何以平
HU, YE PIN 胡也频 **(1903-1931)**

He, Yi qing 贺一青
JIANG, CHUN FANG 姜椿芳 **(1912-1987)**

He, Yi yan 何一雁
HE, SHI JUN 何时俊 **(1887-1944)**

He yi yu gong 鹤衣愚公
WENG, YUAN RUN 翁元润 (1933-)

He, Yi zeng 何益增
HE, JIANG 何江 (1924-)

He, Yi zi 何邑子
ZHANG, YAN SHENG 张演生 (1954-)

He, Yin 何茵
XU, ZHI QIAO 许之乔 (1914-1986)

He, Yin 和音
XU, SHI KANG 徐世康 (1940-)

He, Yin liu 何引流
SHI, XI MIN 石西民 (1912-1987)

HE, YIN ZI 何殷资
Qiao, Jing 乔静

He, Ying 何鹰
HE, GUI CHENG 何贵成 (1937-)

HE, YING 何瀛 (1908-)
He, Hai xia 何海霞

He, Ying 贺鹰
XU, ZHI QIAO 许之乔 (1914-1986)

He, Ying quan 何应泉
HE, ZHANG PING 何章平 (1916-1968)

He, Ying qun 贺应羣
HE, CHANG QUN 贺昌羣 (1903-1973)

HE, YONG 何庸 (1903-)
He, Rong 何融

He, Yong fang 何永芳
HE, QI FANG 何其芳 (1912-1977)

He, Yong sheng 何永生
LUO, GUANG 罗光 (1905-1933)

HE, YONG SHENG 何勇胜 (1951-)
Chang lu 长禄

HE, YONG XIANG 何永祥 (1939-)
He, Lai 何莱
Zhou, Chu 周触

He, Yong xiu 何永修
HE, JIA HUAI 何家槐 (1911-1969)

HE, YONG YI 何永怡 (1954-)
Ji, Xiao tai 姬小苔

He, You 何忧
BU, SHI XU 步世绪 (1914-1973)

He, You 何猷
SUN, QIN PING 孙钦平 (1922-)

He, You hua 何又化
QIN, ZHAO YANG 秦兆阳 (1916-)

He, Yu 何雨
JI, PENG YUN 纪鹏云 (1927-)

He, Yu 何虞
LU, RU YIN 卢汝吟 (1918-)

He, Yu 贺玉
LIN, ZHENG LUN 林正伦 (1942-)

He yu 禾雨
YU, FU ZHONG 于福中 (1931-)

He, Yu bo 贺玉波
HE, JIA CHUN 贺家春 (1906-1982)

HE, YU CHU 何寓础
He, Yu cu 何语粗
Yu cu 语粗

He, Yu cu 何语粗
HE, YU CHU 何寓础

He, Yu feng 和雨风
HE, GUANG 何光 (1928-)

HE, YU HU 何玉湖 (1954-)
Yu hu 玉湖

HE, YU KUN 赫裕昆 (1920-1990)
He, Chi 赫赤
He, Chi 何迟
He, Da 何大

HE, YU MEN 何玉门 (1929-)
He shan 河山

HE, YU MING 何毓明 (1941-)
Ba, Meng 巴蒙
Ba, Yan bu 巴彦布
He, Ming 何明
Lao ma 老马

He, Yu peng 何与朋
HE, YU PING 何羽萍

HE, YU PING 何羽萍
He, Yu peng 何与朋
Wen, Kui 文魁

He, Yuan 何远
ZHENG, WEN SEN 郑文森 (1915-1983)

He, Yuan 何原
ZHOU, HUAN HUAN 周焕欢 (1940-)

He, Yuan 贺原
GU, HONG 顾鸿 (1920-1986)

He, Yuan hai 何远海
HE, GUANG XIAN 何光先 (1937-)

HE, YUAN HUA 何远花
Hua, Yuan 花远

He, Yuan ju 何远驹
SHEN, CONG WEN 沈从文 **(1902-1988)**

HE, YUAN WEN 何元文 **(1940-)**
A bo 阿波

He, Yue 何越
CHENG, HONG MING 程宏明 **(1937-)**

He, Yue qian 何岳骞
HE, JIA HUA 何家骅 **(1920-)**

He, Yun 何云
ZHU, SHI QIAO 朱士翘 **(1904-1942)**

HE, YUN 何云 **(1924-)**
He, Ze cheng 何则成

He, Yun 贺耘
ZHANG, HE YUN 张鹤云 **(1923-)**

He, Yun fen 何运芬
HE, ZHEN YE 何振业 **(1922-)**

He, Yun pu 何云圃
HE, JI 何佶 **(1915-1969)**

He, Zao xiang 何藻翔
HE, GUO YAN 何国炎 **(1865-1930)**

He, Ze 何泽
ZHANG, CHUN QIAO 张春桥 **(1917-)**

He, Ze cheng 何则成
HE, YUN 何云 **(1924-)**

HE, ZE PEI 何泽沛 **(1924-)**
He jia 禾稼
Shi, He 史河
Zhou bo 宙波

He, Zeng 何曾
CHENG, DAI XI 程代曦 **(1927-)**

He, Zeng liang 何曾亮
ZHOU, ZUO REN 周作人 **(1885-1967)**

HE, ZENG LUAN 何增鸾 **(1937-)**
Shan fu 山夫

HE, ZENG XI 何增禧
Xu, Mo 徐沫

HE, ZHAN HU 何瞻岵 **(1876-1935)**
He, Shu heng 何叔衡

HE, ZHANG 何章
Yi, Yi 易一

HE, ZHANG PING 何章平 **(1916-1968)**
An, Na 安娜
Bai, Chen 白沉
Bai, Hong 白蕻
Bai, Wen 白纹
Chen, Cheng 陈程
Chen, Wen sen 陈文森
He, Han zhang 何汉章
He, Wen hao 何文浩
He, Ying quan 何应泉
Lin, Chuan 林川
Lin, Na 林娜
Lin, Xi 林曦
Lin, Zou 林邹
Ma, Fan lin 马梵霖
Ma, Lin 马霖
Sen 森
Si ma, Fan lin 司马梵霖
Si ma, Wen sen 司马文森
Song, Tong 宋桐
Song, Zhi 宋芝
Wang miao 妄妙
Wang, Yi 王懿
Wen, Sen 文森
Xi lun 希伦
Yan, Zi 燕子
Ye ge 耶戈
Yu yi 羽翼

HE, ZHAO 贺照 **(1922-)**
Fang, Bei long 方北泷
Fang, Bei wang 方北望
He, Xu 贺煦
Miao, Qing 苗青
Wang, Zi tong 王子通

HE, ZHAO XIONG 何兆熊 **(1903-1990)**
He, Rong 何容
He, Zi xiang 何子祥
Lao tan 老谈
Ren, Zhi huan 任之焕
Tan, Yi 谈易

He, Zhe 何哲
LIU, CANG LANG 刘沧浪 **(1919-)**

He, Zhen 何真
YAN, GUANG HUA 严光化 **(1924-)**

HE, ZHEN 何真 **(1947-)**
Cao cao 草草
Fan pu 繁朴
Xiao xiao 潇潇

He, Zhen 何镇
HE, ZHEN QIANG 何镇强 **(1937-)**

HE, ZHEN 何震
Zhen 震
Zhen shu 震述

HE, ZHEN BANG 何镇邦 **(1938-)**
Xiao feng 霄峰

HE, ZHEN QIANG 何镇强 **(1937-)**
He, Zhen 何镇

HE, ZHEN YE 何振业 **(1922-)**
Bian, Jun qing 卞均卿
Can shang 参赏
Cheng, Xu 程序
He, Wei 何为
He, Yun fen 何运芬
Jian tang 缄堂
Lin, Shu 林抒
Lin, Yan 林焉
Liu, Fei zhi 柳非之
Mang 芒
Mo he 摩诃
Pang guan zhe 旁观者
Wang, Yi 王裔
Xia, Nai di 夏奈蒂
Xia hou, Chong 夏侯宠
Xiao mang 晓芒
Yin ming 隐名

HE, ZHEN YI 何振一 **(1931-)**
Zhen, Yi 甄祎

HE, ZHEN ZHONG 何震中 **(1934-)**
Hao ran 浩然
Lan, Jing 兰景

HE, ZHENG QING 何政清
He, Ming 何名
He, Qing 何清
Ling, Mai si 凌麦斯
Si ma, Ling 司马灵
Si ma, Ming 司马名
Wei, Cheng 魏理
Zou, Feng 邹枫

He, Zhi 何之
HE, KAI GUANG 何开广 **(1936-)**

He, Zhi 何志
HE, QI FANG 何其芳 **(1912-1977)**

He, Zhi 何芷
HE, CHENG CHAO 何澄超 **(1915-)**

He, Zhi 何芷
SHI, DAI ZONG 石岱宗 **(1923-)**

He, Zhi 何直
QIN, ZHAO YANG 秦兆阳 **(1916-)**

He, Zhi 贺止
ZHONG, WEN LING 钟文灵 **(1931-)**

He, Zhi 贺志
HE, QI FANG 何其芳 **(1912-1977)**

He, Zhi 贺稚
ZHANG, YA QIAN 张雅茜 **(1950-)**

He zhi 禾止
HE, QI FANG 何其芳 **(1912-1977)**

He, Zhi an 何之安
HE, ZHI AN 何治安 **(1917-)**

HE, ZHI AN 何治安 **(1917-)**
He, Zhi an 何之安

HE, ZHI GUO 何志国 **(1955-)**
He, Ku 何苦

HE, ZHI HONG 何志宏 **(1944-)**
Ji, Hong 纪虹

He, Zhi jian 何志坚
ZHAO, YI 赵乙 **(1921-)**

HE, ZHI JIAN 贺志坚 **(1930-)**
Da feng 大风
He, Lan 贺兰
Piao ying 飘影
Qing liu 清流

HE, ZHI MIN 何治敏 **(1919-)**
He, Ling 何陵
Xiao, Qing 萧晴

HE, ZHI QI 贺治起 **(1965-)**
He, He 贺鹤

He, Zhi shan 何至善
TAO, CHENG ZHANG 陶成章 **(1878-1912)**

He, Zhi shan 何志善
TAO, CHENG ZHANG 陶成章 **(1878-1912)**

He, Zhi shuai 何之衰
ZHANG, FANG 张放 **(1957-)**

He, Zhi shuo 何之硕
HE, JIA 何嘉

He, Zhi yi 贺志伊
HE, XUN 贺埙 **(1906-1974)**

HE, ZHI YING 何志英
Ye, Ci 叶辞

HE, ZHI YUAN 贺志远
Lu wei 露薇
Zhang, Lu wei 张露薇
Zhang, Wen hua 张文华

HE, ZHI YUN 何志云 **(1950-)**
Hua, Ming 华铭
Jin, Du 金都

He, Zhong 和中
ZHU, DA FU 朱大符 **(1885-1920)**

He zhong 禾忠
ZHENG, ZHEN DUO 郑振铎 **(1898-1958)**

He zhong 合仲

ZHOU, JUE LIANG 周珏良 (1916-)

HE, ZHONG HAN 贺衷寒 (1899-)
Jun shan 君山

HE, ZHONG HUA 和钟华 (1937-)
Na mei 纳美

HE, ZHONG TAO 何仲涛 (1940-)
Qu, He 曲河

He, Zhong xin 何钟辛
HE, ZHONG XIN 何钟鑫 (1924-)

HE, ZHONG XIN 何钟鑫 (1924-)
He xing 河星
He, Zhong xin 何钟辛
Shi, Yan 石烟
Xin, Lü 辛旅
Zhong, Xin 钟辛

HE, ZHONG YING 何仲英
Zhong yin 种因

HE, ZHONG YUAN 贺中原 (1947? -)
Ying yang 鹰扬

He zhong zhou 河中舟
CHEN, ZHEN 陈阵 (1952-)

He zhu 禾株
ZHAO, SHU MIN 赵淑敏 (1935-)

HE, ZHU GUANG 何筑光 (1949-)
Zhu, Guang 祝光

HE, ZHUANG 何庄 (1925-)
Tang, Yin 唐因
Yu, Qing 于晴

He, Zi 何紫
LI, ZHEN PENG 李振鹏 (1922-1980)

He, Zi 何紫
HE, SONG BAI 何松柏 (1938-1991)

He zi 禾子
HUANG, KAN 黄侃 (1886-1935)

He zi 禾子
TAN, QI XIANG 谭其骧 (1911-1992)

He zi 禾子
FENG, JI REN 封季壬 (1912-)

He zi 禾子
ZHOU, LI MING 周理明 (1927-)

He zi 禾子
DU, WEN HE 杜文和 (1954-)

He zi 禾子
JI, HONG ZHEN 季红真 (1955-)

He zi 禾子
HE, KAI RONG 何开荣 (1907-1952)

He zi 合子
ZHOU, CUI DIAN 周翠钿

He zi 荷子
HE, CHENG CHAO 何澄超 (1915-)

He, Zi heng 何子恒
HE, DAO SHENG 何道生

HE, ZI HUANG 何子煌 (1950-)
Mu si 牧思
Sha di 莎迪

HE, ZI QUAN 何子铨 (1921-)
Ding, Ming 丁明
Gao, Yang 高阳
He, Jia ying 何家英
Xu, Xin 徐欣

He, Zi xiang 何子祥
HE, ZHAO XIONG 何兆熊 (1903-1990)

He, Zi zhao 贺自昭
HE, LIN 贺麟 (1902-)

He, Zu wen 何祖文
CHEN, ZHENG YANG 陈拯阳 (1931-)

HE, ZU WU 何祖武 (1934-)
He, Xiao zhong 何晓钟

He, Zuo 何作
ZHANG, CHAO XI 张朝玺 (1927-)

Hei, Chou 黑丑
ZHAO, SHU LI 赵树礼 (1906-1970)

Hei, Chou 黑丑
WU, SEN XIONG 吴森雄 (1929?-1979)

Hei, De lan 黑德兰
HOU, MIN YING 侯敏英

Hei, Ding 黑丁
YU, MIN DAO 于敏道 (1914-)

Hei, Ding 黑丁
HAO, AI 郝艾 (1915-)

Hei, Ding 黑丁
LÜ, MING 吕明

Hei, Feng 黑风
SUN, XU FU 孙序夫 (1920-1980)

Hei, Ge zi 黑鸽子
FENG, RUN ZHANG 冯润章 (1902-1994)

Hei, Gong 黑弓
CHEN, JING RONG 陈敬容 (1917-1989)

Hei, Hai 黑孩
GENG, REN QIU 耿仁秋 (1963-)

Hei, He 黑河
LIU, FU JUN 刘福君 (1964-)

Hei, Hua 黑桦
CHEN, YOU HUA 陈佑华 (1930-)

Hei, Jian 黑健
YIN, BO KANG 尹伯康 (1928-)

Hei, Jiao tu 黑教徒
WEN, MING 温明

Hei, Jin 黑金
FANG, ZUO BIN 方作斌 (1919-)

Hei, Jing 黑景
JING, DING CHENG 景定成 (1879-1949)

Hei, Jing 黑静
LI, JING 李靖 (1922-1990)

Hei, Jun 黑君
SHEN, CONG WEN 沈从文 (1902-1988)

Hei, Jun 黑菌
LIU, ZHONG YUN 刘忠云

Hei, Lang 黑浪
LI, YAO TANG 李尧棠 (1904-)

Hei, Li 黑犁
HAN, ZUO LI 韩作黎 (1918-)

Hei, Li 黑黎
HAN, ZUO LI 韩作黎 (1918-)

Hei, Ling 黑苓
YANG, JING RU 杨静如 (1919-)

Hei, Ling 黑玲
ZHAO, MENG YUAN 赵孟原 (1912-)

Hei, Ling 黑凌
CAO, XIN ZHI 曹辛之 (1917-1995)

Hei, Lun 黑伦
ZHAO, MENG YUAN 赵孟原 (1912-)

Hei, Ma 黑马
SHI, XING YUAN 时星原 (1954-)

Hei, Ma 黑马
CUI, SHI YING 崔世莹 (1954-)

Hei, Ma 黑马
PAN, DA LIN 潘大林 (1954-)

Hei, Ma 黑马
CUI, YA NAN 崔亚楠 (1955-)

Hei, Man zi 黑蛮子
ZOU, JIAN PING 邹建平 (1955-)

Hei, Meng bai 黑梦白
JIN, CHUN BIN 金纯斌 (1913-)

Hei, Ni 黑尼
CHEN, YU GAN 陈毓淦 (1917-)

Hei, Ni 黑尼
WU, WEN CHAO 吴文超 (1924-)

Hei, Ni 黑妮
LI, YUN HE 李云鹤 (1914-1991)

Hei, Ni 黑妮
YE, LIN SHENG 叶霖生 (1914-)

Hei, Niu 黑牛
LI, XIANG CHUN 李向春 (1937-)

Hei, Niu 黑妞
GUO, JIN SHUAN 郭进栓 (1958-)

Hei, Qiu 黑囚
LU, TING JIE 卢廷杰 (1904-1991)

Hei, Ren 黑人
LI, SHU TANG 李书堂 (1913-1989)

Hei, Ren 黑人
LI, CHUN GANG 李纯刚 (1922-1982)

Hei, Sang 黑桑
REN, ZONG JING 任宗景 (1948-)

Hei, Sha 黑沙
GUO, DE HAO 郭德浩 (1909-1987)

Hei, Shan 黑山
HU, DE HUI 胡德辉 (1913-1968)

Hei, Shi ren 黑石人
SHI, JING WEN 史经文 (1937-)

Hei, Shui 黑水
LIANG, RUN SHAN 梁润珊 (1938-)

Hei shui cun ren 黑水村人
LIU, ZHI QUAN 刘志权 (1889-1952)

Hei, Tian 黑天
HUANG, HONG JI 黄宏济 (1917-1993)

Hei tian ben fu 黑田贲夫
HUA, XI LU 花禧禄 (1912-1946)

Hei, Tian shi 黑天使
NIE, SHOU XIN 聂守信 (1912-1935)

Hei, Tou 黑头
ZUO, SHUN SHENG 左舜生 (1893-1969)

Hei, Weng 黑翁
JING, DING CHENG 景定成 (1879-1949)

Hei, Xia 黑侠
WANG, YI FANG 王以方 (1904-)

Hei, Xin zang 黑辛藏
CHEN, CONG YAO 陈从耀 (1946-)

Hei, Yan 黑炎
REN, JING HE 任敬和 (1911-)

Hei, Yan nan 黑雁男
JIANG, DIAN FU 蒋殿辅 (1931-)

Hei, Yang 黑羊
LIU, SHU SHENG 刘树声 (1927-)

Hei, Yang 黑羊
CHEN, GUANG SHENG 陈广生 (1931-)

Hei, Ye 黑野
KE, QING MING 柯庆明 (1946-)

Hei, Yi 黑衣
WANG, SEN RAN 王森然 (1895-1984)

Hei yi dao ren 黑衣道人
WANG, SEN RAN 王森然 (1895-1984)

Hei, Ying 黑婴
ZHANG, BING WEN 张炳文 (1915-)

Hei, Yu 黑羽
SHI, PEI HUA 时培华 (1958-)

Hei, Yu 黑羽
GUO, XIN LI 郭新利 (1971-)

Hei, Zhi 黑芷
LUO, XIANG TAO 罗象陶 (1898-1927)

Hei, Zi 黑子
LUO, XIANG TAO 罗象陶 (1898-1927)

Hei, Zi 黑子
CHEN, QI 陈淇 (1911-)

Hei, Zi 黑子
JIANG, SHENG KANG 江升康 (1912-1989)

Hei, Zi 黑子
HUANG, HUI FU 黄恢复 (1917-)

Hei, Zi 黑子
YU, JIAO DONG 俞胶东 (1947-)

Hei, Zi 黑子
XU, JIAN PING 许建平 (1960-)

Hei, Zi 黑子
WU, YING 吴英

Hei, Zi 黑子
YOU, ZHI XIANG 尤志庠

Hen 痕
YAN, YU FANG 颜毓芳 (1912-)

Hen cang 恨苍
CHENG, JUN 成骏 (1916-1983)

Hen hai 恨海
TIAN, TONG 田桐 (1879-1930)

Hen hai shi 恨海氏
TIAN, TONG 田桐 (1879-1930)

Hen shi 恨石
REN, DE CHAO 任德超 (1928-)

Hen shui 恨水
ZHANG, XIN YUAN 张心远 (1895-1967)

Hen wo 恨我
LI, SHU YAO 李述尧 (1910-)

Heng 衡
HE, SHI JUN 何时俊 (1887-1944)

Heng 衡
SHEN, YAN BING 沈雁冰 (1896-1981)

Heng 衡
LIU, GUO JUN 刘国钧 (1899-1980)

Heng 横
SHEN, YAN BING 沈雁冰 (1896-1981)

Heng bo 横波
SHEN, YAN BING 沈雁冰 (1896-1981)

Heng ding 横丁
JIANG, HONG DING 蒋洪鼎 (1921-)

Heng fu 恒服
SHEN, ZENG ZHI 沈曾植 (1850-1922)

Heng fu 衡夫
REN, ZHUO XUAN 任卓宣 (1896-1990)

Heng fu 衡甫
YANG, QUAN 杨铨 (1893-1933)

Heng gu 横古
YE, LI FU 叶立夫 (1943-)

Heng guang 横光
WANG, HUI FENG 王惠风 (-1942)

Heng guo 蘅果
XIONG, HEN GE 熊痕戈 (1923-)

Heng heng 珩珩
ZHUANG, SHU MIAO 莊淑妙

Heng lu 恒庐
ZHOU, FO HAI 周佛海 (1897-1948)

Heng mei 横眉
TANG, DUAN YI 唐端毅 (1913-1992)

Heng mei 横眉
LIN, XIANG XIONG 林祥雄 (1945-)

Heng mei leng 横眉冷
YANG, HAO QUAN 杨浩泉 (1918-)

Heng qing 蘅青
SHI, YING 石瑛 (1878-1943)

Heng ren 亨人
LIN, HENG TAI 林亨泰 (1924-)

Heng shan 衡山
SHEN, JUN RU 沈钧儒 (1875-1963)

Heng shu 恒墅
YAN, MAO YUAN 严懋垣 (1911-)

Heng shu heng 横竖横
WANG, SHOU HUA 王寿华 (1918-)

Heng shui 横水
WANG, HAO 王灏 (1927-)

Heng shui 横水
LIU, ZI YI 刘子毅 (1932-)

Heng shuo 横槊
CHEN, YI 陈毅 (1901-1972)

Heng shuo ke 横槊客
CHEN, YI 陈毅 (1901-1972)

Heng tai 恒太
LIN, HENG TAI 林亨泰 (1924-)

Heng ti 恒悬
ZHAO, HENG TI 赵恒惕 (1880-1971)

Heng wu 衡芜
GUO, LI HUA 郭丽华

Heng yan 衡雁
HE, SHI JUN 何时俊 (1887-1944)

Heng yang yi tian shi 横阳翼天氏
ZENG, KUN HUA 曾鲲化

Heng yang yi yan 衡阳一雁
HE, SHI JUN 何时俊 (1887-1944)

Heng yi 恒毅
YANG, TAO 杨涛 (1952-)

Heng zhe 衡哲
CHEN, HENG ZHE 陈衡哲 (1890-1976)

Heng zhong 恒忠
DAI, SU HUA 戴素华 (1939-)

Heng zi 衡子
GAN, YUN HENG 甘运衡

Heng Zi 蘅子
CHEN, CHU HUAI 陈楚淮 (1908-)

Hong 弘
SU, XUAN YING 苏玄瑛 (1884-1918)

Hong 虹
BI, ZHEN DA 毕振达 (1862-1926)

Hong 虹
YAO, ZI ZHEN 姚自珍 (1910-)

Hong 鸿
SHEN, YAN BING 沈雁冰 (1896-1981)

Hong 蕻
CAO, JING PING 曹京平 (1912-)

Hong, Bai ping 洪白苹
HONG, WEI FAN 洪为蕃

Hong ban 红瓣
JIANG, JI PING 江寄萍

HONG, BAN AI 洪班爱 (1932-)
Hong, Yang 洪洋

Hong, Ban dai 洪半呆
WANG, ZHUAN 王耑 (-1960)

HONG, BANG DI 洪邦棣 (1949-)
Yi geng 亦耕

HONG, BAO SU 洪保苏 (1947-)
Chong xie 崇协
Dong le 懂了
Hong, Qiu sheng 洪秋生
Hong, Sheng 洪生
Hong, Wei 洪微
Hong, Zhi 洪治
Hong, Zhi 洪植
Ma, Le 马乐
Yu, Si 余思
Zhang, Li 张力

Hong bei 弘悲
LIU, HONG BEI 刘弘悲

Hong, Bei ping 洪北平
HONG, WEI FAN 洪为蕃

Hong, Bi 洪璧
HUNG, JUN 洪骏 (1913-)

Hong bi 红笔
LIU, LONG GUANG 柳龙光 (1915-1948)

Hong, Bin 洪斌
QIN, RI XU 覃日旭 (1932-)

Hong bing 紅冰
QIAN, HOU YI 钱厚贻 (-1932)

Hong bing 红冰
WANG, HONG BIN 王红彬 (1964-)

Hong bing guan 红冰馆
CAI, E 柴萼 (1893-)

Hong bing lou zhu ren 红竝楼主人
LI, YOU 李猷 (1914-)

Hong bo 弘波
PANG, GUO HONG 庞国弘 (1946-)

Hong, Bo 洪波

YU, CHENG ZE 于成泽 **(1903-1982)**

Hong bo 鸿波
LIU, SHAN QI 刘善琦 **(1942-)**

Hong, Bo jun 洪伯骏
HONG, SHEN 洪深 **(1894-1955)**

HONG, BO XUE 洪博学 **(1951-)**
Yu an 愚庵

Hong, Chao 洪潮
HONG, SHENG JIAN 洪升坚 **(1931-)**

Hong chen 虹晨
JI, ZHEN MIN 纪振民 **(1938-)**

Hong chen 鸿晨
JI, ZHEN MIN 纪振民 **(1938-)**

Hong, Cheng 洪成
LU, SEN 卢森 **(1911-1982)**

Hong, Da 洪达
HONG, SHEN 洪深 **(1894-1955)**

HONG, DA LIN 洪达霖 **(1964-)**
Xi sha 西沙

Hong, Dan 洪丹
SHEN, YAN BING 沈雁冰 **(1896-1981)**

Hong, Dao 洪岛
LI, MING XUAN 李明宣 **(1945-)**

Hong, Dao 洪道
WU, DA YOU 吴大猷 **(1907-2000)**

Hong dao 宏道
WANG, FANG XUN 王放勋 **(1917-)**

Hong, De 洪德
SHEN, YAN BING 沈雁冰 **(1896-1981)**

Hong di 红笛
ZHANG, HUA SHENG 张华盛 **(1933-)**

Hong di 虹蒂
DING, CAN CHENG 丁灿成 **(1919-1969)**

Hong ding 红丁
QUAN, KUAN FU 权宽浮 **(1931-)**

Hong ding 鸿丁
SU, YU SHENG 苏育生 **(1942-)**

Hong dou 红豆
LI, ZI ANG 李子昂 **(1910-)**

Hong dou 红豆
YANG, BIN 杨彬 **(1968-)**

Hong dou ci ren 红豆词人
YAO, XI JUN 姚锡钧 **(1892-1954)**

Hong dou guan zhu 红豆馆主
PU, TONG 溥侗

Hong du bai lian sheng 鸿都百练生
LIU, MENG PENG 刘孟鹏 **(1857-1909)**

Hong e que nao ci ren 红鹅鹊恼词人
WANG, YUN ZHANG 王蕴章 **(1884-1942)**

Hong e sheng 红鹅生
WANG, YUN ZHANG 王蕴章 **(1884-1942)**

Hong, Er zhong 洪尔钟
ZHANG, ZHONG 张中 **(1939-)**

Hong, Fan 洪帆
YIN, XIAN CHUN 尹先春 **(1925-)**

Hong fan jing she zhu ren 红梵精舍主人
GU, XIAN RONG 顾宪融 **(1901-1955)**

HONG, FAN TAO 洪汎涛 **(1928-)**
Liao de 了的
Lü, Yu 吕榆
Tian, Duo ye 田多野
Tian, Ye 田野

Hong, Fan wu 洪範五
HONG, YOU FENG 洪有丰 **(1893-1963)**

Hong, Fang 洪放
SHI, YOU PENG 施友朋 **(1954-)**

Hong, Fei 洪飞
XIA, HONG FEI 夏鸿飞 **(1924-)**

Hong, Fei 洪菲
ZHANG, HAN JUN 张翰君 **(1906-1968)**

Hong fei 虹飞
LI, YI HANG 李一航 **(1916-)**

Hong fei 鸿飞
ZHANG, ZHONG DUAN 张锺端

Hong, Feng 洪峰
WANG, ZHAN SHAN 王占山 **(1949-)**

Hong, Feng 洪峰
ZHAO, HONG FENG 赵洪峰 **(1957-)**

Hong feng 红枫
HUNG, JUN 洪骏 **(1913-)**

Hong feng 红枫
HAN, ZONG YI 韩宗义 **(1948-)**

Hong feng 红风
XIE, FENG SONG 谢逢松 **(1932-)**

Hong feng 红峰
WANG, JING TAO 王景陶 **(1948-)**

Hong, Fo shi 洪佛矢
HONG, YUN XIANG 洪允祥 **(1874-1933)**

Hong fu 宏甫
LIANG, QI CHAO 梁启超 (1873-1929)

Hong fu 虹赋
SHU, FENG 舒风 (1935-)

HONG, GAO MING 洪高明 (1917-1973)
Lu, Hong 鲁虹
Xin, Hong 辛鸿

Hong, Gu 洪古
HONG, GUI MAO 洪桂茂 (1950-)

Hong guan 弘管
HAN, JIAN GUO 韩建国 (1930-1979)

Hong guan 虹官
ZENG, TAO 曾焘 (1895-1994)

Hong guan 鸿观
NI, HONG QUAN 倪洪泉 (1955-)

HONG, GUAN SHENG 洪观胜
Hong, Liu wen 洪流文

Hong, Guang 洪广
WANG, SHAO JI 汪绍箕 (1906-)

Hong guang 红光
WANG, CHUAN 汪僎 (1855-1918)

HONG, GUI MAO 洪桂茂 (1950-)
Cai duo 采多
Hong, Gu 洪古

Hong hai zi 红孩子
CHEN, RU XUN 陈汝埙 (1906-)

Hong hao 鸿灏
BAI, JIN KUN 白金坤 (1944-)

Hong, He 洪河
HONG, ZHONG WEI 洪中为 (1953-)

Hong hei jiu ren 红黑旧人
SHEN, CONG WEN 沈从文 (1902-1988)

Hong hong 红红
SHI, HAI SU 史海粟 (1962-)

Hong hong 红鸿
ZHANG, BO JiAN 张伯简 (1898-1926)

Hong hong 宏鸿
TANG, PING YU 唐平裕 (1936-)

Hong hong 鸿鸿
YAN, HONG YA 阎鸿亚 (1964-)

Hong, Hu 洪湖
DING, MING ZHE 丁明哲 (1920-1993)

Hong hu 鸿鹄
BAI, YU LIAN 柏玉莲 (1921-)

Hong, Huang 洪荒
WANG, QIU YING 王秋萤 (1913-)

Hong, Huang 洪荒
RUAN, ZHANG JING 阮章竟 (1914-)

Hong, Huang 洪荒
YANG, CHUAN YE 杨传业 (1923-)

Hong, Huang 洪荒
CAO, CHUN DE 曹春德 (1925-)

Hong, Huang 洪荒
HONG, SHOU ZHEN 洪守箴 (1937-)

Hong, Huang 洪荒
HUANG, SHI LIAN 黄世连 (1941-)

Hong, Huang 洪荒
LIU, GONG 刘珙 (1947-)

Hong, Huang 洪荒
YANG, HONG FANG 杨鸿芳 (1948-)

Hong huo 红蠖
XU, YAN XIN 徐言信 (1893-1958)

Hong huo nü shi 红蠖女士
XU, YAN XIN 徐言信 (1893-1958)

Hong, Ji 洪迹
HONG, ZHEN ZHANG 洪振章 (1938-)

Hong, Ji 洪基
JIANG, HONG JI 江弘基

Hong ji 鸿基
LU, HONG JI 卢鸿基 (1910-)

Hong ji 鸿基
CHENG, TAI 程泰 (1935-)

Hong ji 宏济
XU, XUAN FA 徐选法 (1944-)

Hong, Ji yuan 洪季远
HONG, ZHENG HOU 洪徵厚 (1913-1989)

Hong jia 宏甲
WANG, HONG JIA 王宏甲 (1953-)

HONG, JIA GUAN 洪葭管 (1921-)
Jia bai 葭白
Jia guan 嘉冠
Ou, Wei yu 欧玮瑜

HONG, JIA JUN 洪嘉君 (1960-)
Qin chuan 琹川

Hong, Jian 洪建
WANG, HONG JIAN 王宏建 (1944-)

Hong, Jian 洪简
JIAN, JING HUI 简静惠 (1941-)

Hong jian 弘鉴
WANG, HONG JIAN 王宏建 (1944-)

Hong jian 鸿鑑
HOU, HONG JIAN 侯鸿鑑 **(1872-1961)**

HONG, JIAN GUO 洪建国 **(1940-)**
Wei, Yu 韦玉

Hong jiao 红蕉
JIANG, ZHU 江铸 **(1898-1927?)**

HONG, JIE 洪傑 **(1926-)**
Yang, Guang 阳光

Hong, Jin 洪瑾
QIU, ZHEN HU 邱镇沪 **(1956-)**

HONG, JIN FENG 洪进锋
Xuan ying zi 玄影子

Hong jin li 红锦鲤
LI, JIN HONG 李锦洪 **(1954-)**

Hong jing 虹菁
JIANG, ZENG PEI 江曾培 **(1933-)**

Hong, Jun 洪钧
HONG, ZHEN ZHANG 洪振章 **(1938-)**

HONG, JUN 洪骏 **(1913-)**
Bai, Ying 白婴
Hong, Bi 洪壁
Hong feng 红枫
Hong lei 红蕾
Hong, Liu 洪流
Ku wei 苦薇

Hong jun 红军
LI, SONG HUA 李松华 **(1933-)**

Hong, Ke 洪克
LIU, HONG KAI 刘洪铠 **(1929-)**

HONG, KE QIN 洪克勤 **(1924-)**
Han, Mu 韩牧
Ji, Xiang 纪祥
Lian mu 练牧

Hong, Kun 洪堃
HONG, QI AN 洪旗安 **(1946-)**

Hong lai 鸿来
SHU, QING CHUN 舒庆春 **(1899-1966)**

Hong, Lang 洪浪
TAN, YA MU 谭亚木 **(1942-)**

Hong lang hua 红浪花
CHEN, JI GUANG 陈继光 **(1947-)**

Hong, Lei 洪蕾
ZHOU, DA YUAN 周大源 **(1922-)**

Hong lei 红蕾
HUNG, JUN 洪骏 **(1913-)**

Hong li hu shang nü lang 红梨湖上女郎
ZHENG, YING 郑瑛 **(1888-1962)**

HONG, LI SHENG 洪力生 **(1912?-)**
Hong, Ying zao 洪应灶

HONG, LIAN SHUN 洪连顺 **(1948-)**
Du, Lei 杜雷
Kang, Jing cheng 康静城
Mu di 牧笛
Xin xin 莘莘
Xue yuan 雪原
Zhi lang 之浪

HONG, LIAN YUAN 洪楝园
Bei qiu 悲秋
Bei qiu san ren 悲秋散人
Bing wen 炳文
Ji fen sheng 寄愤生
Lian yuan 楝园
Lian yuan qi qing sheng 楝园绮情生
Qi huang lou zhu 祁黄楼主
Qi huang lou zhu ren 祁黄楼主人
Qi qing sheng 绮情生

Hong, Liang 洪良
DONG, DA ZHONG 董大中 **(1935-)**

Hong, Liang 洪亮
DONG, DA ZHONG 董大中 **(1935-)**

Hong, Liang 洪亮
HONG, YI BIN 洪宜宾 **(1945-)**

Hong liang 红莨
CAO, JING PING 曹京平 **(1912-)**

Hong liang 宏亮
WANG, YA 王亚 **(1928-)**

Hong liang 宏亮
LAN, YING NIAN 蓝英年 **(1933-)**

Hong liang nü shi 红良女史
CAO, JING PING 曹京平 **(1912-)**

Hong, Lin 洪林
HONG, SHENG ZENG 洪绳曾 **(1917-)**

Hong, Ling fei 洪灵菲
HONG, LUN XIU 洪伦修 **(1903-1933)**

Hong, Ling fei 洪灵斐
HONG, LUN XIU 洪伦修 **(1903-1933)**

Hong, Liu 洪流
HUNG, JUN 洪骏 **(1913-)**

Hong, Liu 洪流
SHAO, HENG QIU 邵恒秋 **(1916-)**

Hong, Liu 洪流
WANG, SHANG ZHENG 王尚政 **(1923-)**

Hong, Liu 洪流
XIE, JIN QUAN 谢金泉

Hong liu 红柳
XUE, WEI GUI 薛维桂 (1936-)

Hong liu 红柳
YANG, DE MING 杨德明 (1942-)

Hong liu 烘流
WEN, SHA 温沙 (1916-1941)

Hong liu cun ren 红柳村人
ZHAO, YUN AN 赵允安 (1898-1965)

Hong, Liu wen 洪流文
HONG, GUAN SHENG 洪观胜

HONG, LONG WAN 洪龙万 (1940-)
Jing xin 静心

Hong lou nei shi 红楼内史
CAO, JING PING 曹京平 (1912-)

Hong, Lu 洪芦
HUA, XI LU 花禧禄 (1912-1946)

Hong, Lu 洪炉
GUO, HONG RU 郭洪如 (1931-)

Hong lu 红芦
DENG, YING LIE 邓英烈 (1923-)

Hong lu 红路
QI, HONG LU 亓鸿禄 (1949-)

Hong lu 虹庐
HUANG, ZHI 黄质 (1865-1955)

Hong lu 鸿庐
HUANG, ZHI 黄质 (1865-1955)

HONG, LÜ HE 洪履和 (1918-1962)
Li, He 李何
Xiao li 小黎

HONG, LUN XIU 洪伦修 (1903-1933)
Bian zhe 编者
Fei 菲
Han, Zhong qi 韩仲琦
Han, Zhong yi 韩仲漪
Hong, Ling fei 洪灵菲
Hong, Ling fei 洪灵斐
Hong, Shu sen 洪树森
Hong, Su fo 洪素佛
Li, Tie lang 李铁郎
Lin, Man qing 林曼青
Lin, Yin nan 林荫南
Man fei 曼菲
Shen, Fei 沈菲
Tie lang 铁郎

Hong luo shan ren 红螺山人
LI, BAO XUN 李葆恂 (1859-1915)

Hong, Ma 洪马
WU, YI 吴翼 (1916-)

Hong, Ma cong 洪妈从
HONG, XING FU 洪醒夫 (1949-1982)

Hong, Ma yi 洪马义
HAN, SHAN YUAN 韩山元 (1942-)

Hong man 紅曼
JIN, YU HAI 金玉海 (1926-1968)

Hong mang 红芒
CHEN, XIAN LIN 陈贤林 (1928-)

Hong mei 红眉
ZHANG, BING WEN 张炳文 (1915-)

Hong meng 鸿蒙
WANG, TONG ZHAO 王统照 (1897-1957)

Hong mian wu 红棉屋
DU, GUO XIANG 杜国庠 (1889-1961)

Hong, Ming 洪明
YANG, KE CHENG 杨克成 (1929-)

Hong ming 鸿鸣
PENG, ZHONG 彭忠 (1962-)

Hong ming 鸿铭
GU, HONG MING 辜鸿铭 (1857-1928)

HONG, MING XIAN 洪名县 (1951-)
Qiao, Hong 乔洪

Hong, Mo 洪摩
YU, SHAO QI 余少岐 (1908-1968)

Hong, Mu 洪慕
LU, RU YIN 卢汝吟 (1918-)

Hong mu 红木
HONG, ZHEN SHAN 洪振山 (1936-)

Hong mu dan 红牡丹
BAI, YUN QIN 白韻琴

Hong, Neng zhi 洪能之
CHEN, HONG NENG 陈鸿能 (1945-)

Hong ni 红霓
GAO, HONG YI 高洪仪 (1929-)

Hong ou hua guan 红藕花馆
LIU, JIN JIANG 刘锦江

Hong, Pai 洪湃
LIU, HONG PEI 刘宏沛 (1946-)

HONG, PAN GUI 洪攀桂 (1867-1929)
Hong, Qi sheng 洪弃生

HONG, PEI RAN 洪沛然

Fang yu 仿予
Pei ran 沛然

Hong peng 鸿鹏
YAN, LI GONG 阎立功 (1940-)

HONG, PI MO 洪丕谟 (1940-)
Hong, Pi mo 洪丕模

Hong, Pi mo 洪丕模
HONG, PI MO 洪丕谟 (1940-)

Hong, Ping 洪平
CHEN, ZHANG TAI 陈章太 (1932-)

Hong ping 虹萍
WANG, YA 王亚 (1928-)

HONG, QI AN 洪旗安 (1946-)
Hong, Kun 洪堃

Hong, Qi sheng 洪弃生
HONG, PAN GUI 洪攀桂 (1867-1929)

Hong, Qian zai 洪浅哉
HONG, SHEN 洪深 (1894-1955)

Hong, Qiao 洪桥
HONG, ZENG SHOU 洪增寿 (1920-)

Hong, Qiao ling 洪樵舲
HONG, YUN XIANG 洪允祥 (1874-1933)

Hong, Qiu 洪球
JIANG, JUE MIN 江觉民

Hong, Qiu 洪遒
ZHANG, HONG YOU 章鸿猷 (1913-1994)

Hong, Qiu sheng 洪秋生
HONG, BAO SU 洪保苏 (1947-)

Hong qiu zi 弘秋子
ZHANG, DA QIAN 张大千 (1899-1983)

Hong qu 红蕖
LI, WEI HENG 李维恒 (1916-)

Hong, Quan 洪泉
SHEN, HONG QUAN 沈洪全 (1952-)

HONG, REN YU 洪仁玉
You lan 幽兰

HONG, RONG CHENG 洪荣成 (1959-)
Xiao, Xiang 萧湘

HONG, RONG ZHEN 洪荣真
Xin yu 心宇

Hong ruo 虹若
HUANG, ZHI 黄质 (1865-1955)

Hong, Shan 洪山
LIAO, HONG QIU 廖红球 (1952-)

Hong shan 红杉
QU, CHUN SHAN 屈春山 (1940-)

Hong, Shan en 洪善恩
AN, ZUO ZHANG 安作璋 (1926-)

HONG, SHAN XIAO 洪善效 (1899-1925)
Jian xiong 剑雄
Xiang wen 祥文

Hong shan ying 红山鹰
ZHENG, EN BO 郑恩波 (1939-)

Hong, Shao ai 洪少艾
HONG, ZHEN ZHANG 洪振章 (1938-)

HONG, SHEN 洪深 (1894-1955)
Bo jun 伯骏
Hong, Bo jun 洪伯骏
Hong, Da 洪达
Hong, Qian zai 洪浅哉
Qian zai 浅哉
Shen 深
Xiao, Zhen sheng 萧振声
Yao shui 乐水
Zhuang, Zheng ping 庄正平

Hong, Sheng 洪生
HONG, BAO SU 洪保苏 (1947-)

HONG, SHENG JIAN 洪升坚 (1931-)
Hong, Chao 洪潮

HONG, SHENG XIONG 洪胜雄 (1948-)
Wen, Jing 闻璟

HONG, SHENG ZENG 洪绳曾 (1917-)
Bai, Fu 白夫
Hong, Lin 洪林
Lin, Rong 林榕
Zeng, Sheng 曾绳

Hong, Shi 洪石
ZHANG, DIAN YING 张殿英 (1931-)

Hong shi 红石
MA, ZHI YUAN 马志远 (1918-)

Hong shi 红石
FENG, CHI 冯池 (1931-)

Hong shi 红石
XIAO, SHAO LIAN 萧绍连 (1931-)

Hong shi 红石
ZHOU, YUN HUA 周蕴华 (1935-)

Hong shi 红石
ZHU, YU LIN 朱玉林 (1939-)

Hong shi 宏实
WANG, HONG SHI 王宏实

HONG, SHI FAN 洪士範 (1927-)
Hong xi fang 虹西方

HONG, SHI TANG 洪诗棠 (1961-)
Xiang yu 芗雨

Hong shi yu 红世宇
ZHENG, JI YUN 郑吉云 (1919-)

HONG, SHOU ZHEN 洪守箴 (1937-)
Hong, Huang 洪荒

Hong, Shu sen 洪树森
HONG, LUN XIU 洪伦修 (1903-1933)

Hong shu shi 红树室
LU, DAN LIN 陆丹林 (1898-1972)

Hong, Shui 洪水
JIANG, SHAO QUAN 江绍铨 (1883-1954)

HONG, SHUN LONG 洪顺隆 (1934-)
Mo fu 摩夫

HONG, SHUN YING 洪舜英
Ying, Zi 英子

Hong, Si si 洪丝丝
HONG, YONG AN 洪永安 (1907-1989)

Hong song 红松
LIANG, LI SONG 梁立松 (1944-)

Hong sou 虹叟
HUANG, ZHI 黄质 (1865-1955)

Hong, Su fo 洪素佛
HONG, LUN XIU 洪伦修 (1903-1933)

HONG, SU LI 洪素丽
Xiao lu 小鹿

Hong, Suo 洪索
HU, SHENG 胡绳 (1918-)

Hong, Tao 洪涛
ZHANG, GUI 张桂 (1911-)

Hong, Tao 洪涛
HU, HONG TAO 胡宏焘 (1933-)

Hong, Tao 洪涛
WANG, HONG TAO 王洪涛 (1937-)

Hong, Tao 洪滔
TAO, YU LIN 陶玉麟 (1924-)

HONG, TIAN MIN 洪天民
Hong, Ye 洪野

Hong tian yin 轟天隐
CHENG, JIA CHENG 程家檉 (1874-1914)

Hong tie 宏铁
TAO, TONG 陶同 (1933-)

Hong ting zhang 虹亭长
CHEN, QU BING 陈去病 (1874-1933)

Hong tu 宏徒
XIE, LIU YI 谢六逸 (1898-1945)

Hong tu 鸿图
FAN, HONG TU 樊宏图 (1928-)

Hong, Wei 洪微
HONG, BAO SU 洪保苏 (1947-)

Hong wei 红薇
FU, XIONG XIANG 傅熊湘 (1883-1930)

Hong wei dong 红卫东
SONG, SHI QI 宋世琦

HONG, WEI FA 洪为法 (1900-1970)
Shuang yu xuan 双玉轩
Tian ge 天戈
Wei fa 为法

HONG, WEI FAN 洪为蕃
Bai, Ping 白苹
Hong, Bai ping 洪白苹
Hong, Bei ping 洪北平

Hong wei guan zhu 红薇馆主
FU, XIONG XIANG 傅熊湘 (1883-1930)

Hong, Wei ji 洪为忌
HONG, WEI JI 洪为济 (1912-)

HONG, WEI JI 洪为济 (1912-)
Fang, Jun yi 方君逸
Hong, Wei ji 洪为忌
Hong, Wu tian 洪吴天
Hong, Ye 洪叶
Ji xin ting 棘心亭
Ma, Meng 马蒙
Tian 天
Wei ji 为济
Wei ji 违忌
Wu, Jiang fan 吴江帆
Wu, Tian 吴天
Ye, Ni 叶尼
Yi zhou 一舟

Hong, Wei lian 洪煨莲
HONG, YE 洪业 (1893-1980)

HONG, WEI QI 洪维琪
Bi hua 碧华

Hong wei sheng 红薇生
FU, XIONG XIANG 傅熊湘 (1883-1930)

Hong wei yin guan 红薇吟馆
ZHANG, GUANG 张光 (1879-1970)

Hong, Wu 洪武
ZHAO, HONG WU 赵洪武 (1930-)

Hong, Wu 洪武
ZHA, QUAN WU 查全武 (1941-)

Hong wu 红午
YUE, HONG WU 岳鸿武 (1938-)

Hong, Wu tian 洪吴天
HONG, WEI JI 洪为济 (1912-)

Hong, Xi 洪熙
ZHANG, YI PING 章衣萍 (1900-1947)

Hong xi fang 虹西方
HONG, SHI FAN 洪士範 (1927-)

Hong xian 鸿仙
FAN, GUANG QI 范光启 (1882-1914)

Hong xian nü 红线女
KUANG, JIAN LIAN 邝健廉 (1927-)

Hong xiang 鸿翔
HOU, MING XIANG 侯明祥 (1953-)

Hong xiao 红笑
HU, YE PIN 胡也频 (1903-1931)

Hong xiao 红绡
WANG, JIAN MING 汪剑鸣

Hong xiao 宏啸
ZHANG, HONG YU 张洪禹 (1932?-)

Hong xiao 虹啸
XIAO, JUN 萧军 (1907-1988)

Hong, Xin 洪新
NI, YI MING 倪亦明 (1935-)

Hong, Xin 洪鑫
YU, HONG XIN 于洪鑫 (1922-)

Hong xing 弘星
YU, CHANG QING 虞常卿 (1929-)

Hong xing 红星
GAO, HONG XING 杲红星 (1936-)

Hong xing 鸿行
XING, GUANG ZU 邢光祖 (1914-1993)

HONG, XING FU 洪醒夫 (1949-1982)
Hong, Ma cong 洪妈从
Si tu, Men 司徒门

HONG, XIU XIONG 洪秀雄 (1944-)
Yi feng 逸峰

Hong xu 虹旭
SUN, BING SEN 孙秉森 (1947-)

Hong xu 虹絮
HUANG, BI YUN 黄碧云 (1943-)

Hong, Xuan 洪炫
WENG, JIU CHANG 翁久长 (1927-)

Hong xuan 鸿轩
SONG, QI MIN 宋启民 (1923-)

Hong xue 红雪
LIU, WEN XING 刘文性 (1935-)

HONG, XUE HUA 洪雪华
Chan yu 蝉羽

Hong, Xun 洪勋
ZHU, HONG XUN 朱鸿勋 (1923-)

Hong xun 红勋
LAN, HONG EN 蓝鸿恩 (1924-)

Hong xun 鸿迅
ZHU, HONG XUN 朱鸿勋 (1923-)

Hong yan 鸿咽
ZHU, GONG YAN 朱公演 (1905-)

HONG, YAN QIU 洪炎秋 (1900-1980)
Hong, You 洪槱
Yun su 芸苏

Hong, Yang 洪阳
ZHI, ZHEN YUAN 支振垣 (1919-)

Hong, Yang 洪阳
CHEN, JUN SHAN 陈君山 (1922-)

Hong, Yang 洪洋
HONG, BAN AI 洪班爱 (1932-)

Hong yang 红扬
YANG, ZHEN XI 杨振西 (1932-)

Hong yang 宏扬
LIU, SHU FANG 刘淑芳 (1926-)

Hong yang shu 红杨树
WEI, HONG JIE 魏鸿杰 (1920-)

Hong, Ye 洪业
YAO, HONG YE 姚宏业 (1887-1906)

HONG, YE 洪业 (1893-1980)
Hong, Wei lian 洪煨莲

Hong, Ye 洪野
HONG, TIAN MIN 洪天民

Hong, Ye 洪野
WANG, MU QUN 王牧群 (1925-)

Hong, Ye 洪叶
HONG, WEI JI 洪为济 (1912-)

Hong, Ye 洪叶
QIN, JIA LUN 秦家伦 (1947-)

Hong, Ye 洪叶
WANG, HONG YE 王洪叶 (1947-)

Hong ye 红叶
PENG, XIU DAO 彭修道 **(1905-1944)**

Hong ye 红叶
SI TU, CHUAN 司徒传 **(1912-1950)**

Hong ye 红叶
ZHANG, QI XUN 章启勋 **(1916-)**

Hong ye 红叶
LIA,NG, HUI ZHU 梁慧珠 **(1925-)**

Hong ye 红叶
CHEN, YU KUN 陈煜坤 **(1934-)**

Hong ye 红叶
CHEN, JIN LIANG 陈金良

Hong ye 红野
TU, YUAN QU 涂元渠 **(1921-1981)**

Hong ye 宏叶
YE, GONG XIAN 叶公贤 **(1938-)**

Hong ye 宏冶
CHEN, PEI 陈培 **(1925-)**

Hong, Yi 洪仪
GAO, HONG YI 高洪仪 **(1929-)**

Hong, Yi 洪毅
XU, DONG BIN 徐东滨 **(1927-1995)**

Hong yi 弘一
LI, WEN TAO 李文涛 **(1880-1942)**

Hong yi 泓一
LI, WEN TAO 李文涛 **(1880-1942)**

Hong yi 虹簃
WANG, YUAN 王蘧 **(1884-1944)**

Hong yi 鸿仪
DONG, JIAN SHENG 董健生 **(1936-)**

HONG, YI BIN 洪宜宾 **(1945-)**
Hong, Liang 洪亮
Yi zhong 逸钟

Hong yi da shi 弘一大师
LI, WEN TAO 李文涛 **(1880-1942)**

Hong yi he shang 弘一和尚
LI, WEN TAO 李文涛 **(1880-1942)**

Hong, Yi ran 洪毅然
HONG, ZHENG HOU 洪徵厚 **(1913-1989)**

Hong, Yi shi 洪一诗
HONG, YONG AN 洪永安 **(1907-1989)**

Hong, Yin 洪音
HONG, ZHENG HOU 洪徵厚 **(1913-1989)**

Hong, Yin 洪音
CHEN, YI PING 陈奕萍 **(1935-)**

Hong, Yin 洪茵
YANG, HAO QING 杨浩青 **(1921-)**

Hong yin 宏寅
FU, HONG YIN 付洪寅 **(1938-)**

Hong, Ying 洪英
WANG, XIAO PING 王啸平 **(1919-)**

Hong, Ying 洪英
ZHENG, EN BO 郑恩波 **(1939-)**

Hong, Ying 洪莺
RAO, YOU HU 饶友瑚 **(1918-1938)**

Hong, ying 红英
RAO, YOU HU 饶友瑚 **(1918-1938)**

Hong ying 红英
SHI, XIAO YONG 史敩颙 **(1931-)**

Hong ying 红缨
LI, SHU REN 李树人 **(1916-)**

Hong ying 红缨
ZHENG, YU ZHOU 郑玉洲 **(1932-)**

Hong ying 红鹰
LAN, HONG EN 蓝鸿恩 **(1924-)**

Hong ying 虹影
CHEN, HONG YING 陈红英 **(1962-)**

Hong, Ying zao 洪应灶
HONG, LI SHENG 洪力生 **(1912?-)**

Hong ying zi 弘萤子
GUAN, YOU RONG 官有荣 **(1950-)**

HONG, YONG AN 洪永安 **(1907-1989)**
Hong, Si si 洪丝丝
Hong, Yi shi 洪一诗
Ku xing 苦杏
Shi gun 诗棍
Shu yu 漱玉
Si 丝
Si si 丝丝
Xu, Bi da 徐必达

Hong yong san ren 弘永散人
TONG, XUAN SUN 童轩荪

Hong, You 洪游
WAN, PING JIN 万平近 **(1926-)**

Hong, You 洪槱
HONG, YAN QIU 洪炎秋 **(1900-1980)**

Hong you 宏猷
LIANG, QI CHAO 梁启超 **(1873-1929)**

HONG, YOU FENG 洪有丰 **(1893-1963)**

Hong, Fan wu 洪範五

Hong, Yu 洪宇
ZHU, HUAN 朱寰 **(1926-)**

Hong yu 红宇
DONG, DA ZHONG 董大中 **(1935-)**

Hong yu 红雨
XU, BI BO 徐碧波 **(1898-)**

Hong yu 红雨
HU, CHUN BING 胡春冰 **(1906-1960)**

Hong yu 红雨
LI, HONG YU 李虹宇 **(1928-)**

Hong yu 红雨
LI, YING 李颖 **(1929-1968)**

Hong yu 蕻渔
YE, YU SEN 叶玉森 **(1880-1933)**

HONG, YU PING 洪禹平 **(1926-)**
Ma, Bing 马兵
Ma, Ding 马丁
Nan, Shan 南山

Hong, Yuan 洪源
WU, HONG YUAN 吴洪源 **(1930-)**

Hong yuan 弘远
YU, HONG YOU 俞鸿犹

Hong yuan 红原
YAN, MIN QIANG 严民强 **(1927-)**

HONG, YUAN PENG 洪远朋 **(1935-)**
Gong yue 共月
Shuang yue 双月

Hong yue 红越
GAO, SHANG DE 高尚德 **(1896-1925)**

Hong yue 宏月
JI, HONG YUE 季红跃 **(1959-)**

Hong yue 鸿月
JI, HONG YUE 季红跃 **(1959-)**

Hong yun 红耘
HE, QI ZHI 何启治 **(1936-)**

HONG, YUN XIANG 洪允祥 **(1874-1933)**
Bei hua jing she 悲华经舍
Can fo 惨佛
Hong, Fo shi 洪佛矢
Hong, Qiao ling 洪樵舲
Hong, Zhao lin 洪兆麟
Tian zui 天醉

Hong zao 红藻
WANG, CHANG QING 王长青 **(1922-)**

HONG, ZENG SHOU 洪增寿 **(1920-)**
Hai, Wei 海为
Hong, Qiao 洪桥
Leng, Feng 冷峰
Wei gong 为公

Hong zhai 弘斋
LI, WEN TAO 李文涛 **(1880-1942)**

Hong zhai 蕻斋
WANG, YUAN 王蘧 **(1884-1944)**

Hong, Zhang 洪章
KANG, HONG ZHANG 康洪章 **(1896-1945)**

Hong, Zhao 洪昭
LAO, SI GUANG 劳思光

Hong, Zhao lin 洪兆麟
HONG, YUN XIANG 洪允祥 **(1874-1933)**

HONG, ZHEN SHAN 洪振山 **(1936-)**
He shan 河山
Hong mu 红木

HONG, ZHEN ZHANG 洪振章 **(1938-)**
Hong, Ji 洪迹
Hong, Jun 洪钧
Hong, Shao ai 洪少艾
Lu, Dun 鲁钝

Hong, Zheng 洪正
QIN, ZHAO JI 秦兆基 **(1932-)**

Hong, Zheng 洪正
ZHU, ZI NAN 朱子南 **(1932-)**

Hong zheng 弘征
YANG, HENG ZHONG 杨衡钟 **(1937-)**

Hong zheng 弘政
HONG, ZU QIU 洪祖秋 **(1949-)**

HONG, ZHENG HOU 洪徵厚 **(1913-1989)**
Hong, Ji yuan 洪季远
Hong, Yi ran 洪毅然
Hong, Yin 洪音
Ni yin 尼印`

Hong, Zhi 洪枝
CAI, HONG JI 蔡鸿基 **(1908-)**

Hong, Zhi 洪治
HONG, BAO SU 洪保苏 **(1947-)**

Hong, Zhi 洪植
HONG, BAO SU 洪保苏 **(1947-)**

HONG, ZHI HUI 洪智惠 **(1939-)**
Bai, Shui 白水
Bing lian 冰涟
Lan, Meng 蓝梦
Liu 流
Ou yang, Zi 欧阳子

Shan 山
Shi 石
Song 松
Xiang jian nan 相见难
Xin ying 心影
Ying lin 潆潾
Yun, Hai 云海

HONG, ZHI JIAN 洪志坚 **(1872-1949)**
Zhu lin shan ren 竹林山人

Hong, Zhong 洪钟
LÜ, CHAO XIANG 吕朝相 **(1919-)**

Hong, Zhong 洪钟
ZHANG, XU LIN 张旭林 **(1939-)**

HONG, ZHONG WEI 洪中为 **(1953-)**
Hai, Ya 海牙
Hong, He 洪河

Hong zhou 红舟
ZHOU, HONG JUN 周鸿俊 **(1935-)**

Hong zhou 红舟
ZHU, CHUAN XIONG 朱传雄 **(1945-)**

Hong, Zhou 洪洲
LI, HONG ZHOU 李洪洲 **(1934-)**

Hong zhu 红烛
SHENG, ZU HONG 盛祖宏 **(1935-)**

Hong, Zi 洪子
YE, MENG YOU 叶梦友

Hong zi 鸿子
FU, ZI JIU 傅子玖 **(1934-)**

HONG, ZI CHENG 洪子诚 **(1939-)**
Zi tang 子傥

Hong, Zi qiu 宏子秋
HONG, ZU QIU 洪祖秋 **(1949-)**

HONG, ZU QIU 洪祖秋 **(1949-)**
Hong zheng 弘政
Hong, Zi qiu 宏子秋
Ya lun 雅伦
Zheng, Zu 郑祖

HONG, ZU REN 洪祖仁 **(1936-)**
Zu, Ren 祖人

Hou 侯
JIANG, CHUN FANG 姜椿芳 **(1912-1987)**

Hou 厚
JIANG, CHUN FANG 姜椿芳 **(1912-1987)**

Hou, An 厚菴
KANG, HONG ZHANG 康洪章 **(1896-1945)**

Hou, An 厚菴
LIU, GUANG YAN 刘光炎 **(1904-)**

Hou, Bao lin 侯宝林
HOU, BAO LIN 侯保麟 **(1917-1993)**

Hou, Bao lin 侯宝麟
HOU, BAO LIN 侯保麟 **(1917-1993)**

HOU, BAO LIN 侯保麟 **(1917-1993)**
Hou, Bao lin 侯宝林
Hou, Bao lin 侯宝麟

Hou, Bao san 侯葆三
HOU, HONG JIAN 侯鸿鑑 **(1872-1961)**

Hou, Bing ji 侯病骥
HOU, HONG JIAN 侯鸿鑑 **(1872-1961)**

Hou, Bo 厚薄
WANG, BING GEN 王炳根 **(1951-)**

Hou, Bu dao 侯补道
ZHENG, ZHONG LU 郑忠辂

HOU, CHANG CHUN 侯长春 **(1930-)**
Hou, Xiu yan 侯秀彦

HOU, CHANG MING 侯长明 **(1953-)**
Sheng yi 晟一
Fang, Chang 方长

Hou, Chao 后超
YAO, GUANG 姚光 **(1918-1945)**

Hou, Cheng 侯城
HE, RONG 何溶 **(1921-)**

HOU, CHU SHENG 侯滁生 **(1952-)**
Liu xi 流溪

HOU, CHUAN JI 侯传稷 **(1909-1981)**
Hou, Feng 侯枫
Lian, Sheng 廉生
Qian hong 倩红

HOU, DE BANG 侯德榜 **(1890-1974)**
Hou, Zhi ben 侯致本

Hou, Dian 侯甸
HOU, ZHEN QIU 侯镇球 **(1914-)**

Hou dong shu 後東塾
QIAN, JI BO 钱基博 **(1887-1957)**

HOU, E 侯堮 **(1902-)**
Hou, Yun qi 侯芸圻
Ping dai 屏黛

Hou, Fei 侯飞
JIANG, CHUN FANG 姜椿芳 **(1912-1987)**

Hou, Fei 厚非
JIANG, CHUN FANG 姜椿芳 **(1912-1987)**

Hou, Feng 侯枫

HOU, CHUAN JI 侯传稷 **(1909-1981)**

HOU, FU HAI 侯福海 **(1927-)**
Hou, Fu lin 侯福林
Hou, Min ze 侯民泽
Hou, Min ze 侯敏泽
Li, Cong 李琮
Lin, Yuan 林原
Min ze 敏泽
Mu yuan 牧原
Qiao fu 樵夫
Wu, Hou 吴厚
Wu, Yan 吴烟

Hou, Fu lin 侯福林
HOU, FU HAI 侯福海 **(1927-)**

HOU, FU SHENG 侯福生 **(1940-)**
Gao, Tian 高天
Tao, Ran 陶然

Hou fu zi 吼夫子
LI, KA 李卡 **(1922-1949)**

Hou, Gan cheng 侯干城
PENG, BING SHENG 彭丙生 **(1910-1968)**

Hou gong 吼公
ZHUO, RAN 卓然 **(1924-)**

Hou, Gong zi 侯公子
HOU, HONG JIAN 侯鸿鑑 **(1872-1961)**

HOU, GUI ZHU 侯桂柱 **(1936-)**
Hou, Mo 侯墨

Hou, He 厚和
SHEN, CHE 沈徹

Hou he hua shi ri sheng 後荷花十日生
CHEN, XU 陈栩 **(1879-1940)**

Hou hei jiao zhu 厚黑教主
LI, SHI QUAN 李世铨 **(1879-1943)**

HOU, HONG E 侯红鹅 **(1935-)**
Lin, Xi 林希

HOU, HONG JIAN 侯鸿鑑 **(1872-1961)**
Bai yi lou zhu 百一楼主
Bing guan 病鳏
Bing ji 病骥
Han man sheng 汗漫生
Hong jian 鸿鑑
Hou, Bao san 侯葆三
Hou, Bing ji 侯病骥
Hou, Gong zi 侯公子
Ji shi 骥史
Liao sou 了叟
Meng shi 梦狮

HOU, HOU PEI 侯厚培 **(1899-)**
Hou, Pei 厚培

Hou, Jia jing 侯家静
HOU, WEI DONG 侯维栋 **(1917-)**

HOU, JIA JU 侯家驹 **(1928-)**
Qian li ma 千里马
Wan, Hu hou 万户侯

HOU, JIAN 侯健 **(1926-1990)**
Jian ren 建人

Hou, Jin 侯进
GUO, KUN FU 郭坤福 **(1947-)**

HOU, JIN JING 侯金镜 **(1920-1971)**
Bian, Yi 卞易
Chen, Hong 陈洪
Fan, Yu 樊宇
Fan yu 凡宇
Liu, Zi qi 刘子琪
Wei, Ye 魏耶

HOU, JING YI 侯精一 **(1935-)**
Fang, Qing 方青
Mi, Qing 米青

HOU, JUN 侯军 **(1959-)**
Bai, Chun 白春

Hou, Kui sheng 后媿生
LI, SHEN YAN 李慎言 **(1859-1931)**

Hou, Le tang 后乐堂
CHEN, YU SHU 陈玉澍 **(1853-1906)**

Hou le xiao weng 后乐笑翁
ZHANG, YAN LI 张延礼 **(1870-1937)**

HOU, LI CHAO 侯立朝 **(1929-)**
Hu, Die 胡迭
He, Ping 何平
Xi liu 西流

Hou, Lu shi 侯鲁史
HOU, YU SHI 侯聿士

Hou, Men 侯门
HOU, YAN YAO 侯炎尧 **(1940-)**

HOU, MIN YING 侯敏英
Hei, De lan 黑德兰

Hou, Min ze 侯民泽
HOU, FU HAI 侯福海 **(1927-)**

Hou, Min ze 侯敏泽
HOU, FU HAI 侯福海 **(1927-)**

HOU, MING XIANG 侯明祥 **(1953-)**
Hai, Xia 海侠
Hong xiang 鸿翔

Hou, Mo 侯墨

HOU, GUI ZHU 侯桂柱 **(1936-)**

HOU, NI DI 侯倪蒂
Shi lun 诗伦

Hou, Pei 厚培
HOU, HOU PEI 侯厚培 **(1899-)**

Hou, Pu 侯朴
ZHAO, GUANG XIANG 赵广湘 **(1908-1934)**

HOU, QING FU 侯庆福 **(1946-)**
Geng shi 耕石

HOU, REN JUN 侯人俊 **(1930-)**
Dun san 钝三
Lao yu tou 老芋头
Ren, Zhen 任真

Hou, Rong 侯荣
HE, RONG 何溶 **(1921-)**

HOU, RONG SHENG 侯榕生 **(1926-1990)**
Wu, Ying 吴瑛

Hou, Sen 侯森
LI, RUI 李锐 **(1917-)**

HOU, SHAN ZHEN 侯善桢 **(1930-)**
Hou, Zhen 侯桢

HOU, SHAO QIU 侯绍裘 **(1896-1927)**
Shao qiu 绍裘

Hou, Sheng 厚生
ZHAO, ZHENG PING 赵正平 **(1878-1945)**

Hou, Sheng 厚生
CHENG, FANG WU 成仿吾 **(1897-1984)**

Hou, Sheng 厚生
FANG, ZHENG 方拯 **(1906-)**

Hou, Sheng 侯声
ZHAO, ZHENG PING 赵正平 **(1878-1945)**

Hou, Sheng 厚圣
ZHAO, ZHENG PING 赵正平 **(1878-1945)**

Hou sheng 後声
ZHAO, ZHENG PING 赵正平 **(1878-1945)**

Hou, Shu huai 侯树槐
HOU, WEN QING 侯文卿 **(1933-)**

HOU, TIE 侯铁 **(1965-)**
A jie 阿杰

Hou, Wai lu 侯外庐
HOU, ZHAO LIN 侯兆麟 **(1903-1987)**

Hou, Wei dong 侯唯动
HOU, WEI DONG 侯维栋 **(1917-)**

HOU, WEI DONG 侯维栋 **(1917-)**
Hou, Jia jing 侯家静
Hou, Wei dong 侯唯动

HOU, WEN QING 侯文卿 **(1933-)**
Hou, Shu huai 侯树槐
Qing huai 青槐
Wen, Ding 文丁
Wen, Hou 文侯

HOU, XI JIU 侯锡九 **(1914-)**
Song, Tao 宋涛

HOU, XI KAI 后希铠 **(1917-)**
Xia, Wei 夏威

Hou, Xian 厚先
HOU, ZHE AN 侯哲荼 **(1905-)**

HOU, XIANG LIN 侯向林 **(1942-)**
Tian feng 天丰
Xue hong 雪鸿

Hou, Xiao fang 侯小方
LIU, HE FANG 刘和芳 **(1927-)**

HOU, XIU KUN 侯秀坤 **(1955-)**
Xiao xiu 晓秀

Hou, Xiu yan 侯秀彦
HOU, CHANG CHUN 侯长春 **(1930-)**

HOU, YAN YAO 侯炎尧 **(1940-)**
Hou, Men 侯门

Hou, Yang 后扬
SONG, ZHONG CHENG 宋仲琤 **(1963-)**

HOU, YAO 侯曜 **(1900-1945)**
Tie bi 铁笔
Yi xing 一星

Hou, Yi 后羿
WANG, REN SHU 王任叔 **(1901-1972)**

Hou, Yi 后羿
LIU, HOU YI 刘后贻 **(1924-)**

Hou, Yi min 侯一民
HOU, YI MIN 侯逸民 **(1930-)**

HOU, YI MIN 侯逸民 **(1930-)**
Hou, Yi min 侯一民

Hou, Ying 后颖
SONG, HOU YING 宋后颖 **(1942-)**

HOU, YOU ZHEN 侯幼珍 **(1940-)**
Yuan, Fang 元芳

HOU, YU CHENG 侯玉成 **(1937-)**
Di fa 迪法

HOU, YU SHI 侯聿士
Hou, Lu shi 侯鲁史

Lu, Shi 鲁史

HOU, YU XIN 侯钰鑫 (1948-)
Yang, Yan 杨岩

Hou, Yun qi 侯芸圻
HOU, E 侯堮 (1902-)

HOU, ZHAO LIN 侯兆麟 (1903-1987)
Chang, Tan 常谈
Hou, Wai lu 侯外庐
Wai lu 外庐
Yu shu 玉枢

Hou, Zhe an 侯哲安
HOU, ZHE AN 侯哲荞 (1905-)

HOU, ZHE AN 侯哲荞 (1905-)
Hou, Xian 厚先
Hou, Zhe an 侯哲安
Yuan, Jun 源竣

Hou, Zhen 侯桢
HOU, SHAN ZHEN 侯善桢 (1930-)

HOU, ZHEN QIU 侯镇球 (1914-)
Fang, Sui 方绥
Hou, Dian 侯甸
Tian, Fang sui 田方绥

Hou, Zhi ben 侯致本
HOU, DE BANG 侯德榜 (1890-1974)

Hou zi 厚滋
LIU, HOU ZI 刘厚滋 (1909-)

Hsieh, Jimmy C, H.
XIE, JIA XIAO 谢家孝 (1931-)

Hu 弧
XIAO, SHU LIE 萧树烈 (1896-1927)

Hu 虎
LUO, ZHANG LONG 罗章龙 (1896-)

Hu 湖
JIANG, BING ZHI 蒋冰之 (1904-1986)

Hu, A gen 胡阿根
HU, GEN QUAN 胡根全 (1929-)

Hu an 忽庵
REN, ZHEN HAN 任真汉 (1907-1993)

HU, BAI HUA 胡白华
Hu, Qing ping 胡青苹

Hu, Bai ren 胡白刃
ZHANG, XIANG HUA 张骧化 (1927-)

HU, BANG WEI 胡邦炜 (1945-)
Su, Feng yan 苏枫彦

HU, BAO SHAN 胡宝善 (1935-)

Hu, Lan 胡岚
Hu, Bei 胡悲
HUANG, JIA YIN 黄嘉音 (1913-1960)

Hu, Bei shuo 胡北朔
GUO, DONG KUI 郭东奎 (1927-)

Hu, Bi cheng 胡必成
ZHOU, EN LAI 周恩来 (1898-1976)

Hu, Bing 胡兵
XU, WEN ZHONG 徐文仲 (1936-)

HU, BING EN 胡炳恩 (1931-)
Bing en 炳恩
Hu yong 湖涌
Hu, Ze pu 胡泽普
Liu, Po 柳坡
Ze pu 泽浦

Hu, Bing jun 胡秉均
HU, HU QUAN 胡护权 (1917-)

HU, BING WEN 胡秉文 (1933-)
Hu, Ju ren 胡菊人
Hua, Gu yue 华谷月

HU, BO 胡勃 (1943-)
Sai wai ke 塞外客
Ye feng 野风

Hu bo 湖泊
HU, XING WEN 胡幸文 (1931-)

HU, BO KEN 胡伯恳 (1900-1968)
Bo ken 伯恳
Yue qi 月祺

HU, BO PING 胡波平
Si ma, Xiang 司马襄

HU, BO XIANG 胡伯翔 (1896-)
Hu, He yi 胡鹤翼
Shi, Cheng weng 石城翁

HU, BO ZONG 胡博综 (1941-)
Hu, Qie 胡茄

Hu, Bu gui 胡不归
HUANG, CHONG XIONG 黄崇雄 (1943-)

Hu, Bu huan 胡不欢
CHEN, XIAO MEI 陈晓梅 (1924-)

Hu, Bu yi 胡布衣
HU, YUN 胡蕴 (1868-1938)

Hu, Bu zeng 胡步曾
HU, XIAN SU 胡先骕 (1893-1968)

Hu, Cai 胡采
SHEN, CHENG LI 沈承立 (1913-)

Hu cen 虎岑
KUAI, ZHEN GAN 蒯贞幹

Hu, Chai 胡柴
LI, LIAN CUI 李连萃 (1911-1991)

Hu chan 虎禅
YANG, DU 杨度 (1875-1931)

Hu chan shi 虎禅师
YANG, DU 杨度 (1875-1931)

HU, CHANG QING 胡长清 (1902-)
Hu, Ci wei 胡次威

HU, CHANG WU 胡昌五 (1928-)
Li mu 力牧
Ma, Da 马达

Hu, Chao 胡超
HU, CHU QING 胡楚卿 (1923-1994)

Hu, Chao 胡潮
HU, MING QING 胡明清 (1915-)

HU, CHAO LIANG 胡朝梁 (1877-)
Hu, Zi fang 胡梓方
Shi lu 诗庐

Hu, Chao qun 胡超群
HU, CHU QING 胡楚卿 (1923-1994)

Hu chen 虎臣
YOU, BAI WEI 尤百威

HU, CHEN ZHEN 胡谌珍 (1934-)
Ai, Li 艾立

HU, CHENG 胡诚 (1956-)
Hu han 糊喊

Hu, Chi 胡痴
HU, ZHEN XUN 胡振勋 (1917-)

Hu, Chi qiu 胡持秋
HU, YU GUI 胡毓桂 (1892-1985)

Hu, Chong xuan 胡崇轩
HU, YE PIN 胡也频 (1903-1931)

HU, CHU QING 胡楚卿 (1923-1994)
Chu, Qing 楚卿
Hu, Chao 胡超
Hu, Chao qun 胡超群

Hu, Chun 胡春
HU, YU ZHEN 胡玉贞 (1905-)

HU, CHUN BING 胡春冰 (1906-1960)
Chun ying 春英
Hong yu 红雨

HU, CHUN CHAO 胡春潮 (1933-)
Chun chao 春潮

Hu, Ci wei 胡次威
HU, CHANG QING 胡长清 (1902-)

Hu cun 虎村
LI, FU CHUN 李福春 (1955-)

HU, DA WEN 胡大文 (1941-1990)
Da wen 达文
Guo, Ran 果然
Lü cao 绿草
Xi yu 细雨

HU, DAI RUN 胡代润 (1926-)
Dai ren 呆人
Di sheng 荻笙
Han song 寒松
Hu, Di 胡荻
Hu, Di sheng 胡荻笙
Hu, Han song 胡寒松
Hu, Zi ya 胡子崖
Hu, Zi yan 胡紫岩
Huang, Gu xing 黄孤行
Ye ren 野人
Zi bing 紫冰
Zi jing 紫荆
Zi yan 紫岩

HU, DAO JING 胡道静 (1913-)
Huo yan 火焉
Jin ling 锦铃
Li, Shi 李诗

HU, DE BAO 胡德葆 (1942-)
Hu, Wen ying 胡文瑛
Gu, Yue 古月

HU, DE HUA 胡德华 (1925-)
A sha 阿沙
Gao, Sha 高沙

HU, DE HUI 胡德辉 (1913-1968)
Hei, Shan 黑山
Ji, Sun ji 纪孙季
Ji, Yan 纪烟
Jiang, Bei mi 江北米
Lao, Ren 劳人
Mei sheng 眉甥
Nie, Wen 聂文
Niu, Hui 牛回
Shang guan 上官
Shang guan, Mi 上官米
Shi, Wen 石闻
Shu sun, Ji 叔孙季
Su, Mei sheng 苏眉甥
Wu, He 伍禾
Xi er 洗耳
Yu zhi 宇之

HU, DE JIA 胡德嘉 (1931-)

Wu, Qun 伍群

HU, DE PEI 胡德培 **(1937-   )**
Gu, Yu 古玉
Pei zhi 培之
Shi, Chuan ren 史川仁

HU, DE SHU 胡德恕 **(1916-   )**
Hu, Ji wei 胡绩伟

Hu, Di 胡荻
HU, DAI RUN 胡代润 **(1926-   )**

Hu, Di 胡笛
LIU, GUANG XING 刘光兴 **(1915-   )**

Hu, Di sheng 胡荻笙
HU, DAI RUN 胡代润 **(1926-   )**

Hu, Die 胡迭
HOU, LI CHAO 侯立朝 **(1929-   )**

Hu, Ding 扈丁
LI, XING MIN 李醒民 **(1945-   )**

Hu, Ding an 胡定安
HU, SHI 胡适 **(1891-1962)**

HU, DING XIN 胡鼎新 **(1912-1992)**
Hu, Qiao mu 胡乔木
Kai tai 开泰
Qiao, Mu 乔木
Ting qiao 听樵
Zhong, Luo 钟洛

Hu, Dong ye 胡冬野
HU, QIU YUAN 胡秋原 **(1910-1989)**

HU, DOU NAN 胡斗南
Dan lü 丹梠

Hu, Du 胡度
LI, LIANG QIU 李良球 **(1929-   )**

Hu, Du 胡都
FAN, YUN FANG 樊云芳 **(1945-   )**

Hu du cun min 虎渡村民
XIAO, DAI XIAN 萧代贤 **(1938-   )**

Hu, Du jing 胡笃敬
HU, SHEN CHI 胡慎持 **(1913-   )**

HU, DU RONG 胡笃融 **(1924-   )**
Hu, Han 胡含

HU, DUAN HAO 胡端豪 **(1923-   )**
Duan mu, Hao 端木豪
Duan mu, Hao feng 端木豪风
Hai, Yu 海雨
Hu, Tian feng 胡天风
Hu, Yan 胡雁
Li, Huai ping 李怀平
Lin, Huang 林篁
Lin, Zi 林紫
Liu sha 流沙
Shi, Jia 石葭
T. F.
Tian, Feng 田枫
Tian feng 天风
Wu, Bi 吴碧
Xie, Ling 谢玲
Xie, Ling 谢菱

Hu, Dun yuan 胡遁园
HU, NAI AN 胡耐安 **(1903-   )**

Hu, E 胡谔
HU, SHI ZHANG 胡士璋 **(1924-   )**

HU, E GONG 胡鄂公 **(1884-1951)**
Feng yu lou 风雨楼
Hu, Rong ming 胡荣铭
Hu, Xin san 胡新三
Nan, Hu 南湖

Hu, Er 胡儿
HU, NAI AN 胡耐安 **(1903-   )**

HU, ER CHA 胡尔查 **(1930-   )**
Huo, Er cha 霍尔查

HU, ER MIN 胡尔敏 **(1944-   )**
Yan, Qin 严沁

Hu fa jun 护法军
YAO, ZHEN 姚朕

Hu fa tong zi 护法童子
Ci, HANG 慈航

Hu, Fang 胡芳
HU, SHOU MEI 胡寿楣 **(1908-1982)**

Hu, Fang jun 胡芳君
HU, SHOU MEI 胡寿楣 **(1908-1982)**

Hu, Fei 胡菲
XIA, HONG FEI 夏鸿飞 **(1924-   )**

Hu, Feng 胡丰
ZHANG, GUANG REN 张光人 **(1902-1985)**

Hu, Feng 胡风
ZHANG, GUANG REN 张光人 **(1902-1985)**

Hu, Feng 胡枫
YAO, ZONG WEI 姚宗伟 **(1923-   )**

Hu, Feng 胡蜂
HU, YUAN RANG 胡远让 **(1922-1952)**

Hu fu 弧父
XIAO, SHU LIE 萧树烈 **(1896-1927)**

Hu, Fu 胡附
HU, YU SHU 胡裕树 **(1918-   )**

Hu, Fu 胡服
LIU, SHAO QI 刘少奇 **(1898-1969)**

Hu fu 壶父
LI, YIN SANG 李尹桑

HU, GANG 胡港 **(1959-)**
Gu, Qiu 古秋
Gu, Xiang 古巷

HU, GEN QUAN 胡根全 **(1929-)**
Hu, A gen 胡阿根
Hu, Wan chun 胡万春

Hu, Gen tian 胡根天
HU, YU GUI 胡毓桂 **(1892-1985)**

Hu, Geng 胡耕
ZHANG, SHI XUN 张世勋 **(1925-)**

Hu gong 虎公
YANG, DU 杨度 **(1875-1931)**

Hu gong 壶公
WU, SHU MING 吴漱溟 **(1924-)**

Hu gong 壶公
LUO, XIN BING 罗心冰

Hu, Gu huai 胡谷怀
HU, GUO WEI 胡国伟 **(-1976)**

Hu, Guan lu 胡关露
HU, SHOU MEI 胡寿楣 **(1908-1982)**

Hu, Guang 胡广
WANG, YANG 王扬 **(1917-1986)**

HU, GUANG FAN 胡光凡 **(1931-)**
Gang fan 钢帆

HU, GUANG HOU 胡广厚 **(1932?-)**
Hu, Qin 胡沁

HU, GUANG WEI 胡光炜 **(1888-1962)**
Hu, Xiao shi 胡小石
Qian yin 倩尹
Sha, Gong 沙公
Sheng tong 圣同
Xia, Lu 夏庐
Zi xia 子夏

HU, GUO CUN 胡果存 **(1946-)**
Gu, Mu 古木

HU, GUO GANG 胡果刚
Guo, Gang 果刚

HU, GUO QIANG 胡国强 **(1955-)**
Gu, Yue 古月

HU, GUO QIN 胡国钦 **(1939-)**
Gu, Quan 古泉
Hu, Shan 胡山

HU, GUO WEI 胡国伟 **(-1976)**
Gu, Huai 谷怀
Hu, Gu huai 胡谷怀

HU, GUO XIAN 胡国贤 **(1946-)**
Ji hun 羁魂

Hu, Hai 胡海
HU, QING JUN 胡庆钧 **(1918-)**

Hu, Han 胡含
HU, DU RONG 胡笃融 **(1924-)**

Hu han 糊喊
HU, CHENG 胡诚 **(1956-)**

HU, HAN HUA 胡汉华 **(1911-)**
Ding, Hai 丁亥
Hu, Shao xuan 胡绍轩
Hua, Lu 华露
Lao shao 老绍
Qi, Xian 戚仙
Shao, Xian 邵仙
Shao xian 少仙
Shao xuan 绍轩
Wu, Han hua 吴寒花

HU, HAN MIN 胡汉民 **(1879-1936)**
Bian jian 辨姦
Bu kui shi zhu 不匮室主
Han min 汉民
Hu, Qu fei 胡去非
Hu, Yan guan 胡衍鹳
Hu, Zhan tang 胡展堂
Ji zhe 记者
Lao han 老汉
Ling nan han min 岭南汉民
Min yi 民意
Qu fei 去非

Hu, Han song 胡寒松
HU, DAI RUN 胡代润 **(1926-)**

HU, HAN ZHU 胡憨珠
Pao long tao 跑龙套
Tan zi bao 探子报

HU, HE 胡翯
Hu Yu gao 胡羽高

Hu he 呼和
WEI, KUI YUAN 韦魁元 **(1942-)**

Hu, He yi 胡鹤翼
HU, BO XIANG 胡伯翔 **(1896-)**

HU, HENG ZI 胡蘅子
Wei, Gan 卫干

HU, HONG SHU 胡鸿书 **(1913-1979)**
Hu, Ji qiu 胡寄秋

Hu, Ling 胡零

HU, HONG TAO 胡宏焘 **(1933-)**
Hong, Tao 洪涛

Hu, Hong xing 胡洪騂
HU, SHI 胡适 **(1891-1962)**

HU, HOU XUAN 胡厚宣 **(1911-)**
Fu lin 福林
Jun bo 君泊

HU, HU QUAN 胡护权 **(1917-)**
Hu, Bing jun 胡秉均
Hu, Jun 胡均
Hu, Zi 胡子
Su, Lin 苏林

HU, HUA 胡华 **(1921-1987)**
Hua, Wei qing 华维清

Hu, Hua 胡画
WANG, JIE XIN 王洁心 **(1927-)**

HU, HUAI CHEN 胡怀琛 **(1886-1938)**
Hu, Ji chen 胡寄尘
Hu, Ji ren 胡季仁
Ji chen 寄尘
Ji, Ren 季仁
Qiu, Shan 秋山
You huai 有怀

HU, HUAI MEI 胡怀美 **(1955-)**
Lu, Meng 鲁蒙

HU, HUI DE 胡惠德 **(1911-)**
Ding, Ke xin 丁克辛

HU, HUI HAN 胡恢汉 **(1885-1948)**
Hu, Zu shun 胡祖舜

HU, HUI ZHAO 胡慧照
Hui zhao 慧照

Hu, Ji chen 胡寄尘
HU, HUAI CHEN 胡怀琛 **(1886-1938)**

Hu, Ji chuang 胡寄窗
HU, ZHONG RUI 胡钟睿 **(1903-)**

HU, JI NAN 胡寄南 **(1908-)**
Di neng er 低能儿
Tian cai 忝才

Hu, Ji qiu 胡寄秋
HU, HONG SHU 胡鸿书 **(1913-1979)**

Hu, Ji ren 胡季仁
HU, HUAI CHEN 胡怀琛 **(1886-1938)**

Hu, Ji wei 胡绩伟
HU, DE SHU 胡德恕 **(1916-)**

Hu, Jia 胡加
ZHENG, MENG ZHOU 郑梦周 **(1920-1982)**

Hu, Jia 胡笳
WANG, REN SHU 王任叔 **(1901-1972)**

HU, JIA 胡笳 **(1911-)**
Hu, Zhong ming 胡仲明
Zhong, Ming 仲明

Hu, Jia 胡笳
LIU, TIAN WEN 刘天文 **(1924-)**

Hu, Jia 胡笳
PENG, LONG FEI 彭龙飞 **(1936-)**

HU, JIA CHENG 胡家騄 **(1924-)**
Yi yi 毅怡

Hu, Jia hong 胡家鸿
YU, ZHONG ZHENG 郁钟正 **(1915-)**

Hu jia ju shi 胡笳居士
HU, QIU PING 胡秋坪 **(1917-)**

HU, JIA MO 胡家模 **(1936-)**
Si yuan 思远

Hu jia nuo 呼加诺
HUANG, JIN LUAN 黄锦鎏 **(1918-)**

Hu, Jia zuo 胡佳作
HU, JIA ZUO 胡嘉作 **(1929-)**

HU, JIA ZUO 胡嘉作 **(1929-)**
Hu, Jia zuo 胡佳作

Hu Jiang li 扈江蓠
MA, ZHONG HAN 马锺汉 **(1912-)**

Hu, Jiao 胡椒
CHENG, FU DUO 程敷铎 **(1916-)**

Hu, Jie sheng 胡介生
HU, YUN 胡蕴 **(1868-1938)**

HU, JIN JIE 胡晋接 **(1870-1934)**
Hu, Mei xuan 胡梅轩
Hu, Zi cheng 胡子承
Mei, Xuan 梅轩
Zhi cheng 止澄
Zhi cheng ju shi 止澄居士

HU, JIN QING 胡进庆 **(1936-)**
Mo, Du 墨犊

Hu, Jin xu 胡今虚
HU, SHEN DING 胡申定 **(1915-)**

HU, JIN YE 胡今叶 **(1928-)**
Hu, Yi 胡易

HU, JING DAI 胡经代 **(1953-)**
Jin, Dai 金岱

HU, JING FANG 胡景芳 **(1931-)**

Tong, Ding 童丁

Hu, Jing fu 胡经甫
HU, ZONG QUAN 胡宗权 **(1896-1972)**

Hu, Jing xing 胡景星
HU, ZHEN XUN 胡振勋 **(1917-)**

HU, JING XIU 胡敬修 **(1931-)**
Gu, Yue 古越
Meng ping 梦萍

HU, JING ZHI 胡经之 **(1933-)**
Wu, Lan 吴蓝

Hu, Ju ren 胡菊人
HU, BING WEN 胡秉文 **(1933-)**

HU, JUN 胡钧 **(1870-1945)**
Qian zhi 千之
Yi fa 一发
Yi fa an 一发庵

HU, JUN 胡钧 **(1928-)**
Yue, Qian 越千

Hu, Jun 胡君
HU, SHOU MEI 胡寿楣 **(1908-1982)**

Hu, Jun 胡均
HU, HU QUAN 胡护权 **(1917-)**

HU, JUN LIAN 胡俊莲
Yin lu 吟露

HU, JUN PING 胡君苹
Rao, Chu yu 饒楚瑜

HU, KAI YU 胡开瑜
Tu shi ren 兔诗人

Hu, Kang 胡康
HUANG, FU KANG 黄福康 **(1948?-)**

Hu, Kang rong 胡康戎
HU, KANG RONG 胡康荣 **(1948-)**

HU, KANG RONG 胡康荣 **(1948-)**
Hu, Kang rong 胡康戎
Kang, Rong 康戎

HU, KANG XIN 胡康新 **(1932-)**
Dan, Shi 但是
Di, Miao 狄苗
Feng, Ci 冯慈
Guo, Ke 过客
Jian, Fan 简范
Lu jian 芦剑
Lü, Liang 吕梁
San you 三友
Xiang, Geng 向耕

HU, KAO 胡考 **(1912-)**

Tian, Miao 田苗

Hu, Ke 胡可
HU, TENG JU 胡腾驹 **(1921-)**

Hu ke 浒可
XU, TING 许挺 **(1943-)**

HU, KE XI 胡克熙 **(1911-)**
Ban long 半聋
Hu, Tie sheng 胡铁生
Lao tie 老铁
Lu, Ren 鲁人
Rong ma shu sheng 戎马书生
Shi, Dao ren 石道人
Shi lu zhu ren 石庐主人
You shi 友石

Hu, Kuang 胡旷
HU, ZAI QIU 胡载球 **(1906-)**

HU, KUN ZHONG 胡坤仲 **(1948-)**
Hu, Tu 胡土
San guang 三光
Xin wu 心吾

Hu, Lan 胡岚
HU, BAO SHAN 胡宝善 **(1935-)**

HU, LAN CHENG 胡兰成 **(1906-1982)**
Hu, Lan cheng 胡览乘
Lan, Cheng 兰成
Lan cheng 览乘
Li, Qing 李磬
Liu sha 流沙
Zhang, Jia yi 张嘉仪

Hu, Lan cheng 胡览乘
HU, LAN CHENG 胡兰成 **(1906-1982)**

HU, LAN LAN 胡兰兰 **(1966-)**
Lan, Lan 蓝蓝

Hu, Lan qi 胡兰畦
HU, MING XIAN 胡明仙 **(1901-)**

Hu, Lang 胡郎
TIAN, JING HUI 田景惠 **(1923-)**

Hu, Lang 胡朗
TIAN, JING HUI 田景惠 **(1923-)**

Hu lang 虎郎
LIAO, XI LAN 廖西岚 **(1946-)**

Hu, Le weng 胡乐翁
HU, NAI AN 胡耐安 **(1903-)**

Hu, Li 胡里
LIU, SI HAI 刘斯海 **(1919-)**

Hu lian 瑚琏
LI, CI 李赐 **(1920-)**

HU, LIAN JIANG 胡连江 **(1921-)**
Cao sha 草沙
Gu, Yue 古月

HU, LIANG ZHEN 胡良珍 **(1924-)**
Zhi xian 志贤

Hu, Liao 胡燎
HU, XING YUAN 胡星原 **(1921-1983)**

Hu, Lie 胡烈
HU, ZONG QUAN 胡宗权 **(1896-1972)**

HU, LIN 胡霖 **(1889-1949)**
Hu, Zheng zhi 胡正支
Hu, Zheng zhi 胡政之
Jing guan 静观
Leng, Guan 冷观
Zheng zhi 政之

Hu, Lin tian 胡林天
HU, ZHEN BANG 胡振邦 **(1924-)**

Hu, Ling 胡零
HU, HONG SHU 胡鸿书 **(1913-1979)**

Hu, Ling sheng 胡陵生
YUAN, LIANG JUN 袁良骏 **(1936-)**

Hu, Ling tian 胡令天
HU, ZHEN BANG 胡振邦 **(1924-)**

Hu, Ling yu 胡灵雨
HU, YUE 胡越 **(1920-1980)**

Hu, Ling yun 胡灵云
HU, YUE 胡越 **(1920-1980)**

Hu, Liu 胡柳
XU, DU QIAN 徐笃谦 **(1925-)**

Hu lou 湖楼
ZENG, XI JING 曾习经 **(1867-1926)**

HU, LU YAN 胡鲁焉 **(1926-)**
Guo, Yin 郭因
Lu, Ni 路泥

Hu, Luo 胡洛
LI, AN LE 李安乐 **(1915-1937)**

Hu, Luo bu 胡萝卜
HU, QING LIN 胡庆林 **(1958-)**

Hu, Man 胡蛮
WANG, HONG 王鸿 **(1904-1986)**

Hu, Man 胡蛮
LI, TIAN XIN 李天欣 **(1915-)**

Hu man 祜曼
WANG, HONG 王鸿 **(1904-1986)**

Hu, Man ci 胡曼慈
ZHOU, GU CHENG 周谷城 **(1898-)**

Hu, Mei 胡楣
HU, SHOU MEI 胡寿楣 **(1908-1982)**

Hu, Mei li 胡美丽
LONG, YING TAI 龙应台 **(1952-)**

Hu mei nü shi 胡楣女士
HU, SHOU MEI 胡寿楣 **(1908-1982)**

Hu, Mei xuan 胡梅轩
HU, JIN JIE 胡晋接 **(1870-1934)**

HU, MEI ZI 胡梅子 **(1940-)**
Xiong hong 复虹

Hu meng 弧孟
ZHOU, SHU REN 周树人 **(1881-1936)**

Hu, Meng li 胡孟丽
ZHANG, HUA ZHONG 张华中 **(1956-)**

HU, MENG YAN 胡孟炎 **(1933-)**
Meng, Yan 孟炎
Shou chu 守初

Hu min 湖民
ZENG, XI JING 曾习经 **(1867-1926)**

Hu min 湖泯
LIANG, DING FEN 梁鼎菜 **(1859-1920)**

HU, MING 胡明 **(1930-)**
Hu, Zhi ming 胡志明

HU, MING 胡明
Zhou, Shao hua 周韶华

Hu, Ming 胡名
LIN, FAN 林帆 **(1930-)**

HU, MING CHAO 胡明超 **(1926-)**
Gao, Yuan 高源

HU, MING QING 胡明清 **(1915-)**
Hu, Chao 胡潮
Hu, Tuo 胡拓

Hu, Ming shu 胡明树
XU, SHAN YUAN 徐善源 **(1914-1977)**

HU, MING XIAN 胡明仙 **(1901-)**
Hu, Lan qi 胡兰畦

Hu, Mo ran 胡默然
HU, YE YU 胡业裕

Hu, Mu 胡牧
HU, RONG QIAN 胡荣谦 **(1923-)**

Hu, Mu 胡牧
LUO, HONG KUN 罗鸿堃 **(1932-)**

Hu, Mu yun 胡慕云
QU, JIN JU 瞿金驹 **(1910-1979)**

HU, NAI AN 胡耐安 **(1903-)**
Dun sou 遁叟
Dun yuan 遁园
Hu, Dun yuan 胡遁园
Hu, Er 胡儿
Hu, Le weng 胡乐翁
Hu, You lin 胡有廖

Hu, Nai an 胡耐菴
HU, YUAN TAN 胡元倓 **(1872-1940)**

HU, NAI CHANG 胡乃昌 **(1924-1982)**
Hu, Xue wen 胡学文
Yu, Li 余力

HU, NAI WU 胡乃武 **(1945-)**
Gu, Feng 古枫
Gu, Yue 古月
Hu, Tu 胡途

Hu, Nan 胡楠
PENG, KAI ZHONG 彭闓忠 **(1913-)**

HU, NAN 胡楠 **(1961-)**
Xu gu 须谷

Hu nan 虎男
HU, SHAN YUAN 胡山源 **(1897-1988)**

Hu nan niu 湖南牛
CHEN, BING KUN 陈炳堃 **(1898-1990)**

Hu, Nan xiang 胡南翔
HU, YAO HUA 胡耀华 **(1906-1965)**

Hu nan zhi hu nan ren 湖南之湖南人
YANG, YU LIN 杨毓麟 **(1872-1911)**

Hu, Nao 胡闹
HU, QIU PING 胡秋坪 **(1917-)**

HU, NIAN YI 胡念贻 **(1924-1982)**
Meng, Zhou 孟周

Hu, Nian zu 胡念祖
HU, XUE YUAN 胡学渊 **(1937-)**

HU, PEI HENG 胡佩衡 **(1892-1962)**
Hu, Xi quan 胡锡铨

Hu, Pei ji 胡培基
HU, YE PIN 胡也频 **(1903-1931)**

Hu, Peng 胡朋
CHU, YUN CHENG 初韫成 **(1916-)**

HU, PENG 胡鹏 **(1960-)**
Hu peng 岵芃

Hu peng 岵芃
HU, PENG 胡鹏 **(1960-)**

Hu, Ping 胡苹
ZHOU, YU RONG 周玉容 **(1936-)**

Hu, Ping 胡萍
CHEN, XIAN FU 陈显涪 **(1949-)**

Hu po 琥珀
LUO, BAI NIAN 罗柏年 **(1927-1986)**

HU, PU AN 胡朴安 **(1878-1947)**
Ban bi weng 半臂翁
Hu, You bian 胡有忭
Hu, Yun yu 胡韫玉
Hu, Zhong ming 胡仲明
Pu an 朴安
Pu an 朴庵
Pu xue Zhai 朴学斋
Song min 颂民
You bian 有忭
Yun yu nü shi 韫玉女士
Zhong, Ming 仲明

Hu, Qi 胡奇
HU, ZHAO CAI 胡兆才 **(1918-)**

Hu, Qi ming 胡启明
ZHAO, SHU LI 赵树礼 **(1906-1970)**

Hu, Qi ming 胡起名
ZHAO, SHU LI 赵树礼 **(1906-1970)**

Hu, Qi rui 胡启锐
HU, QI RUI 胡启睿 **(1936-)**

HU, QI RUI 胡启睿 **(1936-)**
Hu, Qi rui 胡启锐
Zhe wen 哲文

HU, QI ZHEN 扈其震 **(1948-)**
Yu chen 雨辰

HU, QIAN SHAN 胡乾善 **(1911-)**
Long weng 聋翁

Hu, Qiao mu 胡乔木
HU, DING XIN 胡鼎新 **(1912-1992)**

Hu, Qie 胡茄
ZHAO, XIU RONG 赵秀戎 **(1940-)**

Hu, Qie 胡茄
HU, BO ZONG 胡博综 **(1941-)**

Hu, Qin 胡沁
HU, GUANG HOU 胡广厚 **(1932?-)**

Hu, Qin 胡琴
XU, WEI 徐炜 **(1916-)**

Hu, Qing 胡青
LI, SHU REN 李树人 **(1916-)**

Hu, Qing 胡青
SUN, JIA SEN 孙家森 **(1929-)**

HU, QING 胡清 **(1945-)**

Hu, Xin 胡辛

HU, QING DI 胡庆坻 **(1924-)**
Hu, Shi yan 胡石言
Shi, Yan 石言

Hu, Qing he 胡清和
HU, XING WEN 胡幸文 **(1931-)**

HU, QING JUN 胡庆钧 **(1918-)**
Hu, Hai 胡海
Shao hai 少海

HU, QING LIN 胡庆林 **(1958-)**
Gu, Mu 古木
Hu, Luo bu 胡萝卜

Hu, Qing ping 胡青苹
HU, BAI HUA 胡白华

Hu, Qing po 胡青坡
HU, ZHEN QING 胡振清 **(1916-)**

Hu, Qiu ping 胡秋平
HU, QIU PING 胡秋坪 **(1917-)**

HU, QIU PING 胡秋坪 **(1917-)**
Bai, Fan 白帆
Hu jia ju shi 胡笳居士
Hu, Nao 胡闹
Hu, Qiu ping 胡秋平
Hu, Zheng 胡征
Luo, Jing 骆惊
Qiu, Ping 秋平
Zheng hong 征鸿

HU, QIU YUAN 胡秋原 **(1910-1989)**
Bing chan 冰禪
Di yuan 荻原
Dong ye 冬野
Hu, Dong ye 胡冬野
Hu, Shi ming 胡石明
Hu, Ye chong 胡业崇
Jin xuan 锦轩
Long, Zhi ping 龙治平
Min, Shi fu 闵时夫
Qiu, Sheng 秋生
Shi, Ming 石明
Wei ming 未明
Zeng, You 曾佑

Hu, Qu fei 胡去非
HU, HAN MIN 胡汉民 **(1879-1936)**

Hu, Qu yuan 胡曲园
HU, TING FANG 胡廷方 **(1905-)**

Hu ren 护人
LI, WEN HUI 李文会 **(1899-1958)**

HU, REN JIE 胡人杰 **(1880-1926)**
Hu, Shi an 胡石庵
Jin, Men 金门
Chan han shi zhu 忏憨室主
Tian shi 天石

HU, REN REN 胡仁人 **(1941-)**
Meng, Teng 孟滕

Hu, Rong ming 胡荣铭
HU, E GONG 胡鄂公 **(1884-1951)**

HU, RONG QIAN 胡荣谦 **(1923-)**
Hu, Mu 胡牧

HU, RU LIN 胡汝麟 **(1879-1941)**
Shi, Qing 石青

Hu, Rui 胡锐
OU YANG, BEN YI 欧阳本义 **(1902-1993)**

HU, RUI 胡锐
Hu, Tu 胡途

HU, RUI LIANG 胡瑞梁 **(1918-)**
Hu, Zhong zhou 胡中舟
Ou yang, Zi heng 欧阳紫衡
Rui, Liang 芮良

HU, RUN SEN 胡润森 **(1949-)**
Si ma, Qian zheng 司马前征

Hu, Ruo gu 胡若谷
HU, YUE 胡越 **(1920-1980)**

Hu, Sha 胡沙
XU, MAO TING 徐茂庭 **(1922-)**

HU, SHA JIN 胡沙金 **(1955-)**
Sha, Jin 沙金

Hu, Shan 胡山
SHEN, DUAN XIAN 沈端先 **(1900-1995)**

HU, SHAN 胡山 **(1926-)**
A han 阿憨
Hu, Tian ru 胡天如

Hu, Shan 胡山
HU, GUO QIN 胡国钦 **(1939-)**

HU, SHAN HENG 胡善恒 **(1898-)**
Hu, Tie yan 胡铁岩

Hu shan ke 湖山客
XU, SHENG YAO 许绳尧 **(1897-1984)**

HU, SHAN YUAN 胡山源 **(1897-1988)**
An, Ran 安然
Ban cun 半村
Ban cun zhu ren 半村主人
Bao, Luo di 包落弟
Bian zhe 编者
Bu lao 不老
Chang sheng 长生
Chang yun 长云

Chen, Bi yun 陈碧云
Di, Ping 狄平
Di ping 迪平
Du gu, Yu 独孤玉
Fang, Yi 方以
Fang, Yi ping 方以屏
Fu ren 孚人
Geng, Zhi 耿之
Guan bai 贯白
Guan chang 贯长
Guo, Ke 过客
Hu nan 虎男
Lao peng 老彭
Li, Fen 黎芬
Li, Lao 黎劳
Lun ting 纶亭
Ma, Ming 马鸣
Mao lie 茂烈
Ming, Lü 明绿
Mo, Ji 莫稽
Mo, Qi 莫奇
Mo, Xie 莫邪
Mu zi 木子
Pan, Zi ying 潘子英
Pei ben 培本
Pei chu 培初
Qi gan 岂敢
Qing sheng 庆生
Qiu, Sheng 秋生
Qu, Xu 屈戌
S
Shan yuan 杉圆
Shang, Qing 尚卿
Si huan 丝环
Si huan 思还
Tan ying 潭影
Tian cun 天存
Wang wang sheng 忘忘生
Wu chou 无愁
Xian yun 闲云
Xing 星
Xue ren 学人
Yi, Jin 依今
Yi ran 怡然
Ying ming 莺鸣
Yong zhi 庸之
You ran 悠然
Yu cang 雨苍
Zhang, Pei ben 张培本
Zhang, Pei chu 张培初
Zhi 智
Zhi chu 智初
Zhou, Fu 周馥

Hu, Shang feng 胡尚风
LI, JING CI 李景慈 **(1918-)**

Hu shao 乎少
HU, XIU 胡秀 **(1922-)**

Hu, Shao fu 胡少甫
REN, BI SHI 任弼时 **(1904-1950)**

HU, SHAO HUA 胡少华 **(1956-)**
Hu, Yi ji 胡艺己
Hu, You xin 胡友新

HU, SHAO WEI 胡绍渭 **(1931-)**
Feng mang 蜂芒
Hu, Zhi hui 胡志挥

Hu, Shao xuan 胡绍轩
HU, HAN HUA 胡汉华 **(1911-)**

HU, SHEN CHI 胡慎持 **(1913-)**
Hu, Du jing 胡笃敬

HU, SHEN DING 胡申定 **(1915-)**
Ge, Yi 葛伊
Hu, Jin xu 胡今虚
Jin xu 今虚
Luo, Jian 骆坚
Luo ren 洛人
Luo shen 洛神
Tian, Zhou 田帚
Ying, Xu 应虚
Ying, Yu 应瑜
Zhi mo 之默

HU, SHEN ROU 胡慎柔
Zhu xiang 住想

HU, SHENG 胡绳 **(1918-)**
Bo ren 博仁
Bu, Gong 卜公
Bu, Ren 卜人
Chen, Sang 陈桑
Cheng, Xian 成弦
Gong sun, Qiu zhi 公孙求之
Hong, Suo 洪索
Li, Bo 李勃
Li, Dai qing 李岱青
Li, Nian qing 李念青
Lu, Man 陆曼
Nian qing 念青
Pu, Ren 蒲韧
Qiu zhi 求之
Sang 桑
Shen, Mo 沈漠
Shen, You gu 沈友谷
Shen, Yu tian 沈于田
Sheng 绳
Shi, Dong xiang 施东向
Si ma, Niu 司马牛
Su, Hao 苏浩

Tang, Jue 唐蕨
Wei, Jian 卫建
Ye, Lan 叶岚
Yi 毅
Yong, Pu zu 雍蒲足
Yong, Zu 雍足
You gu 友谷
Yu 禹
Yu, Tian 于田
Zhu, Qiu 祝丘
Zong, Gu 宗顾

Hu sheng 沪生
CHEN, GUANG MEI 陈光美 **(1913-1997)**

Hu, Sheng zu 胡绳祖
SHEN, YAN BING 沈雁冰 **(1896-1981)**

HU, SHI 胡适 **(1891-1962)**
Cang hui 藏晖
Cang hui shi zhu ren 藏晖室主人
Cang hui zhu ren 藏晖主人
Die 蝶
Die er 蝶儿
Dong xin 冬心
H.S.C.
Hu, Ding an 胡定安
Hu, Hong xing 胡洪騂
Hu, Shi zhi 胡适之
Hu, Si mi 胡嗣穈
Hu, Tian 胡天
Q
Q.V.
Qi zi sheng sheng 期自胜生
Shi 适
Shi an 适厂
Shi an 适盦
Shi zhi 适之
Si mi 嗣穈
Tian feng 天风
Tie 铁
Tie er 铁儿
WGT
WHO
Xi jiang 希疆
Xiao 笑
Xing 騂
Yi zhai zhu ren 毅斋主人
Zhi 之
Zi sheng sheng 自胜生

Hu shi 乎石
YANG, CHANG HUAI 杨长槐 **(1938-)**

Hu, Shi an 胡石庵
HU, REN JIE 胡人杰 **(1880-1926)**

HU, SHI HUA 胡世华 **(1912-)**
Hu, Zi hua 胡子华

HU, SHI KAI 胡世楷 **(1943-)**
Tan, Kai 谭楷

Hu, Shi ming 胡石明
HU, QIU YUAN 胡秋原 **(1910-1989)**

Hu, Shi yan 胡石言
HU, QING DI 胡庆坻 **(1924-)**

Hu, Shi ying 胡士英
HU, SHI YING 胡世英 **(1937-)**

HU, SHI YING 胡士莹 **(1901-1979)**
Hu, Wan chun 胡宛春
Shuang hong yi 霜红簃

HU, SHI YING 胡世英 **(1937-)**
Gu, Yue 古月
Gu, Yue 古越
Hu, Shi ying 胡士英

Hu, Shi yu 胡石予
HU, YUN 胡蕴 **(1868-1938)**

HU, SHI ZHANG 胡士璋 **(1924-)**
Hu, E 胡谔
Hu, Ying dong 胡膺东
Lang tian 浪天
Wang, Li zao 王立早
Zhu ge, Jin 诸葛锦

Hu, Shi zhi 胡适之
HU, SHI 胡适 **(1891-1962)**

HU, SHOU MEI 胡寿楣 **(1908-1982)**
Fang 芳
Fang jun 芳君
Fang lan 芳兰
Guan, Lu 关露
Hu, Fang 胡芳
Hu, Fang jun 胡芳君
Hu, Guan lu 胡关露
Hu, Jun 胡君
Hu, Mei 胡楣
Hu mei nü shi 胡楣女士
Lan 兰
Li, Yin 李茵
Lin, Yin 林荫
Meng yin 梦茵
Wu, Mei 吴梅

HU, SHOU REN 胡守仁 **(1908-)**
Bai shan shi 拜山氏

Hu, Shu hua 胡树化
LIU, DE GEN 刘德根 **(1936-)**

HU, SHU KUN 胡树琨 **(1941-)**
Wen, Qian 闻谦

Hu, Shu tang 胡漱唐

HU, SI JING 胡思敬 **(1870-1922)**

Hu, Shu wen 胡述文
GUO, HONG 郭虹

Hu, Shuang cheng 胡双城
LU, JI PING 陆吉平 **(1921-)**

Hu, Shuang cheng 胡双城
CAO, XIN ZHI 曹辛之 **(1917-1995)**

Hu, Shuo 胡朔
GU, SAN DUO 顾三多 **(1920-)**

Hu, Shuo 胡朔
CHEN, JIAN CHENG 陈建成 **(1941-)**

HU, SI JING 胡思敬 **(1870-1922)**
Hu, Shu tang 胡漱唐
Shou tang 瘦唐
Shu tang 漱唐
Tui lu 退庐
Tui lu ju shi 退庐居士
Wen ying lou zhu 问影楼主

Hu, Si mi 胡嗣糜
HU, SHI 胡适 **(1891-1962)**

HU, SI SHENG 胡思升 **(1932-)**
Nan, Zhi 南枝

HU, SI YONG 胡思庸 **(1926-)**
Tian, Yong 田用
Wu, Ming shi 吴鸣士

Hu song 弧松
LI, DA ZHAO 李大钊 **(1889-1927)**

HU, SONG ZHI 胡松植
Song zhi 松植

Hu, Su 胡苏
XIE, XIANG ZHEN 谢相箴 **(1915-)**

HU, SU MING 胡苏明 **(1897-1980)**
Yi nong 艺农

Hu sun 互孙
KUANG, HU SHENG 匡互生 **(1891-1933)**

HU, TENG JU 胡腾驹 **(1921-)**
Hu, Ke 胡可

HU, TI WEI 胡梯维
Fu yun 拂云
Fu yun sheng 拂云生
Na yun sheng 拏云生

Hu, Tian 胡天
HU, SHI 胡适 **(1891-1962)**

Hu, Tian 胡田
TIAN, RU BI 田儒壁 **(1920-)**

Hu, Tian feng 胡天风

HU, DUAN HAO 胡端豪 **(1923-)**

Hu, Tian ru 胡天如
HU, SHAN 胡山 **(1926-)**

Hu, Tian yan 胡天雁
HUANG, RUI YUN 黄瑞云 **(1932-)**

Hu, Tian yue 胡天月
HU, ZHONG YU 胡钟育 **(1891-1922)**

Hu, Tie sheng 胡铁生
HU, KE XI 胡克熙 **(1911-)**

Hu, Tie yan 胡铁岩
HU, SHAN HENG 胡善恒 **(1898-)**

HU, TING FANG 胡廷方 **(1905-)**
Hu, Qu yuan 胡曲园
Tian fang 天放

Hu tou she 虎头蛇
YANG, DU 杨度 **(1875-1931)**

Hu tou shu sheng 虎头书生
GU, JING CHENG 顾景程 **(1897-1944)**

Hu, Tu 胡图
WU, JI YUE 吴继岳 **(1905-)**

Hu, Tu 胡图
HUANG, KE MEI 黄克梅 **(1915-1961)**

Hu, Tu 胡土
HU, KUN ZHONG 胡坤仲 **(1948-)**

Hu, Tu 胡涂
LIU, LI XUE 刘立学 **(1939-)**

Hu, Tu 胡途
HU, NAI WU 胡乃武 **(1945-)**

Hu, Tu 胡塗
HU, RUI 胡锐

Hu, Tuo 胡拓
HU, MING QING 胡明清 **(1915-)**

Hu, Wan chun 胡万春
HU, GEN QUAN 胡根全 **(1929-)**

Hu, Wan chun 胡宛春
HU, SHI YING 胡士莹 **(1901-1979)**

Hu, Wei 胡韦
HE, WEI 贺巍 **(1933-)**

Hu, Wei 胡微
WANG, GU ZE 王古泽

HU, WEI BIAO 胡维标 **(1939-)**
Bai, Chu hu 白雏虎
Hua, Ying 华瑛

HU, WEI DONG 胡炜东 **(1968-)**
Xiao dong 晓东

HU, WEI HAN 胡维汉 **(1930-)**
Wei, Han 韦翰

HU, WEI MEI 胡为美
Mao, Mao 毛毛

Hu, Wen 胡文
WANG, ZHEN HU 王振湖 **(1937-)**

HU, WEN BIN 胡文彬 **(1939-)**
Hu, Zhi 胡质
Hua ye 桦叶
Qiao fu 樵夫
Shu wen 述闻
Wen, Lei 文雷
Xing yu 行余
Ye fu 野夫
Ye, Lin hong 叶林红
Yu, Li 余力

HU, WEN BING 胡文炳
Qiu, Wen 秋文

HU, WEN GANG 胡文刚 **(1936-)**
Hu, Xiao 胡肖

HU, WEN LIANG 胡文亮 **(1954-)**
Yan feng 雁风

HU, WEN XIONG 胡文雄 **(1953-)**
Gu, Yue 古月
Yu wen 羽文

Hu, Wen ying 胡文瑛
HU, DE BAO 胡德葆 **(1942-)**

Hu weng 虎翁
MU, LING FEI 慕凌飞 **(1913-)**

Hu, Wu 胡五
ZHOU, JI 周济 **(1921-)**

HU, WU GONG 胡武功 **(1949-)**
Gu, Li 古力
Gu, Yue 古月

HU, XI MING 胡希明 **(1906-)**
San liu 三流
Sun, Fei 孙飞

HU, XI NIAN 胡锡年 **(1913-)**
Hu, Xue yan 胡雪岩
Wu, Yi jun 吴易君

Hu, Xi quan 胡锡铨
HU, PEI HENG 胡佩衡 **(1892-1962)**

HU, XI SHENG 胡细生 **(1942-)**
Hu, Yi sheng 胡一笙
Xiao ge 筱歌

HU, XI ZHANG 胡希张 **(1930-)**
Xi zhang 喜章

HU, XIAN SU 胡先骕 **(1893-1968)**
Hu, Bu zeng 胡步曾

HU, XIAN ZHONG 胡显中
Mian lao 丏佬
San you 三友
Su, Ni 苏尼

Hu, Xiang 胡祥
FANG, ZHENG 方拯 **(1906-)**

Hu, Xiao 胡肖
HU, WEN GANG 胡文刚 **(1936-)**

Hu xiao 虎啸
CHENG, SHANG ZHI 成尚志 **(1950-)**

Hu xiao 呼啸
HU, XIU 胡秀 **(1922-)**

HU, XIAO CHUN 胡小春 **(1933-)**
Gu, Yue 古月
Hu, Xiao chun 胡晓春
Hu, Xu 胡须

HU, XIAO CHUN 胡晓春 **(1907-1982)**
Hu, Zi ying 胡子婴
Song, Lin 宋霖

Hu, Xiao chun 胡晓春
HU, XIAO CHUN 胡小春 **(1933-)**

HU, XIAO FENG 胡晓风 **(1924-)**
A huang 阿凰
Du gu, Yue 独孤月
Lan, Gang 蓝岗
Leng, Qian shan 冷千山

HU, XIAO FENG 胡晓峰 **(1951-)**
Gu, Ri shan 古日山

Hu, Xiao hai 胡小孩
HU, XIAO HAI 胡啸孩 **(1930-)**

HU, XIAO HAI 胡啸孩 **(1930-)**
Hu, Xiao hai 胡小孩

HU, XIAO LIN 胡晓林 **(1949-)**
Mu mu 木木

Hu, Xiao shi 胡小石
HU, GUANG WEI 胡光炜 **(1888-1962)**

HU, XIAO XUAN 胡小宣 **(1965-)**
Wen, Bing 文冰

HU, XIAO YA 胡筱娅 **(1955-)**
Ya jun 雅君

Hu, Xie qing 胡絜青
HU, YU ZHEN 胡玉贞 **(1905-)**

Hu, Xin 胡辛

HU, QING 胡清 **(1945-)**

Hu, Xin ping 胡欣平
HU, YUE 胡越 **(1920-1980)**

Hu, Xin san 胡新三
HU, E GONG 胡鄂公 **(1884-1951)**

Hu, Xin yuan 胡馨远
HU, XING YUAN 胡星原 **(1921-1983)**

Hu, Xing 胡行
MAO, WEI RAN 茅蔚然 **(1923-)**

HU, XING WEN 胡幸文 **(1931-)**
Hu bo 湖泊
Hu, Qing he 胡清和

HU, XING XIONG 胡幸雄 **(1941-)**
Sha, Jiu 沙究

HU, XING YA 胡兴亚 **(1937-)**
Hu , Yi xiao 胡忆肖
Xiao, Yi 肖毅

HU, XING YUAN 胡星原 **(1921-1983)**
Hu, Liao 胡燎
Hu, Xin yuan 胡馨远
Shi, Lin 石临
Ye, Min 叶敏

HU, XIU 胡秀 **(1922-)**
Hu shao 乎少
Hu xiao 呼啸

Hu, Xu 胡须
HU, XIAO CHUN 胡小春 **(1933-)**

HU, XU WU 胡叙五
Shi yi 拾遗

Hu, Xuan 胡璇
FEI, HAI JI 费海玑 **(1924-)**

Hu, Xue 胡雪
GUO, JIA GUI 郭嘉桂 **(1919-)**

Hu, Xue wen 胡学文
HU, NAI CHANG 胡乃昌 **(1924-1982)**

Hu, Xue yan 胡雪岩
HU, XI NIAN 胡锡年 **(1913-)**

Hu, Xue yu 胡学愚
HU, YU ZHI 胡愈之 **(1896-1986)**

HU, XUE YUAN 胡学渊 **(1937-)**
Hu, Nian zu 胡念祖

Hu, Xue zhi 胡学志
HU, ZHONG CHI 胡仲持 **(1900-1968)**

Hu, Yan 胡炎
LI, DA 李达 **(1890-1966)**

Hu, Yan 胡衍
ZHAO, SHI 赵适 **(1923-)**

Hu, Yan 胡雁
HU, DUAN HAO 胡端豪 **(1923-)**

Hu yan bing 呼延兵
YANG, ZI XIN 杨字心 **(1931-)**

HU, YAN E 胡衍鹗 **(1874-1932)**
Qing rui 清瑞

Hu, Yan guan 胡衍鹳
HU, HAN MIN 胡汉民 **(1879-1936)**

Hu yan qing 呼延青
HU, ZHEN BANG 胡振邦 **(1924-)**

HU, YAN QING 胡燕青 **(1954-)**
Bei yue 北岳
Ge ge 革革
Si qi 思齐

Hu yan zou 呼延奏
YE, ZHI SHAN 叶至善 **(1918-)**

Hu, Yang 胡杨
GAO, SHI JIE 高世杰 **(1935-)**

HU, YANG 胡杨 **(1947-)**
Lin, Ran 林染

Hu, Yang 胡杨
LIU, YU LIANG 刘玉亮 **(1954-)**

Hu, Yao chen 胡耀辰
HU, ZHEN XUN 胡振勋 **(1917-)**

HU, YAO HUA 胡耀华 **(1906-1965)**
Ai si nü shi 爱丝女士
Bai ping nü shi 拜苹女士
Bei hai 北海
Hu, Nan xiang 胡南翔
Hu, Yun yi 胡云翼
Yi 翼

HU, YAO TING 胡耀亭 **(1932-)**
Gu, Yue 谷月
Shi, Feng 时风

Hu, Ye chong 胡业崇
HU, QIU YUAN 胡秋原 **(1910-1989)**

HU, YE PIN 胡也频 **(1903-1931)**
Bai, Ding 白丁
Bian zhe 编者
Chen mo 沉默
Chong xuan 崇轩
Han 菡
He, Yi ping 何一平
He, Yi ping 何以平
Hong xiao 红笑

Hu, Chong xuan 胡崇轩
Hu, Pei ji 胡培基
Hu, Ye ping 胡也苹
Hu, Yi pin 胡一频
Hu, Yi ping 胡一平
Huang, Ying 黄英
Jiang, Wen han 蒋文翰
Nai zhi 乃之
Pin 频
Wan, Yue 宛约
Ye pin 也频
Ye ping 野苹

Hu, Ye ping 胡也苹
HU, YE PIN 胡也频 **(1903-1931)**

HU, YE YU 胡业裕
Hu, Mo ran 胡默然
Zi fu 子孚

Hu, Yi 胡易
HU, JIN YE 胡今叶 **(1928-)**

Hu, Yi 胡益
WU, JI YUE 吴继岳 **(1905-)**

Hu, Yi 胡毅
HU, YI SHENG 胡毅生 **(1883-1957)**

HU, YI 胡毅 **(1904-)**
Yan ren 彦仁

Hu, Yi ba 扈邑巴
XU, JUE MIN 许觉民 **(1921-)**

HU, YI CHUAN 胡一川 **(1910-)**
Hu, Yi zhuan 胡以撰

HU, YI FAN 胡依凡
Yi, Fan 依凡

Hu, Yi ji 胡艺己
HU, SHAO HUA 胡少华 **(1956-)**

Hu, Yi pin 胡一频
HU, YE PIN 胡也频 **(1903-1931)**

Hu, Yi ping 胡一平
HU, YE PIN 胡也频 **(1903-1931)**

Hu, Yi sheng 胡一笙
HU, XI SHENG 胡细生 **(1942-)**

HU, YI SHENG 胡毅生 **(1883-1957)**
Hu, Yi 胡毅
Sui zhai 随斋

HU, YI WEI 胡亦为 **(1932-)**
A lu 阿鹿

Hu, Yi xian 胡宜闲
HU, ZHONG CHI 胡仲持 **(1900-1968)**

Hu, Yi xiao 胡忆肖
HU, XING YA 胡兴亚 **(1937-)**

Hu, Yi yi 胡依依
YANG, FENG QI 杨凤岐 **(1908-)**

Hu, Yi zhuan 胡以撰
HU, YI CHUAN 胡一川 **(1910-)**

Hu, Yin 胡音
ZHANG, MU LING 张慕陵 **(1927-)**

Hu yin 壶因
CHEN, SHENG CONG 陈声聪 **(1907-)**

Hu, Yin meng 胡茵梦
HU, YIN ZI 胡因子 **(1953-)**

HU, YIN ZI 胡因子 **(1953-)**
Hu, Yin meng 胡茵梦

Hu, Ying dong 胡膺东
HU, SHI ZHANG 胡士璋 **(1924-)**

HU, YING ZHI 胡颖之
Li zhang 力涨
Xing, Zhi 幸止

Hu yong 湖涌
HU, BING EN 胡炳恩 **(1931-)**

Hu, Yong xiang 胡永祥
HU, YUE 胡越 **(1920-1980)**

HU, YONG YAO 胡詠姚
Chan ding 禅定

Hu you 湑悠
SU, QING QIANG 苏清强 **(1948-)**

Hu, You bian 胡有忭
HU, PU AN 胡朴安 **(1878-1947)**

Hu, You lin 胡有廪
HU, NAI AN 胡耐安 **(1903-)**

Hu, You xin 胡友新
HU, SHAO HUA 胡少华 **(1956-)**

HU, YOU YOU 胡有猷 **(1911-1949)**
Hu, Yun 胡筠

Hu, Yu 胡余
CHEN, AN KANG 陈安康 **(1931-)**

Hu, Yu gao 胡羽高
HU, HE 胡翯

HU, YU GUI 胡毓桂 **(1892-1985)**
Hu, Chi qiu 胡持秋
Hu, Gen tian 胡根天
Lao shu 老抒
Shu qiu 抒秋
Yu shan yi sou 玉山一叟

HU, YU HENG 胡玉衡 **(1942-)**

Gu, Yue 古月

HU, YU LING 胡玉玲 **(1955-)**
Lin, Zi 林子

HU, YU SHU 胡裕树 **(1918-)**
Hu, Fu 胡附
Lin, Yu wen 林裕文

HU, YU ZHEN 胡玉贞 **(1905-)**
Hu, Chun 胡春
Hu, Xie qing 胡絜青
Yan, Ya 燕崖
Yan, Yan 燕岩

Hu, Yu zhi 胡芋之
HU, YU ZHI 胡愈之 **(1896-1986)**

HU, YU ZHI 胡愈之 **(1896-1986)**
Ai dai 叆叇
Ba, Ren 巴人
Chun cai 蠢才
Ding, Fang 丁访
Fu, Sheng 伏生
He, Gu 何谷
Hu, Xue yu 胡学愚
Hu, Yu zhi 胡芋之
Hu, Zhi 胡之
Hua lu 化鲁
Jing, Guan 景观
Lu 鲁
Lu lu 碌碌
Luo, Luo 罗罗
Ma, Lu 马鹿
Sha, Ping 沙平
Shang, Yi 尚一
Shuo nan 说难
Tian yue 天月
Xin yan 心炎
Xue yu 学愚
Yu zhi 芋之
Yu zhi 愉之
Yu zhi 愈之
Yu zhi 愚之
Zheng, Yu 郑禹

HU, YU ZHU 胡玉柱 **(1951-)**
Gao, Ge jin 高歌今
Gao, Ping 高平

HU, YUAN 胡渊
An wu nü zi 安吴女子
Nan, Xiang 南香
Tou zhu 透珠

Hu, Yuan liang 胡元亮
DING, JING TANG 丁景唐 **(1920-)**

HU, YUAN RANG 胡远让 **(1922-1952)**
Hu, Feng 胡蜂

HU, YUAN TAN 胡元倓 **(1872-1940)**
Hu, Nai an 胡耐菴
Hu, Zi jing 胡子靖
Le cheng lao ren 乐诚老人

HU, YUAN YUAN 胡元元
Sang, Fan 桑凡

HU, YUE 胡越 **(1920-1980)**
Fan, Peng tao 范澎涛
Gao, Jie 高节
Hu, Ling yu 胡灵雨
Hu, Ling yun 胡灵云
Hu, Ruo gu 胡若谷
Hu, Xin ping 胡欣平
Hu, Yong xiang 胡永祥
Ling yu 灵雨
Lu, Sun 鲁孙
Qiu, Zhen li 秋贞理
Si ma, Chang feng 司马长风
Tang, Lu sun 唐鲁孙
Yan, Jing wen 严静文
Yong xiang 永祥
Zeng, Yong ye 曾雍也
Zhu, Juan fu 朱狷夫

Hu, Yue 胡越
WU, JIAN XIAN 吴建贤 **(1923-1991)**

HU, YUE WU 胡跃五
Miao wu 妙悟

HU, YUE XIANG 胡月香 **(1950-)**
Ye, Xiang 叶香

Hu, Yun 胡云
WANG, WAN RONG 王婉容 **(1926-)**

Hu, Yun 胡筠
HU, YOU YOU 胡有猷 **(1911-1949)**

HU, YUN 胡蕴 **(1868-1938)**
Ban lan 半兰
Bu yi 布衣
Da bu zhi yi 大布之衣
Dan li 丹礫
Hu, Bu yi 胡布衣
Hu, Jie sheng 胡介生
Hu, Shi yu 胡石予
Lao bo 老跛
Shi, Weng 石翁
Shi, Yu 石予
Shou he 瘦鹤
Xian zhu ren 闲主人
Xuan bai 萱百
Xuan bo 萱伯
Yun 蕴

HU, YUN GONG 胡允恭
Wei an 畏盦

HU, YUN HUAN 胡允桓 **(1939-)**
Wu, Fu 武夫

HU, YUN SHANG 胡云裳 **(1938-)**
Li, Qi 李荠
Lin, Ling 林泠

Hu, Yun yi 胡云翼
HU, YAO HUA 胡耀华 **(1906-1965)**

Hu, Yun yu 胡韫玉
HU, PU AN 胡朴安 **(1878-1947)**

HU, ZAI QIU 胡载球 **(1906-)**
Bei ye 北野
Hu, Kuang 胡旷

Hu, Ze pu 胡泽普
HU, BING EN 胡炳恩 **(1931-)**

HU, ZENG YI 胡增益 **(1934-)**
Xue li 雪梨
Xue li 雪犁
Zeng yi 增益

Hu, Zhan tang 胡展堂
HU, HAN MIN 胡汉民 **(1879-1936)**

Hu, Zhao 胡昭
LIU, SHAO QI 刘少奇 **(1898-1969)**

Hu, Zhao 胡昭
HU, ZHONG CHEN 胡忠臣 **(1933-)**

HU, ZHAO CAI 胡兆才 **(1918-)**
Hu, Qi 胡奇
Li, Yong ming 李永明

Hu, Zhao heng 胡昭衡
LI, TIAN XIN 李天欣 **(1915-)**

HU, ZHAO JUN 胡昭俊 **(1931-)**
San jiu 三九
Shao yun 韶韵

HU, ZHAO QI 胡兆奇 **(1924-)**
Ji, Wei 季薇

Hu, Zhe fu 胡哲夫
WU, YAO QING 吴瑶青 **(1914-)**

HU, ZHEN BANG 胡振邦 **(1924-)**
He, Pan 何畔
Hu, Lin tian 胡林天
Hu, Ling tian 胡令天
Hu yan qing 呼延青
Hu, Zheng 胡正
Hu zhong 呼钟
Yu, Mei 于昧
Zhen zhi 镇之

HU, ZHEN FAN 胡振凡
Zhang, Luo 张罗

HU, ZHEN HAI 胡振海 **(1936-)**
Gu, Yue 古月
Ye huo 野火

HU, ZHEN HUA 胡振华 **(1931-)**
Ai ke 爱柯
Chen hua 辰华

HU, ZHEN QING 胡振清 **(1916-)**
Bu, Yi 卜一
Chen huo 辰火
Ge bei 歌北
Hu, Qing po 胡青坡
Qian wen 千文
Tian, Peng gang 田蓬岗
Wen, Ren qian 闻人千
Zhao, De pu 赵德普

HU, ZHEN XUN 胡振勋 **(1917-)**
Da guang 大光
Fu chi 扶持
Gu, Ding 古丁
Hu, Chi 胡痴
Hu, Jing xing 胡景星
Hu, Yao chen 胡耀辰
Ruo chi 若痴

Hu, Zheng 胡正
HU, ZHEN BANG 胡振邦 **(1924-)**

Hu, Zheng 胡征
HU, QIU PING 胡秋坪 **(1917-)**

HU, ZHENG QUN 胡正群
Jing hen 静痕
Yun, Fei yang 云飞扬

Hu, Zheng si 胡正思
XIA, DONG YUAN 夏东元 **(1921-)**

HU, ZHENG YAN 胡正言 **(1949-)**
Zheng yan 正言

Hu, Zheng zhi 胡正支
HU, LIN 胡霖 **(1889-1949)**

Hu, Zheng zhi 胡政之
HU, LIN 胡霖 **(1889-1949)**

Hu, Zhi 胡之
HU, YU ZHI 胡愈之 **(1896-1986)**

Hu, Zhi 胡质
HU, WEN BIN 胡文彬 **(1939-)**

Hu, Zhi 胡植
WANG, YOU HOU 王友厚 **(1920-)**

Hu, Zhi hui 胡志挥

HU, SHAO WEI 胡绍渭 **(1931-)**

Hu, Zhi ming 胡志明
HU, MING 胡明 **(1930-)**

HU, ZHI WEI 胡志伟 **(1942-)**
Lin, Tong 林同
Zheng, Yi 郑义

Hu zhong 呼钟
HU, ZHEN BANG 胡振邦 **(1924-)**

HU, ZHONG CHEN 胡忠臣 **(1933-)**
Feng, Lang sheng 冯浪声
Guan, Wen xiu 关文修
Hu, Zhao 胡昭
Lei, Yun 雷云
Lü, Ying bo 吕英勃
Shen, Si yuan 沈思远
Zhong, Chen 钟晨

HU, ZHONG CHI 胡仲持 **(1900-1968)**
Fu zhi 孚志
Hu, Xue zhi 胡学志
Hu, Yi xian 胡宜闲
YD
Yi xian 宜闲
Zhong, Chi 仲持

Hu, Zhong ming 胡仲明
HU, PU AN 胡朴安 **(1878-1947)**

Hu, Zhong ming 胡仲明
HU, JIA 胡笳 **(1911-)**

HU, ZHONG RUI 胡钟睿 **(1903-)**
Hu, Ji chuang 胡寄窗

Hu zhong tian 壶中天
ZHU, XIAN MIN 祝贤民 **(1927-)**

HU, ZHONG YU 胡钟育 **(1891-1922)**
Dong fang 东方
Hu, Tian yue 胡天月
Jia shen 迦身
Jia sheng 笳声
Tian yue 天月

HU, ZHONG YUAN 胡忠元 **(1929-)**
Gu, Yue 古月
Lu, Ding 鲁丁

Hu, Zhong zhou 胡中舟
HU, RUI LIANG 胡瑞梁 **(1918-)**

Hu zhou 瓠舟
QU, QIU BAI 瞿秋白 **(1899-1935)**

Hu zhou bo shi 胡诌博士
LIN, JI RONG 林霁融

HU, ZHU AN 胡竹安 **(1916-)**
Ru fan 如凡

HU, ZHU SHENG 胡珠生 **(1927-)**
Fei yue 非越
Shu sheng 殊生
Zhu sheng 铸生

HU, ZHUO SHI 胡卓识 **(1963-)**
Xuan, Er 宣儿

Hu, Zi 胡子
HU, HU QUAN 胡护权 **(1917-)**

Hu, Zi 胡子
WU, NAN XUN 吴南薰 **(1927-)**

Hu, Zi 胡紫
WANG, GU ZE 王古泽

Hu zi 虎子
WANG, YIN SHENG 王寅生 **(1902-1956)**

Hu zi 虎子
CHEN, LIANG 陈良 **(1925-)**

Hu zi 虎子
ZHANG, HU 张虎 **(1941-)**

Hu, Zi chang 胡子长
ZHANG, YOU LUAN 张友鸾 **(1904-1990)**

Hu, Zi cheng 胡子承
HU, JIN JIE 胡晋接 **(1870-1934)**

HU, ZI DAN 胡子丹 **(1929-)**
Chu er 刍耳
Huo, Bi lie 霍必烈
Zou, Hua min 邹化民

Hu, Zi fang 胡梓方
HU, CHAO LIANG 胡朝梁 **(1877-)**

Hu, Zi hua 胡子华
HU, SHI HUA 胡世华 **(1912-)**

HU, ZI JIN 胡子晋
Jun nan 骏男
Zhui tie 椎铁

Hu, Zi jing 胡子靖
HU, YUAN TAN 胡元倓 **(1872-1940)**

Hu, Zi ya 胡子崖
HU, DAI RUN 胡代润 **(1926-)**

Hu, Zi yan 胡紫岩
HU, DAI RUN 胡代润 **(1926-)**

Hu, Zi ying 胡子婴
HU, XIAO CHUN 胡晓春 **(1907-1982)**

HU, ZONG JIAN 胡宗健 **(1936-)**
Zhong, Jian 钟剑

HU, ZONG QUAN 胡宗权 **(1896-1972)**
Hu, Jing fu 胡经甫

Hu, Lie 胡烈

HU, ZONG YU 胡宗瑜 **(1922-)**
Liu, Heng 刘衡

Hu, Zu shun 胡祖舜
HU, HUI HAN 胡恢汉 **(1885-1948)**

Hua 华
FU, ZE HUANG 傅则黄 **(1893-1971)**

Hua 华
SHEN, YAN BING 沈雁冰 **(1896-1981)**

Hua 华
WANG, REN SHU 王任叔 **(1901-1972)**

Hua 华
ZHOU, JIAN XIAO 周剑箫 **(1911-1992)**

Hua 华
LI, SHI 李实 **(1923-)**

Hua 骅
WEN, JIA HUA 闻家骅 **(1899-1946)**

Hua, An 华厂
ZHENG, LONG JIN 郑隆谨 **(1895-1979)**

Hua, An 华安
YANG, XING AN 杨兴安 **(1944-)**

Hua, Bai 华白
ZHANG, XIANG HUA 张香华 **(1939-)**

Hua, Bai 花白
LU, HUA BAI 陆华柏 **(1914-)**

Hua, Bing cheng 华秉丞
YE, SHAO JUN 叶绍钧 **(1894-1988)**

Hua, Bing cheng 华秉诚
YE, SHAO JUN 叶绍钧 **(1894-1988)**

Hua, Cha 花刹
JIANG, BI HOU 蒋壁厚 **(1923-)**

Hua, Chao 华潮
HUA, JUN WU 华君武 **(1915-)**

Hua, Chao zi 花朝子
ZHANG, WEN FENG 张文峰 **(1950-)**

Hua, Chen zhi 华忱之
HUA, XUN 华恂 **(1914-)**

Hua, Cheng lin 桦成林
ZHANG, LI 张藜 **(1932-)**

Hua, Chi 华驰
MA, QIAN MU 马千木 **(1915-)**

HUA, CUI SHEN 华粹深 **(1909-1981)**
Cui, Shen 崔绅
Cui shen 粹深
Hua, Yi 华懿
Yi 懿

Hua, Da 华达
WANG, XIAO DA 王孝达 **(1939-)**

Hua, Dai 华岱
ZHOU, SHEN MING 周申明 **(1936-)**

Hua, Dan 华丹
LI, HONG LIN 李鸿林 **(1948-)**

Hua, Di 华蒂
YE, YI QUN 叶以群 **(1911-1966)**

Hua, Di er 花蒂儿
HUA, XI LU 花禧禄 **(1912-1946)**

Hua, Ding 花丁
ZHU, ZHONG LU 朱仲禄 **(1922-)**

Hua du rong nü 花都蓉女
DOU, QIN BO 窦琴伯 **(1899-)**

Hua, Duo 华多
LI, SHI KAI 李世凯 **(1934-)**

Hua, Duo 华多
KANG, SHI ZHAO 康式昭 **(1935-)**

Hua, E 华萼
NI, QING ZHI 倪庆秩 **(1918-1989)**

Hua, E 花萼
YAO, ZHEN 姚朕

Hua e lou zhu 花萼楼主
YAO, ZHEN 姚朕

Hua e lou 华萼楼
ZHOU, QING YUN 周庆云 **(1864-1933)**

Hua, Er shi 华而实
LIU, YI TING 刘艺亭 **(1917-)**

Hua, Er shi 华而实
PAN, YAO LIN 潘耀麟 **(1933-)**

Hua fa shi zhu ren 华发室主人
KANG, TONG BI 康同壁 **(1880-)**

Hua, Fan 华凡
CUI, RUN SEN 崔润森 **(1931-)**

Hua, Fang 华方
ZHAO, HONG EN 赵鸿恩 **(1911-)**

HUA, FANG ZUO 华方佐 **(1936-)**
Ge, Hua 葛华

Hua, Fei 华飞
LI, MING CHENG 李明诚 **(1914-)**

Hua, Fei 花飞
LI, MING CHENG 李明诚 **(1914-)**

Hua fei hua long zu 花非花龙族

CHEN, YONG AN 陈永安 (1944-)

Hua, Feng 华风
YAO, FANG REN 姚方仁 (1905-1969)

Hua, Feng 华凤
YAO, GENG KUI 姚庚夔 (1905-)

Hua feng lao ren 华封老人
MA, ZHI DE 马志德 (1840-1939)

Hua, Fu 华夫
ZHANG, WEN GUANG 张文光 (1913-)

Hua, Fu 华甫
ZHANG, WEN GUANG 张文光 (1913-)

Hua, Gai 华盖
LI, YUAN QING 李元庆 (1935-)

HUA, GANG 华岗 (1903-1972)
Fang, Heng 方衡
Hua, Shao feng 华少峯
Hua, Shi feng 华石峰
Hua, Xi yuan 华西园
Lin, Shao hou 林少侯
Lin, Shi fu 林石父
Lin, Wen fu 林文父
Liu, Shao ling 刘少陵
Shao feng 少峯
Shi, Fan 石帆
Shi, Fu 石父
Shi fu 实甫
Xi yuan 西园
Xiao feng 晓风
Xiao feng 晓峰

Hua, Gang shi 花岗石
SHI, SHI YUAN 石诗元 (1928-)

Hua, Ge 华戈
LI, ZHEN HUA 李振华 (1931-)

Hua, Ge 华歌
LIN, XIN JU 林新居 (1952-)

Hua, Gu yue 华谷月
HU, BING WEN 胡秉文 (1933-)

Hua, Guang 华光
PAN, YAO HUA 潘耀华 (1927-)

HUA, GUANG DIAN 华光典
Hua, Xia 华夏

Hua, Guang zi 华光子
WU, HUA 武华

Hua guo shan ren 花果山人
SUN, QU YUAN 孙臞蝯

Hua, Han 华汉
OU YANG, BEN YI 欧阳本义 (1902-1993)

Hua, Han 华翰
OU YANG, BEN YI 欧阳本义 (1902-1993)

Hua hao yue yuan ren shou shi zhu 花好月圆人寿室主
SHI, JI QUN 施济群 (1896-1946)

Hua, Hong 华红
PAN, DU QING 潘独清 (1917-)

Hua hu yuan fei she hu ren 画虎原非射虎人
ZHANG, ZE 张泽 (1882-1940)

Hua, Hua 华桦
LU, DE GEN 陆德根 (1940-)

Hua, Hua 华铧
LI, HUA RONG 李华荣 (1954-)

Hua, Ji zong 华继宗
JIANG, GUANG CI 蒋光慈 (1901-1931)

Hua, Jia 华嘉
KUANG, JIAN PING 邝剑平 (1915-)

Hua, Jia 华槚
WANG, ZONG YAO 王宗尧 (1937-)

Hua jia 画家
WANG, DUN QING 王敦庆 (1898-1990)

HUA, JIAN 花建 (1953-)
Hai, Bei 海贝

Hua, Jiang 华江
GAN, XI QING 甘喜清 (1937-)

Hua jiang 画匠
GAO, LONG SHENG 高龙生 (1903-1977)

Hua, Jie 华杰
XUE, HUA JIE 薛华杰 (1937-)

Hua, Jie 华杰
BU, JUN YOU 步俊有 (1950-)

Hua, Jin 华晋
MOU, LUN YANG 牟伦扬 (1919-1943)

Hua jin 化金
LIAO, HUA ZHAO 廖华钊 (1937-)

Hua jin yi shi 华津一士
SUN, HONG 孙鸿 (1889-1965)

Hua, Jing 华敬
WANG, AN HUA 王安华 (1943-)

Hua, Jing 华靖
QU, QIU BAI 瞿秋白 (1899-1935)

HUA, JING JIANG 华景疆 (1941-)
Jing, Xiang 景翔

Hua jing xiang gu 华泾乡姑
LU, LING SU 陆灵素

Hua juan 化卷
ZHU, HUA YU 朱化雨

Hua, Jun 华君
JIN, ZHONG HUA 金仲华 **(1907-1968)**

Hua, Jun 华君
YE, YI QUN 叶以群 **(1911-1966)**

Hua, Jun 华骏
XIE, FU SHENG 谢富生 **(1910-)**

HUA, JUN WU 华君武 **(1915-)**
Duan fu 端父
Hua, Chao 华潮
Tong wu 彤吾

Hua, Kai 华恺
HAN, QI 韩起 **(1910-1933)**

Hua, Kan 华侃
WANG, SHAO JI 汪绍箕 **(1906-)**

Hua, Ke 华克
SHEN, DUAN XIAN 沈端先 **(1900-1995)**

Hua, Lai 华莱
WANG, QI 王琦 **(1918-)**

Hua, Lai shi 华莱士
LUO, SHU FAN 罗树藩 **(1917-1985)**

Hua, Lan 华兰
CHEN, BO WEN 陈博文 **(1932-1989)**

Hua, Lan man 花烂熳
NIU, YU HUA 牛玉华 **(1919-)**

Hua lang 画廊
SHEN, QI WU 沈启无 **(1902-1969)**

Hua, Lao hu 花老虎
WU, RONG FA 吴荣发 **(1934-)**

Hua, Lei 花蕾
WANG, ZHEN 王真 **(1939-)**

Hua, Li 华理
HE, KAI RONG 何开荣 **(1907-1952)**

Hua, Li yu 华里予
ZHOU, XIU ZHAN 周修展 **(1925-)**

HUA, LIAN PU 华连圃 **(1906-)**
Hua, Zhong yan 华仲彦

Hua, Liang 华良
MA, GUO LIANG 马国亮 **(1908-)**

Hua, Lin 华林
LIN, SHENG 林声 **(1889-1980)**

Hua, Lin 华林
LI, JIN FA 李金发 **(1900-1976)**

Hua, Lin 华琳
FENG, JIN ZHAO 冯锦钊 **(1915-)**

Hua, Lin 华琳
JIANG, RONG XIAN 江荣先 **(1935-)**

Hua lin 桦林
WAN, JING HUA 万静华 **(1953-)**

Hua lin ci ke 花邻词客
YI, TING XI 易廷熹 **(1874-1941)**

Hua, Lin yi 华林一
LIN, SHENG 林声 **(1889-1980)**

Hua, Ling 华岭
NIE, HUA LIN 聂华林 **(1945-)**

Hua, Ling 华铃
FENG, JIN ZHAO 冯锦钊 **(1915-)**

Hua, Ling 华玲
YANG, QI ZHUANG 杨其庄 **(1921-)**

Hua liu 骅骝
MA, GUO GUANG 马国光 **(1942-)**

Hua long yin shi 化龙隐士
LIU, YA ZI 柳亚子 **(1887-1958)**

Hua lu 化鲁
HU, YU ZHI 胡愈之 **(1896-1986)**

HUA, LU 华路 **(1950-)**
Lu, Hua 路华
Xiao hua 晓华
Yuan, Cao 原草

Hua, Lu 华露
HU, HAN HUA 胡汉华 **(1911-)**

HUA, LU CUN 华露存
Lu cun 露存

Hua, Lu gong 华路工
WANG, DING CHENG 王鼎成 **(1917-1983)**

Hua, Man 华曼
LÜ, RUN BI 吕润璧 **(1917-)**

Hua, Man 华鬘
ZHOU, JIAN XIAO 周剑箫 **(1911-1992)**

Hua, Mei 华嵋
ZHANG, LONG GAO 张隆高 **(1936-)**

Hua, Min 华民
REN, YI PEI 任以沛

Hua ming 化名
TAN, CHANG ZHI 谈长治 **(1868-1937)**

Hua, Ming 华名
ZHANG, YU HUA 张玉华 **(1935-)**

Hua, Ming 华铭
ZHENG, KAI HUI 郑开慧 **(1939-)**

Hua, Ming 华铭
HE, ZHI YUN 何志云 (1950-)

Hua, Mo 华摩
JI, YING 姬英 (1954-)

Hua, Mu 华沐
SONG, HUA MU 宋华沐 (1929-)

Hua, Na 华那
ZHANG, TIAN SHOU 张天授 (1916-)

Hua, Nan 华南
LIU, WEN XING 刘文性 (1935-)

Hua, Ni 华尼
LI, RUN HU 李润湖 (1913-1947)

Hua, Nian tun 华念暾
GAN, CI SEN 甘祠森 (1914-1982)

Hua, Nong 华农
DU, BING SHEN 杜炳申 (1942-)

Hua, Nu 花奴
HUANG, ZHONG 黄中

Hua pan 化磐
SHEN, EN FU 沈恩孚 (1864-1944)

Hua piao 画瓢
ZHAO, SHU LI 赵树礼 (1906-1970)

Hua, Ping 华苹
HUA, ZHONG ZANG 华中奘 (1931-)

Hua, Ping 华萍
XING, FU YI 邢福义 (1935-)

Hua pu 化普
GAO, ZHEN XI 高振西 (1907-)

Hua, Pu 华普
WANG, HONG 王鸿 (1904-1986)

Hua, Qi 华琪
XING, HUA QI 邢华棋

Hua, Qi lu 华启鲁
DING, RI CHU 丁日初 (1917-)

Hua, Qi ping 华齐平
ZHENG, ZAO 郑造 (1921-1966)

Hua, Qiang 花强
XU, QIANG HUA 徐强华 (1927-)

Hua, Qing 华青
SHE, YAN MIAO 佘延苗 (1919-)

Hua, Qing 华青
LU, QI ZHI 鲁启智 (1924-)

Hua rong 桦榕
LIU, HUA RONG 刘华荣 (1936-)

Hua, Rui 华瑞
SHEN, TAO 沈涛 (1904-)

Hua, Rui 华瑞
ZHANG, WEN GANG 张文纲 (1919-)

HUA, RUI FANG 华瑞芳 (1915-)
Lin, Yan 林炎

Hua, Sang 华桑
CHEN, XUAN WEN 陈绚文 (1922-)

Hua, Sha 华沙
WANG, REN SHU 王任叔 (1901-1972)

Hua, Sha 华沙
LI, BO LONG 李伯龙 (1905-1989)

Hua, Sha 华沙
ZHANG, QUN XIAN 张群先 (1916-)

Hua, Sha 华莎
LI, YAN QUN 李炎群 (1933-)

Hua, Shan 华山
HE, LÜ TING 贺绿汀 (1903-)

Hua, Shan 华山
HUA, ZANG SUN 华藏荪 (1910-1971)

Hua, Shan 华山
ZHANG, WEN GUANG 张文光 (1913-)

Hua, Shan 华山
SUN, SHUN CHAO 孙顺潮 (1918-)

HUA, SHAN 华山 (1920-1985)
Bo wei 伯韦
Wei yang 未央
Yang, Hua ning 杨华宁

Hua, Shan 华山
FENG, YU HUA 冯裕华

Hua, Shan 华山
DAI, HUA SHAN 戴华山

Hua, Shan 华山
HUANG, LI FEI 黄丽飞

Hua, Shan 华珊
LI, XING MIN 李醒民 (1945-)

Hua, Shang wen 华尚文
ZHENG, LONG JIN 郑隆谨 (1895-1979)

Hua, Shang wen 华尚文
TANG, SHAO HUA 唐绍华 (1907-)

Hua, Shao feng 华少峯
HUA, GANG 华岗 (1903-1972)

Hua, Sheng 华生
CHEN, LENG 陈冷 (1878-1965)

Hua, sheng 华生

HE, LÜ TING 贺绿汀 (1903-)

Hua, Sheng 华生
ZHOU, KAI QING 周开庆 (1906-)

Hua, Sheng 华生
WU, YIN YI 吴因易 (1946-)

HUA, SHENG 华生 (1953-)
Dai, Qun 戴群

Hua, Sheng 华胜
ZHANG, FAN 张帆 (1909-)

Hua, Sheng 华胜
ZHAO, HUA SHENG 赵华胜 (1939-)

Hua sheng 化声
ZHANG, CHUN YI 张纯一 (1871-1955)

Hua, Shi 华实
DING, MING 丁明 (1933-)

Hua, Shi 华实
WANG, LI BAO 王立宝 (1943-)

Hua, Shi 华实
MA, ZHUO HUA 马濯华 (1950-)

Hua shi 化石
XU, YI MIN 许一民 (-1936)

Hua shi 化石
GUO, AN REN 郭安仁 (1909-1968)

Hua shi 化石
HUANG, HUA SHI 黄华实 (1926-)

Hua shi 化石
DENG, CHAO HUA 邓超华 (1950-)

Hua shi 化石
GUO, MU HUA 郭牧华 (1956-)

Hua shi 画室
FENG, XUE FENG 冯雪峰 (1903-1976)

Hua, Shi feng 华石峰
HUA, GANG 华岗 (1903-1972)

Hua, Shi su 华士粟
HAO, ZHAO JIA 郝肇嘉 (1930-)

Hua, Shu 华舒
ZHANG, QI HUA 张其华 (1943-)

Hua shuo 话说
PIAO, DONG WU 朴东武 (1938-)

Hua, Su 华素
BI, XIU SHAO 毕修勺 (1902-1992)

Hua sui ren sheng an 花随人圣盦
HUANG, JUN 黄浚 (1891-1937)

Hua, Tian 华田
CHEN, ZUO SHI 陈作师 (1915-)

Hua, Tian 华田
XIA, JI DIAN 夏基甸 (1928-)

Hua, Tian 华天
PAN, XUN 潘训 (1902-1934)

Hua, Tian 华天
MA, ZHI YUAN 马志远 (1918-)

Hua, Tian lang 华天浪
CHEN, JIANG NAN 陈江南 (1947-1992)

Hua tie 化铁
LIU, DE XIN 刘德馨 (1925-)

Hua, Tzi 华子
ZHANG, LI HUA 张丽华 (1958-)

Hua wai 化外
CHEN, SHI NENG 陈世能 (1940-)

Hua, Wei 华围
ZHOU, SHU REN 周树人 (1881-1936)

Hua, Wei qing 华维清
HU, HUA 胡华 (1921-1987)

Hua, Wei su 华维素
JIANG, GUANG CI 蒋光慈 (1901-1931)

Hua, Wen 华文
HUA, ZHONG ZANG 华中奘 (1931-)

Hua, Wen 华文
WANG, SHI JIA 王世家 (1937-)

Hua, Wen 华雯
ZHOU, SHU REN 周树人 (1881-1936)

Hua, Wu 华五
CAI, ZHEN YANG 蔡振扬 (1917-)

Hua, Xi 花蹊
YI, JIA YUE 易家钺 (1898-1972)

Hua, Xi ding 华希定
LI, XUE MIN 李学敏 (1923-1961)

Hua, Xi li 华西里
SONG, ZHENG YIN 宋徵殷 (1920-)

Hua, Xi li 华西理
JIANG, GUANG CI 蒋光慈 (1901-1931)

Hua, Xi li 华希理
JIANG, GUANG CI 蒋光慈 (1901-1931)

Hua, Xi li 花西里
XIE, JIA YIN 谢家因 (1921-)

Hua, Xi lu 花喜露
HUA, XI LU 花禧禄 (1912-1946)

HUA, XI LU 花禧禄 (1912-1946)

Dong men, Huan 东门焕
Gong sun 公孙
Gong zi 公子
Hei tian ben fu 黑田贲夫
Hong, Lu 洪芦
Hua, Di er 花蒂儿
Hua, Xi lu 花喜露
Ku ye lang 哭夜郎
Ling sha 灵莎
Mi, Kai 米凯
Ruo shi 弱士
Shan chuan cao cao 山川草草
Ti er 提耳
Tian, Ben 田贲
Tie ne 铁讷
Wang, Zhan 王瞻
Zeng, Lu 曾鲁

Hua, Xi yuan 华西园
HUA, GANG 华岗 **(1903-1972)**

Hua, Xi zu 华西祖
JIANG, GUANG CI 蒋光慈 **(1901-1931)**

Hua, Xi zu 华希祖
JIANG, GUANG CI 蒋光慈 **(1901-1931)**

Hua, Xia 华夏
MENG, XIAN QI 孟宪棨 **(1902-1976)**

Hua, Xia 华夏
CHENG, SHAN 程珊 **(1923-)**

Hua, Xia 华夏
SANG, FENG KANG 桑逢康 **(1936-)**

Hua, Xia 华夏
WANG, WEI HUA 王蔚桦 **(1938-)**

Hua, Xia 华夏
XIA, HONG 夏虹 **(1965-)**

Hua, Xia 华夏
HUA, GUANG DIAN 华光典

HUA, XIA LING 华霞菱 **(1918-)**
Yun, Cong 云淙

Hua, Xia min 华夏民
XIAO, JIA JU 萧家驹 **(1909-)**

Hua, Xia zi 华夏子
FENG, HU XIANG 冯沪祥 **(1948-)**

Hua, Xu 华胥
CHEN, BING YI 陈秉彝 **(1916-)**

HUA, XUN 华恂 **(1914-)**
Hua, Chen zhi 华忱之

Hua, Yan 华严
ZHOU, JIAN XIAO 周剑箫 **(1911-1992)**

Hua, Yan 华严
YAN, TING YUN 严停云 **(1926-)**

Hua, Yan 华岩
AI XIN JUE LUO, YU TONG 爱新觉罗毓桐 **(1912-)**

Hua yan 譁言
AI XIN JUE LUO, YU TONG 爱新觉罗毓桐 **(1912-)**

HUA, YAN JUN 华彦均 **(1893-1950)**
A bing 阿炳

Hua yan yi gai 华严一丐
SHI, JI XING 史济行 **(1906-)**

Hua, Yan zi 华严子
QIU, FENG JIA 丘逢甲 **(1864-1912)**

Hua, Yang 华扬
TANG, JUN QING 唐俊卿 **(1955-)**

Hua yang Chen Zhong yi 华阳陈仲逸
DU, WEI SUN 杜炜孙 **(1873-1933)**

Hua, Yao 华瑶
LIU, XIN GENG 刘欣耕 **(1946-)**

Hua, Ye 华野
ZHOU, XIU ZHAN 周修展 **(1925-)**

Hua ye 桦叶
HU, WEN BIN 胡文彬 **(1939-)**

Hua yi 化夷
ZHU, HUA YU 朱化雨

Hua yi 化夷
LEI, CHENG DE 雷成德 **(1930-)**

Hua, Yi 华毅
HAN, BEI JI 韩北极 **(1933-)**

Hua, Yi 华懿
HUA, CUI SHEN 华粹深 **(1909-1981)**

Hua, Yin 华茵
WANG, HUI ZHEN 王慧珍 **(1935-)**

Hua, Yin 花隐
LIU, YUN 刘筠

Hua yin lao ren 花隐老人
GAN, SHU CHUN 甘树椿

Hua, Yin weng 花隐翁
GUO, ZE YUN 郭则澐 **(1884-1940)**

HUA, YING 华莹 **(1925-)**
Li, Hong 黎虹

Hua, Ying 华莹
LI, NING ER 李宁儿 **(1953-)**

Hua, Ying 华瑛

HU, WEI BIAO 胡维标 (1939-)

HUA, YING SHEN 华应申 (1911-1981)
Liao, Jia 廖甲
Shen 申
Xu zhi 续之

Hua, Ying yi 花影簃
SHEN, DE YONG 沈德镛 (1898-1971)

HUA, YONG ZHENG 华永正 (1928-)
Wu, Xiu jian 吴绣剑

Hua, Yong zhou 华庸洲
ZHENG, YA BEN 郑亚本 (1936-)

Hua, Yu 华雨
WANG, HUA FENG 王华峰 (1929-)

Hua, Yu 华雨
CHEN, ZHI ZE 陈志泽 (1943-)

Hua, Yu 华宇
CHEN, ZHI ZE 陈志泽 (1943-)

Hua, Yu 华羽
DING, HUA YONG 丁华永 (1930-)

Hua, Yu 华圉
ZHOU, SHU REN 周树人 (1881-1936)

Hua, Yu 华煜
MA, YU 马钰 (1957-)

Hua yu 化虞
CHEN, FENG KUN 陈凤鲲 (1915-)

HUA, YU MEN 华于门 (1928-)
Jin, Gang shi 金刚石

Hua, Yu ping 华禹平
LUO, WEN HONG 骆文宏 (1915-)

Hua, Yuan 华园
ZHOU, SHU REN 周树人 (1881-1936)

Hua, Yuan 华原
LU, QI ZHI 鲁启智（1924-)

Hua, Yuan 花远
HE, YUAN HUA 何远花

Hua, Yuan chun 华苑春
ZHANG, HUI REN 张惠仁 (1932-)

HUA, YUE 华岳 (1916-1939)
Guan hua 贯华

Hua, Yue 华岳
SHAO, ZHEN HUA 邵振华 (1938-)

Hua, Yue 华月
LI, WANG AN 李望安 (1936-)

Hua, Yue se 华约瑟
ZHOU, SHU REN 周树人 (1881-1936)

Hua, Yun 华云
ZHUANG, ZONG HUA 庄宗华 (1937-)

HUA, ZANG SUN 华藏荪 (1910-1971)
Hua, Shan 华山

HUA, ZENG RUI 华增瑞 (1926-)
Wen, Zhang 文章

Hua, Zhan 华瞻
LIN, JUN ZHEN 林君珍 (1914-)

Hua, Zhang 华章
ZHANG, LIN 张林 (1927-)

Hua, Zhang 华章
ZHANG, JIAN HUA 张建华 (1957-)

HUA, ZHEN ZHI 华振之
Li, Yan sun 李雁荪

Hua, Zhi 华之
JIANG, XUE GONG 江学恭 (1956-)

Hua zhi 化之
JIANG, CHUN FANG 姜椿芳 (1912-1987)

Hua, Zhi feng 华之风
CAI, ZHI LI 蔡志礼 (1958-)

HUA, ZHI GUANG 华志广 (1952-)
Bai, Fan 白帆
Gao, Hua 高华

Hua, Zhi jun 花之君
HUANG, LIAN ZHONG 黄莲中 (1936-)

HUA, ZHONG 华仲 (1877-1915)
He, Jian shi 何剑士

Hua zhong 化中
ZHANG, CHUN YI 张纯一 (1871-1955)

Hua, Zhong yan 华仲彦
HUA, LIAN PU 华连圃 (1906-)

HUA, ZHONG ZANG 华中奘 (1931-)
Hua, Ping 华苹
Hua, Wen 华文

Hua, Zi 华子
LÜ, PEI LIN 吕沛林 (1889-1947)

Hua, zi 华子
ZHU, WEN YANG 朱文杨 (1944-)

Hua, Zi 华子
BI, JIAN GUO 毕建国 (1949-)

Hua, Zi 华子
FU, JIAN WEN 傅建文 (1964-)

Hua zi 划子
KONG, XIAO HUA 孔小划

Hua zu 画足
ZHANG, XIN YUAN 张心远 **(1895-1967)**

Hua zu 画卒
ZHANG, XIN YUAN 张心远 **(1895-1967)**

Huai 怀
LIAO, CHEN YUN 廖陈云 **(1905-1995)**

Huai, Bi 怀璧
GU, ZHUN 顾准 **(1915-1974)**

Huai bi pi fu 怀璧匹夫
WANG, ZHAO MING 汪兆铭 **(1883-1944)**

Huai, Bing 怀冰
WANG, SHAO SHENG 王韶生 **(1906-)**

Huai, Bing 怀冰
JI, FU HUA 纪馥华 **(1934-)**

Huai, Bing 怀冰
DENG, YA LI 邓雅丽

Huai, Chao 怀潮
CHEN, SHOU MEI 陈守梅 **(1907-1967)**

Huai, Cheng 怀成
LU, FANG 卢汸 **(1914-)**

Huai, De 怀德
WANG, JUN JIE 王俊傑 **(1927-)**

Huai, De 怀德
JIN, WEI 金伟 **(1944-)**

Huai feng 槐风
WANG, GUANG HUA 王光华 **(1941-)**

Huai, Gu 怀谷
WANG, JUN FENG 王俊峰 **(1923-)**

Huai hai 淮海
QIU, ZHU CHANG 裘柱常 **(1906-1990)**

Huai hai 淮海
CHEN, HONG TAO 陈洪涛 **(-1919?)**

Huai, Hai 怀海
LIU, SI HAI 刘斯海 **(1919-)**

Huai hai ke 淮海客
CHEN, YAN WEI 陈延韡 **(1879-1957)**

Huai hai shao nian 淮海少年
GAO, MING 高明 **(1908-)**

Huai hua 槐华
YIN, GUO QI 鄞国琦 **(1936-)**

Huai, Jia 怀嘉
LI, CHENG JUN 李成俊 **(1926-)**

Huai, Jiu 怀久
CHEN, XI HE 陈西禾 **(1911-1983)**

Huai, Jiu 怀玖
CHEN, XI HE 陈西禾 **(1911-1983)**

Huai ju shi 槐居士
YU, MING HENG 俞铭衡 **(1900-1990)**

Huai, Juan 怀鹃
GU, BAO RONG 顾葆瑢

Huai, Lan 怀兰
ZHOU, GUO XIAN 周国贤 **(1894-1968)**

Huai, Li 怀理
QIN, CHANG AN 秦长安 **(1937-)**

Huai, Liu 怀柳
CHEN, CHUAN QIANG 陈川强 **(1939-)**

Huai long 槐龙
LÜ, LI CHUN 吕立春 **(1935-)**

Huai, Lu 怀庐
CAI, YIN 蔡寅 **(-1937)**

Huai, Min 怀民
LIAO, CHEN YUN 廖陈云 **(1905-1995)**

Huai, Nan 怀南
SHI, XI MIN 石西民 **(1912-1987)**

Huai nan 淮南
QIU, ZHU CHANG 裘柱常 **(1906-1990)**

Huai ping 淮平
QIU, SHU RONG 邱树荣 **(1959-)**

Huai, Ren 怀仁
HUANG, JIONG DI 黄炯第

Huai ren 淮人
HAN, HUAI REN 韩怀仁 **(1953-)**

Huai, Rong 怀容
YANG, QI ZHUANG 杨其庄 **(1921-)**

Huai, San 怀三
TANG, DUAN YI 唐端毅 **(1913-1992)**

Huai, Sha 怀沙
WEN, ZHE QU 文哲渠 **(1911-)**

Huai, Sha 怀沙
ZHANG, BAI SHAN 张白山 **(1912-)**

Huai, Shan 怀山
LIU, DI 刘棣 **(1948-)**

Huai shang yu 淮上渔
YU, GUO SONG 余国松 **(1948-)**

Huai, Shi 怀诗
XU, CHENG ZHI 许承志 **(1917-)**

Huai shi 淮士
SHU, SHUN ZHEN 树顺贞 **(1916-)**

Huai shou 槐寿
ZHOU, ZUO REN 周作人 **(1885-1967)**

Huai, Shu 怀树
ZHANG, ZHI TIAN 张芝田 **(1908-1986)**

Huai, Shu 怀庶
FANG, ZHUO FEN 方卓芬

Huai, Shuang 怀霜
CHEN, XIANG HE 陈翔鹤 **(1901-1969)**

Huai, Shuang 怀霜
ZHANG, QUAN XIN 张全欣 **(1913-1984)**

Huai, Shuang 怀霜
XU, GAO RUAN 徐高阮 **(1914-1969)**

Huai tang 槐堂
CHE, SHOU ZHOU 车寿周 **(1914-)**

Huai tang zhu ren 槐堂主人
CHEN, HENG KE 陈衡恪 **(1876-1923)**

Huai, Tao 怀涛
CHEN, XIAO MEI 陈晓梅 **(1924-)**

Huai wu ju shi 槐屋居士
YU, MING HENG 俞铭衡 **(1900-1990)**

Huai, Xiang 怀湘
KUANG, GUANG ZHAO 匡光照 **(1900-)**

Huai, Xiang 怀湘
LIAO, JIA QUAN 廖家权 **(1907-1990)**

Huai, Xiang 怀襄
ZHOU, KAI QING 周开庆 **(1906-)**

Huai, Xiu 怀秀
ZHOU, PEI LI 周培礼 **(1938-)**

Huai, Xu 怀旭
YU, ER KE 俞尔科 **(1941-)**

Huai, Yan 怀焰
TAN, XIAO YING 谭小瑛

Huai yin 淮阴
AN, HUAI YIN 安怀音

Huai yin zhai zhu 淮阴斋主
FENG, ZUO MIN 冯作民 **(1927-)**

Huai, Ying 怀瑛
GONG, XIE 龚燮

Huai, Ying 怀鹰
LI, CHENG ZHANG 李承璋 **(1950-)**

Huai, Yu 怀玉
LI, YUAN QING 李元庆 **(1914-1979)**

Huai, Yu 怀玉
HUANG, WEN XI 黄文锡 **(1937-)**

Huai, Yu 怀禹
PENG, XUN ZHI 彭逊之

Huai, Yuan 怀园
WANG, XI LIN 汪习麟 **(1932-)**

Huai Yuan 淮远
GUAN, HUAI YUAN 关怀远 **(1952-)**

Huai, Zhao 怀昭
SONG, RU ZHAO 宋汝昭 **(1914-1956)**

Huai, Zhen 怀甄
GAO, JUN 高君 **(1938-)**

Huai zhi zi 槐之子
LI, ZHENG ZHONG 李正中 **(1921-)**

Huai, Zhong 怀中
YANG, CHANG JI 杨昌济 **(1871-1920)**

Huai, Zhong 怀仲
SHEN, QI CHANG 沈其昌 **(1858-1930)**

Huai zi 淮子
LI, SHI CHUAN 李世传 **(1919-)**

Huai zi 槐子
YE, MEI 叶梅 **(1953-)**

Huan 幻
LIN, ZHENG LUN 林正伦 **(1942-)**

Huan 环
YU, MING HENG 俞铭衡 **(1900-1990)**

Huan an 幻庵
FAN, GU NONG 范古农 **(1881-1951)**

Huan an 幻盦
WEN, FEI 文斐

Huan bi an 环荜庵
ZHANG, DA QIAN 张大千 **(1899-1983)**

Huan bin 奂彬
YE, DE HUI 叶德辉 **(1864-1927)**

Huan bin 焕彬
YE, DE HUI 叶德辉 **(1864-1927)**

Huan bin fan zhe 洹滨凡者
WANG, YUN 王芸 **(1920-)**

Huan cang shi zhu 还仓室主
DING, SHI YI 丁世峄 **(1878-1931)**

Huan cun 洹邨
YUAN, SHI KAI 袁世凯 **(1859-1916)**

Huan feng 寰风
WU, PI RONG 武丕荣

Huan, Fu 桓夫
CHEN, WU XIONG 陈武雄 **(1922-)**

Huan gong 寰公
SONG, DA ZHANG 宋大章

Huan hu 焕乎
SHEN, CONG WEN 沈从文 **(1902-1988)**

Huan hua 幻花
WANG, DE ZHONG 王德锺 **(1896-1927)**

Huan hua 浣华
MEI, LAN 梅澜 **(1894-1961)**

HUAN, JIA ZHEN 环家珍 **(1907-)**
Huan, Xi wu 环惜吾

Huan jing lu zhu ren 寰镜庐主人
SUN, HUAN JING 孙寰镜

Huan, Lai 桓来
ZHAO, TING JUN 赵廷俊 **(1922-)**

Huan lu 欢路
XU, HUAN RU 徐焕如 **(1923-)**

Huan nan 焕南
XIE, JUE ZAI 谢觉哉 **(1884-1971)**

Huan nong 幻侬
ZHANG, FENG XI 张凤兮

Huan ping 焕平
LIN, CAN HUAN 林灿桓 **(1911-)**

Huan qian 焕倩
JIN, YOU JING 金有景 **(1931-)**

Huan qing 焕卿
TAO, CHENG ZHANG 陶成章 **(1878-1912)**

Huan qiu 还求
FENG, HUAN QIU 冯还球 **(1933-)**

Huan qiu 寰球
TAN, ZE QIU 谭泽球 **(1946-)**

Huan ran 焕然
WANG, WEN YI 王文漪 **(1914-)**

Huan ran 焕然
CHEN, HUAN REN 陈焕仁 **(1945-)**

Huan sha nü 浣纱女
SU, LI LI 苏丽莉

Huan wen 焕文
QU, YONG QING 曲永庆 **(1924-)**

Huan xi 焕熙
WEI, RUI LIN 韦瑞霖 **(1912-)**

Huan, Xi wu 环惜吾
HUAN, JIA ZHEN 环家珍 **(1907-)**

HUAN, XIANG 宦乡 **(1909-1989)**
Fan, Cheng xiang 范承祥
Fan, Hui 范蕙
Huan, Xin yi 宦鑫毅
Jiao, Wei qin 焦尾琴
Xing pu 星朴
Zhong, Heng 仲亨

Huan xin 幻心
FU, TENG LONG 傅腾龙 **(1943-)**

Huan, Xin yi 宦鑫毅
HUAN, XIANG 宦乡 **(1909-1989)**

Huan ying 幻影
CHEN, KE KUAN 陈克宽 **(1942-)**

HUAN, YING QING 宦应清 **(1861-)**
Han shang xiao xian she zhu 汉上消閒社主
Ping feng zhuang jiu zhu 屏风莊旧主

Huan yu 浣玉
NIE, SHOU XIN 聂守信 **(1912-1935)**

Huan yuan 幻园
WEN, FEI 文斐

Huan zhai 还斋
FAN, YI 范祎 **(1866-1939)**

Huan zhang 焕章
FENG, YU XIANG 冯玉祥 **(1882-1948)**

Huan zhi 焕之
LI, ZHAO CAI 李昭彩 **(1919-)**

Huan zhou 洹舟
LI, JI QING 李吉庆 **(1938-)**

Huan zhu 幻住
JIANG, ZHONG YE 江忠业 **(1872-1938)**

Huan zhu 浣竹
CAI, MEI LAN 蔡梅兰 **(1956-)**

Huan zhu lou zhu 还珠楼主
LI, SHOU MIN 李寿民 **(1902-1961)**

Huang, A ling 黄阿玲
HUANG, KE ZHONG 黄克忠 **(1927-)**

HUANG, A ZHONG 黄阿忠 **(1952-)**
A zhong 阿忠

Huang, Ai 黄爱
HUANG, ZHENG PIN 黄正品 **(1897-1922)**

HUANG, AI 黄爱 **(1919-)**
Huang, Yu shi 黄雨石
Huang, Zhi ping 黄止萍

HUANG, AI MIN 黄爱民 **(1939-)**
Duan mu, Hong 端木虹
Ye, Di 叶谛

HUANG, AN MIAO 黄安淼 **(1928-)**
An, Miao 安苗

Ma, Qun bing 马群兵
San shui 三水

HUANG, AN QIONG 黄安琼
Qiong an 琼安

Huang, An si 黄安思
HUANG, WEN YU 黄文俞 **(1919-)**

Huang, Ao yun 黄傲云
HUANG, KANG XIAN 黄康显 **(1938-)**

Huang, Bai wei 黄白薇
HUANG, ZHANG 黄彰 **(1893-1987)**

HUANG, BANG JUN 黄邦君 **(1945-1989)**
Huang, Zi ang 黄子昂
Huang fu, Bai 皇甫白

Huang, Bao shan 黄宝善
FANG, HAO 方豪 **(1910-1980)**

HUANG, BEI LING 黄贝岭 **(1959-)**
Bei, Ling 贝岭

Huang, Ben 黄贲
SHEN, DUAN XIAN 沈端先 **(1900-1995)**

Huang, Ben gui 黄本贵
HUANG, QIAN 黄谦 **(1928-)**

Huang, Bi 黄碧
OU YANG, JING 欧阳晶 **(1920-)**

HUANG, BI PEI 黄碧沛 **(1931-1982)**
Bi pei 碧沛
Xue fei 雪霏

HUANG, BI TING 黄必珽
Bo wo 博我

Huang, Bi ye 黄碧野
HUANG, CHAO YANG 黄潮洋 **(1916-)**

HUANG, BI YUN 黄碧云 **(1943-)**
Hong xu 虹絮

Huang, Bin 黄斌
HUANG, EN SHENG 黄恩升 **(1950-)**

Huang, Bin 黄滨
HUANG, HE PING 黄和平 **(1945-)**

Huang, Bin gong 黄宾公
HUANG, ZHI 黄质 **(1865-1955)**

Huang, Bin hong 黄宾虹
HUANG, ZHI 黄质 **(1865-1955)**

HUANG, BING GUI 黄秉圭 **(1925-)**
Huang, Da 黄达

Huang, Bing hong 黄冰鸿
HUANG, ZHI 黄质 **(1865-1955)**

HUANG, BING HUANG 黄炳煌 **(1943-)**
Huang, Hai 黄海
Huang, Huang 黄皇
Huang, Huang 黄篁
Ling, Xiao zi 凌霄子

HUANG, BING HUI 黄炳晖 **(1915-1979)**
Huang, Ning ying 黄宁婴
Xiao, Wen 萧雯
Xiao, Yi 萧衣
Yi, Zhong 伊仲

HUANG, BING KUN 黄炳坤 **(1911-)**
Huang, Zong zhe 黄宗哲

HUANG, BING SHAN 黄炳善 **(1936-)**
Yi ping 一萍

HUANG, BING SHU 黄秉枢
Hai, He 海鹤
Shan ke 衫客

Huang, Bo ang 黄伯昂
WANG, REN SHU 王任叔 **(1901-1972)**

HUANG, BO FAN 黄伯范 **(1944-)**
Ya nan 亚南

HUANG, BO FEI 黄伯飞 **(1914-)**
Bai ke 柏克
Huang, Bo hui 黄伯晖
Huang, Zhen han 黄震汉
Huang, Zhong 黄钟
Song zi 嵩子
Yue ren 粤人

HUANG, BO HENG 黄伯亨 **(1924-)**
Bai, Heng 白衡

Huang, Bo hui 黄伯晖
HUANG, BO FEI 黄伯飞 **(1914-)**

Huang, Bo jun 黄伯钧
HUANG, DE XIU 黄德修 **(1895-1971)**

Huang, Bo la 黄波拉
HUANG, ZHEN QIU 黄振球 **(1911-1980)**

Huang, Bo qian 黄伯虔
HUANG, DIAN CHENG 黄典诚 **(1914-)**

HUANG, BO RONG 黄伯荣 **(1922-)**
Miao, Mu 苗木
Mo, Mu 莫木

HUANG, BO YAO 黄伯耀 **(1871?-)**
Bing guo qing nian 病国青年
Bo yao 伯耀
Yao gong 耀公

HUANG, CAN 黄粲 **(1911-)**
Xia, Zhi xi 夏之曦

Huang cao 荒草
WEI, JING QUN 魏敬群 **(1918-)**

Huang cao 荒草
CAO, BAO MING 曹保明 **(1949-)**

Huang cao 荒草
WANG, TIAN LONG 王添隆

Huang, Cao yu 黄草予
HUANG, MAO 黄茅 **(1916-)**

Huang, Cen 黄岑
HUANG, XIAO CEN 黄小岑 **(1926-)**

HUANG, CHAN HUA 黄忏华
Feng xi 凤兮

Huang, Chang nian 黄长年
HUANG, YUE ZHOU 黄岳洲 **(1928-)**

HUANG, CHANG WEI 黄昌炜 **(1899-1927)**
Yi xiong 亦雄

Huang, Chao chuan 黄晁传
HUANG, TIAN SHI 黄天石 **(1898-1983)**

HUANG, CHAO DONG 黄朝东
Bing fu 病夫

Huang, Chao long 黄潮龙
LU, RU YIN 卢汝吟 **(1918-)**

HUANG, CHAO QIN 黄朝琴 **(1897-1972)**
Chao jin 超今

Huang, Chao xian 黄超显
HUANG, QIU YUN 黄秋耘 **(1918-)**

HUANG, CHAO YANG 黄潮洋 **(1916-)**
Bi ye 碧野
Huang, Bi ye 黄碧野
Huang, Zhi ming 黄芝明
Li yu 里予
Yu li 予理

Huang, Chen 黄尘
HUANG, ZHI KUN 黄志堃 **(1925-)**

Huang, Cheng 黄橙
HUANG, ZHEN GUO 黄祯国 **(1962-)**

Huang cheng 晃铖
HUANG, YUE 黄越 **(1938-)**

Huang, Cheng cai 黄成才
LU, MU 鲁牧 **(1923-)**

HUANG, CHENG CONG 黄呈聪 **(1886-1963)**
Jian ru 剑如

HUANG, CHENG JING 黄承镜 **(1906-1988)**
Huang, Cheng jing 黄澄静
Huang, Feng 黄风
Huang, Yi feng 黄逸峰
Li, Lun 李伦
Tian, Feng 田峰

Huang, Cheng jing 黄澄静
HUANG, CHENG JING 黄承镜 **(1906-1988)**

HUANG, CHONG TAO 黄崇焘 **(1923-)**
Zong, Dao 宗道

HUANG, CHONG XIONG 黄崇雄 **(1943-)**
Hu, Bu gui 胡不归
Xiao, Lang 萧郎
Xiao, Long 萧垄

HUANG, CHONG YOU 黄崇友 **(1932-)**
Huang, Yun 黄允

Huang, Chu 黄滁
HUANG, DONG FAN 黄东藩 **(1922-)**

HUANG, CHU MIN 黄楚敏 **(1926-)**
Lin, Ai 林艾

Huang, Chui qing 黄垂庆
HUANG, XIAO CEN 黄小岑 **(1926-)**

HUANG, CHUN AN 黄春安 **(1939-)**
Yi mei 忆梅

HUANG, CHUN CHENG 黄春成
Tian nan 天南

HUANG, CHUN MING 黄春明 **(1939-)**
Huang, Da yu 黄大鱼
Qiu, Wen qi 邱文祺

HUANG, CHUN PU 黄春圃 **(1907-)**
Jiang, Hua 江华

Huang, Chun xi 黄纯熙
HUANG, JIE 黄节 **(1873-1935)**

Huang, Ci lang 黄次郎
WANG, DUN QING 王敦庆 **(1898-1990)**

HUANG, CUI CHANG 黄翠嫦
Huang, Qing 黄晴

HUANG, CUI YING 黄翠英 **(1945-)**
Yao, Jing 姚菁
Zi yun 紫云

Huang cun han yan 荒村寒烟
ZHANG, YU KUN 张毓坤 **(1905-1944)**

Huang, Da 黄达
HUANG, BING GUI 黄秉圭 **(1925-)**

HUANG, DA DE 黄大德 **(1944-)**
Liu, Shan 刘山
Lu, Hua 路华

Huang, Da fa 黄大发
WANG, YAN LIN 王炎林 **(1922-)**

HUANG, DA RONG 黄大荣 (1943-)
Xiao, Ren 肖人
Yu, Yu 郁雨

HUANG, DA XUN 黄大埙 (1861-1930)
Zhe gu cun nong 鹧鸪村农

Huang, Da yu 黄大鱼
HUANG, CHUN MING 黄春明 (1939-)

HUANG, DA ZHONG 黄达中 (1933-)
Huang, Dong qing 黄冬青

Huang dao 荒岛
WU, JI KANG 吴季康 (1943-)

Huang dao 荒岛
YANG, BAO CHENG 杨宝成 (1965-)

HUANG, DAO LI 黄道礼 (1923-)
Lü lei 绿蕾

Huang, De 黄德
YU, HE LIN 余鹤林 (1910-1939)

HUANG, DE CHANG 黄德昌 (1940-)
Jiang nan shan min 江南山民

Huang, De fu 黄德福
HUANG, ZHEN CUN 黄震村 (1909-)

Huang, De gan 黄德淦
HUANG, JI QING 黄汲清 (1904-)

HUANG, DE HONG 黄德鸿 (1916-)
Huang, Yi ping 黄乙平
Huang, Yuan zhi 黄远之

HUANG, DE MING 黄得明
Huang fu, Guang 皇甫光

HUANG, DE XIU 黄德修 (1895-1971)
Huang, Bo jun 黄伯钧
Huang, Su 黄素
Huang, Yan ren 黄衍仁
Huang, Zhi gang 黄芝冈
Luo, Fu 罗复
Man, Yan 满衍

Huang, Di 黄地
XIE, TING YU 谢庭玉 (1911-)

HUANG, DI 黄迪 (1935-)
Chun qiu 春秋
Huang, Guan zhong 黄冠中

Huang, Di 黄帝
YAO, YONG 姚勇 (1963-)

Huang, Di 黄笛
HUANG, YONG YU 黄永玉 (1924-)

Huang di 荒地
DING, MENG ZHOU 丁梦周 (1934-)

Huang di bu xiao sun Tian Tong 黄帝不肖孙田桐
TIAN, TONG 田桐 (1879-1930)

Huang di di yi 黄帝嫡裔
HUANG, SHI ZHONG 黄世仲 (1872-1912)

Huang, Di fei 黄迪菲
HUANG, RUI XIANG 黄瑞祥

Huang di miao yi 黄帝苗裔
HUANG, SHI ZHONG 黄世仲 (1872-1912)

HUANG, DI QI 黄迪杞 (1929-)
Qing chuan 晴川

Huang, Di sun 黄棣荪
HUANG, SHI ZHONG 黄世仲 (1872-1912)

Huang di zhi zeng sun xiao zi 黄帝之曾孙小子
ZHU, XI LIANG 朱锡梁 (1873-1932)

Huang di zi sun zhi di pai huang zhong Huang 黄帝子孙之嫡派黄中黄
ZHANG, SHI ZHAO 章士钊 (1882-1973)

Huang di zi sun zhi di pai Xu Ze hua 黄帝子孙之嫡派许则华
XU, XIAO TIAN 许啸天 (1886-1946)

Huang di zi sun zhi duo shu ren 黄帝子孙之多数人
ZHANG, JI 张继 (1882-1947)

Huang di zi sun zhi yi ge ren 黄帝子孙之一个人
HUANG, ZAO 黄藻 (1870-1900)

Huang di zi sun zhi yi ge ren 黄帝子孙之一个人
ZHNG, JI 张继 (1882-1947)

HUANG, DIAN CHENG 黄典诚 (1914-)
Dch
Huang, Bo qian 黄伯虔
Huang, Qian 黄乾
Wnikian

HUANG, DIAN QUAN 黄典权 (1927-)
Chi kan lou zhu 赤嵌楼主

HUANG, DING CHENG 黄定成 (1925-)
Huang, Ren 黄仁

HUANG, DING CHU 黄定初 (1943-)
Shan yan 山巖

HUANG, DING JUN 黄鼎钧 (1923-)
Ding, Jun 丁钧

HUANG, DING PING 黄鼎苹 (1890-1976)
Huang, Kan 黄侃

HUANG, DING ZHUO 黄定涿 (1928-)
Liao, Dong ping 廖东平
Liu, De 刘德
Wu, Tie ping 伍铁平

HUANG, DONG FAN 黄东藩 (1922-)
Ding, Fan 丁藩
Ding, Ye 丁耶
Ding, Yin 丁隐
Dong fan 东藩
Huang, Chu 黄滁
Huang, Fan 黄泛
Lin, Ding 林丁
Tie na 铁钠

Huang, Dong kui 黄东葵
HUANG, QING XIAN 黄清贤 (1948-)

Huang, Dong qing 黄冬青
HUANG, DA ZHONG 黄达中 (1933-)

HUANG, DONG TAO 黄东涛 (1945-)
Bo er 波儿
Ding, San 丁伞
Ding, Wei er 丁维儿
Dong rui 东瑞
Dong xin 冬馨
Hai, Ya 海雅
Ke xin 科馨
Luo sang, Ya 罗桑雅
Sang, Ni 桑妮
Wen, Si 温斯
Xi bo 西波

HUANG, DU WEI 黄笃维 (1918-)
Duo wei 多韦

Huang, Duan ru 黄端儒
HUANG, TIAN PEI 黄天培 (1870-)

HUANG, EN SHENG 黄恩升 (1950-)
Huang, Bin 黄斌
Huang, Yue 黄钺

Huang, Er gang 黄尔刚
HUANG, SHAN DING 黄山定 (1910-)

Huang, Er pai 黄而徘
HUANG, MEI ZHUANG 黄美庄 (1937-)

HUANG, FA BANG 黄发榜 (1938-)
Wan, Bang 万榜

Huang, Fan 黄凡
HUANG, XIAO ZHONG 黄孝忠 (1950-)

Huang, Fan 黄帆
HUANG, LUN SHENG 黄伦生 (1955-)

Huang, Fan 黄泛
HUANG, DONG FAN 黄东藩 (1922-)

Huang, Fan 黄飘
WU, YU WEI 吴堉威 (1906-1989)

HUANG, FANG 黄访 (1903-1987)
Da shi 达史
Fan qie 番茄
Fang, Ge 方格
Huang, Huang 黄恍
Huang, Ji 黄吉
Huang, Yao mian 黄药眠
Tan ke 坦克
Yao mian 药眠

Huang, Fang 黄放
HUANG, LIE BANG 黄烈榜 (1943-)

HUANG, FANG JIANG 黄芳江 (1944?-)
Qiu, Ye 秋叶

Huang, Fei 黄飞
LI, HUANG FEI 李黄飞 (1946-)

Huang, Fei he 黄非鹤
LI, ZHI PU 李志璞 (1949-)

Huang, Fen 黄芬
SI TU, CHUAN 司徒传 (1912-1950)

Huang, Feng 黄蜂
WU, YU WEI 吴堉威 (1906-1989)

Huang, Feng 黄蜂
WANG, SHI GUANG 王世光 (1946-)

Huang, Feng 黄峰
QIU, YUN DUO 邱韻铎 (1907-)

Huang, Feng 黄枫
HUANG, TING DONG 黄挺栋 (1932-)

Huang, Feng 黄风
HUANG, CHENG JING 黄承镜 (1906-1988)

Huang, Feng 黄风
HUANG, RI HUA 黄日华 (1911-1943)

Huang, Feng 黄风
LÜ, ZONG QUAN 吕宗权 (1928-)

Huang, Feng 黄凤
LIU, GONG HUANG 刘恭煌 (1931-)

HUANG, FENG LONG 黄凤龙 (1925-)
Su min 素民

HUANG, FENG QING 黄风清 (1891-1922)
Fu sheng 负生

HUANG, FENG WU 黄凤梧 (1951-)
Ping, Yuan 平远

HUANG, FENG YING 黄凤英 (1963-)
Lan, Yan 蓝焱
Lan, Yan 蓝炎

HUANG, FENG YING 黄凤樱 (1951-)
Huang, Ying 黄樱

HUANG, FENG ZHU 黄凤祝 (1947-)

Qiu, Xin 秋心

Huang, Fu 黄扶
XU, BEI HONG 徐悲鸿 **(1895-1953)**

HUANG, FU 黄郛 **(1880-1936)**
Huang, Shao lin 黄绍麟
Huang, Ying bai 黄膺白
Yi tai 以太
Ying bai 膺白
Yun nong 耘农

Huang, Fu 黄復
SHEN, DUAN XIAN 沈端先 **(1900-1995)**

Huang, Fu 黄馥
SHEN, DUAN XIAN 沈端先 **(1900-1995)**

HUANG, FU KANG 黄福康 **(1948?-)**
Hu, Kang 胡康

Huang, Fu lin 黄福林
HUANG, FU LIN 黄福临 **(1926-)**

HUANG, FU LIN 黄福临 **(1926-)**
Huang, Fu lin 黄福林
Huang, Wu chang 黄五常
Lang qin 浪琴
Ming zhi 名之
Xiao lin 小林

Huang, Fu sheng 黄復生
HUANG, SHU ZHONG 黄树中 **(1883-1948)**

HUANG, FU XING 黄福兴 **(1939-)**
Nie, Bo 聂波

HUANG, FU YI 黄甫翼 **(1903-)**
Bo xiang 伯翔

Huang fu, Bai 皇甫白
HUANG, BANG JUN 黄邦君 **(1945-1989)**

Huang fu, Chun 皇甫春
HUANG, YU LIN 黄毓霖 **(1911-1989)**

Huang fu, Ding 皇甫鼎
CHEN, ZHONG YAO 陈钟瑶 **(1913-1990)**

Huang fu, Guang 皇甫光
HUANG, LIU PING 黄六平

Huang fu, Guang 皇甫光
HUANG, DE MING 黄得明

Huang fu, Jia 皇甫嘉
CHEN, HENG JIA 陈恒嘉 **(1944-)**

Huang fu, Jie 皇甫洁
SHEN, DUAN XIAN 沈端先 **(1900-1995)**

Huang fu, Ping 皇甫平
ZHOU, RUI JIN 周瑞金

Huang fu, Qu bing 皇甫去病
XIAO, YUAN 萧园 **(1928-)**

Huang fu, Shi 皇甫湜
XIE, FU SEN 谢复森 **(1919-)**

HUANG, GAN CHEN 黄千臣 **(1949-)**
Cang ren 苍人
Chang ming 长明
Wang, Qi li 王启礼

HUANG, GAN YING 黄甘英 **(1921-)**
Li, Qing 李清

Huang, Gang 黄钢
HUANG, HONG JI 黄宏济 **(1917-1993)**

Huang, Gang 黄钢
HUANG, MEI ZHUANG 黄美庄 **(1937-)**

Huang, Ge 黄鸽
YANG, XI YAO 杨希尧 **(1924-)**

Huang, Ge er 黄戈二
HUANG, GUO HAI 黄国海 **(1936-)**

HUANG, GE SHENG 黄格胜 **(1950-)**
Mo, Yin 墨吟
Mo yin guan zhu 墨吟馆主

HUANG, GEN FU 黄根福 **(1938-)**
Huang, He sheng 黄荷生

Huang, Gong 黄弓
MENG, XIAN QI 孟宪棨 **(1902-1976)**

HUANG, GONG WEI 黄公伟 **(1908-)**
Dong fang, Bai 东方白
Dong yu xuan zhu 东雨轩主
Gong, Wei 龚伟
Huang, Yi min 黄毅民
Xiao, Ping 肖萍

Huang, Gou 黄狗
XU, ZHI MO 徐志摩 **(1896-1931)**

HUANG, GU LIU 黄谷柳 **(1908-1977)**
Ding, Dong 丁冬
Dong qing 冬青
Gu, Liu 谷柳
Hai, Xing 海星
Huang, Xian xiang 黄显襄
Huang, Xiang 黄襄

Huang, Gu long 黄谷隆
HUANG, GU NONG 黄谷农 **(1916-)**

HUANG, GU NONG 黄谷农 **(1916-)**
Gu, Chen 谷辰
Gu, Nong 谷农
Huang, Gu long 黄谷隆
Huang, Yi geng 黄乙庚
Lei, Jin mao 雷金茅

Lei, Ning 雷宁
Shu zi 淑子
Shui, Men ting 水门汀
Suo zhi 索之
Wu, Ning 伍宁
Xue, Shan 薛汕
Yan, Shu zhi 阎淑之
Yan, Su zhi 严肃之
Zhang, Yu 张愈
Zhuang, Jing 庄敬

Huang, Gu xing 黄孤行
HU, DAI RUN 胡代润 (1926-)

HUANG, GUAN YI 黄冠义 (1917-1941)
Bai, Ying 白莹

Huang, Guan zhong 黄冠中
HUANG, DI 黄迪 (1935-)

Huang, Guang 黄光
CHEN, XI GUANG 陈锡光 (1904-1935)

HUANG, GUANG YOU 黄光佑 (1939-)
Huang, Jie 黄杰
Meng yin 梦吟
Sha, Miao 沙苗
Shao ming 少明
Song, Zi heng 宋子衡
Xun yu 迅羽

HUANG, GUANG YU 黄广裕 (1919-1984)
Huang, Si cheng 黄思骋

Huang, Gui 黄瑰
LIN, TIE HUN 林铁魂 (1900-)

HUANG, GUI GEN 黄贵根 (-1974)
Bei jia 北笳
Chu, Dong tian 楚洞天
Gao, Hu 高湖
Huang, Ya geng 黄亚庚
Huang, Zi wen 黄子文
Luo, Wu 罗无

HUANG, GUI WEN 黄贵文 (1940-)
Hai, Lun 海伦
Han wen 汉闻
Jiang, Wei 蒋维
Wen, Jun 文君
Wu, Qiu 吴秋

HUANG, GUI XIANG 黄桂香 (1951-)
He yan 荷严

HUANG, GUO BAO 黄国宝 (1948-)
Tie zheng 铁筝

HUANG, GUO BIN 黄国彬 (1946-)
Ning ning 凝凝

Huang, Guo guang 黄国光
HUANG, QUAN XING 黄全兴 (1944-)

HUANG, GUO HAI 黄国海 (1936-)
Cen, Bei 岑北
Huang, Ge er 黄戈二
Jiu gai 酒丐
Qi ge 其戈
Xiang yi kai 湘以楷

HUANG, GUO HONG 黄国鸿 (1937-)
Fan, Meng 范蒙
Huang, Sha yang 黄沙扬
Xia, Ning 夏宁
Xue gan 雪干

HUANG, GUO HUA 黄国华 (1951-)
Lu, Ren 鲁人

Huang, Guo hua 黄国华
HUANG, PING AN 黄平安 (1957-)

HUANG, GUO JIE 黄国杰 (1930-)
Ge, Jie 戈捷

HUANG, GUO KUN 黄帼坤
Gu, Ying 谷颖

HUANG, GUO QIANG 黄国强 (1932-)
Huang, Qiang 黄强
Huang, Yan 黄炎

HUANG, GUO REN 黄郭人
Wei, Tuo 韦陀

HUANG, GUO RONG 黄国荣 (1947-)
Qiu, Ye 秋野
Xiao huang 簫簧

HUANG, GUO RUI 黄国瑞 (1935-)
Huang, Shi 黄石

HUANG, GUO XUAN 黄国瑄 (1932-)
Huang, Liang 黄亮

Huang, Hai 黄海
HUANG, YANG SHAN 黄仰山 (1924-)

Huang, Hai 黄海
HUANG, BING HUANG 黄炳煌 (1943-)

HUANG, HAI ER 黄海耳 (1939-)
Cun di 村笛
Hai, Er 海耳

HUANG, HAI MING 黄海明 (1956-)
Huang, Ming 黄明
Huang, Ying 黄鹰
Lu, Ling 卢令

HUANG, HAN 黄汉 (1920-)
Han sheng 汉生
Han sheng 汉声
Huang, Xu lun 黄叙伦

HUANG, HAN LONG 黄汉龙 **(1947-)**
Han long 翰隆

Huang, Han qiu 黄寒秋
HUANG, HE PING 黄和平 **(1945-)**

Huang, Han sheng 黄汉生
HUANG, JIANG 黄江 **(1927-)**

HUANG, HAN XING 黄汉兴
Han xin 汉辛

HUANG, HAN XIONG 黄汉雄 **(1950-)**
Xia, Bing 夏冰

Huang, He 黄河
WANG, JUN PING 王均平 **(1907-)**

Huang, He 黄河
HUANG, XUAN WEI 黄宣威 **(1914-)**

Huang, He 黄河
LU, XIANG XIAN 陆象贤 **(1917-)**

Huang, He 黄河
FENG, YE XIN 冯叶莘 **(1917-1989)**

Huang, He 黄河
WU, CHENG GAN 吴承淦 **(1918-1970)**

Huang, He 黄河
ZHAI, XIAN LI 翟咸利 **(1919-)**

Huang, He 黄河
LEI, QIN SHENG 雷琴生 **(1919-)**

Huang, He 黄河
ZHAI, JUN SHI 翟君石 **(1920-1998)**

Huang, He 黄河
CHANG, JUN SHI 常君实 **(1920-)**

HUANG, HE 黄河 **(1922-)**
Zhuang, Nu 庄奴

Huang, He 黄河
LIU, XIAO BO 刘小波 **(1923-)**

Huang, He 黄河
HUANG, TONG TA 黄铜塔 **(1948-)**

Huang, He 黄鹤
HUANG, YUN HE 黄云鹤 **(1962-)**

Huang, He bin 黄河滨
SUN, YAO DONG 孙耀东 **(1922-)**

Huang, He lang 黄河浪
HUANG, SHI LIAN 黄世连 **(1941-)**

Huang, He lang 黄河浪
QI, GUANG WEN 齐广文 **(1945-)**

Huang, He liu 黄河流
LIU, ZONG HE 刘宗河 **(1928-)**

HUANG, HE PING 黄和平 **(1920-)**
Huang, Xi 黄曦

HUANG, HE PING 黄和平 **(1945-)**
Huang, Bin 黄滨
Huang, Han qiu 黄寒秋
Ruo yi 若伊

HUANG, HE QING 黄河清 **(1905-)**
Cheng qing 澄清
He qing 河清
Huang, Yuan 黄源
Jing ming 静明
Wu, Da 武达

Huang, He qing 黄河清
LÜ, LIANG GENG 吕亮耕 **(1915-1974)**

Huang, He qing 黄河清
LIU, CHENG HUI 刘承蕙 **(1925-)**

HUANG, HE QING 黄河清 **(1937-)**
Si qiu 思秋

Huang, He sheng 黄荷生
HUANG, GEN FU 黄根福 **(1938-)**

Huang, He tao 黄河涛
HUANG, TONG FU 黄同甫 **(1941-)**

Huang, He yi 黄鹤逸
HUANG, QI ZONG 黄启宗 **(1929-)**

Huang, Heng qiu 黄恒秋
HUANG, ZI YAO 黄子尧 **(1957-)**

Huang, Hong 黄红
HUANG, QI XIANG 黄启祥 **(1928-)**

HUANG, HONG 黄宏 **(1919-)**
Huang, Tie 黄铁

HUANG, HONG HUI 黄翃晖 **(1963-)**
Dong fang, Xue 东方雪

HUANG, HONG JI 黄宏济 **(1917-1993)**
Hei, Tian 黑天
Huang, Gang 黄钢

Huang, Hu 黄鹄
HUANG, JI YAO 黄纪尧 **(1943-)**

Huang, Hua 黄华
WANG, SHOU CHUN 王守椿 **(1895-1985)**

Huang, Hua 黄华
QIAN, XING CUN 钱杏邨 **(1900-1977)**

Huang, Hua 黄华
WANG, RU MEI 王汝梅 **(1913-)**

Huang, Hua 黄华
YANG, YI MEI 杨意美

Huang, Hua 黄话
CHE, SHOU ZHOU 车寿周 **(1914-)**

Huang, Hua 黄桦
HUANG, YUE GUANG 黄月光 **(1940-)**

Huang, Hua guang 黄华光
HUANG, YUE GUANG 黄月光 **(1940-)**

Huang, Hua jie 黄华节
HUANG, SHI 黄石

Huang, Hua nu 黄化奴
HUANG, ZHONG 黄中

HUANG, HUA QIANG 黄华强 **(1930-)**
Bai, Bing 白冰
Bai, Shuang 白霜
Nai qiang 乃强

Huang, Hua shi 黄化石
HUANG, HUA SHI 黄华实 **(1926-)**

HUANG, HUA SHI 黄华实 **(1926-)**
Hua shi 化石
Huang, Hua shi 黄化石

Huang, Huai 黄淮
HUANG, WEI CHAO 黄维超 **(1939-)**

Huang, Huai 黄槐
ZHENG, MENG ZHOU 郑梦周 **(1920-1982)**

HUANG, HUAI QING 黄怀清 **(1917-1970)**
Yang, Lu you 羊路由

HUANG, HUAN XIN 黄焕新 **(1941-)**
A gan 阿甘
Lu, Cheng lin 鲁成琳

Huang, Huang 黄恍
HUANG, FANG 黄访 **(1903-1987)**

Huang, Huang 黄皇
HUANG, BING HUANG 黄炳煌 **(1943-)**

Huang, Huang 黄簧
HUANG, BING HUANG 黄炳煌 **(1943-)**

Huang huang 皇篁
HUANG, YU QUAN 黄郁铨 **(1949-)**

Huang, Hui 黄回
PAN, YU CHENG 潘毓成

Huang, Hui 黄辉
ZHENG, XI LIN 郑锡麟 **(1914-)**

Huang, Hui 黄辉
HUANG, ZHAO HUI 黄铫辉 **(1930-)**

HUANG, HUI FU 黄恢复 **(1917-)**
Chu, Ping 褚平
Hei, Zi 黑子
Jiang, Ya zi 姜牙子
Li, Ding 黎丁
Li ting 丽汀
Pei, Pei 裴裴
Zhou, Ji guang 周吉光
Zhu, Fan 朱帆
Zhu, Ping 诸平

Huang, Hui lin 黄会林
HUANG, HUI LIN 黄慧麟 **(1934-)**

HUANG, HUI LIN 黄慧麟 **(1934-)**
Huang, Hui lin 黄会林
Hui lin 会林

Huang, Hui wen 黄晦闻
HUANG, JIE 黄节 **(1873-1935)**

Huang, Hun 黄昏
HUANG, WEN FAN 黄文範 **(1925-)**

Huang, Hun 黄魂
HUANG, JI LU 黄季陆 **(1899-1985)**

Huang, Hun xing 黄昏星
LI, ZHONG SHUN 李忠顺 **(1954-)**

Huang, Ji 黄棘
ZHOU, SHU REN 周树人 **(1881-1936)**

Huang, Ji 黄吉
HUANG, FANG 黄访 **(1903-1987)**

Huang, Ji 黄季
HUANG, YOU JI 黄友吉 **(1935-)**

Huang, Ji 黄既
HUANG, SHU ZE 黄树则 **(1914-)**

Huang, Ji 黄济
YU, HONG DE 于鸿德 **(1921-)**

Huang, Ji 黄济
HUANG, JIA BEN 黄家本 **(1926-)**

HUANG, JI CAI 黄济才 **(1906-)**
Huang, Ruo zhou 黄若舟

HUANG, JI CHI 黄继持 **(1938-)**
Xie, Tong wen 解同文

Huang, Ji fei 黄季飞
HUANG, XU WAN 黄序鹓 **(1877-1949)**

Huang, Ji gang 黄季刚
HUANG, KAN 黄侃 **(1886-1935)**

HUANG, JI GUANG 黄继光 **(1937-)**
Lu, Di 卢笛
Wen, Xin 文辛
Wu, Fei 吴非

HUANG, JI JUN 黄纪钧
Zun zi 尊子

HUANG, JI KUN 黄季琨 **(1924-)**
He hong 禾红
He qing 禾青
Luo, Xue 罗雪

HUANG, JI LU 黄季陆 **(1899-1985)**
Huang, Hun 黄魂

Huang, Ji ping 黄寄萍
YANG, SHI JUN 杨时俊 **(1917-)**

HUANG, JI PING 黄寄萍 **(1922-)**
Huang, Ye xuan 黄冶绚

HUANG, JI QING 黄汲清 **(1904-)**
Huang, De gan 黄德淦

HUANG, JI YAO 黄纪尧 **(1943-)**
Gao, Shan yun 高山云
Huang, Hu 黄鹄
Huang, Nan xiang 黄南翔
Nan, Fei yan 南飞雁
Yang, Yi 杨翼

Huang, Jia 黄稼
WU, YI TAO 吴以滔 **(1920-1972)**

HUANG, JIA ANG 黄甲昂 **(1934-)**
Bang zi 梆子
Huang, Zheng fan 黄征帆
Zi ran 自然

HUANG, JIA BEN 黄家本 **(1926-)**
Huang, Ji 黄济
Qi, Shui 齐水
Shao ru 少如
Wang, Ji 王济

HUANG, JIA CHENG 黄家城 **(1911-)**
Francais Houang

HUANG, JIA DE 黄嘉德 **(1908-1992)**
Lan, Ping xin 蓝萍心
Luo, Yi shan 罗一山
Meng zhong 梦中
Mo ran 默然

HUANG, JIA DONG 黄甲东 **(1913-)**
Huang, Xu 黄旭
Huang, Yi xu 黄一絮
Lao han 老含
Lü shi lan 绿失蓝
Shan dong zi 山东子
Tai shi jing 太史劲
Xiao, Ai 萧艾
Yan, Yu 言语
Yi, Shu 伊恕
Yu, You e 余犹恶
Yu, Zai xiao 余在笑

Huang, Jia jin 黄家瑾
HUANG, ZI SHAN 黄子山 **(1912-1979)**

HUANG, JIA SHAN 黄嘉善 **(1941-)**
Gu, Ye 谷野

HUANG, JIA TANG 黄家唐 **(1915-)**
Huang, Yao 黄尧

HUANG, JIA XI 黄嘉禧
Huang, Xi 黄熙

Huang, Jia xiang 黄家湘
HUANG, WEN XIANG 黄文湘 **(1925-)**

HUANG, JIA YI 黄家怡
Song 崧

HUANG, JIA YIN 黄嘉音 **(1913-1960)**
Hu, Bei 胡悲
Huang, Shi lin 黄诗林
Jia yin 嘉音
Tang, Mu 唐牧
Wang, Xian li 王显理

Huang, Jia zhu 黄家祝
HUANG, JING YUAN 黄静源 **(1900-1925)**

HUANG, JIAN 黄坚
Bai, Guo 白果

HUANG, JIAN GUO 黄建国 **(1958-)**
Gong you 共由
Pin ma 品麻
Tian kuo 天廓

HUANG, JIAN HUA 黄建华 **(1936-)**
Yu, Jian 俞剑

HUANG, JIAN LIU 黄健六
Tian, Guang 田光

HUANG, JIAN MIN 黄健民 **(1956-)**
Huang, Po 黄颇

Huang, Jian sheng 黄兼生
HUANG, TIAN JUN 黄天俊 **(1898-1988)**

HUANG, JIAN ZHONG 黄建中 **(1934-)**
Huang, Ke 黄柯

HUANG, JIAN ZHONG 黄建中 **(1945-)**
Huang, Niu 黄牛

HUANG, JIAN ZHONG 黄建中 **(1947-)**
Jian zong 剑宗

HUANG, JIANG 黄江 **(1927-)**
Huang, Han sheng 黄汉生
Huang, Shui yao 黄水遥
Huang, Yuan 黄远
Jie chun 介春
Zhang, Gang 张岗

Huang, Jie 黄洁

SHEN, DUAN XIAN 沈端先 **(1900-1995)**

Huang, Jie 黄洁
HUANG, ZHI JIE 黄志傑 **(1924-)**

HUANG, JIE 黄杰 **(1902-)**
Tan zhou hao shi 潭州豪士

Huang, Jie 黄杰
LIANG, ZHI TAO 梁植涛 **(1915-)**

Huang, Jie 黄杰
HUANG, GUANG YOU 黄光佑 **(1939-)**

HUANG, JIE 黄节 **(1873-1935)**
Chun xi 纯熙
Gan zhu tan xi shi ren 甘竹滩洗石人
Huang, Chun xi 黄纯熙
Huang, Hui wen 黄晦闻
Huang, Shi 黄史
Huang, Shi shi 黄史氏
Hui wen 晦闻
Hui weng 晦翁
Jian jia lou zhu 蒹葭楼主
Pei wen 佩文

Huang, Jie jun 黄洁君
HUANG, SHU YUE 黄淑月 **(1952-)**

Huang, Jin 黄金
ZHENG, LIAN 郑连 **(1928-)**

HUANG, JIN BAO 黄金保
Fan fu 凡夫
Guo, Ke 过客
Wu tong 梧桐

HUANG, JIN CHANG 黄进昌 **(1959-)**
Guan, She 管设

HUANG, JIN CHENG 黄金成
Gu yu 縠雨

HUANG, JIN CHUAN 黄金川 **(1907-1990)**
Jin, Chuan 金川

Huang, Jin huan 黄今欢
HUANG, KE QUAN 黄克全 **(1952-)**

Huang, Jin huan 黄尽欢
HUANG, KE QUAN 黄克全 **(1952-)**

Huang, Jin kai 黄金凯
LI, JING CI 李景慈 **(1918-)**

Huang, Jin lai 黄金来
JI, HAN QING 纪汉清 **(1939-)**

HUANG, JIN LIAN 黄进莲 **(1947-)**
Huang, Jing lian 黄劲连
Xi kun 西崑

HUANG, JIN LUAN 黄锦銮 **(1918-)**
Gong yu 公驭
Hu jia nuo 呼加诺
Huang, Shi 黄始
Huang, Tian ge 黄天戈
Jie zhi 洁志
Niu, Shan 牛珊
Tian ge 天戈

HUANG, JIN PEI 黄金培 **(1919-)**
Jin, Yu 金敔

HUANG, JIN SHAN 黄金山 **(1946-)**
Jin, Shan 金杉

HUANG, JIN SHENG 黄今声 **(1935-)**
Jin feng 今风

HUANG, JIN SHENG 黄金声 **(1939-)**
Bai, Jian 白健
Jin, Miao 金苗
Kao, Lei 考雷
Rui jin 瑞金

HUANG, JIN TANG 黄锦堂
Ji, Jun 季君
Xiao dong 筱东

Huang, Jin tao 黄錦涛
QIAN, XING CUN 钱杏邨 **(1900-1977)**

Huang, Jin xing 黄金星
JIN, CHANG JIE 金昌杰 **(1911-)**

HUANG, JIN YA 黄襟亚 **(1911-1973)**
Wang, Nan 王南

Huang, Jing 黄敬
SHEN, DUAN XIAN 沈端先 **(1900-1995)**

Huang, Jing 黄敬
YU, QI WEI 俞启威 **(1911-1958)**

Huang, Jing 黄敬
LI, YUN HE 李云鹤 **(1914-1991)**

Huang, Jing juan 黄敬涓
HUANG, SHEN TAN 黄身坦 **(1965-)**

HUANG, JING KUN 黄京昆 **(1955-)**
Fan, Zhi 范之
He, Lun 何伦

Huang, Jing lian 黄劲连
HUANG, JIN LIAN 黄进莲 **(1947-)**

HUANG, JING TAO 黄敬涛 **(1922-)**
Tao, Ke tao 陶克淘

HUANG, JING WAN 黄静婉
Wu, Bin 伍滨

HUANG, JING WAN 黄警顽 **(1894-)**
Jing wan 警顽

HUANG, JING YUAN 黄静源 **(1900-1925)**
Huang, Jia zhu 黄家祝
Jing yuan 静源

Huang, Jing zhai 黄敬斋
WANG, YUN SHENG 王运生 **(1896-1946)**

HUANG, JIONG DI 黄炯第
Huai, Ren 怀仁

HUANG, JIU HU 黄久湖 **(1942-)**
Gu, Yue 古樾

HUANG, JIU RU 黄九如
Bi yao 碧遥
Bi yao 碧瑶

Huang, Ju 黄菊
YING, FENG HUANG 应凤凰 **(1950-)**

HUANG, JU 黄菊 **(1950-)**
Xiang, Qing 项青

Huang, Juan 黄娟
NI, YI MING 倪亦明 **(1935-)**

Huang, Juan 黄娟
HUANG, RUI JUAN 黄瑞娟 **(1945-)**

HUANG, JUE 黄觉
Huang, Xing hua 黄醒华
Qu an 蘧庵
Xing hua 醒华

Huang, Jue 黄桷
DING, LAN HUI 丁兰惠

Huang, Jue shu 黄桷树
ZHANG, YONG MEI 张永枚 **(1932-)**

Huang, Jun 黄钧
SHEN, DUAN XIAN 沈端先 **(1900-1995)**

HUANG, JUN 黄钧
Meng qu 梦蘧
San shui 三谁
Xu yuan 栩园

HUANG, JUN 黄浚 **(1891-1937)**
Hua sui ren sheng an 花随人圣盦
Huang, Qiu yue 黄秋岳
Huang, Zhe wei 黄哲维
Zhe ya 哲涯

Huang, Jun 黄骏
HUANG, ZHI KUN 黄志堃 **(1925-)**

HUANG, JUN DONG 黄俊东 **(1934-)**
Huang, Ke liang 黄克亮
Ke liang 克亮
Yu, Yao shan 余乐山

HUANG, JUN FA 黄俊发 **(1940-)**
Ji, Hong 纪红
Jun fa 俊发
Shi fan 士凡
Yu chuan 雨川

Huang, Jun ren 黄俊人
HUANG, YU ZHAI 黄玉斋

HUANG, JUN YAO 黄俊耀 **(1917-)**
Tian, Guang 田光

Huang, Jun ye 黄君烨
HUANG, XIANG 黄芗 **(1927-)**

Huang, Kai yin 黄凯音
ZHOU, SHU REN 周树人 **(1881-1936)**

HUANG, KAN 黄侃 **(1886-1935)**
Bing chan 病禅
Bing chan 病蝉
Bu ning 不佞
Ding ge 鼎革
Ding ping 鼎苹
Gang weng 刚翁
He zi 禾子
Huang, Ji gang 黄季刚
Huang, Yun pi 黄运甓
Ji, Kang 季康
Ji qin xian shi zhu ren 寄勤閒室主人
Ji, Zi 季子
Jing wan 静婉
Kuang chu shi 旷处士
Liang shou ju shi 量守居士
Qi tan 奇谈
Qi zi 奇恣
Qiao, Nai 乔鼐
Sheng tang shan min 盛唐山民
Xin chuan 信川
Yi tao 亦陶
Yun pi 运甓
Yun pi sheng 运甓生

Huang, Kan 黄侃
HUANG, DING PING 黄鼎苹 **(1890-1976)**

Huang, Kan 黄侃
SHEN, DUAN XIAN 沈端先 **(1900-1995)**

Huang, Kan 黄刊
WANG, YONG XING 王永兴

Huang, Kang 黄康
LI, HONG BI 李宏贲 **(1914-1991)**

HUANG, KANG JUN 黄康俊 **(1956-)**
Huang, Shi 黄适
Huang, Yi cheng 黄艺成

HUANG, KANG XIAN 黄康显 **(1938-)**
Huang, Ao yun 黄傲云

HUANG, KAO TIAN 黄靠天 **(1924-)**
Huang, Min sheng 黄民生

Huang, Ke 黄克
HUANG, SHAO FEN 黄绍芬 **(1911-)**

Huang, Ke 黄克
HUANG, KE JING 黄克靖 **(1920-)**

Huang, Ke 黄克
WANG, YOU HUA 王幼华 **(1956-)**

Huang, Ke 黄柯
HUANG, JIAN ZHONG 黄建中 **(1934-)**

Huang, Ke cang 黄客沧
HUANG, QI TANG 黄启汤 **(1919-)**

HUANG, KE JIAN 黄克剑 **(1946-)**
Shang, Yin 尚吟

HUANG, KE JING 黄克靖 **(1920-)**
Huang, Ke 黄克
Yi zhi 亦支

Huang, Ke liang 黄克亮
HUANG, JUN DONG 黄俊东 **(1934-)**

HUANG, KE MEI 黄克梅 **(1915-1961)**
Bai, Di 白荻
Bai, Lin 白琳
Hu, Tu 胡图
Huang, Ke mei 黄科梅
Huang, Ying 黄莺
Lou, Yu tong 楼雨桐
Piao er 飘儿
Tian, Jia jin 田家瑾
Xiao, Qin 萧琴

Huang, Ke mei 黄科梅
HUANG, KE MEI 黄克梅 **(1915-1961)**

HUANG, KE QIAN 黄克谦 **(1898-1972)**
Huang, Song ling 黄松令

Huang, Ke qiang 黄克强
HUANG, XING 黄兴 **(1874-1916)**

HUANG, KE QUAN 黄克全 **(1952-)**
Jin, Han 金寒
Jin, Sha han 金沙寒
Huang, Jin huan 黄尽欢
Huang, Jin huan 黄今欢
Huang, Qi 黄启
Huang, Qi 黄颀
Wu jiang nian si hua sheng 浯江卄四劃生

HUANG, KE ZHONG 黄克忠 **(1927-)**
A ling 阿玲
Huang, A ling 黄阿玲

Huang, Kui 黄葵
HUANG, WEI ZONG 黄伟宗 **(1935-)**

Huang, Kun 黄坤
SHEN, DUAN XIAN 沈端先 **(1900-1995)**

HUANG, KUN 黄堃 **(1962-)**
Bing yan 冰岩
Zhuo shui 拙水

HUANG, KUN FANG 黄坤坊 **(1926-)**
Fang sheng 芳生
Fang, Ying 方瀛
Huang, Ying zhou 黄瀛洲

HUANG, KUN LUN 黄昆崙
Leng, Guan 冷观

HUANG, KUN SHENG 黄坤生 **(1942?-)**
Huang, Sa mu er 黄撒母耳

HUANG, KUN YAO 黄坤尧 **(1950-)**
Qing huai 清怀

HUANG, LAI DUO 黄来铎 **(1936-)**
Huang, Shi yu 黄士宇

Huang, Lan 黄蓝
WANG, LAN 王蓝 **(1922-)**

Huang, Lan 黄兰
HUANG, ZU NONG 黄祖农

HUANG, LAN 黄岚
Qing mei 清嵋
Qing mei 清媚
Ren lan 人岚

Huang, Lan 黄蓝
HUANG, YI E 黄以鳄

Huang, Lang 黄浪
WEN, GE 文戈 **(-1955)**

Huang, Leng guan 黄冷观
HUANG, XIAN CHENG 黄显成 **(1887-1938)**

HUANG, LI 黄励 **(1925-)**
Huang, Zeng jiu 黄曾九

HUANG, LI 黄里 **(1941-)**
Huang, Yi gong 黄一功

Huang, Li 黄鹂
HUANG, ZHANG 黄彰 **(1893-1987)**

Huang, Li 黄鹂
HUANG, LI ZHEN 黄丽贞 **(1939-)**

Huang li 荒藜
WANG, GUANG TI 王光逖 **(1918-1981)**

HUANG, LI FEI 黄丽飞
Hua, Shan 华山
Xi yue 西岳

HUANG, LI FENG 黄礼丰

Huang, Qi feng 黄奇峰
Lan, Tian 蓝田

HUANG, LI MIN 黄立民 (1951-)
Huang, Li ming 黄砾明
Huang, Li ming 黄立明
Tian, Gong zhong 田共中

Huang, Li ming 黄立明
HUANG, LI MIN 黄立民 (1951-)

Huang, Li ming 黄砾明
HUANG, LI MIN 黄立民 (1951-)

Huang, Li sheng 黄力生
REN, ZHUO XUAN 任卓宣 (1896-1990)

HUANG, LI YE 黄立业 (1930-)
Chu, Yun 初耘
Xin nong 新农

HUANG, LI ZHEN 黄丽贞 (1939-)
Huang, Li 黄鹂
Ru yi 如意

HUANG, LIAN ZHONG 黄莲中 (1936-)
Hua, Zhi jun 花之君
Qiu, Yi 秋怡
Xia, Lian 夏莲
Xin guo 心果

Huang, Liang 黄亮
HUANG, GUO XUAN 黄国瑄 (1932-)

Huang, Liang 黄梁
ZHONG, YAN 钟研 (1969-)

HUANG, LIANG JI 黄良吉 (1941-)
Liang ji 良吉

Huang, Liang meng 黄梁梦
HUANG, PENG 黄鹏 (1908-1982)

Huang, Liao hua 黄聊华
HUANG, SHAN DING 黄山定 (1910-)

HUANG, LIE BANG 黄烈榜 (1943-)
Huang, Fang 黄放

HUANG, LIN 黄琳 (1935-)
Huang, Qiong 黄琼

Huang, Lin 黄磷
ZHU, YU JIN 朱语今 (1916-1988)

HUANG, LING 黄岭 (1938-)
Luo, Ya 骆雅

Huang, Ling shuang 黄凌霜
HUANG, TIAN JUN 黄天俊 (1898-1988)

Huang, Ling zhi 黄灵芝
HUANG, TIAN JI 黄天骥 (1928-)

HUANG, LIU PING 黄六平
Huang fu, Guang 皇甫光
Xiang, Xia 向夏
Yu, Yu 虞羽

HUANG, LIU ZHU 黄留珠 (1941-)
Qin min 芩珉
Zhi sheng 直生

HUANG, LONG 黄龙 (1925-)
Wang, Nong 王农

Huang long dao you 黄龙道友
YUAN, ZHEN YING 袁振英

Huang, Lu 黄芦
ZOU, GUAN QUN 邹冠群 (1912-)

Huang, Lu yin 黄庐隐
HUANG, YING 黄英 (1898-1934)

HUANG, LÜ LÜ 黄绿绿 (1952-)
Shang, Sang 商桑
Shang, Wan yun 商晚筠
Shu, Xiao han 舒小寒
Wu yan 无烟

HUANG, LUAN 黄鸾 (1943-)
Ao bo fan 傲泊梵
Xue yong song 雪永崧
Yong ju 永驹
Yun yi chen 芸亦尘
Yun yi chen 芸逸尘

HUANG, LUN SHENG 黄伦生 (1955-)
Huang, Fan 黄帆

Huang, ma 荒马
LAN, SHAN REN 蓝善仁 (1923-)

HUANG, MAN JUN 黄曼君 (1935-)
Huang, Yi jun 黄毅军
Yi jun 毅军

Huang, Man qiu 黄曼秋
HUANG, ZHEN WU 黄振武 (1911-1968)

HUANG, MAO 黄茅 (1916-)
Huang, Meng tian 黄蒙田
Huang, Cao yu 黄草予
Meng, Tian 蒙田

Huang, Mao zhi 黄懋质
HUANG, ZHI 黄质 (1865-1955)

Huang, Mei 黄梅
AI, JIA ZHENG 艾家政 (1925-)

Huang, Mei 黄梅
HUANG, ZHEN LING 黄珍玲

Huang, Mei 黄眉
AI, JIA ZHENG 艾家政 (1925-)

Huang mei 荒梅
CHEN, GUANG MEI 陈光美 **(1913-1997)**

Huang mei 荒煤
CHEN, GUANG MEI 陈光美 **(1913-1997)**

Huang, Mei cun 黄梅邨
HUANG, ZHEN CUN 黄震村 **(1909-)**

HUANG, MEI HUA 黄美华 **(1952-)**
Qing ye 晴夜

HUANG, MEI YING 黄梅影 **(1951-)**
Mei tong 枚彤
Shi bi 式笔
Yi yun 亦昀
Yun, Wu ji 云无迹
Ze, Ming 迮茗

Huang, Mei yu 黄梅雨
LI, GUI YUAN 李贵源 **(1947-)**

HUANG, MEI ZHUANG 黄美庄 **(1937-)**
Huang, Er pai 黄而徘
Huang, Gang 黄钢
Huang, Ru pai 黄如徘

Huang, Meng 黄檬
MA, ZU YI 马祖毅 **(1925-)**

Huang meng 荒萌
LU, GUANG YI 鲁广益 **(1911-1984)**

Huang, Meng tian 黄蒙田
HUANG, MAO 黄茅 **(1916-)**

HUANG, MENG WEN 黄孟文 **(1937-)**
Meng, Yi 孟毅

HUANG, MIAO FA 黄妙发 **(1938-)**
Nian, Feng 年丰

Huang, Miao zi 黄苗子
HUANG, ZU YAO 黄祖耀 **(1913-)**

Huang, Min sheng 黄民生
HUANG, KAO TIAN 黄靠天 **(1924-)**

Huang, Ming 黄明
HUANG, HAI MING 黄海明 **(1956-)**

Huang, Ming zhou 黄明洲
XIE, MING ZHOU 谢明洲 **(1947-)**

Huang mo 荒漠
ZHANG, JIA 张甲 **(1921-)**

Huang mo 荒漠
CHEN, HE JIN 陈和谨 **(1959-)**

Huang, Mo 黄末
HUANG, YI ZHONG 黄宜中 **(1942-)**

Huang, Mo xi 黄摩西
HUANG, ZHEN YUAN 黄振元 **(1866-1913)**

Huang, Mu 黄木
HUANG, ZU QIANG 黄祖强 **(1952-)**

Huang, Nan sen 黄枬森
HUANG, SHU LIE 黄述烈 **(1921-)**

Huang, Nan xiang 黄南翔
HUANG, JI YAO 黄纪尧 **(1943-)**

Huang, Niao 黄鸟
HUANG, ZHONG MING 黄仲鸣

HUANG, NING 黄宁 **(1925-)**
Bai, Jing 白静

Huang, Ning ying 黄宁婴
HUANG, BING HUI 黄炳晖 **(1915-1979)**

Huang, Niu 黄牛
HUANG, JIAN ZHONG 黄建中 **(1945-)**

Huang, Niu 黄牛
HUANG, YONG YU 黄永玉 **(1924-)**

Huang nu 荒弩
WEI, SHAO ZHEN 魏绍珍 **(1918-)**

Huang, Nü shi 黄女士
HUANG, YING 黄英 **(1898-1934)**

HUANG, PAN YU 黄磐玉
Huang, Yuan 黄远

HUANG, PEI LIANG 黄培亮 **(1930-)**
Zhuang, Li 庄犁

HUANG, PEI XU 黄培需 **(1932-)**
Da yong 大用
Huang, Su 黄肃
Tian yu 田雨

Huang, Peng 黄朋
LÜ, ZONG QUAN 吕宗权 **(1928-)**

HUANG, PENG 黄鹏 **(1908-1982)**
He, Shang 和尚
Huang, Liang meng 黄梁梦
Huang, Tian lu 黄天庐
Huang, Tian peng 黄天鹏
Tian lu 天庐
Tian lu ju shi 天庐居士
Tian lu sheng 天庐生
Tian lu zhu ren 天庐主人
Xiao yao 逍遥
Xiao yao ge 逍遥阁
Xiao yao ju shi 逍遥居士
Xin shi shi 新史氏

HUANG, PENG JI 黄鹏基 **(-1951)**
Peng qi 朋其

HUANG, PI XING 黄丕星 **(1924-)**

Chang shan 长山

Huang, Piao xia 黄飘霞
HUANG, RI HUA 黄日华 (1911-1943)

HUANG, PING 黄萍 (1945-)
Xiang ping 湘萍

HUANG, PING AN 黄平安 (1957-)
Huang, Guo hua 黄国华

HUANG, PING SUN 黄萍荪 (1902-)
Ping sun 萍荪
Xie weng 歇翁

Huang, Po 黄颇
HUANG, JIAN MIN 黄健民 (1956-)

Huang, Pu 黄浦
ZHANG, CHUN QIAO 张春桥 (1917-)

Huang, Pu fang 黄蒲芳
HUANG, RI HUA 黄日华 (1911-1943)

Huang, Qi 黄启
HUANG, KE QUAN 黄克全 (1952-)

Huang, Qi 黄颀
HUANG, KE QUAN 黄克全 (1952-)

Huang, Qi 黄琦
HUANG, ZHI KUN 黄志堃 (1925-)

Huang, Qi feng 黄奇峰
HUANG, LI FENG 黄礼丰

HUANG, QI HAN 黄启汉 (1912-)
Bo ou 伯欧

HUANG, QI MING 黄启明
Di er pang guan sheng 第二傍观生
Pang guan ke 傍观客

HUANG, QI RUI 黄启瑞 (1910-1976)
Huang, Qing ping 黄青萍
Qing ping 青萍

HUANG, QI SHENG 黄齐生 (1879-1946)
Ti tang sheng 倜傥生

HUANG, QI SHUAI 黄起衰 (1929-1988)
Xiang bo 湘波

HUANG, QI TANG 黄启汤 (1919-)
Huang, Ke cang 黄客沧
Huang, You 黄幽
Ke cang 客沧

HUANG, QI WEN 黄启文
Huang, Ying bao 黄瀛豹
Qi, Wen 启文

HUANG, QI XIANG 黄启祥 (1928-)
Huang, Hong 黄红

HUANG, QI YING 黄绮莹 (1952-)
Xi qian huang 西茜凰
Xiao zi 小紫

HUANG, QI ZONG 黄启宗 (1929-)
Huang, He yi 黄鹤逸

Huang, Qian 黄乾
HUANG, DIAN CHENG 黄典诚 (1914-)

HUANG, QIAN 黄谦 (1928-)
Huang, Ben gui 黄本贵

Huang, Qiang 黄强
HUANG, GUO QIANG 黄国强 (1932-)

Huang, Qiang 黄强
HUANG, ZHI QIANG 黄志强 (1946-)

HUANG, QIANG GEN 黄强根 (1934-)
Huang, Yong sheng 黄永生

Huang, Qing 黄青
WANG, YAN WEN 王延文 (1917-)

Huang, Qing 黄青
HUANG, TING XI 黄廷熙 (1919-1989)

Huang, Qing 黄晴
HUANG, CUI CHANG 黄翠嫦

HUANG, QING CHENG 黄庆澄 (1863-1904)
Si hui fu sheng 思恢復生

HUANG, QING LAN 黄庆澜 (1874-1961)
Huang, Zhi hai 黄智海
Zhi hai 智海

Huang, Qing pin 黄磬榀
HUANG, QING PING 黄庆平 (1949-)

HUANG, QING PING 黄庆平 (1949-)
Huang, Qing pin 黄磬榀

Huang, Qing ping 黄青萍
HUANG, QI RUI 黄启瑞 (1910-1976)

HUANG, QING QI 黄庆绮 (1956-)
Tong, Da long 童大龙
Xia, Yu 夏宇

HUANG, QING XIAN 黄清贤 (1948-)
Huang, Dong kui 黄东葵

HUANG, QING YUAN 黄庆元 (1923-)
Huang, Xun 黄勋

HUANG, QING YUN 黄庆云 (1920-)
Mu, Lie 慕列
Shi de 是德
Yun, Zi zi 云姊姊

HUANG, QING YUN 黄庆云 (1944-)
Yang, Lei 杨雷

Huang, Qiong 黄琼
HUANG, LIN 黄琳 **(1935-)**

Huang, Qiong 黄琼
HUANG, YUE JUAN 黄月娟

HUANG, QIU FANG 黄秋芳 **(1962-)**
Ren, Ju 任菊

HUANG, QIU SHI 黄秋实 **(1928-)**
Guan dong shan qiao 关东山樵

Huang, Qiu yue 黄秋岳
HUANG, JUN 黄浚 **(1891-1937)**

HUANG, QIU YUN 黄秋耘 **(1918-)**
Du, Fang ming 杜方明
He, Shi shang 何士上
Huang, Chao xian 黄超显
Huang, Qiu yun 黄秋云
Luo si 洛思
Qiu, Yun 秋云
Qiu, Yun 秋耘
Zhao yan 昭彦

Huang, Qiu yun 黄秋云
HUANG, QIU YUN 黄秋耘 **(1918-)**

Huang, Qu 黄鸜
HUANG, ZHANG 黄彰 **(1893-1987)**

HUANG, QUAN XING 黄全兴 **(1944-)**
Huang, Guo guang 黄国光
Wen, Guang 文光

Huang, Qun 黄群
ZHANG, ZI PING 张资平 **(1893-1959)**

Huang, Ran 黄然
DAI, WEN BAO 戴文葆 **(1923-)**

Huang, Ren 黄人
HUANG, ZHEN YUAN 黄振元 **(1866-1913)**

Huang, Ren 黄仁
HUANG, DING CHENG 黄定成 **(1925-)**

Huang ren 荒人
WANG, JUN ZHU 王隽珠 **(1950-)**

HUANG, REN FANG 黄任芳 **(1926-)**
Chen, Yan nan 陈燕南
Lin, Feng 林枫
Tian xin 天心
Zi qian 子谦
Zi ye 子夜

HUANG, REN HE 黄人和 **(1950-)**
Du, Shi san 杜十三

HUANG, REN HUA 黄仁华 **(1949-)**
Fan teng 翻腾

Huang, Ren ying 黄人影
QIAN, XING CUN 钱杏邨 **(1900-1977)**

Huang, Ren ying 黄人影
GU, FENG CHENG 顾凤城 **(1908-1940)**

Huang, Ren zhi 黄任之
HUANG, YAN PEI 黄炎培 **(1878-1965)**

Huang, Ren zhi 黄韧之
HUANG, YAN PEI 黄炎培 **(1878-1965)**

HUANG, RI HUA 黄日华 **(1911-1943)**
Bai ling 百灵
Feng 风
Huang, Feng 黄风
Huang, Piao xia 黄飘霞
Huang, Pu fang 黄蒲芳
Pu, Feng 蒲风

HUANG, RI KUI 黄日葵 **(1898-1930)**
Ye kui 野葵
Yi kui 一葵

Huang, Rong 黄戎
HUANG, SHU LIN 黄叔麟 **(1939-)**

Huang, Rong fu 黄戎父
HUANG, SHU LIN 黄叔麟 **(1939-)**

Huang, Ru pai 黄如徘
HUANG, MEI ZHUANG 黄美庄 **(1937-)**

Huang, Rui 黄锐
WANG, GUANG ZHENG 王光正 **(1949-)**

HUANG, RUI 黄瑞 **(1958-)**
Xiao rui 晓瑞

HUANG, RUI JUAN 黄瑞娟 **(1945-)**
Huang, Juan 黄娟

HUANG, RUI TIAN 黄瑞田 **(1951-)**
Du, Juan 杜鹃
Gao, Chuan zhen 高传真

HUANG, RUI XIANG 黄瑞祥
Huang, Di fei 黄迪菲

HUANG, RUI XING 黄瑞兴 **(1938-)**
Bai, Xun 白迅

HUANG, RUI YUN 黄瑞云 **(1932-)**
Hu, Tian yan 胡天雁

Huang, Ruo zhou 黄若舟
HUANG, JI CAI 黄济才 **(1906-)**

Huang, Sa mu er 黄撒母耳
HUANG, KUN SHENG 黄坤生 **(1942?-)**

HUANG, SEN SONG 黄森松 **(1950-)**
Huang, Yu 黄鱼

Huang, Seng 黄僧

HUANG, ZHENG FU 黄征夫

Huang, Sha 黄砂
WU, SAN CAI 吴三才 (1926-)

Huang, Sha 黄沙
HUANG, XUAN WEI 黄宣威 (1914-)

Huang, Sha 黄沙
HUANG, WEI GUANG 黄维光 (1919-)

Huang sha 荒沙
CHEN, FU BIN 陈福彬 (1922-)

Huang, Sha tian 黄沙天
LI, JING YUAN 李景元 (1921-)

Huang, Sha wen 黄沙文
JI, HONG CHUN 纪宏春 (1923-)

Huang, Sha yang 黄沙扬
HUANG, GUO HONG 黄国鸿 (1937-)

Huang, Shan 黄山
MIN, ER CHANG 闵尔昌 (1872-1948)

Huang, Shan 黄山
HUANG, ZI SHAN 黄子山 (1912-1979)

Huang, Shan 黄山
WANG, TIAN CHI 王天池 (1914-)

Huang, Shan 黄山
TAN, JIA KUN 谭家昆 (1920-)

Huang, Shan 黄山
HUANG, YANG SHAN 黄仰山 (1924-)

Huang, Shan 黄山
LIN, WU XIAN 林武宪 (1944-)

Huang, Shan 黄山
GUAN, WEI NING 关卫宁 (1961-)

Huang, Shan 黄衫
HUANG, TIAN SHI 黄天石 (1898-1983)

Huang shan 荒山
WANG, ZHAN SHAN 王占山 (1949-)

Huang shan 荒山
CAI, XIU BAO 蔡秀报

HUANG, SHAN DING 黄山定 (1910-)
Huang, Er gang 黄尔刚
Huang, Liao hua 黄聊华
Lao, Niu 劳牛
Lao niu 老牛

Huang, Shan ke 黄衫客
HUANG, TIAN SHI 黄天石 (1898-1983)

Huang, Shan min 黄山民
YUN, SHU JUE 恽树珏 (1878-1935)

Huang shan mo ke 黄山墨客
HUANG, ZHAO XIONG 黄昭雄 (1941-)

Huang shan qiao ke 黄山樵客
XU, QIAN 徐谦 (1871-1940)

Huang shan shan zhong ren 黄山山中人
HUANG, ZHI 黄质 (1865-1955)

Huang, Shan yan 黄善琰
HUANG, YU XIANG 黄雨香 (1926-)

Huang shan yu xiang 黄山予向
HUANG, ZHI 黄质 (1865-1955)

Huang, Shang 黄裳
RONG, DING CHANG 容鼎昌 (1919-)

HUANG, SHAO FEN 黄绍芬 (1911-)
Huang, Ke 黄克

HUANG, SHAO GU 黄绍谷
Shao gu 绍谷

Huang, Shao lin 黄绍麟
HUANG, FU 黄郛 (1880-1936)

HUANG, SHAO XIANG 黄绍湘 (1915-)
Li, Jiang 李江

HUANG, SHEN HUI 黄燊辉 (1935-)
Sha, Xia 沙夏
Wei, Xi 韦西

HUANG, SHEN TAN 黄身坦 (1965-)
Huang, Jing juan 黄敬涓
Huang, Xin tan 黄新坦

HUANG, SHENG FA 黄盛发 (1941-)
Hui di 慧荻
Qi si 奇思
Shi min 适民

HUANG, SHENG QUAN 黄升泉 (1919-)
Huang, Sheng quan 黄陞泉
Xin quan 心泉

Huang, Sheng quan 黄陞泉
HUANG, SHENG QUAN 黄升泉 (1919-)

HUANG, SHENG XIAO 黄声孝 (1918-)
Huang, Sheng xiao 黄声笑

Huang, Sheng xiao 黄声笑
HUANG, SHENG XIAO 黄声孝 (1918-)

Huang, Shi 黄史
HUANG, JIE 黄节 (1873-1935)

Huang, Shi 黄石
HUANG, GUO RUI 黄国瑞 (1935-)

HUANG, SHI 黄石
Huang, Hua jie 黄华节
Yang chu 养初

Huang, Shi 黄始
HUANG, JIN LUAN 黄锦銮 **(1918-)**

Huang, Shi 黄适
HUANG, KANG JUN 黄康俊 **(1956-)**

Huang, Shi gong 黄士恭
HUANG, YIN MING 黄印铭

Huang, Shi gong 黄石公
HUANG, YI 黄遗 **(1916-)**

HUANG, SHI HENG 黄世衡 **(1937-)**
Xiao qing 晓青

HUANG, SHI HUA 黄石华 **(1919-)**
Huang, Xing fen 黄行奋
Lei 磊
Mao, She 茅舍

HUANG, SHI JIU 黄世九 **(1935-)**
Jiu su 九肃
Suo zhi 索之

HUANG, SHI LIAN 黄世连 **(1941-)**
Hong, Huang 洪荒
Huang, He lang 黄河浪

Huang, Shi lin 黄诗林
HUANG, JIA YIN 黄嘉音 **(1913-1960)**

HUANG, SHI QUAN 黄式权 **(1853-1924)**
Hai shang meng wan sheng 海上梦畹生
He ke cun ren 鹤窠村人
Huang, Xie xun 黄协埙
Meng wan 梦畹
Meng wan sheng 梦畹生
Wo shi ge duo chou duo bing shen 我是个多愁多病身
Xie xun 协埙

HUANG, SHI RU 黄石如 **(1940-1968)**
Li, Duo 李朵
Pao di 泡蒂

Huang, Shi shi 黄史氏
HUANG, JIE 黄节 **(1873-1935)**

HUANG, SHI SHU 黄时枢 **(1925-)**
Fang, Si 方思

HUANG, SHI SONG 黄士松 **(1920-)**
Huang, Shi song 黄仕松

Huang, Shi song 黄仕松
HUANG, SHI SONG 黄士松 **(1920-)**

HUANG, SHI WEI 黄狮威 **(1930-)**
Chen, Qian 陈谦
Cheng jiang 澄江
Qian zi 茜子

HUANG, SHI YONG 黄诗咏 **(1927-)**
Leng, Lang 冷浪
Nie, Shi zi 聂氏子

Huang, Shi yu 黄士宇
HUANG, LAI DUO 黄来铎 **(1936-)**

HUANG, SHI ZHONG 黄世仲 **(1872-1912)**
Di 棣
Di sun 棣荪
Huang di di yi 黄帝嫡裔
Huang di miao yi 黄帝苗裔
Huang, Di sun 黄棣荪
Huang, Xiao pei 黄小配
Lao di 老棣
Pei gong 配工
Shi 世
Shi ci lang 世次郎
Shi jie yi ge ren 世界一个人
Yu shan shi ci lang 禺山世次郎

HUANG, SHOU CHANG 黄寿昌 **(1927-)**
Bu ge 布哥

HUANG, SHOU CHENG 黄守诚 **(1928-)**
Gui, Ren 归人
Kang, Ren 康稔
Li, Qin 黎芹
Lin, Feng 林枫
Shou cheng 守诚

HUANG, SHOU MIN 黄寿民 **(1947-)**
Huang, Zheng 黄铮

HUANG, SHOU QI 黄寿祺 **(1912-)**
Liu an 六庵
Xia shan 霞山

HUANG, SHOU YAN 黄寿延 **(1934-)**
Bai, Fan 白帆
Shou yan 授研
Wang, Yi tao 王一桃
Xiu yan 秀妍

HUANG, SHU GEN 黄树根 **(1947-)**
Li, Ming 黎明
Lin, Nan 林南

Huang, Shu hui 黄树辉
LI, YAO TANG 李尧棠 **(1904-)**

HUANG, SHU HUI 黄淑惠
You qing 幽青

Huang, Shu jin 黄书津
CAO, YONG XIANG 曹永祥 **(1937-)**

Huang, Shu lang 黄鼠狼
HUANG, WAN ZHONG 黄万钟 **(1912-)**

HUANG, SHU LIE 黄述烈 **(1921-)**
Chang, Xue si 常学思
Fan, Qing 范青

Huang, Nan sen 黄柟森

HUANG, SHU LIN 黄叔麟 **(1939-)**
Bao, Tian 包天
He, Tian 贺天
Huang, Rong 黄戎
Huang, Rong fu 黄戎父
Huang, Wei yi 黄为一
Ji du shan 基度山

HUANG, SHU PING 黄淑娉 **(1930-)**
Fang, Lan 方岚

HUANG, SHU SEN 黄树森 **(1935-)**
Huang, Wei zhi 黄薇之
Lin, Bei zhi 林蓓之

Huang, Shu yi 黄淑仪
HUANG, YING 黄英 **(1898-1934)**

HUANG, SHU YUE 黄淑月 **(1952-)**
Huang, Jie jun 黄洁君

HUANG, SHU ZE 黄树则 **(1914-)**
Dou shan 斗山
Feng, Xiu 冯岫
Ge, Gui 葛桂
Huang, Ji 黄既
Huang, Xie shan 黄写山
Jin, Ning 金宁
Liang, Tong 梁桐
Liang, Zhen 梁榛
Lu, Yu 路宇
Tian, Shi ju 田士菊
Wang, Shi ze 王士泽
Xiao di 晓棣
Xu, Feng 许峰
Xu, Jin 徐锦

HUANG, SHU ZHEN 黄淑祯 **(1948-)**
Huang, Zhi tong 黄之桐

HUANG, SHU ZHONG 黄树中 **(1883-1948)**
Dong lang 冬郎
Huang, Fu sheng 黄復生
Li jun 理君
Lu, Yi 鲁一
Lu, Yi 鲁逸

Huang, Shui 黄水
GU, JIN ZHANG 顾金章 **(1925-)**

Huang, Shui yao 黄水遥
HUANG, JIANG 黄江 **(1927-)**

HUANG, SHUN KANG 黄顺康 **(1928-)**
Huang, Xin chuan 黄心川

HUANG, SHUN LAI 黄顺来 **(1947-)**
Jiang, Feng 江风
Yi fan 一凡

***HUANG, SHUN RONG** 黄顺荣 **(1948-)**
Yu zi 渝子

Huang, Si 黄四
SHEN, DUAN XIAN 沈端先 **(1900-1995)**

Huang, Si 黄似
SHEN, DUAN XIAN 沈端先 **(1900-1995)**

HUANG, SI CHAO 黄思超 **(1939-)**
Hai, Dian 海甸

Huang, Si cheng 黄思骋
HUANG, GUANG YU 黄广裕 **(1919-1984)**

Huang, Song 黄宋
MA, YAN XIANG 马彦祥 **(1907-1988)**

Huang, Song ling 黄松令
HUANG, KE QIAN 黄克谦 **(1898-1972)**

Huang, Song yan 黄松岩
ZHOU, SHAO 周劭 **(1916-)**

Huang, Su 黄苏
LIAO, CHEN YUN 廖陈云 **(1905-1995)**

Huang, Su 黄肃
HUANG, PEI XU 黄培需 **(1932-)**

Huang, Su 黄素
MEI, GONG REN 梅公任 **(1892-1968)**

Huang, Su 黄素
HUANG, DE XIU 黄德修 **(1895-1971)**

Huang, Su qiu 黄肃秋
HUANG, YU LIN 黄毓霖 **(1911-1989)**

Huang, Su ru 黄素如
HUANG, ZHANG 黄彰 **(1893-1987)**

Huang, Sun 黄隼
HUANG, ZAI SHENG 黄载生 **(1945-1991)**

HUANG, SUN XING 黄孙星
Dong yang 冬阳

Huang, Tai 黄泰
ZHANG, JIN LONG 张金龙 **(1939-)**

HUANG, TAI XUAN 黄太玄
Jian qiu 剑秋
Lü ping 履平
Ming, Qiang 明强
Xuan weng 玄翁

Huang tang sheng 荒唐生
LUO, WU YA 骆无涯

Huang, Tao 黄涛
LIANG, TAO 梁涛 **(1924-1995)**

Huang, Tao 黄涛
CHEN, GUO AN 陈国安 **(1937-)**

HUANG, TAO 黄涛 **(1959-)**
Tao tao 涛涛

Huang, Teng 黄滕
HUANG, YU QING 黄雨青 **(1925-)**

Huang, Ti 黄悌
HUANG, TING YU 黄庭愈 **(1926-)**

Huang, Tian 黄天
GAO, XIE 高燮 **(1878-1958)**

Huang, Tian 黄天
HUANG, TIAN JI 黄天骥 **(1935-)**

Huang tian 荒田
WANG, RUI QI 王瑞起 **(1942-)**

Huang tian 荒田
LIU, YU LONG 刘毓龙

HUANG, TIAN BI 黄天璧 **(1934-)**
He, Biao 何錶
Li yan 立言
Tian, Bi 田碧

HUANG, TIAN CAI 黄天才 **(1924-)**
Tian duo 天铎

Huang, Tian ge 黄天戈
HUANG, JIN LUAN 黄锦銮 **(1918-)**

HUANG, TIAN JI 黄天骥 **(1928-)**
Huang, Ling zhi 黄灵芝
Ling zhi 灵芝

HUANG, TIAN JI 黄天骥 **(1935-)**
Huang, Tian 黄天

HUANG, TIAN JUN 黄天俊 **(1898-1988)**
Chao hai 超海
Huang, Jian sheng 黄兼生
Huang, Ling shuang 黄凌霜
Huang, Wen shan 黄文山
Jian 兼
Jian sheng 兼生
Jian sheng 兼胜
Ling, Shuang 凌霜
Shuang 霜

Huang, Tian lu 黄天庐
HUANG, PENG 黄鹏 **(1908-1982)**

HUANG, TIAN MIN 黄天民 **(1930-)**
Huang, Tian ming 黄天明

Huang, Tian ming 黄天明
HUANG, TIAN MIN 黄天民 **(1930-)**

HUANG, TIAN PEI 黄天培 **(1870-)**
Huang, Duan ru 黄端儒

Huang, Tian peng 黄天鹏
HUANG, PENG 黄鹏 **(1908-1982)**

HUANG, TIAN SHI 黄天石 **(1898-1983)**
Huang, Chao chuan 黄晁传
Huang, Shan 黄衫
Huang, Shan ke 黄衫客
Huang, Zhong jie 黄钟傑
Jie ke 傑克
Wen, Hu 文虎
Yuan, Yuan ke 元园客

Huang, Tian xian 黄天贤
TONG, TIAN JIAN 童天鑑 **(1916-1985)**

HUANG, TIAN XIANG 黄天祥
Li, Chun shi 李春禔

Huang, Tie 黄铁
HUANG, HONG 黄宏 **(1919-)**

HUANG, TING DONG 黄挺栋 **(1932-)**
Huang, Feng 黄枫

HUANG, TING GAO 黄廷高
Ting gao 廷高

HUANG, TING HUI 黄廷惠 **(1930-)**
Dai yan 岱喦

HUANG, TING NAN 黄挺南 **(1950-)**
Huang, Xiao nan 黄小南
Xiao nan 小南

HUANG, TING XI 黄廷熙 **(1919-1989)**
Gang di 冈荻
Huang, Qing 黄青

HUANG, TING YU 黄庭愈 **(1926-)**
Huang, Ti 黄悌

HUANG, TONG CHENG 黄桐城 **(1923?-1980)**
Lao du 老杜

HUANG, TONG FU 黄同甫 **(1941-)**
Huang, He tao 黄河涛
Wan, Li fan 万里帆

HUANG, TONG TA 黄铜塔 **(1948-)**
Huang, He 黄河
Tian, Jin 田金

Huang, Tu 黄土
ZHANG, TONG SHENG 张同生 **(1929-)**

HUANG, WAN LUN 黄万纶 **(1926-)**
Min, Jin 闵今

HUANG, WAN YUAN 黄万源 **(1939-)**
Bai, Jin 白金
Gan, Lin 甘霖
Lei, Yu 雷宇
Li, Li 黎力
Li, Sheng 黎声
Ma, Jia lin 马加林

Tong, Yuan 童元
Wu, Hong sheng 吴宏声
Ye, Xia zhu 叶下珠
Zhang, He 章河

HUANG, WAN ZHONG 黄万钟 (1912-)
Dai, Dan 戴旦
Huang, Shu lang 黄鼠狼
Huang, Yi fan 黄一帆
Jin, Yin 晋寅
Pu, Yin 普寅
Shen, Cong wu 沈从武

HUANG, WANG QING 黄望青 (1913-)
Chen, Cun 陈村
Guo, An 郭安
Li, Qiu 李秋
Ye lu 耶鲁

Huang, Wei 黄帷
SHEN, DUAN XIAN 沈端先 (1900-1995)

Huang, Wei 黄薇
HUANG, WEI YING 黄维英 (1912-)

HUANG, WEI CHAO 黄维超 (1939-)
A shi 阿石
Dong jun 东君
Huang, Huai 黄淮
Huang yuan 荒原
Shi, Fei 石非
Tian, Jia 田佳
Xiang, Nan 项南

HUANG, WEI GUANG 黄维光 (1919-)
Huang, Sha 黄沙

HUANG, WEI HAN 黄微汉 (1924-)
Yu, Wei ye 余微野

HUANG, WEI HUA 黄伟华 (1952-)
Tian, Wei 田韦

HUANG, WEI JI 黄为基 (1885-1915)
Huang, Yuan sheng 黄远生
Huang, Yuan yong 黄远庸
Yuan 远
Yuan, Sheng 远生
Yuan, Yong 远庸

Huang, Wei jun 黄维君
HUANG, XIAN DONG 黄宪东 (1952-)

HUANG, WEI LIANG 黄维樑 (1947-)
Qiao liang 桥梁
Song, Yuan ming 宋元明
You, Zhi xia 游之夏

Huang, Wei ming 黄维明
CAO, TIAN SHU 曹天舒 (1940-)

HUANG, WEI MING 黄渭铭 (1936-)
Shui, Tian yue 水田月
Wei, Min 卫民

HUANG, WEI PING 黄卫平 (1954-)
Qi bao 七宝

HUANG, WEI TANG 黄炜棠 (1944-)
Chu, Que 楚雀
Huang, Ying gu 黄莺谷
Li, Liu 栗留
Shang, Geng 商庚

HUANG, WEI TE 黄维特
Huang, Yu chen 黄雨辰

Huang, Wei yi 黄为一
HUANG, SHU LIN 黄叔麟 (1939-)

HUANG, WEI YING 黄维英 (1912-)
Huang, Wei 黄薇
Nan, Jun 南君

Huang, Wei zhi 黄惟志
HUANG, YOU XIONG 黄幼雄

Huang, Wei zhi 黄薇之
HUANG, SHU SEN 黄树森 (1935-)

HUANG, WEI ZONG 黄伟宗 (1935-)
Chen, Jie 陈捷
He hong 荷红
Huang, Kui 黄葵

Huang, Wen 黄文
HUANG, WEN XIANG 黄文湘 (1925-)

Huang wen 潢汶
FANG, CHANG QI 方昌期 (1928-)

HUANG, WEN FAN 黄文範 (1925-)
Huang, Hun 黄昏
Ji ding 冀鼎
Shu jun 叔君
Yi ren 忆人
Yi ren 逸人

HUANG, WEN NONG 黄文农
Wen, Nong 文农

Huang, Wen qian 黄文倩
HUANG, WEN QING 黄文清 (1899-1979)

HUANG, WEN QING 黄文清 (1899-1979)
Huang, Wen qian 黄文倩
Huang, Xi 黄羲

Huang, Wen shan 黄文山
HUANG, TIAN JUN 黄天俊 (1898-1988)

HUANG, WEN XI 黄文锡 (1937-)
Huai, Yu 怀玉
Jiang, Xia 江夏

HUANG, WEN XIANG 黄文相
Wen, Xiang 温乡

HUANG, WEN XIANG 黄文湘 **(1925-)**
Bai, Ming 白明
Chen, Yue wen 陈约文
Fan, Di wen 樊棣文
Huang, Jia xiang 黄家湘
Huang, Wen 黄文
Jiang, Nan yan 江南燕
Jiao ying 皎影
Lan, Hu 蓝湖
Li, Leng 李冷
Ling ling 玲玲
Luo feng cheng 洛凤城
Mu feng 木风
Wen, Ge 文戈
Wen, Jing 文经
Xin, Na ma 辛纳玛
Yao, Xin yang 姚新扬
Ye, Feng 叶枫

HUANG, WEN YU 黄文俞 **(1919-)**
Huang, An si 黄安思
Wen, Yu 文俞

HUANG, WEN ZHOU 黄文周 **(1950-)**
Zhu, Ti 朱提

Huang, Wen zhuang 黄文庄
HUANG, WEN ZONG 黄文宗 **(1910-)**

HUANG, WEN ZONG 黄文宗 **(1910-)**
Huang, Wen zhuang 黄文庄
Kai xin 开心
Xiao tao 小匋

Huang weng 荒翁
ZONG, DIAN 宗典 **(1911-)**

Huang, Wu 黄吾
LI, NAI REN 李乃仁 **(1916-)**

Huang wu 荒芜
LI, NAI REN 李乃仁 **(1916-)**

Huang, Wu chang 黄五常
HUANG, FU LIN 黄福临 **(1926-)**

Huang, Wu yin 黄芜茵
GE, ZENG JI 葛曾济 **(1913-)**

Huang, Wu ying 黄舞莺
GE, ZENG JI 葛曾济 **(1913-)**

Huang, Xi 黄溪
CHEN, BAI 陈白 **(1869-1934)**

Huang, Xi 黄熙
HUANG, JIA XI 黄嘉禧

Huang, Xi 黄羲
HUANG, WEN QING 黄文清 **(1899-1979)**

Huang, Xi 黄曦
HUANG, HE PING 黄和平 **(1920-)**

Huang xi 篁溪
ZHANG, BO ZHEN 张伯祯 **(1877-1947)**

HUANG, XI MIN 黄喜民 **(1949-)**
Xi min 喜民

HUANG, XI MING 黄锡鸣 **(1946-)**
Du yu 蠹鱼
Wu ye 芜野

HUANG, XI TING 黄希庭 **(1937-)**
Bo chun 伯春

HUANG, XI WU 黄锡武 **(1941-)**
Hai, Yang 海洋

Huang, Xia 黄夏
HUANG, XING ZHONG 黄兴中 **(1950-)**

HUANG, XIAN BI 黄先笔 **(1958-)**
Ai, Wen 艾文
Kong xin zhu 空心竹
Shan ye 山野

HUANG, XIAN CHENG 黄显成 **(1887-1938)**
Huang, Leng guan 黄冷观

HUANG, XIAN DONG 黄宪东 **(1952-)**
Huang, Wei jun 黄维君

HUANG, XIAN FAN 黄现璠 **(1899-1982)**
Gan, Jin ying 甘锦英

Huang, Xian jun 黄贤俊
HUANG, XIAN JUN 黄贤峻 **(1911-)**

HUANG, XIAN JUN 黄贤峻 **(1911-)**
Huang, Xian jun 黄贤俊
Jiang, Piao 江飘
Ma, Du 马度

Huang, Xian xiang 黄显襄
HUANG, GU LIU 黄谷柳 **(1908-1977)**

Huang, Xiang 黄向
WANG, ZHENG PING 王正平 **(1948-)**

HUANG, XIANG 黄芗 **(1927-)**
Huang, Jun ye 黄君烨

HUANG, XIANG 黄翔 **(1904-)**
Shao yu 少愚

HUANG, XIANG 黄翔 **(1963-)**
Xiang zi 翔子

Huang, Xiang 黄襄
HUANG, GU LIU 黄谷柳 **(1908-1977)**

Huang, Xiang 黄襄

HUANG, ZHI GUANG 黄志光 (1957-)

HUANG, XIANG 黄骧 (1916-)
Mu, Ji 穆基
Zi yu 子瑜

Huang, Xiao 黄啸
ZHANG, FENG 张凤 (1950-)

HUANG, XIAO CEN 黄小岑 (1926-)
Huang, Cen 黄岑
Huang, Chui qing 黄垂庆

HUANG, XIAO FENG 黄晓峰
Gao, Ge 高戈

Huang, Xiao lei 黄小雷
HUANG, XIU HUA 黄秀华

Huang, Xiao nan 黄小南
HUANG, TING NAN 黄挺南 (1950-)

Huang, Xiao pei 黄小配
HUANG, SHI ZHONG 黄世仲 (1872-1912)

Huang, Xiao ping 黄小平
HUANG, YI 黄伊 (1929-)

HUANG, XIAO RONG 黄效融 (1955-)
Chu, Sang 楚桑

Huang, Xiao shi 黄小石
HUANG, ZHANG MING 黄章明 (1947-)

HUANG, XIAO ZHONG 黄孝忠 (1950-)
Huang, Fan 黄凡

Huang, Xie shan 黄写山
HUANG, SHU ZE 黄树则 (1914-)

Huang, Xie xun 黄协埙
HUANG, SHI QUAN 黄式权 (1853-1924)

Huang, Xin bo 黄新波
HUANG, YU XIANG 黄裕祥 (1915-1980)

Huang, Xin chuan 黄心川
HUANG, SHUN KANG 黄顺康 (1928-)

HUANG, XIN DA 黄新达 (1943-)
Bing yan 冰焰

Huang, Xin jin 黄信今
WU, KANG MIN 吴康民 (1926-)

Huang, Xin min 黄新民
HUANG, YU ZHAI 黄玉斋

Huang, Xin sheng 黄新圣
PEI, XING HUI 裴星惠 (-1968)

Huang, Xin Tan 黄新坦
HUANG, SHEN TAN 黄身坦 (1965-)

HUANG, XIN YA 黄新亚
Xin ya 新亚

Huang, Xing 黄醒
FANG, ZHUO FEN 方卓芬

HUANG, XING 黄兴 (1874-1916)
Huang, Ke qiang 黄克强
Huang, Zhen 黄轸
Jin wu 近午
Jin wu 堇午
Jin wu 廑午
Jin wu 廑吾
Jin wu 堇坞
Jing wu 经武
Jing wu 竞武
Qing wu 庆午
Qing wu 庆武
Zhang, Shou zheng 张守正

Huang xing 荒星
ZHOU, LU QUAN 周鲁泉 (1917-1983)

Huang, Xing bin 黄杏槟
HUANG, YONG YU 黄永玉 (1924-)

Huang, Xing fen 黄行奋
HUANG, SHI HUA 黄石华 (1919-)

Huang, Xing hua 黄醒华
HUANG, JUE 黄觉

HUANG, XING ZHONG 黄兴中 (1950-)
Huang, Xia 黄夏
Xin, Bai 辛白

HUANG, XIONG BIAO 黄熊彪 (1891-1974)
Huang, Yan qing 黄言情
Huang, Yan qing 黄燕清
Yan, Qing 言情

HUANG, XIU HUA 黄秀华
Bai, Die 白蝶
Huang, Xiao lei 黄小雷

HUANG, XIU JI 黄修己 (1935-)
Fang, Ming 方明
Fang, Yu xiao 方浴晓

HUANG, XIU JI 黄修纪 (1939-)
Xiao ji 晓纪

HUANG, XIU QI 黄秀琪 (1939-)
Dong, Jun jun 董君君

Huang, Xu 黄旭
HUANG, JIA DONG 黄甲东 (1913-)

Huang, Xu 黄鬚
LIN, ZHI XIA 林之夏 (1878-1947)

HUANG, XU CHU 黄旭初 (1938-)
Lü bo 绿波

Huang, Xu lun 黄叙伦

HUANG, HAN 黄汉 **(1920-)**

HUANG, XU WAN 黄序鹓 **(1877-1949)**
Huang, Ji fei 黄季飞
She zhai lao ren 射斋老人

HUANG, XU WU 黄勗吾 **(1906-)**
Bai yun hong shu guan zhu 白云红树馆主

Huang, Xuan 黄玄
HUANG, ZHONG SU 黄仲苏 **(1895-)**

Huang, Xuan 黄玄
XIAO, JUN 萧军 **(1907-1988)**

Huang, Xuan 黄玄
WANG, QIU YING 王秋萤 **(1913-)**

Huang xuan 篁轩
JI, GUO XUAN 纪国宣 **(1909-)**

HUANG, XUAN WEI 黄宣威 **(1914-)**
Ha gong 哈公
Huang, He 黄河
Huang, Sha 黄沙

HUANG, XUAN WEN 黄烜文 **(1936-)**
Wen, Min fa 温民法

HUANG, XUE HAI 黄学海
Xue si 学思

HUANG, XUE ZHONG 黄学中 **(1963-)**
Mo dao 魔岛

Huang, Xun 黄训
XIAN, XING HAI 冼星海 **(1905-1945)**

Huang, Xun 黄旬
XU, ZHI QIAO 许之乔 **(1914-1986)**

Huang, Xun 黄勋
HUANG, QING YUAN 黄庆元 **(1923-)**

HUANG, YA 黄崖 **(1932-1992)**
Lin, Xing 林星
Lin, Yin 林音
Lu, Xing 陆星
Ye, Feng sheng 叶逢生
Zhuang, Zhong 庄重

Huang, Ya geng 黄亚庚
HUANG, GUI GEN 黄贵根 **(-1974)**

HUANG, YAN 黄雁 **(1962-)**
A ruo 阿婼

Huang, Yan 黄岩
REN, YI QUAN 任一权 **(1935-)**

Huang, Yan 黄炎
HUANG, GUO QIANG 黄国强 **(1932-)**

Huang, Yan 黄炎
CHEN, JIAN CHENG 陈建成 **(1941-)**

Huang, Yan 黄验
HUANG, ZONG QI 黄宗奇 **(1953-)**

Huang yan 荒烟
ZHANG, HUANG YAN 张荒烟 **(1921-)**

Huang yan 荒覃
LAN, YU SONG 蓝玉崧 **(1925-)**

Huang yan 徨雁
ZHAO, XIN SHENG 赵辛生 **(1920-)**

Huang yan 煌言
ZHANG, BAI LU 张百禄 **(1895-1949)**

Huang yan 鍠言
ZHANG, QI HUANG 张其鍠 **(1877-1927)**

HUANG, YAN BO 黄彦博 **(1936-)**
Yin qun 音群

HUANG, YAN DE 黄燕德 **(1950-)**
Bi zhu 碧竹
Cheng, Shuang yu 程双雨
Jiang, Dong qu 江东去
Lin, Shuang bu 林双不

HUANG, YAN HUA 黄彦华
Jiang, Lan 姜岚
Tian, Geng yun 田耕耘
Xia, Huang 夏煌

HUANG, YAN PEI 黄炎培 **(1878-1965)**
Bao yi 抱一
Guan wo sheng 观我生
Huang, Ren zhi 黄任之
Huang, Ren zhi 黄韧之
Ren, Zhi 任之
Tong fu 同父

Huang, Yan qing 黄言情
HUANG, XIONG BIAO 黄熊彪 **(1891-1974)**

Huang, Yan qing 黄燕清
HUANG, XIONG BIAO 黄熊彪 **(1891-1974)**

Huang, Yan ren 黄衍仁
HUANG, DE XIU 黄德修 **(1895-1971)**

HUANG, YAN SHENG 黄彦生 **(1950-)**
Lei, Duo 雷铎

Huang, Yang 黄羊
LIU, LI BO 刘立波 **(1951-)**

HUANG, YANG HUI 黄养辉 **(1911-)**
Huang, Yi 黄易

HUANG, YANG SHAN 黄仰山 **(1924-)**
Huang, Hai 黄海
Huang, Shan 黄山

Huang, Yao 黄尧
HUANG, JIA TANG 黄家唐 **(1915-)**

Huang, Yao 黄尧
LÜ, YING ZHONG 吕应钟 **(1948-)**

HUANG, YAO GAO 黄尧高 **(1939-1973)**
Huang, Yuan 黄原
Huang, Yuan 黄元
Liang, Yuan 梁园
Lu, Tian 鲁天
Xiao gu 小谷

Huang, Yao hua 黄耀华
HUANG, ZHAO TAO 黄炤桃 **(1938-)**

Huang, Yao mian 黄药眠
HUANG, FANG 黄访 **(1903-1987)**

HUANG, YAO ZONG 黄耀宗
Xu, Kui 徐葵

Huang, Ye 黄叶
CHEN, ZENG HONG 陈增鸿 **(1908-)**

Huang, Ye 黄叶
ZHANG, WEI 张威 **(1910-)**

Huang, Ye 黄叶
CAO, JING PING 曹京平 **(1912-)**

Huang, Ye 黄叶
HUANG, YE LIU 黄叶流

Huang, Ye 黄耶
HE, XIN 何欣 **(1922-)**

Huan ye 荒野
LIU, TONG JU 刘通矩 **(1921-)**

Huang ye 荒野
TU, YUAN QU 涂元渠 **(1921-1981)**

Huang ye 荒野
ZHANG, SHAO 张韶 **(1924-)**

Huang ye 荒野
WENG, JIU CHANG 翁久长 **(1927-)**

Huang ye 荒野
CHEN, REN XIA 陈任侠 **(1929-)**

Huang ye 荒野
YU, DA XIANG 喻大翔 **(1953-)**

HUANG, YE LIU 黄叶流
Huang, Ye 黄叶
Liu 流
Ye, Liu 叶流

HUANG, YE MENG 黄野梦
Huang, Zai xuan 黄在璇
Xuan 璇
Ye cha 野茶
YL
Zai xuan 在璇

Huang, Ye weng 黄叶翁
XUAN, GU YU 宣古愚 **(1873?-1942)**

Huang, Ye xuan 黄冶绚
HUANG, JI PING 黄寄萍 **(1922-)**

Huang ye yi shuang 黄叶遗霜
LU, LING SU 陆灵素

HUANG, YI 黄伊 **(1929-)**
Huang, Xiao ping 黄小平
Zhen, Xing 甄兴

Huang, Yi 黄异
HUANG, ZHEN WU 黄振武 **(1911-1968)**

HUANG, YI 黄怡 **(1956-)**
Han, Yu 韩雨

Huang, Yi 黄易
HUANG, YANG HUI 黄养辉 **(1911-)**

Huang, Yi 黄易
HUANG, ZU QIANG 黄祖强 **(1952-)**

Huang, Yi 黄移
MENG, XIAN REN 孟宪仁 **(1922-)**

HUANG, YI 黄遗 **(1916-)**
Ding, Dong fu 丁东父
Huang, Shi gong 黄石公
Huang, Yu 黄雨
Shang, Yang wu 商羊舞

Huang, Yi 黄裔
WANG, REN SHU 王任叔 **(1901-1972)**

Huang, Yi 黄裔
HUANG, ZHEN LIANG 黄振良 **(1948-)**

Huang, Yi 黄薏
JIANG, JI PING 江寄萍

Huang, Yi 黄彝
FU, ZE HUANG 傅则黄 **(1893-1971)**

Huang, Yi cheng 黄艺成
HUANG, KANG JUN 黄康俊 **(1956-)**

HUANG, YI E 黄以鄂
Huang, Lan 黄蓝

Huang, Yi fan 黄一帆
HUANG, WAN ZHONG 黄万钟 **(1912-)**

Huang, Yi feng 黄逸峰
HUANG, CHENG JING 黄承镜 **(1906-1988)**

Huang, Yi geng 黄乙庚
HUANG, GU NONG 黄谷农 **(1916-)**

Huang, Yi gong 黄一功

HUANG, LI 黄里 **(1941-)**

HUANG, YI JUN 黄贻钧 **(1915-)**
Yuan, Zhi 元之

Huang, Yi jun 黄毅军
HUANG, MAN JUN 黄曼君 **(1935-)**

HUANG, YI LU 黄懿陆 **(1953-)**
Ba, Fei 巴飞
Leng, Bo 冷波
Liu, Dan 柳丹
Tian, Xiao 田晓

Huang, Yi min 黄毅民
HUANG, GONG WEI 黄公伟 **(1908-)**

Huang, Yi nong 黄亦农
WANG, ZHI MIN 王志民 **(1934-)**

Huang, Yi ping 黄乙平
HUANG, DE HONG 黄德鸿 **(1916-)**

Huang, Yi qing 黄衣青
HUANG, YI QING 黄懿青 **(1914-)**

HUANG, YI QING 黄懿青 **(1914-)**
Huang, Yi qing 黄衣青
Qi xin 绮心
Yi qing 懿青

HUANG, YI SHENG 黄亦生 **(1947-)**
Da fu 大夫

Huang, Yi xu 黄一絮
HUANG, JIA DONG 黄甲东 **(1913-)**

HUANG, YI YONG 黄益庸 **(1926-)**
Qiu, Fan 秋帆
Wang yun 望云

Huang, Yi zhai 黄彝斋
FU, ZE HUANG 傅则黄 **(1893-1971)**

HUANG, YI ZHONG 黄宜中 **(1942-)**
Huang, Mo 黄末

HUANG, YIN MING 黄印铭
Huang, Shi gong 黄士恭

HUANG, YING 黄英 **(1898-1934)**
Huang, Lu yin 黄庐隐
Huang, Nü shi 黄女士
Huang, Shu yi 黄淑仪
Leng, Ou 冷鸥
Lu sha 露沙
Lu yin 庐隐
Lu yin nü shi 庐隐女士
Sou xue 嗽雪
Wang, Ying 王英

Huang, Ying 黄英
QIAN, XING CUN 钱杏邨 **(1900-1977)**

Huang, Ying 黄英
HU, YE PIN 胡也频 **(1903-1931)**

Huang, Ying 黄英
HUANG, YING 黄瑛 **(1931-)**

Huang, Ying 黄莺
HUANG, ZHANG 黄彰 **(1893-1987)**

Huang, Ying 黄莺
HUANG, KE MEI 黄克梅 **(1915-1961)**

HUANG, YING 黄瑛 **(1931-)**
Huang, Ying 黄英
Tian, Yang 田央

Huang, Ying 黄樱
HUANG, FENG YING 黄凤樱 **(1951-)**

Huang, Ying 黄鹰
HUANG, HAI MING 黄海明 **(1956-)**

Huang ying 荒鹰
WEI, SHAO ZHEN 魏绍珍 **(1918-)**

Huang, Ying bai 黄膺白
HUANG, FU 黄郛 **(1880-1936)**

Huang, Ying bao 黄瀛豹
HUANG, QI WEN 黄启文

Huang, Ying gu 黄莺谷
HUANG, WEI TANG 黄炜棠 **(1944-)**

HUANG, YING HAO 黄英浩 **(1946-)**
Sui, Qi 隋奇

HUANG, YING HUANG 黄英晃 **(1940-)**
Lao nan 老南
Nan, Cun 南邨
Nan, Cun ren 南邨人
Nan, Fei yan 南飞雁

HUANG, YING LIANG 黄应良 **(1933-)**
Wen, Ying hua 文英华

HUANG, YING RUI 黄英瑞 **(1923-)**
Chen, Jun shi 陈君实

Huang, Ying zhou 黄瀛洲
HUANG, KUN FANG 黄坤坊 **(1926-)**

Huang, Yong 黄勇
WANG, ZHI MIN 王志民 **(1934-)**

HUANG, YONG EN 黄永恩 **(1929-)**
Chun yu, Fen 淳于汾

HUANG, YONG LIAN 黄雍廉 **(1930-)**
Mi luo 汨罗
Shu guang 曙光
Shui, Xin 水心

HUANG, YONG NAN 黄永楠

Co Co

Huang, Yong sha 黄勇刹
HUANG, YU CHEN 黄玉琛 **(1929-1985)**

Huang, Yong sheng 黄永生
HUANG, QIANG GEN 黄强根 **(1934-)**

HUANG, YONG SHENG 黄永盛 **(1934-)**
Da tian 大田
Shui, Cheng 水成

HUANG, YONG WU 黄永武 **(1936-)**
Yong wu 詠武

HUANG, YONG YONG 黄永勇 **(1940-)**
Chai, Sang 柴桑

HUANG, YONG YU 黄永玉 **(1924-)**
Chun wu da lang 椿屋大郎
Huang, Di 黄笛
Huang, Niu 黄牛
Huang, Xing bin 黄杏槟
Jiang, Wen 江汶
Lao ta 老獭
Niu, Fu zi 牛夫子
Wu, Shi mang 吴世茫
Zhang, Guan bao 张观保

Huang, You 黄幽
HUANG, QI TANG 黄启汤 **(1919-)**

HUANG, YOU DE 黄有德 **(1952-)**
Li, Mi 李宓
Li, Xing zhi 李性芝

HUANG, YOU JI 黄友吉 **(1935-)**
Bi yi 比翼
Huang, Ji 黄季
Miao mang 渺茫
Miao, Mang 苗芒

Huang, You qin 黄幼琴
YE, SHAO JUN 叶绍钧 **(1894-1988)**

HUANG, YOU SHENG 黄有圣 **(1939-)**
You sheng 友盛

HUANG, YOU SHI 黄友士
Zi yan 紫焰

HUANG, YOU XIONG 黄幼雄
Huang, Wei zhi 黄惟志
Wei zhi 惟志
Wei zhi 微之

Huang, Yu 黄雨
HUANG, YI 黄遗 **(1916-)**

Huang, Yu 黄雨
LI, MAN YIN 李曼茵

Huang, Yu 黄鱼

HUANG, SEN SONG 黄森松 **(1950-)**

HUANG, YU CHEN 黄玉琛 **(1929-1985)**
Huang, Yong sha 黄勇刹
Lei yan 泪眼
Nan, Feng 南风
Xin lang 新浪

Huang, Yu chen 黄雨辰
HUANG, WEI TE 黄维特

Huang, Yu fa 黄榆发
HUANG, ZHANG 黄彰 **(1893-1987)**

HUANG, YU HUANG 黄毓璜 **(1939-)**
Yi hong 一泓

HUANG, YU LIN 黄毓霖 **(1911-1989)**
Huang fu, Chun 皇甫春
Huang, Su qiu 黄肃秋
Lin, Mang 林莽
Su, Qiu 苏囚
Zhang, Zuo 张左

Huang, Yu min 黄裕民
WANG, RU MEI 王汝梅 **(1913-)**

HUANG, YU QING 黄育清 **(1940-)**
Shui, Tian 水天

HUANG, YU QING 黄雨青 **(1925-)**
Huang, Teng 黄滕
Lao mian 老绵
Xu, Zhong 徐重
Yu qing 雨青

HUANG, YU QUAN 黄郁铨 **(1949-)**
Huang huang 皇篁

HUANG, YU SHAN 黄玉珊 **(1954-)**
Ke, Li 柯里

Huang, Yu shi 黄雨石
HUANG, AI 黄爱 **(1919-)**

HUANG, YU WEN 黄郁文
Xin yuan 欣原

HUANG, YU XIANG 黄雨香 **(1926-)**
Huang, Shan yan 黄善琰
Huang, Zhun 黄准

HUANG, YU XIANG 黄裕祥 **(1915-1980)**
Huang, Xin bo 黄新波
Xin bo 新波
Yi gong 一工

HUANG, YU YE 黄玉液 **(1944-)**
A bo 阿波
Fan yu 繁玉
Lao huang 老黄
Xin shui 心水
Zui shi 醉诗

HUANG, YU ZHAI 黄玉斋
Han ren 汉人
Huang, Jun ren 黄俊人
Huang, Xin min 黄新民

HUANG, YU ZHEN 黄玉珍 (1964-)
Yi jing 宜静
Yu chun 雨春

HUANG, YU ZHONG 黄玉忠 (1935-)
Huang, Zhong 黄钟

Huang, Yuan 黄元
HUANG, YAO GAO 黄尧高 (1939-1973)

Huang, Yuan 黄远
HUANG, JIANG 黄江 (1927-)

Huang, Yuan 黄远
HUANG, PAN YU 黄磐玉

Huang, Yuan 黄原
HUANG, YAO GAO 黄尧高 (1939-1973)

Huang, Yuan 黄源
WANG, SHOU CHUN 王守椿 (1895-1985)

Huang, Yuan 黄源
HUANG, HE QING 黄河清 (1905-)

Huang yuan 荒原
WANG, YE WEI 王业玮 (1923-)

Huang yuan 荒原
WANG, JUN NIAN 王俊年 (1933-)

Huang yuan 荒原
HUANG, WEI CHAO 黄维超 (1939-)

Huang yuan 荒原
MA, DE ZHAO 马德昭 (1940-)

Huang yuan 荒原
GE, AN RONG 葛安荣 (1956-)

Huang yuan 荒原
WANG, BIN 王滨 (1957-)

Huang yuan 荒原
ZHANG, GUO ZHI 张国治 (1957-)

Huang yuan 荒原
CAO, NING 曹宁 (1959-)

Huang yuan 荒原
WANG, XU 王旭 (1963-)

HUANG, YUAN BO 黄原波
Yuan, Bo 原玻

HUANG, YUAN JUAN 黄源娟 (1957-)
Yuan juan 源娟

HUANG, YUAN PING 黄元平 (1923-)
Xi, Feng ke 习风科

Huang, Yuan sheng 黄远生
HUANG, WEI JI 黄为基 (1885-1915)

Huang, Yuan yong 黄远庸
HUANG, WEI JI 黄为基 (1885-1915)

Huang, Yuan zhi 黄远之
HUANG, DE HONG 黄德鸿 (1916-)

Huang, Yue 黄钺
HUANG, EN SHENG 黄恩升 (1950-)

HUANG, YUE 黄越 (1938-)
Fu, Yan 傅彦
Huang cheng 晃铖

HUANG, YUE E 黄月娥
Qiu, Hong 秋虹

HUANG, YUE GUANG 黄月光 (1940-)
Huang, Hua 黄桦
Huang, Hua guang 黄华光
Jing hua 静华
Long, Hua 龙华

HUANG, YUE JUAN 黄月娟
Huang, Qiong 黄琼
Wu ling ren 武陵人

Huang, Yue zhai 黄约斋
FU, ZE HUANG 傅则黄 (1893-1971)

HUANG, YUE ZHOU 黄岳洲 (1928-)
Huang, Chang nian 黄长年
Yue zhai 约斋
Yue, Zhi a 岳之阿

Huang, Yun 黄允
WANG, GUANG TI 王光逖 (1918-1981)

Huang, Yun 黄允
HUANG, CHONG YOU 黄崇友 (1932-)

Huang, Yun 黄云
YANG, DE EN 杨德恩 (1908-)

Huang, Yun 黄云
HE, XIANG 何湘

Huang, Yun 黄耘
LIU, SHENG ZHI 刘生智 (1919-)

Huang, Yun 黄耘
HUANG, ZU XUN 黄祖训 (1926-)

HUANG, YUN HE 黄云鹤 (1962-)
Huang, He 黄鹤
Yun, He 云河

HUANG, YUN LU 黄运禄
Qiu, Yin 秋吟

Huang, Yun pi 黄运甓
HUANG, KAN 黄侃 (1886-1935)

HUANG, ZAI SHENG 黄载生 **(1945-1991)**
Dai, Wen yi 戴文逸
Hai, Feng 海枫
Huang, Sun 黄隼
Wang, Han cao 王寒操
Wen, Chuan shan 文船山

Huang, Zai xuan 黄在璇
HUANG, YE MENG 黄野梦

HUANG, ZAO 黄藻 **(1870-1900)**
Huang di zi sun zhi yi ge ren 黄帝子孙之一个人
Ju ren 鞠人
Ju ren hang er 菊人行二
Si wan wan ren zhi yi ge ren 四万万人之一个人

HUANG, ZE LIN 黄泽林
Yuan, Mu 原木

Huang, Zeng jiu 黄曾九
HUANG, LI 黄励 **(1925-)**

Huang zhai 荒斋
CHEN, FANG 陈方 **(1897-1962)**

Huang, Zhan 黄霑
HUANG, ZHAN SEN 黄湛森

HUANG, ZHAN SEN 黄湛森
Huang, Zhan 黄霑

HUANG, ZHANG 黄彰 **(1893-1987)**
Bai, Ling 白岺
Bai, Wei 白薇
Bai wei nü shi 白薇女士
Chu, Bo 楚波
Chu, Hong 楚红
Chu, Hong 楚洪
Dan ni 旦尼
Fang, Qing 方晴
He, Ke mai 赫克麦
Huang, Bai wei 黄白薇
Huang, Li 黄鹂
Huang, Qu 黄鸜
Huang, Su ru 黄素如
Huang, Ying 黄莺
Huang, Yu fa 黄榆发
Lao kao 老考
Mu rong, Lei 慕容蕾
Su, Fei 苏斐
Su ru nü shi 素如女士
Yin, Si lie 尹斯烈
Zero
Zi hong 紫红

HUANG, ZHANG MING 黄章明 **(1947-)**
Huang, Xiao shi 黄小石

HUANG, ZHAO CHANG 黄肇昌 **(1911-1981)**
Shao shuang 少爽
Shuang 爽

HUANG, ZHAO HAN 黄兆汉 **(1941-)**
Yi ke 艺客

HUANG, ZHAO HUI 黄铫辉 **(1930-)**
Huang, Hui 黄辉

HUANG, ZHAO TAO 黄炤桃 **(1938-)**
Huang, Yao hua 黄耀华
Xiang shan ya huang 香山亚黄
Zhao, Tao 赵陶
Zhao tu 照图

HUANG, ZHAO XIONG 黄昭雄 **(1941-)**
Huang shan mo ke 黄山墨客

Huang zhe 荒者
LIU, BO WEN 刘伯文 **(1912-)**

Huang, Zhe wei 黄哲维
HUANG, JUN 黄浚 **(1891-1937)**

HUANG, ZHE YAN 黄哲彦 **(1937-)**
Fang, Qi 方旗

HUANG, ZHE ZHENG 黄哲正
Ze zheng 则正

Huang, Zhen 黄轸
HUANG, XING 黄兴 **(1874-1916)**

Huang, Zhen chun 黄振椿
HUANG, ZHEN CUN 黄震村 **(1909-)**

Huang, Zhen cun 黄真村
HUANG, ZHEN CUN 黄震村 **(1909-)**

HUANG, ZHEN CUN 黄震村 **(1909-)**
Huang, De fu 黄德福
Huang, Mei cun 黄梅邨
Huang, Zhen chun 黄振椿
Huang, Zhen cun 黄真村
Jing qian 静倩
M. N.
Ma ning 马宁
Ma, Si 马斯
Nü yan 女言
Zeng, Qiang 曾强
Zhen cun 真村
Zhen cun 震村

HUANG, ZHEN GUO 黄祯国 **(1962-)**
Huang, Cheng 黄橙

Huang, Zhen han 黄震汉
HUANG, BO FEI 黄伯飞 **(1914-)**

HUANG, ZHEN LIANG 黄振良 **(1948-)**
Huang, Yi 黄裔

HUANG, ZHEN LING 黄珍玲
Huang, Mei 黄梅

HUANG, ZHEN QIU 黄振球 **(1911-1980)**
Bo la 波拉
Huang, Bo la 黄波拉
Nan, Xi 南西
Ou, Cha 欧查

HUANG, ZHEN WU 黄振武 **(1911-1968)**
Huang, Man qiu 黄曼秋
Huang, Yi 黄异

HUANG, ZHEN XIA 黄震遐 **(1907-1974)**
Dong fang, He 东方赫

HUANG, ZHEN YA 黄振亚
Zheng ye 征野

HUANG, ZHEN YI 黄振彝
Mei, Lang 梅郎
Yi, Yi 伊伊
Yi, Yi 依依

HUANG, ZHEN YUAN 黄振元 **(1866-1913)**
Huang, Mo xi 黄摩西
Huang, Ren 黄人
Man 蛮
Meng an 梦庵
Meng an 梦暗
Min, Qun 闵群
Mo xi 摩西
Mu, An 慕庵
Mu, Han 慕韩
Mu, Yun 慕云
Pi san 癖三
Teng gu gu quan 藤谷古泉
Ye man 野蛮
Zhen yuan 振元
Zhen yuan 震元

HUANG, ZHEN ZHONG 黄振中 **(1923-)**
Huang, Zhen zong 黄振宗

Huang, Zhen zong 黄振宗
HUANG, ZHEN ZHONG 黄振中 **(1923-)**

Huang, Zheng 黄铮
HUANG, SHOU MIN 黄寿民 **(1947-)**

Huang, Zheng 黄徵
HUANG, ZU XUN 黄祖勋 **(1873-1932)**

Huang, Zheng fan 黄征帆
HUANG, JIA ANG 黄甲昂 **(1934-)**

HUANG, ZHENG FU 黄征夫
Huang, Seng 黄僧
Zheng fu he yin 征夫和吟

HUANG, ZHENG PIN 黄正品 **(1897-1922)**
Ai ai 爱爱
Huang, Ai 黄爱

HUANG, ZHENG PING 黄正平 **(1930-)**
Chui hei ming 吹黑明

HUANG, ZHENG XIONG 黄正雄 **(1922-)**
Jun chu 君楚

HUANG, ZHI 黄质 **(1865-1955)**
Bin gong 宾公
Bin gong 滨公
Bin hong 宾弘
Bin hong 宾虹
Bin hong 宾竑
Bin hong 宾鸿
Bin hong 宾谼
Bin hong 滨虹
Bin hong cao tang 宾虹草堂
Bin hong san ren 滨虹散人
Bin hong sheng 滨虹生
Bin weng 宾翁
Bing hong 冰鸿
Bing shang hong fei guan 冰上鸿飞馆
Bo cheng 伯成
Bo qin 檗琴
Bo xian 伯咸
Da qian 大千
Hong lu 虹庐
Hong lu 鸿庐
Hong ruo 虹若
Hong sou 虹叟
Huang, Bin gong 黄宾公
Huang, Bin hong 黄宾虹
Huang, Bing hong 黄冰鸿
Huang, Mao zhi 黄懋质
Huang shan shan zhong ren 黄山山中人
Huang shan yu xiang 黄山予向
Jing, Yan 景彦
Mao zhi 懋质
Meng, Bing sheng 孟冰生
Pian shi 片石
Pian shi ju shi 片石居士
Pu cen 朴岑
Pu cheng 朴丞
Pu cun 朴存
Pu ju shi 朴居士
Pu ren 朴人
Qi an 颀厂
Qi an san ren 颀厂散人
Tan shang zhi 潭上质
Tong zhi 铜芝
Tong zhi 同之
Yan xia san ren 烟霞散人
Yu xiang 予向
Yuan, Chu 元初
Yuan, Ji 元吉
Yuan, Qi 元启
Yuan, Qi 元起

Yuan, Yi 元一
Yun ren 芸人
Zhu, Chuang 竹窗

Huang, Zhi gang 黄芝冈
HUANG, DE XIU 黄德修 **(1895-1971)**

HUANG, ZHI GUANG 黄志广 **(1948-)**
Sha, Sui 沙穗

HUANG, ZHI GUANG 黄志光 **(1957-)**
Huang, Xiang 黄襄
Wang, Shang 王商
Ye niu 野牛

Huang, Zhi hai 黄智海
HUANG, QING LAN 黄庆澜 **(1874-1961)**

HUANG, ZHI JIE 黄志傑 **(1924-)**
Huang, Jie 黄洁
Wen, Xin 文辛

HUANG, ZHI KUN 黄志堃 **(1925-)**
Ai, Ming zhi 艾明之
Fu chen 浮沉
Huang, Chen 黄尘
Huang, Jun 黄骏
Huang, Qi 黄琦
Si kong, Jian 司空见
Zhou, Zhe 周哲

Huang, Zhi ming 黄芝明
HUANG, CHAO YANG 黄潮洋 **(1916-)**

Huang, Zhi ping 黄止萍
HUANG, AI 黄爱 **(1919-)**

HUANG, ZHI QIANG 黄志强 **(1946-)**
Huang, Qiang 黄强
Leng, Yi 冷宜
Shi, Qi 石琪

Huang, Zhi tong 黄之桐
HUANG, SHU ZHEN 黄淑祯 **(1948-)**

Huang, Zhi yuan 黄之原
HUANG, ZHI YUAN 黄志远 **(1955-)**

HUANG, ZHI YUAN 黄志远 **(1955-)**
Huang, Zhi yuan 黄之原

HUANG, ZHONG 黄中
Hua, Nu 花奴
Huang, Hua nu 黄化奴

Huang, Zhong 黄钟
HUANG, BO FEI 黄伯飞 **(1914-)**

Huang, Zhong 黄钟
HUANG, YU ZHONG 黄玉忠 **(1935-)**

HUANG, ZHONG CONG 黄仲琮 **(1923-)**
Bi ye zheng 必也正
Tian, Li 田犁
Wen, Cong dao 文从道
Yang, Ling ye 羊令野
Yu li 予里

Huang, Zhong huang 黄中黄
ZHANG, SHI ZHAO 章士钊 **(1882-1973)**

Huang, Zhong jie 黄钟傑
HUANG, TIAN SHI 黄天石 **(1898-1983)**

HUANG, ZHONG MING 黄仲鸣
Bu shi jiao shou 不是教授
Huang, Niao 黄鸟
Si ma, Liao 司马辽
Tian, Zhi he 田志贺
Wu, Jing zi 吴敬子
Xu, Xing 徐行

HUANG, ZHONG SU 黄仲苏 **(1895-)**
Geng sheng 更生
Huang, Xuan 黄玄
Xing lang 醒郎
Zhong, Su 仲苏

Huang, Zhong yang 黄中央
HUANG, ZONG YANG 黄宗仰 **(1861-1921)**

Huang, Zhou 黄胄
LIANG, HUANG ZHOU 梁黄胄 **(1925-)**

Huang, Zhu chong 黄竹冲
LIU, RUO MIN 刘若敏 **(1959-)**

HUANG, ZHU HUA 黄珠华 **(1952-)**
Li, Luo xia 李洛霞

Huang, Zhun 黄准
HUANG, YU XIANG 黄雨香 **(1926-)**

Huang, Zi 黄子
JIANG, ZHI QIAO 蒋之翘 **(1904-1985)**

Huang, Zi 黄紫
YAO, XUE LI 姚学礼 **(1948-)**

Huang, Zi ang 黄子昂
HUANG, BANG JUN 黄邦君 **(1945-1989)**

Huang, Zi bu 黄子布
SHEN, DUAN XIAN 沈端先 **(1900-1995)**

HUANG, ZI PING 黄子平 **(1949-)**
Lao guang 老广

HUANG, ZI SHAN 黄子山 **(1912-1979)**
Dai ding 黛丁
Dai shan 黛山
Huang, Jia jin 黄家瑾
Huang, Shan 黄山
Shan 山

Huang, Zi wen 黄子文

HUANG, GUI GEN 黄贵根 (-1974)

HUANG, ZI XI 黄子曦 (1917-)
Zi xi 子希

HUANG, ZI XIANG 黄子祥 (1914-)
Ye, Mo 叶茉
Yi, Mo 易默
Yi mo 移模

HUANG, ZI YAO 黄子尧 (1957-)
Huang, Heng qiu 黄恒秋

HUANG, ZI YIN 黄子音 (1960-)
Ji mo 棘茉

Huang, Zong han 黄宗汉
XIANG, KUI 向逵 (1889-1957)

HUANG, ZONG JIANG 黄宗江 (1921-)
Chun qiu tong zi 春秋童子
Jiang, Zi 江子
Sun, Wu kong 孙悟空

Huang, Zong lin 黄宗林
FU, DE MING 符德铭 (1925-)

HUANG, ZONG LUO 黄宗洛 (1926-)
Rong, Yuan 容元

HUANG, ZONG QI 黄宗奇 (1953-)
Huang, Yan 黄验

HUANG, ZONG XIN 黄宗信 (1948-)
Cun ying 村英

HUANG, ZONG YANG 黄宗仰 (1861-1921)
Huang, Zhong yang 黄中央
Jin shan si ke ren 金山寺客人
Leng jia xiao yin 楞伽小隐
Wu mu shan seng 乌目山僧
Zhong yang 中央
Zong, Yang 宗仰
Zong yang shan ren 宗仰山人

Huang, Zong zhe 黄宗哲
HUANG, BING KUN 黄炳坤 (1911-)

HUANG, ZU NONG 黄祖农
Huang, Lan 黄兰

HUANG, ZU QIA 黄祖洽 (1924-)
Biao lun 表伦
Shi shui 示水

HUANG, ZU QIANG 黄祖强 (1952-)
Huang, Mu 黄木
Huang, Yi 黄易

HUANG, ZU XUN 黄祖训 (1926-)
Huang, Yun 黄耘

HUANG, ZU XUN 黄祖勋 (1873-1932)
Huang, Zheng 黄徵

HUANG, ZU YAO 黄祖燿 (1913-)
Huang, Miao zi 黄苗子
Lei, Fu 雷父
Lei, Fu 雷甫
Miao, Zi 苗子

Huang, Zuo lin 黄佐临
HUANG, ZUO LIN 黄作霖 (1906-)

HUANG, ZUO LIN 黄作霖 (1906-)
Huang, Zuo lin 黄佐临
Zuo lin 佐临

HUANG, ZUO MEI 黄作美 (1969-)
You tong 悠桐

Hui 灰
LAI, HE 赖河 (1894-1943)

Hui 晖
LI, WEN XUE 李文学 (1938-)

Hui 晦
YANG, XING DONG 杨兴栋 (1899-1983)

Hui 晦
TANG, DUAN YI 唐端毅 (1913-1992)

Hui 惠
SHEN, YAN BING 沈雁冰 (1896-1981)

Hui 惠
CHÊN, SHU ZHANG 陈淑章 (1906-1991)

Hui 蕙
SHEN, YAN BING 沈雁冰 (1896-1981)

Hui 2 会 2
YING, XIU REN 应修人 (1900-1933)

Hui 5 会 5
YING, XIU REN 应修人 (1900-1933)

Hui an 晦菴
LI, ZHONG YI 李中一

Hui an 慧厂
LIANG, QI CHAO 梁启超 (1873-1929)

Hui an 晦庵
WANG, REN SHU 王任叔 (1901-1972)

Hui an 晦庵
TANG, DUAN YI 唐端毅 (1913-1992)

Hui an he shang 晦庵和尚
WANG, REN SHU 王任叔 (1901-1972)

Hui bo 恢伯
WANG, KANG NIAN 汪康年 (1860-1911)

Hui bo 匯波
LI, MING MEI 李明媚 (1936-)

Hui chan 慧禅
JIANG, LUN 姜畚

Hui chen 晦晨
YANG, JI ZHENG 杨季徵 **(1905-1957)**

Hui cheng 慧成
ZHONG, HUI CHENG 钟慧成

Hui chong 卉冲
DONG, BING CHEN 董秉宸 **(1929-)**

Hui chuan 会川
PEI, XUE HAI 裴学海 **(1899-1970)**

Hui chuang 慧幢
LI, WEN TAO 李文涛 **(1880-1942)**

Hui chun 回春
XU, MAO RONG 徐茂荣 **(1911-1977)**

Hui dan 回耽
LÜ, SHAO TANG 吕少棠 **(1930-)**

Hui dao ren 悔道人
KUANG, ZHOU YI 况周颐 **(1859-1926)**

Hui deng 慧镫
LI, WEN TAO 李文涛 **(1880-1942)**

Hui di 慧地
YANG, YOU TIAN 杨佑田 **(1958-)**

Hui di 慧荻
HUANG, SHENG FA 黄盛发 **(1941-)**

Hui fen 慧芬
ZHANG, HAN YING 张汉英 **(1872-1915)**

Hui fen 蕙芬
ZHANG, HAN YING 张汉英 **(1872-1915)**

Hui feng 回风
FENG, HONG CHI 冯鸿墀 **(1873-1931)**

Hui feng 惠风
ZHANG, HAN YING 张汉英 **(1872-1915)**

Hui feng 惠风
ZHU, JI GONG 朱继功 **(1931-)**

Hui feng 惠风
PAN, HUI CHOU 潘蕙俦

Hui feng 蕙风
KUANG, ZHOU YI 况周颐 **(1859-1926)**

Hui feng 蕙风
ZHANG, XIAO HU 张肖虎 **(1914-)**

Hui feng 蕙风
LIU, WEN CHEN 刘文忱 **(1920-)**

Hui feng 徽风
ZHANG, ZHU AN 张铸安 **(1909-)**

Hui feng ci yin 蕙风词隐
KUANG, ZHOU YI 况周颐 **(1859-1926)**

Hui feng ting zhang 回风亭长
FENG, HONG CHI 冯鸿墀 **(1873-1931)**

Hui feng yi 惠风簃
KUANG, ZHOU YI 况周颐 **(1859-1926)**

Hui gao 翙高
HE, GUO YAN 何国炎 **(1865-1930)**

Hui ge 辉哥
CHEN, YU HUI 陈玉辉

Hui gong 惠公
CHEN, MEI NA 陈美娜 **(1941-)**

Hui guan 慧观
LI, BAO QIANG 李宝强 **(1937-)**

Hui guan 慧观
WANG, HUI GUAN 王慧观

Hui hai 慧海
YIN, HAI 印海

Hui hai ming 卉海明
XIE, CHENG HUA 谢承华 **(1941-)**

Hui he 惠和
LIAN, QUAN 廉泉 **(1868-1931)**

Hui hu 蕙湖
LIANG, DING FEN 梁鼎棻 **(1859-1920)**

Hui hua 惠华
ZHENG, HUI HUA 郑惠华

Hui hua 慧桦
CHEN, PENG XIANG 陈鹏翔 **(1942-)**

Hui hui 辉辉
ZHANG, GUI CAI 张贵才 **(1944-)**

Hui hui 徽徽
LIN, HUI YIN 林徽音 **(1903-1955)**

Hui hui 徽徽
WEN, HUAI LANG 文怀朗 **(1913-)**

Hui hui sheng 悔悔生
Z OU, YU 邹遇 **(1881-)**

Hui ji 慧济
LUO, HUI JI 罗慧济

Hui ji xiang 慧吉祥
YANG, XIAN XIANG 杨显祥

Hui jiao 蕙椒
ZHU, HUI JIAO 朱蕙椒 **(1916-1987)**

Hui jing 慧净
QIAN, HUI JING 钱慧净

Hui jing 慧晶
BAO, HUI JING 鲍慧晶 **(1938-)**

Hui ju 慧炬
LI, WEN TAO 李文涛 **(1880-1942)**

Hui ju 慧炬
JIANG, LUN 姜畚

Hui jun 惠君
MA, YAN XIANG 马彦祥 **(1907-1988)**

Hui jun 慧君
WANG, CHUN JIANG 王春江 **(1916-)**

Hui jun 慧君
YU, HUI JUN 余慧君

Hui kong 慧空
LI, HUI KONG 李慧空

Hui lan 慧兰
WANG, SHEN TING 王深汀

Hui li 回力
ZHANG, HUI LI 张辉利 **(1954-)**

Hui li 慧里
LI, HUI FEN 李惠芬 **(-1955?)**

Hui lian 慧莲
WU, HUI LIAN 吴慧莲

Hui lin 会林
HUANG, HUI LIN 黄慧麟 **(1934-)**

Hui lin 荟林
PAN, SHI QIN 潘仕勤 **(1929-)**

Hui ling 蕙苓
LIN, WEI LIANG 林为梁 **(1916-1943)**

HUI, LIU FANG 惠留芳
Shi ming 拾名

Hui long 回龙
LIN, XIAN JIAN 林仙健 **(1942-)**

Hui lu 晦庐
KUANG, GUANG ZHAO 匡光照 **(1900-)**

Hui min 惠敏
FENG, WEN BING 冯文炳 **(1901-1967)**

Hui min 慧敏
TANG, HUI MIN 唐慧敏

Hui ming 晦明
QIN, SHU SHENG 秦树声 **(1861-1926)**

Hui ming 晦明
YAN, ZHONG PING 严中平 **(1909-1991)**

Hui ming 晦鳴
QIN, SHU SHENG 秦树声 **(1861-1926)**

Hui ming xuan 晦明轩
YANG, SHOU JING 杨守敬 **(1839-1915)**

Hui nong 慧侬
LIU, YA ZI 柳亚子 **(1887-1958)**

Hui nong nü shi 慧侬女士
LIU, YA ZI 柳亚子 **(1887-1958)**

Hui qing 惠卿
LIAN, QUAN 廉泉 **(1868-1931)**

Hui qing 慧卿
ZHANG, CUI FENG 章翠凤 **(1913-)**

Hui qing 蕙卿
XIA, ZENG YOU 夏曾佑 **(1863-1924)**

Hui quan 惠泉
WANG, WEN YUAN 王文元 **(1907-)**

Hui ren 挥刃
ZHANG, HUI REN 张惠仁 **(1932-)**

Hui ren 慧任
MIAO, SHU LIAN 缪树廉

Hui ru 慧如
OU, RU BAI 区如柏

Hui ruo 晦若
YU, SHI MEI 于式枚 **(1859-1915)**

Hui seng 惠僧
BAO, HUI SENG 包惠僧 **(1894-1979)**

Hui seng 慧僧
WANG, JIA YI 王嘉禕 **(-1922)**

Hui seng 慧僧
CHU, FU CHENG 褚辅成 **(1873-1948)**

Hui seng 慧僧
ZHANG, HUI SENG 张慧僧

Hui shen 悔深
ZHAO, HONG EN 赵鸿恩 **(1911-)**

Hui sheng 绘声
WU, QING TANG 吴庆堂 **(1911-)**

Hui sheng 惠生
WU, CHUN HENG 吴春恒 **(1910-)**

Hui sheng 翙声
ZHANG, RUN HUI 张润翙 **(1931-)**

Hui shi 晦室
ZHANG, BAI SHAN 张白山 **(1912-)**

Hui shi 慧时
LIU, HUI SHI 刘慧时

Hui shi 慧适
LIN, MU HAI 林木海 **(1940-)**

Hui shu 慧树
LI, WEN TAO 李文涛 (1880-1942)

Hui shu 撝叔
ZHAO, SHI MING 赵式铭 (1870-1942)

Hui tan 慧叹
SUN, GUAN HAN 孙观汉 (1914-)

Hui tang 晦堂
YANG, SHOU JING 杨守敬 (1839-1915)

Hui tang 晦堂
WANG, BAO XIN 王葆心 (1867-1944)

Hui tang 悔堂
YANG, SHAO JI 杨绍箕 (1942-)

Hui tang 毁堂
WANG, REN SHU 王任叔 (1901-1972)

Hui tian 惠天
DUAN, JIA FENG 段家锋 (1924-)

Hui wen 晦闻
HUANG, JIE 黄节 (1873-1935)

Hui wen 慧文
XU, WEI WEN 许巍文 (1915-)

Hui weng 晦翁
ZHANG, YU 章钰 (1865-1937)

Hui weng 晦翁
HUANG, JIE 黄节 (1873-1935)

Hui wu tang 悔乌堂
QI, HUANG 齐璜 (1864-1957)

Hui xiang 惠湘
CHEN, HUI XIANG 陈惠湘 (1960-)

Hui xin 慧心
WANG, ZHEN SHENG 王鍼生 (1905-1986)

Hui xing 会性
CHEN, HUA SHENG 陈华生 (1928-)

Hui xing 慧星
ZHOU, BO DA 周伯达 (1914-1947)

Hui xuan 廻旋
ZHANG, HAN QING 张汉清

Hui xuan 蕙萱
SHAN, MING ZHI 单铭智 (1909-1989)

Hui xuan 徽萱
JIANG, MU 姜穆 (1929-)

Hui yan 卉妍
LIANG, HUI YAN 梁惠炎 (1920-)

Hui yang zi 惠阳子
XIE, FENG SONG 谢逢松 (1932-)

Hui ye 悔也
PAN, XUN 潘训 (1902-1934)

Hui yi 悔逸
LI, YUE RUI 李岳瑞 (1852-1927)

Hui yi 蕙漪
CHEN, NAI WEN 陈乃文

Hui yi nü shi 蕙漪女士
CHEN, NAI WEN 陈乃文

Hui yi zhai 悔逸斋
LI, YUE RUI 李岳瑞 (1852-1927)

Hui yin 卉茵
ZHANG, HUI YIN 张惠音 (1966-)

Hui yin 回音
XU, MAO RONG 徐茂荣 (1911-1977)

Hui yin 回音
DING, SHI RONG 丁士荣 (1933-)

Hui yin 灰因
LIN, HUI YIN 林徽音 (1903-1955)

Hui yin 徽音
XIA, CHEN ZHONG 夏晨中 (1912-)

Hui ying 辉英
LI, LIAN CUI 李连萃 (1911-1991)

Hui ying 慧盈
DU, WEN XIAN 杜文贤 (1960-)

Hui yu 恢畬
LÜ, LIANG GENG 吕亮耕 (1915-1974)

Hui yu sheng 悔馀生
WU, QING CHI 吴庆坻 (1848-1924)

Hui yuan 慧远
XIA, WEI MING 夏纬明

Hui yue 慧月
LI, HENG YUE 李恒钺

Hui yun 慧云
GAO, XU 高旭 (1877-1925)

Hui zhao 慧照
HU, HUI ZHAO 胡慧照

Hui zhi 晦之
LI, JIAN ZHANG 李健章 (1912-)

Hui zhi 晦之
DU, BO KUI 杜伯奎

Hui zhi 惠之
CHANG, YAN SHENG 常燕生 (1898-1947)

Hui zhi 惠之
QIAN, JUN TAO 钱君匋 (1906-)

Hui zhi 蕙芷
TIAN, JING HUI 田景惠 **(1923-)**

Hui zhong 慧中
PENG, LIAN QING 彭涟清 **(1907-1968)**

Hui zi 慧子
GAO, XU 高旭 **(1877-1925)**

Hui zi 慧子
LI, HUI FEN 李惠芬 **(-1955?)**

Hui zi 慧子
XU, RUO CHAO 许若潮 **(1913-1977)**

Hun ran 渾然
QIAN, XUAN TONG 钱玄同 **(1887-1939)**

Hun ran yi 渾然異
QIAN, XUAN TONG 钱玄同 **(1887-1939)**

Hun xing 魂醒
LÜ, ZHONG ZUN 吕中尊 **(1897-)**

Hun yu 魂玉
ZHANG, YONG NIAN 张永年 **(1910-1997)**

Huo 火
CAO, CHUN DE 曹春德 **(1925-)**

Huo 蠖
XU, YAN XIN 徐言信 **(1893-1958)**

Huo an 豁庵
ZHUANG, XIAN SHI 莊先识

Huo an ju shi 豁庵居士
ZHUANG, XIAN SHI 莊先识

Huo, Bi lie 霍必烈
HU, ZI DAN 胡子丹 **(1929-)**

Huo, Cai 霍才
YIN, CHENG CAN 尹承灿 **(1928-)**

Huo can 火粲
YIN, CHENG CAN 尹承灿 **(1928-)**

Huo, Chong 霍冲
ZHOU, SHU REN 周树人 **(1881-1936)**

Huo chuan xin 火传薪
FAN, QI XIN 范启新 **(1914-)**

Huo di 火笛
SHAO, JIN YUE 邵锦岳 **(1938-)**

Huo di shi 火蒂士
MA, REN YIN 马壬寅 **(1917-)**

Huo, Er cha 霍尔查
HU, ER CHA 胡尔查 **(1930-)**

Huo, Fei 霍非
HUO, RU TANG 霍如棠 **(1912-1971)**

Huo feng huang 火凤凰
LI, BAO QIANG 李宝强 **(1937-)**

Huo ge 火戈
TAN, CHANG CHI 谭昌炽 **(1936-)**

Huo guang 火光
ZHAO, JUN MIN 赵俊民 **(1926-)**

Huo guang 火光
SUN, HAI LANG 孙海浪 **(1942-)**

Huo guo 获果
WANG, ZAO 王灶 **(1938-)**

HUO, HAN JI 霍汉姬 **(1937-)**
Fei bai 飞白
Han ji 汉姬
Lu, Si 路斯
Wei ming hu 未名湖
Xiao, Shuang 萧霜

Huo he 伙禾
WANG, REN QIU 王人秋 **(1942-)**

HUO, HENG DE 霍恒德 **(1904-1973)**
He, Wei 何伟

Huo hua 火花
XIAO, SHU LIE 萧树烈 **(1896-1927)**

Huo hua 火华
QI, JIE 齐捷 **(1927-)**

Huo hua 火华
ZHENG, GUI FU 郑桂富 **(1942-)**

Huo jian 火箭
LIANG, YAN 梁彦 **(1913-)**

Huo lei hong 火雷红
YU, DE GEN 余德根 **(1958-)**

Huo liu 火流
WU, SHENG GANG 吴胜刚 **(1915-)**

Huo lu 获鹿
QIN, HUAI LU 秦怀录 **(1947-)**

Huo lu 蠖庐
DAI, MENG OU 戴梦鸥 **(1905-1950)**

Huo mai an zhu ren 活埋庵主人
LIU, YA ZI 柳亚子 **(1887-1958)**

Huo meng 活梦
XIA, YU CHANG 夏雨常 **(1931?-)**

Huo miao 火苗
SUN, WEN SHENG 孙文圣 **(1937-)**

Huo, Qing 霍青
MU, ZHEN XING 穆振兴 **(1934-)**

Huo, Ran 霍然

HUO, YAN LING 霍延龄 (1921-)

Huo ren 火人
LIU, XI FU 刘喜富 (1925-)

Huo ren 或人
ZHOU, SHU REN 周树人 (1881-1936)

Huo ren 或人
LI, JIN WEI 黎晋伟 (1916-)

HUO, RU BI 霍如璧 (1936-)
Mu di 牧笛

HUO, RU TANG 霍如棠 (1912-1971)
Huo, Fei 霍非
Huo, Ying ren 霍应人
Xu, Wen 徐文
Ya ke 亚克

Huo, Sha 霍莎
LIN, XIAN RONG 林显荣 (1940-)

Huo shan 火山
ZENG, GUANG CAN 曾广灿 (1936-)

Huo shan wu ke 火山舞客
WANG, REN SHU 王任叔 (1901-1972)

Huo shan wu ke 火山舞客
LOU, JIAN NAN 楼建南 (1905-)

Huo sheng 藿生
ZHU, ZU MOU 朱祖谋 (1857-1931)

Huo shi 火石
ZHANG, XIANG QUAN 张湘泉 (1917-)

Huo shi 火石
YAO, HUAN JI 姚焕吉 (1944-)

Huo, Shi qi 霍士奇
LÜ, ZHAN QING 吕展青 (1909-)

Huo shou 火寿
LI, RU WEN 李如文 (1900-)

HUO, SHU FEN 霍树菜 (1911-)
Wang cao 旺草

Huo, Song lin 霍松林
HUO, YAN LING 霍延龄 (1921-)

Huo sou 蠖叟
XU, BANG DA 徐邦达 (1911-)

Huo tang 或堂
LIN, HE LE 林和乐 (1895-1976)

Huo, Ting 霍亭
JIANG, XI JIN 蒋锡金 (1915-)

Huo tou seng 火头僧
BAO, XIAN 保贤

Huo weng 豁翁
ZHUANG, XIAN SHI 莊先识

Huo, Xi 霍溪
ZHENG, SHOU YAN 郑寿岩 (1922-)

HUO, XI YANG 霍希扬 (1921-)
Xi yang 希扬

HUO, XI ZHEN 霍希真 (1921-)
Zhao, Yi 赵乙

Huo, Xiang zheng 霍香正
WANG, YAN LIN 王炎林 (1922-)

Huo xin 火心
ZHANG, JI CHUN 张继春 (1934-)

Huo xing 火星
ZHANG, JIN YAN 张金燕 (1901-)

Huo xing 火星
YANG, CHUN YU 杨春瑜 (1912-1988)

Huo xing 火星
CAO, ZHI 曹峙 (1924-)

Huo ya 火牙
FU, JI ZHONG 符绩忠 (1932-)

Huo yan 火焱
FAN, QI XIN 范启新 (1914-)

Huo yan 火焱
ZHAO, REN DE 赵仁德 (1924-)

Huo yan 火焉
HU, DAO JING 胡道静 (1913-)

Huo yan 火焰
PI, CHAO GANG 皮朝纲 (1934-)

Huo yang 火养
MAI, ZHAO XIN 麦兆莘 (1932-)

Huo, Ying ren 霍应人
HUO, RU TANG 霍如棠 (1912-1971)

Huo yuan 蠖园
ZHU, QI QIAN 朱启钤 (1871-1964)

HUO, ZHI JIAN 霍之键 (1935-)
Yu jia 雨佳

Huo zi 火子
LIU, HUO ZI 刘火子

I

Inferlo
LU, TING JIE 卢廷杰 (1904-1991)

Ivan
XU, ZU HUA 徐祖华 (1909-1931)

J

J. K.
QU, QIU BAI 瞿秋白 (1899-1935)

JK
JIN, CHENG ZAI 金承栽 (1910-1936)

Joseph
WU, YONG SHAN 吴永珊 (1878-1966)

Ji 吉
ZHAO, SHU LI 赵树礼 (1906-1970)

Ji 季
PAN, XUN 潘训 (1902-1934)

Ji 济
GENG, KUANG 耿匡 (1899-1947)

Ji 寂
WANG, YUN ZHONG 汪允中

Ji 寄
LI, QI 李祁

Ji 集
ZHAO, SHU LI 赵树礼 (1906-1970)

Ji 楫
WANG, SEN RAN 王森然 (1895-1984)

Ji 稷
LIN, RU JI 林如稷 (1902-1976)

Ji, Ai 季蔼
SHEN, CHE 沈徹

Ji, Ai mu 季艾木
ZHOU, GUANG MIN 周光民 (1938-)

Ji an 寄庵
WANG, DONG 汪东 (1890-1963)

Ji an 檵庵
LIU, SHI HENG 刘世珩 (1875-1937)

Ji bai 既白
WANG, KE LANG 王克浪 (1913-)

JI, BAI XING 吉百星 (1916-)
An 安

Ji bei 骥北
WANG, QUN 汪群 (1904-1928)

Ji, Bing 纪兵
LIU, ZHAO LIN 刘兆林 (1949-)

JI, BING YI 季秉义 (1936-)
Ji, Zhong 季仲

Ji bo 基博
QIAN, JI BO 钱基博 (1887-1957)

Ji, Bu xi 吉卜西
SHEN, YAN BING 沈雁冰 (1896-1981)

Ji, Bu xi 吉卜西
ZHUANG, MING FENG 庄鸣凤 (1920-)

JI, CAI 吉才 (1941-)
Ji, Guang 吉光

Ji cang 济沧
TANG, JI CANG 汤济沧

Ji cang 济苍
TANG, JI CANG 汤济沧

Ji chan 寄禅
JING, AN 敬安 (1852-1912)

Ji, Chang 季昌
LI, DA ZHAO 李大钊 (1889-1927)

Ji chang 继昌
ZHU, DING YUAN 朱鼎元 (1886-1967)

Ji chang 继昶
LI, SHENG RU 李升如 (1911-)

JI, CHAO DING 冀朝鼎 (1903-1963)
Dong ping 动平

Ji chen 积琛
MA, JI SEN 马积森 (1942-)

Ji chen 寄尘
HU, HUAI CHEN 胡怀琛 (1886-1938)

Ji chen 寄尘
ZHANG, JI CHEN 张寄尘

Ji chen shi 寄尘氏
XU, ZI HUA 徐自华 (1873-1935)

Ji, Cheng 吉成
ZHAO, SHU LI 赵树礼 (1906-1970)

Ji, Cheng 吉成
JIANG, JI CHENG 蒋吉成 (1955-)

JI, CHENG 姬柽 (1969-)
Cheng liu 柽柳
Shi, Hui 石灰
Wen, Chen quan 文臣权

Ji cheng 既澄
YAN, QIE 严锲 (1899-)

Ji cheng 济澄
YAN, QIE 严锲 (1899-)

Ji, Cheng zhi 纪乘之
JI, ZE CHANG 纪泽长 (1911-)

Ji, Chou 纪仇
WANG, SHOU HUA 王寿华 (1918-)

Ji chou 疾仇

ZHOU, MING 周明

Ji, Chu yang 纪初阳
XU, DE JIN 徐德锦 (1921-)

Ji chuan 济川
GENG, PU 耿浦 (1941-)

Ji, Chun 季纯
ZHANG, JI CHUN 张季纯 (1907-)

Ji chun 继纯
ZHANG, XI CHOU 张锡畴 (1905-)

Ji chun 继纯
OU YANG, JING 欧阳晶 (1920-)

Ji, Chun dan 季春丹
JI, XIN 季信 (1908-1964)

Ji, Cong 纪淙
SHEN, JI ZONG 沈继宗 (1919-)

Ji da 基达
NI, WEI LIANG 倪伟良 (1918-1988)

Ji, Dan 季丹
CHEN, DU XIU 陈独秀 (1879-1942)

Ji, Dan 姬旦
CAO, JU REN 曹聚仁 (1900-1972)

JI, DE MING 季德明 (1964?-)
Lu cao 芦草

JI, Di CHEN 季涤尘 (1928-)
Ji, Nian 季年

JI, DIAN SHENG 季滇生 (1946-)
Ji, Ye 季野

Ji ding 冀鼎
HUANG, WEN FAN 黄文範 (1925-)

Ji dong 基冬
WANG, REN SHU 王任叔 (1901-1972)

Ji du shan 基度山
HUANG, SHU LIN 黄叔麟 (1939-)

Ji, Dun 季敦
GU, JIA XIANG 顾家相 (1853-1917)

Ji, Duo 季朵
LI, JING YUAN 李景元 (1921-)

Ji duo 基多
WANG, ZHEN DUO 王振铎 (1936-)

Ji fan 极凡
CHEN, QIANG HUA 陈强华 (1960-)

Ji fan 基凡
LIU, YAN ZHAO 刘彦钊 (1933-)

Ji fan 戟帆

YANG, WEN CHUN 杨问春 (1940-)

Ji, Fang 纪方
LU, FANG 陆方 (1931-)

Ji, Fang 纪芳
WU, CHUAN LIN 吴传麟 (1939-)

Ji, Fang 季方
HE, QI FANG 何其芳 (1912-1977)

Ji, Fang 冀汸
CHEN, XING ZHONG 陈性忠 (1920-)

Ji, Fei 吉飞
SHAO, CHONG FEI 邵冲飞 (1926-)

Ji, Fei 季飞
ZHOU, ZHAN XIONG 周占熊 (1924-)

Ji, Fei 季菲
LI, MING CHENG 李明诚 (1914-)

Ji fen sheng 寄愤生
HONG, LIAN YUAN 洪楝园

Ji, Feng 季风
HE, QI FANG 何其芳 (1912-1977)

Ji, Feng 季风
LI, FU YU 李福禹 (1917-1945)

Ji, Feng 季风
LI, LEI 李磊

Ji, Feng 吉峰
MA, JI FENG 马吉风 (1916-1970)

Ji, Feng 季疯
LI, FU YU 李福禹 (1917-1945)

Ji feng 疾风
WANG, YANG SONG 王仰嵩 (1898-1964)

Ji feng 疾风
FU, LEI 傅雷 (1908-1966)

Ji feng 疾风
ZHI, TI JIE 智体洁 (1911-)

Ji feng 集风
XU, SHI LIAN 许世连 (1920-)

Ji feng 及锋
ZHOU, SHU REN 周树人 (1881-1936)

Ji, Feng cheng 纪凤城
BAO, CHANG 鲍昌 (1930-1989)

Ji, Feng long 季风龙
LI, CHUN QING 李纯青 (1908-1990)

JI, FO TUO 姬佛陀 (1885-1964?)
Ji, Jue mi 姬觉弥

Ji, Fu 吉父

CHEN, XING ZHONG 陈性忠 (1920-)

Ji, Fu 吉甫
ZHUANG, YIN AN 莊银安 (1855-1938)

Ji, Fu 季凫
LIU, ZHI QING 刘智清 (1920-)

Ji fu 疾夫
YU, YUN PING 俞允平 (1927-)

Ji fu 冀夫
TIAN, QI CHUAN 田企川 (1936-)

JI, FU GEN 季夫根 (1933-)
Chen, Ji nan 陈季男
Gu, Feng 谷峰
Shen, Hu gen 沈虎根

JI, FU HUA 纪馥华 (1934-)
Bi hua 壁华
Bi hua 璧华
Bi hua 碧骅
Fang, Xing 方醒
Huai, Bing 怀冰
Yu, Bing 禹冰

Ji, Gang 纪刚
ZHAO, YUE SHAN 赵岳山 (1920-)

Ji, Gang 季纲
WANG, YU SHI 王禹时 (1929-)

Ji, Gao 季高
ZHOU, ZHI GAO 周志高 (1945-)

Ji ge 棘戈
LIU, CHENG HUI 刘承蕙 (1925-)

Ji, Gong 季工
ZHENG, NENG RUI 郑能瑞 (1918-1991)

Ji, Gong 季公
LI, JI KONG 李继孔 (1944-)

Ji, Gu 季谷
LI, ZONG WU 李宗武 (1895-1968)

Ji gu 寄谷
WU, ZU XIANG 吴组缃 (1908-1994)

Ji gu shi 记骨室
YANG, ZHONG JIAN 杨钟健 (1897-1979)

JI, GUAN ZHI 季观之 (1915-)
Ji, Yu chun 季育椿

Ji, Guang 吉光
LI, WEN TAO 李文涛 (1880-1942)

Ji, Guang 吉光
ZHOU, MU ZHAI 周木斋 (1910-1941)

Ji, Guang 吉光
SUN, PU 孙璞 (1927-)

Ji, Guang 吉光
JI, CAI 吉才 (1941-)

Ji, Guang 季光
WANG, JI GUANG 王继光 (1938-)

Ji guang 寂光
LI, JI GUANG 李寂光

Ji guang 髻光
LI, WEN TAO 李文涛 (1880-1942)

JI, GUANG AN 吉光安 (1949-)
Ai, Ren 艾任

JI, GUANG MING 冀光明 (1932-)
Tong, Ying 仝瑛

JI, GUANG YU 吉广舆 (1953-)
Fang, Qi 方杞

Ji guo 棘果
LIU, CHENG HUI 刘承蕙 (1925-)

Ji, Guo an 纪果庵
JI, GUO XUAN 纪国宣 (1909-)

JI, GUO XUAN 纪国宣 (1909-)
Bu zhi shi 不执室
Feng chen hong dong shi 风尘澒洞室
Guo, An 果庵
Guo, Xuan 果轩
Huang xuan 篁轩
Ji, Guo an 纪果庵
Ji, Guo xuan 纪果轩

Ji, Guo xuan 纪果轩
JI, GUO XUAN 纪国宣 (1909-)

JI, GUO ZHEN 纪国珍 (1949-)
Guo, Zhen 果真
Ji, Wei dong 纪卫东

Ji, Hai 季海
SHEN, CHE 沈徹

Ji han 济涵
SHI, JI XING 史济行 (1906-)

Ji han 寄寒
LING, QI HAN 凌其翰 (1906-1992)

Ji han 戟寒
PENG, ZUO YU 彭作雨 (1922-)

JI, HAN QING 纪汉清 (1939-)
Huang, Jin lai 黄金来
Ji, Yu 纪玉
Mao, Cao 毛草

Ji, Han qing 季汉卿
JI, XIN 季信 (1908-1964)

Ji, He sha 季河沙
LIN, MU HAI 林木海 (1940-)

Ji, Heng 纪衡
GUAN, DA TONG 管大同 (1913-1981)

Ji, Hong 吉洪
SHEN, FENG WEI 沈凤威

Ji, Hong 纪红
HUANG, JUN FA 黄俊发 (1940-)

Ji, Hong 纪虹
HE, ZHI HONG 何志宏 (1944-)

Ji, Hong 季红
QI, DAO PANG 齐道旁 (1927-)

Ji, Hong 季宏
ZHANG, YOU YI 章有义 (1919-)

Ji hong 骥宏
ZHOU, JI HONG 周纪洪 (1953-)

JI, HONG CHUN 纪宏春 (1923-)
Bai, Yi 白易
Huang, Sha wen 黄沙文
Lan, Tan 蓝潭
Zuo, Qin lan 左琴岚

Ji, Hong mu 季红木
FENG, YE XIN 冯叶莘 (1917-1989)

JI, HONG PING 纪洪平 (1963-)
Tian shu 天抒

JI, HONG YUE 季红跃 (1959-)
Hong yue 鸿月
Hong yue 宏月

JI, HONG ZHEN 季红真 (1955-)
He zi 禾子

Ji, Hua 计画
JI, YONG FU 计用福 (1939-)

Ji, Hua 纪华
ZHANG, YAN LONG 张延龙 (1939-)

Ji, Hua 季华
LI, YIN 李寅 (1925-)

JI, HUA 季华 (1953-)
Yu, Zi 郁子
Zi yu 紫郁

Ji, Hua 冀华
XIONG, JI HUA 熊冀华 (1932-)

Ji hua 济华
DAI, WEN BAO 戴文葆 (1923-)

Ji, Huai min 纪怀民
WANG, JUN 王濬 (1925-1983)

Ji huan xian nu 寄幻仙奴
QI, HUANG 齐璜 (1864-1957)

Ji, Huang 季黄
LI, PEI LIN 李培林 (1916-)

Ji, Hui 吉慧
YUAN, HUI GUANG 袁慧光 (1951-)

Ji, Hui 冀慧
CHEN, JI HUI 陈继会 (1952-)

Ji hui 积慧
ZHAO, JI HUI 赵吉惠 (1934-)

Ji hun 羁魂
HU, GUO XIAN 胡国贤 (1946-)

Ji, Ji 季季
LI, RUI YUE 李瑞月 (1945-)

Ji, Ji 姬姬
LI, RUI YUE 李瑞月 (1945-)

Ji ji 击楫
LI, YI MANG 李一氓 (1902-1990)

Ji ji 既激
WANG, REN SHU 王任叔 (1901-1972)

Ji ji 既激
JIN, XING YAO 金性尧 (1916-)

Ji ji 积极
HE, SHUANG JI 何双及 (1948-)

Ji ji 寂寂
CHEN, WAN RONG 陈婉容 (1953-)

Ji ji cao 芨芨草
XIAO, JUN 萧俊 (1961-)

JI, JIAN HUA 姬建华 (1956-)
Ji, Ni 姬妮

Ji jin 饥馑
YE, DUAN JIN 叶端瑾

JI, JIU LI 吉久利 (1951-)
Jiu li 久利

Ji, Jiu zhang 纪九章
YANG, ZHI 杨智 (1958-)

JI, JU WEI 纪钜维 (1848-1920)
Bo ju 泊居
Bo ju lao ren 泊居老人

Ji, Jue mi 姬觉弥
JI, FO TUO 姬佛陀 (1885-1964?)

Ji, Jun 季君
HUANG, JIN TANG 黄锦堂

Ji, Jun 冀军

FU, JUN XIAO 傅军晓 (1954-)

JI, JUN YAO 姬俊尧 (1941-)
Ji, Yao 姬尧

Ji, Kang 季康
HUANG, KAN 黄侃 (1886-1935)

Ji, Kang 季康
ZHAO, JI KANG 赵继康 (1932-)

Ji, Kang 纪康
ZHENG, WEN SHUI 郑文水 (1944-)

Ji ke 稷客
SUN, JING HUI 孙敬会 (1939-)

Ji, Keng 季铿
WANG, JIAN 汪笺 (1916-1966)

Ji kui 积跬
CAO, GUO PING 曹国平 (1946-)

Ji kui bu zhai zhu ren 积跬步斋主人
QIAN, XUN 钱恂 (1853-1927)

Ji, Lao 纪佬
XIE, BING YING 谢冰莹 (1906-2000)

Ji le 极乐
LI, YAO TANG 李尧棠 (1904-)

Ji le 鸡肋
JI, ZHONG CHANG 吉忠昌 (1926-)

Ji le 鸡肋
GU, JU LOU 顾菊楼 (1928-)

Ji lei 疾雷
ZHANG, WEN TIAN 张闻天 (1900-1976)

Ji, Li 吉力
ZHOU, SHAO 周劭 (1916-)

Ji, Li 吉立
ZHOU, SHAO 周劭 (1916-)

Ji li ㄐㄧ ㄌㄧ
ZHENG, XI LIN 郑锡麟 (1914-)

Ji li 集厘
SU, BI YU 苏弼予 (1941-)

Ji li 蒺黎
GAO, HUA WEN 高华文 (1924-)

Ji li 蒺藜
CUI, JUN TAN 崔君坦 (1921-)

Ji li 蒺藜
ZHU, ZHEN SHENG 朱振生 (1922-)

Ji li gua la 叽哩呱啦
NI, YI SHU 倪亦舒 (1946-)

JI, LIAN KANG 吉连康 (1916-1989)
Ji, Lian kang 吉联抗
Lian kang 联抗

Ji, Lian kang 吉联抗
JI, LIAN KANG 吉连康 (1916-1989)

Ji, Liang 季梁
WANG, SHI JUN 王世浚 (1912-1949)

Ji lie pai di yi ren 激烈派第一人
LIU, SHI PEI 刘师培 (1884-1919)

Ji, Lin 纪林
XU, JUN MING 许俊明

Ji, Lin 季林
LI, LIAN CUI 李连萃 (1911-1991)

Ji, Lin 季琳
GAO, JI LIN 高季琳 (1909-)

Ji, Ling 吉灵
KONG, LING JUN 孔令俊 (1904-1972)

Ji, Ling 纪陵
BIAN, ZHI LIN 卞之琳 (1910-2000)

Ji, Ling 纪零
LIN, SHU QIANG 林舒谦 (1911-1983)

Ji, Ling 季陵
BIAN, ZHI LIN 卞之琳 (1910-2000)

Ji ling ren 畸零人
ZHAO, SHU LI 赵树礼 (1906-1970)

Ji, Ling tang 季凌唐
LI, ZUO DONG 李作东 (1924-)

Ji, Liu 吉六
LING, GUANG QIAN 凌光谦

Ji liu 疾流
DAI, YIN LANG 戴隐郎 (1907-1985)

JI, LIU QUAN 季流泉 (1904-1989)
Ji, Tao da 季陶达
Ji, Wai fang 季外方
Tao, Da 陶达

Ji long ju 寄陇居
ZHAO, LI SHENG 赵俪生 (1917-)

Ji long sheng 鸡笼生
CHEN, BING HUANG 陈炳煌 (1903-)

Ji lou 汲楼
CHEN, QU BING 陈去病 (1874-1933)

Ji lou 霁楼
WANG, REN SHU 王任叔 (1901-1972)

Ji, Lu 纪鲁
ZENG, ZHENG CHANG 曾正昌 (1922-1966)

Ji lu 寄庐

XU, GUO YING 许国英 (1875-1923)

Ji lu 棘路
WANG, JIN ZHU 王金柱 (1954-)

JI, LU LIN 吉路林 (1944-)
Lu, Lin 陆林

Ji lu zhe 记录者
ZHANG, JI LUAN 张季鸾 (1888-1942)

Ji, Lü 嵇律
DONG, ZHI CHANG 董志昌 (1950-)

Ji, Luan 季鸾
ZHANG, JI LUAN 张季鸾 (1888-1942)

Ji, Mei 纪梅
CHEN, HONG JU 陈鸿举 (1938-)

Ji mei 寄梅
QIN, YUN ZHANG 秦运章 (1906-)

JI, MEI WEN 吉梅文 (1926-)
Mei, Hun 梅魂

Ji men 戟门
YU, QI CHANG 余棨昌 (1882-)

Ji, Men shu 蓟门树
GUO, LUO JI 郭罗基 (1932-)

Ji, Meng 季孟
WANG, CHANG JIAN 王长简 (1910-1988)

Ji, Mian guan 季免冠
LI, PING XIN 李平心 (1907-1966)

Ji, Miao 纪苗
XU, WEN YU 许文郁 (1949-)

Ji, Min 季民
PAN, XUN 潘训 (1902-1934)

Ji min 济民
TIAN, TI REN 田体仁 (1913-1989)

Ji, Ming 季明
LI, DA ZHAO 李大钊 (1889-1927)

Ji, Ming 季明
SHEN, YAN BING 沈雁冰 (1896-1981)

Ji, Ming 季明
PAN, XUN 潘训 (1902-1934)

Ji, Ming 季明
XU, JI MING 许季明

JI, MING 嵇明 (1895-1963)
Ji, Wen fu 嵇文甫

Ji ming 鸡鸣
DENG, SHI 邓实 (1877-1951)

Ji ming 寄明
WU, YA ZHEN 吴亚贞 (1917-)

Ji ming 髻明
LI, WEN TAO 李文涛 (1880-1942)

Ji ming feng yu lou zhu 鸡鸣风雨楼主
DENG, SHI 邓实 (1877-1951)

Ji, Mo 季默
LI, FENG MAO 李丰楙 (1947-)

Ji mo 棘茉
HUANG, ZI YIN 黄子音 (1960-)

Ji, Mu 吉目
LI, WEN TAO 李文涛 (1880-1942)

Ji mu 髻目
LI, WEN TAO 李文涛 (1880-1942)

Ji, Nan 嵇南
GUO, JI NAN 郭基南 (1923-)

Ji, Nan 嵇楠
GUO, JI NAN 郭基南 (1923-)

Ji, Ni 姬妮
JI, JIAN HUA 姬建华 (1956-)

Ji, Nian 季年
JI, Di CHEN 季涤尘 (1928-)

Ji nu 疾奴
WANG, REN SHU 王任叔 (1901-1972)

Ji nu 寄奴
MU, SHAO LIANG 沐绍良 (1912-1969)

Ji ou 寄沤
PAN, CHENG BI 潘承弼 (1907-)

Ji ou sheng 寄沤生
LI, BING NAN 李炳南

Ji, Peng 纪鹏
JI, PENG YUN 纪鹏云 (1927-)

Ji, Peng 姬蓬
KANG, BAI ZHEN 康白珍 (-1955)

JI, PENG YUN 纪鹏云 (1927-)
He, Yu 何雨
Ji, Peng 纪鹏
Ji, Shi 季石
Wu, Feng 吴峰

Ji, Pin 季品
LIU, HUAI ZHANG 刘怀章 (1932-)

Ji, Ping 纪平
LU, FANG 陆方 (1931-)

Ji, Ping 纪屏
XU, ZHI PING 许志平 (1940-)

Ji, Ping 季平
LIAO, DENG TING 廖登廷 (1852-1932)

Ji, Ping 季平
LIU, SAN 刘三 (1890-1938)

Ji, Ping 季平
LU, JI PING 卢继平 (1953-)

Ji ping 继萍
DING, JI PING 丁继萍

Ji ping 寄萍
QI, HUANG 齐璜 (1864-1957)

Ji ping lao ren 寄萍老人
QI, HUANG 齐璜 (1864-1957)

Ji ping tang 寄萍堂
QI, HUANG 齐璜 (1864-1957)

Ji ping tang lao ren 寄萍堂老人
QI, HUANG 齐璜 (1864-1957)

Ji ping tang shang lao ren 寄萍堂上老人
QI, HUANG 齐璜 (1864-1957)

Ji ping tang zhu ren 寄萍堂主人
QI, HUANG 齐璜 (1864-1957)

Ji, Pu 纪普
SUN, SHU XUN 孙树勋 (1913-)

Ji, Qian 季谦
LI, YI NING 厉以宁 (1930-)

Ji, Qian 季谦
ZHAO, HUI JIE 赵辉杰

Ji qian 骥千
ZHAI, BING ZHI 翟秉志 (1889-1965)

Ji qiao 继侨
ZHENG, JI QIAO 郑季翘 (1912-1984)

JI, QIN 冀勤 (1934-)
Ji, Qing 季晴

Ji qin 寄秦
AN, RUO DING 安若定

Ji qin xian shi zhu ren 寄勤閒室主人
HUANG, KAN 黄侃 (1886-1935)

Ji, Qing 纪青
LAI, HONG JIAN 赖鸿健 (1943-)

Ji, Qing 纪卿
ZHU, GUO SHENG 朱国陞 (1882-1955)

Ji, Qing 季青
CHANG, REN XIA 常任侠 (1904-)

Ji, Qing 季晴
JI, QIN 冀勤 (1934-)

JI, QING JIANG 吉清江 (1926-)
Geng, Zhi 耿直
Ji, Shi 吉实
Ji, Xue pei 吉学沛
Ji, Xue pei 吉学霈
Ji, Yu zhao 吉预兆
Zhang, Ming 张明

Ji, Qing shan 纪青山
TIAN, ZHONG LUO 田锺洛 (1924-)

JI, QING SHEN 纪清侁 (1924-)
Geng, Jian 耿简
Jin qiu 今秋
Liu, Xi 柳溪
Shen 侁

Ji, Qing xiu 纪清修
GAO, SHANG DE 高尚德 (1896-1925)

Ji qiu 寂秋
HAN, DAO CHENG 韩道诚 (1917-)

Ji qiu 骥秋
LI, GAN 李淦 (1918-1966)

Ji, Qun 纪群
ZHAO, SHI 赵适 (1923-)

Ji, Qun 纪群
CAI, LIANG QIAN 蔡良乾 (1943-)

Ji, Qun 冀群
ZHOU, YU MING 周玉铭 (1925-)

Ji, Qun 冀群
YUAN, HAO 袁浩 (1930-)

Ji qun 济群
SHI, JI QUN 施济群 (1896-1946)

Ji qun 集群
ZHOU, YI BANG 周宜邦

Ji, Qun zhi 纪群志
ZHANG, RUI JIN 张瑞瑾 (1917-)

Ji, Ren 吉人
YU, GENG YU 于赓虞 (1902-1963)

Ji, Ren 吉人
LIU, ZHAO JI 刘兆吉 (1913-)

Ji, Ren 吉人
LIU, YU LONG 刘毓龙 (1931-)

Ji, Ren 吉人
PENG, SHI QIN 彭师勤

Ji, Ren 季仁
HU, HUAI CHEN 胡怀琛 (1886-1938)

Ji ren 及人
RU, LONG 汝龙 (1916-1991)

Ji ren 即仁
LI, WEN TAO 李文涛 **(1880-1942)**

Ji ren 绩仁
LIANG, JI REN 梁积仁

Ji, Ren 冀人
WANG, JI SHA 王冀沙 **(1948-)**

JI, RONG DE 冀荣德 **(1954-)**
Ji, Xu 冀旭

Ji, Rui 季蕤
SHEN, CONG WEN 沈从文 **(1902-1988)**

Ji, Shen 纪深
YOU, GUI HUI 游贵辉 **(1939-)**

Ji sheng 既生
WANG, QING CHENG 王庆成 **(1928-)**

Ji sheng 寄生
WANG, DONG 汪东 **(1890-1963)**

Ji, Shi 吉士
WANG, REN SHU 王任叔 **(1901-1972)**

Ji, Shi 吉士
YAN, ZHE XI 严折西 **(1909-)**

Ji, Shi 吉实
JI, QING JIANG 吉清江 **(1926-)**

Ji, Shi 纪实
ZHENG, XI LIN 郑锡麟 **(1914-)**

Ji, Shi 纪实
YANG, SHU SEN 杨树森 **(1926-)**

Ji, Shi 纪实
GUO, REN HUAI 郭仁怀 **(1941-)**

Ji, Shi 季石
JI, PENG YUN 纪鹏云 **(1927-)**

Ji, Shi 季石
SUN, PEI JUN 孙培均

Ji, Shi 季实
PAN, GONG KAI 潘公凯 **(1947-)**

Ji shi 济世
TAO, CHENG ZHANG 陶成章 **(1878-1912)**

Ji shi 寄石
LÜ, QI XIANG 吕启祥 **(1936-)**

Ji shi 寄实
TIAN, SHI YUAN 田世源 **(1919-)**

Ji shi 骥史
HOU, HONG JIAN 侯鸿鉴 **(1872-1961)**

Ji, Shi yang 纪施飏
SHI, KUN JIAN 施坤鉴 **(1949-)**

Ji, Shi yu 吉时雨
WANG, YU SHI 王禹时 **(1929-)**

Ji, Shi zhi 纪实之
ZHENG, XI LIN 郑锡麟 **(1914-)**

Ji shou 疾首
WANG, REN SHU 王任叔 **(1901-1972)**

Ji shou 疾首
FU, LEI 傅雷 **(1908-1966)**

JI, SHOU REN 季守仁 **(-1961)**
Wu, Lang 吴郎

Ji, Shu 季叔
SUN, XI ZHEN 孙席珍 **(1906-1984)**

Ji, Shui 冀水
ZHANG, QIN ZU 张钦祖 **(1927-)**

Ji shui 激水
ZHU, ZHI LING 朱之凌

Ji, Si 纪思
GUO, KUN FU 郭坤福 **(1947-)**

Ji si 济思
TAO, CHENG ZHANG 陶成章 **(1878-1912)**

Ji si 集思
WEN, JING 文井 **(1940-)**

Ji si an zhu 寄思盦主
ZHANG, ZHI YU 张志鱼 **(1891-1963)**

JI, SI PING 纪思屏
Lin, Wen yi 林文义

JI, SONG XIAO 纪松晓 **(1922-)**
Ji, Xi chen 纪希晨

Ji, Sou 纪叟
LI, LI MING 李立明 **(1926-)**

Ji sou 畸叟
WANG, ZHONG QI 王锺麒 **(1890-1975)**

Ji su 嫉俗
XU, BI BO 徐碧波 **(1898-)**

Ji su 激素
YANG, SHOU JING 杨守敬 **(1839-1915)**

Ji, Sun ji 纪孙季
HU, DE HUI 胡德辉 **(1913-1968)**

Ji tang 继唐
WANG, JUN YU 王君玉

Ji, Tao 季陶
DAI, CHUAN XIAN 戴传贤 **(1890-1949)**

Ji, Tao da 季陶达
JI, LIU QUAN 季流泉 **(1904-1989)**

Ji, Ti 吉悌
WANG, CHUAN HONG 王传洪 (1927-)

Ji, Ti 吉提
ZHAO, SHU LI 赵树礼 (1906-1970)

Ji, Ti lai 吉体来
LI, SHUO CHENG 李硕诚 (1922-)

Ji, Ti lai 吉体来
CHEN, ZHENG YANG 陈拯阳 (1931-)

Ji, Tian jin 吉田晋
LIANG, QI CHAO 梁启超 (1873-1929)

Ji, Tong 季同
ZHANG, DAI NIAN 张岱年 (1909-)

Ji, Wai fang 季外方
JI, LIU QUAN 季流泉 (1904-1989)

Ji, Wei 季威
ZHANG, BING WEI 张炳蔚 (1918-)

Ji, Wei 季维
JI, WEI ZHOU 纪维周 (1922-)

Ji, Wei 季薇
HU, ZHAO QI 胡兆奇 (1924-)

JI, WEI 嵇伟 (1954-)
Miao, Shi 缪士

Ji wei 寄苇
TIAN, HUAN 田桓

Ji wei 骥尾
SHU, JI WEI 舒纪维 (1915-)

Ji, Wei dong 纪卫东
JI, GUO ZHEN 纪国珍 (1949-)

Ji wei ju 积微居
YANG, YU FU 杨遇夫 (1885-1956)

JI, WEI ZHOU 纪维周 (1922-)
Ji, Wei 季维
Wei zhou 维周
Yan, Ning 燕宁
Zhen xiang 臻祥

Ji, Wei zhu 纪维竹
LI, YING 李英 (1923-)

Ji, Wen 吉文
WANG, JI CHENG 王积成 (1939-)

Ji, Wen 季文
FENG, QI YONG 冯其庸 (1924-)

Ji wen 集文
CAI, WEN CHAO 蔡文超

Ji, Wen fu 嵇文甫
JI, MING 嵇明 (1895-1963)

Ji, Wen ru 纪文如
ZHANG, GUI XING 张贵兴 (1956-)

Ji, Weng 冀翁
LU, ZHENG SHEN 卢正绅 (1905-1951)

Ji weng 济翁
HE, CHEN 何辰 (1921-)

Ji, Xi 季蹊
ZHANG, ZHI CHUN 张志春 (1955-)

Ji, Xi chen 纪希晨
JI, SONG XIAO 纪松晓 (1922-)

Ji, Xia 季遐
ZHU, QI XIA 朱企霞 (1904-1984)

Ji, Xian 纪弦
LU, YU 路逾 (1913-)

Ji, Xian 季仙
WU, JUN QING 吴俊卿 (1844-1927)

Ji, Xian 季弦
LI, FENG MAO 李丰楙 (1947-)

JI, XIAN LIN 季羡林 (1911-)
Qi, Zang 齐奘
Xi bu 希逋

Ji, Xiang 吉祥
PENG, JI XIANG 彭吉象 (1948-)

Ji, Xiang 纪祥
HONG, KE QIN 洪克勤 (1924-)

Ji, Xiang 季芗
WANG, BAO XIN 王葆心 (1867-1944)

Ji, Xiang 季香
WANG, BAO XIN 王葆心 (1867-1944)

Ji xiang 基相
PENG, JI XIANG 彭基相

Ji, Xiao ru 纪小如
ZHANG, GUI XING 张贵兴 (1956-)

Ji, Xiao tai 姬小苔
HE, YONG YI 何永怡 (1954-)

Ji, Xin 季辛
WANG, ZHAO MING 汪兆铭 (1883-1944)

JI, XIN 季信 (1908-1964)
Ji, Chun dan 季春丹
Ji, Han qing 季汉卿
Ji, Yue chun 季月春
Li yang 力扬
Wu, Yu 吴羽

Ji, Xin 季新
WANG, ZHAO MING 汪兆铭 (1883-1944)

JI, XIN JIAN 纪新建 **(1954-)**
Li, Jian 李建

Ji, Xin qiong 嵇信蛩
JI, XIN QUN 嵇信群 **(1932-)**

JI, XIN QUN 嵇信群 **(1932-)**
Ji, Xin qiong 嵇信蛩
Xi, Shan 奚山

Ji xin ting 棘心亭
HONG, WEI JI 洪为济 **(1912-)**

Ji, Xing 吉星
YANG, FENG QI 杨凤岐 **(1908-)**

Ji, Xing 吉星
WAN, CHUAN YAO 万传軺 **(1922-)**

Ji, Xing 吉星
JI, ZHONG CHANG 吉忠昌 **(1926-)**

Ji xing 济行
SHI, JI XING 史济行 **(1906-)**

Ji xiu 继修
OU YANG, BEN YI 欧阳本义 **(1902-1993)**

JI, XIU FU 季修甫 **(1924-)**
Ju xu 巨虚

Ji, Xu 冀旭
JI, RONG DE 冀荣德 **(1954-)**

Ji, Xuan 纪萱
GE, ZENG JI 葛曾济 **(1913-)**

Ji, Xuan 季瑄
LAO, NAI XUAN 劳乃宣 **(1843-1921)**

Ji xuan 寄玄
WANG, JI XUAN 王寄玄 **(1916-1985)**

Ji, Xuan bing 纪玄冰
ZHAO, JI BIN 赵纪彬 **(1905-1982)**

Ji, Xue 纪学
WU, JI XUE 吴纪学 **(1941-)**

Ji xue 积雪
CHEN, JI XUN 陈积勋 **(1908?-)**

Ji, Xue pei 吉学沛
JI, QING JIANG 吉清江 **(1926-)**

Ji, Xue pei 吉学霈
JI, QING JIANG 吉清江 **(1926-)**

JI, XUE TONG 姬学统 **(1958-)**
Ji, Yi 纪一

Ji, Xun 季恂
WANG, ZHAO MING 汪兆铭 **(1883-1944)**

Ji, Yan 纪烟
HU, DE HUI 胡德辉 **(1913-1968)**

Ji, Yan 冀延
LI, HONG RAN 李鸿然 **(1939-)**

Ji yan 疾言
LÜ, QIN 吕沁 **(1925-)**

Ji yan 髻严
LI, WEN TAO 李文涛 **(1880-1942)**

Ji, Yan hua 纪延华
ZHANG, YAN LONG 张延龙 **(1939-)**

Ji, Yang 吉扬
LI, HUA XING 李华兴 **(1933-)**

Ji, Yang 纪阳
JIANG, HONG DING 蒋洪鼎 **(1921-)**

Ji yang po na 济阳破衲
DING, FU BAO 丁福保 **(1874-1952)**

Ji, Yao 纪瑶
LING, JI YAO 凌继尧 **(1945-)**

Ji, Yao 姬尧
JI, JUN YAO 姬俊尧 **(1941-)**

Ji yao 寄遥
WANG, JI YAO 王继尧 **(1921-)**

Ji, Ye 纪叶
LI, YING 李英 **(1923-)**

Ji, Ye 季耶
ZHANG, GUANG NAN 张光楠 **(1931-)**

Ji, Ye 季埜
YANG, TIAN XI 杨天锡 **(1907-1978)**

Ji, Ye 季野
LI, JI YE 李继业 **(1904-)**

Ji, Ye 季野
JI, DIAN SHENG 季滇生 **(1946-)**

Ji, Ye 冀野
LU, ZHENG SHEN 卢正绅 **(1905-1951)**

Ji, Ye 吉也
ZHANG, XIN JI 张信吉 **(1963-)**

Ji ye 寄野
LI, JI YE 李继业 **(1904-)**

Ji ye 霁野
LI, JI YE 李继业 **(1904-)**

Ji ye 瘠野
ZHANG, YI MIN 章益民 **(1925-)**

Ji, Yi 纪一
JI, XUE TONG 姬学统 **(1958-)**

Ji, Yi 季裔

WANG, REN SHU 王任叔 **(1901-1972)**

Ji yi 寄簃
SHEN, JIA BEN 沈家本 **(1840-1913)**

JI, YI QIAO 戢翼翘 **(1885-1976)**
Jing cheng 劲成

Ji, Yi xiao 纪一笑
ZHANG, LI 张藜 **(1932-)**

Ji, Yin 季音
GU, SI QIN 谷斯钦 **(1923-)**

Ji yin 髻音
LI, WEN TAO 李文涛 **(1880-1942)**

JI, YING 姬英 **(1954-)**
Hua, Mo 华摩
Li, Meng 黎孟

Ji ying 羁瀛
CHEN, JI YING 陈纪滢 **(1907-1997)**

JI, YONG FU 计用辐 **(1939-)**
Ji, Hua 计画
Yan, Shi 言拾
Yong fu 庸夫
Yong fu 勇夫

Ji, Yu 吉鱼
TANG, MING SHI 唐鸣时 **(1901-1982)**

Ji, Yu 纪玉
JI, HAN QING 纪汉清 **(1939-)**

Ji, Yu 纪宇
LIN, MING SHUI 林明水 **(1941-)**

Ji, Yu 纪宇
SU, JI YU 苏积玉 **(1948-)**

Ji, Yu 季玉
WANG, YU TANG 王玉堂 **(1907-)**

Ji, Yu 季愚
WANG, JI YU 王季愚

Ji yu 积餘
XU, NAI CHANG 徐乃昌 **(1862-1936)**

Ji, Yu chun 季育椿
JI, GUAN ZHI 季观之 **(1915-)**

Ji, Yu zhao 吉预兆
JI, QING JIANG 吉清江 **(1926-)**

Ji, Yuan 纪元
BAI, JI YUAN 白继元 **(1935-)**

Ji, Yuan 纪远
LIN, ZHENG LUN 林正伦 **(1942-)**

Ji, Yuan 纪源
LIU, YU ZHE 刘育哲

Ji, Yuan 冀原
LI, KE JIAN 李克俭 **(1964-)**

Ji yuan 几园
YANG, XI ZHANG 杨锡章 **(1864-1929)**

Ji yuan 济远
WANG, JI YUAN 王济远 **(1893-1975)**

Ji yuan 寄园
QI, HUANG 齐璜 **(1864-1957)**

Ji yuan 寄园
CHEN, QI TIAN 陈启天 **(1893-1984)**

Ji yuan lan ren 济源懒人
YANG, JIE 杨杰 **(1958-)**

Ji yuan lao zi 几园老子
YANG, XI ZHANG 杨锡章 **(1864-1929)**

Ji yue 笈越
MEI, GONG BIN 梅龚彬 **(1901-1975)**

Ji, Yue chun 季月春
JI, XIN 季信 **(1908-1964)**

Ji, Yun 吉云
WANG, JIN YUN 王锦云 **(1917-)**

Ji, Yun 吉云
ZHENG, JI YUN 郑吉云 **(1919-)**

Ji, Yun 冀云
WANG, BAO YUN 王保云 **(1956-)**

Ji yun 际云
JIANG, YING LONG 江应龙 **(1920-)**

Ji, Yun long 纪云龙
LIU, JIA ZHEN 刘嘉祯 **(1923-)**

Ji, Yun shan 纪云山
LAN, BO ZHOU 蓝博洲 **(1960-)**

JI, ZE CHANG 纪泽长 **(1911-)**
Cheng zhi 乘之
Ji, Cheng zhi 纪乘之

Ji zhai 亟斋
LI, YOU LONG 李犹龙 **(1881-1953)**

Ji zhai 缉斋
WANG, JING XI 汪敬熙 **(1897-1968)**

Ji, Zhang 吉章
MOU, SHAO YU 牟少玉 **(1923-)**

Ji zhao 寂照
WANG, YUN ZHONG 汪允中

JI, ZHAO MING 吉兆明 **(1928-)**
Yi bing 艺兵

Ji zhao si lin ren 寂照寺鄰人

QIAN, JUN TAO 钱君匋 (1906-)

Ji, Zhe 冀哲
LI, JIE 李杰 (1939-)

Ji zhe 记者
LIANG, QI CHAO 梁启超 (1873-1929)

Ji zhe 记者
HU, HAN MIN 胡汉民 (1879-1936)

Ji zhe 记者
CHEN, DU XIU 陈独秀 (1879-1942)

Ji zhe 记者
ZHOU, SHU REN 周树人 (1881-1936)

Ji zhe 记者
SHAO, ZHEN QING 邵振青 (1884-1926)

Ji zhe 记者
CHEN, WANG DAO 陈望道 (1890-1977)

Ji zhe 记者
YE, SHAO JUN 叶绍钧 (1894-1988)

Ji zhe 记者
CAI, HE SEN 蔡和森 (1895-1931)

Ji zhe 记者
ZOU, EN RUN 邹恩润 (1895-1944)

Ji zhe 记者
YUN, DAI YING 恽代英 (1895-1931)

Ji zhe 记者
XU, ZHI MO 徐志摩 (1896-1931)

Ji zhe 记者
XIAO, SHU LIE 萧树烈 (1896-1927)

Ji zhe 记者
SHEN, YAN BING 沈雁冰 (1896-1981)

Ji zhe 记者
YANG, ZHONG JIAN 杨钟健 (1897-1979)

Ji zhe 记者
ZHENG, ZHEN DUO 郑振铎 (1898-1958)

Ji zhe 记者
YUAN, YU BING 袁玉冰 (1899-1927)

Ji zhe 记者
QIAN, XING CUN 钱杏邨 (1900-1977)

Ji zhe 记者
ZHAO, SHI YAN 赵世炎 (1901-1927)

Ji zhe 记者
SHI, RU BI 石汝璧 (1902-1928)

Ji zhe 记者
LI, WEI SEN 李伟森 (1903-1931)

Ji zhe 记者
GAO, DE SHENG 高德生 (1917-1987)

Ji, Zhen 纪贞
LIN, PEI 林沛 (1950-)

Ji, Zhen 季箴
ZHU, QI 朱祺 (1859-1931)

Ji, Zhen 季鍼
ZHU, QI 朱祺 (1859-1931)

Ji, Zhen huai 季镇淮
JI, ZHENG HUAI 季正怀 (1913-)

Ji, Zhen kun 吉振坤
JI, ZHONG CHANG 吉忠昌 (1926-)

JI, ZHEN MIN 纪振民 (1938-)
Hong chen 虹晨
Hong chen 鸿晨

Ji, Zheng 纪铮
ZENG, REN DAO 曾任道 (1937-)

JI, ZHENG HUAI 季正怀 (1913-)
Ji, Zhen huai 季镇淮

Ji, Zhi 纪之
CHENG, JUN 成骏 (1916-1983)

Ji, Zhi 季芝
ZHANG, YAO HUA 张瑶华 (1920-)

Ji, Zhi 季直
ZHANG, JIAN 张謇 (1853-1926)

Ji, Zhi 季植
WANG, QI 王琦 (1918-)

Ji zhi 济之
GENG, KUANG 耿匡 (1899-1947)

Ji, Zhi chao 季志超
YANG, ZHAO HUI 杨照辉 (1944-)

Ji, Zhi mo 嵇志默
XUE, FAN 薛范 (1934-)

JI, ZHI REN 季志仁 (1902-)
Shi, Xin 石心

Ji, Zhi shou 季植寿
WANG, QI 王琦 (1918-)

JI, ZHI YAO 季志耀 (1942-)
Jin, Yu 金羽

Ji, Zhong 纪中
ZHANG, DI GENG 张棣赓 (1914-1957)

Ji, Zhong 季仲
JI, BING YI 季秉义 (1936-)

JI, ZHONG CHANG 吉忠昌 (1926-)
Ji le 鸡肋
Ji, Xing 吉星

Ji, Zhen kun 吉振坤

Ji, Zhong hui 纪中辉
ZHU, GUANG QING 朱广庆 **(1932-)**

Ji, Zhong ren 冀仲仁
LIU, JIA 刘甲 **(1924-)**

Ji, Zhou 冀洲
JIA, YU 贾玉 **(1929-)**

Ji zhou 寄舟
ZHENG, ZHI WEI 郑秩威 **(1925-)**

Ji zhou 寄洲
YAN, JI ZHOU 严寄洲 **(1917-)**

Ji, Zhu 纪竹
FU, NAI QI 傅乃琦 **(1909-1993)**

Ji zhui sheng 击椎生
CAI, E 蔡锷 **(1882-1916)**

Ji, Zi 季子
ZHANG, JIAN 张謇 **(1853-1926)**

Ji, Zi 季子
CHEN, QU BING 陈去病 **(1874-1933)**

Ji, Zi 季子
HUANG, KAN 黄侃 **(1886-1935)**

Ji, Zi 季子
LI, JI 李季 **(1894-)**

Ji, Zi 季子
ZHOU, ZHONG ZHU 周忠著 **(1910-)**

Ji, Zi 季子
SHOU, XIAO CHUN 寿孝椿 **(1947-)**

Ji, Zi 季子
JIANG, JI ZI 江季子

Ji zi 基子
LI, JIAN 李健 **(1932-)**

Ji zi 悸子
ZHU, GUI ZHUO 朱桂棹 **(1911-)**

JI, ZI KUN 季资坤 **(1938-)**
Jiang, Nan an 江南岸

Ji zi zhai 集字斋
WANG, TUN HU 王屯虎 **(1952-)**

Ji zong 继宗
ZHANG, ZHENG MING 张正明 **(1938-)**

Ji zong 寄踪
SHEN, JI ZONG 沈继宗 **(1919-)**

Jia 加
XIE, JIA YIN 谢家因 **(1921-)**

Jia 甲
FANG, FANG 方方 **(1904-1971)**

Jia 伽
JIANG, HAI CHENG 蒋海澄 **(1910-1996)**

Jia 佳
LI, ZONG WU 李宗武 **(1895-1968)**

Jia 嘉
YANG, JIA JU 杨家驹 **(1917-)**

Jia 稼
FENG, ZHI JIU 冯志久 **(1939-)**

Jia an 稼庵
XIE, LIANG ZUO 谢良佐

Jia ao 嘉璈
ZHANG, JIA AO 张嘉璈 **(1889-1979)**

Jia bai 葭白
HONG, JIA GUAN 洪葭管 **(1921-)**

Jia bai 嘉白
WU, MENG FEI 吴梦非 **(1893-1979)**

Jia bao 家宝
WAN, JIA BAO 万家宝 **(1910-1996)**

Jia bao 嘉宝
QIU, SHAN 邱山

Jia bei 甲贝
HE, BAO YIN 贺保银 **(1944-)**

Jia ben te 嘉本特
LI, SHAO LING 李少陵 **(1898-1970)**

Jia bing 甲兵
JIANG, MU 姜穆 **(1929-)**

Jia bo 加波
SUN, JIA BO 孙家钵 **(1939-)**

Jia bo 袈帛
SUN, JIA BO 孙家钵 **(1939-)**

Jia cao pu tuo 迦草圃陀
ZHANG, MAN TAO 张曼涛

JIA, CHANG 贾昌
Feng zi 凤子
Feng zi 凤紫

Jia chang 嘉昌
ZHANG, JIA CHANG 张家昌 **(1947-)**

Jia chen 甲辰
SHEN, CONG WEN 沈从文 **(1902-1988)**

JIA, CHENG YIN 贾承荫 **(1936-)**
Xi bei 西贝

Jia chi 迦持
ZHU, ZONG YUAN 诸宗元 **(1875-1932)**

Jia chu ting ke 佳处亭客
LIANG, DING FEN 梁鼎菜 **(1859-1920)**

Jia chun 嘉淳
LAO, JIA SHUN 劳家顺 **(1914-)**

JIA, CHUN QING 贾纯清 **(1920-)**
Ruo jing 若鏡
Shou yu 守愚

Jia, Cun 贾村
LU, SHAO QUAN 卢绍权 **(1920-1980)**

Jia da er 加答儿
ZUO, YI HUA 左义华 **(1923-)**

Jia, Dan 贾旦
LI, JIN ZAI 李今再 **(1929-)**

Jia, Dan hua 贾丹华
JIA, FU MIN 贾福民 **(1945-)**

JIA, DE YIN 贾德因 **(1936-)**
Da jia 达甲

Jia ding 甲丁
HE, HE YING 何和应 **(1935-)**

JIA, DONG FENG 贾东峰 **(1950-)**
Dong feng 东峰
Zha dong 扎东
Zha xi dong zhu 札西东珠

Jia er 笳尔
LIN, BAO QING 林葆青

Jia, Fang 贾鲂
YU, WEN LIE 于文烈 **(1922-)**

Jia, Fang gui 贾方贵
JIA, FANG ZHOU 贾方洲 **(1940-)**

JIA, FANG ZHOU 贾方洲 **(1940-)**
Jia, Fang gui 贾方贵

Jia feng 佳峯
LI, REN 李仁 **(1939-)**

Jia fu 嘉夫
DU, JIA FU 杜家福 **(1949-)**

JIA, FU MIN 贾福民 **(1945-)**
Jia, Dan hua 贾丹华

JIA, FU XIANG 贾福相 **(1931-)**
Zhaung, Jia 庄稼

Jia gan 佳甘
WANG, JIA GAN 王家干

Jia gan 家干
ZHOU, SHU REN 周树人 **(1881-1936)**

Jia gong 甲弓
SHEN, ZU LIAN 沈祖连

Jia gu 葭谷
LI, SHOU ZHANG 李守章 **(1905-1993)**

Jia guan 嘉冠
HONG, JIA GUAN 洪葭管 **(1921-)**

JIA, GUANG YU 贾光宇 **(1933-)**
Ba, Ga lin 巴嘎林
Bo hai sheng 渤海生
Jia, Man 贾漫

Jia gui 嘉桂
GUO, JIA GUI 郭嘉桂 **(1919-)**

Jia guo 加果
SUN, CHANG YONG 孙昌永 **(1918-)**

Jia, Guo bo 贾果伯
JIA, SHI YI 贾士毅 **(1887-1965)**

JIA, GUO HUI 贾国辉 **(1934-)**
Shi, Tu 石土

JIA, HAO LI 贾好礼 **(1943-)**
Hao li 浩力

Jia he 佳禾
LIU, ZHI DE 刘稚德 **(1912-1988)**

Jia he 家禾
ZHENG, XUE JIA 郑学稼 **(1906-1987)**

Jia he 嘉禾
FU, JIA MO 伏嘉谟 **(1912-)**

Jia he 嘉禾
FU, ZHI FAN 傅之凡 **(1932-)**

Jia hua 嘉骅
MA, SHU QIN 马书琴 **(1950-)**

Jia huai 嘉怀
PAN, JUN MI 潘君密

Jia hui 葭灰
LI, SHOU ZHANG 李守章 **(1905-1993)**

JIA, JI 贾霁 **(1916-1985)**
Ai, Fen 艾分
Shi, Men 石门

Jia jia 嘉嘉
ZENG, XIAO JIA 曾小嘉 **(1954-)**

Jia, Jian sheng 戛剑生
ZHOU, SHU REN 周树人 **(1881-1936)**

Jia jie 家杰
CHEN, JIA XIONG 陈家雄

Jia jin 佳金
XIE, JUE ZAI 谢觉哉 **(1884-1971)**

JIA, JING DE 贾景德 **(1880-1960)**
Jia, Yu ru 贾煜如

Tao yuan 韬园

JIA, JING HONG 贾靖宏 **(1933-)**
Ling, Han 凌寒

JIA, JIU ZHEN 贾究真 **(1921-)**
Zhou, Ji liang 周骥良

Jia ju 家菊
YU, JIA JU 余家菊 **(1898-1976)**

Jia, Jun 贾骏
MA, JIA JUN 马家骏 **(1929-)**

Jia jun 佳峻
BAO, JIA JUN 包家骏 **(1948-)**

Jia, Ke 贾克
ZENG, ZHI KAI 曾志开 **(1919-)**

Jia, Kun 贾坤
JIA, YONG HONG 贾永红 **(1965-)**

JIA, LAN PO 贾兰坡 **(1908-)**
Lan, Jiu gong 蓝九公
Zhou, Long 周龙

Jia lei 嘉蕾
GUAN, JIN DONG 官晋东 **(1957-)**

Jia li 加力
ZHANG, JIA LI 张加力 **(1933-)**

JIA, LI PING 贾利平 **(1960-)**
Ba, Yi 巴伊

Jia ling 迦陵
MENG, XIAN QI 孟宪棨 **(1902-1976)**

Jia ling 迦陵
YE, JIA YING 叶嘉莹 **(1924-)**

Jia ling 嘉陵
TIAN, HAN 田汉 **(1898-1968)**

Jia ling 嘉陵
YE, JIA YING 叶嘉莹 **(1924-)**

Jia ling 嘉陵
NIE, YUN LAN 聂云岚

Jia lu 家琭
WU, JIA LU 吴家琭 **(1898-1982)**

Jia lun 加伦
WANG, JIA LUN 王家伦 **(1933-)**

Jia lun 家伦
NA, JIA LUN 那家伦 **(1938-)**

Jia luo 珈珞
MAO, JIA LE 毛家乐 **(1927-)**

Jia, Man 贾漫
JIA, GUANG YU 贾光宇 **(1933-)**

Jia meng 驾孟
MAI, MENG HUA 麦孟华 **(1875-1915)**

Jia min 嘉敏
YU, MIN MIN 俞敏敏 **(1959-)**

Jia min 稼敏
ZHU, JIA MING 朱嘉明 **(1915-)**

Jia, Ming 贾明
GUO, YUN TING 郭云亭 **(1917-)**

Jia, Ming 贾明
LIANG, HAI QIANG 梁海强 **(1952-)**

JIA, MING SHENG 贾明生 **(1943-)**
Xu, Yun 胥云

Jia mu 加木
ZHANG, TIAN NAN 张天男 **(1959-)**

Jia mu 佳木
LIU, ZHI DE 刘稚德 **(1912-1988)**

Jia mu 嘉木
XU, SI XING 徐嗣兴 **(1923-)**

Jia mu 嘉木
LI, SONG TAO 李松涛 **(1932-)**

Jia ning 佳宁
CHEN, JIA NING 陈家宁 **(1938-)**

Jia pan 家畔
YAN, ZE MIN 延泽民 **(1921-)**

Jia ping 嘉平
WU, MENG FEI 吴梦非 **(1893-1979)**

Jia, Ping ao 贾平凹
JIA, PING WA 贾平娃 **(1953-)**

JIA, PING WA 贾平娃 **(1953-)**
Jia, Ping ao 贾平凹

Jia qi 家齐
LI, JIA QI 李家齐 **(1906-1984)**

Jia qi 嘉琦
LIU, QI ZHANG 刘琦璋 **(1932-)**

JIA, QI JIA 贾起家 **(1953-)**
Yan tian 砚田

Jia qiang 加强
WANG, FANG XUN 王放勋 **(1917-)**

Jia qiang 稼蔷
WANG, JIA XIANG 王嘉祥 **(1906-1974)**

Jia qing 稼青
WU, SHOU ZHEN 伍受真 **(1901-)**

Jia ren 甲人
SONG, JIU ZHI 宋九祉 **(1917-)**

JIA, REN YI 贾人义 **(1916-)**
Jia, Yi qun 贾宜群

JIA, RUO PING 贾若苹 **(1904-)**
Song feng 松峰

Jia sha 佳沙
LIU, XUE GENG 刘学庚 **(1950-)**

Jia shan 嘉山
ZHANG, JIAN 张健 **(1939-)**

Jia shan 佳山
CUI, YAN QIN 崔彦勤 **(1930-)**

JIA, SHAO XUN 贾少勋 **(1948-)**
Jun fu 峻夫

Jia shen 佳申
FANG, ZHI ZHONG 方之中 **(1908-1987)**

Jia shen 迦身
HU, ZHONG YU 胡钟育 **(1891-1922)**

Jia, Sheng 贾生
WU, YU WEI 吴堉威 **(1906-1989)**

Jia sheng 佳声
CHEN, JIA SHENG 陈家生 **(1939-)**

Jia sheng 家声
WU, SHU SHENG 吴树声 **(1922-)**

Jia sheng 笳声
HU, ZHONG YU 胡钟育 **(1891-1922)**

Jia sheng 笳声
CHEN, JIA SHENG 陈家生 (1939)

Jia sheng 嘉生
ZHANG, NAI QI 章乃器 **(1897-1977)**

Jia sheng 嘉生
PENG, JIAN 彭坚 **(1901-1968)**

Jia shi 佳石
WU, JIA QUAN 吴佳权 **(1956-)**

JIA, SHI XIN 贾士鑫 **(1938-)**
Xi, Bo 奚伯

JIA, SHI YI 贾士毅 **(1887-1965)**
Jia, Guo bo 贾果伯

Jia shu 嘉树
HE, KAI RONG 何开荣 **(1907-1952)**

JIA, SHU MIN 贾书敏 **(1937-)**
Dong qing 冬青

Jia shu ren 假蜀人
XU, SHENG YAO 许绳尧 **(1897-1984)**

Jia su 家肃
WANG, JIA XIANG 王嘉祥 **(1906-1974)**

Jia suo 加索
LÜ, JIAN JUN 吕健军 **(1925-)**

Jia ting zhi zui ren 家庭之罪人
WANG, ZHAO MING 汪兆铭 **(1883-1944)**

Jia tu 甲土
ZHAO, SHU LI 赵树礼 **(1906-1970)**

Jia wai 葭外
CHEN, SHU REN 陈树人 **(1884-1948)**

Jia wai yu fu 葭外渔夫
CHEN, SHU REN 陈树人 **(1884-1948)**

Jia wen 嘉文
CHEN, JIAN CHENG 陈建成 **(1941-)**

Jia wu 甲午
CHEN, QUAN 陈全

Jia xi 稼兮
YAN, JIA YAN 严家炎 **(1933-)**

Jia xiang 驾翔
WANG, JIA XIANG 王嘉祥 **(1906-1974)**

Jia xiang 家香
SONG, YUAN MO 宋元模 **(1911-)**

Jia xiang 家祥
LI, JIE REN 李劼人 **(1891-1962)**

Jia xiang 家祥
WANG, JIA XIANG 王嘉祥 **(1906-1974)**

Jia xiang 嘉向
SONG, YUAN MO 宋元模 **(1911-)**

Jia xiang 嘉湘
BAO, JIA LING 鲍嘉龄 **(1942-)**

Jia xiang 嘉缃
LIU, JIA XIANG 刘家相 **(1936-)**

Jia xin 家欣
ZHAO, JIA XIN 赵家欣 **(1916-)**

Jia xin 葭欣
WU, JIA XIN 吴家新 **(1950-)**

Jia xiu 甲秀
JIA, ZHONG XIU 贾仲秀 **(1934-)**

Jia xuan 稼轩
LIU, YA ZI 柳亚子 **(1887-1958)**

Jia, Yan 贾彦
LI, JIA YAN 李嘉言 **(1911-1967)**

Jia yan 嘉言
ZHANG, JIA YAN 张加言 **(1929-)**

Jia yan 家棪
CHENG, ZHUO RU 程灼如 **(1924-)**

Jia yan 家雁
LI, JIA YAN 李嘉言 **(1911-1967)**

Jia yang 嘉扬
XIAO, YU JING 萧玉井 **(1941-)**

Jia yao 家耀
LI, JIA YAO 李家耀 **(1901-)**

Jia ye 迦叶
BAO, GONG YI 包公毅 **(1876-1973)**

Jia ye 迦叶
YU, YI 俞逸

Jia, Yi guang 贾艺光
ZENG, ZHI KAI 曾志开 **(1919-)**

Jia yi mu 甲乙木
WU, YU WEI 吴堉威 **(1906-1989)**

Jia, Yi qun 贾宜群
JIA, REN YI 贾人义 **(1916-)**

Jia yin 加因
XIE, JIA YIN 谢家因 **(1921-)**

Jia yin 家因
XIE, JIA YIN 谢家因 **(1921-)**

Jia yin 笳音
WEI, ZHONG TIAN 魏中天 **(1908-)**

Jia yin 嘉音
HUANG, JIA YIN 黄嘉音 **(1913-1960)**

Jia, Yin geng 贾尹耕
LUO, CHANG PEI 罗常培 **(1899-1958)**

JIA, YING HUA 贾英华 **(1952-)**
Qu, Zhe 曲折
Xi bei 西贝

Jia ying zi 嘉应子
ZHU, WEN YANG 朱文杨 **(1944-)**

Jia ying zi 嘉应子
LI, GUI YUAN 李贵源 **(1947-)**

Jia, Yong 贾用
CHEN, YONG CAI 陈永才

Jia yong 笳咏
CHEN, JIA YONG 陈嘉墉 **(1926-)**

JIA, YONG HONG 贾永红 **(1965-)**
Jia, Kun 贾坤

Jia, You fu 贾有福
JIA, ZHI FANG 贾植芳 **(1915-)**

JIA, YU 贾玉 **(1929-)**
Ji, Zhou 冀洲
Wang, Qian yi 王千一

JIA, YU 贾羽 **(1961-)**
Gu, Feng 古风
Jia, Yu 贾雨
Jia yu 嘉峪
Qiu, Feng 秋风
You, Su fu 尤素甫
Yu jia 瑜珈
Yu, Jia 郁佳

Jia, Yu 贾雨
JIA, YU 贾羽 **(1961-)**

Jia, Yu 贾渔
YU, WEN LIE 于文烈 **(1922-)**

Jia yu 佳羽
WENG, YA NAN 翁雅南 **(1908-1977)**

Jia yu 家棫
WANG, JIA YU 王家棫 **(1907-)**

Jia yu 嘉峪
JIA, YU 贾羽 **(1961-)**

Jia, Yu ru 贾煜如
JIA, JING DE 贾景德 **(1880-1960)**

Jia yue 家钺
YI, JIA YUE 易家钺 **(1898-1972)**

JIA, YUN PENG 贾云鹏 **(1945-)**
Shi, Li 石犁

Jia, Zhao ming 贾兆明
XU, DIAO FU 徐调孚 **(1901-1981)**

Jia, Zhao sheng 贾兆生
XU, DIAO FU 徐调孚 **(1901-1981)**

JIA, ZHEN 贾真 **(1949-)**
Liu, Cong 柳丛

JIA, ZHEN 贾震 **(1909-)**
Yu chen 雨辰

Jia, Zhi 贾芝
JIA, ZHI ZHI 贾植芝 **(1913-)**

JIA, ZHI FANG 贾植芳 **(1915-)**
Jia, You fu 贾有福
Leng, Hun 冷魂
Li, Si 李四
Li yang 力扬
Lu, Suo 鲁索
Nan, Hou 南侯
Wang, Si jia 王思嘉
Y. L.
Yang, Li 杨力
Zhang, Si 张四

JIA, ZHI GANG 贾志刚 **(1963-)**
Niu, Fang 牛放

JIA, ZHI JIAN 贯志坚 (1950-)
Ya jian 雅间
Zhi jian 致艰
Zhi jian 鸷鹣
Zi jian 子健

Jia, Zhi xing 贾芝行
JIA, ZHI ZHI 贾植芝 (1913-)

JIA, ZHI ZHI 贾植芝 (1913-)
Jia, Zhi 贾芝
Jia, Zhi xing 贾芝行

JIA, ZHONG XIU 贾仲秀 (1934-)
Jia xiu 甲秀

Jia, zi 佳子
ZHAO, YUN JIA 赵韵佳

Jian 坚
LI, YAO NAN 李耀南 (1917-)

Jian 间
TONG, TIAN JIAN 童天鉴 (1916-1985)

Jian 剑
GAO, LUN 高崙 (1879-1951)

Jian 剑
WANG, TONG ZHAO 王统照 (1897-1957)

Jian 剑
SHEN, HUI CHUN 沈会春 (1902-1965)

Jian 剑
JIN, CHENG ZAI 金承栽 (1910-1936)

Jian 健
YANG, ZHONG JIAN 杨钟健 (1897-1979)

Jian 健
LI, JIAN WU 李健吾 (1906-1982)

Jian 兼
HUANG, TIAN JUN 黄天俊 (1898-1988)

Jian 趼
WU, WO YAO 吴沃尧 (1867-1910)

Jian 溅
ZHANG, WEI 张威 (1910-)

Jian 溅
SUN, JUN QING 孙俊卿 (1922-)

Jian 简
XU, GUANG XIAO 徐光霄 (1915-1989)

Jian an 渐盦
SHEN, EN FU 沈恩孚 (1864-1944)

Jian an 建安
LIU, JIAN 刘健 (1960-)

Jian an 健庵
SHA, YUAN BING 沙元炳 (1864-1927)

Jian an 藺闇
WU, WO YAO 吴沃尧 (1867-1910)

Jian bai 坚白
ZHAO, WEI RU 赵炜如

Jian bai 剑白
LUO, JIAN GUO 罗建国 (1946-)

Jian bi 健笔
YU, LI QUN 于立群 (1916-1979)

Jian bi 健碧
CHEN, PEI QIU 陈佩秋 (1922-)

Jian bi ban hong guan zhu 健碧斑红馆主
WEI, LAN SHI 韦兰史

Jian bing 剑冰
SUN, JIAN BING 孙剑冰 (1921-)

Jian bo 剑波
LU, TING JIE 卢廷杰 (1904-1991)

Jian bo 溅波
LEI, BI XING 雷必兴 (1908-)

JIAN, BO ZAN 翦伯赞 (1898-1968)
Bo zan 伯瞽
Chen, En yi 陈恩遺
Lin, Ling 林零
Lin, Yu 林宇
Nong, Chou 农畴
Qian, Su duan 钱肅端
Qin, En yi 秦恩遺
Shang, Xin 商辛
Si ma, Zhao 司马釗
Tai shi jian 太史简

Jian cao 剑曹
MA, JUN CHU 马君楚 (1933-)

Jian chan 剑禅
WU, JIAN CHAN 伍剑禅

Jian chan 趼廛
WU, WO YAO 吴沃尧 (1867-1910)

Jian chen 剑尘
YANG, MENG HUANG 杨孟煌 (1953-)

Jian cheng 剑丞
XIA, JING GUAN 夏敬观 (1875-1953)

Jian cheng 鉴丞
XIA, JING GUAN 夏敬观 (1875-1953)

Jian chi 建持
SHEN, ZENG ZHI 沈曾植 (1850-1922)

JIAN, CHU HUI 简初惠 (1939-)
Jian, Wan 简宛

Jian dan 剑胆
YANG, BEN 杨奔 (1928-)

Jian dan 涧丹
DENG, YAN LIN 邓燕林 (1920-)

Jian dan qin xin guan 剑胆琴心馆
WEN, DI 文砥 (1898-)

Jian dao 建道
CHEN, WEN QUAN 陈文泉 (1918-)

Jian dao ren 剑道人
PAN, FEI SHENG 潘飞声 (1857-1934)

Jian, De hao 简得豪
WANG, YU 王渝 (1939-)

Jian, Di 简地
LIN, TING GAO 林廷高

Jian, Di 简笛
LIN, TING GAO 林廷高

Jian dong 建东
LUO, PING 罗屏 (1943-)

JIAN, DUN KUN 蓟敦昆 (1896-1928)
Jian, Qu bing 蓟去病
Qu bing 去病

Jian er 建尔
LIU, JIAN 刘健 (1960-)

JIAN, ER QING 简而清
Jian, Lao ba 简老八

Jian, Fan 简范
HU, KANG XIN 胡康新 (1932-)

Jian fei 剑飞
ZHOU, GUANG DOU 周光斗 (1920-)

Jian fen 剑芬
ZHANG, LING 张龄

Jian feng 尖风
SUN, JING 孙镜 (1883-1958)

Jian feng 剑风
GUO, XIAN ZUO 郭贤作 (1959-)

Jian feng 剑峰
FU, CHENG 符程 (1910-1988)

Jian feng 剑峰
LIU, HUAN TAI 刘焕太 (1953-)

Jian feng 剑峰
PENG, WEN CHONG 彭文冲 (1971-)

Jian feng 剑锋
LIN, GUO YING 林国英 (1951-)

Jian feng 健风
GUO, EN DA 郭恩大 (1919-1976)

Jian feng 健风
XIAO, JIAN FENG 萧剑峰 (1925-)

Jian feng 健锋
WANG, REN SHU 王任叔 (1901-1972)

Jian fu 建甫
CAO, ZHAO JI 曹肇基 (1921-)

Jian fu 剑夫
GAO, LUN 高崙 (1879-1951)

Jian fu 剑父
ZHOU, JIAN FU 周坚夫 (1926?-)

Jian fu 贱夫
HE, SUI 何遂 (1887-1968)

Jian fu 健夫
YANG, XIAN JIANG 杨贤江 (1895-1931)

Jian fu 健夫
TAO, XIONG 陶雄 (1911-)

Jian fu 健父
HE, JUN 贺骏 (1891-1977)

Jian fu 鑑甫
ZHOU, JIAN FU 周坚夫 (1926?-)

Jian ge 剑歌
WANG, JIAN 王剑 (1947-)

Jian gong 见公
CHEN, JIAN GONG 陈建功 (1938-)

Jian gong 建功
WEI, JIAN GONG 魏建功 (1901-1980)

Jian gong 剑弓
ZHAO, JIAN GONG 赵建功 (1928-)

Jian gong 剑公
GAO, XU 高旭 (1877-1925)

Jian gong 健攻
WEI, JIAN GONG 魏建功 (1901-1980)

Jian gu 坚固
LI, WEN TAO 李文涛 (1880-1942)

Jian gu 剑骨
ZHAO, XU KUI 赵绪奎 (1963-)

Jian guang 剑光
LI, JIAN GUANG 李健光 (1943-)

Jian guang 剑光
TIAN, JIAN GUANG 田剑光

Jian han 剑寒
LU, DAN AN 陆澹安 (1894-1980)

Jian he 涧河
WANG, JIN JUN 王晋军 (1957-)

Jian hong 剑虹
CHEN, JIAN HONG 陈剑虹 **(1880-1946)**

Jian hong 剑虹
GUO, ZHONG QIANG 郭仲强 **(1934-)**

Jian hong 剑虹
XI, CHUN DONG 席春栋 **(1966-)**

Jian hou 剑侯
SHEN, DING YI 沈定一 **(1892-1928)**

Jian hu nü xia 鑑湖女侠
QIU, JIN 秋瑾 **(1875-1907)**

Jian hu sheng 鑑湖生
JIANG, ZHU CHAO 蒋箸超 **(-1928)**

Jian hua 剑华
YU, CE 俞侧 **(1887-1938)**

Jian hua 剑华
ZHANG, QING RONG 张清荣 **(1902-1955)**

Jian hua 建华
FENG, MAO LONG 冯懋龙 **(1882-1958)**

Jian hua 建华
YU, CE 俞侧 **(1887-1938)**

Jian hua 剑花
LIAN, HENG 连横 **(1878-1936)**

Jian hua 剑铧
WU, JIAN HUA 吴建华 **(1960-)**

Jian hua sheng 剑花生
LIAN, HENG 连横 **(1878-1936)**

Jian hua shi 剑花室
LIAN, HENG 连横 **(1878-1936)**

Jian, Huan 简宦
YI, TING XI 易廷熹 **(1874-1941)**

JIAN, HUAN ZHEN 简焕镇 **(1955-)**
Jin ping 今平

Jian hun 剑魂
QIAN, RUN YUAN 钱润瑗

Jian jia lou zhu 蒹葭楼主
HUANG, JIE 黄节 **(1873-1935)**

Jian jiang 蒯江
ZHI, YING CAI 支英才 **(1953-)**

Jian, Jie 简洁
CHEN, RUI YUN 陈瑞云 **(1933-)**

JIAN, JING HUI 简静惠 **(1941-)**
Hong, Jian 洪简

JIAN, JING LUN 简经纶 **(1890-1950)**
Qin shi 琴石
Qin zhai 琴斋

Yu xiang 語香

Jian ju 健驹
WU, TANG DI 伍棠棣 **(1921-)**

Jian jun 剑君
WANG, TONG ZHAO 王统照 **(1897-1957)**

Jian kai 坚铠
LI, WEN TAO 李文涛 **(1880-1942)**

Jian kang 健康
ZHANG, HAI OU 章海鸥

Jian ke 剑客
LIU, REN XIN 刘仁心 **(1924-)**

Jian kuo 肩濶
LI, JIN FA 李金发 **(1900-1976)**

Jian, Lao ba 简老八
JIAN, ER QING 简而清

Jian lei ci ren 检泪词人
CAI, SHOU 蔡守 **(1879-1941)**

Jian lin 剑林
WANG, XI JIAN 王希坚 **(1918-)**

Jian ling 建瓴
JIN, JIAN LING 金建陵 **(1953-)**

Jian ling 剑灵
ZHOU, SHU KUI 周树奎 **(1873-1936)**

Jian ling 剑灵
ZHOU, GUI SHENG 周桂生 **(1885-1911)**

Jian ling 健翎
ZHOU, XI 周熙 **(1917-1984)**

Jian long 剑龙
LI, JIAN NONG 李剑农 **(1880-1963)**

Jian lou zhu 剑楼主
ZHAO, YUAN AN 赵元安 **(1856-1927)**

Jian lu 坚庐
WANG, RU YU 王汝玙 **(1902-1985)**

Jian lu 剑庐
GAO, LUN 高崙 **(1879-1951)**

Jian lu 剑庐
ZHOU, YI BAI 周夷白 **(1900-1977)**

Jian lu 茧庐
SUN, KE KUAN 孙克宽 **(1904-)**

Jian lu 健庐
ZHOU, KAI QING 周开庆 **(1906-)**

Jian lu 繭庐
YANG, TIAN JI 杨天骥 **(1880-1960)**

Jian mang 剑芒

ZHU, MU JIA 朱慕家 (1890-1970)

Jian mang 剑鋩
ZHU, MU JIA 朱慕家 (1890-1970)

Jian mei 健美
XIAO, JIAN MEI 萧剑梅 (1957-)

Jian men bing xia 剑门病侠
PANG, SHU BAI 庞树柏 (1884-1916)

Jian meng 坚梦
ZHANG, YU 章钰 (1865-1937)

Jian min 健民
WANG, YIN SHENG 王寅生 (1902-1956)

JIAN, MIN ZHENG 简敏媜 (1961-)
Jian, Zheng 简媜

Jian ming 建茗
WU, JIAN MIN 吴建民 (1954-)

Jian ming 俭明
LU, JIAN MING 陆俭明 (1935-)

Jian ming 剑鸣
ZHANG, SI JIAN 张思鉴 (1938-)

Jian ming 剑鸣
LIU, JIAN MING 刘建明 (1942-)

Jian ming 剑鸣
TAN, XING LIE 谭兴烈 (1947-)

Jian ming 健明
GAO, QING YUAN 高清远 (1918-1988)

JIAN, MU XIAN 简慕娴 (1950-)
Xin, Qi shi 辛其氏

Jian nan 建南
LOU, JIAN NAN 楼建南 (1905-)

Jian ni 健尼
GAO, YUN LAN 高云览 (1910-1956)

Jian, Ning 简宁
YE, LIU CHUAN 叶流传 (1963-)

Jian nong 剑农
LI, JIAN NONG 李剑农 (1880-1963)

Jian nu 剑弩
MU, SHAO LIANG 沐绍良 (1912-1969)

Jian, Ping 简平
XIE, YU ZHEN 解驭珍 (1927-)

Jian ping 建平
ZHANG, JING 张静 (1957-)

Jian ping 建屏
DONG, SHU FAN 董树藩 (1932-)

Jian ping 剑平
ZHAO, JIAN PING 赵剑平 (1957-)

Jian, Qi zhi 简企之
ZHU, BAO GUANG 朱葆光 (1910-1979)

Jian, Qi zhi 简企之
LI, NAI REN 李乃仁 (1916-)

Jian qin 俭琴
GUAN, HE ZHANG 关和璋 (1913-)

Jian qing 见晴
LI, JIAN QING 李建庆 (1925-)

Jian qing 剑青
LI, JIAN QING 李建庆 (1925-)

Jian qing 剑卿
LI, CUN MING 李存明 (1923-)

Jian qing 剑清
WANG, HUI RONG 王惠蓉 (1922-)

Jian qing 健青
LI, JIAN QING 李健卿 (1899-1963)

Jian qing 健卿
LI, JIAN QING 李健卿 (1899-1963)

Jian qiu 剑秋
LÜ, FU 吕復 (1882-)

Jian qiu 剑秋
SHEN, HUI CHUN 沈会春 (1902-1965)

Jian qiu 剑秋
ZHOU, YUN PENG 周云鹏 (1912-1992)

Jian qiu 剑秋
CAO, JIAN LOU 曹简楼 (1913-)

Jian qiu 剑秋
LIN, JING QIU 林镜秋 (1914-)

Jian qiu 剑秋
ZHAO, CHUAN JING 赵传镜 (1916-)

Jian qiu 剑秋
YU, JIAN QIU 于建秋 (1917-)

Jian qiu 剑秋
WANG, SONG LING 王松龄 (1938-)

Jian qiu 剑秋
WANG, PING 王平 (1957-)

Jian qiu 剑秋
HUANG, TAI XUAN 黄太玄

Jian qiu 健秋
LÜ, FU 吕復 (1882-)

Jian qiu 鉴秋
ZHAO, BAO ZHONG 赵宝忠 (1919-)

Jian, Qu bing 翦去病

JIAN, DUN KUN 翦敦昆 **(1896-1928)**

Jian, Rang 简壤
XU, GUANG XIAO 徐光霄 **(1915-1989)**

Jian ren 坚忍
KE, WEN LONG 柯文龙 **(1918-)**

Jian ren 坚忍
DING, XING 丁星 **(1924-)**

Jian ren 坚韧
LI, HAN WEN 李汉文 **(1933-)**

Jian ren 建人
ZHOU, JIAN REN 周建人 **(1888-1984)**

Jian ren 建人
HOU, JIAN 侯健 **(1926-1990)**

Jian ren 剑人
ZHANG, JING 张靖 **(1880-1967)**

Jian ren 健人
REN, ZHUO XUAN 任卓宣 **(1896-1990)**

Jian ren 健人
LI, BAO QIANG 李宝强 **(1937-)**

Jian ren 趼人
WU, WO YAO 吴沃尧 **(1867-1910)**

Jian ren 繭人
WU, WO YAO 吴沃尧 **(1867-1910)**

Jian ru 坚如
BI, CHUN XUAN 毕椿萱 **(1902-1927)**

Jian ru 剑如
HUANG, CHENG CONG 黄呈聪 **(1886-1963)**

Jian ru 剑如
WANG, TONG ZHAO 王统照 **(1897-1957)**

JIAN, RUI PING 简瑞平 **(1949-)**
Lao, Wen qing 劳文青

Jian san 剑三
WANG, TONG ZHAO 王统照 **(1897-1957)**

Jian san 錢三
WANG, TONG ZHAO 王统照 **(1897-1957)**

Jian shan 錢山
WANG, TONG ZHAO 王统照 **(1897-1957)**

Jian shan sheng 兼善生
LI, LIU RU 李六如 **(1887-1973)**

Jian sheng 坚生
WANG, REN SHU 王任叔 **(1901-1972)**

Jian sheng 剑生
YAO, HONG YE 姚宏业 **(1887-1906)**

Jian sheng 兼生
HUANG, TIAN JUN 黄天俊 **(1898-1988)**

Jian sheng 兼胜
HUANG, TIAN JUN 黄天俊 **(1898-1988)**

Jian shi 见石
FEI, YAN 费砚 **(1879-1938)**

Jian shi 坚矢
GONG, WEN CAI 弓文才

Jian shi 坚石
WANG, REN SHU 王任叔 **(1901-1972)**

Jian shi 坚石
SUN, ZE YU 孙泽宇 **(1936-)**

Jian shi 间事
XIE, BING YING 谢冰莹 **(1906-2000)**

Jian shi 剑士
PAN, FEI SHENG 潘飞声 **(1857-1934)**

Jian shi 剑士
GAO, LUN 高崙 **(1879-1951)**

Jian shi 剑石
FEI, YAN 费砚 **(1879-1938)**

Jian shi 剑石
ZHAO, JIAN PING 赵建平 **(1955-)**

Jian shi 兼士
LIANG, QI CHAO 梁启超 **(1873-1929)**

Jian shi 兼士
SHEN, JIAN SHI 沈兼士 **(1887-1947)**

Jian shu xi an zhu ren 谏书稀庵主人
CHEN, HENG QING 陈恒庆

JIAN, SHU ZHEN 简淑贞
Mo mo 没没

Jian shuang 剑双
SHEN, CI YUE 沈次约

Jian shuang 剑霜
SHEN, CI YUE 沈次约

Jian shuo 健硕
JIN, CHENG ZAI 金承栽 **(1910-1936)**

Jian song 剑嵩
XIAO, JIAN MEI 萧剑梅 **(1957-)**

Jian song ge zhu 翦淞阁主
PAN, FEI SHENG 潘飞声 **(1857-1934)**

Jian sou 剑叟
LIANG, DING FEN 梁鼎棻 **(1859-1920)**

Jian sou 健叟
HE, JUN 贺骏 **(1891-1977)**

Jian sou 繭叟

WU, WO YAO 吴沃尧 (1867-1910)

Jian su 见素
ZHANG, SONG NIAN 张崧年 (1893-1986)

Jian tang 缄堂
HE, ZHEN YE 何振业 (1922-)

Jian tang 鉴堂
XIONG, DE JI 熊德基 (1913-)

Jian tao 健涛
MA, JIAN TAO 马剑涛 (1949-)

Jian ting 監亭
SU, WEI ZHEN 苏维桢 (1888-1943)

Jian, Wan 简宛
JIAN, CHU HUI 简初惠 (1939-)

Jian, Wang 简望
ZHENG, BING ZHONG 郑炳中 (1922-)

Jian wei 坚卫
DONG, DING SHAN 董鼎山 (1922-)

Jian wei 建蔚
ZHANG, XIAN HUA 张贤华 (1931-)

Jian wei zhai 见微斋
SHEN, CONG WEN 沈从文 (1902-1988)

Jian, Wen 简文
WANG, REN SHU 王任叔 (1901-1972)

Jian wen 剑文
CHEN, XIAN FU 陈显涪 (1949-)

Jian wen 荐雯
LI, HAN WEN 李汉文 (1933-)

Jian weng 茧翁
CHENG, XIAO QING 程小青 (1893-1976)

Jian weng 蹇翁
DENG, FEN 邓芬 (1894-1964)

Jian weng 蹇翁
LU, DAN LIN 陆丹林 (1898-1972)

Jian wu 健吾
LI, JIAN WU 李健吾 (1906-1982)

Jian wu 健吾
LI, BAO QIANG 李宝强 (1937-)

Jian, Xi 简兮
WANG, DAN HUI 王丹辉 (1941-)

Jian, Xi yan 简戏言
LI, PEI SEN 李培森 (1947-)

Jian xia 建霞
WU, YUE 吴樾

Jian xian 剑先
WANG, TONG ZHAO 王统照 (1897-1957)

Jian xian 健先
WANG, TONG ZHAO 王统照 (1897-1957)

Jian xian 鉴先
WANG, TONG ZHAO 王统照 (1897-1957)

JIAN, XIAN AI 蹇先艾 (1906-)
Ai 艾
Ai sheng 藹生
Ai, Xin 艾新
An, Qi 安琦
Chen, Ai xin 陈艾新
Chen, Wen xin 陈文新
Jian, Xiao ran 蹇萧然
Luo, Hui 罗辉
Qian, Jiu 钱九
Xian ai 先艾
Xiao, Jun 萧君
Xiao, Liao 萧寥
Xiao, Ran 萧然
Yun quan 韵泉
Zhao, Xiu ning 赵休寧

Jian xiao 剑啸
DU, LIAN ZHAI 杜联斋 (1908-1963)

Jian xiao 剑啸
JIN, CHENG ZAI 金承栽 (1910-1936)

Jian, Xiao ran 蹇萧然
JIAN, XIAN AI 蹇先艾 (1906-)

Jian xin 见心
XIE, JUE ZAI 谢觉哉 (1884-1971)

Jian xin 见心
TAO, JIAN XIN 陶剑心 (1915-)

Jian xin 坚辛
TAO, JIAN XIN 陶剑心 (1915-)

Jian xiong 剑雄
HONG, SHAN XIAO 洪善效 (1899-1925)

Jian xiong 剑雄
RAO, YOU HU 饶友瑚 (1918-1938)

Jian xi 涧西
MAO, ZE DONG 毛泽东 (1893-1976)

Jian xun 剑荀
ZHOU, ZHAN XIONG 周占熊 (1924-)

Jian yan 检验
GAO, SHI SEN 高世森 (1935-)

Jian yang 剑扬
DENG, WEN LONG 邓文龙

Jian yao 剑瑶
CHEN, JIAN YAO 陈鉴尧 (1931-)

Jian yao 鉴尧
LI, JIAN YAO 李鑑尧 **(1928-)**

Jian ye 建邺
MAO, ZE MIN 毛泽民 **(1896-1943)**

Jian yi 见一
SHEN, JIAN YI 申坚毅 **(1931-)**

Jian yi 坚一
SHEN, JIAN YI 申坚毅 **(1931-)**

Jian yi 坚毅
XU, TAO 许涛 **(1934-)**

Jian, Yi zhi 简夷之
FANG, GUI DE 方珪德 **(1922-)**

Jian yin 剑吟
CHEN, JIAN YIN 陈剑吟 **(1923-)**

Jian ying 剑英
YE, JIAN YING 叶剑英 **(1897-1986)**

Jian ying 剑莹
YANG, BAI YUAN 杨百元 **(1921-)**

Jian ying 剑影
BAO, GONG YI 包公毅 **(1876-1973)**

Jian ying 剑影
LI, DA ZHAO 李大钊 **(1889-1927)**

Jian ying 鑑莹
YANG, QI 杨圻 **(1875-1941)**

JIAN, YOU WEN 简又文 **(1896-1979)**
Ban yuan 斑园
Da hua lie shi 大华烈士
Di mou 谛牟
Gong yao 工爻
Jian, Yu fan 简馭繁
Tong, Zhi 佟智
Xing han jian sheng lang 兴汉剑生郎

Jian, Yu 简予
WU, YUN SEN 吴云森 **(1929-)**

Jian yu 建裕
LIAO, JIAN YU 廖建裕 **(1941-)**

Jian yu 剑羽
CHEN, JIAN YIN 陈剑吟 **(1923-)**

Jian yu 剑羽
LIU, JIE YU 刘介愚 **(1931-)**

Jian yu 健宇
ZHANG, DE SHU 张德恕 **(1938-)**

Jian yu 健羽
GAO, FEI 高飞 **(1962-)**

Jian yu 兼於
CHEN, SHENG CONG 陈声聪 **(1907-)**

Jian yu 鑒余
QIN, ZHAO YANG 秦兆阳 **(1916-)**

Jian yu 繭迂
YU, YUAN YING 郁元英 **(1900-)**

Jian, Yu fan 简馭繁
JIAN, YOU WEN 简又文 **(1896-1979)**

Jian, Yuan 简园
LIU, ZE 刘赜 **(1891-1978)**

Jian, Yun 简韫
ZHENG, BING ZHONG 郑炳中 **(1922-)**

Jian yun 剑云
ZHOU, JIAN YUN 周剑云 **(1893-1967)**

Jian zhai 渐斋
WANG, YUAN LI 王沅礼 **(1908-)**

Jian zhai 絸斋
WU, CHENG SHI 吴承仕 **(1884-1939)**

Jian zhai 檢斋
WU, CHENG SHI 吴承仕 **(1884-1939)**

Jian zhai 鑑斋
SHEN, YIN MO 沈尹默 **(1883-1971)**

Jian zhan 剑展
LI, RU HUA 李汝骅 **(1900-)**

Jian zhe 健者
TIAN, JI CONG 田继琮 **(1904-)**

Jian zhe 健者
ZHANG, YUE JIAN 张岳建 **(1924-)**

Jian zhe 建者
LIU, JIAN 刘健 **(1960-)**

Jian, Zheng 简媜
JIAN, MIN ZHENG 简敏媜 **(1961-)**

Jian zhi 建之
WU, JIAN ZHI 吴建之 **(1938-)**

Jian zhi 减之
WANG, FU QUAN 王福全 **(1905-1983)**

Jian zhi 剪枝
CHEN, XIN MING 陈鑫明 **(1944-)**

Jian zhi 践之
JIN, JIAN ZHI 金践之 **(1930-)**

Jian zhi 践之
WANG, LI QIU 王理求 **(1937-)**

Jian zhi 鉴之
WANG, TONG ZHAO 王统照 **(1897-1957)**

Jian zhi 鑑之

HE, JIAN GUO 贺建国 **(1941-)**

Jian, Zhi gong 简之恭
WANG, DAO SHENG 王道生 **(1940-)**

Jian zhong 舰钟
YANG, JIAN ZHONG 杨建中 **(1931-)**

Jian zhuo weng 践卓翁
LIN, SHU 林纾 **(1852-1924)**

Jian zong 剑宗
HUANG, JIAN ZHONG 黄建中 **(1947-)**

Jiang 江
YANG, XIAN JIANG 杨贤江 **(1895-1931)**

Jiang 江
SHEN, YAN BING 沈雁冰 **(1896-1981)**

Jiang 犟
SONG, JIAO REN 宋教仁 **(1882-1913)**

Jiang, A 蒋阿
JIANG, BING ZHI 蒋冰之 **(1904-1986)**

Jiang, Ai yu 蒋爱玉
JIANG, SHAN 蒋珊 **(1933-)**

Jiang an 薑庵
FU, ZENG XIANG 傅增湘 **(1872-1949)**

Jiang, Ao tian 江敖天
CHEN, JIN QIANG 陈锦强 **(1963-)**

Jiang, Bai li 蒋百里
JIANG, FANG ZHEN 蒋方震 **(1882-1938)**

JIANG, BAI SHENG 江柏圣 **(1935-)**
Jiang, Shen 江深

JIANG, BAI XIAN 江百显 **(1936-)**
Liao, Qing shan 廖清山

JIANG, BAO HAI 姜宝海 **(1941-)**
Shui, Mei 水梅

JIANG, BAO JIAN 姜保健 **(1947-)**
Bao, Jian 保健

JIANG, BAO XING 姜宝星 **(1932-)**
Jiang, Ye 江野

Jiang, Bao xuan 蒋抱玄
JIANG, ZHU CHAO 蒋箸超 **(-1928)**

JIANG, BAO YAN 江宝衍
Jiang, Xia an 江侠庵

JIANG, BAO ZHEN 姜保真 **(1955-)**
Bao, Zhen 保真

Jiang, Bei mi 江北米
HU, DE HUI 胡德辉 **(1913-1968)**

Jiang, Ben 江奔
JIANG, PEI FENG 江沛丰 **(1947-)**

Jiang, Ben tao 江奔涛
CHEN, ZUO MEI 陈作梅 **(1912-1986)**

Jiang, Bi 江弼
OU YANG, BI 欧阳弼 **(-1942)**

Jiang, Bi 蒋弼
OU YANG, BI 欧阳弼 **(-1942)**

JIANG, BI HOU 蒋壁厚 **(1923-)**
Bi ou 碧鸥
Chao, Ling gan 巢令干
Du, Fang 杜芳
Hua, Cha 花刹
Li, Qi 李琪
Li, Tong you 李通由
Mu er 牧儿
Shen, Liao ji 沈廖几
Shen, Liao ji 沈寥己
Shu mou 叔牟
Tu, An 屠岸
Zhang, Yong 张镛
Zhang, Zhi biao 张志镳
Zhao, Ren yuan 赵任远
Zhuang, Mi 庄弥

Jiang, Bi wei 蒋碧微
JIANG, TANG ZHEN 蒋棠珍 **(1899-1978)**

Jiang, Bian 江边
YUE, HONG ZHI 岳洪治 **(1949-)**

Jiang, Bian 江边
LIN, JING JIE 林靖杰 **(1967-)**

Jiang, Bin 江斌
YAO, JIANG BIN 姚江滨 **(1915-)**

JIANG, BIN 江斌 **(1930-)**
A wen 阿文
Ban bi 半壁

Jiang, Bin 姜彬
JIANG, CHENG YANG 姜承阳 **(1921-)**

Jiang, Bing 江冰
YAO, JIANG BIN 姚江滨 **(1915-)**

JIANG, BING JIE 蒋冰杰 **(1925-)**
Bing jie 兵捷
Gu, Feng 谷风
Wan, Zi qian 万紫千

JIANG, BING LUN 江炳伦 **(1933-)**
Jiang, Sheng yuan 江声远

JIANG, BING XIAN 蒋炳贤 **(1913-)**
Jiang, Qi liang 蒋启良

JIANG, BING XUN 蒋炳勋
Jiang, Jian li 江渐離

JIANG, BING ZHI 蒋冰之 **(1904-1986)**
Bei chen 北辰
Bian zhe 编者
Bin zhi 宾芷
Bin zhi 彬之
Bin zhi 彬芝
Bin zhi 彬芷
Bing zhi 冰之
Bing zi 冰姿
Cong, Xuan 丛喧
Dang lang 珰瑯
Ding, Bing zhi 丁冰之
Ding, Ling 丁玲
Ding, Ling 丁铃
He, Yao 何爻
Hu 湖
Jiang, A 蒋阿
Jiang, Wei 蒋炜
Jiang, Wei wen 蒋伟文
Jiang, Xue zhen 蒋雪贞
Jiang, Yi wen 蒋祎文
Man jia 曼伽
Meng ke 梦珂
T L
Wu 无
Xiao han 晓涵
Xiao han 晓菡
Xiao han nü shi 小菡女士
Xue zhen 雪贞
Yao, Gao qiu 耀高邱
Zhe zhe 乇乇

Jiang, Bo 江波
RONG, AN 容安 **(1925-)**

Jiang, Bo 江波
YU, XIU WEN 于修文 **(1926-)**

Jiang, Bo 江波
LIU, JING XIAN 刘敬贤 **(1935-)**

JIANG, BO YIN 江伯寅 **(1926-)**
Jiang, Shan 江山
Yang, Zi 扬子

Jiang, Bu zhuan 江不轉
JIANG, SHI 江石 **(1899-)**

Jiang, Cai rong 江采蓉
LI, SAI RONG 李赛蓉 **(1949-)**

Jiang, Cao 江草
QIAN, BANG DONG 钱邦东 **(1963-)**

Jiang, Ce 蒋策
JIANG, XI JIN 蒋锡金 **(1915-)**

JIANG, CHANG RONG 蒋长荣 **(1953-)**
He shou 鹤瘦

Jiang, Chao 江潮
LIN, RU JI 林如稷 **(1902-1976)**

Jiang, Chao 江潮
YIN, ZUN MO 尹遵谟 **(1926-)**

Jiang, Chao 蒋超
TAI, JING NONG 臺静农 **(1902-1990)**

JIANG, CHAO HUAI 蒋朝淮 **(1920-)**
Cao, Huai 曹怀
Jiang, Lu 蒋路

JIANG, CHAO YUE 姜超嶽 **(1898-)**
Jiang shan yi sheng 江山異生

JIANG, CHEN 姜琛 **(1913-1943)**
Jiang, Ling fei 姜灵非
Juan hong 倦鸿
Ling fei 灵非
Wei ming 未名

JIANG, CHEN SHI 江陈诗
Chen xi 晨曦
Mei, Xi sou 梅溪叟

Jiang, Cheng 江城
TIAN, ZHONG LUO 田锺洛 **(1924-)**

Jiang, Cheng 江城
ZHOU, CHAO WU 周超武 **(1928-)**

Jiang, Cheng 江澄
WU, DING DI 吴鼎第 **(1914-)**

Jiang, Cheng 江澄
CHEN, GANG 陈刚 **(1918-1988)**

Jiang, Cheng 江成
CHEN, GANG 陈刚 **(1918-1988)**

Jiang, Cheng bei 姜城北
XU, BO XU 徐伯訏 **(1908-1980)**

JIANG, CHENG LIN 姜成林 **(1937-)**
Jiang, Ling 江凌
Jiang, Xia 江侠
Lin, Gui 林桂

Jiang, Cheng liu 江城柳
SHEN, ZU AN 沈祖安 **(1930-)**

JIANG, CHENG NAN 姜成楠 **(1944-)**
Xiang lu feng hua ren 香炉峰画人
Xue wen 雪文

JIANG, CHENG YANG 姜承阳 **(1921-)**
Jiang, Bin 姜彬
Lu ting 露汀
Sha, Pu 沙浦
Tian ying 天鹰
Yang, Yu 羊愚

JIANG, CHENG ZHI 姜成之 **(1926-)**
Jiang, Feng 江枫

Jiang, Chou 姜仇
XU, XI LIU 许锡流

Jiang, Chu ren 江楚人
YAN, GUO QIANG 颜国强 **(1937-)**

Jiang, Chuan 江川
SUN, SU FAN 孙速蕃 **(1939-)**

Jiang, Chun 江春
LI, DA 李达 **(1890-1966)**

Jiang, Chun 江春
QU, XUAN YING 瞿宣颖 **(1892-1973)**

Jiang, Chun 江春
QIAN, JIANG CHUN 钱江春 **(1900-1927)**

Jiang, Chun 蒋淳
SHEN, DUAN XIAN 沈端先 **(1900-1995)**

JIANG, CHUN FANG 姜椿芳 **(1912-1987)**
Cai, Yun 蔡云
Chun fang 蠢仿
Fei ming 废名
Fei, Ming 费明
He, Qing 贺青
He, Shu mao 贺叔懋
He, Yi qing 贺一青
Hou 侯
Hou 厚
Hou, Fei 侯飞
Hou, Fei 厚非
Hua zhi 化之
Jiang, Ou 江鸥
Jiang, Shui 江水
Jun 筠
Lao niu 老牛
Lao zhong 老中
Lin 林
Lin 临
Lin, Ling 林陵
Ling 伶
Ling 玲
Ling 陵
Ling 羚
Ling 令
Lü bo 绿波
Ni ou 泥藕
Ou 欧
Ou 鸥
Ou 藕
Ou, zhi 欧之
Qing 青
Shao nong 少农
Shi 什
Shi yun 什云
Shi zhi 式之
Shi zhi 什之
Shu mao 叔懋
Shu, Qian 舒谦
Su, Qian 苏谦
Xing zhi 行之
Xu, Shen 许慎
Ye qian 野谦
Zhi 之
Zhi yang 之洋

JIANG, CHUN LIN 江春霖 **(1855-1918)**
Mei yang shan ren 梅阳山人

Jiang, Chun liu 江春流
XU, SHU LIN 徐树林 **(1944-)**

JIANG, CHUN NAN 江春男 **(1945-)**
Si ma, Wen wu 司马文武

JIANG, CHUN REN 江纯仁 **(1908-)**
Gu, Ji 谷儿
Jiang, Hai chao 江海潮

Jiang, Chun yang 姜春阳
JIANG, LIN CHUN 姜林春 **(1929-)**

JIANG, CUI LIN 蒋翠林 **(1939-)**
Si jun 司骏

Jiang, Cun 江村
JIANG, YUN DUAN 江蕴端 **(1917-1944)**

Jiang, Cun 江村
JIANG, YING LONG 江应龙 **(1920-)**

Jiang, Cun 姜村
SHUI, WEI TING 水渭亭 **(1935-)**

Jiang cun 畺邨
ZHU, ZU MOU 朱祖谋 **(1857-1931)**

Jiang cun 疆村
ZHU, ZU MOU 朱祖谋 **(1857-1931)**

Jiang cun dun lu 江村遯庐
JIANG, ZHI YI 江志伊 **(1858-1929)**

Jiang cun lao ren 疆村老人
ZHU, ZU MOU 朱祖谋 **(1857-1931)**

Jiang, Da hai 蒋大海
JIANG, HAI JIANG 蒋海将 **(1961-)**

Jiang, Da wei 江大卫
JIANG, YING LONG 江应龙 **(1920-)**

Jiang, Da wei 江大伟
JIANG, YING LONG 江应龙 **(1920-)**

JIANG, DAI DONG 姜岱东 **(1935-)**
Qi, Mian 齐勉

Jiang, Dan ning 蒋澹宁
JIANG, FANG ZHEN 蒋方震 **(1882-1938)**

JIANG, DAN SHU 姜丹书 **(1885-1962)**
Chi shi dao ren 赤石道人
Jin, Lai zi 金濑子
Jing, Lu 敬庐

JIANG, DAO ZHANG 姜道章
Dao zhang 道章

JIANG, DE HUA 姜德华 **(1935-)**
Lei, Bo 雷波
Lu, Di 鲁堤

JIANG, DE KUI 江德奎 **(1905-)**
Jiang, Tian wei 江天蔚
Tian wei 天蔚
Xiang, Hua 向华

JIANG, DE MING 姜德明 **(1929-)**
Jiang, Zhi shui 江之水
Yu, Shi 余时

JIANG, DE MING 蒋德明（**1955-** ）
Ming, Yan 明言
Wei mo 未末
Yi ming 佚明

JIANG, DE QING 江德清 **(1923-)**
Di qing 荻青
Jiang, Ying 江滢
Lu an 芦岸

JIANG, DENG KE 蒋登科 **(1965-)**
Jiang, Ge 江舸

Jiang, Di 江地
LI, GUANG PENG 李广澎 **(1921-)**

Jiang, Di 江荻
GU, SI FAN 谷斯范 **(1916-)**

Jiang, Di 江荻
WU, ZONG JIN 吴宗锦 **(1948-)**

Jiang, Di 江堤
JIANG, LIAN SHENG 蒋廉声 **(1932-)**

Jiang, Dian 姜滇
JIANG, GENG YU 江赓玉 **(1943-)**

JIANG, DIAN FU 蒋殿辅 **(1931-)**
Ding, Yi san 丁一三
Hei, Yan nan 黑雁男

Jiang, Ding 江丁
HAN, LE QUN 韩乐群 **(1933-)**

Jiang, Dong 江东
ZHANG, SHOU LI 张守礼 **(1956-)**

Jiang dong a dou 江东阿斗
ZHANG, YI LIN 张一麐 **(1867-1943)**

Jiang dong bu fei 江东逋飞
WU, MEI 吴梅 **(1884-1939)**

Jiang dong lao qiu 江东老虬
YU, CE 俞侧 **(1887-1938)**

Jiang, Dong liu 江东流
SUN, KE LU 孙克鲁 **(1924-)**

Jiang, Dong qu 江东去
HUANG, YAN DE 黄燕德 **(1950-)**

Jiang, Dong shu 姜东舒
JIANG, YONG JUN 姜永俊 **(1923-)**

Jiang, Duo 姜铎
JIANG, LI 蒋立 **(1915-)**

Jiang, Er 江儿
ZHONG, XIN REN 钟信仁 **(1959-)**

Jiang, Fan 江帆
ZHU, WEN YUAN 朱文渊 **(1916-)**

Jiang, Fan 江帆
SUN, YAO DONG 孙耀东 **(1922-)**

Jiang, Fan 江帆
FAN, JIANG 范江 **(1924-)**

Jiang, Fan 江帆
JIANG, GUI NAN 江桂楠 **(1931-)**

Jiang, Fan 江帆
QIU, MING KUN 邱名焜 **(1940-)**

Jiang, Fan 江帆
ZHANG, SHI RONG 张世荣 **(1943-)**

Jiang, Fan 江帆
JIANG, XIAN QIANG 蒋先强 **(1954-)**

Jiang, Fan 江帆
LONG, HAI MAO 龙海茂 **(1954-)**

Jiang, Fan 江帆
YANG, BIN 杨彬 **(1968-)**

Jiang, Fan 江凡
LIU, SI HAI 刘斯海 **(1919-)**

Jiang, Fang sheng 姜方生
YIN, SHEN 殷参 **(1916-)**

JIANG, FANG ZHEN 蒋方震 **(1882-1938)**
Bai li 百里
Fang, Zhen 方震
Fei sheng 飞生
Jiang, Bai li 蒋百里
Jiang, Dan ning 蒋澹宁

JIANG, FEI HONG 蒋飞虹 **(1914-)**
A er 阿尔

JIANG, FEN 江芬 **(1939-)**
Xiao fen 晓棻

Jiang, Feng 江风
WANG, TONG XUN 王桐勋 **(1915-1992)**

Jiang, Feng 江风
YAN, ZHI DAO 严志道 **(1919-)**

Jiang, Feng 江风
YANG, QI ZHUANG 杨其庄 **(1921-)**

Jiang, Feng 江风
JIANG, SHOU KANG 蒋寿康 **(1925-)**

Jiang, Feng 江风
XIAN, DE HUI 冼德慧 **(1928-)**

Jiang, Feng 江风
HUANG, SHUN LAI 黄顺来 **(1947-)**

Jiang, Feng 江风
YU, WEN GUO 于文国（**1950-** ）

Jiang, Feng 江丰
ZHOU, JIE FU 周介福 **(1910-1982)**

Jiang, Feng 江枫
SHEN, DUAN XIAN 沈端先 **(1900-1995)**

Jiang, Feng 江枫
JIANG, YU SHEN 江郁燊 **(1916-1984)**

Jiang, Feng 江枫
WANG, HONG PU 王洪溥 **(1924-)**

Jiang, Feng 江枫
JIANG, SHOU KANG 蒋寿康 **(1925-)**

Jiang, Feng 江枫
JIANG, CHENG ZHI 姜成之 **(1926-)**

Jiang, Feng 江枫
MAO, WEN CHANG 毛文昌 **(1926-)**

Jiang, Feng 江枫
LIU, DE XING 刘德星 **(1927-)**

Jiang, Feng 江枫
WU, YUN SEN 吴云森 **(1929-)**

Jiang, Feng 江枫
WEN, SHAO XIAN 温绍贤 **(1934-)**

Jiang, Feng 江峯
CAO, XUE SONG 曹雪松

Jiang, Feng 江峰
YAN, ZHI DAO 严志道 **(1919-)**

Jiang, Feng 江峰
JIANG, SHOU KANG 蒋寿康 **(1925-)**

Jiang, Feng 江烽
ZHOU, JIE FU 周介福 **(1910-1982)**

Jiang, Feng 蒋风
JIANG, SHOU KANG 蒋寿康 **(1925-)**

JIANG, FENG WEI 姜凤威 **(1903-1964)**
Gan, Si qi 甘泗淇

JIANG, FENG ZI 蒋凤子
Feng zi 凤子

Jiang fu 绛夫
CHEN, YI 陈毅 **(1901-1972)**

Jiang, Fu chou 蒋福俦
JIANG, XI JIN 蒋锡金 **(1915-)**

JIANG, FU CONG 蒋复聪 **(1898-1990)**
Wei tang 未唐

JIANG, FU QUAN 姜伏泉 **(1973-)**
Shi, Yuan 石远

JIANG, FU ZHOU 姜辅周 **(1917-)**
Jiang, Sheng 姜生
Feng sha 风沙
Zhi jiang 之江

Jiang, Ge 江舸
JIANG, DENG KE 蒋登科 **(1965-)**

Jiang, Ge 江歌
SONG, SHAO MING 宋绍明 **(1937-)**

Jiang ge la gao 蒋格拉高
PAN, RONG LI 潘荣礼 **(1938-)**

JIANG, GENG YU 江赓玉 **(1943-)**
Jiang, Guang yu 江广玉
Jiang, Dian 姜滇

JIANG, GENG YU 姜耕玉 **(1947-)**
Geng yu 畊雨
Qi, Jiu 祁赳

Jiang, Gong 姜公
ZHANG, QIU CHONG 张秋虫 **(1904-1974)**

Jiang gong 薑公
ZHANG, QIU CHONG 张秋虫 **(1904-1974)**

JIANG, GONG CHEN 江恭忱
Jing, Zi 敬子
Su, Ru 肃如
Su, Zhuang 肃庄

JIANG, GU FENG 蒋谷峰 **(1934-)**
Gu, Feng 谷风

Jiang, Guan yun 蒋观云
JIANG, ZHI YOU 蒋智由 **(1865?-1929)**

Jiang, Guang chi 蒋光赤
JIANG, GUANG CI 蒋光慈 **(1901-1931)**

JIANG, GUANG CI 蒋光慈 **(1901-1931)**
Chen, Qian hua 陈倩华

Chen, Qing 陈情
Chen, Xi li 陈西里
Dun fu 敦夫
Guang chi 光赤
Guang ci 光慈
Hua, Ji zong 华继宗
Hua, Wei su 华维素
Hua, Xi li 华西理
Hua, Xi li 华希理
Hua, Xi zu 华西祖
Hua, Xi zu 华希祖
Jiang, Guang chi 蒋光赤
Jiang, Ru heng 蒋如恒
Jiang, Ru heng 蒋儒恒
Jiang, Tie seng 蒋铁僧
Jiang, Xia seng 蒋侠僧
Jiang, Xia sheng 蒋侠生
Jiang, Xuan heng 蒋宣恒
Jiang, Zi chuan 蒋资川
Li, Tie lang 李铁郎
Wei, Dun fu 魏敦夫
Wei, Ke te 魏克特
Wei su 维素
Xiao su er 笑俗儿

Jiang, Guang yu 江广玉
JIANG, GENG YU 江赓玉 **(1943-)**

JIANG, GUANG ZU 蒋光祖 **(1923-)**
Jiang, Sui bo 蒋燧伯

Jiang, Gui 姜贵
WANG, LIN DU 王林渡 **(1908-1980)**

JIANG, GUI NAN 江桂楠 **(1931-)**
Jiang, Fan 江帆
Jiang, Hong 江泓
Jiang, Wei nan 江伟南

Jiang, Guo jing 江国靖
JIANG, TAO 江涛 **(1934-)**

JIANG, GUO SEN 蒋国森 **(1946-)**
Cao lin 草林

Jiang, Hai 江海
DING, SHOU HE 丁守和 **(1927-)**

Jiang, Hai chao 江海潮
JIANG, CHUN REN 江纯仁 **(1908-)**

JIANG, HAI CHENG 蒋海澄 **(1910-1996)**
Ai, Qing 艾青
E jia 莪伽
E jia 峨伽
Jia 伽
Jiang, Zheng han 蒋正涵
Ke a 克阿
Li chun 立春
Lin, Bi 林壁
Lu, Wen 鹿文
Na yong 纳雍
OKA
Tian, Li 田力

JIANG, HAI JIANG 蒋海将 **(1961-)**
Er shuang zi 二双子
Hai, Zi 海子
Jiang, Da hai 蒋大海

Jiang, Hai ping 江海萍
YANG, DE HUA 杨德华 **(1933-)**

JIANG, HAI RUI 蒋海瑞 **(1922-)**
Bai, Shan 白山
Meng yuan 梦园
Yi wen 以文

JIANG, HAI ZHOU 姜海洲 **(1932-)**
Bi guo 碧果
Qing yuan 青圆

Jiang, Han 江汉
YAO, DING SHENG 姚鼎生 **(1929-)**

Jiang, Han 江汉
FU, HAN QING 傅汉清 **(1941-)**

JIANG, HAN 江瀚 **(1853-1931)**
Bu weng shan min 不翁山民

Jiang, Han cheng 蒋瀚澄
JIANG, JING HUAN 蒋镜寰 **(1897-1981)**

Jiang, Han ming 江汉明
RONG, KAI MING 荣开明 **(1931-)**

Jiang, Han wen 江汉文
CAI, BO MING 蔡伯铭 **(1924-)**

Jiang, Han zhong 蒋寒中
SHEN, JIA HE 沈家和 **(1943-)**

Jiang, Hao 江浩
CHEN, ZENG HONG 陈增鸿 **(1908-)**

Jiang, Hao 江浩
LIU, HONG YAN 刘洪岩 **(1938-)**

Jiang, Hao 江浩
ZHANG, QING JIANG 张清江

Jiang, Hao 姜皓
CHEN, ZENG HONG 陈增鸿 **(1908-)**

Jiang, He 江河
LIN, CAN HUAN 林灿桓 **(1911-)**

Jiang, He 江河
WANG, ZHI SHI 王知十 **(1924-)**

Jiang, He 江河
DONG, HAN HE 董汉和 **(1945-)**

Jiang, He 江河
YU, YOU ZE 于友泽 **(1949-)**

JIANG, HE 江河
Jin, Dao 金刀
Lu, Bai 鲁柏
Zi li 紫莉

Jiang, He 江荷
ZHOU, GUO HUI 周国辉 **(1965-)**

Jiang, He 姜河
PAN, DE RUN 潘德润 **(1932-)**

JIANG, HE SEN 蒋和森 **(1928-)**
Jiang, He sheng 蒋荷生
Jiang, Meng 蒋萌

Jiang, He sheng 蒋荷生
JIANG, HE SEN 蒋和森 **(1928-)**

JIANG, HE SUN 姜龢荪
He sheng 鹤生

Jiang, Heng 江横
DONG, QIAN 董谦 **(1915-)**

JIANG, HENG YUAN 江恒源 **(1885-)**
Jiang, Wen yu 江问渔
Wen yu 问渔

JIANG, HENG ZHONG 姜恒忠 **(1933-)**
Jiang, Tao 江涛
Mu mu 木木
Shan song 山嵩
Shan song 杉松
Teng, Zhong 滕钟

Jiang, Hong 江宏
TAO, ZUO HAI 陶祚海 **(1948-)**

Jiang, Hong 江泓
JIANG, GUI NAN 江桂楠 **(1931-)**

Jiang, Hong 江泓
LU, YA SHI 卢亚士 **(1933-)**

Jiang, Hong 江洪
DAI, TIAN SONG 戴天送 **(1925-1969)**

Jiang, Hong 江洪
ZHAO, YAN ZHANG 赵彦章 **(1927-)**

Jiang, Hong 江虹
ZUO, XIAO HONG 左啸红 **(1905-1986)**

Jiang, Hong 江虹
ZHANG, JIANG MING 张江明 **(1921-)**

JIANG, HONG DING 蒋洪鼎 **(1921-)**
Heng ding 横丁
Ji, Yang 纪阳
Jiang, Hong ding 蒋虹丁
Lin, Yu 林羽
Luo, Bo 罗伯
Wan, Jiang 万江
Yi, Ai 易埃

Jiang, Hong ding 蒋虹丁
JIANG, HONG DING 蒋洪鼎 **(1921-)**

JIANG, HONG JI 江弘基
Hong, Ji 洪基
Yu, Shan qing 余山青

Jiang, Hong jiao 江红蕉
JIANG, ZHU 江铸 **(1898-1927?)**

Jiang, Hong nian 姜红年
MA, CHUN YANG 马春阳 **(1924-)**

Jiang, Hu 江湖
DAI, MENG OU 戴梦鸥 **(1905-1950)**

Jiang, Hu bai 江湖白
ZHUANG, ZHAN PENG 莊展鹏 **(1954-)**

Jiang hu ke 江湖客
ZHANG, ZHEN ZHI 张振之 **(1920-1971)**

Jiang, Hua 江华
HUANG, CHUN PU 黄春圃 **(1907-)**

Jiang, Hua 江华
CHEN, TING GUI 陈廷桂 **(1913-1988)**

JIANG, HUA 姜华 **(1950-)**
Yi ting 一汀

JIANG, HUA 姜华 **(1956-)**
Lan, Xi 蓝溪
Lü die 绿蝶
Qiu, Hua 秋桦

JIANG, HUA TING 蒋华亭 **(1933-)**
Lu, Ji 鲁绩

Jiang, Huai he 江淮河
DU, YOU MING 杜又明 **(1915-1983)**

Jiang huai hua yu ren 江淮画鱼人
PAN, JIN HUI 潘觐缋 **(1917-)**

Jiang, Hui 江辉
LIU, ZHEN JIANG 刘振江 **(1926-)**

Jiang, Hui 蒋惠
JIANG, MING YUAN 蒋明元 **(1937-)**

Jiang, Hui 蒋蕙
JIANG, MING YUAN 蒋明元 **(1937-)**

Jiang, Ji 江楫
WEI, QI LIN 韦其麟 **(1935-)**

JIANG, JI CHENG 蒋吉成 **(1955-)**
Gao, Yuan 高原

Ji, Cheng 吉成

JIANG, JI KANG 江继康 **(1930-)**
Xiao, Gang 肖岗

JIANG, JI PING 江寄萍
He yi 荷衣
Hong ban 红瓣
Huang, Yi 黄薏
Li shuang an 丽霜庵
Meng wei 梦薇
Mo, Fang shuo 莫方朔
Ye xing ren 夜行人

JIANG, JI YING 蒋积英 **(1898-)**
Jiang, Ying 蒋英

JIANG, JI ZI 江季子
Ji, Zi 季子

Jiang, Jia 蒋嘉
LIU, ZHI MING 刘智明 **(1911-)**

Jiang, Jia sheng 姜甲生
JIANG, JUN CHEN 姜君辰 **(1904-1985)**

Jiang, Jia wei 江家为
JIANG, RU CHUN 江如椿 **(-1938)**

JIANG, JIAN GUO 姜建国 **(1934-)**
Jiang, Shang fan 江上帆
Yang, Geng qing 杨耕青
Yuan, Shang cao 原上草

JIANG, JIAN HOU 蒋剑侯
Chu si 厨司

Jiang, Jian li 江渐離
JIANG, BING XUN 蒋炳勋

JIANG, JIAN WEN 江建文 **(1938-)**
Jiang, Shan 江山
Qiu, Shi 秋实
Tao li xi 桃李蹊

Jiang, Jian xia 江兼霞
SHI, ZHE CUN 施蛰存 **(1905-)**

Jiang, Jian xia 江兼霞
DAI, KE CHONG 戴克崇 **(1907-1964)**

Jiang, Jian xia 江兼霞
PAN, DI 潘涤 **(1909-)**

Jiang, Jiang 江江
JIANG, ZHEN XUAN 江振轩 **(1947-)**

Jiang jie san ren 江介散人
TIAN, TONG 田桐 **(1879-1930)**

Jiang, Jie sheng 姜解生
JIANG, JUN CHEN 姜君辰 **(1904-1985)**

Jiang, Jin 姜今
JIANG, LONG HUA 蒋龙华 **(1923-)**

Jiang, Jin de 蒋进德
JIANG, ZHEN 蒋镇 **(1935-)**

Jiang, Jin si 江近思
DAI, MENG OU 戴梦鸥 **(1905-1950)**

Jiang, Jing 江静
YAN, YAO LIAN 阎瑶莲 **(1931-)**

Jiang, Jing 蒋菁
JIANG, LI YING 蒋丽英 **(1931-)**

JIANG, JING BO 江景波 **(1927-)**
Jiang, Shou han 江守涵

JIANG, JING HUAN 蒋镜寰 **(1897-1981)**
Jiang, Han cheng 蒋瀚澄
Jiang, Yin qiu 蒋吟秋

Jiang, Jing lang 江静浪
CHEN, CHUAN BO 陈川波 **(1941-)**

Jiang, Jing san 江景三
CHEN, JIA QUAN 陈家铨 **(1933-)**

JIANG, JING SHENG 蒋敬生 **(1924-)**
Qu, Ren 曲人

Jiang jue mei duo 江觉梅朵
GENG, YU FANG 耿予方 **(1929-)**

JIANG, JUE MIN 江觉民
Hong, Qiu 洪球
Jiang, Yue lang 江岳浪

Jiang, Jun 江军
XU, MAO TING 徐茂庭 **(1922-)**

Jiang, Jun 江俊
DU, NAN FA 杜南发 **(1952-)**

Jiang jun 将军
WANG, YAN SHI 王研石

JIANG, JUN CHEN 姜君辰 **(1904-1985)**
Chen fu 辰夫
Fang, Sheng 方声
Jiang, Jia sheng 姜甲生
Jiang, Jie sheng 姜解生
You heng 有恒
Zhang, Zai hua 张载华

JIANG, JUN FENG 姜俊峰 **(1926-)**
Jiang, Jun feng 江峻风
Jun feng 峻风

Jiang, Jun feng 江峻风
JIANG, JUN FENG 姜俊峰 **(1926-)**

JIANG, JUN SHENG 江骏声 **(1916-)**
Jiang, Yu ren 江育仁

JIANG, JUN ZHANG 蒋君章 **(1905-1986)**

Dong bai 冬白
Pai zi 排子
Xi qiu 惜秋
Xun yuan 逊园

JIANG, KAI RU 蒋开儒 **(1935-)**
Kai yu 开羽

JIANG, KAI ZHENG 蒋开征 **(1935-)**
Gong zhuo 公棹

Jiang, Kang hu 江亢虎
JIANG, SHAO QUAN 江绍铨 **(1883-1954)**

Jiang, Ke 姜克
JIANG, KE 姜客 **(1953-)**

JIANG, KE 姜客 **(1953-)**
Jiang, Ke 姜克

Jiang, Ke 姜珂
ZHOU, SHU REN 周树人 **(1881-1936)**

JIANG, KE AN 姜克安 **(1936-)**
Mei, Luo 梅珞

Jiang, Ke cheng 江可澄
REN, ZHUO XUAN 任卓宣 **(1896-1990)**

Jiang, Ke sheng 姜可生
JIANG, LUN 姜畬

Jiang, Kong yang 蒋孔阳
JIANG, SHU LIANG 蒋述亮 **(1923-)**

Jiang, Lai 蒋莱
JIANG, QING XIANG 姜庆湘 **(1918-1990)**

Jiang, Lan 江兰
YANG, JIANG YUAN 杨江源 **(1949-)**

Jiang, Lan 江岚
KUANG, JING YAN 邝景焉 **(1933-)**

Jiang, Lan 江澜
ZENG, REN DAO 曾任道 **(1937-)**

Jiang, Lan 姜岚
HUANG, YAN HUA 黄彦华

Jiang, Lang 江朗
WANG, JI TING 王继庭 **(1953-)**

Jiang, Lang cai 江郎才
CAI, RUI HE 蔡瑞和 **(1945-)**

Jiang, Lang ping 江浪萍
LI, DA PING 黎大平 **(1951-)**

Jiang lang shan ren 江郎山人
ZHENG, SHAN REN 郑山仁 **(1894-)**

Jiang, Lei 江雷
ZHANG, JIN DONG 张金栋 **(1944-)**

Jiang, Lei 姜磊
ZHANG, SHI TIAN 章世添 **(1939-)**

Jiang, Leng 江冷
JIANG, SHOU KANG 蒋寿康 **(1925-)**

JIANG, LI 蒋立 **(1915-)**
Jiang, Duo 姜铎

Jiang, Li 江离
ZHANG, ZI ZHAI 张子斋 **(1913-1989)**

Jiang, Li 江离
JIANG, ZHONG XING 江中星 **(1966-)**

Jiang, Li 江蓠
ZHANG, BAI SHAN 张白山 **(1912-)**

Jiang, Li 姜立
ZHANG, ZI ZHAI 张子斋 **(1913-1989)**

Jiang li 将离
TANG, DUAN YI 唐端毅 **(1913-1992)**

Jiang, Li fu 姜立夫
JIANG, ZUO 蒋佐 **(1890-1978)**

JIANG, LI HAI 江礼海 **(1950-)**
Jiang, Liu 江流

JIANG, LI JUN 蒋励君 **(1928-)**
Jin, Feng 金凤
Wang, Jin feng 王金凤

JIANG, LI MIN 姜琍敏 **(1953-)**
Jiang, Min 姜敏
Li, Ming 黎鸣
Ran zi 然子

Jiang, Li yang 蒋力扬
JIANG, SHOU KANG 蒋寿康 **(1925-)**

JIANG, LI YING 蒋丽英 **(1931-)**
Jiang, Jing 蒋菁

Jiang, Li yuan 江力员
ZHU, HONG XUN 朱鸿勋 **(1923-)**

JIANG, LIAN SHENG 蒋廉声 **(1932-)**
Jiang, Di 江堤
Lian, Sheng 廉声
Yi jiang chun 一江春
Yi yang 一阳

Jiang, Liang fu 姜亮夫
JIANG, YIN QING 姜寅清 **(1902-)**

Jiang, Lie 姜烈
ZHANG, ZI ZHAI 张子斋 **(1913-1989)**

Jiang, Lin 江林
LIU, CAI ZHOU 刘才洲 **(1921-1970)**

Jiang, Lin 江林

TAO, REN JUN 陶仁俊

JIANG, LIN CHUN 姜林春 (1929-)
Chun yang 春阳
Jiang, Chun yang 姜春阳

JIANG, LIN LIN 蒋琳琳 (1924-)
Wei, Lin 魏琳

Jiang, Ling 江灵
QU, CHU 屈楚 (1919-1986)

Jiang, Ling 江陵
CHEN, ZHEN YA 陈振亚 (1919-)

Jiang, Ling 江陵
XIONG, BIN XIANG 熊彬祥 (1939-)

Jiang, Ling 江陵
WANG, WEN LING 王文龄

Jiang, Ling 江凌
JIANG, CHENG LIN 姜成林 (1937-)

Jiang, Ling 姜凌
XU, RUO CHAO 许若潮 (1913-1977)

Jiang, Ling 姜凌
ZHONG, WEN LING 钟文灵 (1931-)

Jiang, Ling 姜凌
WANG, QING FAN 王庆璠 (1946-)

Jiang, Ling fei 姜灵非
JIANG, CHEN 姜琛 (1913-1943)

Jiang, Ling gen 江灵根
JIANG, YING LONG 江应龙 (1920-)

Jiang, Ling yan 江凌煙
SU, GUO SHU 苏国书 (1963-)

Jiang, Liu 江流
SHEN, DE CHUN 沈德纯 (1902-1968)

Jiang, Liu 江流
ZHONG, LI HE 钟理和 (1915-1960)

Jiang, Liu 江流
ZHAO, TIAN CHI 赵天池 (1921-)

Jiang, Liu 江流
JIANG, ZHI 姜芝 (1922-)

Jiang, Liu 江流
LIU, REN YONG 刘仁勇 (1927-)

Jiang, Liu 江流
WANG, YI XIU 汪易修 (1929-)

Jiang, Liu 江流
JIANG, LI HAI 江礼海 (1950-)

Jiang, Liu 江流
FANG, MENG 方蒙

Jiang, Liu xiang 姜柳湘
JIANG, YAN NONG 姜砚农 (1905-)

JIANG, LONG HUA 蒋龙华 (1923-)
Jiang, Jin 姜今

JIANG, LONG ZHAO 姜龙昭 (1928-)
Lei, Er 雷耳

Jiang, Lu 蒋路
JIANG, CHAO HUAI 蒋朝淮 (1920-)

Jiang lu 将庐
GAN, PENG YUN 甘鹏云 (1861-1940)

JIANG, LUN 姜龠
A tang 阿棠
Hai, Tang 海棠
Hui chan 慧禅
Hui ju 慧炬
Jiang, Ke sheng 姜可生
Jun xi 君西
Jun xi 俊兮
Lei xing 泪杏
Xing chi 杏痴

Jiang, Luo 江洛
JIANG, WAN SHOU 江万寿

Jiang, Ma 江马
ZHANG, HUI JIAN 张慧剑 (1904-1970)

JIANG, MAO XING 江茂星 (1929-)
Guang hua 光华
Zhi feng 之枫

Jiang, Mei 江湄
JIANG, WEN ZHONG 江文忠 (1922-1986)

JIANG, MEI LING 姜梅龄
Ding he 鼎和

Jiang, Meng 蒋萌
JIANG, HE SEN 蒋和森 (1928-)

Jiang, Meng bi 江梦笔
YANG, JIAN 杨建 (1906-1936)

JIANG, MENG GU 蒋梦谷 (1904-)
Shi, An 石菴

Jiang, Meng lin 蒋孟隣
JIANG, MENG LIN 蒋梦麟 (1885-1964)

JIANG, MENG LIN 蒋梦麟 (1885-1964)
Jiang, Meng lin 蒋孟隣
Jiang, Meng xiong 蒋梦熊
Shao xian 少贤
Wei xin 唯心
Wei xin 惟心
Zhao, Xian 兆贤

Jiang, Meng xiong 蒋梦熊

JIANG, MENG LIN 蒋梦麟 **(1885-1964)**

JIANG, MENG YIN 蒋孟引 **(1907-)**
Bai huan 百幻
De huan 德桓

Jiang, Mi 江敉
JIANG, SHENG KANG 江升康 **(1912-1989)**

Jiang, Miao 江淼
YIN, XUE FEI 殷学飞 **(1944-)**

Jiang, Miao ning 蒋渺凝
JIANG, SHU QIANG 蒋树强 **(1915-)**

Jiang mie you wei mie zhi yi ge han ren 将灭犹未灭之一个汉人
SONG, JIAO REN 宋教仁 **(1882-1913)**

Jiang, Min 江敏
YANG, JIANG MIN 杨江敏 **(1954-)**

Jiang, Min 姜敏
JIANG, LI MIN 姜琍敏 **(1953-)**

Jiang, Ming qi 蒋明祺
JIANG, SHAN QING 蒋山青

JIANG, MING SHU 江明树 **(1950-)**
Weng, Rong 翁戎

JIANG, MING YUAN 蒋明元 **(1937-)**
Gao, Ou 高鸥
Jiang, Hui 蒋惠
Jiang, Hui 蒋蕙
Ma, Ge 马戈
Ma, Yang 马阳
Yang, Yu 阳羽
Yang, Zhi hua 阳之花

Jiang, Mo 姜末
JIANG, YONG JIE 姜永杰 **(1963-)**

Jiang, Mu 江沐
LI, LIAN QING 李连庆 **(1925-)**

JIANG, MU 姜穆 **(1929-)**
Ai, Jing 艾菁
Ao shuang hua 傲霜花
Ao shuang xue 傲霜雪
Bai, Wei 白薇
Hui xuan 徽萱
Jia bing 甲兵
Jin, Lei 金蕾
Lin, Lu 林路
Lin, Ye 林野
Ma, Ke teng 马克驣
Mu ge 牧歌
Mu ye 牧野
Mu, Wu tian 穆无天
Ruan, Shi li 阮诗莉
Wei lan 微蓝
Yang, Hua 杨华
Zhuo, Yuan xiang 卓元相

Jiang, Mu liang 蒋牧良
JIANG, XI ZHONG 蒋希仲 **(1901-1973)**

Jiang, Nan 江南
LIU, SAN 刘三 **(1890-1938)**

Jiang, Nan 江南
JIANG, YUAN CHUN 蒋元椿 **(1920-)**

Jiang, Nan 江南
LIU, YI LIANG 刘宜良 **(1932-1984)**

Jiang, Nan 江南
CAI, RUI HE 蔡瑞和 **(1945-)**

Jiang, Nan 江南
DU, NAN FA 杜南发 **(1952-)**

Jiang, Nan 江南
WU, MU SHI 吴穆适

Jiang, Nan 江楠
WU, LIU NAN 吴榴楠 **(1949-)**

Jiang, Nan 江楠
DING, HOU XIANG 丁厚祥 **(1955-)**

Jiang, Nan an 江南岸
JI, ZI KUN 季资坤 **(1938-)**

Jiang nan ben wu ju shi 江南本无居士
XIAO, TUI 萧蜕 **(1863-1958)**

Jiang nan bu yi 江南布衣
XU, BEI HONG 徐悲鸿 **(1895-1953)**

Jiang nan bu yi 江南布衣
ZHANG, XIN YUAN 张心远 **(1895-1967)**

Jiang nan cai zi 江南才子
LU, ZHENG SHEN 卢正绅 **(1905-1951)**

Jiang, Nan cao 江南草
CHU, RUI GENG 储瑞耕 **(1946-)**

Jiang, Nan feng 江南风
LÜ, JUN 吕濬 **(1886-1959)**

Jiang, Nan feng 江南风
SUN, XI RU 孙希如 **(1931-)**

Jiang nan kuai jian 江南快剑
GAO, XU 高旭 **(1877-1925)**

Jiang, Nan liu 江南柳
LIN, ZHU YU 林祝敔 **(1915-1975)**

Jiang nan Liu san 江南刘三
LIU, SAN 刘三 **(1890-1938)**

Jiang nan pin xia 江南贫侠

XU, BEI HONG 徐悲鸿 **(1895-1953)**

Jiang nan shan min 江南山民
HUANG, DE CHANG 黄德昌 **(1940-)**

Jiang nan shao nian 江南少年
LI, BAO QING 李抱青

Jiang nan shu sheng 江南书生
XIE, WEN SUN 谢文孙 **(1935-)**

Jiang nan wu shi shi jia 江南吴氏世家
WU, WAN 吴万 **(1894-1970)**

JIANG, NAN XIANG 蒋南翔 **(1915?-)**
Mu, Wen 穆文

Jiang nan xu zhou tie ying 江南徐州铁英
LIU, MENG PENG 刘孟鹏 **(1857-1909)**

Jiang, Nan yan 江南燕
HUANG, WEN XIANG 黄文湘 **(1925-)**

Jiang nan yan yu ke 江南煙雨客
SUN, JIA ZHEN 孙家振 **(1863-1939)**

Jiang nan ye cao 江南野草
NI, JIN XIANG 倪进祥 **(1970-)**

Jiang nan yi bu yi 江南一布衣
YU, DA FU 郁达夫 **(1896-1945)**

Jiang, Nan yu 江南雨
DU, CHENG NAN 杜承南 **(1933-)**

Jiang, Nan yue 江南月
GUAN, SHUO YING 关硕英 **(1928-)**

Jiang, Nan zi 江南子
TANG, DA LI 唐大笠 **(1931-)**

Jiang, Niao 江鸟
WANG, SHI XUE 王世学 **(1912-)**

Jiang, Niao 江鸟
SHEN, HONG GEN 沈鸿根 **(1943-)**

Jiang, Ning 江宁
LIU, MING YI 刘明仪 **(1947-)**

Jiang, Nong 江农
XU, HENG JIN 徐恒进 **(1942-)**

Jiang, Nuo 姜诺
YUAN, MENG NING 袁孟宁 **(1935-)**

Jiang, Ou 江鸥
JIANG, CHUN FANG 姜椿芳 **(1912-1987)**

Jiang, Ou 江耦
GUO, MO RUO 郭沫若 **(1892-1978)**

JIANG, PEI FENG 江沛丰 **(1947-)**
Jiang, Ben 江奔
Jiang pei san lang 江沛三郎

Jiang pei san lang 江沛三郎
JIANG, PEI FENG 江沛丰 **(1947-)**

Jiang, Peng 江朋
JIANG, RONG XIAN 江荣先 **(1935-)**

JIANG, PI ZHI 姜丕之 **(1920-)**
Bu, Tao 步韬
Fang, Wei 方炜
Lao jiang 老江
Li zhi 力知
Pi zhi 丕之

Jiang, Piao 江飘
HUANG, XIAN JUN 黄贤峻 **(1911-)**

Jiang, Ping 江平
YAO, JIANG BIN 姚江滨 **(1915-)**

Jiang, Ping 江平
YING, WEI JIANG 应维江 **(1942-)**

Jiang, Ping 江萍
ZHAO, SHU LI 赵树礼 **(1906-1970)**

Jiang, Ping 江萍
ZHENG, JIANG PING 郑江萍 **(1923-)**

Jiang, Ping 江萍
LUO, XING 罗行 **(1935-)**

Jiang, Ping 江萍
ZHANG, HONG 张江 **(1965-)**

Jiang, Ping 姜平
ZHANG, QI XUN 章启勋 **(1916-)**

Jiang, Ping 姜平
WEI, YU MEI 韦毓梅

Jiang, Pu 江浦
LI, XIAO CANG 李啸仓 **(1921-1990)**

Jiang, Qi 江淇
JIANG, YIN AN 蒋荫安 **(1939-)**

Jiang, Qi 江錡
WU, TIAN CAI 吴天才 **(1936-)**

JIANG, QI 姜琦 **(1886-1951)**
Bai, An 柏庵
Bo han 伯韩

Jiang, Qi 蒋旗
MA, JI LIANG 马骥良 **(1914-1988)**

Jiang, Qi liang 蒋启良
JIANG, BING XIAN 蒋炳贤 **(1913-)**

Jiang, Qi sheng 蒋齐生
JIANG, YU KAI 蒋育恺 **(1917-)**

JIANG, QI WEI 姜启渭 **(1925-)**
Jiang, Yong 江永
Qun li 群力

Jiang, Qia 江洽
WU, JIANG QIA 吴江洽

JIANG, QIAN 江谦（1876-1942）
Jiang, Yi yuan 江易园
Yang fu ju shi 阳復居士

JIANG, QIANG GUO 姜强国 (1956-)
Xiao, Jiang 萧疆
Xiao jiang 晓疆

Jiang, Qiao 江侨
LIU, GUO XING 刘国兴 (1915-)

Jiang, Qiao 江桥
YAO, SHI XIAO 姚时晓

Jiang, Qing 江青
LI, YUN HE 李云鹤 (1914-1991)

Jiang, Qing 江清
WU, CHUN HENG 吴春恒 (1910-)

Jiang, Qing 江晴
LI, YUN HE 李云鹤 (1914-1991)

JIANG, QING FENG 蒋庆丰 (1958-)
Ha, Lei 哈雷
Zheng wei 正桅

JIANG, QING FU 江庆富 (1947-)
Jiang, Tong xi 江彤晞

Jiang qing lan hou 江清兰后
WU, CHUN HENG 吴春恒 (1910-)

JIANG, QING XIANG 姜庆湘 (1918-1990)
Jiang, Lai 蒋莱

Jiang, Qing xiu 蒋清秀
JIANG, YUN 蒋芸

Jiang, Qing Zhang 蒋青嶂
JIANG, XI JIN 蒋锡金 (1915-)

Jiang, Qing zhou 江轻舟
CHEN, JIN QIANG 陈锦强 (1963-)

Jiang, Qiong 江琼
WEI, JIANG QIONG 韦江琼 (1940-)

Jiang, Qiu 江囚
HE, MENG XIONG 何孟雄 (1898-1931)

Jiang, Quan 江泉
LIN, GAN QUAN 林甘泉 (1931-)

JIANG, QUAN 江瑔
Shan yuan 山渊
Yu quan 玉泉

Jiang, Ren 江人
SHEN, WEN 沈文 (1930-)

JIANG, REN 蒋仁 (1908-)
Yao shan 乐山

Jiang ren 匠人
WANG, DING LI 王定理 (1925-)

JIANG, REN CHU 蒋人初 (1925-)
Tian, Jia 田家

Jiang, Rong 蒋蓉
JIANG, XI JIN 蒋锡金 (1915-)

JIANG, RONG HUI 姜荣慧 (1946-)
Yun, Cheng zi 云程子

Jiang, Rong jiang 江戎疆
WANG, REN NAN 王仁南 (1917-)

JIANG, RONG XIAN 江荣先 (1935-)
Hua, Lin 华琳
Jiang, Peng 江朋

Jiang, Rong yi 江榕薏
ZHANG, RONG RI 张荣日 (1942-)

JIANG, RU CHUN 江如椿 (-1938)
Jiang, Jia wei 江家为

Jiang, Ru heng 蒋如恒
JIANG, GUANG CI 蒋光慈 (1901-1931)

Jiang, Ru heng 蒋儒恒
JIANG, GUANG CI 蒋光慈 (1901-1931)

JIANG, RUI XI 江瑞熙 (1920-)
Luo, Ji yi 罗寄一

JIANG, RUO 姜若
Tai shi 胎石
Zhen xian 枕仙
Zheng chan 证禪

Jiang, Sa 江飒
CHEN, ZHONG LIANG 陈中良 (1946-)

Jiang, Sen 江森
HE, XIN 何欣 (1922-)

Jiang, Sen 江森
GAO, ZONG WEN 高宗文 (1935-)

Jiang, Sha 江沙
YU, ZE PAN 于泽泮 (1933?-)

Jiang, Shan 江山
LI, XIU YE 李修业 (1915-)

Jiang, Shan 江山
JIANG, YING LONG 江应龙 (1920-)

Jiang, Shan 江山
MING, QIU SHUI 明秋水 (1920-)

Jiang, Shan 江山
JIANG, BO YIN 江伯寅 (1926-)

Jiang, Shan 江山
PAN, ZHI FU 潘治富 **(1929-)**

Jiang, Shan 江山
JIANG, JIAN WEN 江建文 **(1938-)**

JIANG, SHAN 蒋珊 **(1933-)**
Jiang, Ai yu 蒋爱玉
Jiang, Yun xian 蒋云仙
Qian, Yun xian 钱云仙

JIANG, SHAN HUI 江善慧
Shan hui 善慧

Jiang, Shan jiao 江山娇
WANG, XIN XU 汪心序 **(1937-)**

JIANG, SHAN QING 蒋山青
Jiang, Ming qi 蒋明祺

Jiang shan wan li lou 江山万里楼
YANG, QI 杨圻 **(1875-1941)**

Jiang shan yi sheng 江山異生
JIANG, CHAO YUE 姜超嶽 **(1898-)**

Jiang shan zhi zhu 江山之助
CHEN, QI YOU 陈启佑 **(1953-)**

Jiang, Shang 江上
JIANG, WEN SHUANG 江文双 **(1932-)**

Jiang, Shang cun 江上村
LUO, FAN 骆梵 **(1929?-)**

Jiang, Shang fan 江上帆
JIANG, JIAN GUO 姜建国 **(1934-)**

Jiang, Shang feng 江上枫
CHEN, QIU FANG 陈秋舫 **(1926-)**

Jiang, Shang hun 江上魂
YANG, RUN DONG 杨润东 **(1966-)**

Jiang shang lao ren 江上老人
LIN, YI LIN 林以霖 **(1898-1989)**

Jiang, Shang leng 江上冷
ZHU, ZHEN FANG 朱振方 **(1916-)**

Jiang, Shang ou 江上鸥
LI, RONG DE 李荣德 **(1945-)**

Jiang, Shang qing 江上青
MAO, XIAO YONG 冒效庸 **(1914-)**

Jiang, Shang qing 江上青
WU, TING GUAN 吴廷琯 **(1914-)**

Jiang, Shang qiu 江上秋
OU, TAN SHENG 欧坦生 **(1923-)**

JIANG, SHANG WEN 江尚文 **(1899-1966)**
Jiang, Xiao mei 江肖梅
Xiao, Mei 肖梅

Jiang, Shang yun 江上云
ZHOU, GUO CAN 周国粲 **(1934-)**

Jiang, Shang zhou 江上舟
ZHOU, CHANG WEI 周昌伟 **(1938-)**

Jiang, Shang zhou 江上舟
LIN, ZHEN YAO 林振耀 **(1950-)**

JIANG, SHAO CAN 江绍灿 **(1933-)**
Jiang, Shao shan 江绍山

Jiang, Shao ling 江绍玲
JIANG, XUE YING 江雪英 **(1946?-)**

JIANG, SHAO QUAN 江绍铨 **(1883-1954)**
An, Cheng 安诚
Hong, Shui 洪水
Jiang, Kang hu 江亢虎
Kang fu 抗斧
Kang, Hu 康瓠
Kang hu 亢虎
Kang lu 亢庐
She hui zhu yi jia mou jun 社会主义家某君
Su xian tang 素宪堂
Wu wen 无文
Wu wo lu 无我庐
Xu, An cheng 徐安诚
Yu, Tang 郁堂

Jiang, Shao shan 江绍山
JIANG, SHAO CAN 江绍灿 **(1933-)**

JIANG, SHAO YUAN 江绍原 **(1898-1983)**
Shao yuan 绍原

Jiang, Shen 江深
JIANG, BAI SHENG 江柏圣 **(1935-)**

Jiang, Sheng 江声
YANG, DE YU 杨德豫 **(1928-)**

Jiang, Sheng 姜生
JIANG, FU ZHOU 姜辅周 **(1917-)**

JIANG, SHENG KANG 江升康 **(1912-1989)**
Bai, Ding 白丁
Hei, Zi 黑子
Jiang, Mi 江敉
Jiang, Xin kang 江心康

Jiang, Sheng yuan 江声远
JIANG, BING LUN 江炳伦 **(1933-)**

JIANG, SHI 江石 **(1899-)**
Chang shou ren 长寿人
Chong er xian sheng 虫二先生
Dong guo, Ya 東郭牙
Jiang, Bu zhuan 江不轉
Jiang, Shi jiang 江石江
Shi, Jiang 石江

Shu hun 蜀魂
Weng, Cai xin 翁采薪
Zhou, Yuan qian 周原遷
Zhu, Men 朱門

Jiang shi 将式
LI, GUO YING 黎国颖 **(1938-)**

Jiang, Shi gang 姜世刚
JIANG, YI RAN 姜毅然 **(1901-)**

Jiang, Shi jiang 江石江
JIANG, SHI 江石 **(1899-)**

JIANG, SHI JIE 蒋士杰 **(1880-1961)**
Wo xin lao ren 卧薪老人

JIANG, SHI JUN 江世俊 **(1945-)**
Shi, Jun 史骏

JIANG, SHI WEI 姜世伟 **(1951-)**
Mang ke 芒克

Jiang, Shou dan 江守旦
WAN, PENG FEI 万鹏飞 **(-1907)**

Jiang, Shou dan 姜守旦
WAN, PENG FEI 万鹏飞 **(-1907)**

Jiang, Shou han 江守涵
JIANG, JING BO 江景波 **(1927-)**

JIANG, SHOU KANG 蒋寿康 **(1925-)**
Guo, Xi 郭西
Jiang, Feng 江峰
Jiang, Feng 江枫
Jiang, Feng 江风
Jiang, Feng 蒋风
Jiang, Leng 江冷
Jiang, Li yang 蒋力扬
Jiang, Tian liu 蒋天流
Jiang, Xi meng 蒋西蒙
Jiang, Yi fan 蒋一帆
Lu, Feng 卢风
Lü, Ying 吕莹
Ye, Yun 叶云
Zuo, Bing 左兵

Jiang, Shou nan 江寿南
JIANG, SHOU NAN 江授南 **(1924-)**

JIANG, SHOU NAN 江授南 **(1924-)**
Fen xin 焚心
Jiang, Shou nan 江寿南
Jiang, Xun 江汛

Jiang shu 绛叔
ZHANG, BING LIN 章炳麟 **(1869-1936)**

JIANG, SHU CHUAN 姜澍川 **(1931-)**
Dong ding 冬丁
Jiang, Yu 江雨
Wan bing 晚兵
Wen, Yu 闻雨

JIANG, SHU GE 姜书阁 **(1907-)**
Chang tian 长天
Jiang, Wen yuan 姜文渊
Shu, He 舒翮
Wen shen 雯深
Wen yuan 问源
Wen, Yuan 文远
Wen, Yuan 温园

Jiang, Shu jiang 江戍疆
WANG, REN NAN 王仁南 **(1917-)**

JIANG, SHU JING 姜舒静 **(1943?-)**
Shu, Jing 舒静

JIANG, SHU LIANG 蒋述亮 **(1923-)**
Jiang, Kong yang 蒋孔阳

Jiang, Shu mei 江书湄
JIANG, WEN ZHONG 江文忠 **(1922-1986)**

Jiang, Shu ming 姜叔明
JIANG, ZHONG KUI 姜忠奎

JIANG, SHU MO 蒋树模 **(1912-1991)**
Shu, Mo 舒模

JIANG, SHU PU 姜书璞 **(1942-)**
Lang ya shi zhu 琅琊石主

JIANG, SHU QIANG 蒋树强 **(1915-)**
Jiang, Miao ning 蒋渺凝
Shu, Qiang 舒强

JIANG, SHU YUAN 姜淑媛 **(1926-)**
Jiang, Yuan 江源
Jiang, Yuan 江沅

JIANG, SHU ZHUO 蒋述卓 **(1955-)**
Shu, Zhuo 舒卓

Jiang, Shui 江水
JIANG, CHUN FANG 姜椿芳 **(1912-1987)**

Jiang, Shui 江水
TIAN, ZHONG LUO 田锺洛 **(1924-)**

Jiang, Shui 江水
JIANG, TAO 江涛 **(1934-)**

Jiang, Shui 江水
WANG, JIANG SHUI 王江水 **(1950-)**

Jiang, Shui bi 江水碧
ZHANG, RUI LIN 张瑞麟 **(1933-)**

Jiang, Shui huan 江水涣
LI, ZONG DA 李宗大 **(1911-)**

Jiang, Shui tian 江水天
DING, JING TANG 丁景唐 **(1920-)**

Jiang, Shui xin 江水心
LIU, CAI ZHOU 刘才洲 **(1921-1970)**

Jiang, Shui xin 江水心
WU, FU YING 伍福盈 **(1940-)**

Jiang, Si 江思
SHI, ZHE CUN 施蛰存 **(1905-)**

Jiang, Si 江思
DAI, MENG OU 戴梦鸥 **(1905-1950)**

Jiang, Si yang 江思扬
LI, JIANG 李江

JIANG, SONG QUAN 蒋松泉 **(1899-1971)**
Jiang, Xi zeng 蒋希曾
Ya long 鸦龙
Ya long 雅龙

Jiang su 薑素
LI, XIN BAI 李辛白

Jiang su yi shao nian 江苏一少年
YE, MENG LI 叶梦梨

Jiang, Sui bo 蒋燧伯
JIANG, GUANG ZU 蒋光祖 **(1923-)**

JIANG, SUN SHENG 蒋荪生 **(1917-)**
Xiang gu 湘谷
Xiang gu 湘穀

Jiang, Tai gong 姜太公
WEN, HUAI LANG 文怀朗 **(1913-)**

JIANG, TAI ZHEN 蒋太真
Wei ren 维仁

JIANG, TANG ZHEN 蒋棠珍 **(1899-1978)**
Jiang, Bi wei 蒋碧微

Jiang, Tao 江涛
WANG, SHI XUE 王世学 **(1912-)**

Jiang, Tao 江涛
YIN, SHI JIE 尹世杰 **(1922-)**

Jiang, Tao 江涛
JIANG, HENG ZHONG 姜恒忠 **(1933-)**

JIANG, TAO 江涛 **(1934-)**
Jiang, Guo jing 江国靖
Jiang, Shui 江水

Jiang, Tao 江涛
YAN, BING 严冰 **(1941-)**

Jiang, Tian 江天
SHEN, DUAN XIAN 沈端先 **(1900-1995)**

Jiang, Tian 江天
JIANG, YING LONG 江应龙 **(1920-)**

Jiang, Tian 江天
CAO, XIANG RAN 曹祥然 **(1936-)**

Jiang, Tian 江天
WU, TIAN CAI 吴天才 **(1936-)**

Jiang, Tian 姜添
SHEN, DUAN XIAN 沈端先 **(1900-1995)**

Jiang, Tian liu 蒋天流
JIANG, SHOU KANG 蒋寿康 **(1925-)**

Jiang, Tian mo 江天漠
CAO, XIN ZHI 曹辛之 **(1917-1995)**

Jiang, Tian wei 江天蔚
JIANG, DE KUI 江德奎 **(1905-)**

Jiang tian xiao ge 江天小阁
ZHANG, QING LIN 张庆霖

Jiang, Tian zuo 蒋天佐
LIU, JIAN 刘健 **(1913-1987)**

Jiang, Tie seng 蒋铁僧
JIANG, GUANG CI 蒋光慈 **(1901-1931)**

Jiang, Ting 江汀
WU, TIAN CAI 吴天才 **(1936-)**

JIANG, TING FU 蒋廷黻 **(1895-1965)**
Quan qing 泉清

Jiang, Tong xi 江彤晞
JIANG, QING FU 江庆富 **(1947-)**

Jiang, Wai jiang 江外江
ZHANG, LONG CHAO 张隆超 **(1922-1989)**

JIANG, WAN HUA 姜万华 **(1946-)**
Da jiang 大江

Jiang, Wan li 江万里
JIANG, YING LONG 江应龙 **(1920-)**

JIANG, WAN SHOU 江万寿
Jiang, Luo 江洛

Jiang, Wang 蒋往
JIANG, YONG 蒋勇 **(1966-)**

Jiang, Wei 江苇
JIANG, WEI ZHUANG 姜维壮 **(1928-)**

Jiang, Wei 蒋炜
JIANG, BING ZHI 蒋冰之 **(1904-1986)**

Jiang, Wei 蒋维
HUANG, GUI WEN 黄贵文 **(1940-)**

JIANG, WEI MIN 姜卫民 **(1956-)**
Bing ling 冰凌

Jiang, Wei nan 江伟南
JIANG, GUI NAN 江桂楠 **(1931-)**

Jiang, Wei nong 江味农

JIANG, ZHONG YE 江忠业 **(1872-1938)**

JIANG, WEI QIAO 蒋维乔 **(1872-1958)**
Jiang, Zhu zhuang 蒋竹莊
Yin shi zi 因是子
Zhu, Zhuang 竹莊

Jiang, Wei wen 蒋伟文
JIANG, BING ZHI 蒋冰之 **(1904-1986)**

JIANG, WEI YANG 蒋维扬 **(1948-)**
Cheng wen 城文

Jiang, Wei yu 江渭渔
JIANG, WEI YU 姜渭渔 **(1942-)**

JIANG, WEI YU 姜渭渔 **(1942-)**
Jiang, Wei yu 江渭渔

JIANG, WEI ZHUANG 姜维壮 **(1928-)**
Jiang, Wei 江苇

Jiang, Wen 江汶
HUANG, YONG YU 黄永玉 **(1924-)**

JIANG, WEN BIN 江文彬 **(1910-1983)**
Jiang, Wen ye 江文也

JIANG, WEN BIN 蒋文彬 **(1936-)**
Jiang, Wen bing 蒋文兵
Xin, Mo 辛墨

Jiang, Wen bing 蒋文兵
JIANG, WEN BIN 蒋文彬 **(1936-)**

Jiang, Wen han 蒋文翰
HU, YE PIN 胡也频 **(1903-1931)**

Jiang, Wen jun 江文军
CHEN, ZHENG YANG 陈拯阳 **(1931-)**

Jiang, Wen sheng 江文生
DAI, MENG OU 戴梦鸥 **(1905-1950)**

JIANG, WEN SHUANG 江文双 **(1932-)**
Jiang, Shang 江上
Wen, Jue 文珏

Jiang, Wen ye 江文也
JIANG, WEN BIN 江文彬 **(1910-1983)**

Jiang, Wen yu 江问渔
JIANG, HENG YUAN 江恒源 **(1885-)**

Jiang, Wen yuan 姜文渊
JIANG, SHU GE 姜书阁 **(1907-)**

JIANG, WEN ZHONG 江文忠 **(1922-1986)**
Jiang, Mei 江湄
Jiang, Shu mei 江书湄
Jiang, Xin Mei 江辛眉
Lai jiang shan zhi zhu 赖江山之助
Xiao xin 小辛
Xin, Mi 辛麇

Jiang weng 酱翁
XU, FU LIN 徐傅霖 **(1880-)**

Jiang wu 绛芜
SHEN, ZU FEN 沈祖棻 **(1909-1977)**

Jiang, Wu meng 姜乌蒙
JIANG, XING HUA 姜兴华

JIANG, WU MIN 江五民
Wu min 五民

JIANG, XI JIN 蒋锡金 **(1915-)**
Chang, Fen 常芬
Chang, Fen 常棻
Chang geng 长庚
Ding, Lang 丁郎
Ding, Ruo gao 丁若高
Ding, Ruo lan 丁若兰
Feng, Long 丰隆
He 壑
Huo, Ting 霍亭
Jiang, Ce 蒋策
Jiang, Fu chou 蒋福俦
Jiang, Qing Zhang 蒋青嶂
Jiang, Rong 蒋蓉
Jiang, Yong 蒋镛
Jin, Xi bao 金锡包
Lao, Nan 劳难
Qing zhang 青嶂
S. K.
Shi, Zeng ze 史曾则
Shu, Cheng 束成
Shu, Xu 束胥
Wei, Fei jun 卫斐君
Xi jin 锡金
Xin 辛
Xin, He 辛壑
Xin, Ku 辛苦
Xin, Ruo 辛若
Xu 胥
Yao bin 曜宾
Yi, Ren 易人
Zhe meng xiong 哲孟雄
Zhou, Ce 周策
Zhou, Kang 周康
Zhou, Yong 周庸

Jiang, Xi meng 蒋西蒙
JIANG, SHOU KANG 蒋寿康 **(1925-)**

Jiang, Xi reng 姜希礽
WANG, XIAN PEI 王先霈 **(1939-)**

JIANG, XI YUAN 蒋锡元 **(1946-)**
Jiang, Xian 蒋弦

Jiang, Xi zeng 蒋希曾
JIANG, SONG QUAN 蒋松泉 **(1899-1971)**

JIANG, XI ZHONG 蒋希仲 **(1901-1973)**
Bin xuan 宾絃
Chi, Pei 池沛
Jiang, Mu liang 蒋牧良
Jiang, Zhe ying 蒋谪影
Jing, Shi 敬士
Mu liang 牧良
Xi zhong 希仲
Xing ren shang 行人上

Jiang, Xia 江侠
JIANG, CHENG LIN 姜成林 **(1937-)**

JIANG, XIA 江侠
Wang, Xia sheng 王侠生

Jiang, Xia 江夏
LIU, YONG YU 刘庸愚 **(1919-)**

Jiang, Xia 江夏
HUANG, WEN XI 黄文锡 **(1937-)**

Jiang, Xia an 江侠庵
JIANG, BAO YAN 江宝衍

Jiang, Xia seng 蒋侠僧
JIANG, GUANG CI 蒋光慈 **(1901-1931)**

Jiang, Xia sheng 蒋侠生
JIANG, GUANG CI 蒋光慈 **(1901-1931)**

Jiang, Xian 蒋弦
JIANG, XI YUAN 蒋锡元 **(1946-)**

JIANG, XIAN JIN 江先金 **(1952-)**
Gui, Fu 桂馥
Jin, Sha 金沙

Jiang, Xian qi 蒋贤绮
JIANG, XIAO YUN 蒋晓云 **(1954-)**

JIANG, XIAN QIANG 蒋先强 **(1954-)**
Jiang, Fan 江帆
Lü dao 绿岛

JIANG, XIAN YUN 蒋先云 **(1902-1927)**
Wu, Shan 巫山
Xiang yun 湘耘

JIANG, XIAN ZHE 蒋贤哲 **(1931-)**
Yu cang 愚苍

Jiang, Xiang 江乡
JIANG, YING LONG 江应龙 **(1920-)**

Jiang xiang lü yan zhi lou 绛香绿艳之楼
BAO, GONG YI 包公毅 **(1876-1973)**

Jiang, Xiao bao 江小宝
TAO, REN JUN 陶仁俊

JIANG, XIAO BO 江笑波 **(1925-)**
Xiao bo 笑波

Jiang, Xiao chuan 江小川
CHEN, ZHONG LIANG 陈中良 **(1946-)**

JIANG, XIAO HAI 蒋晓海
Zhang, Zhen nan 张震南

JIANG, XIAO HUI 蒋晓晦 **(1917-1968)**
Fei, Ke 费克
Liu, Zhong li 刘中里
Ming, Zhi 明之
Shi, Jian 石坚
Wu, Ming zhi 吴明之

Jiang, Xiao mei 江肖梅
JIANG, SHANG WEN 江尚文 **(1899-1966)**

JIANG, XIAO MING 姜晓铭 **(1967-)**
Xiao ming 晓明

Jiang, Xiao ping 江啸平
JIANG, ZHI BING 江执柄

Jiang, Xiao tian 江晓天
JIN, JIA BAO 靳家保 **(1926-)**

JIANG, XIAO YOU 蒋孝游 **(1911-)**
Sha, Ting 沙汀

Jiang, Xiao yun 蒋小云
JIANG, XIAO YUN 蒋晓云 **(1954-)**

JIANG, XIAO YUN 蒋晓云 **(1954-)**
Jiang, Xian qi 蒋贤绮
Jiang, Xiao yun 蒋小云

Jiang, Xin 江心
JIAO, SHU HUAN 焦述环 **(1941-)**

Jiang, Xin kang 江心康
JIANG, SHENG KANG 江升康 **(1912-1989)**

Jiang, Xin mei 江辛眉
JIANG, WEN ZHONG 江文忠 **(1922-1986)**

Jiang, Xin ren 江心人
LIN, CAN HUAN 林灿桓 **(1911-)**

Jiang, Xing 江星
LU, QI ZHI 鲁启智 **(1924-)**

JIANG, XING HUA 姜兴华
Jiang, Wu meng 姜乌蒙
Jiang, Xun hua 疆迅桦

Jiang, Xing min 姜醒民
LIU, GUO XING 刘国兴 **(1915-)**

JIANG, XING MING 江星明 **(1922-)**
Ke mang 克芒
Shen, Ming 沈明
Xing ming 星明

Jiang, Xing yu 江杏雨
YAN, QING SHU 严庆澍 **(1919-1981)**

JIANG, XING YU 蒋星煜 **(1920-)**
Bai, Jia 白甲
Bu gu 布谷
Guo, Ke 过客
Zhu, Su jun 朱素君

Jiang, Xuan heng 蒋宣恒
JIANG, GUANG CI 蒋光慈 **(1901-1931)**

Jiang, Xuan zhi 姜选之
JIANG, YONG JUN 姜永俊 **(1923-)**

Jiang, Xue 江雪
SHEN, FEI XUE 申飞雪 **(1946-)**

Jiang, Xue 江雪
ZHAO, GUO HUA 赵国华 **(1953-)**

JIANG, XUE GONG 江学恭 **(1956-)**
Hua, Zhi 华之

JIANG, XUE LIANG 姜学亮 **(1941-)**
Tian shan 天山

JIANG, XUE YING 江雪英 **(1946?-)**
Jiang, Shao ling 江绍玲

Jiang, Xue zhen 蒋雪贞
JIANG, BING ZHI 蒋冰之 **(1904-1986)**

Jiang, Xun 江汛
JIANG, SHOU NAN 江授南 **(1924-)**

Jiang, Xun hua 疆迅桦
JIANG, XING HUA 姜兴华

Jiang, Ya zi 姜牙子
HUANG, HUI FU 黄恢复 **(1917-)**

Jiang, Yan 江煙
SHEN, WEN TAI 沈文台 **(1949-)**

Jiang, Yan 江煙
GUO, XIAN ZUO 郭贤作 **(1959-)**

Jiang, Yan 姜衍
ZHONG, WEN LING 钟文灵 **(1931-)**

Jiang, Yan 姜燕
LIU, REN YAN 刘仁燕 **(1919-1958)**

Jiang yan 绛燕
SHEN, ZU FEN 沈祖棻 **(1909-1977)**

JIANG, YAN BIN 江延滨 **(1937-)**
Yin, Bai 尹柏

Jiang, Yan he 江堰河
GUO, DONG KUI 郭东奎 **(1927-)**

JIANG, YAN NONG 姜砚农 **(1905-)**
Jiang, Liu xiang 姜柳湘
Jiang, Yun tian 姜云田
Lu, Ding 鲁丁

JIANG, YAN SHENG 蒋衍升 **(1882-1915)**
Xi fan 洗凡

Jiang, Yang 江阳
JIANG, ZHENG YI 江正义

Jiang, Yang 江洋
JIN, ZHI CHAO 金志超 **(1905-1970)**

Jiang, Yao 姜遥
JIANG, YING HAO 蒋英豪 **(1947-)**

JIANG, YAO KUN 蒋耀昆 **(1930-)**
Yue, Lun 岳崙

Jiang, Ye 江野
JIANG, BAO XING 姜宝星 **(1932-)**

Jiang, Yi 江一
YANG, XIAN JIANG 杨贤江 **(1895-1931)**

Jiang, Yi 江一
LU, TING JIE 卢廷杰 **(1904-1991)**

Jiang, Yi 姜一
WANG, YANG 王扬 **(1917-1986)**

JIANG, YI 蒋彝 **(1903-1977)**
Jiang, Zhong ya 蒋仲雅
Ya xing zhe 哑行者

JIANG, YI BO 江一波 **(1908-)**
Yi po 亦颇

Jiang, Yi fan 蒋一帆
JIANG, SHOU KANG 蒋寿康 **(1925-)**

Jiang, Yi ming 江一明
GU, HONG 顾鸿 **(1920-1986)**

JIANG, YI PING 江一平 **(1898-1971)**
Yi ping 一平

Jiang, Yi ping 姜一萍
ZHANG, QI XUN 章启勋 **(1916-)**

JIANG, YI RAN 姜毅然 **(1901-)**
Jiang, Shi gang 姜世刚

Jiang, Yi shen 姜一申
RONG, KAI MING 荣开明 **(1931-)**

JIANG, YI WEI 姜贻伟 **(1949-)**
Yi wei 一苇
Zeng, Jun 曾峻

JIANG, YI WEI 蒋亦伟 **(1945-)**
Zuo, Yi bing 左一兵

Jiang, Yi wen 蒋禕文
JIANG, BING ZHI 蒋冰之 **(1904-1986)**

JIANG, YI XIAO 蒋逸霄
Yi xiao 逸霄
Yi xiao nü shi 逸霄女士

Jiang, Yi ya 江一涯
CAI, CHONG JIANG 蔡冲江

Jiang, Yi yuan 江易园
JIANG, QIAN 江谦（1876-1942）

Jiang, Yi yun 江翊云
JIANG, YONG 江庸 (1877-1960)

Jiang, Yin 江荫
XIONG, BING MING 熊秉明 (1922-)

JIANG, YIN AN 蒋荫安 (1939-)
Jiang, Qi 江淇
Jiang, Ying 姜鹰
Jin, Jing 金菁

JIANG, YIN QING 姜寅清 (1902-)
Jiang, Liang fu 姜亮夫
Tian gong qian zhai 天功潛斋
Ying ming 莺鸣

Jiang, Yin qiu 蒋吟秋
JIANG, JING HUAN 蒋镜寰 (1897-1981)

JIANG, YIN XIANG 江荫香
Meng hua guan zhu 梦花舘主

Jiang, Ying 江英
JIANG, YING 姜英 (1933-)

Jiang, Ying 江渶
JIANG, DE QING 江德清 (1923-)

Jiang, Ying 江影
QIAN, HONG JIA 钱鸿嘉 (1927-)

Jiang, Ying 江鹰
YANG, QI ZHUANG 杨其庄 (1921-)

JIANG, YING 姜英 (1933-)
Jiang, Ying 江英

Jiang, Ying 姜鹰
JIANG, YIN AN 蒋荫安 (1939-)

Jiang, Ying 蒋英
JIANG, JI YING 蒋积英 (1898-)

JIANG, YING GUANG 蒋映光 (1930-)
Qiu, Shi 秋石

Jiang, Ying hao 江英豪
JIANG, YING LONG 江应龙 (1920-)

JIANG, YING HAO 蒋英豪 (1947-)
Dan qing 丹青
Jiang, Yao 姜遥

Jiang, Ying lan 江映瀾
ZHOU, LUO XIA 周落霞 (1937-)

JIANG, YING LONG 江应龙 (1920-)
Bai yun huang hua shu wu zhu ren 白云黄花书屋主人
Da wei 大卫
Da wei 大伟
Guo bao 国宝
Guo rui 国瑞
Ji yun 际云
Jiang, Cun 江村
Jiang, Da wei 江大卫
Jiang, Da wei 江大伟
Jiang, Ling gen 江灵根
Jiang, Shan 江山
Jiang, Tian 江天
Jiang, Wan li 江万里
Jiang, Xiang 江乡
Jiang, Ying hao 江英豪
Jiang, Ying wei 江英伟
Jing zhai 静斋
Ling gen 灵根
Qian lu 潜卢
Shi yuan ju shi 时园居士
Wen Cai 文采
Wo yun lou zhu ren 卧云楼主人
Xue si zhai zhu 学思斋主
Yang yuan ju shi 养园居士
Ying hao 英豪
Yun, Gen 云根

Jiang, Ying wei 江英伟
JIANG, YING LONG 江应龙 (1920-)

Jiang, Yong 江永
JIANG, QI WEI 姜启渭 (1925-)

JIANG, YONG 江庸 (1877-1960)
Dan dang ge zhu 澹盪阁主
Jiang, Yi yun 江翊云
Yi yun 翊云
Yi yun 翼云
Yi yun 逸云

JIANG, YONG 蒋勇 (1966-)
Jiang, Wang 蒋往

Jiang, Yong 蒋镛
JIANG, XI JIN 蒋锡金 (1915-)

JIANG, YONG GE 姜永革 (1937-)
Yan, Han ni 燕含泥

JIANG, YONG JIE 姜永杰 (1963-)
Jiang, Mo 姜末

Jiang, Yong jin 姜永晋
JIANG, YONG JUN 姜永俊 (1923-)

JIANG, YONG JUN 姜永俊 (1923-)
Jiang, Dong shu 姜东舒
Jiang, Xuan zhi 姜选之
Jiang, Yong jin 姜永晋
Luo chan 萝蟾

Mou, Ping 牟平
Su, Dong 苏东
Ting yu lou zhu 听雨楼主

Jiang, You 江游
XU, DI QIANG 许迪锵 **(1953-)**

JIANG, YOU LIANG 蒋又良 **(1924-)**
Lan, Du 兰读

JIANG, YOU QIAO 江友樵 **(1926-)**
Jiang, Yu 江渔

Jiang, Yu 江雨
WU, SAN LIAN 吴三连 **(1899-)**

Jiang, Yu 江雨
JIANG, SHU CHUAN 姜澍川 **(1931-)**

Jiang, Yu 江宇
YU, GUO KUN 余国琨 **(1931-)**

Jiang, Yu 江渔
JIANG, YOU QIAO 江友樵 **(1926-)**

Jiang, Yu 江裕
LIN, ZHENG LUN 林正伦 **(1942-)**

Jiang, Yu 江愚
JIANG, ZHONG HUA 姜忠华 **(1946-)**

Jiang, Yu 姜渔
YIN, SHEN 殷参 **(1916-)**

Jiang yu 茳渔
YE, YU SEN 叶玉森 **(1880-1933)**

JIANG, YU KAI 蒋育恺 **(1917-)**
Jiang, Qi sheng 蒋齐生

Jiang, Yu ping 姜雨平
ZHANG, ZHEN QIAN 章振乾 **(1907-)**

JIANG, YU QING 姜宇清 **(1955-)**
Yu lang 玉朗
Yu zhi 雨之

Jiang, Yu ren 江育仁
JIANG, JUN SHENG 江骏声 **(1916-)**

JIANG, YU SHEN 江郁燊 **(1916-1984)**
F nü shi F女史
Jiang, Feng 江枫
Liu ru 六如
Nian yun 念云
Xiao bi 小碧
Xiao yun 小云
Zhi jian 志坚

JIANG, YU TING 蒋玉亭 **(1932-)**
Xin, Bai 辛白

Jiang, Yuan 江沅
JIANG, SHU YUAN 姜淑媛 **(1926-)**

Jiang, Yuan 江源
JIANG, SHU YUAN 姜淑媛 **(1926-)**

Jiang, Yuan 江源
WANG, DA XUE 王大学 **(1928-)**

Jiang, Yuan 江源
WAN, BIN 万斌 **(1946-)**

Jiang yuan 董圆
XIAO, GONG WEI 萧公畏 **(1907-)**

Jiang, Yuan bai 江远白
SUN, GUANG XUAN 孙光萱 **(1934-)**

JIANG, YUAN CHUN 蒋元椿 **(1920-)**
Gu, Si 顾思
He, Jiang 何江
Jiang, Nan 江南
Li, Bu diao 李不凋
Lin, Chu 林初
Nan, Zhi 南枝
Sai bei 塞北

JIANG, YUAN MING 蒋元明 **(1949-)**
Ba, Hu 巴胡
Ba, Shan shui 巴山水
Yuan, Bi 元壁

Jiang, Yue 江月
YU, SU QIU 尉素秋 **(1914-)**

Jiang, Yue 江月
ZHANG, YUE 张越 **(1937-)**

Jiang, Yue 江悦
WANG, ZI KAI 王子恺 **(1935-)**

JIANG, YUE 蒋跃 **(1958-)**
Da ren 达人

Jiang, Yue lang 江岳浪
JIANG, JUE MIN 江觉民

Jiang, Yun 江云
LIN, ZU WU 林祖武 **(1940-)**

JIANG, YUN 蒋芸
Jiang, Qing xiu 蒋清秀
Qing xian san ren 清閒散人

JIANG, YUN DUAN 江蕴端 **(1917-1944)**
Jiang, Cun 江村

JIANG, YUN SONG 江云松
Yun, Song 云松

Jiang, Yun tian 姜云田
JIANG, YAN NONG 姜砚农 **(1905-)**

Jiang, Yun xian 蒋云仙
JIANG, SHAN 蒋珊 **(1933-)**

JIANG, ZENG LIANG 姜增亮 **(1915-)**

Xi le 喜乐

JIANG, ZENG PEI 江曾培 (1933-)
Hong jing 虹菁
Tian, Chen 田晨
Xiao jiang 晓江

Jiang zhai 甥斋
SONG, JIAO REN 宋教仁 (1882-1913)

JIANG, ZHAO DE 蒋昭德 (1936-)
He tian 河田

JIANG, ZHAO JI 江肇基
Qi, An 启安

Jiang, Zhao min 蒋兆民
JIANG, ZHI TONG 蒋志彤 (1924-)

Jiang, Zhe ying 蒋谪影
JIANG, XI ZHONG 蒋希仲 (1901-1973)

JIANG, ZHEN 蒋镇 (1935-)
Jiang, Jin de 蒋进德

Jiang, Zhen han 江震寒
ZHANG, SHU LIN 张树林 (1956-)

JIANG, ZHEN LI 蒋振立 (1940-)
Bai, Sha zi 白沙子
Zheng zhi 正之

JIANG, ZHEN XUAN 江振轩 (1947-)
Jiang, Jiang 江江

JIANG, ZHEN ZONG 蒋振宗 (1946-)
Qing feng 青峰

Jiang, Zheng han 蒋正涵
JIANG, HAI CHENG 蒋海澄 (1910-1996)

JIANG, ZHENG YI 江正义
Jiang, Yang 江阳

JIANG, ZHI 姜芝 (1922-)
Jiang, Liu 江流

JIANG, ZHI BING 江执柄
Jiang, Xiao ping 江啸平

Jiang, Zhi ge 江之歌
ZHANG, REN ZHENG 张任政 (1916-)

Jiang, Zhi nan 江之南
WANG, LING 王陵 (-1995)

JIANG, ZHI QIAO 蒋之翘 (1904-1985)
Huang, Zi 黄子

Jiang, Zhi shui 江之水
JIANG, DE MING 姜德明 (1929-)

JIANG, ZHI TONG 蒋志彤 (1924-)
Jiang, Zhao min 蒋兆民
Qiao, Shi 乔石

JIANG, ZHI XIA 蒋志侠 (1926-)
Bai, Ai 白艾

JIANG, ZHI YI 江志伊 (1858-1929)
Jiang cun dun lu 江村遯庐

JIANG, ZHI YOU 蒋智由 (1865?-1929)
Guan yun 观云
Jiang, Guan yun 蒋观云
Yin ming zi 因明子
Yuan yun 願云
Zhi you 知游
Zhi you 智由

JIANG, ZHI ZHONG 蒋治中 (1935-)
Xiao quan 晓泉
Zhou, Shu 周蜀

JIANG, ZHONG HUA 姜忠华 (1946-)
Bu ling 不灵
Bu ning 不佞
Jiang, Yu 江愚

JIANG, ZHONG KUI 姜忠奎
Jiang, Shu ming 姜叔明

JIANG, ZHONG PU 蒋钟谱 (1934-)
Shan quan 山泉

JIANG, ZHONG WEN 蒋仲文 (1943-)
Zhu, Ye 竹野

JIANG, ZHONG XING 江中星 (1966-)
Jiang, Li 江离

Jiang, Zhong ya 蒋仲雅
JIANG, YI 蒋彝 (1903-1977)

JIANG, ZHONG YE 江忠业 (1872-1938)
Huan zhu 幻住
Jiang, Wei nong 江味农
Sheng guan 胜观

Jiang, Zhou 江舟
CHENG, JIA PEI 程嘉霈 (1930-)

Jiang, Zhou 江舟
ZHU, XI JIANG 朱希江 (1936-)

Jiang, Zhou 江舟
ZENG, XIAN RUI 曾宪瑞 (1936-)

Jiang, Zhou 江洲
SHAO, DA ZHEN 邵大箴 (1934-)

Jiang, Zhou 江洲
GUO, XING SHOU 郭星寿 (1937-)

JIANG, ZHOU 姜舟 (1941-)
Da gong 大公

JIANG, ZHOU 蒋周
San chu 三楚
Wang chu 望楚

Jiang, Zhu 江柱
YANG, JIANG ZHU 杨江柱 **(1929-)**

Jiang, Zhu 江渚
YE, DE YU 叶德浴 **(1920-)**

JIANG, ZHU 江铸 **(1898-1927?)**
Hong jiao 红蕉
Jiang, Hong jiao 江红蕉
Lao zhu gu 老主顾

JIANG, ZHU CHAO 蒋箸超 **(-1928)**
Bi lu 蔽庐
Jian hu sheng 鑑湖生
Jiang, Bao xuan 蒋抱玄
Ting yu lou 听雨楼

Jiang, Zhu zhuang 蒋竹莊
JIANG, WEI QIAO 蒋维乔 **(1872-1958)**

Jiang, Zhuang 江庄
WU, CHUN HENG 吴春恒 **(1910-)**

Jiang, Zi 江子
HUANG, ZONG JIANG 黄宗江 **(1921-)**

Jiang, Zi 江子
FU, ZI JIU 傅子玖 **(1934-)**

JIANG, ZI AN 蒋子安 **(1931-)**
Ling, Hua 凌华
Luo, Tuo zi 骆駝子
Zi ai 紫艾

Jiang, Zi chuan 蒋资川
JIANG, GUANG CI 蒋光慈 **(1901-1931)**

JIANG, ZI LONG 蒋子龙 **(1941-)**
Tian, Zhong 田重

Jiang, Zi ping 江子萍
ZHENG, JIANG PING 郑江萍 **(1923-)**

JIANG, ZU YI 蒋祖怡 **(1913-1992)**
Zu, Yi 祖怡
Zuo yi 佐夷

Jiang, Zuo 江左
LI, HAO PEI 李浩培 **(1906-)**

JIANG, ZUO 蒋佐 **(1890-1978)**
Jiang, Li fu 姜立夫

Jiao 角
FU, ZE HUANG 傅则黄 **(1893-1971)**

Jiao bian ji 脚编辑
YU, XUN 余洵 **(-1938)**

JIAO, BING KUN 焦炳琨 **(1933-)**
Xian zhu 羡竹
Xu, Jun 徐军
Yu fu 愚夫

JIAO, CHENG ZHI 焦承志 **(1905-1975)**
Cheng, Zhi 承志
Jiao, Ju yin 焦居隠
Jiao, Ju yin 焦菊隠
Ju 居
Ju 菊
Ju, Yin 居尹
Ju yin 菊隠
Ju, Ying 居颖
Ju ying 菊影
Kong, You 孔憂
Liang chou 亮俦
Luo, Da 罗达
Qin, Yu 秦瑜
Xiao yu 小瑜
Yu 瑜

Jiao chuan Zhuang, Bing hai 蛟川庄病骸
ZHUANG, JI LIANG 庄继良 **(1885-1970)**

JIAO, CHUN LIN 焦春林 **(1941-)**
Qiao fu 樵夫

JIAO, DA FENG 焦达峯 **(1886-1911)**
Da feng qiao zi 达峯樵子
Da peng 大鹏
Gang tou qiao 岡頭樵

Jiao, Da xin 焦大心
LIU, CHENG HUI 刘承蕙 **(1925-)**

Jiao du sheng 校读生
ZHANG, GUANG REN 张光人 **(1902-1985)**

Jiao fei 皎霏
YANG, XIAN ZHI 杨献芝 **(1918-)**

Jiao, Feng 焦风
CHEN, WANG DAO 陈望道 **(1890-1977)**

Jiao, Feng 焦风
FANG, SHAN JING 方善境 **(1907-)**

Jiao feng 蕉风
ZHOU, FENG 周锋

Jiao fu 脚夫
XING, YUN 星云 **(1927-)**

JIAO, FU CHUN 矫福纯 **(1928-)**
Qiao, Fu chen 乔浮沉

Jiao, Guan ling 焦贯龄
NI, QING ZHI 倪庆秩 **(1918-1989)**

JIAO, GUI TANG 矫桂棠 **(1933-)**
Yu, Fei 余非

Jiao, Jian 矫健
JIAO, YU JIAN 矫玉健 **(1951-)**

Jiao, Ju 焦举

SUN, BANG DA 孙帮达 **(1922-)**

Jiao, Ju yin 焦居隠
JIAO, CHENG ZHI 焦承志 **(1905-1975)**

Jiao, Ju yin 焦菊隠
JIAO, CHENG ZHI 焦承志 **(1905-1975)**

Jiao lang 蕉廊
WU, QING CHI 吴庆坻 **(1848-1924)**

Jiao lu zi 交芦子
LÜ, PEI LIN 吕沛林 **(1889-1947)**

Jiao, Mei 焦煤
TAO, YU LIN 陶玉麟 **(1924-)**

JIAO, MIN ZHI 焦敏之
Min zhi 敏之

Jiao, Ming 焦明
LIU, PING RUO 刘平若 **(1907-)**

Jiao, Mu 焦木
YUN, SHU JUE 恽树珏 **(1878-1935)**

Jiao po 郊坡
MA, ZHI YUAN 马志远 **(1918-)**

Jiao ren 教仁
SONG, JIAO REN 宋教仁 **(1882-1913)**

Jiao ren 鲛人
XIANG, DE YAN 项德言

Jiao she 蕉舍
GU, YU XIU 顾毓琇 **(1902-)**

Jiao, Shi 焦实
MAO, ZHI CHENG 毛志成 **(1940-)**

Jiao shi 礁石
CAI, WEI 蔡炜 **(1928-)**

Jiao shi shi 校史氏
QIAN, JI BO 钱基博 **(1887-1957)**

JIAO, SHU HUAN 焦述环 **(1941-)**
Jiang, Xin 江心

Jiao, Tong 焦桐
ZHENG, ZHI FAN 郑之蕃 **(1887-1963)**

Jiao, Tong 焦桐
YE, ZHEN FU 叶振富 **(1956-)**

Jiao tong 蕉桐
WANG, FO SU 王佛苏 **(1907-1957)**

Jiao, Wei qin 焦尾琴
HUAN, XIANG 宦乡 **(1909-1989)**

Jiao, Wen pin 焦闻频
JIAO, WEN PING 焦文平 **(1940-)**

JIAO, WEN PING 焦文平 **(1940-)**
Jiao, Wen pin 焦闻频
Wen, Pin 闻频

Jiao xuan 斠玄
CHEN, ZHONG FAN 陈钟凡 **(1888-1982)**

JIAO, YAN FENG 焦巖峰 **(1932-)**
Cun fu 村夫

Jiao ye 蕉叶
YE, SHOU GAN 叶寿淦 **(1929-)**

Jiao ye 蕉椰
WANG, YONG 王勇 **(1966-)**

JIAO, YI FU 焦毅夫 **(1919-)**
Qiao fu 樵夫

Jiao ying 皎影
HUANG, WEN XIANG 黄文湘 **(1925-)**

JIAO, YU JIAN 矫玉健 **(1951-)**
Jiao, Jian 矫健

Jiao, Yu wen 焦雨闻
WU, HUAI SHENG 吴淮生 **(1929-)**

JIAO, YU YUAN 焦玉元 **(1936-)**
Jiao, Yuan 焦原

JIAO, YU ZHANG 矫玉璋 **(1928-)**
Xiao, Lin 肖琳

Jiao, Yuan 焦原
JIAO, YU YUAN 焦玉元 **(1936-)**

Jiao yuan 蕉园
ZHANG, RU ZHAO 张汝钊 **(1900-)**

Jiao zhu zhe 校注者
YE, SHAO JUN 叶绍钧 **(1894-1988)**

Jie 介
LI, LI SAN 李立三 **(1899-1967)**

Jie 劫
SONG, JIAO REN 宋教仁 **(1882-1913)**

Jie 杰
FANG, HAO 方豪 **(1910-1980)**

Jie 杰
BAO, YAO MING 鲍耀明 **(1920-)**

Jie 洁
CHENG, JUN 成骏 **(1916-1983)**

Jie 洁
XU, JUE MIN 许觉民 **(1921-)**

Jie 偈
WU, WO YAO 吴沃尧 **(1867-1910)**

Jie, Ai 揭哀
JIE, XIANG LIN 揭祥麟 **(1926-)**

Jie an 节庵
LIANG, DING FEN 梁鼎棻 **(1859-1920)**

Jie an 戒菴
LI, BAO XUN 李葆恂 **(1859-1915)**

Jie an 洁庵
LIANG, DING FEN 梁鼎棻 **(1859-1920)**

Jie chao 睫巢
SHEN, JUN YE 沈钧业 **(1884-1951)**

Jie chen 洁尘
ZENG, MIN ZHI 曾敏之 **(1917-)**

Jie chun 介春
HUANG, JIANG 黄江 **(1927-)**

Jie chun 接春
ZHANG, QIN LONG 张琴龙

Jie cun 洁寸
ZENG, GUANG XUN 曾广勋

Jie, Fu 揭腐
LI, QUN JIE 李群杰 **(1912-)**

Jie fu 介夫
TAN, ZUO MIN 谭作民 **(1887-1974)**

Jie fu 介夫
ZHANG, HONG BO 张洪波 **(1956-)**

Jie fu 介福
ZHOU, JIE FU 周介福 **(1910-1982)**

Jie fu 劫夫
LI, YUN LONG 李云龙 **(1913-1976)**

Jie fu 戒甫
TAN, ZUO MIN 谭作民 **(1887-1974)**

Jie fu 杰夫
LU, DAN LIN 陆丹林 **(1898-1972)**

Jie fu 杰夫
LI, QUN JIE 李群杰 **(1912-)**

Jie fu 洁夫
XIAO, BING QIAN 萧秉乾 **(1910-1999)**

Jie fu 洁父
XIAO, BING QIAN 萧秉乾 **(1910-1999)**

Jie fu 解缚
LI, WEN TAO 李文涛 **(1880-1942)**

Jie gang 颉刚
GU, JIE GANG 顾颉刚 **(1893-1980)**

Jie gong 介公
GAO, GUI 高圭 **(1898-)**

Jie han 洁寒
PENG, ZUO YU 彭作雨 **(1922-)**

Jie hou yu sheng 劫后余生
XU, YUN QIAO 许云樵 **(1905-1981)**

Jie hua 洁华
LI, GUI SHENG 李桂生 **(1904-1948)**

Jie hua 捷华
MU, JIE HUA 穆捷华

Jie hui 劫灰
YAO, ZHI QIANG 姚志强 **(1880-1915)**

Jie jie 孑孑
ZHANG, XIANG DING 张象鼎 **(1899-1992)**

Jie jue 解觖
DONG, LIAN SHENG 董连生 **(1952-)**

Jie ke 杰克
XU, JIE 许杰 **(1901-1993)**

Jie ke 洁可
SHEN, DUAN XIAN 沈端先 **(1900-1995)**

Jie ke 捷克
LUO, YUAN WEN 罗源文 **(1928-)**

Jie ke 傑克
HUANG, TIAN SHI 黄天石 **(1898-1983)**

Jie liang 介亮
LIAN, XING ZI 连兴梓 **(1909-)**

Jie ling lao ren 揭岭老人
LIU, CHANG CHAO 刘昌潮 **(1907-)**

Jie liu 节流
WANG, JIE LIU 王节流 **(1944-)**

Jie lou zhu ren 孑楼主人
LIN, XUE HENG 林学衡 **(1898-1941)**

Jie lu xian sheng 介庐先生
GAO, GUI 高圭 **(1898-)**

Jie lü 结绿
LING, GUANG QIAN 凌光谦

Jie lun 傑伦
LIAO, JIN HUA 廖金华 **(1938-)**

Jie mei 介眉
DENG, YONG CHANG 邓永昌

Jie mei 介眉
LU, YU LIN 卢玉琳

Jie mei 芥梅
DENG, YONG CHANG 邓永昌

Jie mei 洁梅
GU, FENG CHENG 顾凤城 **(1908-1940)**

Jie mei gu niang 洁梅姑娘
GU, FENG CHENG 顾凤城 **(1908-1940)**

Jie mei nü shi 洁梅女士
GU, FENG CHENG 顾凤城 (1908-1940)

Jie min 孑民
CAI, YUAN PEI 蔡元培 (1868-1940)

Jie min 介民
XUE, JIE MIN 薛介民

Jie min 洁泯
XU, JUE MIN 许觉民 (1921-)

Jie ni 杰泥
YUAN, GUANG MEI 袁光楣 (1916-1982)

Jie qing 介青
CHU, TU NAN 楚图南 (1899-)

Jie qun 结群
LEI, JIE QIONG 雷洁琼 (1905-)

Jie ran 洁然
XIAO, JIE RAN 萧洁然 (1945-)

Jie ren 介人
CUI, JIE 崔介 (1909?-)

Jie ren 劼人
LI, JIE REN 李劼人 (1891-1962)

Jie ren 杰人
FANG, HAO 方豪 (1910-1980)

Jie ren 杰人
QIAN, ZHONG WEN 钱中文 (1932-)

Jie ren 傑仁
GONG, YING DE 弓英德 (1909-)

Jie ru 芥茹
CAO, CHUAN MEI 曹传美 (1914-1993)

Jie ru 洁如
LI, JIE RU 黎洁如

Jie san 杰三
ZHANG, JING HAO 张景豪 (1913-)

Jie sen 杰森
FENG, ZHAO CHANG 冯兆昌 (1936-1975)

Jie shan guan 借山馆
QI, HUANG 齐璜 (1864-1957)

Jie shan guan zhu zhe 借山馆主者
QI, HUANG 齐璜 (1864-1957)

Jie shan lao ren 借山老人
QI, HUANG 齐璜 (1864-1957)

Jie shan lao sou 借山老叟
QI, HUANG 齐璜 (1864-1957)

Jie shan weng 借山翁
QI, HUANG 齐璜 (1864-1957)

Jie, shan yin guan 借山吟馆
QI, HUANG 齐璜 (1864-1957)

Jie shan yin guan zhu 借山吟馆主
QI, HUANG 齐璜 (1864-1957)

Jie shan yin guan zhu zhe 借山吟馆主者
QI, HUANG 齐璜 (1864-1957)

Jie sheng 介生
WU, ZHONG YU 乌钟毓 (1894-1965)

Jie shi 介石
WU, TIAN MIN 吴天民

Jie shou 玠守
LIN, JIE ZONG 林玠宗

Jie si 捷丝
MO, YI HUI 莫仪慧

Jie sun 介孙
ZHOU, ZUO REN 周作人 (1885-1967)

Jie tuo 解脱
LI, WEN TAO 李文涛 (1880-1942)

Jie tou xie zhen shi 街头写真师
GUO, QIU SHENG 郭秋生 (1904-1980)

Jie wei 介维
LI, LI SAN 李立三 (1899-1967)

Jie weng 介翁
GAO, GUI 高圭 (1898-)

Jie xi 杰西
ZHU, REN JIAN 朱仁健 (1913-1983)

JIE, XIANG LIN 揭祥麟 (1926-)
Jie, Ai 揭哀
Jie, Yu sheng 揭余生
Tao, Tai 陶汰

Jie, Xiao 揭晓
ZHOU, LI ZHANG 周礼章 (1932-)

Jie xiao 杰晓
WANG, JI XIAO 王基孝 (1930-)

Jie xin 洁心
WANG, WEN YI 王文漪 (1914-)

Jie ya 结崖
SHI, SHI YUAN 石诗元 (1928-)

Jie, Yang ke 揭扬客
ZHANG, ZI SHEN 张子深 (1939-)

Jie yang ling qiao zhe 揭阳岭樵者
WU, PEI LIN 吴沛霖 (1889?-)

Jie yi 孑一
MA, QIAN MU 马千木 (1915-)

Jie yi 孑遗
CHEN, RU JIU 陈如旧 (-1983)

Jie yu 劫余
MA, QIAN MU 马千木 (1915-)

Jie yu 玠瑜
GAO, JIE YU 高玠瑜 (1939-)

Jie yu 洁玉
KUANG, YA MING 匡亚明 (1906-)

Jie, Yu sheng 揭余生
JIE, XIANG LIN 揭祥麟 (1926-)

Jie yu weng 接舆翁
LU, DAN LIN 陆丹林 (1898-1972)

Jie yuan 介园
GAO, BAI SHI 高拜石 (1901-1969)

Jie zhi 洁之
XIA, JI DIAN 夏基甸 (1928-)

Jie zhi 洁志
HUANG, JIN LUAN 黄锦銮 (1918-)

Jie zhou 芥舟
GUO, QIU SHENG 郭秋生 (1904-1980)

Jie zhou sheng 芥舟生
GUO, QIU SHENG 郭秋生 (1904-1980)

Jie zhu 介主
LI, LI SAN 李立三 (1899-1967)

Jie zi 介子
GAO, GUI 高圭 (1898-)

Jie zi 介兹
WU, SHOU FU 吴受福

Jie zi 芥子
XU, HAO RAN 许浩然 (1924-)

Jie zi 芥子
CHU, DA HONG 储大泓 (1927-)

Jie zi 劼子
HAN, SHANG KUAN 韩尚宽 (1913-)

Jin 仅
TIAN, ZHONG JI 田仲济 (1907-)

Jin 今
KONG, LING JUN 孔令俊 (1904-1972)

Jin 金
LI, YAO TANG 李尧棠 (1904-)

Jin 晋
LIANG, QI CHAO 梁启超 (1873-1929)

JIN, AI QIN 金爱钦 (1954-)
Qian qian li ya 茜茜丽亚

JIN, AN QING 金安清
Ban ye lou 半野楼
Gong tong su guan 宫同苏馆
Jin, Mei sheng 金眉生
Liu xing weng 六幸翁
Ou yuan 偶园
Ou yuan 耦园
Pu bei nan xuan 曝背南轩

Jin, Ba 金跋
ZOU, FANG FANG 邹放放

Jin, Bai jin 金白巾
LIN, WEN JIN 林文锦 (1948-)

Jin bang ju shi 金榜居士
WU, SHAO BAO 吴绍葆 (1925-)

JIN, BAO GUANG 金葆光
Bao guang 葆光
Jin, Ti qian 金體乾

JIN, BAO PING 靳保平 (1955-)
Bo ping 泊平

JIN, BAO QIN 金宝琴 (1907-)
Wang, Ying xia 王映霞

Jin, Bei 金贝
LIU, YAN FU 刘延甫

Jin, Ben 金本
LI, JIN BEN 李金本 (1942-)

JIN, BI WEN 金必文
Chun sheng 春生

Jin, Bing 金冰
XIONG, SHU LONG 熊述隆 (1944-)

Jin, Bing ruo 金冰若
PAN, LIAN SHENG 潘连升 (1913-)

Jin, Bing xuan 靳兵煊
JIN, BING XUAN 靳秉选 (1931-)

JIN, BING XUAN 靳秉选 (1931-)
Jin, Bing xuan 靳兵煊

Jin, Bo 金帛
LIANG, JIN XIU 梁锦秀 (1953-)

Jin, Bo 金波
LIU, TONG JU 刘通矩 (1921-)

Jin, Bo 金波
WANG, JIN BO 王金波 (1935-)

Jin bo 禁波
CHEN, JIN BO 陈锦波

Jin bo 锦波
XIE, JIN BAO 谢进保 (1938-)

Jin, Bo zhen 金伯貞

JIN, QING YAN 金庆棪 **(1880-1932)**

Jin, Bu huan 金不换
JIN, XIONG BAI 金雄白 **(1903-1985)**

Jin, Bu huan 金不换
CHEN, CI YUAN 陈次园

Jin, Cai 金才
WANG, JIU RU 王九如 **(1892-1968)**

Jin, Cai 金采
SUN, JI CAI 孙继才 **(1946-)**

Jin cai 进才
LIU, ZHAN YING 刘战英 **(1943-)**

Jin cai 晋才
LIU, ZHAN YING 刘战英 **(1943-)**

Jin, Can 金灿
JIN, FO ZHUANG 金佛庄 **(1897-1926)**

Jin, Can ran 金灿然
JIN, XIN SHENG 金心声 **(1913-1972)**

Jin, Cao 金草
LIANG, JIA LUO 梁佳萝 **(1931-)**

JIN, CHANG JIE 金昌杰 **(1911-)**
Huang, Jin xing 黄金星
Qiu, Su 秋素

JIN, CHANG ZHENG 金常政 **(1929-)**
Chang, Zheng 常政

Jin, Chao 金朝
CHEN, WEN WEI 陈文威 **(1948-)**

JIN, CHAO HONG 金朝虹 **(1951-)**
Jin, Hong 金虹
Yi fan 猗蘩

Jin, Chen 金宸
JIN, CHENG FU 金诚夫 **(1897-1981)**

Jin, Cheng 金城
JIN, TIAN HE 金天翮 **(1874-1947)**

Jin, Cheng 金城
GUO, LIANG XIN 郭梁信 **(1926-)**

Jin, Cheng 金城
XU, WAN CHENG 许晚成

Jin, Cheng 晋城
ZHANG, WU DE 张武德 **(1936-)**

JIN, CHENG FU 金诚夫 **(1897-1981)**
Dong xin 冬心
Jin, Chen 金宸

JIN, CHENG HUI 金成辉 **(1933-1990)**
Bai, Jin 白金

JIN, CHENG JUN 金成钧 **(1918-)**
Da jian 达艱
Li, Ming hua 李明华
Zhang, Fei 张非
Zhang, Ming ru 张明如

JIN, CHENG ZAI 金承栽 **(1910-1936)**
Ba, Lai 巴來
Jian 剑
Jian shuo 健碩
Jian xiao 剑啸
Jin, Jian shuo 金健碩
Jin, Jian xiao 金剑啸
Jin, Meng chen 金梦塵
Jin, Pei zhi 金培之
JK
Liu, Qian 柳倩
Meng chen 梦塵
Sabajou
Sabjan
Wu ming 无名

Jin chi 斤斥
WANG, KUN 王琨 **(1940-)**

Jin, Chi feng 金赤峰
LI, XIU YE 李修业 **(1915-)**

Jin, Chuan 金川
HUANG, JIN CHUAN 黄金川 **(1907-1990)**

Jin, Chuan 金川
ZHANG, WU 张武 **(1938-)**

Jin chuan 晋川
FAN, JIN CHUAN 范晋川 **(1953-)**

Jin, Chun 靳春
WANG, YOU REN 王有仁 **(1947-)**

JIN, CHUN BIN 金纯斌 **(1913-)**
Ban jin 半斤
Fei ying 吠影
Hei, Meng bai 黑梦白
Jin, Shan 金閃
Jin, Tang 金湯
Lao ma 老马
Tian, Bing 田兵
Xiao chui 小槌
Yi, Shui 易水

JIN, CHUN FENG 金春峰 **(1935-)**
Ge feng 革鋒
Jin, Fu chun 金富春
Yi shi 益石

JIN, CHUN JI 金淳基
Chang, Chang 常常

JIN, CHUN LIN 金春林 **(1942-)**
Jin, Chun mu 金春木

JIN, CHUN LIN 金春麟 **(1940-)**
Chai, Sang 柴桑
Jin, Tao 金涛

Jin, Chun mu 金春木
JIN, CHUN LIN 金春林 **(1942-)**

Jin, Cui 金翠
LI, JIN CUI 李金翠 **(1936-)**

Jin, Da bai 金大白
LIU, BIN YAN 刘宾雁 **(1925-)**

JIN, DA KAI 金达凯 **(1924-)**
Jin, Gu 金谷
Si tu, Min 司徒敏

JIN, DA YING 靳大鹰 **(1951-)**
Da ying 大鹰

Jin, Dai 金岱
HU, JING DAI 胡经代 **(1953-)**

JIN, DAI XI 金戴熹 **(1934-)**
Jin, Heng jie 金恒杰

Jin, Dao 金刀
SUN, SHAO ZU 孙绍祖 **(1926-)**

Jin, Dao 金刀
ZHANG, ZUO JIN 张作锦 **(1932-)**

Jin, Dao 金刀
JIANG, HE 江河

JIN, DE CHENG 金德成 **(1918-)**
Chen, Ru ying 陈乳婴
Jin, De cun 金德村
Jin, Di 金蒂
Jin, Fu ting 金福庭
Jin, Ge 金哥
Jin, Jiang han 金江寒
Liang, Fu 梁父
Liang, Fu yin 梁父吟
Liang, Sou 梁叟
Liang, Ying 梁婴
Liu, Guo 刘过
Liu, Guo fu 刘过夫
Liu, Jin di 刘金蒂
Liu, Ru li 刘如梨
Liu, Ye bei 刘也悲
Xu, Ban 徐半
Ye, Bei 叶悲
Ye bei 也北
Ye, Fei 叶飞

Jin, De cun 金德村
JIN, DE CHENG 金德成 **(1918-)**

JIN, DE LIN 金德邻 **(1910-1983)**
Jin, Yan 金飏

Jin, De ming 金德明
JIN, YAO RU 金尧如 **(1923-)**

JIN, DE PEI 金德培 **(1943-)**
Jin, Gu 金谷

JIN, DE WAN 金得万 **(1940-)**
Jin, Yi 金艺

Jin, Di 金笛
ZHU, ZHAO XUE 朱兆雪 **(1937-)**

Jin, Di 金蒂
JIN, DE CHENG 金德成 **(1918-)**

Jin, Di 金镝
YIN, JING JUN 尹景军 **(1949-)**

Jin, Dian chen 金甸臣
JIN, RONG JING 金蓉镜 **(1856-1930)**

Jin, Ding 金丁
WANG, LIN XI 汪林锡 **(1909-)**

Jin ding 晋丁
LI, CHUN SHENG 李春生 **(1931-)**

Jin dong 今冬
ZHANG, JIN DONG 张金栋 **(1944-)**

Jin dong 缙冬
GUAN, JIN DONG 官晋东 **(1957-)**

JIN, DONG HU 金东湖 **(1934-)**
Jin, Hu 金湖
Jin, Wen 金文

Jin dou jie zi 金斗节仔
ZHANG, HAN CHENG 张汉城 **(1923-)**

Jin, Du 金都
HE, ZHI YUN 何志云 **(1950-)**

Jin, Dun 金盾
HE, MING GUANG 贺明广 **(1945-)**

Jin, Duo 金铎
SHEN, BAO JI 沈宝基 **(1908-)**

JIN, EN HUI 金恩晖 **(1938-)**
Bi, Ji wen 毕及文
Ding, Ming 丁名
Guang jun 光军
Jin, Guang 金光
Jin guang 今光
Jin, Hui 金晖
Jin, Hui 金辉
Jin hui 今挥

Jin, Fa 金发
LI, JIN FA 李金发 **(1900-1976)**

Jin, Fa 金髮
LI, JIN FA 李金发 **(1900-1976)**

Jin, Fan 金帆
LUO, GUO REN 罗国仁 **(1916-)**

Jin, Fan 金帆
XU, CHUN YUAN 徐纯原 **(1943-)**

Jin, Fang 金芳
ZENG, ZE SEN 曾泽森

Jin, Fen 金棻
JIN, SHU FEN 金树芬 **(1895-)**

Jin fen 近芬
ZHANG, JIN FEN 张近芬 **(-1940)**

Jin fen nü shi 近芬女士
ZHANG, JIN FEN 张近芬 **(-1940)**

Jin, Feng 金风
FAN, HUA SHENG 范华生 **(1917-)**

Jin, Feng 金凤
JIANG, LI JUN 蒋励君 **(1928-)**

Jin, Feng 金枫
JIN, YU HAI 金玉海 **(1926-1968)**

Jin, Feng 金枫
CHEN, JIN FANG 陈锦芳

Jin, Feng 金锋
CHEN, YI PING 陈奕萍 **(1935-)**

Jin feng 今风
HUANG, JIN SHENG 黄今声 **(1935-)**

JIN, FO ZHUANG 金佛庄 **(1897-1926)**
Fo zhuang 佛庄
Jin, Can 金灿

Jin, Fu 金夫
WANG, HONG JUN 王洪钧 **(1922-)**

Jin, Fu 金夫
QIAN, GUANG PEI 钱光培 **(1939-)**

Jin, Fu 金父
GU, DE LONG 顾德隆 **(1903-1965)**

Jin fu 今甫
YANG, ZHEN SHENG 杨振声 **(1890-1956)**

Jin fu 今甫
WANG, XIN FU 王新甫 **(1902-)**

Jin, Fu chun 金富春
JIN, CHUN FENG 金春峰 **(1935-)**

Jin, Fu ting 金福庭
JIN, DE CHENG 金德成 **(1918-)**

Jin, Gan 金干
ZHOU, CHENG SHU 周承澍 **(1902-1983)**

Jin, Gang jian 金刚剑
ZHANG, MAN TAO 张曼涛

Jin, Gang shi 金刚石
HUA, YU MEN 华于门 **(1928-)**

Jin, Ge 金戈
QIAN, YA XIN 钱亚新 **(1903-1990)**

Jin, Ge 金戈
XU, ZHU CHENG 徐铸成 **(1907-1991)**

Jin, Ge 金戈
JU, XIAO MING 鞠孝铭 **(1912-)**

Jin, Ge 金戈
YE, LIN SHENG 叶霖生 **(1914-)**

Jin, Ge 金戈
LI, JIN YI 李金彝 **(1915-)**

Jin, Ge 金戈
GUO, JIA GUI 郭嘉桂 **(1919-)**

Jin, Ge 金戈
FEI, QI 费启 **(1919-)**

Jin, Ge 金戈
JIN, YU MIN 金玉民 **(1922-)**

Jin, Ge 金戈
JIN, ZHEN HUA 金振华 **(1930-)**

Jin, Ge 金戈
QIAN, JIAN YING 钱剑英 **(1932-)**

Jin, Ge 金戈
QIAN, PEI HENG 钱佩衡 **(1936-)**

Jin, Ge 金戈
QIAN, GUANG PEI 钱光培 **(1939-)**

Jin, Ge 金戈
SUN, JING QUAN 孙景全 **(1940-)**

Jin, Ge 金戈
WANG, CHENG CAI 王成才 **(1940-)**

Jin, Ge 金戈
WANG, FENG CHANG 王凤长 **(1941-)**

Jin, Ge 金戈
ZHANG, JIN HUI 张金惠 **(1943-)**

Jin, Ge 金戈
ZHANG, ZHU FENG 张祝丰 **(1951-)**

Jin, Ge 金戈
GUO, JUN 郭军 **(1960-)**

Jin, Ge 金戈
PENG, GUO XIONG 彭国雄

Jin, Ge 金哥
JIN, DE CHENG 金德成 **(1918-)**

Jin, Ge 靳戈
QIAN, SHAN XING 钱善行 **(1935-)**

Jin, Ge 靳革
LI, ZHENG ZHONG 李正中 **(1921-)**

Jin ge 晋戈
WANG, XIANG CHEN 王向臣 **(1952-)**

JIN, GENG SHI 金庚石 **(1937-)**
Jin, Shi 金石
Shi, Wen 石文

Jin, Gong 金弓
ZHANG, XING CHUN 张兴春 **(1927-)**

Jin, Gong 金弓
ZHONG, DAI HUA 钟代华 **(1963-)**

JIN, GONG LIANG 金公亮
Shen, Kai 沈恺

Jin, Gu 金谷
JIN, DA KAI 金达凯 **(1924-)**

Jin, Gu 金谷
JIN, DE PEI 金德培 **(1943-)**

Jin guan cheng ren 锦官城人
ZHONG, ZI FAN 钟子凡 **(1924-1987)**

JIN, GUAN SHAN 靳冠山 **(1933-)**
An, Yan 安燕

Jin, Guan zhen 金貫真
JIN, JIA JI 金家济 **(1902-1930)**

Jin, Guang 金光
JIN, EN HUI 金恩晖 **(1938-)**

Jin guang 今光
JIN, EN HUI 金恩晖 **(1938-)**

JIN, GUANG MEI 金光楣
Guang mei 光美

Jin, Guang ping 金光平
JIN, HENG XU 金恒煦 **(1899-1966)**

JIN, GUANG YAO 金光耀 **(1902-1966)**
Jin, Xiao tian 金小天
Xiao tian 小天

Jin, Guo 金国
MIAO, WEN WEI 缪文渭 **(1915-)**

Jin, Guo 金果
WEI, CANG SHI 魏沧石 **(1928-)**

JIN, GUO BAO 金国宝 **(1894-1963)**
Jin, Lü qin 金侣琴

JIN, GUO ZHENG 金国正 **(1942-)**
Da yong 大勇

Jin hai 津海
YU, JIN HAI 余金海 **(1941-)**

Jin, Hai yan 金海燕
JIN, HAI ZHEN 金海镇 **(1927-)**

JIN, HAI ZHEN 金海镇 **(1927-)**
Jin, Hai yan 金海燕

Jin, Han 金汉
CHEN, CHANG QUN 陈长群 **(1955-)**

Jin, Han 金寒
HUANG, KE QUAN 黄克全 **(1952-)**

Jin hao 晋豪
YANG, JIN HAO 杨晋豪 **(1910-)**

Jin, He 金禾
GONG, QIN KE 宫钦科 **(1927-)**

Jin, He 金河
XU, HONG ZHANG 徐鸿章 **(1943-)**

Jin, He shui 金河水
CHEN, JIN SHUI 陈金水 **(1938-)**

Jin, Heng jie 金恒杰
JIN, DAI XI 金戴熹 **(1934-)**

JIN, HENG XU 金恒煦 **(1899-1966)**
Jin, Guang ping 金光平

Jin, Hong 金洪
GUO, JIN HONG 郭锦洪

Jin, Hong 金虹
CAI, YI ZHONG 蔡义忠 **(1924-)**

Jin, Hong 金虹
JIN, CHAO HONG 金朝虹 **(1951-)**

JIN, HONG 金红
Xiao mei 晓梅

Jin, Hong 靳洪
JIN, HONG MING 靳洪铭 **(1927-)**

JIN, HONG DA 金宏达 **(1944-)**
Shi, Han ren 时汉人

JIN, HONG MING 靳洪铭 **(1927-)**
Jin, Hong 靳洪

JIN, HONG WEI 金红炜 **(1950-)**
Jing, Lin 景林

Jin, Hu 金湖
JIN, DONG HU 金东湖 **(1934-)**

Jin, Hua 金华
CAO, BO HAN 曹伯韩 **(1897-1959)**

Jin, Hua 金华
YANG, YA NING 杨亚宁

Jin, Hui 金晖
JING, CHONG DI 荆重第 **(1932-)**

Jin, Hui 金晖
JIN, EN HUI 金恩晖 **(1938-)**

Jin, Hui 金晖
FENG, JIN HUI 冯金晖 **(1958-)**

Jin, Hui 金辉
JIN, EN HUI 金恩晖 **(1938-)**

JIN, HUI 金辉 **(1954-)**
Xiao jin 晓今

Jin, Hui 金惠
PI, JIN KUN 皮锦坤 **(1947-)**

Jin hui 今挥
JIN, EN HUI 金恩晖 **(1938-)**

Jin hui 锦晖
LI, JIN HUI 黎锦晖 **(1891-1967)**

JIN, HUI MIN 靳惠民 **(1939-)**
Jun jie 俊杰

Jin, Hui ming 靳晖明
JIN, HUI MING 靳辉明 **(1934-)**

JIN, HUI MING 靳辉明 **(1934-)**
Jin, Hui ming 靳晖明
Jin, Kui 靳夔
Ma, Yan 马岩

Jin, Hui wu 金惠吾
WANG, KAI JING 汪开竞 **(1912-1976)**

Jin, Ji he 金季鹤
JIN, ZHI XIONG 金芝雄 **(1899-)**

Jin, Ji si 金济思
PENG, ZE YI 彭泽益

Jin, Ji yao 金继尧
JIN, XING YAO 金性尧 **(1916-)**

Jin, Ji zi 金季子
LIU, YAN LING 刘延陵 **(1895-1988)**

JIN, JIA BAO 靳家保 **(1926-)**
Jiang, Xiao tian 江晓天
Jin, Wei min 靳蔚民
Wei min 蔚民
Yi min 宜民

JIN, JIA JI 金家济 **(1902-1930)**
Jin, Guan zhen 金貫真

JIN, JIA JI 金家骥 **(1932-)**
Lin, Pu 林樸

JIN, JIA QI 金家骐 **(1922-)**
Ma, Qi 马其

JIN, JIAN 金坚 **(1941-)**
Jin, Jian 金剑

Jin, Jian 金剑
JIN, YU HAI 金玉海 **(1926-1968)**

Jin, Jian 金剑
CUI, YAN KUN 崔焰焜 **(1932-)**

Jin, Jian 金剑
JIN, JIAN 金坚 **(1941-)**

Jin, Jian 金鉴
ZHENG, ZHUO QUN 郑卓群 **(1913-1942)**

Jin, Jian 金箋
QIAN, JIAN WU 钱健吾 **(1923-1947)**

Jin, Jian 金箭
ZHENG, ZHUO QUN 郑卓群 **(1913-1942)**

Jin, Jian 金鑑
ZHU, ZONG BIN 朱宗彬 **(1913-1937)**

JIN, JIAN 靳鉴 **(1928-)**
Jing, Sheng 荆生
Shi, Chi 石癡

JIN, JIAN CHU 金建楚 **(1954-)**
Shan li ren 山里人

JIN, JIAN LING 金建陵 **(1953-)**
Jian ling 建瓴
Yu tu 丰阜

Jin, Jian shuo 金健碩
JIN, CHENG ZAI 金承栽 **(1910-1936)**

Jin, Jian xiao 金剑啸
JIN, CHENG ZAI 金承栽 **(1910-1936)**

JIN, JIAN ZHI 金践之 **(1930-)**
Fu chun 甫春
Jian zhi 践之
Jin, Jun 金俊
Yu gong 渔公

Jin, Jiang 金江
JIN, ZHEN HAN 金振汉 **(1923-)**

Jin jiang 晋江
LI, ZUO XIANG 李作祥 **(1934-)**

Jin jiang 锦江
WANG, SHI LANG 王诗琅 **(1908-1984)**

Jin, Jiang han 金江寒
JIN, DE CHENG 金德成 **(1918-)**

Jin, Jie 金皆
WANG, KAI 王锴 **(1942-)**

Jin, Jin 金近
JIN, ZHI WEN 金知温 **(1915-1989)**

Jin, Jin 金津
SHAO, QUAN JIAN 邵全建 **(1926-)**

JIN, JIN MING 金锦明 **(1927-)**
Sha, Jin 沙金

Jin, Jing 金菁
JIANG, YIN AN 蒋荫安 **(1939-)**

Jin, Jing 金晶
OU YANG, JING 欧阳晶 **(1920-)**

Jin, Jing an 金静庵
JIN, YU FU 金毓黻 **(1887-1962)**

JIN, JING CHANG 金经昌 **(1910-)**
Jin, Shi sheng 金石声

Jin, Jing mu 金竞木
TAO, JING ZHI 陶敬之 **(-1948)**

Jin, Jun 金军
LIU, DING HAN 刘鼎汉 **(1910-)**

Jin, Jun 金俊
JIN, JIAN ZHI 金践之 **(1930-)**

Jin jun 晋军
LIU, CAI ZHOU 刘才洲 **(1921-1970)**

JIN, JUN SHENG 金骏声 **(1934-)**
Xiao sheng 晓声

JIN, KAI CHENG 金开诚 **(1932-)**
Jin, Shen xiong 金申熊

Jin, Kai he 金凯荷
ZENG, GUO ZHEN 曾国珍 **(1902-1971)**

Jin, Kan 金侃
JIN, YAO RU 金尧如 **(1923-)**

Jin kang 晋康
CAI, BO FEN 蔡伯芬

Jin, Kao long 金铐龙
ZHONG, DIAN FEI 钟惦棐 **(1919-1987)**

JIN, KE JIAN 金克剑 **(1948-)**
Xi fang zi 西方子

JIN, KE JUN 金克浚 **(1927-)**
Yue, Sheng 越声

JIN, KE MU 金克木 **(1912-)**
Xin, Zhu 辛竹
Zhi mo 止默

Jin, Keng 金铿
CHENG, XIAO QING 程小青 **(1893-1976)**

Jin, Kuang shi 金匡时
LIU, GUANG ZHI 刘光帜 **(1926-)**

Jin, Kui 靳夔
JIN, HUI MING 靳辉明 **(1934-)**

Jin, Lai zi 金濑子
JIANG, DAN SHU 姜丹书 **(1885-1962)**

Jin, Lei 金蕾
JIANG, MU 姜穆 **(1929-)**

Jin, Li 金力
KANG, ZUO XIN 康作鑫 **(1954-)**

Jin, Li 金黎
MA, JIN SHENG 马金声 **(1949-)**

JIN, LI HUA 金丽华 **(1953-)**
Jin, Ye 金叶

Jin li lai 晋利来
LIU, YONG NIAN 刘永年 **(1931-)**

JIN, LI MING 金力明 **(1955-)**
Qing tou jin 青頭巾

Jin, Li sheng 金礼生
TANG, CHENG QING 唐承庆 **(1917-)**

JIN, LI WU 金力吾 **(1921-)**
Tong 仝

JIN, LI XIU 金立修
Zhi feng 質风

Jin, Li yin 金立因
QIAN, XUAN TONG 钱玄同 **(1887-1939)**

Jin lian 锦连
CHEN, JIN LIAN 陈金连 **(1927-)**

Jin, Liang 金良
WU, JIN LIANG 吴金良 **(1955-)**

JIN, LIANG 金梁 **(1878-1962)**
Bu xi lao ren 不息老人
Dong hua jiu shi 東华旧史
Dong lu 東庐
Gua pu 瓜圃
Yi xi lao ren 一息老人

Jin liang 津凉
CAI, JIN LIANG 蔡金凉

Jin, Lin 金林
JING, YOU LIN 荆有麟 **(1903-1951)**

Jin, Lin 金林
LIU, ZHI WEI 刘志伟 **(1949-)**

Jin, Ling 金陵
WANG, ZI YING 王自英 **(1918-)**

Jin, Ling 金陵
XIAN, DE HUI 冼德慧 **(1928-)**

Jin, Ling 金陵
XIE, ZHEN DONG 谢振东 **(1930-)**

Jin, Ling 金陵
LIANG, JUN 梁骏 **(1933-)**

Jin, Ling 金陵
YE, CHUN LIANG 叶纯良

Jin ling 锦铃
HU, DAO JING 胡道静 **(1913-)**

Jin ling xia gong 晋陵下工
DING, FU BAO 丁福保 **(1874-1952)**

Jin, Ling zi 金铃子
WU, MING GAO 伍鸣皋 **(1930-)**

Jin, Ling zi 金铃子
WU, YAN LING 伍雁铃

Jin, Liu 金柳
YAN, LI JUAN 阎丽娟 **(1948-)**

Jin, Liu 金溜
TAO, JING ZHI 陶敬之 **(-1948)**

Jin, Long 靳珑
ZHANG, YAO HUI 张耀辉 **(1943-)**

JIN, LONG XIE 金龙燮 **(1932-)**
Bai chuan 百川
Guang mang 光芒
Jin, Zhe 金哲

Jin, Lu 金鹿
LU, XIANG GAN 陆象淦 **(1938-)**

Jin, Lü 金缕
ZHANG, BO ZHEN 张伯祯 **(1877-1947)**

Jin, Lü qin 金侣琴
JIN, GUO BAO 金国宝 **(1894-1963)**

JIN, LÜ XIA 金吕夏 **(1944-)**
Ban chi ren 半痴人
Xiao xia 小夏

Jin, Luo hua 金洛华
JIN, ZHEN HAN 金振汉 **(1923-)**

Jin, Ma 金马
LÜ, ZHI YI 吕志伊 **(1882-1942)**

Jin, Ma 金马
DING, JIA SHU 丁嘉树 **(1907-1990)**

Jin, Ma 金马
MA, ZE NAN 马泽南 **(1919-1980)**

Jin, Ma 金马
YANG, SEN 杨森 **(1930-1954)**

Jin man 锦蛮
DUAN, KE QING 段可情 **(1899-)**

JIN, MAN CHENG 金满成 **(1900-1971)**
Dong lin 冬林
Dong lin 東林
Gao, Shan 高山
Qiu, Yang 秋羊
Xiao jiang ping 小江平
Xu, You 许由

Jin, Mang 金芒
JIN, QUAN CAI 金全才 **(1927-)**

Jin, Mao 金卯
LIU, CHANG SHENG 刘长胜 **(1903-1967)**

Jin, Mei 金梅
SHEN, JIN MEI 沈金梅 **(1936-)**

Jin mei 尽美
WANG, RUI JUN 王瑞俊 **(1898-1925)**

Jin mei 烬梅
WANG, RUI JUN 王瑞俊 **(1898-1925)**

Jin, Mei sheng 金眉生
JIN, AN QING 金安清

JIN, MEI SHENG 金梅生 **(1902-)**
Mei, Sheng 梅生
Shi heng 世亨
Shi, Mo 石摩

Jin, Men 金门
HU, REN JIE 胡人杰 **(1880-1926)**

Jin men 津门
CHEN, YU GAN 陈毓淦 **(1917-)**

Jin, Meng chen 金梦麈
JIN, CHENG ZAI 金承栽 **(1910-1936)**

Jin, Meng xing 金孟星
DU, PENG LAI 杜蓬莱 **(1920-)**

Jin, Miao 金苗
HUANG, JIN SHENG 黄金声 **(1939-)**

JIN, MIN 靳敏 **(1968-)**
Sui yuan 随缘

Jin min 仅民
TIAN, ZHONG JI 田仲济 **(1907-)**

Jin, Ming 金名
WANG, MEI DING 王梅定 **(1923-)**

Jin, Ming 金名
CAO, LÜ MING 曹履铭 **(1942-)**

Jin, Ming 金名
WANG, XUAN MING 王宣铭 **(1950-)**

Jin, Ming 金明
WANG, GUANG TI 王光逖 **(1918-1981)**

Jin ming 进明
LU, JIAN MING 陆俭明（**1935-)**

Jin ming 锦明
LI, JIN MING 黎锦明 **(1905-)**

Jin ming 今明

MA, HUAN 马环 **(1917-)**

Jin ming 今明
ZHOU, JING MING 周京明 **(1962-)**

Jin, Ming guan 金明馆
CHEN, YIN KE 陈寅恪 **(1889-1969)**

Jin, Ming ruo 金溟若
JIN, ZHI CHAO 金志超 **(1905-1970)**

Jin, Mu 金木
ZHOU, TONG GAN 周桐淦 **(1954-)**

Jin, Mu 金木
WANG, JI QIN 王吉秦 **(1954-)**

Jin, Mu 金牧
ZHANG, SHUI JIN 张水金 **(1950-)**

Jin mu 晋木
LIU, ZHAN YING 刘战英 **(1943-)**

Jin, Mu shui 金木水
DU, PENG LAI 杜蓬莱 **(1920-)**

JIN, NAI XIANG 金乃祥 **(1936-)**
Jin, Sheng 金生
Jin, Xin 金鑫
Jin xin 今新

Jin, Ni 金尼
HANG, XING 杭行 **(1925-)**

Jin, Ni 金尼
YANG, WU NENG 杨武能 **(1938-)**

Jin, Ni 靳尼
LIU, XIAN LI 刘贤立

Jin, Ning 金宁
HUANG, SHU ZE 黄树则 **(1914-)**

Jin niu shan ren 金牛山人
ZHAO, FU REN 赵福忍 **(1940-)**

Jin, Ou 金瓯
LIU, JIN QIONG 刘金琼 **(1940-)**

JIN, PEI FEN 靳佩芬 **(1919-)**
Luo, Lan 罗兰

Jin, Pei zhi 金培之
JIN, CHENG ZAI 金承栽 **(1910-1936)**

Jin, Pi luo 金昆罗
WANG, YUAN 王蘧 **(1884-1944)**

Jin, Ping 金平
WANG, JIN PING 王金平 **(1946-)**

Jin, Ping 金萍
ZHUANG, JIN ZHI 莊金枝

Jin, Ping 靳平

MA, PEI WEN 马沛文 **(1921-)**

Jin ping 今平
JIAN, HUAN ZHEN 简焕镇 **(1955-)**

Jin ping shan ren 锦屏山人
WENG, YUAN RUN 翁元润 **(1933-)**

Jin pu 晋菩
SONG, MOU YANG 宋谋瑒 **(1928-)**

JIN, PU SEN 金普森 **(1932-)**
Bu, Sheng 步声
Chong yang 重阳
Jin, Yun tong 金允通

Jin, Qi 金其
XIONG, TIE JI 熊铁基 **(1933-)**

JIN, QI 金琦
Jin, Zhong da 金仲达
Wang, Jin qi 王金琦

Jin, Qi CONG 金启孮 **(1918-)**
Zong, Zi 宗子

JIN, QI XIANG 金起祥 **(1927-)**
De bo xi fu 德伯希夫
Jun li 军力

Jin, Qian 金钱
TIAN, HAN 田汉 **(1898-1968)**

Jin, Qian li 金千里
ZHONG, LIANG YI 钟良沂 **(1921-)**

Jin, Qian li 金千里
ZHONG, SHAO BIAO 钟少彪 **(1936-)**

Jin, Qiao 金桥
ZHAO, PING FU 赵平复 **(1902-1931)**

Jin, Qie tong 金且同
JIN, ZU TONG 金祖同 **(1912-)**

Jin, Qin 靳芹
JIN, YIN LU 靳银禄 **(1935-)**

JIN, QIN JUN 金钦俊 **(1935-)**
Chen, Zi si 陈子思
Jin, Tian 金天

Jin, Qing 金晴
LIANG, GUAN ZHONG 梁冠中 **(1942-)**

JIN, QING YAN 金庆棪 **(1880-1932)**
Bai, Wu 白屋
Bai wu shi ren 白屋诗人
Bo zhen 伯楨
Da bai 大白
Han zhou 汉胄
Jin, Bo zhen 金伯貞
Jin xin 錦心

Jin xin nü shi 錦心女士
Ling qian 灵倩
Liu, Bai wu 刘白屋
Liu, Bo zhen 刘伯桢
Liu, Da bai 刘大白
Liu, Jing yi 刘靖裔
Ren she tong ren 任社同人
Xun chang bai xing 寻常百姓

Jin, Qiu 金秋
JIN, XI GUANG 金希光 (1930-)

Jin, Qiu 金秋
PAN, YING XI 潘英喜 (1936-)

Jin qiu 今秋
XUAN, YAO HUO 宣尧火 (1899-1938)

Jin qiu 今秋
JI, QING SHEN 纪清侁 (1924-)

Jin qiu 津秋
TIAN, DE YU 田德裕 (1915-)

Jin, Qu 金渠
DAI, YUE 戴岳

Jin, Qu chen 金曲辰
ZHANG, JIN CE 张金策

Jin, Quan 金泉
LI, WU KUI 李武魁 (1929-)

JIN, QUAN CAI 金全才 (1927-)
Jin, Mang 金芒
Jin, Zhi 金芝
Jing zhi 劲芝
Xi wen 曦文

Jin, Ren 金人
LUO, MAO DE 罗懋德 (1904-1990)

Jin, Ren 金人
ZHANG, JUN TI 张君悌 (1910-1971)

Jin, Ren 金刃
LIU, TONG JU 刘通矩 (1921-)

Jin, Ren 金刄
LIN, YANG ZHENG 林仰峥 (1923-)

Jin ren 近人
LI, JIN 李近 (1957-)

Jin ren 近仁
ZHANG, JUN TI 张君悌 (1910-1971)

Jin ren 矜人
WANG, KE FAN 王克范

Jin ri zi 今日子
LIN, HAN JIAN 林汉坚 (1960-)

Jin rong 津容
ZHANG, JIN RONG 张金荣 (1945-)

JIN, RONG JING 金蓉镜 (1856-1930)
Jin, Dian chen 金甸臣
Qian lu 潜庐

Jin, Ru 金如
CHEN, ZHONG XUAN 陈钟瑄 (1920-)

Jin, Ru mo 金如墨
NI, QING ZHI 倪庆秩 (1918-1989)

Jin, Ru sheng 金汝盛
JIN, ZHI WEN 金知温 (1915-1989)

JIN, RUI BEN 金瑞本 (-1943)
Si ming 思明

Jin, Run min 金润民
JIN, YAN CHANG 金演昌 (1893-)

JIN, RUN ZHI 金润芝 (1912-)
Dan ni 丹尼

Jin, Ruo 金若
JIN, ZHI CHAO 金志超 (1905-1970)

Jin, Sa 金飒
CHEN, MING GANG 陈明刚 (1919-)

Jin sa 晋洒
YAN, BI DA 阎必达 (1910-1997)

Jin, San 金伞
SU, HE TIAN 苏鹤田 (1906-1997)

Jin, Sha 金沙
CHEN, MING GANG 陈明刚 (1919-)

Jin, Sha 金沙
MA, YU HAO 马毓豪 (1921-)

Jin, Sha 金沙
JIANG, XIAN JIN 江先金 (1952-)

Jin, Sha 金沙
LIU, XIAN LI 刘先理

Jin, Sha han 金沙寒
HUANG, KE QUAN 黄克全 (1952-)

Jin, Shan 金山
ZHAO, MO 赵默 (1911-1982)

Jin, Shan 金山
QI, JIN SHAN 祁金山 (1937-)

Jin, Shan 金山
PENG, JIN SHAN 彭金山 (1949-)

Jin, Shan 金山
LIAO, HE KANG 廖和康 (1955-)

Jin, Shan 金山
LI, JIAN MING 李建明 (1962-)

Jin, Shan 金杉
HUANG, JIN SHAN 黄金山 **(1946-)**

Jin, Shan 金閃
JIN, CHUN BIN 金纯斌 **(1913-)**

Jin shan 晋山
XING, ZUO MEI 邢作梅 **(1931-)**

Jin, Shan chuan 金山川
XU, JIN KUN 许金坤 **(1942-)**

Jin shan si ke ren 金山寺客人
HUANG, ZONG YANG 黄宗仰 **(1861-1921)**

Jin, Shao fu 金少甫
LIU, SHI PEI 刘师培 **(1884-1919)**

JIN, SHAO TONG 靳绍彤 **(1930-)**
Shao dan 少丹
Si cheng 思誠

JIN, SHAO YING 金少英
Xi kai 洗恺

Jin, Shen xiong 金申熊
JIN, KAI CHENG 金开诚 **(1932-)**

Jin, Sheng 金生
JIN, NAI XIANG 金乃祥 **(1936-)**

Jin, Sheng 金生
LIU, BING RONG 刘秉荣 **(1945-)**

Jin, Sheng 金生
WEI, JING SHENG 魏京生 **(1950-)**

Jin, Sheng 金声
QIAN, TIE RU 钱铁如 **(1892-1974)**

Jin, Sheng 金声
CAI, ZHEN YANG 蔡振扬 **(1917-)**

Jin, Sheng 金声
GENG, JIN SHENG 耿金声 **(1939-)**

Jin, Sheng 金声
WEI, JING SHENG 魏京生 **(1950-)**

Jin sheng 今生
ZHAO, JIN SHENG 赵今昇 **(1924-)**

Jin sheng 今声
WEI, JING SHENG 魏京生 **(1950-)**

Jin sheng 晋生
GAO, HENG 高亨 **(1900-1986)**

Jin sheng 锦声
LIN, ZU WU 林祖武 **(1940-)**

Jin sheng bu tan 金圣不叹
GONG, ZONG YAO 贡宗耀 **(1930-)**

Jin sheng tan 今圣歎
CHENG, JING YU 程靖宇

Jin, Shi 金士
WEI, FENG BIAO 魏凤标 **(1898-1928)**

Jin, Shi 金石
LI, YAO NAN 李耀南 **(1917-)**

Jin, Shi 金石
JIN, GENG SHI 金庚石 **(1937-)**

Jin, Shi 金石
XU, JIN KUN 许金坤 **(1942-)**

Jin, Shi 金石
GUO, DING GONG 郭定功 **(1944-)**

Jin, Shi 金石
XU, LI 徐立 **(1951-)**

Jin, Shi 金石
WU, YI FEI 吴一飞

Jin, Shi 金狮
LÜ, SHI 吕狮 **(1963-)**

Jin shi 今是
SUN, SHAO JING 孙少荆

Jin, Shi duo 金士铎
WEI, FENG BIAO 魏凤标 **(1898-1928)**

Jin, Shi kang 金仕康
QIAN, REN KANG 钱仁康 **(1914-)**

Jin, Shi sheng 金石声
XIE, ZHUO RONG 谢倬荣 **(1905-1964)**

Jin, Shi sheng 金石声
JIN, JING CHANG 金经昌 **(1910-)**

Jin shu 锦书
WANG, MING SHU 王明书 **(1924-)**

JIN, SHU FEN 金树芬 **(1895-)**
Jin, Fen 金棻
Yin gong 蟫公
Yin weng 蟫翁

Jin, Shu zi 金淑子
XU, JING HUA 许静华 **(1934-)**

JIN, SHUANG PENG 靳双鹏 **(1947-)**
Ding, Yi 丁一

Jin, Shui 金水
ZHONG, BEN KANG 钟本康 **(1929-)**

Jin, Shui 金水
TAO, JIN YUAN 陶锦源 **(1941-)**

Jin, Shui 金水
SHI, TIE SHENG 史铁生 **(1951-)**

Jin shui 晋水

LIU, HAI QING 刘海清 **(1933-1991)**

Jin shui 锦水
GENG, SHANG CAI 耿尚才 **(1948-)**

Jin si 晋思
LUO, XIANG TAO 罗象陶 **(1898-1927)**

JIN, SI JIE 靳思杰 **(1917-)**
Jin, Zi guang 金紫光
Si jie 思杰
Zhi guang 志光
Zi guang 紫光

JIN, SONG 金松 **(1917-)**
Cheng, Jing 程荆
Wu, Ye 鄔野
Xiao, Meng 萧猛

Jin, Song 金松
FENG, JIN SONG 冯今松 **(1934-)**

Jin, Song cen 金松岑
JIN, TIAN HE 金天翮 **(1874-1947)**

Jin, Su 金速
YANG, JIN SHU 杨金树 **(1946-)**

Jin, Su 金粟
ZHONG, JING WEN 钟敬文 **(1903-)**

Jin, Su qiu 金素秋
DING, SHU RONG 丁淑容 **(1912-)**

Jin, Sui 金穗
CAO, RU QUN 曹汝群 **(1926-)**

JIN, TAI JIA 金泰甲 **(1934-)**
Qing quan 清泉

Jin, tan zhi 今昙智
ZUO, XI XIAN 左希贤 **(1920-1976)**

Jin, Tang 金湯
JIN, CHUN BIN 金纯斌 **(1913-)**

Jin, Tao 金涛
YIN, GUI HAI 尹贵海 **(1931-)**

JIN, TAO 金涛 **(1937-)**
Jin, Tao sheng 金涛声

Jin, Tao 金涛
JIN, CHUN LIN 金春麟 **(1940-)**

Jin, Tao sheng 金涛声
JIN, TAO 金涛 **(1937-)**

Jin, Ti 晋逖
QIU, MING KUN 邱名崐 **(1940-)**

Jin, Ti qian 金體乾
JIN, BAO GUANG 金葆光

Jin, Tian 金天

JIN, QIN JUN 金钦俊 **(1935-)**

Jin, Tian 金田
TANG, RUN DIAN 唐润钿 **(1929-)**

Jin, Tian 金田
LIU, WEN FU 刘文福 **(1933-)**

JIN, TIAN HE 金天翮 **(1874-1947)**
Ai zi you zhe 愛自由者
Dong zhai 东斋
He fang 鶴舫
He wang 鶴望
Jin, Cheng 金城
Jin, Song cen 金松岑
Jin, Tian yu 金天羽
Jin, Yi 金一
K. A
Qi lin 麒麟
Song cen 松岑
Song qin 松琴
Tian fang 天放
Tian fang lou 天放楼
Tian fang lou zhu ren 天放楼主人

Jin, Tian yu 金天羽
JIN, TIAN HE 金天翮 **(1874-1947)**

JIn tie jie ming 金铁皆鸣
ZHENG, ZHUO QUN 郑卓群 **(1913-1942)**

Jin, Ting 金亭
YUAN, JIN TING 原金亭 **(1953-)**

Jin, Tong 金童
ZHU, LU YUAN 朱莱园 **(1914-1987)**

Jin, Tong 金童
LI, TIAN MIN 李天民 **(1920-)**

Jin, Tong 金童
YU, BAI WEI 俞百巍 **(1928-)**

Jin, Tong 金童
NIU, HE TING 牛鹤亭 **(1934-1997)**

Jin, Tong 金童
QIAN, WAN CHENG 钱万成 **(1959-)**

Jin, Tun 金屯
FU, XIONG XIANG 傅熊湘 **(1883-1930)**

JIN, TUO 金拓
Tuo ge 拓哥

Jin, Tuo 金駝
QIU, MING KUN 邱名崐 **(1940-)**

Jin, Tuo 晋驼
LIU, YUE ZHOU 刘月舟 **(1910-1987)**

Jin, Wan 金晚
LIU, WEN TAO 刘文涛 **(1952-)**

Jin, Wan tong 金万桐
JIN, YANG 金扬 **(1925-)**

JIN, WAN YI 金万义 **(1916-)**
Geng ye 耕野
Jin, Zhan 金展
Jing ye 静也
Man yi 蔓漪
Wu, Liao 吴辽
Ye 也

Jin, Wang 金罔
JIN, ZI QIAN 金紫千 **(1939-)**

Jin, Wei 金韦
ZHOU, XI FU 周锡韨 **(1940-)**

JIN, WEI 金伟 **(1944-)**
Huai, De 怀德

Jin, Wei min 靳蔚民
JIN, JIA BAO 靳家保 **(1926-)**

JIN, WEI NUO 金维诺 **(1924-)**
Ruo jin 若金

JIN, WEI XIN 金维新 **(1918-1947)**
Wei xun 未迅

Jin, Wen 金文
XU, SHENG YAO 许绳尧 **(1897-1984)**

Jin, Wen 金文
HAN, WEN CAI 韩文才 **(1926-)**

Jin, Wen 金文
JIN, DONG HU 金东湖 **(1934-)**

Jin, Wen 靳雯
ZHONG, XIAN PEI 钟贤培 **(1933-)**

Jin wen 晋文
ZHANG, LI YI 张力毅 **(1957-)**

Jin, Wen ji 金文吉
ZHANG, JIN CE 张金策

JIN, WEN SI 金问泗 **(1892-1968)**
Chun ru 纯儒

JIN, WEN YU 晋文郁 **(1920-)**
Yan, Yun 燕云

Jin wu 近午
HUANG, XING 黄兴 **(1874-1916)**

Jin wu 近梧
ZHOU, YUE NIAN 周岳年 **(1910-)**

Jin wu 堇午
HUANG, XING 黄兴 **(1874-1916)**

Jin wu 廑午
HUANG, XING 黄兴 **(1874-1916)**

Jin wu 厪吾
HUANG, XING 黄兴 **(1874-1916)**

Jin wu 堇坞
HUANG, XING 黄兴 **(1874-1916)**

Jin wu kui yi 今屋奎一
YAN, QING SHU 严庆澍 **(1919-1981)**

Jin, Xi 金锡
JIN, ZHEN XI 金振锡 **(1939-)**

Jin xi 晋溪
LIU, HAI QING 刘海清 **(1933-1991)**

Jin xi 晋溪
ZHANG, FA 张发 **(1939-)**

Jin xi 今昔
QIAN, JING XUE 钱景雪 **(1918-)**

Jin, Xi bao 金锡包
JIANG, XI JIN 蒋锡金 **(1915-)**

JIN, XI GUANG 金希光 **(1930-)**
Ai, Duo 艾朵
Feng, Ri xin 奉日心
Jin, Qiu 金秋
Shi, Niu 师牛

Jin, Xi min 金烯民
JIN, XIONG BAI 金雄白 **(1903-1985)**

Jin xia 晋侠
GUO, SI FEN 郭嗣汾 **(1919-)**

Jin xia ge zhu ren 襟霞阁主人
PING, HENG 平衡 **(1892-1980)**

Jin, Xian 金咸
GUO, BING ZHEN 郭秉箴 **(1922-)**

Jin, Xian 金掀
XU, JUN XUN 徐君勋 **(1925-)**

Jin, Xiang 金湘
ZHAO, XUE HAI 赵雪海 **(1945-)**

Jin, Xiang 金翔
CHEN, JIN XIANG 陈金祥 **(1941-)**

Jin, Xiao mao 金小毛
CHEN, RUI YAN 陈瑞炎

Jin, Xiao tian 金小天
JIN, GUANG YAO 金光耀 **(1902-1966)**

Jin, Xie 金燮
XU, WEI 徐炜 **(1916-)**

Jin, Xin 金心
QI, TIE HEN 齐铁恨 **(1892-1977)**

Jin, Xin 金心
WANG, ZHU 王铸 **(1902-1986)**

Jin, Xin 金心
LI, ZHAO LIN 李兆麟 **(1915-)**

Jin, Xin 金欣
SHAO, SEN DI 邵森棣

Jin, Xin 金鑫
JIN, NAI XIANG 金乃祥 **(1936-)**

Jin, Xin 金鑫
LI, HU 李虎 **(1953-)**

Jin, Xin 金鑫
SHAO, SEN DI 邵森棣

Jin, Xin 靳欣
CHEN, JUN HUA 陈骏华 **(1936-)**

Jin xin 今新
JIN, NAI XIANG 金乃祥 **(1936-)**

Jin xin 锦心
HE, JIN LING 何锦玲

Jin xin 錦心
JIN, QING YAN 金庆棪 **(1880-1932)**

Jin xin nü shi 錦心女士
JIN, QING YAN 金庆棪 **(1880-1932)**

JIN, XIN SHENG 金心声 **(1913-1972)**
Jin, Can ran 金灿然

Jin, Xin wen 靳欣文
JIN, YIN LU 靳银禄 **(1935-)**

Jin, Xin yi 金心異
QIAN, XUAN TONG 钱玄同 **(1887-1939)**

Jin, Xing 金星
YANG, XUE RU 杨学儒 **(1950-)**

JIN, XING YAO 金性尧 **(1916-)**
A ci 阿刺
Chun qiu 春秋
Ji ji 既激
Jin, Ji yao 金继尧
Kang, Ji ji 康既激
Kang, Sun 康荪
Kang, Weng 康翁
Keng sheng 坑生
Liu, Yu cheng 刘昱诚
Lu, Yi yong 鲁乙庸
Man fu 曼甫
Qin, Keng sheng 秦坑生
Tang, Feng 唐风
Wei ti 危涕
Wen, Qiong 闻蛩
Wen, Zai dao 文載道
Xin niao 鑫鸟
Xing niao 星鸟
Xing wu 星屋
Xing yao 性尧

JIN, XIONG BAI 金雄白 **(1903-1985)**
Chen, Zi jia 陈子家
Jin, Bu huan 金不换
Jin, Xi min 金烯民
Li xia lao ren 篱下老人
Ping mei 瓶梅
Xi cun 息存
Zhu, Zi jia 朱子家
Zi jia 子家

Jin, Xu 靳旭
JIN, YIN LU 靳银禄 **(1935-)**

Jin xu 今虚
HU, SHEN DING 胡申定 **(1915-)**

Jin, Xu ren 金絮人
CHEN, HAN SHENG 陈憨生

Jin xuan 琎轩
WU, SHOU FU 吴受福

Jin xuan 锦轩
YE, WEI DAN 叶为耽 **(1907-1948)**

Jin xuan 锦轩
HU, QIU YUAN 胡秋原 **(1910-1989)**

Jin, Xue 金雪
JIN, YING JUN 金应俊 **(1934-)**

JIN, XUE CHENG 金学成 **(1905-1990)**
Ren, Zhong 任重

JIN, XUE FEI 金雪飞 **(1955-)**
Ha, Jin 哈金

Jin, Ya er 金牙二
REN, HU HUA 任护花

Jin ya ge 襟亚阁
PING, HENG 平衡 **(1892-1980)**

Jin, Yan 金岩
ZHAO, ZHENG MIN 赵政民 **(1944-)**

Jin, Yan 金焰
QIAN, JIAN WU 钱健吾 **(1923-1947)**

Jin, Yan 金琰
ZHONG, KE MEI 钟克美

Jin, Yan 金餤
JIN, DE LIN 金德邻 **(1910-1983)**

JIN, YAN 金巖 **(1931-)**
Lu, Ren 鲁人

Jin yan 锦燕
GONG, XIE 龚燮

JIN, YAN CHANG 金演昌 **(1893-)**
Jin, Run min 金润民

Jin, Yan xiang 金延湘
LIU, DA REN 刘大任 **(1939-)**

JIN, YANG 金扬 **(1925-)**
Jin, Wan tong 金万桐
Lü, Wan he 吕万和
Shou yi 手易
Tun li 吞里

Jin, Yang 金阳
ZHANG, PU JUN 张璞君 **(1917-)**

Jin, Yang 金歇
ZHANG, PU JUN 张璞君 **(1917-)**

JIN, YAO RU 金尧如 **(1923-)**
Guan, Jian zi 管見子
Jin, De ming 金德明
Jin, Kan 金侃
Li, Chang li 李常立
Shen, Ming 沈明
Shen, Si zheng 沈思争
Xu, Ren rong 許仁榮
Yao, Ru 蕘如
Yun, Hu zai 云乎哉

Jin, Ye 金叶
JIN, LI HUA 金丽华 **(1953-)**

Jin ye 今也
ZHAO, PU LIN 赵普琳 **(1919-)**

Jin ye 晋野
WU, WEN CHAO 吴文超 **(1924-)**

Jin, Yi 金一
JIN, TIAN HE 金天翮 **(1874-1947)**

Jin, Yi 金艺
JIN, DE WAN 金得万 **(1940-)**

Jin, Yi 金夷
LIU, TIE PING 刘铁平 **(1946-)**

Jin, Yi 金依
ZHANG, XIE CHU 张燮雏 **(1927-)**

Jin, Yi 金易
GU, ZENG DE 顾增德 **(1923-)**

Jin, Yi 金易
DU, XI RUI 杜锡瑞 **(1947-)**

Jin, Yi 金易
ZHUANG, XI LONG 庄锡龙 **(1949-)**

Jin, Yi 金熠
SHI, CHANG YI 史长义 **(1963-)**

JIN, YI 金镒 **(1930-)**
Yi bing 一兵

Jin, Yi 靳以
ZHANG, FANG XU 章方叙 **(1909-1959)**

Jin yi 进宜
CHEN, ZHI 陈直 **(1901-1980)**

Jin yi 锦伊
HAN, ZHU TONG 韩洙童 **(1933-)**

Jin yi 锦衣
LI, JIN HUI 黎锦晖 **(1891-1967)**

Jin yi 锦贻
ZHANG, JIN YI 张锦贻 **(1935-)**

Jin, Yin 金音
MA, JIA XIANG 马家骧 **(1916-)**

Jin, Yin 金银
JIN, YING JUN 金应俊 **(1934-)**

Jin, Yin 晋寅
HUANG, WAN ZHONG 黄万钟 **(1912-)**

Jin, Yin hua 金银花
WANG, HUI JUN 王辉俊 **(1957-)**

JIN, YIN LU 靳银禄 **(1935-)**
Jin, Qin 靳芹
Jin, Xin wen 靳欣文
Jin, Xu 靳旭

Jin, Ying 金英
PAN, JIN YING 潘金英 **(1958-)**

Jin, Ying 金鹰
JING, JUN 景俊 **(1959-)**

JIN, YING JUN 金应俊 **(1934-)**
Jin, Xue 金雪
Jin, Yin 金银

JIN, YING XI 金应熙 **(1919-)**
Bai shi 百石
Chen feng 晨风
Fang chen 芳晨

Jin, Yong 金泳
CAO, JING PING 曹京平 **(1912-)**

Jin, Yong 金庸
ZHA, LIANG YONG 查良镛 **(1925-)**

Jin, Yong 靳永
YIN, SHI JIE 尹世杰 **(1922-)**

JIN, YONG HAO 金永镐 **(1931-)**
Bai yi hua ren 白衣画人

Jin, Yong ni 金咏霓
CAO, JING PING 曹京平 **(1912-)**

Jin, Yong wei 金咏微
CAO, JING PING 曹京平 **(1912-)**

JIN, YOU JING 金有景 **(1931-)**
Huan qian 焕倩
Yin, Mo 殷默
Yu, Ying 郁影

Jin, Yu 金羽
ZHANG, HENG SHOU 章恒寿 **(1931-)**

Jin, Yu 金羽
JI, ZHI YAO 季志耀 **(1942-)**

Jin, Yu 金雨
ZHONG, LIANG YI 钟良沂 **(1921-)**

Jin, Yu 金雨
ZHANG, JIN YU 张金玉 **(1940-)**

Jin, Yu 金雨
DAI, SHU YU 戴述雨

Jin, Yu 金雨
LI, JIN KUI 李金奎

Jin, Yu 金敌
HUANG, JIN PEI 黄金培 **(1919-)**

Jin, Yu 靳雨
WEN, DUAN ZHENG 温端政 **(1932-)**

Jin yu 晋玉
LEI, JIN 雷瑨

Jin yu da wang 金鱼大王
WANG, YA CHEN 王亚尘 **(1894-1983)**

JIN, YU FU 金毓黻 **(1887-1962)**
Jin, Jing an 金静庵
Jing an 静庵
Qian hua shan guan 千华山舘
Qian hua shan min 千华山民
Yu 毓
Yu fu 毓紱

JIN, YU HAI 金玉海 **(1926-1968)**
Hong man 紅曼
Jin, Feng 金枫
Jin, Jian 金剑
Wang, Fa 王法

JIN, YU MIN 金玉民 **(1922-)**
Jin, Ge 金戈

Jin, Yu nu 金玉奴
CHEN, RU JIU 陈如旧 **(-1983)**

JIN, YU SHI 金雨时 **(1941-)**
Yu shi 雨时

Jin, Yu tian 金雨田
PAN, ZHENG LEI 潘正镭 **(1955-)**

Jin, Yu tong 金毓桐
AI XIN JUE LUO, YU TONG 爱新觉罗毓桐 **(1912-)**

Jin, Yu yi 金羽衣
ZHANG, PU JUN 张璞君 **(1917-)**

Jin, Yuan 金源
MIAO, JIN YUAN 缪金源 **(-1943)**

Jin yuan 近远
CHEN, JING YONG 陈敬泳 **(1931-)**

Jin, Yue 金月
NIU, ZHI QIANG 牛志强 **(1943-)**

JIN, YUE LIN 金岳霖 **(1895-1984)**
Long, Sun 龙荪

JIN, YUN 金韻 **(1900-)**
Jin, Zhen yu 金振玉

Jin yun 锦云
LIU, JIN YUN 刘锦云 **(1938-)**

Jin yun lao ren 缙云老人
LÜ, PEI LIN 吕沛林 **(1889-1947)**

Jin yun lao sou 缙云老叟
LOU, CUN 楼村 **(1880-1950)**

Jin, Yun tong 金允通
JIN, PU SEN 金普森 **(1932-)**

Jin, Zao 金枣
ZHANG, HAN CHENG 张汉城 **(1923-)**

Jin, Ze 金则
FAN, GAO GUI 范高贵 **(1934-)**

JIN, ZENG HAO 金曾豪 **(1946-)**
Tian, Jia yu 田家玉

Jin, Zhan 金展
JIN, WAN YI 金万义 **(1916-)**

Jin, Zhao 金兆
LIANG, YU WEN 梁钰文 **(1931-)**

JIN, ZHAO FAN 金兆蕃 **(1868-1950)**
An le xiang ren 安乐鄉人
Yao meng 药梦

Jin, Zhao ye 金肇野
AI XIN JUE LUO, YU TONG 爱新觉罗毓桐 **(1912-)**

JIN, ZHAO ZI 金兆梓 **(1889-1975)**
Tun an 芚厂
Zhao, Zi 兆梓
Zi dun 子敦

Jin, Zhe 金哲
JIN, LONG XIE 金龙燮 **(1932-)**

JIN, ZHE 金哲 **(1931-)**
Chang, Si 常思
Chen zhong 晨钟
Jin, Zhong xuan 金中选

Xi shi 溪石

Jin, Zhen 金贞
SHAO, QUAN JIAN 邵全建 **(1926-)**

Jin, Zhen 金真
ZENG, DE ZHEN 曾德镇 **(1921-1988)**

Jin, Zhen 金真
SUN, ZHEN YUAN 孙镇远 **(1940-)**

Jin, Zhen 金真
GAO, RONG RONG 高蓉蓉 **(1951-)**

JIN, ZHEN HAN 金振汉 **(1923-)**
Jin, Jiang 金江
Jin, Luo hua 金洛华
Lu, Hua 路华

JIN, ZHEN HUA 金振华 **(1930-)**
Jin, Ge 金戈
Tie ma 铁马

JIN, ZHEN LIN 金振林 **(1938-)**
Ai, Ku 艾苦
Ning, Jing 宁静

JIN, ZHEN XI 金振锡 **(1939-)**
Jin, Xi 金锡

Jin, Zhen yu 金振玉
JIN, YUN 金韻 **(1900-)**

Jin, Zheng 金正
LIU, YAN LING 刘延陵 **(1895-1988)**

Jin, Zhi 金芝
JIN, QUAN CAI 金全才 **(1927-)**

Jin, Zhi 金枝
WEI, YI YUN 魏义云 **(1900-1972)**

Jin zhi 进之
CAO, BO HAN 曹伯韩 **(1897-1959)**

Jin zhi 锦直
DENG, YOU MEI 邓友梅 **(1931-)**

JIN, ZHI CHAO 金志超 **(1905-1970)**
Jiang, Yang 江洋
Jin, Ming ruo 金溟若
Jin, Ruo 金若
Lei, Yi feng 雷一峰
Ming ruo 溟若
Xiao, Lin 萧林

JIN, ZHI MANG 金枝芒
Yin, Zhi yang 殷枝阳
Zhou, Rong 周容

JIN, ZHI WEN 金知温 **(1915-1989)**
Jin, Jin 金近
Jin, Ru sheng 金汝盛
Lin, Yu qing 林玉清
Wang, Mei 王玫

JIN, ZHI XIONG 金芝雄 **(1899-)**
Jin, Ji he 金季鶴

Jin, Zhong 金中
ZHANG, SHI JING 章世菁 **(1926-)**

Jin, Zhong 金钟
LI, JING ZHONG 李敬忠 **(1932-)**

Jin, Zhong 金钟
WANG, LI GANG 王立纲 **(1934-)**

Jin, Zhong 金重
ZHONG, SHAO KUN 钟绍锟 **(1914-)**

Jin, Zhong 金重
CHEN, MING GANG 陈明刚 **(1919-)**

Jin, Zhong 金重
BA, XIN CHENG 巴信诚

Jin, Zhong da 金仲达
JIN, QI 金琦

JIN, ZHONG HUA 金仲华 **(1907-1968)**
Hua, Jun 华君
Meng, Ru 孟如
Yang shan 仰山

JIN, ZHONG MING 金钟鸣 **(1935-)**
Yun, Meng lian 云梦莲
Zeng, Hai 曾海
Zhong, Ming 钟明

Jin, Zhong shu 今忠恕
DING, JING TANG 丁景唐 **(1920-)**

Jin, Zhong xuan 金中选
JIN, ZHE 金哲 **(1931-)**

JIN, ZHONG YANG 金中阳 **(1954-)**
Zhong, Yang 钟阳

Jin, Zhong zi 金中子
DENG, JING BIN 邓景滨

Jin, Zhou 金舟
LIU, GUANG QIAN 刘光前 **(1948-)**

Jin, Zhu 金筑
XIE, JIONG 谢炯 **(1929-)**

Jin zhu 今祝
WANG, JIN ZHU 王金柱 **(1954-)**

Jin, Zi 金子
LIU, TONG JU 刘通矩 **(1921-)**

Jin zi 进子
LI, YUN HE 李云鹤 **(1914-1991)**

Jin zi 进子

LIU, HOU YI 刘后贻 **(1924-)**

Jin, Zi guang 金紫光
JIN, SI JIE 靳思杰 **(1917-)**

Jin, Zi li 金自立
REN, ZHUO XUAN 任卓宣 **(1896-1990)**

JIN, ZI QIAN 金紫千 **(1939-)**
Jin, Wang 金罔
Zhai yin 斋隐
Zi qian 紫千
Zi qian 子谦

JIN, ZU TONG 金祖同 **(1912-)**
Jin, Qie tong 金且同
Qie tong 且同
Xiao gang 晓岡
Yin, Chen 殷塵
Zu, Tong 祖同

JIN, ZUO GAO 金作镐 **(1907-)**
Yun, Jiang 云江

Jing 敬
SHEN, YAN BING 沈雁冰 **(1896-1981)**

Jing 敬
ZHAO, SHU LI 赵树礼 **(1906-1970)**

Jing 敬
YU, JING YU 于镜宇 **(1907-1999)**

Jing 景
CHEN, LENG 陈冷 **(1878-1965)**

Jing 景
ZHAO, CHAO GOU 赵超构 **(1910-1992)**

Jing 静
HE, MENG XIONG 何孟雄 **(1898-1931)**

Jing 静
ZHANG, JING LU 张静庐 **(1898-1969)**

Jing 镜
LI, SHU SHI 李书诗 **(1890-1927)**

Jing 鲸
DENG, LIANG 邓亮 **(1914-)**

JING, AN 敬安 **(1852-1912)**
Ba zhi tou tuo 八指頭陀
Ji chan 寄禅

Jing an 靖庵
LIN, YIN MIN 林尹民 **(1886-1911)**

Jing an 静庵
WANG, GUO WEI 王国维 **(1877-1927)**

Jing an 静庵
LIN, YIN MIN 林尹民 **(1886-1911)**

Jing an 静庵
JIN, YU FU 金毓黻 **(1887-1962)**

Jing an 静庵
ZHOU, FANG 周方

Jing an 静庵
SUN, HUAN JING 孙寰镜

Jing an 静安
WANG, GUO WEI 王国维 **(1877-1927)**

Jing an 敬庵
WU, LI FU 伍蠡甫 **(1900-)**

Jing, Bai 井白
WEN, TING KUAN 温廷宽 **(1919-)**

Jing, Bai 井柏
WANG, PENG FEI 王鹏飞

Jing bai 惊百
XU, ZHEN 徐震 **(1915-1946)**

Jing bang 静邦
WU, SHI MING 吴适鸣

Jing, Bin 景斌
WANG, JING BIN 王景斌 **(1953-)**

Jing bo 净波
SUN, JIN CHUN 孙进春 **(1928-)**

Jing bo 敬伯
ZHOU, RU QIAN 周汝谦 **(1923-)**

Jing bo 静波
ZHOU, JIAN XIAO 周剑箫 **(1911-1992)**

Jing bo 静波
YU, PING 于平 **(1924-)**

Jing bo 静波
ZHAO, RUI EN 赵瑞恩 **(1946-)**

Jing cao 劲草
ZHU, QIAN LIANG 朱谦良 **(1889-)**

Jing cao 劲草
CHEN, QIU CAO 陈秋草 **(1906-1988)**

Jing cao 劲草
ZHI, TI JIE 智体洁 **(1911-)**

Jing cao 劲草
CHEN, TING GUI 陈廷桂 **(1913-1988)**

Jing cao 劲草
ZHU, ZHEN HUA 朱震华 **(1915-)**

Jing cao 劲草
YU, ANG 余昂 **(1925-)**

Jing cao 劲草
LI, ZI YOU 李自由 **(1932-)**

Jing cao 劲草
HE, KE DI 何克敌 **(1930-)**

Jing cao 劲草
LI, DA CHUN 李大椿 **(1935-)**

Jing cao 劲草
ZHU, JING 朱晶 **(1942-)**

Jing cao 劲草
LU, YING FEN 卢英芬

Jing, Cheng 敬诚
ZHAO, SHU LI 赵树礼 **(1906-1970)**

Jing, Cheng 景成
YANG, JIN ZHOU 杨金洲 **(1923-)**

Jing cheng 劲成
JI, YI QIAO 戢翼翘 **(1885-1976)**

Jing, Chong 景充
LUO, JI ZU 罗继祖 **(1913-)**

JING, CHONG DI 荆重第 **(1932-)**
Han gu 函谷
Jin, Hui 金晖
Jing, Hua 荆桦

Jing, Chu 荆楚
ZENG, JING CHU 曾景初 **(1918-)**

Jing chuan 静川
WU, WEN LIN 吴文林 **(1904-)**

Jing chun 静春
CHEN, YONG HUA 陈永华 **(1946-)**

Jing ci 敬慈
YANG, JING CI 杨敬慈

Jing cun 竞存
CHEN, JIONG MING 陈炯明 **(1878-1933)**

Jing cun 竞存
KONG, ZHAO SHOU 孔昭绶

Jing dao quan 静稻泉
ZHENG, DAO CHUAN 郑道传 **(1919-)**

Jing di 净地
LI, WEN TAO 李文涛 **(1880-1942)**

JING, DING CHENG 景定成 **(1879-1949)**
Chou xuan 愁轩
Hei, Jing 黑景
Hei, Weng 黑翁
Jing, Mei jiu 景枚九
Jing, Mei jiu 景梅九
Lao mei 老梅
Lei chou 壘仇
Mei jiu 枚九
Mei jiu 某九
Mei, Jiu 梅九
Mie hu 滅胡
Mie nu you yi ren 滅奴又一人
Mo, Chou 莫愁
MU
Qiu, Xin 秋心
You yi ren 又一人

Jing, Du tang 景杜堂
WU, TING XIE 吴廷燮 **(1866-1947)**

Jing en 敬恩
GAO, JING EN 高敬恩

Jing fa 静发
QU, QIU BAI 瞿秋白 **(1899-1935)**

Jing fan 竟凡
CHEN, REN JIAN 陈仁鉴 **(1913-)**

Jing fei 儆非
LI, JIN HUI 黎锦晖 **(1891-1967)**

Jing fen 静芬
LU, YI 陆诒 **(1911-)**

Jing feng 劲风
WANG, REN SHU 王任叔 **(1901-1972)**

Jing feng yi 静风簃
KUANG, ZHOU YI 况周颐 **(1859-1926)**

Jing, Fu 敬夫
ZHENG, ZHEN DUO 郑振铎 **(1898-1958)**

Jing, Fu 景福
ZHANG, BAI LIN 张百麟 **(1878-1919)**

Jing fu 京夫
GUO, JING FU 郭景富 **(1942-)**

Jing fu 静夫
LIN, YIN XUAN 林荫煊 **(1924-)**

Jing fu zi 京夫子
LUO, HONG YU 罗鸿玉 **(1942-)**

Jing, Gang 井岗
LI, JING GANG 李井岗 **(1935-)**

Jing, Ge 荆戈
JING, SHENG RONG 荆生荣 **(1943-)**

Jing, Guan 景观
HU, YU ZHI 胡愈之 **(1896-1986)**

Jing guan 静观
LI, WEN TAO 李文涛 **(1880-1942)**

Jing guan 静观
HU, LIN 胡霖 **(1889-1949)**

Jing guan 静观
GAO, JI LIN 高季琳 **(1909-)**

Jing guang 净光

LI, JING KUANG 李净光

Jing hai 镜海
LIU, YUN QING 刘云清 (1902-)

Jing, Han 景涵
ZHANG, JUN HONG 张俊宏 (1938-)

Jing, Han 景寒
CHEN, LENG 陈冷 (1878-1965)

Jing, Hao 景浩
PAN, XIAO PING 潘小平 (1959-)

Jing, Hao 景颢
JING, QI MIN 景启民 (1931-)

Jing he 静鹤
WU, KAI XUAN 吴恺玄

Jing hen 静痕
HU, ZHENG QUN 胡正群

JING, HENG YI 经亨颐 (1877-1938)
Chang song shan fang zhu ren 长松山房主人
Jing, Shi chan 经石禅
Jing, Zi yuan 经子渊
Lin yuan ge shi 臨渊閣士
Lin yuan ju shi 臨渊居士
Shi, Chan 石禪
Ting qiu 听秋
Yi yuan 頣渊
Zi yuan 子渊

Jing, Hong 景虹
XU, SHU YUAN 徐树元 (1924-)

Jing hong 惊鸿
LÜ, RI SHENG 吕日生 (1931-)

Jing hong 静泓
WANG, JIAN PING 王建平 (1963-)

Jing hu 镜湖
WU, XI ZENG 吴熙曾 (1904-1972)

Jing hu nei shi 鏡湖内史
QIU, WEI XUAN 丘炜萲 (1873-1941)

Jing, Hua 景华
DU, JING HUA 杜景华 (1938-)

Jing, Hua 荆华
CHEN, ZUO MEI 陈作梅 (1912-1986)

Jing, Hua 荆桦
JING, CHONG DI 荆重第 (1932-)

Jing hua 京华
LI, JIN HUA 李锦华 (1955-)

Jing hua 靖华
CAO, LIAN YA 曹联亚 (1897-1987)

Jing hua 靖华
YUAN, DONG YA 苑东亚 (1922-)

Jing hua 静华
QU, QIU BAI 瞿秋白 (1899-1935)

Jing hua 静华
HUANG, YUE GUANG 黄月光 (1940-)

Jing hua 璟华
WANG, JING HUA 王境华 (1947-)

Jing, Huang 景煌
LIN, DAN FU 林单复

Jing, Hui 景卉
TIAN, JING HUI 田景惠 (1923-)

Jing hui ju shi 净慧居士
LIU, SI FU 刘思复 (1884-1915)

Jing hui shi 净慧室
LIU, SI FU 刘思复 (1884-1915)

Jing ji 荆棘
LI, SHU YAO 李述尧 (1910-)

Jing ji 荆棘
ZHU, LI LI 朱立立 (1942-)

Jing ji la 经纪拉
GAO, DE XIONG 高德雄 (1918-1981)

Jing ji xin 荆棘心
BAO, WEN DI 包文第 (1920-)

Jing, Jia 景伽
WANG, SEN RAN 王森然 (1895-1984)

Jing jian sheng 镜剑生
LI, HUA JIN 李华槢 (1881-1968)

Jing jiang 敬疆
WU, QING CHI 吴庆坻 (1848-1924)

Jing jiang 静江
ZHANG, REN JIE 张人杰 (1877-1950)

Jing jin 精进
LI, WEN TAO 李文涛 (1880-1942)

Jing, Jing 景璟
JING, WEN ZHOU 景文周 (1953-)

Jing jing 晶晶
LIU, ZI LIANG 刘自亮 (1932-)

Jing jing 菁菁
LAI, QIAN QIAN 赖倩倩 (1961-)

Jing jing zhai 敬敬斋
ZHANG, YAN LI 张延礼 (1870-1937)

Jing jiu ji yun 井久计云
YU, QING YUN 郁庆云 (1884-1939)

Jing ju 靖居
SU, JIN REN 苏晋仁 **(1915-)**

JING, JUN 景俊 **(1959-)**
Jin, Ying 金鹰

Jing jun 静君
ZHONG, JING WEN 钟敬文 **(1903-)**

Jing kan 静堪
ZHU, YI FANG 朱义方 **(1900-1989)**

Jing, Kang 景康
ZHENG, RUN XIN 郑润鑫 **(1903-1978)**

Jing ke 兢克
MA, QIAN MU 马千木 **(1915-)**

Jing, Kui 景奎
SHAO, LI ZI 邵力子 **(1882-1967)**

Jing, Lai 景来
XIE, WEI GENG 谢维耕 **(1950-)**

Jing lang 竟浪
ZHANG, QING GUANG 张清广 **(1921-)**

JING, LE RAN 敬乐然
Tuo huang 拓荒

Jing lei 菁蕾
CHEN, YI SHAN 陈一山

Jing lei 警雷
ZHAO, YA BO 赵雅博 **(1917-)**

Jing lei 驚雷
WANG, PEI KUN 王培堃 **(1940-)**

Jing lian ju shi 静敛居士
WANG, NAI ZHUANG 王乃壮 **(1929-)**

Jing, Lin 景林
JIN, HONG WEI 金红炜 **(1950-)**

Jing, Lin 景林
CHENG, JING LIN 程景林

Jing lin 静林
GU, WAN CHUAN 谷万川 **(1905-1970)**

Jing ling 精灵
ZHANG, JIN YAN 张金燕 **(1901-)**

Jing, Lu 敬庐
JIANG, DAN SHU 姜丹书 **(1885-1962)**

Jing lu 儆庐
SUN, SHI WEI 孙世伟

Jing lu 静庐
ZHANG, JING LU 张静庐 **(1898-1969)**

Jing lü 劲旅
LIANG, SHUANG QING 梁双庆 **(1942-)**

Jing, Mao 景卯
LI, JIA YAN 李嘉言 **(1911-1967)**

Jing mei 静梅
XUE, JIAN GUO 薛剑国 **(1964-)**

Jing, Mei jiu 景枚九
JING, DING CHENG 景定成 **(1879-1949)**

Jing, Mei jiu 景梅九
JING, DING CHENG 景定成 **(1879-1949)**

Jing meng chi xian 警梦痴仙
SUN, JIA ZHEN 孙家振 **(1863-1939)**

Jing meng chi xian 警梦痴僊
SUN, JIA ZHEN 孙家振 **(1863-1939)**

Jing, Miao 景淼
SUN, JING SHENG 孙景生 **(1951-)**

Jing ming 静鸣
WANG, JIN MIN 王晋民 **(1936-)**

Jing ming 竟明
CHENG, JING MING 程竟明 **(1928-)**

Jing ming 静明
HUANG, HE QING 黄河清 **(1905-)**

Jing ming 静铭
CAI, WAN LEI 蔡万雷

Jing ming 镜鸣
MA, RUO PU 马若璞 **(1913-)**

Jing ming 鏡明
QIAN, RUN YUAN 钱润瑗

Jing ming guan zhu 晶明馆主
TAO, CHI 陶炽 **(1897-1952)**

Jing, Nian 景年
PAN, JING NIAN 潘景年 **(1942-)**

Jing nong 菁秾
WU, JIAN XIAN 吴建贤 **(1923-1991)**

Jing nong 静农
TAI, JING NONG 臺静农 **(1902-1990)**

Jing, Pin 井频
JING, PING 景平 **(1931-)**

Jing pin 晶品
LI, JING PING 李景平 **(1957-)**

JING, PING 景平 **(1931-)**
Jing, Pin 井频

Jing, Ping 景平
LI, JING PING 李景平 **(1957-)**

Jing, Ping 荆坪
CAO, JING PING 曹京平 **(1912-)**

Jing ping 京平
CAO, JING PING 曹京平 **(1912-)**

Jing ping 静平
WANG, ZHI DUI 王之兑 **(1915-1990)**

Jing, Pu 荆璞
LIU, ZHEN YA 刘振娅 **(1942-)**

Jing qi 经畦
LI, BAO GAN 李宝淦

JING, QI MIN 景启民 **(1931-)**
Jing, Hao 景颢

Jing qian 静倩
HUANG, ZHEN CUN 黄震村 **(1909-)**

Jing qing 晶清
LU, XIU ZHEN 陆秀珍 **(1907-1993)**

Jing qing 靖青
LIU, CHANG 刘昶 **(1908-)**

Jing, Qiu 景秋
SUN, JING SHENG 孙景生 **(1951-)**

Jing qiu 竞秋
LI, ZHENG XIN 李正新 **(1947-)**

Jing qiu 惊秋
ZHANG, HE LING 张鹤龄 **(1917-)**

Jing qiu 兢秋
XU, XIAN ZHAO 徐先兆

Jing, Qiu lu 景秋陆
JING, YAO YUE 景耀月 **(1883-1944)**

Jing ren 竞人
LIU, REN JING 刘仁静 **(1902-1987)**

Jing ren 菁人
LIANG, MENG GENG 梁梦庚 **(1914-)**

Jing ren 镜人
GAO, JING 高静

JING, RI ZHENG 荆日政 **(1946-)**
Ding, Ye 丁野

Jing rong 竟容
LI, YAO TANG 李尧棠 **(1904-)**

Jing, San 景三
HAN, XIAO YING 韩晓鹰 **(1921-)**

Jing san 敬三
WANG, JING SHAN 王景山 **(1924-)**

Jing sha 净沙
WANG, REN SHU 王任叔 **(1901-1972)**

Jing, Shan 景山
LIU, YA ZI 柳亚子 **(1887-1958)**

Jing, Shan 景山
LI, CHUN TAO 李春涛 **(1897-1927)**

Jing, Shan 景山
WANG, JING SHAN 王景山 **(1924-)**

Jing, Shan 景山
GENG, BING GUANG 耿炳光

Jing shan 净山
QIU, XIN MIN 邱新民 **(1914-)**

Jing, Shan 荆山
WANG, JING SHAN 王景山 **(1924-)**

Jing, Shan 荆山
LIANG, DING 梁鼎

Jing shan 静山
CHEN, NIAN 陈年 **(1876-1970)**

Jing shan 静山
LANG, JING SHAN 郎静山 **(1892-)**

Jing shan 静山
XIONG, ZHUO RAN 熊卓然 **(1930-)**

Jing, Shang 井上
ZHANG, KE BIAO 章克标 **(1900-)**

Jing shen 京绅
ZHOU, ZUO REN 周作人 **(1885-1967)**

Jing, Shen 景深
ZHAO, JING SHEN 赵景深 **(1902-1985)**

Jing, Sheng 荆生
ZHOU, ZUO REN 周作人 **(1885-1967)**

Jing, Sheng 荆生
WANG, REN SHU 王任叔 **(1901-1972)**

Jing, Sheng 荆生
JIN, JIAN 靳鉴 **(1928-)**

Jing, Sheng 景晟
SUN, JING SHENG 孙景生 **(1951-)**

Jing sheng 竞生
ZHA, GUANG FO 查光佛 **(1885-1932)**

Jing sheng 竞生
YAO, HONG YE 姚宏业 **(1887-1906)**

Jing sheng 竞生
ZHANG, JING SHENG 张竞生 **(1888-1970)**

Jing sheng 静生
FAN, YUAN LIAN 范源廉 **(1876-1927)**

JING, SHENG RONG 荆生荣 **(1943-)**
Jing, Ge 荆戈

Jing, Sheng zhai 敬胜斋
CHEN, XIANG YUAN 陈向元 **(1894-1974)**

Jing, Shi 井石
SUN, SHENG NIAN 孙胜年 **(1953-)**

Jing, Shi 敬士
JIANG, XI ZHONG 蒋希仲 **(1901-1973)**

Jing shi 竞是
LÜ, SHAO TANG 吕少棠 **(1930-)**

Jing shi 竟时
LÜ, SHAO TANG 吕少棠 **(1930-)**

Jing, Shi chan 经石禅
JING, HENG YI 经亨颐 **(1877-1938)**

Jing shi ren 敬石人
LI, BO SHENG 李博生 **(1941-)**

Jing, Shun 景顺
ZHU, JIN CHEN 朱金晨 **(1947-)**

Jing si 敬思
XU, JING XUE 徐景学 **(1939-)**

Jing si xuan 静思轩
GAO, SHENG LIAN 高盛连 **(1912-)**

Jing, Song 景宋
ZHOU, SHU REN 周树人 **(1881-1936)**

Jing, Song 景宋
XU, GUANG PING 许广平 **(1898-1968)**

Jing song 劲松
ZHOU, ZHONG ZHU 周忠著 **(1910-)**

Jing song 劲松
YAO, WEN YUAN 姚文元 **(1931-)**

Jing su 敬苏
QU, LIU YI 曲六乙 **(1930-)**

Jing sun 晶孙
TAO, CHI 陶炽 **(1897-1952)**

Jing sun 晶荪
TAO, CHI 陶炽 **(1897-1952)**

Jing, Tai zhao 景太昭
JING, YAO YUE 景耀月 **(1883-1944)**

Jing, Tang 敬堂
QIAN, JUN TAO 钱君匋 **(1906-)**

Jing, Tang 景唐
TANG, WANG SHENG 唐旺盛 **(1963-)**

Jing tang 静堂
WANG, REN SHU 王任叔 **(1901-1972)**

Jing tao 静涛
SHI, FA YUN 释法云 **(1950-)**

Jing tao 警涛
WANG, JING TAO 王警涛

Jing tian 菁田
LIN, CHENG HAN 林成翰 **(1943-)**

Jing tian 静恬
WANG, JUN SHENG 王俊生 **(1930-)**

Jing ting 劲亭
HE, KAI RONG 何开荣 **(1907-1952)**

Jing, Wa 井蛙
LI, YUAN BEN 李元本 **(1945-)**

Jing wa la wa 井瓦拉洼
ZHAO, XUE XIAN 赵学先 **(1950-)**

Jing wan 静婉
HUANG, KAN 黄侃 **(1886-1935)**

Jing wan 警顽
HUANG, JING WAN 黄警顽 **(1894-)**

Jing wang 静王
ZHAO, XUE XIAN 赵学先 **(1950-)**

Jing wang gan 静王甘
ZHAO, XUE XIAN 赵学先 **(1950-)**

Jing wei 精卫
LIANG, DING FEN 梁鼎棻 **(1859-1920)**

Jing wei 精卫
WANG, ZHAO MING 汪兆铭 **(1883-1944)**

Jing wei 泾渭
CHEN, XIN MING 陈鑫明 **(1944-)**

Jing wei 经纬
ZHOU, SHI CHENG 周诗成 **(1925-)**

Jing, Wen 景文
ZHAI, JIN WEN 翟锦文 **(1917-)**

Jing, Wen 景文
LI, JING WEN 李京文 **(1933-)**

Jing wen 菁文
MAO, JING WEN 毛敬文 **(1951-)**

Jing wen 敬文
ZHONG, JING WEN 钟敬文 **(1903-)**

Jing wen 静文
ZHONG, JING WEN 钟敬文 **(1903-)**

Jing wen 静闻
ZHONG, JING WEN 钟敬文 **(1903-)**

Jing wen ju shi 静闻居士
ZHONG, JING WEN 钟敬文 **(1903-)**

JING, WEN ZHOU 景文周 **(1953-)**
Jing, Jing 景璟

Jing, Weng 井翁
ZHANG, QIN 章嵚 **(1880-1931)**

Jing wo 镜我
ZHU, DE AN 朱德安 (1901-1941)

Jing, Wu 景吾
PAN, DA WEI 潘达微 (1880-1929)

Jing wu 镜吾
ZHU, DE AN 朱德安 (1901-1941)

Jing wu 镜吾
SHI, LIAN XUE 石联学 (1906-)

Jing wu 经武
HUANG, XING 黄兴 (1874-1916)

Jing wu 竟吾
ZHU, DE AN 朱德安 (1901-1941)

Jing wu 竟武
HUANG, XING 黄兴 (1874-1916)

Jing wu 憬吾
WANG, ZHAO YONG 汪兆镛 (1861-1939)

Jing wu lao tie 精武老铁
CHEN, SHAO MEI 陈绍枚

Jing xi 径稀
SU, QING QIANG 苏清强 (1948-)

Jing, Xi 荆溪
PAN, HAN NIAN 潘汉年 (1905-1977)

JING, XI REN 荆溪人 (1926-)
Fu yao 扶摇
Kong, Long 孔龍
Wu, Ying 吴颖
Xi ren 希人
Yu fu 渔父

JING, XI YOU 景喜猷 (1963-)
Shi nan 師南

Jing xia 竞遐
ZHANG, JING YING 张竞英 (1926-)

Jing xian 敬先
RUI, MU 芮沐 (1908-)

Jing, Xiang 景翔
HUA, JING JIANG 华景疆 (1941-)

Jing xiang 劲翔
LI, CHENG ZHANG 李承璋 (1950-)

JING, XIANG DE 荆象德 (1936-)
Xiao, Ming 萧鸣

Jing xiang xuan zhu ren 静香轩主人
YANG, SONG MAO 杨松茂 (1905-1959)

JING, XIAO QUAN 井笑泉 (1941-)
Yan, Xu 晏旭

Jing xin 敬信
LI, JING XIN 李敬信 (1930-)

Jing xin 晶心
ZHAO, LU 赵橹 (1922-)

Jing xin 晶心
WANG, HUI ZHEN 王慧珍 (1935-)

Jing xin 静心
HONG, LONG WAN 洪龙万 (1940-)

Jing xin 镜心
ZHU, ZI QING 朱子清 (1900-)

Jing xing 静星
GONG, PEI YUN 龚培云

Jing xiong 競雄
QIU, JIN 秋瑾 (1875-1907)

Jing xiu 静修
LAI, BO XIU 赖伯修 (1936-)

Jing xuan 敬轩
WU, KANG 吴康 (1897-1976)

Jing, Xun 景迅
WEI, JUN XIU 卫俊秀 (1908-)

Jing, Ya 井亚
LI, ZHEN YA 李振亚 (1935-)

Jing, Yan 景延
WANG, SEN RAN 王森然 (1895-1984)

Jing, Yan 景彦
HUANG, ZHI 黄质 (1865-1955)

Jing yan 净眼
LI, WEN TAO 李文涛 (1880-1942)

Jing yan 敬言
WEN, SI XIANG 温嗣翔 (1916-)

Jing yan 静岩
CHEN, CHU CAI 陈楚材 (1902-)

Jing, Yang 井羊
TANG, JING YANG 唐景阳 (1914-1971)

Jing, Yang 景阳
TANG, JING YANG 唐景阳 (1914-1971)

Jing, Yang 景阳
YE, LIN KANG 叶林康 (1919-1984)

JING, YAO YUE 景耀月 (1883-1944)
Da zhao 大招
Di zhao 帝招
Jing, Qiu lu 景秋陆
Jing, Tai zhao 景太昭
Mi yang lu 迷阳庐
Qiu, Lu 秋陆
Qiu, Lü 秋绿
Rui xing 瑞星

Tai zhao 太招
Zhao 召

Jing ye 静也
JIN, WAN YI 金万义 (1916-)

Jing ye 静野
YANG, TIAN BIAO 杨天彪 (1927-)

Jing yi 京衣
LIAN, JING CHU 连景初 (1918-)

Jing yi 劲毅
ZENG, JIN YI 曾近义 (1920-)

Jing yi 竟宜
ZENG, JIN YI 曾近义 (1920-)

Jing yi 晶宜
RAO, BAI HUA 饶柏华 (1938-)

Jing yi 静沂
LIU, JING 刘竟 (1957-)

Jing yi zun 敬一尊
ZHOU, SHU REN 周树人 (1881-1936)

Jing yin 静因
XU, DIAO FU 徐调孚 (1901-1981)

JING, YIN YU 敬隐渔 (1902-)
Yin yu 隐渔

Jing ying 敬英
ZHANG, QI XUN 章启勋 (1916-)

Jing ying 晶莹
CHEN, ZHAO ZHANG 陈兆璋 (1923-)

Jing ying 静影
ZHU, GU ZHONG 朱谷忠 (1946-)

JING, YING QIU 井应秋 (1922-)
Shou qiu 瘦秋

Jing you 兢优
FENG, PING 冯平

Jing, You lin 荆有林
JING, YOU LIN 荆有麟 (1903-1951)

JING, YOU LIN 荆有麟 (1903-1951)
Ai, Yun 艾云
Jin, Lin 金林
Jing, You lin 荆有林
Jing, Zhi fang 荆织芳
Li, Lin 李林
Lin, An 林安
You lin 有麟

Jing, Yu 景玉
DING, JING TANG 丁景唐 (1920-)

Jing yu 浮雨
YU, JING YU 于镜宇 (1907-1999)

Jing yu 竟宇
YU, JING YU 于镜宇 (1907-1999)

Jing yu 敬禹
YU, JING YU 于镜宇 (1907-1999)

Jing yu 静宇
YAN, YAO LIAN 阎瑶莲 (1931-)

Jing yu 静虞
NONG, GUAN PIN 农冠品 (1936-)

Jing yu 镜宇
LÜ, HAI HUAN 吕海寰 (1840-1927)

Jing yu 镜宇
YU, JING YU 于镜宇 (1907-1999)

Jing yu 警予
XIANG, JUN XIAN 向俊贤 (1895-1928)

Jing, Yuan 敬园
CHEN, JING ZHI 陈敬之 (1912-1982)

Jing, Yuan 敬源
WANG, MAN YING 王满盈 (1965-)

Jing yuan 静园
LI, CI DUAN 李赐端 (1926-)

Jing yuan 静远
PAN, QI LIANG 潘齐亮 (1923-1968)

Jing yuan 静远
XIE, JUN YUAN 谢俊元 (1947-)

Jing yuan 静源
HUANG, JING YUAN 黄静源 (1900-1925)

Jing yuan 静源
SUN, FENG CHENG 孙凤城 (1934-)

Jing yuan 静渊
ZOU, EN RUN 邹恩润 (1895-1944)

Jing yuan 静渊
WANG, MAN YING 王满盈 (1965-)

Jing yue 竞曰
YAN, JING YAO 严景耀 (1905-1976)

Jing, Yun 景云
LUO, ZHANG LONG 罗章龙 (1896-)

Jing, Yun 景云
LIAO, JIA QUAN 廖家权 (1907-1990)

Jing, Yun 景云
WU, ZHEN ZHOU 武震州

Jing, Yun 景云
SONG, YI FENG 宋裔烽

Jing yun 敬云
LIU, REN JING 刘仁静 (1902-1987)

Jing yun 静云
LAN, XIANG YUN 蓝祥云 **(1936-)**

Jing zhai 静斋
JIANG, YING LONG 江应龙 **(1920-)**

Jing zhao bu yi bing chuan 京兆布衣冰川
GU, WAN CHUAN 谷万川 **(1905-1970)**

JING, ZHENG PING 荆正平 **(1918-)**
Jing, Zheng ping 景正平

Jing, Zheng ping 景正平
JING, ZHENG PING 荆正平 **(1918-)**

Jing, Zhi 荆直
HE, JING ZHI 贺敬之 **(1924-)**

Jing zhi 敬之
SHEN, YAN BING 沈雁冰 **(1896-1981)**

Jing zhi 敬之
HE, JING ZHI 贺敬之 **(1924-)**

Jing zhi 敬之
LI, WEN LONG 李文龙 **(1936-)**

Jing zhi 静之
WANG, LI AN 汪立安 **(1902-)**

Jing zhi 静之
XU, JUN MING 徐俊明 **(1923-)**

Jing zhi 静之
LIN, HAN TAO 林汉涛 **(1944-)**

Jing zhi 静芝
WANG, LI AN 汪立安 **(1902-)**

Jing zhi 竞之
WU, ZAI TING 吴再挺

Jing zhi 劲芝
JIN, QUAN CAI 金全才 **(1927-)**

Jing zhi 镜之
WU, JIAN MIN 吴健民 **(1921-)**

Jing, Zhi fang 荆织芳
JING, YOU LIN 荆有麟 **(1903-1951)**

Jing zhong 警众
LI, DUO 李铎 **(1878-1962)**

Jing zhong ji 荆中棘
SHU, PEI 束佩 **(1919-)**

Jing zhou 京洲
XIE, MING ZHOU 谢明洲 **(1947-)**

Jing zhu 荆竹
WANG, JIN ZHU 王金柱 **(1954-)**

Jing zhu 靖竹
SHI, CHUN QING 施纯青

Jing, Zi 敬子
JIANG, GONG CHEN 江恭忱

Jing zi 净子
QIN, XIAO QING 覃晓晴 **(1912-)**

Jing zi 净子
ZHU, REN JIAN 朱仁健 **(1913-1983)**

Jing zi 静子
SI TU, CHUAN 司徒传 **(1912-1950)**

Jing zi 静子
QIN, XIAO QING 覃晓晴 **(1912-)**

Jing zi 静子
TAN, JIA KUN 谭家昆 **(1920-)**

Jing, Zi yuan 经子渊
JING, HENG YI 经亨颐 **(1877-1938)**

Jiong 窘
KANG, BAO ZHONG 康宝忠

Jiong an 絅庵
LIU, SI FU 刘思复 **(1884-1915)**

Jiong tang lao ren 炯堂老人
CEN, CHUN ZE 岑春泽 **(1861-1933)**

Jiong zhi 炯之
SHEN, CONG WEN 沈从文 **(1902-1988)**

Jiu 玖
CHEN, SHU ZHANG 陈淑章 **(1906-1991)**

Jiu chong 九重
ZHANG, YUE JIAN 张岳建 **(1924-)**

Jiu chong ge 九重葛
CHEN, MEI MIAO 陈美妙

Jiu di 酒帝
GU, SONG CHEN 顾崧臣 **(-1929)**

Jiu die shan ren 九叠山人
TAN, KAN 谭侃

Jiu er 疚耳
LIU, XIONG FEI 刘雄飞 **(1925-)**

Jiu fang 九方
SUN, MIN JI 孙民纪 **(1954-)**

Jiu feng qiao zi 九峰樵子
ZHANG, SHU TONG 张叔通 **(1877-1967)**

Jiu gai 酒丐
HUANG, GUO HAI 黄国海 **(1936-)**

Jiu gang ju shi 九缸居士
NI, YI MING 倪亦明 **(1935-)**

Jiu ge 九哥
ZHANG, YAN 张彦 **(1946-)**

Jiu gong 九公
DONG, QING SHENG 董庆生 **(1928-)**

Jiu huan 九寰
YANG, LIAN ZHENG 杨廉政 **(1900-1946)**

Jiu jie 九戒
WANG, REN SHU 王任叔 **(1901-1972)**

Jiu jing 究竟
LI, WEN TAO 李文涛 **(1880-1942)**

Jiu jiu 九九
YANG, DU 杨度 **(1875-1931)**

Jiu li 久利
JI, JIU LI 吉久利 **(1951-)**

Jiu long 九龙
ZHONG, ZHAO ZHENG 钟肇政 **(1925-)**

Jiu long zhen yi 九龙真逸
CHEN, BO TAO 陈伯陶 **(1855-1930)**

Jiu nong 疚侬
YU, SHOU YI 余寿颐 **(1883-1930)**

Jiu nong 疚侬
CHU, SONG XUE 褚松雪 **(1900-)**

Jiu nü shi 玖女士
CHEN, SHU ZHANG 陈淑章 **(1906-1991)**

Jiu qiong 九穷
LI, YU ZHEN 李毓珍 **(1909-)**

Jiu qu ju shi 九曲居士
ZHAO, PING FU 赵平复 **(1902-1931)**

Jiu quan 酒泉
YUAN, GUANG MEI 袁光楣 **(1916-1982)**

Jiu she zhang 酒社长
LIU, YA ZI 柳亚子 **(1887-1958)**

Jiu shi 旧史
RONG, DING CHANG 容鼎昌 **(1919-)**

Jiu shi shi 旧史氏
LIANG, QI CHAO 梁启超 **(1873-1929)**

Jiu shi yue se zhai 旧時月色斋
CHEN, SHI YI 陈世宜 **(1884-1959)**

Jiu si 九死
GAO, YANG YU 高仰愈 **(1898-1949)**

Jiu si 九思
WANG, MING 王明 **(1911-1992)**

Jiu si zhai 九思斋
GAO, SHENG LIAN 高盛连 **(1912-)**

Jiu su 九肃
HUANG, SHI JIU 黄世九 **(1935-)**

Jiu tang 鸠堂
SHI, XUE XI 施学习

Jiu tong 九同
YANG, JUN GUANG 杨俊光 **(1932-)**

Jiu wen ji zhe 旧闻记者
ZHENG, JI YUN 郑际云 **(1895-1992)**

Jiu wen ji zhe 旧闻记者
WANG, YUN SHENG 王芸生 **(1901-1980)**

Jiu xiang meng 九香梦
CAI, SHI FENG 蔡诗峰 **(1970-)**

Jiu xin 揪心
HE, QI FANG 何其芳 **(1912-1977)**

Jiu xing yan xiao zhi shi zhu ren 酒醒炎消之室主人
LI, BAO JIA 李宝嘉 **(1867-1906)**

Jiu yan 旧燕
ZHANG, XIN YUAN 张心远 **(1895-1967)**

Jiu yan 旧燕
CHEN, DING YANG 陈定扬

Jiu yi 九一
SUN, RU LING 孙如陵 **(1917-)**

Jiu yin ju shi 鹫因居士
XU, DING KANG 徐鼎康 **(1876-1938)**

Jiu you 旧友
ZHANG, XIN YUAN 张心远 **(1895-1967)**

Jiu yuan 久远
YE, YONG LIE 叶永烈 **(1940-)**

Jiu zhai 疚斋
MAO, GUANG SHENG 冒广生 **(1873-1959)**

Jiu zhi 久之
ZHANG, YI TONG 张翼彤 **(1916-)**

Jiu zhi shu sheng 九指书生
LI, SHI WEI 李士伟 **(1929-)**

Jiu zhong jing she 九钟精舍
WU, SHI JIAN 吴士鑑 **(1868-1933)**

Jiu zi gu ren 九子谷人
GU, YI XING 顾亦兴 **(1932-)**

Ju 居
JIAO, CHENG ZHI 焦承志 **(1905-1975)**

Ju 菊
JIAO, CHENG ZHI 焦承志 **(1905-1975)**

Ju 菊
KOU, WANG WEI 寇望微 **(-1950?)**

JU, BAO KE 剧保科 **(1953-)**
Gu, Dao 古刀

Ju, Chang an 居长安
LU, DAN LIN 陆丹林 **(1898-1972)**

Ju chen 菊晨
MAO, YI HU 毛翼虎 **(1914-)**

Ju chuan 巨川
WANG, REN SHU 王任叔 **(1901-1972)**

Ju, Chuan jiang 鞠川江
JU, CHUAN JIANG 鞠传江 **(1957-)**

JU, CHUAN JIANG 鞠传江 **(1957-)**
Ju, Chuan jiang 鞠川江

Ju dong 苣苳
LIN, CHANG MIN 林长民 **(1876-1925)**

Ju dong zi 苣苳子
LIN, CHANG MIN 林长民 **(1876-1925)**

Ju e 巨鳄
WANG, YAO MIN 王尧民

Ju fan 菊凡
YOU, GUI HUI 游贵辉 **(1939-)**

Ju feng 举丰
FU, JU FENG 傅举丰 **(1905-1982)**

Ju feng 飓风
TAN, BANG CUI 谭邦萃

Ju, Fu 居甫
LIAO, SHANG FEI 廖尚棐 **(1907-)**

Ju gong 菊公
GUO, LI HUAN 郭礼焕 **(1958-)**

Ju he 巨河
QU, HE 璩河 **(1954-)**

Ju hua 菊华
ZHOU, YU YING 周毓英 **(1900-1945)**

Ju hui 炬慧
LI, WEN TAO 李文涛 **(1880-1942)**

Ju, Ji wu 鞠继武
JU, XIAO MING 鞠孝铭 **(1912-)**

Ju, Jue sheng 居觉生
JU, ZHENG 居正 **(1876-1951)**

Ju jun 橘君
LI, JU REN 李橘人

Ju lan 巨澜
GAO, CHAO 高潮 **(1922-)**

Ju long 巨龙
YANG, CAI LONG 杨财隆 **(1938-)**

Ju, Mei chuan 居梅川
JU, ZHENG 居正 **(1876-1951)**

Ju meng 剧孟
CHANG, REN XIA 常任侠 **(1904-)**

Ju meng 菊梦
KUANG, ZHOU YI 况周颐 **(1859-1926)**

Ju mo 尻默
SHEN, YIN MO 沈尹默 **(1883-1971)**

Ju mu 巨沐
YUAN, BO QU 袁伯渠 **(1934-)**

Ju nong 菊农
QU, SHI YING 瞿世英 **(1900-1976)**

Ju peng 莒朋
LI, JIN MING 黎锦明 **(1905-)**

Ju Ping 居平
QU, RUN HAI 曲润海 **(1936-)**

Ju pu 鞠普
ZHANG, REN JIE 张人杰 **(1877-1950)**

Ju qing 聚卿
LIU, SHI HENG 刘世珩 **(1875-1937)**

Ju que 巨阙
WANG, WEN CHEN 王文琛 **(1922-)**

Ju ren 菊人
WANG, JING TAO 王景陶 **(1948-)**

Ju ren 菊人
ZHAN, XIAN CI 詹宪慈

Ju ren 聚仁
CAO, JU REN 曹聚仁 **(1900-1972)**

Ju ren 鞠人
HUANG, ZAO 黄藻 **(1870-1900)**

Ju ren hang er 菊人行二
HUANG, ZAO 黄藻 **(1870-1900)**

Ju ru 鞠孺
ZHENG, JU RU 郑菊如 **(1927-)**

Ju shan 菊山
PENG, JIN SHAN 彭金山 **(1949-)**

Ju sheng 巨生
XU, ZE LIN 徐泽霖 **(1928-)**

Ju sheng 菊生
ZHANG, YUAN JI 张元济 **(1867-1959)**

Ju sheng 菊生
WANG, YI LIN 王义林 **(1906-1990)**

Ju, Shi 居士
PAN, TIAN SHOU 潘天寿 **(1897-1971)**

Ju shi shan ren 居士山人
DENG, TIE 邓铁 **(1898-1963)**

Ju, Si wei 居思危
XIE, JUE HONG 谢觉红

Ju, Song 居松
SHEN, LU CHANG 沈碌昌 **(1941-)**

Ju sou 橘叟
CHEN, BAO CHEN 陈宝琛 **(1849-1935)**

Ju tao 巨濤
QIAN, CHENG 钱城 **(1889-1938)**

Ju wai han 局外汉
SONG, YUAN MO 宋元模 **(1911-)**

JU, XIAO MING 鞠孝铭 **(1912-)**
Jin, Ge 金戈
Ju, Ji wu 鞠继武
Man qian 曼倩
Ning, Wu 宁武

Ju xin 菊心
TAO, YUAN QING 陶元庆 **(1893-1929)**

Ju xing 巨星
ZHAO, DA CHENG 赵大成 **(1920-1988)**

Ju xu 巨虚
JI, XIU FU 季修甫 **(1924-)**

Ju yan 炬談
WANG, CHENG 王诚 **(1898-1940)**

Ju yang bo zi 句阳伯子
CHEN, XUN ZHENG 陈训正 **(1872-1944)**

Ju, Yin 居尹
JIAO, CHENG ZHI 焦承志 **(1905-1975)**

Ju yin 菊隐
TAO, JU YIN 陶菊隐 **(1898-)**

Ju yin 菊隠
JIAO, CHENG ZHI 焦承志 **(1905-1975)**

Ju yin 菊隐
ZHAN, XIAN CI 詹宪慈

Ju yin 橘隐
CHEN, BAO CHEN 陈宝琛 **(1849-1935)**

Ju, Ying 居颖
JIAO, CHENG ZHI 焦承志 **(1905-1975)**

JU, YING 鞠英 **(1957-)**
Mei si 美斯
Nan, Lai ke 南来客
Tian mei 天湄
Yi, Wa 伊娃
Ying zi 樱子

Ju ying 驹影
ZHENG, TIAN BAO 郑天宝 **(1935-)**

Ju ying 菊影
JIAO, CHENG ZHI 焦承志 **(1905-1975)**

Ju, Yong 居佣
ZHANG, YI LIN 张一麐 **(1867-1943)**

Ju yu 巨钰
MA, JI LIANG 马骥良 **(1914-1988)**

Ju yu sheng 橘余生
XU, YUN QIAO 许云樵 **(1905-1981)**

Ju, Yuan 巨缘
QU, QIU BAI 瞿秋白 **(1899-1935)**

Ju yuan 矩园
YE, GONG CHUO 叶恭绰 **(1881-1968)**

Ju zan 巨赞
PAN, QIN PU 潘琴朴 **(1908-1984)**

Ju zhai 矩斋
LAO, NAI XUAN 劳乃宣 **(1843-1921)**

Ju zhai 榘斋
LAO, NAI XUAN 劳乃宣 **(1843-1921)**

JU, ZHENG 居正 **(1876-1951)**
Dong pi 东辟
Ju, Jue sheng 居觉生
Ju, Mei chuan 居梅川
Ju, Zhi jun 居之骏
Jue sheng 觉生
Mei, Chuan 梅川
Mei chuan ju shi 梅川居士
Mei yuan ju shi 梅园居士
Sheng gong 生公
Yang xing lao nong 杨行老农
Yao, Shi 藥石

Ju, Zhi jun 居之骏
JU, ZHENG 居正 **(1876-1951)**

Ju zi 菊子
WANG, SEN RAN 王森然 **(1895-1984)**

Ju, zi 菊子
ZHU, GUI ZHUO 朱桂棹 **(1911-)**

Ju zu 具足
LI, WEN TAO 李文涛 **(1880-1942)**

Juan 涓
CHEN, LI JUAN 陈丽娟 **(1917-)**

Juan 鵑
ZHOU, GUO XIAN 周国贤 **(1894-1968)**

Juan 鹃
QIN, GUO XIAN 钦国贤 **(1913-1983)**

Juan ai 涓埃
LI, CHANG ZHI 李长植 **(1910-1978)**

Juan ai 涓埃

FEI, HAI JI 费海玑 **(1924-)**

Juan an 卷盦
YE, JING KUI 叶景葵 **(1874-1949)**

Juan chong 卷重
ZHANG, GONG 张恭 **(1877-1912)**

Juan chong 捲重
ZHANG, GONG 张恭 **(1877-1912)**

Juan er 卷耳
TIAN, BEN XIANG 田本相 **(1932-)**

Juan fei 倦飞
WANG, YUN SHENG 王芸生 **(1901-1980)**

Juan he 倦鹤
CHEN, SHI YI 陈世宜 **(1884-1959)**

Juan hong 倦鸿
JIANG, CHEN 姜琛 **(1913-1943)**

Juan huan 倦还
FU, XIONG XIANG 傅熊湘 **(1883-1930)**

Juan shi 卷施
ZHANG, GONG 张恭 **(1877-1912)**

Juan sou 蠲叟
MA, FU TIAN 马福田 **(1882-1967)**

Juan weng 倦翁
FU, XIONG XIANG 傅熊湘 **(1883-1930)**

Juan weng 狷翁
YU, JIA XI 余嘉锡 **(1884-1956)**

Juan xi lao ren 蠲戏老人
MA, FU TIAN 马福田 **(1882-1967)**

Juan yi 卷益
TONG, SHU YE 童书业 **(1908-1968)**

Juan yun 倦云
GUO, XIAN ZUO 郭贤作 **(1959-)**

Juan zhi lao ren 倦知老人
YU, ZHAO KANG 余肇康 **(1855-1931)**

Juan zi 娟子
LI, XIU JUAN 李秀娟 **(1966-)**

Jue 珏
TANG, JING YANG 唐景阳 **(1914-1971)**

Jue 觉
PAN, DA WEI 潘达微 **(1880-1929)**

Jue 觉
XIE, JUE ZAI 谢觉哉 **(1884-1971)**

Jue 觉
XU, JUE 徐觉 **(1889-1937)**

Jue 觉
LÜ, PEI LIN 吕沛林 **(1889-1947)**

Jue 觉
LUO, YI NONG 罗亦农 **(1902-1928)**

Jue chen 绝尘
FANG, HAO 方豪 **(1910-1980)**

Jue chu 觉初
WANG, TIAN LU 王天禄

Jue dao shi 觉道士
WANG, ZHAO YONG 汪兆镛 **(1861-1939)**

Jue fu 觉夫
FU, XIONG XIANG 傅熊湘 **(1883-1930)**

Jue fu 觉夫
LIN, JUE FU 林觉夫 **(1919-1992)**

Jue fu 嗟夫
ZHANG, CHANG XIN 张常信 **(1940-)**

Jue hua liao 觉花寮
YANG, SHOU NAN 杨寿枏 **(1868-1947)**

Jue hui 觉慧
LI, WEN TAO 李文涛 **(1880-1942)**

Jue jing 绝景
YI, TING XI 易廷熹 **(1874-1941)**

Jue kuang 觉旷
YUAN, KE WEN 袁克文 **(1890-1931)**

Jue lun 觉伦
LI, JIAN 李剑 **(1947-)**

Jue luo 觉洛
JUE LUO, DE LIN 觉洛德林 **(1921-)**

JUE LUO, DE LIN 觉洛德林 **(1921-)**
A er xun 阿儿逊
Feng 峰
Jue luo 觉洛
Miao 苗
Zhao, De lin 赵德林

Jue min 觉民
LIN, JUE MIN 林觉民 **(1887-1911)**

Jue min 觉民
ZHOU, SHI CHAO 周世超 **(-1939)**

Jue ming 决明
SHA, WEN RUO 沙文若 **(1900-1993)**

Jue ming 觉明
XIANG, DA 向达 **(1900-1966)**

Jue ming ju shi 觉明居士
XIANG, DA 向达 **(1900-1966)**

Jue nu 觉奴

XIAO, PU SHENG 萧朴生 (- 1926)

Jue qing 觉清
QIAO, SHU SHENG 乔树声 (1942-)

Jue qing 爵青
LIU, PEI 刘佩 (1917-1960)

Jue qing he shang 觉情和尚
YUAN, ZHEN YING 袁振英

Jue ren 珏人
CHEN, CHU CAI 陈楚材 (1902-)

Jue ri 攫日
ZHENG, TIAN TING 郑天挺 (1899-1981)

Jue sheng 绝圣
HAN, ZHI XIANG 韩致祥 (1900-1934)

Jue sheng 觉生
JU, ZHENG 居正 (1876-1951)

Jue sheng 觉生
ZENG, RUI XIONG 曾瑞熊 (1903-)

Jue sheng 觉生
DING, MING ZHE 丁明哲 (1920-1993)

Jue tang 觉堂
LIU, XIN HUANG 刘心皇 (1915-)

Jue tang 爵棠
WANG, ZHI CHUN 王之春

Jue tian 觉天
YIN, DE HOU 殷德厚 (1930?-)

Jue ting 玦亭
YI, TING XI 易廷熹 (1874-1941)

Jue ting 爝庭
GAO, LUN 高崙 (1879-1951)

Jue wen 珏文
WANG, YU WEN 王豫文 (1964-)

Jue wo 觉我
XU, NIAN CI 徐念慈 (1874-1908)

Jue wu 觉无
WANG, HUAN BIAO 王焕镳 (1900-1982)

Jue wu 觉吾
LU, JUE WU 鲁觉吾 (1900-1966)

Jue wu 觉悟
CHEN, DU XIU 陈独秀 (1879-1942)

Jue xian 觉仙
LAI, LIAN 赖琏 (1900-1983)

Jue xian 觉先
DING, MING ZHE 丁明哲 (1920-1993)

Jue xin 觉新
PAN, ZU JUE 潘祖岳 (1909-)

Jue ye 觉也
XU, JUE 徐觉 (1889-1937)

Jue yuan 觉元
CHEN, ZHONG FAN 陈钟凡 (1888-1982)

Jue yuan 觉源
WANG, JUE YUAN 王觉源

Jue zai 觉哉
XIE, JUE ZAI 谢觉哉 (1884-1971)

Jue zhai 觉斋
XIE, JUE ZAI 谢觉哉 (1884-1971)

Jun 军
XIAO, JUN 萧军 (1907-1988)

Jun 军
ZHAI, JIN WEN 翟锦文 (1917-)

Jun 军
SU, CE 苏策 (1921-)

Jun 君
ZHENG, LONG JIN 郑隆谨 (1895-1979)

Jun 君
YAN, YU FANG 颜毓芳 (1912-)

Jun 君
XU, GUANG SHEN 徐光燊 (1920-)

Jun 均
ZHENG, LONG JIN 郑隆谨 (1895-1979)

Jun 隽
KONG, LING JUN 孔令俊 (1904-1972)

Jun 骏
CHENG, JUN 成骏 (1916-1983)

Jun 菌
SHEN, CONG WEN 沈从文 (1902-1988)

Jun 筠
JIANG, CHUN FANG 姜椿芳 (1912-1987)

Jun ai zhu 君爱竹
SHI, CHUN QING 施纯青

Jun bi 君比
FENG, XIN XIN 冯忻忻

Jun biao 峻飙
ZHANG, QI CHANG 张其昌 (1952-)

Jun bo 君泊
HU, HOU XUAN 胡厚宣 (1911-)

Jun bo 君博
DAI, JUN 戴均 (1903-1945)

Jun bo 隽波

CHEN, SHI MING 陈世明 **(1953-)**

Jun bo 骏伯
ZHOU, LIANG JI 周良骥 **(1916-)**

Jun chan 隽蝉
WU, XIAO TIAN 吴孝田 **(1928-)**

Jun chen 君辰
YANG, WU SHENG 杨戊生 **(1915-1982)**

Jun chen 俊臣
ZHENG, WEN ZHUO 郑文焯（**1856-1918**）

Jun cheng 军城
MOU, LUN YANG 牟伦扬 **(1919-1943)**

Jun chou 君雠
ZHU, XI LIANG 朱锡梁 **(1873-1932)**

Jun chu 君楚
HUANG, ZHENG XIONG 黄正雄 **(1922-)**

Jun ci 君慈
HE, SI CHANG 贺嗣昌 **(1920-)**

Jun dong 竣东
XU, JUN XI 徐俊西 **(1935-)**

Jun du 君度
LIANG, KANG PING 梁康平 **(1894-1972)**

Jun fa 俊发
HUANG, JUN FA 黄俊发 **(1940-)**

Jun fan 均凡
XU, JUN FAN 徐君藩 **(1914-)**

Jun fang 君房
ZHANG, JIA SEN 张嘉森 **(1887-1969)**

Jun feng 君丰
LU, ZHAO HUAN 陆昭环 **(1942-)**

Jun feng 峻峰
WANG, HUI JUN 王辉俊 **(1957-)**

Jun feng 峻风
JIANG, JUN FENG 姜俊峰 **(1926-)**

Jun fu 君復
YAO, ZHEN 姚朕

Jun fu 峻夫
JIA, SHAO XUN 贾少勋 **(1948-)**

Jun gao 峻高
WANG, JUN GAO 王俊高 **(1954-)**

Jun ge 君格
HAN, DE ZHANG 韩德章

Jun gong 骏公
YANG, TIAN JI 杨天骥 **(1880-1960)**

Jun han 君涵
CHEN, JUN HAN 陈君涵

Jun he 君荷
ZENG, GUO ZHEN 曾国珍 **(1902-1971)**

Jun heng 君衡
XIAO, GONG QUAN 萧公权 **(1897-1981)**

Jun heng 均衡
LI, BO PING 李伯平 **(1920-)**

Jun hua 骏骅
ZHANG, QI CHANG 张其昌 **(1952-)**

Jun hui 君慧
YU, WEN HUI 余文晖

Jun ji 君寂
WANG, SEN RAN 王森然 **(1895-1984)**

Jun jia 军笳
LU, SHAO QUAN 卢绍权 **(1920-1980)**

Jun jia nü shi 君珈女士
GAO, JUN JIA 高君珈 **(1904-)**

Jun jian 君剑
FU, XIONG XIANG 傅熊湘 **(1883-1930)**

Jun jian 君健
ZHENG, JUN JIAN 郑军健 **(1954-)**

Jun jie 君介
GAO, GUI 高圭 **(1898-)**

Jun jie 君傑
WU, JUN JIE 吴俊傑 **(1925-)**

Jun jie 俊杰
JIN, HUI MIN 靳惠民 **(1939-)**

Jun jie 俊傑
QIN, DING YI 秦鼎彝 **(1877-1906)**

Jun jun 君君
YANG, YIN JUN 杨隐君 **(1919-)**

Jun jun 君君
BU, YAN PING 步燕萍 **(1946-)**

Jun jun 隽隽
SONG, HUI LIANG 宋惠亮 **(1951-)**

Jun kang 隽康
ZHOU, QING HE 周清河 **(1950-)**

Jun kuang 君匡
YUAN, SHU 袁殊 **(1911-1987)**

Jun li 军力
JIN, QI XIANG 金起祥 **(1927-)**

Jun li 君里
ZHENG, WEI ZHANG 郑蔚章 **(1911-1969)**

Jun liang 君亮

LI, JIN MING 黎锦明 **(1905-)**

Jun liang 均亮
LI, JIN MING 黎锦明 **(1905-)**

Jun ling 峻岭
LI, YUN HE 李云鹤 **(1914-1991)**

Jun ling 峻岭
FAN, CHONG SHAN 范崇山 **(1938-)**

Jun lun 均伦
DONG, JUN LUN 董均伦 **(1915-)**

Jun lun 俊伦
ZHANG, JUN TI 张君悌 **(1910-1971)**

Jun mai 君劢
ZHANG, JIA SEN 张嘉森 **(1887-1969)**

Jun man 君曼
FENG, HONG CHI 冯鸿墀 **(1873-1931)**

Jun man 君曼
LIU, GUO JUN 刘国钧

Jun man ke 军曼客
XIE, SHUI LIN 谢水霖 **(1949-)**

Jun meng 君猛
LI, NAI YANG 李廼扬 **(1912-)**

Jun mian 君勉
XU, QIN 徐勤 **(1873-1945)**

Jun mian 君勉
CAI, ZHEN YANG 蔡振扬 **(1917-)**

Jun min 峻民
LI, SHOU ZHANG 李守章 **(1905-1993)**

Jun min 俊民
LI, SHOU ZHANG 李守章 **(1905-1993)**

Jun ming 君明
WEI, KAI TAI 魏开泰 **(1915-)**

Jun ming 峻明
LI, SHOU ZHANG 李守章 **(1905-1993)**

Jun mo 君谟
CAI, GUO ZHENG 蔡国政 **(1915-1983)**

Jun mo 君墨
SHEN, YIN MO 沈尹默 **(1883-1971)**

Jun mo 君默
SHEN, YIN MO 沈尹默 **(1883-1971)**

Jun mo 君默
ZHANG, JING YUN 张景云 **(1940-)**

Jun mo 均墨
HAN, BO LI 韩波利 **(1954-)**

Jun mo 均默

LIANG, HAN CAO 梁寒操 **(1899-1975)**

Jun nan 俊南
ZHANG, JUN NAN 张俊南

Jun nan 浚南
LIN, XUE HENG 林学衡 **(1898-1941)**

Jun nan 骏男
HU, ZI JIN 胡子晋

Jun pei 君培
FENG, CHENG ZHI 冯承植 **(1905-1993)**

Jun ping 君平
ZHENG, LONG JIN 郑隆谨 **(1895-1979)**

Jun ping 君平
XU, GUANG PING 许广平 **(1898-1968)**

Jun ping 君平
ZHENG, XIONG 郑雄 **(1930-)**

Jun ping 君平
DENG, WEI QUAN 邓伟权

Jun ping 君评
YU, GENG YU 于赓虞 **(1902-1963)**

Jun ping 君苹
ZHANG, QI XUN 章启勋 **(1916-)**

Jun pu 君朴
SHAO, JUN PU 邵君朴

Jun qing 俊卿
WU, JUN QING 吴俊卿 **(1844-1927)**

Jun qing 峻青
SUN, JUN QING 孙俊卿 **(1922-)**

Jun qing 峻青
WANG, YUN 王云 **(1945-)**

Jun quan 均权
MA, JUN QUAN 马君权 **(1924-)**

Jun ran 俊然
SUN, JUN RAN 孙俊然 **(1935-)**

Jun ren 俊人
CHEN, ZI JUN 陈子隽 **(1919-1989)**

Jun ren 俊人
FAN, JUN XUN 范俊勋 **(1928?-)**

Jun ren 隽人
XU, SHI YING 许世英 **(1872-1964)**

Jun ru 隽如
DENG, JUN RU 邓俊如 **(1945-)**

Jun ruo 俊若
PAN, GAN TING 潘幹庭 **(1909-1979)**

Jun shan 君山

HE, ZHONG HAN 贺衷寒 (1899-)

Jun shan 君山
LIU, SUI YUAN 刘燧元 (1904-1985)

Jun shan 君山
CHEN, DONG TING 陈洞庭 (1929-)

Jun shan 君山
CHEN, JUN SHAN 陈俊山 (1937-)

Jun shan 君姗
YUAN, ZI YING 袁子英

Jun shan 峻山
PAN, SHOU HENG 潘寿恒 (1914-)

Jun shan 峻山
LIANG, XIN JUN 梁新俊 (1949-)

Jun shan 峻山
ZHANG, JUN SHAN 张峻山 (1968-)

Jun shao 君绍
WANG, JUN JIE 王俊傑 (1927-)

Jun sheng 俊生
YANG, JUN SHENG 杨俊生 (1909-)

Jun shi 君实
CHANG, JUN SHI 常君实 (1920-)

Jun shi 君实
ZHAO, XI CHENG 赵锡诚 (1936-)

Jun shi 君实
LIU, GUANG 刘光

Jun shi 君实
ZHOU, MO 周默

Jun shi 俊士
ZHU, HUA YU 朱化雨

Jun shuo 君朔
WU, GUANG JIAN 伍光建 (1867-1943)

Jun shuo 君朔
ZHENG, ZHEN DUO 郑振铎 (1898-1958)

Jun su 君素
GU, WAN CHUAN 谷万川 (1905-1970)

Jun sui 君遂
WU, BAO CHU 吴保初 (1869-1913)

Jun tao 君匋
QIAN, JUN TAO 钱君匋 (1906-)

Jun tao 君弢
ZHANG, SHEN HUA 张身华 (1922-1988)

Jun tao 钧陶
LIU, CHUN ZHEN 刘纯真 (1938-)

Jun tian 钧天

MA, JIAN JUN 马建钧 (1964-)

Jun wang 郡望
XU, YAN PIAN 许晏骈 (1922-1992)

Jun wei 军伟
WANG, XUE FENG 王学峰 (1955-)

Jun wei 君韦
GAO, QING YUAN 高清远 (1918-1988)

Jun wen 君闻
SHEN, DENG YING 沈登瀛 (1904-1968)

Jun wen 俊闻
WANG, XIANG LIN 王相林 (1909-1984)

Jun wen 隽闻
XU, SHENG YAO 许绳尧 (1897-1984)

Jun wu 君武
DI, YING 狄膺 (1895-1964)

Jun wu 均吾
DENG, JUN WU 邓均吾 (1898-1969)

Jun xi 君西
WANG, CHANG JIAN 王长简 (1910-1988)

Jun xi 君西
JIANG, LUN 姜崙

Jun xi 君溪
LIANG, QIONG BAI 梁琼白

Jun xi 俊兮
JIANG, LUN 姜崙

Jun xian 俊贤
LI, JUN XIAN 李俊贤 (1919-)

Jun xiang 君向
PAN, KUI CUN 潘葵邨 (1903-)

Jun xiang 峻骧
LIU, JUN XIANG 刘峻骧 (1937-)

Jun xiang 骏祥
ZHANG, JUN XIANG 张骏祥 (1910-)

Jun xiao 骏啸
LIAO, JIA XIANG 廖家祥 (1889-)

Jun xuan 君萱
CHEN, MEI YU 陈梅雨 (1914-)

Jun xuan wu xu wu 俊轩无须吴
WU, JUN QING 吴俊卿 (1844-1927)

Jun yan 军演
WANG, YUAN 王蘧 (1884-1944)

Jun yang 君羊
ZHENG, ZHUO QUN 郑卓群 (1913-1942)

Jun yang 君羊

CHEN, ZHAO RONG 陈钊荣 (1913-1966)

Jun yang 君羊
LI, YA RU 李亚如 (1919-)

Jun yang 君羊
SU, XUE WEN 苏学文 (1936-)

Jun yang 峻杨
YAN, XI QUN 阎西群 (1960-)

Jun yao 君曜
LEI, JIN 雷瑨

Jun yao 均耀
LEI, JIN 雷瑨

Jun yi 君毅
TANG, JUN YI 唐君毅 (1909-1978)

Jun yi 君毅
WU, KE GANG 吴克刚

Jun yi 郡仪
WANG, JUN YI 王君毅

Jun yi 隽佚
MEI, YING 梅英 (1910-)

Jun ying 君影
WANG, JUN JIE 王俊傑 (1927-)

Jun ying lü 君盈绿
LIU, XIU ZHEN 刘秀珍 (1949-)

Jun you 军右
LUO, SHI HUAN 罗士桓 (1911-)

Jun yu 君玉
KONG, LING JUN 孔令俊 (1904-1972)

Jun yu 君玉
LIN, JUN YU 林君玉

Jun yu 君宇
GAO, SHANG DE 高尚德 (1896-1925)

Jun yu 君余
WANG, QING YU 王庆余 (1932-)

Jun yu nü shi 俊玉女士
ZHOU, LIANG JI 周良骥 (1916-)

Jun yuan 君苑
CHEN, QING CHANG 陈庆昌

Jun zhi 君直
CAO, YUAN ZHONG 曹元忠 (1865-1923)

Jun zhi 君直
WANG, SHU KAI 王树楷 (1907-1960?)

Jun zhi 隽之
PAN, LIAN PEI 潘连培 (1920-)

Jun zuo 君左
YI, JIA YUE 易家钺 (1898-1972)

K

K.
ZHANG, KE BIAO 章克标 (1900-)

K. A
JIN, TIAN HE 金天翮 (1874-1947)

K. C.
ZHANG, KE BIAO 章克标 (1900-)

K. H.
CAO, LIAN YA 曹联亚 (1897-1987)

KH
ZHENG, ZHEN DUO 郑振铎 (1898-1958)

K. I.
LU, GAO YI 陆皋义 (1897-)

K I N
QU, QIU BAI 瞿秋白 (1899-1935)

K. J.
GAO, SHANG DE 高尚德 (1896-1925)

K. J.
ZHANG, GUANG REN 张光人 (1902-1985)

KK
ZHUANG, SONG LIN 庄松林 (1910-1974)

K K
ZHANG, KE GANG 张克刚 (1915-)

K. K.
NI, WEI LIANG 倪伟良 (1918-1988)

K. L.
LIU, REN YONG 刘仁勇 (1927-)

K M
DONG, ZU JIAO 董祖蛟 (1902-)

K N
FU, NAI QI 傅乃琦 (1909-1993)

K.N.P.
PENG, GUI E 彭桂萼 (1908-1952)

K. P.
XU, GUANG PING 许广平 (1898-1968)

K. P.
ZHANG, KE BIAO 章克标 (1900-)

K. S.
WANG, JING XI 汪敬熙 (1897-1968)

K. S.
ZHANG, KE BIAO 章克标 (1900-)

K. S.
ZHAO, JING SHEN 赵景深 (1902-1985)

K S
GUO, QIU SHENG 郭秋生 (1904-1980)

K S
LI, KE CHUN 李克纯 **(1916-1984)**

K. S.
XU, XIAN ZHAO 徐先兆

K. V.
LIU, SHAO QI 刘少奇 **(1898-1969)**

K Y
YANG, JIA CHANG 杨嘉昌 **(1914-)**

K Y
KUANG, RONG ZHAO 邝榕肇

Konagalt
LUO, DA GANG 罗大刚 **(1909-)**

Konseno
XU, XIAN ZHAO 徐先兆

Ka bin 卡斌
YANG, KONG XIAN 杨孔娴

Ka di 卡笛
LÜ, JI BAO 吕纪葆 **(1950-)**

Ka feng 卡丰
TIAN, YE 田野 **(1918-)**

Ka fu 卡夫
DU, WEN XIAN 杜文贤 **(1960-)**

Ka ni 卡妮
HE, XIAO QIAN 何孝骞 **(1922-)**

Ka qi 卡奇
TAO, DA YONG 陶大镛 **(1918-)**

Ka, Qing ka 卡青卡
ZENG, XIANG QI 曾祥祺 **(1916-)**

Ka qiu sha 喀秋莎
LIU, KE SHI 刘可式 **(1947-)**

Ka rou 卡柔
LI, GUO YING 黎国颖 **(1938-)**

Ka si 卡斯
XU, MAO RONG 许茂荣 **(1939-)**

KA, TU LI 卡吐力 **(1928-)**
Ha, Bai 哈拜
Ha, Huan zhang 哈焕章

Ka tuo 卡脱
XIANG, DA 向达 **(1900-1966)**

Ka, Zhe 卡哲
GUO, SHU YA 郭树雅 **(1931-)**

Ka, Zhe 卡哲
LIN, YAN JIAO 林言椒 **(1932-)**

Kai 凯
SHENG, LIANG XIAN 盛亮贤 **(1919-)**

Kai 恺
SHEN, YAN BING 沈雁冰 **(1896-1981)**

Kai 恺
FENG, REN 丰仁 **(1898-1975)**

Kai chuan 凯传
WANG, KAI CHUAN 王凯传 **(1935-)**

Kai di 凯棣
LIU, KAI JUAN 刘凯娟 **(1956-)**

Kai fang 开芳
YANG, CHUN BO 杨春波 **(1907-)**

Kai fei 恺扉
ZHANG, HUI BAO 张辉豹

Kai feng 凯丰
LIU, SHAO QI 刘少奇 **(1898-1969)**

Kai feng 凯丰
HE, KE QUAN 何克全 **(1906-1955)**

Kai feng 凯枫
YU, REN KAI 余仁凯 **(1931-)**

Kai hua 开华
LIU, JIAN HUA 刘建华 **(1949-)**

Kai kai 凯凯
SUN, HUA WEN 孙华文 **(1942-)**

Kai lei 开垒
XU, KAI LEI 徐开垒 **(1922-)**

Kai lin 楷林
YE, SHAO JUN 叶绍钧 **(1894-1988)**

Kai ling 恺令
CHEN, SHU FANG 陈淑芳 **(1941-)**

Kai ming 开明
ZHOU, ZUO REN 周作人 **(1885-1967)**

Kai ming 凯明
ZHOU, ZUO REN 周作人 **(1885-1967)**

Kai ming 凯明
RONG, KAI MING 荣开明 **(1931-)**

Kai ming 垲明
ZHOU, ZUO REN 周作人 **(1885-1967)**

Kai ming 恺明
ZHOU, ZUO REN 周作人 **(1885-1967)**

Kai nan 铠男
WANG, KAI NAN 王铠男

Kai ping 开平
YUE, XI RUI 岳喜瑞 **(1920-)**

Kai ran 恺然
XIANG, KUI 向逵 **(1889-1957)**

Kai ruo 凯若
CHEN, JIN XING 陈进兴 (1950-)

Kai ruo 凯若
LIN, YUE SI 林月丝 (1954-)

Kai shan 开山
LIU, REN XIN 刘仁心 (1924-)

Kai shi 凯世
LIANG, SHU 梁书 (1906-)

Kai si 凯思
ZHAO, SHI KAI 赵世开 (1926-)

Kai tai 开泰
HU, DING XIN 胡鼎新 (1912-1992)

Kai tian 开天
ZHANG, SHEN HUA 张身华 (1922-1988)

Kai tian lou zhu 开天楼主
HE, JUN 贺骏 (1891-1977)

Kai tuo 开脱
XU, DIAO FU 徐调孚 (1901-1981)

Kai wen 凯文
CHEN, MEI LAN 陈美兰 (1937-)

Kai wu 开悟
LI, AN FANG 李安芳 (1941-)

Kai xian 开先
LI, KAI XIAN 李开先

Kai xiang 凯翔
CAO, KAI XIANG 曹开翔 (1943-)

Kai xin 开心
HUANG, WEN ZONG 黄文宗 (1910-)

Kai ya 凯亚
TONG, DE KAI 佟德凯 (1956-)

Kai yi 开邑
XING, FU ZHUANG 邢福壮 (1945-)

Kai yin 开因
XIA, KANG NONG 夏康农 (1902-1970)

Kai yin 凯音
ZHANG, GUO TAO 张国焘 (1897-1979)

Kai yin 恺荫
ZHANG, GUO TAO 张国焘 (1897-1979)

Kai yu 开羽
JIANG, KAI RU 蒋开儒 (1935-)

Kai yu 开愚
XIAO, KAI YU 萧开愚 (1960-)

Kai yu 凯宇
SUN, ZENG XUE 孙增学 (1922-)

Kai yuan 开元
SHEN, QI WU 沈启无 (1902-1969)

Kai yuan 楷元
WANG, SI ZENG 王嗣曾 (1909-)

Kai zhang 开嶂
DING, ZUO LIN 丁作霖 (1870-1945)

Kai zhen 开贞
GUO, MO RUO 郭沫若 (1892-1978)

KAN, DUO 阚铎 (1874-1935)
Wu bing 无冰

Kan, Feng 阚峰
KAN, ZHEN MIN 阚振民 (1947-)

Kan fu 侃夫
ZHANG, REN ZHENG 张任政 (1916-)

Kan, Jia lin 阚家麟
DENG, XI XIAN 邓希贤 (1904-1997)

KAN, JIA MING 阚家蓂
Xie, Si chun 谢思蓴

KAN, KAI LI 阚开立 (1952-)
Kan, Yi he 阚奕鹤

Kan kan 看看
WU, JUN CHANG 吴均昌 (1937-)

Kan ren 坎人
GUO, MO RUO 郭沫若 (1892-1978)

Kan shan 看山
PENG, LONG FEI 彭龙飞 (1936-)

Kan shi 砍石
ZHUO, KAI ZE 卓恺泽 (1905-1928)

Kan, Yi he 阚奕鹤
KAN, KAI LI 阚开立 (1952-)

Kan yin 堪隐
XIE, XING YAO 谢兴尧 (1906-)

Kan yin zhai 堪隐斋
XIE, XING YAO 谢兴尧 (1906-)

Kan yue lou 看月楼
ZHANG, YI PING 章衣萍 (1900-1947)

Kan zhai 坎斋
GU, XUE JIE 顾学颉 (1913-)

KAN, ZHEN MIN 阚振民 (1947-)
Kan, Feng 阚峰

Kang 康
QU, QIU BAI 瞿秋白 (1899-1935)

Kang, An 康安
ZHANG, ZHI ZHANG 张至璋 (1940-)

Kang, Bai 康白
HE, WEI KANG 何伟康 **(1930-)**

Kang, Bai qing 康白情
KANG, HONG ZHANG 康洪章 **(1896-1945)**

Kang, Bai shi 康白石
GAO, ZONG LU 高宗鲁 **(1935-)**

KANG, BAI ZHEN 康白珍 **(-1955)**
Ji, Peng 姬蓬
Shi, Yan 石岩

KANG, BAO ZHONG 康宝忠
Jiong 窘
Kang, Xin fu 康心孚

Kang, Bo du 康伯度
ZHOU, SHU REN 周树人 **(1881-1936)**

Kang, Cheng 康成
WU, DAN GE 伍丹戈 **(1912-1983)**

KANG, CHENG ZHONG 康成忠 **(1921-)**
Lu, Shi 陆石

Kang, Dao le 康道乐
ZHUANG, SONG LIN 庄松林 **(1910-1974)**

KANG, DAO PING 康道平 **(1920-)**
Lu, Shi 陆石

Kang de 亢德
TAO, KANG DE 陶亢德 **(1908-1983)**

Kang, De hua 康德华
KANG, SHU HUA 康树华 **(1928-)**

Kang, Di 康迪
GU, NENG HAO 古能豪 **(1955-)**

Kang, Ding 康定
CHENG, KANG DING 程康定 **(1920-)**

KANG, DING YUAN 康丁源 **(1947-)**
Kang, Yuan 康原

Kang, Fu 康夫
YE, XIN KANG 叶新康 **(1951-)**

Kang, Fu 康馥
GU, JIAN 辜健 **(1939-)**

Kang fu 亢夫
SHAN, JI 单勣 **(1914-)**

Kang fu 抗夫
WANG, KANG FU 王抗夫

Kang fu 抗父
FAN, BING QING 樊炳清

Kang fu 抗斧
JIANG, SHAO QUAN 江绍铨 **(1883-1954)**

Kang, Gong bu 康工部
KANG, YOU WEI 康有为 **(1858-1927)**

KANG, HONG 康洪 **(1965-)**
Bei cun 北村

KANG, HONG ZHANG 康洪章 **(1896-1945)**
Bai, Qing 白情
Hong, Zhang 洪章
Hou, An 厚菴
Kang, Bai qing 康白情
Shang, Yin 商隐
Yu an 愚庵

Kang, Hu 康瓠
JIANG, SHAO QUAN 江绍铨 **(1883-1954)**

Kang hu 亢虎
JIANG, SHAO QUAN 江绍铨 **(1883-1954)**

Kang, Ji ji 康既激
JIN, XING YAO 金性尧 **(1916-)**

Kang, Jian 康健
ZHANG, HAI OU 章海鸥

Kang jin 亢进
WANG, JING LIN 王璟琳 **(1931-)**

KANG, JIN ZHONG 康进忠 **(1942-)**
Kang, Yun 康云

Kang, Jing cheng 康静城
HONG, LIAN SHUN 洪连顺 **(1948-)**

KANG, JING XIU 康静修 **(1939-)**
Kang, Zheng 康征
Zheng ren 征人

Kang, Ju 康居
XU, CHANG 徐昌 **(1869-1928)**

Kang, Ju 康驹
KANG, REN SU 康人苏

Kang, Kai 康凯
LI, SHI KAI 李世凯 **(1934-)**

Kang, Kai 康凯
KANG, SHI ZHAO 康式昭 **(1935-)**

Kang, Kai 康慨
KANG, MING YAO 康明瑶 **(1924-)**

Kang kai 慷慨
MA, BING YU 马炳玉 **(1920-)**

Kang, Kan 康衎
LIANG, WEN FU 梁文福 **(1964-)**

Kang, Kang yi 康抗一
ZHENG, BING ZHONG 郑炳中 **(1922-)**

Kang, Lang 康朗

YANG, NAI SI 杨耐思 **(1930-)**

Kang, Lang shuai 康朗甩
KANG, YAN SHUAI 康岩甩 **(1913-)**

Kang, Lang ying 康朗英
KANG, YAN YING 康岩英 **(1906-1977)**

Kang, Li 康丽
LI, SHE YING 李社英 **(1954-)**

Kang, Liao zhai 康了斋
WANG, CHANG JIAN 王长简 **(1910-1988)**

Kang, Ling 康龄
WAN, YI ZHEN 万以贞 **(1941-)**

KANG, LING MEI 康玲玫 **(1966-)**
Ning, Xin er 宁馨儿

Kang, Long 康龙
WEI, JIAN GONG 魏建功 **(1901-1980)**

Kang lu 亢庐
JIANG, SHAO QUAN 江绍铨 **(1883-1954)**

Kang, Min 康敏
ZHOU, GANG MING 周刚明 **(1909-1981)**

Kang ming 亢明
TIAN, HAN 田汉 **(1898-1968)**

Kang, Ming de 康明德
YA, HAN ZHANG 牙含章 **(1916-1989)**

KANG, MING YAO 康明瑶 **(1924-)**
Kang, Kai 康慨

Kang, Mo ni 康莫逆
YANG, JIAN BAI 杨坚白 **(1911-)**

KANG, MU 康穆
Bai, He 白禾

Kang, Nai xin 康乃馨
WANG, MEI 王玫

Kang, Nan hai 康南海
KANG, YOU WEI 康有为 **(1858-1927)**

Kang, Ni 康妮
CHEN, BING YUAN 陈炳元 **(1918-)**

Kang, Nian 康年
WANG, KANG NIAN 汪康年 **(1860-1911)**

Kang, Nian 康年
XIONG, XUE JUN 熊学峻 **(1891-1939)**

Kang, Nian 康年
XU, KANG NIAN 徐康年 **(1937-)**

Kang nong 亢农
XIA, KANG NONG 夏康农 **(1902-1970)**

Kang, Nong 康农
XIA, KANG NONG 夏康农 **(1902-1970)**

Kang nu 抗奴
XU, SHI LIAN 许世连 **(1920-)**

KANG, PING 康平 **(1922-)**
Han jie 汉杰

Kang, Qi da 康琪妲
WANG, ZI RAN 王自然

Kang, Qing 康青
KANG, SHU HUA 康树华 **(1928-)**

Kang, Ran 康然
TAO, HUA YI 陶华裔 **(1916-)**

Kang, Ren 康人
MA, KANG REN 马康人

Kang, Ren 康稔
HUANG, SHOU CHENG 黄守诚 **(1928-)**

KANG, REN SU 康人苏
Kang, Ju 康驹

Kang, Ren yu 康任愚
ZHANG, KE GANG 张克刚 **(1915-)**

Kang, Rong 康戎
HU, KANG RONG 胡康荣 **(1948-)**

Kang, Rong 康容
GUAN, FEI MENG 关非蒙 **(1921-)**

Kang, Sheng 康生
ZHANG, ZONG KE 张宗可 **(1898-1975)**

Kang, Sheng 康生
XU, XIAN ZHAO 徐先兆

Kang, Shi yao 康世尧
KANG, SHI YAO 康师尧 **(1921-1985)**

KANG, SHI YAO 康师尧 **(1921-1985)**
Kang, Shi yao 康世尧
Kang, Xun 康巽

KANG, SHI ZHAO 康式昭 **(1935-)**
Hua, Duo 华多
Kang, Kai 康凯
Li sheng 黎生
Li yi 力一
Yu, Ye tan 余野潭
Zhao kai 昭凯
Zhuo wu 拙吾

KANG, SHOU HUI 康守惠 **(1918-)**
Kang, Yin 康荫
Ma, Ben 马奔
Zhao, Feng 兆风

KANG, SHU HUA 康树华 **(1926-)**
Lu, Qing 陆青

KANG, SHU HUA 康树华 (1928-)
Kang, De hua 康德华
Kang, Qing 康青

KANG, SI QUN 康嗣群 (1910-1969)
Si qun 嗣群

Kang, Sun 康荪
WANG, REN SHU 王任叔 (1901-1972)

Kang, Sun 康荪
JIN, XING YAO 金性尧 (1916-)

Kang, Tao fu 康匋父
YI, JIA YUE 易家钺 (1898-1972)

Kang, Tong 康同
GE, KANG TONG 葛康同 (1934-)

KANG, TONG BI 康同璧 (1880-)
Hua fa shi zhu ren 华发室主人
Kang, Wen pei 康文佩
Wen, Pei 文佩

KANG, TONG WEI 康同薇 (1879-1974)
Wei jun 薇君

Kang, Wei 康薇
LIU, XING QIN 刘杏琴 (1950?-)

Kang, Wen 康文
LI, SHU GUANG 李曙光 (1928-)

Kang, Wen 康文
LI, SHI ZHOU 郦时洲 (1949-)

Kang, Wen pei 康文佩
KANG, TONG BI 康同璧 (1880-)

Kang, Weng 康翁
FENG, JIANG 冯疆 (1901-1983)

Kang, Weng 康翁
JIN, XING YAO 金性尧 (1916-)

KANG, XIANG MIN 康湘民 (1965-)
Xi leng 西冷

Kang, Xin fu 康心孚
KANG, BAO ZHONG 康宝忠

Kang, Xu 康序
KANG, YONG PING 康永平 (1958-)

Kang, Xun 康巽
KANG, SHI YAO 康师尧 (1921-1985)

KANG, YAN SHUAI 康岩甩 (1913-)
Kang, Lang shuai 康朗甩

KANG, YAN YING 康岩英 (1906-1977)
Kang, Lang ying 康朗英

Kang, Ye 康野
ZHOU, ZHI GAO 周志高 (1945-)

Kang, Yin 康荫
KANG, SHOU HUI 康守惠 (1918-)

Kang, Yong 康庸
XIA, TIE JIAN 夏铁肩 (1922-)

KANG, YONG PING 康永平 (1958-)
Chao mai 超麦
Fen si 奋思
Kang, Xu 康序
Kang, Zi 康子

KANG, YONG QIU 康咏秋 (1938-)
Liu, He 刘河
Qiu, Tian 秋天

KANG, YOU WEI 康有为 (1858-1927)
Bu ren 不忍
Bu ren sheng 不忍生
Chang ru 长孺
Chang su 长素
Geng shen 更甡
Geng sheng 更生
Guang xia 广厦
Kang, Gong bu 康工部
Kang, Nan hai 康南海
Kang, Zu yi 康祖诒
Lao, Nian qu 劳佘劬
Lao, Nian wei 劳念蔚
Lao, Wo lu 劳我庐
Liang hun 两浑
Ming, Yi 明夷
Ming, Yi zi 明夷子
Nan, Hai 南海
Nan hai lao ren 南海老人
Nan hai xian sheng 南海先生
Su an 素庵
Su guang 素广
Su sheng 甦生
Tian you hua ren 天游化人
Tian you ju shi 天游居士
Xi qiao qiao zi 西樵樵子
Xi qiao shan ren 西樵山人

Kang, Yu 康郁
ZHOU, SHU REN 周树人 (1881-1936)

Kang, Yuan 康原
KANG, DING YUAN 康丁源 (1947-)

Kang, Yun 康云
KANG, JIN ZHONG 康进忠 (1942-)

Kang, Zhang 康章
CHEN, ZHANG 陈章 (1936-)

Kang, Zheng 康征
KANG, JING XIU 康静修 (1939-)

KANG, ZHI QIANG 康志强 (1930-)

Shi xin 士心

Kang, Zhuang 康莊
LI, PU YUAN 李朴园 **(1901-)**

Kang, Zhuo 康濯
MAO, JI CHANG 毛季常 **(1920-1991)**

Kang, Zi 康子
KANG, YONG PING 康永平 **(1958-)**

Kang, Zu yi 康祖诒
KANG, YOU WEI 康有为 **(1858-1927)**

KANG, ZUO XIN 康作鑫 **(1954-)**
Jin, Li 金力

Kao, Cheng 考诚
KAO, ZHAO XU 考昭绪 **(1918-1965)**

Kao, Lei 考雷
HUANG, JIN SHENG 黄金声 **(1939-)**

Kao, Timothy T.
GAO, ZONG LU 高宗鲁 **(1935-)**

KAO, ZHAO XU 考昭绪 **(1918-1965)**
Di ke 蒂克
Kao, Cheng 考诚

Ke 可
LIN, XIAN SHAN 林贤山 **(1910-1985)**

Ke 克
SHEN, YAN BING 沈雁冰 **(1896-1981)**

Ke 克
WEI, MENG KE 魏猛克 **(1911-1984)**

Ke 克
ZHANG, CHUN QIAO 张春桥 **(1917-)**

Ke 克
CHENG, HE LING 成鹤令 **(1917-1980)**

Ke 恪
SHEN, YAN BING 沈雁冰 **(1896-1981)**

Ke a 克阿
JIANG, HAI CHENG 蒋海澄 **(1910-1996)**

Ke, An 柯安
LI, KAN 李侃 **(1922-)**

Ke an 客庵
ZHOU, YUAN LIANG 周元亮 **(1904-)**

Ke bai 克白
CHEN, YAO TANG 陈耀唐 **(1908-1970)**

KE, BAI NIAN 柯柏年 **(1904-1985)**
Chun fan 春蕃
Li ying nü shi 丽英女士
Li ying 丽英
Li, Chun fan 李春帆
Li, Chun fan 李春蕃
Li, Chun fan 李春藩
Lie ying 列英
Ma, Li ying 马丽英

Ke, Bei 柯北
ZHANG, DE BI 张德壁 **(1919-)**

Ke, Bian 柯边
FENG, MIN 封敏 **(1931-)**

Ke bin 克彬
GAO, SHU QING 杲淑清 **(1920-)**

Ke bin 可宾
YANG, YING XIU 杨应修 **(1912-)**

Ke cang 客沧
HUANG, QI TANG 黄启汤 **(1919-)**

Ke cheng 可成
ZHENG, KE CHENG 郑可成

Ke cheng 克成
XIN, YI FU 辛一夫 **(1929-)**

Ke, Chi 柯炽
LU, ZU CHI 卢祖炽 **(1933-)**

Ke chi 克池
LUO, GUO REN 罗国仁 **(1916-)**

Ke, Chuan 柯川
DENG, HUI BO 邓惠伯 **(1938-)**

Ke cui ci ren 刻翠词人
LIANG, DING FEN 梁鼎菜 **(1859-1920)**

KE, DA QUN 柯达群 **(1949-)**
Ke yan 可严

Ke de 科德
ZHANG, WEN TIAN 张闻天 **(1900-1976)**

Ke, Di 柯狄
DU, YE MU 杜也牧 **(1910-1984)**

Ke dong 克东
HE, FA REN 和法仁 **(1920-1970)**

Ke du 可渡
QIU, MOU SHENG 邱谋盛 **(1956-)**

Ke duo 可夺
LI, JIN FA 李金发 **(1900-1976)**

Ke duo 克多
LI, JING DONG 李镜东 **(1902-1949)**

Ke fang 克芳
MU, DE HUI 穆德辉 **(1924-)**

KE, FANG NAN 柯芳楠
Mei, Nan 梅楠

Ke fei 可飞
RAO, ZHANG FENG 饶彰风 **(1915-1970)**

Ke fei 可非
LI, YOU HUA 李又华 **(1912-)**

Ke fei 克非
LIU, SHAO XIANG 刘绍祥 **(1930-)**

Ke feng 克锋
LUO, GUO REN 罗国仁 **(1916-)**

Ke, Feng sun 柯凤荪
KE, SHAO MIN 柯劭忞 **(1850-1933)**

Ke, Fu 柯夫
GUO, LIANG TIAN 郭良田 **(1919-)**

Ke, Fu 柯夫
MU, XIAN DE 慕显德 **(1921-1987)**

Ke, Fu 柯复
YUAN, KE FU 袁克夫 **(1921-1984)**

Ke fu 可夫
LI, SHI YAN 李士延 **(1925-)**

Ke fu 可夫
LI, LIAN KE 李连柯 **(1934-)**

Ke fu 可夫
WANG, SHENG REN 王胜仁

Ke fu 克夫
CHEN, WEI MING 陈维明 **(1905-1961)**

Ke fu 克夫
LIN, JIN TIAN 林金田 **(1907-)**

Ke fu 轲夫
KE, YI QI 柯以圻 **(-1949)**

Ke, Gang 柯岗
ZHANG, KE GANG 张克刚 **(1915-)**

Ke, Ge 柯戈
PAN, YI YONG 潘义勇

Ke, Geng 柯庚
LU, YIN QUAN 陆印泉 **(1911-)**

Ke, Guai jun 柯怪君
KE, QING SHI 柯庆施 **(1902-1965)**

Ke guan 客观
ZHUANG, LI DAO 庄礼道 **(1946-)**

Ke han 克寒
CHENG, HE LING 成鹤令 **(1917-1980)**

Ke, Hua 柯华
LIN, DE CHANG 林德常

Ke hua 可华
BAO, KE HUA 包可华

Ke huai 克怀
YAN, QING XI 严庆禧 **(1911-)**

Ke ji 克基
WANG, REN SHU 王任叔 **(1901-1972)**

Ke, Jia 柯茄
YUAN, KE JIA 袁可嘉 **(1921-)**

Ke, Jia 柯嘉
YUAN, KE JIA 袁可嘉 **(1921-)**

Ke jia 克家
ZANG, KE JIA 臧克家 **(1905-)**

Ke jian 克坚
WANG, SHAO QING 王绍清 **(1911-)**

Ke jian ju shi 克艰居士
SHEN, ZONG HAN 沈宗瀚 **(1895-1980)**

KE, JIAN ZHONG 柯建中 **(1933-)**
Lu, Yang cun 卢杨村

KE, JIE XIONG 柯杰雄 **(1943-)**
Ke, Wei 柯伟

KE, JIN FENG 柯锦锋 **(1947-)**
Zhi jie 知玠

Ko, Jin yang 柯斤羊
HE, XIN NAN 何新南 **(1944-)**

Ke jiu 可九
YING, XIU REN 应修人 **(1900-1933)**

Ke jiu 可久
YING, XIU REN 应修人 **(1900-1933)**

KE, JIU JIA 柯久加
Bo 伯
Bo heng 伯恒

Ke, Ju 柯炬
LI, ZHENG ZHONG 李正中 **(1921-)**

Ke ke 可可
LIN, XIAN SHAN 林贤山 **(1910-1985)**

Ke ke 可可
KE, PING 柯平 **(1956-)**

Ke ke 克克
LI, JI SHENG 李济生 **(1931-)**

Ke la ke 克拉克
GUO, MO RUO 郭沫若 **(1892-1978)**

Ke, Lan 柯蓝
TANG, YI ZHENG 唐一正 **(1920-)**

Ke, Lang xing 柯朗星
RAN, YU FEI 冉于飞 **(1927-)**

Ke lao 克劳
ZHENG, PEI GANG 郑佩刚 **(1890-1970)**

Ke lao 克劳
ZHENG, ZHU YI 郑竹逸

Ke lao bai fu 克老白夫
CHEN, SHAO YU 陈绍禹 **(1904-1974)**

Ke, Lao ren 柯老人
ZHANG, SHI ZHAO 章士钊 **(1882-1973)**

Ke, Le 柯勒
GAN, YI 甘弋 **(1956-)**

Ke, Li 柯里
HUANG, YU SHAN 黄玉珊 **(1954-)**

Ke li 珂莉
DENG, ZHI YUN 邓织云

Ke li 克里
ZENG, YI MEI 曾逸梅 **(1907-)**

Ke, Li fu 柯里夫
SUN, SU FAN 孙速蕃 **(1939-)**

KE, LI MEI 柯丽美
Yi xin 乙心

Ke liang 克良
HE, JING LIAO 何景寮

Ke liang 克亮
HUANG, JUN DONG 黄俊东 **(1934-)**

Ke, Liao sha 柯辽沙
WANG, ZHI NONG 王智浓 **(1932-)**

Ke lie fu 科列夫
WANG, REN SHU 王任叔 **(1901-1972)**

Ke lin 克林
WANG, REN SHU 王任叔 **(1901-1972)**

Ke lin 珂林
WENG, YUAN FA 翁元法 **(1927-)**

Ke ling 可另
DING, MING ZHE 丁明哲 **(1920-1993)**

Ke ling 克凌
SUN, CHANG YONG 孙昌永 **(1918-)**

Ke, Ling 柯灵
GAO, JI LIN 高季琳 **(1909-)**

Ke lu 渴庐
SHAN, XIAO TIAN 单孝天 **(1921-)**

Ke, Lun 柯崙
LI, TAO 李涛 **(1925-)**

Ke luo 克洛
CHENG, XI ZHENG 程西铮 **(1907-1984)**

Ke luo fu 克洛夫
CHENG, XI ZHENG 程西铮 **(1907-1984)**

Ke man 克曼
ZHAO, DUO 赵铎 **(1921-1991)**

Ke mang 克芒
JIANG, XING MING 江星明 **(1922-)**

Ke mang 呵莽
WEI, ZHAO FENG 魏照风 **(1913-)**

Ke meng 可蒙
WU, JIAN XIAN 吴建贤 **(1923-1991)**

Ke meng 克蒙
CHEN, KAI MING 陈开鸣 **(1929-)**

Ke meng na 克梦娜
WANG, KE WU 王克武 **(1939-)**

Ke min 克敏
LIU, SI QI 刘斯奇 **(1946-)**

Ke, Ming 柯明
WU, YUE REN 吴樾人 **(1923-)**

Ke ming 可明
LI, KE MING 李可明 **(1927-)**

Ke ming 克明
SONG, YUAN MO 宋元模 **(1911-)**

Ke ming 克明
ZHANG, WEN GANG 张文纲 **(1919-)**

Ke ming 克明
LI, KE MING 李克明 **(1925-)**

Ke ming 刻铭
WANG, KE MING 王克明 **(1950-)**

Ke, Nan 柯南
ZHANG, DE BI 张德壁 **(1919-)**

Ke, Nian zhong 柯念中
ZHENG, BING ZHONG 郑炳中 **(1922-)**

Ke ning 克宁
WANG, REN SHU 王任叔 **(1901-1972)**

Ke ning 克宁
FU, NAI QI 傅乃琦 **(1909-1993)**

Ke nong 克农
SHANG, YUE 尚钺 **(1902-1982)**

Ke, Nu fan 柯努帆
LIANG, QI TANG 梁启堂 **(1944-)**

Ke ou 可鸥
XIAO, KE OU 萧可鸥

Ke pei 可珮
FAN, HUA SHENG 范华生 **(1917-)**

KE, PING 柯平 **(1956-)**
A jian 阿见
Ke ke 可可

Ke, Ping 柯萍
CHEN, HE 陈鹤 **(1912-1984)**

Ke po 可叵
ZHANG, XIAO FENG 张晓风 **(1941-)**

Ke po ju zhu ren 可叵居主人
FENG, JIANG 冯疆 **(1901-1983)**

Ke, Pu ding 柯璞玎
PAN, JING NIAN 潘景年 **(1942-)**

Ke qi 可泣
FENG, KE LI 冯可立

KE, QI HUA 柯旗化 **(1929-)**
Ming, Zhe 明哲

Ke, Qian 柯千
WANG, KE QIAN 王克千 **(1930-)**

Ke, Qin 柯琴
GE, QIN 葛琴 **(1907-)**

Ke qin 可钦
LIU, PEI 刘佩 **(1917-1960)**

Ke, Qin fu 柯沁夫
LI, XING WU 李兴武 **(1941-)**

KE, QING HUA 柯青华 **(1939-)**
Yin di 隐地

KE, QING MING 柯庆明 **(1946-)**
Hei, Ye 黑野

KE, QING SHI 柯庆施 **(1902-1965)**
Guai jun 怪君
Ke, Guai jun 柯怪君

Ke qiang 克强
YANG, ZHONG JIAN 杨钟健 **(1897-1979)**

Ke quan 克铨
WANG, KAI JING 汪开竞 **(1912-1976)**

Ke, Ren 柯人
YANG, KE REN 杨可忍 **(1932-)**

Ke ren 可人
SHEN, KE REN 沈可人 **(1916-)**

Ke ren 可人
WU, KE REN 武克仁 **(1919-)**

Ke ren 可人
XING, GUO XI 邢国玺 **(1937-)**

Ke ren 可人
HE, NENG 何能 **(1942-)**

Ke ren 可人
HE, KE JIAN 何克俭 **(1952-)**

Ke ren 可人
HE, JI QING 何继青 **(1957-)**

Ke, Rong 柯荣
CHEN, HE 陈鹤 **(1912-1984)**

Ke rou 克柔
WANG, YI GANG 王以刚 **(1895-1943)**

KE, SHAO MIN 柯劭忞 **(1850-1933)**
Ke, Feng sun 柯凤荪
Liao yuan 蓼园

Ke shi 克士
ZHOU, JIAN REN 周建人 **(1888-1984)**

Ke shi 克士
WANG, REN SHU 王任叔 **(1901-1972)**

Ke shi 克士
SUN, KE JI 孙克骥

Ke shi 恪士
YU, MING ZHEN 俞明震 **(1860-1918)**

Ke shi ge 克什格
GUO, EN DA 郭恩大 **(1919-1976)**

Ke shi ting si ji 柯士汀斯基
LIU, YA ZI 柳亚子 **(1887-1958)**

KE, SHU BAO 柯叔宝 **(1920-1988)**
Du, Ruo 杜若

Ke si 可思
LI, SI FA 李思法 **(1944-)**

Ke tian 可天
SHEN, KE REN 沈可人 **(1916-)**

Ke tian 克天
LIU, XIA LING 刘遐龄 **(1922-)**

KE, TIAN GUO 柯天国 **(1946-)**
Wen xi 雯希

Ke ting 克汀
DENG, ZHUO HUA 邓焯华 **(1921-)**

Ke, Tong 柯同
GAN, CI SEN 甘祠森 **(1914-1982)**

Ke Tong 柯彤
MENG, ZHI FEI 孟智扉 **(1943-)**

Ke, Tong wen 柯彤文
XIE, HUI 谢辉 **(1932-)**

KE, WAN FU 柯万福 **(1942-)**
Ren, Zhao zhi 任兆之

Ke, Wei 柯伟
KE, JIE XIONG 柯杰雄 **(1943-)**

KE, WEI 柯巍 **(1938-)**
Zhou hui fan 舟挥帆

Ke wei 克维
YAN, YOU TAI 严有太 (1920-)

KE, WEI HAN 柯维翰 (1902-1964)
Ke, Zhong ping 柯仲平
Ke, Zhong ping 柯仲屏
Nan, Yun 南云
Yun, Nan 云南
Zhong 仲
Zhong, Ping 仲平

Ke wen 克文
YUAN, KE WEN 袁克文 (1890-1931)

Ke wen 克紋
PAN, KE FEN 潘克芬 (1914-)

Ke wen 科文
SONG, PEI XIAN 宋培贤 (1947-)

KE, WEN LI 柯文礼 (1940-)
Ke, Zhong yao 柯忠耀

KE, WEN LONG 柯文龙 (1918-)
Jian ren 坚忍

KE, WEN PU 柯文溥
Mu, Hong 穆洪
Ou yang, Xu yi 欧阳絮漪

KE, WEN ZHI 柯文质
Mu tong 牧童

Ke, Xi 柯西
GAO, TIAN XING 高天行 (1902-1950)

Ke xi 克西
ZHENG, KE XI 郑克西 (1929-)

Ke, Xiao pei 柯晓沛
ZHENG, BING ZHONG 郑炳中 (1922-)

Ke xie 克谐
LIN, ZHI SHENG 林稚生 (1892-1954)

Ke xie 克谐
XIONG, ZHI CHENG 熊志成 (1923-)

Ke xin 科馨
HUANG, DONG TAO 黄东涛 (1945-)

Ke, Xing 柯兴
XUE, KE XING 薛克兴 (1937-)

Ke xing 克兴
QIAN, XING CUN 钱杏邨 (1900-1977)

Ke xing 克兴
FU, ZHONG TAO 傅仲涛

Ke, Yan 柯岩
FENG, KAI 冯恺 (1929-)

Ke, Yan 柯衍
NI, QING ZHI 倪庆秩 (1918-1989)

Ke, yan 可严
KE, DA QUN 柯达群 (1949-)

Ke, Yang 柯央
LI, XUE YING 李学英 (1922-)

Ke yang 克扬
XUE, KE YANG 薛克扬 (1926-)

Ke yi 可毅
CHEN, JIA DING 陈家鼎 (1877-1928)

Ke, Yi cen 柯一岑
GUO, YI CEN 郭一岑 (1894-1977)

KE, YI QI 柯以圻 (-1949)
Ke fu 轲夫

Ke yin 可茵
HE, QUN YING 何群英 (1937-)

Ke yin 克印
HE, HAI 何海 (1937-)

Ke, You 柯游
ZHANG, CHU KUN 张楚琨 (1912-)

KE, YU SHENG 柯玉生 (1934-)
Mu ke 木可
Yu xiang 予象
Yu, Xin 俞心

KE, YU XU 柯愈勖 (1940-)
Ke, Yu xun 柯愈勋

Ke, Yu xun 柯愈勋
KE, YU XU 柯愈勖 (1940-)

Ke, Yuan 柯原
ZHANG, HENG SHOU 章恒寿 (1931-)

Ke yue 克约
WANG, REN SHU 王任叔 (1901-1972)

Ke yun 珂云
DENG, ZHI YUN 邓织云

Ke, Yun lu 柯云路
BAO, GUO LU 鲍国路 (1946-)

Ke zhai 克斋
SUN, JING HUI 孙敬会 (1939-)

Ke zhan 克展
LIN, DA ZU 林达祖 (1911-)

Ke, Zhen 柯桢
GONG, ZHENG YU 龚政宇 (1941-)

KE, ZHEN ZHONG 柯振中 (1945-)
Xiao qing jiang 小清江

Ke, Zheng 柯峥
GE, GUO ZHENG 葛国峥 (1963-)

Kong, Jia 孔嘉
TAI, JING NONG 臺静农 **(1902-1990)**

Kong, Jia 孔嘉
KONG, LING JUN 孔令钧 **(1914-)**

Kong, Jue 孔厥
ZHENG, ZHI 郑挚 **(1914-1966)**

Kong, Jun 孔均
ZHANG, SHAO FENG 张少峰

Kong kong shao nian 空空少年
LIANG, SHAO WEN 梁绍文 **(1897-)**

Kong liao 空了
WANG, QUN 汪群 **(1904-1928)**

Kong, Lin 孔林
KONG, QING CONG 孔庆聪 **(1928-)**

Kong, Ling geng 孔令更
KONG, LING GENG 孔令耕 **(1950-)**

KONG, LING GENG 孔令耕 **(1950-)**
Kong, Ling geng 孔令更

KONG, LING HUAN 孔令桓 **(1925-1997)**
Kong, Fu 孔孚

Kong, Ling ji 孔令寂
DU, YE MU 杜也牧 **(1910-1984)**

KONG, LING JIE 孔令杰 **(1909-1966)**
Kong, Yan ying 孔彦英
Si tu, Jie 司徒杰
Si tu, Zong 司徒宗

Kong, Ling jing 孔另境
KONG, LING JUN 孔令俊 **(1904-1972)**

KONG, LING JUN 孔令俊 **(1904-1972)**
Bai, He 白鹤
Dong 东
Dong fang, Xi 东方曦
Ji, Ling 吉灵
Jin 今
Jun 隽
Jun yu 君玉
Kong, Ling jing 孔另境
Kong, Ruo jun 孔若君
Ling jing 另境
Ruo 若
Tao zhui 桃椎
Wei, Jin 魏晋

KONG, LING JUN 孔令钧 **(1914-)**
Kong, Jia 孔嘉

KONG, LING XIN 孔令新 **(1943?-)**
Ling, Xun 凌迅

Kong, Long 孔龍
JING, XI REN 荆溪人 **(1926-)**

Kong, Luo sun 孔罗荪
KONG, FAN YAN 孔繁衍 **(1912-)**

Kong, Ping 孔平
LI, KONG PING 李孔平 **(1958-)**

KONG, QI CAI 孔启才 **(1949-)**
Kong, Qi cai 孔其才

Kong, Qi cai 孔其才
KONG, QI CAI 孔启才 **(1949-)**

Kong, Qi qin 孔启秦
LIU, WEN ZHEN 刘文珍 **(1911-1982)**

Kong, Qiang 孔锵
YU, HONG YOU 俞鸿犹

KONG, QING CONG 孔庆聪 **(1928-)**
Bai, Fan 白帆
Kong, Lin 孔林

KONG, QING LUO 孔庆洛 **(1929-)**
Kong, Qing luo 孔磬落
Qing luo 磬落

Kong, Qing luo 孔磬落
KONG, QING LUO 孔庆洛 **(1929-)**

KONG, QING MING 孔庆明 **(1931-)**
Ruo ran 若然

KONG, QING SHAN 孔庆珊 **(1931?-)**
Shan qing 山青

Kong, Rou 孔柔
KONG, FAN YU 孔繁璵 **(1925-)**

Kong, Ruo jun 孔若君
KONG, LING JUN 孔令俊 **(1904-1972)**

Kong, Sai 孔塞
YU, WEI XIN 俞维新 **(1923-1966)**

Kong san 空三
CHEN, TING FAN 陈廷璠 **(1897-)**

Kong, Sheng 孔生
XU, XIAN ZHAO 徐先兆

KONG, SHU XIA 孔淑霞
Kong, Zhao 孔昭

Kong, Sun 孔孙
ZHU, KAN 朱侃 **(1925-)**

Kong, Tian feng 孔田风
CAI, JIN ZHI 蔡锦芝 **(1944-)**

Kong, Wang 孔望
SI TU, CHUAN 司徒传 **(1912-1950)**

KONG, WEI QIN 孔维勤 **(1955-)**
Tian guan ci 天官赐

Kong wo 空我
YU, KONG WO 余空我 **(1898-)**

Kong, Wu 孔武
GUO, KUN FU 郭坤福 **(1947-)**

KONG, XIAN 孔贤
Bei sha 北沙

Kong, Xiang 孔翔
ZHU, ZHEN SHENG 朱振生 **(1922-)**

KONG, XIANG MIN 孔祥民 **(1932-)**
Lou, Yin 楼荫

KONG, XIANG PENG 孔祥鹏 **(1943-)**
Da kong 大空

KONG, XIANG XI 孔祥熙 **(1881-1967)**
Kong, Yong zhi 孔庸之
Zi yuan 子渊

KONG, XIANG ZHANG 孔祥章 **(1937-)**
Kong, Di hua 孔棣华
Qiao fu 樵夫
Ya duo 亚朵

KONG, XIAO HUA 孔小划
Hua zi 划子

KONG, XIAO XIANG 孔筱祥
Lang fen 朗棼

Kong xin zhu 空心竹
HUANG, XIAN BI 黄先笔 **(1958-)**

Kong, Xiu 孔休
CAO, XIN ZHI 曹辛之 **(1917-1995)**

Kong, Xiu 孔修
SHEN, XIU 沈修

Kong xuan 空轩
WU, MI 吴宓 **(1894-1978)**

Kong, Xue zhi 孔学之
CHEN, ZHONG XIAO 陈忠孝 **(1944-)**

Kong, Yan ying 孔彦英
KONG, LING JIE 孔令杰 **(1909-1966)**

Kong, Yang sheng 孔仰圣
ZHAO, SHU LI 赵树礼 **(1906-1970)**

Kong, Yi ji 孔乙己
WANG, REN SHU 王任叔 **(1901-1972)**

Kong, Yi ji 孔乙己
LIN, JIN TIAN 林金田 **(1907-)**

Kong, Yi liao 孔乙了
ZENG, HUI MIN 曾慧民 **(1941-)**

KONG, YONG SONG 孔永松 **(1935-)**
Ye, Ru zhen 叶如针

Kong, Yong zhi 孔庸之
KONG, XIANG XI 孔祥熙 **(1881-1967)**

Kong, You 孔憂
JIAO, CHENG ZHI 焦承志 **(1905-1975)**

Kong, Yu 孔宇
XIAN, XING HAI 冼星海 **(1905-1945)**

KONG, YU QING 孔玉清 **(1929-)**
Li zao 立早
Zhang, Qing 章青

Kong, Yuan 孔原
CHEN, TIE ZHENG 陈铁铮 **(1906-1990)**

Kong, Zai qi 孔在齐
ZHENG, QIAN 郑骞 **(1906-1991)**

Kong, Ze 孔仄
HAN, WEN JU 韩文举 **(1855-1937)**

Kong, Zhao 孔昭
KONG, SHU XIA 孔淑霞

Kong zhao 空照
LI, FANG YUAN 李芳远 **(1924-1981)**

KONG, ZHAO SHOU 孔昭绶
Jing cun 竞存
Rang yi 攘夷

Kong, Zhen 孔真
REN, ZHUO XUAN 任卓宣 **(1896-1990)**

Kong, Zhi jian 孔之见
WANG, PING 王平 **(1922-)**

Kong, Zhi jian 孔之见
LIU, JIN QIONG 刘金琼 **(1940-)**

KONG, ZHI QI 孔质琪
Zhi qi 质琪

Kong, Zi jian 孔子堅
CHEN, TIE ZHENG 陈铁铮 **(1906-1990)**

Kou, Bing hua 寇冰华
KOU, WANG WEI 寇望微 **(-1950?)**

KOU, DA HENG 寇达亨 **(1955-)**
Kou, Da kai 寇达开
Wen, Chan 文禅

Kou, Da kai 寇达开
KOU, DA HENG 寇达亨 **(1955-)**

KOU, DAN 寇丹 **(1940-)**
Xu, You 许由
Ying chuan 颖川

KOU, HONG LIE 寇鸿烈 **(1931-)**

Bo hong 伯洪

Kou, Jie 寇节
WANG, DING JUN 王鼎钧 **(1927-)**

Kou, Tian 寇天
WU, KUN PENG 吴坤鹏 **(1925-)**

Kou tian 叩天
WU, XI CHENG 吴熙成 **(1906-1982)**

KOU, WANG WEI 寇望微 **(-1950?)**
Bai, Ju 白菊
Ju 菊
Kou, Bing hua 寇冰华
Wang wei 望微
Xiu zi 秀子

KOU, ZONG E 寇宗鄂 **(1941-)**
Chuan fu 川夫
Zong, E 宗鄂

Ku an 哭厂
YI, SHUN DING 易顺鼎 **(1858-1920)**

Ku an 哭厂
GAO, XU 高旭 **(1877-1925)**

Ku an 哭庵
YI, SHUN DING 易顺鼎 **(1858-1920)**

Ku an 哭盦
YI, SHUN DING 易顺鼎 **(1858-1920)**

Ku cha 苦茶
ZHOU, ZUO REN 周作人 **(1885-1967)**

Ku cha an 苦茶庵
ZHOU, ZUO REN 周作人 **(1885-1967)**

Ku cha shang ren 苦茶上人
ZHOU, ZUO REN 周作人 **(1885-1967)**

Ku cha zi 苦茶子
ZHOU, ZUO REN 周作人 **(1885-1967)**

Ku ding 苦丁
BAO, CHONG ZHANG 包崇章 **(1917-)**

Ku ding zhai 苦丁斋
CHEN, YAN 陈炎 **(1925-)**

Ku gua san ren 苦瓜散人
QIAN, GE CHUAN 钱歌川 **(1903-1990)**

Ku guo 枯果
LIU, CHENG HUI 刘承蕙 **(1925-)**

Ku hai 苦海
MA, TIAN CAI 马天彩 **(1950-)**

Ku hai yu sheng 苦海馀生
LIU, JIN JIANG 刘锦江

Ku li 苦力
WANG, HONG 王鸿 **(1904-1986)**

Ku ling 苦苓
WANG, YU REN 王裕仁 **(1955-)**

Ku liu hua guan 苦榴花馆
WANG, JIA CAI 汪家材 **(1891-1941)**

Ku mei 苦梅
LI, LING MING 李灵明 **(1941-)**

Ku mi 苦蜜
WANG, LI AN 汪立安 **(1902-)**

Ku shui 苦水
GU, BAO SUI 顾宝随 **(1897-1960)**

Ku tie 苦铁
WU, JUN QING 吴俊卿 **(1844-1927)**

Ku wang 苦望
WANG, SHOU HUA 王寿华 **(1918-)**

Ku wei 苦薇
HUNG, JUN 洪骏 **(1913-)**

Ku xiao ren 哭笑人
FAN, QI XIN 范启新 **(1914-)**

Ku xiao sheng 苦笑生
LIAO, QING XIU 廖清秀 **(1927-)**

Ku xing 苦杏
HONG, YONG AN 洪永安 **(1907-1989)**

Ku ye lang 哭夜郎
HUA, XI LU 花禧禄 **(1912-1946)**

Ku yin ren 苦吟人
LI, YAO NAN 李耀南 **(1917-)**

Ku yu 苦雨
ZHOU, ZUO REN 周作人 **(1885-1967)**

Ku yu lao ren 苦雨老人
ZHOU, ZUO REN 周作人 **(1885-1967)**

Ku yu weng 苦雨翁
ZHOU, ZUO REN 周作人 **(1885-1967)**

Ku yu zhai lao ren 苦雨斋老人
ZHOU, ZUO REN 周作人 **(1885-1967)**

Ku yu zhai zhu ren 苦雨斋主人
ZHOU, ZUO REN 周作人 **(1885-1967)**

Ku zhu an 苦住庵
ZHOU, ZUO REN 周作人 **(1885-1967)**

Kua fu 夸父
SUN, DA KE 孙大珂 **(1909-1956)**

Kua fu 胯夫
XIE, ZHEN DONG 谢振东 **(1930-)**

KUAI, DA SHEN 蒯大申 **(1953-)**

Dong shen 东申

Kuai huo san lang 快活三郎
XU, JUE 徐觉 **(1889-1937)**

KUAI, LI QING 蒯礼卿
Guang dian 光典

Kuai lü 快绿
WANG, KANG LE 王康乐 **(1907-)**

KUAI, SHI XUN 蒯世勋 **(1906-1987)**
Ai, Da 艾达
Kuai, Si xun 蒯斯曛
Mu ye 木也
Shi, Jun cheng 施君澄
Si, Xun 斯曛

Kuai, Si xun 蒯斯曛
KUAI, SHI XUN 蒯世勋 **(1906-1987)**

KUAI, WEN WEI 蒯文伟
Kuai, Yi fei 蒯一斐

KUAI, XIAN 蒯宪 **(1954-)**
Bai, Yan 白巖

Kuai xue xuan 快雪轩
QIAN, ZHEN HUANG 钱振鍠 **(1875-1943)**

Kuai, Yi fei 蒯一斐
KUAI, WEN WEI 蒯文伟

KUAI, ZHEN GAN 蒯贞幹
Hu cen 虎岑
Xiao lou 啸楼

Kuan cang 宽苍
ZHANG, KUAN CANG 张宽苍

Kuan hong 宽洪
ZHONG, KUAN HONG 钟宽洪 **(1937-)**

Kuan jun 宽钧
TANG, XUE YUN 汤雪筠

Kuan lei 宽垒
SHEN, MAI SHI 沈迈士 **(1891-)**

Kuan tang 寬堂
FENG, QI YONG 冯其庸 **(1924-)**

Kuan xian 宽贤
CEN, FAN 岑藩 **(1874-)**

Kuang chu shi 旷处士
HUANG, KAN 黄侃 **(1886-1935)**

Kuang cun 邝村
WU, GUANG CHUAN 吴广川 **(1901-)**

Kuang da 旷达
LIU, ZUO BIN 刘作宾 **(1905-1988)**

Kuang, Da fa 邝达芳
KUANG, MING 邝明 **(1914-1983)**

Kuang, Dai hua 匡代华
TIAN, RU BI 田儒璧 **(1920-)**

Kuang fang 旷放
SONG, XIE ZHOU 宋协周 **(1927-)**

Kuang, Fei 匡非
WU, YUN SEN 吴云森 **(1929-)**

Kuang feng 狂风
SUN, CHANG YONG 孙昌永 **(1918-)**

KUANG, FU 匡扶 **(1911-)**
Bu ke deng lu 不可登庐
Dian nu 佃奴
He sui 禾穗
Kuang, Lu 匡庐
Kuang, Zuo fei 匡昨非
Rong, Yu 容与
Zuo fei 昨非

KUANG, GUANG ZHAO 匡光照 **(1900-)**
Fei lou 斐楼
Huai, Xiang 怀湘
Hui lu 晦庐
Ru zi niu 孺子牛

KUANG, HAI LIANG 邝海量
Hai, Liang 海量

Kuang, Han 邝涵
YANG, KUANG HAN 杨匡汉 **(1940-)**

KUANG, HU SHENG 匡互生 **(1891-1933)**
Hu sun 互孙

Kuang ji 匡吉
ZHOU, XI 周禧 **(1922-)**

KUANG, JIAN LIAN 邝健廉 **(1927-)**
Hong xian nü 红线女

KUANG, JIAN PING 邝剑平 **(1915-)**
Hua, Jia 华嘉
Xin lei 莘磊
Ye, Ming 叶明

KUANG, JING YAN 邝景焉 **(1933-)**
Jiang, Lan 江岚
Kuang ye 旷野
Kuang zhong yu 旷中玉
Shu, Juan 舒卷

Kuang, Li an 邝利安
KUANG, SHI YUAN 邝士元

Kuang, Lu 匡庐
KUANG, FU 匡扶 **(1911-)**

Kuang, Man 匡满
YANG, KUANG MAN 杨匡满 **(1942-)**

Kuang meng 狂梦
YANG, FANG YUN 杨方云

Kuang, Meng su 匡梦苏
KUANG, YA MING 匡亚明 **(1906-)**

KUANG, MING 邝明 **(1914-1983)**
Kuang, Da fa 邝达芳

Kuang, Mo han 邝摩汉
KUANG, ZHEN LING 邝振翎 **(1885-1932)**

Kuang qie 况且
CHENG, YING LIU 程应镠 **(1916-1994)**

Kuang qie 狂且
FU, LEI 傅雷 **(1908-1966)**

KUANG, QUN XIN 邝群新
Xue wu ya 学无涯

Kuang, Ren ye 匡人也
CAI, QIU TONG 蔡秋桐 **(1900-)**

KUANG, RONG ZHAO 邝榕肇
K Y

KUANG, RUO XIA 匡若霞 **(1927-)**
Han jing 涵菁
Lu, Lun 鲁伦
Xia 霞

Kuang, Sha 匡沙
TANG, KUANG SONG 汤匡淞 **(1914-1953)**

Kuang shan 邝山
WU, GUANG CHUAN 吴广川 **(1901-)**

Kuang, Shao 匡韶
SHI, KUANG SHAO 史匡韶 **(1902-1955)**

Kuang, Shi 匡世
KUANG, YA MING 匡亚明 **(1906-)**

Kuang, Shi 匡时
TANG, KUANG SHI 汤匡时 **(1927-)**

Kuang, Shi xi 邝石谿
KUANG, ZHEN LING 邝振翎 **(1885-1932)**

KUANG, SHI YUAN 邝士元
Kuang, Li an 邝利安

Kuang, Shu 匡术
WAN, LI HUANG 万礼黄 **(1903-1971)**

Kuang tao 狂涛
WANG, ZI CHENG 王自成 **(1915-)**

Kuang, Xue lin 邝雪林
KUANG, ZHONG SHI 邝忠实 **(1925-)**

Kuang, Xue lin 邝雪琳
KUANG, ZHONG SHI 邝忠实 **(1925-)**

Kuang xun 狂循
WANG, SHI XUE 王世学 **(1912-)**

KUANG, YA MING 匡亚明 **(1906-)**
Chen, Ming zhi 陈明芝
He, Chen 何晨
He, Wei 何畏
Jie yu 洁玉
Kuang, Meng su 匡梦苏
Kuang, Shi 匡世
Meng, Su 梦苏
Ya 亚
Yi ping 以平

Kuang ye 旷野
ZHANG, SHAO 张韶 **(1924-)**

Kuang ye 旷野
KUANG, JING YAN 邝景焉 **(1933-)**

Kuang ye 旷野
LI, JIE 李杰 **(1969-)**

Kuang, Yi ren 邝异人
XIE, XIONG XUAN 谢雄玄 **(1935-)**

KUANG, YIN QUAN 邝荫泉 **(1918-1995)**
Ou yang, Tian 欧阳天

KUANG, ZHEN LING 邝振翎 **(1885-1932)**
Kuang, Mo han 邝摩汉
Kuang, Shi xi 邝石谿
Shi xi ci ke 石谿词客

KUANG, ZHONG SHI 邝忠实 **(1925-)**
Kuang, Xue lin 邝雪琳
Kuang, Xue lin 邝雪林
Si ma, Yu chang 司马玉常

Kuang zhong yu 旷中玉
KUANG, JING YAN 邝景焉 **(1933-)**

Kuang, Zhou yi 况周仪
KUANG, ZHOU YI 况周颐 **(1859-1926)**

KUANG, ZHOU YI 况周颐 **(1859-1926)**
Can ying 餐樱
Can ying wu ren 餐樱庑人
Chen 臣
Cun hui 存悔
Di yi sheng xiu mei hua guan 第一生修梅花馆
Er yun 二云
Hui dao ren 悔道人
Hui feng 蕙风
Hui feng ci yin 蕙风词隐
Hui feng yi 惠风簃
Jing feng yi 静风簃
Ju meng 菊梦
Kuang, Zhou yi 况周仪
Kui sheng 夔笙
Lan, Yun 兰云

Ling, Jing 凌景
Mei, Chi 梅痴
Mei lu 眉庐
Mu kong yi shi zhi kuang she ren 目空一世之况舍人
Ruan, An 阮厂
Ruan, An 阮盦
Xi lu 西庐
Xiang hai tang guan 香海堂馆
Xiang hai tang guan 香海棠馆
Xiang ying 香樱
Xin ying 新莺
Xiu dao ren 秀道人
Xiu, Mei 修梅
Xuan an 选庵
Ying chi 樱痴
Yu mei 玉梅
Yu mei 玉楳
Yu mei ci ren 玉梅词人
Zhou, Yi 周仪

Kuang, Zuo fei 匡昨非
KUANG, FU 匡扶 **(1911-)**

Kui 夔
DENG, TIE 邓铁 **(1898-1963)**

Kui an 愧庵
LU, ZHENG SHEN 卢正绅 **(1905-1951)**

Kui bu zhu ren 跬步主人
QIAN, XUN 钱恂 **(1853-1927)**

Kui gong 篑公
MA, DAO NING 马道凝 **(1881-1940)**

Kui jun 逵君
HAN, LI 韩立 **(1914-1970)**

Kui kui 魁魁
LI, KUI ZHENG 李魁正 **(1942-)**

Kui mu ri sheng 魁木日生
LI, KUI ZHENG 李魁正 **(1942-)**

Kui sheng 媿生
LI, SHEN YAN 李慎言 **(1859-1931)**

Kui sheng 夔笙
KUANG, ZHOU YI 况周颐 **(1859-1926)**

Kui shi 葵石
CHEN, BAI 陈白 **(1869-1934)**

Kui shi 夔石
CHEN, BAI 陈白 **(1869-1934)**

Kui tang 愧堂
WU, YU WEI 吴堉威 **(1906-1989)**

Kui xian 奎弦
LI, KUI XIAN 李魁贤 **(1937-)**

Kui xian 魁贤
LI, KUI XIAN 李魁贤 **(1937-)**

Kui xuan 葵轩
LU, ZHENG SHEN 卢正绅 **(1905-1951)**

Kui yi 揆一
YING, YI NING 应懿凝 **(1910-)**

Kui yi 揆一
ZHU, KUI YI 朱揆一

Kui yi 夔一
CAO, YUAN ZHONG 曹元忠 **(1865-1923)**

Kui yuan 葵园
WANG, XIAN QIAN 王先谦 **(1842-1917)**

Kui yuan dun sou 葵园遯叟
GAO, JIN CHANG 高觐昌 **(1856-1924)**

Kui yun 奎云
LIN, CHUAN JIA 林传甲 **(1887-1921)**

Kui zeng 奎曾
ZHAI, KUI ZENG 翟奎曾 **(1934-)**

Kui zheng 揆郑
TANG, ZENG BI 汤增壁 **(1882-1947)**

Kun 坤
ZHUANG, ZHONG 莊重

Kun 堃
YANG, BEN 杨奔 **(1928-)**

Kun 鲲
WANG, RU YU 王汝玙 **(1902-1985)**

Kun han 髡寒
CAI, SHOU 蔡守 **(1879-1941)**

Kun lin 堃粦
ZHONG, WEN LING 钟文灵 **(1931-)**

Kun lun 昆仑
XU, HOU KUN 徐厚昆 **(1930-)**

Kun lun mu fu 崑崙牧夫
WANG, KUN CHENG 王堃骋 **(1912-)**

Kun mu 昆木
WEI, YU SHAN 魏玉山 **(1946-)**

Kun nan 崑南
CEN, KUN NAN 岑崑南 **(1935-)**

Kun shan 昆山
TIAN, YIN SHAN 田银山 **(1925-)**

Kun shan 昆山
XU, NAI LI 徐乃力 **(1932-)**

Kun sheng 堃生
MIAO, SHU MIN 缪叔民 **(1908-)**

Kun sheng 堃生
XIAO, KUN SHENG 萧坤生 (1953-)

Kun wu 堃舞
ZHONG, WEN LING 钟文灵 (1931-)

Kun xue zhai 困学斋
FANG, GUO YU 方国瑜 (1903-1983)

Kuo huai 廓怀
MA, GUO HUAI 马国怀 (1930-)

Kuo wu 扩武
LI, YU YING 李煜瀛 (1881-1973)

Kuo ying 廓影
TU, GUO YING 屠国瑛 (1938-)

L

L
ZHOU, SHU REN 周树人 (1881-1936)

L
GAO, YANG YU 高仰愈 (1898-1949)

L
LI, YI MANG 李一氓 (1902-1990)

L C
WANG, TONG ZHAO 王统照 (1897-1957)

L. C. C. Sheng L. C. C. 生
LI, DA ZHAO 李大钊 (1889-1927)

L. C. ZONG L. C. 宗
ZHANG, CHU 章楚 (1910-)

L. F.
YE, YUN PU 叶榅璞 (1905-1975)

L. jun L.君
LIU, SHOU PENG 刘寿彭 (1891-1934)

L. K.
QIU, JIAN MIN 邱建民 (1924-)

L. L. A
GUO, AN REN 郭安仁 (1909-1968)

L. Lang bei L.狼狈
LIN, QI RUN 林其润

L. N.
YUAN, GUANG MEI 袁光楣 (1916-1982)

L. S.
ZHOU, SHU REN 周树人 (1881-1936)

L. S.
DENG, LI CHENG 邓丽诚

L. S.
MENG, XIAN QI 孟宪棨 (1902-1976)

L. S. C.
LI, DA ZHAO 李大钊 (1889-1927)

L. S. C. Sheng L. S. C. 生
LI, DA ZHAO 李大钊 (1889-1927)

L. S. nü shi L. S. 女士
DENG, LI CHENG 邓丽诚

L. T.
LIAO, SHANG GUO 廖尚果 (1893-1959)

L. T.
YANG, LING DE 杨令德 (1905-1985)

L T
LU, BO XUN 陆伯埙 (1919-)

L Y
FENG, XUE FENG 冯雪峰 (1903-1976)

L. Z. O.
LI, DA ZHAO 李大钊 (1889-1927)

Layman
ZHAO, ZI XUN 赵子逊 (1933-)

Lee, Leo Ou fan
LI, OU FAN 李欧梵 (1939-)

Lee, Lily
LI, E 李萼 (1922-)

Lee, Orient
LI, ZHI LIAN 黎智廉 (1907-1998)

Luji
WANG, SHOU HUA 王寿华 (1918-)

La fei ya 拉非亚
WANG, HAO WEI 王浩威 (1960-)

La fu 拉夫
WU, SEN XIONG 吴森雄 (1929?-1979)

La fu si ji 拉夫斯基
ZHANG, MING QI 张鸣琦 (1907-)

La fu ye fu 拉弗也夫
REN, ZHUO XUAN 任卓宣 (1896-1990)

La jiao 辣椒
NI, ZHENG XIANG 倪政祥 (1935-)

La mu・ga tu sa 拉木・嘎吐萨
SHI, GAO FENG 石高峰 (1963-)

La yin 拉因
FENG, JIAO YI 冯蕉衣 (1913-1940)

LAI, BING JING 来秉敬 (1910-1958)
Lai, Ruo yu 赖若愚

LAI, BO JIANG 赖伯疆 (1936-)
Li, Yuan shi 李苑诗

LAI, BO XIU 赖伯修 (1936-)
Jing xiu 静修

Lai, choy
  LI, YU CAI 黎煜才 (1941-)

Lai, Cang xiao 赖沧淆
  LAI, XIAN YING 赖贤颖 (1910-)

Lai, Cai 来采
  YANG, YU ZHANG 杨玉璋 (1926-)

Lai, Chu sheng 来楚生
  LAI, JI XUN 来稷勋 (1904-1976)

Lai, Dan 赖丹
  LAI, ZHAO ZENG 赖肇增 (1926-)

Lai di 莱蒂
  LIN, ZHU YU 林祝敔 (1915-1975)

Lai di 莱蒂
  XIA, LAI DI 夏莱蒂

Lai feng 莱峰
  WANG, SHI LANG 王诗琅 (1908-1984)

Lai, Fu 来復
  SHEN, YAN BING 沈雁冰 (1896-1981)

Lai fu 莱夫
  CUI, BAI CHENG 崔百城 (1916-)

LAI, FU GUI 赖富贵
  Mo, An 莫庵

LAI, GAN XIONG 赖幹雄
  Ai, Meng 艾萌

Lai, Gang 赖刚
  PAN, NAI GUANG 潘乃光

Lai gong 莱公
  CUI, BAI CHENG 崔百城 (1916-)

LAI, GUAN FU 赖观福 (1935-)
  Guang hu 光湖

LAI, GUANG JIN 赖广进 (1963-)
  Du, Jun ao 杜君敖

Lai, He 赖和
  LAI, HE 赖河 (1894-1943)

LAI, HE 赖河 (1894-1943)
  An, Du sheng 安都生
  Fu san 甫三
  Hui 灰
  Lai, He 赖和
  Lan yun 懒云
  X
  Zou jie xian 走街先

Lai hong 籁红
  LIANG, HUI YAN 梁惠炎 (1920-)

LAI, HONG JIAN 赖鸿健 (1943-)
  Ji, Qing 纪青
  Lai, Wu 赖芜
  Lin, Qian 林千

LAI, HONG QIANG 赖鸿强 (1932-)
  Lai, Li xing 赖力行
  Lai, Si 赖思
  Lai, Wen xing 赖文星
  Lai, Xing 赖行
  Qiu, Feng 丘峰

LAI, JI XUN 来稷勋 (1904-1976)
  An, Chu 安处
  Chu, Er men 初二门
  Chu, Fu 楚凫
  Chu sheng 初生
  Chu, Sheng 楚生
  Fei ye 非叶
  Fu weng 负翁
  Lai, Chu sheng 来楚生
  Ran xi 然犀
  Yi zhi yi 一枝颐

Lai, Jian qing 赖建青
  LAI, QIAN QIAN 赖倩倩 (1961-)

Lai jiang shan zhi zhu 赖江山之助
  JIANG, WEN ZHONG 江文忠 (1922-1986)

Lai, Jing hu 赖景瑚
  LAI, LIAN 赖琏 (1900-1983)

LAI, JING WEN 赖敬文 (1952-)
  Ai, Jun 艾军
  Lan lai 篮赖
  Na, Ya er 那亚儿
  Shang ye wu mei 上野武美
  Yu qin 雨琴

LAI, LAN 赖澜 (1921-)
  Lai, Ye man 赖也曼
  Lin, Zi 林子
  Lin, Zi jun 林紫君
  Ye man 耶曼
  Ye man 野曼
  Ye man 野蔓

Lai, Li xing 赖力行
  LAI, HONG QIANG 赖鸿强 (1932-)

LAI, LIAN 赖琏 (1900-1983)
  Jue xian 觉仙
  Lai, Jing hu 赖景瑚

Lai, Ming hong 赖明弘
  LAI, MING HUANG 赖铭煌 (1909-1971)

LAI, MING HUANG 赖铭煌 (1909-1971)
  Lai, Ming hong 赖明弘

LAI, NAN GUANG 赖南光 (1936-)
  Ai, Cao 艾草

Mu, Zhen 慕珍
Xiao, Ai 萧艾

Lai, Ni 赖泥
LIU, TIAN ZHANG 刘天章 **(1893-1931)**

LAI, QIAN QIAN 赖倩倩 **(1961-)**
Jing jing 菁菁
Lai, Jian qing 赖建青

Lai qing lao ren 来青老人
LIU, YA NONG 刘雅农 **(1896-)**

LAI, QING XIONG 赖庆雄 **(1941-)**
Zheng, Mu 郑牧

LAI, RUI HE 赖瑞和
Guo, Shu yuan 郭书远

LAI, RUI MIN 赖锐民 **(1940-)**
Lao rui 老锐

Lai, Rui qing 赖瑞青
LAI, XING ZHEN 赖兴珍

Lai, Ruo yu 赖若愚
LAI, BING JING 来秉敬 **(1910-1958)**

Lai, Shao qi 赖少其
LAI, SHAO QI 赖少麒 **(1915-)**

LAI, SHAO QI 赖少麒 **(1915-)**
Lai, Shao qi 赖少其
Shao qi 少其
Shao qi 少麒

Lai shi 莱士
LUO, SHU FAN 罗树藩 **(1917-1985)**

LAI, SHUN YU 赖顺裕 **(1946-)**
Chuan gu 川谷

Lai, Si 赖思
LAI, HONG QIANG 赖鸿强 **(1932-)**

Lai, Tang lang 赖堂郎
LAI, XIAN YING 赖贤颖 **(1910-)**

Lai, Wang 来往
HAO, LAI WANG 郝来旺 **(1952-)**

Lai, Wen xing 赖文星
LAI, HONG QIANG 赖鸿强 **(1932-)**

Lai, Wu 赖芜
LAI, HONG JIAN 赖鸿健 **(1943-)**

LAI, XI AN 赖西安 **(1953-)**
Li, Tong 李潼

LAI, XIAN YING 赖贤颖 **(1910-)**
Lai, Cang xiao 赖沧淆
Lai, Tang lang 赖堂郎
Lai, Xian ying 赖显颖
Xuan ying 玄影

Lai, Xian ying 赖显颖
LAI, XIAN YING 赖贤颖 **(1910-)**

LAI, XIANG 赖祥 **(1934-)**
Wen, Chuan 文川

Lai, Xiang 来祥
ZHOU, LAI XIANG 周来祥 **(1929-)**

LAI, XIAO ZHONG 赖晓鐘 **(1947-)**
Ya peng 亚彭

Lai, Xing 赖行
LAI, HONG QIANG 赖鸿强 **(1932-)**

LAI, XING ZHEN 赖兴珍
Lai, Rui qing 赖瑞青

LAI, XUE MU 赖雪慕 **(1939-)**
Ding, Xiang 丁香
Ya xing 亚醒

Lai yang ren 莱阳人
FANG, XU 方旭 **(1952-)**

Lai, Ye man 赖也曼
LAI, LAN 赖澜 **(1921-)**

Lai, Yong gang 赖永刚
LAI, YONG KANG 赖永康 **(1954-)**

LAI, YONG KANG 赖永康 **(1954-)**
Lai, Yong gang 赖永刚

LAI, YONG TAO 赖永涛 **(1940-)**
Liu jun 流军
Liu ming 流鸣
Meng ying 梦影
Shu, Fu 束负

LAI, ZHAO ZENG 赖肇增 **(1926-)**
Bai, Lian qiu 白怜秋
Bi bo 碧波
Lai, Dan 赖丹
Mo, Dan 墨弹
Qing ping 青萍
Ru chuan 如川
Shu, Fu 束负
Tong yun 彤云
Zhen zhi 振之

Lai, Zhi 来芝
XIA, LAI DI 夏莱蒂

Lan 兰
SHEN, YAN BING 沈雁冰 **(1896-1981)**

Lan 兰
HU, SHOU MEI 胡寿楣 **(1908-1982)**

Lan 兰
WU, CHONG LAN 吴崇兰 **(1924-)**

Lan 岚
LU, DA DI 陆大棣 **(1920-)**

Lan 岚
WANG, SHEN PEI 王申培 **(1947-)**

Lan 澜
LEI, FENG YI 雷凤翼 **(1898-1931)**

Lan 澜
YANG, GUAN LAN 杨观澜

Lan, An 兰庵
ZHOU, GUO XIAN 周国贤 **(1894-1968)**

Lan, An 兰庵
YAO, ZHEN 姚朕

Lan, Ben 蓝本
WANG, LE TIAN 王乐天 **(1917-1990)**

Lan, Bing 蓝冰
CHEN, JING RONG 陈敬容 **(1917-1989)**

Lan, Bo 蓝波
SHEN, RUO BO 沈若波 **(1946-)**

Lan, Bo 蓝波
LI, BING REN 李冰人

Lan, Bo er 兰波儿
HE, XIAO QIAN 何孝骞 **(1922-)**

LAN, BO ZHOU 蓝博洲 **(1960-)**
Ji, Yun shan 纪云山
Lin, Ru nan 林汝南
Zhang, Wen 张文
Zhong, Ji dong 钟纪东

LAN, CAI YU 蓝採钰 **(1950-)**
Cai lan 採蓝

Lan can 懒残
YU, CE 俞侧 **(1887-1938)**

Lan cang zi 澜沧子
SU, MIN SHENG 苏民生 **(1896-)**

Lan, Cao 兰草
LAN, ZHAN JUN 兰占军 **(1957-)**

Lan, Cao 蓝草
CAO, XI 曹兮 **(1911-)**

Lan, Chang ling 兰长翎
ZHANG，PENG CHUAN 张朋川 **(1942-)**

LAN, CHANG XIN 蓝昌鑫 **(1936-)**
Lan, Xing 蓝星

Lan, Cheng 兰成
HU, LAN CHENG 胡兰成 **(1906-1982)**

Lan, Cheng 兰城
HE, JIA CHUN 贺家春 **(1906-1982)**

Lan cheng 览乘
HU, LAN CHENG 胡兰成 **(1906-1982)**

Lan, Chuan 蓝川
LUO, NAN CHUAN 罗南传 **(1920-)**

Lan, Chun ya 兰春崖
LAN, ZHAN KUI 兰占奎 **(1928-)**

LAN, CUI E 蓝翠娥 **(1952-)**
Po shang ke 坡上客

Lan dao ren 懒道人
PAN, TIAN SHOU 潘天寿 **(1897-1971)**

Lan, Di 兰帝
LI, JIN FA 李金发 **(1900-1976)**

Lan, Di 兰荻
WEI, JI XIN 魏继新 **(1950-)**

Lan, Di 蓝蒂
LI, HUI YI 李惠夷

LAN, DI ZHI 蓝棣之 **(1940-)**
Li, Yu 李郁
Lin, Zhi 林芝
You, Xi 尤西

Lan ding 栏丁
XIAO, JUN 萧军 **(1907-1988)**

Lan, Ding 蓝丁
PENG, WEN JIAN 彭文坚 **(1929-)**

Lan, Du 兰读
JIANG, YOU LIANG 蒋又良 **(1924-)**

Lan, Er mu 蓝而木
LIU, CHENG HUI 刘承蕙 **(1925-)**

Lan, Fan 兰帆
SUN, HUA WEN 孙华文 **(1942-)**

Lan, Feng 蓝枫
ZHANG, WEN GUANG 张文光 **(1913-)**

Lan feng 岚风
WEN, MU BAI 文慕白 **(1950-)**

Lan, Gang 蓝岗
LAN, JUN YING 蓝俊英 **(1921-)**

Lan, Gang 蓝岗
HU, XIAO FENG 胡晓风 **(1924-)**

Lan, Gao 蓝稿
SHE, KE QUAN 佘克泉 **(1931-)**

Lan, Ge 兰戈
SHEN, SHAO CHU 沈绍初 **(1930-)**

Lan, Gen 兰根
MA, FANG YI 马芳仪 **(1963-)**

LAN, GONG WU 蓝公武 **(1887-1957)**
Gong wu 公武
Lan, Zhi xian 蓝志先
Zhi fei 知非

Lan, Gu 兰谷
WU, CHUN HENG 吴春恒 **(1910-)**

Lan, Gu 蓝谷
ZHANG, YE ZHOU 张叶舟 **(1914-1980)**

Lan, Gu 蓝谷
YANG, BEN QUAN 杨本泉 **(1923-)**

Lan, Guang 蓝光
ZHANG, HUI LAN 张惠兰 **(1921-)**

Lan, Guang 蓝光
XU, FU LANG 徐福郎 **(1940-)**

Lan guang 岚光
ZHANG, HUI LAN 张惠兰 **(1921-)**

Lan, Hai 兰海
TIAN, ZHONG JI 田仲济 **(1907-)**

Lan, Hai 蓝海
TIAN, ZHONG JI 田仲济 **(1907-)**

Lan, Hai 蓝海
FU, XI PENG 傅溪鹏 **(1938-)**

Lan, Hai wen 蓝海文
LAN, TIAN 蓝田 **(1942-)**

Lan, He 蓝河
MA, HUA 马骅 **(1916-)**

Lan, Hong 兰虹
LAN, YUAN KUN 蓝元坤 **(1927-)**

Lan, Hong 蓝虹
ZUO, YI HUA 左义华 **(1923-)**

LAN, HONG EN 蓝鸿恩 **(1924-)**
Hong xun 红勋
Hong ying 红鹰
Lan, Lin 蓝林

Lan, Hou 兰后
WU, CHUN HAN 吴春晗 **(1909-1969)**

Lan, Hu 蓝湖
HUANG, WEN XIANG 黄文湘 **(1925-)**

Lan, Hu min 兰湖民
LIANG, DING FEN 梁鼎菜 **(1859-1920)**

Lan hu you ke 兰湖游客
LIANG, DING FEN 梁鼎菜 **(1859-1920)**

Lan, Hui 蓝蕙
TAN, MING CAI 谭明才 **(1934-)**

LAN, JI GUANG 蓝济光 **(1930-)**

Lan, Mang 蓝芒

Lan, Jia 兰伽
YI, SHUN DING 易顺鼎 **(1858-1920)**

Lan, Jia 兰伽
LIANG, DING FEN 梁鼎菜 **(1859-1920)**

Lan, Jia wen 蓝伽文
YE, JIA ZHENG 叶家铮 **(1957-)**

Lan, Jiang 蓝江
WEI, RU MING 魏汝明 **(1937-)**

Lan, Jiang 蓝疆
LAN, WAN LUN 蓝万伦 **(1930-)**

Lan, Jin 藍金
ZHOU, XIN ZHONG 周信忠

Lan, Jing 兰景
HE, ZHEN ZHONG 何震中 **(1934-)**

Lan, Jing 蓝菁
LIAO, JUN MU 廖俊穆

Lan, Jing 蓝鲸
WANG, SHI CHANG 王世昌 **(1931-)**

Lan, Jiu gong 蓝九公
JIA, LAN PO 贾兰坡 **(1908-)**

Lan, Jun 兰君
YUAN, GUANG MEI 袁光楣 **(1916-1982)**

Lan, Jun 蓝俊
ZHANG, FU XING 张复兴 **(1950-)**

Lan, Jun yi 蓝君仪
WANG, WAN QING 王婉清

LAN, JUN YING 蓝俊英 **(1921-)**
Lan, Gang 蓝岗
Lan, Ze sheng 蓝泽生

Lan, Jun zhi 兰君直
LI, YA QUN 李亚群 **(1948-)**

Lan ke 烂柯
ZHANG, SHI ZHAO 章士钊 **(1882-1973)**

Lan ke 烂柯
LIU, JIN JIANG 刘锦江

Lan ke shan fang 烂柯山房
LIU, JIN JIANG 刘锦江

Lan ke shan qiao 烂柯山樵
ZHANG, SHI ZHAO 章士钊 **(1882-1973)**

Lan ke shan ren 烂柯山人
ZHANG, SHI ZHAO 章士钊 **(1882-1973)**

Lan lai 篮赖
LAI, JING WEN 赖敬文 **(1952-)**

Lan, Lan 蓝蓝
LUAN, WEN HAI 栾文海 **(1932-)**

Lan, Lan 蓝蓝
HU, LAN LAN 胡兰兰 **(1966-)**

Lan, Lan 兰兰
LIU, DE LIN 刘德林 **(1951-)**

Lan, Lan 兰兰
SHEN, XIAN NAN 沈显南

Lan, Lan 蓝岚
LIU, DENG HAN 刘登翰 **(1937-)**

Lan, Li 兰荔
WANG, ZHI JUN 王致钧 **(1935-)**

Lan, Lin 蓝林
LAN, HONG EN 蓝鸿恩 **(1924-)**

Lan, Ling 兰玲
ZHU, KUN QING 朱坤青

Lan, Ling 蓝苓
ZHU, KUN HUA 朱堃华 **(1918-)**

Lan, Ling 蓝苓
CHEN, WAN FEN 陈婉芬 **(1946-)**

Lan, Ling 蓝翎
YANG, JIAN ZHONG 杨建中 **(1931-)**

Lan, Ling 蓝菱
CHEN, WAN FEN 陈婉芬 **(1946-)**

Lan long 懒龙
SHEN, HAN 沈翰

Lan, Ma 兰马
DONG, SHI XIONG 董世雄

Lan, Man 兰曼
LAN, WEN RUI 蓝文瑞 **(1922-)**

Lan, Man 蓝曼
LAN, WEN RUI 蓝文瑞 **(1922-)**

Lan, Mang 蓝芒
LAN, JI GUANG 蓝济光 **(1930-)**

Lan, Meng 蓝梦
HONG, ZHI HUI 洪智惠 **(1939-)**

Lan, Meng 藍梦
CHEN, TIAN JUN 陈恬君 **(1940-)**

Lan, Meng 蓝梦
SHEN, SHU DE 沈树德 **(1950-)**

Lan, Meng 蓝濛
LIU, MENG 刘濛 **(1935-)**

Lan, Mo 兰默
WANG, JI SHENG 王寄生 **(1918-)**

Lan, Nan 兰楠
LIU, CHUN XIANG 刘春祥 **(1935-)**

Lan niu 懒牛
GAO, XIE 高燮 **(1878-1958)**

Lan, Nong 蓝浓
WU, ZONG HAI 吴宗海 **(1925-)**

Lan, Pang 蓝庞
SU, QING LONG 苏庆隆 **(1951-)**

Lan, Pen 蓝喷
LI, YUN HE 李云鹤 **(1914-1991)**

Lan, Ping 兰萍
WANG, NAN PING 王南萍 **(1956-)**

Lan, Ping 蓝苹
LI, YUN HE 李云鹤 **(1914-1991)**

Lan, Ping xin 蓝萍心
HUANG, JIA DE 黄嘉德 **(1908-1992)**

LAN, QI XUAN 蓝启渲 **(1928-)**
Qing song 青松

Lan, Qi yuan 蓝启元
BI, YUAN 毕元 **(1955-)**

Lan, Qian 兰茜
OU YANG, JING 欧阳晶 **(1920-)**

Lan, Qie 蓝伽
CHEN, PU ZHI 陈普之 **(1913-1940)**

Lan, Qing 兰清
LÜ, BI CHENG 吕碧城 **(1883-1943)**

Lan, Qing 兰晴
ZHANG, JING AN 张敬安 **(1925-)**

Lan, Qing 蓝青
WANG, CHAO QING 王潮清 **(1926-)**

Lan, Qing tian 蓝青天
WANG, WEI MING 王伟明 **(1954-)**

Lan, Qiu 蓝秋
SU, FENG XI 苏凤喜 **(1941-)**

Lan, Quan 兰泉
TAO, XIANG 陶湘 **(1871-1940)**

Lan, Ru 蓝如
XIE, BING YING 谢冰莹 **(1906-2000)**

Lan san dao ren 懒散道人
WANG, QIONG SHAN 王琼珊

Lan, Sha 兰沙
SHA, WEN RUO 沙文若 **(1900-1993)**

Lan, Shan 蓝山
LAN, SHAO CHENG 蓝少成 **(1925-)**

Lan, Shan ju 蓝山居
GU, ZHAO SHEN 古兆申 **(1945-)**

Lan, Shan jun 蓝山君
LIAO, JIN HUA 廖金华 **(1938-)**

Lan shan qi shi er 蓝善七十二
LAN, SHAN REN 蓝善仁 **(1923-)**

LAN, SHAN REN 蓝善仁 **(1923-)**
Huang ma 荒马
Lan shan qi shi er 蓝善七十二
Shan ren 山人
Yi, Meng han 伊梦寒

LAN, SHAO CHENG 蓝少成 **(1925-)**
Lan, Shan 蓝山

Lan, Sheng er 兰升儿
GUO, SHEN 郭身 **(1933-)**

Lan, Sheng er 兰升尔
GUO, SHEN 郭身 **(1933-)**

Lan, Shi 兰史
PAN, FEI SHENG 潘飞声 **(1857-1934)**

Lan, Shi 兰石
CHEN, FU BIN 陈福彬 **(1922-)**

Lan, Shi 蓝石
MENG, FAN GUO 孟凡果

Lan, Shi 蓝诗
LIN, CAI YING 林彩英 **(1922-)**

Lan shou 懒寿
PAN, TIAN SHOU 潘天寿 **(1897-1971)**

Lan, Si 兰思
WANG, YAN LIN 王炎林 **(1922-)**

Lan, Si 蓝思
LIN, CAI YING 林彩英 **(1922-)**

Lan, Si 蓝思
TANG, WEN XIONG 唐文雄 **(1942-)**

Lan, Sou 兰叟
LIANG, DING FEN 梁鼎菜 **(1859-1920)**

Lan tai lang 谰太郎
YUAN, WEN SOU 袁文薮 **(1873-1934)**

Lan tan 岚炭
LIU, SI HAI 刘斯海 **(1919-)**

Lan, Tan 蓝潭
JI, HONG CHUN 纪宏春 **(1923-)**

Lan, Tao 兰涛
OU YANG, TAO 欧阳涛 **(1924-)**

Lan, Tao 兰涛
TONG, MING GUANG 佟明光 **(1936-)**

Lan, Tian 兰天
HE, CUN 何村 **(1935-)**

Lan, Tian 兰天
LONG, HOU REN 龙厚仁 **(1939-)**

Lan, Tian 蓝天
XU, DA 许达 **(1904-1991)**

Lan, Tian 蓝天
SONG, XUE QIAN 宋学谦 **(1920-)**

Lan, Tian 蓝天
WU, CHONG LAN 吴崇兰 **(1924-)**

Lan, Tian 蓝天
WANG, JING ZHONG 王精忠 **(1933-)**

Lan, Tian 蓝天
LI, DE FANG 李德芳 **(1940-)**

Lan, Tian 蓝天
YU, ZHI MING 于志明 **(1945-)**

Lan, Tian 蓝天
CHEN, GUANG GAN 陈广淦 **(1947-)**

Lan, Tian 蓝天
YE, JIA ZHENG 叶家铮 **(1957-)**

Lan, Tian 蓝天
CHEN, YI DING 陈义丁

Lan, Tian 蓝田
ZHUANG, KE CHANG 莊克昌 **(1900-)**

Lan, Tian 蓝田
MA, LIN 马琳 **(1926-)**

LAN, TIAN 蓝田 **(1942-)**
Lan, Hai wen 蓝海文

Lan, Tian 蓝田
HUANG, LI FENG 黄礼丰

Lan, Tian er 蓝天儿
CHEN, WEN SHANG 陈文尚 **(1929-)**

Lan, Tian hong 蓝天红
YANG, JI CHUAN 杨济川 **(1928-)**

Lan, Tian ning 蓝天宁
LAN, ZHONG XIANG 蓝仲祥

LAN, TIAN WEI 蓝天蔚 **(1878-1921)**
Xiu hao 秀豪

Lan, Tian ye 蓝天野
WANG, RUN SEN 王润森

Lan, Tian yu 蓝田玉
WANG, HUI FENG 王惠风 **(-1942)**

Lan, Tian yuan 兰天塬
WANG, XIAO XIN 王小信 **(1951-)**

Lan, Tian yuan 蓝天远
OU YANG, LIN 欧阳驎 **(1913-)**

Lan, Ting 蓝亭
GUO, FU ZHONG 郭福中

LAN, TING JUN 蓝廷骏 **(1942-)**
Yun, He 云鹤

Lan tou tuo 懒头陀
PAN, TIAN SHOU 潘天寿 **(1897-1971)**

Lan tu 懒秃
PAN, TIAN SHOU 潘天寿 **(1897-1971)**

Lan tu shou 懒秃寿
PAN, TIAN SHOU 潘天寿 **(1897-1971)**

Lan tu shou zhe 懒秃寿者
PAN, TIAN SHOU 潘天寿 **(1897-1971)**

Lan tu xiu 懒秃朽
PAN, TIAN SHOU 潘天寿 **(1897-1971)**

LAN, WAN LUN 蓝万伦 **(1930-)**
Lan, Jiang 蓝疆

Lan, Wan qiu 蓝婉秋
ZHANG, YING CAI 张英才 **(1923-)**

Lan, Wei 蓝薇
GUO, RUI XIN 郭瑞心 **(1941-)**

Lan, Wei shui 兰为水
LIN, JING HUANG 林景煌 **(1919-)**

Lan, Wen 蓝雯
ZANG, RONG 臧嵘 **(1935-)**

LAN, WEN RUI 蓝文瑞 **(1922-)**
Lan, Man 蓝曼
Lan, Man 兰曼
Ye, Bai 叶柏

Lan, Xi 兰溪
WANG, QIN 王勤 **(1963-)**

Lan, Xi 蓝溪
LAN, XIANG YUN 蓝祥云 **(1936-)**

Lan, Xi 蓝溪
JIANG, HUA 姜华 **(1956-)**

Lan xi 岚曦
MA, SHUI JIN 马水金

Lan, Xiang 兰祥
NI, ZHENG XIANG 倪政祥 **(1935-)**

Lan, Xiang 兰翔
ZENG, JI RONG 曾几荣

LAN, XIANG YUN 蓝祥云 **(1936-)**
Jing yun 静云
Lan, Xi 蓝溪
Lan xiang yun 岚翔云
Xiao yun 小云

Lan xiang yun 岚翔云
LAN, XIANG YUN 蓝祥云 **(1936-)**

LAN, XIAO SHENG 兰孝生 **(1937-)**
Xiao sheng 笑声

Lan, Xin 兰心
SUN, XI ZHEN 孙席珍 **(1906-1984)**

Lan, Xin 兰心
CHEN, DUAN 陈端 **(1952-)**

Lan, Xin 兰新
DONG, HAN HE 董汉和 **(1945-)**

Lan, Xin 蓝辛
QI, QIAO LIN 祁乔林 **(1893-1955?)**

Lan, Xin 蓝新
ZHU, TAI LAI 朱泰来 **(1946-)**

Lan xin 嬾心
LI, JIE REN 李劼人 **(1891-1962)**

Lan, Xin cao 兰心草
WU, MEI EN 吴美恩 **(1949-)**

Lan, Xin ying 蓝心影
GUO, RUI XIN 郭瑞心 **(1941-)**

Lan, Xing 蓝星
LAN, CHANG XIN 蓝昌鑫 **(1936-)**

Lan, Xing 蓝星
CUI, SHI XI 崔士喜 **(1952-)**

Lan, Xuan 蓝萱
XU, LIANG HE 徐良河 **(1930-)**

Lan, Yan 蓝烟
SUN, JIA JIN 孙家晋 **(1918-)**

Lan, Yan 蓝烟
ZHU, XIN YUN 朱鑫云 **(1938-)**

Lan, Yan 蓝炎
HUANG, FENG YING 黄凤英 **(1963-)**

Lan, Yan 蓝焱
HUANG, FENG YING 黄凤英 **(1963-)**

Lan, Yan 蓝錟
LI, JIAN YING 黎剑莹

Lan yan 谰言
YUAN, WEN SOU 袁文薮 **(1873-1934)**

Lan, Yan zhi 兰言之
ZHENG, SHI XUE 郑时学 **(1920-)**

Lan, Yang 蓝阳
CHEN, SHOU GAO 陈寿高

Lan, Yang 蓝洋
LI, BO LONG 李伯龙 (1905-1989)

Lan, Ye 蓝叶
WANG, JUN JIE 王俊傑 (1927-)

Lan, Ye 蓝野
DAI, WEN GUANG 戴文光 (1938-)

Lan, Ye 蓝野
ZHANG, AN BANG 张安邦

Lan, Yi che 蓝驿车
LI, BAO YAN 黎宝燕

Lan, Yi jiang 蓝弋江
LIU, JI YUAN 刘吉源 (1961-)

Lan, Yin 兰吟
LIU, DE XIANG 刘德祥 (1962-)

Lan yin 岚茵
LIAN, SHUI MIAO 连水淼 (1949-)

Lan yin 篮茵
LIU, RONG CHI 刘溶池 (1917-)

Lan, Ying 蓝影
SONG, LAN YOU 宋兰友

Lan, Ying 蓝影
LIANG, JIAN TING 梁建廷

Lan, Ying 蓝萤
LIU, GUI DE 刘贵德 (1944-)

Lan ying 岚映
LIN, JING NAN 林荆南

Lan ying 岚颖
CHEN, LAN YING 陈兰英 (1932-)

LAN, YING NIAN 蓝英年 (1933-)
Hong liang 宏亮

Lan, Yu 兰羽
XU, YAN FENG 许廷风 (1944-)

Lan, Yu 蓝玉
LI, YU QIONG 李玉琼 (1941-)

Lan, Yu 蓝宇
WANG, CHAO YIN 王朝银 (1936-)

Lan, Yu 蓝羽
TIAN, ZHONG LUO 田锺洛 (1924-)

Lan, Yu 蓝羽
WANG, CHAO QING 王潮清 (1926-)

Lan, Yu 蓝羽
ZHANG, GUANG LIN 张光林 (1944-)

Lan, Yu 蓝雨
LEI, DA XUE 雷达学 (1943-)

Lan, Yu 蓝雨
SHI, PEI HUA 时培华 (1958-)

Lan, Yu 蓝雨
XU, YUE YING 许月英 (1959-)

Lan, Yu 蓝雨
YANG, GUANG BIN 杨广彬 (1964-)

Lan, Yu 蓝郁
LIAO, YOU FA 廖有发 (1964-)

LAN, YU 蓝钰 (1919-1966)
Fei bo 菲薄

Lan, Yu hu 蓝玉湖
ZHU, WEI QIN 朱伟钦 (1968-1991)

Lan, Yu mu 蓝宇穆
PAN, ZHENG LEI 潘正镭 (1955-)

LAN, YU SONG 蓝玉崧 (1925-)
Huang yan 荒砚
Shi, Zai 石灾
Yu, Wei yue 余维岳

LAN, YU YE 蓝裕业 (1902-1928)
Da ren 大任
Qiu, Jiu 邱玖
Qun zhong 群众
Re xue 热血
Xiao yan 小言
Yi, Gu 衣谷
Yu, Re 余热
Yu ye 裕业

Lan, Yuan 蓝原
XU, CHUN XI 许春惜 (1930-)

LAN, YUAN KUN 蓝元坤 (1927-)
Lan, Hong 兰虹

Lan, Yuan tian 蓝远天
SONG, ZHEN TING 宋振庭 (1921-1985)

Lan, Yun 兰云
KUANG, ZHOU YI 况周颐 (1859-1926)

Lan, Yun 兰云
ZHANG, WEI 张维

Lan, Yun 蓝云
LIU, BING YI 刘秉彝 (1933-)

Lan yun 懒云
LAI, HE 赖河 (1894-1943)

Lan yun dao ren 懒云道人
ZAI, YING 载滢 (1862-1908)

Lan, Ze sheng 蓝泽生
LAN, JUN YING 蓝俊英 (1921-)

LAN, ZHAN JUN 兰占军 (1957-)

Lan, Cao 兰草

LAN, ZHAN KUI 兰占奎 **(1928-)**
Lan, Chun ya 兰春崖
Zi lü 紫绿

Lan, Zhen 蓝珍
CHEN, PENG JIE 陈鹏杰

LAN, ZHEN HUA 兰振华 **(1928-)**
Ge, Feng 戈枫

Lan zhi 岚之
LI, DI SHENG 李棣生 **(1936-)**

Lan, Zhi xian 蓝志先
LAN, GONG WU 蓝公武 **(1887-1957)**

Lan, Zhi ye 蓝之夜
SU, WEN MU 苏文慕 **(1927-1960)**

Lan, Zhong 蓝锺
TAN, YUE NAN 谭越男

LAN, ZHONG XIANG 蓝仲祥
Lan, Tian ning 蓝天宁
Tian shou 天守

Lan, Zhou 兰州
SHA, JIN CHENG 沙金成 **(1953-)**

Lan, Zi 兰子
YUAN, CHANG YING 袁昌英 **(1894-1973)**

Lan, Zi 兰子
YU, MEI LAN 喻梅兰 **(1967-)**

Lan, Zi 兰紫
YUAN, CHANG YING 袁昌英 **(1894-1973)**

Lan, Zi 蓝子
ZHANG, YAN 张彦 **(1938-)**

Lan zi 岚子
YOU, LU HUI 游禄辉 **(1939-)**

Lang bo 浪波
PAN, PEI MING 潘培铭 **(1937-)**

Lang cun 浪村
CHEN, DE CHEN 陈德琛

Lang dang nan er 浪荡男儿
YE, JING FAN 叶景範

Lang, Fang 郎芳
DAI, MENG OU 戴梦鸥 **(1905-1950)**

Lang fen 朗焚
KONG, XIAO XIANG 孔筱祥

Lang feng 浪峰
LI, GUAN MING 李官明 **(1955-)**

Lang gan guan zhu 琅玕馆主
XIAN, YU QING 冼玉清 **(1895-1965)**

Lang, Ge fei 郎格非
FAN, LI YAN 范立言 **(1938?-)**

Lang, Hua 郎华
XIAO, JUN 萧军 **(1907-1988)**

Lang hua 浪花
SI TU, CHUAN 司徒传 **(1912-1950)**

Lang hua 浪花
YU, QUN 俞群 **(1957-)**

Lang hua 浪花
XIAO, FU XIANG 萧福祥 **(1961-)**

Lang huan nü shi 嫏嬛女士
WANG, QI XIN 王琦馨

Lang hui 浪辉
WANG, XIAO PING 王啸平 **(1919-)**

LANG, JING SHAN 郎静山 **(1892-)**
Jing shan 静山

Lang ke 浪克
YU, GUO KANG 余国康 **(1950-)**

Lang ke 浪客
MA, REN YIN 马千寅 **(1917-)**

LANG, LIAN ZENG 郎连增 **(1929-)**
Ruo bing 若冰

Lang mo 浪墨
SUN, MENG JIAO 孙梦蕉

Lang, Ni 郎尼
SI, SU SHI 司苏实 **(1951-)**

Lang ping 浪平
XU, ZE LIN 徐泽霖 **(1928-)**

Lang ping 浪萍
ZHUANG, WU WO 庄无我

Lang, Qian 郎潜
YANG, SHOU NAN 杨寿枏 **(1868-1947)**

Lang qin 浪琴
HUANG, FU LIN 黄福临 **(1926-)**

Lang qiu 朗秋
CHEN, LANG QIU 陈朗秋 **(1917-)**

Lang, Qu 郎曲
CHEN, LANG QIU 陈朗秋 **(1917-)**

Lang sha 朗沙
SHE, ZHONG QIU 佘仲秋 **(1923-)**

Lang sheng 朗生
BAO, GONG YI 包公毅 **(1876-1973)**

Lang sheng 阆笙

BAO, GONG YI 包公毅 (1876-1973)

Lang, Sun 郎损
SHEN, YAN BING 沈雁冰 (1896-1981)

Lang tao 浪涛
ZHANG, QI XUN 章启勋 (1916-)

Lang tao sha 浪淘沙
WU, BO QI 吴伯錡

Lang tian 浪天
HU, SHI ZHANG 胡士璋 (1924-)

Lang tian 浪天
YUAN, LI ZHEN 袁丽贞

Lang, Xia 郎夏
MA, BEN CHU 马本初 (1917-1968)

Lang, Xuan 郎轩
DANG, BO MING 党伯明 (1935-)

Lang xun 朗孙
BAO, GONG YI 包公毅 (1876-1973)

Lang ya shi zhu 琅琊石主
JIANG, SHU PU 姜书璞 (1942-)

Lang ya tai 琅玡台
LI, YUN HE 李云鹤 (1914-1991)

Lang ying 浪影
CAI, SHU XIN 蔡述信 (1964-)

Lang you ci lü 浪游词侣
LIANG, DING FEN 梁鼎棻 (1859-1920)

Lang yun 浪云
WEI, YUN SHENG 韦云生

Lang zhe 浪者
LI, SHENG RU 李升如 (1911-)

Lang zhuo hong 朗卓红
ZHOU, YONG JIA 周永家 (1935-)

Lao ai 老艾
CHEN, LIAN JUAN 陈莲涓 (1950-)

Lao, An 劳庵
QIAO, ZENG QU 乔曾劬 (1892-1948)

Lao ba 老巴
LUO, DI 罗的 (1928-)

Lao bai 老白
CHEN, TIE ZHENG 陈铁铮 (1906-1990)

Lao, Bai xing 劳百行
HE, QI FANG 何其芳 (1912-1977)

Lao bai xing 老百姓
LI, WEN HUI 李文会 (1899-1958)

Lao bai xing 老百姓
XU, SHI LIANG 徐师梁

Lao ban 老板
BAN, YAO WEN 班耀文 (1942-)

Lao bao 老包
ZHAN, XI KUI 詹锡奎 (1952-)

Lao bei jing 老北京
XU, REN JIN 徐仁锦 (1888-1961)

Lao bian 老卞
BIAN, ZHI LIN 卞之琳 (1910-2000)

Lao bin 老斌
CHEN, ZHI BIN 陈志斌 (1952-)

Lao bing 老兵
BAO, GONG YI 包公毅 (1876-1973)

Lao bing 老兵
ZHANG, JI LUAN 张季鸾 (1888-1942)

Lao bing 老兵
WEI, YI YUN 魏义云 (1900-1972)

Lao bing 老兵
HAN, FU XIN 韩复信 (1922-)

Lao bing 老兵
YAO, SAN YOU 姚三友 (1925-)

Lao bo 老跛
HU, YUN 胡蕴 (1868-1938)

Lao, Bo xun 劳伯勋
YIN, JIAN HUA 尹剑华 (1933-)

Lao can 老蚕
SHANG, XIANG QIAN 商向前 (1908-)

Lao cang 老苍
WU, JUN QING 吴俊卿 (1844-1927)

Lao chang 老常
ZHAO, SHU LI 赵树礼 (1906-1970)

Lao chang mao 老长毛
XIE, XING YAO 谢兴尧 (1906-)

Lao che 老车
CHE, SHOU ZHOU 车寿周 (1914-)

Lao, Chen 劳尘
CHEN, CHANG GUI 陈长贵 (1934-)

Lao chen 老陈
CHEN, XIU LU 陈修禄 (1918-1988)

Lao cheng 老城
WANG, WEN JI 王文计 (1951-)

Lao cheng du 老成都
WEN, ZHUO ZHI 文琢之

LAO, CHENG LONG 老成龙 (1952-)

Lao, Tu 老土
Li, Zhi 李直

Lao chi 老痴
WANG, DUN QING 王敦庆 **(1898-1990)**

Lao chou 老丑
BAO, GONG YI 包公毅 **(1876-1973)**

Lao cu 老粗
ZHU, QING FENG 朱清峰 **(1930-)**

Lao da 老大
ZHOU, SHU REN 周树人 **(1881-1936)**

Lao dai 老戴
CHEN, TIE ZHENG 陈铁铮 **(1906-1990)**

Lao di 老狄
ZHANG, CHUN QIAO 张春桥 **(1917-)**

Lao di 老棣
HUANG, SHI ZHONG 黄世仲 **(1872-1912)**

Lao di yang 老狄阳
QIN, ZHI TI 覃智提 **(1953-)**

Lao dian 老颠
LEI, JIN 雷瑨

Lao die 老蝶
CHEN, XU 陈栩 **(1879-1940)**

Lao, Ding 劳丁
DING, JING WEN 丁景文 **(1914-)**

Lao ding 老丁
LI, MU YI 李慕逸

Lao diu 老丢
WU, SHUANG 吴塽 **(1928-)**

Lao, Dong 劳动
DONG, DA ZHONG 董大中 **(1935-)**

Lao dou 老斗
PAN, LIAN SHENG 潘连升 **(1913-)**

Lao du 老杜
HUANG, TONG CHENG 黄桐城 **(1923?-1980)**

Lao er 老二
FANG, FANG 方方 **(1904-1971)**

Lao fan 老番
PAN, LIAN PEI 潘连培 **(1920-)**

Lao fei 老非
YU, ZHAO 于照 **(1889-1959)**

Lao feng 老凤
LÜ, JUN 吕濬 **(1886-1959)**

Lao feng 老凤
YE, ZONG YUAN 叶宗源 **(1887-1946)**

Lao feng 老凤
ZHU, QIAN LIANG 朱谦良 **(1889-)**

Lao feng 老冯
FENG, JIANG 冯疆 **(1901-1983)**

Lao feng 老锋
ZHANG, JING RUI 张精锐 **(1962-)**

Lao fou 老缶
WU, JUN QING 吴俊卿 **(1844-1927)**

Lao fu 老夫
LI, YU HAI 李玉海 **(1963-)**

Lao fu 老服
GU, SONG CHEN 顾崧臣 **(-1929)**

Lao fu 老辅
CHEN, DU XIU 陈独秀 **(1879-1942)**

LAO, GAN 劳榦 **(1907-)**
Lao, Zhen yi 劳贞一

Lao Gan 老赶
LEI, XIAO CEN 雷啸岑 **(1896-1982)**

Lao gan 老赣
DING, LÜ JIN 丁履进

Lao gao 老告
ZENG, WEI HAO 曾维浩 **(1962-)**

Lao, Ge 劳戈
REN, SHOU KANG 任寿康 **(1923-)**

Lao, Ge 劳歌
LI, YUN LONG 李云龙 **(1913-1976)**

Lao ge 老葛
DENG, ZHONG XIA 邓中夏 **(1894-1933)**

Lao gen 老根
HE, KAI RONG 何开荣 **(1907-1952)**

Lao gen 老根
LIU, GEN SHE 刘跟社 **(1959-)**

Lao, Guang 劳广
ZENG, DAO ZONG 曾道宗 **(1938-)**

Lao guang 老广
HUANG, ZI PING 黄子平 **(1949-)**

Lao gui 老鬼
MA, QING BO 马清波 **(1949-)**

Lao, Guo sheng 老果生
YU, SHU GUANG 于曙光 **(1944-)**

Lao gu 老谷
ZHOU, CHANG GU 周昌谷 **(1929-)**

Lao hai 老海
WEI, JUN HAI 韦俊海 **(1955-)**

Lao han 老汉
HU, HAN MIN 胡汉民 **(1879-1936)**

Lao han 老汉
XU, REN JIN 徐仁锦 **(1888-1961)**

Lao han 老汉
ZHOU, ZHEN QIU 周振球 **(1920-)**

Lao han 老汉
LIU, CHENG 刘诚

Lao han 老含
HUANG, JIA DONG 黄甲东 **(1913-)**

Lao han 老憨
HAN, WEN ZHOU 韩文洲 **(1926-)**

Lao han 牢罕
HAN, DAO CHENG 韩道诚 **(1917-)**

Lao han 牢寒
LIU, SONG TAO 刘松涛 **(1922-)**

Lao, He 劳和
HE, QI FANG 何其芳 **(1912-1977)**

Lao he 老合
LI, SHU YAO 李述尧 **(1910-)**

Lao he 老河
CHEN, JIAN ZU 陈建祖 **(1957-)**

Lao heng 老衡
ZHANG, RUI JI 张瑞玑 **(1880-1927)**

Lao, Hong 劳洪
XIONG, BAI SHI 熊白施 **(1923-)**

Lao hou 老侯
ZHANG, SONG NIAN 张崧年 **(1893-1986)**

Lao hou 老后
WANG, SEN RAN 王森然 **(1895-1984)**

Lao hu 老虎
WANG, LI JUN 王立军 **(1970-)**

Lao huang 老黄
HUANG, YU YE 黄玉液 **(1944-)**

Lao hui 老卉
LI, MING HUI 李明回 **(1928-)**

Lao ji 老季
LIU, JI YU 刘季雨 **(1925-)**

Lao ji 老济
YAN, JI YUAN 晏济元 **(1902-)**

Lao ji 老冀
LU, ZHENG SHEN 卢正绅 **(1905-1951)**

Lao jia 老佳
MA, DUAN YANG 马端阳 **(1953-)**

LAO, JIA SHUN 劳家顺 **(1914-)**
Jia chun 嘉淳
Lao, Jia zhun 劳嘉谆
Lao, Xin 劳辛

Lao, Jia zhun 劳嘉谆
LAO, JIA SHUN 劳家顺 **(1914-)**

Lao jian 老剑
PAN, FEI SHENG 潘飞声 **(1857-1934)**

Lao jian 老剑
GAO, LUN 高崙 **(1879-1951)**

Lao jian 老剑
YU, CE 俞侧 **(1887-1938)**

Lao jiang 老江
JIANG, PI ZHI 姜丕之 **(1920-)**

Lao jie 老节
LIANG, DING FEN 梁鼎菜 **(1859-1920)**

Lao jin 老金
LIU, CHENG HUI 刘承蕙 **(1925-)**

Lao jin 老金
XU, CONG QUAN 徐淙泉 **(1946-)**

Lao jing 老井
CUI, LI MIN 崔立民

Lao, Jiu 劳久
MA, LIAN 马廉 **(1893-1935)**

Lao jiu 老九
SUN, JIU LUN 孙九纶 **(1938-)**

Lao jiu 老九
WANG, JIU CHENG 王九成 **(1965-)**

Lao ju 老举
LIN, ZHONG RONG 林钟嵘 **(1883-1950)**

Lao jun 老军
YE, DA BING 叶大兵 **(1928-)**

Lao, Jun qiao 劳君乔
HE, QI FANG 何其芳 **(1912-1977)**

Lao ka 老卡
BIAN, JIA HUA 卞家华 **(1943-)**

Lao Kai 老开
MEI, MING ZHENG 梅明正 **(1922-)**

Lao kai 老凯
TAO, YU LIN 陶玉麟 **(1924-)**

Lao kai 老凯
LIU, KAI JUAN 刘凯娟 **(1956-)**

Lao Kang 老康
FENG, JIANG 冯疆 **(1901-1983)**

Lao Kang 老康
ZHU, ZHEN HUA 祝振华 (1925-)

Lao kao 老考
HUANG, ZHANG 黄彰 (1893-1987)

Lao, Ke 劳克
LIU, JIE 刘杰 (1932-)

Lao ke 老克
XIONG, KE QI 熊克岐 (1935-)

Lao ke 老柯
CAO, CHENG DE 曹承德 (1948-)

Lao kua 老侉
ZHANG, TIAN YI 张天翼 (1906-1985)

Lao kun 老焜
QU, WEN KUN 屈文焜 (1952-)

Lao lan 老兰
PAN, FEI SHENG 潘飞声 (1857-1934)

Lao Lan 老懒
LI, JIE REN 李劼人 (1891-1962)

Lao, Le 劳乐
WEI, ZHAN HE 魏占河 (1932-)

Lao lei 老蕾
XU, QING CHANG 许清昌 (1915-)

Lao li 老力
XU, JIE 许杰 (1901-1993)

Lao li 老力
ZHANG, HUAN TING 张焕庭 (1910-)

Lao li 老李
LI, JIA LIANG 李家良 (1914-)

Lao li 老醴
ZHOU, BING 周兵 (1958-)

Lao liang 老量
XU, YI 徐毅 (1964-)

Lao lie 老烈
ZHAO, ZONG JIE 赵宗杰 (1921-)

Lao, Lin 劳琳
LIN, ZHU YU 林祝敔 (1915-1975)

Lao ling 老菱
ZHANG, WAN YI 张万镒 (1917-)

Lao long 老龙
WU, MU FENG 吴慕风 (1915-)

Lao long 老龙
LONG, YUN CAN 龙云灿 (1915-)

Lao long 老龙
PENG, LONG FEI 彭龙飞 (1936-)

Lao long tao 老龙套
QU, CHU 屈楚 (1919-1986)

Lao lu 老鲁
XU, DU DI 许度地 (1914-)

Lao luo ren 牢落人
LI, GUI BAI 李圭白 (1914-)

Lao ma 老马
JIN, CHUN BIN 金纯斌 (1913-)

Lao ma 老马
HE, YU MING 何毓明 (1941-)

Lao ma 老马
SUN, HAI LANG 孙海浪 (1942-)

Lao ma 老马
WAN, WEN YI 万文义 (1944-)

Lao ma 老马
MA, TENG YUN 马腾云

Lao mai 老迈
SHEN, MAI SHI 沈迈士 (1891-)

Lao man 老曼
LI, YUAN DING 李元鼎 (1881-1944)

Lao mang 老芒
YAO, HUA 姚华 (1876-1930)

Lao mei 老梅
JING, DING CHENG 景定成 (1879-1949)

Lao mei 老梅
SU, MEI 苏梅 (1897-1999)

Lao mei 老梅
MEI, YING 梅英 (1910-)

Lao mei 老梅
MEI, ZENG PU 梅曾溥 (1916-)

Lao, Mi 劳米
MI, SHOU SHI 米寿世 (1933-)

Lao mian 老绵
HUANG, YU QING 黄雨青 (1925-)

Lao min 老民
QI, HUANG 齐璜 (1864-1957)

Lao min 老敏
SHEN, JI CHENG 沈吉诚 (1907-)

Lao ming 老命
WANG, SHI JUN 王世浚 (1912-1949)

Lao ming 老明
XIE, MING 谢明 (1951-)

Lao, Mo 劳默
ZHENG, BING ZHONG 郑炳中 (1922-)

Lao mu 老木
LIU, WEI GUO 刘卫国 **(1963-)**

Lao mu 老穆
LI, SHU YAO 李述尧 **(1910-)**

Lao mu jiang 老木匠
ZOU, YA 邹雅 **(1916-1974)**

Lao mu yi 老木一
QI, HUANG 齐璜 **(1864-1957)**

Lao na 老纳
CHEN, QU BING 陈去病 **(1874-1933)**

LAO, NAI XUAN 劳乃宣 **(1843-1921)**
Ji, Xuan 季瑄
Ju zhai 矩斋
Ju zhai 榘斋
Ren sou 韧叟
Yu chu 玉初

Lao, Nan 劳难
JIANG, XI JIN 蒋锡金 **(1915-)**

Lao nan 老南
HUANG, YING HUANG 黄英晃 **(1940-)**

Lao, Ni 劳泥
YUAN, GUANG MEI 袁光楣 **(1916-1982)**

Lao, Ni 劳泥
LÜ, PAN SUN 吕盘孙 **(1942-)**

Lao, Nian qu 劳念劬
KANG, YOU WEI 康有为 **(1858-1927)**

Lao, Nian wei 劳念蔚
KANG, YOU WEI 康有为 **(1858-1927)**

Lao ning 老宁
WANG, ZHONG CAI 王中才 **(1940-)**

Lao, Niu 劳牛
HUANG, SHAN DING 黄山定 **(1910-)**

Lao niu 老牛
HUANG, SHAN DING 黄山定 **(1910-)**

Lao niu 老牛
JIANG, CHUN FANG 姜椿芳 **(1912-1987)**

Lao niu 老牛
TIAN, XIU FENG 田秀峰 **(1916-)**

Lao nong 老农
LIU, YA NONG 刘雅农 **(1896-)**

Lao nong 老农
PAN, LONG HUANG 潘隆璜 **(1930-)**

Lao pan 老潘
PAN, XUN 潘训 **(1902-1934)**

Lao pao 老匏
YAO, ZHEN 姚朕

Lao pei 老裴
PEI, XIN YUAN 裴馨园 **(1897-1957)**

Lao peng 老彭
HU, SHAN YUAN 胡山源 **(1897-1988)**

Lao peng 老彭
DING, KAI SHU 丁开书 **(1955-)**

Lao ping 老萍
QI, HUANG 齐璜 **(1864-1957)**

Lao ping weng 老萍翁
QI, HUANG 齐璜 **(1864-1957)**

Lao po 老坡
HAN, JING WEI 韩敬伟 **(1957-)**

Lao pu 老圃
QIN, SHENG ZHOU 秦胜洲 **(1930-)**

Lao pu 老圃
TIAN, ZI FU 田子馥 **(1937-)**

Lao pu 老普
ZHANG, ZHI PU 张治谱 **(1928-)**

Lao qiang 老墙
LIU, ZHI QIANG 刘志强 **(1950-)**

Lao qiao 老桥
QIAO, WEN KE 乔文科 **(1937-)**

Lao qing 酪青
YE, SHI TAO 叶石涛 **(1925-)**

Lao qiu 老虬
LI, ZHONG YI 李中一

Lao qiu 老秋
LIN, ZI XIU 林资修 **(1879-1939)**

Lao qiu 老秋
WANG, QIU YE 王秋野 **(1914-)**

Lao, Ren 劳人
WANG, REN SHU 王任叔 **(1901-1972)**

Lao, Ren 劳人
YANG, DE EN 杨德恩 **(1908-)**

Lao, Ren 劳人
WANG, CHENG MO 王承谟 **(1911-1938)**

Lao, Ren 劳人
HU, DE HUI 胡德辉 **(1913-1968)**

Lao, Ren 劳人
SUN, HONG JIE 孙鸿杰 **(1921-)**

Lao, Ren 劳人
GUO, PING 郭平 **(1954-)**

Lao ren 老人

QI, HUANG 齐璜 **(1864-1957)**

Lao ren 老人
LÜ, PEI LIN 吕沛林 **(1889-1947)**

Lao, Rong 劳荣
LI, XI 李希 **(1911-1989)**

Lao rui 老锐
LAI, RUI MIN 赖锐民 **(1940-)**

Lao san 老三
WU, HUAI CUO 吴怀磋 **(1925-)**

Lao san 老三
WANG, SHAO HUA 王少华 **(1956-)**

Lao sha 老沙
ZHENG, BING SEN 郑炳森 **(1920-1990)**

Lao sha 老莎
WU, TONG BAO 吴同宝 **(1922-)**

Lao shan 老讪
YU, KAI SHI 虞开仕

Lao shan 老善
QUAN, GE PING 全格平

Lao shang hai 老上海
WU, WO YAO 吴沃尧 **(1867-1910)**

Lao shang hai 老上海
CHEN, FU XIANG 陈辅相

Lao shao 老绍
HU, HAN HUA 胡汉华 **(1911-)**

Lao she 老舍
SHU, QING CHUN 舒庆春 **(1899-1966)**

Lao, Sheng 劳生
CHEN, KE HUI 陈克惠 **(1918-)**

Lao sheng 老生
BAO, GONG YI 包公毅 **(1876-1973)**

Lao shi 老师
ZHOU, SHU REN 周树人 **(1881-1936)**

Lao shi 老式
ZHANG, YU 章钰 **(1865-1937)**

Lao, Shi xuan 劳世选
LAO, WEI MENG 劳纬孟

Lao shou 老寿
WANG, ZHENG 王徵 **(1938-)**

Lao shu 老抒
HU, YU GUI 胡毓桂 **(1892-1985)**

Lao, Si 劳思
WANG, KE CHENG 王克澄 **(1931-)**

Lao, Si 劳思
ZHANG, TIAN SHOU 张天寿 **(1938-)**

LAO, SI GUANG 劳思光
Bao sang 苞桑
Gui, Gu zhi 归固芝
Hong, Zhao 洪昭
Si guang 思光
Tu yan 荼言
Yu, Fu chu 俞復初

Lao sun 老孙
SUN, QU YUAN 孙臞蝯

Lao ta 老獭
HUANG, YONG YU 黄永玉 **(1924-)**

Lao tai po 老太婆
XU, XING KAI 许兴凯 **(1900-)**

Lao tai po 老太婆
WEN, HUAI LANG 文怀朗 **(1913-),**

Lao tan 老谈
TAN, CHANG ZHI 谈长治 **(1868-1937)**

Lao tan 老谈
HE, ZHAO XIONG 何兆熊 **(1903-1990)**

Lao tan 老檀
DENG, FEN 邓芬 **(1894-1964)**

Lao tang 老唐
TANG, CHENG QING 唐承庆 **(1917-)**

Lao tao 老匋
WANG, LE TAO 王乐匋 **(1921-)**

Lao teng 老滕
TENG, SHU GU 滕树穀

Lao tian 老天
YANG, JIN SHU 杨金树 **(1946-)**

Lao tian 老田
TIAN, SHI YUAN 田世源 **(1919-)**

Lao tie 老铁
LIU, MENG PENG 刘孟鹏 **(1857-1909)**

Lao tie 老铁
DENG, TIE 邓铁 **(1898-1963)**

Lao tie 老铁
HU, KE XI 胡克熙 **(1911-)**

Lao tong sheng 老童生
ZHANG, QING RONG 张清荣 **(1902-1955)**

Lao tou er 老头儿
DAI, KE CHONG 戴克崇 **(1907-1964)**

Lao Tu 老土
LAO, CHENG LONG 老成龙 **(1952-)**

Lao tui 老蜕

CHEN, YI FAN 陈彝范 (1860-1913)

Lao tun 老屯
YI, TING XI 易廷熹 (1874-1941)

Lao wai 老外
TIAN, JING HUI 田景惠 (1923-)

Lao wan tong 老顽童
TONG, ZHONG GENG 童仲赓

Lao wan tong 老顽童
XU, BO XIONG 续伯雄

Lao, Wang 劳望
WANG, WEN KE 王文科 (1947-)

LAO, WEI 劳伟 (1943-)
Han shan 含山

Lao wei 老韦
LIU, MAO LONG 刘茂隆 (1912-)

Lao wei 老魏
WEI, XI LIN 魏锡林 (1937-)

LAO, WEI MENG 劳纬孟
Lao, Shi xuan 劳世选
Wei yan 畏砦

Lao wen 老文
LÜ, ZONG QUAN 吕宗权 (1928-)

Lao, Wen qing 劳文青
JIAN, RUI PING 简瑞平 (1949-)

Lao weng 老翁
WENG, YU LAN 翁寓兰 (1951-)

Lao, Wo lu 劳我庐
KANG, YOU WEI 康有为 (1858-1927)

Lao, Wu 劳芜
WU, SHU SHENG 吴树声 (1922-)

Lao, Wu 劳武
WU, SHU SHENG 吴树声 (1922-)

Lao wu 老五
CHEN, LIAN QING 陈炼青 (1907-1940)

Lao wu 老五
LI, NAN HENG 李南衡 (1940-)

Lao wu 老悟
CHEN, DA ZHUAN 陈达专 (1952-)

Lao xi 老西
ZHAO, SHU LI 赵树礼 (1906-1970)

Lao xi 老西
LI, YAO XI 黎耀西 (1929-1989)

Lao xi 老锡
WU, SEN XIONG 吴森雄 (1929?-1979)

LAO, XIAN HONG 老宪洪 (1920-)
A lao 阿老

Lao xiang 老乡
LI, XUE YI 李学艺 (1943-)

Lao xiang 老向
WANG, XIANG CHEN 王向辰 (1908-1958)

Lao xiao 老肖
XIAO, SHAO QUAN 萧绍权 (1959-)

Lao xiao 老霄
XU, REN JIN 徐仁锦 (1888-1961)

Lao, Xin 劳辛
LAO, JIA SHUN 劳家顺 (1914-)

Lao, Xin 劳辛
MA, SHU QIN 马书琴 (1950-)

Lao xin 老辛
XIN, YI FU 辛一夫 (1929-)

Lao xin 老新
XING, REN RANG 邢仁让 (1932-)

Lao xiu 老朽
LÜ, PEI LIN 吕沛林 (1889-1947)

Lao xiu 老秀
MA, ZHONG SHU 马仲殊 (1900-1958)

Lao xiu 老秀
WANG, XIU SHENG 王秀生 (1941-)

Lao xuan 老宣
XUAN, JIN SHOU 宣金寿

Lao xun 老迅
ZHOU, SHU REN 周树人 (1881-1936)

Lao yang 老羊
YANG, QIAN 杨乾

Lao yang 老阳
DENG, ZHONG XIA 邓中夏 (1894-1933)

Lao yao 老么
LI, SHENG ZHUANG 李生庄 (1910-1946)

Lao yao 老姚
YAO, SAN YOU 姚三友 (1925-)

Lao yao 老药
TANG, YUN 唐云 (1910-)

Lao ye 老也
XIAO, SHU 萧淑 (1923-)

Lao yi 老颐
PAN, TIAN SHOU 潘天寿 (1897-1971)

Lao yi 老翼
GAO, JUN WU 高俊武 (-1948)

Lao, Ying 劳蓥
LI, XI 李希 **(1911-1989)**

Lao, Ying 劳影
WANG, FU GU 王復古 **(1933-)**

Lao ying 老瓔
SUN, PU 孙璞 **(1884-1953)**

Lao ying 老鹰
YING, HAN ZHANG 应汉章 **(1915-)**

Lao ying 老鹰
ZHUO, GE YUN 卓戈云 **(1925-)**

Lao you 老友
XUE, YOU JIN 薛友津 **(1954-)**

Lao yu 老鱼
YU, SHAN 于山 **(1928-)**

Lao yu 老渔
ZHANG, BO ZHEN 张伯祯 **(1877-1947)**

Lao, Yu nong 劳于农
XU, MAO RONG 徐茂荣 **(1911-1977)**

Lao yu tou 老芋头
HOU, REN JUN 侯人俊 **(1930-)**

Lao yun 老运
CHEN, YUN TONG 陈运通 **(1914-)**

Lao zeng 老曾
ZENG, XIANG QI 曾祥祺 **(1916-)**

Lao zhang 老张
ZHANG, MING CI 张明慈

Lao, Zhao 劳招
ZHAO, SHU LI 赵树礼 **(1906-1970)**

Lao zhao 老赵
ZHAO, SHU LI 赵树礼 **(1906-1970)**

Lao zhao 老照
ZHAO, RUI SHENG 赵瑞生 **(1954-)**

Lao, Zhe 劳者
QIAO, ZENG QU 乔曾劬 **(1892-1948)**

Lao zhen 老枕
XU, JUE 徐觉 **(1889-1937)**

Lao, Zhen yi 劳贞一
LAO, GAN 劳榦 **(1907-)**

Lao zhi 老智
YANG, ZHI 杨智 **(1958-)**

Lao, Zhi feng 劳之凤
HE, QI FANG 何其芳 **(1912-1977)**

Lao zhi ju ren xia 老至居人下
WU, JUN QING 吴俊卿 **(1844-1927)**

Lao, Zhong 劳仲
ZHONG, LIANG YI 钟良沂 **(1921-)**

Lao zhong 老中
JIANG, CHUN FANG 姜椿芳 **(1912-1987)**

Lao, Zhong ma 老仲马
DAI, YAN QIANG 戴燕羌 **(1924-)**

Lao, Zhou 劳舟
ZHAO, SHU LI 赵树礼 **(1906-1970)**

Lao zhou 老周
ZHOU, ZHONG WEN 周忠文 **(1929-)**

Lao zhu 老主
HAN, YU ZE 韩于泽 **(1910-1985)**

Lao zhu 老朱
ZHU, XIAO QIU 朱啸秋 **(1923-)**

Lao zhu gu 老主顾
JIANG, ZHU 江铸 **(1898-1927?)**

Lao zhuang 老庄
ZHANG, WEI 张威 **(1910-)**

Lao zhuo 老拙
GE, ZU LAN 葛祖兰 **(1887-1987)**

Lao zong 老总
ZHU, ZONG BIN 朱宗彬 **(1913-1937)**

Lao zu 老卒
YAN, ZHEN 严桢 **(1889-1968)**

Lao zu 老卒
ZHANG, JING LU 张静庐 **(1898-1969)**

Lau, Joseph S.M.
LIU, SHAO MING 刘绍铭 **(1934-)**

Le 乐
ZHAO, SHI YAN 赵世炎 **(1901-1927)**

Le 勒
GAO, BAO ZHEN 高宝珍 **(1933-)**

Le cheng lao ren 乐诚老人
HU, YUAN TAN 胡元倓 **(1872-1940)**

Le, Gong ding 勒公丁
LE, GONG ZHEN 勒公贞 **(1919-)**

LE, GONG ZHEN 勒公贞 **(1919-)**
Gong ding 公丁
Le, Gong ding 勒公丁

Le guan 乐观
XUAN, ZHONG HUA 宣钟华 **(1898-1927)**

Le guan 乐观
YUE, SI BING 乐嗣炳 **(1901-1984)**

Le guan 乐观
CHEN, ZHONG XIAO 陈忠孝 **(1944-)**

Le hong 勒红
LONG, SHENG MING 龙圣明 **(1944-)**

Le ji 乐寂
LI, WEN TAO 李文涛 **(1880-1942)**

Le jiang nü shi 乐江女士
LU, BAO HUA 卢葆华

Le jing ju shi 乐静居士
YU, BI YUN 俞陛云 **(1867-1950)**

Le jing lao ren 乐静老人
YU, BI YUN 俞陛云 **(1867-1950)**

Le jing shan ren 乐静山人
PENG, SHI QIANG 彭世强 **(1943-)**

Le lü 乐绿
QIAN, GUO RONG 钱国荣 **(1919-)**

Le sheng 勒生
CHEN, ZI FAN 陈子范 **(1881-1914)**

Le tian 乐天
LIANG, MIN 梁民

Le tian hua sou 乐天华叟
YANG, ZHONG JIAN 杨钟健 **(1897-1979)**

Le tian ju shi 乐天居士
SUN, YU XIU 孙毓修 **(1871-1922)**

Le tian yi ren 乐天逸人
MA, QING FU 马庆福 **(1939-)**

Lei 垒
CHEN, XUN EN 陈训恩 **(1890-1948)**

Lei 雷
BAO, HUI SENG 包惠僧 **(1894-1979)**

Lei 雷
ZHANG, TAI LEI 张太雷 **(1898-1927)**

Lei 雷
FU, LEI 傅雷 **(1908-1966)**

Lei 雷
YANG, CHUN YU 杨春瑜 **(1912-1988)**

Lei 磊
HUANG, SHI HUA 黄石华 **(1919-)**

Lei, Bai wen 雷白文
FEI, MING JUN 费明君

LEI, BAO JING 雷宝菁
Mei sheng 眉生

LEI, BAO TAI 雷保泰 **(1917-)**
Lei, Lü ping 雷履平

Lei, Ben 雷奔
ZHOU, MING JIAN 周明件 **(1925-)**

LEI, BI XING 雷必兴 **(1908-)**
Bi xing 碧星
Jian bo 溅波
Lei, Jian bo 雷溅波
Lei, Tong 雷同
San di 三弟
Zan ting 赞庭

Lei, Bo 雷波
MIAO, GUANG QIN 缪光钦 **(1915-)**

Lei, Bo 雷波
JIANG, DE HUA 姜德华 **(1935-)**

Lei, Bo lun 雷伯伦
LEI, HAI ZONG 雷海宗 **(1902-1962)**

Lei, Chang hou 雷长吼
SUN, QIN PING 孙钦平 **(1922-)**

LEI, CHENG DE 雷成德 **(1930-)**
Hua yi 化夷
Qin, Zi 秦子

Lei, Chi 雷池
LEI, JIN CHI 雷金池 **(1940-)**

Lei chou 垒仇
JING, DING CHENG 景定成 **(1879-1949)**

Lei, Da 雷达
CAI, YU PING 蔡育平 **(1927-)**

Lei, Da 雷达
LEI, XING WU 雷省吾 **(1935-)**

Lei, Da 雷达
LEI, DA XUE 雷达学 **(1943-)**

LEI, DA XUE 雷达学 **(1943-)**
Gan, Quan 甘泉
Lan, Yu 蓝雨
Lei, Da 雷达
Long sheng 陇生

Lei, Di 雷地
CHEN, ZHAN YUAN 陈占元 **(1909-)**

Lei, Dian 雷电
LIU, REN YONG 刘仁勇 **(1927-)**

Lei, Dian 雷点
WANG, YANG 王扬 **(1917-1986)**

Lei, Dian 雷颠
LEI, JIN 雷瑨

Lei, Ding 雷丁
SHI, XIAO CHONG 石啸冲 **(1908-)**

Lei, Duo 雷多
NIE, ZU YOU 聂祖佑 **(1928-)**

Lei, Duo 雷铎

HUANG, YAN SHENG 黄彦生 (1950-)

Lei, Er 雷耳
JIANG, LONG ZHAO 姜龙昭 (1928-)

Lei, Feng 雷枫
CHEN, WEN HE 陈文和 (1927-)

LEI, FENG YI 雷凤翼 (1898-1931)
Feng yi 风仪
Lan 澜
Lei, Jin sheng 雷晋笙

Lei, Fu 雷父
HUANG, ZU YAO 黄祖耀 (1913-)

Lei, Fu 雷甫
HUANG, ZU YAO 黄祖耀 (1913-)

Lei, Gong 雷弓
ZHOU, JIE FU 周洁夫 (1917-1966)

Lei gong 磊公
LIN, TANG 林镗

LEI, GUAN CHENG 雷观成 (1923-)
Tian, Ye 田野

Lei, Guang 雷光
SONG, YUN QI 宋蕴琦 (1934-)

LEI, GUI HUA 雷桂华 (1958-)
Hai, Shan 海珊

Lei, Gui yuan 雷圭元
LEI, ZENG XI 雷曾熹 (1906-1990)

LEI, HAI ZONG 雷海宗 (1902-1962)
Lei, Bo lun 雷伯伦

Lei, Han 雷汉
TANG, ZHENG KANG 汤正亢 (1971-)

Lei he 泪河
CAI, RUI HE 蔡瑞和 (1945-)

LEI, HENG SHAN 雷衡山 (1950-)
Tong, Hao yuan 童浩源
Tong, Tai ya 童泰雅

LEI, HUA TING 雷华廷 (1956-)
Chi huan 赤环
Lei, Jing 雷静
Qu, Lu 曲路
Ting jin 挺进
Yu tian 雨田

Lei, Huo 雷火
BAI, JING REN 白景仁 (1937-)

Lei, Ji 雷击
YANG, SHI JUN 杨时俊 (1917-)

Lei, Jia 雷加
LIU, DI 刘涤 (1915-)

Lei jia 蕾嘉
WANG, LEI JIA 王蕾嘉 (1906-)

LEI, JIA MING 雷甲铭 (1935-)
Gao, Xiang 高翔
Lei, Lei 雷镭
Lei, Yu 雷雨

LEI, JIA SHEN 雷家駪 (1927-)
Ma, Xian 马先
Yu tian 雨田

Lei, Jian 雷剑
LEI, XIAO CEN 雷啸岑 (1896-1982)

Lei, Jian 雷简
ZHOU, YAO PING 周耀平 (1906-)

Lei, Jian bo 雷溅波
LEI, BI XING 雷必兴 (1908-)

LEI, JIAN EN 雷健恩 (1953-)
Shen, Mo 沈默
Yin xin 因心
Ying luo 璎珞

LEI, JIE QIONG 雷洁琼 (1905-)
Jie qun 结群

LEI, JIN 雷瑨
Dian 颠
Dian gong 颠公
Han qiu 涵秋
Jin yu 晋玉
Jun yao 君曜
Jun yao 均耀
Lao dian 老颠
Lei, Dian 雷颠
Lei, Jun yao 雷君曜
Song dian 松颠
Song jiang dian gong 松江颠公
Suo an lao ren 缩庵老人
Yu xuan shi zhu 娱萱室主
Yun jian dian gong 云间颠公

LEI, JIN CHI 雷金池 (1940-)
Lei, Chi 雷池

Lei, Jin mao 雷金茅
HUANG, GU NONG 黄谷农 (1916-)

LEI, JIN QIAN 雷进前 (1939-)
Xiao lei 小雷
Xiao lei 晓雷

LEI, JIN SHAN 雷锦山
Lei, Ping 雷平

Lei, Jin sheng 雷晋笙
LEI, FENG YI 雷凤翼 (1898-1931)

Lei, Jing 雷静
LEI, HUA TING 雷华廷 **(1956-)**

Lei, Jun yao 雷君曜
LEI, JIN 雷瑨

Lei kong 垒空
LI, YUAN DING 李元鼎 **(1881-1944)**

Lei kong 罍空
LI, YUAN DING 李元鼎 **(1881-1944)**

Lei, Lei 雷镭
LEI, JIA MING 雷甲铭 **(1935-)**

Lei, Li pu 雷力普
XU, DU CHUN 许度春

Lei, Lie zhen 雷烈贞
ZOU, NU 邹努 **(1902-1927)**

Lei lu 磊庐
WANG, YU SHI 王禹时 **(1929-)**

Lei, Lü ping 雷履平
LEI, BAO TAI 雷保泰 **(1917-)**

Lei luo 磊落
LI, JIA LIANG 李家良 **(1914-)**

Lei, Mang 雷芒
ZHAO, SHU LI 赵树礼 **(1906-1970)**

LEI, MAO KUI 雷茂奎 **(1934-)**
Wei qi 蔚岐

Lei, Meng 雷萌
CAI, YONG 蔡雍 **(1910-)**

Lei, Meng 雷蒙
CAI, YONG 蔡雍 **(1910-)**

Lei, Ming 雷鸣
GUO, YING CHUN 郭迎春 **(1961-)**

Lei ming 磊明
LIN, TENG CHEN 林腾臣 **(1919-)**

Lei, Nan 雷南
DU, LIAN ZHAI 杜联斋 **(1908-1963)**

Lei, Nan 雷南
ZHANG, HUA XIANG 张化祥 **(1941-)**

Lei, Nan 雷楠
ZHENG, XUE LAI 郑雪来 **(1925-)**

Lei, Nan lei 雷南雷
LEI, XIAO CEN 雷啸岑 **(1896-1982)**

Lei, Ning 雷宁
HUANG, GU NONG 黄谷农 **(1916-)**

LEI, PEI HONG 雷沛鸿 **(1888-1967)**
Lu, Ru 鲁儒

Lei, Ping 雷平
LEI, JIN SHAN 雷锦山

Lei, Po kong 雷破空
LEI, SHI YU 雷石榆 **(1911-)**

Lei po tou feng 雷婆头峰
PAN, TIAN SHOU 潘天寿 **(1897-1971)**

Lei po tou feng shou 雷婆头峰寿
PAN, TIAN SHOU 潘天寿 **(1897-1971)**

Lei po tou feng shou zhe 雷婆头峰寿者
PAN, TIAN SHOU 潘天寿 **(1897-1971)**

Lei po tou feng wan zhang shou 雷婆头峰万丈寿
PAN, TIAN SHOU 潘天寿 **(1897-1971)**

LEI, QIAN 雷倩 **(1957-)**
An, Qiao 安乔
Qiao, Mo ye 乔莫野

LEI, QIN SHENG 雷琴生 **(1919-)**
Huang, He 黄河
Mang ling 邙岭

Lei ran 磊然
XU, YI ZENG 许怡曾 **(1918-)**

Lei, Ri 雷日
ZHU, LI YING 朱丽英 **(1949-)**

Lei, Ru yu 雷如雨
DENG, SUI FU 邓遂夫 **(1943-)**

LEI, RUI ZHI 雷瑞之 **(1944-)**
Rui rui 瑞瑞

Lei, Ruo 雷若
FENG, KENG 冯铿 **(1907-1931)**

Lei, She wen 雷社稳
LEI, SHI YU 雷石榆 **(1911-)**

Lei shi 磊石
SHEN, JIN MEI 沈金梅 **(1936-)**

LEI, SHI YU 雷石榆 **(1911-)**
Du, La 杜拉
Fei wo 非我
Lei, Po kong 雷破空
Lei, She wen 雷社稳
Lei, Ting 雷霆
Lin, Wei chun 林未春
Ma, Shan 马山
Mo, Fei wo 莫非我
Niu, Che 牛车
Po kong 破空
Sha yu 纱雨
She yi 舌夷
Shi, Yu 石榆
Shi yu 式羽

Yu sang 玉桑

Lei, Si ge 雷司歌
LI, DE CAI 李德才 **(1916-)**

Lei, Tang 雷塘
MIN, ER CHANG 闵尔昌 **(1872-1948)**

Lei, Te 雷特
ZOU, NU 邹努 **(1902-1927)**

Lei, Te 雷特
ZHOU, YING PING 周英平 **(1917-)**

Lei te nü shi 雷特女士
ZOU, NU 邹努 **(1902-1927)**

LEI, TI PEI 雷体沛 **(1956-)**
Lei, Yu 雷雨
Lei, Yu 雷宇

Lei, Tie ya 雷铁崖
LEI, ZHAO XING 雷昭性 **(1873-1920)**

Lei, Ting 雷霆
CHEN, RU XUN 陈汝埙 **(1906-)**

Lei, Ting 雷霆
LEI, SHI YU 雷石榆 **(1911-)**

Lei, Ting 雷霆
ZHONG, WEN LING 钟文灵 **(1931-)**

Lei, Ting 雷汀
WANG, YUN NAN 王云南 **(1920-)**

Lei ting 垒汀
WANG, YUN NAN 王云南 **(1920-)**

LEI, TONG QUN 雷通群 **(1888-)**
Zhen fu 振夫

Li, Tong 雷同
LEI, BI XING 雷必兴 **(1908-)**

LEI, WAN CHUN 雷万春 **(1933-)**
Shou xing 寿星

LEI, WEI 雷炜 **(1923-)**
Lu di 芦笛

Lei, Wen 雷文
XIA, YU TIAN 夏雨田 **(1938-)**

Lei xiang 泪香
SU, XUAN YING 苏玄瑛 **(1884-1918)**

Lei, Xiang yue 雷湘粤
FAN, GUO 范国

LEI, XIAO CEN 雷啸岑 **(1896-1982)**
Hai, Xiao lou 海啸廔
Lao, Gan 老赶
Lei, Jian 雷剑
Lei, Nan lei 雷南雷
Luan tan zhai 乱弹斋
Ma wu xian sheng 马五先生
Nan, Lei 南雷
Shang, Fang 尚方
Xiao cen 笑岑
Xiao cun 笑存
Ye he shan ren 野鹤山人

Lei, Xing 雷星
SHEN, YU GANG 沈毓刚 **(1920-)**

Lei xing 泪杏
JIANG, LUN 姜崙

LEI, XING WU 雷省吾 **(1935-)**
Han lei 寒雷
Lei, Da 雷达
Min yan 民燕

Lei xuan 藟轩
SHEN, ZENG ZHI 沈曾植 **(1850-1922)**

Lei, Xun 雷迅
SUN, YUE 孙岳 **(1918-)**

Lei, Yan 雷妍
LIU, ZHI LIAN 刘植莲 **(1911-1950)**

Lei, Yan 雷焱
YANG, CHUAN YE 杨传业 **(1923-)**

Lei yan 泪眼
HUANG, YU CHEN 黄玉琛 **(1929-1985)**

Lei, Yang 雷阳
PENG, PIN GUANG 彭品光 **(1926-)**

Lei, Yang ke 雷阳客
PENG, PIN GUANG 彭品光 **(1926-)**

Lei, Yi 雷怡
WANG, YONG NIAN 王永年 **(1927-)**

Lei, Yi feng 雷一峰
JIN, ZHI CHAO 金志超 **(1905-1970)**

Lei, Yi ming 雷一鸣
LIN, YONG RONG 林咏荣 **(1914-)**

Lei, Yin 雷音
WANG, YUN SHENG 王运生 **(1896-1946)**

Lei, Yin 雷音
ZHANG, TAI LEI 张太雷 **(1898-1927)**

Lei, Yu 雷宇
HUANG, WAN YUAN 黄万源 **(1939-)**

Lei, Yu 雷宇
LEI, TI PEI 雷体沛 **(1956-)**

Lei, Yu 雷雨
LEI, JIA MING 雷甲铭 **(1935-)**

Lei, Yu 雷雨
LEI, TI PEI 雷体沛 **(1956-)**

Lei, Yun 雷云
HU, ZHONG CHEN 胡忠臣 **(1933-)**

Lei, Ze yu 雷泽雨
CAI, TING 蔡庭 **(1939-)**

LEI, ZENG XI 雷曾熹 **(1906-1990)**
A gui 阿圭
E. E.
Lei, Gui yuan 雷圭元
Long 龙
Zeng, Xi 曾熹

Lei zhan 磊展
ZHANG, FU XING 张复兴 **(1939-)**

LEI, ZHAO XING 雷昭性 **(1873-1920)**
Bi bai 比白
Bing seng 病僧
Fei fei 非非
Lei, Tie ya 雷铁崖
Long 龙
Long, Yan 龙言
Na 衲
Seng 僧
Shu nan yin zhe 蜀南饮者
Ti hong 啼红
Ti hong sheng 啼红生
Tie 铁
Tie ya 铁厓
Tie zheng 铁铮
Wan seng 顽僧
Xue ya 雪厓
Yan 岩
Zhe jie 奢皆
Zheng 铮
Zhu yin 烛隐

Lei zi 磊子
WU, HUAI SHENG 吴淮生 **(1929-)**

Lei zi 蕾子
DIAO, JUN LIN 雕俊麟 **(1924-)**

LEI, ZI JIN 雷子金 **(1936-)**
Zi jing 紫荊

LEI, ZI LONG 雷子龙 **(1947-)**
Zi nong 梓农

Leng 冷
CHEN, LENG 陈冷 **(1878-1965)**

Leng 冷
CAO, ZAN QING 曹赞卿 **(1901-1980)**

Leng, An 冷厂
ZHANG, LIN 张林 **(1930-)**

Leng, An 冷庵
CHEN, SHOU SHI 陈守实 **(1893-1974)**

Leng, Bing 冷冰
LIU, JUN FEN 刘俊芬 **(1940-)**

Leng, Bo 冷波
LI, SHU BAI 李树柏 **(1910-)**

Leng, Bo 冷波
HUANG, YI LU 黄懿陆 **(1953-)**

Leng, Can 冷残
PAN, DA WEI 潘达微 **(1880-1929)**

Leng, Chuan 冷川
XU, JIN BO 许锦波 **(1950-)**

Leng, Dao ren 冷道人
PAN, DA WEI 潘达微 **(1880-1929)**

Leng, Ding an 冷定菴
LENG, JUN 冷儁 **(1901-)**

Leng, Dui qian 冷对千
YANG, FU DONG 杨复冬 **(1922-1978)**

Leng, Fei cui 冷翡翠
CHEN, RU XUN 陈汝埙 **(1906-)**

Leng, Feng 冷风
YUN, SHU JUE 恽树珏 **(1878-1935)**

Leng, Feng 冷凤
WANG, SHU HUAI 王树槐 **(1929-1983)**

Leng, Feng 冷枫
CAI, BEI HUA 蔡北华 **(1916-)**

Leng, Feng 冷峰
HONG, ZENG SHOU 洪增寿 **(1920-)**

Leng, Fo 冷佛
WANG, QI 王绮

Leng, Ge 冷歌
LI, NAI GENG 李廼赓 **(1908-)**

Leng, Gong 冷公
REN, BAI TAO 任白涛 **(1890-1952)**

Leng, Gong yu 冷公羽
CAO, ZAN QING 曹赞卿 **(1901-1980)**

Leng, Gu yuan 冷孤原
TAO, CHI 陶炽 **(1897-1952)**

Leng, Guan 冷观
HU, LIN 胡霖 **(1889-1949)**

Leng, Guan 冷观
WU, SONG GAO 吴颂皋 **(1899-)**

Leng, Guan 冷观
HUANG, KUN LUN 黄崑崙

Leng, Hong 冷红
WU, XI 吴惜 **(1898-1949)**

Leng hong nü shi 冷红女士
WU, XI 吴惜 **(1898-1949)**

Leng hong nü shi 冷红女史
WU, XI 吴惜 **(1898-1949)**

Leng, Hong sheng 冷红生
LIN, SHU 林纾 **(1852-1924)**

Leng, Hua 冷桦
DU, YOU MING 杜又明 **(1915-1983)**

Leng huan xian sheng 冷宦先生
ZUO, BING LONG 左秉隆 **(1850-1924)**

Leng, Hun 冷魂
JIA, ZHI FANG 贾植芳 **(1915-)**

Leng, Huo 冷火
YANG, XUE RU 杨学儒 **(1950-)**

Leng jia xiao yin 楞伽小隐
HUANG, ZONG YANG 黄宗仰 **(1861-1921)**

Leng, Jie 冷介
WANG, ZHEN HU 王振湖 **(1937-)**

Leng, Jie 冷洁
LENG, ZHAO HE 冷兆和

Leng, Jin 冷金
LIU, NING 刘宁 **(1920-)**

Leng, Jun 冷峻
GAO, QIN RONG 高勤荣 **(1955-)**

LENG, JUN 冷儁 **(1901-)**
Leng, Ding an 冷定菴

Leng, Ke 冷柯
HAN, XIU ZHEN 韩秀珍 **(1935-)**

LENG, KE MING 冷克明 **(1956-)**
Gu, Yue 谷月
Leng, Yue 冷月

Leng, Lang 冷浪
HUANG, SHI YONG 黄诗咏 **(1927-)**

Leng, Leng 冷冷
PENG, WEN JIAN 彭文坚 **(1929-)**

Leng, Lu 冷路
LI, BING LIN 李炳麟 **(1922-)**

Leng, Lu 冷露
LIU, ZHI QING 刘智清 **(1920-)**

Leng, Lu 冷露
WANG, HAN QIONG 王汉琼

Leng lu zhu ren 冷庐主人
WANG, JIAN 王鉴 **(1903-1975)**

LENG, MAO HONG 冷茂弘 **(1938-)**
Leng, Zhe 冷哲

Leng, Ou 冷鸥
CHEN, HENG ZHE 陈衡哲 **(1890-1976)**

Leng, Ou 冷鸥
HUANG, YING 黄英 **(1898-1934)**

Leng, Qian shan 冷千山
HU, XIAO FENG 胡晓风 **(1924-)**

Leng, Quan 冷泉
CAO, ZAN QING 曹赞卿 **(1901-1980)**

Leng, Quan 冷泉
ZHENG, MING LI 郑明娳 **(1949-)**

Leng, Quan 冷泉
ZHANG, HONG BO 张洪波 **(1956-)**

Leng quan fu min 冷泉伏民
XU, FU MIN 许伏民

Leng quan ting zhang 冷泉亭长
XU, FU MIN 许伏民

Leng, Quan yue 冷泉月
WANG, QING FAN 王庆播 **(1946-)**

Leng, Ruo bing 冷若冰
LU, CHUAN FENG 卢传凤 **(1946-)**

Leng, Seng 冷僧
ZHANG, ZONG XIANG 张宗祥 **(1881-1965)**

LENG, SHAN YUAN 冷善远 **(1906-1970)**
Zhong, Ji ming 钟纪明

Leng, Sheng 冷生
ZHANG, ZONG XIANG 张宗祥 **(1881-1965)**

Leng, Si 冷思
ZHANG, ZHI MIN 张志敏 **(1959-)**

LENG, WEI HUAI 冷慰怀 **(1945-)**
Wei, Huai 魏槐
Wei huai 渭淮

Leng, Wen 冷文
LI, CHANG WEI 李长蔚 **(1926-)**

Leng, Weng 冷翁
MA, FAN 马范 **(1893-1969)**

Leng, Weng 冷翁
CAO, ZAN QING 曹赞卿 **(1901-1980)**

Leng, Xian 冷弦
LI, MING CHENG 李明诚 **(1914-)**

Leng, Xiang 冷香

ZHENG, JI YUN 郑际云 (1895-1992)

Leng, Xiao 冷笑
BAO, GONG YI 包公毅 (1876-1973)

Leng, Xiao 冷笑
CHEN, LENG 陈冷 (1878-1965)

Leng, Xue 冷血
CHEN, LENG 陈冷 (1878-1965)

Leng, Xue 冷雪
YAO, GUAN SAN 姚冠三 (1910-1999)

Leng, Xue an 冷雪盦
LI, WEN QI 李文琦 (1902-)

Leng, Yan 冷眼
TAN, RU JIAN 谭汝俭 (1848-1938)

Leng, Yan 冷眼
ZHAO, JING SHEN 赵景深 (1902-1985)

Leng, Yan 冷眼
XU, DU QIAN 徐笃谦 (1925-)

Leng, Yan 冷眼
WU, HUAI YI 巫怀毅

Leng yan ge zhu 楞严阁主
ZHANG, ZHEN XIAN 张轸先 (1913-)

Leng, Yan qiu 冷燕秋
MAI, LIU FANG 麦留芳 (1941-)

Leng, Yang 冷洋
LIU, YE YUAN 刘烨园 (1954-)

Leng, Yao 冷遥
LIN, XIU QIONG 林秀琼 (1950-)

Leng, Yi 冷宜
HUANG, ZHI QIANG 黄志强 (1946-)

Leng, Yi 冷怡
YAN, ZE MIN 延泽民 (1921-)

Leng, Yong 冷永
CHEN, PEI 陈培 (1925-)

Leng, Yong an 冷永安
CHEN, PEI 陈培 (1925-)

LENG, YU 冷遹 (1882-1959)
Yu qiu 雨秋
Yu qiu 遇秋
Yu qiu 禦秋

Leng, Yuan 冷原
WEN, GUO LIANG 温国良 (1942-)

Leng, Yue 冷月
LENG, KE MING 冷克明 (1956-)

Leng, Yun 冷云
ZHOU, BO DA 周伯达 (1914-1947)

Leng, Yun 冷云
ZHANG, JING 张静 (1925-)

Leng, Yun 冷云
CAI, PENG HUI 蔡鹏辉 (1950-)

Leng, Yun 冷筠
FENG, JU ZHI 冯菊枝 (1943-)

Leng, Zai 冷哉
ZHAO, SHU LI 赵树礼 (1906-1970)

LENG, ZHAO HE 冷兆和
Leng, Jie 冷洁

Leng, Zhe 冷哲
LENG, MAO HONG 冷茂弘 (1938-)

Leng zhen 棱振
LI, CHANG ZHI 李长植 (1910-1978)

Leng zhen 楞真
LIN, LENG ZHEN 林楞真

Leng, Zhong 冷衷
LI, WEN QI 李文琦 (1902-)

Li 力
SUN, SHU XUN 孙树勋 (1913-)

Li 励
LIN, LI ZHI 林励志

Li 李
TANG, DA CHENG 唐达成 (1928-)

Li 梨
ZHANG, XIN YUAN 张心远 (1895-1967)

Li 莉
WANG, REN SHU 王任叔 (1901-1972)

Li 犁
SUN, SHU XUN 孙树勋 (1913-)

Li 犁
WANG, JIU YU 王久馀 (1921-)

Li 理
ZHAO, SHU LI 赵树礼 (1906-1970)

Li 理
WU, JIN SHENG 吴金声 (1914-)

Li 黎
LI, JIN XI 黎锦熙 (1890-1978)

Li 黎
KONG, FAN YAN 孔繁衍 (1912-)

Li, A mao 李阿毛
XU, FU LIN 徐傅霖 (1880-)

Li, A qing 李阿青

TIAN, JING HUI 田景惠 **(1923-)**

Li, A yi 李阿义
LI, PEI SEN 李培森 **(1947-)**

LI, AI MEI 李蔼美 **(1932-)**
Lü, Si hong 吕思虹

LI, AI MIN 李爱敏 **(1958-)**
Ruo hua 若华
Ruo hua 若骅

Li, Ai ning 李蔼宁
LI, RU LIN 李如琳 **(1923-)**

Li, An 李岸
LI, LE TIAN 李乐天 **(1932-1986)**

Li, An 李菴
XU, BANG DA 徐邦达 **(1911-)**

Li, An 黎庵
ZHOU, SHAO 周劭 **(1916-)**

Li an 礼庵
LIANG, DING FEN 梁鼎棻 **(1859-1920)**

Li an 立厂
TANG, LAN 唐兰 **(1901-1979)**

Li an 立庵
TANG, LAN 唐兰 **(1901-1979)**

Li an 立盦
TANG, LAN 唐兰 **(1901-1979)**

LI, AN FANG 李安芳 **(1941-)**
Gong xin 公心
Kai wu 开悟
Li, Jian shu 李建树

LI, AN LE 李安乐 **(1915-1937)**
Hu, Luo 胡洛

LI, AN NING 李安宁 **(1939-)**
An, Ning 安宁
An, Ning quan 安宁泉

LI, AN QIAO 厉厂樵 **(1901-1960)**
Wan rong 婉嵘

LI, AN ZENG 李安曾 **(1854-1927)**
Li, Ping shu 李平书
Li, Zhong jue 李锺珏
Qie wan 且顽
Se zhai 瑟斋

LI, AN ZHAI 李安宅 **(1900-1985)**
Ren, Ze 任责

Li, Ang 李昂
ZHU, PEI WO 朱佩我 **(1907-1945)**

Li, Ang 李昂
ZHAO, AN JI 赵安济 **(-1975)**

Li, Ang 李昂
ZHONG, SHAO KUN 钟绍锟 **(1914-)**

Li, Ang 李昂
MAO, XIAO YONG 冒效庸 **(1914-)**

Li, Ang 李昂
LI, CHANG WEI 李长蔚 **(1926-)**

Li, Ang 李昂
SHI, SHU DUAN 施淑端 **(1952-)**

Li ang 里昂
ZHOU, DA LU 周大鹿 **(1922-)**

LI, AO 李敖 **(1935-)**
Ao zhi 敖之

Li, Ao 李璈
DU, SHU ZHEN 杜淑贞 **(1948-)**

Li, Ba 李拔
WANG, CHUAN HONG 王传洪 **(1927-)**

Li, Ba du 黎巴都
ZHAO, QI MING 赵启明 **(1912-1938)**

Li ba er 利巴尔
SUN, SHUN CHAO 孙顺潮 **(1918-)**

Li, Bai 黎白
LI, ZE PU 黎泽溥 **(1930-)**

Li bai 理白
SUN, CHENG YU 孙成玙 **(1900-1990)**

LI, BAI CHENG 李百成 **(1933-)**
Wan, Ge 万戈

Li, Bai di 黎白地
ZHOU, CHAO WU 周超武 **(1928-)**

Li, Bai feng 李白凤
LI, XIANG XIAN 李象贤 **(1914-1978)**

LI, BAI HUA 李白华 **(1898-)**
Guo, Chui 果垂
Li, Hua 李华
Mu cun zhe fu 木村哲夫
Yi zhi 一枝

Li, Bai kai 黎百凯
LI, BAO JIA 李葆家 **(1920-)**

Li bai lou 丽白楼
LIN, XUE HENG 林学衡 **(1898-1941)**

Li, Bai meng 李百蒙
DING, SHI TONG 丁士通 **(1908-)**

Li, Bai peng 李百朋
LI, XIANG XIAN 李象贤 **(1914-1978)**

Li, Bai san 李百三
YE, KE 叶克 **(1912-　　)**

LI, BAI TAO 李柏涛 **(1949-　　)**
Bai, Shui 白水
Bai, Tao 柏涛

Li, Bai xie 李百蟹
LI, RUI QING 李瑞清 **(1867-1920)**

Li, Bai ying 李白英
LI, RONG PEI 李荣培 **(1903-1981)**

Li, Bai ying 李白英
LI, YING 李瑛 **(1954-　　)**

Li, Ban 李班
LI, ZUO DONG 李作东 **(1924-　　)**

Li, Ban li 李半黎
LI, ZHOU YOU 李周祐 **(1913-　　)**

LI, BANG FAN 李邦藩 **(1892-1934)**
Li, Shi cen 李石岑
Shi, Cen 石岑

Li, Bao 黎堡
SHE, SHI GUANG 佘世光 **(1924-　　)**

Li, Bao chen 李抱忱
LI, BAO ZHEN 李保真 **(1907-1979)**

LI, BAO GAN 李宝淦
Jing qi 经畦

LI, BAO HUA 李葆华
Zhao, Zhen sheng 赵振声

LI, BAO JIA 李宝嘉 **(1867-1906)**
Er chun ju shi 二春居士
Gai hua ke 溉花客
Jiu xing yan xiao zhi shi zhu ren 酒醒炎消之室主人
Li, Bo yuan 李伯元
Nan, Ting 南亭
Nan ting ting zhang 南亭亭长
Nan ting zhang zhe 南亭长者
Ou ge bian su ren 讴歌变俗人
Tian di qi lu zhu ren 天地奇庐主人
You xi zhu ren 遊戏主人
Yu xiang 芋香
Yuan yu lou zhu 愿雨楼主

LI, BAO JIA 李葆家 **(1920-　　)**
Ai, Xiang 艾乡
Gu, Liang yi 谷梁异
Gu liang yi bing 谷梁异兵
Li, Bai kai 黎百凯
Li, Bei kai 李北开
Li, Su 李素
Li, Ye 李野
Man, Sheng qi 满生泣
Shao can 少残
Xia, Ying 夏婴

LI, BAO JING 李宝靖 **(1934-　　)**
Bao qing 葆青

LI, BAO QIANG 李宝强 **(1937-　　)**
Feng jun 凤君
Hui guan 慧观
Huo feng huang 火凤凰
Jian ren 健人
Jian wu 健吾
Li, Jian 李建
Li, Jian 李健
Yi wu 亦吾
Zi jian 子建
Zi jian 子健

LI, BAO QING 李抱青
Jiang nan shao nian 江南少年

LI, BAO XUN 李葆恂 **(1859-1915)**
Bao, Qing 宝卿
Fu weng 凫翁
Gu xiao lao ren 孤笑老人
Han shi 寒石
Hong luo shan ren 红螺山人
Jie an 戒菴
Li, Li 李理
Li, Xun 李恂
Meng an 猛庵
Shu mo 叔默
Wen, Shi 文石
Xi yan sou 熙燕叟

LI, BAO YAN 黎宝燕
Lan, Yi che 蓝驿车

LI, BAO YU 李宝玉 **(1949-　　)**
Li, Wen jian 李文剑

LI, BAO ZHEN 李保真 **(1907-1979)**
Bao chen 饱尘
Li, Bao chen 李抱忱
Pi xi 疲兮
Shan mu zhai 山木斋

Li, Bei 李备
LI, WEN TIAN 李文田 **(1940-　　)**

LI, BEI BING 李北冰 **(1944-　　)**
Bei bing 北冰

Li, Bei kai 李北开
LI, BAO JIA 李葆家 **(1920-　　)**

LI, BEI LIU 李北流
Bei liu 北流

Li, Bei ping 李北平
LI, WEI SEN 李伟森 **(1903-1931)**

Li ben 力奔
LI, FENG 李峰 **(1925-)**

LI, BEN FU 李本府 **(1949-)**
Ben fu 笨斧

LI, BEN LIAN 黎本廉 **(1939-)**
Gao, Shan 高山
Shan li ren 山里人

Li bi 立壁
ZHAO, SHU LI 赵树礼 **(1906-1970)**

LI, BI HUI 李碧慧 **(1949-)**
Li, Wu xin 李无心
Li, Xuan 李萱
Xin dai 心岱

Li bian 力编
SUN, SHU XUN 孙树勋 **(1913-)**

LI, BIAO 李彪 **(1974-)**
A biao 阿彪

Li bin 里斌
LI, XIANG LIU 李乡浏 **(1934-)**

LI, BIN SHENG 李滨声 **(1925-)**
Li, Luo fei 李洛非
Li yuan ke 梨园客

Li, Bing 李冰
LI, ZHI QUAN 李志权 **(1923-)**

Li, Bing 李冰
YI, DING MING 易鼎铭 **(1925-)**

Li, Bing 李冰
ZHU, ZHI QUAN 朱志权 **(1927-)**

LI, BING 李冰 **(1957-)**
Xue di 雪迪

Li, Bing 黎冰
LI, SHU FEN 黎淑芬 **(1950-)**

LI, BING JI 李炳吉 **(1971-)**
Yuan yuan 渊冤

LI, BING KUN 李炳坤
Du gu, Hong 独孤红

LI, BING LIN 李炳麟 **(1922-)**
Leng, Lu 冷路
Li, Leng lu 李冷路
Li, Shu yin 李抒吟
Lü, Shi jian 吕诗剑
Shi, Wen gong 史文恭
Shu, Ning 舒宁

LI, BING LU 李冰炉 **(1917-)**
Bai, Hua 白华
Sha, Xiao gong 沙小弓

LI, BING NAN 李炳南
Ji ou sheng 寄沤生
Xue lu lao ren 雪庐老人

LI, BING REN 李冰人
Lan, Bo 蓝波
Tang, Xue 唐雪

Li, Bing sai 黎冰塞
SHI, ZHI MIN 史智敏 **(1930-)**

Li, Bing tian 李炳天
LI, BING TIAN 李炳田 **(1956-)**

LI, BING TIAN 李炳田 **(1956-)**
Li, Bing tian 李炳天

LI, BING YAO 李秉尧 **(1936-)**
Li, Yi 李怡
Qi, Xin 齐辛
Shu, Hua 舒桦

Li, Bing yin 李炳银
LI, SAN JIANG 李三江 **(1950-)**

LI, BING ZHEN 李炳镇 **(1947-)**
Xiao chen 晓晨

Li, Bing zhi 李冰之
LI, ZHAO LIN 李兆麟 **(1915-)**

Li, Bo 李波
REN, XIU YING 任秀英 **(1918-)**

Li, Bo 李波
LI, XIAN HAI 李贤海 **(1945-)**

Li, Bo 李勃
HU, SHENG 胡绳 **(1918-)**

Li, Bo 黎波
ZHANG, XUN 张训 **(1925-)**

Li bo 立波
ZHOU, SHAO YI 周绍仪 **(1908-1979)**

Li, Bo ai 李博爱
LI, HUAN SHEN 李焕燊

LI, BO GANG 李伯刚 **(1901-1976)**
Li, Han shi 李汉石
Li, Shu qu 李书渠
Shu qu 书渠

LI, BO HAI 李伯海 **(1926-)**
Tao, Yang 陶阳

LI, BO HOU 李博厚 **(1952-)**
Bo, Hou 薄厚

LI, BO LONG 李伯龙 **(1905-1989)**
A mi 阿咪
Hua, Sha 华沙
Lan, Yang 蓝洋

Mo sheng 默生
Sha, Su 沙苏
Song qing 松青

LI, BO PING 李伯平 **(1920-)**
Bai, Ping 白萍
Jun heng 均衡

LI, BO PING 李伯屏 **(1931-)**
Bai, Ping 白屏
Xiao bai 小白
Xiao ping 小屏

LI, BO SHENG 李博生 **(1941-)**
Cen, Yuan 岑源
Jing shi ren 敬石人
Zheng long ju shi 蒸笼居士

LI, BO SHI 李伯实 **(1924-)**
Bing cheng 秉诚

LI, BO XUN 李伯恂
Bo xun 伯恂

Li, Bo yuan 李伯元
LI, BAO JIA 李宝嘉 **(1867-1906)**

LI, BO ZHAO 李伯钊 **(1911-1985)**
Bo zhao 伯钊
Ge, Li 戈丽

Li, Bu 李布
LI, DE MING 李德明 **(1951-)**

Li, Bu diao 李不凋
JIANG, YUAN CHUN 蒋元椿 **(1920-)**

Li, Bu yan 李卜言
LI, CONG LIN 李从林 **(1949?-)**

Li, Bu yun 李步云
LI, HAN ZHONG 李汉忠 **(1895-)**

LI, BU YUN 李步云 **(1928-)**
Li, Yun 黎耘

Li, Bu zhi 李不直
LI, ZHI CHENG 李志成 **(1924-)**

Li, Cai jia 李才加
LI, ZHAN YUAN 李占元 **(1937-)**

Li, Can yang 李残羊
LI, WEN ZAO 李文藻

Li, Cang 李苍
LI, YOU CHENG 李有成 **(1949-)**

Li cao 蓠草
ZHANG, MING TUN 张名暾 **(1922-)**

LI, CE 李策
Niu bi zi lao dao 牛鼻子老道

Li, Chai 李柴
ZHENG, DU 郑笃 **(1914-)**

LI, CHAN 李阐 **(1925-)**
Guo, Er 果耳

Li, Chang 李畅
LI, DAO SHAN 李道善 **(1929-)**

Li, Chang bo 李长波
LI, CHENG ZHANG 李承璋 **(1950-)**

LI, CHANG DE 李长德 **(1920-)**
Meng ke 梦客

LI, CHANG HUA 李长华 **(1946-)**
Li, Xiao wu 李小五

Li, Chang li 李常立
JIN, YAO RU 金尧如 **(1923-)**

LI, CHANG LIN 李昶林 **(1931-)**
Feng mang 锋芒

LI, CHANG LU 李长路 **(1904-)**
Li, Zhen e 李镇恶
Zhen, Yu 甄予

LI, CHANG MING 李昌明 **(1941-)**
Li, Fang 李放

Li, Chang shan 李常山
LI, JIA YAN 李嘉言 **(1911-1967)**

LI, CHANG SHI 李长士 **(1938-)**
Zhan jiang 湛江

LI, CHANG WEI 李长蔚 **(1926-)**
Leng, Wen 冷文
Li, Ang 李昂
Li, Fen 李焚
Li, Leng wen 李冷文
Si tu, Hong 司徒洪
Xia, Dai 夏岱
Zhou, Nan 周南

LI, CHANG XIANG 李长祥 **(1939-)**
Fan fu 凡夫

LI, CHANG YOU 李长有 **(1940-)**
Wen, Xin 闻欣

Li, Chang yu 黎昌于
WANG, SHAO FEI 王绍飞 **(1929-)**

Li, Chang zhi 李长之
LI, CHANG ZHI 李长植 **(1910-1978)**

Li, Chang zhi 李长治
LI, CHANG ZHI 李长植 **(1910-1978)**

LI, CHANG ZHI 李长植 **(1910-1978)**
Chang zhi 长之
Chang zhi 长植
Chang zhi 尝之

Fang, Leng 方棱
He, Feng 何逢
Juan ai 涓埃
Leng zhen 棱振
Li, Chang zhi 李长之
Li, Chang zhi 李长治
Liang, Zhi 梁直
Po yu 迫迂
Shi yan 失言
Zhang, Zhi 张芝

Li, Chang zhi 李昌陟
LI, CHANG ZHI 李昌鹭 **(1923-)**

LI, CHANG ZHI 李昌鹭 **(1923-)**
Li, Chang zhi 李昌陟

Li, Chao 李超
LI, CHAO RAN 李超然 **(1916-)**

Li, Chao 李超
LI, MING XUAN 李明宣 **(1945-)**

LI, CHAO LAI 李潮来 **(1945-)**
Li, Jin 李锦
Li, Lang ren 李浪人
Li, Long 李龙
Li, Ning 李宁

LI, CHAO QI 李超奇 **(1933-)**
Da ke 大可

LI, CHAO RAN 李超然 **(1916-)**
Li, Chao 李超
Li, Zhao 李召
Lin, Fu 林夫
Xi ban 希班

Li, Chao san 李超三
LI, YING 李英 **(1899-1983)**

Li, Chao shi 李超士
LI, XIANG 李骧 **(1893-1971)**

LI, CHAO YI 李超一
Chao yi 超一

LI, CHAO ZAI 李超哉 **(1908-)**
You you tang zhu 右右堂主

LI, CHAO ZONG 李超宗 **(1930-)**
Li, Mu 李牧
Niu, Lü 牛膂

Li, Che 李彻
SHEN, DUAN XIAN 沈端先 **(1900-1995)**

Li, Chen 李尘
LI, ZONG LUN 李宗伦 **(1961-)**

Li, Chen 李辰
QIU, LIN YUAN 邱林渊 **(1916-)**

Li, Cheng 李成
DENG, ZHONG XIA 邓中夏 **(1894-1933)**

Li, Cheng 李诚
ZHU, WU SHI 朱吾石 **(1918-1986)**

Li, Cheng 李诚
LI, SHUO CHENG 李硕诚 **(1922-)**

Li, Cheng 李澄
LI, RONG PEI 李荣培 **(1903-1981)**

Li, Cheng 李澄
LI, QING KUN 李清崑 **(1931-)**

Li cheng 力呈
DONG, ZUN XIN 董尊鑫 **(1916-1955)**

LI, CHENG CAI 李成才 **(1933?-)**
Li, Gong 李弓

Li, Cheng cong 李琤琮
LI, SU YING 李素英 **(1910-1986)**

LI, CHENG HAN 李成汉 **(1942-)**
Li, Tuo 李拓
Li, Zhuo 李拙

LI, CHENG HAN 李承汗 **(1925-)**
Li sha 里沙

LI, CHENG HUI 李成徽 **(1921-)**
Bei yan 北岩
Li, Hong chun 李洪淳
Xue ren 雪人

LI, CHENG JUN 李成俊 **(1926-)**
Fang, Fei 方菲
Huai, Jia 怀嘉

LI, CHENG QUAN 郦承铨 **(1904-)**
Li, Heng shu 郦衡叔
Li, Yuan tang 郦願堂
Xie chun yi 写春簃

LI, CHENG XIANG 李成祥 **(1931-)**
Li, Cheng xiang 李承祥

Li, Cheng xiang 李承祥
LI, CHENG XIANG 李成祥 **(1931-)**

LI, CHENG XIU 李承秀 **(1923-)**
Li, He 李禾

LI, CHENG XUN 李成勋 **(1934-)**
Li, Chun ran 李春然
Li, Ze sheng 李泽生

LI, CHENG YU 李澄宇 **(1882-)**
Cheng yu 澄宇
Wan, Sang yuan 万桑园
Wei wan lou 未晚楼

LI, CHENG ZHANG 李成章 **(1938-)**

Zhang, Shu 张抒
Zhi jin 郅瑾

LI, CHENG ZHANG 李承璋 (1950-)
Ben lang 奔浪
Gao, Wan ti 高万提
Gao, Zheng 高正
Gu, Yan 顾言
Hai, Huang 海皇
Hai, Ying 海鹰
Huai, Ying 怀鹰
Jing xiang 劲翔
Li, Chang bo 李长波
Li, Zhen feng 李阵风
Lu, Ding 路丁
Qing tian 青田
Qu, Ren 曲人
Xiao, Ting 萧汀
Xu, Chang tian 徐长天
Yan, Zhen 严阵
Ze ji 泽激

Li, Chi 李赤
LI, JI YUAN 李继元 (1926-)

LI, CHI XING 李池兴 (1937-)
Chi, Xing 池兴

LI, CHONG HUAI 李崇淮 (1916-)
Li, Gong ze 李公泽

Li, Chong ji 李崇基
LI, SHENG XUAN 李生萱 (1910-1966)

Li, Chong wang 李崇望
LI, CUN WANG 李存旺 (1935-)

Li, Chong wu 李崇武
LI, ZONG WU 李宗武 (1895-1968)

Li, Chong xiao 李崇霄
LI, MAO YUN 李茂云 (1919-)

LI, CHU CAI 李楚材 (1905-)
Cai 材
Lin, Fei 林菲
Lin, Zhi cai 林之材

Li, Chu cheng 李楚城
LI, HAN CHI 李汉池 (1928-)

LI, CHU JUN 李楚君
A mi 阿蜜
Li, Mo 李默
Qin, Chu 秦楚

Li, Chu li 李初梨
LI, RU WEN 李如文 (1900-)

Li, Chu li 李楚离
LI, RU WEN 李如文 (1900-)

Li, Chuan 李川
LI, SHENG QUAN 李胜权 (1939-)

Li, Chuan 黎川
WANG, SHU CHUAN 王书川 (1919-)

Li chuan 立川
YAN, BI DA 阎必达 (1910-1997)

Li chuan 理川
LI, CHUAN RUI 李传瑞 (1947-)

LI, CHUAN EN 李传恩 (1928-)
Li, Sang mu 李桑牧

LI, CHUAN HAI 李传海 (1959-)
Li lun 理论

LI, CHUAN HUI 李传惠 (1930-)
Du, Gao 杜高

LI, CHUAN RUI 李传瑞 (1947-)
Chuan shui 川水
Li chuan 理川
Mu, Zi 慕紫

LI, CHUAN XIN 李传信 (1946-)
Li, Guo 李果

Li, Chun 李纯
ZHANG, XIAO HU 张啸虎 (1924-)

LI, CHUN 李春 (1933-)
Chun sheng 春生
Li, De chun 李得春

Li, Chun 李淳
YE, SHI TAO 叶石涛 (1925-)

Li, Chun 李椿
SHEN, DUAN XIAN 沈端先 (1900-1995)

Li, Chun 黎春
LIAO, JIN HUA 廖金华 (1938-)

Li chun 立春
JIANG, HAI CHENG 蒋海澄 (1910-1996)

LI, CHUN CAI 李春材
Cheng, Chu 承初

LI, CHUN CHAO 李春潮
Chun chao 春潮

Li, Chun fan 李春帆
KE, BAI NIAN 柯柏年 (1904-1985)

Li, Chun fan 李春蕃
KE, BAI NIAN 柯柏年 (1904-1985)

Li, Chun fan 李春藩
KE, BAI NIAN 柯柏年 (1904-1985)

Li, Chun fang 李春芳
LI, JUAN BING 李涓丙 (1914-1991)

Li, Chun fang 李春舫
LI, LIANG FEN 李良棻 (1914-1960)

LI, CHUN GANG 李纯刚 (1922-1982)
Hei, Ren 黑人
Li, Gang 李刚
Li jia 里加
Liu, Xi 柳溪
Ruo qing 若青

Li, Chun hang 李春航
LI, LIANG FEN 李良棻 (1914-1960)

LI, CHUN HUA 李春华 (1950-)
Wen, Mang 文芒

Li, Chun hui 李春会
LI, CHUN HUI 李春慧 (1955-)

LI, CHUN HUI 李春慧 (1955-)
Li, Chun hui 李春会

LI, CHUN JING 李春景 (1946-)
Si suo 思索
Yuan, Mu 远牧

LI, CHUN JUN 李春俊 (1961-)
Chun zhi 淳之
Li, Chun zhi 李淳之
Li, Zhi 李之

LI, CHUN LIN 李春林 (1942-)
Lou lou shi zhu 陋漏室主
Tao, Qiu zhu 陶秋竹

LI, CHUN LIN 李春林 (1945-)
Chun lin 春林

LI, CHUN LIN 李春霖 (1920-)
Li, Chun yi 李纯一
Li, He 李何

LI, CHUN QIAN 李春茜 (1943-)
Yang, Hua 杨桦

LI, CHUN QING 李纯青 (1908-1990)
Chun qing 纯青
Du, Wei 杜微
Dui an tong bao 对岸同胞
Han fei 寒飞
He, Jia tong 何家通
Ji, Feng long 季风龙
Kong, Bai zhi 孔白之
Li, Xun qing 李洵青
Lü, Xuan 吕煊

LI, CHUN QIU 李春秋 (1967-)
Mo, Qiu 墨秋

Li, Chun ran 李春然
LI, CHENG XUN 李成勋 (1934-)

LI, CHUN RONG 李纯荣 (1939-)
Mu ye 牧野

LI, CHUN SHENG 李春生 (1931-)
Ai, Qi 艾旗
Jin ding 晋丁
Li, Fen 李焚
Li, Jia 李加
Li, Jing 李菁
Li, Meng 李萌
Li, Yu 李予
Li, Yu 李庾
Li, Yu 李郁
Li, Zhuang 李莊

Li, Chun shi 李春禔
HUANG, TIAN XIANG 黄天祥

Li, Chun shui 李淳水
XIA, QIN HAN 夏钦瀚 (1926-)

LI, CHUN TAO 李春涛 (1897-1927)
Chi lin 赤鳞
Jing, Shan 景山

LI, CHUN TING 李春亭 (1930-)
Li, Ting 李汀
Tuo ling 驼铃
Ye, Feng 叶枫

LI, CHUN XUE 李春学 (1938-)
Lu, Di 鲁笛
Tian, Yi 田毅

Li, Chun yang 李春阳
LI, SHU TANG 李书堂 (1913-1989)

Li, Chun yi 李纯一
LI, CHUN LIN 李春霖 (1920-)

Li, Chun zhi 李淳之
LI, CHUN JUN 李春俊 (1961-)

Li, Ci 李茨
LI, JING CI 李景慈 (1918-)

LI, CI 李赐 (1920-)
Hu lian 瑚琏

LI, CI DUAN 李赐端 (1926-)
Jing yuan 静园
Mei, Xuan 梅轩

LI, CI SHAN 李次山 (1887-1935)
Ci shan 次山

LI, CI XIANG 李慈祥
Ci xiang 慈祥

Li, Cong 李琮
HOU, FU HAI 侯福海 (1927-)

Li, Cong 李璁

LI, RU LIN 李如琳 **(1923-)**

LI, CONG LIN 李从林 **(1949?-)**
Li, Bu yan 李卜言
Li, Song tao 李松涛

LI, CONG XIN 李从心 **(1912-)**
Li, Wang ru 李望如
Lie gong she 列躬射
Xin, Er 辛尔

Li, Cun 李邨
CAI, WEN XUAN 蔡文玄 **(1905-1995)**

Li, Cun 李村
ZHONG, FENG MEI 钟逢美 **(1914-)**

LI, CUN BAO 李存葆 **(1946-)**
Mao, Shan 茅山

LI, CUN GUANG 李存光 **(1942-)**
Cen, Guang 岑光

LI, CUN MING 李存明 **(1923-)**
Jian qing 剑卿
Yuan, Ming 袁明
Zai qi 再起

LI, CUN RANG 李存让 **(1939-)**
Li, Shi zhang 李铈涨
Lu, Ye 卢叶

LI, CUN WANG 李存旺 **(1935-)**
Li, Chong wang 李崇望
Zong, Hai 宗海

LI, CUN ZAI 黎存在 **(1928-)**
Li, Jia 黎佳

Li, Cun zhe 李邨哲
LI, SHU TANG 李书堂 **(1913-1989)**

LI, DA 李达 **(1890-1966)**
Da 达
He 鹤
He ming 鹤鸣
H. M.
Hu, Yan 胡炎
Jiang, Chun 江春
Li da 立达
Li, He ming 李鹤鸣
Li, Te 李特
Ping, Fan 平凡

Li, Da 黎达
LI, ZHI FU 黎之夫 **(1945-)**

Li da 立达
LI, DA 李达 **(1890-1966)**

Li da 立达
ZHOU, JIN HAI 周金海 **(1913-)**

Li da 立达
GU, ZHUN 顾准 **(1915-1974)**

Li da 力达
ZHOU, JIN HAI 周金海 **(1913-)**

Li, Da bai 李大白
LI, SHI WEI 李士伟 **(1929-)**

LI, DA CHUN 李大椿 **(1935-)**
Jing cao 劲草

Li, Da gu 李大鼓
SU, FEI 苏菲 **(1919-)**

Li, Da guang 李大光
ZHOU, JIE FU 周洁夫 **(1917-1966)**

LI, DA JIU 李大玖
Bai, Fan 白帆

LI, DA PENG 李大鹏 **(1947-)**
Da peng 达鹏
Li yan 理言

LI, DA PING 黎大平 **(1951-)**
Dong hai ke 东海客
Jiang, Lang ping 江浪萍

Li, Da qi 李大旗
SU, FEI 苏菲 **(1919-)**

LI, DA TONG 李大同
Li, Luo xi 李罗昔
Luo, Xi 罗昔

LI, DA WO 李大我 **(1926-)**
Da wo 大我

LI, DA XIN 李大信 **(1940-)**
Chen, Xue 沉雪
Li, Fan yu 李贩鱼

Li, Da xing 李大兴
ZHOU, JIE FU 周洁夫 **(1917-1966)**

LI, DA XING 李大醒
Xian yun 闲云

LI, DA YI 李大一
Ne fu 讷夫
Qiang, Gu lu 强骨庐

LI, DA ZHAO 李大钊 **(1889-1927)**
An zhai 闇斋
Bin bin 彬彬
Chang 常
Da zhao 大钊
F. O.
Fa shen 伐申
Gu song 孤松
Gui nian 龟年
Hu song 弧松

Ji, Chang 季昌
Ji, Ming 季明
Jian ying 剑影
L. C. C. Sheng L. C. C. 生
L. S. C.
L. S. C. Sheng L. S. C. 生
L. Z. O.
Li, Gui nian 李龟年
Li, Shou chang 李守常
Li, Shou chang 李寿昌
Li, Xiu chang 李秀昌
Li, Zhao 李钊
Lie fu 猎夫
Ming, Ming 明明
Ming, Ming 冥冥
Qin hua 琴华
S C
S. C. Sheng S. C. 生
Sheng 生
Shou chang 守常
Suan suan 算算
T. C.
T. C. L.
T. C. Sheng T. C. 生
T. O. L.
T. S. E. Sheng T. S. E. 生
Xin, Hai 辛亥
Xiu chang 秀昌
Yan, Ming 严明
Ying, Ying 英英
Yuan quan 渊泉
Zhao 钊
Zhao ying 钊影
Zhi zhao 志钊

LI, DA ZHOU 李大洲 **(1941-)**
Qin, Ling xue 秦岭雪

Li, Dai qing 李岱青
HU, SHENG 胡绳 **(1918-)**

Li, Dan 李丹
LI, ZI YOU 李自由 **(1932-)**

Li, Dan 李丹
LI, YUE 李悦 **(1932-)**

Li, Dan 李旦
SHAO, HAO RAN 邵浩然 **(1922?-1955)**

Li, Dan 黎旦
SHAO, HAO RAN 邵浩然 **(1922?-1955)**

Li dan 荔丹
ZHANG, GUANG HOU 张光厚 **(1881-1932)**

Li, Dan qiu 李旦丘
LI, YA NONG 李亚农 **(1906-1962)**

Li, Dan ren 李丹人
DU, DE MING 杜德明 **(1926-)**

LI, DAO KUI 李道揆 **(1919-)**
Li, Lin quan 李林泉

LI, DAO LIN 李道林 **(1941-)**
Li, Ming 黎明
Lu, Sen 路森

LI, DAO MING 李道明 **(1953-)**
Si tu, Ming 司徒明

LI, DAO SHAN 李道善 **(1929-)**
Li, Chang 李畅

Li, De 李德
LI, LI DE 李立德 **(1921-)**

LI, DE AN 李德安
Bin xing 彬星

LI, DE CAI 李德才 **(1916-)**
Lei, Si ge 雷司歌

LI, DE CHENG 李德成 **(1956-)**
De cheng 德成
Li, Jun 李君
Li, Zuo jun 李作君

Li, De chun 李得春
LI, CHUN 李春 **(1933-)**

LI, DE FANG 李德芳 **(1940-)**
Lan, Tian 蓝天

LI, DE FU 李德复 **(1932-)**
Di fu 滴扶

LI, DE MING 李德明 **(1951-)**
Li, Bu 李布
Li, You 李由

Li, De mo 李德谟
LI, YI MANG 李一氓 **(1902-1990)**

LI, DE QIN 李德芹 **(1947-)**
Da qin 大芹

Li, De rui 黎德瑞
LI, YAO TANG 李尧棠 **(1904-)**

LI, DE SHENG 李得胜 **(1935-)**
Li, Qing lian 李清联
Ma, Zun sheng 马遵生

Li, De sheng 李德胜
MAO, ZE DONG 毛泽东 **(1893-1976)**

LI, DE SHUN 李德顺 **(1945-)**
Qi, You 齐友

Li, De xiang 李德祥
SU, XIAO XING 苏晓星 **(1931-)**

LI, DE XIN 李德欣 **(1919-1969)**

Li, He 李诃

LI, DE YUAN 李德元 **(1947-　　)**
Li, De yuan 李德源

Li, De yuan 李德源
LI, DE YUAN 李德元 **(1947-　　)**

LI, DE ZE 李德泽 **(1923-　　)**
Li, Yue zhi 李悦之
Li, Zhen 李真

LI, DE ZHENG 李德政 **(1929-　　)**
Zhe zheng 哲正

LI, DE ZHONG 李德忠 **(1931-　　)**
De zhong 德忠
Li, Ke 李克

LI, DENG 李登
Ma, Sha 马沙

Li deng 立邓
LIANG, MENG GENG 梁梦庚 **(1914-　　)**

Li, Deng he 李登和
LI, JIE WEN 李介文 **(1927-　　)**

Li, Deng ying 李登瀛
LI, ZI ZHOU 李子洲 **(　　-1929)**

LI, DI 李迪 **(1950-　　)**
Yi bing 艺兵

Li, Di 李杕
ZHANG, JIA LU 张嘉禄 **(1921-　　)**

Li, Di 李棣
ZHANG, JIA LU 张嘉禄 **(1921-　　)**

Li, Di 李翟
LI, SI MIN 李泗民 **(1967-　　)**

Li, Di 黎地
LI, GUANG TIAN 李广田 **(1906-1968)**

Li, Di 黎迪
ZHANG, JIA LU 张嘉禄 **(1921-　　)**

Li, Di hua 李棣华
ZHANG, JIA LU 张嘉禄 **(1921-　　)**

Li, Di sheng 李迪生
ZHANG, JIA LU 张嘉禄 **(1921-　　)**

LI, DI SHENG 李棣生 **(1936-　　)**
Lan zhi 岚之

LI, DIAN 李点 **(1914-1983)**
Li, Jing tong 李景侗
Li, Tuo zhi 李拓之
Li, You xi 李又曦
Liu yi 柳依
Yao, Yi 姚苡
Zong heng 纵横

LI, DIAN KUI 李殿魁 **(1911-　　)**
Li, Zuo chang 李佐长
Zuo, San yi 左三衣

LI, DIAN KUI 李殿魁 **(1933-　　)**
Ren, Zhi 任之

Li, Ding 李丁
LI, LIAN ZHU 李连珠 **(1952-　　)**

Li, Ding 黎丁
HUANG, HUI FU 黄恢复 **(1917-　　)**

LI, DING CHANG 李鼎昌 **(1884-1950)**
Qian xi 前溪

Li, Ding hua 黎定华
LI, ZE PU 黎泽溥 **(1930-　　)**

LI, DING JIA 李丁甲 **(1934-　　)**
Ding, Jia 丁甲

Li, Ding kun 李定坤
LI, KUN 李坤 **(1918-1990)**

Li, Ding sheng 李鼎声
LI, PING XIN 李平心 **(1907-1966)**

LI, DING SHENG 李鼎声 **(1914-　　)**
Di leng 滴冷
Li, Wei 李伟
Li, Wei hua 李伟华
Wei, Hua 魏华
Ye du 野渡
Zhu, Lei yi 朱雷乙

Li, Ding yi 李定夷
LI, JIAN QING 李健卿 **(1899-1963)**

Li, Ding zhong 李定中
FENG, XUE FENG 冯雪峰 **(1903-1976)**

Li, Dong 李东
LIN, HAN DA 林汉达 **(1900-1972)**

LI, DONG 李栋 **(1942-　　)**
Fang, Ge 方戈
Lu, Bi 鲁笔

Li dong 里冬
LI, SHI DONG 李世栋 **(1933-　　)**

LI, DONG CAI 李东才 **(1952-　　)**
Li, Xia 李夏

Li, Dong fan 李东凡
LI, ZHONG LÜ 李锺履

LI, DONG FANG 李东方 **(1962-　　)**
Bai, Hong 白虹
Gan dong 桿东
Li, Ying 李盈

Li, Dong fang 黎东方

LI, ZHI LIAN 黎智廉 (1907-1998)

LI, DONG JI 李东济 (1953-)
Li, Xia shu 李下叔

Li, Dong li 李东离
LI, LIAN CUI 李连萃 (1911-1991)

Li, Dong li 李冬礼
LI, LIAN CUI 李连萃 (1911-1991)

Li, Dong ming 李东明
LI, SHENG XUAN 李生萱 (1910-1966)

LI, DONG QUAN 李冬泉 (1958-)
Dao, Shi gong 刀石公
Liu, Yan song 刘岩松
Wen, Shan mu 文山木
Yan song 岩松

Li, Dong shi 李东石
SHEN, NAI TING 沈乃挺 (1914-1966)

LI, DONG SHUI 李冬水 (1925-)
Bing ruo 冰若

Li, Dong ye 李东野
WANG, BING ZHI 王冰之 (1909-1976)

Li, Dong zhu 李冬竹
LI, ZU JIE 李祖杰 (1912-)

LI, DOU YAN 李斗彦 (1960-)
Li, Dou yan 李斗艳

Li, Dou yan 李斗艳
LI, DOU YAN 李斗彦 (1960-)

Li, Du 李渡
LI, HONG FU 李洪福 (1934-)

Li, Du chou 李渡愁
GUO, XIAN ZUO 郭贤作 (1959-)

LI, DU GONG 李笃恭 (1929-)
Gu, Zhong 谷中
Han long 汉龙
Li, Han long 李汉龙
Li, Qi hun 李七魂
Li, Zi hui 李子惠

Li, Du qing 李笃卿
LI, ZHOU YOU 李周祐 (1913-)

Li, Du yu 李渡予
LI, QI YUAN 李启源 (1960-)

Li, Duan 李端
ZHENG, DU 郑笃 (1914-)

LI, DUN 李敦 (1927-)
Shao, Jiang 邵江

LI, DUN AI 李敦蔼 (1928-)
Ai, Tong 艾彤

LI, DUN FU 李敦復 (1919-)
Song, Nan 宋南

Li, Duo 李朵
HUANG, SHI RU 黄石如 (1940-1968)

LI, DUO 李铎 (1878-1962)
Jing zhong 警众

LI, E 李萼 (1922-)
Lee, Lily
Xin rui 心蕊

Li, En 李恩
CUI, SEN LIN 崔森林 (1943-)

LI, EN HAN 李恩涵 (1930-)
Si han 思涵

LI, EN JI 李恩绩 (1907-)
Fan niao 凡鸟

Li, Er 李二
LI, YUN WEN 李允文 (1931-)

Li, Er wen 李而文
LIU, BING SHAN 刘秉善 (1927-)

Li, Er zhong 李尔重
LI, YU SAN 李育三 (1914-)

LI, FA MO 李发模 (1949-)
Mo gong 魔公
Mo mo 漠漠

Li, Fan 李范
SHEN, DUAN XIAN 沈端先 (1900-1995)

Li, Fan fu 李凡夫
ZHANG, ZHI HE 张志和 (1894-1975)

LI, FAN FU 李凡夫 (1906-1967)
Chen, Xing fu 陈兴福

Li, Fan fu 李凡夫
ZHENG, XI XIANG 郑锡祥 (1910-)

LI, FAN WEN 李范文 (1931-)
Bu, Ping 卜平

Li, Fan yu 李贩鱼
LI, DA XIN 李大信 (1940-)

Li, Fang 李放
LI, YANG BI 李仰弼 (1924-1993)

Li, Fang 李放
LI, XIU HENG 李秀恒 (1929-)

Li, Fang 李放
LI, CHANG MING 李昌明 (1941-)

LI, FANG 李芳 (1889-)
Meng qiu 梦秋

Li, Fang 李舫
LI, QI HUA 李启华 (1939-)

Li, Fang 黎方
YU, DA WEN 虞达文 (1927-)

Li fang 立方
LI, MAO YUN 李茂云 (1919-)

Li, Fang bai 李方白
LI, MIN 李珉 (1915-)

LI, FANG LAN 李芳兰 (1917-)
Fang, Lan 方兰
Lian, Bai 廉柏

Li, Fang li 李方立
LI, MAO YUN 李茂云 (1919-)

LI, FANG LONG 李芳隆 (1940-)
Li, Le bai 李乐白

LI, FANG YONG 李方永 (1945-)
Mo, Shi 墨石

LI, FANG YUAN 李芳远 (1924-1981)
Kong zhao 空照
Li li zhai zhu 离离斋主
Qing cui shan min 晴翠山民

Li, Fang yuan 李芳原
YANG, SHI JUN 杨时俊 (1917-)

Li, Fei 李非
DU, XIN 杜鑫 (1926-)

Li, Fei 李菲
PENG, LONG FEI 彭龙飞 (1936-)

Li, Fei 李飞
GU, JIA XI 顾家熙 (1919-)

Li, Fei 李斐
LI, YI HANG 李一航 (1916-)

Li, Fei 黎斐
LIAO, SHANG FEI 廖尚棐 (1907-)

Li fei 力飞
SHI, DAI ZONG 石岱宗 (1923-)

Li fei 力菲
SHI, DAI ZONG 石岱宗 (1923-)

Li, Fei gan 李芾甘
LI, YAO TANG 李尧棠 (1904-)

Li, Fei hou 李非厚
HAN, DAO CHENG 韩道诚 (1917-)

Li, Fei Kan
LI, YAO TANG 李尧棠 (1904-)

LI, FEI MENG 李费蒙 (1925-)
Fei, Meng 费蒙
Niu, Ge 牛哥

Li, Fen 李芬
LI, XUN XI 李薰熹 (1918-)

Li, Fen 李芬
WANG, ZHENG 王正 (1930-)

Li, Fen 李焚
LI, CHANG WEI 李长蔚 (1926-)

Li, Fen 李焚
LI, CHUN SHENG 李春生 (1931-)

Li, Fen 黎芬
HU, SHAN YUAN 胡山源 (1897-1988)

Li, Feng 李风
LI, XING HUA 李兴华

Li, Feng 李枫
LI, GAO XIN 李高信 (1942-)

Li, Feng 李峯
LI, YONG SHAN 李永山 (1937-)

LI, FENG 李峰 (1925-)
Li ben 力奔
Li, Rui feng 李瑞峰
Tan, Feng 谈峰
Yue, Xing 越行

Li, Feng 李逢
LI, XIANG XIAN 李象贤 (1914-1978)

Li, Feng 李锋
LI, SAN FENG 李三锋 (1940-)

Li, Feng 黎风
LI, LI FENG 李黎风 (1921-)

Li, Feng 黎风
LI, WEN XING 黎文星 (1922-)

Li, Feng 黎风
LI, FENG XING 李风行 (1926-)

Li, Feng 黎风
FENG, CAI ZHANG 冯彩章 (1931-)

Li, Feng 黎风
QIU, REN ZONG 邱仁宗 (1932-)

Li feng 厉风
ZHAI, LI FENG 翟立峰 (1925-)

Li feng 立风
LIU, SHU SHENG 刘树声 (1927-)

LI, FENG GE 李风阁 (1936-)
Feng ge 锋戈

Li, Feng hui 李风灰
LI, SHOU ZHANG 李守章 (1905-1993)

Li, Feng jie 李凤杰
LI, YU TIAN 李裕田 **(1941-)**

LI, FENG JUN 李凤君 **(1952-)**
Zi mu 子木

LI, FENG MAO 李丰楙 **(1947-)**
Ji, Mo 季默
Ji, Xian 季弦

Li, Feng ming 李凤鸣
ZHU, BAO GUANG 朱葆光 **(1910-1979)**

LI, FENG SHU 李凤书 **(1921-)**
Xiao ting 晓亭

LI, FENG XING 李凤行 **(1926-)**
Bi guang 碧光
Li, Feng 黎风
Yu, Yu 郁愚

LI, FU 李夫 **(1927-)**
Cao, Li fu 曹立夫
He fu 河夫
Ma, Jia 马颊

Li, Fu 李夫
LI, YUAN PING 李元平 **(1939-)**

Li, Fu 黎夫
XIA, ZHENG HE 夏正和 **(1904-)**

Li, Fu 李復
LI, ZHEN BAI 李贞白

Li, Fu 黎父
ZHONG, MING DE 钟明德 **(1953-)**

Li fu 犁夫
CHANG, HUAI ZU 常怀祖 **(1931-)**

Li fu 犁夫
LIN, ZHI QIANG 林志强 **(1933-)**

Li fu 力夫
SHAO, JUN YUN 邵骏运 **(1906-1971)**

Li fu 里甫
QIN, BEN LI 钦本立 **(1918-1991)**

Li fu 理夫
HE, KAI RONG 何开荣 **(1907-1952)**

Li fu 笠夫
LU, SHAO QUAN 卢绍权 **(1920-1980)**

Li fu 笠伕
CHENG, XIAN DA 程贤达 **(1920-)**

LI, FU CHUN 李富春 **(1900-1975)**
Fu chun 富春
Tai sheng 太盛
Yi qiu 一秋

LI, FU CHUN 李福春 **(1955-)**
Hu cun 虎村
Li, Ze 李泽
Mu chun 木春

LI, FU KANG 李福康 **(1917-)**
Li, Kuang wu 李匡武

LI, FU MIN 李茀民 **(1967?-)**
A mu 阿木
Fu ming 茀名
Mu zi 木子

Li, Fu min 李福民
LI, XUE MIN 李学敏 **(1923-1961)**

LI, FU QI 李富祺 **(1936-)**
Fu ji 夫基

Li, Fu ren 李夫人
CHEN, WEN TONG 陈文统 **(1926-)**

Li, Fu ren 李敷仁
LI, WEN HUI 李文会 **(1899-1958)**

Li, Fu sheng 李福生
LIN, YU YING 林毓英 **(1897-1942)**

Li, Fu xing 李福星
LI, XING 李星 **(1943-)**

Li, Fu ying 李服膺
YANG, XIAN JIANG 杨贤江 **(1895-1931)**

Li, Fu yu 李福宇
LI, FU YU 李福禹 **(1917-1945)**

LI, FU YU 李福禹 **(1917-1945)**
Ji, Feng 季风
Ji, Feng 季疯
Li, Fu yu 李福宇
Li, Ji feng 李季风

LI, FU YUAN 李福源 **(1933-)**
Ai, Sen hua 艾森华
Chen, Na 陈纳
Dan di 丹笛
Dan na 丹娜
Dan qing 丹青
Gao, Xiang 高翔
Li, Li 李犁
Li, Li ni 李梨尼
Li, Qing 犁青
Lu, Mao 鲁茅
Luo, Ding 罗丁
Shao, Yan 邵彦
Wang, Xin ye 汪辛野
Xu, Yan 徐彦

LI, FU ZHONG 李福忠 **(1932-)**
Qing shan 青山

Ruo lan 若岚

LI, GAN 李淦 **(1918-1966)**
Ji qiu 骥秋
Shui, Jin 水金

Li, Gang 李刚
LI, CHUN GANG 李纯刚 **(1922-1982)**

Li gang 力冈
WANG, GUI RONG 王桂荣 **(1926-)**

LI, GANG TIAN 李刚田 **(1946-)**
Si gong 司工

Li gao 立高
GU, LI GAO 顾立高 **(1923-)**

LI, GAO XIN 李高信 **(1942-)**
Gao, Xin 高信
Li, Feng 李枫
Li, Shang lan 李尚兰
Li, Xin 黎欣
Li, Xun 李汛

Li, Ge 李戈
TAN, FU JI 谭福基 **(1949-)**

Li, Ge 黎戈
ZHANG, XI WEN 章希文 **(1954-)**

Li ge 力戈
DU, QIN ZHI 杜勤职 **(1905-1988)**

Li, Ge tian 厉歌天
LI, GUO RUI 厉国瑞 **(1909-)**

Li, Gen 李根
LI, YONG JI 李勇吉 **(1944-)**

LI, GEN HE 李根赫 **(1929-)**
Li, Gen quan 李根全

Li, Gen hong 李根红
LI, JING YUAN 李景元 **(1921-)**

Li, Gen quan 李根全
LI, GEN HE 李根赫 **(1929-)**

LI, GEN XIAN 李根显 **(1935-)**
Li, Yi 李谊
Xiao li 晓里
Xiao li 晓蠡

LI, GEN YUAN 李根源 **(1879-1965)**
Dong zhai 东斋
Gao, Li 高黎
Gao, Li gong 高黎贡
Gao li gong shan ren 高黎贡山人
Li, Xue sheng 李雪生
Li, Yin quan 李印泉
Qu, Shi 曲石
Qu shi lao ren 曲石老人
Qu, Shi lu 曲石庐
Xue sheng 雪生
Yang xi 养豁
Yin, Quan 印泉

Li, Geng 李耕
LI, SHI JIAN 李实坚 **(1885-1964)**

Li, Geng 李耕
LUO, DI 罗的 **(1928-)**

Li, Geng 李耿
LI, ZU JIE 李祖杰 **(1912-)**

Li, Geng 黎庚
XU, SHU REN 胥树人 **(1922-)**

Li geng 力更
ZHANG, BING WEI 张炳蔚 **(1918-)**

Li geng 力耕
ZHANG, BING WEI 张炳蔚 **(1918-)**

Li geng 力耕
QIAN, LI GEN 钱立根 **(1963-)**

LI, GENG 李庚 **(1917-)**
Liang, Ming 梁明
Meng, Fan 孟凡

LI, GENG CHEN 李庚辰 **(1940-)**
Chen, Wen 陈文
Geng chen 耕晨
Geng tian 耕田
Mo fei 默非

LI, GENG SHENG 李更生 **(1923-)**
Ai, Wen hui 艾文会

LI, GENG XU 李赓序 **(1922-1980)**
Zi yin 子殷

LI, GENG YANG 李赓扬
Geng yang 赓扬

Li, Gong 李弓
LI, CHENG CAI 李成才 **(1933?-)**

Li, Gong 李巩
LI, YING HUA 李英华 **(1951-)**

Li gong 力工
WANG, QIAO NAN 王乔南 **(1896-)**

Li gong 力工
WU, GONG ZHENG 吴功正 **(1943-)**

Li gong 励公
LI, YING 李英 **(1899-1983)**

Li, Gong chuo 李公绰
LI, LONG YU 李隆裕 **(1933-)**

LI, GONG GUI 李拱贵 **(1934-)**
Lin, Tian 林天

Qiao yu 桥雨
Zhi liu 直流

LI, GONG PU 李公朴 **(1902-1946)**
Chang xiao 长啸

LI, GONG TAO 李功焘
Yan qing 雁青

Li, Gong wei 李宫卫
GONG, WEI 龚炜 **(1958-)**

Li, Gong yi 李公仪
LI, WEI GANG 李维纲

LI, GONG YUE 李公越 **(1919-)**
Li, Qiao 李乔
Li, Shi lin 李世林
Ye he 野鹤

Li, Gong ze 李公泽
LI, CHONG HUAI 李崇淮 **(1916-)**

Li, Gong zhi 李公治
LI, ZHEN 李震

Li gou 离垢
LIU, SAN 刘三 **(1890-1938)**

Li gou 离垢
LI, WEN TAO 李文涛 **(1880-1942)**

Li, Gu 李蛊
SHEN, DUAN XIAN 沈端先 **(1900-1995)**

Li, Gu 黎谷
LI, QI QIAN 李启谦 **(1932-)**

Li, Gu bei 李古北
LI, LI FENG 李黎风 **(1921-)**

LI, GU FAN 李孤帆 **(1894-)**
Yun lu 匀庐

Li, Gu feng 黎谷风
LIN, JIAN MIN 林健民 **(1914-)**

Li, Gu ye 李谷野
LI, RU WEN 李如文 **(1924-)**

LI, GU ZHENG 厉谷峥
Gu, Zheng 谷峥

Li, Guan 李冠
LÜ, LI CHUN 吕立春 **(1935-)**

Li, Guan chun 李关椿
LI, XI 李希 **(1911-1989)**

LI, GUAN LI 李官理
Liu sheng 六生

LI, GUAN MING 李官明 **(1955-)**
Lang feng 浪峰

Li, Guan sheng 李关生
LI, XI 李希 **(1911-1989)**

Li, Guang 李光
TENG, DAI YUAN 滕代远 **(1904-1974)**

LI, GUANG BI 李光璧 **(1914-1976)**
Chu, Bai 楚白
Li, Wu 黎武
Lu, Gang 陆刚
Tang, Di 唐棣
Xue cang 雪沧
Zi xiang 紫翔

LI, GUANG BIN 李广彬 **(1926?-)**
Bei, Si rong 贝思戎
Chi, Tai 迟骀
Lin, Chuan 林川

Li, Guang can 李光灿
GAO, QING YUAN 高清远 **(1918-1988)**

LI, GUANG DE 李广德 **(1935-)**
Li, Wen 李雯

LI, GUANG HUI 李光辉 **(1930-)**
Xiao jun 小军

LI, GUANG JIAN 李光鉴 **(1924-)**
LI, Ye guang 李野光

LI, GUANG LIN 李光琳 **(1926-)**
Cao qin zhe 操琴者

LI, GUANG PENG 李广澎 **(1921-)**
Jiang, Di 江地
Li, Guang peng 李光朋
Li, Hao zhi 李浩之
Li, Wei qi 李唯琦

Li, Guang peng 李光朋
LI, GUANG PENG 李广澎 **(1921-)**

LI, GUANG QI 李光启
Yin shi zhai zhu 吟石斋主

LI, GUANG REN 李光仁 **(1950-)**
Guang ren 光仁

LI, GUANG TIAN 李广田 **(1906-1968)**
Li, Di 黎地
Li, Xi cen 李洗岑
Li, Xi chen 李曦晨
Wang zhi 望之
Xi cen 洗岑
Xi chen 曦晨

Li, Guang yao 李光尧
WEN, XIN HUI 温新徽

LI, GUANG YUAN 李光远
Zhao lin 照临

LI, GUANG ZHONG 李光中 **(1914-1978)**
Gao, Yang 高阳
Gao, Yuan 高原
Li, Jiang 李江

Li, Gui 李贵
LI, HUAI GUI 李怀贵 **(1943-)**

LI, GUI BAI 李圭白 **(1914-)**
Lao luo ren 牢落人
Li, Jun ping 李峻平
Tian ya 天崖

LI, GUI CHUN 李桂春 **(1951-)**
Li liu yang 浬流洋

LI, GUI HAI 李桂海 **(1932-)**
Hai, Cao 海草

Li, Gui nian 李龟年
LI, DA ZHAO 李大钊 **(1889-1927)**

LI, GUI QIANG 李桂强 **(1963-)**
Meng mo zhai zhu 梦墨斋主
Shou niu 瘦牛

LI, GUI SHENG 李桂生 **(1904-1948)**
Jie hua 洁华
Lin, Zhi 林枝

LI, GUI YUAN 李贵源 **(1947-)**
Huang, Mei yu 黄梅雨
Jia ying zi 嘉应子
Li, Jin zong 李锦宗

LI, GUI ZHONG 李桂忠 **(1933-)**
Li, Zhi 李志

Li, Guo 李过
LI, JIN ZAI 李今再 **(1929-)**

Li, Guo 李果
LI, CHUAN XIN 李传信 **(1946-)**

LI, Guo 李果
LI, GUO LONG 李国隆

Li guo 里果
LI, XIAO TANG 李效唐 **(1934-)**

LI, GUO CAI 李国财 **(1942-)**
Ge bei 歌贝
Lin, Xiang 林像

LI, GUO DONG 李国栋 **(1897-1959)**
Li, Xiao yuan 李小缘

LI, GUO HAN 李国汉 **(1942-)**
Xia, Chuan 夏川
Xiao bai 晓白

LI, GUO LIANG 李国樑 **(1920-)**
Li, Wei ling 李维陵
Wei, Lin 卫林

LI, GUO LIN 李国林 **(1933-)**
Li, Lin 李琳

LI, GUO LONG 李国隆
LI, Guo 李果

LI, GUO MIN 李国敏
Li, Shu ming 李叔鸣

Li, Guo ping 李国平
LI, HAI QING 李海清 **(1910-)**

LI, GUO PU 黎国璞 **(1943-)**
Lü ya 绿芽

LI, GUO QING 李国庆 **(1941-)**
Bao yi 抱一

LI, GUO QUAN 黎国荃 **(1914-1966)**
Li, Zhen ya 黎振亚
Qiu, Feng 秋风

LI, GUO RONG 李国荣 **(1948-)**
Chun chun 春春

LI, GUO RUI 厉国瑞 **(1909-)**
Dong fang, Dan 东方丹
Du, Fei 杜非
Ge, Fei 革非
Li, Ge tian 厉歌天
Li, Zai li 厉再厉
Lin, Yu 林羽
Mu ye 牧野
Qi, Qi wang 戚其望
Tie hou 铁喉
Yan, Ban mo 言半默
Zai li 再厉
Zhu, Duo fu 祝多福

LI, GUO SHUN 李国顺 **(1974-)**
Qiong zi 穷子

LI, GUO TAO 李国涛 **(1930-)**
Gao, An 高岸

Li, Guo wei 李国伟
LI, WEI SEN 李伟森 **(1903-1931)**

LI, GUO XIANG 李国香 **(1921-)**
Si, Ji 斯纪

LI, GUO YI 励国仪 **(1948-)**
Gu, Yi 古仪

LI, GUO YI 郦国义 **(1948-)**
Gu, Ni 谷泥

LI, GUO YING 黎国颖 **(1938-)**
Can shou 残守
Cha ta 差它
Ge, Yin 革印

Guo, Sheng 郭圣
Jiang shi 将式
Ka rou 卡柔
Long, Jiao chi 龙角池
Shan lin zhen 山林震
Shou rou 守柔
Tu xiang 秃橡
Xi bi 西笔
Yang, Ding han 羊丁寒

LI, GUO YUAN 李国元 (1917-1976)
Luo lin 洛林
Luo, Ling 骆铃

LI, GUO ZHEN 李国珍 (1903-1931)
Ma, Yi cheng 马义成

LI, GUO ZHEN 李国桢 (1940-)
Gong, Yu 公羽

LI, GUO ZHU 李国柱 (1931-)
Gu, Xu 谷旭
Li, Xin 李昕
Lin, Zhen 林真
Lü, Shi 吕诗
Lü, Si 吕斯

Li, Hai 李海
LIN, GUO PING 林国平 (1943-)

Li, Hai 黎海
LIN, GUO PING 林国平 (1943-)

Li, Hai hua 黎海华
FAN, FENG HUA 范凤华

Li, Hai mei 李海眉
LI, LI MING 李立明 (1926-)

LI, HAI MING 李海鸣 (1946-)
Gu, Mo 古墨
Gui, Lin ren 桂林人

LI, HAI QING 李海清 (1910-)
Li, Guo ping 李国平

Li, Han 李汗
LI, HAO QUAN 李浩权 (1931-)

Li, Han 李寒
HAN, DAO CHENG 韩道诚 (1917-)

Li han 里汗
LI, HAO QUAN 李浩权 (1931-)

LI, HAN CHI 李汉池 (1928-)
Li, Chu cheng 李楚城

LI, HAN CHUN 李含春 (1949-)
Xue ning 雪凝

LI, HAN GU 李寒谷
Han gu 寒谷

Li, Han jie 李含劼
LI, JUN 李军 (1966-)

Li, Han jun 李汉俊
LI, SHU SHI 李书诗 (1890-1927)

LI, HAN LIN 李韩林
Shan mu 山木

Li, Han long 李汉龙
LI, DU GONG 李笃恭 (1929-)

LI, HAN QIU 李涵秋 (1873-1923)
Bao, You fu 包柚斧
Li, Ying zhang 李应漳
Qin xiang ge zhu ren 沁香阁主人
Ying, Zhang 应漳
You fu 柚斧
Yun hua guan zhu 韻花馆主

Li, Han shi 李汉石
LI, BO GANG 李伯刚 (1901-1976)

LI, HAN WEI 李汉伟 (1955-)
Chun zi 淳子
Ling jun 灵均
Pu zi 朴子

LI, HAN WEN 李汉文 (1933-)
Jian ren 坚韧
Jian wen 荐雯
Tang, Jian wen 唐剑文

Li, Han zhang 李翰章
LI, WEN QI 李文琦 (1902-)

LI, HAN ZHONG 李汉忠 (1895-)
Li, Bu yun 李步云

LI, HAN ZONG 李汉宗
Shi bai 世白

Li, Hang 李航
LI, YU ZHONG 李育中 (1911-)

Li, Hang 李航
LI, QING QUAN 李清泉 (1916-)

Li, Hang 栗杭
WANG, LI KANG 汪立康 (1927-)

Li hang 力航
QIAN, ZHAO RU 钱召如

LI, HAO 李浩
Li, Victor H.

Li, Hao 李皓
LI, JING CI 李景慈 (1918-)

LI, HAO PEI 李浩培 (1906-)
Jiang, Zuo 江左

LI, HAO QUAN 李浩权 (1931-)

Li, Han 李汗
Li han 里汗

LI, HAO RAN 李浩然 (1887?-1946)
Hao ran 浩然
Liu yong zhai 六用斋

Li, Hao wu 李浩吾
YANG, XIAN JIANG 杨贤江 (1895-1931)

Li, Hao zhi 李浩之
LI, GUANG PENG 李广澎 (1921-)

LI, HAO ZHI 黎皓智 (1937-)
Li, Qian 黎倩
Li, Yu 黎宇

Li, He 李禾
LI, CHENG XIU 李承秀 (1923-)

Li, He 李何
HONG, LÜ HE 洪履和 (1918-1962)

Li, He 李何
LI, CHUN LIN 李春霖 (1920-)

Li, He 李诃
LI, DE XIN 李德欣 (1919-1969)

Li, He 李和
MAO, YING LONG 毛应龙 (1924-)

Li, He 李赫
LI, JIN TU 李金土 (1955-)

Li, He 李鹤
LI, YUN HE 李云鹤 (1914-1991)

Li he 里禾
ZHONG, LI HE 钟理和 (1915-1960)

Li, He cheng 李鹤城
LI, XU 李旭 (1907-1984)

Li, He lin 李何林
LI, YAN SHOU 李延寿 (1904-1988)

Li, He ming 李鹤鸣
LI, DA 李达 (1890-1966)

LI, HE SHENG 李河生 (1959-)
He sheng 鹤声

Li, Hei 李黑
CHEN, LU LIU 陈陆留 (-1987)

LI, HENG 李珩 (1898-)
Li, Xiao fang 李晓舫

Li heng 力衡
XU, SHAN YUAN 徐善源 (1914-1977)

Li heng 立恒
SHI, LI HENG 史立恒 (1926-)

LI, HENG RUI 李恒瑞 (1945-)
A rui 阿睿

Li, Heng shu 郦衡叔
LI, CHENG QUAN 郦承铨 (1904-)

LI, HENG YUE 李恒钺
Hui yue 慧月

Li, Hong 李红
LI, SHOU MIN 李寿民 (1902-1961)

Li, Hong 李红
ZHENG, HUA QIAO 郑华侨 (1939-)

Li, Hong 李弘
ZHU, HONG 朱弘 (1936-)

Li, Hong 李宏
LI, XIANG XIAO 李香孝 (1942-)

LI, HONG 李竑 (1931-)
Feng, Yu 丰裕
Shui, Bei 水北
Wang, Wei zhou 王维舟
Yu, Lang 郁琅

Li, Hong 李虹
LI, WEN XING 黎文星 (1922-)

Li, Hong 李虹
LI, JIAN YAO 李鑑尧 (1928-)

Li, Hong 李虹
LI, SHEN XIU 李身修 (1931-)

Li, Hong 李虹
XU, JING HUA 许静华 (1934-)

Li, Hong 李虹
LI, HUI YING 李慧英 (1963-)

Li, Hong 黎弘
LIU, JIA QIONG 刘家璚 (1926-)

Li, Hong 黎洪
LI, JIA JIAN 黎家健 (1924-)

Li, Hong 黎虹
HUA, YING 华莹 (1925-)

Li hong 礼闳
DAI, GUANG XI 戴光晰 (1930-)

Li hong 里红
ZHU, ZI MING 祝自明 (1931-)

Li hong 理红
XU, JING HUA 许静华 (1934-)

LI, HONG BI 李宏贲 (1914-1991)
Cao, Su 曹肃
Cui, Lan 崔岚
Ding, Xuan 丁宣
Huang, Kang 黄康

Li, Ji guang 李极光
Li, Lin 李霖
Li, Man dan 李曼丹
Li, Ru lin 李汝琳
Li, Yan hui 李延辉
Li, Zong yao 李宗尧
Liu, Yue 刘钺
Si tu, Ke 司徒克
Yan, Hui 严晖

LI, HONG CHUAN 李洪川 (1957-)
Li, Jing 李静

Li, Hong chun 李洪淳
LI, CHENG HUI 李成徽 (1921-)

LI, HONG FU 李洪福 (1934-)
Ba, Shan 巴山
Li, Du 李渡
Shu shui 蜀水

Li, Hong kang 李洪康
YANG, XIAN JIANG 杨贤江 (1895-1931)

LI, HONG KUI 李弘奎 (1927-)
Dong min 东民

LI, HONG LIN 李鸿林 (1948-)
Hua, Dan 华丹

LI, HONG NI 李虹霓
Yang, Su 杨素

LI, HONG NIAN 李鸿年 (1911-)
Li, Tu 李途

LI, HONG RAN 李鸿然 (1939-)
Ji, Yan 冀延
Ran, Hong 冉洪

LI, HONG SHENG 李鸿升 (1920-)
Li, Ming yuan 李明远
Li, Xiao ming 李晓明

Li, Hong tao 李红涛
LI, HONG TAO 李洪涛 (1941-)

LI, HONG TAO 李洪涛 (1941-)
Li, Hong tao 李红涛

LI, HONG WU 李洪武 (1949-)
Bing feng 冰峰

LI, HONG XUN 李洪勳 (1945-)
Li, Mo yu 李墨雨

Li, Hong ye 李红叶
LI, KUN 李鲲

LI, HONG YU 李虹宇 (1928-)
Hong yu 红雨

LI, HONG ZHOU 李洪洲 (1934-)
Hong, Zhou 洪洲

Li, Hou 李后
LI, HOU 李垕 (1923-)

LI, HOU 李垕 (1923-)
Li, Hou 李后

Li, Hou sen 李侯森
LI, RUI 李锐 (1917-)

LI, HU 李虎 (1953-)
Jin, Xin 金鑫
Li, Min zheng 李民政

Li, Hua 李华
LI, BAI HUA 李白华 (1898-)

Li, Hua 李华
CHEN, HAN BO 陈寒波 (-1952)

Li, Hua 李华
LI, XUE MIN 李学敏 (1923-1961)

Li, Hua 李桦
GAO, HONG YI 高洪仪 (1929-)

Li, Hua 黎铧
WANG, JIA XIANG 王家祥 (1953-)

Li hua 立华
WU, LI HUA 吴立华 (1913-)

Li hua 利花
CHEN, XIAN MIN 陈献民 (1938-)

Li hua 犁铧
ZHANG, LI HUA 张丽华 (1958-)

Li hua bai 梨花白
DAI, BU FAN 戴不凡 (1922-1980)

Li, Hua chuan 李华川
LI, SHAO HUA 李少华 (1951-)

LI, HUA FANG 李化方 (1898-1978)
Li, Jin po 李金坡

Li, Hua fei 李华飞
LI, MING CHENG 李明诚 (1914-)

LI, HUA JIN 李华搢 (1881-1968)
Jing jian sheng 镜剑生
Zhu chen 烛尘

LI, HUA KUO 李骅括
Li, Xin gan 李新淦
Meng, Yan 孟嫣
Zao zai 糟哉

LI, HUA LIANG 黎华亮
Li, Liang 黎亮

Li, Hua ling 李华龄
YAN, MING JIE 严明傑 (1904-)

LI, HUA RONG 李华荣 (1954-)
Hua, Hua 华铧

Li, Hua sheng 李化生
WU, KANG MIN 吴康民 (1926-)

LI, HUA XING 李华兴 (1933-)
Ji, Yang 吉扬
Li, Xing 李星
Zhong, Cheng 钟城

Li, Hua xuan 李华萱
LI, RONG SHOU 李荣寿 (1895-1965)

LI, HUA ZHANG 李华章 (1937-)
Yi hua 宜桦

Li, Huai 李怀
ZHANG, WEN GUANG 张文光 (1913-)

Li, Huai an 李淮安
LI, HUI YING 李惠英 (1930-)

LI, HUAI GUI 李怀贵 (1943-)
Li, Gui 李贵

Li, Huai ping 李怀平
HU, DUAN HAO 胡端豪 (1923-)

Li, huai zhi 李怀之
ZHANG, CHUN QIAO 张春桥 (1917-)

Li, Huai zhi 李槐之
LI, SHI CHUAN 李世传 (1919-)

Li, Huan min 李焕民
HE, GUO RU 何国儒 (1930-)

LI, HUAN SHEN 李焕燊
Li, Bo ai 李博爱
Wang, Ai wei 王爱维
Zhu, Xin 诸心

LI, HUAN TING 李焕亭 (1928-)
Ruo yue 若月

Li, Huan zhi 李焕之
LI, ZHAO CAI 李昭彩 (1919-)

Li, Huang 李篁
WANG, FU QUAN 王福全 (1905-1983)

Li, Huang 李篁
XU, RUI YUE 徐瑞岳 (1941-)

Li, Huang 李恍
LI, SHI QI 李世绮 (1930-)

Li, Huang 李皇
LI, YU PING 李玉屏

Li, Huang 李荒
LI, ZHI WEI 李枝伟 (1916-)

LI, HUANG 李璜 (1895-1991)
Chun mu 春木
Li, You chun 李幼椿
Xue dun shi 学钝室
You chun 幼春
You chun 幼椿

Li, Huang 黎黄
LI, SI QIANG 黎思强 (1923-)

LI, HUANG FEI 李黄飞 (1946-)
Huang, Fei 黄飞

Li, Huang wu 李荒芜
LI, NAI REN 李乃仁 (1916-)

LI, HUI 李挥 (1925-)
Chang bai lao ren 长白老人

Li, Hui 李晖
LI, SHAO QING 李少卿 (1943-)

Li, Hui 李晦
QIAN, XING CUN 钱杏邨 (1900-1977)

LI, HUI 李惠 (1927-)
Sou rong 叟戎

Li, Hui 李慧
LI, ZI YING 李子英 (1921-)

LI, HUI FEN 李惠芬 (-1955?)
Hui li 慧里
Hui zi 慧子

LI, HUI KONG 李慧空
Hui kong 慧空

Li, Hui min 李惠民
YUAN, SHU 袁殊 (1911-1987)

LI, HUI QUN 李辉群
Bai yang nü shi 白杨女士

LI, HUI XIU 李惠秀 (1930-)
Mei ren 枚稔

LI, HUI YI 李惠夷
Lan, Di 蓝蒂

Li, Hui yin 李慧音
LI, HUI YING 李惠英 (1930-)

LI, HUI YING 李惠英 (1930-)
Dai an 黛安
Li, Huai an 李淮安
Li, Hui yin 李慧音
Li, Li na 李荔娜
Li, Nong yi 李秾矣
Li, Si 李驷
Li, Tie shan 李铁山
Mi er 瀰耳
Shan feng 山风

Li, Hui ying 李辉英
LI, LIAN CUI 李连萃 (1911-1991)

LI, HUI YING 李慧英 (1963-)
Li, Hong 李虹

LI, HUN 李魂 (1932-)
Li hun 礼魂

Li hun 礼魂
LI, HUN 李魂 (1932-)

Li, Huo 李火
LI, MAO QING 李茂卿 (1935?-)

Li, Huo 李夥
LI, MAO ZHI 李茂枝

Li, Ji 李季
GUO, MO RUO 郭沫若 (1892-1978)

LI, JI 李季 (1894-)
Ji, Zi 季子
Li, Ji zi 李季子
Li, Mao you 李懋猷
Wang, Bing ruo 王冰若
Wang, Ji zi 王季子

Li, Ji 李季
LI, ZHEN PENG 李振鹏 (1922-1980)

Li, Ji 李纪
SHE, RONG KUN 佘荣坤 (1940-)

Li, Ji 李寄
LI, ZHEN PENG 李振鹏 (1922-1980)

Li ji 礼记
LUO, LI MING 罗澧铭 (1903-)

Li ji 里计
LI, ZHEN PENG 李振鹏 (1922-1980)

LI, JI AN 李济安
Li, Wen 李文

Li, Ji feng 李季风
LI, FU YU 李福禹 (1917-1945)

Li, Ji gu 李季谷
LI, ZONG WU 李宗武 (1895-1968)

Li, Ji guang 李极光
LI, HONG BI 李宏贲 (1914-1991)

LI, JI GUANG 李寂光
Ji guang 寂光

LI, JI HUAI 李继槐 (1942-)
He hong 呵虹
Qiu, Shou 秋收

LI, JI KONG 李继孔 (1944-)
Ji, Gong 季公

Li, Ji lin 李既临
LI, LIAN CUI 李连萃 (1911-1991)

LI, JI PING 李季平 (1920-)
Li, Yong gao 李永镐

LI, JI QIN 李寄秦 (1936-)
Cheng, Qing 程清
Wei, Hua 卫华

LI, JI QING 李吉庆 (1938-)
Huan zhou 洹舟

LI, JI SHENG 李济生 (1931-)
Ke ke 克克
Li, Ning 李宁

LI, JI TANG 李吉棠 (-1937)
Gong xia 公侠
Li, Shi nan 李是男
Yi hao 奕豪

LI, JI WU 李辑五 (1895-1975)
Li, Jia rui 李家瑞

LI, JI YE 李继业 (1904-)
Ji ye 寄野
Ji ye 霁野
Ji, Ye 季野
Li, Ji ye 李霁野
Li yu 里予
Ren, Dong 任冬
Ye 野

Li, Ji ye 李霁野
LI, JI YE 李继业 (1904-)

LI, JI YUAN 李继元 (1926-)
Li, Chi 李赤

LI, JI ZHI 李季直
Rui chun 瑞椿

Li, Ji zi 李季子
LI, JI 李季 (1894-)

Li, Jia 李加
LI, CHUN SHENG 李春生 (1931-)

Li, Jia 李甲
LI, YING JIA 李应甲 (1924-)

Li, Jia 李甲
LIU, REN YONG 刘仁勇 (1927-)

Li, Jia 李佳
LI, JIA XING 李家兴 (1930-)

Li, Jia 李嘉
LI, QUAN XI 李全喜 (1932-)

Li, Jia 黎佳
LI, CUN ZAI 黎存在 (1928-)

Li, Jia 黎家
LI, JIA JIAN 黎家健 (1924-)

Li, Jia 黎稼
TANG, JING REN 唐静仁 (1957-)

Li jia 里加
LI, CHUN GANG 李纯刚 (1922-1982)

LI, JIA BIN 李家斌
He feng 荷风
Wen, Wu jun 文武君

LI, JIA BIN 李嘉彬
Mu shan 木杉

LI, JIA HUI 李家晖 (1932-)
Yuan, Ji hui 袁缉辉

LI, JIA JIAN 黎家健 (1924-)
Li, Hong 黎洪
Li, Jia 黎家
Lin, Ping 林平

LI, JIA LIANG 李家良 (1914-)
Lao li 老李
Lei luo 磊落
Li, Jia liang 李家梁
Li, Men 李门
Ou, Wen 欧文

Li, Jia liang 李家梁
LI, JIA LIANG 李家良 (1914-)

LI, JIA MIAN 李加勉
Shi yue lou 侍月楼

LI, JIA QI 李家齐 (1906-1984)
Jia qi 家齐
Li, Luo man 李罗曼
Li, You ran 李又燃
Li, You ran 李又然
Li, Ze lan 李则兰
Luo, Man 罗曼
You ran 又燃
You ran 又然
Ze lan 则兰

Li, Jia qiao 李家侨
LI, YING RU 李英儒 (1914-1989)

Li, Jia rui 李家瑞
LI, JI WU 李辑五 (1895-1975)

Li, Jia tu 李嘉图
ZHONG, WEN LING 钟文苓

Li, Jia xiang 李家祥
LI, JIE REN 李劼人 (1891-1962)

LI, JIA XIN 李家馨 (1937-)
Chun hui 春卉

LI, JIA XING 李家兴 (1930-)
Li, Jia 李佳
Li, Xin 李欣
Mu, Zhi 穆芝
Tian, Rui 田瑞

LI, JIA XU 李家旭 (1935-)
Xiao xu 晓旭

Li, Jia xu 李家许
LI, JIA XU 李家煦 (1933-)

LI, JIA XU 李家煦 (1933-)
Li, Jia xu 李家许
Yuan, Hui 元辉

Li, Jia yan 李家雁
LI, JIA YAN 李嘉言 (1911-1967)

LI, JIA YAN 李嘉言 (1911-1967)
Gao, Mang 高芒
Geng min 耕敏
Jia yan 家雁
Jia, Yan 贾彦
Jing, Mao 景卯
Li, Chang shan 李常山
Li, Jia yan 李家雁
Li, Shen yu 李慎予
Li, Ze min 李泽民
Shu zhi 恕直

LI, JIA YAO 李家耀 (1901-)
Jia yao 家耀

Li, Jian 李见
LI, JIN ZAI 李今再 (1929-)

Li, Jian 李坚
DU, LIAN SUN 杜连荪 (1909-)

Li, Jian 李建
LI, BAO QIANG 李宝强 (1937-)

Li, Jian 李建
JI, XIN JIAN 纪新建 (1954-)

Li, Jian 李剑
LI, YONG JI 李勇吉 (1944-)

LI, JIAN 李剑 (1947-)
Jue lun 觉伦

Li, Jian 李健
LI, YUAN QING 李元庆 (1914-1979)

LI, JIAN 李健 (1932-)
Ji zi 基子

Li, Jian 李健
LI, SHU RONG 李述荣 (1936-)

Li, Jian 李健
LI, BAO QIANG 李宝强 (1937-)

Li, Jian 李筧
LIU, JUN REN 刘骏仁 (1923-)

Li, Jian 黎涧
ZHAO, ZHONG 赵锺 (1928-)

LI, JIAN BAO 李健葆 (1935-)
Xiao feng 晓风

LI, JIAN ER 李健儿
Li, Ying wei 李应伟

Li, Jian fang 李建芳
LIU, YIN 刘胤 (1904-1942)

LI, JIAN FENG 李建丰
Yi shi 一士

LI, JIAN GUANG 李健光 (1943-)
Jian guang 剑光

LI, JIAN HUA 李建华 (1952-)
Zhen er 珍尔

LI, JIAN HUA 李剑华 (1900-)
Li, Zhen dong 李震东

LI, JIAN MING 李建明 (1962-)
Jin, Shan 金山
Meng xi 梦溪

LI, JIAN NONG 李剑农 (1880-1963)
Ban su 半粟
De sheng 德生
Jian long 剑龙
Jian nong 剑农

Li, Jian ou 李剪藕
ZHANG, SHAN QUN 张善群 (1956-)

LI, JIAN QING 李建庆 (1925-)
Jian qing 见晴
Jian qing 剑青
Nu tao 怒涛
Yan, Ding 燕丁
Zhou, Hua 周化
Zhou, Li 周礼

Li, Jian qing 李建青
LI, JING CI 李景慈 (1918-)

LI, JIAN QING 李健卿 (1899-1963)
Ding yi 定夷
Jian qing 健青
Jian qing 健卿
Li, Ding yi 李定夷
Mo yin lu zhu 墨隐庐主

Li, Jian qing 黎建青
LI, JING CI 李景慈 (1918-)

Li, Jian shu 李建树
LI, AN FANG 李安芳 (1941-)

Li, Jian tong 李建彤
HAN, YU ZHI 韩愈之 (1920-)

LI, JIAN WU 李健吾 (1906-1982)
A zhan 阿湛
Cheng, Ji 成己
Chuan zhen 川针
Ding, Yi wan 丁一万
Dong fang, Qing 东方青
Jian 健
Jian wu 健吾
Li, Zhong gang 李仲刚
Liu, Xi wei 刘西渭
Shen, Yi 沈仪
Shi, Xi zhi 石习之
Xi wei 西渭
Zhong, Gang 仲刚
Zi mu 子木

LI, JIAN XUN 李建勋 (1937-)
Li, Xiao ba 李小巴

LI, JIAN YAO 李鑑尧 (1928-)
Ge, Mao 戈矛
Jian yao 鉴尧
Li, Hong 李虹
Ou yang, Hong 欧阳红
Qi qing 绮青
Yue, Jun 岳军
Yun, Shan 云山
Zhi di 之的

LI, JIAN YING 黎剑莹
Lan, Yan 蓝燄

Li, Jian zhan 李剑展
LI, RU HUA 李汝骅 (1900-)

LI, JIAN ZHANG 李健章 (1912-)
Hui zhi 晦之

Li, Jian zhen 李坚真
LIAO, YI YUAN 廖一源 (1920-)

Li, Jian zhi 李健之
LIAO, YI YUAN 廖一源 (1920-)

Li, Jiang 李江
LI, GUANG ZHONG 李光中 (1914-1978)

Li, Jiang 李江
HUANG, SHAO XIANG 黄绍湘 (1915-)

Li, Jiang 李江
CHENG, SHAN 程珊 (1923-)

LI, JIANG 李江
Jiang, Si yang 江思扬

Li, Jiang 李疆
XU, RUO CHAO 许若潮 (1913-1977)

Li, Jiang 黎江
PAN, NAI GUANG 潘乃光

Li, Jie 李杰
TANG, DUAN YI 唐端毅 **(1913-1992)**

LI, JIE 李杰 **(1939-)**
Dai zhe 岱哲
Ji, Zhe 冀哲
Li, Min 李敏
Li, Xi 黎兮
Zhen zhen 贞珍

LI, JIE 李杰 **(1969-)**
Kuang ye 旷野

LI, JIE 李傑
Li, Lan fu 李兰甫

Li, Jie 李洁
YE, ZHI CHENG 叶至诚 **(1926-1992)**

Li, Jie 李洁
SUN, ZE YU 孙泽宇 **(1936-)**

Li, Jie 李階
LI, YONG JI 李勇吉 **(1944-)**

Li Jie 力节
SHI, DAI ZONG 石岱宗 **(1923-)**

Li, Jie feng 李杰锋
LI, LING MING 李灵明 **(1941-)**

Li, Jie fu 李劫夫
LI, YUN LONG 李云龙 **(1913-1976)**

Li, Jie jin 李捷金
LI, JIE XIN 李捷鑫 **(1956-)**

LI, JIE REN 李劼人 **(1891-1962)**
Chao gong 抄公
Jia xiang 家祥
Jie ren 劼人
Lan xin 嬾心
Lao, Lan 老懒
Li, Jia xiang 李家祥
Ling, Le 菱乐
Yun, Yun 云云

LI, JIE RONG 李洁容 **(1951-)**
Lin yu 霖雨
Yu yu 煜煜
Yun, Shan nü 云山女

LI, JIE RU 黎洁如
Jie ru 洁如
Shan cha 山茶

Li, Jie sheng 李介生
LIAO, CHEN YUN 廖陈云 **(1905-1995)**

LI, JIE WEN 李介文 **(1927-)**
Deng huo 灯火
Li, Deng he 李登和

LI, JIE XIN 李捷鑫 **(1956-)**
Li, Jie jin 李捷金

Li, Jin 李今
DAI, KE CHONG 戴克崇 **(1907-1964)**

LI, JIN 李近 **(1957-)**
Jin ren 近人
Li, Jin ren 李近人

Li, Jin 李进
LI, YUN HE 李云鹤 **(1914-1991)**

Li, Jin 李进
LI, SHUO CHENG 李硕诚 **(1922-)**

Li, Jin 李金
LI, ZHEN XIA 李振霞 **(1934-)**

Li, Jin 李晋
SHI, SHU DUAN 施淑端 **(1952-)**

Li, Jin 李锦
LI, CHAO LAI 李潮来 **(1945-)**

LI, JIN 李瑾 **(1948-)**
Han xing 寒星

Li jin 力金
LI, JING 李靖 **(1922-1990)**

LI, JIN BEN 李金本 **(1942-)**
Jin, Ben 金本

LI, JIN CUI 李金翠 **(1936-)**
Jin, Cui 金翠

Li, Jin dun 李金盾
HE, MING GUANG 贺明广 **(1945-)**

LI, JIN FA 李进发 **(1951-)**
Li, Qin an 李勤岸
Mu, Yin 慕隐
Mu yin 牧尹

LI, JIN FA 李金发 **(1900-1976)**
Dan wan 弹丸
Hua, Lin 华林
Jian kuo 肩濶
Jin, Fa 金发
Jin, Fa 金髮
Ke duo 可夺
Lan, Di 兰帝
Li, Jin fa 李金髮
Li, Shu liang 李淑良
Ping nei jiao ye san lang 瓶内蛟野三郎

Li, Jin fa 李金髮
LI, JIN FA 李金发 **(1900-1976)**

LI, JIN FENG 李金凤 (1956-)
Chen, Di man 陈的曼
Xu, Zhi 徐芝

LI, JIN HONG 李锦洪 (1954-)
Hong jin li 红锦鲤
Xin ling 欣灵

LI, JIN HUA 李锦华 (1955-)
Jing hua 京华

LI, JIN HUI 黎锦晖 (1891-1967)
Jin hui 锦晖
Jin yi 锦衣
Jing fei 儆非
Li, Jing fei 黎儆非
Li, Jun quan 黎均全
Shen gong 甚公
Ye ma 野马
Yi, Jin 衣锦

LI, JIN KUI 李金奎
Jin, Yu 金雨

LI, JIN LIAN 李金莲 (1956-)
Li, Jing 李敬

LI, JIN LU 李金禄 (1924-)
Tian, Dan 田丹

LI, JIN MING 黎锦明 (1905-)
Jin ming 锦明
Ju peng 莒朋
Jun liang 君亮
Jun liang 均亮
Li, Jun liang 黎君亮
Li, Jun liang 黎均亮
Li, Liang fu 黎良甫
Li, Xi peng 黎锡朋
Liang fu 良甫
Xi ming 锡明
Xi peng 锡朋

Li, Jin po 李金坡
LI, HUA FANG 李化方 (1898-1978)

Li, Jin qing 李晋卿
ZOU, EN RUN 邹恩润 (1895-1944)

LI, JIN QUAN 李金泉 (1916-)
Chao yun 超云
Niu xian xuan zhu 牛闲轩主
Ruo gu 若谷
Tie jin 铁津
Xia, Lu ren 夏潞仁

LI, JIN QUAN 李锦泉 (1926-)
Liu quan 流泉

Li, Jin ren 李近人
LI, JIN 李近 (1957-)

LI, JIN SHENG 李进生 (1941-)
Bian, Di 边地
Ge, Yan 戈岩
Qiao yan 峭岩
Xiao, Shan 肖山

LI, JIN SHENG 李津生 (1961-)
Qing tong 青铜
Wo niu 卧牛

Li, Jin tang 李晋堂
LI, JING BO 李景波 (1914-1981)

LI, JIN TU 李金土 (1901-)
Shuai fu 衰铺

LI, JIN TU 李金土 (1955-)
Li, He 李赫

LI, JIN WEI 黎晋伟 (1916-)
Huo ren 或人

LI, JIN XI 黎锦熙 (1890-1978)
Li 黎
Shao, Xi 邵西

LI, JIN XIANG 栗金襄 (1909-1989)
Bu, Tong 卜同
Guo, Ruo feng 郭偌风
Guo, Yuan 郭远
Li, Man qing 栗曼晴
Man qing 曼晴
Yu jun 玉君
Yu qun 玉群
Zhi jun 之君

LI, JIN YI 李金彝 (1915-)
Jin, Ge 金戈

LI, JIN YOU 李金友 (1943-)
Da dun 大墩

LI, JIN YUN 李金韵 (1943-)
Chen, Xin 陈欣

LI, JIN ZAI 李今再 (1929-)
He, Ku 何苦
Jia, Dan 贾旦
Li, Guo 李过
Li, Jian 李见
Wan 顽
Wan jun 顽君
Wan shi 顽石
Wan yan 顽岩
Xin, Jian 辛见
Yu, Chang 于常

LI, JIN ZE 李晋泽 (1928-)
Xi man 溪曼

LI, JIN ZHAO 李金钊 (1936-)
Bo tao 波涛

Li, Jin zong 李锦宗
LI, GUI YUAN 李贵源 (1947-)

Li, Jing 李菁
LI, LIAN QING 李连庆 (1925-)

Li, Jing 李菁
LI, CHUN SHENG 李春生 (1931-)

Li, Jing 李菁
LI, YONG ZHI 李永智 (1939-)

Li, Jing 李敬
LI, JIN LIAN 李金莲 (1956-)

Li, Jing 李晶
LI, ZHI HAO 李志豪 (1939-)

LI, JING 李靖 (1922-1990)
Hei, Jing 黑静
Li jin 力金
Li, Jing 黎静

Li, Jing 李兢
CHEN, ZI ZHONG 陈子忠 (1919-)

Li, Jing 李静
ZHAO, AI JING 赵爱晶 (1948-)

Li, Jing 李静
LI, HONG CHUAN 李洪川 (1957-)

LI, JING 李镜 (1945-)
Qin, Ren 秦人

Li, Jing 栗劲
LI, SHU YUAN 栗书元 (1924-)

Li, Jing 黎静
LI, JING 李靖 (1922-1990)

LI, JING BO 李景波 (1914-1981)
Li, Jin tang 李晋堂
Man lin 曼林
Ou yang, Ke peng 欧阳可朋

LI, JING CI 李景慈 (1918-)
A ci 阿茨
A mang 阿芒
Cao sheng 草生
Chu, Tian kuo 楚天阔
Gong, Yu 公雨
Hao feng 浩风
Hao guang 皓光
He lu 河渌
Hu, Shang feng 胡尚风
Huang, Jin kai 黄金凯
Li, Ci 李茨
Li, Hao 李皓
Li, Jian qing 李建青
Li, Jian qing 黎建青
Li, Mo ding 李默丁
Lin, Ci 林茨
Lin, Guo mu 林过目
Lin, Hui wen 林慧文
Lin, Nan 林楠
Lin, Rong 林榕
Lin, Tian qing 林天青
Lin, Tian yu 林天雨
Lu, Si 卢斯
Lü, Jue 吕珏
Mu rong, Hui wen 慕容慧文
Nan ke 楠柯
Qi, Yuan 齐元
Qian, Hao 钱浩
Shang guan, Rong 上官蓉
Shang guan, Wen 上官雯
Shi, Hao 史皓
Shi, Sun 史荪
Si ma, Wen min 司马文敏
Tan, Kai 谭凯
Tan, Kai feng 谭凯风
Tang, Liu 唐翏
Tang, Rong 唐蓉
Wei hen 微痕
Wei, Wei 魏薇
Xian wei jing 显微镜
Xiao cao 小草
Yu, Di 俞笛

LI, JING DONG 李镜东 (1902-1949)
Ke duo 克多
Li, Ping 李平
Lin, Ke duo 林克多

Li, Jing fei 黎儆非
LI, JIN HUI 黎锦晖 (1891-1967)

LI, JING FENG 李景峰 (1939-)
Fang, Ming 方明
Wen, Mian 闻勉

LI, JING GANG 李井岗 (1935-)
Jing, Gang 井岗

LI, JING HE 李静荷 (1929-)
Dong yang 冬阳
Li, Shui hua 李水华

Li, Jing ji 李荆忌
LIN, ZHONG LIN 林仲麟 (1917-)

LI, JING KUAN 李经宽 (1918-)
Ba, Shan 巴山
Chen 琛
Han shen 涵深
Han sheng 寒声
Li, Zhong fu 李众甫
Li, Zhong fu 李众夫
Liang yao 良药

Zhong fu 众夫

LI, JING KUANG 李净光
Jing guang 净光

Li, Jing mei 李静梅
LI, LE WEI 李乐薇 **(1930-)**

LI, JING PING 李景平 **(1957-)**
Jing pin 晶品
Jing, Ping 景平

Li, Jing tao 李静涛
YI, ZHUN 易准 **(1931-)**

Li, Jing tong 李景侗
LI, DIAN 李点 **(1914-1983)**

LI, JING WEI 李经纬 **(1933-)**
Yuan, Ding 袁丁

LI, JING WEN 李京文 **(1933-)**
A ying 阿英
Jing, Wen 景文

LI, JING XI 李景禧 **(1911-)**
Tai fu 太苐

LI, JING XIN 李敬信 **(1930-)**
Jing xin 敬信

LI, JING YIN 李敬寅 **(1949-)**
Tian fu 天賦

LI, JING YUAN 李景元 **(1921-)**
Huang, Sha tian 黄沙天
Ji, Duo 季朵
Li, Gen hong 李根红
Li, Xia cao 李下草
Liu, San 柳散
Mi gong 糸工
Sai feng 塞风
Zhang, Gong 张弓

LI, JING YUAN 李静远 **(1914-)**
Ou lu 瓯鲁
Qing zhi 青之
Rong, Ge 荣革

Li, Jing zhai 李敬斋
LI, RU PEI 李汝培 **(1889-1987)**

Li, Jing zhi 李靖之
LI, ZHONG CAI 李忠才 **(1930-)**

Li jing zhi 丽静之
XIE, JIA YIN 谢家因 **(1921-)**

LI, JING ZHONG 李敬忠 **(1932-)**
Jin, Zhong 金钟

Li, Jiu 李究
ZHAO, LING MAO 赵令茂 **(1946-)**

Li, Jiu ling 李九龄
WU, YONG NIAN 吴永年 **(1925-1987)**

LI, JIU XIAN 李九仙 **(1912-)**
Qing yao 庆尧

LI, JU REN 李橘人
Ju jun 橘君

Li, Juan 李涓
HAN, DAO CHENG 韩道诚 **(1917-)**

LI, JUAN BING 李涓丙 **(1914-1991)**
Li, Chun fang 李春芳
Li, Lin man 李林漫
Li, Man tian 李满天
Lin, Man 林漫

LI, JUAN JUAN 李娟娟 **(1943-)**
Han ying 菡影
Li, Mi sheng 李弥生

LI, JUN 李军 **(1930-)**
Chi ye 赤叶

Li, Jun 李军
LI, SHU RONG 李述荣 **(1936-)**

LI, JUN 李军 **(1966-)**
Li, Han jie 李含劼

Li, Jun 李君
LI, DE CHENG 李德成 **(1956-)**

LI, JUN 李儁
Li, Yang 李阳
Lü, Da 吕达
Nan, Yan 南雁
Xu, Ji 徐冀

Li, Jun 黎军
ZHAI, JIN WEN 翟锦文 **(1917-)**

Li jun 力军
WANG, TONG XUN 王桐勋 **(1915-1992)**

Li jun 力军
LIU, FANG SHENG 刘方盛 **(1921-)**

Li jun 力军
LI, TING XUN 李廷熏 **(1928-)**

Li jun 立军
ZHANG, JIAN YE 张建业 **(1937-)**

Li jun 丽君
CHEN, LI TING 陈鲤庭 **(1910-)**

Li jun 丽君
BIAN, LI JUN 边丽君 **(1958-)**

Li jun 理君
HUANG, SHU ZHONG 黄树中 **(1883-1948)**

LI, JUN CAI 李俊才 **(1921-)**

CHEN, TIAN YU 陈天育 (1922-)

LI, KE JIAN 李克俭 (1964-)
Ji, Yuan 冀原

Li, Ke lin 李克林
LI, ZHEN YING 李振瀛 (1915-)

LI, KE LING 李克灵 (1947-)
Gu, Xue 古雪

LI, KE MING 李可明 (1927-)
Ke ming 可明

LI, KE MING 李克明 (1925-)
Ke ming 克明

LI, KE REN 李克仁 (1949-)
Qiao, Ke 乔可

Li, Ke ruo 李克弱
LIU, QI 刘圻 (1916-)

LI, KE SHI 李克石 (1962-)
Shi, Ren 石人

LI, KE SHUANG 李克双
Lin, Feng 林风

Li, Ke xin 李可欣
XU, JING HUA 许静华 (1934-)

Li, Ke yi 李克异
HAO, QING SONG 郝庆松 (1920-1979)

Li, Ke yin 李克因
LI, LI ZHI 李利之 (1925-)

LI, KE YUN 李克筠
Yi, Yang 易扬

Li ken 里肯
LI, WEN KUN 李文琨 (1922-)

LI, KONG PING 李孔平 (1958-)
Kong, Ping 孔平

LI, KONG ZHANG 李孔章 (1952-)
Mu ye 牧野

Li, Ku chan 李苦禅
LI, YING 李英 (1899-1983)

Li kuang 力匡
ZHENG, JIAN BAI 郑健柏 (1927-1991)

Li, Kuang wu 李匡武
LI, FU KANG 李福康 (1917-)

Li, Kui 李葵
LI, YI QING 李乙青 (1911-)

LI, KUI 李魁 (1968-)
Bai, Feng 白风

LI, KUI CAI 李奎才 (1922-)

Li, Tiao 李迢
Ye xin 也辛
Ye xin 野心

LI, KUI XIAN 李魁贤 (1937-)
Feng di 枫堤
Kui xian 魁贤
Kui xian 奎弦

LI, KUI ZHENG 李魁正 (1942-)
Da kui 大魁
Kui kui 魁魁
Kui mu ri sheng 魁木日生
Mu kui 木魁

LI, KUN 李坤 (1918-1990)
Dong fang 东方
Li, Ding kun 李定坤

Li, Kun 李琨
LI, WEI SEN 李伟森 (1903-1931)

LI, KUN 李鲲
Li, Hong ye 李红叶

Li, Kun chun 李昆纯
LI, KUN XUN 李昆浔 (1930-)

LI, KUN TAI 李坤泰 (1905-1937)
Yi chao 一超
Zhao, Yi man 赵一曼

LI, KUN XUN 李昆浔 (1930-)
Li, Kun chun 李昆纯

Li, Lai 黎来
HAN, XIAO YING 韩晓鹰 (1921-)

Li, Lan 李兰
DU, MIN 杜敏 (1935-)

Li, Lan 李兰
LI, LI WEN 李励文

Li, Lan 李蓝
YU, HONG XIN 于洪鑫 (1922-)

Li, Lan 李蓝
YANG, CHU PING 杨楚萍 (1940-)

Li, Lan fu 李兰甫
LI, JIE 李傑

Li, Lan ling 李兰陵
BAO, CHANG 鲍昌 (1930-1989)

Li, Lang ren 李浪人
LI, CHAO LAI 李潮来 (1945-)

Li, Lao 黎劳
HU, SHAN YUAN 胡山源 (1897-1988)

Li, Lao rong 李劳荣
LI, XI 李希 (1911-1989)

Li, Lao xiang 李老乡
LI, XUE YI 李学艺 (1943-)

LI, LE 李乐 (1949-)
Shi, Lu 石鲁
Shi, Shan hong 石山红
Shi, Zhong 石中

Li, Le bai 李乐白
LI, FANG LONG 李芳隆 (1940-)

LI, LE TIAN 李乐天 (1932-1986)
Li, An 李岸

LI, LE WEI 李乐薇 (1930-)
Li, Jing mei 李静梅
Xiao gong zi 小公子

Li, Lei 李累
TAO, XIAO ZU 陶晓卒 (1924-)

Li, Lei 李雷
LI, QING GANG 李清纲 (-1967)

Li, Lei 李雷
MU, DE HUI 穆德辉 (1924-)

Li, Lei 李雷
BAO, KUN 鲍昆 (1953-)

Li, Lei 李磊
ZHANG, JIA YAO 张家耀

LI, LEI 李磊
Ji, Feng 季风

Li, Lei 李蕾
CHEN, HUA LI 陈化鲤 (1910-)

Li, Lei 犁擂
NI, ZHENG XIANG 倪政祥 (1935-)

Li, Leng 李冷
LI, YAO TANG 李尧棠 (1904-)

Li, Leng 李冷
HUANG, WEN XIANG 黄文湘 (1925-)

Li, Leng lu 李冷路
LI, BING LIN 李炳麟 (1922-)

Li, Leng wen 李冷文
LI, CHANG WEI 李长蔚 (1926-)

Li, Leng zhong 李冷衷
LI, WEN QI 李文绮 (1902-)

LI, LI 李力 (1959-)
Xing zhi 行之

LI, LI 李立 (1908-)
Yi ming 佚名

Li, Li 李立
LI, YUAN XUN 李元勋 (1924-)

Li, Li 李里
LI, LI 李莉 (1934-)

Li, Li 李荔
WU, ZONG HAI 吴宗海 (1925-)

Li, Li 李梨
SU, LI LI 苏礼立 (1946-)

LI, LI 李莉 (1934-)
Li, Li 李里
Li, Li 李理

Li, Li 李犁
WU, ZONG HAI 吴宗海 (1925-)

Li, Li 李犁
LI, FU YUAN 李福源 (1933-)

Li, Li 李犁
LI, LUN JI 李纶继 (1943-)

Li, Li 李理
LI, BAO XUN 李葆恂 (1859-1915)

Li, Li 李理
LI, LI 李莉 (1934-)

Li, Li 李理
LI, SHI MING 李世明 (1948-)

LI, LI 李笠 (1887-)
Yan, Qing 雁晴

Li, Li 李黎
LI, ZHONG SHENG 李钟声 (1945-)

Li, Li 李黎
BAO, LI LI 鲍利黎 (1948-)

LI, LI。李黎 (1949-)
Tian shi 天石

Li, Li 黎力
HUANG, WAN YUAN 黄万源 (1939-)

Li li 立里
TONG, YOU QING 童有庆 (1932-)

Li li 里立
LI, ZHONG HUA 李中华 (1944-)

Li li 离离
WANG, CHENG MO 王承谟 (1911-1938)

Li li 离离
WEI, XI LIN 魏锡林 (1937-)

Li li 莉莉
XU, AI ZHEN 徐爱珍 (1938-)

Li li 莉莉
WU, JIN YUAN 吴锦苑

Li li 蠡理
XU, SUI ZENG 许绥曾 **(1921-　　)**

LI, LI CONG 李立丛 **(1956-　　)**
Yu, Cong 郁葱

LI, LI DE 李立德 **(1921-　　)**
Li, De 李德

Li, Li fang 李立方
LI, MAO YUN 李茂云 **(1919-　　)**

LI, LI FENG 李黎风 **(1921-　　)**
Li, Feng 黎风
Li, Gu bei 李古北

LI, LI GUO 李利国 **(1954-　　)**
Shao qiao 少樵

Li, Li ke 李力克
LUO, SHI HUAN 罗士桓 **(1911-　　)**

Li, Li min 李立民
LI, YING 李英 **(1917-　　)**

LI, LI MING 李立明 **(1926-　　)**
Bai, Lan 白蓝
Ji, Sou 纪叟
Li, Hai mei 李海眉
Li ming 力鸣
Liang, Liang liang 梁良樑
Mai, Xiang 麦巷
Qing liu 清流
Ying ming 莹明
Zhen, Wen zheng 甄文正
Zhu, Xiu li 祝秀里

Li, Li na 李荔娜
LI, HUI YING 李惠英 **(1930-　　)**

Li, Li ni 李梨尼
LI, FU YUAN 李福源 **(1933-　　)**

Li, Li qing 李立卿
ZOU, EN RUN 邹恩润 **(1895-1944)**

LI, LI QUAN 李丽泉
Xian yun ge zhu 閒云阁主

LI, LI SAN 李立三 **(1899-1967)**
A san 阿三
Bai, San 柏三
Bai, Shan 柏山
Bai, Sheng 柏生
Bo san 伯三
Bo shan 伯山
Cang mu 苍木
Jie 介
Jie wei 介维
Jie zhu 介主
Li, Ming 李明
Li san 立三
Long 隆
Long zhi 隆郅
Neng zhi 能至
Wei 维
Wei guo 维国
Wei zhen 维真
You guo zi 忧国子
Yu yuan 芋园
Zuo fu 佐夫

LI, LI WEN 李励文
Li, Lan 李兰

LI, LI YING 李丽莹 **(1935?-　　)**
Li ying 丽莹

Li li zhai zhu 离离斋主
LI, FANG YUAN 李芳远 **(1924-1981)**

Li, Li zhao 李立照
LI, ZHENG WU 李正午 **(1936-　　)**

LI, LI ZHI 李利之 **(1925-　　)**
Li, Ke yin 李克因
Li, Li zhi 李荔支
Lin, Shang zhi 林尚之

Li, Li zhi 李荔支
LI, LI ZHI 李利之 **(1925-　　)**

LI, LIAN 李廉 **(1920-　　)**
Li, Min 李民
Li, Ping yuan 李平原

LI, LIAN CHENG 李连城 **(1953-　　)**
Li, Yuan 黎原

LI, LIAN CUI 李连萃 **(1911-1991)**
Bei ling 北陵
Dong li 东离
Fang, Ke 方可
Hu, Chai 胡柴
Hui ying 辉英
Ji, Lin 季林
Li, Dong li 李东离
Li, Dong li 李冬礼
Li, Hui ying 李辉英
Li, Ji lin 李既临
Li, Jun shi 李君实
Li, Tang 李唐
Li, Yi hua 李义华
Liang, Jin 梁晋
Liang, Zhong jian 梁中健
Lin, Mang 林莽
Lin, Shan 林山
Lu, Lin 鲁林
Lu, Lin 鲁琳
Nan, Feng 南风

Nan, Feng 南峰
Qi, Lu 齐鲁
Shu shan qing 蜀山青
Song tai 松泰
Tang, Dan 唐丹
Xi cun 西村
Xi lin 西林
Xia, Shang zhou 夏商周
Xiao, Ping 萧平
Ye, Zhi qiu 叶知秋

LI, LIAN FENG 李廉凤 **(1923-　　)**
Luo, Zhi 罗芷
Zhi wei 芷伟

LI, LIAN JIE 李连杰 **(1930-　　)**
Li, Shi fei 李士非

LI, LIAN KE 李连柯 **(1934-　　)**
Ke fu 可夫

Li, Lian qing 刘涟清
LIU, LIAN QING 刘濂清 **(1909-1939)**

LI, LIAN QING 李连庆 **(1925-　　)**
Bai, You 白友
Bai zhen 百臻
Jiang, Mu 江沐
Li, Jing 李菁
Sha, Gou 沙沟
Zhen 臻

LI, LIAN XIN 李连欣 **(1923-　　)**
Li, Ke 李克

LI, LIAN ZHU 李连珠 **(1952-　　)**
Ding, Li 丁里
Li, Ding 李丁

Li, Liang 李梁
LI, LIN DONG 李林栋 **(1946-　　)**

LI, LIANG 李梁
Wo long sheng 卧龙生

Li, Liang 黎亮
LI, HUA LIANG 黎华亮

Li liang 礼良
XIN, LI LIANG 忻礼良 **(1913-　　)**

LI, LIANG FEN 李良棻 **(1914-1960)**
Li, Chun fang 李春舫
Li, Chun hang 李春航

Li, Liang fu 黎良甫
LI, JIN MING 黎锦明 **(1905-　　)**

Li, Liang gong 李亮公
LI, RUI 李锐 **(1917-　　)**

LI, LIANG MIN 李俍民 **(1919-　　)**
Li, Ming kai 李名铠
Li, Xing 李星

LI, LIANG QIU 李良球 **(1929-　　)**
Hu, Du 胡度

LI, LIANG XING 李两兴 **(1936-　　)**
Min xing 民兴
Min xun 民迅

LI, LIE WEN 黎烈文 **(1904-1972)**
Da liu 达六
Da wu 达五
Li, Wei ke 李维克
Lie wen 烈文
Lin, Qu 林取
Liu zeng 六曾
Wei ke 维克
Zun han 尊寒

Li, Lin 李林
LI, YAO LIN 李尧林 **(1901-1945)**

Li, Lin 李林
JING, YOU LIN 荆有麟 **(1903-1951)**

Li, Lin 李林
LIU, BO WEN 刘伯文 **(1912-　　)**

Li, Lin 李林
LI, XI ZHI 李熙芝 **(1923-　　)**

Li, Lin 李林
LI, RUN SHEN 李润身 **(1926-　　)**

Li, Lin 李琳
SUN, GUANG YING 孙光英 **(1921-1968)**

Li, Lin 李琳
LI, GUO LIN 李国林 **(1933-　　)**

Li, Lin 李琳
MO, YI HUI 莫仪慧

LI, LIN 李霖 **(1911-1988)**
Bei, Qian 贝茜
Li, Lin feng 李林风
Li, Lin ni 李林尼
Lin, Feng 林风
Lin, Xia feng 林下风
Lü lun 侣伦

Li, Lin 李霖
LI, HONG BI 李宏贲 **(1914-1991)**

Li, Lin 李霖
LI, XI MEI 李希美 **(1923-　　)**

LI, LIN 李麟 **(1943-　　)**
Li, Ling 李玲
Qi lin 麒麟

LI, LIN CHUN 李遴春

Bing liu 冰流
Bing ruo 冰若
Li, Tao 李涛
Nu tao 怒涛
Sang, Qiao 桑樵

LI, LIN DONG 李林栋 **(1946-)**
Li, Liang 李梁
Ling, Dong 凌冬

Li, Lin feng 李林风
LI, LIN 李霖 **(1911-1988)**

LI, LIN HU 李林虎 **(1936-)**
Cao yuan 草原

Li, Lin man 李林漫
LI, JUAN BING 李涓丙 **(1914-1991)**

Li, Lin ni 李林尼
LI, LIN 李霖 **(1911-1988)**

Li, Lin quan 李林泉
LI, DAO KUI 李道揆 **(1919-)**

LI, LIN XIANG 李林祥 **(1938-)**
Yang, Mu 羊牧

Li, Ling 李玲
LI, LIN 李麟 **(1943-)**

LI, LING 李玲 **(1958-)**
Sha fei 莎菲

Li, Ling 李凌
LI, YONG TIAN 李永添 **(1913-)**

LI, LING 李凌 **(1913-)**
Li, Lü yong 李绿泳
Lin, Ke 林克
Lü yong 绿泳

Li, Ling 李令
DAI, KE CHONG 戴克崇 **(1907-1964)**

LI, LING 李灵
Li, Wei 李葳

Li, Ling 李翎
LI, ZHENG KUAN 李正宽 **(1928-)**

Li ling 丽陵
SI TU, CHUAN 司徒传 **(1912-1950)**

LI, LING MING 李灵明 **(1941-)**
Ku mei 苦梅
Li, Jie feng 李杰锋
Qi lu 歧路

LI, LING PU 李玲璞 **(1934-)**
Li, Pu 李圃

Li, Ling qiu 李泠秋
LI, XIANG TING 李祥霆 **(1940-)**

LI, LING XIU 李玲修 **(1944-)**
Lu, Ni 鲁妮
Yang, Lei 杨蕾

LI, LING YUN 黎凌云 **(1933-)**
Li, Ri 黎日

Li, Liu 李留
SU, FEI 苏菲 **(1919-)**

Li, Liu 李榴
SU, FEI 苏菲 **(1919-)**

Li, Liu 栗留
HUANG, WEI TANG 黄炜棠 **(1944-)**

LI, LIU MAN 李六曼 **(1944-)**
Lu, Man 路漫
Xiao, Yang 萧洋

LI, LIU RU 李六如 **(1887-1973)**
Bao liang 抱良
Jian shan sheng 兼善生

Li, Liu shi 李六石
ZHANG, JIA Y AO 张家耀

Li liu yang 浬流洋
LI, GUI CHUN 李桂春 **(1951-)**

Li, Long 李龙
LIAO, YI YUAN 廖一源 **(1920-)**

Li, Long 李龙
ZENG, SHI LONG 曾仕龙 **(1936-)**

Li, Long 李龙
LI, CHAO LAI 李潮来 **(1945-)**

LI, LONG YU 李隆裕 **(1933-)**
Li, Gong chuo 李公绰
Xia li 下里

Li lou zhu ren 丽楼主人
YE, DE HUI 叶德辉 **(1864-1927)**

LI, LU 李路 **(1924-)**
Xiang xia ren 乡下人

Li, Lu 黎璐
WANG, LIN 王琳 **(1916-)**

Li lu 丽鹿
ZHANG, JIN HAN 张金汉

LI, LU GE 李鲁歌 **(1940-)**
Lu, Ge 鲁歌

LI, LU PING 李鲁平 **(1963-)**
Yi meng 沂蒙

Li, Lu xiang 李庐湘
LI, ZHAN LIN 李占林 **(1927-)**

Li, Lü 李绿

ZHAO, WEI WEN 赵蔚文 (1928-　　)

Li, Lü yong 李绿泳
LI, LING 李凌 (1913-　　)

Li, Lun 李伦
HUANG, CHENG JING 黄承镜 (1906-1988)

Li, Lun 李伦
LI, WEI LUN 李维纶 (1916-　　)

Li, Lun 李伦
YANG, DE HUA 杨德华 (1933-　　)

Li, Lun 李纶
LI, WEI LUN 李维纶 (1916-　　)

Li lun 理论
LI, CHUAN HAI 李传海 (1959-　　)

LI, LUN JI 李纶继 (1943-　　)
Li, Li 李犁

Li, Luo 李洛
YU, ZHONG ZHENG 郁钟正 (1915-　　)

Li, Luo 李落
LI, SHI GANG 李世刚 (1920-　　)

Li, Luo fei 李洛非
LI, BIN SHENG 李滨声 (1925-　　)

Li, Luo gong 李骆公
LI, YING 李英 (1917-　　)

Li, Luo man 李罗曼
LI, JIA QI 李家齐 (1906-1984)

Li, Luo mo 李洛漠
SHEN, MING DE 沈明德 (1920-　　)

Li, Luo xi 李罗昔
LI, DA TONG 李大同

Li, Luo xia 李洛霞
HUANG, ZHU HUA 黄珠华 (1952-　　)

Li ma 枥马
ZHAO, QI MING 赵启明 (1912-1938)

Li, Mai 李迈
LI, YI DING 李奕定

Li, Mai mai 李麦麦
LIU, YIN 刘胤 (1904-1942)

LI, MAI NING 李麦宁 (1924-　　)
Li, Yi 李忆
Ling hu, Yuan 令狐缘

Li, Man 李满
ZHANG, SHI FANG 张世方 (1914-　　)

Li, Man dan 李曼丹
LI, HONG BI 李宏贲 (1914-1991)

LI, MAN GUI 李曼瑰 (1907-1975)
Yu chu 雨初

Li, Man hong 李满红
CHEN, MO HEN 陈墨痕 (1917-1942)

Li, Man qing 栗曼晴
LI, JIN XIANG 栗金襄 (1909-1989)

Li, Man tian 李满天
LI, JUAN BING 李涓丙 (1914-1991)

Li, Man wen 李曼文
LIU, SHENG ZHI 刘生智 (1919-　　)

Li, Man yin 李曼因
WANG, YU QI 王余杞 (1905-　　)

LI, MAN YIN 李曼茵
Huang, Yu 黄雨

Li, Mang ye 李茫野
ZHENG, XI LIN 郑锡麟 (1914-　　)

LI, MAO LIN 李茂林 (　　-1937)
Chen, Huan 陈还
Li, Ping 黎平
Li, Yu 李余

LI, MAO QING 李茂卿 (1935?-　　)
Li, Huo 李火

LI, MAO RONG 李茂荣 (1928-　　)
Tao hong 桃红

LI, MAO SHENG 李茂盛 (1941-　　)
Xin yi 忻易
Xin yu 忻愈
Xin yu 忻愉
Yi, Wei 伊卫

Li, Mao you 李懋猷
LI, JI 李季 (1894-　　)

LI, MAO YUN 李茂云 (1919-　　)
Li, Chong xiao 李崇霄
Li fang 立方
Li, Fang li 李方立
Li, Li fang 李立方

LI, MAO ZHANG 栗茂章 (1923-　　)
Li, Su 栗粟

LI, MAO ZHI 李茂枝
Li, Huo 李夥

Li, Mei 李妹
LI, SHI DE 李世德

Li, Mei 李枚
WU, CHENG HUI 吴承惠 (1926-　　)

Li, Mei 李美
LI, MEI YING 李美英 (1931-　　)

Li, Mei 李梅
LI, MEI LAN 李梅兰 (1951-)

Li mei 力美
REN, WEN XING 任文星

LI, MEI GENG 李梅耕
Mi geng 弥耕

LI, MEI LAN 李梅兰 (1951-)
Li, Mei 李梅

Li, Mei shan 李梅山
LI, YUAN RONG 李远荣 (1941-)

LI, MEI YING 李美英 (1931-)
Li, Mei 李美

Li, Mei zi 李梅子
LI, WEI GANG 李维纲

Li, Men 李门
LI, JIA LIANG 李家良 (1914-)

Li, Meng 李萌
SHI, XUE YUN 史雪云 (1930-)

Li, Meng 李萌
LI, CHUN SHENG 李春生 (1931-)

Li, Meng 李猛
ZHU, NAN HUA 朱南华

Li, Meng 黎孟
JI, YING 姬英 (1954-)

Li, Meng fei 李梦非
HAN, DAO CHENG 韩道诚 (1917-)

Li, Meng fu 李孟符
LI, YUE RUI 李岳瑞 (1852-1927)

LI, MENG LIAN 李梦莲
He shan 荷山

Li, Meng xi 李梦溪
LI, TIE SHENG 李铁生 (1928-)

Li, Meng yan 李孟岩
LI, ZHEN LIN 李振麟 (1918-)

LI, MENG ZHE 李孟哲
Zhe lang 哲郎

Li, Mi 李宓
HUANG, YOU DE 黄有德 (1952-)

Li, Mi 李觅
LI, YONG JI 李勇吉 (1944-)

Li, Mi cai 李弥采
YANG, JI ZENG 杨继曾 (1899-)

Li, Mi lin 李密林
LI, PIN ZHOU 李聘周 (1918-1938)

Li, Mi sheng 李弥生
LI, JUAN JUAN 李娟娟 (1943-)

LI, MIAN CHENG 李勉成
Yi hen 遗恨

Li, Mian sheng 李勉生
LI, SHI ZHAO 李士钊 (1916-)

Li, Mian yu 李丏予
LI, MIAN YU 李勉予 (1923-)

LI, MIAN YU 李勉予 (1923-)
Bai, Ding 白丁
Li, Mian yu 李丏予

Li, Miao shi 李渺世
LI, QI XIAN 李启贤 (1903-1980)

Li, Min 李民
LI, LIAN 李廉 (1920-)

Li, Min 李民
LI, MING 李明 (1961-)

LI, MIN 李民
Lin, Shi min 林适民

LI, MIN 李珉 (1915-)
Li, Fang bai 李方白

Li, Min 李敏
LI, JIE 李杰 (1939-)

LI, MIN 李敏
Li, Min lai 李敏来

Li, Min 黎民
YU, LI QUN 于立群 (1916-1979)

Li, Min 黎民
LI, SHI SHUN 李世顺 (1918-)

Li, Min 黎民
YANG, LI MIN 杨利民 (1958-)

Li, Min 犁敏
BAO, LI MIN 包立民 (1941-)

Li min 笠民
WANG, LI MIN 王笠民

Li, Min lai 李敏来
LI, MIN 李敏

LI, MIN XING 郦民兴
Chen xing 晨星

Li, Min xiu 李敏修
LI, SHI CAN 李时灿 (1866-1943)

LI, MIN YONG 李敏勇 (1947-)
Fu, Min 傅敏
Li, Ming 李溟

Li, Min zheng 李民政

LI, HU 李虎 (1953-)

Li, Min zhi 李民治
LI, YI MANG 李一氓 (1902-1990)

Li, Ming 李明
LI, LI SAN 李立三 (1899-1967)

Li, Ming 李明
LI, ZU YUN 李祖云 (1899-1971)

Li, Ming 李明
LIN, ZHONG LIN 林仲麟 (1917-)

Li, Ming 李明
LI, SHI SHUN 李世顺 (1918-)

Li, Ming 李明
TAO, DA YONG 陶大镛 (1918-)

LI, MING 李明 (1926-)
Dan qiu 丹秋
De zhu 得竹

LI, MING 李明 (1926-)
Li, Zi ming 李子明
Ni luo 尼洛
Ni luo 泥洛

LI, MING 李明 (1927-)
Lu di 芦笛

LI, MING 李明 (1961-)
Geng fu 耕夫
Li, Min 李民

Li, Ming 李明
LIN, DAN FU 林单复

Li, Ming 李明
WEI, MING 韦明

Li, Ming 李铭
MENG, CHUAN DUO 孟传铎 (1913-)

Li, Ming 李铭
LI, XIAN PEI 李贤沛 (1925-)

Li, Ming 李溟
LI, MIN YONG 李敏勇 (1947-)

Li, Ming 黎明
LI, PU YUAN 李朴园 (1901-)

Li, Ming 黎明
YIN, MENG PING 殷梦萍 (1908-1981)

Li, Ming 黎明
CHEN, ZUO MEI 陈作梅 (1912-1986)

Li, Ming 黎明
YANG, ZHENG ZHI 杨政知 (1919-)

Li, Ming 黎明
WANG, JI LIN 王吉林 (1926-)

Li, Ming 黎明
ZHOU, LI MING 周理明 (1927-)

Li, Ming 黎明
CHEN, LI MING 陈利明 (1938-)

Li, Ming 黎明
LIAO, BEN LANG 廖本郎 (1940-)

Li, Ming 黎明
LI, DAO LIN 李道林 (1941-)

Li, Ming 黎明
HUANG, SHU GEN 黄树根 (1947-)

Li, Ming 黎明
SUN, LI MING 孙黎明 (1955-)

Li, Ming 黎明
YANG, LI MING 杨立明 (1968-)

Li, Ming 黎鸣
JIANG, LI MIN 姜琍敏 (1953-)

Li ming 立明
MENG, CHUAN DUO 孟传铎 (1913-)

Li ming 立明
YANG, JI SHENG 杨季生

Li ming 力鸣
LI, LI MING 李立明 (1926-)

Li ming 力鸣
XIE, LI MING 谢力鸣

Li ming 丽明
XU, BO XU 徐伯訏 (1908-1980)

LI, MING CHENG 李明诚 (1914-)
Ba, Cheng 巴城
Fang, Yi 方逸
Hua, Fei 华飞
Hua, Fei 花飞
Ji, Fei 季菲
Leng, Xian 冷弦
Li, Hua fei 李华飞
Li, Su guang 李素光
Lin, Xiong fei 林雄飞
Mei, Ling 梅龄
Shen, Zhi qun 沈植群
Shu lü 淑侣
Shu lü 蜀旅
Wu, Dan chun 吴淡春
Wu tan chun 吾谈春
Yang, Hua 杨铧
Yu, Shen 于深

LI, MING FENG 李鸣凤 (1878-1919)
Yi fan 一凡

LI, MING GAO 李鸣高 (1927-)

Lin, He 林河

Li, Ming ge 黎名歌
LI, YU QUAN 李毓泉 **(1909-1982)**

Li, Ming hua 李明华
JIN, CHENG JUN 金成钧 **(1918-)**

LI, MING HUI 李明回 **(1928-)**
Lao hui 老卉

Li, Ming jian 黎明健
GUO, MO RUO 郭沫若 **(1892-1978)**

Li, Ming jian 黎明健
YU, LI QUN 于立群 **(1916-1979)**

LI, MING JUN 李明骏 **(1963-)**
Yang, Zhao 杨照

Li, Ming kai 李名铠
LI, LIANG MIN 李俍民 **(1919-)**

LI, MING LANG 李明朗 **(1935-)**
Zhan zhong 展钟

Li ming lao ren 黎明老人
WU, YU 吴虞 **(1872-1949)**

LI, MING MEI 李明媚 **(1936-)**
Hui bo 匯波

Li, Ming ming 李明明
CHEN, HE 陈鹤 **(1912-1984)**

Li, Ming qi 黎明起
ZHANG, BING WEN 张炳文 **(1915-)**

LI, MING QIAN 李明谦 **(1929-)**
Li, Ming tian 李明天
Li, Ming tian 李名田
Ming, Tian 明天
Zhuang, Ping 庄平

Li, Ming tian 李名田
LI, MING QIAN 李明谦 **(1929-)**

Li, Ming tian 李明天
LI, MING QIAN 李明谦 **(1929-)**

Li, Ming xiao 黎明晓
LIU, CHANG QING 刘长青 **(1917-)**

LI, MING XUAN 李明宣 **(1945-)**
Hong, Dao 洪岛
Li, Chao 李超

LI, MING XUN 李铭训
Bo yong 伯庸
Ming xun 铭训

LI, MING YAN 李明晏 **(1936-)**
Ri an 日安
Sha, Xia 沙夏

Li, Ming yang 李明扬
SHEN, ZE MIN 沈泽民 **(1900-1933)**

LI, MING YUAN 李明元 **(1937-)**
Dong jie 东傑
Yuan, Yuan 袁远

Li, Ming yuan 李明远
LI, HONG SHENG 李鸿升 **(1920-)**

Li, Mo 李默
LI, RONG PEI 李荣培 **(1903-1981)**

Li, Mo 李默
LI, CHU JUN 李楚君

Li, Mo 李莫
LI, ZHENG ZHONG 李正中 **(1921-)**

Li, Mo 李墨
LI, YU MIN 李裕民 **(1936-)**

Li, Mo 黎末
XU, DU DI 许度地 **(1914-)**

Li, Mo ding 李默丁
LI, JING CI 李景慈 **(1918-)**

LI, MO YING 李默映 **(1910-)**
An 庵
Mo an 默庵
Mo ying 默映

Li, Mo yu 李墨雨
LI, HONG XUN 李洪勳 **(1945-)**

Li, Mu 李沐
HANG, XING 杭行 **(1925-)**

Li, Mu 李牧
LI, CHAO ZONG 李超宗 **(1930-)**

LI, MU 李慕
Mu, Rou 慕柔

Li, Mu 李穆
LI, ZHENG ZHONG 李正中 **(1921-)**

Li mu 力木
ZHANG, JING SONG 张劲松 **(1950-)**

Li mu 力牧
HU, CHANG WU 胡昌五 **(1928-)**

Li, Mu an 李木庵
LI, ZHEN KUN 李振堃 **(1884-1959)**

Li, Mu ge 李牧歌
CHEN, CUI YING 陈翠英 **(1921-)**

Li, Mu hua 李牧华
LI, SHI 李实 **(1923-)**

LI, MU XIANG 李木香 **(1954-)**
Ni feng huang 泥凤凰

Li, Mu xing 黎牧星
LI, WEI XIN 黎维新 **(1925-)**

LI, MU YI 李慕逸
Lao ding 老丁
Li, Yi 李逸
Wen, Di xiang 文地祥

Li, Mu zhai 李木斋
LI, YU ZHEN 李毓珍 **(1909-)**

Li, Mu zi 李木子
LI, XIANG XIAN 李象贤 **(1914-1978)**

Li, Na 李纳
LI, SHU YUAN 李淑源 **(1920-)**

LI, NAI DONG 李耐冬
Nai dong 耐冬

LI, NAI GENG 李廼赓 **(1908-)**
Leng, Ge 冷歌
Li, Wen xiang 李文湘

LI, NAI HONG 李乃洪 **(1944-)**
Xiao, Bo 萧波

LI, NAI REN 李乃仁 **(1916-)**
Fang, Wu 方吾
Huang wu 荒芜
Huang, Wu 黄吾
Jian, Qi zhi 简企之
Li, Huang wu 李荒芜
Ma hua tang 麻花堂
Shu zhi 述之
Ye, Mang 叶芒
Zhi bi zhai 纸壁斋

LI, NAI YANG 李廼扬 **(1912-)**
Jun meng 君猛

Li, Nai yin 李耐因
ZHANG, BAO YE 张保业 **(1926-)**

Li, Nan 李男
LI, ZHI GANG 李志刚 **(1952-)**

Li, Nan 李男
CHEN, LI LAN 陈丽岚

LI, NAN HENG 李南衡 **(1940-)**
Da du shan ren 大度山人
Ha, Lao ge 哈老哥
Lao wu 老五
Li, Si 李四
Ma. Zi 马子
Xu, Chao xiong 许潮雄
Ye, Lü su 叶绿素
Ye, Zi qing 叶子青
Zhao, Qian sun 赵钱孙

Li, Nan li 李南力
LI, XING YU 李兴宇 **(1920-1970)**

LI, NAN SHAN 李南山 **(1931-)**
Cheng, Qun 成群
Nan, Feng 南风
Ye, Yun 叶云

LI, NAN ZHUO 李南桌 **(-1938)**
Nan, Zhuo 南桌

LI, NENG QI 李能棋 **(1934-)**
Li, Qiao 李乔
Yi chan ti 壹阐提

Li, Ni 李尼
LI, SHI SHUN 李世顺 **(1918-)**

Li ni 丽尼
GUO, AN REN 郭安仁 **(1909-1968)**

Li, Nian ci 李念慈
LI, XI 李希 **(1911-1989)**

LI, NIAN DONG 李念东 **(1946-)**
Bian, Sun 边隼
Dong fang, Bai 东方白

Li, Nian qing 李念青
HU, SHENG 胡绳 **(1918-)**

Li, Nian qun 李念群
YANG, JI ZHENG 杨季徵 **(1905-1957)**

Li, Nian qun 李念群
YUAN, GUANG MEI 袁光楣 **(1916-1982)**

Li, Nian zhi 李念之
LI, XIANG DONG 李向东 **(1957-)**

Li, Ning 李宁
LI, SHANG ZHONG 李尚忠 **(1915-)**

Li, Ning 李宁
LI, JI SHENG 李济生 **(1931-)**

Li, Ning 李宁
LI, CHAO LAI 李潮来 **(1945-)**

Li, Ning 李宁
LI, NING ER 李宁儿 **(1953-)**

Li, Nīng 李凝
XUE, YOU JIN 薛友津 **(1954-)**

LI, NING ER 李宁儿 **(1953-)**
Hua, Ying 华莹
Li, Ning 李宁
Meng, Fei fei 孟飞飞
Xia, Lü yin 夏绿茵
Yu qing 雨青

LI, NING QIANG 李宁强
Ning, Qiang 宁强

Yin tao 音涛

Li ning si shu di zi 李宁私淑弟子
LIU, YA ZI 柳亚子 **(1887-1958)**

Li, Ning xiao 黎凝晓
LI, XIAN YAO 黎先耀 **(1925-)**

Li, Nong 李秾
CAI, SHU PENG 蔡曙鹏 **(1949-)**

Li, Nong yi 李秾矣
LI, HUI YING 李惠英 **(1930-)**

Li, Nu 犁努
WANG, JIU YU 王久馀 **(1921-)**

LI, OU FAN 李欧梵 **(1939-)**
Ao fei ou 奥非欧
Lee, Leo Ou fan

Li, Pei 李裴
LI, PEI 李培 **(1957-)**

LI, PEI 李培 **(1957-)**
Li, Pei 李裴
Li, Yi fei 李一飞

LI, PEI LIN 李培林 **(1916-)**
Ji, Huang 季黄
Sang, Hu 桑弧
Zui fang 醉芳

LI, PEI SEN 李培森 **(1947-)**
Jian, Xi yan 简戏言
Li, A yi 李阿义
Yu, Li 于理

LI, PEI YUAN 李培垣 **(1939-)**
Gong, Shen 龚参

Li, Peng 李芃
LI, WEN JIAN 李文健 **(1934-)**

Li, Peng peng 李芃芃
ZHOU, PEI YING 周培瑛 **(1951-)**

LI, PENG ZHU 李鹏翥 **(1934-)**
Fang, Bing 方冰
Hao shang sou 濠上叟
Ling, Yun jian 凌云健
Mei, E hua 梅萼华
Xia, Yun 夏耘
Zhi jun 芷君

LI, PI YE 李丕业 **(1940-)**
Ye, Zhi 叶知
Yi zhi 一知

LI, PIN ZHOU 李聘周 **(1918-1938)**
Li, Mi lin 李密林
Li, Yu ti 李于体
Mi lin 密林
Yu ti 於体

Li, Ping 李平
LI, JING DONG 李镜东 **(1902-1949)**

Li, Ping 李平
LIU, SHENG ZHI 刘生智 **(1919-)**

Li, Ping 李平
LI, YONG JI 李勇吉 **(1944-)**

Li, Ping 李平
LI, YONG PING 李永平 **(1947-)**

LI, PING 李萍 **(1926-)**
Dan feng 丹枫

Li, Ping 黎平
LI, MAO LIN 李茂林 **(-1937)**

Li, Ping 黎平
WU, LIANG PING 吴亮平 **(1908-1986)**

Li, Ping 黎平
LI, TIAN XIONG 李天雄 **(1934-)**

Li, Ping 黎平
WANG, ZONG YUAN 汪宗元 **(1937-)**

Li ping 力平
SHEN, SI YUAN 沈思源 **(1927-)**

Li ping 礼平
LIU, HUI XUAN 刘辉宣 **(1946-)**

Li ping 立平
FEI, XIN WO 费新我 **(1903-1992)**

Li, Ping fan 李平凡
LI, WEN KUN 李文琨 **(1922-)**

LI, PING JIN 李屏锦 **(1938-)**
Ou yang, Shou nan 欧阳寿南
Shi, Yi zhi 时宜之
Yi yan 宜言
Zhao, Jin 赵锦

Li, Ping jiu 李平九
LI, RUI 李锐 **(1950-)**

LI, PING PING 李苹苹 **(1958-)**
Mai, Chui 麦垂

Li, Ping shu 李平书
LI, AN ZENG 李安曾 **(1854-1927)**

LI, PING XIN 李平心 **(1907-1966)**
Bian zhe 编者
Cao, Yue zhai 曹约斋
Ding sheng 鼎声
Han, Zhai 翰斋
Hao chuan 浩川
Ji, Mian guan 季免冠
Li, Ding sheng 李鼎声

Li, Sheng yue 李圣悦
Li, Xun yue 李循钺
Li, Yue 李悦
Ping 平
Ping, Xin 平心
Qi 齐
Qian 倩
Qian zhi 倩之
Qing zhi 青之
Shao, Han zhai 邵翰斋
Sheng yue 圣悦
Tong, Xun zhai 童恂斋
Wan, Liu 万流
Wan, Xin qi 万心齐
Xing yue 星月
Yi ping 一萍
Zhao, Yi ping 赵一萍
Zhao, Yi ping 赵一平

Li, Ping yuan 李平原
LI, LIAN 李廉 **(1920-)**

Li, Pu 李圃
LI, LING PU 李玲璞 **(1934-)**

LI, PU 李普
Feng zhan 风展
Li, Pu 李溥

Li, Pu 李溥
LI, PU 李普

Li pu 理朴
LI, REN CHEN 李仁臣 **(1941-)**

Li, Pu tong 李普同
LI, TIAN QING 李天庆 **(1918-)**

LI, PU YING 李谱英 **(1925-)**
Li, Song 李松

LI, PU YUAN 李朴园 **(1901-)**
Che, Fû 车夫
Kang, Zhuang 康莊
Li, Ming 黎明
Pu yuan 朴园
Qiong bu tong wo zhu 穷不通窝主
Shui, Ren 水韧
Tu ran 徒然

LI, QI 李亓 **(1945-)**
Ai ya 爱亚

LI, QI 李祁
Ji 寄
Shi zi 示子

Li, Qi 李齐
ZHU, CHEN DONG 朱辰东 **(1933-1990)**

Li, Qi 李奇
LI, ZI RANG 李子让 **(1913-)**

Li, Qi 李荠
HU, YUN SHANG 胡云裳 **(1938-)**

Li, Qi 李琪
SHEN, NAI TING 沈乃挺 **(1914-1966)**

Li, Qi 李琪
JIANG, BI HOU 蒋壁厚 **(1923-)**

Li, Qi 李祺
LÜ, JI BAO 吕纪葆 **(1950-)**

Li, Qi 黎淇
ZOU, SHANG XIAN 邹尚贤

Li qi 里奇
YANG, SHOU MO 杨守默 **(1912-1967)**

Li qi 粒奇
WANG, JIN FENG 王晋枫 **(1927-)**

LI, QI GANG 李启刚 **(1925-)**
Bai, Fan 白帆
Fang, Zhou 方舟
Hai, Fan 海凡
Liang, Nan 梁南
Mi, Si 米斯
Mu nan 木南
Qiu, Ye 秋叶
Xiao, Ran 萧然
Xue fang 雪方

LI, QI HAN 李启汉 **(1898-1927)**
Qi, Han 启汉
Zhi sheng 志生

LI, QI HUA 李启华 **(1939-)**
Li, Fang 李舫
Yi, Fan 伊凡
Yi, Wa 伊娃

Li, Qi hun 李七魂
LI, DU GONG 李笃恭 **(1929-)**

LI, QI LIU 李杞柳
Di, Meng jiao 狄梦娇
Qi liu 杞柳

LI, QI NAN 李启南 **(1937-)**
Yi fu 逸夫

LI, QI NIAN 李綺年 **(1956-)**
Wu tong zi 梧桐子

LI, QI QIAN 李启谦 **(1932-)**
Li, Gu 黎谷

LI, QI XIAN 李启贤 **(1903-1980)**
Li, Miao shi 李渺世
Miao shi 渺世

LI, QI YUAN 李启源 (1960-)
Li, Du yu 李渡予

Li, Qian 李茜
WANG, JI YAO 王继尧 (1921-)

Li, Qian 李茜
LI, SHI YUE 李时岳 (1928-)

Li, Qian 黎倩
LI, HAO ZHI 黎皓智 (1937-)

Li qian 历千
SU, LI LI 苏礼立 (1946-)

LI, QIAN LIN 李乾麟 (1901-)
Li, Qian Yuan 李潜园

Li, Qian ye 李浅野
LI, ZONG DA 李宗大 (1911-)

Li, Qian Yuan 李潜园
LI, QIAN LIN 李乾麟 (1901-)

Li, Qiao 李乔
LI, QIAO AN 李桥安 (1909-)

Li, Qiao 李乔
LI, GONG YUE 李公越 (1919-)

Li, Qiao 李乔
LI, NENG QI 李能棋 (1934-)

Li qiao 歷樵
YANG, LI QIAO 杨歷樵

LI, QIAO AN 李桥安 (1909-)
Li, Qiao 李乔
Pu, Ji 普济
Pu, Ming 普明
Yi ming 夷明

LI, QIN 李芹
Qin, Yi qin 秦一琴

Li, Qin 黎芹
HUANG, SHOU CHENG 黄守诚 (1928-)

Li, Qin an 李勤岸
LI, JIN FA 李进发 (1951-)

Li, Qin bai 李擒白
LI, YING DAO 李英导 (1943-)

LI, QIN YI 李勤益 (1949-)
Qin, Tian nan 秦天南

Li, Qing 李青
XIE, YAO HUI 谢耀辉 (1919-)

Li, Qing 李青
LI, XING YA 李兴亚 (1925-)

Li, Qing 李青
LI, YONG ZHI 李永智 (1939-)

Li, Qing 李清
HUANG, GAN YING 黄甘英 (1921-)

Li, Qing 李晴
HE, HONG 何鸿 (1930-)

Li, Qing 李磬
HU, LAN CHENG 胡兰成 (1906-1982)

Li, Qing 黎青
LIAO, SHANG GUO 廖尚果 (1893-1959)

Li, Qing 黎青
ZHANG, WEN GUANG 张文光 (1913-)

Li, Qing 黎青
RUAN, WEN TAO 阮文涛 (1931-)

Li, Qing 犁青
LI, FU YUAN 李福源 (1933-)

Li qing 笠青
WANG, FO SU 王佛苏 (1907-1957)

Li qing 力尚
LIU, LI SHANG 刘力上 (1916-)

Li qing 立青
CHEN, QIAO SHENG 陈桥生 (1918-)

Li qing 立青
ZHU, QING CAI 朱庆才 (1928-)

Li qing 立青
LIU, SHU JING 刘树靖 (1948-)

Li qing 立青
WANG, JING 王靖

Li qing 丽青
XIONG, LI QING 熊丽青

Li qing 沥青
BAO, GAN FU 包干夫 (1920-)

LI, QING AI 李青艾 (1939-)
Chen, Yu li 陈与李

LI, QING CHEN 李清臣 (1949-)
Yi qing 以清

LI, QING FENG 李清风
Shu hui 曙辉

LI, QING GANG 李清纲 (-1967)
Li, Lei 李雷

LI, QING HENG 李庆恒 (1948-)
Mi yang she ren 米阳社人

LI, QING KUN 李清崑 (1931-)
Li, Cheng 李澄

Li, Qing lian 李清联
LI, DE SHENG 李得胜 **(1935-)**

LI, QING LIANG 李庆良 **(1923-)**
Li, Xu 李栩

LI, QING NIAO 李青鸟
Qing niao 青鸟

LI, QING QUAN 李清泉 **(1916-)**
Li, Hang 李航
Li, Wu du 李无毒
Li, Yi zhi 李一之
Qing quan 清泉

LI, QING XI 李庆熙 **(1933-)**
Li, San yue 李三月

LI, QING XUAN 李庆漩 **(1948-)**
Xiang ling 翔翎

Li, Qing ya 李青崖
LI, YUN 李允 **(1884-1969)**

LI, QING YING 黎庆瀛 **(1892-1978)**
Yi weng 乙翁
Yi zhai 逸斋

LI, QING YUE 李庆跃 **(1933-)**
Hai, Feng 海风

LI, QING ZENG 李庆曾 **(1949-)**
Xiao qing 晓庆

Li, Qing zhu 黎青主
LIAO, SHANG GUO 廖尚果 **(1893-1959)**

Li, Qiong 黎琼
DING, JING TANG 丁景唐 **(1920-)**

Li, Qiu 李秋
HUANG, WANG QING 黄望青 **(1913-)**

Li, Qiu 黎秋
WANG, LI 王丽 **(1963-)**

Li qiu 里丘
ZHU, ZI MING 祝自明 **(1931-)**

Li, Qiu hua 李秋华
LIN, JING LIU 林精鏐 **(1914-1989)**

Li, Qiu jun 李秋君
LI, ZU YUN 李祖云 **(1899-1971)**

Li, Qiu shi 李求实
LI, WEI SEN 李伟森 **(1903-1931)**

Li, Quan 黎泉
ZHAO, ZHENG 赵正 **(1937-)**

Li quan huan 栎泉宦
TANG, BAO SEN 唐葆森 **(1907-1985)**

LI, QUAN JI 李全基 **(1917-)**
Se yi 瑟伊
Su an 素庵
Xiao, Lan 萧蓝

LI, QUAN LIN 李全林
Di ming 笛鸣

LI, QUAN MIAO 李全淼 **(1940-)**
Quan miao 泉淼

LI, QUAN XI 李全喜 **(1932-)**
Li, Jia 李嘉

Li, Qun 李群
LI, SHUN LAI 李顺来 **(1915-)**

Li, Qun 李群
LI, YA RU 李亚如 **(1919-)**

Li, Qun 黎群
LIU, SHU CHUN 刘树春 **(1923-)**

Li qun 力群
HAO, LI CHUN 郝丽春 **(1912-)**

Li qun 立群
YAN, LI QUN 严立群 **(1954-)**

LI, QUN JIE 李群杰 **(1912-)**
Jie fu 杰夫
Jie, Fu 揭腐
Nu tao 怒涛
Ting jin 挺进

Li, Ran 黎然
CHEN, LI TING 陈鲤庭 **(1910-)**

LI, RAN XI 李然犀
Da liang jiu tu 大梁酒徒

LI, REN 李仁 **(1939-)**
Jia feng 佳峯

Li, Ren 黎仁
WANG, MENG REN 王猛仁 **(1959-)**

Li ren 力人
LIANG, QI CHAO 梁启超 **(1873-1929)**

Li ren 力人
LIN, YU BEN 林毓本 **(1934-)**

Li ren 立人
WEI, CHONG WU 韦崇武 **(1905-1978)**

Li ren 立人
ZHANG, LI YUN 张立云 **(1921-)**

Li ren 立仁
ZHANG, LI YUN 张立云 **(1921-)**

Li ren 利刃
ZHANG, QI 张奇 **(1933-)**

Li ren 离忍

LI, WEN TAO 李文涛 (1880-1942)

LI, REN CHEN 李仁臣 (1941-)
Chen ping 晨平
Li pu 理朴

LI, REN JIAN 李人鉴 (1914-)
Geng sheng 更生

Li, Ren jie 李人傑
LI, SHU SHI 李书诗 (1890-1927)

Li, Ren wen 栗仁文
ZHANG, CHANG XIN 张常信 (1940-)

LI, REN XIAO 李仁孝 (1935-)
Chen xiao 晨晓
Li, Ren xiao 李仁晓

Li, Ren xiao 李仁晓
LI, REN XIAO 李仁孝 (1935-)

Li, Ri 黎日
LI, LING YUN 黎凌云 (1933-)

LI, RONG 李荣 (1921-)
Chang hou 昌厚
Dong, Shao wen 董少文
Shen, Zi ping 沈子平
Song, Yuan jia 宋元嘉

Li, Rong 李容
WANG, PIN ZHI 王聘之 (1919-)

Li, Rong 厉戎
TENG, GUO DONG 滕国栋 (-1983)

Li rong 丽容
WANG, SHI XUE 王世学 (1912-)

LI, RONG DE 李荣德 (1945-)
Jiang, Shang ou 江上鸥
Li ke 里可
Qian mo 阡陌

LI, RONG DI 李荣第 (1897-1971)
C. F.
Li, Xiao feng 李小峰
Lin, Lan 林兰
Xiao feng 小峰
Y. D.

LI, RONG GE 李荣阁 (1950-)
Li, Song tao 李松涛
Yuan, Qiao fu 源桥父

Li, Rong guang 黎容光
DING, JING TANG 丁景唐 (1920-)

LI, RONG PEI 李荣培 (1903-1981)
Bai, Ying 白英
Bu, Jia 卜家
Cheng qing 澄清
Cheng ying 澄英
Dan cun 澹村
Li, Bai ying 李白英
Li, Cheng 李澄
Li, Mo 李默
Nan, Rong 南容
Shen, Jing 沈静
Shi cun 适村
Tan, Rong 谈荣
Ye xing 夜星
Zhou, Hui jun 周慧君

LI, RONG SHOU 李荣寿 (1895-1965)
Li, Hua xuan 李华萱
Man sheng 漫生

LI, RONG XIANG 李荣祥
Li, Yuan jing 李圆净
Yuan jing 圆净

Li rou 离柔
PAN, SHI CONG 潘世聪 (1927-)

Li, Ru 李如
FENG, XUE FENG 冯雪峰 (1903-1976)

Li, Ru 李孺
ZHOU, XIU ZHAN 周修展 (1925-)

Li, Ru 黎茹
QIN, TIAN EN 覃天恩 (1924-)

LI, RU HUA 李汝骅 (1900-)
Jian zhan 剑展
Li, Jian zhan 李剑展

LI, RU LIN 李如琳 (1923-)
Ai ning 蔼宁
Li, Ai ning 李蔼宁
Li, Cong 李璁
Sha lai 莎莱

Li, Ru lin 李汝琳
LI, HONG BI 李宏贲 (1914-1991)

LI, RU PEI 李汝培 (1889-1987)
Li, Jing zhai 李敬斋

LI, RU SHAN 李汝山 (1913-)
Ya ma 亚马

LI, RU WEN 李如文 (1900-)
Chu, Li 楚离
Chu, Li 初梨
Huo shou 火寿
Li, Chu li 李楚离
Li, Chu li 李初梨
Li, Yi zi 李宜兹

LI, RU WEN 李如文 (1924-)
Li, Gu ye 李谷野
Lü ye 绿野

LI, RU XUN 李儒训 (1926-)
Guan yuan 冠原

Li, Ru zhe 李入哲
LONG, MING WU 龙明五 (1936-)

LI, RUI 李锐 (1917-)
Hou, Sen 侯森
Li, Hou sen 李侯森
Li, Liang gong 李亮公
Sun, Hou li 孙后礼
Sun, Yuan fan 孙元范
Zhang, Ang 张昂

LI, RUI 李锐 (1950-)
Li, Ping jiu 李平九

Li, Rui 李瑞
LI, RUI YUE 李瑞月 (1945-)

Li, Rui 李睿
LI, YONG XIN 李永新 (1949-)

Li, Rui 李蕤
ZHAO, HONG EN 赵鸿恩 (1911-)

Li, Rui chen 黎瑞臣
ZHU, WEN 朱雯 (1911-)

Li, Rui feng 李瑞峰
LI, FENG 李峰 (1925-)

LI, RUI HONG 李瑞洪 (1958-)
Xiao cong 晓聪

LI, RUI LIN 李瑞林 (1935-)
Lü jiang 绿江

LI, RUI QING 李瑞清 (1867-1920)
Li, Bai xie 李百蟹
Qing dao ren 清道人

LI, RUI TENG 李瑞腾 (1952-)
Li, Yong 李庸
Mu zi 牧子

LI, RUI YUE 李瑞月 (1945-)
Ji, Ji 季季
Ji, Ji 姬姬
Li, Rui 李瑞
Li, Yun lin 李云林

LI, RUI ZUO 李瑞佐 (1933-)
Nan, Ying 南营

LI, RUN HU 李润湖 (1913-1947)
Chen, Jian 陈健
Hua, Ni 华尼
Lin, Man 林曼
Liu, Hong yu 柳红玉
Mei, Song ming 梅颂明
Song, Qian jin 宋千金
Yan, Wei meng 严韦蒙

Li, Run jie 李潤杰
LI, YU KUI 李玉魁 (1917-)

LI, RUN SHEN 李润身 (1926-)
Li, Lin 李林
Lin, Pu 林浦

Li, Ruo 李若
CHEN, SI YUAN 陈思远 (1953-)

Li, Ruo bing 李若冰
DU, DE MING 杜德明 (1926-)

Li, Ruo mei 李若梅
XU, CHI QING 徐持庆 (1940-)

LI, RUO YU 李若愚 (1925-)
Xue lei 雪蕾

LI, SAI RONG 李赛蓉 (1949-)
A zhu 阿珠
Jiang, Cai rong 江采蓉
Nai han 耐寒
Rong zi 蓉子
Wan wan 婉婉

Li san 立三
LI, LI SAN 李立三 (1899-1967)

Li san 立三
ZHAO, MING YI 赵铭彝 (1906-)

Li san 立三
BIAN, ZHI LIN 卞之琳 (1910-2000)

Li san 力三
QIN, DING YI 秦鼎彝 (1877-1906)

LI, SAN FENG 李三锋 (1940-)
Chang feng ge 长风葛
Chang feng ge 长风阁
Fang, Shu 方曙
Fang, Ying 方影
Li, Feng 李锋

LI, SAN JIANG 李三江 (1950-)
Li, Bing yin 李炳银

Li, San lang 李三郎
LI, WEI HENG 李维恒 (1916-)

Li, San yue 李三月
LI, QING XI 李庆熙 (1933-)

Li, Sang mu 李桑牧
LI, CHUAN EN 李传恩 (1928-)

Li, Sao 黎骚
LIANG, MING GUANG 梁明广 (1931-)

Li sao zi 离骚子
CAI, SHOU 蔡守 (1879-1941)

Li, Sha 李沙
ZHOU, PING YE 周平野 **(1916-)**

Li, Sha 李沙
LI, XI XIAN 李希贤 **(1935-)**

Li, Sha 李莎
GE, QING FAN 葛青凡 **(1909-)**

Li, Sha 李莎
LI, YANG BI 李仰弼 **(1924-1993)**

Li sha 丽砂
ZHOU, PING YE 周平野 **(1916-)**

Li sha 里沙
LI, CHENG HAN 李承汗 **(1925-)**

Li sha 莉莎
ZHU, KUN HUA 朱堃华 **(1918-)**

LI, SHA LING 李沙铃 **(1932-)**
Li, Shan ling 黎山岭
Sha, Sha 沙沙
Shan ling 山岭
Shan shan 山山
Wang, Ai 王艾

LI, SHA QING 李沙青 **(1954-)**
Sha, Qing 沙青

LI, SHAN 李山 **(1944-)**
Mu tou 木头

Li, Shan 李讪
YU, KAI SHI 虞开仕

Li, Shan 黎山
ZHANG, MU LING 张慕陵 **(1927-)**

Li shan 立山
LIN, LI 林蛎

Li shan 力山
QIN, DING YI 秦鼎彝 **(1877-1906)**

Li shan 力山
WANG, WEN XIAN 王文显 **(1886-1968)**

Li shan 力山
LIN, LI 林蛎

Li shan dun an 力山遯厂
QIN, DING YI 秦鼎彝 **(1877-1906)**

Li shan dun gong 力山遯公
QIN, DING YI 秦鼎彝 **(1877-1906)**

Li, Shan hong 黎闪虹
LI, YANG BI 李仰弼 **(1924-1993)**

Li, Shan hu 李珊瑚
ZENG, GUANG XUN 曾广勋

Li, Shan ling 黎山岭
LI, SHA LING 李沙铃 **(1932-)**

LI, SHAN QING 李善清 **(1955-)**
Liu xing 流星
Liu yun 流云
Qing quan 青泉
Qing shui 青水

Li, Shan ye 李山野
WANG, BAO XIANG 王葆祥 **(1909-1977)**

LI, SHANG CAI 李尚才 **(1953-)**
Lu, Qing cheng 鲁清城

LI, SHANG HUAN 黎尚桓 **(1910-)**
Wei gen 味根
Wei ru 畏如

Li, Shang lan 李尚兰
LI, GAO XIN 李高信 **(1942-)**

Li, Shang qing 李尚清
ZOU, EN RUN 邹恩润 **(1895-1944)**

LI, SHANG ZHONG 李尚忠 **(1915-)**
Bao, Ai di 鲍爱蒂
Li, Ning 李宁
Li, Zhi hua 李治华

LI, SHAO BAI 李少白 **(1939-)**
Shao bai 少白

LI, SHAO HUA 李少华 **(1951-)**
Li, Hua chuan 李华川

LI, SHAO LING 李少陵 **(1898-1970)**
Jia ben te 嘉本特
San mu 三木

LI, SHAO LIU 李绍六 **(1939-)**
Shao liu 绍六
Shao niu 少牛

LI, SHAO NI 李绍尼 **(1938-)**
Ha, Ming 哈明

LI, SHAO NIAN 李绍年 **(1937-)**
Lü cao 绿草

LI, SHAO QI 李绍琪 **(1941-)**
Li, Yi ping 李毅平
Lu, Qi 鲁齐

LI, SHAO QING 李少卿 **(1943-)**
Li, Hui 李晖
Li, Ying 李瑛
Li, Ying 黎瑛

Li, Shao ting 李少霆
WU, YUN CHEN 吴云臣 **(1915-)**

Li, Shao wen 李绍文
LI, XUE TING 李学亭 **(1910-)**

LI, SHAO XIAN 李少仙
Shao xian 少仙

LI, SHE YING 李社英 **(1954-)**
Kang, Li 康丽

Li, Shen 李申
ZHONG, FENG MEI 钟逢美 **(1914-)**

Li, Shen 李申
MEI, JI KUN 梅季坤 **(1939-)**

Li, Shen gu 李申谷
SUN, JING GONG 孙静工 **(1908-)**

LI, SHEN XIU 李身修 **(1931-)**
Li, Hong 李虹
Xiao, Liang 肖亮

Li, Shen yan 李审言
LI, SHEN YAN 李慎言 **(1859-1931)**

LI, SHEN YAN 李慎言 **(1859-1931)**
Bai yao sheng 百药生
Er yan shi zhu 二研室主
Hou, Kui sheng 后媿生
Kui sheng 媿生
Li, Shen yan 李审言
Li, Xiang 李详
Shen yan 审言
Shen yan 慎言
Yu sheng 窳生
Yun sou 齳叟
Yun sou Sheng 齳叟生

Li, Shen yu 李慎予
LI, JIA YAN 李嘉言 **(1911-1967)**

LI, SHENG 李生 **(1952-)**
Zi yi si 紫一思

Li, Sheng 李笙
CHEN, LI SHENG 陈礼生 **(1970-)**

Li, Sheng 栗生
ZENG, RUI XIONG 曾瑞熊 **(1903-)**

Li, sheng 黎生
KANG, SHI ZHAO 康式昭 **(1935-)**

Li, Sheng 黎生
LI, SHI KAI 李世凯 **(1934-)**

Li, Sheng 黎生
DENG, NIU DUN 邓牛顿 **(1940-)**

Li, Sheng 黎声
ZHAO, BAO ZHONG 赵宝忠 **(1919-)**

Li, Sheng 黎声
SHI, YAN PING 施燕萍 **(1926-)**

Li, Sheng 黎声
HUANG, WAN YUAN 黄万源 **(1939-)**

Li, Sheng 黎声
CHEN, RUI TONG 陈瑞统 **(1942-)**

Li sheng 力生
XU, MAO RONG 徐茂荣 **(1911-1977)**

Li sheng 立生
WU, WEN QI 吴文祺 **(1901-1991)**

Li sheng 利生
REN, BAI CHUAN 任百川 **(1898-1934)**

Li sheng 骊声
HE, WEN XUAN 何文轩 **(1938-)**

LI, SHENG HUA 李声华 **(-1930)**
Li, Tie sheng 李铁声

LI, SHENG LI 李胜利
Nan, Gen 南根

LI, SHENG QIANG 李圣强 **(1949-)**
Qiang wei 樯桅

LI, SHENG QUAN 李胜权 **(1939-)**
Li, Chuan 李川
Li, Yue sheng 李月生
Yue sheng 月生

LI, SHENG RU 李升如 **(1911-)**
Ji chang 继昶
Lang zhe 浪者
Xiao nian 小年

LI, SHENG WU 李胜武 **(1946-)**
Wan, Qian 万千
Xiang, Hui 向晖
Ye, Fan 叶帆

LI, SHENG XUAN 李生萱 **(1910-1966)**
Ai, Si qi 艾思奇
Aisky
Chong 崇
Chong ji 崇基
Chong qi 崇奇
Dian xiao er 店小二
Li, Chong ji 李崇基
Li, Dong ming 李东明
S G
S. H
San ben sen 三本森
Sheng xuan 生萱
Si qi 思奇
Xiao yao 小么
Xiao yao 小吆
Xuan 萱

Li, Sheng yue 李圣悦
LI, PING XIN 李平心 **(1907-1966)**

LI, SHENG ZHUANG 李生庄 **(1910-1946)**

Ai, Er 艾而
Lao yao 老么
Luo, Yao 罗曜
Xiao huo ji 小伙计

Li, Shi 李实
WU, YU LIN 吴毓麟 **(1910-1966)**

LI, SHI 李实 **(1923-)**
Bai, Mu 白牧
Gu, Yu 谷雨
Hua 华
Li, Mu hua 李牧华

Li, Shi 李实
LI, SHI QI 李世琦 **(1938-)**

Li, Shi 李诗
HU, DAO JING 胡道静 **(1913-)**

Li shi 理石
LI, XIA SHANG 李霞裳 **(1927-)**

Li shi 立施
SUN, XIAO DONG 孙晓东 **(1955-)**

LI, SHI CAN 李时灿 **(1866-1943)**
Li, Min xiu 李敏修

Li, Shi cen 李石岑
LI, BANG FAN 李邦藩 **(1892-1934)**

LI, SHI CHANG 李世昌 **(1934-)**
Miao, Xin 苗欣

Li, Shi cheng 李石城
LI, SHUO CHENG 李硕诚 **(1922-)**

LI, SHI CHUAN 李世传 **(1919-)**
Guo, Ke 果克
Huai zi 淮子
Li, Huai zhi 李槐之
Xin wu 新吾

LI, SHI DE 李世德
Li, Mei 李妹

LI, SHI DONG 李世栋 **(1933-)**
Dong wen 冬文
Li dong 里冬
Si, Dong 斯冬

Li, Shi fan 李世繁
LI, KE CHANG 李克昌 **(1912-1982)**

Li, Shi fei 李士非
LI, LIAN JIE 李连杰 **(1930-)**

Li, Shi feng 李石锋
LI, KE CHUN 李克纯 **(1916-1984)**

LI, SHI FU 李世富 **(1937-)**
Mu tian 木田

LI, SHI GANG 李世刚 **(1920-)**
Li, Luo 李落

Li, Shi gen 李石根
LI, ZHONG YIN 李重印 **(1919-)**

LI, SHI GU 李世古 **(1929-)**
Gu, Cao 古草
Gu, Jian zi 古鉴兹

LI, SHI HONG 李世弘 **(1943-)**
Xin ming zi 心明子

Li, Shi huang 李拾荒
CHEN, ZHONG LIANG 陈中良 **(1946-)**

LI, SHI HUI 李世辉 **(1937-)**
Ma, Yun 马云

LI, SHI JIAN 李实坚 **(1885-1964)**
Da mao shan ren 大帽山人
Li, Geng 李耕
Li, Yan nong 李研农
Yi qin dao ren 一琴道人

Li, Shi jie 李时杰
LI, JUN CAI 李俊才 **(1921-)**

LI, SHI JING 李石鲸
Xiao shi yi 小诗医

LI, SHI JUN 李世钧 **(1921-1962)**
Li yan 里雁

LI, SHI KAI 李世凯 **(1934-)**
Hua, Duo 华多
Kang, Kai 康凯
Li, Sheng 黎生
Li yi 力一
Yu, Ye tan 余野潭
Zhao kai 昭凯
Zhuo wu 拙吾

Li, Shi kai 李世楷
LI, SHI QUAN 李世铨 **(1879-1943)**

Li, Shi lin 李世林
LI, GONG YUE 李公越 **(1919-)**

Li, Shi long 李时龙
LI, XU 李旭 **(1907-1984)**

LI, SHI MING 李世明 **(1948-)**
Li, Li 李理

LI, SHI NAN 李世南 **(1940-)**
A nan 阿难

Li, Shi nan 李是男
LI, JI TANG 李吉棠 **(-1937)**

LI, SHI PING 李世平 **(1946-)**
Shi, Chuan 石川

LI, SHI QI 李士琦 **(1929-)**
Li, Shi qi 李视歧
Yi, Qiu 易秋

LI, SHI QI 李世琦 **(1938-)**
Chuan zhi 川之
Li, Shi 李实

LI, SHI QI 李世绮 **(1930-)**
Li, Huang 李恍

Li, Shi qi 李视歧
LI, SHI QI 李士琦 **(1929-)**

LI, SHI QIANG 李士强 **(1916-)**
Li, Zhi shu 李志曙

LI, SHI QUAN 李世铨 **(1879-1943)**
Du zun 独尊
Hou hei jiao zhu 厚黑教主
Li, Shi kai 李世楷
Li, Zong ru 李宗儒
Li, Zong wu 李宗吾
Yu lao 迂老

LI, SHI SHUN 李世顺 **(1918-)**
Li, Min 黎民
Li, Ming 李明
Li, Ni 李尼
Xiao, Li 萧黎

LI, SHI WEI 李士伟 **(1929-)**
Bai yun can fu 白云残夫
Bi, Zhen 毕珍
Jiu zhi shu sheng 九指书生
Li, Da bai 李大白
Qi zhen zi 奇珍子

LI, SHI WEI 李世威 **(1943-)**
Si shan ren 思山人

LI, SHI YAN 李士延 **(1925-)**
Ke fu 可夫

LI, SHI YING 李士英 **(1912-)**
Er ba shou 二把手
Han, De 韩德
Liao ren 了人

LI, SHI YING 李士英 **(1942-)**
Bai, Ye 白叶

Li, Shi yuan 李士源
LI, YU KUN 李毓坤

LI, SHI YUE 李时岳 **(1928-)**
Bian xie zu 编写组
Li, Qian 李茜

Li, Shi zeng 李石曾
LI, YU YING 李煜瀛 **(1881-1973)**

Li, Shi zhang 李铈涨

LI, CUN RANG 李存让 **(1939-)**

LI, SHI ZHAO 李士钊 **(1916-)**
Chen, Yi wen 陈一文
Li, Mian sheng 李勉生
Li, Shu 李儵
Mian sheng 勉生
Shi zhao 士钊

LI, SHI ZHENG 栗世征 **(1951-)**
Duo duo 多多

LI, SHI ZHOU 郦时洲 **(1949-)**
Kang, Wen 康文

Li, Shou chang 李守常
LI, DA ZHAO 李大钊 **(1889-1927)**

Li, Shou chang 李寿昌
LI, DA ZHAO 李大钊 **(1889-1927)**

LI, SHOU HONG 李寿鸿 **(1924-)**
Xia, Yu 夏雨

LI, SHOU MIN 李寿民 **(1902-1961)**
Huan zhu lou zhu 还珠楼主
Li, Hong 李红

LI, SHOU SHENG 李寿生 **(1946-)**
Lü, Shu 吕树

Li, Shou xian 李守先
LI, XI 李希 **(1911-1989)**

LI, SHOU YE 李寿业 **(1939-)**
Qing zhu 青竹

LI, SHOU ZHANG 李守章 **(1905-1993)**
Bing gu 冰谷
Bu, Cheng 步程
Cang 沧
Feng hui 风灰
Jia gu 葭谷
Jia hui 葭灰
Jun min 俊民
Jun min 峻民
Jun ming 峻明
Li, Feng hui 李风灰
Li, Jun min 李俊民
Lun 伦
Nian zi 念兹
Shi 式
Shi wei 式微
Shi yin 十音
Shou cang 瘦伧
Shou zhang 守章
Yue, Jing 乐竟

LI, SHOU ZHANG 李寿章 **(1939-)**
Nan ming 难明
Shi, Ao 史敖
Shi, Ming 史明

Li, Shu 李抒
XIA, XIE SHI 夏写时 **(1934-)**

Li, Shu 李树
LI, SHU SHENG 李树声 **(1933-)**

Li, Shu 李儵
LI, SHI ZHAO 李士钊 **(1916-)**

Li, Shu 黎庶
XU, DONG BIN 徐东滨 **(1927-1995)**

LI, SHU BAI 李树柏 **(1910-)**
Leng, Bo 冷波

LI, SHU BAO 李叔宝 **(1920-)**
Li, Wen zhi 李文治

LI, SHU CHENG 李书城 **(1881-1965)**
Li, Tang 李唐
Li, Xiao yuan 李小垣
Li, Xiao yuan 李小园
Li, Xiao yuan 李晓园
Xiao yuan 小园
Xiao yuan 晓园
Xiao yuan 小垣

LI, Shu de 李叔德
LI, SHU DE 李淑德 **(1947-)**

LI, SHU DE 李淑德 **(1947-)**
LI, Shu de 李叔德

LI, SHU EN 李澍恩 **(-1945?)**
Mu, Zi qin 穆子沁
Qi, Xiang yao 祁翔遥
Tao, Qi 陶弃
Tao, Zhi yao 陶之瑶
Xu, San xu 许三嘘

LI, SHU FEN 黎淑芬 **(1950-)**
Li, Bing 黎冰

LI, SHU GUANG 李曙光 **(1928-)**
Fang, Liang 方亮
Kang, Wen 康文
Li, Zhi 黎之
Li zhi 力之
Xu guang 旭光

LI, SHU HAN 李叔翰 **(1932-)**
Bai, Ma 白马
Tang, Song 唐宋

LI, SHU HUA 李书华 **(1890-1979)**
Shu hua 书华

LI, SHU JIANG 李树江 **(1946-)**
Mu cong 木丛

Li, Shu kuan 李述宽
LI, SHU RONG 李述荣 **(1936-)**

LI, SHU LAN 李树兰 **(1933-)**
Shu, Lan 舒兰

Li, Shu li 黎舒里
WANG, XUN 王逊

Li, Shu lian 李树连
LI, YONG TIAN 李永添 **(1913-)**

Li, Shu liang 李淑良
LI, JIN FA 李金发 **(1900-1976)**

Li, Shu ming 李叔鸣
LI, GUO MIN 李国敏

LI, SHU PENG 李叔鹏
Dong ying 东英

LI, SHU QIAN 李树谦 **(1929-)**
Shu qian 庶虔
Su, Zhen 苏真

Li, Shu qu 李书渠
LI, BO GANG 李伯刚 **(1901-1976)**

Li, Shu qun 李舒群
LI, SHU TANG 李书堂 **(1913-1989)**

LI, SHU REN 李树人 **(1916-)**
Chen, Da yuan 陈大远
Chen, Fei 陈非
Da feng 大风
Gu, Hong 谷虹
Hong ying 红缨
Hu, Qing 胡青
Shu ren 漱仁

LI, SHU RONG 李述荣 **(1936-)**
Li, Jian 李健
Li, Jun 李军
Li, Shu kuan 李述宽

LI, SHU SHENG 李树声 **(1933-)**
Li, Shu 李树

LI, SHU SHI 李书诗 **(1890-1927)**
Hai 海
Hai, Jing 海晶
Hai, Jing 海镜
Han 汗
Han jing 厂晶
Han jun 汉俊
Jing 镜
Li, Han jun 李汉俊
Li, Ren jie 李人傑
Li, Shu shi 李漱石
Ren jie 人傑

Shu shi 漱石
Xian jin 先进

Li, Shu shi 李漱石
LI, SHU SHI 李书诗 **(1890-1927)**

LI, SHU TANG 李书堂 **(1913-1989)**
Hei, Ren 黑人
Li, Chun yang 李春阳
Li, Cun zhe 李邨哲
Li, Shu qun 李舒群
Li, Xu dong 李旭东
Li, Xu dong 李煦东
Shu, Qun 舒群

LI, SHU TIAN 李澍田 **(1934-)**
Shu tian 书田

Li, Shu tong 李叔同
LI, WEN TAO 李文涛 **(1880-1942)**

LI, SHU TONG 李树彤 **(1957-)**
Xiao, Ke 肖克

Li, Shu tong 李树桐
LI, ZI FENG 李紫凤

Li, Shu wei 李束为
SHU, XUE LI 束学礼 **(1918-)**

Li, Shu wen 李淑文
ZHU, MEI XIAN 朱梅先

Li, Shu xun 李书勳
WANG, WEN YUAN 王文元 **(1907-)**

LI, SHU YAO 李述尧 **(1910-)**
Hen wo 恨我
Jing ji 荆棘
Lao he 老合
Lao mu 老穆

Li, Shu yin 李抒吟
LI, BING LIN 李炳麟 **(1922-)**

LI, SHU YING 李叔英 **(1921-1966)**
Li, Su ying 李苏鹰
Su, Ying 苏鹰

LI, SHU YUAN 李淑源 **(1920-)**
Li, Na 李纳
Na, Li 那里
Shu yuan 淑源
Shu yuan 书元
Xiao, Li 萧力

LI, SHU YUAN 栗书元 **(1924-)**
Li, Jing 栗劲

Li shuang 犁霜
CHEN, QIU CAO 陈秋草 **(1906-1988)**

Li shuang an 丽霜庵
JIANG, JI PING 江寄萍

LI, SHUANG YUAN 李双元 **(1927-)**
Li, You zao 李有藻

Li, Shui 李水
LU, GUO WEI 陆国纬 **(1932-)**

Li shui 丽水
MA, LIN 马琳 **(1926-)**

Li, Shui hua 李水华
LI, JING HE 李静荷 **(1929-)**

LI, SHUN LAI 李顺来 **(1915-)**
Li, Qun 李群
Li, Zi gui 李紫贵

LI, SHUO CHENG 李硕诚 **(1922-)**
Chun feng 春风
Dai, Di 戴蒂
Ji, Ti lai 吉体来
Li, Cheng 李诚
Li, Jin 李进
Li, Shi cheng 李石城
Li, Xia yang 李夏阳
Liu, Song 柳松
Lü, Lü 吕旅
Lü, Xing 吕行
Shen, Mo sheng 沈默生
Shi, Ba zi 石拔梓
Xia, Yang 夏阳
Xiao, Wang 萧望
Xin, Shan fu 辛善夫
Ying, Hua cheng 应化成

Li, Shuo qing 李硕卿
LI, SONG LIN 李松林 **(1908-)**

LI, SHUO XUN 李硕勋 **(1903-1931)**
Shuo xun 硕埙

Li si 理丝
LIU, MAO LONG 刘茂隆 **(1912-)**

Li, Si 李四
JIA, ZHI FANG 贾植芳 **(1915-)**

Li, Si 李四
LI, ZHAO LIN 李兆麟 **(1915-)**

Li, Si 李四
LI, NAN HENG 李南衡 **(1940-)**

Li, Si 李四
BU, ZONG XUE 卜宗学 **(1958-)**

Li, Si 李泗
ZHANG, HUO WANG 张火望 **(1930-)**

Li, Si 李驷
LI, HUI YING 李惠英 **(1930-)**

Li, Si 李思
LI, YI QING 李乙青 (1911-)

Li, Si 李思
LI, XIN TIAN 李心田 (1929-)

Li, Si 李思
XING, FENG LIN 邢凤麟 (1937-)

Li, Si 栗斯
WANG, SHU 王曙 (1930-)

LI, SI AN 李思安 (1892-1975)
Si an 思安

LI, SI FA 李思法 (1944-)
Dui he 对河
Ke si 可思

Li, Si guang 李四光
LI, ZHONG KUI 李仲揆 (1889-1971)

Li, Si mei 李思枚
LÜ, JI PING 吕冀平 (1926-)

LI, SI MIN 李泗民 (1967-)
Li, Di 李翟

Li, Si qi 李思齐
HAN, DAO CHENG 韩道诚 (1917-)

LI, SI QIANG 黎思强 (1923-)
Bai, Jiang sheng 白江生
Li, Huang 黎黄
Mei, Bing hua 梅冰华
Shu, Xiang 舒翔
Tang, Yu mo 唐雨墨
Wei, Qiu 韦丘
Xin, Yuan cha 辛远茶
Zhu, Hong ting 祝红亭

Li, Song 李松
LI, PU YING 李谱英 (1925-)

Li, Song 李松
LI, SONG TAO 李松涛 (1932-)

LI, SONG 李松 (1960-)
Mu gong 木工

LI, SONG 李颂 (1912-)
Li, Zi song 李子诵

Li, Song fen 李送分
LI, SONG JIN 李送今 (1957-)

LI, SONG HUA 李松华 (1933-)
Hong jun 红军

LI, SONG JIN 李送今 (1957-)
Li, Song fen 李送分
Shao jun 绍君
Song jin 颂今
Tian ran 天然

LI, SONG LIN 李松林 (1908-)
Li, Shuo qing 李硕卿

Li, Song ping 黎颂平
CHEN, YU GAN 陈毓淦 (1917-)

LI, SONG SHI 李松石 (1923-)
Song, Shi 宋石

LI, SONG TAO 李松涛 (1932-)
Jia mu 嘉木
Li, Song 李松

Li, Song tao 李松涛
LI, CONG LIN 李从林 (1949?-)

Li, Song tao 李松涛
LI, RONG GE 李荣阁 (1950-)

Li sou 蠡叟
LIN, SHU 林纾 (1852-1924)

Li, Su 李素
LI, SU YING 李素英 (1910-1986)

Li, Su 李素
LI, BAO JIA 李葆家 (1920-)

Li, Su 栗粟
LI, MAO ZHANG 栗茂章 (1923-)

Li, Su bo 李素伯
LI, WEN DA 李文达 (1908-1937)

Li, Su guang 李素光
LI, MING CHENG 李明诚 (1914-)

LI, SU QING 李苏卿 (1935-)
Su, Qing 苏青

LI, SU XIN 李素馨 (1931-)
Su xing 塑星

Li, Su ying 李苏鹰
LI, SHU YING 李叔英 (1921-1966)

LI, SU YING 李素英 (1910-1986)
Li, Cheng cong 李琤琮
Li, Su 李素
Xuan xi 绚兮

LI, SUI 李遂
Li, Ying quan 李应权

LI, SUO KAI 李索开 (1918-1975)
S.K.
Suo kai 索开

Li ta 里塔
FAN, GUO HUA 范国华 (1931-)

Li tang 礼堂
WANG, GUO WEI 王国维 (1877-1927)

Li, Tang 李唐

LI, SHU CHENG 李书城 **(1881-1965)**

Li, Tang 李唐
LI, LIAN CUI 李连萃 **(1911-1991)**

LI, TAO 李涛 **(1925-)**
Bai, Mo 白默
Bai, Mu 白木
Bo yu 伯屿
Ke, Lun 柯崙
Li tao 理陶
Lu, Min 鲁珉
Lu, Mang 鲁氓
Mu, Lei 穆雷
Sha bai 莎白
Sha, Bai 沙白
Sha, Li tao 沙理陶
Shang, Bai 尚白
Xue wu 雪武
Yu, Lei 郁垒

Li, Tao 李涛
LI, LIN CHUN 李遴春

Li tao 力涛
GE, RONG JIN 葛荣晋 **(1935-)**

Li tao 理陶
LI, TAO 李涛 **(1925-)**

Li tao 澧涛
YE, PEI CHANG 叶培昌 **(1948-)**

Li, Te 李特
LI, DA 李达 **(1890-1966)**

LI, TENG YUE 李腾嶽 **(1895-1975)**
Meng chi 梦痴
Meng xing 梦星
Mu ma shan ren 木马山人

Li tian 力田
LI, YAO NAN 李耀南 **(1917-)**

Li, Tian 黎天
HE, SHOU ZHONG 何守中 **(1932-)**

LI, TIAN HU 李天祜 **(1916-)**
Yi ren 毅人

LI, TIAN JI 李天济 **(1921-)**
Gao, Lu 高鲁
Guang pei 光沛
Tian ji 天济
Tian ji 天际
Yu, Gang 于刚

LI, TIAN JIE 李天杰 **(1910-1980)**
Li, Ying shi 李英时

Li tian lou 戾天楼
ZOU, TAO 邹弢

LI, TIAN MIN 李天民 **(1920-)**
Jin, Tong 金童
Nai xin 乃心
Pan, Tu 潘徒
Wang, Jiu 王久
Yu nü 玉女
Zhao, Nai xin 赵乃心
Zhao, Qian sun 赵钱孙

LI, TIAN QING 李天庆 **(1918-)**
Li, Pu tong 李普同
Zhong hua 重华

LI, TIAN SONG 李天送 **(1954-)**
Na xi 纳西

LI, TIAN XIN 李天欣 **(1915-)**
Gu, Yue 古月
Hu, Man 胡蛮
Hu, Zhao heng 胡昭衡
Li, Xin 李欣

Li, Tian xing 李天兴
YANG, SEN 杨森 **(1930-1954)**

LI, TIAN XIONG 李天雄 **(1934-)**
Li, Ping 黎平
Shuang xing 双星

Li, Tiao 李迢
LI, KUI CAI 李奎才 **(1922-)**

Li, Tie 李铁
WU, YING XIA 吴应厦 **(1936-)**

Li, Tie fu 李铁夫
LI, YU TIAN 李玉田 **(1869-1952)**

Li, Tie fu 李铁夫
LI, ZONG QUE 李宗慤 **(1922-)**

LI, TIE GEN 李铁根 **(1898-1983)**
Xiang, Hu 向滸

Li, Tie lang 李铁郎
JIANG, GUANG CI 蒋光慈 **(1901-1931)**

Li, Tie lang 李铁郎
HONG, LUN XIU 洪伦修 **(1903-1933)**

LI, TIE MIN 李铁民 **(-1947?)**
Ban guan 半鳏

Li, Tie shan 李铁山
LI, HUI YING 李惠英 **(1930-)**

LI, TIE SHENG 李铁生 **(1928-)**
Li, Meng xi 李梦溪
Li, Yi 李乙
Li, Zhun 李准
Li, Zhun 李準
Mu hua li 木华梨

Sa la er zhun 萨拉尔準

Li, Tie sheng 李铁声
LI, SHENG HUA 李声华 (-1930)

Li, Ting 李汀
LI, CHUN TING 李春亭 (1930-)

Li, Ting 李亭
DENG, SHAO JI 邓绍基 (1933-)

Li ting 丽汀
HUANG, HUI FU 黄恢复 (1917-)

Li ting 鲤庭
CHEN, LI TING 陈鲤庭 (1910-)

LI, TING HUI 李廷辉 (1931-)
Li, Ting hui 李庭辉
Qiu, Fan 秋帆
Ya zhi 亚豸
Ya zi 亚子
Zeng, Tu 曾徒
Zeng, Zhi tu 曾之徒

Li, Ting hui 李庭辉
LI, TING HUI 李廷辉 (1931-)

LI, TING XUN 李廷熏 (1928-)
Li jun 力军
Li, Xun 李熏

Li ting yan 离亭燕
LIU, ZHONG HAN 刘忠涵 (1919-)

Li, Tong 李潼
LAI, XI AN 赖西安 (1953-)

Li, Tong fang 李通方
YE, SHAO JUN 叶绍钧 (1894-1988)

Li, Tong xin 李桐鑫
SUN, ZENG FA 孙增发 (1945-)

LI, TONG XUN 李通训 (1944-)
Tong zi 通子

Li, Tong you 李通由
JIANG, BI HOU 蒋壁厚 (1923-)

Li, Tu 李途
LI, HONG NIAN 李鸿年 (1911-)

Li, Tuo 李陀
MENG, KE QIN 孟克勤 (1939-)

Li, Tuo 李拓
LI, CHENG HAN 李成汉 (1942-)

Li, Tuo zhi 李拓之
LI, DIAN 李点 (1914-1983)

Li, Victor H.
LI, HAO 李浩

Li wan 丽婉
WU, LI WAN 吴丽婉 (1930-)

Li, Wan he 李万鹤
SHI, ZHE CUN 施蛰存 (1905-)

LI, WAN WAN 李万万 (1925-1968)
Fan, Zheng 范政

Li, Wang 黎望
ZHENG, XIAN ZHI 郑新知

LI, WANG AN 李望安 (1936-)
Hua, Yue 华月
Wang an 望安

LI, WANG KAI 李旺开
Qian long 潜龙
Xun feng 薰风

Li, Wang ru 李望如
LI, CONG XIN 李从心 (1912-)

Li, Wang ying 李望莺
LIANG, DI YUN 梁荻云 (1919-)

Li, Wei 李伟
LI, DING SHENG 李鼎声 (1914-)

Li, Wei 李伟
LI, WEI SUN 李伟孙 (-1936)

LI, WEI 李伟 (1946-)
Xin tu 新土

Li, Wei 李伟
NIU, YU LONG 牛余龙 (1964-)

LI, WEI 李玮 (1921-)
Duan mu, Fang 端木方

LI, WEI 李威 (1936-)
Li wei 里巍

LI, WEI 李唯 (1953-)
Tan, Tan 谭坛

Li, Wei 李维
LÜ, JI BAO 吕纪葆 (1950-)

Li, Wei 李葳
LI, LING 李灵

LI, WEI 李蔚 (1931-)
A wei 阿蔚

Li, Wei 李薇
LUO, QI WEN 罗启文 (1929-)

Li wei 里巍
LI, WEI 李威 (1936-)

Li, Wei bei 黎伟北
SHEN, DUAN XIAN 沈端先 (1900-1995)

LI, WEI CHANG 李伟昌

Mu, Nü 穆女

LI, WEI GANG 李维纲
Li, Gong yi 李公仪
Li, Mei zi 李梅子

LI, WEI HAN 李维汉 **(1896-1984)**
Luo, Mai 罗迈
Luo, Man 罗曼
Song 松
Wei han 维汉

LI, WEI HENG 李维恒 **(1916-)**
A wei 阿维
Ai, Tu 艾荼
Bai, Fan 白帆
He, Wei 何维
Hong qu 红蕖
Li, San lang 李三郎
Li, Wen yin 李文尹
Li, Xiao feng 李筱峰
Pu, Li 蒲莉
San lang 三郎
Si ma, Fei li 司马飞骊
Wen, Yin 文尹
Yi dan 一旦

Li, Wei hua 李伟华
LI, DING SHENG 李鼎声 **(1914-)**

Li, Wei jian 李唯建
LI, WEI JIAN 李惟建 **(1907-1981)**

LI, WEI JIAN 李惟建 **(1907-1981)**
Li, Wei jian 李唯建
Si lang 四郎
Wei jian 唯建
Wei jian 惟建
Yi yun 异云

LI, WEI KANG 李伟康 **(1910-)**
A wu 阿五

Li, Wei ke 李维克
LI, LIE WEN 黎烈文 **(1904-1972)**

LI, WEI KE 李维克 **(1927-)**
Li, Ying 李影
Mu rong, Yu jun 慕容羽军

Li, Wei ling 李维陵
LI, GUO LIANG 李国樑 **(1920-)**

LI, WEI LÜ 李维绿 **(1946-)**
Gao, Shan 高山

LI, WEI LUN 李维纶 **(1916-)**
Ai, San 艾三
Ai, Yu 艾玉
Fang, Hong 方红
Li, Lun 李伦
Li, Lun 李纶
Wen, Yu 文玉

Li, Wei qi 李唯琦
LI, GUANG PENG 李广澎 **(1921-)**

Li, Wei qing 李未青
LI, XING YA 李兴亚 **(1925-)**

LI, WEI QING 李伟卿 **(1919-)**
Lin, Ke 林克
Si tu, Ke 司徒克

LI, WEI SEN 李伟森 **(1903-1931)**
Bei ping 北平
Guo wei 国伟
Ji zhe 记者
Li, Bei ping 李北平
Li, Guo wei 李国伟
Li, Kun 李琨
Li, Qiu shi 李求实
Li, Wei sen 李维森
Nan, Ping 南平
Qiu, Shi 秋士
Qiu, Shi 秋石
Qiu shi 求实
Wei sen 伟森
Wei sheng 伟生
Zhuo, Ru 卓如

Li, Wei sen 李维森
LI, WEI SEN 李伟森 **(1903-1931)**

LI, WEI SHEN 李威深
Wei shen 威深

LI, WEI SUN 李伟孙 **(-1936)**
Li, Wei 李伟

Li, Wei sun 李伟孙
LI, ZENG TING 李增霆 **(1934-)**

Li, Wei xi 李维西
LI, XI MEI 李希美 **(1923-)**

LI, WEI XIN 黎维新 **(1925-)**
Li, Mu xing 黎牧星
Mu xing 牧星
Tian qi 天琪
Yang, Mu 羊牧

LI, WEI XIONG 李威熊
Cun fu 村夫

LI, WEI XUAN 李维宣 **(1926-)**
Bai, Yan zi 白雁子

LI, WEI YAO 李维耀 **(1954-)**
Yue yao 跃耀

LI, WEI YI 李唯一 **(1919-)**
Yu ren 愚人

LI, WEI ZHOU 李威周 (1928-)
Li, Ying lin 李英林
Wei zhou 维舟
Ying, Lin 英林
Zhou, Zhen hua 周振华

Li, Wen 李文
QU, QIU BAI 瞿秋白 (1899-1935)

Li, Wen 李文
LI, WEN DE 李文德 (1914-1992)

Li, Wen 李文
XU, ZHEN 徐震 (1915-1946)

Li, Wen 李文
ZHOU, JI GANG 周纪纲 (1916-1968)

LI, WEN 李文 (1924-)
Li, Wen 李汶
Yi wen 亦文
Yi wen 宜文

Li, Wen 李文
LI, JI AN 李济安

LI, WEN 李文
Bai, Lei 白蕾

Li, Wen 李汶
LI, WEN 李文 (1924-)

Li, Wen 李闻
ZHANG, HAN CHENG 张汉城 (1923-)

Li, Wen 李雯
LI, YI MIN 李逸民 (1929-)

LI, WEN 李雯 (1930-)
Li, Xiao wen 李小文

Li, Wen 李雯
LI, GUANG DE 李广德 (1935-)

Li, Wen 黎文
ZHANG, LI WEN 张立文 (1935-)

Li, Wen 黎文
LI, ZHI LIN 李志林 (1948-)

Li wen 力文
XIE, BEN SHU 谢本书 (1936-)

Li wen 力文
WU, GONG ZHENG 吴功正 (1943-)

Li wen 立文
ZHU, LI YUAN 朱立元 (1945-)

Li wen 里文
ZHANG, LI WEN 张立文 (1935-)

Li wen 理汶
XU, ZHEN 徐震 (1915-1946)

Li, Wen bing 李吻冰
LI, YING HAO 李英豪 (1941-)

LI, WEN CHAO 李文超 (1929-)
Wen, Yun 文筠

LI, WEN DA 李文达 (1908-1937)
Li, Su bo 李素伯
Su bo 素伯
Suo bei 所北

LI, WEN DA 李文达 (1918-)
Wen, Da 文达

LI, WEN DE 李文德 (1914-1992)
Li, Wen 李文
Li, Yu hua 李玉华
Lin, Shan 林杉
Shi, Lin shan 施林杉

Li, Wen gu 李闻古
HE, FA REN 和法仁 (1920-1970)

LI, WEN GUANG 李文光
Wen, Guang 文光
Xing 星

LI, WEN HENG 李文蘅 (1950-)
Xin he 欣荷

LI, WEN HUI 李文会 (1899-1958)
Bai xing 百姓
Cun zhang 村长
Fu ren 敷仁
Hu ren 护人
Lao bai xing 老百姓
Li, Fu ren 李敷仁
Xian yuan 咸员

Li, Wen hui 李文辉
LI, XIU LIN 李秀林 (1931-1986)

Li, Wen jian 李文剑
LI, BAO YU 李宝玉 (1949-)

LI, WEN JIAN 李文健 (1934-)
Du, Jian 杜渐
Li, Peng 李芃
Meng, De lin 孟德林
Mu, Chuan 穆川

LI, WEN JUN 李文俊 (1930-)
Ge, Ha 戈哈

LI, WEN KUN 李文琨 (1922-)
Li ken 里肯
Li, Ping fan 李平凡

LI, WEN LONG 李文龙 (1936-)
Jing zhi 敬之

LI, WEN MING 李文明 (1950-)
Wen, Ming 闻鸣

LI, WEN QI 李文琦 **(1902-)**
Fei gui 飞归
Leng, Xue an 冷雪盦
Leng, Zhong 冷衷
Li, Han zhang 李翰章
Li, Leng zhong 李冷衷
Mei, Xin 梅心
Mei, Zi 梅子
Mu, Zi 慕紫
Qi sheng 绮生
Yin yu 引玉

LI, WEN QIN 李文钦 **(1920-)**
Fei ran 斐然
Fei wen 非文
Shi, Yan 石焰
Yu, Lin 郁林
Yu, Wen 郁文

Li, Wen qing 李文卿
ZOU, EN RUN 邹恩润 **(1895-1944)**

LI, WEN RENG 李文礽
Zhou yun 縐云

LI, WEN RUI 李文瑞 **(1928-)**
Tan tian 坦天

LI, WEN SHAN 李文珊 **(1929-)**
Shi, Ling 石灵
Yang, Liu zhi 杨柳枝

LI, WEN TAO 李文涛 **(1880-1942)**
An, Li 安立
An, Zhu 安住
Bao, Yin 宝音
Bei chuang 悲幢
Bei yuan 悲愿
Bian yin 辨音
Bu dong 不动
Bu xi 不息
Bu zhu 不著
Bu zhuan 不转
Bu zhuo 不着
Chen hui lao ren 晨晖老人
Cheng lan 澄覽
Cheng, Jiu 成就
Cheng, Shi 成实
Cheng ting 澄渟
Cheng, Zhi 成智
Ci deng 慈灯
Ci feng 慈风
Ci li 慈力
Ci mu 慈目
Ci she 慈捨
Ci xian 慈现
Ci yue 慈月
Ci zang 慈藏
Da an 大安
Da ci 大慈
Da ci seng 大慈僧
Da ju 大愳
Da ming 大明
Da shan 大山
Da she 大捨
Da shi 大誓
Da xin 大心
Da xin fan fu 大心凡夫
Da zhou 大舟
Dan ning dao ren 澹泞道人
Dan ning lao ren 澹濘老人
Dan yin 丹音
De chuang 德幢
De zang 德藏
Deng yue 等月
Er yi lao ren 二一老人
Fa cheng 法城
Fa chuang 法幢
Fa ri 法日
Fang, Guang 方广
Guang ming 光明
Guang wang 光网
Guang xin 广心
He ji 禾寂
Hong yi 弘一
Hong yi 泓一
Hong yi da shi 弘一大师
Hong yi he shang 弘一和尚
Hong zhai 弘斋
Hui chuang 慧幢
Hui deng 慧镫
Hui ju 慧炬
Hui shu 慧树
Ji, Guang 吉光
Ji guang 髻光
Ji ming 髻明
Ji, Mu 吉目
Ji mu 髻目
Ji ren 即仁
Ji yan 髻严
Ji yin 髻音
Jian gu 坚固
Jian kai 坚铠
Jie fu 解缚
Jie tuo 解脱
Jing di 净地
Jing guan 静观
Jing jin 精进
Jing yan 净眼
Jiu jing 究竟
Ju hui 炬慧
Ju zu 具足

Jue hui 觉慧
Le ji 乐寂
Li gou 离垢
Li ren 离忍
Li, Shu tong 李叔同
Li, Xi shuang 李惜霜
Li xiang 离相
Li yue 力月
Li zhuo 离着
Ling bian 灵辨
Long, Bi 龙辟
Long, Yin 龙音
Lun yue 论月
Man, Yue 满月
Miao sheng 妙胜
Miao yan 妙严
Miao yi 妙义
Ming, Hui 明慧
Ming, Liao 明了
Mo yi xing zhe 摩颐行者
Nan she jiu lü 南社旧侣
Nan sheng 难胜
Nan si 难思
Nian hui 念慧
Nian zhi 念智
Pi jia 被甲
Pian zhao 偏照
Pu, Yin 普音
Qing liang 清凉
Ru kong 如空
Ru li 如理
Ru shi 如实
Ru shuo 如说
Ru xuan 入玄
Ru yan 如眼
Ru yue 如月
Ru zhi 如智
Seng yin 僧胤
Sha men yi yin 沙门一音
Shan bi 善臂
Shan jie 善解
Shan liang 善量
Shan liao 善了
Shan meng 善梦
Shan meng lao ren 善梦老人
Shan min 善愍
Shan ru 善入
Shan she 善慑
Shan si 善思
Shan wei 善惟
Shan xian 善现
Shan yin 善音
Shan yue 善月
Shan zhi 善知
Shen shen 甚深
Shen xin 深心
Sheng bi 胜臂
Sheng chuang 胜幢
Sheng deng 胜镫
Sheng hui 胜慧
Sheng ji 胜髻
Sheng jie 胜解
Sheng li 胜力
Sheng mu 胜目
Sheng xing 胜行
Sheng yin 胜音
Sheng you 胜祐
Sheng yuan 胜愿
Sheng yue 胜月
Shi deng 世灯
Shi hui 实慧
Shi yi 实义
Shi yu 实语
Shi zhi 实智
Shou tong 瘦桐
Shu sheng 殊胜
Shu tong 漱筒
Shun li 顺理
Sui shun 随顺
Suo gui 所归
Tan fang 昙昉
Tiao fu 调伏
Tiao rou 调柔
Tiao shun 调顺
Wan qing lao ren 晚晴老人
Wang yan 亡言
Wang yi 忘已
Wei dao 为导
Wei de 威德
Wei gui 为归
Wei hu 为护
Wei ju 为炬
Wei miao 微妙
Wei ming 为明
Wei qu 为趣
Wei she 为舍
Wei sheng 为胜
Wei shou 为首
Wei yi 为依
Wu de 无得
Wu deng 无等
Wu fu 无缚
Wu jin 无尽
Wu qing 无庆
Wu shuo 无说
Wu suo 无所
Wu wei 无畏
Wu yan 无厌
Wu yi 无依
Wu you 无有

Wu zhu 无住
Wu zuo 无作
Xi lu 息庐
Xi shuang 息霜
Xi weng 息翁
Xian xing 贤行
Xian yue 贤月
Xiang yan 相严
Xin li 信力
Xin xin dao ren 欣欣道人
Xing kong 性空
Xing qi 性起
Xu kong 虚空
Xuan ce 玄策
Xuan hui 玄会
Xuan ming 玄明
Xuan ren 玄人
Xuan rong 玄荣
Xuan ru 玄入
Xuan tong 玄同
Yan hui 𧹞慧
Yan, Ji 严髻
Yan yin 演音
Yan yin he shang 演音和尚
Yi wei 一味
Yi xiang 一相
Yi yin 一音
Yi yin he shang 一音和尚
Yi yue 一月
Yin 胤
Yin 音
Ying ju shi 婴居士
Ying ju shi xi weng 婴居士息翁
Ying luo 璎珞
Yong shuo 勇说
Yuan Li 远离
Yuan man 圆满
Yuan men 愿门
Yuan yin 圆音
Yuan zang 愿藏
Yue bi 月臂
Yue chuang 月幢
Yue deng 月镫
Yue yin 月音
Za hua 杂华
Zeng shang 增上
Zhan bu lao ren 薝蔔老人
Zhen yi 真义
Zhen yue 真月
Zhi chuang 智幢
Zhi deng 智灯
Zhi jing 智境
Zhi ju 智炬
Zhi li 智理
Zhi men 智门
Zhi ru 智入
Zhi sheng 智胜
Zhi yan 智眼
Zhi yin 智音
Zhi zang 智藏
Zhi zhu 智住
Zhong zhi 种智
Zhuang, Yan 庄严
Zi zai 自在
Zuo ming 作明

LI, WEN TIAN 李文田 **(1940-)**
Li, Bei 李备
Wu yan 无言

Li, Wen wang 黎文望
LUO, ZE PU 罗泽浦 **(1927-1998)**

Li, Wen xiang 李文湘
LI, NAI GENG 李廼赓 **(1908-)**

Li, Wen xin 李文信
LI, ZHU 李铸 **(1927-)**

LI, WEN XING 黎文星 **(1922-)**
Li, Feng 黎风
Li, Hong 李虹
Li, Zheng zhong 黎正中

LI, WEN XIU 李文秀
Zi wei 紫薇

LI, WEN XUE 李文学 **(1938-)**
Hai, Jing 海静
Hui 晖
Li, Xiao yin 李肖吟
Li, Xue wen 李学文
Xiao, Cen 肖岑

LI, WEN YAO 李文耀 **(1945-)**
Xue jia li 雪茄李

Li, Wen yin 李文尹
LI, WEI HENG 李维恒 **(1916-)**

LI, WEN ZAO 李文藻
Han, Pai an 韩拍岸
Li, Can yang 李残羊
Li, Yu tian 李雨田

Li, Wen zhi 李文治
LI, SHU BAO 李叔宝 **(1920-)**

Li weng 荔翁
LIU, YI FEN 刘以芬 **(1885-1961)**

Li wo 梨涡
LIANG, ZHI SHENG 梁志生 **(1912-)**

Li, Wu 李无
SU, FEI 苏菲 **(1919-)**

Li, Wu 黎武
LI, GUANG BI 李光壁 **(1914-1976)**

Li wu 力舞
HANG, LI WU 杭立武 **(1903-)**

Li wu 犁雾
LI, WU KUI 李武魁 **(1929-)**

Li wu 立五
ZHAO, MING YI 赵铭彝 **(1906-)**

LI, WU BIN 李武斌 **(1947-)**
Chun hui 春晖
Li, Wu bing 李武兵

Li, Wu bing 李武兵
LI, WU BIN 李武斌 **(1947-)**

Li, Wu cheng 李雾城
CHEN, XI RONG 陈希荣 **(1911-1970)**

Li, Wu du 李无毒
LI, QING QUAN 李清泉 **(1916-)**

LI, WU HU 李五湖 **(1925-)**
Li, Zhi chun 李知春

LI, WU KUI 李武魁 **(1929-)**
Jin, Quan 金泉
Li wu 犁雾
Xiao hong 小虹
Zheng ge 正戈

Li, Wu shuang 李无双
HAO, QING SONG 郝庆松 **(1920-1979)**

Li, Wu xin 李无心
LI, BI HUI 李碧慧 **(1949-)**

Li, Wu yu 李戊于
LI, YUN 李允 **(1884-1969)**

LI, XI 李希 **(1911-1989)**
Ding, Wang xuan 丁望萱
Lao, Rong 劳荣
Lao, Ying 劳蓥
Li, Guan chun 李关椿
Li, Guan sheng 李关生
Li, Lao rong 李劳荣
Li, Nian ci 李念慈
Li, Shou xian 李守先
Li, Xi 黎晞
Li, Xi zi 黎晞紫
Takin
Tang, Qing 唐晴
Xi zhi 希之
Zhao, Tong 赵彤
Zhao, Xuan wu 赵玄武
Zhou, Qiu zi 周秋紫

LI, XI 李曦 **(1920-)**

Li, Yu ren 李育仁
Tian, Zhuang 田庄
Xiu lun 銹轮

Li, Xi 黎兮
LI, JIE 李杰 **(1939-)**

Li, Xi 黎晞
LI, XI 李希 **(1911-1989)**

Li xi 礼锡
WANG, LI XI 王礼锡 **(1901-1939)**

Li xi 醴兮
SONG, ZENG CHANG 宋增昌 **(1945-)**

Li, Xi cen 李洗岑
LI, GUANG TIAN 李广田 **(1906-1968)**

Li, Xi chen 李曦晨
LI, GUANG TIAN 李广田 **(1906-1968)**

LI, XI CHENG 李西成 **(1929-)**
Zhu, Ding 朱定

Li, Xi de 李系德
LI, YING HUA 李英华 **(1951-)**

Li, Xi fan 李希凡
LI, XI FAN 李锡范 **(1927-)**

LI, XI FAN 李锡范 **(1927-)**
Li, Xi fan 李希凡
Xie, Fan 谢凡

LI, XI KAI 李锡凯 **(1941-)**
Mang yuan 莽原

LI, XI LONG 李锡龙 **(1965-)**
Li, Yang 李扬

LI, XI MEI 李希美 **(1923-)**
Li, Lin 李霖
Li, Wei xi 李维西
Lin, Yin pin 林音频
Wei xi 维西

LI, XI MI 李希泌 **(1919-)**
Wen, Jin 文津

Li, Xi peng 黎锡朋
LI, JIN MING 黎锦明 **(1905-)**

LI, XI QIN 李习勤 **(1932-)**
Nan, Chuan 南川

LI, XI RONG 李锡荣
Xi yun 夕云

LI, XI SHENG 李希圣 **(1864-1905)**
Xiao shan bing xin 小山秉信
Yan ying zhai 雁影斋

Li, Xi shuang 李惜霜

LI, WEN TAO 李文涛 **(1880-1942)**

LI, XI XIAN 李希贤 **(1935-)**
Li, Sha 李沙

LI, XI ZHI 李锡智
Li, Yu ru 李愚如

LI, XI ZHI 李熙芝 **(1923-)**
Li, Lin 李林

Li, Xi zi 黎晞紫
LI, XI 李希 **(1911-1989)**

Li, Xia 李下
LI, XIU YE 李修业 **(1915-)**

LI, XIA 李下 **(1945-)**
Gua tian 瓜田

Li, Xia 李夏
LI, DONG CAI 李东才 **(1952-)**

Li, Xia 李霞
LI, ZI YING 李子英 **(1921-)**

Li, xia 丽霞
YAN, LI XIA 严丽霞 **(1956-)**

Li, xia 励霞
YAN, LI XIA 严丽霞 **(1956-)**

Li, Xia cao 李下草
LI, JING YUAN 李景元 **(1921-)**

Li xia lao ren 篱下老人
JIN, XIONG BAI 金雄白 **(1903-1985)**

Li, Xia qing 李霞卿
LI, ZONG YU 李宗裕 **(1887-1931)**

LI, XIA SHANG 李霞裳 **(1927-)**
Li shi 理石
Xia shang 霞裳

Li, Xia shi 李下士
SU, FEI 苏菲 **(1919-)**

Li, Xia shu 李下叔
LI, DONG JI 李东济 **(1953-)**

Li, Xia yang 李夏阳
LI, SHUO CHENG 李硕诚 **(1922-)**

Li, Xian 李现
ZHENG, BING ZHONG 郑炳中 **(1922-)**

LI, XIAN HAI 李贤海 **(1945-)**
Li, Bo 李波

LI, XIAN JI 李宪基 **(1943-)**
Da li 达理

LI, XIAN PEI 李贤沛 **(1925-)**
Li, Ming 李铭

LI, XIAN YAO 黎先耀 **(1925-)**
Chu, Yuan 楚原
Li, Ning xiao 黎凝晓

LI, XIAN ZHI 李显智 **(1933-)**
Dong qing 冬青

LI, XIAN ZHI 黎先智 **(1928-)**
Ning, Ke 宁可

Li, Xiang 李向
ZHANG, DAO FANG 张道昉 **(1937-)**

Li, Xiang 李详
LI, SHEN YAN 李慎言 **(1859-1931)**

Li, Xiang 李详
WANG, JIA XIANG 王家祥 **(1966-)**

LI, XIANG 李湘 **(1948-)**
Xiang li 乡里
Ya xiang 亚乡

LI, XIANG 李骧 **(1893-1971)**
Li, Chao shi 李超士

Li, Xiang 黎响
LI, ZUO XIANG 李作祥 **(1934-)**

Li, Xiang 黎响
CAI, LIANG QIAN 蔡良乾 **(1943-)**

Li xiang 丽湘
CHEN, JIA QING 陈家庆 **(-1969)**

Li xiang 离相
LI, WEN TAO 李文涛 **(1880-1942)**

LI, XIANG BIN 李祥彬 **(1944-)**
Xiang bing 翔兵

LI, XIANG CHUN 李向春 **(1937-)**
Hei, Niu 黑牛
Xiang, Chun 向春

LI, XIANG DONG 李向东 **(1957-)**
Li, Nian zhi 李念之

LI, XIANG FA 李翔发 **(1958-)**
Bai, Mian 白勉

LI, XIANG JUE 李相珏 **(1936-)**
Li, Xue bai 李雪白

Li, Xiang jun 李湘军
YI, XI GAO 易希高 **(1942-)**

LI, XIANG LENG 李香冷
Xiang leng 香冷

LI, XIANG LIN 李祥麟 **(1941-)**
Yin shi 隐石

LI, XIANG LIU 李乡浏 **(1934-)**
Li bin 里斌

Wu, Hang bin 吴航斌
Yan, Ru yue 严如钺

Li, Xiang nong 李乡农
SHEN, ZENG ZHI 沈曾植 **(1850-1922)**

LI, XIANG SHU 李湘树 **(1954-)**
Fu rong mu 芙蓉木
Guan, Xian shi 管闲士
Xiang, Xu 向煦

LI, XIANG TING 李祥霆 **(1940-)**
Li, Ling qiu 李泠秋

LI, XIANG WEN 李象文 **(-1955?)**
Yan, Yan 严炎
Ye, Bei cen 叶北岑

LI, XIANG XIAN 李象贤 **(1914-1978)**
Chun yi xiao li 鹑衣小吏
Li, Bai feng 李白凤
Li, Bai peng 李百朋
Li, Feng 李逢
Li, Mu zi 李木子
Ru xu 濡需
Shi, Shan chang 石山长

LI, XIANG XIAO 李香孝 **(1942-)**
Li, Hong 李宏
Li, Yi 李艺
Li, Yong 李永
Li, Ze 李泽

LI, XIANG YAN 李象岩 **(1942-)**
Shi, Shan 石山

LI, XIANG YI 李向沂 **(1929-)**
Dong sheng 东生

Li, Xiang zhen 李向真
ZHENG, XI LIN 郑锡麟 **(1914-)**

LI, XIANG ZHEN 李祥贞 **(1909-1977)**
Miao, Min 缪敏

Li, Xiao 李肖
CHENG, HE LING 成鹤令 **(1917-1980)**

Li, Xiao 李晓
LI, XIAO TANG 李小棠 **(1950-)**

Li, Xiao 李晓
LI, ZHENG PIN 李正品 **(1958-)**

LI, XIAO AN 李效厂
Xiao an 效厂

Li, Xiao ba 李小巴
LI, JIAN XUN 李建勋 **(1937-)**

LI, XIAO CANG 李啸仓 **(1921-1990)**
Jiang, Pu 江浦
Su, Cang 粟仓
Xiao cang 晓苍

LI, XIAO DAN 李晓丹
Zi yang lou zhu 紫阳楼主

Li, Xiao dan 李肖聃
LI, YOU LONG 李犹龙 **(1881-1953)**

Li, Xiao dong 李小冬
CHEN, LI DAN 陈力丹 **(1951-)**

LI, XIAO DONG 李晓东 **(1955-)**
Li, Xin 李歆
Zao yang 早阳

Li, Xiao fang 李晓舫
LI, HENG 李珩 **(1898-)**

Li, Xiao feng 李小峰
LI, RONG DI 李荣第 **(1897-1971)**

Li, Xiao feng 李筱峰
LI, WEI HENG 李维恒 **(1916-)**

LI, XIAO HONG 李肖虹 **(1939?-)**
Shi zheng 诗正
Xiao hong 小虹
Xiao hong 晓虹

Li, Xiao hua 李晓华
LI, ZI YING 李子英 **(1921-)**

LI, XIAO HUA 李晓桦 **(1955-)**
Xiao hua 晓桦

Li, Xiao ming 李晓明
LI, HONG SHENG 李鸿升 **(1920-)**

LI, XIAO MING 黎小明 **(1958-)**
Zha, Xiao xin 查小欣

LI, XIAO QIN 李孝琴 **(1962-)**
Xiao qin 潇琴

Li xiao rong 莉小容
LI, ZHAO LIN 黎兆麟 **(1959-)**

LI, XIAO RU 李小如 **(1955-)**
Xiao yu 晓雨

Li, Xiao shan 李小山
LI, ZHEN HAN 李振汉 **(1912-1975)**

LI, XIAO TANG 李小棠 **(1950-)**
Li, Xiao 李晓

LI, XIAO TANG 李效唐 **(1934-)**
Li guo 里果

Li, Xiao tong 李孝铜
CAI, YAN PEI 蔡炎培 **(1935-)**

LI, XIAO WEI 李晓伟 **(1954-)**
Chen, Mo 陈默

Li, Xiao wen 李小文

LI, WEN 李雯 **(1930-)**

Li, Xiao wu 李小五
LI, CHANG HUA 李长华 **(1946-)**

Li, Xiao yan 李小燕
LI, YAN YAN 李燕燕 **(1955-)**

LI, XIAO YAN 李效颜 **(1920-)**
Wen, Yan 文彦

Li, Xiao ye 李小埜
LI, YUAN 李远 **(1951-)**

Li, Xiao yin 李肖吟
LI, WEN XUE 李文学 **(1938-)**

Li, Xiao yu 李筱瑜
HE, HAN 何汉 **(1926-)**

Li, Xiao yuan 李小园
LI, SHU CHENG 李书城 **(1881-1965)**

Li, Xiao yuan 李小垣
LI, SHU CHENG 李书城 **(1881-1965)**

Li, Xiao yuan 李小缘
LI, GUO DONG 李国栋 **(1897-1959)**

Li, Xiao yuan 李晓园
LI, SHU CHENG 李书城 **(1881-1965)**

Li, Xie 李谐
LI, XIN MIN 李新民 **(1937-)**

Li, Xin 李忻
LI, XIN JUAN 李新娟 **(1949-)**

Li, Xin 李昕
LI, GUO ZHU 李国拄 **(1931-)**

Li, Xin 李欣
LI, TIAN XIN 李天欣 **(1915-)**

Li, Xin 李欣
LI, JIA XING 李家兴 **(1930-)**

Li, Xin 李新
LI, ZHONG SHEN 李忠慎 **(1918-)**

Li, Xin 李新
LI, XIN JUAN 李新娟 **(1949-)**

Li, Xin 李歆
LI, XIAO DONG 李晓东 **(1955-)**

Li, Xin 李鑫
LI, ZHENG ZHONG 李正中 **(1921-)**

Li, Xin 黎辛
GUO, YOU YONG 郭有勇 **(1920-)**

Li, Xin 黎欣
LI, GAO XIN 李高信 **(1942-)**

Li, Xin 黎信
NIE, YU WEN 聂玉文 **(1938-)**

Li, Xin 黎新
LI, YU ZHEN 李毓珍 **(1909-)**

Li xin 力新
REN, BAO ZHU 任宝珠 **(1928-)**

LI, XIN AN 李心安
Bi ti 碧提

LI, XIN BAI 李辛白
Jiang su 董素
Xin, Bai 辛白

Li, Xin gan 李新淦
LI, HUA KUO 李骅括

LI, XIN JUAN 李新娟 **(1949-)**
Li, Xin 李忻
Li, Xin 李新

LI, XIN KUI 李新魁 **(1935-)**
Li, Xing qiao 李星桥
Xing qiao 星桥

Li, Xin liang 李新良
GUAN, YOU WEI 关有维 **(1909-1941)**

LI, XIN LUO 李心洛
A luo 阿洛

LI, XIN MIN 李新民 **(1937-)**
Li, Xie 李谐

LI, XIN TIAN 李心田 **(1929-)**
Li, Si 李思
Tian, Li 田犁

LI, XIN XUE 李新学 **(1929-)**
Xing xue 星学

LI, XIN YONG 李新勇 **(1925-)**
Li, Yong 李勇
Li, Yong 李涌

Li, Xing 李行
LI, KE CHUN 李克纯 **(1916-1984)**

Li, Xing 李行
YU, TIE 于铁 **(1926-)**

Li, Xing 李星
LI, LIANG MIN 李俍民 **(1919-)**

Li, Xing 李星
LI, HUA XING 李华兴 **(1933-)**

LI, XING 李星 **(1943-)**
Li, Fu xing 李福星

Li, Xing 黎行
LI, XIU YE 李修业 **(1915-)**

Li, Xing 黎星
LÜ, QIN 吕沁 **(1925-)**

LI, XING BAI 李行百 **(1926-)**
Xin bo 信伯

LI, XING HUA 李兴华
Fei ding 废丁
Li, Feng 李凤

Li, Xing jian 励行健
MA, HUAN 马环 **(1917-)**

LI, XING JIAN 李行健 **(1935-)**
Yu, He zhi 余何知

LI, XING MIN 李醒民 **(1945-)**
Guan, Zhong 关钟
Hu ding 扈丁
Hua, Shan 华珊
Qin, Ling 秦翎
Wei, Shui 魏水

Li, Xing qiao 李星桥
LI, XIN KUI 李新魁 **(1935-)**

LI, XING WU 李兴武 **(1941-)**
Ke, Qin fu 柯沁夫

LI, XING XUAN 李行轩
Dong fang, Wei bai 东方微白

LI, XING YA 李兴亚 **(1925-)**
Li, Qing 李青
Li, Wei qing 李未青
Lin, Qiu shi 林秋实
Qiu, Shi 秋实
Shan ning 山宁
Wei qing 未青
Wei xing 未行

LI, XING YU 李兴玉 **(1932-)**
Xin yu 新宇

LI, XING YU 李兴宇 **(1920-1970)**
Li, Nan li 李南力
Li yi 里易
Lu, Te dan 鹿特丹
Nan, Li 南力

Li, Xing zhi 李性芝
HUANG, YOU DE 黄有德 **(1952-)**

Li, Xiong fang 李雄芳
HE, QI LIANG 何启良 **(1954-)**

LI, XIU 李秀 **(1940-)**
Mu zi 木子
Yi zhen 宜真

Li, Xiu chang 李秀昌
LI, DA ZHAO 李大钊 **(1889-1927)**

LI, XIU CHUN 李秀春
Xiu chun 秀春

LI, XIU HENG 李秀恒 **(1929-)**
Li, Fang 李放

LI, XIU JUAN 李秀娟 **(1966-)**
Juan zi 娟子
Wen, Juan 文涓

LI, XIU LIN 李秀林 **(1931-1986)**
Li, Wen hui 李文辉
Lin, Hui 蔺晖
Qiu, Lin 裘麟
Xiu, Lin 修林

LI, XIU LIN 李秀林 **(1934-)**
Tao lin 韬林

Li, Xiu qiu 李秀秋
LIN, BAO QING 林葆青

LI, XIU SHI 李秀实 **(1936-)**
Xiu shi 秀石

LI, XIU SHI 李岫石 **(1911-1938)**
Fan shi 繁市
Xiao, Shi 萧石

LI, XIU YE 李修业 **(1915-)**
Jiang, Shan 江山
Jin, Chi feng 金赤峰
Li, Xia 李下
Li, Xing 黎行
Li, Xun feng 李薰风
Xun feng 迅风
Xun feng 熏风
Yu, Zhai 余斋

LI, XIU ZHONG 李秀中 **(1942-)**
He xin 禾心
Nong, Ren 农人

Li, Xu 李旭
REN, ZHUO XUAN 任卓宣 **(1896-1990)**

LI, XU 李旭 **(1907-1984)**
Bai, Bo 白波
Bei xing 北星
Dan shan 丹山
Li, He cheng 李鹤城
Li, Shi long 李时龙
Li, Zhang yuan 李章元
Qin xue 琴雪
Shan qin 汕琴
Yue bo 月波
Yue cun 月村
Yue shu 月树

Li, Xu 李栩
LI, QING LIANG 李庆良 **(1923-)**

Li, Xu 李煦
LI, XUE XI 李学禧 **(1918-)**

Li, Xu dong 李旭东
LI, SHU TANG 李书堂 **(1913-1989)**

Li, Xu dong 李煦东
LI, SHU TANG 李书堂 **(1913-1989)**

LI, XU YUAN 李绪源 **(1940-)**
Shi, He 石河

Li, Xu zhong 李续忠
LI, ZONG WU 李宗武 **(1895-1968)**

Li, Xuan 李玄
YANG, JIA JU 杨家驹 **(1917-)**

Li, Xuan 李萱
LI, BI HUI 李碧慧 **(1949-)**

Li, Xuan bo 李玄伯
LI, ZONG TONG 李宗侗 **(1895-1975)**

Li, Xuan fu 李萱夫
YANG, SHANG KUN 杨尚昆 **(1907-)**

Li xuan lou zhu ren 理选楼主人
YU, DA CHENG 于大成 **(1934-)**

Li, Xue bai 李雪白
LI, XIANG JUE 李相珏 **(1936-)**

LI, XUE GUANG 李学光 **(1953-)**
Xu guang 旭光

LI, XUE MIN 李学敏 **(1923-1961)**
Fan, Tao 范涛
Hua, Xi ding 华希定
Li, Fu min 李福民
Li, Hua 李华
Lou, Wen mu 楼文牧
Lu, Bai ye 鲁白野
Po bing 破冰
Wei bei hua 威北华
Yue, Zi geng 越子耕

LI, XUE MING 李雪明 **(1951-)**
Ye man zi 野蔓子

Li, Xue sheng 李雪生
LI, GEN YUAN 李根源 **(1879-1965)**

LI, XUE TING 李学亭 **(1910-)**
A mu lin 阿木林
Li, Shao wen 李绍文
Xiao hong 小红
Xiao tian 笑天

Li, Xue wen 李学文
LI, WEN XUE 李文学 **(1938-)**

LI, XUE XI 李学禧 **(1918-)**
Li, Xu 李煦

LI, XUE YI 李学艺 **(1943-)**
Lao xiang 老乡
Li, Lao xiang 李老乡

LI, XUE YING 李学英 **(1922-)**
Ke, Yang 柯央

LI, XUE ZHUN 李学準 **(1928-)**
Zi he 子鹤

Li, Xun 李汛
LI, GAO XIN 李高信 **(1942-)**

Li, Xun 李恂
LI, BAO XUN 李葆恂 **(1859-1915)**

Li, Xun 李洵
XU, JING HUA 许静华 **(1934-)**

Li, Xun 李熏
LI, TING XUN 李廷熏 **(1928-)**

Li, Xun feng 李薰风
LI, XIU YE 李修业 **(1915-)**

Li, Xun qing 李洵青
LI, CHUN QING 李纯青 **(1908-1990)**

LI, XUN XI 李薰熹 **(1918-)**
Li, Fen 李芬

Li, Xun yue 李循钺
LI, PING XIN 李平心 **(1907-1966)**

LI, YA CONG 李牙聪
Long zi 聋子

LI, YA DAN 李亚丹 **(1932-)**
Meng, Dan 蒙丹

Li, Ya hong 李亚红
LI, ZHAO LIN 李兆麟 **(1915-)**

LI, YA JUN 李亚军 **(1951-)**
Ya jun 亚军

LI, YA NAN 李亚南 **(1952-)**
Shui, Lan 水蓝
Ya lan 雅岚
Ya nan 亚南

LI, YA NONG 李亚农 **(1906-1962)**
Dan qiu 旦丘
Li, Dan qiu 李旦丘
Xin ran zhai 欣然斋

LI, YA QUN 李亚群 **(-1979)**
Xiao ya 小亚

LI, YA QUN 李亚群 **(1948-)**
Lan, Jun zhi 兰君直

LI, YA RU 李亚如 **(1919-)**
Jun yang 君羊

Li, Qun 李群
San you zhai zhu 三有斋主
Ya 亚
Zhi weng 止翁

LI, YA YUN 李雅运 **(1921-)**
Geng 耕
Geng qing 耕青
Li, Ya yun 李雅韻

Li, Ya yun 李雅韻
LI, YA YUN 李雅运 **(1921-)**

Li, Yan 李岩
LI, ZI LIANG 李子亮 **(1939-)**

Li, Yan 李岩
LI, YAN YAN 李燕燕 **(1955-)**

LI, YAN 李炎
Yan er 炎儿

LI, YAN 李棪 **(1910-)**
Yan zhai 棪斋

LI, YAN 李燕 **(1930-)**
Shang lin 上林

Li yan 力严
YIN, SHUN 印顺

Li yan 立言
HUANG, TIAN BI 黄天璧 **(1934-)**

Li yan 里雁
LI, SHI JUN 李世钧 **(1921-1962)**

Li yan 理言
LI, DA PENG 李大鹏 **(1947-)**

Li, Yan bing 李盐冰
LIU, KE XIANG 刘克襄 **(1957-)**

LI, YAN HUA 李衍华 **(1920-1979)**
Lu, Mang 鲁莽
Lu mang 芦芒

Li, Yan hui 李延辉
LI, HONG BI 李宏贲 **(1914-1991)**

Li, Yan lu 李延禄
GAO, CHONG MIN 高崇民 **(1891-1971)**

Li, Yan nong 李研农
LI, SHI JIAN 李实坚 **(1885-1964)**

LI, YAN QUN 李炎群 **(1933-)**
Hua, Sha 华莎
Ma sha 玛莎
Ma, Ya 马亚

LI, YAN RUI 李延瑞 **(1902-1979)**
Dong, Zhi cheng 董志城
Li, Zi xiang 李紫翔

LI, YAN SHENG 李延生 **(1930-)**
Yan, Sheng 延生

LI, YAN SHENG 李延声 **(1945-)**
Yan, Sheng 延声

LI, YAN SHENG 李龢生 **(1897-1975)**
Bo zhai 博斋
Luo, Shi 罗什
Ma, Er 马儿
Yan di 炎帝

LI, YAN SHOU 李延寿 **(1904-1988)**
He, Lin 何林
Li, He lin 李何林
Li, Zhen fa 李振发
Li, Zhu nian 李竹年
Li, Zuo fei 李昨非
Zhu, Nian 竹年

Li, Yan sun 李雁荪
HUA, ZHEN ZHI 华振之

LI, YAN XIANG 李延祥 **(1948-)**
Yan xiang 雁翔

LI, YAN YAN 李燕燕 **(1955-)**
Li, Xiao yan 李小燕
Li, Yan 李岩
Meng yao 梦遥

Li yan zhai 犁砚斋
SHAN, XIAO TIAN 单孝天 **(1921-)**

LI, YAN ZHI 李彦之
Gao, Yang 高阳
Song tai 松台

LI, YANG 李扬 **(1928-)**
Ai, Ye 艾叶

Li, Yang 李扬
LI, XI LONG 李锡龙 **(1965-)**

Li, Yang 李阳
LI, JUN 李儁

Li, Yang 黎央
LI, YI HANG 李一航 **(1916-)**

Li, Yang 黎扬
DING, JING TANG 丁景唐 **(1920-)**

Li, Yang 黎阳
YU, ZENG ZUO 郁曾祚 **(1927-)**

Li, Yang 黎阳
BAO, LI LI 鲍利黎 **(1948-)**

Li, Yang 黎阳
TAO, QIN ZHI 陶勤之 **(1958-)**

Li, Yang 黎阳

CHEN, LI YANG 陈黎阳

Li yang 力扬
JI, XIN 季信 **(1908-1964)**

Li yang 力扬
JIA, ZHI FANG 贾植芳 **(1915-)**

Li yang 力扬
SHAO, LI YANG 邵黎阳 **(1942-)**

Li yang 里扬
SUN, BING LUN 孙冰轮 **(1926-)**

Li yang 犁阳
GU, JIN ZHANG 顾金章 **(1925-)**

LI, YANG BI 李仰弼 **(1924-1993)**
Li, Fang 李放
Li, Sha 李莎
Li, Shan hong 黎闪虹
Ling ding 伶丁
Pu, Feng 普枫
Yang, Bi 杨碧

LI, YAO LIN 李尧林 **(1901-1945)**
Li, Lin 李林

LI, YAO NAN 李耀南 **(1917-)**
Ao di luo 奥的洛
Jian 坚
Jin, Shi 金石
Ku yin ren 苦吟人
Li tian 力田
Li, Yue nan 李岳南
Liu, Shu wen 刘叔温
Qiu, Shan 丘山
Yi 毅
Yue, Nan 岳南

Li, Yao shan 李乐山
WANG, XIAO YI 王小逸

LI, YAO TANG 李尧棠 **(1904-)**
B. B.
Ba, Bi 巴比
Ba, Jin 巴金
Ba Kin
Bi jin 比金
Chun feng 春风
Fei 芾
Fei gan 芾甘
Gan 甘
Gan, Fei 甘芾
Hei, Lang 黑浪
Huang, Shu hui 黄树辉
Ji le 极乐
Jin 金
Jing rong 竟容
Li, De rui 黎德瑞
Li, Fei gan 李芾甘
Li Fei Kan
Li, Leng 李冷
Li, Yi qie 李一切
Ma, La 马拉
Ma, Qin 马琴
Ming xi 鸣希
Ou yang, Jing rong 欧阳竟蓉
P. K.
Pei gan 佩竿
Ren ping 壬平
Wang, Ping 王平
Wang, Wen hui 王文慧
Yi qie 一切
Yu, Qi 余七
Yu, San 余三
Yu, Wu 余五
Yu, Yi 余一

LI, YAO XI 黎耀西 **(1929-1989)**
Lao xi 老西

LI, YAO ZONG 李耀宗 **(1939-)**
Guang mang 光芒

Li, Ye 李业
TANG, DA CHENG 唐达成 **(1928-)**

Li, Ye 李野
LI, BAO JIA 李葆家 **(1920-)**

Li, Ye 黎野
MA, ZUO JI 马作楫 **(1922-)**

Li ye 力野
GE, LI 葛力 **(1915-)**

Li ye cang 利野仓
LI, ZHANG RUI 李张瑞 **(-1951)**

LI, YE DAO 李业道 **(1924-)**
Chen, Ying 陈婴
Sha, Dan 沙旦

Li, Ye guang 李野光
LI, GUANG JIAN 李光鉴 **(1924-)**

Li, Ye li 李爷里
ZHAO, QI MING 赵启明 **(1912-1938)**

Li, Yi 李一
LI, ZHI HUA 李之华 **(1916-)**

Li, Yi 李乙
LI, TIE SHENG 李铁生 **(1928-)**

Li, Yi 李义
SHEN, DUAN XIAN 沈端先 **(1900-1995)**

Li, Yi 李忆
LI, MAI NING 李麦宁 **(1924-)**

Li, Yi 李艺

LI, XIANG XIAO 李香孝 **(1942-)**

LI, YI 李宜
Xiang ji 香积

Li, Yi 李怡
LI, BING YAO 李秉尧 **(1936-)**

Li, Yi 李奕
ZHANG, BING WEN 张炳文 **(1915-)**

Li, Yi 李益
SHEN, DUAN XIAN 沈端先 **(1900-1995)**

Li, Yi 李谊
YANG, XIAN JIANG 杨贤江 **(1895-1931)**

Li, Yi 李谊
LI, GEN XIAN 李根显 **(1935-)**

Li, Yi 李逸
LI, MU YI 李慕逸

Li, Yi 李毅
FAN, QI XIN 范启新 **(1914-)**

Li, Yi 李懿
ZHAN, XI YU 詹西玉 **(1947-)**

Li, Yi 李懿
XIE, MING DE 谢明德 **(1951-)**

Li, Yi 黎意
LI, YU KANG 李裕康 **(1932-)**

Li, Yi 黎毅
ZENG, ZHAO CHUN 曾昭淳 **(1930-)**

Li yi 里易
LI, XING YU 李兴宇 **(1920-1970)**

Li yi 力一
PAN, YUN SHENG 潘允生 **(1914-)**

Li yi 力一
LI, SHI KAI 李世凯 **(1934-)**

Li yi 力一
KANG, SHI ZHAO 康式昭 **(1935-)**

Li yi 励毅
ZHAO, SHI 赵适 **(1923-)**

Li, Yi chi 李一痴
LI, ZHENG ZHONG 李正中 **(1921-)**

LI, YI DING 李奕定
Li, Mai 李迈

Li, Yi fei 李一飞
LI, PEI 李培 **(1957-)**

LI, YI HANG 李一航 **(1916-)**
Hong fei 虹飞
Li, Fei 李斐
Li, Yang 黎央
Yu, Xun 余逊

Li, Yi hen 李一痕
LI, JUN CAI 李俊才 **(1921-)**

Li, Yi hua 李义华
LI, LIAN CUI 李连萃 **(1911-1991)**

Li, Yi jun 李忆莙
LI, YU JIN 李玉金 **(1952-)**

LI, YI LE 李怡乐
Yi le 一乐

LI, YI MANG 李一氓 **(1902-1990)**
De mo 德谟
Du, Zhu jun 杜竹君
Gui lin 鬼邻
Ji ji 击楫
L
Li, De mo 李德谟
Li, Min zhi 李民治
Li, Yi min 李一民
Mang 氓
Min zhi 民治
Yi mang 一氓
Yi meng 一萌

Li, Yi min 李一民
LI, YI MANG 李一氓 **(1902-1990)**

Li, Yi min 李逸民
YE, SHU 叶书 **(1904-)**

LI, YI MIN 李逸民 **(1929-)**
Li, Wen 李雯
Wen ni 雯霓

Li, Yi ming 李一鸣
REN, ZHUO XUAN 任卓宣 **(1896-1990)**

LI, YI NING 厉以宁 **(1930-)**
Ji, Qian 季谦

Li, Yi ping 李毅平
LI, SHAO QI 李绍琪 **(1941-)**

Li, Yi qie 李一切
LI, YAO TANG 李尧棠 **(1904-)**

LI, YI QING 李乙青 **(1911-)**
Li, Kui 李葵
Li, Si 李思
Lin, Ye 林耶
Xia, Kui 夏葵

Li, Yi qiu 李意秋
LI, YOU XIN 李友欣 **(1924-)**

Li, Yi qun 黎以群
LIAO, YI YUAN 廖一源 **(1920-)**

Li, Yi qun 黎翼群

ZHOU, JIAN XIAO 周剑箫 **(1911-1992)**

Li, Yi shan 李宜山
LI, ZHI HUA 李之华 **(1916-)**

LI, YI SHENG 李义生 **(1943-)**
Yi sheng 祎升

Li, Yi shui 李易水
FENG, NAI CHAO 冯乃超 **(1901-1983)**

Li, Yi shui 李易水
FENG, XUE FENG 冯雪峰 **(1903-1976)**

Li, Yi shui 黎一水
PEI, XING HUI 裴星惠 **(-1968)**

Li, Yi xin 李一新
WANG, ZHAO MING 汪兆铭 **(1883-1944)**

LI, YI XU 李一栩 **(1964-)**
Zi lang 子浪

LI, YI YE 李逸野 **(1930-)**
Xiao, Shi han 萧诗寒

Li, Yi yu 李益裕
LI, YUN RU 李云如 **(1940-)**

Li, Yi zhe 李一哲
LI, ZHENG TIAN 李正天 **(1943-)**

Li, Yi zhi 李一之
LI, QING QUAN 李清泉 **(1916-)**

LI, YI ZHI 李以祉 **(1906-1985)**
Shou duo 受多

LI, YI ZHUO 李翊灼
Li, Zheng gang 李证刚

Li, Yi zi 李宜兹
LI, RU WEN 李如文 **(1900-)**

Li, Yin 李因
ZHANG, XUAN 张璿 **(1909-)**

Li, Yin 李吟
LI, YUAN BEN 李元本 **(1945-)**

Li, Yin 李吟
LI, YOU YIN 李幼吟

Li, Yin 李茵
HU, SHOU MEI 胡寿楣 **(1908-1982)**

Li, Yin 李荫
WANG, FU QUAN 王福全 **(1905-1983)**

Li, Yin 李音
WU, QIAN YU 吴谦裕 **(1920-)**

LI, YIN 李寅 **(1925-)**
Ji, Hua 季华

LI, YIN CHEN 李隐尘
Yin chen 隐尘

Li, Yin quan 李印泉
LI, GEN YUAN 李根源 **(1879-1965)**

LI, YIN SANG 李尹桑
Hu fu 壶父
Ming ke 茗柯
Qin, Zhai 秦斋
Shu zhai 鉥斋

Li, Yin sen 李殷森
ZHU, WEI MING 朱维明 **(1910-)**

LI, YIN TING 李荫亭
Yin ting 荫亭

Li, Ying 李影
LI, WEI KE 李维克 **(1927-)**

LI, YING 李瑛 **(1926-)**
Zheng, Fen 郑棼

Li, Ying 李瑛
LI, SHAO QING 李少卿 **(1943-)**

LI, YING 李瑛 **(1954-)**
Li, Bai ying 李白英

LI, YING 李颖 **(1929-1968)**
Hong yu 红雨

LI, YING 李英 **(1899-1983)**
Chan 禅
Chan fu 禅父
Chan lao 禅老
Li, Chao san 李超三
Li gong 励公
Li, Ku chan 李苦禅
Shan dong lao min 山东老民

LI, YING 李英 **(1917-)**
Li, Li min 李立民
Li, Luo gong 李骆公
Sha, Luo 沙骆

LI, YING 李英 **(1923-)**
Ji, Wei zhu 纪维竹
Ji, Ye 纪叶
Wei zhu 维竹

Li, Ying 李盈
LI, DONG FANG 李东方 **(1962-)**

Li, Ying 李莹
LI, YOU YIN 李幼吟

Li, Ying 李婴
GUAN, YUN LONG 管运龙 **(1929-)**

Li, Ying 黎英
ZHU, LI YING 朱丽英 **(1949-)**

Li, Ying 黎莹
CHEN, LING XIAO 陈凌霄 **(1915-)**

Li, Ying 黎莺
LI, YING RU 李英儒 **(1914-1989)**

Li, Ying 黎婴
PANG, WEN YI 逄闻懿 **(1948-)**

Li, Ying 黎瑛
LI, SHAO QING 李少卿 **(1943-)**

LI, YING HUA 李英华 **(1951-)**
Li, Gong 李巩
Li, Xi de 李系德

LI, YING JIA 李应甲 **(1924-)**
Li, Jia 李甲
Li, You bai 李尤白
Yan xin 雁心
Yi bing 艺兵
You, Bai 尤白

LI, YING LIN 李应林 **(1892-1954)**
Xiao an 笑庵

Li, Ying lin 李英林
LI, WEI ZHOU 李威周 **(1928-)**

Li, Ying min 李英敏
HE, SHI QUAN 何世权 **(1916-)**

Li ying nü shi 丽英女士
KE, BAI NIAN 柯柏年 **(1904-1985)**

Li, Ying qiu 李映萩
LI, YONG CHI 李永炽 **(1939-)**

Li, Ying quan 李应权
LI, SUI 李遂

LI, YING QUN 李英群 **(1936-)**
Lin, Qing 林晴

LI, YING ROU 李颖柔
Xi er 洗耳

LI, YING RU 李英儒 **(1914-1989)**
Bai, Hua yi 白华义
Bai, Zong yi 白宗义
Li, Jia qiao 李家侨
Li, Ying 黎莺

Li, Ying shi 李英时
LI, TIAN JIE 李天杰 **(1910-1980)**

LI, YING TANG 李英堂 **(1916-)**
Fang, Dong 方冬
Li, Ying hang 李鹰航
Ying hang 鹰航

Li, Ying wei 李应伟
LI, JIAN ER 李健儿

Li, Ying yang 李膺扬
YANG, XIAN JIANG 杨贤江 **(1895-1931)**

LI, YING YUN 李滢鋆
Ning, Yuan 宁远

Li, Ying zhang 李应漳
LI, HAN QIU 李涵秋 **(1873-1923)**

LI, YING ZHE 李颖哲 **(1948-)**
Dong shan 东山
Gong jin 公谨
Lin, Wa 林娃
Tie han 铁汉
Zhu, Xing 朱星

Li, Yong 李永
LI, XIANG XIAO 李香孝 **(1942-)**

Li, Yong 李用
ZHANG, LI YUN 张立云 **(1921-)**

Li, Yong 李勇
LI, XIN YONG 李新勇 **(1925-)**

Li, Yong 李涌
LI, XIN YONG 李新勇 **(1925-)**

Li, Yong 李庸
LI, RUI TENG 李瑞腾 **(1952-)**

Li, Yong 李雍
FENG, XUE FENG 冯雪峰 **(1903-1976)**

Li, Yong 李颙
MO, CHANG HU 莫昌虎 **(1938-)**

LI, YONG AN 李永安 **(1949-)**
An yong 岸泳

LI, YONG CAI 李永才 **(1926-)**
Dai e gou tu ru 代俄勾兔汝

LI, YONG CHI 李永炽 **(1939-)**
Bei chen 北辰
Li, Ying qiu 李映萩

LI, YONG CHUN 李永春 **(1951-)**
Xi you 西狖
Zhang, Li 张蠡

LI, YONG GAO 李永高 **(1929-)**
Rong, Weng 戎翁

Li, Yong gao 李永镐
LI, JI PING 李季平 **(1920-)**

LI, YONG JI 李勇吉 **(1944-)**
Li, Gen 李根
Li, Jian 李剑
Li, Jie 李階
Li, Mi 李觅
Li, Ping 李平

Li, Zhen 李真
Li, Zhen 李砧
Lü ren 旅人
Qian ren 前人
Yan si 煙寺

LI, YONG LE 李永乐 **(1956-)**
Bing dian 冰点

Li, Yong ming 李永明
HU, ZHAO CAI 胡兆才 **(1918-)**

LI, YONG PING 李永平 **(1947-)**
Li, Ping 李平

LI, YONG SHAN 李永山 **(1937-)**
Li, Feng 李峯

LI, YONG TIAN 李永添 **(1913-)**
Li, Ling 李淩
Li, Shu lian 李树连

LI, YONG XIANG 李永祥
Chun shen ke 春申客
Fu sheng 浮生
Long xi san ren 陇西散人

LI, YONG XIN 李永欣 **(1933-)**
Zhe ming 哲明
Li, Zhe ming 李哲明

LI, YONG XIN 李永新 **(1949-)**
Li, Rui 李睿

LI, YONG YE 李永业 **(1931-)**
Shi, Liu 石柳

LI, YONG ZHI 李永智 **(1939-)**
Li, Jing 李菁
Li, Qing 李青

LI, YOU 礼由 **(1938-)**
Li you 理由

Li, You 李由
CAO, JU YI 曹聚义 **(1909-)**

Li, You 李由
LI, DE MING 李德明 **(1951-)**

LI, YOU 李猷 **(1914-)**
Hong bing lou zhu ren 红竝楼主人

Li you 理由
LI, YOU 礼由 **(1938-)**

Li, You bai 李尤白
LI, YING JIA 李应甲 **(1924-)**

Li, You bang 李友邦
LI, ZHAO JI 李肇基 **(1906-1952)**

LI, YOU CAI 李有财
Ning, Mu er 宁牧儿

LI, YOU CHENG 李有成 **(1949-)**
Li, Cang 李苍

Li, You chun 李幼椿
LI, HUANG 李璜 **(1895-1991)**

LI, YOU FU 李又罘 **(1908-1976)**
Shi, Wu 石屋
Shi wu shan nong 石屋山农

LI, YOU HUA 李又华 **(1912-)**
Ke fei 可非

LI, YOU LAN 李又兰 **(1919-)**
Cun cao 寸草

LI, YOU LONG 李犹龙 **(1881-1953)**
Ji zhai 亟斋
Li, Xiao dan 李肖聃
Ling yan 灵岩
Tian wu 天武
Tong yuan 桐园
Xi tang 西堂
Xing lu 星庐

Li, You nong 李幼农
LI, ZONG QUE 李宗慤 **(1922-)**

Li, You qing 李有青
WANG, BING ZHI 王冰之 **(1909-1976)**

Li, You ran 李又然
LI, JIA QI 李家齐 **(1906-1984)**

Li, You ran 李又燃
LI, JIA QI 李家齐 **(1906-1984)**

Li, You ting 李幼庭
YU, CHAO ZHU 俞巢竹 **(1921-)**

LI, YOU WEI 李有为 **(1928-)**
Mao, Di 茅地

Li, You wen 栗又文
GAO, CHONG MIN 高崇民 **(1891-1971)**

Li, You xi 李又曦
LI, DIAN 李点 **(1914-1983)**

LI, YOU XIN 李友欣 **(1924-)**
Li, Yi qiu 李意秋
Lü bing 履冰
Xi bo 曦波
Xue yang 雪阳

LI, YOU YI 李佑一 **(1935-)**
Yu, Hua 郁华

LI, YOU YIN 李幼吟
Li, Yin 李吟
Li, Ying 李莹

Li, You zao 李有藻

LI, SHUANG YUAN 李双元 (1927-)

LI, YOU ZHONG 李友忠 (1931-)
Bai, Ling 白翎

Li, Yu 李予
HAN, YU ZHI 韩愈之 (1920-)

Li, Yu 李予
LI, CHUN SHENG 李春生 (1931-)

Li, Yu 李余
LI, MAO LIN 李茂林 (-1937)

Li, Yu 李郁
LI, CHUN SHENG 李春生 (1931-)

Li, Yu 李郁
LAN, DI ZHI 蓝棣之 (1940-)

Li, Yu 李庾
LI, CHUN SHENG 李春生 (1931-)

Li, Yu 李瑜
CAI, CHUAN SHENG 蔡川胜

Li, Yu 黎宇
LI, HAO ZHI 黎皓智 (1937-)

Li yu 里予
LI, JI YE 李继业 (1904-)

Li yu 里予
HUANG, CHAO YANG 黄潮洋 (1916-)

Li yu 里予
LI, ZHENG ZHONG 李正中 (1921-)

Li yu 里予
ZHOU, XIU ZHAN 周修展 (1925-)

Li yu 里予
LU, JING LIN 陆景林 (1946-)

Li yu 里予
LUO, ZONG QING 骆宗庆 (1949-)

Li yu 力余
YANG, WEN DE 杨文德

Li yu 立羽
XU, KAI LEI 徐开垒 (1922-)

LI, YU AN 李遇安
Ai er 爱而
Feng ji 逢吉
Yu an 遇安

LI, ZI ANG 李子昂 (1910-)
Hong dou 红豆
Yu an 渔岸

Li, Yu ben 李欲奔
WU, JIN FA 吴锦发 (1954-)

LI, YU CAI 黎煜才 (1941-)
Bi cheng 碧澄
Lai choy
Liu, Meng 柳梦
Luo shen 洛深
Y. C. Lai

LI, YU CHENG 李玉成 (1957-)
Fu cheng 父城

Li, Yu cun 李渔邨
ZHOU, RU CHANG 周汝昌 (1918-)

LI, YU FANG 利玉芳 (1952-)
Lü sha 绿莎

LI, YU HAI 李玉海 (1963-)
Lao fu 老夫

Li, Yu hua 李玉华
LI, WEN DE 李文德 (1914-1992)

LI, YU JIN 李玉金 (1952-)
Li, Yi jun 李忆君

LI, YU KANG 李裕康 (1932-)
Li, Yi 黎意

LI, YU KUI 李玉魁 (1917-)
Li, Run jie 李潤杰

LI, YU KUN 李毓坤
Li, Shi yuan 李士源

LI, YU LAN 李玉兰 (1933-)
Chen peng 晨朋

Li, Yu lin 李毓麟
LI, YU YING 李煜瀛 (1881-1973)

LI, YU LUN 李玉伦 (1958-)
Li, Zai chun 李再春

Li, Yu mei 李毓梅
LI, YU MEI 李玉梅 (1955-)

LI, YU MEI 李玉梅 (1955-)
Li, Yu mei 李毓梅

LI, YU MIN 李玉民 (1939-)
Yu, Yi 俞易

LI, YU MIN 李裕民 (1936-)
Li, Mo 李墨

LI, YU PING 李玉平 (1961-)
Gong fu 工夫

LI, YU PING 李玉屏
Li, Huang 李皇

LI, YU QI 李玉琦 (1924-)
Yu qi 羽奇

LI, YU QIONG 李玉琼 (1941-)
Ding, Nong 丁农

Gui, Yan 归燕
Lan, Yu 蓝玉

LI, YU QUAN 李毓泉 **(1909-1982)**
Li, Ming ge 黎名歌
Mo, Yi ping 墨遗萍
Yun, Wai tian 云外天

Li, Yu qun 黎於群
LIAO, YI YUAN 廖一源 **(1920-)**

Li, Yu ren 李育仁
LI, XI 李曦 **(1920-)**

Li, Yu ru 李玉如
BAO, HUA PU 鲍化普 **(1922-)**

Li, Yu ru 李愚如
LI, XI ZHI 李锡智

LI, YU SAN 李育三 **(1914-)**
Li, Er zhong 李尔重
Wan xia 晚霞
Yi, Mu san 易姆三

Li, Yu sheng 李玉生
ZHANG, ZI ZHAI 张子斋 **(1913-1989)**

LI, YU SHENG 李雨生
Lu, Yi shi 路易士

Li, Yu ti 李于体
LI, PIN ZHOU 李聘周 **(1918-1938)**

LI, YU TIAN 李玉田 **(1869-1952)**
Li, Tie fu 李铁夫

Li, Yu tian 李雨田
LI, WEN ZAO 李文藻

LI, YU TIAN 李裕田 **(1941-)**
Ai, Ge 艾歌
Li, Feng jie 李凤杰
Mo ran 默然

LI, YU YING 李煜瀛 **(1881-1973)**
Kuo wu 扩武
Li, Shi zeng 李石曾
Li, Yu lin 李毓麟
Min 民
Qing yin sheng 清荫生
Shi, Seng 石僧
Shi, Zeng 石曾
Zhen 真
Zhen min 真民

LI, YU ZHEN 李毓珍 **(1909-)**
Jiu qiong 九穷
Li, Mu zhai 李木斋
Li, Xin 黎新
Meng, Xing 孟星
Wei chen 未辰

Yu, Zhen 余振

LI, YU ZHONG 李育中 **(1911-)**
Bai, Lu 白庐
Li, Hang 李航
Li, Yuan 李远
Ma, Kui sheng 马葵生
Wei, Tuo 韦陀
Yu zhong 育中

LI, YUAN 李园
Wang, Men 王门

Li, Yuan 李远
LI, YU ZHONG 李育中 **(1911-)**

LI, YUAN 李远 **(1951-)**
Adam
Li, Xiao ye 李小埜
Tang, Xin 汤新
Tian niu 天牛
Xiao ye 小野

Li, Yuan 李渊
LÜ, YUAN FENG 吕远凤 **(1929-)**

LI, YUAN 李援
Pei ji 沛基

Li, Yuan 李源
LIAO, YI YUAN 廖一源 **(1920-)**

Li, Yuan 黎原
LI, LIAN CHENG 李连城 **(1953-)**

Li yuan 立袁
OU YANG, LI YUAN 欧阳立袁 **(1889-1962)**

Li yuan 梨园
YANG, CHANG 杨畅 **(1931-)**

LI, YUAN BEN 李元本 **(1945-)**
Bu wa wa 布娃娃
Fu qu 芙渠
Jing, Wa 井蛙
Li, Yin 李吟
Nan, Zi 南子
Xiao, Yong 萧勇

Li, Yuan chang 李沅长
ZHANG, DA JUN 张达钧

LI, YUAN CHENG 李元成
Song ping 松坪
Zi long 子龙

LI, YUAN CU 李元簇 **(1923-)**
Zhao dong 肇东

LI, YUAN DING 李元鼎 **(1881-1944)**
Lao man 老曼
Lei kong 垒空
Lei kong 壘空

Lu, Man 鲁曼

LI, YUAN FANG 李远方 **(1911-1935)**
Lin, Qing 林青

LI, YUAN JI 李元吉 **(1944-)**
Qing song 青松

LI, YUAN JIE 李远杰 **(1948-)**
Xiao, Li 肖礼

Li, Yuan jing 李圆净
LI, RONG XIANG 李荣祥

Li, yuan ke 梨园客
LI, BIN SHENG 李滨声 **(1925-)**

LI, YUAN MEI 黎苑梅 **(1943-1983)**
Mei, Yuan 梅苑

LI, YUAN PING 李元平 **(1939-)**
Li, Fu 李夫

LI, YUAN QING 李元庆 **(1914-1979)**
Fang, Shi 方矢
Huai, Yu 怀玉
Li, Jian 李健
Meng, Yong 孟勇
Yuan, Li 袁里
Yuan, Qing 袁青
Yuan, Qing 元庆

LI, YUAN QING 李元庆 **(1935-)**
Hua, Gai 华盖

LI, YUAN RONG 李远荣 **(1941-)**
Li, Mei shan 李梅山
Ma, Chi yuan 马驰原

Li, Yuan sheng 厉元生
CHEN, DUN ZHENG 陈敦正 **(1911-)**

Li, Yuan sheng 李元生
CHEN, DUN ZHENG 陈敦正 **(1911-)**

Li yuan sheng 力元生
CHEN, DUN ZHENG 陈敦正 **(1911-)**

Li yuan sheng 力员生
CHEN, DUN ZHENG 陈敦正 **(1911-)**

Li, Yuan shi 李苑诗
LAI, BO JIANG 赖伯疆 **(1936-)**

Li, Yuan tang 郦願堂
LI, CHENG QUAN 郦承铨 **(1904-)**

LI, YUAN XUN 李元勋 **(1924-)**
Li, Li 李立

LI, YUAN ZHEN 李元贞 **(1946-)**
Luo ye 落叶
Shi, Jing 史晶

Li, Yue 李悦
LI, PING XIN 李平心 **(1907-1966)**

LI, YUE 李悦 **(1932-)**
Li, Dan 李丹

Li yue 力月
LI, WEN TAO 李文涛 **(1880-1942)**

LI, YUE BO 李月波
Yue bo 月波

LI, YUE FENG 李月凤 **(1945-)**
Gu, Heng 古珩

Li, Yue nan 李岳南
LI, YAO NAN 李耀南 **(1917-)**

LI, YUE RUI 李岳瑞 **(1852-1927)**
Chun bing 春冰
Chun bing shi 春冰室
Chun bing shi zhu 春冰室主
Gai zi 荄滋
Gai zi an 荄滋盦
Gai zi kan 荄兹堪
Hui yi 悔逸
Hui yi zhai 悔逸斋
Li, Meng fu 李孟符
Shuo yuan shi 说元室
Xi song 惜诵
Xiao ying 小郢
Ying yun 郢云

Li, Yue sheng 李月生
LI, SHENG QUAN 李胜权 **(1939-)**

LI, YUE XUN 李岳勳
Yue, Xun 岳勳

LI, YUE YI 李钺仪
Wen, Ge 闻阁

Li, Yue zhi 李悦之
LI, DE ZE 李德泽 **(1923-)**

LI, YUN 李允 **(1884-1969)**
Dan guo sun 澹果孙
Li, Qing ya 李青崖
Li, Wu yu 李戊于
Li, Yun chen 李运辰
Qing ya 青崖

LI, YUN 李云 **(1914-1982)**
Wen shu 雯殊

Li, Yun 李云
WEI, QING HUANG 韦庆煌 **(1916-)**

Li, Yun 李云
ZHANG, LI YUN 张立云 **(1921-)**

Li, Yun 李云
WU, SHUANG 吴塽 **(1928-)**

Li, Yun 李允
ZHANG, LI YUN 张立云 **(1921-)**

Li, Yun 黎云
HE, QI FANG 何其芳 **(1912-1977)**

Li, Yun 黎云
ZHANG, LI YUN 张立云 **(1921-)**

Li, Yun 黎耘
ZHANG, LI YUN 张立云 **(1921-)**

Li, Yun 黎耘
LI, BU YUN 李步云 **(1928-)**

Li yun 力耘
ZHANG, LI YUN 张立云 **(1921-)**

Li yun 力耘
WU, SHI ZENG 伍士增 **(1926-)**

Li yun 犁耘
ZHANG, LI YUN 张立云 **(1921-)**

Li yun 厉云
LIU, LI YUN 刘立云 **(1954-)**

Li yun 丽云
ZHANG, YU XIA 张煜遐 **(1910-)**

Li yun 励耘
ZHANG, LI YUN 张立云 **(1921-)**

Li, Yun chen 李运辰
LI, YUN 李允 **(1884-1969)**

LI, YUN FEI 李云飞 **(1934-)**
Yun fei 耘斐

LI, YUN FENG 李云峰 **(1960-)**
Li, Zi 李子

Li, Yun gu 李云古
LI, YUN HE 李云鹤 **(1914-1991)**

LI, YUN HE 李云鹤 **(1914-1991)**
Da hai 大海
Feng hui 凤翚
Gao, Ju 高炬
Hei, Ni 黑妮
Huang, Jing 黄敬
Jiang, Qing 江青
Jiang, Qing 江晴
Jin zi 进子
Jun ling 峻岭
Lan, Pen 蓝喷
Lan, Ping 蓝苹
Lang ya tai 琅玡台
Li, He 李鹤
Li, Jin 李进
Li, Yun gu 李云古
Li, Yun he 黎芸荷
Qing yun 青云
Shu zhen 淑贞
Yun, He 云鹤

Li, Yun he 黎芸荷
LI, YUN HE 李云鹤 **(1914-1991)**

LI, YUN JING 李允经 **(1936-)**
Lin, Xi 林溪

LI, YUN LANG 李蕴朗 **(-1969)**
Yun lang 蕴郎
Zhi yin 之茵

Li, Yun lin 李云林
LI, RUI YUE 李瑞月 **(1945-)**

LI, YUN LONG 李云龙 **(1913-1976)**
Jie fu 劫夫
Lao, Ge 劳歌
Li, Jie fu 李劫夫

Li, Yun long 李云龙
LIU, RONG CHI 刘溶池 **(1917-)**

LI, YUN PING 李运平 **(1919-)**
Han feng 寒风

LI, YUN RU 李云如 **(1940-)**
Li, Yi yu 李益裕
Qin, Yu 秦愚
Zi shu 子书

LI, YUN SHENG 李云升 **(1948-)**
Ding, Ren zhong 丁仁仲
Tian jing 恬静

Li yun shu wu 励耘书屋
CHEN, YUAN 陈垣 **(1880-1971)**

LI, YUN WEN 李允文 **(1931-)**
Li, Er 李二

LI, YUN YAN 李云燕 **(1944-)**
Yan, Shan ren 燕山人

Li, Yun yin 李韵音
XIE, JIN BAO 谢进保 **(1938-)**

Li, Yun zhang 李云章
ZHANG, LI YUN 张立云 **(1921-)**

Li, Zai chun 李再春
LI, YU LUN 李玉伦 **(1958-)**

Li, Zai li 厉再厉
LI, GUO RUI 厉国瑞 **(1909-)**

LI, ZAN HUA 李赞华
Can hua 残华
Su ya 素雅
Zhi xiang 芷香

Li zao 立早

KONG, YU QING 孔玉清 (1929-)

Li zao 立早
XU, YONG ZHANG 许永璋 (1935-)

Li, Ze 李泽
LI, XIANG XIAO 李香孝 (1942-)

Li, Ze 李泽
LI, FU CHUN 李福春 (1955-)

LI, ZE FEN 黎则奋
Qi ling 七灵

LI, ZE HUA 李泽华 (1960-)
Qiu, Feng 秋丰
Zhuang, Qiu 庄秋

Li, Ze lan 李则兰
LI, JIA QI 李家齐 (1906-1984)

LI, ZE LIN 黎泽霖 (1913-)
Lin, Li 林藜

Li, Ze min 李泽民
LI, JIA YAN 李嘉言 (1911-1967)

LI, ZE PU 黎泽溥 (1930-)
Li, Bai 黎白
Li, Ding hua 黎定华

Li, Ze sheng 李泽生
LI, CHENG XUN 李成勋 (1934-)

Li, Zeng rui 李增瑞
LI, ZONG ZHENG 李宗正 (1923-)

LI, ZENG TING 李增霆 (1934-)
Li, Wei sun 李伟孙

LI, ZENG YUAN 李增援 (-1941)
Zeng yuan 增援

Li zhai 立斋
ZHANG, WEN ZHI 张文治 (1898-1956)

Li zhai 立斋
QU, SHENG BAI 瞿声白 (1908-)

LI, ZHAN LIN 李占林 (1927-)
Li, Lu xiang 李庐湘
Lu xiang 庐湘

LI, ZHAN XUE 李占学 (1939-)
Fang, Nan 方楠

LI, ZHAN YUAN 李占元 (1937-)
Li, Cai jia 李才加

LI, ZHAN YUAN 李占元 (1945-)
Xiao, Yuan 肖元

Li, Zhang 李彰
SHEN, DUAN XIAN 沈端先 (1900-1995)

Li zhang 力涨
HU, YING ZHI 胡颖之

LI, ZHANG GONG 李张弓
Zhang, Gong 张弓

LI, ZHANG RUI 李张瑞 (-1951)
Li ye cang 利野仓

LI, ZHANG YI 李章义 (1953-)
Chang yi 长宜

Li, Zhang yuan 李章元
LI, XU 李旭 (1907-1984)

Li, Zhao 李召
LI, CHAO RAN 李超然 (1916-)

Li, Zhao 李钊
LI, DA ZHAO 李大钊 (1889-1927)

LI, ZHAO CAI 李昭彩 (1919-)
Huan zhi 焕之
Li, Huan zhi 李焕之

LI, ZHAO FU 李肇甫 (1887-1950)
Bo shen 伯申

LI, ZHAO JI 李肇基 (1906-1952)
Li, You bang 李友邦

LI, ZHAO LIN 李兆麟 (1915-)
Jin, Xin 金心
Li, Bing zhi 李冰之
Li, Si 李四
Li, Ya hong 李亚红
Li, Zi xiong 李子熊
Meng cai 梦采
Wan, Lian sheng 万炼生
Wei yan 微言
Ya hong 亚红
Yu, Feng 于逢
Yu, Gong 虞弓
Yu, Luo wen 于洛文
Yu, Su fu 于肃夫

LI, ZHAO LIN 黎兆麟 (1959-)
Bei, Xi er 贝西儿
Li xiao rong 莉小容

Li zhe 犁者
CHEN, LI TING 陈鲤庭 (1910-)

Li, Zhe ming 李哲明
LI, YONG XIN 李永欣 (1933-)

LI, ZHEN 李振 (1937-)
Bai, Geng 白耕

Li, Zhen 李真
SHEN, XIA HUN 沈侠魂 (1915-1966)

Li, Zhen 李真
LI, DE ZE 李德泽 (1923-)

Li, Zhen 李真
TANG, DA CHENG 唐达成 **(1928-)**

Li, Zhen 李真
LI, YONG JI 李勇吉 **(1944-)**

Li, Zhen 李砧
LI, YONG JI 李勇吉 **(1944-)**

Li, Zhen 李震
LI, ZHEN YING 李振英 **(1929-)**

Li, Zhen 李震
LI, ZHEN XIA 李振霞 **(1934-)**

LI, ZHEN 李震
Li, Gong zhi 李公治
Zhen wu 震武

Li, Zhen 黎榛
LÜ, QIN 吕沁 **(1925-)**

LI, ZHEN BAI 李贞白
Li, Fu 李復

Li, Zhen dong 李震东
LI, JIAN HUA 李剑华 **(1900-)**

Li, Zhen e 李镇恶
LI, CHANG LU 李长路 **(1904-)**

Li, Zhen fa 李振发
LI, YAN SHOU 李延寿 **(1904-1988)**

LI, ZHEN FAN 李振繁
Zhen fan 真凡

Li, Zhen feng 李阵风
LI, CHENG ZHANG 李承璋 **(1950-)**

LI, ZHEN HAN 李振汉 **(1912-1975)**
Li, Xiao shan 李小山
Xiao shan 小山

LI, ZHEN HUA 李振华 **(1931-)**
Hua, Ge 华戈

LI, ZHEN JIAN 李震坚 **(1922-1992)**
Mao, Sai 茅塞

LI, ZHEN JIE 李震杰 **(1921-)**
Mu, Zang 穆藏

LI, ZHEN KUN 李振堃 **(1884-1959)**
Li, Mu an 李木庵

LI, ZHEN LIN 李振麟 **(1918-)**
Li, Meng yan 李孟岩

LI, ZHEN OU 黎振欧 **(1925-)**
Xiao guang 晓光

LI, ZHEN PENG 李振鹏 **(1922-1980)**
Du, Ji 杜寄
He, Zi 何紫
Li, Ji 李季
Li, Ji 李寄
Li ji 里计
Yu, Yi fan 于一凡
Zhang, He zi 章何紫

LI, ZHEN SHENG 李振声 **(1947-)**
Li, Zheng sheng 李正声

LI, ZHEN XIA 李振霞 **(1934-)**
Chen yu 辰雨
Li, Jin 李金
Li, Zhen 李震

LI, ZHEN XING 李振兴 **(1946-)**
Ya jing 亚菁

LI, ZHEN YA 李振亚 **(1935-)**
Jing, Ya 井亚

Li, Zhen ya 黎振亚
LI, GUO QUAN 黎国荃 **(1914-1966)**

LI, ZHEN YING 李振英 **(1929-)**
Bo yun shan ren 拨云山人
Li, Zhen 李震

LI, ZHEN YING 李振瀛 **(1915-)**
Fang, Fang 方放
Li, Ke lin 李克林

LI, ZHEN YING 李震瀛
Bao, Lin 宝林
Bao, Sen 宝森
Bo zhi 泊之
Bo zhi 泊智
Da han 大汉
Er ba 二八
Zhen yin 振因
Zhen yin 震银
Zhen ying 振瀛
Zhen ying 震瀛

LI, ZHEN YU 李振玉 **(1928-)**
Zi chen 子辰

LI, ZHEN ZONG 李振宗 **(1943-)**
Ye lin 夜霖

Li, Zheng 李正
ZHOU, JIAN REN 周建人 **(1888-1984)**

Li, Zheng 李正
LI, ZHENG 李政 **(1943-)**

Li, Zheng 李征
LI, ZHENG ZHONG 李正中 **(1921-)**

Li, Zheng 李政
DING, SHI TONG 丁士通 **(1908-)**

Li, Zheng 李政
LI, ZHENG WEN 李正文 **(1908-)**

LI, ZHENG 李政 **(1943-　　)**
Li, Zheng 李正

Li, Zheng 黎政
ZHENG, WEN SEN 郑文森 **(1915-1983)**

Li zheng 里正
LI, ZHENG WEN 李正文 **(1908-　　)**

Li zheng 里政
LI, ZHENG WEN 李正文 **(1908-　　)**

Li, Zheng gang 李证刚
LI, YI ZHUO 李翊灼

LI, ZHENG KUAN 李正宽 **(1928-　　)**
Li, Ling 李翎

LI, ZHENG LIAN 李正廉 **(1924-　　)**
Fang, Meng 方梦
Zheng, Lian 郑连

Li, Zheng ming 李正名
ZHOU, SHAO YI 周绍仪 **(1908-1979)**

LI, ZHENG NAI 李政乃 **(1934-　　)**
Bai, Heng 白珩

LI, ZHENG PIN 李正品 **(1958-　　)**
Li, Xiao 李晓
Mu zi 木子

Li, Zheng sheng 李正声
LI, ZHEN SHENG 李振声 **(1947-　　)**

LI, ZHENG TIAN 李正天 **(1943-　　)**
Li, Yi zhe 李一哲

LI, ZHENG WEN 李正文 **(1908-　　)**
Cun xin 寸心
Li zheng 里正
Li zheng 里政
Li, Zheng 李政
Shao, Qian 邵茜
Shou yu 守愚
Yue, Guang 岳光

Li, Zheng wen 李正文
ZHENG, DU 郑笃 **(1914-　　)**

LI, ZHENG WU 李正午 **(1936-　　)**
Li, Li zhao 李立照
Lie yi bing 列艺兵
Qing ping 青萍

LI, ZHENG XIN 李正新 **(1947-　　)**
Ai, Di 艾荻
Jing qiu 竞秋

LI, ZHENG ZHONG 李正中 **(1921-　　)**
Chang, Chun teng 常春藤
Chang, Feng 常风
Chang, Qing teng 常青藤
Fang, Zhi hua 方之华
Ge, Wan hua 葛宛华
Huai zhi zi 槐之子
Jin, Ge 靳革
Ke, Ju 柯炬
Li, Mo 李莫
Li, Mu 李穆
Li, Xin 李鑫
Li, Yi chi 李一痴
Li yu 里予
Li, Zheng 李征
Lin, Li 林里
Mu ke 木可
Wan, Nian qing 万年青
Wei, Chang ming 韦长明
Wei, Cheng ming 魏成名
Wei, Feng 韦峰
Wei, Ming 魏名
Wei, Zhi ji 魏之吉
Wu, Yi 吴翼
Xiao ke 小柯
Xin, Ye 辛野
Xing lang 杏郎
Yu, Jin 余金
Zheng, Shi 郑实

Li, Zheng zhong 黎正中
LI, WEN XING 黎文星 **(1922-　　)**

Li, Zhi 李之
TANG, DA CHENG 唐达成 **(1928-　　)**

Li, Zhi 李之
LI, CHUN JUN 李春俊 **(1961-　　)**

Li, Zhi 李志
LI, GUI ZHONG 李桂忠 **(1933-　　)**

LI, ZHI 李直 **(1927-　　)**
Ru song 如松

Li, Zhi 李直
LAO, CHENG LONG 老成龙 **(1952-　　)**

Li, Zhi 李知
LI, ZHI 李智 **(1937-　　)**

Li, Zhi 李智
LI, ZI YING 李子英 **(1921-　　)**

LI, ZHI 李智 **(1937-　　)**
Li, Zhi 李知
Li, Zhi 黎之

Li, Zhi 黎之
LI, SHU GUANG 李曙光 **(1928-　　)**

Li, Zhi 黎之
LI, ZHI 李智 **(1937-　　)**

Li zhi 力之

LI, SHU GUANG 李曙光 **(1928-　　)**

Li zhi 力知
JIANG, PI ZHI 姜丕之 **(1920-　　)**

Li, Zhi chen 李之琛
LÜ, JI PING 吕冀平 **(1926-　　)**

LI, ZHI CHENG 李志成 **(1924-　　)**
Li, Bu zhi 李不直

Li, Zhi chun 李知春
LI, WU HU 李五湖 **(1925-　　)**

Li zhi fan tai tai 李知凡太太
DENG, WEN SHU 邓文淑 **(1904-1992)**

LI, ZHI FU 黎之夫 **(1945-　　)**
Li, Da 黎达

LI, ZHI GANG 李志刚 **(1952-　　)**
Li, Nan 李男
Yan, Yin ge 言音戈

LI, ZHI GANG 李智纲 **(1940-　　)**
Zhi gang 志纲

LI, ZHI HAO 李志豪 **(1939-　　)**
Li, Jing 李晶
Liu, Hui xin 刘蕙心
Min xiang 敏翔

Li, Zhi he 李芷和
LI, ZI HE 李子和 **(1943-　　)**

LI, ZHI HENG 李志恒 **(1930-　　)**
Wang, Ying 王颖

LI, ZHI HUA 李之华 **(1916-　　)**
Li, Yi 李一
Li, Yi shan 李宜山
Shi, Qian 史迁
Xin xin 忻欣
Yi shan 宜山
Zhi hua 之华

Li, Zhi hua 李治华
LI, SHANG ZHONG 李尚忠 **(1915-　　)**

Li, Zhi jian 李知俭
LI, ZHI WEN 李志文 **(1942-　　)**

LI, ZHI JIU 李智久 **(1952-　　)**
Zhi jiu 之久

LI, ZHI KUAN 李志宽 **(1938-　　)**
Hao ge 浩歌

LI, ZHI LIAN 李之梿
Mai, Bo 麦播

LI, ZHI LIAN 李之琏 **(1913-　　)**
Luo hai 洛海

LI, ZHI LIAN 黎智廉 **(1907-1998)**
Lee, Orient
Li, Dong fang 黎东方
Shi, Xie 时偕

LI, ZHI LIN 李志林 **(1948-　　)**
Li, Wen 黎文
Xiao li 晓黎
Zhong li 衷理

Li, Zhi pu 李志朴
LI, ZHI PU 李志璞 **(1949-　　)**

LI, ZHI PU 李志璞 **(1949-　　)**
Da pu 大朴
Huang, Fei he 黄非鹤
Li, Zhi pu 李志朴

LI, ZHI QIN 李之勤 **(1923-　　)**
Qiu shi 求实
Zhi qin 志勤

LI, ZHI QUAN 李志权 **(1923-　　)**
Li, Bing 李冰

LI, ZHI SHAN 李至善 **(1937-　　)**
Fan xing 繁星
Yu, Shi 余实

Li, Zhi shu 李志曙
LI, SHI QIANG 李士强 **(1916-　　)**

LI, ZHI WEI 李枝伟 **(1916-　　)**
Li, Huang 李荒

LI, ZHI WEN 李志文 **(1942-　　)**
Li, Zhi jian 李知俭
Yun zhang 耘章

Li, Zhi yuan 李致远
CHEN, QI TIAN 陈启天 **(1893-1984)**

LI, ZHI YUAN 李致远 **(1931-　　)**
Li, Zi yuan 李子园
Wen, Hao 文昊

LI, ZHI ZHONG 李治中 **(1943-　　)**
Ning xi 凝溪

LI, ZHI ZHONG 李致中
Zhi zhong 致中

Li, Zhong 李中
GAO, YU HAN 高语罕 **(1888-1948)**

Li zhong 力衷
ZHENG, BING ZHONG 郑炳中 **(1922-　　)**

LI, ZHONG CAI 李忠才 **(1930-　　)**
Li, Jing zhi 李靖之
Xiao bing 晓冰
Yi bing 艺兵

Li, Zhong fu 李众夫

LI, JING KUAN 李经宽 **(1918-　)**

Li, Zhong fu 李众甫
LI, JING KUAN 李经宽 **(1918-　)**

Li, Zhong gang 李仲刚
LI, JIAN WU 李健吾 **(1906-1982)**

LI, ZHONG GUI 李锺桂 **(1938-　)**
Zhong, Gui 锺桂

Li, Zhong he 李仲和
LI, ZHONG LÜ 李锺履

LI, ZHONG HUA 李中华 **(1944-　)**
Li li 里立
Shan fu 山夫

LI, ZHONG JIAN 李忠建 **(1954-　)**
Tian jian 天剑

Li, Zhong jue 李锺珏
LI, AN ZENG 李安曾 **(1854-1927)**

Li, Zhong kan 李仲侃
LI, ZONG YU 李宗裕 **(1887-1931)**

LI, ZHONG KUI 李仲揆 **(1889-1971)**
Li, Si guang 李四光
Zhong 仲

LI, ZHONG LÜ 李锺履
Li, Dong fan 李东凡
Li, Zhong he 李仲和

LI, ZHONG QIU 李仲秋 **(1941-　)**
Yun, Fan 云帆

LI, ZHONG SHEN 李中申 **(1934-　)**
Lu, Man xi 路漫兮
Shi, Yi 史曳
Zhong shen 中申

LI, ZHONG SHEN 李忠慎 **(1918-　)**
Li, Xin 李新

LI, ZHONG SHENG 李钟声 **(1945-　)**
Li, Li 李黎
Wu yang shi 五羊石

LI, ZHONG SHI 李中实 **(1920-　)**
Su, Hua 苏华
Su, Ye 苏晔

LI, ZHONG SHUN 李忠顺 **(1954-　)**
Huang, Hun xing 黄昏星
Li, Zong shun 李宗舜

LI, ZHONG TIAN 黎中天
Yang liu qing qing 杨柳青青

Li, Zhong wu 李仲武
LI, ZONG WU 李宗武 **(1895-1968)**

LI, ZHONG XIAO 李忠效 **(1955-　)**
Gong li 公里
Zhong, Xiao 钟笑

LI, ZHONG XIU 李钟秀 **(1933-　)**
Zhong, Xiu 钟秀

LI, ZHONG YI 李中一
Hui an 晦菴
Lao qiu 老虬

LI, ZHONG YIN 李重印 **(1919-　)**
Li, Shi gen 李石根

LI, ZHONG YUE 李中岳 **(1940-　)**
Shao, Shi 邵石
Zhong yue 中岳

Li, Zhou 李舟
WANG, YE WEI 王业玮 **(1923-　)**

Li zhou 力舟
YANG, KE LIN 杨克林 **(1948-　)**

LI, ZHOU YOU 李周祐 **(1913-　)**
Li, Ban li 李半黎
Li, Du qing 李笃卿
Lie feng 烈风
Xiao, Zhou 肖宙

Li, Zhu 李株
LI, ZHU 李铸 **(1924-　)**

LI, ZHU 李铸 **(1924-　)**
Li, Zhu 李株

LI, ZHU 李铸 **(1927-　)**
Li, Wen xin 李文信

Li zhu 骊珠
CHEN, ZHEN PENG 陈振鹏 **(1920-　)**

Li, Zhu dong 李竹冬
LI, ZU JIE 李祖杰 **(1912-　)**

Li, Zhu nian 李竹年
LI, YAN SHOU 李延寿 **(1904-1988)**

Li zhuan 丽磚
CAI, WEN CHAO 蔡文超

Li, Zhuang 李莊
LI, CHUN SHENG 李春生 **(1931-　)**

Li, Zhun 李准
LI, TIE SHENG 李铁生 **(1928-　)**

LI, ZHUN 李准 **(1939-　)**
Li zhun 礼谆

Li, Zhun 李準
LI, TIE SHENG 李铁生 **(1928-　)**

Li zhun 礼谆
LI, ZHUN 李准 **(1939-　)**

LI, ZHUO 李卓
Zhuo 卓

Li, Zhuo 李拙
LI, CHENG HAN 李成汉 (1942-)

Li, Zhuo 李拙
WANG, HONG JIU 王紘久 (1944-)

Li zhuo 离着
LI, WEN TAO 李文涛 (1880-1942)

LI, ZHUO MIN 李倬民
Zhuo min 倬民

Li, Zhuo zhao 李浊照
TIAN, ZHONG LUO 田锺洛 (1924-)

Li, Zi 李子
QIU, LI XIN 邱立新 (1941-)

Li, Zi 李子
DU, LIAN YI 杜连义 (1947-)

Li, Zi 李子
LI, YUN FENG 李云峰 (1960-)

Li, Zi 李紫
ZHENG, DU 郑笃 (1914-)

Li, Zi 李紫
CHEN, KE HUI 陈克惠 (1918-)

Li zi 力子
SHAO, LI ZI 邵力子 (1882-1967)

Li zi 粒紫
WANG, XU YAN 王绪言 (1926-)

LI, ZI ANG 李子昂 (1910-)
Hong dou 红豆
Yu an 渔岸

LI, ZI FENG 李紫凤
Bing hong 病虹
Li, Shu tong 李树桐
Tong di 桐弟

LI, ZI GUANG 李子光 (1962-)
Gu, Dian 古典
He, Hong wei 贺宏伟
Zi guang 紫光

Li, Zi gui 李紫贵
LI, SHUN LAI 李顺来 (1915-)

LI, ZI HE 李子和 (1943-)
Li, Zhi he 李芷和

Li, Zi he 李子核
LI, JUN ZHE 李君哲 (1929-)

LI, ZI HOU 李子侯 (1939-)
Ma, Dong yu 马东隅

LI, ZI HUA 李子华 (1943-)
Mi, Fu 米夫
Ting gu 亭谷
Wei tan 维坦

Li, Zi hui 李子惠
XIE, YAO HUI 谢耀辉 (1919-)

Li, Zi hui 李子惠
LI, DU GONG 李笃恭 (1929-)

LI, ZI KUAN 李子宽
Liao kong 了空

LI, ZI LIANG 李子亮 (1939-)
Li, Yan 李岩

LI, ZI MIN 李子敏 (1930-)
Wan gong 琬公
Wu ye 午耶
Zi min 紫悯

Li, Zi ming 李子明
LI, MING 李明 (1926-)

Li, Zi qi 李子畦
LI, ZI RANG 李子让 (1913-)

LI, ZI RANG 李子让 (1913-)
Li, Qi 李奇
Li, Zi qi 李子畦

Li, Zi song 李子诵
LI, SONG 李颂 (1912-)

Li, Zi xia 李梓侠
LI, ZU JIE 李祖杰 (1912-)

Li, Zi xiang 李紫翔
LI, YAN RUI 李延瑞 (1902-1979)

Li, Zi xie 李自絜
LI, ZONG DA 李宗大 (1911-)

LI, ZI XIN 李滋新 (1912-)
Tie shi 铁石

Li, Zi xiong 李子熊
LI, ZHAO LIN 李兆麟 (1915-)

LI, ZI YING 李子英 (1921-)
Li, Hui 李慧
Li, Xia 李霞
Li, Xiao hua 李晓华
Li, Zhi 李智
Tang, Ming 唐名
Tang, Ming 唐明
Xiao hua 晓华
Xu, Jun hui 徐君慧
Yi, Li 伊里
Zhao yang 朝阳

LI, ZI YOU 李自由 (1932-)

Jing cao 劲草
Li, Dan 李丹

Li, Zi yuan 李子园
LI, ZHI YUAN 李致远 (1931-)

LI, ZI YUN 李子云 (1930-)
Xiao li 晓立

LI, ZI ZHOU 李子洲 (-1929)
Deng ying 登瀛
Li, Deng ying 李登瀛
Yi min 逸民

LI, ZONG CI 李宗慈 (1956-)
Lu, Tong 鲁童

LI, ZONG DA 李宗大 (1911-)
Jiang, Shui huan 江水涣
Li, Qian ye 李浅野
Li, Zi xie 李自絜
Lin, Mu mao 林木茂
Ou, Wai ou 欧外欧
Ou, Wai ou 欧外鸥
Ou wai ou 鸥外鸥
Si tu, Yue 司徒越
Ye, Wo ruo 叶沃若

LI, ZONG JIAN 李宗鉴 (1927-)
Zhong gan 忠干

LI, ZONG LUN 李宗伦 (1961-)
Li, Chen 李尘

LI, ZONG MIN 李宗敏 (1947-)
Wei ming 未名

LI, ZONG QUE 李宗慤 (1922-)
Li, Tie fu 李铁夫
Li, You nong 李幼农

Li, Zong ru 李宗儒
LI, SHI QUAN 李世铨 (1879-1943)

Li, Zong shun 李宗舜
LI, ZHONG SHUN 李忠顺 (1954-)

LI, ZONG TONG 李宗侗 (1895-1975)
Li, Xuan bo 李玄伯
Xuan bo 玄伯

Li, Zong wu 李宗吾
LI, SHI QUAN 李世铨 (1879-1943)

LI, ZONG WU 李宗武 (1895-1968)
Ji, Gu 季谷
Jia 佳
Li, Chong wu 李崇武
Li, Ji gu 李季谷
Li, Xu zhong 李续忠
Li, Zhong wu 李仲武
Zhong, Wu 仲武
Zong, Wu 宗武

Li, Zong yao 李宗尧
LI, HONG BI 李宏贲 (1914-1991)

LI, ZONG YU 李宗裕 (1887-1931)
Li, Xia qing 李霞卿
Li, Zhong kan 李仲侃

LI, ZONG ZHENG 李宗正 (1923-)
Li, Zeng rui 李增瑞
Shi, Zai 石再
Si yu 思玉
Zhong, Zheng 钟政

LI, ZU JIE 李祖杰 (1912-)
Dong zhu 冬竹
Fang xin 放新
Li, Dong zhu 李冬竹
Li, Geng 李耿
Li, Zhu dong 李竹冬
Li, Zi xia 李梓侠
Zhu, Dong 竹冬
Zi xia 梓侠

LI, ZU LIANG 李祖良
Fang, Xiao 方晓

LI, ZU YUN 李祖云 (1899-1971)
Li, Ming 李明
Li, Qiu jun 李秋君
Ou xiang guan zhu 欧湘馆主
Qiu, Jun 秋君

LI, ZUAN ZHENG 李缵铮 (1911-)
Zhong, Ping 锺平

Li, Zuo chang 李佐长
LI, DIAN KUI 李殿魁 (1911-)

LI, ZUO DONG 李作东 (1924-)
Ji, Ling tang 季凌唐
Li, Ban 李班
Zuo dong 作东

Li, Zuo fei 李昨非
LI, YAN SHOU 李延寿 (1904-1988)

Li, Zuo jun 李作君
LI, DE CHENG 李德成 (1956-)

LI, ZUO XIANG 李作祥 (1934-)
Jin jiang 晋江
Li, Xiang 黎响

Li, Zuo zhou 李作周
ZHANG, XI CHANG 张锡昌 (1902-1980)

Lian 敛
YING, HUA 英华 (1867-1926)

Lian, An 廉岸

LU, FANG 卢滂 (1914-)

Lian an 鍊庵
SHEN, ZONG JI 沈宗畸 (1857-1926)

Lian, Bai 廉柏
LI, FANG LAN 李芳兰 (1917-)

Lian, Bo 连波
LIAN, DE FU 连德甫 (1931-)

Lian cha 莲垞
ZHU, QI 朱奇 (1898-)

Lian, Chen 廉臣
XU, MENG QIU 徐梦秋 (1901-)

Lian, Chen 廉臣
LIAO, CHEN YUN 廖陈云 (1905-1995)

Lian, Cheng 连城
FU, JIN CHENG 傅金城 (1943-)

LIAN, DE FU 连德甫 (1931-)
Lian, Bo 连波

Lian er 莲儿
SU, YUN DAI 苏允岱 (1939-)

Lian, Feng 连峰
WAN, CHANG SHENG 万长生 (1947-)

Lian fu 莲父
ZHENG, YUE 郑岳 (1903-1975)

Lian, Ge tao 连葛陶
LIAN, HENG 连横 (1878-1936)

Lian, Hai ping 连海平
YANG, MIN SHENG 杨敏盛 (1950-)

LIAN, HAN CHUAN 连汉川
Cun han 村汉

Lian hen 莲痕
CHEN, DING YANG 陈定扬

LIAN, HENG 连横 (1878-1936)
Chen, Mu qin 陈慕秦
Da dun shan fang 大遯山房
Jian hua 剑花
Jian hua sheng 剑花生
Jian hua shi 剑花室
Lian, Ge tao 连葛陶
Lian, Mu tao 连慕陶
Lian, Wu gong 连武公
Lian, Ya tang 连雅堂
Lian, Ya tang 连雅棠
Lian, Yun bin 连允斌
Lin, Wen cheng 林文澂
Mu, Qin 慕秦
Zhi lan 芷兰

Lian hong 炼虹
LIU, TONG JU 刘通矩 (1921-)

Lian hua an zhu 莲华庵主
YAO, HUA 姚华 (1876-1930)

Lian jia 练佳
QIAN, YA XIN 钱亚新 (1903-1990)

Lian jiang 莲江
SUN, JIA RUI 孙嘉瑞 (1920-)

LIAN, JING CHU 连景初 (1918-)
Jing yi 京衣

Lian kang 联抗
JI, LIAN KANG 吉连康 (1916-1989)

Lian ke 莲客
YU, LIAN KE 于莲客

Lian, Kuo ru 连阔如
BI, LIAN SHOU 毕连寿 (1902-1971)

Lian lang 琏郎
XU, SHI LIAN 许世连 (1920-)

Lian lian 莲连
CHEN, HUI LING 陈惠龄 (1916-)

Lian, Lu 廉庐
SHEN, DUAN XIAN 沈端先 (1900-1995)

Lian, Lun 连伦
LIU, LIAN LUN 刘连仑 (1943-)

LIAN, MEI CHENG 练美成 (1929-)
Ye, Meng 叶蒙

LIAN, MENG QING 连梦青
You huan yu sheng 忧患馀生

Lian mu 练牧
HONG, KE QIN 洪克勤 (1924-)

Lian, Mu tao 连慕陶
LIAN, HENG 连横 (1878-1936)

Lian, Qi 连奇
GUO, KUN FU 郭坤福 (1947-)

Lian, Qing 连青
GU, WAN CHUAN 谷万川 (1905-1970)

Lian qing 涟清
PENG, LIAN QING 彭涟清 (1907-1968)

Lian qing 涟清
LIU, LIAN QING 刘濂清 (1909-1939)

LIAN, QUAN 廉泉 (1868-1931)
Fan ying lou zhu 帆影楼主
Hui he 惠和
Hui qing 惠卿
Nan, Hu 南湖

Xiao wan liu tang zhu ren 小万柳堂主人
Xiu yun shan ren 岫云山人

Lian, Ren 廉人
XIAN, XIAO QIAN 冼小前 **(1955-)**

Lian shan 憐山
ZHOU, BO DA 周伯达 **(1914-1947)**

Lian, Sheng 连生
LIU, KUI YI 刘揆一 **(1878-1950)**

Lian sheng 莲生
YANG, LIAN SHENG 杨联陞 **(1914-1990)**

Lian sheng 莲生
LU, SHENG YAN 卢胜彦 **(1945-)**

Lian, Sheng 廉生
HOU, CHUAN JI 侯传稷 **(1909-1981)**

Lian, Sheng 廉声
JIANG, LIAN SHENG 蒋廉声 **(1932-)**

Lian shi 炼石
YAN, BIN 燕斌

Lian shi 莲石
ZHAO, JIN CHEN 赵晋臣 **(1862-1929)**

Lian shi nü shi 炼石女士
YAN, BIN 燕斌

LIAN, SHI SHENG 连士升 **(1907-1972)**
Zi yun 子云

LIAN, SHU QUAN 连树泉 **(1933-)**
Fan ping 凡平

LIAN, SHUI MIAO 连水淼 **(1949-)**
Chen, Wei 陈威
Lan yin 岚茵

Lian, Suo 连瑣
SHEN, YAN BING 沈雁冰 **(1896-1981)**

Lian tan 恋潭
XU, CHENG ZHI 许承志 **(1917-)**

Lian, Tong 连铜
CAI, LIAN TONG 蔡连铜 **(1946-)**

Lian wan 炼顽
SHI, LIAN XUE 石联学 **(1906-)**

Lian, Wu gong 连武公
LIAN, HENG 连横 **(1878-1936)**

Lian, Xi 连禧
LU, QI ZHI 鲁启智 **(1924-)**

Lian xi ju shi 莲西居士
WU, ZHI ZAO 吴之藻 **(1877-1937)**

Lian, Xiao ou 连啸鸥
LIAN, XING ZI 连兴梓 **(1909-)**

Lian, Xin 连心
CHEN, FANG 陈方 **(1897-1962)**

Lian xin 莲心
XIAO, ZONG PU 萧宗朴 **(1905-)**

LIAN, XING ZI 连兴梓 **(1909-)**
Jie liang 介亮
Lian, Xiao ou 连啸鸥
Man man 曼曼
Xiao ou 啸鸥

Lian, Ya tang 连雅堂
LIAN, HENG 连横 **(1878-1936)**

Lian, Ya tang 连雅棠
LIAN, HENG 连横 **(1878-1936)**

Lian yi 莲依
XI, NANG 奚囊 **(1876-1940)**

Lian yi 莲裔
SHE, XUE MAN 佘雪曼 **(1909-)**

Lian, Ying he 连鹰鹤
ZHENG, EN BO 郑恩波 **(1939-)**

Lian yu 莲舆
ZENG, ZHENG CHANG 曾正昌 **(1922-1966)**

Lian yuan 楝园
HONG, LIAN YUAN 洪楝园

Lian yuan qi qing sheng 楝园绮情生
HONG, LIAN YUAN 洪楝园

Lian yue 莲岳
YANG, ZHEN HUA 杨镇华

Lian, Yun bin 连允斌
LIAN, HENG 连横 **(1878-1936)**

Lian zhi 炼之
SHEN, LIAN ZHI 沈錬之 **(1904-)**

Lian zhi 敛之
YING, HUA 英华 **(1867-1926)**

LIAN, ZHENG XIANG 廉正祥 **(1945-)**
Bai, Shan song 白山松

Lian, Zhong san 连仲三
BI, LIAN SHOU 毕连寿 **(1902-1971)**

Lian zi 莲子
LU, SHENG YAN 卢胜彦 **(1945-)**

Lian zi 莲子
CHEN, GUI LIAN 陈桂莲 **(1946-)**

Lian zi 莲子
XU, CHUN LIAN 徐春莲 **(1956-)**

Liang 良
LÜ, ZHAN QING 吕展青 **(1909-)**

Liang 良
LIN, LIANG 林良 **(1924-)**

Liang 亮
SHEN, YAN BING 沈雁冰 **(1896-1981)**

Liang 亮
LÜ, LIANG GENG 吕亮耕 **(1915-1974)**

Liang 梁
LIANG, MENG GENG 梁梦庚 **(1914-)**

Liang 量
SHEN, YAN BING 沈雁冰 **(1896-1981)**

Liang, An pei 梁安培
WANG, AN YOU 王安友 **(1923-)**

LIANG, AN YUN 梁安云 **(1924-)**
Liang, Xi 梁西

LIANG, BAI 梁柏 **(1954-)**
Bai, Ying 柏英

Liang, Bai qing 梁柏青
WU, RUI XIN 吴锐心 **(1909-)**

Liang, Bai yun 梁白云
LIANG, SHANG QUAN 梁上全 **(1931-)**

LIANG, BEN CONG 梁本聪
Ben cong 本聪

LIANG, BIN 梁彬
Yun ding bo xia 云顶跛侠

Liang, Bin 梁斌
LIANG, WEI ZHOU 梁维周 **(1914-)**

Liang, Bin 梁滨
XIA, CHEN ZHONG 夏晨中 **(1912-)**

LIANG, BING JUN 梁秉钧 **(1948-)**
Che, Bu la 车不拉
Shan er 山尔
Ye si 也斯

Liang, Bing xian 梁冰弦
LIANG, XIANG WU 梁襄武

Liang, Bo 梁泊
LIANG, SHI LONG 梁世隆 **(1935-)**

Liang, Bo 梁波
LIANG, ZHI TAO 梁植涛 **(1915-)**

Liang, Bo 梁波
YANG, SI ZHONG 杨思忠

Liang cai 亮才
ZHOU, LIANG 周亮

Liang, Can 梁灿
WANG, YI MING 王怡名 **(1919-)**

Liang can 良灿
LIANG, GUAN ZHONG 梁冠中 **(1942-)**

Liang, Chan 梁谄
LIN, LI TIAN 林犁田 **(1921-)**

LIANG, CHAO JIE 梁朝杰
Bo jun 伯隽
Chu yun guan zhu ren 出云馆主人
Xiu yun guan zhu ren 岫云馆主人

Liang, Chao lin 梁朝琳
LIANG, WU XIA 梁无瑕 **(1920-)**

LIANG, CHAO RAN 梁超然 **(1936-)**
Chi, Xi 迟樨

Liang chou 亮畴
WANG, CHONG HUI 王宠惠 **(1881-1958)**

Liang chou 亮俦
JIAO, CHENG ZHI 焦承志 **(1905-1975)**

Liang, Chu 梁楚
CHEN, YAO MIN 陈耀民 **(1927-)**

Liang, Chu 梁楚
LIANG, LI FANG 梁丽芳 **(1948-)**

LIANG, CHUN FANG 梁春芳 **(1950-)**
Liang, Yue 梁钺

LIANG, CONG BIN 梁从斌
Ge, Er 戈尔

LIANG, CUN XIU 梁存秀 **(1931-)**
Liang, Zhi xue 梁志学

Liang, Dao 梁稻
HAO, QING SONG 郝庆松 **(1920-1979)**

LIANG, DE BIAO 梁德标 **(1938-)**
Wen, Ling 文翎

Liang, De min 梁德民
LIANG, JING FENG 梁景峰

LIANG, DI YUN 梁荻云 **(1919-)**
Gao, Liang 高梁
Li, Wang ying 李望莺
Wang ying 望鹰

LIANG, DING 梁鼎
Jing, Shan 荆山
Liang, Jing shan 梁荆山

LIANG, DING FEN 梁鼎菜 **(1859-1920)**
Bing weng 病翁
Bo lie 伯烈
Bu hui shan min 不回山民
Bu hui weng 不回翁
Cai, Shuang 蔡霜

Cang shan 藏山
Cang sou 藏叟
Cang zhe 藏者
Cha an 茶庵
Chun hu 蓴湖
Dong an 冬厂
Feng shan ci ren 凤山词人
Fu feng hu zhang 敷丰湖长
Gu an 孤庵
Hai, Ke 海客
Hao song 好松
Hu min 湖泯
Hui hu 蕙湖
Jia chu ting ke 佳处亭客
Jian sou 剑叟
Jie an 节庵
Jie an 洁庵
Jing wei 精卫
Ke cui ci ren 刻翠词人
Lan, Hu min 兰湖民
Lan hu you ke 兰湖游客
Lan, Jia 兰伽
Lan, Sou 兰叟
Lang you ci lü 浪游词侣
Lao jie 老节
Li an 礼庵
Lie zi 烈子
Lu weng 鹿翁
Po an 破庵
Qi feng lou ke 棲凤楼客
Qin zhuang 琴莊
Qing shi 清士
Ren jian ren 人间人
Shang cun xue ren 尚存学人
She xi 菽兮
She xi ci ke 菽兮词客
Tiao hua 苕华
Tiao weng 苕翁
Tong fu 痛夫
Wei yuan 未园
Wu xia 毋暇
Xi an 夕庵
Xi she 汐社
Xian min 鲜民
Xin hai 心海
Xing gong 性公
Xing hai 星海
Yu tiao ci ke 玉苕词客
Yuan, Jie 元节
Zhu, Gen 竹根

LIANG, DING MING 梁鼎铭 **(1898-1959)**
Zhan hua shi zhu 战画室主

LIANG, DING YING 梁鼎英 **(1939-)**
Ding, Ying 丁鹰

LIANG, DU WEN 梁笃文 **(1910-1968)**
Ma, Te 马特
Liang, Jia 梁嘉
Liang, Jing fu 梁劲夫

Liang, Duo 梁多
LIANG, ZHI TAO 梁植涛 **(1915-)**

Liang, Er fu 梁尔夫
LÜ, LIANG CAI 吕良才 **(1949-)**

Liang, Er huai 梁尔怀
YUAN, GUANG MEI 袁光楣 **(1916-1982)**

Liang, Fang zhong 梁方仲
LIANG, JIA GUAN 梁嘉官 **(1908-1970)**

Liang, Fei 梁飞
YI, ZHUN 易准 **(1931-)**

LIANG, FENG 梁风 **(1919-1987)**
Bai, Yun shan 白云山

Liang, Feng 梁枫
LIANG, HUI ZHU 梁慧珠 **(1925-)**

Liang feng 凉风
LIANG, FENG LIAN 梁凤莲 **(1963-)**

LIANG, FENG LIAN 梁凤莲 **(1963-)**
Liang feng 凉风

Liang, Fu 梁父
JIN, DE CHENG 金德成 **(1918-)**

Liang, Fu 梁父
WANG, PIN ZHI 王聘之 **(1919-)**

Liang, Fu 梁抚
ZHANG, MING YANG 张明养 **(1906-1991)**

Liang fu 良甫
LI, JIN MING 黎锦明 **(1905-)**

Liang fu 良辅
ZHANG, MING YANG 张明养 **(1906-1991)**

Liang fu 亮夫
ZHOU, MING 周明

Liang fu 量富
ZHOU, MING 周明

Liang, Fu yin 梁父吟
JIN, DE CHENG 金德成 **(1918-)**

Liang, Fu yin 梁甫吟
DU, HE LUAN 杜和銮

Liang, Ge 梁哥
LIANG, ZHI TAO 梁植涛 **(1915-)**

Liang, Ge bai 梁戈白
YANG, FENG QI 杨凤岐 **(1908-)**

Liang geng 亮耕
LÜ, LIANG GENG 吕亮耕 **(1915-1974)**

Liang gong 良公
GUAN, LIANG 关良 **(1900-1986)**

Liang gong 佷工
SUN, LIAO GUANG 孙燎光 **(1894-1962)**

Liang gong 谅功
YANG, LIANG GONG 杨亮工 **(1894-)**

Liang guan 良贯
LIANG, GUAN ZHONG 梁冠中 **(1942-)**

LIANG, GUAN ZHONG 梁冠中 **(1942-)**
Cang lang ke 苍浪客
Ha, Li ma 哈利玛
Jin, Qing 金晴
Liang can 良灿
Liang guan 良贯
Liang, Jun tao 梁钧陶
Liang, Liang guan 梁良贯
Liang, Xiang liang 梁向亮
Lü, Huan 吕焕
Wu, Liang zhi 伍良之
Wu, Zhi shu 伍知述
Yi, Guan 易冠

LIANG, GUANG MING 梁光明 **(1942-)**
Shu, Fan 舒凡

Liang, Guo 梁果
LIANG, ZHI TAO 梁植涛 **(1915-)**

LIANG, HAI QIANG 梁海强 **(1952-)**
Jia, Ming 贾明
Liang, Liang 梁良

LIANG, HAN CAO 梁寒操 **(1899-1975)**
Fu, Long 伏龙
Han zao 翰藻
Jun mo 均默
Liang, Jun mo 梁均默

Liang, Han guang 梁寒光
LIANG, RONG LIN 梁荣林 **(1917-1989)**

Liang, Han lun 梁汉伦
LIANG, HAN XING 梁汉兴 **(1920-)**

LIANG, HAN XING 梁汉兴 **(1920-)**
Liang, Han lun 梁汉伦
Liang, Lun 梁伦

Liang, Han yi 梁寒衣
LIANG, LI RONG 梁丽蓉 **(1959-)**

Liang, Hao 梁皓
LIANG, WEN FU 梁文福 **(1964-)**

Liang, He 梁荷
LIANG, ZHI TAO 梁植涛 **(1915-)**

Liang, He jun 梁和钧
LIANG, JING CHUN 梁敬錞 **(1892-1984)**

LIANG, HONG BIN 梁洪斌 **(1945-)**
Han guang 寒光
Liang, Shan 梁山

LIANG, HONG JIE 梁洪杰 **(1940-)**
Wei, Min 魏民

LIANG, HONG ZHI 梁鸿志 **(1882-1946)**
San shi san song zhai zhu 三十三宋斋主
Wu wei 无畏
Zhong yi 众异

Liang, Hou fu 梁厚甫
LIANG, KUAN 梁宽 **(1913-)**

Liang, Hua 梁华
XU, SUI ZENG 许绥曾 **(1921-)**

Liang, Hua 梁华
WEN, LIANG HUA 温梁华 **(1952-)**

LIANG, HUAN DING 梁焕鼎 **(1893-1988)**
Liang, Shu ming 梁漱溟
Shou min 寿民
Shou min 瘦民
Shu ming 漱溟
Shu ming 漱冥
Xiao, Wu 肖吾

Liang, Huang tao 梁煌涛
LIANG, TAO 梁涛 **(1924-1995)**

LIANG, HUANG ZHOU 梁黄胄 **(1925-)**
Huang, Zhou 黄胄

Liang, Hui ru 梁慧如
CHEN, WEN TONG 陈文统 **(1926-)**

LIANG, HUI YAN 梁惠炎 **(1920-)**
Guo, Wen 郭文
Hui yan 卉妍
Lai hong 籁红
Ruo zhu 若竹
Zhang, Qi 章其

LIANG, HUI ZHU 梁慧珠 **(1925-)**
Duan mu, Hong 端木红
Hong ye 红叶
Liang, Feng 梁枫

Liang hun 两浑
KANG, YOU WEI 康有为 **(1858-1927)**

LIANG, JI 梁济 **(1859-1918)**
Gui ling lao ren 桂岭劳人

Liang, Ji 梁骥
MA, JUN 马骏 **(1946-)**

Liang ji 两极
LIANG, XIANG WU 梁襄武

Liang ji 良吉
HUANG, LIANG JI 黄良吉 **(1941-)**

LIANG, JI PEI 梁纪佩
Zui mian shan ren 醉眠山人

LIANG, JI REN 梁积仁
Ji ren 绩仁

Liang, Jia 梁嘉
LIANG, DU WEN 梁笃文 **(1910-1968)**

LIANG, JIA GUAN 梁嘉官 **(1908-1970)**
Fang, Weng 方翁
Fang, Zhong 方中
Liang, Fang zhong 梁方仲
Wei ren 畏人
Wei zhong 威中

LIANG, JIA LUO 梁佳萝 **(1931-)**
Jin, Cao 金草
Liang, Xi hua 梁锡华

Liang, Jia zhu 梁家竹
LIAO, BAO YING 廖宝荃 **(1909-)**

LIANG, JIAN BO 梁剑波 **(1922-)**
Hai, Guan 海观
Lu, Jian 鲁剑
Yu, Cheng 宇澄

LIANG, JIAN TING 梁建廷
Lan, Ying 蓝影

Liang jie 凉界
SUN, LIN 孙林 **(1957-)**

LIANG, JIE ZHU 梁结珠 **(1958-)**
Lu zhu 露珠

Liang, Jin 梁晋
LI, LIAN CUI 李连萃 **(1911-1991)**

Liang, Jin an 梁锦安
LIANG, JIN XIU 梁锦秀 **(1953-)**

LIANG, JIN GUANG 梁金广 **(1932-)**
Bai, Xue 白雪
Chun shui 春水
Hao ran 浩然
Pan shan 盘山
Qiu, Chuan 秋川

LIANG, JIN XIU 梁锦秀 **(1953-)**
Bao, An 宝安
Jin, Bo 金帛
Liang, Jin an 梁锦安
Liang, Shan 梁山

LIANG, JIN YU 梁金玉 **(1939-)**

Liang, Yu 梁雨

LIANG, JING 梁劲 **(1926-)**
Hai, Dao 海岛
Long, Wan zi 龙湾子

Liang, Jing 梁京
ZHANG, AI LING 张爱玲 **(1920-1995)**

LIANG, JING CHUN 梁敬錞 **(1892-1984)**
He, Jun 和钧
Liang, He jun 梁和钧
Nan lou zhu ren 南楼主人
Ping ke 萍客

LIANG, JING FENG 梁景峰
Liang, De min 梁德民

Liang, Jing fu 梁劲夫
LIANG, DU WEN 梁笃文 **(1910-1968)**

Liang, Jing shan 梁荆山
LIANG, DING 梁鼎

LIANG, JUN 梁骏 **(1933-)**
Ai, Ming 艾明
Jin, Ling 金陵

Liang, Jun mo 梁均默
LIANG, HAN CAO 梁寒操 **(1899-1975)**

Liang, Jun tao 梁钧陶
LIANG, GUAN ZHONG 梁冠中 **(1942-)**

LIANG, KANG PING 梁康平 **(1894-1972)**
He, Ruo 何若
Jun du 君度
Liang, Kuang ping 梁匡平
Liang, Shi 梁式
Shi yi 尸一

Liang, Ke 梁坷
LIANG, ZHI TAO 梁植涛 **(1915-)**

Liang, Ke 梁柯
LIANG, ZHI TAO 梁植涛 **(1915-)**

Liang, Ke 梁科
LIANG, ZHI TAO 梁植涛 **(1915-)**

Liang, Ke 梁轲
LIANG, ZHI TAO 梁植涛 **(1915-)**

Liang, Kong 梁空
LIANG, SHAO WEN 梁绍文 **(1897-)**

LIANG, KUAN 梁宽 **(1913-)**
Feng, Hong dao 冯宏道
Liang, Hou fu 梁厚甫
Song, Min qiu 宋敏求
Wu, Jia ao 吴嘉璈

Liang, Kuang ping 梁匡平

LIANG, KANG PING 梁康平 **(1894-1972)**

LIANG, LA CHENG 梁拉成 **(1945-)**
Liang, Shi 梁石

Liang, Li 梁丽
SONG, MOU YANG 宋谋瑒 **(1928-)**

Liang, Li 梁丽
WANG, ZHI LIANG 王智量 **(1928-)**

LIANG, LI FANG 梁丽芳 **(1948-)**
Liang, Chu 梁楚
Liang, Su 梁素

LIANG, LI RONG 梁丽蓉 **(1959-)**
Liang, Han yi 梁寒衣

LIANG, LI SONG 梁立松 **(1944-)**
Hong song 红松
Yi song 屹松

LIANG, LIANG 梁良 **(1934-)**
Guan, Chuan 关川
Zhao, Hong 赵泓

Liang, Liang 梁良
LÜ, LIANG CAI 吕良才 **(1949-)**

Liang, Liang 梁良
LIANG, HAI QIANG 梁海强 **(1952-)**

Liang, Liang 梁梁
LIANG, LIANG ZHU 梁亮珠 **(1955-)**

Liang, Liang guan 梁良贯
LIANG, GUAN ZHONG 梁冠中 **(1942-)**

Liang, Liang liang 梁良樑
LI, LI MING 李立明 **(1926-)**

LIANG, LIANG ZHU 梁亮珠 **(1955-)**
Liang, Liang 梁梁

LIANG, LONG 梁龙 **(1894-1967)**
Yun, Cong 云从
Yun, Song 云松

Liang, Lun 梁伦
LIANG, HAN XING 梁汉兴 **(1920-)**

LIANG, MAN CANG 梁满仓
Ban zhang 板章

Liang, Meng geng 梁孟庚
LIANG, MENG GENG 梁梦庚 **(1914-)**

LIANG, MENG GENG 梁梦庚 **(1914-)**
A geng 阿庚
Bing fei 冰菲
Bo li 伯利
Deng, Li 邓立
Jing ren 菁人
Li deng 立邓
Liang 梁
Liang, Meng geng 梁孟庚
Liang, Qian 梁茜
Liang, Qian 梁倩
Liang, Qian 梁蒨
Liang, Shan ding 梁山丁
Liang, Yong shi 梁詠时
Lin, Xi 林西
Ma, Yong 马庸
Mao, Ye 茅野
Qian 蒨
Shan ding 山丁
Wu, Shi yi 武拾遗
Xiang, Lian 项鍊
Xiao jing 小菁
Xiao qian 小茜
Xiao qian 小蒨
Yong shi 詠时
Yue, Jin 岳进

LIANG, MENG XIAN 梁孟娴 **(1937-)**
Bai, He 白荷

LIANG, MIN 梁民
Le tian 乐天
Yi yu 一余

Liang, Ming 梁明
LI, GENG 李庚 **(1917-)**

LIANG, MING GANG 梁铭纲 **(1930-)**
Fan yang 梵杨
Luo, Xin 罗辛

LIANG, MING GUANG 梁明广 **(1931-)**
Gong sun, Yu 公孙渔
Li, Sao 黎骚
Wan yan, Ji 完颜籍

Liang, Mo 梁摩
LIANG, ZHI TAO 梁植涛 **(1915-)**

Liang mu 两穆
ZHAO, PU LIN 赵普琳 **(1919-)**

Liang, Nan 梁南
LI, QI GANG 李启刚 **(1925-)**

Liang, Ning 梁宁
LIANG, ZU QIANG 梁祖强 **(1922-)**

Liang nu 良驽
XIN, QIN 辛勤 **(1939-)**

Liang, Pei zhen 梁珮贞
LIANG, QING YUAN 梁清源 **(1905-)**

Liang ping 良平
WU, LIANG PING 吴亮平 **(1908-1986)**

Liang ping 亮平
WU, LIANG PING 吴亮平 **(1908-1986)**

Liang ping 亮萍
WU, LIANG PING 吴亮平 **(1908-1986)**

Liang, Qi 梁琪
WANG, TONG QI 王同起 **(1950-)**

Liang qi 亮奇
LIN, JING XING 林景行 **(1885-1916)**

LIANG, QI CHAO 梁启超 **(1873-1929)**
Ai guo zhe 爱国者
Ai shi ke 哀时客
Bing zi 冰子
Cang jiang 沧江
Guo shi shi 国史氏
Hong fu 宏甫
Hong you 宏猷
Hui an 慧厂
Ji, Tian jin 吉田晋
Ji zhe 记者
Jian shi 兼士
Jin 晋
Jiu shi shi 旧史氏
Li ren 力人
Liang, Ren 梁任
Liang, Ren gong 梁任公
Liang, Zhuo ru 梁卓如
Meng, Yuan 孟远
Ning ren 佞人
Qian fu 潜夫
Ren 人
Ren, An 任厂
Ren, Fu 任父
Ren, Fu 任甫
Ren, Gong 任公
Ru hui an zhu ren 如晦庵主人
Shao nian zhong guo zhi shao nian 少年中国之少年
She yuan 社员
She yuan mou 社员某
Shuang tao 双涛
Tan shan lü ke 檀山旅客
Wai shi shi 外史氏
Xian min 宪民
Xin hui 新会
Xin min cong bao ji zhe 新民丛报记者
Xin min cong bao she she yuan 新民丛报社社员
Xin min zi 新民子
Xin shi shi 新史氏
Yi ci 轶赐
Yi shi shi 逸史氏
Yin bing 饮冰
Yin bing shi zhu ren 饮冰室主人
Yin bing zi 饮冰子
Yuan, Gong 远公
Zhong guo shao nian 中国少年
Zhong guo xin min 中国新民
Zhong guo zhi xin min 中国之新民
Zhuo, Ru 卓如
Zi you zhai zhu ren 自由斋主人

LIANG, QI RU 梁其汝
Qi 淇

LIANG, QI TANG 梁启堂 **(1944-)**
Chang, Qing 常青
Chang, Zhui feng 常追风
Chang, Zhui qi 常追气
Ke, Nu fan 柯弩帆
Ma, Luo 马洛
Qin, Lin 秦林

LIANG, QI XUN 梁启勲 **(1876-)**
Man shu shi 曼殊室
Man shu shi zhu ren 曼殊室主人
Zhong, Ce 仲策

Liang, Qi yan 梁其彦
LIANG, YONG YU 梁永裕 **(1921-)**

Liang, Qi you 梁启佑
LIANG, XI FANG 梁惜芳 **(1912-1937)**

Liang, Qian 梁茜
LIANG, MENG GENG 梁梦庚 **(1914-)**

Liang, Qian 梁倩
LIANG, MENG GENG 梁梦庚 **(1914-)**

Liang, Qian 梁蒨
LIANG, MENG GENG 梁梦庚 **(1914-)**

Liang, Qing 梁卿
WANG, KANG NIAN 汪康年 **(1860-1911)**

LIANG, QING YUAN 梁清源 **(1905-)**
Liang, Pei zhen 梁珮贞

LIANG, QIONG BAI 梁琼白
Jun xi 君溪

Liang, Ren 梁人
ZHOU, YUAN BIN 周元斌 **(1915-)**

Liang, Ren 梁人
ZHAO, ZE XUN 赵则训 **(1942-)**

Liang, Ren 梁仁
CHEN, ZHANG TAI 陈章太 **(1932-)**

Liang, Ren 梁任
LIANG, QI CHAO 梁启超 **(1873-1929)**

Liang, Ren 梁任
ZHU, XI LIANG 朱锡梁 **(1873-1932)**

Liang, Ren 梁任
ZHOU, GUAN WU 周观武 **(1944?-)**

Liang, Ren gong 梁任公

LIANG, QI CHAO 梁启超 (1873-1929)

LIANG, REN SHENG 梁任生 (1931-)
Liang, Zhi 梁之

LIANG, RONG LIN 梁荣林 (1917-1989)
Han guang 寒光
Liang, Han guang 梁寒光
Liang, Yu heng 梁玉衡

LIANG, RONG RUO 梁容若 (1905-1982)
Liang, Sheng wei 梁绳伟
Liang, Sheng wei 梁绳纬
Liang, Sheng yi 梁绳祎
Liang, Sheng zhi 梁盛志
Liang, Zi mei 梁子美
Liu ren 流人
Rong, Ruo 容若
Sheng zhi 盛志
Wei, Zhen 韦真
Z. M.
Zhong, Shan yong 锺山傭
Zi nan 滋南

LIANG, RONG YUAN 梁荣源 (1938-)
Liang, San bai 梁三白
Sha, Fei 沙飞

Liang, Ru huai 梁如怀
TIAN, ZHONG LUO 田锺洛 (1924-)

Liang, Ru huai 梁汝怀
TIAN, ZHONG LUO 田锺洛 (1924-)

LIANG, RUI MING 梁瑞明 (1941-)
Dan feng 丹枫

LIANG, RUN SHAN 梁润珊 (1938-)
Ai, Han 艾寒
Bai, Xue 白雪
Bai, Yun fei 白云飞
Bei ding 北丁
Dong fang, Xue 东方雪
Hei, Shui 黑水
Liang, Xie cheng 梁谢成
Long, Jiang sheng 龙江生
Mu bing 木兵
Wang, Ce 王冊
Yu, Zhong 于中
Yun, Qiao 云桥

Liang, San bai 梁三白
LIANG, RONG YUAN 梁荣源 (1938-)

Liang, Shan 梁山
LIANG, ZHI SHENG 梁志生 (1912-)

Liang, Shan 梁山
CHEN, YAO NAN 陈耀南 (1941-)

Liang, Shan 梁山
LIANG, HONG BIN 梁洪斌 (1945-)

Liang, Shan 梁山
LIANG, JIN XIU 梁锦秀 (1953-)

Liang, Shan 梁山
CAI, YI HUAI 蔡益怀 (1962-)

Liang, Shan ding 梁山丁
LIANG, MENG GENG 梁梦庚 (1914-)

LIANG, SHANG QUAN 梁上全 (1931-)
Liang, Bai yun 梁白云
Liang, Shang quan 梁上泉

Liang, Shang quan 梁上泉
LIANG, SHANG QUAN 梁上全 (1931-)

LIANG, SHANG YUAN 梁上元 (1949-)
Han wu 寒雾

Liang, Shao min 梁韶敏
LIANG, SHAO WEN 梁绍文 (1897-)

LIANG, SHAO SHENG 梁绍生 (1949-)
Liang, Xiao sheng 梁晓声

LIANG, SHAO WEN 梁绍文 (1897-)
Kong kong shao nian 空空少年
Liang, Kong 梁空
Liang, Shao min 梁韶敏

Liang sheng 亮生
LIN, ZHI XIA 林之夏 (1878-1947)

Liang sheng 凉生
LIN, ZHI XIA 林之夏 (1878-1947)

Liang sheng 凉笙
LIN, ZHI XIA 林之夏 (1878-1947)

Liang, Sheng wei 梁绳伟
LIANG, RONG RUO 梁容若 (1905-1982)

Liang, Sheng wei 梁绳纬
LIANG, RONG RUO 梁容若 (1905-1982)

Liang, Sheng yi 梁绳祎
LIANG, RONG RUO 梁容若 (1905-1982)

Liang, Sheng zhi 梁盛志
LIANG, RONG RUO 梁容若 (1905-1982)

LIANG, SHI 梁石 (1926-)
Mu shi wu lang 木石五郎

Liang, Shi 梁石
LIANG, LA CHENG 梁拉成 (1945-)

Liang, Shi 梁式
LIANG, KANG PING 梁康平 (1894-1972)

LIANG, SHI LONG 梁世隆 (1935-)
Liang, Bo 梁泊
Shi, Ji 石基

LIANG, SHI QIU 梁实秋 **(1902-1987)**
Chen, Shu 陈淑
Cheng, Shu 程淑
Liang, Zhi hua 梁治华
Qiu, Lang 秋郎
Qiu, Shi 秋室
Shi qiu 实秋
Xi la ren 希腊人
Zhi hua 治华
Zi jia 子佳

LIANG, SHI WEN 梁式文 **(1908-1985)**
Yi gong 翌公
Yi gong 弋工
Zhan wen 邅闻

Liang shou ju shi 量守居士
HUANG, KAN 黄侃 **(1886-1935)**

LIANG, SHU 梁书 **(1906-)**
Kai shi 凯世

Liang, Shu ming 梁漱溟
LIANG, HUAN DING 梁焕鼎 **(1893-1988)**

LIANG, SHU NIAN 梁树年 **(1911-)**
Dou cun 豆村

LIANG, SHUANG QING 梁双庆 **(1942-)**
Gao, Liang 高梁
Jing lü 劲旅
Liang, Tian 梁田
Liang, Zhi qing 梁誌庆

Liang, Si lan 梁司兰
ZHENG, MENG ZHOU 郑梦周 **(1920-1982)**

Liang, Si yi 梁思一
LIANG, SI YI 梁思懿

LIANG, SI YI 梁思懿
Liang, Si yi 梁思一

Liang, Sou 梁叟
JIN, DE CHENG 金德成 **(1918-)**

Liang, Su 梁素
LIANG, LI FANG 梁丽芳 **(1948-)**

LIANG, TAO 梁涛 **(1924-1995)**
Huang, Tao 黄涛
Liang, Huang tao 梁煌涛
Lu, Jin 鲁金
Lu, Yan 鲁言
Xia, Li 夏歷
Xia, Qiu dong 夏秋冬

Liang, Tian 梁天
LIANG, ZHI SHENG 梁志生 **(1912-)**

Liang, Tian 梁田
LIANG, SHUANG QING 梁双庆 **(1942-)**

Liang ting 亮亭
HE, RU 何如 **(1909-1989)**

LIANG, TING AI 梁挺爱 **(1951-)**
Ai, Ye 艾叶

LIANG, TING HUA 梁廷华 **(1950-)**
Liang, Xin 梁辛

Liang, Tong 梁桐
HUANG, SHU ZE 黄树则 **(1914-)**

LIANG, TONG WEN 梁通文 **(1943-)**
Liang, You xin 梁友新
Tie niu 铁牛
Xiang, Yang 向阳

Liang, Wei hong 梁伟鸿
LIANG, ZHAN FENG 梁占峰

LIANG, WEI WEN 梁伟文 **(1961-)**
Lin, Xi 林夕

LIANG, WEI ZHOU 梁维周 **(1914-)**
Bin 彬
Liang, Bin 梁斌
Liang, Wen bin 梁文彬
Yu hua 雨花

Liang, Wen bin 梁文彬
LIANG, WEI ZHOU 梁维周 **(1914-)**

LIANG, WEN BO 梁文博 **(1956-)**
Xiao sheng 嚣生

LIANG, WEN FU 梁文福 **(1964-)**
Fang, Yong 方永
He, Ji 何稽
Kang, Kan 康衎
Liang, Hao 梁皓
Wen, Fu 文符

LIANG, WEN GUI 梁文贵
Liang, Ying 梁影

LIANG, WEN RUO 梁文若 **(1916-1968)**
Wen, Ruo 文若

LIANG, WEN SHAN 梁文珊 **(1942-)**
Si ma, Chi 司马赤

Liang, Wen xing 梁文星
WU, XING HUA 吴兴华

LIANG, WEN ZHENG 梁文政 **(1947-)**
Shan yue 山月

Liang, Wu 梁武
WU, LIANG PING 吴亮平 **(1908-1986)**

LIANG, WU XIA 梁无瑕 **(1920-)**
Liang, Chao lin 梁朝琳

Liang, Xi 梁西

LIANG, AN YUN 梁安云 **(1924-)**

LIANG, XI 梁希 **(1883-1958)**
A wu 阿五
Fan seng 凡僧
Yi ding 一丁

Liang, Xi 梁溪
XU, YU 徐瑜 **(1945-)**

Liang xi 良曦
WANG, XI LIANG 王希亮 **(1946-)**

Liang, Xi cao 梁溪草
GUO, LUO JI 郭罗基 **(1932-)**

Liang xi chun nong 梁溪蓴农
WANG, YUN ZHANG 王蕴章 **(1884-1942)**

LIANG, XI FANG 梁惜芳 **(1912-1937)**
Fang, Hui xin 方慧心
Liang, Qi you 梁启佑
Wen, Liu 温流
Xiao wo 笑涡

Liang, Xi hua 梁锡华
LIANG, JIA LUO 梁佳萝 **(1931-)**

Liang xi jiu gai 梁溪酒匄
ZOU, TAO 邹弢

Liang xi ju shi 梁溪居士
GU, YU XIU 顾毓琇 **(1902-)**

Liang, Xiang 梁香
CHEN, BING YI 陈秉彝 **(1916-)**

Liang, Xiang liang 梁向亮
LIANG, GUAN ZHONG 梁冠中 **(1942-)**

LIANG, XIANG WU 梁襄武
Bing 冰
Hai yu gu ke 海隅孤客
Liang, Bing xian 梁冰弦
Liang ji 两极
Tan zhi 弹指

Liang, Xiao 梁晓
LIANG, XING CHEN 梁兴晨 **(1934-)**

Liang, Xiao sheng 梁晓声
LIANG, SHAO SHENG 梁绍生 **(1949-)**

LIANG, XIAO ZHONG 梁小中 **(1926-)**
Bao, Shi 宝石
Shi, Ren 石人
Shi, Tian 石天
Wei xing shi guan zhai zhu 唯性史观斋主
Xiao weng 晓翁

Liang, Xie cheng 梁谢成
LIANG, RUN SHAN 梁润珊 **(1938-)**

Liang, Xin 梁信
GUO, LIANG XIN 郭梁信 **(1926-)**

Liang, Xin 梁辛
LIANG, TING HUA 梁廷华 **(1950-)**

Liang, Xin 梁新
WANG, AN YOU 王安友 **(1923-)**

LIANG, XIN JUN 梁新俊 **(1949-)**
Jun shan 峻山

LIANG, XIN RONG 梁新荣 **(1954-)**
Xiu shi 秀实

Liang, Xing 梁星
GAO, ER GONG 高尔公 **(1920-1976)**

LIANG, XING CHEN 梁兴晨 **(1934-)**
Liang, Xiao 梁晓
Xiao guang 晓光

Liang xiong 良雄
TANG, XIN 唐新

LIANG, XIU YUN 梁秀云 **(1948-)**
Gu, Yun 古云

Liang xuan 亮轩
MA, GUO GUANG 马国光 **(1942-)**

LIANG, YA MING 梁亚明 **(1952-)**
Xiao yue 晓月

LIANG, YA ZHAI 梁雅斋 **(1937-)**
Han bing 涵冰
Ruo gu 若谷

Liang, Yan 梁炎
TAN, FENG LIANG 谭凤樑 **(1936-)**

LIANG, YAN 梁彦 **(1913-)**
Huo jian 火箭
Liang, Yan 梁剡
Yu, Xi nong 于曦农

Liang, Yan 梁剡
LIANG, YAN 梁彦 **(1913-)**

Liang yan 良言
YANG, XUAN LIANG 杨宣良 **(1940-)**

Liang yao 良药
LI, JING KUAN 李经宽 **(1918-)**

Liang, Ye 梁野
TANG, DA CHENG 唐达成 **(1928-)**

LIANG, YI 梁漪 **(1925-)**
Dong lin 东琳
Liang yi 良伊
Mei, Piao 梅漂
Shi, Wei 石苇
Yi ye 一叶

LIANG, SHI QIU 梁实秋 (1902-1987)

LIANG, ZHI QIANG 梁志强 (1942-)
Han wei 翰维

Liang, Zhi qing 梁誌庆
LIANG, SHUANG QING 梁双庆 (1942-)

LIANG, ZHI SHENG 梁志生 (1912-)
A sheng 阿生
Bu, Zhi 卜之
C jun C君
Chai, Ye yu 柴也愚
Li wo 梨涡
Liang, Shan 梁山
Liang, Tian 梁天

LIANG, ZHI TAO 梁植涛 (1915-)
Huang, Jie 黄杰
Liang, Bo 梁波
Liang, Duo 梁多
Liang, Ge 梁哥
Liang, Guo 梁果
Liang, He 梁荷
Liang, Ke 梁科
Liang, Ke 梁坷
Liang, Ke 梁柯
Liang, Ke 梁轲
Liang, Mo 梁摩
Liang, Yi gong 梁亦拱
Liang, Yun song 梁韵松
Tu you 突友
Xu, Wen shan 许文山
Yi, Gong 易巩
Yu, Gong 虞弓
Yun song 韵松

Liang, Zhi xue 梁志学
LIANG, CUN XIU 梁存秀 (1931-)

Liang, Zhong jian 梁中健
LI, LIAN CUI 李连萃 (1911-1991)

Liang, Zhong min 梁忠民
LIANG, ZHONG MING 梁仲明 (1957-)

LIANG, ZHONG MING 梁仲明 (1957-)
Liang, Zhong min 梁忠民

Liang, Zhong xin 梁仲信
YU, ZHONG ZHENG 郁钟正 (1915-)

LIANG, ZHU HUA 梁柱华 (1941-)
Wu, Shu sheng 伍书生

Liang, Zhuo ru 梁卓如
LIANG, QI CHAO 梁启超 (1873-1929)

Liang zi 亮子
GAO, KAI 高凯 (1963-)

Liang zi cheng 凉紫城
CHEN, ZHI LIANG 陈志良 (1945-)

LIANG, ZI HENG 梁子衡 (1913-)
Xiu he 秀何

Liang, Zi mei 梁子美
LIANG, RONG RUO 梁容若 (1905-1982)

LIANG, ZONG DAI 梁宗岱 (1903-1983)
Pu gen 菩根
Shi qi 世崎
Yue, Tai 岳泰

Liang, Zong zhi 梁宗之
WANG, MENG OU 王梦鸥 (1907-)

LIANG, ZU QIANG 梁祖强 (1922-)
Fang, Dong 方东
Ge, Dan 戈单
Liang, Ning 梁宁
Shui, Hua 水华
Ye qiu 野秋
Zhang, Lai 张来

LIANG, ZUN ZHI 梁遵之 (1928-)
Xiao liang 晓亮

Liao 了
QU, QIU BAI 瞿秋白 (1899-1935)

Liao an 了庵
TAO, MU 陶牧 (1874-1934)

Liao an 蓼庵
YANG, TING FU 杨廷福 (1924-1984)

Liao, Ao 廖翱
LIAO, YONG LAI 廖永来 (1956-)

LIAO, BANG YAN 廖邦彦 (1939-)
Fang, Ping 方平

Liao, Bao ren 廖宝仁
LIAO, BAO YING 廖宝荃 (1909-)

LIAO, BAO YING 廖宝荃 (1909-)
Ci tang 茨堂
Da cheng 大城
Da gu 大孤
Gui, Yan 归燕
Kong, Dong 孔栋
Liao, Bao ren 廖宝仁
Liao, Zi dong 廖子东
Liang, Jia zhu 梁家竹
Liu xin 浏心
Liu, Xin 刘心
Pu an 朴庵
Pu, Yue 蒲月
Qiu, Shi yu 仇尸屿
Shang guan, Jin 上官锦
Zhu, Zi dong 朱子东
Zi lan 孜兰

Zi lan 孳兰
Zong, Hao 宗浩

LIAO, BEN LANG 廖本郎 (1940-)
Li, Ming 黎明
Liao, Jun xiang 廖俊翔

LIAO, BI GUANG 廖苾光 (1902-)
Bi guang 璧光
Bi guang 碧光
Feng 丰
Guan gu 观古
Liao, Bi guang 廖碧光
Liao, Bi guang 廖璧光

Liao, Bi guang 廖碧光
LIAO, BI GUANG 廖苾光 (1902-)

Liao, Bi guang 廖璧光
LIAO, BI GUANG 廖苾光 (1902-)

Liao, Bing xiong 廖冰兄
LIAO, DONG SHENG 廖东生 (1915-)

LIAO, BO HUA 廖伯华 (1894-1945)
Shu qian 庶谦

LIAO, BO TAN 廖伯坦 (1916-)
Liao, Ren dan 廖人旦
Niu, Bo xian 牛伯先
Tang, Hui 唐麾

Liao, Chen shi 廖陈氏
LIAO, CHEN YUN 廖陈云 (1905-1995)

LIAO, CHEN YUN 廖陈云 (1905-1995)
Chen, Heng 陈亨
Chen, Yun 陈云
Huai 怀
Huai, Min 怀民
Huang, Su 黄苏
Li, Jie sheng 李介生
Lian, Chen 廉臣
Liao, Chen shi 廖陈氏
Liao, Cheng yun 廖承云
Liao, Cheng yun 廖程云
Liao, Ji yun 廖际云
Liao, Zhong ren 廖仲仁
Min 民
Qian chen 谦臣
Shi, Ping 史平
Shi, Ping 施平
Xian sheng 先生

Liao, Cheng yun 廖承云
LIAO, CHEN YUN 廖陈云 (1905-1995)

Liao, Cheng yun 廖程云
LIAO, CHEN YUN 廖陈云 (1905-1995)

LIAO, CHENG ZHI 廖承志 (1908-1983)
He, Li hua 何礼华
He, Liu hua 何柳华
He, Lu hua 何鲁华

LIAO, CUI FENG 廖翠凤 (1896-)
Liao, Fan 廖凡

Liao, Da wu 廖达伍
LIAO, JIA QUAN 廖家权 (1907-1990)

Liao de 了的
HONG, FAN TAO 洪汎涛 (1928-)

LIAO, DENG TING 廖登廷 (1852-1932)
Ji, Ping 季平
Liao, Ping 廖平

Liao ding 辽丁
LIU, PEI 刘佩 (1917-1960)

Liao dong gong zi 辽东公子
CAO, JING PING 曹京平 (1912-)

Liao, Dong ping 廖东平
HUANG, DING ZHUO 黄定涿 (1928-)

LIAO, DONG SHENG 廖东生 (1915-)
Bing xiong 冰兄
Liao, Bing xiong 廖冰兄

Liao e ju 寥莪居
SU, JU XIAN 苏局仙 (1882-1991)

LIAO, EN TAO 廖恩焘 (1864-1954)
Chan qi an zhu ren 忏绮盦主人
Zhu hai meng yu sheng 珠海梦馀生

Liao, En xu 廖恩煦
LIAO, ZHONG KAI 廖仲恺 (1877-1925)

Liao, Fan 廖凡
LIAO, CUI FENG 廖翠凤 (1896-)

LIAO, FENG DE 廖风德 (1951-)
Liao, Lei fu 廖蕾夫

Liao, Fu shu 廖辅叔
LIAO, SHANG FEI 廖尚棐 (1907-)

Liao gong 了公
YANG, XI ZHANG 杨锡章 (1864-1929)

Liao gong 蓼功
YANG, XI ZHANG 杨锡章 (1864-1929)

Liao, Gong xian 廖公弦
LIAO, HUA ZHAO 廖华钊 (1937-)

Liao, Gu ying 辽谷鹰
WANG, LE BIN 王乐宾 (1927-)

LIAO, HAN CHEN 廖汉臣 (1912-1980)
Liao, Yu wen 廖毓文

Wen, Lan 文澜
Yu wen 毓文

Liao, Han ping 廖汉平
LIAO, HUA PING 廖化平

Liao he 辽鹤
SONG, DA ZHANG 宋大章

LIAO, HE KANG 廖和康 **(1955-)**
Jin, Shan 金山

Liao heng shi 缭衡室
YU, MING HENG 俞铭衡 **(1900-1990)**

Liao, Hong 廖红
WANG, BI WU 王碧梧 **(1916-)**

LIAO, HONG QIU 廖红球 **(1952-)**
Hong, Shan 洪山

Liao, Hua 廖化
WANG, ZHAO WEN 王朝闻 **(1909-)**

Liao, Hua 廖化
KONG, FAN YAN 孔繁衍 **(1912-)**

Liao, Hua 廖华
CHEN, JI ZHOU 陈继周

LIAO, HUA GE 廖华歌 **(1958-)**
Bai, Yun 白云
Han jun 寒君
Lin, Yu 林雨

LIAO, HUA PING 廖化平
Liao, Han ping 廖汉平

LIAO, HUA ZHAO 廖华钊 **(1937-)**
Gong, Xu yan 龚栩炎
Hua jin 化金
Liao, Gong xian 廖公弦

LIAO, HUAN XING 廖焕星
Wen chu 雯初

Liao, Ji yun 廖际云
LIAO, CHEN YUN 廖陈云 **(1905-1995)**

Liao, Jia 廖甲
HUA, YING SHEN 华应申 **(1911-1981)**

Liao, Jia jun 廖家骏
LIAO, JIA XIANG 廖家祥 **(1889-)**

LIAO, JIA QUAN 廖家权 **(1907-1990)**
Bai, Ye 白夜
Cun cui 存粹
Da wu 达伍
Fan xing 繁星
Huai, Xiang 怀湘
Jing, Yun 景云
Liao, Da wu 廖达伍
Liao, Mo sha 廖沫沙
Liao, Mo sha 廖墨沙
Liao, Mo sha 廖摩挲
Liao, Xiang 廖湘
Lin, Mo 林默
Mo sha 沫沙
Qun xing 群星
Rong 容
Sha 沙
Wen, Bi 闻璧
Wen, Yi qian 文益谦
Wu, Nan xing 吴南星
Xian yun 闲云
Xiong, Fei 熊飞
Ye rong 埜容
Ye rong 野容
Yi cun min 宜村民
Yi, Yong 易庸
Yong 庸

LIAO, JIA XIANG 廖家祥 **(1889-)**
Jun xiao 骏啸
Liao, Jia jun 廖家骏

Liao, Jian 廖坚
LIAO, PING ZI 廖平子 **(1882-1943)**

LIAO, JIAN YU 廖建裕 **(1941-)**
Gu, Yi 谷衣
Jian yu 建裕
Ye ren 椰人

LIAO, JIN HUA 廖金华 **(1938-)**
Ge, Sha lin 葛沙林
Jie lun 傑伦
Lan, Shan jun 蓝山君
Li, Chun 黎春
Shi, Ling 史灵

Liao, Jin quan 廖金全
ZENG, GUANG CAN 曾广灿 **(1936-)**

LIAO, JUN FU 廖君福 **(1964-)**
Liao, Yi 廖伊
Lin, Mu xiu 林木秀

LIAO, JUN MU 廖俊穆
Lan, Jing 蓝菁

Liao, Jun xiang 廖俊翔
LIAO, BEN LANG 廖本郎 **(1940-)**

LIAO, KENG RAN 廖铿然 **(1932-)**
Gu, Zheng jian 古铮剑
Qing tong jian 青铜剑

Liao kong 了空
LI, ZI KUAN 李子宽

Liao, Kuo 廖廓
LIU, REN YONG 刘仁勇 **(1927-)**

Liao, Lei fu 廖蕾夫
LIAO, FENG DE 廖风德 **(1951-)**

Liao liao 了了
SA, KONG LIAO 萨空了 **(1907-1988)**

Liao liao 了了
XU, SUI GENG 徐燧耕 **(1915-)**

Liao liao 了了
YANG, YI 杨毅 **(1956-)**

Liao liao 辽辽
WANG, LIAO SHENG 王辽生 **(1930-)**

Liao liao 聊聊
ZHAO, JIE 赵杰 **(1948-)**

Liao liao cun tong 了了村童
CHENG, LE KUN 程乐坤 **(1940-)**

Liao liao cun tong 了了村童
WANG, HUA 汪桦 **(1955-)**

Liao lin 寥霖
SHI, RUN DE 施润德 **(1917-)**

Liao mang 辽莽
YU, SI MU 余思牧 **(1925-)**

Liao, Mo bai 廖莫白
LIAO, YONG LAI 廖永来 **(1956-)**

Liao, Mo sha 廖沫沙
LIAO, JIA QUAN 廖家权 **(1907-1990)**

Liao, Mo sha 廖墨沙
LIAO, JIA QUAN 廖家权 **(1907-1990)**

Liao, Mo sha 廖摩挲
LIAO, JIA QUAN 廖家权 **(1907-1990)**

Liao, Nai nan 廖耐难
LIAO, XIN QUAN 廖信泉 **(1916-1986)**

Liao nan 蓼南
WEI, CHONG WU 韦崇武 **(1905-1978)**

Liao, Ping 廖平
LIAO, DENG TING 廖登廷 **(1852-1932)**

Liao ping 辽平
ZHANG, YU MAO 张毓茂 **(1935-)**

Liao, Ping an 廖平庵
LIAO, PING ZI 廖平子 **(1882-1943)**

Liao, Ping an 廖苹庵
LIAO, PING ZI 廖平子 **(1882-1943)**

LIAO, PING ZI 廖平子 **(1882-1943)**
Liao, Jian 廖坚
Liao, Ping an 廖平庵
Liao, Ping an 廖苹庵
Liao, Shi jian 廖仕肩
Ping an 苹庵
Qiu, Ren 秋人
Qiu, Yin 秋隐
Ren, Jian 任坚
Ren, Jian 任肩
Zhe weng 哲翁

LIAO, QI GUANG 廖其光 **(1933-)**
Cai chen 才辰
Liao, Zhen 廖振

Liao, Qing 廖青
LIAO, WEI XIANG 廖为祥

Liao, Qing shan 廖清山
JIANG, BAI XIAN 江百显 **(1936-)**

LIAO, QING XIU 廖清秀 **(1927-)**
Cun fu 村夫
Cun fu zi 村夫子
Ku xiao sheng 苦笑生
Qing feng 青峯
Tan cheng 坦诚
Xiao sheng 笑生

LIAO, QING YI 廖倾移 **(1957-)**
Nong, Qing yi 农晴依

LIAO, QING YI 廖清意
Ruo zhu 若竹

Liao ran 了然
DU, QIN ZHI 杜勤职 **(1905-1988)**

Liao ren 了人
LI, SHI YING 李士英 **(1912-)**

Liao, Ren dan 廖人旦
LIAO, BO TAN 廖伯坦 **(1916-)**

LIAO, RONG HAN 廖荣汉 **(1946-)**
Guang liao 广了
Qiu, Ran 秋然

LIAO, SAN HAI 廖三海 **(1939-)**
Shan hai 山海

LIAO, SHANG FEI 廖尚棐 **(1907-)**
Ju, Fu 居甫
Li, Fei 黎斐
Liao, Fu shu 廖辅叔
Shang, Fei 尚棐

LIAO, SHANG GUO 廖尚果 **(1893-1959)**
L. T.
Li, Qing 黎青
Li, Qing zhu 黎青主
Qing zhu 青主

LIAO, SHENG LIANG 廖圣亮 **(1931-)**
Gu, Feng 古烽

Liao, shi 寥士

LIU, SI FU 刘思复 (1884-1915)

LIAO, SHI FANG 廖世芳 (1936-)
Liao, Shi fang 廖石方
Shi, Fang 石方

Liao, Shi fang 廖石方
LIAO, SHI FANG 廖世芳 (1936-)

Liao, Shi jian 廖仕肩
LIAO, PING ZI 廖平子 (1882-1943)

LIAO, SHUN XIANG 廖顺庠 (1923-)
Liao, Xiao fan 廖晓帆
Xiao, Fan 萧梵
Xiao, Fan 萧藩
Xiao fan 小凡
Xiao fan 晓帆
Xiao xun 晓汛
Yuan, Ye 原也

Liao sou 了叟
HOU, HONG JIAN 侯鸿鉴 (1872-1961)

Liao tian yi 寥天一
WU, JUN QING 吴俊卿 (1844-1927)

Liao, Tie 廖铁
ZHANG, TING 张挺 (1922?-)

Liao, Ting 廖汀
TAN, LIANG ZHOU 谭良洲 (1937-)

Liao wang 了王
YANG, XI ZHANG 杨锡章 (1864-1929)

Liao wang 了望
LIAO, XIN ZHONG 廖新中 (1950-)

Liao, Wei jun 廖伟俊
LIAO, WEI JUN 廖伟竣 (1952-)

LIAO, WEI JUN 廖伟竣 (1952-)
Liao, Wei jun 廖伟俊
Song, Ze lai 宋泽莱

LIAO, WEI WEI 廖威威 (1960-)
Gu, Wei wei 古威威

LIAO, WEI XIANG 廖为祥
Liao, Qing 廖青

LIAO, WEN BIAO 廖文彪 (1956-)
Wen, Biao 文彪

Liao weng 了翁
XU, LIAO WENG 徐了翁

LIAO, XI LAN 廖西岚 (1946-)
Hu lang 虎郎
Liao, Xi luan 廖西銮
Xi feng 西风
Xi feng 夕风

Liao, Xi luan 廖西銮
LIAO, XI LAN 廖西岚 (1946-)

Liao xi zui xia 辽西醉侠
XIAO, JUN 萧军 (1907-1988)

Liao, Xiang 廖湘
LIAO, JIA QUAN 廖家权 (1907-1990)

LIAO, XIANG LING 廖香灵 (1947-)
Xiang ling 湘灵

Liao, Xiao fan 廖晓帆
LIAO, SHUN XIANG 廖顺庠 (1923-)

LIAO, XIAO MIAN 廖小勉 (1951-)
Liao, Xiao mian 廖晓勉
Xiao mian 晓勉

Liao, Xiao mian 廖晓勉
LIAO, XIAO MIAN 廖小勉 (1951-)

LIAO, XIN QUAN 廖信泉 (1916-1986)
Ge, Bi zhou 戈壁舟
Liao, Nai nan 廖耐难
Wang, Zhong 王众
Yan, Xing 颜行

LIAO, XIN ZHONG 廖新中 (1950-)
Liao wang 了望

Liao, Xing guang 廖星光
LIAO, YUN 廖云 (1921-)

LIAO, XING QIAO 廖星桥
Ai, Hua 艾华
Chu, Ying 楚英

LIAO, XING ZHI 廖性之 (1920-)
Ding, Ming 丁明

LIAO, YA ZHANG 廖雅章 (1922-)
Shun feng 顺风
Ya zhang 雅璋

Liao yan 寥湮
FANG, E ZHEN 方娥真 (1954-)

Liao, Yi 廖伊
LIAO, JUN FU 廖君福 (1964-)

Liao yi 了一
RAO, MENG KAN 饶孟侃 (1902-1967)

Liao yi 了一
WENG, LIN SHENG 翁麟声 (1910-)

Liao yi 辽逸
LIU, CHANG SONG 刘长崧 (1915-)

Liao yi 聊伊
LIU, CHANG SONG 刘长崧 (1915-)

Liao, Yi bai 廖夷白
LIAO, ZHONG KAI 廖仲恺 (1877-1925)

LIAO, YI YUAN 廖一源 (1920-　　)
He, Chao rong 何朝荣
Li, Jian zhen 李坚真
Li, Jian zhi 李健之
Li, Long 李龙
Li, Yi qun 黎以群
Li, Yu qun 黎於群
Li, Yuan 李源
Liao yuan 辽远
Yu, Yuan 俞远

Liao yi zi 了一子
XIAO, TIAN SHI 萧天石 (1909-　　)

Liao, Yin 廖堙
BAO, CHANG 鲍昌 (1930-1989)

Liao ying 燎英
WANG, LIAO YING 王燎莹 (1921-　　)

LIAO, YONG LAI 廖永来 (1956-　　)
Liao, Ao 廖翱
Liao, Mo bai 廖莫白

Liao, Yong xiang 廖永祥
LIAO, YU XIANG 廖玉祥

LIAO, YOU FA 廖有发 (1964-　　)
Lan, Yu 监郁

LIAO, YOU TAO 廖友陶
Liu, Tao 柳涛

LIAO, YU FANG 廖裕芳 (1936-　　)
Yu, Fang 郁芳

LIAO, YU HUI 廖玉蕙 (1950-　　)
Liu, Ying di 柳映堤
Tang, Sheng 唐笙

Liao, Yu wen 廖毓文
LIAO, HAN CHEN 廖汉臣 (1912-1980)

LIAO, YU XIANG 廖玉祥
Chen, Song nian 陈松年
Gu, Ying 谷莺
Liao, Yong xiang 廖永祥
Lin, Yi hai 林以孩
Liu, Ji 柳忌
Liu, Ji 柳季
Ye, Bo chao 叶伯超
Ye fu 野夫

Liao, Yuan 廖原
ZOU, BAO SHUN 邹保顺 (1924-　　)

Liao yuan 辽远
LIAO, YI YUAN 廖一源 (1920-　　)

Liao yuan 蓼园
KE, SHAO MIN 柯劭忞 (1850-1933)

Liao yuan 燎原
WANG, SHANG ZHENG 王尚政 (1923-　　)

LIAO, YUAN QING 廖远清 (1941-　　)
Gu, Yuan qing 古远清

LIAO, YUN 廖云 (1921-　　)
Liao, Xing guang 廖星光
Yu shan 羽山
Zhou, Yi 周翌

Liao yun 聊云
WANG, WEI GANG 王维刚 (1950-　　)

Liao yun 蓼云
WU, ZHAO AN 吴兆安 (1924-　　)

Liao, Zhen 廖振
LIAO, QI GUANG 廖其光 (1933-　　)

LIAO, ZHEN HUA 廖振华 (1949-　　)
Shi, Man 石蛮

LIAO, ZHEN QING 廖振卿 (1951-　　)
Da bing 大兵
Tai ke 台客

Liao zhi 了之
ZHANG, HOU ZAI 张厚载 (1895-　　)

Liao zhi 了之
ZHAO, RI SHENG 赵日升 (1938-　　)

LIAO, ZHI CHUN 廖枝春 (1953-　　)
Wang chuan 忘川
Yang, Mu 羊牧

Liao, Zhong an 廖仲安
YIN, YAN HUI 尹彦辉 (1925-　　)

LIAO, ZHONG KAI 廖仲恺 (1877-1925)
Du fu 独夫
Liao, En xu 廖恩煦
Liao, Yi bai 廖夷白
Tu, Fu 屠富
Wu shou 无首
Yi bai 夷白
Yuan shi 渊实

Liao, Zhong ren 廖仲仁
LIAO, CHEN YUN 廖陈云 (1905-1995)

LIAO, ZHONG XUAN 廖仲宣 (1931-　　)
Dan feng 丹枫

Liao zi 缪子
ZHANG, HOU ZAI 张厚载 (1895-　　)

Liao, Zi dong 廖子东
LIAO, BAO YING 廖宝荟 (1909-　　)

LIAO, ZONG GANG 廖宗刚 (1918-　　)
Yin 絪

LIAO, ZUO MIN 廖作民 **(1904-1939)**
Zuo, Ming 左明

Lie bing 列兵
FAN, ER SHUI 范二水 **(1933-)**

Lie bing 裂冰
WANG, YUN 王沄 **(1931-)**

Lie che 列车
LU, XIANG XIAN 陆象贤 **(1917-)**

Lie er shi 列尔士
LIU, REN JING 刘仁静 **(1902-1987)**

Lie feng 烈风
ZHAO, SHU LI 赵树礼 **(1906-1970)**

Lie feng 烈风
LI, ZHOU YOU 李周祐 **(1913-)**

Lie fu 列父
ZHAO, SHI YAN 赵世炎 **(1901-1927)**

Lie fu 猎夫
LI, DA ZHAO 李大钊 **(1889-1927)**

Lie gong she 列躬射
LI, CONG XIN 李从心 **(1912-)**

Lie hu 猎户
XU, YE XIN 许业信 **(1926-)**

Lie huo 列火
RAO, YOU HU 饶友瑚 **(1918-1938)**

Lie lin 冽凛
FENG, YI DE 冯贻德 **(1913-)**

Lie pu 烈浦
CHEN, CHUAN QIANG 陈川强 **(1939-)**

Lie ren 猎人
XU, YE XIN 许业信 **(1926-)**

Lie ri 烈日
CHEN, YU KUN 陈煜坤 **(1934-)**

Lie wen 烈文
LI, LIE WEN 黎烈文 **(1904-1972)**

Lie yi bing 列艺兵
LI, ZHENG WU 李正午 **(1936-)**

Lie ying 列英
KE, BAI NIAN 柯柏年 **(1904-1985)**

Lie yu 列禦
ZHOU, MU ZHAI 周木斋 **(1910-1941)**

Lie yu kou 列御寇
LU, XIANG XIAN 陆象贤 **(1917-)**

Lie zhe 劣者
GAO, YANG YU 高仰愈 **(1898-1949)**

Lie zi 烈子
LIANG, DING FEN 梁鼎棻 **(1859-1920)**

Lin 林
LIN, SHENG 林声 **(1889-1980)**

Lin 林
WANG, SEN RAN 王森然 **(1895-1984)**

Lin 林
JIANG, CHUN FANG 姜椿芳 **(1912-1987)**

Lin 临
JIANG, CHUN FANG 姜椿芳 **(1912-1987)**

Lin 廪
GAO, LUN 高崙 **(1879-1951)**

Lin 麟
GAO, LUN 高崙 **(1879-1951)**

Lin 麟
FENG, HE LING 冯鹤龄 **(1914-)**

Lin 麟
ZHANG, MENG LIN 张梦麟

LIN, A MIAN 林阿绵 **(1937-)**
Xin, Chun 辛纯

Lin, Ai 林艾
LIN, YONG QUAN 林永泉 **(1911-)**

Lin, Ai 林艾
HUANG, CHU MIN 黄楚敏 **(1926-)**

Lin, An 林安
JING, YOU LIN 荆有麟 **(1903-1951)**

Lin, An 林岸
LIN, MING ZHOU 林明洲 **(1937-)**

LIN, AN GUI 林安归
An, Gui 安归

Lin, Bai 林白
ZHANG, ZI CHEN 张紫臣 **(1929-1993)**

Lin, Bai 林白
LIN, FO ER 林佛儿 **(1941-)**

Lin, Bai 林柏
RAN, YU DA 冉欲达 **(1923-)**

Lin, Bai ju 林百举
LIN, ZHONG RONG 林钟嵘 **(1883-1950)**

Lin, Bai shui 林白水
LIN, WAN LI 林万里 **(1873-1926)**

LIN, BANG HUA 林邦华 **(1938-)**
Fang, Yue 方越
Lin, Tao 林韬

LIN, BAO GUI 林宝贵 **(1941-)**

Lin, Guo 林过
Meng sha lun 梦莎仑
Peng sha 朋沙

LIN, BAO HUA 林保华 **(1938-)**
Fu sheng 浮生
Ling, Feng 凌锋
Zhou, Huai 周怀

LIN, BAO KANG 林宝康 **(1905-1932)**
Qu bing 去病

LIN, BAO QING 林葆青
Jia er 笳尔
Li, Xiu qiu 李秀秋

LIN, BAO QUAN 林宝泉 **(1913-)**
Gu, Tian 古田
Lin, Yi jin 林疑今
Mai, Ye fu 麦耶夫
Shi, Mei 史枚
Yi jin 疑今

Lin, Bei 林北
LIN, MING ZHOU 林明洲 **(1937-)**

Lin, Bei 林北
LIN, FAN PING 林范平 **(1941-)**

LIn, Bel li 林北丽
LIN, YIN 林隐 **(1916-)**

Lin, Bei zhi 林蓓之
HUANG, SHU SEN 黄树森 **(1935-)**

LIN, BEN FA 林本法 **(1950-)**
Gui, Yan 归雁

Lin, Bi 林碧
TIAN, ZHONG LUO 田锺洛 **(1924-)**

Lin, Bi 林壁
JIANG, HAI CHENG 蒋海澄 **(1910-1996)**

LIN, BI YUN 林碧云 **(1934-)**
Yun, Bi lin 云碧琳

Lin, Bian 林边
LIN, MING SHUI 林明水 **(1941-)**

Lin, Biao 林标
LIN, HAN BIAO 林汉标 **(1929-)**

Lin, Bin 林宾
LIN, CAI YING 林彩英 **(1922-)**

Lin, Bin 林彬
LIN, ZE RONG 林泽荣 **(1906-1981)**

Lin, Bin 林彬
LIN, LIE 林烈 **(1913-)**

Lin, Bin 林彬
LIN, CAI YING 林彩英 **(1922-)**

LIN, BIN 林彬 **(1941-)**
Lin, Man shu 林曼叔
Lin, Qi 林起

LIN, BIN 林斌
Lin, Guang hao 林光灏

Lin, Bin bin 林彬彬
LIN, CAI YING 林彩英 **(1922-)**

LIN, BING HUANG 林炳煌 **(1934-)**
Lin, Wen 林文
Liu, Ying 刘英
Ren, Wen 任闻
Shi, Xue 史学
Wen, Qun si 文群思
Zeng, Yin 曾茵

Lin, Bing hui 林秉辉
LIN, SHU 林纾 **(1852-1924)**

LIN, BING XIAN 林秉贤 **(1939-)**
Ling, Ke 凌克
Ling, Lin 凌林
Ling, Sen 凌森
Ling, Song 凌松

Lin, Bo 林伯
DU, GUO XIANG 杜国庠 **(1889-1961)**

Lin, Bo 林驳
LIN, YU 林榆 **(1920-)**

Lin, Bo 林泊
MA, BING QI 马秉岐 **(1938-)**

Lin, Bo 林波
LIN, HONG LIANG 林洪亮 **(1935-)**

Lin, Bo 林博
LIN, BO XUN 林伯勳 **(1955-)**

Lin, Bo xiu 林伯修
DU, GUO XIANG 杜国庠 **(1889-1961)**

LIN, BO XUN 林伯勳 **(1955-)**
Bai, Xin 柏馨
Lin, Bo 林博

LIN, BO YE 林伯野 **(1925-)**
Chang, Geng wu 常耿武

Lin, Bu 林布
LIU, FO NIAN 刘佛年 **(1914-)**

Lin, Bu ken 林不肯
LIU, YAO MIN 刘尧民 **(1898-1968)**

Lin, Bu lao 林不老
LIN, QING YUE 林清月 **(1883-1960)**

LIN, CAI YING 林彩英 **(1922-)**
Bie shu 别墅

Bin 彬
Bin bin 彬彬
Lan, Shi 蓝诗
Lan, Si 蓝思
Lin, Bin 林宾
Lin, Bin 林彬
Lin, Bin bin 林彬彬
Ma 玛
Ma qin 玛琴
Nan, Si 南丝
Nan, Xi 南西
Si 丝
Ying ying 婴婴
You qi 友奇

LIN, CAN HUAN 林灿桓 **(1911-)**
Fang, Dong xu 方东旭
Huan ping 焕平
Jiang, He 江河
Jiang, Xin ren 江心人
Lin, Huan ping 林焕平
Mu gen 木亘
Shi, Zhong zi 石仲子
Wang yue 望月
Wei min 为民

LIN, CAN TIAN 林参天 **(1904-1972)**
Lin, Mang 林莽

Lin, Cang 林仓
GAO, DE SHENG 高德生 **(1917-1987)**

Lin, Cang bai 林沧白
XIA, KANG NONG 夏康农 **(1902-1970)**

Lin, Cang bai 林沧白
QIN, BEN LI 钦本立 **(1918-1991)**

LIN, CANG YU 林沧渝 **(1955-)**
Lin, Cang yu 林苍郁

Lin, Cang yu 林苍郁
LIN, CANG YU 林沧渝 **(1955-)**

Lin, Cao 林草
DU, XI WU 杜锡武 **(1927-)**

Lin, Cao 林草
SUN, LIN 孙林 **(1957-)**

Lin, Chang 林昌
GAO, DE SHENG 高德生 **(1917-1987)**

Lin chang 霖长
SHI, RUN DE 施润德 **(1917-)**

Lin, Chang lü 林常绿
LIN, ZHU YU 林祝敔 **(1915-1975)**

LIN, CHANG MIN 林长民 **(1876-1925)**
Gui lin yi zhi shi zhu 桂林一枝室主
Ju dong 苣苳
Ju dong zi 苣苳子
Lin, Zong meng 林宗孟
Shuang gua lao ren 双栝老人
Shuang gua lu zhu ren 双栝庐主人
Zong, Meng 宗孟

Lin, Chang ren 林长仁
LIN, SEN 林森 **(1868-1943)**

LIN, CHANG SHOU 林昌寿 **(1946-)**
Lin, Qing 林青
Wen jun 汶君

LIN, CHAO 林超 **(1909-)**
Bei, Da 贝达
Bei, Da di 贝达棣

Lin, Chao 林潮
LUO, ZENG JIAO 罗曾教 **(1923-)**

LIN, CHAO QING 林潮清 **(1928-)**
Chao qing 潮清

Lin, Chao zhen 林超真
ZHENG, CHAO LIN 郑超麟 **(1901-)**

Lin, Che 林车
GUO, JIA GUI 郭嘉桂 **(1919-)**

Lin, Chen 林尘
YI, FAN LUN 依凡伦

Lin, Chen 林辰
WANG, SHI NONG 王诗农 **(1912-)**

Lin, Chen 林辰
DUAN, DE CHENG 段德成 **(1928-)**

Lin, Chen 林辰
HAN, SEN LIN 韩森林 **(1952-)**

LIN, CHEN 林晨 **(1919-)**
Ai, Meng 艾蒙
Bai, Dan 白丹
Bai, Meng 白蒙
Bai, Ni 白尼

Lin, Chen mo 林沈默
LIN, CHENG MO 林承谟 **(1959-)**

LIN, CHENG HAN 林成翰 **(1943-)**
Jing tian 菁田

LIN, CHENG LU 林呈禄
Ci zhou 慈舟

LIN, CHENG MO 林承谟 **(1959-)**
Lin, Chen mo 林沈默

LIN, CHENG SI 林澄思 **(1918-)**
Ba, Yin 巴音
Chen, Shi lian 陈士廉
Lin, Lang 林郎

Lin, Lian yun 林连云
Na, Sha 那沙
Yi, Er shan 易尔山

LIN, CHENG XING 林成兴 **(1940-)**
Bing gu 冰谷
Lin, Huang 林荒
Lin, Mu ye 林牧野

Lin, Chi hong 林赤虹
LIN, SHI MOU 林仕谋 **(1950-)**

Lin, Chong 林冲
WU, JI YUE 吴继岳 **(1905-)**

Lin, Chu 林初
JIANG, YUAN CHUN 蒋元椿 **(1920-)**

LIN, CHU PING 林楚平 **(1921-)**
Chao bin 超彬
Chao bing 超冰
Lin, Tian dou 林天斗
Shi, Bin 史彬

Lin, Chuan 林川
HE, ZHANG PING 何章平 **(1916-1968)**

Lin, Chuan 林川
LI, GUANG BIN 李广彬 **(1926? -)**

LIN, CHUAN FANG 林传芳
Ci en 慈恩
Rui li 睿理
Zhen yuan 真源

Lin, Chuan fu 林川夫
LIN, CONG FU 林聪富 **(1951-)**

LIN, CHUAN JIA 林传甲 **(1887-1921)**
Gui, Yun 归云
Kui yun 奎云
Lin, Gui yun 林归云

Lin, Chuang 林窗
MA, HUA 马骅 **(1916-)**

LIN, CHUI YING 林垂樱 **(1937-)**
Yu, Shu 宇抒

Lin, Chun 林春
LIU, ZHI MING 刘智明 **(1911-)**

LIN, CHUN 林椿 **(1913-1951)**
Ya feng 亚风

LIN, CHUN XIONG 林春雄 **(1941-)**
Lin, Yu qing 林雨青

LIN, CHUN YING 林纯瀛 **(1921?-)**
Gang lan 岗岚

Lin, Ci 林茨
LI, JING CI 李景慈 **(1918-)**

LIN, CI LONG 林赐龙 **(1942-)**
Di long 帝龙
Fan, Ai jing 范爱静
Lin, Fang 林方
Liu, Qing 柳青
Sa, Na long 萨那隆
Shui, Dong liu 水东流
Zi fan 子范

Lin, Cong 林聪
WU, JI YUE 吴继岳 **(1905-)**

LIN, CONG FU 林聪富 **(1951-)**
Lin, Chuan fu 林川夫

LIN, CUI FEN 林翠芬
Ling fen 泠枫

LIN, CUN HE 林存和
Lin, Xin ping 林心平

Lin, Da 林大
GE, WEI JING 葛为璟 **(1915-)**

Lin, Da 林达
BIAN, ZHI LIN 卞之琳 **(1910-2000)**

Lin, Da 林达
XU, LIN DA 徐林达 **(1941-)**

Lin, Da bei 林大悲
LIN, QING XUAN 林清玄 **(1953-)**

Lin, Da jun 林大峻
LIN, YANG SHAN 林仰山 **(1910-)**

Lin, Da long 林大龙
LIN, XIAN LONG 林仙龙 **(1949-)**

Lin, Da qing 林大庆
YUAN, LI XUN 袁立勲

Lin, Da ren 林达人
REN, DA LIN 任大霖 **(1929-)**

LIN, DA ZU 林达祖 **(1911-)**
Ke zhan 克展
Yuan zhi 沅芷

Lin, Dai xiang 林黛湘
MA, HUA 马骅 **(1916-)**

Lin, Dan 林丹
WANG, ZHI BIN 王志彬 **(1933-)**

Lin, Dan 林丹
LIN, MING ZHOU 林明洲 **(1937-)**

Lin, Dan 林丹
LIN, XIAN RONG 林显荣 **(1940-)**

Lin, Dan 林丹
LIN, QING JI 林清吉

Lin, Dan 林旦
ZHENG, NENG RUI 郑能瑞 **(1918-1991)**

LIN, DAN FU 林单复
Jing, Huang 景煌
Li, Ming 李明

Lin, Dan qiu 林淡秋
LIN, ZE RONG 林泽荣 **(1906-1981)**

LIN, DAO SHENG 林道生
Dao sheng 道生

LIN, DE CAI 林德才 **(1948-)**
Lin, Tao 林涛

LIN, DE CHANG 林德常
Ke, Hua 柯华

LIN, DE GUAN 林德冠 **(1942-)**
Feng lin 枫林
Lin, Wei 林蔚

LIN, DE LIN 林德林
De lin 德林

LIN, DE NAN 林得楠 **(1963-)**
Mu, Han lin 牧汉林

LIN, DE ZHAO 林德昭 **(1926-)**
Lin, Ping 林平

Lin, Di 林笛
WANG, LIN 王琳 **(1916-)**

Lin, Di 林笛
ZHANG, SHI XUN 张世勋 **(1925-)**

Lin, Di 林蒂
CHEN, PING SHAN 陈萍珊 **(1914-)**

Lin, Di fei 林涤非
LIN, ZHAO QUAN 林兆荃 **(1909-)**

Lin, Die ken 林迭肯
LIN, HAN DA 林汉达 **(1900-1972)**

Lin, Ding 林丁
LIN, GENG 林庚 **(1910-)**

Lin, Ding 林丁
ZHANG, XIAO 张骁 **(1919-)**

Lin, Ding 林丁
HUANG, DONG FAN 黄东藩 **(1922-)**

Lin, Dong 林栋
LIN, HUAN DAO 林环岛 **(1904-1941)**

LIN, DONG HAI 林东海 **(1937-)**
Nan, Shan 南山

Lin, Dong ming 林冬明
SUN, CHENG XUN 孙承勲 **(1919-)**

Lin, Dong ping 林冬平
SUN, SHU XUN 孙树勋 **(1913-)**

Lin, Dong ping 林冬苹
SUN, SHU XUN 孙树勋 **(1913-)**

Lin, Du 林渡
MA, HUA 马骅 **(1916-)**

Lin, E 林莪
CHEN, PENG XIANG 陈鹏翔 **(1942-)**

LIN, EN QING 林恩卿 **(1909-)**
Shui, Yun 水云

Lin, Er 林尔
WANG, FU LIN 王富林 **(1942-)**

Lin, Er 林耳
WEI, CHONG WU 韦崇武 **(1905-1978)**

LIN, ER QI 林尔启
Lin, Yi ji 林伊稽
Yi, Qing shu 伊青叔
Zhong, Shan xin 钟山心

Lin, Fa 林发
LIN, ZENG YI 林增益 **(1952-)**

LIN, FA SHAO 林法绍
Fa shao 法绍

LIN, FAN 林帆 **(1930-)**
Hu, Ming 胡名
Lin, Zu shen 林祖深
Ma, Feng 马风
Wu, Ming 吴名

Lin, Fan 林帆
LIN, QING QUAN 林清泉 **(1939-)**

Lin, Fan 林凡
WANG, SHI PIN 王诗品 **(1950-)**

Lin, Fan 林梵
DING, JIA SHU 丁嘉树 **(1907-1990)**

Lin, Fan 林梵
LIN, RUI MING 林瑞明 **(1950-)**

LIN, FAN PING 林范平 **(1941-)**
Lin, Bei 林北

Lin, Fang 林方
LIN, CI LONG 林赐龙 **(1942-)**

Lin, Fang 林芳
YU, FU YING 俞馥英 **(1932-)**

Lin, Fang 林放
ZHAO, CHAO GOU 赵超构 **(1910-1992)**

Lin, Fang 林放
ZHANG, YI HOU 张逸侯 **(1916-1978)**

Lin, Fang nian 林芳年
LIN, JING LIU 林精鏐 **(1914-1989)**

Lin, Fei 林非
PU, LIANG FEI 濮良沛 **(1931-)**

Lin, Fei 林菲
LI, CHU CAI 李楚材 **(1905-)**

Lin fei 临非
TAN, GUO SHENG 檀国胜 **(1950-)**

Lin, Fei fei 林霏霏
LIU, FANG 刘枋 **(1919-)**

Lin, Fen 林奋
LIN, HAN DA 林汉达 **(1900-1972)**

Lin, Feng 林丰
YE, YUN PU 叶韫璞 **(1905-1975)**

Lin, Feng 林丰
YAN, YONG FU 颜永甫 **(1919-)**

Lin, Feng 林风
YE, YUN PU 叶韫璞 **(1905-1975)**

Lin, Feng 林风
LI, LIN 李霖 **(1911-1988)**

Lin, Feng 林风
LIN, TENG CHEN 林腾臣 **(1919-)**

Lin, Feng 林风
LIN, KE SHUANG 林克双 **(1942-)**

Lin, Feng 林风
WANG, KAI ZHU 王铠珠 **(1952-)**

Lin, Feng 林风
LI, KE SHUANG 李克双

Lin, Feng 林风
ZUO, XIAO HONG 左啸红 **(1905-1986)**

Lin, Feng 林枫
LIN, JIN XIU 林金秀 **(1918-)**

Lin, Feng 林枫
HUANG, REN FANG 黄任芳 **(1926-)**

Lin, Feng 林枫
LU, XIN RU 陆鑫如 **(1927-)**

Lin, Feng 林枫
HUANG, SHOU CHENG 黄守诚 **(1928-)**

Lin, Feng 林峰
CHANG, GUI LIN 常桂林 **(1940-)**

Lin, Feng 林锋
YAN, MING JIE 严明傑 **(1904-)**

LIN, FENG 林丰
Feng 丰
Na han 纳罕

Lin feng 临风
YE, YUN PU 叶韫璞 **(1905-1975)**

LIN, FENG E 蔺风萼 **(1920-)**
Lin, Liu qi 林柳杞
Lin, Liu qi 蔺柳杞
Liu, Qi 柳杞

Lin, Feng mian 林风眠
LIN, FENG MING 林风鸣 **(1898-1991)**

LIN, FENG MING 林风鸣 **(1898-1991)**
Lin, Feng mian 林风眠

LIN, FO ER 林佛儿 **(1941-)**
Lin, Bai 林白
Lin, Pang 林庞
Yu, Ren 郁人
Yu ren 鬱人

Lin, Fu 林夫
LI, CHAO RAN 李超然 **(1916-)**

Lin, Fu 林夫
LIN, YU 林裕 **(-1941)**

Lin, Fu 林父
CHEN, XIU LU 陈修禄 **(1918-1988)**

Lin, Fu 林复
QU, QIU BAI 瞿秋白 **(1899-1935)**

Lin fu 麟符
HAN, ZHI XIANG 韩致祥 **(1900-1934)**

Lin, Fu li 林扶笠
LIN, SHUI TING 林水亭 **(1949-)**

LIN, FU LI 林福利
Lin, He li 林鹤李

LIN, FU RUI 林富瑞 **(1935-)**
Lin, Quan 林泉

Lin, Fu sha 林弗沙
LIN, LI RONG 林丽蓉 **(1950-)**

Lin, Fu ying 林服膺
LIN, ZE RONG 林泽荣 **(1906-1981)**

LIN, GAN QUAN 林甘泉 **(1931-)**
Du, Zhen 杜真
Jiang, Quan 江泉

Lin, Gang 林岗
ZHANG, GUAN SHENG 张冠生 **(1924-)**

Lin, Gang 林岗
RAN, YU FEI 冉于飞 **(1927-)**

Lin, Gao 林高
LIN, HAN JING 林汉精 **(1949-)**

Lin, Ge ge 林格格
LIN, PEI FEN 林佩芬

Lin, Gen 林根
LIN, YU NAN 林育南 **(1897-1931)**

LIN, GENG 林庚 **(1910-)**
Lin, Ding 林丁

Lin, Geng bai 林庚白
LIN, XUE HENG 林学衡 **(1898-1941)**

LIN, GENG YU 林耕馀
Yi min 逸民

Lin, Gong wang 林公望
LIN, SHU ZHONG 林树中 **(1926-)**

LIN, GONG ZU 林恭祖 **(1927-)**
Si qian 思谦

Lin, Gu 林谷
WANG, LIN GU 王林谷 **(1919-)**

LIN, GUAN MING 林冠明 **(1909-1984)**
Lin, Mei shu 林妹殊

Lin, Guang 林光
YIN, GUI LIN 殷桂林 **(1922-)**

Lin, Guang 林光
XU, LIN HUANG 徐林晃 **(1955-)**

LIN, GUANG CHEN 林光忱
Guang chen 光忱

Lin, Guang hao 林光灏
LIN, BIN 林斌

LIN, GUANG HUI 林光辉 **(1932-)**
Xu, Pian 徐翩

Lin, Guang wang 林光望
LIN, SHU ZHONG 林树中 **(1926-)**

Lin, Gui 林桂
JIANG, CHENG LIN 姜成林 **(1937-)**

Lin, Gui si 林归思
SHEN, XIAO LONG 申小龙 **(1952-)**

Lin, Gui yun 林归云
LIN, CHUAN JIA 林传甲 **(1887-1921)**

Lin, Guo 林过
LIN, BAO GUI 林宝贵 **(1941-)**

Lin, Guo 林果
LIN, YI ZHEN 林仪贞 **(1919-)**

LIN, GUO JIAN 林国鉴
Bai, Ni 白霓
Fan yi lin 凡易林

Lin, Guo lan 林国兰
ZHANG, HUI ZHEN 张慧贞 **(1928-)**

LIN, GUO LONG 林国隆 **(1951-)**
Xue mou 雪眸

Lin, Guo mu 林过目
LI, JING CI 李景慈 **(1918-)**

LIN, GUO PING 林国平 **(1943-)**
Bei, Fu 贝夫
Fang, Ran 方然
Li, Hai 李海
Li, Hai 黎海
Wen, Tao 文涛
You, Yan 游燕

LIN, GUO WEI 林国威 **(1944-1990)**
Lin, Nian tong 林年同

LIN, GUO YING 林国英 **(1951-)**
Jian feng 剑锋

Lin, Hai 林海
LOU, JIAN NAN 楼建南 **(1905-)**

Lin, Hai 林海
ZHENG, CHAO ZONG 郑朝宗 **(1912-)**

Lin, Hai 林海
PI, ZUO JIU 皮作玖 **(1917-)**

Lin, Hai 林海
LIN, JI GUO 林吉果 **(1929-)**

Lin, Hai 林海
LIN, KAI CHANG 林楷昌 **(1936-)**

Lin, Hai 林海
LIN, HAN TAO 林汉涛 **(1944-)**

Lin, Hai 林海
LIN, JIN CHENG 林金城

LIN, HAI BO 林海波 **(1941-)**
Ling, Yun 凌云

LIN, HAI CHENG 林海成 **(1910-)**
Lin, Yue feng 林越峯
Yue, Feng 越峯

LIN, HAI OU 林海鸥 **(1948-)**
A qiong 阿琼

Lin, Hai yin 林海音
MA, HUA 马骅 **(1916-)**

Lin, Hai yin 林海音
LIN, HAN YING 林含英 **(1918-)**

Lin, Hai yu 林海语
MA, HUA 马骅 **(1916-)**

Lin, Han 林憾
LIN, HE QING 林和清 **(-1943)**

LIN, HAN BIAO 林汉标 (1929-)
Chen feng 晨风
Lin, Biao 林标
Lin, Han biao 林涵表
Mu rong, Wen jing 慕容文静
Sen lin mu 森林木
Si ma, Niu 司马牛

Lin, Han biao 林涵表
LIN, HAN BIAO 林汉标 (1929-)

LIN, HAN DA 林汉达 (1900-1972)
Li, Dong 李东
Lin, Die ken 林迭肯
Lin, Fen 林奋
Lin, Tao 林涛

LIN, HAN JIAN 林汉坚 (1960-)
Jin ri zi 今日子

Lin, Han jian 林寒涧
CHEN, PENG XIANG 陈鹏翔 (1942-)

LIN, HAN JING 林汉精 (1949-)
Lin, Gao 林高
Lin, Yi fei 林一飞

Lin, Han lu 林憾庐
LIN, HE QING 林和清 (-1943)

LIN, HAN TAO 林汉涛 (1944-)
Jing zhi 静之
Lin, Hai 林海

LIN, HAN YING 林含英 (1918-)
Lin, Hai yin 林海音

LIN, HAN ZONG 林汉宗 (1938-)
Cao ye 草野
Geng fu 耕夫

LIN, HAO JI 林浩基 (1943-)
Cai, Yi 蔡忆
Lin, Zhi 林之

Lin, He 林和
LIN, ZHENG HE 林正和

Lin, He 林河
LI, MING GAO 李鸣高 (1927-)

LIN, HE HUA 林鹤华 (1953-)
Wang wu ji 望无际

LIN, HE LE 林和乐 (1895-1976)
Dong jun 东君
Huo tang 或堂
Lin, Yu lin 林玉霖
Lin, Yu tang 林玉堂
Lin, Yu tang 林语堂
Mao lü 毛驢
Qi qing 岂青
Sa, Tian shi 萨天师
You bu wei zhai 有不为斋
Yu 语
Yu tang 玉堂
Yu tang 语堂
Zai, Wo 宰我
Zai, Yu 宰予

Lin, He li 林鹤李
LIN, FU LI 林福利

LIN, HE NIAN 林鹤年 (1879-1938)
He lu ju shi 鹤庐居士

LIN, HE PING 林和平 (1946-)
Lin, Hong 林虹
Song, Lang 宋朗

LIN, HE QING 林和清 (-1943)
Han lu 憾庐
Lin, Han 林憾
Lin, Han lu 林憾庐
Xin gan 心感

Lin, Heng 林恒
WANG, ZHI JIAN 王志健 (1928-)

LIN, HENG TAI 林亨泰 (1924-)
Heng ren 亨人
Heng tai 恒太

Lin, Hong 林宏
MAO, YING LONG 毛应龙 (1924-)

Lin, Hong 林红
LIU, TONG JU 刘通矩 (1921-)

Lin, Hong 林红
DU, XI WU 杜锡武 (1927-)

Lin, Hong 林虹
GUO, ZHONG QIANG 郭仲强 (1934-)

Lin, Hong 林虹
LIN, HE PING 林和平 (1946-)

LIN, HONG CHANG 林宏昌 (-1969)
Lin, Zuo 林佐
Zuo, Ding 左丁
Zuo ding 佐丁

LIN, HONG LIANG 林洪亮 (1935-)
Lin, Bo 林波

LIN, HONG TONG 林洪桐 (1938-)
Chen, Tong 陈通

LIN, HONG XING 林宏星
Dong fang, Shuo 东方朔

LIN, HONG ZHU 林鸿翥 (1907-)
Ren zi 仁子

LIN, HOU JI 林后继

Bo gu 伯谷

Lin, Hu 林湖
LIN, YAO FU 林耀福

Lin, Hua 林华
LIN, HUAI LONG 林怀龙 **(1939-)**

Lin, Hua 林桦
LIN, LAN 林澜 **(1920-1979)**

Lin, Hua 林桦
ZHANG, XU PING 张旭平 **(1958-)**

LIN, HUAI LONG 林怀龙 **(1939-)**
Lin, Hua 林华

LIN, HUAI MIN 林怀民 **(1947-)**
Lin, Nan 林楠
Lin, Nan 林南

Lin, Huan 林欢
ZHA, LIANG YONG 查良镛 **(1925-)**

Lin, Huan 林缓
WANG, QIU YING 王秋萤 **(1913-)**

LIN, HUAN BIAO 林焕标 **(1937-)**
Fan ni 凡尼

LIN, HUAN DAO 林环岛 **(1904-1941)**
Dong shan 东山
Lin, Dong 林栋
Xiao le 孝乐
Yang, Zhi heng 杨志恒
Yue, Le 乐乐
Yun, Tao 云涛

Lin, Huan ping 林焕平
LIN, CAN HUAN 林灿桓 **(1911-)**

LIN, HUAN ZHANG 林焕彰 **(1939-)**
Duo fo 多佛
Fang, Ke bai 方克白
Mu sheng 牧生
Mu yun 牧云

Lin, Huang 林荒
LIN, CHENG XING 林成兴 **(1940-)**

Lin, Huang 林篁
HU, DUAN HAO 胡端豪 **(1923-)**

LIN, HUANG SHENG 林晃升 **(1925-)**
Ye huo 野火

Lin, Hui 林惠
MENG, WEN TAO 孟文涛 **(1921-)**

Lin, Hui 林辉
SHEN, XIA HUN 沈侠魂 **(1915-1966)**

Lin, Hui 林蕙
LIN, MU HAI 林木海 **(1940-)**

Lin, Hui 林徽
LIN, SHU 林纾 **(1852-1924)**

Lin, Hui 蔺晖
LI, XIU LIN 李秀林 **(1931-1986)**

LIN, HUI E 林慧娥 **(1953-)**
Xian zhi 仙枝

Lin, Hui lian 林惠莲
SU, XUAN YING 苏玄瑛 **(1884-1918)**

Lin, Hui wen 林慧文
LI, JING CI 李景慈 **(1918-)**

LIN, HUI XIANG 林惠祥 **(1901-1959)**
Dan mo 淡墨
Sheng lin 圣麟
Shi, Ren 石仁

Lin, Hui yin 林徽因
LIN, HUI YIN 林徽音 **(1903-1955)**

LIN, HUI YIN 林徽音 **(1903-1955)**
Bao, Bao 宝宝
Chi chui 尺棰
Hui hui 徽徽
Hui yin 灰因
Lin, Hui yin 林徽因

LIN, HUI YUAN 林惠元 **(1905-1933)**
Lin, Ruo kuang 林若狂
Ruo kuang 若狂

Lin, Huo 林火
HAN, GUO RU 韩国儒 **(1914-)**

Lin, Huo 林火
LUO, SHU FAN 罗树藩 **(1917-1985)**

Lin, Huo 林火
LIN, ZHONG LIN 林仲麟 **(1917-)**

Lin, Huo 林火
XU, EN XI 许恩熙 **(1923-)**

Lin, Huo 林夥
QIU, HUO LIN 邱火林 **(1964-)**

Lin, Ji 林棘
CHEN, QING LONG 陈庆隆 **(1910-)**

LIN, JI CHUAN 林济川
Zi feng 紫峰

LIN, JI GUO 林吉果 **(1929-)**
Lin, Hai 林海

LIN, JI LING 林积令 **(1935-)**
Shuang mu 双木
You song 幼松

Lin, Ji lu 林基路
LIN, WEI LIANG 林为梁 **(1916-1943)**

LIN, JI RONG 林霁融
Hu zhou bo shi 胡诌博士

Lin, Ji si 林棘丝
CAO, XIN ZHI 曹辛之 (1917-1995)

Lin, ji si 林棘丝
LU, JI PING 陆吉平 (1921-)

Lin, Jia 林笳
LIN, LU SHENG 林禄生 (1920-)

LIN, JIA KUAN 林家宽 (1962-)
Shi, Ying 石莹

LIN, JIA SONG 林家松 (1919-1961)
Lin, Yi hong 林一泓

LIN, JIA TIAN 林加添 (1921-)
Lin, Shao mei 林绍梅

LIN, JIA ZHONG 林家钟 (1914-)
Mei, Yuan 梅园

Lin, Jian 林间
ZHANG, RUO PING 张若萍 (1918-)

Lin, Jian 林间
ZHANG, ZI MEI 张子梅 (1932-)

Lin, Jian 林间
LIU, GUO JIAN 刘国坚 (1934-)

Lin, Jian 林间
PAN, RONG LI 潘荣礼 (1938-)

Lin, Jian 林涧
ZHAO, ZHONG 赵锺 (1928-)

LIN, JIAN MIN 林建敏 (1937-)
Su zhi 素之

LIN, JIAN MIN 林健民 (1914-)
Dan, Ying 但英
Li, Gu feng 黎谷风

Lin, Jian nan 林建南
LOU, JIAN NAN 楼建南 (1905-)

LIN, JIAN SHAN 林建山 (1949-)
Yu, Su 余素

LIN, JIAN SHEN 林建神
He, Yang 何阳

LIN, JIAN TONG 林建同 (1911-)
Mei hua shu wu zhu ren 梅花书屋主人

Lin, Jian yun 林剪云
LIN, SU ZHEN 林素珍 (1957-)

LIN, JIANG 林江 (1927-)
Shan chuan 山川

Lin jiang 临江
LÜ, YUAN PENG 吕元鹏 (1925-)

Lin, Jiang shan 林江山
ZHU, PU SHENG 朱溥生 (1934-)

Lin, Jiao 林郊
LIN, XING NAN 林星南

Lin, Jiao fu 林角夫
LIN, JUE FU 林觉夫 (1919-1992)

LIN, JIE ZONG 林玠宗
Jie shou 玠守

Lin, Jin 林金
REN, TONG 任垌 (1919-)

Lin, Jin 林锦
LIN, WEN JIN 林文锦 (1948-)

LIN, JIN 林瑾
Fo qing 佛青
Lin, Zhou 林舟

Lin, Jin 蔺瑾
WANG, LIANG JIN 王良瑾 (1932-)

LIN, JIN BO 林金波
Mu ma 木马

LIN, JIN CHENG 林金城
Lin, Hal 林海

Lin, Jin da 林今达
LIN, JUN DA 林俊达 (1941-)

Lin, Jin kai 林今开
LIN, JIN KAI 林金楷 (1924-1992)

LIN, JIN KAI 林金楷 (1924-1992)
Lin, Jin kai 林今开

LIN, JIN LA 林金拉 (1930-)
Lin, Jin lao 林锦劳
Lin, La 林拉
Lin, Qiong 林琼
Lin, Shi tian 林诗天
Wang, Zhu 王朱
Xiao lin 晓林

Lin, Jin lan 林斤澜
LIN, QING LAN 林庆澜 (1923-)

Lin, Jin lao 林锦劳
LIN, JIN LA 林金拉 (1930-)

LIN, JIN LUAN 林金銮 (1925-)
Chun fan 春帆
Lin, Meng xing 林梦星

LIN, JIN RONG 林晋荣
Xia, Mo 夏默

LIN, JIN TIAN 林金田 (1907-)
H T sheng H T 生
Ke fu 克夫

Kong, Yi ji 孔乙己
Lin, Ke fu 林克夫
Xu, Jin tian 徐金田

LIN, JIN WEN 林锦文 **(1933-)**
Ge hua 歌华
Lin, Mu 林牧

LIN, JIN XIU 林金秀 **(1918-)**
Lin, Feng 林枫

Lin, Jing 林菁
SHEN, DUAN XIAN 沈端先 **(1900-1995)**

Lin, Jing 林菁
OU YANG, BEN YI 欧阳本义 **(1902-1993)**

Lin, Jing 林景
LIN, WEN JIN 林文锦 **(1948-)**

Lin, Jing 林晶
LIN, JING YUN 林景云 **(1931-)**

Lin, Jing 林静
ZHENG, JIA ZHI 郑嘉治 **(1916-1974)**

Lin, Jing 林静
GUO, GUO FU 郭国甫 **(1926-)**

Lin, Jing 林静
GUO, ZHONG QIANG 郭仲强 **(1934-)**

LIN, JING HUANG 林景煌 **(1919-)**
Lan, Wei shui 兰为水
Meng bai ku 梦白骷
Shan, Fu 单复
Xu dan 旭旦

LIN, JING JIE 林靖杰 **(1967-)**
Jiang, Bian 江边

LIN, JING LIU 林精镠 **(1914-1989)**
Li, Qiu hua 李秋华
Lin, Fang nian 林芳年
Lin, Ke wei 林克卫

LIN, JING NAN 林荆南
Lan ying 岚映

LIN, JING QIU 林镜秋 **(1914-)**
Jian qiu 剑秋

LIN, JING XING 林景行 **(1885-1916)**
Han bi 寒碧
Liang qi 亮奇

LIN, JING YUN 林景云 **(1931-)**
Lin, Jing 林晶
Lin, Wan li 林万里
Nian hong 念鸿

Lin, Jiu 林玖
WU, TING QIU 吴廷璆 **(1910-)**

Lin, Jue 林珏
TANG, JING YANG 唐景阳 **(1914-1971)**

LIN, JUE FU 林觉夫 **(1919-1992)**
A zhi 阿芝
Bu, Nei men 卜内门
Dan ke 但珂
Jue fu 觉夫
Lin, Jiao fu 林角夫
Lin, Pai guang 林派光
Lin, Wan shi 林顽石
Pai ke 派克
Qin, Mu 秦牧
Wan 顽
Wan shi 顽石
Wu, Yu 吴瑜

LIN, JUE MIN 林觉民 **(1887-1911)**
Dou fei 抖飞
Jue min 觉民
Tian wai sheng 天外生
Yi dong 意洞

LIN, JUN DA 林俊达 **(1941-)**
Bi an 彼岸
Dao cao ren 稻草人
Lin, Jin da 林今达
Ren jian 人间
Ye fu 野夫
Zui yan 醉言

LIN, JUN JIAN 林峻坚
Hai, Wai ke 海外客

LIN, JUN JING 林君靖 **(1937-)**
Han, Yu zhen 韩玉珍

Lin, Jun nan 林浚南
LIN, XUE HENG 林学衡 **(1898-1941)**

LIN, JUN QING 林俊卿 **(1914-)**
Lin, Qing jun 林青俊

LIN, JUN YU 林君玉
Jun yu 君玉

LIN, JUN ZHEN 林君珍 **(1914-)**
Hua, Zhan 华瞻
Lin, Yi 林艺
Lin, Yi 林毅
Lin, Yi 林一

Lin, Ka 林卡
LIN, LAN 林澜 **(1920-1979)**

LIN, KAI CHANG 林楷昌 **(1936-)**
Lin, Hai 林海

Lin, Kang 林康
LIN, PEI 林沛 **(1950-)**

Lin, Ke 林克

LI, LING 李凌 (1913-)

Lin, Ke 林克
LI, WEI QING 李伟卿 (1919-)

Lin, Ke 林柯
CHEN, XI HE 陈西禾 (1911-1983)

Lin, Ke 林珂
CHEN, XI HE 陈西禾 (1911-1983)

Lin, Ke 林珂
GUO, HONG YING 郭宏瑛 (1963-)

Lin, Ke duo 林克多
LI, JING DONG 李镜东 (1902-1949)

Lin, Ke fu 林克夫
LIN, JIN TIAN 林金田 (1907-)

LIN, KE MIN 林克民
Lü ye 绿野

LIN, KE SHUANG 林克双 (1942-)
Fang, Xiang 方向
He, Yi 何以
Lin, Feng 林风

Lin, Ke wei 林克卫
LIN, JING LIU 林精镠 (1914-1989)

LIN, KUI YOU 林奎佑 (1960-)
Yu, Fu 鱼夫

Lin, La 林拉
LIN, JIN LA 林金拉 (1930-)

Lin Lan 林兰
LI, RONG DI 李荣第 (1897-1971)

Lin, Lan 林岚
LIN, ZHI CHENG 林志成 (1915-)

Lin, Lan 林岚
ZHANG, LIN LAN 张林岚 (1922-)

Lin, Lan 林岚
YAN, RUO LAN 严若兰 (1926-)

Lin, Lan 林蓝
WANG, BU HAN 王步涵 (1920-)

Lin, Lan 林蓝
LIU, CAI ZHOU 刘才洲 (1921-1970)

LIN, LAN 林澜 (1920-1979)
Lin, Hua 林桦
Lin, Ka 林卡
Lin, Yu chuan 林郁川
Lin, Yu shan 林玉山

Lin lan nü shi 林兰女士
CAI, SHU LIU 蔡漱六

Lin, Lan ping 林兰萍
RAN, YU FEI 冉于飞 (1927-)

Lin, Lang 林郎
FANG, JING YUAN 方靖远 (1906-)

Lin, Lang 林郎
LIN, CHENG SI 林澄思 (1918-)

Lin, Lang 林浪
LIN, QI RUN 林其润

Lin, Lang 林琅
LIU, HOU SHENG 刘厚生 (1921-)

Lin, Lang 林琅
LUO, LANG 罗琅 (1931-)

Lin lang 琳郎
FANG, JING YUAN 方靖远 (1906-)

Lin lang sheng 琳琅生
YE, ZONG YUAN 叶宗源 (1887-1946)

Lin, Lei 林磊
LIN, TAI SHEN 林太深 (1939-)

Lin, Leng qiu 林冷秋
LIN, ZHONG LIN 林仲麟 (1917-)

LIN, LENG ZHEN 林楞真
Leng zhen 楞真

Lin, Li 林立
ZHANG, YAN 张燕 (1924-)

Lin, Li 林立
LIN, WEI XIN 林维新

Lin, Li 林里
LI, ZHENG ZHONG 李正中 (1921-)

Lin, Li 林里
WANG, ZI HENG 王子恒 (1921-)

Lin, Li 林犁
LIN, WEN JIN 林文锦 (1948-)

LIN, LI 林蛎
Gai tian 盖天
Li shan 力山
Li shan 立山
Lin, Yi jun 林懿均

Lin, Li 林漓
LIN, QING XUAN 林清玄 (1953-)

Lin, Li 林藜
LI, ZE LIN 黎泽霖 (1913-)

Lin, Li fu 林利福
LIN, LI FU 林歷復 (1951-)

Lin, Li fu 林歷夫
LIN, LI FU 林歷復 (1951-)

LIN, LI FU 林歷復 **(1951-)**
Lin, Shan lou 林山楼
Lin, Li fu 林歷夫
Lin, Li fu 林利福

Lin, Li lun 林莉伦
ZHAO, MU SONG 赵慕嵩

LIN, LI MEI 林丽美
Si fang 四方
Yan quan 衍泉

LIN, LI RONG 林丽蓉 **(1950-)**
Lin, Fu sha 林弗沙

Lin, Li ru 林砺儒
LIN, SHENG ZHI 林绳直 **(1889-1977)**

LIN, LI TIAN 林犁田 **(1921-)**
Liang, Chan 梁谄
Xu, Han ru 许翰如
Xu, Luo 许罗

LIN, LI ZHI 林励志
Li 励

Lin, Lian yun 林连云
LIN, CHENG SI 林澄思 **(1918-)**

LIN, LIANG 林良 **(1924-)**
Du, Dan 杜丹
Liang 良
Lu, Heng 路恒
Min 敏
Xiao liang 小良
Zi an 子安
Zi min 子敏

LIN, LIANG YA 林良雅 **(1948-)**
Bai, Sha di 白沙堤
Lin, Yan 林彦
Mo, Yu 莫渝

LIN, LIE 林烈 **(1913-)**
He nai ying 禾乃英
Lin, Bin 林彬
Lin, Mo han 林默涵
Lin, Yu 林屿
Lin, Zhi 林芝
Mo han 默涵
Mu, Wen 穆文
Wei, Zhi 韦芝
Xue cun 雪邨

Lin, Lin 林林
LIN, YANG SHAN 林仰山 **(1910-)**

Lin, Lin 林林
SUN, DI LING 孙涤灵 **(1927-)**

Lin, Lin 林林
ZHAO, XUE BIN 赵学彬 **(1935-)**

Lin, Lin 林林
MU, LIN SHENG 穆林生 **(1949-)**

Lin, Lin 林林
YAN, YU ZUN 严郁尊

Lin, Lin 林琳
LIN, YI ZHEN 林仪贞 **(1919-)**

Lin, Lin 林琳
CUI, SEN LIN 崔森林 **(1943-)**

Lin, Lin 林琳
ZHOU, WAN LIN 周万琳 **(1961-)**

Lin, Lin 林琳
LIN, XIAN XUE 林先学 **(1964-)**

Lin lin 霖霖
WANG, REN SHU 王任叔 **(1901-1972)**

Lin, Ling 林泠
HU, YUN SHANG 胡云裳 **(1938-)**

Lin, Ling 林苓
ZHU, KUN HUA 朱堃华 **(1918-)**

LIN, LING 林玲 **(1941-)**
Lin, Ruo jie 林若洁
Ruo jie 若洁

Lin, Ling 林凌
YANG, DE QUAN 杨德铨 **(1939-)**

Lin, Ling 林陵
JIANG, CHUN FANG 姜椿芳 **(1912-1987)**

Lin, Ling 林翎
WANG, ZHI JIAN 王志健 **(1928-)**

Lin, Ling 林聆
LIN, YU DUO 林毓多 **(1918-)**

Lin, Ling 林菱
ZHANG, QI XUN 章启勋 **(1916-)**

Lin, Ling 林零
JIAN, BO ZAN 翦伯赞 **(1898-1968)**

LIN, LING GUANG 林灵光
Ling guang 灵光

Lin, Liu 林流
LIU, ZU ZE 刘祖泽 **(1928-)**

Lin, Liu 林骝
LIN, WEN SI 林文思

Lin, Liu nian 林流年
LIU, XI RONG 刘锡荣 **(1920-)**

Lin, Liu qi 林柳杞
LIN, FENG E 蔺风萼 **(1920-)**

Lin, Liu qi 蔺柳杞
LIN, FENG E 蔺风萼 (1920-)

Lin, Lu 林鲁
GUO, REN DE 郭仁德

Lin, Lu 林路
ZHANG, MING RU 张明儒 (1924-)

Lin, Lu 林路
JIANG, MU 姜穆 (1929-)

Lin, Lu 林露
GUO, CAN ZHI 郭灿之 (1920-)

Lin lu 麟庐
XU, DE LIN 许德麟 (1916-)

LIN, LU SHENG 林禄生 (1920-)
Lin, Jia 林笳
Lin, Yun 林韵
Lin, Zhe yun 林哲云
Yang, Zheng 杨正

Lin, Lu sheng 林鲁生
LIN, XUE TANG 林雪棠 (1898-)

Lin, Lü 林旅
MA, HUA 马骅 (1916-)

Lin, Lü 林绿
LIN, ZHU YU 林祝敔 (1915-1975)

Lin, Lü 林绿
DING, SHAN XIONG 丁善雄 (1941-)

LIN, LUN YUAN 林抡元 (1916-)
Lin, Yuan 林元

Lin, Luo 林洛
LIN, QING WEN 林庆文 (1939-)

Lin, Luo ren 林洛人
LIN, QING WEN 林庆文 (1939-)

LIN, MA LI 林玛丽
Chen meng zi 晨梦子

LIN, MA LI 林玛利 (1913-1987)
Lin, Wei jun 林慰君

LIN, MA YAO 林妈肴 (1953-)
Lin, Ye 林野

Lin, Mai 林麦
MENG, XIAN QI 孟宪棨 (1902-1976)

Lin, Man 林曼
LI, RUN HU 李润湖 (1913-1947)

Lin, Man 林漫
LI, JUAN BING 李涓丙 (1914-1991)

Lin, Man qing 林曼青
HONG, LUN XIU 洪伦修 (1903-1933)

Lin, Man shu 林曼叔
LIN, BIN 林彬 (1941-)

Lin, Mang 林莽
LIN, CAN TIAN 林参天 (1904-1972)

Lin, Mang 林莽
LOU, JIAN NAN 楼建南 (1905-)

Lin, Mang 林莽
HUANG, YU LIN 黄毓霖 (1911-1989)

Lin, Mang 林莽
LI, LIAN CUI 李连萃 (1911-1991)

Lin, Mang 林莽
YANG, ZI BO 杨子波 (1918-1974)

Lin, Mang 林莽
WANG, SHU PING 王树平 (1924-)

Lin, Mang 林莽
LIU, SHU SHENG 刘树声 (1927-)

Lin, Mang 林莽
ZHANG, JIAN ZHONG 张建中 (1949-)

LIN, MANG ZHONG 林莽中
Xiao, Ye 萧野

Lin, Mao 林茅
SHAO, QUAN JIAN 邵全建 (1926-)

Lin, Mao 林麦
LIN, MAO YI 林楙义 (1932-)

LIN, MAO YI 林楙义 (1932-)
Lin, Mao 林麦
Lin, Yin 林荫

Lin, Mei 林枚
CHEN, GE XIN 陈歌辛 (1914-1961)

Lin, Mei 林玫
LIN, MEI 林梅 (1945-)

LIN, MEI 林梅 (1945-)
Lin, Mei 林湄
Lin, Mei 林玫

Lin, Mei 林湄
LIN, MEI 林梅 (1945-)

LIN, MEI LAN 林美岚 (1940-)
Shan feng 山风

LIN, MEI MAO 林美茂 (1962-)
Ling fen 灵棼

Lin, Mei shu 林妹殊
LIN, GUAN MING 林冠明 (1909-1984)

Lin, Meng 林萌
LIN, YE MING 林业明 (1949-)

Lin, Meng 林蒙
GAN, DAO SHENG 甘道生

Lin, Meng huan 林梦幻
LIN, ZHAO QUAN 林兆荃 **(1909-)**

Lin, Meng xing 林梦星
LIN, JIN LUAN 林金銮 **(1925-)**

Lin, Mian 林绵
MA, HUA 马骅 **(1916-)**

Lin, Mian 林绵
LIN, MIAN 林勉 **(1922-)**

LIN, MIAN 林勉 **(1922-)**
Di ya 荻亚
Hai, Yin 海音
Lin, Mian 林绵
Lin, Wei 林薇
Lü ying 绿璎

Lin, Ming 林明
LIN, ZHI YIN 林芷茵 **(1921-)**

LIN, MING CONG 林明聪 **(1940-)**
Lin, Ye 林野

LIN, MING HONG 林明虹 **(1928-)**
Lin, Zhi hao 林志浩

LIN, MING MEI 林明美 **(1963-)**
Su, Fei 苏菲

LIN, MING SHUI 林明水 **(1941-)**
He, Lang 贺朗
Ji, Yu 纪宇
Lin, Bian 林边
Lü, Ming 吕铭
Meng, Di 孟狄
Meng, Sha 孟沙
Qin, Tian 秦天

LIN, MING ZHOU 林明洲 **(1937-)**
Fang, Meng 方萌
Lin, An 林岸
Lin, Bei 林北
Lin, Dan 林丹
Lin, Tong 林彤
Meng lou 檬楼
Mu, Sha 慕莎
Mu, Zhang 慕璋
Ou, Man 欧曼
Sha min 莎敏
Sha, Ye 沙耶
Shi, Ke yang 史可扬
Su, Li 苏莉
Zhao, Wan chun 赵万春

Lin, Mo 林默
MENG, XIAN QI 孟宪棨 **(1902-1976)**

Lin, Mo 林默
LIAO, JIA QUAN 廖家权 **(1907-1990)**

Lin, Mo 林默
MA, HUA 马骅 **(1916-)**

Lin, Mo han 林默涵
LIN, LIE 林烈 **(1913-)**

Lin, Mu 林木
CHEN, YAN NIAN 陈延年 **(1899-1927)**

Lin, Mu 林木
SUN, JIA SEN 孙家森 **(1929-)**

Lin, Mu 林木
SU, SEN 苏森 **(1932?-)**

Lin, Mu 林木
CAO, YONG SEN 曹永森 **(1953-)**

Lin, Mu 林牧
LU, RU YIN 卢汝吟 **(1918-)**

Lin, Mu 林牧
WANG, SHOU MEI 王寿美 **(1930-)**

Lin, Mu 林牧
LIN, JIN WEN 林锦文 **(1933-)**

Lin, Mu 林牧
WANG, CHONG LÜ 王充闾 **(1935-)**

Lin, Mu chai 林木柴
LIU, DA HAI 刘大海 **(1920-)**

LIN, MU FU 林牧夫 **(1949?-)**
Mu fu 木夫

Lin, Mu gua 林木瓜
LIN, MU GUANG 林穆光

LIN, MU GUANG 林穆光
Lin, Mu gua 林木瓜
Mu gua 木瓜

LIN, MU HAI 林木海 **(1940-)**
Chen, Chao 陈潮
Hui shi 慧适
Ji, He sha 季河沙
Lin, Hui 林蕙
Yu mu 雨牧

Lin, Mu mao 林木茂
LI, ZONG DA 李宗大 **(1911-)**

Lin, Mu wo 林慕沃
FANG, GUI DE 方珪德 **(1922-)**

Lin, Mu xiu 林木秀
LIAO, JUN FU 廖君福 **(1964-)**

Lin, Mu ye 林牧野
LIN, CHENG XING 林成兴 **(1940-)**

LIN, MU ZHONG 林穆忠 **(1948-　)**
Mu zhong 牧衷
Pu, Bai 蒲白

Lin, Na 林呐
HE, FA REN 和法仁 **(1920-1970)**

Lin, Na 林娜
SHI, RU BI 石汝璧 **(1902-1928)**

Lin, Na 林娜
XIE, BING YING 谢冰莹 **(1906-2000)**

Lin, Na 林娜
HE, ZHANG PING 何章平 **(1916-1968)**

Lin, Nai gan 林乃干
LIN, PAN QIAO 林泮桥 **(1907-　)**

Lin, Nan 林南
LOU, JIAN NAN 楼建南 **(1905-　)**

Lin, Nan 林南
WANG, RUN HUA 王润华 **(1924-1987)**

Lin, Nan 林南
HUANG, SHU GEN 黄树根 **(1947-　)**

Lin, Nan 林南
LIN, HUAI MIN 林怀民 **(1947-　)**

Lin, Nan 林楠
LI, JING CI 李景慈 **(1918-　)**

Lin, Nan 林楠
ZHANG, XIAO 张骁 **(1919-　)**

Lin, Nan 林楠
LIN, HUAI MIN 林怀民 **(1947-　)**

Lin, Nan chuang 林南窓
LIN, NAN CHUANG 林南窗

LIN, NAN CHUANG 林南窗
Lin, Nan chuang 林南窓

Lin, Ni 林泥
XU, YONG KUAN 许永宽 **(1926-　)**

Lin, Ni 林泥
WU, YUN SHENG 吴筠生 **(1929-　)**

Lin, Nian tong 林年同
LIN, GUO WEI 林国威 **(1944-1990)**

Lin, Nong 林农
SU, DUO ZE 粟多泽 **(1918-　)**

Lin, Nong ge 林农歌
LIN, XIAN JIAN 林仙健 **(1942-　)**

Lin, Nor
LIN, WU SHUANG 林无双 **(1926-　)**

Lin, Nu tao 林怒涛
LIN, QING YUE 林清月 **(1883-1960)**

Lin, Pai guang 林派光
LIN, JUE FU 林觉夫 **(1919-1992)**

LIN, PAN QIAO 林泮桥 **(1907-　)**
Lin, Nai gan 林乃干
Lin, Xing 林省

Lin, Pang 林庞
LIN, FO ER 林佛儿 **(1941-　)**

LIN, PEI 林沛 **(1950-　)**
A pai 阿派
Ji, Zhen 纪贞
Lin, Kang 林康
Shu geng 叔更
Shu, Qin 舒沁
Shu yin 叔因
Ying, Qiu 应裘
Yu, Zhi qian 余之浅

LIN, PEI FEN 林佩芬
Lin, Ge ge 林格格

LIN, PEI ZHEN 林培真 **(1942-　)**
Mu, Tao 穆陶

Lin, Peng 林朋
CHEN, JIE 陈杰 **(1917-　)**

Lin, Pi 林疋
MIAO, CHU HUANG 缪楚黄 **(1923-　)**

Lin, Ping 林平
TAO, DA YONG 陶大镛 **(1918-　)**

Lin, Ping 林平
LI, JIA JIAN 黎家健 **(1924-　)**

Lin, Ping 林平
LIN, DE ZHAO 林德昭 **(1926-　)**

Lin, Ping 林萍
LIN, XIANG YANG 林向阳 **(1936-　)**

Lin, Pu 林朴
LIN, YU 林榆 **(1920-　)**

Lin, Pu 林浦
LI, RUN SHEN 李润身 **(1926-　)**

Lin, Pu 林蒲
LIN, ZHEN SHU 林振述

Lin, Pu 林樸
JIN, JIA JI 金家骥 **(1932-　)**

Lin, Qi 林其
XU, CHONG QI 许崇琪 **(1915-1979)**

Lin, Qi 林栖
DU, WEN CHENG 杜文成

Lin, Qi 林起

LIN, BIN 林彬 **(1941-　　)**

LIN, QI 林琦
Lin, Xue qing 林雪清

LIN, QI DENG 林祈登 **(1940-　　)**
Qi deng 其登

LIN, QI KENG 林启铿 **(1912-　　)**
Lin, Tao 林滔

LIN, QI REN 林其仁
Hai, Di shan 海底山

LIN, QI RUN 林其润
Lin, Lang 林浪
L. Lang bei　L.狼狈

Lin, Qi xiang 林启祥
LIN, WEN YI 林文益 **(1930-　　)**

LIN, QI YANG 林淇瀁 **(1955-　　)**
Xiang, Yang 向阳

Lin, Qian 林千
LIN, RONG NIAN 林榕年 **(1928-　　)**

Lin, Qian 林千
LAI, HONG JIAN 赖鸿健 **(1943-　　)**

Lin, Qian 林前
LIN, ZHONG LONG 林锺隆 **(1930-　　)**

Lin, Qian 林倩
WU, ZHEN GUANG 吴振光 **(1921-　　)**

Lin, Qian 林潜
YANG, YIN JUN 杨隐君 **(1919-　　)**

Lin, Qian feng 林千峰
HE, XIAO DA 何孝达 **(1915-1994)**

Lin, Qian shan 林千山
HE, XIAO DA 何孝达 **(1915-1994)**

LIN, QIANG 林强 **(1930-　　)**
Ma, Ming 马鸣

Lin, Qin 林禽
LIN, YU RUI 林毓锐 **(1925-　　)**

Lin, Qin nan 林琴南
LIN, SHU 林纾 **(1852-1924)**

Lin, Qing 林庆
CAI, XI LIN 蔡西林 **(1940-　　)**

Lin, Qing 林青
LI, YUAN FANG 李远方 **(1911-1935)**

Lin, Qing 林青
XIU, JIN WEN 修进文 **(1917-　　)**

Lin, Qing 林青
LIN, YANG SHAN 林仰山 **(1926-　　)**

Lin, Qing 林青
LIANG, ZAI BING 梁再冰 **(1929-　　)**

Lin, Qing 林青
DAI, SHU XUN 戴书训 **(1932-　　)**

Lin, Qing 林青
LIN, CHANG SHOU 林昌寿 **(1946-　　)**

Lin, Qing 林青
ZHENG, JIE GUANG 郑杰光 **(1948-　　)**

LIN, QING 林青 **(1953-　　)**
Lin qing 临青

Lin, Qing 林青
LIN, QING RU 林清如

Lin, Qing 林晴
LI, YING QUN 李英群 **(1936-　　)**

Lin, Qing 林箐
OU YANG, BEN YI 欧阳本义 **(1902-1993)**

Lin qing 临青
LIN, QING 林青 **(1953-　　)**

Lin, Qing cheng 林清程
LIN, TIAN CHENG 林添成

LIN, QING JI 林清吉
Lin, Dan 林丹

Lin, Qing jun 林青俊
LIN, JUN QING 林俊卿 **(1914-　　)**

LIN, QING LAN 林庆澜 **(1923-　　)**
Lin, Jin lan 林斤澜

LIN, QING QUAN 林清泉 **(1939-　　)**
Lin, Fan 林帆
Qing bai 青白
Zheng zhi 正之

LIN, QING RU 林清如
Lin, Qing 林青

Lin, Qing shan 林青山
LIN, XUE 林学 **(1927-　　)**

LIN, QING WEN 林庆文 **(1939-　　)**
Lin, Luo 林洛
Lin, Luo ren 林洛人
Luo ren 洛人
Qing wen 青文

LIN, QING XUAN 林清玄 **(1953-　　)**
Lin, Da bei 林大悲
Lin, Li 林漓
Lin, Wan ti 林晚啼
Qin, Qing 秦情
Qing xuan 晴轩
Xia an 侠安
Yuan, Ting 远亭

LIN, QING YUE 林清月 **(1883-1960)**
Lin, Bu lao 林不老
Lin, Nu tao 林怒涛
Su xin nan 诉心难

Lin, Qiong 林琼
LIN, JIN LA 林金拉 **(1930-)**

LIN, QIU 林秋
Mo, Hei 墨黑

Lin, Qiu sheng 林秋声
GUO, JIA GUI 郭嘉桂 **(1919-)**

Lin, Qiu shi 林秋实
LI, XING YA 李兴业 **(1925-)**

Lin, Qiu wu 林秋梧
LIN, ZHENG FENG 林证峯

Lin, Qu 林取
LI, LIE WEN 黎烈文 **(1904-1972)**

Lin, Qu 林取
WEI, CHONG WU 韦崇武 **(1905-1978)**

Lin, Quan 林泉
LIN, XUE HENG 林学衡 **(1898-1941)**

Lin, Quan 林泉
LIU, DE XING 刘德星 **(1927-)**

Lin, Quan 林泉
QIU, ZHEN SHENG 丘振声 **(1934-)**

Lin, Quan 林泉
LIN, FU RUI 林富瑞 **(1935-)**

Lin, Quan 林泉
ZHANG, GUO LONG 张国龙 **(1957-)**

Lin, Quan chu 林泉初
SU, GUO SHU 苏国书 **(1963-)**

Lin, Quan ju 林泉居
DAI, MENG OU 戴梦鸥 **(1905-1950)**

Lin quan ju shi 林泉居士
DAI, MENG OU 戴梦鸥 **(1905-1950)**

Lin, Qun yu 林群玉
LIN, SHU 林纾 **(1852-1924)**

Lin, Ran 林染
ZHAO, SHU SEN 赵树森 **(1947-)**

Lin, Ran 林染
HU, YANG 胡杨 **(1947-)**

LIN, REN CHAO 林仁超 **(1914-1993)**
Lin, Wei li 林伟立

LIN, REN YU 林壬雨 **(1955-)**
Lin, Yun 林芸
Mo yun 默芸

LIN, RI YANG 林日扬 **(1951-)**
Gu, Meng ren 古蒙仁
Guo, Ye lao 过野老
Hai, Si 海斯
Mao, Mao yu 毛毛雨
Xin, Na 辛纳
Xin, Yi hua 辛荑花
Ye lao 野老

Lin, Rong 林容
TIAN, ZHEN ZHONG 田振中 **(1917-)**

Lin, Rong 林榕
HONG, SHENG ZENG 洪绳曾 **(1917-)**

Lin, Rong 林榕
LI, JING CI 李景慈 **(1918-)**

LIN, RONG NIAN 林榕年 **(1928-)**
Lin, Qian 林千
Mu rong 木容
Qi, Nian 启年

Lin, Ru deng 林如灯
ZHANG, MU LING 张慕陵 **(1927-)**

LIN, RU JI 林如稷 **(1902-1976)**
Bai, Quan 白泉
Bai, Xing 白星
Dai dan shi 待旦室
He, Xing 何兴
Ji 稷
Jiang, Chao 江潮
Luo, Wu sheng 罗无生
Mo, Dao mei 莫道美
Qiao, Shou su 乔守素
Ru ji 如稷
Wan, Gu jiang 万古江
Wan, Gu yang 万古洋
Wu, Bao an 吴抱安
Wu, Dao zhou 吴道周
Xiang, Hua 向华
Yang, Yang 羊洋
Yong, Ping 雍平
Yu, Da ren 余达仁
Yu, Ming shen 余铭绅
Yu, Qi guan 余岂官
Yu, Zheng ren 余正仁
Zhang, Lang 张朗
Zhang, Nai huang 张乃煌
Zhao, Chang min 赵长民

Lin, Ru nan 林汝南
LAN, BO ZHOU 蓝博洲 **(1960-)**

Lin, Rui 林锐
LIN, SHENG CAI 林生财 **(1953-)**

LIN, RUI MING 林瑞明 (1950-)
Lin, Fan 林梵

Lin, Run qin 林润琴
CUI, RUN SEN 崔润森 (1931-)

Lin, Ruo jie 林若洁
LIN, LING 林玲 (1941-)

Lin, Ruo kuang 林若狂
LIN, HUI YUAN 林惠元 (1905-1933)

Lin, San 林三
XIE, BING YING 谢冰莹 (1906-2000)

Lin, San zhi 林散之
LIN, YI LIN 林以霖 (1898-1989)

LIN, SEN 林森 (1868-1943)
Lin, Chang ren 林长仁
Lin, Zi chao 林子超
Qing zhi lao ren 青芝老人
Tian bo 天波

Lin, Sha 林沙
LIN, ZHI YIN 林芷茵 (1921-)

Lin, Shan 林山
LIN, XIAN SHAN 林贤山 (1910-1985)

Lin, Shan 林山
LI, LIAN CUI 李连萃 (1911-1991)

Lin, Shan 林杉
LI, WEN DE 李文德 (1914-1992)

Lin, Shan 林杉
FENG, LIN SHAN 冯林山 (1942-)

Lin, Shan lou 林山楼
LIN, LI FU 林歷復 (1951-)

LIN, SHAN MU 林山木 (1940-)
Lin, Xing zhi 林行止

Lin, Shan shan 林姗姗
LIN, TIE HUN 林铁魂 (1900-)

Lin, Shan yu 林山腴
LIN, SI JIN 林思进

Lin, Shang zhi 林尚之
LI, LI ZHI 李利之 (1925-)

Lin, Shao 林梢
NA, ZONG XUN 那宗训 (1932-)

Lin, Shao 林梢
CHEN, TAN 陈坦

Lin, Shao hou 林少侯
HUA, GANG 华岗 (1903-1972)

Lin, Shao mei 林绍梅
LIN, JIA TIAN 林加添 (1921-)

Lin, Shao quan 林少泉
LIN, WAN LI 林万里 (1873-1926)

LIN, SHAO WEN 林少雯 (1950-)
Chang lin 长林
Ying fan 颖凡
Ying fen 颖芬

Lin, Shao zhen 林绍贞
LU, ZHAO LING 卢昭灵 (1935-)

Lin, Shen 林深
BI, REN CHANG 毕任昌 (1948-)

Lin, Shen 林燊
WANG, YING 汪莹 (1940-)

Lin, Sheng 林生
LÜ, YAO TING 吕耀庭 (1937-)

Lin, Sheng 林生
LIN, ZHENG HE 林正和

LIN, SHENG 林声 (1889-1980)
Hua, Lin 华林
Hua, Lin yi 华林一
Lin 林
Lin, Yi 林一

Lin, Sheng 林声
ZHANG, YU 张瑀 (1926-)

Lin, Sheng 林声
WANG, NING SHENG 汪宁生 (1930-)

Lin, Sheng 林声
LIN, XIAN LONG 林仙龙 (1949-)

Lin sheng 霖生
LIU, KUI YI 刘揆一 (1878-1950)

LIN, SHENG CAI 林生财 (1953-)
Gao, Gan 高幹
Gao, Shan sun 高山隼
Lin, Rui 林锐

LIN, SHENG LI 林胜利 (1947-)
Lin, Yu cheng 林雨澄

Lin, Sheng rong 林声荣
LIN, SONG YANG 林松阳 (1932-)

LIN, SHENG XUAN 林圣轩
Lü sui 绿穗

LIN, SHENG ZHI 林绳直 (1889-1977)
Lin, Li ru 林砺儒

Lin, Shi 林诗
SHU, PEI 束佩 (1919-)

Lin, Shi 林诗
GUO, SHOU CHE 郭守坼 (1931-)

LIN, SHI CUN 林适存 **(1914-)**
Ai, Lin 艾林
Bai, Zhi 白芷
Fu guo 甫郭
Nan, Guo 南郭

Lin, Shi fu 林石父
HUA, GANG 华岗 **(1903-1972)**

Lin, Shi jun 林施均
LIN, SHU TANG 林树棠 **(1918-)**

Lin, Shi min 林适民
LI, MIN 李民

LIN, SHI MOU 林仕谋 **(1950-)**
Lin, Chi hong 林赤虹

Lin, Shi tian 林诗天
LIN, JIN LA 林金拉 **(1930-)**

LIN, SHI XING 林仕兴 **(1939-)**
Rao, Gong qiao 饶公桥

Lin, Shi yi 林士诒
ZHANG, ZI ZHAI 张子斋 **(1913-1989)**

LIN, SHI ZHI 林诗治 **(1930-)**
Lin, Ye 林叶
Ye, Lin 叶林

Lin, Shi zuo 林世祚
ZHAO, SHU LI 赵树礼 **(1906-1970)**

Lin, Shou ren 林守仁
GUO, MO RUO 郭沫若 **(1892-1978)**

LIN, SHOU TANG 林寿棠
Lin, Tao 林涛

LIN, SHOU ZHUANG 林守庄 **(1898-)**
Shou zhuang 守庄

Lin, Shu 林抒
HE, ZHEN YE 何振业 **(1922-)**

LIN, SHU 林纾 **(1852-1924)**
Bu liu weng 补柳翁
Can ying ju shi 餐英居士
Chang an mai hua weng 长安卖画翁
Chun jue zhai 春觉斋
Jian zhuo weng 践卓翁
Leng, Hong sheng 冷红生
Li sou 蠡叟
Lin, Bing hui 林秉辉
Lin, Hui 林徽
Lin, Qin nan 林琴南
Lin, Qun yu 林群玉
Lin, Wei lu 林畏庐
Lin, Wei lu 林蝟庐
Liu qiao bu liu weng 六桥补柳翁
Min hou xian sheng 闽候先生
Min zhong wei lu zi 闽中畏庐子
Qin nan 琴南
She jiu 射九
Wei lu 畏庐
Wei lu fu 畏庐父
Wei lu fu 畏庐甫
Wei lu ju shi 畏庐居士
Wei lu lao ren 畏庐老人
Wei lu zi 畏庐子

Lin, Shu 林杼
WU, LIN SHU 吴林杼 **(1934-)**

Lin, Shu 林杼
LIN, TIAN SHUN 林天顺 **(1941-)**

Lin, Shu hua 林淑华
FANG, JIAN MING 方健明 **(1919-)**

LIN, SHU HUI 林淑惠 **(1939-)**
Lin, Wen zhao 林文昭

LIN, SHU QIANG 林舒谦 **(1911-1983)**
Ji, Ling 纪零
Sa, Lan 萨兰
Sa, Ren fu 萨任夫
Shu, Qian 舒谦
Yi gan 一竿

LIN, SHU TANG 林树棠 **(1918-)**
Lin, Shi jun 林施均
Shi, Jun 施均

LIN, SHU ZHANG 林述章
Lin zi 林子

LIN, SHU ZHEN 林淑贞
Zhong, En 锺恩

LIN, SHU ZHONG 林树中 **(1926-)**
Guang wang 光望
Lin, Gong wang 林公望
Lin, Guang wang 林光望

Lin, Shuai 林率
CHEN, LIN RUI 陈麟瑞 **(1905-1969)**

Lin, Shuang bu 林双不
HUANG, YAN DE 黄燕德 **(1950-)**

LIN, SHUI 林水 **(1938-)**
Luo, Lin 罗林
Luo, Ling 罗凌
Mu, Lang 穆朗
Ting lan 汀兰

Lin, Shui 林水
CHEN, RUI TIAN 陈锐添 **(1941-)**

LIN, SHUI TING 林水亭 **(1949-)**
Lin, Fu li 林扶笠

Lin, Shun dao 林顺道
LIN, WAN LI 林万里 **(1938-)**

Lin, Si 林思
SUN, PU 孙璞 **(1927-)**

Lin, Si duan 林絲缎
ZHUO, XI DUAN 卓系缎 **(1940-)**

LIN, SI JIN 林思进
Lin, Shan yu 林山腴

Lin, Song 林松
ZHANG, HUI LAN 张惠兰 **(1921-)**

LIN, SONG KUI 林颂葵 **(1928-)**
Deng, Yu 邓玉
Lin, Wen shan 林文山
Ling, Xi 凌西
Mu hui 牧惠
Xu, Chen yan 徐尘言

LIN, SONG NIAN 林松年 **(1927-)**
Ai song guan zhu 爱松馆主

LIN, SONG YANG 林松阳 **(1932-)**
Lin, Sheng rong 林声荣

Lin, Su an 林素庵
DU, GUO XIANG 杜国庠 **(1889-1961)**

Lin su lao ren 邻苏老人
YANG, SHOU JING 杨守敬 **(1839-1915)**

LIN, SU ZHEN 林素珍 **(1957-)**
Lin, Jian yun 林剪云

Lin, Sui 林绥
ZHUANG, RUI LIN 庄瑞霖 **(1921-)**

Lin, Tai 林泰
SONG, QING LING 宋庆龄 **(1893-1981)**

LIN, TAI RONG 林太荣 **(1962-)**
Ya tai 亚太
Yu fu 渔夫

LIN, TAI SHEN 林太深 **(1939-)**
Lin, Lei 林磊
Liu, Xia feng 柳下风

Lin, Tai yi 林太乙
LIN, WU SHUANG 林无双 **(1926-)**

LIN, TANG 林镗
A wan 阿湾
A wan 阿顽
Lei gong 磊公
Xin fu 心斧

Lin, Tao 林涛
LIN, HAN DA 林汉达 **(1900-1972)**

Lin, Tao 林涛
LIN, DE CAI 林德才 **(1948-)**

Lin, Tao 林涛
LIN, XIU TANG 林秀堂

Lin, Tao 林涛
LIN, SHOU TANG 林寿棠

Lin, Tao 林滔
LIN, QI KENG 林启铿 **(1912-)**

Lin, Tao 林韬
LIN, BANG HUA 林邦华 **(1938-)**

LIN, TENG CHEN 林腾臣 **(1919-)**
Lei ming 磊明
Lin, Feng 林风

Lin, Tian 林天
LI, GONG GUI 李拱贵 **(1934-)**

Lin, Tian 林田
MIAO, CHU HUANG 缪楚黄 **(1923-)**

LIN, TIAN CHENG 林添成
Di yu 笛宇
Lin, Qing cheng 林清程

LIn, Tian dou 林天斗
LIN, CHU PING 林楚平 **(1921-)**

LIN, TIAN QING 林天庆
Xiao fei hong 小飞鸿

Lin, Tian qing 林天青
LI, JING CI 李景慈 **(1918-)**

Lin, Tian shu 林天舒
LIN, TIAN SHUN 林天顺 **(1941-)**

Lin, Tian shui 林天水
SONG, CHEN 宋辰 **(1929-)**

LIN, TIAN SHUN 林天顺 **(1941-)**
Lin, Shu 林杼
Lin, Tian shu 林天舒
Xu, Fan 徐帆
Yu, Fan 余凡

Lin, Tian yu 林天雨
LI, JING CI 李景慈 **(1918-)**

LIN, TIE HUN 林铁魂 **(1900-)**
Cun tie 寸铁
Duan bing 短兵
Huang, Gui 黄瑰
Lin, Shan shan 林姗姗
Lin, Yu mei 林毓梅
S S
Shan shan 姗姗
Xiao qiu 啸秋

Lin, Ting 林亭
LIN, TING TING 林婷婷

LIN, TING GAO 林廷高
Jian, Di 简地
Jian, Di 简笛

LIN, TING TING 林婷婷
Lin, Ting 林亭
Xiao ting 晓亭
Xin yi 心怡
Yu ting 雨亭

LIN, TING XIU 林廷秀 **(1938-)**
San an 三安

Lin, Tong 林同
WANG, TONG SHU 王同书 **(1938-)**

Lin, Tong 林同
HU, ZHI WEI 胡志伟 **(1942-)**

Lin, Tong 林彤
LIN, MING ZHOU 林明洲 **(1937-)**

Lin, Tong 林桐
FU, LIN TONG 傅林统 **(1933-)**

LIN, TONG HUA 林同华 **(1940-)**
Lin, Yu hua 林雨华

LIN, TONG JI 林同济 **(1906-1980)**
Du ji 独及
Geng qing 耕青

Lin, Wa 林娃
LI, YING ZHE 李颖哲 **(1948-)**

Lin, Wai 林外
LIN, ZHONG LONG 林锺隆 **(1930-)**

Lin, Wan 林晚
FENG, KANG SHENG 冯抗胜 **(1945-)**

LIN, WAN LI 林万里 **(1873-1926)**
Bai dao lao ren 白道老人
Bai hua dao ren 白话道人
Bai, Shui 白水
Di lei 地雷
Lin, Bai shui 林白水
Lin, Shao quan 林少泉
Lin, Xie 林獬
Lin, Xuan fan 林宣樊
Sheng chun hong shi 生春红室
Tui shi xue zhe 退室学者
Xiao, Quan 肖泉
Xuan, Fan 宣樊

Lin, Wan li 林万里
LIN, JING YUN 林景云 **(1931-)**

LIN, WAN LI 林万里 **(1938-)**
Lin, Shun dao 林顺道

LIN, WAN LI 林万里 **(1951-)**
Sen lin 森林

LIN, WAN QING 林万青 **(1952-)**
Lin, Ying 林荧
Ling, Li 凌沥
Lü bing 履冰
Xiao qing 小青
Yao, Yu 姚鱼
Zheng ai 征埃

Lin, Wan shi 林顽石
LIN, JUE FU 林觉夫 **(1919-1992)**

Lin, Wan ti 林晚啼
LIN, QING XUAN 林清玄 **(1953-)**

Lin, Wang zhong 林望中
CHEN, PING SHAN 陈萍珊 **(1914-)**

Lin, Wei 林蔚
LIN, DE GUAN 林德冠 **(1942-)**

Lin, Wei 林蔚
ZHUANG, LI DAO 庄礼道 **(1946-)**

Lin, Wei 林薇
MA, HUA 马骅 **(1916-)**

Lin, Wei 林薇
LIN, MIAN 林勉 **(1922)**

Lin, Wei 林薇
ZENG, QING GUAN 曾庆冠 **(1922-)**

Lin, Wei chun 林未春
LEI, SHI YU 雷石榆 **(1911-)**

Lin, Wei jun 林慰君
LIN, MA LI 林玛利 **(1913-1987)**

Lin, Wei li 林伟立
LIN, REN CHAO 林仁超 **(1914-1993)**

LIN, WEI LIANG 林为梁 **(1916-1943)**
Gong zi 公子
He, Kui 何亏
Hui ling 蕙苓
Lin, Ji lu 林基路
Lu, Fu 鲁父
Wei liang 畏凉
Wei liang 唯凉
Wei liang 维凉
Wei ling 为零
Wei ling 威灵

Lin, Wei lu 林畏庐
LIN, SHU 林纾 **(1852-1924)**

Lin, Wei lu 林蜩庐
LIN, SHU 林纾 **(1852-1924)**

LIN, WEI XIN 林维新
Lin, Li 林立

Lin, Wei xue 林未雪
CHEN, XUAN WEN 陈绚文 (1922-)

LIN, WEI YIN 林微音 **(1899-1982)**
Chen, Dai 陈代
Wei yin 微音

Lin, Wen 林文
LIN, BING HUANG 林炳煌 **(1934-)**

Lin, Wen 林文
LIN, ZHENG HE 林正和

Lin, Wen cheng 林文澂
LIAN, HENG 连横 **(1878-1936)**

LIN, WEN DE 林文德 **(1938-)**
Dong fang, Bai 东方白

Lin, Wen fu 林文父
HUA, GANG 华岗 **(1903-1972)**

LIN, WEN HUANG 林文煌 **(1947-)**
Fu mo 浮末

Lin, Wen hui 林文辉
LIN, ZHENG LUN 林正伦 **(1942-)**

LIN, WEN JIN 林文锦 **(1948-)**
Jin, Bai jin 金白巾
Lin, Jin 林锦
Lin, Jing 林景
Lin, Li 林犁
Lin, Ying lü 林蓥绿
Miao lü 苗绿
Shuang mu 双牧

LIN, WEN LIE 林文烈 **(1935-)**
Sha, Xi ni 沙希妮
Shi, Lei 石磊

Lin, Wen shan 林文山
LIN, SONG KUI 林颂葵 **(1928-)**

LIN, WEN SI 林文思
Lin, Liu 林骝

LIN, WEN XUN 林文询 **(1943-)**
Wen, Xun 文洵

Lin, Wen yi 林文义
JI, SI PING 纪思屏

LIN, WEN YI 林文益 **(1930-)**
Lin, Qi xiang 林启祥
Ren qing 仞青

Lin, Wen zhao 林文昭
LIN, SHU HUI 林淑惠 **(1939-)**

Lin, Wo yun 林卧云
LIN, YU SHU 林玉书 **(1881-)**

LIN, WU SHUANG 林无双 **(1926-)**
Lin, Nor
Lin, Tai yi 林太乙
Lin, Ya na 林亚娜

Lin, Wu si 林芜斯
CHEN, SHI JIN 陈士金 **(1925-)**

LIN, WU XIAN 林武宪 **(1944-)**
Bao, Wen zheng 包文正
Huang, Shan 黄山

Lin, Xi 林夕
TIAN, ZHEN ZHONG 田振中 **(1917-)**

Lin, Xi 林夕
MENG, HAI SHENG 孟海生 **(1948-)**

Lin, Xi 林夕
WANG, JUN 王军 **(1959-)**

Lin, Xi 林夕
LIANG, WEI WEN 梁伟文 **(1961-)**

Lin, Xi 林西
LIANG, MENG GENG 梁梦庚 **(1914-)**

Lin, Xi 林希
HOU, HONG E 侯红鹅 **(1935-)**

Lin, Xi 林溪
LI, YUN JING 李允经 **(1936-)**

Lin, Xi 林熙
SHEN, DUAN XIAN 沈端先 **(1900-1995)**

Lin, Xi 林曦
ZHENG, XI LIN 郑锡麟 **(1914-)**

Lin, Xi 林曦
HE, ZHANG PING 何章平 **(1916-1968)**

Lin, Xi 林曦
YANG, XIANG XI 杨向曦 **(1949-)**

LIN, XI CHUN 林锡纯 **(1935-)**
Xi chun 惜醇

Lin, Xi guang 林曦光
QI, LONG XI 齐隆锡 **(1924-)**

LIN, XI JIA 林锡嘉 **(1939-)**
Yue, Nong 岳农

LIN, XI JUN 林希隽
Qing dao fu 清道夫
Xi jun 希隽

Lin, Xi ling 林希翎
CHENG, HAI DONG 程海东 **(1936-)**

Lin, Xi luo 林西洛
SHEN, DUAN XIAN 沈端先 **(1900-1995)**

LIN, XI SHOU 林锡寿 **(1929-)**
Lin, Yu 林雨

Lin, Xia 林遐
LIU, CAI ZHOU 刘才洲 **(1921-1970)**

Lin, Xia feng 林下风
LI, LIN 李霖 **(1911-1988)**

Lin, Xia feng 林下风
ZENG, HUI YAN 曾慧燕

LIN, XIAN JIAN 林仙健 **(1942-)**
Hui long 回龙
Lin, Nong ge 林农歌

LIN, XIAN LONG 林仙龙 **(1949-)**
Lin, Da long 林大龙
Lin, Sheng 林声
Shen, Chu 沈出

LIN, XIAN RONG 林显荣 **(1940-)**
Huo, Sha 霍莎
Lin, Dan 林丹

LIN, XIAN SHAN 林贤山 **(1910-1985)**
Ke 可
Ke ke 可可
Lin, Shan 林山
Lin, Yang ke 林仰可
Shan 山
Tang, Qi 唐起
Xuan shan 玄山

LIN, XIAN TANG 林献堂 **(1881-1956)**
Dun lou zhu ren 遁楼主人
Yu sheng an zhu 雨声庵主

LIN, XIAN XUE 林先学 **(1964-)**
Han huo 寒火
Lin, Lin 林琳

Lin, Xiang 林祥
WANG, LIN XIANG 王琳祥 **(1953-)**

Lin, Xiang 林翔
WANG, LIN XIANG 王琳祥 **(1953-)**

Lin, Xiang 林像
LI, GUO CAI 李国财 **(1942-)**

Lin, Xiang fu 林相拂
LIN, YU NAN 林育南 **(1897-1931)**

LIN, XIANG MEI 林祥楣 **(1921-)**
Lin, Yu wen 林裕文

LIN, XIANG XIONG 林祥雄 **(1945-)**
Heng mei 横眉

LIN, XIANG YANG 林向阳 **(1936-)**
Chun hua 春华
Lin, Ping 林萍
Wei rui 葳蕤

Lin, Xiao 林晓
WANG, WEN 王汶 **(1922-)**

Lin, Xiao 林啸
FANG, JING YUAN 方靖远 **(1906-)**

Lin, Xiao 林啸
LIU, SHU SHENG 刘树声 **(1927-)**

LIN, XIAO PING 林小平 **(1954-)**
A ping 阿平
Yang, Xing ping 杨星平

Lin, Xie 林獬
LIN, WAN LI 林万里 **(1873-1926)**

Lin, Xin 林信
WU, DONG QUAN 吴东权 **(1928-)**

LIN, XIN JU 林新居 **(1952-)**
Guo, Lin 果霖
Hua, Ge 华歌
Su, Mo 苏摩

Lin, Xin ping 林心平
LIN, CUN HE 林存和

LIN, XIN SHU 林心曙
Xin shu 心曙

Lin, Xing 林行
WEI, MING 韦明

Lin, Xing 林星
HUANG, YA 黄崖 **(1932-1992)**

Lin, Xing 林省
LIN, PAN QIAO 林泮桥 **(1907-)**

LIN, XING NAN 林星南
Lin, Jiao 林郊

LIN, XING YI 林倖一
Wen, Qi wu 文起舞

Lin, Xing yun 林行云
WEN, JIAN LIU 温健骝 **(1944-1976)**

Lin, Xing zhi 林行止
LIN, SHAN MU 林山木 **(1940-)**

Lin, Xiong fei 林雄飞
LI, MING CHENG 李明诚 **(1914-)**

Lin, Xiu 林秀
YANG, ZHONG DE 杨仲德 **(1921-)**

Lin, Xiu er 林修二
LIN, YONG XIU 林永修 **(1911-1944)**

LIN, XIU LAN 林秀兰
Xiu lan 岫岚

Lin, Xiu qing 林秀清
ZHANG, JIANG MING 张江明 **(1921-)**

LIN, XIU QIONG 林秀琼 (1950-)
Leng, Yao 冷遥

LIN, XIU TANG 林秀堂
Lin, Tao 林涛

Lin, Xuan fan 林宣樊
LIN, WAN LI 林万里 (1873-1926)

LIN, XUE 林学 (1927-)
Lin, Qing shan 林青山
Wen, Xue 文学

LIN, XUE HENG 林学衡 (1898-1941)
Geng bai 庚白
Jie lou zhu ren 孑楼主人
Jun nan 浚南
Li bai lou 丽白楼
Lin, Geng bai 林庚白
Lin, Jun nan 林浚南
Lin, Quan 林泉
Lin, Zhong nan 林众难
Mo deng he shang 摩登和尚
Yu gong 愚公
Zhong nan 众难

LIN, XUE LI 林学礼 (1922-)
Wei zhi 微知
Wu, Xiang wen 吴湘文

Lin, Xue qing 林雪清
LIN, QI 林琦

LIN, XUE TANG 林雪棠 (1898-)
Lin, Lu sheng 林鲁生
Lu, Sheng 陆升
Ming shuang 鸣爽
Yi, Ren 依仁

LIN, XUE ZHOU 林学周
Pu yi dao ren 普易道人

Lin, Xun 林洵
ZHANG, XIAO QUAN 张孝权 (1921-)

Lin, Ya 林崖
WEI, GUO FANG 魏国芳 (1932-1986)

Lin, Ya na 林亚娜
LIN, WU SHUANG 林无双 (1926-)

Lin, Yan 林燕
LIN, YAN SHENG 林燕生 (1921-1980)

Lin, Yan 林燕
MA, LI YAN 马立彦 (1930-)

Lin, Yan 林岩
CHEN, QING LONG 陈庆隆 (1910-)

Lin, Yan 林炎
HUA, RUI FANG 华瑞芳 (1915-)

Lin, Yan 林炎
XU, WEI 徐炜 (1916-)

Lin, Yan 林炎
ZHAO, DUO 赵铎 (1921-1991)

Lin, Yan 林彦
ZHI, CAI FENG 志彩凤 (1926-)

Lin, Yan 林彦
LIN, LIANG YA 林良雅 (1948-)

Lin, Yan 林焉
HE, ZHEN YE 何振业 (1922-)

Lin, Yan 林巖
WANG, JUN FENG 王俊峰 (1923-)

LIN, YAN HE 林燕何 (1957-)
A he 阿何

LIN, YAN JIAO 林言椒 (1932-)
Ka, Zhe 卡哲
Ling, Dong fu 凌东夫

LIN, YAN SHENG 林燕生 (1921-1980)
Lin, Yan 林燕

Lin, Yang 林阳
HE, JIN SHAN 何锦山 (1954-)

Lin, Yang 林杨
CHAI, BAO QUAN 柴宝泉 (1923-)

Lin, Yang 林杨
YANG, GUI RONG 杨桂荣 (1933-)

Lin, Yang bo 林扬波
LU, SHI YING 陆诗瀛 (1903-1978)

Lin, Yang ke 林仰可
LIN, XIAN SHAN 林贤山 (1910-1985)

LIN, YANG MIN 林央敏 (1955-)
Chu, Ai 楚艾
Zhu, Luo hua 朱罗华

LIN, YANG SHAN 林仰山 (1910-)
Lin, Da jun 林大峻
Lin, Lin 林林
Pu, Jian 蒲剑
Wen, Shu 闻曙
Yang, Mo 杨墨
Yang, Shan 羊山
Yang shan 仰山
Ye, He hua 叶和华
Zhi shui 止水

LIN, YANG SHAN 林仰山 (1926-)
Lin, Qing 林青
Mu ge 木戈

LIN, YANG ZHENG 林仰峥 (1923-)
Jin, Ren 金刃

Xiao lin 小林
Yang zheng 仰峥

Lin, Yao de 林燿德
LIN, YAO DE 林耀德 **(1962-)**

LIN, YAO DE 林耀德 **(1962-)**
Lin, Yao de 林燿德

LIN, YAO FU 林耀福
Lin, Hu 林湖

LIN, YAO HUA 林耀华 **(1910-)**
Shu zhen 述真
Zhi gong 志貢

Lin, Ye 林也
LIN, YI HUA 林益华 **(1951-)**

Lin, Ye 林叶
LIN, SHI ZHI 林诗治 **(1930-)**

Lin, Ye 林耶
LI, YI QING 李乙青 **(1911-)**

Lin, Ye 林野
FENG, YE XIN 冯叶莘 **(1917-1989)**

Lin, Ye 林野
LIU, XI RONG 刘锡荣 **(1920-)**

Lin, Ye 林野
JIANG, MU 姜穆 **(1929-)**

Lin, Ye 林野
SUN, SU FAN 孙速蕃 **(1939-)**

Lin, Ye 林野
LIN, MING CONG 林明聪 **(1940-)**

Lin, Ye 林野
WEN, DE SHENG 温德生 **(1949-)**

Lin, Ye 林野
LIN, MA YAO 林妈肴 **(1953-)**

Lin, Ye 林野
ZHOU, CUN YUN 周存云 **(1967-)**

LIN, YE MING 林业明 **(1949-)**
Lin, Meng 林萌

Lin, Yi 林一
LIN, SHENG 林声 **(1889-1980)**

Lin, Yi 林一
LIN, JUN ZHEN 林君珍 **(1914-)**

Lin, Yi 林一
LIN, ZU YAN 林祖炎 **(1933-)**

Lin, Yi 林乙
TU, CHUAN XI 涂传熹 **(1929-)**

Lin, Yi 林艺
LIN, JUN ZHEN 林君珍 **(1914-)**

Lin, Yi 林易
YANG, JIN HAO 杨晋豪 **(1910-)**

Lin, Yi 林毅
LIN, JUN ZHEN 林君珍 **(1914-)**

Lin, Yi 林簃
ZHANG, LIN YI 张林漪 **(1912-)**

Lin, Yi 林翼
LOU, JIAN NAN 楼建南 **(1905-)**

Lin, Yi an 林一厂
LIN, ZHONG RONG 林钟嵘 **(1883-1950)**

LIN, YI AN 林一安 **(1936-)**
A rong 阿榕

Lin, Yi bai 林一白
ZHANG, ZI CHEN 张紫臣 **(1929-1993)**

Lin, Yi fan 林衣凡
MA, HUA 马骅 **(1916-)**

Lin, Yi fei 林一飞
LIN, HAN JING 林汉精 **(1949-)**

Lin, Yi fu 林逸夫
LOU, JIAN NAN 楼建南 **(1905-)**

Lin, Yi hai 林以孩
LIAO, YU XIANG 廖玉祥

Lin, Yi hong 林一泓
LIN, JIA SONG 林家松 **(1919-1961)**

LIN, YI HUA 林益华 **(1951-)**
Lin, Ye 林也
Yi, Yue 伊越
Zi yin 梓吟

Lin, Yi ji 林伊稽
LIN, ER QI 林尔启

Lin, Yi jin 林疑今
LIN, BAO QUAN 林宝泉 **(1913-)**

Lin, Yi jun 林逸君
ZHOU, JIAN XIAO 周剑箫 **(1911-1992)**

Lin, Yi jun 林懿均
LIN, LI 林蛎

Lin, Yi liang 林以亮
SONG, QI 宋淇 **(1919-)**

LIN, YI LIN 林以霖 **(1898-1989)**
Ban can lao ren 半残老人
Jiang shang lao ren 江上老人
Lin, San zhi 林散之
Long sou 聋叟
San er 散耳
Zuo, Er 左耳

LIN, YI QUAN 林义泉 (1941-)
Bai, Shui 白水

Lin, Yi wei 林一玮
WU, CHENG HUI 吴承惠 (1926-)

Lin, Yi wen 林伊文
ZHENG, CHAO LIN 郑超麟 (1901-)

LIN, YI YING 林艺瑛
Meng shi 梦诗
Xiao shi 小石
Yu, Fan 于帆

LIN, YI ZHEN 林仪贞 (1919-)
Lin, Guo 林果
Lin, Lin 林琳
Xiao jun 晓军
Yu heng 玉衡

Lin, Yi zhi 林翼之
LOU, JIAN NAN 楼建南 (1905-)

LIN, YI ZHOU 林益洲
Gu, Hong 谷虹
Shi, Lü luo 史旅洛

Lin, Yin 林荫
HU, SHOU MEI 胡寿楣 (1908-1982)

Lin, Yin 林荫
LIN, MAO YI 林懋义 (1932-)

Lin, Yin 林荫
LIN, ZHI YING 林志英 (1936-)

Lin, Yin 林音
HUANG, YA 黄崖 (1932-1992)

Lin, Yin 林音
XIA, BAO LIN 夏宝林 (1935-)

Lin, Yin 林音
XU, LIN YI 徐林义 (1940-)

Lin, Yin 林殷
ZHANG, SHI XUN 张世勋 (1925-)

LIN, YIN 林隐 (1916-)
Lin, Bei li 林北丽

Lin, Yin 林隐
WANG, JIN LIN 王金林 (1935-)

LIN, YIN MIN 林尹民 (1886-1911)
Jing an 静庵
Jing an 靖庵
Wu wo 无我

Lin, Yin nan 林荫南
HONG, LUN XIU 洪伦修 (1903-1933)

Lin, Yin pin 林音频
LI, XI MEI 李希美 (1923-)

LIN, YIN XUAN 林荫煊 (1924-)
Cao, San jie 曹三洁
Jing fu 静夫

Lin, Ying 林英
TAN, JIAN YAO 谭鉴尧 (1922-)

Lin, Ying 林映
XIAO, MAN RUO 萧蔓若 (1908-)

Lin, Ying 林荧
MA, HUA 马骅 (1916-)

Lin, Ying 林荧
LIN, WAN QING 林万青 (1952-)

Lin, Ying 林婴
LIN, ZHU YU 林祝敔 (1915-1975)

Lin, Ying 林影
CHEN, QING LONG 陈庆隆 (1910-)

Lin, Ying lü 林萦绿
LIN, WEN JIN 林文锦 (1948-)

LIN, YING SHAN 林英珊 (1940-)
Bu yun ju shi 步云居士
Xian chun 现春

Lin, Yong 林咏
LIN, YONG YU 林永俣 (1914-)

LIN, YONG 林墉 (1942-)
Shuang mu 双木

Lin, Yong chen 林涌沉
CHEN, YONG LING 陈永龄 (1918-)

LIN, YONG QUAN 林永泉 (1911-)
Lin, Ai 林艾
Lin, Yong quan 林咏泉

Lin, Yong quan 林咏泉
LIN, YONG QUAN 林永泉 (1911-)

LIN, YONG RONG 林咏荣 (1914-)
Lei, Yi ming 雷一鸣
Qin fen 沁芬
You mei 友梅
You mei xuan zhu 友梅轩主

LIN, YONG XIU 林永修 (1911-1944)
Lin, Xiu er 林修二
Nan, Shan xiu 南山修

LIN, YONG YU 林永俣 (1914-)
Lin, Yong 林咏
Ling, Yong 凌咏
Qiu, Qi 秋七

LIN, YOU QUAN 林友泉 (1953-)
You, Chuan 游川
Zi fan 子凡

LIN, YOU SEN 林猷森 **(1953-)**
Piao yi 飘逸

LIN, YOU ZHANG 林佑璋 **(1940-)**
Lu dan 橹丹
Si ma, Xin 司马心
Wan, Fu shi 万福士
Yuan, Dian 原甸

Lin, Yu 林予
XU, MAO RONG 徐茂荣 **(1911-1977)**

Lin, Yu 林予
WANG, REN YI 汪人以 **(1930-)**

Lin, Yu 林宇
JIAN, BO ZAN 翦伯赞 **(1898-1968)**

Lin, Yu 林宇
ZHANG, YU 张瑀 **(1926-)**

Lin, Yu 林屿
LIN, LIE 林烈 **(1913-)**

Lin, Yu 林羽
LI, GUO RUI 厉国瑞 **(1909-)**

Lin, Yu 林羽
JIANG, HONG DING 蒋洪鼎 **(1921-)**

Lin, Yu 林雨
XU, SHOU ZHONG 徐守中 **(1917-)**

Lin, Yu 林雨
LIU, SI HAI 刘斯海 **(1919-)**

Lin, Yu 林雨
LIN, XI SHOU 林锡寿 **(1929-)**

Lin, Yu 林雨
LIAO, HUA GE 廖华歌 **(1958-)**

Lin, Yu 林彧
LIN, YU XI 林钰锡 **(1957-)**

LIN, YU 林裕 **(-1941)**
Lin, Fu 林夫

LIN, YU 林榆 **(1920-)**
Lin, Bo 林驳
Lin, Pu 林朴

Lin yu 琳玉
XU, LIN 徐琳 **(1922-)**

Lin yu 霖雨
LI, JIE RONG 李洁容 **(1951-)**

LIN, YU BEN 林毓本 **(1934-)**
Li ren 力人
Meng li 萌黎

Lin, Yu cheng 林雨澄
LIN, SHENG LI 林胜利 **(1947-)**

Lin, Yu chuan 林郁川
LIN, LAN 林澜 **(1920-1979)**

LIN, YU CHUN 林雨纯 **(1951-)**
Yu chun 雨纯

LIN, YU DUO 林毓多 **(1918-)**
Lin, Ling 林聆
Mai, Sha 麦沙

Lin yu feng 临玉风
WANG, TING JUN 王廷俊 **(1953-)**

LIN, YU HE 林玉和 **(1966-)**
Sen sen 森森

LIN, YU HONG 林于弘 **(1966-)**
Fang, Qun 方群

Lin, Yu hua 林雨华
LIN, TONG HUA 林同华 **(1940-)**

Lin, Yu lan 林毓兰
LIN, YU NAN 林育南 **(1897-1931)**

Lin, Yu lin 林玉霖
LIN, HE LE 林和乐 **(1895-1976)**

Lin, Yu mei 林毓梅
LIN, TIE HUN 林铁魂 **(1900-)**

LIN, YU NAN 林育南 **(1897-1931)**
Gen 根
Lin, Gen 林根
Lin, Xiang fu 林相拂
Lin, Yu lan 林毓兰
Ruo yu 若愚
Tie luan 铁峦
Xiang fu 相拂
Xiang pu 湘浦
Yu lan 毓兰
Yu nan 育南

Lin, Yu qing 林玉清
JIN, ZHI WEN 金知温 **(1915-1989)**

Lin, Yu qing 林雨青
LIN, CHUN XIONG 林春雄 **(1941-)**

LIN, YU RUI 林毓锐 **(1925-)**
Lin, Qin 林禽

Lin, Yu shan 林玉山
LIN, LAN 林澜 **(1920-1979)**

LIN, YU SHU 林玉书 **(1881-)**
Lin, Wo yun 林卧云
Liu yi shan ren 六一山人

Lin, Yu tang 林玉堂
LIN, HE LE 林和乐 **(1895-1976)**

Lin, Yu tang 林语堂
LIN, HE LE 林和乐 **(1895-1976)**

Lin, Yu wen 林裕文
HU, YU SHU 胡裕树 **(1918-)**

Lin, Yu wen 林裕文
ZHANG, BIN 张斌 **(1920-)**

Lin, Yu wen 林裕文
LIN, XIANG MEI 林祥楣 **(1921-)**

LIN, YU XI 林钰锡 **(1957-)**
Lin, Yu 林彧

Lin, Yu xuan 林雨轩
XU, ZHAN KUN 徐占焜 **(1940-)**

Lin, Yu yi 林予一
YE, YU LIN 叶玉林 **(1932-)**

LIN, YU YING 林玉英 **(1942-)**
Geng yun 耕耘

Lin, Yu ying 林育英
LIN, YU YING 林毓英 **(1897-1942)**

LIN, YU YING 林毓英 **(1897-1942)**
Li, Fu sheng 李福生
Lin, Yu ying 林育英
Zhang, Hao 张浩
Zhong, Dan 仲丹

LIN, YU ZHEN 林羽真
Ni, Guang 倪光

Lin, Yuan 林元
LIN, LUN YUAN 林抡元 **(1916-)**

Lin, Yuan 林元
ZHANG, HUO WANG 张火望 **(1930-)**

Lin, Yuan 林元
WU, BAO SAN 吴宝三 **(1945-)**

Lin, Yuan 林园
XIAO, JIA LIN 萧家林 **(1919-)**

Lin, Yuan 林原
HOU, FU HAI 侯福海 **(1927-)**

Lin, Yuan 林原
YE, QI SHENG 叶其声 **(1938-)**

Lin yuan ge shi 临渊阁士
JING, HENG YI 经亨颐 **(1877-1938)**

Lin yuan ju shi 临渊居士
JING, HENG YI 经亨颐 **(1877-1938)**

LIN, YUE E 林月娥
Meng, Mei 孟楣

Lin, Yue feng 林越峯
LIN, HAI CHENG 林海成 **(1910-)**

LIN, YUE SI 林月丝 **(1954-)**
A xi 阿西
Duo la 朵拉
Kai ruo 凯若
Yi yun 逸云

Lin, Yun 林云
ZHAO, MING YI 赵铭彝 **(1906-)**

Lin, Yun 林芸
LIN, REN YU 林壬雨 **(1955-)**

Lin, Yun 林耘
WU, SHI YUAN 吴士源 **(1922-)**

Lin, Yun 林韵
LIN, LU SHENG 林禄生 **(1920-)**

Lin, Zai ping 林宰平
LIN, ZHI JUN 林志钧 **(1879-1960)**

LIN, ZE RONG 林泽荣 **(1906-1981)**
Chong ming 崇明
Dan gong 旦公
Dan gong 旦攻
Dan qiu 淡秋
Ding, San 丁三
Fu qun 服群
Lin, Bin 林彬
Lin, Dan qiu 林淡秋
Lin, Fu ying 林服膺
Qian, Yi 钱逸
Xiao, Chong ming 萧崇明
Xiao, Song ming 萧颂明
Ying, Bin zhi 应彬之
Ying, Fu qun 应服群

LIN, ZENG PING 林增平 **(1923-)**
Xiao yu 效愚

LIN, ZENG XIN 林曾信 **(1936-)**
Xiao, Lin 肖林

LIN, ZENG YI 林增益 **(1952-)**
Lin, Fa 林发

Lin, Zhang 林章
ZHANG, SHU ZHI 张淑智 **(1927-)**

Lin, Zhao 林照
FANG, LING GUI 方龄贵 **(1918-)**

Lin zhao 临昭
ZHANG, BO NIAN 章伯年 **(1948-)**

LIN, ZHAO QUAN 林兆荃 **(1909-)**
Lin, Di fei 林涤非
Lin, Meng huan 林梦幻

Lin, Zhe yun 林哲云
LIN, LU SHENG 林禄生 **(1920-)**

Lin, Zhen 林真
GAO, JI LIN 高季琳 **(1909-)**

Lin, Zhen 林真
LI, GUO ZHU 李国拄 (1931-)

Lin, Zhen 林臻
CHEN, GUO AN 陈国安 (1937-)

LIN, ZHEN GAN 林振淦 (1937-)
Shi, Jin 石今

LIN, ZHEN QUAN 林振权
Wei, Xin 韦辛
Xin, Shang ren 辛尚仁
Zheng tan 徵谈

LIN, ZHEN SHU 林振述
Ai, Shan 艾山
Lin, Pu 林蒲

LIN, ZHEN XIANG 林祯祥 (1910-)
Lin, Zhen yang 林贞羊
Ping, Xin 平心
Zhen yang 贞羊

LIN, ZHEN XIN 林振新
Nan, Xiong 南雄

Lin, Zhen yang 林贞羊
LIN, ZHEN XIANG 林祯祥 (1910-)

LIN, ZHEN YAO 林振耀 (1950-)
Fang, You yuan 方又圆
Jiang, Shang zhou 江上舟

LIN, ZHENG FENG 林证峯
Lin, Qiu wu 林秋梧

LIN, ZHENG HE 林正和
Lin, He 林和
Lin, Sheng 林生
Lin, Wen 林文
Lu, Bian cao 路边草
Tai ren 泰仁
Yi zhi 一止

LIN, ZHENG LUN 林正伦 (1942-)
He, Yu 贺玉
Huan 幻
Ji, Yuan 纪远
Jiang, Yu 江裕
Lin, Wen hui 林文辉
Ling long 玲珑
Nan, Feng 南风
Piao 飘
Ya lun 亚伦

LIN, ZHENG QI 林徵祁
Shu sheng 淑生

LIN, ZHENG RANG 林正让 (1943-)
Ling, Zhen lang 凌镇浪
Qi, Jia yan 齐嘉言

LIN, ZHENG XIONG 林正雄 (1939-)
Gu, Bei 古贝

Lin, Zhi 林之
BIAN, ZHI LIN 卞之琳 (1910-2000)

Lin, Zhi 林之
WEN, MEI HUI 文美惠 (1931-)

Lin, Zhi 林之
YANG, SHU CHU 杨书楚 (1935-)

Lin, Zhi 林之
LIN, HAO JI 林浩基 (1943-)

Lin, Zhi 林之
CAO, BU LA 曹布拉 (1953-)

Lin, Zhi 林芝
LIN, LIE 林烈 (1913-)

Lin, Zhi 林芝
LAN, DI ZHI 蓝棣之 (1940-)

Lin, Zhi 林枝
LI, GUI SHENG 李桂生 (1904-1948)

Lin, Zhi cai 林之材
LI, CHU CAI 李楚材 (1905-)

Lin, Zhi cai 林之采
PI, ZUO JIU 皮作玖 (1917-)

LIN, ZHI CHENG 林志成 (1915-)
Lin, Lan 林岚

Lin, Zhi feng 林之风
XIE, YAO HUI 谢耀辉 (1919-)

LIN, ZHI FU 林植夫
Zhi fu 植夫

Lin, Zhi hao 林志浩
LIN, MING HONG 林明虹 (1928-)

Lin, Zhi jian 林之间
CHEN, QING LONG 陈庆隆 (1910-)

LIN, ZHI JUN 林志钧 (1879-1960)
Bei tang 北堂
Lin, Zai ping 林宰平
Wei gang 唯刚

LIN, ZHI LIANG 林植梁
Zhi liang 植梁

Lin, Zhi liu 林之流
CHEN, JIAN CHENG 陈建成 (1941-)

Lin, Zhi lu 林之露
GUO, CAN ZHI 郭灿之 (1920-)

LIN, ZHI QIANG 林志强 (1933-)
Dan yu 丹羽
Dong fang, Mei 东方梅

Han lu 寒露
Li fu 犁夫
Xiao mei 笑梅
Xiu nong 秀农
Yan, Wei zhen 严唯真
You, Chun 游春

Lin, Zhi qu 林之曲
ZHANG, SHI FANG 张世方 **(1914-)**

LIN, ZHI SHENG 林稚生 **(1892-1954)**
Ke xie 克谐

Lin, Zhi shi 林志石
ZHOU, JIAN XIAO 周剑箫 **(1911-1992)**

Lin, Zhi shi 林智石
ZHOU, JIAN XIAO 周剑箫 **(1911-1992)**

LIN, ZHI XIA 林之夏 **(1878-1947)**
Fu sheng 復生
G K Sheng G K 生
Huang, Xu 黄鬚
Liang sheng 亮生
Liang sheng 凉生
Liang sheng 凉笙
Liu, Gong 刘躬
Qiu, Ye 秋叶

LIN, ZHI YIN 林芷茵 **(1921-)**
Lin, Ming 林明
Lin, Sha 林沙
Xia, Yang 夏阳
Zhi yin 止茵
Zhi yin 芷茵

LIN, ZHI YING 林志英 **(1936-)**
Lin, Yin 林荫
Xue shan ying 雪山樱

Lin, Zhi ying 林稚英
CHEN, XIN REN 陈辛仁 **(1915-)**

LIN, ZHI ZHI 林秩趾 **(1922-)**
Lin, Zi 林紫
Mi, Jun 米军
Niu, Zi niu 牛子牛

Lin, Zhong 林中
DUAN, BAO LIN 段宝林 **(1934-)**

Lin, Zhong cao 林中草
WU, ZHI LIN 吴芝麟 **(1952-)**

LIN, ZHONG LIN 林仲麟 **(1917-)**
Li, Jing ji 李荆忌
Li, Ming 李明
Lin, Huo 林火
Lin, Leng qiu 林冷秋
Mo, Ping lan 莫凭拦
Ruo huo 弱火

LIN, ZHONG LONG 林锺隆 **(1930-)**
Lin, Qian 林前
Lin, Wai 林外
Zhong, Long 锺隆

Lin, Zhong lu 林中路
FU, YUN SHENG 傅云生 **(1928-)**

LIN, ZHONG MEI 林钟美 **(1932-)**
Shi, Dan 史丹

LIN, ZHONG MIN 林忠民
Ben yu 本予

Lin, Zhong nan 林众难
LIN, XUE HENG 林学衡 **(1898-1941)**

LIN, ZHONG RONG 林钟嵘 **(1883-1950)**
Lao ju 老举
Lin, Bai ju 林百举
Lin, Yi an 林一厂
Yi an 一庵
Yi an 一厂

Lin, Zhong ying 林中英
TANG, MEI XIAO 汤梅笑 **(1949-)**

Lin, Zhong yue 林中月
ZHOU, GUO CAN 周国粲 **(1934-)**

Lin, Zhou 林舟
LIN, JIN 林瑾

LIN, ZHOU 林洲
Xia, Zhi yan 夏之炎

Lin, Zhu 林竹
PI, ZUO JIU 皮作玖 **(1917-)**

Lin, Zhu ran 林竹然
YE, WEI DAN 叶为耽 **(1907-1948)**

LIN, ZHU YU 林祝敔 **(1915-1975)**
Jiang, Nan liu 江南柳
Lai di 莱蒂
Lao, Lin 劳琳
Lin, Chang lü 林常绿
Lin, Lü 林绿
Lin, Ying 林婴
Pin pin 品品
Ruo fan 若蕃
Wang ding 望鼎
Xia, Jiu ding 夏九鼎
Xia, Ying 夏婴
Yu 敔
Yu shi 羽史
Zhu, Yu 祝敔

Lin, Zi 林子
LAI, LAN 赖澜 **(1921-)**

Lin, Zi 林子

CHEN, TIAN GE 陈天戈 (1930-)

Lin, Zi 林子
ZHAO, BING YUN 赵秉筠 (1935-)

Lin, Zi 林子
HU, YU LING 胡玉玲 (1955-)

Lin, zi 林子
LIN, SHU ZHANG 林述章

Lin, Zi 林紫
LIN, ZHI ZHI 林秩趾 (1922-)

Lin, Zi 林紫
HU, DUAN HAO 胡端豪 (1923-)

Lin, Zi chao 林子超
LIN, SEN 林森 (1868-1943)

Lin, Zi jun 林紫君
LAI, LAN 赖澜 (1921-)

LIN, ZI QING 林子青
Zi qing 子青

LIN, ZI XIU 林资修 (1879-1939)
Lao qiu 老秋

LIN, ZONG DE 林宗德
Zong, Do 宗德

LIN, ZONG HAN 林宗汉
Chun han 春寒
Dou shan 斗山
Han feng 寒风

Lin, Zong meng 林宗孟
LIN, CHANG MIN 林长民 (1876-1925)

Lin, Zong xue 林宗雪
ZHANG, XUE 张雪

LIN, ZONG YUAN 林宗源 (1935-)
You zhi 幽之

Lin, Zou 林邹
HE, ZHANG PING 何章平 (1916-1968)

Lin, Zu shen 林祖深
LIN, FAN 林帆 (1930-)

LIN, ZU WU 林祖武 (1940-)
Hai, Yun 海韵
Jiang, Yun 江云
Jin sheng 锦声

LIN, ZU YAN 林祖炎 (1933-)
Lin, Yi 林一

LIN, ZUI TAO 林醉陶
Yi de xuan zhu 一得轩主

Lin, Zuo 林佐
LIN, HONG CHANG 林宏昌 (-1969)

Ling 令
JIANG, CHUN FANG 姜椿芳 (1912-1987)

Ling 伶
JIANG, CHUN FANG 姜椿芳 (1912-1987)

Ling 灵
QU, CHU 屈楚 (1919-1986)

Ling 玲
JIANG, CHUN FANG 姜椿芳 (1912-1987)

Ling 玲
ZHAO, ZI XUN 赵子逊 (1933-)

Ling 陵
JIANG, CHUN FANG 姜椿芳 (1912-1987)

Ling 羚
JIANG, CHUN FANG 姜椿芳 (1912-1987)

Ling bian 灵辨
LI, WEN TAO 李文涛 (1880-1942)

Ling, Bing 凌冰
ZHANG, HUI ZHEN 张慧贞 (1928-)

Ling, Bing 凌冰
LING, JIN TIAN 凌锦添

Ling, Bo 凌波
CAO, YUAN ZHONG 曹元忠 (1865-1923)

Ling bo ju shi 凌波居士
CAO, YUAN ZHONG 曹元忠 (1865-1923)

Ling, Chang 凌昌
ZHANG, BING 张兵 (1947-)

Ling, Dai 凌岱
WU, YU 吴玙 (1910-1946)

Ling, Dai 凌黛
YE, WEI DAN 叶为耽 (1907-1948)

Ling dang 铃铛
SUN, XIA 孙侠 (1964-)

Ling dian ling 零点零
YAN, XUE YUAN 颜学渊 (-1976)

Ling, Ding 凌丁
LING, WEN SI 凌文思 (1912-)

Ling ding 伶丁
LI, YANG BI 李仰弼 (1924-1993)

Ling ding 伶丁
WANG, XIAO LING 汪筱玲 (1951-)

Ling ding 伶仃
ZHU, HUI JIAO 朱蕙椒 (1916-1987)

Ling, Dong 凌冬
LI, LIN DONG 李林栋 (1946-)

Ling, Dong fu 凌东夫
LIN, YAN JIAO 林言椒 **(1932-)**

Ling, Du 凌渡
LING, YONG QING 凌永庆 **(1936-)**

Ling, Du jian 凌独见
LING, RONG BAO 凌荣宝

Ling er 翎儿
MA, JIAN LING 马健翎 **(1907-1965)**

Ling fei 令飞
ZHOU, SHU REN 周树人 **(1881-1936)**

Ling fei 令斐
ZHOU, SHU REN 周树人 **(1881-1936)**

Ling fei 灵非
JIANG, CHEN 姜琛 **(1913-1943)**

Ling fen 灵芬
SU, MEI 苏梅 **(1897-1999)**

Ling fen 灵焚
LIN, MEI MAO 林美茂 **(1962-)**

Ling fen bie guan jiu zhu 灵芬别馆旧主
LIU, YA ZI 柳亚子 **(1887-1958)**

Ling feng 泠枫
LIN, CUI FEN 林翠芬

Ling feng 伶风
YAN, YONG FU 颜永甫 **(1919-)**

Ling feng 灵凤
YAN, MING JIE 严明傑 **(1904-)**

Ling feng 灵凤
YE, YUN PU 叶韫璞 **(1905-1975)**

Ling, Feng 凌风
YAN, MING JIE 严明傑 **(1904-)**

Ling, Feng 凌风
LÜ, GUAN HUA 吕关华 **(1945-)**

Ling, Feng 凌锋
LIN, BAO HUA 林保华 **(1938-)**

Ling, Fu 凌拂
LING, JUN XIAN 凌俊娴 **(1952-)**

Ling gen 灵根
SHEN, XIA HUN 沈侠魂 **(1915-1966)**

Ling gen 灵根
JIANG, YING LONG 江应龙 **(1920-)**

Ling, Geng 凌耿
GUO, KUN REN 郭坤仁

Ling gong 令公
WANG, DE LIN 王德林 **(1920-)**

Ling gu 灵谷
FENG, ZHAO CHANG 冯兆昌 **(1936-1975)**

Ling, guang 灵光
LIN, LING GUANG 林灵光

LING, GUANG QIAN 凌光谦
Ji, Liu 吉六
Jie lü 结绿

Ling, Han 凌寒
JIA, JING HONG 贾靖宏 **(1933-)**

Ling, He 凌鹤
SHI, LIAN XUE 石联学 **(1906-)**

Ling, Heng 凌恒
CHEN, XING ZHONG 陈性忠 **(1920-)**

Ling, Hong 凌鸿
CHEN, HONG NENG 陈鸿能 **(1945-)**

LING, HONG XUN 凌鸿勋 **(1894-)**
Ling, Zhu ming 凌竹铭

Ling hu 令狐
XU, BAI RONG 徐柏容 **(1922-)**

Ling hu, Cao 令狐草
XIE, SHUI LIN 谢水霖 **(1949-)**

Ling hu, Dai meng 令狐黛蒙
SHE, ZHONG QIU 佘仲秋 **(1923-)**

Ling hu, Hou 令狐厚
WANG, YANG 王扬 **(1917-1986)**

Ling hu, Hui 令狐慧
DONG, DING SHAN 董鼎山 **(1922-)**

Ling hu, Ling de 令狐令德
GUO, ZHEN XIAN 郭振先

Ling hu, Ling yi 令狐令疑
XU, BAI RONG 徐柏容 **(1922-)**

Ling hu, Qing 令狐青
XU, ZHONG YU 徐中玉 **(1915-)**

Ling hu, Si 令狐思
XU, BAI RONG 徐柏容 **(1922-)**

Ling hu, Wei 令狐畏
ZHENG, SHI XUE 郑时学 **(1920-)**

Ling hu, Yi 令狐疑
ZHENG, WEN HUI 郑文辉 **(1939-)**

Ling hu, Yuan 令狐原
ZHU, WU SHI 朱吾石 **(1918-1986)**

Ling hu, Yuan 令狐渊
ZHANG, GUO JUN 张国钧 **(1927-)**

Ling hu, Yuan 令狐缘
LI, MAI NING 李麦宁 **(1924-)**

Ling, Hua 凌华
JIANG, ZI AN 蒋子安 **(1931-)**

Ling hua 菱花
QIAN, JUN TAO 钱君匋 **(1906-)**

Ling hua guan zhu 菱花舘主
QIANG, SHU PING 强淑平

Ling, Huan 凌焕
WANG, SHOU WAN 王守婉 **(1932-)**

Ling ji 令季
YOU, LIE 尤列 **(1865-1936)**

LING, JI YAO 凌继尧 **(1945-)**
Ji, Yao 纪瑶

Ling, Jian 凌渐
ZHANG, CAN HUI 张灿辉 **(1949-)**

Ling, Jiang fei 凌江飞
ZHANG, SHU LIN 张树林 **(1956-)**

LING, JIE FANG 凌解放 **(1945-)**
Er yue he 二月河

LING, JIN REN 凌近仁
Bu, Yun 步云

LING, JIN TIAN 凌锦添
Ling, Bing 凌冰

Ling, Jing 凌景
KUANG, ZHOU YI 况周颐 **(1859-1926)**

Ling, Jing 凌静
LING, WEN SI 凌文思 **(1912-)**

Ling, Jing 凌静
ZENG, YE LU 曾也鲁 **(1938-)**

Ling jing 另境
KONG, LING JUN 孔令俊 **(1904-1972)**

Ling jue 灵觉
ZOU, EN RUN 邹恩润 **(1895-1944)**

Ling, Jun 凌俊
ZHANG, LONG DONG 张隆栋 **(1917-)**

Ling jun 灵均
LI, HAN WEI 李汉伟 **(1955-)**

Ling jun 苓君
QIAN, ZUO YUAN 钱佐元 **(1912-)**

Ling jun 玲君
BAI, RU YUAN 白汝瑗 **(1915-1987)**

LING, JUN XIAN 凌俊娴 **(1952-)**
Ling, Fu 凌拂

Ling, Ke 凌克
LIN, BING XIAN 林秉贤 **(1939-)**

Ling, Ke 凌柯
BAO, WEN DI 包文第 **(1920-)**

Ling ke 舲客
YU, SHANG YUAN 余上沅 **(1897-1970)**

Ling, Kong 凌空
DONG, SHAO MING 董绍明 **(1899-1969)**

Ling kui 灵夔
WANG, CHANG QING 王长青 **(1922-)**

Ling, Lan 凌澜
ZUO, XIAO HONG 左啸红 **(1905-1986)**

Ling, Le 菱乐
LI, JIE REN 李劼人 **(1891-1962)**

Ling, Leng 凌冷
LIU, GUO JIAN 刘国坚 **(1934-)**

Ling, Li 凌力
ZENG, LI LI 曾黎力 **(1942-)**

Ling, Li 凌沥
LIN, WAN QING 林万青 **(1952-)**

Ling, Li 凌离
LING, WEN SI 凌文思 **(1912-)**

Ling, Li 凌莉
CHEN, HE 陈鹤 **(1912-1984)**

Ling, Lin 凌林
LIN, BING XIAN 林秉贤 **(1939-)**

Ling ling 玲玲
YAO, FANG REN 姚方仁 **(1905-1969)**

Ling ling 玲玲
ZHANG, NAI YING 张廼莹 **(1911-1942)**

Ling ling 玲玲
HUANG, WEN XIANG 黄文湘 **(1925-)**

Ling ling 零零
ZHENG, SHU RONG 郑树荣 **(1917-)**

Ling, Ling ling 凌零零
ZHENG, SHU RONG 郑树荣 **(1917-)**

Ling, long 玲珑
LIN, ZHENG LUN 林正伦 **(1942-)**

Ling long 玲珑
FENG, MENG YUN 冯梦云

LING, LONG JUN 凌隆钧 **(1945-)**
Ling, Yu 凌宇

Ling, Mai si 凌麦斯
HE, ZHENG QING 何政清

Ling, Mei 凌梅
GU, FENG CHENG 顾凤城 **(1908-1940)**

Ling mei 岭梅
CHEN, YING 陈锳 **(1907-1988)**

Ling mei 岭梅
FENG, KENG 冯铿 **(1907-1931)**

Ling mei nü shi 岭梅女士
FENG, KENG 冯铿 **(1907-1931)**

Ling, Ming 凌明
REN, DAO BIN 任道斌 **(1946-)**

Ling na 灵纳
XU, JUN FAN 徐君藩 **(1914-)**

Ling nan han min 岭南汉民
HU, HAN MIN 胡汉民 **(1879-1936)**

Ling nan jiang sou 岭南将叟
WU, WO YAO 吴沃尧 **(1867-1910)**

Ling nan ren 岭南人
ZHENG, SHU RONG 郑树荣 **(1917-)**

Ling nan ren 岭南人
FU, JI ZHONG 符绩忠 **(1932-)**

Ling, Pu san 凌璞三
LIU, XI FU 刘喜富 **(1925-)**

Ling, Qi 凌起
LÜ, SHU CHEN 吕书臣 **(1939-)**

LING, QI HAN 凌其翰 **(1906-1992)**
Han 翰
Ji han 寄寒

Ling qian 灵倩
JIN, QING YAN 金庆棪 **(1880-1932)**

Ling, Qin 凌沁
LU, FENG E 卢凤娥 **(1957-)**

Ling, Qing 凌清
YAN, BAO GEN 严宝根 **(1940-)**

Ling quan 灵泉
SHI, ZHUO REN 施卓人 **(1921-)**

Ling quan ju shi 苓泉居士
YANG, SHOU NAN 杨寿枏 **(1868-1947)**

LING, RONG BAO 凌荣宝
Du jian 独见
Ling, Du jian 凌独见

Ling ru 令孺
FANG, LING RU 方令孺 **(1897-1976)**

Ling, Rui tang 凌瑞唐
LING, RUI TANG 凌瑞棠 **(1904-1990)**

LING, RUI TANG 凌瑞棠 **(1904-1990)**
Ling, Rui tang 凌瑞唐
Ling, Shu hua 凌叔华
Rui tang 瑞唐
Rui tang 瑞棠
Shu hua 叔华
Shu hua nü shi 叔华女士
Su hua 素华
Su xin 素心

Ling, Sen 凌森
LIN, BING XIAN 林秉贤 **(1939-)**

Ling sha 灵莎
HUA, XI LU 花禧禄 **(1912-1946)**

Ling shang bai yun zhai 岭上白云斋
CHANG, YAN SHENG 常燕生 **(1898-1947)**

Ling shang qing 岭上青
CHEN, SONG ZHAN 陈松沾 **(1940-)**

Ling shi 灵石
CHEN, REN YU 陈人钰 **(1943-)**

Ling shi 灵石
ZHENG, JIAN QUN 郑健群 **(1951-)**

Ling, Shu hua 凌叔华
LING, RUI TANG 凌瑞棠 **(1904-1990)**

LING, SHU SHENG 凌树声 **(1938-)**
Shu xin 书馨

Ling, Shuang 凌霜
HUANG, TIAN JUN 黄天俊 **(1898-1988)**

Ling, Song 凌松
LIN, BING XIAN 林秉贤 **(1939-)**

Ling, Song 凌松
WU, MEI EN 吴美恩 **(1949-)**

Ling sui 灵随
CAI, FU XING 蔡福兴

Ling suo 灵琐
WU, ZHENG ZHU 吴征铸 **(1906-1992)**

Ling, Tie 凌铁
LOU, JIAN NAN 楼建南 **(1905-)**

Ling wa 铃娃
ZHAO, XIAO LING 赵晓铃 **(1947-)**

LING, WEN SI 凌文思 **(1912-)**
De xia 德侠
Ling, Ding 凌丁
Ling, Jing 凌静
Ling, Li 凌离
Ling, Xun yuan 凌勋远
Sun, Bin 孙滨
Xun yuan 勋远

Ling, Wen yuan 凌文远
LING, WEN ZHOU 凌文舟 **(1916-)**

LING, WEN ZHOU 凌文舟 **(1916-)**
Ling, Wen yuan 凌文远
Wen, Zhou 文舟
Yu, Fang 余方

Ling, Xi 凌西
LIN, SONG KUI 林颂葵 **(1928-)**

Ling xi 灵犀
CHEN, TING CHAO 陈听潮 **(1902-)**

Ling xi 灵犀
YAO, LING XI 姚灵犀

Ling xi 菱溪
ZHU, MAO YUN 朱茂芸

Ling xia guan 灵霞馆
LIU, SHOU PENG 刘寿彭 **(1891-1934)**

Ling, Xiang 凌翔
LIU, ZHI MING 刘智明 **(1911-)**

Ling, Xiang 凌翔
YUAN, JIAN PING 袁剑平 **(1926-)**

Ling, Xiang 凌翔
YANG, YONG HUI 杨永辉 **(1953-)**

Ling xiang 零湘
ZENG, ZI JING 曾子敬 **(1918-)**

Ling xiao 凌霄
XU, REN JIN 徐仁锦 **(1888-1961)**

Ling xiao ge zhu 凌霄阁主
XU, REN JIN 徐仁锦 **(1888-1961)**

Ling xiao han 凌霄汉
XU, REN JIN 徐仁锦 **(1888-1961)**

Ling xiao han ge 凌霄汉阁
XU, REN JIN 徐仁锦 **(1888-1961)**

Ling xiao han ge zhu 凌霄汉阁主
XU, REN JIN 徐仁锦 **(1888-1961)**

Ling xiao han ge zhu ren 凌霄汉阁主人
XU, REN JIN 徐仁锦 **(1888-1961)**

Ling xiao sheng 灵箫生
WEI, CHUN QIU 卫春秋

Ling xiao yi shi 凌霄一士
XU, REN YU 徐仁钰 **(1890-1971)**

Ling, Xiao yin 凌孝隱
LING, ZHUO 凌卓 **(1905-1957)**

Ling, Xiao zi 凌霄子
HUANG, BING HUANG 黄炳煌 **(1943-)**

Ling, Xin 凌欣
FAN, XUE LI 范学蠡 **(1916-1986)**

Ling xin 玲心
ZHANG, DA XIN 张达心

Ling, Xing 凌星
ZHENG, SHI ZHONG 郑世忠 **(1954-)**

Ling, Xu 凌旭
ZHENG, YU LI 郑玉礼 **(1954-)**

Ling, Xun 凌迅
KONG, LING XIN 孔令新 **(1943?-)**

Ling, Xun yuan 凌勋远
LING, WEN SI 凌文思 **(1912-)**

Ling, Yan 凌雁
CHEN, ZHI AN 陈志安 **(1940-)**

Ling, Yan 凌煙
ZHUANG, SHU ZHEN 莊淑贞 **(1965-)**

Ling yan 灵岩
LI, YOU LONG 李犹龙 **(1881-1953)**

Ling, Yi 凌夷
LOU, JIAN NAN 楼建南 **(1905-)**

Ling yin 伶隐
WANG, CHUAN 汪僎 **(1855-1918)**

Ling, Ying 凌影
WU, YUN SHENG 吴筠生 **(1929-)**

Ling, Yong 凌咏
LIN, YONG YU 林永俣 **(1914-)**

LING, YONG QING 凌永庆 **(1936-)**
Ling, Du 凌渡

LING, YOU 凌佑
Zuo, Ding 左丁

Ling, Yu 凌予
SHEN, BO 沈勃 **(1918-)**

Ling, Yu 凌宇
LING, LONG JUN 凌隆钧 **(1945-)**

Ling yu 灵雨
HU, YUE 胡越 **(1920-1980)**

Ling yu 零鱼
ZHANG, XING ZHI 张星芝 **(1901-1934)**

Ling, Yu fei 凌喻非
WANG, YU CHENG 王玉成 **(1939-)**

Ling, Yu xuan 凌雨轩
MO, HUA JUN 莫华俊 **(1925-)**

Ling, Yu yang 凌羽阳
CAI, WEI LIAN 蔡伟濂 **(1923-)**

Ling, Yuan 凌原
HE, XIAO DA 何孝达 **(1915-1994)**

Ling yuan 灵渊

CAI, YI LING 蔡奕灵 (1945-)

Ling yue 岭月
DING, SHU QING 丁淑卿 (1934-)

Ling, Yun 凌云
WANG, BING RU 王冰如 (1906-)

Ling, Yun 凌云
DING, JIA SHU 丁嘉树 (1907-1990)

Ling, Yun 凌云
ZHANG, JUN 张骏 (1912-)

Ling, Yun 凌云
MA, GAO XIANG 马高骧 (1939-)

Ling, Yun 凌云
LIN, HAI BO 林海波 (1941-)

Ling, Yun 凌云
DAI, LING YUN 戴凌云 (1963-)

Ling, Yun 凌云
MAO, LING YUN 毛凌云

Ling yun 灵云
GU, SONG CHEN 顾崧臣 (-1929)

Ling, Yun jian 凌云健
LI, PENG ZHU 李鹏翥 (1934-)

Ling, Yun sheng 凌云生
XU, LING YUN 徐凌云 (1885-1965)

Ling, Zhen lang 凌镇浪
LIN, ZHENG RANG 林正让 (1943-)

Ling zhi 灵芝
HUANG, TIAN JI 黄天骥 (1928-)

Ling zhi 灵鸩
WU, MEI 吴梅 (1884-1939)

Ling, Zhu 凌竹
WANG, ZHI MIN 王志民 (1934-)

Ling, Zhu ming 凌竹铭
LING, HONG XUN 凌鸿勋 (1894-)

LING, ZHUO 凌卓 (1905-1957)
Ling, Xiao yin 凌孝隱
Xiao yin 孝隱

Ling, Zi 凌子
XU, LING ZHI 徐凌志 (1955-)

Ling zi 灵子
ZHENG, HUI CONG 郑慧聪 (1955-)

Ling zi 灵姿
CHEN, ZI HUI 陈姿蕙 (1955-)

Ling zi 玲子
SUN, BIN LIN 孙彬琳

Ling zi 菱紫
ZHANG, LING 张玲 (1936-)

Liu 流
HONG, ZHI HUI 洪智惠 (1939-)

Liu 流
HUANG, YE LIU 黄叶流

Liu, Ai hua 刘爱华
LIU, CHUN RONG 刘春荣 (1936-)

Liu, Ai ru 刘蔼如
LIU, HAI CHENG 刘海澄 (1900-)

Liu, An 柳安
SHI, ZHE CUN 施蛰存 (1905-)

Liu, An 柳岸
CAI, BEI HUA 蔡北华 (1916-)

Liu, An 柳岸
LIU, SHU NAN 刘树楠

Liu an 留菴
SUN, YU XIU 孙毓修 (1871-1922)

Liu an 六庵
HUANG, SHOU QI 黄寿祺 (1912-)

Liu, An ru 柳安如
LIU, YA ZI 柳亚子 (1887-1958)

Liu, Ao 柳翱
WU, JUN JIE 吴俊傑 (1961-)

Liu, Ba 刘巴
XU, JI HUA 徐季华 (1923-)

LIU, BAI DA 刘百达 (1939-)
Rong fu 榕夫
Rong jiang 榕江

Liu, Bai fan 刘白帆
QIN, HAO 秦浩 (1908-)

Liu, Bai nong 刘拜农
LIU, SHOU PENG 刘寿彭 (1891-1934)

LIU, BAI QING 刘柏青 (1924-)
Chen, Yan 陈言
Qiu, Shi 秋实

LIU, BAI SHENG 刘柏生 (1939-)
Tun fu 屯夫

Liu, Bai sui 刘百岁
LIU, YI ZHONG 刘亦中 (1944-)

Liu, Bai wu 刘白屋
JIN, QING YAN 金庆棪 (1880-1932)

LIU, BAI YU 刘白羽 (1916-)
Bai, Yu 白羽

Liu, Ban jiu 刘半九
LIU, REN FU 刘仁甫 **(1922-)**

Liu, Ban nong 刘半农
LIU, SHOU PENG 刘寿彭 **(1891-1934)**

LIU, BAN SHENG 刘板盛 **(1944-)**
Yu fu 宇甫

LIU, BAO CHANG 刘保常 **(1930-)**
Liu, You wu 刘又午

Liu, Bao chi 刘宝池
LIU, BAO CHI 刘宝篪 **(1956-)**

LIU, BAO CHI 刘宝篪 **(1956-)**
Liu, Bao chi 刘宝池
Xu, Shui 胥水

LIU, BAO CHUN 刘宝纯 **(1932-)**
Di shui shan fang 滴水山房

LIU, BAO DUAN 刘保端 **(1928-)**
Mei ling 美玲
Wang, Hong 王红
Xiao, Yu 萧雨

LIU, BAO FA 刘宝法 **(1945-)**
Meng jie 梦捷

Liu, Bao li 刘葆力
XIAO, JUN 萧军 **(1907-1988)**

Liu, Bao luo 刘保罗
LIU, ZHEN YI 刘贞一 **(1907-1941)**

LIU, BAO QI 刘宝琦 **(1952-)**
Liu bi li 流碧立

LIU, BAO RONG 刘宝荣 **(1922-)**
Liu, Bo yong 刘波泳
Qin, Chuan 秦川
Qin, Wei 秦渭
Qin, Wei chong 秦渭崇
Yang, Chun 杨淳
Yang, Fan 杨帆

Liu, Bao sen 刘宝森
LIU, YAN HAN 刘彦涵 **(1916-)**

LIU, BAO SHEN 刘保申 **(1937-)**
Bo shen 博申
Nan, He 南河

LIU, BAO YUAN 刘保元 **(1934-)**
Chu, Bo 初波
Liu bo 流波

LIU, BAO ZHEN 刘宝珍 **(1943-)**
Dan ying 淡莹

Liu, Bei an 柳北岸
CAI, WEN XUAN 蔡文玄 **(1905-1995)**

Liu, Bei si 刘北汜
LIU, HUI MIN 刘惠民 **(1917-)**

Liu, Ben bo 刘奔波
LIU, JIAN QUAN 刘建权 **(1946-)**

LIU, BEN XUE 刘本学 **(1937-)**
Nie, Ding 聂丁
Qi song 崎松
Xin yan 心言

LIU, BI CHENG 刘必成
Liu, Yi zhou 刘艺舟
Mu duo 木鐸
Shuang ji 双楫

Liu bi li 流碧立
LIU, BAO QI 刘宝琦 **(1952-)**

Liu, Bi nong 刘笔农
LIU, WEI XIN 刘维新 **(1933-)**

Liu, Bian sheng 柳边生
LIU, WEN BIN 刘文斌 **(1963-)**

Liu, Bin 刘宾
SUN, WEN LIN 孙文林 **(1914-1987)**

Liu, Bin 刘彬
XIE, BING YING 谢冰莹 **(1906-2000)**

Liu, Bin 柳彬
PENG, ZHONG MIN 彭忠民 **(1933-)**

Liu, Bin 柳滨
LIU, YU SHENG 柳渔笙 **(1887-1945)**

Liu, Bin 柳滨
MA, HUA 马骅 **(1916-)**

LIU, BIN LAI 刘宾来 **(1944-)**
Bing lin 冰淋

LIU, BIN YAN 刘宾雁 **(1925-)**
Jin, Da bai 金大白
Liu, Ke 刘克
Liu, Ling 刘灵
Liu, Liu 刘浏
Liu, Zi an 刘子安
Shen, Ming 申明

Liu, Bing 刘兵
LIU, ZI YI 刘子毅 **(1932-)**

LIU, BING 刘炳 **(1925-)**
Chen er 辰耳
Liu, Zhen sheng 刘振声

Liu, Bing 刘炳
LIU, BING YI 刘秉彝 **(1933-)**

Liu bing 流冰
SUN, WEN LIN 孙文林 **(1914-1987)**

LIU, BING LIN 刘秉麟 (1889-)
Nan, Gai 南陔

Liu, Bing qian 刘秉虔
LIU, HONG KUI 刘鸿奎 (1927-)

LIU, BING QING 刘炳清 (1951-)
Cao, Shan 曹山

LIU, BING RONG 刘秉荣 (1945-)
Jin, Sheng 金生
Yi, Ran 依然

LIU, BING SHAN 刘秉善 (1927-)
Li, Er wen 李而文
Liu, Zhi chu 刘之楚
Zhi chu 之楚

Liu, Bing xian 刘冰弦
LIU, CAO NAN 刘操南 (1917-)

LIU, BING YI 刘秉颐 (1949-)
Hai, Sha 海沙
Liu yi 流溢

LIU, BING YI 刘秉彝 (1933-)
Lan, Yun 蓝云
Liu, Bing 刘炳
Yang, Zi jiang 扬子江
Zhong, Qin 锺钦
Zhong, Qin 仲钦

LIU, BING YIN 刘秉寅 (1920-)
Liu, Heng zhi 刘恒之

Liu bo 流波
LIU, RI BO 刘日波 (1917-)

Liu bo 流波
LIU, BAO YUAN 刘保元 (1934-)

Liu, Bo chui 刘伯垂
LIU, FEN 刘芬 (-1928)

Liu, Bo fu 刘博夫
LIU, HOU YI 刘后贻 (1924-)

LIU, BO JIAN 刘伯坚
Da ye 大冶

LIU, BO KUN 刘伯崑 (1928-)
Liu, Kun 刘崑

Liu, Bo ming 刘伯明
LIU, JING SHU 刘经庶 (1887-1923)

Liu, Bo ping 刘博平
LIU, ZE 刘賾 (1891-1978)

LIU, BO WEN 刘伯文 (1912-)
Huang zhe 荒者
Li, Lin 李林
Liu, Chun 刘春
Liu, Dan 柳丹
Liu, Huo 刘火

Liu, Bo wen 刘伯温
LU, GAO YI 陆皋义 (1897-)

Liu, Bo yong 刘波泳
LIU, BAO RONG 刘宝荣 (1922-)

Liu, Bo zhen 刘伯桢
JIN, QING YAN 金庆棪 (1880-1932)

Liu, Bu 刘步
YE, KUN CAN 叶昆灿 (1935-)

Liu, Bu fang 刘步芳
REN, ZHUO XUAN 任卓宣 (1896-1990)

LIU, CAI CHANG 刘才昌 (1936-)
Guang cai 广采

LIU, CAI FENG 刘采峰 (1923-1979)
Liu, Feng 刘峰
Xiao liu 晓流

Liu, Cai ran 柳彩然
LIU, CHENG XIANG 柳成祥 (1946-)

LIU, CAI ZHOU 刘才洲 (1921-1970)
Jiang, Lin 江林
Jiang, Shui xin 江水心
Jin jun 晋军
Lin, Lan 林蓝
Lin, Xia 林遐
Liu, Shuang jun 刘爽军
Liu shui 流水
Si ma, Jun 司马军
Su, Fu 苏夫
Xie, Xie 谢榭

LIU, CAN BO 刘灿波 (1900-1939)
Liu, Na ou 刘呐鸥
Luo sheng 洛生
Na na ou 呐呐鸥
Na ou 呐鸥
Ou wai ou 鸥外鸥

Liu, Cang bo 刘苍波
LIU, CHANG BO 刘昌博 (1925-)

LIU, CANG LANG 刘沧浪 (1919-)
Cang lang 沧浪
Fang, Bin 方滨
He, Bu gong 何不恭
He, Zhe 何哲
Wen, Zhang fei 文张飞
Xi te li ni 希特里尼
Zheng, Mu hong 郑慕虹

Liu, Cao 刘艸
LIU, ZHEN YI 刘贞一 (1907-1941)

LIU, CAO NAN 刘操南 **(1917-)**
Liu, Bing xian 刘冰弦

Liu cha 留垞
YANG, ZHONG XI 杨钟羲 **(1854-1940)**

LIU, CHANG 刘昶 **(1908-)**
Jing qing 靖青
Yong chang 永昌

LIU, CHANG BO 刘昌博 **(1925-)**
Liu, Cang bo 刘苍波
Mo, Zhen li 莫珍莉
Mo, Zhen ni 莫珍妮

LIU, CHANG CHAO 刘昌潮 **(1907-)**
Bu fan zhai zhu ren 不烦斋主人
Jie ling lao ren 揭岭老人

LIU, CHANG CHUN 刘长春 **(1951-)**
Liu, Fan 刘凡
Xiao liu 晓柳

LIU, CHANG LING 刘长岭 **(1951?-)**
Chang ling 长岭

LIU, CHANG MIN 刘长民 **(1929-)**
Xiao min 小民

Liu, Chang nian 刘昌年
LIU, TONG YI 刘同绎 **(1918-)**

LIU, CHANG QING 刘长青 **(1917-)**
Bin bei 斌贝
Cheng, Zhi 程志
Dan yu 丹羽
Feng dian kuang 疯巅狂
Ge, Jian shuang 戈剑双
Li, Ming xiao 黎明晓
Liu, Dan hua 刘丹华
Ou yu 讴禹
Sen 森
Sen cong 森丛
Shen, Qing 沈清
Xi qing 洗清
Xia, Dan 夏丹
Xiao xiang 晓翔

LIU, CHANG SHENG 刘长胜 **(1903-1967)**
Jin, Mao 金卯
Mao jin 卯金

LIU, CHANG SI 刘长思 **(1937-)**
Yi dan 一丹

LIU, CHANG SONG 刘长菘 **(1915-)**
Chang song 长松
Liao yi 聊伊
Liao yi 辽逸
Liu, Liao yi 刘辽逸
Xiang, Kui 向葵

LIU, CHANG SUO 刘长锁 **(1949-)**
Liu, Hui 刘辉

LIU, CHAO FANG 刘朝方 **(1963-)**
Liu, Yang 刘阳
Shao ran 少冉

LIU, CHAO LU 刘朝禄 **(1888-1943)**
Liu, Fu 刘复
Liu, Ju po 刘菊坡
Nan, Hang 南航
Tian chan 天馋
Yuan yi 渊一

Liu, Chen fu 柳辰夫
LIU, KE LI 柳克立 **(1903-1968)**

Liu, Chen zhang 刘琛璋
LIU, CHENG ZHANG 刘成章 **(1937-)**

LIU, CHENG 刘成 **(1936-)**
Mo・A si er 莫・阿斯尔

Liu, Cheng 刘诚
ZHOU, JIAN XIAO 周剑箫 **(1911-1992)**

Liu, Cheng 刘诚
WEN, SI XIANG 温嗣翔 **(1916-)**

LIU, CHENG 刘诚
Lao han 老汉
Liu lang 流浪
Qin, Han 秦汉

Liu, Cheng en 刘成恩
LIU, HUI MIN 刘惠民 **(1898-1977)**

LIU, CHENG GAN 刘承干
Liu, Han yi 刘翰怡

Liu, Cheng hang 柳成行
WANG, ZHONG GANG 王仲刚 **(1953-)**

LIU, CHENG HENG 刘成珩 **(1924-)**
Liu, Cheng xing 刘成行
Xiao, Liu 肖流

LIU, CHENG HUI 刘承辉 **(1965-)**
Cheng, Hui 成灰

LIU, CHENG HUI 刘承蕙 **(1925-)**
Bai, Chun chao 白纯超
Bai, Xing 白星
Bei nai mu 北乃木
Bei xing 北星
Cao xin 草心
Dao yu 岛雨
Huang, He qing 黄河清
Ji ge 棘戈
Ji guo 棘果
Jiao, Da xin 焦大心
Ku guo 枯果

Lan, Er mu 蓝而木
Lao jin 老金
Liu, Hai zi 刘海子
Liu, Qu 刘曲
Liu, Xin 刘芯
Liu, Yan ji 刘燕及
Man xi 曼夕
Ou yang, Pu 欧阳普
Shi gu 拾鼓
Shi, Xing 石星
Xia hou, Ying 夏侯英
Yan ji 烟戟
Yan, Ji guo 燕及果
Ye jin 埜金
Ye jun 埜军
Zhao xi 钊西

Liu, Cheng lin 柳成林
LIU, KE YU 刘克裕 **(1922-1987)**

LIU, CHENG XIANG 柳成祥 **(1946-)**
Liu, Cai ran 柳彩然

Liu, Cheng xing 刘成行
LIU, CHENG HENG 刘成珩 **(1924-)**

Liu, Cheng yin 柳成荫
SHEN, RONG XIANG 沈荣祥 **(1930-)**

LIU, CHENG YU 刘成禺 **(1877-1953)**
Han gong 汉公
Liu, Han 刘汉
Liu, Wen yao 刘问尧
Liu, Yu sheng 刘禺生
Shi zai tang 世载堂
Wen yao 问尧
Yu sheng 禺生
Zhuang fu 壮夫

LIU, CHENG YUAN 刘成源 **(1928-)**
Qiu, Shi 秋石

LIU, CHENG ZHANG 刘成章 **(1937-)**
Liu, Chen zhang 刘琛璋
Yan, Shui bo 延水波

Liu, Chi 刘驰
LIU, CHUAN KUN 刘传坤 **(1927-)**

Liu, Chi 刘迟
LIU, YU ZHANG 刘玉璋 **(1913-)**

Liu, Chi 刘炽
LIU, DE YIN 刘德荫 **(1921-)**

Liu, Chi 柳池
XU, JI HUA 徐季华 **(1923-)**

Liu, Chi 柳池
YANG, WEN HAN 杨文翰 **(1935-)**

LIU, CHONG GANG 刘崇刚 **(1941?-)**
Liu, Zheng 刘征
Yi ran 毅然

LIU, CHONG SHAN 刘崇善 **(1933-)**
Zhong, Shan 钟山

Liu, Chuan 刘川
LIU, JIA QIONG 刘家璚 **(1926-)**

Liu, Chuan 刘传
LIU, YONG CHUAN 刘永传 **(1916-)**

Liu, Chuan 柳川
QIU, LIU CHUAN 丘柳川 **(1949-)**

Liu chuan 流川
CHEN, CHENG GUI 陈成贵 **(1943-)**

LIU, CHUAN KUN 刘传坤 **(1927-)**
Liu, Chi 刘驰

Liu, Chuang 刘闯
LIU, TIAN JUN 刘田均 **(1947-)**

LIU, CHUANG CHU 刘创楚 **(1948-)**
Liu, Huai zhi 刘怀之
Liu, Huai zhi 刘怀芝

Liu, Chun 刘春
LIU, BO WEN 刘伯文 **(1912-)**

Liu, Chun 柳春
YANG, GU ZHONG 杨谷中 **(1923-)**

Liu, Chun can 柳春蚕
LIU, YA ZI 柳亚子 **(1887-1958)**

LIU, CHUN RONG 刘春荣 **(1936-)**
Liu, Ai hua 刘爱华

LIU, CHUN XIANG 刘春祥 **(1935-)**
Lan, Nan 兰楠

LIU, CHUN ZHEN 刘纯真 **(1938-)**
Jun tao 钧陶

Liu, Ci 刘慈
LIU, YAN XIANG 刘延祥 **(1934-)**

Liu, Cong 柳丛
JIA, ZHEN 贾真 **(1949-)**

Liu, Cun 柳村
LIU, XIAO CUN 刘孝存 **(1946-)**

LIU, CUN HOU 刘存厚 **(1885-1960)**
Ye lu 椰庐
Yu yuan 榆园

LIU, CUN REN 柳存仁 **(1917-)**
Liu, Yu sheng 柳雨生
Yang, Bao yi 杨保义

Liu, Cuo 刘错
LIU, ZI HE 刘鼒和 **(1870-1931)**

LIU, DA 刘达
Ai li shi 哀梨室
Ai li shi zhu 哀梨室主
Liu, Huo gong 刘豁公
Liu, Meng li 刘梦梨

Liu, Da bai 刘大白
JIN, QING YAN 金庆棪 **(1880-1932)**

LIU, DA HAI 刘大海 **(1920-)**
Er yi 而已
Lin, Mu chai 林木柴
Liu, Hai 刘海
Tian, Xing 田星

Liu, Da huang 刘大荒
LIU, WEN XIAN 刘文铣 **(1922-)**

Liu, Da ji 刘大吉
LIU, XI JUN 刘喜军 **(1953-)**

LIU, DA JIE 刘大杰 **(1904-1977)**
Chun bo lou 春波楼
Da jie 大杰
Lü jiao 绿蕉
Xia, lü jiao 夏绿蕉
Xiang jun 湘君
Xiu, Shi 修士
Xue rong nü shi 雪容女士

Liu, Da jue 刘大觉
LIU, ZENG RONG 刘增容 **(1906-1931)**

LIU, DA MING 刘大鸣 **(1929-)**
Da ming 大鸣
Liu, Geng yin 刘庚寅

LIU, DA PENG 刘大鹏 **(1857-1942)**
Meng xing zi 梦醒子
Wo hu shan ren 卧虎山人

LIU, DA REN 刘大任 **(1939-)**
Jin, Yan xiang 金延湘
Tu teng 图藤

Liu, Da ren 柳达仁
LIU, WEN QU 刘问渠

LIU, DA SHEN 刘大绅 **(1887-1955)**
Yin, Wan 殷顽

Liu, Da wei 刘大为
LIU, QUAN ZHONG 刘全忠 **(1926-)**

LIU, DA WEN 刘达文 **(1952-)**
Luo, Ru jia 罗汝佳
Su, Li wen 苏立文
Xiao chong 晓冲

Liu, Da wu 刘大芜
LIU, WEN XIAN 刘文铣 **(1922-)**

LIU, DA XUAN 刘达玄
Da xuan 达玄

LIU, DA XUN 刘大洵 **(1932-)**
Liu, Xun 刘洵

LIU, DAI 刘岱 **(1929-)**
Meng, Qi 孟起

Liu, Dai 柳黛
TAN, ZHONG XIA 谭仲夏 **(1926-)**

Liu, Dan 刘丹
LIU, MAN JING 刘满敬 **(1952-)**

Liu, Dan 柳丹
LIU, BO WEN 刘伯文 **(1912-)**

Liu, Dan 柳丹
HUANG, YI LU 黄懿陆 **(1953-)**

Liu, Dan hua 刘丹华
LIU, CHANG QING 刘长青 **(1917-)**

LIU, DAN LI 刘诞丽
Liu, Hua xin 刘华心
Qian mei 蒨美
Qian xin 蒨心
Xiao xiang po 小乡婆

Liu, Dan zhai 刘旦宅
LIU, XIAO SU 刘小粟 **(1931-)**

Liu, Dao fu 刘道福
XU, SHENG YAO 许绳尧 **(1897-1984)**

LIU, DAO HE 刘道龢 **(1912-)**
Liu, Jun hui 刘君惠

Liu, Dao huang 刘导黄
WU, ZHENG ZHU 吴征铸 **(1906-1992)**

LIU, DAO NAN 刘道南 **(1911-1943)**
Liu lang 流浪

Liu, Dao qi 刘道启
LIU, DAO YU 刘道玉 **(1933-)**

Liu, Dao rong 刘道荣
LIU, XIN 刘新 **(1925-)**

LIU, DAO RONG 刘道荣 **(1959-)**
Mao, Tuo 毛佗

Liu, Dao sheng 刘导生
LIU, WEN ZHUO 刘文卓 **(1913-)**

Liu, Dao sheng 柳岛生
YANG, XIAN JIANG 杨贤江 **(1895-1931)**

LIU, DAO YI 刘道一
Bing sheng 炳生
Chu fei 锄非

LIU, DAO YU 刘道玉 **(1933-)**

Liu, Dao qi 刘道启
Lu, Shi 路石
Yu shi 愚石

Liu, De 刘德
HUANG, DING ZHUO 黄定涿 **(1928-)**

LIU, DE CHAO 刘德超 **(1938-)**
Shi, Lei 石磊

LIU, DE GEN 刘德根 **(1936-)**
Hu, Shu hua 胡树化

Liu, De huai 刘德怀
LIU, ZHAO HUAI 刘兆淮 **(1926-)**

LIU, DE LIANG 刘德亮 **(1956-)**
Bei mang 北莽

LIU, DE LIN 刘德林 **(1951-)**
Lan, Lan 兰兰
Wen, Jun 文君

LIU, DE PU 刘德璞 **(1934-)**
Shu ren 淑人

LIU, DE QI 刘德歧 **(1919-)**
Liu, Ji dian 刘吉典

LIU, DE QING 刘得庆 **(1942-)**
Liu, Tao 柳涛

LIU, DE RUN 刘德润 **(1950-)**
Da he 大河
Liu, Qi 刘齐

LIU, DE XIANG 刘德祥 **(1962-)**
Lan, Yin 兰吟

LIU, DE XIN 刘德馨 **(1925-)**
Ai en 埃恩
Hua tie 化铁

LIU, DE XING 刘德星 **(1927-)**
Jiang, Feng 江枫
Lin, Quan 林泉
Qiu, Gu 秋谷

LIU, DE YIN 刘德荫 **(1921-)**
Liu, Chi 刘炽
Xiao shan 笑山

LIU, DE ZENG 刘德增 **(1936-)**
Shan shui 山水

LIU, DE ZHANG 刘德璋 **(1942-)**
Mi, Ding 米丁

LIU, DENG HAN 刘登翰 **(1937-)**
Lan, Lan 蓝岚
Yun zhi 耘之

Liu, Di 刘迪
LIU, YONG XUE 刘永学 **(1938-)**

LIU, DI 刘涤 **(1915-)**
He, Gong 赫公
He, Xi 赫戏
Lei, Jia 雷加
Liu, Tian da 刘天达

LIU, DI 刘棣 **(1948-)**
Huai, Shan 怀山

Liu, Di 柳笛
TAN, YUN SHENG 谭允昇 **(1927-)**

Liu, Di 柳笛
SONG, YI PING 宋一平 **(1935-)**

Liu, Di 柳笛
SONG, SHAO MING 宋绍明 **(1937-)**

Liu, Di 柳堤
LIU, QI YI 柳期颐 **(1924-)**

LIU, DI MIN 刘涤民 **(1930-)**
Yi mei 以枚

LIU, DI QING 刘迪庆 **(1926-)**
Geng, Lin mang 耿林莽
Liu, Shui an 刘水岸

LIU, DIAN GE 刘殿阁 **(1937-)**
Dai song 岱松

LIU, DIAN GE 刘殿阁 **(1954-)**
Ge, Ping 戈平
Liu, Ren 刘仁

LIU, DIAN ZHANG 刘典章 **(1932-)**
Liu, Jia 刘嘉

Liu, Ding 刘定
SI TU, CHUAN 司徒传 **(1912-1950)**

LIU, DING HAN 刘鼎汉 **(1910-)**
Jin, Jun 金军
Ruo wo 若我

LIU, DING LIN 刘定霖
Qiu, Shan yan 秋山雁

LIU, DONG LAN 刘东兰 **(1912-)**
Bai, Lang 白朗
Du, Hui 杜徽
Ge, Bai 戈白
Liu, Li 刘莉

Liu, Dong lei 刘冬雷
LIU, ZHI LUN 刘志纶 **(1921-)**

LIU, DONG ZHENG 刘东诤 **(1930-1993)**
Liu, Zheng 刘诤

Liu, Du 柳渡
ZHANG, XIU WEN 张修文 **(1930-)**

Liu, Du zhou 刘渡舟

LIU, RONG XIAN 刘荣先 **(1917-)**

LIU, DUN REN 刘敦仁 **(1936-)**
Wen, Zhao 文钊

Liu, Duo san 刘多三
LIU, ZHU LIN 刘竹林 **(1917-)**

Liu, E 刘萼
LIU, ZHI LIAN 刘植莲 **(1911-1950)**

Liu, E 刘鹗
LIU, MENG PENG 刘孟鹏 **(1857-1909)**

Liu, E gong 刘鄂公
LIU, JIA LIN 刘家麟

LIU, EN LONG 刘恩龙 **(1950-)**
Liu, He 柳河
Liu, Xia nong 柳夏浓
Liu, Yue 刘越
Long, Tao 龙涛
Xue li 雪犁

Liu, Er 刘耳
TANG, JING YANG 唐景阳 **(1914-1971)**

LIU, ER XIN 刘尔炘 **(1865-1931)**
Guo, Zhai 果斋
Wu quan shan ren 五泉山人
Xiao feng 晓风

LIU, FA JUN 刘发俊 **(1932-)**
Gu, Ge jin 古歌今

LIU, FA QING 刘发清 **(1933-)**
Mei, Jia ren 梅嘉人

Liu, Fan 刘凡
LIU, CHANG CHUN 刘长春 **(1951-)**

Liu, Fan 刘梵
LI, JUN CAI 李俊才 **(1921-)**

Liu, Fan 刘番
NI, ZHENG XIANG 倪政祥 **(1935-)**

LIU, FAN HUA 刘繁华 **(1923-)**
Liu, Tian li 刘田利
Liu, Xi ren 刘习仁
Tian, Li 田利

Liu, Fang 刘方
LIU, GUI DE 刘贵德 **(1944-)**

Liu, Fang 刘放
LIU, GUO ZHI 刘国治 **(1940-)**

Liu, Fang 刘放
MAI, LIU FANG 麦留芳 **(1941-)**

Liu, Fang 刘放
LIU, JIAN CAI 刘建才 **(1942-)**

Liu, Fang 刘放
LIU, GEN SHENG 刘根生 **(1950-)**

LIU, FANG 刘枋 **(1919-)**
Lin, Fei fei 林霏霏
Liu, Lü yin 刘绿荫
Ti ti 逖逖

Liu, Fang 柳放
LIU, YONG RUI 刘永瑞 **(1953-)**

Liu fang 流方
XI, LIU FANG 奚柳芳 **(1947-)**

Liu fang 流芳
CHEN, JIAN CHENG 陈建成 **(1941-)**

Liu, Fang bai 刘方白
TIAN, ZHONG JI 田仲济 **(1907-)**

Liu, Fang hua 刘芳华
CAI, BEI HUA 蔡北华 **(1916-)**

Liu, Fang mei 柳方眉
RONG, JIN HU 容锦瑚 **(1926-)**

LIU, FANG SHENG 刘方盛 **(1921-)**
Bai, Xia 白峡
Fang, Sheng 方盛
Li jun 力军
Mo ming 默名
Wan, Jun 万钧
Ye, Long 叶隆

LIU, FANG SONG 刘芳松 **(1910-1994)**
Feng si 风斯
Feng su 风素
Liu, Feng 刘风
Liu, Xi meng 刘西蒙
Xi meng 西蒙
Xia, Wei 夏葳
Ye, Lü su 叶绿素

Liu, Fei 刘菲
LIU, WEN FU 刘文福 **(1933-)**

Liu, Fei lie 刘非烈
LIU, XI 刘熹 **(1923-1958)**

Liu, Fei zhi 柳非之
HE, ZHEN YE 何振业 **(1922-)**

LIU, FEN 刘芬 **(-1928)**
Bo chui 伯垂
Liu, Bo chui 刘伯垂

Liu, Feng 刘丰
GU, JIA XI 顾家熙 **(1919-)**

Liu, Feng 刘风
LIU, FANG SONG 刘芳松 **(1910-1994)**

Liu, Feng 刘峰

LIU, CAI FENG 刘采峰 **(1923-1979)**

Liu, Feng 柳风
ZHEN, YONG AN 甄永安 **(1905-1980)**

Liu, Feng 柳风
GU, JIA XI 顾家熙 **(1919-)**

Liu, Feng 柳风
ZHANG, YI SAN 张伊三 **(1922-)**

Liu feng 流烽
XU, SI XING 徐嗣兴 **(1923-)**

Liu, Feng chun 柳逢春
YU, BAI WEI 俞百巍 **(1928-)**

LIU, FENG LIN 刘丰林 **(1964-)**
Liu, Quan hong 刘全红
Quan hong 泉虹

LIU, FENG MING 刘丰名 **(1929-)**
Liu, Feng ming 刘丰铭

Liu, Feng ming 刘丰铭
LIU, FENG MING 刘丰名 **(1929-)**

LIU, FENG WEN 刘凤文 **(1909-)**
Ning yuan 凝园

LIU, FENG YI 刘凤仪 **(1933-)**
Bo yu 伯餘

LIU, FENG ZHANG 刘奉仉 **(1939-)**
Yi xuan 忆萱

LIU, FO DING 刘佛丁 **(1937-)**
He, Li 何立
Si yi 思毅

LIU, FO NIAN 刘佛年 **(1914-)**
Lin, Bu 林布

Liu, Fu 刘复
LIU, CHAO LU 刘朝禄 **(1888-1943)**

Liu, Fu 刘復
LIU, SHOU PENG 刘寿彭 **(1891-1934)**

Liu, Fu chen 刘付忱
LIU, WEN XIU 刘文修 **(1912-)**

LIU, FU FANG 刘福芳 **(1930-)**
Lu, Ren 鲁人
Tong, Xu 童旭

Liu, Fu feng 柳扶风
WANG, YE LIN 王椰林 **(1953-)**

LIU, FU HAN 刘复汉 **(1937-)**
Mo sheng 陌生

LIU, FU JUN 刘福君 **(1964-)**
Hei, He 黑河

LIU, FU LIN 刘福林 **(1947-)**
Liu, Gu 刘古
Liu, Hu ling 刘胡玲
Shi, Liu 石榴

LIU, FU LONG 刘伏龙 **(1918-)**
Fang, Jing 方旌
Han min 汉民
Liu, Jiang 刘江

LIU, FU YUN 刘富云 **(1952-)**
Liu, Liu 刘浏

Liu, Fu yun 柳拂云
ZHAO, CHAO GOU 赵超构 **(1910-1992)**

Liu, Fu zeng 刘福增
LIU, SHI YONG 刘世永 **(1933-)**

LIU, GANG 刘钢 **(1958-)**
Mo shi 默石
Mo shi tang zhu 默石堂主

Liu, Gang 柳刚
WEN, ZHEN TING 文振庭 **(1924-)**

Liu, Gang 柳岗
LÜ, ZHEN YU 吕振羽 **(1900-1980)**

LIU, GANG FAN 刘刚范 **(1937-)**
Gong sun, Hong 公孙訇

Liu, Ge 刘戈
LIU, GUO JIAN 刘国坚 **(1934-)**

Liu, Ge 刘戈
LIU, SHI LING 刘诗龄 **(1944-)**

Liu, Ge 柳哥
CHEN, LIU DE 陈柳德 **(1941-)**

LIU, GE WEN 刘格文 **(1948-)**
Yang, Liu xie 杨柳榭

Liu gen qing jing ren 六根清净人
DI, BAO XIAN 狄葆贤 **(1873-1941)**

Liu, Gen she 刘根社
LIU, GEN SHE 刘跟社 **(1959-)**

LIU, GEN SHE 刘跟社 **(1959-)**
Lao gen 老根
Liu, Gen she 刘根社
Wu, Long 伍龙
Xue meng 雪梦

LIU, GEN SHENG 刘根生 **(1950-)**
Di, Li 狄厉
Fang, Di 方狄
Liu, Fang 刘放
Wei, Qing 魏青

LIU, GENG FA 刘耕发 **(1948-)**
Geng, Hua 耿华

LIU, GENG LIN 刘赓麟 **(1928-)**
Liu, Geng ling 刘更另

Liu, Geng ling 刘更另
LIU, GENG LIN 刘赓麟 **(1928-)**

Liu, Geng yin 刘庚寅
LIU, DA MING 刘大鸣 **(1929-)**

Liu, Geng zhi 刘耿直
LIU, REN YONG 刘仁勇 **(1927-)**

Liu, Gong 刘公
LIU, YUE ZHOU 刘月舟 **(1910-1987)**

LIU, GONG 刘珙 **(1947-)**
I long, I luang 洪荒
Gan, Lin 甘霖

Liu, Gong 刘躬
LIN, ZHI XIA 林之夏 **(1878-1947)**

Liu, Gong 柳公
WANG, YE LIN 王椰林 **(1953-)**

Liu, Gong 柳公
ZHANG, LIU YUN 张柳云

LIU, GONG HUANG 刘恭煌 **(1931-)**
Chong fu 重夫
Han lian 寒连
Huang, Feng 黄凤
Liu, Hui ru 刘辉如
Liu, Kang nian 刘康年
Liu, Nian ci 刘念慈
Liu, Xiang 刘向
Liu, Zi feng 刘子凤
Liu, Zi zheng 刘子政
Nian yan 念燕
Xiang, Yan 向宴
Xiang, Yang chun 向阳春

Liu, Gu 刘古
LIU, FU LIN 刘福林 **(1947-)**

Liu, Gu feng 刘谷风
LIU, GUO FANG 刘国芳 **(1922-)**

Liu, Gu feng 刘谷峰
BO, ZI TAO 薄子涛 **(1946-)**

LIU, GUAN JUN 刘冠军 **(1954-)**
Liu, Heng 刘恒

LIU, GUAN WEN 刘冠文 **(1927-)**
Shi, Lei 石磊

Liu, Guang 刘光
REN, ZHUO XUAN 任卓宣 **(1896-1990)**

LIU, GUANG 刘光
Jun shi 君实

Liu guang 流光

LIU, GUANG WU 刘光武 **(1919-)**

LIU, GUANG BI 刘光弼 **(1925-)**
Bai gong 百弓
Liu, Zhen guang 刘真光
Meng, Liang 孟良
Zhen kong 真空

LIU, GUANG CHENG 刘光城 **(1891-1975)**
Liu, Zi jiu 刘子久
Yin hu 饮湖
Zi jiu 紫九

Liu, Guang han 刘光汉
LIU, SHI PEI 刘师培 **(1884-1919)**

LIU, GUANG HUA 刘广华 **(1953-)**
Hao hao 皓浩
Liu, Yue 刘岳

LIU, GUANG JIAN 刘广鑑 **(1932-)**
Meng, Ji 孟际

LIU, GUANG LIN 刘广琳 **(1944-)**
Liu, Guang lin 刘光林

Liu, Guang lin 刘光林
LIU, GUANG LIN 刘广琳 **(1944-)**

Liu, Guang min 刘光敏
LIU, GUANG MING 刘光明 **(1944-)**

LIU, GUANG MING 刘光明 **(1944-)**
Guang ming 光明
Liu, Guang min 刘光敏

LIU, GUANG PING 刘光平 **(1962-)**
Liu, Guang ping 刘光萍

Liu, Guang ping 刘光萍
LIU, GUANG PING 刘光平 **(1962-)**

LIU, GUANG QIAN 刘光前 **(1948-)**
Jin, Zhou 金舟

LIU, GUANG REN 刘光人 **(1922-)**
Fang, Ming 方明

LIU, GUANG WU 刘光武 **(1919-)**
Liu guang 流光
Zhuang, Zhou 庄周

LIU, GUANG XING 刘光兴 **(1915-)**
Hu, Di 胡笛
Liu, Shi ping 刘时平

LIU, GUANG YAN 刘光炎 **(1904-)**
Hou, An 厚菴
Mei, Yin an 梅隱盦

Liu, Guang yu 刘广郁
WEN, CAI 文采 **(1951-)**

LIU, GUANG YUN 刘广云 **(1958-)**

Liu, Liu 刘流
Shu bei 书北

LIU, GUANG ZHI 刘光帜 **(1926-)**
Jin, Kuang shi 金匡时
Liu, Hu 刘虎

Liu, Gui 刘贵
LIU, NAI CHONG 刘乃崇 **(1921-)**

LIU, GUI BEN 刘贵本 **(1926-)**
Yi, Yan 易炎

LIU, GUI DE 刘贵德 **(1944-)**
Fang, Bing da 方秉达
Lan, Ying 蓝萤
Liu, Fang 刘方

LIU, GUI LAN 刘桂兰
Ai, Yu 艾禺
Mu kui 木奎
Ye, He 叶赫

LIU, GUI NAN 刘桂枏 **(1916-)**
Du, Dan 杜丹

Liu, Gui pei 刘贵佩
LIU, ZHEN SHENG 刘振声 **(1920-1973)**

Liu, Gui pei 刘贵配
LIU, ZHEN SHENG 刘振声 **(1920-1973)**

LIU, GUI QING 刘贵卿 **(1932-)**
Bai, Ou 白鸥
Liu, Qing 柳青
Zhi yan 直言

Liu, Guo 刘过
JIN, DE CHENG 金德成 **(1918-)**

LIU, GUO FANG 刘国芳 **(1922-)**
Ge fang 各方
Gu, Feng 谷风
Liu, Gu feng 刘谷风
Nan, Feng 南风
Shi, Zhu 史柱
Zu jie 足戒

Liu, Guo fu 刘过夫
JIN, DE CHENG 金德成 **(1918-)**

LIU, GUO JIAN 刘国坚 **(1934-)**
Bai, Yao 白垚
Lin, Jian 林间
Ling, Leng 凌冷
Liu, Ge 刘戈

LIU, GUO JUN 刘国钧 **(1899-1980)**
Heng 衡
Liu, Heng ru 刘衡如

LIU, GUO JUN 刘国钧 **(1900-1926)**
Guo jun 国钧
Liu, Meng wei 刘梦苇
Meng wei 梦苇

LIU, GUO JUN 刘国钧
Ding, Liu 丁流
Jun man 君曼
Liu, Jing 刘靖

LIU, GUO LIANG 刘国良 **(1938-)**
Lu, Yi 鲁沂

LIU, GUO MING 刘国明 **(1954-)**
Ming, Ming 明明
Yi ming 一鸣

LIU, GUO NAN 刘国南 **(1939-)**
Nan, Ge 南戈
Nan, Shan 南山

LIU, GUO SONG 刘国松
Er mei 尔眉
Lu, Ting 鲁亭
Yi qing 意清

LIU, GUO XIANG 刘国香
Dian xiang 滇湘
Xiang zi 湘子
Xiao xiang 潇湘
Yuan xiang 圆香

LIU, GUO XING 刘国兴 **(1915-)**
Ba, Li 巴力
Chen, Di 陈隄
Du, Ming 杜明
Guo, Xing 果行
He, Wei 何为
Jiang, Qiao 江侨
Jiang, Xing min 姜醒民
Liu, Shu ying 刘殊莹
Liu, Wei 刘慰
Man di 曼弟
Man di 曼娣
Shu ying 殊莹
Su, Ying 苏英
Yi, Ni 衣尼
Yu, Qu ming 余去名
Yu, Qu ming 余去明

LIU, GUO YAO 刘国尧 **(1947-)**
A yao 阿尧
Guo, Guang 国光
Xiao liu 晓留

Liu, Guo yin 刘果因
LIU, YI BIN 刘仪宾 **(1904-)**

LIU, GUO YING 刘国盈 **(1925-)**
Liu, Xi pan 刘锡盘

LIU, GUO ZHENG 刘国正 (1926-)
Liu, Xiao bai 刘小白
Liu, Zheng 刘征
Liu, Zheng 刘诤
Niu, Xiao bai 牛小白

LIU, GUO ZHI 刘国治 (1940-)
Liu, Fang 刘放

LIU, GUO ZHONG 刘国钟
Wei qing 蔚青

Liu, Hai 刘海
LIU, DA HAI 刘大海 (1920-)

Liu, Hai bin 柳海滨
HAN, DAO CHENG 韩道诚 (1917-)

LIU, HAI CHENG 刘海澄 (1900-)
Liu, Ai ru 刘蔼如

LIU, HAI NI 刘海尼
Hai, Ni 海尼

LIU, HAI NIAN 刘海年 (1936-)
Liu, Shi 柳石
Liu, Yi 刘毅

LIU, HAI QING 刘海清 (1933-1991)
Chi yue 赤岳
Jin shui 晋水
Jin xi 晋溪

LIU, HAI SU 刘海粟 (1896-)
Hai, Su 海粟
Liu, Hai weng 刘海翁
Liu, Jiu 刘九
Liu, Pan 刘槃
Yi shu pan tu 艺术叛徒

Liu, Hai weng 刘海翁
LIU, HAI SU 刘海粟 (1896-)

LIU, HAI XIAN 刘海贤 (1953-)
Xian, Hai liu 咸海流

Liu, Hai zi 刘海子
LIU, CHENG HUI 刘承蕙 (1925-)

Liu, Han 刘汉
LIU, CHENG YU 刘成禺 (1877-1953)

Liu, Han 刘汉
DONG, SHAO MING 董绍明 (1899-1969)

Liu, Han 刘汉
LIU, TAI DONG 刘泰东 (1915-)

Liu, Han 刘涵
LIU, ZHONG HAN 刘忠涵 (1919-)

LIU, HAN 刘瀚 (1935-)
Hao ru 浩如
Liu, Zhuo yu 刘卓羽

LIU, HAN CHU 刘含初 (-1927)
Han 含
Han chu 含初

Liu, Han huai 刘含怀
LIU, ZHONG HAN 刘忠涵 (1919-)

Liu, Han hui 柳寒晖
LIU, ZHONG HAN 刘忠涵 (1919-)

LIU, HAN LIN 刘汉林 (1935-)
Han lin 汉林

Liu, Han tai 刘汉太
LIU, HUAN TAI 刘焕太 (1953-)

Liu, Han yi 刘翰怡
LIU, CHENG GAN 刘承干

LIU, HAN YONG 刘汉勇 (1938-)
Ge, Fan 戈凡
Yang, Yong 杨涌

LIU, HAN ZHENG 刘汉铮
Han zheng 罕铮

Liu, Han zhi 刘含芝
LIU, XING QIN 刘杏琴 (1950?-)

LIU, HANG 刘航 (1932-)
Tang, Xin 唐莘

LIU, HANG YING 刘航英 (1944-)
Hang ying 航鹰
Hang ying 航英

Liu, Hao 柳浩
LIU, MING TANG 刘明堂 (1948-)

LIU, HAO RAN 刘浩然 (1943-)
Hao ran 浩然

LIU, HE 刘禾 (1933-)
Xia, Ji 夏汲

Liu, He 刘河
KANG, YONG QIU 康咏秋 (1938-)

LIU, HE 刘鹤 (1890-1975)
Liu, Xian zhou 刘仙洲
Liu, Zhen hua 刘振华
Zhen hua 振华

Liu, He 柳河
SHEN, ZU AN 沈祖安 (1930-)

Liu, He 柳河
LIU, EN LONG 刘恩龙 (1950-)

LIU, HE FANG 刘和芳 (1927-)
H. F.
He fan 河帆
Hou, Xiao fang 侯小方
Liu, Li 刘厉

Liu, Shou liu 刘瘦柳
Lu, Nan zi 鲁男子
Wen, Ling 文玲

Liu, He min 刘和民
LIU, SHU SHENG 刘树声 **(1927-)**

LIU, HE NIAN 刘鹤年 **(1911-)**
Liu, Song ling 刘松龄

Liu, Hei jia 刘黑枷
LIU, ZHI HONG 刘志鸿 **(1920-)**

Liu, Hei jia 刘黑家
LIU, ZHI HONG 刘志鸿 **(1920-)**

Liu, Hen 柳痕
ZHANG, GONG 张弓 **(1899-1986)**

Liu hen 流痕
XU, DU DI 许度地 **(1914-)**

Liu, Heng 刘恒
LIU, GUAN JUN 刘冠军 **(1954-)**

Liu, Heng 刘衡
HU, ZONG YU 胡宗瑜 **(1922-)**

Liu, Heng 柳衡
ZHOU, JIAN XIAO 周剑箫 **(1911-1992)**

Liu, Heng ru 刘衡如
LIU, GUO JUN 刘国钧 **(1899-1980)**

Liu, Heng zhi 刘恒之
LIU, BING YIN 刘秉寅 **(1920-)**

Liu, Hong 刘洪
YUN, YI QUN 恽逸群 **(1905-1978)**

Liu hong 榴红
WANG, YAN LING 王延龄 **(1933-)**

LIU, HONG BEI 刘弘悲
Hong bei 弘悲

Liu, Hong du 刘弘度
LIU, YONG JI 刘永济 **(1887-1966)**

LIU, HONG JI 刘洪吉 **(1945-)**
Meng yi 梦艺

LIU, HONG KAI 刘洪铠 **(1929-)**
Hong, Ke 洪克

LIU, HONG KUI 刘鸿奎 **(1927-)**
Liu, Bing qian 刘秉虔
Sha, He 沙河
Xu, Cun 徐邨

Liu, Hong lin 刘鸿霖
XIAO, JUN 萧军 **(1907-1988)**

LIU, HONG PEI 刘宏沛 **(1946-)**
Hong, Pai 洪湃

Liu, Hong ru 刘洪如
LIU, HONG RU 刘鸿儒 **(1930-)**

LIU, HONG RU 刘鸿儒 **(1930-)**
Liu, Hong ru 刘洪如

Liu, Hong shan 柳宏山
LU, YONG CHANG 陆永昌 **(1933-)**

LIU, HONG SHENG 刘洪盛 **(1927-)**
Yin ming 音鸣

LIU, HONG SHUN 刘洪顺 **(1962-)**
Bo he 波赫

LIU, HONG YAN 刘洪岩 **(1938-)**
Jiang, Hao 江浩

LIU, HONG YI 刘弘毅 **(1931-)**
Guang ling 广陵
Xiao bo 晓波

Liu, Hong yu 柳红玉
LI, RUN HU 李润湖 **(1913-1947)**

LIU, HONG YUN 刘鸿云
Wen liu 问流

LIU, HOU LANG 刘厚朗 **(1927-1968)**
Liu, Xi 刘溪

LIU, HOU MING 刘厚明 **(1933-1989)**
Bei jing ren 北京人

LIU, HOU SHENG 刘厚生 **(1921-)**
Lin, Lang 林琅
Liu, Meng zhe 刘孟哲
Meng, Zhe 孟哲
Wu, En 吴恩
You jin 友瑾

LIU, HOU XIANG 刘厚祥 **(1931-)**
Lu lu 碌碌
Zhi ke 直柯

Liu, Hou yi 刘后一
LIU, HOU YI 刘后贻 **(1924-)**

LIU, HOU YI 刘后贻 **(1924-)**
Hou, Yi 后羿
Jin zi 进子
Liu, Bo fu 刘博夫
Liu, Hou yi 刘后一
Liu, Hou yi 刘厚贻
Liu, Xing 刘行
Xi fang 西方
Xiang fu 祥夫
Xiang jiang 湘江

Liu, Hou yi 刘厚贻
LIU, HOU YI 刘后贻 **(1924-)**

LIU, HOU ZE 刘厚泽 **(1915-1970)**

Zhi zhong 执中

LIU, HOU ZI 刘厚滋 **(1909-)**
Ai ju 爱居
Hou zi 厚滋
Liu, Hui sun 刘惠荪
Long e jing ling 龙峨精灵
Long, E 龙峨
Pei wei 佩韦
Qian gu 牵舭
She, Bing 佘冰
Yuan ju 爰居
Zhuang, Yan hua 庄严华

Liu, Hu 刘虎
LIU, GUANG ZHI 刘光帜 **(1926-)**

Liu, Hu ling 刘胡玲
LIU, FU LIN 刘福林 **(1947-)**

LIU, HU SHENG 刘沪声 **(1949-)**
Liu, Yi wen 刘一闻

Liu, Hua 刘华
YAO, JIAN GUO 姚建国 **(1954-)**

LIU, HUA FANG 刘花芳 **(1929-)**
Liu, Yun 刘云
Yun, Feng 云峰

Liu, Hua min 刘化民
ZHANG, CHUN QIAO 张春桥 **(1917-)**

LIU, HUA RONG 刘华荣 **(1936-)**
Hua rong 桦榕

Liu, Hua xin 刘华心
LIU, DAN LI 刘诞丽

Liu, Hua xing 刘华兴
LIU, HUA XUN 刘化勋 **(1939-)**

LIU, HUA XUN 刘化勋 **(1939-)**
Liu, Hua xing 刘华兴

LIU, HUA YUN 刘华云 **(1943-)**
Fang fei 芳菲

Liu, Hua zhen 刘华珍
ZHANG, DA JUN 张达钧

Liu, Huai 柳槐
LIU, XIN ZHONG 刘新中 **(1953-)**

LIU, HUAI ZHANG 刘怀章 **(1932-)**
Cen, Gu 岑谷
Ji, Pin 季品
Tian yu 天宇

Liu, Huai zhi 刘怀之
LIU, CHUANG CHU 刘创楚 **(1948-)**

Liu, Huai zhi 刘怀芝
LIU, CHUANG CHU 刘创楚 **(1948-)**

LIU, HUAN CHEN 刘焕忱 **(1959-)**
Liu, Xiao yi 刘小艺

Liu, Huan duo 刘焕多
WU, MING WAN 伍明万 **(1932-)**

LIU, HUAN LU 刘焕鲁 **(1945?-)**
Liu yuan 流源
Lu, Yang 鲁飏
Lu, Zhi 鲁智

LIU, HUAN TAI 刘焕太 **(1953-)**
Jian feng 剑峰
Liu, Han tai 刘汉太
Yang, Ge 扬戈

Liu, Huan yue 刘还月
LIU, WEI MING 刘魏铭 **(1958-)**

LIU, HUAN ZHANG 刘焕章 **(1924-)**
Sha, Yu 沙郁
Zhu, Fan 朱繁

LIU, HUANG 刘璜 **(1917-)**
Yong ren 庸人

Liu, Huang tian 刘荒田
LIU, YU HUA 刘毓华 **(1948-)**

Liu, Hui 刘辉
LIU, CHANG SUO 刘长锁 **(1949-)**

Liu hui 六慧
ZHOU, ZHEN FU 周振甫 **(1911-)**

LIU, HUI JUAN 刘慧娟 **(1957-)**
Yu, Ling 宇铃

LIU, HUI KAO 刘辉考 **(1939-)**
Ge, Bi quan 戈壁泉
Liu, Jie 刘捷

LIU, HUI MEI 刘惠美 **(1935-)**
Liu, Mu sha 刘慕沙

LIU, HUI MIN 刘惠民 **(1898-1977)**
Liu, Cheng en 刘成恩

LIU, HUI MIN 刘惠民 **(1917-)**
Deng, Wang 邓瀇
Dong, Sang 董桑
Dong, Shuang 董双
Feng, Huang 冯荒
Liu, Bei si 刘北汜
Liu, Hui min 刘翚旻
Ma, Huang 马荒
Wang, Yong 王庸
Xu, Jiao 徐角
Yu, Shao 于绍
Zu zen 族怎

Liu, Hui min 刘翚旻

LIU, HUI MIN 刘惠民 (1917-)

Liu, Hui ru 刘辉如
LIU, GONG HUANG 刘恭煌 (1931-)

LIU, HUI SHI 刘慧时
Hui shi 慧时

Liu, Hui sun 刘惠荪
LIU, HOU ZI 刘厚滋 (1909-)

Liu, Hui xin 刘蕙心
LI, ZHI HAO 李志豪 (1939-)

LIU, HUI XUAN 刘辉宣 (1946-)
Li ping 礼平

Liu, Hui zhi 刘恢之
WU, CHUN HAN 吴春晗 (1909-1969)

LIU, HUI ZHI 刘惠之 (1907-)
Liu, Xi lin 刘熙林
Liu, Yi wen 刘一文
Liu, Yi xi 刘一溪

Liu, Hun 刘渾
LIU, XIAO SU 刘小粟 (1931-)

Liu, Huo 刘火
LIU, BO WEN 刘伯文 (1912-)

Liu huo 流火
LIU, LIE HENG 刘烈恒 (1936-)

Liu huo 榴火
BU, SHI XU 步世绪 (1914-1973)

Liu, Huo gong 刘豁公
LIU, DA 刘达

LIU, HUO ZI 刘火子
Huo zi 火子

Liu, James J. Y.
LIU, RUO YU 刘若愚 (1919-)

LIU, JI 刘吉 (1935-)
Liu, Ji 刘急
Zhao, Yu ti 赵御禔

Liu, Ji 刘吉
LIU, JI HOU 刘吉厚 (1941-)

Liu, Ji 刘季
SHEN, CONG WEN 沈从文 (1902-1988)

Liu, Ji 刘季
LIU, ZHONG FU 刘中孚 (-1940)

Liu, Ji 刘急
LIU, JI 刘吉 (1935-)

Liu, Ji 刘继
LIU, SHI WEI 刘世威 (1938-)

Liu, Ji 柳忌
LIAO, YU XIANG 廖玉祥

Liu, Ji 柳季
LIAO, YU XIANG 廖玉祥

Liu, Ji 柳寂
MENG, XIAN REN 孟宪仁 (1922-)

Liu, Ji chen 刘吉晨
REN, ZHUO XUAN 任卓宣 (1896-1990)

Liu, Ji dian 刘吉典
LIU, DE QI 刘德歧 (1919-)

LIU, JI HOU 刘吉厚 (1941-)
Liu, Ji 刘吉

LIU, JI KUN 刘济昆 (1944-)
Qiu, Jian 秋涧
Ya da zi 亚答子

Liu, Ji mei 刘季眉
LIU, JIAN 刘健 (1913-1987)

Liu, Ji nu 刘寄奴
MU, SHAO LIANG 沐绍良 (1912-1969)

Liu, Ji ping 刘季平
LIU, SAN 刘三 (1890-1938)

Liu, Ji xian 刘济献
LIU, SHI WEI 刘世威 (1938-)

LIU, JI XIAN 刘集贤 (1933-)
Duan mu, Zong heng 端木纵横
Fei fei 非非
Gao, Yang 高扬
Lu, Ye 鲁也
Ma, Cong wen 马从文
Si tu, Yi 司徒一
Yang, Ting 扬汀

Liu, Ji xing 刘季星
LIU, ZU ZE 刘祖泽 (1928-)

Liu, Ji yin 刘济訚
LIU, KAN YUAN 刘侃元 (1894-)

LIU, JI YU 刘季雨 (1925-)
Lao ji 老季

LIU, JI YUAN 刘吉源 (1961-)
Lan, Yi jiang 蓝弋江
Sheng wei 昇洧

Liu, Ji yun 刘季云
LIU, JI YUN 刘继云 (1911-1971)

LIU, JI YUN 刘继云 (1911-1971)
Liu, Ji yun 刘季云

LIU, JI ZHOU 刘际周 (1911-)
Liu, Jun huang 刘君煌

LIU, JIA 刘甲 (1924-)

Dong, Feng 董枫
Dong, Feng ya 董逢亚
Ge, De 葛德
He, Bei ren 何北仁
Ji, Zhong ren 冀仲仁
Ruan, Guang min 阮广民
Ruan, Yan shun 阮延顺
Yuan, Jun 袁军
Zhuang, Nong 庄农

Liu, Jia 刘佳
LIU, JIA YU 刘佳玉 **(1916-)**

Liu, Jia 刘珈
YIN, ZHUAN 尹专

Liu, Jia 刘嘉
LIU, DIAN ZHANG 刘典章 **(1932-)**

Liu, Jia 柳嘉
LIU, JIA ZE 刘家泽 **(1924-)**

Liu jia 流笳
LIU, JIA YU 刘佳玉 **(1916-)**

LIU, JIA JU 刘家驹
Liu, Yi qing 柳以青
Ma, Yi ding 马以定

LIU, JIA LIANG 刘家良
Chi ying 赤婴

LIU, JIA LIN 刘家麟
Liu, E gong 刘鄂公

LIU, JIA LIN 柳佳林
Xin jian 心简

Liu, Jia lu 刘嘉禄
LIU, JIA ZHEN 刘嘉祯 **(1923-)**

LIU, JIA QIONG 刘家璚 **(1926-)**
Du, Ruo 杜若
Li, Hong 黎弘
Liu, Chuan 刘川
Liu, Shu qiang 刘树强

LIU, JIA RONG 刘家镕 **(1896-1967)**
Liu, Xun yu 刘薰宇
Xun yu 薰宇

LIU, JIA XIANG 刘家相 **(1936-)**
Bo luo 博洛
Jia xiang 嘉缃

Liu, Jia xiang 刘家祥
QIAN, JIAN WU 钱健吾 **(1923-1947)**

LIU, JIA YU 刘佳玉 **(1916-)**
Liu, Jia 刘佳
Liu jia 流笳
Xie, Lin 谢琳

LIU, JIA ZE 刘家泽 **(1924-)**
Ge, Nu 戈弩
Liu, Jia 柳嘉

LIU, JIA ZHEN 刘嘉祯 **(1923-)**
Ji, Yun long 纪云龙
Liang zhen 两针
Liu, Jia lu 刘嘉禄
Liu, Zhen 刘针
Yu, Bai jin 余白金

LIU, JIAN 刘建 **(1955-)**
Liu, Jian 刘剑

Liu, Jian 刘剑
LIU, JIAN 刘建 **(1955-)**

Liu, Jian 刘健
LIU, YA NONG 刘雅农 **(1896-)**

LIU, JIAN 刘健 **(1913-1987)**
He, Yi 贺依
Jiang, Tian zuo 蒋天佐
Liu, Ji mei 刘季眉
Shi, Du 史笃
Tian zuo 天佐

LIU, JIAN 刘健 **(1960-)**
Jian an 建安
Jian er 建尔
Jian zhe 建者

Liu, Jian 柳涧
LIU, JIAN PING 刘建平 **(1956-)**

Liu jian 流涧
LIU, JIAN PING 刘建平 **(1956-)**

LIU, JIAN AN 刘健安 **(1949-)**
Wen, Ge 文戈

LIU, JIAN CAI 刘建才 **(1942-)**
Liu, Fang 刘放
Lu, Xi 鲁西

LIU, JIAN GONG 刘建共 **(1963-)**
Liu, Jian gong 柳健公
Xiang yin 湘音

Liu, Jian gong 柳健公
LIU, JIAN GONG 刘建共 **(1963-)**

LIU, JIAN HUA 刘建化 **(1930-)**
Ding, Ni 丁尼

LIU, JIAN HUA 刘建华 **(1938-)**
Liu, Ying 刘颖
Zhong liu 中流

LIU, JIAN HUA 刘建华 **(1949-)**
Kai hua 开华
Shan shui 山水

LIU, JIAN JING 刘剑菁 (1928-)
Xiao bing 晓兵
Zui ren 醉人

LIU, JIAN JUN 刘建军 (1935-)
Feng lin chang 风林长

LIU, JIAN MIN 刘建民 (1956-)
Bai, Yun 白云
Ying dai 樱呆

LIU, JIAN MING 刘建明 (1942-)
Jian ming 剑鸣
Zhe feng 哲峰

Liu, Jian ming 柳剑鸣
NIU, XIAN MING 钮先铭 (1912-)

LIU, JIAN PING 刘建平 (1956-)
A jian 阿涧
Liu, Jian 柳涧
Liu jian 流涧
Liu, Jian ping 刘舰平
Qian hong 堑虹

Liu, Jian ping 刘舰平
LIU, JIAN PING 刘建平 (1956-)

Liu, Jian qing 刘剑青
LIU, JIN FENG 刘金锋 (1927-1991)

LIU, JIAN QUAN 刘建权 (1946-)
Liu, Ben bo 刘奔波

LIU, JIAN TIAN 刘健甜
B zi B仔
Ma, Liu 马骝
Yi, Ni ren 伊尼人

LIU, JIAN XUN 刘建勋 (1941-)
Qin, Xing 秦星

Liu, Jian ying 刘剑英
LIU, WEI XIN 刘维新 (1933-)

LIU, JIAN ZHONG 刘建中 (1936-)
Liu, Shu 刘恕

Liu, Jiang 刘江
LIU, FU LONG 刘伏龙 (1918-)

Liu, Jiang 刘江
LUO, DI 罗的 (1928-)

Liu, Jiang 柳江
ZENG, QING GUAN 曾庆冠 (1922-)

Liu jiang liu shan lao ren 六江六山老人
CHEN, LIU 陈浏 (1863-1929)

Liu, Jiang nan 刘江南
LIU, SAN 刘三 (1890-1938)

Liu, Jiao feng 柳角风
LIU, TIE ZHI 刘铁之 (1914-1942)

LIU, JIE 刘节 (1901-1977)
Liu, Zi zhi 刘子植
Lu qiu 鲈秋

LIU, JIE 刘杰 (1932-)
Lao, Ke 劳克

LIU, JIE 刘捷 (1911-)
Guo, Tian liu 郭天留
Zhang, Meng san 张猛三

Liu, Jie 刘捷
LIU, HUI KAO 刘辉考 (1939-)

Liu, Jie ao 刘杰敖
LIU, JIE AO 刘絜敖 (1908-)

LIU, JIE AO 刘絜敖 (1908-)
Liu, Jie ao 刘杰敖
Liu, You dao 刘有道

LIU, JIE REN 刘介人 (1915-)
Zheng ping 正平

Liu, Jie yu 刘介玉
LIU, QING 刘青

LIU, JIE YU 刘介愚 (1931-)
Jian yu 剑羽

Liu, Jin 刘今
LIU, RU ZENG 刘如曾 (1918-)

Liu, Jin 刘金
LIU, WEN XIAN 刘文铣 (1922-)

Liu, Jin 刘金
LIU, JIN ZHU 刘金珠 (1939-)

Liu, Jin 刘金
LIU, YUAN JU 刘元举 (1954-)

Liu, Jin 柳金
ZHOU, JIAN XIAO 周剑箫 (1911-1992)

Liu, Jin 柳金
YU, HONG XIN 于洪鑫 (1922-)

Liu jin 流金
CHENG, YING LIU 程应镠 (1916-1994)

LIU, JIN AN 刘进安 (1957-)
Da mo 大漠

LIU, JIN CHENG 刘锦城 (1946-)
Lou, Chang 楼畅

Liu, Jin di 刘金蒂
JIN, DE CHENG 金德成 (1918-)

LIU, JIN FENG 刘金锋 (1927-1991)
Liu, Jian qing 刘剑青
Song, Shuang 宋爽

LIU, JIN GUI 刘金贵 **(1940-)**
Liu, Mu 刘牧

LIU, JIN JIANG 刘锦江
Fei cun 斐村
Hong ou hua guan 红藕花馆
Ku hai yu sheng 苦海馀生
Lan ke 烂柯
Lan ke shan fang 烂柯山房
Liu, Zhe lu 刘哲庐
Meng dong shu sheng 懵懂书生

LIU, JIN QIONG 刘金琼 **(1940-)**
Jin, Ou 金瓯
Kong, Zhi jian 孔之见
Xiang zi 湘子

Liu, Jin sheng 刘金声
FAN, YU 范禹 **(1923-)**

LIU, JIN SHUI 刘金水 **(1953-)**
De you 德有

Liu, Jin tian 刘金田
LIU, WEN FU 刘文福 **(1933-)**

LIU, JIN TIAN 刘锦添
Liu, Leng 刘冷
Liu, Tian feng 刘天风

LIU, JIN YUN 刘锦云 **(1938-)**
Jin yun 锦云

LIU, JIN ZHEN 刘金圳
Ma, Sha 马沙
Wang, Jin chuan 王进川

LIU, JIN ZHONG 刘金忠 **(1946?-)**
Bai, Fan 白帆

LIU, JIN ZHU 刘金珠 **(1939-)**
Liu, Jin 刘金

LIU, JING 刘竞
Qing jian 青见
Yan, Shan nü 鄢山女

LIU, JING 刘竟 **(1957-)**
Jing yi 静沂

Liu, Jing 刘靖
LIU, GUO JUN 刘国钧

Liu, Jing an 刘静庵
LIU, ZHEN YI 刘贞一 **(1907-1941)**

LIU, JING FENG 刘景丰 **(1917-)**
Liu, Le min 刘乐民
Liu, Lu 刘路

Liu, Jing hai 刘镜海
LIU, YUN QING 刘云清 **(1902-)**

LIU, JING JUAN 刘静娟 **(1940-)**
Bai, Qian ceng 白千层
Liu, Yu 柳雨
Ning, Jing quan 宁静圈
Qing fang 晴舫

LIU, JING QUAN 刘景泉 **(1935-)**
Liu, Wen 刘文
Liu, Xue dong 刘学东
Lu, Jing 陆景

Liu, Jing shan 刘景山
LIU, WEN PU 刘文璞 **(1934-)**

LIU, JING SHENG 刘景胜 **(1949-)**
Tu ren 土人

LIU, JING SHENG 刘静生 **(1937-)**
Gong, Fei 龚非

LIU, JING SHU 刘经庶 **(1887-1923)**
Liu, Bo ming 刘伯明

Liu, Jing ting 柳敬亭
AN, FENG LIN 安凤麟 **(1916-1972)**

LIU, JING WEN 刘景文 **(1924-)**
Liu, Zhi cheng 刘志诚

LIU, JING XIAN 刘敬贤 **(1935-)**
Jiang, Bo 江波
Liu, Liu 刘浏

Liu, Jing yi 刘靖裔
JIN, QING YAN 金庆棪 **(1880-1932)**

Liu, Jing yuan 刘镜园
LIU, REN JING 刘仁静 **(1902-1987)**

Liu, Jiu 刘九
LIU, HAI SU 刘海粟 **(1896-)**

Liu, Ju po 刘菊坡
LIU, CHAO LU 刘朝禄 **(1888-1943)**

LIU, JU YING 刘菊英 **(1944-)**
Liu yue 六月
Mu yun 牧云
Xia, Qiu 夏秋

Liu juan 流涓
CHEN, CHUAN QIANG 陈川强 **(1939-)**

Liu, Jue qing 刘爵青
LIU, PEI 刘佩 **(1917-1960)**

Liu, Jue tang 刘觉堂
LIU, XIN HUANG 刘心皇 **(1915-)**

Liu, Jun 刘军
XIAO, JUN 萧军 **(1907-1988)**

Liu, Jun 刘军
LIU, QIN XIAN 刘钦贤 **(1923-)**

Liu, Jun 刘军
LIU, WO JUN 刘沃均 **(1927-)**

Liu, Jun 刘军
LIU, ZU WANG 刘祖望 **(1952-)**

LIU, JUN 刘军 **(1959-)**
Tong, Zhi 童稚

LIU, JUN 刘军 **(1963-)**
Xi chuan 西川

Liu, Jun 刘均
XIAO, JUN 萧军 **(1907-1988)**

Liu jun 流军
LAI, YONG TAO 赖永涛 **(1940-)**

LIU, JUN FEN 刘俊芬 **(1940-)**
Leng, Bing 冷冰

Liu, Jun huang 刘君煌
LIU, JI ZHOU 刘际周 **(1911-)**

Liu, Jun hui 刘君惠
LIU, DAO HE 刘道龢 **(1912-)**

LIU, JUN JIE 刘俊杰 **(1953-)**
An liu 岸柳
Ye, Zi 叶子

Liu, Jun mu 刘君木
LIU, SUI YUAN 刘燧元 **(1904-1985)**

Liu, Jun mu 刘君穆
LIU, SUI YUAN 刘燧元 **(1904-1985)**

LIU, JUN REN 刘俊仁 **(1931-)**
Chi hui 炽卉

LIU, JUN REN 刘骏仁 **(1923-)**
Bai, Wen 白文
Li, Jian 李笕
Ye, Xuan 叶紘

LIU, JUN XIANG 刘峻骧 **(1937-)**
Jun xiang 峻骧
Xi jin 惜今
Xue ying 血婴

LIU, JUN YI 刘君毅 **(1924-)**
Liu, Ping 刘平
Shi, Chao 时超
Shi, Feng chun 时逢春

LIU, KAI 刘凯 **(1930-)**
Zhong, Xiu 钟秀

LIU, KAI JUAN 刘凯娟 **(1956-)**
Kai di 凯棣
Lao kai 老凯

LIU, KAI QIANG 刘开强 **(1958-)**
Yang, Zi 羊梓

LIU, KAI RONG 刘开荣 **(1950-)**
Liu yun 流云

Liu, Kai yang 刘开扬
LIU, YONG YU 刘庸愚 **(1919-)**

LIU, KAN YUAN 刘侃元 **(1894-)**
Fan, Qin yi 范沁一
Liu, Ji yin 刘济闾
Liu, Qin yi 刘沁仪

Liu, Kang nian 刘康年
LIU, GONG HUANG 刘恭煌 **(1931-)**

Liu, Ke 刘克
LIU, BIN YAN 刘宾雁 **(1925-)**

Liu, Ke 刘柯
LIU, KE YI 刘克夷

LIU, KE GANG 刘克刚 **(1924-)**
Wen, Ke 文克

Liu, Ke guang 刘克光
LIU, ZHI ZHONG 刘治中 **(1921-)**

LIU, KE JUN 刘克军 **(1955-)**
Wen, Chuan 文川

LIU, KE KUAN 刘克宽
Feng di 凤堤

LIU, KE LI 柳克立 **(1903-1968)**
Fang, Zhi 方直
Liu, Chen fu 柳辰夫
Liu, Shi 柳湜
Liu, Yi fu 柳毅夫
Sheng fu 绳夫

Liu, Ke ming 刘克明
LIU, ZHI XUN 柳直荀 **(1889-1932)**

Liu, Ke ming 柳克明
LIU, ZHI XUN 柳直荀 **(1889-1932)**

Liu, Ke qu 刘克璩
LIU, ZHI XUN 柳直荀 **(1889-1932)**

LIU, KE SHI 刘可式 **(1947-)**
Fang, Ri 方日
Ka qiu sha 喀秋莎

LIU, KE WEI 刘可为 **(1948-)**
Gu, Qin 古琴

LIU, KE XIANG 刘克襄 **(1957-)**
Li, Yan bing 李盐冰

LIU, KE YI 刘克夷
Liu, Ke 刘柯

LIU, KE YU 刘克裕 **(1922-1987)**
Liu, Cheng lin 柳成林

Liu, Rao min 刘饶民
Liu, Yue 刘越
Xu, Da fang 徐大放

Liu, Kuang 刘况
LIU, ZHEN YI 刘贞一 **(1907-1941)**

Liu, Kuang 刘旷
LIU, YI FU 刘逸夫 **(1920-)**

Liu, Kuang da 刘旷达
LIU, ZUO BIN 刘作宾 **(1905-1988)**

LIU, KUI 刘魁 **(1959-)**
Da ren han tian 达人汗天

LIU, KUI YI 刘揆一 **(1878-1950)**
Lian, Sheng 连生
Lin sheng 霖生

Liu, Kun 刘昆
LIU, BO KUN 刘伯崑 **(1928-)**

LIU, KUN 刘焜
Pi yuan 辟园
Pi yuan ju shi 襞园居士
Zhi xiang 芷香
Zhi xiang 治襄

Liu, Lan 刘兰
LIU, SI HAI 刘斯海 **(1919-)**

Liu, Lan 刘兰
SHEN, YU GANG 沈毓刚 **(1920-)**

Liu, Lan 柳岚
DU, JIAN PING 杜建平 **(1964-)**

Liu, Lan shan 刘岚山
LIU, SI HAI 刘斯海 **(1919-)**

Liu, Lang 刘郎
TANG, YUN JING 唐云旌 **(1907-1980)**

Liu, Lang 刘郎
LIU, YU ZHANG 刘玉璋 **(1913-)**

Liu, Lang 刘郎
LIU, XIN MIN 刘新民 **(1914-)**

Liu, Lang 刘郎
LIU, XIN HUANG 刘心皇 **(1915-)**

Liu, Lang 刘郎
SUN, JUN 孙俊

Liu, Lang 刘朗
LIU, RU YU 刘儒裕 **(1926-)**

Liu, Lang 刘浪
YE, KUN CAN 叶昆灿 **(1935-)**

Liu, Lang 刘琅
CAI, CHU SHENG 蔡楚生 **(1906-1968)**

Liu lang 流浪
LIU, DAO NAN 刘道南 **(1911-1943)**

Liu lang 流浪
LIU, CHENG 刘诚

Liu lang 流浪
LIU, YONG RANG 刘永让

Liu lang 六郎
YU, QING YUN 郁庆云 **(1884-1939)**

Liu lang 六郎
ZHOU, YI BAI 周夷白 **(1900-1977)**

Liu lang 六郎
REN, LI 任礼 **(1913-)**

Liu lang 六郎
LUO, MEI ZHAO 罗梅沼 **(1930-)**

LIU, LANG XIAN 刘琅仙
Mo, Ling 莫凌

Liu, Le min 刘乐民
LIU, JING FENG 刘景丰 **(1917-)**

Liu, Le yin 刘乐吟
LIU, XI FU 刘喜富 **(1925-)**

Liu, Lei 刘雷
LIU, QIN XIAN 刘钦贤 **(1923-)**

Liu, Lei 刘雷
LIU, ZENG QING 刘增庆 **(1930-)**

Liu, Leng 刘冷
LIU, JIN TIAN 刘锦添

Liu, Li 刘厉
LIU, HE FANG 刘和芳 **(1927-)**

Liu, Li 刘莉
LIU, DONG LAN 刘东兰 **(1912-)**

Liu, Li 刘犁
LIU, ZI XI 刘自喜 **(1933-)**

Liu, Li 刘笠
LIU, YI 刘毅 **(1916-)**

Liu, Li 柳笠
WANG, CHENG GONG 汪诚功 **(1921-)**

LIU, LI BO 刘立波 **(1951-)**
Huang, Yang 黄羊
Liu, Sha 刘沙
Liu, Xing 刘星
Mo, Feng 莫风

Liu li cao 琉璃草
ZHOU, WEI JIE 周维介 **(1952-)**

LIU, LI HUA 刘利华 **(1961-)**
Yuan, Shan 远山

LIU, LI LI 刘莉莉 **(1932-)**
Liu, Zhuang 刘庄

LIU, LI LI 刘黎丽 **(1959-)**
Ding, Zhe 丁喆

LIU, LI SHANG 刘力上 **(1916-)**
Li qing 力苘

LIU, LI XUE 刘立学 **(1939-)**
Hu, Tu 胡涂

Liu, Li yuan 刘霾原
CHEN, WEN SHANG 陈文尚 **(1929-)**

LIU, LI YUN 刘立云 **(1954-)**
Li yun 厉云
Liu, Pei 刘沛

Liu lian 流连
LIU, YONG LIAN 刘永濂 **(1928-)**

Liu lian guan zhu 榴梿馆主
WU, TAI SHAN 吴太山

Liu, Lian hong 刘炼虹
LIU, TONG JU 刘通矩 **(1921-)**

LIU, LIAN LUN 刘连仑 **(1943-)**
Lian, Lun 连伦
Liu, Yang 刘阳
Yin, Ming 尹明

LIU, LIAN QING 刘濂清 **(1909-1939)**
Li, Lian qing 刘涟清
Lian qing 涟清
Sha, Luo 沙洛

LIU, LIAN SHU 刘莲枢 **(1953-)**
Xiao xi 小溪

Liu, Liao yi 刘辽逸
LIU, CHANG SONG 刘长菘 **(1915-)**

LIU, LIE HENG 刘烈恒 **(1936-)**
Liu huo 流火
Wen, Xin 文辛

Liu, Lin 刘麟
LIU, ZU ZE 刘祖泽 **(1928-)**

Liu, Lin 柳林
WANG, LU 王禄 **(1916-)**

Liu, Lin 柳林
LIU, ZHONG HAN 刘忠涵 **(1919-)**

Liu, Lin 柳林
FU, CHAO WU 傅超武 **(1922-)**

Liu, Lin 柳林
WENG, YUAN FA 翁元法 **(1927-)**

Liu, Lin 柳林
SONG, XIANG RONG 宋祥荣 **(1928-)**

Liu, Lin 柳林
WANG, GUANG ZU 王光祖

Liu, Lin cun 柳林村
RAN, YU DA 冉欲达 **(1923-)**

LIU, LIN SHENG 刘麟生 **(1894-1980)**
Bin hong guan 宾鸿馆
Chun hen 春痕
Ming bian ci ke 茗边词客
Xuan, Ge 宣阁

Liu, Ling 刘灵
LIU, BIN YAN 刘宾雁 **(1925-)**

Liu, Ling guang 刘令广
LIU, XI RONG 刘锡荣 **(1920-)**

Liu, Ling men 刘令门
LIU, XI RONG 刘锡荣 **(1920-)**

Liu, Ling meng 刘令蒙
LIU, XI RONG 刘锡荣 **(1920-)**

Liu ling xiang ren 柳岭乡人
HAO, JIAN LIANG 郝建樑 **(1907-)**

LIU, LING ZHU 刘玲珠 **(1957-)**
Xiao xiao 筱晓

Liu, Liu 刘柳
LIU, XIAO HUAN 刘晓寰 **(1914-)**

Liu, Liu 刘浏
LIU, BIN YAN 刘宾雁 **(1925-)**

Liu, Liu 刘浏
LIU, JING XIAN 刘敬贤 **(1935-)**

Liu, Liu 刘浏
LIU, XIN WU 刘心武 **(1942-)**

Liu, Liu 刘浏
LIU, FU YUN 刘富云 **(1952-)**

Liu, Liu 刘流
LIU, QI GENG 刘其庚 **(1914-1977)**

Liu, Liu 刘流
LIU, TIE HUA 刘铁华 **(1915-)**

Liu, Liu 刘流
LIU, ZU YAO 刘祖耀 **(1915-)**

Liu, Liu 刘流
LIU, GUANG YUN 刘广云 **(1958-)**

Liu, Long chao 刘砻潮
LIU, ZUO BIN 刘作宾 **(1905-1988)**

LIU, LONG GUANG 柳龙光 **(1915-1948)**
Hong bi 红笔
Xi ji 系己

LIU, LONG XIANG 刘隆祥 **(1918-)**
Nong, Qiang 农强

Liu, Lu 刘路
LIU, JING FENG 刘景丰 **(1917-)**

Liu, Lu 柳路
SUN, ZHONG YUAN 孙中原 **(1938-)**

LIU, LU QI 刘陆綦
Lu, Qi 陆綦

Liu, Lü yin 刘绿荫
LIU, FANG 刘枋 **(1919-)**

Liu, Lun 刘崙
LIU, PEI LUN 刘佩伦 **(1913-)**

LIU, LUN ZHI 刘伦至 **(1935-)**
Lu, Zhi luo 鲁之洛

LIU, MAN JING 刘满敬 **(1952-)**
Liu, Dan 刘丹

LIU, MAN SHENG 刘曼生 **(1914-)**
Gu, Mu 谷牧
Man 曼
Man sheng 漫生
Mu feng 牧风
Mu ye 牧野
Zi ying 子颖

Liu, Mang 刘氓
ZENG, YI HUA 曾忆华

Liu, Mao 刘茅
LIU, SHENG JIAO 刘胜角 **(1951-)**

LIU, MAO CHEN 刘茂辰 **(1928-)**
Liu, Xing 刘星

LIU, MAO FA 刘茂发 **(1940-)**
Ba, Lu 巴路
Cao, Mang 曹莽
Qin, Mu wu 秦木蕪
Tong, Jing 童景

LIU, MAO LIN 刘茂林 **(1933-)**
Han dong 邗东
Liu, Yu 刘郁

LIU, MAO LONG 刘茂隆 **(1912-)**
Lao wei 老韦
Li si 理丝
Liu, Xue wei 刘雪苇
Sun, Xue wei 孙雪韦
Sun, Xue wei 孙雪苇
Wei, Xin 韦辛
Wei, You sheng 魏有生
Xue wei 雪韦
Xue wei 雪苇

LIU, MAO NING 刘茂凝 **(1941-)**
Qin, Ying wen 秦颖文

Liu, Mei se 柳眉色
WEN, RUI AN 温瑞安 **(1954-)**

LIU, MEI YING 刘美英
Qiu, Di 秋笛

Liu, Men 柳門
ZHOU, QING TAO 周庆陶 **(1912-)**

LIU, MENG 刘猛 **(1945-)**
Ai, He 艾禾
Yi mang 一芒

LIU, MENG 刘濛 **(1935-)**
Lan, Meng 蓝濛
Liu, Meng 柳萌

Liu, Meng 柳梦
WU, TIAN CAI 吴天才 **(1936-)**

Liu, Meng 柳梦
LI, YU CAI 黎煜才 **(1941-)**

Liu, Meng 柳萌
LIU, MENG 刘濛 **(1935-)**

LIU, MENG HUA 刘梦华
Meng hua 梦华

Liu, Meng li 刘梦梨
LIU, DA 刘达

LIU, MENG PENG 刘孟鹏 **(1857-1909)**
Bai lian lao tie 百炼老铁
Bao can 抱残
Bao can shou que zhai zhu ren 抱残守缺斋主人
Bu can 补残
Die weng 蜨翁
Die yin 蝶隐
Gong, Yue 公约
Hong du bai lian sheng 鸿都百练生
Jiang nan xu zhou tie ying 江南徐州铁英
Lao tie 老铁
Liu, E 刘鹗
Liu wu xi wang hou yi 刘武僖王后裔
Ru lai zui xiao di zi 如来最小弟子
Shi wu 适吾
Tian xia di yi jiang shan yu qiao 天下第一江山渔樵
Tie yun 铁云
Yun, Chen 云臣
Yun, Tuan 云抟
Yun, Tuan 云湍
Yun tuan 篔湍
Zai bu si ren 再不死人

Liu, Meng ruo 刘梦若
LIU, XIN HUANG 刘心皇 **(1915-)**

Liu, Meng tian 刘孟田

LIU, XIAN LONG 刘现龙（ -1941）

LIU, MENG TIAN 刘蒙天（1918- ）
Bai, Sen 柏森

Liu, Meng wei 刘梦苇
LIU, GUO JUN 刘国钧（1900-1926）

Liu, Meng xi 刘梦溪
LIU, QING KU 刘庆库（1941- ）

LIU, MENG YU 刘孟宇（1930- ）
Han shui 汉水

Liu, Meng yun 刘梦云
ZHANG, WEN TIAN 张闻天（1900-1976）

Liu, Meng zhe 刘孟哲
LIU, HOU SHENG 刘厚生（1921- ）

Liu, Mian 刘勉
WU, CHUN HAN 吴春晗（1909-1969）

Liu, Mian zhi 刘勉之
WU, CHUN HAN 吴春晗（1909-1969）

LIU, MIAN ZHI 柳勉之
Dong fang, Bai 东方白

LIU, MIAO KE 刘苗科（1947- ）
Yan bei 雁北

Liu, Min 刘敏
LIU, YUE ZHOU 刘月舟（1910-1987）

Liu, Min 刘敏
LIU, XIU SHENG 刘秀生（1944- ）

Liu, Ming 刘明
TANG, DAO GENG 汤道耕（1904-1992）

Liu, Ming 刘铭
DING, SHOU HE 丁守和（1927- ）

Liu, Ming 柳明
ZOU, GUAN QUN 邹冠群（1912- ）

Liu, Ming 柳明
ZHANG, YU LING 张玉龄（1937- ）

Liu ming 流明
XIE, LI HUI 谢立惠（1907- ）

Liu ming 流鸣
LAI, YONG TAO 赖永涛（1940- ）

Liu, Ming chan 柳鸣蝉
WANG, JIAN HONG 王涧泓（1946- ）

LIU, MING CHAO 刘明朝
Ai ling 瑷舲

LIU, MING DA 刘明达（1945- ）
Da zhi 达之
You, Yi fei 游意飞

LIU, MING JI 刘明基（1918- ）
Lu, Zhi 鲁直

LIU, MING JIU 柳鸣九（1934- ）
Liu, Qiu 柳秋

LIU, MING TANG 刘明堂（1948- ）
Liu, Hao 柳浩

LIU, MING YI 刘明仪（1947- ）
Jiang, Ning 江宁
Liu, Yi yi 柳依依
Pu yue 朴月

LIU, MING YI 刘明毅（1935- ）
Bei wu 北屋

Liu, Ming yuan 刘明园
LIU, XIN HUANG 刘心皇（1915- ）

LIU, MING ZHOU 刘明洲（1934- ）
Liu, Zhi 柳之

Liu, Mu 刘木
MAO, JI CHANG 毛季常（1920-1991）

Liu, Mu 刘牧
LIU, JIN GUI 刘金贵（1940- ）

Liu, Mu 刘穆
LIU, SUI YUAN 刘燧元（1904-1985）

Liu, Mu qing 刘慕清
LIU, ZU CHENG 刘祖澄

Liu, Mu sha 刘慕沙
LIU, HUI MEI 刘惠美（1935- ）

LIU, MU XIA 刘慕霞（1916- ）
Liu, Mu xia 柳木下
Liu, Mu xia 刘暮霞
Ma, Yu feng 马御风

Liu, Mu xia 刘暮霞
LIU, MU XIA 刘慕霞（1916- ）

Liu, Mu xia 柳木下
LIU, MU XIA 刘慕霞（1916- ）

Liu, Na ou 刘呐鸥
LIU, CAN BO 刘灿波（1900-1939）

LIU, NAI CHONG 刘乃崇（1921- ）
A gui 阿贵
Liu, Gui 刘贵
Xu, Tie 徐铁

LIU, NAI QIANG 刘廼强（1947- ）
Ai, Fan 艾凡

Liu, Nan 柳南
ZHANG, XIAO YI 张小怿

LIU, NENG CHAO 刘能超

Gong sun, Liu 公孙柳

Liu, Nian ci 刘念慈
LIU, GONG HUANG 刘恭煌 **(1931-)**

LIU, NIAN GUO 柳念国 **(1950-)**
Yu, Ge 余歌

LIU, NIAN LING 刘年玲
Mu ling qi 木令耆

LIU, NIAN QU 刘念渠
Yan, Han tong 颜翰彤

LIU, NIAN YI 刘念一 **(1944-)**
Liu, Yi 刘一

LIU, NIAN ZENG 刘念曾 **(1908-)**
Liu, Shen zhan 刘慎旃
Shen 昚
Shen weng 昚翁

LIU, NING 刘宁 **(1920-)**
Ding, Zhi ping 丁之屏
Du, Ling 杜凌
Leng, Jin 冷金
Pan, Chang guang 潘常光
Pan, Lang 潘郎
Pan, Lang 潘朗
Pan, Tao 潘陶
Pan, Zhi tao 潘志陶
Pao hui 炮灰
Shi, Tao 石陶
Si tu, Ran 司徒然
Si tu, Sen 司徒森
Xiang, Xin 向新
Zhang, Ling 章伶

LIU, NING 刘宁 **(1931-)**
Bao ding 葆丁

Liu, Ning 柳宁
ZHU, PEI WO 朱佩我 **(1907-1945)**

Liu, Nong 柳侬
HE, XU 何絮

Liu, Nong chao 刘弄潮
LIU, ZUO BIN 刘作宾 **(1905-1988)**

Liu ou 流鸥
LIU, OU SHENG 刘欧生 **(1948-)**

LIU, OU SHENG 刘欧生 **(1948-)**
Liu ou 流鸥

Liu, Pan 刘槃
LIU, HAI SU 刘海粟 **(1896-)**

Liu, Pan 刘槃
ZHOU, JIAN XIAO 周剑箫 **(1911-1992)**

LIU, PAN XI 刘泮溪 **(1914-)**

Liu, Zhi ling 刘质灵
Zhi ling 质灵

LIU, PEI 刘沛 **(1919-)**
Xiao, Zhen 肖珍

Liu, Pei 刘沛
LIU, LI YUN 刘立云 **(1954-)**

LIU, PEI 刘佩 **(1917-1960)**
Jue qing 爵青
Ke qin 可钦
Liao ding 辽丁
Liu, Jue qing 刘爵青

LIU, PEI FANG 刘培芳 **(1948-)**
Shi duo 诗朵
Xin rui 欣蕊

Liu, Pei fen 柳佩芬
REN, XIAO DING 任萧丁 **(1930-)**

LIU, PEI HAN 刘培汉 **(1924-)**
Liu, Yi 刘毅
Yi ran 怡然

LIU, PEI LUN 刘佩伦 **(1913-)**
Liu, Lun 刘崙

Liu, Pei xian 刘佩弦
LIU, XU TANG 刘序堂 **(1922-)**

LIU, PEI YAN 刘佩燕 **(1949-)**
Si hua 思华

LIU, PEI YU 刘培育 **(1949-)**
Yi ou 逸鸥
Yue, Yi ou 乐逸鸥

Liu, Peng 刘鹏
LIU, XIANG CHENG 刘向成 **(1929-)**

LIU, PIN QING 刘品青 **(1945-)**
Liu, Qing 柳晴
Shi, Nan 施楠

Liu, Ping 刘平
LIU, JUN YI 刘君毅 **(1924-)**

Liu, Ping 刘平
LIU, SHI JI 刘世骥 **(1928-)**

LIU, PING 刘平 **(1938-)**
Chen, Tao 陈淘
Ge, Fan 戈凡

Liu, Ping 刘萍
WANG, DE LIN 王德林 **(1920-)**

LIU, PING AN 刘平安 **(1956-)**
Bi tao 碧涛

LIU, PING RUO 刘平若 **(1907-)**
Cao, Bai 曹白

Feng, Er lang 冯二郎
Jiao, Ming 焦明
Ren fan 人凡
Xia hou, Wei yin 夏候未胤
Xia hou, Zhuan yin 夏候专胤

LIU, PING ZHAI 刘平斋 **(1933-)**
Liu, Xiao 刘筱

Liu, Po 柳坡
HU, BING EN 胡炳恩 **(1931-)**

LIU, PU 刘璞 **(1923-1986)**
Liu, Xin 柳欣

LIU, PU QING 柳溥庆 **(1900-1974)**
Pu qing 圃青

Liu, Qi 刘七
OU YANG, LIN 欧阳驎 **(1913-)**

Liu, Qi 刘齐
LIU, DE RUN 刘德润 **(1950-)**

LIU, QI 刘圻 **(1916-)**
Gu, Gong 古弓
Li, Ke ruo 李克弱
Nong hou zhe 弄猴者

LIU, QI 刘绮 **(-1950)**
Han sheng 汉声
Liu, Tie leng 刘铁冷
Song tao 松涛
Tie leng 铁冷

LIU, QI 刘绮 **(1930-)**
Liu, Wen 柳文

Liu, Qi 刘琦
LIU, QI ZHANG 刘琦璋 **(1932-)**

Liu, Qi 柳七
YU, HE LIN 余鹤林 **(1910-1939)**

Liu, Qi 柳杞
LIN, FENG E 蔺风萼 **(1920-)**

Liu, Qi 柳奇
MA, ZHI YUAN 马志远 **(1918-)**

Liu, Qi 柳淇
LIU, RI BO 刘日波 **(1917-)**

Liu qi 旒其
XU, SHOU SHANG 许寿裳 **(1883-1948)**

LIU, QI CONG 刘棨琮 **(1916-)**
Liu, San 柳三
Nan, Yun 南芸
Si tang lao ren 泗塘老人
Xie chun 撷纯

LIU, QI GENG 刘其庚 **(1914-1977)**

Liu, Liu 刘流

Liu, Qi ji 柳弃疾
LIU, YA ZI 柳亚子 **(1887-1958)**

LIU, QI JUN 刘奇俊 **(1942-)**
Qi jun 奇俊

LIU, QI JUN 柳启鋆 **(1902-)**
Liu, Si 柳四
Liu, Ye qing 柳野青
Ming gong 鸣弓
Qing lang 青郎
Qing lü 青侣
Tuo feng 驼峰

LIU, QI LUN 刘起伦 **(1964-)**
Qi lun 起伦

LIU, QI RU 刘起儒 **(1927-)**
Zhou, Cheng 周诚

LIU, QI SHAN 刘歧山
Qi, Shan 齐珊

Liu, Qi sheng 刘奇声
LIU, ZHEN YI 刘贞一 **(1907-1941)**

LIU, QI YI 柳期颐 **(1924-)**
Liu, Di 柳堤

LIU, QI YU 刘起裕 **(1934-)**
Yu, Long 郁笼

LIU, QI YU 刘祺裕 **(1938-)**
Liu, Yi gu 刘衣谷
Lu, Qi yi 陆七一
Shi gu xuan 食古轩

LIU, QI YUN 刘祺云 **(1946-)**
Xiao, Liu 肖柳

LIU, QI ZHANG 刘琦璋 **(1932-)**
Jia qi 嘉琦
Liu, Qi 刘琦
Lu, Xiang 鲁向
Niu, Qi 牛琦
Ou yang, Peng 欧阳芃

LIU, QIAN 刘谦 **(1883-1959)**
Liu, Yue zhen 刘约真
Wu zheng 无净
Xin sheng shi 新生室

Liu, Qian 柳倩
JIN, CHENG ZAI 金承栽 **(1910-1936)**

Liu, Qian 柳倩
LIU, ZHI MING 刘智明 **(1911-)**

LIU, QIAN CHU 刘谦初 **(1897-1931)**
C. C.
De yuan 德元

Lu fu 卤夫
Qian chu 潜初

Liu, Qian du 刘前度
LIU, XIN MIN 刘新民 **(1914-)**

Liu qiao bu liu weng 六桥补柳翁
LIN, SHU 林纾 **(1852-1924)**

Liu, Qin 刘勤
SHEN, DUAN XIAN 沈端先 **(1900-1995)**

LIU, QIN XIAN 刘钦贤 **(1923-)**
Liu, Jun 刘军
Liu, Lei 刘雷

Liu, Qin yi 刘沁仪
LIU, KAN YUAN 刘侃元 **(1894-)**

Liu, Qing 刘青
YANG, LIANG CAI 杨亮才 **(1933-)**

Liu, Qing 刘青
LIU, XIAO HENG 刘小衡

LIU, QING 刘青
Liu, Jie yu 刘介玉
Liu, Wen jie 刘文介
Liu, Zhao li 刘照藜
Tian tai shan nong 天台山农

Liu, Qing 柳青
OU YANG, LI YUAN 欧阳立袁 **(1889-1962)**

Liu, Qing 柳青
LIU, YUN HUA 刘蕴华 **(1916-1978)**

Liu, Qing 柳青
WANG, LIN TAI 王临泰 **(1919-)**

LIU, QING 柳青 **(1920-)**
Si yan 思燕

Liu, Qing 柳青
LIU, GUI QING 刘贵卿 **(1932-)**

Liu, Qing 柳青
LIN, CI LONG 林赐龙 **(1942-)**

Liu, Qing 柳晴
LIU, PIN QING 刘品青 **(1945-)**

Liu qing 榴青
YAO, SHENG HONG 姚声宏 **(1922-)**

Liu, Qing fang 刘庆芳
LIU, YUE ZHOU 刘月舟 **(1910-1987)**

LIU, QING KU 刘庆库 **(1941-)**
Ben she zhu bian 本社主编
Liu, Meng xi 刘梦溪

LIU, QING LIAN 刘清莲 **(1930-)**
Liu, Zhen 刘真

LIU, QING LU 刘清禄 **(1915-1965)**
An, Bo 安波
Mou, Sheng 牟声
Mou, Sheng 牟生
Xian di 显諦

Liu, Qing niang 柳青娘
SUN, JIA RUI 孙嘉瑞 **(1920-)**

LIU, QING TANG 刘庆唐 **(1935-)**
Rong, Hua 荣华

Liu, Qing yang 刘青阳
LIU, WEN XIAN 刘文铣 **(1922-)**

LIU, QING YANG 刘清扬 **(1894-1977)**
Nian wu 念吾
Nian wu 念五
Qing yang 清扬

Liu, Qing yang 刘清阳
LIU, WEN XIAN 刘文铣 **(1922-)**

Liu, Qiu 柳秋
LIU, MING JIU 柳鸣九 **(1934-)**

Liu, Qiu shan 刘秋山
LIU, WEI ZHANG 刘维章 **(1942-)**

Liu, Qu 刘曲
LIU, CHENG HUI 刘承蕙 **(1925-)**

Liu, Qu an 刘曲庵
LIU, SHOU PENG 刘寿彭 **(1891-1934)**

Liu, Qu bing 刘去病
LIU, YU LONG 刘毓龙 **(1931-)**

LIU, QU FEI 刘去非
Qu fei 去非

LIU, QUAN 刘泉 **(1930-)**
Yi fan 一凡

Liu quan 流泉
LI, JIN QUAN 李锦泉 **(1926-)**

Liu quan 流泉
LIU, YONG ZHENG 刘拥政 **(1948-)**

Liu, Quan hong 刘全红
LIU, FENG LIN 刘丰林 **(1964-)**

LIU, QUAN ZHONG 刘全忠 **(1926-)**
Liu, Da wei 刘大为

Liu, Qun 刘群
ZHU, ZONG BIN 朱宗彬 **(1913-1937)**

LIU, RANG YAN 刘让言 **(1914-)**
Luo, Bing 罗冰
Na fu 纳夫

Liu, Rao min 刘饶民
LIU, KE YU 刘克裕 **(1922-1987)**

Liu, Ren 刘仁
LIU, DIAN GE 刘殿阁 **(1954-)**

Liu, Ren 柳人
SHEN, JIN MEI 沈金梅 **(1936-)**

Liu ren 流人
LIANG, RONG RUO 梁容若 **(1905-1982)**

Liu ren 流人
HAN, GUO XIAN 韩国贤 **(1929-)**

LIU, REN FU 刘仁甫 **(1922-)**
Liu, Ban jiu 刘半九
Lü yuan 绿原
Yin chen 因蔯
Zhou, Shu fan 周树蕃

LIU, REN GUO 刘仁国
Nan, Ge 南歌

Liu, Ren he 柳稔河
AN, FENG LIN 安凤麟 **(1916-1972)**

LIU, REN JING 刘仁静 **(1902-1987)**
Cheng yu 澄宇
Jing ren 竞人
Jing yun 敬云
Lie er shi 列尔士
Liu, Jing yuan 刘镜园
Liu, Ren jun 刘人俊
Liu, Yi yu 刘一宇
Liu, Yi yu 刘亦宇
Liu, Yu 刘宇
Nie, Li xi 聂里奚
Ren jing 仁静
Zi yun 子云

Liu, Ren jun 刘人俊
LIU, REN JING 刘仁静 **(1902-1987)**

LIU, REN MIN 刘仁民 **(1934-)**
Mu di 牧笛

Liu, Ren quan 柳人权
LIU, YA ZI 柳亚子 **(1887-1958)**

LIU, REN XIN 刘仁心 **(1924-)**
Jian ke 剑客
Kai shan 开山
Shao fei 少飞
Tian shan 天山

LIU, REN YAN 刘仁燕 **(1919-1958)**
Jiang, Yan 姜燕

LIU, REN YONG 刘仁勇 **(1927-)**
Bai, Jin han 白金汉
Gan ren 赣人
Gong liu 公刘
Jiang, Liu 江流
K. L.
Lei, Dian 雷电
Li, Jia 李甲
Liao, Kuo 廖廓
Liu, Geng zhi 刘耿直
Liu, Tie yong 刘铁勇
Liu, Yao min 刘尧民
Liu ying 流萤
Long, Feng xi 龙凤兮
Mei jian chi 眉间尺
Yang, Ge 扬戈
Yang, Ka 杨卡
Zhou, Mi 周密

LIU, RI BO 刘日波 **(1917-)**
Liu bo 流波
Liu, Qi 柳淇
Liu, Yi sheng 刘逸生
Shi, Zhi yu 史之余
Sun, Feng 孙奉
Wan, Zun yi 万尊嶷
Wu, Jian 吴检
Xi jin 希晋
Yi sheng 逸生
Yu yu 玉宇

Liu, Rong 刘溶
LIU, RONG CHI 刘溶池 **(1917-)**

LIU, RONG 刘瑢 **(1910-)**
Liu, Xian si 刘咸思
Xian si 咸思

LIU, RONG CHI 刘溶池 **(1917-)**
Bai, Shi shan 白石山
Lan yin 篮茵
Li, Yun long 李云龙
Liu, Rong 刘溶
Luo, Yi ou 罗一鸥
Rong, Chi 戎赤
Rong chi 溶池
Shuo fan 朔凡

LIU, RONG FU 刘荣夫 **(1909-)**
Cao meng 草梦
Ying, Fu 英夫

LIU, RONG GUI 刘荣桂 **(1925-1980)**
Shi, Han 石汉

LIU, RONG MIN 刘荣敏 **(1936-)**
Yuan, Qiao 元桥
Zhu hua 筑华

LIU, RONG XIAN 刘荣先 **(1917-)**
Liu, Du zhou 刘渡舟

LIU, RONG ZONG 刘荣宗 **(1911-)**
Long, Ying zong 龙瑛宗

Liu, Ru 刘如
REN, ZHE WEI 任哲维 **(1918-)**

LIU, RU 刘儒 **(1909-)**
Liu, Shi zeng 刘师曾

Liu ru 六如
JIANG, YU SHEN 江郁燊 **(1916-1984)**

Liu ru 六如
XU, CHANG LIN 徐昌霖 **(1917-)**

Liu, Ru li 刘如梨
JIN, DE CHENG 金德成 **(1918-)**

LIU, RU LIN 刘汝霖 **(1905-)**
Liu, Ze ming 刘泽民

Liu, Ru mei 柳如眉
WANG, ZHI NONG 王智浓 **(1932-)**

Liu, Ru si 柳如丝
WU, YU HONG 吴宇洪 **(1920-1966)**

LIU, RU WANG 刘如旺 **(1945-)**
Liu shui 流水

Liu, Ru xue 柳茹雪
YANG, GENG SHENG 杨赓笙 **(1869-1955)**

LIU, RU YANG 刘汝阳 **(1940-)**
Liu, Xia 刘夏

LIU, RU YU 刘儒裕 **(1926-)**
Liu, Lang 刘朗

LIU, RU ZENG 刘如曾 **(1918-)**
Liu, Jin 刘今

LIU, RUI FENG 刘瑞峰 **(1916-)**
Fei, En 费恩
Miao, Qing wang 苗青旺
Shen, Li en 申里恩
Si tu, Ben 司徒奔
Tian, Ling 田零
Xia, Li yang 夏里阳
You, Ding 尤丁

LIU, RUI LIN 刘瑞林 **(1932-)**
Liu, Sha 刘沙

LIU, RUI LIN 刘瑞林 **(1936-)**
Liu, Ya lun 刘亚伦

LIU, RUI XUAN 刘瑞轩 **(1938-)**
Liu, Xuan 刘宣

LIU, RUN HE 刘润和
Fang, Wen 方文
Mo, Yan 莫言
Xu, Fang 徐方
Xu, Fang 徐芳

LIU, RUO MIN 刘若敏 **(1959-)**
Huang, Zhu chong 黄竹冲
Yao min 耀民

Liu, Ruo ping 刘若平
LIU, ZHEN PENG 刘振鹏 **(1915-)**

LIU, RUO YU 刘若愚 **(1919-)**
Liu, James J. Y.

LIU, SAN 刘三 **(1890-1938)**
Ji, Ping 季平
Jiang, Nan 江南
Jiang nan Liu san 江南刘三
Li gou 离垢
Liu, Ji ping 刘季平
Liu, Jiang nan 刘江南
Liu, Zhong he 刘锺龢

Liu, San 柳三
LIU, QI CONG 刘棨琮 **(1916-)**

Liu, San 柳散
LI, JING YUAN 李景元 **(1921-)**

Liu, San hao 刘三豪
LIU, WEN SAN 刘文三 **(1939-)**

LIU, SAN TIAN 刘三田 **(1964-)**
Nan, Mo 南嫫

Liu, Sen 刘森
LIU, XING SEN 刘兴森 **(1941-)**

LIU, SEN HUI 刘森辉 **(1936-1989)**
Shan mu 杉沐

LIU, SEN LIN 刘森林 **(1934-)**
Qun mu 群目

Liu, Sha 刘沙
LIU, SHU CHUN 刘树春 **(1923-)**

Liu, Sha 刘沙
LIU, RUI LIN 刘瑞林 **(1932-)**

Liu, Sha 刘沙
LIU, LI BO 刘立波 **(1951-)**

Liu, Sha 刘莎
LIU, SHI LING 刘诗龄 **(1944-)**

Liu, Sha 柳莎
DENG, ZHAO 邓钊 **(1917-)**

Liu, Sha 柳莎
CHEN, RUI QI 陈瑞淇 **(1921-)**

Liu sha 流沙
ZHAO, YUN AN 赵允安 **(1898-1965)**

Liu sha 流沙
HU, LAN CHENG 胡兰成 **(1906-1982)**

Liu sha 流沙
CHEN, RUI QI 陈瑞淇 **(1921-)**

Liu sha 流沙
HU, DUAN HAO 胡端豪 **(1923-)**

Liu sha 流沙
LIU, ZHAO YUAN 刘肇源 **(1925-)**

Liu sha 流沙
YU, XUN TAN 余勋坦 **(1931-)**

Liu sha 流沙
WU, SI ZHONG 吴思钟 **(1954-)**

Liu sha 流沙
ZHANG, HAO 张镐

Liu sha 流沙
CAI, XIU HUI 蔡秀惠

Liu sha he 流沙河
YU, XUN TAN 余勋坦 **(1931-)**

Liu sha shi 流沙石
WANG, MAN YING 王满盈 **(1965-)**

Liu, Shan 刘山
HUANG, DA DE 黄大德 **(1944-)**

Liu, Shan 柳山
YE, SHAO JUN 叶绍钧 **(1894-1988)**

Liu, Shan 柳山
YANG, XIN QIAO 杨新乔 **(1932-)**

Liu, Shan 柳山
WANG, ZONG LI 王宗礼 **(1939-)**

Liu shan 六山
LU, SHU XUN 卢树勳 **(1929-)**

LIU, SHAN QI 刘善琦 **(1942-)**
Hong bo 鸿波

LIU, SHAN ZHEN 刘善镇 **(1934-)**
Fang, Gen 方艮

LIU, SHANG DA 刘尚达
Luo ying 落英
Ren 刃
Ren 忍
Shang, Da 尚达

LIU, SHANG JUN 刘尚均
Shang jun 上君

Liu, Shang jun 柳裳君
XIE, XING LOU 谢星楼

LIU, SHANG WEN 刘尚文 **(1907-1964)**
Sha, Meng 沙蒙

LIU, SHAO BAO 刘少保
Shao su 绍苏

Liu, Shao chong 刘绍崇
LIU, SHAO TANG 刘绍堂 **(1936-1997)**

LIU, SHAO HUA 刘少华
Shao, Hua 邵华

Liu, Shao ling 刘少陵
HUA, GANG 华岗 **(1903-1972)**

LIU, SHAO MING 刘绍铭 **(1934-)**
Can er 残二
Er can 二残
Lau, Joseph S.M.
Sang, Lu qing 桑鲁卿
Yang, Bai yong 杨百勇
Yin zheng xiong 银正雄
Yuan, Wu ming 袁无名

LIU, SHAO PING 刘少平
Wan, Ping 宛平

LIU, SHAO QI 刘少奇 **(1898-1969)**
Hu, Fu 胡服
Hu, Zhao 胡昭
K. V.
Kai feng 凯丰
Liu, Xiang 刘祥
Lü, Wen 吕文
Mo, Wen hua 莫文华
Shao qi 少奇
Tao, Shang xing 陶尚行
Zhao qi 肇启
Zhong, Chi 仲篪

Liu, Shao shao 刘少少
LIU, ZI HE 刘鼒和 **(1870-1931)**

Liu, Shao tang 刘绍唐
LIU, ZONG XIANG 刘宗向 **(1921-)**

LIU, SHAO TANG 刘绍堂 **(1936-1997)**
Liu, Shao chong 刘绍崇

LIU, SHAO WEN 刘少文
Tie ren 铁人

LIU, SHAO XIANG 刘绍祥 **(1930-)**
Ke fei 克非

Liu, Shao xiong 刘少雄
ZHAO, PING FU 赵平复 **(1902-1931)**

Liu, Shao yue 柳梢月
ZOU, GUAN QUN 邹冠群 **(1912-)**

Liu, Shen shu 刘申叔
LIU, SHI PEI 刘师培 **(1884-1919)**

Liu, Shen zhan 刘慎旃
LIU, NIAN ZENG 刘念曾 **(1908-)**

Liu sheng 六生
LI, GUAN LI 李官理

LIU, SHENG JIAO 刘胜角 **(1951-)**
Liu, Mao 刘茅

LIU, SHENG YA 刘盛亚 **(1915-1960)**
Cheng, Min ya 成敏亚
S. Y.
Shi huai 士怀
Shi yu 轼俞
Shu yin 纾胤
Si huai 寺怀
Si jiang 寺将
Sun, Ya 孙亚

Liu, Sheng yan 刘生焱
LIU, XIN HUANG 刘心皇 **(1915-)**

LIU, SHENG ZHAN 刘生展 **(1938-)**
Sai cheng 塞城

LIU, SHENG ZHI 刘生智 **(1919-)**
Fan, Shan 范山
Gao, Yang 高扬
Gao, Zhi 高枝
Huang, Yun 黄耘
Li, Man wen 李曼文
Li, Ping 李平
Qing yun 青云
Xin, Yang 辛扬

Liu, Shi 刘实
SUN, WEN LIN 孙文林 **(1914-1987)**

LIU, SHI 刘狮 **(1911-)**
Shi, Zi 师子

LIU, SHI 刘适 **(1918-)**
Shi, Quan 石泉

Liu, Shi 柳石
XU, JI HUA 徐季华 **(1923-)**

Liu, Shi 柳石
LIU, HAI NIAN 刘海年 **(1936-)**

Liu, Shi 柳湜
LIU, KE LI 柳克立 **(1903-1968)**

LIU, SHI CHANG 刘世昌
Wen, Zhi ping 文知平

LIU, SHI CHAO 刘世朝 **(1917-)**
Gao, Yun 高云
Liu, Si 刘思
Fang, Da 方达

LIU, SHI CHEN 刘世忱 **(1941-)**
Mo, Ren 墨人

Liu, Shi chi 柳石池
XU, JI HUA 徐季华 **(1923-)**

Liu, Shi gu 刘师古
LIU, WEI DIAN 刘维典 **(1925-)**

LIU, SHI HENG 刘世珩 **(1875-1937)**
Chu, Yuan 楚园
Cong shi 葱石
Ji an 檵庵
Ju qing 聚卿
Yan lu 砚庐
Yi qin 一琴
Zhen lei dao ren 枕雷道人
Zhen lou dao ren 枕楼道人

LIU, SHI JI 刘世骥 **(1928-)**
Ai, Zhi 艾芝
Liu, Ping 刘平
Liu, Ye bing 刘也兵

LIU, SHI JUN 刘士俊 **(1932-)**
Da jia 达甲

LIU, SHI LING 刘诗龄 **(1944-)**
Chang chun 长春
Chang yao 长谣
Gao, Zhong 高仲
Ge, Sha 戈莎
Liu, Ge 刘戈
Liu, Sha 刘莎

LIU, SHI LUN 刘世纶 **(1917-)**
Ye, Man 叶曼

LIU, SHI MO 刘世模
Shi mo 世模
Ting shi 汀石

Liu, Shi mu 刘士木
LIU, ZHI QUAN 刘志权 **(1889-1952)**

Liu, Shi mu 刘时穆
LIU, SUI YUAN 刘燧元 **(1904-1985)**

LIU, SHI PEI 刘师培 **(1884-1919)**
Guang han 光汉
Guang han zi 光汉子
Ji lie pai di yi ren 激烈派第一人
Jin, Shao fu 金少甫
Liu, Guang han 刘光汉
Liu, Shen shu 刘申叔
Liu, Zuo an 刘左菴
Lu, Yuan 鲁源
Shao fu 少甫
Shen shu 申叔
Shi, Pei 师培
Shi pei 世培
Shi wei zhi yi 豕韦之裔
Wei, Yi 韦裔
Wu wei 无畏
Zuo, An 左庵

Liu, Shi ping 刘时平
LIU, GUANG XING 刘光兴 **(1915-)**

LIU, SHI RU 刘世儒 **(1922-1980)**
Liu, Yu ren 刘雨人

Liu, Shi shan 柳石山
WANG, QIU XI 王秋喜 **(1950-)**

LIU, SHI WEI 刘世威 **(1938-)**
Liu, Ji 刘继
Liu, Ji xian 刘济献
Nan, Gong 南公
Qi, Wen nan 齐文南
Tian chi 天池
Zheng, Bu 郑步

LIU, SHI XIN 刘石心
Shi, Zi 石子

LIU, SHI XING 刘式型 **(1916-)**
Si xing 似形

Liu, Shi yi 刘石夷
LIU, ZHEN DE 刘振德 **(1917-)**

Liu, Shi yi 刘拾遗
LIU, YONG YU 刘庸愚 **(1919-)**

LIU, SHI YONG 刘世永 **(1933-)**
Liu, Fu zeng 刘福增

LIU, SHI YUAN 刘世元 **(1950-)**
Si yuan 思源

LIU, SHI YUAN 刘世瑗
Qu liu 蘧六

LIU, SHI ZE 刘世泽 **(1928-)**
Ding, Jian 丁艰
Liu, Wen 刘文
Luo mei 洛煤
Nie, Qi 聂齐
Tian, Qi 田奇
Wan, Li shan 万里山
Wen, Feng qi 闻风起
Yang, Hong feng 扬红风
Zhu, Feng zhi 朱风之

Liu, Shi zeng 刘师曾
LIU, RU 刘儒 **(1909-)**

Liu, Shou liu 刘瘦柳
LIU, HE FANG 刘和芳 **(1927-)**

Liu, Shou mei 刘瘦梅
LIU, ZU YAO 刘祖耀 **(1915-)**

LIU, SHOU PENG 刘寿彭 **(1891-1934)**
Bai nong 拜农
Ban 半
Ban nong 半农
Ban nong 伴侬
Ban nong 瓣秾
Fan, Nu dong 范奴冬
Fan nu dong nü shi 范奴冬女士
Hai 海
Han hui tang 含辉堂
Han xing 含星
Han xing 寒星
L. jun L.君
Ling xia guan 灵霞馆
Liu, Bai nong 刘拜农
Liu, Ban nong 刘半农
Liu, Fu 刘復
Liu, Qu an 刘曲庵
Nan, Hang 南航
Qu, An 曲庵
Shuang feng huang zhuan zhai 双凤凰专斋
Tong hua zhi dou tang 桐花芝豆堂

LIU, SHOU SHI 刘守世
Bing qiu 冰丘
Mei qiu lu 煤球炉

LIU, SHOU SONG 刘寿嵩 **(1912-1969)**
Liu, Shou song 刘绶松
Lu, Fu 鲁夫
Lu, Ke 鲁克
Luo na 洛那
Song, Shu liu 宋漱流

Liu, Shou song 刘绶松
LIU, SHOU SONG 刘寿嵩 **(1912-1969)**

Liu, Shu 刘恕
LIU, JIAN ZHONG 刘建中 **(1936-)**

Liu, Shu 刘庶
TAN, JIONG HUAN 谭炯寰 **(1944-)**

Liu, Shu 柳舒
XU, DE JIN 徐德锦 **(1921-)**

Liu shu 六叔
XU, JIE 许杰 **(1901-1993)**

LIU, SHU CHENG 刘叔成 **(1933-)**
Wen, Chi 闻迟

LIU, SHU CHUN 刘树春 **(1923-)**
Ai, Jun 艾菌
Ai, Li 艾黎
Ai, Sha 艾砂
Li, Qun 黎群
Liu, Sha 刘沙
She yu 舍予
Shu, Ge 舒戈
Shu, Ge 舒歌
Shu, Huai 舒淮
Shu, Mai 舒麦
Shu, Qiong 舒琼
Shu, Qun 舒群
Si kong, Lu 司空鹿

Xiao, Chen 萧沉
Ye he 野禾
Yi ding 一丁

LIU, SHU DE 刘澍德 **(1906-1970)**
Di, Xian 狄咸
Di xian 涤先
Dong guo 东郭
Ming, Yi 明弈
Nan gong, Dong guo 南宫东郭
Shu de 澍德
Ye qiao 野桥
Ye qiao 野樵

LIU, SHU FANG 刘淑芳 **(1926-)**
Hong yang 宏扬

LIU, SHU HUA 刘树华 **(1950-)**
Qing feng 清风
Qing yun 清云
Shu, Hua 树华
Si ji liu 司机刘

LIU, SHU JING 刘树靖 **(1948-)**
Li qing 立青

LIU, SHU MEI 刘姝妹 **(1959-)**
Shu mei 书妹

LIU, SHU NAN 刘树楠
Liu, An 柳岸

LIU, SHU PING 刘殊萍 **(1962-)**
Dong zhi 冬至
Liu, Shu ping 刘淑萍

Liu, Shu ping 刘淑萍
LIU, SHU PING 刘殊萍 **(1962-)**

Liu, Shu qiang 刘树强
LIU, JIA QIONG 刘家璚 **(1926-)**

LIU, SHU QIN 刘叔琴
An, Zhi 安之

LIU, SHU SHENG 刘树声 **(1927-)**
Ai, Wen 艾纹
Feng sheng 风声
He, Min 和民
Hei, Yang 黑羊
Li feng 立风
Lin, Mang 林莽
Lin, Xiao 林啸
Liu, He min 刘和民
Liu, Xue min 刘学民
Ru niu 孺牛
Shu, Sheng 树声
Shu, Zhi feng 树之风
Zhang, Cheng lu 张承录

Liu, Shu wen 刘叔温
LI, YAO NAN 李耀南 **(1917-)**

LIU, SHU XIAN 刘述先 **(1934-)**
Yan, Yan 言衍

LIU, SHU XIN 刘叔新 **(1934-)**
Shu, Xin 舒辛

Liu, Shu ying 刘殊莹
LIU, GUO XING 刘国兴 **(1915-)**

LIU, SHU YING 刘淑英
Mo yun 默云

LIU, SHU ZHANG 刘树章 **(1948-)**
Bei fang ren 北方人

Liu, Shuai zhen 刘率真
CAO, JU REN 曹聚仁 **(1900-1972)**

LIU, SHUAN CHEN 刘拴晨
Shi, Zhou 石舟

LIU, SHUANG GUI 刘双贵 **(1948-)**
Su, Rui 苏瑞

Liu, Shuang jun 刘爽军
LIU, CAI ZHOU 刘才洲 **(1921-1970)**

Liu shui 流水
LIU, CAI ZHOU 刘才洲 **(1921-1970)**

Liu shui 流水
LIU, RU WANG 刘如旺 **(1945-)**

Liu, Shui an 刘水岸
LIU, DI QING 刘迪庆 **(1926-)**

LIU, SHUI GEN 刘水根 **(1962-)**
Shan jun 山君
Yan yi 雁一

Liu, Shun 柳舜
SUN, ZE YU 孙泽宇 **(1936-)**

Liu shun 六顺
ZHANG, WEN RONG 张文荣 **(1930-)**

Liu, Shuo fu 刘硕夫
LIU, YU FANG 刘宇放 **(1921-)**

LIU, SHUO REN 刘硕仁 **(1930-)**
Yin sheng 寅生

Liu, Si 刘思
LIU, SHI CHAO 刘世朝 **(1917-)**

Liu, Si 刘嗣
LIU, XIAN LI 刘先礼 **(1919-)**

Liu, Si 柳丝
XU, SHENG YAO 许绳尧 **(1897-1984)**

Liu, Si 柳丝
YANG, CUN REN 杨邨人 **(1901-1955)**

Liu, Si 柳四
LIU, QI JUN 柳启鋆 **(1902-)**

Liu, Si 柳思
GAO, DAO SHENG 高道生 **(1949-)**

LIU, SI FU 刘思复 **(1884-1915)**
Guang han 光汉
Han bai zhai 寒柏斋
Jing hui ju shi 净慧居士
Jing hui shi 净慧室
Jiong an 絅庵
Liao shi 寥士
Shi, Fu 师复
Si fu 思复

LIU, SI HAI 刘斯海 **(1919-)**
Bai, Ding 白丁
Chao yu 潮雨
Chen, Xin 陈新
Cheng, Lu 程路
Fang, Cai 方才
Fang, Yuan 方元
Feng, Ping 冯平
Gao, Song 高嵩
Hu, Li 胡里
Huai, Hai 怀海
Jiang, Fan 江凡
Lan tan 岚炭
Lin, Yu 林雨
Liu, Lan 刘兰
Liu, Lan shan 刘岚山
Liu, Zhong 刘仲
Lu, Li 路里
Lu, Lu 陆路
Luo, Hei 罗黑
Meng, Zhou 孟周
Mu, Shan 慕山
Shan feng 山风
Song feng 松风
Wu xiao 无笑
Xu, Xi 徐溪
Yi duo 仪多
Zhao, Gao 赵高
Zheng, Jin 郑今
Zhou, Ping 周平
Zhou, Yong 周庸
Zhu, Shan 朱山
Zhu, Shui 朱水

Liu, Si mu 刘思慕
LIU, SUI YUAN 刘燧元 **(1904-1985)**

LIU, SI QI 刘思奇 **(1935-)**
Xiang, Ming 向明
Xin de 新德

LIU, SI QI 刘斯奇 **(1946-)**
Ke min 克敏

Liu, Si qiong 柳思琼
PAN, LIU DAI 潘柳黛 **(1922-)**

Liu, Song 柳松
LI, SHUO CHENG 李硕诚 **(1922-)**

Liu, Song bai 柳松柏
OU YANG, HONG 欧阳弘 **(1946-)**

Liu, Song ling 刘松龄
LIU, HE NIAN 刘鹤年 **(1911-)**

LIU, SONG SHAN 刘嵩山 **(1963-)**
Zhong yue 中岳

LIU, SONG TAO 刘松涛 **(1922-)**
Lao han 牢寒
Nan, Wei 南薇

Liu, Su 刘甦
LIU, ZHEN KUN 刘振堃 **(1919-1983)**

Liu, Su 柳苏
LUO, CHENG XUN 罗承勋 **(1921-)**

Liu, Sui 刘燧
LIU, XI FU 刘喜富 **(1925-)**

LIU, SUI YUAN 刘燧元 **(1904-1985)**
Jun shan 君山
Liu, Jun mu 刘君穆
Liu, Jun mu 刘君木
Liu, Mu 刘穆
Liu, Shi mu 刘时穆
Liu, Si mu 刘思慕
Si fu 思复
Si mu 思慕
Sui yuan 燧元
Xiao mo 小墨
Xiao mo 小默
Zhang, Qi you 张其佑

Liu, Tai chong 刘太冲
LIU, ZU PEI 刘祖沛

LIU, TAI DONG 刘泰东 **(1915-)**
Liu, Han 刘汉

Liu, Tai long 刘太隆
LIU, TAI LONG 刘泰隆 **(1927-)**

LIU, TAI LONG 刘泰隆 **(1927-)**
Da tong 大同
Liu, Tai long 刘太隆
Shi, Lu 师鲁
Tai long 太龙
Xin, Wu 辛午
Xing wu 兴无
Yu, Shi lu 余师鲁

Liu, Tang 柳堂
FENG, LIU TANG 冯柳堂 (-1943)

Liu, Tang 柳塘
YANG, CHAO ZHI 杨朝枝 (1917-)

Liu, Tao 柳涛
LIU, DE QING 刘得庆 (1942-)

Liu, Tao 柳涛
LIAO, YOU TAO 廖友陶

LIU, TIAN CI 刘天赐 (1950-)
Da gong ci 大宫赐

Liu, Tian da 刘天达
LIU, DI 刘涤 (1915-)

LIU, TIAN FANG 刘天放 (1926-1994)
Tian, Fang 田放

Liu, Tian feng 刘天风
LIU, JIN TIAN 刘锦添

LIU, TIAN HUA 刘天花
Tian, Hua 田华

LIU, TIAN JUN 刘田均 (1947-)
Liu, Chuang 刘闯
Liu, Yi si 刘易斯

Liu, Tian lang 刘天浪
LIU, ZHAO PU 刘兆璞 (1913-1986)

Liu, Tian li 刘田利
LIU, FAN HUA 刘繁华 (1923-)

LIU, TIAN LU 刘天路 (1916-)
Tian, Lu 田鲁

Liu, Tian pei 刘天培
LIU, YAO ZONG 刘耀宗 (1927-)

LIU, TIAN WEN 刘天文 (1924-)
Hu, Jia 胡笳
Liu, Wen 刘文
Tian, Wen 田文

LIU, TIAN ZHANG 刘天章 (1893-1931)
Lai, Ni 赖泥
Liu, Wang 刘望
Liu, Yun han 刘云汉
Tian zhang 天章

LIU, TIE HUA 刘铁华 (1915-)
Liu, Liu 刘流
Qi shi wu 漆石舞
Shi, Wu 石舞
Tie hua 铁华
Tie jun 铁军
Wang, Jun 王军

Liu, Tie jian 刘铁肩
LIU, YUE ZHOU 刘月舟 (1910-1987)

Liu, Tie leng 刘铁冷
LIU, QI 刘绮 (-1950)

LIU, TIE PING 刘铁平 (1946-)
Jin, Yi 金夷
Yuan, Ye 原野
Zong, Yi 宗义

LIU, TIE SHAN 刘铁山 (1924-)
Guo, Feng 果风

Liu, Tie yong 刘铁勇
LIU, REN YONG 刘仁勇 (1927-)

LIU, TIE ZHI 刘铁之 (1914-1942)
Liu, Jiao feng 柳角风

Liu, Ting 柳汀
ZHOU, ZHI HUI 周之辉 (1923-)

Liu, Ting 柳汀
WEN, WAN YI 温万镒 (1923-)

LIU, TING FANG 刘廷芳 (1891-1947)
Dan sheng 亶生
Feng man lou 风满楼

LIU, TONG JU 刘通矩 (1921-)
Huang ye 荒野
Jin, Bo 金波
Jin, Ren 金刃
Jin, Zi 金子
Lian hong 炼虹
Lin, Hong 林红
Liu, Lian hong 刘炼虹
Liu, Wen wei 刘文伟
Liu, Wen wei 刘文苇
Wei 苇
Wen 文
Wen, Wei 文韦
Wen, Wei 文苇
Wen, Zi 文子
Ye ma 野马
You ming shi 有名氏
Yuan, Ye 原野

LIU, TONG LIANG 刘桐良 (1917-1988)
Liu, Ye qiu 刘叶秋

LIU, TONG SHENG 刘同生 (1934-)
Yan he 延河

LIU, TONG XING 刘同兴 (1942-)
Da liu 大流
Tong xing 彤星

LIU, TONG YI 刘同绎 (1918-)
Liu, Chang nian 刘昌年
Liu, Yi chang 刘以鬯
Yi chang 以鬯

Liu, Tun 柳屯
PAN, ZHONG LIANG 潘中亮 (1928-)

Liu tuo 留陀
YANG, ZHONG XI 杨钟羲 (1854-1940)

Liu, Wan ming 刘万铭
CHEN, XIAN FU 陈显涪 (1949-)

LIU, WAN REN 刘万仁 (1929-)
Gu, Wan ren 古万忍

Liu, Wan ting 柳晚亭
CHEN, JIN QIANG 陈锦强 (1963-)

Liu, Wang 刘亡
YAN, HAN MIN 严汉民 (1914-)

Liu, Wang 刘望
LIU, TIAN ZHANG 刘天章 (1893-1931)

Liu, Wang yue 柳望月
CAI, ZHEN YANG 蔡振扬 (1917-)

Liu, Wang zai 柳望再
HE, WEN CHAO 何文潮

LIU, WEI 刘伟 (1951-)
Gu, Ne 古讷

LIU, WEI 刘伟 (1955-)
Zi wen 子文

Liu, Wei 刘苇
YOU, YUN QUAN 尤韵泉 (1901-)

LIU, WEI 刘暐 (1913-1938)
Liu, Wei e 刘韡鄂
Wei, E 韦鄂

LIU, WEI 刘蔚 (1925-)
Ye sou 野叟
Yi weng 逸翁

Liu, Wei 刘慰
LIU, GUO XING 刘国兴 (1915-)

Liu, Wei 柳微
LU, MING ZHU 陆明珠 (1930-)

LIU, WEI DIAN 刘维典 (1925-)
Dong guo xian sheng 东郭先生
Liu, Shi gu 刘师古

Liu, Wei e 刘韡鄂
LIU, WEI 刘暐 (1913-1938)

Liu, Wei gao 柳慰高
LIU, YA ZI 柳亚子 (1887-1958)

LIU, WEI GUO 刘卫国 (1963-)
Lao mu 老木

LIU, WEI HAN 刘维汉 (1898-)
Tie hai 铁海

LIU, WEI MING 刘魏铭 (1958-)
Liu, Huan yue 刘还月

Liu, Wei tian 刘蔚天
XIAO, JUN 萧军 (1907-1988)

Liu, Wei wen 刘蔚文
ZHANG, MO YUN 张默芸 (1937-)

Liu, Wei xin 刘维信
XIAO, JUN 萧军 (1907-1988)

LIU, WEI XIN 刘维新 (1933-)
Bai, Hong 白虹
Bai, Lang 白郎
Bi nong 笔农
Gao, Jie 高洁
Liu, Bi nong 刘笔农
Liu, Jian ying 刘剑英
Ruan, Jun 阮君
Shu, Qing 舒青
Song, Xiang 宋湘

LIU, WEI ZHANG 刘维章 (1942-)
Liu, Qiu shan 刘秋山
Qin, Ying 秦英

LIU, WEI ZHI 刘维之 (1939-)
Chu, Feng 楚风

Liu, Wen 刘文
LIU, TIAN WEN 刘天文 (1924-)

Liu, Wen 刘文
LIU, SHI ZE 刘世泽 (1928-)

Liu, Wen 刘文
LIU, JING QUAN 刘景泉 (1935-)

Liu, Wen 柳文
LIU, QI 刘绮 (1930-)

Liu, Wen 柳文
LIU, WEN YING 刘文英 (1939-)

Liu, Wen 柳闻
TIAN, ZHONG JI 田仲济 (1907-)

Liu, Wen 柳闻
QIU, SHAN 邱山

Liu, Wen 柳雯
LIU, WEN HUA 刘文化 (1933-)

LIU, WEN BIN 刘文斌 (1963-)
Liu, Bian sheng 柳边生

LIU, WEN CHEN 刘文忱 (1920-)
Hui feng 蕙风
Liu, Ye feng 刘夜峰
Ye feng 夜峰
Yi feng 抑锋

LIU, WEN DAO 刘文道 **(1915-)**
Liu, Wen dao 刘稳道

Liu, Wen dao 刘稳道
LIU, WEN DAO 刘文道 **(1915-)**

LIU, WEN FU 刘文福 **(1933-)**
Jin, Tian 金田
Liu, Fei 刘菲
Liu, Jin tian 刘金田
Tian, Dian 田滇

LIU, WEN HUA 刘文化 **(1933-)**
Liu, Wen 柳雯
Liu, Yang 柳杨

LIU, WEN HUA 刘文华 **(1934?-)**
Geng fu 耕夫

Liu, Wen jie 刘文介
LIU, QING 刘青

LIU, WEN JIN 刘文晋 **(1922-)**
Wen jin 问津

LIU, WEN PU 刘文璞 **(1934-)**
Liu, Jing shan 刘景山

LIU, WEN QING 刘文清 **(1954-)**
Shen, Chen 沈沉

LIU, WEN QU 刘问渠
Liu, Da ren 柳达仁
Yue, Ke ji 岳克基

LIU, WEN QUAN 刘文泉 **(1935-)**
Yi qing 一謦

LIU, WEN SAN 刘文三 **(1939-)**
Liu, San hao 刘三豪

LIU, WEN TAO 刘文涛 **(1952-)**
Fei er 菲尔
Jin, Wan 金晚

Liu, Wen wei 刘文伟
LIU, TONG JU 刘通矩 **(1921-)**

Liu, Wen wei 刘文苇
LIU, TONG JU 刘通矩 **(1921-)**

LIU, WEN XIAN 刘文铣 **(1922-)**
Bian che 扁车
Da huang 大荒
Du, Zai 杜哉
He, Yan 何言
Liu, Da huang 刘大荒
Liu, Da wu 刘大芜
Liu, Jin 刘金
Liu, Qing yang 刘青阳
Liu, Qing yang 刘清阳
Liu, Wu yin 柳无垠
Liu, Yu yi 刘余一
Mao, Sai 茅塞
Meng dan 梦旦
Mo, Ke 墨客
Shu, Sheng 舒生
Tai xi sheng 太息生
Wei, Hang 韦航
Wen, Xi 闻喜
Yue, Jian 乐见
Yue, Ren 越人
Yue, Wen 乐闻
Yue, Yan 乐言
Zhang, Yang 张扬

LIU, WEN XING 刘文性 **(1935-)**
Ai, Hua 艾华
Hong xue 红雪
Hua, Nan 华南
Wei wen 维文

LIU, WEN XIU 刘文修 **(1912-)**
Liu, Fu chen 刘付忱

LIU, WEN XUAN 刘文选 **(1923-)**
Shi, Yuan 石缘

LIU, WEN YAN 刘文岩
Shen, Jin 申金

Liu, Wen yao 刘问尧
LIU, CHENG YU 刘成禺 **(1877-1953)**

LIU, WEN YING 刘文英 **(1939-)**
Liu, Wen 柳文

Liu, Wen ying 柳文英
ZHOU, JIAN XIAO 周剑箫 **(1911-1992)**

LIU, WEN YU 刘文玉 **(1925-)**
Liu, Xing 刘星

Liu, Wen zhe 柳文哲
ZHAO, TIAN YI 赵天仪 **(1935-)**

LIU, WEN ZHEN 刘文珍 **(1911-1982)**
Kong, Qi qin 孔启秦
Liu, Yu qin 刘于秦

LIU, WEN ZHONG 刘文中 **(1940-)**
Wen, Zhong 闻钟

LIU, WEN ZHU 刘文注
Si si 思思

LIU, WEN ZHUO 刘文卓 **(1913-)**
Bo li 伯力
Liu, Dao sheng 刘导生
Ruo ping 若平
Zhu, Ming 朱明

LIU, WO JUN 刘沃均 **(1927-)**
Liu, Jun 刘军
Wei yan 微言

Liu, Wu 刘五
LIU, YU XI 刘浴西 (1918-)

Liu, Wu 刘午
LIU, YU XI 刘浴西 (1918-)

Liu, Wu 刘伍
LIU, YU XI 刘浴西 (1918-)

Liu wu dao shi 六无道士
ZHU, JI LIANG 朱季良 (1908-1989)

LIU, WU GOU 柳无垢 (1914-1963)
Shu zhi 淑之
Wu gou 无垢
Xiao yi 小宜
Zheng, Liu fang 郑留芳

Liu, Wu ji 柳无忌
LIU, XI RENG 柳锡礽 (1907-)

Liu wu ju shi 六无居士
ZHU, JI LIANG 朱季良 (1908-1989)

Liu wu xi wang hou yi 刘武僖王后裔
LIU, MENG PENG 刘孟鹏 (1857-1909)

Liu Wu xin nü shi 刘舞心女士
ZHANG, RUO GU 张若谷 (1904-)

LIU, WU XIONG 刘武雄 (1937-)
Qi deng sheng 七等生

Liu, Wu yin 柳无垠
LIU, WEN XIAN 刘文铣 (1922-)

LIU, XI 刘玺 (1939-)
Dong xu 东旭
Er yu 尔玉
Liu, Zhang 刘章

Liu, Xi 刘溪
LIU, HOU LANG 刘厚朗 (1927-1968)

LIU, XI 刘熹 (1923-1958)
Liu, Fei lie 刘非烈
Ying, Xi lang 应喜郎
Liu, XIng 刘星

Liu, Xi 柳溪
WU, LI HUA 吴立华 (1913-)

Liu, Xi 柳溪
LI, CHUN GANG 李纯刚 (1922-1982)

Liu, Xi 柳溪
JI, QING SHEN 纪清侁 (1924-)

Liu xi 流溪
HOU, CHU SHENG 侯滁生 (1952-)

LIU, XI AN 刘锡安 (1937-)
Mo, Ren 墨人

LIU, XI CHENG 刘锡诚 (1935-)
Yi, Yan 易言

LIU, XI FU 刘喜富 (1925-)
Fei, Huo 费火
Huo ren 火人
Ling, Pu san 凌璞三
Liu, Le yin 刘乐吟
Liu, Sui 刘燧
Liu, Zhao 刘钊
Lu, Yi 鲁遗
Shang guan, Ying 上官缨
Wen, Bing 文兵
Xiao, Bing 肖冰
Xiao, Bing 肖兵
Yi yi 遗遗
Yin 吟

LIU, XI JUN 刘喜军 (1953-)
Liu, Da ji 刘大吉

Liu, Xi lin 刘西林
LIU, XI LIN 刘锡林 (1919-)

LIU, XI LIN 刘锡林 (1919-)
Liu, Xi lin 刘西林

Liu, Xi lin 刘熙林
LIU, HUI ZHI 刘惠之 (1907-)

LIU, XI LIN 刘曦林 (1942-)
Mu xi 木曦

Liu, Xi meng 刘西蒙
LIU, FANG SONG 刘芳松 (1910-1994)

LIU, XI MING 刘锡铭 (1913-)
Liu, You xin 刘又辛

Liu, Xi pan 刘锡盘
LIU, GUO YING 刘国盈 (1925-)

LIU, XI PENG 刘锡朋 (1934-)
Mu rong, Qin 慕容芹

Liu, Xi ren 刘习仁
LIU, FAN HUA 刘繁华 (1923-)

LIU, XI RENG 柳锡礽 (1907-)
Liu, Wu ji 柳无忌
Wu ji 无忌
Xiao xia 啸霞
Xiao, Ya 萧亚

LIU, XI RONG 刘锡荣 (1920-)
Du, Gu 杜谷
Fang xia 芳夏
Lin, Liu nian 林流年
Lin, Ye 林野
Liu, Ling guang 刘令广
Liu, Ling men 刘令门

Liu, Ling meng 刘令蒙
Liu, Zhan 刘湛
Si ken 思懇
Yan, Mai 燕麦
Yun xia 芸夏
Zhou, Ruo mu 周若牧

Liu, Xi shu 柳西叔
XUE, JING FU 薛景福 **(1922-1985)**

Liu, Xi wei 刘西渭
QIAN, XING CUN 钱杏邨 **(1900-1977)**

Liu, Xi wei 刘西渭
LI, JIAN WU 李健吾 **(1906-1982)**

LIU, XI WU 刘锡五 **(1898-)**
Xi wu 锡五

LIU, XI XIN 刘希新 **(1940-)**
Liu, Xin 刘心

LIU, XIA 刘侠 **(1942-)**
Xing lin zi 杏林子

Liu, Xia 刘夏
LIU, RU YANG 刘汝阳 **(1940-)**

Liu, Xia 柳下
CHANG, YAN SHENG 常燕生 **(1898-1947)**

Liu, Xia feng 柳下风
LIN, TAI SHEN 林太深 **(1939-)**

LIU, XIA LING 刘遐龄 **(1922-)**
Ke tian 克天

Liu, Xia nong 柳夏浓
LIU, EN LONG 刘恩龙 **(1950-)**

LIU, XIAN 刘咸 **(1901-1987)**
Guan hua 观化
Han shi 汉士
Zhong, Xi 仲熙

Liu, Xian 刘岘
WANG, ZHI DUI 王之兑 **(1915-1990)**

Liu xian 骝先
ZHU, JIA HUA 朱家骅 **(1892-1963)**

LIU, XIAN LI 刘先礼 **(1919-)**
Liu, Si 刘嗣

LIU, XIAN LI 刘先理
Jin, Sha 金沙

LIU, XIAN LI 刘贤立
Jin, Ni 靳尼

LIU, XIAN LONG 刘现龙 **(-1941)**
Liu, Meng tian 刘孟田
Meng, Tian 孟田
Ying, Qing 应清

LIU, XIAN MING 刘贤明 **(1931-)**
Nan, Feng 南风
Si tu, Xian tian 司徒仙天
Zhang, Fan 张帆
Zhang, Hang 张航
Zhang, Yi fan 张一帆

LIU, XIAN PING 刘先平 **(1937-)**
Wen, Mu 文木

LIU, XIAN QI 刘显启 **(1914-)**
Liu, Yi qing 柳一青
Liu, Zhong 刘重
Qiu, Zhong 仇重

Liu, Xian si 刘咸思
LIU, RONG 刘瑢 **(1910-)**

Liu, Xian zhou 刘仙洲
LIU, HE 刘鹤 **(1890-1975)**

Liu, Xiang 刘向
LIU, GONG HUANG 刘恭煌 **(1931-)**

Liu, Xiang 刘祥
LIU, SHAO QI 刘少奇 **(1898-1969)**

LIU, XIANG 刘翔 **(1965-)**
Xiao niu 小牛

LIU, XIANG CHENG 刘向成 **(1929-)**
Liu, Peng 刘鹏
Xiang cheng 湘程

LIU, XIANG HAI 刘向海 **(1970-)**
Zhen dao 贞岛

LIU, XIANG LONG 刘祥龙 **(1952-)**
Wen, Qing 文青

LIU, XIANG RU 刘相如 **(1922-)**
Sha, Ping 沙萍

Liu, Xiang ru 刘湘如
ZHU, EN ZHU 朱恩铸 **(1946-)**

LIU, XIANG TING 刘襄亭
S. S.
Tian ni 天倪
Tian zheng 天诤
Wei yu 微雨
Yin guang 饮光

LIU, XIANG YANG 刘向阳 **(1939-)**
Hao ming 浩明

Liu, Xiao 刘筱
LIU, PING ZHAI 刘平斋 **(1933-)**

Liu, Xiao 柳潇
LIU, YAN XIAO 刘艳肖 **(1974-)**

Liu, Xiao bai 刘小白

LIU, GUO ZHENG 刘国正 (1926-)

LIU, XIAO BIN 刘晓滨 (1950-)
An, Wen 安文

LIU, XIAO BO 刘小波 (1923-)
Huang, He 黄河
Ye lu 耶路

LIU, XIAO BO 刘晓波 (1955-)
Tan shi 潭石
Xiao bo 小波

LIU, XIAO CUN 刘孝存 (1946-)
Liu, Cun 柳村
Xiao cun 晓村

LIU, XIAO FENG 刘小枫 (1956-)
Mo mo 默默

LIU, XIAO GANG 刘晓刚 (1931-)
Xiao gang 小岗
Xiao gang 小刚

LIU, XIAO HENG 刘小衡
Liu, Qing 刘青

LIU, XIAO HUAN 刘晓寰 (1914-)
Liu, Liu 刘柳

LIU, XIAO HUI 刘笑惠 (1936-)
Liu, Xiao wei 刘效伟
Wei ren 韦人
Xiao bai 笑白

LIU, XIAO MEI 刘晓梅 (1950-)
Xiao mei 晓梅
Yi xin 一心

LIU, XIAO SHENG 刘笑生 (1916-)
Shi, Tian 石天

Liu, Xiao shi 刘小石
LIU, XIAO SHI 刘晓石 (1931-)

LIU, XIAO SHI 刘晓石 (1931-)
Liu, Xiao shi 刘小石
Xiao shi 晓石

LIU, XIAO SI 刘孝思 (1921-)
Ding, Yi lan 丁一岚

Liu, Xiao song 刘小松
PI, ZUO JIU 皮作玖 (1917-)

Liu, Xiao su 刘小苏
PI, ZUO JIU 皮作玖 (1917-)

LIU, XIAO SU 刘小粟 (1931-)
Liu, Dan zhai 刘旦宅
Liu, Hun 刘浑

Liu, Xiao tian 刘晓天
XU, JI HUA 徐季华 (1923-)

Liu, Xiao wei 刘效伟
LIU, XIAO HUI 刘笑惠 (1936-)

LIU, XIAO XIN 刘小新 (1966-)
Liu, Xiao xing 刘晓星

LIU, XIAO XIN 刘晓欣 (1958-)
Du qiao mu 独桥木

Liu, Xiao xing 刘晓星
LIU, XIAO XIN 刘小新 (1966-)

Liu, Xiao yi 刘小艺
LIU, HUAN CHEN 刘焕忱 (1959-)

Liu, Xiao yu 刘小宇
LIU, YU 刘瑀

Liu, Xiao yu 刘小芋
LIU, YU 刘瑀

Liu, Xiao yu 刘小愚
LIU, YU 刘瑀

LIU, XIAO YU 刘孝瑜 (1923-)
Xiao yu 晓玉

Liu, Xiao yu 刘肖愚
LIU, YU 刘瑀

Liu, Xiao yu 刘肖瑀
LIU, YU 刘瑀

LIU, XIAO YUN 刘晓云 (1964-)
Ai, Li ya 艾丽娅

Liu, Xie hui 柳斜晖
ZHANG, KE GANG 张克刚 (1915-)

Liu, Xin 刘心
LIAO, BAO YING 廖宝蓥 (1909-)

Liu, Xin 刘心
YE, KUN CAN 叶昆灿 (1935-)

Liu, Xin 刘心
LIU, XI XIN 刘希新 (1940-)

Liu, Xin 刘芯
LIU, CHENG HUI 刘承蕙 (1925-)

LIU, XIN 刘昕 (1951-)
Xin ran 欣然

Liu, Xin 刘欣
LIU, XIN 刘新 (1954-)

LIU, XIN 刘新 (1925-)
Liu, Dao rong 刘道荣

LIU, XIN 刘新 (1954-)
Liu, Xin 刘欣

Liu, Xin 柳欣
LIU, PU 刘璞 (1923-1986)

Liu xin 浏心
LIAO, BAO YING 廖宝蓥 **(1909-)**

Liu, Xin da 刘欣大
LIU, XIN DA 刘鑫大 **(1934-)**

LIU, XIN DA 刘鑫大 **(1934-)**
Liu, Xin da 刘欣大

LIU, XIN GENG 刘欣耕 **(1946-)**
Hua, Yao 华瑶

LIU, XIN HAN 刘新汉 **(1934-)**
Liu, Xing 刘星

LIU, XIN HUANG 刘心皇 **(1915-)**
An, Wei 安慰
Fo ruo 佛若
Gao, Tian 高天
He, Tu 何图
Jue tang 觉堂
Liu, Jue tang 刘觉堂
Liu, Lang 刘郎
Liu, Meng ruo 刘梦若
Liu, Ming yuan 刘明园
Liu, Sheng yan 刘生焱
Liu, Xin huang 刘心煌
Liu, Xing wang 刘星王
Liu, Yan 刘岩
Long, Tu 龙图
Lou, Hai men 娄海门
Meng bai 梦白
Meng meng 梦梦
Meng ruo 梦若
Ming, Yuan 明园
Qing meng 青梦
Qing qing 青青
Shi, Fang ping 史方平
Si ma, Shuang 司马霜
Sou qi jia 搜奇家
Sou qi ke 搜奇客
Tian, Cheng 田诚
Wu lu 悟庐
Wu mo 勿默
Xing lang 星朗
Xing wang 星王
Xu, Mo zhi 徐默之
Xun huang 寻璜
Ye, Xian 叶宪
Yi wen 毅文
Yi, Yu 衣鱼
Yun shi 云室
Yun shi zhu ren 云室主人
Zheng, Xue 郑雪

Liu, Xin huang 刘心煌
LIU, XIN HUANG 刘心皇 **(1915-)**

LIU, XIN MIN 刘新民 **(1914-)**
Liu, Lang 刘郎
Liu, Qian du 刘前度

LIU, XIN MIN 刘新民 **(1926-)**
Bai, Hang 白航
Wen, Guo 文过
Xiao, Bai 萧白
Xie, Yan bai 谢燕白
Xin, Xin 辛心
Yan, Bai 燕白

LIU, XIN WU 刘心武 **(1942-)**
Liu, Liu 刘浏
Yu, Shan 鱼山
Zhao, Zhuang han 赵壮汉

Liu, Xin zhong 刘欣中
LIU, XIN ZONG 刘新宗 **(1939-)**

LIU, XIN ZHONG 刘莘仲 **(1917-)**
Yue, Se 岳瑟

LIU, XIN ZHONG 刘新中 **(1953-)**
Liu, Huai 柳槐
Shi, Liu 石柳
Zhong liu 中流

LIU, XIN ZONG 刘新宗 **(1939-)**
Liu, Xin zhong 刘欣中

Liu, Xing 刘行
LIU, HOU YI 刘后贻 **(1924-)**

Liu, XIng 刘星
LIU, XI 刘熹 **(1923-1958)**

Liu, Xing 刘星
LIU, WEN YU 刘文玉 **(1925-)**

Liu, Xing 刘星
LIU, MAO CHEN 刘茂辰 **(1928-)**

Liu, Xing 刘星
LIU, XIN HAN 刘新汉 **(1934-)**

Liu, Xing 刘星
LIU, LI BO 刘立波 **(1951-)**

Liu xing 流星
LIU, ZI CHENG 刘子成 **(1942-)**

Liu xing 流星
LI, SHAN QING 李善清 **(1955-)**

LIU, XING BANG 刘兴邦 **(1937-)**
Xing xue 兴学

LIU, XING CAN 刘星灿 **(1937-)**
Xing can 星灿

LIU, XING MING 刘兴明 **(1936-)**
Dong fang, Zhou 东方舟
Yi ge 宜戈

LIU, XING QIN 刘杏琴 (1950?-)
Kang, Wei 康薇
Liu, Han zhi 刘含芝

LIU, XING SEN 刘兴森 (1941-)
Liu, Sen 刘森

Liu, Xing wang 刘星王
LIU, XIN HUANG 刘心皇 (1915-)

Liu xing weng 六幸翁
JIN, AN QING 金安清

LIU, XING YA 刘兴亚 (1911-)
Liu, Yi fu 刘毅夫
Yi fu 毅夫

LIU, XIONG FEI 刘雄飞 (1925-)
Jiu er 疚耳
Yong fei 庸非

Liu, Xiu min 刘秀敏
WU, XIU ZHEN 吴秀珍 (1940-)

LIU, XIU SHENG 刘秀生 (1944-)
Liu, Min 刘敏

LIU, XIU ZHEN 刘秀珍 (1949-)
Cai yun fei 彩云飞
Chen, Jun 陈君
Jun ying lü 君盈绿
Wen, Ruo 文若
Xia, Yu wei 夏雨薇
Ying xiu 颖秀

Liu, Xu 刘叙
ZHU, KAN 朱侃 (1925-)

Liu, Xu 柳絮
HE, XU 何絮

Liu, Xu gu 刘虚谷
LIU, YAO 刘耀 (1906-1983)

LIU, XU TANG 刘序堂 (1922-)
Liu, Pei xian 刘佩弦

LIU, XU YI 刘绪贻 (1913-)
Liu, You 刘莠
Zhu lang 珠郎

Liu, Xuan 刘玄
ZHU, YI SHU 朱以书 (1904-)

Liu, Xuan 刘宣
LIU, RUI XUAN 刘瑞轩 (1938-)

LIU, XUAN MIN 刘选民
H. M.
Wen, Xuan 文选

LIU, XUE AN 刘雪庵 (1905-1985)
Su, Ya 苏崖
Yan, Qing 晏青
Yan, Ru 晏如

Liu, Xue dong 刘学东
LIU, JING QUAN 刘景泉 (1935-)

LIU, XUE GENG 刘学庚 (1950-)
Jia sha 佳沙
Xiao liu 晓流

Liu, Xue min 刘学民
LIU, SHU SHENG 刘树声 (1927-)

LIU, XUE PING 刘雪屏 (1958-)
Xue ping 雪屏

LIU, XUE QUAN 刘雪泉 (1946-)
Xue quan 雪泉

Liu, Xue wei 刘雪苇
LIU, MAO LONG 刘茂隆 (1912-)

Liu, Xue yu 刘学裕
YU, YOU REN 于右任 (1879-1964)

LIU, XUN 刘迅
Liu, Yi min 刘益民

Liu, Xun 刘洵
LIU, DA XUN 刘大洵 (1932-)

LIU, XUN QUAN 刘巽权 (1882-1923)
Xiang nan lu zhu 向南庐主

Liu, Xun yu 刘薰宇
LIU, JIA RONG 刘家镕 (1896-1967)

Liu, Ya 柳涯
WANG, ZHI DUI 王之兑 (1915-1990)

Liu, Ya lu 柳亚庐
LIU, YA ZI 柳亚子 (1887-1958)

Liu, Ya lun 刘亚伦
LIU, RUI LIN 刘瑞林 (1936-)

LIU, YA NONG 刘雅农 (1896-)
Lai qing lao ren 来青老人
Lao nong 老农
Liu, Jian 刘健
Sai weng 塞翁
Wu yong 勿用

LIU, YA PING 刘亚平 (1954-)
Yi bo 逸波

LIU, YA ZHOU 刘亚舟 (1943-)
Zhuang, Fu 庄夫

LIU, YA ZI 柳亚子 (1887-1958)
An, Ru 安如
Chun can 春蚕
Chun can Ju shi 春蚕居士
Fen hui jiu yin 分湖旧隐

Fen min 愤民
Geng sheng zhai 更生斋
Han zhong zhi zhong yi han zhong 汉种之中一汉种
Hua long yin shi 化龙隐士
Hui nong 慧侬
Hui nong nü shi 慧侬女士
Huo mai an zhu ren 活埋庵主人
Jia xuan 稼轩
Jing, Shan 景山
Jiu she zhang 酒社长
Ke shi ting si ji 柯士汀斯基
Li jun shi shi 丽君侍史
Li ning si shu di zi 李宁私淑弟子
Ling fen bie guan jiu zhu 灵芬别馆旧主
Liu, An ru 柳安如
Liu, Chun can 柳春蚕
Liu, Qi ji 柳弃疾
Liu, Ren quan 柳人权
Liu, Wei gao 柳慰高
Liu, Ya lu 柳亚庐
Lu, Su 鲁速
Mo jian shi zhu 磨剑室主
Mo ling bei qiu ke 秣陵悲秋客
Nan, Fu 南父
Nan ming yi min 南明遗民
Nan, Shi 南史
Nan, Shi shi 南史氏
Qi ji 弃疾
Qi ji zi 弃疾子
Qing si 青兕
Qing si zhe 青兕者
Qiu, Can 秋蚕
Ren quan 人权
Rong zhai 榕斋
Shang, Zuo sheng 尚左生
Song ling nü zi Pan Xiao huang 松陵女子潘小璜
Tang, Huang 唐璜
Tang, Yin zhi 唐隐芝
Wei gao 慰高
Xia shao nian 侠少年
Xu wu 虚无
Y. T.
Ya lu 亚卢
Ya lu 亚庐
Ya zi 亚子
Yi lou 羿楼
Zhang, Yu ying 张於英
Zhong guo shao nian zhi shao nian 中国少年之少年

Liu, Yan 刘岩
LIU, XIN HUANG 刘心皇 **(1915-)**

LIU, YAN 刘彦 **(1956-)**
Wen, He 文禾

Liu, Yan 刘雁
SHEN, YU GANG 沈毓刚 **(1920-)**

Liu yan 流岩
WANG, ZHI DUI 王之兑 **(1915-1990)**

LIU, YAN FU 刘延甫
Cang bo 沧波
Guan yang 贯洋
Jin, Bei 金贝
Mu, Hua 沐华

LIU, YAN HAN 刘彦涵 **(1916-)**
Liu, Bao sen 刘宝森
Yan han 彦涵

Liu, Yan ji 刘燕及
LIU, CHENG HUI 刘承蕙 **(1925-)**

LIU, YAN LI 刘言立 **(1930-)**
Fei fei 非非
Liu, Yan lü 柳延绿
Lu, Min 鲁民

LIU, YAN LING 刘延陵 **(1895-1988)**
Jin, Ji zi 金季子
Jin, Zheng 金正
Qiu, Shi 秋石
Xia, Feng 夏逢
Y. L.
Yan, Lin 言林
Yan ling 延陵
Yi cen 逸岑
Yu lin 雨霖
Yun, Ling 云菱

Liu, Yan lü 柳延绿
LIU, YAN LI 刘言立 **(1930-)**

Liu, Yan qiao 柳烟桥
GAN, ZHAO GUANG 甘兆光 **(1919-)**

Liu, Yan song 刘岩松
LI, DONG QUAN 李冬泉 **(1958-)**

LIU, YAN TIAN 刘岩田 **(1938-)**
Yu xuan 羽玄

LIU, YAN WEN 刘衍文 **(1926-)**
Shan cao 珊草
Shen, Mo nan 沈默难
Zhang hua 彰华

LIU, YAN WU 刘彦武 **(1957-)**
Tong, Mu 童目

LIU, YAN XIANG 刘延祥 **(1934-)**
Liu, Ci 刘慈

LIU, YAN XIANG 刘延湘 **(1942-)**
Wu, Wu 吴芜

LIU, YAN XIAO 刘艳肖 **(1974-)**
Liu, Xiao 柳潇

LIU, YAN ZHAO 刘彦钊 **(1933-　　)**
Ji fan 基凡

LIU, YAN ZHOU 刘衍洲 **(1921-1990)**
Shi, Hui 石灰
Shi, Huo 石火

Liu, Yan zu 刘延租
LIU, ZHI MING 刘智明 **(1911-　　)**

Liu, Yang 刘扬
LIU, ZHEN SHENG 刘振声 **(1920-1973)**

Liu, Yang 刘阳
LIU, LIAN LUN 刘连仑 **(1943-　　)**

Liu, Yang 刘阳
LIU, CHAO FANG 刘朝方 **(1963-　　)**

Liu, Yang 刘烊
LIU, ZHI XING 刘志星

Liu, Yang 柳央
ZHANG, SHI XUN 张世勋 **(1925-　　)**

Liu, Yang 柳杨
LIU, WEN HUA 刘文化 **(1933-　　)**

LIU, YANG ER 刘扬迩 **(1930-　　)**
Wan er 莞尔

LIU, YAO 刘燿 **(1906-1983)**
Liu, Xu gu 刘虚谷
Liu, Zhao lin 刘照林
Shui, Niu 水牛
Xu gu 虚谷
Yin, Da 尹达

Liu, Yao cun 柳摇村
ZHENG, YUAN AN 郑远安 **(1925-　　)**

Liu, Yao jun 刘尧军
LI, JUN CAI 李俊才 **(1921-　　)**

LIU, YAO MIN 刘尧民 **(1898-1968)**
Bo hou 伯厚
Lin, Bu ken 林不肯

Liu, Yao min 刘尧民
LIU, REN YONG 刘仁勇 **(1927-　　)**

LIU, YAO ZONG 刘耀宗 **(1927-　　)**
Liu, Tian pei 刘天培

Liu, Ye 刘冶
DENG, SHI ZHONG 邓式钟 **(1919-　　)**

Liu, Ye 柳叶
WU, CHEN 吴琛 **(1912-1988)**

Liu, Ye bei 刘也悲
JIN, DE CHENG 金德成 **(1918-　　)**

Liu, Ye bing 刘也兵
LIU, SHI JI 刘世骥 **(1928-　　)**

Liu, Ye feng 刘夜峰
LIU, WEN CHEN 刘文忱 **(1920-　　)**

Liu, Ye qing 柳野青
LIU, QI JUN 柳启鋆 **(1902-　　)**

Liu, Ye qing 柳野青
YANG, JI CHUAN 杨济川 **(1928-　　)**

Liu, Ye qiu 刘叶秋
LIU, TONG LIANG 刘桐良 **(1917-1988)**

Liu, Ye xiu 刘也秀
MU, SHAO LIANG 沐绍良 **(1912-1969)**

LIU, YE YONG 刘业勇 **(1959-　　)**
A yong 阿勇

LIU, YE YUAN 刘烨园 **(1954-　　)**
Leng, Yang 冷洋
Nan, Ye 南也

Liu, Yi 刘一
LIU, NIAN YI 刘念一 **(1944-　　)**

LIU, YI 刘毅 **(1916-　　)**
Bing ding 丙丁
Feng 枫
Liu, Li 刘笠
Mu feng 木风
Yi mo 一沫
Zui feng 醉枫

Liu, Yi 刘毅
LIU, PEI HAN 刘培汉 **(1924-　　)**

Liu, Yi 刘毅
LIU, HAI NIAN 刘海年 **(1936-　　)**

LIU, YI 刘艺 **(1929-　　)**
Lu, Feng 鲁风

Liu, Yi 刘艺
WANG, PING 王平 **(1931-　　)**

Liu, Yi 柳仪
WANG, WEI 王伟 **(1927-　　)**

Liu, Yi 柳夷
YANG, SHI JUN 杨时俊 **(1917-　　)**

Liu yi 柳依
LI, DIAN 李点 **(1914-1983)**

Liu yi 流溢
LIU, BING YI 刘秉颐 **(1949-　　)**

Liu yi 留毅
YUN, HUA 云华 **(1964-　　)**

Liu yi 六逸
XIE, LIU YI 谢六逸 **(1898-1945)**

LIU, YI BIN 刘仪宾 **(1904-)**
Liu, Guo yin 刘果因

Liu, Yi cai 刘易才
ZHU, ZONG BIN 朱宗彬 **(1913-1937)**

Liu, Yi chang 刘以鬯
LIU, TONG YI 刘同绎 **(1918-)**

LIU, YI DA 刘一达 **(1954-)**
Da cheng 达城

Liu, Yi di 柳依堤
LUO, HONG KUN 罗鸿堃 **(1932-)**

LIU, YI FEN 刘以芬 **(1885-1961)**
Li weng 荔翁
Liu, You heng 刘幼蘅
Song li shan fang 宋荔山房

LIU, YI FU 刘逸夫 **(1920-)**
Liu, Kuang 刘旷
Niu, Geng 牛耕

Liu, Yi fu 刘毅夫
LIU, XING YA 刘兴亚 **(1911-)**

Liu, Yi fu 柳毅夫
LIU, KE LI 柳克立 **(1903-1968)**

Liu, Yi geng 刘亦耕
LIU, YI TING 刘艺亭 **(1917-)**

Liu, Yi gu 刘衣谷
LIU, QI YU 刘祺裕 **(1938-)**

LIU, YI LIANG 刘宜良 **(1932-1984)**
Ding, Yi 丁依
Henry Liu
Jiang, Nan 江南

Liu, Yi lin 刘依林
LIU, ZONG HUANG 刘宗璜 **(1915-1983)**

LIU, YI LING 刘翼凌 **(1903-)**
Can kui lao ren 惭愧老人

LIU, YI LUN 刘彝伦 **(1922-)**
Mu li 牧里
Shi, Yu zhi 石与之

Liu, Yi meng 刘一梦
LIU, ZENG RONG 刘增容 **(1906-1931)**

Liu, Yi meng 刘亦梦
LIU, ZENG RONG 刘增容 **(1906-1931)**

Liu, Yi min 刘益民
LIU, XUN 刘迅

LIU, YI QING 刘贻清 **(1928-)**
Ye lan 野岚

Liu, Yi qing 柳一青
LIU, XIAN QI 刘显启 **(1914-)**

Liu, Yi qing 柳以青
LIU, JIA JU 刘家驹

Liu yi shan ren 六一山人
LIN, YU SHU 林玉书 **(1881-)**

LIU, YI SHAN 刘益善 **(1950-)**
Yi, Shan 易山

Liu, Yi sheng 刘逸生
LIU, RI BO 刘日波 **(1917-)**

Liu, Yi shi 刘易士
ZHU, ZONG BIN 朱宗彬 **(1913-1937)**

Liu, Yi si 刘易斯
LIU, TIAN JUN 刘田均 **(1947-)**

LIU, YI TING 刘艺亭 **(1917-)**
Hua, Er shi 华而实
Liu, Yi geng 刘亦耕
Yi geng 以耕

Liu, Yi wen 刘一文
LIU, HUI ZHI 刘惠之 **(1907-)**

Liu, Yi wen 刘一闻
LIU, HU SHENG 刘沪声 **(1949-)**

Liu, Yi xi 刘一溪
LIU, HUI ZHI 刘惠之 **(1907-)**

Liu, Yi yang 刘意扬
ZHAO, SHENG 赵声 **(1881-1911)**

Liu, Yi yi 柳依依
LIU, MING YI 刘明仪 **(1947-)**

Liu, Yi yu 刘一宇
LIU, REN JING 刘仁静 **(1902-1987)**

Liu, Yi yu 刘亦宇
LIU, REN JING 刘仁静 **(1902-1987)**

LIU, YI ZHENG 刘以正 **(1947-)**
Yin jiang 饮江

LIU, YI ZHONG 刘亦中 **(1944-)**
Liu, Bai sui 刘百岁

Liu, Yi zhou 刘艺舟
LIU, BI CHENG 刘必成

LIU, YIN 刘吟 **(1912-)**
Liu yin 流音
Xue ren 雪人
You qi 幼齐
Yu qing 雨青

Liu, Yin 刘吟
ZHENG, CHUN YUAN 郑春源 **(1947-)**

LIU, YIN 刘胤 **(1904-1942)**
Li, Jian fang 李建芳

Li, Mai mai 李麦麦
Liu, Yin 刘隐
Shen, Yun qin 沈韻琴

LIU, YIN 刘茵 **(1935-)**
Qin, Zi 秦子
Yin zi 茵子

Liu, Yin 刘隐
LIU, YIN 刘胤 **(1904-1942)**

Liu, Yin 柳荫
SUN, JIA RUI 孙嘉瑞 **(1920-)**

Liu, Yin 柳荫
YIN, WEI 殷伟 **(1957-)**

Liu, Yin 柳荫
MA, XU LIANG 麻旭亮 **(1967-)**

Liu yin 流音
LIU, YIN 刘吟 **(1912-)**

Liu yin 流音
WEN, SI XIANG 温嗣翔 **(1916-)**

LIU, YIN DI 刘引弟 **(1951-)**
Liu, Ying zi 刘颖姊

LIU, YIN ZHUANG 刘荫庄 **(1949-)**
Ye du 野渡

Liu, Ying 刘应
MA, BI 马璧 **(1942-)**

Liu, Ying 刘英
LIN, BING HUANG 林炳煌 **(1934-)**

Liu, Ying 刘英
LIU, YONG LIANG 刘永良

Liu, Ying 刘莺
XU, DU QIAN 徐笃谦 **(1925-)**

Liu, Ying 刘滢
XIE, BING YING 谢冰莹 **(1906-2000)**

Liu, Ying 刘颖
LIU, JIAN HUA 刘建华 **(1938-)**

Liu, Ying 柳英
XU, MAO RONG 徐茂荣 **(1911-1977)**

Liu, Ying 柳影
MING, QIU SHUI 明秋水 **(1920-)**

Liu ying 流螢
ZHOU, QING TAO 周庆陶 **(1912-)**

Liu ying 流萤
LIU, REN YONG 刘仁勇 **(1927-)**

Liu, Ying di 柳映堤
ZHENG, SHU RONG 郑树荣 **(1917-)**

Liu, Ying di 柳映堤
LIAO, YU HUI 廖玉蕙 **(1950-)**

Liu, Ying guang 柳映光
YANG, MING 杨明 **(1919-)**

LIU, YING JUN 柳英君 **(1970-)**
Gu, Liu 古柳

LIU, YING SHENG 刘迎胜 **(1947-)**
Pi, Lu si 皮路斯

LIU, YING SHI 刘英士
Ying, Shi 英士

LIU, YING YUAN 刘映元
Bei hong 北虹
Ying yuan 映元

Liu, Ying zi 刘颖姊
LIU, YIN DI 刘引弟 **(1951-)**

Liu, Yong 刘勇
LIU, ZI LONG 刘子龙 **(1925-)**

LIU, YONG 刘勇 **(1964-)**
Ge fei 格非

Liu, Yong 刘墉
LIU, YONG 刘镛 **(1949-)**

LIU, YONG 刘镛 **(1949-)**
Liu, Yong 刘墉
Meng ran 梦然

Liu yong 六庸
LÜ, SI MIAN 吕思勉 **(1884-1957)**

LIU, YONG CHUAN 刘永传 **(1916-)**
Liu, Chuan 刘传

LIU, YONG GEN 刘永根 **(1965-)**
Yong geng 永耕

Liu, Yong ji 刘永吉
YE, RAN 叶然 **(1931-)**

LIU, YONG JI 刘永济 **(1887-1966)**
Liu, Hong du 刘弘度
Song zhou 诵帚

LIU, YONG KAI 刘永凯 **(1927-)**
A liu 阿刘

LIU, YONG LIAN 刘永濂 **(1928-)**
Bo chuan 伯川
Da jiang 大江
Liu lian 流连
Nan, Yi 南艺

LIU, YONG LIANG 刘永良
Liu, Ying 刘英

LIU, YONG NIAN 刘永年 **(1931-)**
Jin li lai 晋利来

LIU, YONG PING 刘永平 **(1954-)**
Da ping 大平

LIU, YONG QUAN 刘涌泉 **(1929-)**
Bai, Shui 白水

LIU, YONG RANG 刘永让
Liu lang 流浪
Wang, Yan 王岩

LIU, YONG RUI 刘永瑞 **(1953-)**
Liu, Fang 柳放

LIU, YONG XIAN 刘永贤 **(1934-)**
Shi, Zhu 石竹
Xian ren 贤人

LIU, YONG XUE 刘永学 **(1938-)**
Liu, Di 刘迪

LIU, YONG YU 刘庸愚 **(1919-)**
Chen, Jiao 陈郊
Jiang, Xia 江夏
Liu, Kai yang 刘开扬
Liu, Shi yi 刘拾遗
Ma, Yi dai 马一岱
Mu, Dun 穆盾
Shi ye lou 柿叶楼
Si tu, Dan feng 司徒丹凤
Xue yang 雪扬
Ye, Qian 叶倩
Yong yu 庸禹
Yong yu 庸愚

Liu yong zhai 六用斋
LI, HAO RAN 李浩然 **(1887?-1946)**

LIU, YONG ZHENG 刘拥政 **(1948-)**
Liu quan 流泉
Xiao li 晓犁

Liu, You 刘莠
LIU, XU YI 刘绪贻 **(1913-)**

LIU, YOU CHANG 刘有常
Tie ding 铁丁

Liu, You dao 刘有道
LIU, JIE AO 刘絜敖 **(1908-)**

Liu, You heng 刘幼蘅
LIU, YI FEN 刘以芬 **(1885-1961)**

LIU, YOU LONG 刘有龙 **(1962-)**
A long 阿龙
Liu, Zhen hai 刘镇海
You, Long 尤龙

Liu, You wu 刘又午
LIU, BAO CHANG 刘保常 **(1930-)**

LIU, YOU XI 刘祐西
You xi 祐西

Liu, You xin 刘又辛
LIU, XI MING 刘锡铭 **(1913-)**

LIU, YU 刘玉 **(1936-)**
Liu, Yu 柳昱
Lu, Yu 陆羽

Liu, Yu 刘宇
LIU, REN JING 刘仁静 **(1902-1987)**

LIU, YU 刘宇
Ding, Bu 丁卜

Liu, Yu 刘郁
LIU, MAO LIN 刘茂林 **(1933-)**

Liu, Yu 刘御
YANG, CHUN YU 杨春瑜 **(1912-1988)**

LIU, YU 刘瑀
Liu, Xiao yu 刘小宇
Liu, Xiao yu 刘小芋
Liu, Xiao yu 刘小愚
Liu, Xiao yu 刘肖愚
Liu, Xiao yu 刘肖瑀
Xiao, Yu 肖愚
Xiao yu 小芋

LIU, YU 刘瑜 **(1922-)**
Dong dong 冬冬
Fu te 茀特
He ping 禾坪
Pin pin 品品
Wen, Xiang 文湘
Yuan, Yuan 元元
Zhi nan 之南

Liu, Yu 刘瑜
LIU, ZHEN 刘珍 **(1952-)**

Liu, Yu 柳雨
LIU, JING JUAN 刘静娟 **(1940-)**

Liu, Yu 柳昱
LIU, YU 刘玉 **(1936-)**

LIU, YU AN 刘于安 **(1933-)**
Ding, Liu 丁流

LIU, YU CHEN 刘玉晨 **(1940?-)**
Nie, Hai 聂海

Liu, Yu cheng 刘昱诚
JIN, XING YAO 金性尧 **(1916-)**

LIU, YU FANG 刘宇放 **(1921-)**
Liu, Shuo fu 刘硕夫

LIU, YU FENG 刘玉峰 **(1929-)**
Ai rong 爱容
Da ming 达明

Yang, Feng 阳枫

LIU, YU HUA 刘毓华 **(1948-)**
Liu, Huang tian 刘荒田

LIU, YU LIANG 刘玉亮 **(1954-)**
Hu, Yang 胡杨
Wen, Jun 文俊

LIU, YU LONG 刘毓龙 **(1931-)**
Huang tian 荒田
Ji, Ren 吉人
Liu, Qu bing 刘去病

LIU, YU PAN 刘毓盘 **(1867-1927)**
Liu, Zi geng 刘子庚
Qin jiao 噙椒
Zhuo jiang huan 濯绛宦

Liu, Yu qin 刘于秦
LIU, WEN ZHEN 刘文珍 **(1911-1982)**

LIU, YU QING 刘毓庆 **(1954-)**
Qin, Wei 秦维
Yu jin 予今

Liu, Yu ren 刘雨人
LIU, SHI RU 刘世儒 **(1922-1980)**

LIU, YU SHAN 刘玉山 **(1940-)**
Yan, Yu shan 颜玉山

Liu, Yu sheng 刘禺生
LIU, CHENG YU 刘成禺 **(1877-1953)**

LIU, YU SHENG 刘裕声
Wang, Bing cheng 王秉成

Liu, Yu sheng 柳雨生
LIU, CUN REN 柳存仁 **(1917-)**

LIU, YU SHENG 柳渔笙 **(1887-1945)**
Liu, Bin 柳滨

LIU, YU XI 刘浴西 **(1918-)**
Liu, Wu 刘伍
Liu, Wu 刘午
Liu, Wu 刘五
Yu, Xi 于西

LIU, YU XUAN 刘禹轩 **(1926?-)**
Bing ruo 冰若
Hao, Jia 郝稼
Zi yi 紫衣

Liu, Yu yi 刘余一
LIU, WEN XIAN 刘文铣 **(1922-)**

LIU, YU YING 刘毓滢 **(1926-)**
Liu, Zhong quan 刘中权
Wang, Yu 王于

Liu, Yu zhang 刘玉章
LIU, YU ZHANG 刘玉璋 **(1913-)**

LIU, YU ZHANG 刘玉璋 **(1913-)**
Liu, Chi 刘迟
Liu, Lang 刘郎
Liu, Yu zhang 刘玉章
Yi chi 夷驰
Yi chi 疑迟

LIU, YU ZHE 刘育哲
Ji, Yuan 纪源
Liu, Zhe 刘哲
Wang, Ling 王凌

Liu, Yuan 柳园
WANG, DUN QING 王敦庆 **(1898-1990)**

Liu, Yuan 柳原
YANG, SHI JUN 杨时俊 **(1917-)**

Liu yuan 流源
LIU, HUAN LU 刘焕鲁 **(1945?-)**

LIU, YUAN GONG 刘元工 **(1926-)**
You fang 友方
Yuan, Gong 元工

LIU, YUAN JU 刘元举 **(1954-)**
Liu, Jin 刘金

LIU, YUAN YUAN 刘渊源
Zui wu 醉吾

Liu, Yue 刘岳
LIU, GUANG HUA 刘广华 **(1953-)**

Liu, Yue 刘钺
LI, HONG BI 李宏贲 **(1914-1991)**

Liu, Yue 刘越
LIU, KE YU 刘克裕 **(1922-1987)**

Liu, Yue 刘越
LIU, EN LONG 刘恩龙 **(1950-)**

Liu yue 六月
LIU, JU YING 刘菊英 **(1944-)**

Liu, Yue zhen 刘约真
LIU, QIAN 刘谦 **(1883-1959)**

LIU, YUE ZHOU 刘月舟 **(1910-1987)**
Gong liu 公刘
Jin, Tuo 晋驼
Liu, Gong 刘公
Liu, Min 刘敏
Liu, Qing fang 刘庆芳
Liu, Tie jian 刘铁肩
Ti xiao xuan zhu 啼笑轩主
Tie jian 铁肩

Liu, Yun 刘云
ZHANG, WEN TIAN 张闻天 **(1900-1976)**

Liu, Yun 刘云

LIU, HUA FANG 刘花芳 (1929-)

LIU, YUN 刘筠
Hua, Yin 花隐
Qian nong 蒨侬
Wan lu 乐庐
Xiao shu 筱墅

LIU, YUN 柳沄 (1958-)
Mu mu 木穆
Mu shui 木水

Liu, Yun 柳云
YANG, XING ZHI 杨幸之

Liu yun 流云
WANG, REN SHU 王任叔 (1901-1972)

Liu yun 流云
XU, DU DI 许度地 (1914-)

Liu yun 流云
LIU, KAI RONG 刘开荣 (1950-)

Liu yun 流云
LI, SHAN QING 李善清 (1955-)

Liu yun 流云
FU, CHAO JIAN 傅朝健

Liu, Yun han 刘云汉
LIU, TIAN ZHANG 刘天章 (1893-1931)

LIU, YUN HUA 刘蕴华 (1916-1978)
Liu, Qing 柳青

LIU, YUN QING 刘云清 (1902-)
Jing hai 镜海
Liu, Jing hai 刘镜海
Ye li 也丽
Ye li 野藜

LIU, YUN QIU 刘蕴秋
Han jiang yue ying 寒江月影

Liu, Yun qiu 刘韻秋
OU YANG, LI YUAN 欧阳立袁 (1889-1962)

LIU, YUN SHAN 刘云山 (1947-)
Yun, Shan 云衫

Liu, Yun sheng 刘云生
CHEN, CHENG 陈澄 (1896-1943)

LIU, YUN SHENG 刘云生 (1951-)
Tong yun 彤云

LIU, YUN TANG 刘筠堂 (-1964)
Yan ying 岩英

LIU, ZAI FU 刘载福 (1933-)
Chun hui 春辉

LIU, ZE 刘赜 (1891-1978)
Jian, Yuan 简园
Liu, Bo ping 刘博平
Niu bi tan sheng 牛鼻滩生
Tai xuan 泰玄
Xu sou 许叟

Liu, Ze ming 刘泽民
LIU, RU LIN 刘汝霖 (1905-)

Liu zeng 六曾
LI, LIE WEN 黎烈文 (1904-1972)

LIU, ZENG QING 刘增庆 (1930-)
Chang, Yu zi 常愉子
Liu, Lei 刘雷

Liu, Zeng rong 刘曾溶
LIU, ZENG RONG 刘增容 (1906-1931)

LIU, ZENG RONG 刘增容 (1906-1931)
Liu, Da jue 刘大觉
Liu, Yi meng 刘一梦
Liu, Yi meng 刘亦梦
Liu, Zeng rong 刘曾溶

Liu zhai 六斋
SONG, CUN LI 宋存礼 (1861-1910)

Liu, Zhan 刘湛
LIU, XI RONG 刘锡荣 (1920-)

LIU, ZHAN YING 刘战英 (1943-)
En fu 恩夫
Jin cai 进才
Jin cai 晋才
Jin mu 晋木
Shan, Ge 单戈
Zhan ying 战鹰

Liu, Zhang 刘章
LIU, XI 刘玺 (1939-)

LIU, ZHANG YI 刘章仪 (1942-)
Zhang, Yi 章仪

Liu, Zhao 刘钊
LIU, XI FU 刘喜富 (1925-)

LIU, ZHAO HUAI 刘兆淮 (1926-)
Liu, De huai 刘德怀
Mao zhao 卯钊
Shi, Dai 时代

LIU, ZHAO JI 刘兆吉 (1913-)
Ji, Ren 吉人
Xiao duo 晓铎
Zhao, Ji 兆吉
Zhao ji 肇基

Liu, Zhao li 刘照藜
LIU, QING 刘青

LIU, ZHAO LIN 刘兆林 (1949-)

Bao, Hong 鲍红
Ji, Bing 纪兵

Liu, Zhao lin 刘照林
LIU, YAO 刘燿 **(1906-1983)**

LIU, ZHAO MEI 刘照美 **(1948-)**
Zhao mei 昭梅

LIU, ZHAO PING 刘兆平 **(1951-)**
Shu, Tian 舒天

LIU, ZHAO PU 刘兆璞 **(1913-1986)**
Liu, Tian lang 刘天浪

LIU, ZHAO WEI 刘兆威 **(1925-)**
Xue zhuang 学莊

LIU, ZHAO XUAN 刘兆玄 **(1943-)**
Shang guan, Ding 上官鼎

LIU, ZHAO YUAN 刘肇源 **(1925-)**
Liu sha 流沙

Liu, Zhe 刘哲
LIU, YU ZHE 刘育哲

Liu, Zhe lu 刘哲庐
LIU, JIN JIANG 刘锦江

Liu, Zhen 刘针
LIU, JIA ZHEN 刘嘉祯 **(1923-)**

LIU, ZHEN 刘珍 **(1915-)**
Bai, Zhang 柏樟

LIU, ZHEN 刘珍 **(1952-)**
Chang le 长乐
Liu, Yu 刘瑜

Liu, Zhen 刘真
LIU, QING LIAN 刘清莲 **(1930-)**

LIU, ZHEN DE 刘振德 **(1917-)**
Dang shu 砀叔
Liu, Shi yi 刘石夷
Mu feng 木风
Si ma, Di 司马蒂
Xia, Yang 夏阳

Liu, Zhen guang 刘真光
LIU, GUANG BI 刘光弼 **(1925-)**

Liu, Zhen hai 刘镇海
LIU, YOU LONG 刘有龙 **(1962-)**

Liu, Zhen han 刘振汉
MU, SHAO LIANG 沐绍良 **(1912-1969)**

Liu, Zhen hua 刘振华
LIU, HE 刘鹤 **(1890-1975)**

LIU, ZHEN JIANG 刘振江 **(1926-)**
Jiang, Hui 江辉

LIU, ZHEN KUN 刘振堃 **(1919-1983)**
Ai xuan 皑玄
Liu, Su 刘甦

LIU, ZHEN LIN 刘桢麟
Xiao shi 孝实

LIU, ZHEN PENG 刘振鹏 **(1915-)**
Bai, Sha 白沙
Liu, Ruo ping 刘若平
Liu, Zheng peng 刘正蓬
Ruo ping 若萍
Xiang, Yang tian 向阳天
Zheng peng 正蓬

LIU, ZHEN QUAN 刘振权 **(1952-)**
Mo shang chen 陌上尘

LIU, ZHEN QUAN 刘振权 **(1956-)**
Zhen quan 振权

LIU, ZHEN SHENG 刘振声 **(1920-1973)**
Bo xin 波心
Liu, Gui pei 刘贵佩
Liu, Gui pei 刘贵配
Liu, Yang 刘扬
Liu, Zheng xing 刘正兴
Lu dian 芦甸

Liu, Zhen sheng 刘振声
LIU, BING 刘炳 **(1925-)**

LIU, ZHEN YA 刘振娅 **(1942-)**
Jing, Pu 荆璞

LIU, ZHEN YI 刘贞一 **(1907-1941)**
Bao, Luo 保罗
Da xiong 大雄
Liu, Bao luo 刘保罗
Liu, Cao 刘艸
Liu, Jing an 刘静庵
Liu, Kuang 刘况
Liu, Qi sheng 刘奇声
Ye, Xiu fu 叶秀夫

LIU, ZHEN YING 刘振嬴 **(1951-1990)**
Chen ying 沉英

Liu, Zheng 刘征
LIU, GUO ZHENG 刘国正 **(1926-)**

Liu, Zheng 刘征
LIU, CHONG GANG 刘崇刚 **(1941?-)**

Liu, Zheng 刘诤
LIU, GUO ZHENG 刘国正 **(1926-)**

Liu, Zheng 刘诤
LIU, DONG ZHENG 刘东诤 **(1930-1993)**

LIU, ZHENG DA 刘正大 **(1936-)**
Zhen da 振达

Liu, Zheng peng 刘正蓬
LIU, ZHEN PENG 刘振鹏 **(1915-)**

Liu, Zheng xing 刘正兴
LIU, ZHEN SHENG 刘振声 **(1920-1973)**

LIU, ZHENG ZHONG 刘正忠 **(1968-)**
Tang, Juan 唐捐

Liu, Zhi 柳之
LIU, MING ZHOU 刘明洲 **(1934-)**

Liu, Zhi 柳志
HE, QI ZHI 何启治 **(1936-)**

Liu, Zhi 柳枝
CHEN, QIN YUAN 陈钦源 **(1921-1987)**

Liu, Zhi cheng 刘志诚
LIU, JING WEN 刘景文 **(1924-)**

Liu, Zhi chu 刘之楚
LIU, BING SHAN 刘秉善 **(1927-)**

LIU, ZHI DE 刘稚德 **(1912-1988)**
Jia he 佳禾
Jia mu 佳木
Sha, Jin 沙金
Xie, Xia 谢霞

LIU, ZHI GUI 刘知贵 **(1945-)**
Zhi gui 智桂

LIU, ZHI HONG 刘志鸿 **(1920-)**
Liu, Hei jia 刘黑枷
Liu, Hei jia 刘黑家
Lu, Hai jia 陆海家
Lu, Jia 陆嘉

LIU, ZHI HUA 刘志华 **(1962-)**
Xiao hua 小桦

LIU, ZHI LIAN 刘植莲 **(1911-1950)**
Lei, Yan 雷妍
Liu, E 刘萼

Liu, Zhi ling 刘质灵
LIU, PAN XI 刘泮溪 **(1914-)**

LIU, ZHI LUN 刘志纶 **(1921-)**
Dang dai ren 当代人
Dong lei 冬雷
Liu, Dong lei 刘冬雷
Qing shui 清水
Zui ren 罪人

LIU, ZHI MIN 刘致民 **(1941-)**
Niu, Ge 牛歌

Liu, Zhi ming 刘芝明
CHEN, ZU JIAN 陈祖謇 **(1905-1968)**

LIU, ZHI QIANG 刘志强 **(1950-)**
Lao qiang 老墙

Liu, Zhi qing 刘志清
ZHAO, PING FU 赵平复 **(1902-1931)**

LIU, ZHI QING 刘志清 **(1938-)**
Bing quan 冰泉
Yan, Shui 燕水

LIU, ZHI QING 刘智清 **(1920-)**
He bo 禾波
He bo 荷波
Ji, Fu 季凫
Leng, Lu 冷露

LIU, ZHI QUAN 刘志权 **(1889-1952)**
Hei shui cun ren 黑水村人
Liu, Shi mu 刘士木

LIU, ZHI SHU 刘植树
Lu, Feng 鲁风

LIU, ZHI WEI 刘志伟 **(1949-)**
Jin, Lin 金林
Shi, Li 史立

LIU, ZHI XIA 刘知侠 **(1918-1991)**
Zhi xia 知侠

LIU, ZHI XING 刘志星
Liu, Yang 刘烊

LIU, ZHI XIONG 刘智雄
Zhi xiong 智雄

LIU, ZHI XUN 柳直荀 **(1889-1932)**
Cun hou tang 存厚堂
Gao, Fang 高方
Liu, Ke ming 刘克明
Liu, Ke ming 柳克明
Liu, Ke qu 刘克璩
Zhi sun 直笋
Zhi sun 直筍

LIU, ZHI YI 刘志一 **(1937-)**
Ba, Hui 巴慧
Chu, Zi 楚子
Ge, Xin 葛辛
Gu, Dong 古董

LIU, ZHI YUAN 刘志远 **(1925-)**
Cheng, Zhi 成智

Liu zhi zhai 六誌斋
YU, YOU REN 于右任 **(1879-1964)**

LIU, ZHI ZHONG 刘治中 **(1921-)**
Bi, Zhang 毕张
Liu, Ke guang 刘克光
Shi, Jing 史劲
Xiang, Fang 向方

Liu, Zhong 刘仲

LIU, SI HAI 刘斯海 (1919-)

LIU, ZHONG 刘仲 (1947-)
Da ke 大可
Nan, Jing 南景

Liu, Zhong 刘重
LIU, XIAN QI 刘显启 (1914-)

LIU, ZHONG AN 刘仲庵
Sheng dan 圣旦

LIU, ZHONG FU 刘中孚 (-1940)
Ding, Ning 丁宁
Liu, Ji 刘季
Su lan 素兰

LIU, ZHONG HAN 刘忠涵 (1919-)
Bai, Ting 白汀
Li ting yan 离亭燕
Liu, Han 刘涵
Liu, Han huai 刘含怀
Liu, Han hui 柳寒晖
Liu, Lin 柳林
Lu, Yang ge 鲁阳戈
Yi liu 一流

Liu, Zhong he 刘锺龢
LIU, SAN 刘三 (1890-1938)

LIU, ZHONG HUA 刘忠华 (1952-)
Bi fu 碧夫

Liu, Zhong li 刘中里
JIANG, XIAO HUI 蒋晓晦 (1917-1968)

Liu, Zhong ping 刘中平
ZHENG, MING LI 郑明娳 (1949-)

Liu, Zhong quan 刘中权
LIU, YU YING 刘毓滢 (1926-)

Liu, Zhong shu 刘中树
LIU, ZHONG SHU 刘忠恕 (1935-)

LIU, ZHONG SHU 刘忠恕 (1935-)
Liu, Zhong shu 刘中树
Zhong, Min 仲民
Zhong, Qun 钟群
Zhong, Qun 仲群

LIU, ZHONG YUN 刘忠云
Hei, Jun 黑菌

LIU, ZHU DAN 刘竹丹
Zhao, Jin hei 赵今黑

LIU, ZHU LIN 刘竹林 (1917-)
Liu, Duo san 刘多三

Liu, Zhuang 刘庄
LIU, LI LI 刘莉莉 (1932-)

Liu, Zhuo yu 刘卓羽
LIU, HAN 刘瀚 (1935-)

Liu zi 溜子
LUO, ZHENG ZHUO 罗正晫 (1906-1983)

Liu, Zi an 刘子安
LIU, BIN YAN 刘宾雁 (1925-)

LIU, ZI CHENG 刘子成 (1942-)
Liu xing 流星
Xi qu 溪曲

Liu, Zi feng 刘子凤
LIU, GONG HUANG 刘恭煌 (1931-)

Liu, Zi geng 刘子庚
LIU, YU PAN 刘毓盘 (1867-1927)

LIU, ZI GUANG 刘子光 (1944-)
Zhi guang 植光

LIU, ZI HE 刘龢和 (1870-1931)
Liu, Cuo 刘错
Liu, Shao shao 刘少少
Shao san 少三
Shao shao 少少
Shao shuang 少双
Zhu sheng 铸生

LIU, ZI HUI 刘子辉
Zi hui 紫晖

Liu, Zi jiu 刘子久
LIU, GUANG CHENG 刘光城 (1891-1975)

Liu Zi jun zhi shao shu zhe 刘子骏之绍述者
ZHANG, BING LIN 章炳麟 (1869-1936)

LIU, ZI LIANG 刘自亮 (1932-)
Jing jing 晶晶

LIU, ZI LONG 刘子龙 (1925-)
Liu, Yong 刘勇
Wen, Qing 文清

Liu, Zi qi 刘子琪
HOU, JIN JING 侯金镜 (1920-1971)

LIU, ZI WEI 刘子威 (1930-)
Wen, Nan 文南

LIU, ZI XI 刘自喜 (1933-)
Liu, Li 刘犁
Xin, Han 辛寒

LIU, ZI XING 刘自兴 (-1934?)
Zi sheng 自升

LIU, ZI YI 刘子毅 (1932-)
Heng shui 横水
Liu, Bing 刘兵

LIU, ZI ZHAO 刘子兆 (1906-)

Min zi 敏子

Liu, Zi zheng 刘子政
LIU, GONG HUANG 刘恭煌 **(1931-)**

Liu Zi zheng si shu di zi 刘子政私淑弟子
ZHANG, BING LIN 章炳麟 **(1869-1936)**

Liu, Zi zhi 刘子植
LIU, JIE 刘节 **(1901-1977)**

LIU, ZONG HE 刘宗河 **(1928-)**
Huang, He liu 黄河流

LIU, ZONG HUANG 刘宗璜 **(1915-1983)**
Bai, Peng 白蓬
Ding, Qiu ye 丁秋野
Liu, Yi lin 刘依林

LIU, ZONG XIANG 刘宗向 **(1921-)**
Chen, Qing 陈青
Liu, Shao tang 刘绍唐

LIU, ZU CHENG 刘祖澄
Liu, Mu qing 刘慕清
Lu, Feng 鲁风
Luo, Feng 罗烽

LIU, ZU CI 刘祖慈 **(1939-)**
Qiu, Chuan 秋川

LIU, ZU PEI 刘祖沛
Liu, Tai chong 刘太冲
Wu men lao ren 无闷老人

LIU, ZU WANG 刘祖望 **(1952-)**
Liu, Jun 刘军
Tie long 铁龙

LIU, ZU YAO 刘祖耀 **(1915-)**
Liu, Liu 刘流
Liu, Shou mei 刘瘦梅
Pei, Si 裴斯
Pei, Si xiong 裴斯雄

LIU, ZU ZE 刘祖泽 **(1928-)**
Lin, Liu 林流
Liu, Ji xing 刘季星
Liu, Lin 刘麟

Liu, Zuo an 刘左葊
LIU, SHI PEI 刘师培 **(1884-1919)**

LIU, ZUO BIN 刘作宾 **(1905-1988)**
Kuang da 旷达
Long chao 砻潮
Liu, Kuang da 刘旷达
Liu, Long chao 刘砻潮
Liu, Nong chao 刘弄潮

LIU, ZUO YI 刘作义 **(1932-)**
Yi zhi 宜之

Long 龙
LEI, ZHAO XING 雷昭性 **(1873-1920)**

Long 龙
LEI, ZENG XI 雷曾熹 **(1906-1990)**

Long 聋
WU, JUN QING 吴俊卿 **(1844-1927)**

Long 隆
LI, LI SAN 李立三 **(1899-1967)**

Long, An 龙庵
PANG, REN QUAN 庞人铨 **(1897-1922)**

Long, Ba 龙八
XU, SHANG SHOU 徐商寿 **(1914-1996)**

Long, Bi 龙辟
LI, WEN TAO 李文涛 **(1880-1942)**

LONG, BI DE 龙彼德 **(1941-)**
Tong jiang 彤江
Yue, Lin 岳林

Long chan ju shi 龙禅居士
PANG, SHU BAI 庞树柏 **(1884-1916)**

Long chao 砻潮
LIU, ZUO BIN 刘作宾 **(1905-1988)**

Long cheng nü shi 龙城女史
WU, QING XIA 吴青霞 **(1910-)**

Long, Chi 龙赤
ZHANG, FA 张发 **(1939-)**

Long chong bing diao zhai 龙虫并雕斋
WANG, LI 王力 **(1900-1986)**

Long, Chuan ren 龙传仁
SHI, YING ZHOU 施颖洲 **(1919-)**

Long, Dan 龙旦
GONG, WEN XUAN 龚文宣 **(1958-)**

Long dao ren 龙道人
BI, ZHEN DA 毕振达 **(1862-1926)**

Long dao ren 聋道人
SHEN, ZONG JI 沈宗畸 **(1857-1926)**

Long dong 隆冬
ZHANG, JING LONG 张景隆 **(1935-)**

Long, E 龙峨
LIU, HOU ZI 刘厚滋 **(1909-)**

Long e jing ling 龙峨精灵
LIU, HOU ZI 刘厚滋 **(1909-)**

Long, Fei 龙飞
GONG, MAO 龚茂 **(1926-)**

Long, Fei li 龙飞立
GAO, JIE 高洁 **(1947-)**

Long, Feng xi 龙凤兮
LIU, REN YONG 刘仁勇 **(1927-)**

Long, Fu 龙夫
ZHANG, YUN HUA 张云华 **(1948-)**

Long, Gong 龙公
YE, ZONG YUAN 叶宗源 **(1887-1946)**

Long, Gong 龙公
YAO, XI JUN 姚锡钧 **(1892-1954)**

Long, Gong 龙恭
CHEN, CHI 陈驰

Long, Gong gong 龙贡公
CHEN, WANG DAO 陈望道 **(1890-1977)**

Long, Gong gong 龙贡公
YANG, FENG QI 杨凤岐 **(1908-)**

Long, Gong gong 龙共公
YANG, FENG QI 杨凤岐 **(1908-)**

Long gu shan fang zhu ren 龙顾山房主人
GUO, ZE YUN 郭则澐 **(1884-1940)**

Long gu shan ren 龙顾山人
GUO, ZE YUN 郭则澐 **(1884-1940)**

LONG, GUAN HAI 龙冠海 **(1907-1983)**
Cheng, Fu 程芙

Long, Guang 龙光
GONG, XIAN ZONG 龚显宗 **(1943-)**

LONG, GUANG MAO 龙光茂 **(1935-)**
Miao, Qing 苗青
Yan, Gui 岩贵

LONG, GUO YUN 龙国云
Chen, Fei 陈非

LONG, HAI MAO 龙海茂 **(1954-)**
Jiang, Fan 江帆

LONG, HOU REN 龙厚仁 **(1939-)**
Lan, Tian 兰天

Long hu sou 龙湖叟
CHENG, JING XUAN 程景宣 **(1874-1934)**

Long hu yu sou 龙湖渔叟
CHENG, JING XUAN 程景宣 **(1874-1934)**

Long, Hua 龙华
HUANG, YUE GUANG 黄月光 **(1940-)**

Long, Hui 龙慧
YANG, XIAN XIANG 杨显祥

Long, Ji 龙骥
WANG, SHI ZHEN 王世祯

Long, Jiang 龙江
ZENG, SHUN XIANG 曾顺祥 **(1927-)**

Long, Jiang sheng 龙江生
LIANG, RUN SHAN 梁润珊 **(1938-)**

Long, Jiao chi 龙角池
LI, GUO YING 黎国颖 **(1938-)**

LONG, JING CAI 龙京才 **(1948-)**
Lu, Sha 路沙

Long, Juan fei 龙倦飞
WANG, YUN WU 王云五 **(1888-1979)**

LONG, KAI LANG 龙开朗 **(1938-)**
A xiang 阿翔

Long, Kuan pin 龙宽品
NONG, GUAN PIN 农冠品 **(1936-)**

Long, Lang 龙郎
CHEN, LONG YU 陈龙玉

Long, Liang zhi 龙亮之
FANG, GUI DE 方珪德 **(1922-)**

Long, Long 龙龙
CHEN, LONG LONG 陈龙龙 **(1948-)**

Long, Long yan 龙龙言
LEI, ZHAO XING 雷昭性 **(1873-1920)**

Long, Min 龙民
ZENG, FAN RONG 曾繁荣 **(1943-)**

Long min 珑珉
WANG, SEN RAN 王森然 **(1895-1984)**

LONG, MING WU 龙明五 **(1936-)**
Ge, Tian 葛田
Li, Ru zhe 李入哲
Long, Ming wu 龙明伍
Wu, Lue 伍略
Wu lue a shan you 武略阿善悠
Wu lue dai meng 伍略呆孟
Wu lue dai meng 武略呆梦
Zi ge 紫戈

Long, Ming wu 龙明伍
LONG, MING WU 龙明五 **(1936-)**

Long, Mu xun 龙沐勛
LONG, YU SHENG 龙榆生 **(1902-1966)**

Long, Nü 龙女
CHEN, BAO ZHEN 陈宝珍 **(1953-)**

Long, Ping 龙坪
WANG, JIN JUN 王晋军 **(1957-)**

Long, Qi 龙七
LONG, YU SHENG 龙榆生 **(1902-1966)**

Long, Qi 龙琦

QIU, MING KUN 邱名崐 (1940-)

LONG, QIAN 龙潜
Long, Quan 龙泉

Long, Qing 龙青
MA, LONG QING 马龙青 **(1911-)**

Long, Quan 龙泉
LONG, QIAN 龙潜

Long, Ren 龙任
YU, JIN GUO 余锦国 **(1964-)**

Long ren 陇人
SUN, SAN TONG 孙三同 **(1918-)**

LONG, RUI 龙瑞 **(1946-)**
Da long 大龙
Shu ren 蜀人

Long, Shan 龙山
ZHOU, ZUO REN 周作人 **(1885-1967)**

Long, Shan 龙山
ZHANG, CHUN QIAO 张春桥 **(1917-)**

Long shan 陇山
GUO, WEN YUN 郭文允 **(1948-)**

Long, Shan cheng 龙山城
GONG, ZHENG YU 龚政宇 **(1941-)**

Long shan feng 陇山风
GUO, WEN YUN 郭文允 **(1948-)**

Long sheng 陇生
LEI, DA XUE 雷达学 **(1943-)**

LONG, SHENG MING 龙圣明 **(1944-)**
Le hong 勒红

LONG, SHI HUI 龙世辉 **(1925-1991)**
Ge, Duo 戈多
Xu, Chen 许晨

Long, Si dai 龙思岱
NI, ZHEN MAO 倪震懋 **(1940-)**

Long sou 陇叟
ZHAO, SHU LI 赵树礼 **(1906-1970)**

Long sou 聋叟
LIN, YI LIN 林以霖 **(1898-1989)**

Long, Sun 龙荪
JIN, YUE LIN 金岳霖 **(1895-1984)**

Long tan xuan 龙潭轩
ZHU, WEN XIONG 朱文熊 **(1883-1961)**

Long, Tao 龙套
WANG, ZHONG FANG 王仲方 **(1904-1980)**

Long, Tao 龙涛
LIU, EN LONG 刘恩龙 **(1950-)**

Long, Tian fu 龙田夫
CAI, WEI LIAN 蔡伟濂 **(1923-)**

Long, Tu 龙图
LIU, XIN HUANG 刘心皇 **(1915-)**

Long, Wan zi 龙湾子
LIANG, JING 梁劲 **(1926-)**

Long, Wei 龙尾
SUN, JING XIAN 孙景贤 **(1881-1920)**

Long weng 聋翁
HU, QIAN SHAN 胡乾善 **(1911-)**

Long xi san ren 陇西散人
LI, YONG XIANG 李永祥

LONG, XI ZU 龙熹祖 **(1934-)**
Qin ping 芹屏
Xi zu 西祖

Long, Xiang 龙骧
FANG, TANG HUA 方棠华

Long, Xing jian 龙行剑
ZENG, REN DAO 曾任道 **(1937-)**

LONG, XU LI 龙绪理 **(1941-)**
Tian xiang 天翔

LONG, XUE LE 龙学乐 **(1911-)**
Long, Yin 龙吟

LONG, YAN YI 龙燕怡 **(1937-)**
Ye, Yi 叶怡

Long yang cai zi 龙阳才子
YI, SHUN DING 易顺鼎 **(1858-1920)**

Long ye fei zhai 龙也吠斋
YANG, JI YUN 杨霁云 **(1910-)**

Long, Yi 龙乙
YANG, FENG QI 杨凤岐 **(1908-)**

Long, Yi 龙依
LÜ, LI CHUN 吕立春 **(1935-)**

Long, Yi cheng 龙一程
ZHENG, ZI YU 郑梓瑜 **(1916-)**

Long, Yi jiang 龙一江
WANG, YUN WU 王云五 **(1888-1979)**

Long, Yin 龙吟
LONG, XUE LE 龙学乐 **(1911-)**

Long, Yin 龙吟
ZHANG, LONG GAO 张隆高 **(1936-)**

Long, Yin 龙吟
CAI, YI SHU 蔡艺术

Long, Yin 龙音
LI, WEN TAO 李文涛 **(1880-1942)**

Long, Yin 龙音
WEN, RUI AN 温瑞安 **(1954-)**

LONG, YING TAI 龙应台 **(1952-)**
Hu, Mei li 胡美丽

Long, Ying zong 龙瑛宗
LIU, RONG ZONG 刘荣宗 **(1911-)**

Long, You 龙游
ZHANG, YI ZHOU 张艺舟 **(1961-)**

Long, You 龙猷
KONG, FAN YAN 孔繁衍 **(1912-)**

Long yu 龙玉
ZENG, SHI LONG 曾仕龙 **(1936-)**

Long yu guan 聋于官
WU, JUN QING 吴俊卿 **(1844-1927)**

LONG, YU SHENG 龙榆生 **(1902-1966)**
Duo gong 箨公
Long, Mu xun 龙沐勋
Long, Qi 龙七
Ren han ju shi 忍寒居士
Yu sheng 娱生
Yu sheng 榆生

Long yuan 陇原
YANG, DE MING 杨德明 **(1942-)**

Long yuan zhong yin 龙渊中隐
ZHENG, QIAN 郑骞 **(1906-1991)**

Long yue 陇月
YAO, XUE LI 姚学礼 **(1948-)**

Long, Yue xin 龙月心
GONG, MING DE 龚明德 **(1953-)**

Long, Yun 龙韵
YANG, FENG QI 杨凤岐 **(1908-)**

Long, Yun 龙韵
YUAN, KE PING 源克平 **(1915-1985)**

LONG, YUN CAN 龙云灿 **(1915-)**
Lao long 老龙

Long, Zhi 龙之
XIE, CHENG GONG 谢成功 **(1935-)**

Long zhi 隆郅
LI, LI SAN 李立三 **(1899-1967)**

Long, Zhi ping 龙治平
HU, QIU YUAN 胡秋原 **(1910-1989)**

LONG, ZHI SHUI 龙治水 **(1950-)**
Wen, Peng 文鹏

LONG, ZHONG WEN 龙仲文 **(1937-)**
Yi le 亦乐

Long, Zi 龙子
GUO, MO RUO 郭沫若 **(1892-1978)**

Long, Zi 龙子
ZHENG, KAI HUI 郑开慧 **(1939-)**

Long, Zi 龙仔
YANG, JI ZHE 杨吉哲 **(1963-)**

Long zi 聋子
LI, YA CONG 李牙聪

LOU, BANG YAN 楼邦彦 **(1912-1979)**
Shuo ren 硕人

Lou, Chang 楼畅
LIU, JIN CHENG 刘锦城 **(1946-)**

LOU, CUN 楼村 **(1880-1950)**
Jin yun lao sou 缙云老叟
Xuan dao ren 玄道人
Xuan gen ju shi 玄根居士
Zhuo, Li 卓立

Lou, Feng 楼风
FENG, YI DE 冯贻德 **(1913-)**

LOU, GUO MING 楼国明 **(1948-)**
Xiao lou 晓楼

Lou, Hai men 娄海门
LIU, XIN HUANG 刘心皇 **(1915-)**

LOU, JIAN HUA 娄建华 **(1927?-)**
Xiang, Min 向民

LOU, JIAN NAN 楼建南 **(1905-)**
Bai, Ji zhong 白季仲
Bao, Jie 鲍介
Chang feng 长风
Hai, Ke 海客
Huo shan wu ke 火山舞客
Jian nan 建南
Lin, Hai 林海
Lin, Jian nan 林建南
Lin, Mang 林莽
Lin, Nan 林南
Lin, Yi 林翼
Lin, Yi fu 林逸夫
Lin, Yi zhi 林翼之
Ling, Tie 凌铁
Ling, Yi 凌夷
Lou, Shi yi 楼适夷
Lou, Xi chun 楼锡椿
Lou, Yi fu 楼逸夫
Qiu, Ke 仇客
Shi 适
Shi yi 适夷

Shu, Yi 舒夷
Si ma, Kou 司马寇
Wu zhai 无斋
Xu xu guan zhu 嘘嘘馆主
Ye, Ling qiu 叶岭秋
Ye, Ling qiu 叶凌秋
Ye, Su 叶素
Yi fu 逸夫
Yi min 逸民
Yi ye 一叶
Yi zu 一卒

Lou kong lao ren 楼空老人
LU, DAN LIN 陆丹林 **(1898-1972)**

Lou lou shi zhu 陋漏室主
LI, CHUN LIN 李春林 **(1942-)**

Lou lü 陋侣
XIAO, SHU LIE 萧树烈 **(1896-1927)**

Lou, Qi 楼棲
ZOU, GUAN QUN 邹冠群 **(1912-)**

LOU, SHENG MAO 娄盛茂 **(1928-)**
Sheng, Mao 盛茂
Sheng mao 生茂

Lou shi 镂石
LÜ, GUO RONG 吕国荣 **(1956-)**

LOU, SHI BAI 娄师白 **(1918-)**
Shi, Bai 师白

Lou, Shi yi 楼适夷
LOU, JIAN NAN 楼建南 **(1905-)**

Lou, Wai lou 楼外楼
ZENG, REN DAO 曾任道 **(1937-)**

Lou, Wen mu 楼文牧
LI, XUE MIN 李学敏 **(1923-1961)**

Lou weng 偻翁
LUO, FU YI 罗福颐 **(1905-1981)**

Lou, Xi 楼西
ZOU, GUAN QUN 邹冠群 **(1912-)**

LOU, XI 楼曦 **(1908-)**
Chao yang 朝阳
Lou, Xian 楼宪
Lou, Yun geng 楼允庚
Luo fu 洛夫
Y K
Yin, Geng 尹庚
Yue, Nü 越女

Lou, Xi chun 楼锡椿
LOU, JIAN NAN 楼建南 **(1905-)**

Lou, Xia cun 楼夏村
ZHANG, YAO HUI 张耀辉 **(1943-)**

Lou, Xian 楼宪
LOU, XI 楼曦 **(1908-)**

Lou, Yi fu 楼逸夫
LOU, JIAN NAN 楼建南 **(1905-)**

LOU, YI LIN 楼弈林 **(1948-)**
Yi lin 弈林

Lou, Yin 楼荫
KONG, XIANG MIN 孔祥民 **(1932-)**

Lou, Yu tong 楼雨桐
HUANG, KE MEI 黄克梅 **(1915-1961)**

Lou, Yun geng 楼允庚
LOU, XI 楼曦 **(1908-)**

LOU, ZI CHUN 楼子春
Yi ding 一丁

Lou, Zi xi 楼自惜
WU, JIA TANG 吴嘉棠 **(1913-1983)**

Lu 卢
WANG, TONG ZHAO 王统照 **(1897-1957)**

Lu 鲁
ZHOU, SHU REN 周树人 **(1881-1936)**

Lu 鲁
HU, YU ZHI 胡愈之 **(1896-1986)**

Lu 僇
WANG, ZHONG QI 王锺麒 **(1880-1913)**

Lu 路
FEI, QI 费启 **(1919-)**

Lu, A 鲁阿
CHEN, XI YI 陈锡仪 **(1918-)**

Lu, A lu 陆阿陆
ZHENG, YU LANG 郑郁郎

Lu, Ai 鲁艾
ZHAO, SHU MIN 赵淑敏 **(1935-)**

Lu, An 陆庵
LUO, ZHEN YU 罗振玉 **(1866-1940)**

Lu, An 鲁安
DONG, FAN 董播 **(1896-1953)**

Lu an 芦岸
JIANG, DE QING 江德清 **(1923-)**

LU, AN NA 鲁安娜 **(1954-)**
An, Ran 安然

Lu, Bai 陆白
LU, BAI LIE 陆白烈 **(1931-)**

Lu, Bai 鲁白
SHI, PEI QIU 施佩秋 **(1912-)**

Lu, Bai 鲁白
ZHANG, QUAN XIN 张全欣 (1913-1984)

Lu, Bai 鲁白
WANG, JUN NIAN 王俊年 (1933-)

Lu, Bai 鲁柏
JIANG, HE 江河

Lu, Bai 路白
LU, BAI LIE 陆白烈 (1931-)

Lu, Bai 路百
LU, BAI LIE 陆白烈 (1931-)

Lu bai 芦白
ZHAO, HONG EN 赵鸿恩 (1911-)

LU, BAI LIE 陆白烈 (1931-)
Lu, Bai 陆白
Lu, Bai 路白
Lu, Bai 路百
Tang, Yi ning 唐贻宁

Lu, Bai ren 陆白人
LU, XI ZHI 陆希治 (1922-)

LU, BAI SHU 陆柏树
Bai, Fang 柏芳

Lu, Bai tang 卢柏棠
LU, MENG SHU 卢梦殊 (-1962)

Lu, Bai ye 鲁白野
LI, XUE MIN 李学敏 (1923-1961)

Lu ban men xia 鲁班门下
QI, HUANG 齐璜 (1864-1957)

LU, BAO HUA 卢葆华
Fei na 绯娜
Le jiang nü shi 乐江女士
Lu, Bo juan 卢播娟
Lu, Kui feng 卢夔凤
Lu, Yun qiu 卢韵秋
Qian hua 茜华
Xiang jiang ju zi 湘江菊子
Xiao sheng 笑生

LU, BAO QI 陆保琦 (1894-1970)
Lu, Zhi wei 陆志韦

Lu, Bei wen 鲁北文
DING, JING TANG 丁景唐 (1920-)

Lu bei yi min 鲁北一民
ZHA, QI DIAN 乍启典 (1922-)

Lu, Bi 陆璧
LU, KAN 陆侃 (1903-1978)

Lu, Bi 鲁笔
LI, DONG 李栋 (1942-)

Lu, Bian cao 路边草
YI, XI GAO 易希高 (1942-)

Lu, Bian cao 路边草
LIN, ZHENG HE 林正和

Lu, Bin 鲁彬
WU, QIAN YU 吴谦裕 (1920-)

Lu, Bin 鲁彬
LUO, LING ZHI 罗灵智 (1927-)

Lu, Bin 路宾
ZHANG, CHUN QIAO 张春桥 (1917-)

Lu, Bing 鲁冰
TAN, YA MU 谭亚木 (1942-)

Lu, Bing 鲁兵
CHEN, XI YI 陈锡仪 (1918-)

Lu, Bing 鲁兵
YAN, GUANG HUA 严光化 (1924-)

Lu, Bing 卢冰
NIE, ZHI RONG 聂志荣 (1934-)

LU, BING DA 陆秉达 (1940?-)
Lu, Tu 陆途

LU, BING LIN 陆炳麟 (1924-)
Bing lin 冰临

Lu, Bing nian 庐冰念
CHEN, SHAO WEI 陈绍伟 (1941-)

Lu, Bo 鲁伯
WEI, DENG 魏登 (1923-)

Lu, Bo 鲁渤
WEI, YAN 魏岩 (1916-)

Lu, Bo juan 卢播娟
LU, BAO HUA 卢葆华

Lu, Bo lang 卢博郎
LU, ZU SHEN 卢祖粲

Lu, Bo ping 陆伯平
LU, XIU TANG 陆修棠 (1911-1966)

Lu, Bo xu 鲁伯续
WU, YI FEI 吴一飞

LU, BO XUN 陆伯壎 (1919-)
Feng, Qi 封齐
L T
Luo ting 洛汀

Lu, Bu ping 路不平
LU, XI KUN 路西坤 (1927-)

Lu, Cang 卢苍
LU, HONG CAI 卢鸿材

Lu, Cang 陆苍

ZHANG, DI GENG 张棣赓 **(1914-1957)**

Lu, Cao 陆草
ZHANG, LONG CHAO 张隆超 **(1922-1989)**

Lu, Cao 路草
AN, KE HUI 安克慧 **(1947-)**

Lu, Cao 路草
XIN, JIE 辛洁 **(1974-)**

Lu cao 芦草
JI, DE MING 季德明 **(1964?-)**

Lu, Chao 卢潮
TIAN, DE YU 田德裕（**1915-)**

Lu, Chen 陆沉
LU, PENG CHENG 陆鹏程 **(1951-)**

Lu chen ju shi 陆沉居士
ZHANG, BING LIN 章炳麟 **(1869-1936)**

Lu, Cheng lin 鲁成琳
HUANG, HUAN XIN 黄焕新 **(1941-)**

Lu, Chi 鲁迟
WU, YU WEI 吴堉威 **(1906-1989)**

Lu, Chou 陆醜
CAI, YAN PEI 蔡炎培 **(1935-)**

LU, CHUAN FENG 卢传凤 **(1946-)**
Gu si 孤思
Leng, Ruo bing 冷若冰

LU, CHUAN ZHI 卢传智 **(1949-)**
Lu, Jun 卢均
Shuang ying zi 双英子

Lu, Chun 鲁纯
CHEN, QING 陈青 **(1920-)**

Lu, Chun long 鲁春龙
GE, MAO CHUN 葛懋春 **(1926-)**

Lu, Chun long 鲁春龙
PANG, SHENG LU 庞声禄 **(1928-)**

Lu cun 露存
HUA, LU CUN 华露存

LU, DA DI 陆大棣 **(1920-)**
Lan 岚
Lu , Jian 陆坚
Luo, Ji 骆基

Lu, Da huang 路大荒
LU, MING ZAO 路鸣藻 **(1895-1972)**

Lu, Dai 鲁岱
LU, KE ZHANG 卢克彰 **(1923-1976)**

Lu, Dai 鲁岱
ZENG, GUANG CAN 曾广灿 **(1936-)**

Lu, Dan 鲁丹
CHEN, CHANG BEN 陈昌本 **(1935-)**

Lu dan 橹丹
LIN, YOU ZHANG 林佑璋 **(1940-)**

LU, DAN AN 陆澹安 **(1894-1980)**
Dan an 澹安
Dan an 澹庵
Dao weng 悼翁
He, Xin 何心
Jian han 剑寒
Lu, Yan wen 陆衍文
Luo, Fen 罗奋
Mang, Shu sheng 莽书生
Qiang xue zhai 彊学斋
Qiong hua guan 琼华馆
Xing, Weng 幸翁

LU, DAN LIN 陆丹林 **(1898-1972)**
Chang an lao ren 长安老人
Chi zi 赤子
Dan lin 丹林
Ding hu jiu lü 顶湖旧侣
En he 恩和
Fei su 非素
Feng lü 凤侣
Feng yuan 枫园
Gan, Lin 甘霖
Hong shu shi 红树室
Jian weng 蹇翁
Jie fu 杰夫
Jie yu weng 接舆翁
Ju, Chang an 居长安
Lou kong lao ren 楼空老人
Lu, Zi zai 陆自在
Miao sou 眇叟
Qing gui 清桂
Song nan diao meng ke 淞南吊梦客
Xia fei 霞菲
Xun bo 逊伯
Xun yu 逊舆
Yi jiang 肄江
Yu, Qin 于勤
Zhang lao 长老
Zi feng 紫枫
Zi zai 自在
Zi zai lao ren 自在老人
Zi zai zhang lao 自在长老

Lu, De 陆德
LU, GUANG BIAO 陆光表 **(1907-)**

Lu, De 鲁德
ZHENG, WEN SEN 郑文森 **(1915-1983)**

LU, DE GEN 陆德根 **(1940-)**

Ai, Qi 艾琪
Hua, Hua 华桦
Lu, Jian hua 陆建华

LU, DE LONG 卢德龙 **(1964-)**
Yu sheng 愚生

LU, DE QING 陆德庆 **(1939-)**
Yi xin 益心

LU, DE YI 卢德仪
Xiao lan 小蓝

Lu, Di 陆地
CHEN, KE HUI 陈克惠 **(1918-)**

Lu, Di 陆棣
CHEN, LIU DI 陈六弟 **(1950-)**

Lu, Di 陆蒂
LU, KE CHANG 陆克昌 **(1923-)**

Lu, Di 鲁荻
ZHANG, DENG YING 张登瀛

Lu, Di 鲁笛
LI, CHUN XUE 李春学 **(1938-)**

Lu, Di 鲁笛
TIAN, XUE 田雪（**1941-)**

Lu, Di 鲁堤
JIANG, DE HUA 姜德华 **(1935-)**

Lu, Di 路地
FU, YUN SHENG 傅云生 **(1928-)**

Lu, Di 卢笛
HUANG, JI GUANG 黄继光 **(1937-)**

Lu, Di 卢荻
LU, HONG KUI 卢鸿逵 **(1927-)**

Lu, Di 卢荻
XU, ZHONG YI 徐中益 **(1949-)**

Lu di 芦荻
CHEN, PEI DI 陈培迪 **(1912-)**

Lu di 芦笛
WEI, HONG JIE 魏鸿杰 **(1920-)**

Lu di 芦笛
YU, HONG XIN 于洪鑫 **(1922-)**

Lu di 芦笛
LEI, WEI 雷炜 **(1923-)**

Lu di 芦笛
YAN, YOU MEI 严友梅 **(1925-)**

Lu di 芦笛
YANG, CHENG YIN 杨成寅 **(1926-)**

Lu di 芦笛
LI, MING 李明 **(1927-)**

Lu dian 芦甸
LIU, ZHEN SHENG 刘振声 **(1920-1973)**

LU, DIAN SAN 路殿三 **(1915-)**
Chang he 长河
Lu, Ding 路丁
Yi, Hong 衣虹

Lu, Ding 鲁丁
JIANG, YAN NONG 姜砚农 **(1905-)**

Lu, Ding 鲁丁
CHEN, XI YI 陈锡仪 **(1918-)**

Lu, Ding 鲁丁
ZHANG, BAI HUA 张柏华 **(1929-)**

Lu, Ding 鲁丁
HU, ZHONG YUAN 胡忠元 **(1929-)**

Lu, Ding 鲁丁
ZHANG, TENG JIAO 张腾蛟 **(1930-)**

Lu, Ding 鲁丁
WU, CHONG YANG 吴重阳 **(1934-)**

Lu, Ding 鲁丁
ZHANG, WEN LIN 张文麟

Lu, Ding 路丁
SONG, SHU MO 宋书模 **(1910-)**

Lu, Ding 路丁
LU, DIAN SAN 路殿三 **(1915-)**

Lu, Ding 路丁
WANG, JIU YU 王久餘 **(1921-)**

Lu, Ding 路丁
LI, CHENG ZHANG 李承璋 **(1950-)**

LU, DING FAN 陆鼎蕃
Ding fan 顶凡

LU, DING YI 陆定一 **(1906-)**
D. Y.
Ding 定
Ding yi 定一
Zheng, Wei 郑位

Lu, Dong 鲁东
YANG, YUE PU 杨悦浦 **(1938-)**

Lu, Dun 鲁钝
ZHANG, ZHI XIN 张知辛 **(1910-1968)**

Lu, Dun 鲁钝
HONG, ZHEN ZHANG 洪振章 **(1938-)**

Lu, Dun 鲁鈍
ZHENG, XIAN WEN 郑宪文 **(1943-)**

Lu, Duo 路铎
LU, XUE MING 陆学明 **(1943-)**

LU, E SHENG 卢谔生
Lu sao zhi tu 卢骚之徒
Lu suo zhi hun 卢梭之魂

Lu, Er 鲁尔
SUN, ZI QIANG 孙自强 **(1912-1990)**

Lu, Er lun 陆尔纶
CHEN, YAN 陈炎 **(1925-)**

Lu, Fan 陆凡
XU, DE JIN 徐德锦 **(1921-)**

Lu, Fan 卢騆
LU, WEI LUAN 卢玮銮 **(1939-)**

Lu, Fan lin 路凡琳
LU, XI KUN 路西坤 **(1927-)**

LU, FANG 卢涝 **(1914-)**
Fang, Yin 方殷
Huai, Cheng 怀成
Lian, An 廉岸
Lu, Yu dong 卢豫冬
Lü gang 旅冈
Nian ying 念英
Rong, Cheng 容城
Shen, Wu 沈坞
Tong, Cheng 童城
Tong, Xin 童心
Wu, Bing lian 伍并廉
Xiao, Mao 萧旄
Xiao xun 晓峋
Zhuang, Yue 庄约
Zong, Jue 宗珏

LU, FANG 陆方 **(1931-)**
Ji, Fang 纪方
Ji, Ping 纪平

Lu, Fang 陆放
LU, YUAN TONG 陆元同 **(1922-)**

Lu, Fang 鲁放
XU, DE JIN 徐德锦 **(1921-)**

Lu, Fang ming 鲁方明
LU, GUANG YI 鲁广益 **(1911-1984)**

LU, FANG PING 卢方平 **(1917-)**
Lu, Su 卢肃

LU, FANG YU 卢方聿
Zi xiu 子修

Lu, Fei 陆斐
WANG, SONG DAI 王松黛 **(1917-)**

Lu, Fei 逯斐
WANG, SONG DAI 王松黛 **(1917-)**

Lu, Fei 鲁非
LU, SHI HUI 卢仕辉 **(1936-)**

Lu fei 露菲
TAN, XIAO XING 谭小邢 **(1925-)**

Lu fei, Bo hong 陆费伯鸿
LU FEI, KUI 陆费逵 **(1886-1941)**

LU FEI, KUI 陆费逵 **(1886-1941)**
Bai 白
Fei 飞
Fei an 飞盦
Lu fei, Bo hong 陆费伯鸿

Lu fei ma 鹿非马
QIAN, JING XUE 钱景雪 **(1918-)**

Lu fen 芦焚
WANG, CHANG JIAN 王长简 **(1910-1988)**

Lu, Feng 卢风
JIANG, SHOU KANG 蒋寿康 **(1925-)**

Lu, Feng 卢枫
LU, WEI LUAN 卢玮銮 **(1939-)**

Lu, Feng 陆风
ZHAO, XING GUO 赵兴国 **(1916-1984)**

Lu, Feng 陆风
WANG, XING HUA 王兴华

LU, FENG 陆峰 **(1962-)**
Yang, Zi 阳子

Lu, Feng 鲁锋
WANG, JING SHAN 王景山 **(1924-)**

Lu, Feng 鲁风
FENG, DENG YING 冯登瀛 **(1908-)**

Lu, Feng 鲁风
CHEN, QI FENG 陈奇峰 **(1918-)**

Lu, Feng 鲁风
MIN, TIE SHAN 闵铁山 **(1918-)**

Lu, Feng 鲁风
HAO, TIAN HANG 郝天航 **(1919-)**

Lu, Feng 鲁风
LIU, YI 刘艺 **(1929-)**

Lu, Feng 鲁风
YANG, SHOU SEN 杨守森 **(1939-)**

Lu, Feng 鲁风
LIU, ZU CHENG 刘祖澄

Lu, Feng 鲁风
ZOU, SU HAN 邹素寒

Lu, Feng 鲁风
LIU, ZHI SHU 刘植树

Lu, Feng 鲁峰
WANG, JING SHAN 王景山 (1924-)

Lu, Feng 鲁峰
ZHENG, TAI SHAN 郑泰山 (1936-)

Lu, Feng 鲁峰
LU, YOU MING 卢有明 (1941-)

LU, FENG CHU 陆奉初
Wu fu sheng 无负生

LU, FENG E 卢凤娥 (1957-)
Ling, Qin 凌沁

Lu, Fu 鲁夫
LIU, SHOU SONG 刘寿嵩 (1912-1969)

Lu, Fu 鲁夫
ZHOU, TING KUI 周廷奎 (1932-)

Lu, Fu 鲁夫
YE, BING HUANG 叶炳煌 (1933-)

Lu, Fu 鲁夫
WANG, SHI JIA 王世家 (1937-)

Lu, Fu 鲁夫
LU, RU FU 卢汝福 (1945-)

Lu, Fu 鲁夫
CHENG, WEI LIAN 程维廉 (1956-)

Lu, Fu 鲁父
LIN, WEI LIANG 林为梁 (1916-1943)

Lu, Fu 陆夫
WU, JUN DA 武俊达 (1916-)

Lu, Fu 陆夫
SHE, RONG KUN 佘荣坤 (1940-)

Lu fu 卤夫
LIU, QIAN CHU 刘谦初 (1897-1931)

Lu fu 碌夫
ZHU, JI LIANG 朱季良 (1908-1989)

LU, FU XIANG 卢福庠 (1917-)
Lu, Jing 卢静
Shu qing 蜀青

LU, FU ZENG 路福增 (1928-)
Lu, Ji 路季
Lu, Zhan 路展
Xu, Di 徐迪

LU, GAN 卢淦
Lu, Sao hun 卢骚魂

LU, GAN ZHI 卢幹之 (1922-)
Chao ren 超人
Zhuo, Mu 卓木

Lu, Gang 陆刚
LI, GUANG BI 李光璧 (1914-1976)

Lu, Gao 陆高
MA, YUAN 马原 (1953-)

LU, GAO YI 陆皋义 (1897-)
K. I.
Liu, Bo wen 刘伯温
Lu, Gao yi 陆高谊

Lu, Gao yi 陆高谊
LU, GAO YI 陆皋义 (1897-)

Lu, Ge 卢鸽
LU, NIAN XIANG 卢念祥 (1953-)

Lu, Ge 鲁歌
ZHANG, ZHAO KE 张肇科 (1913-1988)

Lu, Ge 鲁歌
DANG, GUO DONG 党国栋 (1936-)

Lu, Ge 鲁歌
LI, LU GE 李鲁歌 (1940-)

Lu ge 芦戈
LU, JING YU 卢经钰

Lu ge 芦歌
XIAO, ZONG PU 萧宗朴 (1905-)

Lu, Gen 鲁根
YU, XI NING 于希宁 (1913-)

LU, GEN RU 陆根如 (1946-)
Xiao yin 晓音

Lu, Gong 鲁公
ZENG, TIAN 曾天 (1930-)

Lu, Gong 路工
WANG, DING CHENG 王鼎成 (1917-1983)

Lu, Gong 路工
YE, FENG 叶枫 (1920-)

Lu gong 炉工
SHANG, REN YI 尚仁义 (1951-)

Lu, Gu 卢古
SHANG, ZHONG HAO 尚仲豪 (1934-)

Lu, Guan 陆观
WU, KANG MIN 吴康民 (1926-)

Lu, Guan 陆贯
SHAO, DA CHENG 邵大成 (1922-)

Lu, Guan chun 陆冠春
LU, ZENG YI 陆曾沂 (-1927)

Lu, Guang 鲁光
XU, SHI CHENG 徐世成 (1937-)

LU, GUANG BIAO 陆光表 (1907-)
Lu, De 陆德

Lu, Qing shan 陆青山
Lu, Shou ling 陆寿龄

LU, GUANG RUN 卢光润 **(1902-1968)**
Lu, Yu wen 卢玉温
Lu, Yu wen 卢郁文

LU, GUANG XUAN 卢广宣 **(1926-)**
Lu, Ye 鲁野

LU, GUANG YI 鲁广益 **(1911-1984)**
Du, Ruo 杜若
Fang meng 芳萌
Fang, Ming 方明
Fang ming 芳明
Huang meng 荒萌
Lu, Fang ming 鲁方明
Lu, Ling guang 鲁灵光`
Yu, Xiu 于岫
Yu, Xiu 余修
Zheng, Ze 郑则

LU, GUI FENG 卢桂凤
Ren ming 刃鸣

Lu, Guo 陆国
NI, YI SHU 倪亦舒 **(1946-)**

Lu, Guo 鲁果
WANG, JI YAO 王继尧 **(1921-)**

LU, GUO SONG 陆国松 **(1937-)**
Qing song 青松
Zi yu 子予

LU, GUO WEI 陆国纬 **(1932-)**
Gu, Wei 谷苇
Li, Shui 李水
Lu, Shang cao 陆上草
Lu, She na 卢舍那
Lu, Zhen 鲁真
Si ma, San qian 司马三千
Zhang, Shan 张山
Zhu, Fu 朱符

Lu, Hai 鲁海
CUI, ZHU HOU 崔注厚 **1950-)**

Lu, Hai jia 陆海家
LIU, ZHI HONG 刘志鸿 **(1920-)**

Lu, Han 鲁汉
ZHANG, LING 张玲 **(1936-)**

Lu, Han xiu 路寒袖
WANG, ZHI CHENG 王志诚 **(1958-)**

Lu, Hao 陆灏
XU, BIN ZHANG 许彬章 **(1920-)**

Lu, Hen sheng 鲁恨生
WANG, JIAN MING 汪剑鸣

Lu, Heng 路恒
LIN, LIANG 林良 **(1924-)**

Lu, Hong 卢弘
GUO, HONG RU 郭洪如 **(1931-)**

Lu, Hong 鲁虹
HONG, GAO MING 洪高明 **(1917-1973)**

Lu hong 芦荭
ZHOU, LU QUAN 周鲁泉 **(1917-1983)**

Lu hong 芦蕻
ZHENG, XIAN ZHI 郑新知

LU, HONG CAI 卢鸿材
Lu, Cang 卢苍

Lu, Hong en 鲁鸿恩
LU, SU 鲁速 **(1926-1977)**

LU, HONG JI 卢鸿基 **(1910-)**
Hong ji 鸿基
Zhuo, Jun di 卓君第

LU, HONG KUI 卢鸿逵 **(1927-)**
Lu, Di 卢荻

LU, HONG LUE 卢鸿略 **(1921-)**
Luo, Lie 罗列

Lu, Hou 鲁侯
SHEN, JI ZONG 沈继宗 **(1919-)**

Lu, Hua 路华
JIN, ZHEN HAN 金振汉 **(1923-)**

Lu, Hua 路华
HUANG, DA DE 黄大德 **(1944-)**

Lu, Hua 路华
HUA, LU 华路 **(1950-)**

Lu hua bai 芦花白
LU, HUA BAI 陆华柏 **(1914-)**

LU, HUA BAI 陆华柏 **(1914-)**
Chong she xuan zhu ren 虫蛇轩主人
Hua, Bai 花白
Lu hua bai 芦花白

Lu, Hua min 鲁化敏
SHAO, YAN PING 邵燕平 **(1928-)**

Lu, Huan xia 卢幻霞
LU, JIA WEN 卢嘉文 **(1909-)**

LU, HUI ZHONG 卢惠中 **(1929-)**
Yu, Zhi heng 余志恒

Lu hun 芦魂
CHEN, DI FAN 陈涤凡 **(1909-)**

Lu huo 炉火
SUN, WEN LIN 孙文林 **(1914-1987)**

Lu, Ji 卢集
ZHAO, SHAO WEI 赵少伟

Lu, Ji 陆基
LU, QI ZHI 鲁启智（**1924-** ）

Lu, Ji 陆霁
ZHOU, YU MING 周玉铭（**1925-** ）

Lu, Ji 鲁绩
JIANG, HUA TING 蒋华亭（**1933-** ）

Lu, Ji 鲁冀
DENG, KUI YING 邓魁英（**1929-** ）

Lu, Ji 路季
LU, FU ZENG 路福增（**1928-** ）

LU, JI EN 卢济恩（**1937-** ）
Lu, Jin 卢今

Lu, Ji liang 鲁冀良
FENG, YE XIN 冯叶莘（**1917-1989**）

LU, JI PING 卢继平（**1953-** ）
Ji, Ping 季平

LU, JI PING 陆吉平（**1921-** ）
Fang, Ping 方平
He, Ke wan 何克万
Hu, Shuang cheng 胡双城
Lin, ji si 林棘丝

Lu, Ji ren 鲁继人
WANG, YE LIN 王椰林（**1953-** ）

Lu, Ji wen 鲁纪文
DING, JING TANG 丁景唐（**1920-** ）

Lu, Ji ye 卢冀野
LU, ZHENG SHEN 卢正绅（**1905-1951**）

Lu, Jia 陆嘉
LIU, ZHI HONG 刘志鸿（**1920-** ）

Lu, Jia 鲁加
XU, DU DI 许度地（**1914-** ）

Lu, Jia 鲁佳
YANG, CHENG YE 杨成业（**1914-** ）

Lu, Jia 鲁家
XU, DU DI 许度地（**1914-** ）

Lu, Jia 鲁嘉
WU, YUN SHENG 吴筠生（**1929-** ）

Lu, Jia 鲁嘉
ZHANG, JIAN JUN 张建均（**1942-** ）

Lu, Jia 路加
ZHONG, ZHAO ZHENG 钟肇政（**1925-** ）

Lu, Jia 路伽
YANG, SEN 杨森（**1930-1954**）

Lu, Jia 路家
ZHONG, ZHAO ZHENG 钟肇政（**1925-** ）

Lu jia 露加
SHI, XIAO CHONG 石啸冲（**1908-** ）

LU, JIA WEN 卢嘉文（**1909-** ）
Gu feng 孤凤
Lu, Huan xia 卢幻霞
Lu, Qi xin 卢奇新
Lu, Sen bao 卢森堡
Luo, Jia ping 罗嘉平
Ren, Jun 任钧
Ren, Yun 任筠
Sen bao 森堡
Sun, Bo 孙博
Ye, Shu ke 叶叔珂
Ye, Yin 叶荫

Lu, Jian 卢坚
WANG, TONG ZHAO 王统照（**1897-1957**）

Lu, Jian 陆坚
LU, DA DI 陆大棣（**1920-** ）

Lu, Jian 陆健
ZHU, PU SHENG 朱溥生（**1934-** ）

LU, JIAN 陆健（**1956-** ）
Xiang, Yu 向愚
Xiao sheng 笑生

Lu, Jian 鲁剑
LIANG, JIAN BO 梁剑波（**1922-** ）

Lu, Jian 鲁剑
LU, JIAN 鲁健（**1958-** ）

LU, JIAN 鲁健（**1958-** ）
Lu, Jian 鲁剑

Lu, Jian 路艰
QIN, REN GANG 覃仁刚（**1950-** ）

Lu jian 芦剑
FANG, ZE PU 方泽溥（**1931-** ）

Lu jian 芦剑
HU, KANG XIN 胡康新（**1932-** ）

Lu, Jian bo 卢剑波
LU, TING JIE 卢廷杰（**1904-1991**）

LU, JIAN HONG 陆健鸿（**1949-** ）
Chu, Kuang sheng 楚狂生
Xiao, Ai 萧艾

Lu, Jian hua 陆建华
LU, DE GEN 陆德根（**1940-** ）

LU, JIAN MING 陆俭明（**1935-** ）
Jian ming 俭明
Jin ming 进明

LU, JIAN MING 陆剑明（**1945-** ）
Han jian 寒剑

Lu, Jiao 鲁蛟
ZHANG, TENG JIAO 张腾蛟 **(1930-**)

LU, JIAO NAN 陆峤南
Du qi shan ren 都崎山人
Xia fei 侠飞
Xuan tong ju shi 玄同居士

Lu, Jin 卢今
LU, JI EN 卢济恩 **(1937-**)

Lu, Jin 鲁金
LIANG, TAO 梁涛 **(1924-1995)**

Lu, Jing 卢静
LU, FU XIANG 卢福庠 **(1917-**)

Lu, Jing 卢璟
YU, BAI WEI 俞百巍 **(1928-**)

Lu, Jing 陆敬
ZHAO, SHI YAN 赵世炎 **(1901-1927)**

Lu, Jing 陆景
LIU, JING QUAN 刘景泉 **(1935-**)

LU, JING LIN 陆景林（**1946-** ）
Li yu 里予

Lu, Jing qing 陆晶清
LU, XIU ZHEN 陆秀珍 **(1907-1993)**

LU, JING SUI 陆景遂（**1934-** ）
Lu, Miao 陆苗

LU, JING YU 卢经钰
Lu ge 芦戈

Lu, Jing zhi 陆敬之
REN, ZHUO XUAN 任卓宣 **(1896-1990)**

Lu, Jue 卢觉
ZHAO, SHU LI 赵树礼 **(1906-1970)**

LU, JUE WU 鲁觉吾 **(1900-1966)**
Jue wu 觉吾
Lu, Mang 鲁莽

Lu, Jun 卢军
LU, SHAO QUAN 卢绍权 **(1920-1980)**

Lu, Jun 卢均
LU, CHUAN ZHI 卢传智 **(1949-**)

LU, JUN 陆军 **(1955-**)
A lu 阿庐

Lu, Jun 鲁军
ZENG, GUANG CAN 曾广灿 **(1936-**)

Lu, Jun 路隽
ZENG, QING GUAN 曾庆冠 **(1922-**)

LU, KAI XIANG 卢开祥 **(1925-**)
Gong ze 公则
Lu, Yu 鲁愚

Lu, Kan 鲁坎
LIANG, ZHEN YA 梁振亚 **(1920-**)

LU, KAN 陆侃 **(1903-1978)**
Lu, Bi 陆璧
Lu, Kan lu 陆衎庐
Lu, Kan ru 陆侃如
Xiao bi 小璧
Xiao mei 小梅

Lu, Kan lu 陆衎庐
LU, KAN 陆侃 **(1903-1978)**

Lu, Kan ru 陆侃如
LU, KAN 陆侃 **(1903-1978)**

Lu, Kao yuan 陆考源
LU, SHENG QUAN 陆圣泉 **(1908-1942)**

Lu, Ke 鲁克
LIU, SHOU SONG 刘寿嵩 **(1912-1969)**

Lu, Ke 鲁克
QIU, JIAN MIN 邱建民 **(1924-**)

Lu, Kc 鲁克
ZHONG, WEN LING 钟文灵 **(1931-**)

LU, KE CHANG 陆克昌 **(1923-**)
Lu, Di 陆蒂
Luo di 洛蒂
Mei, Yin 梅音
Xi xing 希行
Yu wen, Hong liang 宇文洪亮

LU, KE XI 卢克希 **(1898-**)
Lu, Shi fu 卢施福

LU, KE ZHANG 卢克彰 **(1923-1976)**
Lu, Dai 鲁岱
Shi, Yi 石遗

LU, KENG 陆铿 **(1918-**)
Chen, Ji sun 陈棘荪
Da sheng 大声
Tian, Jing 田景
Zhu, Zhi qi 朱之期

Lu, Kuang 鲁狂
WANG, TIAN LU 王天禄

Lu, Kui 陆逵
LU, SHAO YING 陆少英 **(1927-**)

Lu, Kui feng 卢夔凤
LU, BAO HUA 卢葆华

Lu, Kun 鲁坤
ZHANG, LU KUN 张鲁坤 **(1927-**)

Lu, Lan 卢兰
DU, JUN HUI 杜君慧 **(1904-1981)**

Lu, Lan 卢兰
MAI, CHUN QIAN 麦春乾 **(1911-1982)**

LU, LE QUN 卢乐群 **(1942-)**
Lu, Qiao 卢樵

Lu, Leng 路冷
YAN, DONG CAI 阎栋材 **(1923-1949)**

Lu, Li 卢蠡
LU, SHENG QUAN 陆圣泉 **(1908-1942)**

Lu, Li 陆离
WANG, FO SU 王佛苏 **(1907-1957)**

Lu, Li 陆离
LU, ZHI PING 陆志平（**1917-)**

Lu, Li 陆离
LU, QING ZHEN 陆庆珍（**1938-)**

Lu, Li 陆蠡
LU, SHENG QUAN 陆圣泉 **(1908-1942)**

Lu, Li 鲁藜
XU, DU DI 许度地 **(1914-)**

Lu, Li 路里
LIU, SI HAI 刘斯海 **(1919-)**

LU, LI YING 卢丽莺 **(1954-)**
Xue rou 雪柔

Lu, Lin 陆林
JI, LU LIN 吉路林 **(1944-)**

Lu, Lin 鲁林
LI, LIAN CUI 李连萃 **(1911-1991)**

Lu, Lin 鲁琳
LI, LIAN CUI 李连萃 **(1911-1991)**

LU, LIN 路林 **(1955-)**
Mu, Mu 穆木

LU, LIN SHEN 陆林深 **(1946-)**
Feng cao 丰草

Lu, Ling 卢令
WU, HONG YI 吴宏一 **(1943-)**

Lu, Ling 卢令
HUANG, HAI MING 黄海明 **(1956-)**

Lu, Ling 陆凌
LU, XIAN ZHONG 陆贤忠 **(1954-)**

Lu, Ling 路翎
XU, SI XING 徐嗣兴 **(1923-)**

Lu ling 芦舲
DAI, KE RANG 戴克让 **(1874-)**

Lu, Ling guang 鲁灵光
LU, GUANG YI 鲁广益 **(1911-1984)**

LU, LING SU 陆灵素
Hua jing xiang gu 华泾乡姑
Huang ye yi shuang 黄叶遗霜

Lu, Liu di 陆柳堤
ZHENG, SHU RONG 郑树荣 **(1917-)**

Lu, Lou 陆楼
TAN, TIAN HE 谭天河 **(1930-)**

Lu, Lu 陆路
LIU, SI HAI 刘斯海 **(1919-)**

Lu, Lu 陆鹭
LU, TING FU 陆廷福 **(1930-)**

Lu, Lu 路露
YANG, PU 杨莆 **(1931-)**

Lu lu 碌碌
HU, YU ZHI 胡愈之 **(1896-1986)**

Lu lu 碌碌
LIU, HOU XIANG 刘厚祥 **(1931-)**

Lu lu 潞潞
YANG, LU SHENG 杨潞生 **(1956-)**

LU, LÜ XI 陆律西
Lü xi 律西

Lu, Lü xi 陆绿曦
LU, WAN MEI 陆万美 **(1911-1984)**

Lu, Lun 鲁伦
KUANG, RUO XIA 匡若霞 **(1927-)**

Lu, Ma 路马
CHENG, YI 程翊 **(1913-1941)**

Lu, Man 陆曼
HU, SHENG 胡绳 **(1918-)**

Lu, Man 陆蛮
LU, QING ZHEN 陆庆珍（**1938-)**

Lu, Man 鲁曼
LI, YUAN DING 李元鼎 **(1881-1944)**

Lu, Man 鲁曼
ZHONG, WEN LING 钟文灵 **(1931-)**

Lu, Man 鲁蛮
GE, WEI HUAN 葛维焕 **(1914-)**

Lu, Man 路漫
YUAN, GUANG MEI 袁光楣 **(1916-1982)**

Lu, Man 路漫
LI, LIU MAN 李六曼 **(1944-)**

Lu, Man 路漫
ZHAO, CHUN YING 赵春迎 **(1963-)**

Lu ming 露明
ZHAO, JING SHEN 赵景深 **(1902-1985)**

LU, MING DE 陆明德 **(1942-)**
Zheng, Ming 郑明

LU, MING HUI 卢明辉 **(1934-)**
Ge er le tu 格尔勒图
Lu, Wen 路闻
Lu, Zhen 卢珍
Min hui 敏惠

Lu ming nü shi 露明女士
ZHAO, JING SHEN 赵景深 **(1902-1985)**

LU, MING QIU 陆鸣秋 **(1905-)**
Ming qiu 鸣秋

LU, MING ZAO 路鸣藻 **(1895-1972)**
Da huang shan ren 大荒山人
Lu, Da huang 路大荒

LU, MING ZHU 陆明珠 **(1930-)**
Liu, Wei 柳微

Lu, Mo 鲁墨
ZHANG, XUE WEN 张学文 **(1934-)**

Lu, Mo lan 鲁墨岚
GUO, YONG DU 郭永都 **(1937-)**

Lu, Mu 陆睦
LU, WAN MEI 陆万美 **(1911-1984)**

LU, MU 鲁牧 **(1923-)**
Huang, Cheng cai 黄成才

Lu, Nai sen 卢迺森
LU, XI LIN 卢西林 **(1927-)**

Lu, Nan 鲁男
LÜ, JIN ZAO 吕金藻 **(1928-)**

Lu, Nan 鲁南
XING, REN JIE 邢人杰 **(1934?-)**

Lu, Nan qiao 卢南乔
LU, ZHEN HUA 卢振华 **(1911-1979)**

Lu, Nan zi 鲁男子
ZENG, PU 曾朴 **(1872-1935)**

Lu, Nan zi 鲁男子
LIU, HE FANG 刘和芳 **(1927-)**

Lu, Ni 鲁妮
LI, LING XIU 李玲修 **(1944-)**

Lu, Ni 路泥
HU, LU YAN 胡鲁焉 **(1926-)**

LU, NIAN XIANG 卢念祥 **(1953-)**
Lu, Ge 卢鸽

Lu, Ning 鲁宁
GAO, WEI XI 高维晞 **(1933-)**

Lu, Ning 鲁宁
YI, LU ZHANG 奕禄璋 **(1943-)**

Lu, Ning 鲁宁
YIN, XUE FEI 殷学飞 **(1944-)**

Lu, Ning 鲁凝
CHEN, MING GANG 陈明刚 **(1919-)**

Lu, Niu 鲁牛
PAN, YOU WEI 潘有炜 **(1925-)**

LU, OU LIN 卢欧琳 **(1931-)**
Ou, Lin 欧琳

LU, PENG CHENG 陆鹏程 **(1951-)**
Lu, Chen 陆沉

Lu, Ping 陆坪
LU, ZHEN PING 陆镇平 **(1933-)**

LU, PING 鲁萍 **(1920-)**
Zi shi 紫石

Lu, Ping 路平
LUO, XING 罗行 **(1935-)**

LU, PING 路平 **(1953-)**
Ping, Li 平路

Lu, Ping 路平
XING, LU 邢露 **(1960-)**

Lu ping 芦萍
YANG, FENG XIANG 杨风翔 **(1931-)**

Lu, Qi 陆祁
QI, CHONG XIAO 祁崇孝 **(1918-)**

Lu, Qi 陆齐
GONG, DE BAI 龚德柏 **(1891-1980)**

LU, QI 陆琦 **(1957-)**
Er ji 耳击

Lu, Qi 陆綦
LIU, LU QI 刘陆綦

Lu, Qi 鲁齐
LI, SHAO QI 李绍琪 **(1941-)**

Lu, Qi 鲁琪
LU, QI ZHI 鲁启智 **(1924-)**

Lu, Qi feng 鲁企风
WANG, JI YAO 王继尧 **(1921-)**

Lu, Qi ming 陆其明
LU, ZI LIANG 陆子良 **(1931-)**

LU, QI QING 陆其清 **(1908-)**
Cheng zhi 澄之
Shan quan 山泉

Qi qing 奇青

LU, QI WEN 卢启文（**1920-1957**）
Su, Xun 苏汛
Su, Yu 苏玉

Lu, Qi xin 卢奇新
LU, JIA WEN 卢嘉文（**1909-** ）

Lu, Qi yi 陆七一
LIU, QI YU 刘祺裕 (**1938-**)

LU, QI ZHI 鲁启智（**1924-** ）
Chen, Hua 陈华
Du du 都都
Feng yuan 风原
He, Feng 何风
Hua, Qing 华青
Hua, Yuan 华原
Jiang, Xing 江星
Lian, Xi 连禧
Lu, Ji 陆基
Lu, Qi 鲁琪
Ming, Zhi 明之
Ming, Zhi si 明之斯
Xiao ni 小尼
Yang, Chun 杨春
Zhou, Jing xing 周景行

Lu, Qian 卢前
LU, ZHENG SHEN 卢正绅 (**1905-1951**)

Lu, Qiao 卢樵
LU, LE QUN 卢乐群 (**1942-**)

Lu qiao 鹿桥
WU, NE SUN 吴讷孙 (**1919-**)

LU, QIN LI 逯钦立（**1916-1973**）
Zhu, Ben 祝本

LU, QING 陆庆（**1912-** ）
Lu, Mian yu 陆勉馀

Lu, Qing 陆青
KANG, SHU HUA 康树华 (**1926-**)

Lu, Qing 陆擎
XIE, XING 谢兴 (**1907-1975**)

Lu, Qing 鲁青
ZHANG, YUN SHENG 张云生 (**1920-**)

Lu, Qing 鲁青
WANG, ZHENG YI 王正义 (**1960-**)

LU, QING BIAO 鲁庆彪（**1948-** ）
Yi, Shi 伊始

Lu, Qing cheng 鲁清城
LI, SHANG CAI 李尚才 (**1953-**)

Lu, Qing shan 陆青山
LU, GUANG BIAO 陆光表 (**1907-**)

LU, QING YUAN 陆清源
Hai, Cen 海岑

LU, QING YUN 卢青云
Tang, Ling 唐羚

LU, QING ZHEN 陆庆珍（**1938-** ）
Fan, Shu ya 范淑雅
Fang, Si hua 方斯华
Fang, Su wa 房素娃
Lu, Li 陆离
Lu, Man 陆蛮
Lü li 绿离
Shi, Ye ke 施也可
Wen, Yu 文妤
Xiao qing 小庆

Lu, Qiong 卢琼
YU, BAI WEI 俞百巍 (**1928-**)

Lu qiu 鲈秋
LIU, JIE 刘节 (**1901-1977**)

Lu, Qiu xin 陆秋心
LU, ZENG YI 陆曾沂 (**-1927**)

Lu, Quan 陆泉
LU, SHENG QUAN 陆圣泉 (**1908-1942**)

Lu, Quan 陆泉
ZOU, DI FAN 邹荻帆 (**1917-1995**)

Lu, Quan 鲁泉
ZHOU, LU QUAN 周鲁泉 (**1917-1983**)

Lu, Quan 路泉
SU, MING QING 粟明清 (**1939-**)

LU, QUAN GEN 陆全根 (**1940-**)
Quan geng 荃畊

Lu, Quan shun 鲁全顺
LU, SU 鲁速 (**1926-1977**)

LU, QUAN YI 卢全义 (**1937-**)
Tie chui 铁锤

Lu, Ren 鲁人
CUI, WAN QIU 崔万秋 (**1905-**)

Lu, Ren 鲁人
HU, KE XI 胡克熙 (**1911-**)

Lu, Ren 鲁人
QI, ZHI BIN 祁志彬 (**1925-**)

Lu, Ren 鲁人
LIU, FU FANG 刘福芳 (**1930-**)

Lu, Ren 鲁人
JIN, YAN 金巖 (**1931-**)

Lu, Ren 鲁人
GUO, CAI REN 郭才人 **(1938-)**

Lu, Ren 鲁人
QI, GUANG WEN 齐广文 **(1945-)**

Lu, Ren 鲁人
HUANG, GUO HUA 黄国华 **(1951-)**

Lu, Ren 陆仁
GUO, XI LIANG 郭锡良 **(1930-)**

Lu, Ren 路人
WANG, REN SHU 王任叔 **(1901-1972)**

Lu, Ren 路人
XIAO, BAI LIANG 萧百亮

Lu, Ren 路人
WANG, PEI DE 汪培德

Lu, Ren feng 卢仁风
LU, RU YIN 卢汝吟 **(1918-)**

LU, RONG ZHUANG 陆荣桩 **(1931-)**
Luo hang 洛杭

Lu, Ru 鲁儒
LEI, PEI HONG 雷沛鸿 **(1888-1967)**

LU, RU FU 卢汝福 **(1945-)**
Lu, Fu 鲁夫

LU, RU HAO 陆汝浩 **(1943-)**
Shuang shui 双水

LU, RU YIN 卢汝吟 **(1918-)**
Cao zhi 草芷
Fang, Huang 方皇
Fei ke wu 非可恶
Gao, Wo 高渥
He, Yu 何虞
Hong, Mu 洪慕
Huang, Chao long 黄潮龙
Li ke 立可
Lin, Mu 林牧
Lu, Mei 卢煤
Lu mei 炉煤
Lu, Ren feng 卢仁风
Lu, Yuan 卢元
Lü yan 绿燕
Miao, Ling 苗灵
Mu ye 牧野
Mu zi nan 牧子南
Shen, Zi yu 沈子予
Tao, Gong ye 陶公冶
Tian, Fei 田非
Tian, Zi 田紫
Tian, Zi fu 田子夫
Wang, Ke 王珂
Xi, Yu 奚予
Xin, Di 辛笛
Xin, Ke 辛可
Xin, Ke 辛珂
Xin, Qi 辛琦
Xin, Zhi 辛芷
Yin, Tuo 殷拓
Zhang, Hai 张海
Zhi xi 稺犀
Zi yi 紫荑

Lu, Rui 鲁锐
ZHANG, ZHI XIN 张知辛 **(1910-1968)**

Lu, Ruo bing 陆若冰
DENG, YAN LU 邓延陆 **(1946-)**

Lu, Ruo dun 鲁若盾
ZHU, JI CHENG 朱吉成 **(1937-)**

Lu, Ruo shen 鲁若参
REN, ZHUO XUAN 任卓宣 **(1896-1990)**

Lu, Ruo shui 陆若水
FU, ZE HUANG 傅则黄 **(1893-1971)**

Lu, Sang 陆桑
CAO, JIE 曹杰 **(1935-)**

Lu, Sao hun 卢骚魂
LU, GAN 卢淦

Lu sao zhi tu 卢骚之徒
LU, E SHENG 卢谔生

LU, SEN 卢森 **(1911-1982)**
Hong, Cheng 洪成
Lu, Shen 鲁深

Lu, Sen 路森
LI, DAO LIN 李道林 **(1941-)**

Lu, Sen bao 卢森堡
LU, JIA WEN 卢嘉文 **(1909-)**

Lu, Sen bao 卢森堡
FENG, DA WEI 冯大卫 **(1938-)**

Lu, Sen bao 卢森堡
FANG, TANG HUA 方棠华

Lu, Sha 路沙
LONG, JING CAI 龙京才 **(1948-)**

Lu sha 芦沙
ZHAO, ZONG LIAN 赵宗濂 **(1914-1943)**

Lu sha 露沙
HUANG, YING 黄英 **(1898-1934)**

Lu, Sha fu 鲁沙夫
YE, BING HUANG 叶炳煌 **(1933-)**

Lu, Shan 卢山
FENG, FANG MIN 冯放民 **(1919-)**

Lu, Shan 鲁山
CAI, CHU SHENG 蔡楚生 (1906-1968)

Lu, Shan 鲁山
XU, GUANG XIAO 徐光霄 (1915-1989)

Lu, Shan 鲁山
FENG, FANG MIN 冯放民 (1919-)

Lu, Shan 鲁山
WANG, NAI SHAN 王乃山 (1943-)

Lu, Shan song 鲁山松
WU, JIAN MIN 吴建民 (1954-)

Lu, Shan yi 陆珊宜
FENG, YING ZI 冯英子 (1915-)

Lu shan yi bao 庐山一豹
YANG, MAO 杨貌 (1939-)

Lu, Shang cao 陆上草
LU, GUO WEI 陆国纬 (1932-)

Lu, Shao 鲁哨
CHEN, SHOU RONG 陈守荣 (1915-1979)

Lu, Shao 鲁哨
YANG, GUO FAN 杨国藩 (1928-)

LU, SHAO QUAN 卢绍权 (1920-1980)
Ban, Yi 班毅
Jia, Cun 贾村
Jun jia 军笳
Li fu 笠夫
Lu, Jun 卢军
Miao, Xiu 苗秀
Miao, Yi 苗毅
Shi, Jin 史进
Wen, Ren jun 闻人俊
Wen, Zhi liu 文之流
Xia, Ning shuang 夏凝霜
Xia, Ying 夏盈

Lu, Shao yi 陆少懿
WU, ZAN TIAN 伍赞天 (1904-1988)

LU, SHAO YING 陆少英 (1927-)
Lu, Kui 陆逵

Lu, She na 卢舍那
LU, GUO WEI 陆国纬 (1932-)

Lu, Shen 鲁参
LUO, LONG JI 罗隆基 (1897-1965)

Lu, Shen 鲁深
LU, SEN 卢森 (1911-1982)

Lu, Shen 鲁深
ZHANG, RUI LIN 张瑞麟 (1933-)

LU, SHEN FANG 卢申芳 (1939-)
Xiao, He 萧荷

Lu, Sheng 卢生
WANG, TONG ZHAO 王统照 (1897-1957)

Lu, Sheng 陆升
LIN, XUE TANG 林雪棠 (1898-)

Lu, Sheng 鲁升
ZENG, GUANG CAN 曾广灿 (1936-)

Lu, Sheng 鲁声
YUE, XI RUI 岳喜瑞 (1920-)

Lu, Sheng 鲁声
ZENG, GUANG CAN 曾广灿 (1936-)

Lu, Sheng 鲁生
HAN, SHAN YUAN 韩山元 (1942-)

Lu sheng 芦声
WANG, REN SHU 王任叔 (1901-1972)

Lu sheng 菉生
ZHU, QI 朱祺 (1859-1931)

LU, SHENG FA 卢盛法 (1921-)
Fei, Zhi 费枝

LU, SHENG PING 陆胜平 (1952-)
Zi lang 紫琅

LU, SHENG QUAN 陆圣泉 (1908-1942)
Da jiao 大角
Lu, Kao yuan 陆考源
Lu, Li 卢蠡
Lu, Li 陆蠡
Lu, Min 陆敏
Lu, Quan 陆泉
Sheng quan 圣泉

Lu, Sheng tao 鲁声涛
YUE, XI RUI 岳喜瑞 (1920-)

LU, SHENG YAN 卢胜彦 (1945-)
Lian sheng 莲生
Lian zi 莲子
Shang tian 上田

Lu, Shi 卢石
BAO, GUO ZHONG 鲍国忠 (1947-)

Lu, Shi 卢式
ZHAO, SHAO WEI 赵少伟

Lu, Shi 陆士
CAI, YUN GUI 蔡运桂 (1934-)

Lu, Shi 陆石
KANG, DAO PING 康道平 (1920-)

Lu, Shi 陆石
KANG, CHENG ZHONG 康成忠 (1921-)

Lu, Shi 鲁石
ZENG, GUANG CAN 曾广灿 (1936-)

Lu, Shi 鲁石
SUN, CHUN TING 孙春亭 **(1943-)**

Lu, Shi 鲁史
HOU, YU SHI 侯聿士

Lu, Shi 鲁师
ZHANG, FA 张发 **(1939-)**

Lu, Shi 鲁施
YANG, HUO XING 杨活兴

Lu, Shi 路石
LIU, DAO YU 刘道玉 **(1933-)**

Lu, Shi 路拾
DAI, YAN TIAN 戴砚田 **(1932-)**

Lu shi 录士
WANG, WEN CHEN 王文琛 **(1922-)**

Lu shi 露石
ZHANG, CHUN QIAO 张春桥 **(1917-)**

LU, SHI E 陆士谔 **(1878-1944)**
Lu, Shou xian 陆守先
Qin mei zi 沁梅子
Shi e 士谔
Shou xian 守先
Yun, Jian long 云间龙

Lu, Shi fu 卢施福
LU, KE XI 卢克希 **(1898-)**

LU, SHI HUI 卢仕辉 **(1936-)**
Lu, Fei 鲁非
Lu, Si fei 卢斯飞

Lu, Shi tong 陆十童
QIN, XIN MIN 秦新民 **(1927-)**

LU, SHI XIN 陆士鑫 **(1938-)**
Xiao, Luo 肖洛

LU, SHI YAN 卢世延
Shi yan 世延
Yan 延

Lu, Shi yin 鲁诗音
ZHANG, RUI LIN 张瑞麟 **(1933-)**

LU, SHI YING 陆诗瀛 **(1903-1978)**
A lu 阿陆
Lin, Yang bo 林扬波
Ma, Da 马达

Lu, Shi yuan 陆士源
XU, WEI 徐炜 **(1916-)**

Lu, Shou ling 陆寿龄
LU, GUANG BIAO 陆光表 **(1907-)**

Lu, Shou xian 陆守先
LU, SHI E 陆士谔 **(1878-1944)**

LU, SHOU XUN 卢受训 **(1930-)**
Zhuo, Qing 卓青

LU, SHU 卢淑
Shu, Qing 舒晴

Lu, Shu 鲁束
ZHUANG, ZONG HUA 庄宗华 **(1937-)**

Lu, Shu hua 路淑华
HANG, XING 杭行 **(1925-)**

LU, SHU JUN 路树军 **(1952-)**
Lu, Tuo 路拓
Xiao lu 晓路

LU, SHU XUN 卢树勳 **(1929-)**
Liu shan 六山
Wu lü zhu ren 无虑主人

LU, SHU YUAN 鲁枢元 **(1946-)**
Zhao, Xin 赵欣

LU, SHUN YIN 卢顺银 **(1939-)**
Lu , Yi 卢毅

Lu, Si 卢斯
LI, JING CI 李景慈 **(1918-)**

Lu, Si 鲁思
XIE, LIU YI 谢六逸 **(1898-1945)**

Lu, Si 鲁思
CHEN, HE 陈鹤 **(1912-1984)**

Lu, Si 鲁斯
WU, ZONG HAI 吴宗海 **(1925-)**

Lu, Si 路斯
HUO, HAN JI 霍汉姬 **(1937-)**

Lu si 露丝
DU, XI TANG 杜锡棠

Lu, Si fei 卢斯飞
LU, SHI HUI 卢仕辉 **(1936-)**

Lu, Si kou 鲁司寇
TIAN, YUAN 田源 **(1927-1987)**

Lu si lin 露丝琳
FANG, YUN QIN 方云琴 **(1944-)**

Lu, Si lu 陆思鲁
WANG, SHEN QUAN 王深泉 **(1923-)**

Lu, Song 鲁松
SUN, ZONG LIANG 孙宗良 **(1930-)**

Lu, Song 鲁嵩
WANG, GUO HUA 王国华 **(1963-)**

Lu, Su 卢肃
LU, FANG PING 卢方平 **(1917-)**

Lu, Su 鲁速
LIU, YA ZI 柳亚子 **(1887-1958)**

LU, SU 鲁速 **(1926-1977)**
Lu, Hong en 鲁鸿恩
Lu , Quan shun 鲁全顺

Lu, Su 鲁速
LUO, SHI FENG 罗时烽 **(1932-)**

Lu, Su 卢肃
FANG, PING 方平 **(1917-)**

Lu su 鹿宿
WEI, YI YUN 魏义云 **(1900-1972)**

Lu, Sun 鲁孙
KONG, FAN YAN 孔繁衍 **(1912-)**

Lu, Sun 鲁孙
HU, YUE 胡越 **(1920-1980)**

Lu sun 簶孙
ZHU, QI 朱祺 **(1859-1931)**

Lu, Suo 鲁索
JIA, ZHI FANG 贾植芳 **(1915-)**

Lu suo zhi hun 卢梭之魂
LU, E SHENG 卢谔生

Lu, Tao 路涛
SI TU, CHUAN 司徒传 **(1912-1950)**

Lu, Te 鲁特
YU, JIAN QIU 于建秋 **(1917-)**

Lu, Te dan 鹿特丹
LI, XING YU 李兴宇 **(1920-1970)**

Lu, Tian 卢天
SONG, SHU MO 宋书模 **(1910-)**

Lu, Tian 鲁天
HUANG, YAO GAO 黄尧高 **(1939-1973)**

Lu, Tian 鲁田
ZENG, TIAN 曾天 **(1930-)**

Lu, Tian 鲁田
TANG, FENG YI 唐丰义 **(1932-)**

Lu, Tie 路铁
LU, TIE CHENG 路铁成 **(1939-)**

LU, TIE CHENG 路铁成 **(1939-)**
Lu, Tie 路铁

Lu, Ting 鲁亭
LIU, GUO SONG 刘国松

Lu ting 芦汀
QU, YOU YUAN 曲有元 **(1943-)**

Lu ting 露汀
JIANG, CHENG YANG 姜承阳 **(1921-)**

LU, TING FU 陆廷福 **(1930-)**
Lu, Lu 陆鹭

LU, TING JIE 卢廷杰 **(1904-1991)**
Da ji 大吉
Gitav
Hei, Qiu 黑囚
Inferlo
Jian bo 剑波
Jiang, Yi 江一
Lu, Jian bo 卢剑波
Mao tu 矛突
Tian, Shen yu 田申雨
Wu, Yun 吴澐
You jia 幼葭
Zuo, Xin 左馨

Lu, Tong 鲁童
LI, ZONG CI 李宗慈 **(1956-)**

Lu, Tu 陆途
LU, BING DA 陆秉达 **(1940?-)**

Lu, Tu di 鲁徒弟
XU, DU DI 许度地 **(1914-)**

Lu, Tuo 路拓
LU, SHU JUN 路树军 **(1952-)**

Lu, Wan 卢湾
ZHANG, CHUN QIAO 张春桥 **(1917-)**

LU, WAN MEI 陆万美 **(1911-1984)**
Lu, Lü xi 陆绿曦
Lu, Mu 陆睦
Lü xi 绿曦
Qi, Lu shan 齐鲁山

Lu, Wei 卢苇
LUO, BAI NIAN 罗柏年 **(1927-1986)**

Lu, Wei 路卫
ZHOU, TING KUI 周廷奎 **(1932-)**

Lu, Wei 路苇
ZHANG, HENG SHOU 章恒寿 **(1931-)**

Lu wei 芦苇
ZHANG, HENG SHOU 章恒寿 **(1931-)**

Lu wei 芦苇
LU, YOU WEI 路友为 **(1947-)**

Lu wei 露薇
ZHANG, WEN HUA 张文华

Lu wei 露薇
HE, ZHI YUAN 贺志远

Lu, Wei liang 陆维良

XU, WEI 徐炜 (1916-)

LU, WEI LUAN 卢玮銮 (1939-)
Lu, Fan 卢騆
Lu, Feng 卢枫
Ming, Chuan 明川
Xiao hui 小惠
Xiao si 小思

LU, WEI RAN 陆伟然 (1935-)
Fang, Zhi 方之

LU, WEI TING 卢维廷 (1948-)
Cun yan 寸言
Mao, Lu 茅芦
Xiu, Chao 修朝

Lu, Wei zhao 陆维钊
LU, ZI PING 陆子平 (1899-1980)

Lu, Wen 鲁文
ZHAO, SHU MIN 赵淑敏 (1935-)

Lu, Wen 鲁文
HAN, SHAN YUAN 韩山元 (1942-)

Lu, Wen 鹿文
JIANG, HAI CHENG 蒋海澄 (1910-1996)

Lu, Wen 路闻
LU, MING HUI 卢明辉 (1934-)

LU, WEN FU 陆文夫 (1928-)
Wen, Fu 闻夫

Lu, Wen hui 鲁文辉
KONG, FAN YIN 孔繁银 (1926-)

Lu, Wen min 卢文敏
LU, ZE HAN 卢泽汉 (1939-)

LU, WEN SHAN 陆文珊 (1934-)
Lu, Yuan 陆远
Lu, Yuan 路远

Lu weng 鹿翁
LIANG, DING FEN 梁鼎菜 (1859-1920)

LU, WU YA 陆无涯 (1912-1984)
Yu jun 羽军

Lu, Xi 鲁西
LIU, JIAN CAI 刘建才 (1942-)

Lu, Xi 鲁皙
WU, JIN LAN 吴晋澜 (1907-1984)

Lu, Xi 路溪
TAN, GUO SHENG 檀国胜 (1950-)

Lu, Xi 路曦
YANG, ZHI LU 杨枝露

LU, XI CHUN 卢希纯 (1939-)
Dong fang, Ju 东方炬
Lu, Xia fu 卢侠夫

LU, XI KUN 路西坤 (1927-)
Gu, Bai cun 顾白村
Lu, Bu ping 路不平
Lu, Fan lin 路凡琳
Lu, Xiao tian 路晓天

LU, XI LIN 卢西林 (1927-)
Lu, Nai sen 卢廼森

LU, XI ZHI 陆希治 (1922-)
Lu, Bai ren 陆白人

Lu, Xia 鲁侠
WANG, ZHI SHENG 王志胜 (1922-)

Lu, Xia 路霞
XIA, QING 夏青 (1953-)

Lu xia 芦霞
MA, CHUN 马春 (1940-)

Lu, Xia fu 卢侠夫
LU, XI CHUN 卢希纯 (1939-)

LU, XIAN ZHONG 陆贤忠 (1954-)
Lu, Ling 陆凌
Xue shi 雪石

Lu, Xiang 鲁向
LIU, QI ZHANG 刘琦璋 (1932-)

Lu xiang 庐湘
LI, ZHAN LIN 李占林 (1927-)

LU, XIANG GAN 陆象淦 (1938-)
A lao 阿劳
Di, Shan 狄山
Jin, Lu 金鹿
Qiao, Ya 乔亚
Shui, Jin 水金

LU, XIANG XIAN 陆象贤 (1917-)
Bao, Ai ru 鲍霭如
Bao, Lie si 鲍列斯
Hao jiao 号角
Huang, He 黄河
Lie che 列车
Lie yu kou 列御寇
Shuo zhai 说斋
Yang, Zi jiang 扬子江

LU, XIAO GEN 卢小根 (1952-)
Lu, Xiao geng 卢晓更

Lu, Xiao geng 卢晓更
LU, XIAO GEN 卢小根 (1952-)

LU, XIAO MAN 陆小曼 (1903-1967)
Lu, Xiao mei 陆小眉
Man gu 蛮姑

Xiao man 小曼

Lu, Xiao mei 陆小眉
LU, XIAO MAN 陆小曼 **(1903-1967)**

LU, XIAO MING 鲁小明 **(1946-)**
Lu, Xiao ming 鲁晓明
Ming, Lun 明伦
Xiao lu 晓鲁

Lu, Xiao ming 鲁晓明
LU, XIAO MING 鲁小明 **(1946-)**

Lu, Xiao shu 卢小疏
LU, ZHENG SHEN 卢正绅 **(1905-1951)**

Lu, Xiao tian 路晓天
LU, XI KUN 路西坤 **(1927-)**

Lu, Xin 卢辛
BAO, QING XIAN 鲍庆献 **(1923-)**

LU, XIN 卢昕 **(1923-)**
Lu, Yong 卢永
Lu, Yong Fu 卢永福

LU, XIN 卢信 **(1885-1933)**
Lu, Xin gong 卢信公
Suo gong 梭功
Xin gong 信公

Lu, Xin gong 卢信公
LU, XIN 卢信 **(1885-1933)**

LU, XIN RU 陆鑫如 **(1927-)**
Lin, Feng 林枫

Lu, Xing 陆星
HUANG, YA 黄崖 **(1932-1992)**

Lu, Xing 鲁行
YE, QI WEN 叶其文 **(1938-)**

Lu, Xing 鲁星
WU, MIN DE 仵敏德 **(1937-)**

Lu, Xing 鲁醒
MA, JIN HUA 马金华 **(1956-)**

LU, XING FU 卢星父
Xian hu 仙乎

LU, XIU BO 陆修伯 **(1933-)**
Shi, Cao 石草

LU, XIU TANG 陆修棠 **(1911-1966)**
Lu, Bo ping 陆伯平

LU, XIU ZHEN 陆秀珍 **(1907-1993)**
Jing qing 晶清
Lu, Jing qing 陆晶清
Lü wu 绿屋
Mei, Ying 梅影
Na jun 娜君
Na ming 娜名
Sou xue 嗽雪
Sou yu 嗽玉
Xiao lu 小鹿

LU, XIU ZHEN 鲁秀珍 **(1935-)**
Lu, Zhuo 鲁琢
Xiao lu 晓鲁
Xue li chun 雪里春

Lu, Xu 陆旭
LUO, ZHU FENG 罗竹风 **(1911-)**

Lu, Xu 陆续
LU, ZHI PING 陆志平 **(1917-)**

Lu, Xu 陆墟
SHA, ZHONG HU 沙仲虎 **(1914-)**

LU, XUE MING 陆学明 **(1943-)**
Lu, Duo 路铎

Lu, Xun 鲁迅
ZHOU, SHU REN 周树人 **(1881-1936)**

Lu, Ya 陆亚
WANG, XIU XIONG 王秀雄 **(1924-)**

Lu, Ya 鲁亞
QIAN, XING CUN 钱杏邨 **(1900-1977)**

LU, YA SHI 卢亚士 **(1933-)**
Jiang, Hong 江泓

Lu ya zi 芦芽子
WANG, JIAN HUA 王建华 **(1941-)**

Lu, Yan 鲁言
XU, DAI SHAN 徐岱珊 **(1924-)**

Lu, Yan 鲁言
LIANG, TAO 梁涛 **(1924-1995)**

Lu, Yan 鲁言
LU, YUAN 陆原 **(1928-)**

Lu, Yan 鲁岩
ZHOU, JUN JIE 周俊杰 **(1941-)**

Lu, Yan 鲁彦
WANG, HENG 王衡 **(1901-1944)**

Lu, Yan 鲁颜
WANG, HENG 王衡 **(1901-1944)**

Lu, Yan 鲁燕
WANG, JUN ZHEN 王均镇 **(1952-)**

Lu, Yan 陆岩
ZHANG, YONG TAI 张永太 **(1940-)**

Lu yan 芦焰
ZHANG, YAN ZHANG 张彦章 **(1920-)**

Lu yan 芦燕

WANG, CHANG QING 王长青 **(1922-)**

LU, YAN HAO 陆雁豪 **(-1992)**
Bi lü 碧侣

LU, YAN LU 卢延禄 **(1935-)**
Lu, Mang 鲁芒
Xue cao 雪草

Lu, Yan wen 陆衍文
LU, DAN AN 陆澹安 **(1894-1980)**

LU, YAN XING 卢衍星 **(1965-)**
Mao, Ji 毛疾

Lu, Yang 陆洋
YANG, ZHI CHENG 杨志诚

Lu, Yang 鲁阳
ZHAI, YONG HU 翟永瑚 **(1921-)**

Lu, Yang 鲁飏
LIU, HUAN LU 刘焕鲁 **(1945?-)**

Lu, Yang 路阳
CAO, XI ZHEN 曹锡珍

Lu, Yang 路杨
SHAO, JIAN MING 邵建明 **(1928?-)**

Lu, Yang cun 卢杨村
KE, JIAN ZHONG 柯建中 **(1933-)**

Lu, Yang ge 鲁阳戈
LIU, ZHONG HAN 刘忠涵 **(1919-)**

Lu, Yang ge 鲁阳戈
LÜ, RI SHENG 吕日生 **(1931-)**

LU, YANG LIE 陆扬烈 **(1931-)**
Lu, Zhou 陆舟
Nan, Zheng 南征

Lu, Yao 陆尧
YANG, XIAO ZE 杨小泽 **(1956-)**

Lu, Yao 路遥
LU, YU 路逾 **(1913-)**

Lu, Yao 路遥
WU, SONG LING 吴松龄 **(1927-)**

Lu, Yao 路遥
WEI, SHI YING 魏世英 **(1930-)**

LU, YAO DONG 陆耀东 **(1930-)**
Xiao wen 晓文

Lu, Ye 卢叶
LI, CUN RANG 李存让 **(1939-)**

Lu, Ye 鲁也
LIU, JI XIAN 刘集贤 **(1933-)**

Lu, Ye 鲁也
YU, HAI JIANG 于海江 **(1933-)**

Lu, Ye 鲁业
YE, ZHAO 叶钊 **(1945-)**

Lu, Ye 鲁烨
YE, ZHAO 叶钊 **(1945-)**

Lu, Ye 鲁野
LU, GUANG XUAN 卢广宣 **(1926-)**

Lu ye 芦野
YI, XIAN GEN 易先根 **(1937-)**

Lu, Yi 卢毅
LU, SHUN YIN 卢顺银 **(1939-)**

Lu, Yi 陆夷
MIAO, LI TIAN 苗力田 **(1917-)**

LU, YI 陆诒 **(1911-)**
Fen jun 芬君
Jing fen 静芬

Lu, Yi 陆谊
LU, MEI LIN 陆梅林 **(1923-)**

Lu, Yi 鲁一
HUANG, SHU ZHONG 黄树中 **(1883-1948)**

Lu, Yi 鲁沂
LIU, GUO LIANG 刘国良 **(1938-)**

Lu, Yi 鲁逸
HUANG, SHU ZHONG 黄树中 **(1883-1948)**

Lu, Yi 鲁遗
LIU, XI FU 刘喜富 **(1925-)**

Lu, Yi 路一
ZHANG, YU XIANG 张玉祥 **(1912-)**

Lu, Yi 路以
GUAN, DONG YAN 关东彦 **(1919-)**

Lu, Yi 路易
LUO, XIANG TAO 罗象陶 **(1898-1927)**

Lu, Yi 路易
XIE, LIU YI 谢六逸 **(1898-1945)**

Lu, Yi 路易
ZHONG, ZHAO ZHENG 钟肇政 **(1925-)**

Lu, Yi 路荑
YE, JIAN MING 叶坚铭 **(1933-)**

Lu yi 菉猗
YAO, HUA 姚华 **(1876-1930)**

LU, YI AN 卢毅安
Chao guan 超观

Lu, Yi cun 路一村
MA, YU 马钰 **(1957-)**

Lu, Yi fan 陆一帆

LU, YI YU 陆贻玙 **(1932-)**

LU, YI FEI 陆一飞 **(1931-)**
Duan yun 端云

Lu, Yi fei 陆抑非
LU, YU ZHONG 陆羽中 **(1908-)**

Lu, Yi lin 陆以霖
CHEN, XIN YUAN 陈信元 **(1953-)**

Lu, Yi shi 路易士
LU, YU 路逾 **(1913-)**

Lu, Yi shi 路易士
LI, YU SHENG 李雨生

Lu, Yi yong 鲁乙庸
JIN, XING YAO 金性尧 **(1916-)**

LU, YI YU 陆贻玙 **(1932-)**
Lu, Yi fan 陆一帆

Lu, Yi zhen 陆以真
YANG, ZHI CHENG 杨志诚

Lu, Yin 卢因
LU, ZHAO LING 卢昭灵 **(1935-)**

Lu, Yin 陆瘖
LUO, ZHEN YU 罗振玉 **(1866-1940)**

Lu yin 庐隐
HUANG, YING 黄英 **(1898-1934)**

Lu yin nü shi 庐隐女士
HUANG, YING 黄英 **(1898-1934)**

Lu, Yin quan 陆印全
LU, YIN QUAN 陆印泉 **(1911-)**

LU, YIN QUAN 陆印泉 **(1911-)**
Ke, Geng 柯庚
Lu, Yin quan 陆印全
Yin, Quan 印全

Lu, Ying 陆英
CHEN, ZHEN 陈真 **(1932-)**

Lu, Ying 鲁婴
ZHANG, SHI WEI 张士伟 **(1939-)**

Lu, Ying 鲁膺
ZHU, SHI KANG 祝世康 **(1901-1982)**

Lu ying 璐影
WANG, YAN LIN 王炎林 **(1922-)**

LU, YING FEN 卢英芬
Jing cao 劲草

LU, YING YU 陆英育 **(1929-)**
Fang you 放游
Xiang ke 湘客

Lu, Yong 卢永
LU, XIN 卢昕 **(1923-)**

LU, YONG CHANG 陆永昌 **(1933-)**
Liu, Hong shan 柳宏山
Shan, Ye 单也

Lu, Yong Fu 卢永福
LU, XIN 卢昕 **(1923-)**

LU, YONG GUANG 陆永光 **(1955-)**
Ai, Lü 艾绿
Cang xing 苍星
Zhong, shi 钟士

LU, YOU MING 卢有明 **(1941-)**
Lu, Feng 鲁峰
Meng hong 梦虹
Miao, Ming 苗明
Yu, Meng 郁萌

LU, YOU WEI 路友为 **(1947-)**
Lu wei 芦苇

Lu, Yu 陆羽
LIU, YU 刘玉 **(1936-)**

Lu, Yu 卢雩
LUO, BAI NIAN 罗柏年 **(1927-1986)**

Lu, Yu 鲁遇
XIE, LIU YI 谢六逸 **(1898-1945)**

Lu, Yu 鲁愚
XIE, LIU YI 谢六逸 **(1898-1945)**

Lu, Yu 鲁愚
LU, KAI XIANG 卢开祥 **(1925-)**

Lu, Yu 鲁愚
DUAN, YUE QING 段跃庆 **(1958-)**

Lu, Yu 路玉
ZHANG, ZHI LU 张之路 **(1945-)**

Lu, Yu 路宇
HUANG, SHU ZE 黄树则 **(1914-)**

Lu, Yu 路羽
FU, XIAO HUA 傅小华 **(1959-)**

Lu, Yu 路羽
WEI, XIAO HUA 魏小华 **(1960-)**

Lu, Yu 路雨
WEI, SHU HAI 魏树海 **(1936-)**

LU, YU 路逾 **(1913-)**
Ji, Xian 纪弦
Lu, Yao 路遥
Lu, Yi shi 路易士
Lu, Yue gong 路越公
Qing kong lü 青空律
Shi yu 诗鱼

Wei xi 苇西
Yi, Shi 易士
Zhang, Rong 章容

Lu yu 鹿雨
ZHANG, YU XIA 张煜遐 (1910-)

Lu, Yu dong 卢豫冬
LU, FANG 卢滂 (1914-)

LU, YU LIN 卢玉琳
Jie mei 介眉

Lu, Yu wen 卢玉温
LU, GUANG RUN 卢光润 (1902-1968)

Lu, Yu wen 卢郁文
LU, GUANG RUN 卢光润 (1902-1968)

LU, YU ZHONG 陆羽中 (1908-)
Fei weng 非翁
Lu, Yi fei 陆抑非
Su, Sou 苏叟

Lu, Yuan 卢元
LU, RU YIN 卢汝吟 (1918-)

Lu, Yuan 陆远
LU, WEN SHAN 陆文珊 (1934-)

LU, YUAN 陆原 (1928-)
Bai, Dan 白丹
Lu, Yan 鲁言
Wu, Yin 吴垠

Lu, Yuan 鲁源
LIU, SHI PEI 刘师培 (1884-1919)

Lu, Yuan 路远
LU, WEN SHAN 陆文珊 (1934-)

Lu, Yuan 路远
DU, YUAN 杜远 (1957-)

Lu yuan 鹿原
XIA, TIE JIAN 夏铁肩 (1922-)

Lu yuan 潞渊
YE, LU YUAN 叶露园 (1907-)

Lu yuan 露园
YE, LU YUAN 叶露园 (1907-)

Lu yuan 禄园
QIAN, YONG HE 钱用和 (1896-)

LU, YUAN CHENG 陆元诚 (1908-)
Chong xi 重溪

LU, YUAN JUN 卢元骏 (1912-1977)
Han ying 寒影
Han ying 涵影

LU, YUAN TONG 陆元同 (1922-)
Fang, Wen 方文
Lu, Fang 陆放

Lu, Yue gong 路越公
LU, YU 路逾 (1913-)

Lu, Yun 路云
LUO, ZHI TIAN 骆之恬 (1932-)

Lu, Yun 卢蕴
SUN, SHI ZHEN 孙世珍

Lu, Yun qing 陆云卿
LU, ZHU GUO 陆柱国 (1928-)

Lu, Yun qiu 卢韵秋
LU, BAO HUA 卢葆华

LU, ZE HAN 卢泽汉 (1939-)
Lu, Wen min 卢文敏

LU, ZENG YI 陆曾沂 (-1927)
Guan chun 冠春
Lu, Guan chun 陆冠春
Lu, Qiu xin 陆秋心
Nan, Meng 南梦
Qiu, Jiang 秋江
Qiu, Xin 秋心

Lu, Zhai 鲁斋
WANG, SHANG YI 王商一 (1909-)

Lu, Zhan 路展
LU, FU ZENG 路福增 (1928-)

LU, ZHANG 路璋 (1939-)
Si qiao 思樵

Lu, Zhang mei 陆章梅
XI, GEN FU 奚根福 (1941-)

LU, ZHAO HUAN 陆昭环 (1942-)
Jun feng 君丰

LU, ZHAO LING 卢昭灵 (1935-)
Chen, Ling shi 陈灵实
He, Sen 何森
Lin, Shao zhen 林绍贞
Lu, Yin 卢因
Luo, Bao luo 洛保罗
Ruan, Ai hui 阮爱惠
Tang, Shan ke 唐山客
Zhang, Xue xuan 张学玄

Lu, Zhen 卢珍
LU, MING HUI 卢明辉 (1934-)

Lu, Zhen 鲁珍
WANG, ZONG FAN 王宗播 (1903-1983)

Lu, Zhen 鲁真
LU, GUO WEI 陆国纬 (1932-)

Lu, Zhen 鲁真
CHEN, TIAN LAN 陈天岚 **(1939-)**

LU, ZHEN HUA 卢振华 **(1911-1979)**
Lu, Nan qiao 卢南乔

LU, ZHEN HUA 卢镇华 **(1918-)**
Bai, Yan 白炎
Fang, Kuang 方旷
Xia, Chuan 夏川

LU, ZHEN NIAN 陆珍年
Lu, Meng mo 陆梦墨

LU, ZHEN PING 陆镇平 **(1933-)**
Lu, Ping 陆坪
Lu, Zheng ping 陆正平

LU, ZHEN TING 陆震廷 **(1921-)**
Guo, Feng 郭风

Lu, Zheng ping 陆正平
LU, ZHEN PING 陆镇平 **(1933-)**

LU, ZHENG SHEN 卢正绅 **(1905-1951)**
Bu shu tang 不殊堂
Fang ru yuan 芳如园
Gao wo ju 膏渥居
Ji, Weng 冀翁
Ji, Ye 冀野
Jiang nan cai zi 江南才子
Kui an 愧庵
Kui xuan 葵轩
Lao ji 老冀
Lu, Ji ye 卢冀野
Lu, Qian 卢前
Lu, Xiao shu 卢小疏
Qi kan 碛龛
Qiao an 侨庵
Qiu zhu shi 求诸室
Shu, Zhai 疏斋
Xiao shu 小疏
Xiao shu zhai 小疏斋
Yin hong 饮虹
Yin hong yi 饮虹簃
Yin hong yi zhu ren 饮虹簃主人
Zhong xing gu chui zhe 中兴鼓吹者

LU, ZHENG XIANG 陆徵祥 **(1871-1949)**
Shen du zhai 慎独斋
Zi xin 子欣

LU, ZHENG YAN 卢正言 **(1938-)**
Yan, Juan 言涓
Zeng, Yan 曾炎

Lu, Zhi 鲁芝
XIAO, XIANG HE 萧相何 **(1927-)**

Lu, Zhi 鲁直
LIU, MING JI 刘明基 **(1918-)**

Lu, Zhi 鲁智
LIU, HUAN LU 刘焕鲁 **(1945?-)**

Lu zhi 鹿之
WANG, YONG HAO 王永豪 **(1932-)**

Lu zhi 璐之
MA, HUAI XUN 马怀埙 **(1917-)**

Lu, Zhi luo 鲁之洛
LIU, LUN ZHI 刘伦至 **(1935-)**

LU, ZHI PING 陆志平 **(1917-)**
Du gu, Ding 独孤定
Lu, Li 陆离
Lu, Xu 陆续
Tan, Feng 谭锋
Tao, Ming 陶铭

Lu, Zhi shen 鲁智深
WEI, JU XIAN 卫聚贤 **(1898-)**

Lu, Zhi wei 陆志韦
LU, BAO QI 陆保琦 **(1894-1970)**

Lu, Zhi zi 鲁稚子
RAO, XIAO MING 饶晓明 **(1936-)**

Lu zhong qiong shi 芦中穷士
WANG, ZHAO 王照 **(1859-1933)**

Lu zhong ren 芦中人
DENG, TIE 邓铁 **(1898-1963)**

Lu, Zhou 陆舟
LU, YANG LIE 陆扬烈 **(1931-)**

LU, ZHU 卢铸
Pao zhai 匏斋

Lu zhu 露珠
LIANG, JIE ZHU 梁结珠 **(1958-)**

LU, ZHU GUO 陆柱国 **(1928-)**
Lu, Yun qing 陆云卿
Lu, Zu zhu 陆祖柱

Lu, Zhuang 鲁莊
YAO, TIAN PING 姚天平 **(1922-)**

Lu, Zhuo 鲁琢
LU, XIU ZHEN 鲁秀珍 **(1935-)**

Lu, Zi 陆子
YU, JIN TING 余金廷 **(1934-)**

Lu zi 鹿子
CHEN, LI 陈丽 **(1936-)**

LU, ZI LIANG 陆子良 **(1931-)**
Lu, Qi ming 陆其明

LU, ZI PING 陆子平 **(1899-1980)**
Lu, Wei zhao 陆维钊

Lu, Zi zai 陆自在
LU, DAN LIN 陆丹林 **(1898-1972)**

Lu, Zong 陆宗
LU, ZONG DA 陆宗达 **(1905-)**

Lu, Zong 鲁宗
ZHANG, ZONG JUN 张宗俊 **(1925-)**

LU, ZONG DA 陆宗达 **(1905-)**
Lu, Zong 陆宗

LU, ZU CHI 卢祖炽 **(1933-)**
Ke, Chi 柯炽

LU, ZU PIN 卢祖品 **(1937-)**
Bai, Sun 白隼

LU, ZU SHEN 卢祖燊
Bo lang 博浪
Lu, Bo lang 卢博郎

Lu, Zu zhu 陆祖柱
LU, ZHU GUO 陆柱国 **(1928-)**

Lü 侣
XIAO, SHU LIE 萧树烈 **(1896-1927)**

LÜ, A YONG 吕阿墉
Lü, Wan cun 吕晚村
Wan cun 晚村

Lü, An 吕岸
LÜ, JI BAO 吕纪葆 **(1950-)**

Lü, An 吕岸
LÜ, XUE HAI 吕学海 **(1956-)**

Lü, An se 吕安瑟
DAI, MENG OU 戴梦鸥 **(1905-1950)**

Lü bai 侣白
CHEN, BAO XUAN 陈葆煊 **(1925-)**

LÜ, BAI HUA 吕白华 **(1912-1949)**
Bai, Hua 白华

LÜ, BI CHENG 吕碧城 **(1883-1943)**
Bao, Lian 宝莲
Bi cheng 碧城
Bi cheng nü shi 碧城女士
Bi cheng nü shi 碧城女史
Dun tian 遁天
Lan, Qing 兰清
Lü, Lan qing 吕兰清
Qing yang 清扬
Sheng yin 圣因
Sheng yin nü shi 圣因女士
Xiao zhu 晓珠
Xin fang 信芳
Xin fang ci lü 信芳词侣

LÜ, BIN 吕斌 **(1958-)**
Lü bin 旅滨
Lü bing 绿冰

Lü bin 旅滨
LÜ, BIN 吕斌 **(1958-)**

Lü, Bing 吕兵
ZHANG, LIE 张烈 **(1918-)**

Lü bing 绿冰
LÜ, BIN 吕斌 **(1958-)**

Lü bing 履冰
LI, YOU XIN 李友欣 **(1924-)**

Lü bing 履冰
LIN, WAN QING 林万青 **(1952-)**

Lü bo 侣伯
TIAN, HAN 田汉 **(1898-1968)**

Lü bo 绿波
JIANG, CHUN FANG 姜椿芳 **(1912-1987)**

Lü bo 绿波
HUANG, XU CHU 黄旭初 **(1938-)**

LÜ, BO YOU 吕伯悠
Bai, You 白悠

Lü cao 绿草
LI, SHAO NIAN 李绍年 **(1937-)**

Lü cao 绿草
HU, DA WEN 胡大文 **(1941-1990)**

LÜ, CHAO JING 吕朝景 **(1943-)**
Du, Jue 杜绝
Yun, Tao 云涛

LÜ, CHAO XIANG 吕朝相 **(1919-)**
Duo 铎
Hong, Zhong 洪钟
Mo ye 漠野
Qi, Ye 齐野
Wei yi 渭裔
Zou, Feng 邹风

Lü, Chen sha 吕辰沙
LÜ, GUAN HUA 吕关华 **(1945-)**

Lü, Chen sha 吕晨沙
LÜ, GUAN HUA 吕关华 **(1945-)**

Lü, Cheng 吕澄
LÜ, CHENG 吕澂 **(1896-1989)**

LÜ, CHENG 吕澂 **(1896-1989)**
Lü, Cheng 吕澄
Lü, Jiu zi 吕鹫子

Lü, Qiu yi 吕秋一
Lü, Qiu yi 吕秋逸

Lü chuan 绿川
XIE, JUN JIE 谢俊杰 **(1942-)**

Lü chuang 绿窗
ZHANG, KE GANG 张克刚 **(1915-)**

Lü, Da 吕达
LI, JUN 李儁

Lü dao 绿岛
WU, MEI EN 吴美恩 **(1949-)**

Lü dao 绿岛
JIANG, XIAN QIANG 蒋先强 **(1954-)**

LÜ, DE HUA 吕德华 **(1927-)**
Duan mu, Qing zhi 端木青枝
Lü, Hua 吕华
Qing zhi 青枝
Weng, Yi tong 翁亦童
Zheng yan 正言

LÜ, DE RUN 吕德润 **(1918-)**
Shui, Dui zi 水碓子

Lü di 绿笛
TU, KE 涂克 **(1916-)**

Lü di 绿蒂
FAN, QI XIN 范启新 **(1914-)**

Lü di 绿蒂
WANG, JI LONG 王吉隆 **(1942-)**

Lü di 绿蒂
XU, ZHENG YI 徐正义

Lü die 绿蝶
JIANG, HUA 姜华 **(1956-)**

Lü e 绿萼
FENG, KENG 冯铿 **(1907-1931)**

Lü, En 吕恩
YU, CHEN 俞晨 **(1921-)**

Lü fan 绿帆
ZHOU, YAN RU 周艳茹 **(1927-1990)**

Lü fan 绿繁
FENG, ZHONG PU 冯钟璞 **(1928-)**

Lü feng 绿峰
YANG, SHAN LIN 杨山林 **(1953-)**

LÜ, FENG MIN 吕丰民 **(1944-)**
Lü, Zi yang 吕自扬

Lü, Feng zi 吕凤子
LÜ, JUN 吕濬 **(1886-1959)**

LÜ, FO TING 吕佛庭 **(1911-)**
Ban seng 半僧

Lü, Fu 吕复
GAO, LÜ QIAN 高履谦 **(1914-)**

LÜ, FU 吕復 **(1882-)**
Gong xia 公侠
Jian qiu 剑秋
Jian qiu 健秋
Lü, Jian qiu 吕剑秋
Lü, Jian qiu 吕健秋

Lü, Gang 吕刚
QIN, DA YAN 秦大衍 **(1924-)**

Lü gang 旅冈
LU, FANG 卢滂 **(1914-)**

Lü, Geng 吕耕
ZHAO, SHU LI 赵树礼 **(1906-1970)**

Lü gong 履恭
TAO, MENG HE 陶孟和 **(1887-1960)**

Lü, Gu 吕谷
CHEN, YU LONG 陈玉龙 **(1921-)**

Lü gu 绿谷
DONG, HUA 董华 **(1951-)**

LÜ, GUAN HUA 吕关华 **(1945-)**
Ling, Feng 凌风
Lü, Chen sha 吕辰沙
Lü, Chen sha 吕晨沙
Mu an 暮岸
Mu yuan 牧园
Tong, Jun 童军

Lü, Guang 吕光
CHEN, ZHAO 陈炤

LÜ, GUO QING 吕国庆 **(1943-)**
Guo, Qing 郭庆

LÜ, GUO RONG 吕国荣 **(1956-)**
Lou shi 镂石

LÜ, HAI HUAN 吕海寰 **(1840-1927)**
Jing yu 镜宇

Lü, Hai yan 吕海岩
LÜ, YUE YUE 侣月月 **(1954-)**

Lü, He ruo 吕赫若
LÜ, SHI DUI 吕石堆 **(1914-1951)**

Lü hong 绿宏
NIU, YU LONG 牛余龙 **(1964-)**

Lü hong 绿泓
XU, JUN XUN 徐君勋 **(1925-)**

LÜ, HONG JUN 吕洪军 **(1957-)**
Lü, You 吕游

LÜ, HONG QUN 吕鸿群
Lü, Tu 吕图

LÜ, HONG REN 吕洪仁 **(1927-)**
Hai, Li 海犁

Lü, Hong wen 吕红文
LÜ, PAN SUN 吕盘孙 **(1942-)**

Lü, Hoover
LÜ, YI MING 吕一铭 **(1941-)**

Lü hu ji zhe 旅沪记者
ZHOU, SHU REN 周树人 **(1881-1936)**

Lü hu yi ji zhe 旅沪一记者
ZHOU, SHU REN 周树人 **(1881-1936)**

Lü, Hua 吕华
LÜ, DE HUA 吕德华 **(1927-)**

Lü, Hua 吕桦
BAI, LE CHENG 白乐成 **(1946-)**

Lü, Huai 吕怀
HAN, WEI CAI 韩维彩

Lü, Huan 吕焕
LIANG, GUAN ZHONG 梁冠中 **(1942-)**

Lü, Huan 吕寰
LÜ, ZONG QUAN 吕宗权 **(1928-)**

Lü, Hui 吕荟
WANG, HUI XIA 王慧侠 **(1952-)**

Lü, Ji 吕骥
LÜ, ZHAN QING 吕展青 **(1909-)**

LÜ, JI BAO 吕纪葆 **(1950-)**
Chu, Zhong lin 楚中林
Han chuan 寒川
Han lin 寒林
Ka di 卡笛
Li, Qi 李祺
Li, Wei 李维
Lü, An 吕岸
Lü, Ji pao 吕基炮
Lü, Wen xiang 吕问香
Sha, Fan 沙凡
Sha, Jia 沙嘉

Lü, Ji pao 吕基炮
LÜ, JI BAO 吕纪葆 **(1950-)**

LÜ, JI PING 吕冀平 **(1926-)**
Guo, Zhong ping 郭中平
Li, Si mei 李思枚
Li, Zhi chen 李之琛

Lü, Jia ji 吕家骥
LÜ, ZHAN QING 吕展青 **(1909-)**

Lü, Jian 吕剑
WANG, PIN ZHI 王聘之 **(1919-)**

LÜ, JIAN JUN 吕健军 **(1925-)**
Gao, Jia suo 高加索
Jia suo 加索
Luo jia 珞珈
Zhuang, Cun 庄村

Lü, Jian qiu 吕剑秋
LÜ, FU 吕復 **(1882-)**

Lü, Jian qiu 吕健秋
LÜ, FU 吕復 **(1882-)**

LÜ, JIAN XING 吕健兴 **(1949-)**
Lü, Yu 吕昱
Xin ge 莘歌

Lü jiang 绿江
LI, RUI LIN 李瑞林 **(1935-)**

Lü jiao 绿蕉
LIU, DA JIE 刘大杰 **(1904-1977)**

Lü, Jie 吕洁
ZHUANG, SHOU CI 莊寿慈 **(1913-1971)**

Lü jie 绿阶
XU, GUANG SHEN 徐光燊 **(1920-)**

Lü, Jin bo 吕金駮
LÜ, YING ZHONG 吕应钟 **(1948-)**

Lü, Jin tang 吕锦堂
ZHU, CHEN DONG 朱辰东 **(1933-1990)**

LÜ, JIN ZAO 吕金藻 **(1928-)**
Lu, Nan 鲁男

LÜ, JING DE 吕敬德 **(1927-)**
Lü, Lü 吕旅

LÜ, JIONG 吕炯 **(1902-)**
Lü, Wei guang 吕蔚光

Lü, Jiu zi 吕鹫子
LÜ, CHENG 吕澂 **(1896-1989)**

Lü, Jue 吕珏
LI, JING CI 李景慈 **(1918-)**

LÜ, JUN 吕君 **(1963-)**
Lü ren 旅人
Yin, Yan 尹言
Zhang, Hui 章回

LÜ, JUN 吕濬 **(1886-1959)**
A feng 阿凤
Da feng 大凤
Da lü xian sheng 大吕先生
Feng chi 凤癡
Feng xian sheng 凤先生

Feng zi 凤子
Jiang, Nan feng 江南凤
Lao feng 老凤
Lü, Feng zi 吕凤子

LÜ, JUN DE 吕俊德 **(1955-)**
Lü, Ze zhi 吕则之
Qiao, Ling 乔陵

Lü, Kai ming 吕开明
MAO, YI CHUN 茅以春 **(1923-)**

LÜ, KE KE 吕克克 **(1947-)**
Shuang kou 双口

Lü, Ke shi 吕克石
WU, GUI FANG 武桂芳 **(1915-)**

Lü, Ke yu 吕克玉
FENG, XUE FENG 冯雪峰 **(1903-1976)**

LÜ, KUI WEN 吕奎文 **(1938-)**
Lü, Pin 吕品

Lü, Lan qing 吕兰清
LÜ, BI CHENG 吕碧城 **(1883-1943)**

Lü, Lang 吕朗
ZHENG, QUAN LI 郑权利 **(1935-)**

Lü lang 绿浪
CHEN, ZHENG XIN 陈政欣 **(1948-)**

Lü, Lei 吕雷
LÜ, XIAO PING 吕小坪 **(1947-)**

Lü lei 绿蕾
HUANG, DAO LI 黄道礼 **(1923-)**

Lü li 绿立
QIU, ZUO PING 邱作屏 **(1924-)**

Lü li 绿离
LU, QING ZHEN 陆庆珍（**1938-)**

Lü li 绿藜
SHI, ZHI MIN 史智敏 **(1930-)**

LÜ, LI CHUN 吕立春 **(1935-)**
Huai long 槐龙
Li, Guan 李冠
Long, Yi 龙依

Lü li shu shi 闾里书师
QI, GONG 启功 **(1912-)**

Lü, Lian 吕莲
ZHAO, MING YI 赵铭彝 **(1906-)**

Lü, Liang 吕良
LÜ, LIANG CAI 吕良才 **(1949-)**

Lü, Liang 吕梁
HU, KANG XIN 胡康新 **(1932-)**

Lü, Liang 吕梁
REN, WEN BAI 任文白

LÜ, LIANG CAI 吕良才 **(1949-)**
Liang, Er fu 梁尔夫
Liang, Liang 梁良
Lü, Liang 吕良

LÜ, LIANG GENG 吕亮耕 **(1915-1974)**
Huang, He qing 黄河清
Hui yu 恢畲
Liang 亮
Liang geng 亮耕
Pu, Liu 蒲柳
Shang guan, Liu 上官柳
Shang guan, Qing 上官卿
Zhu, Yan 朱颜

LÜ, LIANG SHI 吕良式
Ru fu 如夫

LÜ, LIANG TU 吕良图
Mo, Qi 莫奇

Lü, Lie 吕烈
GUO, GUANG KUN 郭光堃 **(1928-)**

Lü, Lin 吕林
ZHOU, DA LU 周大鹿 **(1922-)**

Lü, Lin 吕林
XU, YI 徐益 **(1928-)**

Lü liu 绿流
CHEN, LU LIU 陈陆留 **(-1987)**

Lü, Lü 吕旅
LI, SHUO CHENG 李硕诚 **(1922-)**

Lü, Lü 吕旅
LÜ, JING DE 吕敬德 **(1927-)**

Lü lun 侣伦
LI, LIN 李霖 **(1911-1988)**

LÜ, LUO 吕洛
Bai, Liu 白流

Lü mai 绿麦
DING, SHI RONG 丁士荣 **(1933-)**

Lü mang 绿莽
WENG, JIU CHANG 翁久长 **(1927-)**

LÜ, MEI DAI 吕美代 **(1939-)**
Mei, Dai 梅黛

Lü, Mei sheng 吕眉生
LÜ, MEI SUN 吕美荪 **(1883-)**

Lü, Mei sheng 吕梅生
LÜ, MEI SUN 吕美荪 **(1883-)**

LÜ, MEI SUN 吕美荪 **(1883-)**

Lü, Mei sheng 吕眉生
Lü, Mei sheng 吕梅生
Mei sheng nü shi 眉生女士

Lü, Meng 吕蒙
XU, JING XIANG 徐京祥 **(1915-)**

LÜ, MENG SHEN 吕孟申 **(1951-)**
Zi xin 子信

LÜ, MENG ZHOU 吕梦周 **(1912-)**
Lü, Mo ye 吕漠野
Lü, Pin 吕品
Lü, Xia ge 吕侠哥
Meng, Sha 蒙沙
Mo ye 漠野
Pin pin 品品
Shi, Yan 石燕
Shu, Du 舒覩

Lü, Ming 吕明
ZHOU, XI QING 周锡卿 **(1915-)**

LÜ, MING 吕明
Hei, Ding 黑丁

Lü, Ming 吕铭
LIN, MING SHUI 林明水 **(1941-)**

LÜ, MING ZHUO 吕明灼 **(1935-)**
Han, Yi 韩翼

Lü, Mo ye 吕漠野
LÜ, MENG ZHOU 吕梦周 **(1912-)**

Lü ni 绿妮
YANG, YI MEI 杨意美

Lü, Ning 吕凝
LÜ, TONG LIU 吕同六 **(1938-)**

Lü pa 绿葩
WANG, DAN HUI 王丹辉 **(1941-)**

LÜ, PAN SUN 吕盘孙 **(1942-)**
Lao, Ni 劳泥
Lü, Hong wen 吕红文
Song lin 松林

LÜ, PEI LIN 吕沛林 **(1889-1947)**
Bai, Ping 白平
Bai, Ping 白萍
Bei hua 悲华
Bei hua shi 悲华室
Bei hua shi zhu 悲华室主
Bei hua zi 悲华子
Bei jing seng hong kong 北京僧宏空
Fei xin 非心
Fen tuo 芬陀
Hua, Zi 华子
Jiao lu zi 交芦子
Jin yun lao ren 缙云老人
Jue 觉
Lao ren 老人
Lao xiu 老朽
Lü wu 绿芜
Luo fu 落凫
Mei an 昧盦
Mei mei 昧昧
Mei ran 昧然
Mi zong ge xing hui 密宗革兴会
Qun 群
Tai 太
Tai xi 泰羲
Tai xu 太虚
Tai xu he shang 太虚和尚
Wei xin 唯心
Xiu tai 朽太
Xue shan lao seng 雪山老僧

Lü, Pin 吕品
LÜ, MENG ZHOU 吕梦周 **(1912-)**

Lü, Pin 吕品
LÜ, ZUN GE 吕遵阁 **(1919-)**

Lü, Pin 吕品
LÜ, KUI WEN 吕奎文 **(1938-)**

Lü, Ping 吕平
ZHENG, XIONG 郑雄 **(1930-)**

Lü, Ping 吕坪
LÜ, YING SHENG 吕应生 **(1923-)**

Lü ping 绿苹
RUAN, YI CHENG 阮毅成 **(1905-1988)**

Lü ping 绿萍
CAI, XIU RUN 蔡秀润

Lü ping 履平
HUANG, TAI XUAN 黄太玄

LÜ, QI 吕琦
Yun ru 蕴儒

Lü qi 绿绮
ZHENG, SHU QIN 郑树钦 **(1942-)**

Lü qi 绿绮
CAI, SHENG YI 蔡胜义 **(1950-)**

Lü qi shi 绿骑士
CHEN, ZHONG XIN 陈重馨 **(1947-)**

Lü qi tai zhu 绿绮台主
DENG, PU 邓溥 **(1883-1954)**

LÜ, QI XIANG 吕启祥 **(1936-)**
Ji shi 寄石

Lü qiang 履彊
SU, JIN QIANG 苏进强 **(1953-)**

LÜ, QIN 吕沁 **(1925-)**
Cheng hun 澄浑
Ji yan 疾言
Li, Xing 黎星
Li, Zhen 黎榛
Lü, Yi feng 吕逸风
Pu 璞
Xiao tao 潇滔
Ye qing guo 野青果

Lü qin 侣琴
YAN, HE LING 严鹤龄 **(1879-1937)**

Lü, Qing 吕庆
WU, CHUN HAN 吴春晗 **(1909-1969)**

LÜ, QING GENG 吕庆庚 **(1923-)**
Qin geng 勤耕

LÜ, QING WEN 吕清温 **(1947-)**
Lü, Yan di 吕雁地

Lü, Qiu yi 吕秋一
LÜ, CHENG 吕澂 **(1896-1989)**

Lü, Qiu yi 吕秋逸
LÜ, CHENG 吕澂 **(1896-1989)**

LÜ, QU JI 吕去疾 **(1909-)**
Da lü 大吕

Lü, Ran 吕燃
LÜ, ZONG SHENG 吕宗生 **(1947-)**

Lü, Ren 吕人
DING, TU 丁图

Lü ren 旅人
WANG, HUA GUANG 王华光 **(1918-)**

Lü ren 旅人
LI, YONG JI 李勇吉 **(1944-)**

Lü ren 旅人
LÜ, JUN 吕君 **(1963-)**

LÜ, RI SHENG 吕日生 **(1931-)**
Fang cao 芳草
Jing hong 惊鸿
Lu, Yang ge 鲁阳戈

Lü ru 绿如
ZHENG, YUAN AN 郑远安 **(1925-)**

Lü ru lan 绿如兰
CHU, PEI CHENG 储佩成 **(1942-)**

LÜ, RUN BI 吕润璧 **(1917-)**
Hua, Man 华曼

Lü sha 绿莎
ZHOU, LU QUAN 周鲁泉 **(1917-1983)**

Lü sha 绿莎
LI, YU FANG 利玉芳 **(1952-)**

Lü, Shan 吕珊
CHEN, HONG JU 陈鸿举 **(1938-)**

Lü shao 绿勺
SHEN, ZU MOU 沈祖牟 **(1909-1947)**

LÜ, SHAO GUANG 吕绍光
Shao guang 绍光

LÜ, SHAO TANG 吕少棠 **(1930-)**
Hui dan 回耽
Jing shi 竟时
Jing shi 竞是

Lü, Sheng 吕生
LÜ, ZHEN BAI 吕贞白 **(1907-1984)**

Lü, Shi 吕诗
LI, GUO ZHU 李国柱 **(1931-)**

LÜ, SHI 吕狮 **(1963-)**
Jin, Shi 金狮

Lü shi 绿石
XIAO, LÜ SHI 萧绿石

Lü shi 绿诗
ZHONG, MEI YIN 钟梅音 **(1922-1984)**

LÜ, SHI DUI 吕石堆 **(1914-1951)**
Lü, He ruo 吕赫若

Lü, Shi jian 吕诗剑
LI, BING LIN 李炳麟 **(1922-)**

Lü shi lan 绿失蓝
HUANG, JIA DONG 黄甲东 **(1913-)**

LÜ, SHOU KE 吕守科 **(1925-)**
Ding, Ming 丁鸣
Xia, Bin 夏彬
Xia, Bing 夏冰
Yan, Fei 燕飞

LÜ, SHOU KUN 吕寿琨 **(1919-1975)**
Shu, Nai 舒奈
Yue, Jue tian 乐觉天

Lü, Shu 吕树
LI, SHOU SHENG 李寿生 **(1946-)**

LÜ, SHU CHEN 吕书臣 **(1939-)**
Ling, Qi 凌起

LÜ, SHU HUAI 吕舒怀 **(1954-)**
Lü, Xing 吕行
Shu, Huai 舒怀

LÜ, SHU QIAN 吕书谦 **(1921-)**
Chen guang 晨光

Lü, Shu xiang 吕淑湘
LÜ, XIANG 吕湘 **(1904-)**

Lü shuang 履霜
SHEN, YAN BING 沈雁冰 (1896-1981)

Lü shui 绿水
XIAO, CHUAN WEN 萧传文 (1916-)

Lü shui 绿水
BAI, QING SHAN 白青山 (1944-)

Lü shui 绿水
ZHANG, ZHONG FU 张忠富 (1945-)

Lü, Si 吕斯
LI, GUO ZHU 李国柱 (1931-)

Lü, Si hong 吕思虹
LI, AI MEI 李蔼美 (1932-)

LÜ, SI MIAN 吕思勉 (1884-1957)
Liu yong 六庸
Ye mao 野猫
Yong 庸

Lü, Song 吕宋
WANG, YE WEI 王业玮 (1923-)

LÜ, SONG LIN 吕松林 (1928-1986)
Sha, Mu 沙牧

LÜ, SONG QUAN 吕松泉 (1957-)
Chai, Feng zi 柴枫子

Lü sui 绿穗
LIN, SHENG XUAN 林圣轩

Lü, Sun 旅隼
ZHOU, SHU REN 周树人 (1881-1936)

Lü teng 绿藤
XU, WEN TIAN 许闻天 (1902-1982)

Lü tian 绿天
SUN, YU XIU 孙毓修 (1871-1922)

Lü tian 绿天
SU, MEI 苏梅 (1897-1999)

Lü tian 绿天
WANG, TIAN LU 王天禄

LÜ, TIAN HE 吕添河
Tian he 天河

Lü tian lu zhu 绿天庐主
GUAN, ZHEN MIN 管震民 (1880-1962)

Lü, Tian min 吕天民
LÜ, ZHI YI 吕志伊 (1882-1942)

Lü tian weng 绿天翁
SUN, YU XIU 孙毓修 (1871-1922)

Lü ting 绿汀
XU, RUO YING 许若英

LÜ, TONG LIU 吕同六 (1938-)
Lü, Ning 吕凝
Xin zhi 新知

Lü, Tu 吕图
LÜ, HONG QUN 吕鸿群

LÜ, TU SEN 吕涂森 (1890-1947)
Nan xin 难心
Shi tai xu 释太虚

Lü, Wan cun 吕晚村
LÜ, A YONG 吕阿墉

Lü, Wan he 吕万和
JIN, YANG 金扬 (1925-)

Lü, Wei guang 吕蔚光
LÜ, JIONG 吕炯 (1902-)

LÜ, WEI GUO 吕维国 (1941-)
Meng, Fu 孟夫

LÜ, WEI XIAN 吕维献 (1955-)
Qian fang 前方

Lü, Wen 吕文
LIU, SHAO QI 刘少奇 (1898-1969)

Lü, Wen xiang 吕问香
LÜ, JI BAO 吕纪葆 (1950-)

Lü wu 绿芜
LÜ, PEI LIN 吕沛林 (1889-1947)

Lü wu 绿屋
LU, XIU ZHEN 陆秀珍 (1907-1993)

Lü, Wu wei 吕无畏
LÜ, ZHONG ZUN 吕中尊 (1897-)

Lü xi 律西
LU, LÜ XI 陆律西

Lü xi 绿曦
LU, WAN MEI 陆万美 (1911-1984)

Lü, Xi an 吕西安
WU, YUE REN 吴樾人 (1923-)

Lü, Xia ge 吕侠哥
LÜ, MENG ZHOU 吕梦周 (1912-)

Lü xian 缕仙
CAI, ER KANG 蔡尔康 (1858-1923?)

LÜ, XIANG 吕湘 (1904-)
Lü, Shu xiang 吕淑湘
Shu xiang 叔湘

Lü xiao die 绿小蝶
CEN, MEI HUA 岑美华 (1947-)

Lü, Xiao fo 吕孝佛
LÜ, YI MING 吕一铭 (1941-)

LÜ, XIAO PING 吕小坪 **(1947-)**
Lü, Lei 吕雷

Lü xin 绿心
CAI, BI E 蔡碧娥 **(1948-)**

Lü xin xian shi 缕馨仙史
CAI, ER KANG 蔡尔康 **(1858-1923?)**

Lü, Xing 吕行
LI, SHUO CHENG 李硕诚 **(1922-)**

Lü, Xing 吕行
LÜ, SHU HUAI 吕舒怀 **(1954-)**

Lü xing 绿荇
FEI, QI 费启 **(1919-)**

LÜ, XING ZHI 吕幸治
Meng, Mang 蒙莽

LÜ, XIU LIAN 吕秀莲 **(1944-)**
Chi, Pan feng 池畔风
Tuo huang zhe 拓荒者
Wang yuan shan 望远山

Lü xiu zi 绿袖子
MO, YUAN ZHUANG 莫圆庄

Lü, Xuan 吕煊
LI, CHUN QING 李纯青 **(1908-1990)**

LÜ, XUE HAI 吕学海 **(1956-)**
Lü, An 吕岸

Lü, Xun yi 吕循逸
MU, DE HUI 穆德辉 **(1924-)**

Lü ya 绿芽
LI, GUO PU 黎国璞 **(1943-)**

Lü, Yan 吕岩
WU, BAI TAO 吴白涛 **(1925-)**

Lü yan 绿燕
LU, RU YIN 卢汝吟 **(1918-)**

Lü, Yan di 吕雁地
LÜ, QING WEN 吕清温 **(1947-)**

Lü, Yan zhu 吕研竹
YI, ZHUN 易准 **(1931-)**

Lü yang 绿洋
LUO, YUN 罗云 **(1931-)**

LÜ, YAO TING 吕耀庭 **(1937-)**
Lin, Sheng 林生
Lü, Yi sheng 吕艺生
Yi shi 佾士

Lü ye 绿野
LI, RU WEN 李如文 **(1924-)**

Lü ye 绿野
CAO, JI DUO 曹继铎 **(1935-)**

Lü ye 绿野
WANG, JING YAN 王荆岩 **(1935-)**

Lü ye 绿野
ZHAO, ZONG XIN 赵宗信 **(1937-)**

Lü ye 绿野
MA, XU LIANG 麻旭亮 **(1967-)**

Lü ye 绿野
LIN, KE MIN 林克民

Lü ye 绿叶
XIE, JING TIAN 谢景田 **(1943-)**

Lü yi 绿衣
ZHONG, SHAO KUN 钟绍锟 **(1914-)**

Lü yi 绿依
DU, LIAN ZHAI 杜联斋 **(1908-1963)**

Lü yi 绿漪
SU, MEI 苏梅 **(1897-1999)**

Lü, Yi chu 吕逸初
LÜ, YUN QING 吕筠青

LÜ, YI FAN 吕一凡 **(1926-)**
Feng, Mu 丰木
Shi, Meng 时萌

Lü, Yi feng 吕逸风
LÜ, QIN 吕沁 **(1925-)**

LÜ, YI MING 吕一铭 **(1941-)**
Lü, Hoover
Lü, Xiao fo 吕孝佛

Lü yi nü shi 绿漪女士
SU, MEI 苏梅 **(1897-1999)**

Lü, Yi qing 吕一清
LÜ, ZHEN YU 吕振羽 **(1900-1980)**

LÜ, YI REN 吕翼仁
Zuo, Hai 左海

Lü, Yi sheng 吕艺生
LÜ, YAO TING 吕耀庭 **(1937-)**

Lü, Yin 吕殷
WU, YUN SHENG 吴筠生 **(1929-)**

Lü yin 绿茵
ZHOU, GUO HUI 周国辉 **(1929-)**

Lü, Ying 吕应
LÜ, ZHONG SHAN 吕中山 **(1934-)**

Lü, Ying 吕荧
HE, JI 何佶 **(1915-1969)**

Lü, Ying 吕莹
JIANG, SHOU KANG 蒋寿康 **(1925-)**

Lü ying 绿英
WU, ZU GUANG 吴祖光 **(1917-)**

Lü ying 绿缨
MA, HUA 马骅 **(1916-)**

Lü ying 绿影
CAI, SHU QING 蔡叔卿 **(1939-)**

Lü ying 绿璎
LIN, MIAN 林勉 **(1922-)**

Lü, Ying bo 吕英勃
HU, ZHONG CHEN 胡忠臣 **(1933-)**

LÜ, YING SHENG 吕应生 **(1923-)**
Lü, Ping 吕坪

LÜ, YING ZHONG 吕应钟 **(1948-)**
Huang, Yao 黄尧
Lü, Jin bo 吕金駮

Lü yong 绿泳
LI, LING 李凌 **(1913-)**

LÜ, YONG YAN 吕永岩 **(1952-)**
Yan, Wen 严文

Lü, You 吕游
LÜ, HONG JUN 吕洪军 **(1957-)**

Lü, Yu 吕昱
LÜ, JIAN XING 吕健兴 **(1949-)**

Lü, Yu 吕榆
HONG, FAN TAO 洪汎涛 **(1928-)**

Lü, Yuan 吕远
LÜ, YUAN FENG 吕远凤 **(1929-)**

Lü yuan 绿原
LIU, REN FU 刘仁甫 **(1922-)**

LÜ, YUAN FENG 吕远凤 **(1929-)**
Ding, Kai 丁开
Li, Yuan 李渊
Lü, Yuan 吕远
Qi yun 岐云
Wu mian 梧眠
Yu, Xiang yi 于祥义
Yuan, Bo 袁波
Yuan, Feng 元凤

Lü, Yuan ming 吕元明
LÜ, YUAN PENG 吕元鹏 **(1925-)**

LÜ, YUAN PENG 吕元鹏 **(1925-)**
Lin jiang 临江
Lü, Yuan ming 吕元明
Ri yue 日月
Zheng lu 正路

Lü yuan zhu ren 绿园主人
XIA, TIE JIAN 夏铁肩 **(1922-)**

LÜ, YUE YUE 侣月月 **(1954-)**
Hai, Yan 海岩
Lü, Hai yan 吕海岩

Lü, Yun 吕云
LÜ, YUN SUO 吕云所 **(1940-)**

Lü yun 绿云
YANG, SONG NIAN 杨松年 **(1941-)**

Lü, Yun pu 吕云圃
HE, JI 何佶 **(1915-1969)**

LÜ, YUN QING 吕筠青
Lü, Yi chu 吕逸初
Yi chu 逸初
Yun qing nü shi 韵清女史

LÜ, YUN SONG 吕云松 **(1930-)**
Ai, Hua 艾华
Shui, Shan 水衫
Yun, Song 云松

LÜ, YUN SUO 吕云所 **(1940-)**
Lü, Yun 吕云

LÜ, YUN ZHANG 吕云章
Yun qin 沄沁

Lü zao 绿藻
CHEN, SHU ZHANG 陈淑章 **(1906-1991)**

Lü, Ze zhi 吕则之
LÜ, JUN DE 吕俊德 **(1955-)**

LÜ, ZHAN QING 吕展青 **(1909-)**
Da liang 大亮
Dan zhu 丹朱
Huo, Shi qi 霍士奇
Liang 良
Lü, Ji 吕骥
Lü, Jia ji 吕家骥
Mu, Hua 穆华
Wei ce 唯策

LÜ, ZHEN BAI 吕贞白 **(1907-1984)**
Dai, An 戴庵
Lü, Sheng 吕生
Qie an 茄庵
Xiao, Weng 萧翁

LÜ, ZHEN YU 吕振羽 **(1900-1980)**
Chen guang 晨光
He, Min hun 何民魂
Liu, Gang 柳岗
Lü, Yi qing 吕一清
Zeng, Yu 曾与
Zhen yu 震宇
Zheng yu 正于

Lü zhi 绿芷
ZOU, SHANG LU 邹尚录 **(1914-1986)**

LÜ, ZHI YI 吕志伊 **(1882-1942)**
Jin, Ma 金马
Lü, Tian min 吕天民
Tian min 天民
Xia shao 侠少
Xu chu 旭初

LÜ, ZHONG SHAN 吕中山 **(1934-)**
Chong tu 冲突
Lü, Ying 吕应
Zhong, Shan 钟山

LÜ, ZHONG ZUN 吕中尊 **(1897-)**
Hun xing 魂醒
Lü, Wu wei 吕无畏
Min hun 民魂

Lü zhu yi 绿竹漪
ZHANG, YA ZHU 张亚竹

Lü, Zi yang 吕自扬
LÜ, FENG MIN 吕丰民 **(1944-)**

LÜ, ZONG QUAN 吕宗权 **(1928-)**
Duan mu, Feng 端木风
He, Liu 何流
Huang, Feng 黄风
Huang, Peng 黄朋
Lao wen 老文
Lü, Huan 吕寰
Qiao, Jing 乔靖
Shan yin 山音
Shi, Ying 石婴
Wang, Ping 王平
Zhang, Zhi yang 张植杨
Zhou, Bai fan 周白帆
Zuo, Yang 左羊

LÜ, ZONG SHENG 吕宗生 **(1947-)**
Lü, Ran 吕燃

LÜ, ZUN GE 吕遵阁 **(1919-)**
Lü, Pin 吕品

Lü, Zuo ren 吕佐仁
YAN, JING XIANG 阎景祥 **(1934-)**

LUAN, BAO JUN 栾保俊
Yi mu 亦木

LUAN, CHANG GU 栾长嘏 **(1930-)**
Ding, Bing 丁冰
Qin, Ping 钦平

LUAN, GUO FAN 栾国藩 **(1949-)**
Mao fan 茆帆

Luan, Hong 栾弘
SU, XUAN YING 苏玄瑛 **(1884-1918)**

LUAN, JI FU 栾纪福 **(1946-)**
Luan, Zhen 栾桢
Xue feng 雪峰

Luan nan 峦枬
CHEN, ZUO HUA 陈佐华 **(1930-)**

LUAN, RU XUN 栾汝勋 **(1923-)**
Luan, Xing 栾星
Yin che mai 引车卖

LUAN, SHAO SHAN 栾少山 **(1906-1973)**
Xu dong 旭东

Luan tan zhai 乱弹斋
LEI, XIAO CEN 雷啸岑 **(1896-1982)**

Luan, Ting shi 栾廷石
ZHOU, SHU REN 周树人 **(1881-1936)**

Luan, Ting yu 栾廷玉
ZHOU, SHU REN 周树人 **(1881-1936)**

LUAN, WEI LUN 栾为伦 **(1925-)**
Mo yan 漠雁
Ren feng 韧风
Xiao ren 晓人

LUAN, WEN HAI 栾文海 **(1932-)**
Lan, Lan 蓝蓝
Yan, Si mu 严思穆

Luan, Xing 栾星
LUAN, RU XUN 栾汝勋 **(1923-)**

Luan zhang 鸾章
YIN, SHUI XIN 印水心

Luan, Zhen 栾桢
LUAN, JI FU 栾纪福 **(1946-)**

Lüe wen 略文
ZHOU, SHU REN 周树人 **(1881-1936)**

Lun 仑
GAO, LUN 高崙 **(1879-1951)**

Lun 伦
LI, SHOU ZHANG 李守章 **(1905-1993)**

Lun guo 伦果
WU, JIA HUA 吴家华 **(1932-)**

Lun ni 沦泥
SHEN, NENG YI 沈能毅 **(1894-)**

Lun sang 沦桑
WANG, RAN 王燃 **(1954-)**

Lun ting 纶亭
HU, SHAN YUAN 胡山源 **(1897-1988)**

Lun xin 伦欣
CHEN, HUA FU 陈华福 **(1948-)**

Lun yue 论月
LI, WEN TAO 李文涛 **(1880-1942)**

Lun zhai 沦斋
WU, YU WEI 吴堉威 **(1906-1989)**

Luo 洛
ZHOU, SHU REN 周树人 **(1881-1936)**

Luo 洛
ZHANG, WEN TIAN 张闻天 **(1900-1976)**

Luo 洛
WANG, REN SHU 王任叔 **(1901-1972)**

Luo 洛
DU, LIAN ZHAI 杜联斋 **(1908-1963)**

Luo, Ai lan 罗皑岚
LUO, ZHENG ZHUO 罗正晫 **(1906-1983)**

Luo, Ao jie 罗璈阶
LUO, ZHANG LONG 罗章龙 **(1896-)**

Luo, Ba 罗巴
CHEN, SHOU XING 陈寿星 **(1964-)**

Luo, Bai 罗白
ZHAO, DE ZUN 赵德尊 **(1913-)**

Luo, Bai la 罗拜拉
LUO, LING ZHI 罗灵智 **(1927-)**

Luo, Bai lian 罗百鍊
LUO, GANG 罗刚 **(1901-1977)**

LUO, BAI NIAN 罗柏年 **(1927-1986)**
Bi, Xin 毕欣
Hu po 琥珀
Lu, Wei 卢苇
Lu, Yu 卢雩
Luo, Bo nian 罗伯年
Luo, Hao bai 罗灏白
Luo, Yong xin 罗詠新
Shi, Cao wei 石艸微
Shi, Wei 石薇
Yun xin 韵心

Luo, Ban dao 罗半岛
LUO, MEI ZHAO 罗梅沼 **(1930-)**

Luo, Ban xian 罗半仙
LUO, WAN JU 罗万俥 **(1898-)**

LUO, BANG REN 罗邦仁 **(1945-)**
Luo, Ren 罗任

Luo, Bao luo 洛保罗
LU, ZHAO LING 卢昭灵 **(1935-)**

LUO, BAO WU 罗保吾
Wei lian yi 危涟漪

Luo, Bin 罗滨
LUO, XING HUA 罗兴华 **(1926-)**

Luo bin 洛宾
WANG, LUO BIN 王洛宾 **(1913-)**

Luo bin 洛滨
LUO, XING HUA 罗兴华 **(1926-)**

Luo, Bin ji 骆宾基
ZHANG, PU JUN 张璞君 **(1917-)**

Luo, Bin ji 骆滨基
ZHANG, PU JUN 张璞君 **(1917-)**

Luo, Bin lu 骆宾路
YANG, SHU CHU 杨书楚 **(1935-)**

Luo, Bing 罗冰
LIU, RANG YAN 刘让言 **(1914-)**

Luo, Bing zhi 罗炳之
LUO, TING GUANG 罗廷光 **(1896-)**

Luo, Bo 罗伯
ZHAO, DE ZUN 赵德尊 **(1913-)**

Luo, Bo 罗伯
JIANG, HONG DING 蒋洪鼎 **(1921-)**

Luo, Bo hao 罗波浩
LUO, ZHONG HAO 罗中浩 **(1948-)**

Luo, Bo mi 罗波密
CHEN, TING 陈廷 **(-1992)**

Luo, Bo nian 罗伯年
LUO, BAI NIAN 罗柏年 **(1927-1986)**

Luo, Bo you 罗伯友
LUO, GUAN SHAN 罗观山 **(1939-)**

Luo, Bu 罗布
MA, RUO PU 马若璞 **(1913-)**

Luo bu dun zhu 洛布顿珠
YUE, JIN XIONG 乐近雄 **(1943-)**

Luo, Bu sha 骆步沙
ZHAO, ZHONG 赵锺 **(1928-)**

Luo, Cha 罗刹
WANG, SHOU QI 王寿祺 **(1880-1960)**

Luo, Cha 罗茶
FU, YAN CHANG 傅彦长 **(1891-1961)**

Luo cha jiang min 罗刹江民
WANG, SHOU QI 王寿祺 **(1880-1960)**

Luo chan 萝蟾
JIANG, YONG JUN 姜永俊 **(1923-)**

LUO, CHANG PEI 罗常培 **(1899-1958)**
Jia, Yin geng 贾尹耕
Luo, Pei zi 罗培兹

Luo, Tian an 罗恬庵
Xin tian 莘田
Luo, Xin tian 罗莘田
Wei ji zhai 未济斋
Xin tian 莘田
Xin tian 心恬

Luo, Cheng 骆诚
PAN, QI 潘琦 **(1944-)**

LUO, CHENG LIE 骆承烈 **(1935-)**
Dong shan 东山
Qin, Qun 秦群
Yang, Tong ming 杨彤明

LUO, CHENG WEI 罗成伟 **(1936-)**
Luo, Dan 罗丹

LUO, CHENG XUN 罗承勋 **(1921-)**
Feng, Jian ru 丰剑如
Feng, Jian yu 封建余
Liu, Su 柳苏
Luo, Fu 罗孚
Shi, Fa 石髪
Shi, Fu 史复
Si wei 丝韦
Wen, Si 文丝
Wu, Ling mei 吴令湄
Xin, Wen zhi 辛文芷

Luo, Chong 罗翀
LUO, JI ZU 罗继祖 **(1913-)**

Luo chuan 洛川
LUO, XING HUA 罗兴华 **(1926-)**

LUO, CHUAN KAI 罗传开 **(1932-)**
Chuan kai 传开
Ping, Yin 平音
Zhao, Bang 兆邦

Luo, Cun 罗存
LUO, ER CHUN 罗尔纯 **(1929-)**

Luo, Cun 骆邨
MU, DE HUI 穆德辉 **(1924-)**

Luo, Da 罗达
JIAO, CHENG ZHI 焦承志 **(1905-1975)**

Luo, Da feng 骆大风
SHEN, MING DE 沈明德 **(1920-)**

Luo, Da gang 罗大冈
LUO, DA GANG 罗大刚 **(1909-)**

LUO, DA GANG 罗大刚 **(1909-)**
Chen, Bai ding 陈白丁
Chen, Cai 陈采
Chen, Can 陈灿
Chen, Qin 陈琴
Ge, Nai gan 戈乃干
Konagalt
Luo, Da gang 罗大冈
Luo, Mo chen 罗莫辰
Luo, San wu 罗三五
Mo, Chen 莫辰
Tie shu 铁树

LUO, DA MING 罗达明
Ming 明

LUO, DA SHENG 罗大胜 **(1942-)**
Xiao qiao 小桥

Luo, Dan 罗丹
LUO, SHI HUAN 罗士桓 **(1911-)**

Luo, Dan 罗丹
LUO, CHENG WEI 罗成伟 **(1936-)**

Luo, Dan feng 罗丹凤
CHEN, ZUO MEI 陈作梅 **(1912-1986)**

LUO, DE JI 骆德济 **(1925-)**
De ji 德济
Ding, Yang 丁央
Yi ding 一丁
Yu, Ying 于英

LUO, DE LONG 罗德龙 **(1928-)**
Bian, Zu 边卒
Geng xin 耕心

LUO, DE YIN 罗德银 **(1937-)**
Gao, Yuan 高原
Wen, Xu 文旭

LUO, DE ZHAN 罗德湛 **(1927-)**
Luo, Pan 罗盘

Luo, Deng xian 罗登贤
LUO, GUANG 罗光 **(1905-1933)**

LUO, DI 罗的 **(1928-)**
Ba, An 巴岸
Bai, Yan 白烟
Ding, Li 丁犁
Lao ba 老巴
Li, Geng 李耕
Liu, Jiang 刘江
Qin, Gong 秦弓
Sha lun 莎伦
Ye luo 也罗
Yi, Han 易寒
Yu, Leng 于冷
Yu, Xian 于娴

Luo di 洛蒂
LU, KE CHANG 陆克昌 **(1923-)**

Luo di 落蒂
YANG, XIAN RONG 杨显荣 **(1944-)**

LUO, DI XIAN 罗迪先

Di xian 迪先

Luo, Dian hua 罗甸华
BAO, SHU YUAN 包叔元 **(1911-)**

Luo, Ding 罗丁
GU, SAN DUO 顾三多 **(1920-)**

Luo, Ding 罗丁
LI, FU YUAN 李福源 **(1933-)**

Luo, Ding 骆鼎
YE, DING LUO 叶鼎洛 **(1900-)**

LUO, DONG SHENG 罗东升 **(1949-)**
Zhu jia 筑佳

LUO, DUN WEI 罗敦伟 **(1898-1964)**
Dun wei 敦伟
Luo, Shao qing 罗韶卿
Qiong an 蛩菴
Zhi qing 志青

LUO, ER CHUN 罗尔纯 **(1929-)**
Luo, Cun 罗存

LUO, FAN 骆梵 **(1929?-)**
Jiang, Shang cun 江上村

Luo fan 落繁
ZHENG, DAO CHUAN 郑道传 **(1919-)**

Luo, Fang 罗方
XIONG, BAI SHI 熊白施 **(1923-)**

Luo, Fang 罗放
WANG, ZE QUN 王泽群 **(1945-)**

Luo, Fang zhou 罗芳洲
TIAN, HAN 田汉 **(1898-1968)**

Luo, Fei 罗飞
HANG, XING 杭行 **(1925-)**

Luo, Fei 骆菲
CHU, SONG XUE 褚松雪 **(1900-)**

Luo fei 洛飞
ZHOU, SHU REN 周树人 **(1881-1936)**

Luo fei 洛菲
QIU, JIAN MIN 邱建民 **(1924-)**

Luo, Fei qing 罗飞卿
LUO, GUANG ZE 罗光泽 **(1927-)**

Luo, Fen 罗奋
LU, DAN AN 陆澹安 **(1894-1980)**

Luo, Feng 罗丰
LUO, SHI FENG 罗时烽 **(1932-)**

Luo, Feng 罗丰
GAN, LIU LIN 甘柳林 **(1938-)**

Luo, Feng 罗峯
FU, NAI QI 傅乃琦 **(1909-1993)**

Luo, Feng 罗烽
FU, NAI QI 傅乃琦 **(1909-1993)**

Luo, Feng 罗烽
LIU, ZU CHENG 刘祖澄

Luo, Feng 骆风
FENG, FA SI 冯法禩 **(1914-)**

Luo, Feng 骆峰
LUO, WEI XUN 骆伟勋 **(1932-)**

Luo, Feng 骆峰
WANG, YUN GEN 王云根 **(1952-)**

Luo feng 洛风
YAN, QING SHU 严庆澍 **(1919-1981)**

Luo feng 洛枫
CHEN, SHAO HONG 陈少红 **(1964-)**

Luo feng 洛峰
YAN, QING SHU 严庆澍 **(1919-1981)**

Luo feng 珞峯
YU, ZE PAN 于泽泮 **(1933?-)**

Luo feng cheng 洛凤城
HUANG, WEN XIANG 黄文湘 **(1925-)**

LUO, FENG TIAN 骆凤田 **(1931-)**
Xiao chun 晓春

Luo, Fu 罗复
HUANG, DE XIU 黄德修 **(1895-1971)**

Luo, Fu 罗复
CHEN, BING KUN 陈炳堃 **(1898-1990)**

Luo, Fu 罗浮
ZHANG, WEN TIAN 张闻天 **(1900-1976)**

Luo, Fu 罗浮
SHEN, DUAN XIAN 沈端先 **(1900-1995)**

Luo, Fu 罗夫
ZHANG, WEN TIAN 张闻天 **(1900-1976)**

Luo, Fu 罗孚
LUO, CHENG XUN 罗承勋 **(1921-)**

Luo, Fu 罗甫
QIN, XIN MIN 秦新民 **(1927-)**

Luo fu 洛夫
ZHANG, WEN TIAN 张闻天 **(1900-1976)**

Luo fu 洛夫
LOU, XI 楼曦 **(1908-)**

Luo fu 洛夫
XU, ZU HUA 徐祖华 **(1909-1931)**

Luo fu 洛夫

SONG, RU ZHAO 宋汝昭 **(1914-1956)**

Luo fu 洛夫
GAO, SI 高斯 **(1923-)**

Luo fu 洛夫
MO, YUN RUI 莫运瑞 **(1928-)**

Luo fu 洛夫
WU, SEN XIONG 吴森雄 **(1929?-1979)**

Luo fu 洛甫
ZHANG, WEN TIAN 张闻天 **(1900-1976)**

Luo fu 洛甫
ZHU, JI LIANG 朱季良 **(1908-1989)**

Luo fu 落凫
LÜ, PEI LIN 吕沛林 **(1889-1947)**

LUO, FU CHENG 罗福成 **(1885-)**
Luo, Jun mei 罗君美

Luo fu dai he ren 罗浮待鹤人
ZHENG, GUAN YING 郑观应 **(1842-1922)**

Luo, Fu lie 罗抚烈
LUO, KANG LIE 罗慷烈 **(1918-)**

Luo fu qing xu guan dao ren 罗浮清虚观道人
PAN, FEI SHENG 潘飞声 **(1857-1934)**

LUO, FU RONG 罗芙荣 **(1955-)**
Luo, Qing 罗晴

Luo fu shan ren 罗浮山人
ZHENG, GUAN YING 郑观应 **(1842-1922)**

LUO, FU YI 罗福颐 **(1905-1981)**
Lou weng 偻翁
Zi xi 紫溪
Zi xi 梓溪

Luo, Gan 骆淦
SHAO, DA CHENG 邵大成 **(1922-)**

LUO, GANG 罗刚 **(1901-1977)**
Luo, Bai lian 罗百鍊

Luo ge 洛戈
LUO, GUO JIE 罗国杰 **(1928-)**

LUO, GEN ZE 罗根泽 **(1900-1960)**
Luo, Yu ting 罗雨亭

Luo, Geng mo 骆耕漠
DING, SHI TONG 丁士通 **(1908-)**

Luo, Gu 罗谷
WANG, HAO 王灏 **(1927-)**

Luo, Gu hua 罗古华
LUO, HONG YU 罗鸿玉 **(1942-)**

LUO, GUAN SHAN 罗观山 **(1939-)**
Hai, Li lang 海里浪
Luo, Bo you 罗伯友
Tian, Li fu 田里夫

Luo, Guang 罗广
LUO, GUANG 罗光 **(1905-1933)**

LUO, GUANG 罗光 **(1905-1933)**
Da ping 达平
Deng xian 登贤
Guang 广
Guang sheng 光生
He, Yong sheng 何永生
Luo, Deng xian 罗登贤
Luo, Guang 罗广

LUO, GUANG LUN 骆光伦 **(1946-)**
Hai, Fei 海飞
Ping feng shi 屏风石

Luo, Guang tian 罗光田
LUO, GUO REN 罗国仁 **(1916-)**

LUO, GUANG ZE 罗光泽 **(1927-)**
He, Shi kai 何时开
Luo, Fei qing 罗飞卿
Luo, Sha 罗沙
Shi, Mi 施弥
Xing zi 星子

LUO, GUO FAN 罗国凡 **(1941-)**
Luo, Qiao fu 罗樵夫

LUO, GUO JIE 罗国杰 **(1928-)**
Luo ge 洛戈

LUO, GUO REN 罗国仁 **(1916-)**
Hai, Feng 海风
Jin, Fan 金帆
Ke chi 克池
Ke feng 克锋
Luo, Guang tian 罗光田
Luo, Jin fan 罗金帆

Luo hai 洛海
LI, ZHI LIAN 李之琏 **(1913-)**

Luo, Hai kong 罗海空
LUO, PIN KUI 罗品葵 **(1890-1943)**

Luo, Han 罗汉
LUO, XIANG LIN 罗香林 **(1906-1978)**

Luo, Han 罗汉
LUO, LIN 罗林 **(1929-)**

Luo, Han 罗汉
QIAN, JIAN YING 钱剑英 **(1932-)**

Luo, Han 罗汉
GUO, GE 郭戈 **(1946-)**

LUO, HAN 罗汉 **(1963-)**
Luo han 洛汉

Luo han 洛汉
LUO, HAN 罗汉 **(1963-)**

Luo, Han chao 骆寒超
LUO, YUN QI 骆运启 **(1935-)**

Luo hang 洛杭
LU, RONG ZHUANG 陆荣桩 **(1931-)**

Luo, Hao 罗浩
PENG, HUAI EN 彭怀恩

Luo hao 洛灏
XU, BIN ZHANG 许彬章 **(1920-)**

Luo, Hao bai 罗灏白
LUO, BAI NIAN 罗柏年 **(1927-1986)**

Luo, He 罗禾
LUO, LI NA 罗丽娜 **(1954-)**

LUO, HE MIN 骆何民 **(1911-1948)**
Luo, He min 骆何敏
Zhong, Shang wen 锺尚文

Luo, He min 骆何敏
LUO, HE MIN 骆何民 **(1911-1948)**

Luo, Hei 罗黑
LIU, SI HAI 刘斯海 **(1919-)**

Luo, Hei zhi 罗黑芷
LUO, XIANG TAO 罗象陶 **(1898-1927)**

Luo, Hong 罗洪
YAO, ZI ZHEN 姚自珍 **(1910-)**

Luo, Hong 罗虹
ZHANG, XIU QI 张绣绮 **(1952-)**

Luo hong 洛虹
FU, NAI QI 傅乃琦 **(1909-1993)**

LUO, HONG KUN 罗鸿堃 **(1932-)**
Fan, Bei ling 范北羚
Gao, Tian lang 高天朗
Hu, Mu 胡牧
Liu, Yi di 柳依堤
Luo, Zi wei 罗子崴
Ye, Lü su 叶绿素

LUO, HONG YU 罗鸿玉 **(1942-)**
Gu, Hua 古华
Jing fu zi 京夫子
Luo, Gu hua 罗古华

Luo, Hou 罗睺
LUO, MAO DE 罗懋德 **(1904-1990)**

Luo, Hua 罗化
WANG, REN SHU 王任叔 **(1901-1972)**

Luo hua 洛华
WANG, REN SHU 王任叔 **(1901-1972)**

Luo hua 洛华
WANG, LEI JIA 王蕾嘉 **(1906-)**

Luo hua 洛华
XU, DE HUA 许德华 **(1908-1969)**

Luo hua sheng 落花生
LUO, PIN KUI 罗品葵 **(1890-1943)**

Luo hua sheng 落花生
XU, DI SHAN 许地山 **(1893-1941)**

Luo hua sheng 落华生
XU, DI SHAN 许地山 **(1893-1941)**

Luo, Huan 骆焕
WANG, CHONG QIAN 王崇谦 **(1932-)**

Luo, Hui 罗惠
GUO, LIANG XIN 郭梁信 **(1926-)**

Luo, Hui 罗辉
JIAN, XIAN AI 蹇先艾 **(1906-)**

Luo hui 洛惠
WANG, KAN DE 王坎德 **(1939-)**

LUO, HUI JI 罗慧济
Hui ji 慧济

Luo, Ji 骆基
LU, DA DI 陆大棣 **(1920-)**

LUO, JI CHANG 罗继长 **(1935-)**
Chang ge 长戈
Chu, Tian 楚天

LUO, JI LONG 罗继龙 **(1952-)**
Chang, Geng 常耕

Luo, Ji nan 罗稷南
LUO, XIAO HANG 陈小航 **(1898-1971)**

Luo, Ji shan 罗基山
TIAN, XIU FENG 田秀峰 **(1916-)**

LUO, JI YAN 罗继炎
Luo, Ming 罗鸣

Luo, Ji yi 罗寄一
JIANG, RUI XI 江瑞熙 **(1920-)**

LUO, JI ZU 罗继祖 **(1913-)**
E shi 谔士
Jing, Chong 景充
Luo, Chong 罗翀

Luo, Jia 罗迦
SHEN, MING DE 沈明德 **(1920-)**

Luo, Jia 罗嘉
QIN, XIAO QING 覃晓晴 **(1912-)**

Luo jia 珞珈
LÜ, JIAN JUN 吕健军 **(1925-)**

LUO, JIA LUN 罗家伦 **(1897-1969)**
Luo, Zhi xi 罗志希
Yi 毅
Zhi xi 志希

Luo, Jia ping 罗嘉平
LU, JIA WEN 卢嘉文（**1909-)**

Luo, Jian 骆坚
HU, SHEN DING 胡申定 **(1915-)**

Luo, Jian 骆间
SHEN, MING DE 沈明德 **(1920-)**

LUO, JIAN GUO 罗建国 **(1946-)**
Jian bai 剑白

Luo, Jian xun 罗建勋
HE, LIAN CHENG 何炼成 **(1928-)**

Luo, Jiang 罗江
CHEN, QI XIU 陈启修 **(1886-1960)**

Luo, Jiang 骆绛
NI, YI SHU 倪亦舒 **(1946-)**

Luo, Jiang dong 罗江东
LUO, NIAN YI 罗念一 **(1932-)**

LUO, JIE PENG 罗洁泙 **(1927-)**
Luo, Lang 罗浪

Luo jin 洛金
XU, CONG QUAN 徐淙泉 **(1946-)**

Luo, Jin fan 罗金帆
LUO, GUO REN 罗国仁 **(1916-)**

Luo, Jin hui 罗锦辉
PI, JIN KUN 皮锦坤 **(1947-)**

Luo, Jin si 罗晋思
LUO, XIANG TAO 罗象陶 **(1898-1927)**

Luo, Jing 骆惊
HU, QIU PING 胡秋坪 **(1917-)**

Luo, Jing 罗敬
ZHAO, SHI YAN 赵世炎 **(1901-1927)**

LUO, JING FEN 罗竞芬 **(1967-)**
Yuan zi 鸢子

Luo, Ju 骆炬
LUO, ZONG QING 骆宗庆 **(1949-)**

Luo, Jun 罗俊
SHEN, CONG WEN 沈从文 **(1902-1988)**

Luo, Jun 罗隽
XIONG, BAI SHI 熊白施 **(1923-)**

Luo, Jun mei 罗君美
LUO, FU CHENG 罗福成 **(1885-)**

Luo, Jun sheng 罗俊生
LUO, JUN SHENG 罗俊声 **(1933-)**

LUO, JUN SHENG 罗俊声 **(1933-)**
Luo, Jun sheng 罗俊生

LUO, JUN SHI 罗俊士 **(1954-)**
Luo, Xiao 罗箫

Luo ka 洛卡
ZHAN, RUI LIN 詹瑞麟 **(1949-)**

LUO, KANG LIE 罗慷烈 **(1918-)**
Luo, Fu lie 罗抚烈

Luo, Ke 罗科
AI, ZHONG XIN 艾中信 **(1915-)**

Luo, Ke ting 罗克汀
DENG, ZHUO HUA 邓焯华 **(1921-)**

Luo, La 罗拉
XIE, JIN ZHONG 谢金忠 **(1968-)**

LUO, LAI YONG 罗来勇 **(1951-)**
A yong 阿勇
Fang, Zi 方子
Luo xi 洛希

Luo, Lan 罗兰
LUO, SHU FAN 罗树藩 **(1917-1985)**

Luo, Lan 罗兰
JIN, PEI FEN 靳佩芬 **(1919-)**

Luo, Lang 罗浪
LUO, NAN CHUAN 罗南传 **(1920-)**

Luo, Lang 罗浪
LUO, JIE PENG 罗洁泙 **(1927-)**

Luo, Lang 罗烺
LUO, LANG 罗琅 **(1931-)**

LUO, LANG 罗琅 **(1931-)**
Ai feng 爱枫
Han, Chao 韩潮
Lin, Lang 林琅
Luo, Lang 罗烺
Luo, Man 罗漫
Luo, Sun 罗隼
Man tuo luo 蔓沱萝
Shu yun 书韵

Luo, Li 罗里
WANG, ZHEN HUAN 王振寰 **(1910-1973)**

Luo, Li 罗荔
TIAN, LIN 田琳（**1916-)**

Luo li 洛黎

ZHANG, SHAO ZENG 张绍曾 (1919-)

LUO, LI MING 罗澧铭 (1903-)
Li ji 礼记
Luo yue 萝月
San luo hou ren 三罗後人
Tang xi jiu lü 塘西旧侣
Yi chai sheng 亿钗生

Luo, Li mu 罗黎牧
LUO, LING ZHI 罗灵智 (1927-)

LUO, LI NA 罗丽娜 (1954-)
Luo，He 罗禾

Luo, Li xin 罗丽心
LUO, LING ZHI 罗灵智 (1927-)

Luo li yang 洛黎扬
DING, JING TANG 丁景唐 (1920-)

LUO, LIANG DE 罗良德 (1945-)
A miu 阿谬
Shou shou sou 寿瘦叟
Zhen zhen 真真

Luo, Lie 罗列
LU, HONG LUE 卢鸿略 (1921-)

Luo, Lie 罗冽
LUO, QING SHAN 罗青山 (1952-)

LUO, LIN 罗林 (1929-)
Fei lin 非林
Luo, Han 罗汉

Luo, Lin 罗林
LIN, SHUI 林水 (1938-)

Luo lin 洛林
LI, GUO YUAN 李国元 (1917-1976)

Luo, Ling 罗凌
LIN, SHUI 林水 (1938-)

Luo, Ling 骆铃
LI, GUO YUAN 李国元 (1917-1976)

LUO, LING YUN 罗凌云
Nan gong, Yu 南宫宇

LUO, LING ZHI 罗灵智 (1927-)
Lu, Bin 鲁彬
Luo, Bai la 罗拜拉
Luo, Li mu 罗黎牧
Luo, Li xin 罗丽心
Shao, Ye lin 邵叶林
Yu, Di 郁地

Luo, Long 罗龙
WANG, FU QUAN 王福全 (1905-1983)

LUO, LONG JI 罗隆基 (1897-1965)
Lu, Shen 鲁参
Luo, Nu sheng 罗努生
Nu sheng 努生
Xiao zhan 晓瞻

Luo, Lu feng 罗鲁风
MIN, TIE SHAN 闵铁山 (1918-)

LUO, LU MING 罗鹿鸣 (1963-)
Bai, Chun lu 白唇鹿

Luo lun 洛仑
HAO, AI 郝艾 (1915-)

Luo, Lun 罗伦
WANG, FU QUAN 王福全 (1905-1983)

Luo, Luo 罗罗
HU, YU ZHI 胡愈之 (1896-1986)

Luo, Luo 罗洛
LUO, ZE PU 罗泽浦 (1927-1998)

Luo, Luo 罗落
YAO, JIA JUN 姚家俊 (1947-)

Luo luo 落落
CHEN, ZHEN PENG 陈振鹏 (1920-)

Luo luo 落落
ZHOU, GUO WEI 周国伟

Luo luo ju shi 落落居士
YAN, JIN E 阎金锷 (1911-1970)

Luo, Ma 罗马
LUO, YAN 罗燕 (1930-)

Luo, Mai 罗迈
LI, WEI HAN 李维汉 (1896-1984)

Luo, Mai 罗迈
ZUO, XI XIAN 左希贤 (1920-1976)

Luo, Mai 罗麦
ZUO, XI XIAN 左希贤 (1920-1976)

Luo, Mai 骆迈
YANG, REN PIAN 杨人楩 (1903-1973)

Luo, Man 罗曼
LI, WEI HAN 李维汉 (1896-1984)

Luo, Man 罗曼
LI, JIA QI 李家齐 (1906-1984)

Luo, Man 罗曼
YIN, JUN 尹骏 (1922-)

Luo, Man 罗漫
LUO, LANG 罗琅 (1931-)

Luo man 洛曼
YANG, REN PIAN 杨人楩 (1903-1973)

Luo man 洛漫

YANG, REN PIAN 杨人楩 (1903-1973)

Luo man 萝蔓
ZHANG, WEN TIAN 张闻天 (1900-1976)

Luo man 萝蔓
YANG, REN PIAN 杨人楩 (1903-1973)

LUO, MAO DE 罗懋德 (1904-1990)
Jin, Ren 金人
Luo, Hou 罗睺
Luo, Nian sheng 罗念生
Nian sheng 念生

LUO, MAO QI 罗懋其 (1902-)
Chen, He shan 陈和山
Luo, Tiao yu 罗髫渔

Luo, Mei 罗美
SHEN, ZE MIN 沈泽民 (1900-1933)

Luo mei 洛美
HE, XIAO DA 何孝达 (1915-1994)

Luo mei 洛煤
LIU, SHI ZE 刘世泽 (1928-)

LUO, MEI ZHAO 罗梅沼 (1930-)
Ban dao 半岛
Liu lang 六郎
Luo, Ban dao 罗半岛
Qian xun da wei 浅逊大卫
Qian zhao 浅沼
Qian zhao liu lang 浅沼六郎
Wu ya 无涯
Yan, Zheng 严正
Zhong zhou ke 中洲客

Luo, Men 罗门
HAN, REN CUN 韩仁存 (1928-)

Luo, Meng chu 罗孟初
LUO, YI JUN 罗义俊 (1944-)

Luo, Meng chu 罗孟楚
LUO, YI JUN 罗义俊 (1944-)

Luo, Meng hao 罗孟浩
LUO, ZHI YUAN 罗志渊 (1904-)

Luo, Miao 罗缪
YANG, JI GUANG 杨际光 (1926-)

Luo, Ming 罗明
XU, YONG KUAN 许永宽 (1926-)

Luo, Ming 罗鸣
LUO, JI YAN 罗继炎

LUO, MING 罗铭 (1912-)
Xi fu 西甫

Luo, Ming 骆明
YE, KUN CAN 叶昆灿 (1935-)

Luo ming 洛明
QIN, JIAN MING 秦剑铭 (1942-)

LUO, MING ZHE 罗明哲 (1917-1982)
Luo, Qi 罗绮

Luo, Mo 骆漠
LUO, ZHU FENG 罗竹风 (1911-)

Luo mo 落寞
LUO, MU 罗牧

Luo, Mo chen 罗莫辰
LUO, DA GANG 罗大刚 (1909-)

LUO, MU 罗牧
Luo mo 落寞

Luo mu 洛木
QIAO, GUAN HUA 乔冠华 (1913-1983)

Luo na 洛那
LIU, SHOU SONG 刘寿嵩 (1912-1969)

LUO, NAN CHUAN 罗南传 (1920-)
Gao, Ping 高平
Lan, Chuan 蓝川
Luo, Lang 罗浪

Luo, Nian sheng 罗念生
LUO, MAO DE 罗懋德 (1904-1990)

LUO, NIAN YI 罗念一 (1932-)
Gong ga ba deng 贡嘎巴登
Luo, Jiang dong 罗江东

Luo, Ning 罗宁
CHEN, JUN SHAN 陈君山 (1922-)

Luo, Niu 罗牛
LUO, QI 罗祺 (1929-)

Luo, Nu sheng 罗努生
LUO, LONG JI 罗隆基 (1897-1965)

Luo, Pan 罗盘
LUO, DE ZHAN 罗德湛 (1927-)

Luo, Pei zi 罗培兹
LUO, CHANG PEI 罗常培 (1899-1958)

Luo, Peng 罗蓬
LUO, SHU REN 罗树人 (1927-)

Luo, Peng 罗鹏
LUO, SHENG CHANG 罗盛昌 (1926-)

LUO, PIN KUI 罗品葵 (1890-1943)
Luo, Hai kong 罗海空
Luo hua sheng 落花生

Luo, Ping 罗平
MA, JI LIANG 马骥良 (1914-1988)

Luo, Ping 罗平
CAI, LI TONG 蔡立彤 **(1944-)**

LUO, PING 罗屏 **(1943-)**
Jian dong 建东

Luo, Ping 骆平
ZHAO, ZI XUN 赵子逊 **(1933-)**

Luo ping 洛平
ZHAO, ZI XUN 赵子逊 **(1933-)**

Luo ping 洛萍
CHEN, ZHEN YA 陈振亚 **(1919-)**

Luo, Ping shan 罗平山
ZHANG, WEN XUN 张文勋 **(1926-)**

Luo, Pu 罗普
ZHANG, ZHU JUN 张竹君

Luo, Qi 罗绮
LUO, MING ZHE 罗明哲 **(1917-1982)**

Luo, Qi 罗琪
CHANG, JUN SHI 常君实 **(1920-)**

LUO, QI 罗祺 **(1929-)**
Luo, Niu 罗牛

Luo, Qi dong 骆起东
FENG, MO DA 冯莫达

LUO, QI PING 罗起平 **(1936-)**
Qi, Ping 齐平

LUO, QI WEN 罗启文 **(1929-)**
Li, Wei 李薇

LUO, QI YUAN 罗绮园 **(1893-1931)**
Qi yuan 绮园
Yi, Yuan 易元

Luo, Qian 罗茜
YANG, FENG QI 杨凤岐 **(1908-)**

LUO, QIANG MING 罗锵鸣 **(1948-)**
Luo, You meng 罗幽梦

Luo, Qiao fu 罗樵夫
LUO, GUO FAN 罗国凡 **(1941-)**

Luo qin 珞沁
ZHANG, LING LING 张菱舲 **(1936-)**

Luo, Qing 罗青
LUO, QING ZHE 罗青哲 **(1948-)**

Luo, Qing 罗晴
LUO, FU RONG 罗芙荣 **(1955-)**

LUO, QING LIU 罗青留 **(-1979?)**
Luo, Shi jun 罗石君
Shi, Jun 石君

LUO, QING SHAN 罗青山 **(1952-)**
Luo, Lie 罗冽

LUO, QING ZHE 罗青哲 **(1948-)**
Luo, Qing 罗青
Luo, Zhe 罗哲
Qing zhe 青哲

Luo, Qiong 罗琼
XU, SHOU JUAN 徐寿娟

Luo, Qiu 罗泅
SUN, QIN PING 孙钦平 **(1922-)**

Luo, Qiu 骆秋
SUN, QIN PING 孙钦平 **(1922-)**

Luo, Ren 罗任
LUO, BANG REN 罗邦仁 **(1945-)**

Luo ren 洛人
HU, SHEN DING 胡申定 **(1915-)**

Luo ren 洛人
SHU, SHUN ZHEN 树顺贞 **(1916-)**

Luo ren 洛人
LIN, QING WEN 林庆文 **(1939-)**

Luo ren 洛人
SHEN, XI YU 沈西域

Luo ren 落人
WANG, KAI JING 汪开竞 **(1912-1976)**

LUO, REN YI 骆仁逸 **(1951-)**
Yi, Luo 依洛

LUO, RI XIAN 罗日銑 **(1949-)**
Tian yan 天岩

LUO, RONG XING 罗荣兴 **(1945-)**
Ye, Ban 叶伴

Luo ru 洛如
TAN, PI MO 谭丕谟 **(1899-1958)**

Luo, Ru jia 罗汝佳
LIU, DA WEN 刘达文 **(1952-)**

LUO, RUI 罗瑞 **(1948-)**
Luo, Wang 罗网

Luo, San wu 罗三五
LUO, DA GANG 罗大刚 **(1909-)**

Luo, Sang 罗桑
ZHAO, DE ZUN 赵德尊 **(1913-)**

Luo, Sang rong 罗桑荣
YE, SHI TAO 叶石涛 **(1925-)**

Luo sang, Peng cuo 罗桑彭错
ZHANG, BO ZHEN 张伯祯 **(1877-1947)**

Luo sang, Ya 罗桑雅
HUANG, DONG TAO 黄东涛 (1945-)

Luo, Sha 罗沙
LUO, GUANG ZE 罗光泽 (1927-)

Luo, Sha 罗沙
YAO, JIA JUN 姚家俊 (1947-)

Luo, Sha 罗莎
XU, SU WU 徐夙吾

Luo, Sha 骆沙
NIE, ZU YOU 聂祖佑 (1928-)

Luo sha 洛沙
ZHOU, LU QUAN 周鲁泉 (1917-1983)

Luo sha 硌砂
ZHOU, LU QUAN 周鲁泉 (1917-1983)

Luo sha 萝莎
CHEN, XIANG 陈香 (1906-1986)

Luo shan Bo hua 罗山伯华
CHEN, BO HUA 陈伯华 (1929-)

Luo, Shan yang 罗善扬
LUO, YI NONG 罗亦农 (1902-1928)

Luo, Shao qing 罗韶卿
LUO, DUN WEI 罗敦伟 (1898-1964)

LUO, SHAO SHU 罗绍书 (1933-)
Qian, Yin 钱音
Shao, Su 邵苏
Xia, Li 夏里

LUO, SHAO WEN 罗少文 (1949-)
Yu, Nan 宇南

Luo, She 駱赦
ZHOU, LU QUAN 周鲁泉 (1917-1983)

Luo, Shen 罗申
ZHOU, ZHI HUI 周之辉 (1923-)

Luo shen 洛神
HU, SHEN DING 胡申定 (1915-)

Luo shen 洛深
LI, YU CAI 黎煜才 (1941-)

Luo sheng 洛生
LIU, CAN BO 刘灿波 (1900-1939)

Luo sheng 洛生
YUN, YU TANG 恽雨棠 (1902-1931)

Luo sheng 洛生
WU, YU WEI 吴堉威 (1906-1989)

LUO, SHENG CHANG 罗盛昌 (1926-)
Luo, Peng 罗鹏

LUO, SHENG WU 罗绳武 (1903-)
Wu, Zhe 武者

Luo, Shi 罗什
LI, YAN SHENG 李龑生 (1897-1975)

Luo, Shi 罗石
ZHANG, XIAO ZHONG 张晓钟

Luo shi 洛士
LUO, SHU SI 罗书肆 (1918-1982)

Luo shi 洛石
WANG, REN SHU 王任叔 (1901-1972)

Luo shi 落石
WANG, REN SHU 王任叔 (1901-1972)

Luo, Shi bu 罗石补
LUO, SHI PU 罗石圃 (1912-)

LUO, SHI FENG 罗时烽 (1932-)
Lu, Su 鲁速
Luo, Feng 罗丰
Ma jie 唛吤
Mai, Wo 麦沃
Si, Feng 斯峰
Zhang, Jie fang 张解方

LUO, SHI HUAN 罗士桓 (1911-)
Cheng, Zhui 程追
Jun you 军右
Li, Li ke 李力克
Luo, Dan 罗丹
Sha, Fan 沙凡
Wang, Qing ping 王清平

Luo, Shi jun 罗石君
LUO, QING LIU 罗青留 (-1979?)

LUO, SHI MI 罗世弥 (1903-1938)
Luo, Shu 罗淑
Shi mi 世弥

LUO, SHI PU 罗石圃 (1912-)
Luo, Shi bu 罗石补
Shi, Bu 石补
Shi, Fo 石佛

LUO, SHI SHAN 罗石山 (1940-)
Dong, Ting bo 董庭波
Luo, Shi xian 罗石贤
Shi, Shan 石山
Shi, Xiao 石笑

Luo shi wen 洛蚀文
WANG, YUAN HUA 王元化 (1920-)

Luo, Shi xian 罗石贤
LUO, SHI SHAN 罗石山 (1940-)

LUO, SHI YANG 罗师扬 (1866-1931)

Shan lu 山庐
Xi shan 希山
Xi shan lao ren 希山老人

LUO, SHOU RANG 罗守让 **(1940-)**
Shang, Wen 尚文

Luo, Shu 罗淑
LUO, SHI MI 罗世弥 **(1903-1938)**

LUO, SHU FAN 罗树藩 **(1917-1985)**
Hua, Lai shi 华莱士
Lai shi 莱士
Lin, Huo 林火
Luo, Lan 罗兰
Luo, Tie ying 罗铁鹰
Luo, Tuo ying 骆驼英
Zhou, Bi de 周比德

LUO, SHU REN 罗树人 **(1927-)**
Luo, Peng 罗蓬

LUO, SHU SI 罗书肆 **(1918-1982)**
Luo shi 洛士
Yi ru 翼如
Yi yu 一愚

Luo shu wan ren 罗墅湾人
XIE, GUO ZHEN 谢国桢 **(1901-1982)**

Luo, Shu yan 罗叔言
LUO, ZHEN YU 罗振玉 **(1866-1940)**

Luo, Shu yun 罗叔蕴
LUO, ZHEN YU 罗振玉 **(1866-1940)**

Luo, Si 罗丝
WANG, RUI TANG 王瑞瑭 **(1930-)**

Luo, Si 罗思
DING, XING YAO 丁行尧

Luo, Si 罗斯
FANG, LE TIAN 方乐天

Luo si 洛思
ZHANG, YI HOU 张逸侯 **(1916-1978)**

Luo si 洛思
HUANG, QIU YUN 黄秋耘 **(1918-)**

Luo, Si jia 罗思嘉
SUN, QIN PING 孙钦平 **(1922-)**

Luo, Si lu 罗斯禄
ZHENG, YU LANG 郑郁郎

Luo, Song 罗松
ZHANG, XIAO HU 张啸虎 **(1924-)**

Luo, Su 罗苏
SUN, QIN PING 孙钦平 **(1922-)**

Luo, Sun 罗荪
KONG, FAN YAN 孔繁衍 **(1912-)**

Luo, Sun 罗隼
LUO, LANG 罗琅 **(1931-)**

Luo, Te 罗特
ZHAO, JIN WU 赵今吾

Luo, Te shi 罗忒士
LUO, TIE XIAN 罗铁贤

Luo ti 裸体
WANG, ZE KAI 汪泽楷

Luo, Tian 罗天
ZHANG, LUO TIAN 张罗天

Luo, Tian an 罗恬庵
LUO, CHANG PEI 罗常培 **(1899-1958)**

Luo, Tian de 罗天德
ZHANG, TONG 张同 **(1918-)**

Luo, Tiao yu 罗髫渔
LUO, MAO QI 罗懋其 **(1902-)**

LUO, TIE XIAN 罗铁贤
Luo, Te shi 罗忒士

Luo, Tie ying 罗铁鹰
LUO, SHU FAN 罗树藩 **(1917-1985)**

Luo, Ting 罗亭
HE, LÜ TING 贺绿汀 **(1903-)**

Luo, Ting 罗亭
FAN, QI XIN 范启新 **(1914-)**

Luo, Ting 罗亭
YANG, TIAN CHENG 杨天成 **(1919-1969)**

LUO, TING 罗廷 **(1918-)**
Dong fang, Hui ming 东方慧明
Nian mei 念枚
Shang, Da 尚达
Yi sha 以沙

Luo ting 洛汀
YUAN, TIAN FU 袁天福 **(1919-1983)**

Luo ting 洛汀
LU, BO XUN 陆伯埙 **(1919-)**

LUO, TING GUANG 罗廷光 **(1896-)**
Luo, Bing zhi 罗炳之

Luo, Tuo 骆驼
ZHOU, CHENG SHU 周承澍 **(1902-1983)**

Luo, Tuo 骆驼
QIU, XIN MIN 邱新民 **(1914-)**

Luo, Tuo 骆驼
TIAN, ZHONG LUO 田锺洛 **(1924-)**

Luo, Tuo ying 骆驼英
LUO, SHU FAN 罗树藩 **(1917-1985)**

Luo, Tuo zi 骆驼子
JIANG, ZI AN 蒋子安 **(1931-)**

LUO, WAN JU 罗万俥 **(1898-)**
Ban xian 半仙
Luo, Ban xian 罗半仙

Luo, Wang 罗网
LUO, RUI 罗瑞 **(1948-)**

Luo, Wei 罗炜
HE, KE JIAN 何克俭 **(1952-)**

Luo wei 洛威
FENG, FANG MIN 冯放民 **(1919-)**

LUO, WEI FAN 罗伟凡 **(1957-)**
Xiao quan 啸泉

LUO, WEI GUI 罗维贵 **(1942-)**
Wei wen 维文

LUO, WEI XUN 骆伟勋 **(1932-)**
Luo, Feng 骆峰

LUO, WEI YANG 罗维扬 **(1942-)**
Yang, Li 杨励

Luo, Wen 骆文
LUO, WEN HONG 骆文宏 **(1915-)**

Luo, Wen 骆雯
SHAO, DA CHENG 邵大成 **(1922-)**

Luo wen 洛文
ZHOU, SHU REN 周树人 **(1881-1936)**

Luo wen 洛文
QU, QIU BAI 瞿秋白 **(1899-1935)**

Luo wen 洛文
SHU, SHUN ZHEN 树顺贞 **(1916-)**

Luo wen 洛文
WANG, YUAN HUA 王元化 **(1920-)**

Luo wen 珞文
YU, NENG BIN 余能斌 **(1938-)**

LUO, WEN HONG 骆文宏 **(1915-)**
A hong 阿虹
Hua, Yu ping 华禹平
Luo, Wen 骆文

LUO, WEN LIANG 罗文亮 **(1937-)**
Wen, Lang 闻朗

Luo wen qing 洛文青
TIAN, ZHONG LUO 田锺洛 **(1924-)**

Luo, Wu 罗无
HUANG, GUI GEN 黄贵根 **(-1974)**

Luo, Wu 罗憮
ZHOU, SHU REN 周树人 **(1881-1936)**

Luo, Wu sheng 罗无生
LIN, RU JI 林如稷 **(1902-1976)**

LUO, WU YA 骆无涯
Da huang 大荒
Huang tang sheng 荒唐生
Wu ya shi zhu ren 无涯室主人

Luo, Xi 罗西
YANG, FENG QI 杨凤岐 **(1908-)**

Luo, Xi 罗西
SUN, QIN PING 孙钦平 **(1922-)**

Luo, Xi 罗昔
LI, DA TONG 李大同

Luo xi 洛希
LUO, LAI YONG 罗来勇 **(1951-)**

Luo xia 落霞
ZOU, EN RUN 邹恩润 **(1895-1944)**

Luo xia 落霞
SUN, JIA RUI 孙嘉瑞 **(1920-)**

Luo, Xian 罗咸
XIA, DONG YUAN 夏东元 **(1921-)**

LUO, XIAN ZHI 罗先知 **(1949-)**
Luo, Xue zhi 罗学知

LUO, XIANG GUANG 罗祥光 **(1934-)**
Xiong, Zheng guo 熊正国

LUO, XIANG LIN 罗香林 **(1906-1978)**
Hai, Chao 海潮
Han fu 汉夫
Luo, Han 罗汉
Luo, Yi tang 罗乙堂
Luo, Yuan yi 罗元一
Xiang ling 香灵
Yi tang 乙堂
Yi zhi 一之

LUO, XIANG TAO 罗象陶 **(1898-1927)**
Hei, Zhi 黑芷
Hei, Zi 黑子
Jin si 晋思
Lu, Yi 路易
Luo, Hei zhi 罗黑芷
Luo, Jin si 罗晋思

Luo, Xiao 罗箫
LUO, JUN SHI 罗俊士 **(1954-)**

Luo, Xiao gao 罗孝高
ZHANG, ZHU JUN 张竹君

LUO, XIAO GE 骆小鸽 **(1952-)**

Luo, Xiao ge 骆晓戈

Luo, Xiao ge 骆晓戈
LUO, XIAO GE 骆小鸽 **(1952-)**

LUO, XIAO HANG 陈小航 **(1898-1971)**
Chen, Zi ying 陈子英
He, Fei 贺飞
He, Fei 贺非
Luo, Ji nan 罗稷南
Xiao hang 小航
Zun wen 尊闻

LUO, XIAO PING 骆笑萍
Xiao mi su 小米素

Luo xiao xiang 洛晓湘
CAO, YU MEI 曹郁美

Luo, Xiao xin 罗孝莘
LUO, XING 罗兴 **(1922-)**

Luo, Xin 罗辛
LIANG, MING GANG 梁铭纲 **(1930-)**

Luo, Xin 罗欣
ZHOU, WEI JIE 周维介 **(1952-)**

Luo xin 洛辛
XIN, DA MING 辛大明 **(1921-)**

Luo xin 洛辛
LUO, YOU XIN 罗幼新 **(1941-)**

Luo xin 洛鑫
LUO, YOU XIN 罗幼新 **(1941-)**

LUO, XIN BING 罗心冰
Hu gong 壶公

LUO, XIN HE 罗信和 **(1934-)**
Luo, Xun he 罗汛河

LUO, XIN MAO 罗辛卯 **(1951-)**
Xiao, Ming 肖明

Luo, Xin tian 罗莘田
LUO, CHANG PEI 罗常培 **(1899-1958)**

LUO, XING 罗兴 **(1922-)**
Luo, Xiao xin 罗孝莘

Luo, Xing 罗兴
WU, JI XUE 巫继学 **(1946-)**

LUO, XING 罗行 **(1935-)**
Jiang, Ping 江萍
Lu, Ping 路平

LUO, XING HUA 罗兴华 **(1926-)**
Luo, Bin 罗滨
Luo bin 洛滨
Luo chuan 洛川

LUO, XIU ZHEN 罗秀珍 **(1949-)**
Shi wei 诗薇

Luo, Xu 罗絮
XU, ZHONG HUA 徐仲华 **(1933-)**

Luo, Xuan 罗旋
CAO, JING PING 曹京平 **(1912-)**

Luo, Xuan 罗旋
LUO, XUAN WEN 罗旋文 **(1929-)**

Luo xuan 螺旋
CAO, JING PING 曹京平 **(1912-)**

LUO, XUAN WEN 罗旋文 **(1929-)**
Luo, Xuan 罗旋
Xuan, Feng 宣风

Luo, Xue 罗雪
HUANG, JI KUN 黄季琨 **(1924-)**

LUO, XUE FANG 骆雪舫
Xue fang 雪舫

LUO, XUE LIANG 骆学良 **(1926-)**
Ma, Ge 马各
Nan, Xiang ren 南乡人
Nan, Xiang zi 南乡子

Luo, Xue tang 罗雪堂
LUO, ZHEN YU 罗振玉 **(1866-1940)**

Luo, Xue zhi 罗学知
LUO, XIAN ZHI 罗先知 **(1949-)**

Luo, Xun 罗迅
FU, NAI QI 傅乃琦 **(1909-1993)**

Luo, Xun 罗逊
SUN, ZHAO JI 孙昭绩 **(1914-)**

Luo, Xun 骆勋
SUN, LUO XUN 孙骆勋 **(1924-)**

Luo, Xun he 罗汛河
LUO, XIN HE 罗信和 **(1934-)**

Luo, Ya 骆雅
HUANG, LING 黄岭 **(1938-)**

Luo, Ya 罗亚
ZENG, RUI XIONG 曾瑞熊 **(1903-)**

Luo ya 荦崖
FANG, RONG GAO 方荣杲

Luo, Yan 罗岩
XUE, JIA ZHU 薛家柱 **(1937-)**

Luo, Yan 罗砚
LUO, YAN 罗燕 **(1930-)**

LUO, YAN 罗燕 **(1930-)**
Ding, Wu ji 丁戊己
Luo, Ma 罗马

Luo, Yan 罗砚
Ren, Gui 壬癸
Shang, Qin 商禽
Shi, Yan 史砚

Luo yan 落雁
WANG, REN SHU 王任叔 **(1901-1972)**

LUO, YAN PING 骆燕平 **(1954-)**
He di 禾迪

Luo, Yang 罗扬
YANG, XIU MEI 杨修梅 **(1929-)**

Luo, Yang 罗阳
YANG, QI ZHUANG 杨其庄 **(1921-)**

Luo yang 洛扬
FENG, XUE FENG 冯雪峰 **(1903-1976)**

Luo yang 洛阳
QU, QIU BAI 瞿秋白 **(1899-1935)**

Luo yang 洛阳
CHEN, ZHEN PENG 陈振鹏 **(1920-)**

Luo yang 洛阳
ZU, BAO QUAN 祖保泉 **(1921-)**

Luo, Yang tian 罗阳天
CAI, RUI WU 蔡瑞武 **(1920-)**

Luo yang zu 螺阳子
WANG, TING JUN 王廷俊 **(1953-)**

Luo, Yao 罗曜
LI, SHENG ZHUANG 李生庄 **(1910-1946)**

Luo, Ye 罗叶
LUO, YUAN FU 罗元辅 **(1965-)**

Luo ye 洛野
QU, RUO YE 瞿若烨 **(1932-)**

Luo ye 落叶
XIE, FU CHOU 谢福畴 **(-1986)**

Luo ye 落叶
ZHENG, YA HUA 郑雅化 **(1946-)**

Luo ye 落叶
LI, YUAN ZHEN 李元贞 **(1946-)**

Luo ye gu 落叶谷
XIE, FU CHOU 谢福畴 **(-1986)**

LUO, YI 罗毅 **(1916-)**
Xiang huai 湘淮
Yi fu 毅夫

Luo yi 洛裔
CAI, RUI WU 蔡瑞武 **(1920-)**

Luo yi 洛毅
YI, XUE YIN 伊学尹 **(1937-)**

LUO, YI FEI 罗伊菲
Shang, Luo 尚珞

Luo, Yi han 罗衣寒
KONG, FAN YAN 孔繁衍 **(1912-)**

LUO, YI JUN 罗义俊 **(1944-)**
Luo, Meng chu 罗孟初
Luo, Meng chu 罗孟楚

Luo yi ning ge er 洛伊宁格尔
WANG, SHAN 王山

LUO, YI NONG 罗亦农 **(1902-1928)**
Jue 觉
Luo, Shan yang 罗善扬
Yi nong 一农
Yi nong 亦农
Zhen gang 振纲

Luo, Yi ou 罗一鸥
LIU, RONG CHI 刘溶池 **(1917-)**

LUO, YI QUN 罗益群 **(1945-)**
Xiao lian 孝廉

Luo, Yi shan 罗一山
HUANG, JIA DE 黄嘉德 **(1908-1992)**

Luo, Yi su 罗以苏
SUN, QIN PING 孙钦平 **(1922-)**

Luo, Yi tang 罗乙堂
LUO, XIANG LIN 罗香林 **(1906-1978)**

Luo, Yin shi 罗音室
WU, SHI CHANG 吴世昌 **(1908-1986)**

Luo, Ying 罗英
WANG, SHU FAN 王树藩 **(1926-)**

LUO, YING 罗英 **(1940-)**
Tian, Qing 田青
Xiao li 小立

Luo, Ying 罗颖
LUO, ZENG JIAO 罗曾教 **(1923-)**

Luo, Ying 骆英
YANG, QI ZHUANG 杨其庄 **(1921-)**

Luo ying 落英
NI, ZHENG XIANG 倪政祥 **(1935-)**

Luo ying 落英
LIU, SHANG DA 刘尚达

Luo ying 落影
CAI, HAN YUN 蔡汉云

LUO, YONG 罗庸 **(1900-1950)**
Tuo ling 佗陵
Xiu, Mei 修梅
Ying zhong 膺中

Yun ren 耘人

Luo, Yong xin 罗詠新
LUO, BAI NIAN 罗柏年 **(1927-1986)**

Luo, You meng 罗幽梦
LUO, QIANG MING 罗锵鸣 **(1948-)**

LUO, YOU XIN 罗幼新 **(1941-)**
Luo xin 洛辛
Luo xin 洛鑫

Luo yu 洛宇
XU, DUN XIAN 许敦贤 **(1961-)**

Luo yu 洛雨
YANG, ZUO YU 杨作雨 **(1920-)**

Luo yu 洛雨
ZHOU, ZHONG XUN 周仲勋 **(1925-)**

Luo, Yu jun 罗玉君
LUO, ZHENG SHU 罗正淑 **(1907-1987)**

Luo, Yu ting 罗雨亭
LUO, GEN ZE 罗根泽 **(1900-1960)**

Luo, Yu zhi 罗羽之
WANG, ZHEN QUAN 王振荃 **(1930-)**

LUO, YUAN FU 罗元辅 **(1965-)**
Luo, Ye 罗叶

LUO, YUAN WEN 罗源文 **(1928-)**
Chen, Ze wen 陈泽文
Chen, Zu chen 陈祖琛
Jie ke 捷克
Ruan, Wen 阮闻

Luo, Yuan yi 罗元一
LUO, XIANG LIN 罗香林 **(1906-1978)**

LUO, YUAN YUAN 骆元元 **(1948-)**
Han, Han 韩韩

Luo, Yuan zhen 罗元贞
LUO, YUAN ZHEN 罗元真 **(1906-)**

LUO, YUAN ZHEN 罗元真 **(1906-)**
Luo, Yuan zhen 罗元贞

Luo, Yue 罗约
WU, CHI CHANG 吴炽昌

Luo yue 萝月
LUO, LI MING 罗澧铭 **(1903-)**

LUO, YUE MEI 罗月妹 **(1953-)**
Bai, Xue 白雪

LUO, YUN 罗云 **(1928-)**
Gao, Ge 高格
Hai, Qing 海清
Luo, Yun Jia 罗云家
Wei xin 维新

Xue fang 雪舫
Zhuang, Lin 庄林

LUO, YUN 罗云 **(1931-)**
Lü yang 绿洋

Luo, Yun Jia 罗云家
LUO, YUN 罗云 **(1928-)**

LUO, YUN QI 骆运启 **(1935-)**
Luo, Han chao 骆寒超
Sha, Zhou 沙舟
Ye feng 野风
Yi, Pin 伊频

LUO, YUN YONG 罗运庸 **(1927-)**
Tian, Bing 田兵

Luo, Ze 骆泽
LUO, ZE PU 罗泽浦 **(1927-1998)**

LUO, ZE PU 罗泽浦 **(1927-1998)**
Dou wu 荳芜
Li, Wen wang 黎文望
Luo, Luo 罗洛
Luo, Ze 骆泽
Qu, Chu 屈楚
Qu, Lan 屈蓝
Shui, Fu 水甫
Wang, Ling 王令
Wei, Shi qin 韦世琴
Yang, Huai 杨槐
Ze pu 泽浦

LUO, ZENG JIAO 罗曾教 **(1923-)**
Ding yin 仃吟
Lin, Chao 林潮
Luo, Ying 罗颖
Mou sheng zhe 某生者

LUO, ZHANG LAN 罗章兰 **(1955-)**
Zhang, Jian 章简

LUO, ZHANG LONG 罗章龙 **(1896-)**
Cang 沧
Cang hai 沧海
Hai 海
Hu 虎
Jing, Yun 景云
Luo, Ao jie 罗璈阶
Luo, Zhong yan 罗仲言
Wen, Hu 文虎
Wu wo 无我
Yu, Yun 宇云
Zhang, Long 章龙
Zhen jun 真君
Zong yu 纵宇
Zong yu yi lang 纵宇一郎

Luo, Zhao bin 罗照滨

CAI, RUI WU 蔡瑞武 **(1920-)**

Luo, Zhe 罗者

QIU, XIN MIN 邱新民 **(1914-)**

Luo, Zhe 罗哲

LUO, QING ZHE 罗青哲 **(1948-)**

LUO, ZHEN HUAN 罗振寰 **(1912-1934)**

Tian, Niu 田牛

LUO, ZHEN YU 罗振玉 **(1866-1940)**

Bao can lao ren 抱残老人
Chu, Yu lou 楚雨楼
Dong hai yu min 东海愚民
Gong zhi chun 公之纯
Han zhang 含章
Han zhong 寒中
Lu, An 陆庵
Lu, Yin 陆瘖
Luo, Shu yan 罗叔言
Luo, Shu yun 罗叔蕴
Luo, Xue tang 罗雪堂
Luo, Zhen yu 罗振钰
Mian cheng jing she 面城精舍
Qiu ting lao min 仇亭老民
Qiu ting lao ren 仇亭老人
Seng qian 僧潜
Shang, Yi 商遗
Shang, Yi fu 商遗父
Shang yu luo shi xue tang 上虞罗氏雪堂
Shang yu luo shi zhen song lao ren 上虞罗氏贞松老人
Shi ru 式如
Shou can lao ren 守残老人
Shu jian 叔坚
Shu yan 叔言
Shu yun 叔蕴
Shu yun 叔醖
Song weng 松翁
Song yun 松筠
Sui han tui sou 岁寒退叟
Xie gong 絜公
Xue tang 雪堂
Yong feng xiang ren 永丰乡人
Yong lu 俑庐
Yue cun 刖存
Zheng song lao ren 贞松老人

Luo, Zhen yu 罗振钰

LUO, ZHEN YU 罗振玉 **(1866-1940)**

LUO, ZHENG SHU 罗正淑 **(1907-1987)**

Luo, Yu jun 罗玉君
Ping 萍
Shu 蜀
Yu jun 玉君
Zhen shu 镇蜀

LUO, ZHENG ZHUO 罗正晫 **(1906-1983)**

Ai lan 皑岚
Fei lai ke 飞来客
Liu zi 溜子
Luo, Ai lan 罗皑岚
Qi feng 岂风
Qing tai 青苔
Shan 山
Shan feng 山风
Shan feng da lang 山风大郎
Xian tai 鲜苔

Luo, Zhi 罗芷

LI, LIAN FENG 李廉凤 **(1923-)**

Luo, Zhi 骆之

LUO, ZHI TIAN 骆之恬 **(1932-)**

Luo, Zhi hua 罗之华

ZHANG, CHUN QIAO 张春桥 **(1917-)**

LUO, ZHI TIAN 骆之恬 **(1932-)**

Cui yi 翠漪
Lu, Yun 路云
Luo, Zhi 骆之
Tuo yun 驼云

Luo, Zhi xi 罗志希

LUO, JIA LUN 罗家伦 **(1897-1969)**

LUO, ZHI YUAN 罗志渊 **(1904-)**

Luo, Meng hao 罗孟浩

LUO, ZHONG HAO 罗中浩 **(1948-)**

Luo, Bo hao 罗波浩

Luo zhong qing 锣钟磬

LUO, ZONG QING 骆宗庆 **(1949-)**

Luo, Zhong yan 罗仲言

LUO, ZHANG LONG 罗章龙 **(1896-)**

LUO, ZHU FENG 罗竹风 **(1911-)**

Lu, Xu 陆旭
Luo, Mo 骆漠

Luo zi 洛子

WANG, LEI JIA 王蕾嘉 **(1906-)**

Luo, Zi wei 罗子崴

LUO, HONG KUN 罗鸿堃 **(1932-)**

Luo, Zi yang 罗子扬

SHEN, DUAN XIAN 沈端先 **(1900-1995)**

LUO, ZONG HAI 罗宗海 **(1935-)**

Zong, Hai 宗海

LUO, ZONG QIANG 罗宗强 **(1931-)**

Ge, Fei 戈菲

LUO, ZONG QING 骆宗庆 **(1949-)**

Li yu 里予
Luo, Ju 骆炬
Luo zhong qing 锣钟磬
Sha, Zhou 沙洲

LUO, ZONG TAO 罗宗涛 **(1938-)**
Su xin ren 素心人

M

M
XU, JIA RUI 徐嘉瑞 **(1895-1977)**

M
SHEN, YAN BING 沈雁冰 **(1896-1981)**

M
GAO, CHENG JUN 高成均 **(1900-1980)**

M
ZENG, MAN NI 曾曼尼 **(1901-)**

M
ZHU, WU SHI 朱吾石 **(1918-1986)**

M. A.
WANG, SEN RAN 王森然 **(1895-1984)**

M. D.
SHEN, YAN BING 沈雁冰 **(1896-1981)**

M jun M君
QU, QIU BAI 瞿秋白 **(1899-1935)**

M K
SUN, LIAO GUANG 孙燎光 **(1894-1962)**

M. K.
ZHU, WU SHI 朱吾石 **(1918-1986)**

M. Lin M. 林
MA, HUA 马骅 **(1916-)**

M. M.
WU, YU WEI 吴堉威 **(1906-1989)**

M. N.
HUANG, ZHEN CUN 黄震村 **(1909-)**

M P
WU, WEN CHAO 吴文超 **(1924-)**

M. R.
YANG, MO LEI 杨没累 **(1897-1928)**

M. S.
ZHANG, QING RONG 张清荣 **(1902-1955)**

M. S.
MA, XIN 马炘 **(1920-)**

MU
JING, DING CHENG 景定成 **(1879-1949)**

M. V. D.
YUAN, GUANG MEI 袁光楣 **(1916-1982)**

M Y
ZHAO, MENG YUAN 赵孟原 **(1912-)**

My
ZHONG, KAI MING 钟开明 **(1918-1992)**

Menin
QU, QIU BAI 瞿秋白 **(1899-1935)**

Mong, Harvey
MENG, XIAN GONG 孟宪公 **(1940-)**

MONV
ZHU, WEN 朱雯 **(1911-)**

Ma 玛
LIN, CAI YING 林彩英 **(1922-)**

Ma, A ke 马阿可
FU, RUI JIN 符瑞金 **(1906-)**

MA, AI MING 马爱明 **(1945-)**
Ai, Min 艾敏

Ma, Bai li 马百里
MA, HUA 马骅 **(1916-)**

MA, BAO HUA 马宝华 **(1934-)**
Ma, Dong yan 马东岩

Ma, Bei 马琲
SHEN, CONG WEN 沈从文 **(1902-1988)**

Ma, Ben 马奔
KANG, SHOU HUI 康守惠 **(1918-)**

Ma, Ben 马奔
ZHANG, SHAO 张韶 **(1924-)**

Ma, Ben 马奔
MA, EN CHENG 马恩成 **(1927-)**

Ma, Ben 马奔
MA, XIN GUO 马新国 **(1959-)**

MA, BEN CHU 马本初 **(1917-1968)**
Fang, Zheng zhi 方正之
Lang, Xia 郎夏

Ma, Bi 马必
MA, BI 马璧 **(1942-)**

MA, BI 马璧 **(1911-1985)**
Bai, Gui 白圭
Mo lu 默庐

MA, BI 马璧 **(1942-)**
Ma, Bi 马必
Liu, Ying 刘应
Qi, Kai 齐凯

Ma, Bin 马彬
XIE, JUE ZAI 谢觉哉 **(1884-1971)**

MA, BIN 马彬 **(1924-1983)**
Bi guang 碧光
Ma, Bing 马兵
Ma, Han yue 马汉嶽
Nan, Gong bo 南宫博
Qi, Jian 齐简
Shi, Jian 史剑
Xu, Jian 许剑

Ma, Bing 马兵
MA, BIN 马彬 **(1924-1983)**

Ma, Bing 马兵
HONG, YU PING 洪禹平 **(1926-)**

MA, BING QI 马秉岐 **(1938-)**
Lin, Bo 林泊

Ma, Bing shan 马冰山
MA, YI JIN 马义进 **(1921-)**

MA, BING YU 马炳玉 **(1920-)**
Kang kai 慷慨

Ma, Bo 马波
MA, QING BO 马清波 **(1949-)**

Ma, Bo huang 马伯煌
MA, PENG YUAN 马彭驪 **(1913-)**

Ma, Bo li 马伯力
MA, EN CHENG 马恩成 **(1927-)**

MA, BO LIANG 马博良 **(1933-)**
Ai xiu 爱秀
Ba, Liang 巴亮
Bu, Liang 卜量
Ma, Lang 马朗
Meng, Bai lan 孟白兰
Meng, Lang 孟朗
Wen, Long 闻龙
Wen, Lun 闻伦

Ma, Bu ji 马不羈
FENG, YI LU 冯亦鲁

MA, BU SHENG 马步升 **(1963-)**
Bei gai 北丐
Bei gai 北钙
Ma, Fei 马非
Yuan, Xing 远行

Ma, Bu tuo 马不陀
XU, CHANG WEI 许昌威 **(1905-1988)**

Ma, Bu tuo 马不陀
CHEN, ZENG HONG 陈增鸿 **(1908-)**

Ma, Bu yi 马布衣
MA, LIANG 马良 **(1950-)**

Ma, Ce 马策
SHI, CHANG DONG 施昌东 **(1931-1983)**

MA, CHANG CHUN 马长春 **(1940-)**
Rui, He shi 芮河石

Ma, Chang ming 马长鸣
PI, ZUO JIU 皮作玖 **(1917-)**

MA, CHANG RONG 马长荣
Xiu shuo 脩朔

MA, CHANG ZHU 马长柱 **(1945-)**
Mo, Dian 墨癫

MA, CHENG 马骋 **(1927-)**
Chong xiao 冲霄

MA, CHENG XIANG 马承祥 **(1937-)**
Yi fu 弋夫

MA, CHENG YI 马成翼 **(1950-)**
Tian cheng 天成
Yu fei 羽飞

Ma, Chi ye 马驰野
MA, GUO CHANG 马国昌 **(1925-)**

Ma, Chi yuan 马驰原
LI, YUAN RONG 李远荣 **(1941-)**

MA, CHONG FU 马崇福 **(1922-)**
Ma, Qi bin 马齐彬
Ma, Qi bing 马奇兵

MA, CHUN 马春 **(1940-)**
Chun yan 春燕
Lu xia 芦霞
Xiao ma 小马

MA, CHUN BAO 马春宝 **(1961-)**
Dao fu 导夫

MA, CHUN SHENG 马春生
Cun sheng 村生

MA, CHUN YANG 马春阳 **(1924-)**
Jiang, Hong nian 姜红年

MA, CONG 马聪 **(1963-)**
Ding, Yi 丁一

Ma, Cong wen 马从文
LIU, JI XIAN 刘集贤 **(1933-)**

MA, CUN KUN 马存坤
Gu fan 孤帆

Ma, Da 马达
ZHANG, TIAN BAI 张天白 **(1902-)**

Ma, Da 马达
LU, SHI YING 陆诗瀛 **(1903-1978)**

Ma, Da 马达
HU, CHANG WU 胡昌五 **(1928-)**

Ma, Da 马达
MA, SAI SHENG 马塞生 **(1933-)**

Ma, Da 马达
SUN, SHAO ZHEN 孙绍振 **(1937-)**

Ma, Da 马达
MA, JIN QIAN 马晋乾 **(1942-)**

MA, DA JING 马大京 **(1947-)**
Da li 达理

Ma, Da lin 马大林
MA, RUI LIN 马瑞麟 **(1929-)**

MA, DA ZHAO 马大赵 **(1943-)**
Feng ya 峰崖
Ma, Lei 马雷

MA, DA ZHONG 马大中
Ma, Zhen dong 马震东

MA, DAO NING 马道凝 **(1881-1940)**
Kui gong 篑公
Ma, He 马和
Ma, Jun wu 马君武
Ma, Tong 马同
Ou, Hua 欧化
Yang xing lao pu 杨行老圃

MA, DAO ZHOU 马道洲 **(1963-)**
Yi fan 一凡

Ma, De 马德
HAN, SHAN YUAN 韩山元 **(1942-)**

MA, DE CHUN 马德春 **(1937-)**
Ma, Xiao 马啸

MA, DE LIN 马德林 **(1936-)**
Yi shi 怡石

MA, DE QIAN 马德乾 **(1934-)**
Zhong zhou shan ren 中州山人

MA, DE YI 马德义 **(1950-)**
Ma, Ye 马也

MA, DE YING 麻德英 **(1934-)**
Ni lang 泥浪
Qu, Wen 曲文

MA, DE ZHAO 马德昭 **(1940-)**
Chang he 长河
Huang yuan 荒原

MA, DENG YUN 马登云 **(1955-)**
Chang yang 徜徉
Zheng rong 峥嵘

Ma, Ding 马丁
GAO, CHENG JUN 高成均 **(1900-1980)**

Ma, Ding 马丁
FU, TIAN CHOU 傅天仇 **(1920-1990)**

Ma, Ding 马丁
HONG, YU PING 洪禹平 **(1926-)**

Ma, Ding 马丁
MA, SHI HAO 马世豪 **(1927-)**

Ma, Ding 马丁
WANG, ZI CHAO 汪子超 **(1927-)**

Ma, Ding 马丁
MA, ZHONG LIANG 马中良 **(1932-)**

Ma, Ding 马丁
MA, XUE GONG 马学功 **(1959-)**

Ma, Dong 马冬
YANG, ZHE RONG 杨哲荣 **(1951-)**

MA, DONG SHENG 马东升 **(1946-)**
Su shi 素石

Ma, Dong yan 马东岩
MA, BAO HUA 马宝华 **(1934-)**

Ma, Dong yu 马东隅
LI, ZI HOU 李子侯 **(1939-)**

Ma, Du 马度
HUANG, XIAN JUN 黄贤峻 **(1911-)**

MA, DUAN YANG 马端阳 **(1953-)**
Lao jia 老佳
Ma, Huai 马淮
Ma, Jia 马佳
Rui yang 瑞阳

MA, EN CHENG 马恩成 **(1927-)**
Ma, Ben 马奔
Ma, Bo li 马伯力
Ma, Zuo yi 马作揖

Ma, Er 马二
FENG, SHU LUAN 冯叔鸾

Ma, Er 马儿
LI, YAN SHENG 李燄生 **(1897-1975)**

Ma, Er 马尔
FENG, QIAN WEN 冯千文 **(1934-)**

Ma, Er 马耳
YE, JUN JIAN 叶君健 **(1914-)**

Ma, Er gu 马尔谷
ZHANG, RUO GU 张若谷 **(1904-)**

Ma, Er hua 马尔华
MA, HUA 马骅 **(1916-)**

Ma, Er sha 马尔沙
YA, HAN ZHANG 牙含章 **(1916-1989)**

Ma er xian sheng 马二先生

MA, ZHONG SHU 马仲殊 **(1900-1958)**

Ma er xian sheng 马二先生
FENG, SHU LUAN 冯叔鸾

Ma, Fan 马凡
MA, QING QUAN 马清泉 **(1935-)**

MA, FAN 马范 **(1893-1969)**
Geng shi yi zhu 畊石簃主
Leng, Weng 冷翁
Ma, Gong yu 马公愚

Ma, Fan heng 马繁恒
MA, LIANG 马良 **(1950-)**

Ma, Fan lin 马梵霖
HE, ZHANG PING 何章平 **(1916-1968)**

Ma, Fan niao 马凡鸟
MA, YAN XIANG 马彦祥 **(1907-1988)**

Ma, Fan tuo 马凡陀
YUAN, GUANG MEI 袁光楣 **(1916-1982)**

Ma, Fang 马方
FENG, XIANG GUANG 冯祥光 **(1927-)**

MA, FANG YI 马芳仪 **(1963-)**
Fang, Yi 方宜
Lan, Gen 兰根
xin yi 馨忆
Ye ma 野马

Ma, Fei 马飞
DENG, KAI AN 邓开安 **(1954-)**

Ma, Fei 马非
CUI, DE ZHI 崔德智 **(1927-)**

Ma, Fei 马非
MA, BU SHENG 马步升 **(1963-)**

Ma, Fei bai 马非百
MA, YUAN CAI 马元材 **(1896-1984)**

MA, FEI CHEN 马非陈 **(1955-)**
Ma, Yi Jun 马役军
Wei ming 未名

Ma, Fei diao 马飞雕
MA, JIAN LING 马健翎 **(1907-1965)**

Ma, Feng 马风
BU, YING FAN 卜英梵 **(1908-)**

Ma, Feng 马风
GUO, LE SHENG 郭乐昇 **(1928-)**

Ma, Feng 马风
LIN, FAN 林帆 **(1930-)**

Ma, Feng 马峰
MA, JI FENG 马吉风 **(1916-1970)**

Ma, Feng 马烽
MA, SHU MING 马书铭 **(1922-)**

Ma, Feng 马蜂
MA, JI FENG 马吉风 **(1916-1970)**

Ma, Fu 马浮
MA, FU TIAN 马福田 **(1882-1967)**

Ma, Fu chun 马福春
FENG, XUE FENG 冯雪峰 **(1903-1976)**

MA, FU TIAN 马福田 **(1882-1967)**
Bei he 被褐
Fu 浮
Juan sou 蠲叟
Juan xi lao ren 蠲戏老人
Ma, Fu 马浮
Ma, Yi fu 马一浮
Ma, Zhan weng 马湛翁
Zhan weng 湛翁

Ma, Fu zhi 马夫之
WU, RUI XIANG 吴瑞祥

MA, GANG SHENG 马港生 **(1950-)**
Ma, Ruo 马若

MA, GAO XIANG 马高骧 **(1939-)**
Ling, Yun 凌云

Ma, Ge 马戈
JIANG, MING YUAN 蒋明元 **(1937-)**

Ma, Ge 马戈
MA, HONG XIANG 马宏祥

Ma, Ge 马各
LUO, XUE LIANG 骆学良 **(1926-)**

Ma ge 瑪戈
XU, ZHONG YOU 许钟祐 **(1908-)**

Ma, Geng 马耿
WANG, XING TANG 王兴堂 **(1921-)**

Ma, Gong yu 马公愚
MA, FAN 马范 **(1893-1969)**

Ma, Gong yue 马公越
FENG, NAI CHAO 冯乃超 **(1901-1983)**

Ma, Gu 马古
GAO, CHENG JUN 高成均 **(1900-1980)**

Ma, Gu 马谷
FENG, YI DE 冯贻德 **(1913-)**

Ma, Guang 马光
MA, GUANG FU 马光复 **(1937-)**

Ma, Guang cai 马广才
MA, ZHONG SHU 马仲殊 **(1900-1958)**

MA, GUANG FU 马光复 **(1937-)**
Ma, Guang 马光
Mo, A 莫阿

MA, GUANG HUANG 马光煌 **(1921-)**
Mao, Da zhi 毛达志
Mei si 湄思
Nan, Ni 南泥
Qiu shi 求是
Tu xin 土辛
Xin, Zhi 辛之

MA, GUANG LI 马广利 **(1938-)**
Ma, Li 马犁
Ma, Li 马犂
Rong, Ma 戎马

Ma, Guang rui 马光瑞
CHENG, XIU SHAN 程秀山 **(1912-1983)**

MA, GUI BAO 马贵宝 **(1949-)**
Nan, Yang 南阳

Ma, Gui fen 马桂芬
MA, JI HONG 马继红 **(1954-)**

MA, GUI LAN 马桂兰 **(1949-)**
Ma, Tao 马涛
Shan tao 山涛
Xiao lan 小兰

MA, GUO CHANG 马国昌 **(1925-)**
Ma, Chi ye 马驰野
Pei cun 沛村

MA, GUO CHAO 马国超 **(1938-)**
Zi xin 子辛

Ma, Guo fan 马国凡
MA, GUO FAN 马国藩 **(1932-)**

MA, GUO FAN 马国藩 **(1932-)**
Ma, Guo fan 马国凡

MA, GUO GUANG 马国光 **(1942-)**
Bu, Ding 卜丁
Cong, Zhong lai 从中来
Hua liu 骅骝
Liang xuan 亮轩

MA, GUO HUAI 马国怀 **(1930-)**
Kuo huai 廓怀
Ying huai 影怀

Ma, Guo liang 马国良
MA, GUO LIANG 马国亮 **(1908-)**

MA, GUO LIANG 马国亮 **(1908-)**
Ai, Di 艾迪
Ai, Qi de 艾其德
Cai, Shi 蔡史
Cao, Shi 曹士
Chen, Min 陈敏
Chen, Ming 陈明
Chen, Qi 陈齐
Chen, Zi 陈子
Gan, Cao 甘草
Gao, Liang 高良
Ge, Liang 戈良
Guo, Liang 果良
Guo liang 国亮
Hua, Liang 华良
Ma, Guo liang 马国良
Mai, De ling 麦德玲
Pu ti 菩提
Qi, Ke 齐可
Wen, Yuan 文渊
Xia hou, Ming 夏侯明
Xia, Ming 夏明
Xiu shan 秀山
Yi liang 亦亮
Zhao, Shi heng 赵世衡
Zi mu 自牧

Ma, Han 马汉
SUN, SU FAN 孙速蕃 **(1939-)**

Ma, Han 马汗
SUN, PU 孙璞 **(1927-)**

MA, HAN SAN 马汉三 **(1924-)**
Shi, Jian 石坚

Ma, Han yue 马汉嶽
MA, BIN 马彬 **(1924-1983)**

Ma, Hang 马杭
CHEN, SHOU NAN 陈寿南 **(1932-)**

MA, HAO 马皓 **(1914-)**
Ding, Tuo sheng 丁拓生

Ma, He 马和
MA, DAO NING 马道凝 **(1881-1940)**

MA, HENG 马衡 **(1881-1955)**
Fan jiang zhai 凡将斋
Fan jiang zhai zhu 凡将斋主
Ma, Shu ping 马叔平
Ma, Wu jiu 马无咎
Wu jiu 无咎

Ma, Hong 马洪
NIU, REN QUAN 牛仁权 **(1920-)**

MA, HONG XIANG 马宏祥
Ma, Ge 马戈

MA, HONG ZENG 马鸿增 **(1940-)**
Chi hong 驰鸿
Si ma, Long 司马龙
Zeng, Ming 曾鸣

Zeng, Yan 曾雁

Ma, Hu 马虎
CHEN, YIN EN 陈荫恩 **(1917-1966)**

MA, HUA 马骅 **(1916-)**
Bai li 百里
Bei lin 北林
Bu, Man er 卜曼尔
Chen, Dai hu 陈黛湖
Chen si 沉思
Da guan 大观
Du, Meng 杜蒙
Fang, Bai 方白
Fang ge 放歌
Fang, Ran 方燃
Gao, Qi 高旗
Ge lei 歌蕾
Ge xin 歌心
Hai, Lü 海旅
Hai, Yu 海语
Lan, He 蓝河
Lin, Chuang 林窗
Lin, Dai xiang 林黛湘
Lin, Du 林渡
Lin, Hai yin 林海音
Lin, Hai yu 林海语
Lin, Lü 林旅
Lin, Mian 林绵
Lin, Mo 林默
Lin, Wei 林薇
Lin, Yi fan 林衣凡
Lin, Ying 林荧
Liu, Bin 柳滨
Lü ying 绿缨
M. Lin M. 林
Ma, Bai li 马百里
Ma, Er hua 马尔华
Mo, Lei 墨蕾
Mo, Luo 莫洛
Mo, Xia 莫霞
Ou yang, Wu 欧阳舞
Qiao Zhi 乔志
Sha, Quan 沙泉
Sha, Xu 沙絮
Shu, Lang 舒朗
Shu, Qiong 舒琼
Shu, Zhen 树榛
Su, Yi 苏依
Tao, Zhao 陶照
Wan, Mang 万芒
Wei, Xian 韦弦
Wu, Ge zi 伍歌子
Wu, Ji 伍骥
Xi chuang 西窗
Xia, Ye ying 夏夜萤
Xian wei 弦韦
Ya lin 亚林
Ye feng 夜风
Yi, Fan 依帆
Yi, Fan 衣凡
Yu, Fei 郁飞
Yu hua 雨华
Zhou, Zao 周遭
Zhu, Jiao 朱郊
Zhu, Man qiu 朱漫秋

Ma hua tang 麻花堂
LI, NAI REN 李乃仁 **(1916-)**

Ma, Huai 马淮
MA, DUAN YANG 马端阳 **(1953-)**

Ma, Huai shui 马怀水
MA, YONG QING 马永清 **(1927-)**

MA, HUAI XUN 马怀璕 **(1917-)**
Lu zhi 璐之
Ma, Yan 马琰
Song bi 松碧

MA, HUAN 马环 **(1917-)**
Jin ming 今明
Li, Xing jian 励行健
Ma, Xi yuan 马洗园
Tang, Qiong 唐琼
Xi yuan 西原
Xi yuan 洗园

Ma, Huang 马荒
ZHANG, GUANG REN 张光人 **(1902-1985)**

Ma, Huang 马荒
LIU, HUI MIN 刘惠民 **(1917-)**

MA, HUI LIN 马惠琳 **(1935-)**
Ma, Lin 马琳

Ma, Ji 马季
MA, SHU HUAI 马树槐 **(1934-)**

Ma, Ji 马基
ZOU, WEI XI 邹维熙 **(1927-)**

Ma, Ji 马骥
GAO, CHAO 高潮 **(1922-)**

Ma, Ji 马骥
MA, YOU MING 马幼明 **(1934-)**

MA, JI FENG 马吉风 **(1916-1970)**
Ji, Feng 吉峰
Ma, Feng 马峰
Ma, Feng 马蜂

MA, JI GUANG 马基光 **(1915-1979)**
Ma, Sai 马塞
Ma, Xiao 马啸

MA, JI HONG 马继红 **(1954-)**
Bing er 冰儿
Ma, Gui fen 马桂芬
Ma, Yun ping 马云平
Xiao hong 晓红
Xiao hong 晓虹

MA, JI HONG 马霁鸿 **(1956-)**
Sha, Jiang bo 沙江波

Ma, Ji liang 马季良
MA, JI LIANG 马骥良 **(1914-1988)**

MA, JI LIANG 马骥良 **(1914-1988)**
An, Ni 安尼
Chen, Tuo 陈沱
Jiang, Qi 蒋旗
Ju yu 巨钰
Luo, Ping 罗平
Ma, Ji liang 马季良
Qu, Jue 瞿觉
Shi, Mei 史枚
Tang, Na 唐纳

MA, JI LIN 马吉林
Mei lang 玫郎

MA, JI MING 马季明 **(1883-1959)**
Ma, Jian 马鑑

MA, JI RONG 马际融 **(1915-1984?)**
Ma, Li 马骊
Ma, Qiu ying 马秋英

MA, JI SEN 马积森 **(1942-)**
Ji chen 积琛

MA, JI SHENG 马继胜 **(1950-)**
Rong, Du zhui 戎都骓
Rong, Ma 戎马

Ma, Jia 马加
BAI, YONG FENG 白永丰 **(1910-)**

Ma, Jia 马佳
MA, DUAN YANG 马端阳 **(1953-)**

Ma, Jia 马颊
LI, FU 李夫 **(1927-)**

Ma, Jia ju 马家驹
REN, ZHUO XUAN 任卓宣 **(1896-1990)**

MA, JIA JUN 马家骏 **(1929-)**
Jia, Jun 贾骏

Ma, Jia lin 马加林
HUANG, WAN YUAN 黄万源 **(1939-)**

MA, JIA XIANG 马家骧 **(1916-)**
Ding, Gong 丁巩
Jin, Yin 金音
Ma, Xun 马寻
Qiu nan 楸楠
S.D.
Si ma, Jin 司马进
Xiang di 湘弟
Xiang di 骧弟
Zhi geng 之耕

Ma, Jian 马鑑
MA, JI MING 马季明 **(1883-1959)**

MA, JIAN JUN 马建钧 **(1964-)**
Jun tian 钧天
Tian ma 天马

MA, JIAN LING 马健翎 **(1907-1965)**
Fei diao 飞雕
Ling er 翎儿
Ma, Fei diao 马飞雕
Ma, Ling 马翎

MA, JIAN TAO 马剑涛 **(1949-)**
Jian tao 健涛
Sha, Yuan zi 沙苑子

Ma, Jian xiong 马剑雄
MA, JIAN XUN 马建勋 **(1952-)**

MA, JIAN XUN 马建勋 **(1952-)**
Ma, Jian xiong 马剑雄

MA, JIANG 马江 **(1965-)**
Xiang ling 湘灵

Ma, Jiao po 马郊坡
MA, ZHI YUAN 马志远 **(1918-)**

Ma jie 唛吤
LUO, SHI FENG 罗时烽 **(1932-)**

Ma, Jin 马金
MA, SHI HAO 马世豪 **(1927-)**

Ma, Jin 马津
XIA, SHU YUAN 夏澍元 **(1916-1965)**

Ma jin 玛金
CHEN, HE NAN 陈鹤南 **(1913-)**

MA, JIN HUA 马金华 **(1956-)**
Lu, Xing 鲁醒

MA, JIN LIANG 马晋良 **(1925-)**
Ma, Rong 马融

MA, JIN QIAN 马晋乾 **(1942-)**
Ma, Da 马达
Zuo, Si yi 左思乙

MA, JIN SHENG 马金声 **(1949-)**
Jin, Li 金黎

MA, JIN XIANG 马进祥 **(1962-)**
Yi, Lü 伊绿

MA, JIN YAN 马金焰 **(1950-)**
Tong, Yi fen 童艺奋

MA, JING XIAN 马景贤 **(1933-)**
Ci yin 慈音
Ma, Lu 马路
Qian li 千里
Zhi yu 知愚

MA, JING XIAN 马兢先 **(1911-)**
Xue qi 雪祁

Ma, Juan hun 马鹃魂
MA, TIAN KUI 马天揆

Ma, Jue 马觉
CAO, YIN 曹殷 **(1943-)**

Ma, Jun 马军
NIU, JUN YAN 牛君彦 **(1911-)**

MA, JUN 马骏 **(1895-1928)**
Er jiu 二九
Nian jiu 念久
Tian an 天安

MA, JUN 马骏 **(1946-)**
Liang, Ji 梁骥

Ma, Jun 马濬
MA, ZHE MIN 马哲民

MA, JUN CHU 马君楚 **(1933-)**
Jian cao 剑曹
Si ma, Gong 司马攻
Tian, Yin 田茵

Ma, Jun jie 马君玠
MA, WEN ZHEN 马文珍 **(1906-)**

MA, JUN QUAN 马君权 **(1924-)**
Jun quan 均权
Ma, Jun quan 马均权

Ma, Jun quan 马均权
MA, JUN QUAN 马君权 **(1924-)**

MA, JUN SHENG 马骏声 **(1889-)**
Bu jin 不进
Ma, Xiao jin 马小进
Meng ji 梦寄
Tai shan shao nian 台山少年
Tui zhi 退之

Ma, Jun wu 马君武
MA, DAO NING 马道凝 **(1881-1940)**

MA, JUN WU 马俊武 **(1918?-)**
Ma, Mo xi 马摩西

Ma, Kang 马康
DAI, YIN LANG 戴隐郎 **(1907-1985)**

MA, KANG REN 马康人
Kang, Ren 康人

MA, KANG YUN 马康云 **(1970-)**
Ma, Xiao xiao 马萧萧

Ma, Ke 马克
MA, KE CHANG 马克昌 **(1926-)**

Ma, Ke 马珂
MA, YUN FENG 马云峰 **(1956-)**

Ma, Ke 马渴
MA, XIN GUO 马新国 **(1959-)**

Ma, Ke ba 马克巴
DING, JIA SHU 丁嘉树 **(1907-1990)**

MA, KE CHANG 马克昌 **(1926-)**
Ma, Ke 马克

Ma, Ke ning 马可宁
YAO, ZHEN 姚溱 **(1921-1966)**

Ma, Ke teng 马克騰
JIANG, MU 姜穆 **(1929-)**

Ma, Ke xin 马克辛
MA, RUO PU 马若璞 **(1913-)**

Ma, Kui sheng 马葵生
LI, YU ZHONG 李育中 **(1911-)**

Ma, La 马拉
LI, YAO TANG 李尧棠 **(1904-)**

Ma, La 马拉
REN, GEN LIU 任根鎏 **(1923-)**

Ma, La song 马拉松
WANG, XIAO LIN 王晓林 **(1962-)**

Ma, Lai 马莱
ZENG, QING GUAN 曾庆冠 **(1922-)**

Ma, Lan 马兰
ZHANG, LIN LAN 张林岚 **(1922-)**

Ma, Lan 马兰
YIN, ZHUAN 尹专

Ma, Lan 马蓝
ZHANG, LIN LAN 张林岚 **(1922-)**

Ma, Lan xiang 马兰香
SHANG, LAN XIANG 尚兰香 **(1931-)**

Ma, Lang 马朗
MA, BO LIANG 马博良 **(1933-)**

Ma, Le 马乐
HONG, BAO SU 洪保苏 **(1947-)**

MA, LE QUN 马乐群 **(1939-)**
Tai mang 泰芒
You, Su 尤苏

Ma, Lei 马雷
MA, DA ZHAO 马大赵 **(1943-)**

Ma, Li 马力
ZHENG, XIAO SONG 郑孝嵩 **(1907-)**

Ma, Li 马骊
MA, JI RONG 马际融 **(1915-1984?)**

Ma, Li 马犁
MA, GUANG LI 马广利 **(1938-)**

Ma, Li 马犂
MA, GUANG LI 马广利 **(1938-)**

MA, LI JIE 马立杰 **(1920-)**
Cheng, Yun 程云
He de yu 禾得雨

Ma, Li ni 马犁泥
ZHENG, DE SONG 郑德松 **(1923-)**

MA, LI YAN 马立彦 **(1930-)**
Lin, Yan 林燕

Ma, Li ying 马丽英
KE, BAI NIAN 柯柏年 **(1904-1985)**

MA, LIAN 马莲 **(1941-)**
Ge, Bei 戈北

MA, LIAN 马廉 **(1893-1935)**
Lao, Jiu 劳久
Ma, Yu qing 马隅卿
Ping yao tang zhu ren 平妖堂主人
Yu chuang yi zhen shi 雨窗欹枕室
Yu qing 隅卿

Ma, Liang 马良
MA, ZHI DE 马志德 **(1840-1939)**

Ma, Liang 马良
SHENG, MA LIANG 盛马良 **(1915-)**

MA, LIANG 马良 **(1950-)**
Fan heng 繁恒
Ma, Bu yi 马布衣
Ma, Fan heng 马繁恒

MA, LIN 马琳 **(1926-)**
Ai, Li 艾骊
Lan, Tian 蓝田
Li shui 丽水
Wen, Li 文骊

Ma, Lin 马琳
MA, HUI LIN 马惠琳 **(1935-)**

Ma, Lin 马霖
HE, ZHANG PING 何章平 **(1916-1968)**

MA, LIN FAN 马林帆 **(1939-)**
Fang, Ge 方歌
Qin, Di yu 秦地雨

Ma, Ling 马令
QIAN, ZUO YUAN 钱佐元 **(1912-)**

Ma, Ling 马凌
XIE, FU SEN 谢复森 **(1919-)**

MA, LING 马凌
Xie, Yu 谢狱

Ma, Ling 马翎
MA, JIAN LING 马健翎 **(1907-1965)**

Ma, Ling yun 马凌云
MA, SHI XUN 马世勋 **(1922-)**

Ma, Liu 马骝
LIU, JIAN TIAN 刘健甜

MA, LONG QING 马龙青 **(1911-)**
Long, Qing 龙青

Ma, Lu 马鹿
HU, YU ZHI 胡愈之 **(1896-1986)**

Ma, Lu 马路
MA, JING XIAN 马景贤 **(1933-)**

Ma, Lu yi 马路易
ZHENG, ZAO 郑造 **(1921-1966)**

Ma, Lun 马仑
QIU, MING KUN 邱名崐 **(1940-)**

Ma, Lun 马崙
QIU, MING KUN 邱名崐 **(1940-)**

Ma, Luo 马洛
LIANG, QI TANG 梁启堂 **(1944-)**

Ma ma wei qi 马马维奇
CHEN, SHAO YU 陈绍禹 **(1904-1974)**

Ma, Mao yang 马茂洋
MA, PEI JI 马培吉 **(1964-)**

MA, MAO YUAN 马茂元 **(1918-1989)**
Mao yuan 懋园

Ma, Men 马门
XIA, QIN HAN 夏钦瀚 **(1926-)**

Ma, Meng 马蒙
HONG, WEI JI 洪为济 **(1912-)**

Ma, Meng 马蒙
YE, SHAN JIAO 叶善教 **(1935-)**

Ma, Ming 马鸣
HU, SHAN YUAN 胡山源 **(1897-1988)**

Ma, Ming 马鸣
LIN, QIANG 林强 **(1930-)**

Ma, Ming 马鸣

CHEN, BING 陈炳 (1934-)

Ma, Ming 马鸣
RUAN, JIAN NONG 阮剑农

Ma, Ming chen 马鸣尘
MA, XING 马醒

MA, MING CHUN 马明春 (1937-)
Ma, Zhi yao 马知遥

Ma, Ming hua 马明华
GAO, SHI SEN 高世森 (1935-)

MA, MING JUN 马名骏 (1933-)
Yu, Chi 于驰

Ma, Lü 马履
MA, YAN XIANG 马彦祥 (1907-1988)

Ma, Mo xi 马摩西
MA, JUN WU 马俊武 (1918?-)

Ma, Mu bian 马牧边
WU, WEN CHAO 吴文超 (1924-)

Ma, Mu li 马木历
ZHAO, QI MING 赵启明 (1912-1938)

Ma, Mu xuan 马木轩
MA, SHOU HUA 马寿华 (1893-)

Ma, Nan chi 马南驰
YANG, CHENG YIN 杨成寅 (1926-)

Ma, Nan cun 马南邨
DENG, TUO 邓拓 (1912-1966)

Ma nan cun ren 马南邨人
DENG, TUO 邓拓 (1912-1966)

Ma, Nian yi 马念一
MA, ZHE MIN 马哲民

Ma, ning 马宁
HUANG, ZHEN CUN 黄震村 (1909-)

Ma, Ning 马宁
CHEN, YAO MIN 陈耀民 (1927-)

MA, NING JUN 马宁钧 (1936-)
Ge hua 阁华

MA, PEI JI 马培吉 (1964-)
Ma, Mao yang 马茂洋
Ma, Pei ji 马培基
Mo, Qi 莫奇
Yao, Bei 尧北

Ma, Pei ji 马培基
MA, PEI JI 马培吉 (1964-)

MA, PEI WEN 马沛文 (1921-)
Jin, Ping 靳平
Wei yan 微言

MA, PENG CHUN 马鹏椿
Peng chun 朋春

MA, PENG YUAN 马彭驤 (1913-)
Ma, Bo huang 马伯煌

Ma, Qi 马其
JIN, JIA Qi 金家骐 (1922-)

Ma, Qi 马奇
MA, SHI XUN 马世勋 (1922-)

Ma, Qi 马琪
CHEN, SHI YONG 陈诗永 (1919-)

Ma, Qi bin 马齐彬
MA, CHONG FU 马崇福 (1922-)

Ma, Qi bing 马奇兵
MA, CHONG FU 马崇福 (1922-)

MA, QI CHANG 马其昶 (1854-1929)
Bao run 抱润
Ma, Tong bo 马通伯
Tong bo 通伯

MA, QI LAI 马起来 (1936-)
Si ma, Chuan 司马川

Ma qi tu 玛奇图
GUO, JI NAN 郭基南 (1923-)

Ma, Qian 马前
YU, SI MU 余思牧 (1925-)

Ma, Qian bing 马前兵
QIAN, GUANG PEI 钱光培 (1939-)

Ma, Qian he 马千禾
MA, QIAN MU 马千木 (1915-)

Ma, Qian li 马千里
HAN, DAO CHENG 韩道诚 (1917-)

MA, QIAN MU 马千木 (1915-)
Hua, Chi 华驰
Jie yi 孑一
Jie yu 劫余
Jing ke 兢克
Ma, Qian he 马千禾
Ma, Shi tu 马识途
Ma, Zhi fu 马质夫
Ren, Yuan 任远
Su mang 宿莽
Tao, Wen 陶文
Yu, Shu wen 余叔文
Ze yu 则余

Ma, Qian zu 马前卒
WANG, REN SHU 王任叔 (1901-1972)

Ma, Qian zu 马前卒
TANG, DUAN YI 唐端毅 (1913-1992)

Ma, Qian zu 马前卒
QIAN, GUANG PEI 钱光培 **(1939-)**

Ma, Qin 马琴
LI, YAO TANG 李尧棠 **(1904-)**

Ma qin 玛琴
LIN, CAI YING 林彩英 **(1922-)**

Ma, Qing 马青
XU, WEI 徐炜 **(1916-)**

Ma, Qing 马青
MA, XIANG WEI 马相卫 **(1941-)**

MA, QING 马青 **(1952-)**
Ma, Xiao qing 马小青

MA, QING 马清 **(1923-)**
Ma, Shou qing 马守清

MA, QING BO 马清波 **(1949-)**
Lao gui 老鬼
Ma, Bo 马波

MA, QING FU 马庆福 **(1939-)**
Le tian yi ren 乐天逸人
Shi, Le 石乐
Shi li ren 十里人
Shi zui 诗醉

MA, QING GUO 马庆国 **(1945-)**
Fang, Wei 方为
Ma, Wei 马威
Tian, Wen 田文

MA, QING QUAN 马清泉 **(1935-)**
Ma, Fan 马凡
Tian shan 天山
Wei mang 伟芒

Ma, Qing ru 马清如
WEN, JIAN LIU 温健骝 **(1944-1976)**

MA, QING RUI 马清瑞 **(1902-1942)**
Shi, Lun 史轮

Ma, Qing you 马庆友
MA, QING YOU 马庆有 **(1936-)**

MA, QING YOU 马庆有 **(1936-)**
Dong chi 东驰
Ma, Qing you 马庆友

Ma, Qiu ying 马秋英
MA, JI RONG 马际融 **(1915-1984?)**

MA, QUAN LI 马全理 **(1945-)**
Deng, Gang 邓刚

Ma, Qun bing 马群兵
HUANG, AN MIAO 黄安淼 **(1928-)**

Ma, Ren 马任
MAO, ZE DONG 毛泽东 **(1893-1976)**

MA, REN KE 马仁可 **(1945-)**
Ma, Zheng 马征

MA, REN YIN 马壬寅 **(1917-)**
Huo di shi 火蒂士
Lang ke 浪客
Ma, Yin yin 马荫隐
Sa, Ke fei 萨克非

Ma, Rong 马戎
MA, YONG QING 马永清 **(1927-)**

Ma, Rong 马融
MA, JIN LIANG 马晋良 **(1925-)**

MA, RU WEI 马汝伟 **(1949-)**
Feng, Wei 冯韦

MA, RUI LIN 马瑞麟 **(1929-)**
Fei, Lin 费林
Ma, Da lin 马大林
Ma, Ye 马野
Rui lin 锐林
Sha, Ye 沙野
Zheng ma 征马

Ma, Ruo 马若
MA, GANG SHENG 马港生 **(1950-)**

MA, RUO PU 马若璞 **(1913-)**
Du du 嘟嘟
Jing ming 镜鸣
Luo, Bu 罗布
Ma, Ke xin 马克辛
Ma, Ruo pu 马若濮
Ma, Shi tu 马识途
Ma, Shi zhan 马是瞻
Ma, Shou 马首
Ma, Zhong ming 马仲明
Ruo pu 若璞
Yan, Bu 晏布
Yan, Hui 晏回
Ye ma 野马
Zhong, Ming 仲明

Ma, Ruo pu 马若濮
MA, RUO PU 马若璞 **(1913-)**

Ma, Sai 马塞
MA, JI GUANG 马基光 **(1915-1979)**

Ma, Sai 马赛
ZHU, SHI LUN 朱世纶

MA, SAI SHENG 马塞生 **(1933-)**
Ma, Da 马达

MA, SEN 马森 **(1932-)**
Fei yang 飞扬
Mu zhe 牧者

Wen, Ye bai 文也白
Yue, Mu 乐牧

MA, SEN QING 马森庆
Song qing 松青

Ma, Sha 马沙
YUAN, PING YU 苑坪玉 **(1952-)**

Ma, Sha 马沙
LI, DENG 李登

Ma, Sha 马沙
LIU, JIN ZHEN 刘金圳

Ma sha 玛莎
LI, YAN QUN 李炎群 **(1933-)**

Ma, Shan 马山
LEI, SHI YU 雷石榆 **(1911-)**

MA, SHANG DE 马尚德 **(1905-1940)**
Nai chao 乃超
Yang, Jing yu 杨靖宇

Ma, Shao bo 马少波
MA, ZHI YUAN 马志远 **(1918-)**

MA, SHAO LI 马劭力 **(1934-)**
Gu, Bai 古柏

Ma, Sheng xin 马胜辛
MA, ZHI YUAN 马志远 **(1918-)**

Ma, Shi 马石
MA, WEI YI 马为义 **(1936-)**

MA, SHI HAO 马世豪 **(1927-)**
Bei dou 北斗
Ma, Ding 马丁
Ma, Jin 马金
Qing zi 青子

Ma, Shi tu 马识途
MA, RUO PU 马若璞 **(1913-)**

Ma, Shi tu 马识途
MA, QIAN MU 马千木 **(1915-)**

MA, SHI XUN 马世勋 **(1922-)**
Ma, Ling yun 马凌云
Ma, Qi 马奇
Ma, Zai qi 马再奇

MA, SHI YING 马士瑛
Ma, Ying guang 马映光
Wang, Shao chuan 王少船

Ma, Shi zhan 马是瞻
MA, RUO PU 马若璞 **(1913-)**

Ma, Shou 马首
MA, RUO PU 马若璞 **(1913-)**

MA, SHOU HUA 马寿华 **(1893-)**

Ma, Mu xuan 马木轩
Xiao jing zhai 小静斋

Ma, Shou qing 马守清
MA, QING 马清 **(1923-)**

MA, SHOU YI 马守仪 **(1934-)**
Ma, Si 马嘶

MA, SHU 马舒 **(1924-)**
Wu an 无鞍

MA, SHU HUAI 马树槐 **(1934-)**
Ma, Ji 马季

MA, SHU LIANG 马叔良 **(1913-)**
Bai, Mei 白眉
Ma, Zui liang 马最良

Ma, Shu meng 马抒梦
ZHANG, XIANG HUA 张骧化 **(1927-)**

MA, SHU MIN 马抒敏 **(1938-)**
Fang, Fang 方昉

MA, SHU MING 马书铭 **(1922-)**
Kong, Hua lian 孔华联
Ma, Feng 马烽
Ma, You yi 马有义
Ma, Zhan xiao 马战哮
Mo, Yun 莫韵
Yan, Zhi wu 阎志吾

Ma, Shu ping 马叔平
MA, HENG 马衡 **(1881-1955)**

MA, SHU QIN 马书琴 **(1950-)**
Jia hua 嘉骅
Lao, Xin 劳辛

Ma, Shu yan 马树言
MA, YI 马毅 **(1933-)**

Ma, Shuang yi 马双翼
HAO, QING SONG 郝庆松 **(1920-1979)**

MA, SHUI JIN 马水金
Lan xi 岚曦

Ma, Si 马斯
HUANG, ZHEN CUN 黄震村 **(1909-)**

Ma, Si 马嘶
MA, SHOU YI 马守仪 **(1934-)**

Ma, Song 马松
HE, RONG 何溶 **(1921-)**

Ma, Su 马速
YANG, FU DONG 杨复冬 **(1922-1978)**

Ma, Su fu 马甦夫
FENG, JIAN NAN 冯剑南

Ma, Tao 马涛

MA, GUI LAN 马桂兰 (1949-)

Ma, Te 马特
LIANG, DU WEN 梁笃文 (1910-1968)

MA, TENG YUN 马腾云
Lao ma 老马

Ma, Ti ji 马蹄疾
CHEN, ZONG TANG 陈宗棠 (1936-)

Ma, Ti tie 马蹄铁
ZENG, DE 曾德 (1942-)

Ma, Tian 马田
CHEN, LAI HUA 陈来华 (1940-)

Ma, Tian 马田
CHEN, LAI FA 陈来发

MA, TIAN CAI 马天彩 (1950-)
Ku hai 苦海

MA, TIAN KUI 马天揆
Ma, Juan hun 马鹃魂

Ma, Tie ding 马铁丁
CHEN, YIN EN 陈荫恩 (1917-1966)

Ma, Tie ding 马铁丁
GUO, EN DA 郭恩大 (1919-1976)

Ma, Tie ding 马铁丁
ZHANG, TIE FU 张铁夫 (1922-)

Ma, Tie shui 马铁水
MA, YOU MING 马幼明 (1934-)

MA, TIE YING 马铁鹰 (1953-)
Tie ying 铁鹰

Ma, Tong 马同
MA, DAO NING 马道凝 (1881-1940)

Ma, Tong bo 马通伯
MA, QI CHANG 马其昶 (1854-1929)

Ma, Wan li 马万里
MA, YUN FU 马允甫 (1904-1979)

Ma, Wei 马卫
MA, XIANG WEI 马相卫 (1941-)

Ma, Wei 马威
MA, YAN QING 马延庆 (1932-)

Ma, Wei 马威
MA, QING GUO 马庆国 (1945-)

MA, WEI YI 马为义 (1936-)
Fei ma 非马
Ma, Shi 马石

Ma, Wen bing 马文兵
WANG, CHUN YUAN 王春元 (1925-)

MA, WEN CAI 马文才 (1952-)
Wen, Cai 闻采

MA, WEN LAI 马文来 (1947-)
Xiao ma 小马

Ma, Wen li 马闻理
CHEN, LI DAN 陈力丹 (1951-)

MA, WEN LUAN 马文鸾 (1940-)
Zhu yun 翥云

MA, WEN QI 马文启 (1926-)
Wei lai 未来

MA, WEN RU 马温如
Tian ma 天马

MA, WEN ZHEN 马文珍 (1906-)
Ma, Jun jie 马君玠
Wen, Zhen 文珍

Ma, Wu jiu 马无咎
MA, HENG 马衡 (1881-1955)

Ma wu xian sheng 马五先生
LEI, XIAO CEN 雷啸岑 (1896-1982)

Ma, Xi liang 马希良
MA, XIN 马炘 (1920-)

MA, XI YONG 马锡勇 (1934-)
Ma, Yong 马勇

Ma, Xi yuan 马洗园
MA, HUAN 马环 (1917-)

Ma, Xia 马夏
NI, ZHENG XIANG 倪政祥 (1935-)

Ma, Xian 马先
LEI, JIA SHEN 雷家駪 (1927-)

MA, XIAN XING 马先醒 (1936-)
Qi zhong 启众

Ma, Xiang 马襄
YANG, YI XIANG 杨翼骧 (1918-)

Ma, Xiang bo 马相伯
MA, ZHI DE 马志德 (1840-1939)

MA, XIANG HUI 马祥徽 (1927-)
Ma, Ye 马也

MA, XIANG WEI 马相卫 (1941-)
Ma, Qing 马青
Ma, Wei 马卫

Ma, Xiao 马啸
MA, JI GUANG 马基光 (1915-1979)

Ma, Xiao 马啸
MA, DE CHUN 马德春 (1937-)

MA, XIAO AN 马孝安
Ma, Xiao xiao 马萧萧

Ma, Xiao bing 马小兵
MENG, MING YI 孟明义 **(1934-)**

MA, XIAO GUANG 马晓光 **(1959-)**
Guang zi 光子
Nan, Bei 南北

Ma, Xiao jin 马小进
MA, JUN SHENG 马骏声 **(1889-)**

Ma, Xiao qing 马小青
MA, QING 马青 **(1952-)**

Ma, Xiao xiao 马萧萧
MA, ZHEN 马振 **(1921-)**

Ma, Xiao xiao 马萧萧
MA, KANG YUN 马康云 **(1970-)**

Ma, Xiao xiao 马萧萧
MA, XIAO AN 马孝安

Ma, Xin 马辛
MA, ZHEN 马振 **(1921-)**

MA, XIN 马炘 **(1920-)**
A. S.
M. S.
Ma, Xi liang 马希良
Peng fang 篷放
Yu, Bo 俞波

MA, XIN GUO 马新国 **(1959-)**
Ma, Ben 马奔
Ma, Ke 马渴

MA, XIN LIN 马新林 **(1956-)**
Xing shi 醒石

MA, XING 马醒
Ma, Ming chen 马鸣尘
Ma, Yun sha 马耘砂
Yun sha 耘砂
Yun, Xin 云心

MA, XING CHI 马星驰
Xing 星
Xing chi 星驰
Xing chi sheng 醒迟生

Ma, Xing gang 马星港
ZHAO, SHI 赵适 **(1923-)**

Ma, Xing tian 马行田
FENG, SHI CAI 冯世才 **(1938-)**

MA, XING YE 马星野 **(1910-)**
Xing ye 星野

Ma, Xu 马旭
MA, ZHAN JUN 马占君 **(1954-)**

MA, XU LIANG 麻旭亮 **(1967-)**
Guang lin zi 广林子
Liu, Yin 柳荫
Lü ye 绿野

MA, XU LUN 马叙伦 **(1884-1970)**
Ding, Ren jun 丁人俊
Han xiang 寒香
Ma, Yi chu 马夷初
Ma, yi chu 马彝初
Shi, Weng 石翁
Shi wu lao ren 石屋老人
Xiao tian lu 歗天庐
Xiao tian sheng 歗天生
Xiao tian zi 歗天子
Yi chu 夷初
Zou, Han xiang 邹翰香
Zou, Hua sun 邹华孙

MA, XU YAN 马旭彦 **(1969-)**
Tian shan ren 天山人

MA, XUAN ZHAO 马萱钊 **(1931-)**
Xiao ma 啸马

MA, XUE GONG 马学功 **(1959-)**
Ma, Ding 马丁

Ma, Xun 马寻
MA, JIA XIANG 马家骧 **(1916-)**

Ma, Ya 马亚
LI, YAN QUN 李炎群 **(1933-)**

Ma, Yan 马岩
JIN, HUI MING 靳辉明 **(1934-)**

MA, YAN 马焰 **(1957-)**
Shan zi 山子

Ma, Yan 马琰
MA, HUAI XUN 马怀珣 **(1917-)**

MA, YAN QING 马延庆 **(1932-)**
Ma, Wei 马威

MA, YAN XIANG 马彦祥 **(1907-1988)**
Cong wen 从文
Fan niao 凡鸟
Huang, Song 黄宋
Hui jun 惠君
Ma, Fan niao 马凡鸟
Ma, Lü 马履
Ma, Yan xiang 马燕祥
Ma, Yan xiang 马燕翔
Mou sheng zhe 某生者
Ni jia 尼加
Ni yi 尼一
Nie jia 涅加
Si, Ren 斯人

Si tu, Lao 司徒劳
Yan xiang 彦祥

Ma, Yan xiang 马燕祥
MA, YAN XIANG 马彦祥 **(1907-1988)**

Ma, Yan xiang 马燕翔
MA, YAN XIANG 马彦祥 **(1907-1988)**

Ma, Yan yi 马彦一
MA, ZHE MIN 马哲民

Ma, Yang 马阳
JIANG, MING YUAN 蒋明元 **(1937-)**

MA, YANG YU 马仰禹
Nan zhi na lao ji 南支那老骥
Nan zhi na lao ji shi 南支那老骥氏
Zhong guo lao ji shi 中国老骥氏

MA, YAO 马曜
Mu, Hua 慕华

MA, YAO XU 马耀煦 **(1921-)**
Zhou, Lai 周莱
Zhou, Lai 周来

Ma, Ye 马也
MA, XIANG HUI 马祥徽 **(1927-)**

Ma, Ye 马也
MA, DE YI 马德义 **(1950-)**

Ma, Ye 马野
MA, RUI LIN 马瑞麟 **(1929-)**

MA, YI 马义 **(1919-)**
Si ma, Lu 司马璐

MA, YI 马毅 **(1933-)**
Ma, Shu yan 马树言
Yan lei 焱磊

Ma, Yi cheng 马义成
LI, GUO ZHEN 李国珍 **(1903-1931)**

Ma, Yi chu 马夷初
MA, XU LUN 马叙伦 **(1884-1970)**

Ma, yi chu 马彝初
MA, XU LUN 马叙伦 **(1884-1970)**

Ma, Yi dai 马一岱
LIU, YONG YU 刘庸愚 **(1919-)**

Ma, Yi ding 马以定
LIU, JIA JU 刘家驹

Ma, Yi fu 马一浮
MA, FU TIAN 马福田 **(1882-1967)**

MA, YI GONG 马以工 **(1948-)**
Ma, Yi hong 马以红

Ma, Yi hong 马以红
MA, YI GONG 马以工 **(1948-)**

MA, YI JIN 马义进 **(1921-)**
Ma, Bing shan 马冰山
Ma, Yuan ke 马元科
Ran, Zhi ye 冉至也
Zhuang zhi 壮志

Ma, Yi Jun 马役军
MA, FEI CHEN 马非陈 **(1955-)**

MA, YI JUN 马以君 **(1942-)**
Cui, Chi 崔驰

Ma, Yi ye 马逸野
ZOU, GUAN QUN 邹冠群 **(1912-)**

Ma, Yin yin 马荫隐
MA, REN YIN 马壬寅 **(1917-)**

MA, YING 马瑛 **(1950-)**
Da zu 大足

Ma, Ying guang 马映光
MA, SHI YING 马士瑛

Ma, Yong 马勇
MA, XI YONG 马锡勇 **(1934-)**

Ma, Yong 马庸
LIANG, MENG GENG 梁梦庚 **(1914-)**

MA, YONG QING 马永清 **(1927-)**
Ma, Huai shui 马怀水
Ma, Rong 马戎

MA, YOU MING 马幼明 **(1934-)**
Ma, Ji 马骥
Ma, Tie shui 马铁水
Si kong, Ce 司空册
You, Min 尤敏
Yu, Chi 于驰

Ma, You yi 马有义
MA, SHU MING 马书铭 **(1922-)**

Ma, You yu 马幼渔
MA, YU ZAO 马裕藻 **(1880-1945)**

Ma, Yu 马羽
XU, NAI XIANG 徐迺翔 **(1931-)**

MA, YU 马钰 **(1957-)**
Hua, Yu 华煜
Lu, Yi cun 路一村

Ma, Yu feng 马御风
LIU, MU XIA 刘慕霞 **(1916-)**

Ma, Yu hao 马玉浩
MA, YU HAO 马毓豪 **(1921-)**

MA, YU HAO 马毓豪 **(1921-)**
Jin, Sha 金沙

Ma, Yu hao 马玉浩

MA, YU HUA 马昱华 **(1949-)**
Zheng, Fan 郑帆

MA, YU KUI 马玉魁 **(1925-)**
Shu mian 书勉

MA, YU LIN 马玉麟 **(1957-)**
Bi, She qi 笔涉淇
Bo guang 博广
Mu, Fu ti 穆夫提

Ma, Yu qing 马隅卿
MA, LIAN 马廉 **(1893-1935)**

MA, YU TIAN 马玉田 **(1936-)**
Tian, Di 田笛

MA, YU ZAO 马裕藻 **(1880-1945)**
Ma, You yu 马幼渔

MA, YUAN 马原 **(1953-)**
Lu, Gao 陆高
Yao, Liang 姚亮

MA, YUAN CAI 马元材 **(1896-1984)**
Ma, Fei bai 马非百

Ma, Yuan ke 马元科
MA, YI JIN 马义进 **(1921-)**

MA, YUAN XIANG 马元湘
Xiao yuan 小元

Ma, Yun 马云
LI, SHI HUI 李世辉 **(1937-)**

MA, YUN 马云 **(1938-)**
Mo, Nong 墨农

MA, YUN FENG 马云峰 **(1956-)**
Ma, Ke 马珂

MA, YUN FU 马允甫 **(1904-1979)**
Da nian 大年
Ma, Wan li 马万里
Rui tu 瑞图

MA, YUN PENG 马云鹏 **(1931-)**
Yun, Yu 云雨

Ma, Yun ping 马云平
MA, JI HONG 马继红 **(1954-)**

Ma, Yun sha 马耘砂
MA, XING 马醒

Ma, Zai qi 马再奇
MA, SHI XUN 马世勋 **(1922-)**

MA, ZE NAN 马泽南 **(1919-1980)**
Jin, Ma 金马

Ma, Zhan jun 马占军
MA, ZHAN JUN 马占君 **(1954-)**

MA, ZHAN JUN 马占君 **(1954-)**
Ma, Xu 马旭
Ma, Zhan jun 马占军
Zhan jun 占军

Ma, Zhan weng 马湛翁
MA, FU TIAN 马福田 **(1882-1967)**

Ma, Zhan xiao 马战哮
MA, SHU MING 马书铭 **(1922-)**

MA, ZHE MIN 马哲民
Ma, Jun 马濬
Ma, Nian yi 马念一
Ma, Yan yi 马彦一
Zhe min 哲民

Ma, Zhe ren 马哲仁
AI, TIAN YOU 艾天佑 **(1930-)**

MA, ZHEN 马振 **(1921-)**
Ma, Xiao xiao 马萧萧
Ma, Xin 马辛
Xin, Rou 辛柔

Ma, Zhen dong 马震东
MA, DA ZHONG 马大中

Ma, Zheng 马征
MA, REN KE 马仁可 **(1945-)**

Ma, Zhi bian 马知鞭
QI, GUANG WEN 齐广文 **(1945-)**

MA, ZHI DE 马志德 **(1840-1939)**
Hua feng lao ren 华封老人
Ma, Liang 马良
Ma, Xiang bo 马相伯
Qiu zai wo zhe 求在我者
Ruo se 若瑟
Xiang bo 相伯
Xiang bo 湘伯

Ma, Zhi fu 马质夫
MA, QIAN MU 马千木 **(1915-)**

MA, ZHI QIANG 马志强 **(1928-)**
Mu sha 木沙

MA, ZHI SHU 马之澍 **(-1968)**
Ma, Zi sheng 马紫笙

Ma, Zhi xian 马知先
MAO, ZI PEI 毛子佩 **(1906-)**

Ma, Zhi yao 马知遥
MA, MING CHUN 马明春 **(1937-)**

MA, ZHI YUAN 马志远 **(1918-)**
Cui, Sheng 崔生
Feng ping 风平

Hong shi 红石
Hua, Tian 华天
Jiao po 郊坡
Liu, Qi 柳奇
Ma, Jiao po 马郊坡
Ma, Shao bo 马少波
Ma, Sheng xin 马胜辛
Ma, Zhi yuan 马志援
Me, You 梅友
Qing zi 青子
Shao bo 少波
Shao bo 绍伯
Shi, Run 石润
Si ma, Wen 司马文
Song, Hua quan 宋花泉
Su, Yang 苏扬
Wang, Shi run 王石润
Xia, Ling jiang 夏凌江
Xiao, Bai 萧白
Yuan zi 援兹
Zhang, Lu ping 章路平
Zhi yuan 志援

Ma, Zhi yuan 马志援
MA, ZHI YUAN 马志远 **(1918-)**

MA, ZHONG HAN 马锺汉 **(1912-)**
C. W.
Hu, Jiang li 扈江蓠
Ma, Zi hua 马子华
Qiu, Ming 丘明
Qiu, Xing 秋星
Zi hua 子华
Zi pa 梓葩

MA, ZHONG JI 马中骥 **(1945-)**
Xia, Chuan 夏川
Xiao lin 晓琳

MA, ZHONG LIANG 马中良 **(1932-)**
Ma, Ding 马丁

Ma, Zhong ming 马仲明
MA, RUO PU 马若璞 **(1913-)**

MA, ZHONG SHU 马仲殊 **(1900-1958)**
Lao xiu 老秀
Ma er xian sheng 马二先生
Ma, Guang cai 马广才
Zhong, Shu 仲殊

MA, ZHONG SHU 马忠恕 **(1951-)**
Mo fu 默夫

Ma, Zhu ting 马驻听
CHEN, MING XIAN 陈名贤 **(1929-)**

MA, ZHUO HUA 马濯华 **(1950-)**
Cang lang shui 沧浪水
Hua, Shi 华实
Shui, Zhai 水翟
You yan sheng 幽燕生

Ma, Zi 马子
LI, NAN HENG 李南衡 **(1940-)**

Ma, Zi 马子
ZHANG, SHAO XIANG 张绍祥 **(1942-)**

MA, ZI CHEN 马紫晨 **(1933-)**
Su, Liu 苏柳
Su liu 甦柳

Ma, Zi hua 马子华
MA, ZHONG HAN 马锺汉 **(1912-)**

Ma, Zi jing 马子静
GAO, QING YUAN 高清远 **(1918-1988)**

Ma, Zi sheng 马紫笙
MA, ZHI SHU 马之澍 **(-1968)**

MA, ZI XIANG 马自祥 **(1949-)**
Zi xiang 梓乡

Ma, Zi yue 马子越
FENG, NAI CHAO 冯乃超 **(1901-1983)**

MA, ZONG RONG 马宗融 **(1895-1949)**
Zhu, Hou 诸候
Zong, Rong 宗融

Ma, Zu 马卒
WANG, REN SHU 王任叔 **(1901-1972)**

Ma, Zu 马卒
WEI, DENG 魏登 **(1923-)**

Ma, Zu 马卒
ZENG, SONG HUA 曾松华 **(1932-)**

MA, ZU YI 马祖毅 **(1925-)**
Huang, Meng 黄檬
Mo, Xi 墨西
Tian, Hai 田海
Yu jiang 雨江

Ma, Zui liang 马最良
MA, SHU LIANG 马叔良 **(1913-)**

Ma, Zun sheng 马遵生
LI, DE SHENG 李得胜 **(1935-)**

MA, ZUO JI 马作楫 **(1922-)**
Feng, He 冯河
Li, Ye 黎野
Ye ling 野苓

Ma, Zuo yi 马作揖
MA, EN CHENG 马恩成 **(1927-)**

Mai, Bo 麦播
LI, ZHI LIAN 李之楗

MAI, CHANG XIANG 买长祥 **(1924-)**
Mai, Miao 麦苗

Mai, Chui 麦垂
LI, PING PING 李苹苹 **(1958-)**

MAI, CHUN QIAN 麦春乾 **(1911-1982)**
Lu, Lan 卢兰
Mai, Chun tian 麦春天
Mai, Zi 麦紫
Qin, Zhuo 秦卓
Shen, Lai 沈莱
Xiao lan 小兰
Yi fen 一芬
Zuo, Lin 左林

Mai, Chun tian 麦春天
MAI, CHUN QIAN 麦春乾 **(1911-1982)**

Mai, De ling 麦德玲
MA, GUO LIANG 马国亮 **(1908-)**

Mai, Ding 麦顶
ZHENG, BING ZHONG 郑炳中 **(1922-)**

Mai, Gan 麦杆
WANG, XING TANG 王兴堂 **(1921-)**

Mai gan lan zhe 卖橄榄者
CHENG, XIAO QING 程小青 **(1893-1976)**

Mai, Gao 麦高
WANG, YAN FENG 王衍丰 **(1934-)**

Mai, Ji 麦季
BAO, WEN DI 包文第 **(1920-)**

Mai, Jia 麦甲
XU, ZHI XIN 徐志忻 **(1944-)**

MAI, JIAN ZENG 麦健曾 **(1901-)**
Mai, Jian zeng 麦健增

Mai, Jian zeng 麦健增
MAI, JIAN ZENG 麦健曾 **(1901-)**

Mai jing kai 迈敬开
CAO, YIN 曹殷 **(1943-)**

Mai, Ke ang 麦克昂
GUO, MO RUO 郭沫若 **(1892-1978)**

Mai, Ke jia 麦克加
CHEN, JIE 陈杰 **(1917-)**

Mai, Lang 麦浪
MAI, SHU HUAN 麦淑焕 **(1930-)**

Mai, Lang 麦浪
FU, JI SHAN 符绩善 **(1954-)**

Mai, Liang 麦梁
DOU, CHANG RONG 窦昌荣 **(1933-)**

MAI, LIU FANG 麦留芳 **(1941-)**
Leng, Yan qiu 冷燕秋
Liu, Fang 刘放

MAI, LIU GUANG 麦镏光 **(1931-)**
Bai jin shi zhu 拜金室主
Qiu guang 求光
Yun shi 蕴石

Mai, Lu 麥露
ZHOU, JIAO 周皎 **(1930-)**

Mai, Mang 麦芒
BAO, ZHONG WEN 包忠文 **(1932-)**

Mai, Mang 麦芒
AI, FEI 艾飞 **(1946-)**

MAI, MENG HUA 麦孟华 **(1875-1915)**
Jia meng 驾孟
Mai, Ru bo 麦孺博
Man qian 曼倩
Man shu 曼殊
Man shu shi zhu ren 曼殊室主人
Man xuan 曼宣
Pan an 蟠庵
Pei xian sheng 佩弦生
Pei xian zi 佩弦子
Ru bo 汝博
Ru bo 孺博
Shang xin ren 伤心人
Xian you zi 先优子

Mai, Mi 麦米
MAI, RONG BANG 麦荣邦 **(1944-)**

Mai, Miao 麦苗
MAI, CHANG XIANG 买长祥 **(1924-)**

Mai, Miao tian 麦苗田
XIE, YAO HUI 谢耀辉 **(1919-)**

Mai, Qing 麦青
CHEN, ZHEN XING 陈振兴 **(1934-)**

Mai, Qing qing 麦青青
WU, RUI XIN 吴锐心 **(1909-)**

MAI, QUAN 麦权 **(1952-)**
Mai, Shao feng 麦少峯

MAI, RONG BANG 麦荣邦 **(1944-)**
Mai, Mi 麦米
Xiao, Mo 肖默

Mai, Ru bo 麦孺博
MAI, MENG HUA 麦孟华 **(1875-1915)**

Mai, Sha 麦沙
LIN, YU DUO 林毓多 **(1918-)**

Mai, Sha 麦莎
ZHUANG, LI DAO 庄礼道 **(1946-)**

Mai, Shao feng 麦少峯

MAI, QUAN 麦权 (1952-)

MAI, SHU HUAN 麦淑焕 (1930-)
Mai, Lang 麦浪

Mai si 迈斯
NIE, GAN NU 聂甘弩 (1903-1986)

Mai, Sui 麦穗
YANG, HUA KANG 杨华康 (1930-)

MAI, WEI CHENG 麦伟成 (1956-)
Bei yan 北雁
Bi geng 笔耿
Yu, Lun 郁伦

Mai, Wei yi 麦威仪
XU, PEI GEN 许培根 (1944-)

Mai, Wen 麦文
ZHAO, LING MAO 赵令茂 (1946-)

Mai, Wo 麦沃
LUO, SHI FENG 罗时烽 (1932-)

Mai, Xiang 麦巷
LI, LI MING 李立明 (1926-)

Mai, Xie kai 麦歇锴
WANG, KAI 王锴 (1942-)

Mai, Xin 麦辛
MAI, ZHAO XIN 麦兆莘 (1932-)

Mai, Xin 麦新
SUN, PEI YUAN 孙培元 (1914-1947)

Mai, Xiu 麦秀
BAO, WEN DI 包文第 (1920-)

Mai, Xiu 麦秀
ZHENG, WEN SHUI 郑文水 (1944-)

Mai, Xun 麦逊
ZUO, SHAO FU 左绍傅 (1914-1984)

Mai, Yang 麦扬
HAN, XIAO YING 韩晓鹰 (1921-)

MAI, YAO TANG 麦耀堂
Wei ling 唯灵

Mai, Ye 麦耶
DONG, YAO SHAN 董乐山 (1924-)

Mai, Ye fu 麦耶夫
LIN, BAO QUAN 林宝泉 (1913-)

Mai you lang 卖油郎
XU, FU LIN 徐傅霖 (1880-)

MAI, ZHAO XIN 麦兆莘 (1932-)
Huo yang 火养
Mai, Xin 麦辛
Xin, Ye 辛冶

MAI, ZHONG GUI 麦仲贵
Zha ke 扎克

Mai, Zi 麦紫
MAI, CHUN QIAN 麦春乾 (1911-1982)

Man 曼
SHEN, YAN BING 沈雁冰 (1896-1981)

Man 曼
LIU, MAN SHENG 刘曼生 (1914-)

Man 蛮
HUANG, ZHEN YUAN 黄振元 (1866-1913)

Man 蔓
SHEN, YAN BING 沈雁冰 (1896-1981)

Man 蔓
XIAO, MAN RUO 萧蔓若 (1908-)

Man 鬘
ZHOU, JIAN XIAO 周剑箫 (1911-1992)

Man bo 蔓伯
XIA, XI 夏曦 (1901-1936)

Man chao ju shi 蛮巢居士
ZHANG, HONG 张鸿 (1866-1941)

Man chi 曼池
YANG, RUI XIAN 杨瑞先

Man chun 曼纯
TIAN, MAN CHUN 田曼纯(1934-)

MAN, DA 满达 (1930-)
Man, Du hu 满都呼

Man di 曼弟
LIU, GUO XING 刘国兴 (1915-)

Man di 曼娣
LIU, GUO XING 刘国兴 (1915-)

Man, Du hu 满都呼
MAN, DA 满达 (1930-)

Man fei 曼菲
HONG, LUN XIU 洪伦修 (1903-1933)

Man fu 曼甫
JIN, XING YAO 金性尧 (1916-)

MAN, FU MIN 满福民 (1903-1985)
Man, Qian zi 满谦子

Man gong 曼公
DENG, TUO 邓拓 (1912-1966)

Man gu 蛮姑
LU, XIAO MAN 陆小曼 (1903-1967)

Man he 蔓鹤
WU, XIN RONG 吴新荣 (1907-1967)

Man hong 漫红
QU, GANG 瞿钢 **(1925-)**

Man hua 曼华
TANG, ZENG BI 汤增壁 **(1882-1947)**

Man hua 曼华
FAN, QI XIN 范启新 **(1914-)**

Man hui 曼慧
FU, CHAO JIAN 傅朝健

Man jia 曼伽
WANG, SEN RAN 王森然 **(1895-1984)**

Man jia 曼伽
JIANG, BING ZHI 蒋冰之 **(1904-1986)**

Man jian 曼坚
WEN, JIE RUO 文洁若 **(1927-)**

Man lin 曼林
LI, JING BO 李景波 **(1914-1981)**

Man ling 曼龄
HE, SHOU CHANG 贺寿长 **(1949-)**

Man man 曼曼
LIAN, XING ZI 连兴梓 **(1909-)**

Man man 漫漫
CHENG, MAN FU 程漫父 **(1904-)**

Man miao 曼妙
BAO, GONG YI 包公毅 **(1876-1973)**

Man ni 曼尼
ZENG, MAN NI 曾曼尼 **(1901-)**

Man niu 蛮牛
YE, WEN FU 叶文福 **(1944-)**

Man ping 满平
CHEN, MAN PING 陈满平 **(1939-)**

Man ping 漫萍
XU, SHI LIAN 许世连 **(1920-)**

Man qi zi 曼奇子
WANG, NAI SHAN 王乃山 **(1943-)**

Man qian 曼倩
MAI, MENG HUA 麦孟华 **(1875-1915)**

Man qian 曼倩
JU, XIAO MING 鞠孝铭 **(1912-)**

Man, Qian zi 满谦子
MAN, FU MIN 满福民 **(1903-1985)**

Man qing 曼卿
ZHONG, CHUN 钟纯 **(-1980)**

Man qing 曼晴
LI, JIN XIANG 栗金襄 **(1909-1989)**

Man quan 曼泉
WU, TING QIU 吴廷璆 **(1910-)**

Man, Rui 满锐
MAN, SHOU TIAN 满守天 **(1935-)**

Man ruo 蔓若
XIAO, MAN RUO 萧蔓若 **(1908-)**

Man sheng 漫生
LI, RONG SHOU 李荣寿 **(1895-1965)**

Man sheng 漫生
LIU, MAN SHENG 刘曼生 **(1914-)**

Man sheng 曼生
WANG, YING GUO 汪应果 **(1938-)**

Man sheng qi 满生泣
LI, BAO JIA 李葆家 **(1920-)**

MAN, SHOU TIAN 满守天 **(1935-)**
Fang, Zhou 方舟
Hai, Shi 海石
Man, Rui 满锐
Ning, Zhi 宁之

Man shu 曼殊
MAI, MENG HUA 麦孟华 **(1875-1915)**

Man shu 曼殊
SU, XUAN YING 苏玄瑛 **(1884-1918)**

Man shu 漫淑
WANG, SEN RAN 王森然 **(1895-1984)**

Man shu da shi 曼殊大师
SU, XUAN YING 苏玄瑛 **(1884-1918)**

Man shu ju shi 曼殊居士
SU, XUAN YING 苏玄瑛 **(1884-1918)**

Man shu shang ren 曼殊上人
SU, XUAN YING 苏玄瑛 **(1884-1918)**

Man shu shi 曼殊室
LIANG, QI XUN 梁启勲 **(1876-)**

Man shu shi zhu ren 曼殊室主人
MAI, MENG HUA 麦孟华 **(1875-1915)**

Man shu shi zhu ren 曼殊室主人
LIANG, QI XUN 梁启勲 **(1876-)**

Man shu zhen jun 曼殊震钧
ZHEN, JUN 震钧 **(1857-1920)**

Man shuo 曼硕
CHEN, HUA LI 陈化鲤 **(1910-)**

Man si 曼丝
XIONG, FU 熊复 **(1915-)**

Man si 曼四
ZENG, MAN FANG 曾曼方

Man, Tao 满涛
ZHANG, YI HOU 张逸侯 **(1916-1978)**

Man tuo 曼陀
YANG, ZENG LUO 杨增荦 **(1860-1933)**

Man tuo 曼陀
YU, QING YUN 郁庆云 **(1884-1939)**

Man tuo 曼陀
WU, MI 吴宓 **(1894-1978)**

Man tuo 曼陀
YU, XIANG LIN 余祥麟 **(1937-)**

Man tuo lou zhu 曼陀楼主
YANG, ZENG LUO 杨增荦 **(1860-1933)**

Man tuo luo 蔓沱萝
LUO, LANG 罗琅 **(1931-)**

Man tuo luo mei 曼陀罗寐
SHEN, ZENG ZHI 沈曾植 **(1850-1922)**

Man wen 漫文
WU, SHU SHENG 吴树声 **(1922-)**

Man xi 曼夕
LIU, CHENG HUI 刘承蕙 **(1925-)**

Man xuan 曼宣
MAI, MENG HUA 麦孟华 **(1875-1915)**

Man xue 曼雪
ZHOU, SHU REN 周树人 **(1881-1936)**

Man yan 曼衍
WU, YU WEI 吴堉威 **(1906-1989)**

Man yan 满衍
HUANG, DE XIU 黄德修 **(1895-1971)**

Man yi 蔓漪
JIN, WAN YI 金万义 **(1916-)**

Man yin 曼因
WANG, YU QI 王余杞 **(1905-)**

Man ying 曼影
YUAN, TONG XING 袁同兴 **(1911-)**

Man ying 曼影
QI, KE 齐克 **(1931-)**

Man ying 漫影
YUAN, TONG XING 袁同兴 **(1911-)**

Man yue 满月
LI, WEN TAO 李文涛 **(1880-1942)**

Man zai 漫哉
CHEN, MENG JIA 陈梦家 **(1911-1966)**

Man zhao 曼昭
WANG, ZHAO MING 汪兆铭 **(1883-1944)**

MAN, ZHI 满智
Ci ren shi zhu ren 慈忍室主人

Man zhi 曼支
ZOU, QIAN 邹谦 **(1894-)**

Mang 芒
HE, ZHEN YE 何振业 **(1922-)**

Mang 氓
LI, YI MANG 李一氓 **(1902-1990)**

Mang bei you ke 邙北游客
YAN, TIAN RUI 阎天瑞 **(1915-)**

Mang dao ren 盲道人
PENG, XUN ZHI 彭逊之

Mang er 芒儿
ZHANG, FA ZAN 张发赞 **(1916-)**

Mang fu 茫父
YAO, HUA 姚华 **(1876-1930)**

Mang fu 莽夫
CHEN, YING DE 陈应德 **(1938-)**

MANG, HE LI 莽何李 **(1949-)**
Mang, He li 莽河里

Mang, He li 莽河里
MANG, HE LI 莽何李 **(1949-)**

Mang jiao 芒角
ZHANG, HONG BO 张洪波 **(1956-)**

Mang ke 芒克
JIANG, SHI WEI 姜世伟 **(1951-)**

Mang ling 邙岭
LEI, QIN SHENG 雷琴生 **(1919-)**

Mang mang fu 芒芒父
YAO, HUA 姚华 **(1876-1930)**

Mang mang fu 茫茫父
YAO, HUA 姚华 **(1876-1930)**

Mang niu 忙牛
REN, BI YI 任必义 **(1955-)**

Mang ou 芒鸥
DAI, MENG OU 戴梦鸥 **(1905-1950)**

Mang ren 忙人
WANG, YONG TANG 汪永棠 **(1912-)**

Mang shi 莽石
YE, WEN FU 叶文福 **(1944-)**

Mang, Shu sheng 莽书生
LU, DAN AN 陆澹安 **(1894-1980)**

Mang xia 芒夏
YAN, HAO 严浩 **(1952-)**

Mang yuan 莽原
LI, XI KAI 李锡凯 **(1941-)**

Mao 冒
WU, SI MAO 武思茂

MAO, BING FU 毛炳甫 **(1931-)**
Shi, Pu 石浦

MAO, BING QIAN 毛秉乾 **(1921-)**
Ban shi 伴石

Mao, Cao 毛草
JI, HAN QING 纪汉清 **(1939-)**

Mao chang 茂昌
XU, MAO CHANG 许茂昌

Mao chen 矛尘
ZHANG, TING QIAN 章廷谦 **(1901-1981)**

MAO, CHENG ZHI 毛承志 **(1928-)**
Fang, Meng 方萌
Sha, Jun 沙均

Mao, Da zhi 毛达志
MA, GUANG HUANG 马光煌 **(1921-)**

Mao, Dai 毛戴
RONG, SONG 容嵩 **(1950-)**

Mao, Di 茅地
LI, YOU WEI 李有为 **(1928-)**

Mao, Di 茅迪
MAO, DI FANG 茅迪芳 **(1935-)**

MAO, DI FANG 茅迪芳 **(1935-)**
Mao, Di 茅迪

Mao dong 泖东
QIAN, JING FANG 钱静方

MAO, DONG WU 毛东武 **(1937-)**
Dong wu 冬舞

Mao dong yi xie 泖东一蟹
QIAN, JING FANG 钱静方

Mao dun 矛盾
SHEN, YAN BING 沈雁冰 **(1896-1981)**

Mao, Dun 茅盾
SHEN, YAN BING 沈雁冰 **(1896-1981)**

Mao fan 茆帆
LUAN, GUO FAN 栾国藩 **(1949-)**

Mao, Feng 茅风
MAO, ZHI CHENG 毛志成 **(1940-)**

MAO, GE 毛戈 **(1930-)**
Mao, Yu xian 毛豫先

Mao ge 矛戈
MAO, SHI QI 毛诗奇 **(1948-)**

Mao, Ge bing 毛歌兵
MAO, QUAN SHENG 毛泉生 **(1927-)**

Mao, Gen kui 卯艮葵
ZHANG, GONG 张弓 **(1899-1986)**

MAO, GUANG SHENG 冒广生 **(1873-1959)**
Dun huan 钝宧
Jiu zhai 疚斋
Mao, He ting 冒鹤亭
Ou, Yin 瓯隐
Song ling 松龄

Mao, Han 毛翰
MAO, HAN SHENG 毛汉生 **(1955-)**

Mao, Han ge 毛含戈
MAO, SHENG HAN 毛圣翰 **(-1930)**

Mao, Han ge 毛翰哥
MAO, SHENG HAN 毛圣翰 **(-1930)**

MAO, HAN SHENG 毛汉生 **(1955-)**
Mao, Han 毛翰

Mao, He ting 冒鹤亭
MAO, GUANG SHENG 冒广生 **(1873-1959)**

Mao, hua 毛华
XU, ZHI ZHENG 许之正 **(1916-)**

MAO, HUAI SU 冒怀苏 **(1927-)**
A su 阿素
Mao jun 卯君

MAO, HUI CHUAN 毛汇川 **(1924-)**
Bo shu 伯树
Gu, Shan 古山

Mao, Ji 毛疾
LU, YAN XING 卢衍星 **(1965-)**

MAO, JI CHANG 毛季常 **(1920-1991)**
Kang, Zhuo 康濯
Liu, Mu 刘木
Mao, Xi xiang 毛兮翔
Min ding 敏丁
Sha, Li 沙里
Shui, Sheng 水生
Xuan, Min 宣敏

MAO, JI MEI 冒季美 **(1911-)**
Shui, Hui sheng 水绘生

MAO, JI QUAN 茅及铨 **(1921-)**
Fu, Xi 宓曦
Mao, Shu 茅叔
Meng, Xing 孟省
Mo, Suo 莫索
Xi tian 希天

MAO, JI XIN 毛积新 **(1960?-)**

Mao, Mao 毛毛

MAO, JIA LE 毛家乐 **(1927-)**
Jia luo 珈珞
Shan feng 山凤

Mao jin 卯金
LIU, CHANG SHENG 刘长胜 **(1903-1967)**

MAO, JIN FA 毛金法 **(1932-)**
An, Ling 安陵
Bai, Yi 白衣
Mao, Qi 毛锜
Qin, Ke 秦客
Qin, Xian 秦咸
Si ma, Yang qian 司马仰迁

Mao, Jing wen 毛菁文
MAO, JING WEN 毛敬文 **(1951-)**

MAO, JING WEN 毛敬文 **(1951-)**
Bei yuan zi 北塬子
Jing wen 菁文
Mao, Jing wen 毛菁文

Mao, Ju 茅居
LU, MAO JU 卢懋居 **(1902-1941)**

Mao, Jun 毛军
RAO, PENG ZI 饶芃子 **(1935-)**

Mao jun 卯君
MAO, HUAI SU 冒怀苏 **(1927-)**

MAO, JUN GUANG 毛钧光 **(1928-)**
Cheng, Qing 程青

Mao, Li 毛丽
WANG, LI 王丽 **(1963-)**

Mao, LI 毛利
CHEN, SONG LING 陈松龄

MAO, LI RUI 毛礼锐 **(1905-)**
Zhen wu 振吾

Mao lie 茂烈
HU, SHAN YUAN 胡山源 **(1897-1988)**

Mao lin 茂林
REN, ZHUO XUAN 任卓宣 **(1896-1990)**

Mao lin 茂林
SHEN, CONG WEN 沈从文 **(1902-1988)**

Mao lin 茂林
NI, QING ZHI 倪庆秩 **(1918-1989)**

Mao lin 茂琳
SHEN, CONG WEN 沈从文 **(1902-1988)**

Mao lin 懋林
SHEN, CONG WEN 沈从文 **(1902-1988)**

MAO, LING YUN 毛凌云
Ling, Yun 凌云
Ti yuan 惕园

Mao lu 茅庐
FANG, HAO 方豪 **(1910-1980)**

Mao lu 茅芦
WANG, JIN SHENG 王进生 **(1935-)**

Mao lu 茅芦
LU, WEI TING 卢维廷 **(1948-)**

Mao lü 毛驢
LIN, HE LE 林和乐 **(1895-1976)**

Mao, Mao 毛毛
MAO, JI XIN 毛积新 **(1960?-)**

Mao, Mao 毛毛
MAO, XIAO HUI 毛晓辉 **(1964-)**

Mao, Mao 毛毛
HU, WEI MEI 胡为美

Mao, Mao yu 毛毛雨
LIN, RI YANG 林日扬 **(1951-)**

Mao miao 楙淼
QU, QIU BAI 瞿秋白 **(1899-1935)**

Mao mu 矛木
KONG, FAN YU 孔繁璵 **(1925-)**

Mao nu 矛弩
ZHAO, GUO QUAN 赵国荃 **(1937-)**

Mao pu si tai lang 泖浦四太郎
ZHANG, SHU TONG 张叔通 **(1877-1967)**

Mao, Qi 毛锜
MAO, JIN FA 毛金法 **(1932-)**

Mao, Qing 茅青
WU, JIN LAN 吴晋澜 **(1907-1984)**

MAO, QING NAN 毛青南 **(1942-)**
Qing lang 晴朗

MAO, QUAN SHENG 毛泉生 **(1927-)**
Chen, Mu 陈牧
Chen, Ping 陈平
Ge, Ping 戈平
Mao, Ge bing 毛歌兵
Xia, Hao 夏浩
Yang, Xian ke 阳羡客

Mao, Ren 茅人
WANG, TIE YING 王铁营

Mao ren 锚人
YAO, LENG 姚冷 **(1923-)**

Mao ru 茂如
ZHU, FENG 祝丰 **(1921-)**

MAO, RUI LIN 毛瑞林 (1960-)
Xin, Fu 辛夫

Mao, Run zhi 毛润之
MAO, ZE DONG 毛泽东 (1893-1976)

Mao, Sai 茅塞
LI, ZHEN JIAN 李震坚 (1922-1992)

Mao, Sai 茅塞
LIU, WEN XIAN 刘文铣 (1922-)

Mao, Shan 茅山
LI, CUN BAO 李存葆 (1946-)

Mao, She 茅舍
PENG, GUI RUI 彭桂蕊 (1917-)

Mao, She 茅舍
HUANG, SHI HUA 黄石华 (1919-)

Mao she 矛舍
FU, SHI ZENG 傅师曾 (1928-)

MAO, SHENG HAN 毛圣翰 (-1930)
Han ge 含戈
Han ge 翰哥
Mao, Han ge 毛含戈
Mao, Han ge 毛翰哥

MAO, SHI BO 毛上博 (1923-)
Shi bo 诗波

MAO, SHI QI 毛诗奇 (1948-)
Da ke 大可
Mao ge 矛戈

MAO, SHI YING 毛世英 (1946-)
Cen, Feng 岑峰
Mao, Ying 毛瑛
Mao, Ying 毛鹰

Mao, Shu 茅叔
MAO, JI QUAN 茅及铨 (1921-)

MAO, SHU QING 毛树清 (1916-)
Wang, Qing cun 王青邨

Mao, Shu yan 冒舒湮
MAO, XIAO YONG 冒效庸 (1914-)

MAO, SHU ZHENG 毛书征 (1934-)
Yi qiao 逸樵
Yu, He 宇鹤

MAO, SHUI QING 毛水清 (1937-)
Yan zi 砚子
Zheng, Wei 郑苇

Mao tu 矛突
LU, TING JIE 卢廷杰 (1904-1991)

Mao, Tuo 毛佗
LIU, DAO RONG 刘道荣 (1959-)

Mao, Wan shan 毛万山
MAO, ZE DONG 毛泽东 (1893-1976)

MAO, WEI RAN 茅蔚然 (1923-)
Cao mao 草茅
Hu, Xing 胡行
Wang qing 望青

MAO, WEN CHANG 毛文昌 (1926-)
Jiang, Feng 江枫

MAO, WEN ZUO 毛文佐 (1944-)
A mao 阿毛

Mao, Xi xiang 毛兮翔
MAO, JI CHANG 毛季常 (1920-1991)

MAO, XIA 毛侠 (1927-)
Chun bo 纯波
Shen, Qun wen 沈群文
Xiao yun 晓云

MAO, XIAO HUI 毛晓辉 (1964-)
Mao, Mao 毛毛

Mao, Xiao rong 冒孝容
MAO, XIAO YONG 冒效庸 (1914-)

MAO, XIAO YONG 冒效庸 (1914-)
Jiang, Shang qing 江上青
Li, Ang 李昂
Mao, Shu yan 冒舒湮
Mao, Xiao rong 冒孝容
Miao, Miao 缪淼
S. Y.
She shui 舍水
Shi, Wen 施汶
Shu, Ke feng 舒克风
Shu, Yan 舒烟
Shu, Yan 舒湮
Shu, Yin 舒諲

Mao, Xing 毛星
SHU, ZENG CAI 舒增才 (1919-)

MAO, XUE JIAN 毛学俭 (1957-)
Suo yu guo 索雨果

Mao xun 耄逊
SHEN, ZENG ZHI 沈曾植 (1850-1922)

MAO, YAO KUN 毛尧堃
Mao, Yu 毛羽

Mao, Ye 茅野
LIANG, MENG GENG 梁梦庚 (1914-)

Mao, Yi 毛一
ZHANG, BING LIN 章炳麟 (1869-1936)

MAO, YI BO 毛一波 (1902-)
A mao 阿茅
Mao, Yin ruo 毛尹若

Tong, Yi 童怡
Yi bo 一波
Yin, Ruo 尹若

MAO, YI CHUN 茅以春 (1923-)
Chang geng 长庚
Chang ming 长明
Lü, Kai ming 吕开明
Qu, Ni 屈泥
Sai kai 塞开
Yang, Chang gen 杨长根

MAO, YI HU 毛翼虎 (1914-)
Ju chen 菊晨
Wu jun 芜君
Yi fu 亦夫

Mao, Yi si 茅以思
ZUO, JING 左敬 (1908-1966)

MAO, YI WEI 毛逸伟 (1940-)
Ye, Wei 叶维

Mao, Yin nong 茅隐农
MAO, YING LONG 毛应龙 (1924-)

Mao, Yin ruo 毛尹若
MAO, YI BO 毛一波 (1902-)

Mao, Ying 毛英
WANG, WEI QUAN 王维泉 (1926-)

Mao, Ying 毛瑛
MAO, SHI YING 毛世英 (1946-)

Mao, Ying 毛鹰
MAO, SHI YING 毛世英 (1946-)

MAO, YING LONG 毛应龙 (1924-)
Li, He 李和
Lin, Hong 林宏
Mao, Yin nong 茅隐农
Ni, He 倪和
Shi, Xiao hong 石小弘
Xiao, Gong 肖公
Xie, Chun 谢春
Yi, Long 易隆

Mao yong 懋庸
XU, MAO RONG 徐茂荣 (1911-1977)

MAO, YONG KUN 毛用坤 (1936-)
Tian tian 天天
Wang, Qi 王其

MAO, YU 毛羽 (1912-)
Mo, Si 莫思
Yu, You 于由

Mao, Yu 毛羽
MAO, YAO KUN 毛尧堃

Mao, Yu xian 毛豫先
MAO, GE 毛戈 (1930-)

Mao yuan 茂元
PAN, LIAN PEI 潘连培 (1920-)

Mao yuan 懋元
PAN, LIAN PEI 潘连培 (1920-)

Mao yuan 懋园
MA, MAO YUAN 马茂元 (1918-1989)

Mao yuan xi qiu sheng 茂苑惜秋生
OU YANG, GAN 欧阳淦 (1883?- 1907)

MAO, YUN ZHI 毛云之 (1931-)
Ai, Zi 艾子

MAO, ZE DONG 毛泽东 (1893-1976)
Er shi ba hua sheng 二十八劃生
Guo bin 国彬
Jian xi 涧西
Li, De sheng 李德胜
Ma, Ren 马任
Mao, Run zhi 毛润之
Mao, Wan shan 毛万山
Run 润
Run zhi 润之
Run zhi 润芝
Shi ren 事任
Shi, Shan 石山
Yan an guan cha jia 延安观察家
Yang, Pu 杨浦
Yang, Xian sheng 杨先生
Yang, Zi ren 杨子任
Yong zhi 泳芝
Yun zi 允滋
Ze dong 泽东
Zhao, Dong 赵东
Zi ren 子任
Zi ren 自任

MAO, ZE MIN 毛泽民 (1896-1943)
Jian ye 建邺
Ze min 泽民
Ze ming 泽铭

Mao zhao 卯钊
LIU, ZHAO HUAI 刘兆淮 (1926-)

MAO, ZHENG TIAN 毛正天 (1955-)
Qian tian 前天
Si yan 思焉
Yan si 焉思
Zheng fen 整奋

Mao, Zhi 毛豸
ZHOU, GUO CAN 周国粲 (1934-)

Mao zhi 懋质

HUANG, ZHI 黄质 (1865-1955)

Mao zhi 懋智
HE, MAO ZHI 贺茂之 (1947-)

MAO, ZHI CHENG 毛志成 (1940-)
Jiao, Shi 焦实
Mao, Feng 茅风

MAO, ZHI HUA 毛智华 (1968-)
Mi, Sha 米沙

MAO, ZHONG QIANG 毛仲强 (1927-)
Zhong, Zi 仲子

Mao, Zhun 毛準
MAO, ZI SHUI 毛子水 (1893-1988)

MAO, ZI LIANG 毛子良
Qiu, Yuan 丘远

MAO, ZI PEI 毛子佩 (1906-)
Ma, Zhi xian 马知先

MAO, ZI SHUI 毛子水 (1893-1988)
Mao, Zhun 毛準

Mei 美
ZHANG, WEN TIAN 张闻天 (1900-1976)

Mei 梅
HE, SHI JUN 何时俊 (1887-1944)

Mei 梅
WANG, RUI JUN 王瑞俊 (1898-1925)

Mei 梅
CHEN, MEI YU 陈梅雨 (1914-)

Mei 梅
FANG, JIAN MING 方健明 (1919-)

Mei 楣
YANG, XING DONG 杨兴栋 (1899-1983)

Mei, An 梅盦
TIAN, SHI YUAN 田世源 (1919-)

Mei an 昧盦
LÜ, PEI LIN 吕沛林 (1889-1947)

Mei an 眉庵
WU, RUI XIN 吴锐心 (1909-)

Mei an 眉菴
WU, RUI XIN 吴锐心 (1909-)

Mei, Ao shuang 梅傲霜
TU, NAI XIAN 涂乃贤 (1943-)

Mei, Bai 梅白
CHEN, GUANG MEI 陈光美 (1913-1997)

Mei, Bai 梅白
MEI, MING ZHENG 梅明正 (1922-)

Mei, Bi 梅璧
MEI, JIAN YING 梅剑影 (1932-)

Mei, Bi hua 梅碧华
CHEN, HAN BO 陈翰伯 (1914-1988)

Mei, Bin 梅斌
MEI, KUI BIN 梅魁斌 (1945-)

Mei, Bing hua 梅冰华
LI, SI QIANG 黎思强 (1923-)

Mei, Chan 梅禅
WU, PEI LIN 吴沛霖 (1889?-)

Mei chan 眉禅
WANG, YING ZHOU 王瀛洲

Mei, Chi 梅痴
KUANG, ZHOU YI 况周颐 (1859-1926)

Mei, Chuan 梅川
JU, ZHENG 居正 (1876-1951)

Mei, Chuan 梅川
WANG, YI FANG 王以方 (1904-)

Mei chuan ju shi 梅川居士
JU, ZHENG 居正 (1876-1951)

Mei, Dai 梅黛
LÜ, MEI DAI 吕美代 (1939-)

Mei dao ren 呆道人
WU, MEI 吴梅 (1884-1939)

Mei, Di sheng 梅迪生
MEI, GUANG DI 梅光迪 (1890-1945)

Mei, Dian long 梅电龙
MEI, GONG BIN 梅龚彬 (1901-1975)

Mei, Ding 梅丁
CHEN, GUANG MEI 陈光美 (1913-1997)

Mei, Ding 梅定
WANG, MEI DING 王梅定 (1923-)

Mei du yi sheng 梅毒医生
ZENG, RUI XIONG 曾瑞熊 (1903-)

Mei, Duo 梅朵
XU, SUI ZENG 许绥曾 (1921-)

Mei, E hua 梅萼华
LI, PENG ZHU 李鹏翥 (1934-)

Mei en 美恩
WANG, REN SHU 王任叔 (1901-1972)

Mei, Er 梅儿
XI, YU ZHEN 席裕珍 (1931-)

Mei, Fei 梅菲
FU, MAN FEI 傅漫飞 (1936-)

Mei, Feng 梅枫
TANG, SHI AN 唐士安 (1931-)

Mei, Feng 梅峰
NI, YI SHU 倪亦舒 (1946-)

MEI, FENG CHUN 梅逢春 (1945-)
Xiao, Mei 肖梅

Mei, Fu 梅夫
FU, JIN CHENG 傅金城 (1943-)

Mei fu 美夫
QU, QIU BAI 瞿秋白 (1899-1935)

MEI, GONG BIN 梅龚彬 (1901-1975)
Dian, Long 电龙
Gong, Bin 龚彬
Ji yue 笈越
Mei, Dian long 梅电龙
Mei, Jian fu 梅剑父
Yi xian 逸仙
Yue 越
Zhang, Song sheng 张松生

MEI, GONG REN 梅公任 (1892-1968)
Huang, Su 黄素

MEI, GUANG DI 梅光迪 (1890-1945)
Guan zhuang 观莊
Mei, Di sheng 梅迪生

Mei gui 玫瑰
NI, YI SHU 倪亦舒 (1946-)

Mei, He 梅河
YANG, ZHEN YUAN 杨振元 (1926-)

Mei hei zi 煤黑子
REN, LI 任礼 (1913-)

Mei hua 昧华
SONG, YUAN MO 宋元模 (1911-)

Mei hua 美华
CHEN, MEI HUA 陈美华 (1943-)

Mei hua guan zhu 梅花馆主
ZHENG, ZI BAO 郑子褒

Mei hua shu wu zhu ren 梅花书屋主人
LIN, JIAN TONG 林建同 (1911-)

Mei hua xian guan 梅花仙舘
ZHOU, QING YUN 周庆云 (1864-1933)

Mei huan 美奂
WANG, MEI HUAN 王美奂 (1952-)

Mei, Hun 梅魂
WANG, YUN ZHANG 王蕴章 (1884-1942)

Mei, Hun 梅魂
JI, MEI WEN 吉梅文 (1926-)

Mei, Hun 梅魂
WANG, JING 王靖

Mei hun 槑魂
WANG, JING 王靖

Mei hun nü shi 美魂女士
CHEN, SHU REN 陈树人 (1884-1948)

Mei, Ji 梅季
MEI, JI KUN 梅季坤 (1939-)

MEI, JI KUN 梅季坤 (1939-)
Li, Shen 李申
Mei, Ji 梅季

MEI, JI MIN 梅济民 (1930-)
Mei, Ying 梅映

Mei, Ji shi 梅寄诗
SHI, JI MEI 施济美 (1920-1968)

MEI, JI XUN 梅际郇 (1873-1934)
Mu lan jing she zhu ren 木兰精舍主人
Xiao mei an zhu 小梅庵主

Mei jia 眉伽
YI, SHUN DING 易顺鼎 (1858-1920)

Mei, Jia ren 梅嘉人
LIU, FA QING 刘发清 (1933-)

Mei jian chi 眉间尺
LIU, REN YONG 刘仁勇 (1927-)

Mei, Jian fu 梅剑父
MEI, GONG BIN 梅龚彬 (1901-1975)

MEI, JIAN YING 梅剑影 (1932-)
Mei, Bi 梅璧

Mei, Jin 梅进
WANG, XING TANG 王兴堂 (1921-)

MEI, JIN HUA 梅金华
Mei, Qiu 梅秋
Mei, Xiu 梅秀
Mo, Hei 墨黑
Xia, Huai shuang 夏怀霜

Mei, Jing 梅井
ZENG, SONG HUA 曾松华 (1932-)

Mei, Jing 梅景
WU, WAN 吴万 (1894-1970)

Mei jing shu wu zhu ren 梅景书屋主人
WU, WAN 吴万 (1894-1970)

Mei, Jiu 梅九
JING, DING CHENG 景定成 (1879-1949)

Mei jiu 枚九
JING, DING CHENG 景定成 (1879-1949)

Mei jiu 某九
JING, DING CHENG 景定成 **(1879-1949)**

Mei, Jue 梅觉
DENG, TIAN YU 邓天矞

Mei, Jue yu 梅觉予
MEI, MO SHENG 梅墨生 **(1960-)**

Mei kan 每戡
DONG, HUA 董华 **(1907-1980)**

Mei, Ke zi 梅柯子
ZHANG, CHENG HUAN 张澄寰 **(1938-)**

MEI, KUI BIN 梅魁斌 **(1945-)**
Mei, Bin 梅斌

Mei, La 梅拉
CHEN, YAN PING 陈燕萍 **(1941-)**

Mei, Lan 梅兰
CAI, MEI LAN 蔡梅兰 **(1956-)**

MEI, LAN 梅澜 **(1894-1961)**
Huan hua 浣华
Mei, Lan fang 梅兰芳
Mei, Wan hua 梅畹华
Zhui yu xuan zhu ren 缀玉轩主人

Mei, Lan fang 梅兰芳
MEI, LAN 梅澜 **(1894-1961)**

Mei, Lang 梅郎
HUANG, ZHEN YI 黄振彝

Mei lang 玫郎
MA, JI LIN 马吉林

Mei, Lang xian 梅朗贤
ZHOU, ER XIAN 周尔贤

Mei, Lin 梅林
ZHANG, ZHI TIAN 张芝田 **(1908-1986)**

Mei, Ling 梅灵
WANG, XUE FENG 王学峰 **(1955-)**

Mei, Ling 梅陵
SUN, ZHONG QI 孙锺琦 **(1914-1983)**

Mei, Ling 梅龄
LI, MING CHENG 李明诚 **(1914-)**

Mei ling 美玲
LIU, BAO DUAN 刘保端 **(1928-)**

Mei lu 眉庐
KUANG, ZHOU YI 况周颐 **(1859-1926)**

Mei lü nü shi 梅侣女士
QIU, YU FANG 裘毓芳

Mei, Luo 梅珞
JIANG, KE AN 姜克安 **(1936-)**

Mei luo 美罗
WANG, YANG 王扬 **(1917-1986)**

Mei mei 昧昧
LÜ, PEI LIN 吕沛林 **(1889-1947)**

Mei mei 美梅
ZHANG, ZHONG XIAN 张钟娴 **(1922-)**

MEI, MING ZHENG 梅明正 **(1922-)**
Ding, Yi 丁一
Er ding 二丁
Feng huo 风火
Feng lei 风雷
Gong, Tong wen 龚同文
Gong, Zhi yi 龚之一
Lao, Kai 老开
Mei, Bai 梅白
Ru mu 入木
Shen, Chen 沈沉
Shen, Yin 沈因
Shi, Shui 石水
Wu, Ying 吴影
Xia zi 侠子
Xiang, Huo 向火
Xiang, Yang 向阳
Yan, Shen qian 严慎谦
Yi ding 一丁

MEI, MO SHENG 梅墨生 **(1960-)**
Bao dao 抱道
Mei, Jue yu 梅觉予
Xiao mo 小墨

Mei, Na 梅娜
SUN, QIN PING 孙钦平 **(1922-)**

Mei, Nan 梅楠
KE, FANG NAN 柯芳楠

Mei nan 湄南
HE, NAI JIAN 何乃健 **(1946-)**

Mei, Niang 梅娘
SUN, JIA RUI 孙嘉瑞 **(1920-)**

Mei niang 媚孃
YUAN, GUANG MEI 袁光楣 **(1916-1982)**

Mei, Nü 梅女
XIA, JIE 夏婕 **(1949-)**

Mei, Piao 梅漂
LIANG, YI 梁漪 **(1925-)**

Mei, Ping 梅平
DING, YAO XIAO 丁耀孝 **(1930-)**

Mei, Qian 梅阡
MEI, ZENG PU 梅曾溥 **(1916-)**

Mei, Qian 梅阡

NI, YI SHU 倪亦舒 **(1946-)**

Mei, Qian 梅倩
YANG, YAN BIN 杨宴宾 **(1951-)**

Mei qian nü shi 梅倩女史
GU, JING CHENG 顾景程 **(1897-1944)**

Mei, Qiu 梅丘
ZHOU, GUO XIAN 周国贤 **(1894-1968)**

Mei, Qiu 梅秋
MEI, JIN HUA 梅金华

Mei qiu lu 煤球炉
LIU, SHOU SHI 刘守世

Mei quan 玫泉
WANG, SHI JUN 王世浚 **(1912-1949)**

Mei quan 美权
ZHOU, JIN JUE 周今觉

Mei ran 昧然
LÜ, PEI LIN 吕沛林 **(1889-1947)**

Mei ren 枚稔
LI, HUI XIU 李惠秀 **(1930-)**

Mei ruo 眉若
SHEN, CHANG MEI 沈昌眉 **(1872-1932)**

Mei, Sha 梅沙
MEI, WEN BIN 梅文彬 **(1927-)**

Mei shan 眉山
QIAN, JUN TAO 钱君匋 **(1906-)**

Mei shan lao ren 眉山老人
SHI, SHI YUAN 石诗元 **(1928-)**

MEI, SHAO JING 梅绍静 **(1948-)**
Dan chun 丹纯

Mei, Shao nong 梅韶农
MEI, ZONG HUANG 梅宗黄 **(1903-)**

Mei, Sheng 梅生
GAO, ER BAI 高尔柏 **(1901-)**

Mei, Sheng 梅生
JIN, MEI SHENG 金梅生 **(1902-)**

Mei sheng 眉生
LEI, BAO JING 雷宝菁

Mei sheng 眉甥
HU, DE HUI 胡德辉 **(1913-1968)**

Mei sheng nü shi 眉生女士
LÜ, MEI SUN 吕美荪 **(1883-)**

Mei, Shi 梅是
ZHONG, ZE CAI 钟泽才 **(1943-)**

Mei shi 玫史
ZHOU, JIAN XIAO 周剑箫 **(1911-1992)**

Mei shi xin 玫士心
WANG, WEN ZHI 王文志 **(1956-)**

Mei shu 枚叔
ZHANG, BING LIN 章炳麟 **(1869-1936)**

Mei, Si 梅丝
WANG, YAN CHUN 王延春 **(1913-)**

Mei si 美斯
JU, YING 鞠英 **(1957-)**

Mei si 湄思
MA, GUANG HUANG 马光煌 **(1921-)**

Mei, Song 梅松
WANG, XIAO LIN 王晓林 **(1962-)**

Mei, Song liu 梅松柳
ZHENG, YU LI 郑玉礼 **(1954-)**

Mei, Song ming 梅颂明
LI, RUN HU 李润湖 **(1913-1947)**

Mei sou 枚叟
ZHAO, GUANG RONG 赵光荣

Mei sou 寐叟
SHEN, ZENG ZHI 沈曾植 **(1850-1922)**

Mei, Sun 梅孙
XU, MEI XUN 许美壎 **(1901-1991)**

Mei sun 眉孙
WU, QING XIANG 吴清庠 **(1878-1961)**

Mei tong 枚彤
HUANG, MEI YING 黄梅影 **(1951-)**

Mei, Wan hua 梅畹华
MEI, LAN 梅澜 **(1894-1961)**

Mei, Wei fu 梅伟父
SUN, JI CAI 孙继才 **(1946-)**

Mei wen 枚文
TANG, MEI 唐梅 **(1927-)**

MEI, WEN BIN 梅文彬 **(1927-)**
Mei, Sha 梅沙

Mei weng 寐翁
SHEN, ZENG ZHI 沈曾植 **(1850-1922)**

Mei, Wu 梅屋
ZHOU, GUO XIAN 周国贤 **(1894-1968)**

Mei, Xi sou 梅溪叟
JIANG, CHEN SHI 江陈诗

Mei, Xia 梅霞
FENG, YUAN XIANG 冯元祥 **(1918-)**

Mei, Xiang 梅骧

DENG, SHI ZHONG 邓式钟 (1919-)

Mei, Xin 梅心
LI, WEN QI 李文祷 (1902-)

Mei, Xin 梅心
TANG, TU 唐图

Mei, Xin 梅新
ZHANG, YI XIN 章益新 (1937-)

Mei xin 眉心
YI, SHUN DING 易顺鼎 (1858-1920)

Mei, Xiu 梅秀
MEI, JIN HUA 梅金华

MEI, XIU QUAN 梅秀全 (1954-)
Mei, Xiu quan 梅秀泉
Quan sheng 泉声
Xiao quan 笑泉

Mei, Xiu quan 梅秀泉
MEI, XIU QUAN 梅秀全 (1954-)

Mei, Xuan 梅轩
HU, JIN JIE 胡晋接 (1870-1934)

Mei, Xuan 梅轩
LI, CI DUAN 李赐端 (1926-)

Mei xuan 眉轩
XU, ZHI MO 徐志摩 (1896-1931)

Mei, Xun 梅逊
YANG, PIN CHUN 杨品纯 (1925-)

Mei xun 美埙
XU, MEI XUN 许美壎 (1901-1991)

Mei yang shan ren 梅阳山人
JIANG, CHUN LIN 江春霖 (1855-1918)

Mei, Ye 梅叶
DONG, DA ZHONG 董大中 (1935-)

Mei, Yi 梅艺
ZHOU, SHAO YI 周绍颐 (1930-)

Mei, Yi 梅益
CHEN, MEI YU 陈梅雨 (1914-)

Mei, Yi 梅逸
TU, ZHONG YI 涂仲镒 (1931-)

Mei, Yi 梅逸
XIA, QING 夏青 (1947-)

Mei yi 美益
CHEN, MEI YU 陈梅雨 (1914-)

Mei yi 美逸
WANG, REN SHU 王任叔 (1901-1972)

Mei yi 美逸
CHEN, MEI YU 陈梅雨 (1914-)

Mei yi 美懿
WANG, REN SHU 王任叔 (1901-1972)

Mei yi 美懿
CHEN, MEI YU 陈梅雨 (1914-)

Mei, Yi qin 梅一芹
QIAO, WEN NI 乔文猊 (1919-)

MEI, YI XIN 梅意辛 (1953-)
Yi xin 艺辛

Mei yin 玫尹
ZHOU, CHENG 周琤 (1968-)

Mei, Yin an 梅隱盦
LIU, GUANG YAN 刘光炎 (1904-)

Mei, Yin jun 梅隐君
CHEN, XING DE 陈兴德

Mei, Yin 梅茵
HE, BEN JUN 何本浚 (1921-)

Mei, Yin 梅音
LU, KE CHANG 陆克昌 (1923-)

Mei, Yin 梅隐
QIAN, XING CUN 钱杏邨 (1900-1977)

Mei, Yin 梅隐
SHI, RU BI 石汝璧 (1902-1928)

Mei, Ying 梅映
MEI, JI MIN 梅济民 (1930-)

Mei, Ying 梅影
QU, QIU BAI 瞿秋白 (1899-1935)

Mei, Ying 梅影
SHI, RU BI 石汝璧 (1902-1928)

Mei, Ying 梅影
LU, XIU ZHEN 陆秀珍 (1907-1993)

MEI, YING 梅英 (1910-)
A mei 阿梅
Jun yi 隽佚
Lao mei 老梅
Xiao chu 笑楚

Mei ying 煤婴
DING, JING TANG 丁景唐 (1920-)

Mei ying lou 梅影楼
CAO, JING PING 曹京平 (1912-)

Mei ying shan ren 梅影山人
QU, QIU BAI 瞿秋白 (1899-1935)

Mei, You 梅友
MA, ZHI YUAN 马志远 (1918-)

Mei you zuo pin de zuo jia 没有作品的作家
SUN, FU YUAN 孙福源 **(1894-1966)**

Mei, Yu 梅雨
SU, MEI 苏梅 **(1897-1999)**

Mei, Yu 梅雨
CHEN, MEI YU 陈梅雨 **(1914-)**

Mei, Yu tian 梅雨天
CHEN, SI QING 陈思庆 **(1935-)**

Mei, Yu wa 梅雨蛙
XU, ZHAO FU 徐招富 **(1935-)**

Mei, Yuan 梅园
YU, REN JUN 于人俊 **(1901-)**

Mei, Yuan 梅园
LIN, JIA ZHONG 林家钟 **(1914-)**

Mei, Yuan 梅苑
LI, YUAN MEI 黎苑梅 **(1943-1983)**

Mei yuan ju shi 梅园居士
JU, ZHENG 居正 **(1876-1951)**

Mei, Yun 梅筠
CHEN, PENG 陈鹏 **(1891-1969)**

Mei, Yun 梅筠
GU, CHU XIA 辜楚霞 **(1949-)**

MEI, ZENG PU 梅曾溥 **(1916-)**
Lao mei 老梅
Mei, Qian 梅阡

Mei, Zhi 梅志
TU, QI HUA 屠玘华 **(1914-)**

Mei, Zhi 梅芷
HE, BEN JUN 何本浚 **(1921-)**

Mei, Zhuang 梅庄
CHEN, SHANG YOU 陈尚友 **(1904-1989)**

Mei, Zi 梅子
LI, WEN QI 李文綺 **(1902-)**

Mei, Zi 梅子
WAN, DE HAN 万德涵 **(1905-)**

Mei, Zi 梅子
SHI, JI MEI 施济美 **(1920-1968)**

Mei, Zi 梅子
YANG, XUAN TANG 杨选堂 **(1921-)**

Mei, Zi 梅子
ZHANG, ZHI HE 张志和 **(1942-)**

Mei, Zi 梅子
GUO, SHU MIN 郭淑敏 **(1954-)**

Mei zi 梅姊
PENG, XIN QI 彭新琪 **(1929-)**

Mei zi 玫子
DENG, SHI 邓实 **(1877-1951)**

Mei zi 眉子
XU, JUE 徐觉 **(1889-1937)**

Mei zi 美子
GU, QI CHENG 顾其城 **(1910-)**

MEI, ZONG HUANG 梅宗黄 **(1903-)**
Mei, Shao nong 梅韶农

Men 门
ZENG, XIN XIONG 曾信雄 **(1944-)**

Men an 闷庵
XIA, MIAN ZUN 夏丏尊 **(1886-1946)**

Men huai shan 门怀珊
YAN, YAN 严炎 **(1954-)**

Men ji 门吉
ZHOU, YUN PENG 周云鹏 **(1912-1992)**

MEN, RUI YU 门瑞瑜 **(1936-)**
Qin, Zhi 秦织
Wen, Gong jin 闻公瑾
Xiao qing he 晓清河
Xiao shi 笑十

Men shi tan hu ke 扪虱谈虎客
HAN, WEN JU 韩文举 **(1855-1937)**

Men wai han 门外汉
WANG, REN SHU 王任叔 **(1901-1972)**

MEN, WEN QI 门文奇 **(1962-)**
Da ke 大可

Men ye 门业
DONG, DA ZHONG 董大中 **(1935-)**

Meng 孟
WEI, MENG KE 魏猛克 **(1911-1984)**

Meng 梦
ZHAO, MENG YUAN 赵孟原 **(1912-)**

Meng 猛
WEI, MENG KE 魏猛克 **(1911-1984)**

Meng an 梦庵
HUANG, ZHEN YUAN 黄振元 **(1866-1913)**

Meng an 梦庵
ZHUO, EN CHANG 禚恩昶 **(1912-1977)**

Meng an 梦暗
HUANG, ZHEN YUAN 黄振元 **(1866-1913)**

Meng an 猛庵
LI, BAO XUN 李葆恂 **(1859-1915)**

Meng, Bai 孟白
WANG, BO YING 王伯英 **(1920-)**

Meng bai 梦白
LIU, XIN HUANG 刘心皇 **(1915-)**

Meng bai 梦白
WANG, BO YING 王伯英 **(1920-)**

Meng bai 梦白
YUAN, TIAN GENG 袁天庚

Meng bai ku 梦白骷
LIN, JING HUANG 林景煌 **(1919-)**

Meng, Bai lan 孟白兰
MA, BO LIANG 马博良 **(1933-)**

Meng, Bing sheng 孟冰生
HUANG, ZHI 黄质 **(1865-1955)**

Meng, Bo 孟波
MENG, SHOU ZENG 孟绶曾 **(1916-)**

Meng, Bo 孟博
CUI, MENG BO 崔孟博

Meng bu 梦逋
CHEN, YI FAN 陈彝范 **(1860-1913)**

Meng, Bu can 孟不残
MENG, YING 孟滢 **(1921-)**

Meng cai 梦采
LI, ZHAO LIN 李兆麟 **(1915-)**

Meng, Chang 孟昌
WU, SHI CHAO 伍仕超 **(1912-)**

MENG, CHANG QING 孟长庆 **(1936-)**
Wei, Xuan 卫宣

MENG, CHANG TAI 孟长泰 **(1921-)**
Meng, Shu jiang 孟澍江

Meng, Chao 孟超
MENG, XIAN QI 孟宪棨 **(1902-1976)**

Meng chen 梦塵
JIN, CHENG ZAI 金承栽 **(1910-1936)**

Meng chi 梦池
WANG, SHAO HUA 王少华 **(1935-)**

Meng chi 梦痴
LI, TENG YUE 李腾嶽 **(1895-1975)**

MENG, CHONG YU 孟重舆 **(1914-)**
Dong cun 东邨

MENG, CHUAN DUO 孟传铎 **(1913-)**
A wai 阿外
Bei, Bei 贝贝
Chuan duo 船舵
Li, Ming 李铭
Li ming 立明
Meng, Ying 孟英
Sai, Ti 赛替

Meng, Chun sun 孟莼荪
MENG, SEN 孟森 **(1868-1938)**

Meng dai 梦黛
SHI, RU BI 石汝璧 **(1902-1928)**

Meng dan 梦旦
LIU, WEN XIAN 刘文铣 **(1922-)**

Meng, Dan 蒙丹
LI, YA DAN 李亚丹 **(1932-)**

Meng, De lan 孟德兰
YU, QIAN DI 余茜蒂

Meng, De lin 孟德林
LI, WEN JIAN 李文健 **(1934-)**

Meng, Di 孟狄
LIN, MING SHUI 林明水 **(1941-)**

Meng di yuan 梦蒂园
WU, QIAN HUI 吴乾惠 **(1913-)**

Meng die 梦蝶
XU, FU LIN 徐傅霖 **(1879-1958)**

Meng die 梦蝶
WU, ZHUANG 伍庄 **(1881-1959)**

Meng die 梦蝶
YE, XIA SHENG 叶夏声 **(1883-)**

Meng die 梦蝶
WANG, REN SHU 王任叔 **(1901-1972)**

Meng die 梦蝶
YANG, JIE 杨杰 **(1956-)**

Meng die sheng 梦蝶生
YE, XIA SHENG 叶夏声 **(1883-)**

Meng die zhen ren 梦蝶真人
ZHUANG, WEN HUA 莊文桦

MENG, DING SAN 孟鼎三 **(1933-)**
Meng, Ding shan 孟丁山

Meng, Ding shan 孟丁山
MENG, DING SAN 孟鼎三 **(1933-)**

Meng, Dong 孟东
DENG, WEN LAI 邓文来 **(1931-)**

Meng, Dong li 孟东篱
MENG, XIANG SEN 孟祥森 **(1937-)**

Meng dong shu sheng 懵懂书生
LIU, JIN JIANG 刘锦江

Meng, En 蒙恩

ZHANG, QIN LONG 张琴龙

Meng, Fan 孟凡
LI, GENG 李庚 **(1917-)**

Meng, Fan 孟樊
CHEN, JUN RONG 陈俊荣 **(1959-)**

MENG, FAN GUO 孟凡果
Lan, Shi 蓝石

Meng, Fan tong 孟凡通
MENG, FAN TONG 孟繁通 **(1949-)**

MENG, FAN TONG 孟繁通 **(1949-)**
Meng, Fan tong 孟凡通

Meng, Fei 孟非
YIN, HUAN XIAN 殷焕先 **(1913-)**

Meng fei 梦飞
XU, YUN QIAO 许云樵 **(1905-1981)**

Meng, Fei fei 孟飞飞
LI, NING ER 李宁儿 **(1953-)**

Meng fei zi 梦飞子
XU, YUN QIAO 许云樵 **(1905-1981)**

Meng, Fen 孟汾
YANG, QI ZHUANG 杨其庄 **(1921-)**

Meng, Feng 孟风
CHEN, MENG 陈孟 **(1954-)**

Meng, Fu 孟夫
LÜ, WEI GUO 吕维国 **(1941-)**

Meng, Fu 蒙夫
ZHU, WEN 朱雯 **(1911-)**

Meng fu 勐负
ZHANG, ZHUO LIN 张卓琳 **(1949-)**

Meng gan 梦甘
WANG, QI 王起 **(1906-1996)**

Meng gao zi 梦羔子
ZHONG, JI YUAN 钟济源

Meng ge 虻歌
XU, JING YANG 许精阳 **(1933-)**

Meng, Gu 孟孤
ZHOU, SHU REN 周树人 **(1881-1936)**

Meng gu 梦谷
FENG, ZHAO CHANG 冯兆昌 **(1936-1975)**

Meng, Gu jia 孟古家
TIAN, SHI YUAN 田世源 **(1919-)**

Meng gu jia 梦古家
TIAN, SHI YUAN 田世源 **(1919-)**

Meng guan 梦观
WANG, TONG ZHAO 王统照 **(1897-1957)**

Meng, Guang 孟光
ZHUO, JIONG 卓炯 **(1908-1987)**

Meng, Guang 孟光
WANG, GENG JIN 王耕今 **(1911-)**

MENG, GUANG ZHENG 孟广征 **(1941-)**
Guang zheng 广征

MENG, GUO YAN 蒙国彦 **(1932-)**
Yang, Yan 杨彦

Meng hai 梦海
CHEN, DE XUAN 陈德宣 **(1916-1980)**

MENG, HAI SHENG 孟海生 **(1948-)**
Lin, Xi 林夕
Xie, Sheng 解声

Meng, Han 孟韩
ZHU, FANG HUAI 朱芳淮 **(1909-)**

Meng han 梦寒
ZHAO, LI JUAN 赵丽娟 **(1969-)**

Meng, He 孟和
TAO, MENG HE 陶孟和 **(1887-1960)**

Meng hen 梦痕
DAI, LI RAN 戴立然 **(1960-)**

Meng hen 梦痕
CHEN, MENG HEN 陈梦痕

Meng hen zhai zhu ren 梦痕斋主人
DING, ZAI CHEN 丁载臣 **(1928-)**

Meng, Hong 孟弘
YI, MENG HONG 易梦虹 **(1917-)**

Meng, Hong 孟闳
YI, MENG HONG 易梦虹 **(1917-)**

Meng hong 梦虹
LU, YOU MING 卢有明 **(1941-)**

Meng, Hu 孟弧
ZHOU, SHU REN 周树人 **(1881-1936)**

Meng hua 梦华
FENG, XU 冯煦 **(1843-1927)**

Meng hua 梦华
WEN, SHOU LIAN 温寿链 **(1904-)**

Meng hua 梦华
XING, CHENG YONG 邢承墉 **(1929-)**

Meng hua 梦华
LIU, MENG HUA 刘梦华

Meng hua guan zhu 梦花舘主
JIANG, YIN XIANG 江荫香

Meng huan qi shi 梦幻骑士
ZHU, WEI QIN 朱伟钦 **(1968-1991)**

Meng, Huang 蒙荒
WEI, QI LIN 韦其麟 **(1935-)**

Meng, Hui 孟辉
MENG, KE QIN 孟克勤 **(1939-)**

Meng, Ji 孟际
LIU, GUANG JIAN 刘广鑑 **(1932-)**

Meng ji 梦寄
MA, JUN SHENG 马骏声 **(1889-)**

Meng ji 猛济
ZHA, MENG JI 查猛济 **(1899-)**

MENG, JI GANG 孟继纲 **(1936-)**
Meng, Zuo gong 孟左恭

MENG, JI YUAN 孟济元 **(1957-)**
Meng, Zhan 孟瞻

Meng, Jia 孟佳
CHEN, XI MEI 陈喜美

Meng, Jia 孟嘉
WEI, ZHAO FENG 魏照风 **(1913-)**

Meng jia 梦甲
CHEN, MENG JIA 陈梦家 **(1911-1966)**

Meng jia 梦家
CHEN, MENG JIA 陈梦家 **(1911-1966)**

Meng, Jia feng 孟嘉风
SHAO, YAN XIANG 邵燕祥 **(1933-)**

Meng jiang ling 梦江陵
CHEN, SHUI YUAN 陈水源 **(1939-)**

Meng jiao 梦蕉
SUN, MENG JIAO 孙梦蕉

Meng jie 梦捷
LIU, BAO FA 刘宝法 **(1945-)**

Meng, Jin 孟津
CHEN, TING 陈廷 **(-1992)**

Meng, Jin 孟晋
CHEN, LIAN QING 陈炼青 **(1907-1940)**

Meng, Jin 孟晋
ZHANG, ZHAO LIN 张兆林 **(1929-)**

Meng jin 猛进
CHEN, SHU REN 陈树人 **(1884-1948)**

Meng, Jin yu 孟津宇
WANG, EN YU 王恩宇 **(1937-)**

Meng, Jing 孟静
XIAO, YI HONG 萧毅虹 **(1948-1984)**

Meng, Jiu 孟玖
ZHU, YI SHU 朱以书 **(1904-)**

Meng jiu 梦九
ZHANG, RUN CANG 张润苍 **(1893-1974)**

Meng, Jue 孟觉
XIA, DE QI 夏得齐 **(1915-)**

Meng, Jue zi 孟绝子
MENG, XIANG KE 孟祥柯 **(1931-)**

Meng, Jun 孟君
FENG, WAN HUA 冯畹华 **(-1996)**

MENG, JUN LIANG 孟俊良 **(1961-)**
Meng, Lang 孟浪

Meng, Kan 孟侃
RAO, MENG KAN 饶孟侃 **(1902-1967)**

Meng, Ke 孟克
WEI, MENG KE 魏猛克 **(1911-1984)**

Meng, Ke 孟克
ZHAO, ZHONG 赵锺 **(1928-)**

Meng ke 梦客
LI, CHANG DE 李长德 **(1920-)**

Meng ke 梦珂
JIANG, BING ZHI 蒋冰之 **(1904-1986)**

Meng ke 猛克
WEI, MENG KE 魏猛克 **(1911-1984)**

MENG, KE QIN 孟克勤 **(1939-)**
Du, Li 杜丽
Du, Yu 杜雨
Li, Tuo 李陀
Meng, Hui 孟辉

MENG, KE QUAN 孟可权 **(1910-1967)**
Meng, Qiu jiang 孟秋江
Qiu, Jiang 秋江

Meng, Kun 孟堃
MENG, XIANG KUN 孟祥堃 **(1937-)**

Meng, Lai 孟来
GUAN, DONG YAN 关东彦 **(1919-)**

Meng lan 梦兰
WANG, DUN QING 王敦庆 **(1898-1990)**

Meng lan 梦兰
ZHANG, KUN LAI 张昆来

Meng, Lang 孟朗
MA, BO LIANG 马博良 **(1933-)**

Meng, Lang 孟浪
WU, CHEN 吴琛 **(1912-1988)**

Meng, Lang 孟浪

XIE, BAI YUN 谢白云 (1934-)

Meng, Lang 孟浪
MENG, JUN LIANG 孟俊良 (1961-)

Meng lei 梦雷
SUN, MENG LEI 孙梦雷

Meng, Li 孟力
ZHENG, LIAN 郑连 (1928-)

Meng li 梦莉
XU, AI ZHEN 徐爱珍 (1938-)

Meng li 萌黎
LIN, YU BEN 林毓本 (1934-)

Meng li bin 梦莉彬
XU, AI ZHEN 徐爱珍 (1938-)

Meng, Li wu 孟励吾
MENG, XIAN QI 孟宪棨 (1902-1976)

Meng, Liang 孟良
DU, XI TANG 杜希唐 (1915-)

Meng, Liang 孟良
LIU, GUANG BI 刘光弼 (1925-)

Meng liang 梦良
GUO, BI FAN 郭弼藩 (1897?-1925)

Meng, Lie 孟列
FENG, XUE FENG 冯雪峰 (1903-1976)

Meng, Lie 孟烈
MENG, XIAN ZHONG 孟宪忠 (1931-)

Meng, Lin 孟林
ZHANG, GUANG REN 张光人 (1902-1985)

Meng, Lin 孟林
ZHOU, FA YANG 周发扬 (1918-1984)

Meng, Lin 孟霖
WU, SHENG CONG 吴胜聪

Meng lin 梦麟
XU, JIA RUI 徐嘉瑞 (1895-1977)

Meng lin 梦麟
ZHENG, CUN 郑存 (1928-)

Meng lin 梦麟
ZHANG, MENG LIN 张梦麟

Meng ling 梦龄
XU, JIA RUI 徐嘉瑞 (1895-1977)

MENG, LING RONG 孟令荣 (1943-)
Da zhuang 大壮
Zi min 子敏

Meng, Liu 孟刘
FENG, XUE FENG 冯雪峰 (1903-1976)

Meng long 朦胧
ZHAO, JING SHEN 赵景深 (1902-1985)

Meng lou 檬楼
LIN, MING ZHOU 林明洲 (1937-)

Meng, Lu 蒙路
WU, AI YUE 吴爱月 (1955-)

Meng mai 猛迈
CHEN, SHU REN 陈树人 (1884-1948)

Meng, Man 蒙慢
CAO, QI JUN 曹启钧 (1932-)

Meng man 萌蔓
CAO, QI JUN 曹启钧 (1932-)

Meng, Mang 蒙莽
LÜ, XING ZHI 吕幸治

Meng, Mei 孟楣
LIN, YUE E 林月娥

Meng meng 梦梦
LIU, XIN HUANG 刘心皇 (1915-)

MENG, MIN 孟敏 (1933-)
Chun qiu 春秋

MENG, MING YI 孟明义 (1934-)
Ma, Xiao bing 马小兵
Ren, Bin 任斌
Xiao, Ren 肖仁
Ye, Xue wen 叶学文
Yi ding 一丁

Meng mo zhai zhu 梦墨斋主
LI, GUI QIANG 李桂强 (1963-)

Meng, Nan 孟南
ZHANG, ZHAO LIN 张兆麟

Meng, Ning 孟宁
YUAN, MENG NING 袁孟宁 (1935-)

Meng ou 梦鸥
DAI, MENG OU 戴梦鸥 (1905-1950)

Meng ou 盟鸥
WANG, YI REN 王以仁 (1902-1926)

Meng, Ping 孟萍
TANG, RUI FENG 唐瑞锋 (1975-)

Meng ping 梦平
QIU, MING KUN 邱名焜 (1940-)

Meng ping 梦萍
YIN, MENG PING 殷梦萍 (1908-1981)

Meng ping 梦萍
HU, JING XIU 胡敬修 (1931-)

Meng po 梦坡

CHEN, YI FAN 陈彝范 **(1860-1913)**

Meng po 梦坡
ZHOU, QING YUN 周庆云 **(1864-1933)**

Meng po shi 梦坡室
ZHOU, QING YUN 周庆云 **(1864-1933)**

Meng, Pu 孟朴
ZENG, PU 曾朴 **(1872-1935)**

Meng, Qi 孟奇
ZHENG, CUN 郑存 **(1928-)**

Meng, Qi 孟起
LIU, DAI 刘岱 **(1929-)**

Meng, Qi 蒙倛
GUO, MO RUO 郭沫若 **(1892-1978)**

Meng, Qi sheng 蒙倛生
GUO, MO RUO 郭沫若 **(1892-1978)**

Meng qi wai shi 蒙倛外史
GUO, MO RUO 郭沫若 **(1892-1978)**

Meng, Qian 孟千
XIU, JIN WEN 修进文 **(1917-)**

Meng, Qian 孟迁
DENG, SHI MING 邓上铭 **(1914-)**

Meng, Qian 孟骞
SHEN, HAN 沈翰

Meng qiao 梦樵
WENG, WEN ZHONG 翁文忠 **(1939-)**

Meng qiao 梦樵
CAO, SHU XUN 曹树勲

MENG, QING JIA 孟庆甲 **(1920-)**
Dong yue ju shi 东岳居士
Dong yue yi min 东岳一民

MENG, QING MIN 孟庆民 **(1959-)**
Xiao meng 晓梦

MENG, QING YIN 孟庆寅 **(1914-)**
Meng xing 梦醒
Meng, Xing ren 孟醒仁
Zhang, Fei 张非

Meng qiu 梦秋
LI, FANG 李芳 **(1889-)**

Meng qiu 梦秋
WANG, DONG 汪东 **(1890-1963)**

Meng qiu 梦秋
XU, MENG QIU 徐梦秋 **(1901-)**

Meng, Qiu jiang 孟秋江
MENG, KE QUAN 孟可权 **(1910-1967)**

Meng qu 梦蘧
HUANG, JUN 黄钧

MENG, QUAN 孟全 **(1933-)**
Da ding 达丁
Meng wei 梦薇
Meng, Wei zai 孟伟哉
Ou yang, Si tu 欧阳司徒
Shang guan, Si ma 上官司马
Wei, Ge 韦戈
Xiao jian 小剑

Meng, Ran 孟然
NING, SHI XIAN 宁世贤 **(1949-)**

Meng ran 梦然
ZHANG, QING 张庆 **(1936-)**

Meng ran 梦然
LIU, YONG 刘镛 **(1949-)**

Meng, Ren 孟仁
SUN, MENG REN 孙梦仁 **(1946-)**

Meng, Ru 孟如
JIN, ZHONG HUA 金仲华 **(1907-1968)**

Meng ru 梦如
YANG, MENG RU 杨梦茹 **(1955)**

Meng ruo 梦若
LIU, XIN HUANG 刘心皇 **(1915-)**

MENG, SEN 孟森 **(1868-1938)**
Chun sheng 纯生
Meng, Chun sun 孟莼荪
Meng, Sun 孟荪
Meng, Xin shi 孟心史
Xin shi 心史

Meng, Sha 孟沙
LIN, MING SHUI 林明水 **(1941-)**

Meng, Sha 蒙沙
LÜ, MENG ZHOU 吕梦周 **(1912-)**

Meng sha lun 梦莎仑
LIN, BAO GUI 林宝贵 **(1941-)**

Meng, Sha mang 蒙沙氓
REN, YU CHENG 任禹成 **(1907-)**

Meng shan lou zhu 梦山楼主
SHAO, JING REN 邵镜人 **(1899-1972)**

Meng shao 梦韶
CHEN, DUN REN 陈敦仁 **(1903-1984)**

Meng, Sheng 蒙生
GENG, KUANG 耿匡 **(1899-1947)**

Meng, Sheng 蒙生
BI, KAI WEN 毕开文 **(1931-)**

Meng sheng 梦生
YE, XIA SHENG 叶夏声 **(1883-)**

Meng sheng 萌生
ZHANG, SHI JUN 张士钧 **(1951-)**

Meng, Shi 孟世
ZHU, FANG HUAI 朱芳淮 **(1909-)**

Meng, Shi 孟石
ZHU, GUANG QIAN 朱光潜 **(1897-1986)**

Meng, Shi 孟实
ZHU, GUANG QIAN 朱光潜 **(1897-1986)**

Meng, Shi 孟实
WANG, LI ZHONG 王立忠 **(1922-)**

Meng shi 梦石
YANG, SHI LIANG 杨诗粮 **(1940-)**

Meng shi 梦诗
LIN, YI YING 林艺瑛

Meng shi 梦狮
HOU, HONG JIAN 侯鸿鉴 **(1872-1961)**

Meng shi 盟石
ZHU, GUANG QIAN 朱光潜 **(1897-1986)**

Meng, Shi huan 孟十还
MENG, SI GEN 孟斯根 **(1908-)**

MENG, SHOU ZENG 孟绶曾 **(1916-)**
Bo da 波达
Meng, Bo 孟波

Meng, Shu jiang 孟澍江
MENG, CHANG TAI 孟长泰 **(1921-)**

Meng, Shu qing 孟淑卿
CHEN, HUA SHU 陈华淑 **(1939-)**

Meng, Si 孟丝
XUE, XING XIA 薛兴霞 **(1936-)**

MENG, SI GEN 孟斯根 **(1908-)**
Meng, Shi huan 孟十还
Shi huan 十还
Si, Gen 斯根

Meng, Si huan 孟丝萑
KONG, FAN YAN 孔繁衍 **(1912-)**

Meng, Su 孟素
WANG, SHANG ZHI 王尚志 **(1912-)**

Meng su 梦苏
KUANG, YA MING 匡亚明 **(1906-)**

Meng, Sun 孟荪
MENG, SEN 孟森 **(1868-1938)**

Meng, Tao 孟涛
CUI, SHU REN 崔树人

Meng tao 梦桃
RUAN, SHI 阮式 **(1888-1911)**

Meng, Teng 孟滕
HU, REN REN 胡仁人 **(1941-)**

Meng teng shi zhu 懵腾室主
XU, JUE 徐觉 **(1889-1937)**

Meng, Tian 孟田
LIU, XIAN LONG 刘现龙 **(-1941)**

Meng, Tian 蒙田
HUANG, MAO 黄茅 **(1916-)**

MENG, TIAN ZUO 蒙天祚 **(1933-)**
Meng, Zi 蒙紫

Meng tiao 梦苕
QIAN, E SUN 钱萼孙 **(1908-)**

Meng tiao an 梦苕盦
QIAN, E SUN 钱萼孙 **(1908-)**

Meng tong 梦彤
GU, XING GUANG 顾兴光

Meng, Tun 孟焞
TONG, ZHONG TAO 童中焘 **(1939-)**

Meng, Wa 孟娃
REN, XIAO DING 任萧丁 **(1930-)**

Meng wan 梦畹
HUANG, SHI QUAN 黄式权 **(1853-1924)**

Meng wan sheng 梦畹生
HUANG, SHI QUAN 黄式权 **(1853-1924)**

Meng wei 梦苇
LIU, GUO JUN 刘国钧 **(1900-1926)**

Meng wei 梦薇
MENG, QUAN 孟全 **(1933-)**

Meng wei 梦薇
JIANG, JI PING 江寄萍

Meng, Wei zai 孟伟哉
MENG, QUAN 孟全 **(1933-)**

Meng wen 梦文
ZHOU, SHU REN 周树人 **(1881-1936)**

Meng wen 梦文
CHEN, JIE 陈杰 **(1917-)**

MENG, WEN TAO 孟文涛 **(1921-)**
Lin, Hui 林惠
Meng, Zi ming 孟紫明
Zhi yu zhi 止于智
Zi ming 紫明

Meng, Weng 孟翁
HE, MENG XIONG 何孟雄 **(1898-1931)**

Meng xi 梦溪
LI, JIAN MING 李建明 (1962-)

Meng, Xia 孟侠
WU, YUE 吴樾

MENG, XIAN GONG 孟宪公 (1940-)
Mong, Harvey
Ya ge 亚歌
Ya ou 亚欧

MENG, XIAN QI 孟宪棨 (1902-1976)
Ben she 本社
Bian, Sheng 边生
Bian zhe 编者
Cao mang 草莽
Cao mang shi jia 草莽史家
Chen, Bo 陈波
Chen, Yin 陈茵
Cheng, Mei ying 程美英
Di ji 迪吉
Dong guo, Di ji 东郭迪吉
Dong guo xian sheng 东郭先生
Fu lian hui 妇联会
Guo, Di 郭迪
Hai, Yan 海燕
Hua, Xia 华夏
Huang, Gong 黄弓
Jia ling 迦陵
L. S.
Lin, Mai 林麦
Lin, Mo 林默
Meng, Chao 孟超
Meng, Li wu 孟励吾
Meng, Xin jian 孟心坚
Mu 木
Nan gong, Sheng 南宫生
Nan gong, Xi 南宫熹
Shi, You 史优
Wang, Chong wen 王崇文
Xian dai fu nü she 现代妇女社
Xiao hu tu 小糊涂
Xiao ran 潇然
Xiao, Ran 萧然
Xu, Ping 徐平
Yan, Zi 燕子
Yi, Fan 依凡
Yin 茵
Zhang, Mo 张默
Zhao, Jian 赵坚

MENG, XIAN REN 孟宪仁 (1922-)
Huang, Yi 黄移
Liu, Ji 柳寂

MENG, XIAN YUN 孟宪云 (1938-)
Bo xiu 伯岫

Meng, Xian zhi 孟咸直
MENG, XIAN ZHI 孟宪智

MENG, XIAN ZHI 孟宪智
Meng, Xian zhi 孟显直
Meng, Xian zhi 孟咸直
Xian zhi 咸直

Meng, Xian zhi 孟显直
MENG, XIAN ZHI 孟宪智

MENG, XIAN ZHONG 孟宪忠 (1931-)
Meng, Lie 孟烈

Meng, Xiang 孟湘
DENG, WEN LAI 邓文来 (1931-)

Meng, xiang ge 梦湘阁
YAO, XI JUN 姚锡钧 (1892-1954)

MENG, XIANG KE 孟祥柯 (1931-)
Meng, Jue zi 孟绝子

MENG, XIANG KUN 孟祥堃 (1937-)
Meng, Kun 孟堃

MENG, XIANG SEN 孟祥森 (1937-)
Meng, Dong li 孟东篱

MENG, XIANG YONG 孟翔勇 (1953-)
Xiang, Xiong 向雄

Meng, Xin 孟辛
FENG, XUE FENG 冯雪峰 (1903-1976)

Meng, Xin 孟新
LU, MAO JU 卢懋居 (1902-1941)

Meng, Xin jian 孟心坚
MENG, XIAN QI 孟宪棨 (1902-1976)

Meng, Xin shi 孟心史
MENG, SEN 孟森 (1868-1938)

Meng, Xing 孟星
LI, YU ZHEN 李毓珍 (1909-)

Meng, Xing 孟省
MAO, JI QUAN 茅及铨 (1921-)

Meng xing 梦星
LI, TENG YUE 李腾嶽 (1895-1975)

Meng xing 梦醒
MENG, QING YIN 孟庆寅 (1914-)

Meng, Xing hun 孟星魂
CHEN, CHUN AN 陈春安 (1952-)

Meng, Xing ren 孟醒仁
MENG, QING YIN 孟庆寅 (1914-)

Meng xing zi 梦醒子
LIU, DA PENG 刘大鹏 (1857-1942)

Meng, Xiong 孟雄
HE, MENG XIONG 何孟雄 **(1898-1931)**

Meng, Xiong 孟雄
TENG, GANG 滕刚

Meng xiong 梦熊
HE, MENG XIONG 何孟雄 **(1898-1931)**

Meng, Xiu 孟修
YU, WEN LIE 于文烈（**1922-** ）

Meng xu sheng 梦栩生
XIA, CHENG TAO 夏承焘 **(1900-1986)**

Meng, Xuan 孟璇
ZHANG, JUN FU 张俊夫 **(1959-)**

Meng xuan 梦轩
WEN, HAI 温海 **(1972-)**

Meng xue 梦雪
WEI, HONG XING 魏洪兴 **(1968-)**

Meng xun 梦逊
ZENG, PU 曾朴 **(1872-1935)**

Meng, Yan 孟言
YE, SHAO JUN 叶绍钧 **(1894-1988)**

Meng, Yan 孟炎
HU, MENG YAN 胡孟炎 **(1933-)**

Meng, Yan 孟嫣
LI, HUA KUO 李骅括

Meng yan 梦岩
XU, FU LIN 徐傅霖 **(1879-1958)**

Meng yan 梦岩
WANG, CHANG QING 王长青 **(1930-)**

Meng, Yang 孟氧
ZHAO, ZHI MING 赵志明 **(1923-)**

Meng yang 梦扬
WANG, MENG YANG 王孟扬 **(1905-)**

Meng, Yao 孟瑶
YANG, ZONG ZHEN 杨宗珍 **(1919-)**

Meng yao 梦遥
LI, YAN YAN 李燕燕 **(1955-)**

Meng ye 梦耶
ZHANG, XIANG HUA 张骧化 **(1927-)**

Meng ye 梦野
WANG, MENG YE 王梦野

Meng ye 萌也
HE, YI 何以 **(1930-)**

Meng, Yi 孟毅
HUANG, MENG WEN 黄孟文 **(1937-)**

Meng yi 梦艺
LIU, HONG JI 刘洪吉 **(1945-)**

Meng, Yin 孟引
ZHU, FANG HUAI 朱芳淮 **(1909-)**

Meng yin 梦吟
HUANG, GUANG YOU 黄光佑 **(1939-)**

Meng yin 梦茵
HU, SHOU MEI 胡寿楣 **(1908-1982)**

Meng, Ying 孟英
MENG, CHUAN DUO 孟传铎 **(1913-)**

Meng, Ying 孟英
WANG, SHI XIONG 王士雄

MENG, YING 孟滢 **(1921-)**
Meng, Bu can 孟不残

Meng ying 梦影
LAI, YONG TAO 赖永涛 **(1940-)**

Meng ying 梦影
FU, JIA CHEN 傅家琛

Meng, Yong 孟勇
LI, YUAN QING 李元庆 **(1914-1979)**

Meng, Yu 孟予
ZHU, KAN 朱侃 **(1925-)**

Meng yu 梦雨
CHEN, HUAN YANG 陈焕旸 **(1948-)**

Meng yu 梦雨
DING, WEI YA 丁卫亚 **(1960-)**

Meng yu 梦渔
GU, ZHAO XIONG 顾兆熊 **(1888-1973)**

Meng, Yuan 孟远
LIANG, QI CHAO 梁启超 **(1873-1929)**

Meng, Yuan 孟原
ZHAO, MENG YUAN 赵孟原 **(1912-)**

Meng yuan 梦园
ZHAO, MENG YUAN 赵孟原 **(1912-)**

Meng yuan 梦园
JIANG, HAI RUI 蒋海瑞 **(1922-)**

Meng yuan 梦苑
HE, JUN 贺骏 **(1891-1977)**

Meng yue 梦月
CHEN, DUN XIU 陈敦秀

Meng yun 梦云
WANG, ZU GUANG 王祖光 **(1919-)**

Meng yun 梦云
HE, XIAO QIAN 何孝骞 **(1922-)**

Meng yun 梦云
WAN, LI PENG 万里鹏 (1926-)

Meng zhai 梦斋
SHEN, HONG GEN 沈鸿根 (1943-)

Meng, Zhan 孟瞻
MENG, JI YUAN 孟济元 (1957-)

MENG, ZHAN MIN 蒙占敏 (1950-)
Yi min 怡敏

MENG, ZHAO FU 蒙兆甫
Zi wu 子午

MENG, ZHAO YU 孟昭禹 (1934-)
A kai 阿恺
Shao yu 绍禹

Meng, Zhe 孟哲
LIU, HOU SHENG 刘厚生 (1921-)

Meng, Zhe 蒙者
ZHU, GUANG QIAN 朱光潜 (1897-1986)

Meng, Zhen 孟真
FU, SI NIAN 傅斯年 (1896-1950)

Meng, Zhi 孟之
ZHOU, MENG XIAN 周孟贤 (1944-)

Meng zhi 梦之
ZHANG, ZHENG 张铮 (1939-)

MENG, ZHI DONG 孟志东 (1935-)
Mo ri gen di 莫日根迪

MENG, ZHI FEI 孟智扉 (1943-)
Ke, Tong 柯彤

Meng zhong 梦中
HUANG, JIA DE 黄嘉德 (1908-1992)

Meng, Zhong ji 孟仲季
QIU, LIU MAN 丘柳曼 (1937-)

Meng, Zhou 孟周
LIU, SI HAI 刘斯海 (1919-)

Meng, Zhou 孟周
HU, NIAN YI 胡念贻 (1924-1982)

Meng, Zhu 梦竹
CONG, ZHENG LI 丛正礼 (1931-)

Meng, Zi 孟紫
CHEN, MEI JIN 陈美今 (1928-)

Meng, Zi 蒙紫
MENG, TIAN ZUO 蒙天祚 (1933-)

Meng, Zi ming 孟紫明
MENG, WEN TAO 孟文涛 (1921-)

Meng, Zi wei 孟子微
CAO, JU REN 曹聚仁 (1900-1972)

Meng, Zuo gong 孟左恭
MENG, JI GANG 孟继纲 (1936-)

Mi 蜜
KONG, FAN YAN 孔繁衍 (1912-)

Mi, A na 米阿娜
XU, CHENG QUAN 徐成全 (1962-)

Mi cai 弥采
YANG, JI ZENG 杨继曾 (1899-)

MI, CHUN MAO 米春茂 (1938-)
Mi, Lin 米霖

Mi, Ding 米丁
LIU, DE ZHANG 刘德璋 (1942-)

Mi er 瀰耳
LI, HUI YING 李惠英 (1930-)

Mi feng 蜜蜂
XIONG, HUA FENG 熊华峰 (1965-)

Mi, Fu 米夫
LI, ZI HUA 李子华 (1943-)

Mi, Gan gan 米甘干
ZHANG, JIA BIN 张佳宾 (1957-)

Mi geng 弥耕
LI, MEI GENG 李梅耕

Mi gong 糸工
LI, JING YUAN 李景元 (1921-)

Mi, Gu 米谷
ZHU, WU SHI 朱吾石 (1918-1986)

Mi, He 米河
YU, HONG XIN 于洪鑫 (1922-)

MI, JIA QING 米家庆 (1934-)
Mi, Li 米立

MI, JIAN 米健
Mi, Ye tian 米也天

MI, JIN BO 米金波 (1923-)
Zhuang, Jia han 庄稼汉

Mi, Jun 米军
LIN, ZHI ZHI 林秩趾 (1922-)

Mi, Kai 米凯
HUA, XI LU 花禧禄 (1912-1946)

Mi, Ke er 米可儿
WANG, ZHI LIAN 王志濂 (1929-)

Mi, Lei 米雷
WU, DA XIONG 吴达雄 (1943-)

Mi, Li 米立
MI, JIA QING 米家庆 (1934-)

Mi, Li 米里
REN, GEN LIU 任根鎏 (1923-)

Mi, Lin 米霖
MI, CHUN MAO 米春茂 (1938-)

Mi lin 密林
LI, PIN ZHOU 李聘周 (1918-1938)

Mi, Lu 米鹿
WANG, DE LIN 王德林 (1920-)

Mi lu 麋鹿
WANG, JING XI 王敬義 (1933-)

Mi, Luo 米萝
YI, HONG BIN 易洪斌 (1943-)

Mi luo 汨罗
HUANG, YONG LIAN 黄雍廉 (1930-)

Mi man 弥曼
ZHANG, XI NA 张曦娜 (1955-)

Mi, Mi 米謎
MI, ZE XIU 米泽秀 (1945-)

Mi mi 密密
ZHOU, MI MI 周蜜蜜 (1953-)

Mi mi 蜜蜜
ZHOU, MI MI 周蜜蜜 (1953-)

Mi, Na 米纳
ZHANG, MAO JUN 张懋钧 (1923-)

Mi, Ping 米平
WANG, REN SHU 王任叔 (1901-1972)

Mi, Qing 米青
HOU, JING YI 侯精一 (1935-)

Mi, Ruo 米若
HE, WEI 何微 (1916-)

Mi, Ruo lu 米若路
ZHENG, REN 郑稔 (1941-)

Mi, Sha 米沙
MAO, ZHI HUA 毛智华 (1968-)

Mi sheng 祢生
CHEN, ZI FAN 陈子范 (1881-1914)

Mi sheng 迷生
ZHANG, QING RONG 张清荣 (1902-1955)

MI, SHOU SHI 米寿世 (1933-)
Lao, Mi 劳米

Mi, Shu 米舒
CAO, ZHENG WEN 曹正文 (1950-)

Mi, Si 米斯
LI, QI GANG 李启刚 (1925-)

MI, SONG YI 弥松颐 (1939-)
Er gong 尔弓
Song yi 颂颐

MI, WEN KAI 糜文开 (1909-)
Wen, Kai 文开
Yi shao 一勺

Mi, Xi chang 米锡昌
MI, YUN CHANG 米运昌 (1946-)

Mi yang lu 迷阳庐
JING, YAO YUE 景耀月 (1883-1944)

Mi yang she ren 米阳社人
LI, QING HENG 李庆恒 (1948-)

Mi, Ye tian 米也天
MI, JIAN 米健

MI, YING WEN 密英文 (1962-)
Ye, Miao 叶苗
Yi lin 艺林

MI, YUN CHANG 米运昌 (1946-)
Mi, Xi chang 米锡昌

MI, ZE XIU 米泽秀 (1945-)
Mi, Mi 米謎

Mi, Zhu zhu 米煮竹
ZHONG, DIAN FEI 钟惦斐 (1919-1987)

Mi, Zi 米子
GAO, KAI 高凯 (1963-)

Mi zong ge xing hui 密宗革兴会
LÜ, PEI LIN 吕沛林 (1889-1947)

Mian bing 眠冰
TAO, DI YA 陶涤亚 (1909-)

Mian chang 绵长
CAI, ZHEN YANG 蔡振扬 (1917-)

Mian cheng jing she 面城精舍
LUO, ZHEN YU 罗振玉 (1866-1940)

Mian gai 丏丐
DONG, HUA 董华 (1907-1980)

Mian hou 勉後
SHEN, LI 沈砺 (1879-1946)

Mian lao 丏佬
HU, XIAN ZHONG 胡显中

Mian liu 眠流
YANG, YUN E 杨云鹗 (1910-1991)

Mian shan lao mu 绵山老牧
WANG, SHU NAN 王树枏 (1851-1936)

Mian sheng 勉生
LI, SHI ZHAO 李士钊 (1916-)

Mian shi 眠石
YU, YU FEI 于宇飞 **(1891-1975)**

Mian tian 靦覥
SHEN, SI GU 沈似谷

Mian xing 勉行
WAN, ZHI MIN 万志民 **(1926-)**

Mian zhi 勉之
CHEN, QI TIAN 陈启天 **(1893-1984)**

Mian zhi 勉之
REN, ZHUO XUAN 任卓宣 **(1896-1990)**

Mian zhi 勉之
XUE, E GUO 薛萼果 **(1908-1983)**

Mian zhi 勉之
WU, CHUN HAN 吴春晗 **(1909-1969)**

Mian zhong 勉仲
RONG, DING CHANG 容鼎昌 **(1919-)**

Mian zun 丏尊
XIA, MIAN ZUN 夏丏尊 **(1886-1946)**

Miao 苗
JUE LUO, DE LIN 觉洛德林 **(1921-)**

MIAO, BIN SHU 苗斌书 **(1927-)**
Bing shu 冰舒
Miao, Bing shu 苗冰舒

Miao, Bing shu 苗冰舒
MIAO, BIN SHU 苗斌书 **(1927-)**

Miao, Bo 苗波
MIAO, SHANG FANG 缪尚芳 **(1916-)**

MIAO, BO YING 缪伯英
Bai ying 百英

Miao chan 妙禅
ZHANG, MIAO CHAN 张妙禅

MIAO, CHONG QUN 缪崇群 **(1907-1945)**
Chong qun 崇群
Zhong yi 终一

MIAO, CHU HUANG 缪楚黄 **(1923-)**
Chu, Huang 楚黄
Lin, Pi 林疋
Lin, Tian 林田

MIAO, CHUAN CHENG 苗传成 **(1941-)**
Miao, Zhuang 苗壮

Miao, Chun 苗春
ZHU, GUANG RONG 朱光荣 **(1942-)**

Miao chun 渺莼
XU, XI 徐熹 **(1908-)**

Miao, Chun yuan 苗春元
MIAO, PO 苗泼 **(1932-)**

MIAO, DE SHENG 苗得生 **(1932-)**
Miao, De yu 苗得雨

Miao, De yu 苗得雨
MIAO, DE SHENG 苗得生 **(1932-)**

Miao, Di 苗地
MIAO, GUO SHENG 苗果生 **(1925-)**

Miao fan 渺凡
PENG, JI QING 彭吉清

MIAO, FENG LIN 苗丰麟 **(1931-)**
Miao, Feng lin 苗枫林

Miao, Feng lin 苗枫林
MIAO, FENG LIN 苗丰麟 **(1931-)**

Miao, Ge 苗歌
WANG, XIAO RONG 王孝溶 **(1927-)**

Miao gong 眇公
SU, WEI ZHEN 苏维桢 **(1888-1943)**

Miao gong bi 眇公笔
SU, WEI ZHEN 苏维桢 **(1888-1943)**

MIAO, GUANG QIN 缪光钦 **(1915**
Hai, Leng 海稜
Hai, Xi 海系
Lei, Bo 雷波
Miao, Hai leng 缪海稜
Shu ge 蜀戈
Wen jin 问津

MIAO, GUO SHENG 苗果生 **(1925-)**
Miao, Di 苗地

Miao, Hai leng 缪海稜
MIAO, GUANG QIN 缪光钦 **(1915-)**

Miao, Hen 苗痕
XU, DING MING 许定铭 **(1947-)**

Miao, Hua 缪化
WANG, ZHAO WEN 王朝闻 **(1909-)**

MIAO, HUA FANG 苗华舫
Ming xin 铭心

Miao, Jin 苗瑾
MIAO, YU HUA 苗玉华 **(1946-)**

MIAO, JIN YUAN 缪金源 **(-1943)**
Jin, Yuan 金源

MIAO, JUN JIE 缪俊杰 **(1936-)**
Miao, Shi liang 缪石良
Xiao, Miao 萧苗
Yan, Wen 燕文
Zong, Jie 宗杰

Miao, Ke zi 缪珂子
ZHANG, RUI LIN 张瑞麟 **(1933-)**

MIAO, LANG SHAN 缪朗山 **(1911-1978)**
Miao, Ling zhu 缪灵珠
Yi fu 彝父

MIAO, LI TIAN 苗力田 **(1917-)**
Chun yi 纯夷
Lu, Yi 陆夷
Tang, Huang 唐荒
Xin, Bai 辛白

Miao, Lie 苗埒
ZHOU, JIAN XIAO 周剑箫 **(1911-1992)**

Miao, Lin 苗林
ZHANG, MU LING 张慕陵 **(1927-)**

Miao, Lin 苗林
WU, GANG 吴刚 **(1937-)**

Miao, Ling 苗灵
LU, RU YIN 卢汝吟 **(1918-)**

Miao, Ling 苗嶺
PAN, JUN LING 潘俊龄 **(1938-)**

Miao, Ling zhu 缪灵珠
MIAO, LANG SHAN 缪朗山 **(1911-1978)**

Miao, lü 苗绿
LIN, WEN JIN 林文锦 **(1948-)**

Miao, Mang 苗芒
HUANG, YOU JI 黄友吉 **(1935-)**

Miao mang 渺茫
HUANG, YOU JI 黄友吉 **(1935-)**

Miao miao 淼淼
XIE, FEI FEI 谢霏霏 **(1945-)**

Miao, Miao 缪淼
MAO, XIAO YONG 冒效庸 **(1914-)**

Miao, Min 缪敏
LI, XIANG ZHEN 李祥贞 **(1909-1977)**

Miao, Ming 苗明
LU, YOU MING 卢有明 **(1941-)**

Miao, Mu 苗木
HUANG, BO RONG 黄伯荣 **(1922-)**

Miao, Mu 苗木
ZHAO, BING YI 赵炳彝 **(1924-)**

Miao, Mu 缪木
MIAO, ZHI ZHAN 缪志展 **(1936-)**

Miao, Nuo 缪诺
CHEN, HONG XIANG 陈鸿祥 **(1937-)**

MIAO, PEI SHI 苗培时 **(1918-)**
Cao, Lan 曹兰
Cao tian 草田
Da gu 大古
Ren, Qing 任青
You guang 有光

MIAO, PO 苗泼 **(1932-)**
Miao, Chun yuan 苗春元

Miao, Pou 苗垺
ZHOU, JIAN XIAO 周剑箫 **(1911-1992)**

MIAO, QI YUAN 缪启源 **(1967-)**
Miao, Si 缪思

Miao, Qing 苗青
HE, ZHAO 贺照 **(1922-)**

Miao, Qing 苗青
LONG, GUANG MAO 龙光茂 **(1935-)**

Miao, Qing 苗青
WANG, SONG QING 王松青 **(1947-)**

Miao, Qing wang 苗青旺
LIU, RUI FENG 刘瑞峰 **(1916-)**

MIAO, QUAN SUN 缪荃孙 **(1844-1919)**
Xiao shan 小山
Xiao shan 小珊
Xiao shan 筱珊
Yan zhi 炎之
Yi feng 艺风
Yi feng lao ren 艺风老人

MIAO, SHANG FANG 缪尚芳 **(1916-)**
Miao, Bo 苗波

Miao sheng 妙胜
LI, WEN TAO 李文涛 **(1880-1942)**

Miao, Shi 缪士
JI, WEI 嵇伟 **(1954-)**

Miao shi 渺世
LI, QI XIAN 李启贤 **(1903-1980)**

Miao, Shi liang 缪石良
MIAO, JUN JIE 缪俊杰 **(1936-)**

MIAO, SHU LIAN 缪树廉
Hui ren 慧任

MIAO, SHU MIN 缪叔民 **(1908-)**
Kun sheng 堃生

Miao, Si 缪思
XU, ZHAO ZHEN 许肇箴 **(1961-)**

Miao, Si 缪思
MIAO, QI YUAN 缪启源 **(1967-)**

Miao sou 眇叟
LU, DAN LIN 陆丹林 **(1898-1972)**

MIAO, TIAN HUA 缪天华 **(1914-)**
Mu gu 木孤
Xin yu 心餘

MIAO, TIAN RUI 缪天瑞 **(1908-)**
Mu, Jing 穆静
Mu, Tian shu 穆天澍
Pai huai 徘徊
Pei, Hui 裴回
Tian shu 天澍

Miao, Ting 苗挺
ZHOU, SHU REN 周树人 **(1881-1936)**

Miao wen 描文
ZHU, SHI FENG 朱石峰 **(1903-1947)**

MIAO, WEN WEI 缪文渭 **(1915-)**
Chen guang 晨光
Jin, Guo 金国
Qiu, Hong 秋虹
Tian, Wen 田文
Tian, Wen 田闻
Tian, Yue 田月
Yu tian 羽田
Zhang, Hou ji 张厚继
Zhang, Xie 张撷
Zhang, Yin 张茵

Miao wu 妙悟
HU, YUE WU 胡跃五

Miao, Xin 苗欣
LI, SHI CHANG 李世昌 **(1934-)**

Miao, Xiu 苗秀
DAI, MENG OU 戴梦鸥 **(1905-1950)**

Miao, Xiu 苗秀
LU, SHAO QUAN 卢绍权 **(1920-1980)**

MIAO, XU FA 苗绪法 **(1953-)**
Mo jian 蓦见

MIAO, XUE MIN 苗学敏
Zhong sheng 钟声

Miao yan 妙严
LI, WEN TAO 李文涛 **(1880-1942)**

MIAO, YAN SHENG 缪衍生 **(1923-1989)**
Zou, Ming 邹明

Miao, Yan xiu 苗延秀
WU, YAN SHOU 伍延寿 **(1918-)**

Miao, Yi 苗毅
LU, SHAO QUAN 卢绍权 **(1920-1980)**

Miao yi 妙义
LI, WEN TAO 李文涛 **(1880-1942)**

MIAO, YIN TANG 缪印堂 **(1935-)**
Fang, Meng 方萌

Miao, You 苗幼
WEN, GUO SHENG 温国生 **(1940-)**

MIAO, YU HUA 苗玉华 **(1946-)**
Miao, Jin 苗瑾

Miao, Yu sheng 苗豫生
MIAO, ZHONG AN 苗重安 **(1938-)**

MIAO, YUE 缪钺 **(1904-)**
Yan wei 彦威

MIAO, YUN 缪云 **(1951-)**
Miao yun 妙云

Miao yun 妙云
MIAO, YUN 缪云 **(1951-)**

MIAO, ZHENG BAO 苗正宝 **(1923-)**
Bian, Zi zheng 边子正

MIAO, ZHI ZHAN 缪志展 **(1936-)**
Miao, Mu 缪木

MIAO, ZHONG AN 苗重安 **(1938-)**
Miao, Yu sheng 苗豫生

Miao, Zhuan 缪篆
MIAO, ZI CAI 缪子才

Miao, Zhuang 苗壮
MIAO, CHUAN CHENG 苗传成 **(1941-)**

Miao, Zi 苗子
HUANG, ZU YAO 黄祖耀 **(1913-)**

Miao, Zi 苗子
WU, YAN SHOU 伍延寿 **(1918-)**

MIAO, ZI CAI 缪子才
Miao, Zhuan 缪篆

Mie hu 滅胡
JING, DING CHENG 景定成 **(1879-1949)**

Mie nu you yi ren 滅奴又一人
JING, DING CHENG 景定成 **(1879-1949)**

Mie, Ru ye 乜如也
WANG, PENG FEI 王鹏飞

Min 民
LI, YU YING 李煜瀛 **(1881-1973)**

Min 民
CHU, MIN YI 褚民谊 **(1884-1946)**

Min 民
SHEN, YAN BING 沈雁冰 **(1896-1981)**

Min 民
LIAO, CHEN YUN 廖陈云 **(1905-1995)**

Min 旻

WANG, TONG ZHAO 王统照 **(1897-1957)**

Min 敏
WANG, SONG DAI 王松黛 **(1917-)**

Min 敏
LIN, LIANG 林良 **(1924-)**

Min ai 民哀
YAO, ZHEN 姚朕

Min an 悯庵
ZHEN, JUN 震钧 **(1857-1920)**

Min an 敏庵
ZHOU, RU CHANG 周汝昌 **(1918-)**

Min, Bao zhi 闵葆之
MIN, ER CHANG 闵尔昌 **(1872-1948)**

Min biao 民表
QIN, DING YI 秦鼎彝 **(1877-1906)**

Min, De 闵德
GONG, MING DE 龚明德 **(1953-)**

Min ding 敏丁
MAO, JI CHANG 毛季常 **(1920-1991)**

Min duo 民铎
ZOU, QUAN 邹铨 **(1887-1913)**

MIN, ER CHANG 闵尔昌 **(1872-1948)**
Fu weng 復翁
Huang, Shan 黄山
Lei, Tang 雷塘
Min, Bao zhi 闵葆之
Yun, Hai lou 云海楼

Min, Fei 闵飞
YANG, MING HUI 杨明辉 **(1934-1980)**

MIN, FO JIU 闵佛九
Pei heng 佩蘅

Min fu 敏夫
GAO, JIN LIANG 高锦亮 **(1905-1975)**

Min guang 敏光
HE, MING GUANG 贺明广 **(1945-)**

MIN, GUO KU 闵国库 **(1941-)**
Min, Jie 闵捷

MIN, HONG KUI 闵鸿奎 **(1937?-)**
Gu ying 孤影

Min hou xian sheng 闽候先生
LIN, SHU 林纾 **(1852-1924)**

Min hua 旻华
BAI, LE CHENG 白乐成 **(1946-)**

Min hui 敏惠
LU, MING HUI 卢明辉 **(1934-)**

Min hun 民魂
LÜ, ZHONG ZUN 吕中尊 **(1897-)**

Min, Jie 闵捷
MIN, GUO KU 闵国库 **(1941-)**

Min, Jin 闵今
HUANG, WAN LUN 黄万纶 **(1926-)**

Min jun 敏君
ZHANG, ZI PING 张资平 **(1893-1959)**

Min kai 民凯
SUN, HONG KAI 孙宏开 **(1934-)**

Min kuang 闽狂
ZHU, QIAN ZHI 朱谦之 **(1899-1972)**

Min li 旻黎
ZHENG, MING LI 郑明娳 **(1949-)**

Min li 闽力
CHEN, MING 陈明 **(1954-)**

Min qi 敏歧
XU, AI CHANG 许艾昌 **(1935-)**

Min, Qun 闵群
HUANG, ZHEN YUAN 黄振元 **(1866-1913)**

Min, Ren 闵人
MIN, XI ZHEN 闵僖珍 **(1927-)**

Min, Rui 闵睿
GONG, MING DE 龚明德 **(1953-)**

Min sheng 敏生
LU, MIN SUN 陆敏荪 **(1917-)**

Min, Shi fu 闵时夫
HU, QIU YUAN 胡秋原 **(1910-1989)**

Min shi shi 民史氏
ZHAO, BI ZHEN 赵必振 **(1872-1956)**

Min shi shi 民史氏
SUN, HUAN JING 孙寰镜

Min shu 敏书
WANG, REN SHU 王任叔 **(1901-1972)**

Min ti 民题
FAN, MING TI 樊明体 **(1915-)**

MIN, TIE SHAN 闵铁山 **(1918-)**
He, Wei 何畏
Lu, Feng 鲁风
Luo, Lu feng 罗鲁风
Wen, Chao 闻潮
Xiang, Yang 向阳
Xin, Ai 辛艾

MIN, XI ZHEN 闵僖珍 **(1927-)**
Min, Ren 闵人

Min xiang 敏翔
LI, ZHI HAO 李志豪 **(1939-)**

Min xin 民心
SHEN, ZE MIN 沈泽民 **(1900-1933)**

Min xin 民心
WANG, MING XIN 王明心 **(1945-)**

Min xing 民兴
LI, LIANG XING 李两兴 **(1936-)**

Min xing 敏行
ZHOU, YING PEI 周应培 **(1917-)**

Min xing 敏行
GUO, MIN XING 郭敏行

Min xun 民迅
LI, LIANG XING 李两兴 **(1936-)**

Min yan 敏言
WEN, SI XIANG 温嗣翔 **(1916-)**

Min yan 敏言
ZHANG, GUO JIE 张国杰 **(1941-)**

Min yan 民燕
LEI, XING WU 雷省吾 **(1935-)**

Min yi 民遗
NING, TIAO YUAN 甯调元 **(1873-1913)**

Min yi 民意
HU, HAN MIN 胡汉民 **(1879-1936)**

Min yi 民意
WANG, ZHAO MING 汪兆铭 **(1883-1944)**

Min, Yin 闵垠
MIN, ZHEN HUA 闵振华 **(1934-)**

Min yong 民佣
ZHANG, YI LIN 张一麐 **(1867-1943)**

Min you 民有
QIAN, XIN 钱辛 **(1879-1944)**

Min you 民猶
BI, SHU TANG 毕树棠 **(1900-1983)**

Min yu 敏瑜
PENG, MEI YU 彭美玉 **(1954-)**

MIN, YU RU 闵玉如 **(1912-)**
Deng, Gang 邓刚
Min, Zi 闵子
Qin, Huai bi 秦淮碧
Wang, Jia dian 王加点

Min ze 敏泽
HOU, FU HAI 侯福海 **(1927-)**

MIN, ZHEN HUA 闵振华 **(1934-)**
Min, Yin 闵垠

Min zhi 民治
LI, YI MANG 李一氓 **(1902-1990)**

Min zhi 民质
ZHANG, SHI ZHAO 章士钊 **(1882-1973)**

Min zhi 泯之
YANG, XI GUANG 杨锡光 **(1928-)**

Min zhi 敏之
JIAO, MIN ZHI 焦敏之

Min zhong wei lu zi 闽中畏庐子
LIN, SHU 林纾 **(1852-1924)**

MIN, ZHONG YI 闵中一
Zong, Yi 宗益

Min zhu lao ren 民主老人
YI, TING XI 易廷熹 **(1874-1941)**

Min, Zi 闵子
MIN, YU RU 闵玉如 **(1912-)**

Min zi 敏子
LIU, ZI ZHAO 刘子兆 **(1906-)**

Min zi 敏子
SUN, JIA RUI 孙嘉瑞 **(1920-)**

Min zi 敏子
XIAO, MIN 萧敏 **(1947-)**

Ming 明
ZHOU, SHI CHAO 周世超 **(-1939)**

Ming 明
CHEN, DU XIU 陈独秀 **(1879-1942)**

Ming 明
SHEN, YAN BING 沈雁冰 **(1896-1981)**

Ming 明
TIAN, HAN 田汉 **(1898-1968)**

Ming 明
TANG, DAO GENG 汤道耕 **(1904-1992)**

Ming 明
CHEN, WEI MING 陈维明 **(1905-1961)**

Ming 明
ZHENG, MING 郑明

Ming 明
SHENG, WEI CANG 盛蔚苍

Ming 明
LUO, DA MING 罗达明

Ming 鸣
BAO, HUI SENG 包惠僧 **(1894-1979)**

Ming 鸣
ZHANG, JIAN MING 张剑鸣

Ming 铭
SHEN, YAN BING 沈雁冰 **(1896-1981)**

Ming 溟
ZHANG, XIANG SHAN 张香山 **(1914-)**

Ming bian 鸣鞭
WANG, REN SHU 王任叔 **(1901-1972)**

Ming bian ci ke 茗边词客
LIU, LIN SHENG 刘麟生 **(1894-1980)**

Ming bing 鸣冰
SUN, DA KE 孙大珂 **(1909-1956)**

Ming, Cao 明操
SHI, XI MIN 石西民 **(1912-1987)**

Ming, Chang zhao 明长照
YANG, FENG QI 杨凤岐 **(1908-)**

Ming, Che 明澈
WU, YAN JIN 吴彦进

Ming, Cheng zhai 明诚斋
ZHANG, JIN JIAN 张金鑑 **(1902-1988)**

Ming cheng zhai zhu 明诚斋主
ZHANG, JIN JIAN 张金鑑 **(1902-1988)**

Ming cheng zhai zhu ren 明诚斋主人
ZHANG, JIN JIAN 张金鑑 **(1902-1988)**

Ming, Chi 明池
ZHANG, MING CI 张明慈

Ming, Chuan 明川
LU, WEI LUAN 卢玮銮 **(1939-)**

Ming chuan 铭川
SHEN, ZHONG JIU 沈仲九 **(1887-1968)**

Ming, Dao 明道
GU, JING CHENG 顾景程 **(1897-1944)**

Ming, De 明德
SHEN, MING DE 沈明德 **(1920-)**

Ming, De 明德
SHEN, MIN TE 沈敏特 **(1936-)**

Ming, De 明德
QIN, MING DE 覃明德 **(1949-)**

Ming, De 明德
ZHENG, MING DE 郑明德

Ming, Di 明弟
LIU, ZHI MING 刘智明 **(1911-)**

Ming di 鸣笛
WANG, MING TI 王名题

Ming di 鸣镝
PENG, KAI ZHONG 彭闓忠 **(1913-)**

Ming ding bing ding 酩酊兵丁
WANG, JI YOU 王季友 **(1910-1979)**

Ming er 鸣儿
ZHOU, MI MI 周蜜蜜 **(1953-)**

MING, FANG 明芳
Yu, Xiao min 余小敏

Ming, Fei 冥飞
ZHANG, TAO 张焘 **(1894-)**

Ming, Fen 明粉
NI, ZHENG XIANG 倪政祥 **(1935-)**

Ming, Feng 明锋
WANG, MING TI 王名题

Ming, Fu 明甫
SHEN, YAN BING 沈雁冰 **(1896-1981)**

Ming gang 鸣冈
XIE, BING YING 谢冰莹 **(1906-2000)**

Ming, Gao 明高
TIAN, HAN 田汉 **(1898-1968)**

Ming ge 鸣戈
ZENG, MING 曾鸣 **(1959-)**

Ming gong 鸣弓
LIU, QI JUN 柳启鋆 **(1902-)**

Ming, Gu 明古
WANG, XING TANG 王兴堂 **(1921-)**

Ming, Gui 明贵
CHEN, MING GUI 陈明贵 **(1949-)**

Ming, Han 明翰
XIA, MING HAN 夏明翰 **(1900-1928)**

Ming, Hong 冥鸿
QIU, LIANG 仇亮 **(1879-1918)**

Ming, Hu 明湖
AI, JIA ZHENG 艾家政 **(1925-)**

Ming, Hui 明慧
LI, WEN TAO 李文涛 **(1880-1942)**

Ming, Hun 明昏
DENG, ZHI CHENG 邓志成 **(1956-)**

Ming, Ji 明季
SUN, MIN JI 孙民纪 **(1954-)**

Ming jian bai zhai 鸣坚白斋
SHEN, RU JIN 沈汝瑾 **(1858-1917)**

Ming jian lou zhu 鸣剑楼主
YIN, SHUI XIN 印水心

Ming, Jin 明今
XUE, BAO DING 薛葆鼎 **(1916-)**

Ming, Jing 明经
ZHAO, SHU LI 赵树礼 **(1906-1970)**

Ming, Ke 明柯
FENG, WEN CI 冯文慈 **(1926-)**

Ming ke 茗柯
LI, YIN SANG 李尹桑

Ming, Lang 明朗
ZHANG, JUN LIU 张均六 **(1924-)**

Ming li 茗理
ZHANG, YU 章钰 **(1865-1937)**

Ming, Liang 明亮
MING, QIU SHUI 明秋水 **(1920-)**

Ming, Liang lu 明两庐
WANG, QU CHANG 王蘧常 **(1900-1989)**

Ming, Liao 明了
LI, WEN TAO 李文涛 **(1880-1942)**

Ming, Lu 明禄
ZHAN, MING LU 詹明禄 **(1923-)**

Ming, Lü 明绿
HU, SHAN YUAN 胡山源 **(1897-1988)**

Ming, Lun 明伦
LU, XIAO MING 鲁小明 **(1946-)**

Ming, Mei 明梅
SUN, DE ZHEN 孙德振 **(1938?-)**

Ming, Min 明民
ZHOU, ZHONG LIANG 周仲良

Ming, Ming 明明
LI, DA ZHAO 李大钊 **(1889-1927)**

Ming, Ming 明明
LIU, GUO MING 刘国明 **(1954-)**

Ming, Ming 冥冥
LI, DA ZHAO 李大钊 **(1889-1927)**

Ming, Ming 冥冥
CHEN, WEI MING 陈维明 **(1905-1961)**

Ming, Qi 明琪
SUN, XI ZHEN 孙席珍 **(1906-1984)**

Ming qian 鸣谦
TAN, PING SHAN 谭平山 **(1886-1956)**

Ming, Qiang 明强
HUANG, TAI XUAN 黄太玄

Ming qiu 鸣秋
LU, MING QIU 陆鸣秋 **(1905-)**

MING, QIU SHUI 明秋水 **(1920-)**
Jiang, Shan 江山
Liu, Ying 柳影

Ming, Liang 明亮

Ming quan 铭铨
DAI, SU HUA 戴素华 **(1939-)**

Ming ren 鸣人
ZHANG, MING REN 张明仁 **(1918-)**

Ming ren 铭人
YAO, WEN YUAN 姚文元 **(1931-)**

Ming, Rui 明瑞
CHEN, CHANG XI 陈长喜 **(1957-)**

Ming, Ruo 明若
SHENG, WEI CANG 盛蔚苍

Ming ruo 溟若
JIN, ZHI CHAO 金志超 **(1905-1970)**

Ming san 鸣三
WANG, REN SHU 王任叔 **(1901-1972)**

Ming, Se 明瑟
ZHOU, SHU REN 周树人 **(1881-1936)**

Ming shan 名山
QIAN, ZHEN HUANG 钱振鍠 **(1875-1943)**

Ming shan shi 名山石
HE, XIN QUAN 和新泉 **(1924-)**

Ming shen 铭深
CHE, MING SHEN 车铭深

Ming, Shi 明石
ZHU, GUANG QIAN 朱光潜 **(1897-1986)**

Ming, Shi 明石
SHI, XI MIN 石西民 **(1912-1987)**

Ming, Shi 明士
XU, SHAN YUAN 徐善源 **(1914-1977)**

Ming, Shi 明视
WU, BING WEI 吴炳伟 **(1939-)**

Ming, Shu 明树
XU, SHAN YUAN 徐善源 **(1914-1977)**

Ming shuang 鸣爽
LIN, XUE TANG 林雪棠 **(1898-)**

Ming, Shui 明水
TANG, RUI 汤叡 **(1878-1916)**

Ming, Shui 冥水
PAN, GONG KAI 潘公凯 **(1947-)**

Ming, Suo 明索
YANG, MING SUO 杨明锁 **(1939-)**

Ming, Tian 明天
LI, MING QIAN 李明谦 **(1929-)**

Ming tong 鸣童

NIU, MING TONG 牛明通 (1938?-)

Ming, Xi 明曦
ZENG, ZHAO XU 曾昭旭 (1943-)

Ming xi 鸣希
LI, YAO TANG 李尧棠 (1904-)

Ming xiang bing sou 茗乡病叟
SHEN, ZENG ZHI 沈曾植 (1850-1922)

Ming, Xin 明心
SHEN, YAN BING 沈雁冰 (1896-1981)

Ming, Xin 明心
SHEN, ZE MIN 沈泽民 (1900-1933)

Ming xin 铭心
MIAO, HUA FANG 苗华舫

Ming, Xing 明星
YANG, BEN 杨奔 (1928-)

Ming, Xuan 明轩
WEI, FENG BIAO 魏凤标 (1898-1928)

Ming xun 铭训
LI, MING XUN 李铭训

Ming, Yan 明言
HE, MING YAN 何明炎 (1930-)

Ming, Yan 明言
JIANG, DE MING 蒋德明 (1955-)

Ming, Yi 明夷
KANG, YOU WEI 康有为 (1858-1927)

Ming, Yi 明夷
YU, MING ZHEN 俞明震 (1860-1918)

Ming, Yi 明夷
CHEN, DU XIU 陈独秀 (1879-1942)

Ming, Yi 明夷
CAI, ZHAO ZHEN 蔡兆臻 (1942-)

Ming, Yi 明宜
CHEN, DU XIU 陈独秀 (1879-1942)

Ming, Yi 明弈
LIU, SHU DE 刘澍德 (1906-1970)

Ming yi 名一
ZHAO, MING YI 赵铭彝 (1906-)

Ming yi 名逸
ZHAO, MING YI 赵铭彝 (1906-)

Ming yi 铭彝
ZHAO, MING YI 赵铭彝 (1906-)

Ming yi 溟漪
ZHANG, XIANG SHAN 张香山 (1914-)

Ming yi ju shi 明夷居士
DAI, XUN YANG 戴训扬 (1954-)

Ming, Yi zi 明夷子
KANG, YOU WEI 康有为 (1858-1927)

Ming, Yuan 明园
LIU, XIN HUANG 刘心皇 (1915-)

Ming, Yuan 明远
XIE, JUE ZAI 谢觉哉 (1884-1971)

Ming, Yuan 明远
ZHU, DA NIAN 祝大年 (1916-)

Ming, Yuan 明圆
GU, MIN YUAN 顾民元 (1912-1941)

Ming yuan 茗缘
SHEN, QI WU 沈启无 (1902-1969)

Ming, Yue 明月
PAN, YA TUN 潘亚暾 (1931-)

Ming yue 名月
WANG, YU CHI 王玉池 (1931-)

Ming, Zhai 明斋
DENG, ZHI CHENG 邓之诚 (1887-1960)

Ming, Zhai 明斋
SUN, FU XI 孙福熙 (1898-1962)

Ming, Zhao 明照
ZHANG, MING ZHAO 张明照 (1947-)

Ming, Zhao 冥昭
ZHOU, SHU REN 周树人 (1881-1936)

Ming, Zhe 明哲
DING, MING ZHE 丁明哲 (1920-1993)

Ming, Zhe 明哲
KE, QI HUA 柯旗化 (1929-)

Ming, Zhen 明真
ZHAO, MING ZHEN 赵明真

Ming, Zhi 明之
JIANG, XIAO HUI 蒋晓晦 (1917-1968)

Ming, Zhi 明之
LU, QI ZHI 鲁启智 (1924-)

Ming, Zhi 明之
RONG, MING LI 荣明礼 (1936-)

Ming, Zhi 明志
CHEN, QI TIAN 陈启天 (1893-1984)

Ming zhi 名之
HUANG, FU LIN 黄福临 (1926-)

Ming zhi 鸣之
WEI, SHUANG FENG 魏双凤 (1916-)

Ming zhi 铭之
YAN, BAO GEN 严宝根 **(1940-)**

Ming zhi 铭志
WANG, JUN JIE 王俊傑 **(1927-)**

Ming, Zhi si 明之斯
LU, QI ZHI 鲁启智 **(1924-)**

Ming, Zhu 明柱
XU, SHAN YUAN 徐善源 **(1914-1977)**

Ming, Zhu 明珠
ZHANG, XIANG DING 张象鼎 **(1899-1992)**

Ming, Zhu 明珠
ZHENG, ZHUO QUN 郑卓群 **(1913-1942)**

Ming, Zhu 明珠
XU, YING 徐樱

Ming, Zi 明子
ZHANG, BING WEN 章炳文 **(1939-)**

Mo 沫
GUO, MO RUO 郭沫若 **(1892-1978)**

Mo 沫
SONG, YUAN MO 宋元模 **(1911-)**

Mo 摩
XU, ZHI MO 徐志摩 **(1896-1931)**

Mo 默
ZHANG, JIAN 张謇 **(1853-1926)**

Mo 默
ZHANG, MO 张默 **(1872-1940)**

Mo 默
ZHANG, MO JUN 张默君 **(1884-1965)**

Mo 默
WANG, TONG ZHAO 王统照 **(1897-1957)**

Mo 默
QU, QIU BAI 瞿秋白 **(1899-1935)**

Mo • A si er 莫•阿斯尔
LIU, CHENG 刘成 **(1936-)**

Mo • da ri han fu 莫•达日罕夫
BAO, CHANG MING 包长命 **(1956-)**

Mo, A 莫阿
MA, GUANG FU 马光复 **(1937-)**

Mo, Ai 莫艾
SONG, JIU ZHI 宋九祉 **(1917-)**

Mo, An 莫庵
LAI, FU GUI 赖富贵

Mo an 默厂
XU, YING CHANG 徐应长 **(1905-1980)**

Mo an 默庵
SHEN, DE YONG 沈德镛 **(1898-1971)**

Mo an 默庵
LI, MO YING 李默映 **(1910-)**

Mo an 默庵
WANG, LE TAO 王乐匋 **(1921-)**

Mo, Ba 墨巴
ZHANG, REN ZHENG 张任政 **(1916-)**

Mo, Bai 墨白
SUN, YU 孙郁 **(1959-)**

Mo, Bin 莫彬
MO, HUA JUN 莫华俊 **(1925-)**

Mo, Bin 莫彬
CHEN, QIU FANG 陈秋舫 **(1926-)**

Mo, Bo 墨波
WANG, JIAN WU 王建武

Mo, Cao 莫草
ZHAO, MING XUN 赵铭勋 **(1928-)**

Mo, Ce 莫测
GAO, SHI SEN 高世森 **(1935-)**

Mo, Chan 墨禅
WANG, XI YAO 王希尧 **(1918-)**

MO, CHANG HU 莫昌虎 **(1938-)**
Li, Yong 李顒
Mo, He 莫河
Ting huang 汀黄
Ting shang huang 汀上黄
Yu fei 羽非

Mo, Chen 莫辰
LUO, DA GANG 罗大刚 **(1909-)**

Mo chi 默痴
XU, BAO YU 许宝钰 **(1917-)**

Mo, Chou 莫愁
JING, DING CHENG 景定成 **(1879-1949)**

Mo cun 默存
QIAN, ZHONG SHU 钱钟书 **(1910-1998)**

MO, DA ZHAO 莫大招
Da zhao 大招

Mo, Dan 墨弹
LAI, ZHAO ZENG 赖肇增 **(1926-)**

Mo, Dan 墨淡
ZHAO, SHU LI 赵树礼 **(1906-1970)**

Mo dao 魔岛
HUANG, XUE ZHONG 黄学中 **(1963-)**

Mo, Dao mei 莫道美

LIN, RU JI 林如稷 (1902-1976)

Mo deng he shang 摩登和尚
LIN, XUE HENG 林学衡 (1898-1941)

Mo di 末底
ZHANG, BING LIN 章炳麟 (1869-1936)

Mo, Dian 墨癫
MA, CHANG ZHU 马长柱 (1945-)

Mo, Ding 墨丁
GAO, DAO SHENG 高道生 (1949-)

Mo, Dong 莫东
ZHANG, DI GENG 张棣赓 (1914-1957)

Mo, Du 墨犊
HU, JIN QING 胡进庆 (1936-)

MO, DUN LU 莫敦鲁 (1925-)
Mo, Geng yuan 莫更原

Mo er 摩尔
WANG, CHENG MO 王承谟 (1911-1938)

Mo er 默尔
FU, RUI JIN 符瑞金 (1906-)

Mo er 默尔
SUN, ZHEN 孙震 (1934-)

Mo, Er gen 莫尔根
ZHOU, SHUANG LI 周双利 (1937-)

Mo, Fan 墨凡
WANG, LI CAI 王立才 (1944-)

Mo fang 磨房
TANG, SHAO ZHONG 唐绍忠 (1946-)

Mo, Fang shuo 莫方朔
JIANG, JI PING 江寄萍

Mo, Fei 莫非
DENG, SHU PING 邓蜀平 (1932-)

Mo, Fei 莫非
WANG, CAI XI 王才锡 (1949-)

Mo, Fei 莫非
MO, GUI HENG 莫桂恒 (1954-)

Mo, Fei 墨非
XU, CHANG JI 徐长吉 (1916-1964)

Mo fei 默非
LI, GENG CHEN 李庚辰 (1940-)

Mo fei shi ye zhai 莫非师也斋
SONG, CUN LI 宋存礼 (1861-1910)

MO, FEI SI 莫非斯
Fei si 非斯

Mo, Fei wo 莫非我

LEI, SHI YU 雷石榆 (1911-)

Mo, Feng 莫风
NIE, ZU YOU 聂祖佑 (1928-)

Mo, Feng 莫风
LIU, LI BO 刘立波 (1951-)

Mo, Feng 墨峰
CHEN, YUAN 陈渊 (1885-1907)

Mo feng 默凤
DAI, YAN QIANG 戴燕羌 (1924-)

Mo, Fu 墨夫
ZHU, LAN TING 朱兰亭 (1935-)

Mo, Fu 墨夫
WANG, YI XIN 王义信 (1941-)

Mo fu 摩夫
HONG, SHUN LONG 洪顺隆 (1934-)

Mo fu 默夫
SHEN, SHI KUN 沈仕坤 (1935-)

Mo fu 默夫
MA, ZHONG SHU 马忠恕 (1951-)

Mo fu 默父
ZHANG, BAI SHAN 张白山 (1912-)

Mo, Gan 莫干
WEI, YI YUN 魏义云 (1900-1972)

Mo, Gan shan 莫干山
XIE, YAO HUI 谢耀辉 (1919-)

Mo geng 默耕
PENG, YUN 彭耘 (1939-)

Mo geng ge zhu 墨耕阁主
ZHU, ZHONG HE 朱忠合 (1958-)

Mo, Geng yuan 莫更原
MO, DUN LU 莫敦鲁 (1925-)

Mo gong 末公
ZHANG, BING LIN 章炳麟 (1869-1936)

Mo gong 魔公
LI, FA MO 李发模 (1949-)

Mo, Guang 墨光
OU, ZHI KE 欧志克 (1955-)

MO, GUI HENG 莫桂恒 (1954-)
Mo, Fei 莫非

Mo, Hai 墨海
QUAN, XI JUN 权希军 (1926-)

Mo, Hai 墨海
NI, ZHENG LUAN 倪正銮 (1942-)

Mo, Han 墨酣

CAO, SAN CHANG 曹三长 **(1939-)**

Mo han 默涵
LIN, LIE 林烈 **(1913-)**

Mo, He 莫河
MO, CHANG HU 莫昌虎 **(1938-)**

Mo he 模和
PAN, XUN 潘训 **(1902-1934)**

Mo he 摩诃
HE, ZHEN YE 何振业 **(1922-)**

Mo hong 默虹
CHEN, HONG 陈宏 **(1949-)**

Mo, Hei 墨黑
LIN, QIU 林秋

Mo, Hei 墨黑
MEI, JIN HUA 梅金华

Mo, Hen 墨痕
CHEN, MO HEN 陈墨痕 **(1917-1942)**

Mo, Hong 墨虹
ZHANG, XING ZHI 张行知 **(1930-)**

Mo, Hong 墨訇
GUO, WEI 过伟 **(1928-)**

Mo hua 漠华
PAN, XUN 潘训 **(1902-1934)**

MO, HUA JUN 莫华俊 **(1925-)**
Ling, Yu xuan 凌雨轩
Mo, Bin 莫彬

Mo, Huai gu 莫怀古
BAO, WEN DI 包文第 **(1920-)**

Mo, Hui 墨绘
BAI, ZHI GANG 白志钢 **(1952-)**

Mo, Ji 莫稽
HU, SHAN YUAN 胡山源 **(1897-1988)**

Mo, Ji 墨基
ZHENG, BING ZHONG 郑炳中 **(1922-)**

Mo, Jia 莫伽
TAN, MO JIA 谭莫伽 **(1916-)**

Mo jia 摩迦
XING, YUN 星云 **(1927-)**

Mo jian 蓦见
MIAO, XU FA 苗绪法 **(1953-)**

Mo jian 摩坚
WANG, TONG ZHAO 王统照 **(1897-1957)**

Mo jian 默坚
WANG, TONG ZHAO 王统照 **(1897-1957)**

Mo jian 默健
WU, TING QIU 吴廷璆 **(1910-)**

MO, JIAN QI 莫健祺 **(1943-)**
Mo, Wen feng 莫文峰

Mo jian shi zhu 磨剑室主
LIU, YA ZI 柳亚子 **(1887-1958)**

Mo jie xing 摩羯星
CUI, YA NAN 崔亚楠 **(1955-)**

Mo ju 摩矩
ZHANG, RUO GU 张若谷 **(1904-)**

Mo, Jun 墨君
ZHANG, MO JUN 张默君 **(1884-1965)**

Mo, Jun 墨君
YOU, ZHI XIANG 尤志庠

Mo jun 默君
ZHANG, MO JUN 张默君 **(1884-1965)**

Mo, Ke 莫可
SHI, ZHENG XUE 史正学 **(1933-)**

Mo, Ke 莫克
WANG, QIONG 王琼 **(1940-)**

Mo, Ke 墨客
LIU, WEN XIAN 刘文铣 **(1922-)**

Mo, Ke 墨客
WEI, DENG 魏登 **(1923-)**

Mo ke 陌客
ZHOU, TING KUI 周廷奎 **(1932-)**

Mo, Ke fei 莫可非
QU, ZHAI 曲斋

MO, LAN YU 莫蓝玉 **(1945?-)**
Si wei 思维

Mo, Lang 墨浪
WANG, SU DA 王肃达 **(1910-1963)**

Mo, Lei 莫雷
SUN, QIN PING 孙钦平 **(1922-)**

Mo, Lei 莫蕾
SUN, QIN PING 孙钦平 **(1922-)**

Mo, Lei 墨蕾
MA, HUA 马骅 **(1916-)**

Mo, Li 莫理
SUN, SU FAN 孙速蕃 **(1939-)**

Mo li 摩利
ZHOU, DA LU 周大鹿 **(1922-)**

Mo, Li zhi 莫理之
ZHAO, MING YI 赵铭彝 **(1906-)**

Mo, Lin 墨林
XU, MO LIN 许墨林 **(1940-)**

Mo, Ling 莫凌
LIU, LANG XIAN 刘琅仙

Mo ling bei qiu ke 秣陵悲秋客
LIU, YA ZI 柳亚子 **(1887-1958)**

Mo liu 末流
WU, ZHANG SHU 吴丈蜀 **(1919-)**

Mo liu 默流
SUN, NIAN HUA 孙年华

Mo, Long 墨龙
ZHANG, XING ZHI 张行知 **(1930-)**

Mo, Long 墨龙
YI, LONG GUI 衣龙贵 **(1942-)**

Mo lu 摩卢
WANG, TONG ZHAO 王统照 **(1897-1957)**

Mo lu 默庐
MA, BI 马璧 **(1911-1985)**

Mo lu ren 陌路人
XIE, FU SEN 谢复森 **(1919-)**

Mo, Luo 莫洛
MA, HUA 马骅 **(1916-)**

Mo, Luo fu 莫洛夫
MO, YUN RUI 莫运瑞 **(1928-)**

Mo, Ming 莫明
GENG, ZHI MING 耿志明 **(1943-)**

Mo, Ming 莫明
XU, XUAN FA 徐选法 **(1944-)**

Mo ming 没铭
CHEN, YAO TANG 陈耀唐 **(1908-1970)**

Mo ming 沫名
CHEN, YAO TANG 陈耀唐 **(1908-1970)**

Mo ming 默名
LIU, FANG SHENG 刘方盛 **(1921-)**

Mo mo 没没
JIAN, SHU ZHEN 简淑贞

Mo mo 陌默
AI, ZHI GUO 艾治国 **(1937-)**

Mo mo 漠漠
LI, FA MO 李发模 **(1949-)**

Mo mo 默墨
SONG, FU SHENG 宋富盛 **(1945-)**

Mo mo 默默
LIU, XIAO FENG 刘小枫 **(1956-)**

Mo, Mu 莫木
HUANG, BO RONG 黄伯荣 **(1922-)**

Mo, Na neng 莫那能
ZENG, SHUN WANG 曾舜旺 **(1956-)**

Mo, Nai jun 莫耐军
MO, NAI QUN 莫乃群 **(1911-)**

MO, NAI QUN 莫乃群 **(1911-)**
Mo, Nai jun 莫耐军

Mo, Nan 莫难
GUAN, DONG YAN 关东彦 **(1919-)**

Mo nan 沫南
GUAN, DONG YAN 关东彦 **(1919-)**

Mo nan mu sou 漠南牧叟
WANG, ZAI TIAN 王再天 **(1907-)**

Mo ni 摩尼
XING, YUN 星云 **(1927-)**

Mo niang 默娘
WEN, JIAN LIU 温健骝 **(1944-1976)**

Mo, Nong 墨农
MA, YUN 马云 **(1938-)**

Mo nü 魔女
XU, MO YU 许默语 **(1913-1945?)**

Mo, Ping lan 莫凭拦
LIN, ZHONG LIN 林仲麟 **(1917-)**

Mo, Ping lan 莫凭栏
WANG, ZHAO XING 王肇星 **(-1940)**

MO, PU 莫朴 **(1915-)**
Ding, Fu 丁甫
Mo, Pu 莫璞
Pu 璞
Xia, Ren bo 夏仁波

Mo, Pu 莫璞
MO, PU 莫朴 **(1915-)**

Mo, Qi 莫奇
HU, SHAN YUAN 胡山源 **(1897-1988)**

Mo, Qi 莫奇
MA, PEI JI 马培吉 **(1964-)**

Mo, Qi 莫奇
LÜ, LIANG TU 吕良图

Mo qian 陌阡
CHEN, MAN QIAN 陈曼倩 **(1932-)**

Mo qing 漠清
ZHANG, MO QING 张漠清 **(1924-1968)**

Mo, Qiu 墨秋
ZHAO, SHU LI 赵树礼 **(1906-1970)**

Mo, Qiu 墨秋
LI, CHUN QIU 李春秋 (1967-)

Mo, Ran 莫染
YANG, KONG XIN 杨孔鑫 (1932-)

Mo ran 默然
HUANG, JIA DE 黄嘉德 (1908-1992)

Mo ran 默然
LI, YU TIAN 李裕田 (1941-)

Mo ran 默然
AN, LIANG FA 安良发 (1943-)

Mo, Ren 墨人
ZHANG, WAN XI 张万熙 (1920-)

Mo, Ren 墨人
LIU, XI AN 刘锡安 (1937-)

Mo, Ren 墨人
NIU, HONG MING 牛宏明 (1939-)

Mo, Ren 墨人
LIU, SHI CHEN 刘世忱 (1941-)

Mo, Ren 墨人
WANG, JIAN HUA 王建华 (1941-)

Mo, Rcn 墨人
YANG, ZAI CHUN 杨再春 (1943-)

Mo ri gen di 莫日根迪
MENG, ZHI DONG 孟志东 (1935-)

Mo, Rong 莫荣
WANG, XI YAN 王西彦 (1914-)

Mo rong 漠蓉
XI, MU RONG 席慕蓉 (1943-)

Mo ru 沫如
YU, JIAN QIU 于建秋 (1917-)

Mo, Ru 莫如
ZHANG, BAO YE 张保业 (1926-)

Mo, Ruo 莫若
XU, BAO YU 许宝钰 (1917-)

Mo, Ruo 莫若
ZHANG, BAO YE 张保业 (1926-)

Mo ruo 沫若
GUO, MO RUO 郭沫若 (1892-1978)

Mo se bo xu gu cu zhai 默啬泊虚孤徂斋
ZHANG, QI HUANG 张其鍠 (1877-1927)

Mo seng 默僧
ZHANG, DUN NE 张敦讷 (1895-1979)

Mo, Sha 墨沙
CHEN, ZENG HONG 陈增鸿 (1908-)

Mo sha 沫沙
LIAO, JIA QUAN 廖家权 (1907-1990)

Mo shang chen 陌上尘
LIU, ZHEN QUAN 刘振权 (1952-)

Mo shang kui 陌上葵
QIU, CHUN LIN 仇春霖 (1930-)

Mo shang sang 陌上桑
GUO, JUN XIONG 郭俊雄 (1940-)

Mo shang sang 陌上桑
YE, GUAN SHI 叶观仕 (1941-)

MO, SHAO QIU 莫绍裘 (1936-)
Ye, Lu 叶橹

Mo, Shen 莫伸
SUN, SHU GAN 孙树淦 (1951-)

Mo, Shen 墨深
CHEN, MAI 陈霢

Mo sheng 陌生
LIU, FU HAN 刘复汉 (1937-)

Mo sheng 默生
LI, BO LONG 李伯龙 (1905-1989)

Mo sheng 默声
DENG, JUN WU 邓均吾 (1898-1969)

Mo sheng ren 陌生人
ZENG, QIAN CHENG 曾前程 (1948-)

Mo, Shi 墨石
LI, FANG YONG 李方永 (1945-)

Mo, Shi 墨石
SUN, ZHI HAI 孙志海 (1962-)

Mo, Shi 墨石
YANG, KE ZHONG 杨克忠 (1964-)

Mo shi 默士
DU, WEN HE 杜文和 (1954-)

Mo shi 默石
LIU, GANG 刘钢 (1958-)

MO, SHI GUANG 莫士光 (1927-)
Fang, Xue 方学

Mo shi tang zhu 默石堂主
LIU, GANG 刘钢 (1958-)

MO, SHUN SHENG 莫顺生 (1942-)
Xiao feng 潇枫

Mo, Si 莫思
MAO, YU 毛羽 (1912-)

Mo, Suo 莫索
MAO, JI QUAN 茅及铨 (1921-)

Mo suo ren 摩梭人
SHI, GAO FENG 石高峰 **(1963-)**

Mo, Wei 莫维
MO, WEN ZHEN 莫文珍 **(1933-)**

Mo wei ge 摩围阁
YI, SHUN DING 易顺鼎 **(1858-1920)**

Mo, Wen 莫文
SHEN, YU GANG 沈毓刚 **(1920-)**

Mo, Wen 莫问
QIN, PEI HENG 秦佩珩 **(1914-1989)**

Mo, Wen 墨文
ZHONG, JIN TIAN 钟进添 **(1935-)**

Mo, Wen feng 莫文峰
MO, JIAN QI 莫健祺 **(1943-)**

Mo, Wen hua 莫文华
LIU, SHAO QI 刘少奇 **(1898-1969)**

MO, WEN ZHEN 莫文珍 **(1933-)**
Mo, Wei 莫维
Mo, Wen zheng 莫文征
Wen, Zheng 文征
Wen, Zheng 闻征

Mo, Wen zheng 莫文征
MO, WEN ZHEN 莫文珍 **(1933-)**

Mo, Xi 墨西
XIA, ZHENG HE 夏正和 **(1904-)**

Mo, Xi 墨西
MA, ZU YI 马祖毅 **(1925-)**

Mo xi 摩西
HUANG, ZHEN YUAN 黄振元 **(1866-1913)**

MO, XI FEN 莫西芬 **(1931-)**
Wang, Yi xing 王一行
Xiang, Qian 向前
Xu, Jun 徐军
Zhong yi bei 中一贝

Mo, Xia 莫霞
MA, HUA 马骅 **(1916-)**

Mo, Xian 墨仙
ZHENG, RUN SHENG 郑润生 **(1925-)**

Mo, Xian 墨仙
SHEN, HAN 沈翰

Mo, Xiao chuan 莫孝川
MO, XIAO CHUAN 莫孝传 **(1933-)**

MO, XIAO CHUAN 莫孝传 **(1933-)**
Mo, Xiao chuan 莫孝川
Xiao chuan 笑川

Mo, Xie 莫邪
FU, XIONG XIANG 傅熊湘 **(1883-1930)**

Mo, Xie 莫邪
HU, SHAN YUAN 胡山源 **(1897-1988)**

Mo, Xie 莫邪
ZHU, HONG 朱弘 **(1936-)**

Mo, Xie 莫邪
YANG, XUAN 杨萱 **(1950-)**

Mo xing 默星
QI, TIAN FA 戚天法 **(1940-)**

Mo xiong 默熊
MU, DE HUI 穆德辉 **(1924-)**

Mo xu 默许
XU, DE MIN 许德民 **(1953-)**

Mo, Xun 莫珣
DU, PENG LAI 杜蓬莱 **(1920-)**

Mo, Yan 莫言
GUAN, MO YE 管谟业 **(1956-)**

Mo, Yan 莫言
LIU, RUN HE 刘润和

Mo, Yan 莫岩
YANG, ZHONG DE 杨仲德 **(1921-)**

Mo, Yan 莫燕
SI TU, CHUAN 司徒传 **(1912-1950)**

Mo, Yan 墨岩
YUAN, ZI MING 原子明 **(1933-)**

Mo, Yan 墨炎
NI, MO YAN 倪墨炎 **(1933-)**

Mo yan 漠雁
LUAN, WEI LUN 栾为伦 **(1925-)**

Mo, Yang 莫扬
ZHOU, XIAO 周晓 **(1933-)**

Mo yang he qing 漠阳河清
ZHENG, ZU RONG 郑祖荣 **(1925-)**

Mo, Yao 墨瑶
ZHANG, CUN CAI 张存才 **(1942-)**

Mo, Ye 莫耶
CHEN, SHU YUAN 陈淑媛 **(1918-1986)**

Mo ye 漠野
LÜ, MENG ZHOU 吕梦周 **(1912-)**

Mo ye 漠野
LÜ, CHAO XIANG 吕朝相 **(1919-)**

Mo ye 默野
HAN, WAN ZHAI 韩万斋 **(1941-)**

Mo yi 默宜

WEN, JIE RUO 文洁若 (1927-)

MO, YI HUI 莫仪慧
Jie si 捷丝
Li, Lin 李琳
Wei, Xi ya 韦西亚

MO, YI LE 莫依勒 (1932-)
Zhong lu 忠录

Mo, Yi ping 墨遗萍
LI, YU QUAN 李毓泉 (1909-1982)

MO, YI TONG 莫义同 (1933-)
A tong 阿彤
Bo chuan 伯传
Gui, Chuan 桂传

Mo yi xing zhe 摩颐行者
LI, WEN TAO 李文涛 (1880-1942)

Mo, Yi zhi 莫奕之
YANG, WEI 杨炜

Mo, Yin 墨吟
HUANG, GE SHENG 黄格胜 (1950-)

Mo yin guan zhu 墨吟馆主
HUANG, GE SHENG 黄格胜 (1950-)

Mo yin lu zhu 墨隐庐主
LI, JIAN QING 李健卿 (1899-1963)

Mo ying 默映
LI, MO YING 李默映 (1910-)

Mo ying 默影
YANG, PU 杨莆 (1931-)

Mo, Yu 莫渝
LIN, LIANG YA 林良雅 (1948-)

Mo, Yu 墨羽
GU, SAN DUO 顾三多 (1920-)

Mo yu 陌遇
TU, BAI YU 涂白玉 (1946-)

Mo yu 默燏
YU, XIAO FENG 于小凤 (1960-)

MO, YU AN 莫玉安 (1956-)
Bian, Yi 边一
Du, La 杜拉
Kong, Fang xiong 孔方雄
Shi, Shan hao 石山浩

MO, YU CAI 莫愈彩 (1951-)
Mu, Yu cai 穆予才

Mo, Yu sheng 墨余生
WU, ZHONG QI 吴钟綺

Mo yuan 默园
BIN, GUO ZHEN 宾国振 (1910?-1977)

Mo yuan geng fu 墨苑耕夫
XING, FENG WU 邢凤梧 (1931-)

MO, YUAN ZHUANG 莫圆庄
Lü xiu zi 绿袖子
Yuan yuan 圆圆

Mo, Yun 莫云
YU, YING JIE 于英杰 (1938-)

Mo, Yun 莫韵
MA, SHU MING 马书铭 (1922-)

Mo yun 默云
CHENG, MAO YUN 程懋筠 (1900-1957)

Mo yun 默云
LIU, SHU YING 刘淑英

Mo yun 默芸
LIN, REN YU 林壬雨 (1955-)

Mo yun 默耘
YU, YING JIE 于英杰 (1938-)

MO, YUN RUI 莫运瑞 (1928-)
Luo fu 洛夫
Mo, Luo fu 莫洛夫
Ye sou 野叟

Mo yun zhai zhu 墨韻斋主
SUN, TAO CHENG 孙韬成 (1941-)

Mo, Zai xuan 墨在轩
QIAN, XI 钱希 (1872-1930)

Mo, Zhai 墨翟
XU, DIAO FU 徐调孚 (1901-1981)

Mo, Zhen 莫朕
ZHOU, SHU REN 周树人 (1881-1936)

Mo, Zhen li 莫珍莉
LIU, CHANG BO 刘昌博 (1925-)

Mo, Zhen ni 莫珍妮
LIU, CHANG BO 刘昌博 (1925-)

Mo zhi 默之
XIA, MIAN ZUN 夏丏尊 (1886-1946)

Mo zhi 默之
WU, FA QIAN 吴法乾 (1944-)

MO, ZHI YAN 莫之棪 (1937-)
Gui, Xiang di 桂乡笛

Mo, Zhou 墨舟
ZHAO, CHANG WEN 赵长文 (1958-)

Mo, Zhu 墨竹
DENG, XING YU 邓星雨 (1938-)

Mo, Zi 墨籽

ZHU, EN ZHU 朱恩铸 **(1946-)**

Mo zi 谟子
WANG, DUN QING 王敦庆 **(1898-1990)**

Mou, An shi 牟安世
MOU, YOU HENG 牟有恒 **(1924-)**

Mou, Bin 牟滨
WU, WEN CHAO 吴文超 **(1924-)**

Mou chen 侔尘
ZHANG, TING QIAN 章廷谦 **(1901-1981)**

Mou, Chuan kai 牟传楷
MOU, RUN SUN 牟润孙 **(1907-1988)**

MOU, DE WEN 牟德文 **(1930-)**
Mou, Jun 牟浚
Mu jun 木峻

Mou fu ren 某夫人
YAO, GENG KUI 姚庚夔 **(1905-)**

Mou han 某汉
ZHANG, TIAN YI 张天翼 **(1906-1985)**

MOU, HAN QING 牟翰卿 **(1912-1980)**
Chen, Yao xian 陈耀先
Mou, Ying 牟英

Mou jia 某甲
SHEN, DUAN XIAN 沈端先 **(1900-1995)**

Mou, Jun 牟浚
MOU, DE WEN 牟德文 **(1930-)**

MOU, LUN YANG 牟伦扬 **(1919-1943)**
Dong fang, Hong 东方红
Gu, Ning 顾宁
Hua, Jin 华晋
Jun cheng 军城
Nai yin 耐茵
Sai hong 塞红
Si ma, Jun cheng 司马军城
Wei, Ping 韦平
Wei, Sai 韦塞
Xue jin 雪金
Yin, Ke han 殷可汉
Yu jun 羽军

Mou, Ni 牟尼
SHEN, YAN BING 沈雁冰 **(1896-1981)**

Mou, Ni 牟尼
HE, JIAN XUN 何剑熏

Mou, Ping 牟平
JIANG, YONG JUN 姜永俊 **(1923-)**

MOU, RUN SUN 牟润孙 **(1907-1988)**
Fan, Yong 樊庸
Hai, Yi 海遗
Mou, Chuan kai 牟传楷
Shui, Zi 水子

MOU, SHAO YU 牟少玉 **(1923-)**
Ji, Zhang 吉章
Xiao feng 啸风

Mou, Sheng 牟生
LIU, QING LU 刘清禄 **(1915-1965)**

Mou, Sheng 牟声
LIU, QING LU 刘清禄 **(1915-1965)**

Mou sheng 某生
FENG, XUE FENG 冯雪峰 **(1903-1976)**

Mou sheng 谋生
WANG, REN SHU 王任叔 **(1901-1972)**

Mou sheng zhe 某生者
WANG, REN SHU 王任叔 **(1901-1972)**

Mou sheng zhe 某生者
MA, YAN XIANG 马彦祥 **(1907-1988)**

Mou sheng zhe 某生者
LUO, ZENG JIAO 罗曾教 **(1923-)**

Mou, Shi 牟石
CHEN, SHU 陈澍 **(1956-)**

Mou, Shu 牟殊
QIAN, XING CUN 钱杏邨 **(1900-1977)**

Mou tian 侔天
MU, JING XI 穆敬熙 **(1900-1971)**

Mou, Ying 牟英
MOU, HAN QING 牟翰卿 **(1912-1980)**

MOU, YOU HENG 牟有恒 **(1924-)**
Mou, An shi 牟安世

Mou zhu yi zhu 牟珠簃主
FAN, ZENG XIANG 樊增详 **(1846-1931)**

Mu 木
ZHANG, TAI LEI 张太雷 **(1898-1927)**

Mu 木
MENG, XIAN QI 孟宪棨 **(1902-1976)**

Mu 木
DAI, ZI CHENG 戴自诚 **(1918-)**

Mu 目
DAI, ZI CHENG 戴自诚 **(1918-)**

Mu 慕
CHEN, SHAO YU 陈绍禹 **(1904-1974)**

Mu 穆
SONG, YUAN MO 宋元模 **(1911-)**

Mu, An 慕庵

HUANG, ZHEN YUAN 黄振元 (1866-1913)

Mu an 暮岸
LÜ, GUAN HUA 吕关华 (1945-)

MU, AN XI 穆安熹 (1926-)
Chen, Chong mu 陈重穆

Mu, Bei ke 穆北柯
ZHOU, ZUO XIN 周作新 (1917-)

Mu, Bi 穆笔
SUI, SHU SEN 隋树森 (1906-)

Mu bian 牧边
YANG, SEN 杨森 (1930-1951)

Mu bing 木兵
LIANG, RUN SHAN 梁润珊 (1938-)

Mu, Chang 沐长
SHI, RUN DE 施润德 (1917-)

Mu, Chang 穆长
SHI, RUN DE 施润德 (1917-)

Mu chang 霂长
SHI, RUN DE 施润德 (1917-)

Mu, Chao 慕朝
GUO, QING NIAN 郭庆年 (1930-)

Mu cheng lin 木成林
WU, DONG QUAN 吴东权 (1928-)

Mu, Chuan 穆川
LI, WEN JIAN 李文健 (1934-)

Mu chun 木春
LI, FU CHUN 李福春 (1955-)

Mu cong 木丛
LI, SHU JIANG 李树江 (1946-)

Mu cun zhe fu 木村哲夫
LI, BAI HUA 李白华 (1898-)

Mu, Dan 慕旦
ZHA, LIANG ZHENG 查良铮 (1918-1977)

Mu, Dan 穆旦
ZHA, LIANG ZHENG 查良铮 (1918-1977)

Mu dan 木丹
SHEN, NAN 沈枏 (1935-)

Mu dan 木旦
ZOU, EN RUN 邹恩润 (1895-1944)

Mu, Dao 穆道
NI, QING ZHI 倪庆秩 (1918-1989)

MU, DE HUI 穆德辉 (1924-)
Bai, Sha 白沙
Bai, Tian 柏天
Bi ren 鄙人
Ke fang 克芳
Li, Lei 李雷
Luo, Cun 骆邨
Lü, Xun yi 吕循逸
Mo xiong 默熊
Mu sheng 木生
Mu, Xuan 穆烜
Rong 荣
Sha, Zi yun 沙子匀
Tu li 土力
Wen, Zhi qing 闻之清
Wu yan 无言
Wu, Zhe ren 吴哲人
Xu, Mu 徐穆
Xuan 暄
Yao, Dun 姚钝
Yi, Fang 易方
Yi zhen 一真
Yin, Jie 印节
Zhan, Yi zhen 展一真

Mu di 牧笛
ZHANG, XUAN 张宣 (1916-)

Mu di 牧笛
ZHU, KUAN 祝宽 (1921-)

Mu di 牧笛
LIU, REN MIN 刘仁民 (1934-)

Mu di 牧笛
HUO, RU BI 霍如璧 (1936-)

Mu di 牧笛
HONG, LIAN SHUN 洪连顺 (1948-)

Mu di 牧笛
SHI, YI SHENG 施义胜

Mu ding 牧丁
GU, ZHU YI 顾竹漪 (1916-1976)

Mu ding 牧丁
GUO, ZHAO HENG 郭兆恒 (1930-)

Mu dong 木冬
WANG, CHENG DONG 汪承栋 (1930-)

Mu, Dun 穆盾
LIU, YONG YU 刘庸愚 (1919-)

Mu duo 木铎
LIU, BI CHENG 刘必成

Mu er 牧儿
JIANG, BI HOU 蒋璧厚 (1923-)

MU, EN ZHI 穆恩之 (1917-1987)
Mu yu 木羽

Mu, Fang 穆芳

ZHAO, MING YI 赵铭彝 (1906-)

Mu fang 木方
ZHAO, MING YI 赵铭彝 (1906-)

Mu fei 木飞
YANG, SEN XIANG 杨森翔 (1945-)

Mu, Feng 慕风
SU, MEI 苏梅 (1897-1999)

Mu feng 木风
ZHAO, FENG CHUAN 赵枫川 (1915-)

Mu feng 木风
LIU, YI 刘毅 (1916-)

Mu feng 木风
LIU, ZHEN DE 刘振德 (1917-)

Mu feng 木风
GU, PU 顾朴 (1923-)

Mu feng 木风
HUANG, WEN XIANG 黄文湘 (1925-)

Mu feng 木风
CHEN, FENG 陈枫 (1953-)

Mu feng 牧风
QIAN, JUN TAO 钱君匋 (1906-)

Mu feng 牧风
LIU, MAN SHENG 刘曼生 (1914-)

Mu, Fu 穆父
YANG, PU 杨莆 (1931-)

Mu fu 木夫
LIN, MU FU 林牧夫 (1949?-)

Mu fu 木斧
YANG, PU 杨莆 (1931-)

Mu fu 牧夫
XU, SHAN YUAN 徐善源 (1914-1977)

Mu fu 牧夫
YANG, JI YE 杨继业 (1943-)

Mu, Fu ti 穆夫提
MA, YU LIN 马玉麟 (1957-)

Mu, Ge 穆歌
WANG, BEI QIU 王北秋 (1927-)

Mu ge 木戈
LIN, YANG SHAN 林仰山 (1926-)

Mu ge 木革
WANG, XING TANG 王兴堂 (1921-)

Mu ge 牧歌
JIANG, MU 姜穆 (1929-)

Mu ge 牧歌

MU, XIN 穆欣 (1930-)

Mu gen 木亘
LIN, CAN HUAN 林灿桓 (1911-)

Mu, Gong 慕公
YU, YOU SHAN 于右山 (1920-)

Mu gong 木公
WANG, TONG ZHAO 王统照 (1897-1957)

Mu gong 木公
WANG, REN SHU 王任叔 (1901-1972)

Mu gong 木公
WU, ZU XIANG 吴组缃 (1908-1994)

Mu gong 木公
ZHANG, YONG NIAN 张永年 (1910-1997)

Mu gong 木公
WANG, CHANG GUANG 王长光 (1920-)

Mu gong 木公
ZHU, QING SONG 朱庆松 (1948-)

Mu gong 木工
LI, SONG 李松 (1960-)

Mu, Gu 穆谷
SUN, QING YU 孙庆餘

Mu gu 木孤
MIAO, TIAN HUA 缪天华 (1914-)

Mu gua 木瓜
LIN, MU GUANG 林穆光

MU, GUANG CAI 穆广才 (1944-)
Bai, He 白禾

Mu gui 木圭
WU, GUI FANG 武桂芳 (1915-)

Mu, Hai qing 穆海清
ZHU, SHENG 朱声 (1919-1966)

Mu, Han 慕韩
HUANG, ZHEN YUAN 黄振元 (1866-1913)

Mu, Han 慕韩
TANG, CHANG LI 唐昌黎 (1931-)

Mu, Han 慕翰
ZHANG, QIU REN 张秋人 (1898-1928)

Mu han 目寒
ZHANG, MU HAN 张目寒 (1900-1980)

Mu, Han lin 牧汉林
LIN, DE NAN 林得楠 (1963-)

Mu he 木禾
WANG, YU HE 汪毓和 (1929-)

Mu, Hong 沐鸿

GAO, CHENG JUN 高成均 (1900-1980)

Mu, Hong 穆洪
KE, WEN PU 柯文溥

Mu hong 牧虹
ZHAO, MU HONG 赵牧虹 (1918-)

Mu hu 牧滹
SHI, CHENG HAN 史成汉 (1923-)

Mu, Hua 慕华
WANG, SEN RAN 王森然 (1895-1984)

Mu, Hua 慕华
GONG, XIE 龚燮

Mu, Hua 慕华
MA, YAO 马曜

Mu, Hua 穆华
LÜ, ZHAN QING 吕展青 (1909-)

Mu, Hua 沐华
LIU, YAN FU 刘延甫

Mu hua li 木华梨
LI, TIE SHENG 李铁生 (1928-)

Mu, Huan 慕寰
TANG, MEI SHENG 唐梅生 (1931-)

Mu hui 牧惠
LIN, SONG KUI 林颂葵 (1928-)

Mu, Ji 沐箕
MU, SHAO LIANG 沐绍良 (1912-1969)

Mu, Ji 穆基
HUANG, XIANG 黄骧 (1916-)

Mu ji 木鸡
WU, JUN QING 吴俊卿 (1844-1927)

Mu ji 木鸡
SONG, JIE 宋介 (1895-)

Mu, Jia 慕家
ZHU, MU JIA 朱慕家 (1890-1970)

Mu jia 牧家
CHEN, RI 陈日 (1934-)

Mu, Jia jun 穆家军
DU, PENG LAI 杜蓬莱 (1920-)

MU, JIA QI 穆家麒 (1917-)
Yi qun 铁群

Mu, Jian 穆謇
WANG, SHI YI 王十仪 (1917-)

Mu jiang 木将
GENG, ZHEN HUA 耿振华 (1913-)

Mu jiang 木疆
ZHANG, HUAN RONG 张焕容 (1884-1912)

MU, JIE HUA 穆捷华
Jie hua 捷华

Mu, Jin 穆今
SONG, XIN 宋kind (1939-)

Mu, Jing 穆静
MIAO, TIAN RUI 缪天瑞 (1908-)

Mu, Jing 穆静
MU, ZHEN XING 穆振兴 (1934-)

MU, JING XI 穆敬熙 (1900-1971)
Mou tian 侔天
Mu, Mu tian 穆木天
Mu tian 木天
Mu, Wen zhao 穆文昭
Wu, Zi 武子

Mu ju shi 木居士
QI, HUANG 齐璜 (1864-1957)

Mu ju shi 木居士
FENG, HONG CHI 冯鸿墀 (1873-1931)

Mu jun 木峻
MOU, DE WEN 牟德文 (1930-)

Mu ke 木可
TANG, YI ZHENG 唐一正 (1920-)

Mu ke 木可
LI, ZHENG ZHONG 李正中 (1921-)

Mu ke 木可
KE, YU SHENG 柯玉生 (1934-)

Mu, Ke fu 慕柯夫
MU, XIAN DE 慕显德 (1921-1987)

Mu ke fu 木柯夫
MU, XIAN DE 慕显德 (1921-1987)

Mu kong yi shi zhi kuang she ren 目空一世之况舍人
KUANG, ZHOU YI 况周颐 (1859-1926)

Mu kui 木奎
LIU, GUI LAN 刘桂兰

Mu kui 木魁
LI, KUI ZHENG 李魁正 (1942-)

Mu, Lai 穆莱
DU, PENG LAI 杜蓬莱 (1920-)

Mu, Lan 慕兰
WANG, YOU HOU 王友厚 (1920-)

Mu lan 木兰
XIN, QIN 辛勤 (1939-)

Mu lan jing she zhu ren 木兰精舍主人
MEI, JI XUN 梅际郇 (1873-1934)

Mu, Lang 穆朗
LIN, SHUI 林水 **(1938-)**

Mu, Lei 穆雷
LI, TAO 李涛 **(1925-)**

Mu lei 暮雷
SUN, QIN PING 孙钦平 **(1922-)**

Mu, Leng 穆稜
YANG, JIA SHENG 杨家盛

Mu li 牧里
LIU, YI LUN 刘彝伦 **(1922-)**

Mu liang 木良
ZHANG, ZI 章梓

Mu liang 牧良
JIANG, XI ZHONG 蒋希仲 **(1901-1973)**

Mu, Lie 慕列
HUANG, QING YUN 黄庆云 **(1920-)**

Mu, Lin 穆林
ZHANG, ZHI TIAN 张芝田 **(1908-1986)**

Mu lin 木林
ZHANG, MU LING 张慕陵 **(1927-)**

Mu lin 木林
SONG, ZHAO LIN 宋兆麟 **(1936-)**

Mu lin 木林
GE, MAO SEN 盖茂森 **(1941-)**

Mu lin 木林
WANG, SHU SEN 王树森 **(1945-)**

Mu lin 木林
SHEN, PING 申平 **(1955-)**

Mu lin 牧林
ZHANG, MU LING 张慕陵 **(1927-)**

MU, LIN SHENG 穆林生 **(1949-)**
Lin, Lin 林林

MU, LING FEI 慕凌飞 **(1913-)**
Hu weng 虎翁

Mu ling nu 牧羚奴
CHEN, RUI XIAN 陈瑞献 **(1943-)**

Mu ling qi 木令耆
LIU, NIAN LING 刘年玲

Mu, Liu 慕刘
ZHANG, JI LUAN 张季鸾 **(1888-1942)**

Mu, Long 穆龙
FU, YAN CHANG 傅彦长 **(1891-1961)**

Mu lou zhu ren 慕楼主人
CHEN, XIONG XUN 陈雄勋 **(1926-)**

Mu lu 墓庐
CHEN, ZHI 陈直 **(1901-1980)**

Mu lu shan ren 蚨麓山人
ZHOU, ZUO REN 周作人 **(1885-1967)**

Mu lu zi 蚨麓子
ZHOU, ZUO REN 周作人 **(1885-1967)**

Mu, Lun 沐沦
WANG, RAN 王燃 **(1954-)**

Mu, Lun 穆伦
XI, MU RONG 席慕蓉 **(1943-)**

Mu luo 牧珞
HAN, SHAO HUA 韩少华 **(1933-)**

Mu, Luo cha 穆罗茶
FU, YAN CHANG 傅彦长 **(1891-1961)**

Mu ma 木马
LIN, JIN BO 林金波

Mu ma 牧马
WANG, QUAN 王权 **(1930-)**

Mu ma shan ren 木马山人
LI, TENG YUE 李腾嶽 **(1895-1975)**

Mu mei 木每
FANG, JIAN MING 方健明 **(1919-)**

Mu, Men 穆门
GUAN, FEI MENG 关非蒙 **(1921-)**

Mu, Ming 沐明
ZHANG, DA MING 张大明 **(1937-)**

Mu, Mo ye 穆默也
MU, XIN 穆欣 **(1930-)**

Mu, Mu 穆木
LU, LIN 路林 **(1955-)**

Mu, Mu 穆穆
MU, SHAO LIANG 沐绍良 **(1912-1969)**

Mu, Mu 穆穆
MU, ZHONG NAN 穆中南 **(1912-1992)**

Mu mu 木木
JIANG, HENG ZHONG 姜恒忠 **(1933-)**

Mu mu 木木
HU, XIAO LIN 胡晓林 **(1949-)**

Mu mu 木木
SANG, XIAN KAI 桑献凯 **(1963-)**

Mu mu 木目
WANG, JIN XIANG 王金湘 **(1947-)**

Mu mu 木沐
YANG, PEI CHUN 杨培春 **(1955-)**

Mu mu 木穆
LIU, YUN 柳沄 **(1958-)**

Mu, Mu tian 穆木天
MU, JING XI 穆敬熙 **(1900-1971)**

Mu, Na 穆纳
XU, SI XING 徐嗣兴 **(1923-)**

Mu, Na 穆纳
YANG, BEN QUAN 杨本泉 **(1923-)**

Mu na 木纳
SUN, YI YI 孙以毅 **(1900-1982)**

Mu na 木纳
XU, SI XING 徐嗣兴 **(1923-)**

Mu na 木纳
WANG, JUN NIAN 王俊年 **(1933-)**

Mu nan 木南
LI, QI GANG 李启刚 **(1925-)**

Mu, Ning 慕宁
QU, LIU YI 曲六乙 **(1930-)**

Mu niu 牧牛
YUN, ZHAO GUANG 云照光 **(1929-)**

Mu niu tong 牧牛童
QI, MU 戚牧 **(1877-1938)**

Mu nong 木农
ZHANG, YONG NIAN 张永年 **(1910-1997)**

Mu, Nü 穆女
LI, WEI CHANG 李伟昌

Mu ping 牧坪
RAO, BING GUO 饶炳国 **(1933-)**

Mu, Pu 穆普
FU, MOU BO 傅侔波

Mu, Qin 慕秦
LIAN, HENG 连横 **(1878-1936)**

Mu, Qing 穆青
MU, YA CAI 穆亚才 **(1921-)**

Mu qing 木青
XING, LAI TING 邢莱廷 **(1937-)**

Mu qing 木青
ZENG, GUANG QIANG 曾广强 **(1958-)**

Mu qing 牧青
WANG, FU RU 王夫如 **(1923-)**

Mu qing 牧卿
MU, YA CAI 穆亚才 **(1921-)**

Mu qun 牧群
WANG, MU QUN 王牧群 **(1925-)**

Mu, Ran 穆然
SUI, SHU SEN 隋树森 **(1906-)**

Mu, Ran 穆然
CHU, JIAN ZHONG 褚建中

Mu ran 木然
WANG, JU CHUN 王举春 **(1936-)**

Mu, Ren 穆仁
YANG, BEN QUAN 杨本泉 **(1923-)**

Mu ren 木人
QI, HUANG 齐璜 **(1864-1957)**

Mu ren 木人
ZHANG, QING JI 张庆吉 **(1916-)**

Mu ren 木人
TANG, YI ZHENG 唐一正 **(1920-)**

Mu ren 木人
YANG, BEN QUAN 杨本泉 **(1923-)**

Mu ren 牧人
QIAN, JIAN YING 钱剑英 **(1932-)**

Mu ren 牧仁
ZHENG, DAO YUAN 郑道远 **(1953-)**

Mu, Rong 慕容
XU, MAO RONG 徐茂荣 **(1911-1977)**

Mu rong 木容
LIN, RONG NIAN 林榕年 **(1928-)**

Mu rong shan ren 慕容山人
ZHENG, GUAN YING 郑观应 **(1842-1922)**

Mu rong, Dan 慕容丹
AI, JIA ZHENG 艾家政 **(1925-)**

Mu rong, Hui wen 慕容慧文
LI, JING CI 李景慈 **(1918-)**

Mu rong, Lei 慕容蕾
HUANG, ZHANG 黄彰 **(1893-1987)**

Mu rong, Mei 慕容美
WANG, FU GU 王復古 **(1933-)**

Mu rong, Qin 慕容芹
LIU, XI PENG 刘锡朋 **(1934-)**

Mu rong, Wan 慕容婉
SUN, QIN PING 孙钦平 **(1922-)**

Mu rong, Wen jing 慕容文静
LIN, HAN BIAO 林汉标 **(1929-)**

Mu rong, Xia zi 慕容霞子
OU YANG, HUANG 欧阳璜

Mu rong, Yu jun 慕容羽军
LI, WEI KE 李维克 **(1927-)**

Mu rong, Zi 暮容梓
YAO, FANG REN 姚方仁 **(1905-1969)**

Mu, Rou 慕柔
LI, MU 李慕

Mu, Sha 慕沙
ZHANG, WEN LONG 章文龙 **(1917-)**

Mu, Sha 慕莎
LIN, MING ZHOU 林明洲 **(1937-)**

Mu sha 木沙
MA, ZHI QIANG 马志强 **(1928-)**

Mu, Shan 慕山
LIU, SI HAI 刘斯海 **(1919-)**

Mu shan 木山
ZHOU, ZUO REN 周作人 **(1885-1967)**

Mu shan 木杉
TIAN, LIAN GENG 田联耿 **(1950-)**

Mu shan 木杉
LI, JIA BIN 李嘉彬

Mu shan 木舢
XIAO, JIAN HENG 萧建亨 **(1930-)**

Mu shan 牧山
PENG, MING MIN 彭明敏 **(1923-)**

MU, SHAO LIANG 沐绍良 **(1912-1969)**
Bai, Mo 白沫
Geng zuo 赓祚
Ji nu 寄奴
Jian nu 剑弩
Liu, Ji nu 刘寄奴
Liu, Ye xiu 刘也秀
Liu, Zhen han 刘振汉
Mu, Ji 沐箕
Mu, Mu 穆穆
Shu, Fen 舒愤
Si, Wen 斯文
Tang, Yue 唐樾
Yi xiu 亦秀
Yong ai 泳爱
Zheng han 征悍

Mu she 木舌
GAO, ZHEN DUO 高振铎 **(1923-)**

Mu sheng 木生
MU, DE HUI 穆德辉 **(1924-)**

Mu sheng 牧生
LIN, HUAN ZHANG 林焕彰 **(1939-)**

Mu shi 木石
WANG, REN SHU 王任叔 **(1901-1972)**

Mu shi 木石
ZHAO, ZONG ZAO 赵宗藻 **(1931-)**

Mu shi 木石
YANG, GUI SHAN 杨贵山 **(1933-)**

Mu, Shi 慕石
CHEN, SHAO YU 陈绍禹 **(1904-1974)**

Mu, Shi 慕石
QIAN, RONG KUN 钱荣堃 **(1917-)**

Mu shi wu lang 木石五郎
LIANG, SHI 梁石 **(1926-)**

MU, SHI YING 穆时英 **(1912-1940)**
Fa yang 伐扬
Ni ming zi 匿名子

Mu shou 木寿
ZHOU, ZUO REN 周作人 **(1885-1967)**

Mu shui 木水
LIU, YUN 柳沄 **(1958-)**

Mu si 木斯
YANG, ZHAO SAN 杨兆三 **(1931-)**

Mu si 牧思
HE, ZI HUANG 何子煌 **(1950-)**

Mu, Song 慕松
DAI, WEN BAO 戴文葆 **(1923-)**

Mu, Song 慕嵩
ZHAO, MU SONG 赵慕嵩

Mu, Su 穆肃
MU, YA CAI 穆亚才 **(1921-)**

Mu, Su 穆素
ZHANG, MO JUN 张默君 **(1884-1965)**

Mu, Tao 穆陶
LIN, PEI ZHEN 林培真 **(1942-)**

Mu, Tao 穆涛
YU, JIA XIANG 于家骧 **(1916-1984)**

Mu, Tian 慕天
PAN, JIA QUN 潘家群

Mu tian 木天
MU, JING XI 穆敬熙 **(1900-1971)**

Mu tian 木田
LI, SHI FU 李世富 **(1937-)**

Mu, Tian shu 穆天澍
MIAO, TIAN RUI 缪天瑞 **(1908-)**

Mu, Ting 穆汀
GU, ZHU YI 顾竹漪 **(1916-1976)**

Mu ting 木亭
FENG, XUE FENG 冯雪峰 **(1903-1976)**

Mu tong 牧童
SHI, CHENG HAN 史成汉 (1923-)

Mu tong 牧童
KE, WEN ZHI 柯文质

Mu tou 木头
LI, SHAN 李山 (1944-)

Mu, Wei bo 穆微波
ZENG, DE ZHEN 曾德镇 (1921-1988)

Mu, Wei fang 穆维芳
ZHAO, MING YI 赵铭彝 (1906-)

Mu, Wen 穆文
LIN, LIE 林烈 (1913-)

Mu, Wen 穆文
JIANG, NAN XIANG 蒋南翔 (1915?-)

Mu, Wen 慕文
CHEN, WEN FANG 陈文芳 (1930-)

Mu wen 母文
FANG, ZHENG GU 方正鹄 (1900-1935)

Mu wen yu 木文羽
YANG, WEN HAN 杨文翰 (1935-)

Mu, Wen Zhao 穆文昭
MU, JING XI 穆敬熙 (1900-1971)

Mu, weng 牧翁
SHEN, SEN HAO 沈森豪 (1936-)

Mu, Wu tian 穆无天
JIANG, MU 姜穆 (1929-)

Mu, Xi 慕熹
XIE, FU SHENG 谢富生 (1910-)

Mu, Xi 穆西
ZHENG, DUN KAI 郑敦恺 (1918-)

Mu, Xi 穆禊
GE, ZENG JI 葛曾济 (1913-)

Mu xi 木曦
LIU, XI LIN 刘曦林 (1942-)

Mu xi 牧希
WEN, FEI 文斐

Mu, Xian 慕贤
WU, JI YUE 吴继岳 (1905-)

Mu xian 木仙
ZHOU, ZUO REN 周作人 (1885-1967)

MU, XIAN DE 慕显德 (1921-1987)
Ke, Fu 柯夫
Mu, Ke fu 慕柯夫
Mu ke fu 木柯夫

MU, XIAN SONG 慕显松 (1916-1988)
Bai, Lin 白琳
Mu, Xiang 慕湘

Mu, Xiang 慕湘
MU, XIAN SONG 慕显松 (1916-1988)

Mu, Xiao ling 穆小菱
QIU, ZHI JIE 仇智杰 (1933-)

Mu, Xin 穆辛
ZHOU, SHAO YI 周绍仪 (1908-1979)

Mu, Xin 穆欣
DU, PENG LAI 杜蓬莱 (1920-)

MU, XIN 穆欣 (1930-)
Mu, Ge 牧歌
Mu, Mo ye 穆默也

Mu xin 木心
SUN, PU 孙璞 (1927-)

Mu xin 牧心
SUN, PU 孙璞 (1927-)

Mu xin 牧心
ZHUANG, JING CI 莊靖次

Mu xin 牧欣
YANG, YIN LONG 杨荫隆 (1936-)

Mu, Xin wen 穆新文
YANG, PU 杨莆 (1931-)

Mu xing 牧星
LI, WEI XIN 黎维新 (1925-)

Mu, Xuan 穆烜
MU, DE HUI 穆德辉 (1924-)

Mu, Xun 穆逊
DAI, XING EN 戴行恩 (1913-1988)

MU, YA CAI 穆亚才 (1921-)
Fu, Yu ping 傅雨坪
Guan, Ji chen 关寄晨
Mu, Qing 穆青
Mu qing 牧卿
Mu, Su 穆肃
Yang, Ding zhou 杨定舟

Mu, Yan 慕颜
YANG, XIAN JIANG 杨贤江 (1895-1931)

Mu, Yang 穆阳
ZHANG, BAI SHAN 张白山 (1912-)

Mu yang 牧羊
YANG, PU 杨莆 (1931-)

Mu yang 牧阳
CHENG, DA LI 程大利 (1945-)

Mu yang ren 牧羊人

TANG, JI FU 汤吉夫 **(1937-)**

Mu yang zi 牧阳子
QIU, MOU SHENG 邱谋盛 **(1956-)**

Mu ye 木也
KUAI, SHI XUN 蒯世勋 **(1906-1987)**

Mu ye 牧野
LI, GUO RUI 厉国瑞 **(1909-)**

Mu ye 牧野
LIU, MAN SHENG 刘曼生 **(1914-)**

Mu ye 牧野
LU, RU YIN 卢汝吟 **(1918-)**

Mu ye 牧野
WU, WEN CHAO 吴文超 **(1924-)**

Mu ye 牧野
ZHANG, YI MIN 章益民 **(1925-)**

Mu ye 牧野
JIANG, MU 姜穆 **(1929-)**

Mu ye 牧野
LI, CHUN RONG 李纯荣 **(1939-)**

Mu ye 牧野
LI, KONG ZHANG 李孔章 **(1952-)**

Mu ye 牧野
FANG, MU 方牧

Mu ye xin nong 牧野新农
YUAN, SHI KAI 袁世凯 **(1859-1916)**

Mu yi 木易
YUAN, XIAN AN 袁贤安 **(1874-1954)**

Mu yi 木易
YANG, YU ZHANG 杨玉璋 **(1926-)**

Mu yi 木易
YANG, GUO FAN 杨国藩 **(1928-)**

Mu Yi 木易
YANG, SHU CHU 杨书楚 **(1935-)**

Mu yi 木易
YANG, YI QUN 杨益群 **(1942-)**

Mu yi 木易
WANG, XIAO DI 王孝弟 **(1950-)**

Mu, Yi 慕一
WU, YU WEI 吴堉威 **(1906-1989)**

Mu, Yi 慕仪
YU, MU YI 余慕仪

Mu, Yi 慕伊
YANG, GENG 杨赓

Mu, Yi 慕翼
YAN, CHUN GOU 颜纯钩 **(1948-)**

Mu, Yi 穆义
YANG, GUANG 杨光 **(1955-)**

Mu, Yi 穆亦
YANG, GUANG 杨光 **(1955-)**

MU, YI 穆毅 **(1926-)**
Gu, Yang 谷羊

Mu, Yin 慕隐
LI, JIN FA 李进发 **(1951-)**

Mu yin 牧尹
LI, JIN FA 李进发 **(1951-)**

Mu yin 牧音
ZHANG, QING JI 张庆吉 **(1916-)**

Mu, Ying 穆映
XIE, MIN 谢敏 **(1925-)**

Mu yong shan ren 慕雍山人
ZHENG, GUAN YING 郑观应 **(1842-1922)**

Mu, Yu 沐宇
ZHANG, YANG 张旸 **(1921-)**

Mu, Yu 沐雨
ZHANG, XUE SHAN 张学善 **(1943-)**

Mu yu 木羽
MU, EN ZHI 穆恩之 **(1917-1987)**

Mu yu 木羽
YANG, YI XIANG 杨翼骧 **(1918-)**

Mu, Yu cai 穆予才
MO, YU CAI 莫愈彩 **(1951-)**

Mu yuan 牧园
XU, YAN FENG 许延风 **(1944-)**

Mu yuan 牧园
LÜ, GUAN HUA 吕关华 **(1945-)**

Mu yuan 牧原
CHANG, REN XIA 常任侠 **(1904-)**

Mu yuan 牧原
HOU, FU HAI 侯福海 **(1927-)**

Mu yuan 牧原
YANG, CAI MING 杨才铭 **(1935-)**

Mu, Yue 慕越
QIAN, JIANG CHUN 钱江春 **(1900-1927)**

Mu, Yun 慕云
HUANG, ZHEN YUAN 黄振元 **(1866-1913)**

Mu, Yun 慕云
QU, JIN JU 瞿金驹 **(1910-1979)**

Mu, Yun 慕云

SONG, YI PING 宋一平 (1935-)

Mu, Yun 慕云
WANG, YUN ZHONG 汪允中

Mu yun 牧云
LIN, HUAN ZHANG 林焕彰 (1939-)

Mu yun 牧云
LIU, JU YING 刘菊英 (1944-)

Mu, Zang 穆藏
LI, ZHEN JIE 李震杰 (1921-)

Mu zhai 木斋
WANG, DE KAI 王德楷 (1876?-1927)

Mu zhai 木斋
ZHOU, MU ZHAI 周木斋 (1910-1941)

Mu, Zhang 慕璋
LIN, MING ZHOU 林明洲 (1937-)

Mu zhe 牧者
MA, SEN 马森 (1932-)

Mu, Zhen 慕珍
LAI, NAN GUANG 赖南光 (1936-)

Mu, Zhen 穆珍
SUN, JING ZHI 孙敬之 (1909-1983)

MU, ZHEN XING 穆振兴 (1934-)
Huo, Qing 霍青
Mu, Jing 穆静
Yan, Ling 严凌

Mu, Zhi 慕之
SHEN, YAN BING 沈雁冰 (1896-1981)

Mu, Zhi 慕之
ZHENG, ZHEN DUO 郑振铎 (1898-1958)

Mu, Zhi 穆芝
LI, JIA XING 李家兴 (1930-)

Mu zhi 木直
HAN, ZHI MO 韩植墨 (1945-)

Mu zhi 木直
DOU, HAI SHI 窦海狮 (1954-)

Mu zhi 牧之
YANG, YOU TIAN 杨佑田 (1958-)

Mu zhi 牧之
WEI, GUANG BANG 韦光榜 (1964-)

Mu, Zhi di 穆之弟
DU, PENG LAI 杜蓬莱 (1920-)

Mu zhong 牧衷
LIN, MU ZHONG 林穆忠 (1948-)

MU, ZHONG NAN 穆中南 (1912-1992)
Mu, Mu 穆穆

Mu zhou 慕周
ZHANG, SHU MO 张树模

Mu, Zi 沐子
ZHAO, CONG CANG 赵丛苍 (1952-)

Mu, Zi 慕紫
LI, WEN QI 李文YI (1902-)

Mu, Zi 慕紫
LI, CHUAN RUI 李传瑞 (1947-)

Mu, Zi 穆子
LI, KE DA 李可达 (1940-)

Mu zi 木子
SHEN, YAN BING 沈雁冰 (1896-1981)

Mu zi 木子
XU, SHENG YAO 许绳尧 (1897-1984)

Mu zi 木子
HU, SHAN YUAN 胡山源 (1897-1988)

Mu zi 木子
SHEN, CONG WEN 沈从文 (1902-1988)

Mu zi 木子
HE, BING KUN 何炳坤 (1938-)

Mu zi 木子
LI, XIU 李秀 (1940-)

Mu zi 木子
LI, ZHENG PIN 李正品 (1958-)

Mu zi 木子
LI, FU MIN 李茀民 (1967?-)

Mu zi 牧子
QU, SHENG 屈声 (1923-1968)

Mu zi 牧子
LI, RUI TENG 李瑞腾 (1952-)

Mu zi 牧子
ZHANG, LÜ QIAN 张履谦

Mu zi nan 牧子南
LU, RU YIN 卢汝吟 (1918-)

Mu, Zi qin 穆子沁
LI, SHU EN 李澍恩 (-1945?)

Mu, Zi qin 穆子沁
WANG, REN SHU 王任叔 (1901-1972)

N

N. C.
FENG, NAI CHAO 冯乃超 (1901-1983)

N. HS
NI, WEI LIANG 倪伟良 (1918-1988)

Na 衲
LEI, ZHAO XING 雷昭性 **(1873-1920)**

NA, BU WA 那布娃 **(1965-　　)**
Na qing 娜青

Na dan you min 那丹友民
CHANG, YOU MIN 常友民 **(1925-　　)**

NA, DI 那狄 **(1918-　　)**
Na, Die yun 那迭云
Na, Ti 那逖

Na, Die yun 那迭云
NA, DI 那狄 **(1918-　　)**

Na, Er 那儿
TAN, WEI NA 谈卫那 **(1938-　　)**

Na fu 纳夫
LIU, RANG YAN 刘让言 **(1914-　　)**

Na han 纳罕
LIN, FENG 林丰

NA, JIA LUN 那家伦 **(1938-　　)**
Jia lun 家伦

Na, Jie 那捷
SUN, JI LIU 孙辑六 **(1927-　　)**

Na jun 娜君
LU, XIU ZHEN 陆秀珍 **(1907-1993)**

Na la 娜拉
SHAO, YAN ZHEN 邵燕祯 **(1939-　　)**

Na, Lao shi 那老师
NA, ZONG XUN 那宗训 **(1932-　　)**

Na, Li 那里
LI, SHU YUAN 李淑源 **(1920-　　)**

Na lian 娜莲
CHEN, NA LIAN 陈娜莲

Na mei 纳美
HE, ZHONG HUA 和钟华 **(1937-　　)**

Na ming 娜名
LU, XIU ZHEN 陆秀珍 **(1907-1993)**

Na na ou 呐呐鸥
LIU, CAN BO 刘灿波 **(1900-1939)**

Na ou 呐鸥
LIU, CAN BO 刘灿波 **(1900-1939)**

NA, QI MING 那启明 **(1937-　　)**
Xue, Chuan tong 薛传统

Na qing 娜青
NA, BU WA 那布娃 **(1965-　　)**

Na, Sha 那沙
LIN, CHENG SI 林澄思 **(1918-　　)**

Na si 娜斯
ZHANG, RONG LAN 张蓉兰 **(1936-　　)**

Na, Ti 那逖
NA, DI 那狄 **(1918-　　)**

Na xi 纳西
LI, TIAN SONG 李天送 **(1954-　　)**

Na xu 纳栩
RUI, LIAN XIA 芮连侠 **(1941-　　)**

Na, Ya er 那亚儿
LAI, JING WEN 赖敬文 **(1952-　　)**

Na yong 纳雍
JIANG, HAI CHENG 蒋海澄 **(1910-1996)**

Na yu 呐宇
ZHANG, HE YUN 张鹤云 **(1923-　　)**

Na yun sheng 拏云生
HU, TI WEI 胡梯维

NA, ZONG XUN 那宗训 **(1932-　　)**
Lin, Shao 林梢
Na, Lao shi 那老师

Nai bing 迺冰
SHI, ZUO SHI 施作师 **(1926-　　)**

Nai chang 乃昌
HE, BIN 何滨 **(1930-　　)**

Nai chao 乃超
FENG, NAI CHAO 冯乃超 **(1901-1983)**

Nai chao 乃超
MA, SHANG DE 马尚德 **(1905-1940)**

Nai chao 乃超
CHEN, NAI CHAO 陈乃超

Nai dai sheng 褦襶生
ZHANG, YOU LUAN 张友鸾 **(1904-1990)**

Nai dong 耐冬
LI, NAI DONG 李耐冬

Nai fan 乃凡
YANG, NAI FAN 杨乃藩 **(1916-　　)**

Nai fan 乃凡
WANG, TONG FA 王统发 **(1924-　　)**

Nai fan 乃帆
WANG, CHENG YAN 王承琰

Nai fan 耐烦
YANG, NAI FAN 杨乃藩 **(1916-　　)**

Nai fan 耐烦
CHEN, GANG 陈刚 **(1918-1988)**

Nai fang 乃方

FANG, SI RUO 方思若 **(1931-)**

Nai fang 乃方
ZHENG, LONG JIN 郑隆谨 **(1895-1979)**

Nai fang 耐芳
ZHENG, LONG JIN 郑隆谨 **(1895-1979)**

Nai gong 迺恭
GONG, BAO SHAN 龚宝善 **(1907-)**

Nai han 耐寒
LI, SAI RONG 李赛蓉 **(1949-)**

Nai he tang 奈何堂
CHENG, JUN 成骏 **(1916-1983)**

Nai jun 迺钧
ZENG, REN DAO 曾任道 **(1937-)**

Nai ku sheng 耐苦生
WU, SU 吴肃 **(1898-1939)**

Nai lai 迺莱
ZHAO, NAI DING 赵迺定 **(1943-)**

Nai lin qing 耐林庼
YANG, YU FU 杨遇夫 **(1885-1956)**

Nai qiang 乃强
HUANG, HUA QIANG 黄华强 **(1930-)**

Nai ren 乃人
FU, CHENG MO 傅承谟 **(1922-)**

Nai ren 乃人
SHEN, NAI REN 沈乃人

Nai ren 乃壬
XIE, FU YA 谢扶雅 **(1892-)**

Nai ren 迺人
FU, CHENG MO 傅承谟 **(1922-)**

Nai shuang 耐霜
OU, LI ZHUANG 区丽庄 **(1924-)**

Nai shuang 耐霜
YANG, SHI DONG 杨适冬 **(1942-)**

Nai shuang 耐霜
ZHANG, WEI XIAN 张维贤

Nai tong 乃同
WU, LI HUA 吴立华 **(1913-)**

Nai xian 乃仙
TIAN, JING HUI 田景惠 **(1923-)**

Nai xin 乃心
LI, TIAN MIN 李天民 **(1920-)**

Nai yin 耐茵
MOU, LUN YANG 牟伦扬 **(1919-1943)**

Nai zhen 乃真
WANG, TONG FA 王统发 **(1924-)**

Nai zhi 乃之
HU, YE PIN 胡也频 **(1903-1931)**

Nai zhuang 乃壮
XU, WEN DE 徐文德 **(1928-)**

Nan 南
CHEN, WANG DAO 陈望道 **(1890-1977)**

Nan 南
SHEN, YAN BING 沈雁冰 **(1896-1981)**

Nan 南
FEI, QI 费启 **(1919-)**

Nan 难
YAN, GUANG HUA 严光化 **(1924-)**

Nan, Bei 南北
NAN, ZHONG YUAN 南忠元 **(1937-)**

Nan, Bei 南北
MA, XIAO GUANG 马晓光 **(1959-)**

Nan, Bi ren 南鄙人
CHEN, FAN 陈凡 **(1915-1997)**

Nan bian ci ke 南边词客
CHEN, QI 陈淇 **(1911-)**

Nan, Bing 南冰
WANG, ZHUO 王琢 **(1921-)**

Nan, Cao 南草
ZHANG, YI SHENG 张义生 **(1935-)**

Nan, Cao 南草
YE, ZI MING 叶子铭 **(1935-)**

Nan, Chao fu 南巢父
TANG, SHAO HUA 唐绍华 **(1907-)**

Nan, Chao zi 南巢子
CHEN, QU BING 陈去病 **(1874-1933)**

Nan, Chuan 南川
ZHANG, ZHENG MING 张正明 **(1928-)**

Nan, Chuan 南川
LI, XI QIN 李习勤 **(1932-)**

Nan, Cun 南邨
HUANG, YING HUANG 黄英晃 **(1940-)**

Nan, Cun 南邨
XU, DE PEI 徐德培

Nan, Cun 南村
YE, YUN PU 叶韫璞 **(1905-1975)**

Nan, Cun ren 南邨人
HUANG, YING HUANG 黄英晃 **(1940-)**

Nan, Da 南达

GUO, JUN 郭军 **(1960-)**

Nan, Dan 南丹
YAN, SHU JING 阎书景 **(1919-)**

Nan dao ju shi 南岛居士
WANG, KAI JING 汪开竞 **(1912-1976)**

Nan, Ding 南丁
HE, NAN DING 何南丁 **(1931-)**

Nan, Ding 南丁
WANG, TAI JI 王太吉 **(1947-)**

Nan, Du 南都
CHEN, FENG YUAN 陈逢源 **(1893-1982)**

Nan, Duo 南多
BAO, ZU TANG 包祖堂 **(1934-)**

Nan, Fan 南帆
ZHANG, FAN 张帆 **(1957-)**

Nan, Fang 南方
WU, JIAN ZHI 吴建之 **(1938-)**

NAN, FANG 南方 **(1940-)**
Chun ming 春明

Nan, Fang ren 南方仁
FEI, SHI XUN 费师逊 **(1934-)**

Nan, Fang shuo 南方朔
WANG, XING QING 王杏庆

Nan, Fang zhang 南方张
ZHANG, RUO GU 张若谷 **(1904-)**

Nan, Fei yan 南飞雁
HUANG, YING HUANG 黄英晃 **(1940-)**

Nan, Fei yan 南飞雁
WU, QIU ZAN 吴秋赞 **(1941?-)**

Nan, Fei yan 南飞雁
HUANG, JI YAO 黄纪尧 **(1943-)**

Nan, Fei yan 南飞燕
REN, DAO BIN 任道斌 **(1946-)**

Nan, Feng 南风
LI, LIAN CUI 李连萃 **(1911-1991)**

Nan, Feng 南风
LIU, GUO FANG 刘国芳 **(1922-)**

Nan, Feng 南风
HUANG, YU CHEN 黄玉琛 **(1929-1985)**

Nan, Feng 南风
YE, XIAN GU 叶显谷 **(1931-)**

Nan, Feng 南风
LI, NAN SHAN 李南山 **(1931-)**

Nan, Feng 南风
LIU, XIAN MING 刘贤明 **(1931-)**

Nan, Feng 南风
WANG, CHENG GANG 王成刚 **(1934-)**

Nan, Feng 南风
LIN, ZHENG LUN 林正伦 **(1942-)**

Nan, Feng 南风
ZHANG, JING ZHONG 张敬忠 **(1949-)**

Nan, Feng 南枫
WU, QIU ZAN 吴秋赞 **(1941?-)**

Nan, Feng 南峰
LI, LIAN CUI 李连萃 **(1911-1991)**

Nan feng zhu ren 南风主人
ZHAO, ZHENG PING 赵正平 **(1878-1945)**

Nan, Fu 南父
LIU, YA ZI 柳亚子 **(1887-1958)**

Nan, Fu 南父
WANG, PU QING 汪普庆 **(1917-)**

Nan fu xing ren 南府行人
SU, XUAN YING 苏玄瑛 **(1884-1918)**

Nan, Gai 南陔
LIU, BING LIN 刘秉麟 **(1889-)**

Nan, Gang 南冈
FANG, CI SHI 方次石 **(1887-1915)**

Nan gang 楠刚
WANG, WEN HUA 汪文华 **(1931-)**

Nan, Ge 南歌
NING, XING 宁兴 **(1947-)**

Nan, Ge 南歌
LIU, REN GUO 刘仁国

Nan, Ge 南鸽
ZHAO, HAI TAO 赵海涛 **(1927-)**

Nan, Ge 南戈
LIU, GUO NAN 刘国南 **(1939-)**

Nan, Gen 南根
LI, SHENG LI 李胜利

Nan, Gong 南公
YANG, WEI QUAN 杨维铨 **(1900-1957)**

Nan, Gong 南公
LIU, SHI WEI 刘世威 **(1938-)**

Nan, Gong bo 南宫博
MA, BIN 马彬 **(1924-1983)**

Nan gong fu ren 南宫夫人
PAN, LIU DAI 潘柳黛 **(1922-)**

Nan gong, Dong guo 南宫东郭

LIU, SHU DE 刘澍德 **(1906-1970)**

Nan gong, Li 南宫离
TANG, DUAN YI 唐端毅 **(1913-1992)**

Nan gong, Sheng 南宫生
MENG, XIAN QI 孟宪棨 **(1902-1976)**

Nan gong, Xi 南宫熹
MENG, XIAN QI 孟宪棨 **(1902-1976)**

Nan gong, Yu 南宫宇
LUO, LING YUN 罗凌云

Nan, Guan 南冠
PENG, SHU ZHI 彭述之 **(1896-1983)**

Nan, Guan 南冠
CAI, NAN GUAN 蔡南冠 **(1906-1992)**

Nan, Guang 南光
TU, JIE CHU 屠介初 **(1919-1981)**

Nan, Guo 南郭
LIN, SHI CUN 林适存 **(1914-)**

Nan guo xing ren 南国行人
SU, XUAN YING 苏玄瑛 **(1884-1918)**

Nan, Hai 南海
KANG, YOU WEI 康有为 **(1858 1927)**

Nan, Hai 南海
TIAN, ZHONG JI 田仲济 **(1907-)**

Nan, Hai 南海
CHANG, JUN SHI 常君实 **(1920-)**

Nan, Hai 南海
XIAN, DE HUI 冼德慧 **(1928-)**

Nan hai er lang 南海二郎
XU, CHI QING 徐持庆 **(1940-)**

Nan, Hai ke 南海客
CHEN, CHUAN BO 陈川波 **(1941-)**

Nan hai lao ren 南海老人
KANG, YOU WEI 康有为 **(1858-1927)**

Nan hai xian sheng 南海先生
KANG, YOU WEI 康有为 **(1858-1927)**

Nan, Hang 南航
LIU, CHAO LU 刘朝禄 **(1888-1943)**

Nan, Hang 南航
LIU, SHOU PENG 刘寿彭 **(1891-1934)**

Nan, Hang 南航
DUAN, MEI 段玫 **(1931-)**

Nan, He 南河
LIU, BAO SHEN 刘保申 **(1937-)**

Nan, Hou 南侯
JIA, ZHI FANG 贾植芳 **(1915-)**

Nan, Hu 南湖
LIAN, QUAN 廉泉 **(1868-1931)**

Nan, Hu 南湖
HU, E GONG 胡鄂公 **(1884-1951)**

Nan, Hu 南湖
XU, ZHI MO 徐志摩 **(1896-1931)**

Nan, Hu 南湖
GAO, BAI SHI 高拜石 **(1901-1969)**

Nan hua lao ren 南华老人
YI, TING XI 易廷熹 **(1874-1941)**

Nan, Huang 南荒
WANG, XI YAN 王西彦 **(1914-)**

NAN, JI FU 南基福 **(1948-)**
Nan, Yong qian 南永前
Tai feng 泰峰
Yan yi 岩毅

Nan, Jian 南涧
WU, LIAN DONG 吴联栋 **(1905-)**

Nan, Jiang 南江
FENG, NAN JIANG 冯南江 **(1931-)**

Nan, Jie 南傑
OU YANG, LI YUAN 欧阳立袁 **(1889-1962)**

Nan, Jing 南景
LIU, ZHONG 刘仲 **(1947-)**

NAN, JU RONG 南矩容 **(1937-)**
Shuo fu 朔夫

Nan, Jun 南君
HUANG, WEI YING 黄维英 **(1912-)**

Nan kan 难堪
ZHANG, WEN TIAN 张闻天 **(1900-1976)**

Nan, Ke 南柯
DING, MENG ZHOU 丁梦周 **(1934-)**

Nan ke 楠柯
LI, JING CI 李景慈 **(1918-)**

Nan, Kun 南昆
ZHANG, HAN JUN 张翰君 **(1906-1968)**

Nan, Lai ke 南来客
JU, YING 鞠英 **(1957-)**

Nan, Lai yan 南来雁
DAI, CHENG YI 戴成义 **(1937-)**

Nan, Lei 南雷
LEI, XIAO CEN 雷啸岑 **(1896-1982)**

Nan, Li 南力
LI, XING YU 李兴宇 **(1920-1970)**

Nan, Li 南力
HE, NAN LI 何南力

Nan, Li 南离
CAO, SU LING 曹苏玲 **(1930-)**

Nan, Li 南離
QIU, YING JIE 邱英杰 **(1910-1984)**

Nan, Ling 南凌
ZHAO, SHI YUAN 赵士元 **(1930-)**

Nan lou zhu ren 南楼主人
LIANG, JING CHUN 梁敬錞 **(1892-1984)**

Nan, Ma cun 南马邨
DENG, TUO 邓拓 **(1912-1966)**

Nan, Man 南蛮
REN, DA REN 任大任 **(1904-1982)**

Nan, Meng 南梦
LU, ZENG YI 陆曾沂 **(-1927)**

Nan, Min 南民
WANG, XING QING 王杏庆

Nan, Ming 南明
WANG, JING SHAN 王景山 **(1924-)**

Nan ming 难明
ZHOU, ZUO REN 周作人 **(1885-1967)**

Nan ming 难明
LI, SHOU ZHANG 李寿章 **(1939-)**

Nan ming lao yu 南溟老渔
XUE, DA KE 薛大可 **(1881-1960)**

Nan ming yi min 南明遗民
LIU, YA ZI 柳亚子 **(1887-1958)**

Nan, Mo 南嫫
LIU, SAN TIAN 刘三田 **(1964-)**

Nan, Mu 南木
WANG, REN SHU 王任叔 **(1901-1972)**

Nan, Mu 南木
WENG, SHOU NAN 翁寿楠 **(1932-)**

Nan, Mu 南木
DU, NAN FA 杜南发 **(1952-)**

Nan, Nan 南南
WU, NAN XUN 吴南薰 **(1927-)**

Nan, Nan 南楠
ZHANG, WEN GANG 张文纲 **(1919-)**

Nan, Ni 南泥
MA, GUANG HUANG 马光煌 **(1921-)**

Nan, Ping 南平
LI, WEI SEN 李伟森 **(1903-1931)**

Nan, Ping 南屏
ZHAO, GUANG MING 赵光鸣 **(1949-)**

Nan, Qi ming 南齐明
CHEN, WANG DAO 陈望道 **(1890-1977)**

Nan, Qian 南迁
YAO, NAN 姚楠 **(1912-)**

Nan, Qiang 南强
QIAN, XING CUN 钱杏邨 **(1900-1977)**

Nan, Qiu 南秋
DANG, GUO DONG 党国栋 **(1936-)**

Nan, Quan 南泉
CHEN, BI SHENG 陈碧笙 **(1908-)**

Nan quan wai shi 南泉外史
XU, JUE 徐觉 **(1889-1937)**

Nan ran 赧然
WU, DE JIAN 仵德建 **(1956-)**

Nan, Ren 南人
SUN, LI CHUAN 孙立川 **(1950-)**

Nan, Rong 南容
LI, RONG PEI 李荣培 **(1903-1981)**

Nan, Run 南润
YANG, CHI CHANG 杨炽昌 **(1908-)**

Nan, Shan 南山
CHEN, WANG DAO 陈望道 **(1890-1977)**

Nan, Shan 南山
XU, JIE 许杰 **(1901-1993)**

Nan, Shan 南山
HONG, YU PING 洪禹平 **(1926-)**

Nan, Shan 南山
WANG, JUN JIE 王俊傑 **(1927-)**

Nan, Shan 南山
YU, GENG SHENG 喻更生 **(1928-)**

Nan, Shan 南山
LIN, DONG HAI 林东海 **(1937-)**

Nan, Shan 南山
LIU, GUO NAN 刘国南 **(1939-)**

Nan, Shan 南山
DING, MAO 丁茂 **(1940-)**

Nan, Shan 南山
FU, QI NAN 符气南 **(1944-1978)**

Nan, Shan 南山
WANG, HE PING 王和平 **(1948-)**

Nan shan 楠杉
QU, CONG 瞿琮 **(1944-)**

Nan, Shan cao 南山草
ZHENG, ZHEN CONG 郑振聪 **(1946-)**

Nan, Shan he 南山鹤
XU, FU CHANG 许福昌 **(1941-)**

Nan, Shan he 南山鹤
CHEN, ZHAN XIONG 陈战雄

Nan, Shan ku 南山谷
QIU, MING KUN 邱名焜 **(1940-)**

Nan, Shan xiu 南山修
LIN, YONG XIU 林永修 **(1911-1944)**

Nan, Shan yan 南山燕
FENG, MING ZHI 冯明之 **(1919-1982)**

Nan she jiu lü 南社旧侣
LI, WEN TAO 李文涛 **(1880-1942)**

Nan, Shen 南申
GU, GUAN QUN 顾冠群 **(1944-)**

Nan, Sheng 南生
QIU, NAN 邱楠 **(1916-1979)**

Nan sheng 难胜
LI, WEN TAO 李文涛 **(1880-1942)**

Nan, Shi 南史
LIU, YA ZI 柳亚子 **(1887-1958)**

Nan, Shi 南石
CHEN, SHOU NAN 陈寿南 **(1932-)**

Nan, Shi 南石
FU, YAO SHENG 傅尧笙 **(1936-)**

Nan shi 男士
XIE, WAN YING 谢婉莹 **(1900-1999)**

Nan shi 难士
WANG, REN SHU 王任叔 **(1901-1972)**

Nan, Shi shi 南史氏
CHEN, QU BING 陈去病 **(1874-1933)**

Nan, Shi shi 南史氏
LIU, YA ZI 柳亚子 **(1887-1958)**

Nan, Si 南丝
LIN, CAI YING 林彩英 **(1922-)**

Nan, Si 南思
ZHANG, QING 张庆 **(1936-)**

Nan si 难思
LI, WEN TAO 李文涛 **(1880-1942)**

Nan, Tian 南天
WANG, LIE 王烈 **(1931-)**

Nan, Ting 南亭
LI, BAO JIA 李宝嘉 **(1867-1906)**

Nan, Ting 南婷
ZHAO, QI 赵琪 **(1972-)**

Nan ting ting zhang 南亭亭长
LI, BAO JIA 李宝嘉 **(1867-1906)**

Nan ting zhang zhe 南亭长者
LI, BAO JIA 李宝嘉 **(1867-1906)**

Nan, Tong 南通
CHEN, YAN 陈炎 **(1925-)**

Nan, Wei 南薇
LIU, SONG TAO 刘松涛 **(1922-)**

Nan, Wu 南无
FENG, WEN BING 冯文炳 **(1901-1967)**

Nan, Wu 南无
SHEN, QI WU 沈启无 **(1902-1969)**

Nan, Wu 南武
QIU, FENG JIA 丘逢甲 **(1864-1912)**

Nan wu shan ren 南武山人
QIU, FENG JIA 丘逢甲 **(1864-1912)**

Nan, Xi 南西
LIN, CAI YING 林彩英 **(1922-)**

Nan, Xi 南茜
HUANG, ZHEN QIU 黄振球 **(1911-1980)**

Nan, Xiang 南香
HU, YUAN 胡渊

Nan, Xiang 南翔
XIANG, NAN XIANG 相南祥 **(1955-)**

Nan, Xiang ren 南乡人
LUO, XUE LIANG 骆学良 **(1926-)**

Nan, Xiang zi 南乡子
LUO, XUE LIANG 骆学良 **(1926-)**

Nan, Xiang zi 南乡子
CHEN, SHAO WEI 陈绍伟 **(1941-)**

Nan xin 难心
LÜ, TU SEN 吕涂森 **(1890-1947)**

NAN, XIN ZHOU 南新宙 **(1931-1986)**
Ai, Ai 艾艾

Nan, Xing 南星
DU, NAN XING 杜南星 **(1910-1996)**

Nan, Xing 南星
DU, WEN CHENG 杜文成

Nan, Xiong 南雄
LIN, ZHEN XIN 林振新

Nan, Xun 南薰
WU, DING DI 吴鼎第 **(1914-)**

Nan, Ya 南雅
SHEN, ZONG JI 沈宗畸 **(1857-1926)**

Nan ya lou 南雅楼
SHEN, ZONG JI 沈宗畸 **(1857-1926)**

Nan, Yan 南雁
SUN, CHUAN ZHE 孙传哲 **(1915-)**

Nan, Yan 南雁
LI, JUN 李儁

Nan, Yang 南阳
DENG, TUO 邓拓 **(1912-1966)**

Nan, Yang 南阳
MA, GUI BAO 马贵宝 **(1949-)**

Nan, Yang bo 南洋伯
WEN, YU SHU 温玉书 **(1911-)**

Nan yang xiao xue sheng 南洋小学生
SUN, WEN 孙文 **(1866-1925)**

Nan yang yi xue sheng 南洋一学生
SUN, WEN 孙文 **(1866-1925)**

Nan, Ye 南也
LIU, YE YUAN 刘烨园 **(1954-)**

Nan, Ye 南野
SHEN, ZONG JI 沈宗畸 **(1857-1926)**

Nan, Yi 南一
REN, DA REN 任大任 **(1904-1982)**

Nan, Yi 南艺
LIU, YONG LIAN 刘永濂 **(1928-)**

Nan yi 难易
DU, JIN NAN 杜金南 **(1921-)**

Nan, Ying 南营
LI, RUI ZUO 李瑞佐 **(1933-)**

Nan, Ying 南瓔
YANG, PI HENG 杨丕衡 **(1922-)**

Nan, Yong qian 南永前
NAN, JI FU 南基福 **(1948-)**

Nan, You zhou 南有洲
XIE, PENG XIONG 谢鹏雄 **(1933-)**

NAN, YU JIAN 南豫见 **(1952-)**
Da mao 大毛

Nan yu shan ren 南屿山人
ZHU, WEN XUAN 诸文萱 **(1902-1984)**

Nan, Yuan 南园
ZHANG, XIANG WEN 张相文 **(1867-1933)**

Nan, Yuan 南园
CHENG, ZHAN LU 程瞻庐 **(-1943)**

Nan, Yun 南云
KE, WEI HAN 柯维翰 **(1902-1964)**

Nan, Yun 南云
CHEN, GENG YA 陈赓雅 **(1905-)**

Nan, Yun 南云
XU, KE 徐克

Nan, Yun 南芸
GAO, BAI SHI 高拜石 **(1901-1969)**

Nan, Yun 南芸
LIU, QI CONG 刘棨琮 **(1916-)**

Nan yun 难云
GAO, BAI SHI 高拜石 **(1901-1969)**

Nan, Yun rui 南云瑞
NAN, ZHONG YUAN 南忠元 **(1937-)**

NAN, YUN SHENG 南运生 **(1944-)**
He du ling ren 鹤渡岭人

Nan, Zhao 南照
QIAN, ZHONG WEN 钱中文 **(1932-)**

Nan, Zheng 南征
LU, YANG LIE 陆扬烈 **(1931-)**

Nan, Zhi 南芷
XIE, BING YING 谢冰莹 **(1906-2000)**

Nan, Zhi 南枝
WANG, MEI CHUANG 王梅窗 **(1914-)**

Nan, Zhi 南枝
JIANG, YUAN CHUN 蒋元椿 **(1920-)**

Nan, Zhi 南枝
HU, SI SHENG 胡思升 **(1932-)**

Nan, Zhi 南枝
AN, HUAI YIN 安怀音

Nan zhi 难知
ZHOU, ZUO REN 周作人 **(1885-1967)**

Nan zhi na lao ji 南支那老骥
MA, YANG YU 马仰禹

Nan zhi na lao ji shi 南支那老骥氏
MA, YANG YU 马仰禹

Nan, Zhong yi 南中一
REN, DA REN 任大任 **(1904-1982)**

NAN, ZHONG YUAN 南忠元 **(1937-)**
Nan, Bei 南北
Nan, Yun rui 南云瑞

Nan, Zhuo 南桌
LI, NAN ZHUO 李南桌 **(-1938)**

Nan, Zi 南子

SUN, WU NAN 孙武南 (1921-)

Nan, Zi 南子
LI, YUAN BEN 李元本 (1945-)

Nang ying 囊萤
WU, FEI DAN 吴斐丹 (1907-1981)

Ne an 讷厂
YAN, E SHENG 严谔声 (1898-1969)

Ne fu 讷夫
LI, DA YI 李大一

Ne zi 讷子
ZHENG, SHI XUE 郑时学 (1920-)

Nen yuan 嫩园
FU, CHONG FU 傅崇黻 (1861-1931)

Neng zhi 能至
LI, LI SAN 李立三 (1899-1967)

Ni 尼
SHEN, YAN BING 沈雁冰 (1896-1981)

Ni 尼
GUO, AN REN 郭安仁 (1909-1968)

NI, BAO CHENG 倪宝诚 (1935-)
Duan ni 端倪

NI, BAO YUAN 倪宝元 (1925-)
Bao yuan 苞园

Ni, Bin 倪斌
BAO, ZHONG WEN 包忠文 (1932-)

Ni, Bo 倪波
NI, ZHENG XIANG 倪政祥 (1935-)

NI, BO CHEN 倪泊晨 (1941-)
Ni tu 泥土

NI, CHAI SHENG 倪拆声
Ni, Jing fu 倪儆夫

Ni, Chang you 倪长游
NI, LONG SHENG 倪隆盛 (1927-)

Ni, Cheng en 倪承恩
NI, CHENG EN 倪诚恩 (1934-)

NI, CHENG EN 倪诚恩 (1934-)
Ni, Cheng en 倪承恩

Ni cheng zi 逆成子
ZHAO, XI YU 赵西玉 (1949-)

Ni, Cong 倪聪
NI, YI MING 倪亦明 (1935-)

Ni di 尼迪
GUO, NI DI 郭尼迪 (1916-)

Ni er 逆耳
GE, JIAN 革建 (1933-)

Ni feng 逆风
DUAN, GUO 段果 (1953-)

Ni feng huang 泥凤凰
LI, MU XIANG 李木香 (1954-)

Ni, Feng zhi 倪风之
NI, YOU HE 倪攸鹤 (1909-1959)

Ni, Guang 倪光
LIN, YU ZHEN 林羽真

Ni, Hai shu 倪海曙
NI, WEI LIANG 倪伟良 (1918-1988)

Ni, He 倪和
MAO, YING LONG 毛应龙 (1924-)

NI, HONG 倪虹 (1929-)
Tong, Ying 童婴

NI, HONG QUAN 倪洪泉 (1955-)
Hong guan 鸿观

Ni, Huan zhi 倪焕之
NI, YOU HE 倪攸鹤 (1909-1959)

Ni ji 尼基
YANG, RI JI 杨日基 (1912-1982)

Ni, jia 尼加
MA, YAN XIANG 马彦祥 (1907-1988)

Ni, Jia xiang 倪家襄
NI, YOU HE 倪攸鹤 (1909-1959)

Ni jin 尼金
QIU, XI 丘玺 (1913-)

NI, JIN XIANG 倪进祥 (1970-)
Jiang nan ye cao 江南野草

Ni, Jing fu 倪儆夫
NI, CHAI SHENG 倪拆声

Ni, Jun 倪骏
QIAO, WEN NI 乔文猊 (1919-)

Ni, Kuang 倪匡
NI, YI MING 倪亦明 (1935-)

NI, LAI YIN 倪来音 (1954-)
Xu ya 旭雅

Ni lang 泥浪
MA, DE YING 麻德英 (1934-)

NI, LONG SHENG 倪隆盛 (1927-)
Ni, Chang you 倪长游
Wei fei 未非
Wen, Zhong yuan 文仲元
Yi she 亦舍
Yu, Duo huan 余多幻

Ni lu 霓璐
XU, DA 许达 (1904-1991)

Ni luo 尼罗
DING, KE YONG 丁克用 (1925-)

Ni luo 尼洛
LI, MING 李明 (1926-)

Ni luo 泥洛
LI, MING 李明 (1926-)

Ni man 尼曼
SUN, QIN PING 孙钦平 (1922-)

Ni min 逆民
GAO, JI LIN 高季琳 (1909-)

NI, MING HUA 倪明华 (1937-)
Ai, Mei 艾玫

Ni ming zi 匿名子
GAO, MING 高明 (1908-)

Ni ming zi 匿名子
MU, SHI YING 穆时英 (1912-1940)

NI, MO YAN 倪墨炎 (1933-)
Mo, Yan 墨炎
Wang, Shu rong 王树荣

Ni na nü shi 妮娜女士
ZHANG, YONG XU 张咏絮

Ni nan yan 呢喃燕
BAI, GUANG ZHENG 白光正 (1922-)

Ni, Ni 倪尼
NI, RUI XUAN 倪瑞萱 (1916-1989)

Ni ni 尼尼
NI, RUI XUAN 倪瑞萱 (1916-1989)

Ni ou 泥藕
JIANG, CHUN FANG 姜椿芳 (1912-1987)

Ni, Ping 倪平
HE, JI 何佶 (1915-1969)

NI, QING ZHI 倪庆秩 (1918-1989)
Bao, Lei 包蕾
Bian, Luo 卞洛
Hua, E 华萼
Jiao, Guan ling 焦贯龄
Jin, Ru mo 金如墨
Ke, Yan 柯衍
Mao lin 茂林
Mu, Dao 穆道
Shen zhi 慎之
Ye, Chao 叶超
Yu, Chi ping 余持平

NI, QIONG XIANG 倪琼湘 (1947-)
Ni, Ting 倪亭

Ni, Ren 倪仁
GAO, ZHAO QING 高昭庆 (1938-)

Ni, Rui 倪瑞
NI, RUI XUAN 倪瑞萱 (1916-1989)

NI, RUI XUAN 倪瑞萱 (1916-1989)
Ni, Ni 倪尼
Ni ni 尼尼
Ni, Rui 倪瑞

Ni sai 尼塞
YE, JIA YI 叶家怡

Ni sang 尼桑
ZHU, JING 朱静

NI, SHU GEN 倪树根 (1933-)
A yan 阿炎
Xiao fu 小夫
Yang, Pu 杨浦

Ni, Shuo er 倪朔尔
ZHOU, SHU REN 周树人 (1881-1936)

Ni si 尼斯
XU, YONG PING 徐詠平 (1912-)

Ni su 尼苏
ZHU, YI CHU 朱宜初 (1925-)

Ni su 尼稣
ZHU, YI CHU 朱宜初 (1925-)

Ni, Te 倪特
NI, YI DE 倪贻德 (1901-1970)

Ni te 尼特
NI, YI DE 倪贻德 (1901-1970)

Ni, Ting 倪亭
NI, QIONG XIANG 倪琼湘 (1947-)

Ni tu 泥土
ZHU, YI CHU 朱宜初 (1925-)

Ni tu 泥土
WANG, ZHI LIANG 王智量 (1928-)

Ni tu 泥土
NI, BO CHEN 倪泊晨 (1941-)

Ni tu 泥土
NI, ZHEN LIANG 倪振良 (1946-)

Ni wa 泥娃
TAN, YOU JIN 谭幼今 (1950-)

NI, WEI LIANG 倪伟良 (1918-1988)
Dao sheng 道生
HS
Ji da 基达
K. K.
N. HS

Ni, Hai shu 倪海曙
Wang, Da sheng 王大生
Wei, Liang 魏凉
Wen, Zhi chu 文之初

Ni, Wen 倪雯
XIE, YU HENG 谢宇衡 **(1926-)**

Ni, Xiao de 倪晓德
XUAN, WAN MING 宣万明 **(1958-)**

Ni xie 泥鞋
XU, SHI LUN 徐世纶 **(1909-)**

Ni yi 尼一
MA, YAN XIANG 马彦祥 **(1907-1988)**

NI, YI DE 倪贻德 **(1901-1970)**
Ni, Te 倪特
Ni te 尼特
Yi de 贻德

NI, YI MING 倪亦明 **(1935-)**
Bai, Su 白素
Gao, Da 高达
Gao, Fei 高飞
Hong, Xin 洪新
Huang, Juan 黄娟
Jiu gang ju shi 九缸居士
Ni, Cong 倪聪
Ni, Kuang 倪匡
Sha, Weng 沙翁
Wei, Li 魏力
Wei long 危龙
Wei, Si li 卫斯理
Yi, Qi 衣其
Yi, Qi 衣琪
Yuan, Zhen xia 原振侠
Yue, Chuan 岳川

NI, YI SHU 倪亦舒 **(1946-)**
Ji li gua la 叽哩呱啦
Lu, Guo 陆国
Luo, Jiang 骆绛
Mei, Feng 梅峰
Mei gui 玫瑰
Mei, Qian 梅阡
Yi, Sha bei 依莎贝
Yi shu 亦舒

Ni yin 尼印
HONG, ZHENG HOU 洪徵厚 **(1913-1989)**

NI, YOU HE 倪攸鹤 **(1909-1959)**
Ni, Feng zhi 倪风之
Ni, Huan zhi 倪焕之
Ni, Jia xiang 倪家襄

Ni yu 猊愚
GUO, ZHENG FU 郭征夫 **(1927-)**

NI, ZHEN LIANG 倪振良 **(1946-)**
Ni tu 泥土

NI, ZHEN MAO 倪震懋 **(1940-)**
Bai, Yun 白云
Long, Si dai 龙思岱
Ni, Zheng mao 倪正茂
Pei, Hai 裴海

NI, ZHENG LUAN 倪正銮 **(1942-)**
Mo, Hai 墨海

Ni, Zheng mao 倪正茂
NI, ZHEN MAO 倪震懋 **(1940-)**

NI, ZHENG XIANG 倪政祥 **(1935-)**
Bai chuan 百川
Cao, Lu ying 曹陆英
Cao, Ying 曹英
Ding, You 丁又
He, Gan 何干
He, Jia gan 何家干
La jiao 辣椒
Lan, Xiang 兰祥
Li, Lei 犁擂
Liu, Fan 刘番
Luo ying 落英
Ma, Xia 马夏
Ming, Fen 明粉
Ni, Bo 倪波
Shi, Mei 石梅
Shu, Ying 疏影
Wei min 为民
Wen, Yang 文羊
Xiao bo 小波
Xiao bo 晓波
Xuan zi 絢梓
Zheng, Qiang 郑强

Ni, Zheng zhong 倪郑重
ZHENG, JIN ZHANG 郑锦章 **(1915-)**

Ni zi 泥子
ZHANG, WEN XUN 张文勋 **(1926-)**

Nian an 念盦
YI, TING XI 易廷熹 **(1874-1941)**

Nian bi 念璧
GU, ZHUN 顾准 **(1915-1974)**

Nian chu 念初
ZHANG, YING 张樱

Nian ci 念慈
SHAO, NIAN CI 邵念慈 **(1918-)**

Nian, Feng 年丰
HUANG, MIAO FA 黄妙发 **(1938-)**

Nian gong 念公

YI, TING XI 易廷熹 **(1874-1941)**

Nian he 念禾
GONG, XIAO LAN 龚啸岚 **(1915-)**

Nian, Hong 年红
ZHANG, FA 张发 **(1939-)**

Nian hong 念鸿
LIN, JING YUN 林景云 **(1931-)**

Nian hua 拈花
BAO, GONG YI 包公毅 **(1876-1973)**

Nian hui 念慧
LI, WEN TAO 李文涛 **(1880-1942)**

Nian jiao 念娇
CHENG, JUN 成骏 **(1916-1983)**

Nian jiu 念久
MA, JUN 马骏 **(1895-1928)**

Nian, La mei 年腊梅
XU, JING HUA 许静华 **(1934-)**

Nian lin 念林
CHEN, ZAI XING 陈再兴 **(1948-)**

Nian ling 念龄
CHEN, DI 陈迪 **(1925-)**

Nian mei 念枚
LUO, TING 罗廷 **(1918-)**

Nian nian 念年
GONG, NIAN NIAN 龚念年

Nian qiang 念强
TAO, SHANG ZHAO 陶尚钊

Nian qing 念青
HU, SHENG 胡绳 **(1918-)**

Nian qu 念劬
YUAN, GUANG MEI 袁光楣 **(1916-1982)**

Nian, Quan 年全
YANG, QI MING 杨器铭 **(1955-)**

Nian qun 念群
YUAN, GUANG MEI 袁光楣 **(1916-1982)**

Nian, Ren 年人
CHEN, YAN NIAN 陈延年 **(1899-1927)**

Nian ren 念人
WANG, XING 王兴 **(1954-)**

Nian ren 埝任
WU, GONG ZHENG 吴功正 **(1943-)**

Nian sheng 念生
CAI, YUN CHEN 蔡运辰 **(1900-)**

Nian sheng 念生
LUO, MAO DE 罗懋德 **(1904-1990)**

Nian sheng ju shi 念生居士
CAI, YUN CHEN 蔡运辰 **(1900-)**

Nian sheng lou 念圣楼
DING, SHOU TANG 丁守棠 **(1906-)**

Nian shou zhong 念守中
WANG, LIN 王琳 **(1942-)**

Nian shu 念述
ZHOU, RU CHANG 周汝昌 **(1918-)**

Nian wu 念五
LIU, QING YANG 刘清扬 **(1894-1977)**

Nian wu 念吾
LIU, QING YANG 刘清扬 **(1894-1977)**

Nian xian 念先
WANG, SHOU CHUN 王守椿 **(1895-1985)**

Nian yan 念燕
LIU, GONG HUANG 刘恭煌 **(1931-)**

Nian yi 念一
XIAO, JIA JU 萧家驹 **(1909-)**

Nian ying 念英
LU, FANG 卢滂 **(1914-)**

Nian yuan 念远
YU, NIAN YUAN 俞念远 **(1904-)**

Nian yun 念云
JIANG, YU SHEN 江郁燊 **(1916-1984)**

Nian zhen 念真
WU, WEN QIN 吴文钦 **(1952-)**

Nian zhi 念之
PAN, FENG TU 潘枫涂 **(1901-1988)**

Nian zhi 念智
LI, WEN TAO 李文涛 **(1880-1942)**

Nian zi 念兹
LI, SHOU ZHANG 李守章 **(1905-1993)**

Niang wu 酿吾
ZHAO, SHU LI 赵树礼 **(1906-1970)**

Niao ying 鸟影
FENG, CHENG ZHI 冯承植 **(1905-1993)**

Nie 涅
WANG, YUN SHENG 王运生 **(1896-1946)**

Nie, Bo 聂波
HUANG, FU XING 黄福兴 **(1939-)**

Nie, Cheng 聂诚
WANG, SHU BAI 汪澍白 **(1923-)**

Nie, Da peng 聂大鹏

NIE, ZHI KONG 聂志孔 (1924-)

Nie, Ding 聂丁
LIU, BEN XUE 刘本学 (1937-)

NIE, DING HUA 聂定华 (1943-)
Song shi 松石

NIE, DUO RAO 聂多饶 (1929-)
Ping, Sha 平沙
Shi, Zai 石在
Wang, Gang 王冈
Wang, He 王禾

Nie, Er 聂耳
NIE, SHOU XIN 聂守信 (1912-1935)

Nie er 孽儿
ZHU, XI 朱玺 (1894-1921)

Nie feng 涅烽
NIE, HUA LIN 聂华林 (1945-)

NIE, GAN NU 聂甘弩 (1903-1986)
Dan tai mie an 澹台滅闇
Dan tai mie ming 澹台滅明
Er ya 二鸦
Er ye 耳耶
Gan, Nu 甘奴
Gan, Nu 甘努
Gan, Nu 甘努
Gan nu 绀弩
Gan ru 绀乳
Han lü 悍膂
Mai si 迈斯
Nie, Ji 聂畸
Nie, Qi 聂琦
San yi sheng 散宜生
Xiao, Jin du 萧今度
Xiao, Jin yu 萧今雨
Zang, Qi ren 臧其人

Nie, Hai 聂海
LIU, YU CHEN 刘玉晨 (1940?-)

Nie, Hai 聂海
CHENG, TAI ZHONG 成泰忠 (1951-)

Nie, Heng 聂横
YANG, RI JI 杨日基 (1912-1982)

NIE, HUA LIN 聂华林 (1945-)
Hua, Ling 华岭
Nie feng 涅烽

NIE, HUA LING 聂华苓 (1925-)
Si yuan 思远

Nie, Hua zhao 聂华昭
YE, HAN MING 叶汉明

Nie, Huai 聂怀
CHENG, JUN 成骏 (1916-1983)

Nie, Ji 聂畸
NIE, GAN NU 聂甘弩 (1903-1986)

Nie jia 涅加
MA, YAN XIANG 马彦祥 (1907-1988)

Nie, Ke 聂克
ZHANG, GUO JUN 张国钧 (1927-)

Nie li 涅丽
XIE, FU SEN 谢复森 (1919-)

Nie, Li xi 聂里奚
LIU, REN JING 刘仁静 (1902-1987)

Nie, Pin 聂品
CHEN, REN XIA 陈任侠 (1929-)

Nie, Qi 聂齐
LIU, SHI ZE 刘世泽 (1928-)

Nie, Qi 聂琦
NIE, GAN NU 聂甘弩 (1903-1986)

NIE, RONG ZHEN 聂荣臻 (1899-1992)
Xiang, Shang 向上
Yun, Zhen 云臻

Nie, Shi qiao 聂石樵
NIE, ZHEN KUN 聂振昆 (1927-)

Nie, Shi zi 聂氏子
HUANG, SHI YONG 黄诗咏 (1927-)

NIE, SHOU XIN 聂守信 (1912-1935)
Hei, Tian shi 黑天使
Huan yu 浣玉
Nie, Er 聂耳
Nie, Zi yi 聂子义
Wang, Da ping 王达平
Wang, Yuan ping 王远平
Zao sen 噪森
Zi yi 子义
Zi yi 紫艺

Nie, Suo 聂索
NIE, ZU YOU 聂祖佑 (1928-)

Nie, Wen 聂文
HU, DE HUI 胡德辉 (1913-1968)

Nie, Wen 聂文
OU YANG, LAN 欧阳兰

Nie wen 捏蚊
OU YANG, LAN 欧阳兰

NIE, WEN YU 聂文郁 (1909-1988)
Wen, Wei 文蔚
Wen, Yu 文郁

NIE, XIAN WU 聂宪武 (1920-)

Nie, Yun ting 聂云挺
Yu, Fan 于凡

NIE, YI BIN 聂义斌 **(1943-)**
Yi bing 一兵

Nie, Yin ying 聂银鹰
GUO, MING XIAO 郭明孝 **(1929-)**

NIE, YU WEN 聂玉文 **(1938-)**
Li, Xin 黎信
Xiang yin 乡音

Nie yuan 滠源
FENG, XIANG JIE 冯向傑 **(1941-)**

NIE, YUN LAN 聂云岚
Dan ling 丹陵
Jia ling 嘉陵
Xi guang 锡光
Yi yu 一羽

Nie, Yun ting 聂云挺
NIE, XIAN WU 聂宪武 **(1920-)**

NIE, ZHEN KUN 聂振昆 **(1927-)**
Nie, Shi qiao 聂石樵

NIE, ZHI KONG 聂志孔 **(1924-)**
Nie, Da peng 聂大鹏

NIE, ZHI RONG 聂志荣 **(1934-)**
Lu, Bing 卢冰
Zi rong 梓荣

Nie, Zi yi 聂子义
NIE, SHOU XIN 聂守信 **(1912-1935)**

NIE, ZU YOU 聂祖佑 **(1928-)**
Hao hong 浩泓
Lei, Duo 雷多
Luo, Sha 骆沙
Mo, Feng 莫风
Nie, Suo 聂索
Yang, Shi hu 羊师虎

Ning 宁
SHEN, DUAN XIAN 沈端先 **(1900-1995)**

Ning 宁
XU, SI XING 徐嗣兴 **(1923-)**

NING, BAO LU 宁保禄 **(1921-)**
Xi hong 西虹

Ning bing 凝冰
QU, QIU BAI 瞿秋白 **(1899-1935)**

Ning bing 凝冰
TU, YI FANG 屠义方 **(1907-)**

Ning dan 凝丹
CHEN, SHI JIONG 陈士炯 **(1912-1985)**

Ning, Dao 宁岛
SONG, XIE ZHOU 宋协周 **(1927-)**

Ning, Fei 宁非
GAN, DANG YAN 甘当炎 **(1937-)**

Ning, Fu 宁弗
ZHOU, BING 周兵 **(1958-)**

NING, GAN 宁干 **(1923-)**
Ning gan 凝甘

Ning gan 凝甘
NING, GAN 宁干 **(1923-)**

Ning, Han 宁汉
ZHOU, CHANG MING 周长明 **(1950-)**

Ning, Hong 宁虹
YAN, QING HUANG 颜庆煌 **(1940-)**

Ning, Jing 宁静
NING, YOU ZHI 宁有志 **(1936-)**

Ning, Jing 宁静
JIN, ZHEN LIN 金振林 **(1938-)**

Ning, Jing quan 宁静圈
LIU, JING JUAN 刘静娟 **(1940-)**

Ning, Jun 宁军
XU, JIA SHENG 许家声 **(1942-)**

Ning, Ke 宁可
LI, XIAN ZHI 黎先智 **(1928-)**

Ning, Ke 宁可
NING, KE WEN 宁克文 **(1931-)**

NING, KE WEN 宁克文 **(1931-)**
Ning, Ke 宁可
Ning, Meng 宁蒙

Ning, Meng 宁蒙
NING, KE WEN 宁克文 **(1931-)**

Ning, Mu er 宁牧儿
LI, YOU CAI 李有财

Ning ning 凝凝
HUANG, GUO BIN 黄国彬 **(1946-)**

Ning, Qiang 宁强
LI, NING QIANG 李宁强

Ning qiu 凝秋
CHEN, BING JUN 陈秉钧 **(1906-1988)**

Ning, Ren 宁人
WANG, REN SHU 王任叔 **(1901-1972)**

Ning ren 佞人
LIANG, QI CHAO 梁启超 **(1873-1929)**

Ning, Ri zeng 宁日曾
NING, YAO ZENG 宁耀曾 **(1935-)**

Ning, Shi 宁士
BU, NAI FU 卜乃夫 **(1917-)**

NING, SHI XIAN 宁世贤 **(1949-)**
Ba, Tu 巴土
Meng, Ran 孟然
Shan ke 山柯

NING, TIAO YUAN 甯调元 **(1873-1913)**
Bi zhi 辟支
Chu, Qiu 楚囚
Da yi 大一
Min yi 民遗
Qi wang men xia gu se ren 齐王门下鼓瑟人
Qu, Hun 屈魂
Shi yi 士逸
Tai yi 太乙
Tai yi 太一
Xian fu 仙甫
Xian xia 仙霞

Ning, Wu 宁武
JU, XIAO MING 鞠孝铭 **(1912-)**

Ning xi 凝溪
LI, ZHI ZHONG 李治中 **(1943-)**

Ning, Xiao feng 宁小凤
WANG, HUI PING 王惠萍 **(1946-)**

NING, XIE WAN 甯协万 **(1896-)**
Chu, Chan 楚禅
Si yu 思禹

Ning, Xin 宁馨
XIAN, DE HUI 冼德慧 **(1928-)**

Ning, Xin er 宁馨儿
KANG, LING MEI 康玲玫 **(1966-)**

NING, XING 宁兴 **(1947-)**
Nan, Ge 南歌
Ning, Ying 宁瑛

Ning xiu 凝秀
CHEN, GUI LIAN 陈桂莲 **(1946-)**

Ning xiu 凝秀
CHEN, JUN HUI 陈君惠

NING, YAO ZENG 宁耀曾 **(1935-)**
Ning, Ri zeng 宁日曾

Ning, Yi 宁以
YANG, JING RU 杨静如 **(1919-)**

Ning, Ying 宁瑛
NING, XING 宁兴 **(1947-)**

NING, YOU ZHI 宁有志 **(1936-)**
Ding, Yue xin 丁月心
Ning, Jing 宁静
Qing jian 青见

Ning, Yu 宁宇
WANG, NING YU 王宁宇 **(1935-)**

Ning, Yuan 宁远
QIN, HAO 秦浩 **(1908-)**

Ning, Yuan 宁远
LI, YING YUN 李滢鋆

Ning yuan 凝园
LIU, FENG WEN 刘凤文 **(1909-)**

Ning, Zhi 宁之
MAN, SHOU TIAN 满守天 **(1935-)**

Ning, Zhi yuan 宁致远
PENG, SHI LONG 彭仕龙 **(1930-)**

Ning, Zhou 宁舟
CHEN, YU LIAN 陈玉莲 **(1947-)**

Ning, Zi 宁子
ZHANG, JI LOU 张继楼 **(1926-)**

Ning, Zi 宁子
WANG, MIAN 王勉 **(1957-)**

Niu 牛
WANG, ZHAO WEN 王朝闻 **(1909-)**

Niu 牛
WANG, PIN ZHI 王聘之 **(1919-)**

Niu, Ba 牛八
ZHU, JING NONG 朱经农 **(1887-1951)**

Niu, Ba 牛巴
ZHU, CHANG ZHI 朱长志 **(1948-)**

Niu, Bei shan 牛北山
ZHANG, RUI LIN 张瑞麟 **(1933-)**

Niu, Ben 牛犇
YANG, XIAN JIANG 杨贤江 **(1895-1931)**

Niu, Ben 牛犇
NIU, JUN YAN 牛君彦 **(1911-)**

Niu bi tan sheng 牛鼻滩生
LIU, ZE 刘赜 **(1891-1978)**

Niu bi zi lao dao 牛鼻子老道
LI, CE 李策

NIU, BO CHENG 牛伯成 **(1949-)**
Bai, Ren 白人

Niu, Bo xian 牛伯先
LIAO, BO TAN 廖伯坦 **(1916-)**

Niu, Bu yi 牛布衣
ZHANG, YOU LUAN 张友鸾 **(1904-1990)**

Niu, Bu yi 牛布衣

PAN, YOU WEI 潘有炜 (1925-)

Niu, Bu yi 牛布衣
DONG, BAO HE 董葆和 (1925-)

Niu, Che 牛车
LEI, SHI YU 雷石榆 (1911-)

NIU, CHENG XIU 牛诚修 (1878-1954)
Niu, Ming yun 牛明允

Niu, Fan tuo 牛凡陀
CHENG, XIAN DA 程贤达 (1920-)

Niu, Fang 牛放
JIA, ZHI GANG 贾志刚 (1963-)

Niu, Fu 牛福
WANG, RUI REN 王瑞人 (1937-)

Niu, Fu zi 牛夫子
HUANG, YONG YU 黄永玉 (1924-)

Niu, Ge 牛哥
LI, FEI MENG 李费蒙 (1925-)

Niu, Ge 牛歌
LIU, ZHI MIN 刘致民 (1941-)

Niu, Geng 牛耕
LIU, YI FU 刘逸夫 (1920-)

Niu, Guan 牛倌
PAN, YOU WEI 潘有炜 (1925-)

NIU, GUANG JIN 牛广进 (1942-)
Qing cao 青草
Ru zi niu 孺子牛

Niu, Han 牛汉
SHI, CHENG HAN 史成汉 (1923-)

NIU, HE TING 牛鹤亭 (1934-1997)
Jin, Tong 金童
Wo long sheng 卧龙生

Niu, He zhi 牛何之
GUO, MO RUO 郭沫若 (1892-1978)

Niu, He zhi 牛何之
WANG, XIN DI 王馨迪 (1912-)

Niu, He zhi 牛何之
WANG, QIU YING 王秋萤 (1913-)

Niu, He zhi 牛何之
QU, CHU 屈楚 (1919-1986)

NIU, HONG MING 牛宏明 (1939-)
Mo, Ren 墨人

Niu, Huang 牛黄
NIU, REN QUAN 牛仁权 (1920-)

Niu, Hui 牛回
HU, DE HUI 胡德辉 (1913-1968)

NIU, JI BAO 牛计保 (1928-)
Niu, Ruo feng 牛若峰

NIU, JI WEN 牛吉文 (1922-)
Niu, Wen 牛文

Niu, Jia xin 牛稼辛
XU, DE JIN 徐德锦 (1921-)

Niu, Jiao jian 牛角尖
CHEN, XUE FU 陈学夫 (1939-)

Niu, Jin 牛进
SHI, YOU PING 时佑平 (1920-)

NIU, JUN YAN 牛君彦 (1911-)
Ma, Jun 马军
Niu, Ben 牛犇

Niu, Ke ma 牛克马
YUAN, GUANG MEI 袁光楣 (1916-1982)

Niu, Ken 牛恳
NIU, SHU QIANG 牛书强 (1948-)

Niu lao lao 牛姥姥
CHEN, MEI JIN 陈美今 (1928-)

NIU, LIN SEN 牛林森 (1942-)
Wu mu 午木

Niu, Lin sou 牛邻叟
XIA, JING GUAN 夏敬观 (1875-1953)

Niu, Lu qun 牛芦群
NIU, YU HUA 牛玉华 (1919-)

Niu, Lü 牛膂
LI, CHAO ZONG 李超宗 (1930-)

Niu, Lun 牛伦
GUO, JI NAN 郭基南 (1923-)

NIU, MING TONG 牛明通 (1938?-)
Dai, Qing tian 戴青天
Ming tong 鸣童
Song, Ping 宋平

Niu, Ming yun 牛明允
NIU, CHENG XIU 牛诚修 (1878-1954)

Niu, Nai tong 牛乃同
WU, LI HUA 吴立华 (1913-)

Niu, Peng 牛鹏
XIAO, HUANG 萧璜 (1941-)

Niu, Qi 牛琦
LIU, QI ZHANG 刘琦璋 (1932-)

Niu, Qu bai 牛曲白
ZHAO, ZHONG 赵锺 (1928-)

NIU, REN QUAN 牛仁权 (1920-)
Ma, Hong 马洪

Niu, Huang 牛黄
Niu, Zhong huang 牛中黄

NIU, RU XIANG 牛汝象 **(1956-)**
Ye ma 野马

Niu, Ru zi 牛孺子
REN, ZHE WEI 任哲维 **(1918-)**

Niu, Ruo feng 牛若峰
NIU, JI BAO 牛计保 **(1928-)**

Niu, Shan 牛珊
HUANG, JIN LUAN 黄锦銮 **(1918-)**

NIU, SHU HE 牛树禾 **(1918-)**
Cui, Jia 崔迦
Pei, Lai 裴来
Yang, He 杨禾
Yang, He 扬禾

NIU, SHU QIANG 牛书强 **(1948-)**
Niu, Ken 牛恳

NIU, SHUANG YIN 牛双印 **(1943-)**
Tian, Li 田力

Niu sou zhai zhu 牛溲斋主
WU, HE QIN 吴鹤琴 **(1913-1969)**

Niu, Ting 牛汀
SHI, CHENG HAN 史成汉 **(1923-)**

Niu, Wen 牛文
NIU, JI WEN 牛吉文 **(1922-)**

Niu, Wen ren 牛文人
ZHOU, FA YANG 周发扬 **(1918-1984)**

Niu, Weng 牛翁
QI, MU 戚牧 **(1877-1938)**

Niu, Weng 牛翁
YANG, ZHONG XIU 杨钟岫 **(1922-)**

NIU, XIAN MING 钮先铭 **(1912-)**
Liu, Jian ming 柳剑鸣

Niu xian xuan zhu 牛闲轩主
LI, JIN QUAN 李金泉 **(1916-)**

Niu, Xiao bai 牛小白
LIU, GUO ZHENG 刘国正 **(1926-)**

NIU, XUN 牛逊
Pi sheng 霹生

NIU, YONG JIAN 钮永建 **(1869-1965)**
Ti sheng 惕生

NIU, YU HUA 牛玉华 **(1919-)**
Bai, Yu 白玉
Hua, Lan man 花烂熳
Niu, Lu qun 牛芦群
Yu hua 雨花
Yu hua 玉华

NIU, YU LONG 牛余龙 **(1964-)**
Li, Wei 李伟
Lü hong 绿宏
Niu, Yu long 牛鱼龙
Yan qing 岩青

Niu, Yu long 牛鱼龙
NIU, YU LONG 牛余龙 **(1964-)**

Niu, Yun 牛云
XU, DU DI 许度地 **(1914-)**

NIU, ZHI GONG 牛致功 **(1928-)**
Yu, Ren 余仁

NIU, ZHI QIANG 牛志强 **(1943-)**
Jin, Yue 金月
Tong fu 彤夫

Niu, Zhong huang 牛中黄
NIU, REN QUAN 牛仁权 **(1920-)**

Niu, Zhong huang 牛中黄
ZHANG, CHAO ZUN 张朝尊 **(1924-)**

Niu, Zi 牛仔
WU, MEI EN 吴美恩 **(1949-)**

Niu, Zi ming 牛子明
YAO, WEN YUAN 姚文元 **(1931-)**

Niu, Zi niu 牛子牛
LIN, ZHI ZHI 林秩趾 **(1922-)**

Niu, Zi ru 牛子孺
QIN, XIN MIN 秦新民 **(1927-)**

Niu, Zi ru 牛子孺
YANG, JI CHUAN 杨济川 **(1928-)**

Nong, Chou 农畴
JIAN, BO ZAN 翦伯赞 **(1898-1968)**

Nong, Fei 农非
ZHANG, HAN JUN 张翰君 **(1906-1968)**

Nong fei 侬非
ZHANG, HAN JUN 张翰君 **(1906-1968)**

Nong, Fu 农妇
SUN, DAN NING 孙淡宁 **(1922-)**

Nong, Fu zi 农夫子
ZHANG, YUN HUA 张云华 **(1948-)**

NONG, GENG WEI 农庚卫 **(1939-)**
Nong, Yun 农耘

Nong, Gu 农谷
YIN, WEI XIN 尹维新 **(1952-)**

NONG, GUAN PIN 农冠品 **(1936-)**
Chun fan 春帆

Jing yu 静虞
Long, Kuan pin 龙宽品
Tang, Bu deng 唐不登
Xi ming 夕明
Yi, Ke 依克

Nong hou zhe 弄猴者
LIU, QI 刘圻 **(1916-)**

Nong, Mian 农勉
SU, QING QIANG 苏清强 **(1948-)**

Nong nong 浓浓
ZHU, PU SHENG 朱溥生 **(1934-)**

Nong, Qiang 农强
LIU, LONG XIANG 刘隆祥 **(1918-)**

Nong, Qing yi 农晴依
LIAO, QING YI 廖倾移 **(1957-)**

Nong, Ran 农髯
ZENG, XI 曾熙 **(1861-1930)**

Nong, Ren 农人
LI, XIU ZHONG 李秀中 **(1942-)**

Nong wa weng 弄瓦翁
CHEN, ZHI 陈直 **(1901-1980)**

Nong, Yin 农隐
WANG, DAN KUI 王丹揆 **(1860-1941)**

Nong, Yin 农隐
DU, JIU TIAN 杜就田

Nong, Yun 农耘
NONG, GENG WEI 农庚卫 **(1939-)**

Nong zhi fei 侬之飞
QIU, XIN MIN 邱新民 **(1914-)**

Nong, Zi 农子
DONG, FU DONG 董福东 **(1942-)**

Nu ding 努丁
WANG, JIU YU 王久餘 **(1921-)**

Nu feng 怒风
CHEN, BING 陈炳 **(1934-)**

Nu jiang 怒江
DENG, YONG TAO 邓泳涛 **(1917-)**

Nu li 努力
YU, MING REN 于明仁 **(1917-)**

Nu li 怒隶
XU, DU DI 许度地 **(1914-)**

Nu li zhi nu li 奴隶之奴隶
ZHAN, XIAN CI 詹宪慈

Nu sheng 努生
LUO, LONG JI 罗隆基 **(1897-1965)**

Nu tao 怒涛
WANG, HAN 王汉 **(1883-1905)**

Nu tao 怒涛
LI, QUN JIE 李群杰 **(1912-)**

Nu tao 怒涛
LI, JIAN QING 李建庆 **(1925-)**

Nu tao 怒涛
LI, LIN CHUN 李遴春

Nu tian 奴天
SONG, SHU MO 宋书模 **(1910-)**

Nü 女
XIAO, SHU LIE 萧树烈 **(1896-1927)**

Nü chuang shan min 女床山民
YU, ZONG YUAN 俞宗原 **(1874-1922)**

Nü ke 女客
CHEN, LI JUAN 陈丽娟 **(1917-)**

Nü wang 女王
GUO, AN TING 郭安廷 **(1965-)**

Nü yan 女言
HUANG, ZHEN CUN 黄震村 **(1909-)**

Nü yu 女玉
XIAO, SHU LIE 萧树烈 **(1896-1927)**

Nuo fu 懦夫
ZHENG, ZAO 郑造 **(1921-1966)**

Nuo zhi 诺之
XU, ZHI ZHENG 许之正 **(1916-)**

O

O. K.
BU, SHAO FU 卜少夫 **(1908-2000)**

OKA
JIANG, HAI CHENG 蒋海澄 **(1910-1996)**

O. M.
ZHU, ZI QING 朱自清 **(1898-1948)**

O. M.
YU, MING HENG 俞铭衡 **(1900-1990)**

O. M.
XU, SHAN YUAN 徐善源 **(1914-1977)**

OV
ZHANG, GUANG REN 张光人 **(1902-1985)**

O. V.
FENG, XUE FENG 冯雪峰 **(1903-1976)**

Ou 欧
CHEN, BO OU 陈伯欧 **(1912-1981)**

Ou 欧

JIANG, CHUN FANG 姜椿芳 (1912-1987)

Ou 鸥
JIANG, CHUN FANG 姜椿芳 (1912-1987)

Ou 藕
WANG, SEN RAN 王森然 (1895-1984)

Ou 藕
JIANG, CHUN FANG 姜椿芳 (1912-1987)

Ou, Bai 区白
PENG, SHU ZHI 彭述之 (1896-1983)

Ou, Cha 欧查
HUANG, ZHEN QIU 黄振球 (1911-1980)

Ou, Dan 欧胆
WANG, SEN RAN 王森然 (1895-1984)

Ou dao ren 沤道人
ZHU, ZU MOU 朱祖谋 (1857-1931)

Ou, Er de 欧尔德
ZHANG, HUAN TING 张焕庭 (1910-)

OU, FANG 区芳 (-1931)
Gao, Feng 高峰

Ou, Fu 欧夫
YAO, LENG 姚冷 (1923-)

Ou, fu 瓯夫
PAN, FU EN 潘富恩 (1933-)

Ou, Fu de 欧福德
SHI, ZHI MIN 史智敏 (1930-)

Ou ge bian su ren 讴歌变俗人
LI, BAO JIA 李宝嘉 (1867-1906)

Ou hong 偶虹
WENG, LIN SHENG 翁麟声 (1910-)

Ou hong 藕红
WENG, LIN SHENG 翁麟声 (1910-)

Ou, Hua 欧化
MA, DAO NING 马道凝 (1881-1940)

Ou, Huo 欧获
ZHANG, YAO HUI 张耀辉 (1943-)

Ou, Jiang 瓯江
CHEN, JIAN WU 陈建吾 (1917-)

OU, JU JIA 欧榘甲 (1858-1912)
Hai, Tian 海天
Ou, Yi an 欧伊庵
Ou, Yun qiao 欧云樵
Tai ping yang ke 太平洋客
Wu ya sheng 无涯生
Yi, An 伊厂
Yun, Qiao 云樵
Yun, Tai 云台

OU, LI ZHUANG 区丽庄 (1924-)
Nai shuang 耐霜

Ou, Lin 欧琳
LU, OU LIN 卢欧琳 (1931-)

Ou, lu 瓯鲁
LI, JING YUAN 李静远 (1914-)

Ou, Man 欧曼
LIN, MING ZHOU 林明洲 (1937-)

Ou, Ming 欧明
OU YANG, ZHU 欧阳翥 (1929-)

Ou, Nuo 欧诺
WANG, YUAN KUN 王源锟

Ou, Qian 区欠
OU YANG, BAI CHUAN 欧阳百川 (1928-)

OU, QING 区晴
Bai, Ni 白尼
Ding, Gang 丁冈
Ou, Yi qi 区亦奇

OU, QING CHI 欧清池 (1943-)
Feng sha yan 风沙雁
Xiang, Min 向民
Yu zhong yan 雨中雁

Ou, Qun 欧群
SHI, CHANG DONG 施昌东 (1931-1983)

Ou, Qun 瓯群
SHI, CHANG DONG 施昌东 (1931-1983)

Ou ran 偶然
WANG, DAO RONG 王道荣 (1961-)

OU, RU BAI 区如柏
Bai mu 百木
Bai, Xiang 白翔
Hui ru 慧如
Ou, Wen xi 区文西
Ru 如
Wei lin 玮琳

OU, SHAO JIU 欧少久 (1911-)
Bao, Shan 宝珊
Shao jiu 烧旧

OU, SHENG BAI 区声白
Sheng bai 声白

OU, SONG DE 欧松德 (1940-)
Han, Xiu 韩秀
Xiao ou 晓欧

OU, TAN SHENG 欧坦生 (1923-)
Ding, Shu nan 丁树南
Jiang, Shang qiu 江上秋
Ping, Shan 平山

Ou, Wai ou 欧外欧
LI, ZONG DA 李宗大 **(1911-)**

Ou, Wai ou 欧外鸥
LI, ZONG DA 李宗大 **(1911-)**

Ou wai ou 鸥外鸥
LIU, CAN BO 刘灿波 **(1900-1939)**

Ou wai ou 鸥外鸥
LI, ZONG DA 李宗大 **(1911-)**

Ou, Wei yu 欧玮瑜
HONG, JIA GUAN 洪葭管 **(1921-)**

Ou, Wen 欧文
LI, JIA LIANG 李家良 **(1914-)**

OU, WEN QUAN 欧文泉 **(-1981)**
Ou yang, Shu 欧阳漱

Ou, Wen xi 区文西
OU, RU BAI 区如柏

OU, WEN ZHUANG 区文庄 **(1913-)**
Chen, Kuai 陈侩
Gao, Lang 高浪
Han, Bing 韩兵
Han, Zhuang 韩庄
Qin, Xi 秦系
Sha, Ye 沙耶
Shang guan, Niao 上官鸟
Shang guan, Zhi 上官豸
Wei, Yun 韦晕
Ye, Jia 叶葭

Ou xiang guan zhu 欧湘馆主
LI, ZU YUN 李祖云 **(1899-1971)**

Ou, Xiao mu 欧小牧
OU YANG, LIN 欧阳驎 **(1913-)**

Ou, Xu 欧绪
OU YANG, HUI XU 欧阳恢绪 **(1924-)**

Ou ya sheng 藕芽生
XU, DONG BIN 徐东滨 **(1927-1995)**

Ou, Yan 瓯燕
YE, XIAO YAN 叶小燕 **(1933-)**

Ou, Yang 欧阳
ZHAN, MEI JUAN 詹美涓 **(1963-)**

Ou yang 鸥洋
OU YANG, MEI LI 欧阳美琍 **(1931-)**

Ou yang, Ai mei 欧阳爱梅
WANG, SHI YI 王十仪 **(1917-)**

Ou yang, Ba dou 欧阳巴豆
SU, FEI 苏菲 **(1919-)**

Ou yang, Bai 欧阳白
ZHANG, TIAN NAN 张天男 **(1959-)**

OU YANG, BAI CHUAN 欧阳百川 **(1928-)**
Bi xin 弼辛
Ou, Qian 区欠
Ou yang, Bi xin 欧阳弼辛
Ou yang, Man gang 欧阳漫冈
Shi, Leng 石冷

OU YANG, BEN YI 欧阳本义 **(1902-1993)**
A zi shi yi hao A 字十一号
Han qing 寒青
Han sheng 寒生
Han sheng 翰笙
Hu, Rui 胡锐
Hua, Han 华汉
Hua, Han 华翰
Ji xiu 继修
Lin, Jing 林菁
Lin, Qing 林箐
Ou yang, Han 欧阳翰
Ou yang, Han sheng 欧阳翰笙
Ou yang, Hua han 欧阳华汉
Ou yang, Ji xiu 欧阳继修
Xiao jing 小静
Yang, Han sheng 阳翰笙
Yang, Hua han 阳华汉
Yang, Jian xiu 杨剑秀
Yi de 一德
Yue, Feng 岳枫
Zhu, Jing 竹菁

OU YANG, BI 欧阳弼 **(-1942)**
Jiang, Bi 江弼
Jiang, Bi 蒋弼

Ou yang, Bi 欧阳碧
ZHENG, MENG ZHOU 郑梦周 **(1920-1982)**

Ou yang, Bi xin 欧阳弼辛
OU YANG, BAI CHUAN 欧阳百川 **(1928-)**

OU YANG, CHANG ZHAO 欧阳常昭 **(1928-)**
Ou yang, Ruo xiu 欧阳若修
Xi yi ou 熙伊欧
Yi, Ou 伊欧
Yi, Zhong xi 伊仲晞

Ou yang, Cheng fang 欧阳成方
FANG, HAI CHUN 方海春 **(1912-1970)**

Ou yang, Cui 欧阳翠
CUI, SU HUA 崔素华 **(1918-)**

Ou yang, Dong ming 欧阳东明
ZHANG, YANG 张旸 **(1921-)**

Ou yang, Er chun 欧阳二春

WANG, JIA YI 王家怡

Ou yang, Fan 欧阳帆
ZHANG, ZONG HOU 张宗厚 **(1945-)**

Ou yang, Fan hai 欧阳凡海
FANG, HAI CHUN 方海春 **(1912-1970)**

Ou yang, Fei 欧阳非
ZHANG, QING YU 张青榆 **(1916-)**

OU YANG, GAN 欧阳淦 **(1883?-1907)**
Mao yuan xi qiu sheng 茂苑惜秋生
Ou yang, Ju yuan 欧阳钜源
Ou yang, Ju yuan 欧阳钜元
Qu yuan 蘧园
Xi qiu sheng 惜秋生

Ou yang, Gang feng 欧阳罡风
WU, TIAN CAI 吴天才 **(1936-)**

Ou yang, Ge hua 欧阳戈华
ZHANG, BING RAN 张炳然 **(1932-)**

Ou yang, Guang 欧阳光
YANG, RUI LIN 杨瑞麟 **(1911-1989)**

Ou yang, Han 欧阳翰
OU YANG, BEN YI 欧阳本义 **(1902-1993)**

Ou yang, Han sheng 欧阳翰笙
OU YANG, BEN YI 欧阳本义 **(1902-1993)**

OU YANG, HONG 欧阳弘 **(1946-)**
Liu, Song bai 柳松柏

Ou yang, Hong 欧阳红
LI, JIAN YAO 李鑑尧 **(1928-)**

Ou yang, Hong 欧阳虹
YANG, TAO 杨涛 **(1930-)**

Ou yang, Hua han 欧阳华汉
OU YANG, BEN YI 欧阳本义 **(1902-1993)**

OU YANG, HUANG 欧阳璜
Mu rong, Xia zi 慕容霞子

OU YANG, HUI XU 欧阳恢绪 **(1924-)**
Er he 二合
Ou, Xu 欧绪
Ru huo 如火
Xiao niao 晓鸟
Ye hun 夜魂

Ou yang, Ji xiu 欧阳继修
OU YANG, BEN YI 欧阳本义 **(1902-1993)**

Ou yang, Jian 欧阳健
CHEN, ZU SHAN 陈祖山

OU YANG, JIAN 欧阳渐 **(1871-1943)**
Ou yang, Jing wu 欧阳竟无

OU YANG, JIE 欧阳杰 **(1926-)**
Xin tian 心田

Ou yang, Jin jiang 欧阳晋江
XU, ZHENG FAN 许征帆 **(1927-)**

Ou yang, Jin shi 欧阳近士
YANG, PU 杨莆 **(1931-)**

OU YANG, JING 欧阳晶 **(1920-)**
Huang, Bi 黄碧
Ji chun 继纯
Jin, Jing 金晶
Lan, Qian 兰茜
Ou yang, Wen bin 欧阳文彬
Xiao yu 小俞
Yu, Bin 俞斌

Ou yang, Jing 欧阳镜
WU, LI HUA 吴立华 **(1913-)**

Ou yang, Jing rong 欧阳竟蓉
LI, YAO TANG 李尧棠 **(1904-)**

Ou yang, Jing wu 欧阳竟无
OU YANG, JIAN 欧阳渐 **(1871-1943)**

Ou yang, Ju yuan 欧阳钜元
OU YANG, GAN 欧阳淦 **(1883?-1907)**

Ou yang, Ju yuan 欧阳钜源
OU YANG, GAN 欧阳淦 **(1883?-1907)**

Ou yang, Jun yi 欧阳君忆
CUI, HE PING 崔和平

Ou yang, Ke peng 欧阳可朋
LI, JING BO 李景波 **(1914-1981)**

OU YANG, LAN 欧阳兰
Nie, Wen 聂文
Nie wen 捏蚊
Qin xin 琴心
Qin xin nü shi 琴心女士
S mei S 妹
Si kong, Hui 司空蕙
Wan lan nü shi 畹兰女士
Wan san 畹三
Xue wen 雪纹
Xue wen nü shi 雪纹女士

Ou yang, Li yuan 欧阳立原
OU YANG, LI YUAN 欧阳立袁 **(1889-1962)**

OU YANG, LI YUAN 欧阳立袁 **(1889-1962)**
Chun liu 春柳
Li yuan 立袁
Liu, Qing 柳青
Liu, Yun qiu 刘韻秋
Nan, Jie 南傑
Ou yang, Li yuan 欧阳立原
Ou yang, Nan jie 欧阳南傑

Ou yang, Yu qian 欧阳予倩
Tao hua bu yi an zhu 桃花不疑盦主
Xi an 兮庵
Xiao cao 小草
Yu qian 予倩

OU YANG, LIN 欧阳驎 **(1913-)**
He, Feng 何封
Lan, Tian yuan 蓝天远
Liu, Qi 刘七
Ou, Xiao mu 欧小牧
Zhang, Wu jing 张五经
Zhang, Yi ou 张一鸥
Zhao, Shu lan 赵淑兰
Zhuang, Xun an 庄巽庵

Ou yang, Ling 欧阳翎
OU YANG, XUAN 欧阳璿 **(1932-)**

Ou yang, Man gang 欧阳漫冈
OU YANG, BAI CHUAN 欧阳百川 **(1928-)**

OU YANG, MEI LI 欧阳美琍 **(1931-)**
Ou yang 鸥洋

Ou yang, Meng 欧阳梦
HAN, LI 韩立 **(1914-1970)**

OU YANG, MING 欧阳明
Ou yang, Zhi yuan 欧阳致远

Ou yang, Nan jie 欧阳南傑
OU YANG, LI YUAN 欧阳立袁 **(1889-1962)**

Ou yang, Peng 欧阳芃
LIU, QI ZHANG 刘琦璋 **(1932-)**

Ou yang, Peng 欧阳鹏
YANG, PENG 杨鹏 **(1938-)**

Ou yang, Piao 欧阳飘
YANG, YAN QI 杨彦岐 **(1920-1978)**

Ou yang, Pu 欧阳普
LIU, CHENG HUI 刘承蕙 **(1925-)**

OU YANG, QIN 欧阳钦 **(1900-1978)**
Wei liang 惟亮
Yang, Qing 杨清
Yang, Tian yuan 杨天渊

Ou yang, Rui wei 欧阳瑞薇
CAO, CHUAN MEI 曹传美 **(1914-1993)**

Ou yang, Ruo xiu 欧阳若修
OU YANG, CHANG ZHAO 欧阳常昭 **(1928-)**

Ou yang, Shan 欧阳山
YANG, FENG QI 杨凤岐 **(1908-)**

Ou yang, Shan jun 欧阳山军
YAN, YU SHENG 颜裕盛 **(1914-)**

Ou yang, Shan zun 欧阳山尊
OU YANG, SHOU 欧阳寿 **(1914-)**

OU YANG, SHOU 欧阳寿 **(1914-)**
Ou yang, Shan zun 欧阳山尊
Shan zun 山尊

Ou yang, Shou nan 欧阳寿南
LI, PING JIN 李屏锦 **(1938-)**

Ou yang, Shu 欧阳漱
OU, WEN QUAN 欧文泉 **(-1981)**

Ou yang, Shu dan 欧阳舒丹
CAI, WEI LIAN 蔡伟濂 **(1923-)**

Ou yang, Si tu 欧阳司徒
MENG, QUAN 孟全 **(1933-)**

OU YANG, TAO 欧阳涛 **(1924-)**
Bo tao 波涛
Lan, Tao 兰涛

Ou yang, Tian 欧阳天
KUANG, YIN QUAN 邝荫泉 **(1918-1995)**

Ou yang, Tong huai 欧阳同淮
YANG, TONG HUAI 阳同淮 **(1952-)**

Ou yang, Wang hong 欧阳望红
ZHOU, DA LU 周大鹿 **(1922-)**

Ou yang, Wei zhu 欧阳维助
YANG, PENG 杨鹏 **(1938-)**

Ou yang, Wen 欧阳文
OU YANG, ZHU 欧阳翥 **(1929-)**

Ou yang, Wen bin 欧阳文彬
OU YANG, JING 欧阳晶 **(1920-)**

Ou yang, Wen xue 欧阳闻雪
YANG, KUANG MAN 杨匡满 **(1942-)**

Ou yang, Wu 欧阳舞
MA, HUA 马骅 **(1916-)**

Ou yang, Xiang xiang 欧阳想想
SU, ZAI DUN 苏在敦 **(1932-)**

Ou yang, Xin 欧阳辛
CHEN, QIU FANG 陈秋舫 **(1926-)**

Ou yang, Xin 欧阳信
XU, DA 许达 **(1904-1991)**

Ou yang, Xin 欧阳新
SONG, YUAN MO 宋元模 **(1911-)**

Ou yang, Xu yi 欧阳絮漪
KE, WEN PU 柯文溥

OU YANG, XUAN 欧阳璿 **(1932-)**
Chen, Ye huan 陈也欢
Ou yang, Ling 欧阳翎

OU YANG, XUE ZHONG 欧阳学忠 **(1942-)**
Shan ren 山人
Yue, Xiao 岳啸

Ou yang, Yan 欧阳雁
ZHOU, GUO HUI 周国辉 **(1929-)**

Ou yang, Yi bing 欧阳逸冰
WANG, DIAN GONG 王殿贡 **(1941-)**

Ou yang, Ying 欧阳镆
SHEN, YU GANG 沈毓刚 **(1920-)**

Ou yang, Yu qian 欧阳予倩
OU YANG, LI YUAN 欧阳立袁 **(1889-1962)**

OU YANG, YUAN HUA 欧阳元华 **(1940-)**
Yuan, Hua 元华
Yue bo 月波
Zhu, Ying 竹影

OU YANG, ZE 欧阳泽
Yu shan 玉山
Yu sheng 玉生

OU YANG, ZHI XIONG 欧阳陟雄 **(1970-)**
Wang yue 望月

Ou yang, Zhi yuan 欧阳致远
OU YANG, MING 欧阳明

Ou yang, Zhong zheng 欧阳忠正
ZHANG, RUO GU 张若谷 **(1904-)**

OU YANG, ZHU 欧阳翥 **(1929-)**
Ou, Ming 欧明
Ou yang, Wen 欧阳文
Yu, Xiang 于翔

OU YANG, ZHUO ZHI 欧阳卓智 **(1954-)**
Zhuo, Zhi 卓智

Ou yang, Zi 欧阳子
ZHENG, SHI CHANG 郑世昌 **(1927-)**

Ou yang, Zi 欧阳子
HONG, ZHI HUI 洪智惠 **(1939-)**

OU YANG, ZI CHUAN 欧阳梓川
Sha, Yan 沙雁

Ou yang, Zi heng 欧阳紫衡
HU, RUI LIANG 胡瑞梁 **(1918-)**

Ou, Yi 欧羿
WU, ZHONG DA 吴仲达

Ou, Yi an 欧伊庵
OU, JU JIA 欧榘甲 **(1858-1912)**

Ou, Yi qi 区亦奇
OU, QING 区晴

OU, YI YANG 鸥一洋 **(1936-)**
Yi, Yang 伊洋

Ou, Yin 瓯隐
MAO, GUANG SHENG 冒广生 **(1873-1959)**

Ou ying 偶影
DU, FENG CHEN 杜逢辰

OU, YONG CHENG 区用诚 **(1934-)**
Xiao ming 晓明

Ou yu 讴禹
LIU, CHANG QING 刘长青 **(1917-)**

Ou yuan 偶园
JIN, AN QING 金安清

Ou yuan 耦园
JIN, AN QING 金安清

Ou, Yun qiao 欧云樵
OU, JU JIA 欧榘甲 **(1858-1912)**

OU, ZAI XIN 欧载欣 **(1927-)**
Wei xian 慰先

Ou, zhi 欧之
JIANG, CHUN FANG 姜椿芳 **(1912-1987)**

OU, ZHI KE 欧志克 **(1955-)**
Mo, Guang 墨光

Ou, Zi 欧子
DENG, TUO 邓拓 **(1912-1966)**

OU, ZONG ZHI 欧宗智 **(1954-)**
Du, Zhen yi 杜振衣

P

P. C. Luo bo te P. C.罗伯特
XIAO, BING QIAN 萧秉乾 **(1910-1999)**

PC wu lang PC五郎
GU, WAN CHUAN 谷万川 **(1905-1970)**

P. H.
CAO, BO HAN 曹伯韩 **(1897-1959)**

P. K.
LI, YAO TANG 李尧棠 **(1904-)**

P K
XU, YUN QIAN 徐耘阡

PM
YANG, YI CHUN 杨益春

P. S.
ZHU, ZI QING 朱自清 **(1898-1948)**

P. S.
REN, BI SHI 任弼时 **(1904-1950)**

P. S.
CAI, YAN PEI 蔡炎培 **(1935-)**

P sheng P生
SHEN, YAN BING 沈雁冰 (1896-1981)

PT
XU, JIE 许杰 (1901-1993)

Pcon Ju
XU, BEI HONG 徐悲鸿 (1895-1953)

Pa ni 帕尼
PAN, NIAN YING 潘年英 (1963-)

Pa sou 葩叟
GAO, XIE 高燮 (1878-1958)

Pa weng 葩翁
GAO, XIE 高燮 (1878-1958)

Pai feng 湃风
GUO, GUO XIANG 郭国翔 (1918-)

Pai huai 徘徊
MIAO, TIAN RUI 缪天瑞 (1908-)

Pai ke 派克
LIN, JUE FU 林觉夫 (1919-1992)

Pai pai 拍拍
ZHU, ZI QING 朱自清 (1898-1948)

Pai zi 排子
JIANG, JUN ZHANG 蒋君章 (1905-1986)

PAN, AI JUAN 潘爱娟 (1963-)
Ai, Juan 艾鹃
Ruo ping 若萍

PAN, AI LIAN 潘爱莲
Duo la 朵拉

Pan an 蟠庵
MAI, MENG HUA 麦孟华 (1875-1915)

Pan, An sheng 潘安生
YAN, XING 晏星 (1919-)

Pan, Bao tong 潘保同
PAN, GUANG DAN 潘光旦 (1899-1967)

Pan, Bi de 潘比德
PAN, GAN TING 潘幹庭 (1909-1979)

PAN, BI ZENG 潘壁增 (1944-)
Shu dong 抒东

Pan, Bin 潘彬
WANG, YING 汪莹 (1940-)

PAN, BING XIN 潘丙心 (1915-)
Su, Fan 苏凡

Pan, Bo shan 潘博山
PAN, CHENG HOU 潘承厚 (1904-1943)

Pan, Bo ying 潘伯鹰
PAN, SHI 潘式 (1904-1966)

PAN, CHANG BANG 潘昌邦 (1915-)
Pan, Xie zi 潘絜兹

PAN, CHANG DE 潘昌德 (1954-)
Zhu, Mo 朱墨

PAN, CHANG FU 潘长福 (1942-)
Che, Fu 车夫

Pan, Chang guang 潘常光
LIU, NING 刘宁 (1920-)

PAN, CHENG BI 潘承弼 (1907-)
Ji ou 寄沤
Pan, Jing zheng 潘景郑

PAN, CHENG HOU 潘承厚 (1904-1943)
Bo shan 博山
Pan, Bo shan 潘博山
Pan, Hou 潘厚
Pan, Wen fu 潘温甫
Qu an 蘧安

Pan, Chu tong 潘楚桐
PAN, QIN PU 潘琹朴 (1908-1984)

Pan chun 盼春
QU, YOU YUAN 曲有元 (1943-)

Pan, Da 潘大
PAN, TIAN SHOU 潘天寿 (1897-1971)

PAN, DA LIN 潘大林 (1954-)
Hei, Ma 黑马

PAN, DA WEI 潘达微 (1880-1929)
A jing 阿景
Jing, Wu 景吾
Jue 觉
Leng, Can 冷残
Leng, Dao ren 冷道人
Pan, Jing wu 潘景吾
Pan, Tie cang 潘铁苍
Tie cang 铁苍
Ying lu 影庐
Ying wu 影吾

Pan, Da yi 潘大颐
PAN, TIAN SHOU 潘天寿 (1897-1971)

PAN, DE FANG 潘德方 (1902-1983)
Xu, Zhi xing 许志行
Zhi xing 志行

PAN, DE MING 潘德铭 (1958-)
Wen, Yi 闻艺

PAN, DE RUN 潘德润 (1932-)
Jiang. He 姜河
Pan, Gao 潘高
Tian, Shui 田水

Pan deng 攀登
PAN, JING YI 潘景义 **(1965-)**

PAN, DI 潘涤 **(1909-)**
An, Si wei 安思危
Bai, Ning 白苧
Jiang, Jian xia 江兼霞
Pan, Jian di 潘湔涤
Pan, Jie nong 潘孑农
Xin, Yu 辛予

Pan, Dong zhou 潘东舟
PAN, WEN YOU 潘问友 **(1906-1935)**

Pan, Dong zhou 潘东周
PAN, WEN YOU 潘问友 **(1906-1935)**

PAN, DU QING 潘独清 **(1917-)**
Bai, Xu 白虚
Cai, Shu sheng 蔡蜀生
Chen, Si 陈思
Hua, Hong 华红
Pan, Shi ji 潘世纪
Pan, Shi qi 潘世杞
Pan, Tian qing 潘天青
Tian qing 天青
Yi, Sha 衣莎

Pan, Fan 潘璠
PAN, LIAN SHENG 潘连升 **(1913-)**

Pan, Fang 潘芳
PAN, HUI TIAN 潘蕙田

PAN, FEI 潘非 **(1918-1986)**
Fei, Yi 费逸

PAN, FEI SHENG 潘飞声 **(1857-1934)**
Bai hua cun zhang 百花村长
Chong lan jing she 崇兰精舍
Du li shan ren 独立山人
Gong huan 公欢
Hai shan qin ke 海山琴客
Jian dao ren 剑道人
Jian shi 剑士
Jian song ge zhu 翦淞阁主
Lan, Shi 兰史
Lao jian 老剑
Lao lan 老兰
Luo fu qing xu guan dao ren 罗浮清虚观道人
Pan, Jian shi 潘剑士
Pan, Lan shi 潘兰史
Shi jie ju shi 十劫居士
Shui jing an dao shi 水晶庵道士
Shuo jian ci ren 说剑词人
Tong pu feng chu 桐圃凤雏
Wu bai ce feng zhang 五百册峰长
Xin lan 心兰
Yin qiong jiang guan 饮琼浆馆
Zan si 赞思

PAN, FENG TU 潘枫涂 **(1901-1988)**
Dan ling 丹苓
Feng du 风度
Nian zhi 念之
Pan, Nian zhi 潘念之

PAN, FO BIN 潘佛彬 **(1919-)**
Pan, Ren mu 潘人木

PAN, FU EN 潘富恩 **(1933-)**
Ou fu 瓯夫
Pan, Ou 潘瓯

Pan, Fu gong 潘凫公
PAN, SHI 潘式 **(1904-1966)**

PAN, GAN TING 潘幹庭 **(1909-1979)**
Bo xun 波迅
Duo ling 多灵
Jun ruo 俊若
Pan, Bi de 潘比德
Pan, Nai chang 潘乃常
Pan, Pi fan 潘皮凡
Pan, Zi kang 潘子康
Pi, Fan 皮凡

Pan, Gao 潘高
PAN, DE RUN 潘德润 **(1932-)**

PAN, GAO LING 潘皋龄 **(1922-)**
Pan, Gu 潘固

Pan geng 盼耕
WANG, PAN GENG 王潘庚 **(1946-)**

Pan, Gong huai 潘公怀
PAN, ZHENG LEI 潘正镭 **(1955-)**

PAN, GONG KAI 潘公凯 **(1947-)**
Ji, Shi 季实
Ming, Shui 冥水

PAN, GONG ZHAN 潘公展 **(1894-1975)**
Gong, Zhan 公展

Pan, Gong zhao 潘公昭
PAN, SHOU KANG 潘寿康 **(1924-)**

Pan, Gu 潘固
PAN, GAO LING 潘皋龄 **(1922-)**

Pan, Gu gong 潘谷公
PAN, SHAN QING 潘善庆 **(1883-1946)**

Pan, Gu shen 潘谷神
PAN, SHAN QING 潘善庆 **(1883-1946)**

PAN, GUANG DAN 潘光旦 **(1899-1967)**
Guang dan 光旦
Pan, Bao tong 潘保同
Pan, Guang dan 潘光亶

Pan, Zhong ang 潘仲昂

Pan, Guang dan 潘光亶
PAN, GUANG DAN 潘光旦 **(1899-1967)**

PAN, GUI CHANG 潘贵昌 **(1937-)**
Pan, Yu tong 潘雨桐

Pan, Guo qu 潘国渠
PAN, SHOU 潘受 **(1911-)**

PAN, HAN NIAN 潘汉年 **(1905-1977)**
Ai xian 爱仙
Han 汗
Han nian 汉年
Han nian 汗年
Jing, Xi 荆溪
Pan, Jian xing 潘健行
Pan, Ya lin 潘亚林
Po pi 泼皮
Po pi nan shi 泼皮男士
Shui fan san lang 水番三郎
Tian chang 天长
Ting che lou 听车楼
Xiao hai 小孩
Xiao K 小 K
Xiao, Kai 萧恺
Xiao kai 小开
Ya lin 亚林
Ya ling 亚灵
Yi shan 移山

PAN, HE 潘鹤 **(1925-)**
Si wei 思伟
Zhi qiang 志强

Pan, Hou 潘厚
PAN, CHENG HOU 潘承厚 **(1904-1943)**

Pan, Hua 潘华
PAN, YA TUN 潘亚暾 **(1931-)**

PAN, HUAN KUN 潘焕昆 **(1917-)**
Han ke 汉客

PAN, HUI CHOU 潘蕙俦
Hui feng 惠风

PAN, HUI TIAN 潘蕙田
Pan, Fang 潘芳

PAN, JI JIONG 潘际垌 **(1919-)**
Tang, Qiong 唐琼

PAN, JIA HUI 潘嘉惠
Bai, Lang 白浪

PAN, JIA QUN 潘家群
Mu, Tian 慕天
Xi yang 夕阳
Xue ying 雪影

PAN, JIA XUN 潘家洵 **(1896-)**
Pan, Jie quan 潘介泉

Pan, Jian di 潘湔涤
PAN, DI 潘涤 **(1909-)**

Pan, Jian shi 潘剑士
PAN, FEI SHENG 潘飞声 **(1857-1934)**

Pan, Jian xing 潘健行
PAN, HAN NIAN 潘汉年 **(1905-1977)**

Pan, Jian zhi 潘建之
SHEN, DA SAN 沈达三 **(1915-)**

PAN, JIE 潘傑
Pan, Zi yu 潘子渔

Pan, Jie nong 潘孑农
PAN, DI 潘涤 **(1909-)**

Pan, Jie quan 潘介泉
PAN, JIA XUN 潘家洵 **(1896-)**

PAN, JIN HUI 潘觐缋 **(1917-)**
Jiang huai hua yu ren 江淮画鱼人

PAN, JIN YING 潘金英 **(1958-)**
Jin, Ying 金英
Ying, Ming 英明
Zhu, Si 竹思

Pan, Jing 潘井
PAN, JUN 潘浚 **(1926-)**

Pan jing 畔井
TIAN, JING HUI 田景惠 **(1923-)**

PAN, JING NIAN 潘景年 **(1942-)**
Jing, Nian 景年
Ke, Pu ding 柯璞玎

Pan, Jing wu 潘景吾
PAN, DA WEI 潘达微 **(1880-1929)**

PAN, JING YI 潘景义 **(1965-)**
A yi 阿义
Pan deng 攀登

Pan, Jing zheng 潘景郑
PAN, CHENG BI 潘承弼 **(1907-)**

PAN, JING ZHI 潘经智
Ai, Yan 艾雁

PAN, JIONG RONG 潘泂荣 **(1946-)**
Shui, He tian 水禾田

Pan, Jue xin 潘觉新
PAN, ZU JUE 潘祖岳 **(1909-)**

PAN, JUN 潘浚 **(1926-)**
Pan, Jing 潘井

PAN, JUN LING 潘俊龄 **(1938-)**

Miao, Ling 苗嶺
Pan, Yang 潘杨
Ya qing 亚青
Yi feng 艺峰

PAN, JUN MI 潘君密
Jia huai 嘉怀

PAN, KAI LIN 潘恺霖 **(1908-1987)**
Pan, Ying ren 潘应人
Ying, Ren 应人

Pan, Kai yao 潘恺尧
PAN, XUN 潘训 **(1902-1934)**

PAN, KE FEN 潘克芬 **(1914-)**
Ke wen 克紋
Pan, Qi 潘奇
Wen, Yuan 文元
Yin, Zi 尹子

PAN, KUI CUN 潘葵邨 **(1903-)**
Jun xiang 君向
Wen, Yi 文怡

Pan, Lan shi 潘兰史
PAN, FEI SHENG 潘飞声 **(1857-1934)**

Pan, Lang 潘郎
LIU, NING 刘宁 **(1920-)**

Pan, Lang 潘朗
LIU, NING 刘宁 **(1920-)**

Pan, Lang 潘朗
PAN, SHOU KANG 潘寿康 **(1924-)**

PAN, LEI 潘磊 **(1927-)**
Pan, Lei 潘垒

Pan, Lei 潘垒
PAN, LEI 潘磊 **(1927-)**

PAN, LIAN PEI 潘连培 **(1920-)**
Che, Bei 车倍
Jun zhi 隽之
Lao fan 老番
Mao yuan 懋元
Mao yuan 茂元
Pan, Mao yuan 潘茂元
Pan, Mao yuan 潘懋元
Yi qin 忆琴

PAN, LIAN SHENG 潘连升 **(1913-)**
Ai, Zhen 艾真
Jin, Bing ruo 金冰若
Lao dou 老斗
Pan, Fan 潘璠
Pan, Zhi ting 潘之汀
Yi bing 一兵
Yi min 一民
Zhi ting 栀町
Zhi ting 芝汀
Zhi ting 志挺
Zhi ting 芷汀
Zhi ting 芷庭
Zhi ting 栀亭

PAN, LIAN XI 潘连熙 **(1914-1935)**
Qiu fa 虬发

Pan, Liang 潘良
PAN, TIAN LIANG 潘天良

PAN, LIU DAI 潘柳黛 **(1922-)**
Liu, Si qiong 柳思琼
Nan gong fu ren 南宫夫人

PAN, LONG HUANG 潘隆璜 **(1930-)**
Cai tian 采田
Lao nong 老农

Pan, Mao yuan 潘茂元
PAN, LIAN PEI 潘连培 **(1920-)**

Pan, Mao yuan 潘懋元
PAN, LIAN PEI 潘连培 **(1920-)**

Pan, Ming 潘明
PAN, YAN FA 潘炎发 **(1927-)**

PAN, MING ZHU 潘明珠 **(1960-)**
Ying, Ming 英明

Pan, Mo he 潘模和
PAN, XUN 潘训 **(1902-1934)**

Pan, Mo hua 潘漠华
PAN, XUN 潘训 **(1902-1934)**

Pan, Nai chang 潘乃常
PAN, GAN TING 潘幹庭 **(1909-1979)**

PAN, NAI GUANG 潘乃光
Ai, Dun 艾顿
Lai, Gang 赖刚
Li, Jiang 黎江
Wei, Dun 魏敦

Pan, Ni xi 潘尼西
YANG, BEN QUAN 杨本泉 **(1923-)**

PAN, NIAN YING 潘年英 **(1963-)**
Pa ni 帕尼

Pan, Nian zhi 潘念之
PAN, FENG TU 潘枫涂 **(1901-1988)**

Pan, Ning 潘凝
WANG, XIE 王燮 **(1909-1962)**

Pan, Ou 潘瓯
PAN, FU EN 潘富恩 **(1933-)**

Pan pan 盘盘

ZHUO, JI MIN 卓济民 **(1921-)**

PAN, PEI DE 潘培德 **(1938-)**
Yan hua 巌华

PAN, PEI MING 潘培铭 **(1937-)**
Lang bo 浪波

Pan, Pi fan 潘皮凡
PAN, GAN TING 潘幹庭 **(1909-1979)**

Pan, Qi 潘奇
PAN, KE FEN 潘克芬 **(1914-)**

PAN, QI 潘琦 **(1944-)**
Feng li 凤立
Luo, Cheng 骆诚

Pan, Qi jun 潘琦君
PAN, XI ZHEN 潘希珍 **(1917-)**

PAN, QI LIANG 潘齐亮 **(1923-1968)**
Bu er 不耳
Jing yuan 静远
Pi qiang 丕强

PAN, QIN PU 潘琹朴 **(1908-1984)**
Ju zan 巨赞
Pan, Chu tong 潘楚桐
Wan, Jun 万均
Zhou, Xing 周行

Pan, Qing 潘青
PAN, SHU QING 潘淑清 **(1928-)**

Pan, Ren mu 潘人木
PAN, FO BIN 潘佛彬 **(1919-)**

PAN, RONG LI 潘荣礼 **(1938-)**
Jiang ge la gao 蒋格拉高
Lin, Jian 林间

Pan, Shan 潘山
PAN, ZHI FU 潘治富 **(1929-)**

Pan shan 盘山
LIANG, JIN GUANG 梁金广 **(1932-)**

PAN, SHAN QING 潘善庆 **(1883-1946)**
Pan, Gu gong 潘谷公
Pan, Gu shen 潘谷神

PAN, SHI 潘式 **(1904-1966)**
Bei hui 悲慧
Bo ying 伯鹰
Fu gong 凫工
Fu gong 凫公
Gu yun 孤云
Pan, Bo ying 潘伯鹰
Pan, Fu gong 潘凫公
You fa weng 有发翁
Yun 云

Pan shi 磐石
ZHANG, BAO RUI 张宝瑞 **(1952-)**

PAN, SHI BIN 潘世彬 **(1947-)**
Shi, Bing 石冰

PAN, SHI CONG 潘世聪 **(1927-)**
Li rou 离柔
Pan, Xiao ying 潘小鹰
Xiao ying 小鹰
Ying shi 颖士

Pan, Shi ji 潘世纪
PAN, DU QING 潘独清 **(1917-)**

PAN, SHI LUN 潘世纶
Pan, Shu an 潘述庵

Pan, Shi qi 潘世杞
PAN, DU QING 潘独清 **(1917-)**

PAN, SHI QIN 潘仕勤 **(1929-)**
Hui lin 荟林

PAN, SHI XUN 潘世勲 **(1934-)**
Shi, Xun 石寻

PAN, SHOU 潘受 **(1911-)**
Pan, Guo qu 潘国渠
Pan, Yi hong 潘衣虹
Xu zhou 虚舟

PAN, SHOU HENG 潘寿恒 **(1914-)**
Jun shan 峻山
Pan, Xia feng 潘侠风
Qing yi ke 清逸客
Ye cao 野草
Zhao yang 朝阳
Zi zhu 紫竹

PAN, SHOU KANG 潘寿康 **(1924-)**
Pan, Gong zhao 潘公昭
Pan, Lang 潘朗

Pan, Shu 潘述
PAN, ZU XUN 潘祖训 **(1920-)**

Pan, Shu 潘淑
PAN, YOU NIAN 潘有年 **(1897-1988)**

Pan, Shu 潘菽
PAN, YOU NIAN 潘有年 **(1897-1988)**

Pan, Shu an 潘述庵
PAN, SHI LUN 潘世纶

PAN, SHU GUANG 潘树广 **(1940-)**
A guang 阿广
Su, Guang 苏广
Xin ran 欣然

PAN, SHU QING 潘淑清 **(1928-)**
Pan, Qing 潘青

Pan, Si 潘四
PAN, XUN 潘训 **(1902-1934)**

Pan, Tao 潘陶
LIU, NING 刘宁 **(1920-)**

PAN, TIAN LIANG 潘天良
Fang, Yun 方云
Pan, Liang 潘良

Pan, Tian qing 潘天青
PAN, DU QING 潘独清 **(1917-)**

PAN, TIAN SHOU 潘天寿 **(1897-1971)**
A shou 阿寿
Ben weng 笨翁
Da yi shou 大颐寿
Da yi shou zhe 大颐寿者
Dong yue da yi 东越大颐
Dong yue shou zhe 东越寿者
Dong yue yi zhe 东越颐者
Gu zhu yuan ding 古竹园丁
Ju, Shi 居士
Lan dao ren 懒道人
Lan shou 懒寿
Lan tou tuo 懒头陀
Lan tu 懒秃
Lan tu shou 懒秃寿
Lan tu shou zhe 懒秃寿者
Lan tu xiu 懒秃朽
Lao yi 老颐
Lei po tou feng 雷婆头峰
Lei po tou feng shou 雷婆头峰寿
Lei po tou feng shou zhe 雷婆头峰寿者
Lei po tou feng wan zhang shou 雷婆头峰万丈寿
Pan, Da 潘大
Pan, Da yi 潘大颐
Pan, Tian shou 潘天授
San men wan ren 三门湾人
Shou 寿
Shou zhe 寿者
Ting tian ge 听天阁
Tu shou 秃寿
Wu wei zhai 无谓斋
Xin a lan ruo zhu chi 心阿兰若住持
Xiu ju shi 朽居士
Xiu mu ju shi 朽木居士
Yi weng 颐翁
Yi zhe 颐者

Pan, Tian shou 潘天授
PAN, TIAN SHOU 潘天寿 **(1897-1971)**

Pan, Tie cang 潘铁苍
PAN, DA WEI 潘达微 **(1880-1929)**

Pan, Tu 潘徒
LI, TIAN MIN 李天民 **(1920-)**

Pan, Wen 潘文
PAN, YAO BIN 潘耀斌 **(1940-)**

PAN, WEN BIN 潘文斌 **(1948-)**
Wen, Bin 闻彬

Pan, Wen fu 潘温甫
PAN, CHENG HOU 潘承厚 **(1904-1943)**

Pan, Wen hong 潘文鸿
PAN, WEN YOU 潘问友 **(1906-1935)**

PAN, WEN HUI 潘文辉 **(1940-)**
A hui 阿辉
Han gong 汗弓

PAN, WEN YOU 潘问友 **(1906-1935)**
Pan, Dong zhou 潘东周
Pan, Dong zhou 潘东舟
Pan, Wen hong 潘文鸿

PAN, WU 潘芜 **(1931-)**
Shang guan, Ying 上官缨

Pan, Xi 潘犀
PAN, XI LIANG 潘喜良 **(1957-)**

Pan xi 盘夕
PAN, YOU LAI 潘友来 **(1955-)**

PAN, XI LIANG 潘喜良 **(1957-)**
Pan, Xi 潘犀

PAN, XI ZHEN 潘希珍 **(1917-)**
Pan, Qi jun 潘琦君
Pan, Xi zhen 潘希真
Qi jun 琦君
Xi zhen 希珍

Pan, Xi zhen 潘希真
PAN, XI ZHEN 潘希珍 **(1917-)**

Pan, Xia feng 潘侠风
PAN, SHOU HENG 潘寿恒 **(1914-)**

PAN, XIAO FU 潘晓富 **(1935-)**
Han, Si yi 韩嗣仪

PAN, XIAO PING 潘小平 **(1959-)**
Jing, Hao 景浩

Pan, Xiao ying 潘小鹰
PAN, SHI CONG 潘世聪 **(1927-)**

Pan, Xie zi 潘絜兹
PAN, CHANG BANG 潘昌邦 **(1915-)**

PAN, XIU JUAN 潘秀娟 **(1948-)**
Yi, Li 伊犁

Pan, Xu huai 潘序怀
XU, CHANG LIN 徐昌霖 **(1917-)**

PAN, XU LAN 潘旭澜 **(1932-)**

He, Ruo 何若

PAN, XU LUN 潘序伦 **(1893-1985)**
Si zeng 嗣曾
Zhi si 秩四

PAN, XU ZU 潘序祖 **(1902-)**
Chui yun 吹云
Pan, Yu qie 潘予且
Shui rao hua di guan zhu 水绕化堤馆主
Yu qie 予且

Pan, Xuan 潘玄
SU, HONG YU 苏鸿瑀

PAN, XUN 潘训 **(1902-1934)**
Bing qi 炳奇
He, Bing qi 何炳奇
Hua, Tian 华天
Hui ye 悔也
Ji 季
Ji, Min 季民
Ji, Ming 季明
Lao pan 老潘
Mo he 模和
Mo hua 漠华
Pan, Kai yao 潘恺尧
Pan, Mo he 潘模和
Pan, Mo hua 潘漠华
Pan, Si 潘四
Pan, Xun 潘洵
Qi 企
Qi ming 企明
Ruo jia 若迦
Si lang 四郎
Tian, Yan 田言
Xu, Hua tian 许华天
Xun 训
Xun 洵
Yan, Chuan 言川
Yao 尧

Pan, Xun 潘洵
PAN, XUN 潘训 **(1902-1934)**

Pan, Ya lin 潘亚林
PAN, HAN NIAN 潘汉年 **(1905-1977)**

PAN, YA TUN 潘亚暾 **(1931-)**
A dan 阿丹
A xu 阿旭
Ming, Yue 明月
Pan, Hua 潘华
Pan, Zhen 潘真
Pan, Zi 潘兹
Qing feng 清风
Rong rong 融融
Xia, Xiang 夏香
You you 悠悠
Yue, Rong rong 乐融融

PAN, YAN FA 潘炎发 **(1927-)**
Pan, Ming 潘明

Pan, Yang 潘杨
PAN, JUN LING 潘俊龄 **(1938-)**

PAN, YAO BIN 潘耀斌 **(1940-)**
Pan, Wen 潘文

PAN, YAO HUA 潘耀华 **(1927-)**
Hua, Guang 华光

PAN, YAO LIN 潘耀麟 **(1933-)**
Hua, Er shi 华而实

PAN, YAO MING 潘耀明 **(1947-)**
Ai, Huo 艾火
Yan hua 彦桦
Yan hua mu 彦华木
Yan huo 彦火
Yi, Hua 依华
Yu, Xiu 于秀
Yu, Xiu cheng 于秀成

Pan, Yi hong 潘衣虹
PAN, SHOU 潘受 **(1911-)**

PAN, YI REN 潘义人 **(1936-)**
Da shui 大水

PAN, YI YONG 潘义勇
Ke, Ge 柯戈

PAN, YING HUA 潘迎华 **(1931-)**
Ha, Sai 哈塞

Pan, Ying ren 潘应人
PAN, KAI LIN 潘恺霖 **(1908-1987)**

PAN, YING XI 潘英喜 **(1936-)**
Bu yi 布衣
Jin, Qiu 金秋

PAN, YOU LAI 潘友来 **(1955-)**
Pan xi 盘夕
Ting ni 亭尼

PAN, YOU NIAN 潘有年 **(1897-1988)**
Pan, Shu 潘淑
Pan, Shu 潘菽
Shui, Shu 水菽

PAN, YOU WEI 潘有炜 **(1925-)**
A niu 阿牛
Fan niu 饭牛
Lu, Niu 鲁牛
Niu, Bu yi 牛布衣
Niu, Guan 牛倌
Si ma, Niu 司马牛
Tian, Yuan 田原

Pan, Yu chen 潘雨辰
PAN, ZHEN CHEN 潘震辰 **(1918-)**

PAN, YU CHENG 潘毓成
Cheng yan 乘言
Cheng, Yu 成语
Huang, Hui 黄回
Shui, Ni fan 水逆蕃

Pan, Yu qie 潘予且
PAN, XU ZU 潘序祖 **(1902-)**

Pan, Yu tong 潘雨桐
PAN, GUI CHANG 潘贵昌 **(1937-)**

PAN, YUE SHENG 潘粤生 **(1935-)**
Yu, Guo 余过
Yu, Qiu 郁秋

PAN, YUN 潘韵 **(1905-)**
Qu qin 趣琴
Qu sou 趣叟

PAN, YUN SHENG 潘允生 **(1914-)**
Du, Bian 杜边
Li yi 力一
Su, Fu 苏夫
Su, Hong 苏虹
Su, Zhong ren 苏仲人
Xu, Ya 许涯
Zhe fu 柘夫

PAN, ZE FU 潘泽富
Ze fu 泽富

Pan zhe sou chang 媻者薮长
SHEN, ZENG ZHI 沈曾植 **(1850-1922)**

Pan, Zhen 潘真
PAN, YA TUN 潘亚暾 **(1931-)**

PAN, ZHEN CHEN 潘震辰 **(1918-)**
Pan, Yu chen 潘雨辰

PAN, ZHEN HUA 潘振华 **(1856-1921)**
Xin tian weng 信天翁

PAN, ZHEN SHENG 潘振声 **(1932-)**
Tian he 天河

PAN, ZHEN YA 潘震亚 **(1888-1978)**
Ran gong 髯公

PAN, ZHENG LEI 潘正镭 **(1955-)**
Jin, Yu tian 金雨田
Lan, Yu mu 蓝宇穆
Pan, Gong huai 潘公怀

PAN, ZHENG YING 潘正英
Chai, Wa wa 柴娃娃
Yi, Fu lian 伊芙莲

PAN, ZHI FU 潘治富 **(1929-)**
Jiang, Shan 江山
Pan, Shan 潘山

Pan, Zhi tao 潘志陶
LIU, NING 刘宁 **(1920-)**

Pan, Zhi ting 潘之汀
PAN, LIAN SHENG 潘连升 **(1913-)**

Pan, Zhong ang 潘仲昂
PAN, GUANG DAN 潘光旦 **(1899-1967)**

PAN, ZHONG LIANG 潘中亮 **(1928-)**
Liu, Tun 柳屯

Pan, Zi 潘子
PAN, ZU JUE 潘祖岳 **(1909-)**

Pan, Zi 潘兹
PAN, YA TUN 潘亚暾 **(1931-)**

Pan, Zi kang 潘子康
PAN, GAN TING 潘幹庭 **(1909-1979)**

PAN, ZI LI 潘自力 **(1904-1972)**
Zi li 自励

PAN, ZI NIAN 潘梓年 **(1893-1972)**
Ding si 定思
Ren, An 任庵
Ruo shui 弱水
Shi, Zi 石子
Zai mu 宰木
Zi 梓
Zi nian 梓年

Pan, Zi ying 潘子英
HU, SHAN YUAN 胡山源 **(1897-1988)**

Pan, Zi yu 潘子渔
PAN, JIE 潘傑

Pan, Zong yao 潘宗耀
WANG, XI YAN 王西彦 **(1914-)**

PAN, ZU JUE 潘祖岳 **(1909-)**
Jue xin 觉新
Pan, Jue xin 潘觉新
Pan, Zi 潘子

PAN, ZU XUN 潘祖训 **(1920-)**
Pan, Shu 潘述
Wei, Yu ping 卫禹平

Pang 旁
ZHOU, SHU REN 周树人 **(1881-1936)**

PANG, BANG BEN 庞邦本 **(1935-)**
Bang bang 邦邦
Pang, Bao jun 庞抱俊
Pang, Ben 庞本
Pang, Ka 庞卡

Pang, Bao jun 庞抱俊
PANG, BANG BEN 庞邦本 **(1935-)**

Pang, Ben 庞本
PANG, BANG BEN 庞邦本 **(1935-)**

PANG, DAO 庞壔 **(1934-)**
Pang, Tao 庞涛

Pang, Dong cai 庞栋材
PANG, SHU SONG 庞树松

Pang, Guan 庞观
CHEN, WEN WEI 陈文威 **(1948-)**

Pang guan ke 傍观客
HUANG, QI MING 黄启明

Pang guan zhe 旁观者
HE, ZHEN YE 何振业 **(1922-)**

PANG, GUO HONG 庞国弘 **(1946-)**
Guo, Hong 郭鸿
Hong bo 弘波

PANG, JIA JI 庞家骥 **(1925-)**
Pang, Jia ji 庞嘉季
Wang, Pu 王朴

Pang, Jia ji 庞嘉季
PANG, JIA JI 庞家骥 **(1925-)**

PANG, JIAN KE 庞俭克 **(1955-)**
Yu fan 雨帆
Zi jun 子君

PANG, JIN 庞进 **(1956-)**
Pang, Jin 庞烬

Pang, Jin 庞烬
PANG, JIN 庞进 **(1956-)**

PANG, JING REN 庞景仁 **(1910-)**
Pang, Jing ting 庞静亭

Pang, Jing ting 庞静亭
PANG, JING REN 庞景仁 **(1910-)**

PANG, JUN 庞俊 **(1895-1964)**
Pang, Shi zhou 庞石帚

Pang, Ka 庞卡
PANG, BANG BEN 庞邦本 **(1935-)**

Pang, Pu 庞朴
PANG, SHENG LU 庞声禄 **(1928-)**

PANG, REN QUAN 庞人铨 **(1897-1922)**
Long, An 龙庵
Ren quan 人铨
Shou chun 受淳

Pang, Rui yin 庞瑞垠
PANG, RUI YING 庞瑞瀛 **(1937-)**

PANG, RUI YING 庞瑞瀛 **(1937-)**
Chi shi 赤石
Pang, Rui yin 庞瑞垠
Xiao, Wan 肖湾
Zhu, Mo 朱墨

Pang, Ruo mu 庞若木
PANG, SHENG LU 庞声禄 **(1928-)**

Pang seng 胖僧
CHEN, JING ZHI 陈敬之 **(1912-1982)**

PANG, SHENG LU 庞声禄 **(1928-)**
Lu, Chun long 鲁春龙
Pang, Pu 庞朴
Pang, Ruo mu 庞若木

Pang shi 胖实
GAO, SHU QING 杲淑清 **(1920-)**

Pang, Shi zhou 庞石帚
PANG, JUN 庞俊 **(1895-1964)**

Pang shu 旁树
ZHOU, SHU REN 周树人 **(1881-1936)**

PANG, SHU BAI 庞树柏 **(1884-1916)**
Bo zi 檗子
Jian men bing xia 剑门病侠
Long chan ju shi 龙禅居士
Qi an 绮盦

PANG, SHU SONG 庞树松
Bing hong 病虹
Bing hong shan ren 病红山人
Chu nong 樗农
Du xiao 独笑
Pang, Dong cai 庞栋材

Pang, Tao 庞涛
PANG, DAO 庞壔 **(1934-)**

Pang tuo 滂沱
ZHU, BI QUAN 朱碧泉

PANG, WEN YI 逄闻懿 **(1948-)**
Li, Ying 黎婴

PANG, XIANG RONG 庞向荣 **(1949-)**
Xiang, Rong 向荣

PANG, XUN QIN 庞薰琴 **(1906-1985)**
Gu xuan 鼓轩
Pang, Xun qin 庞薰琹

Pang, Xun qin 庞薰琹
PANG, XUN QIN 庞薰琴 **(1906-1985)**

PANG, ZHUO HENG 庞卓恒 **(1935-)**
Zuo, Heng 左衡

PANG, ZI DONG 庞子东 **(1936-)**

Zi dong 紫东

Pao an 匏安
YANG, JIN TAO 杨锦涛 **(1896-1931)**

Pao an 匏庵
YANG, JIN TAO 杨锦涛 **(1896-1931)**

Pao di 泡蒂
HUANG, SHI RU 黄石如 **(1940-1968)**

Pao gua 匏瓜
SHEN, YIN MO 沈尹默 **(1883-1971)**

Pao gua an 匏瓜庵
SHEN, YIN MO 沈尹默 **(1883-1971)**

Pao gua an zhu ren 匏瓜庵主人
SHEN, YIN MO 沈尹默 **(1883-1971)**

Pao hui 炮灰
LIU, NING 刘宁 **(1920-)**

Pao long tao 跑龙套
HU, HAN ZHU 胡憨珠

Pao mo 泡沫
ZHU, HUI JIAO 朱蕙椒 **(1916-1987)**

Pao yi 袍遗
SHEN, ZENG ZHI 沈曾植 **(1850-1922)**

Pao zhai 匏斋
ZHENG, ZHEN DUO 郑振铎 **(1898-1958)**

Pao zhai 匏斋
LU, ZHU 卢铸

PEI, BAO GUO 裴保国 **(1959-)**
Yong cao 泳草

Pei ben 培本
HU, SHAN YUAN 胡山源 **(1897-1988)**

Pei bing 佩冰
TAN, ZHENG BI 谭正璧 **(1901-1991)**

PEI, CHANG QING 裴常青 **(1944-)**
Pei, Fei 裴斐

Pei chu 培初
HU, SHAN YUAN 胡山源 **(1897-1988)**

Pei cun 沛村
MA, GUO CHANG 马国昌 **(1925-)**

Pei, Ding 裴定
SUN, PU 孙璞 **(1927-)**

Pei fang 佩芳
WANG, CHANG JIAN 王长简 **(1910-1988)**

Pei, Fei 裴斐
PEI, JIA LIN 裴家麟 **(1933-)**

Pei, Fei 裴斐
PEI, CHANG QING 裴常青 **(1944-)**

Pei, Feng 裴烽
PEI, YU YI 裴玉义 **(1933-)**

Pei feng lou 培风楼
SHAO, ZU PING 邵祖平 **(1900-)**

Pei gan 佩竿
LI, YAO TANG 李尧棠 **(1904-)**

Pei gong 配工
HUANG, SHI ZHONG 黄世仲 **(1872-1912)**

PEI, GUANG DUO 裴广铎 **(1922-)**
Guang duo 广铎

Pei gui 培贵
HE, PEI GUI 何培贵 **(1946-)**

Pei, Hai 裴海
NI, ZHEN MAO 倪震懋 **(1940-)**

Pei he 佩鹤
QIN, SHOU ZHANG 秦绶章 **(1849-1925)**

Pei heng 佩蘅
MIN, FO JIU 闵佛九

Pei hua 佩华
DAI, MENG OU 戴梦鸥 **(1905-1950)**

Pei huang 佩璜
ZANG, JUN SHENG 臧俊声 **(1905-)**

Pei, Hui chuan 裴会川
PEI, XUE HAI 裴学海 **(1899-1970)**

Pei, Hui 裴回
MIAO, TIAN RUI 缪天瑞 **(1908-)**

Pei ji 沛基
LI, YUAN 李援

PEI, JI SEN 裴继森 **(1954-)**
San mu 三木

PEI, JIA LIN 裴家麟 **(1933-)**
Pei, Fei 裴斐
Zhang, Shi jie 张世杰

Pei jun 培菌
SUN, PEI JUN 孙培均

Pei jun 霈君
WEN, LI CHENG 温立成 **(1902-)**

Pei, Lai 裴来
NIU, SHU HE 牛树禾 **(1918-)**

Pei liang 培良
XIANG, PEI LIANG 向培良 **(1901-1961)**

Pei, Ling 裴苓
TIAN, ZHONG LUO 田锺洛 **(1924-)**

Pei ling 佩玲
WU, PEI LING 吴佩玲

Pei ling 佩灵
WANG, CHANG JIAN 王长简 (1910-1988)

Pei ling ren 佩铃人
XU, ZHONG PEI 徐钟珮 (1917-)

Pei nan nü shi 培南女士
YUAN, YU BING 袁玉冰 (1899-1927)

Pei pei 沛沛
CHEN, YUN TONG 陈运通 (1914-)

Pei pei 佩佩
YUAN, KE WEN 袁克文 (1890-1931)

Pei, Pei 裴裴
HUANG, HUI FU 黄恢复 (1917-)

PEI, PENG TU 裴鹏图 (1950-)
Peng, Tu 彭图
Su lu pei zhen 苏鲁裴真
Zheng, Zhi 郑直

Pei, Pu xian 裴普贤
PEI, PU YAN 裴溥言 (1921-)

PEI, PU YAN 裴溥言 (1921-)
Pei, Pu xian 裴普贤

Pei qin 佩芹
XU, PEI GEN 许培根 (1944-)

Pei qiong 珮琼
DAI, PEI QING 戴佩卿

Pei, Ran 裴然
PEI, YU CHANG 裴毓昌 (1922-)

Pei ran 沛然
ZHANG, BAO GUO 张保国 (1952-)

Pei ran 沛然
HONG, PEI RAN 洪沛然

Pei ren 沛人
XU, PEI CHEN 徐培晨 (1951-)

Pei ren 佩忍
CHEN, QU BING 陈去病 (1874-1933)

Pei sheng 佩声
ZHAO, YU ZHEN 赵玉振 (1906-)

Pei shuang 佩双
ZHU, MU JIA 朱慕家 (1890-1970)

Pei shun 沛舜
ZHOU, XUN 周迅 (1929-)

Pei, si 裴斯
LIU, ZU YAO 刘祖耀 (1915-)

Pei, Si xiong 裴斯雄
LIU, ZU YAO 刘祖耀 (1915-)

Pei wei 佩韦
ZHOU, SHU REN 周树人 (1881-1936)

Pei wei 佩韦
SHEN, YAN BING 沈雁冰 (1896-1981)

Pei wei 佩韦
SONG, YUN BIN 宋云彬 (1897-1979)

Pei wei 佩韦
SHEN, DUAN XIAN 沈端先 (1900-1995)

Pei wei 佩韦
LIU, HOU ZI 刘厚滋 (1909-)

Pei wei 佩苇
ZHAO, AN JI 赵安济 (-1975)

Pei wei 佩苇
SHEN, YAN BING 沈雁冰 (1896-1981)

Pei wen 佩文
HUANG, JIE 黄节 (1873-1935)

PEI, WEN ZHONG 裴文中 (1904-1982)
Ge, Ming 革命

Pei wo 佩我
TAO, XI SHENG 陶希圣 (1899-1988)

Pei xian 佩弦
ZHU, ZI QING 朱自清 (1898-1948)

Pei xian sheng 佩弦生
MAI, MENG HUA 麦孟华 (1875-1915)

Pei xian zi 佩弦子
MAI, MENG HUA 麦孟华 (1875-1915)

Pei xiang 沛翔
WANG, PI XIANG 王丕祥 (1926-)

PEI, XIN YUAN 裴馨园 (1897-1957)
Lao pei 老裴

Pei xing 沛行
DU , JIN NAN 杜金南 (1921-)

PEI, XING HUI 裴星惠 (-1968)
Huang, Xin sheng 黄新圣
Li, Yi shui 黎一水

Pei xuan 佩萱
PU, YAO QIONG 蒲耀琼

PEI, XUE HAI 裴学海 (1899-1970)
Hui chuan 会川
Pei, Hui chuan 裴会川

Pei ya 胚芽
REN, DE XIANG 任德祥 (1948-)

Pei yi 沛一

ZHANG, PEI YI 张佩义 **(1939-　　)**

Pei yi 佩宜
ZHENG, YING 郑瑛 **(1888-1962)**

Pei ying 佩莹
WU, PI RONG 武丕荣

PEI, YOU MING 裴有明 **(1921-　　)**
Bai, Lian hua 白莲花
Yu, Ming 郁明

PEI, YU CHANG 裴毓昌 **(1922-　　)**
Fei yi 非一
Pei, Ran 裴然

PEI, YU YI 裴玉义 **(1933-　　)**
Pei, Feng 裴烽

PEI, YUAN 裴源 **(1937-　　)**
Yue, Zong 岳宗

Pei yuan 培元
WANG, AN YOU 王安友 **(1923-　　)**

Pei yun 佩筠
WU, PI RONG 武丕荣

Pei zhi 培之
HU, DE PEI 胡德培 **(1937-　　)**

Pei, Zhong li 裴忠利
SHI, RU BI 石汝璧 **(1902-1928)**

Peng 蓬
YAO, FANG REN 姚方仁 **(1905-1969)**

Peng, Bai 彭拜
BAO, QING XIAN 鲍庆献 **(1923-　　)**

Peng, Bai shan 彭柏山
PENG, BING SHENG 彭丙生 **(1910-1968)**

Peng, Bi 彭壁
WANG, FENG QI 王凤岐 **(1918-　　)**

PENG, BI YU 彭碧玉
Chen, Bai 陈白

Peng, Bing 彭冰
ZHENG, SHI XUE 郑时学 **(1920-　　)**

Peng, Bing shan 彭冰山
PENG, BING SHENG 彭丙生 **(1910-1968)**

PENG, BING SHENG 彭丙生 **(1910-1968)**
Bai, Shan 柏山
Bing shan 冰山
Chen, You sheng 陈友生
Gu song 孤松
Hou, Gan cheng 侯干城
Peng, Bai shan 彭柏山
Peng, Bing shan 彭冰山
Xuan ya 玄崖

PENG, BO 彭波 **(1936-　　)**
Peng, Peng 彭鹏
Xiao mu 晓牧

Peng, Bo 彭勃
FU, NAI QI 傅乃琦 **(1909-1993)**

Peng bo 蓬勃
YANG, JING NIAN 杨敬年 **(1908-　　)**

Peng cao 蓬草
FENG, SHU YAN 冯淑燕 **(1946-　　)**

PENG, CHANG YUN 彭昌运 **(1916-　　)**
A wen 阿文
Ai, Wen 艾汶
Bao de 葆德

Peng, Cheng 彭城
PENG, SHI QIANG 彭世强 **(1943-　　)**

Peng, Cheng 彭城
DING, KAI SHU 丁开书 **(1955-　　)**

Peng, Cheng 彭程
PENG, SHI QIANG 彭世强 **(1943-　　)**

Pong, Cheng 鹏程
PENG, SHI QIANG 彭世强 **(1943-　　)**

PENG, CHU HENG 彭楚珩 **(1908-　　)**
Shu zhai ju shi 述斋居士
Xiang fu 湘甫

PENG, CHU NAN 彭初南
Cao bing 草兵

Peng chuang 蓬窗
YE, PENG 叶蓬 **(1929-　　)**

Peng chun 朋春
MA, PENG CHUN 马鹏椿

Peng dan 捧丹
WEI, NAI KUN 韦乃坤 **(1896-1976)**

Peng dan 蓬丹
YOU, PENG DAN 游蓬丹 **(1950-　　)**

Peng dao 澎岛
XU, YAN NIAN 许延年

PENG, DI HUA 彭棣华 **(1939-　　)**
Tie hua 铁铧

Peng, Di xian 彭迪先
PENG, WEI LIE 彭伟烈 **(1908-1991)**

Peng, Ding 彭鼎
XU, MAO RONG 徐茂荣 **(1911-1977)**

PENG, DING AN 彭定安 **(1928-　　)**
An, Na 安娜

Bo yang 波阳
Fang cao 芳草
Wu, Hua qiang 吴花蔷
You, Zi 游子

PENG, DU SHENG 彭杜生 **(1947-)**
Dong qin 冬琴

PENG, DUO 彭铎 **(1913-1985)**
Peng, Ling qian 彭灵乾

Peng, Fang 彭放
PENG, XIAN GUI 彭贤贵 **(1937-)**

Peng fang 篷放
MA, XIN 马炘 **(1920-)**

Peng, Fang cao 彭芳草
PENG, SHOU SHAN 彭寿山 **(1904?-)**

Peng, Fei 彭飞
PENG, LONG FEI 彭龙飞 **(1936-)**

Peng, Fei 彭飞
PENG, ZHI FENG 彭志凤 **(1956-)**

Peng fei 鹏飞
CHEN, CHUAN XI 陈传席 **(1950-)**

Peng fu 鹏富
ZHANG, ZHI PENG 张志鹏 **(1934-)**

PENG, GAO ZHI 彭高致 **(1934-)**
Gao, Zhi 高陟

Peng, Ge 彭歌
YAO, PENG 姚朋 **(1926-)**

Peng, Guan qing 彭观清
CAO, JU REN 曹聚仁 **(1900-1972)**

PENG, GUI E 彭桂萼 **(1908-1952)**
Ai si ji 爱思基
Chang mao 长矛
Ding, Yi 丁屹
Hao bing 号兵
K.N.P.
Peng, Peng 彭鹏
Shi, Sen 石森

PENG, GUI LIANG 彭桂樑 **(1914-)**
Peng, Ping 彭平
Peng, Qin 彭钦
Peng, Tao 彭陶
Peng, You jin 彭友今

PENG, GUI RUI 彭桂蕊 **(1917-)**
Ai en ji 爱恩基
Ding, Jing 丁鲸
Gui, Rui 桂蕊
He, Jiu fan 何旧帆
Mao, She 茅舍

Peng, Pai 彭湃
Peng, Yao qiu 彭耀秋
Tian, Feng 田凤
Tian, Qun 田群
Tian, She 田舍

Peng, Gui zhen 彭桂贞
CHEN, FU BIN 陈福彬 **(1922-)**

PENG, GUO FU 彭国富 **(1952-)**
Yu tian 玉田

PENG, GUO XIONG 彭国雄
Jin, Ge 金戈

Peng, Hao 彭昊
ZHOU, SHU LIAN 周叔莲 **(1929-)**

PENG, HUAI EN 彭怀恩
Luo, Hao 罗浩

PENG, HUANG 彭璜
Yin, Bai 殷柏
Yin bai 荫柏

Peng, Hui 彭慧
PENG, LIAN QING 彭涟清 **(1907-1968)**

Peng, Hui zhong 彭慧中
PENG, LIAN QING 彭涟清 **(1907-1968)**

PENG, JI QING 彭吉清
Miao fan 渺凡

Peng, Ji ren 彭吉人
PENG, SHI QIN 彭师勤

PENG, JI XIANG 彭吉象 **(1948-)**
Ji, Xiang 吉祥

PENG, JI XIANG 彭基相
Ji xiang 基相

PENG, JIA HUANG 彭家煌 **(1898-1933)**
Dao xi 岛西
F.K.
Peng, Jie huang 彭介黄
Peng, Yun song 彭韫松
Shan xin 珊馨
Sun, Shan xin 孙珊馨
Tao shan 韬杉
Wei, Gong 韦公
Yun song 韫松

Peng, Jia mu 彭加木
PENG, JIA MU 彭家睦 **(1925-1980)**

PENG, JIA MU 彭家睦 **(1925-1980)**
Peng, Jia mu 彭加木

Peng, Jia sheng 彭嘉生
PENG, JIAN 彭坚 **(1901-1968)**

PENG, JIAN 彭坚 **(1901-1968)**

Jia sheng 嘉生
Peng, Jia sheng 彭嘉生
Peng, Kang 彭康
Peng, Yi min 彭一民
Peng, Zi jie 彭子劼
Yi min 一民
Zi zhi 子之

Peng, Jie huang 彭介黄
PENG, JIA HUANG 彭家煌 **(1898-1933)**

PENG, JIN SHAN 彭金山 **(1949-)**
Jin, Shan 金山
Ju shan 菊山

Peng, jiu 鹏九
DENG, LIANG 邓亮 **(1914-)**

Peng, Jun 彭军
PENG, XING CAI 彭行才 **(1919-)**

Peng, Jun 彭军
PENG, XUAN XIAN 彭选贤 **(1954-)**

PENG, KAI ZHONG 彭闓忠 **(1913-)**
Cang fu 伧夫
Fei wen 非文
Hu, Nan 胡楠
Ming di 鸣镝
Peng, Yu 彭宇
Peng, Zai wen 彭载文
Peng, Zhan 彭展
Yu 宇

Peng, Kang 彭康
PENG, JIAN 彭坚 **(1901-1968)**

Peng, Lai 彭籁
DU, PENG LAI 杜蓬莱 **(1920-)**

Peng lai shu zi 蓬莱竖子
ZHANG, GU 张谷 **(1926-)**

Peng lai yu cheng 蓬莱玉成
WU, YU CHENG 吴裕成 **(1952-)**

Peng, Lan 彭兰
PENG, XIN QI 彭新琪 **(1929-)**

PENG, LIAN QING 彭涟清 **(1907-1968)**
Hui zhong 慧中
Lian qing 涟清
Peng, Hui 彭慧
Peng, Hui zhong 彭慧中
Peng, Lian qing 彭莲卿

Peng, Lian qing 彭莲卿
PENG, LIAN QING 彭涟清 **(1907-1968)**

Peng, Ling 彭玲
PENG, SAN RANG 彭三让 **(1909-)**

Peng, Ling 彭龄
CAO, PENG LING 曹彭龄 **(1937-)**

Peng, Ling qian 彭灵乾
PENG, DUO 彭铎 **(1913-1985)**

PENG, LONG FEI 彭龙飞 **(1936-)**
Ai ge 皑哥
Chang bai 长白
Da lu 大路
Da lun 达伦
Fa fo 法佛
Hu, Jia 胡笳
Kan shan 看山
Lao long 老龙
Li, Fei 李菲
Peng, Fei 彭飞
Pi, Yang qiu 皮阳秋
Tuo ling 驼铃
Ye ju 野菊

PENG, MEI YU 彭美玉 **(1954-)**
Min yu 敏瑜

PENG, MIAO YAN 彭妙艳 **(1952-)**
Dong fang, Su 东方溯
Feng, Miao yan 冯苗延
Tan xian 潭娴

PENG, MING HUI 彭明辉 **(1959-)**
Wu, Ming 吴鸣

PENG, MING MIN 彭明敏 **(1923-)**
Mu shan 牧山

Peng, Nian 彭年
YANG, DE EN 杨德恩 **(1908-)**

Peng, Nian 彭年
ZHOU, LIANG JI 周良骥 **(1916-)**

Peng, Ning ning 彭宁宁
DING, CHENG XIANG 丁成相 **(1939-)**

Peng, Pai 彭湃
PENG, GUI RUI 彭桂蕊 **(1917-)**

Peng pai 澎湃
PENG, PIN GUANG 彭品光 **(1926-)**

Peng, Peng 彭鹏
PENG, GUI E 彭桂萼 **(1908-1952)**

Peng, Peng 彭鹏
PENG, BO 彭波 **(1936-)**

PENG, PIN GUANG 彭品光 **(1926-)**
Cun hong 邨鸿
Lei, Yang 雷阳
Lei, Yang ke 雷阳客
Peng pai 澎湃
Ying xue hong 映雪红

Peng, Ping 彭平
PENG, GUI LIANG 彭桂樑 (1914-)

Peng qi 朋其
HUANG, PENG JI 黄鹏基 (-1951)

Peng, Qian zhi 彭千指
WANG, QI 王琪

Peng, Qin 彭钦
PENG, GUI LIANG 彭桂樑 (1914-)

Peng rong 鹏荣
DONG, CAI SHI 董蔡时 (1921-)

PENG, RUI SHENG 彭芮生
Rui, Sheng 芮生

Peng, Ruo tao 彭若涛
PENG, WEN LONG 彭文龙 (1909-)

PENG, SAN RANG 彭三让 (1909-)
Peng, Ling 彭玲
Peng, Ying tian 彭颖天
Peng, Yun ling 彭韵玲

Peng sha 朋沙
LIN, BAO GUI 林宝贵 (1941-)

Peng shan 蓬山
YE, PENG 叶蓬 (1929-)

Peng, Sheng 彭生
ZHU, JIA YU 朱家瑜 (1916-1988)

PENG, SHI CHANG 彭世昌 (1955-)
Shi gao xiang 石膏像

PENG, SHI FAN 彭适凡 (1937-)
Fan ren 凡人
Shi, Fan 石凡

PENG, SHI LIN 彭士麟 (1923-)
Cui yuan 翠园

PENG, SHI LONG 彭仕龙 (1930-)
Ning, Zhi yuan 宁致远
Zhan, Ming zhi 詹明志

PENG, SHI QIANG 彭世强 (1943-)
Le jing shan ren 乐静山人
Peng, Cheng 彭城
Peng, Cheng 彭程
Peng, Cheng 鹏程
Peng, Si 彭斯

PENG, SHI QIN 彭师勤
Bu zhuo 补拙
Ji, Ren 吉人
Peng, Ji ren 彭吉人

PENG, SHI SHENG 彭石生 (1946-)
Peng, Xiong 彭匈

PENG, SHI XIANG 彭仕响 (1956-)
Xiang xiang 响响

PENG, SHI ZHUO 彭世灼 (1949-)
Geng, Sang chu 庚桑楚
Shang, Tong 商彤
Yi, Ran 依然

PENG, SHOU CHENG 彭守诚 (1933-)
Sha, Liu 沙柳

PENG, SHOU SHAN 彭寿山 (1904?-)
Fang cao 芳草
Peng, Fang cao 彭芳草
Peng, Shu mei 彭叔美

Peng, Shu mei 彭叔美
PENG, SHOU SHAN 彭寿山 (1904?-)

PENG, SHU ZHI 彭述之 (1896-1983)
Nan, Guan 南冠
Ou, Bai 区白
Shu zhi 述之
Tao, Bo 陶伯
Xi zhao 犀照
Zhang, Ci nan 张次南

Peng, Si 彭斯
PENG, SHI QIANG 彭世强 (1943-)

Peng si 芃斯
BAI, LE CHENG 白乐成 (1946-)

PENG, SI KE 朋斯克
Su, He 苏河

PENG, SONG SHENG 彭颂声 (1935-)
Song, Sheng 宋笙

Peng, Tai 彭泰
PENG, XUN ZHI 彭逊之

Peng, Tao 彭涛
PENG, WEN LONG 彭文龙 (1909-)

Peng, Tao 彭陶
PENG, GUI LIANG 彭桂樑 (1914-)

Peng tao 澎涛
YANG, ZHEN YUAN 杨振元 (1926-)

Peng, Tong 彭彤
CHEN, XIAN YI 陈先艺 (1919-)

Peng, Tu 彭图
PEI, PENG TU 裴鹏图 (1950-)

PENG, WEI LIE 彭伟烈 (1908-1991)
Peng, Di xian 彭迪先

Peng, Wen 彭汶
PENG, YI LIAN 彭漪涟 (1935-)

PENG, WEN CHONG 彭文冲 (1971-)

Jian feng 剑峰

PENG, WEN JIAN 彭文坚 **(1929-)**
Lan, Ding 蓝丁
Leng, Leng 冷冷

PENG, WEN LONG 彭文龙 **(1909-)**
Peng, Ruo tao 彭若涛
Peng, Tao 彭涛

PENG, XI CAI 彭喜才 **(1961-)**
Xin, Fu 辛夫

PENG, XI GENG 彭西庚 **(1923?-)**
Pu, Geng 普庚
Tao, Sha 陶沙

PENG, XIAN GUI 彭贤贵 **(1937-)**
Peng, Fang 彭放

PENG, XIANG YUN 彭湘云 **(1946-)**
Xiang yun 湘云
Ying, Yi 英仪

Peng, Xiao fu 彭小夫
FU, KUN SHENG 傅焜生 **(1920-)**

PENG, XIN QI 彭新琪 **(1929-)**
Bai, Sha 白莎
Mei zi 梅姊
Peng, Lan 彭兰
Xin, Qi 辛奇
Xin qi 新奇

Peng, Xin wei 彭信威
PENG, ZI MING 彭子明 **(1907-)**

PENG, XING CAI 彭行才 **(1919-)**
Peng, Jun 彭军

PENG, XING GUO 彭兴国 **(1953-)**
Ye mang 野莽

Peng, Xiong 彭匈
PENG, SHI SHENG 彭石生 **(1946-)**

PENG, XIU DAO 彭修道 **(1905-1944)**
Bai, Xue 白雪
Feng 枫
Hong ye 红叶
Peng, Xue feng 彭雪枫
Wang min 望敏
Xue feng 雪枫

PENG, XU 彭徐 **(1925-)**
Dong fang, Wei bai 东方未白
Gu, Xing ren 古行人
He tian 禾天
Peng, Zhu yu 彭竹予

PENG, XUAN XIAN 彭选贤 **(1954-)**
Peng, Jun 彭军

Peng, Xue feng 彭雪枫
PENG, XIU DAO 彭修道 **(1905-1944)**

PENG, XUE PEI 彭学沛 **(1896-1948)**
Xu, Hao 徐浩

PENG, XUE ZHEN 彭雪珍 **(1914-1988)**
Peng, Zi gang 彭子冈
Xiao mei 小梅
Zi gang 子冈

PENG, XUN ZHI 彭逊之
An, Ren 安仁
An, Ren 安忍
Chang, Ren 常仁
Guang hao shi 光昊氏
Fu qiu zi 浮丘子
Huai, Yu 怀禹
Mang dao ren 盲道人
Peng, Tai 彭泰
Peng, Yu 彭俞
Peng, Yu 彭愈
Po fo 破佛
Ru guan he shang 儒冠和尚
Shou yu shi 守愚氏
Wu xin ju shi 无心居士
Xian xie zhai zhu ren 闲邪斋主人
Ya dong po fo 亚东破佛
Zhu, Quan sheng 竹泉生

Peng, Yan jiao 彭燕郊
CHEN, DE JU 陈德矩 **(1920-)**

PENG, YANG 彭洋 **(1953-)**
A yang 阿洋
Feng jun 逢君
Fu sang 扶桑

Peng, Yao qiu 彭耀秋
PENG, GUI RUI 彭桂蕊 **(1917-)**

PENG, YI LIAN 彭漪涟 **(1935-)**
Peng, Wen 彭汶

Peng, Yi min 彭一民
PENG, JIAN 彭坚 **(1901-1968)**

Peng, Ying tian 彭颖天
PENG, SAN RANG 彭三让 **(1909-)**

Peng, Yong hui 彭永辉
SHUI, HUA 水华 **(1931-)**

Peng, You jin 彭友今
PENG, GUI LIANG 彭桂樑 **(1914-)**

PENG, YOU SHAN 彭友善 **(1911-)**
Chao zhen 超真

Peng, Yu 彭宇
PENG, KAI ZHONG 彭闓忠 **(1913-)**

Peng, Yu 彭雨
WANG, CHENG YAN 王承琰

Peng, Yu 彭俞
PENG, XUN ZHI 彭逊之

Peng, Yu 彭愈
PENG, XUN ZHI 彭逊之

PENG, YU SHENG 彭预升 (1917-)
Yuan, Yu kun 袁玉堃

PENG, YU ZUI 彭玉最 (1937-)
Yu, Zui 于最

PENG, YUN 彭耘 (1939-)
Mo geng 默耕

Peng, Yun ling 彭韵玲
PENG, SAN RANG 彭三让 (1909-)

Peng, Yun song 彭韫松
PENG, JIA HUANG 彭家煌 (1898-1933)

Peng, Zai wen 彭载文
PENG, KAI ZHONG 彭闓忠 (1913-)

PENG, ZE YI 彭泽益
Jin, Ji si 金济思

Peng zhai 烹斋
TAO, CHI 陶炽 (1897-1952)

Peng, Zhan 彭展
PENG, KAI ZHONG 彭闓忠 (1913-)

PENG, ZHAO MIN 彭召民 (1935-)
Yi min 一民

Peng, Zhen 彭真
FU, MAO GONG 傅懋功 (1902-1997)

PENG, ZHI FENG 彭志凤 (1956-)
Peng, Fei 彭飞

PENG, ZHONG 彭忠 (1962-)
Hong ming 鸿鸣

PENG, ZHONG MIN 彭忠民 (1933-)
Liu, Bin 柳彬
Peng, Zhong min 彭钟岷

Peng, Zhong min 彭钟岷
PENG, ZHONG MIN 彭忠民 (1933-)

Peng, Zhu yu 彭竹予
PENG, XU 彭徐 (1925-)

Peng zi 蓬子
YAO, FANG REN 姚方仁 (1905-1969)

Peng, Zi gang 彭子冈
PENG, XUE ZHEN 彭雪珍 (1914-1988)

Peng, Zi jie 彭子劼

PENG, JIAN 彭坚 (1901-1968)

PENG, ZI MING 彭子明 (1907-)
Peng, Xin wei 彭信威

Peng, Zi yi 彭子仪
YANG, DE EN 杨德恩 (1908-)

Peng, Zong qi 彭宗奇
PENG, ZONG QI 彭综岐 (1922-)

PENG, ZONG QI 彭综岐 (1922-)
Peng, Zong qi 彭宗奇

PENG, ZONG XIANG 彭宗祥 (1944-)
Sang, Lu 桑陆
Xing, Yin 邢音

PENG, ZU HUA 彭祖华 (1931-)
Shou qian 寿千

PENG, ZU SHU 彭祖述 (1933-)
Shan gu 山谷

PENG, ZUO YU 彭作雨 (1922-)
Ji han 戟寒
Jie han 洁寒

Pi, Cai jiu 皮采久
PI, ZUO JIU 皮作玖 (1917-)

Pi chan 甓禅
WU, JUN QING 吴俊卿 (1844-1927)

PI, CHAO GANG 皮朝纲 (1934-)
Huo yan 火焰
Pi gang 铍纲

Pi fa sheng 披发生
ZHANG, ZHU JUN 张竹君

Pi, Fan 皮凡
PAN, GAN TING 潘幹庭 (1909-1979)

Pi fu 匹夫
QU, DIAN KUI 屈殿奎 (1925-)

Pi gang 铍纲
PI, CHAO GANG 皮朝纲 (1934-)

Pi huang 辟黄
TANG, YUE 唐钺 (1891-1987)

Pi jia 被甲
LI, WEN TAO 李文涛 (1880-1942)

PI, JIN KUN 皮锦坤 (1947-)
Jin, Hui 金惠
Luo, Jin hui 罗锦辉

Pi li 霹雳
BAI, LE CHENG 白乐成 (1946-)

Pi, Lu si 皮路斯
LIU, YING SHENG 刘迎胜 (1947-)

Pi, Lun 皮伦
QUAN, HAN SHENG 全汉昇 **(1913-)**

Pi meng 披朦
TAN, PI MO 谭丕谟 **(1899-1958)**

Pi, Nuo cao 皮诺曹
CAO, HUI MIN 曹慧民 **(1961-)**

Pi pi 丕丕
WEN, SI XIANG 温嗣翔 **(1916-)**

Pi qiang 丕强
PAN, QI LIANG 潘齐亮 **(1923-1968)**

Pi san 癖三
HUANG, ZHEN YUAN 黄振元 **(1866-1913)**

Pi she ye guo liu fa tou tuo 毘舍耶国留髮头陀
XU, NAN YING 许南英 **(1855-1917)**

Pi, Sheng 皮生
RU, YU LI 茹欲立

Pi sheng 丕绳
TONG, SHU YE 童书业 **(1908-1968)**

Pi sheng 疲生
RU, YU LI 茹欲立

Pi sheng 霹生
NIU, XUN 牛逊

Pi shi 闢世
REN, BI SHI 任弼时 **(1904-1950)**

PI, SHU MIN 皮述民 **(1933-)**
Si kong jian guan 司空见惯
Wang, Bo 王波

Pi, Te 皮特
PI, ZHI XIAN 皮之先 **(1928-)**

Pi xi 疲兮
LI, BAO ZHEN 李保真 **(1907-1979)**

Pi, Yang qiu 皮阳秋
PENG, LONG FEI 彭龙飞 **(1936-)**

Pi, Yi cun 皮以存
CHEN, FAN 陈凡 **(1915-1997)**

Pi yuan 匹园
CHEN, YAN 陈衍 **(1856-1937)**

Pi yuan 匹远
CHEN, YAN 陈衍 **(1856-1937)**

Pi yuan 辟园
LIU, KUN 刘焜

Pi yuan ju shi 甓园居士
LIU, KUN 刘焜

Pi zhai 甓斋
TANG, YUE 唐钺 **(1891-1987)**

Pi zhi 丕之
JIANG, PI ZHI 姜丕之 **(1920-)**

PI, ZHI XIAN 皮之先 **(1928-)**
Pi, Te 皮特

Pi, Zhong chi 皮仲篪
CHE, SHOU ZHOU 车寿周 **(1914-)**

Pi, Zuo jiu 皮作久
PI, ZUO JIU 皮作玖 **(1917-)**

PI, ZUO JIU 皮作玖 **(1917-)**
Cai jiu 采久
Cai jiu 彩久
Cai jiu 彩玖
Gao, Wen jiang 高文江
Gao, Xiu 高秀
Gao, Yuan 高沅
He, Wen 何文
Lin, Hai 林海
Lin, Zhi cai 林之采
Lin, Zhu 林竹
Liu, Xiao song 刘小松
Liu, Xiao su 刘小苏
Lu men 鹿门
Ma, Chang ming 马长鸣
Pi, Cai jiu 皮采久
Pi, Zuo jiu 皮作久
Si, Zhen 斯珍
Song lin 松林
Song ling 松陵
Song ling tang 松陵堂
Su, Zi 苏子
Sun, Xiao lin 孙小林
Tan shui 潭水
Xiao lin 小林
Yong zhi 咏之
Yuan, Jiang 袁江
Yuan zhong 沅中
Zhang, Jiu 章玖
Zheng, Xiao cai 郑小采
Zheng, Yong yuan 郑咏元
Zhu, Lin 竹林
Zhu, Pei jiu 祝裴玖
Zuo jiu 作玖

Pian hua ge 骈花阁
SHEN, ZONG JI 沈宗畸 **(1857-1926)**

Pian qing 片青
ZHU, ZI QI 朱子奇 **(1920-)**

Pian shi 片石
HUANG, ZHI 黄质 **(1865-1955)**

Pian shi ju shi 片石居士

HUANG, ZHI 黄质 (1865-1955)

Pian zhao 偏照
LI, WEN TAO 李文涛 (1880-1942)

Pian zhou 扁舟
WAN, PING JIN 万平近 (1926-)

Pian zhou 扁舟
YANG, RU ZHOU 杨汝舟

Piao 飘
LIN, ZHENG LUN 林正伦 (1942-)

Piao bo 飘泊
WANG, XIN MING 王新命 (1892-1961)

Piao bo 飘泊
WANG, ZHONG QING 王忠卿 (1912-1990)

Piao bo wang 飘泊王
WANG, XIN MING 王新命 (1892-1961)

Piao er 飘儿
HUANG, KE MEI 黄克梅 (1915-1961)

Piao jin 飘金
ZHANG, QING GUANG 张清广 (1921-)

Piao lu 瓢庐
YUAN, GUANG MEI 袁光楣 (1916-1982)

Piao miao sheng 缥缈生
ZHANG, QIU CHONG 张秋虫 (1904-1974)

Piao peng 飘蓬
WU, ZHANG SHU 吴丈蜀 (1919-)

Piao peng 飘篷
ZHANG, WEN TIAN 张闻天 (1900-1976)

Piao ping 漂萍
REN, DING SHENG 任鼎生

Piao qing 漂青
ZHANG, QING GUANG 张清广 (1921-)

Piao yi 飘逸
LIN, YOU SEN 林猷森 (1953-)

Piao ying 飘影
HE, ZHI JIAN 贺志坚 (1930-)

PIAO, CHANG HUA 朴昌华 (1946-)
Yi hua 逸话

PIAO, DONG WU 朴东武 (1938-)
Hua shuo 话说
Piao, Hua 朴桦
Yi hua 一桦

Piao, Hua 朴桦
PIAO, DONG WU 朴东武 (1938-)

Piao, Lai 朴赖
PIAO, ZHONG LU 朴忠禄 (1928-)

Piao, Na 朴纳
YUAN, KANG NIAN 苑康年 (1918-)

Piao ping 飘萍
SHAO, ZHEN QING 邵振青 (1884-1926)

Piao ping 飘萍
CUI, BAI CHENG 崔百城 (1916-)

Piao ping ji ren 飘萍吉人
SHAO, ZHEN QING 邵振青 (1884-1926)

Piao ping ke 飘萍客
SHAO, ZHEN QING 邵振青 (1884-1926)

PIAO, ZHONG LU 朴忠禄 (1928-)
Piao, Lai 朴赖

Pin 频
HU, YE PIN 胡也频 (1903-1931)

Pin jin 品今
WU, PIN JIN 吴品今

Pin lang 品朗
ZHENG, CHUN MAO 郑春茂 (1944-)

Pin ma 品麻
HUANG, JIAN GUO 黄建国 (1958-)

Pin pin 品品
LÜ, MENG ZHOU 吕梦周 (1912-)

Pin pin 品品
LIN, ZHU YU 林祝敔 (1915-1975)

Pin pin 品品
LIU, YU 刘瑜 (1922-)

Pin qing 品青
WANG, GUI ZHEN 王贵珍 (-1927)

Pin qing 聘卿
WANG, GUI ZHEN 王贵珍 (-1927)

Pin ru 聘如
XIE, PIN RU 解聘如 (1935-)

Pin san 聘三
QIN, DING YI 秦鼎彝 (1877-1906)

Pin san 聘三
TAN, PING SHAN 谭平山 (1886-1956)

Pin si lou 聘思楼
QIU, NAN 邱楠 (1916-1979)

Pin xue er 贫血儿
YAO, QIAN XIANG 姚谦祥 (1912-)

Ping 平
ZHENG, LONG JIN 郑隆谨 (1895-1979)

Ping 平
SHEN, YAN BING 沈雁冰 (1896-1981)

Ping 平
TAN, PI MO 谭丕谟 **(1899-1958)**

Ping 平
YU, MING HENG 俞铭衡 **(1900-1990)**

Ping 平
LI, PING XIN 李平心 **(1907-1966)**

Ping 平
WEI, QING HUANG 韦庆煌 **(1916-)**

Ping 苹
SONG, RU ZHAO 宋汝昭 **(1914-1956)**

Ping 萍
SHAO, ZHEN QING 邵振青 **(1884-1926)**

Ping 萍
YU, MING HENG 俞铭衡 **(1900-1990)**

Ping 萍
CAO, ZAN QING 曹赞卿 **(1901-1980)**

Ping 萍
YU, GENG YU 于赓虞 **(1902-1963)**

Ping 萍
LUO, ZHENG SHU 罗正淑 **(1907-1987)**

Ping an 苹庵
LIAO, PING ZI 廖平子 **(1882-1943)**

Ping, Bo 平伯
YU, MING HENG 俞铭衡 **(1900-1990)**

Ping, Chang 平常
CEN, XIAN QING 岑献青 **(1955-)**

Ping chang lao ren 平常老人
DI, YING 狄膺 **(1895-1964)**

Ping chu 苹初
YU, MING HENG 俞铭衡 **(1900-1990)**

Ping dai 屏黛
HOU, E 侯堮 **(1902-)**

Ping deng ge zhu ren 平等阁主人
DI, BAO XIAN 狄葆贤 **(1873-1941)**

Ping di 苹蒂
WANG, SEN RAN 王森然 **(1895-1984)**

Ping er 苹儿
CHEN, HE 陈鹤 **(1912-1984)**

Ping, Fan 平凡
LI, DA 李达 **(1890-1966)**

Ping, Fan 平凡
CAO, ZAN QING 曹赞卿 **(1901-1980)**

Ping, Fan 平凡
WANG, TONG FA 王统发 **(1924-)**

Ping, Fan 平凡
WANG, JIN SHENG 王金声 **(1930-)**

Ping, Fan 平凡
SUN, CHENG JU 孙成聚 **(1950-)**

Ping, Fan 平凡
SHI, QING ZE 施清泽

Ping, Fan 平帆
CHENG, HUI CHANG 程会昌 **(1913-)**

Ping fan 萍帆
CHEN, QIAO SHENG 陈桥生 **(1918-)**

Ping feng shi 屏风石
LUO, GUANG LUN 骆光伦 **(1946-)**

Ping feng zhuang jiu zhu 屏风莊旧主
HUAN, YING QING 宦应清 **(1861-)**

Ping, Fu 平夫
DING, KE WU 丁克武 **(1915-)**

Ping, Fu 平甫
ZHAO, PING FU 赵平复 **(1902-1931)**

Ping, Fu 平复
ZHAO, PING FU 赵平复 **(1902-1931)**

Ping guo shu 苹果树
ZHENG, LIAN 郑连 **(1928-)**

PING, HENG 平衡 **(1892-1980)**
Jin xia ge zhu ren 襟霞阁主人
Jin ya ge 襟亚阁
Ping, Jin ya 平襟亚
Qiu, Weng 秋翁
Qiu, Zhai 秋斋
Shen, Ya gong 沈亚公
Wang zhu sheng 网珠生

Ping hua 萍华
ZHU, ZONG BIN 朱宗彬 **(1913-1937)**

Ping hua shi 苹华室
SHI, ZHE CUN 施蛰存 **(1905-)**

Ping, Jia 平嘉
XU, JIE 许杰 **(1901-1993)**

Ping, Jiang 平江
ZHANG, WEN TIAN 张闻天 **(1900-1976)**

Ping jiang bu xiao sheng 平江不肖生
XIANG, KUI 向逵 **(1889-1957)**

Ping, Jin ya 平襟亚
PING, HENG 平衡 **(1892-1980)**

Ping, Jun 平均
YANG, PEI JUN 杨培均 **(1955-)**

Ping jun 苹君
WEN, YU SHU 温玉书 **(1911-)**

Ping, Ke 平可
CEN, ZHUO YUN 岑卓云 (1912-)

Ping, Ke 平客
FAN, XUE LI 范学蠡 (1916-1986)

Ping ke 屏柯
YANG, XUE RU 杨学儒 (1950-)

Ping ke 萍客
LIANG, JING CHUN 梁敬錞 (1892-1984)

Ping, Lin 平林
XU, GUANG PING 许广平 (1898-1968)

Ping, Lin 平林
YE, LIN SHENG 叶霖生 (1914-)

Ping lin xing zi 平林杏子
YE, LIN SHENG 叶霖生 (1914-)

Ping, Ling 平陵
WANG, YANG SONG 王仰嵩 (1898-1964)

Ping, Lu 平路
LU, PING 路平 (1953-)

Ping, Lu 平庐
DONG, ZUO BIN 董作宾 (1898-1963)

Ping lu 萍庐
YAN, YI PING 严一萍 (1912-1987)

Ping lu 萍庐
XIA, PING 夏平

Ping mei 评梅
SHI, RU BI 石汝璧 (1902-1928)

Ping mei 瓶梅
JIN, XIONG BAI 金雄白 (1903-1985)

Ping mei nü shi 评梅女士
SHI, RU BI 石汝璧 (1902-1928)

Ping, Ming 平明
ZHOU, ZUO REN 周作人 (1885-1967)

Ping ming 屏鸣
HE, KAI RONG 何开荣 (1907-1952)

Ping nei jiao ye san lang 瓶内蛟野三郎
LI, JIN FA 李金发 (1900-1976)

Ping, Ni 平尼
WU, PING 吴平 (1923-)

Ping, Ping 平平
ZHU, PING CI 祝平次

Ping qin 萍沁
YANG, DIAN XI 杨典喜 (1931-)

Ping, Qing 平青
ZHANG, ZHEN HUA 张振华 (1931-)

Ping qing ju shi 平情居士
DI, BAO XIAN 狄葆贤 (1873-1941)

Ping qing wai shi 平情外史
DI, BAO XIAN 狄葆贤 (1873-1941)

Ping qing zhu ren 平情主人
DI, BAO XIAN 狄葆贤 (1873-1941)

Ping, Ru 平如
CHEN, WANG DAO 陈望道 (1890-1977)

Ping rui 萍蕊
BAI, LE CHENG 白乐成 (1946-)

Ping, Sha 平沙
CHEN, WANG DAO 陈望道 (1890-1977)

Ping, Sha 平沙
ZHANG, ZHAO QI 张肇祺 (1928-)

Ping, Sha 平沙
NIE, DUO RAO 聂多饶 (1929-)

Ping, Sha yan 平沙燕
GU, PING DAN 顾平旦 (1930-)

Ping, Shan 平山
TAN, PING SHAN 谭平山 (1886-1956)

Ping, Shan 平山
OU, TAN SHENG 欧坦生 (1923-)

Ping, Shan 平山
ZHAO, GUO CHUN 赵国春 (1957-)

Ping, Shan 平山
REN, XING 任兴

Ping shan dao weng 平山道翁
XU, RU LIANG 许汝良 (1934-)

Ping, Sheng 平生
CHANG, YAN SHENG 常燕生 (1898-1947)

Ping, Sheng 平生
DAI, WEN HUA 代文花 (1956-)

Ping shou wai shi 平寿外史
DING, XI NING 丁希宁 (1913-)

Ping shui wen lang 萍水文郎
WEN, DI 文砥 (1898-)

Ping, Shuo 平朔
SHEN, YI 沈议 (1909-1986)

Ping si 屏斯
FENG, WAN HUA 冯畹华 (-1996)

Ping, Su 平素
SUN, JIN CHUN 孙进春 (1928-)

Ping sun 萍荪
HUANG, PING SUN 黄萍荪 (1902-)

Ping, Wan 平万
DAI, JUN 戴均 **(1903-1945)**

Ping wang 萍望
WU, TI REN 吴体仁

Ping, Wen 平文
WANG, JUN PING 王均平 **(1907-)**

Ping weng 萍翁
QI, HUANG 齐璜 **(1864-1957)**

Ping, Wu 平屋
XIA, MIAN ZUN 夏丏尊 **(1886-1946)**

Ping wu zhu ren 平屋主人
XIA, MIAN ZUN 夏丏尊 **(1886-1946)**

Ping, Xin 平心
LI, PING XIN 李平心 **(1907-1966)**

Ping, Xin 平心
LIN, ZHEN XIANG 林祯祥 **(1910-)**

PING, XIN TAO 平鑫涛 **(1927-)**
Fei, Li 费礼

Ping, Xing 平行
XU, SHAN YUAN 徐善源 **(1914-1977)**

Ping, Yang 平洋
WU, YONG SHAN 吴永珊 **(1878-1966)**

Ping, Yang zi 平阳子
WANG, HENG SHENG 汪珩生 **(1924-1986)**

Ping yao tang zhu ren 平妖堂主人
MA, LIAN 马廉 **(1893-1935)**

Ping, Ye 平野
ZHOU, PING YE 周平野 **(1916-)**

Ping, Ye 平野
ZHANG, DA HUI 张大晖 **(1924-)**

Ping, Ye 平野
SHI, GAN FENG 史敢峰 **(1950-)**

Ping, Yi 平一
WANG, REN SHU 王任叔 **(1901-1972)**

Ping, Yi 平一
WANG, PING YI 王平一

Ping, Yin 平音
LUO, CHUAN KAI 罗传开 **(1932-)**

Ping ying 萍影
FENG, YING ZI 冯英子 **(1915-)**

Ping yu 萍雨
ZHOU, ZUO REN 周作人 **(1885-1967)**

Ping, Yuan 平原
YANG, SHI JUN 杨时俊 **(1917-)**

Ping, Yuan 平原
CHEN, BING YUAN 陈炳元 **(1918-)**

Ping, Yuan 平原
ZHU, MING PIN 朱明聘 **(1927-)**

Ping, Yuan 平远
HUANG, FENG WU 黄凤梧 **(1951-)**

Ping, Yun 平云
ZHOU, ZUO REN 周作人 **(1885-1967)**

Ping yun 萍云
ZHOU, ZUO REN 周作人 **(1885-1967)**

Ping yun nü shi 萍云女士
ZHOU, ZUO REN 周作人 **(1885-1967)**

Ping, Zhang 平章
XU, MO 徐谟 **(1893-1956)**

Ping, Zhi 平之
CHANG, YAN SHENG 常燕生 **(1898-1947)**

Ping zhi 萍之
CHANG, YAN SHENG 常燕生 **(1898-1947)**

Ping, Zhong 平仲
XU, MAO RONG 徐茂荣 **(1911-1977)**

Ping, Zhou 平周
ZHANG, XIANG DING 张象鼎 **(1899-1992)**

Ping zhou 萍州
ZHANG, XIANG DING 张象鼎 **(1899-1992)**

Ping zhou 萍周
ZHANG, XIANG DING 张象鼎 **(1899-1992)**

Ping, Zi 平子
SONG, CUN LI 宋存礼 **(1861-1910)**

Ping, Zi 平子
DI, BAO XIAN 狄葆贤 **(1873-1941)**

Ping, zi 平子
ZHU, BAO KANG 朱葆康 **(1881-1942)**

Ping, Zi 平子
CHANG, YAN SHENG 常燕生 **(1898-1947)**

Ping, Zi 平子
XIAO, KE CAI 萧克材 **(1919-)**

Ping, Zi 平子
SHEN, JI PING 沈季平 **(1927-)**

Ping zi 屏子
ZHU, BAO KANG 朱葆康 **(1881-1942)**

Ping zong 萍踪
CUI, BAI CHENG 崔百城 **(1916-)**

Ping zong 萍踪
XU, NAI XIANG 徐廼翔 **(1931-)**

Ping zong 萍踪
CHEN, HUAN ZHAN 陈焕展 **(1933-)**

Ping zong 萍踪
QIU, ZHI JIE 仇智杰 **(1933-)**

Po an 破庵
LIANG, DING FEN 梁鼎棻 **(1859-1920)**

Po bi zhai zhu 破壁斋主
WANG, YI YANG 汪易扬 **(1931-)**

Po bing 破冰
LI, XUE MIN 李学敏 **(1923-1961)**

Po bo 破盋
WU, QING XIANG 吴清庠 **(1878-1961)**

Po fo 破佛
PENG, XUN ZHI 彭逊之

Po he 破荷
WU, JUN QING 吴俊卿 **(1844-1927)**

Po he lao fou 破荷老缶
WU, JUN QING 吴俊卿 **(1844-1927)**

Po he ting zhang 破荷亭长
WU, JUN QING 吴俊卿 **(1844-1927)**

Po kong 破空
LEI, SHI YU 雷石榆 **(1911-)**

Po lin lao ren 坡邻老人
ZHAO, CHUN NIAN 赵椿年 **(1869-1942)**

Po lu 破虏
WU, XIANG RONG 吴相融

Po na 破衲
DING, FU BAO 丁福保 **(1874-1952)**

Po pi 泼皮
PAN, HAN NIAN 潘汉年 **(1905-1977)**

Po pi nan shi 泼皮男士
PAN, HAN NIAN 潘汉年 **(1905-1977)**

Po shang ke 坡上客
LAN, CUI E 蓝翠娥 **(1952-)**

Po xiao 破晓
WANG, REN SHU 王任叔 **(1901-1972)**

Po yu 迫迂
XU, BO XU 徐伯訏 **(1908-1980)**

Po yu 迫迂
LI, CHANG ZHI 李张瑞 **(1910-1978)**

Po yuan 破园
WANG, YANG 汪洋 **(1879-1921)**

Po zhen zi 破阵子
ZHANG, RONG RI 张荣日 **(1942-)**

Pu 浦
SHEN, YAN BING 沈雁冰 **(1896-1981)**

Pu 蒲
SHEN, YAN BING 沈雁冰 **(1896-1981)**

Pu 璞
MO, PU 莫朴 **(1915-)**

Pu 璞
LÜ, QIN 吕沁 **(1925-)**

Pu an 扑盦
SUN, XIONG 孙雄 **(1866-1935)**

Pu an 朴安
HU, PU AN 胡朴安 **(1878-1947)**

Pu an 朴庵
HU, PU AN 胡朴安 **(1878-1947)**

Pu an 朴庵
LIAO, BAO YING 廖宝鎣 **(1909-)**

Pu, Bai 蒲白
LIN, MU ZHONG 林穆忠 **(1948-)**

PU, BAO QIANG 蒲葆强 **(1932-)**
Ai hua 爱华
Ai, Yin 艾茵

Pu bei nan xuan 曝背南轩
JIN, AN QING 金安清

Pu, Bo ying 蒲伯英
PU, DIAN JUN 蒲殿俊 **(1875-1935)**

Pu cen 朴岑
HUANG, ZHI 黄质 **(1865-1955)**

Pu chan 菩禅
FU, SHOU YI 傅寿宜

Pu cheng 朴丞
HUANG, ZHI 黄质 **(1865-1955)**

Pu cheng 朴诚
DU, PENG CHENG 杜鹏程 **(1921-1991)**

Pu, Cheng 普诚
DU, PENG CHENG 杜鹏程 **(1921-1991)**

Pu cun 朴存
HUANG, ZHI 黄质 **(1865-1955)**

PU, DIAN JUN 蒲殿俊 **(1875-1935)**
Pu, Bo ying 蒲伯英
Zhi an 沚盦
Zhi shui 止水

Pu ding 仆仃
WANG, YE WEI 王业玮 **(1923-)**

Pu, Dong 浦冬
QIU, GUANG ZHENG 邱光正 **(1930-)**

Pu, Du 普度
ZHOU, DA XIN 周大新 **(1952-)**

Pu, Fei 普飞
PU, FU YOU 普福有 **(1934-)**

Pu, Feng 普枫
LI, YANG BI 李仰弼 **(1924-1993)**

Pu, Feng 蒲风
HUANG, RI HUA 黄日华 **(1911-1943)**

PU, FU YOU 普福有 **(1934-)**
Pu, Fei 普飞

Pu, Gang 蒲岗
YANG, ZI BO 杨子波 **(1918-1974)**

Pu, Ge 蒲戈
SONG, MOU YANG 宋谋瑒 **(1928-)**

Pu gen 菩根
LIANG, ZONG DAI 梁宗岱 **(1903-1983)**

Pu Geng 普庚
PENG, XI GENG 彭西庚 **(1923?-)**

Pu, Gong ying 蒲公英
PU, MAN XIANG 浦漫湘 **(1930-)**

Pu, Gong ying 蒲公英
WU, ZI YU 吴梓瑜 **(1948-)**

Pu, He 蒲鹤
ZHANG, ZI SHEN 张子深 **(1939-)**

Pu, He shou 蒲鹤寿
ZHANG, ZI SHEN 张子深 **(1939-)**

PU, HUAN JING 浦寰靖 **(1928-)**
Pu, Man ting 浦漫汀
Wu huan zi 五环子

Pu, Hui 浦惠
WANG, HUI PING 王惠萍 **(1946-)**

Pu, Ji 普济
LI, QIAO AN 李桥安 **(1909-)**

Pu, Ji 蒲戟
CHEN, RUI QI 陈瑞淇 **(1921-)**

Pu, Jian 蒲剑
WANG, ZHUAN 王耑 **(-1960)**

Pu, Jian 蒲剑
SHEN, YAN BING 沈雁冰 **(1896-1981)**

Pu, Jian 蒲剑
LIN, YANG SHAN 林仰山 **(1910-)**

Pu, Jian 蒲剑
SHEN, ZU AN 沈祖安 **(1930-)**

Pu, Jiang 浦江
FU, JIANG 符江 **(1956-)**

Pu, Jiang chao 浦江潮
ZHU, YA FU 朱亚夫 **(1943-)**

Pu ju shi 朴居士
HUANG, ZHI 黄质 **(1865-1955)**

Pu, Jun 蒲峻
PU, LIN SHENG 蒲林生 **(1943-)**

Pu, Jun 濮儁
PU, SHUN QING 濮舜卿 **(1902-)**

PU, JUN NIAN 浦军年
Pu, Wu 浦武
Xing hua 醒华

Pu, Lan 普兰
CAO, FU LUAN 曹辅銮 **(1935-)**

Pu, Lao 蒲牢
SHEN, YAN BING 沈雁冰 **(1896-1981)**

Pu, Li 蒲莉
LI, WEI HENG 李维恒 **(1916-)**

PU, LI LIN 浦丽琳
Xin di 心笛

PU, LIANG FEI 濮良沛 **(1931-)**
Lin, Fei 林非

PU, LIN SHENG 蒲林生 **(1943-)**
Pu, Jun 蒲峻

Pu, Liu 蒲柳
LÜ, LIANG GENG 吕亮耕 **(1915-1974)**

Pu, Liu 蒲柳
DU, XI TANG 杜希唐 **(1915-)**

Pu, Liu 蒲柳
DING, JING TANG 丁景唐 **(1920-)**

Pu, Liu feng 蒲柳风
CHEN, RUI QI 陈瑞淇 **(1921-)**

Pu, Lu shi 普鲁士
QIAN, XING CUN 钱杏邨 **(1900-1977)**

Pu, Luo 普罗
FENG, QIAN WEN 冯千文 **(1934-)**

Pu, Luo 普洛
ZHENG, DE SONG 郑德松 **(1923-)**

Pu, Luo 普洛
SHAO, JIAN MING 邵建明 **(1928?-)**

Pu, Luo 普络
XU, MEI XUN 许美埙 **(1901-1991)**

Pu man 扑满
CHEN, YUAN 陈垣 **(1880-1971)**

Pu man 扑满
WANG, ZHAO MING 汪兆铭 **(1883-1944)**

Pu, Man ting 浦漫汀
PU, HUAN JING 浦寰靖 **(1928-)**

PU, MAN XIANG 浦漫湘 **(1930-)**
Dan qing 丹情
Pu gong ying 蒲公英

Pu, Min 蒲民
XING, LE XIAN 邢乐贤 **(1926-)**

Pu, Ming 普明
LI, QIAO AN 李桥安 **(1909-)**

Pu, Ming 普明
WU, PU MING 吴普明

PU, MING ZHOU 蒲明洲 **(1940-)**
Pu, Wen 蒲文

Pu nian ren 朴念仁
ZHOU, ZUO REN 周作人 **(1885-1967)**

Pu ou 仆欧
ZHENG, SHI XUE 郑时学 **(1920-)**

Pu, Qi 蒲旗
CHEN, RUI QI 陈瑞淇 **(1921-)**

Pu qing 圃青
LIU, PU QING 柳溥庆 **(1900-1974)**

Pu, Quan 溥泉
ZHANG, JI 张继 **(1882-1947)**

Pu, Quan 蒲泉
FU, XI HUA 傅惜华 **(1907-1970)**

Pu ren 朴人
HUANG, ZHI 黄质 **(1865-1955)**

Pu ren 朴人
WANG, JIA YU 王家棫 **(1907-)**

Pu, Ren 蒲人
ZONG, TING HU 宗廷虎 **(1933-)**

Pu, Ren 蒲仁
HE, XIN MIN 贺新民 **(1936-)**

Pu, Ren 蒲韧
HU, SHENG 胡绳 **(1918-)**

Pu ren 仆人
ZHANG, YU WEN 张育文 **(1945-)**

PU, RU 溥儒 **(1896-1963)**
Han yu tang 寒玉堂
Pu, Xin yu 溥心畬
Xi shan yi shi 西山逸士

Pu ru 璞如
XU, DAO QI 许道琦 **(1914-)**

Pu, Sha 蒲沙
TIAN, JING HUI 田景惠 **(1923-)**

PU, SHAN 浦山 **(1923-)**
Cai, Pei tian 蔡培田
Pu, Shou shan 浦寿山
Tian, Pei cai 田培才

Pu, Shao 蒲梢
XU, DIAO FU 徐调孚 **(1901-1981)**

Pu sheng 朴生
XIAO, PU SHENG 萧朴生 **(-1926)**

Pu shi 朴实
BU, WEI QIN 卜维勤 **(1933-)**

Pu shi 璞石
ZENG, XIANG XI 曾祥熙 **(1940-)**

Pu, Shou shan 浦寿山
PU, SHAN 浦山 **(1923-)**

PU, SHUN QING 濮舜卿 **(1902-)**
Pu, Jun 濮儁

Pu, Te 蒲特
RAO, ZHANG FENG 饶彰风 **(1915-1970)**

Pu teng 葡藤
XU, LIANG HE 徐良河 **(1930-)**

Pu ti 菩提
MA, GUO LIANG 马国亮 **(1908-)**

Pu ti 菩提
TI, YUE PIN 提曰品 **(1931-)**

Pu ti 菩提
WANG, YAN 王琰 **(1949-)**

Pu ti 菩提
Ci, HANG 慈航

Pu ti fang li bing wei mo 菩提坊里病维摩
SHEN, ZENG ZHI 沈曾植 **(1850-1922)**

Pu, Tian 普天
WEI, NAI KUN 韦乃坤 **(1896-1976)**

PU, TONG 溥侗
Hong dou guan zhu 红豆馆主

PU, WANG WEN 蒲望文 **(1913-)**
Su, Yi ping 苏一平
Yi ping 一萍

Pu, Wei 蒲苇
PU, YU TANG 蒲玉堂 **(1962-)**

Pu, Wei 蒲苇
ZHOU, TING MO 周廷模

Pu, Wen 蒲文
PU, MING ZHOU 蒲明洲 **(1940-)**

Pu, Wu 浦武
PU, JUN NIAN 浦军年

Pu, Xi 蒲西
ZHANG, CHUN QIAO 张春桥 (1917-)

PU, XI XIU 浦熙修 (1910-1970)
Qing han 青函

Pu, Xin 普信
ZENG, JING LAI 曾景来

PU, XIN CHENG 蒲新成 (1930-)
Tan, Ying 谭影

Pu, Xin sheng 普信生
ZENG, JING LAI 曾景来

Pu, Xin yu 溥心畬
PU, RU 溥儒 (1896-1963)

Pu xue zhai 朴学斋
SHEN, ZONG JI 沈宗畸 (1857-1926)

Pu xue Zhai 朴学斋
HU, PU AN 胡朴安 (1878-1947)

Pu, Yang mi 濮阳瀰
YANG, MING XIAN 杨明显 (1938-)

PU, YAO QIONG 蒲耀琼
Pei xuan 佩萱

Pu yi dao ren 普易道人
LIN, XUE ZHOU 林学周

PU, YI 溥仪 (1906-1967)
Zhi lian 植莲

Pu, Yin 普音
LI, WEN TAO 李文涛 (1880-1942)

Pu, Yin 普寅
HUANG, WAN ZHONG 黄万钟 (1912-)

PU, YU TANG 蒲玉堂 (1962-)
Pu, Wei 蒲苇

Pu yuan 朴园
LI, PU YUAN 李朴园 (1901-)

Pu, Yue 蒲月
LIAO, BAO YING 廖宝鎣 (1909-)

Pu yue 朴月
LIU, MING YI 刘明仪 (1947-)

Pu, Ze 蒲泽
FU, ZHEN LUN 傅振伦 (1906-)

Pu zhi 菩植
SONG, MOU YANG 宋谋瑒 (1928-)

Pu, Zhi 普之
CHEN, PU ZHI 陈普之 (1913-1940)

Pu, Zhi yang 濮之阳
YAN, CHUN DE 阎纯德 (1939-)

Pu zi 朴子
LI, HAN WEI 李汉伟 (1955-)

PU, ZU XU 蒲祖煦 (1935-)
Ai, Mei 艾梅
Tang, Jiu 唐久

PU, ZUO 溥佐 (1918-)
Yong zhai 庸斋

Q

Q
HU, SHI 胡适 (1891-1962)

Q.V.
HU, SHI 胡适 (1891-1962)

Qi 企
PAN, XUN 潘训 (1902-1934)

Qi 企
ZHOU, YANG 周扬 (1908-1989)

Qi 岂
ZHOU, ZUO REN 周作人 (1885-1967)

Qi 齐
LI, PING XIN 李平心 (1907-1966)

Qi 启
DAI, ZI CHENG 戴自诚 (1918-)

Qi 圻
YANG, QI 杨圻 (1875-1941)

Qi 奇
YE, RONG ZHONG 叶荣鐘 (1900-1978)

Qi 契
SHEN, DUAN XIAN 沈端先 (1900-1995)

Qi 淇
LIANG, QI RU 梁其汝

Qi 琪
HAO, AI 郝艾 (1915-)

Qi 綺
SHEN, YAN BING 沈雁冰 (1896-1981)

Qi, An 启安
JIANG, ZHAO JI 江肇基

Qi an 颀厂
HUANG, ZHI 黄质 (1865-1955)

Qi an 绮盦
PANG, SHU BAI 庞树柏 (1884-1916)

Qi an san ren 颀厂散人
HUANG, ZHI 黄质 (1865-1955)

Qi, Bai shi 齐白石
QI, HUANG 齐璜 (1864-1957)

Qi bao 七宝
HUANG, WEI PING 黄卫平 (1954-)

Qi bi 奇璧
CAI, SHOU 蔡守 (1879-1941)

QI, BIN RU 齐斌濡 (1922-)
Qi, Yue 齐越
Yao la 遥拉

Qi, Bin sheng 齐濒生
QI, HUANG 齐璜 (1864-1957)

Qi cheng 企程
ZHANG, QI CHENG 张企程 (1913-)

QI, CHONG XIAO 祁崇孝 (1918-)
Gao, Yuan 高原
Lu, Qi 陆祁
Qi, Qi 祁祁
Si ma, Lan huo 司马蓝火
Song xiao 诵晓
Tian, Di 田地

QI, CHUAN DE 祁传德 (1952-)
Qi, Zhen 祁桢

Qi, Chun 祁纯
QI, CHUN CHUN 祁春纯

QI, CHUN CHUN 祁春纯
Qi, Chun 祁纯

Qi, Chun zhi 齐纯之
QI, HUANG 齐璜 (1864-1957)

Qi cong 綺丛
CHENG, YI RONG 程一戎 (1910-)

Qi, Da 齐大
QI, HUANG 齐璜 (1864-1957)

Qi, Dan 祁弹
XU, DONG BIN 徐东滨 (1927-1995)

QI, DAO PANG 齐道旁 (1927-)
Ji, Hong 季红

Qi deng 其登
LIN, QI DENG 林祈登 (1940-)

Qi deng sheng 七等生
LIU, WU XIONG 刘武雄 (1937-)

Qi, Dong 启东
CHEN, RI XIN 陈日新 (1900-1990)

Qi dong 其洞
YOU, LIE 尢列 (1865-1936)

Qi dong 起东
TAO, CHENG ZHANG 陶成章 (1878-1912)

QI, DUAN RONG 亓端荣 (1920-)
Qi, Zhong ping 亓仲平
Tao, Ran 陶然

Qi er 其二
ZHAO, JUN HAO 赵君豪 (1903-1966)

Qi er 契尔
SHEN, DUAN XIAN 沈端先 (1900-1995)

Qi, Fan 齐凡
ZHU, WEI MING 朱维明 (1910-)

Qi, Fan 启凡
QU, QIU BAI 瞿秋白 (1899-1935)

Qi fan 岂凡
ZHANG, KE BIAO 章克标 (1900-)

Qi fan 岂凡
XIANG, KONG YAN 项孔言 (1925-)

Qi, Fan niu 戚饭牛
QI, MU 戚牧 (1877-1938)

Qi, Fang 齐方
ZHU, JING 朱晶 (1942-)

Qi, Fang 齐芳
TAO, FU 陶复 (1914-1972)

Qi, Fang 齐放
QIN, HAO 秦浩 (1908-)

Qi, Fang 戚方
XU, FEI GUANG 徐非光 (1929-)

Qi fang 其芳
HE, QI FANG 何其芳 (1912-1977)

Qi fang 其放
HE, QI FANG 何其芳 (1912-1977)

Qi, Fen 齐愤
XU, SHI LIAN 许世连 (1920-)

Qi feng 岂风
LUO, ZHENG ZHUO 罗正晫 (1906-1983)

Qi feng 其峯
SUN, QI FENG 孙奇峰 (1920-)

Qi feng 奇峰
SUN, QI FENG 孙奇峰 (1920-)

Qi feng 琪峯
SUN, QI FENG 孙奇峰 (1920-)

Qi feng lou ke 棲凤楼客
LIANG, DING FEN 梁鼎莱 (1859-1920)

QI, FENG WU 齐凤午 (1949-)
Fen fei 奋飞

QI, FENG YUAN 亓丰源 (1951-)

Zi yuan 孜源

Qi, Fu 启甫
HE, SUI 何遂 **(1887-1968)**

QI, FU JUN 齐福君 **(1934-)**
Da qi 达奇

Qi gan 岂敢
HU, SHAN YUAN 胡山源 **(1897-1988)**

Qi, Gang 齐刚
WANG, XIAO GANG 王小刚 **(1954-)**

Qi ge 其戈
HUANG, GUO HAI 黄国海 **(1936-)**

Qi ge 其格
WANG, HONG TAO 王鸿涛 **(1935-)**

Qi gen la wu er 乞根拉吾尔
HE, JI XIN 贺继新 **(1958-)**

QI, GONG 启功 **(1912-)**
Chang qing 长庆
Lü li shu shi 闾里书师
Qi, Yuan bai 启元白
Shao wen 少文
Ta men 闼门
Xiao cheng ke 小乘客
Yu shou 予手
Yuan, Bai 元白
Yuan, Bo 元伯
Zhang, Gui 章归
Zhu shen 珠申

Qi, Guan 齐观
QI, NAI PU 齐乃普 **(1957-)**

Qi guan xian peng ze ling wu shi ri 弃官先彭泽令五十日
WU, JUN QING 吴俊卿 **(1844-1927)**

QI, GUANG WEN 齐广文 **(1945-)**
Huang, He lang 黄河浪
Lu, Ren 鲁人
Ma, Zhi bian 马知鞭
Si ma, Da jiang 司马大江

Qi, Han 启汉
LI, QI HAN 李启汉 **(1898-1927)**

Qi, Han zhi 齐涵之
SHI, JI XING 史济行 **(1906-)**

Qi, Hang 启航
QUAN, QI AI 权启爱 **(1940-)**

Qi hong 七虹
GAO, DE SHENG 高德生 **(1917-1987)**

Qi hong 泣紅
ZHOU, GUO XIAN 周国贤 **(1894-1968)**

QI, HONG LU 亓鸿禄 **(1949-)**
Hong lu 红路

QI, HONG QIAN 祁鸿乾 **(1925-)**
Xin, Yu 辛鱼

Qi, Hou 齐厚
SUN, SHANG QING 孙尚清 **(1930-)**

Qi, Hua 祁华
QIU, QI HUA 仇启华 **(1926-)**

Qi, Hua 启华
FENG, YING ZI 冯英子 **(1915-)**

Qi huai 绮怀
WANG, JUN GANG 王君纲

Qi, Huan 齐桓
SUN, SHU XIAN 孙述宪 **(1930-)**

Qi, Huan 启焕
ZHANG, QI HUAN 张启焕

Qi huan 岂幻
ZHANG, QI HUAN 张启焕

QI, HUANG 齐璜 **(1864-1957)**
A zhi 阿芝
Ba shuo lou tou jiu bie ren 八硕楼头久别人
Ba shuo lou tou zhu ren weng 八硕楼头主人翁
Ba yan lou tou lao zi 八砚楼头老子
Ba yan lou zhu ren 八砚楼主人
Ba yan lou zhu zhe 八砚楼主者
Bai, Shi 白石
Bai shi hua wu 白石画屋
Bai shi lao ren 白石老人
Bai shi lao weng 白石老翁
Bai shi seng xian gu 白石僧贤固
Bai shi shan ren 白石山人
Bai shi shan weng 白石山翁
Bai, Shi weng 白石翁
Bin sheng 濒生
Chun zhi 纯芝
E sou 饿叟
Hui wu tang 悔乌堂
Ji huan xian nu 寄幻仙奴
Ji ping 寄萍
Ji ping lao ren 寄萍老人
Ji ping tang 寄萍堂
Ji ping tang lao ren 寄萍堂老人
Ji ping tang shang lao ren 寄萍堂上老人
Ji ping tang zhu ren 寄萍堂主人
Ji yuan 寄园
Jie shan guan 借山馆
Jie shan guan zhu zhe 借山馆主者
Jie shan lao ren 借山老人
Jie shan lao sou 借山老叟
Jie shan weng 借山翁

Jie shan yin guan 借山吟馆
Jie shan yin guan zhu 借山吟馆主
Jie shan yin guan zhu zhe 借山吟馆主者
Lao min 老民
Lao mu yi 老木一
Lao ping 老萍
Lao ping weng 老萍翁
Lao ren 老人
Lu ban men xia 鲁班门下
Mu ju shi 木居士
Mu ren 木人
Ping weng 萍翁
Qi, Bai shi 齐白石
Qi, Bin sheng 齐濒生
Qi, Chun zhi 齐纯之
Qi, Da 齐大
Qi, Mu ren 齐木人
San bai shi yin fu weng 三百石印富翁
San bai shi yin zhai 三百石印斋
San bai shi yin zhu zhe 三百石印主者
Seng xian gu 僧贤固
Wei qing 渭青
Xiang shang lao kuang nong 湘上老狂农
Xiang shang lao nong 湘上老农
Xing tang lao wu hou ren 星塘老屋後人
Xing zi 杏子
Xing zi wu lao min 杏子隖老民

Qi huang lou zhu 祁黄楼主
HONG, LIAN YUAN 洪楝园

Qi huang lou zhu ren 祁黄楼主人
HONG, LIAN YUAN 洪楝园

Qi, Hui 齐惠
ZOU, DE ZHONG 邹德忠 **(1938-)**

Qi hui 崎卉
WEI, JIE SAN 韦杰三 **(1903-1926)**

Qi ji 弃疾
LIU, YA ZI 柳亚子 **(1887-1958)**

Qi ji 弃疾
WANG, REN SHU 王任叔 **(1901-1972)**

Qi ji zi 弃疾子
LIU, YA ZI 柳亚子 **(1887-1958)**

Qi jia 契嘉
ZHENG, TING XIANG 郑庭祥

Qi, Jia yan 齐嘉言
LIN, ZHENG RANG 林正让 **(1943-)**

Qi, Jian 齐健
ZHOU, SHU LIAN 周叔莲 **(1929-)**

Qi, Jian 齐简
MA, BIN 马彬 **(1924-1983)**

Qi jian 骐坚
ZHENG, JIONG JIAN 郑炯坚 **(1948-)**

Qi, Jian shuang 齐剑霜
CHEN, JIN QIANG 陈锦强 **(1963-)**

Qi, Jiang 启疆
WANG, QI JIANG 汪启疆 **(1944-)**

Qi, Jie 齐洁
QI, SHU YING 祁淑英 **(1933-)**

QI, JIE 齐捷 **(1927-)**
Huo hua 火华

QI, JIN SHAN 祁金山 **(1937-)**
Jin, Shan 金山
Qi, Shan 祁山

Qi, Jiu 祁赳
JIANG, GENG YU 姜耕玉 **(1947-)**

Qi, Jun 齐军
XU, BO GENG 徐伯耕 **(1923-)**

Qi, Jun 齐君
CHEN, ZONG TANG 陈宗棠 **(1936-)**

Qi jun 奇俊
LIU, QI JUN 刘奇俊 **(1942-)**

Qi jun 琦君
PAN, XI ZHEN 潘希珍 **(1917-)**

Qi jun nü shi 绮君女士
WANG, QI 王起 **(1906-1996)**

Qi, Kai 齐凯
MA, BI 马璧 **(1942-)**

Qi kan 碛龛
LU, ZHENG SHEN 卢正绅 **(1905-1951)**

Qi, Ke 齐可
MA, GUO LIANG 马国亮 **(1908-)**

QI, KE 齐克 **(1931-)**
Man ying 曼影

Qi, Le 齐勒
WANG, ZHENG 王政 **(1914-)**

Qi lei 其雷
YIN, DE HOU 殷德厚 **(1930?-)**

Qi lei 期雷
YIN, DE HOU 殷德厚 **(1930?-)**

Qi, Li tian 漆丽天
YANG, ZHONG MING 杨仲明

Qi, Lian xiu 祁连休
QI, RUI LIN 祁瑞麟 **(1937-)**

Qi, Liang ji 齐良骥
QI, ZHEN GONG 齐振功 **(1915-1990)**

QI, LIANG KUN 齐良琨 **(1902-1956)**
Yu gong 愚公

Qi, Liang xiao 齐亮晓
AN, ZUO ZHANG 安作璋 **(1926-)**

Qi lin 麒麟
JIN, TIAN HE 金天翮 **(1874-1947)**

Qi lin 麒麟
CHEN, LI TING 陈鲤庭 **(1910-)**

Qi lin 麒麟
LI, LIN 李麟 **(1943-)**

Qi lin tong 麒麟童
ZHOU, SHI CHU 周士楚 **(1895-1975)**

Qi ling 七灵
LI, ZE FEN 黎则奋

Qi ling 乞灵
WU, LÜ NAN 吴吕南 **(1952-)**

Qi, Ling jun 綦灵均
FENG, YE XIN 冯叶莘 **(1917-1989)**

Qi liu 杞柳
LI, QI LIU 李杞柳

Qi liu 泣六
ZHAO, SHU LI 赵树礼 **(1906-1970)**

Qi long 起龙
FENG, QI YONG 冯其庸 **(1924-)**

QI, LONG XI 齐隆锡 **(1924-)**
Bing ge 兵戈
Ding ke 仃轲
Ge te 歌特
Lin, Xi guang 林曦光
Qi, Ming 启明
Qi, Ming 齐鸣
Qi, Xi ming 齐翕明
Shi, Yong 施雍
Wen, Chuan 文川
Xiao qi 笑齐
Xing qu 星曲
Yan yong 岩咏

Qi, Lu 齐鲁
WU, ZONG JI 吴宗济 **(1906-)**

Qi, Lu 齐鲁
QI, YAN MING 齐燕铭 **(1907-1978)**

Qi, Lu 齐鲁
LI, LIAN CUI 李连萃 **(1911-1991)**

Qi, Lu 齐鲁
WU, JIAN ZHI 吴建之 **(1938-)**

Qi, Lu 齐路
QIU, LIN 邱林 **(1913-)**

Qi lu 歧路
LI, LING MING 李灵明 **(1941-)**

Qi lu ju shi 七炉居士
ZHANG, SHI ZHONG 张世忠 **(1900-1957)**

Qi, Lu shan 齐鲁山
LU, WAN MEI 陆万美 **(1911-1984)**

Qi, Lu sheng 齐鲁生
ZENG, GUANG CAN 曾广灿 **(1936-)**

Qi lu zhu ren 芑卢主人
QIAN, SONG YAN 钱松嵒 **(1897-1985)**

Qi lun 起伦
LIU, QI LUN 刘起伦 **(1964-)**

Qi mei 其眉
YANG, GUANG HUA 杨光化 **(1925-)**

Qi, Meng 启孟
ZHOU, ZUO REN 周作人 **(1885-1967)**

Qi meng 岂孟
ZHOU, ZUO REN 周作人 **(1885-1967)**

Qi meng 起孟
ZHOU, ZUO REN 周作人 **(1885-1967)**

Qi, Meng sheng 启蒙生
XU, DIAO FU 徐调孚 **(1901-1981)**

Qi, Mian 齐勉
JIANG, DAI DONG 姜岱东 **(1935-)**

Qi min 杞民
ZHOU, ZUO REN 周作人 **(1885-1967)**

Qi, Ming 齐明
CHEN, WANG DAO 陈望道 **(1890-1977)**

Qi, Ming 齐鸣
QIU, YUN DUO 邱韻铎 **(1907-)**

Qi, Ming 齐鸣
QI, LONG XI 齐隆锡 **(1924-)**

Qi, Ming 齐鸣
QI, XIN 齐心 **(1925-)**

Qi, Ming 齐鸣
CHEN, QI AN 陈其安 **(1934-)**

Qi, Ming 启明
ZHOU, SHU REN 周树人 **(1881-1936)**

Qi, Ming 启明
ZHOU, ZUO REN 周作人 **(1885-1967)**

Qi, Ming 启明
ZHAO, SHU LI 赵树礼 **(1906-1970)**

Qi, Ming 启明

QI, LONG XI 齐隆锡 **(1924-)**

Qi, Ming 启明
YANG, QI MING 杨器铭 **(1955-)**

Qi, Ming 启鸣
ZHAO, SHU LI 赵树礼 **(1906-1970)**

Qi ming 乞明
ZHOU, ZUO REN 周作人 **(1885-1967)**

Qi ming 企明
PAN, XUN 潘训 **(1902-1934)**

Qi ming 岂明
ZHOU, ZUO REN 周作人 **(1885-1967)**

Qi ming 栖明
SHI, XI MIN 石西民 **(1912-1987)**

Qi ming 起明
ZHOU, ZUO REN 周作人 **(1885-1967)**

Qi ming 起鸣
ZHAO, SHU LI 赵树礼 **(1906-1970)**

Qi, Ming weng 启明翁
WU, YU 吴虞 **(1872-1949)**

Qi, Mo 齐墨
XIU, HAI TAO 修海涛

Qi, Mo 齐默
ZHU, WEI MING 朱维明 **(1910-)**

Qi, Mo 齐默
SUN, ZHU 孙竹 **(1931-)**

QI, MU 戚牧 **(1877-1938)**
Bai tou gong jian 白头宫监
Fan niu weng 饭牛翁
Mu niu tong 牧牛童
Niu, Weng 牛翁
Qi, Fan niu 戚饭牛
Suo li shen xian 蓑笠神仙

Qi, Mu dong 齐牧东
GU, WANG 顾望 **(1922-)**

Qi, Mu ren 齐木人
QI, HUANG 齐璜 **(1864-1957)**

QI, NAI PU 齐乃普 **(1957-)**
Qi, Guan 齐观

Qi, Nian 启年
LIN, RONG NIAN 林榕年 **(1928-)**

Qi, Ning 戚凝
YANG, ZHENG JIN 杨正进 **(1966-)**

Qi pei 其佩
SHEN, YU GANG 沈毓刚 **(1920-)**

Qi, Ping 齐平
LUO, QI PING 罗起平 **(1936-)**

Qi ping 棋屏
TENG, HONG JUN 滕鸿钧 **(1931-)**

Qi, Qi 祁祁
QI, CHONG XIAO 祁崇孝 **(1918-)**

Qi qi 七七
QIU, QI QI 邱七七 **(1928-)**

Qi qi 淇淇
FENG, SUI FANG 冯穗芳 **(1954-)**

Qi, Qi sheng 漆琪生
QI, XIANG HENG 漆相衡 **(1904-1986)**

Qi, Qi wang 戚其望
LI, GUO RUI 厉国瑞 **(1909-)**

Qi qiao 七樵
CHEN, MING MOU 陈明谋 **(1920-)**

QI, QIAO LIN 祁乔林 **(1893-1955?)**
Lan, Xin 蓝辛
Qi, Xiao lin 祁小林
Qiao, Lin 乔林

QI, QIN 齐勤 **(1953-)**
Qi qin 奇琴
Wen, Li 文力

QI, QIN 戚芹 **(1952-)**
Qin qi 琴棋
Xiao wu 晓戊

Qi qin 奇琴
QI, QIN 齐勤 **(1953-)**

Qi qing 奇青
LU, QI QING 陆其清 **(1908-)**

Qi qing 岂青
LIN, HE LE 林和乐 **(1895-1976)**

Qi qing 绮青
LI, JIAN YAO 李鉴尧 **(1928-)**

QI, QING LONG 戚庆隆 **(1936-)**
Zhuo shi 拙石

Qi qing sheng 绮情生
HONG, LIAN YUAN 洪楝园

Qi quan 起铨
CAO, HAO XIAN 曹浩贤 **(1948-)**

Qi ran 岂然
CAI, ZHEN YANG 蔡振扬 **(1917-)**

Qi ran 期然
WANG, SI XIANG 王思翔 **(1922-)**

Qi, Ren 齐人
WANG, QI 王起 **(1906-1996)**

Qi, Ren 齐人
ZHANG, YI HOU 张逸侯 **(1916-1978)**

Qi ren 杞人
ZHU, REN JIAN 朱仁健 **(1913-1983)**

Qi ren 器人
YANG, JIAN 杨建 **(1906-1936)**

QI, RU SHAN 齐如山 **(1875-1962)**
Qi, Xiang 齐香
Ru shan 如山

QI, RUI LIN 祁瑞麟 **(1937-)**
Geng, Zhi 耿之
Qi, Lian xiu 祁连休
Shu zhou 蜀舟

Qi ruo 契若
SHAO, JUN YUN 邵骏运 **(1906-1971)**

Qi san 其三
YU, KONG WO 余空我 **(1898-)**

Qi, Shan 祁山
QI, JIN SHAN 祁金山 **(1937-)**

Qi, Shan 祁山
ZHANG, ZHONG DING 张中定 **(1961-)**

Qi, Shan 齐珊
LIU, QI SHAN 刘岐山

Qi shan 岐山
WANG, REN SHU 王任叔 **(1901-1972)**

Qi shan 奇山
WU, XUN 吴勲 **(1919-)**

Qi, Sheng 启升
FANG, YI MIN 方益民 **(1955-)**

Qi sheng 奇生
YANG, FENG QI 杨凤岐 **(1908-)**

Qi sheng 绮生
LI, WEN QI 李文綺 **(1902-)**

Qi sheng 琦生
WANG, QI SUN 王齐孙 **(1928-)**

Qi sheng 麒生
FANG, ZHAO LIN 方召麟 **(1914-)**

Qi, Si 齐士
WANG, PIN ZHI 王聘之 **(1919-)**

Qi, Shi 祁石
FU, RUI JIN 符瑞金 **(1906-)**

Qi, Shi 戚施
CHEN, BING KUN 陈炳堃 **(1898-1990)**

Qi, Shi 启时
ZHUANG, KE CHANG 莊克昌 **(1900-)**

Qi shi 乞士
TAN, LIAO YI 谭了义

Qi shi 企石
GAO, YI HU 高一呼 **(1933-)**

Qi shi 弃石
ZHANG, REN JIAN 张仁健 **(1938-)**

Qi shi 奇石
FU, RUI JIN 符瑞金 **(1906-)**

Qi shi 奇石
WANG, SHENG FU 王生富 **(1943-)**

Qi shi 骑士
ZOU, WEI XI 邹维熙 **(1927-)**

Qi shi 漆室
ZHANG, JING 张靖 **(1880-1967)**

Qi shi 綺石
SHI, CHONG AN 石崇安 **(1964-)**

Qi shi wu 漆石舞
LIU, TIE HUA 刘铁华 **(1915-)**

Qi shi yin 漆室吟
ZHANG, JING 张靖 **(1880-1967)**

Qi shou 旗手
YANG, TIAN BIAO 杨天彪 **(1927-)**

Qi shou 旗手
ZHENG, CUN 郑存 **(1928-)**

Qi, Shu han 戚叔含
QI, YU FANG 戚毓芳 **(1898-1979)**

QI, SHU TING 齐树亭 **(1950-)**
Wen, Chuan 文川
Xiao qi 晓琦

QI, SHU YING 祁淑英 **(1933-)**
Qi, Jie 齐洁

Qi, Shui 齐水
WU, ZONG JI 吴宗济 **(1906-)**

Qi, Shui 齐水
HUANG, JIA BEN 黄家本 **(1926-)**

Qi, Si 齐斯
XIE, HUI PING 谢惠平 **(1957-)**

Qi si 齐私
SU, XUAN YING 苏玄瑛 **(1884-1918)**

Qi si 奇思
HUANG, SHENG FA 黄盛发 **(1941-)**

QI, SI HE 齐思和 **(1907-1980)**
Qi, Zhi zhong 齐致中

Zhi zhong 致中

Qi, Si lu 漆思鲁
ZHU, JIE FAN 朱介凡 (1912-)

Qi, Si wen 齐思闻
BAO, WEN DI 包文第 (1920-)

Qi, Su 齐肃
ZHU, JIA MING 朱嘉明 (1915-)

Qi, Su 齐速
ZHU, JIA MING 朱嘉明 (1915-)

Qi, Su 启肃
CHEN, QI SU 陈启肃 (1911-1975)

Qi song 崎松
LIU, BEN XUE 刘本学 (1937-)

Qi, Sun 齐蕃
QI, XIANG HENG 漆相衡 (1904-1986)

Qi, Suo 齐索
ZHANG, CHUN QIAO 张春桥 (1917-)

Qi, Tai 启泰
ZHANG, HAN FU 章汉夫 (1906-1972)

Qi tan 奇谈
HUANG, KAN 黄侃 (1886-1935)

QI, TIAN FA 戚天法 (1940-)
Mo xing 默星

Qi, Tian le 齐天乐
BAO, WEN DI 包文第 (1920-)

QI, TIE HEN 齐铁恨 (1892-1977)
Jin, Xin 金心
Qi, Xun 齐勲
Qi, Zhi gang 齐志钢

Qi, Tong 齐同
GAO, TIAN XING 高天行 (1902-1950)

Qi tong 棲桐
WU, XI TONG 吴西彤 (1929-)

Qi wang men xia gu se ren 齐王门下鼓瑟人
NING, TIAO YUAN 甯调元 (1873-1913)

Qi, Wei 齐伟
YUAN, GUANG MEI 袁光楣 (1916-1982)

Qi, Wei 齐巍
DAI, ZHEN YU 戴振宇 (1949-)

Qi wei li 耆未立
YANG, JUN GUANG 杨俊光 (1932-)

Qi, Wen 戚文
SI MA, QI 司马琪 (1931-)

Qi, Wen 启文
HUANG, QI WEN 黄启文

Qi wen 其文
ZHAO, QI WEN 赵其文 (1903-1980)

Qi wen 其文
BI, QI WEN 毕其文 (1919-1962)

Qi wen 起文
QIAN, ZHEN 钱震 (1912-)

Qi wen 绮纹
ZHENG, CHAO LIN 郑超麟 (1901-)

Qi wen 綦雯
ZHAO, QI WEN 赵其文 (1903-1980)

Qi, Wen nan 齐文南
LIU, SHI WEI 刘世威 (1938-)

Qi, Wen yu 齐文瑜
XIA, SHU YUAN 夏澍元 (1916-1965)

Qi, Wu 启无
SHEN, QI WU 沈启无 (1902-1969)

Qi wu 其无
SHEN, QI WU 沈启无 (1902-1969)

Qi wu 奇无
SHEN, QI WU 沈启无 (1902-1969)

Qi wu lao ren 棲梧老人
BAO, HUI SENG 包惠僧 (1894-1979)

Qi wu lun 齐物论
ZHOU, SHU REN 周树人 (1881-1936)

Qi, Xi ming 齐翕明
QI, LONG XI 齐隆锡 (1924-)

Qi xia 企霞
ZHU, QI XIA 朱企霞 (1904-1984)

Qi xia 企霞
CHEN, TING GUI 陈廷桂 (1913-1988)

Qi, Xian 戚仙
HU, HAN HUA 胡汉华 (1911-)

Qi, Xiang 齐香
QI, RU SHAN 齐如山 (1875-1962)

QI, XIANG HENG 漆相衡 (1904-1986)
Qi, Qi sheng 漆琪生
Qi, Sun 齐蕃
Qi, Xun 齐逊

Qi, Xiang yao 祁翔遥
LI, SHU EN 李澍恩 (-1945?)

Qi, Xiao lin 祁小林
QI, QIAO LIN 祁乔林 (1893-1955?)

Qi, Xin 齐心
WANG, TONG FA 王统发 (1924-)

QI, XIN 齐心 (1925-)
Qi, Ming 齐鸣

Qi, Xin 齐辛
LI, BING YAO 李秉尧 (1936-)

Qi xin 企新
ZHOU, YANG 周扬 (1908-1989)

Qi xin 岂心
LI, KAI LIANG 李恺良 (1908-)

Qi xin 其信
ZHAO, ZHONG YI 赵仲邑 (1914-1984)

Qi xin 绮心
HUANG, YI QING 黄懿青 (1914-)

Qi, Xiu 启修
CHEN, QI XIU 陈启修 (1886-1960)

Qi xiu 其秀
ZHOU, XIAO 周晓 (1933-)

Qi xuan 绮绚
ZHANG, QI XUN 章启勋 (1916-)

Qi, Xue 祁雪
WANG, HONG MING 汪鸿明 (1931-)

QI, XUE YI 戚学毅
Si tu, Ke 司徒轲

Qi, Xun 齐逊
QI, XIANG HENG 漆相衡 (1904-1986)

Qi, Xun 齐勳
QI, TIE HEN 齐铁恨 (1892-1977)

Qi, Yan 齐衍
SHI, JI XING 史济行 (1906-)

QI, YAN MING 齐燕铭 (1907-1978)
Qi, Lu 齐鲁
Qi, Zhen 齐震
Qi, Zhen xue 齐震学
Qi, Zhen xun 齐振勋
Tian, Zai dong 田在东
Yan, Ming 燕铭
Ye, Zhi yu 叶之余

Qi, Yang 戚扬
CHEN, ZHI ANG 陈志昂 (1927-)

Qi, Ye 齐野
XU, GUANG XIAO 徐光霄 (1915-1989)

Qi, Ye 齐野
LÜ, CHAO XIANG 吕朝相 (1919-)

Qi, Ye xue 齐也雪
CHEN, WEN WEI 陈文威 (1948-)

QI, YI 齐一 (1919-)
Qie, Yi 郄义

Qi yi 其翼
SHEN, ZENG ZHI 沈曾植 (1850-1922)

Qi, Yin 齐音
QIN, LIN ZHENG 秦麟征 (1941-)

Qi ying 企影
ZHOU, YANG 周扬 (1908-1989)

Qi ying 其颖
HE, CHANG 贺昌 (1906-1935)

Qi ying 起应
ZHOU, YANG 周扬 (1908-1989)

Qi ying 綺影
ZHOU, YANG 周扬 (1908-1989)

Qi yong 其邕
FENG, QI YONG 冯其庸 (1924-)

Qi, You 齐友
LI, DE SHUN 李德顺 (1945-)

Qi you 其尤
CHENG, ZHUO RU 程灼如 (1924-)

Qi you gong zi 杞忧公子
SUN, WEN 孙文 (1866-1925)

Qi you sheng 杞忧生
ZHENG, GUAN YING 郑观应 (1842-1922)

Qi, Yu 齐语
WANG, BING ZHI 王冰之 (1909-1976)

Qi, Yu 启予
SHANG, ZHEN 商震 (1888-1978)

Qi, Yu 启宇
SHANG, ZHEN 商震 (1888-1978)

Qi yu 奇玉
SUN, DA KE 孙大珂 (1909-1956)

Qi yu 起予
SHEN, QI YU 沈起予 (1903-1970)

Qi yu 绮雨
SHEN, QI YU 沈起予 (1903-1970)

Qi yu 琪屿
WU, QI YU 吴其玉 (1904-)

QI, YU FANG 戚毓芳 (1898-1979)
Qi, Shu han 戚叔含

Qi yuan 企员
YANG, KUANG HAN 杨匡汉 (1940-)

Qi, Yuan 齐元
LI, JING CI 李景慈 (1918-)

Qi, Yuan 启元
ZHU GE, DONG 诸葛栋 (1941-)

Qi, Yuan 启苑
XU, YAN ZHOU 徐彦洲 (1961-)

Qi yuan 圻原
GAO, WAN JIA 高万佳 (1941-)

Qi yuan 绮园
LUO, QI YUAN 罗绮园 (1893-1931)

Qi yuan 漆园
XIONG, DING ZHONG 熊定中 (1885-1968)

Qi yuan 起原
WU, XI 吴惜 (1898-1949)

Qi yuan 绮缘
WU, XI 吴惜 (1898-1949)

Qi, Yuan bai 启元白
QI, GONG 启功 (1912-)

Qi yuan lao ren 漆园老人
XIONG, DING ZHONG 熊定中 (1885-1968)

Qi yuan zhu ren 杞园主人
YANG, GUI SHAN 杨贵山 (1933-)

Qi, Yue 齐越
QI, BIN RU 齐斌濡 (1922-)

Qi, Yun 齐云
GUO, DE HAO 郭德浩 (1909-1987)

Qi, Yun 齐芸
XU, MEI HUI 徐美惠

Qi yun 歧云
LÜ, YUAN FENG 吕远凤 (1929-)

Qi zai 起哉
ZHU, QI ZHAN 朱屺瞻 (1892-)

Qi, Zang 齐奘
JI, XIAN LIN 季羡林 (1911-)

Qi, Zhai 齐斋
YU, WEI YI 虞卫毅 (1958-)

Qi, Zhen 祁桢
QI, CHUAN DE 祁传德 (1952-)

Qi, Zhen 齐震
QI, YAN MING 齐燕铭 (1907-1978)

Qi zhen 其蓁
XIAO, MAN RUO 萧蔓若 (1908-)

QI, ZHEN GONG 齐振功 (1915-1990)
Qi, Liang ji 齐良骥

QI, ZHEN REN 漆振仁
Chang, Qing 长青

Qi, Zhen xue 齐震学
QI, YAN MING 齐燕铭 (1907-1978)

Qi, Zhen xun 齐振勋
QI, YAN MING 齐燕铭 (1907-1978)

Qi zhen zi 奇珍子
LI, SHI WEI 李士伟 (1929-)

Qi, Zheng 齐争
FU, GENG SHENG 傅庚生 (1910-1984)

Qi zhi 器之
FEI, SHAN JI 费善机

Qi zhi 憩之
ZHAO, YIN TANG 赵荫棠 (1893-1970)

QI, ZHI BIN 祁志彬 (1925-)
Lu, Ren 鲁人

QI, ZHI FEN 戚志芬 (1919-)
Zhi fan 芷凡

Qi, Zhi gang 齐志钢
QI, TIE HEN 齐铁恨 (1892-1977)

Qi, Zhi xiang 齐致翔
QI, ZI QIANG 齐自强 (1939-)

Qi, Zhi zhong 齐致中
QI, SI HE 齐思和 (1907-1980)

Qi, Zhong 齐中
YIN, HUAN XIAN 殷焕先 (1913-)

Qi, Zhong 启众
MA, XIAN XING 马先醒 (1936-)

Qi, Zhong ping 亓仲平
QI, DUAN RONG 亓端荣 (1920-)

Qi zhu sheng 泣珠生
XU, JUE 徐觉 (1889-1937)

Qi zi 杞子
GONG, ZHENG YU 龚政宇 (1941-)

Qi zi 奇恣
HUANG, KAN 黄侃 (1886-1935)

Qi zi 琪子
ZHOU, QI 周琪 (1915-1944?)

QI, ZI MING 戚子明
Zi mo 紫墨

QI, ZI QIANG 齐自强 (1939-)
Qi, Zhi xiang 齐致翔

Qi zi sheng sheng 期自胜生
HU, SHI 胡适 (1891-1962)

Qi zi xin 期子新
QIAO, WEN NI 乔文猊 (1919-)

Qian 倩
LI, PING XIN 李平心 (1907-1966)

Qian 钱
CHEN, YUAN 陈垣 **(1880-1971)**

Qian 乾
XIAO, BING QIAN 萧秉乾 **(1910-1999)**

Qian 谦
CHEN, YUAN 陈垣 **(1880-1971)**

Qian 谦
TAN, PING SHAN 谭平山 **(1886-1956)**

Qian 倩
LIANG, MENG GENG 梁梦庚 **(1914-)**

Qian 潜
TANG, DUAN YI 唐端毅 **(1913-1992)**

Qian an 倩庵
WU, WAN 吴万 **(1894-1970)**

Qian an 潜庵
SHEN, QI WU 沈启无 **(1902-1969)**

QIAN, BANG DONG 钱邦东 **(1963-)**
Jiang, Cao 江草
Xiao qian 啸乾

Qian, Bang shan 钱邦善
QIAN, TIE RU 钱铁如 **(1892-1974)**

Qian, Bi hou 钱毖后
XIE, MIN 谢敏 **(1925-)**

Qian, Bin si 钱宾四
QIAN, MU 钱穆 **(1895-1990)**

Qian bing 倩冰
ZHAO, RUI EN 赵瑞恩 **(1946-)**

Qian, Bing he 钱病鹤
QIAN, XIN 钱辛 **(1879-1944)**

Qian bing lu 潜并庐
ZHAO, BING LIN 赵炳麟 **(1873-)**

QIAN, BO CHENG 钱伯城 **(1922-)**
Cheng, Bai quan 成柏泉
Qian, Dong fu 钱東甫
Qian, Dong fu 钱冬父
Xin, Yu 辛雨
Yang, Hu 阳湖

QIAN, BO HAI 钱伯海 **(1928-)**
Bei hai 北海

Qian, Bo qi 钱伯起
QIAN, ZHEN 钱震 **(1912-)**

Qian bu 千步
ZHENG, TONG XIAO 郑通校 **(1930-)**

Qian cao 浅草
ZHENG, XIAN HUA 郑仙花 **(1951-)**

Qian, Chan 钱忏
CHEN, FAN 陈凡 **(1915-1997)**

Qian chen 谦臣
LIAO, CHEN YUN 廖陈云 **(1905-1995)**

Qian cheng 千程
ZHANG, ZHI CHENG 张志诚 **(1933-)**

QIAN, CHENG 钱城 **(1889-1938)**
Chu, Qiu 楚囚
Gu, Sun 谷荪
Ju tao 巨濤
Qian, Jian qiu 钱剑秋
Qian, Xiao qiu 钱啸秋
Qian, Yi shi 钱亦石
Sha, Bai 沙白
Shi, Dian 石颠
Shi, Lu 史庐
Shu sheng 曙生
Xiao qiu 啸秋
Yi shi 亦石

Qian chi 千尺
GUO, SHUI TAN 郭水潭 **(1907-)**

Qian chu 潜初
LIU, QIAN CHU 刘谦初 **(1897-1931)**

Qian cun 千村
ZHANG, LU BIN 张鲁滨 **(1954-)**

QIAN, DA CHUN 钱大纯 **(1919-)**
Dan hui 丹辉
Feng, Ge 馮戈
Feng, Juan 馮涓
Qian, Dan hui 钱丹辉

Qian, Dan hui 钱丹辉
QIAN, DA CHUN 钱大纯 **(1919-)**

QIAN, DAO SUN 钱稻孙 **(1887-1962)**
Da quan 大泉
Dao sun 稻孫
Qian, Jie quan 钱介泉
Quan 泉
Quan shou 泉寿

Qian de 倩德
CHEN, SHI MING 陈世明 **(1953-)**

Qian, De fu 钱德富
QIAN, XING CUN 钱杏邨 **(1900-1977)**

QIAN, DE HE 钱德鹤 **(1918-)**
Qian, Jing ren 钱静人

Qian di 谦弟
ZHANG, LÜ QIAN 张履谦

QIAN, DING YUAN 钱鼎元 **(1915-)**
Qian, Jian fu 钱健夫

Qian, Jian fu 钱剑夫

Qian dong 千冬
ZHUANG, QI DONG 莊启东 **(1910-)**

Qian, Dong fu 钱冬父
QIAN, BO CHENG 钱伯城（**1922-)**

Qian, Dong fu 钱東甫
QIAN, BO CHENG 钱伯城（**1922-)**

QIAN, DUAN SHENG 钱端升 **(1900-1990)**
De mo 德谟
Duan sheng 端昇

QIAN, E SUN 钱萼孙 **(1908-)**
Meng tiao 梦苕
Meng tiao an 梦苕盦
Qian, Zhong lian 钱仲联
Tiao yin 苕隐
Zhi zhi zhai zhu 知止斋主
Zhong, Lian 仲联

Qian er 钳耳
CHEN, CHI 陈驰

Qian fa 前发
REN, GUANG 任光 **(1900-1941)**

QIAN, FA CHENG 钱法成 **(1932-)**
Shuang ge 双戈

Qian fan 千帆
CHENG, HUI CHANG 程会昌 **(1913-)**

Qian fan 千帆
SUN, HUI CHENG 孙惠诚

Qian fan 灊皤
SHEN, ZENG ZHI 沈曾植 **(1850-1922)**

Qian fang 千方
YANG, MING 杨明 **(1919-)**

Qian fang 前方
LÜ, WEI XIAN 吕维献 **(1955-)**

Qian, Feng 钱鋒
QIAN, ZHONG HAN 钱忠汉 **(1926-)**

Qian fu 纤夫
CHEN, YI 陈毅 **(1901-1972)**

Qian fu 纤夫
XIA, BIN WEN 夏斌文 **(1938-)**

Qian fu 倩夫
ZHANG. HUA ZHONG 张华中 **(1956-)**

Qian fu 潜夫
LIANG, QI CHAO 梁启超 **(1873-1929)**

Qian fu 潜夫
QIAN, JI BO 钱基博 **(1887-1957)**

Qian fu 谦夫
WANG, JIU XING 王玖兴 **(1916-)**

QIAN, FU MIN 钱富民 **(1930-)**
Qian she 前涉

QIAN, GE CHUAN 钱歌川 **(1903-1990)**
Ge chuan 歌川
Ku gua san ren 苦瓜散人
Qian, Mu zu 钱慕祖
Qin, Ge chuan 秦戈船
Wei gan 味橄

Qian gu 牵舡
LIU, HOU ZI 刘厚滋 **(1909-)**

Qian, Gu rong 钱谷融
QIAN, GUO RONG 钱国荣 **(1919-)**

QIAN, GUANG PEI 钱光培 **(1939-)**
Guang pei 光沛
Jin, Fu 金夫
Jin, Ge 金戈
Ma, Qian bing 马前兵
Ma, Qian zu 马前卒
Qian, Tang 钱塘
Yu xi 愚溪

Qian, Gui jing 钱龟竟
QIAN, XUAN TONG 钱玄同 **(1887-1939)**

QIAN, GUO RONG 钱国荣 **(1919-)**
Fan niao 凡鸟
Le lü 乐绿
Qian, Gu rong 钱谷融
Zhou, Bi tian 周碧天

Qian, Hao 钱浩
LI, JING CI 李景慈 **(1918-)**

Qian he 千禾
XU, YONG NIAN 徐永年 **(1931-)**

Qian he tang zhu 千和堂主
SHE, XUE MAN 佘雪曼 **(1909-)**

Qian hong 千红
XIAO, YUN HUI 肖云辉 **(1929-)**

Qian hong 倩红
HOU, CHUAN JI 侯传稷 **(1909-1981)**

Qian hong 堑虹
LIU, JIAN PING 刘建平 **(1956-)**

QIAN, HONG JIA 钱鸿嘉 **(1927-)**
Jiang, Ying 江影

QIAN, HOU KANG 钱厚康 **(1928-)**
Qian, Xiao hui 钱小惠
Qian, Xiao hui 钱小晦

QIAN, HOU QING 钱厚庆 **(1925-1947)**

A yi 阿怡
Qian, Yi 钱毅
Wu, Hu ren 吴糊仁
Yi, Qian 伊潜

QIAN, HOU YI 钱厚贻 (-1932)
Hong bing 紅冰
Wan shi 顽石
Wan shi sheng 顽石生

Qian hua 千华
XI, MU RONG 席慕蓉 (1943-)

Qian hua 茜华
LU, BAO HUA 卢葆华

Qian hua shan guan 千华山館
JIN, YU FU 金毓黻 (1887-1962)

Qian hua shan min 千华山民
JIN, YU FU 金毓黻 (1887-1962)

Qian hui 忏慧
XU, ZI HUA 徐自华 (1873-1935)

Qian hui ci ren 忏慧词人
XU, ZI HUA 徐自华 (1873-1935)

QIAN, HUI JING 钱慧净
Hui jing 慧净

Qian hun 黔魂
XI, ZHENG MING 席正铭 (-1917)

QIAN, JI BO 钱基博 (1887-1957)
Hou dong shu 後東塾
Ji bo 基博
Jiao shi shi 校史氏
Qian fu 潛夫
Qian lu 潛庐
Qian, Ya quan 钱哑泉
Qian, Zi quan 钱子泉
Zi quan 子泉

QIAN, JIA JU 千家驹 (1909-)
Qian, Lei 钱磊
Yi zhi 一之

QIAN, JIA JUN 钱家骏 (1916-)
Tian, Ding 田丁
Yun, Lin 云林

QIAN, JIA RUI 钱家瑞 (1923-)
Qian, Xin bo 钱辛波

QIAN, JIA ZHI 钱家治
Qian, Jun fu 钱均夫

Qian, Jian fu 钱剑夫
QIAN, DING YUAN 钱鼎元 (1915-)

Qian, Jian fu 钱健夫
QIAN, DING YUAN 钱鼎元 (1915-)

QIAN, JIAN JUN 钱建军 (1960-)
Shao jun 少君

Qian, Jian ping 钱剑平
QIAN, ZHONG WEN 钱中文 (1932-)

Qian, Jian qiu 钱剑秋
QIAN, CHENG 钱城 (1889-1938)

QIAN, JIAN WU 钱健吾 (1923-1947)
Jin, Jian 金箋
Jin, Yan 金焰
Liu, Jia xiang 刘家祥

QIAN, JIAN YING 钱剑英 (1932-)
Fang, Di 方迪
Fang, Yi 方易
Jin, Ge 金戈
Luo, Han 罗汉
Mu ren 牧人
Si wei 思微
Wang, Ying 王颖

QIAN, JIANG CHUN 钱江春 (1900-1927)
Jiang, Chun 江春
Mu, Yue 慕越

Qian, Jie 钱茚
QIAN, JING XUE 钱景雪 (1918-)

Qian, Jie quan 钱介泉
QIAN, DAO SUN 钱稻孙 (1887-1962)

Qian jin 前进
ZHU, DA FU 朱大符 (1885-1920)

Qian jin 前进
HAN, ZHEN YAO 韩振耀 (1922-)

Qian, Jin tang 钱錦堂
QIAN, JUN TAO 钱君匋 (1906-)

Qian, Jin xi 钱今昔
QIAN, JING XUE 钱景雪 (1918-)

QIAN, JING FANG 钱静方
Bian bian 便便
Mao dong 泖东
Mao dong yi xie 泖东一蟹
Yi min 遺民
Yi xie 一蟹

Qian, Jing ren 钱静人
QIAN, DE HE 钱德鹤 (1918-)

Qian jing tang zhu ren 千景堂主人
LI, JUN YI 李君毅 (1919-)

QIAN, JING XUE 钱景雪 (1918-)
Jin xi 今昔
Lu fei ma 鹿非马
Qian, Jie 钱茚

Qian, Jin xi 钱今昔
Qian, Xi 钱析
Qian, Zheng 钱証
Qin, Zai zheng 秦再政
Si, Ding 斯丁
Si pei 思佩
Xiu bi 秀碧
Xue, Xuan 薛璇
Xue, Yu jie 薛妤婕
Yi yi 轶鎰

Qian, Jiu 钱九
JIAN, XIAN AI 蹇先艾 **(1906-)**

Qian jun 谦君
GUO, XIAO QIAN 郭孝谦

Qian, Jun fu 钱均夫
QIAN, JIA ZHI 钱家治

QIAN, JUN RUI 钱俊瑞 **(1908-1985)**
Qian, Ze fu 钱泽夫
Tao, Zhi fu 陶直夫
Ze fu 泽夫
Ze fu 泽甫
Zhou, Bin 周彬

QIAN, JUN TAO 钱君匋 **(1906-)**
Bai, Rui xian 白蕊先
Bai, Rui xian nü shi 白蕊先女士
Bao hua jing she 抱华精舍
Cheng, Shi 程式
Cheng, Shuo qing 程朔青
Cong, Cui tang 丛翠堂
Ding xiang ju shi 定香居士
Hai yue an zhu 海月盦主
Hui zhi 惠之
Ji zhao si lin ren 寂照寺鄰人
Jing, Tang 敬堂
Jun tao 君匋
Ling hua 菱花
Mei shan 眉山
Mu feng 牧风
Qian, Jin tang 钱錦堂
Qian, Yu tang 钱玉堂
Qing hui 青晦
Wu juan ku zhai 无倦苦斋
Wu zhai 午斋
Xiao rong 小荣
Xin luo shan guan 新罗山館
Yu tang 豫堂
Yu wen, Jie 宇文节
Yue, Zhi shi 乐只室
Zhong luan 中鸾
Zong, Luan 宗鸾

Qian, Kun 钱堃
SHI, YUN HUA 石蕴华 **(1921-)**

QIAN, LAI ZHONG 钱来忠 **(1942-)**
Yun, Weng 云翁

Qian, Lei 钱磊
QIAN, JIA JU 千家驹 **(1909-)**

Qian li 千里
YANG, TIAN JI 杨天骥 **(1880-1960)**

Qian li 千里
QIU, ZHU CHANG 裘柱常 **(1906-1990)**

Qian li 千里
ZHENG, WEI ZHANG 郑蔚章 **(1911-1969)**

Qian li 千里
SHEN, KE GANG 沈克刚 **(1915-)**

Qian li 千里
SHI, ZHUO REN 施卓人 **(1921-)**

Qian li 千里
ZHOU, ZHI HUI 周之辉 **(1923-)**

Qian li 千里
MA, JING XIAN 马景贤 **(1933-)**

Qian li 千里
WEI, KONG MING 魏孔明 **(1937?-)**

QIAN, LI GEN 钱立根 **(1963-)**
Li geng 力耕

Qian li ju 千里驹
XIE, FU SHENG 谢富生 **(1910-)**

Qian li ma 千里马
HOU, JIA JU 侯家驹 **(1928-)**

Qian lie 前烈
ZHENG, WEI ZHANG 郑蔚章 **(1911-1969)**

Qian ling shan qiao 黔灵山樵
CHEN, TIAN 陈田 **(1849-1921)**

Qian long 潜龙
LI, WANG KAI 李旺开

Qian long 潜龙
YUAN, LI ZHEN 袁丽贞

Qian lu 潜庐
JIN, RONG JING 金蓉镜 **(1856-1930)**

Qian lu 潜庐
GAN, PENG YUN 甘鹏云 **(1861-1940)**

Qian lu 潜庐
QIAN, JI BO 钱基博 **(1887-1957)**

Qian lu 潜庐
JIANG, YING LONG 江应龙 **(1920-)**

Qian lu lao ren 潜庐老人
GAN, PENG YUN 甘鹏云 **(1861-1940)**

QIAN, MAO LIN 钱茂林 **(1932-)**
Qian, Ying qiu 钱英球
Yin qiu 茵秋

Qian mei 蒨美
LIU, DAN LI 刘诞丽

Qian mian ren 千面人
YUAN, MU ZHI 袁牧之 **(1909-1978)**

Qian mo 阡陌
LI, RONG DE 李荣德 **(1945-)**

Qian, Mo cun 钱默存
QIAN, ZHONG SHU 钱钟书 **(1910-1998)**

QIAN, MU 钱穆 **(1895-1990)**
Bin si 宾四
Cang yun 藏云
Gong sha 公沙
Gu yun 孤云
Liang, Yin 梁隐
Qian, Bin si 钱宾四
Wei xue zhai zhu 未学斋主

Qian, Mu zu 钱慕祖
QIAN, GE CHUAN 钱歌川 **(1903-1990)**

Qian, Na shui 钱納水
QIAN, TIE RU 钱铁如 **(1892-1974)**

Qian, Nan yang 钱南扬
QIAN, SHAO JI 钱绍箕 **(1891-1986)**

Qian ni 潜尼
TANG, DUAN YI 唐端毅 **(1913-1992)**

Qian nong 蒨侬
LIU, YUN 刘筠

QIAN, PEI HENG 钱佩衡 **(1936-)**
Jin, Ge 金戈
Qin quan 琴泉

Qian ping 茜萍
XING, PING ZHOU 邢萍舟 **(1902-1972)**

Qian ping 倩萍
GONG, PENG 龚澎 **(1914-1970)**

Qian ping 倩萍
TANG, YI ZHENG 唐一正 **(1920-)**

Qian, Qi 钱起
QIAN, YU RU 钱玉如 **(1921-)**

Qian, Qi 钱起
QIAN, ZHONG WEN 钱中文 **(1932-)**

Qian, Qian 钱前
ZHAO, RU KANG 赵汝康 **(1926-)**

Qian qian 芊芊
ZHENG, WEN ZHONG 郑文中**(1923-)**

Qian qian 乾乾
HE, JUN 贺骏 **(1891-1977)**

Qian qian li ya 茜茜丽亚
JIN, AI QIN 金爱钦 **(1954-)**

Qian, Qian wu 钱谦吾
QIAN, XING CUN 钱杏邨 **(1900-1977)**

Qian qing 千青
FENG, JU ZHI 冯菊枝 **(1943-)**

Qian qing 倩晴
YANG, JUN QING 杨俊青 **(1945-)**

Qian qiu jio 千秋节
ZHA, XUE SONG 查雪松 **(1931-)**

Qian, Quan 钱全
ZHU, ZONG BIN 朱宗彬 **(1913-1937)**

Qian ren 前人
XU, JIA RUI 徐嘉瑞 **(1895-1977)**

Qian ren 前人
LI, YONG JI 李勇吉 **(1944-)**

Qian ren 潜人
ZHENG, ZAO 郑造 **(1921-1966)**

QIAN, REN KANG 钱仁康 **(1914-)**
Jin, Shi kang 金仕康
Ren kang 仁康
Yu, Da geng 余大庚

QIAN, RONG KUN 钱荣堃 **(1917-)**
Mu, Shi 慕石

QIAN, RUN YUAN 钱润瑗
Jian hun 剑魂
Jing ming 鏡明

QIAN, SAN QIANG 钱三强 **(1913-1992)**
Xu, Jin 徐进

Qian shan 千山
CHU, DA HONG 储大泓 **(1927-)**

Qian shan lü 千山绿
WU, TONG 吴佟 **(1922-)**

Qian shan ren 潜山人
ZHANG, XIN YUAN 张心远 **(1895-1967)**

QIAN, SHAN XING 钱善行 **(1935-)**
Jin, Ge 靳戈
Qian shui 淺水

QIAN, SHAO JI 钱绍箕 **(1891-1986)**
Qian, Nan yang 钱南扬

Qian, she 前涉
QIAN, FU MIN 钱富民 **(1930-)**

Qian, shi 潜石

ZHENG, HENG XIONG 郑恒雄 (1941-)

Qian shi 千莳
WANG, QIAN SHI 王千莳

Qian shi 蒨士
WANG, YING ZHOU 王瀛洲

QIAN, SHI MING 钱世明 (1942-)
Xue ke 雪课

QIAN, SHI QING 钱士青（1874-1953）
Qian, Wen xuan 钱文選
Song fen tang 誦芬堂

QIAN, SHI XIN 钱混辛 (1923-)
Shang guan, Fu 上官苐
Zhong, Huai 钟怀

Qian shou 黔首
SUN, RU LING 孙如陵 (1917-)

Qian, Shou tie 钱瘦鉄
QIAN, YA 钱崖 (1897-1967)

Qian, Shu chu 钱叔楚
QIAN, XI BAO 钱锡宝

Qian shui 淺水
QIAN, SHAN XING 钱善行 (1935-)

Qian, Shui jing 钱水晶
ZHANG, CHUN QIAO 张春桥 (1917-)

QIAN, SHUN JUAN 钱舜娟 (1928-)
Dan xin 丹心

QIAN, SI YUAN 钱思源
Si yuan 思源

Qian song 黔松
WANG, XI SONG 王系松 (1941-)

Qian, Song yan 钱松嵒
QIAN, SONG YAN 钱松巖 (1897-1985)

QIAN, SONG YAN 钱松巖 (1897-1985)
Qi lu zhu ren 芑卢主人
Qian, Song yan 钱松嵒
Wan shi lou 顽石楼

Qian sou 黔叟
ZHANG, TIE JUN 张铁君 (1899-)

Qian, Su duan 钱肅端
JIAN, BO ZAN 翦伯赞 (1898-1968)

Qian, Su fan 钱素凡
QIAN, TONG 钱彤 (1912-1946)

Qian, Tang 钱塘
ZHU, ZI NAN 朱子南 (1932-)

Qian, Tang 钱塘
QIAN, GUANG PEI 钱光培 (1939-)

Qian tian 前天
MAO, ZHENG TIAN 毛正天 (1955-)

Qian tiao 千迢
TIAN, WAN XIAN 田万宪 (1948-)

Qian tiao 浅条
SHI, ZUO SHI 施作师 (1926-)

Qian tie 千铁
FANG, SHAN JING 方善境 (1907-)

QIAN, TIE RU 钱铁如 (1892-1974)
Jin, Sheng 金声
Qian, Bang shan 钱邦善
Qian, Na shui 钱納水
Shou kang 寿康

QIAN, TONG 钱彤 (1912-1946)
Qian, Su fan 钱素凡
Yi, Shui wen 易水温
Zhen gui 鎮圭

QIAN, WAN CHENG 钱万成 (1959-)
Jin, Tong 金童
Tan, Xiang mu 檀香木

Qian, Wan di 钱宛堤
YU, ZHONG RUI 郁钟瑞 (1917-)

Qian, Wan ying 钱万缨
CHEN, FAN 陈凡 (1915-1997)

Qian, Wei dong 钱维东
QIAN, YA XIN 钱亚新 (1903-1990)

Qian wen 千文
HU, ZHEN QING 胡振清 (1916-)

QIAN, WEN CAI 钱文彩
Qiu, Zhen 仇真

Qian, Wen xuan 钱文選
QIAN, SHI QING 钱士青（1874-1953）

Qian wu 谦吾
QIAN, XING CUN 钱杏邨 (1900-1977)

QIAN, XI 钱希 (1872-1930)
Mo, Zai xuan 墨在轩
Yun, Zai xuan 云在轩

Qian, Xi 钱析
QIAN, JING XUE 钱景雪 (1918-)

Qian xi 前溪
LI, DING CHANG 李鼎昌 (1884-1950)

Qian xi 倩兮
GU, FENG TIAN 谷凤田

Qian xi 前溪
WU, DING CHANG 吴鼎昌 (1884-1950)

QIAN, XI BAO 钱锡宝
Dan sou 誕叟
Qian, Shu chu 钱叔楚
Shu chu 叔楚
Zhang, Xi bao 张锡宝

Qian, Xia 钱夏
QIAN, XUAN TONG 钱玄同 **(1887-1939)**

Qian, Xiao bai 钱小柏
QIAN, ZUO YUAN 钱佐元 **(1912-)**

Qian, Xiao hui 钱小晦
QIAN, HOU KANG 钱厚康 **(1928-)**

Qian, Xiao hui 钱小惠
QIAN, HOU KANG 钱厚康 **(1928-)**

Qian, Xiao qiu 钱啸秋
QIAN, CHENG 钱城 **(1889-1938)**

Qian xin 蒨心
LIU, DAN LI 刘诞丽

QIAN, XIN 钱辛 **(1879-1944)**
Bing he 病鶴
Min you 民有
Qian, Bing he 钱病鶴
Qian, Yun he 钱云鶴
Shi, Chao 石巢
Ti an 倜厂
Wei xin 味辛
Xin 辛
You 有

Qian, Xin bo 钱辛波
QIAN, JIA RUI 钱家瑞 **(1923-)**

QIAN, XIN BO 钱昕伯
Wu li kan hua ke 雾裏看花客

Qian xin ju shi 潜心居士
ZHENG, ZHENG 郑正 **(1866-1925)**

QIAN, XING CUN 钱杏邨 **(1900-1977)**
A ying 阿英
Bian zhe 编者
Can fu 殘夫
Dai, Shu qing 戴叔清
Dao tian 岛田
Ding, Jun wu 丁君吾
Fang, Meng 方萌
Fang, Qi 方其
Fang, Ying 方英
Feng wu 凤吾
Han feng 寒峰
Han feng ju shi 寒峰居士
Han sheng 寒生
Han xing 寒星
Huang, Hua 黄华
Huang, Jin tao 黄錦涛
Huang, Ren ying 黄人影
Huang, Ying 黄英
Ji zhe 记者
Ke xing 克兴
Li, Hui 李晦
Liu, Xi wei 刘西渭
Lu, Ya 鲁亞
Mei, Yin 梅隐
Mou, Shu 牟殊
Nan, Qiang 南强
Pu, Lu shi 普鲁士
Qian, De fu 钱德富
Qian, Qian wu 钱谦吾
Qian wu 谦吾
Qing nong 青农
Ru hui 如晦
Ruan, Wu ming 阮无名
Ruo xu 若墟
Ruo ying 若英
Shen, You 沈宥
Wang, Yi cen 王益岑
Wang, Ying 王英
Wei, Mou 魏谋
Wei, Ru hui 魏如晦
Wei, Yu 魏育
Wu xin 无心
Xu, Yan cun 徐衍存
Ya dao 亞島
Ya lu 亞鲁
Ying 婴
Ying sun 鷹隼
Zhang, Feng wu 张鳳吾
Zhang, Ruo ying 张若英
Zhang, Yu ying 张於英

Qian, Xiu wen 钱绣文
FEI, QI 费启 **(1919-)**

QIAN, XUAN TONG 钱玄同 **(1887-1939)**
Ai lin 哀麐
Ai lin 藹麟
Aj Lino
Bao shan bing sou 鮑山病叟
Bing zhai 饼斋
Dang zhong di si 当中第四
De qian 德濳
Duo xian xuan tong 掇獻玄同
Gou ju 笱尻
Gu sou 觚叟
Gui jing 龟竸
Hai li hu yin 亥力壶隐
Hun ran 渾然
Hun ran yi 渾然異
Jin, Li yin 金立因
Jin, Xin yi 金心異

Qian, Gui jing 钱龟竟
Qian, Xia 钱夏
Qian, Yi gu 钱疑古
Qian, Zhong ji 钱中季
Quan xia 泉夏
Ren xin 仁心
T
Tonari
Wang, Jing xuan 王敬轩
Wu neng 无能
Wu neng zi 无能子
Xia 夏
Xilin
Xuan tong 玄同
Yi 異
Yi gu 夷罟
Yi gu 逸谷
Yi gu 疑古
Yi gu lao ren 逸谷老人
Yi gu weng 憶菰翁
Yi gu xuan tong 疑古玄同
Yi sou 逸叟

QIAN, XUN 钱恂 **(1853-1927)**
Ji kui bu zhai zhu ren 积跬步斋主人
Kui bu zhu ren 蹞步主人
Shou zi shi zhu ren 受兹室主人
Tai gong 太公

Qian xun da wei 浅逊大卫
LUO, MEI ZHAO 罗梅沼 **(1930-)**

QIAN, YA 钱崖 **(1897-1967)**
Qian, Shou tie 钱瘦铁
Shou tie 瘦铁

Qian, Ya quan 钱哑泉
QIAN, JI BO 钱基博 **(1887-1957)**

QIAN, YA XIN 钱亚新 **(1903-1990)**
Jin, Ge 金戈
Lian jia 练佳
Qian yi 千一
Qian, Wei dong 钱维东
Xiao lu 小鲁
Xiao lu 筱鲁
Zhi xin 志新

Qian ye 千业
WANG, DA BAO 王大宝 **(1935-)**

Qian ye tang 千叶堂
SHE, XUE MAN 佘雪曼 **(1909-)**

Qian ye zi 千叶子
TAN, YOU JIN 谭幼今 **(1950-)**

Qian, Yi 钱逸
LIN, ZE RONG 林泽荣 **(1906-1981)**

Qian, Yi 钱毅
QIAN, HOU QING 钱厚庆 **(1925-1947)**

Qian yi 千一
QIAN, YA XIN 钱亚新 **(1903-1990)**

Qian yi 倩一
YAN, HUAI JIN 严怀瑾 **(1918-1986)**

Qian yi 谦益
CHEN, YUAN 陈垣 **(1880-1971)**

Qian, Yi gu 钱疑古
QIAN, XUAN TONG 钱玄同 **(1887-1939)**

Qian, Yi shi 钱亦石
QIAN, CHENG 钱城 **(1889-1938)**

Qian, Yi wen 钱逸汶
YUAN, SHU 袁殊 **(1911-1987)**

Qian, Yin 钱音
LUO, SHAO SHU 罗绍书 **(1933-)**

Qian yin 千因
TAN, PI MO 谭丕谟 **(1899-1958)**

Qian yin 倩尹
HU, GUANG WEI 胡光炜 **(1888-1962)**

Qian yin 虔印
SU, QING QIANG 苏清强 **(1948-)**

Qian, Ying 钱罂
CHEN, YUAN 陈垣 **(1880-1971)**

Qian, Ying qiu 钱英球
QIAN, MAO LIN 钱茂林 **(1932-)**

Qian yong 潜泳
XIAO, QIAN YONG 萧前勇 **(1942-)**

Qian yong 灊庸
SHEN, ZENG ZHI 沈曾植 **(1850-1922)**

Qian, Yong guang 钱用光
QIAN, ZI CAN 钱子灿

QIAN, YONG HE 钱用和 **(1896-)**
Lu yuan 禄园

Qian yu 倩玉
SHEN, YI BIN 沈仪彬

Qian yu 潜羽
TANG, DUAN YI 唐端毅 **(1913-1992)**

Qian yu 阡渔
YANG, YUN E 杨云鹅 **(1910-1991)**

QIAN, YU RU 钱玉如 **(1921-)**
Qian, Qi 钱起
Ru ru 茹茹
Yu, Ru 郁茹

Qian, Yu tang 钱玉堂

QIAN, JUN TAO 钱君匋 (1906-)

Qian yuan 潜园
ZHANG, GUO GAN 张国淦 (1876-1959)

Qian yuan 潜园
ZHU, JIA JIN 朱家溍 (1914-)

Qian yuan yi sou 潜园逸叟
WEI, YUAN KUANG 魏元旷

Qian, Yun he 钱云鹤
QIAN, XIN 钱辛 (1879-1944)

Qian, Yun xian 钱云仙
JIANG, SHAN 蒋珊 (1933-)

Qian zai 浅哉
HONG, SHEN 洪深 (1894-1955)

Qian, Ze fu 钱泽夫
QIAN, JUN RUI 钱俊瑞 (1908-1985)

Qian zhai 谦斋
QIN, HAO 秦浩 (1908-)

Qian zhao 浅沼
LUO, MEI ZHAO 罗梅沼 (1930-)

Qian zhao liu lang 浅沼六郎
LUO, MEI ZHAO 罗梅沼 (1930-)

QIAN, ZHAO RU 钱召如
Li hang 力航

Qian zhe 前辙
ZHOU, SHU REN 周树人 (1881-1936)

Qian, Zhen 钱稹
DONG, SHENG LONG 董生龙 (1949-)

QIAN, ZHEN 钱震 (1912-)
Qi wen 起文
Qian, Bo qi 钱伯起

QIAN, ZHEN HUANG 钱振锽 (1875-1943)
Kuai xue xuan 快雪轩
Ming shan 名山
Yong ren 庸人
Zhe xing 谪星

Qian, Zheng 钱証
QIAN, JING XUE 钱景雪 (1918-)

Qian zhi 千之
HU, JUN 胡钧 (1870-1945)

Qian zhi 倩之
LI, PING XIN 李平心 (1907-1966)

Qian zhi 谦之
ZHU, QIAN ZHI 朱谦之 (1899-1972)

QIAN, ZHONG HAN 钱忠汉 (1926-)
Chang, Chun 常春
Qian, Feng 钱鋒
Shen, Ning 沈宁
Shi, Ming 史明
Zhong, Han 钟汉

Qian, Zhong ji 钱中季
QIAN, XUAN TONG 钱玄同 (1887-1939)

Qian, Zhong lian 钱仲联
QIAN, E SUN 钱萼孙 (1908-)

QIAN, ZHONG SHU 钱钟书 (1910-1998)
Mo cun 默存
Qian, Mo cun 钱默存
Qiu, Ji fu 邱吉甫
Qiu, Qu er 邱去耳
Zhong shu jun 中書君

QIAN, ZHONG WEN 钱中文 (1932-)
Jie ren 杰人
Nan, Zhao 南照
Qian, Jian ping 钱剑平
Qian, Qi 钱起

QIAN, ZHONG YU 钱钟钰 (1913-)
Qing bi 晴碧

Qian zi 千子
ZHANG, YING 张英 (1920-)

Qian zi 茜子
WANG, ZHI LIANG 王智量 (1928-)

Qian zi 茜子
HUANG, SHI WEI 黄狮威 (1930-)

QIAN, ZI CAN 钱子灿
Qian, Yong guang 钱用光

Qian, Zi quan 钱子泉
QIAN, JI BO 钱基博 (1887-1957)

QIAN, ZUO YUAN 钱佐元 (1912-)
Ling jun 苓君
Ma, Ling 马令
Qian, Xiao bai 钱小柏
Shi, Guang 石光
Xiao, Bai 萧柏
Xiao bai 笑柏
Xiao bai 小柏

Qiang, Ge 强戈
GUO, LÜ GANG 郭履刚 (1939-)

Qiang, Gong 强弓
ZHANG, DE QIANG 张德强 (1947-)

Qiang gong 羌公
CHEN, TING CHAO 陈听潮 (1902-)

Qiang qiang 强强
QIU, ZONG QIANG 邱宗强

Qiang, Gu lu 强骨庐
LI, DA YI 李大一

Qiang, Hua 强华
WANG, YI YUAN 王艺园 (1955-)

Qiang, Jian 强健
YANG, ZHONG JIAN 杨钟健 (1897-1979)

QIANG, SHU PING 强淑平
Ling hua guan zhu 菱花舘主

Qiang wei 樯桅
LI, SHENG QIANG 李圣强 (1949-)

Qiang wei yuan zhu 蔷薇园主
CAO, BO HAN 曹伯韩 (1897-1959)

Qiang xue zhai 彊学斋
LU, DAN AN 陆澹安 (1894-1980)

Qiang you er 墙有耳
WU, JUN QING 吴俊卿 (1844-1927)

Qiang, Zhai 强斋
SONG, JIAO REN 宋教仁 (1882-1913)

Qiao an 侨庵
LU, ZHENG SHEN 卢正绅 (1905-1951)

QIAO, BAO HUA 乔保华 (1941-)
Yun xiao zhi zi 云霄之子

QIAO, BING NAN 乔炳南 (1923-)
Qiao, Qian 乔遷

Qiao, Cang 乔仓
WANG, REN SHU 王任叔 (1901-1972)

Qiao, Cheng 乔诚
TANG, DAO GENG 汤道耕 (1904-1992)

Qiao chu 翘楚
WANG, TIAN JIN 王天进

QIAO, CHUAN ZAO 乔传藻 (1939-)
Bai, Guo 白果

Qiao, Da zhuang 乔大壯
QIAO, ZENG QU 乔曾劬 (1892-1948)

QIAO, DE LONG 乔德珑 (1942-)
De long 德龙

Qiao fan lou 峭帆楼
ZHAO, YI CHEN 赵诒琛 (-1934)

Qiao, Feng 乔峰
XIA, KANG NONG 夏康农 (1902-1970)

Qiao, Feng 喬风
ZHOU, JIAN REN 周建人 (1888-1984)

Qiao, Feng 喬峯
ZHOU, JIAN REN 周建人 (1888-1984)

Qiao, Fu 乔父
ZHANG, XIN RANG 张信让 (1925-)

Qiao, Fu 乔夫
ZHANG, QIAO FU 张乔夫 (1931-)

Qiao fu 樵夫
JIAO, YI FU 焦毅夫 (1919-)

Qiao fu 樵夫
GUAN, AI XIANG 关霭祥 (1925-)

Qiao fu 樵夫
HOU, FU HAI 侯福海 (1927-)

Qiao fu 樵夫
KONG, XIANG ZHANG 孔祥章 (1937-)

Qiao fu 樵夫
HU, WEN BIN 胡文彬 (1939-)

Qiao fu 樵夫
JIAO, CHUN LIN 焦春林 (1941-)

Qiao fu 樵夫
ZHAO, LING BO 赵凌波 (1952-)

Qiao, Fu chen 乔浮沉
JIAO, FU CHUN 矫福纯 (1928-)

QIAO, FU SHAN 乔福山 (1931-)
Qiao, Shan 乔山

Qiao ge 樵哥
YANG, ZHAO KE 杨昭科 (1937-)

Qiao, Gu fan 乔谷凡
QIAO, GUO FAN 乔国藩 (1939-)

QIAO, GUAN HUA 乔冠华 (1913-1983)
Bai, Lan hua 白兰花
Luo mu 洛木
Qiao, Mu 乔木
Song, Bo hui 宋伯辉
Wen, Xi 文西
Yu, Chao 于潮
Yu, Huai 于怀
Yu, Zhao li 于兆力

QIAO, GUO FAN 乔国范 (1937-)
Qiao, Mai 乔迈

QIAO, GUO FAN 乔国藩 (1939-)
Qiao, Gu fan 乔谷凡

Qiao, Hong 乔洪
HONG, MING XIAN 洪名县 (1951-)

Qiao, Hua lin 乔华霖
XIE, SHUI LIN 谢水霖 (1949-)

QIAO, HUI CHANG 乔惠昌 (1925-)
Shi, Yue 史越

Qiao, Ji weng 乔戢翁

QIAO, ZENG QU 乔曾劬 **(1892-1948)**

Qiao, Jing 乔靖
LÜ, ZONG QUAN 吕宗权 **(1928-)**

Qiao, Jing 乔静
HE, YIN ZI 何殷资

Qiao, Ke 乔可
LI, KE REN 李克仁 **(1949-)**

Qiao lei 桥雷
ZHU, XING 朱行 **(1933-1988)**

Qiao, Li 乔力
QIAO, WEN NI 乔文猊 **(1919-)**

Qiao, Li 乔丽
ZHANG, QIAO FU 张乔夫 **(1931-)**

Qiao liang 桥梁
HUANG, WEI LIANG 黄维樑 **(1947-)**

Qiao, Lin 乔林
QI, QIAO LIN 祁乔林 **(1893-1955?)**

Qiao, Lin 乔林
ZHOU, RUI LIN 周瑞麟 **(1943-)**

Qiao, Lin 乔林
QIAO, LING 乔玲 **(1949-)**

QIAO, LING 乔玲 **(1949-)**
Qiao, Lin 乔林

Qiao, Ling 乔陵
LÜ, JUN DE 吕俊德 **(1955-)**

Qiao ling 悄凌
ZHANG, SHAO LAN 张少兰 **(1949-)**

QIAO, LING YUN 乔凌云 **(1955-)**
Fang, Peng 方鹏

Qiao lu 峭露
HUO, YAN LING 霍延龄 **(1921-)**

Qiao, Lun 乔仑
WANG, REN SHU 王任叔 **(1901-1972)**

Qiao, Mai 乔迈
QIAO, GUO FAN 乔国范 **(1937-)**

Qiao, Mei 乔美
CHEN, QIAO MEI 陈侨美 **(1955-)**

QIAO, MING FU 乔明甫 **(1912-)**
Guo, Mu sheng 郭沐生
Qiao, Ruo ming 乔若明
Xue shan 雪山

Qiao, Mo ye 乔莫野
LEI, QIAN 雷倩 **(1957-)**

Qiao, Mu 乔木
FAN, YONG 范镛 **(1894-1967)**

Qiao, Mu 乔木
HU, DING XIN 胡鼎新 **(1912-1992)**

Qiao, Mu 乔木
QIAO, GUAN HUA 乔冠华 **(1913-1983)**

QIAO, MU 乔木 **(1920-)**
Da nian 大年

Qiao, Mu 乔木
ZHENG, QUAN MEI 郑全美 **(1930-)**

Qiao, Mu qing 乔木青
QIAO, WEI 乔伟 **(1932-)**

Qiao, Nai 乔鼐
HUANG, KAN 黄侃 **(1886-1935)**

Qiao, Qian 乔遷
QIAO, BING NAN 乔炳南 **(1923-)**

Qiao, Qin fu 乔勤父
QIAO, ZENG QU 乔曾劬 **(1892-1948)**

Qiao, Qing 乔青
WANG, SEN RAN 王森然 **(1895-1984)**

Qiao, Ruo ming 乔若明
QIAO, MING FU 乔明甫 **(1912-)**

QIAO, SAN BAO 乔三保 **(1935-)**
Qiao, Ying hao 乔英豪
Xiao, Mu lin 肖木林

Qiao, Sha man 乔沙曼
CHEN, ZHENG YI 陈正毅 **(1952-)**

Qiao, Shan 乔山
QIAO, FU SHAN 乔福山 **(1931-)**

Qiao, Sheng 乔生
CHEN, QIAO SHENG 陈桥生 **(1918-)**

Qiao sheng 侨生
ZHANG, BING WEN 张炳文 **(1915-)**

Qiao, Shi 乔石
JIANG, ZHI TONG 蒋志彤 **(1924-)**

Qiao shi 峭石
SHI, XIAO YONG 史效颙 **(1931-)**

Qiao, Shi guang 乔十光
QIAO, SHI GUANG 乔士光 **(1937-)**

QIAO, SHI GUANG 乔士光 **(1937-)**
Qiao, Shi guang 乔十光

Qiao, Shou su 乔守素
LIN, RU JI 林如稷 **(1902-1976)**

QIAO, SHU SHENG 乔树声 **(1942-)**
Jue qing 觉清

Qiao, Shu sheng 乔澍声
Shao, Chen 邵晨

Qiao, Shu sheng 乔澍声
QIAO, SHU SHENG 乔树声 **(1942-)**

Qiao shuang 桥霜
SUN, ZHENG 孙征 **(1943-)**

Qiao sou 樵叟
GUAN, AI XIANG 关霭祥 **(1925-)**

Qiao, Sui qing 乔穗青
QIAO, WEN NI 乔文猊 **(1919-)**

QIAO, WEI 乔伟 **(1932-)**
Qiao, Mu qing 乔木青

QIAO, WEN KE 乔文科 **(1937-)**
Lao qiao 老桥

QIAO, WEN NI 乔文猊 **(1919-)**
Mei, Yi qin 梅一芹
Ni, Jun 倪骏
Qi zi xin 期子新
Qiao, Li 乔力
Qiao, Sui qing 乔穗青
Sui qing 穗青
Wen, Ni 文猊
Xi ruo 曦若
Yi ding 一丁
Yi wen 一文

Qiao, Xian 乔先
CHEN, QIAO XIAN 陈乔先 **(1938-)**

Qiao, Xin 乔辛
XIE, YU HENG 谢宇衡 **(1926-)**

Qiao xin 巧新
CHEN, JIA HUI 陈家辉 **(1948-)**

QIAO, XING 乔兴 **(1902-1958)**
Si tu, Qiao 司徒喬

Qiao, Xing jia 乔幸嘉
CHEN, HENG JIA 陈恒嘉 **(1944-)**

QIAO, XUE ZHU 乔雪竹 **(1950-)**
Xiao qiao 晓樵

Qiao, Ya 乔亚
WANG, WEN CHEN 王文琛 **(1922-)**

Qiao, Ya 乔亚
LU, XIANG GAN 陆象淦 **(1938-)**

Qiao ya 悄雅
XIAO, JIN ZHONG 萧锦钟 **(1953-)**

Qiao yan 峭岩
LI, JIN SHENG 李进生 **(1941-)**

Qiao, Yi xia 乔一霞
ZHENG, BING ZHONG 郑炳中 **(1922-)**

Qiao yin 悄吟
ZHANG, NAI YING 张廼莹 **(1911-1942)**

Qiao yin 樵隐
DENG, WEN LAI 邓文来 **(1931-)**

Qiao, Ying hao 乔英豪
QIAO, SAN BAO 乔三保 **(1935-)**

Qiao yu 桥雨
LI, GONG GUI 李拱贵 **(1934-)**

Qiao yu 樵渔
CHEN, YIN EN 陈荫恩 **(1917-1966)**

Qiao, Yuan 乔远
ZHAO, QIU HENG 赵秋恒

QIAO, ZENG QU 乔曾劬 **(1892-1948)**
Bo ji 伯戢
Lao, An 劳庵
Lao, Zhe 劳者
Qiao, Da zhuang 乔大壮
Qiao, Ji weng 乔戢翁
Qiao, Qin fu 乔勤父
Zhuang fu 壮夫

Qiao, Zhi 乔志
MA, HUA 马骅 **(1916-)**

Qiao, Zhi gao 乔治高
GAO, KE YI 高克毅 **(1912-)**

Qiao zi 荞子
TAN, XIAO QIAO 谭小乔 **(1952-)**

Qie an 且安
WANG, DING 王鼎

Qie an 怯庵
TAN, YONG 谭勇 **(1918-)**

Qie an 茄庵
LÜ, ZHEN BAI 吕贞白 **(1907-1984)**

QIE, CONG WEI 郄聪魏 **(1941-)**
Cong cong 聪聪

Qie fu 切肤
WANG, HOU CHANG 汪厚昌 **(1872-1943)**

Qie fu 且夫
CAI, HONG JI 蔡鸿基 **(1908-)**

Qie jie 且介
ZHOU, SHU REN 周树人 **(1881-1936)**

Qie jie ting 且介亭
ZHOU, SHU REN 周树人 **(1881-1936)**

Qie lou 且楼
BAO, GONG YI 包公毅 **(1876-1973)**

Qie qu zi 且渠子
DENG, TIE 邓铁 **(1898-1963)**

Qie tong 且同
JIN, ZU TONG 金祖同 **(1912-)**

Qie wan 且顽
LI, AN ZENG 李安曾 **(1854-1927)**

Qie ye 伽叶
ZHANG, REN XI 张人希 **(1918-)**

Qie, Yi 郄义
QI, YI 齐一 **(1919-)**

Qie zhu 且住
ZHOU, GUO XIAN 周国贤 **(1894-1968)**

Qie zhu lou 且住楼
BAO, GONG YI 包公毅 **(1876-1973)**

Qin 勤
DENG, LIANG 邓亮 **(1914-)**

Qin, A qi 秦阿奇
CHEN, QIU FAN 陈秋帆 **(1909-1984)**

Qin, Bai 秦白
CHEN, JIAN CHENG 陈建成 **(1941-)**

Qin bai 沁白
CAO, JIE 曹洁 **(1931-)**

QIN, BANG XIAN 秦邦宪 **(1907-1946)**
Bang xian 邦宪
Bo gu 博古
Bo hu 伯虎
Bu, Gu 卜古
Qin, Bo gu 秦博古

Qin, Bao yu 钦鲍雨
QIN, GUO XIAN 钦国贤 **(1913-1983)**

QIN, BEN LI 钦本立 **(1918-1991)**
Bai, Cang 柏苍
Li fu 里甫
Lin, Cang bai 林沧白

Qin, Bi yu 覃必愉
QIN, XIAO QING 覃晓晴 **(1912-)**

Qin, Bing shi 秦炳蓍
SHEN, DUAN XIAN 沈端先 **(1900-1995)**

Qin, Bo 秦波
ZHOU, WEI ZHOU 周伟洲 **(1940-)**

Qin, Bo gu 秦博古
QIN, BANG XIAN 秦邦宪 **(1907-1946)**

Qin bu lao ren 勤补老人
CHEN, QU BING 陈去病 **(1874-1933)**

Qin, Cai 秦彩
WU, SHENG FENG 吴晟锋 **(1947-)**

Qin, Cao 秦草
ZHU, BAO ZHEN 朱宝蓁 **(1925-)**

Qin, Ce 秦策
QIN, ZHAO YANG 秦兆阳 **(1916-)**

QIN, CHANG AN 秦长安 **(1937-)**
Huai, Li 怀理

Qin, Chu 秦楚
LI, CHU JUN 李楚君

Qin, Chuan 秦川
GOU, QING CHUAN 苟晴川 **(1919-)**

Qin, Chuan 秦川
LIU, BAO RONG 刘宝荣 **(1922-)**

Qin, Chuan 秦川
QIN, DE FU 秦德福 **(1938-)**

Qin, Chuan 秦川
XUE, ZHU 薛铸 **(1944-)**

Qin, Chuan 秦川
ZHENG, FENG 郑峰 **(1949-)**

Qin, Chuan 秦川
YANG, XIU QING 杨秀清 **(1963-)**

Qin chuan 琹川
HONG, JIA JUN 洪嘉君 **(1960-)**

Qin, Cun 秦邨
GUO, BING ZHEN 郭秉箴 **(1922-)**

QIN, DA YAN 秦大衍 **(1924-)**
Lü, Gang 吕刚
Qin, Gan 秦敢

QIN, DE FU 秦德福 **(1938-)**
Qin, Chuan 秦川
Zhuo, Qin 卓琴

Qin, deng 勤登
DENG, KAI AN 邓开安 **(1954-)**

QIN, DI QING 秦涤清
Bao pu 抱朴

Qin, Di yu 秦地雨
MA, LIN FAN 马林帆 **(1939-)**

Qin, Ding 秦丁
HE, WEN XUAN 何文轩 **(1938-)**

QIN, DING YI 秦鼎彝 **(1877-1906)**
Dun an 遯厂
Dun an 遯菴
Dun gong 遯公
Dun li shan da 遯力山大
Gong, Huang 鞏黄
Gong nu li li shan 公奴隶力山
Jun jie 俊傑

Li san 力三
Li shan 力山
Li shan dun an 力山遯厂
Li shan dun gong 力山遯公
Min biao 民表
Pin san 聘三
Qin, Li shan 秦力山

Qin, En yi 秦恩遺
JIAN, BO ZAN 翦伯赞 **(1898-1968)**

Qin, Fei lu 秦飞庐
YANG, JI YUN 杨霁云 **(1910-)**

Qin, fen 沁芬
LIN, YONG RONG 林咏荣 **(1914-)**

Qin, fen 勤奋
ZHANG, XI XIAN 张喜贤 **(1920-)**

Qin, Feng 秦风
GAO, XU 高旭 **(1877-1925)**

Qin, Feng 秦风
CHEN, KE ZHEN 陈克振 **(1938-)**

Qin, Fu 秦夫
ZHANG, GUO 张过 **(1928-)**

Qin, Fu 秦夫
TANG, QIN FU 汤勤福 **(1953-)**

Qin fu 芹父
WANG, SEN RAN 王森然 **(1895-1984)**

Qin fu 勤拂
TANG, QIN FU 汤勤福 **(1953-)**

QIN, FU HE 秦復和
Qin, Yi 秦怡

QIN, FU JI 秦復基
Tao, Qin 陶秦

Qin, Gan 秦敢
QIN, DA YAN 秦大衍 **(1924-)**

Qin, Ge chuan 秦戈船
QIAN, GE CHUAN 钱歌川 **(1903-1990)**

Qin, Geng 秦耕
ZHANG, YONG JIANG 张永江 **(1936-)**

Qin, Geng 秦耕
ZHAI, JUN 翟军 **(1946-)**

Qin geng 勤耕
LÜ, QING GENG 吕庆庚 **(1923-)**

Qin, Gong 秦弓
LUO, DI 罗的 **(1928-)**

QIN, GU LAN 覃谷兰 **(1906-)**
Gu, Lan 谷兰
Gu lan nü shi 谷兰女士
Gu, Nan 谷南
Qin, Yin 覃音
Qin, Ying 覃英
Tan yin 潭音
Zhang, Han ying 章含英

QIN, GUANG RONG 秦光荣 **(1919-)**
Qin, Ni 秦泥

QIN, GUI XIU 秦贵修 **(1929-)**
Qin, Yue 秦嶽

QIN, GUO XIAN 钦国贤 **(1913-1983)**
Bao, Yu 鲍雨
Juan 鹃
Qin, Bao yu 钦鲍雨
Qin, Guo xiang 钦国祥
Qin, Wen juan 钦吻鹃
Wen juan 吻鹃

Qin, Guo xiang 钦国祥
QIN, GUO XIAN 钦国贤 **(1913-1983)**

Qin, Han 秦汉
WEI, YUN ZHI 魏运织 **(1907-)**

Qin, Han 秦汉
YANG, JUN JIE 杨俊傑 **(1933-)**

Qin, Han 秦汉
ZHANG, QIANG 张强 **(1951-)**

Qin, Han 秦汉
LIU, CHENG 刘诚

Qin han 琴涵
ZHENG, PIN 郑频 **(1949-)**

QIN, HAN CAI 秦翰才
Zi jia 子家

QIN, HAN CHUAN 覃汉川 **(1915-1984)**
Ge, Xi 葛兮
Han chuan 汉川

Qin, Hao 钦浩
QIN, YONG CHUN 秦永春 **(1936-)**

QIN, HAO 秦浩 **(1908-)**
Bai, Fan 白帆
Cao, Qi 曹起
Chen, Xin 陈新
Du liu 独流
Guai feng 怪风
Liu, Bai fan 刘白帆
Ning, Yuan 宁远
Qi, Fang 齐放
Qian zhai 谦斋
Qin, Shou ou 秦瘦鸥
Shang, Qing 商清

Shou ou 瘦鸥
Wan, Qian 万千
Wang, Tie kou 王铁口
Xie, Sang 谢桑
Zhang, San 张三

Qin, Hao 秦皓
GUO, YU LIN 郭育麟 (1940-)

Qin, He 秦禾
CHENG, SHU ZHEN 程树榛 (1934-)

Qin, Heng 覃衡
TAN, YUAN HENG 谭元亨 (1948-)

Qin hua 琴华
LI, DA ZHAO 李大钊 (1889-1927)

Qin, Huai 秦淮
GAO, SHI KUO 高时阔 (1947-)

Qin, Huai 秦淮
CHEN, LONG YU 陈龙玉

Qin, Huai bi 秦淮碧
MIN, YU RU 闵玉如 (1912-)

Qin, Huai bi 秦淮碧
XU, GAN SHENG 徐幹生 (1920-)

Qin, Huai bi 秦淮碧
CHEN, LONG YU 陈龙玉

QIN, HUAI LU 秦怀录 (1947-)
Huo lu 获鹿

Qin, Huai sha 秦淮沙
GUO, LUO JI 郭罗基 (1932-)

Qin, Huai zhou 秦淮舟
YANG, YU TAI 杨煜泰 (1963-)

Qin, Ji 秦吉
SHAO, YAN XIANG 邵燕祥 (1933-)

Qin, Ji 秦羈
YU, SHAO JI 余绍基 (1958-)

QIN, JI 覃基 (1912-1963)
Qin, Zi hao 覃子豪
Tian cai 天才

QIN, JIA DING 秦家鼎 (1917-)
Qin, Ling xue 秦岭雪

QIN, JIA HONG 秦家洪 (1925-)
Gu, Zhi hong 古之紅
Qin, Xiao 秦孝

QIN, JIA LUN 秦家伦 (1947-)
Hong, Ye 洪叶
Qin, Yi ding 秦一丁

Qin, Jian 秦俭
WANG, YANG 王扬 (1917-1986)

QIN, JIAN MING 秦剑铭 (1942-)
Luo ming 洛明

Qin, Jiang 秦江
ZHANG, YONG JIANG 张永江 (1936-)

Qin jiao 噙椒
LIU, YU PAN 刘毓盘 (1867-1927)

Qin, Jin 秦晋
TAO, JIAN XIN 陶剑心 (1915-)

Qin, Jin 秦進
QIN, WEI AO 秦维鳌 (1932-)

Qin, Jing 覃靖
YI, PENG FEI 易鹏飞 (1928-)

Qin, Jing wen 秦静闻
YE, YUN PU 叶韫璞 (1905-1975)

Qin, Jing yu 秦鯨鱼
QIN, SHENG XIAN 秦生贤

Qin, Jing zi 覃净子
QIN, XIAO QING 覃晓晴 (1912-)

QIN, JUN 秦军 (1950-)
Qin, Jun 秦鈞

Qin, Jun 秦鈞
QIN, JUN 秦军 (1950-)

Qin, Ke 秦可
WANG, SHEN QUAN 王深泉 (1923-)

Qin, Ke 秦客
MAO, JIN FA 毛金法 (1932-)

QIN, KE WEN 秦克温 (1936-)
Qin, Zhong yin 秦中吟

Qin, Keng sheng 秦坑生
JIN, XING YAO 金性尧 (1916-)

Qin, Kui 秦喟
WANG, SHI JUN 王世浚 (1912-1949)

Qin, Lan 秦览
BAO, QING XIAN 鲍庆献 (1923-)

Qin, Lan 秦蓝
WANG, CHUAN ZHANG 王传章 (1943-)

Qin, Lao 秦佬
WANG, CHENG 王诚 (1898-1940)

QIN, LE JIA 秦乐嘉 (1949-)
Wang yan 忘言

Qin, Li 秦犁
YUAN, GUANG MEI 袁光楣 (1916-1982)

Qin, Li shan 秦力山

QIN, DING YI 秦鼎彝 **(1877-1906)**

Qin, Lie xin 秦烈新
ZHOU, WEI ZHOU 周伟洲 **(1940-)**

Qin, Lin 秦林
DU, XI WU 杜锡武 **(1927-)**

Qin, Lin 秦林
LIANG, QI TANG 梁启堂 **(1944-)**

QIN, LIN ZHENG 秦麟征 **(1941-)**
Qi, Yin 齐音

Qin, Ling 秦岭
ZHENG, BAO SHENG 郑宝生 **(1951-)**

Qin, Ling 秦陵
ZHU, LU YUAN 朱菉园 **(1914-1987)**

Qin, Ling 秦翎
LI, XING MIN 李醒民 **(1945-)**

Qin, Ling xue 秦岭雪
QIN, JIA DING 秦家鼎 **(1917-)**

Qin, Ling xue 秦岭雪
LI, DA ZHOU 李大洲 **(1941-)**

Qin, Liu fang 秦柳方
QIN, YUN ZHANG 秦运章 **(1906-)**

Qin, Lu 秦鲁
DING, LÜ ZHEN 丁履镇 **(1938-)**

Qin, Lü zhi 秦绿枝
WU, CHENG HUI 吴承惠 **(1926-)**

Qin, Man 秦曼
CHEN, WANG 陈望 **(1922-)**

Qin mei zi 沁梅子
LU, SHI E 陆士谔 **(1878-1944)**

Qin, Meng 秦梦
ZHANG, ZI QI 张自旗 **(1928-)**

Qin, Mi jian 秦弥坚
CHEN, CHI 陈驰

Qin min 芩珉
HUANG, LIU ZHU 黄留珠 **(1941-)**

Qin, Ming chuan 秦明川
CHEN, ZUO ER 陈佐洱 **(1942-)**

QIN, MING DE 覃明德 **(1949-)**
Ming, De 明德

Qin mo 芹墨
YANG, HUAN YU 杨焕育 **(1944-)**

Qin, Mu 秦木
CHENG, SHU ZHEN 程树榛 **(1934-)**

Qin, Mu 秦牧
LIN, JUE FU 林觉夫 **(1919-1992)**

Qin, Mu wu 秦木蕪
LIU, MAO FA 刘茂发 **(1940-)**

Qin na 琴那
HAN, YU ZE 韩于泽 **(1910-1985)**

Qin nan 琴南
LIN, SHU 林纾 **(1852-1924)**

Qin, Ni 秦泥
QIN, GUANG RONG 秦光荣 **(1919-)**

Qin ni 琴尼
ZHAO, DUO 赵铎 **(1921-1991)**

Qin, Nü 秦女
CHEN, TING ZAN 陈廷瓒

QIN, PEI HENG 秦佩珩 **(1914-1989)**
Mo, Wen 莫问

Qin, Ping 钦平
LUAN, CHANG GU 栾长嘏 **(1930-)**

Qin ping 芹屏
LONG, XI ZU 龙熹祖 **(1934-)**

Qin qi 琴棋
QI, QIN 戚芹 **(1952-)**

Qin, Qing 秦情
LIN, QING XUAN 林清玄 **(1953-)**

Qin, Quan 秦泉
GONG, MING DE 龚明德 **(1953-)**

Qin quan 琴泉
QIAN, PEI HENG 钱佩衡 **(1936-)**

Qin, Qun 秦群
LUO, CHENG LIE 骆承烈 **(1935-)**

Qin, Ren 秦人
LI, JING 李镜 **(1945-)**

Qin ren 沁人
DONG, WEI QING 董为清 **(1949-)**

QIN, REN GANG 覃仁刚 **(1950-)**
Lu, Jian 路艰

QIN, RI XU 覃日旭 **(1932-)**
Hong, Bin 洪斌

Qin, Sang 秦桑
CHEN, XI RU 陈喜儒 **(1946-)**

Qin, Sang 秦桑
WANG, ZI FU 王梓夫 **(1947-)**

QIN, SHAN JUN 秦善鋆 **(1906-)**
Qin, Xuan fu 秦宣夫

Qin, Shang xiao 秦上校

YAO, ZHEN 姚溱 **(1921-1966)**

Qin, Shao lang 秦少郎
CHEN, HONG JU 陈鸿举 **(1938-)**

Qin, Sheng 秦生
XU, LANG XI 徐朗西 **(1885-)**

Qin, Sheng 秦声
CHAI, XIANG RONG 柴向荣 **(1929-)**

Qin, Sheng 秦笙
CHEN, YAO MIN 陈耀民 **(1927-)**

Qin sheng 琴生
ZHU, DA FU 朱大符 **(1885-1920)**

Qin sheng 琴声
HAN, WAN ZHAI 韩万斋 **(1941-)**

QIN, SHENG XIAN 秦生贤
Qin, Jing yu 秦鯨鱼
Sheng xian 声弦

QIN, SHENG ZHOU 秦胜洲 **(1930-)**
Lao pu 老圃

Qin, Shi 秦实
DU, SONG SHOU 杜松寿 **(1905-)**

Qin shi 琴石
JIAN, JING LUN 简经纶 **(1890-1950)**

Qin, Shi min 秦时敏
ZHANG, JING 张靖 **(1880-1967)**

Qin shi shan ren 琴石山人
GE, XU SHENG 葛虚声

Qin, Shi yue 秦时月
YUAN, YU YANG 袁聿扬 **(1945-)**

Qin, Shou ou 秦瘦鸥
QIN, HAO 秦浩 **(1908-)**

QIN, SHOU ZHANG 秦绶章 **(1849-1925)**
Pei he 佩鹤
Zhong, He 仲和

Qin, Shu bi 秦树碧
ZHANG, RUI LIN 张瑞麟 **(1933-)**

QIN, SHU SHENG 秦树声 **(1861-1926)**
Guai an 乖庵
Hui ming 晦明
Hui ming 晦鳴
You heng 又衡
You heng 右衡
You heng 幼衡
You heng 宥横
You heng 宥衡

Qin shuang 噙霜
ZHANG, MU ZHI 张牧支 **(1905-)**

Qin shuang jue xue lu 噙霜嚼雪庐
ZHANG, MU ZHI 张牧支 **(1905-)**

Qin, Si 秦似
WANG, YANG 王扬 **(1917-1986)**

Qin si 芹思
ZHAO, QIN 赵芹 **(1946-)**

Qin si gang 琴思钢
ZHUANG, LI DAO 庄礼道 **(1946-)**

Qin, Song 秦松
QIN, WEI AO 秦维鳌 **(1932-)**

Qin, Su 秦肃
ZENG, JING CHU 曾景初 **(1918-)**

Qin sun 琴荪
ZHAO, SHI YAN 赵世炎 **(1901-1927)**

QIN, TAO BIN 秦陶彬 **(1939-)**
Yao, Shan bi 堯山壁

Qin, Tian 秦天
QIN, WEI AO 秦维鳌 **(1932-)**

Qin, Tian 秦天
LIN, MING SHUI 林明水 **(1941-)**

QIN, TIAN EN 覃天恩 **(1924-)**
Hao, Neng 郝能
Li, Ru 黎茹
Qin, Xi zhi 覃锡之
Yang, Hui 羊翬
Yang, Yun 阳云
Yi yun 弋云

Qin, Tian nan 秦天南
LI, QIN YI 李勤益 **(1949-)**

Qin, Wei 秦维
LIU, YU QING 刘毓庆 **(1954-)**

Qin, Wei 秦渭
LIU, BAO RONG 刘宝荣 **(1922-)**

QIN, WEI AO 秦维鳌 **(1932-)**
Qin, Jin 秦進
Qin, Song 秦松
Qin, Tian 秦天
Song, Cen 宋岑
Song, Jiu 宋就
Song, Qing 宋晴
Zhao, Fan 赵返

Qin, Wei chong 秦渭崇
LIU, BAO RONG 刘宝荣 **(1922-)**

Qin, Wei ke 秦唯科
CHENG, ZHUO RU 程灼如 **(1924-)**

QIN, WEI XUAN 秦未萱 **(1929-)**
Qin, Yi fu 秦亦孚

Qin, Yu 秦羽

Qin, Wen 钦文
XU, SHENG YAO 许绳尧 **(1897-1984)**

Qin, Wen 钦文
ZHAO, QI WEN 赵其文 **(1903-1980)**

Qin, Wen hu 秦文虎
QIN, ZHONG JIE 秦钟洁 **(1938-)**

Qin, Wen juan 钦吻鹃
QIN, GUO XIAN 钦国贤 **(1913-1983)**

QIN, WEN YU 秦文玉 **(1948-)**
Bian, Feng 边烽

Qin, Xi 秦系
OU, WEN ZHUANG 区文庄 **(1913-)**

QIN, XI HAI 秦锡海 **(1948-)**
Hai, Fan 海凡

Qin, Xi men 秦西门
CAI, WEN XUAN 蔡文玄 **(1905-1995)**

Qin, Xi ning 秦西宁
WANG, SHEN QUAN 王深泉 **(1923-)**

Qin, Xi zhi 覃锡之
QIN, TIAN EN 覃天恩 **(1924-)**

Qin, Xian 秦咸
MAO, JIN FA 毛金法 **(1932-)**

QIN, XIAN CI 秦贤次 **(1943-)**
Shi, Bin shi 石彬室

Qin xiang ge zhu ren 沁香阁主人
LI, HAN QIU 李涵秋 **(1873-1923)**

Qin, Xiang yan 秦湘燕
ZHANG, XIN MIN 张新民 **(1943-)**

Qin, Xiao 秦孝
QIN, JIA HONG 秦家洪 **(1925-)**

Qin, Xiao jing 覃小净
QIN, XIAO QING 覃晓晴 **(1912-)**

QIN, XIAO QING 覃晓晴 **(1912-)**
Jing zi 净子
Jing zi 静子
Luo, Jia 罗嘉
Qin, Bi yu 覃必愉
Qin, Jing zi 覃净子
Qin, Xiao jing 覃小净
Wei jia 維加
Xiao jing 小净

QIN, XIAO YING 秦晓鹰 **(1948-)**
Qin, Xing 覃星
Shu, Xing 舒行

Qin xin 琴心
OU YANG, LAN 欧阳兰

Qin xin 琴心
YOU, YOU QIN 游友琴

QIN, XIN MIN 秦新民 **(1927-)**
Lu, Shi tong 陆十童
Luo, Fu 罗甫
Niu, Zi ru 牛子孺

Qin xin nü shi 琴心女士
OU YANG, LAN 欧阳兰

Qin, Xing 秦星
LIU, JIAN XUN 刘建勋 **(1941-)**

Qin, Xing 覃星
QIN, XIAO YING 秦晓鹰 **(1948-)**

Qin, Xing zhi 秦行之
ZHANG, HAI OU 张海鸥 **(1921-)**

Qin, Xuan fu 秦宣夫
QIN, SHAN JUN 秦善鋆 **(1906-)**

Qin xue 琴雪
LI, XU 李旭 **(1907-1984)**

Qin, Yan fang 覃言方
CHU, GUO LIANG 楚国良 **(1962-)**

Qin, Ye 秦野
XU, TAI QUAN 许泰权 **(1963-)**

Qin, Yi 秦仪
HE, YAO MING 何耀明 **(1951-)**

Qin, Yi 秦怡
QIN, FU HE 秦復和

Qin, Yi ding 秦一丁
QIN, JIA LUN 秦家伦 **(1947-)**

Qin, Yi fei 秦一飞
REN, ZHUO XUAN 任卓宣 **(1896-1990)**

Qin, Yi fen 秦逸芬
QIN, ZU YONG 秦祖永

Qin, Yi fu 秦亦孚
QIN, WEI XUAN 秦未萱 **(1929-)**

Qin yi lou 琴意楼
YI, JIA YUE 易家钺 **(1898-1972)**

Qin, Yi qin 秦一琴
LI, QIN 李芹

Qin, Yin 覃音
QIN, GU LAN 覃谷兰 **(1906-)**

Qin, Ying 秦英
LIU, WEI ZHANG 刘维章 **(1942-)**

QIN, YING 秦影 **(1923-)**

Chi, Yu 迟雨
Shen, Mo jun 沈默君

Qin, Ying 覃英
QIN, GU LAN 覃谷兰 **(1906-)**

Qin, Ying wen 秦颖文
LIU, MAO NING 刘茂凝 **(1941-)**

Qin, Yong 秦勇
WANG, XUE LI 王学理 **(1934-)**

QIN, YONG CHUN 秦永春 **(1936-)**
Qin, Hao 钦浩

QIN, YONG LONG 秦永龙 **(1943-)**
Zhun ban dou 准半斗

Qin, Yu 秦玉
YE, REN YI 叶仁义 **(1932-)**

Qin, Yu 秦羽
QIN, WEI XUAN 秦未萱 **(1929-)**

Qin, Yu 秦雨
WANG, XUE XIU 王学秀 **(1939-)**

Qin, Yu 秦愚
LI, YUN RU 李云如 **(1940-)**

Qin, Yu 秦瑜
JIAO, CHENG ZHI 焦承志 **(1905-1975)**

QIN, YU KAI 秦玉楷 **(1924-)**
Qin, Zheng 秦征

QIN, YU LIU 秦毓鎏 **(1879-1937)**
Tian tu 天徒
Zuo wang 坐忘

QIN, YU QUAN 秦裕权 **(1930-)**
Qin, Zhen 秦榛

QIN, YU RONG 秦裕荣 **(1896-1974)**
Qin, Zhong wen 秦仲文

Qin yuan 沁园
CAO, JU REN 曹聚仁 **(1900-1972)**

Qin, Yue 秦月
DING, JING TANG 丁景唐 **(1920-)**

Qin, Yue 秦越
ZHANG, ZI ZHAI 张子斋 **(1913-1989)**

Qin, Yue 秦嶽
QIN, GUI XIU 秦贵修 **(1929-)**

Qin, Yun ge 覃运舸
QIN, YUN KAI 覃运开 **(1964-)**

QIN, YUN KAI 覃运开 **(1964-)**
Qin, Yun ge 覃运舸

QIN, YUN ZHANG 秦运章 **(1906-)**
Ji mei 寄梅

Qin, Liu fang 秦柳方
Su, Ji mei 苏寄梅
Yang, Li ren 杨立人
Yi san 益三

Qin, Zai zheng 秦再政
QIAN, JING XUE 钱景雪 **(1918-)**

Qin, Zhai 秦斋
LI, YIN SANG 李尹桑

Qin zhai 琴斋
JIAN, JING LUN 简经纶 **(1890-1950)**

Qin zhai 琴斋
CHEN, YONG YUAN 陈永源 **(1931-)**

Qin, Zhan tong 秦展彤
WANG, YU 王余 **(1949-)**

QIN, ZHAN YA 秦占雅 **(-1940?)**
Xiao xin 小辛

QIN, ZHAO BANG 覃钊邦 **(1936-)**
Zhao bang 钊邦

QIN, ZHAO JI 秦兆基 **(1932-)**
Hong, Zheng 洪正
Yu, Fen 于棻
Zheng, Si 郑思

QIN, ZHAO YANG 秦兆阳 **(1916-)**
Gu, Yan 顾言
He, You hua 何又化
He, Zhi 何直
Jian yu 鑒余
Qin, Ce 秦策
Zeng, Jian wei 曾健为
Zhao, Yang 兆阳

Qin, Zhen 秦榛
QIN, YU QUAN 秦裕权 **(1930-)**

QIN, ZHEN YI 覃振易 **(1925-1985)**
Sha hong 莎红

Qin, Zheng 秦征
QIN, YU KAI 秦玉楷 **(1924-)**

Qin, Zhi 秦至
TAO, DE ZHEN 陶德臻 **(1926-)**

Qin, Zhi 秦至
YIN, KAO ZHEN 尹考臻 **(1947-)**

Qin, Zhi 秦织
MEN, RUI YU 门瑞瑜 **(1936-)**

Qin, Zhi 覃芷
CAI, WEN XUAN 蔡文玄 **(1905-1995)**

Qin, Zhi lou 琴志楼
YI, SHUN DING 易顺鼎 **(1858-1920)**

QIN, ZHI TI 覃智提 **(1953-)**
Lao di yang 老狄阳
Qiu, Sheng 秋生

Qin zhong hui 琴仲慧
HAN, SHU LING 韩淑玲

QIN, ZHONG JIE 秦钟洁 **(1938-)**
Qin, Wen hu 秦文虎
Zhong, Jie 钟洁

Qin, Zhong wen 秦仲文
QIN, YU RONG 秦裕荣 **(1896-1974)**

Qin, Zhong yin 秦中吟
QIN, KE WEN 秦克温 **(1936-)**

Qin zhuang 琴莊
LIANG, DING FEN 梁鼎菜 **(1859-1920)**

Qin, Zhuo 秦卓
MAI, CHUN QIAN 麦春乾 **(1911-1982)**

Qin, Zi 秦子
LEI, CHENG DE 雷成德 **(1930-)**

Qin, Zi 秦子
LIU, YIN 刘茵 **(1935-)**

Qin, Zi hao 覃子豪
QIN, JI 覃基 **(1912-1963)**

QIN, ZU YONG 秦祖永
Qin, Yi fen 秦逸芬

Qin, Zuo 秦佐
YAO, ZHEN 姚溱 **(1921-1966)**

Qing 青
ZHANG, REN JIE 张人杰 **(1877-1950)**

Qing 青
CHENG, XIAO QING 程小青 **(1893-1976)**

Qing 青
CAO, ZAN QING 曹赞卿 **(1901-1980)**

Qing 青
TIAN, ZHONG JI 田仲济 **(1907-)**

Qing 青
JIANG, CHUN FANG 姜椿芳 **(1912-1987)**

Qing 青
XU, JUN MING 许俊明

Qing 清
SHEN, YAN BING 沈雁冰 **(1896-1981)**

Qing 清
ZHU, ZI QING 朱自清 **(1898-1948)**

Qing a ge 青阿哥
YANG, TIAN CHENG 杨天成 **(1919-1969)**

Qing ai 清艾
SU, QING QIANG 苏清强 **(1948-)**

Qing bai 庆白
QU, QIU BAI 瞿秋白 **(1899-1935)**

Qing bai 青白
LIN, QING QUAN 林清泉 **(1939-)**

Qing bi 晴碧
QIAN, ZHONG YU 钱钟钰 **(1913-)**

Qing bo 青勃
ZHAO, DUO 赵铎 **(1921-1991)**

Qing bo 清波
BI, ZHEN DA 毕振达 **(1862-1926)**

Qing cao 青草
SHANG, SHU QING 尚书庆 **(1940-)**

Qing cao 青草
NIU, GUANG JIN 牛广进 **(1942-)**

Qing cao qing 青草青
ZHANG, HAN CHENG 张汉城 **(1923-)**

Qing cha 青垞
WANG, BAO XIN 王葆心 **(1867-1944)**

Qing chen 清臣
WEN, LIAN WEI 温联玮 **(1879-1939)**

Qing chen 清辰
YANG, ZUO QING 杨作清 **(1950-)**

Qing chen 清晨
DENG, ZI JING 邓子敬 **(1943-)**

Qing cheng 青城
YUAN, GUANG MEI 袁光楣 **(1916-1982)**

Qing chou 清酬
WANG, YUAN 王蘧 **(1884-1944)**

Qing chuan 晴川
GOU, QING CHUAN 苟晴川 **(1919-)**

Qing chuan 晴川
HUANG, DI QI 黄迪杞 **(1929-)**

Qing chuan 晴川
TONG, MING GUANG 佟明光 **(1936-)**

Qing chuan 晴川
CHEN, YING DE 陈应德 **(1938-)**

Qing chun 青纯
CAI, YIN 蔡寅 **(-1937)**

Qing chun 青春
CHEN, ZHI CHUN 陈志春 **(1961-)**

Qing cui shan min 晴翠山民
LI, FANG YUAN 李芳远 **(1924-1981)**

Qing cun 庆存
XIAO, JUN HE 萧君和 (1945-)

Qing dao ren 清道人
LI, RUI QING 李瑞清 (1867-1920)

Qing dao ren 清道人
CHENG, JUN 成骏 (1916-1983)

Qing dao fu 清道夫
LIN, XI JUN 林希儁

Qing du 庆都
DING, SHOU HE 丁守和 (1927-)

Qing fang 青放
WANG, ZHE CHENG 汪浙成 (1936-)

Qing fang 晴芳
WANG, YING FANG 王瑛芳 (1951-)

Qing fang 晴舫
LIU, JING JUAN 刘静娟 (1940-)

Qing fen 青芬
CHEN, ZHENG XING 陈正兴 (1938-)

Qing feng 青枫
XU, YONG KUAN 许永宽 (1926-)

Qing feng 青峯
LIAO, QING XIU 廖清秀 (1927-)

Qing feng 青峰
XIAO, SHU LIE 萧树烈 (1896-1927)

Qing feng 青峰
JIANG, ZHEN ZONG 蒋振宗 (1946-)

Qing feng 青锋
REN, ZHUO XUAN 任卓宣 (1896-1990)

Qing feng 倾风
YE, GUAN FU 叶冠复

Qing feng 清风
ZOU, EN RUN 邹恩润 (1895-1944)

Qing feng 清风
PAN, YA TUN 潘亚暾 (1931-)

Qing feng 清风
ZHENG, ZHAO XI 郑兆玺 (1933-)

Qing feng 清风
ZHENG, SHU QIN 郑树钦 (1942-)

Qing feng 清风
LIU, SHU HUA 刘树华 (1950-)

Qing feng 清风
GU, WAN LI 古万利 (1952-)

Qing feng 清风
ZHAO, YA AN 赵雅安 (1957-)

Qing gan 青干
YI, JING XUAN 伊静轩 (1905-)

Qing ge 清阁
ZHAO, QING GE 赵清阁 (1914-)

Qing gu 青谷
ZHAO, QING GE 赵清阁 (1914-)

Qing gu 清谷
ZHAO, QING GE 赵清阁 (1914-)

Qing gu yan 青谷彦
YANG, YI 杨毅 (1947-)

Qing guang 青光
XU, QING GUANG 徐青光 (1909-)

Qing gui 清桂
LU, DAN LIN 陆丹林 (1898-1972)

Qing guo 青果
ZHOU, PING YE 周平野 (1916-)

Qing guo 青果
WANG, YANG 王扬 (1917-1986)

Qing guo 青果
CHEN, QIAO MEI 陈侨美 (1955-)

Qing han 青函
PU, XI XIU 浦熙修 (1910-1970)

Qing he 清河
ZHANG, YU JUN 张羽军 (1929-)

Qing he 清河
ZHANG, QING HE 张庆和 (1931-)

Qing he 清河
ZHANG, YU LIANG 张玉良 (1940-)

Qing he 青禾
CHEN, QING HE 陈庆熇 (1923-)

Qing he 青禾
CHEN, CHUN XIU 陈春秀 (1959-)

Qing hou 青侯
WANG, CHENG 王诚 (1898-1940)

Qing huai 青槐
HOU, WEN QING 侯文卿 (1933-)

Qing huai 清怀
HUANG, KUN YAO 黄坤尧 (1950-)

Qing hui 青晦
QIAN, JUN TAO 钱君匋 (1906-)

Qing jia 青家
CHEN, QIN QUAN 陈钦权 (1949-)

Qing jian 青见
NING, YOU ZHI 宁有志 (1936-)

Qing jian 青见
LIU, JING 刘竞

Qing Jiang 青江
ZHANG, SHOU REN 张守仁 **(1933-)**

Qing jiang 清疆
SU, QING QIANG 苏清强 **(1948-)**

Qing jun 青君
WANG, DING CHENG 王鼎成 **(1917-1983)**

Qing ke 青稞
WANG, ZHANG SHENG 王樟生 **(1932-)**

Qing kong 青空
CHEN, ZHENG YI 陈正义 **(1943-)**

Qing kong lü 青空律
LU, YU 路逾 **(1913-)**

Qing lai 青来
ZHU, XIANG 诸翔 **(-1940)**

Qing lang 青郎
LIU, QI JUN 柳启鋆 **(1902-)**

Qing lang 晴朗
MAO, QING NAN 毛青南 **(1942-)**

Qing li 青藜
LI, JUN CAI 李俊才 **(1921-)**

Qing liang 清凉
LI, WEN TAO 李文涛 **(1880-1942)**

Qing liang 清凉
WANG, YUAN 王蘧 **(1884-1944)**

Qing liang shan ren 清凉山人
ZHAO, DAI WEN 赵戴文 **(1867-1943)**

Qing liang shan ren 清凉山人
GAO, XI SHUN 高希舜 **(1895-1982)**

Qing lin 青林
GU, WAN CHUAN 谷万川 **(1905-1970)**

Qing lin 青林
FENG, LIAN YUN 冯连运 **(1935-)**

Qing lin 庆霖
ZHANG, QING LIN 张庆霖

Qing ling yi die 青陵一蝶
XU, JUE 徐觉 **(1889-1937)**

Qing liu 清流
LI, LI MING 李立明 **(1926-)**

Qing liu 清流
HE, ZHI JIAN 贺志坚 **(1930-)**

Qing long shan ren 青龙山人
CHEN, LI FU 陈立夫 **(1900-2001)**

Qing lü 青侣
LIU, QI JUN 柳启鋆 **(1902-)**

Qing luo 磬落
KONG, QING LUO 孔庆洛 **(1929-)**

Qing man 青蔓
YAN, WEN JIN 严文锦 **(1915-)**

Qing mei 清媚
HUANG, LAN 黄岚

Qing mei 清嵋
HUANG, LAN 黄岚

Qing meng 青梦
LIU, XIN HUANG 刘心皇 **(1915-)**

Qing miao 青苗
YAO, YU XIANG 姚玉祥 **(1915-)**

Qing ming 檠铭
ZHANG, GONG 张弓 **(1899-1986)**

Qing niao 青鸟
YANG, YU KUN 杨玉坤 **(1937-)**

Qing niao 青鸟
LI, QING NIAO 李青鸟

Qing nong 青农
QIAN, XING CUN 钱杏邨 **(1900-1977)**

Qing ping 青萍
SHI, ZHE CUN 施蛰存 **(1905-)**

Qing ping 青萍
HUANG, QI RUI 黄启瑞 **(1910-1976)**

Qing ping 青萍
LAI, ZHAO ZENG 赖肇增 **(1926-)**

Qing Ping 青萍
ZHANG, DIAN JU 张殿举 **(1928-)**

Qing ping 青萍
LI, ZHENG WU 李正午 **(1936-)**

Qing Ping 青苹
FU, XIONG XIANG 傅熊湘 **(1883-1930)**

Qing qian 情牵
ZHU, QIAN ZHI 朱谦之 **(1899-1972)**

Qing qiang 清强
SU, QING QIANG 苏清强 **(1948-)**

Qing qing 青青
CAO, ZAN QING 曹赞卿 **(1901-1980)**

Qing qing 青青
LIU, XIN HUANG 刘心皇 **(1915-)**

Qing qing cao 青青草
CAI, SHU QING 蔡叔卿 **(1939-)**

Qing qiu 清秋
WANG, HUI 王慧 **(1956-)**

Qing qiu hen ren 青丘恨人
SHEN, CHENG 申柽

Qing qu 青曲
TAI, JING NONG 臺静农 **(1902-1990)**

Qing quan 清泉
WANG, XIA JU 王遐举 **(1909-)**

Qing quan 清泉
LI, QING QUAN 李清泉 **(1916-)**

Qing quan 清泉
DING, PENG 丁鹏 **(1919-)**

Qing quan 清泉
JIN, TAI JIA 金泰甲 **(1934-)**

Qing quan 清泉
SUN, WAN QUAN 孙万全 **(1935-)**

Qing quan 清泉
CUI, SHU GUI 崔树桂 **(1938-)**

Qing quan 清泉
TIAN, YONG CHANG 田永昌 **(1944-)**

Qing quan 清泉
YANG, ZUO QING 杨作清 **(1950-)**

Qing quan 青泉
LI, SHAN QING 李善清 **(1955-)**

Qing ren 清任
CAI, YIN 蔡寅 **(-1937)**

Qing rui 青锐
REN, ZHUO XUAN 任卓宣 **(1896-1990)**

Qing rui 清瑞
HU, YAN E 胡衍鹗 **(1874-1932)**

Qing shan 青山
YE, YI FAN 叶逸凡 **(1912-)**

Qing shan 青山
ZHAO, TONG HE 赵同和 **(1916-)**

Qing shan 青山
WANG, JING SHAN 王景山 **(1924-)**

Qing shan 青山
XIE, GUANG ZHI 谢广志 **(1931-)**

Qing shan 青山
LI, FU ZHONG 李福忠 **(1932-)**

Qing shan 青山
DING, SHAN 丁汕 **(1946-)**

Qing shan 青山
HE, JIN SHAN 何锦山 **(1954-)**

Qing shan 青杉
CAI, QIN SHENG 蔡钦笙 **(1935-)**

Qing shan lao yu 青山老愚
ZHANG, MAO 张茂 **(1937-)**

Qing shan shi 青衫湿
ZHUANG, MING FENG 庄鸣凤 **(1920-)**

Qing shang 清商
DU, LIAN ZHAI 杜联斋 **(1908-1963)**

Qing sheng 庆生
HU, SHAN YUAN 胡山源 **(1897-1988)**

Qing shi 清士
LIANG, DING FEN 梁鼎菜 **(1859-1920)**

Qing shui 清水
XIONG, FU 熊复 **(1915-)**

Qing shui 清水
LIU, ZHI LUN 刘志纶 **(1921-)**

Qing shui 清水
ZHANG, QING SHUI 张清水

Qing shui 青水
LI, SHAN QING 李善清 **(1955-)**

Qing shuo 擎硕
RAN, HONG 冉红 **(1944-)**

Qing si 青兕
LIU, YA ZI 柳亚子 **(1887-1958)**

Qing si liu 青丝柳
GU, CHU XIA 辜楚霞 **(1949-)**

Qing si zhe 青兕者
LIU, YA ZI 柳亚子 **(1887-1958)**

Qing song 青松
REN, ZHUO XUAN 任卓宣 **(1896-1990)**

Qing song 青松
WANG, XIN GENG 王莘耕 **(1918-)**

Qing song 青松
DU, JIN NAN 杜金南 **(1921-)**

Qing song 青松
LAN, QI XUAN 蓝启渲 **(1928-)**

Qing song 青松
LU, GUO SONG 陆国松 **(1937-)**

Qing song 青松
LI, YUAN JI 李元吉 **(1944-)**

Qing song 青松
ZHANG, MAN TAO 张曼涛

Qing song 庆松
HAO, QING SONG 郝庆松 **(1920-1979)**

Qing su zhu ren 清素主人
ZAI, YING 载滢 **(1862-1908)**

Qing tai 青苔
LUO, ZHENG ZHUO 罗正晫 **(1906-1983)**

Qing tian 青田
LI, CHENG ZHANG 李承璋 **(1950-)**

Qing tian 擎天
WU, QING TIAN 吴擎天

Qing ting 青亭
WU, SHENG FENG 吴晟锋 **(1947-)**

Qing tong 青桐
ZHANG, SHI ZHAO 章士钊 **(1882-1973)**

Qing tong 青铜
LI, JIN SHENG 李津生 **(1961-)**

Qing tong 青桐
XU, SU WU 徐夙吾

Qing tong jian 青铜剑
LIAO, KENG RAN 廖铿然 **(1932-)**

Qing tong zi 青桐子
ZHANG, SHI ZHAO 章士钊 **(1882-1973)**

Qing tou jin 青頭巾
JIN, LI MING 金力明 **(1955-)**

Qing tuo 庆鮀
XIONG, QING TUO 熊庆鮀 **(1924-)**

Qing tuo 磬陀
XIONG, QING TUO 熊庆鮀 **(1924-)**

Qing wen 青文
LIN, QING WEN 林庆文 **(1939-)**

Qing wu 庆午
HUANG, XING 黄兴 **(1874-1916)**

Qing wu 庆武
HUANG, XING 黄兴 **(1874-1916)**

Qing xi sheng 清溪生
ZHAO, YAN LIANG 赵彦良 **(1946-)**

Qing xi yu yin 清溪渔隐
WANG, ZHAO YONG 汪兆镛 **(1861-1939)**

Qing xian san ren 清閒散人
JIANG, YUN 蒋芸

Qing xu 晴虚
XIU, YAN 修严

Qing xuan 晴轩
LIN, QING XUAN 林清玄 **(1953-)**

Qing ya 青崖
LI, YUN 李允 **(1884-1969)**

Qing ya zhai zhu 清雅斋主
YAN, TIAN RUI 阎天瑞 **(1915-)**

Qing yan 庆衍
WU, YU WEI 吴堉威 **(1906-1989)**

Qing yan 青岩
WU, YU WEI 吴堉威 **(1906-1989)**

Qing yan 青烟
XU, REN DE 徐仁德 **(1925-)**

Qing yan 輕烟
WU, YU WEI 吴堉威 **(1906-1989)**

Qing yang 清扬
LÜ, BI CHENG 吕碧城 **(1883-1943)**

Qing yang 清扬
LIU, QING YANG 刘清扬 **(1894-1977)**

Qing yang 清扬
ZHANG, QING YANG 张清扬

Qing yang 青阳
ZHUANG, ZHI MING 庄志明 **(1937-)**

Qing yang zhe 青阳哲
ZHUANG, PEI CHU 庄培初 **(1916-)**

Qing yao 庆尧
LI, JIU XIAN 李九仙 **(1912-)**

Qing yao shan nong 青要山农
SHEN, ZENG ZHI 沈曾植 **(1850-1922)**

Qing ye 青野
TIAN, ZHONG JI 田仲济 **(1907-)**

Qing ye 青野
ZHOU, GUO HUI 周国辉 **(1929-)**

Qing ye 晴夜
HUANG, MEI HUA 黄美华 **(1952-)**

Qing yi 青夷
YU, YUN PING 俞允平 **(1927-)**

Qing yi ke 清逸客
PAN, SHOU HENG 潘寿恒 **(1914-)**

Qing yi lao ren 清一老人
FANG, SHOU YI 方守彝 **(1847-1924)**

Qing yin sheng 清荫生
LI, YU YING 李煜瀛 **(1881-1973)**

Qing ying 清莹
ZHANG, WEN XUN 张文勋 **(1926-)**

Qing yu 庆余
CHEN, GE XIN 陈歌辛 **(1914-1961)**

Qing yu 青宇
YAN, QING SHOU 颜青守 **(1936-)**

Qing yu 青榆
ZHU, REN JIAN 朱仁健 **(1913-1983)**

Qing yu 青榆
ZHANG, QING YU 张青榆 **(1916-)**

Qing yu 清宇
ZHANG, CHENG HUAN 张澄寰 **(1938-)**

Qing yuan 庆源
WEI, QING YUAN 韦庆远 **(1928-)**

Qing yuan 青圆
JIANG, HAI ZHOU 姜海洲 **(1932-)**

Qing yuan 清园
WANG, YUAN HUA 王元化 **(1920-)**

Qing yun 青云
LI, YUN HE 李云鹤 **(1914-1991)**

Qing yun 青云
LIU, SHENG ZHI 刘生智 **(1919-)**

Qing yun 青云
YAN, MIN QIANG 严民强 **(1927-)**

Qing yun 轻云
WANG, SHOU SHAN 王寿山 **(1921-)**

Qing yun 卿云
WANG, JIAN YU 王建裕

Qing yun 清云
LIU, SHU HUA 刘树华 **(1950-)**

Qing yun nan 青云南
BAO, GONG YI 包公毅 **(1876-1973)**

Qing zhang 青嶂
JIANG, XI JIN 蒋锡金 **(1915-)**

Qing zhe 青哲
LUO, QING ZHE 罗青哲 **(1948-)**

Qing zhi 青之
LI, PING XIN 李平心 **(1907-1966)**

Qing zhi 青之
LI, JING YUAN 李静远 **(1914-)**

Qing zhi 青枝
LÜ, DE HUA 吕德华 **(1927-)**

Qing zhi lao ren 青芝老人
LIN, SEN 林森 **(1868-1943)**

Qing zhou 晴舟
ZHOU, ZHAO KAN 周昭坎 **(1938-)**

Qing zhu 青主
LIAO, SHANG GUO 廖尚果 **(1893-1959)**

Qing zhu 青竹
LI, SHOU YE 李寿业 **(1939-)**

Qing zhu 清柱
BAO, GONG YI 包公毅 **(1876-1973)**

Qing zi 青子
TANG, XIANG QING 唐向青 **(1915-)**

Qing zi 青子
MA, ZHI YUAN 马志远 **(1918-)**

Qing zi 青子
MA, SHI HAO 马世豪 **(1927-)**

Qing zi 青子
GAO, YUN XIU 高韻琇

Qing zi guang 青子光
REN, ZHUO XUAN 任卓宣 **(1896-1990)**

Qiong 琼
YANG, WEI YU 杨卫玉 **(1888-1956)**

Qiong 琼
HE, XING CONG 何兴琮 **(1921-)**

Qiong an 琼安
HUANG, AN QIONG 黄安琼

Qiong an 蛩菴
LUO, DUN WEI 罗敦伟 **(1898-1964)**

Qiong bu tong wo zhu 穷不通窝主
LI, PU YUAN 李扑园 **(1901-)**

Qiong hua guan 琼华馆
LU, DAN AN 陆澹安 **(1894-1980)**

Qiong huang gu ke 穷荒孤客
ZHANG, BING LIN 章炳麟 **(1869-1936)**

Qiong ma 琼马
ZHANG, YONG TAI 张永太 **(1940-)**

Qiong miao 茕渺
XIE, SHU FEN 谢淑芬 **(1956-)**

Qiong qi 穷奇
TAN, ZUO MIN 谭作民 **(1887-1974)**

Qiong ren 穷人
YAN, YU FANG 颜毓芳 **(1912-)**

Qiong sheng 琼生
FENG, SHAO QIANG 冯少强

Qiong ya 琼崖
HE, XING CONG 何兴琮 **(1921-)**

Qiong yao 琼瑶
CHEN, ZHE 陈喆 **(1938-)**

Qiong yin 琼音
YANG, QIONG HUA 杨琼华 **(1927-)**

Qiong yin 琼隐
ZHANG, HONG 张鸿 **(1866-1941)**

Qiong yin 璚隐
ZHANG, HONG 张鸿 **(1866-1941)**

Qiong zi 穷子
LI, GUO SHUN 李国顺 **(1974-)**

Qiong zi 琼子
HE, XING CONG 何兴琮 **(1921-)**

Qiu 秋
XIAO, SHU LIE 萧树烈 **(1896-1927)**

Qiu 秋
CHEN, QIU FAN 陈秋帆 **(1909-1984)**

Qiu, Ai jun 邱艾军
QIU, JIA CHUO 邱家绰 **(1920-)**

Qiu, Ao 仇鳌
QIU, YAO YUAN 仇曜元 **(1876-1970)**

Qiu, Bai 秋白
QU, QIU BAI 瞿秋白 **(1899-1935)**

Qiu, Bei 秋悲
YING, RUI XIAN 应瑞贤 **(1912-1944)**

QIU, BIN CUN 丘斌存 **(1903-)**
Gao, Ji 高基
Qiu, Guo ji 丘国基
Zhong ni 中尼

Qiu, Bing 秋冰
CAI, QUAN 蔡权

QIU, BING NAN 邱炳南 **(1924-)**
Qiu, Yong han 邱永汉
Shi wai min 世外民

Qiu, Bo 秋波
ZENG, GUANG CAN 曾广灿 **(1936-)**

QIU, CAI HAO 邱才豪 **(1921-)**
Qiu, Tian zong 邱天縱
Quan ren 泉人

Qiu, Can 秋蚕
LIU, YA ZI 柳亚子 **(1887-1958)**

Qiu, Cang xun 邱苍汛
QIU, MING KUN 邱名崐 **(1940-)**

Qiu cao yuan ke 秋草园客
ZHOU, ZUO REN 周作人 **(1885-1967)**

Qiu, Cao zhai 秋草斋
YANG, SHOU NAN 杨寿枏 **(1868-1947)**

QIU, CHANG 邱昶 **(1942-)**
Xia, Li 夏里

Qiu, Chang 秋长
SHI, RUN DE 施润德 **(1917-)**

Qiu, Chao 秋潮
GU, JUN ZHENG 顾均正 **(1902-1980)**

Qiu, Chao 秋潮
SUN, TONG SHENG 孙桐盛 **(1920-)**

Qiu, Chen 秋尘
WU, SUN 吴隼 **(1902-1961)**

Qiu, Chuan 秋川
LIANG, JIN GUANG 梁金广 **(1932-)**

Qiu, Chuan 秋川
LIU, ZU CI 刘祖慈 **(1939-)**

Qiu, Chun 秋莼
ZHANG, QIU REN 张秋人 **(1898-1928)**

Qiu, Chun guang 邱淳洸
QIU, MIAO QIANG 邱淼锵 **(1908-)**

QIU, CHUN LIN 仇春霖 **(1930-)**
Ge fu 舸夫
Mo shang kui 陌上葵

QIU, CHUN LIN 邱春林 **(1955-)**
Wen, Yu 文雨
Yi, Fu ri 易夫日

Qiu, Dan qing 丘丹青
QIU, DONG XIANG 丘董祥 **(1929-)**

Qiu, deng zhai 求等斋
ZHANG, ZHI RUI 张之锐 **(-1924)**

Qiu, Di 秋笛
LIU, MEI YING 刘美英

Qiu, Die 丘垤
XIAO, MAN RUO 萧蔓若 **(1908-)**

Qiu, Dong 秋洞
CAI, QIU TONG 蔡秋桐 **(1900-)**

QIU, DONG PING 丘东平 **(1910-1941)**
Dong ping 東平

QIU, DONG XIANG 丘董祥 **(1929-)**
Qiu, Dan qing 丘丹青

Qiu, Du 丘渡
ZHOU, GUO CAN 周国粲 **(1934-)**

Qiu, fa 虬发
PAN, LIAN XI 潘连熙 **(1914-1935)**

Qiu, Fan 丘帆
CHEN, QIU FANG 陈秋舫 **(1926-)**

Qiu, fan 秋帆
DU, WEI SUN 杜纬孙 **(1873-1933)**

Qiu, Fan 秋帆
YANG, ZHEN HONG 杨振鸿 **(1874-1909)**

Qiu, Fan 秋帆
CHEN, QIU FAN 陈秋帆 **(1909-1984)**

Qiu, Fan 秋帆
HUANG, YI YONG 黄益庸 **(1926-)**

Qiu, Fan 秋帆
LI, TING HUI 李廷辉 **(1931-)**

Qiu, Fan 秋帆
YANG, DONG MING 杨东明

Qiu, Fang 秋方
DONG, QIU FANG 董秋舫 **(1897-1977)**

Qiu, Fang 秋舫
DONG, QIU FANG 董秋舫 **(1897-1977)**

QIU, FENG 邱峰 **(1947-)**
Xi fang jin 西方金

Qiu, Feng 秋丰
LI, ZE HUA 李泽华 **(1960-)**

Qiu, Feng 秋风
LI, GUO QUAN 黎国荃 **(1914-1966)**

Qiu, Feng 秋风
ZHANG, TIE FU 张铁夫 **(1922-)**

Qiu, Feng 秋风
WANG, CHENG ZHU 王成柱 **(1930-)**

Qiu, Feng 秋风
ZHANG, FANG 张放 **(1932-)**

Qiu, Feng 秋风
JIA, YU 贾羽 **(1961-)**

Qiu, Feng 秋枫
ZHOU, ZUO QIU 周作秋 **(1934-)**

Qiu, Feng 秋枫
WANG, HONG YE 王洪叶 **(1947-)**

Qiu, Feng 丘峰
LAI, HONG QIANG 赖鸿强 **(1932-)**

QIU, FENG 邱丰 **(1923-)**
Da nian 大年

Qiu, Feng 秋峰
SONG, ZHEN GUO 宋振国 **(1947-)**

QIU, FENG JIA 丘逢甲 **(1864-1912)**
Cang hai 沧海
Cang hai jun 沧海君
Hai dong yi min 海東遺民
Hua, Yan zi 华严子
Nan, Wu 南武
Nan wu shan ren 南武山人
Tai wan yi min 臺灣遺民
Tong ku sheng 痛哭生
Xian gen 仙根
Zhe an 蛰庵
Zhe weng 蛰翁
Zhe xian 蛰仙

Qiu, Feng ren 邱风人
QIU, HENG JIN 邱衡近 **(1899-1949)**

QIU, FENG SONG 邱丰松 **(1937-)**
Feng, Song 丰松

Qiu, Fu 丘夫
ZHANG, QING LIANG 张庆良 **(1960-)**

Qiu, Fu 秋夫
HAN, QIU FU 韩秋夫 **(1932-)**

Qiu, Gu 秋谷
LIU, DE XING 刘德星 **(1927-)**

Qiu, Guan qiu 丘观求
QIU, GUANG QIU 邱光璆

Qiu, guang 求光
MAI, LIU GUANG 麦馏光 **(1931-)**

QIU, GUANG QIU 邱光璆
Qiu, Guan qiu 丘观求
Qiu, Ke nan 丘克难

QIU, GUANG ZHENG 邱光正 **(1930-)**
Pu, Dong 浦冬

Qiu, Guo ji 丘国基
QIU, BIN CUN 丘斌存 **(1903-)**

QIU, GUO LIANG 邱国量 **(1956-)**
Qiu, Tai ge 邱泰歌

QIU, GUO PING 丘国平 **(1949-)**
Yi shan 亦山

QIU, GUO YING 邱国鹰 **(1944-)**
Wei ming 蔚明

Qiu, Han 秋寒
ZHANG, JING AN 张敬安 **(1925-)**

QIU, HAN SHENG 邱汉生
Zi wei 子为

Qiu, He 丘壑
QIU, XIAO QIU 邱笑秋 **(1935-)**

Qiu, He 秋禾
WU, YING 武瑛 **(1940-)**

QIU, HENG JIN 邱衡近 **(1899-1949)**
Dai lao ban 呆老板
Feng ren 风人
Qiu, Feng ren 邱风人
Wei, Wu gong 衛武功
Yu shi shi 御史氏

Qiu, Hong 秋红
XIE, YONG JIU 谢永就 **(1950-)**

Qiu, Hong 秋虹

MIAO, WEN WEI 缪文渭 (1915-)

Qiu, Hong 秋虹
HUANG, YUE E 黄月娥

Qiu, Hua 秋桦
JIANG, HUA 姜华 (1956-)

Qiu huai shi 秋怀室
ZHANG, XU 张须 (1895-1968)

Qiu, Huang feng 丘璜峰
QIU, YUN DUO 邱韻铎 (1907-)

Qiu, Hui 秋晖
ZHU, JIE FAN 朱介凡 (1912-)

Qiu, Hui 秋晖
YANG, CHONG SHI 杨崇时 (1944-)

Qiu, Hun 秋魂
SHEN, CI YUE 沈次约

Qiu hun shi zhu 秋魂室主
XU, XIAO YA 徐啸亚

QIU, HUO LIN 邱火林 (1964-)
Lin, Huo 林夥
Qiu, Tian 邱天

Qiu, Ji 邱及
QIU, YING JIE 邱英杰 (1910-1984)

Qiu, Ji 秋麂
WANG, SHU JI 王树基 (1921-)

Qiu, Ji fu 邱吉甫
QIAN, ZHONG SHU 钱钟书 (1910-1998)

Qiu, Ji wo 邱吉我
GONG, XIE 龚燮

QIU, JIA CHUO 邱家绰 (1920-)
Ai, Jun 艾军
Guo, Feng 郭枫
Qiu, Ai jun 邱艾军

Qiu, Jia zhen 丘家珍
QIU, SHI ZHEN 丘士珍 (1904-)

Qiu, Jian 仇剑
ZHANG, WEN XUN 张文勋 (1926-)

Qiu, Jian 秋涧
LIU, JI KUN 刘济昆 (1944-)

QIU, JIAN MIN 邱建民 (1924-)
L.K.
Lu, Ke 鲁克
Luo fei 洛菲
Qiu, Yao nian 邱耀年
Xiao, Yan 萧彦

Qiu, Jiang 秋江
LU, ZENG YI 陆曾沂 (-1927)

Qiu, Jiang 秋江
CHEN, YI 陈毅 (1901-1972)

Qiu, Jiang 秋江
MENG, KE QUAN 孟可权 (1910-1967)

Qiu, Jiang 秋江
XU, DE JIN 徐德锦 (1921-)

Qiu, Jiang hai 邱江海
WANG, SHEN QUAN 王深泉 (1923-)

Qiu, Jie 邱傑
QIU, XI JIE 邱晞傑 (1948-)

Qiu, Jie neng 邱洁能
QIU, MING KUN 邱名崐 (1940-)

QIU, JIN 秋瑾 (1875-1907)
Han xia nü er 汉侠女兒
Jian hu nü xia 鑑湖女侠
Jing xiong 競雄
Qiu, Jing 秋竞
Qiu, Jing xiong 秋競雄
Qiu, Qian 秋千
Qiu, Xia 秋侠
Xuan qing 璿卿
Yu gu 玉姑

QIU, JIN ZHANG 丘瑾璋
Gao, Shan 高山

Qiu, Jing 秋竞
QIU, JIN 秋瑾 (1875-1907)

Qiu, Jing xi 丘静溪
CAI, YA DI 蔡雅笛 (1954-)

Qiu, Jing xiong 秋競雄
QIU, JIN 秋瑾 (1875-1907)

Qiu, Jiu 邱玖
LAN, YU YE 蓝裕业 (1902-1928)

QIU, JIU RU 邱九如
Yun sheng 芸生

Qiu, Jun 秋君
LI, ZU YUN 李祖云 (1899-1971)

Qiu, Kang 丘康
ZHANG, TIAN BAI 张天白 (1902-)

Qiu, Ke 仇客
LOU, JIAN NAN 楼建南 (1905-)

Qiu, Ke 丘克
GONG, QIU KE 龚丘克 (1955-)

Qiu, Ke nan 丘克难
QIU, GUANG QIU 邱光璆

Qiu, Kuo 秋澗

CAI, QIU TONG 蔡秋桐 (1900-)

QIU, LAN SHENG 丘兰生 (1932-)
Xiao qiu 晓丘

Qiu, Lang 秋郎
LIANG, SHI QIU 梁实秋 (1902-1987)

Qiu, Lang 秋郎
YE, YUN PU 叶榅璞 (1905-1975)

Qiu, Lang 秋郎
WEN, YU SHU 温玉书 (1911-)

Qiu, Lang 秋朗
CHEN, QI XIONG 陈其雄

Qiu, Lang 秋浪
FU, TIAN CHOU 傅天仇 (1920-1990)

QIU, LI JI 丘立基 (1937-)
Wen, Ge 温戈
Wu, An 吴岸
Ye, Cao 叶草
Ye, Li 叶藜

QIU, LI XIN 邱立新 (1941-)
Li, Zi 李子

QIU, LIANG 仇亮 (1879-1918)
Ming, Hong 冥鸿
Qiu, Shi kuang 仇式匡
Shi kuang 式匡
Yun cun 韫存
Yun cun 蕴存

Qiu, Liang 秋凉
WANG, JIAN HONG 王涧泓 (1946-)

QIU, LIN 邱林 (1913-)
Qi, Lu 齐路
Qiu, Xiao song 邱晓松
Qiu, Xiao song 邱晓崧
Yin, Lü 殷侣

Qiu, Lin 邱林
FENG, JIA SHENG 冯加盛 (1944-)

Qiu, Lin 秋霖
CHEN, PEI LIN 陈沛霖

Qiu, Lin 裘麟
LI, XIU LIN 李秀林 (1931-1986)

QIU, LIN YUAN 邱林渊 (1916-)
Li, Chen 李辰

Qiu, Ling 丘陵
TAI, CHANG CHENG 泰昌程 (1926-)

Qiu, Ling 丘陵
ZHOU, GUO CAN 周国粲 (1934-)

Qiu, Ling 秋灵
XUAN, BO CHAO 宣伯超 (1912-)

Qiu, Ling 秋零
ZHENG, XIAN HUA 郑仙花 (1951-)

QIU, LIU CHUAN 丘柳川 (1949-)
Liu, Chuan 柳川
Shi, Mou tuo 施缪陀
Zhen zhen 蓁蓁

QIU, LIU MAN 丘柳曼 (1937-)
Meng, Zhong ji 孟仲季

Qiu, Lu 秋陆
JING, YAO YUE 景耀月 (1883-1944)

Qiu, Lü 秋绿
JING, YAO YUE 景耀月 (1883-1944)

Qiu, Mei 丘梅
QIU, ZHAO FEI 丘肇飞 (1943-)

Qiu, Mei 秋枚
DENG, SHI 邓实 (1877-1951)

QIU, MIAO QIANG 邱淼锵 (1908-)
Qiu, Chun guang 邱淳洸
Qiu, Qin chuan 邱琴川

Qiu, Min 丘岷
QIU, MING KUN 邱名崐 (1940-)

Qiu, Min 秋旻
WANG, TONG ZHAO 王统照 (1897-1957)

Qiu, Min kun 邱泯崐
QIU, MING KUN 邱名崐 (1940-)

Qiu, Min kun 邱泯錕
QIU, MING KUN 邱名崐 (1940-)

Qiu, Ming 丘明
MA, ZHONG HAN 马锺汉 (1912-)

Qiu, Ming 秋明
SHEN, YIN MO 沈尹默 (1883-1971)

Qiu, Ming 秋明
ZHANG, GUANG REN 张光人 (1902-1985)

Qiu, Ming 秋明
FEI, SHAN JI 费善机

Qiu, Ming 秋鸣
SUN, NIAN HUA 孙年华

Qiu, Ming kun 邱名昆
QIU, MING KUN 邱名崐 (1940-)

QIU, MING KUN 邱名崐 (1940-)
Ba tong 芭桐
Dong qi 冬琦
Jiang, Fan 江帆
Jin, Ti 晋逖

Jin, Tuo 金駝
Long, Qi 龙琦
Ma, Lun 马仑
Ma, Lun 马崙
Meng ping 梦平
Nan, Shan ku 南山谷
Qiu, Cang xun 邱苍汛
Qiu, Jie neng 邱洁能
Qiu, Min 丘岷
Qiu, Min kun 邱泯錕
Qiu, Min kun 邱泯崐
Qiu, Ming kun 邱名昆
Qiu, Zi hao 邱子浩
Tie mu lun 帖木崙
Xia, Luo 夏洛

Qiu, Ming shi 秋明室
SHEN, YIN MO 沈尹默 **(1883-1971)**

Qiu ming shi zhu 秋明室主
SHEN, YIN MO 沈尹默 **(1883-1971)**

Qiu, Mo 邱默
ZHANG, WAN LING 张万龄 **(1946-)**

Qiu, Mo 秋墨
YU, DING 于定

QIU, MOU SHENG 邱谋盛 **(1956-)**
Ke du 可渡
Mu yang zi 牧阳子

QIU, NAN 邱楠 **(1916-1979)**
Nan, Sheng 南生
Pin si lou 聘思楼
Qiu, Yan xi 邱言曦
Ri xi 日曦
Xi men, Liu 西門柳
Yan, Xi 言曦
Zhou, Yu wen 周郁文

Qiu, Nan 秋楠
LI, KAN 李侃 **(1922-)**

Qiu nan 楸楠
MA, JIA XIANG 马家骧 **(1916-)**

Qiu, Niang 秋孃
KONG, FAN YAN 孔繁衍 **(1912-)**

Qiu, Nong 秋农
DUAN, XIANG JUN 段相君 **(1942-)**

Qiu, Ping 秋平
CAO, ZAN QING 曹赞卿 **(1901-1980)**

Qiu, Ping 秋平
HU, QIU PING 胡秋坪 **(1917-)**

Qiu, Ping 秋平
FU, QI WEN 符启文（**1944-)**

Qiu, Ping 秋萍
CAO, ZAN QING 曹赞卿 **(1901-1980)**

Qiu, Ping 秋萍
XIE, BING YING 谢冰莹 **(1906-2000)**

Qiu, Ping 秋萍
CHENG, JUN 成骏 **(1916-1983)**

Qiu, Qi 秋七
LIN, YONG YU 林永俣 **(1914-)**

QIU, QI HUA 仇启华 **(1926-)**
Hao yan 蒿岩
Qi, Hua 祁华
Qiu, Song nian 仇松年
Qiu, Song nian 裘松年
Wen, Cao 文草

QIU, QI MING 丘启明
Cheng sheng 澄生

QIU, QI QI 邱七七 **(1928-)**
Qi qi 七七
Qiu yun nü shi 秋云女士

Qiu, Qian 秋千
QIU, JIN 秋瑾 **(1875-1907)**

Qiu, Qin 丘琴
DENG, TIAN YOU 邓天佑 **(1915-)**

Qiu, Qin 丘勤
QIU, ZHI XUAN 丘志轩

Qiu, Qin 秋芹
ZHAO, XUE HAI 赵雪海 **(1945-)**

Qiu, Qin chuan 邱琴川
QIU, MIAO QIANG 邱淼锵 **(1908-)**

Qiu qiu 萩萩
HE, QI FANG 何其芳 **(1912-1977)**

Qiu, Qu 秋蕖
QU, QIU BAI 瞿秋白 **(1899-1935)**

Qiu, Qu 裘取
WU, GONG ZHENG 吴功正 **(1943-)**

Qiu, Qu er 邱去耳
QIAN, ZHONG SHU 钱钟书 **(1910-1998)**

QIU, QUAN XUN 邱全勋 **(1933-)**
Qiu, Xun 邱勋

Qiu, Quan 秋泉
YANG, WEN HAN 杨文翰 **(1935-)**

QIU, RAN 邱然
Yan, Gui lai 燕歸來
Yan, Yun 燕云

Qiu, Ran 秋然
LIAO, RONG HAN 廖荣汉 **(1946-)**

Qiu, ran ke 虬髯客
YU, DE KUN 于德坤

Qiu, Ren 秋人
LIAO, PING ZI 廖平子 **(1882-1943)**

Qiu, Ren 秋人
ZHANG, QIU REN 张秋人 **(1898-1928)**

Qiu, Ren 丘人
ZHANG, QIU REN 张秋人 **(1898-1928)**

QIU, REN MEI 邱仁美 **(1924-)**
Xi ping 溪萍

Qiu, Ren ye 仇任野
CHAI, ZHI YING 柴之英 **(1928-)**

QIU, REN ZONG 邱仁宗 **(1932-)**
Chen, Jin 陈瑾
Li, Feng 黎风
Wei, Huang 魏煌

Qiu, Ri qing 丘日庆
QIU, RI XING 丘日兴 **(1913-)**

QIU, RI XING 丘日兴 **(1913-)**
Qiu, Ri qing 丘日庆
Ting sheng 汀生

QIU, RONG HUA 邱荣华 **(1955-)**
Qiu, Shang lin 邱上林

Qiu, Rong xiang 邱荣襄
QIU, RONG XIANG 丘荣镶 **(1947-)**

QIU, RONG XIANG 邱荣镶 **(1947-)**
Qiu, Rong xiang 丘荣襄

Qiu, Ru jin 秋如锦
CHEN, CHANG HUA 陈长华 **(1946-)**

Qiu, Ru lun 邱如侖
QIU, ZUO PING 邱作屏 **(1924-)**

Qiu, Ru lun 邱如崙
QIU, ZUO PING 邱作屏 **(1924-)**

Qiu, Ru shan 仇如山
TANG, DUAN YI 唐端毅 **(1913-1992)**

Qiu, Ru tian 仇如天
WANG, CHENG GONG 汪诚功 **(1921-)**

Qiu, Ruo 秋若
HE, QI FANG 何其芳 **(1912-1977)**

Qiu, Seng 仇僧
YU, SHOU YI 余寿颐 **(1883-1930)**

Qiu, Sha 丘沙
GU, JIN ZHANG 顾金章 **(1925-)**

Qiu, Shan 仇山
TANG, DUAN YI 唐端毅 **(1913-1992)**

Qiu, Shan 丘山
WEN, YU SHU 温玉书 **(1911-)**

Qiu, Shan 丘山
CHEN, QI TONG 陈其通 **(1916-)**

Qiu, Shan 丘山
LI, YAO NAN 李耀南 **(1917-)**

Qiu, Shan 邱山
CHEN, QI TONG 陈其通 **(1916-)**

QIU, SHAN 邱山
Jia bao 嘉宝
Liu, Wen 柳闻
Qiu, Zi 秋子

Qiu, Shan 秋山
HU, HUAI CHEN 胡怀琛 **(1886-1938)**

Qiu, Shan 秋山
WU, JIN LAN 吴晋澜 **(1907-1984)**

Qiu, Shan yan 秋山雁
LIU, DING LIN 刘定霖

Qiu, Shang lin 邱上林
QIU, RONG HUA 邱荣华 **(1955-)**

Qiu, Sheng 秋生
SHEN, YAN BING 沈雁冰 **(1896-1981)**

Qiu, Sheng 秋生
HU, SHAN YUAN 胡山源 **(1897-1988)**

Qiu, Sheng 秋生
GUO, QIU SHENG 郭秋生 **(1904-1980)**

Qiu, Sheng 秋生
YE, YUN PU 叶韫璞 **(1905-1975)**

Qiu, Sheng 秋生
HU, QIU YUAN 胡秋原 **(1910-1989)**

Qiu, Sheng 秋生
QIN, ZHI TI 覃智提 **(1953-)**

Qiu, Sheng 秋声
YANG, ZHEN SHENG 杨振声 **(1890-1956)**

Qiu, Sheng 秋声
ZHANG, FU YUAN 张福源 **(1955-)**

Qiu, Sheng 秋升
WANG, RUN SHENG 王润生 **(1942-)**

QIU, SHENG MING 丘声明 **(1940-)**
Ai, Yun 艾芸
Fei meng 菲萌
Gu, Qiao min 古樵民
Gu, Ren 古刃

Qiu, Shi 丘石
DING, LIAN YUAN 丁连元 **(1941-)**

Qiu, Shi 秋士
ZOU, YU 邹遇 **(1881-)**

Qiu, Shi 秋士
DONG, SHAO MING 董绍明 **(1899-1969)**

Qiu, Shi 秋士
LI, WEI SEN 李伟森 **(1903-1931)**

Qiu, Shi 秋士
ZHENG, SHU QIN 郑树钦 **(1942-)**

Qiu, Shi 秋士
GAO, ZENG 高增

Qiu, Shi 秋石
LIU, YAN LING 刘延陵 **(1895-1988)**

Qiu, Shi 秋石
LI, WEI SEN 李伟森 **(1903-1931)**

Qiu, Shi 秋石
LIU, CHENG YUAN 刘成源 **(1928-)**

Qiu, Shi 秋石
JIANG, YING GUANG 蒋映光 **(1930-)**

Qiu, Shi 秋石
WEN, KE QIN 温克勤 **(1936-)**

Qiu, Shi 秋石
ZOU, ZHONG JIE 邹中杰 **(1949-)**

Qiu, Shi 秋实
ZHU, ZI QING 朱自清 **(1898-1948)**

Qiu, Shi 秋实
LIU, BAI QING 刘柏青 **(1924-)**

Qiu, Shi 秋实
LI, XING YA 李兴亚 **(1925-)**

Qiu, Shi 秋实
ZHANG, SHAN TANG 张善堂 **(1934-)**

Qiu, Shi 秋实
XIAO, YU TIAN 萧毓田 **(1937-)**

Qiu, Shi 秋实
JIANG, JIAN WEN 江建文 **(1938-)**

Qiu, Shi 秋实
ZHAO, RI CHENG 赵日成 **(1938-)**

Qiu, Shi 秋实
WANG, REN QIU 王人秋 **(1942-)**

Qiu, Shi 秋实
WANG, YU CAI 王育才 **(1946-)**

Qiu, Shi 秋实
ZHANG, CHUN RONG 张春荣 **(1954-)**

Qiu, Shi 秋室
LIANG, SHI QIU 梁实秋 **(1902-1987)**

Qiu shi 求实
DONG, SHAO MING 董绍明 **(1899-1969)**

Qiu shi 求实
LI, WEI SEN 李伟森 **(1903-1931)**

Qiu shi 求实
LI, ZHI QIN 李之勤 **(1923-)**

Qiu shi 求是
DONG, SHAO MING 董绍明 **(1899-1969)**

Qiu shi 求是
MA, GUANG HUANG 马光煌 **(1921-)**

Qiu, Shi kuang 仇式匡
QIU, LIANG 仇亮 **(1879-1918)**

Qiu, Shi mu 丘石木
QIU, YUN DUO 邱韻铎 **(1907-)**

Qiu, Shi yu 仇尸屿
LIAO, BAO YING 廖宝鍙 **(1909-)**

Qiu shi zhai 求是斋
ZHU, XIANG 诸翔 **(-1940)**

Qiu shi zhai zhu ren 求适斋主人
CHEN, HAN GUANG 陈汉光 **(1921-1973)**

QIU, SHI ZHEN 丘士珍 **(1904-)**
Fei ming 废名
Qiu, Jia zhen 丘家珍
Qiu, Tian 丘天

Qiu, Shou 秋收
LI, JI HUAI 李继槐 **(1942-)**

QIU, SHOU CHEN 邱绶臣 **(1929-)**
Qiu, Shou cheng 邱受成
Shou cheng 受成

Qiu, Shou cheng 邱受成
QIU, SHOU CHEN 邱绶臣 **(1929-)**

QIU, SHU NÜ 邱淑女 **(1940-)**
Qiu, Xiu zhi 邱秀芷
Qiu, Xiu zhi 丘秀芷

QIU, SHU RONG 邱树荣 **(1959-)**
Huai ping 淮平

Qiu, Shuang 秋爽
WU, SHUANG LIAN 吴双连 **(1936-)**

QIU, SHUI YUAN 邱水源
Ying xing 莹星

Qiu, Shui 秋水
ZHU, ZU SHOU 朱组绶 **(1880-1934)**

Qiu, Shui 秋水
FEI, QI 费启 **(1919-)**

Qiu, Shui 秋水

GAO, YUE DONG 高月东 **(1919-)**

Qiu, Shui 秋水
CHU, DA HONG 储大泓 **(1927-)**

Qiu, Shui 秋水
QU, CHUN SHAN 屈春山 **(1940-)**

Qiu, Si 秋斯
DONG, SHAO MING 董绍明 **(1899-1969)**

Qiu si 求思
DONG, SHAO MING 董绍明 **(1899-1969)**

Qiu, Song nian 仇松年
QIU, QI HUA 仇启华 **(1926-)**

Qiu, Song nian 裘松年
QIU, QI HUA 仇启华 **(1926-)**

Qiu, Su 秋素
JIN, CHANG JIE 金昌杰 **(1911-)**

Qiu, Su 秋素
YING, HUA XIANG 应华香 **(1933-)**

QIU, SU ZHEN 邱素臻 **(1928-)**
Su guang 素光
Su ming 素明

Qiu, Sun 秋孙
DU, JIU TIAN 杜就田

Qiu, Sun 秋隼
ZHAO, DE ZUN 赵德尊 **(1913-)**

Qiu suo 求索
SU, XUE HENG 苏学衡 **(1923-)**

Qiu, Tai ge 邱泰歌
QIU, GUO LIANG 邱国量 **(1956-)**

Qiu tang 萩棠
HAN, YING SHAN 韩英山 **(1941-)**

Qiu, Tang shi 秋堂室
ZHU, MU JIA 朱慕家 **(1890-1970)**

Qiu, Tao 秋涛
WANG, YANG SONG 王仰嵩 **(1898-1964)**

QIU, TAO LIANG 丘陶亮 **(1947-)**
A liang 阿梁
Xiao qiu 小丘

Qiu, Tian 丘天
QIU, SHI ZHEN 丘士珍 **(1904-)**

Qiu, Tian 邱天
QIU, HUO LIN 邱火林 **(1964-)**

Qiu, Tian 秋天
KANG, YONG QIU 康咏秋 **(1938-)**

Qiu, Tian 秋田
TANG, XIAN LONG 唐贤龙

Qiu, Tian zong 邱天縱
QIU, CAI HAO 邱才豪 **(1921-)**

Qiu ting lao min 仇亭老民
LUO, ZHEN YU 罗振玉 **(1866-1940)**

Qiu ting lao ren 仇亭老人
LUO, ZHEN YU 罗振玉 **(1866-1940)**

Qiu, Tong 秋桐
ZHANG, SHI ZHAO 章士钊 **(1882-1973)**

QIU, WANG XIANG 邱望湘
Qiu, Wen zao 邱文藻
Qiu, Yi qiu 裘一秋

Qiu, Wei 丘危
ZHENG, LIAN 郑连 **(1928-)**

QIU, WEI XUAN 丘炜萲 **(1873-1941)**
Dong yuan 东园
Guan tian yan sheng 观天演生
Guan tian yan zhai zhu 观天演斋主
Jing hu nei shi 镜湖内史
Shu dao ren 菽道人
Shu fan 菽樊
Shu fan 菽繁
Shu yuan 菽园
Shu yuan 菽原
Shu yuan 菽元
Shu yuan 叔元
Shu yuan 俶員
Shu yuan ju shi 菽园居士
Su fan 蔌樊
Su yuan 宿园
Su yuan 宿垣
Su yuan 速援
Su yuan 肃轅
Su yuan 夙源
Suan dao ren 酸道人
Wei xuan 炜谖
Wei xuan 炜薞
Wei xuan 炜萱
Wei xuan 炜蕿
Xiao hong 啸虹
Xiao hong sheng 啸虹生
Xing zhou yu gong 星洲寓公
Xu fan 蓿蕃
Xu wan 续完
Xu yuan 旭沅
Zhu fan 劚繁
Zui dao ren 醉道人

Qiu, Wen 秋文
YE, XIU SHAN 叶秀山 **(1935-)**

Qiu, Wen 秋文
HU, WEN BING 胡文炳

Qiu, Wen 秋纹
YI, QIONG 易琼 (1916-)

Qiu, Wen du 邱文渡
QIU, YUN DUO 邱韻铎 (1907-)

Qiu, Wen hua 丘文华
HAN, SHAN YUAN 韩山元 (1942-)

Qiu, Wen qi 邱文祺
HUANG, CHUN MING 黄春明 (1939-)

Qiu, Wen zao 邱文藻
QIU, WANG XIANG 邱望湘

Qiu, Weng 秋翁
PING, HENG 平衡 (1892-1980)

Qiu, Weng 秋翁
SHEN, YAN BING 沈雁冰 (1896-1981)

Qiu, Weng 秋翁
WANG, QIU YE 王秋野 (1914-)

QIU, XI 丘玺 (1913-)
Ni jin 尼金
Wan, Zhi 万之

Qiu, Xi 秋喜
ZHANG, LUO 张洛

QIU, XI GUI 裘锡圭 (1935-)
Zhao, Pei xin 赵佩馨

QIU, XI JIE 邱晞傑 (1948-)
Qiu, Jie 邱傑

Qiu, Xia 秋侠
QIU, JIN 秋瑾 (1875-1907)

Qiu, Xiao fu 邱啸夫
QIU, ZHEN HUI 邱振惠 (1919-)

QIU, XIAO JUN 邱潇君
Ya tou 丫頭

QIU, XIAO QIU 邱笑秋 (1935-)
Qiu, He 丘壑

Qiu, Xiao song 邱曉松
QIU, LIN 邱林 (1913-)

Qiu, Xiao song 邱曉崧
QIU, LIN 邱林 (1913-)

QIU, XIAO YU 邱小玉 (1932-)
Xiao yu 笑雨

QIU, XIE YOU 邱燮友 (1931-)
Shi, Cheng 石城
Tong, Shan 童山

Qiu, Xin 秋心
BAO, GONG YI 包公毅 (1876-1973)

Qiu, Xin 秋心
JING, DING CHENG 景定成 (1879-1949)

Qiu, Xin 秋心
LU, ZENG YI 陆曾沂 (-1927)

Qiu, Xin 秋心
LIANG, YU CHUN 梁遇春 (1906-1932)

Qiu, Xin 秋心
HAN, YU ZHI 韩愈之 (1920-)

Qiu, Xin 秋心
HUANG, FENG ZHU 黄凤祝 (1947-)

Qiu, Xin ge 秋心阁
BAO, GONG YI 包公毅 (1876-1973)

QIU, XIN HAI 邱心海
Xin hai 心海

Qiu xin lao ren 秋心老人
WANG, LI QIU 王理求 (1937-)

QIU, XIN MIN 邱新民 (1914-)
Jing shan 净山
Luo, Tuo 骆驼
Luo, Zhe 罗者
Nong zhi fei 侬之飞
Yi shi 一是
Zhu, Fei 朱飞

Qiu, Xing 丘行
QIU, ZUO PING 邱作屏 (1924-)

Qiu, Xing 秋星
BAO, GONG YI 包公毅 (1876-1973)

Qiu, Xing 秋星
WANG, SEN RAN 王森然 (1895-1984)

Qiu, Xing 秋星
MA, ZHONG HAN 马锺汉 (1912-)

Qiu xing fu zhai 求幸福斋
HE, SHI JUN 何时俊 (1887-1944)

Qiu xing fu zhai zhu 求幸福斋主
HE, SHI JUN 何时俊 (1887-1944)

Qiu xing fu zhai zhu ren 求幸福斋主人
HE, SHI JUN 何时俊 (1887-1944)

Qiu, xing ge 秋星阁
BAO, GONG YI 包公毅 (1876-1973)

Qiu, xing ge zhu ren 秋星阁主人
BAO, GONG YI 包公毅 (1876-1973)

Qiu, Xing zhi 丘幸之
ZHANG, TIAN BAI 张天白 (1902-)

Qiu, Xiu zhi 丘秀芷
QIU, SHU NÜ 邱淑女 (1940-)

Qiu, Xiu zhi 邱秀芷
QIU, SHU NÜ 邱淑女 **(1940-)**

QIU, XU XU 丘絮絮 **(1909-1967)**
Chong yang 重阳
Xu xu 絮絮

Qiu, Xun 邱勋
QIU, QUAN XUN 邱全勋 **(1933-)**

Qiu, Ya 秋厓
WANG, DE QI 王德錡

Qiu, Yan 秋岩
HAN, SHI YUAN 韩士元 **(1899-)**

QIU, YAN MING 邱彦明 **(1951-)**
Xiao ming 筱明

Qiu, Yan xi 邱言曦
QIU, NAN 邱楠 **(1916-1979)**

Qiu, Yang 秋羊
JIN, MAN CHENG 金满成 **(1900-1971)**

Qiu, Yang 秋阳
XU, PING 徐平 **(1926-)**

Qiu, Yao nian 邱耀年
QIU, JIAN MIN 邱建民 **(1924-)**

QIU, YAO YUAN 仇曜元 **(1876-1970)**
Bing sheng 炳生
Chu, Yi 楚遗
Qiu, Ao 仇鰲

Qiu, Ye 丘野
YE, KUN CAN 叶昆灿 **(1935-)**

Qiu, Ye 秋叶
LIN, ZHI XIA 林之夏 **(1878-1947)**

Qiu, Ye 秋叶
YE, LIN SHENG 叶霖生 **(1914-)**

Qiu, Ye 秋叶
LI, QI GANG 李启刚 **(1925-)**

Qiu, Ye 秋叶
CHEN, SHI HAO 陈世豪 **(1942-)**

Qiu, Ye 秋叶
HUANG, FANG JIANG 黄芳江 **(1944?-)**

Qiu, Ye 秋野
HUANG, GUO RONG 黄国荣 **(1947-)**

Qiu, Ye 秋野
SUN, JUE MIN 孙觉民

Qiu, Yi 秋怡
HUANG, LIAN ZHONG 黄莲中 **(1936-)**

Qiu, Yi han 丘易寒
WANG, JIN FA 王锦发

QIU, YI JUN 邱宜均 **(1929-)**
Zhao, Chen 赵晨

Qiu, Yi qiu 裘一秋
QIU, WANG XIANG 邱望湘

Qiu, Yi zhong 邱一中
ZHANG, WAN LING 张万龄 **(1946-)**

Qiu, Yin 秋吟
HUANG, YUN LU 黄运禄

Qiu, Yin 秋茵
HAN, YU ZHI 韩愈之 **(1920-)**

Qiu, Yin 秋隐
LIAO, PING ZI 廖平子 **(1882-1943)**

Qiu, Ying 邱莹
WANG, QIU YING 王秋萤 **(1913-)**

Qiu, Ying 秋英
HAN, QIU CHANG 韩秋长 **(1948-)**

Qiu, Ying 秋莹
WANG, QIU YING 王秋萤 **(1913-)**

Qiu, Ying er 丘英二
ZHANG, LIANG DIAN 张良典 **(1919-)**

QIU, YING JIE 邱英杰 **(1910-1984)**
Nan, Li 南離
Qiu, Ji 邱及
Qiu, Zhong tui 邱仲推

Qiu, Yong han 邱永汉
QIU, BING NAN 邱炳南 **(1924-)**

QIU, YONG HE 邱永和 **(-1945)**
Wan peng 宛朋

Qiu, Yu 邱遇
YUAN, SHI CHANG 袁世昌 **(1912-1975)**

QIU, YU FANG 裘毓芳
Mei lü nü shi 梅侣女士

QIU, YU SHEN 邱玉甚 **(1952-)**
Qiu, Yu shen 邱玉駪
Su, Jin ping 苏津平

Qiu, Yu shen 邱玉駪
QIU, YU SHEN 邱玉甚 **(1952-)**

Qiu, Yuan 丘远
MAO, ZI LIANG 毛子良

Qiu, Yuan 秋远
RONG, DING CHANG 容鼎昌 **(1919-)**

Qiu, Yuan 秋原
SONG, CHANG YUAN 宋长远 **(1933-)**

Qiu, Yue 丘岳
ZENG, WEN YUAN 曾文渊 **(1935-)**

Qiu, Yue 秋月
ZOU, EN RUN 邹恩润 **(1895-1944)**

Qiu, Yun 秋云
CHEN, DI FAN 陈涤凡 **(1909-)**

Qiu, Yun 秋云
SHEN, XIA HUN 沈侠魂 **(1915-1966)**

Qiu, Yun 秋云
HUANG, QIU YUN 黄秋耘 **(1918-)**

Qiu, Yun 秋云
ZHANG, WEN XUN 张文勋 **(1926-)**

Qiu, Yun 秋耘
HUANG, QIU YUN 黄秋耘 **(1918-)**

Qiu, Yun duo 丘韵铎
QIU, YUN DUO 邱韻铎 **(1907-)**

QIU, YUN DUO 邱韻铎 **(1907-)**
Huang, Feng 黄峰
Qi, Ming 齐鸣
Qiu, Huang feng 丘璜峰
Qiu, Shi mu 丘石木
Qiu, Wen du 邱文渡
Qiu, Yun duo 丘韵铎
Shi, Mu 石木
Shi, Wan qing 史晚清
Shi, Wei 石苇
Wen, Du 文渡
Wen, Ji 文汲
Ying dao 樱島
Ying dao nü shi 樱島女士
Yun 韵
Yun duo 韵铎
Zhou, Yuan 周渊

Qiu yun nü shi 秋云女士
QIU, QI QI 邱七七 **(1928-)**

Qiu zai wo zhe 求在我者
MA, ZHI DE 马志德 **(1840-1939)**

Qiu, Zhai 秋斋
WANG, YUAN 王蘧 **(1884-1944)**

Qiu, Zhai 秋斋
PING, HENG 平衡 **(1892-1980)**

Qiu zhai 虬斋
SHEN, XIANG YUN 沈翔云

QIU, ZHANG QING 裘樟清 **(1944-)**
Yu shi 雨石

QIU, ZHAO FEI 丘肇飞 **(1943-)**
Gao, Gen 高跟
Gao, Tian lang 高天朗
Qiu, Mei 丘梅
Yan, Gong zheng 严公正

QIU, ZHE 丘哲 **(1885-1959)**
Ying fu 映芙

Qiu, Zhen 仇真
QIAN, WEN CAI 钱文彩

Qiu, Zhen 裘珍
FANG, JIA QI 方家齐 **(1914-)**

Qiu zhen 求真
ZHANG, ZHI TIAN 张芝田 **(1908-1986)**

Qiu zhen 求真
YI, QIONG 易琼 **(1916-)**

Qiu zhen 求真
WANG, YU HE 汪毓和 **(1929-)**

QIU, ZHEN HU 邱镇沪 **(1956-)**
Hai, Shang 海上
Hong, Jin 洪瑾

QIU, ZHEN HUI 邱振惠 **(1919-)**
Bai, Yan 白燕
Qiu, Xiao fu 邱啸夫

Qiu, Zhen li 秋贞理
HU, YUE 胡越 **(1920-1980)**

Qiu zhen lou 求真楼
XIAO, JUN 萧军 **(1907-1988)**

Qiu zhen lou zhu 求真楼主
XIAO, JUN 萧军 **(1907-1988)**

QIU, ZHEN SHENG 丘振声 **(1934-)**
Lin, Quan 林泉
Qiu, Zheng 丘峥
Shang, shi 尚实
Zhao, Ping 赵平

Qiu, Zheng 丘峥
QIU, ZHEN SHENG 丘振声 **(1934-)**

Qiu, Zhi 秋枳
CHEN, QIU FAN 陈秋帆 **(1909-1984)**

Qiu zhi 求之
HU, SHENG 胡绳 **(1918-)**

Qiu zhi gu zhai zhu ren 求知古斋主人
ZHENG, ZI YU 郑梓瑜 **(1916-)**

QIU, ZHI JIE 仇智杰 **(1933-)**
Mu, Xiao ling 穆小菱
Ping zong 萍踪
Xiang feng 翔风
Zhu, Yun 竹筠

QIU, ZHI MING 邱志明 **(1908-)**
Yin he 銀河

QIU, ZHI XUAN 丘志轩

Qiu, Qin 丘勤

Qiu, Zhong 仇重
TANG, DUAN YI 唐端毅 (1913-1992)

Qiu, Zhong 仇重
LIU, XIAN QI 刘显启 (1914-)

Qiu, Zhong 秋仲
XIA, XIE SHI 夏写时 (1934-)

Qiu, Zhong 秋中
ZHANG, QIU ZHONG 张秋忠 (1935-)

Qiu, Zhong 裘重
WANG, REN SHU 王任叔 (1901-1972)

Qiu, Zhong 裘重
QIU, ZHU CHANG 裘柱常 (1906-1990)

Qiu, Zhong tui 邱仲推
QIU, YING JIE 邱英杰 (1910-1984)

Qiu, Zhu 秋住
ZENG, GUANG CAN 曾广灿 (1936-)

QIU, ZHU CHANG 裘柱常 (1906-1990)
Huai hai 淮海
Huai nan 淮南
Qian li 千里
Qiu, Zhong 裘重
Zhu chang 柱常

Qiu zhu shi 求诸室
LU, ZHENG SHEN 卢正绅 (1905-1951)

Qiu, Zi 秋子
FENG, YI MEI 冯伊湄 (1908-1976)

Qiu, Zi 秋子
CHEN, QIU FAN 陈秋帆 (1909-1984)

Qiu, Zi 秋子
SI TU, CHUAN 司徒传 (1912-1950)

Qiu, Zi 秋子
HE, QI FANG 何其芳 (1912-1977)

Qiu, Zi 秋子
ZHANG, QUAN XIN 张全欣 (1913-1984)

Qiu, Zi 秋子
XU, NAI XIANG 徐廼翔 (1931-)

Qiu, Zi 秋子
XU, QIU 徐秋 (1962-)

Qiu, Zi 秋子
QIU, SHAN 邱山

Qiu, Zi 秋紫
ZHANG, QUAN XIN 张全欣 (1913-1984)

Qiu, Zi hao 邱子浩
QIU, MING KUN 邱名崐 (1940-)

Qiu, Zi jie 仇子节
ZHOU, TING KUI 周廷奎 (1932-)

QIU, ZI WEI 邱子维 (1933-)
Yu, Zhen zhong 余振中

QIU, ZONG QIANG 邱宗强
Qiang qiang 强强

QIU, ZUO PING 邱作屏 (1924-)
Duan yang 端阳
Duan zi 端紫
Lü li 绿立
Qiu, Xing 丘行
Ru lun 如侖
Ru lun 如崙
Qiu, Ru lun 邱如侖
Qiu, Ru lun 邱如崙

QU, AI MIN 屈爱民 (1913-)
Qu, Shou yuan 屈守元

Qu, An 曲庵
LIU, SHOU PENG 刘寿彭 (1891-1934)

Qu, An 曲庵
FU, XI HUA 傅惜华 (1907-1970)

Qu an 蘧安
PAN, CHENG HOU 潘承厚 (1904-1943)

Qu an 蘧庵
HAN, GUO PAN 韩国磐 (1919-)

Qu an 蘧庵
HUANG, JUE 黄觉

QU, AN JUN 瞿安钧 (1936-)
Fan jie 凡捷

Qu, Bai yin 瞿白音
QU, JIN JU 瞿金驹 (1910-1979)

QU, BEN LE 曲本乐 (1935-)
Qu, Zhi 曲直

Qu, Bi 屈碧
QU, DIAN KUI 屈殿奎 (1925-)

Qu, Bing 曲兵
ZHANG, JUN 张浚 (1929-)

Qu bing 去病
JIAN, DUN KUN 翦敦昆 (1896-1928)

Qu bing 去病
LIN, BAO KANG 林宝康 (1905-1932)

Qu, Bo 曲波
QU, QING TAO 曲清涛 (1923-)

Qu, Chan 瞿禅
XIA, CHENG TAO 夏承焘 (1900-1986)

Qu, Chen 曲辰
  WANG, JIAN GUO 王建国 (1926-)

Qu, Chen 曲辰
  ZHAO, NONG MIN 赵农民 (1929-)

Qu, Chen ren 曲辰人
  YI, SHI XIONG 衣仕雄 (1928-)

QU, CHONG KAI 瞿崇垲 (1924-)
  Guan qun 冠群
  Qu, Mian liang 瞿冕良

QU, CHU 屈楚 (1919-1986)
  Jiang, Ling 江灵
  Lao long tao 老龙套
  Ling 灵
  Niu, He zhi 牛何之
  Shen, Ling 沈灵
  Shi, Pan guan 石判官
  Shu fu wo sheng 书负我生

Qu, Chu 屈楚
  LUO, ZE PU 罗泽浦 (1927-1998)

Qu, Chuan 渠川
  QU, CHUAN ZAN 渠川瓒 (1929-)

QU, CHUAN ZAN 渠川瓒 (1929-)
  Qu, Chuan 渠川

QU, CHUN LI 曲春礼 (1937-)
  Chun qu 春曲

QU, CHUN SHAN 屈春山 (1940-)
  Chun meng 春萌
  Hong shan 红杉
  Qiu, Shui 秋水

QU, CONG 瞿琮 (1944-)
  Nan shan 楠杉
  Su e 素娥

QU, DA WEN 曲大文 (1928-)
  Qu, Wen 曲文
  Wen, Jian 文坚
  Xin qiu 欣秋

QU, DIAN KUI 屈殿奎 (1925-)
  Pi fu 匹夫
  Qu, Bi 屈碧

Qu, Dui zhi 瞿兑之
  QU, XUAN YING 瞿宣颖 (1892-1973)

Qu, Er 屈尔
  ZHANG, ZHI MIN 张志敏 (1959-)

Qu fei 去非
  HU, HAN MIN 胡汉民 (1879-1936)

Qu fei 去非
  ZHU, DA FU 朱大符 (1885-1920)

Qu fei 去非
  LIU, QU FEI 刘去非

Qu, Feng 曲峰
  TANG, YUN SHAN 唐运善 (1953-)

Qu, Feng kai 曲风凯
  QU, GENG FEI 曲更非 (1924-)

Qu, Fu 曲夫
  YANG, SI JING 杨思精 (1928-)

QU, GANG 瞿钢 (1925-)
  Man hong 漫红
  Tuo feng 驼峰

Qu, Ge 曲歌
  QU, QING LIN 璩清林 (1938-)

QU, GENG FEI 曲更非 (1924-)
  Qu, Feng kai 曲风凯

Qu, Gong 曲弓
  FAN, ZI QIANG 范自强 (1944-)

Qu, Gong 曲公
  CAO, XIN ZHI 曹辛之 (1917-1995)

Qu, Hai 曲海
  QU, QING TANG 曲青棠 (1944-)

Qu, Hang 瞿航
  QU, XIAO WEI 瞿小伟 (1957-)

Qu, He 曲河
  HE, ZHONG TAO 何仲涛 (1940-)

QU, HE 璩河 (1954-)
  Ju he 巨河

Qu, Hong 曲宏
  WANG, JI ZHONG 王吉忠 (1953-)

QU, HONG TAO 曲洪涛
  Qu, Shu 曲舒
  Qu, Wan 曲晚

Qu, Hu 屈瓠
  WANG, SHOU QI 王寿祺 (1880-1960)

Qu, Hun 屈魂
  NING, TIAO YUAN 甯调元 (1873-1913)

QU, JIAN FANG 曲建方 (1935-)
  A qu 阿曲

Qu, Jiang 瞿江
  YE, TING FANG 叶廷芳 (1936-)

QU, JIN JU 瞿金驹 (1910-1979)
  Bai, Yin 白音
  Hu, Mu yun 胡慕云
  Mu, Yun 慕云
  Qu, Bai yin 瞿白音
  Yan, Ke feng 颜可凤

Fan, Yi 范易
Fan, Yi jia 范易嘉
Fan, Zi 樊梓
Fan, Zi sheng 樊梓生
Fei 沸
Gan 干
Gu 顾
He, Jia gan 何家干
He, Ku 何苦
He, Ning 何凝
He, Pu 何璞
He, Qi xiang 何其祥
He, Shi wen 何史文
Hu zhou 瓠舟
Hua, Jing 华靖
J. K.
Jing fa 静发
Jing hua 静华
Ju, Yuan 巨缘
K I N
Kang 康
Li, Wen 李文
Liao 了
Lin, Fu 林复
Luo wen 洛文
Luo yang 洛阳
M jun M 君
Mao miao 楙淼
Mei fu 美夫
Mei, Ying 梅影
Mei ying shan ren 梅影山人
Menin
Mo 默
Ning bing 凝冰
Qi, Fan 启凡
Qing bai 庆白
Qiu, Bai 秋白
Qiu, Qu 秋蕖
Qu, Mao miao 瞿懋淼
Qu, Miao 瞿淼
Qu, Neng bo 瞿能伯
Qu, Shuang 瞿双
Qu, Shuang 瞿爽
Qu, Shuang 瞿霜
Qu, Wei ta 屈维它
Qu, Zhang 屈章
Qu, Zi yuan 瞿子源
Quan geng 犬耕
Re 热
S T R
Shang, Ting 商霆
Shang, Ting fa 商廷发
Shi, Bu chang 史步昌
Shi, Di er 施蒂而
Shi, Ji 史继
Shi, Jie 史杰
Shi, Ren 石人
Shi, Tie er 史铁儿
Shi, Tie er 史铁尔
Shi, Wei 史维
Shi, Wei ta 史维它
Shuang 双
Shuang 爽
Shuang 霜
Shuang lin 双林
Shuang mo 双莫
Shuang tong 爽同
Si ma, Jin 司马今
Si te la huo fu 斯特拉霍夫
SMA
Sma Kim
Song, Yang 宋阳
Song, Yi 宋易
Strakhov
Su xin 宿心
Ta 它
Tao, Wei ju 陶畏巨
Teng 腾
Tie mei 铁梅
Tie ying 铁影
V.T.
Wei 维
Wei jia 维嘉
Wei mo 维摩
Wei, Ning 魏凝
Wei ning 惟宁
Wei ning 维宁
Wei ta 维它
Wei zhong 惟众
Wen, Yin 文尹
Xiang, Qie 向茄
Xiang, Ru 向茹
Xiao, Can 萧参
Xiao feng 笑峯
Xiao, Lao 萧劳
Xiong bai 熊白
Xiong po 雄魄
Xue 血
Yang, Xia qing 杨霞青
Yi 疑
Yi bin 宜宾
Yi bing 疑仌
Yi bing 疑冰
Yi, Jia 易嘉
Yi, Jun 易君
Yi tian 一天
Yi, Zhen feng 易阵风
Yu, Min 于民
Yu, Ming 余铭
Yue, Wen 乐雯

Zhi fu 之夫
Zhuo, Le ou 卓乐欧
Zi ming 子明

Qu, Qu 区区
YAO, XIN NONG 姚莘农 **(1905-1991)**

Qu, Qu fu 屈曲夫
ZHANG, GUI 张桂 **(1911-)**

Qu, Ran 瞿然
GAO, MING 高明 **(1908-)**

Qu, Ran 瞿髯
XIA, CHENG TAO 夏承焘 **(1900-1986)**

Qu, Ren 曲人
JIANG, JING SHENG 蒋敬生 **(1924-)**

Qu, Ren 曲人
LI, CHENG ZHANG 李承璋 **(1950-)**

Qu, Ren 屈人
ZHAO, NONG MIN 赵农民 **(1929-)**

QU, RUN HAI 曲润海 **(1936-)**
Ju, Ping 居平
Tuo lang 沱浪

QU, RUO YE 瞿若烨 **(1932-)**
Luo ye 洛野

QU, SHENG 屈声 **(1923-1968)**
Ba, Mu 巴牧
Ba, Shan 巴山
Bai, Wei 白苇
Mu zi 牧子
Qu, Mu 屈牧
Qu, Zhong ci 屈仲慈
Qu, Zi 屈子

QU, SHENG BAI 瞿声白 **(1908-)**
Li zhai 立斋

Qu, Shi 曲石
LI, GEN YUAN 李根源 **(1879-1965)**

Qu shi lao ren 曲石老人
LI, GEN YUAN 李根源 **(1879-1965)**

Qu, Shi gong 瞿史公
CHEN, HE 陈鹤 **(1912-1984)**

Qu, Shi lu 曲石庐
LI, GEN YUAN 李根源 **(1879-1965)**

QU, SHI XIONG 瞿世雄 **(1917-)**
Qu, Wei 瞿维

QU, SHI YING 瞿世英 **(1900-1976)**
Chao jie 超杰
Ju nong 菊农
Qu, Ju nong 瞿菊农
S
Shi ying 世英

Qu, Shou yuan 屈守元
QU, AI MIN 屈爱民 **(1913-)**

Qu, Shu 曲舒
QU, HONG TAO 曲洪涛

Qu, Shuang 瞿双
QU, QIU BAI 瞿秋白 **(1899-1935)**

Qu, Shuang 瞿爽
QU, QIU BAI 瞿秋白 **(1899-1935)**

Qu, Shuang 瞿霜
QU, QIU BAI 瞿秋白 **(1899-1935)**

Qu, Song fen 屈诵芬
QU, XIANG BANG 屈向邦

Qu sou 趣叟
PAN, YUN 潘韻 **(1905-)**

Qu, Ta 曲它
YANG, XIAN JIANG 杨贤江 **(1895-1931)**

Qu, Tan 瞿昙
YE, GUAN FU 叶冠复

Qu, Tu 曲突
CHEN, SHANG YOU 陈尚友 **(1904-1989)**

Qu, Tui yuan 瞿蜕园
QU, XUAN YING 瞿宣颖 **(1892-1973)**

Qu, Wan 曲晚
QU, HONG TAO 曲洪涛

QU, WAN LI 屈万里 **(1907-1979)**
Shu yong 书傭

Qu, Wei 瞿维
QU, SHI XIONG 瞿世雄 **(1917-)**

Qu, Wei ping 屈未平
WANG, REN SHU 王任叔 **(1901-1972)**

Qu, Wei ta 屈维它
QU, QIU BAI 瞿秋白 **(1899-1935)**

Qu, Wen 曲文
QU, DA WEN 曲大文 **(1928-)**

Qu, Wen 曲文
QU, LIU YI 曲六乙 **(1930-)**

Qu, Wen 曲文
MA, DE YING 麻德英 **(1934-)**

Qu, Wen 屈文
XU, DA 许达 **(1904-1991)**

Qu, Wen 屈文
SI TU, HUI MIN 司徒慧敏 **(1910-1987)**

QU, WEN KUN 屈文焜 **(1952-)**

Lao kun 老焜
Shi, Di 史地
Zhou, Wu 周吴

Qu weng 癯翁
SHEN, ZENG ZHI 沈曾植 **(1850-1922)**

Qu, Xi 趣西
XU, QU XI 徐趣西

QU, XI XIAN 瞿希贤 **(1919-)**
Xi jia 希嘉

QU, XIAN GONG 曲显功
Qu, Ying sheng 曲滢生

QU, XIANG BANG 屈向邦
Qu, Song fen 屈诵芬
Song fen ju shi 诵芬居士

QU, XIAO GUANG 屈小光 **(1956-)**
Qu, Yi 曲艺

QU, XIAO QIANG 屈小强 **(1949-)**
Zi gui 子规

QU, XIAO WEI 瞿小伟 **(1957-)**
Qu, Hang 瞿航

Qu, Xin 曲新
SUN, YU DING 孙育鼎 **(1948-)**

Qu, Xu 屈戌
HU, SHAN YUAN 胡山源 **(1897-1988)**

QU, XUAN YING 瞿宣颖 **(1892-1973)**
Chu, Jin 楚金
Chun lu 杶庐
Dui 兑
Dui yuan 兑园
Dui zhi 兑之
Jiang, Chun 江春
Qu, Dui zhi 瞿兑之
Qu, Mi 渠弥
Qu, Tui yuan 瞿蜕园
Qu, Yi kai 瞿益锴
Qu, Zhu an 瞿铢庵
Tie an 铁庵
Tui an 蜕厂
Tui yuan 蜕园
Xiang, Ping 向平
Xuan, Ying 宣颖
Zhu an 铢庵

QU, XUE AI 曲学霭 **(1942-)**
Zi yu 子雨

QU, YAN YAN 曲燕燕 **(1952-)**
Qu, Lan 曲兰

Qu, Yi 曲艺
QU, XIAO GUANG 屈小光 **(1956-)**

Qu, Yi 屈轶
WANG, REN SHU 王任叔 **(1901-1972)**

Qu, Yi 屈逸
WANG, REN SHU 王任叔 **(1901-1972)**

Qu, Yi kai 瞿益锴
QU, XUAN YING 瞿宣颖 **(1892-1973)**

QU, YI PING 屈一平
Yi ping 一平

Qu, Yi ri 曲一日
CAO, KE HUA 曹克华 **(1944-)**

QU, YING GUANG 屈映光 **(1883-1973)**
Fa xian 法贤
Fa xian shang shi 法贤上师

Qu, Ying sheng 曲滢生
QU, XIAN GONG 曲显功

QU, YONG QING 曲永庆 **(1924-)**
Huan wen 焕文

QU, YOU YUAN 曲有元 **(1943-)**
Lu ting 芦汀
Pan chun 盼春
Qu, You yuan 曲有源

Qu, You yuan 曲有源
QU, YOU YUAN 曲有元 **(1943-)**

Qu yuan 蘧园
OU YANG, GAN 欧阳淦 **(1883?-1907)**

Qu yuan 臞蝯
SUN, QU YUAN 孙臞蝯

QU, ZHAI 曲斋
Mo, Ke fei 莫可非

Qu, Zhai 屈斋
YU, MING HENG 俞铭衡 **(1900-1990)**

Qu, Zhang 屈章
QU, QIU BAI 瞿秋白 **(1899-1935)**

Qu, Zhe 曲折
JIA, YING HUA 贾英华 **(1952-)**

Qu, Zhi 曲直
QU, BEN LE 曲本乐 **(1935-)**

Qu, Zhi 曲直
QU, QING RONG 曲清荣 **(1943-)**

QU, ZHI SHENG 曲直生 **(1901-)**
Dian yuan 殿元

Qu, Zhong ci 屈仲慈
QU, SHENG 屈声 **(1923-1968)**

Qu, Zhong qu 曲中曲
SONG, JIU ZHI 宋九社 **(1917-)**

Qu, Zhu an 瞿铢庵
QU, XUAN YING 瞿宣颖 **(1892-1973)**

Qu, Zi 曲子
SHEN, YAN BING 沈雁冰 **(1896-1981)**

Qu, Zi 屈子
QU, SHENG 屈声 **(1923-1968)**

Qu, Zi yuan 瞿子源
QU, QIU BAI 瞿秋白 **(1899-1935)**

Quan 权
ZUO, QUAN 左权 **(1906-1942)**

Quan 泉
QIAN, DAO SUN 钱稻孙 **(1887-1962)**

Quan 荃
SHAO, JUN YUN 邵骏运 **(1906-1971)**

Quan bo 泉伯
YUAN, GUANG MEI 袁光楣 **(1916-1982)**

QUAN, GE PING 全格平
Lao shan 老善

Quan geng 犬耕
QU, QIU BAI 瞿秋白 **(1899-1935)**

Quan geng 荃畊
LU, QUAN GEN 陆全根 **(1940-)**

QUAN, GUO QUAN 全国权 **(1940-)**
Yan, Zheng zhi 延正直

QUAN, HAN SHENG 全汉昇 **(1913-)**
Pi, Lun 皮伦

Quan hong 泉虹
LIU, FENG LIN 刘丰林 **(1964-)**

Quan jiang 泉江
BIAO, XING BIN 彪型斌 **(1946-)**

QUAN, KUAN FU 权宽浮 **(1931-)**
Hong ding 红丁
Sai qing 塞青

Quan lin 荃麟
SHAO, JUN YUN 邵骏运 **(1906-1971)**

Quan lu 泉露
YIN, HONG GUANG 殷宏光 **(1957-)**

Quan miao 泉淼
LI, QUAN MIAO 李全淼 **(1940-)**

Quan, Ping 全平
ZHOU, CHENG SHU 周承澍 **(1902-1983)**

QUAN, QI AI 权启爱 **(1940-)**
Qi, Hang 启航
Yi fu 一夫

Quan qing 泉清
JIANG, TING FU 蒋廷黻 **(1895-1965)**

QUAN, QING CHENG 全庆成 **(1944-)**
Quan yuan 泉源

Quan quan 圈圈
ZHANG, LING LING 张菱舲 **(1936-)**

Quan quan 拳拳
YAN, YUN SHU 颜芸枢 **(1882-1942)**

Quan ren 泉人
QIU, CAI HAO 邱才豪 **(1921-)**

Quan ru 犬儒
XIA, JING NONG 夏敬农

Quan ruo 泉若
DUAN, QUAN RUO 段泉若

Quan shen 泉深
SHI, QUAN SHENG 史全生 **(1939-)**

Quan sheng 泉声
MEI, XIU QUAN 梅秀全 **(1954-)**

Quan shi 泉石
CHEN, YU HAN 陈玉汉 **(1922-)**

Quan shou 泉寿
QIAN, DAO SUN 钱稻孙 **(1887-1962)**

Quan sun 荃荪
FENG, QUAN SHENG 冯全生 **(1940-)**

Quan wai ren 圈外人
SONG, YUAN MO 宋元模 **(1911-)**

QUAN, XI JUN 权希军 **(1926-)**
Mo, Hai 墨海

Quan xia 泉夏
QIAN, XUAN TONG 钱玄同 **(1887-1939)**

Quan, Xiao zhe 权孝哲
QUAN, ZHE 权哲 **(1929-)**

Quan yan 荃岩
AI, GUANG DAO 艾光道 **(1922-)**

Quan yin lu zhu 泉阴庐主
HAO, JIAN LIANG 郝建樑 **(1907-)**

Quan, Yong 全庸
ZHANG, XI TING 张西庭 **(1947-)**

Quan yuan 泉源
ZENG, GUI SEN 曾桂森 **(1937-)**

Quan, yuan 泉源
QUAN, QING CHENG 全庆成 **(1944-)**

Quan zeng 泉曾
YANG, QUAN ZENG 杨全增 **(1932-)**

QUAN, ZENG GU 全增嘏 **(1903-1984)**
Gu 嘏

QUAN, ZHE 权哲 **(1929-)**
Quan, Xiao zhe 权孝哲
Zhe xiao 哲晓

Que nao 鹊恼
WANG, YUN ZHANG 王蕴章 **(1884-1942)**

Que nao ci ren 鹊恼词人
WANG, YUN ZHANG 王蕴章 **(1884-1942)**

Que shi 悫士
WENG, WEN HAO 翁文灏 **(1889-1971)**

Que ting 鹊亭
GAO, LUN 高崙 **(1879-1951)**

QUE, QUAN FANG 阙全芳 **(1931-)**
Fang, Fang 方芳

QUE, XIANG DONG 阙向东 **(1953-)**
Bu, Lü 步履

Qun 群
LÜ, PEI LIN 吕沛林 **(1889-1947)**

Qun 群
YE, YI QUN 叶以群 **(1911-1966)**

Qun hui 群慧
XIA, QUAN FA 夏全发 **(1951-)**

Qun li 群力
ZHOU, PING YE 周平野 **(1916-)**

Qun li 群力
JIANG, QI WEI 姜启渭 **(1925-)**

Qun li 群力
LIANG, ZHENG QING 梁政清 **(1936-)**

Qun li 群立
SHEN, DUAN XIAN 沈端先 **(1900-1995)**

Qun ming 群明
YE, FENG 叶枫 **(1920-)**

Qun mu 群目
LIU, SEN LIN 刘森林 **(1934-)**

Qun shan 群山
YAO, WEN YUAN 姚文元 **(1931-)**

Qun xing 群星
LIAO, JIA QUAN 廖家权 **(1907-1990)**

Qun xing 群星
YANG, XUE RU 杨学儒 **(1950-)**

Qun yi 群艺
WANG, WEN XIU 王文绣 **(1918-)**

Qun ying 群英
TANG, GONG YI 唐恭懿 **(1871-1937)**

Qun zhong 群众
LAN, YU YE 蓝裕业 **(1902-1928)**

R

R
ZHANG, SONG NIAN 张崧年 **(1893-1986)**

R. S.
ZHOU, SHU REN 周树人 **(1881-1936)**

Ran 然
ZHANG, WEN GUANG 张文光 **(1913-)**

Ran 燃
WU, JING HENG 吴敬恒 **(1865-1953)**

Ran er 染儿
CHEN, RAN 陈染 **(1962-)**

Ran gong 髯公
PAN, ZHEN YA 潘震亚 **(1888-1978)**

Ran hang 苒航
CAO, YIN 曹殷 **(1943-)**

RAN, HONG 冉红 **(1944-)**
Qing shuo 擎硕
Tian ran 天然

Ran, Hong 冉洪
LI, HONG RAN 李鸿然 **(1939-)**

Ran liao 燃料
WU, JING HENG 吴敬恒 **(1865-1953)**

RAN, LONG ZHONG 冉隆中 **(1957-)**
Xiao ran 晓然

Ran, Shi zai 冉石在
RAN, YU FEI 冉于飞 **(1927-)**

Ran shuang 冉霜
CHEN, XIANG HE 陈翔鹤 **(1901-1969)**

Ran weng 髯翁
YU, YOU REN 于右任 **(1879-1964)**

Ran weng 髯翁
ZHENG, YUE 郑岳 **(1903-1975)**

Ran xi 然犀
LAI, JI XUN 赖稷勋 **(1904-1976)**

Ran you 冉酉
TIAN, JING HUI 田景惠 **(1923-)**

RAN, YU DA 冉欲达 **(1923-)**
Fang, Shi pei 方市沛
Lin, Bai 林柏
Liu, Lin cun 柳林村
Sui, Mo 隋末

RAN, YU FEI 冉于飞 (1927-)
Ke, Lang xing 柯朗星
Lin, Gang 林岗
Lin, Lan ping 林兰萍
Ran, Shi zai 冉石在
Shi, Zai 石在
Yu, Fei 郁菲

Ran zhi weng 染指翁
BAO, GONG YI 包公毅 (1876-1973)

Ran, Zhi ye 冉至也
MA, YI JIN 马义进 (1921-)

Ran zi 然子
JIANG, LI MIN 姜琍敏 (1953-)

Rang lu 攘庐
GAO, XIE 高燮 (1878-1958)

Rang qing 穰卿
WANG, KANG NIAN 汪康年 (1860-1911)

Rang xiang li ren 让乡里人
HE, JUN 贺骏 (1891-1977)

Rang yi 攘夷
KONG, ZHAO SHOU 孔昭绶

RAO, BAI HUA 饶柏华 (1938-)
Bo fu 博夫
Da jun 大君
Jing yi 晶宜
Ting shang hei 汀上黑
Xiao fu 晓芙
Xin, Ru 辛茹

RAO, BING GUO 饶炳国 (1933-)
Mu ping 牧坪
Rao, Tao 饶韬
Xiang, Dong ming 向东明

Rao, Chu yu 饒楚瑜
HU, JUN PING 胡君苹

Rao gong 荛公
XIE, XING YAO 谢兴尧 (1906-)

Rao, Gong qiao 饶公桥
LIN, SHI XING 林仕兴 (1939-)

RAO, JI SHENG 饶纪省 (1939-)
Rao, Yuan 饶远

Rao, Jian 饶箭
RAO, XIANG CAI 饶襄才

Rao, Jun 饶君
ZHANG, SHEN XIU 张慎修 (1936-)

Rao, Ke fei 饶可飞
RAO, ZHANG FENG 饶彰风 (1915-1970)

Rao, Liao yi 饶了一
RAO, MENG KAN 饶孟侃 (1902-1967)

RAO, MENG KAN 饶孟侃 (1902-1967)
Liao yi 了一
Meng, Kan 孟侃
Rao, Liao yi 饶了一
Shao fu 少夫
Zhong zhi 中止
Zi li 子离

RAO, PENG ZI 饶芃子 (1935-)
Mao, Jun 毛军
Zhong, Yi 钟毅

Rao, Qu 饶趣
RAO, SHENG QING 饶盛清 (1929-)

RAO, SHA OU 饶沙鸥
Chao hua 超华
Sha, Ou 沙鸥
Yin, Yu 殷餘
Yin yu 荫餘
Zhao, Hua 赵华

RAO, SHENG QING 饶盛清 (1929-)
Rao, Qu 饶趣

RAO, SHI HAI 饶世海 (1967-)
Yi yu 抑郁

Rao, Tao 饶韬
RAO, BING GUO 饶炳国 (1933-)

RAO, XIANG CAI 饶襄才
A fan 阿凡
Rao, Jian 饶箭
Rao, Zi juan 饶子鹃
Zi juan 紫鹃

RAO, XIAO MING 饶晓明 (1936-)
Lu, Zhi zi 鲁稚子

RAO, XIN XIAN 饶鑫贤 (1923-)
Xin, Xian 辛咸
Yang, Zeng 杨曾
Ze zhong 泽中

RAO, XING HUA 饶兴华 (1939-)
Shi, Quan 石泉
Xin hua 欣桦

RAO, YOU HU 饶友瑚 (1918-1938)
Chen, Jia 陈伽
Hong ying 红英
Hong, Ying 洪莺
Jian xiong 剑雄
Lie huo 列火
Yan xiang 岩像
You hu 友瑚

Rao, Yuan 饶远

RAO, JI SHENG 饶纪省 (1939-)

RAO, ZHANG FENG 饶彰风 (1915-1970)
Gao, Ping 高平
Ke fei 可飞
Pu, Te 蒲特
Rao, Ke fei 饶可飞
Wen, Xing 文星
Zhang, Feng sheng 张枫生
Zhong rao 中饶
Zhui guang 追光

Rao, Zhi an 饶芷岸
TANG, MEI XIAO 汤梅笑 (1949-)

Rao, Zi juan 饶子鹃
RAO, XIANG CAI 饶襄才

RAO, ZONG YI 饶宗颐 (1916-)
Xuan tang 选堂

Re 热
QU, QIU BAI 瞿秋白 (1899-1935)

Re feng 热风
GAO, SHUANG YUAN 高双元 (1954-)

Re jiang 热江
FANG, YOU XIN 房友新 (1934-)

Re liu 热流
SHEN, XIA HUN 沈侠魂 (1915-1966)

Re xue 热血
LAN, YU YE 蓝裕业 (1902-1928)

Re xue nan er Xu Ze hua 热血男儿许则华
XU, XIAO TIAN 许啸天 (1886-1946)

Ren 人
LIANG, QI CHAO 梁启超 (1873-1929)

Ren 刃
LIU, SHANG DA 刘尚达

Ren 仁
WANG, REN SHU 王任叔 (1901-1972)

Ren 仁
ZHAO, ZI XUN 赵子逊 (1933-)

Ren 任
WANG, REN SHU 王任叔 (1901-1972)

Ren 忍
LIU, SHANG DA 刘尚达

Ren, An 任厂
LIANG, QI CHAO 梁启超 (1873-1929)

Ren, An 任安
CHEN, GENG YA 陈赓雅 (1905-)

Ren, An 任庵
PAN, ZI NIAN 潘梓年 (1893-1972)

Ren an 訒菴
WU, JING HENG 吴敬恒 (1865-1953)

REN, BAI CHUAN 任百川 (1898-1934)
Li sheng 利生

Ren, Bai ge 任白戈
REN, NAI FAN 任迺凡 (1906-1986)

REN, BAI TAO 任白涛 (1890-1952)
Leng, Gong 冷公
Yi bi 一碧

Ren, Bao xiang 任宝祥
REN, BAO XIANG 任保祥 (1910-)

REN, BAO XIANG 任保祥 (1910-)
Ren, Bao xiang 任宝祥

REN, BAO ZHU 任宝珠 (1928-)
Li xin 力新
Ren, Li xin 任力新

Ren, Bi ming 任毕明
REN, DA REN 任大任 (1904-1982)

REN, BI SHI 任弼时 (1904-1950)
Bi gu 辟古
Bi shi 弼时
Bi shi 弼世
Bi shi 弼实
Bi shi 辟士
Bi shi 辟时
Bi shi 辟世
Bi shi 避世
Bo tang 伯堂
Chen, Lin 陈林
Hu, Shao fu 胡少甫
P. S.
Pi shi 闢世
Ren, Pei guo 任培国
Shi 实
Shi, Lin 史林
Shi pu 诗圃

REN, BI YI 任必义 (1955-)
Bi yi 弼毅
Mang niu 忙牛
Xin, Yan 辛岩

Ren, Bin 任斌
MENG, MING YI 孟明义 (1934-)

Ren bo 忍伯
ZOU, YU 邹遇 (1881-)

Ren, Bu ming 任不名
REN, DA REN 任大任 (1904-1982)

Ren, Cai 任材
ZHANG, BO ZHEN 张伯祯 (1877-1947)

REN, CHENG XI 任成喜 **(1927-)**
Ren, Su 任愫
Yin, Shu 殷述

Ren, chuan 仁川
YU, REN CHUAN 于仁川 **(1930-)**

Ren ci 仁慈
GUAN, FEI MENG 关非蒙 **(1921-)**

REN, CUN BI 任存弼 **(1947-)**
Ren, Zhong 任重

Ren, Da 任达
ZHANG, QI FAN 张启范 **(1936-)**

REN, DA LIN 任大霖 **(1929-)**
Lin, Da ren 林达人
Ren, Shu 任舒
Shi, Yang 史阳

REN, DA REN 任大任 **(1904-1982)**
Ren, Bi ming 任毕明
Nan, Man 南蛮
Nan, Yi 南一
Nan, Zhong yi 南中一
Ren, Bu ming 任不名

Ren, Da xin 任大心
GUO, GEN SHEN 郭根深 **(1927-)**

REN, DAO BIN 任道斌 **(1946-)**
Ling, Ming 凌明
Nan, Fei yan 南飞燕

Ren, Dao jiu 任道九
REN, YU CHENG 任禹成 **(1907-)**

REN, DE CHAO 任德超 **(1928-)**
Hen shi 恨石

REN, DE XIANG 任德祥 **(1948-)**
A xiang 阿祥
Pei ya 胚芽
Ren, Xiang 任翔

Ren, Dian 任典
FAN, REN 范任 **(1906-1971)**

REN, DING SHENG 任鼎生
Piao ping 漂萍

Ren, Dong 任冬
LI, JI YE 李继业 **(1904-)**

Ren dong 忍冬
SHEN, RUI BIN 沈瑞彬 **(1946-)**

Ren dong cao 忍冬草
ZHANG, ZHEN QIAN 张振乾 **(1951-)**

Ren, Dong sheng 任东生
DONG, QING FANG 董庆芳 **(1954-)**

Ren, Er bei 任二北
REN, NE 任讷 **(1897-1991)**

Ren, Er nan 任尔南
YANG, YING XIN 杨迎新 **(1946-)**

Ren fan 人凡
LIU, PING RUO 刘平若 **(1907-)**

Ren, Fang qiu 任访秋
REN, WEI KUN 任维焜 **(1909-)**

Ren, Fei ran 任斐然
REN, MING YAO 任明耀 **(1922-)**

Ren feng 韧风
LUAN, WEI LUN 栾为伦 **(1925-)**

Ren feng 人凤
WEN, YOU 闻宥 **(1901-1985)**

Ren feng 刃锋
WANG, YI LUN 汪亦伦 **(1918-)**

Ren feng 仞峰
WANG, YI LUN 汪亦伦 **(1918-)**

Ren, Feng gao 任凤镐
REN, GAO 任镐 **(1926-)**

REN, FENG SHENG 任凤生
Chen, Feng 陈凤

Ren, Fu 任夫
XU, ZU HUA 徐祖华 **(1909-1931)**

Ren, Fu 任父
LIANG, QI CHAO 梁启超 **(1873-1929)**

Ren, Fu 任甫
LIANG, QI CHAO 梁启超 **(1873-1929)**

Ren fu 忍夫
WANG, REN SHU 王任叔 **(1901-1972)**

REN, FU XIAN 任孚先 **(1935-)**
Ren, Min 任民
Yi hua 艺华

Ren, Gan 任幹
REN, SHOU KANG 任寿康 **(1923-)**

REN, GAO 任镐 **(1926-)**
Bai chuan 百川
Cai yu 采玉
Guang mang 光芒
Ren, Feng gao 任凤镐
Ren, Xiao yuan 任晓远

Ren, Ge 任戈
REN, JI XUE 任继学 **(1933-)**

REN, GEN LIU 任根鎏 **(1923-)**
Ma, La 马拉

Mi, Li 米里
Ren, Rong rong 任溶溶
Ren, Yi qi 任以奇
Tuo hua 托华
Wu, Si 乌斯
Yi, Lan 易兰
Yi, Qi 伊奇
Yi qi 一七
Zhao, Qiang kang 赵强康

Ren, Geng 任耕
ZHAO, SHI 赵适 (1923-)

Ren, Gong 任公
LIANG, QI CHAO 梁启超 (1873-1929)

Ren, Gong 任功
FANG, REN GONG 方仁工 (1937-)

Ren gong 人工
TAO, TONG 陶同 (1933-)

Ren, Gu 任谷
ZHANG, XU QING 张续清 (1922-)

Ren gu lou 忍古楼
XIA, JING GUAN 夏敬观 (1875-1953)

REN, GUANG 任光 (1900-1941)
Qian fa 前发
Ren, Qian fa 任前发

REN, GUANG CHUN 任光椿 (1931-)
Guang chun 光椿
Ren, Juan 任娟

Ren, Guang qiang 任广强
REN, XIU HUA 任秀华 (1958-)

Ren, Gui 壬癸
LUO, YAN 罗燕 (1930-)

Ren gui 人圭
ZHAO, YUN JIA 赵韵佳

REN, GUI LIANG 任贵粮 (1926-)
Ren, Tong xiang 任同祥

REN, GUO WEI 任国维 (1936-)
Gu, Wei 谷威

Ren, Guo zhen 任国桢
REN, HONG XI 任鸿锡 (1898-1931)

Ren, Hai 任海
SHEN, DUAN XIAN 沈端先 (1900-1995)

Ren hai ju shi 仁海居士
ZHANG, BO ZHEN 张伯祯 (1877-1947)

Ren, Hai ying 任海鹰
REN, QING ZE 任庆泽 (1941-)

Ren han ju shi 忍寒居士
LONG, YU SHENG 龙榆生 (1902-1966)

Ren, Hao 任豪
REN, JIU LING 任久龄 (1934-)

Ren, He 任何
SHI, YONG AN 施永安 (1900? -)

Ren, He 任何
CHEN, HUA LI 陈化鲤 (1910-)

Ren, He 任诃
YE, YUN PU 叶韫璞 (1905-1975)

Ren, Hong 任虹
CHANG, XUE YONG 常学墉 (1911-)

REN, HONG JUN 任鸿隽 (1886-1961)
Ren, Shu yong 任叔永
She yuan 社员
Shu yong 叔永
Shu yun 庶允

Ren hong sheng 忍虹昇
SHEN, RUI BIN 沈瑞彬 (1946-)

REN, HONG XI 任鸿锡 (1898-1931)
Ren, Guo zhen 任国桢

Ren, Hou 任侯
CAI, REN HOU 蔡壬侯 (1917-)

REN, HU HUA 任护花
Jin, Ya er 金牙二
Zhou, Bai ping 周白苹

Ren, Hua 任化
WANG, HE 王赫

Ren, Hua 任华
CAI, REN HOU 蔡壬侯 (1917-)

Ren, Hui 任晦
SHEN, DUAN XIAN 沈端先 (1900-1995)

Ren, Hui zhi 任晦之
SHEN, DUAN XIAN 沈端先 (1900-1995)

Ren, Huo wei 任火为
REN, XIAO DING 任萧丁 (1930-)

REN, JI SHENG 任吉生 (1939-)
Xiao lu 晓路

REN, JI XUE 任继学 (1933-)
Ren, Ge 任戈

REN, JI YU 任继愈 (1916-)
Ren, You yuan 任又元

Ren, Jia 任伽
REN, YU CHENG 任禹成 (1907-)

Ren, Jian 任坚
LIAO, PING ZI 廖平子 (1882-1943)

Ren, Jian 任坚
YANG, NAI FAN 杨乃藩 **(1916-)**

Ren, Jian 任坚
CHEN, BO WEN 陈博文 **(1932-1989)**

Ren, Jian 任肩
LIAO, PING ZI 廖平子 **(1882-1943)**

Ren jian 人间
LIN, JUN DA 林俊达 **(1941-)**

Ren jian ren 人间人
LIANG, DING FEN 梁鼎棻 **(1859-1920)**

REN, JIAN XIN 任建新 **(1946-)**
Ren, Zhong 任重

Ren, Jiang 任江
ZHANG, QI FAN 张启范 **(1936-)**

Ren jie 人傑
LI, SHU SHI 李书诗 **(1890-1927)**

REN, JIN FU 任金福 **(1925-)**
Ren, Ping 任平
Ren, Ping 任萍

Ren jing 仁静
LIU, REN JING 刘仁静 **(1902-1987)**

REN, JING HE 任敬和 **(1911-)**
Hei, Yan 黑炎
Ren, Ya gu 任雅谷
Sai, Jun 赛君
Ya lei 哑雷
Yu, Guang 宇光

Ren jiu 壬玖
SHEN, CONG WEN 沈从文 **(1902-1988)**

REN, JIU LING 任久龄 **(1934-)**
Ren, Hao 任豪
Ren zi 人子

Ren, Ju 任菊
HUANG, QIU FANG 黄秋芳 **(1962-)**

Ren ju 人菊
ZHOU, WEI 周伟 **(1885-)**

Ren ju 人菊
YIN, REN 殷仁

Ren, Juan 任娟
REN, GUANG CHUN 任光椿 **(1931-)**

Ren, Jun 任钧
LU, JIA WEN 卢嘉文（**1909-)**

Ren jun 人俊
WANG, REN JUN 王仁俊 **(1866-1913)**

Ren kang 仁康
QIAN, REN KANG 钱仁康 **(1914-)**

Ren, Ke 任克
REN, YUN 任允 **(1876-1909)**

Ren, Ke 任柯
YE, YUN PU 叶韫璞 **(1905-1975)**

Ren, ke 仁可
HE, GUO LI 何国利 **(1956-)**

Ren ke 人可
HE, WEN MING 何文明 **(1944-)**

Ren, Ke ren 任克任
REN, YUN 任允 **(1876-1909)**

Ren lai 人籁
Ci, HANG 慈航

Ren lan 人岚
HUANG, LAN 黄岚

Ren li 仁莉
WANG, REN SHU 王任叔 **(1901-1972)**

REN, LI 任礼 **(1913-)**
Liu lang 六郎
Mei hei zi 煤黑子
Ye, Shi 叶石
Yi ping 一萍

REN, LI QING 任理卿 **(1895-)**
Bao yi 抱一
Ren, Shang wu 任尚武

Ren, Li xin 任力新
REN, BAO ZHU 任宝珠 **(1928-)**

Ren ling 人令
SHAO, SHUN LING 邵顺龄 **(1917-)**

REN, LIU 任流 **(1936-)**
Yun, Chuan 云川

REN, LIU CHAO 任流潮 **(1946-)**
Tian, Ge 田歌

Ren lu 忍庐
YAN, JIN 严谨 **(1901-1969)**

Ren, Min 任民
WANG, YIN SHENG 王寅生 **(1902-1956)**

Ren, Min 任民
REN, FU XIAN 任孚先 **(1935-)**

Ren ming 刃鸣
LU, GUI FENG 卢桂凤

Ren, Ming 任铭
SUN, WEN CHAO 孙文超 **(1935-)**

REN, MING YAO 任明耀 **(1922-)**
Ren, Fei ran 任斐然

Xiao, Xiang zi 肖湘子

Ren mu 人木
FU, JIA LIN 傅家麟 **(1911-1988)**

Ren mu 人木
ZHU, YUN CHENG 朱韻成 **(1939-)**

REN, NAI FAN 任廼凡 **(1906-1986)**
Bai, Ge 白戈
Du, Wei 杜微
Gan, Dan 甘丹
Ren, Bai ge 任白戈
Ren, Yu 任煜
Tian, Dan 田丹
Yu wen, Zhou 宇文宙

REN, NAI QIANG 任乃强
Ren, Xiao zhuang 任筱莊

REN, NE 任讷 **(1897-1991)**
Ban tang 半塘
Er bei 二北
Ren, Er bei 任二北
Ren, Zhong min 任中敏

Ren, Ning 任宁
ZHANG, DAO FANG 张道昉 **(1937-)**

Ren, Pei guo 任培国
REN, BI SHI 任弼时 **(1904-1950)**

Ren, Ping 任平
REN, JIN FU 任金福 **(1925-)**

Ren, Ping 任凭
CHEN, LONG 陈珑 **(1957-)**

Ren, Ping 任萍
REN, JIN FU 任金福 **(1925-)**

Ren ping 壬平
LI, YAO TANG 李尧棠 **(1904-)**

Ren, Ping sheng 任平生
ZHOU, GUAN WU 周观武 **(1944?-)**

Ren, Pu 任朴
BAO, RUN PU 鲍润普 **(1924-)**

Ren pu 人仆
CHEN, SHOU MEI 陈守梅 **(1907-1967)**

Ren pu 仁圃
ZHANG, YUAN QUN 张元群 **(1897-)**

Ren, Qi 任其
TANG, YONG JI 唐永基 **(1914-)**

Ren qian 纫千
GU, FENG CHENG 顾凤城 **(1908-1940)**

Ren, Qian fa 任前发
REN, GUANG 任光 **(1900-1941)**

Ren, Qin 任勤
ZHANG, YONG JIANG 张永江 **(1936-)**

Ren, Qing 任青
MIAO, PEI SHI 苗培时 **(1918-)**

Ren qing 人情
GENG, QING SHAN 耿青山

Ren qing 仞青
LIN, WEN YI 林文益 **(1930-)**

REN, QING ZE 任庆泽 **(1941-)**
Ren, Hai ying 任海鹰

Ren qiu 纫秋
ZHENG, ZHEN DUO 郑振铎 **(1898-1958)**

Ren qiu guan zhu 纫秋館主
ZHENG, ZHEN DUO 郑振铎 **(1898-1958)**

Ren qiu ju shi 纫秋居士
ZHENG, ZHEN DUO 郑振铎 **(1898-1958)**

Ren qiu nü shi 纫秋女士
ZHENG, ZHEN DUO 郑振铎 **(1898-1958)**

Ren qiu shan guan zhu ren 纫秋山馆主人
ZHENG, ZHEN DUO 郑振铎 **(1898-1958)**

Ren qiu zhu ren 纫秋主人
ZHENG, ZHEN DUO 郑振铎 **(1898-1958)**

Ren quan 人权
LIU, YA ZI 柳亚子 **(1887-1958)**

Ren quan 人铨
PANG, REN QUAN 庞人铨 **(1897-1922)**

Ren, Ran 任然
ZHONG, GAO YUAN 钟高渊 **(1946-)**

Ren, Rong rong 任溶溶
REN, GEN LIU 任根鎏 **(1923-)**

Ren, Shang wu 任尚武
REN, LI QING 任理卿 **(1895-)**

Ren she tong ren 任社同人
JIN, QING YAN 金庆棪 **(1880-1932)**

Ren shen guo 人参果
YUAN, YIN HU 袁银虎 **(1952-)**

Ren shen hua 人参花
YUAN, YIN HU 袁银虎 **(1952-)**

Ren shen jing 人参精
YUAN, YIN HU 袁银虎 **(1952-)**

Ren sheng 壬生
WANG, REN SHU 王任叔 **(1901-1972)**

Ren sheng 韧生
WANG, REN SHU 王任叔 **(1901-1972)**

Ren sheng 訒生
CHEN, SHU REN 陈树人 **(1884-1948)**

Ren, Shi 任士
WANG, REN SHU 王任叔 **(1901-1972)**

Ren, Shi 任实
WANG, HAN ZHUO 王汉倬

Ren shi 忍士
WANG, REN SHU 王任叔 **(1901-1972)**

Ren shi 忍士
TANG, DUAN YI 唐端毅 **(1913-1992)**

REN, SHOU KANG 任寿康 **(1923-)**
Lao, Ge 劳戈
Ren, Gan 任幹

Ren, Shu 任叔
WANG, REN SHU 王任叔 **(1901-1972)**

Ren, Shu 任舒
REN, DA LIN 任大霖 **(1929-)**

Ren, Shu 任曙
REN, XU 任旭

REN, SHU HENG 任叔衡 **(1924-)**
Ren, Yu 任愈

Ren, Shu yong 任叔永
REN, HONG JUN 任鸿隽 **(1886-1961)**

Ren sou 韧叟
LAO, NAI XUAN 劳乃宣 **(1843-1921)**

Ren, Su 任愫
REN, CHENG XI 任成喜 **(1927-)**

Ren, Tian ma 任天马
ZHAO, RONG SHENG 赵荣声 **(1915-)**

REN, TONG 任垌 **(1919-)**
Du, Yin 杜印
Lin, Jin 林金

Ren, Tong xiang 任同祥
REN, GUI LIANG 任贵粮 **(1926-)**

Ren, Wei 任为
ZHANG, REN WEI 张人位 **(1929-)**

Ren wei 人未
YU, JIN HAI 余金海 **(1941-)**

REN, WEI KUN 任维焜 **(1909-)**
Fang qiu 访秋
Ren, Fang qiu 任访秋
Shuang feng 霜枫
Shuang feng 霜峰

Ren, Wen 任文
ZHAO, FENG ZHANG 赵凤章 **(1918-1986)**

Ren, Wen 任闻
LIN, BING HUANG 林炳煌 **(1934-)**

REN, WEN BAI 任文白
Lü, Liang 吕梁

Ren, Wen shu 任文抒
REN, WEN SUO 任文锁 **(1953-)**

REN, WEN SUO 任文锁 **(1953-)**
Ren, Wen shu 任文抒
Wen, Shu 文抒

REN, WEN XING 任文星
Li mei 力美

Ren, Wu 任伍
WU, ZHAO XIU 吴兆修 **(1931-)**

Ren, Xi gui 任锡圭
REN, YU CHENG 任禹成 **(1907-)**

Ren, Xia 任侠
CHANG, REN XIA 常任侠 **(1904-)**

Ren, Xiang 任翔
REN, DE XIANG 任德祥 **(1948-)**

Ren xiang ju shi 纫香居士
HE, JUN 贺骏 **(1891-1977)**

Ren xiang yin xie 纫香吟榭
HE, JUN 贺骏 **(1891-1977)**

Ren, Xiang zhi 任向之
REN, YU CHENG 任禹成 **(1907-)**

REN, XIAO DING 任萧丁 **(1930-)**
Chen, Xi 陈犀
Liu, Pei fen 柳佩芬
Meng, Wa 孟娃
Ren, Huo wei 任火为
Ren, Xu dong 任旭东
Shen, Ling 沈灵
Xiao, Ding 萧丁

REN, XIAO JUN 任晓军 **(1963-)**
Fu weng 阜瓮

Ren, Xiao yuan 任晓远
REN, GAO 任镐 **(1926-)**

Ren, Xiao zhe 任小哲
FENG, ZHONG PU 冯钟璞 **(1928-)**

Ren, Xiao zhuang 任筱莊
REN, NAI QIANG 任乃强

Ren, Xin 任辛
WU, ZHI GUANG 吴之光 **(1922-)**

Ren xin 仁心
QIAN, XUAN TONG 钱玄同 **(1887-1939)**

Ren xin 仁心

YANG, YU ZHANG 杨玉璋 **(1926-)**

REN, XING 任兴
Chi, Feng 迟峰
Ping, Shan 平山

REN, XIU HUA 任秀华 **(1958-)**
Ren, Guang qiang 任广强

REN, XIU SHEN 任修身
Shui seng 睡僧

REN, XIU YING 任秀英 **(1918-)**
Li, Bo 李波

REN, XU 任旭
Ren, Shu 任曙

Ren, Xu dong 任旭东
REN, XIAO DING 任萧丁 **(1930-)**

Ren xun 仁勳
ZHANG, REN XUN 张仁勳

Ren, Ya gu 任雅谷
REN, JING HE 任敬和 **(1911-)**

Ren yan 仁言
WANG, YU XIN 王宇信 **(1940-)**

Ren yan 忍言
WANG, REN SHU 王任叔 **(1901-1972)**

Ren yan 人言
WEN, SI XIANG 温嗣翔 **(1916-)**

Ren yan 人言
WU, DONG QUAN 吴东权 **(1928-)**

Ren yan 人雁
ZHU, YAN 朱彦 **(1937-)**

REN, YAN FANG 任彦芳 **(1937-)**
Cun yan 村燕
Yan, Zi 燕子
Yan, Zi fang 燕子舫

Ren, Yan sheng 任衍生
REN, ZHUO XUAN 任卓宣 **(1896-1990)**

Ren ye 人也
BIAN, ZHI LIN 卞之琳 **(1910-2000)**

Ren yi 人一
ZHAO, QING GE 赵清阁 **(1914-)**

Ren yi 人弋
CHENG, DAI XI 程代曦 **(1927-)**

REN, YI PEI 任以沛
Hua, Min 华民
Yi pei 以沛

Ren, Yi qi 任以奇
REN, GEN LIU 任根鎏 **(1923-)**

REN, YI QUAN 任一权 **(1935-)**
Huang, Yan 黄岩
Yi quan 一荃

Ren, Yi zhi 任一知
REN, ZHUO XUAN 任卓宣 **(1896-1990)**

REN, YING HUI 任颖辉
You qun 幼群

Ren, Yong liang 任用梁
REN, YU CHENG 任禹成 **(1907-)**

REN, YONG XING 任永兴 **(1931-)**
Ren, Zhi 任之

Ren, You jing 任尤競
REN, YU CHENG 任禹成 **(1907-)**

Ren, You yuan 任又元
REN, JI YU 任继愈 **(1916-)**

Ren, Yu 任愈
REN, SHU HENG 任叔衡 **(1924-)**

Ren, Yu 任煜
REN, NAI FAN 任迺凡 **(1906-1986)**

REN, YU CHENG 任禹成 **(1907-)**
Chun yu, Pu 淳于朴
Meng, Sha mang 蒙沙氓
Ren, Dao jiu 任道九
Ren, Jia 任伽
Ren, Xi gui 任锡圭
Ren, Xiang zhi 任向之
Ren, Yong liang 任用梁
Ren, You jing 任尤競
Ren, Yu ren 任于人
Sha, Tuo 沙驼
Shuo feng 朔风
Wu, Fa 吴法
Wu, Qu 吴去
Xi gui 西氿
Ye, Fu gen 叶富根
You, Jing 由径
You, Jing 尤競
Yu, Ling 于伶
Yu, Ren 于人

Ren, Yu ren 任于人
REN, YU CHENG 任禹成 **(1907-)**

Ren, Yuan 任远
ZHANG, AN REN 张安人 **(1903-1987)**

Ren, Yuan 任远
MA, QIAN MU 马千木 **(1915-)**

Ren, Yuan 任远
REN, ZHEN RONG 任振荣 **(1928-)**

Ren, Yuan 任缘
CHEN, JIAN GONG 陈建功 **(1938-)**

Ren, Yuan bin 任源滨
CHEN, DONG SHENG 陈栋生 **(1935-)**

REN, YUN 任允 **(1876-1909)**
Ren, Ke 任克
Ren, Ke ren 任克任

Ren, Yun 任筠
LU, JIA WEN 卢嘉文 **(1909-)**

Ren, Ze 任责
LI, AN ZHAI 李安宅 **(1900-1985)**

Ren ze 人仄
ZHENG, SHEN ZHAI 郑慎斋

Ren zhai 仁斋
ZHAO, ZHENG PING 赵正平 **(1878-1945)**

Ren zhai 訒斋
TAN, YAN KAI 谭延闿 **(1880-1930)**

Ren, Zhang 任彰
REN, ZHUO XUAN 任卓宣 **(1896-1990)**

Ren, Zhao zhi 任兆之
KE, WAN FU 柯万福 **(1942-)**

REN, ZHE WEI 任哲维 **(1918-)**
Da ren 大任
Ding, Ling 丁令
Liu, Ru 刘如
Niu, Ru zi 牛孺子
Tan, Xu 谭须
Xin, Ren 辛人
Zhe fu 蛰夫
Zuo, Ce fu 左策夫

Ren zhe 人哲
XUAN, GU YU 宣古愚 **(1873?-1942)**

Ren, Zhen 任真
HOU, REN JUN 侯人俊 **(1930-)**

Ren, Zhen 任真
WEN, KE QIN 温克勤 **(1936-)**

REN, ZHEN HAN 任真汉 **(1907-1993)**
Hu an 忽庵

REN, ZHEN RONG 任振荣 **(1928-)**
Ren, Yuan 任远

Ren, Zhi 任之
HUANG, YAN PEI 黄炎培 **(1878-1965)**

Ren, Zhi 任之
REN, YONG XING 任永兴 **(1931-)**

Ren, Zhi 任之
LI, DIAN KUI 李殿魁 **(1933-)**

Ren zhi 纫芝
XU, RUN ZHI 徐润芝 **(1927-)**

Ren, Zhi huan 任之焕
HE, ZHAO XIONG 何兆熊 **(1903-1990)**

REN, ZHI MING 任志明 **(1943-)**
Ye mu 也木

REN, ZHI YU 任之玉 **(1932-)**
Zheng yan 正焱

Ren, Zhong 任重
CHEN, WANG DAO 陈望道 **(1890-1977)**

Ren, Zhong 任重
SHEN, HUI CHUN 沈会春 **(1902-1965)**

Ren, Zhong 任重
JIN, XUE CHENG 金学成 **(1905-1990)**

Ren, Zhong 任重
YU, SAI 余塞 **(1919-)**

Ren, Zhong 任重
REN, JIAN XIN 任建新 **(1946-)**

Ren, Zhong 任重
REN, CUN BI 任存弼 **(1947-)**

Ren, Zhong min 任中敏
REN, NE 任讷 **(1897-1991)**

REN, ZHUO XUAN 任卓宣 **(1896-1990)**
Chang qing 长青
Chen, Ji bu 陈季布
Chen, Mu ping 陈慕平
Chen, San yuan 陈三元
Chen, Zhi ping 陈之平
Chen, Zhong ming 陈仲明
Chen, Zhong ping 陈仲平
Cheng, Bai 成柏
Cheng, Mao lin 成茂林
Cong, Xiao hou 丛啸候
Du, Guo fu 杜果夫
Du, Guo ren 杜果人
Du, Yi ming 杜亦鸣
Du, Zuo ren 杜作人
Feng chun 逢春
Gan, Tang 甘棠
Gao, Feng 高锋
Gao, Shang 高尚
Guan nan 冠南
Guo, Ren 果人
He, Yi ming 何一鸣
Heng fu 衡夫
Huang, Li sheng 黄力生
Jian ren 健人
Jiang, Ke cheng 江可澄
Jin, Zi li 金自立

Kong, Zhen 孔真
La fu ye fu 拉弗也夫
Li, Xu 李旭
Li, Yi ming 李一鸣
Liu, Bu fang 刘步芳
Liu, Guang 刘光
Liu, Ji chen 刘吉晨
Lu, Jing zhi 陆敬之
Lu, Ruo shen 鲁若参
Ma, Jia ju 马家驹
Mao lin 茂林
Mian zhi 勉之
Qin, Yi fei 秦一飞
Qing feng 青锋
Qing rui 青锐
Qing song 青松
Qing zi guang 青子光
Ren, Yan sheng 任衍生
Ren, Yi zhi 任一知
Ren, Zhang 任彰
Ru song 如松
Shen, Yong qing 沈永清
Si tu, De 司徒德
Song, Zhuo ling 宋灼灵
ST
TE
TF
Wang, Qi cheng 王其诚
Wang, Qing lin 王青林
Wang, Yi ming 王一鸣
Wang, Yi ming 王亦鸣
Wang, Yi zhi 王宜之
Wei yan 微言
Yan, Yi quan 燕义权
Yang, Cheng bai 杨成柏
Yang, Ru song 杨如松
Ye, Feng 叶风
Ye, Feng chun 叶逢春
Ye, Qing 叶青
Yi, Chang qing 易长青
Yi, Feng chun 易逢春
Yi ming 亦鸣
Yi qiong 以琼
Yin, Ru nan 殷汝南
Yu, Ke fu 尉可夫
Yu, Qing 尉青
Yu, Zhong yuan 尉仲元
Zhang, Qi ping 张其平
Zhong, Ming 仲明
Zhong, Zhang 仲璋
Zhuo, Qi 卓齐
Zhuo xian 捉掀
Zhuo, Xuan 卓宣
Zi fu 子夫

Ren zi 仁子
CHEN, WANG DAO 陈望道 **(1890-1977)**

Ren zi 仁子
LIN, HONG ZHU 林鸿翥 **(1907-)**

Ren zi 人子
REN, JIU LING 任久龄 **(1934-)**

Ren zi 韧子
TAN, CUI YAN 谭翠艳 **(1957-)**

Ren, Zi chu 任子楚
XU, BO XU 徐伯訏 **(1908-1980)**

REN, ZONG JING 任宗景 **(1948-)**
Hei, Sang 黑桑

Reng du tang 仍度堂
CHEN, XUN 陈洵 **(1870-1942)**

Reng jiu 仍旧
ZHENG, DAO 郑道 **(1880-1906)**

Ri an 日安
LI, MING YAN 李明晏 **(1936-)**

Ri ben xi shou zhu yu 日本西狩祝予
ZHANG, BING LIN 章炳麟 **(1869-1936)**

Ri chu guo zhong zhi you zi 日出国中之游子
ZHOU, SHU REN 周树人 **(1881-1936)**

Ri er 日珥
WANG, SHENG SHAN 王升山 **(1951-)**

Ri ji 日基
YANG, RI JI 杨日基 **(1912-1982)**

Ri ming 日明
ZHU, WEI MING 朱维明 **(1910-)**

Ri nan 日南
SHEN, JIA BEN 沈家本 **(1840-1913)**

Ri ping 日平
WEI, QING HUANG 韦庆煌 **(1916-)**

Ri sheng 日生
DING, XING 丁星 **(1924-)**

Ri xi 日曦
QIU, NAN 邱楠 **(1916-1979)**

Ri xia 日霞
YANG, JIA JUN 杨家俊 **(1942-)**

Ri xin 日新
SUN, WEN 孙文 **(1866-1925)**

Ri xing 日星
ZHANG, QIU ZHONG 张秋忠 **(1935-)**

Ri xuan 日宣
RUAN, RI XUAN 阮日宣 **(1925-)**

Ri yue 日月

LÜ, YUAN PENG 吕元鹏 **(1925-)**

Ri yue sheng 日月生
GU, JING CHENG 顾景程 **(1897-1944)**

Rong 荣
MU, DE HUI 穆德辉 **(1924-)**

Rong 容
LIAO, JIA QUAN 廖家权 **(1907-1990)**

Rong, An 容安
WANG, ZHONG QI 王锺麒 **(1890-1975)**

RONG, AN 容安 **(1925-)**
Jiang, Bo 江波

Rong, An 容庵
YUAN, SHI KAI 袁世凯 **(1859-1916)**

RONG, BEN ZHEN 容本镇 **(1958-)**
Rong, Ruo 容若
Rong, Yun zhe 容云蛰

Rong bing 融冰
CHANG, XIU HUAN 常秀环 **(1976-)**

Rong, Bing chuan 容冰川
LI, YING HAO 李英豪 **(1941-)**

Rong, Cheng 容城
LU, FANG 卢涝 **(1914-)**

Rong, Chi 戎赤
LIU, RONG CHI 刘溶池 **(1917-)**

Rong chi 溶池
LIU, RONG CHI 刘溶池 **(1917-)**

Rong, Dan 容丹
DAO, BU 道布 **(1934-)**

RONG, DING CHANG 容鼎昌 **(1919-)**
Fan, Lai 范莱
Fang, Chui 芳垂
Fang, Lan ru 方兰汝
Huang, Shang 黄裳
Jiu shi 旧史
Mian zhong 勉仲
Qiu, Yuan 秋远
Sun, Shu yao 孙叔遥
Wan, Wan 宛宛
Zhao, Ling yi 赵令仪
Zhu, Fu 朱孚

Rong, Du zhui 戎都骓
MA, JI SHENG 马继胜 **(1950-)**

Rong, Feng 荣峰
WANG, SHI LANG 王诗琅 **(1908-1984)**

Rong fu 榕夫
LIU, BAI DA 刘百达 **(1939-)**

Rong, Ge 荣革
LI, JING YUAN 李静远 **(1914-)**

Rong, Geng 容庚
RONG, ZHAO GENG 容肇庚 **(1894-1983)**

Rong, Guang huan 容光焕
SHEN, DUAN XIAN 沈端先 **(1900-1995)**

Rong he 冗禾
ZHANG, JUN RUI 张俊锐 **(1959-)**

Rong, Hua 荣华
LIU, QING TANG 刘庆唐 **(1935-)**

Rong, Ji 荣纪
ZHOU, ZUO REN 周作人 **(1885-1967)**

Rong jiang 榕江
LIU, BAI DA 刘百达 **(1939-)**

RONG, JIN HU 容锦瑚 **(1926-)**
Liu, Fang mei 柳方眉
Rong, Xi ying 容希英
Shan gu 山谷

Rong, Jun 荣钧
YUAN, SHU 袁殊 **(1911-1987)**

RONG, KAI MING 荣开明 **(1931-)**
Jiang, Han ming 江汉明
Jiang, Yi shen 姜一申
Kai ming 凯明

Rong, Lan tian 容兰天
YANG, RONG FANG 杨荣芳 **(1938-)**

Rong, Ling yan 容灵彦
CHEN, CHANG XI 陈长喜 **(1957-)**

Rong, Lu 容庐
WANG, TONG ZHAO 王统照 **(1897-1957)**

Rong, Ma 戎马
MA, GUANG LI 马广利 **(1938-)**

Rong, Ma 戎马
MA, JI SHENG 马继胜 **(1950-)**

Rong ma shu sheng 戎马书生
ZHOU, SHU REN 周树人 **(1881-1936)**

Rong ma shu sheng 戎马书生
GUO, MO RUO 郭沫若 **(1892-1978)**

Rong ma shu sheng 戎马书生
HU, KE XI 胡克熙 **(1911-)**

Rong ma shu sheng 戎马书生
ZHU, ZHEN SHENG 朱振声 **(1913-)**

Rong, Ma zheng 戎马征
WANG, YAN SHENG 王燕生 **(1934-)**

RONG, MING LI 荣明礼 **(1936-)**

Ming, Zhi 明之

RONG, NIAN ZHU 戎念竹 **(1957-)**
Xiao chong 小虫

Rong ren 蓉人
TANG, YOU YAN 汤幼言 **(1918-)**

Rong, Rong 荣荣
HE, DE RONG 何德荣 **(1953-)**

Rong, Rong 荣荣
CHU, PEI RONG 褚佩荣 **(1964-)**

Rong rong 融融
PAN, YA TUN 潘亚暾 **(1931-)**

Rong rong 融融
WU, NAN JUAN 吴枬娟 **(1952-)**

Rong, Ruo 容若
LIANG, RONG RUO 梁容若 **(1905-1982)**

Rong, Ruo 容若
ZHENG, XI LIN 郑锡麟 **(1914-)**

Rong, Ruo 容若
RONG, BEN ZHEN 容本镇 **(1958-)**

Rong, Sheng 戎生
ZHANG, ZHONG FU 张忠富 **(1945-)**

Rong, Sheng 戎笙
WANG, RONG SHENG 王戎笙 **(1929-)**

Rong, Sheng 荣升
ZHANG, RONG SHENG 张荣生 **(1932-)**

RONG, SONG 容嵩 **(1950-)**
Mao, Dai 毛戴
Xie, Ren 谢人

Rong, Sou 容叟
WANG, ZHONG QI 王锺麒 **(1890-1975)**

Rong, Tang 容堂
WANG, ZHONG QI 王锺麒 **(1890-1975)**

RONG, WEI YU 戎维域 **(1923-)**
Xu ge 戌戈

Rong, Weng 戎翁
LI, YONG GAO 李永高 **(1929-)**

Rong, Weng 容翁
WANG, ZHONG QI 王锺麒 **(1890-1975)**

Rong, xi 融熙
TANG, XUE YUN 汤雪筠

Rong, Xi ying 容希英
RONG, JIN HU 容锦瑚 **(1926-)**

RONG, YI 容异
Rong, Yi 容易

Rong, Yi 容易
RONG, YI 容异

Rong, Yu 容与
KUANG, FU 匡扶 **(1911-)**

Rong, Yuan 容元
HUANG, ZONG LUO 黄宗洛 **(1926-)**

Rong, Yun zhe 容云蛰
RONG, BEN ZHEN 容本镇 **(1958-)**

Rong, Zhai 容斋
XU, ZHU CHENG 徐铸成 **(1907-1991)**

Rong, Zhai 容斋
XU, GUI LIN 许桂林

Rong zhai 榕斋
LIU, YA ZI 柳亚子 **(1887-1958)**

Rong, Zhang 荣章
WANG, TONG XUN 王桐勋 **(1915-1992)**

RONG, ZHAO GENG 容肇庚 **(1894-1983)**
Rong, Geng 容庚

Rong, Zhen 荣镇
FANG, GUO ZHENG 方国政 **(1948-)**

Rong zhi 茸芷
YU, MING HENG 俞铭衡 **(1900-1990)**

Rong, Zhi er 容之儿
ZOU, RONG 邹容 **(1885-1905)**

Rong, Zhou 容舟
CHEN, WEI MO 陈炜谟 **(1903-1955)**

RONG, ZHU LIN 荣竹林 **(1940-)**
Su, Bu de 苏布德
Yun, Bu yi 云布衣

Rong, zi 荣子
ZHANG, NAI YING 张廼莹 **(1911-1942)**

Rong zi 蓉子
WANG, RONG ZHI 王蓉芷 **(1928-)**

Rong zi 蓉子
LI, SAI RONG 李赛蓉 **(1949-)**

Rou jian 柔坚
SHEN, ROU JIAN 沈柔坚 **(1919-)**

Rou mi ou・Zheng 柔密欧・郑
ZHENG, YUAN AN 郑远安 **(1925-)**

Rou shi 柔石
ZHAO, PING FU 赵平复 **(1902-1931)**

Ru 如
WANG, TONG ZHAO 王统照 **(1897-1957)**

Ru 如

ZHUANG, BO HE 莊伯和

Ru shuo 如说
LI, WEN TAO 李文涛 **(1880-1942)**

Ru song 如松
REN, ZHUO XUAN 任卓宣 **(1896-1990)**

Ru song 如松
LI, ZHI 李直 **(1927-)**

Ru wen 茹雯
WANG, YANG 王扬 **(1917-1986)**

Ru xin 茹辛
WANG, REN SHU 王任叔 **(1901-1972)**

Ru xin 茹辛
WU, KE REN 武克仁 **(1919-)**

Ru xin 茹歆
CAI, RUN TIAN 蔡润田 **(1943-)**

Ru xu 濡需
LI, XIANG XIAN 李象贤 **(1914-1978)**

Ru xuan 入玄
LI, WEN TAO 李文涛 **(1880-1942)**

Ru xue 如雪
ZHANG, YAN 张燕 **(1924-)**

Ru xun 汝勋
WU, FEI DAN 吴斐丹 **(1907-1981)**

Ru yan 如眼
LI, WEN TAO 李文涛 **(1880-1942)**

Ru yan 乳燕
YANG, XI ZHANG 杨锡章 **(1864-1929)**

Ru yan 乳燕
WU, RU YI 吴汝翊 **(1919-)**

Ru ye 如也
GAO, SHU QING 杲淑清 **(1920-)**

Ru yi 如意
CHEN, XUAN WEN 陈绚文 **(1922-)**

Ru yi 如意
HUANG, LI ZHEN 黄丽贞 **(1939-)**

Ru yi 汝伊
FAN, HAN SHENG 范汉生 **(1934-)**

Ru yin 茹茵
GENG, XIU YE 耿修业 **(1915-)**

Ru yue 如月
LI, WEN TAO 李文涛 **(1880-1942)**

Ru yue 如月
ZHU, RU YUE 朱如月 **(1941-)**

Ru zhai 孺斋
YI, TING XI 易廷熹 **(1874-1941)**

Ru zhao 汝钊
ZHANG, RU ZHAO 张汝钊 **(1900-)**

Ru zhen 汝珍
CAO, LIAN YA 曹联亚 **(1897-1987)**

Ru zhen 汝珍
ZHENG, BING BI 郑秉壁 **(1905-1974)**

Ru zhi 如智
LI, WEN TAO 李文涛 **(1880-1942)**

Ru zhi fu 儒之父
CHEN, SHAO WEI 陈绍伟 **(1941-)**

Ru zi niu 孺子牛
KUANG, GUANG ZHAO 匡光照 **(1900-)**

Ru zi niu 孺子牛
TAO, KANG DE 陶亢德 **(1908-1983)**

Ru zi niu 孺子牛
WU, TIAN CAI 吴天才 **(1936-)**

Ru zi niu 孺子牛
NIU, GUANG JIN 牛广进 **(1942-)**

Ru, Ji ren 汝及人
RU, LONG 汝龙 **(1916-1991)**

RU, LONG 汝龙 **(1916-1991)**
Ji ren 及人
Ru, Ji ren 汝及人

RU, XIN 汝信 **(1931-)**
Fang, Wei 方炜
Ru xing 茹行

Ru xing 茹行
RU, XIN 汝信 **(1931-)**

RU, YU LI 茹欲立
Da wu wei 大无畏
Pi, Sheng 皮生
Pi sheng 疲生
Zhuo, Ting 卓亭

Ru, Zhi juan 茹志娟
RU, ZHI JUAN 茹志鹃 **(1925-)**

RU, ZHI JUAN 茹志鹃 **(1925-)**
A ru 阿如
Chu, Xu 初旭
Ru, Zhi juan 茹志娟

Ruan, Ai hui 阮爱蕙
LU, ZHAO LING 卢昭灵 **(1935-)**

Ruan, An 阮厂
KUANG, ZHOU YI 况周颐 **(1859-1926)**

Ruan, An 阮盦
KUANG, ZHOU YI 况周颐 **(1859-1926)**

Ruan, Bo 阮波
ZHANG, WEI QING 张薇青 (1927-)

Ruan, Chen 阮辰
DAI, YUAN CHEN 戴园晨 (1926-)

Ruan, Da cheng 阮大成
RUAN, DA ZHENG 阮大正

Ruan, Da ren 阮大仁
RUAN, DA ZHENG 阮大正

RUAN, DA ZHENG 阮大正
Ruan, Da cheng 阮大成
Ruan, Da ren 阮大仁
Tong yin hua 同殷华
Xia, Zong han 夏宗汉

Ruan, Ding 阮丁
DING, CHENG XIANG 丁成相 (1939-)

Ruan, Fang 阮放
WEI, YI JIAN 危亦健 (1934-)

Ruan, Guang min 阮广民
LIU, JIA 刘甲 (1924-)

RUAN, HAI TANG 阮海棠 (1953-)
Hai, Ou 海鸥
Hai, Yan 海燕

RUAN, HUI XIA 阮惠霞 (1928-)
Xia, Yi 夏依

RUAN, JIAN NONG 阮剑农
Ma, Ming 马鸣

Ruan, Jing sheng 阮静生
RUAN, YI CHENG 阮毅成 (1905-1988)

RUAN, JUE JUN 阮觉君 (1918-)
Ruan, Wen da 阮文达
Ruan, Wen jun 阮文君

Ruan, Jun 阮君
LIU, WEI XIN 刘维新 (1933-)

Ruan, Lang 阮朗
YAN, QING SHU 严庆澍 (1919-1981)

Ruan, Nang 阮囊
RUAN, QING LIAN 阮庆濂 (1928-)

Ruan, Qi lang 阮七郎
XIAO, JUN 萧军 (1907-1988)

Ruan, Qian 阮潜
YI, REN ZHI 伊任之 (1913-)

RUAN, QING LIAN 阮庆濂 (1928-)
Ruan, Nang 阮囊

RUAN, RI XUAN 阮日宣 (1925-)
Ri xuan 日宣

RUAN, RUN XUE 阮润学 (1938-)
Yuan, Jin 远近

RUAN, SHAO YUAN 阮绍元
Ruan, Tui zhi 阮退之

RUAN, SHI 阮式 (1888-1911)
Han xuan 汉宣
Han xuan 翰轩
Meng tao 梦桃
Shu qi 书麒

Ruan, Shi gong 阮世恭
SHAO, YAN XIANG 邵燕祥 (1933-)

Ruan, Shi li 阮诗莉
JIANG, MU 姜穆 (1929-)

RUAN, SHI YI 阮式一
Shi yi 式一

Ruan, Si ning 阮思宁
RUAN, YI CHENG 阮毅成 (1905-1988)

Ruan, Tui zhi 阮退之
RUAN, SHAO YUAN 阮绍元

Ruan, Wen 阮闻
LUO, YUAN WEN 罗源文 (1928-)

Ruan, Wen da 阮文达
RUAN, JUE JUN 阮觉君 (1918-)

Ruan, Wen jun 阮文君
RUAN, JUE JUN 阮觉君 (1918-)

RUAN, WEN TAO 阮文涛 (1931-)
Li, Qing 黎青

Ruan, Wu ming 阮无名
QIAN, XING CUN 钱杏邨 (1900-1977)

RUAN, XI CHAO 阮熙朝 (1897-1935)
Chao, Xi 晁曦
Ruan, Xiao xian 阮啸仙
San 三
Xiao shan 晓山
Xiao xian 小仙
Xiao xian 笑仙
Xiao xian 啸仙

Ruan, Xiao qiu 阮啸秋
RUAN, ZHANG JING 阮章竟 (1914-)

Ruan, Xiao xian 阮啸仙
RUAN, XI CHAO 阮熙朝 (1897-1935)

Ruan, Yan shun 阮延顺
LIU, JIA 刘甲 (1924-)

Ruan, Yi 阮簃
ZHANG, LUO 张洛

RUAN, YI CHENG 阮毅成 **(1905-1988)**
Lü ping 绿苹
Ruan, Jing sheng 阮静生
Ruan, Si ning 阮思宁
Si ning 思宁

Ruan, Yi de 阮一得
YAO, SHENG HONG 姚声宏 **(1922-)**

RUAN, ZHANG JING 阮章竟 **(1914-)**
Hong, Huang 洪荒
Ruan, Xiao qiu 阮啸秋

RUAN, ZHI XIONG 阮志雄 **(1954-)**
Wu lu 芜露

Rui 蕤
YING, XIU REN 应修人 **(1900-1933)**

Rui chun 瑞椿
LI, JI ZHI 李季直

Rui cun 瑞邨
WU, RUI CUN 巫瑞村 **(1938-)**

Rui feng 瑞丰
CHEN, RUI FENG 陈锐锋 **(1930-)**

Rui, He shi 芮河石
MA, CHANG CHUN 马长春 **(1940-)**

Rui jin 瑞金
HUANG, JIN SHENG 黄金声 **(1939-)**

Rui li 睿理
LIN, CHUAN FANG 林传芳

RUI, LIAN XIA 芮连侠 **(1941-)**
Na xu 纳栩

Rui, Liang 芮良
HU, RUI LIANG 胡瑞梁 **(1918-)**

Rui lin 锐林
MA, RUI LIN 马瑞麟 **(1929-)**

Rui lin 瑞林
ZHAN, RUI LIN 詹瑞麟 **(1949-)**

Rui lin 瑞麟
YANG, RUI LIN 杨瑞麟 **(1911-1989)**

Rui lin 瑞麟
ZHAN, RUI LIN 詹瑞麟 **(1949-)**

Rui lu 瑞庐
SU, MEI 苏梅 **(1897-1999)**

Rui, Ming 芮明
WANG, ZHI LIANG 王智量 **(1928-)**

RUI, MU 芮沐 **(1908-)**
Jing xian 敬先
Shen, Tu 申徒

Rui nu 瑞奴
SU, MEI 苏梅 **(1897-1999)**

Rui rui 瑞瑞
LEI, RUI ZHI 雷瑞之 **(1944-)**

Rui run 瑞润
CHEN, SHU LE 陈书乐 **(1959-)**

Rui shan 瑞山
SHUI, ZHENG JU 税正举 **(1949-)**

Rui, Sheng 芮生
PENG, RUI SHENG 彭芮生

Rui sheng 瑞生
WANG, JI WU 王辑五 **(1900-1981)**

Rui sheng 睿生
CHEN, GUO ZHEN 陈国桢 **(1953-)**

Rui si 瑞丝
ZHANG, YI DONG 张奕东 **(1926-)**

Rui tang 瑞唐
LING, RUI TANG 凌瑞棠 **(1904-1990)**

Rui tang 瑞棠
LING, RUI TANG 凌瑞棠 **(1904-1990)**

RUI, TI QIAN 芮体乾
Gu, Lang 顾琅

Rui tu 瑞图
MA, YUN FU 马允甫 **(1904-1979)**

Rui wu 瑞伍
WANG, WEN YU 王文玉 **(1909-)**

Rui xian 瑞贤
XIE, SHAO XIAN 谢绍贤 **(1960-)**

Rui, Xin 芮新
DENG, TUO 邓拓 **(1912-1966)**

Rui xing 瑞星
JING, YAO YUE 景耀月 **(1883-1944)**

Rui xue 瑞雪
GU, FENG NIAN 顾凤年 **(1934-)**

Rui, Yan 芮言
GONG, MING DE 龚明德 **(1953-)**

Rui yang 瑞阳
MA, DUAN YANG 马端阳 **(1953-)**

Rui, Yin hao 芮音浩
ZHANG, XU GANG 张绪纲 **(1933-)**

Rui zhang 瑞章
TIAN, HAN 田汉 **(1898-1968)**

Rui, Zhong zhan 芮中占
ZENG, QING GUAN 曾庆冠 **(1922-)**

Rui zhu 蕊珠
HE, JIA CHUN 贺家春 **(1906-1982)**

Rui zhuang 睿莊
ZHOU, RUI ZHUANG 周瑞莊 **(1930-)**

Run 润
MAO, ZE DONG 毛泽东 **(1893-1976)**

Run 润
ZOU, EN RUN 邹恩润 **(1895-1944)**

Run chun 润春
WEN, YU TING 温玉亭 **(1942-)**

Run ci 润祠
ZHANG, ZHENG MING 张正明 **(1938-)**

Run fang 润芳
WANG, HUAI DE 王怀德 **(1926-)**

Run nong 润农
SHANG, HUI GUANG 商慧光 **(1920-)**

Run shui 闰水
GUO, DE RUN 郭德润 **(1935-)**

Run yu 润玉
YANG, RUN YU 杨润玉 **(1909-)**

Run yu 潤巧
WANG, GUANG QI 王光祈 **(1892-1936)**

Run yuan 润沅
FU, ZENG XIANG 傅增湘 **(1872-1949)**

Run zhi 润之
MAO, ZE DONG 毛泽东 **(1893-1976)**

Run zhi 润之
ZHANG, WEN ZHI 张文治 **(1898-1956)**

Run zhi 润芝
MAO, ZE DONG 毛泽东 **(1893-1976)**

Ruo 若
KONG, LING JUN 孔令俊 **(1904-1972)**

Ruo ai 若艾
WU, YONG QUAN 吴涌泉

Ruo bing 若冰
WANG, REN SHU 王任叔 **(1901-1972)**

Ruo bing 若冰
CHAO, RUO BING 晁若冰 **(1919-)**

Ruo bing 若冰
LANG, LIAN ZENG 郎连增 **(1929-)**

Ruo bing 若冰
ZHENG, SHU YUN 郑淑云 **(1945-)**

Ruo chi 若痴
HU, ZHEN XUN 胡振勋 **(1917-)**

Ruo dai 若呆
YANG, XIAO 杨萧

Ruo ding lu 若定庐
CHEN, XIANG YUAN 陈向元 **(1894-1974)**

Ruo fan 若凡
TANG, ZUO FAN 唐作藩 **(1927-)**

Ruo fan 若蕃
LIN, ZHU YU 林祝敔 **(1915-1975)**

Ruo fei 若飞
WANG, YUN SHENG 王运生 **(1896-1946)**

Ruo fei 若非
WANG, HUA GUANG 王华光 **(1918-)**

Ruo feng 若枫
ZHAO, SHU LI 赵树礼 **(1906-1970)**

Ruo fu 若夫
WANG, REN SHU 王任叔 **(1901-1972)**

Ruo gu 若谷
ZHANG, RUO GU 张若谷 **(1904-)**

Ruo gu 若谷
CHEN, TIAN HUAI 陈天怀 **(1915-1988)**

Ruo gu 若谷
LI, JIN QUAN 李金泉 **(1916-)**

Ruo gu 若谷
LIANG, YA ZHAI 梁雅斋 **(1937-)**

Ruo gu 若谷
ZHANG, CHUAN SHI 张传石 **(1939-)**

Ruo gu 若谷
ZHANG, JIAN HUA 张建华 **(1957-)**

Ruo hai 若海
WANG, MING HENG 王名衡 **(1912-1984)**

Ruo han 若涵
WANG, SHOU HUA 王寿华 **(1918-)**

Ruo han 若寒
ZHAO, CHAO GOU 赵超构 **(1910-1992)**

Ruo heng 若衡
ZHAO, FENG QI 赵凤岐 **(1930-)**

Ruo hua 若华
WANG, REN SHU 王任叔 **(1901-1972)**

Ruo hua 若华
LI, AI MIN 李爱敏 **(1958-)**

Ruo hua 若骅
LI, AI MIN 李爱敏 **(1958-)**

Ruo huo 弱火
LIN, ZHONG LIN 林仲麟 **(1917-)**

Ruo jia 若迦
PAN, XUN 潘训 **(1902-1934)**

Ruo jie 若洁
LIN, LING 林玲 **(1941-)**

Ruo jin 若金
JIN, WEI NUO 金维诺 **(1924-)**

Ruo jing 若鏡
JIA, CHUN QING 贾纯清 **(1920-)**

Ruo kuang 若狂
LIN, HUI YUAN 林惠元 **(1905-1933)**

Ruo lan 若岚
LI, FU ZHONG 李福忠 **(1932-)**

Ruo lin 若琳
SHEN, CONG WEN 沈从文 **(1902-1988)**

Ruo lin 若霖
SHI, RUN DE 施润德 **(1917-)**

Ruo mei 若梅
SUN, YI CUN 孙奕村 **(1930-)**

Ruo meng 若梦
DU, YU XIN 杜玉新

Ruo meng 若蒙
DU, SONG SHOU 杜松寿 **(1905-)**

Ruo ming 若明
WANG, SHU JI 王树基 **(1921-)**

Ruo mo 若默
CHEN, WEN QI 陈文祺 **(1949-)**

Ruo mu 若木
WANG, REN SHU 王任叔 **(1901-1972)**

Ruo mu 若木
WANG, QI 王琦 **(1918-)**

Ruo mu 若木
WANG, SHOU HUA 王寿华 **(1918-)**

Ruo mu 若木
ZHANG, MING TUN 张名暾 **(1922-)**

Ruo nan 若男
WANG, REN SHU 王任叔 **(1901-1972)**

Ruo nan 若男
AI, JIA ZHENG 艾家政 **(1925-)**

Ruo ne 若讷
CHU, JIAN ZHONG 褚建中

Ruo nian 若年
GU, YONG ZHONG 顾用中 **(1913-)**

Ruo ping 若平
LIU, WEN ZHUO 刘文卓 **(1913-)**

Ruo ping 若萍
LIU, ZHEN PENG 刘振鹏 **(1915-)**

Ruo ping 若萍
WU, RUO PING 吴若萍 **(1928-)**

Ruo ping 若萍
PAN, AI JUAN 潘爱娟 **(1963-)**

Ruo pu 若璞
MA, RUO PU 马若璞 **(1913-)**

Ruo qin 若沁
SHEN, DUAN XIAN 沈端先 **(1900-1995)**

Ruo qing 若青
LI, CHUN GANG 李纯刚 **(1922-1982)**

Ruo qu 若渠
TENG, GU 滕固 **(1901-1941)**

Ruo ran 若然
KONG, QING MING 孔庆明 **(1931-)**

Ruo ru 若儒
ZHU, XUE SHU 朱学恕 **(1932-)**

Ruo sai 若赛
WANG, REN SHU 王任叔 **(1901-1972)**

Ruo se 若瑟
MA, ZHI DE 马志德 **(1840-1939)**

Ruo sha 若沙
WANG, REN SHU 王任叔 **(1901-1972)**

Ruo shi 若石
YING, RUO SHI 英若识 **(1935-)**

Ruo shi 若石
XU, JIA LU 许嘉璐 **(1937-)**

Ruo shi 弱士
HUA, XI LU 花禧禄 **(1912-1946)**

Ruo shui 若水
FU, ZE HUANG 傅则黄 **(1893-1971)**

Ruo shui 若水
SHEN, YAN BING 沈雁冰 **(1896-1981)**

Ruo shui 若水
WANG, REN SHU 王任叔 **(1901-1972)**

Ruo shui 若水
YANG, DE EN 杨德恩 **(1908-)**

Ruo shui 若水
WANG, SHI ZHONG 王士钟 **(1913-1968)**

Ruo shui 若水
WANG, ZI CHENG 王自成 **(1915-)**

Ruo shui 若水
ZHAO, FU SHUN 赵福顺 **(1944-)**

Ruo shui 弱水
PAN, ZI NIAN 潘梓年 **(1893-1972)**

Ruo shui 弱水
YUAN, SHU AN 袁恕庵

Ruo si 若思
TANG, DUAN YI 唐端毅 **(1913-1992)**

Ruo si 若思
ZHENG, WEI LIANG 郑伟良 **(1962-)**

Ruo su 若素
YE, DU CHU 叶笃初 **(1933-)**

Ruo tian 若天
WANG, REN SHU 王任叔 **(1901-1972)**

Ruo tie 若铁
YU, SHOU CHUN 余守春 **(1959-)**

Ruo wang 若望
WANG, SHOU HUA 王寿华 **(1918-)**

Ruo wei 若为
YANG, RI JI 杨日基 **(1912-1982)**

Ruo wei 若苇
CHEN, DING JIE 陈定节 **(1909-1990)**

Ruo wen 若文
DU, SONG SHOU 杜松寿 **(1905-)**

Ruo wo 若我
LIU, DING HAN 刘鼎汉 **(1910-)**

Ruo xiang 若湘
FENG, XIAN ZHI 冯先植 **(1919-)**

Ruo xu 若絮
CAI, HONG JI 蔡鸿基 **(1908-)**

Ruo xu 若墟
QIAN, XING CUN 钱杏邨 **(1900-1977)**

Ruo ye 若耶
CHEN, HUAN NONG 陈幻侬 **(1905-)**

Ruo yi 若伊
HUANG, HE PING 黄和平 **(1945-)**

Ruo yin 若因
WANG, REN SHU 王任叔 **(1901-1972)**

Ruo ying 若英
QIAN, XING CUN 钱杏邨 **(1900-1977)**

Ruo ying 若婴
SHEN, EN FU 沈恩孚 **(1864-1944)**

Ruo ying 若影
WU, SHUN ZHI 吴顺治 **(1938-)**

Ruo ying 若影
GUO, JUN XIONG 郭俊雄 **(1940-)**

Ruo ying lao ren 若婴老人
SHEN, EN FU 沈恩孚 **(1864-1944)**

Ruo yu 若愚
WANG, GUANG QI 王光祈 **(1892-1936)**

Ruo yu 若愚
LIN, YU NAN 林育南 **(1897-1931)**

Ruo yu 若愚
ZHANG, XIANG DING 张象鼎 **(1899-1992)**

Ruo yu 若愚
WANG, RU YU 王汝玙 **(1902-1985)**

Ruo yu 若愚
WEI, CHONG WU 韦崇武 **(1905-1978)**

Ruo yu 若愚
ZHU, XUE ZHI 朱学智 **(1921-)**

Ruo yu 若愚
SUN, LU BIN 孙鲁滨 **(1922-)**

Ruo yu 若愚
YAO, JIA JUN 姚家俊 **(1947-)**

Ruo yu 若榆
ZHANG, XIANG DING 张象鼎 **(1899-1992)**

Ruo yue 若月
LI, HUAN TING 李焕亭 **(1928-)**

Ruo zhu 若竹
LIANG, HUI YAN 梁惠炎 **(1920-)**

Ruo zhu 若竹
LIAO, QING YI 廖清意

S

S
HU, SHAN YUAN 胡山源 **(1897-1988)**

S
QU, SHI YING 瞿世英 **(1900-1976)**

S C
LI, DA ZHAO 李大钊 **(1889-1927)**

S. C.
ZHENG, ZHEN DUO 郑振铎 **(1898-1958)**

S. C. Sheng S. C. 生
LI, DA ZHAO 李大钊 **(1889-1927)**

S. D.
MA, JIA XIANG 马家骧 **(1916-)**

S F
FENG, XUE FENG 冯雪峰 **(1903-1976)**

S G
LI, SHENG XUAN 李生萱 **(1910-1966)**

S H
XU, SONG NIAN 徐颂年 **(1904-1981)**

S H
WU, SI HONG 吴似鸿 **(1906-)**

S. H
LI, SHENG XUAN 李生萱 **(1910-1966)**

S. K.
JIANG, XI JIN 蒋锡金 **(1915-)**

S. K.
LI, SUO KAI 李索开 **(1918-1975)**

S. L.
SHEN, SHI LEI 沈士雷

S M
CHEN, SHOU MEI 陈守梅 **(1907-1967)**

S. M.
GU, QI CHENG 顾其城 **(1910-)**

SMA
QU, QIU BAI 瞿秋白 **(1899-1935)**

S mei S妹
OU YANG, LAN 欧阳兰

S O A
YU, SUO YA 余所亚 **(1912-)**

S. S.
XIAO, ZI ZHANG 萧子暲 **(1896-1983)**

S S
LIN, TIE HUN 林铁魂 **(1900-)**

S. S.
ZHAO, SHAO XI 赵绍西

S. S.
LIU, XIANG TING 刘襄亭

S. T.
CHANG, HUAI ZU 常怀祖 **(1931-)**

S T R
QU, QIU BAI 瞿秋白 **(1899-1935)**

S W
WANG, LI XI 王礼锡 **(1901-1939)**

S. Y.
MAO, XIAO YONG 冒效庸 **(1914-)**

S. Y.
LIU, SHENG YA 刘盛亚 **(1915-1960)**

S. Y.
ZHENG, SHOU YAN 郑寿岩 **(1922-)**

Sabajou
JIN, CHENG ZAI 金承栽 **(1910-1936)**

Sabjan
JIN, CHENG ZAI 金承栽 **(1910-1936)**

Sinmay
SHAO, XUN MEI 邵洵美 **(1906-1968)**

Siu
YING, XIU REN 应修人 **(1900-1933)**

Siu Jen
YING, XIU REN 应修人 **(1900-1933)**

Slight
CHEN, YUAN 陈原

SM sheng SM生
ZHANG, QING RONG 张清荣 **(1902-1955)**

Sophia
CHEN, HENG ZHE 陈衡哲 **(1890-1976)**

Sophie M. K. Chang
ZHANG, MO JUN 张默君 **(1884-1965)**

Sma Kim
QU, QIU BAI 瞿秋白 **(1899-1935)**

ST
REN, ZHUO XUAN 任卓宣 **(1896-1990)**

Strakhov
QU, QIU BAI 瞿秋白 **(1899-1935)**

Sa, Bi ti 萨比提
GENG, JIN SHENG 耿金声 **(1939-)**

Sa, Bu luo 萨布落
YANG, FENG QI 杨凤岐 **(1908-)**

Sa, Ding 萨丁
SHAN, MING ZHU 单铭珠 **(1931-)**

Sa, Ding 萨钉
SHAN, MING ZHU 单铭珠 **(1931-)**

Sa, Ding 撒丁
SA, LIAN FA 撒连发 **(1945?-)**

Sa, Hong xi 萨红西
WEI, GUO DING 韦国鼎 **(1928-)**

Sa hua 洒滑
GAO, DE SHENG 高德生 **(1917-1987)**

Sa hua 飒划
GAO, DE SHENG 高德生 **(1917-1987)**

Sa, Ke 萨柯
CHEN, WEI MING 陈维明 **(1905-1961)**

Sa, Ke fei 萨克非
MA, REN YIN 马壬寅 **(1917-)**

SA, KONG LIAO 萨空了 **(1907-1988)**
Ai, Qiu biao 艾秋飙
Liao liao 了了

Sa la er zhun 萨拉尔準
LI, TIE SHENG 李铁生 **(1928-)**

Sa, Lan 萨兰
LIN, SHU QIANG 林舒谦 **(1911-1983)**

Sa, Li gen 萨利根
YAO, ZHEN 姚溱 **(1921-1966)**

SA, LIAN FA 撒连发 **(1945?-)**
Sa, Ding 撒丁

SA, MENG WU 萨孟武 **(1897-1984)**
Ben yan 本炎

Sa, Na long 萨那隆
LIN, CI LONG 林赐龙 **(1942-)**

Sa, Ren fu 萨任夫
LIN, SHU QIANG 林舒谦 **(1911-1983)**

SA, SHI WU 萨士武
Shi wu 士武

Sa, Tian shi 萨天师
LIN, HE LE 林和乐 **(1895-1976)**

Sa, Weng 撒翁
CHEN, DU XIU 陈独秀 **(1879-1942)**

Sa, Zan 萨赞
ZHANG, XIU WEN 张修文 **(1930-)**

Sai bei 塞北
JIANG, YUAN CHUN 蒋元椿 **(1920-)**

Sal bel 塞北
WU, LIAN FU 吴濂夫 **(1931-)**

Sai cheng 塞城
LIU, SHENG ZHAN 刘生展 **(1938-)**

Sai feng 塞风
LI, JING YUAN 李景元 **(1921-)**

Sai feng 塞风
WANG, BING YI 王秉仪 **(1924-)**

Sai fu 塞夫
BAI, LI PING 白立平 **(1958-)**

SAI, FU DING 赛福鼎 **(1915-)**
Ai li hu ma 艾力胡麻
Gu li hu ma 古丽胡麻
Zu bi ha er 祖比哈尔

Sai hong 塞红
MOU, LUN YANG 牟伦扬 **(1919-1943)**

Sai jin hua 赛金花
ZHAO, LING FEI 赵灵飞 **(1874-1936)**

Sai, Jun 赛君
REN, JING HE 任敬和 **(1911-)**

Sai kai 塞开
MAO, YI CHUN 茅以春 **(1923-)**

Sai Ke 塞克
CHEN, BING JUN 陈秉钧 **(1906-1988)**

Sai qing 塞青
QUAN, KUAN FU 权宽浮 **(1931-)**

Sai shang 塞上
XIAO, JUN 萧军 **(1907-1988)**

Sai shang ke 塞上客
ZHANG, SU 张苏 **(1900-1988)**

Sai sheng 塞声
XIONG, XIAN QIU 熊贤璆 **(1916-1981)**

Sai shi 塞石
WU, PI RONG 武丕荣

Sai, Ti 赛替
MENG, CHUAN DUO 孟传铎 **(1913-)**

Sai wai 塞外
XU, YAN KENG 徐延铿 **(1942-)**

Sai wai hong 塞外虹
SHI, YONG FU 时永福 **(1945-)**

Sai wai ke 塞外客
HU, BO 胡勃 **(1943-)**

Sai weng 塞翁
LIU, YA NONG 刘雅农 **(1896-)**

Sai weng 塞翁
TANG, CHANG SONG 唐昌松 **(1939-)**

Sai ye 塞野
YANG, YIN LIN 杨荫林 **(1932-)**

Sai ying 塞鹰
XU, YONG LU 徐詠禄 **(1923-)**

Sai yuan 塞原
FENG, BING 冯竝 **(1945-)**

San 三
RUAN, XI CHAO 阮熙朝 **(1897-1935)**

San ai 三爱
CHEN, DU XIU 陈独秀 **(1879-1942)**

San ai 三爱
ZHANG, WEN TIAN 张闻天 **(1900-1976)**

San an 三安
LIN, TING XIU 林廷秀 **(1938-)**

San bai 三白
YUAN, REN 袁韧 **(1919-)**

San bai shi yin fu weng 三百石印富翁
QI, HUANG 齐璜 **(1864-1957)**

San bai shi yin zhai 三百石印斋
QI, HUANG 齐璜 **(1864-1957)**

San bai shi yin zhu zhe 三百石印主者
QI, HUANG 齐璜 **(1864-1957)**

San ben sen 三本森

LI, SHENG XUAN 李生萱 **(1910-1966)**

San chu 三楚
JIANG, ZHOU 蒋周

San chun 三春
CHEN, HUAN ZHAN 陈焕展 **(1933-)**

San dao huang shan jue ding ren 三到黄山绝顶人
ZHANG, DA QIAN 张大千 **(1899-1983)**

San deng bing 三等兵
ZHANG, XI GUO 张系国 **(1944-)**

San di 三弟
LEI, BI XING 雷必兴 **(1908-)**

San di 散缔
ZHENG, BING ZHONG 郑炳中 **(1922-)**

San er 散耳
LIN, YI LIN 林以霖 **(1898-1989)**

San fa jiu tu 散发酒徒
CHEN, ZI FAN 陈子范 **(1881-1914)**

San fa sheng 散髮生
ZENG, JI XUN 曾纪勲

San ge 三歌
YANG, NAI SI 杨耐思 **(1930-)**

San ge ren 三个人
ZHOU, SHU REN 周树人 **(1881-1936)**

San gen 三根
GU, JIE GANG 顾颉刚 **(1893-1980)**

San gong 三弓
CHEN, CHUAN QIANG 陈川强 **(1939-)**

San guang 三光
HU, KUN ZHONG 胡坤仲 **(1948-)**

San han 三函
WANG, ZHONG QI 王锺麒 **(1880-1913)**

San han 三涵
YANG, YU LIN 杨毓麟 **(1872-1911)**

San hong 三弘
TAN, PI MO 谭丕谟 **(1899-1958)**

San hong 散红
CUI, XIAN SHU 崔贤淑

San hu 三户
CHEN, DU XIU 陈独秀 **(1879-1942)**

San hu fen min 三户愤民
YANG, YU LIN 杨毓麟 **(1872-1911)**

San jie lu 三借庐
ZOU, TAO 邹弢

San jiu 三九
HU, ZHAO JUN 胡昭俊 **(1931-)**

San lang 三郎
YU, SHOU YI 余寿颐 **(1883-1930)**

San lang 三郎
SU, XUAN YING 苏玄瑛 **(1884-1918)**

San lang 三郎
XIAO, JUN 萧军 **(1907-1988)**

San lang 三郎
LI, WEI HENG 李维恒 **(1916-)**

San lang 三郎
ZHANG, ZHEN ZHI 张振之 **(1920-1971)**

San lang 三郎
SONG, JI JI 宋季缉

San li zhai zhu ren 三立斋主人
YANG, WEI PING 杨维屏 **(1917-)**

San lin 三林
XIE, BING YING 谢冰莹 **(1906-2000)**

San lin 三林
TANG, BIN 唐彬 **(1959-)**

San liu 三六
ZHANG, RUO MING 张若名 **(1902-1958)**

San liu 三流
HU, XI MING 胡希明 **(1906-)**

San liu 三流
FENG, YING ZI 冯英子 **(1915-)**

San luo hou ren 三罗後人
LUO, LI MING 罗澧铭 **(1903-)**

San mao 三毛
CHEN, PING 陈平 **(1943-1991)**

San mei 三昧
FENG, SAN MEI 冯三昧

San men wan ren 三门湾人
PAN, TIAN SHOU 潘天寿 **(1897-1971)**

San mu 三木
WANG, SEN RAN 王森然 **(1895-1984)**

San mu 三木
LI, SHAO LING 李少陵 **(1898-1970)**

San mu 三木
PEI, JI SEN 裴继森 **(1954-)**

San mu 散木
DENG, TIE 邓铁 **(1898-1963)**

San nan 三难
ZENG, GUANG XUN 曾广勋

San niu 三牛

ZHANG, MO 张模 **(1964-　　)**

San qian ruo shui 三千弱水
YUAN, SHU AN 袁恕庵

San qing 三清
YANG, GUO PING 杨国平 **(1969-　　)**

San qiu fang 三秋方
FENG, HE FA 冯和法（**1910-1993**）

San san 三三
YAN, JIN FU 严金符 **(1915-　　)**

San shi 三石
BI, CHUN XUAN 毕椿萱 **(1902-1927)**

San shi san song zhai zhu 三十三宋斋主
LIANG, HONG ZHI 梁鸿志 **(1882-1946)**

San shui 三水
HUANG, AN MIAO 黄安淼 **(1928-　　)**

San shui 三谁
HUANG, JUN 黄钧

San su 三苏
GAO, DE XIONG 高德雄（**1918-1981**）

San xiang bu nai an zhu 三湘不耐庵主
FU, RUI JIN 符瑞金 **(1906-　　)**

San yan zhong cun 三言中村
XIE, SAN ZHONG 谢三中 **(1941-　　)**

San ye 三叶
ZHOU, ZUO REN 周作人 **(1885-1967)**

San ye 三叶
YAN, JIA JUN 鄢家骏 **(1944?-　　)**

San yi sheng 散宜生
NIE, GAN NU 聂甘弩 **(1903-1986)**

San yi sheng 散宜生
TANG, DUAN YI 唐端毅 **(1913-1992)**

San yi xian sheng 三一先生
YIN, REN 殷仁

San yi xuan zhu 三宜轩主
WANG, BING 王冰 **(1952-　　)**

San yin 三印
SU, XUAN YING 苏玄瑛 **(1884-1918)**

San you 三友
XIONG, GUO MO 熊国模 **(1932-　　)**

San you 三友
HU, KANG XIN 胡康新 **(1932-　　)**

San you 三友
HU, XIAN ZHONG 胡显中

San you zhai zhu 三有斋主
LI, YA RU 李亚如 **(1919-　　)**

San yu tang zhi shi 三余堂知事
ZHANG, JIN JIAN 张金鑑 **(1902-1988)**

San yu zhai zhu 三余斋主
CHEN, CHU SHENG 陈初生 **(1946-　　)**

San yuan 三原
WANG, WEN YUAN 王文元 **(1907-　　)**

San yuan 散原
CHEN, SAN LI 陈三立 **(1852-1937)**

San yuan jing she 散原精舍
CHEN, SAN LI 陈三立 **(1852-1937)**

San yuan lao ren 散原老人
CHEN, SAN LI 陈三立 **(1852-1937)**

San zang 三藏
WANG, REN SHU 王任叔 **(1901-1972)**

San zang 三藏
TANG, DUAN YI 唐端毅 **(1913-1992)**

San zhu 三祝
SHI, SU YUE 施素月

Sang 桑
HU, SHENG 胡绳 **(1918-　　)**

Sang, Cheng 桑城
ZHOU, JIE REN 周介人 **(1942-　　)**

Sang, Ci 桑慈
YAN, QING SHU 严庆澍 **(1919-1981)**

Sang, Dan hua 桑旦华
FENG, RUO MEI 冯若梅

Sang, Fan 桑凡
HU, YUAN YUAN 胡元元

SANG, FENG KANG 桑逢康 **(1936-　　)**
Hua, Xia 华夏

Sang, Fu 桑夫
SUN, PU 孙璞 **(1927-　　)**

Sang, Geng chu 桑庚楚
ZHONG, WEN LING 钟文苓

Sang, Hen 桑痕
WANG, SHOU SHAN 王寿山 **(1921-　　)**

Sang, Hu 桑弧
LI, PEI LIN 李培林 **(1916-　　)**

Sang, Ji sheng 桑寄生
XU, MEI LI 徐美丽 **(1950-　　)**

SANG, JI YA 桑吉雅
Ba, Lin fu 巴林夫

Sang, Jian liu 桑简流

SHUI, JIAN TONG 水建彤 **(1921-)**

Sang, Ke 桑珂
HE, QI FANG 何其芳 **(1912-1977)**

Sang, Ke 桑科
ZHANG, XIAO FENG 张晓风 **(1941-)**

SANG, LIN KANG 桑麟康 **(1957-)**
Shuang shuang 双双

Sang, Lu 桑陆
PENG, ZONG XIANG 彭宗祥 **(1944-)**

Sang, Lu qing 桑鲁卿
LIU, SHAO MING 刘绍铭 **(1934-)**

Sang, Mu 桑木
SANG, XIAN KAI 桑献凯 **(1963-)**

Sang, Ni 桑尼
ZENG, SHI LIANG 曾仕良 **(1950-)**

Sang, Ni 桑妮
HUANG, DONG TAO 黄东涛 **(1945-)**

SANG, PIN ZAI 桑品载 **(1939-)**
Si yang 司阳

Sang, Qiao 桑樵
LI, LIN CHUN 李遴春

Sang, Quan 桑泉
YAO, YU XIANG 姚玉祥 **(1915-)**

Sang, Quan 桑泉
CHEN, WEI XIAN 陈维贤 **(1949-)**

Sang, Rou 桑柔
XU, MEI LI 徐美丽 **(1950-)**

Sang, Shi 桑什
SHANG, HUI GUANG 商慧光 **(1920-)**

Sang, Shu 桑叔
SUN, XU FU 孙序夫 **(1920-1980)**

Sang, Tian 桑天
TANG, DUAN YI 唐端毅 **(1913-1992)**

Sang, Ting 桑汀
SHEN, DING YI 沈定一 **(1892-1928)**

Sang, Ting 桑汀
FENG, BAI LU 冯白鲁

Sang, Tong 桑桐
ZHU, JING QING 朱镜清 **(1923-)**

SANG, XIAN KAI 桑献凯 **(1963-)**
Mu mu 木木
Sang, Mu 桑木

Sang, Ya zhong 桑雅中
SANG, YA ZHONG 桑雅忠

SANG, YA ZHONG 桑雅忠
Cao, Ben 曹贲
Ge mu 歌牧
Sang, Ya zhong 桑雅中
Sang, Zi 桑子

SANG, YI 桑伊
Bai, Ying 白鹰
Bo yin 伯尹

Sang, Yu 桑雨
ZHUANG, YIN 莊因 **(1933-)**

Sang, Yu 桑雨
CHEN, SUO JU 陈所巨 **(1948-)**

Sang, Yu 桑榆
CHEN, FU YU 陈福榆

Sang, Yuan 桑原
WANG, YONG QUAN 王永泉 **(1943-)**

Sang, Zi 桑子
SANG, YA ZHONG 桑雅忠

Sang, Zi 桑梓
GUO, ZHI GANG 郭志刚 **(1962-)**

Sang, Zi 桑紫
DONG, DING SHAN 董鼎山 **(1922-)**

Sao 骚
YU, YOU REN 于右任 **(1879-1964)**

Sao ren 骚人
ZHAO, QING GE 赵清阁 **(1914-)**

Sao xin 骚心
YU, YOU REN 于右任 **(1879-1964)**

Sao yun 扫云
ZHANG, XING JIAN 张星建 **(1905-1949)**

Se 啬
ZHANG, JIAN 张謇 **(1853-1926)**

Se an 啬庵
ZHANG, JIAN 张謇 **(1853-1926)**

Se an 啬庵
XIE, WU LIANG 谢无量 **(1884-1964)**

Se bo 色波
XU, MING LIANG 徐明亮 **(1956-)**

Se yi 瑟伊
LI, QUAN JI 李全基 **(1917-)**

Se zhai 涩斋
DU, LIAN ZHAI 杜联斋 **(1908-1963)**

Se zhai 瑟斋
LI, AN ZENG 李安曾 **(1854-1927)**

Sen 森

HE, ZHANG PING 何章平 (1916-1968)

Sen 森
LIU, CHANG QING 刘长青 (1917-)

Sen bao 森堡
LU, JIA WEN 卢嘉文 (1909-)

Sen cong 森丛
LIU, CHANG QING 刘长青 (1917-)

Sen gui 森桂
SONG, SHENG GUI 宋生贵 (1956-)

Sen lin 森林
LIN, WAN LI 林万里 (1951-)

Sen lin mu 森林木
LIN, HAN BIAO 林汉标 (1929-)

Sen qian 森千
GU, QI CHENG 顾其城 (1910-)

Sen sen 森森
CHAI, DE SEN 柴德森 (1935-)

Sen sen 森森
CHEN, TONG KUN 陈同坤 (1940-)

Sen sen 森森
LIN, YU HE 林玉和 (1966-)

Sen weng 森翁
XU, XI 徐熹 (1908-)

Sen yuan 森园
SHI, JI XING 史济行 (1906-)

Seng 僧
LEI, ZHAO XING 雷昭性 (1873-1920)

Seng 僧
BAO, HUI SENG 包惠僧 (1894-1979)

Seng qian 僧潜
LUO, ZHEN YU 罗振玉 (1866-1940)

Seng ruo 僧若
YANG, ZENG LUO 杨增荦 (1860-1933)

Seng xian gu 僧贤固
QI, HUANG 齐璜 (1864-1957)

Seng yan 僧巖
WANG, SEN RAN 王森然 (1895-1984)

Seng yang xue 僧仰雪
CUI, SHI XI 崔士喜 (1952-)

Seng yin 僧胤
LI, WEN TAO 李文涛 (1880-1942)

Seng you 僧友
WANG, SEN RAN 王森然 (1895-1984)

Sha 沙
LIAO, JIA QUAN 廖家权 (1907-1990)

Sha 沙
ZHAO, CHAO GOU 赵超构 (1910-1992)

Sha 沙
ZHANG, QIAO FU 张乔夫 (1931-)

Sha, Ai lian 沙爱莲
WANG, YING XIANG 王映湘 (1924-)

Sha, An 沙岸
WANG, BIN 汪滨 (1922-)

Sha, Bai 沙白
QIAN, CHENG 钱城 (1889-1938)

SHA, BAI 沙白 (1913-)
Sha, Xie qi 沙燮圻

Sha, Bai 沙白
HAN, XIAO YING 韩晓鹰 (1921-)

Sha, Bai 沙白
LI, TAO 李涛 (1925-)

Sha, Bai 沙白
TU, XIU TIAN 涂秀田 (1944-)

Sha bai 莎白
LI, TAO 李涛 (1925-)

Sha bing 傻兵
YAO, QIAN XIANG 姚谦祥 (1912-)

Sha, Bo 沙波
DING, YAO HUA 丁耀华 (1938-)

Sha, Bo ye 沙波野
GAN, ZHAO GUANG 甘兆光 (1919-)

Sha, Cai 沙采
YAN, GUANG HUA 严光化 (1924-)

Sha, Cao 沙草
ZHANG, HUI LAN 张惠兰 (1921-)

Sha, Chen 沙尘
ZHOU, YING YAO 周应耀 (1928-)

Sha, Chen 沙尘
WANG, QIN 王勤 (1963-)

Sha, Chong yi 沙冲夷
SHA, WEN YUAN 沙文渊 (1920-)

Sha, Cun 沙村
SHA, WEN RUO 沙文若 (1900-1993)

Sha da shi 傻大石
SHI, SHI YUAN 石诗元 (1928-)

Sha, Dan 沙旦
LI, YE DAO 李业道 (1924-)

Sha, Dao 沙岛

CHEN, SHU YUAN 陈淑媛 **(1918-1986)**

Sha, Dao 沙岛
YE, GUAN SHI 叶观仕 **(1941-)**

Sha, Di 沙笛
WANG, REN JIE 汪仁玠 **(1961-)**

Sha di 莎迪
HE, ZI HUANG 何子煌 **(1950-)**

Sha di pu fu 沙堤璞夫
ZHENG, NAI GUANG 郑乃珖 **(1912-)**

Sha, Fan 沙凡
LUO, SHI HUAN 罗士桓 **(1911-)**

Sha, Fan 沙凡
ZHAO, HONG ZHI 赵鸿志 **(1925-)**

Sha, Fan 沙凡
LÜ, JI BAO 吕纪葆 **(1950-)**

Sha, Fei 沙飞
SI TU, CHUAN 司徒传 **(1912-1950)**

Sha, Fei 沙飞
LIANG, RONG YUAN 梁荣源 **(1938-)**

Sha, Fei 沙飞
HE, JIA 何嘉

Sha, Fei 沙菲
XU, ZU HUA 徐祖华 **(1909-1931)**

Sha fei 莎菲
CHEN, HENG ZHE 陈衡哲 **(1890-1976)**

Sha fei 莎菲
LI, LING 李玲 **(1958-)**

Sha fei ya 莎非亞
ZHANG, MO JUN 张默君 **(1884-1965)**

Sha, Fen 沙愤
SHA, GAN 沙淦 **(-1913)**

Sha, Feng 沙风
GU, DE XIAN 古德贤 **(1922-)**

Sha, Feng 沙峰
XU, YONG KUAN 许永宽 **(1926-)**

Sha, Feng 沙峰
WANG, JIN HE 王瑾和 **(1940-)**

SHA, FENG QIAN 沙凤骞 **(1912-1986)**
Sha, Lei 沙蕾
Sha, Lei 沙雷
Sha, Lin 沙林
Yue qun 月群

Sha, Fu 沙弗
ZHANG, SHOU SHEN 张守慎 **(1924-1968)**

Sha, Fu 沙凫
WANG, REN SHU 王任叔 **(1901-1972)**

SHA, GAN 沙淦 **(-1913)**
Fen fen 愤愤
Fen xia 愤侠
Sha, Fen 沙愤

Sha, Gang 沙冈
SHA, YU HUA 沙玉华 **(1925-)**

SHA, GENG SHI 沙更世 **(1926-)**
Sha, Geng si 沙更思

Sha, Geng si 沙更思
SHA, GENG SHI 沙更世 **(1926-)**

Sha, Gong 沙公
HU, GUANG WEI 胡光炜 **(1888-1962)**

Sha, Gou 沙沟
LI, LIAN QING 李连庆 **(1925-)**

Sha, Gu 沙谷
ZHANG, XI HOU 张锡厚 **(1937-)**

Sha, Gu ling 沙谷铃
CAO, YU TING 曹予庭 **(1929-)**

SHA, HAI 沙海 **(1936-)**
Ba, Yin fu 巴音夫

Sha, He 沙河
YUAN, TONG XING 袁同兴 **(1911-)**

Sha, He 沙河
LIU, HONG KUI 刘鸿奎 **(1927-)**

Sha hong 莎紅
QIN, ZHEN YI 覃振易 **(1925-1985)**

Sha hong 莎虹
XU, SI XING 徐嗣兴 **(1923-)**

Sha hong 莎蕻
XU, YONG LU 徐詠禄 **(1923-)**

Sha, Huang 沙荒
WENG, JIU CHANG 翁久长 **(1927-)**

Sha, Jia 沙嘉
LÜ, JI BAO 吕纪葆 **(1950-)**

Sha jia 莎笳
CAI, ZHEN TONG 蔡镇桐 **(1936-)**

Sha, Jiang bo 沙江波
MA, JI HONG 马霁鸿 **(1956-)**

Sha, Jin 沙金
LIU, ZHI DE 刘稚德 **(1912-1988)**

Sha, Jin 沙金
JIN, JIN MING 金锦明 **(1927-)**

Sha, Jin 沙金
HU, SHA JIN 胡沙金 **(1955-)**

Sha, Jin 沙金
ZHANG, QING LIANG 张庆良 **(1960-)**

Sha jin 砂今
FENG, JIAO YI 冯蕉衣 **(1913-1940)**

SHA, JIN CHENG 沙金成 **(1953-)**
Lan, Zhou 兰州
Xiao, Sha 萧沙

Sha, Jiong 沙炯
WANG, ZU JIONG 王祖冏 **(1947-)**

Sha, Jiu 沙究
HU, XING XIONG 胡幸雄 **(1941-)**

Sha, Jun 沙军
SHA, RUI JUN 沙锐军 **(1917-1971)**

Sha, Jun 沙均
MAO, CHENG ZHI 毛承志 **(1928-)**

Sha, Ke 沙克
HAN, PENG XIANG 韩鹏翔 **(1963-)**

Sha ke 莎克
CAI, XIANG HUA 蔡向华 **(1946-)**

Sha, Ke fu 沙可夫
CHEN, WEI MING 陈维明 **(1905-1961)**

Sha lai 莎莱
LI, RU LIN 李如琳 **(1923-)**

Sha, Lang 沙浪
WANG, ZHEN FEN 王振奋 **(1955-)**

Sha, Lei 沙雷
SHA, FENG QIAN 沙凤骞 **(1912-1986)**

Sha, Lei 沙磊
ZHANG, WEI YI 张惟一 **(1933-)**

Sha, Lei 沙蕾
SHA, FENG QIAN 沙凤骞 **(1912-1986)**

Sha, Li 沙里
MAO, JI CHANG 毛季常 **(1920-1991)**

Sha, Li 沙里
CHEN, YING SHI 陈应时 **(1933-)**

Sha li 沙粒
ZHANG, SHI XUN 张世勋 **(1925-)**

Sha, Li jin 沙里金
ZHAO, QI MING 赵启鸣 **(1928-)**

Sha, Li qing 沙利清
YU, MING REN 于明仁 **(1917-)**

Sha, Li tao 沙理陶
LI, TAO 李涛 **(1925-)**

Sha, Liang 沙良
SUN, JI CAI 孙继才 **(1946-)**

Sha, Lin 沙林
SHA, FENG QIAN 沙凤骞 **(1912-1986)**

Sha, Ling 沙灵
XIE, XIU ZONG 谢秀宗 **(1943-)**

Sha, Ling 沙陵
TIAN, LIN 田琳 **(1927-)**

Sha, Liu 沙柳
PENG, SHOU CHENG 彭守诚 **(1933-)**

Sha, Liu 沙流
ZHAO, YUN PING 赵云平 **(1950-)**

Sha, Lu xu 沙陆墟
SHA, ZHONG HU 沙仲虎 **(1914-)**

Sha, Lun 沙仑
WEN, YAN ZE 文衍泽 **(1923-)**

Sha, Lun 沙仑
ZHANG, BI REN 张笔仁

Sha lun 莎伦
LUO, DI 罗的 **(1928-)**

Sha, Luo 沙洛
XU, ZU HUA 徐祖华 **(1909-1931)**

Sha, Luo 沙洛
LIU, LIAN QING 刘濂清 **(1909-1939)**

Sha, Luo 沙骆
TAN, WEI HAN 谭惟翰 **(1913-)**

Sha, Luo 沙骆
LI, YING 李英 **(1917-)**

Sha, Mei 沙梅
ZHENG, ZHI 郑志 **(1909-)**

Sha men man shu 沙门曼殊
SU, XUAN YING 苏玄瑛 **(1884-1918)**

Sha men yi yin 沙门一音
LI, WEN TAO 李文涛 **(1880-1942)**

Sha, Meng 沙蒙
LIU, SHANG WEN 刘尚文 **(1907-1964)**

Sha, Meng hai 沙孟海
SHA, WEN RUO 沙文若 **(1900-1993)**

Sha, Miao 沙苗
HUANG, GUANG YOU 黄光佑 **(1939-)**

Sha min 莎敏
LIN, MING ZHOU 林明洲 **(1937-)**

Sha, Ming 沙明

XU, YONG KUAN 许永宽 **(1926-)**

Sha, Mo 沙漠
TANG, DAO GENG 汤道耕 **(1904-1992)**

Sha, Mo qiao 沙默乔
CAI, DE DONG 蔡德东 **(1957-)**

Sha, Mo zi 沙漠子
TONG, LI PING 童立平 **(1962-)**

Sha, Mu 沙木
GAO, SHI SEN 高世森 **(1935-)**

Sha, Mu 沙牧
LÜ, SONG LIN 吕松林 **(1928-1986)**

Sha, Ni 沙尼
SHEN, YING WEI 沈英卫

Sha, Ou 沙鸥
SU, XUAN YING 苏玄瑛 **(1884-1918)**

Sha, Ou 沙鸥
WANG, SHI DA 王世达 **(1922-)**

Sha, Ou 沙鸥
WU, WEI LIANG 吴维凉 **(1958-)**

Sha, Ou 沙鸥
RAO, SHA OU 饶沙鸥

Sha, Ping 沙平
HU, YU ZHI 胡愈之 **(1896-1986)**

Sha, Ping 沙坪
SU, JING YI 苏景义 **(1946-)**

Sha, Ping 沙萍
LIU, XIANG RU 刘相如 **(1922-)**

Sha ping 莎萍
ZHANG, QING YUN 张青云 **(1929-)**

Sha, Pu 沙浦
JIANG, CHENG YANG 姜承阳 **(1921-)**

Sha, Qian 沙潜
WANG, YANG SONG 王仰嵩 **(1898-1964)**

Sha, Qian li 沙千里
SHA, ZHONG YUAN 沙重远 **(1901-1982)**

Sha, Qin 沙禽
CHEN, WEN HUANG 陈文煌 **(1951-)**

Sha, Qing 沙青
ZHANG, QING YUN 张庆云 **(1924-)**

Sha, Qing 沙青
LI, SHA QING 李沙青 **(1954-)**

Sha, Qiu 沙丘
ZHU, FEI 朱飞

Sha, Quan 沙泉
MA, HUA 马骅 **(1916-)**

Sha, Ren xing 沙仁行
WEN, SHU GUO 闻树国 **(1956-)**

Sha, Ru 沙如
YAO, MEI ZHU 姚美珠

Sha, Ru xue 沙如雪
YAN, QING SHU 严庆澍 **(1919-1981)**

SHA, RUI JUN 沙锐军 **(1917-1971)**
Sha, Jun 沙军

Sha, Sha 沙沙
LI, SHA LING 李沙铃 **(1932-)**.

Sha, Sha 沙刹
CUI, ZHEN WU 崔真吾 **(1902-1937)**

Sha, Sha 沙莎
DING, PING 丁平 **(1922-)**

Sha sheng 莎生
WU, TONG BAO 吴同宝 **(1922-)**

Sha shi 莎士
YANG, MEI QIONG 杨美琼

Sha, Su 沙苏
LI, BO LONG 李伯龙 **(1905-1989)**

Sha, Sui 沙穗
HUANG, ZHI GUANG 黄志广 **(1948-)**

Sha, Tan 沙滩
YANG, CHUN GUANG 杨春光 **(1956-)**

Sha tian 莎天
WENG, HAN GUANG 翁寒光 **(1911-)**

Sha, Ting 沙汀
YANG, CHAO XI 杨朝熙 **(1904-1992)**

Sha, Ting 沙汀
JIANG, XIAO YOU 蒋孝游 **(1911-)**

Sha, Tuo 沙陀
CHEN, RUI QI 陈瑞淇 **(1921-)**

Sha, Tuo 沙驼
REN, YU CHENG 任禹成 **(1907-)**

Sha, Tuo 沙驼
ZHAO, CHAO GOU 赵超构 **(1910-1992)**

Sha, Tuo 沙驼
YAN, DONG CAI 阎栋材 **(1923-1949)**

Sha, Tuo 沙驼
ZHAO, ZHONG 赵锺 **(1928-)**

Sha, Tuo 沙驼
WANG, ZHI SHENG 王志圣

Sha, Tuo ling 沙驼铃

DU, DE MING 杜德明 (1926-)

Sha tuo yuan zhu 莎佗园主
WANG, SHI YING 王士英 (1898-)

SHA, WEN MO 沙文漠
Zhang, Deng 张登

SHA, WEN RUO 沙文若 (1900-1993)
Jue ming 决明
Lan, Sha 兰沙
Sha, Cun 沙村
Sha, Meng hai 沙孟海
Shi, Huang 石荒

SHA, WEN YUAN 沙文渊 (1920-)
Sha, Chong yi 沙冲夷

Sha, Weng 沙翁
NI, YI MING 倪亦明 (1935-)

Sha weng 莎翁
CHEN, YU WEN 陈郁文 (1918-)

Sha, Xi ni 沙希妮
LIN, WEN LIE 林文烈 (1935-)

Sha, Xia 沙夏
HUANG, SHEN HUI 黄燊辉 (1935-)

Sha, Xia 沙夏
LI, MING YAN 李明晏 (1936-)

Sha, Xian 沙弦
WANG, XIAO JUN 王晓军 (1955-)

Sha, Xiao 沙啸
ZHANG, XI HOU 张锡厚 (1937-)

Sha, Xiao gong 沙小弓
LI, BING LU 李冰炉 (1917-)

SHA, XIAO HONG 沙晓红 (1959-)
Sha, Xin 沙新
Xin yuan 新原

Sha, Xie qi 沙燮圻
SHA, BAI 沙白 (1913-)

Sha, Xin 沙新
SHA, XIAO HONG 沙晓红 (1959-)

Sha, Xu 沙絮
MA, HUA 马骅 (1916-)

Sha, Yan 沙雁
DENG, WEN LAI 邓文来 (1931-)

Sha, Yan 沙雁
OU YANG, ZI CHUAN 欧阳梓川

Sha, Yan 沙燕
WU, YUN 乌云 (1932-)

Sha, Yan 沙燕
CHEN, JIA GUI 陈家桂 (1942-)

Sha, Yan 沙燕
ZHUANG, MU 莊牧

Sha, Yang lin 沙扬琳
CHEN, JIA GUI 陈家桂 (1942-)

Sha, Ye 沙耶
OU, WEN ZHUANG 区文庄 (1913-)

Sha, Ye 沙耶
LIN, MING ZHOU 林明洲 (1937-)

Sha, Ye 沙野
MA, HUI LIN 马瑞麟 (1929-)

Sha, Yin 沙垠
WENG, JIU CHANG 翁久长 (1927-)

Sha, Ying 沙英
GUO, JI CHUN 郭继纯 (1917-)

Sha, Ying 沙莺
WANG, BAO YI 王保义 (1954-)

Sha, Yu 沙玉
WANG, YU TANG 王玉堂 (1907-)

Sha, Yu 沙羽
ZHANG, PENG ZHOU 张蓬舟 (1904-1991)

Sha, Yu 沙羽
ZHANG, YE ZHOU 张叶舟 (1914-1980)

Sha, Yu 沙郁
LIU, HUAN ZHANG 刘焕章 (1924-)

Sha, Yu 沙雨
ZHANG, PENG ZHOU 张蓬舟 (1904-1991)

Sha, Yu 沙雨
WANG, YU TANG 王玉堂 (1907-)

Sha, Yu 沙彧
DU, YOU MING 杜又明 (1915-1983)

Sha yu 纱雨
LEI, SHI YU 雷石榆 (1911-)

SHA, YU HUA 沙玉华 (1925-)
Sha, Gang 沙冈

Sha, Yuan 沙原
XU, NAI XIANG 徐迺翔 (1931-)

SHA, YUAN BING 沙元炳 (1864-1927)
Jian an 健庵

Sha, Yuan zi 沙苑子
MA, JIAN TAO 马剑涛 (1949-)

Sha, Yue dong 沙岳洞
HE, JIA LIANG 何家良 (1937-)

Sha zhai 莎斋

WU, TONG BAO 吴同宝 **(1922-)**

Sha zhai 莎寨
WANG, BO XI 王博习 **(1920-1942)**

Sha, Zheng 沙征
ZHAO, GE 赵戈 **(1920-)**

SHA, ZHENG 沙铮 **(1922-)**
You zheng 又铮

SHA, ZHONG HU 沙仲虎 **(1914-)**
Bi zhou shi zhu 敝帚室主
Lu, Xu 陆墟
Sha, Lu xu 沙陆墟
Zhong, Hu 仲虎

SHA, ZHONG YUAN 沙重远 **(1901-1982)**
Sha, Qian li 沙千里
Zhong, Yuan 仲渊
Zhong yuan 重远

Sha, Zhou 沙舟
LUO, YUN QI 骆运启 **(1935-)**

Sha, Zhou 沙舟
SUN, JI MIN 孙霁民 **(1938-)**

Sha, Zhou 沙洲
LUO, ZONG QING 骆宗庆 **(1949-)**

Sha, Zi 沙子
YU, WEI XIN 俞维新 **(1923-1966)**

Sha, Zi 沙子
HAN, DE ZHANG 韩德章

Sha zi 莎子
HAN, DE ZHANG 韩德章

Sha, Zi yun 沙子匀
MU, DE HUI 穆德辉 **(1924-)**

Shan 山
LUO, ZHENG ZHUO 罗正晫 **(1906-1983)**

Shan 山
LIN, XIAN SHAN 林贤山 **(1910-1985)**

Shan 山
HUANG, ZI SHAN 黄子山 **(1912-1979)**

Shan 山
HONG, ZHI HUI 洪智惠 **(1939-)**

Shan 珊
WANG, JIN SHAN 王进珊 **(1906-)**

Shan ba lao 山巴佬
WANG, REN SHU 王任叔 **(1901-1972)**

Shan ba zi 山芭仔
WEN, GUO SHENG 温国生 **(1940-)**

Shan bai 山柏
YUAN, GUANG MEI 袁光楣 **(1916-1982)**

Shan bi 山碧
HE, RONG 何溶 **(1921-)**

Shan bi 善臂
LI, WEN TAO 李文涛 **(1880-1942)**

Shan cao 珊草
LIU, YAN WEN 刘衍文 **(1926-)**

Shan cha 山茶
LI, JIE RU 黎洁如

Shan, Chao 单超
SHAN, MING ZHU 单铭珠 **(1931-)**

Shan chen 山臣
SHEN, XIU 沈修

Shan chen 善忱
WEI, SHAN CHEN 魏善忱

Shan chou 珊俦
DU, GUO WEI 杜国玮

Shan chuan 山川
LIN, JIANG 林江 **(1927-)**

Shan chuan cao cao 山川草草
HUA, XI LU 花禧禄 **(1912-1946)**

Shan chuan he 山川河
WANG, WU ZENG 王吾增 **(1934-)**

Shan chuan ye ke 剡川野客
WANG, REN SHU 王任叔 **(1901-1972)**

Shan cun 山村
CHEN, HUAN ZHAN 陈焕展 **(1933-)**

Shan di 山蒂
CHEN, RUI SHAN 陈瑞山 **(1955-)**

Shan ding 山丁
LIANG, MENG GENG 梁梦庚 **(1914-)**

Shan ding 山丁
ZHANG, SHOU KANG 张寿康 **(1925-1991)**

Shan dong lao 山東佬
ZHUO, FAN 卓凡 **(1904-1961)**

Shan dong lao min 山东老民
LI, YING 李英 **(1899-1983)**

Shan dong zi 山东子
HUANG, JIA DONG 黄甲东 **(1913-)**

Shan dou 山豆
ZHOU, ZUO REN 周作人 **(1885-1967)**

Shan er 山尔
CHEN, YONG HUA 陈永华 **(1946-)**

Shan er 山尔

LIANG, BING JUN 梁秉钧 **(1948-)**

Shan fen 山焚
WU, XIAO TIAN 吴孝田 **(1928-)**

Shan feng 山风
MAO, JIA LE 毛家乐 **(1927-)**

Shan feng 山风
LUO, ZHENG ZHUO 罗正晫 **(1906-1983)**

Shan feng 山风
LIU, SI HAI 刘斯海 **(1919-)**

Shan feng 山风
LI, HUI YING 李惠英 **(1930-)**

Shan feng 山风
ZHUANG, XUE LAN 庄雪岚 **(1930-)**

Shan feng 山风
WU, TAI CHANG 吴泰昌 **(1937-)**

Shan feng 山风
LIN, MEI LAN 林美岚 **(1940-)**

Shan feng 山风
SHI, WEI MIN 史卫民 **(1952-)**

Shan feng 山风
FAN, YU SHENG 樊玉生 **(1956-)**

Shan feng 山枫
DING, SHAN XIONG 丁善雄 **(1941-)**

Shan feng da lang 山风大郎
LUO, ZHENG ZHUO 罗正晫 **(1906-1983)**

Shan, Fu 单复
LIN, JING HUANG 林景煌 **(1919-)**

Shan fu 山夫
HE, ZENG LUAN 何增鸾 **(1937-)**

Shan fu 山夫
ZHOU, SHUANG LI 周双利 **(1937-)**

Shan fu 山夫
WANG, XI RU 王锡儒 **(1943-)**

Shan fu 山夫
LI, ZHONG HUA 李中华 **(1944-)**

Shan fu 山父
WANG, DIAN JI 王奠基 **(1900-1979)**

Shan gao 山高
DAI, EN SONG 戴恩嵩 **(1938-)**

Shan, Ge 单戈
LIU, ZHAN YING 刘战英 **(1943-)**

Shan, Ge 单戈
WU, JUN GANG 吴俊刚 **(1950-)**

Shan ge 山戈
WU, SHENG 邬生 **(1935-)**

Shan ge 山歌
CAI, XING ZAN 蔡星赞 **(1948-)**

Shan gen 山根
GU, JIE GANG 顾颉刚 **(1893-1980)**

Shan gen xiao you 山根小友
ZHANG, SHOU CHANG 张守常 **(1922-)**

SHAN, GENG SHENG 单庚生
Shan, Wai wen 单外文
Wai wen 外文
Xiao, Chui 萧吹

Shan gu 山谷
HE, LÜ TING 贺绿汀 **(1903-)**

Shan gu 山谷
RONG, JIN HU 容锦瑚 **(1926-)**

Shan gu 山谷
PENG, ZU SHU 彭祖述 **(1933-)**

Shan gu 山姑
GAO, ZHI PING 高志平 **(1952-)**

Shan gui 山鬼
DENG, PU 邓溥 **(1883-1954)**

Shan gui 山鬼
WEI, JIAN GONG 魏建功 **(1901-1980)**

Shan gui 山鬼
ZHANG, YONG 张勇 **(1958-)**

Shan hai 山海
LIAO, SAN HAI 廖三海 **(1939-)**

Shan han 山汗
SONG, JIU ZHI 宋九祉 **(1917-)**

Shan he 山河
XIE, ZHI CHENG 谢志诚 **(1931-)**

Shan he 山河
CHEN, CHUAN BO 陈川波 **(1941-)**

SHAN, HONG 单虹 **(1941-)**
Yi lan 亦兰

Shan hong 山红
HAN, ZU PAN 韩祖盼 **(1934-)**

Shan hu 芟胡
GAN, JI XI 甘绩熙 **(1887-1960)**

Shan hu 珊瑚
GAN, JI XI 甘绩熙 **(1887-1960)**

Shan hua 山华
YAN, HUA 阎华 **(1955-)**

Shan hua 山花
CHEN, JING 陈竟 (1940-)

Shan hui 善慧
JIANG, SHAN HUI 江善慧

Shan, Hui xuan 单慧轩
SHAN, MING ZHI 单铭智 (1909-1989)

Shan hun 山魂
CUI, HAI RONG 崔海容 (1954-)

SHAN, JI 单勣 (1914-)
Dan fu 丹复
Kang fu 亢夫
Wang, Zhong 王中
Zhang, De gong 张德功

Shan ji 山脊
CAI, SHI HUA 蔡诗华 (1961-)

Shan jia 山佳
CUI, BAI CHENG 崔百城 (1916-)

Shan jie 善解
LI, WEN TAO 李文涛 (1880-1942)

Shan jin 山今
SONG, LIAN LING 宋连岭 (1913-)

Shan ju 山居
CHEN, DING SHAN 陈定山 (1895-1984)

Shan jun 山君
LIU, SHUI GEN 刘水根 (1962-)

Shan ke 山柯
NING, SHI XIAN 宁世贤 (1949-)

Shan ke 衫客
HUANG, BING SHU 黄秉枢

Shan lang 山狼
CHEN, GUO XIN 陈国新

Shan, Li 单里
YAN, ZHEN GANG 阎振纲 (1932-)

Shan li 山里
ZHAO, LI SHAN 赵立山 (1946-)

Shan li ren 山里人
LI, BEN LIAN 黎本廉 (1939-)

Shan li ren 山里人
JIN, JIAN CHU 金建楚 (1954-)

Shan li sheng 山里笙
GU, YE CAI 顾业才 (1954-)

Shan liang 善量
LI, WEN TAO 李文涛 (1880-1942)

Shan liao 善了
LI, WEN TAO 李文涛 (1880-1942)

Shan lin zhen 山林震
LI, GUO YING 黎国颖 (1938-)

Shan ling 山岭
LI, SHA LING 李沙铃 (1932-)

Shan lu 山庐
LUO, SHI YANG 罗师扬 (1866-1931)

Shan lu 山路
WANG, BO 王波 (1945-)

Shan lu 汕庐
SHEN, CHENG 申柽

Shan lu 衫陆
ZHANG, RUO MING 张若名 (1902-1958)

Shan lu 珊陆
ZHANG, RUO MING 张若名 (1902-1958)

Shan Man 山曼
SHAN, PI GEN 单丕艮 (1935-)

Shan mao 山茅
CHEN, SHENG LIN 陈胜邻 (1937-)

Shan mei 山梅
HAN, ZU PAN 韩祖盼 (1934-)

Shan mei 山梅
SU, FENG XI 苏凤喜 (1941-)

Shan mei 山莓
ZHANG, JING MIN 张劲民

Shan meng 善梦
LI, WEN TAO 李文涛 (1880-1942)

Shan meng lao ren 善梦老人
LI, WEN TAO 李文涛 (1880-1942)

Shan min 山民
CHEN, DU XIU 陈独秀 (1879-1942)

Shan min 善愍
LI, WEN TAO 李文涛 (1880-1942)

SHAN, MING ZHI 单铭智 (1909-1989)
Han jiang 汉江
Hui xuan 蕙萱
Shan, Hui xuan 单慧轩
Shan, Yan yi 单演义
Shan, Yan yi 单晏一

SHAN, MING ZHU 单铭珠 (1931-)
Bai, Han 白寒
Sa, Ding 萨丁
Sa, Ding 萨钉
Shan, Chao 单超

Shan mu 杉木
WANG, ZHI BIN 王志彬 (1933-)

Shan mu 杉木
CAO, YONG SEN 曹永森 **(1953-)**

Shan mu 山木
LI, HAN LIN 李韩林

Shan mu 杉沐
LIU, SEN HUI 刘森辉 **(1936-1989)**

Shan mu zhai 山木斋
LI, BAO ZHEN 李保真 **(1907-1979)**

Shan ning 山宁
LI, XING YA 李兴亚 **(1925-)**

Shan pai 山湃
XU, DU DI 许度地 **(1914-)**

SHAN, PI GEN 单丕艮 **(1935-)**
Shan Man 山曼

Shan pu 山璞
ZHENG, YANG GUI 郑仰贵 **(1940-)**

Shan, Qian 单倩
CEN, MEI HUA 岑美华 **(1947-)**

Shan qin 汕琴
LI, XU 李旭 **(1907-1984)**

Shan, Qin zai 单琴宰
SHAN, XIAO TIAN 单孝天 **(1921-)**

Shan qing 山青
KONG, QING SHAN 孔庆珊 **(1931?-)**

Shan qing 山青
ZHAO, TIE XIN 赵铁信 **(1951-)**

Shan qing 杉青
ZHAO, TIE XIN 赵铁信 **(1951-)**

Shan quan 山泉
LU, QI QING 陆其清（**1908-)**

Shan quan 山泉
JIANG, ZHONG PU 蒋钟谱 **(1934-)**

Shan quan 山泉
XIONG, JI QUAN 熊继泉 **(1939-)**

Shan quan 山泉
WANG, AI PING 王爱平 **(1956-)**

Shan quan 山泉
DUAN, MU HUAI 段暮怀 **(1963-)**

Shan quan 珊泉
ZHOU, SHAN HU 周山湖 **(1947-)**

Shan ren 山人
SUN, RU LING 孙如陵 **(1917-)**

Shan ren 山人
LAN, SHAN REN 蓝善仁 **(1923-)**

Shan ren 山人
WU, HAI 吴海 **(1936-)**

Shan ren 山人
OU YANG, XUE ZHONG 欧阳学忠 **(1942-)**

Shan ren 山仁
WANG, YU TANG 王玉堂 **(1907-)**

Shan ren 善人
WU, JI YUE 吴继岳 **(1905-)**

Shan ren ju shi 山人居士
DENG, TIE 邓铁 **(1898-1963)**

Shan ru 善入
LI, WEN TAO 李文涛 **(1880-1942)**

Shan shan 山山
LI, SHA LING 李沙铃 **(1932-)**

Shan shan 山善
TIAN, MIN 田敏（**1957-)**

Shan shan 姗姗
LIN, TIE HUN 林铁魂 **(1900-)**

Shan shan 珊珊
WU, JI YUE 吴继岳 **(1905-)**

Shan shan 珊珊
WU, TAI SHAN 吴太山

Shan she 善慑
LI, WEN TAO 李文涛 **(1880-1942)**

Shan shi 山石
SHEN, YAN BING 沈雁冰 **(1896-1981)**

Shan shi 山石
XIE, FU SEN 谢复森 **(1919-)**

Shan shi 山石
HE, XIN QUAN 和新泉 **(1924-)**

Shan shi 山石
ZHU, YU YI 朱毓义 **(1934-)**

Shan shi 山石
FU, ZHENG SHEN 傅正深 **(1943-)**

Shan shi 山石
CAO, CHENG DE 曹承德 **(1948-)**

Shan shi 山石
XU, DAO XIN 许道信 **(1956-)**

Shan shi 珊時
ZHONG, YAN 钟岩

Shan shou 杉寿
ZHOU, JIAN REN 周建人 **(1888-1984)**

Shan shu 山叔
ZHOU, ZUO REN 周作人 **(1885-1967)**

Shan shu 山叔
ZHENG, CHI YAN 郑赤琰 **(1941?-)**

Shan shu 山叔
HAN, SHAN YUAN 韩山元 **(1942-)**

SHAN, SHUANG HE 单双和 **(1920-)**
Bu, Sou 步叟

Shan shui 山水
LIU, DE ZENG 刘德增 **(1936-)**

Shan shui 山水
LIU, JIAN HUA 刘建华 **(1949-)**

Shan shui 山水
CUI, MENG BO 崔孟博

Shan si 善思
LI, WEN TAO 李文涛 **(1880-1942)**

Shan song 山嵩
JIANG, HENG ZHONG 姜恒忠 **(1933-)**

Shan song 杉松
JIANG, HENG ZHONG 姜恒忠 **(1933-)**

Shan tao 山涛
WANG, HONG BO 王洪波 **(1940-)**

Shan tao 山涛
MA, GUI LAN 马桂兰 **(1949-)**

Shan tian hu 山天虎
GUO, WEI QIANG 郭伟强 **(1937-)**

Shan tou ren 山头人
GU, YI XING 顾亦兴 **(1932-)**

Shan tuo 扇陀
SHEN, CONG WEN 沈从文 **(1902-1988)**

Shan wa 山娃
CONG, XIU YUN 丛秀云 **(1958-)**

Shan, Wai wen 单外文
SHAN, GENG SHENG 单庚生

Shan wei 善惟
LI, WEN TAO 李文涛 **(1880-1942)**

Shan, Wen 单文
SHAN, YONG NIAN 单用念 **(1924-)**

Shan, Wen sheng 单文生
DENG, TUO 邓拓 **(1912-1966)**

Shan wo 删我
XU, ZHI MO 徐志摩 **(1896-1931)**

Shan wu 山屋
WU, XI CHENG 吴熙成 **(1906-1982)**

Shan wu 芟芜
WANG, DIAN JI 王奠基 **(1900-1979)**

Shan xi kai yuan ren 陕西开原人
YU, YOU REN 于右任 **(1879-1964)**

Shan xian 善现
LI, WEN TAO 李文涛 **(1880-1942)**

Shan xiao 山啸
ZHANG, KE QIN 张克勤 **(1930-)**

SHAN, XIAO TIAN 单孝天 **(1921-)**
Chun man lou 春满楼
Ke lu 渴庐
Li yan zhai 犁砚斋
Shan, Qin zai 单琴宰
Shan, Xiao tian 单晓天
Sui zai lou 遂在楼

Shan, Xiao tian 单晓天
SHAN, XIAO TIAN 单孝天 **(1921-)**

Shan xin 珊馨
PENG, JIA HUANG 彭家煌 **(1898-1933)**

Shan, Xing 单行
SHAN, YIN SHENG 单寅生 **(1926-)**

Shan xing 山行
ZHU, YU YI 朱毓义 **(1934-)**

Shan, Xing zhi 单行之
CAO, SI MING 曹思明 **(1926-)**

Shan xiong 山兄
WANG, ZHUAN 王岩 **(-1960)**

SHAN, XUE PENG 单学鹏 **(1936-)**
Tang, Peng 唐鹏
Zi niao 子鸟

Shan yan 山岩
HE, XIN QUAN 和新泉 **(1924-)**

Shan yan 山巖
HUANG, DING CHU 黄定初 **(1943-)**

Shan yang 山羊
YANG, CHI CHANG 杨炽昌 **(1908-)**

Shan yang 山羊
YANG, SHAN 杨珊 **(1965-)**

Shan yang jiu tu 山阳酒徒
ZHOU, GUI SHENG 周桂生 **(1885-1911)**

Shan, Ye 单也
LU, YONG CHANG 陆永昌 **(1933-)**

Shan, Ye 单叶
YE, ZONG YUAN 叶宗源 **(1887-1946)**

Shan ye 山叶
WEN, YU SHU 温玉书 **(1911-)**

Shan ye 山野

ZHANG, QIN ZU 张钦祖 (1927-)

Shan ye 山野
HUANG, XIAN BI 黄先笔 (1958-)

Shan ye chan ren 山野禅人
WANG, NAI ZHUANG 王乃壮 (1929-)

Shan yi 山一
YANG, NIAN YI 杨念一 (1939-)

Shan, Yan yi 单晏一
SHAN, MING ZHI 单铭智 (1909-1989)

Shan, Yan yi 单演义
SHAN, MING ZHI 单铭智 (1909-1989)

Shan yin 山音
LÜ, ZONG QUAN 吕宗权 (1928-)

Shan yin 山音
BAO, ZU TANG 包祖堂 (1934-)

Shan yin 善因
YAO, CONG WU 姚从吾 (1894-1970)

SHAN, YIN SHENG 单寅生 (1926-)
Shan, Xing 单行

Shan yin zi 山阴子
SHENG, GUO SHENG 盛国胜 (1937)

Shan ying 山鹰
TIAN, LIN 田琳 (1916-)

Shan ying 山鹰
ZHAO, YUN PENG 赵云鹏 (1931-)

SHAN, YONG NIAN 单用念 (1924-)
Shan, Wen 单文

Shan yu 山雨
CHEN, XI CHEN 陈锡琛 (1931-)

Shan yuan 杉原
GAO, YAN 高焰 (1925-)

Shan yuan 杉圆
HU, SHAN YUAN 胡山源 (1897-1988)

Shan yuan 山渊
JIANG, QUAN 江瑔

Shan yue 山月
LIANG, WEN ZHENG 梁文政 (1947-)

Shan yue 善月
LI, WEN TAO 李文涛 (1880-1942)

Shan yun 杉云
XU, XI HE 许锡河

Shan zai 山哉
ZHANG, ZI ZHAI 张子斋 (1913-1989)

Shan zhi 善之
CHENG, SHAN ZHI 程善之 (1880-1942)

Shan zhi 善知
LI, WEN TAO 李文涛 (1880-1942)

Shan zhi sheng 善之生
CHENG, SHAN ZHI 程善之 (1880-1942)

Shan zhu 山竹
CHEN, DING JIE 陈定节 (1909-1990)

Shan zhu 山竹
GAO, JUN YING 高俊英 (1927-)

Shan, Zi 单子
YANG, ZHEN XI 杨振西 (1932-)

Shan zi 山子
ZHOU, ZUO QIU 周作秋 (1934-)

Shan zi 山子
MA, YAN 马焰 (1957-)

Shan zi 杉子
SONG, YI RUI 宋诒瑞 (1938-)

Shan zun 山尊
ZHOU, ZUO REN 周作人 (1885-1967)

Shan zun 山尊
OU YANG, SHOU 欧阳寿 (1914-)

Shan zun 杉尊
YAO, FANG REN 姚方仁 (1905-1969)

Shang, Bai 尚白
LI, TAO 李涛 (1925-)

SHANG, CHENG ZU 商承祖 (1900-)
Zhang, Cun 章村

Shang cun xue ren 尚存学人
LIANG, DING FEN 梁鼎棻 (1859-1920)

Shang, Da 尚达
LUO, TING 罗廷 (1918-)

Shang, Da 尚达
LIU, SHANG DA 刘尚达

SHANG, DE ZHOU 尚德周 (1939-)
Shang, Zhou 尚舟

Shang, Ding 商鼎
YIN, XU YI 殷叙彝 (1925-)

Shang, Ding 商鼎
HAO, BAO MING 郝宝铭 (1947-)

Shang, Du 商都
YIN, DENG GUO 殷登国 (1950-)

Shang, Duo 尚多
GAO, YOU QIAN 高友谦 (1963-)

Shang, Fang 尚方

LEI, XIAO CEN 雷啸岑 (1896-1982)

Shang, Fang 尚方
WANG, JIAN 王剑 (1947-)

Shang, Fei 尚棐
LIAO, SHANG FEI 廖尚棐 (1907-)

Shang, Feng 商峰
ZENG, LING DUO 曾令铎 (1919-)

Shang feng 上峰
ZHUANG, SHUANG FENG 庄爽峰

Shang, Fu 尚夫
FU, XIN MIN 傅新民 (1955-)

Shang, Fu 尚父
WANG, REN SHU 王任叔 (1901-1972)

Shang, Fu 尚甫
DU, WEN GENG 杜文更 (1942-)

Shang, Geng 商庚
HUANG, WEI TANG 黄炜棠 (1944-)

Shang, Gong 尚弓
CHANG, HENG QIANG 常恒强 (1928-)

Shang guan 上官
HU, DE HUI 胡德辉 (1913-1968)

Shang guan, Bao 上官豹
SHI, LI HENG 史立恒 (1926-)

Shang guan, Bao lun 上官宝伦
CHI, BAO LUN 迟宝伦

Shang guan, Bi 上官碧
SHEN, CONG WEN 沈从文 (1902-1988)

SHANG GUAN, DAO QUAN 上官道权 (1932-)
Yi bing 一兵

Shang guan, Di 上官敌
WANG, WEN CHEN 王文琛 (1922-)

Shang guan, Ding 上官鼎
LIU, ZHAO XUAN 刘兆玄 (1943-)

Shang guan, Fu 上官苇
QIAN, SHI XIN 钱湜辛 (1923-)

Shang guan, Gui zhi 上官桂枝
XIE, MIN 谢敏 (1925-)

Shang guan, Hui jian 上官慧剑
CHEN, HUI JIAN 陈慧剑 (1925-)

Shang guan, Jin 上官锦
LIAO, BAO YING 廖宝蓥 (1909-)

Shang guan, Jing 上官敬
WU, YU WEI 吴堉威 (1906-1989)

Shang guan, Ju 上官橘
SHEN, CONG WEN 沈从文 (1902-1988)

Shang guan, Mi 上官米
HU, DE HUI 胡德辉 (1913-1968)

Shang guan, Mu 上官牧
YU, YANG SHEN 余阳申

Shang guan, Niao 上官鸟
OU, WEN ZHUANG 区文庄 (1913-)

Shang guan, Niu 上官牛
SHI, LI HENG 史立恒 (1926-)

Shang guan, Qing 上官卿
LÜ, LIANG GENG 吕亮耕 (1915-1974)

Shang guan, Qiong qiong 上官琼琼
ZHONG, KAI MING 钟开明 (1918-1992)

Shang guan, Rong 上官蓉
LI, JING CI 李景慈 (1918-)

Shang guan, Si ma 上官司马
MENG, QUAN 孟全 (1933-)

Shang guan, Song 上官松
WANG, SHI NONG 王诗农 (1912-)

Shang guan, Wen 上官雯
LI, JING CI 李景慈 (1918-)

Shang guan, Ying 上官缨
LIU, XI FU 刘喜富 (1925-)

Shang guan, Ying 上官缨
PAN, WU 潘芜 (1931-)

Shang guan, Yu 上官予
WANG, ZHI JIAN 王志健 (1928-)

Shang guan, Yu 上官瑜
ZHANG, AN PING 张安平 (1961-)

Shang guan, Yun 上官云
ZHAO, HONG JUN 招鸿钧 (1939-)

Shang guan, Zheng 上官筝
ZHANG, SHOU QIAN 张守谦 (1916-)

Shang guan, Zhi 上官豸
OU, WEN ZHUANG 区文庄 (1913-)

Shang, Guo chen 商国臣
YAN, QI 彦奇 (1926-)

Shang hai san xian shu wu 上海三闲书屋
ZHOU, SHU REN 周树人 (1881-1936)

Shang, He 尚鹤
SHANG, KUI SHUN 尚奎舜 (1944-)

SHANG, HUI GUANG 商慧光 (1920-)
HK
Run nong 润农
Sang, Shi 桑什

Tang, Ying hui 汤颖辉
Yi ming 佚名

Shang, Jian li 商剑离
CHEN, JIN QIANG 陈锦强 **(1963-)**

Shang jiang cun min 上疆村民
ZHU, ZU MOU 朱祖谋 **(1857-1931)**

Shang jiang shan min 上疆山民
ZHU, ZU MOU 朱祖谋 **(1857-1931)**

Shang, Jin 尚今
CHANG, JUN SHI 常君实 **(1920-)**

Shang, Jin 尚今
CHANG, JING YU 常敬宇 **(1940-)**

Shang, Jing 尚京
HE, XIAO DA 何孝达 **(1915-1994)**

SHANG, JIU CAN 尚久骖 **(1935-)**
Fang, Yan 方炎
Qiao, Li 乔力

Shang, Jun 尚钧
WANG, YUAN HUA 王元化 **(1920-)**

Shang, Jun 商均
TAN, MO JIA 谭莫伽 **(1916-)**

Shang jun 上君
LIU, SHANG JUN 刘尚均

SHANG, KUI SHUN 尚奎舜 **(1944-)**
Shang, He 尚鹤

Shang, Kun 尚昆
YANG, SHANG KUN 杨尚昆 **(1907-)**

SHANG, LAN XIANG 尚兰香 **(1931-)**
Ma, Lan xiang 马兰香

SHANG, LI KE 尚力科 **(1922-)**
Li ke 力科

Shang, Liang 尚梁
WU, JIAN ZHONG 武建中 **(1940-)**

Shang lin 上林
LI, YAN 李燕 **(1930-)**

SHANG, LONG 尚龙
Zhang, Shang nong 张尚农

Shang, Lü 尚绿
CAI, SHU QING 蔡叔卿 **(1939-)**

Shang, Lue 商略
TANG, JIAN XIA 唐剑霞 **(1931-)**

Shang, Luo 尚珞
LUO, YI FEI 罗伊菲

Shang, Mu huo 尚木火
CHANG, LIN YAN 常林炎 **(1920-)**

Shang, Qi 尚圻
SHI, JIN BO 施金波 **(1933-)**

Shang, Qin 商禽
LUO, YAN 罗燕 **(1930-)**

Shang, Qing 尚卿
HU, SHAN YUAN 胡山源 **(1897-1988)**

Shang, Qing 商清
QIN, HAO 秦浩 **(1908-)**

Shang qing 上青
WU, TING GUAN 吴廷琯 **(1914-)**

Shang qing 上清
WANG, ZAO QUAN 王藻全 **(1945-)**

SHANG, QING XI 商庆玺 **(1929-)**
Du, Gui 杜归
Shang, Yi 商易
Yi, Zhi 易之

SHANG, REN YI 尚仁义 **(1951-)**
Lu gong 炉工
Yi zhi 义之

Shang, Sang 商桑
HUANG, LÜ LÜ 黄绿绿 **(1952)**

Shang, Shan 商山
ZHAO, ZHU KUAN 赵主宽 **(1950-)**

Shang, Shi 尚实
QIU, ZHEN SHENG 丘振声 **(1934-)**

Shang shi 伤时
XU, GUANG PING 许广平 **(1898-1968)**

Shang, Shou 商寿
XU, SHANG SHOU 徐商寿 **(1914-1996)**

SHANG, SHU QING 尚书庆 **(1940-)**
Qing cao 青草
Shang, Shu qing 尚树庆

Shang, Shu qing 尚树庆
SHANG, SHU QING 尚书庆 **(1940-)**

Shang sui 上遂
XU, SHOU SHANG 许寿裳 **(1883-1948)**

Shang, Tao 尚涛
CHEN, BAO YUN 陈宝云 **(1934-)**

Shang, Tian 尚天
DENG, QI MING 邓启明 **(1933-)**

Shang tian 上田
LU, SHENG YAN 卢胜彦 **(1945-)**

Shang, Ting 商霆
QU, QIU BAI 瞿秋白 **(1899-1935)**

Shang, Ting fa 商廷发
QU, QIU BAI 瞿秋白 (1899-1935)

Shang, Tong 商彤
PENG, SHI ZHUO 彭世灼 (1949-)

Shang, Tu 尚土
BAO, ZU TANG 包祖堂 (1934-)

Shang, Wan yun 商晚筠
HUANG, LÜ LÜ 黄绿绿 (1952-)

Shang, Wei yang 尚未央
ZHUANG, SONG LIN 庄松林 (1910-1974)

Shang, Wen 尚文
WANG, REN SHU 王任叔 (1901-1972)

Shang, Wen 尚文
YANG, DIAN QIU 杨典求 (1935-)

Shang, Wen 尚文
LUO, SHOU RANG 罗守让 (1940-)

Shang, Xia 尚夏
YANG, WEI GUANG 杨伟光 (1935-)

Shang xia dai fu 上下大夫
LI, KA 李卡 (1922-1949)

Shang, Xian 商岘
WU, HUI 吴慧 (1927-)

SHANG, XIANG QIAN 商向前 (1908-)
Lao can 老蚕

SHANG, XIAO BAI 商晓白
Yi, Fei 弋飞
Yi, Ye 弋野

Shang, Xin 商辛
JIAN, BO ZAN 翦伯赞 (1898-1968)

Shang xin ren 伤心人
MAI, MENG HUA 麦孟华 (1875-1915)

Shang xin ren yu 傷心人语
XU, JUE 徐觉 (1889-1937)

Shang, Yan su 商延甦
ZENG, LING DUO 曾令铎 (1919-)

Shang, Yang 尚阳
GAO, LONG SHENG 高龙生 (1903-1977)

Shang, Yang wu 商羊舞
HUANG, YI 黄遗 (1916-)

Shang ye wu mei 上野武美
LAI, JING WEN 赖敬文 (1952-)

Shang ye xia wen 上野下文
SU, ZAI DUN 苏在敦 (1932-)

Shang, Yi 尚一
HU, YU ZHI 胡愈之 (1896-1986)

Shang, Yi 商易
SHANG, QING XI 商庆玺 (1929-)

Shang, Yi 商遗
LUO, ZHEN YU 罗振玉 (1866-1940)

Shang yi 上逸
CHEN, SHAO WU 陈少武 (1876-)

Shang, Yi fu 商遗父
LUO, ZHEN YU 罗振玉 (1866-1940)

Shang, Yin 尚吟
HUANG, KE JIAN 黄克剑 (1946-)

Shang, Yin 商隐
KANG, HONG ZHANG 康洪章 (1896-1945)

Shang, Ying 尚瑛
WANG, HUAI YING 汪怀英 (1948-)

Shang, You zhi 尚又志
SU, CE 苏策 (1921-)

Shang, You zhi 尚友智
SU, CE 苏策 (1921-)

Shang, Yu 尚雨
WANG, WEI YAN 汪维炎 (1939-)

Shang yu luo shi xue tang 上虞罗氏雪堂
LUO, ZHEN YU 罗振玉 (1866-1940)

Shang yu luo shi zhen song lao ren 上虞罗氏贞松老人
LUO, ZHEN YU 罗振玉 (1866-1940)

Shang yuan 上沅
YU, SHANG YUAN 余上沅 (1897-1970)

SHANG, YUE 尚钺 (1902-1982)
Ke nong 克农
Shang, Zhong wu 尚仲吾
Shang, Zhong wu 尚忠武
Shang, Zhong wu 尚鐘吾
Xie, Pan 谢潘
Yi, Ke 依克
Zhong, Wu 钟吾
Zi dan 子丹

Shang, Zai 尚在
ZHAO, SHU LI 赵树礼 (1906-1970)

Shang, Zhan si 商展思
ZENG, LING DUO 曾令铎 (1919-)

SHANG, ZHEN 商震 (1888-1978)
Qi, Yu 启予
Qi, Yu 启宇

Shang, Zheng 尚政
WANG, SHANG ZHENG 王尚政 (1923-)

Shang, Zhi 尚直

GAO, SHU QING 杲淑清 (1920-)

SHANG, ZHONG HAO 尚仲豪 (1934-)
A lu 阿卢
Lu, Gu 卢古

Shang, Zhong wu 尚仲吾
SHANG, YUE 尚钺 (1902-1982)

Shang, Zhong wu 尚忠武
SHANG, YUE 尚钺 (1902-1982)

Shang, Zhong wu 尚鐘吾
SHANG, YUE 尚钺 (1902-1982)

Shang, Zhou 尚舟
SHANG, DE ZHOU 尚德周 (1939-)

SHANG, ZI QIN 商子秦 (1949-)
Zi qin 紫琴

Shang, Zuo sheng 尚左生
LIU, YA ZI 柳亚子 (1887-1958)

Shao 劭
ZHOU, SHAO 周劭 (1916-)

Shao 绍
ZHOU, SHU REN 周树人 (1881-1936)

Shao 绍
CHENG, SHAO ZONG 成绍宗

Shao bai 少白
CHEN, BAI 陈白 (1869-1934)

Shao bai 少白
WU, CHENG SHI 吴承仕 (1884-1939)

Shao bai 少白
ZHANG, JI LUAN 张季鸾 (1888-1942)

Shao bai 少白
ZHENG, YA BEN 郑亚本 (1936-)

Shao bai 少白
LI, SHAO BAI 李少白 (1939-)

Shao, Bin sun 邵濱孙
SHAO, NIAN CI 邵念慈 (1918-)

Shao bing 哨兵
ZHANG, QI XUN 章启勋 (1916-)

Shao bo 少波
MA, ZHI YUAN 马志远 (1918-)

Shao bo 绍伯
TIAN, HAN 田汉 (1898-1968)

Shao bo 绍伯
MA, ZHI YUAN 马志远 (1918-)

SHAO, BO ZHOU 邵伯周 (1924-)
Ba jiao 芭焦
Yi qun 逸群

Shao can 少残
LI, BAO JIA 李葆家 (1920-)

SHAO, CHANG QING 邵长青 (1931-)
Wen, Qing 文青

Shao, Chen 邵晨
QIAO, SHU SHENG 乔树声 (1942-)

SHAO, CHONG FEI 邵冲飞 (1926-)
Ji, Fei 吉飞
Xiao lu 小路
Xiao xiong 小熊

SHAO, CHUAN LIE 邵传烈 (1940-)
Tang, Shang xian 唐尚贤
Wang, Han 王涵

SHAO, CHUN LIN 邵春林 (1936-)
Shao, Shu zhi 邵树之

Shao cun ju shi 邵村居士
ZHANG, QI GAN 张其淦 (1859-1930)

Shao da 少达
SUN, SHU XUN 孙树勋 (1913-)

SHAO, DA CHENG 邵大成 (1922-)
Lu, Guan 陆贯
Luo, Gan 骆淦
Luo, Wen 骆雯
Shao, Luo wen 邵洛文
Shao, Yun jiao 邵云郊
Shi, Chun 施淳
Wen, Fu ai 文赴哀

SHAO, DA ZHEN 邵大箴 (1934-)
Gao, Qiao 高乔
Jiang, Zhou 江洲

Shao dan 少丹
JIN, SHAO TONG 靳绍彤 (1930-)

SHAO, DE RUN 邵德润 (1915-)
Wen, Jian si 闻见思
Wen, Si xiu 闻思修

Shao di 绍棣
XU, SHAO DI 许绍棣 (1900-1980)

Shao, Er wei 邵而为
YANG, JIAN ZHONG 杨建中 (1931-)

Shao fang 少舫
WANG, YU DAI 王毓岱 (1845-1917)

Shao fei 少飞
LIU, REN XIN 刘仁心 (1924-)

Shao feng 少峯
HUA, GANG 华岗 (1903-1972)

Shao, Feng shou 邵凤寿

SHAO, LI ZI 邵力子 **(1882-1967)**

Shao fu 少夫
RAO, MENG KAN 饶孟侃 **(1902-1967)**

Shao fu 少甫
LI, SHI PEI 刘师培 **(1884-1919)**

SHAO, GENG SHI 邵更世 **(1923-)**
Yang, Hua 杨桦

SHAO, GONG WEN 邵公文
Chao 超

Shao gu 少古
BAI, HUI MIN 白会民 **(1955-)**

Shao gu 绍谷
HUANG, SHAO GU 黄绍谷

SHAO, GUAN XIANG 邵冠祥
Xiang yu 祥羽

Shao guang 绍光
LÜ, SHAO GUANG 吕绍光

Shao hai 少海
HU, QING JUN 胡庆钧 **(1918-)**

Shao, Han zhai 邵翰斋
LI, PING XIN 李平心 **(1907-1966)**

Shao, Hao ping 邵浩平
SHAO, XUN MEI 邵洵美 **(1906-1968)**

SHAO, HAO RAN 邵浩然 **(1922?-1955)**
Bian, Han 卞汉
Li, Dan 李旦
Li, Dan 黎旦

Shao, Hao wen 邵浩文
SHAO, XUN MEI 邵洵美 **(1906-1968)**

SHAO, HENG QIU 邵恒秋 **(1916-)**
Ding, Jiu 丁久
Feng, Jiu 丰久
Hong, Liu 洪流

Shao hong 少鸿
TAO, SHAO HONG 陶少鸿 **(1954-)**

Shao hou 少侯
TANG, SHAO HOU 唐少侯 **(1898-)**

Shao hou 少侯
ZHAO, SHAO HOU 赵少侯 **(1899-1978)**

Shao hua 少华
CHENG, CAI 成才 **(1930-)**

Shao, Hua 邵华
ZHANG, SHAO HUA 张少华 **(1938-)**

Shao, Hua 邵华
LIU, SHAO HUA 刘少华

Shao hua 韶华
ZHOU, YU MING 周玉铭 **(1925-)**

Shao huai 少怀
WAN, MIN HAO 宛敏灏 **(1906-)**

Shao huai 少怀
CHENG, SHAO HUAI 程少怀

SHAO, HUI QING 邵慧卿 **(1910-1963)**
Shao, Yi ping 邵一萍

Shao ji 绍箕
WANG, SHAO JI 汪绍箕 **(1906-)**

SHAO, JI MIN 邵吉民 **(1937-)**
Dao yin 导音

SHAO, JIA SHI 邵嘉适
Xiao, Hong 萧鸿

Shao, Jia tian 邵家天
SHAO, YUAN CHENG 邵元成 **(1918-)**

SHAO, JIAN MING 邵建明 **(1928?-)**
Lu, Yang 路杨
Pu, Luo 普洛

Shao, Jiang 邵江
LI, DUN 李敦 **(1927-)**

SHAO, JIN YUE 邵锦岳 **(1938-)**
Huo di 火笛

Shao, Jing ne 邵敬讷
SHAO, ZE ZONG 邵泽宗 **(1933-)**

Shao, Jing qing 邵镜清
SHAO, ZHEN QING 邵振青 **(1884-1926)**

SHAO, JING REN 邵镜人 **(1899-1972)**
Meng shan lou zhu 梦山楼主

Shao jiu 烧旧
OU, SHAO JIU 欧少久 **(1911-)**

Shao jun 少君
QIAN, JIAN JUN 钱建军 **(1960-)**

Shao jun 绍君
LI, SONG JIN 李送今 **(1957-)**

Shao jun 绍钧
YE, SHAO JUN 叶绍钧 **(1894-1988)**

SHAO, JUN PU 邵君朴
Jun pu 君朴

SHAO, JUN YUN 邵骏运 **(1906-1971)**
Chuan lin 川麟
Li fu 力夫
Qi ruo 契若
Quan 荃
Quan lin 荃麟
Shao, Quan lin 邵荃麟

Shao, Yi min 邵逸民
Shao, Yi ming 邵逸名

Shao kang 绍康
GU, SHAO KANG 顾绍康 (1941-)

SHAO, KE PING 邵克萍 (1916-)
Gong xuan 弓玄
Xian 弦

SHAO, LI YANG 邵黎阳 (1942-)
Li yang 力扬

SHAO, LI ZI 邵力子 (1882-1967)
Jing, Kui 景奎
Li zi 力子
Shao, Feng shou 邵凤寿
Shao, Wen tai 邵闻泰
Shao, Zhong hui 邵仲辉
Tian fu 天富
Zhong, Hui 仲辉
Zhou yin 籀因

Shao liu 绍六
LI, SHAO LIU 李绍六 (1939-)

Shao, Luo wen 邵洛文
SHAO, DA CHENG 邵大成 (1922-)

Shao ming 少明
HUANG, GUANG YOU 黄光佑 (1939-)

Shao ming 绍明
DONG, SHAO MING 董绍明 (1899-1969)

Shao mo 少墨
WANG, PENG TAO 王澎涛 (1946-)

Shao, Mo xia 邵默夏
WANG, LE BIN 王乐宾 (1927-)

Shao, Nian 邵年
SHAO, XUN MEI 邵洵美 (1906-1968)

SHAO, NIAN CI 邵念慈 (1918-)
Nian ci 念慈
Shao, Bin sun 邵濱孙

Shao nian zhong guo zhi shao nian 少年中国之少年
LIANG, QI CHAO 梁启超 (1873-1929)

Shao niu 少牛
LI, SHAO LIU 李绍六 (1939-)

Shao nong 少农
JIANG, CHUN FANG 姜椿芳 (1912-1987)

Shao nong 少侬
ZHUANG, MING FENG 庄鸣凤 (1920-)

SHAO, PENG JIAN 邵鹏健 (1914-1988)
Shao, Pi xi 邵劈西

Shao, Pi xi 邵劈西
SHAO, PENG JIAN 邵鹏健 (1914-1988)

Shao, Piao ping 邵飘萍
SHAO, ZHEN QING 邵振青 (1884-1926)

Shao, Ping 邵平
SHAO, YAN PING 邵燕平 (1928-)

Shao, Ping 邵萍
ZHOU, HONG QING 周泓清

Shao ping 少屏
ZHU, BAO KANG 朱葆康 (1881-1942)

Shao, Ping zi 邵平子
SHAO, ZHEN QING 邵振青 (1884-1926)

Shao pu 少樸
ZHOU, SHU MO 周树谟 (1860-1925)

Shao qi 少其
LAI, SHAO QI 赖少麒 (1915-)

Shao qi 少奇
LIU, SHAO QI 刘少奇 (1898-1969)

Shao qi 少奇
YE, RONG ZHONG 叶荣鐘 (1900-1978)

Shao qi 少麒
LAI, SHAO QI 赖少麒 (1915-)

Shao, Qian 邵茜
LI, ZHENG WEN 李正文 (1908-)

Shao qiao 少樵
LI, LI GUO 李利国 (1954-)

Shao qiu 绍裘
HOU, SHAO QIU 侯绍裘 (1896-1927)

Shao quan 少全
ZANG, KE JIA 臧克家 (1905-)

SHAO, QUAN JIAN 邵全建 (1926-)
Chen, Yan 陈湮
Jin, Jin 金津
Jin, Zhen 金贞
Lin, Mao 林茅
Shao, Yang 邵阳
Ye, Tian 叶田
Yi chao 一潮
Yu wen, Yu wen 宇文于汶

Shao, Quan lin 邵荃麟
SHAO, JUN YUN 邵骏运 (1906-1971)

Shao ran 少冉
LIU, CHAO FANG 刘朝方 (1963-)

SHAO, RONG FEN 邵荣芬 (1922-)
Shao, Xin bo 邵欣伯
Xin bo 欣伯

Shao ru 少如
HUANG, JIA BEN 黄家本 **(1926-)**

Shao, Ru yu 邵汝愚
WU, TONG BAO 吴同宝 **(1922-)**

SHAO, RUI PENG 邵瑞彭 **(1886-1938)**
Ci gong 次公
Ci shan 次珊
Ci shi 次室
Tie yan shan fang 铁砚山房
Wu qiu 梧丘
Xiao huang hun guan 小黄昏馆
Yu lu 榆庐
Zhuang xue tang 壮学堂

Shao ruo 少若
WU, TONG BAO 吴同宝 **(1922-)**

Shao san 少三
LIU, ZI HE 刘鬳和 **(1870-1931)**

SHAO, SEN DI 邵森棣
Di, Nai 狄迺
Jin, Xin 金欣
Jin, Xin 金鑫

Shao, Shan 邵山
SHEN, JI PING 沈季平 **(1927-)**

Shao shan 少山
ZHOU, EN LAI 周恩来 **(1898-1976)**

Shao shao 少少
LIU, ZI HE 刘鬳和 **(1870-1931)**

Shao, shao xuan 绍邵轩
WANG, SHU RONG 王树荣 **(1871-)**

Shao, Shen zhi 邵慎之
SHAO, YUAN CHENG 邵元成 **(1918-)**

SHAO, SHENG 邵生 **(1947-)**
Zhan sen 占森
Zhou, Zhan sheng 周战生
Zu, Han 祖汉

Shao, Shi 邵石
LI, ZHONG YUE 李中岳 **(1940-)**

Shao shi 少石
WAN, WU 万武

Shao shi 哨石
SHI, XIAO YONG 史效颙 **(1931-)**

Shao shi 韶石
CHEN, KUI LONG 陈夔龙 **(1857-1948)**

Shao, Shu zhi 邵树之
SHAO, CHUN LIN 邵春林 **(1936-)**

Shao shuang 少双
LIU, ZI HE 刘鬳和 **(1870-1931)**

Shao shuang 少爽
HUANG, ZHAO CHANG 黄肇昌 **(1911-1981)**

Shao shui 勺水
CHEN, QI XIU 陈启修 **(1886-1960)**

Shao shui 勺水
SHE, ZHONG QIU 佘仲秋 **(1923-)**

Shao, Shun lin 邵顺麟
SHAO, SHUN LING 邵顺龄 **(1917-)**

SHAO, SHUN LING 邵顺龄 **(1917-)**
Ding, Yi 丁一
Ding, Yi zhi 丁一之
Ding, Yu 丁宇
Ding, Yu 丁裕
Ding, Zhi 丁芝
Ren ling 人令
Shao, Shun lin 邵顺麟

Shao song 少松
ZHANG, HUI REN 张惠仁 **(1932-)**

Shao, Su 邵苏
LUO, SHAO SHU 罗绍书 **(1933-)**

Shao su 绍苏
LIU, SHAO BAO 刘少保

Shao, Tan qiu 邵潭秋
SHAO, ZU PING 邵祖平 **(1900-)**

Shao tang 芍棠
WANG, ZHI CHUN 王之春

Shao tang ju shi 芍塘居士
WANG, ZHI CHUN 王之春

Shao ting 芍亭
GAO, LUN 高崙 **(1879-1951)**

Shao wan 少纨
YOU, LIE 尢列 **(1865-1936)**

Shao wei 绍伟
ZHENG, LIN ZHUANG 郑林庄 **(1908-)**

SHAO, WEI PING 邵卫平
Shao, Xie lin 邵燮麟

Shao, Wen 邵文
SHAO, XUN MEI 邵洵美 **(1906-1968)**

Shao, Wen 邵文
HAN, WEN DA 韩文达 **(1917-)**

Shao wen 绍文
SHAO, XUN MEI 邵洵美 **(1906-1968)**

Shao wen 绍文
HAN, WEN DA 韩文达 **(1917-)**

Shao wen 少文
QI, GONG 启功 **(1912-)**

Shao wen 少文
HAN, WEN DA 韩文达 **(1917-)**

Shao wen 少文
WU, SHAO WEN 武少文

Shao wen 哨文
HAN, WEN DA 韩文达 **(1917-)**

SHAO, WEN JIN 邵文锦 **(1931-)**
Gang 罡

Shao, Wen tai 邵闻泰
SHAO, LI ZI 邵力子 **(1882-1967)**

Shao, Wu 邵伍
XU, SHAO WU 徐绍武 **(1934-)**

Shao wu 少吾
YE, JING FAN 叶景範

Shao wu 少武
ZHANG, LI SHENG 张历生 **(1901-1971)**

Shao wu 绍武
WAN, HUA FU 万华福

Shao, Xi 邵西
LI, JIN XI 黎锦熙 **(1890-1978)**

Shao, Xian 邵仙
HU, HAN HUA 胡汉华 **(1911-)**

Shao xian 少仙
HU, HAN HUA 胡汉华 **(1911-)**

Shao xian 少仙
LI, SHAO XIAN 李少仙

Shao xian 少贤
JIANG, MENG LIN 蒋梦麟 **(1885-1964)**

Shao xian 少显
YAN, TIAN RUI 阎天瑞 **(1915-)**

Shao, Xiang yang 邵向阳
WANG, XI YAN 王西彦 **(1914-)**

Shao, Xie lin 邵燮麟
SHAO, WEI PING 邵卫平

Shao, Xin bo 邵欣伯
SHAO, RONG FEN 邵荣芬 **(1922-)**

Shao xuan 绍轩
HU, HAN HUA 胡汉华 **(1911-)**

Shao xuan 绍轩
ZHANG, BANG HAN 张邦翰

SHAO, XUN MEI 邵洵美 **(1906-1968)**
Chu, An 初厂
Chu, An 初盦
Guo, Ming 郭明
Hao wen 浩文
Shao, Hao ping 邵浩平
Shao, Hao wen 邵浩文
Shao, Nian 邵年
Shao, Wen 邵文
Shao wen 绍文
Shao, Yun long 邵云龙
Sinmay
Wen 文
Xian da 闲大
Xun mei 洵美
Xun, Mei 荀枚
Yi ming 逸名

Shao ya 绍崖
ZHENG, SHOU YAN 郑寿岩 **(1922-)**

Shao, Yan 邵彦
LI, FU YUAN 李福源 **(1933-)**

Shao, Yan 邵焱
SHAO, YAN ZHEN 邵燕祯 **(1939-)**

Shao yan 少炎
ZHANG, RONG GUI 章荣圭

Shao yan 芍岩
ZHANG, HUAI QI 张怀奇 **(-1929)**

SHAO, YAN PING 邵燕平 **(1928-)**
Lu, Hua min 鲁化敏
Shao, Ping 邵平
Zhu, Ye 竹野

SHAO, YAN XIANG 邵燕祥 **(1933-)**
A cong 阿丛
Bao, Zheng wen 包正文
Du, Mei fen 杜妹芬
Han ye ping 汉野平
Meng, Jia feng 孟嘉风
Qin, Ji 秦吉
Ruan, Shi gong 阮世恭
Tang, Qian yan 唐前燕
Xia, Tian chang 夏天长
Xiang 翔
Yan, Xiang 燕祥
Yan, Xiang 晏翔
Yan, Xiang 颜香
Yan, Xiang 燕翔
Yan xiang 彦祥
Yan xiang 雁翔
Zhu, Chun shan 朱春山

SHAO, YAN ZHEN 邵燕祯 **(1939-)**
Na la 娜拉
Shao, Yan 邵焱
Tiao zi 苕子

Yi yan 一燕

Shao, Yang 邵阳
SHAO, QUAN JIAN 邵全建 **(1926-)**

Shao, Ye lin 邵叶林
LUO, LING ZHI 罗灵智 **(1927-)**

Shao yi 少逸
YUAN, SHU 袁殊 **(1911-1987)**

SHAO, YI JIAN 邵宜健 **(1933-)**
Xiao, Bing 萧兵

Shao, Yi min 邵逸民
SHAO, JUN YUN 邵骏运 **(1906-1971)**

Shao, Yi ming 邵逸名
SHAO, JUN YUN 邵骏运 **(1906-1971)**

Shao, Yi ping 邵一萍
SHAO, HUI QING 邵慧卿 **(1910-1963)**

Shao, Yi ru 邵翼如
SHAO, YUAN CHONG 邵元冲 **(1890-1936)**

Shao, Yi tian 邵逸天
TAN, ZHONG XIA 谭仲夏 **(1926-)**

Shao, Yi wang 邵亦望
ZHENG, BING ZHONG 郑炳中 **(1922-)**

Shao ying 少影
YU, ZE HONG 余泽鸿 **(1903-1935)**

Shao, Yong shu 邵庸舒
SHAO, YUAN CHONG 邵元冲 **(1890-1936)**

Shao, Yu 邵雨
ZOU, WEI XI 邹维熙 **(1927-)**

Shao yu 少愚
HUANG, XIANG 黄翔 **(1904-)**

Shao yu 绍予
CHEN, SHAO YU 陈绍禹 **(1904-1974)**

Shao yu 绍玉
CHEN, SHAO YU 陈绍禹 **(1904-1974)**

Shao yu 绍禹
CHEN, SHAO YU 陈绍禹 **(1904-1974)**

Shao yu 绍禹
MENG, ZHAO YU 孟昭禹 **(1934-)**

Shao yu 绍虞
GUO, XI FEN 郭希汾 **(1893-1984)**

Shao yu 绍虞
CHEN, SHAO YU 陈绍禹 **(1904-1974)**

Shao yu 韶玉
CHEN, SHAO YU 陈绍禹 **(1904-1974)**

Shao yu 韶宇
WAN, SHAO RU 万绍儒 **(1912-)**

Shao yuan 绍原
JIANG, SHAO YUAN 江绍原 **(1898-1983)**

SHAO, YUAN CHENG 邵元成 **(1918-)**
Gao, Lü 高旅
Shao, Jia tian 邵家天
Shao, Shen zhi 邵慎之
Shen zhi 慎之

SHAO, YUAN CHONG 邵元冲 **(1890-1936)**
Shao, Yi ru 邵翼如
Shao, Yong shu 邵庸舒
Shou mo 守默
Xuan pu 玄圃
Xuan zhong 玄中
Yuan, Chong 元冲
Zhong zi 中子

Shao, Yun 邵云
SHEN, JI PING 沈季平 **(1927-)**

Shao yun 少云
ZHU, ZU SHOU 朱组绶 **(1880-1934)**

Shao yun 韶韵
HU, ZHAO JUN 胡昭俊 **(1931-)**

Shao, Yun jiao 邵云郊
SHAO, DA CHENG 邵大成 **(1922-)**

Shao, Yun long 邵云龙
SHAO, XUN MEI 邵洵美 **(1906-1968)**

SHAO, ZE ZONG 邵泽宗 **(1933-)**
Shao, Jing ne 邵敬讷
Zi cheng san ren 紫城散人

Shao zhai 少斋
ZHANG, SHAO ZHAI 张少斋

Shao zhen 韶蓁
WEI, SHAO ZHENG 魏绍征 **(1909-)**

SHAO, ZHEN HUA 邵振华
Wen yu nü shi 问渔女史

SHAO, ZHEN HUA 邵振华 **(1938-)**
Hua, Yue 华岳

SHAO, ZHEN QING 邵振青 **(1884-1926)**
A ping 阿平
Ji zhe 记者
Piao ping 飘萍
Piao ping ji ren 飘萍吉人
Piao ping ke 飘萍客
Ping 萍
Shao, Jing qing 邵镜清
Shao, Piao ping 邵飘萍
Shao, Ping zi 邵平子
Su mei ping sheng 素昧平生

Zhen qing 振青

Shao zhong 韶钟
WANG, SHAO ZHONG 王绍钟 **(1948? -)**

Shao, Zhong hui 邵仲辉
SHAO, LI ZI 邵力子 **(1882-1967)**

SHAO, ZHONG YI 邵重毅
Zhong yi 重毅

Shao zhou 绍周
SHEN, QI CHANG 沈其昌 **(1858-1930)**

Shao zi 少滋
CHEN, HONG NENG 陈鸿能 **(1945-)**

Shao zi 韶紫
CHENG, ZHAO XIANG 程兆翔 **(1914-1986)**

SHAO, ZI FENG 邵子风 **(1903-)**
Wu Ling 武陵

Shao, Zi nan 邵子南
DONG, ZUN XIN 董尊鑫 **(1916-1955)**

Shao zong 绍宗
CHENG, SHAO ZONG 成绍宗

SHAO, ZU PING 邵祖平 **(1900-)**
Pei feng lou 培风楼
Shao, Tan qiu 邵潭秋
Wu jin cang zhai 无尽藏斋

Shao zuo 少左
ZHOU, GUANG DOU 周光斗 **(1920-)**

She 舍
CHENG, XI JI 成希箕 **(1898-1991)**

She 舍
SHU, QING CHUN 舒庆春 **(1899-1966)**

She, Bing 佘冰
LIU, HOU ZI 刘厚滋 **(1909-)**

She hui zhu yi jia mou jun 社会主义家某君
JIANG, SHAO QUAN 江绍铨 **(1883-1954)**

She jiang 涉江
ZHEN, JUN 震钧 **(1857-1920)**

She jiu 射九
LIN, SHU 林纾 **(1852-1924)**

SHE, KE QUAN 佘克泉 **(1931-)**
Ge, Quan 葛荃
Lan, Gao 蓝稿
Xie, Ke 谢克

She li 舍利
ZHANG, RU ZHI 张汝智 **(1922-)**

SHE, LI PING 佘立平 **(1912-)**
Chen, Yi 陈沂
Chen, Yi 陈毅
Chen, Yun 陈恽
Du, Jian 杜渐
Guang wen 光文
She, Yu 佘余
Zhong, Tao 仲韬

She mo ta shi 奢摩它室
WU, MEI 吴梅 **(1884-1939)**

SHE, QI YUE 佘其越 **(1914-1981)**
Shi, Mei 史枚
Tang, Na 唐纳

SHE, RONG KUN 佘荣坤 **(1940-)**
Li, Ji 李纪
Lu, Fu 陆夫
You cao 忧草

She shang she 舍上舍
CHEN, YUN TONG 陈运通 **(1914-)**

SHE, SHI GUANG 佘世光 **(1924-)**
Li, Bao 黎堡
Yao, Yi sha 姚亦沙

She shui 舍水
MAO, XIAO YONG 冒效庸 **(1914-)**

She tang 摄堂
WANG, YUAN 王蘧 **(1884-1944)**

She, Wen 佘文
XU, WEN TONG 徐文通 **(1930-)**

She wo 舍我
ZHANG, JIAN ZHONG 张建中 **(1896-)**

She wo 舍我
CHENG, XI JI 成希箕 **(1898-1991)**

She xi 葰兮
LIANG, DING FEN 梁鼎菜 **(1859-1920)**

She xi ci ke 葰兮词客
LIANG, DING FEN 梁鼎菜 **(1859-1920)**

SHE, XUE MAN 佘雪曼 **(1909-)**
Bai, Yu zhai 白羽斋
Lian yi 莲裔
Qian he tang zhu 千和堂主
Qian ye tang 千叶堂
Xue lang zhai 雪浪斋
Xue yuan 雪园
Xue zhai 雪斋
Yu tang 玉塘

SHE, YAN MIAO 佘延苗 **(1919-)**
Han jian 翰健
Hua, Qing 华青
Xuan mo 玄默

She yi 舌夷
LEI, SHI YU 雷石榆 **(1911-)**

She, Yu 佘余
SHE, LI PING 佘立平 **(1912-)**

She, Yu 佘余
ZHOU, ZHONG REN 周中仁 **(1927-)**

She yu 舍予
SHU, QING CHUN 舒庆春 **(1899-1966)**

She yu 舍予
LIU, SHU CHUN 刘树春 **(1923-)**

She yu 舍予
SHU, FENG 舒风 **(1935-)**

She yuan 涉园
ZHANG, YUAN JI 张元济 **(1867-1959)**

She yuan 社员
LIANG, QI CHAO 梁启超 **(1873-1929)**

She yuan 社员
REN, HONG JUN 任鸿隽 **(1886-1961)**

She yuan mou 社员某
LIANG, QI CHAO 梁启超 **(1873-1929)**

She yuan shi 涉园氏
TAO, XIANG 陶湘 **(1871-1940)**

She yuan zhu ren 涉园主人
ZHANG, YUAN JI 张元济 **(1867-1959)**

She zhai lao ren 射斋老人
HUANG, XU WAN 黄序鹓 **(1877-1949)**

She zhi 舍之
SHI, ZHE CUN 施蛰存 **(1905-)**

SHE, ZHONG QIU 佘仲秋 **(1923-)**
Fang, Tian liang 方天亮
Gong sun, Yu 公孙雨
Lang sha 朗沙
Ling hu, Dai meng 令狐黛蒙
Shao shui 勺水
Shi, Meng 石蒙
Wu, Lang 吴朗
Wu, Lang sha 吴朗沙
Yu, Guo 于果
Zhui zi 锥子

Shen 申
HUA, YING SHEN 华应申 **(1911-1981)**

Shen 侁
JI, QING SHEN 纪清侁 **(1924-)**

Shen 昚
LIU, NIAN ZENG 刘念曾 **(1908-)**

Shen 深
HONG, SHEN 洪深 **(1894-1955)**

SHEN, AI HUA 沈爱华 **(1904-1967)**
Shen, Gong bi 沈拱璧
Shen, Lu 沈橹
Tao, Wen 陶文

Shen, Ai juan 沈哀鹃
SHEN, SI JI 沈思吉 **(1905-)**

Shen, Ai ping 申爱萍
SHEN, XIAO LAN 申小兰 **(1942-)**

Shen, Ai rong 沈爱蓉
SHEN, KE REN 沈可人 **(1916-)**

Shen an 慎安
GAN, CI SEN 甘祠森 **(1914-1982)**

Shen an 慎盦
ZHANG, MING REN 张明仁 **(1918-)**

Shen, An lin 沈安琳
FENG, QI ZHANG 冯绮璋 **(1927-)**

SHEN, AN XI 沈安熹 **(1925-)**
Yi, Nan 易难

SHEN, AN YOU 沈安有 **(1936-)**
An, You 安有

Shen an zhai zhu ren 审安斋主人
CHEN, TAO 陈涛

Shen, Ao 申奥
SHEN, YUN HONG 申运鸿 **(1926-)**

Shen, Bai fu 沈白甫
ZOU, EN RUN 邹恩润 **(1895-1944)**

SHEN, BANG JIE 沈邦杰
Shen, Song feng 沈松风

SHEN, BAO JI 沈宝基 **(1908-)**
Jin, Duo 金铎
Shen, Qi 沈琪

SHEN, BAO QING 沈葆青 **(1923-)**
An, Nan po 安南坡

SHEN, BEN AI 沈本爱
Shen, Wei lian 沈维廉
Ye ye 野野

SHEN, BI 申弼
Ge, Bi 戈壁

SHEN, BING 申丙 **(1894-)**
Shuang sui lou zhu 双穗楼主

SHEN, BING YUE 沈秉钺 **(1910-)**
Shen, Ren yuan 沈任远

SHEN, BO 沈勃 **(1918-)**
Ling, Yu 凌予

Shen, Bo chen 沈泊尘
SHEN, XUE MING 沈学明 **(1889-1920)**

Shen, Bo long 沈伯龙
SHEN, QI WU 沈启无 **(1902-1969)**

Shen, Bu zhou 沈步洲
SHEN, LIAN 沈联 **(1888-1932)**

SHEN, CE 沈策 **(-1983)**
Shen, Yu zhang 沈玉璋
Xiao qian 晓茜

SHEN, CHANG MEI 沈昌眉 **(1872-1932)**
Chang gong 长公
Mei ruo 眉若

SHEN, CHANG ZHI 沈昌直 **(1882-1949)**
Ci gong 次公
Cun wu 存庑
Ying ruo 颖若

Shen, Chao zhi 沈超之
SHEN, CHENG LI 沈承立 **(1913-)**

SHEN, CHE 沈徹
Hou, He 厚和
Ji, Ai 季蔼
Ji, Hai 季海
Tian su 大素
Xiang, Sheng 向生

Shen, Chen 沈沉
MEI, MING ZHENG 梅明正 **(1922-)**

Shen, Chen 沈沉
SUN, CHAO 孙超 **(1935-)**

Shen, Chen 沈沉
SHEN, ZAI LONG 沈在龙 **(1954-)**

Shen, Chen 沈沉
LIU, WEN QING 刘文清 **(1954-)**

Shen, Chen 沈忱
SHEN, SI YUAN 沈思源 **(1927-)**

Shen, Chen 申辰
HE, SHOU ZHONG 何守中 **(1932-)**

Shen, Chen 申辰
ZHU, EN ZHU 朱恩铸 **(1946-)**

SHEN, CHENG 申柽
Qing qiu hen ren 青丘恨人
Shan lu 汕庐

Shen, Cheng 沈澄
SHEN, CHENG KUAN 沈承宽 **(1929-)**

SHEN, CHENG KUAN 沈承宽 **(1929-)**
Shen, Cheng 沈澄
Su, Jie 苏婕

SHEN, CHENG LI 沈承立 **(1913-)**
Hu, Cai 胡采
Shen, Chao zhi 沈超之
Shen, Jiang 沈江
Shen, Xiao tian 沈笑天
Wang, Mu 王牧
Xin, Yu 辛予

Shen, Chu 沈出
LIN, XIAN LONG 林仙龙 **(1949-)**

Shen, Chuan 沈川
SHEN, TAO 沈涛 **(1904-)**

Shen, Chuan xin 沈穿心
CHEN, CHUAN XING 陈川兴 **(1954-)**

SHEN, CI YUE 沈次约
Jian shuang 剑霜
Jian shuang 剑双
Qiu, Hun 秋魂

Shen, Cong 沈偬
YANG, HUA KANG 杨华康 **(1930-)**

SHEN, CONG WEN 沈从文 **(1902-1988)**
Ba lu jue shi 巴鲁爵士
Chen 沉
Chen mu 晨牧
Chong wen 崇文
Cong wen 从文
Feng ge 凤哥
He, Yuan ju 何远驹
Hei, Jun 黑君
Hong hei jiu ren 红黑旧人
Huan hu 焕乎
Ji, Rui 季蕤
Jia chen 甲辰
Jian wei zhai 见微斋
Jiong zhi 炯之
Jun 菌
Liu, Ji 刘季
Luo, Jun 罗俊
Ma, Bei 马琲
Mao lin 茂林
Mao lin 茂琳
Mao lin 懋林
Mu zi 木子
Ren jiu 壬玖
Ru 茹
Ruo lin 若琳
Shan tuo 扇陀
Shang guan, Bi 上官碧
Shang guan, Ju 上官橘
Shen, Jia 沈甲
Shen, Jia chen 沈甲辰
Shen, Mao lin 沈懋林
Shen, Yue huan 沈岳焕

Shen, Zhao 沈着
Wang, Jiu yuan 王玖原
Wang, Shou 王寿
Wei lin 为琳
Xiao bing 小兵
Xiu yun yun 休芸芸
Xuan ji 璇吉
Xuan ruo 璇若
Yi wu 疑珷
Yong, Yu 雍羽
Yuan, Gui 远桂
Yue, Huan 岳焕
Yue, Lin 岳林
Yun 芸
Yun lu 芸庐
Yun yun 芸芸
Zhai er mei zhai zhu ren 窄而霉斋主人
Zhang, Bei 张琲

Shen, Cong wu 沈从武
HUANG, WAN ZHONG 黄万钟 **(1912-)**

Shen, Cun 沈村
WANG, CHONG GANG 汪崇刚 **(1924-)**

SHEN, DA LI 沈大力 **(1938-)**
Yun, Ya 云崖

SHEN, DA REN 沈达人 **(1929-)**
Feng ren 风人
Shen, Yao 沈尧
Shen, Yao 沈峣
Zhu ge, Wen jun 诸葛文军

SHEN, DA SAN 沈达三 **(1915-)**
Pan, Jian zhi 潘建之
Shen, Ke 沈克
Shen, Yan 沈剡

Shen de 慎得
FENG, JIONG 冯迥 **(1882-1954)**

SHEN, DE CHUN 沈德纯 **(1902-1968)**
Jiang, Liu 江流

Shen, De hong 沈德鸿
SHEN, YAN BING 沈雁冰 **(1896-1981)**

Shen, De ji 沈德济
SHEN, ZE MIN 沈泽民 **(1900-1933)**

SHEN, DE YONG 沈德镛 **(1898-1971)**
Chun sheng 春賸
Hua, Ying yi 花影簃
Mo an 默庵
Shen, Yu zhong 沈禹钟
Xuan zhao lu 萱照庐
Yan hui 延悔

SHEN, DE ZI 申德滋 **(1926-)**

Shen, Liu 沈流
Ye li 野黎

SHEN, DENG YING 沈登瀛 **(1904-1968)**
Dun xing 敦行
Jun wen 君闻
Shen, Zhi bai 沈知白

Shen, Dian 沈甸
ZHANG, TUO WU 张拓芜 **(1928-)**

Shen ding 神丁
GUO, XIN MIN 郭新民 **(1957-)**

SHEN, DING YI 沈定一 **(1892-1928)**
Ding yi 定一
Jian hou 剑侯
Sang, Ting 桑汀
Shen, Jian hou 沈剑侯
Shen, Shu yan 沈叔言
Shen, Xuan lu 沈玄庐
Shen, Zi cheng 沈子丞
Shen, Zong chuan 沈宗传
Xuan lu 玄庐

Shen, Dong 沈东
CHEN, ZHONG YAO 陈钟瑶 **(1913-1990)**

Shen du zhai 慎独斋
LU, ZHENG XIANG 陆徵祥 **(1871-1949)**

SHEN, DUAN XIAN 沈端先 **(1900-1995)**
Ba, Ke 巴客
Bing shi 炳蓍
Bo yue 伯约
Cai, Shu sheng 蔡叔声
Cha ting ting zhang 茶亭亭长
Chen, Nan 陈楠
Cheng, Bu gao 程步高
Chou 丑
Chun mu 春畝
Cui, Ruo qin 崔若沁
Ding, Jun wu 丁君吾
Ding, Qian ping 丁谦平
Ding, Qian wu 丁谦吾
Ding, Qian zhi 丁谦之
Ding, Shu zhi 丁叔之
Ding, Yi 丁依
Ding, Yi zhi 丁一之
Dong fang, Hui 东方晦
Dong fang, Hui zhi 东方晦之
Dong fang, Wei ming 东方未明
Dong feng 东风
Dong feng 东峰
Dong jing 东劲
Dong, Qi 董圻
Duan gong 端公
Duan xian 端先

Zhu, Hui 朱蕙
Zhu, Ru 朱儒
Zhu ru 侏儒
Zhu, Tang 诸棠
Zhu, Wan 朱宛
Zi bu 子布
Zi fu 梓甫
Zi pei 子培
Zi ping 子平
Zi yang 子扬

SHEN, EN FU 沈恩孚 **(1864-1944)**
Beng wu 菶梧
Hua pan 化磐
Jian an 渐盦
Ruo ying 若婴
Ruo ying lao ren 若婴老人
Xin qing 信卿

Shen, Er bai 沈二白
SUN, QING YU 孙庆馀

Shen, Fa 申伐
ZHANG, SHEN HUA 张身华 **(1922-1988)**

Shen, Fan 申凡
SHEN, FU AN 申福安 **(1947-)**

SHEN, FAN 沈凡 **(1912-)**
Di fan 涤凡

Shen, Fang 沈放
CHEN, PEI 陈培 **(1925-)**

Shen, Fei 申非
ZHANG, SHEN HUA 张身华 **(1922-1988)**

Shen, Fei 沈菲
HONG, LUN XIU 洪伦修 **(1903-1933)**

Shen fei 神飞
ZHOU, SHU REN 周树人 **(1881-1936)**

SHEN, FEI XUE 申飞雪 **(1946-)**
Jiang, Xue 江雪

SHEN, FENG MING 沈丰明 **(1935-)**
Shen, Fu ming 沈復明

SHEN, FENG WEI 沈凤威
Ji, Hong 吉洪
Shen, Ting 沈亭

Shen, Fu 申夫
ZHANG, SONG NIAN 张崧年 **(1893-1986)**

Shen, Fu 申甫
ZHANG, SONG NIAN 张崧年 **(1893-1986)**

Shen, Fu 申甫
ZHANG, SHEN HUA 张身华 **(1922-1988)**

Shen, Fu 申府
ZHANG, SONG NIAN 张崧年 **(1893-1986)**

Shen, Fu 沈浮
SHEN, SI JI 沈思吉 **(1905-)**

SHEN, FU AN 申福安 **(1947-)**
Shen, Fan 申凡

SHEN, FU HUA 申復华
Yang, Zi 扬子

Shen, Fu ming 沈復明
SHEN, FENG MING 沈丰明 **(1935-)**

Shen, Fu sheng 沈復生
SHEN, JUN YE 沈钧业 **(1884-1951)**

Shen, Ge 沈戈
SHEN, LU CHANG 沈碌昌 **(1941-)**

Shen, Gong 申公
ZHU, ZI NAN 朱子南 **(1932-)**

Shen gong 甚公
LI, JIN HUI 黎锦晖 **(1891-1967)**

Shen, Gong bi 沈拱壁
SHEN, AI HUA 沈爱华 **(1904-1967)**

Shen, Gu 申谷
SUN, JING GONG 孙静工 **(1908-)**

Shen, Guan 沈观
ZHOU, SHU MO 周树谟 **(1860-1925)**

SHEN, GUAN DA 沈观大
Zi yun 紫云

Shen, Guan lan 沈观澜
SHEN, HUI CHUN 沈会春 **(1902-1965)**

SHEN, GUAN QUN 沈冠群 **(1908-1989)**
Shen, Guan qun 沈灌群

Shen, Guan qun 沈灌群
SHEN, GUAN QUN 沈冠群 **(1908-1989)**

Shen, Guang rui 沈光瑞
SHEN, DUAN XIAN 沈端先 **(1900-1995)**

SHEN, GUANG XIU 沈光秀 **(1940-)**
Shen, Ye 沈野

SHEN, HAN 沈翰
Lan long 懒龙
Meng, Qian 孟骞
Mo, Xian 墨仙

Shen, Han zhi 沈涵之
SHEN, JIAN YING 沈剑英 **(1932-)**

SHEN, HAO 沈灏 **(1929-)**
An, Yang 安扬
Shen, Yi 沈毅

Shen, Hong 沈洪
SHEN, YAN BING 沈雁冰 **(1896-1981)**

Shen, Hong 沈鸿
SHEN, YAN BING 沈雁冰 **(1896-1981)**

SHEN, HONG GEN 沈鸿根 **(1943-)**
Jiang, Niao 江鸟
Meng zhai 梦斋
Song zhu 松竹
Yang, Long 羊龙
Ye, Hen 叶痕

SHEN, HONG LI 沈红利 **(1962-)**
Shen, Mo 沈默

SHEN, HONG QUAN 沈洪全 **(1952-)**
Hong, Quan 洪泉

SHEN, HOU CI 沈厚慈
Dan jing 澹静
Xiao ze 孝则
Yong xue 咏雪

Shen, Hu gen 沈虎根
JI, FU GEN 季夫根 **(1933-)**

Shen, Hua 沈华
SI TU, HUA CHENG 司徒华城 **(1927-)**

SHEN, HUAN YU 沈焕瑜 **(1933-1979)**
Shen, Qiang 沈强

Shen, Huang xu 沈晃旭
SHEN, RUI BIN 沈瑞彬 **(1946-)**

Shen, Hui 沈晦
GAO, MING 高明 **(1908-)**

SHEN, HUI CHUN 沈会春 **(1902-1965)**
Guan lan 观澜
Jian 剑
Jian qiu 剑秋
Ren, Zhong 任重
Shen, Guan lan 沈观澜
Shen, Ren zhong 沈任重
Shen, Zhi yuan 沈志远
Wang, Jian qiu 王剑秋
Zhi yuan 志远
Zhong 重

Shen, Ji 沈寂
WANG, CHONG GANG 汪崇刚 **(1924-)**

Shen, Ji 沈霁
SHEN, JI ZONG 沈继宗 **(1919-)**

SHEN, JI CHENG 沈吉诚 **(1907-)**
Lao min 老敏
Shen, Lao ji 沈老吉

Shen, Ji hong 沈继宏
CHEN, ZHEN 陈振 **(1931-)**

SHEN, JI PING 沈季平 **(1927-)**
He, Lan 贺兰
Ping, Zi 平子
Shao, Shan 邵山
Shao, Yun 邵云
Song ming 松明
Wen, Shan 闻山

Shen, Ji yan 沈积岩
SHI, SHI YUAN 石诗元 **(1928-)**

SHEN, JI ZONG 沈继宗 **(1919-)**
Ji, Cong 纪淙
Ji zong 寄踪
Lu, Hou 鲁侯
Shen, Ji 沈霁
Shen, Ji zong 沈寄踪

Shen, Ji zong 沈寄踪
SHEN, JI ZONG 沈继宗 **(1919-)**

Shen, Jia 沈甲
SHEN, CONG WEN 沈从文 **(1902-1988)**

SHEN, JIA BEN 沈家本 **(1840-1913)**
Bi lou 碧楼
Ji yi 寄簃
Ri nan 日南

Shen, Jia chen 沈甲辰
SHEN, CONG WEN 沈从文 **(1902-1988)**

SHEN, JIA HE 沈家和 **(1943-)**
Jiang, Han zhong 蒋寒中

SHEN, JIA XIN 申家信 **(1941-)**
Chi bing 赤兵
Zeng, Tong 曾彤

Shen, Jia you 申甲由
ZHAO, SHU LI 赵树礼 **(1906-1970)**

Shen, Jian 沈践
GAN, ZHANG 甘章 **(1927-)**

Shen jian 神剑
ZHANG, YUE LIN 张跃林 **(1963-)**

Shen, Jian hou 沈剑侯
SHEN, DING YI 沈定一 **(1892-1928)**

SHEN, JIAN RONG 沈建荣
Xiao bei 小贝

SHEN, JIAN SHI 沈兼士 **(1887-1947)**
Jian shi 兼士

Shen, Jian tu 沈建图
SHEN, QING LIN 沈庆林 **(1915-1955)**

SHEN, JIAN YI 申坚毅 **(1931-)**
Jian yi 坚一
Jian yi 见一

SHEN, JIAN YI 沈坚毅 **(1957-)**
Bo yi 伯荑

SHEN, JIAN YING 沈剑英 **(1932-)**
Shen, Han zhi 沈涵之
Zhou, Cun 周村

Shen, Jiang 申江
SHEN, LU CHANG 沈碌昌 **(1941-)**

Shen, Jiang 沈江
SHEN, CHENG LI 沈承立 **(1913-)**

Shen, Jiao 申椒
WANG, YUN XI 王运熙 **(1926-)**

Shen, Jie 沈洁
ZHANG, YI HOU 张逸侯 **(1916-1978)**

SHEN, JIE FEI 沈杰飞 **(1915-)**
Che mo 撤末
Yi bing 一兵

Shen, Jin 申金
LIU, WEN YAN 刘文岩

Shen, Jin 沈藎
SHEN, KE CHENG 沈克诚 **(1872-1903)**

SHEN, JIN MEI 沈金梅 **(1936-)**
Jin, Mei 金梅
Lei shi 磊石
Liu, Ren 柳人
Xu, Wen 徐闻

Shen, Jin ping 沈金苹
SUN, QIN PING 孙钦平 **(1922-)**

Shen, Jin ping 沈金萍
SUN, QIN PING 孙钦平 **(1922-)**

Shen, Jing 沈敬
ZHANG, TING 张挺 **(1922?-)**

Shen, Jing 沈静
LI, RONG PEI 李荣培 **(1903-1981)**

Shen, Jing 沈静
ZHOU, FEN LING 周芬伶 **(1955-)**

SHEN, JING YING 沈景英 **(1894-1971)**
Yi yun 亦云

Shen, Jun 申隽
GUO, SHEN JUAN 郭慎娟 **(1937-)**

Shen, Jun 沈浚
WANG, FU YAN 汪馥炎 **(1891-1940)**

Shen, Jun mo 沈君默
SHEN, YIN MO 沈尹默 **(1883-1971)**

SHEN, JUN RU 沈钧儒 **(1875-1963)**
Heng shan 衡山

SHEN, JUN TING 沈钧庭 **(1948-)**
Shen, Zhao yang 沈肇扬

SHEN, JUN YE 沈钧业 **(1884-1951)**
Fu an 復庵
Fu sheng 復生
Fu sheng 馥生
Jie chao 睫巢
Shen, Fu sheng 沈復生
Yue, Min 越民

Shen, Jun zhi 申均之
WANG, XI XUAN 王锡宣 **(1912-1988)**

Shen, Kai 沈恺
JIN, GONG LIANG 金公亮

Shen, Ke 沈克
SHEN, DA SAN 沈达三 **(1915-)**

SHEN, KE CHENG 沈克诚 **(1872-1903)**
Shen, Jin 沈藎
Shen, Yu xi 沈虞希
Yu, Xi 禹希
Yu xi 愚溪

SHEN, KE GANG 沈克刚 **(1915-)**
Qian li 千里
Shen, Zhong 沈重

SHEN, KE REN 沈可人 **(1916-)**
Fang zao 芳藻
He 何
Ke ren 可人
Ke tian 可天
Shen, Ai rong 沈爱蓉
Shen, Tian ling 沈天伶
Yang, Ye 杨晔

SHEN, KUN 沈焜 **(-1938?)**
Zui yu 醉愚

SHEN, KUN 沈琨
Yi zhong 怡中

Shen, Lai 沈莱
MAI, CHUN QIAN 麦春乾 **(1911-1982)**

Shen, Lai 沈莱
SHEN, MING DE 沈明德 **(1920-)**

Shen, Lao ji 沈老吉
SHEN, JI CHENG 沈吉诚 **(1907-)**

Shen, Le 沈乐
ZOU, DE HONG 邹德鸿 **(1922-)**

Shen, Lei 沈蕾
SHEN, MING DE 沈明德 **(1920-)**

SHEN, LI 沈砺 **(1879-1946)**
Dao fei 道非

Mian hou 勉後
Xiao gong 嘐公
Xin zhe jiang xiao gong 新浙江嘐公

Shen, Li 沈犁
ZHANG, TUO WU 张拓芜 **(1928-)**

Shen, Li en 申里恩
LIU, RUI FENG 刘瑞峰 **(1916-)**

SHEN, LI HUA 沈丽华
Shen, Ye 沈晔

SHEN, LI REN 沈立人 **(1927-)**
Shen, Ping xi 沈屏溪
Shen, Xin min 沈新民

SHEN, LIAN 沈联 **(1888-1932)**
Bu zhou 步洲
Shen, Bu zhou 沈步洲

Shen, Lian qing 沈联清
GUO, YOU YONG 郭有勇 **(1920-)**

SHEN, LIAN ZHI 沈鍊之 **(1904-)**
Lian zhi 炼之
Wei li 味荔

Shen liang 慎良
WANG, KAI JING 汪开竞 **(1912-1976)**

Shen, Liao ji 沈寥己
JIANG, BI HOU 蒋壁厚 **(1923-)**

Shen, Liao ji 沈廖儿
JIANG, BI HOU 蒋壁厚 **(1923-)**

Shen, Lin 沈林
GU, SI YONG 谷斯涌 **(1934-)**

SHEN, LIN BIN 沈临彬 **(1936-)**
Shen, Yu 沈鱼
Shen, Zhi jiu 沈之久

Shen, Ling 沈灵
QU, CHU 屈楚 **(1919-1986)**

Shen, Ling 沈灵
REN, XIAO DING 任萧丁 **(1930-)**

Shen, Ling wei 申令微
SHEN, RU LIAN 申如莲 **(1921-)**

Shen, Liu 沈流
SHEN, DE ZI 申德滋 **(1926-)**

Shen, Lu 沈橹
SHEN, AI HUA 沈爱华 **(1904-1967)**

Shen, Lu 沈露
CAO, YU TING 曹予庭 **(1929-)**

SHEN, LU CHANG 沈碌昌 **(1941-)**
Cheng, Zhi wei 成志伟
Ge, Ping 戈平
Ju, Song 居松
Shen, Ge 沈戈
Shen, Jiang 申江
Zhi wei 之伟
Zhi wei 之炜

Shen, Luo 沈萝
SUN, QIN PING 孙钦平 **(1922-)**

SHEN, MAI SHI 沈迈士 **(1891-)**
Kuan lei 宽垒
Lao mai 老迈

Shen, Mao lin 沈懋林
SHEN, CONG WEN 沈从文 **(1902-1988)**

Shen, Meng hua 沈萌华
SHEN, MING JIN 沈明进 **(1947-)**

Shen, Meng jin 沈萌进
SHEN, MING JIN 沈明进 **(1947-)**

SHEN, MIN TE 沈敏特 **(1936-)**
Ming, De 明德
Yu zhong 毓钟

Shen, Ming 申明
LIU, BIN YAN 刘宾雁 **(1925-)**

Shen, Ming 沈明
JIANG, XING MING 江星明 **(1922-)**

Shen, Ming 沈明
JIN, YAO RU 金尧如 **(1923-)**

SHEN, MING DE 沈明德 **(1920-)**
A hu 阿虎
Li, Luo mo 李洛漠
Luo, Da feng 骆大风
Luo, Jia 罗迦
Luo, Jian 骆间
Ming, De 明德
Shen, Lai 沈莱
Shen, Lei 沈蕾
Yu, Hong 郁红

Shen, Ming fu 沈明甫
SHEN, YAN BING 沈雁冰 **(1896-1981)**

SHEN, MING JIN 沈明进 **(1947-)**
Shen, Meng hua 沈萌华
Shen, Meng jin 沈萌进

Shen, Mo 沈默
CHANG, REN XIA 常任侠 **(1904-)**

Shen, Mo 沈默
SHEN, SEN HAO 沈森豪 **(1936-)**

Shen, Mo 沈默
LEI, JIAN EN 雷健恩 **(1953-)**

Shen, Mo 沈默
SHEN, HONG LI 沈红利 **(1962-)**

Shen, Mo 沈漠
HU, SHENG 胡绳 **(1918-)**

Shen, Mo jun 沈默君
QIN, YING 秦影 **(1923-)**

Shen, Mo nan 沈默难
LIU, YAN WEN 刘衍文 **(1926-)**

Shen, Mo sheng 沈默生
LI, SHUO CHENG 李硕诚 **(1922-)**

Shen, Mo shi 沈默士
SHEN, SHI LING 沈士灵 **(1900-)**

Shen, Mo xin 沈默新
SUN, PEI YUAN 孙培元 **(1914-1947)**

Shen, Mu 沈牧
SHEN, SEN HAO 沈森豪 **(1936-)**

SHEN, MU LAN 沈慕兰 **(1898-)**
Shen, Zi jiu 沈兹九
Zi 兹
Zi jiu 兹九

SHEN, NAI REN 沈乃人
Nai ren 乃人

Shen, Nai ting 沈乃庭
SHEN, NAI TING 沈乃挺 **(1914-1966)**

SHEN, NAI TING 沈乃挺 **(1914-1966)**
Li, Dong shi 李东石
Li, Qi 李琪
Shen, Nai ting 沈乃庭

Shen, Nai xi 沈乃熙
SHEN, DUAN XIAN 沈端先 **(1900-1995)**

Shen, Nai xu 申乃绪
YE, SHAO JUN 叶绍钧 **(1894-1988)**

SHEN, NAN 沈枏 **(1935-)**
Mu dan 木丹

SHEN, NENG YI 沈能毅 **(1894-)**
Lun ni 沦泥

Shen, Ning 沈宁
SHEN, DUAN XIAN 沈端先 **(1900-1995)**

Shen, Ning 沈宁
QIAN, ZHONG HAN 钱忠汉 **(1926-)**

Shen, Ning 沈宁
HAN, FANG 韩放 **(1928-)**

SHEN, PENG NIAN 沈彭年 **(1928-)**
Chen, Feng 陈逢
Chen, Feng chun 陈逢春

SHEN, PING 申平 **(1955-)**
Mu lin 木林
Yin he 银河

Shen, Ping xi 沈屏溪
SHEN, LI REN 沈立人 **(1927-)**

Shen, Qi 申琦
SHEN, XIANG XIANG 申湘芗

SHEN, QI 沈奇 **(1951-)**
Bai, Bing 白冰
Da ke 大可
Wu an 无岸
Wu, Nai 吴奈
Xiao ke 小可

Shen, Qi 沈琪
SHEN, BAO JI 沈宝基 **(1908-)**

SHEN, QI CHANG 沈其昌 **(1858-1930)**
Huai, Zhong 怀仲
Shao zhou 绍周
Shen, Zhao zhou 沈肇州

Shen, Qi pei 沈其佩
SHEN, YU GANG 沈毓刚 **(1920-)**

SHEN, QI WU 沈启无 **(1902-1969)**
Cha na 茶衲
Hua lang 画廊
Kai yuan 开元
Ming yuan 茗缘
Nan, Wu 南无
Qi, Wu 启无
Qi wu 其无
Qi wu 奇无
Qian an 潜庵
Shen, Bo long 沈伯龙
Shen, Xian bu 沈閒步
Tan, Gong 谭公
Tong, Tuo 童驼
Xian bu an 閒步庵
Yu gong 雨公

SHEN, QI YU 沈起予 **(1903-1970)**
Qi yu 绮雨
Qi yu 起予
Shen, Qi yu 沈绮雨

Shen, Qi yu 沈绮雨
SHEN, QI YU 沈起予 **(1903-1970)**

SHEN, QIAN 沈谦 **(1947-)**
Shen, Si jian 沈思兼
Si jian 思兼

Shen, Qiang 沈强
SHEN, HUAN YU 沈焕瑜 **(1933-1979)**

Shen, Qing 申青

YU, DE KUAN 余德宽

Shen, Qing 沈清
LIU, CHANG QING 刘长青 (1917-)

SHEN, QING HONG 沈庆鸿 (1870-1947)
Shen, Xin gong 沈心工
Xin gong 心工

SHEN, QING LIN 沈庆林 (1915-1955)
Shen, Jian tu 沈建图
Wu, Min 吴敏

Shen qu 伸屈
ZHANG, ZHEN QIAN 章振乾 (1907-)

Shen qu 神曲
ZHANG, ZHEN QIAN 章振乾 (1907-)

Shen, Qun wen 沈群文
MAO, XIA 毛侠 (1927-)

Shen, Ran 沈然
BAI, QING XIANG 白庆祥 (1955-)

Shen, Ren 沈仁
BIAN, ZHI FU 卞直甫 (1935-)

SHEN, REN KANG 沈仁康 (1933-)
Tai, Yun 邰云
Zhu, An 朱安

Shen, Ren yuan 沈任远
SHEN, BING YUE 沈秉钺 (1910-)

Shen, Ren zhong 沈任重
SHEN, HUI CHUN 沈会春 (1902-1965)

SHEN, RONG MING 沈荣铭 (1921-)
Tang, Ren jun 唐仁均

SHEN, RONG XIANG 沈荣祥 (1930-)
Liu, Cheng yin 柳成荫

Shen, Rong ying 沈蓉英
ZHANG, QI XUN 章启勋 (1916-)

SHEN, ROU CHEN 沈柔琛 (1921-1987)
Shen, Xiao xian 沈小娴

SHEN, ROU JIAN 沈柔坚 (1919-)
Rou jian 柔坚

Shen, Ru 申如
XU, ZHI MO 徐志摩 (1896-1931)

Shen, Ru gang 沈如钢
CHENG, ZHI DING 程志定 (1925-)

SHEN, RU JIN 沈汝瑾 (1858-1917)
Dun ju shi 钝居士
Ming jian bai zhai 鸣坚白斋
Shi, You 石友

SHEN, RU LIAN 申如莲 (1921-)
Shen, Ling wei 申令微
Shuo ye 朔野
Si ding 司丁

SHEN, RU SONG 沈茹松 (1919-1989)
Tong lou 侗廔

SHEN, RUI BIN 沈瑞彬 (1946-)
Ren dong 忍冬
Ren hong sheng 忍虹昇
Shen, Huang xu 沈晃旭

SHEN, RUO BO 沈若波 (1946-)
Lan, Bo 蓝波

Shen, Sen 申森
SHEN, YU HENG 申玉衡 (1937-)

SHEN, SEN HAO 沈森豪 (1936-)
Mu weng 牧翁
Shen, Mo 沈默
Shen, Mu 沈牧
Shen, Yi wen 沈逸文
Wei tai 维泰
Yang, Geng 杨耕

SHEN, SHAO CHU 沈绍初 (1930-)
Lan, Ge 兰戈
Shen, Zhong 沈重

SHEN, SHAO XUN 沈绍勲
Shen, Zhu reng 沈竹礽

Shen shen 甚深
LI, WEN TAO 李文涛 (1880-1942)

Shen sheng 慎生
ZUO, QING SHENG 左庆生 (1937-)

SHEN, SHENG SHI 沈圣时
Sheng shi 圣时

Shen, Shi 沈实
SHEN, YIN MO 沈尹默 (1883-1971)

SHEN, SHI JIA 申石伽 (1906-)
Xi ling shi jia 西泠石伽

SHEN, SHI KUN 沈仕坤 (1935-)
Mo fu 默夫
Wen, Ding 文丁

SHEN, SHI LEI 沈士雷
S. L.

SHEN, SHI LING 沈士灵 (1900-)
Shen, Mo shi 沈默士

SHEN, SHI SHENG 沈适生
Shi sheng 适生

Shen, Shi xi 沈石溪
SHEN, YI MING 沈一鸣 (1952-)

SHEN, SHI ZHUANG 沈士庄 **(1905-)**
Gao, Zhuang 高莊

Shen, Shou 申寿
ZHOU, ZUO REN 周作人 **(1885-1967)**

SHEN, SHOU MEI 沈瘦梅
Shou mei 瘦梅

Shen, Shou 申寿
TIAN, DE YU 田德裕（**1915-)**

Shen, Shu 申叔
LIU, SHI PEI 刘师培 **(1884-1919)**

SHEN, SHU DE 沈树德 **(1950-)**
Lan, Meng 蓝梦
Shen, Xian 沈弦

Shen, Shu yan 沈叔言
SHEN, DING YI 沈定一 **(1892-1928)**

Shen, Shu yang 沈叔羊
SHEN, YI 沈议 **(1909-1986)**

Shen, Shu zhi 沈叔之
SHEN, DUAN XIAN 沈端先 **(1900-1995)**

Shen, Si 沈思
SHEN, TAO 沈涛 **(1904-)**

Shen si 慎思
WANG, ZHI DUI 王之兑 **(1915-1990)**

SHEN, SI GU 沈似谷
Mian tian 靦覥

SHEN, SI JI 沈思吉 **(1905-)**
Ai juan 哀鹃
Shen, Ai juan 沈哀鹃
Shen, Fu 沈浮

Shen, Si jian 沈思兼
SHEN, QIAN 沈谦 **(1947-)**

SHEN, SI MING 沈思明 **(1913-)**
Guang ming 光明
Si ming 思明
Xia, Guang 夏光

Shen, Si yuan 沈思远
HU, ZHONG CHEN 胡忠臣 **(1933-)**

SHEN, SI YUAN 沈思源 **(1927-)**
Li ping 力平
Shen, Chen 沈忱

Shen, Si zheng 沈思争
JIN, YAO RU 金尧如 **(1923-)**

Shen, Song 沈嵩
WANG, HUI ZHEN 王慧珍 **(1935-)**

Shen, Song feng 沈松风
SHEN, BANG JIE 沈邦杰

Shen, Song quan 沈松泉
SHEN, TAO 沈涛 **(1904-)**

Shen, Tan 沈潭
TIAN, ZHONG LUO 田锺洛 **(1924-)**

SHEN, TAO 沈涛 **(1904-)**
Hua, Rui 华瑞
Shen, Chuan 沈川
Shen, Si 沈思
Shen, Song quan 沈松泉
Song quan 松泉
Su, Yue 苏约

SHEN, TIAN CHENG 沈天呈 **(1946-)**
Tian cheng 天呈

Shen, Tian duo 沈天铎
SHEN, WEN HUA 沈文华 **(1897-)**

Shen, Tian ling 沈天伶
SHEN, KE REN 沈可人 **(1916-)**

SHEN, TIAN YU 沈恬聿
Xu, Xia 徐夏

Shen, Ting 沈亭
SHEN, FENG WEI 沈凤威

Shen, Tong 沈同
SHEN, ZI YI 沈子异 **(1911-)**

SHEN, TONG HENG 沈同衡 **(1914-)**
Shi, Dong 石东
Suo yi 索伊
Tong, Hen 童痕
Yi yun 毅云

Shen, Tu 申徒
RUI, MU 芮沐 **(1908-)**

Shen tu, Jing yuan 申屠敬远
FANG, GUI DE 方珪德 **(1922-)**

Shen, Wei 申玮
SHEN, YU XIU 申毓秀 **(1919-)**

Shen, Wei 申蔚
SHEN, YU XIU 申毓秀 **(1919-)**

SHEN, WEI DE 沈蔚德 **(1911-)**
Shen, Wei te 沈维特
Wei te 维特

Shen, Wei lian 沈维廉
SHEN, BEN AI 沈本爱

Shen, Wei te 沈维特
SHEN, WEI DE 沈蔚德 **(1911-)**

Shen, Wei xia 沈慰霞
ZOU, EN RUN 邹恩润 **(1895-1944)**

SHEN, WEN 沈文 **(1930-　)**
Jiang, Ren 江人

SHEN, WEN HUA 沈文华 **(1897-　)**
Fu yao 扶摇
Shen, Tian duo 沈天铎
Shu shan san ren 殳山散人

SHEN, WEN LIN 沈文林 **(1918-1942)**
Ge, Li 戈里

SHEN, WEN SHENG 沈文胜 **(1963-　)**
Bai wu mo ren 白屋默人
Bai, Wu ren 白屋人

SHEN, WEN TAI 沈文台 **(1949-　)**
Jiang, Yan 江煙

Shen weng 杳翁
LIU, NIAN ZENG 刘念曾 **(1908-　)**

Shen, Wu 沈坞
LU, FANG 卢滂 **(1914-　)**

Shen, Xi cheng 沈西城
YE, GUAN QI 叶关琦 **(1948-　)**

SHEN, XI CHUN 沈锡纯 **(1910-　)**
Shi, Xun 石旬
Shuo shun 硕舜

SHEN, XI JIAN 沈锡健 **(1943-　)**
Shen, Yan 沈巖

SHEN, XI LING 沈西苓 **(1904-1940)**
Shen, Xue cheng 沈学诚
Shen, Ye chen 沈叶沉
Shen, Yi chen 沈一沉
Ye, Chen 叶沉

SHEN, XI RUI 沈希瑞
Chen mo 沉默

Shen, Xi yan 沈希淹
YE, JING FAN 叶景範

SHEN, XI YU 沈西域
Luo ren 洛人

Shen, Xi yuan 沈希渊
YE, JING FAN 叶景範

Shen, Xia 沈霞
SHEN, YAN BING 沈雁冰 **(1896-1981)**

SHEN, XIA HUN 沈侠魂 **(1915-1966)**
Chong shi 崇实
Fei xian 非闲
Li, Zhen 李真
Lin, Hui 林辉
Ling gen 灵根
Qiu, Yun 秋云
Re liu 热流
Xia hun 侠魂
Ye cao 野草
Yi jin 以今

Shen, Xian 沈弦
SHEN, SHU DE 沈树德 **(1950-　)**

Shen xian 神仙
ZENG, RUI XIONG 曾瑞熊 **(1903-　)**

Shen, Xian bu 沈閒步
SHEN, QI WU 沈启无 **(1902-1969)**

SHEN, XIAN NAN 沈显南
Lan, Lan 兰兰
Xiao fei 晓非

SHEN, XIANG XIANG 申湘芗
Shen, Qi 申琦

SHEN, XIANG YUN 沈翔云
Qiu zhai 虬斋

Shen, Xiao feng 沈小峰
SHEN, XIAO FENG 沈筱峰 **(1934-　)**

SHEN, XIAO FENG 沈筱峰 **(1934-　)**
Shen, Xiao feng 沈小峰

SHEN, XIAO HUI 沈孝辉 **(1944-　)**
Xin chang 欣长
Zhou, Ping 周平

SHEN, XIAO LAN 申小兰 **(1942-　)**
Shen, Ai ping 申爱萍
Xiao lan 小兰
Xiao yin 逍茵
Yi yin 一吟

SHEN, XIAO LONG 申小龙 **(1952-　)**
Lin, Gui si 林归思
Xiao dan 小丹
Xiao long 晓珑

Shen, Xiao tian 沈笑天
SHEN, CHENG LI 沈承立 **(1913-　)**

Shen, Xiao xian 沈小娴
SHEN, ROU CHEN 沈柔琛 **(1921-1987)**

Shen xin 深心
LI, WEN TAO 李文涛 **(1880-1942)**

Shen, Xin gong 沈心工
SHEN, QING HONG 沈庆鸿 **(1870-1947)**

Shen, Xin min 沈新民
SHEN, LI REN 沈立人 **(1927-　)**

Shen, Xing 沈行
BU, CHENG ZHONG 卜成中 **(1902-1983)**

SHEN, XING REN 沈性仁
Xing ren 性仁

SHEN, XIU 沈修
Kong, Xiu 孔修
Shan chen 山臣
Sui cheng 绥成
Wei yuan 未园
Xiu mu 休穆

Shen, Xu 申绪
YE, SHAO JUN 叶绍钧 **(1894-1988)**

SHEN, XU CHUN 沈旭春
Yu ying zi 雨樱子

Shen, Xuan 沈萱
CHEN, ZHENG YANG 陈拯阳 **(1931-)**

Shen, Xuan lu 沈玄庐
SHEN, DING YI 沈定一 **(1892-1928)**

Shen, Xuan ying 沈玄英
SHEN, YAN BING 沈雁冰 **(1896-1981)**

Shen, Xue cheng 沈学诚
SHEN, XI LING 沈西苓 **(1904-1940)**

SHEN, XUE MING 沈学明 **(1889-1920)**
Shen, Bo chen 沈泊尘

Shen, Ya gong 沈亚公
PING, HENG 平衡 **(1892-1980)**

Shen, Yan 沈彦
YAN, HAN MIN 严汉民 **(1914-)**

Shen, Yan 沈剡
SHEN, DA SAN 沈达三 **(1915-)**

Shen, Yan 沈嬿
CHEN, ZU YAN 陈祖彦 **(1945-)**

Shen, Yan 沈巖
SHEN, XI JIAN 沈锡健 **(1943-)**

Shen yan 慎言
LI, SHEN YAN 李慎言 **(1859-1931)**

Shen yan 慎言
YANG, MING 杨明 **(1922-)**

Shen yan 审言
LI, SHEN YAN 李慎言 **(1859-1931)**

SHEN, YAN BING 沈雁冰 **(1896-1981)**
Bao, Zhong 保中
Bao, Zong 保宗
Bing 丙
Bing 冰
Bing jia 丙甲
Bing shen 丙申
Bing shen sheng 丙申生
Bing sheng 丙生
Bing wen 冰文
Bo 波
Bo yuan 伯元
Chai guang 钗光
Cheng, Ze ren 成则仁
Chi cheng 赤城
De 德
De hong 德洪
De hong 德鸿
Di, Fu 狄福
Di, Fu zhe 狄福者
Dian 典
Diao bing 雕冰
Ding 鼎
Dong fang, Wei ming 东方未明
Dong fen 冬芬
Dun 盾
Fan 凡
Fang 方
Fang 舫
Fang, Bao zong 方保宗
Fang, Bi 方壁
Fang, Fei 方非
Fang, Yi 方易
Fang, Zhong 方仲
Fei fei 非非
Fen 芬
Fen jun 芬君
Feng 风
Feng, Jian 冯笺
Feng, Xu 冯虚
Feng, Xu nü shi 冯虚女士
Feng, Yi 冯夷
Fu 甫
Gao, Zi sun 高子荪
Gong, Yu 公羽
Gu 固
Guan, Jing zhi 关敬之
He, Dian 何典
He, Lai 何籁
Heng 横
Heng 衡
Heng bo 横波
Hong 鸿
Hong, Dan 洪丹
Hong, De 洪德
Hu, Sheng zu 胡绳祖
Hua 华
Hui 惠
Hui 蕙
Ji, Bu xi 吉卜西
Ji, Ming 季明
Ji zhe 记者
Jiang 江
Jing 敬
Jing zhi 敬之
Kai 恺

Ke 克
Ke 恪
Kong, Chang 孔常
Lai, Fu 来復
Lan 兰
Lang, Sun 郎损
Lian, Suo 连琐
Liang 亮
Liang 量
Lü shuang 履霜
M
M. D.
Man 曼
Man 蔓
Mao, Dun 茅盾
Mao dun 矛盾
Min 民
Ming 明
Ming 铭
Ming, Fu 明甫
Ming, Xin 明心
Mou, Ni 牟尼
Mu, Zhi 慕之
Mu zi 木子
Nan 南
Ni 尼
P sheng P 生
Pei wei 佩韦
Pei wei 佩苇
Ping 平
Pu 浦
Pu 蒲
Pu, Jian 蒲剑
Pu, Lao 蒲牢
Qi 绮
Qing 清
Qiu, Sheng 秋生
Qiu, Weng 秋翁
Qu, Zi 曲子
Ruo shui 若水
Shan shi 山石
Shen, De hong 沈德鸿
Shen, Hong 沈洪
Shen, Hong 沈鸿
Shen, Ming fu 沈明甫
Shen, Xia 沈霞
Shen, Xuan ying 沈玄英
Shen, Yu 沈馀
Shen, Zhong fang 沈仲方
Sheng 绳
Shi, Beng 石崩
Shi, Hua luo 施华洛
Shi, Meng 石萌
Shi zhen 世珍
Shui 水
Shun 顺
Shuo 朔
Si zhen 四珍
Sun 损
T. H.
Tao mo guan zhu 逃墨馆主
Tao, Ran 陶然
Teng 腾
Ti 惕
Ti ruo 惕若
V. P.
Wan, Bi 万壁
Wei 韦
Wei 威
Wei 微
Wei bo 微波
Wei jing 维敬
Wei, Jun 韦君
Wei ming 未名
Wei ming 未明
Wei ming 味茗
Wei ming 微明
Wei, Sheng 卫生
Wei, Xing 韦兴
Wen 文
Wen, Zhi 文直
Xi 希
Xi zhen 希真
Xiang yu 乡愚
Xiang yu 湘渔
Xiao 晓
Xiao fan 小凡
Xie, Fen 谢芬
Xing tian 形天
Xuan 玄
Xuan ying 玄英
Xuan zhu 玄珠
Y P
Yan 雁
Yan bin 雁宾
Yan bing 讌冰
Yan bing 雁冰
Yan, Chang 燕昌
Yang 扬
Yang, Qiu 阳秋
Ye, Ming 叶明
Yi qiu sheng 忆秋生
Yi, Ruo 易若
Yi sheng 宜生
Yu 渔
Yu sheng 馀声
Yu shi 遇士
Yuan, Mei 元枚
Yun 云
Ze 泽

Zhen 真
Zhi 止
Zhi 直
Zhi jing 止敬
Zhi shui 止水
Zhong 仲
Zhong, Fang 仲方
Zhong, Fang 仲芳
Zhong kui 终葵
Zhong, Yuan 仲元
Zhong, Yuan 钟元
Zhong, Zi 仲子
Zhu 珠
Zhu, De hong 朱德鸿
Zhu, Huan 朱環
Zhu, Jing 朱璟
Zhu, Ming 朱名
Zhu, Zhong jing 朱仲璟
Zi sun 子荪
Zi yu 子渔

SHEN, YAN XI 沈延義 **(1924-)**
Shen, Zi fu 沈子复
Ye, Fu 叶夫

Shen, Yang 沈阳
ZHAO, FU CHEN 赵福辰 **(1952-)**

Shen, Yang 沈杨
YANG, YU YING 杨育英

Shen, Yao 沈尧
SHEN, DA REN 沈达人 **(1929-)**

Shen, Yao 沈峣
SHEN, DA REN 沈达人 **(1929-)**

SHEN, YAO ZHONG 申耀忠 **(1937-)**
Shen, Yue zhong 申跃中

SHEN, YAO ZHONG 沈耀中 **(1912-1944)**
Shen, Zhen huang 沈振黄

Shen, Ye 沈晔
SHEN, LI HUA 沈丽华

Shen, Ye 沈野
SHEN, GUANG XIU 沈光秀 **(1940-)**

Shen, Ye chen 沈叶沉
SHEN, XI LING 沈西苓 **(1904-1940)**

Shen, Yi 沈亦
XIE, XING YAO 谢兴尧 **(1906-)**

Shen, Yi 沈毅
ZHENG, ZHI 郑挚 **(1914-1966)**

Shen, Yi 沈毅
SUN, QIN PING 孙钦平 **(1922-)**

Shen, Yi 沈毅
SHEN, HAO 沈灏 **(1929-)**

Shen, Yi 沈仪
LI, JIAN WU 李健吾 **(1906-1982)**

SHEN, YI 沈议 **(1909-1986)**
HK
Ping, Shuo 平朔
Shen, Shu yang 沈叔羊
Shu yang 叔羊

SHEN, YI BIN 沈仪彬
Qian yu 倩玉
Zhen nuo nü shi 震懦女士

Shen, Yi chen 沈一沉
SHEN, XI LING 沈西苓 **(1904-1940)**

Shen, Yi kun 沈翊鲲
SHEN, YU GANG 沈毓刚 **(1920-)**

SHEN, YI MING 沈一鸣 **(1952-)**
Shen, Shi xi 沈石溪

SHEN, YI WEI 沈贻伟 **(1946-)**
Shen, Yi wei 沈贻炜

Shen, Yi wei 沈贻炜
SHEN, YI WEI 沈贻伟 **(1946-)**

Shen, Yi wen 沈逸文
SHEN, SEN HAO 沈森豪 **(1936-)**

Shen, Yin 沈因
MEI, MING ZHENG 梅明正 **(1922-)**

SHEN, YIN MO 沈尹默 **(1883-1971)**
Chi, Yu 迟雨
Dong yang zhong zi 东阳仲子
Jian zhai 鑑斋
Ju mo 尻默
Jun mo 君墨
Jun mo 君默
Pao gua 匏瓜
Pao gua an 匏瓜庵
Pao gua an zhu ren 匏瓜庵主人
Qiu, Ming 秋明
Qiu, Ming shi 秋明室
Qiu ming shi zhu 秋明室主
Shen, Jun mo 沈君默
Shen, Shi 沈实
Shen, Zhong 沈中
Wen hu qu lu sheng 闻胡蘧庐生
Yin, Mo 尹默

Shen, Ying 沈映
SUN, QIN PING 孙钦平 **(1922-)**

Shen ying 神瑛
YU, YI 俞逸

SHEN, YING WEI 沈英卫

Ba, Lei 巴蕾
Sha, Ni 沙尼

Shen, Yong qing 沈永清
REN, ZHUO XUAN 任卓宣 **(1896-1990)**

Shen, You 沈宥
QIAN, XING CUN 钱杏邨 **(1900-1977)**

Shen, You gu 沈友谷
HU, SHENG 胡绳 **(1918-)**

SHEN, YOU QIN 沈友琴 **(1944-)**
Yi heng 毅恒

Shen, You zhi 申右芷
ZHENG, BING ZHONG 郑炳中 **(1922-)**

Shen, Yu 沈鱼
SHEN, LIN BIN 沈临彬 **(1936-)**

Shen, Yu 沈馀
SHEN, YAN BING 沈雁冰 **(1896-1981)**

Shen yu 神玉
YANG, YU PING 杨玉萍 **(1968-)**

Shen yu 慎予
YAN, JIN 严谨 **(1901-1969)**

SHEN, YU GANG 沈毓刚 **(1920-)**
Lei, Xing 雷星
Liu, Lan 刘兰
Liu, Yan 刘雁
Mo, Wen 莫文
Ou yang, Ying 欧阳镁
Qi pei 其佩
Shen, Qi pei 沈其佩
Shen, Yi kun 沈翊鲲
Wu, Yi 伍义

SHEN, YU HENG 申玉衡 **(1937-)**
Shen, Sen 申森

SHEN, YU QING 沈瑜庆 **(1858-1918)**
Ai cang 爱苍
Ai cang 蔼苍
Tao yuan 涛园

Shen, Yu tian 沈于田
HU, SHENG 胡绳 **(1918-)**

Shen, Yu xi 沈虞希
SHEN, KE CHENG 沈克诚 **(1872-1903)**

SHEN, YU XIU 申毓秀 **(1919-)**
Shen, Wei 申蔚
Shen, Wei 申玮

Shen, Yu zhang 沈玉璋
SHEN, CE 沈策 **(-1983)**

Shen, Yu zhong 沈禹钟

SHEN, DE YONG 沈德镛 **(1898-1971)**

Shen, Yuan 沈园
FU, YUN SHENG 傅云生 **(1928-)**

Shen yuan 深渊
SUN, CHENG XUN 孙承勲 **(1919-)**

Shen, Yue huan 沈岳焕
SHEN, CONG WEN 沈从文 **(1902-1988)**

Shen, Yue zhong 申跃中
SHEN, YAO ZHONG 申耀忠 **(1937-)**

SHEN, YUN HONG 申运鸿 **(1926-)**
Shen, Ao 申奥
Shen, Zhi xi 申炙西

SHEN, YUN LONG 沈云龙 **(1910-1987)**
Yun nong 耘农

SHEN, YUN PEI 沈云沛 **(1854-1918)**
Yu ren 雨人

Shen, Yun qin 沈韻琴
LIU, YIN 刘胤 **(1904-1942)**

Shen, Yun sheng 沈芸生
CHEN, MING PAN 陈铭磻 **(1951-)**

SHEN, YUN XI 沈允锡 **(1928-)**
Chen Si 沉思

Shen, Zai bai 沈宰白
SHEN, DUAN XIAN 沈端先 **(1900-1995)**

SHEN, ZAI LONG 沈在龙 **(1954-)**
Shen, Chen 沈沉

SHEN, ZE MIN 沈泽民 **(1900-1933)**
Cheng, Ze ren 成则人
Feng 风
Feng, Xu 冯虚
Li, Ming yang 李明扬
Luo, Mei 罗美
Min xin 民心
Ming, Xin 明心
Shen, De ji 沈德济
Xi zhen 希真
Ze min 泽民
Ze ren 则人
Zhi min 直民

SHEN, ZENG ZHI 沈曾植 **(1850-1922)**
Bao yi 抱遗
Cheng xi shui an lao ren 城西睡庵老人
Chi qing 持卿
Chu, Qiao 楚翘
Dong chou xiao yin 东畴小隐
Dong hu an zhu 东湖菴主
Dong xuan 东轩
Dong xuan ju shi 东轩居士

Dong xuan zhi li sou 东轩支离叟
Dui lu 兑庐
Dun sou 遯叟
Fan chi 梵持
Fu you weng 浮游翁
Gu yin ju shi 谷隐居士
Heng fu 恒服
Jian chi 建持
Lei xuan 藟轩
Li, Xiang nong 李乡农
Man tuo luo mei 曼陀罗寐
Mao xun 耄逊
Mei sou 寐叟
Mei weng 寐翁
Ming xiang bing sou 茗乡病叟
Pan zhe sou chang 媻者薮长
Pao yi 袍遗
Pu ti fang li bing wei mo 菩提坊里病维摩
Qi yi 其翼
Qian fan 灊皤
Qian yong 灊庸
Qing yao shan nong 青要山农
Qu weng 癯翁
Ru an 孺庵
Ru qing 孺卿
Shen, Zi pei 沈子培
Shi chi 释持
Shou ping ju shi 守平居士
Shui an 睡菴
Shui an lao ren 睡庵老人
Shui weng 睡翁
Sui an 随菴
Wan bo 皖伯
Wan wei shi zhe 宛委使者
Xiao chang lu she ren 小长芦社人
Xun gong 逊公
Xun weng 逊翁
Xun zhai 逊斋
Xun zhai 巽斋
Xun zhai ju shi 逊斋居士
Xun zhai lao ren 巽斋老人
Yao dai lao min 姚埭老民
Yao dai qu chan 姚埭癯禅
Yi an 乙厂
Yi an 乙庵
Yi an 乙莽
Yi an 乙盦
Yi an 薏盦
Yi gong 乙公
Yi seng 乙僧
Yi sou 乙安
Yi sou 乙叟
Yin ge 茵阁
Yu weng 馀翁
Yu zhai 馀斋
Yu zhai lao ren 馀斋老人
Yue ai lao ren 月爱老人
Zhi, Li sou 支离叟
Zi pei 子培

SHEN, ZHANG 沈章
Dong ne 东讷

SHEN, ZHANG PING 沈章平 **(1919-)**
Ge, Mu 戈牧

Shen, Zhao 沈着
SHEN, CONG WEN 沈从文 **(1902-1988)**

SHEN, ZHAO HAN 沈兆涵
Xin hai 心海

Shen, Zhao yang 沈肇扬
SHEN, JUN TING 沈钧庭 **(1948-)**

Shen, Zhao zhou 沈肇州
SHEN, QI CHANG 沈其昌 **(1858-1930)**

Shen, Zhen huang 沈振黄
SHEN, YAO ZHONG 沈耀中 **(1912-1944)**

Shen, Zhi 沈芝
SHEN, ZONG JI 沈宗畸 **(1857-1926)**

Shen zhi 慎之
SHAO, YUAN CHENG 邵元成 **(1918-)**

Shen zhi 慎之
NI, QING ZHI 倪庆秩 **(1918-1989)**

Shen, Zhi bai 沈知白
SHEN, DENG YING 沈登瀛 **(1904-1968)**

SHEN, ZHI FANG 沈知芳 **(1883-)**
Cui fen ge zhu 粹芬阁主

Shen, Zhi jiu 沈之久
SHEN, LIN BIN 沈临彬 **(1936-)**

SHEN, ZHI PING 沈治平 **(1933-)**
Si ma, Qing shan 司马青山

SHEN, ZHI PING 沈治平 **(1939-)**
Fang, Shi 方石

Shen, Zhi qun 沈植群
LI, MING CHENG 李明诚 **(1914-)**

Shen, Zhi xi 申炙西
SHEN, YUN HONG 申运鸿 **(1926-)**

Shen, Zhi yuan 沈志远
SHEN, HUI CHUN 沈会春 **(1902-1965)**

Shen, Zhong 沈中
SHEN, YIN MO 沈尹默 **(1883-1971)**

Shen, Zhong 沈重
SHEN, KE GANG 沈克刚 **(1915-)**

Shen, Zhong 沈重

TAI, CHANG CHENG 泰昌程 **(1926-)**

Shen, Zhong 沈重
SHEN, SHAO CHU 沈绍初 **(1930-)**

Shen, Zhong fang 沈仲方
SHEN, YAN BING 沈雁冰 **(1896-1981)**

SHEN, ZHONG JIU 沈仲九 **(1887-1968)**
Ming chuan 铭川
Tian xin 天心
Xin ai 信爱
Zhong, Jiu 仲九

Shen, Zhong shi 沈衷拭
WANG, XI XIAN 王希贤

Shen zhou jiu di 神州酒帝
GU, SONG CHEN 顾崧臣 **(-1929)**

Shen zhou jiu zhu 神州旧主
YU, YOU REN 于右任 **(1879-1964)**

Shen zhou ke 神州客
ZHANG, JI CHUAN 张济川

Shen zhou shao nian 神州少年
XU, BEI HONG 徐悲鸿 **(1895-1953)**

Shen zhou xiu shou ren 神州袖手人
CHEN, SAN LI 陈三立 **(1852-1937)**

Shen, Zhu reng 沈竹礽
SHEN, SHAO XUN 沈绍勲

Shen, Zhuo 沈卓
WANG, HE HE 王和合 **(1948-)**

Shen, Zi bi 沈子苾
SHEN, ZU FEN 沈祖棻 **(1909-1977)**

Shen, Zi cheng 沈子丞
SHEN, DING YI 沈定一 **(1892-1928)**

Shen, Zi fu 沈子复
SHEN, YAN XI 沈延羲 **(1924-)**

Shen, Zi jiu 沈兹九
SHEN, MU LAN 沈慕兰 **(1898-)**

Shen, Zi pei 沈子培
SHEN, ZENG ZHI 沈曾植 **(1850-1922)**

Shen, Zi ping 沈子平
LI, RONG 李荣 **(1921-)**

SHEN, ZI YI 沈子异 **(1911-)**
Shen, Tong 沈同

SHEN, ZI YIN 沈子隐 **(1928-)**
Shen, Zi yin 沈自尹

Shen, Zi yin 沈自尹
SHEN, ZI YIN 沈子隐 **(1928-)**

Shen, Zi yu 沈子予
LU, RU YIN 卢汝吟 **(1918-)**

Shen, Zong chuan 沈宗传
SHEN, DING YI 沈定一 **(1892-1928)**

SHEN, ZONG HAN 沈宗瀚 **(1895-1980)**
Ke jian ju shi 克艰居士

SHEN, ZONG JI 沈宗畸 **(1857-1926)**
Bian jia yi 便佳簃
Cao chuang 草窗
Chang an leng huan 长安冷宦
Fan shuang 繁霜
Lian an 鍊庵
Long dao ren 聋道人
Nan, Ya 南雅
Nan ya lou 南雅楼
Nan, Ye 南野
Pian hua ge 骈花阁
Pu xue zhai 朴学斋
Shen, Zhi 沈芝
Shi huo zhai 实获斋
Shou yao 瘦腰
Shou yao sheng 瘦腰生
Tai mou 太侔
Wan wen weng 晚闻翁
Xiao geng 孝耕

SHEN, ZU AN 沈祖安 **(1930-)**
Jiang, Cheng liu 江城柳
Liu, He 柳河
Pu, Jian 蒲剑
Wu, Liu 吴鎏
Xin, Wei ai 辛未艾

SHEN, ZU FEN 沈祖棻 **(1909-1977)**
Jiang wu 绛芜
Jiang yan 绛燕
Shen, Zi bi 沈子苾
Su, Ke 苏珂
Zi bi 子苾
Zi bi fu ren 子苾夫人
Zi man 紫曼

SHEN, ZU LIAN 沈祖连
Jia gong 甲弓

SHEN, ZU MOU 沈祖牟 **(1909-1947)**
Lü shao 绿勺
Xiao, Xiao 萧萧
Zong, Mou 宗某

SHEN, ZUI 沈醉 **(1914-)**
Cang hai 沧海

Sheng 生
LI, DA ZHAO 李大钊 **(1889-1927)**

Sheng 生

DAI, MENG OU 戴梦鸥 **(1905-1950)**

Sheng 生
WANG, ZENG XIAN 王曾宪

Sheng 绳
SHEN, YAN BING 沈雁冰 **(1896-1981)**

Sheng 绳
HU, SHENG 胡绳 **(1918-)**

Sheng bai 声白
OU, SHENG BAI 区声白

Sheng bi 胜臂
LI, WEN TAO 李文涛 **(1880-1942)**

Sheng bo 声伯
DING, ZHEN DUO 丁振铎 **(-1914)**

Sheng, Cao ying 盛草婴
SHENG, JUN FENG 盛峻峰 **(1923-)**

Sheng cheng 胜成
ZHANG, SHAO CHENG 张绍诚 **(1935-)**

Sheng chuang 胜幢
LI, WEN TAO 李文涛 **(1880-1942)**

Sheng chun hong shi 生春红室
LIN, WAN LI 林万里 **(1873-1926)**

Sheng dan 圣旦
LIU, ZHONG AN 刘仲庵

Sheng deng 胜镫
LI, WEN TAO 李文涛 **(1880-1942)**

Sheng dong 升东
ZHAO, SHU LI 赵树礼 **(1906-1970)**

Sheng fu 绳夫
LIU, KE LI 柳克立 **(1903-1968)**

Sheng gong 生公
JU, ZHENG 居正 **(1876-1951)**

Sheng guan 胜观
JIANG, ZHONG YE 江忠业 **(1872-1938)**

Sheng guang 生光
CHEN, XING YAO 陈性耀 **(1927?-)**

SHENG, GUO SHENG 盛国胜 **(1937-)**
Shan yin zi 山阴子

SHENG, GUO XIAN 盛国贤 **(1898-)**
Sheng, Xin fu 盛莘夫

Sheng, Hao wen 盛浩文
SHENG, PEI YU 盛佩玉

Sheng he lao ren 圣和老人
ZHU, KONG YANG 朱孔阳 **(1842-1919)**

Sheng huan 声焕
FU, XIONG XIANG 傅熊湘 **(1883-1930)**

Sheng hui 胜慧
LI, WEN TAO 李文涛 **(1880-1942)**

Sheng ji 胜髻
LI, WEN TAO 李文涛 **(1880-1942)**

SHENG, JIAN ZHONG 生鑑忠 **(1928-1995)**
Xiao, Tong 萧铜
Xiao tong 小童
Zhao, Wang 赵旺

Sheng jie 圣洁
XIE, YONG CHENG 谢永成 **(1948-)**

Sheng jie 胜解
LI, WEN TAO 李文涛 **(1880-1942)**

Sheng jie jing 升介井
SUN, JIA JIN 孙家晋 **(1918-)**

Sheng, Jing ming 盛景明
SUN, QIN PING 孙钦平 **(1922-)**

SHENG, JIU CHOU 盛九畴 **(1936-)**
Xiao wen 筱文

SHENG, JUN FENG 盛峻峰 **(1923-)**
Cao ying 草婴
Sheng, Cao ying 盛草婴

Sheng lao 圣老
FANG, HAO 方豪 **(1910-1980)**

Sheng li 胜力
LI, WEN TAO 李文涛 **(1880-1942)**

SHENG, LIANG XIAN 盛亮贤 **(1919-)**
Kai 凯

Sheng lin 圣麟
LIN, HUI XIANG 林惠祥 **(1901-1959)**

Sheng luo da bo 剩落大伯
XU, SHENG YAO 许绳尧 **(1897-1984)**

SHENG, MA LIANG 盛马良 **(1915-)**
Ma, Liang 马良

Sheng, Mao 盛茂
LOU, SHENG MAO 娄盛茂 **(1928-)**

Sheng mao 生茂
LOU, SHENG MAO 娄盛茂 **(1928-)**

Sheng men 圣门
CHEN, SHOU MEI 陈守梅 **(1907-1967)**

Sheng, Meng ping 盛梦平
YU, GUANG ZHONG 余光中 **(1928-)**

Sheng ming an qi 圣名安琪
ZHANG, ZE 张泽 **(1882-1940)**

Sheng, Ming liang 盛明梁
SHENG, YANG 盛扬 **(1943-)**

Sheng, Ming ruo 盛明若
SHENG, WEI CANG 盛蔚苍

Sheng ming zhi cheng 圣名旨诚
WU, SHAN 吴山 **(1876-1936)**

Sheng mu 圣木
CHEN, SHOU MEI 陈守梅 **(1907-1967)**

Sheng mu 胜目
LI, WEN TAO 李文涛 **(1880-1942)**

Sheng, Nai cheng 盛乃承
FU, SHI SEN 宓世森 **(1933-)**

Sheng ni 圣尼
WAN, JIAN GUO 万建国 **(1954-)**

SHENG, PEI YU 盛佩玉
Hao wen 浩文
Sheng, Hao wen 盛浩文

Sheng qin 升芹
ZHU, SHENG QIN 朱升芹 **(1887-1968)**

Sheng quan 圣泉
LU, SHENG QUAN 陆圣泉 **(1908-1942)**

Sheng ren 圣人
TENG, SHU GU 滕树穀

Sheng ren 生人
CHEN, JI YING 陈纪滢 **(1907-1997)**

Sheng, Rong 盛溶
SUN, EN TONG 孙恩同 **(1923-)**

SHENG, RU MEI 盛如梅 **(1934-)**
Xiao lan 小兰
Xiao lan 小蓝

Sheng, Sen 盛森
ZHANG, YE ZHOU 张叶舟 **(1914-1980)**

SHENG, SHENG WU 盛绳武 **(1926-)**
Zhi ge 止戈

Sheng shi 圣时
SHEN, SHENG SHI 沈圣时

SHENG, SHOU ZAO 盛寿藻 **(1922-)**
Ban jing 半睛

Sheng, Shu qing 盛叔清
SHENG, XUN 盛镳

SHENG, SONG 盛松 **(1915-)**
Te wei 特伟

Sheng tang shan min 盛唐山民
CHEN, DU XIU 陈独秀 **(1879-1942)**

Sheng tang shan min 盛唐山民
HUANG, KAN 黄侃 **(1886-1935)**

Sheng tao 圣匋
YE, SHAO JUN 叶绍钧 **(1894-1988)**

Sheng tao 圣陶
YE, SHAO JUN 叶绍钧 **(1894-1988)**

Sheng tao 圣淘
YE, SHAO JUN 叶绍钧 **(1894-1988)**

Sheng ti 圣提
ZENG, MAN NI 曾曼尼 **(1901-)**

Sheng tong 圣同
HU, GUANG WEI 胡光炜 **(1888-1962)**

Sheng wei 昇洧
LIU, JI YUAN 刘吉源 **(1961-)**

SHENG, WEI CANG 盛蔚苍
Cao cao 艸艸
Ming 明
Ming, Ruo 明若
Sheng, Ming ruo 盛明若

Sheng wu 绳武
DAN, SHENG WU 但绳武 **(1896-1972)**

SHENG, XI SHAN 盛锡珊 **(1925-)**
Shi, Lan 施兰
Xi hua 西华
Xiao li 晓立

Sheng xian 声弦
QIN, SHENG XIAN 秦生贤

Sheng xian 绳仙
ZHU, ZONG LIANG 朱宗良 **(1892-1970)**

Sheng xin 圣心
ZHANG, DONG SUN 张东荪 **(1886-1973)**

Sheng, Xin fu 盛莘夫
SHENG, GUO XIAN 盛国贤 **(1898-)**

Sheng xing 胜行
LI, WEN TAO 李文涛 **(1880-1942)**

Sheng xuan 生萱
LI, SHENG XUAN 李生萱 **(1910-1966)**

SHENG, XUN 盛镳
Sheng, Shu qing 盛叔清

SHENG, YANG 盛扬 **(1943-)**
Sheng, Ming liang 盛明梁

Sheng yao 绳尧
XU, SHENG YAO 许绳尧 **(1897-1984)**

Sheng ye 圣野
ZHANG, BAI SHAN 张白山 **(1912-)**

Sheng ye 圣野
ZHOU, DA LU 周大鹿 **(1922-)**

Sheng yi 圣遗
YANG, ZHONG XI 杨钟羲 **(1854-1940)**

Sheng yi 晟一
HOU, CHANG MING 侯长明 **(1953-)**

Sheng yin 圣因
LÜ, BI CHENG 吕碧城 **(1883-1943)**

Sheng yin 圣吟
WANG, YU QIN 王玉琴

Sheng yin 胜音
LI, WEN TAO 李文涛 **(1880-1942)**

Sheng yin nü shi 圣因女士
LÜ, BI CHENG 吕碧城 **(1883-1943)**

Sheng you 胜祐
LI, WEN TAO 李文涛 **(1880-1942)**

Sheng, Ying 盛英
SHENG, ZHONG JIAN 盛钟健 **(1934-)**

Sheng, Ying 盛英
SHENG, YING 盛瑛 **(1939-)**

SHENG, YING 盛瑛 **(1939-)**
Sheng, Ying 盛英

Sheng, Yu 盛宇
ZHANG, SHENG YU 张盛裕 **(1931-)**

Sheng yu 圣予
ZHANG, BAI SHAN 张白山 **(1912-)**

Sheng yu 圣俞
ZHANG, BAI SHAN 张白山 **(1912-)**

Sheng, Yuan 盛源
DANG, SHENG YUAN 党圣元 **(1955-)**

Sheng yuan 胜愿
LI, WEN TAO 李文涛 **(1880-1942)**

SHENG, YUAN FU 盛元富 **(1941-)**
Ding, Yu 丁宇

Sheng yue 圣月
FAN, SHI YUAN 樊世渊 **(1940-)**

Sheng yue 圣悦
LI, PING XIN 李平心 **(1907-1966)**

Sheng yue 胜月
LI, WEN TAO 李文涛 **(1880-1942)**

Sheng, zhi 盛志
LIANG, RONG RUO 梁容若 **(1905-1982)**

SHENG, ZHI CHENG 盛志澄 **(1925-)**
Xia, Jing 夏菁

SHENG, ZHONG JIAN 盛钟健 **(1934-)**
Sheng, Ying 盛英

Sheng, Zi juan 盛紫娟
WANG, ZHUAN YA 王篆雅 **(1938-)**

SHENG, ZU HONG 盛祖宏 **(1935-)**
Hong zhu 红烛
Zuo, Hong 左红
Zuo, Hong 左宏

Shi 什
JIANG, CHUN FANG 姜椿芳 **(1912-1987)**

Shi 世
HUANG, SHI ZHONG 黄世仲 **(1872-1912)**

Shi 史
WANG, REN SHU 王任叔 **(1901-1972)**

Shi 石
ZHU, GUANG QIAN 朱光潜 **(1897-1986)**

Shi 石
CHEN, SHAO YU 陈绍禹 **(1904-1974)**

Shi 石
ZHUO, KAI ZE 卓恺泽 **(1905-1928)**

Shi 石
DAI, ZI CHENG 戴自诚 **(1918-)**

Shi 石
HONG, ZHI HUI 洪智惠 **(1939-)**

Shi 适
HU, SHI 胡适 **(1891-1962)**

Shi 适
LOU, JIAN NAN 楼建南 **(1905-)**

Shi 式
ZHOU, SHU KUI 周树奎 **(1873-1936)**

Shi 式
LI, SHOU ZHANG 李守章 **(1905-1993)**

Shi 式
YU, SHI YU 于式玉 **(1907-)**

Shi 实
CHEN, DU XIU 陈独秀 **(1879-1942)**

Shi 实
REN, BI SHI 任弼时 **(1904-1950)**

Shi, An 石菴
JIANG, MENG GU 蒋梦谷 **(1904-)**

Shi an 实庵
CHEN, DU XIU 陈独秀 **(1879-1942)**

Shi an 实庵
TAO, KANG DE 陶亢德 **(1908-1983)**

Shi an 适厂

HU, SHI 胡适 (1891-1962)

Shi an 适盦
HU, SHI 胡适 (1891-1962)

Shi, Ao 史敖
LI, SHOU ZHANG 李寿章 (1939-)

Shi, Ba ke 史巴克
YANG, CHUN YU 杨春瑜 (1912-1988)

Shi, Ba ke 施巴克
YANG, CHUN YU 杨春瑜 (1912-1988)

Shi, Ba xing 史巴星
YANG, CHUN YU 杨春瑜 (1912-1988)

Shi, Ba zi 石拔梓
LI, SHUO CHENG 李硕诚 (1922-)

Shi, Bai 史白
SHI, CHUN SHOU 施春瘦 (1908-1946)

Shi, Bai 师白
LOU, SHI BAI 娄师白 (1918-)

Shi bai 世白
LI, HAN ZONG 李汉宗

Shi, Bai lin 时白林
SHI, SHENG CHANG 时盛昌 (1927)

Shi, Bai ling 史百灵
SHI, LEI 史垒 (1929-)

SHI, BAI REN 师百韧 (1955?-)
Bai ren 百韧

Shi, Bang 石磅
XIE, WU YUAN 谢午元 (1950-)

SHI, BANG DING 石邦定 (1945-)
Shi, Ding 石定

Shi bao 诗葆
CHEN, SHI BAO 陈世保

SHI, BAO XI 史宝玺 (1918-1983)
Shi, Ruo xu 史若虚

Shi, Bei 石贝
ZHENG, MENG ZHOU 郑梦周 (1920-1982)

Shi, Ben 史贲
ZHOU, SHU REN 周树人 (1881-1936)

Shi, Beng 石崩
SHEN, YAN BING 沈雁冰 (1896-1981)

Shi bi 式笔
HUANG, MEI YING 黄梅影 (1951-)

Shi, Bin 史宾
WU, YUN SHENG 吴筠生 (1929-)

Shi, Bin 史彬
LIN, CHU PING 林楚平 (1921-)

Shi, Bin shi 石彬室
QIN, XIAN CI 秦贤次 (1943-)

SHI, BIN ZONG 施斌宗
Bin zong 斌宗

Shi, Bing 史兵
XU, DA LING 许大龄 (1922-)

Shi, Bing 石冰
YANG, JIAN ZHONG 杨建中 (1931-)

Shi, Bing 石冰
PAN, SHI BIN 潘世彬 (1947-)

Shi, Bing 石冰
TAN, YUAN HENG 谭元亨 (1948-)

Shi, Bing 石兵
TIAN, ZUO LIANG 田作良 (1921-)

Shi bing 混冰
WANG, JIN SHENG 王进生 (1935-)

SHI, BING JIAN 施炳建
Fang, Huo ren 方火人

Shi, Bo 石伯
GUAN, YI LIANG 关以良 (1923-)

Shi bo 诗波
MAO, SHI BO 毛士博 (1923-)

Shi bo 逝波
SU, YUAN LEI 苏渊雷 (1908-)

Shi, Bu 石卜
ZHOU, ZHENG 周正 (1942-)

Shi, Bu 石补
LUO, SHI PU 罗石圃 (1912-)

Shi, Bu chang 史步昌
QU, QIU BAI 瞿秋白 (1899-1935)

Shi, Bu lan 石不烂
SHI, MING QIU 石鸣球 (1910-1947)

Shi, Bu zhuo 石不琢
XU, EN XI 许恩熙 (1923-)

Shi, Cai 石菜
ZHAO, SHU LI 赵树礼 (1906-1970)

SHI, CAN WEI 石灿威 (1946-)
Kong, Bi 孔笔
Shi, Jian zhang 施建章

Shi, Cao 石草
LU, XIU BO 陆修伯 (1933-)

Shi cao 时草
ZHANG, ZHI MING 章智明 (1950-)

Shi, Cao wei 石帅微
LUO, BAI NIAN 罗柏年 **(1927-1986)**

Shi, Cen 石岑
LI, BANG FAN 李邦藩 **(1892-1934)**

Shi, Chan 石禪
JING, HENG YI 经亨颐 **(1877-1938)**

Shi chan lao ren 石禅老人
ZHAO, FAN 赵藩 **(1851-1927)**

Shi, Chang 时常
FENG, SHI CHANG 冯世昌 **(1933-)**

SHI, CHANG DONG 施昌东 **(1931-1983)**
Ke, Ke 柯可
Ma, Ce 马策
Ou, Qun 欧群
Ou, Qun 瓯群
Shi, Chang ji 施昌机
Shi, Qiao 施樵

Shi, Chang ji 施昌机
SHI, CHANG DONG 施昌东 **(1931-1983)**

SHI, CHANG YI 史长义 **(1963-)**
Jin, Yi 金熠
Tu ao 凸凹
Yi zhe 义哲

SHI, CHAO 史超 **(1921-)**
He, He 何荷

Shi, Chao 史潮
SHI, JIN TANG 史锦棠 **(1916-)**

Shi, Chao 石巢
QIAN, XIN 钱辛 **(1879-1944)**

Shi, Chao 时超
LIU, JUN YI 刘君毅 **(1924-)**

Shi, Chao gong 史抄公
YAO, ZHENG JI 姚正基 **(1919-)**

SHI, CHAO HUI 施朝晖 **(1918?-)**
Shi, Ming 史明

Shi, Chen 史忱
ZHAO, DA CHENG 赵大成 **(1920-1988)**

Shi, Chen yi 史臣一
SHI, KE MIN 施克敏 **(1936-)**

SHI, CHEN YUAN 史晨原 **(1954-)**
Chen yuan 晨原

Shi, Cheng 石城
WANG, LE TIAN 王乐天 **(1917-1990)**

Shi, Cheng 石城
QIU, XIE YOU 邱燮友 **(1931-)**

Shi, Cheng 石城
ZHANG, TIAN SHOU 张天寿 **(1938-)**

Shi, Cheng 石城
DONG, BIN 董滨 **(1955-)**

SHI, CHENG HAN 史成汉 **(1923-)**
Chu, Du 初犊
Gu, Feng 谷风
Mu hu 牧滹
Mu tong 牧童
Niu, Han 牛汉
Niu, Ting 牛汀
Shi, Ning 史宁
Shi, Xin 史新

Shi cheng shan ren 石城山人
WU, HONG WU 吴洪武 **(1939-)**

Shi, Cheng weng 石城翁
HU, BO XIANG 胡伯翔 **(1896-)**

Shi, Chi 石池
XU, JI HUA 徐季华 **(1923-)**

Shi, Chi 石癡
JIN, JIAN 靳鉴 **(1928-)**

Shi chi 释持
SHEN, ZENG ZHI 沈曾植 **(1850-1922)**

SHI, CHONG AN 石崇安 **(1964-)**
Qi shi 綺石

Shi, Chong jiu 施冲旧
SHI, MING XIN 施明新 **(1930-)**

Shi, Chou 石俦
YI, XIU QUAN 易秀泉 **(1921-1961)**

Shi, Chuan 石川
WU, YING 武瑛 **(1940-)**

Shi, Chuan 石川
LI, SHI PING 李世平 **(1946-)**

Shi, Chuan 石川
ZHENG, SHI ZHONG 郑世忠 **(1954-)**

Shi, Chuan 石川
ZHU, TIAN HONG 朱天虹 **(1957-)**

Shi, Chuan 石穿
ZHENG, GUO MAO 郑国茂 **(1948-)**

Shi, Chuan 石穿
WAN, JIAN HUA 万建华 **(1962-)**

Shi, Chuan ren 史川仁
HU, DE PEI 胡德培 **(1937-)**

Shi, Chuang 石创
SHI, YOU SHENG 石有生 **(1964-)**

Shi chuang shan min 石窗山民
TONG, CANG HUAI 童苍怀

Shi, Chun 施淳
SHAO, DA CHENG 邵大成 **(1922-)**

SHI, CHUN MIN 史纯民 **(1947?-)**
Chun min 纯民

SHI, CHUN NAN 石纯男 **(1938-)**
Shi, Nan 石楠

SHI, CHUN NI 施纯妮 **(1951-)**
Chao ran 超然

SHI, CHUN QING 施纯青
Jing zhu 靖竹
Jun ai zhu 君爱竹

SHI, CHUN SHOU 施春瘦 **(1908-1946)**
Shi, Bai 史白
Shi, Yu 施羽

Shi ci lang 世次郎
HUANG, SHI ZHONG 黄世仲 **(1872-1912)**

Shi, Cong 石丛
CHEN, SHI CHONG 陈世崇 **(1945-)**

Shi, Cong 石聪
CHENG, WEN KAI 程文恺 **(1947-)**

Shi, Cong 施枞
SHI, ZHENG YI 施正一 **(1931-)**

Shi, Cui feng 施翠峰
SHI, ZHEN SHU 施振枢 **(1928-)**

Shi, Cun 石村
SHUI, WEI TING 水渭亭 **(1935-)**

Shi, Cun 石村
YANG, ZHAO ZHONG 杨昭忠

Shi cun 适村
LI, RONG PEI 李荣培 **(1903-1981)**

SHI, CUN TONG 施存统 **(1899-1970)**
C. T.
Cun tong 存统
Fang, Guo chang 方国昌
Fu, Liang 伏量
Fu liang 复亮
Fu, Tu 伏图
Guang liang 光亮
Shi, Fu liang 施伏量
Shi, Fu liang 施復亮
Shi, Guang liang 施光亮

Shi, Da 史达
CHEN, SHANG YOU 陈尚友 **(1904-1989)**

Shi, Da 史达
TU, NAI XIAN 涂乃贤 **(1943-)**

Shi, Da fu 石达夫
XIONG, DA 熊达 **(1929-)**

Shi, Da gang 史大刚
XU, BO XU 徐伯訏 **(1908-1980)**

SHI, DA QIAN 史大千 **(1929-)**
Fang, Xue 方学
Yang, Huan 杨焕

Shi, Da wen 施大文
SHI, WEN 施文 **(1930-)**

SHI, DA ZUO 史大作 **(1964-)**
Zhao fei 钊飞

Shi, Dai 时代
LIU, ZHAO HUAI 刘兆淮 **(1926-)**

Shi, Dai 时代
WANG, ZHEN RONG 王振荣 **(1935-)**

Shi, Dai 时玳
ZHANG, ZHI WEN 张织文

Shi dai de ge shou 时代的歌手
TONG, TIAN JIAN 童天鉴 **(1916-1985)**

SHI, DAI ZONG 石岱宗 **(1923-)**
Ai, Chun hua 艾春华
Bian, He zhi 卞和之
Fang, Wen 方文
He, Zhi 何芷
Li fei 力飞
Li fei 力菲
Li, Jie 力节
Shi, Ji 石基
Ying yuan zhen fu 营员贞夫

Shi, Dan 史丹
LIN, ZHONG MEI 林钟美 **(1932-)**

Shi, Dan 石丹
SHI, WEI CI 石慰慈 **(1933-)**

Shi, Dan 时旦
HE, JIA HUAI 何家槐 **(1911-1969)**

Shi, Dao 石岛
SHI, XIAO LIANG 石晓良 **(1963-)**

Shi, Dao ren 石道人
HU, KE XI 胡克熙 **(1911-)**

Shi dao si lang 狮岛四郎
GUO, SI HAI 郭四海 **(1944-)**

Shi, De 史得
GAO, DE XIONG 高德雄 **(1918-1981)**

Shi de 拾得
HAN, YU ZE 韩于泽 **(1910-1985)**

Shi de 是德
HUANG, QING YUN 黄庆云 **(1920-)**

SHI, DE REN 石德仁 **(1958-)**
Cun cao 寸草

SHI, DE SHAN 施德善 **(1955-)**
En miao 恩淼
Wu xie 无邪

Shi deng 世灯
LI, WEN TAO 李文涛 **(1880-1942)**

Shi, Di 史地
QU, WEN KUN 屈文焜 **(1952-)**

Shi, Di 史蒂
DONG, YAO SHAN 董乐山 **(1924-)**

Shi, Di 史镝
CAI, YI HONG 蔡义鸿 **(1939-)**

Shi, Di 石蒂
WANG, QING CHUN 王庆纯 **(1913-)**

Shi, Di ding 史地丁
DING, ZHAO GUANG 丁兆光 **(1938-)**

Shi, Di er 施蒂而
QU, QIU BAI 瞿秋白 **(1899-1935)**

Shi, Di hua 史蒂华
DONG, YAO SHAN 董乐山 **(1924-)**

Shi, Dian 石颠
QIAN, CHENG 钱城 **(1889-1938)**

Shi diao 尸雕
ZHANG, ZI ZHAI 张子斋 **(1913-1989)**

Shi, Ding 石丁
HE, KONG ZHOU 何孔周 **(1942-)**

Shi, Ding 石定
SHI, BANG DING 石邦定 **(1945-)**

SHI, DING 施丁 **(1933-)**
Ding, Li 丁力
Shi, Xi cai 施锡才
Xue cai 雪才

Shi ding 混丁
GUO, DONG KUI 郭东奎 **(1927-)**

Shi, Ding mi 史丁密
WEI, DENG 魏登 **(1923-)**

Shi, Dong 史东
CUI, ZHEN WU 崔真吾 **(1902-1937)**

Shi, Dong 史东
ZHANG, HAN FU 章汉夫 **(1906-1972)**

Shi, Dong 石东
SHEN, TONG HENG 沈同衡 **(1914-)**

Shi, Dong 石栋
ZHENG, SHI DONG 郑石栋 **(1927-)**

Shi, Dong 施冬
FANG, QUN 方群 **(1930-)**

Shi, Dong meng 时东蒙
SHI, GUANG HAN 时广寒 **(1916-)**

Shi, Dong shan 史东山
SHI, KUANG SHAO 史匡韶 **(1902-1955)**

Shi, Dong xiang 施东向
HU, SHENG 胡绳 **(1918-)**

Shi, Du 史笃
LIU, JIAN 刘健 **(1913-1987)**

Shi duo 诗朵
LIU, PEI FANG 刘培芳 **(1948-)**

Shi e 士谔
LU, SHI E 陆士谔 **(1878-1944)**

Shi e 士谔
WANG, YU JUN 王聿均 **(1918-)**

Shi, Er 石耳
ZHOU, DA PU 周大璞 **(1909-)**

Shi, Fa 石发
WANG, YANG 王扬 **(1917-1986)**

Shi, Fa 石髮
LUO, CHENG XUN 罗承勋 **(1921-)**

SHI, FA LIANG 石发亮
Xin, Xue bu 欣学步

SHI, FA YUN 释法云 **(1950-)**
Jing tao 静涛

Shi, Fan 石凡
PENG, SHI FAN 彭适凡 **(1937-)**

Shi, Fan 石帆
HUA, GANG 华岗 **(1903-1972)**

Shi, Fan 师範
SHI, LU SHENG 施鲁生 **(1927-)**

Shi fan 士凡
HUANG, JUN FA 黄俊发 **(1940-)**

Shi, Fang 史芳
CHEN, XIN REN 陈辛仁 **(1915-)**

Shi, Fang 石方
LIAO, SHI FANG 廖世芳 **(1936-)**

Shi, Fang 石纺
SUN, SHU XUN 孙树勋 **(1913-)**

Shi, Fang 施放
SHI, JIN HU 施金虎 **(1952-)**

Shi, Fang ping 史方平

LIU, XIN HUANG 刘心皇 **(1915-)**

Shi, Fang yu 史方域
DAI, MENG OU 戴梦鸥 **(1905-1950)**

Shi, Fang yu 石方禹
SHI, MEI HAO 石美浩 **(1925-)**

Shi, Fei 石飞
FENG, XUE XING 冯学行 **(1934-)**

Shi, Fei 石非
WANG, REN SHU 王任叔 **(1901-1972)**

Shi, Fei 石非
HUANG, WEI CHAO 黄维超 **(1939-)**

Shi fen 式芬
ZHOU, ZUO REN 周作人 **(1885-1967)**

Shi fen 拾芬
YANG, BING QIANG 杨秉强 **(1902-1929)**

Shi, Feng 石枫
WU, TIAN CAI 吴天才 **(1936-)**

Shi, Feng 石峰
DING, XIU GE 丁秀阁 **(1932-)**

Shi, Feng 石峰
WANG, ZHEN HU 王振湖 **(1937-)**

Shi, Feng 时风
HU, YAO TING 胡耀亭 **(1932-)**

Shi, Feng 时风
WANG, JI TING 王继庭 **(1953-)**

Shi feng 拾风
ZHENG, SHI XUE 郑时学 **(1920-)**

Shi, Feng cao 石缝草
YAN, JIA JUN 鄢家骏 **(1944?-)**

Shi, Feng chun 时逢春
LIU, JUN YI 刘君毅 **(1924-)**

SHI, FENG GUANG 师峰光 **(1943-)**
Xing han 兴汉

Shi, Fo 石佛
CHEN, DING JIE 陈定节 **(1909-1990)**

Shi, Fo 石佛
LUO, SHI PU 罗石圃 **(1912-)**

Shi, Fu 史复
SHEN, DUAN XIAN 沈端先 **(1900-1995)**

Shi, Fu 史复
LUO, CHENG XUN 罗承勋 **(1921-)**

Shi, Fu 石夫
WANG, SHI CHENG 王石城 **(1909-)**

Shi, Fu 石夫
FANG, ZHEN 方振 **(1928-)**

Shi, Fu 石夫
XIONG, DA 熊达 **(1929-)**

Shi, Fu 石夫
SUN, ZHU 孙竹 **(1931-)**

Shi, Fu 石夫
WANG, SHOU ZHI 王守志 **(1941-)**

Shi, Fu 石夫
YIN, KUAN 尹宽

Shi, Fu 石父
HUA, GANG 华岗 **(1903-1972)**

Shi, Fu 石父
FAN, SHI FU 范石甫 **(1943-)**

Shi, Fu 石甫
YI, SHUN DING 易顺鼎 **(1858-1920)**

Shi, Fu 师复
LIU, SI FU 刘思复 **(1884-1915)**

Shi fu 实父
YI, SHUN DING 易顺鼎 **(1858-1920)**

Shi fu 实父
ZHANG, SHAO CHENG 张绍诚 **(1935-)**

Shi fu 实甫
YI, SHUN DING 易顺鼎 **(1858-1920)**

Shi fu 实甫
HUA, GANG 华岗 **(1903-1972)**

Shi fu 实甫
ZHANG, AN REN 张安人 **(1903-1987)**

Shi fu 实甫
TAO, XIU 陶秀 **(1912-)**

Shi, Fu cun 石甫村
ZHAO, CHUN REN 赵纯仁 **(1930-)**

Shi, Fu liang 施伏量
SHI, CUN TONG 施存统 **(1899-1970)**

Shi, Fu liang 施復亮
SHI, CUN TONG 施存统 **(1899-1970)**

Shi, Gan 石干
ZHOU, XIAO 周晓 **(1933-)**

Shi, Gan 石敢
CHEN, YU GAN 陈毓淦 **(1917-)**

Shi gan 莳甘
DAI, MENG OU 戴梦鸥 **(1905-1950)**

Shi, Gan dang 石敢当
CHENG, WEN KAI 程文恺 **(1947-)**

SHI, GAN FENG 史敢峰 **(1950-)**

Ping, Ye 平野
Xiao, Feng 肖峰

Shi, Gang 史刚
ZHANG, ZI ZHAI 张子斋 (1913-1989)

Shi, Gang 史岗
CHEN, RUI YAN 陈瑞炎

Shi, Gang 史纲
XU, SHANG SHOU 徐商寿 (1914-1996)

Shi, Gang 石冈
FENG, DA WEI 冯大卫 (1938-)

Shi, Gang 石岗
WU, JUN GANG 吴俊刚 (1950-)

Shi gao 示羔
CHEN, HONG XIANG 陈鸿祥 (1937-)

SHI, GAO FENG 石高峰 (1963-)
La mu・ga tu sa 拉木・嘎吐萨
Mo suo ren 摩梭人

Shi, gao xiang 石膏像
PENG, SHI CHANG 彭世昌 (1955-)

Shi, Ge 史葛
WANG, RONG SHENG 王戎笙 (1929-)

Shi, Ge 石戈
WANG, RONG SHENG 王戎笙 (1929-)

Shi, Ge 石革
WANG, SHI GE 王世阁 (1931-)

Shi, Ge 师歌
ZENG, MING 曾鸣 (1959-)

Shi ge 世阁
YU, SHI GE 于世阁

Shi, Geng 史庚
XIANG, SI GENG 向思赓 (1909-1994)

Shi, Geng 史赓
XIANG, SI GENG 向思赓 (1909-1994)

Shi, Gong 石工
YAO, DING SHENG 姚鼎生 (1929-)

Shi, Gong 石工
TAO, SHI LONG 陶世龙

Shi, Gong 石公
ZHANG, GUO GAN 张国淦 (1876-1959)

Shi, Gong 石公
BAI, SI HONG 白嗣宏 (1937-)

Shi, Gong 施工
SHI, WEN QI 施文起 (1924-1972)

Shi gong 什公
WANG, YI TANG 王揖唐 (1877-1946)

Shi gong 式恭
ZHOU, SHU KUI 周树奎 (1873-1936)

Shi, Gou 石狗
GAO, DE XIONG 高德雄 (1918-1981)

Shi, Gou gong 石狗公
GAO, DE XIONG 高德雄 (1918-1981)

Shi gu 拾鼓
LIU, CHENG HUI 刘承蕙 (1925-)

Shi gu lou zhu 石鼓楼主
HE, XU ZHONG 何虚中 (1914-)

Shi gu xuan 食古轩
LIU, QI YU 刘祺裕 (1938-)

Shi, Guang 史光
ZHAO, YU MING 赵玉明 (1936-)

Shi, Guang 石光
ZHANG, DONG ZHI 张东之 (1909-)

Shi, Guang 石光
QIAN, ZUO YUAN 钱佐元 (1912-)

SHI, GUANG HAN 时广寒 (1916-)
Shi, Dong meng 时东蒙

Shi, Guang liang 施光亮
SHI, CUN TONG 施存统 (1899-1970)

SHI, GUANG WEI 石光伟 (1934-)
Chang bai le gong 长白乐公

Shi gui 士珪
ZHENG, SHI GUI 郑士珪

Shi gun 诗棍
HONG, YONG AN 洪永安 (1907-1989)

Shi, Guo 石果
HE, EN YU 何恩余 (1917-)

Shi, Guo 石果
WANG, FENG QI 王凤岐 (1918-)

SHI, GUO LIANG 石国樑 (1939-)
Gu, Liang 谷亮
Xiao shi 小石

SHI, HAI SU 史海粟 (1962-)
Hai, Su 海粟
Hong hong 红红

Shi, Han 石汉
LIU, RONG GUI 刘荣桂 (1925-1980)

Shi, Han 石汉
SUN, SHI HAN 孙世翰

SHI, HAN DING 施汉鼎 (1930-)
Hai, Shan 海山

Shi, Han ren 时汉人
JIN, HONG DA 金宏达 **(1944-)**

Shi, Han zhi 史涵之
SHI, JI XING 史济行 **(1906-)**

Shi, Hao 史皓
LI, JING CI 李景慈 **(1918-)**

Shi, He 史河
HE, ZE PEI 何泽沛 **(1924-)**

Shi, He 石河
LI, XU YUAN 李绪源 **(1940-)**

Shi he 十鹤
ZHOU, ZUO REN 周作人 **(1885-1967)**

Shi, Hen 史痕
WANG, YANG SONG 王仰嵩 **(1898-1964)**

Shi hen 诗痕
FANG, SHI HENG 方诗恒 **(1914-1983)**

Shi heng 世亨
JIN, MEI SHENG 金梅生 **(1902-)**

Shi heng 侍桁
HAN, YUN PU 韩云浦 **(1908-1987)**

SHI, HENG JI 石恒基 **(1934-)**
Shi yan 世炎
Shi, Ying 石英
Ying guang 荧光

Shi, Heng liu 史横流
CHEN, BO PING 陈伯萍 **(1923-)**

Shi, Hong 石红
ZHENG, SHI XUE 郑时学 **(1920-)**

Shi, Hong 石鸿
WU, ZI JIN 吴紫金 **(-1957)**

Shi hong 士虹
WU, KE REN 武克仁 **(1919-)**

Shi hong 世虹
GAO, SHI HONG 高仕鸿 **(1963-)**

Shi hong 拾虹
ZENG, QING JI 曾清吉 **(1945-)**

SHI, HONG LU 史红路 **(1939-)**
Cen, Lu 岑路
Chi dao 赤道
Shi, Hong lu 史鸿露

Shi, Hong lu 史鸿露
SHI, HONG LU 史红路 **(1939-)**

Shi, Hou sheng 石厚生
CHENG, FANG WU 成仿吾 **(1897-1984)**

Shi, Hu 石虎
ZHAO, CI TING 赵次庭

Shi hu 释虎
YANG, DU 杨度 **(1875-1931)**

Shi hu yuan 十笏园
DING, XI TIAN 丁锡田

Shi, Hua 石化
FENG, XUE FENG 冯雪峰 **(1903-1976)**

Shi, Hua 石化
ZHANG, XIAN HUA 张贤华 **(1931-)**

Shi, Hua 石华
XIE, JUE ZAI 谢觉哉 **(1884-1971)**

Shi, Hua 石华
ZHANG, CAN ZHAO 张灿昭

Shi, Hua 石花
FENG, XUE FENG 冯雪峰 **(1903-1976)**

Shi, Hua 石花
CHEN, NAI XIANG 陈乃祥 **(1932-)**

Shi hua 诗华
XIAN, BING QING 冼冰清

Shi, Hua fu 石华父
CHEN, LIN RUI 陈麟瑞 **(1905-1969)**

Shi, Hua luo 施华洛
SHEN, YAN BING 沈雁冰 **(1896-1981)**

Shi huai 士怀
LIU, SHENG YA 刘盛亚 **(1915-1960)**

Shi, Huai chi 石怀池
SHU, YI REN 束衣人 **(1925-1946)**

Shi huan 十还
MENG, SI GEN 孟斯根 **(1908-)**

Shi huan 誓还
WU, YAN HUAN 吴延环 **(1910-)**

Shi, Huang 石荒
SHA, WEN RUO 沙文若 **(1900-1993)**

Shi huang zhe 拾荒者
SONG, JIU ZHI 宋九祉 **(1917-)**

Shi, Hui 石灰
LIU, YAN ZHOU 刘衍洲 **(1921-1990)**

Shi, Hui 石灰
JI, CHENG 姬柽 **(1969-)**

Shi, Hui 石慧
SUN, HUI LI 孙慧丽 **(1934-)**

Shi hui 实慧
LI, WEN TAO 李文涛 **(1880-1942)**

SHI, HUI LIANG 石惠良 **(1906-)**

Shi, Ren wang 石人望

Shi, hui lou 世徽楼
YE, ZONG YUAN 叶宗源 **(1887-1946)**

Shi, Hun 石魂
YANG, BING QIANG 杨秉强 **(1902-1929)**

Shi hun yu 失魂鱼
WU, MEI EN 吴美恩 **(1949-)**

Shi, Huo 石火
LIU, YAN ZHOU 刘衍洲 **(1921-1990)**

Shi, Huo 石火
ZHANG, QI CHANG 张其昌 **(1952-)**

Shi huo zhai 实获斋
SHEN, ZONG JI 沈宗畸 **(1857-1926)**

Shi, Ji 史继
QU, QIU BAI 瞿秋白 **(1899-1935)**

Shi, Ji 石基
SHI, DAI ZONG 石岱宗 **(1923-)**

Shi, Ji 石基
LIANG, SHI LONG 梁世隆 **(1935-)**

Shi, Ji 石戟
SHI, ZHUO YING 石倬英 **(1938-)**

Shi, Ji 师戟
SHI, ZHUO YING 石倬英 **(1938-)**

SHI, JI 施畸 **(1890-)**
Shi, Tian mou 施天侔
Tian mou 天侔

Shi ji 世骥
YANG, SHI JI 杨世骥

Shi, Ji bang 史吉邦
CHEN, DE XUAN 陈德宣 **(1916-1980)**

SHI, JI CHAO 施吉超 **(1889-1923)**
Shi, Yang 施洋

SHI, JI MEI 施济美 **(1920-1968)**
Fang, Yang 方洋
Mei, Ji shi 梅寄诗
Mei, Zi 梅子

SHI, JI QUN 施济群 **(1896-1946)**
Bing lu 冰庐
Hua hao yue yuan ren shou shi zhu 花好月圆人寿室主
Ji qun 济群

SHI, JI XING 史济行 **(1906-)**
Bai, Wen 白文
Chi chu 彳亍
Da mu 大木
Hua yan yi gai 华严一丐
Ji han 济涵
Ji xing 济行
Qi, Han zhi 齐涵之
Qi, Yan 齐衍
Sen yuan 森园
Shi, Han zhi 史涵之
Shi, Tian xing 史天行
Shi, Yan 史岩
Tian xing 天行
Yan 岩

Shi, Jia 石葭
HU, DUAN HAO 胡端豪 **(1923-)**

Shi jia 十驾
YANG, JI REN 杨吉人 **(1948-)**

Shi jia 式加
SONG, SHU MO 宋书模 **(1910-)**

Shi jia 诗家
YANG, SI ZHONG 杨思忠

Shi, Jia rui 史家瑞
YUAN, GUANG MEI 袁光楣 **(1916-1982)**

SHI, JIA XIU 史家修 **(1878-1934)**
Shi, Liang cai 史量才

Shi, Jian 史坚
WU, YU LIN 吴毓麟 **(1910-1966)**

Shi, Jian 史剑
MA, BIN 马彬 **(1924-1983)**

Shi, Jian 史鉴
ZHOU, XIU ZHAN 周修展 **(1925-)**

Shi, Jian 石见
SONG, XIA 宋侠 **(1917-)**

Shi, Jian 石坚
DAI, YIN LANG 戴隐郎 **(1907-1985)**

Shi, Jian 石坚
JIANG, XIAO HUI 蒋晓晦 **(1917-1968)**

Shi, Jian 石坚
MA, HAN SAN 马汉三 **(1924-)**

Shi, Jian 石坚
ZHOU, WEI DONG 周卫东 **(1946-)**

Shi, Jian li 史渐黎
XU, DE JIN 徐德锦 **(1921-)**

Shi, Jian ru 石坚如
XU, ZHENG 徐正

SHI, JIAN WEI 施建伟 **(1939-)**
Shi, Shou quan 施守全
Ye, Ming 叶鸣

Shi jian you heng 时间有恒

SHI, YOU HENG 时有恒 **(1905-1982)**

Shi, Jian zhang 施建章
SHI, CAN WEI 石灿威 **(1946-)**

Shi, Jiang 石江
JIANG, SHI 江石 **(1899-)**

Shi, Jiang 石江
WANG, LE TIAN 王乐天 **(1917-1990)**

Shi, Jiang 师姜
GAO, XU 高旭 **(1877-1925)**

Shi, Jie 史杰
QU, QIU BAI 瞿秋白 **(1899-1935)**

Shi, Jie 史洁
YIN, SHI JIE 尹世杰 **(1922-)**

Shi, Jie 史洁
ZHUANG, XI CHANG 庄锡昌 **(1933-)**

Shi, Jie 石介
WEI, LAN 魏兰 **(1866-1928)**

Shi, Jie 石洁
XU, SHI JIE 徐士杰 **(1914-)**

Shi jie 十戒
WANG, REN SHU 王任叔 **(1901-1972)**

Shi jie 士杰
GAO, SHI JIE 高士杰

Shi jie 士洁
XING, JIE 邢洁 **(1934-)**

Shi jie 世杰
WU, SHI JIE 吴世杰 **(1904-)**

Shi Jie 混介
XU, SHI YAN 徐世延

Shi jie ban nuo fu 史捷班诺夫
GUO, SI HAI 郭四海 **(1944-)**

Shi jie ju shi 十劫居士
PAN, FEI SHENG 潘飞声 **(1857-1934)**

Shi jie shih zhu ren 世界室主人
ZHANG, JIA SEN 张嘉森 **(1887-1969)**

Shi jie yi ge ren 世界一个人
HUANG, SHI ZHONG 黄世仲 **(1872-1912)**

Shi, Jin 史进
LU, SHAO QUAN 卢绍权 **(1920-1980)**

Shi, Jin 石今
LIN, ZHEN GAN 林振淦 **(1937-)**

Shi, Jin 施进
SHI, ZHENG YI 施正一 **(1931-)**

SHI, JIN BIAO 石金标 **(1921-)**
Shi, Lei 石磊

SHI, JIN BO 施金波 **(1933-)**
Shang, Qi 尚圻

SHI, JIN HU 施金虎 **(1952-)**
Shi, Fang 施放

SHI, JIN TANG 史锦棠 **(1916-)**
Shi, Chao 史潮
Shi, Xing 史行

Shi, Jin tang 师今堂
WU, YU 吴虞 **(1872-1949)**

Shi, Jing 史劲
LIU, ZHI ZHONG 刘治中 **(1921-)**

Shi, Jing 史晶
LI, YUAN ZHEN 李元贞 **(1946-)**

Shi, Jing 史靖
WANG, KANG 王康 **(1919-)**

Shi, Jing 施旌
SHI, RUN DE 施润德 **(1917-)**

Shi jing 世菁
ZHANG, SHI JING 章世菁 **(1926-)**

Shi jing 诗静
FU, JIA CHEN 傅家琛

SHI, JING WEN 史经文 **(1937-)**
Guo, Hua 国华
Hei, Shi ren 黑石人

SHI, JING WU 史景武 **(1914-)**
Shi, Yu cai 史育才

Shi, Jing yun 石景韵
YUE, XI RUI 岳喜瑞 **(1920-)**

Shi, Jiu 师鸠
ZENG, TAO 曾焘 **(1895-1994)**

Shi, Jiu tang 施鸠堂
SHI, XUE XI 施学习

Shi, ju 石菊
ZHANG, XIANG QUAN 张湘泉 **(1917-)**

Shi, Ju xuan 施菊轩
SHI, YI LIN 施逸霖 **(1905-)**

SHI, JUE LING 施觉灵 **(1932-)**
Gu, Di 古笛

Shi, Jun 史军
TIAN, ZHONG LUO 田锺洛 **(1924-)**

Shi, Jun 史骏
JIANG, SHI JUN 江世俊 **(1945-)**

Shi, Jun 石军
WANG, SHI JUN 王世浚 **(1912-1949)**

TAI, JING NONG 臺静农(1902-1990)

Shi, Leng 石冷
OU YANG, BAI CHUAN 欧阳百川 (1928-)

Shi, Leng 石稜
ZHU, ZHEN FANG 朱振方 (1916-)

Shi, Leng yu 石棱羽
WU, YING 吴颖 (1924-)

Shi, Li 史立
LIU, ZHI WEI 刘志伟 (1949-)

Shi, Li 石厉
WU, LI WANG 武砺旺 (1965-)

Shi, Li 石里
CHEN, YING SHI 陈应时 (1933-)

Shi, Li 石犁
JIA, YUN PENG 贾云鹏 (1945-)

Shi li 十力
XIONG, DING ZHONG 熊定中 (1885-1968)

SHI, LI HENG 史立恒 (1926-)
A wan 阿宛
Li heng 立恒
Shang guan, Bao 上官豹
Shang guan, Niu 上官牛
Shi, Yong 史勇
Tian, Li fu 田里夫

SHI, LI JUN 石立君 (1962-)
Yue, Shi 乐石

SHI, LI PING 师立平 (1974-)
Fei yan 斐彦

Shi li ren 十里人
MA, QING FU 马庆福 (1939-)

SHI, LI XIN 史礼心
Shi, Zhi nan 史之南
Shi, Xiao yuan 史晓园

SHI, LI XING 施力行 (1927-)
Wu xing 五行

Shi, Lian wan 石炼顽
SHI, LIAN XUE 石联学 (1906-)

SHI, LIAN XIN 石莲馨
Shi, Lian xing 石联星

Shi, Lian xing 石联星
SHI, LIAN XIN 石莲馨

SHI, LIAN XUE 石联学 (1906-)
Chan fei 铲非
Dan feng 丹枫
Er zhi 尔之
Jing wu 镜吾
Lian wan 炼顽
Ling, He 凌鹤
Shi, Lian wan 石炼顽
Shi, Ling he 石凌鹤
Wan shi 顽石
Xun xuan 逊轩
You, Chen 游尘

Shi, Lian zi 石莲子
YIN, HUA JIAN 尹华俭 (1942-)

Shi, Liang cai 史量才
SHI, JIA XIU 史家修 (1878-1934)

Shi, Liang ren 石梁人
ZHOU, YUAN BIN 周元斌 (1915-)

Shi, Lin 史林
REN, BI SHI 任弼时 (1904-1950)

Shi, Lin 石林
CHEN, TIE ZHENG 陈铁铮 (1906-1990)

Shi, Lin 石林
WANG, ZHI JIAN 王志健 (1928-)

Shi, Lin 石临
HU, XING YUAN 胡星原 (1921-1983)

Shi, Lin shan 施林杉
LI, WEN DE 李文德 (1914-1992)

Shi, Ling 史令
FAN, HUA SHENG 范华生 (1917-)

Shi, Ling 史灵
SHI, SHAO HUA 石少华 (1918-)

Shi, Ling 史灵
LIAO, JIN HUA 廖金华 (1938-)

Shi, Ling 石伶
ZHANG, QIAN FAN 张千帆 (1938-)

Shi, Ling 石灵
SUN, DA KE 孙大珂 (1909-1956)

Shi, Ling 石灵
ZHU, GUI ZHUO 朱桂棹 (1911-)

Shi, Ling 石灵
LI, WEN SHAN 李文珊 (1929-)

Shi, Ling 石岭
DOU, SHI KUI 窦世魁 (1942-)

Shi ling 诗灵
GU, ZE PEI 顾泽培

Shi, Ling he 石凌鹤
SHI, LIAN XUE 石联学 (1906-)

Shi, Liu 石柳
LI, YONG YE 李永业 (1931-)

Shi, Liu 石柳
LIU, XIN ZHONG 刘新中 **(1953-)**

Shi, Liu 石榴
LIU, FU LIN 刘福林 **(1947-)**

Shi liu 十流
XIAO, CHAO QUN 萧超群 **(1934-)**

Shi, Liu jin 石流金
WANG, SHEN QUAN 王深泉 **(1923-)**

SHI, LIU YING 施柳莺 **(1948-)**
Xiao si 小四

Shi, Lu 史庐
QIAN, CHENG 钱城 **(1889-1938)**

Shi, Lu 石鲁
FENG, YA HENG 冯亚珩 **(1919-1982)**

Shi, Lu 石鲁
LI, LE 李乐 **(1949-)**

Shi, Lu 石橹
YANG, GUO FAN 杨国藩 **(1928-)**

Shi, Lu 师鲁
LIU, TAI LONG 刘泰隆 **(1927-)**

Shi lu 世禄
WU, HAO 吴昊 **(1930-)**

Shi lu 诗庐
HU, CHAO LIANG 胡朝梁 **(1877-)**

SHI, LU SHENG 施鲁生 **(1927-)**
Shi, Fan 师範

Shi lu zhu ren 石庐主人
HU, KE XI 胡克熙 **(1911-)**

Shi, Lü luo 史旅洛
LIN, YI ZHOU 林益洲

Shi lue 士略
WANG, SEN RAN 王森然 **(1895-1984)**

Shi, Lun 史轮
MA, QING RUI 马清瑞 **(1902-1942)**

Shi lun 诗伦
HOU, NI DI 侯倪蒂

Shi, Luo 石螺
ZHANG, SU ZONG 张宿宗 **(1941-)**

Shi luo 莳萝
SUN, JIA JIN 孙家晋 **(1918-)**

Shi, Ma 石马
ZHANG, HUA XIANG 张化祥 **(1941-)**

Shi, Man 石蛮
LIAO, ZHEN HUA 廖振华 **(1949-)**

Shi man 士曼
WANG, RI QING 王日青 **(1937-)**

Shi, Mei 史枚
LIN, BAO QUAN 林宝泉 **(1913-)**

Shi, Mei 史枚
SHE, QI YUE 佘其越 **(1914-1981)**

Shi, Mei 史枚
MA, JI LIANG 马骥良 **(1914-1988)**

Shi, Mei 石枚
DONG, HENG XUN 董衡巽 **(1934-)**

Shi, Mei 石梅
XU, XI 徐熹 **(1908-)**

Shi, Mei 石梅
WANG, RUN HUA 王润华 **(1924-1987)**

Shi, Mei 石梅
NI, ZHENG XIANG 倪政祥 **(1935-)**

SHI, MEI HAO 石美浩 **(1925-)**
Shi, Fang yu 石方禹
Si kong, Jian 司空见

Shi, Mei hua 石梅华
ZHANG, XIANG HUA 张骧化 **(1927-)**

SHI, MEI JUN 史美钧
Gao, Mu 高穆

Shi, Men 石门
JIA, JI 贾霁 **(1916-1985)**

Shi men shan ren 石门山人
XU, SHI CHANG 徐世昌 **(1858-1939)**

Shi, Meng 石萌
SHEN, YAN BING 沈雁冰 **(1896-1981)**

Shi, Meng 石蒙
SHE, ZHONG QIU 佘仲秋 **(1923-)**

Shi, Meng 时萌
LÜ, YI FAN 吕一凡 **(1926-)**

Shi, Mi 施弥
LUO, GUANG ZE 罗光泽 **(1927-)**

Shi mi 世弥
LUO, SHI MI 罗世弥 **(1903-1938)**

Shi, Min 史民
WU, XIN RONG 吴新荣 **(1907-1967)**

Shi, Min 石敏
CHENG, WEN KAI 程文恺 **(1947-)**

Shi, Min 施民
XIAO, BING QIAN 萧秉乾 **(1910-1999)**

Shi min 士敏
WANG, YUAN FANG 汪原放 **(1897-1980)**

Shi min 士敏
ZHANG, SHI MIN 张士敏 (1935-)

Shi min 适民
HUANG, SHENG FA 黄盛发 (1941-)

Shi, Min hui 施敏辉
CHEN, FANG MING 陈芳明 (1947-)

Shi, Ming 石明
HU, QIU YUAN 胡秋原 (1910-1989)

Shi, Ming 石明
YIN, GUO MING 殷国明 (1956-)

Shi, Ming 石鸣
YIN, GUO MING 殷国明 (1956-)

Shi, Ming 时明
E, JI MENG 鄂吉梦

Shi, Ming 史明
SHI, XI MIN 石西民 (1912-1987)

Shi, Ming 史明
SHI, CHAO HUI 施朝晖 (1918?-)

Shi, Ming 史明
GAO, QING YUAN 高清远 (1918-1988)

Shi, Ming 史明
QIAN, ZHONG HAN 钱忠汉 (1926-)

Shi, Ming 史明
FANG, SI RUO 方思若 (1931-)

Shi, Ming 史明
LI, SHOU ZHANG 李寿章 (1939-)

Shi, Ming 史铭
SHI, ZI CHEN 史紫忱 (1914-1993)

Shi, Ming 施明
ZHANG, WEN GANG 张文纲 (1919-)

Shi ming 失名
YANG, JI ZHENG 杨季徵 (1905-1957)

Shi ming 失名
WANG, SHI DA 王世达 (1922-)

Shi ming 失明
ZHAO, MENG YUAN 赵孟原 (1912-)

Shi ming 拾名
ZHU, SHI MING 祝实明

Shi ming 拾名
HUI, LIU FANG 惠留芳

Shi, Ming cao 史明操
SHI, XI MIN 石西民 (1912-1987)

SHI, MING DE 施明德 (1941-)
Xu, Xin 许心
Xu, Yi wen 许一文
Xu, Zhe fu 许哲夫

Shi ming nü shi 失名女士
YANG, JI ZHENG 杨季徵 (1905-1957)

SHI, MING QIU 石鸣球 (1910-1947)
Shi, Bu lan 石不烂
Shi, Pi lan 石辟澜

SHI, MING XIN 施明新 (1930-)
Chong ling 冲凌
Shi, Chong jiu 施冲旧

Shi, Ming xiu 施明秀
SHI, MING ZHENG 施明正 (1935-1988)

SHI, MING ZHENG 施明正 (1935-1988)
Shi, Ming xiu 施明秀

Shi, Mo 史沫
ZHENG, SHOU YAN 郑寿岩 (1922-)

Shi, Mo 石摩
JIN, MEI SHENG 金梅生 (1902-)

Shi, Mo 石默
ZHAO, ZHEN KAI 赵振开 (1949-)

Shi mo 世模
LIU, SHI MO 刘世模

Shi, Mou tuo 施缪陀
QIU, LIU CHUAN 丘柳川 (1949-)

Shi, Mu 史木
FENG, XUE FENG 冯雪峰 (1903-1976)

Shi, Mu 史木
CHEN, SHOU MEI 陈守梅 (1907-1967)

Shi, Mu 史目
CHEN, SHOU MEI 陈守梅 (1907-1967)

Shi, Mu 石木
QIU, YUN DUO 邱韻铎 (1907-)

Shi, Mu 石木
ZHU, REN JIAN 朱仁健 (1913-1983)

Shi, Mu 石木
CAI, BO MING 蔡伯铭 (1924-)

Shi, Mu 石牧
WU, WEN ZHI 吴文治 (1925-)

Shi, Mu 师穆
CHEN, SHOU MEI 陈守梅 (1907-1967)

Shi, Mu 施木
ZHANG, LONG CHAO 张隆超 (1922-1989)

Shi mu 矢木
WU, JIA QUAN 吴佳权 (1956-)

Shi mu 世木
YE, LIANG GUANG 叶良广 **(1938-)**

Shi, Mu chang 施沐长
SHI, RUN DE 施润德 **(1917-)**

Shi, Nan 石南
CHEN, RONG SHENG 陈榕生 **(1936-)**

Shi, Nan 石楠
GUO, ZHI QUAN 郭志全 **(1932-)**

Shi, Nan 石楠
SHI, CHUN NAN 石纯男 **(1938-)**

Shi, Nan 施楠
LIU, PIN QING 刘品青 **(1945-)**

Shi, Nan 師南
JING, XI YOU 景喜猷 **(1963-)**

Shi nan 氏枏
WU, ZHI NAN 吴之南 **(1930-)**

SHI, NENG YAN 施能炎
Shi, Yin 施茵

Shi, Ni 石逆
ZHANG, BAO SHENG 张宝升 **(1955-)**

Shi, Nian 史年
ZHOU, LU QUAN 周鲁泉 **(1917-1983)**

SHI, NIAN HAI 史念海 **(1912-)**
Cang zhou 沧洲

Shi nian shuo meng ren 十年说梦人
WANG, YUN ZHANG 王蕴章 **(1884-1942)**

Shi, Ning 史宁
SHI, CHENG HAN 史成汉 **(1923-)**

SHI, NING 史宁
Bian, Hui 边惠

Shi, Niu 师牛
JIN, XI GUANG 金希光 **(1930-)**

Shi, Niu si 史纽斯
YUAN, GUANG MEI 袁光楣 **(1916-1982)**

Shi, Niu si 史纽斯
ZOU, DI FAN 邹荻帆 **(1917-1995)**

Shi, Nong 石农
DU, BEI CHEN 度北辰 **(1922-)**

Shi, Nong 施农
WANG, SHI NONG 王诗农 **(1912-)**

Shi, Ou 石沤
XIAO, GONG QUAN 萧公权 **(1897-1981)**

Shi, Pan guan 石判官
QU, CHU 屈楚 **(1919-1986)**

Shi, Pei 师培
LIU, SHI PEI 刘师培 **(1884-1919)**

Shi pei 世培
LIU, SHI PEI 刘师培 **(1884-1919)**

SHI, PEI HUA 时培华 **(1958-)**
Hei, Yu 黑羽
Lan, Yu 蓝雨

SHI, PEI QIU 施佩秋 **(1912-)**
Lu, Bai 鲁白
Shi, Zhan 施展

Shi, Peng 石朋
ZHANG, SHI PENG 张石朋

Shi, Pi 史癖
ZHOU, SHU REN 周树人 **(1881-1936)**

Shi, Pi 石皮
WANG, YANG 汪洋 **(1879-1921)**

Shi, Pi 石皮
SONG, YI FENG 宋裔烽

Shi pi 士啤
XU, GUO 许国 **(1930-1987)**

Shi, Pi lan 石辟澜
SHI, MING QIU 石鸣球 **(1910-1947)**

Shi pin 食品
WANG, CHENG ZONG 汪承宗 **(1928-)**

Shi, Ping 史平
LIAO, CHEN YUN 廖陈云 **(1905-1995)**

Shi, Ping 史平
WANG, TONG SHU 王同书 **(1938-)**

Shi, Ping 史平
DING, CHENG XIANG 丁成相 **(1939-)**

Shi, Ping 史屏
ZHANG, CHI PING 张池萍 **(1908-)**

Shi, Ping 石平
ZHOU, XIAO 周晓 **(1933-)**

Shi, Ping 石坪
BAI, LE CHENG 白乐成 **(1946-)**

Shi, Ping 石屏
TAN, REN FENG 谭人凤 **(1860-1920)**

Shi, Ping 施平
LIAO, CHEN YUN 廖陈云 **(1905-1995)**

Shi, Ping mei 石评梅
SHI, RU BI 石汝璧 **(1902-1928)**

Shi, Ping zhong 石平中
ZHANG, FU WEN 张富文

Shi po tian jing shi zhu 石破天惊室主

GU, JING CHENG 顾景程 (1897-1944)

Shi, Pu 石浦
MAO, BING FU 毛炳甫 (1931-)

Shi, Pu 石璞
SHI, YUN RU 石蕴如 (1907-)

Shi pu 诗圃
REN, BI SHI 任弼时 (1904-1950)

Shi, Qi 石齐
SHI, QI BEN 石齐本 (1939-)

Shi, Qi 石琪
WANG, SHI QI 王石琪 (1928-)

Shi, Qi 石琪
HUANG, ZHI QIANG 黄志强 (1946-)

Shi, Qi 石麒
ZHANG, BAI LIN 张百麟 (1878-1919)

Shi qi 士器
ZHUANG, XIAN SHI 莊先识

Shi qi 世崎
LIANG, ZONG DAI 梁宗岱 (1903-1983)

SHI, QI BEN 石齐本 (1939-)
Shi, Qi 石齐
Shi, Qi biao 石齐彪
Shi, Zhu shan 石竹山

Shi, Qi biao 石齐彪
SHI, QI BEN 石齐本 (1939-)

SHI, QI DA 施启达 (1913-1946)
Shi, Zheng jun 史征军
Zheng jun 征军

SHI, QI GANG 石其刚 (1933-)
Chan ge 阐歌
Zhi cheng 志成

Shi, Qian 史迁
LI, ZHI HUA 李之华 (1916-)

Shi, Qian 史倩
ZHOU, HE DONG 周河冬 (1923-)

Shi, Qian 石芊
SHI, ZE HUA 石泽华 (1958-)

Shi, Qian 石谦
WAN, BIN 万斌 (1946-)

Shi qian 十千
WAN, CHUAN YAO 万传轺 (1922-)

Shi, Qiao 石桥
CHANG, JUN SHI 常君实 (1920-)

Shi, Qiao 石桥
SHI, YING DONG 石应东 (1927-)

Shi, Qiao 石桥
CHEN, SI YUAN 陈思远 (1953-)

Shi, Qiao 石樵
ZHANG, TING LIANG 张庭梁

Shi, Qiao 施樵
SHI, CHANG DONG 施昌东 (1931-1983)

Shi, Qiao shi 史峭石
SHI, XIAO YONG 史效颙 (1931-)

Shi, Qin 石琴
DU, QI PING 杜启平 (1922-)

Shi, Qin 石琴
CHEN, SHI QIN 陈石琴

Shi, Qing 史青
WEI, DENG 魏登 (1923-)

Shi, Qing 石青
HU, RU LIN 胡汝麟 (1879-1941)

Shi, Qing 石青
WANG, WEN ZHONG 王文忠 (-1946)

Shi, Qing 石青
CHENG, DA LI 程大利 (1945-)

Shi, Qing 石情
ZHAO, SHU LI 赵树礼 (1906-1970)

Shi, Qing ping 施青萍
SHI, ZHE CUN 施蛰存 (1905-)

Shi, Qing quan 石清泉
WU, XING RAN 吴兴然 (1945-)

Shi, Qing xin 石清心
TAO, DA YONG 陶大镛 (1918-)

SHI, QING ZE 施清泽
Ping, Fan 平凡

Shi, Qiu 石湫
DU, GUO QING 杜国清 (1941-)

Shi qiu 诗囚
ZHUANG, XIAN SHI 莊先识

Shi qiu 实秋
LIANG, SHI QIU 梁实秋 (1902-1987)

Shi, Qiu shi 史求实
YUAN, JI CHENG 袁继成 (1936-)

Shi, Qiu zhen 史求真
WU, YING 吴颖 (1924-)

Shi, Qu 石渠
CHEN, YU FU 陈郁夫 (1941-)

Shi, Quan 石泉
YAO, XI GUANG 姚锡光 (1900-)

Shi, Quan 石泉
LIU, SHI 刘适 **(1918-)**

Shi, Quan 石泉
RAO, XING HUA 饶兴华 **(1939-)**

Shi, Quan 石泉
CHEN, YUN QUAN 陈运权 **(1959-)**

Shi quan 诗荃
XU, HU 徐琥 **(1909-)**

SHI, QUAN SHENG 史全生 **(1939-)**
Quan shen 泉深

Shi, Qun 师群
SHI, SHUN ZHANG 师顺章 **(1921-)**

Shi, Ren 石人
WU, JUN QING 吴俊卿 **(1844-1927)**

Shi, Ren 石人
QU, QIU BAI 瞿秋白 **(1899-1935)**

Shi, Ren 石人
TAO, DA YONG 陶大镛 **(1918-)**

Shi, Ren 石人
CHEN, XIANG RU 陈相儒 **(1924-)**

Shi, Ren 石人
LIANG, XIAO ZHONG 梁小中 **(1926-)**

Shi, Ren 石人
LI, KE SHI 李克石 **(1962-)**

Shi, Ren 石人
ZHANG, WEN DI 张文第

Shi, Ren 石人
YIN, KUAN 尹宽

Shi, Ren 石仁
LIN, HUI XIANG 林惠祥 **(1901-1959)**

Shi, Ren 石韧
SHI, YU QING 石玉清 **(1936-)**

Shi, Ren 时任
ZHANG, XIANG SHAN 张香山 **(1914-)**

Shi, Ren 施稔
WANG, XI YAN 王西彦 **(1914-)**

Shi ren 士仁
XU, JIE 许杰 **(1901-1993)**

Shi ren 世人
SU, QIAN YI 苏谦益

Shi ren 世刃
SU, QIAN YI 苏谦益

Shi ren 世仁
WANG, YUAN 王蘧 **(1884-1944)**

Shi ren 失人
SU, HONG YU 苏鸿瑀

Shi ren 示人
ZONG, REN FA 宗仁发 **(1960-)**

Shi ren 事任
MAO, ZE DONG 毛泽东 **(1893-1976)**

Shi ren 食仁
YA, MEI CHANG 牙美昌 **(1927-)**

Shi ren 莳人
ZHANG, XIANG SHAN 张香山 **(1914-)**

SHI, REN FAN 史人範
Yi, Fan 依凡
Yi, Fan 伊凡

Shi, Ren wang 石人望
SHI, HUI LIANG 石惠良 **(1906-)**

Shi ren zi shi zhu ren 石人子室主人
WU, JUN QING 吴俊卿 **(1844-1927)**

SHI, RI XIN 师日新 **(1932-1990)**
Shi, Yu 师愚

Shi, Ru 石如
ZHANG, GUO ZHEN 张国珍 **(1876-)**

Shi ru 式如
LUO, ZHEN YU 罗振玉 **(1866-1940)**

SHI, RU BI 石汝璧 **(1902-1928)**
Bing hua 冰华
Bo wei 波微
Chen, Wen xiu 陈文秀
Guo, Jie 郭杰
Ji zhe 记者
Lin, Na 林娜
Mei, Yin 梅隐
Mei, Ying 梅影
Meng dai 梦黛
Pei, Zhong li 裴忠利
Ping mei 评梅
Ping mei nü shi 评梅女士
Shi, Ping mei 石评梅
Shu xue 漱雪
Sou xue 嗽雪
Wang, Qing hua 王庆华
Xin zhu 心珠

Shi, Run 石润
MA, ZHI YUAN 马志远 **(1918-)**

SHI, RUN DE 施润德 **(1917-)**
Bai, Qiu shui 柏秋水
Bai, Yun tian 白云天
Dian chang 电长
Fang, Mu 方穆

Fang, Qi 方祺
Liao lin 寥霖
Lin chang 霖长
Mu, Chang 沐长
Mu chang 霂长
Mu, Chang 穆长
Qiu, Chang 秋长
Ruo lin 若霖
Shi, Jing 施旌
Shi, Mu chang 施沐长
Shi, Ruo lin 施若霖
Shi, Yun tian 施云天
Shi, Ze chang 施泽长
Yu lin 雨林
Yun, Tan 云天
Ze chang 泽长
Zhen zhi 震之
Zhi cang 之沧

Shi, Ruo 时若
GAO, XIE 高燮 **(1878-1958)**

Shi ruo 实若
ZHANG, YONG MEI 张永枚 **(1932-)**

Shi, Ruo lin 施若霖
SHI, RUN DE 施润德 **(1917-)**

SHI, RUO MING 施若铭 **(1922-)**
Wang, Jin tao 汪金涛
You, Qing 尤青

Shi, Ruo xu 史若虚
SHI, BAO XI 史宝玺 **(1918-1983)**

Shi, San ji 石三吉
XU, ZHAO FU 徐招富 **(1935-)**

Shi san ling tong 十三龄童
WANG, ZHEN FANG 王振芳 **(1933-)**

Shi san mei 十三妹
FANG, SHI WEN 方式文 **(-1970)**

Shi, Sen 石森
PENG, GUI E 彭桂萼 **(1908-1952)**

Shi, Seng 石僧
LI, YU YING 李煜瀛 **(1881-1973)**

Shi, Shan 石山
WEI, LAN 魏兰 **(1866-1928)**

Shi, Shan 石山
MAO, ZE DONG 毛泽东 **(1893-1976)**

Shi, Shan 石山
TANG, SHOU REN 汤守仁 **(1933-)**

Shi, Shan 石山
DING, CHENG XIANG 丁成相 **(1939-)**

Shi, Shan 石山
LUO, SHI SHAN 罗石山 **(1940-)**

Shi, Shan 石山
LI, XIANG YAN 李象岩 **(1942-)**

Shi shan 十山
ZHOU, ZUO REN 周作人 **(1885-1967)**

Shi shan 世山
WU, XIN RONG 吴新荣 **(1907-1967)**

Shi, Shan chang 石山长
LI, XIANG XIAN 李象贤 **(1914-1978)**

Shi, Shan hao 石山浩
MO, YU AN 莫玉安 **(1956-)**

Shi, Shan hong 石山红
LI, LE 李乐 **(1949-)**

Shi, Shang yong 施伤勇
SHI, YONG DE 施勇德 **(1944-)**

SHI, SHAO HUA 史绍华 **(1916-)**
Shi, Shao xi 史绍熙

SHI, SHAO HUA 石少华 **(1918-)**
Shi, Ling 史灵

Shi, Shao xi 史绍熙
SHI, SHAO HUA 史绍华 **(1916-)**

Shi, Shao yu 石绍予
CHEN, SHAO YU 陈绍禹 **(1904-1974)**

Shi, Shen 石渗
GAO, SHI SEN 高世森 **(1935-)**

Shi, Sheng 史生
YANG, SEN XIANG 杨森翔 **(1945-)**

Shi, Sheng 石生
WEI, LAN 魏兰 **(1866-1928)**

Shi sheng 适生
SHEN, SHI SHENG 沈适生

Shi sheng 适生
WU, KUN 吴坤

SHI, SHENG CHANG 时盛昌 **(1927-)**
Shi, Bai lin 时白林

Shi, Shi 史实
WEI, YUN ZHI 魏运织 **(1907-)**

Shi, Shi 史适
YANG, SEN XIANG 杨森翔 **(1945-)**

Shi, Shi 石矢
WANG, REN SHU 王任叔 **(1901-1972)**

Shi shi ge zhu ren 诗史阁主人
SUN, XIONG 孙雄 **(1866-1935)**

Shi, Shi geng 石士耕

SHI, XI MIN 石西民 **(1912-1987)**

SHI, SHI YUAN 石诗元 **(1928-)**
Da shi 大石
Hua, Gang shi 花岗石
Jie ya 结崖
Mei shan lao ren 眉山老人
Sha da shi 傻大石
Shen, Ji yan 沈积岩
Shi, Xiong 石兄
Shi, Zhai 石斋
Zhua xi shan ren 爪西山人

Shi, Shou quan 施守全
SHI, JIAN WEI 施建伟 **(1939-)**

Shi, Shou zhen 石守贞
SHI, ZI JIAN 石子坚 **(1926-)**

Shi, Shu 石树
GUAN, SHI XU 关士续 **(1935-)**

Shi, Shu 施淑
SHI, SHU NÜ 施淑女 **(1940-)**

SHI, SHU DUAN 施淑端 **(1952-)**
Li, Ang 李昂
Li, Jin 李晋

SHI, SHU NÜ 施淑女 **(1940-)**
Shi, Shu 施淑

Shi, Shu qing 施叔青
SHI, SHU QING 施淑卿 **(1945-)**

SHI, SHU QING 施淑卿 **(1945-)**
Shi, Shu qing 施叔青

SHI, SHU YI 施淑仪 **(1878-)**
Shu yi 淑仪
Xiang hen 湘痕

Shi, Shui 石水
MEI, MING ZHENG 梅明正 **(1922-)**

Shi shui 示水
HUANG, ZU QIA 黄祖洽 **(1924-)**

Shi shui 逝水
ZHAO, HUAN ZHANG 赵焕章 **(1935-)**

SHI, SHUN ZHANG 师顺章 **(1921-)**
Shi, Qun 师群
Shi, Zheng 师征

Shi, Si 史斯
WU, SEN XIONG 吴森雄 **(1929?-1979)**

Shi, Si 施斯
TENG, SHU XUN 滕树勲 **(1924-)**

Shi, Si ping 石思平
DENG, TUO 邓拓 **(1912-1966)**

Shi, Si ping 施巳平
WANG, ZHEN DE 王振德 **(1941-)**

Shi, Si xin 施巳辛
WANG, ZHEN DE 王振德 **(1941-)**

Shi, Song 石松
ZHANG, YU LU 张玉禄 **(1926-)**

SHI, SONG BEI 史松北 **(1918-)**
Dong qing 冬青
Su lü 甦旅

SHI, SONG MAO 石松茂 **(1958-)**
Ba, Gen 巴根
Bu ke 布克

Shi, Sou 石叟
TAN, REN FENG 谭人凤 **(1860-1920)**

Shi, Su 时速
SHI, YOU PING 时佑平 **(1920-)**

SHI, SU YUE 施素月 **(1878-)**
San zhu 三祝

SHI, SU ZHEN 石素真 **(1918-)**
Shi, Zhen 石真

Shi, Sun 史荪
LI, JING CI 李景慈 **(1918-)**

Shi, Suo 史索
WU, ZHI FEI 吴之非 **(1929-)**

Shi, Suo 史索
CHEN, ZAO CHUN 陈早春 **(1934-)**

Shi tai xu 释太虚
LÜ, TU SEN 吕涂森 **(1890-1947)**

Shi tang 十堂
ZHOU, ZUO REN 周作人 **(1885-1967)**

Shi tang 什堂
ZHOU, ZUO REN 周作人 **(1885-1967)**

Shi tang 柿堂
YE, YUN PU 叶韫璞 **(1905-1975)**

Shi, Tao 史涛
WANG, ZI CHENG 王自成 **(1915-)**

Shi, Tao 石陶
LIU, NING 刘宁 **(1920-)**

Shi, Tao 石陶
SHI, XING BANG 石兴邦 **(1923-)**

Shi, Te 史特
CHEN, XUN ZHI 陈迅之 **(1923-)**

Shi ti 诗悌
ZHANG, TI 张悌 **(1946-)**

Shi, Tian 石天

LIU, XIAO SHENG 刘笑生 (1916-)

Shi, Tian 石天
LIANG, XIAO ZHONG 梁小中 (1926-)

Shi, Tian 石田
YANG, ZHONG DE 杨仲德 (1921-)

SHI, TIAN FA 施添发
Bi fa 笔伐
Shi, Yi qian 施亦谦

Shi, Tian he 石天河
ZHOU, TIAN ZHE 周天哲 (1924-)

Shi, Tian kai 石天开
DENG, TUO 邓拓 (1912-1966)

Shi, Tian mou 施天侔
SHI, JI 施畸 (1890-)

Shi, Tian qing 石天青
ZHOU, LU 周輅 (1916-)

Shi, Tian shou 师田手
TIAN, ZHI CHENG 田质成 (1911-)

SHI, TIAN TANG 史天堂 (1931-)
Han song 寒松
Shi, Tian tang 史田堂

Shi, Tian tang 史田堂
SHI, TIAN TANG 史天堂 (1931-)

Shi, Tian xing 史天行
SHI, JI XING 史济行 (1906-)

Shi, Tie er 史铁儿
QU, QIU BAI 瞿秋白 (1899-1935)

Shi, Tie er 史铁尔
QU, QIU BAI 瞿秋白 (1899-1935)

SHI, TIE SHENG 史铁生 (1951-)
Jin, Shui 金水

SHI, TIE YUAN 石铁源 (1932-)
Tie yuan 铁源

Shi, Ting 史汀
CHEN, QIU FANG 陈秋舫 (1926-)

Shi, Ting 石挺
ZHANG, ZUO BIN 张作斌 (1924-)

Shi, Ting 时霆
XU, ZHU CHENG 徐铸成 (1907-1991)

Shi, Tong 史通
ZHANG, HAN FU 章汉夫 (1906-1972)

Shi tong 实同
CHEN, DU XIU 陈独秀 (1879-1942)

Shi, Tou 石头
WANG, JIAN HUA 王建华 (1954-)

Shi, Tou wa 石头娃
WANG, XIAO XIN 王小信 (1951-)

Shi, Tu 史徒
CHEN, ZHI CHENG 陈志成 (1940-)

Shi, Tu 石土
JIA, GUO HUI 贾国辉 (1934-)

Shi, Tuo 石沱
GUO, MO RUO 郭沫若 (1892-1978)

Shi, Tuo 师陀
WANG, CHANG JIAN 王长简 (1910-1988)

Shi, Tuo sheng 石沱生
GUO, MO RUO 郭沫若 (1892-1978)

Shi wai min 世外民
QIU, BING NAN 邱炳南 (1924-)

Shi, Wan 石湾
YAN, RU QUAN 严儒铨 (1941-)

Shi wan juan lou 十万卷楼
CHEN, YU CHANG 陈郁瑺 (1890-1944)

Shi, Wan qing 史晚清
QIU, YUN DUO 邱韻铎 (1907-)

Shi, Wei 史维
QU, QIU BAI 瞿秋白 (1899-1935)

Shi, Wei 石苇
QIU, YUN DUO 邱韻铎 (1907-)

Shi, Wei 石苇
LIANG, YI 梁漪 (1925-)

Shi, Wei 石薇
LUO, BAI NIAN 罗柏年 (1927-1986)

Shi, Wei 石魏
WANG, SHU HAN 王叔翰 (1900-1947)

Shi wei 士未
DU, SONG SHOU 杜松寿 (1905-)

Shi wei 式微
LI, SHOU ZHANG 李守章 (1905-1993)

Shi wei 式微
CHEN, SHU ZHANG 陈淑章 (1906-1991)

Shi wei 实味
WANG, SHU HAN 王叔翰 (1900-1947)

Shi wei 诗味
WANG, SHU HAN 王叔翰 (1900-1947)

Shi wei 诗薇
WANG, SHU HAN 王叔翰 (1900-1947)

Shi wei 诗薇

LUO, XIU ZHEN 罗秀珍 **(1949-)**

SHI, WEI CI 石慰慈 **(1933-)**
Shi, Dan 石丹
Wei zhi 伟峙

Shi, Wei jian 史为鑑
SHI, WEN JIE 石文傑 **(1950-)**

Shi, Wei jiu 石维久
ZHANG, ZHI GE 张志革 **(1921-)**

SHI, WEI JUN 史维钧 **(1930-)**
Wei jun 威军

SHI, WEI MIN 史卫民 **(1952-)**
Shan feng 山风

Shi, Wei ta 史维它
QU, QIU BAI 瞿秋白 **(1899-1935)**

Shi wei zhi yi 豕韦之裔
LIU, SHI PEI 刘师培 **(1884-1919)**

Shi, Wen 石文
DU, SONG SHOU 杜松寿 **(1905-)**

Shi, Wen 石文
JIN, GENG SHI 金庚石 **(1937-)**

Shi, Wen 石文
YUAN, XUE JUN 袁学俊 **(1945-)**

Shi, Wen 石闻
HU, DE HUI 胡德辉 **(1913-1968)**

SHI, WEN 施文 **(1930-)**
Shi, Da wen 施大文

Shi, Wen 施汶
MAO, XIAO YONG 冒效庸 **(1914-)**

Shi wen 蚀文
WANG, YUAN HUA 王元化 **(1920-)**

Shi, Wen gong 史文恭
LI, BING LIN 李炳麟 **(1922-)**

SHI, WEN JIE 石文傑 **(1950-)**
Shi, Wei jian 史为鑑

SHI, WEN QI 施文起 **(1924-1972)**
Gu yu 榖雨
Shi, Gong 施工

SHI, WEN ZHI 施文志
Wen, Zhi 文志

Shi, Weng 石翁
HU, YUN 胡蕴 **(1868-1938)**

Shi, Weng 石翁
MA, XU LUN 马叙伦 **(1884-1970)**

Shi, Weng 石翁
YANG, SHI LIANG 杨诗粮 **(1940-)**

Shi, Wu 石武
ZHOU, RU CHANG 周汝昌 **(1918-)**

Shi, Wu 石屋
LI, YOU FU 李又罘 **(1908-1976)**

Shi, Wu 石舞
LIU, TIE HUA 刘铁华 **(1915-)**

Shi, Wu 时午
ZHAO, SHU LI 赵树礼 **(1906-1970)**

Shi wu 士武
SA, SHI WU 萨士武

Shi wu 仕舞
YANG, FENG QI 杨凤岐 **(1908-)**

Shi wu 适吾
LIU, MENG PENG 刘孟鹏 **(1857-1909)**

Shi wu lao ren 石屋老人
MA, XU LUN 马叙伦 **(1884-1970)**

Shi wu shan nong 石屋山农
LI, YOU FU 李又罘 **(1908-1976)**

SHI, WU WEI 施无畏
Wu wei 无畏

Shi wu yu 食无鱼
WANG, XIAO LIAN 王孝廉 **(1942-)**

Shi, Xi cai 施锡才
SHI, DING 施丁 **(1933-)**

Shi xi ci ke 石谿词客
KUANG, ZHEN LING 邝振翎 **(1885-1932)**

SHI, XI MIN 石西民 **(1912-1987)**
He, Yin liu 何引流
Huai, Nan 怀南
Ming, Cao 明操
Ming, Shi 明石
Qi ming 栖明
Shi, Ming 史明
Shi, Ming cao 史明操
Shi, Shi geng 石士耕
Xi min 西民

Shi, Xi zhi 石习之
LI, JIAN WU 李健吾 **(1906-1982)**

Shi, Xia 师侠
ZHU, MU JIA 朱慕家 **(1890-1970)**

Shi, Xian 石仙
DENG, TUO 邓拓 **(1912-1966)**

Shi xian 十仙
ZHOU, ZUO REN 周作人 **(1885-1967)**

Shi xian 士先

ZANG, KE JIA 臧克家 **(1905-)**

SHI, XIAN RONG 施咸荣 **(1927-)**
Fang, Mu 方木

Shi, Xiang 石祥
WANG, SHI XIANG 王石祥 **(1939-)**

Shi, Xiang 石像
ZHANG, XU PING 张旭平 **(1958-)**

Shi xiang ci ren 十香词人
CHEN, QI 陈淇 **(1911-)**

Shi, Xiang li 史向黎
XU, DE JIN 徐德锦 **(1921-)**

Shi, Xiao 石笑
LUO, SHI SHAN 罗石山 **(1940-)**

Shi, Xiao 石笑
WANG, ZHONG YONG 王忠勇 **(1947-)**

Shi, Xiao 时晓
YAO, SHI XIAO 姚时晓

SHI, XIAO CHONG 石啸冲 **(1908-)**
Cai sha 菜沙
Ding, Lei 丁蕾
Fang, Tian shu 方天曙
Fang, Xiao 方晓
Lei, Ding 雷丁
Lu jia 露加
Ting ying 挺英

Shi, Xiao hong 石小弘
MAO, YING LONG 毛应龙 **(1924-)**

SHI, XIAO LIANG 石晓良 **(1963-)**
Shi, Dao 石岛

SHI, XIAO YONG 史效颙 **(1931-)**
Hong ying 红英
Qiao shi 峭石
Shao shi 哨石
Shi, Qiao shi 史峭石
Zhuang, Mang 庄莽

Shi, Xiao yuan 史晓园
SHI, LI XIN 史礼心

Shi, Xie 时偕
LI, ZHI LIAN 黎智廉 **(1907-1998)**

Shi, Xin 史辛
CHEN, QIU FANG 陈秋舫 **(1926-)**

Shi, Xin 史新
SHI, CHENG HAN 史成汉 **(1923-)**

Shi, Xin 石心
JI, ZHI REN 季志仁 **(1902-)**

Shi, Xin 石心
CHEN, TIE ZHENG 陈铁铮 **(1906-1990)**

Shi, Xin 时辛
TANG, YAO HUA 唐耀华 **(1934-)**

Shi xin 士心
XU, CHENG ZHI 许承志 **(1917-)**

Shi xin 士心
KANG, ZHI QIANG 康志强 **(1930-)**

Shi xin 诗新
GUI, SHI XIN 桂诗新 **(1957-)**

SHI, XIN MIN 史新民 **(1930-)**
Shu shi 述时
Zi xiao 紫霄

Shi, Xing 史行
SHI, JIN TANG 史锦棠 **(1916-)**

Shi, Xing 石星
LIU, CHENG HUI 刘承蕙 **(1925-)**

Shi xing 士行
WANG, JIAN 王健 **(1924-)**

Shi xing 世兴
ZHANG, SHI XING 张世兴

SHI, XING BANG 石兴邦 **(1923-)**
Shi, Tao 石陶

Shi, Xing sheng 史星生
SONG, ZHEN TING 宋振庭 **(1921-1985)**

SHI, XING YUAN 时星原 **(1954-)**
Hei, Ma 黑马

Shi, Xiong 石兄
SHI, SHI YUAN 石诗元 **(1928-)**

Shi, Xiong 石雄
SUN, BANG DA 孙帮达 **(1922-)**

Shi xiong 十兄
ZENG, ZHI KAI 曾志开 **(1919-)**

SHI, XIONG FEI 史雄飞 **(1954-)**
Xi ma 西马

Shi, Xu 史序
ZHANG, SHI XUN 张世勋 **(1925-)**

Shi, Xue 史学
LIN, BING HUANG 林炳煌 **(1934-)**

Shi, Xue ning 施雪苧
HE, QI FANG 何其芳 **(1912-1977)**

SHI, XUE XI 施学习
Jiu tang 鸠堂
Shi, Jiu tang 施鸠堂

SHI, XUE YUN 史雪云 **(1930-)**
Ai, Ai 艾艾

Li, Meng 李萌
Zi ye 紫也

Shi, Xun 石寻
PAN, SHI XUN 潘世勳 (1934-)

Shi, Xun 石旬
SHEN, XI CHUN 沈锡纯 (1910-)

Shi, Xun 石浔
WU, SHI JIE 吴世杰 (1904-)

Shi xun 世勋
ZHANG, SHI XUN 张世勋 (1925-)

Shi xun 侍熏
ZHENG, ZHEN 郑震 (1922-)

Shi ya 诗亚
CAI, MAN XING 蔡满杏 (1953-)

Shi, Yan 史言
GAO, QING YUAN 高清远 (1918-1988)

Shi, Yan 史岩
SHI, JI XING 史济行 (1906-)

Shi, Yan 史彦
WU, YU CHEN 伍于琛 (1923-)

Shi, Yan 史砚
LUO, YAN 罗燕 (1930-)

Shi, Yan 石言
HU, QING DI 胡庆坻 (1924-)

Shi, Yan 石言
ZHOU, CHENG WU 周程武 (1937-)

Shi, Yan 石岩
KANG, BAI ZHEN 康白珍 (-1955)

Shi, Yan 石烟
HE, ZHONG XIN 何钟鑫 (1924-)

Shi, Yan 石焰
LI, WEN QIN 李文钦 (1920-)

Shi, Yan 石雁
XUAN, YAO HUO 宣尧火 (1899-1938)

Shi, Yan 石燕
LÜ, MENG ZHOU 吕梦周 (1912-)

Shi, Yan 师言
ZHOU, RU CHANG 周汝昌 (1918-)

Shi, Yan 师言
ZHANG, YOU HE 张友鹤

Shi yan 士炎
ZHAO, SHI YAN 赵世炎 (1901-1927)

Shi yan 世延
LU, SHI YAN 卢世延

Shi yan 世炎
ZHAO, SHI YAN 赵世炎 (1901-1927)

Shi yan 世炎
SHI, HENG JI 石恒基 (1934-)

Shi yan 失言
LI, CHANG ZHI 李长植 (1910-1978)

SHI, YAN BING 施雁冰 (1928-)
Bing bing 冰冰

Shi, Yan ping 施燕平
SHI, YAN PING 施燕萍 (1926-)

SHI, YAN PING 施燕萍 (1926-)
Li, Sheng 黎声
Shi, Yan ping 施燕平
Yan, Ping 燕平
Yan, Ping 燕萍
Yi bing 亦兵

Shi, Yang 史扬
DAI, WEN GUANG 戴文光 (1938-)

Shi, Yang 史扬
WU, JIAN HUA 吴建华

Shi, Yang 史阳
REN, DA LIN 任大霖 (1929-)

Shi, Yang 石央
GUAN, SHUO YING 关硕英 (1928-)

Shi, Yang 石扬
ZHENG, SHI YANG 郑士仰 (1934-)

Shi, Yang 施洋
SHI, JI CHAO 施吉超 (1889-1923)

Shi yang 视阳
ZHAO, HE QI 赵和琪 (1942-)

Shi, Yang guan 石羊关
SUN, JIAN BING 孙剑冰 (1921-)

Shi yao cao tang 十药草堂
ZHOU, ZUO REN 周作人 (1885-1967)

Shi, Yao nan 史耀南
YAO, NAN 姚楠 (1912-)

Shi, Ye 石也
TU, BAI YU 涂白玉 (1946-)

Shi, Ye 石也
ZHOU, JIAN SHI 周剑石 (1956-)

Shi, Ye 石页
XIA, SHUO QI 夏硕琦 (1935-)

Shi, Ye 石页
WANG, ZI SHUO 王子硕 (1952-)

Shi, Ye 石耶

XI, HONG SHOU 席鸿绶

Shi, Ye ke 施也可
LU, QING ZHEN 陆庆珍（1938- ）

Shi ye lou 柿叶楼
LIU, YONG YU 刘庸愚 (1919-)

Shi, Yi 史曳
LI, ZHONG SHEN 李中申 (1934-)

Shi, Yi 史译
CHEN, ZHI CHENG 陈志成 (1940-)

Shi, Yi 石衣
WEN, JIAN LIU 温健骝 (1944-1976)

Shi, Yi 石衣
WANG, GUO QING 王国庆 (1955-)

Shi, Yi 石翊
WANG, SHI YI 王十仪 (1917-)

Shi, Yi 石遗
CHEN, YAN 陈衍 (1856-1937)

Shi, Yi 石遗
LU, KE ZHANG 卢克彰 (1923-1976)

Shi, Yi 石翼
WANG, SHI YI 王十仪 (1917-)

Shi, Yi 施义
DENG, ZHONG XIA 邓中夏 (1894-1933)

Shi, Yi 施谊
SUN, SHI YI 孙师毅 (1904-1966)

Shi yi 拾遗
CHEN, YAN 陈衍 (1856-1937)

Shi yi 拾遗
HU, XU WU 胡叙五

Shi yi 士逸
NING, TIAO YUAN 甯调元 (1873-1913)

Shi yi 尸一
LIANG, KANG PING 梁康平 (1894-1972)

Shi yi 矢羿
WANG, REN SHU 王任叔 (1901-1972)

Shi yi 式一
RUAN, SHI YI 阮式一

Shi yi 实义
LI, WEN TAO 李文涛 (1880-1942)

Shi yi 适夷
LOU, JIAN NAN 楼建南 (1905-)

Shi yi 适易
YE, DING YI 叶鼎彝 (1913-1954)

Shi, Yi chang 施艺昌
DING, MING 丁明 (1933-)

Shi, Yi ge 石亦歌
XIN, HUA 辛华 (1949-)

SHI, YI GONG 史怡公 (1899-)
Hai, Tao 海涛

Shi yi lao ren 石遗老人
CHEN, YAN 陈衍 (1856-1937)

Shi, Yi lin 石宜林
CHEN, TIE ZHENG 陈铁铮 (1906-1990)

SHI, YI LIN 施逸霖 (1905-)
Shi, Ju xuan 施菊轩
Yi wen 以文

Shi yi lou zhu ren 十艺楼主人
ZANG, NAN QIAO 臧南乔 (1924-)

Shi, Yi qian 施亦谦
SHI, TIAN FA 施添发

SHI, YI REN 史义仁 (1931-)
Xu, Jing 徐菁

SHI, YI RU 史一如
Yi ru 一如

SHI, YI SHENG 施义胜
Mu di 牧笛

Shi yi shi 石遗室
CHEN, YAN 陈衍 (1856-1937)

Shi, Yi zhi 时宜之
LI, PING JIN 李屏锦 (1938-)

Shi, Yi zhu 史逸竹
ZHANG, XI QIN 张锡勤 (1939-)

Shi, Yin 施茵
FENG, XUE FENG 冯雪峰 (1903-1976)

Shi, Yin 施茵
SHI, NENG YAN 施能炎

Shi yin 十音
LI, SHOU ZHANG 李守章 (1905-1993)

Shi yin 十音
ZHANG, SHI YI 张师颢 (1921-)

Shi yin 士寅
ZHAO, SHI YAN 赵世炎 (1901-1927)

Shi yin 识因
ZHAO, SHI YAN 赵世炎 (1901-1927)

Shi yin 诗吟
XU, LIANG HE 徐良河 (1930-)

Shi yin 诗音
WANG, ZHI LIAN 王志濂 (1929-)

SHI, YIN SHENG 师银笙 **(1946-)**
Yin sheng 银笙

Shi, Ying 史婴
ZHAO, SHU LI 赵树礼 **(1906-1970)**

Shi, Ying 石英
CHEN, GENG YA 陈赓雅 **(1905-)**

Shi, Ying 石英
SHI, HENG JI 石恒基 **(1934-)**

Shi, Ying 石英
WANG, HENG JI 王恒基 **(1934-)**

Shi, Ying 石英
WANG, DE MING 王德明

SHI, YING 石英
Zhao, Xi 赵熙

Shi, Ying 石莹
LIN, JIA KUAN 林家宽 **(1962-)**

Shi, Ying 石婴
LÜ, ZONG QUAN 吕宗权 **(1928-)**

SHI, YING 石瑛 **(1878-1943)**
Heng qing 蘅青

Shi, Ying 石瑛
ZHANG, GUAN YING 张冠英

Shi, Ying 时瀛
XU, SHI TANG 徐世棠 **(1937-)**

Shi, Ying 施英
ZHAO, SHI YAN 赵世炎 **(1901-1927)**

Shi, Ying 施盈
GUO, NAI AN 郭鼐安 **(1920-)**

Shi, Ying 史英
CHEN, PAN XU 陈磐绪 **(1940-)**

Shi, Ying 史莹
XU, MAO TING 徐茂庭 **(1922-)**

Shi ying 世英
QU, SHI YING 瞿世英 **(1900-1976)**

Shi ying 世英
WU, SHI YING 伍世英 **(1910-1939)**

Shi ying 世颖
WANG, XIN FU 王新甫 **(1902-)**

Shi ying 诗颖
WU, GANG 吴刚 **(1974-)**

Shi ying 诗影
ZENG, CHUN 曾春 **(1955-)**

SHI, YING DONG 石应东 **(1927-)**
Shi, Qiao 石桥

SHI, YING ZHOU 施颖洲 **(1919-)**
Long, Chuan ren 龙传仁
Tang, Shan ren 唐山人

Shi, Yong 史勇
SHI, LI HENG 史立恒 **(1926-)**

Shi, Yong 施雍
QI, LONG XI 齐隆锡 **(1924-)**

SHI, YONG AN 施永安 **(1900?-)**
Ren, He 任何
Shi, Zi yang 施子阳

SHI, YONG BI 施涌笔
Bi feng 笔锋

SHI, YONG DE 施勇德 **(1944-)**
Shi, Shang yong 施伤勇

SHI, YONG FU 时永福 **(1945-)**
Chuan han 川汉
Sai wai hong 塞外虹

Shi, Yong yan 石永言
TIAN, XING YONG 田兴咏 **(1938-)**

Shi, You 史优
MENG, XIAN QI 孟宪棨 **(1902-1976)**

Shi, You 石友
SHEN, RU JIN 沈汝瑾 **(1858-1917)**

Shi, You 石右
ZHI, ZHEN YUAN 支振垣 **(1919-)**

Shi you 士繇
ZHOU, SHU REN 周树人 **(1881-1936)**

Shi, You feng 石尤风
WU, YING 吴颖 **(1924-)**

SHI, YOU HENG 时有恒 **(1905-1982)**
Shi jian you heng 时间有恒
You heng 有恒

SHI, YOU PENG 施友朋 **(1954-)**
Hong, Fang 洪放

SHI, YOU PING 时佑平 **(1920-)**
Niu, Jin 牛进
Shi, Su 时速
Zhong shan 中山

Shi, You san 师友三
WU, FEI 吴非 **(1924-)**

SHI, YOU SHENG 石有生 **(1964-)**
Shi, Chuang 石创

Shi, Yu 史鱼
XU, YAN PIAN 许晏骈 **(1922-1992)**

Shi, Yu 史鱼

WU, JUN GANG 吴俊刚 **(1950-)**

Shi, Yu 史愚
WANG, JI GUANG 王继光 **(1938-)**

Shi, Yu 石予
HU, YUN 胡蕴 **(1868-1938)**

Shi, Yu 石羽
ZHAI, JUN SHI 翟君石 **(1920-1998)**

Shi, Yu 石羽
LI, JUN CAI 李俊才 **(1921-)**

Shi, Yu 石羽
XU, YE LING 徐叶翎 **(1934-)**

Shi, Yu 石愚
ZENG, YANG HUA 曾扬华 **(1935-)**

Shi, Yu 石榆
LEI, SHI YU 雷石榆 **(1911-)**

Shi, Yu 师愚
SHI, RI XIN 师日新 **(1932-1990)**

Shi, Yu 时雨
TAO, XING ZHI 陶行知 **(1891-1946)**

Shi, Yu 施羽
SHI, CHUN SHOU 施春瘦 **(1908-1946)**

Shi yu 世愚
IN, SHU HUAI 尹树槐 **(1933-)**

Shi yu 市雨
GAN, YU PEI 甘雨沛 **(1907-)**

Shi yu 式玉
YU, SHI YU 于式玉 **(1907-)**

Shi yu 式羽
LEI, SHI YU 雷石榆 **(1911-)**

Shi yu 实语
LI, WEN TAO 李文涛 **(1880-1942)**

Shi yu 诗鱼
LU, YU 路逾 **(1913-)**

Shi yu 轼俞
LIU, SHENG YA 刘盛亚 **(1915-1960)**

Shi, Yu cai 史育才
SHI, JING WU 史景武 **(1914-)**

SHI, YU FU 石毓符 **(1908-)**
Yu fu 育孚

Shi, Yu lin 石玉林
CHEN, TIE ZHENG 陈铁铮 **(1906-1990)**

SHI, YU QING 石玉清 **(1936-)**
Shi, Lan chun 石兰春
Shi, Ren 石韧

Shi, Yu zeng 石玉增
SHI, YU ZENG 石裕增 **(1943-)**

SHI, YU ZENG 石裕增 **(1943-)**
Shi, Yu zeng 石玉增

Shi, Yu zhi 石与之
LIU, YI LUN 刘彝伦 **(1922-)**

Shi, Yu zhuo 石玉琢
XU, EN XI 许恩熙 **(1923-)**

SHI, YU ZU 石裕祖 **(1947-)**
A miao 阿苗

Shi, Yuan 史源
CHEN, DE XUAN 陈德宣 **(1916-1980)**

Shi, Yuan 石远
JIANG, FU QUAN 姜伏泉 **(1973-)**

Shi, Yuan 石渊
FENG, FANG MIN 冯放民 **(1919-)**

Shi, Yuan 石缘
LIU, WEN XUAN 刘文选 **(1923-)**

Shi yuan 实元
WANG, TONG FA 王统发 **(1924-)**

Shi yuan 适园
ZHANG, YI RAN 章毅然 **(1905-)**

Shi yuan 士元
YE, ZHI SHAN 叶至善 **(1918-)**

Shi yuan ju shi 时园居士
JIANG, YING LONG 江应龙 **(1920-)**

Shi yuan zhu ren 适园主人
ZHANG, JUN HENG 张钧衡

Shi, Yue 史越
QIAO, HUI CHANG 乔惠昌 **(1925-)**

Shi, Yue 石月
YU, WU ZHANG 余武章 **(1915-1986)**

SHI, YUE HAN 施约翰
Gong zhu shi 公诸世

Shi yue lou 侍月楼
LI, JIA MIAN 李加勉

Shi, Yun 石云
GUO, YUN MIN 郭云民 **(1946-)**

Shi, Yun 师云
TANG, JUN QING 唐俊卿 **(1955-)**

Shi yun 什云
JIANG, CHUN FANG 姜椿芳 **(1912-1987)**

SHI, YUN FENG 史云峰 **(1921-)**
Xiao an 筱庵

Zhe an 蛰庵
Zhe cun 蛰存
Zhong she 中舍
Zou, Ni 邹尼

Shi, Zhen 石珍
ZHANG, HUI JIAN 张慧剑 **(1904-1970)**

Shi, Zhen 石真
SHI, SU ZHEN 石素真 **(1918-)**

Shi, Zhen 石真
ZHANG, SHI ZENG 张士增 **(1944-)**

Shi zhen 世珍
SHEN, YAN BING 沈雁冰 **(1896-1981)**

Shi zhen 示贞
ZHANG, ZHEN 张祯 **(1927-)**

SHI, ZHEN DI 施真谛
Zhen di 真谛

SHI, ZHEN HUA 施珍华 **(1938-)**
Yue, Fu 乐夫

SHI, ZHEN SHU 施振枢 **(1928-)**
Cui feng 翠峰
Shi, Cui feng 施翠峰

Shi, Zheng 史正
ZHANG, HE LING 张鹤龄 **(1917-)**

Shi, Zheng 石铮
CAI, ZI ZHENG 蔡字征 **(1931-1991)**

Shi, Zheng 师征
SHI, SHUN ZHANG 师顺章 **(1921-)**

Shi, Zheng 师郑
SUN, XIONG 孙雄 **(1866-1935)**

Shi zheng 世正
ZHOU, XI QING 周锡卿 **(1915-)**

Shi zheng 诗正
LI, XIAO HONG 李肖虹 **(1939?-)**

Shi zheng 诗征
ZENG, XIANG QI 曾祥祺 **(1916-)**

Shi zheng 诗铮
WANG, SHI ZHENG 王世正

Shi, Zheng jun 史征军
SHI, QI DA 施启达 **(1913-1946)**

SHI, ZHENG XUE 史正学 **(1933-)**
Mo, Ke 莫可

SHI, ZHENG YI 施正一 **(1931-)**
Fang, Bing 方冰
Fang, Ren 方仁
Shi, Cong 施枞
Shi, Jin 施进

Shi, Zhi 石之
ZHAO, SHI 赵石 **(1962-)**

Shi zhi 十之
ZHANG, LONG YAN 张隆延

Shi zhi 什之
JIANG, CHUN FANG 姜椿芳 **(1912-1987)**

Shi zhi 式之
ZHANG, YU 章钰 **(1865-1937)**

Shi zhi 式之
JIANG, CHUN FANG 姜椿芳 **(1912-1987)**

Shi zhi 实智
LI, WEN TAO 李文涛 **(1880-1942)**

Shi zhi 拾之
WU, ZONG XI 吴宗锡 **(1925-)**

Shi zhi 适之
HU, SHI 胡适 **(1891-1962)**

Shi, Zhi da 史之达
XIE, JIA YIN 谢家因 **(1921-)**

SHI, ZHI MIN 史智敏 **(1930-)**
Chen, Zhi min 陈志民
Li, Bing sai 黎冰塞
Lü li 绿藜
Ou, Fu de 欧福德
Wu, Bu lan 乌卜兰

SHI, ZHI MIN 石志民
Xiao xing 晓星

Shi, Zhi nan 史之南
SHI, LI XIN 史礼心

Shi, Zhi qi 石之琦
SHI, KE 石可 **(1924-)**

Shi, Zhi yan 史之演
YUAN, DA WEN 袁达文 **(1924-)**

Shi, Zhi yu 史之余
LIU, RI BO 刘日波 **(1917-)**

Shi, Zhi zi 史之子
XU, CHANG JI 徐长吉 **(1916-1964)**

Shi, Zhong 石中
LI, LE 李乐 **(1949-)**

Shi, Zhong 石钟
DENG, SHI ZHONG 邓式钟 **(1919-)**

Shi, Zhong 施种
HAN, SHI ZHONG 韩世钟 **(1928-)**

Shi zhong 矢中
DENG, SHI ZHONG 邓式钟 **(1919-)**

Shi zhong 实中

XU, ZU ZHENG 徐祖正 (1897-1978)

SHI, ZHONG XING 史中兴 (1933-)
Zhu, Zi 竹子

SHI, ZHONG YING 石中英 (1889-)
Shu ying 淑英

Shi, Zhong zi 石仲子
LIN, CAN HUAN 林灿桓 (1911-)

Shi, Zhou 石舟
GUO, ZI MEI 郭子美 (1925-)

Shi, Zhou 石舟
GUO, AN TING 郭安廷 (1965-)

Shi, Zhou 石舟
LIU, SHUAN CHEN 刘拴晨

Shi, Zhu 史柱
LIU, GUO FANG 刘国芳 (1922-)

Shi, Zhu 石竹
DONG, SI ZHU 董泗珠 (1928-)

Shi, Zhu 石竹
LIU, YONG XIAN 刘永贤 (1934-)

Shi, Zhu 石竹
ZHONG, GAO YUAN 钟高渊 (1946-)

Shi, Zhu 石竹
SUN, ZHEN ZHONG 孙振中 (1949-)

Shi, Zhu 石竹
HAN, ZHENG TIAN 韩征天 (1956-)

Shi, Zhu 石柱
ZHANG, CHANG XIN 张常信 (1940-)

Shi zhu 诗珠
DONG, SI ZHU 董泗珠 (1928-)

Shi, Zhu quan 石竹泉
CHU, RUI GENG 储瑞耕 (1946-)

Shi, Zhu shan 石竹山
SHI, QI BEN 石齐本 (1939-)

Shi, Zhu shan 师竹山
ZHANG, CHUO SHAN 张绰善 (1927-)

SHI, ZHUO REN 施卓人 (1921-)
Chong ti 重提
Ling quan 灵泉
Qian li 千里
Zhu, Leng 竹冷

SHI, ZHUO YING 石倬英 (1938-)
Shi, Ji 石戟
Shi, Ji 师戟

Shi, Zi 石子
PAN, ZI NIAN 潘梓年 (1893-1972)

Shi, Zi 石子
LIU, SHI XIN 刘石心

Shi, Zi 师子
LIU, SHI 刘狮 (1911-)

Shi zi 示子
LI, QI 李祁

SHI, ZI CHEN 史紫忱 (1914-1993)
Shi, Ming 史铭
Wu da 五大
Zi chen 紫忱
Zi zhen 紫枕

SHI, ZI JIAN 石子坚 (1926-)
Shi, Shou zhen 石守贞

Shi, Zi yang 施子阳
SHI, YONG AN 施永安 (1900?-)

Shi, Zi zi 石子仔
CAI, MEI LAN 蔡梅兰 (1956-)

Shi, Zu 石卒
TONG, CHANG QING 佟长青 (1913-1945)

Shi zu zong 诗祖宗
ZHU, TIAN MU 朱天目

Shi zui 诗醉
MA, QING FU 马庆福 (1939-)

Shi, Zun zhe 石尊者
WU, JUN QING 吴俊卿 (1844-1927)

SHI, ZUO SHI 施作师 (1926-)
Fang, Ren ye 方人也
Gong xuan 公璇
Nai bing 迺冰
Qian tiao 浅条
Tiao shu 迢曙
Tiao tao 迢滔
Xu fei 嘘非

Shi, Zuo shu 石作蜀
YAN, SHUN XI 严顺晞 (1922-)

Shou 手
TIAN, ZHI CHENG 田质成 (1911-)

Shou 寿
PAN, TIAN SHOU 潘天寿 (1897-1971)

Shou bi 瘦碧
ZHENG, WEN ZHUO 郑文焯 (1856-1918)

Shou can lao ren 守残老人
LUO, ZHEN YU 罗振玉 (1866-1940)

Shou cang 瘦伧
LI, SHOU ZHANG 李守章 (1905-1993)

Shou cen 瘦岑

WANG, PENG NIAN 汪彭年 **(1883-)**

Shou chang 守常
LI, DA ZHAO 李大钊 **(1889-1927)**

Shou chang 寿昌
TIAN, HAN 田汉 **(1898-1968)**

Shou cheng 守诚
HUANG, SHOU CHENG 黄守诚 **(1928-)**

Shou cheng 受成
QIU, SHOU CHEN 邱绶臣 **(1929-)**

SHOU, CHONG DE 寿崇德 **(1927-)**
Shou zi 寿子

Shou chu 守初
HU, MENG YAN 胡孟炎 **(1933-)**

Shou chun 受淳
PANG, REN QUAN 庞人铨 **(1897-1922)**

Shou chun 首春
WANG, SHOU CHUN 王守椿 **(1895-1985)**

Shou ci 寿慈
ZHUANG, SHOU CI 莊寿慈 **(1913-1971)**

Shou duo 受多
LI, YI ZHI 李以祉 **(1906-1985)**

Shou gang 瘦钢
CHENG, KANG DING 程康定 **(1920-)**

Shou he 瘦鹤
HU, YUN 胡蕴 **(1868-1938)**

Shou he 瘦鹤
ZOU, TAO 邹弢

Shou he 瘦鹤
WU, TAI SHAN 吴太山

Shou hua 寿华
HE, JIN LIANG 何今亮 **(1901-1927)**

Shou hua 寿华
WANG, SHOU HUA 王寿华 **(1918-)**

Shou huang 寿黄
GAO, XU 高旭 **(1877-1925)**

Shou jia 首甲
TIAN, HAN 田汉 **(1898-1968)**

Shou jia 首甲
ZHU, GENG MING 祝庚明 **(1907-1986)**

Shou jin 绶金
DONG, KANG 董康 **(1867-1947)**

Shou jing 授经
DONG, KANG 董康 **(1867-1947)**

Shou jing 綬经
DONG, KANG 董康 **(1867-1947)**

Shou ju 瘦菊
FENG, JIANG TAO 冯江涛

Shou ju 瘦菊
ZHU, SHOU JU 朱瘦菊

Shou juan 瘦鹃
ZHOU, GUO XIAN 周国贤 **(1894-1968)**

Shou kang 寿康
QIAN, TIE RU 钱铁如 **(1892-1974)**

Shou kang 寿康
ZHOU, RU CHANG 周汝昌 **(1918-)**

Shou mei 瘦梅
SHEN, SHOU MEI 沈瘦梅

Shou min 寿民
LIANG, HUAN DING 梁焕鼎 **(1893-1988)**

Shou min 瘦民
LIANG, HUAN DING 梁焕鼎 **(1893-1988)**

Shou min shi 手民氏
AN, HUAI YIN 安怀音

Shou ming zhai 寿明斋
SUN, FU XI 孙福熙 **(1898-1962)**

Shou mo 守默
SHAO, YUAN CHONG 邵元冲 **(1890-1936)**

Shou mo lou 守墨楼
ZHANG, CHUN FU 张纯甫 **(1888-1941)**

Shou niu 瘦牛
LI, GUI QIANG 李桂强 **(1963-)**

Shou ou 瘦鸥
QIN, HAO 秦浩 **(1908-)**

Shou peng 瘦鹏
WANG, SEN RAN 王森然 **(1895-1984)**

Shou ping ju shi 守平居士
SHEN, ZENG ZHI 沈曾植 **(1850-1922)**

Shou qian 寿千
PENG, ZU HUA 彭祖华 **(1931-)**

Shou qing 寿青
YANG, JIN HAO 杨晋豪 **(1910-)**

Shou qiu 瘦秋
JING, YING QIU 井应秋 **(1922-)**

Shou qiu 瘦秋
HE, JING NAN 何竟南

Shou ren 守仁
YANG, YU LIN 杨毓麟 **(1872-1911)**

Shou rou 守柔

LI, GUO YING 黎国颖 (1938-)

Shou ruan lou 寿阮楼
WANG, SHANG YI 王商一 (1909-)

Shou sheng 寿生
DENG, ZHONG XIA 邓中夏 (1894-1933)

Shou shi 寿石
YANG, SHAO LU 杨绍路 (1940-)

Shou shi 寿石
YANG, YANG 杨阳 (1946-)

Shou shi 瘦石
CHEN, WANG SHEN 陈望绅 (1908-)

Shou shou sou 寿瘦叟
LUO, LIANG DE 罗良德 (1945-)

Shou shuang qin xuan zhu ren 寿双亲轩主人
CHEN, TING YING 陈廷英

Shou si lou 守死楼
ZOU, TAO 邹弢

Shou su 守素
DU, GUO XIANG 杜国庠 (1889-1961)

Shou su 守素
DING, SHOU TANG 丁守棠 (1906-)

Shou ta lao qing nian 守塔老青年
FU, SHAN WEN 傅善文 (1924-)

Shou tang 寿堂
ZHU, JIE FAN 朱介凡 (1912-)

Shou tang 瘦唐
HU, SI JING 胡思敬 (1870-1922)

Shou tie 瘦铁
QIAN, YA 钱崖 (1897-1967)

Shou tong 瘦桐
LI, WEN TAO 李文涛 (1880-1942)

Shou wen wen xuan 受汶汶轩
XU, GUO YING 许国英 (1875-1923)

Shou xian 守先
LU, SHI E 陆士谔 (1878-1944)

SHOU, XIAO CHUN 寿孝椿 (1947-)
Ji, Zi 季子

Shou xing 寿星
LEI, WAN CHUN 雷万春 (1933-)

Shou xuan 寿萱
WANG, XI QI 王锡祺

Shou xuan ge 守玄阁
CHEN, YU CHANG 陈郁瑺 (1890-1944)

Shou yan 授研

HUANG, SHOU YAN 黄寿延 (1934-)

Shou yao 瘦腰
SHEN, ZONG JI 沈宗畸 (1857-1926)

Shou yao sheng 瘦腰生
SHEN, ZONG JI 沈宗畸 (1857-1926)

Shou ye 瘦叶
YE, YU SEN 叶玉森 (1880-1933)

Shou yi 手易
JIN, YANG 金扬 (1925-)

Shou yi 守一
CAI, SHOU 蔡守 (1879-1941)

Shou yin 瘦吟
TONG, HAN ZHANG 童汉章 (1894-1926)

Shou yu 守愚
YANG, SONG MAO 杨松茂 (1905-1959)

Shou yu 守愚
LI, ZHENG WEN 李正文 (1908-)

Shou yu 守愚
JIA, CHUN QING 贾纯清 (1920-)

Shou yu shi 守愚氏
PENG, XUN ZHI 彭逊之

Shou yue 守约
WANG, ZHAO MING 汪兆铭 (1883-1944)

Shou yun wang pai 瘦云王牌
WANG, ZHI LIAN 王志濂 (1929-)

Shou zhai 寿斋
SUN, FU XI 孙福熙 (1898-1962)

Shou zhai fu 瘦斋夫
CHEN, YUN TONG 陈运通 (1914-)

Shou zhang 守章
LI, SHOU ZHANG 李守章 (1905-1993)

Shou zhe 寿者
PAN, TIAN SHOU 潘天寿 (1897-1971)

Shou zhi 守之
HE, SHOU ZHI 何守之

Shou zhi 受之
TONG, HAN ZHANG 童汉章 (1894-1926)

Shou zhou 瘦舟
CHE, SHOU ZHOU 车寿周 (1914-)

Shou zhou yin shi 寿州隐石
YU, WEI YI 虞卫毅 (1958-)

SHOU, ZHU LIN 寿洙邻 (1871-1961)
Dun zhuo 钝拙

Shou zhuang 守庄

LIN, SHOU ZHUANG 林守庄 **(1898-)**

Shou zhuo 守拙
ZHANG, BAI DONG 张百栋 **(1936-)**

Shou zi 寿子
SHOU, CHONG DE 寿崇德 **(1927-)**

Shou zi 瘦子
CAI, ZHEN YANG 蔡振扬 **(1917-)**

Shou zi shi zhu ren 受兹室主人
QIAN, XUN 钱恂 **(1853-1927)**

Shu 叔
WANG, REN SHU 王任叔 **(1901-1972)**

Shu 舒
HAO, JIAN LIANG 郝建樑 **(1907-)**

Shu 树
ZHOU, SHU REN 周树人 **(1881-1936)**

Shu 蜀
LUO, ZHENG SHU 罗正淑 **(1907-1987)**

Shu ai zi 书騃子
GAO, XIE 高燮 **(1878-1958)**

Shu, An 疏盦
WANG, JING 王竞

Shu an 述庵
WANG, ZHONG QI 王锺麒 **(1880-1913)**

Shu an 恕安
FU, LEI 傅雷 **(1908-1966)**

Shu an 恕庵
FU, LEI 傅雷 **(1908-1966)**

Shu an 曙庵
WANG, SHU MIN 王树民 **(1911-)**

Shu, Ang 舒昂
XU, SHU JUAN 徐淑娟 **(1915-)**

Shu bao 叔宝
CHEN, XU 陈栩 **(1879-1940)**

Shu bei 书北
LIU, GUANG YUN 刘广云 **(1958-)**

Shu bin 蜀宾
XU, SHENG YAO 许绳尧 **(1897-1984)**

Shu, Cang 树藏
XIAO, BING QIAN 萧秉乾 **(1910-1999)**

Shu, Chang 舒畅
SHU, SHOU NIAN 舒寿年 **(1905-)**

Shu, Chang 舒畅
SHU, YANG 舒炀 **(1928-)**

Shu, Chang 舒畅
SU, DE ZHEN 苏德祯 **(1949-)**

Shu chang 叔常
TIAN, HAN 田汉 **(1898-1968)**

Shu chao 書巢
ZHOU, JUE LIANG 周珏良 **(1916-)**

Shu chen 抒晨
WANG, SHU CHEN 王树忱 **(1931-1991)**

Shu, Cheng 束成
JIANG, XI JIN 蒋锡金 **(1915-)**

Shu, Cheng 舒澄
XU, XI 徐熹 **(1908-)**

Shu, Chong 舒崇
YANG, BEN QUAN 杨本泉 **(1923-)**

Shu chu 叔楚
QIAN, XI BAO 钱锡宝

SHU, CHUAN XI 舒传熹 **(1932-)**
Chuan xi 传曦
Chuan xi 传熙

Shu, Cong 舒丛
SUN, SU FAN 孙速蕃 **(1939-)**

Shu cun 叔存
DENG, YI ZHE 邓以蛰

Shu, Dai 舒岱
XU, SHU JUAN 徐淑娟 **(1915-)**

Shu dai zi 书呆子
WANG, LI AN 汪立安 **(1902-)**

Shu dai zi 书呆子
DU, RONG CHEN 杜荣琛 **(1955-)**

Shu dai zi 书呆子
CHEN, ZHONG XIONG 陈中雄

SHU, DAO GUI 书道规 **(1936-)**
Shu, Yi 书弋
Tao kui 桃葵
Xiang ren 湘人
Xiang, Yang 向阳

Shu dao ren 菽道人
QIU, WEI XUAN 丘炜萲 **(1873-1941)**

Shu dao xing ren 蜀道行人
DENG, XIAN CHENG 邓先成 **(1928-)**

Shu de 澍德
LIU, SHU DE 刘澍德 **(1906-1970)**

SHU, DE QI 舒德七 **(1951-)**
Shu, De qi 舒德骑

Shu, De qi 舒德骑
SHU, DE QI 舒德七 **(1951-)**

Shu, Di 舒弟
WEN, YU SHU 温玉书 **(1911-)**

Shu, Ding 舒丁
YING, XIU REN 应修人 **(1900-1933)**

Shu dong 抒东
PAN, BI ZENG 潘壁增 **(1944-)**

Shu dong 蜀东
ZHOU, YUN PENG 周云鹏 **(1912-1992)**

Shu, Du 舒覩
LÜ, MENG ZHOU 吕梦周 **(1912-)**

Shu er 殳耳
GUO, ZHEN SHENG 郭振声 **(1929-)**

Shu er 述而
DONG, SHAO MING 董绍明 **(1899-1969)**

Shu, Fan 舒凡
LIANG, GUANG MING 梁光明 **(1942-)**

Shu fan 菽樊
QIU, WEI XUAN 丘炜萲 **(1873-1941)**

Shu fan 菽繁
QIU, WEI XUAN 丘炜萲 **(1873-1941)**

Shu, Fei 舒非
YUAN, WEN SHU 袁文枢 **(1910-1993)**

Shu, Fei 舒非
CAI, JIA PING 蔡嘉苹 **(1954-)**

Shu, Fen 树菜
SUN, SHU FEN 孙树菜 **(1933-)**

Shu, Fen 树菜
ZHOU, SHU FEN 周树菜

Shu, Fen 舒愤
MU, SHAO LIANG 沐绍良 **(1912-1969)**

Shu, Feng 舒风
CHEN, GANG 陈刚 **(1918-1988)**

SHU, FENG 舒风 **(1935-)**
Bei bian 北编
Hong fu 虹赋
She yu 舍予
Zhang, Fu 张夫

Shu, Feng lin 舒枫林
SU, YONG ZHI 苏永智 **(1956-)**

Shu, Fu 束负
LAI, ZHAO ZENG 赖肇增 **(1926-)**

Shu, Fu 束负
LAI, YONG TAO 赖永涛 **(1940-)**

Shu fu 蜀夫
YANG, WU NENG 杨武能 **(1938-)**

Shu fu wo sheng 书负我生
QU, CHU 屈楚 **(1919-1986)**

Shu, Ge 舒戈
LIU, SHU CHUN 刘树春 **(1923-)**

Shu, Ge 舒歌
LIU, SHU CHUN 刘树春 **(1923-)**

Shu ge 书阁
BAN, SHU GE 班书阁 **(1900-)**

Shu ge 蜀戈
MIAO, GUANG QIN 缪光钦 **(1915-)**

Shu geng 叔更
LIN, PEI 林沛 **(1950-)**

Shu gong 庶公
WU, YU WEI 吴堉威 **(1906-1989)**

Shu gong 蜀弓
ZHANG, XIAO YU 张效愚 **(1927-)**

Shu, Guang 舒广
GAO, GUO QING 高国庆 **(1953-)**

Shu guang 曙光
TAN, PI MO 谭丕谟 **(1899-1958)**

Shu guang 曙光
HUANG, YONG LIAN 黄雍廉 **(1930-)**

Shu guang 淑光
CHEN, SHU GUANG 陈淑光 **(1931-)**

Shu, Han 舒翰
FAN, JIAN YA 范剑涯

Shu han 叔寒
ZANG, JUN SHENG 臧俊声 **(1905-)**

Shu han 叔翰
WANG, SHU HAN 王叔翰 **(1900-1947)**

Shu, He 舒翮
JIANG, SHU GE 姜书阁 **(1907-)**

Shu he 叔鹤
XU, SHAO KANG 徐绍康 **(1892-1975)**

Shu, Heng 舒衡
YU, SHU HENG 于书恒 **(1938-)**

Shu heng 书衡
WANG, SHI TONG 王式通 **(1863-1931)**

Shu hong 叔鸿
YI, QIONG 易琼 **(1916-)**

Shu hong 蜀洪
XU, ZI LIN 徐子林 **(1929-)**

Shu, Hua 树华

LIU, SHU HUA 刘树华 **(1950-   )**

Shu, Hua 舒华
CHU, SONG XUE 褚松雪 **(1900-   )**

Shu, Hua 舒桦
LI, BING YAO 李秉尧 **(1936-   )**

Shu hua 书华
LI, SHU HUA 李书华 **(1890-1979)**

Shu hua 叔华
CHEN, WEI MO 陈炜谟 **(1903-1955)**

Shu hua 叔华
LING, RUI TANG 凌瑞棠 **(1904-1990)**

Shu hua nü shi 叔华女士
LING, RUI TANG 凌瑞棠 **(1904-1990)**

Shu, Huai 树淮
WANG, SHU HUAI 王树淮 **(1955-   )**

Shu, Huai 舒怀
LÜ, SHU HUAI 吕舒怀 **(1954-   )**

Shu, Huai 舒淮
LIU, SHU CHUN 刘树春 **(1923-   )**

Shu, Hui 束蕙
DUAN, PING 段平 **(1936-   )**

Shu, Hui 舒慧
YANG, SHU HUI 杨淑慧 **(1929-   )**

Shu hui 曙辉
LI, QING FENG 李清风

Shu hun 蜀魂
JIANG, SHI 江石 **(1899-   )**

Shu hun 蜀魂
ZHOU, KAI QING 周开庆 **(1906-   )**

Shu, Ji 树基
WANG, SHU JI 王树基 **(1921-   )**

SHU, JI WEI 舒纪维 **(1915-   )**
Ji wei 骥尾
Yang, Ren 扬仁

Shu, Jia 树嘉
HE, KAI RONG 何开荣 **(1907-1952)**

Shu jian 叔坚
LUO, ZHEN YU 罗振玉 **(1866-1940)**

Shu jie 叔节
YAO, YONG GAI 姚永概 **(1866-1923)**

Shu jie xue ren 曙戒学人
ZHANG, YU 章钰 **(1865-1937)**

Shu jin 抒今
ZHANG, SHENG GUI 张生贵 **(1944-   )**

Shu, Jing 疏景
ZHENG, JI YUN 郑际云 **(1895-1992)**

Shu, Jing 舒静
JIANG, SHU JING 姜舒静 **(1943?-   )**

Shu, Juan 舒卷
KUANG, JING YAN 邝景焉 **(1933-   )**

Shu, Jun 舒君
SUI, SHU JIN 隋书金 **(1927-   )**

Shu jun 书君
YU, JIN GUO 余锦国 **(1964-   )**

Shu jun 叔君
HUANG, WEN FAN 黄文範 **(1925-   )**

Shu jun ju shi 殊君居士
YUAN, SHU 袁殊 **(1911-1987)**

Shu kan 赤坎
GU, XUE JIE 顾学颉 **(1913-   )**

Shu, Ke 舒柯
WANG, QIU YING 王秋萤 **(1913-   )**

Shu ke 庶克
XIE, JIA XIAO 谢家孝 **(1931-   )**

Shu ke 蜀客
YAO, ZHENG KANG 姚正康 **(1934-   )**

Shu, Ke feng 舒克风
MAO, XIAO YONG 冒效庸 **(1914-   )**

Shu, Kui 树奎
ZHOU, SHU KUI 周树奎 **(1873-1936)**

Shu, Lan 舒兰
DAI, SHU XUN 戴书训 **(1932-   )**

Shu, Lan 舒兰
LI, SHU LAN 李树兰 **(1933-   )**

Shu lan nü shi 淑兰女士
FENG, SHU LAN 冯淑兰 **(1900-1974)**

Shu, Lang 舒朗
MA, HUA 马骅 **(1916-   )**

Shu, Li 树理
ZHAO, SHU LI 赵树礼 **(1906-1970)**

SHU, LI ZHEN 舒丽珍 **(1932-   )**
Fan, Ye 范野
Xiao ming 晓明

Shu, Lie 树烈
XIAO, SHU LIE 萧树烈 **(1896-1927)**

Shu, Lin 舒林
ZHUANG, JING 庄劲 **(1919-   )**

Shu, Lin 舒林

WANG, ZHI JIAN 王志健 (1928-)

Shu lin 庶凛
XU, SHU LIN 徐树林 (1944-)

Shu, Ling 舒灵
WANG, ZHI JIAN 王志健 (1928-)

Shu, Ling 舒凌
WANG, SHU LIN 王树林 (1962-)

Shu liu 漱六
WU, DING DI 吴鼎第 (1914-)

Shu liu 漱流
WANG, GUANG TI 王光逖 (1918-1981)

Shu liu shan fang 漱六山房
ZHANG, CHUN FAN 张春帆 (1872-1935)

Shu liu shan fang zhu ren 漱六山房主人
ZHANG, CHUN FAN 张春帆 (1872-1935)

SHU, LONG 舒龙 (1941-)
Shu nong 书农

Shu Long 束龙
ZHAN, HENG XUE 詹恒学 (1941-)

Shu lü 淑侣
LI, MING CHENG 李明诚 (1914-)

Shu lü 蜀旅
LI, MING CHENG 李明诚 (1914-)

Shu luan 叔鸾
FENG, SHU LUAN 冯叔鸾

Shu luan 漱峦
FENG, SHU LAN 冯淑兰 (1900-1974)

Shu, Mai 舒麦
LIU, SHU CHUN 刘树春 (1923-)

Shu, Mang 舒芒
WANG, ZENG CAI 王曾才 (1935-)

Shu mao 叔懋
JIANG, CHUN FANG 姜椿芳 (1912-1987)

Shu mei 书妹
LIU, SHU MEI 刘姝妹 (1959-)

Shu, Meng 束萌
WANG, ZHU 王铸 (1902-1986)

Shu mian 书勉
MA, YU KUI 马玉魁 (1925-)

Shu mian 书绵
GONG, SHU MIAN 龚书绵 (1924-)

Shu min 述民
CHEN, RI XIN 陈日新 (1900-1990)

Shu, Ming 舒明
ZHENG, ZHEN QIU 郑振球 (1942-)

Shu ming 淑明
WANG, ZHU 王铸 (1902-1986)

Shu ming 漱冥
LIANG, HUAN DING 梁焕鼎 (1893-1988)

Shu ming 漱溟
LIANG, HUAN DING 梁焕鼎 (1893-1988)

Shu ming 曙鸣
WANG, TONG FA 王统发 (1924-)

Shu, Mo 舒模
JIANG, SHU MO 蒋树模 (1912-1991)

Shu mo 叔默
LI, BAO XUN 李葆恂 (1859-1915)

Shu mou 叔牟
JIANG, BI HOU 蒋璧厚 (1923-)

Shu, Mu yuan 舒牧原
WEI, CANG SHI 魏沧石 (1928-)

Shu, Nai 舒奈
LÜ, SHOU KUN 吕寿琨 (1919-1975)

Shu nan yin zhe 蜀南饮者
LEI, ZHAO XING 雷昭性 (1873-1920)

Shu, Ni 舒尼
YUAN, WEN SHU 袁文枢 (1910-1993)

Shu, Ning 舒宁
LI, BING LIN 李炳麟 (1922-)

Shu, Nong 树农
WEN, SHI YIN 文世银 (1924-)

Shu nong 书农
SHU, LONG 舒龙 (1941-)

Shu nuo 孰诺
TANG, DUAN YI 唐端毅 (1913-1992)

SHU, PEI 束佩 (1919-)
Jing zhong ji 荆中棘
Lin, Shi 林诗
Shu, Ren qiu 束纫秋
Shu, Ying 疏影
Shu, Ying 踈影
Shu, Zhi qi 疏植梠
Su pei 宿霈
Wang, Ying 王影
Yan, Wei 言微
Yi, Huo 易火
Yue, Xin 越薪

Shu, Pei 舒霈
SHU, PEI DE 束沛德 (1931-)

SHU, PEI DE 束沛德 (1931-)

Shu, Pei 舒霈

Shu, Ping 舒平
CHANG, SHU TAI 常舒泰 **(1921-)**

Shu, Ping 舒平
ZHAO, RUI HE 赵瑞禾 **(1923-)**

Shu ping 庶平
ZUO, SHAO FU 左绍傅 **(1914-1984)**

Shu ping 署平
ZHAO, PING FU 赵平复 **(1902-1931)**

Shu qi 书麒
RUAN, SHI 阮式 **(1888-1911)**

Shu, Qian 舒谦
LIN, SHU QIANG 林舒谦 **(1911-1983)**

Shu, Qian 舒谦
JIANG, CHUN FANG 姜椿芳 **(1912-1987)**

Shu qian 书潜
FU, ZENG XIANG 傅增湘 **(1872-1949)**

Shu qian 叔迁
SU, YU FU 苏玉孚 **(1927-)**

Shu qian 庶虔
LI, SHU QIAN 李树谦 **(1929-)**

Shu qian 庶谦
LIAO, BO HUA 廖伯华 **(1894-1945)**

Shu, Qiang 舒强
JIANG, SHU QIANG 蒋树强 **(1915-)**

Shu, Qin 舒沁
LIN, PEI 林沛 **(1950-)**

Shu, Qin 舒沁
SONG, SHU QIN 宋淑琴 **(1953-)**

Shu, Qin 舒琴
WANG, SHANG QIN 王尚勤 **(1940-)**

Shu, Qing 舒青
LIU, WEI XIN 刘维新 **(1933-)**

Shu, Qing 舒晴
LU, SHU 卢淑

Shu qing 淑清
GAO, SHU QING 杲淑清 **(1920-)**

Shu qing 蜀青
LU, FU XIANG 卢福庠 **(1917-)**

SHU, QING CHUN 舒庆春 **(1899-1966)**
Fei wo 非我
Fei wu 非吾
Hong lai 鸿来
Lao she 老舍
She 舍
She yu 舍予
Shu, She yu 舒舍予
Xie qing 絜青
Xie yu 絜予

Shu, Qiong 舒琼
MA, HUA 马骅 **(1916-)**

Shu, Qiong 舒琼
LIU, SHU CHUN 刘树春 **(1923-)**

Shu qiu 抒秋
HU, YU GUI 胡毓桂 **(1892-1985)**

Shu qiu 叔秋
ZHOU, BAI LIN 周柏林 **(1951-)**

Shu, Qu 舒屈
WU, XIAO TIAN 吴孝田 **(1928-)**

Shu qu 书渠
LI, BO GANG 李伯刚 **(1901-1976)**

Shu quan 叔权
XU, CHI QING 徐持庆 **(1940-)**

Shu, Qun 舒群
LI, SHU TANG 李书堂 **(1913-1989)**

Shu, Qun 舒群
LIU, SHU CHUN 刘树春 **(1923-)**

Shu, Ren 树人
WU, YONG SHAN 吴永珊 **(1878-1966)**

Shu, Ren 树人
ZHOU, SHU REN 周树人 **(1881-1936)**

Shu, Ren 树人
WANG, SHU REN 王树人 **(1936-)**

Shu, Ren 舒仁
YAN, BAO KANG 严宝康 **(1953-)**

Shu ren 叔壬
YANG, YU LIN 杨毓麟 **(1872-1911)**

Shu ren 庶人
SONG, JIU ZHI 宋九祉 **(1917-)**

Shu ren 淑人
LIU, DE PU 刘德璞 **(1934-)**

Shu ren 漱人
TIAN, HAN 田汉 **(1898-1968)**

Shu ren 漱仁
LI, SHU REN 李树人 **(1916-)**

Shu ren 蜀人
WANG, ZHONG QING 王仲清 **(1926-)**

Shu ren 蜀人
TAN, YUN SEN 谭云森 **(1927-)**

Shu ren 蜀人

LONG, RUI 龙瑞 (1946-)

Shu ren 蜀仁
CHEN, LI ZONG 陈立宗 (1957-)

Shu, Ren qiu 束纫秋
SHU, PEI 束佩 (1919-)

Shu, Rong 树荣
ZHANG, SHU RONG 张树荣

Shu rou 叔柔
CHEN, YI FAN 陈彝范 (1860-1913)

Shu, Sai 舒塞
WEI, CANG SHI 魏沧石 (1928-)

Shu shan 书山
WANG, SHU SEN 王树森 (1945-)

Shu shan 漱山
WANG, ZU YU 王祖畬 (1842-1918)

Shu shan qing 蜀山青
LI, LIAN CUI 李连萃 (1911-1991)

Shu shan qing 蜀山青
YU, LING JU 喻舲居

Shu shan san ren 殳山散人
SHEN, WEN HUA 沈文华 (1897-)

Shu, She yu 舒舍予
SHU, QING CHUN 舒庆春 (1899-1966)

Shu, Sheng 舒生
LIU, WEN XIAN 刘文铣 (1922-)

Shu, Sheng 树生
HAN, WEN JU 韩文举 (1855-1937)

Shu, Sheng 树声
LIU, SHU SHENG 刘树声 (1927-)

Shu sheng 殊生
HU, ZHU SHENG 胡珠生 (1927-)

Shu sheng 殊胜
LI, WEN TAO 李文涛 (1880-1942)

Shu sheng 淑生
LIN, ZHENG QI 林徵祁

Shu sheng 蜀生
ZHENG, QIAN 郑骞 (1906-1991)

Shu sheng 曙生
QIAN, CHENG 钱城 (1889-1938)

Shu sheng 曙胜
WANG, SHU SEN 王树森 (1945-)

Shu shi 漱石
LI, SHU SHI 李书诗 (1890-1927)

Shu shi 漱石
CHEN, SHOU SHI 陈守实 (1893-1974)

Shu shi 漱石
HAN, GUO PAN 韩国磐 (1919-)

Shu shi 书石
SUN, JIA JI 孙家骥 (1958-)

Shu shi 述时
SHI, XIN MIN 史新民 (1930-)

Shu shi sheng 漱石生
SUN, JIA ZHEN 孙家振 (1863-1939)

Shu shi shi 漱石氏
SUN, JIA ZHEN 孙家振 (1863-1939)

SHU, SHOU NIAN 舒寿年 (1905-)
Shu, Chang 舒畅
Shu, Wei qing 舒蔚青

Shu, Shu 舒蜀
XI, CHENG ZHENG 席诚正 (1922-)

Shu shu 叔舒
ZHENG, NENG RUI 郑能瑞 (1918-1991)

Shu shui 蜀水
LI, HONG FU 李洪福 (1934-)

SHU, SHUN ZHEN 树顺贞 (1916-)
Ge, Pei hua 戈佩华
Ge, Yang 戈扬
He, Ge zi 何歌子
Huai shi 淮士
Luo ren 洛人
Luo wen 洛文
Xi xi 栖栖
Zhi chun 知春

Shu sui lao ren 书髓老人
XU, SHI CHANG 徐世昌 (1858-1939)

Shu sun, Ji 叔孙季
HU, DE HUI 胡德辉 (1913-1968)

Shu tang 漱唐
HU, SI JING 胡思敬 (1870-1922)

Shu tong 漱筒
LI, WEN TAO 李文涛 (1880-1942)

Shu, Tian 舒天
LIU, ZHAO PING 刘兆平 (1951-)

Shu tian 书田
LI, SHU TIAN 李澍田 (1934-)

Shu tian 曙天
WU, SHU TIAN 吴曙天 (1903-1942)

Shu tian nü shi 曙天女士
WU, SHU TIAN 吴曙天 (1903-1942)

Shu, Tie min 舒铁民

ZHU, ZHEN DONG 祝振东 (1929-)

Shu, Ting 舒婷
GONG, PEI YU 龚佩瑜 (1952-)

SHU, TONG 舒同 (1905-)
Shu, Yi lu 舒宜禄

Shu tong 叔通
ZHUANG, FU CHONG 莊馥冲 (1901-)

Shu tong 庶僮
GE, RONG JIN 葛荣晋 (1935-)

Shu wai ren 书外人
CHEN, XIN CHUAN 陈新川 (1952-)

Shu, Wei 束为
SHU, XUE LI 束学礼 (1918-)

SHU, WEI GUANG 舒炜光 (1932-1988)
Yi shan 黟山

Shu, Wei qing 舒蔚青
SHU, SHOU NIAN 舒寿年 (1905-)

Shu, Wei zhen 舒危震
ZHENG, XIAN ZHI 郑新知

SHU, WEI ZHOU 舒维周 (1893-1960)
Chang wu 畅吾
Chang wu lu 畅吾庐
Shu, Xin cheng 舒新城
Shu, Yu shan 舒玉山
Xin cheng 新城

Shu, Wen 树文
ZHOU, SHU WEN 周书文 (1930-)

Shu wen 叔文
ZHANG, ZHAO HE 张兆和 (1910-)

Shu wen 叔问
ZHENG, WEN ZHUO 郑文焯（1856-1918）

Shu wen 述闻
HU, WEN BIN 胡文彬 (1939-)

Shu, Wen lang 舒文朗
WANG, SHEN QUAN 王深泉 (1923-)

Shu, Wu 舒吴
FANG, GUI DE 方珪德 (1922-)

Shu, Wu 舒芜
FANG, GUI DE 方珪德 (1922-)

Shu, Xia wu 舒侠舞
WEN, RUI AN 温瑞安 (1954-)

Shu, Xian 舒弦
CAI, WEI LIAN 蔡伟濂 (1923-)

Shu, Xiang 舒翔
LI, SI QIANG 黎思强 (1923-)

Shu xiang 叔向
ZHENG, WEN ZHUO 郑文焯（1856-1918）

Shu xiang 叔湘
LÜ, XIANG 吕湘 (1904-)

Shu, Xiang cheng 舒巷城
WANG, SHEN QUAN 王深泉 (1923-)

Shu, Xiao han 舒小寒
HUANG, LÜ LÜ 黄绿绿 (1952-)

Shu, Xie hua 舒絜华
DENG, SHI ZHONG 邓式钟 (1919-)

Shu, Xin 树新
YE, ZU YAN 叶祖衍 (1918-)

Shu, Xin 舒心
BAI, SHU RONG 白舒荣 (1941-)

Shu, Xin 舒辛
LIU, SHU XIN 刘叔新 (1934-)

Shu, Xin 舒欣
TONG, CHANG MING 佟常明 (1927-1990)

Shu xin 书馨
LING, SHU SHENG 凌树声 (1938-)

Shu, Xin cheng 舒新城
SHU, WEI ZHOU 舒维周 (1893-1960)

Shu, Xin ping 舒辛屏
CHEN, QIU FANG 陈秋舫 (1926-)

Shu, Xing 舒行
QIN, XIAO YING 秦晓鹰 (1948-)

Shu xing 数星
SUN, BING LUN 孙冰轮 (1926-)

Shu, Xiong 树雄
XIAO, BING QIAN 萧秉乾 (1910-1999)

Shu, Xu 束胥
WANG, REN SHU 王任叔 (1901-1972)

Shu, Xu 束胥
TANG, DUAN YI 唐端毅 (1913-1992)

Shu, Xu 束胥
JIANG, XI JIN 蒋锡金 (1915-)

Shu, Xuan 舒玄
CAI, WEI LIAN 蔡伟濂 (1923-)

Shu, Xue 舒学
WANG, JIAN 王鉴 (1903-1975)

Shu xue 漱雪
SHI, RU BI 石汝璧 (1902-1928)

SHU, XUE LI 束学礼 (1918-)
Li, Shu wei 李束为

Shu, Wei 束为
Xia, Chuan 夏川

Shu, Xun 树勋
XIA, SHU XUN 夏树勋 (1912-)

Shu, Xun 舒逊
YIN, SHU XUN 殷书训 (1923-)

Shu, Xun 舒逊
DAI, SHU XUN 戴书训 (1932-)

Shu ya 叔雅
DING, HUI KANG 丁惠康 (1870-1909)

Shu, Ya yun 舒亚云
XU, HONG ZHANG 徐鸿彰

Shu yan 叔言
LUO, ZHEN YU 罗振玉 (1866-1940)

Shu yan 淑炎
XIAO, SU 萧甦 (1928? -)

Shu, Yan 舒烟
MAO, XIAO YONG 冒效庸 (1914-)

Shu, Yan 舒湮
MAO, XIAO YONG 冒效庸 (1914-)

Shu yan 叔彦
CAO, YUAN BI 曹元弼 (1879-)

Shu yan 叔雁
DING, HUI KANG 丁惠康 (1870-1909)

Shu yan 漱巖
WANG, BAO ZHEN 王葆桢

Shu, Yang 舒扬
SHU, YANG 舒炀 (1928-)

Shu, Yang 舒扬
SU, SHU YANG 苏叔阳 (1938-)

SHU, YANG 舒炀 (1928-)
Shu, Chang 舒畅
Shu, Yang 舒扬

Shu yang 叔羊
SHEN, YI 沈议 (1909-1986)

Shu yang 叔阳
SU, SHU YANG 苏叔阳 (1938-)

Shu ye 叔夜
ZHANG, SHU YE 张叔夜

Shu, Yi 书弋
SHU, DAO GUI 书道规 (1936-)

Shu, Yi 束疑
ZHANG, SONG NIAN 张崧年 (1893-1986)

Shu, Yi 舒夷
LOU, JIAN NAN 楼建南 (1905-)

Shu yi 叔伊
CHEN, YAN 陈衍 (1856-1937)

Shu yi 叔一
YANG, YU LIN 杨毓麟 (1872-1911)

Shu yi 淑仪
SHI, SHU YI 施淑仪 (1878-)

Shu, Yi lu 舒宜禄
SHU, TONG 舒同 (1905-)

Shu, Yi min 舒怡民
SU, KUN HUANG 苏琨煌

SHU, YI REN 束衣人 (1925-1946)
He, Bai 何白
Shi, Huai chi 石怀池
Yi, Ren 衣人

Shu, Yin 舒諲
MAO, XIAO YONG 冒效庸 (1914-)

Shu yin 书茵
FENG, SUI FANG 冯穗芳 (1954-)

Shu yin 纾胤
LIU, SHENG YA 刘盛亚 (1915-1960)

Shu yin 叔因
LIN, PEI 林沛 (1950-)

Shu, Ying 树影
TAN, DI SEN 谭帝森 (1934-)

Shu, Ying 疎影
SHU, PEI 束佩 (1919-)

Shu, Ying 疏影
ZHENG, JI YUN 郑际云 (1895-1992)

Shu, Ying 疏影
SHU, PEI 束佩 (1919-)

Shu, Ying 疏影
NI, ZHENG XIANG 倪政祥 (1935-)

Shu, Ying 疏影
SONG, GUI YI 宋圭宜 (1943-)

Shu, Ying 疏影
WU, SHU YING 吴疏影

Shu ying 殊莹
LIU, GUO XING 刘国兴 (1915-)

Shu ying 淑英
SHI, ZHONG YING 石中英 (1889-)

Shu yong 书傭
QU, WAN LI 屈万里 (1907-1979)

Shu yong 叔永

REN, HONG JUN 任鸿儁 (1886-1961)

Shu yong 叔雍
ZHAO, ZUN YUE 赵尊嶽 (1896-)

Shu, Yu 树榆
ZHOU, MU ZHAI 周木斋 (1910-1941)

Shu, Yu 舒宇
WANG, ZHUO 王琢 (1921-)

Shu, Yu 舒羽
TAO, XUE HUI 陶学煇 (1930-)

Shu yu 抒玉
HE, HONG JUN 贺鸿钧 (1928-)

Shu yu 叔愚
WANG, BEN CHENG 王本诚 (1936-)

Shu yu 漱玉
HONG, YONG AN 洪永安 (1907-1989)

Shu, Yu shan 舒玉山
SHU, WEI ZHOU 舒维周 (1893-1960)

Shu, Yuan 树元
WANG, GUI SHENG 王贵生 (1932-)

Shu, Yuan 树园
HAN, WEN JU 韩文举 (1855-1937)

Shu yuan 书元
LI, SHU YUAN 李淑源 (1920-)

Shu yuan 叔元
QIU, WEI XUAN 丘炜萲 (1873-1941)

Shu yuan 俶員
QIU, WEI XUAN 丘炜萲 (1873-1941)

Shu yuan 淑源
LI, SHU YUAN 李淑源 (1920-)

Shu yuan 菽元
QIU, WEI XUAN 丘炜萲 (1873-1941)

Shu yuan 菽园
QIU, WEI XUAN 丘炜萲 (1873-1941)

Shu yuan 菽原
QIU, WEI XUAN 丘炜萲 (1873-1941)

Shu yuan ju shi 菽园居士
QIU, WEI XUAN 丘炜萲 (1873-1941)

Shu, Yun 舒云
YAO, WEI MIN 姚为民 (1931-)

Shu yun 书韵
LUO, LANG 罗琅 (1931-)

Shu yun 叔蕴
LUO, ZHEN YU 罗振玉 (1866-1940)

Shu yun 叔醞
LUO, ZHEN YU 罗振玉 (1866-1940)

Shu yun 庶允
REN, HONG JUN 任鸿儁 (1886-1961)

Shu yun 疎云
WU, YU WEI 吴堉威 (1906-1989)

Shu yun 曙云
ZHANG, EN XI 张恩袭 (1909-1938)

SHU, ZENG CAI 舒增才 (1919-)
Chen, Lai 陈莱
Mao, Xing 毛星
Sun, Xuan 孙玄
Wu, Zhou 吴宙
Zhao, Wu 赵无
Zheng, Hong 郑洪
Zhou, Yu 周宇

Shu Zhai 疏斋
LU, ZHENG SHEN 卢正绅 (1905-1951)

Shu zhai 恕斋
ZHOU, BANG SHI 周邦式

Shu zhai 鉥斋
LI, YIN SANG 李尹桑

Shu zhai ju shi 述斋居士
PENG, CHU HENG 彭楚珩 (1908-)

Shu, Zhen 树榛
MA, HUA 马骅 (1916-)

Shu zhen 述真
LIN, YAO HUA 林耀华 (1910-)

Shu zhen 淑贞
LI, YUN HE 李云鹤 (1914-1991)

Shu, Zhi 书祉
LIANG, ZHEN GUO 梁振国 (1922-)

Shu zhi 述之
PENG, SHU ZHI 彭述之 (1896-1983)

Shu zhi 述之
LI, NAI REN 李乃仁 (1916-)

Shu zhi 恕之
YANG, SHU ZHI 杨恕之

Shu zhi 恕直
LI, JIA YAN 李嘉言 (1911-1967)

Shu zhi 淑之
LIU, WU GOU 柳无垢 (1914-1963)

Shu, Zhi qi 疏植杞
SHU, PEI 束佩 (1919-)

Shu zhou 书舟

XIE, XIANG TAO 谢祥涛 **(1964-)**

Shu zhou 蜀舟
QI, RUI LIN 祁瑞麟 **(1937-)**

Shu, Zhuo 舒卓
JIANG, SHU ZHUO 蒋述卓 **(1955-)**

Shu, Zi 舒紫
GAO, SONG 高嵩 **(1936-)**

Shu zi 叔子
XIAO, TUI 萧蜕 **(1863-1958)**

Shu zi 淑子
HUANG, GU NONG 黄谷农 **(1916-)**

SHU, ZI YI 舒子怡
Su, Yi 苏怡

SHU, ZONG LIN 舒宗琳 **(1939-)**
Chuan lin 川琳
Yi bing 一兵

Shuai fu 衰辅
LI, JIN TU 李金土 **(1901-)**

Shuai, Ke 帅克
WANG, LIU 汪流 **(1923-)**

SHUAI, LI GONG 帅立功 **(1942-)**
Gu, Yue 古月

SHUAI, RU XIAN 帅儒先
Ding, Hua zhen 丁华真

Shuan jin 拴瑾
TIAN, CHANG WU 田昌五 **(1925-)**

Shuang 双
QU, QIU BAI 瞿秋白 **(1899-1935)**

Shuang 爽
QU, QIU BAI 瞿秋白 **(1899-1935)**

Shuang 爽
HUANG, ZHAO CHANG 黄肇昌 **(1911-1981)**

Shuang 霜
HUANG, TIAN JUN 黄天俊 **(1898-1988)**

Shuang 霜
QU, QIU BAI 瞿秋白 **(1899-1935)**

Shuang bai yi zhai zhu ren 双百益斋主人
ZHANG, ZHONG RU 章中如

Shuang, Bei zi 双贝子
WANG, XI PENG 汪锡鹏

Shuang cha ge 霜茶阁
WANG, XIAN 王贤 **(1897-1988)**

Shuang feng 霜枫
REN, WEI KUN 任维焜 **(1909-)**

Shuang feng 霜峰
REN, WEI KUN 任维焜 **(1909-)**

Shuang feng huang zhuan zhai 双凤凰专斋
LIU, SHOU PENG 刘寿彭 **(1891-1934)**

Shuang feng lou 双凤楼
YE, YUN PU 叶韫璞 **(1905-1975)**

Shuang ge 双戈
QIAN, FA CHENG 钱法成 **(1932-)**

Shuang gen lao ren 霜根老人
ZHANG, YU 章钰 **(1865-1937)**

Shuang gua lao ren 双栝老人
LIN, CHANG MIN 林长民 **(1876-1925)**

Shuang gua lu zhu ren 双栝庐主人
LIN, CHANG MIN 林长民 **(1876-1925)**

Shuang he 双禾
ZHANG, SHAO LAN 张少兰 **(1949-)**

Shuang hong dou zhai zhu 双红豆斋主
WU, QING XIANG 吴清庠 **(1878-1961)**

Shuang hong shi 霜红室
YE, YUN PU 叶韫璞 **(1905-1975)**

Shuang hong yi 霜红簃
HU, SHI YING 胡士莹 **(1901-1979)**

Shuang hua 霜华
DU, XIAO SI 杜肖思

Shuang ji 双楫
LIU, BI CHENG 刘必成

Shuang jian chi 双剑誃
YU, XING WU 于省吾 **(1896-1984)**

Shuang jian lou zhu ren 双鉴楼主人
FU, ZENG XIANG 傅增湘 **(1872-1949)**

Shuang jiang 双江
HE, GONG HE 何共和 **(1938-)**

Shuang kou 双口
LÜ, KE KE 吕克克 **(1947-)**

Shuang lin 双林
CHEN, DU XIU 陈独秀 **(1879-1942)**

Shuang lin 双林
QU, QIU BAI 瞿秋白 **(1899-1935)**

Shuang lin 霜林
ZHU, REN JIAN 朱仁健 **(1913-1983)**

Shuang lu 霜庐
WU, JIANG FENG 吴江枫

Shuang mao lou zhu 霜茂楼主
WANG, JING ZHI 王静芝 **(1916-)**

Shuang mei 双呆
WAN, DE HAN 万德涵 **(1905-)**

Shuang mian 双绵
ZHANG, ZHI QING 张志清 **(1935-)**

Shuang mo 双莫
QU, QIU BAI 瞿秋白 **(1899-1935)**

Shuang mu 双木
LIN, JI LING 林积令 **(1935-)**

Shuang mu 双木
LIN, YONG 林墉 **(1942-)**

Shuang mu 双木
YANG, DE QUAN 杨德权 **(1953-)**

Shuang mu 双牧
LIN, WEN JIN 林文锦 **(1948-)**

Shuang qiang jiang 双槍將
ZUO, XIAO HONG 左啸红 **(1905-1986)**

Shuang qing ge zhu 双青阁主
XU, CHANG WEI 许昌威 **(1905-1988)**

Shuang qing ju shi 双清居士
XIONG, XI LING 熊希龄 **(1869-1937)**

Shuang qing lou zhu 双清楼主
HE, XIANG NING 何香凝 **(1878-1972)**

Shuang re 双热
WU, GUANG XIONG 吴光熊

Shuang re 霜热
XU, ZHENG 徐正

Shuang ruo 霜若
XU, ZHENG 徐正

Shuang shan 双山
WANG, WEN YUAN 王文元 **(1907-)**

Shuang shan lou 双山楼
WANG, WEN YUAN 王文元 **(1907-)**

Shuang shuang 双双
SANG, LIN KANG 桑麟康 **(1957-)**

Shuang shui 双水
LU, RU HAO 陆汝浩 **(1943-)**

Shuang sui lou zhu 双穗楼主
SHEN, BING 申丙 **(1894-)**

Shuang tao 双涛
LIANG, QI CHAO 梁启超 **(1873-1929)**

Shuang ti 双替
TANG, DUAN YI 唐端毅 **(1913-1992)**

Shuang tian 霜天
WU, XING RAN 吴兴然 **(1945-)**

Shuang tie 双铁
DENG, TIE 邓铁 **(1898-1963)**

Shuang tong 爽同
QU, QIU BAI 瞿秋白 **(1899-1935)**

Shuang tong guan zhu 双桐馆主
WANG, JI GAO 汪季高

Shuang xi 双溪
XU, SHI YING 许世英 **(1872-1964)**

Shuang xi cao tang zhu ren 双溪草堂主人
XU, SHI YING 许世英 **(1872-1964)**

Shuang xi yi shi 双溪一士
CHEN, ZENG SHAN 陈增善 **(1909-1974)**

Shuang xing 双星
LI, TIAN XIONG 李天雄 **(1934-)**

Shuang ya 霜厓
WU, MEI 吴梅 **(1884-1939)**

Shuang ya 霜崖
YE, YUN PU 叶韫璞 **(1905-1975)**

Shuang yan 双言
DAI, YUN FEI 戴云飞 **(1962-)**

Shuang ye 双页
ZHENG, BING QIAN 郑秉谦 **(1930-)**

Shuang Ye 霜叶
YANG, ZHENG TAI 阳正太 **(1941-)**

Shuang yi 双翼
WU, YUN SHENG 吴筠生 **(1929-)**

Shuang yi 双翼
GUO, BO YING 郭伯英

Shuang ying zi 双英子
LU, CHUAN ZHI 卢传智 **(1949-)**

Shuang yu 双玉
ZHANG, XUE YIN 张雪茵 **(1908-1987)**

Shuang yu 双鱼
ZHENG, JIA ZHEN 郑家镇

Shuang yu xuan 双玉轩
HONG, WEI FA 洪为法 **(1900-1970)**

Shuang yue 双月
HONG, YUAN PENG 洪远朋 **(1935-)**

Shuang zhao lou 双照楼
WANG, ZHAO MING 汪兆铭 **(1883-1944)**

Shuang zhao lou 双肇楼
ZHANG, ZHONG RUI 张仲瑞 **(1908-)**

Shui 水
CHEN, DU XIU 陈独秀 **(1879-1942)**

Shui 水
FU, ZE HUANG 傅则黄 **(1893-1971)**

Shui 水
ZHANG, XIN YUAN 张心远 **(1895-1967)**

Shui 水
SHEN, YAN BING 沈雁冰 **(1896-1981)**

Shui 水
DAI, ZI CHENG 戴自诚 **(1918-)**

Shui an 睡庵
WANG, SHAO SHI 王少石 **(1940-)**

Shui an 睡菴
SHEN, ZENG ZHI 沈曾植 **(1850-1922)**

Shui an lao ren 睡庵老人
SHEN, ZENG ZHI 沈曾植 **(1850-1922)**

Shui, Bei 水北
LI, HONG 李竑 **(1931-)**

Shui, Cao 水草
YANG, DE EN 杨德恩 **(1908-)**

Shui, Cao 水草
ZHANG, PEI FANG 张沛芳 **(1937-)**

Shui, Cao ping 水草平
ZHONG, SHAO KUN 钟绍锟 **(1914-)**

Shui, Cao ping 水草平
CHEN, DA ZHE 陈大哲 **(1934-)**

Shui, Chang dong 水长东
SHUI, JIAN FU 水建馥 **(1925-)**

Shui, Cheng 水成
HUANG, YONG SHENG 黄永盛 **(1934-)**

Shui, Chuang 水窗
CAI, SHOU 蔡守 **(1879-1941)**

Shui, Dong 水东
WANG, ZHAO 王照 **(1859-1933)**

Shui dong cao tang zhu ren 水东草堂主人
WANG, ZHAO 王照 **(1859-1933)**

Shui dong hua yin 水东花隐
GUO, ZE YUN 郭则澐 **(1884-1940)**

Shui, Dong liu 水东流
LIN, CI LONG 林赐龙 **(1942-)**

Shui, Dong liu 水东流
FENG, REN AN 冯仁安

Shui, Dui zi 水碓子
LÜ, DE RUN 吕德润 **(1918-)**

Shui fan san lang 水番三郎
PAN, HAN NIAN 潘汉年 **(1905-1977)**

Shui, Fei 水飞
ZHANG, DA HONG 章大鸿 **(1933-)**

Shui, Fu 水夫
YE, HONG 叶洪 **(1920-)**

Shui, Fu 水甫
LUO, ZE PU 罗泽浦 **(1927-1998)**

Shui, He 水禾
WANG, YU HE 汪毓和 **(1929-)**

Shui, He tian 水禾田
PAN, JIONG RONG 潘泂荣 **(1946-)**

Shui hong 睡虹
ZHAO, RUI HONG 赵瑞霟 **(1915-)**

Shui, Hua 水华
LIANG, ZU QIANG 梁祖强 **(1922-)**

SHUI, HUA 水华 **(1931-)**
Peng, Yong hui 彭永辉

Shui, Hui sheng 水绘生
MAO, JI MEI 冒季美 **(1911-)**

SHUI, JIAN FU 水建馥 **(1925-)**
Shui, Chang dong 水长东

SHUI, JIAN TONG 水建彤 **(1921-)**
Sang, Jian liu 桑简流

Shui, Jin 水金
LI, GAN 李淦 **(1918-1966)**

Shui, Jin 水金
LU, XIANG GAN 陆象淦 **(1938-)**

Shui, Jin 水金
ZHANG, SHUI JIN 张水金 **(1950-)**

Shui jin 睡今
FU, RUI JIN 符瑞金 **(1906-)**

Shui, Jing 水晶
ZHANG, CHUN QIAO 张春桥 **(1917-)**

Shui, Jing 水晶
YANG, YI 杨沂 **(1935-)**

Shui jing an dao shi 水晶庵道士
PAN, FEI SHENG 潘飞声 **(1857-1934)**

Shui, Lan 水蓝
LI, YA NAN 李亚南 **(1952-)**

Shui, Liang 水亮
GUO, ZHENG YUAN 郭正元 **(1937-)**

Shui, Ling 水菱
ZHOU, LING LING 周玲玲

Shui, Mei 水梅
JIANG, BAO HAI 姜宝海 **(1941-)**

Shui, Men ting 水门汀
HUANG, GU NONG 黄谷农 (1916-)

Shui, Miao 水渺
DONG, HAN HE 董汉和 (1945-)

Shui, Mo 水沫
YAN, LONG ZHANG 颜龙章 (1925-)

Shui, Ni fan 水逆蕃
PAN, YU CHENG 潘毓成

Shui, Nian 水年
TIAN, YE 田野 (1918-)

Shui, Niu 水牛
LIU, YAO 刘耀 (1906-1983)

Shui, Pai 水拍
YUAN, GUANG MEI 袁光楣 (1916-1982)

Shui, Qi min 水启民
SHUI, WEI TING 水渭亭 (1935-)

Shui rao hua di guan zhu 水绕化堤馆主
PAN, XU ZU 潘序祖 (1902-)

Shui, Ren 水韧
LI, PU YUAN 李朴园 (1901-)

Shui, San lang 水三郎
XING, YONG CHUAN 邢永川 (1938-)

Shui seng 睡僧
REN, XIU SHEN 任修身

Shui, Shan 水衫
LÜ, YUN SONG 吕云松 (1930-)

Shui, Sheng 水生
WANG, YANG 王扬 (1917-1986)

Shui, Sheng 水生
MAO, JI CHANG 毛季常 (1920-1991)

Shui, Shi ju 水石居
SU, JU XIAN 苏局仙 (1882-1991)

Shui, Shu 水菽
PAN, YOU NIAN 潘有年 (1897-1988)

Shui, Shu wen 水束文
WU, YIN SHU 吴引漱 (1925-)

Shui, Sou 水叟
CHEN, ZI FEN 陈子奋 (1898-1976)

Shui, Tian 水天
HUANG, YU QING 黄育清 (1940-)

SHUI, TIAN TONG 水天同 (1909-)
Zhuo bing 斫冰

Shui, Tian yue 水田月
HUANG, WEI MING 黄渭铭 (1936-)

Shui, Wang 水王
WANG, KE RANG 汪克让 (1946-)

Shui, Wei 水味
WANG, YANG 王扬 (1917-1986)

SHUI, WEI TING 水渭亭 (1935-)
Jiang, Cun 姜村
Shi, Cun 石村
Shui, Qi min 水启民

Shui weng 睡翁
SHEN, ZENG ZHI 沈曾植 (1850-1922)

Shui, Xin 水心
ZHENG, TIAN JIAN 郑天健 (1900-1975)

Shui, Xin 水心
HUANG, YONG LIAN 黄雍廉 (1930-)

Shui, Xin 水心
ZHANG, ZHONG LIANG 张仲良

Shui, Xin lou 水心楼
ZHENG, TIAN JIAN 郑天健 (1900-1975)

Shui, Yi fang 水一方
SONG, LING YU 宋玲玉

Shui, Yin 水音
ZHANG, XIU QI 张绣绮 (1952-)

Shui, Yin ping 水荫萍
YANG, CHI CHANG 杨炽昌 (1908-)

Shui, Yong 水勇
YAO, YE YONG 姚业涌 (1946-)

Shui yu 谁欤
WANG, XIN FU 王新甫 (1902-)

Shui, Yuan 水源
HAN, RUI YUAN 韩瑞元

Shui, Yue guang 水月光
ZHOU, MING KUI 周明夔 (1899-1970)

Shui, Yun 水云
LIN, EN QING 林恩卿 (1909-)

Shui, Yun 水云
YUAN, GUANG MEI 袁光楣 (1916-1982)

Shui, Zao ping 水藻萍
ZHONG, SHAO KUN 钟绍锟 (1914-)

Shui, Zhai 水翟
MA, ZHUO HUA 马濯华 (1950-)

SHUI, ZHENG JU 税正举 (1949-)
Rui shan 瑞山

Shui, Zhou 水舟
ZHANG, SHUI ZHOU 张水舟 (1954-)

Shui, Zhu 水竹

XU, SHI CHANG 徐世昌 (1858-1939)

Shui zhu cun ren 水竹邨人
XU, SHI CHANG 徐世昌 (1858-1939)

Shui zhu cun ren 水竹村人
ZHENG, JI YUN 郑际云 (1895-1992)

Shui, Zi 水子
MOU, RUN SUN 牟润孙 (1907-1988)

Shun 顺
SHEN, YAN BING 沈雁冰 (1896-1981)

Shun an 舜龠
ZHAO, WAN LI 赵万里 (1905-1980)

Shun feng 顺风
LIAO, YA ZHANG 廖雅章 (1922-)

Shun feng 舜风
WU, NAN XUN 吴南薰 (1927-)

Shun feng 舜封
CHEN, YAN 陈炎 (1925-)

Shun li 顺理
LI, WEN TAO 李文涛 (1880-1942)

Shun sheng 舜生
ZUO, SHUN SHENG 左舜生 (1893-1969)

Shun ying 舜莹
DU, SHENG RONG 杜生荣 (1925-)

Shun zhi 舜之
CHEN, XUN ZHI 陈迅之 (1923-)

Shuo 朔
SHEN, YAN BING 沈雁冰 (1896-1981)

Shuo dong fang 朔东方
DIAO, YONG QUAN 刁永泉 (1945-)

Shuo er 朔尔
ZHOU, SHU REN 周树人 (1881-1936)

Shuo fan 朔凡
LIU, RONG CHI 刘溶池 (1917-)

Shuo feng 朔风
REN, YU CHENG 任禹成 (1907-)

Shuo fu 朔夫
NAN, JU RONG 南矩容 (1937-)

Shuo fu 硕夫
YIN, KUAN 尹宽

Shuo fu 硕甫
YI, SHUN DING 易顺鼎 (1858-1920)

Shuo fu 硕甫
YIN, KUAN 尹宽

Shuo gang 朔冈
YANG, JI GANG 杨吉冈 (1950-)

Shuo jian ci ren 说剑词人
PAN, FEI SHENG 潘飞声 (1857-1934)

Shuo jin 硕金
DING, LÜ ZHEN 丁履镇 (1938-)

Shuo meng ren 说梦人
ZHU, SHOU JU 朱瘦菊

Shuo mo 朔漠
ZHOU, MU BIN 周慕斌 (1954-)

Shuo nan 说难
HU, YU ZHI 胡愈之 (1896-1986)

Shuo quan 硕权
YIN, CHANG HENG 尹昌衡 (1886-1953)

Shuo ren 硕人
LOU, BANG YAN 楼邦彦 (1912-1979)

Shuo ru 硕儒
CHEN, QING HUA 陈清华 (1910-1982)

Shuo shun 硕舜
SHEN, XI CHUN 沈锡纯 (1910-)

Shuo wang 朔望
'BI, QING HANG 毕庆航 (1918-)

Shuo xun 硕埙
LI, SHUO XUN 李硕勋 (1903-1931)

Shuo yang 硕洋
CHEN, BING GUANG 陈炳光 (1939-)

Shuo ye 朔野
SHEN, RU LIAN 申如莲 (1921-)

Shuo yuan shi 说元室
LI, YUE RUI 李岳瑞 (1852-1927)

Shuo zhai 说斋
LU, XIANG XIAN 陆象贤 (1917-)

Si 丝
HONG, YONG AN 洪永安 (1907-1989)

Si 丝
LIN, CAI YING 林彩英 (1922-)

Si 俟
ZHOU, SHU REN 周树人 (1881-1936)

Si an 思安
LI, SI AN 李思安 (1892-1975)

Si bai 思白
CHEN, LI TING 陈鲤庭 (1910-)

SI, BAO CHANG 斯宝昶 (1926-)
Si, Min 斯民
Si, Ren 斯人
Su, Xin 苏心

Si bin san ren 絲鬢散人
ZHENG, XU 郑昶 **(1894-1952)**

Si, Bing 斯冰
ZHONG, SHI BIN 钟士斌 **(1937-)**

Si bing 思冰
GUAN, SHI BIN 管士滨 **(1920-)**

Si bing 嗣炳
YUE, SI BING 乐嗣炳 **(1901-1984)**

Si cai 思采
ZHAO, WEI FU 赵维富 **(1950-)**

Si cheng 思誠
JIN, SHAO TONG 靳绍彤 **(1930-)**

Si chong zhai 思冲斋
YANG, SHOU NAN 杨寿枏 **(1868-1947)**

Si chou 思畴
ZHANG, FAN JIU 张范九 **(1923-)**

Si cun 思忖
CHEN, SI CUN 陈思忖 **(1934-)**

Si, Ding 斯丁
QIAN, JING XUE 钱景雪 **(1918-)**

Si ding 司丁
SHEN, RU LIAN 申如莲 **(1921-)**

Si, Dong 斯冬
YANG, QUAN ZENG 杨全增 **(1932-)**

Si, Dong 斯冬
LI, SHI DONG 李世栋 **(1933-)**

Si en 思恩
CHEN, KANG SHUN 陈康顺 **(1929-)**

Si, Fang 斯方
ZOU, SHI FANG 邹士方 **(1949-)**

Si fang 四方
LIN, LI MEI 林丽美

Si, Feng 斯峰
LUO, SHI FENG 罗时烽 **(1932-)**

Si, Fu 斯夫
SUN, FENG JU 孙凤举 **(1928-)**

Si fu 思复
LIU, SI FU 刘思复 **(1884-1915)**

Si fu 思复
LIU, SUI YUAN 刘燧元 **(1904-1985)**

Si fu 思復
YANG, ZHEN HONG 杨振鸿 **(1874-1909)**

Si ge li shi zhu 思蛤蜊室主
CHEN, XUN 陈洵 **(1870-1942)**

Si, Gen 斯根
MENG, SI GEN 孟斯根 **(1908-)**

Si gong 司工
LI, GANG TIAN 李刚田 **(1946-)**

Si gu xuan 思古轩
ZHANG, HUAI QI 张怀奇 **(-1929)**

Si guang 四光
ZHANG, QING RONG 张清荣 **(1902-1955)**

Si guang 思光
LAO, SI GUANG 劳思光

Si guo 思果
CAI, ZHUO TANG 蔡濯堂 **(1918-)**

Si hai 四海
BI, SI HAI 毕四海 **(1949-)**

Si han 思涵
LI, EN HAN 李恩涵 **(1930-)**

Si han 思涵
WANG, ZHONG YONG 王忠勇 **(1947-)**

Si han 思汉
WANG, REN SHU 王任叔 **(1901-1972)**

Si hao 思浩
WANG, WU SHENG 王悟生 **(1936-)**

Si he 思鹤
XIAO, YOU MEI 萧友梅 **(1884-1940)**

Si he ren 四河人
XU, BING CHANG 徐炳昶 **(1888-1976)**

Si, Hou sheng 斯后生
ZHOU, MI MI 周蜜蜜 **(1953-)**

Si hua 思华
CHEN, TIAN HUA 陈天华 **(1875-1905)**

Si hua 思华
WANG, REN SHU 王任叔 **(1901-1972)**

Si hua 思华
LIU, PEI YAN 刘佩燕 **(1949-)**

Si, Hua shi 斯华士
CHEN, WEI MO 陈炜谟 **(1903-1955)**

Si huai 寺怀
LIU, SHENG YA 刘盛亚 **(1915-1960)**

Si huan 丝环
HU, SHAN YUAN 胡山源 **(1897-1988)**

Si huan 思还
HU, SHAN YUAN 胡山源 **(1897-1988)**

Si huang 思黄
CHEN, TIAN HUA 陈天华 **(1875-1905)**

Si hui 死灰
YANG, QUAN 杨铨 **(1893-1933)**

Si hui 思慧
WANG, YU HUANG 王裕煌 **(1927-)**

Si hui fu sheng 思恢復生
HUANG, QING CHENG 黄庆澄 **(1863-1904)**

Si, Ji 斯纪
LI, GUO XIANG 李国香 **(1921-)**

Si, Ji 斯基
CHEN, HE 陈鹤 **(1912-1984)**

Si ji 思基
TIAN, RU BI 田儒壁（**1920-** ）

Si ji chun 四季春
LI, JUN MENG 李俊猛

Si ji liu 司机刘
LIU, SHU HUA 刘树华 **(1950-)**

Si jia 思嘉
CHENG, LI HUA 程丽华

Si jian 思兼
SHEN, QIAN 沈谦 **(1947-)**

Si jiang 寺将
LIU, SHENG YA 刘盛亚 **(1915-1960)**

Si, Jie 斯捷
YIN, SHI JIE 尹世杰 **(1922-)**

Si jie 思杰
JIN, SI JIE 靳思杰 **(1917-)**

Si jin 思锦
WANG, SHOU CHUN 王守椿 **(1895-1985)**

Si jing 思静
CHEN, JING YAO 陈景瑶 **(1938-)**

Si jun 司骏
JIANG, CUI LIN 蒋翠林 **(1939-)**

Si kai 思恺
ZHANG, SI KAI 张思恺 **(1924-)**

Si ken 思懇
LIU, XI RONG 刘锡荣 **(1920-)**

Si kong, Bai 司空白
WANG, YAN LIN 王炎林 **(1922-)**

Si kong, Ce 司空册
MA, YOU MING 马幼明 **(1934-)**

Si kong, Hui 司空蕙
OU YANG, LAN 欧阳兰

Si kong, Jian 司空见
SHI, MEI HAO 石美浩 **(1925-)**

Si kong, Jian 司空见
HUANG, ZHI KUN 黄志堃 **(1925-)**

Si kong jian guai 司空见怪
WANG, REN SHU 王任叔 **(1901-1972)**

Si kong jian guan 司空见惯
PI, SHU MIN 皮述民 **(1933-)**

Si kong, Lu 司空鹿
LIU, SHU CHUN 刘树春 **(1923-)**

Si kong, Wu ji 司空无忌
WEN, ZHE QU 文哲渠 **(1911-)**

Si kong, Yu 司空雨
FANG, GUI DE 方珪德 **(1922-)**

Si, kong, Yu 司空俞
ZENG, YUAN CHENG 曾渊澄 **(1936-)**

Si lang 四郎
PAN, XUN 潘训 **(1902-1934)**

Si lang 四郎
LI, WEI JIAN 李惟建 **(1907-1981)**

Si lang 思琅
CAI, SHOU 蔡守 **(1879-1941)**

Si lang 嗣郎
WANG, SHI LANG 王诗琅 **(1908-1984)**

Si, Li 斯理
ZHAO, SHU LI 赵树礼 **(1906-1970)**

Si li 思立
CHEN, DE XUAN 陈德宣 **(1916-1980)**

Si liang 思量
ZENG, SHI LIANG 曾仕良 **(1950-)**

Si liu 思柳
GU, CHU XIA 辜楚霞 **(1949-)**

Si lu 思陆
WANG, REN SHU 王任叔 **(1901-1972)**

Si ma 司马
CAI, ZHONG DA 蔡仲达

Si ma, Ban 司马班
ZHONG, WEN LING 钟文灵 **(1931-)**

Si ma, Bu ping 司马不平
HAO, MING 郝明 **(1940-)**

Si ma, Bu qian 司马不迁
SUN, PU 孙璞 **(1927-)**

Si ma, Chang feng 司马长风
HU, YUE 胡越 **(1920-1980)**

Si ma, Chang ying 司马长缨
BAO, CHANG 鲍昌 **(1930-1989)**

SI MA, CHAO BO 司马朝波 **(1960-)**
Chao bo 朝波

Si ma, Chi 司马赤
LIANG, WEN SHAN 梁文珊 **(1942-)**

Si ma, Chuan 司马川
MA, QI LAI 马起来 **(1936-)**

Si ma, Chun qiu 司马春秋
XIA, QIN HAN 夏钦瀚 **(1926-)**

Si ma, Ci 司马疵
HE, KAI RONG 何开荣 **(1907-1952)**

Si ma, Da jiang 司马大江
QI, GUANG WEN 齐广文 **(1945-)**

Si ma, Di 司马蒂
LIU, ZHEN DE 刘振德 **(1917-)**

Si ma, Ding 司马定
WANG, LIN TAI 王临泰 **(1919-)**

Si ma, Dong 司马东
WU, WEN QI 吴文祺 **(1901-1991)**

Si ma, Fan lin 司马梵霖
HE, ZHANG PING 何章平 **(1916-1968)**

Si ma, Fei li 司马飞骊
LI, WEI HENG 李维恒 **(1916-)**

Si ma, Fei long 司马飞龙
DAI, YAN QING 戴延庆 **(1946-)**

Si ma, Feng yun 司马风云
ZHONG, SHUN WEN 钟顺文 **(1953-)**

Si ma, Gong 司马攻
MA, JUN CHU 马君楚 **(1933-)**

Si ma, Guai 司马怪
XIA, QIN HAN 夏钦瀚 **(1926-)**

Si ma, Guang 司马光
XING, GUANG ZU 邢光祖 **(1914-1993)**

Si ma, Hui 司马卉
ZHANG, XIANG HUA 张骧化 **(1927-)**

Si ma, Jin 司马今
QU, QIU BAI 瞿秋白 **(1899-1935)**

Si ma, Jin 司马进
MA, JIA XIANG 马家骧 **(1916-)**

Si ma, Ju 司马居
GUAN, ZHI XIONG 关志雄 **(1936-)**

Si ma, Juan juan 司马涓涓
WU, TIAN CAI 吴天才 **(1936-)**

Si ma, Jun 司马军
LIU, CAI ZHOU 刘才洲 **(1921-1970)**

Si ma, Jun 司马君
DU, PENG CHENG 杜鹏程 **(1921-1991)**

Si ma, Jun 司马珺
SUN, XI ZHEN 孙席珍 **(1906-1984)**

Si ma, Jun cheng 司马军城
MOU, LUN YANG 牟伦扬 **(1919-1943)**

Si ma, Kong 司马空
WANG, YING XIANG 王映湘 **(1924-)**

Si ma, Kou 司马寇
WANG, REN SHU 王任叔 **(1901-1972)**

Si ma, Kou 司马寇
LOU, JIAN NAN 楼建南 **(1905-)**

Si ma, Lan huo 司马蓝火
QI, CHONG XIAO 祁崇孝 **(1918-)**

Si ma, Liao 司马辽
HUANG, ZHONG MING 黄仲鸣

Si ma, Ling 司马灵
HE, ZHENG QING 何政清

Si ma, Ling 司马翎
WU, SI MING 吴思明 **(1936-)**

Si ma, Long 司马龙
CHEN, YIN EN 陈荫恩 **(1917-1966)**

Si ma, Long 司马龙
MA, HONG ZENG 马鸿增 **(1940-)**

Si ma, Lu 司马璐
MA, YI 马义 **(1919-)**

Si ma, Lun 司马侖
XU, DU DI 许度地 **(1914-)**

Si ma, Ming 司马名
HE, ZHENG QING 何政清

Si ma, Mu 司马牧
TU, ZONG TAO 涂宗涛 **(1924-)**

Si ma, Mu ding 司马牧丁
WU, QIAN YU 吴谦裕 **(1920-)**

Si ma, Niu 司马牛
SHEN, DUAN XIAN 沈端先 **(1900-1995)**

Si ma, Niu 司马牛
XU, GUANG XIAO 徐光霄 **(1915-1989)**

Si ma, Niu 司马牛
YUAN, GUANG MEI 袁光楣 **(1916-1982)**

Si ma, Niu 司马牛
HU, SHENG 胡绳 **(1918-)**

Si ma, Niu 司马牛
PAN, YOU WEI 潘有炜 **(1925-)**

Si ma, Niu 司马牛
LIN, HAN BIAO 林汉标 **(1929-)**

SI MA, QI 司马琪 **(1931-)**
Qi, Wen 戚文

Si ma, Qian 司马倩
BAO, WEN DI 包文第 **(1920-)**

Si ma, Qian zheng 司马前征
HU, RUN SEN 胡润森 **(1949-)**

Si ma, Qing shan 司马青山
SHEN, ZHI PING 沈治平 **(1933-)**

Si ma, Qing shan 司马青山
YU, SHI DA 於世达

Si ma, Qing tan 司马清潭
ZHANG, LONG GAO 张隆高 **(1936-)**

Si ma, Qun 司马群
CHEN, CHANG QUN 陈长群 **(1955-)**

Si ma, San qian 司马三千
LU, GUO WEI 陆国纬 **(1932-)**

Si ma, Sang dun 司马桑敦
WANG, GUANG TI 王光逖 **(1918-1981)**

Si ma, Sheng 司马圣
ZHU, WEN 朱雯 **(1911-)**

Si ma, Shi 司马氏
CHENG, JUN 成骏 **(1916-1983)**

Si ma, Shuang 司马双
ZHOU, ZHONG REN 周中仁 **(1927-)**

Si ma, Shuang 司马双
FENG, BING 冯竝 **(1945-)**

Si ma, Shuang 司马霜
LIU, XIN HUANG 刘心皇 **(1915-)**

Si ma, Tao 司马韬
WANG, PIN ZHI 王聘之 **(1919-)**

Si ma, Teng fang 司马腾芳
SHI, KUN JIAN 施坤鑑 **(1949-)**

Si ma, Wen 司马文
MA, ZHI YUAN 马志远 **(1918-)**

Si ma, Wen 司马温
CHEN, ZHAO RONG 陈钊荣 **(1913-1966)**

Si ma, Wen min 司马文敏
LI, JING CI 李景慈 **(1918-)**

Si ma, Wen sen 司马文森
HE, ZHANG PING 何章平 **(1916-1968)**

Si ma, Wen tian 司马文天
ZHANG, JUN 张军 **(1923-)**

Si ma, Wen wu 司马文武
JIANG, CHUN NAN 江春男 **(1945-)**

Si ma, Wu wei 司马无违
HAN, DAO CHENG 韩道诚 **(1917-)**

Si ma, Xiang 司马襄
HU, BO PING 胡波平

Si ma, Xin 司马心
LIN, YOU ZHANG 林佑璋 **(1940-)**

SI MA, XING 司马兴
Zhang, Xing 张兴

Si ma, Xu 司马訏
CHENG, CANG 程沧 **(1912-1979)**

Si ma, Xue 司马雪
XUE, XING GUO 薛兴国

Si ma, Yan lun 司马彦伦
ZENG, ZHENG CHANG 曾正昌 **(1922-1966)**

Si ma, Yang qian 司马仰迁
MAO, JIN FA 毛金法 **(1932-)**

Si ma, Yi kong 司马一孔
XU, ZHONG TIAN 徐中天 **(1929-)**

Si ma, Ying 司马莹
YAO, YU XIANG 姚玉祥 **(1915-)**

Si ma, Yu chang 司马玉常
KUANG, ZHONG SHI 邝忠实 **(1925-)**

Si ma, Yun teng 司马云腾
ZHOU, DA LU 周大鹿 **(1922-)**

Si ma, Zhao 司马钊
JIAN, BO ZAN 翦伯赞 **(1898-1968)**

Si ma, Zhong yuan 司马中原
WU, YAN MEI 吴延玫 **(1933-)**

Si ma, Zi lang 司马子朗
ZHOU, DA LU 周大鹿 **(1922-)**

Si ma, Zi yan 司马紫烟
ZHANG, ZU CHUAN 张祖传

Si man 思曼
WANG, HAN CHEN 王汉臣 **(1920-)**

Si, Mao 斯矛
ZHANG, KE QIN 张克勤 **(1930-)**

Si mao 四毛
WANG, YE AI 王也爱 **(1964-)**

Si mao 思冒
WU, SI MAO 武思茂

Si mei 思美
ZHANG, WEN TIAN 张闻天 **(1900-1976)**

Si mei 思湄
CHEN, DA ZHE 陈大哲 (1934-)

Si, Meng 斯蒙
CHEN, SHOU MEI 陈守梅 (1907-1967)

Si meng 思猛
CHEN, SHOU MEI 陈守梅 (1907-1967)

Si meng 思蒙
BU, SHI XU 步世绪 (1914-1973)

Si mi 思弥
WANG, REN SHU 王任叔 (1901-1972)

Si mi 嗣穈
HU, SHI 胡适 (1891-1962)

Si, Mian 斯勉
ZHANG, WEN TIAN 张闻天 (1900-1976)

Si, Min 斯民
SI, BAO CHANG 斯宝昶 (1926-)

Si min 思敏
WANG, REN SHU 王任叔 (1901-1972)

Si min 思敏
GUAN, SU ZHI 关素质 (1906-)

Si ming 思明
SHEN, SI MING 沈思明 (1913-)

Si ming 思明
JIN, RUI BEN 金瑞本 (-1943)

Si ming 思明
ZHANG, SHI MIN 张士敏 (1935-)

Si ming 司明
FENG, YUAN XIANG 冯元祥 (1918-)

Si ming 四名
GU, WAN CHUAN 谷万川 (1905-1970)

Si ming 四名
ZHANG, YONG NIAN 张永年 (1910-1997)

Si ming zhou zhi shao nian 思明洲之少年
CHEN, LIAN CAI 陈连才 (1884-1971)

Si mo 思墨
FENG, KUN MING 冯坤明 (1950-)

Si mo 思默
BI, QING HANG 毕庆航 (1918-)

Si, Mu 斯木
CHAI, JIAN GUO 柴建国 (1946-)

Si mu 思慕
LIU, SUI YUAN 刘燧元 (1904-1985)

Si ning 思宁
RUAN, YI CHENG 阮毅成 (1905-1988)

Si pei 思佩
QIAN, JING XUE 钱景雪 (1918-)

Si ping lou 思平楼
WANG, WEN ZHUO 王文卓 (1931-)

Si qi 思齐
WU, CHUAN YOU 吴传佑 (1914-1982)

Si qi 思齐
HU, YAN QING 胡燕青 (1954-)

Si qi 思奇
LI, SHENG XUAN 李生萱 (1910-1966)

Si qian 思谦
LIN, GONG ZU 林恭祖 (1927-)

Si qian 思潜
XU, JI CHUAN 许姬传 (1900-1990)

Si qiao 思樵
LU, ZHANG 路璋 (1939-)

Si, Qin 斯钦
GU, JI TANG 古继堂 (1936-)

Si qin 思芹
BI, SI HAI 毕四海 (1949-)

Si qin 思芹
WEN, HAI 温海 (1972-)

Si qin 思勤
SUN, DE PEI 孙德培 (1923-)

Si qiu 思秋
HUANG, HE QING 黄河清 (1937-)

Si quan 思泉
GAO, ZHAO QING 高昭庆 (1938-)

Si, Qun 斯群
WANG, XU YAN 王绪言 (1926-)

Si qun 嗣群
KANG, SI QUN 康嗣群 (1910-1969)

Si, Ren 斯人
MA, YAN XIANG 马彦祥 (1907-1988)

Si, Ren 斯人
SI, BAO CHANG 斯宝昶 (1926-)

Si, Ren 斯人
YAN, CHUN GOU 颜纯钩 (1948-)

Si, Ren 斯人
XIE, SHU DE 谢淑德 (1952-)

Si, Ren 斯人
ZHAO, YI RU 赵翼如 (1955-)

Si ruo 丝若
GUAN, SHI BIN 管士滨 (1920-)

Si ruo 思若
GUAN, SHI BIN 管士滨 **(1920-)**

Si shan ren 思山人
LI, SHI WEI 李世威 **(1943-)**

Si, Sheng tang 斯盛堂
XIE, ZHONG YI 谢众益 **(1963-)**

Si shi 思石
WU, JIN BIAO 伍锦标 **(1943-)**

Si shi 撕狮
ZHANG, JIN YAN 张金燕 **(1901-)**

Si shu zhen 思淑真
YE, CHUN LIANG 叶纯良

Si si 丝丝
HONG, YONG AN 洪永安 **(1907-1989)**

Si si 丝丝
CHEN, LONG 陈珑 **(1957-)**

Si si 思思
LIU, WEN ZHU 刘文注

SI, SU SHI 司苏实 **(1951-)**
Lang, Ni 郎尼
Yue, Ren 乐人

Si suo 思索
LI, CHUN JING 李春景 **(1946-)**

Si tang 俟堂
ZHOU, SHU REN 周树人 **(1881-1936)**

Si tang lao ren 泗塘老人
LIU, QI CONG 刘棨琮 **(1916-)**

Si, Te 斯特
CHEN, HUA SHU 陈华淑 **(1939-)**

Si te la huo fu 斯特拉霍夫
QU, QIU BAI 瞿秋白 **(1899-1935)**

Si, Ti 斯提
YE, SHAO JUN 叶绍钧 **(1894-1988)**

Si tian 思恬
ZHENG, DUN KAI 郑敦恺 **(1918-)**

Si ting 思婷
CHEN, WEN QUI 陈文贵 **(1948-)**

Si, Tu 斯徒
TAN, PI MO 谭丕谟 **(1899-1958)**

Si tu 司徒
ZHENG, FENG ZAO 郑风藻 **(1938-)**

Si tu, An 司徒安
ZENG, KUN 曾坤 **(1934-)**

Si tu, Ben 司徒奔
LIU, RUI FENG 刘瑞峰 **(1916-)**

SI TU, BING HE 司徒丙鹤 **(1916-)**
Zhou, Jian duan 周简段

Si tu, Bo qiu 司徒伯秋
CHEN, JING ZHI 陈敬之 **(1912-1982)**

SI TU, CHUAN 司徒传 **(1912-1950)**
Bai, Hua 白桦
Bai, Ying 白婴
Hong ye 红叶
Huang, Fen 黄芬
Jing zi 静子
Kong, Wang 孔望
Lang hua 浪花
Li ling 丽陵
Liu, Ding 刘定
Lu, Tao 路涛
Mo, Yan 莫燕
Qiu, Zi 秋子
Sha, Fei 沙飞
Song, Shan 宋山
Yan bing 眼兵

SI TU, CI WEN 司徒次文 **(1933-)**
Si tu, Zhi wen 司徒志文

Si tu, Dan 司徒丹
YAN, WEN JIN 严文锦 **(1915-)**

Si tu, Dan feng 司徒丹凤
LIU, YONG YU 刘庸愚 **(1919-)**

Si tu, De 司徒德
REN, ZHUO XUAN 任卓宣 **(1896-1990)**

Si tu, Dian deng 司徒电登
WU, ZU GUANG 吴祖光 **(1917-)**

Si tu, Ge 司徒葛
ZHENG, XI LIN 郑锡麟 **(1914-)**

Si tu, Hai 司徒海
ZHANG, FANG 张放 **(1932-)**

Si tu, Hong 司徒洪
LI, CHANG WEI 李长蔚 **(1926-)**

Si tu, Hu 司徒湖
WU, JIAN XIAN 吴建贤 **(1923-1991)**

SI TU, HUA CHENG 司徒华城 **(1927-)**
Shen, Hua 沈华
Xiao, Ting 肖亭
Yin yuan 音苑

Si tu, Huai 司徒怀
ZHONG, TING MING 钟廷明 **(1915-1964)**

Si tu, Huai bai 司徒怀白
ZHONG, TING MING 钟廷明 **(1915-1964)**

Si tu, Hui 司徒徽
ZHONG, KAI MING 钟开明 **(1918-1992)**

SI TU, HUI MIN 司徒慧敏 **(1910-1987)**
Qu, Wen 屈文

Si tu, Jie 司徒杰
KONG, LING JIE 孔令杰 **(1909-1966)**

SI TU, JIE 司徒杰 **(1955-　　)**
Bai, Fan 白帆

Si tu, Juan juan 司徒娟娟
YANG, YI CHUN 杨益春

SI TU, JUN WEI 司徒俊慰
Tao yuan ting xiu 桃园挺秀

Si tu, Kai 司徒凯
ZHAO, NAI DING 赵鼐定 **(1943-　　)**

Si tu, Ke 司徒克
LI, HONG BI 李宏贲 **(1914-1991)**

Si tu, Ke 司徒克
LI, WEI QING 李伟卿 **(1919-　　)**

Si tu, Ke 司徒轲
QI, XUE YI 戚学毅

Si tu, Lao 司徒劳
MA, YAN XIANG 马彦祥 **(1907-1988)**

Si tu, Li ming 司徒礼明
ZHU, ZONG BIN 朱宗彬 **(1913-1937)**

Si tu, Men 司徒门
HONG, XING FU 洪醒夫 **(1949-1982)**

Si tu, Min 司徒敏
JIN, DA KAI 金达凯 **(1924-　　)**

Si tu, Ming 司徒明
FENG, YUAN XIANG 冯元祥 **(1918-　　)**

Si tu, Ming 司徒明
LI, DAO MING 李道明 **(1953-　　)**

Si tu, Qi 司徒其
SONG, YUAN MO 宋元模 **(1911-　　)**

Si tu, Qiao 司徒乔
QIAO, XING 乔兴 **(1902-1958)**

Si tu, Qin 司徒琴
GAO, JI LIN 高季琳 **(1909-　　)**

Si tu, Ran 司徒然
LIU, NING 刘宁 **(1920-　　)**

Si tu, Sen 司徒森
LIU, NING 刘宁 **(1920-　　)**

Si tu, Si li 司徒斯丽
BI, QING HANG 毕庆航 **(1918-　　)**

Si tu, Wa 司徒瓦
ZENG, REN DAO 曾任道 **(1937-　　)**

Si tu, Wang 司徒王
ZHAO, YUN AN 赵允安 **(1898-1965)**

Si tu, Wei 司徒卫
ZHU, FENG 祝丰 **(1921-　　)**

Si tu, Wen 司徒文
YE, KUN CAN 叶昆灿 **(1935-　　)**

Si tu, Wen 司徒雯
CAI, WEN XUAN 蔡文玄 **(1905-1995)**

Si tu, Xian tian 司徒仙天
LIU, XIAN MING 刘贤明 **(1931-　　)**

Si tu, Xin 司徒欣
CHEN, JIA XIN 陈嘉欣 **(1932-　　)**

Si tu, Yi 司徒一
LIU, JI XIAN 刘集贤 **(1933-　　)**

Si tu, Yi shao 司徒一勺
XIE, FU SEN 谢复森 **(1919-　　)**

Si tu, Yu 司徒瑜
ZHU, ZUN ZHU 朱遵柱 **(1919-　　)**

Si tu, Yue 司徒越
LI, ZONG DA 李宗大 **(1911-　　)**

Si tu, Yue 司徒越
SUN, FANG KUN 孙方鲲 **(1914-　　)**

SI TU, ZHENG 司徒政
Wen, Zheng 文正

Si tu, Zhi wen 司徒志文
SI TU, CI WEN 司徒次文 **(1933-　　)**

Si tu, Zhuang 司徒壮
YU, SI MU 余思牧 **(1925-　　)**

Si tu, Zong 司徒宗
KONG, LING JIE 孔令杰 **(1909-1966)**

Si tui 思退
ZOU, EN RUN 邹恩润 **(1895-1944)**

Si wan wan ren zhi yi ge ren 四万万人之一个人
HUANG, ZAO 黄藻 **(1870-1900)**

Si wei 丝韦
LUO, CHENG XUN 罗承勋 **(1921-　　)**

Si wei 思伟
PAN, HE 潘鹤 **(1925-　　)**

Si wei 思维
MO, LAN YU 莫蓝玉 **(1945?-　　)**

Si wei 思微
QIAN, JIAN YING 钱剑英 **(1932-　　)**

Si, Wen 斯文
WANG, REN SHU 王任叔 **(1901-1972)**

Si, Wen 斯文
MU, SHAO LIANG 沐绍良 **(1912-1969)**

Si, Wen 斯文
SUN, DUN XIU 孙敦修 **(1940-)**

Si, Wen sheng 斯文生
ZHOU, ZUO REN 周作人 **(1885-1967)**

Si xia 思夏
FU, SHI XIA 傅世侠

Si xia 思霞
CHEN, HUAN YANG 陈焕旸 **(1948-)**

Si xian 思弦
YU, LING AI 余玲爱

Si xiang 嗣翔
WEN, SI XIANG 温嗣翔 **(1916-)**

Si xiao 思筱
XU, DENG JU 徐登举 **(1940-)**

Si xing 似形
LIU, SHI XING 刘式型 **(1916-)**

Si, Xun 斯曛
KUAI, SHI XUN 蒯世勋 **(1906-1987)**

Si ya 司亚
CHEN, SI YA 陈司亚

Si yan 司岩
ZHAO, HONG ZHOU 赵红州 **(1941-)**

Si yan 寺言
WANG, YANG 王扬 **(1917-1986)**

Si yan 思焉
MAO, ZHENG TIAN 毛正天 **(1955-)**

Si yan 思燕
LIU, QING 柳青 **(1920-)**

Si yan 肆言
YU, KAI XI 虞开锡

Si yang 司阳
SANG, PIN ZAI 桑品载 **(1939-)**

Si, Ye 斯也
ZHAO, PU LIN 赵普琳 **(1919-)**

Si ye 思叶
ZHOU, JIE FU 周洁夫 **(1917-1966)**

Si yi 司佾
ZHAO, HONG ZHOU 赵红州 **(1941-)**

Si yi 思义
WANG, RUN HUA 王润华 **(1924-1987)**

Si yi 思毅
LIU, FO DING 刘佛丁 **(1937-)**

Si, Yi ning 斯义宁
WANG, NING 王宁 **(1955-)**

Si, Yong 斯庸
CHEN, SHI YONG 陈诗永 **(1919-)**

Si, Yu 斯余
WU, SHI YU 吴士余 **(1945-)**

Si, Yu 斯妤
ZHAN, SHAO JUAN 詹少娟 **(1954-)**

Si, Yu 斯雨
CHEN, YUN GEN 陈云根

Si yu 丝雨
DENG, SI YU 邓嗣禹 **(1905-1988)**

Si yu 似愚
WU, JIAN ZHI 吴建之 **(1938-)**

Si yu 思玉
LI, ZONG ZHENG 李宗正 **(1923-)**

Si yu 思雨
GUO, KUN FU 郭坤福 **(1947-)**

Si yu 思禹
NING, XIE WAN 甯协万 **(1896-)**

Si, Yuan 斯远
WANG, XI YAN 王西彦 **(1914-)**

Si yuan 思远
WANG, REN SHU 王任叔 **(1901-1972)**

Si yuan 思远
WANG, ZHI ZHI 王誌之 **(1905-1990)**

Si yuan 思远
NIE, HUA LING 聂华苓 **(1925-)**

Si yuan 思远
HU, JIA MO 胡家模 **(1936-)**

Si yuan 思源
CHEN, SHI YUAN 陈仕元 **(1931-)**

Si yuan 思源
LIU, SHI YUAN 刘世元 **(1950-)**

Si yuan 思源
YUAN, PEI SHU 袁培树 **(1951-)**

Si yuan 思源
ZHAO, ZONG YU 赵宗预

Si yuan 思源
QIAN, SI YUAN 钱思源

Si, Yun 斯云
GU, WAN CHUAN 谷万川 **(1905-1970)**

Si yun 思云
WANG, SHOU CHUN 王守椿 (1895-1985)

Si yun 思蕴
TANG, DE GANG 唐德刚 (1920-)

Si zeng 嗣曾
PAN, XU LUN 潘序伦 (1893-1985)

Si, Zhen 斯珍
PI, ZUO JIU 皮作玖 (1917-)

Si zhen 四珍
SHEN, YAN BING 沈雁冰 (1896-1981)

Si zhen dao xiao sun shi 思真道笑孙氏
ZHOU, ZUO REN 周作人 (1885-1967)

Si zhi 思秩
WANG, YANG 王扬 (1917-1986)

Si zhong 死钟
YANG, SI ZHONG 杨思忠

Si, Zhu 斯竹
WANG, GUI 王贵 (1950-)

Song 松
WANG, SEN RAN 王森然 (1895-1984)

Song 松
LI, WEI HAN 李维汉 (1896-1984)

Song 松
ZHANG, XIAO 张骁 (1919-)

Song 松
ZHA, XUE SONG 查雪松 (1931-)

Song 松
HONG, ZHI HUI 洪智惠 (1939-)

Song 崧
HUANG, JIA YI 黄家怡

Song an 松庵
YAO, HAN LIAN 姚汉联

SONG, AN YE 宋安业 (1917-)
Zi yuan zhu ren 梓园主人

Song bai shan fang 松柏山房
ZHANG, QI GAN 张其淦 (1859-1930)

Song bai shan ren 松柏山人
ZHANG, QI GAN 张其淦 (1859-1930)

SONG, BAI XING 宋百兴 (1948-)
Song, Zhi jian 宋志坚
Yuan, Zheng 袁征

SONG, BANG RONG 宋邦荣 (1909-1939)
Guan, Xiang 关餉
Song, Yue 宋越
Song, Yue 宋樾

Song bi 松碧
MA, HUAI XUN 马怀珝 (1917-)

SONG, BI YUN 宋碧云 (1946-)
Zheng, Qiu shui 郑秋水

SONG, BING HENG 宋秉恒 (1912-)
Bao, Chang 宝常

Song, Bo 宋渤
SONG, LI FU 宋立福 (1939-)

Song, Bo hui 宋伯辉
QIAO, GUAN HUA 乔冠华 (1913-1983)

SONG, BO LU 宋伯鲁 (1854-1932)
Bo an 钵菴
Song, Zhi dong 宋芝栋
Song, Zi chun 宋子纯
Zhi chun 芝纯
Zhi dong 芝栋
Zhi dong 芝洞
Zhi tian 芝田
Zhi you 芝友
Zhu, Xin 竹心
Zi chun 子纯
Zi dun 子顿

Song, Bo ming 宋伯明
SONG, GUI HUANG 宋桂煌 (1903-1987)

Song, Cen 宋岑
QIN, WEI AO 秦维鳌 (1932-)

Song cen 松岑
JIN, TIAN HE 金天翮 (1874-1947)

SONG, CHANG YUAN 宋长远 (1933-)
Qiu, Yuan 秋原

SONG, CHEN 宋辰 (1929-)
Lin, Tian shui 林天水
Song, Zhao lin 宋兆霖
Yu lin 雨林
Zuo yu 作雨

SONG, CHENG SHAN 宋成善 (1930-)
Zhao, Min 赵敏

SONG, CHENG SHU 宋承书 (1922-)
Cheng, Shu 成熟
Yi zhi 一之

SONG, CHUN FANG 宋春舫 (1891-1938)
Chun fang 春舫
He mu lu 褐木庐

Song, Ci 宋词
SONG, WEN ZONG 宋文宗 (1932-)

Song, Cun 宋邨
SONG, JIA TAI 宋家泰 (1915-)

SONG, CUN LI 宋存礼 **(1861-1910)**
Liu zhai 六斋
Mo fei shi ye zhai 莫非师也斋
Ping, Zi 平子

SONG, DA ZHANG 宋大章
Huan gong 寰公
Liao he 辽鹤

Song, Dai 宋玳
WANG, SONG DAI 王松黛 **(1917-)**

Song, Dan 宋丹
HAN, SHAN YUAN 韩山元 **(1942-)**

Song, Dan 宋丹
SONG, PING SHENG 宋平生 **(1951-)**

SONG, DE XI 宋德喜 **(1954-)**
Song, Xi 宋熹

SONG, DE YI 宋得一 **(1917-)**
Song, Yuan 宋元
Zi xu 梓墟
Zi xu 紫墟
Zi xu 紫圩

SONG, DE YIN 宋德胤 **(1939-)**
Chun shui 春水

SONG, DE YONG 宋德永 **(1940-)**
De Yong 德咏
Song, De yong 宋德咏
Song, Yong 宋勇
Xiao song 小松

Song, De yong 宋德咏
SONG, DE YONG 宋德永 **(1940-)**

Song dian 松颠
LEI, JIN 雷瑨

Song, Ding 宋定
SONG, DING GUO 宋定国 **(1942-)**

SONG, DING GUO 宋定国 **(1942-)**
Song, Ding 宋定
Song, Zhi an 宋之安
Yun, Song 云松

Song, Dong yang 宋冬阳
CHEN, FANG MING 陈芳明 **(1947-)**

Song, Dun chu 宋钝初
SONG, JIAO REN 宋教仁 **(1882-1913)**

Song, Dun chu 宋遯初
SONG, JIAO REN 宋教仁 **(1882-1913)**

Song, Dun rong 宋敦容
ZHU, SHI ZHEN 朱世溱 **(1896-1988)**

Song, E 宋锷

SONG, JIAN FENG 宋剑锋 **(1841-)**

Song fen ju shi 诵芬居士
QU, XIANG BANG 屈向邦

Song fen tang 誦芬堂
QIAN, SHI QING 钱士青 **(1874-1953)**

Song fen zhu ren 诵芬主人
DONG, KANG 董康 **(1867-1947)**

Song feng 松风
WANG, YUN ZHANG 王蕴章 **(1884-1942)**

Song feng 松风
LIU, SI HAI 刘斯海 **(1919-)**

Song feng 松峰
JIA, RUO PING 贾若苹 **(1904-)**

SONG, FENG MING 宋凤鸣 **(1934-)**
Hao yue 皓月
Song, Wu gang 宋悟刚
Wen, Xiao 闻笑
Wen, Yi 闻艺
Wu, Gang 吴刚
Wu, Lang 吴郎

Song fu 松甫
ZHANG, YONG NIAN 张永年 **(1910-1997)**

Song fu 嵩甫
ZHANG, YONG NIAN 张永年 **(1910-1997)**

Song, Fu qing 宋拂青
SONG, YAO CHEN 宋耀辰 **(1911-)**

Song, Fu seng 宋福僧
SONG, LIAN LING 宋连岭 **(1913-)**

SONG, FU SHENG 宋富盛 **(1945-)**
Mo mo 默墨

Song, Fu zhen 宋復真
SONG, YUAN PEI 宋元培 **(1904-1949)**

Song, Ge 宋歌
SONG, HUI BIN 宋汇滨 **(1940-)**

Song ge 颂阁
WANG, YI NIAN 汪诒年 **(1866-)**

Song gong 松公
ZHU, HONG XUN 朱鸿勋 **(1923-)**

Song gu 颂谷
WANG, YI NIAN 汪诒年 **(1866-)**

Song gu 颂穀
WANG, YI NIAN 汪诒年 **(1866-)**

SONG, GUANG REN 宋广仁 **(1930-)**
Song, Ying hao 宋颖豪

SONG, GUANG TAI 宋光泰 **(1946-)**

Guang tai 光泰

SONG, GUANG XUN 宋广训 **(1930-)**
Song, Mu 宋牧

SONG, GUI HUANG 宋桂煌 **(1903-1987)**
Bai, Ri 白日
Bo ming 伯明
Song, Bo ming 宋伯明

SONG, GUI YI 宋圭宜 **(1943-)**
Shu, Ying 疏影

SONG, GUO XUN 宋国勋 **(1952-)**
Ye, Yu meng 叶雨蒙

Song hai jing she 松海精舍
CHAI, E 柴萼 **(1893-)**

Song, Han yi 宋寒衣
SONG, PIN XIU 宋品修

Song, Hao 宋灏
SONG, WEN ZHI 宋文治 **(1919-)**

Song, Heng xin 宋衡心
SONG, SHANG PING 宋尚平 **(1913-1965)**

Song, Hong 宋虹
TANG, SHU WEN 唐树文 **(1954-)**

SONG, HONG GANG 宋宏刚 **(1947-)**
Da song 达颂

SONG, HOU YING 宋后颖 **(1942-)**
Hou, Ying 后颖

Song hua 颂华
YU, YAO 俞垚 **(1893-1947)**

SONG, HUA MU 宋华沐 **(1929-)**
Hua, Mu 华沐
Zhong, Han 钟涵

Song, Hua quan 宋花泉
MA, ZHI YUAN 马志远 **(1918-)**

SONG, HUI BIN 宋汇滨 **(1940-)**
Song, Ge 宋歌

SONG, HUI LIANG 宋惠亮 **(1951-)**
Jun jun 隽隽

SONG, JI JI 宋季缉
San lang 三郎

Song, Ji ti 宋季提
XU, SHI LIAN 许世连 **(1920-)**

SONG, JIA TAI 宋家泰 **(1915-)**
He, Chi 何迟
Song, Cun 宋郇
Xiang, Yu 向隅

Song, Jian 宋健
SONG, ZONG JIAN 宋宗建 **(1960-)**

SONG, JIAN FENG 宋剑锋 **(1841-)**
Song, E 宋锷

SONG, JIAN SHE 宋建社 **(1955-)**
Yi fu 亦夫

SONG, JIAN YANG 宋剑洋
Yang zi 洋子

Song jiang dian gong 松江颠公
LEI, JIN 雷瑨

SONG, JIAO REN 宋教仁 **(1882-1913)**
Bao xi chang yin ke 抱膝长吟客
Bao xi chang yin zhe 抱膝长吟者
Di shi xing zi sun zhi yi ge ren 第十姓子孙之一个人
Dun chu 钝初
Dun chu 遯初
Gong ming 公明
Jiang 劈
Jiang mie you wei mie zhi yi ge han ren 将灭犹未灭之一个汉人
Jiang zhai 劈斋
Jiao ren 教仁
Jie 劫
Qiang, Zhai 强斋
Song, Dun chu 宋钝初
Song, Dun chu 宋遯初
Song, Lian 宋练
Song, Lian 宋錬
Song, Yu fu 宋渔父
Tao yuan yi shi 桃源逸士
Tao yuan yu fu 桃园渔父
Yu fu 渔父

SONG, JIE 宋介 **(1895-)**
Mu ji 木鸡

Song, Jie 宋杰
XING, FENG WU 邢凤梧 **(1931-)**

Song jin 颂今
LI, SONG JIN 李送今 **(1957-)**

Song, Jiu 宋就
QIN, WEI AO 秦维鳌 **(1932-)**

Song, Jiu qi 宋九企
SONG, JIU ZHI 宋九祉 **(1917-)**

SONG, JIU ZHI 宋九祉 **(1917-)**
An, Na 安娜
Ba shan 拔山
Chen, Qiao 陈乔
Gao, Liang hong 高粱红
Chao yang ju shi 朝阳居士
Gu, Yong 古甬

Jia ren 甲人
Mo, Ai 莫艾
Qu, Zhong qu 曲中曲
Shan han 山汗
Shi huang zhe 拾荒者
Shu ren 庶人
Song, Jiu qi 宋九企
Song, Wen 宋文
Song, Zhang 宋丈
Tong, Gong 童工
Xiao shui shou 小水手
Yan, Shan zu 燕山卒
Ye tong 野童
Yi, Fan 伊凡
Yi, Tong 伊仝
Yi, Tong 伊童
Yin, Tong 殷仝
Ying tong 婴童

SONG, KE JUN 宋克君 **(1922-)**
Song, Ping 宋平

SONG, KUN 宋坤 **(1951-)**
Wu, Jian 武剑
Zhu, Ye 竹叶

Song, Lai 宋莱
AI, ZHONG XIN 艾中信 **(1915-)**

SONG, LAN YOU 宋兰友
Lan, Ying 蓝影

Song, Lang 宋朗
LIN, HE PING 林和平 **(1946-)**

Song, Lei 宋垒
ZHOU, MING JIAN 周明件（**1925-)**

SONG, LI FANG 宋力方 **(1930-)**
Tian, Shan 田山
Tian shan 天山

SONG, LI FU 宋立福 **(1939-)**
Song, Bo 宋渤

Song li shan fang 宋荔山房
LIU, YI FEN 刘以芬 **(1885-1961)**

Song, Lian 宋练
SONG, JIAO REN 宋教仁 **(1882-1913)**

Song, Lian 宋鍊
SONG, JIAO REN 宋教仁 **(1882-1913)**

SONG, LIAN LING 宋连岭 **(1913-)**
Shan jin 山今
Song, Fu seng 宋福僧

Song, Liang 宋亮
XUE, E GUO 薛萼果 **(1908-1983)**

SONG, LIN 宋琳 **(1887-1952)**
Song, Zi pei 宋紫佩

Song, Lin 宋霖
HU, XIAO CHUN 胡晓春 **(1907-1982)**

Song lin 松林
XU, SHENG YAO 许绳尧 **(1897-1984)**

Song lin 松林
PI, ZUO JIU 皮作玖 **(1917-)**

Song lin 松林
ZHOU, RUI HUA 周瑞华 **(1918-)**

Song lin 松林
ZHANG, SONG LIN 张松林 **(1932-)**

Song lin 松林
LÜ, PAN SUN 吕盘孙 **(1942-)**

Song lin 松林
SUN, LAI FU 孙莱芙 **(1964-)**

Song lin 松邻
WU, CHANG SHOU 吴昌绶

Song lin chuan 松林川
SONG, ZHEN HUAN 宋桢焕 **(1937-1991)**

Song lin cun 松林村
SONG, ZHEN HUAN 宋桢焕 **(1937-1991)**

Song ling 松陵
PI, ZUO JIU 皮作玖 **(1917-)**

Song ling 松龄
MAO, GUANG SHENG 冒广生 **(1873-1959)**

Song ling 松龄
WU, CHANG SHOU 吴昌绶

Song ling nü zi Pan Xiao huang 松陵女子潘小璜
LIU, YA ZI 柳亚子 **(1887-1958)**

Song ling tang 松陵堂
PI, ZUO JIU 皮作玖 **(1917-)**

SONG, LING YU 宋玲玉
Shui, Yi fang 水一方

SONG, LONG FEI 宋龙飞 **(1936-)**
Fang, Shu 方叔
Zhi kuang 志匡
Zi xu 子虚

Song lu 松芦
ZHU, SONG LU 朱松芦 **(1900-1939)**

Song, Lu tian 宋卢天
SONG, SHU MO 宋书模 **(1910-)**

Song mao 松毛
TAN, XING GUO 谭兴国 **(1937-)**

Song mao 松茂
ZHANG, SONG MAO 张松茂 **(1934-)**

Song, Mei 宋玫
CHEN, YAN PING 陈燕萍 **(1941-)**

Song, Mei 宋梅
SONG, YI YING 宋亦英 **(1919-)**

Song min 颂民
HU, PU AN 胡朴安 **(1878-1947)**

Song, Min qiu 宋敏求
LIANG, KUAN 梁宽 **(1913-)**

Song ming 松明
SHEN, JI PING 沈季平 **(1927-)**

SONG, MING BO 宋明波 **(1919-1989)**
Wang, Wen 王文

SONG, MOU YANG 宋谋瑒 **(1928-)**
Jin pu 晋菩
Liang, Li 梁丽
Pu, Ge 蒲戈
Pu zhi 菩植
Ying, Ye sheng 应邺生

Song, Mu 宋牧
SONG, GUANG XUN 宋广训 **(1930-)**

Song mu 松木
SUN, SHI RONG 孙世荣 **(1923-)**

Song mu 松木
CAI, ZHEN XING 蔡振兴 **(1953-)**

Song, Nan 宋南
LI, DUN FU 李敦復 **(1919-)**

Song nan diao meng ke 淞南吊梦客
LU, DAN LIN 陆丹林 **(1898-1972)**

Song nian 松年
SUN, FU YUAN 孙福源 **(1894-1966)**

Song nian 崧年
ZHANG, SONG NIAN 张崧年 **(1893-1986)**

Song, Nian zu 宋念祖
WANG, LIN TAI 王临泰 **(1919-)**

Song, Pei wei 宋佩韦
SONG, YUN BIN 宋云彬 **(1897-1979)**

SONG, PEI XIAN 宋培贤 **(1947-)**
Gong, Ye 公页
Ke wen 科文

SONG, PIN XIU 宋品修
Han yi 寒衣
Song, Han yi 宋寒衣

Song, Ping 宋平
SONG, KE JUN 宋克君 **(1922-)**

Song, Ping 宋平
NIU, MING TONG 牛明通 **(1938?-)**

Song, Ping 宋平
YUAN, XUE JUN 袁学俊 **(1945-)**

Song ping 松坪
LI, YUAN CHENG 李元成

Song ping 松屏
ZHAO, MENG YUAN 赵孟原 **(1912-)**

SONG, PING SHENG 宋平生 **(1951-)**
Song, Dan 宋丹

Song po 松坡
CAI, E 蔡锷 **(1882-1916)**

Song po 松坡
ZHU, XIANG YIN 朱相殷 **(1934-)**

Song, Qi 宋齐
ZHANG, XIN RUO 张昕若 **(1929-)**

Song, Qi 宋奇
SONG, QI 宋淇 **(1919-)**

SONG, QI 宋淇 **(1919-)**
Lin, Yi liang 林以亮
Song, Qi 宋奇
Song, Ti fen 宋悌芬
Tang, Wen bing 唐文冰
Yang, Jin 杨晋
Yu, Huai 余怀

Song, Qi 宋琪
SONG, XIAO JI 宋晓嵇 **(1934-)**

SONG, QI MIN 宋启民 **(1923-)**
Hong xuan 鸿轩
Wan qing 晚晴

Song, Qi yun 宋绮云
SONG, YUAN PEI 宋元培 **(1904-1949)**

Song qian 颂迁
SUN, HUAI QIAN 孙怀谦 **(1920-)**

Song, Qian jin 宋千金
LI, RUN HU 李润湖 **(1913-1947)**

Song, Qiao 宋乔
ZHOU, YU RUI 周榆瑞 **(1917-1980)**

Song qin 松琴
JIN, TIAN HE 金天翮 **(1874-1947)**

Song, Qin xin 宋琴心
SONG, SHANG HE 宋尚和 **(1907-1973)**

Song, Qing 宋青
SONG, YUAN MO 宋元模 **(1911-)**

Song, Qing 宋青
WANG, SONG QING 王松青 **(1947-)**

Song, Qing 宋晴
QIN, WEI AO 秦维鳌 **(1932-)**

Song qing 松青
WANG, RU YU 王汝玙 **(1902-1985)**

Song qing 松青
LI, BO LONG 李伯龙 **(1905-1989)**

Song qing 松青
MA, SEN QING 马森庆

SONG, QING HAI 宋清海 **(1947-)**
Hai, Nong 海农
Hai, Tian 海天

SONG, QING LING 宋庆龄 **(1893-1981)**
Lin, Tai 林泰
Su, Ji 苏吉

SONG, QING RU 宋清如 **(1910-)**
Xiao qing 小青

Song, Qiu yang 宋秋阳
HAN, SHAN YUAN 韩山元 **(1942-)**

Song quan 松泉
SHEN, TAO 沈涛 **(1904-)**

Song, Ran 宋然
CHEN, JUN SHAN 陈君山 **(1922-)**

Song, Ren 宋人
SONG, RU ZHAO 宋汝昭 **(1914-1956)**

Song, Ren 宋人
DAI, TIAN SONG 戴天送 **(1925-1969)**

Song, Ren 宋人
SONG, SHI MING 宋世明 **(1940-)**

Song ru 松如
ZHANG, YONG NIAN 张永年 **(1910-1997)**

SONG, RU LIN 宋儒林 **(1928-)**
Song yang 颂扬

SONG, RU ZHAO 宋汝昭 **(1914-1956)**
Ai, Gan 艾淦
Ai hong 哀鸿
He, Ren 何人
Huai, Zhao 怀昭
Luo fu 洛夫
Ping 苹
Song, Ren 宋人
Song, Yi zhou 宋一舟
Song, Zhi di 宋之的
Yi zhou 一舟

Song, Rui 宋瑞
XU, ZHI ZHENG 许之正 **(1916-)**

Song, Rui 宋瑞
WU, YONG JIU 吴詠九 **(1920-)**

Song san 松三
ZHOU, JIAN REN 周建人 **(1888-1984)**

Song san 颂三
SU, MEI 苏梅 **(1897-1999)**

Song, Sen 宋森
SONG, SHAO YIN 宋绍印 **(1937-)**

Song, Sen 宋森
ZHAO, SONG SHENG 赵宋生 **(1940-)**

Song, Shan 宋山
SI TU, CHUAN 司徒传 **(1912-1950)**

Song shan 松山
ZHOU, JIAN REN 周建人 **(1888-1984)**

Song shan 松衫
WANG, SHEN ZHI 王慎之 **(1939-)**

Song shan 嵩山
ZHOU, JIAN REN 周建人 **(1888-1984)**

Song shan 嵩山
CHANG, JUN SHI 常君实 **(1920-)**

Song shan ju shi 嵩山居士
FENG, JIONG 冯迥 **(1882-1954)**

Song shan ju shi 嵩山居士
WU, WAN 吴万 **(1894-1970)**

SONG, SHANG HE 宋尚和 **(1907-1973)**
Song, Qin xin 宋琴心

SONG, SHANG PING 宋尚平 **(1913-1965)**
Song, Heng xin 宋衡心

SONG, SHAO MING 宋绍明 **(1937-)**
Jiang, Ge 江歌
Liu, Di 柳笛

SONG, SHAO YIN 宋绍印 **(1937-)**
Song, Sen 宋森

Song, Sheng 宋笙
PENG, SONG SHENG 彭颂声 **(1935-)**

SONG, SHENG GUI 宋生贵 **(1956-)**
Sen gui 森桂

Song, Shi 宋石
LI, SONG SHI 李松石 **(1923-)**

Song shi 松石
XU, DENG JU 徐登举 **(1940-)**

Song shi 松石
NIE, DING HUA 聂定华 **(1943-)**

Song, Shi da 宋诗达
SONG, ZHEN TING 宋振庭 **(1921-1985)**

SONG, SHI MING 宋世明 (1940-)
Song, Ren 宋人

SONG, SHI QI 宋世琦
Hong wei dong 红卫东

SONG, SHOU HENG 宋寿恒 (1867-1956)
Song, Ze wen 宋则文

Song shou lao ren 松寿老人
ZHANG, XUN 张勋 (1854-1923)

Song, Shu liu 宋漱流
LIU, SHOU SONG 刘寿嵩 (1912-1969)

SONG, SHU LU 宋淑禄 (1921?-)
Yi shi 亦石

SONG, SHU MO 宋书模 (1910-)
Lu, Ding 路丁
Lu, Tian 卢天
Nu tian 奴天
Shi jia 式加
Song, Lu tian 宋卢天
Wang, Yao shan 王尧山

SONG, SHU QIN 宋淑琴 (1953-)
Shu, Qin 舒沁

SONG, SHU WEI 宋书伟 (1931)
Gui qi 瑰琦
Song, Wei 宋炜

Song, Shuang 宋爽
LIU, JIN FENG 刘金锋 (1927-1991)

Song, Shuang song 宋双宋
SONG, YONG PING 宋永平 (1961-)

SONG, SI HOU 宋思厚 (1936-)
Shi, Zhan 石展

SONG, SU QIN 宋素琴 (1955-)
Ai, Jing 艾静

Song tai 松台
LI, YAN ZHI 李彦之

Song tai 松泰
LI, LIAN CUI 李连萃 (1911-1991)

Song, Tao 宋涛
HOU, XI JIU 侯锡九 (1914-)

Song tao 松涛
WANG, QI XIANG 王奇祥 (1931-)

Song tao 松涛
ZHANG, GUO LIN 张国林 (1943-)

Song tao 松涛
LIU, QI 刘绮 (-1950)

Song, Ti fen 宋悌芬
SONG, QI 宋淇 (1919-)

SONG, TIAN FANG 宋天放
Tian fang 天放

Song, Tong 宋桐
HE, ZHANG PING 何章平 (1916-1968)

Song, Wang sun 宋王孙
ZHAO, SHENG 赵声 (1881-1911)

Song, Wei 宋苇
ZHU, CHEN DONG 朱辰东 (1933-1990)

Song, Wei 宋炜
SONG, SHU WEI 宋书伟 (1931-)

Song wei 嵩巍
DING, ER GANG 丁尔纲 (1933-)

Song, Wen 宋文
SONG, JIU ZHI 宋九祉 (1917-)

Song, Wen 宋文
SONG, YUN CHANG 宋运昌 (1917-)

Song wen 松文
XIAO, CHUAN JUN 萧传俊 (1934-)

Song, Wen jun 宋文军
SONG, YUN CHANG 宋运昌 (1917-)

SONG, WEN RUI 宋文瑞
Fei ru 斐如

SONG, WEN YU 宋文郁 (1931-)
Wen, Jun 闻君

SONG, WEN ZHI 宋文治 (1919-)
Song, Hao 宋灏

SONG, WEN ZONG 宋文宗 (1932-)
Song, Ci 宋词

Song weng 松翁
LUO, ZHEN YU 罗振玉 (1866-1940)

Song, Wu gang 宋悟刚
SONG, FENG MING 宋凤鸣 (1934-)

Song, Xi 宋熹
SONG, DE XI 宋德喜 (1954-)

SONG, XIA 宋侠 (1917-)
Shi, Jian 石见
Song, Ze xing 宋则行
Zhai xing 摘星

Song, Xiang 宋湘
LIU, WEI XIN 刘维新 (1933-)

SONG, XIANG RONG 宋祥荣 (1928-)
Liu, Lin 柳林
Song, Yun feng 宋云峰
Yu shan 雨山

Song xiao 诵晓

QI, CHONG XIAO 祁崇孝 (1918-)

SONG, XIAO JI 宋晓嵇 (1934-)
Song, Qi 宋琪

Song, Xiao lan 宋小岚
BU, SHAO FU 卜少夫 (1908-2000)

SONG, XIAO MING 宋晓明 (1962-)
A ming 阿明

SONG, XIAO PING 宋小平 (1954-)
Yan hong 岩轟

Song, Xiao ping 宋肖平
SONG, ZHEN CHU 宋振初 (1926-1988)

Song, Xiao qing 宋小青
CHEN, LAI FA 陈来发

SONG, XIAO WU 宋小武 (1944-)
Du gu, Shi 独孤氏

SONG, XIE ZHOU 宋协周 (1927-)
Kuang fang 旷放
Ning, Dao 宁岛

SONG, XIN 宋嫊 (1939-)
Mu, Jin 穆今

Song, Xin 宋新
HE, SONG XIN 何松新 (1942-)

Song, Xin 宋鑫
XING, FENG LIN 邢凤麟 (1937-)

Song, Xiong 宋雄
ZHU, JI CHENG 朱吉成 (1937-)

Song, Xiu 宋修
XU, MAO RONG 徐茂荣 (1911-1977)

Song xuan 松轩
CHEN, BIN HE 陈彬和 (1897-1970)

Song xue dao ren 松雪道人
ZHAO, FENG CHANG 赵凤昌 (1856-1938)

SONG, XUE FEN 宋学芬
Song, Yue jun 宋岳军
Yue, Ping 岳平

SONG, XUE QIAN 宋学谦 (1920-)
Lan, Tian 蓝天
Song, Ying 宋膺

Song, Ya 宋雅
CAI, ZHEN HUA 蔡镇华 (1938-)

Song yan 松岩
GUO, QING NIAN 郭庆年 (1930-)

Song, Yang 宋扬
SONG, ZI QIU 宋子秋 (1918-)

Song, Yang 宋扬
SHI, YUN HUA 石蕴华 (1921-)

Song, Yang 宋阳
QU, QIU BAI 瞿秋白 (1899-1935)

Song, Yang 宋阳
ZHAO, AN JI 赵安济 (-1975)

Song yang 颂扬
SONG, RU LIN 宋儒林 (1928-)

SONG, YAO CHEN 宋耀辰 (1911-)
An, Chang weng 安昌翁
Song, Fu qing 宋拂青

Song, Yi 宋易
QU, QIU BAI 瞿秋白 (1899-1935)

Song, Yi 宋易
SONG, ZHU PING 宋祝平 (1929-)

Song yi 颂颐
MI, SONG YI 弥松颐 (1939-)

SONG, YI CHANG 宋宜昌 (1948-)
Yi, Chang 伊长

SONG, YI FENG 宋裔烽
Jing, Yun 景云
Shi, Pi 石皮
Tu mu 土木
Wen, Feng 文峰

SONG, YI HONG 宋一鸿
Chan hong 忏红
Chi ping 痴萍
Xin, Bai 辛白
Xin bai 心白

SONG, YI PING 宋一平 (1935-)
Liu, Di 柳笛
Mu, Yun 慕云

SONG, YI RUI 宋诒瑞 (1938-)
Shan zi 杉子
Yi, Lian 伊莲

SONG, YI XIU 宋一秀 (1931-)
Song, Yi xiu 宋益秀
Song, Yuan 宋元

Song, Yi xiu 宋益秀
SONG, YI XIU 宋一秀 (1931-)

SONG, YI YING 宋亦英 (1919-)
Song, Mei 宋梅
Xia chen 廈晨

Song, Yi zhou 宋一舟
SONG, RU ZHAO 宋汝昭 (1914-1956)

Song yin xing jiao seng 松隐行脚僧
DING, CHUAN JING 丁传靖 (1870-1930)

SONG, YING 宋英 **(1920-)**
Ying, Mmin 英民

Song, Ying 宋膺
SONG, XUE QIAN 宋学谦 **(1920-)**

Song ying 淞鹰
BI, ZHEN DA 毕振达 **(1862-1926)**

Song, Ying hao 宋颖豪
SONG, GUANG REN 宋广仁 **(1930-)**

Song, Yong 宋勇
SONG, DE YONG 宋德永 **(1940-)**

SONG, YONG PING 宋永平 **(1961-)**
Song, Shuang song 宋双宋

SONG, YONG SUN 宋泳荪
Bai Ping nü shi 白苹女士

SONG, YONG YI 宋永毅 **(1949-)**
Xiao, Xiao 肖潇

Song you an zhu 松游庵主
DING, SHI YI 丁世峄 **(1878-1931)**

Song, Yu 宋于
WU, CHAO ZHU 邬朝祝 **(1923-)**

Song, Yu 宋玉
SU, XUAN YING 苏玄瑛 **(1884-1918)**

Song, Yu 宋玉
WANG, JI YOU 王季友 **(1910-1979)**

Song, Yu fu 宋渔父
SONG, JIAO REN 宋教仁 **(1882-1913)**

SONG, YU REN 宋育仁 **(1858-1931)**
Chi yi yi ke 鸱夷逸客
Song, Yun zi 宋芸子
Wen qin ge zhu 问琴阁主
Yun zi 芸子

Song, Yuan 宋元
ZHAO, SHU LI 赵树礼 **(1906-1970)**

Song, Yuan 宋元
SONG, DE YI 宋得一 **(1917-)**

Song, Yuan 宋元
SONG, YI XIU 宋一秀 **(1931-)**

Song, Yuan jia 宋元嘉
LI, RONG 李荣 **(1921-)**

Song, Yuan ming 宋元明
HUANG, WEI LIANG 黄维樑 **(1947-)**

SONG, YUAN MO 宋元模 **(1911-)**
Cai tian 采田
Fan ke 番客
Jia xiang 家香
Jia xiang 嘉向
Ju wai han 局外汉
Ke ming 克明
Mei hua 味华
Mo 沫
Mu 穆
Ou yang, Xin 欧阳新
Quan wai ren 圈外人
Si tu, Qi 司徒其
Song, Qing 宋青
W ou yang W 欧阳
Wei fu 渭夫
Wen ting 汶汀
Xi mo 细沫
Xi po 西泼
Xia, Gu 夏古
Xin di 新地
Xue lun 雪伦
Yuan 原
Yuan, Mo 远漠
Yuan mo 渊沫
Zhu, Yuan 朱源

SONG, YUAN PEI 宋元培 **(1904-1949)**
Song, Fu zhen 宋復真
Song, Qi yun 宋绮云

Song, Yue 宋约
GAO, JI LIN 高季琳 **(1909-)**

Song, Yue 宋越
SONG, BANG RONG 宋邦荣 **(1909-1939)**

Song, Yue 宋樾
SONG, BANG RONG 宋邦荣 **(1909-1939)**

Song yue 松月
WANG, WEI REN 王维仁 **(1944-)**

Song, Yue jun 宋岳军
SONG, XUE FEN 宋学芬

Song yun 松云
XU, XI HE 许锡河

Song yun 松筠
LUO, ZHEN YU 罗振玉 **(1866-1940)**

Song yun 松筠
SONG, YUN CHANG 宋运昌 **(1917-)**

SONG, YUN BIN 宋云彬 **(1897-1979)**
Pei wei 佩韦
Song, Pei wei 宋佩韦
Yun, Bin 云彬

SONG, YUN CHANG 宋运昌 **(1917-)**
Song, Wen 宋文
Song, Wen jun 宋文军
Song yun 松筠

Wen, Jun 文军

Song, Yun feng 宋云峰
SONG, XIANG RONG 宋祥荣 **(1928-)**

Song yun ju shi 松云居士
ZHOU, XUE XI 周学熙 **(1865-1947)**

SONG, YUN QI 宋蕴琦 **(1934-)**
Lei, Guang 雷光

Song, Yun zi 宋芸子
SONG, YU REN 宋育仁 **(1858-1931)**

Song, Ze lai 宋泽莱
LIAO, WEI JUN 廖伟竣 **(1952-)**

Song, Ze wen 宋则文
SONG, SHOU HENG 宋寿恒 **(1867-1956)**

Song, Ze xing 宋则行
SONG, XIA 宋侠 **(1917-)**

SONG, ZENG CHANG 宋增昌 **(1945-)**
Li xi 醴兮

Song, Zhang 宋丈
SONG, JIU ZHI 宋九祉 **(1917-)**

Song, Zhao lin 宋兆霖
SONG, CHEN 宋辰 **(1929-)**

SONG, ZHAO LIN 宋兆麟 **(1936-)**
Mu lin 木林
Zhao, Lin 兆林

SONG, ZHEN CHU 宋振初 **(1926-1988)**
Song, Xiao ping 宋肖平
Xiao, Ping 萧平

SONG, ZHEN GUO 宋振国 **(1947-)**
Qiu, Feng 秋峰

SONG, ZHEN HUAN 宋桢焕 **(1937-1991)**
Song lin chuan 松林川
Song lin cun 松林村

SONG, ZHEN TING 宋振庭 **(1921-1985)**
Cheng, Si you 程思酉
Hai, Gong 海公
Lan, Yuan tian 蓝远天
Shi, Xing sheng 史星生
Song, Shi da 宋诗达
Xing gong 星公

SONG, ZHENG YIN 宋徵殷 **(1920-)**
Hua, Xi li 华西里

Song, Zhi 宋芝
HE, ZHANG PING 何章平 **(1916-1968)**

Song zhi 松植
HU, SONG ZHI 胡松植

Song, Zhi an 宋之安
SONG, DING GUO 宋定国 **(1942-)**

Song, Zhi di 宋之的
SONG, RU ZHAO 宋汝昭 **(1914-1956)**

Song, Zhi dong 宋芝栋
SONG, BO LU 宋伯鲁 **(1854-1932)**

Song, Zhi jian 宋志坚
SONG, BAI XING 宋百兴 **(1948-)**

SONG, ZHONG CHENG 宋仲琤 **(1963-)**
Hou, Yang 后扬
Xiao song 晓宋
Zong, Zheng 宗征

Song zhou 诵帚
LIU, YONG JI 刘永济 **(1887-1966)**

Song zhu 松竹
BAI, YU LIAN 柏玉莲 **(1921-)**

Song zhu 松竹
SHEN, HONG GEN 沈鸿根 **(1943-)**

Song, Zhu mei 宋竺梅
YAO, SAN YOU 姚三友 **(1925-)**

Song zhu mei zhai zhu ren 松竹梅斋主人
CHEN, ZHI QUN 陈志群

SONG, ZHU PING 宋祝平 **(1929-)**
Song, Yi 宋易
Zhu, Ping 祝平

Song, Zhuo ling 宋灼灵
REN, ZHUO XUAN 任卓宣 **(1896-1990)**

Song zi 松子
ZHANG, YOU SONG 张友松 **(1903-)**

Song zi 嵩子
HUANG, BO FEI 黄伯飞 **(1914-)**

Song, Zi chun 宋子纯
SONG, BO LU 宋伯鲁 **(1854-1932)**

Song, Zi heng 宋子衡
HUANG, GUANG YOU 黄光佑 **(1939-)**

Song, Zi pei 宋紫佩
SONG, LIN 宋琳 **(1887-1952)**

SONG, ZI QIU 宋子秋 **(1918-)**
Song, Yang 宋扬

SONG, ZONG JIAN 宋宗建 **(1960-)**
A jian 阿健
A zi 阿子
Song, Jian 宋健

Sou qi jia 搜奇家
LIU, XIN HUANG 刘心皇 **(1915-)**

Sou qi ke 搜奇客

LIU, XIN HUANG 刘心皇 **(1915-)**

Sou rong 叟戎
LI, HUI 李惠 **(1927-)**

Sou xue 嗽雪
HUANG, YING 黄英 **(1898-1934)**

Sou xue 嗽雪
SHI, RU BI 石汝璧 **(1902-1928)**

Sou xue 嗽雪
LU, XIU ZHEN 陆秀珍 **(1907-1993)**

Sou yu 嗽玉
LU, XIU ZHEN 陆秀珍 **(1907-1993)**

Su 苏
WANG, RU TING 王濡廷 **(1896-1936)**

Su 素
YANG, WEI QUAN 杨维铨 **(1900-1957)**

Su 粟
CHEN, ZHONG XI 陈中禧

Su, A mang 苏阿芒
SU, CHENG ZONG 苏承宗 **(1936-1990)**

Su, Ai hua 苏爱华
WANG, TONG SHU 王同书 **(1938-)**

Su, An 苏安
LIANG, ZHAO AN 梁兆安 **(1956-)**

Su, An 苏庵
ZHENG, XIAO XU 郑孝胥 **(1860-1938)**

Su an 素庵
KANG, YOU WEI 康有为 **(1858-1927)**

Su an 素庵
DU, GUO XIANG 杜国庠 **(1889-1961)**

Su an 素庵
LI, QUAN JI 李全基 **(1917-)**

Su an 甦庵
XU, GUO YING 许国英 **(1875-1923)**

Su, Armand
SU, CHENG ZONG 苏承宗 **(1936-1990)**

Su, Bai di 苏白堤
SU, YOU CAI 苏有才 **(1927-)**

SU, BAI YU 苏白宇 **(1949-)**
Bai, Yu 白雨
Su, Feng 苏风
Xue li 雪里

Su, Bao 苏宝
DENG, SHI MING 邓士铭 **(1914-)**

Su, Bei hai 苏北海
WANG, REN NAN 王仁南 **(1917-)**

SU, BI YU 苏弼予 **(1941-)**
Ji li 集厘
Su, Ji li 苏辑黎

Su, Bo 苏波
TANG, YUE MEI 唐月梅 **(1931-)**

Su bo 素伯
LI, WEN DA 李文达 **(1908-1937)**

Su, Bu de 苏布德
RONG, ZHU LIN 荣竹林 **(1940-)**

Su, Cang 粟仓
LI, XIAO CANG 李啸仓 **(1921-1990)**

SU, CE 苏策 **(1921-)**
Jun 军
Shang, You zhi 尚友智
Shang, You zhi 尚又志

Su, Chang xian 苏长仙
SU, CHANG YI 苏长怡 **(1936-)**

SU, CHANG YI 苏长怡 **(1936-)**
Fen fei 奋飞
Su, Chang xian 苏长仙

Su, Chen 苏晨
SU, PEI LAN 苏佩兰 **(1930-)**

SU, CHENG ZONG 苏承宗 **(1936-1990)**
Su, A mang 苏阿芒
Su, Armand

Su chi 素痴
ZHANG, YIN LIN 张荫麟 **(1906-1942)**

Su, Cong 苏丛
YANG, BEN QUAN 杨本泉 **(1923-)**

Su, Cu 苏簇
WANG, YUAN HUA 王元化 **(1920-)**

SU, CUN PU 苏邨圃
Su, Fen 苏芬

Su, Da ming 苏大明
ZHU, PU SHENG 朱溥生 **(1934-)**

Su, Dan 苏丹
WU, CHEN 吴琛 **(1912-1988)**

Su, Dan 苏丹
GUO, JIA GUI 郭嘉桂 **(1919-)**

Su, Dan 苏旦
WEI, DUAN 魏端 **(1924-)**

SU, DE XI 苏德西 **(1921-1985)**
Su, Zi 苏子

SU, DE ZHEN 苏德祯 **(1949-)**
Shu, Chang 舒畅

Su, Di 苏堤
SU, YOU CAI 苏有才 (1927-)

Su, Di 苏堤
SU, FANG XUE 苏方学 (1938-)

Su, Dong 苏东
TIAN, TI REN 田体仁 (1913-1989)

Su, Dong 苏东
JIANG, YONG JUN 姜永俊 (1923-)

Su, Dong 苏冬
TIAN, TI REN 田体仁 (1913-1989)

SU, DONG BAI 苏东白
Dong bai 东白

Su, Dong pi 苏东皮
CHE, SHOU ZHOU 车寿周 (1914-)

SU, DUO ZE 粟多泽 (1918-)
Lin, Nong 林农

Su e 素娥
QU, CONG 瞿琮 (1944-)

Su, Fan 苏凡
PAN, BING XIN 潘丙心 (1915-)

Su, Fan 苏帆
SU, ZE XIANG 苏泽祥 (1952-)

Su, Fan 苏翻
SU, YUAN LEI 苏渊雷 (1908-)

Su fan 蔌樊
QIU, WEI XUAN 丘炜萲 (1873-1941)

Su fang 愫芳
GUO, TONG JIE 郭统界

SU, FANG XUE 苏方学 (1938-)
Su, Di 苏堤
Su, Shi 苏湜

Su, Fei 苏飞
ZHANG, ZHAO LIN 张兆林 (1929-)

Su, Fei 苏非
ZHANG, ZHAO LIN 张兆林 (1929-)

Su, Fei 苏菲
SU, LI REN 苏立人 (1912-1938)

SU, FEI 苏菲 (1919-)
Er sa 尔萨
Li, Da gu 李大鼓
Li, Da qi 李大旗
Li, Liu 李留
Li, Liu 李榴
Li, Wu 李无
Li, Xia shi 李下士
Ou yang, Ba dou 欧阳巴豆

Su, Fei 苏菲
ZHANG, ZHAO LIN 张兆林 (1929-)

Su, Fei 苏菲
LIN, MING MEI 林明美 (1963-)

Su, Fei 苏斐
HUANG, ZHANG 黄彰 (1893-1987)

Su fei 素非
CHEN, MING ZHONG 陈明中 (1903-)

Su fei 素非
WEN, JIE RUO 文洁若 (1927-)

Su, Fei fei 苏非非
SU, XUAN YING 苏玄瑛 (1884-1918)

Su, Fen 苏芬
SU, CUN PU 苏郇圃

Su, Feng 苏丰
WANG, TONG SHU 王同书 (1938-)

Su, Feng 苏凤
YAO, GENG KUI 姚庚夔 (1905-)

Su, Feng 苏风
ZENG, LING DUO 曾令铎 (1919-)

Su, Feng 苏风
SU, BAI YU 苏白宇 (1949-)

SU, FENG XI 苏凤喜 (1941-)
Ai wei 爱薇
Fang, Jue 方珏
Lan, Qiu 蓝秋
Shan mei 山梅
Yi wen 以文
Ying feng 迎风
Zi jun 子君

Su, Feng yan 苏枫彦
HU, BANG WEI 胡邦炜 (1945-)

Su, Fo 苏佛
HAO, JIAN LIANG 郝建樑 (1907-)

Su, Fu 苏夫
PAN, YUN SHENG 潘允生 (1914-)

Su, Fu 苏夫
LIU, CAI ZHOU 刘才洲 (1921-1970)

Su, Fu 苏甫
YU, SHAO FAN 余少飄 (1902-)

Su fu 甦夫
FENG, JIAN NAN 冯剑南

SU, GAO LI 苏高礼 (1937-)
Gao, Li 高礼

Su, Ge 苏戈

ZHU, ZONG BIN 朱宗彬 (1913-1937)

Su, Geng 苏耕
SU, YING BO 苏英博 (1938-)

SU, GENG SHENG 苏更生 (1921-1985)
Su, Xi tao 苏熙涛

Su, Guang 苏广
PAN, SHU GUANG 潘树广 (1940-)

Su, Guang 苏光
ZHANG, SHU SEN 张树森 (1919-)

Su guang 素广
KANG, YOU WEI 康有为 (1858-1927)

Su guang 素光
QIU, SU ZHEN 邱素臻 (1928-)

Su, Guang cheng 苏广成
WANG, DA SU 王大苏

SU, GUO SHU 苏国书 (1963-)
Jiang, Ling yan 江凌煙
Lin, Quan chu 林泉初

Su, Hai ou 苏海鸥
SU, YING WEI 苏英蔚 (1933-)

Su, Hang 苏杭
TONG, CHANG MING 佟常明 (1927-1990)

Su, Hang 苏杭
SU, YOU CAI 苏有才 (1927-)

Su, Hao 苏浩
HU, SHENG 胡绳 (1918-)

Su hao 素毫
WU, JIA QUAN 吴佳权 (1956-)

Su, He 苏河
PENG, SI KE 朋斯克

SU, HE TIAN 苏鹤田 (1906-1997)
Jin, San 金伞
Su, Jin san 苏金伞
Su, Yun xian 苏筠仙

Su, Hong 苏弘
SU, XUAN YING 苏玄瑛 (1884-1918)

Su, Hong 苏虹
WU, SI HONG 吴似鸿 (1906-)

Su, Hong 苏虹
PAN, YUN SHENG 潘允生 (1914-)

SU, HONG YU 苏鸿瑀
Pan, Xuan 潘玄
Shi ren 失人
Su, Shu xuan 苏叔玄

Su, Hua 苏华
LI, ZHONG SHI 李中实 (1920-)

Su, Hua 苏华
XU, XIANG 许湘

Su, Hua 苏桦
SU, SHANG YAO 苏尚耀 (1921-)

Su hua 素华
LING, RUI TANG 凌瑞棠 (1904-1990)

SU, HUA RONG 苏华荣
Yun, Shan hai 云山海

Su, Huai qing 苏怀青
FENG, YUN ZHUANG 冯允莊 (1917-1982)

Su, Huan 粟寰
GONG, HUAI 龚怀 (1890-1942)

Su, Hui 苏晖
SU, QI HUA 苏奇华 (1917-)

Su, Ji 苏吉
SU, ZHAO ZHENG 苏兆征 (1885-1929)

Su, Ji 苏吉
SONG, QING LING 宋庆龄 (1893-1981)

Su ji 素跡
GAO, SHU JI 高树基 (1943-)

Su, Ji cang 粟寄沧
SU, JU 粟举

Su, Ji chang 苏季常
DONG, ZUN XIN 董尊鑫 (1916-1955)

Su, Ji li 苏辑黎
SU, BI YU 苏弼予 (1941-)

Su, Ji mei 苏寄梅
QIN, YUN ZHANG 秦运章 (1906-)

Su, Ji qing 苏继卿
SU, XI CHANG 苏锡昌 (1891-1973)

Su, Ji qing 苏继廎
SU, XI CHANG 苏锡昌 (1891-1973)

SU, JI YU 苏积玉 (1948-)
Ji, Yu 纪宇

Su, Jian 苏坚
WU, DE ZU 武德祖 (1923-)

Su, Jian 苏戬
SU, XUAN YING 苏玄瑛 (1884-1918)

Su, Jian chao 粟剑超
SU, JU 粟举

Su, Jiang 苏江
WANG, REN NAN 王仁南 (1917-)

Su, Jie 苏婕

SHEN, CHENG KUAN 沈承宽 (1929-)

Su, Jin 苏进
ZHU, SU JIN 朱苏进 (1953-)

Su, Jin ping 苏津平
QIU, YU SHEN 邱玉甚 (1952-)

SU, JIN QIANG 苏进强 (1953-)
Lü qiang 履彊

SU, JIN REN 苏晋仁 (1915-)
Dan an 澹庵
Jing ju 靖居

Su, Jin san 苏金伞
SU, HE TIAN 苏鹤田 (1906-1997)

SU, JIN XING 苏金星 (1933-)
Fang, Yuan 方圆

Su, Jing 苏晶
GUO, JIA GUI 郭嘉桂 (1919-)

SU, JING PO 苏景坡
Su, Ying hui 苏莹辉

SU, JING YI 苏景义 (1946-)
Sha, Ping 沙坪

SU, JU 粟举
Su, Ji cang 粟寄沧
Su, Jian chao 粟剑超

SU, JU XIAN 苏局仙 (1882-1991)
Dong hu shan zhuang 东湖山庄
Liao e ju 寥莪居
Shui, Shi ju 水石居

SU, JUN 苏隽 (1928-)
Yue mu 曰木

Su jun 素君
GU, WAN CHUAN 谷万川 (1905-1970)

Su, Kan 苏勘
ZHENG, XIAO XU 郑孝胥 (1860-1938)

Su, Kan 苏龛
ZHENG, XIAO XU 郑孝胥 (1860-1938)

Su, kan 苏龛
YI, TING XI 易廷熹 (1874-1941)

Su, Kan 苏龛
WANG, YUN ZHANG 王蕴章 (1884-1942)

Su, Kan 苏堪
ZHENG, XIAO XU 郑孝胥 (1860-1938)

Su, Kan 苏戡
ZHENG, XIAO XU 郑孝胥 (1860-1938)

Su kan 甦龛
YI, TING XI 易廷熹 (1874-1941)

Su, Ke 苏克
WANG, QIU YING 王秋萤 (1913-)

Su, Ke 苏克
FENG, YING ZI 冯英子 (1915-)

Su, Ke 苏珂
SHEN, ZU FEN 沈祖菜 (1909-1977)

SU, KUN HUANG 苏琨煌
Shu, Yi min 舒怡民

Su, Lai man 苏莱曼
CAI, WEN XUAN 蔡文玄 (1905-1995)

Su lan 素兰
LIU, ZHONG FU 刘中孚 (-1940)

Su, Lang 苏朗
YAN, GUO BAO 严国保 (1938-)

Su, Lei 苏雷
WANG, YU 王宇 (1935-)

Su, Li 苏莉
LIN, MING ZHOU 林明洲 (1937-)

SU, LI CHENG 苏立成
Su, Man 苏蔓

SU, LI HUA 苏丽华 (1962-)
Hai, Nan 海南

SU, LI LI 苏礼立 (1946-)
Li, Li 李梨
Li qian 历千
Su, Li li 苏理立

SU, LI LI 苏丽莉
Huan sha nü 浣纱女

Su, Li li 苏理立
SU, LI LI 苏礼立 (1946-)

SU, LI REN 苏立人 (1912-1938)
Fei ding 菲丁
Fei wen sheng 非文生
Su, Fei 苏菲
Zuo fei 昨非

Su, Li wen 苏立文
LIU, DA WEN 刘达文 (1952-)

SU, LI YAN 苏立言 (1918-)
Ding, Ning 丁宁
Su, Lu 苏庐
Su, Mie 苏乜
Wu ren lu 五人路
Yang, Yuan 杨园

Su, Li yao 苏李耀
SU, SHANG YAO 苏尚耀 (1921-)

Su, Li yun 苏力耘

ZHU, XIU QUAN 朱秀全 **(1915-)**

Su, Lian 粟联
ZHOU, SHU LIAN 周叔莲 **(1929-)**

Su, Lie 苏烈
ZHAO, ZONG JIE 赵宗杰 **(1921-)**

Su, Lin 苏林
HU, HU QUAN 胡护权 **(1917-)**

Su, Lin 苏麟
ZHANG, FANG XU 章方叙 **(1909-1959)**

Su, Ling 苏玲
CAO, SU LING 曹苏玲 **(1930-)**

Su, Ling 苏凌
SU, XIU HUA 苏秀华 **(1947-)**

Su, Ling yang 苏灵扬
SU, MEI YU 苏美玉 **(1914-1989)**

Su, Liu 苏柳
SUN, QIN PING 孙钦平 **(1922-)**

Su, Liu 苏柳
MA, ZI CHEN 马紫晨 **(1933-)**

Su liu 甦柳
MA, ZI CHEN 马紫晨 **(1933-)**

Su, Lu 苏庐
SU, LI YAN 苏立言 **(1918-)**

Su, Lu 粟庐
YU, ZONG HAI 俞宗海 **(1847-1930)**

Su, Lu 粟庐
ZHENG, ZONG HAI 郑宗海 **(1892-1979)**

Su lu pei zhen 苏鲁裴真
PEI, PENG TU 裴鹏图 **(1950-)**

Su lü 甦旅
SHI, SONG BEI 史松北 **(1918-)**

Su, Luo 苏洛
YI, XIU LUO 易修洛 **(1918-)**

Su, Man 苏蔓
SU, LI CHENG 苏立成

Su, Man shu 苏曼殊
SU, XUAN YING 苏玄瑛 **(1884-1918)**

Su, Mang 粟芒
YANG, RI JI 杨日基 **(1912-1982)**

Su mang 宿莽
MA, QIAN MU 马千木 **(1915-)**

Su mang 宿莽
SU, ZU DE 苏祖德

Su mei ping sheng 素昧平生
SHAO, ZHEN QING 邵振青 **(1884-1926)**

Su, Mei sheng 苏眉甥
HU, DE HUI 胡德辉 **(1913-1968)**

SU, MEI 苏梅 **(1897-1999)**
Chun hui 春晖
Du, Fang 杜芳
Du, Ruo 杜若
Lao mei 老梅
Ling fen 灵芬
Lü tian 绿天
Lü yi 绿漪
Lü yi nü shi 绿漪女士
Mei, Yu 梅雨
Mu, Feng 慕风
Rui lu 瑞庐
Rui nu 瑞奴
Song san 颂三
Su, Xiao mei 苏小梅
Su, Xue lin 苏雪林
Tian ying 天婴
Xiao mei 小妹
Xiao, Qing 肖青
Xue lin 雪林
Ye sun 野隼
Yi e 一鄂

SU, MEI YU 苏美玉 **(1914-1989)**
Su, Ling yang 苏灵扬

Su, Men xiao 苏门啸
YU, DA FU 郁达夫 **(1896-1945)**

Su, Meng 苏梦
WEN, HUAI LANG 文怀朗 **(1913-)**

Su, Meng hang 苏梦航
CHENG, JIA PEI 程嘉霈 **(1930-)**

Su, Miao gong 苏眇公
SU, WEI ZHEN 苏维桢 **(1888-1943)**

Su, Mie 苏乜
SU, LI YAN 苏立言 **(1918-)**

Su, Min 苏民
HAO, SU MIN 郝苏民 **(1935-)**

Su min 素民
HUANG, FENG LONG 黄凤龙 **(1925-)**

Su min 甦民
XU, SU MIN 许苏民 **(-1924)**

Su min 甦民
YANG, DUN YI 杨敦颐

SU, MIN SHENG 苏民生 **(1896-)**
Lan cang zi 澜沧子

Su, Ming 苏明

GUO, JIA GUI 郭嘉桂 (1919-)

Su, Ming 苏明
ZHANG, WEN GANG 张文纲 (1919-)

Su, Ming 苏明
DING, BO LIU 丁伯骝

Su ming 素明
QIU, SU ZHEN 邱素臻 (1928-)

SU, MING DE 粟明德 (1938-)
Tang, Zhu guo 唐柱国

SU, MING QING 粟明清 (1939-)
Lu, Quan 路泉

Su, Mo 苏摩
LIN, XIN JU 林新居 (1952-)

Su, Mu 苏牧
GE, BAO QUAN 戈宝权 (1913-)

Su, Mu 苏牧
SU, XIAN ZHANG 苏宪章 (1916-)

Su, Mu 苏牧
SUN, SHI JIE 孙士杰 (1935-)

Su, Nan 苏南
WANG, BAO GUO 王保国 (1950-)

Su, Ni 苏尼
HU, XIAN ZHONG 胡显中

Su ni 甦霓
WANG, CHI 汪痴

Su, Ni ya 苏尼亚
ZHANG, SHI YUAN 张式瑗 (1905-1976)

Su pei 宿霈
SHU, PEI 束佩 (1919-)

SU, PEI LAN 苏佩兰 (1930-)
Su, Chen 苏晨
Yi chen 亦忱

Su, Ping 苏平
ZHENG, LONG JIN 郑隆谨 (1895-1979)

Su, Ping 苏平
YANG, LI 杨犁

Su, Ping 苏萍
ZHENG, LONG JIN 郑隆谨 (1895-1979)

Su, Pu 苏朴
TANG, KUANG SHI 汤匡时 (1927-)

Su, Qi 苏起
WANG, JING SHAN 王景山 (1924-)

Su qi 素其
ZENG, SHU JI 曾树基

SU, QI HUA 苏奇华 (1917-)
Su, Hui 苏晖

SU, QI YING 苏启颖 (1926-)
Ye, Ni 叶尼

Su, Qian 苏谦
JIANG, CHUN FANG 姜椿芳 (1912-1987)

SU, QIAN YI 苏谦益
Shi ren 世人
Shi ren 世刃

SU, QIANG 苏强 (1937-)
Su, Xing 苏醒

Su, Qing 苏青
FENG, YUN ZHUANG 冯允莊 (1917-1982)

Su, Qing 苏青
LI, SU QING 李苏卿 (1935-)

Su qing 素清
FEI, QI 费启 (1919-)

SU, QING LI 苏庆黎 (1947-)
Su, Yi fan 苏逸凡

SU, QING LONG 苏庆隆 (1951-)
Gu, Yan fei 辜燕飞
Lan, Pang 蓝庞
Su, Xian 苏弦

SU, QING QIANG 苏清强 (1948-)
Ba chen 芭沉
Du chao 踱潮
Feng, Li 冯璃
Gu jing 孤竟
Hu you 浒悠
Jing xi 径稀
Nong, Mian 农勉
Qian yin 虔印
Qing ai 清艾
Qing jiang 清疆
Qing qiang 清强
Sui yun 随云

SU, QING YUN 苏庆云 (1903-1931)
Zi you 子游

Su, Qiu 苏囚
HUANG, YU LIN 黄毓霖 (1911-1989)

Su, Qun 苏羣
ZHOU, ZHI ZHEN 周之贞

Su, Qun 苏群
CAI, MING CHUAN 蔡明川 (1927-)

Su, Ren 苏刃
WANG, SU REN 王素稔 (1923-1989)

Su, Ren 苏韧

WANG, SHU REN 王树人 (1936-)

Su, Ren dao 苏仁道
SU, ZI WU 苏子乌

Su, Ru 苏茹
WANG, SHU YU 王淑玉 (1923-)

Su, Ru 肃如
JIANG, GONG CHEN 江恭忱

Su ru nü shi 素如女士
HUANG, ZHANG 黄彰 (1893-1987)

Su, Rui 苏瑞
LIU, SHUANG GUI 刘双贵 (1948-)

Su, San 苏散
WANG, WEN JIE 王文杰 (1903-)

Su, San lang 苏三郎
SU, XUAN YING 苏玄瑛 (1884-1918)

Su, San xiu 苏三秀
WU, SHENG FENG 吴晟锋 (1947-)

SU, SEN 苏森 (1932?-)
Lin, Mu 林木
Su, Yi bo 苏毅波

Su, Shan 苏珊
ZHANG, YE ZHOU 张叶舟 (1914-1980)

Su shan 宿山
DUAN, SU SHAN 段宿山 (1962-)

SU, SHANG YAO 苏尚耀 (1921-)
Su, Hua 苏桦
Su, Li yao 苏李耀

SU, SHAO LIAN 苏绍连 (1949-)
Su, Si qin 苏思骎

SU, SHAO QUAN 苏少泉 (1935-)
Wen, Guang 文广

Su sheng 甦生
KANG, YOU WEI 康有为 (1858-1927)

Su, Shi 苏湜
SU, XUAN YING 苏玄瑛 (1884-1918)

Su, Shi 苏湜
SU, FANG XUE 苏方学 (1938-)

Su shi 素石
MA, DONG SHENG 马东升 (1946-)

SU, SHI RONG 苏世荣 (1927-)
Su, Su 苏苏

SU, SHI SHU 苏士澍 (1949-)
Ying, Shi 应时

SU, SHOU LIN 苏寿林 (1948-)
Han bing 含冰
Xu yi 蓄艺

SU, SHOU PENG 苏寿彭 (1912-)
Zhang, Mei 章枚

SU, SHOU QIAO 苏寿乔 (1878-)
Wo yun ju shi 卧云居士

Su, Shu qian 苏叔迁
SU, YU FU 苏玉孚 (1927-)

Su, Shu xuan 苏叔玄
SU, HONG YU 苏鸿瑀

SU, SHU YANG 苏叔阳 (1938-)
Shu, Yang 舒扬
Shu yang 叔阳
Yu, Ping fu 余平夫

Su, Shun 苏舜
WANG, WEI MING 王伟明 (1954-)

Su, Si qin 苏思骎
SU, SHAO LIAN 苏绍连 (1949-)

Su, Song 苏松
TAO, YU LIN 陶玉麟 (1924-)

Su, Sou 苏叟
LU, YU ZHONG 陆羽中 (1908-)

Su, Su 苏苏
DU, YE MU 杜也牧 (1910-1984)

Su, Su 苏苏
SU, SHI RONG 苏世荣 (1927-)

Su, Su 苏苏
WU, TAI SHAN 吴太山

Su, Su 苏素
ZHANG, HAN RONG 张汉荣 (1932-)

Su, Su mang 苏宿莽
SU, ZU DE 苏祖德

Su, Suo 苏索
ZHANG, HAN RONG 张汉荣 (1932-)

Su, Ting 苏亭
WANG, ZHONG QI 王锺麒 (1890-1975)

Su, Tong 苏彤
XIU, JIN WEN 修进文 (1917-)

Su, Tong 苏童
TONG, ZHONG GUI 童忠贵 (1963-)

SU, TONG BING 苏同炳 (1925-)
Yong, Shu 雍叔
Zhuang, Lian 莊练

Su wang 粟旺
BI, QING HANG 毕庆航 (1918-)

Su wang na 素旺娜
CHEN, FAN 陈范 **(1940-)**

Su, Wei 苏为
WANG, JING SHAN 王景山 **(1924-)**

Su, Wei 苏维
WANG, GU ZE 王古泽

Su, Wei 苏蔚
ZHANG, BING WEI 张炳蔚 **(1918-)**

SU, WEI MING 苏伟明
Bao weng 豹翁

Su, Wei ren 苏威仁
SU, ZHONG NENG 苏忠能

SU, WEI ZHEN 苏维桢 **(1888-1943)**
Cang 沧
Cang hai 沧海
Gan, Li 甘隶
Jian ting 監亭
Miao gong 眇公
Miao gong bi 眇公笔
Su, Miao gong 苏眇公
Xiao ruan 小阮
Xiao yin 小隐

Su, Wen 苏文
WANG, REN SHU 王任叔 **(1901-1972)**

Su, Wen 苏文
DAI, KE CHONG 戴克崇 **(1907-1964)**

Su, Wen 苏文
WANG, LIN TAI 王临泰 **(1919-)**

Su, Wen 苏文
ZHU, ZI CUN 朱自存 **(1922-)**

Su, Wen 苏文
DENG, SHU PING 邓蜀平 **(1932-)**

Su, Wen 苏汶
DAI, KE CHONG 戴克崇 **(1907-1964)**

Su, Wen hui 苏文惠
SU, XUAN YING 苏玄瑛 **(1884-1918)**

SU, WEN MU 苏文慕 **(1927-1960)**
Ding, Bing 丁冰
Lan, Zhi ye 蓝之夜
Su, Ye 苏夜

SU, WEN ZHUO 苏文擢
Wen, Zhuo 文擢

SU, XI CHANG 苏锡昌 **(1891-1973)**
Su, Ji qing 苏继卿
Su, Ji qing 苏继庼

Su, Xi po 苏西坡
WANG, REN SHU 王任叔 **(1901-1972)**

Su, Xi tao 苏熙涛
SU, GENG SHENG 苏更生 **(1921-1985)**

Su, Xia 苏夏
SU, XUE HENG 苏学衡 **(1923-)**

Su, Xian 苏弦
SU, QING LONG 苏庆隆 **(1951-)**

Su xian 素咸
SUN, SU XIAN 孙肃显 **(1940-)**

Su xian tang 素宪堂
JIANG, SHAO QUAN 江绍铨 **(1883-1954)**

SU, XIAN ZHANG 苏宪章 **(1916-)**
Su, Mu 苏牧

SU, XIANG YU 苏芗雨 **(1901-1986)**
Xiang yu 芗雨

SU, XIAO HUA 苏箫化 **(1945-)**
Xiao su 箫苏

Su, Xiao mei 苏小梅
SU, MEI 苏梅 **(1897-1999)**

Su, Xia meng 苏小蒙
WANG, MING XIN 王明信 **(1946-)**

SU, XIAO XING 苏晓星 **(1931-)**
Li, De xiang 李德祥

Su, Xin 苏心
SI BAO CHANG 斯宝昶 **(1926-)**

Su, Xin 苏欣
YANG, YAN JIE 杨燕杰 **(1930-)**

Su, Xin 苏欣
WANG, SU XIN 王素心 **(1935-)**

SU, XIN 苏新
Zhuang, Jia nong 莊嘉农

Su xin 素心
LING, RUI TANG 凌瑞棠 **(1904-1990)**

Su xin 素心
ZHAO, WEI WEN 赵蔚文 **(1928-)**

Su xin 素心
WANG, SU XIN 王素心 **(1935-)**

Su xin 素心
GUO, YUN LING 郭允苓 **(1941-)**

Su xin 宿心
QU, QIU BAI 瞿秋白 **(1899-1935)**

Su xin 甦心
DING, SI YI 丁思逸 **(1929-)**

Su xin lan 素心兰
WU, CHONG LAN 吴崇兰 **(1924-)**

LI, ZAN HUA 李赞华

Su, Yan 苏雁
CHEN, SU YAN 陈素琰 **(1935-)**

Su, Yang 苏扬
MA, ZHI YUAN 马志远 **(1918-)**

Su, Yang 苏阳
ZHANG, BAI SHAN 张白山 **(1912-)**

Su, Ye 苏夜
SU, WEN MU 苏文慕 **(1927-1960)**

Su, Ye 苏晔
LI, ZHONG SHI 李中实 **(1920-)**

Su, Yi 苏依
MA, HUA 马骅 **(1916-)**

Su, Yi 苏怡
SHU, ZI YI 舒子怡

Su, Yi bo 苏毅波
SU, SEN 苏森 **(1932?-)**

Su, Yi duo 苏一多
SU, YUN DAI 苏允岱 **(1939-)**

Su, Yi fan 苏逸凡
SU, QING LI 苏庆黎 **(1947-)**

Su, Yi ping 苏一平
PU, WANG WEN 蒲望文 **(1913-)**

SU, YI PING 苏一平 **(1919-)**
Su, Yi ping 苏一萍
Yi ping 一萍

Su, Yi ping 苏一萍
SU, YI PING 苏一平 **(1919-)**

Su, Ying 苏英
LIU, GUO XING 刘国兴 **(1915-)**

Su, Ying 苏鹰
LI, SHU YING 李叔英 **(1921-1966)**

SU, YING BO 苏英博 **(1938-)**
Cheng, An 程岸
Su, Geng 苏耕

Su, Ying gang 苏应刚
SU, YING KUAN 苏应宽 **(1918-)**

Su, Ying hui 苏莹辉
SU, JING PO 苏景坡

SU, YING KUAN 苏应宽 **(1918-)**
Su, Ying gang 苏应刚

SU, YING WEI 苏英蔚 **(1933-)**
Su, Hai ou 苏海鸥

SU, YONG ZHI 苏永智 **(1956-)**
Shu, Feng lin 舒枫林

Su, You 苏由
WANG, LI MING 王黎明 **(1948-)**

SU, YOU CAI 苏有才 **(1927-)**
Bai, Di 白堤
Su, Bai di 苏白堤
Su, Di 苏堤
Su, Hang 苏杭
Wang, Wu 王芜

Su, Yu 苏予
ZHANG, YU 张瑀 **(1926-)**

Su, Yu 苏玉
LU, QI WEN 卢启文 **(1920-1957)**

Su, Yu 苏渝
XIE, NIAN SU 谢念苏 **(1955-)**

Su yu 素愚
CHENG, KE JIAN 成克坚

SU, YU FU 苏玉孚 **(1927-)**
Shu qian 叔迁
Su, Shu qian 苏叔迁
Wang po 望坡

SU, YU SHENG 苏育生 **(1942-)**
Hong ding 鸿丁

SU, YU ZHU 苏玉珠 **(1953-)**
Yun, Yi 云逸

Su, Yuan 苏原
SU, YUAN ZHANG 苏元章 **(1924-)**

Su, Yuan 苏原
GUO, HENG 郭恒 **(1934-)**

Su yuan 夙源
QIU, WEI XUAN 丘炜萲 **(1873-1941)**

Su yuan 肃韡
QIU, WEI XUAN 丘炜萲 **(1873-1941)**

Su yuan 素园
ZHOU, PEI YI 周培艺 **(-1958)**

Su yuan 素园
DU, GUO XIANG 杜国庠 **(1889-1961)**

Su yuan 速援
QIU, WEI XUAN 丘炜萲 **(1873-1941)**

Su yuan 宿园
QIU, WEI XUAN 丘炜萲 **(1873-1941)**

Su yuan 宿垣
QIU, WEI XUAN 丘炜萲 **(1873-1941)**

SU, YUAN LEI 苏渊雷 **(1908-)**
Bo weng 钵翁
Dun yuan 遯园

CHEN, DU XIU 陈独秀 **(1879-1942)**

Su, Zi gu 苏子谷
SU, XUAN YING 苏玄瑛 **(1884-1918)**

Su, Zi gu 苏子榖
SU, XUAN YING 苏玄瑛 **(1884-1918)**

SU, ZI LONG 苏子龙 **(1941-)**
Xin, Yi 辛沂

SU, ZI WU 苏子乌
Su, Ren dao 苏仁道

Su, Zi you 苏子由
SU, XUAN YING 苏玄瑛 **(1884-1918)**

SU, ZU DE 苏祖德
Su mang 宿莽
Su, Su mang 苏宿莽
Su, Zhuang 苏庄
Xin mang 新莽
Xue hua fei 雪花飞

SU, ZU QIAN 苏祖谦 **(1936-)**
Han, Xiao rui 韩小锐

Su, Zuo san 苏作三
CHEN, ZHENG YANG 陈拯阳 **(1931-)**

Suan dao ren 酸道人
QIU, WEI XUAN 丘炜萲 **(1873-1941)**

Suan han wei 酸寒尉
WU, JUN QING 吴俊卿 **(1844-1927)**

Suan shi shi 算史氏
ZHANG, SONG NIAN 张崧年 **(1893-1986)**

Suan suan 算算
LI, DA ZHAO 李大钊 **(1889-1927)**

Sui an 随庵
XU, NAI CHANG 徐乃昌 **(1862-1936)**

Sui an 随菴
SHEN, ZENG ZHI 沈曾植 **(1850-1922)**

Sui an 遂安
XU, BI BO 徐碧波 **(1898-)**

Sui bo 随波
ZHANG, XIN YUAN 张心远 **(1895-1967)**

Sui cheng 绥成
SHEN, XIU 沈修

Sui di 随堤
ZENG, REN DAO 曾任道 **(1937-)**

Sui die 碎碟
TONG, CHANG QING 佟长青 **(1913-1945)**

SUI, DONG 隋东 **(1942-)**
Dong sheng 东生

Sui fo 碎佛
XIA, ZENG YOU 夏曾佑 **(1863-1924)**

Sui gu 随谷
CHEN, SHI YAO 陈世瑶 **(1926-)**

Sui han 邃翰
CAO, FU YUAN 曹福元

Sui han tui sou 岁寒退叟
LUO, ZHEN YU 罗振玉 **(1866-1940)**

Sui, Jun 隋军
SUI, SHU JIN 隋书金 **(1927-)**

Sui, Luo wen 隋洛文
ZHOU, SHU REN 周树人 **(1881-1936)**

Sui, Mo 隋末
RAN, YU DA 冉欲达 **(1923-)**

Sui, Ning 隋凝
DENG, SHI MING 邓士铭 **(1914-)**

Sui, Qi 隋奇
HUANG, YING HAO 黄英浩 **(1946-)**

Sui qin lu zhu ren 碎琴庐主人
HAN, LIANG 韩亮 **(1907-)**

Sui qing 穗青
QIAO, WEN NI 乔文猊 **(1919-)**

Sui qing 穗卿
XIA, ZENG YOU 夏曾佑 **(1863-1924)**

Sui ren 绥人
DONG, SHU FAN 董树藩 **(1932-)**

Sui san 岁三
WANG, ZU YU 王祖畬 **(1842-1918)**

Sui shang fei 穗上飞
XIE, SHUI LIN 谢水霖 **(1949-)**

Sui sheng 遂生
CHEN, GUO ZHAO 陈国钊 **(1912-)**

Sui sheng 穗生
YU, SHI MEI 于式枚 **(1859-1915)**

Sui shi 碎石
ZHANG, XIAO GU 张小谷 **(1925-)**

Sui, Shu jin 隋书今
SUI, SHU JIN 隋书金 **(1927-)**

SUI, SHU JIN 隋书金 **(1927-)**
Shu, Jun 舒君
Sui, Jun 隋军
Sui, Shu jin 隋书今

SUI, SHU SEN 隋树森 **(1906-)**
Fang, Ming 方明

Mu, Bi 穆笔
Mu, Ran 穆然
Sui, Yu nan 隋育楠
Yu nan 育楠

Sui shun 随顺
LI, WEN TAO 李文涛 **(1880-1942)**

SUI, TING MEI 隋廷枚
Sui, Yu wei 隋玉薇
Yu wei 玉薇
Yu wei nü shi 玉薇女士

Sui yu 碎玉
WEI, JUN LIN 韦君琳 **(1944-)**

Sui, Yu nan 隋育楠
SUI, SHU SEN 隋树森 **(1906-)**

Sui, Yu wei 隋玉薇
SUI, TING MEI 隋廷枚

Sui yuan 随缘
JIN, MIN 靳敏 **(1968-)**

Sui yuan 燧元
LIU, SUI YUAN 刘燧元 **(1904-1985)**

Sui yue lou zhu ren 随月楼主人
CHEN, YU WEN 陈郁文 **(1918-)**

Sui, Yun 隋云
WEN, KE QIN 温克勤 **(1936-)**

Sui yun 随云
SU, QING QIANG 苏清强 **(1948-)**

Sui zai lou 遂在楼
SHAN, XIAO TIAN 单孝天 **(1921-)**

Sui zhai 随斋
HU, YI SHENG 胡毅生 **(1883-1957)**

Sui zhai zhu ren 隋斋主人
TANG, CHENG QING 唐承庆 **(1917-)**

Sui zhi 绥之
XUE, JING FU 薛景福 **(1922-1985)**

Sui zi 穗子
TIAN, JING HUI 田景惠 **(1923-)**

Sun 荪
KONG, FAN YAN 孔繁衍 **(1912-)**

Sun 损
SHEN, YAN BING 沈雁冰 **(1896-1981)**

Sun 隼
ZHOU, SHU REN 周树人 **(1881-1936)**

Sun 隼
CAO, JING PING 曹京平 **(1912-)**

SUN, AI 孙璦 **(1872-1934)**
Sun, Ren yu 孫仁玉

Sun, Bai 孙柏
SUN, FU YUAN 孙福源 **(1894-1966)**

Sun, Bai gang 孙百刚
SUN, YI YI 孙以毅 **(1900-1982)**

SUN, BAI LÜ 孙柏绿
Bai, Lü 柏绿

SUN, BANG DA 孙帮达 **(1922-)**
Jiao, Ju 焦举
Shi, Xiong 石雄
Sun, Wu kong 孙悟空
Wei, Li 卫理
Wu shi 悟实

Sun, Bao shan 孙宝山
XUE, E GUO 薛萼果 **(1908-1983)**

Sun, Bao sui 孙宝邃
FEI, QI 费启 **(1919-)**

Sun, Bin 孙滨
LING, WEN SI 凌文思 **(1912-)**

SUN, BIN LIN 孙彬琳
Ling zi 玲子

Sun, Bing 孙冰
SUN, WEN LIN 孙文林 **(1914-1987)**

SUN, BING LUN 孙冰轮 **(1926-)**
Cai shi 采石
Li yang 里扬
Shu xing 数星
Xu bin 旭滨

SUN, BING SEN 孙秉森 **(1947-)**
Hong xu 虹旭

Sun, Bing yan 孙炳炎
SUN, JIAN 孙健 **(1925-)**

Sun, Bo 孙博
LU, JIA WEN 卢嘉文 **(1909-)**

Sun, Bo chun 孙伯纯
SUN, SHI 孙湜

Sun, Bo dong 孙伯东
SUN, ZHEN 孙震 **(1934-)**

Sun, Bo fu 孙伯辅
ZOU, EN RUN 邹恩润 **(1895-1944)**

SUN, BU FEI 孙步霏
Yu fei 雨非

Sun, Chang xi 孙昌熙
SUN, ZHAO JI 孙昭绩 **(1914-)**

SUN, CHANG XU 孙常叙 **(1908-)**

Sun, Xiao ye 孙晓野

SUN, CHANG YONG 孙昌永 **(1918-)**
Ding, Dong 丁东
Geng fu 耕夫
Jia guo 加果
Ke ling 克凌
Kuang feng 狂风
Sun, Chun 孙淳
Sun, Xia ling 孙遐龄
Sun, Xiang 孙享

Sun, Chang you 孙长有
AN, FENG LIN 安凤麟 **(1916-1972)**

SUN, CHAO 孙超 **(1935-)**
Shen, Chen 沈沉

Sun, Che 孙彻
SUN, SAN TONG 孙三同 **(1918-)**

Sun, Cheng 孙成
SUN, CHENG JI 孙成己 **(1919-)**

Sun, Cheng 孙诚
DAI, MENG OU 戴梦鸥 **(1905-1950)**

SUN, CHENG JI 孙成己 **(1919-)**
Gu, Ba 古巴
Sun, Cheng 孙成
Sun, Hao ran 孙浩然

SUN, CHENG JU 孙成聚 **(1950-)**
Ping, Fan 平凡

SUN, CHENG XI 孙成熙 **(1935-)**
Wan, Ge 万戈

SUN, CHENG XUN 孙承勲 **(1919-)**
Chen yuan 沉渊
Chi, Man he 迟曼荷
Han, Ying 韩盈
He, Man zi 何满子
Lin, Dong ming 林冬明
Shen yuan 深渊

SUN, CHENG YU 孙成玙 **(1900-1990)**
Li bai 理白
Sun, Yu 孙瑜

SUN, CHUAN JI 孙传基 **(1938-)**
Zhi wen 质文
Zhuan qi 专其

SUN, CHUAN SONG 孙传松 **(1944-)**
Chuan song 川松
Qu, Lu 曲路

SUN, CHUAN ZHE 孙传哲 **(1915-)**
Nan, Yan 南雁

Sun, Chun 孙淳
SUN, CHANG YONG 孙昌永 **(1918-)**

Sun, Chun tai 孙春苔
SUN, FU XI 孙福熙 **(1898-1962)**

SUN, CHUN TING 孙春亭 **(1943-)**
Gong, Chen 龚臣
Lu, Shi 鲁石
Wen, Ge 文歌
Wen, Ge 文戈

SUN, CHUN TING 孙春霆
Xiao cun 晓村

Sun, Da 孙大
SUN, TAI CHUN 孙泰春

SUN, DA CHUAN 孙大川 **(1953-)**
Hai, Ruo 海若

Sun, Da feng 孙大风
SUN, JUN 孙俊

SUN, DA KE 孙大珂 **(1909-1956)**
He, Mei 何昧
He, Ru qian 何辱谦
Kua fu 夸父
Ming bing 鸣冰
Qi yu 奇玉
Ru qian 辱谦
Shi, Ling 石灵
Sun, Qi yu 孙奇玉
Sun, Shi ling 孙石灵
Xuan 玄
Xuan zhong 玄仲
You, Ji zhi 游及之
Yu, Zhi qian 余之千

SUN, DA WEN 孙大文 **(1945-)**
Sun, Da wen 孙达文
Sun, Si 孙思
Wen, Feng 文锋

Sun, Da wen 孙达文
SUN, DA WEN 孙大文 **(1945-)**

SUN, DA XIANG 孙大翔 **(1920-1976)**
Dong chu 东初

Sun, Da yu 孙大雨
SUN, MING CHUAN 孙铭传 **(1905-)**

SUN, DAN NING 孙淡宁 **(1922-)**
Nong, Fu 农妇
Zhang, Zhao ming 张昭明
Zi jian 紫笺

Sun, Dao lin 孙道临
SUN, YI LIANG 孙以亮 **(1921-)**

SUN, DAO XIONG 孙道雄 **(1954-)**
A xiong 阿雄

Wang chen 望尘

SUN, DE BIAO 孙德彪 **(1931-)**
Sun, Hong 孙虹

SUN, DE CHONG 孙德崇 **(1901-1990)**
Sun, Jing xiu 孙敬修

SUN, DE PEI 孙德培 **(1923-)**
Si qin 思勤
Xiao, Chen 萧琛
Xiao xing 晓星

SUN, DE QIAN 孙德谦 **(1869-1935)**
Ai an ju shi 隘庵居士
Ai kan 隘堪
Xia an 侠盦
Yi an 益葊
Yi an fu 益葊甫

SUN, DE XIN 孙德鑫 **(1912-)**
Sun, Yuan 孙源
Wang, Yi tai 王益太

SUN, DE XUAN 孙德宣 **(1911-)**
Zhong, Xuan 仲宣

SUN, DE ZHEN 孙德振 **(1938?-)**
Ming, Mei 明梅
Sun, Zhen 孙震

SUN, DI LING 孙涤灵 **(1927-)**
Lin, Lin 林林

Sun, Dian 孙钿
YU, ZHONG RUI 郁钟瑞 **(1917-)**

Sun, Dian 孙殿
GUO, LI JUN 郭丽君 **(1923-)**

SUN, DIAN QING 孙殿卿 **(1910-)**
Sun, Hong ru 孙宏儒

Sun, Ding chen 孙鼎宸
SUN, JIN MING 孙金铭

SUN, DONG TING 孙洞庭 **(1920-1987)**
Sun, Zhen 孙振
Xue ke 雪克

Sun, Dong wu 孙东吴
SUN, YU XIU 孙毓修 **(1871-1922)**

SUN, DONG YUAN 孙东元 **(1917-)**
Dong yuan 冬园

SUN, DUN XIU 孙敦修 **(1940-)**
Si, Wen 斯文

SUN, EN TONG 孙恩同 **(1923-)**
Sheng, Rong 盛溶

SUN, FANG KUN 孙方鲲 **(1914-)**
Si tu, Yue 司徒越

Sun, Fang shan 孙方山
SUN, TI XIAN 孙逖先 **(1911-1970)**

Sun, Fang xian 孙方先
SUN, TI XIAN 孙逖先 **(1911-1970)**

Sun, Fei 孙飞
HU, XI MING 胡希明 **(1906-)**

SUN, FEI JUN 孙斐君
Fei jun nü shi 斐君女士

Sun, Feng 孙奉
LIU, RI BO 刘日波 **(1917-)**

SUN, FENG CHENG 孙凤城 **(1934-)**
Jing yuan 静源

SUN, FENG HE 孙风和 **(1953-)**
Han bei xing 寒北星

SUN, FENG JU 孙凤举 **(1928-)**
Si, Fu 斯夫

SUN, FENG MING 孙烽明 **(1927-)**
Feng ming 风鸣

Sun, Fu chen 孙负沈
SUN, YUAN 孙元 **(1883-1911)**

SUN, FU XI 孙福熙 **(1898-1962)**
Chun tai 春苔
Ding, Yi 丁一
Fu xi 福熙
Ming, Zhai 明斋
Shou ming zhai 寿明斋
Shou zhai 寿斋
Sun, Chun tai 孙春苔
Tai 苔

SUN, FU XING 孙福兴 **(1931-)**
Zi nan 子南

Sun, Fu yuan 孙伏园
SUN, FU YUAN 孙福源 **(1894-1966)**

Sun, Fu yuan 孙伏圆
SUN, FU YUAN 孙福源 **(1894-1966)**

SUN, FU YUAN 孙福源 **(1894-1966)**
Bai 柏
Bai, Nian 柏年
Bai, Sheng 柏生
Fu 伏
Fu, Lu 伏庐
Fu, Yuan 伏园
Mei you zuo pin de zuo jia 没有作品的作家
Song nian 松年
Sun, Bai 孙柏
Sun, Fu yuan 孙伏园
Sun, Fu yuan 孙伏圆
Tong bai 桐柏

SUN, GONG HENG 孙恭恒 **(1947-)**
Sun, Wei dong 孙卫东
Sun, Yue 孙越

SUN, GONG YAN 孙功炎 **(1913-)**
Sun, Xuan chang 孙玄常
Xuan chang 玄常

SUN, GUAN HAN 孙观汉 **(1914-)**
Hui tan 慧叹

SUN, GUAN LIN 孙观琳 **(1939-)**
A ling 阿玲
Hai xin 海心
Yi ning 一宁

Sun, Guang ce 孙光策
SUN, LIAO GUANG 孙燎光 **(1894-1962)**

SUN, GUANG JU 孙广举 **(1943-)**
Sun, Sun 孙荪

Sun, Guang rui 孙光瑞
SHEN, DUAN XIAN 沈端先 **(1900-1995)**

SUN, GUANG XUAN 孙光萱 **(1934-)**
Jiang, Yuan bai 江远白

SUN, GUANG YING 孙光英 **(1921-1968)**
Li, Lin 李琳
Sun, Wei shi 孙维世

Sun, Guang zhong 孙广忠
SUN, ZHEN 孙镇 **(1928-)**

Sun, Guang zu 孙光祖
SUN, TI XIAN 孙逖先 **(1911-1970)**

SUN, GUI HUANG 孙桂煌 **(1939-)**
Sun, Huang 孙煌

Sun, Gui zhen 孙桂贞
SUN, GUI ZHEN 孙桂珍 **(1951-)**

SUN, GUI ZHEN 孙桂珍 **(1951-)**
Sun, Gui zhen 孙桂贞
Yi, Lei 伊蕾

SUN, HAI 孙海 **(1901-)**
Sun, Nu chao 孙怒潮

Sun, Hai bo 孙海波
SUN, MING EN 孙铭恩 **(1909-1972)**

SUN, HAI LANG 孙海浪 **(1942-)**
Huo guang 火光
Lao ma 老马

SUN, HAN BING 孙涵冰
Yan, Seng 严僧

Sun, Han bing 孙寒冰
SUN, XI QI 孙锡琪 **(1903-1940)**

Sun, Han chao 孙汉超
GAO, CHONG MIN 高崇民 **(1891-1971)**

Sun, Han pu 孙涵溥
SUN, MING EN 孙铭恩 **(1909-1972)**

Sun, Hao ran 孙浩然
SUN, CHENG JI 孙成己 **(1919-)**

Sun, Hong 孙虹
SUN, DE BIAO 孙德彪 **(1931-)**

SUN, HONG 孙鸿 **(1889-1965)**
Hua jin yi shi 华津一士
Xue ni 雪泥
Zhen liu ju shi 枕流居士

SUN, HONG JIE 孙鸿杰 **(1921-)**
Bing hu 冰壶
Lao, Ren 劳人
Sun, Yu 孙宇
Sun, Yu 孙芋
Xiang, Wei 向微
Xiang, Wei 象微

SUN, HONG KAI 孙宏开 **(1934-)**
Min kai 民凯
Yu, Yan 禹岩

Sun, Hong ru 孙宏儒
SUN, DIAN QING 孙殿卿 **(1910-)**

Sun, Hou li 孙后礼
LI, RUI 李锐 **(1917-)**

SUN, HUA WEN 孙华文 **(1942-)**
Kai kai 凯凯
Lan, Fan 兰帆

SUN, HUAI CHUAN 孙怀川 **(1939-)**
Chao fu 朝赋
Zhuo, Chao fu 卓朝赋

SUN, HUAI QIAN 孙怀谦 **(1920-)**
Song qian 颂迁
Sun, Qian 孙千
Sun, Qian 孙谦
Wang, Da 王大

SUN, HUAN JING 孙寰镜
Huan jing lu zhu ren 寰镜庐主人
Jing an 静庵
Min shi shi 民史氏

Sun, Huang 孙煌
SUN, GUI HUANG 孙桂煌 **(1939-)**

SUN, HUI CHENG 孙惠诚
Qian fan 千帆

SUN, HUI LI 孙慧丽 **(1934-)**
Shi, Hui 石慧

SUN, JI CAI 孙继才 **(1946-)**

Han, Zhen fu 韩真夫
Jin, Cai 金采
Mei, Wei fu 梅伟父
Sha, Liang 沙良

SUN, JI LIU 孙辑六 **(1927-)**
Na, Jie 那捷

SUN, JI MIN 孙霁民 **(1938-)**
Sha, Zhou 沙舟

SUN, JIA BO 孙家钵 **(1939-)**
Gong sun 公孙
Jia bo 加波
Jia bo 袈帛

SUN, JIA JI 孙家骥 **(1958-)**
Shu shi 书石

SUN, JIA JIN 孙家晋 **(1918-)**
Chang chu 长楚
Chang chu 苌楚
Feng fei 葑菲
Gao, Cen 高岑
Lan, Yan 蓝烟
Sheng jie jing 升介井
Shi luo 莳萝
Wei, Ye 韦叶
Wu, Yan 吴岩

SUN, JIA LIN 孙家麟 **(1929-)**
Sun, Yi 孙仪

Sun, Jia mo 孙家模
SUN, LI CHENG 孙立成 **(1916-)**

Sun, Jia rui 孙加瑞
SUN, JIA RUI 孙嘉瑞 **(1920-)**

Sun, Jia rui 孙家瑞
SUN, JIA RUI 孙嘉瑞 **(1920-)**

SUN, JIA RUI 孙嘉瑞 **(1920-)**
Fang zi 芳子
Gao, Ling 高玲
Gao, Xiang 高翔
Lian jiang 莲江
Liu, Qing niang 柳青娘
Liu, Yin 柳荫
Luo xia 落霞
Mei, Niang 梅娘
Min zi 敏子
Sun, Jia rui 孙加瑞
Sun, Jia rui 孙家瑞
Sun, Min zi 孙敏子

SUN, JIA SEN 孙家森 **(1929-)**
Hu, Qing 胡青
Lin, Mu 林木

SUN, JIA ZHEN 孙家振 **(1863-1939)**
Hai shang jing meng chi xian shu shi shi 海上警梦痴仙漱石氏
Hai shang shu shi sheng 海上漱石生
Jiang nan yan yu ke 江南煙雨客
Jing meng chi xian 警梦痴仙
Jing meng chi xian 警梦痴僊
Shu shi sheng 漱石生
Shu shi shi 漱石氏
Sun, Shu shi 孙漱石
Sun, Yu sheng 孙玉声
Tui xing lu zhu ren 退醒庐主人
Yu ling long guan zhu 玉玲珑馆主
Yu sheng 玉声

SUN, JIAN 孙健 **(1925-)**
Sun, Bing yan 孙炳炎

SUN, JIAN BING 孙剑冰 **(1921-)**
A bing 阿冰
Jian bing 剑冰
Shi, Yang guan 石羊关

SUN, JIAN JUN 孙建军 **(1954-)**
Yi qiu 一丘

SUN, JIAN PING 孙建平 **(1948-)**
Ye feng 野风

SUN, JIN 孙津 **(1953-)**
Xiao yu 小聿

SUN, JIN CHUN 孙进春 **(1928-)**
Jing bo 净波
Ping, Su 平素
Sun, Ping 孙平

SUN, JIN LING 孙金陵 **(1964-)**
Xu, Ling 徐凌

SUN, JIN MING 孙金铭
Sun, Ding chen 孙鼎宸

SUN, JING 孙镜 **(1883-1958)**
Guan dao lu 盥道庐
Han he 寒鹤
Jian feng 尖凤

SUN, JING GONG 孙静工 **(1908-)**
Li, Shen gu 李申谷
Shen, Gu 申谷

SUN, JING HUI 孙敬会 **(1939-)**
Ji ke 稷客
Ke zhai 克斋

SUN, JING QUAN 孙景全 **(1940-)**
Jin, Ge 金戈

SUN, JING SHENG 孙景生 **(1951-)**
Jing, Miao 景淼
Jing, Qiu 景秋
Jing, Sheng 景晟

SUN, JING XIAN 孙景贤 **(1881-1920)**
Long, Wei 龙尾
Teng gu gu xiang 藤谷古香

Sun, Jing xiu 孙敬修
SUN, DE CHONG 孙德崇 **(1901-1990)**

Sun, Jing xuan 孙静轩
SUN, YE HE 孙叶河 **(1930-)**

SUN, JING ZHI 孙敬之 **(1909-1983)**
Mu, Zhen 穆珍

SUN, JIU LUN 孙九纶 **(1938-)**
Lao jiu 老九

SUN, JUE MIN 孙觉民
Qiu, Ye 秋野

SUN, JUN 孙俊
Da lang 大郎
Liu, Lang 刘郎
Sun, Da feng 孙大风
Xu, Da feng 徐大风

Sun, Jun 孙骏
SUN, YAO DONG 孙耀东 **(1922-)**

Sun, Jun jing 孙峻菁
SUN, JUN QING 孙俊卿 **(1922-)**

SUN, JUN QING 孙俊卿 **(1922-)**
Chen ge 沉戈
Jian 溅
Jun qing 峻青
Sun, Jun jing 孙峻菁
Sun, Jun qing 孙峻青
Sun, Ru jie 孙儒杰
Yi min 一民

Sun, Jun qing 孙峻青
SUN, JUN QING 孙俊卿 **(1922-)**

SUN, JUN RAN 孙俊然 **(1935-)**
Jun ran 俊然

SUN, JUN ZHANG 孙军章 **(1957-)**
Sun, Wu jun 孙武军
Wu jun 无君

SUN, JUN ZHENG 孙钧正 **(1936-)**
Xia, Jun 夏君
Xie, Yue jiu 谢悦九

SUN, KAI DI 孙楷第 **(1898-1986)**
Dun weng 钝翁

Sun, Kai yu 孙凯宇
SUN, ZENG XUE 孙增学 **(1922-)**

Sun, Kan 孙堪
FANG, GUI DE 方珪德 **(1922-)**

Sun, Ke 孙克
SUN, PEI YUAN 孙培元 **(1914-1947)**

SUN, KE 孙科 **(1891-1973)**
Zhe sheng 哲生

SUN, KE CHENG 孙恪诚 **(1923-)**
Yu, Feng 于凤

SUN, KE JI 孙克骥
Ke shi 克士

SUN, KE KUAN 孙克宽 **(1904-)**
Jian lu 茧庐

SUN, KE LU 孙克鲁 **(1924-)**
Jiang, Dong liu 江东流
Sun, Qi 孙旗

SUN, LAI FU 孙莱芙 **(1964-)**
Song lin 松林

Sun, Lan 孙兰
WEI, YU MEI 韦毓梅

Sun lang 损郎
WANG, REN SHU 王任叔 **(1901-1972)**

Sun, Li 孙力
SUN, SHENG LI 孙胜利 **(1949-)**

SUN, LI 孙力 **(1961-)**
Sun, Li 孙砺

SUN, LI 孙里 **(1942-)**
Xiao, Bing 肖冰

Sun, Li 孙砺
SUN, LI 孙力 **(1961-)**

Sun, Li 孙犁
SUN, SHU XUN 孙树勋 **(1913-)**

Sun, Li 孙理
SUN, SHU FANG 孙树芳 **(1937-)**

Sun, Li 孙黎
SUN, SHU XUN 孙树勋 **(1913-)**

SUN, LI CHENG 孙立成 **(1916-)**
Sun, Jia mo 孙家模
Sun, Shen 孙慎
Yu, Xue yi 俞学毅

SUN, LI CHUAN 孙立川 **(1950-)**
Nan, Ren 南人

SUN, LI MING 孙黎明 **(1955-)**
Li, Ming 黎明

SUN, LI REN 孙礼仁 **(1941-)**
Sun, Li ren 孙里人

Sun, Li ren 孙里人
SUN, LI REN 孙礼仁 **(1941-)**

Sun, Liang gong 孙俍工
SUN, LIAO GUANG 孙爎光 (1894-1962)

SUN, LIAO GUANG 孙爎光 (1894-1962)
Liang gong 俍工
MK
Sun, Guang ce 孙光策
Sun, Liang gong 孙俍工

SUN, LIN 孙林 (1957-)
Liang jie 凉界
Lin, Cao 林草

Sun, Ling 孙陵
SUN, ZHONG QI 孙锺琦 (1914-1983)

Sun, Liu an 孙留菴
SUN, YU XIU 孙毓修 (1871-1922)

Sun, Liu bing 孙流冰
SUN, WEN LIN 孙文林 (1914-1987)

SUN, LU BIN 孙鲁滨 (1922-)
Ruo yu 若愚
Yu jia er 渔家儿
Yue, Yu 乐予

SUN, LUO XUN 孙骆勋 (1924-)
Luo, Xun 骆勋

Sun, Mai xin 孙麦新
SUN, PEI YUAN 孙培元 (1914-1947)

Sun man gong quan 孙满公权
WU, WEI LIANG 吴维凉 (1958-)

SUN, MEI LAN 孙美兰 (1930-)
Yi lan 亦兰

Sun, Mei ling 孙梅陵
SUN, ZHONG QI 孙锺琦 (1914-1983)

SUN, MENG JIAO 孙梦蕉
Lang mo 浪墨
Meng jiao 梦蕉
Yi de 一得
Yue, Jun 乐君
Yun yun 芸芸

SUN, MENG LEI 孙梦雷
Meng lei 梦雷

Sun, Meng ren 孙孟仁
SUN, MENG REN 孙梦仁 (1946-)

SUN, MENG REN 孙梦仁 (1946-)
Ai, Yan 艾雁
Meng, Ren 孟仁
Sun, Meng ren 孙孟仁
Wen, Bing 闻炳

Sun, Mian zhi 孙勉之
XUE, E GUO 薛萼果 (1908-1983)

SUN, MIN JI 孙民纪 (1954-)
Jiu fang 九方
Ming, Ji 明季

Sun, Min zi 孙敏子
SUN, JIA RUI 孙嘉瑞 (1920-)

SUN, MING CHUAN 孙铭传 (1905-)
Sun, Da yu 孙大雨
Sun, Shou zhuo 孙守拙
Sun, Zi qian 孙子潜
Zi qian 子潜

SUN, MING EN 孙铭恩 (1909-1972)
Bo 波
Hai, Bo 海波
Sun, Hai bo 孙海波
Sun, Han pu 孙涵溥

SUN, MO 孙漠 (1911-)
Da shi 大石

Sun, Mo 孫模
ZHOU, RU CHANG 周汝昌 (1918-)

Sun, Mo xin 孙默心
SUN, PEI YUAN 孙培元 (1914-1947)

Sun, Mrs. Helen
YU, LI HUA 於梨华 (1931-)

Sun, Mu 孙木
SUN, SHI RONG 孙世荣 (1923-)

Sun, Mu 孙穆
SUN, SHI RONG 孙世荣 (1923-)

Sun, Mu lei 孙暮雷
SUN, QIN PING 孙钦平 (1922-)

SUN, NIAN FA 孙年法 (1964-)
Yi bing 一冰

SUN, NIAN HUA 孙年华
Mo liu 默流
Qiu, Ming 秋鸣

Sun, Nian zu 孙念祖
XU, GUI LIN 许桂林

Sun, Nu chao 孙怒潮
SUN, HAI 孙海 (1901-)

SUN, PEI 孙珮 (-1941)
Xia, Yang 夏阳

SUN, PEI JUN 孙培均
Ji, Shi 季石
Pei jun 培菌

SUN, PEI YUAN 孙培元 (1914-1947)
Mai, Xin 麦新
Shen, Mo xin 沈默新
Sun, Ke 孙克

Sun, Mai xin 孙麦新
Sun, Mo xin 孙默心
Sun, Pei yuan 孙培源
Tie ke 铁克

Sun, Pei yuan 孙培源
SUN, PEI YUAN 孙培元 **(1914-1947)**

Sun, Peng 孙彭
SUN, XI ZHEN 孙席珍 **(1906-1984)**

SUN, PI YONG 孙丕永 **(1930-)**
Cheng, Shan 成山

SUN, PIAN 孙翩 **(1943-)**
Yu zi 羽子

Sun, Ping 孙平
SUN, JIN CHUN 孙进春 **(1928-)**

SUN, PU 孙璞 **(1884-1953)**
A ying 阿瑛
Gu, Zhai 顾斋
Lao ying 老瘿
Sun, Zhong ying 孙仲英
Sun, Zhong ying 孙仲瑛
Tai pu 太璞
Wan pu dao ren 完璞道人

SUN, PU 孙璞 **(1927-)**
Gao, Sha 高沙
Ji, Guang 吉光
Lin, Si 林思
Ma, Han 马汗
Mu xin 木心
Mu xin 牧心
Pei, Ding 裴定
Sang, Fu 桑夫
Si ma, Bu qian 司马不迁
Yang, Rui 杨蕊
Zhao, Yuan xin 赵元莘

Sun, Qi 孙崎
WANG, QI XIANG 王奇祥 **(1931-)**

Sun, Qi 孙旗
SUN, KE LU 孙克鲁 **(1924-)**

SUN, QI FENG 孙奇峰 **(1920-)**
Qi feng 其峯
Qi feng 琪峯
Qi feng 奇峰

SUN, QI XU 孙其旭 **(1933-)**
Chen xi 晨曦

Sun, Qi yu 孙奇玉
SUN, DA KE 孙大珂 **(1909-1956)**

Sun, Qian 孙千
SUN, HUAI QIAN 孙怀谦 **(1920-)**

Sun, Qian 孙谦
SUN, HUAI QIAN 孙怀谦 **(1920-)**

SUN, QIN PING 孙钦平 **(1922-)**
Ai yang 哀羊
Bai, Ma ben 白马奔
Gong sun, Qi 公孙耆
He, You 何猷
Lei, Chang hou 雷长吼
Luo, Qiu 罗泅
Luo, Qiu 骆秋
Luo, Si jia 罗思嘉
Luo, Su 罗苏
Luo, Xi 罗西
Luo, Yi su 罗以苏
Mei, Na 梅娜
Mo, Lei 莫雷
Mo, Lei 莫蕾
Mu lei 暮雷
Mu rong, Wan 慕容婉
Ni man 尼曼
Shen, Jin ping 沈金苹
Shen, Jin ping 沈金萍
Shen, Luo 沈萝
Shen, Yi 沈毅
Shen, Ying 沈映
Sheng, Jing ming 盛景明
Su, Liu 苏柳
Su, Zhi you 苏之友
Sun, Mu lei 孙暮雷
Sun, Xing zhi 孙兴治
Sun, Yin 孙音
Zhu, Qi zhan 朱旗展

SUN, QING JIANG 孙清江 **(1922-)**
Sun, Xun tao 孙迅韬
Xun tao 迅韬

SUN, QING YU 孙庆餘
Mu, Gu 穆谷
Shen, Er bai 沈二白
Xu, Huai zhe 许怀哲
Yu si 雨丝

SUN, QING YUE 孙清月 **(1930-)**
Sun, Xiao ping 孙肖平

SUN, QING YUN 孙青云 **(1940-)**
Dan qing 丹青

Sun, Qiu chao 孙秋潮
SUN, TONG SHENG 孙桐盛 **(1920-)**

SUN, QU YUAN 孙臞蝯
Han hua 寒蘤
Hao chun yi zhu 好春簃主
Hua guo shan ren 花果山人
Lao sun 老孙

Qu yuan 臞蝯
Xiao chan 啸廛
Xiao chan 歗廛
Xiao qing 啸庼

Sun, Quan 孙荃
SUN, XIANG JIE 孙祥偈 **(1903-1965)**

Sun, Quan 孙荃
ZANG, KE JIA 臧克家 **(1905-)**

Sun quan 荪荃
SUN, XIANG JIE 孙祥偈 **(1903-1965)**

Sun, Ren yu 孫仁玉
SUN, AI 孙璦 **(1872-1934)**

Sun, Ru 孙汝
SUN, WU YIN 孙悟音 **(1916-)**

Sun, Ru 孙孺
SUN, WEN LIN 孙文林 **(1914-1987)**

Sun, Ru jie 孙儒杰
SUN, JUN QING 孙俊卿 **(1922-)**

SUN, RU LING 孙如陵 **(1917-)**
Jiu yi 九一
Qian shou 黔首
Shan ren 山人
Tang, Mu 汤姆
Zhong, Fu 仲父
Zi mu 自牧

SUN, SAN TONG 孙三同 **(1918-)**
Chu, Li 楚篱
Han, Guang 韩光
Long ren 陇人
Sun, Che 孙彻
Sun, Yi qiu 孙艺秋
Xie, Jia 谢甲

SUN, SHAN GEN 孙善根 **(1931-)**
Sun, Shan geng 孙善耕

Sun, Shan geng 孙善耕
SUN, SHAN GEN 孙善根 **(1931-)**

Sun, Shan xin 孙珊馨
PENG, JIA HUANG 彭家煌 **(1898-1933)**

SUN, SHANG QING 孙尚清 **(1930-)**
Feng, Xiang 冯向
Qi, Hou 齐厚

Sun, Shao heng 孙少恒
WU, CHENG SHI 吴承仕 **(1884-1939)**

SUN, SHAO HOU 孙少侯
Guai an 夬庵

SUN, SHAO JING 孙少荆
Jin shi 今是

SUN, SHAO ZHEN 孙绍振 **(1937-)**
Ma, Da 马达

SUN, SHAO ZU 孙绍祖 **(1926-)**
Jin, Dao 金刀
Sun, Zhao 孙钊

Sun, Shen 孙慎
SUN, LI CHENG 孙立成 **(1916-)**

SUN, SHENG LI 孙胜利 **(1949-)**
Sun, Li 孙力

SUN, SHENG NIAN 孙胜年 **(1953-)**
Jing, Shi 井石

SUN, SHENG REN 孙盛仁 **(1942-)**
Chang yun 长云

SUN, SHENG WU 孙绳武 **(1917-)**
Sun, Wei 孙玮
Sun, Wei 孙伟
Sun, Wei 孙湋
Zhu, Ji 朱笄

SUN, SHI 孙湜
Sun, Bo chun 孙伯纯

SUN, SHI HAN 孙世翰
Dao hun 岛魂
Shi, Han 石汉

SUN, SHI JIE 孙士杰 **(1935-)**
Chu, Shao bai 褚少白
Su, Mu 苏牧

Sun, Shi ling 孙石灵
SUN, DA KE 孙大珂 **(1909-1956)**

SUN, SHI NAN 孙世南
Xue an 雪庵

SUN, SHI RONG 孙世荣 **(1923-)**
Song mu 松木
Sun, Mu 孙穆
Sun, Mu 孙木
Sun, Shi xiong 孙世雄

SUN, SHI WEI 孙世伟
Jing lu 儆庐
Wa ming 瓦鸣

Sun, Shi xiong 孙世雄
SUN, SHI RONG 孙世荣 **(1923-)**

SUN, SHI YI 孙师毅 **(1904-1966)**
A wen 阿文
Shi, Yi 施谊
Sun, Shi yi 孙施谊
Sun, Si yi 孙思毅

Sun, Shi yi 孙施谊
SUN, SHI YI 孙师毅 **(1904-1966)**

SUN, SHI ZHEN 孙世珍
Lu, Yun 卢蕴

Sun, Shi zheng 孙师郑
SUN, XIONG 孙雄 **(1866-1935)**

SUN, SHOU KANG 孙寿康 **(1900-1965)**
Sun, Shou kuang 孙受匡

Sun, Shou kuang 孙受匡
SUN, SHOU KANG 孙寿康 **(1900-1965)**

Sun, Shou zhuo 孙守拙
SUN, MING CHUAN 孙铭传 **(1905-)**

SUN, SHU FANG 孙树芳 **(1937-)**
Fang cao 芳草
Sun, Li 孙理

SUN, SHU FEN 孙树棻 **(1933-)**
Shu, Fen 树棻

SUN, SHU GAN 孙树淦 **(1951-)**
Mo, Shen 莫伸

Sun, Shu lin 孙书林
SUN, SHU LIN 孙树林 **(1950-)**

SUN, SHU LIN 孙树林 **(1950-)**
Sun, Shu lin 孙书林

Sun, Shu shi 孙漱石
SUN, JIA ZHEN 孙家振 **(1863-1939)**

SUN, SHU XIAN 孙述宪 **(1930-)**
Qi, Huan 齐桓
Wei mo 维摩
Xia hou, Wu ji 夏侯无忌
Xuan, Zi 宣子

SUN, SHU XUN 孙树勋 **(1913-)**
Bian ji shi 编辑室
Bian zhe 编者
Chun yan 春燕
Geng tang 耕堂
Ji, Pu 纪普
Li 力
Li 犁
Li bian 力编
Lin, Dong ping 林冬平
Lin, Dong ping 林冬苹
Shao da 少达
Shi, Fang 石纺
Sun, Li 孙犁
Sun, Li 孙黎
Sun, Yun fu 孙芸夫
Tu bao 土豹
Yu, Er li 余而立
Yuan, Ping 原平
Yun fu 芸夫
Yun fu 耘夫
Yun zhai 芸斋
Yun zhai zhu ren 芸斋主人
Zong geng 纵耕

Sun, Shu yao 孙叔遥
RONG, DING CHANG 容鼎昌 **(1919-)**

SUN, SHU YU 孙述宇 **(1933-)**
Fei, Li 费立
Yi zhong hong 宜仲弘

SUN, SHUN CHAO 孙顺潮 **(1918-)**
Fang, Cheng 方成
Hua, Shan 华山
Li ba er 利巴尔
Zhang, Hua 张化

Sun, Si 孙思
SUN, DA WEN 孙大文 **(1945-)**

Sun, Si bai 孙思白
SUN, XING SHI 孙兴诗 **(1913-)**

SUN, SI YI 孙思义 **(1935-)**
Yi fu 义夫

Sun, Si yi 孙思毅
SUN, SHI YI 孙师毅 **(1904-1966)**

SUN, SONG 孙松
Gong sun, Mu 公孙木

Sun, Song quan 孙松泉
SUN, XIANG JIE 孙祥偈 **(1903-1965)**

SUN, SU FAN 孙速蕃 **(1939-)**
Chen, Fang 陈方
Jiang, Chuan 江川
Ke, Li fu 柯里夫
Lin, Ye 林野
Ma, Han 马汉
Mo, Li 莫理
Shu, Cong 舒丛

SUN, SU XIAN 孙肃显 **(1940-)**
Su xian 素咸

Sun, Sun 孙荪
SUN, GUANG JU 孙广举 **(1943-)**

Sun sun 笋孙
HE, GUANG MING 何光明 **(1950-)**

SUN, SUO SHUN 孙锁顺 **(1944-)**
Sun, Xun 孙逊

Sun, Tai 孫泰
ZHOU, ZHI LIANG 周之良 **(1908-)**

SUN, TAI CHUN 孙泰春
Sun, Da 孙大

SUN, TAO CHENG 孙韬成 **(1941-)**

Mo yun zhai zhu 墨韻斋主

SUN, TI XIAN 孙逖先 **(1911-1970)**
Fang, San 方三
Gao, Zhi 高直
Sun, Fang shan 孙方山
Sun, Fang xian 孙方先
Sun, Guang zu 孙光祖

SUN, TIE YI 孙铁毅 **(1946-)**
Xue, Bing 薛冰

Sun, Tong kang 孙同康
SUN, XIONG 孙雄 **(1866-1935)**

SUN, TONG SHENG 孙桐盛 **(1920-)**
Qiu, Chao 秋潮
Sun, Qiu chao 孙秋潮

SUN, WAN QUAN 孙万全 **(1935-)**
Qing quan 清泉

Sun, Wang 孙望
SUN, ZI QIANG 孙自强 **(1912-1990)**

Sun, Wei 孙伟
SUN, SHENG WU 孙绳武 **(1917-)**

SUN, WEI 孙伟 **(1934-)**
Wen, Bing 文兵
Xiu shui 秀水

Sun, Wei 孙玮
SUN, SHENG WU 孙绳武 **(1917-)**

Sun, Wei 孙湋
SUN, SHENG WU 孙绳武 **(1917-)**

Sun, Wei dong 孙卫东
SUN, GONG HENG 孙恭恒 **(1947-)**

SUN, WEI FANG 孙惟舫 **(1952-)**
Wu, Qiong li 吴琼立

SUN, WEI MANG 孙玮芒 **(1955-)**
Du, Yu 杜宇

Sun, Wei shi 孙维世
SUN, GUANG YING 孙光英 **(1921-1968)**

SUN, WEI SHUI 孙维水 **(1930-)**
Wen, Shui 文水

SUN, WEI TAO 孙维韬 **(1931-)**
Wei jun 炜军
Zhi tao 智涛

SUN, WEN 孙文 **(1866-1925)**
Chang xiong 长雄
De ming 德明
Gao, Ye 高野
Gao ye chang xiong 高野长雄
Gao, Ye fang 高野方
Gong wu 公武
Guang dong xiang shan ke 广东香山客
Nan yang xiao xue sheng 南洋小学生
Nan yang yi xue sheng 南洋一学生
Qi you gong zi 杞忧公子
Ri xin 日新
Sun, Yat Sen
Sun, Yi xian 孙逸先
Sun, Zhong shan 孙中山
Wu yang sheng 无恙生
Zai 载
Zai, Zhi 载之
Zhong shan 中山
Zhong shan qiao 中山樵
Zhong yuan zhu lu shi 中原逐鹿士

SUN, WEN CHAO 孙文超 **(1935-)**
Ren, Ming 任铭

SUN, WEN LIN 孙文林 **(1914-1987)**
Gao, Feng 高风
Gao, Yang 高扬
Liu bing 流冰
Liu, Bin 刘宾
Liu, Shi 刘实
Lu huo 炉火
Sun, Bing 孙冰
Sun, Liu bing 孙流冰
Sun, Ru 孙孺
Xia, Feng 夏风
Xia, Feng 夏枫
Xun ru 逊如

SUN, WEN SHENG 孙文圣 **(1937-)**
Huo miao 火苗
Wen, Sheng 闻胜

SUN, WEN SHI 孙文石 **(-1978)**
Wen, Shi 文石
Ye, Zhou 叶舟

Sun, Wu 孙午
TU, WU SHENG 涂武生 **(1934-)**

Sun, Wu 孙吴
SUN, WU 孙武 **(1926-)**

SUN, WU 孙武 **(1926-)**
Chui lian zi 锤炼子
Gong sun, Shu 公孙澍
Sun, Wu 孙吴
Tian, Shen 田申

Sun, Wu jun 孙武军
SUN, JUN ZHANG 孙军章 **(1957-)**

Sun, Wu kong 孙悟空
HUANG, ZONG JIANG 黄宗江 **(1921-)**

Sun, Wu kong 孙悟空
SUN, BANG DA 孙帮达 **(1922-)**

Sun, Wu nan 孙午南
SUN, WU NAN 孙武南 **(1921-)**

SUN, WU NAN 孙武南 **(1921-)**
Nan, Zi 南子
Sun, Wu nan 孙午南
Wu, Li jun 武力钧

SUN, WU YIN 孙悟音 **(1916-)**
Sun, Ru 孙汝

Sun, Xi 孙奚
SUN, ZI XI 孙滋溪 **(1929-)**

Sun, Xi lin 孙锡麟
SUN, XI QI 孙锡琪 **(1903-1940)**

SUN, XI LING 孙喜玲 **(1955-)**
Xi ling 蹊岭
Ye wei 野薇

SUN, XI QI 孙锡琪 **(1903-1940)**
Han bing 寒冰
Sun, Han bing 孙寒冰
Sun, Xi lin 孙锡麟
Sun, Xi qi 孙锡麒
Xi lin 锡麟
Xi qi 锡麒

Sun, Xi qi 孙锡麒
SUN, XI QI 孙锡琪 **(1903-1940)**

SUN, XI RU 孙希如 **(1931-)**
Jiang, Nan feng 江南风
Xia, Yang 夏阳
Xin zhi fan 心之帆

SUN, XI ZHEN 孙席珍 **(1906-1984)**
Ding, Fei 丁飞
Ding, Fei 丁非
Fang jun 芳君
Fei 飞
Ji, Shu 季叔
Lan, Xin 兰心
Ming, Qi 明琪
Si ma, Jun 司马珺
Sun, Peng 孙彭
Sun, Zhi xin 孙志新
Xi, Zhen 席珍
Yi, Bei 易贝
Zhi yun 织云
Zhi yun nü shi 织云女士
Zou, Hong dao 邹宏道

SUN, XIA 孙侠 **(1964-)**
Ling dang 铃铛

Sun, Xia ling 孙遐龄
SUN, CHANG YONG 孙昌永 **(1918-)**

Sun, Xiang 孙享
SUN, CHANG YONG 孙昌永 **(1918-)**

SUN, XIANG JIE 孙祥偈 **(1903-1965)**
Gu xing 孤星
Sun, Quan 孙荃
Sun quan 荪荃
Sun, Song quan 孙松泉

SUN, XIAO DONG 孙晓东 **(1955-)**
Li shi 立施

Sun, Xiao lin 孙小林
PI, ZUO JIU 皮作玖 **(1917-)**

Sun, Xiao ping 孙肖平
SUN, QING YUE 孙清月 **(1930-)**

Sun, Xiao ye 孙晓野
SUN, CHANG XU 孙常叙 **(1908-)**

SUN, XIAO ZU 孙孝祖 **(1931-)**
Duo feng 铎烽
Sun, Xiao zu 孙效祖

Sun, Xiao zu 孙效祖
SUN, XIAO ZU 孙孝祖 **(1931-)**

SUN, XIN DE 孙信德 **(1934-)**
Zheng ren 正人

SUN, XING HUA 孙星华 **(1947-)**
Xing hua 星华

SUN, XING SHI 孙兴诗 **(1913-)**
Sun, Si bai 孙思白

Sun, Xing zhi 孙兴治
SUN, QIN PING 孙钦平 **(1922-)**

SUN, XIONG 孙雄 **(1866-1935)**
Pu an 扑盦
Shi shi ge zhu ren 诗史阁主人
Shi, Zheng 师郑
Sun, Shi zheng 孙师郑
Sun, Tong kang 孙同康
Tong kang 同康
Wei xin lao ren 味辛老人
Zheng, Zhai 郑斋
Zhu weng 铸翁

SUN, XU FU 孙序夫 **(1920-1980)**
Hei, Feng 黑风
Sang, Shu 桑叔
Zhu, Ge jian 朱戈坚
Zhu, Jing 朱旌

SUN, XU PEI 孙旭培 **(1944-)**
Zhong, Yuan 钟元

Sun, Xuan 孙玄
SHU, ZENG CAI 舒增才 **(1919-)**

SUN, XUAN 孙宣 **(1896-1944)**

Zhu, Lu 朱庐

Sun, Xuan chang 孙玄常
SUN, GONG YAN 孙功炎 **(1913-)**

Sun, Xue wei 孙雪韦
LIU, MAO LONG 刘茂隆 **(1912-)**

Sun, Xue wei 孙雪苇
LIU, MAO LONG 刘茂隆 **(1912-)**

Sun, Xun 孙逊
SUN, ZUO MIN 孙祚民 **(1923-1991)**

Sun, Xun 孙逊
WANG, XU SHUN 王需顺 **(1926-)**

Sun, Xun 孙逊
SUN, SUO SHUN 孙锁顺 **(1944-)**

Sun, Xun tao 孙迅韬
SUN, QING JIANG 孙清江 **(1922-)**

Sun, Ya 孙亚
LIU, SHENG YA 刘盛亚 **(1915-1960)**

SUN, YA FU 孙亚夫 **(1910-1971)**
Ya fu 亚夫

SUN, YA RU 孙雅茹 **(1936-)**
Ya ru 亚如

Sun, Yang 孫阳
GUO, NI DI 郭尼迪 **(1916-)**

Sun, Yao 孙耀
SUN, YAO SHAN 孙耀珊 **(1936-)**

SUN, YAO DONG 孙耀东 **(1922-)**
Bing ding 丙丁
Cai wei 采薇
Huang, He bin 黄河滨
Jiang, Fan 江帆
Sun, Jun 孙骏
Sun, Yue dong 孙跃冬
Yue dong 跃冬

SUN, YAO SHAN 孙耀珊 **(1936-)**
Sun, Yao 孙耀

Sun, Yat Sen
SUN, WEN 孙文 **(1866-1925)**

Sun, Ye fang 孙冶方
XUE, E GUO 薛萼果 **(1908-1983)**

SUN, YE HE 孙叶河 **(1930-)**
Che, Gan 车干
Sun, Jing xuan 孙静轩

Sun, Yi 孙仪
SUN, JIA LIN 孙家麟 **(1929-)**

Sun, Yi 孙怡
YE, DING YI 叶鼎彝 **(1913-1954)**

Sun, Yi 孙毅
SUN, ZHI WAN 孙志万 **(1923-)**

Sun yi 损衣
ZHU, REN JIAN 朱仁健 **(1913-1983)**

SUN, YI CUN 孙奕村 **(1930-)**
Ruo mei 若梅

SUN, YI FANG 孙谊方 **(1930-)**
Sun, Yu fang 孙玉方

SUN, YI LIANG 孙以亮 **(1921-)**
Sun, Dao lin 孙道临
Yi liang 以亮

Sun, Yi qiu 孙艺秋
SUN, SAN TONG 孙三同 **(1918-)**

Sun, Yi xian 孙逸先
SUN, WEN 孙文 **(1866-1925)**

SUN, YI YI 孙以毅 **(1900-1982)**
Mu na 木纳
Sun, Bai gang 孙百刚
Wu lin ren 武林人

SUN, YI ZHI 孙义志 **(1967-)**
Xia, Yang 夏羊

Sun, Yi zhou 孙一洲
XUE, E GUO 薛萼果 **(1908-1983)**

Sun, Yin 孙音
SUN, QIN PING 孙钦平 **(1922-)**

Sun, Yin 孙寅
SHEN, DUAN XIAN 沈端先 **(1900-1995)**

Sun, Ying 孙英
SUN, YU CHUAN 孙裕川 **(1924-)**

SUN, YING 孙英 **(1946-)**
Gao, Ying 高鹰

SUN, YING SHAN 孙英善
Ying, Shan 英善

Sun, Yong 孙用
BU, CHENG ZHONG 卜成中 **(1902-1983)**

Sun, Yong zhi 孙用之
BU, CHENG ZHONG 卜成中 **(1902-1983)**

Sun, Yu 孙宇
SUN, HONG JIE 孙鸿杰 **(1921-)**

Sun, Yu 孙芋
SUN, HONG JIE 孙鸿杰 **(1921-)**

Sun, Yu 孙育
WANG, QIU YING 王秋萤 **(1913-)**

SUN, YU 孙郁 **(1959-)**
Mo, Bai 墨白

Sun, Yu 孙瑜
SUN, CHENG YU 孙成玙 (1900-1990)

SUN, YU CHUAN 孙裕川 (1924-)
Sun, Ying 孙英
Yu, Chuan 于船

SUN, YU CHUN 孙玉春 (1947-)
Yang, Xiao lin 扬孝林
Yin, Jin ma 殷金玛

SUN, YU DING 孙育鼎 (1948-)
Qu, Xin 曲新

Sun, Yu fang 孙玉方
SUN, YI FANG 孙谊方 (1930-)

Sun, Yu sheng 孙玉声
SUN, JIA ZHEN 孙家振 (1863-1939)

SUN, YU SHI 孙玉石 (1935-)
Xiao, Kai 肖凯
Yi shi 一石

SUN, YU TANG 孙毓棠 (1911-1985)
Tang, Yu 唐鱼

SUN, YU XIU 孙毓修 (1871-1922)
Dong wu jiu sun 东吴旧孙
Le tian ju shi 乐天居士
Liu an 留菴
Lü tian 绿天
Lü tian weng 绿天翁
Sun, Dong wu 孙东吴
Sun, Liu an 孙留菴
Xiao lü tian zhu ren 小绿天主人

SUN, YUAN 孙元 (1883-1911)
Sun, Fu chen 孙负沈
Tong ren zi 同仁子
Zhu, Dan 竹丹

Sun, Yuan 孙源
SUN, DE XIN 孙德鑫 (1912-)

Sun, Yuan fan 孙元范
LI, RUI 李锐 (1917-)

SUN, YUE 孙岳 (1918-)
Bi quan 笔泉
Lei, Xun 雷迅
Sun, Yue jun 孙岳军
Yue, Jun 岳军

Sun, Yue 孙越
SUN, GONG HENG 孙恭恒 (1947-)

Sun, Yue dong 孙跃冬
SUN, YAO DONG 孙耀东 (1922-)

Sun, Yue jun 孙岳军
SUN, YUE 孙岳 (1918-)

Sun, Yun fu 孙芸夫
SUN, SHU XUN 孙树勋 (1913-)

Sun, Yun xiao 孙云晓
SUN, YUN XIAO 孙允孝 (1955-)

SUN, YUN XIAO 孙允孝 (1955-)
Sun, Yun xiao 孙云晓
Tian hai 天海
Xiao dao 小岛

SUN, ZE YU 孙泽宇 (1936-)
Jian shi 坚石
Li, Jie 李洁
Liu, Shun 柳舜
Sun, Zheng ying 孙铮英
Wang, Er 王耳
Yan yang 炎羊
Zheng ying 铮英

SUN, ZENG FA 孙增发 (1945-)
Ai, Fei 艾斐
Li, Tong xin 李桐鑫

SUN, ZENG XUE 孙增学 (1922-)
Kai yu 凯宇
Sun, Kai yu 孙凯宇

Sun zhang, Ching yang 孙张清扬
ZHANG, QING YANG 张清扬

Sun, Zhao 孙钊
SUN, SHAO ZU 孙绍祖 (1926-)

SUN, ZHAO JI 孙昭绩 (1914-)
Luo, Xun 罗逊
Sun, Chang xi 孙昌熙
Zhong, Xian 仲咸
Zhong, Xian 钟咸

Sun, Zhen 孙振
SUN, DONG TING 孙洞庭 (1920-1987)

SUN, ZHEN 孙振 (1926-)
Yu, Zhi biao 余之表

SUN, ZHEN 孙镇 (1928-)
Sun, Guang zhong 孙广忠

SUN, ZHEN 孙震 (1934-)
Bo dong 伯东
Mo er 默尔
Sun, Bo dong 孙伯东

Sun, Zhen 孙震
SUN, DE ZHEN 孙德振 (1938?-)

SUN, ZHEN YUAN 孙镇远 (1940-)
Jin, Zhen 金真

SUN, ZHEN ZHONG 孙振中 (1949-)
Shi, Zhu 石竹

SUN, ZHENG 孙征 **(1943-)**
Qiao shuang 桥霜

Sun, Zheng ying 孙铮英
SUN, ZE YU 孙泽宇 **(1936-)**

SUN, ZHI 孙治 **(1950-)**
Xin zhi 心稚

SUN, ZHI HAI 孙志海 **(1962-)**
Mo, Shi 墨石

SUN, ZHI JIAN 孙志坚 **(1955-)**
Zhe fu 哲夫

Sun, Zhi jiang 孙止畺
SUN, ZI QIANG 孙自强 **(1912-1990)**

SUN, ZHI WAN 孙志万 **(1923-)**
Sun, Yi 孙毅

Sun, Zhi xin 孙志新
SUN, XI ZHEN 孙席珍 **(1906-1984)**

SUN, ZHI ZHONG 孙志中 **(1945-)**
Yuan, Fei 原非

SUN, ZHONG GUI 孙重贵 **(1946-)**
A gui 阿贵

SUN, ZHONG HAI 孙忠海 **(1947-)**
Chang bai shan ren 长白山人

SUN, ZHONG QI 孙锺琦 **(1914-1983)**
Mei, Ling 梅陵
Sun, Ling 孙陵
Sun, Mei ling 孙梅陵
Xiao mei 小梅
Xu sheng 虚生

Sun, Zhong shan 孙中山
SUN, WEN 孙文 **(1866-1925)**

SUN, ZHONG TIAN 孙中田 **(1928-)**
Zheng, Yi 郑乙

SUN, ZHONG XIN 孙中信 **(1945-)**
Yi jun 艺君

Sun, Zhong ying 孙仲英
SUN, PU 孙璞 **(1884-1953)**

Sun, Zhong ying 孙仲瑛
SUN, PU 孙璞 **(1884-1953)**

SUN, ZHONG YUAN 孙中原 **(1938-)**
Liu, Lu 柳路
Zhong, Yuan 钟源

SUN, ZHU 孙竹 **(1931-)**
Qi, Mo 齐默
Shi, Fu 石夫

Sun, Zi qian 孙子潜
SUN, MING CHUAN 孙铭传 **(1905-)**

Sun, Zi qiang 孙子强
SUN, ZI QIANG 孙自强 **(1912-1990)**

SUN, ZI QIANG 孙自强 **(1912-1990)**
Ge, Yu jin 盖郁金
He shang xiong 河上雄
Lu, Er 鲁尔
Sun, Wang 孙望
Sun, Zhi jiang 孙止畺
Sun, Zi qiang 孙子强
Wo sou 蜗叟
Zhi jiang 止畺

SUN, ZI XI 孙滋溪 **(1929-)**
Sun, Xi 孙奚

Sun, Zi ye 孙子野
FANG, GUI DE 方珪德 **(1922-)**

SUN, ZONG BAI 孙宗白 **(1959-)**
Zong, Bai 宗白
Zong, Lan 宗兰

SUN, ZONG LI 孙宗礼 **(1942-)**
Lu, Mei 陆美

SUN, ZONG LIANG 孙宗良 **(1930-)**
Lu, Song 鲁松

SUN, ZONG LU 孙宗鲁 **(1929-)**
Xiao yu 小鱼
Zhong lu 中庐

SUN, ZU JI 孙祖基
Zu, Ji 祖基

SUN, ZUO MIN 孙祚民 **(1923-1991)**
Sun, Xun 孙逊
Zhuo, Min 卓敏

Suo an lao ren 缩庵老人
LEI, JIN 雷瑨

Suo bei 所北
LI, WEN DA 李文达 **(1908-1937)**

Suo er 索耳
DU, YE MU 杜也牧 **(1910-1984)**

Suo fei 索非
ZHOU, SUO FEI 周索非 **(1900?-)**

SUO, FENG GUANG 索峰光 **(1929-)**
Feng, Jie 冯捷

Suo fu 索夫
HAN, YUN PU 韩云浦 **(1908-1987)**

Suo gong 梭功
LU, XIN 卢信 **(1885-1933)**

Suo gui 所归
LI, WEN TAO 李文涛 **(1880-1942)**

Suo kai 索开
LI, SUO KAI 李索开 **(1918-1975)**

Suo kong lou 锁空楼
YU, KONG WO 余空我 **(1898-)**

Suo lang shan fang zhu ren 琐琅山房主人
WU, XIN RONG 吴新荣 **(1907-1967)**

Suo li shen xian 蓑笠神仙
QI, MU 戚牧 **(1877-1938)**

SUO, MING XIN 所明心 **(1955-)**
Bai, Fan 白帆

Suo po 娑婆
BI, ZHEN DA 毕振达 **(1862-1926)**

Suo po sheng 娑婆生
BI, ZHEN DA 毕振达 **(1862-1926)**

Suo po sheng 娑婆生
ZHU, ZHAO ZU 朱肇祖 **(1902-1967)**

Suo ran 索然
WU, JIA QUAN 吴佳权 **(1956-)**

SUO, RU YI 所如义 **(1928-)**
Suo, Yun ping 所云平

Suo shi 索士
ZHOU, SHU REN 周树人 **(1881-1936)**

Suo xi 索西
TANG, DUAN YI 唐端毅 **(1913-1992)**

Suo ya 所亚
YU, SUO YA 余所亚 **(1912-)**

Suo yi 索伊
SHEN, TONG HENG 沈同衡 **(1914-)**

Suo yin 索隐
ZHAO, SHU LI 赵树礼 **(1906-1970)**

Suo yu guo 索雨果
MAO, XUE JIAN 毛学俭 **(1957-)**

Suo yuan 索原
BAO, SHU YUAN 包叔元 **(1911-)**

Suo, Yun ping 所云平
SUO, RU YI 所如义 **(1928-)**

Suo zhen 索真
DAI, YUAN CHEN 戴园晨 **(1926-)**

Suo zhi 索之
HUANG, GU NONG 黄谷农 **(1916-)**

Suo zhi 索之
HUANG, SHI JIU 黄世九 **(1935-)**

Suo zi 索子
ZHOU, SHU REN 周树人 **(1881-1936)**

T

T
QIAN, XUAN TONG 钱玄同 **(1887-1939)**

T
WANG, TONG ZHAO 王统照 **(1897-1957)**

T
ZHENG, ZHEN DUO 郑振铎 **(1898-1958)**

T
XIONG, FU XI 熊福禧 **(1900-1965)**

T
CHEN, QUAN 陈铨 **(1905-1968)**

T
HAO, AI 郝艾 **(1915-)**

T. A.
CAO, CHUAN MEI 曹传美 **(1914-1993)**

T. A.
CHEN, DA AN 陈大安

T. C.
LI, DA ZHAO 李大钊 **(1889-1927)**

T. C.
WANG, TONG ZHAO 王统照 **(1897-1957)**

T. C.
ZHANG, TING QIAN 章廷谦 **(1901-1981)**

T. C. L.
LI, DA ZHAO 李大钊 **(1889-1927)**

T. C. Sheng T. C. 生
LI, DA ZHAO 李大钊 **(1889-1927)**

T. D. Y.
YU, DA FU 郁达夫 **(1896-1945)**

TE
REN, ZHUO XUAN 任卓宣 **(1896-1990)**

T F
REN, ZHUO XUAN 任卓宣 **(1896-1990)**

T. F.
HU, DUAN HAO 胡端豪 **(1923-)**

T. F.
FENG, ZHI FANG 冯志芳

T. H.
SHEN, YAN BING 沈雁冰 **(1896-1981)**

T. K.
FENG, REN 丰仁 **(1898-1975)**

T L
JIANG, BING ZHI 蒋冰之 **(1904-1986)**

T. M.
ZHANG, DONG MIN 张东民

T. O. L.

LI, DA ZHAO 李大钊 (1889-1927)

T. S.
CHEN, DU XIU 陈独秀 (1879-1942)

T P sheng T P 生
GUO, QIU SHENG 郭秋生 (1904-1980)

T. S.
ZHANG, TIAN SHOU 张天授 (1916-)

T. S. Chen
CHEN, DU XIU 陈独秀 (1879-1942)

T. S. E. Sheng T. S. E. 生
LI, DA ZHAO 李大钊 (1889-1927)

TSS
ZHANG, SONG NIAN 张崧年 (1893-1986)

T. T.
QU, QIU BAI 瞿秋白 (1899-1935)

T. T.
DING, JIA SHU 丁嘉树 (1907-1990)

T. T. nü shi T. T. 女士
DENG, LI CHENG 邓丽诚

T. W.
WEI, CHONG WU 韦崇武 (1905-1978)

Takin
LI, XI 李希 (1911-1989)

Tikos
FANG, SHAN JING 方善境 (1907-)

Tonari
QIAN, XUAN TONG 钱玄同 (1887-1939)

Ta 它
QU, QIU BAI 瞿秋白 (1899-1935)

Ta men 闼门
QI, GONG 启功 (1912-)

TA, NA 塔娜 (1962-)
Tai zhen 太真
Wu xiao 妩潇

Ta shan 它山
ZHANG, DING 张仃 (1917-)

Ta ta mu lin 塔塔木林
XIAO, BING QIAN 萧秉乾 (1910-1999)

Ta yin 它音
ZHOU, SHU REN 周树人 (1881-1936)

Tai 太
ZHANG, TAI LEI 张太雷 (1898-1927)

Tai 太
LÜ, PEI LIN 吕沛林 (1889-1947)

Tai 苔
SUN, FU XI 孙福熙 (1898-1962)

Tai a 太阿
ZHANG, ZHEN QIAN 章振乾 (1907-)

Tai bao 太保
ZHANG, MU QIN 张木钦

Tai bin 太滨
WANG, CHUN XIN 王纯信 (1936-)

Tai cang yi jian 太仓一剑
YU, CE 俞侧 (1887-1938)

TAI, CHANG CHENG 泰昌程 (1926-)
Gao, Yuan 高原
Qiu, Ling 丘陵
Shen, Zhong 沈重

Tai chang xian die 太常仙蝶
CHEN, XU 陈栩 (1879-1940)

Tai chi 太赤
ZHU, MU JIA 朱慕家 (1890-1970)

Tai feng 泰峰
NAN, JI FU 南基福 (1948-)

Tai fu 太茀
LI, JING XI 李景禧 (1911-)

Tai gong 太公
QIAN, XUN 钱恂 (1853-1927)

Tai han sheng 太憨生
CHEN, JING ZHI 陈敬之 (1912-1982)

Tai hua shi zhu 苔花室主
ZOU, DE ZHONG 邹德忠 (1938-)

TAI, JING NONG 臺静农 (1902-1990)
Bo jian 伯简
Jiang, Chao 蒋超
Jing nong 静农
Kong, Jia 孔嘉
Qing qu 青曲
Shi lei 释耒

Tai ke 台客
LIAO, ZHEN QING 廖振卿 (1951-)

Tai lai 太来
ZHANG, TAI LEI 张太雷 (1898-1927)

Tai lai 泰來
CHEN, DING JIE 陈定节 (1909-1990)

Tai lei 太雷
ZHANG, TAI LEI 张太雷 (1898-1927)

Tai lei 泰雷
ZHANG, TAI LEI 张太雷 (1898-1927)

Tai li 苔立

CHEN, LI TING 陈鲤庭 **(1910-)**

Tai long 太龙
LIU, TAI LONG 刘泰隆 **(1927-)**

Tai lun 泰伦
ZHOU, SUO FEI 周索非 **(1900?-)**

Tai mang 泰芒
MA, LE QUN 马乐群 **(1939-)**

Tai mou 太侔
SHEN, ZONG JI 沈宗畸 **(1857-1926)**

Tai mou 太侔
ZHAO, JI 赵畸 **(1889-1968)**

Tai mou 太侔
ZHANG, TAI LEI 张太雷 **(1898-1927)**

Tai ping 太平
ZOU, EN RUN 邹恩润 **(1895-1944)**

Tai ping lao ren 太平老人
YU, YOU REN 于右任 **(1879-1964)**

Tai ping yang ke 太平洋客
OU, JU JIA 欧榘甲 **(1858-1912)**

Tai pu 太朴
ZENG, PU 曾朴 **(1872-1935)**

Tai pu 太朴
ZHENG, SONG TANG 郑松堂 **(1901-1949)**

Tai pu 太璞
SUN, PU 孙璞 **(1884-1953)**

Tai ren 泰仁
LIN, ZHENG HE 林正和

Tai shan 泰山
CHEN, SHAO YU 陈绍禹 **(1904-1974)**

Tai shan shao nian 台山少年
MA, JUN SHENG 马骏声 **(1889-)**

Tai sheng 太盛
LI, FU CHUN 李富春 **(1900-1975)**

Tai shi 胎石
JIANG, RUO 姜若

Tai shi jian 太史简
JIAN, BO ZAN 翦伯赞 **(1898-1968)**

Tai shi jian 太史简
XU, BAI RONG 徐柏容（**1922-** ）

Tai shi jing 太史劲
HUANG, JIA DONG 黄甲东 **(1913-)**

Tai su 太素
ZHANG, ZI 章梓

Tai suo 太索
TANG, DUAN YI 唐端毅 **(1913-1992)**

Tai wan lü ke 台湾旅客
ZHANG, BING LIN 章炳麟 **(1869-1936)**

Tai wan yi min 臺灣遺民
QIU, FENG JIA 丘逢甲 **(1864-1912)**

Tai xi 太西
ZHAO, SHU LI 赵树礼 **(1906-1970)**

Tai xi 泰羲
LÜ, PEI LIN 吕沛林 **(1889-1947）**

Tai xi sheng 太息生
LIU, WEN XIAN 刘文铣 **(1922-)**

Tai xiang 苔香
WANG, YUAN 王蘧 **(1884-1944)**

Tai xu 太虚
LÜ, PEI LIN 吕沛林 **(1889-1947）**

Tai xu he shang 太虚和尚
LÜ, PEI LIN 吕沛林 **(1889-1947）**

Tai xuan 太玄
WANG, RONG BAO 汪荣宝 **(1878-1933)**

Tai xuan 太玄
ZHOU, TAI XUAN 周太玄 **(1895-1968)**

Tai xuan 泰玄
LIU, ZE 刘赜 **(1891-1978)**

Tai yan 太岩
LI, KAN 李侃 **(1922-)**

Tai yan 太炎
ZHANG, BING LIN 章炳麟 **(1869-1936)**

Tai yang 太阳
ZHANG, TIAN BAI 张天白 **(1902-)**

Tai yang 太阳
DENG, LIANG 邓亮 **(1914-)**

Tai yang 太阳
WU, YUN 吴沄 **(1922-1977)**

Tai yi 太一
NING, TIAO YUAN 甯调元 **(1873-1913)**

Tai yi 太乙
NING, TIAO YUAN 甯调元 **(1873-1913)**

Tai yi 太夷
ZHENG, XIAO XU 郑孝胥 **(1860-1938)**

Tai yi shan ren 太乙山人
XIAO, TIAN SHI 萧天石 **(1909-)**

Tai yi zhen ren 太乙真人
ZHUANG, WEN HUA 莊文桦

Tai yu 太愚

TAN, CHANG CHI 谭昌炽 **(1936-)**

Tan gong 炭工
TAN, FO CHU 谭佛雏 **(1919-)**

TAN, GUANG ZU 谭光祖 **(1913-)**
Bi bo 碧波
Tan, Bi bo 谭碧波

TAN, GUO BIAO 谭国标 **(1910-1934)**
Tan, Wei su 谭卫苏

TAN, GUO SHENG 檀国胜 **(1950-)**
Lin fei 临非
Lu, Xi 路溪
Tan, Lin 檀林

Tan, He 谭河
TAN, TIAN HE 谭天河 **(1930-)**

Tan, He zi 谭禾子
TAN, QI XIANG 谭其骧 **(1911-1992)**

Tan, Hong 谭洪
TAN, PI MO 谭丕谟 **(1899-1958)**

Tan, Hu ke 谈虎客
HAN, WEN JU 韩文举 **(1855-1937)**

Tan hua 昙华
YE, YUN PU 叶韫璞 **(1905-1975)**

Tan hua ge zhu 弹华阁主
XU, GUO YING 许国英 **(1875-1923)**

Tan, Hua sheng 谭华生
TAN, YU JUN 谭毓均 **(1906-1969)**

TAN, HUI ZHEN 谭惠珍
Ya su 亚苏

Tan, Ji long 谭季龙
TAN, QI XIANG 谭其骧 **(1911-1992)**

Tan, Jia ding 谭嘉定
TAN, ZHENG BI 谭正璧 **(1901-1991)**

TAN, JIA KUN 谭家昆 **(1920-)**
Huang, Shan 黄山
Jing zi 静子
Tan, Jie 谭洁

TAN, JIAN YAO 谭鉴尧 **(1922-)**
Ai, Fang 艾芳
Bai, Ying 白瑛
Gao, Xing 高杏
Lin, Ying 林英
Tan, Lu 谈路
Tan, Lu 谭路
Ye, Yu 叶羽
Zhang, Wang 张望

Tan, Jie 谭洁
TAN, JIA KUN 谭家昆 **(1920-)**

Tan, Jie fu 谭介夫
TAN, ZUO MIN 谭作民 **(1887-1974)**

Tan, Jie fu 谭戒甫
TAN, ZUO MIN 谭作民 **(1887-1974)**

TAN, JIN CHAO 谭锦超 **(1933-)**
Tan, Xiu mu 谭秀牧
Yi sha 艺莎

TAN, JIN HUA 谭金华 **(1962-)**
Tan, Tan 谭谈

TAN, JIONG HUAN 谭炯寰 **(1944-)**
Cheng, Hui 程辉
Liu, Shu 刘庶
Wang, Yi xiao 王一小
Wu yan 吾言

Tan, Ju feng 谭飓风
TAN, BANG CUI 谭邦萃

Tan, Kai 谭凯
LI, JING CI 李景慈 **(1918-)**

Tan, Kai 谭楷
HU, SHI KAI 胡世楷 **(1943-)**

Tan, Kai feng 谭凯风
LI, JING CI 李景慈 **(1918-)**

TAN, KAN 谭侃
Jiu die shan ren 九叠山人
Tan, Tie ya 谭铁崖

Tan ke 坦克
HUANG, FANG 黄访 **(1903-1987)**

Tan ke 坦克
XU, GUANG SHEN 徐光燊 **(1920-)**

Tan, La 谈拉
ZHENG, BING ZHONG 郑炳中 **(1922-)**

Tan, Li yuan 谭荔垣
TAN, RU JIAN 谭汝俭 **(1848-1938)**

Tan, Li yuan 谭藜垣
TAN, RU JIAN 谭汝俭 **(1848-1938)**

TAN, LIANG ZHOU 谭良洲 **(1937-)**
Liao, Ting 廖汀
Tan, Tan 谭覃
Tan, Tan 谭潭

TAN, LIAO YI 谭了义
Qi shi 乞士

Tan, Lin 檀林
TAN, GUO SHENG 檀国胜 **(1950-)**

TAN, LING JUN 谈灵钧
Yang tuo 洋佗

Tan, Lu 谈路
TAN, JIAN YAO 谭鉴尧 **(1922-)**

Tan, Lu 谭路
TAN, JIAN YAO 谭鉴尧 **(1922-)**

Tan luan 昙栾
SU, XUAN YING 苏玄瑛 **(1884-1918)**

Tan luan 昙鸾
SU, XUAN YING 苏玄瑛 **(1884-1918)**

Tan, Min meng 谭民朦
TAN, PI MO 谭丕谟 **(1899-1958)**

Tan, Ming 谭茗
TAN, MING CAI 谭明才 **(1934-)**

Tan, Ming 谭铭
TAN, ZUO MIN 谭作民 **(1887-1974)**

TAN, MING CAI 谭明才 **(1934-)**
Lan, Hui 蓝蕙
Tan, An 谭谙
Tan, Ming 谭茗
Xiang, Zheng 向筝

Tan, Ming qian 谭鸣谦
TAN, PING SHAN 谭平山 **(1886-1956)**

TAN, MO JIA 谭莫伽 **(1916-)**
Mo, Jia 莫伽
Shang, Jun 商均

Tan, Ni 谭泥
TAN, YOU JIN 谭幼今 **(1950-)**

Tan, Pei sheng 谭沛生
TAN, PEI SHENG 谭霈生 **(1933-)**

TAN, PEI SHENG 谭霈生 **(1933-)**
Tan, Pei sheng 谭沛生

TAN, PI MO 谭丕谟 **(1899-1958)**
Ba meng 拔朦
Gu jun 孤君
Gui 规
Luo ru 洛如
Pi meng 披朦
Ping 平
Qian yin 千因
San hong 三弘
Shu guang 曙光
Si, Tu 斯徒
Tan, Hong 谭洪
Tan, Min meng 谭民朦
Yi hong 一泓

TAN, PING SHAN 谭平山 **(1886-1956)**
Cheng zhai 诚斋
Ming qian 鸣谦
Pin san 聘三
Ping, Shan 平山
Qian 谦
Tan, Cheng zhai 谭诚斋
Tan, Ming qian 谭鸣谦
Tan, Zu pei 谭祖培

TAN, QI XIANG 谭其骧 **(1911-1992)**
He zi 禾子
Tan, He zi 谭禾子
Tan, Ji long 谭季龙

Tan qiu 潭秋
CHEN, CHENG 陈澄 **(1896-1943)**

TAN, QUAN 谭泉
Bai sha li ren 白沙里人
Yun, Bo 云波

TAN, REN FENG 谭人凤 **(1860-1920)**
Shi, Ping 石屏
Shi, Sou 石叟
Xue ran 雪髯

TAN, REN MEI 檀仁梅 **(1908-)**
Han you 寒友

Tan, Ri chao 谭日超
TAN, XUE LIANG 谭学良 **(1940-1985)**

Tan, Rong 谈荣
LI, RONG PEI 李荣培 **(1903-1981)**

Tan, Rong 谭戎
TAN, YI 谭亿 **(1924-)**

TAN, RU JIAN 谭汝俭 **(1848-1938)**
Leng, Yan 冷眼
Tan, Li yuan 谭荔垣
Tan, Li yuan 谭藜垣

Tan, Sen jia 谭森佳
TAN, YA MU 谭亚木 **(1942-)**

Tan seng 昙僧
SU, XUAN YING 苏玄瑛 **(1884-1918)**

Tan shan lü ke 檀山旅客
LIANG, QI CHAO 梁启超 **(1873-1929)**

Tan, Shan wu 谈善吾
TAN, CHANG ZHI 谈长治 **(1868-1937)**

Tan shang zhi 潭上质
HUANG, ZHI 黄质 **(1865-1955)**

Tan shao lian 潭少连
CHEN, CHENG 陈澄 **(1896-1943)**

Tan she 弹赦
WU, GONG HENG 吴恭亨 **(1858-1937)**

Tan, Shi 谭石
WANG, HAO WEI 王浩威 **(1960-)**

Tan shi 潭石
LIU, XIAO BO 刘晓波 **(1955-)**

TAN, SHI ZHONG 谈世中 **(1942-)**
Tan, Fei 谈非

Tan shu 昙殊
DENG, FEN 邓芬 **(1894-1964)**

Tan shu ju shi 昙殊居士
DENG, FEN 邓芬 **(1894-1964)**

Tan shui 潭水
PI, ZUO JIU 皮作玖 **(1917-)**

Tan, Song 谭松
TAN, BING SHENG 谭丙生 **(1959-)**

Tan, Tan 谭坛
LI, WEI 李唯 **(1953-)**

Tan, Tan 谭谈
TAN, JIN HUA 谭金华 **(1962-)**

Tan, Tan 谭覃
TAN, LIANG ZHOU 谭良洲 **(1937-)**

Tan, Tan 谭潭
TAN, LIANG ZHOU 谭良洲 **(1937-)**

Tan, Tian 谭天
DENG, RU LUN 邓汝纶 **(1919-)**

Tan, Tian 谭天
WANG, ZHI NONG 王智浓 **(1932-)**

Tan, Tian 谭天
HAN, YONG YUAN 韩永元

Tan, Tian 谭天
TAN, BANG CUI 谭邦萃

Tan, Tian 谭天
TAN, XIN RUN 谭新润

Tan tian 坦天
LI, WEN RUI 李文瑞 **(1928-)**

TAN, TIAN HE 谭天河 **(1930-)**
Han guang 寒光
Lu, Lou 陆楼
Tan, He 谭河

Tan tian lao ren 谈天老人
WU, JING HENG 吴敬恒 **(1865-1953)**

Tan tian lou shi zhu 谈天陋室主
TANG, SHU WEN 唐树文 **(1954-)**

Tan, Tie ya 谭铁崖
TAN, KAN 谭侃

TAN, TONG ZHAN 谭同占 **(1954-)**
Tan, Ge 谈歌

Tan, Tou 谈头
DONG, SHENG LONG 董生龙 **(1949-)**

Tan, Tuo 谭拓
ZHENG, NENG RUI 郑能瑞 **(1918-1991)**

Tan, Wei 谭伟
TAN, DE HUI 谭德慧 **(1924-)**

TAN, WEI HAN 谭惟翰 **(1913-)**
Gao, Pu 高普
Sha, Luo 沙骆

TAN, WEI NA 谈卫那 **(1938-)**
Na, Er 那儿
Tan, Xuan 谈玄

Tan, Wei su 谭卫苏
TAN, GUO BIAO 谭国标 **(1910-1934)**

Tan, Wei zhong 谭卫中
TAN, YU JUN 谭毓均 **(1906-1969)**

Tan, Wen 谭文
TAN, ZHENG BI 谭正璧 **(1901-1991)**

Tan, Wen 谭雯
TAN, ZHENG BI 谭正璧 **(1901-1991)**

TAN, WEN FENG 谭文峰 **(1959-)**
Wen, Feng 温风
Xiao min 小民

TAN, WEN RUI 谭文瑞 **(1922-)**
Chi, Bei ou 池北偶

TAN, XI YONG 谈锡永 **(1935-)**
Chen, Yi 陈易
Kong, Bai tong 孔百通
Wang, Ting zhi 王亭之
Xue, Yong yi 薛永颐
Zhang, Zhi shi 张之石
Zi wei dou shu 紫微斗数

TAN, XIA SHENG 谭夏声
Gu, Feng 谷风

Tan xian 潭娴
PENG, MIAO YAN 彭妙艳 **(1952-)**

Tan, Xiang 谭湘
TAN, CUI YAN 谭翠艳 **(1957-)**

Tan, Xiang mu 檀香木
QIAN, WAN CHENG 钱万成 **(1959-)**

Tan, Xiao lin 谭小麟
TAN, ZHAO GUANG 谭肇光 **(1911-1948)**

TAN, XIAO QIAO 谭小乔 **(1952-)**
Qiao zi 荞子

TAN, XIAO XING 谭小邢 **(1925-)**
Lu fei 露菲

TAN, XIAO YING 谭小瑛

Huai, Yan 怀焰

TAN, XIN RUN 谭新润
Tan, Tian 谭天
Tian feng 天风

Tan, Xin zhi 谭新之
WANG, ZHI NONG 王智浓 **(1932-)**

Tan, Xing 谈星
HE, CHENG WEI 何承蔚 **(1916-1947)**

TAN, XING GUO 谭兴国 **(1937-)**
Song mao 松毛

TAN, XING LIE 谭兴烈 **(1947-)**
Jian ming 剑鸣

TAN, XIONG 谈雄 **(1949-)**
Wu, Yan 吴炎

Tan, Xiu feng 谭秀峰
TAN, YU JUN 谭毓均 **(1906-1969)**

Tan, Xiu mu 谭秀牧
TAN, JIN CHAO 谭锦超 **(1933-)**

Tan, Xu 谭须
REN, ZHE WEI 任哲维 **(1918-)**

Tan, Xuan 谈玄
TAN, WEI NA 谈卫那 **(1938-)**

TAN, XUE LIANG 谭学良 **(1940-1985)**
Tan, Ri chao 谭日超

TAN, YA MU 谭亚木 **(1942-)**
Bing ling 冰菱
Chun lin 春林
Gu, Hong 古虹
Gu hong 孤虹
Hong, Lang 洪浪
Lu, Bing 鲁冰
Tan, Sen jia 谭森佳
Xiu mu 朽木
Ye mu 野牧

TAN, YAN KAI 谭延闿 **(1880-1930)**
Fei an 非庵
Ren zhai 訒斋
Wei gong 畏公
Yi men 逸门

Tan, Yi 谈宜
ZHANG, QI QU 张契渠 **(1910-)**

Tan, Yi 谈易
HE, ZHAO XIONG 何兆熊 **(1903-1990)**

TAN, YI 谭亿 **(1924-)**
Tan, Rong 谭戎
Tan, Yi 谭谊

Tan, Yi 谭谊
TAN, YI 谭亿 **(1924-)**

TAN, YI HAN 谭义翰 **(1906-)**
Tan, Dan jiong 谭旦冏

Tan, Yi li 谭以理
WANG, DUN QING 王敦庆 **(1898-1990)**

Tan yin 潭音
QIN, GU LAN 覃谷兰 **(1906-)**

TAN, YING 谈瀛 **(1913-)**
Chu, Kuang 楚狂
Da sheng 达生
Dan zi 弹子

Tan, Ying 谭影
PU, XIN CHENG 蒲新成 **(1930-)**

Tan ying 潭影
HU, SHAN YUAN 胡山源 **(1897-1988)**

Tan ying 潭影
WANG, PING 王平 **(1922-)**

TAN, YING LIN 谭英林 **(1940-)**
Wen, Ye 文野

TAN, YONG 谭勇 **(1918-)**
Qie an 怯庵
Zhu, Shi 竹师

TAN, YOU JIN 谭幼今 **(1950-)**
Ni wa 泥娃
Qian ye zi 千叶子
Tan, Ni 谭泥
You, Jin 尤今
You, Jin 尤金
Zi jing 紫晶

Tan, Yu jun 谭郁君
TAN, YU JUN 谭毓均 **(1906-1969)**

TAN, YU JUN 谭毓均 **(1906-1969)**
Du, Lu ren 杜鲁人
He, Gan zhi 何干之
He, Han sheng 何汉生
Tan, Hua sheng 谭华生
Tan, Wei zhong 谭卫中
Tan, Xiu feng 谭秀峰
Tan, Yu jun 谭郁君

TAN, YUAN HENG 谭元亨 **(1948-)**
Qin, Heng 覃衡
Shi, Bing 石冰
Yin bing 吟冰
Yin shi 吟石
Yong bing 咏冰

TAN, YUE NAN 谭越男
Lan, Zhong 蓝锺

Tan yun 潭云
WANG, LIU BIN 汪六滨 (1910-1990)

TAN, YUN SEN 谭云森 (1927-)
Shu ren 蜀人

TAN, YUN SHENG 谭允昇 (1927-)
Liu, Di 柳笛
Tan, Dong chen 谭东晨

TAN, ZE QIU 谭泽球 (1946-)
Huan qiu 寰球

TAN, ZHAO GUANG 谭肇光 (1911-1948)
Tan, Xiao lin 谭小麟

Tan, Zhen 谭真
XU, YE XIN 许业信 (1926-)

TAN, ZHEN QIU 谭振球
Tan, Zhen qiu 谭镇球

Tan, Zhen qiu 谭镇球
TAN, ZHEN QIU 谭振球

TAN, ZHENG BI 谭正璧 (1901-1991)
Bi an 璧厂
Pei bing 佩冰
Tan, Jia ding 谭嘉定
Tan, Wen 谭文
Tan, Wen 谭雯
Yi, Bi 易璧
Zhao, Bi 赵璧
Zheng bi 正璧
Zhi ren 柽人

Tan, Zhi 谈治
TAN, CHANG ZHI 谈长治 (1868-1937)

Tan zhi 弹指
LIANG, XIANG WU 梁襄武

Tan zhi ju shi 弹指居士
WANG, XUE TONG 王学通

TAN, ZHI REN 谭之仁 (1929-)
Bai, Rong 白榕

TAN, ZHONG XIA 谭仲夏 (1926-)
Chui gong 吹公
Ding, Ge 丁戈
Liu, Dai 柳黛
Shao, Yi tian 邵逸天

TAN, ZHONG XING 谭忠兴 (1964-)
Zuo yi 祚艺

TAN, ZHOU 谭州 (1934-)
Tang, Zhou 唐周
Tang, Zhou 唐州

Tan zhou hao shi 潭州豪士
HUANG, JIE 黄杰 (1902-)

Tan zi bao 探子报
HU, HAN ZHU 胡憨珠

Tan, Zong 谭宗
ZHONG, JING WEN 钟敬文 (1903-)

TAN, ZONG YUAN 谭宗远 (1952-)
Yan, Xi zao 言西早
Zi wei 紫苇

Tan, Zu pei 谭祖培
TAN, PING SHAN 谭平山 (1886-1956)

TAN, ZUO MIN 谭作民 (1887-1974)
Jie fu 介夫
Jie fu 戒甫
Qiong qi 穷奇
Tan, Jie fu 谭介夫
Tan, Jie fu 谭戒甫
Tan, Ming 谭铭

Tang 唐
ZHOU, SHU REN 周树人 (1881-1936)

Tang 堂
TANG, DUAN YI 唐端毅 (1913-1992)

Tang, Ai wu 汤艾芜
TANG, DAO GENG 汤道耕 (1904-1992)

Tang, Ai wu 汤爱吾
TANG, DAO GENG 汤道耕 (1904-1992)

TANG, BAO SEN 唐葆森 (1907-1985)
Li quan huan 栎泉宦
Tang, Lu sun 唐鲁孙
Wu liang 寤凉
Xiang zhuang 香莊
Yun guang 蕴光

Tang, Bi yu 唐碧玉
TANG, PING YU 唐平裕 (1936-)

TANG, BIN 唐彬 (1959-)
San lin 三林
Tang, San cai 唐三彩
Xi mao 西毛

Tang, Bing 唐兵
TANG, PING YU 唐平裕 (1936-)

Tang, Bing 唐炳
SHEN, DUAN XIAN 沈端先 (1900-1995)

Tang, Bo huang 唐擘黄
TANG, YUE 唐钺 (1891-1987)

Tang, Bo xian 唐伯先
TANG, MENG XIAN 唐孟先 (1909-1982)

Tang, Bu deng 唐不登
NONG, GUAN PIN 农冠品 (1936-)

TANG, CHANG LI 唐昌黎 **(1931-)**
Mu, Han 慕韩

TANG, CHANG SONG 唐昌松 **(1939-)**
Sai, Weng 塞翁

TANG CHEN, DA REN 唐陈大任 **(1887-1964)**
Tang Chen, Zhuo xian 唐陈卓僊

Tang Chen, Zhuo xian 唐陈卓僊
TANG CHEN, DA REN 唐陈大任 **(1887-1964)**

TANG, CHENG QING 唐承庆 **(1917-)**
Jin, Li sheng 金礼生
Lao tang 老唐
Sui zhai zhu ren 隋斋主人
Zhi ke 志克

Tang, Cheng sui 唐承隋
TANG, JIA REN 唐家仁 **(1924-)**

Tang, Chong 汤寵
YU, HE LIN 余鹤林 **(1910-1939)**

Tang, Cun 唐村
WU, XIAO TIAN 吴孝田 **(1928-)**

TANG, DA BAI 唐大柏 **(1933-)**
Zi mu 自木

TANG, DA CHENG 唐达成 **(1928-)**
Li 李
Li, Ye 李业
Li, Zhen 李真
Li, Zhi 李之
Liang, Ye 梁野
Tang, Zhi 唐挚

TANG, DA CONG 唐达聪 **(1925-)**
Geng, Er 耿迩

TANG, DA DING 唐大定
Da ding 大定

Tang, Da lang 唐大郎
TANG, YUN JING 唐云旌 **(1907-1980)**

TANG, DA LI 唐大笠 **(1931-)**
Jiang, Nan zi 江南子

TANG, DA YUAN 唐大园
Da yuan 大园

Tang, Dan 唐丹
LI, LIAN CUI 李连萃 **(1911-1991)**

TANG, DAO GENG 汤道耕 **(1904-1992)**
Ai wu 爱吾
Ai, Wu 艾芜
Bian zhe 编者
Du, Quan 杜泉
Fei er 斐儿
He shang 荷裳
Liu, Ming 刘明
Ming 明
Qiao, Cheng 乔诚
Sha, Mo 沙漠
Tang, Ai wu 汤艾芜
Tang, Ai wu 汤爱吾
Tang, Yun 汤耘
Wei, Liang 魏良
Wu ai 无艾
Wu ai 无爱
Wu, Yan 吴岩
Y.F.T.
Yue, Meng 岳萌

TANG, DE GANG 唐德刚 **(1920-)**
Si yun 思蕴

Tang, De jin 唐德瑾
TANG, LONG 唐龙 **(1945-)**

TANG, DE LIANG 唐德亮 **(1958-)**
Bai, He 白河
Fang, Ye 方野
Xiao tang 晓堂

Tang, De qing 唐得庆
ZHANG, QING TANG 张庆堂

Tang, Di 唐棣
LI, GUANG BI 李光璧 **(1914-1976)**

Tang, Di feng 唐迪风
TANG, LANG 唐烺

Tang, Di wen 唐迪文
TANG, YANG HE 唐扬和 **(1920-)**

Tang, Dian 唐钿
TANG, RUN DIAN 唐润钿 **(1929-)**

Tang, Dong 唐栋
TANG, SHI MING 唐世明 **(1951-)**

TANG, DUAN YI 唐端毅 **(1913-1992)**
Bu, Bing 步兵
Cang gong 藏弓
Chang 长
Cong luo 从洛
Duan 端
Duan ni 端尼
Duan yi 端毅
Fang, Cheng 方城
Feng 风
Feng zi 风子
Fu li 浮离
Gong 弓
Gong, Yi 公衣
Heng mei 横眉
Huai, San 怀三
Hui 晦

Hui an 晦庵
Jiang li 将离
Li, Jie 李杰
Ma, Qian zu 马前卒
Nan gong, Li 南宫离
Qian 潜
Qian ni 潜尼
Qian yu 潜羽
Qiu, Ru shan 仇如山
Qiu, Shan 仇山
Qiu, Zhong 仇重
Ren shi 忍士
Ruo si 若思
San yi sheng 散宜生
San zang 三藏
Sang, Tian 桑天
Shu nuo 孰诺
Shu, Xu 束胥
Shuang ti 双替
Suo xi 索西
Tai suo 太索
Tang 堂
Tang, Feng zi 唐风子
Tang, Gong yi 唐弓衣
Tang, Tao 唐弢
Tang, Ye 唐也
Tao 韬
Wan, Ren tuo 万人唾
Wan, Yi yu 万一羽
Wang, Er 王二
Wang, Hui an 王晦庵
Wei, Chang 韦长
Xin fang 新方
Yi sheng 宜生
Yi shi 一士
Yu 羽
Yu, Lin 余林
Zhang, Shang da 张尚达
Zheng, Zi xian 郑子先
Zhong, Lu 仲鲁

Tang, Fei 唐斐
WU, YUN SHENG 吴筠生 **(1929-)**

Tang, Feng 汤锋
TANG, SHI AN 唐士安 **(1931-)**

Tang, Feng 唐风
JIN, XING YAO 金性尧 **(1916-)**

TANG, FENG KUAN 唐凤宽 **(1934-)**
Da guang 达光
Yun, Shui 云水

TANG, FENG YI 唐丰义 **(1932-)**
Feng yi 枫宜
Lu, Tian 鲁田

Tang, Feng yu 唐丰瑜
ZHOU, SHU REN 周树人 **(1881-1936)**

Tang, Feng zi 唐风子
TANG, DUAN YI 唐端毅 **(1913-1992)**

Tang, Fu zhi 唐茀之
TANG, SHUN TIAN 汤顺天 **(1920-)**

Tang, Gai 唐荄
TANG, XIANG QING 唐向青 **(1915-)**

Tang, Gang 唐罡
TANG, GEN SHENG 唐根生 **(1942-)**

Tang, Gao 唐高
YAN, JIN E 阎金锷 **(1911-1970)**

TANG, GE FEI 唐格非
Geng sheng 更生

TANG, GE LIN 汤阁麟 **(1916-)**
Di zi 笛子

TANG, GEN SHENG 唐根生 **(1942-)**
Tang, Gang 唐罡

TANG, GENG 唐耕 **(1914-)**
Tang, Geng yun 唐耕云
Tian nong 天农

TANG, GENG SHENG 唐更生 **(1950-)**
Geng sheng 耕声

Tang, Geng yun 唐耕云
TANG, GENG 唐耕 **(1914-)**

Tang, Gong jie 汤公介
TANG, ZENG BI 汤增壁 **(1882-1947)**

Tang, Gong yi 唐弓衣
TANG, DUAN YI 唐端毅 **(1913-1992)**

TANG, GONG YI 唐恭懿 **(1871-1937)**
Qun ying 群英

TANG, GU 唐谷 **(1898-1975)**
Tang, Gu ming 唐瞉名
Tang, Xian zhi 唐现之

Tang, Gu ming 唐瞉名
TANG, GU 唐谷 **(1898-1975)**

Tang, Guo 唐果
TANG, QI XING 唐奇兴 **(1952-)**

TANG, GUO GUANG 唐国光 **(1913-)**
Tang, Nan 唐南

Tang, Hai 唐海
TANG, SHENG KUAN 唐盛宽 **(1920-)**

Tang, Han 唐汉
TANG, LIAO YUAN 唐燎原 **(1956-)**

Tang, He 唐诃

TIAN, JI HUA 田际华 (1913-1984)

Tang, He 唐诃
ZHANG, HUA YU 张化愚 (1922-)

Tang, Heng 唐珩
TANG, YAO HUA 唐耀华 (1934-)

Tang, Hong zhi 唐宏志
TANG, XIAO DING 唐小丁 (1929-)

Tang hua 棠花
CHEN, TANG HUA 陈棠花

Tang, Huai xuan 唐怀萱
TANG, XIANG YAN 唐香燕 (1952-)

Tang, Huang 唐荒
MIAO, LI TIAN 苗力田 (1917-)

Tang, Huang 唐璜
LIU, YA ZI 柳亚子 (1887-1958)

Tang, Hui 唐麾
LIAO, BO TAN 廖伯坦 (1916-)

TANG, HUI MIN 唐慧敏
Hui min 慧敏

Tang, Ji 唐吉
YANG, YI CHUN 杨益春

TANG, JI BING 唐继炳 (1951-)
Hai, Tian 海天

TANG, JI CANG 汤济沧
Ji cang 济苍
Ji cang 济沧

TANG, JI FU 汤吉夫 (1937-)
Mu yang ren 牧羊人

Tang, Ji he 唐吉诃
TANG, KE FAN 唐克蕃 (1920-1990)

Tang, Jia 唐伽
TANG, JIA REN 唐家仁 (1924-)

Tang, Jia hong 唐家弘
TANG, JIA HONG 唐嘉弘 (1927-)

TANG, JIA HONG 唐嘉弘 (1927-)
Tang, Jia hong 唐家弘
Tang, Xiu cheng 唐秀成

TANG, JIA HUI 唐嘉慧 (1962-)
Xia, Ge 夏格

TANG, JIA REN 唐家仁 (1924-)
Tang, Cheng sui 唐承隋
Tang, Jia 唐伽

Tang, Jian wen 唐剑文
LI, HAN WEN 李汉文 (1933-)

TANG, JIAN XIA 唐剑霞 (1931-)
Shang, Lue 商略

Tang, Jing lan 唐景兰
TANG, LAN 唐兰 (1901-1979)

TANG, JING REN 唐静仁 (1957-)
Li, Jia 黎稼

TANG, JING WEN 唐静雯
Tian li 天歷

TANG, JING YANG 唐景阳 (1914-1971)
Da qiu 达秋
Jing, Yang 井羊
Jing, Yang 景阳
Jue 珏
Lin, Jue 林珏
Liu, Er 刘耳

Tang, Jiu 唐久
PU, ZU XU 蒲祖煦 (1935-)

Tang, Juan 唐捐
LIU, ZHENG ZHONG 刘正忠 (1968-)

Tang, Jue 唐蕨
HU, SHENG 胡绳 (1918-)

TANG, JUN QING 唐俊卿 (1955-)
Hua, Yang 华扬
Shi, Yun 师云

TANG, JUN YI 唐君毅 (1909-1978)
Jun yi 君毅

Tang, Ke 汤克
ZHOU, DA LU 周大鹿 (1922-)

TANG, KE FAN 唐克蕃 (1920-1990)
Tang, Ji he 唐吉诃
Tang, Na 唐那
Tang, Qi 唐祈

TANG, KE SHUN 唐克舜 (1928-)
Tang, Ke xin 唐克新
Zhang, Tian 张天

Tang, Ke xin 唐克新
TANG, KE SHUN 唐克舜 (1928-)

TANG, KUANG SHI 汤匡时 (1927-)
Kuang, Shi 匡时
Su, Pu 苏朴
Tang, Zhen 汤真
Wang, Si 王寺

TANG, KUANG SONG 汤匡淞 (1914-1953)
Kuang, Sha 匡沙
Wang, Sha 王沙

TANG, LAN 唐兰 (1901-1979)
Li an 立厂
Li an 立庵

Li an 立盦
Tang, Jing lan 唐景兰
Tang, Pei lan 唐佩兰
Zeng, Ming 曾鸣

TANG, LANG 唐烺
Tang, Di feng 唐迪风

Tang, Lang 唐瑯
XU, SHANG SHOU 徐商寿 **(1914-1996)**

Tang, Li 唐力
XU, WAN MING 徐万明 **(1941-)**

Tang, Li si 唐麗思
ZHOU, LUO XIA 周落霞 **(1937-)**

TANG, LIAN GUAN 唐濂观 **(1916-)**
Xi ding 西丁

TANG, LIAO YUAN 唐燎原 **(1956-)**
An, Ni bai 安尼柏
Tang, Han 唐汉

Tang, Lin 唐林
TANG, PING YU 唐平裕 **(1936-)**

Tang, Ling 唐羚
LU, QING YUN 卢青云

Tang, Liu 唐柳
TANG, SHI JIE 汤世杰 **(1943-)**

Tang, Liu 唐翏
LI, JING CI 李景慈 **(1918-)**

TANG, LONG 唐龙 **(1945-)**
Tang, De jin 唐德瑾
Yu, Song 郁松

TANG, LONG FA 汤龙发 **(1932-)**
Yi, Shui 易水

Tang, Lu feng 唐鲁峰
TANG, ZONG DE 唐宗德 **(1931-)**

Tang, Lu sun 唐鲁孙
TANG, BAO SEN 唐葆森 **(1907-1985)**

Tang, Lu sun 唐鲁孙
HU, YUE 胡越 **(1920-1980)**

Tang, Luo 汤洛
TIAN, SHU JI 田树基 **(1925-)**

TANG, MAN CHENG 唐满城 **(1932-)**
Cheng, Hua 成骅
Gu, Quan 谷泉
Zhong, Qing 钟情

TANG, MEI 唐梅 **(1927-)**
Mei wen 枚文

TANG, MEI SHENG 唐梅生 **(1931-)**
Dai, Mei 戴梅
Mu, Huan 慕寰
Tang, Zhen huan 唐震寰
Xia, Chuan 夏川

TANG, MEI XIAO 汤梅笑 **(1949-)**
Dong, Xing fang 董行芳
Lin, Zhong ying 林中英
Rao, Zhi an 饶芷岸

TANG, MENG XIAN 唐孟先 **(1909-1982)**
Ge li 歌黎
Tang, Bo xian 唐伯先

Tang, Mi 唐密
CHEN, QUAN 陈铨 **(1905-1968)**

Tang, Min 唐民
WANG, REN SHU 王任叔 **(1901-1972)**

Tang, Min 唐珉
ZHOU, XUE JIAO 周学娇 **(1946-)**

Tang, Ming 唐名
LI, ZI YING 李子英 **(1921-)**

Tang, Ming 唐明
WANG, REN SHU 王任叔 **(1901-1972)**

Tang, Ming 唐明
ZHAO, SHU LI 赵树礼 **(1906-1970)**

Tang, Ming 唐明
LI, ZI YING 李子英 **(1921-)**

Tang, Ming 唐明
ZOU, SHI FANG 邹士方 **(1949-)**

Tang ming 棠明
ZOU, SHI FANG 邹士方 **(1949-)**

Tang, Ming shi 唐明时
TANG, MING SHI 唐鸣时 **(1901-1982)**

TANG, MING SHI 唐鸣时 **(1901-1982)**
Bai, Sha 白沙
Ji, Yu 吉鱼
Tang, Ming shi 唐明时
Tong ye 桐叶

Tang, Mo 唐墨
WU, ZONG XI 吴宗锡 **(1925-)**

Tang, Mu 汤姆
SUN, RU LING 孙如陵 **(1917-)**

Tang, Mu 唐牧
HUANG, JIA YIN 黄嘉音 **(1913-1960)**

Tang, Na 唐那
TANG, KE FAN 唐克蕃 **(1920-1990)**

Tang, Na 唐纳
SHE, QI YUE 佘其越 **(1914-1981)**

Tang, Na 唐纳
MA, JI LIANG 马骥良 **(1914-1988)**

Tang, Nan 唐南
TANG, GUO GUANG 唐国光 **(1913-)**

Tang, Neng fu 唐能富
TANG, NENG FU 唐能赋 **(1936-)**

TANG, NENG FU 唐能赋 **(1936-)**
Tang, Neng fu 唐能富

Tang, Ni 唐尼
YE, KUN CAN 叶昆灿 **(1935-)**

Tang, Niu 唐牛
TANG, ZE DING 唐泽定 **(1937-)**

Tang, Pei lan 唐佩兰
TANG, LAN 唐兰 **(1901-1979)**

Tang, Peng 唐鹏
SHAN, XUE PENG 单学鹏 **(1936-)**

Tang, Ping 唐平
TANG, SI MIN 唐思敏 **(1938-)**

TANG, PING YU 唐平裕 **(1936-)**
Gu du ke 孤独客
Hong hong 宏鸿
Tang, Bi yu 唐碧玉
Tang, Bing 唐兵
Tang, Lin 唐林
Tang, Zhi yi 唐之一
Xie, Yu 谢裕

Tang, Po gong 汤颇公
TANG, YONG BIN 汤用彬 **(1876-)**

Tang, Pu 唐璞
TU, GUO YING 屠国瑛 **(1938-)**

TANG, PU YU 唐普玉 **(1952-)**
Tang, Ying 唐瑛

Tang, Qi 唐奇
DONG, FU WEN 董辅文 **(1938-)**

Tang, Qi 唐祈
TANG, KE FAN 唐克蕃 **(1920-1990)**

Tang, Qi 唐起
LIN, XIAN SHAN 林贤山 **(1910-1985)**

TANG, QI XING 唐奇兴 **(1952-)**
Tang, Guo 唐果
Xiao hai 小海

Tang, Qian yan 唐前燕
SHAO, YAN XIANG 邵燕祥 **(1933-)**

TANG, QIN FU 汤勤福 **(1953-)**
Qin, Fu 秦夫
Qin fu 勤拂
Xiao tang 晓唐

Tang, Qing 唐晴
LI, XI 李希 **(1911-1989)**

Tang, Qiong 唐琼
MA, HUAN 马环 **(1917-)**

Tang, Qiong 唐琼
PAN, JI JIONG 潘际坰 **(1919-)**

Tang, Ren 唐人
YAN, QING SHU 严庆澍 **(1919-1981)**

Tang, Ren 唐人
WANG, SHI ZHEN 王世祯

Tang, Ren jun 唐仁均
SHEN, RONG MING 沈荣铭 **(1921-)**

Tang, Rong 唐蓉
LI, JING CI 李景慈 **(1918-)**

Tang, Rong chuan 唐容川
TANG, ZONG HAI 唐宗海

TANG, RUI 汤叡 **(1878-1916)**
Ming, Shui 明水
Tang, Wei gang 汤为刚

TANG, RUI FENG 唐瑞锋 **(1975-)**
Meng, Ping 孟萍

TANG, RUN DIAN 唐润钿 **(1929-)**
Jin, Tian 金田
Tang, Dian 唐钿
Yu geng 雨耕

Tang, Ruo 唐若
TIAN, SHU JI 田树基 **(1925-)**

Tang, San cai 唐三彩
TANG, BIN 唐彬 **(1959-)**

Tang, Sen mu 汤森木
HE, JIAN XUN 何剑熏

Tang, Seng 唐僧
WANG, REN SHU 王任叔 **(1901-1972)**

Tang seng 糖僧
SU, XUAN YING 苏玄瑛 **(1884-1918)**

Tang, Shan 汤山
TANG, ZHONG GUANG 汤仲光

Tang, Shan 唐珊
GUAN, REN SHAN 关仁山 **(1963-)**

Tang shan a bo 唐山阿伯
YANG, WEI QUAN 杨维铨 **(1900-1957)**

Tang, Shan ke 唐山客
LU, ZHAO LING 卢昭灵 **(1935-)**

Tang, Shan ren 唐山人
SHI, YING ZHOU 施颖洲 **(1919-　　)**

Tang, Shang xian 唐尚贤
SHAO, CHUAN LIE 邵传烈 **(1940-　　)**

TANG, SHAO HOU 唐少侯 **(1898-　　)**
Shao hou 少侯

TANG, SHAO HUA 唐绍华 **(1907-　　)**
Hua, Shang wen 华尚文
Nan, Chao fu 南巢父

TANG, SHAO ZHONG 唐绍忠 **(1946-　　)**
Mo fang 磨房

Tang, Sheng 汤生
GU, HONG MING 辜鸿铭 **(1857-1928)**

Tang, Sheng 唐生
HAN, SONG 韩松 **(1949-　　)**

Tang, Sheng 唐笙
LIAO, YU HUI 廖玉蕙 **(1950-　　)**

TANG, SHENG KUAN 唐盛宽 **(1920-　　)**
Tang, Hai 唐海

Tang, Shi 唐湜
TANG, YANG HE 唐扬和 **(1920-　　)**

TANG, SHI AN 汤士安 **(1931-　　)**
Mei, Feng 梅枫
Tang, Feng 汤锋

TANG, SHI JIE 汤世杰 **(1943-　　)**
Tang, Liu 唐柳

TANG, SHI MING 唐世明 **(1951-　　)**
Tang, Dong 唐栋

TANG, SHI YONG 唐时雍 **(1904-1989)**
Tang, Tian ji 唐天际

Tang, Shou qian 汤寿潜
TANG, ZHEN 汤震 **(1857-1917)**

TANG, SHOU REN 汤守仁 **(1933-　　)**
Shi, Shan 石山

TANG, SHOU YU 唐守愚
Bo guang 波光

TANG, SHU WEN 唐树文 **(1954-　　)**
Dong fang, Qiao fu 东方樵夫
Song, Hong 宋虹
Tan tian lou shi zhu 谈天陋室主
Tuo fu 拓夫
Xiao, Fan 肖凡
Yu, Lang 郁郎

TANG, SHUN TIAN 汤顺天 **(1920-　　)**
Tang, Fu zhi 唐茀之

Tang, Si 唐俟
ZHOU, SHU REN 周树人 **(1881-1936)**

TANG, SI MIN 唐思敏 **(1938-　　)**
Chuan cao 川草
Tang, Ping 唐平

Tang, Song 唐宋
LI, SHU HAN 李叔翰 **(1932-　　)**

TANG, SU LAN 汤素兰 **(1965-　　)**
Xiang zi 湘子

Tang, Tai 唐苔
DAI, MENG OU 戴梦鸥 **(1905-1950)**

Tang tang 堂堂
FAN, GAO GUI 范高贵 **(1934-　　)**

Tang, Tao 唐弢
TANG, DUAN YI 唐端毅 **(1913-1992)**

Tang, Tian ji 唐天际
TANG, SHI YONG 唐时雍 **(1904-1989)**

Tang, Tie hai 唐铁海
CHAI, ZHI YING 柴之英 **(1928-　　)**

Tang, Tu 唐突
WU, CHEN 吴琛 **(1912-1988)**

Tang, Tu 唐突
DING, JING TANG 丁景唐 **(1920-　　)**

TANG, TU 唐图
Mei, Xin 梅心

TANG, WANG SHENG 唐旺盛 **(1963-　　)**
Jing, Tang 景唐

TANG, WEI BO 汤为伯 **(1930-　　)**
Chun feng lü 春风绿
Tang, Yuan 汤园

Tang, Wei gang 汤为刚
TANG, RUI 汤叡 **(1878-1916)**

TANG, WEI REN 唐为人 **(1953-　　)**
Wei ren 为人

TANG, WEN BIAO 唐文标 **(1946-　　)**
Xia, Chuan shu 夏传书

Tang, Wen bing 唐文冰
SONG, QI 宋淇 **(1919-　　)**

TANG, WEN XIONG 唐文雄 **(1942-　　)**
Lan, Si 蓝思

TANG, WEN ZHI 唐文治 **(1865-1954)**
Ru jing 茹经
Wei zhi 蔚之
Wei zhi 蔚芝

Tang, Xi 唐兮
ZHENG, MENG ZHOU 郑梦周 **(1920-1982)**

TANG, XI 唐希 **(1947-　　)**
Xian cao 娴草
Xing er 星儿

Tang xi jiu lü 塘西旧侣
LUO, LI MING 罗澧铭 **(1903-　　)**

Tang, Xi yu 汤锡予
TANG, YONG TONG 汤用彤 **(1893-1964)**

Tang, Xia 唐侠
WANG, JING XI 王敬義 **(1933-　　)**

Tang, Xia chen 唐侠尘
TANG, YUN 唐云 **(1910-　　)**

Tang, Xian hua 汤仙华
TANG, XUE HUA 汤雪华

TANG, XIAN LONG 唐贤龙
Qiu, Tian 秋田

Tang, Xian zhi 唐现之
TANG, GU 唐谷 **(1898-1975)**

TANG, XIANG LONG 汤象龙 **(1909-　　)**
Yu zhang 预章

TANG, XIANG QING 唐向青 **(1915-　　)**
Qing zi 青子
Tang, Gai 唐荄
Tang, Xiang qing 唐向清
Xiang, Qing 向青

Tang, Xiang qing 唐向清
TANG, XIANG QING 唐向青 **(1915-　　)**

TANG, XIANG YAN 唐香燕 **(1952-　　)**
Tang, Huai xuan 唐怀萱

TANG, XIAO DING 唐小丁 **(1929-　　)**
Dong xin 冬昕
Fu bian nan 涪边男
Tang, Hong zhi 唐宏志
Zhan xiang 战香

Tang, Xin 汤新
LI, YUAN 李远 **(1951-　　)**

Tang, Xin 唐莘
LIU, HANG 刘航 **(1932-　　)**

TANG, XIN 唐新
Liang xiong 良雄

Tang, Xiu cheng 唐秀成
TANG, JIA HONG 唐嘉弘 **(1927-　　)**

TANG, XIU JU 唐秀菊 **(1935-　　)**
A tao 阿萄

Tang, Xue 唐雪
LI, BING REN 李冰人

TANG, XUE HUA 汤雪华
Tang, Xian hua 汤仙华
Zhong yuan 中原

TANG, XUE YUN 汤雪筠
Kuan jun 宽钧
Rong xi 融熙
Tang, Ying 汤瑛

Tang, Yan 唐晏
ZHEN, JUN 震钧 **(1857-1920)**

Tang, Yan su 唐晏素
ZHEN, JUN 震钧 **(1857-1920)**

TANG, YANG HE 唐扬和 **(1920-　　)**
Chen, Luo 陈洛
Di wen 迪文
Tang, Di wen 唐迪文
Tang, Shi 唐湜
Xue zhao 学召
Yang, He 扬和
Yang, He 扬河
Yang he 秧河

TANG, YAO 唐曜
Tang, Yi xuan 唐一玄
Yi xuan 一玄

TANG, YAO HUA 唐耀华 **(1934-　　)**
Shi, Xin 时辛
Tang, Heng 唐珩
Yue, Hua 岳桦

TANG, YAO LU 唐耀路 **(1930-　　)**
Tang, Zhen 唐真
Tian yin 天寅

Tang, Ye 唐也
TANG, DUAN YI 唐端毅 **(1913-1992)**

Tang, Yi jin 汤懿瑾
XU, GAN SHENG 徐幹生 **(1920-　　)**

Tang, Yi ning 唐贻宁
LU, BAI LIE 陆白烈 **(1931-　　)**

TANG, YI SUN 唐贻孙 **(1898-　　)**
Tang, Yuan 唐园
Tang, Zu pei 唐祖培

Tang, Yi xuan 唐一玄
TANG, YAO 唐曜

TANG, YI ZHENG 唐一正 **(1920-　　)**
Ke, Lan 柯蓝
Mu ke 木可
Mu ren 木人
Qian ping 倩萍
Xing tian 星田
Ya yi 亚一

Tang, Yin 唐因
HE, ZHUANG 何庄 **(1925-)**

Tang, Yin 唐荫
ZHAO, MING YI 赵铭彝 **(1906-)**

Tang, Yin zhi 唐隐芝
LIU, YA ZI 柳亚子 **(1887-1958)**

Tang, Ying 汤瑛
TANG, XUE YUN 汤雪筠

TANG, YING 唐瑛 **(1936-)**
Ye yun 也耘

Tang, Ying 唐瑛
TANG, PU YU 唐普玉 **(1952-)**

Tang, Ying hui 汤颖辉
SHANG, HUI GUANG 商慧光 **(1920-)**

Tang yong 堂勇
XIE, RUI HUAI 谢瑞怀

TANG, YONG BIN 汤用彬 **(1876-)**
Da lin shan ren 大林山人
Tang, Po gong 汤颇公

TANG, YONG JI 唐永基 **(1914-)**
Ren, Qi 任其
Tian, Ren 田人

Tang, Yong lan 汤泳兰
YU, HE LIN 余鹤林 **(1910-1939)**

TANG, YONG TONG 汤用彤 **(1893-1964)**
Tang, Xi yu 汤锡予

TANG, YOU YAN 汤幼言 **(1918-)**
Ding, Hong 丁洪
Rong ren 蓉人
Ya niu 亚牛

Tang, Yu 唐鱼
SUN, YU TANG 孙毓棠 **(1911-1985)**

TANG, YU 唐瑜 **(1905-)**
A lang 阿朗

Tang, Yu mo 唐雨墨
LI, SI QIANG 黎思强 **(1923-)**

TANG, YU SHU 唐玉书 **(1919-)**
Geng shi 埂石

TANG, YU TING 汤禹廷 **(1922-)**
An, Mei 安煤
Bai li chang hong 百里长虹

Tang, Yuan 汤园
TANG, WEI BO 汤为伯 **(1930-)**

Tang, Yuan 唐园
TANG, YI SUN 唐贻孙 **(1898-)**

Tang, Yuan 唐苑
CHANG, JING YU 常敬宇 **(1940-)**

Tang, Yuan chao 唐元朝
ZHOU, SHU REN 周树人 **(1881-1936)**

Tang, Yuan you 汤远由
TIAN, YU QING 田余庆 **(1924-)**

TANG, YUE 唐钺 **(1891-1987)**
Bo huang 擘黄
Pi huang 辟黄
Pi zhai 躄斋
Tang, Bo huang 唐擘黄

Tang, Yue 唐樾
MU, SHAO LIANG 沐绍良 **(1912-1969)**

TANG, YUE MEI 唐月梅 **(1931-)**
Su, Bo 苏波

Tang, Yun 汤耘
TANG, DAO GENG 汤道耕 **(1904-1992)**

TANG, YUN 唐云 **(1910-)**
Da shi 大石
Da shi weng 大石翁
Lao yao 老药
Tang, Xia cheng 唐侠尘
Yao chen 药尘
Yao weng 药翁
Yao cheng 药城

TANG, YUN JING 唐云旌 **(1907-1980)**
Da lang 大郎
Gao, Lang 高郎
Gao, Tang 高唐
Liu, Lang 刘郎
Tang, Da lang 唐大郎
Yu, Zhao ming 俞昭明

TANG, YUN SHAN 唐运善 **(1953-)**
Qu, Feng 曲峰

TANG, ZAI QING 唐载清 **(1934-)**
A zai 阿再

TANG, ZE DING 唐泽定 **(1937-)**
Tang, Niu 唐牛

TANG, ZE RONG 唐泽蓉 **(1934-)**
Yan, Tang 晏唐

TANG, ZENG BI 汤增璧 **(1882-1947)**
Bo kui 伯揆
Bo kui 伯夔
Chi, Hng 迟红
Kui zheng 揆郑
Man hua 曼华
Tang, Gong jie 汤公介
Yu bo 餘波

TANG, ZHE 唐哲 **(1905-)**
Zhe gong 哲公

Tang, Zhen 汤真
TANG, KUANG SHI 汤匡时 **(1927-)**

TANG, ZHEN 汤震 **(1857-1917)**
Tang, Shou qian 汤寿潜
Zhe xian 蛰仙

Tang, Zhen 唐真
TANG, YAO LU 唐耀路 **(1930-)**

Tang, Zhen 唐震
YUN, YI QUN 恽逸群 **(1905-1978)**

TANG, ZHEN CHANG 唐振常 **(1922-)**
Fang, Ren 方人
Gong, Zi you 龚子游
Tang, Zhi 唐致

Tang, Zhen huan 唐震寰
TANG, MEI SHENG 唐梅生 **(1931-)**

TANG, ZHENG KANG 汤正亢 **(1971-)**
Lei, Han 雷汉

Tang, Zhi 唐挚
TANG, DA CHENG 唐达成 **(1928-)**

Tang, Zhi 唐致
TANG, ZHEN CHANG 唐振常 **(1922-)**

Tang, Zhi ren 唐之人
DENG, WEN GUANG 邓文光

Tang, Zhi yi 唐之一
TANG, PING YU 唐平裕 **(1936-)**

TANG, ZHONG 汤中
Ye min 野民

TANG, ZHONG GUANG 汤仲光
Tang, Shan 汤山

Tang, Zhou 唐州
TAN, ZHOU 谭州 **(1934-)**

Tang, Zhou 唐周
TAN, ZHOU 谭州 **(1934-)**

Tang, Zhu guo 唐柱国
SU, MING DE 粟明德 **(1938-)**

Tang, Zhuo 唐拙
ZHANG, TUO WU 张拓芜 **(1928-)**

TANG, ZI BO 汤子博 **(1882-1972)**
You yi 有彝

TANG, ZI JIE 唐自杰 **(1918-)**
Ye, Nian 叶念

TANG, ZONG DE 唐宗德 **(1931-)**
Tang, Lu feng 唐鲁峰

TANG, ZONG HAI 唐宗海
Tang, Rong chuan 唐容川

Tang, Zu pei 唐祖培
TANG, YI SUN 唐贻孙 **(1898-)**

TANG, ZUO FAN 唐作藩 **(1927-)**
Ruo fan 若凡

Tao 陶
TAO, XING ZHI 陶行知 **(1891-1946)**

Tao 陶
YE, SHAO JUN 叶绍钧 **(1894-1988)**

Tao 梼
ZHOU, ZUO REN 周作人 **(1885-1967)**

Tao 焘
ZHANG, GUO TAO 张国焘 **(1897-1979)**

Tao 韬
ZOU, EN RUN 邹恩润 **(1895-1944)**

Tao 韬
FENG, NAI CHAO 冯乃超 **(1901-1983)**

Tao 韬
TANG, DUAN YI 唐端毅 **(1913-1992)**

Tao, An 陶庵
CHEN, BAO CHEN 陈宝琛 **(1849-1935)**

Tao, An 陶盦
TAO, FU 陶复 **(1914-1972)**

Tao an 弢庵
CHEN, BAO CHEN 陈宝琛 **(1849-1935)**

Tao an 弢庵
ZHANG, BAI SHAN 张白山 **(1912-)**

TAO, BAI 陶白 **(1911-)**
Dong fang, Ji bai 东方既白
Han bai 寒白
Wen, Qi 闻起
Yan, Shan ke 燕山客

Tao, Bao pi 陶报癖
TAO, LAN SUN 陶兰荪

Tao, Ben 陶奔
YAN, QING SHU 严庆澍 **(1919-1981)**

Tao, Bo 陶伯
PENG, SHU ZHI 彭述之 **(1896-1983)**

TAO, CHENG ZHANG 陶成章 **(1878-1912)**
Gui ji shan ren 会稽山人
Gui ji xian sheng 会稽先生
Han si 汉思
He, Zhi shan 何至善
He, Zhi shan 何志善
Huan qing 焕卿

Ji shi 济世
Ji si 济思
Qi dong 起东
Tao er shan ren 匋耳山人
Tao, Huan qing 陶焕卿
Xun yan 巽言
Zhi ge 志革

TAO, CHI 陶炽 **(1897-1952)**
Jing ming guan zhu 晶明馆主
Jing sun 晶孙
Jing sun 晶荪
Leng, Gu yuan 冷孤原
Peng zhai 烹斋
Tao, Chi sun 陶炽孙
Tao, Jing sun 陶晶孙
Tao, Zang 陶藏

Tao, Chi sun 陶炽孙
TAO, CHI 陶炽 **(1897-1952)**

Tao, Chih Hsin
TAO, XING ZHI 陶行知 **(1891-1946)**

Tao, Da 陶达
JI, LIU QUAN 季流泉 **(1904-1989)**

TAO, DA YONG 陶大镛 **(1918-)**
Ben niu 犇牛
Da ge 大戈
Da gu 大古
Gao, Lin 高林
Guo, Ji qing 郭季青
Ka qi 卡奇
Li, Ming 李明
Lin, Ping 林平
Shi, Qing xin 石清心
Shi, Ren 石人
Wang, Xiang sheng 王祥生
Xi, Shi 奚石
Xi, Shi ren 奚石人

Tao, Dan 陶澹
TAO, XIAO GUO 陶孝国 **(1925-)**

Tao, De kun 陶德琨
TAO, ZHONG HAN 陶钟汉 **(1883-1970)**

TAO, DE LIN 陶德麟 **(1931-)**
Fu yuan 茀原

TAO, DE SAN 陶德三 **(1955-)**
Guo, Zheng 郭筝
Ying, Tian yu 应天鱼

TAO, DE ZHEN 陶德臻 **(1926-)**
Qin, Zhi 秦至

TAO, DI YA 陶涤亚 **(1909-)**
Di ya 蒂芽
Mian bing 眠冰

Tao, Dun 陶钝
XU, BAO TI 徐宝梯 **(1901-)**

Tao, Er fu 陶尔夫
TAO, QI KANG 陶启康 **(1928-)**

Tao er shan ren 匋耳山人
TAO, CHENG ZHANG 陶成章 **(1878-1912)**

Tao fen 韬奋
ZOU, EN RUN 邹恩润 **(1895-1944)**

Tao, Fu 陶甫
WU, ZHENG ZHU 吴征铸 **(1906-1992)**

TAO, FU 陶复 **(1914-1972)**
Qi, Fang 齐芳
Tao, An 陶盦
Tao, Jun qi 陶君起
Tao, Ran 陶然
Xie, Ran 谢然

Tao fu 弢父
ZHAO, SHI MING 赵式铭 **(1870-1942)**

Tao fu 韬服
YANG, ZHONG XI 杨钟羲 **(1854-1940)**

Tao fu 焘甫
YANG, ZHI GUANG 杨之光 **(1930-)**

Tao, Ge 陶歌
TAO, WEN ZHENG 陶文正 **(1946-)**

Tao, Gong ye 陶公冶
LU, RU YIN 卢汝吟 **(1918-)**

Tao, Gu 陶谷
YU, XIAN HAO 郁贤皓 **(1933-)**

Tao gu ju shi 陶谷居士
YU, XIAN HAO 郁贤皓 **(1933-)**

Tao, Guang 陶光
TAO, GUANG DI 陶光第 **(1913-1961)**

TAO, GUANG DI 陶光第 **(1913-1961)**
Tao, Guang 陶光

Tao hong 桃红
LI, MAO RONG 李茂荣 **(1928-)**

Tao hua 韬华
GE, CHANG MEI 葛昌楣

Tao hua bu yi an zhu 桃花不疑盦主
OU YANG, LI YUAN 欧阳立袁 **(1889-1962)**

Tao hua hui mian er 桃花靧面儿
WANG, ZU YU 王祖馀

TAO, HUA YI 陶华裔 **(1916-)**
Kang, Ran 康然
Tao, Yan 陶焰

Tao, Huan qing 陶焕卿
TAO, CHENG ZHANG 陶成章 **(1878-1912)**

Tao, Hui 陶彙
TAO, XI SHENG 陶希圣 **(1899-1988)**

Tao hui 韬晦
DU, BO KUI 杜伯奎

Tao, Hui zeng 陶彙曾
TAO, XI SHENG 陶希圣 **(1899-1988)**

TAO, JIA QI 陶家齐 **(1922-)**
Tao, Qi 陶琦

Tao, Jian han 陶剑寒
TAO, ZHU 陶铸 **(1908-1969)**

TAO, JIAN XIN 陶剑心 **(1915-)**
Hai, Xing 海星
Jian xin 见心
Jian xin 坚辛
Qin, Jin 秦晋

Tao, Jie 陶傑
CAO, JIE 曹捷 **(1958-)**

TAO, JIN YUAN 陶锦源 **(1941-)**
Bai, Yuan 白原
Jin, Shui 金水

TAO, JING HE 陶景和 **(1926-)**
Wang, Mian si 王勉思

Tao, Jing sun 陶晶孙
TAO, CHI 陶炽 **(1897-1952)**

TAO, JING ZHI 陶敬之 **(-1948)**
Jin, Jing mu 金竞木
Jin, Liu 金溜

TAO, JU YIN 陶菊隐 **(1898-)**
Ju yin 菊隐

Tao, Jun 陶俊
XU, DING MING 许定铭 **(1947-)**

TAO, JUN LU 陶俊禄 **(1942-)**
He, Sheng 和声
Yue, Tao 乐涛

Tao, Jun qi 陶君起
TAO, FU 陶复 **(1914-1972)**

TAO, KANG DE 陶亢德 **(1908-1983)**
De 德
Kang de 亢德
Ru zi niu 孺子牛
Shi an 实庵
Tao, Tu ran 陶徒然
Tao, Zhe an 陶哲庵
Tu ran 徒然
Zhe an 哲庵
Zhi an 知安
Zhi an 窒暗

Tao, Ke tao 陶克淘
HUANG, JING TAO 黄敬涛 **(1922-)**

Tao kong le 淘空了
ZHENG, ZHUO LI 郑卓立

Tao kui 桃葵
SHU, DAO GUI 书道规 **(1936-)**

Tao, Lan quan 陶兰泉
TAO, XIANG 陶湘 **(1871-1940)**

TAO, LAN SUN 陶兰荪
Ai lian 爱莲
Bao 报
Bao pi 报癖
Tao, Bao pi 陶报癖

Tao le sai nü shi 陶乐赛女士
YAO, GENG KUI 姚庚夔 **(1905-)**

Tao, Li 陶里
WEI, YI JIAN 危亦健 **(1934-)**

Tao, Li ling 陶丽玲
CHEN, HE 陈鹤 **(1912-1984)**

Tao li xi 桃李蹊
JIANG, JIAN WEN 江建文 **(1938-)**

Tao lin 韬林
LI, XIU LIN 李秀林 **(1934-)**

Tao, Lu 陶庐
WANG, SHU NAN 王树枏 **(1851-1936)**

Tao lu lao ren 陶庐老人
WANG, SHU NAN 王树枏 **(1851-1936)**

Tao lu zhu ren 陶庐主人
WANG, SHU NAN 王树枏 **(1851-1936)**

Tao, Lü gong 陶履恭
TAO, MENG HE 陶孟和 **(1887-1960)**

Tao, Lun hui 陶伦惠
ZHAO, SHU LI 赵树礼 **(1906-1970)**

TAO, MENG HE 陶孟和 **(1887-1960)**
Lü gong 履恭
Meng, He 孟和
Tao, Lü gong 陶履恭

Tao, Mi 陶迷
FU, YAO SHENG 傅尧笙 **(1936-)**

Tao, Ming 陶铭
LU, ZHI PING 陆志平 **(1917-)**

TAO, MING JUN 陶明浚 **(1894-1960)**
Yu yuan 豫园

Tao, Ming zhi 陶明志
ZHAO, JING SHEN 赵景深 **(1902-1985)**

Tao mo guan zhu 逃墨馆主
SHEN, YAN BING 沈雁冰 **(1896-1981)**

TAO, MU 陶牧 **(1874-1934)**
Bing guan 病鳏
Liao an 了庵
Xiao liu 小柳

Tao mu 桃木
WANG, ZHUAN 王耑 **(-1960)**

Tao, Ping 陶萍
WU, ZONG RUI 吴宗瑞 **(1921-)**

Tao, Qi 陶弃
LI, SHU EN 李澍恩 **(-1945?)**

Tao, Qi 陶琦
TAO, JIA QI 陶家齐 **(1922-)**

TAO, QI KANG 陶启康 **(1928-)**
Tao, Er fu 陶尔夫

Tao, Qin 陶秦
QIN, FU JI 秦復基

TAO, QIN ZHI 陶勤之 **(1958-)**
Li, Yang 黎阳

Tao, Qiu zhu 陶秋竹
LI, CHUN LIN 李春林 **(1942-)**

Tao, Qun 陶群
ZHAO, TAO QUN 赵陶群 **(1949-)**

Tao, Ran 陶然
ZHOU, ZUO REN 周作人 **(1885-1967)**

Tao, Ran 陶然
SHEN, YAN BING 沈雁冰 **(1896-1981)**

Tao, Ran 陶然
WEN, YU SHU 温玉书 **(1911-)**

Tao, Ran 陶然
WANG, KAI JING 汪开竞 **(1912-1976)**

Tao, Ran 陶然
TAO, ZHI YAO 陶志尧 **(1914-1966)**

Tao, Ran 陶然
TAO, FU 陶复 **(1914-1972)**

Tao, Ran 陶然
QI, DUAN RONG 亓端荣 **(1920-)**

Tao, Ran 陶然
HOU, FU SHENG 侯福生 **(1940-)**

Tao, Ran 陶然
TU, NAI XIAN 涂乃贤 **(1943-)**

Tao, Ran 陶然
TAO, REN JUN 陶仁俊

TAO, REN JUN 陶仁俊
Jiang, Lin 江林
Jiang, Xiao bao 江小宝
Tao, Ran 陶然

Tao, Rong 陶融
HE, XIAO DA 何孝达 **(1915-1994)**

Tao, San ying 陶三迎
ZHAO, MENG TING 赵梦霆 **(1939-)**

Tao, Sha 陶沙
YANG, QI ZHUANG 杨其庄 **(1921-)**

Tao, Sha 陶沙
PENG, XI GENG 彭西庚 **(1923?-)**

Tao, Sha 陶沙
TAO, TONG 陶同 **(1933-)**

Tao shan 韬杉
PENG, JIA HUANG 彭家煌 **(1898-1933)**

Tao, Shang xing 陶尚行
LIU, SHAO QI 刘少奇 **(1898-1969)**

TAO, SHANG ZHAO 陶尚钊
Nian qiang 念强

TAO, SHAO HONG 陶少鸿 **(1954-)**
Shao hong 少鸿

Tao sheng 涛声
CAO, JU REN 曹聚仁 **(1900-1972)**

TAO, SHI LONG 陶世龙
Shi, Gong 石工

TAO, SHOU BO 陶寿伯 **(1902-)**
Tao, Shou zhi 陶瘦芝
Wan shi lou zhu 万石楼主

Tao, Shou zhi 陶瘦芝
TAO, SHOU BO 陶寿伯 **(1902-)**

Tao, Shui 陶水
CHEN, JIAN HONG 陈剑虹 **(1880-1946)**

Tao, Tai 陶汰
JIE, XIANG LIN 揭祥麟 **(1926-)**

TAO, TAI ZHONG 陶泰忠 **(1951-)**
Tai zhong 泰忠
Tao yuan 桃园

Tao, Tang 陶唐
WANG, LAN RUO 王兰若 **(1911-)**

Tao tao 涛涛
HUANG, TAO 黄涛 **(1959-)**

Tao, Teh-Shin

TAO, XING ZHI 陶行知 (1891-1946)

TAO, TIAN EN 陶天恩 (1927-)
Tian, En 田恩

TAO, TONG 陶同 (1933-)
Hong tie 宏铁
Ren gong 人工
Tao, Sha 陶沙

Tao, Tu ran 陶徒然
TAO, KANG DE 陶亢德 (1908-1983)

Tao, Wei ju 陶畏巨
QU, QIU BAI 瞿秋白 (1899-1935)

Tao, Wen 陶文
SHEN, AI HUA 沈爱华 (1904-1967)

Tao, Wen 陶文
MA, QIAN MU 马千木 (1915-)

TAO, WEN JIE 陶文杰 (1958-)
Wen, Jie 闻捷

Tao, Wen jun 陶文濬
TAO, XING ZHI 陶行知 (1891-1946)

Tao, Wen Tsing
TAO, XING ZHI 陶行知 (1891-1946)

TAO, WEN ZHENG 陶文正 (1946-)
Tao, Ge 陶歌
Wen, Zheng 闻政

Tao weng 陶翁
WANG, LONG FU 王隆夫 (1931-)

Tao, Xi 陶熙
HAN, GONG 韩弓 (1941-)

Tao xi 涛西
CHEN, QUAN 陈铨 (1905-1968)

TAO, XI SHENG 陶希圣 (1899-1988)
Fang, Jun feng 方峻峰
Fang, Yue 方岳
Pei wo 佩我
Tao, Hui 陶彙
Tao, Hui zeng 陶彙曾

TAO, XIANG 陶湘 (1871-1940)
Lan, Quan 兰泉
She yuan shi 涉园氏
Tao, Lan quan 陶兰泉

TAO, XIAO GUO 陶孝国 (1925-)
He, Liu 何流
Tao, Dan 陶澹

TAO, XIAO MING 陶小明 (1952-)
Xiao ming 笑鸣

TAO, XIAO ZU 陶晓卒 (1924-)
Li, Lei 李累

TAO, XIN ZHOU 陶鑫洲 (1949-)
Xin zhou 新洲

TAO, XING ZHI 陶行知 (1891-1946)
Bu chu ting cao zhai fu 不除庭草斋夫
He, Ri ping 何日平
Shi, Yu 时雨
Tao 陶
Tao Chih Hsin
Tao Teh-Shin
Tao, Wen jun 陶文濬
Tao Wen Tsing
Tao, Zhi xing 陶知行
Wu ying 梧影
Xing zhi 行知
Zhai fu 斋夫
Zhi 知
Zhi xing 知行

TAO, XIONG 陶雄 (1911-)
Fang, Ming 方明
Gong, Xiong 龚雄
Jian fu 健夫
Xiao jie 小捷
Yin bo 音波
Yun, Tian 云天

TAO, XIU 陶秀 (1912-)
Shi fu 实甫

TAO, XUE HUA 陶雪华 (1944-)
Xue zi 雪子

TAO, XUE HUI 陶学煇 (1930-)
Shu, Yu 舒羽

Tao, Yan 陶焰
TAO, HUA YI 陶华裔 (1916-)

Tao, Yang 陶阳
LI, BO HAI 李伯海 (1926-)

Tao, Ye 陶冶
ZHAO, XIU JIE 赵秀杰 (1957-)

Tao, Ye 陶冶
TU, YING YING 屠颖颖

Tao, Yi 陶怡
CHEN, JIAN HONG 陈剑虹 (1880-1946)

Tao, Yi 陶怡
CHEN, SHI JIE 陈世杰 (1948-)

Tao, Yi 陶遗
CHEN, JIAN HONG 陈剑虹 (1880-1946)

Tao yi 淘夷
CHEN, JIAN HONG 陈剑虹 (1880-1946)

TAO, YONG BAI 陶咏白 (1937-)

ZHANG, GUO TAO 张国焘 **(1897-1979)**

Te wei 特伟
SHENG, SONG 盛松 **(1915-)**

Te wei 特伟
CHEN, SHU SHI 陈叔时

Te xi 特西
ZENG, JING CHU 曾景初 **(1918-)**

Te xiao 特嚣
WU, YU WEI 吴堉威 **(1906-1989)**

Teng 腾
SHEN, YAN BING 沈雁冰 **(1896-1981)**

Teng 腾
QU, QIU BAI 瞿秋白 **(1899-1935)**

Teng, Chun 滕春
XIE, CHENG HUA 谢承华 **(1941-)**

TENG, DAI YUAN 滕代远 **(1904-1974)**
Li, Guang 李光

TENG, FENG ZHANG 滕凤章 **(1930-)**
Feng zhang 凤章

TENG, GANG 滕刚
Meng, Xiong 孟雄
Xiao yan 小燕

TENG, GU 滕固 **(1901-1941)**
Ruo qu 若渠
Teng, Ruo qu 滕若渠

Teng gu gu quan 藤谷古泉
HUANG, ZHEN YUAN 黄振元 **(1866-1913)**

Teng gu gu xiang 藤谷古香
SUN, JING XIAN 孙景贤 **(1881-1920)**

TENG, GUO DONG 滕国栋 **(-1983)**
Li, Rong 厉戎

TENG, HONG JUN 滕鸿钧 **(1931-)**
Qi ping 棋屏
Teng, Shu song 滕树嵩

Teng hui 腾辉
WENG, ZHAO YUAN 翁照垣

Teng, Jing jiang 滕镜江
TENG, WEI ZAO 滕维藻 **(1917-)**

TENG, MAO TONG 滕茂桐 **(1914-)**
Teng sheng 藤声
Teng, Shou 滕收
Wu, Gang 吴冈
Wu gang 梧冈

Teng ming 腾明
BI, JIAN GUO 毕建国 **(1949-)**

Teng, Qin hua 滕沁华
TENG, SHU GU 滕树穀

Teng, Ruo qu 滕若渠
TENG, GU 滕固 **(1901-1941)**

Teng sheng 藤声
TENG, MAO TONG 滕茂桐 **(1914-)**

Teng, Shou 滕收
TENG, MAO TONG 滕茂桐 **(1914-)**

TENG, SHU CHAO 滕树超
Cao, Xu 曹叙

TENG, SHU GU 滕树穀
Lao teng 老滕
Sheng ren 圣人
Teng, Qin hua 滕沁华

Teng, Shu song 滕树嵩
TENG, HONG JUN 滕鸿钧 **(1931-)**

TENG, SHU XUN 滕树勲 **(1924-)**
Shi, Si 施斯

TENG, WEI ZAO 滕维藻 **(1917-)**
Teng, Jing jiang 滕镜江

Teng, Xiao 腾霄
YANG, TENG XIAO 杨腾霄 **(1949-)**

TENG, XIAO DONG 滕晓东 **(1952-)**
Xiao, Dong 萧冬
Xiao dong 晓东

TENG, XIAO TIAN 滕晓天 **(1948-)**
Xiao, Tian 肖田
Xiao tian 晓天

Teng, Yang gong 滕阳公
YANG, SHANG DONG 杨尚东 **(1964-)**

Teng, Yang gong 滕阳公
YANG, RUN DONG 杨润东 **(1966-)**

Teng, Yun 滕云
ZHANG, QING SHAN 张青山 **(1963-)**

Teng, Zhong 滕钟
JIANG, HENG ZHONG 姜恒忠 **(1933-)**

Teng zi zhang fu 滕子丈夫
GUO, MO RUO 郭沫若 **(1892-1978)**

Ti 惕
SHEN, YAN BING 沈雁冰 **(1896-1981)**

Ti an 倜厂
QIAN, XIN 钱辛 **(1879-1944)**

Ti er 提耳
HUA, XI LU 花禧禄 **(1912-1946)**

Ti hong 啼红

DING, ZHONG JIANG 丁中江 **(1918-)**

Tian cai 天才
QIN, JI 覃基 **(1912-1963)**

Tian cai 忝才
HU, JI NAN 胡寄南 **(1908-)**

Tian chan 天馋
LIU, CHAO LU 刘朝禄 **(1888-1943)**

Tian chan 天忏
GONG, BI 贡璧

Tian chan sheng 天懺生
GONG, BI 贡璧

Tian chang 天长
PAN, HAN NIAN 潘汉年 **(1905-1977)**

Tian chang 天长
YUAN, GUANG MEI 袁光楣 **(1916-1982)**

TIAN, CHANG WU 田昌五 **(1925-)**
Bi jiang 碧江
Chang, Wu 常悟
Shuan jin 拴瑾

Tian, Chen 田晨
JIANG, ZENG PEI 江曾培 **(1933-)**

Tian, Chen 田晨
ZHANG, TIAN ZHEN 张天珍 **(1944-)**

Tian, Cheng 田诚
LIU, XIN HUANG 刘心皇 **(1915-)**

Tian cheng 天成
MA, CHENG YI 马成翼 **(1950-)**

Tian cheng 天成
DOU, HAI SHI 窦海狮 **(1954-)**

Tian cheng 天呈
SHEN, TIAN CHENG 沈天呈 **(1946-)**

Tian chi 天池
LIU, SHI WEI 刘世威 **(1938-)**

Tian, Chong 田冲
ZHU, PU JUN 朱溥钧 **(1926-)**

Tian chou 天仇
DAI, CHUAN XIAN 戴传贤 **(1890-1949)**

Tian, Chuan 田川
ZHU, PU JUN 朱溥钧 **(1926-)**

Tian, Chuan 田川
YE, QI SHENG 叶其声 **(1938-)**

TIAN, CHUAN ZHENG 田传筝 **(1949-)**
Tian, Tong 田瞳

Tian, Cun 田邨
FAN, HUA SHENG 范华生 **(1917-)**

Tian cun 天存
HU, SHAN YUAN 胡山源 **(1897-1988)**

TIAN, DA NIAN 田大年 **(1925-)**
Tian, Niu 田牛

Tian, Dan 田丹
REN, NAI FAN 任迺凡 **(1906-1986)**

Tian, Dan 田丹
LI, JIN LU 李金禄 **(1924-)**

Tian, Dan 田丹
WANG, FENG YUN 王凤云

Tian dan 天亶
YAO, ZHEN 姚朕

Tian dao guan zhu 天道馆主
ZHONG, JIN TIAN 钟进添 **(1935-)**

TIAN, DE YU 田德裕 **(1915-)**
Chen, Jin qing 陈荩青
Da yu 大玉
Jin qiu 津秋
Lu, Chao 卢潮
Shen, Shou 申寿
Tian, Tao 田涛
Zhu, Hong 朱红

Tian, Di 田地
QI, CHONG XIAO 祁崇孝 **(1918-)**

Tian, Di 田地
WU, NAN XUN 吴南薰 **(1927-)**

Tian, Di 田娣
ZHANG, NAI YING 张迺莹 **(1911-1942)**

Tian, Di 田笛
MA, YU TIAN 马玉田 **(1936-)**

Tian di 天地
WANG, REN SHU 王任叔 **(1901-1972)**

Tian di 天地
WANG, ZHU 王铸 **(1902-1986)**

Tian di 天地
CHENG, YI RONG 程一戎 **(1910-)**

Tian di 天帝
WANG, ZHU 王铸 **(1902-1986)**

Tian di ji lu zhu ren 天地寄庐主人
WANG, CHUAN 汪僎 **(1855-1918)**

Tian di qi lu zhu ren 天地奇庐主人
LI, BAO JIA 李宝嘉 **(1867-1906)**

Tian di yi lang 天地一郎
ZHANG, ZI SHENG 张自生 **(1944-)**

Tian, Dian 田滇

LIU, WEN FU 刘文福 (1933-)

Tian, Ding 田丁
QIAN, JIA JUN 钱家骏 (1916-)

Tian, Ding 田丁
ZENG, XIANG QI 曾祥祺 (1916-)

Tian, Ding 田丁
DING, YONG HUAI 丁永淮 (1936-)

Tian, Ding 田丁
ZHANG, TIAN DING 张天定

Tian, Dong 田洞
CHEN, WEI FANG 陈伟芳 (1922-)

Tian, Dong zhao 田东照
TIAN, JU CHANG 田聚长 (1938-)

Tian duo 天铎
HUANG, TIAN CAI 黄天才 (1924-)

Tian, Duo ye 田多野
HONG, FAN TAO 洪汎涛 (1928-)

Tian, En 田恩
TAO, TIAN EN 陶天恩 (1927-)

Tian, Er 田耳
XU, SHENG YAO 许绳尧 (1897-1984)

Tian, Fan 田范
TIAN, YUAN 田苑

Tian, Fang 田放
LIU, TIAN FANG 刘天放 (1926-1994)

Tian fang 天方
ZHANG, ZHONG QING 张忠卿 (1935-)

Tian fang 天放
CHEN, QU BING 陈去病 (1874-1933)

Tian fang 天放
JIN, TIAN HE 金天翮 (1874-1947)

Tian fang 天放
HU, TING FANG 胡廷方 (1905-)

Tian fang 天放
WU, TIAN FANG 吴天放

Tian fang 天放
SONG, TIAN FANG 宋天放

Tian fang lou 天放楼
JIN, TIAN HE 金天翮 (1874-1947)

Tian fang lou zhu ren 天放楼主人
JIN, TIAN HE 金天翮 (1874-1947)

Tian, Fang sui 田方绥
HOU, ZHEN QIU 侯镇球 (1914-)

Tian, Fei 田非
LU, RU YIN 卢汝吟 (1918-)

TIAN, FEI 田菲 (-1937)
Tian, Feng 田风

Tian fei 天飞
WANG, ZHI CHONG 王志冲 (1936-)

Tian fen 天愤
YU, ZHUANG 俞戆

Tian, Feng 田丰
TIAN, BAO LUO 田保罗 (1933-)

Tian, Feng 田风
TIAN, FEI 田菲 (-1937)

Tian, Feng 田风
ZHANG, JUN TI 张君悌 (1910-1971)

Tian, Feng 田风
FU, SHI QIAO 傅士翘

Tian, Feng 田风
WANG, SHI ZHUO 王世焯

Tian, Feng 田风
PENG, GUI RUI 彭桂蕊 (1917-)

Tian, Feng 田枫
HU, DUAN HAO 胡端豪 (1923-)

Tian, Feng 田峰
HUANG, CHENG JING 黄承镜 (1906-1988)

Tian, Feng 田烽
WENG, JIU CHANG 翁久长 (1927-)

Tian feng 天丰
HOU, XIANG LIN 侯向林 (1942-)

Tian feng 天风
HU, SHI 胡适 (1891-1962)

Tian feng 天风
CHEN, RU XUN 陈汝埙 (1906-)

Tian feng 天风
HU, DUAN HAO 胡端豪 (1923-)

Tian feng 天风
TAN, XIN RUN 谭新润

Tian, Feng zhang 田凤章
TIAN, ZHI CHENG 田质成 (1911-)

Tian, Fu 田夫
CAO, DIAN HU 曹典湖 (-1931)

Tian, Fu 田夫
CHEN, TIE ZHENG 陈铁铮 (1906-1990)

Tian, Fu 田夫
DAI, WEN GUANG 戴文光 (1938-)

Tian, Fu 田父

TIAN, XUE WEN 田学文

Tian fu 天富
SHAO, LI ZI 邵力子 (1882-1967)

Tian fu 天赋
LI, JING YIN 李敬寅 (1949-)

Tian, Fu chun 田復春
TIAN, ZHONG LUO 田锺洛 (1924-)

Tian, Fu li 田复离
CHEN, YAN 陈炎 (1925-)

Tian, Gan 田淦
TIAN, ZHONG JI 田仲济 (1907-)

Tian gan 天干
XU, WAN CHENG 许晚成

Tian gang 天罡
YANG, XUE RU 杨学儒 (1950-)

Tian ge 天戈
HONG, WEI FA 洪为法 (1900-1970)

Tian ge 天戈
HUANG, JIN LUAN 黄锦銮 (1918-)

Tian, Ge 田戈
DAI, BANG 戴邦 (1917-)

Tian, Ge 田歌
REN, LIU CHAO 任流潮 (1946-)

Tian, Geng 田耕
ZHANG, BING WEI 张炳蔚 (1918-)

Tian, Geng yun 田耕耘
HUANG, YAN HUA 黄彦华

Tian gong qian zhai 天功潛斋
JIANG, YIN QING 姜寅清 (1902-)

Tian, Gong zhong 田共中
HUANG, LI MIN 黄立民 (1951-)

Tian guan ci 天官赐
KONG, WEI QIN 孔维勤 (1955-)

Tian, Guang 田光
HUANG, JUN YAO 黄俊耀 (1917-)

Tian, Guang 田光
TIAN, YIN SHAN 田银山 (1925-)

Tian, Guang 田光
HUANG, JIAN LIU 黄健六

Tian guang 天光
XIAO, ZI ZHANG 萧子暲 (1896-1983)

Tian guang 天光
YU, ZHI MING 于志明 (1945-)

Tian, Guang cai 田广才
TIAN, JING 田荆 (1919-)

TIAN, GUANG HUA 田光华 (1944-)
Fei ding 菲丁

TIAN, GUI FANG 田桂芳 (1951-)
Xiao tian 晓田

Tian, Hai 田海
MA, ZU YI 马祖毅 (1925-)

Tian hai 天海
SUN, YUN XIAO 孙允孝 (1955-)

Tian, Hai yan 田海燕
TIAN, TI REN 田体仁 (1913-1989)

TIAN, HAN 田汉 (1898-1968)
Bi ren 敝人
Bo hong 伯鸿
Chen, Yu 陈瑜
Chen, Zhe sheng 陈哲生
Chun fu 春夫
Han 汉
Han er 汉儿
Han xian 汉仙
Jia ling 嘉陵
Jin, Qian 金钱
Kang ming 亢明
Lü bo 侣伯
Luo, Fang zhou 罗芳洲
Ming 明
Ming, Gao 明高
Rui zhang 瑞章
Shao bo 绍伯
Shou chang 寿昌
Shou jia 首甲
Shu chang 叔常
Shu ren 漱人
Tian, Shou chang 田寿昌
Tie rui zhang 铁瑞章
Yu 瑜
Zhang, Kun 张坤
Zhang, Kun 张堃

Tian, Han 田旱
TIAN, SHI YUAN 田世源 (1919-)

Tian han 天汉
TONG, WEN XI 佟文西 (1945-)

Tian, Hang 田航
GAO, TIAN XING 高天行 (1915-1985)

Tian hang 天航
ZHAN, DAI ER 詹岱尔 (1947-)

Tian hao 天昊
WU, QIAN HAO 吴乾浩 (1939-)

Tian, He 田禾

FEI, SHAN JI 费善机

Tian jian 天涧
TONG, TIAN JIAN 童天鑑 **(1916-1985)**

TIAN, JIAN GUANG 田剑光
Jian guang 剑光

TIAN, JIAN PING 田建平 **(1963-)**
Tian png 天平

Tian, Jiang 田疆
CHEN, XIANG HUA 陈翔华 **(1934-)**

Tian jie 天洁
WANG, TIAN JIE 王天杰 **(1959-)**

Tian, Jin 田金
HUANG, TONG TA 黄铜塔 **(1948-)**

TIAN, JING 田荆 **(1919-)**
Tian, Guang cai 田广才

Tian, Jing 田景
LU, KENG 陆铿 **(1918-)**

Tian jing 天竞
YE, XIA SHENG 叶夏声 **(1883-)**

Tian jing 天晶
ZHANG, DE XUE 张德学

Tian jing 恬静
LI, YUN SHENG 李云升 **(1948-)**

TIAN, JING FENG 田景丰 **(1949-)**
Geng zhe 耕者
Yi fan 一帆

TIAN, JING FU 田景福 **(1911-)**
Yue jing 曰京

Tian, Jing hui 田井卉
TIAN, JING HUI 田景惠 **(1923-)**

TIAN, JING HUI 田景惠 **(1923-)**
Bu he 布禾
Di qing 荻青
Dong men, Wai 东门外
Fei zhi 非之
Ge ren 歌人
Geng hui 畊卉
Hu, Lang 胡郎
Hu, Lang 胡朗
Hui zhi 蕙芷
Jing, Hui 景卉
Lao wai 老外
Li, A qing 李阿青
Nai xian 乃仙
Pan jing 畔井
Pu, Sha 蒲沙
Ran you 冉酉
Sui zi 穗子
Tian, Bei mei 田北眉
Tian, Hui zhi 田惠之
Tian, Jing hui 田井卉
Tian, Shang 田上
Zhang, Ban yu 张半予
Zhang, Da gong 张大弓
Zhang, Qiang 张蔷

Tian, Jiu lang 田九郎
CHE, SHOU ZHOU 车寿周 **(1914-)**

TIAN, JU CHANG 田聚长 **(1938-)**
Tian, Dong zhao 田东照
Wei fen 蔚芬

Tian, Jue min 田觉民
YE, SHAO JUN 叶绍钧 **(1894-1988)**

Tian, Jun 田军
XIAO, JUN 萧军 **(1907-1988)**

Tian, Jun 田军
FU, HUA 富华 **(1928-)**

Tian, Jun 田峻
WU, TING GUAN 吴廷琯 **(1914-)**

Tian jun 天隽
LIU, ZHI MING 刘智明 **(1911-)**

TIAN, JUN SHI 田君实 **(1917-1984)**
Bai, Ding 白丁
Tian, Ru hua 田汝华

Tian kai 阒凯
XU, TIAN KAI 许天开

Tian, Ke 田柯
TIAN, YING CHENG 田英成 **(1940-)**

Tian, Ke xin 田克辛
ZHENG, DA XING 郑大兴 **(1922-)**

Tian kuang 天贶
BI, ZHEN DA 毕振达 **(1862-1926)**

Tian kuang 天贶
XIE, FU YA 谢扶雅 **(1892-)**

Tian kuang lou 天贶楼
BI, ZHEN DA 毕振达 **(1862-1926)**

TIAN, KUI 田魁 **(1930-)**
Dou gui 斗鬼
Tian, Ye 田野
Yi bing 一兵

Tian, Kun 田堃
WANG, TIE CHEN 王铁臣

Tian kuo 天廓
HUANG, JIAN GUO 黄建国 **(1958-)**

Tian lan 天兰
WANG, MING HENG 王名衡 **(1912-1984)**

Tian lan 天蓝
WANG, MING HENG 王名衡 **(1912-1984)**

Tian, Lang 田琅
YU, MING REN 于明仁 **(1917-)**

Tian, Lang 田琊
YU, MING REN 于明仁 **(1917-)**

Tian lang 天朗
CHEN, CI 陈词 **(1961-)**

Tian lang 天狼
BI, ZHEN DA 毕振达 **(1862-1926)**

Tian, Leng 田冷
TIAN, SHU JI 田树基 **(1925-)**

Tian, Li 田力
JIANG, HAI CHENG 蒋海澄 **(1910-1996)**

Tian, Li 田力
NIU, SHUANG YIN 牛双印 **(1943-)**

Tian, Li 田力
TIAN, ZI CHENG 田自成 **(1944-)**

Tian, Li 田力
CHENG, TIE NAN 程铁男 **(1952-)**

Tian, Li 田立
CHEN, YAN 陈炎 **(1925-)**

Tian, Li 田利
LIU, FAN HUA 刘繁华 **(1923-)**

Tian, Li 田犁
XU, DU DI 许度地 **(1914-)**

Tian, Li 田犁
HUANG, ZHONG CONG 黄仲琮 **(1923-)**

Tian, Li 田犁
LI, XIN TIAN 李心田 **(1929-)**

Tian, Li 田离
WANG, JIU YU 王久馀 **(1921-)**

Tian, Li 田篱
WANG, JIU YU 王久馀 **(1921-)**

Tian li 天歷
TANG, JING WEN 唐静雯

Tian, Li fu 田里夫
SHI, LI HENG 史立恒 **(1926-)**

Tian, Li fu 田里夫
LUO, GUAN SHAN 罗观山 **(1939-)**

TIAN, LIAN GENG 田联耿 **(1950-)**
Mu shan 木杉
Tian, Bin 田彬

TIAN, LIN 田琳 **(1916-)**
An, Di 安荻
Da di 妲娣
Luo, Li 罗荔
Shan ying 山鹰
Tian, Xiang 田湘
Xiao xi 晓希
Xiao xi 晓溪

TIAN, LIN 田琳 **(1927-)**
Sha, Ling 沙陵

TIAN, LING 田灵
Yi, Shui 易水

Tian, Ling 田陵
WEN, RONG FU 文荣福 **(1933-)**

Tian, Ling 田零
LIU, RUI FENG 刘瑞峰 **(1916-)**

Tian, Liu 田流
ZHANG, BING WEI 张炳蔚 **(1918-)**

Tian, Liu 田流
ZHONG, WEN LING 钟文灵 **(1931-)**

Tian, Long 田陇
TIAN, SHI SHAN 田师善 **(1932-)**

Tian long 天龙
CAO, JU REN 曹聚仁 **(1900-1972)**

Tian, Lu 田庐
WANG, LIU BIN 汪六滨 **(1910-1990)**

Tian, Lu 田鲁
LIU, TIAN LU 刘天路 **(1916-)**

Tian, Lu 田鲁
ZHANG, QUAN 张荃

Tian, Lu 田路
ZHANG, MING RU 张明儒 **(1924-)**

Tian lu 天僇
WANG, ZHONG QI 王锺麒 **(1880-1913)**

Tian lu 天庐
HUANG, PENG 黄鹏 **(1908-1982)**

Tian lu 天庐
ZHANG, MING RU 张明儒 **(1924-)**

Tian lu 天禄
ZHANG, MING RU 张明儒 **(1924-)**

Tian lu ju shi 天庐居士
HUANG, PENG 黄鹏 **(1908-1982)**

Tian lu sheng 天庐生
HUANG, PENG 黄鹏 **(1908-1982)**

Tian lu sheng 天僇生

WANG, ZHONG QI 王锺麒 **(1880-1913)**

Tian lu zhu ren 天庐主人
HUANG, PENG 黄鹏 **(1908-1982)**

Tian luo 天洛
CAI, HONG MING 蔡宏明 **(1954-)**

Tian ma 天马
YANG, TIAN JI 杨天骥 **(1880-1960)**

Tian ma 天马
XU, DA 许达 **(1904-1991)**

Tian ma 天马
ZHANG, BING WEN 张炳文 **(1915-)**

Tian ma 天马
ZHU, JIA YU 朱家瑜 **(1916-1988)**

Tian ma 天马
ZENG, DE ZHEN 曾德镇 **(1921-1988)**

Tian ma 天马
DENG, WEN GUO 邓文国 **(1955-)**

Tian ma 天马
MA, JIAN JUN 马建钧 **(1964-)**

Tian ma 天马
MA, WEN RU 马温如

TIAN, MAN CHUN 田曼纯（**1934-** ）
Man chun 曼纯

TIAN, MAN SHI 田曼诗（**1926-** ）
Yue hua 月华

Tian mao 天毛
WU, XI 吴惜 **(1898-1949)**

Tian mao 天猫
WU, XI 吴惜 **(1898-1949)**

Tian, Mei 田玫
DAI, WEN GUANG 戴文光 **(1938-)**

Tian mei 天梅
GAO, XU 高旭 **(1877-1925)**

Tian mei 天湄
JU, YING 鞠英 **(1957-)**

Tian, Meng jia 田梦嘉
TIAN, JIA HU 田家瑚 **(1910-1967)**

Tian, Mi 田蜜
WU, KANG MIN 吴康民 **(1926-)**

Tian, Miao 田苗
HU, KAO 胡考 **(1912-)**

TIAN, MIN 田敏（**1957-** ）
Shan shan 山善

Tian min 天民
ZHU, YUAN SHAN 朱元善 **(1866-1920)**

Tian min 天民
ZHANG, GUANG HOU 张光厚 **(1881-1932)**

Tian min 天民
LÜ, ZHI YI 吕志伊 **(1882-1942)**

Tian min 天民
ZHENG, GUANG MIN 郑光民

Tian min 天民
CHENG, BEN PU 成本璞

Tian ming 天明
YAN, ZHI DAO 严志道 **(1919-)**

Tian mo 天摩
ZHU, MU JIA 朱慕家 **(1890-1970)**

Tian mou 天侔
SHI, JI 施畸 **(1890-)**

Tian, Mu 田木
GUO, RUI QING 果瑞卿 **(1936-)**

Tian, Mu 田木
CHEN, GUO QING 陈果卿 **(1940-)**

Tian, Mu 田牧
YUAN, REN 袁靭 **(1919-)**

Tian mu 天幕
ZHANG, TIAN MU 张天幕

Tian, Mu luan 田木峦
ZENG, PEI LAN 曾佩兰 **(1917-)**

Tian mu shan min 天目山民
ZHU, WEN YUN 诸文蕴 **(1894-1940)**

Tian nan 天南
ZHU, GUANG YAO 朱光耀 **(1926-)**

Tian nan 天南
HUANG, CHUN CHENG 黄春成

Tian, Ni 田妮
DONG, DING SHAN 董鼎山 **(1922-)**

Tian, Ni 田泥
YAO, DING SHENG 姚鼎生 **(1929-)**

Tian, Ni 田倪
XIAO, JUN 萧军 **(1907-1988)**

Tian ni 天倪
LIU, XIANG TING 刘襄亭

Tian, Niu 田牛
LUO, ZHEN HUAN 罗振寰 **(1912-1934)**

Tian, Niu 田牛
TIAN, DA NIAN 田大年（**1925-** ）

Tian, Niu 田牛

ZHANG, ZHI PENG 张志鹏 **(1934-)**

Tian, Niu 田牛
TIAN, XIAO WU 田孝武

Tian niu 天牛
LI, YUAN 李远 **(1951-)**

Tian, Nong 田农
TIAN, JI CONG 田继琮 **(1904-)**

Tian, Nong 田农
TIAN, YING CHENG 田英成 **(1940-)**

Tian, Nong 田农
ZHANG, YAO ZHONG 张耀中 **(1944-)**

Tian nong 天农
TANG, GENG 唐耕 **(1914-)**

Tian, Pei cai 田培才
PU, SHAN 浦山 **(1923-)**

Tian, Peng gang 田蓬岗
HU, ZHEN QING 胡振清 **(1916-)**

Tian, Ping 田平
TIAN, YING CHENG 田英成 **(1940-)**

Tian ping 天平
WU, WEN ZHI 吴文治 **(1925-)**

Tian ping 天平
TIAN, JIAN PING 田建平 **(1963-)**

Tian, Pu 田圃
TIAN, ZI FU 田子馥 **(1937-)**

Tian, Qi 田奇
LIU, SHI ZE 刘世泽 **(1928-)**

Tian qi 天琪
LI, WEI XIN 黎维新 **(1925-)**

Tian qi 天祺
ZHANG, ZHEN XIANG 张镇湘

TIAN, QI CHUAN 田企川 **(1936-)**
Ji fu 冀夫

Tian, Qin 田禽
TIAN, ZI QIN 田子勤 **(1911-1984)**

Tian qin 天琴
FAN, ZENG XIANG 樊增祥 **(1846-1931)**

Tian qin lao ren 天琴老人
FAN, ZENG XIANG 樊增祥 **(1846-1931)**

Tian qin lou zhu 天琴楼主
FAN, ZENG XIANG 樊增祥 **(1846-1931)**

Tian, Qing 田青
TIAN, XIU FENG 田秀峰（**1916-)**

Tian, Qing 田青
LUO, YING 罗英 **(1940-)**

Tian, Qing 田青
CHEN, YONG CAI 陈永才

Tian qing 天青
PAN, DU QING 潘独清 **(1917-)**

Tian qing 天青
YE, ZHANG RONG 叶章蓉 **(1928-)**

Tian qiu 天囚
DAN, TAO 但焘 **(1881-1970)**

Tian qiu ju shi 天囚居士
DAN, TAO 但焘 **(1881-1970)**

Tian, Qun 田群
PENG, GUI RUI 彭桂蕊 **(1917-)**

Tian ran 天然
RAN, HONG 冉红 **(1944-)**

Tian ran 天然
LI, SONG JIN 李送今 **(1957-)**

Tian ran 天然
ZHANG, DE XUE 张德学

Tian rang wang lang 天壤王郎
WANG, ZU YU 王祖餘

Tian rang wang lang 天壤王郎
WANG, WEN RU 王文濡

Tian, Ren 田人
TANG, YONG JI 唐永基 **(1914-)**

TIAN, RU BI 田儒璧（**1920-)**
Hu, Tian 胡田
Kuang, Dai hua 匡代华
Si ji 思基
Tian, Si ji 田思基

Tian, Ru hua 田汝华
TIAN, JUN SHI 田君实 **(1917-1984)**

Tian, Rui 田瑞
LI, JIA XING 李家兴 **(1930-)**

Tian rui 天瑞
YAN, TIAN RUI 阎天瑞 **(1915-)**

Tian, Sang 田桑
DAI, WEN GUANG 戴文光 **(1938-)**

Tian, Shan 田山
SONG, LI FANG 宋力方 **(1930-)**

Tian shan 天山
ZHANG, HE 张鹤 **(1911-1941)**

Tian shan 天山
LIU, REN XIN 刘仁心 **(1924-)**

Tian shan 天山
SONG, LI FANG 宋力方 (1930-)

Tian shan 天山
MA, QING QUAN 马清泉 (1935-)

Tian shan 天山
JIANG, XUE LIANG 姜学亮 (1941-)

Tian shan ren 天山人
MA, XU YAN 马旭彦 (1969-)

Tian shan yu min 天山渔民
ZHAO, XI 赵熙 (1867-1948)

Tian, Shang 田上
TIAN, JING HUI 田景惠 (1923-)

TIAN, SHAO PENG 田少鹏 (1944-)
Yi ding 亦丁

Tian, She 田舍
PENG, GUI RUI 彭桂蕊 (1917-)

Tian, She lang 田舍郎
CHEN, LIANG 陈亮 (-1989)

Tian, She lang 田舍郎
YU, YOU FA 于友发 (1943-)

Tian, she sheng 天舍生
ZHANG, QING SHI 张磬石

Tian, Shen 田申
SUN, WU 孙武 (1926-)

Tian, Shen yu 田申雨
LU, TING JIE 卢廷杰 (1904-1991)

Tian, Sheng 田声
XUE, TIAN SHEN 薛天申 (1927-)

Tian sheng 天生
WU, NAN RU 吴南如 (1898-1975)

Tian, Shi 田实
FENG, GUO WEI 冯国伟 (1950-)

Tian, Shi 田诗
YING, TIAN SHI 应天士 (1932-)

Tian, Shi 田湜
CHEN, WEN SHANG 陈文尚 (1929-)

Tian shi 天石
HU, REN JIE 胡人杰 (1880-1926)

Tian shi 天石
ZHAO, JING HUAN 赵经寰 (1934-)

Tian shi 天石
YE, LIAN PIN 叶莲品 (1939-)

Tian shi 天石
LI, LI 李黎 (1949-)

Tian shi 天石
ZHOU, LIANG 周亮

Tian shi 天师
ZHANG, GUO TAO 张国焘 (1897-1979)

Tian, Shi ju 田士菊
HUANG, SHU ZE 黄树则 (1914-)

TIAN, SHI SHAN 田师善 (1932-)
Gan, Wen 甘文
Tian, Long 田陇

Tian, Shi yuan 田世渊
TIAN, SHI YUAN 田世源 (1919-)

TIAN, SHI YUAN 田世源 (1919-)
Bing can 冰蚕
Ji shi 寄实
Lao tian 老田
Mei, An 梅盦
Meng, Gu jia 孟古家
Meng gu jia 梦古家
Tian, Han 田旱
Tian, Shi yuan 田世渊
Tian, Yi wen 田一文
Xiao tian 小田
Yi wen 文

Tian, Shou 田狩
ZHANG, BING LIN 章炳麟 (1869-1936)

Tian shou 天守
LAN, ZHONG XIANG 蓝仲祥

Tian shou 天授
ZHANG, TIAN SHOU 张天授 (1916-)

Tian, Shou chang 田寿昌
TIAN, HAN 田汉 (1898-1968)

TIAN, SHU 田澍 (1901-1978)
Tian, Shu lan 田曙岚

Tian shu 天抒
JI, HONG PING 纪洪平 (1963-)

Tian shu 天澍
MIAO, TIAN RUI 缪天瑞 (1908-)

TIAN, SHU JI 田树基 (1925-)
Dong fang, Hong 东方红
Tang, Luo 汤洛
Tang, Ruo 唐若
Tian, Leng 田冷

Tian, Shu lan 田曙岚
TIAN, SHU 田澍 (1901-1978)

TIAN, SHU ZHONG 田树忠 (1952-)
Tian, Shu zhong 田澍中

Tian, Shu zhong 田澍中

TIAN, SHU ZHONG 田树忠（**1952-** ）

Tian, Shui 田水
WANG, SHAO QING 王绍清 **(1911-**)

Tian, Shui 田水
PAN, DE RUN 潘德润 **(1932-**)

Tian shui 天水
ZHAO, ZHEN DUO 赵振铎 **(1928-**)

Tian shui wang sun 天水王孙
ZHAO, SHENG 赵声 **(1881-1911)**

Tian, Si 田思
TIAN, YING TONG 田应桐 **(1947-**)

Tian, Si 田思
CHEN, LI TONG 陈立同 **(1948-**)

Tian, Si ji 田思基
TIAN, RU BI 田儒壁（**1920-** ）

Tian su 天素
SHEN, CHE 沈徹

Tian su 天素
WEI, MING 韦明

Tian su 天粟
YANG, CHI JUN 杨炽均 **(1941-**)

Tian, Su fan 田宿蘩
WANG, BO MIN 王伯敏 **(1924-**)

Tian su ge zhu 天苏阁主
XU, CHANG 徐昌 **(1869-1928)**

Tian sun 天荪
WU, XI CHENG 吴熙成 **(1906-1982)**

Tian tai shan nong 天台山农
LIU, QING 刘青

Tian, Tan 田坦
XIAO, BING QIAN 萧秉乾 **(1910-1999)**

Tian tang 天堂
WANG, REN SHU 王任叔 **(1901-1972)**

Tian, Tao 田弢
CHANG, HUAI ZU 常怀祖 **(1931-**)

Tian, Tao 田涛
TIAN, DE YU 田德裕（**1915-** ）

TIAN, TE PING 田特平（**1956-** ）
Yang, Jun 羊君

TIAN, TENG JIAO 田滕蛟
Xie tian san ren 懈天散人

TIAN, TI REN 田体仁（**1913-1989**）
Hai, Yan 海燕
Ji min 济民
Su, Dong 苏东
Su, Dong 苏冬
Tian, Hai yan 田海燕
Tian, Zhong ling 田钟灵
Yan, Lin 燕林

Tian, Tian 田田
SHEN, DUAN XIAN 沈端先 **(1900-1995)**

Tian tian 天天
MAO, YONG KUN 毛用坤 **(1936-**)

TIAN, TIAN HUA 田天华
Tian, Zhou 田舟

TIAN, TONG 田桐 **(1879-1930)**
Hen hai 恨海
Hen hai shi 恨海氏
Huang di bu xiao sun tian tong 黄帝不肖孙田桐
Jiang jie san ren 江介散人
Tian, Zi qin 田梓琴
Xuan xuan 玄玄
Xuan xuan ju shi 玄玄居士
Xuan xuan zi 玄玄子
Zi qin 梓琴

Tian, Tong 田瞳
TIAN, CHUAN ZHENG 田传筝 **(1949-**)

Tian tu 天徒
QIN, YU LIU 秦毓鎏 **(1879-1937)**

Tian wai sheng 天外生
LIN, JUE MIN 林觉民 **(1887-1911)**

TIAN, WAN XIAN 田万宪 **(1948-**)
Qian tiao 千迢

Tian, Wei 田韦
HUANG, WEI HUA 黄伟华 **(1952-**)

Tian wei 天蔚
JIANG, DE KUI 江德奎 **(1905-**)

Tian, Wen 田文
MIAO, WEN WEI 缪文渭 **(1915-**)

Tian, Wen 田文
LIU, TIAN WEN 刘天文 **(1924-**)

Tian, Wen 田文
MA, QING GUO 马庆国 **(1945-**)

Tian, Wen 田闻
MIAO, WEN WEI 缪文渭 **(1915-**)

Tian wen 天文
FANG, LONG CHENG 方龙城 **(1942-**)

Tian, Wen chang 田文长
ZHANG, FU WEN 张富文

Tian weng 恬翁
WENG, LIN SHENG 翁麟声 **(1910-**)

Tian wo sheng 天卧生
XIE, ZHI JUN 谢直君

Tian, Wu 田芜
WANG, JIN YUN 王锦云 **(1917-)**

Tian wu 天武
LI, YOU LONG 李犹龙 **(1881-1953)**

Tian wu ju shi 天无居士
XIAO, TIAN SHI 萧天石 **(1909-)**

Tian xi 天欷
ZHOU, ZUO REN 周作人 **(1885-1967)**

Tian xi 天锡
YANG, TIAN XI 杨天锡 **(1907-1978)**

Tian xia di yi jiang shan yu qiao 天下第一江山渔樵
LIU, MENG PENG 刘孟鹏 **(1857-1909)**

Tian, Xiang 田湘
TIAN, LIN 田琳（**1916-** ）

Tian xiang 天翔
CAI, YI HONG 蔡义鸿 **(1939-)**

Tian xiang 天翔
LONG, XU LI 龙绪理 **(1941-)**

Tian xiang ge zhu ren 天香阁主人
ZHAO, SHENG 赵声 **(1881-1911)**

Tian, Xiao 田晓
HUANG, YI LU 黄懿陆 **(1953-)**

Tian xiao 天啸
XU, XIAO YA 徐啸亚

Tian xiao 天笑
BAO, GONG YI 包公毅 **(1876-1973)**

Tian xiao sheng 天笑生
BAO, GONG YI 包公毅 **(1876-1973)**

Tian xiao sheng 天啸生
ZHENG, LIE 郑烈 **(1888-1958)**

TIAN, XIAO WU 田孝武
Gu, Liang yi 谷梁异
Tian, Niu 田牛

Tian, Xin 田馨
WANG, REN SHU 王任叔 **(1901-1972)**

Tian, Xin 田心
CHEN, ZUO SHI 陈作师 **(1915-)**

Tian, Xin 田心
ZHANG, SI KAI 张思恺 **(1924-)**

Tian, Xin 田辛
ZHANG, JIAN 张健 **(1939-)**

Tian xin 天心
SHEN, ZHONG JIU 沈仲九 **(1887-1968)**

Tian xin 天心
CAI, GUO ZHENG 蔡国政 **(1915-1983)**

Tian xin 天心
HUANG, REN FANG 黄任芳 **(1926-)**

Tian xin 天辛
GAO, SHANG DE 高尚德 **(1896-1925)**

Tian xin 恬心
ZHANG, JIAN 张健 **(1939-)**

Tian, Xin fu 田辛甫
TIAN, ZONG REN 田宗仁 **(1911-)**

Tian xin ge zhu ren 天馨阁主人
WEI, ZHONG QI 魏锺琦

Tian, Xin hua 田辛华
TIAN, XIN HUA 田新华（**1956-** ）

TIAN, XIN HUA 田新华（**1956-** ）
Tian, Xin hua 田辛华
Xin, Hua 辛华

Tian xin yi 天心簃
YU, SHOU YI 余寿颐 **(1883-1930)**

Tian, Xing 田星
WANG, WEN XIU 王文绣 **(1918-)**

Tian, Xing 田星
LIU, DA HAI 刘大海 **(1920-)**

Tian xing 天行
ZHOU, YU MAO 周毓懋 **(1898-1981)**

Tian xing 天行
WEI, JIAN GONG 魏建功 **(1901-1980)**

Tian xing 天行
SHI, JI XING 史济行 **(1906-)**

Tian xing 天行
ZHANG, JUE SHENG 章厥生

Tian xing cao tang 天行草堂
ZHANG, QIN 章嶔 **(1880-1931)**

Tian xing cao tang zhu ren 天行草堂主人
ZHANG, QIN 章嶔 **(1880-1931)**

Tian xing ke 天行客
FANG, LONG YING 方龙英

TIAN, XING KUI 田兴奎
Wan qiu 晚秋
Xin, Lu 辛庐
Xing lu 醒陆

TIAN, XING YONG 田兴咏（**1938-** ）
Shi, Yong yan 石永言

Tian, Xiu 田秀
CHEN, CAI 陈采 (1918-)

TIAN, XIU FENG 田秀峰 (1916-)
Feng sha 风沙
Lao niu 老牛
Luo, Ji shan 罗基山
Tian, Qing 田青

Tian xu 天虚
ZHANG, HE 张鹤 (1911-1941)

Tian xu wo sheng 天虚我生
CHEN, XU 陈栩 (1879-1940)

Tian xuan zi 天玄子
XIAO, TIAN SHI 萧天石 (1909-)

TIAN, XUE 田雪 (1941-)
Lu, Di 鲁笛

Tian, Xue 田雪
WANG, SHOU AN 王守安 (1948-)

TIAN, XUE WEN 田学文
Tian, Fu 田父

Tian ya 天崖
LI, GUI BAI 李圭白 (1914-)

Tian ya 天涯
SU, YUN DAI 苏允岱 (1939-)

Tian ya 天涯
YU, YUAN TING 于远廷 (1961-)

Tian ya cha ren 天涯茶人
CHEN, WEN HUAI 陈文怀 (1934-)

Tian ya lang ren 天涯浪人
YU, QI PING 余其平 (1962-)

Tian ya lun luo ren 天涯沦落人
XU, XIAO YA 徐啸亚

Tian, Yan 田言
PAN, XUN 潘训 (1902-1934)

Tian, Yan 田炎
WANG, HONG PU 王洪溥 (1924-)

Tian, Yan 田焰
CHEN, DE JU 陈德矩 (1920-)

Tian, Yan 田雁
CHEN, LI TONG 陈立同 (1948-)

Tian, Yan 田雁
TIAN, ZAI RONG 田再荣

Tian yan 天岩
LUO, RI XIAN 罗日铣 (1949-)

TIAN, YAN NING 田雁宁 (1953-)
Yan ning 雁宁

Tian yan zong zhe xue jia 天演宗哲学家
YAN, FU 严復 (1854-1921)

Tian, Yang 田央
HUANG, YING 黄瑛 (1931-)

TIAN, YE 田野 (1918-)
Ka feng 卡丰
Shui, Nian 水年

Tian, Ye 田野
LEI, GUAN CHENG 雷观成 (1923-)

Tian, Ye 田野
CHEN, XIANG RU 陈相儒 (1924-)

Tian, Ye 田野
WENG, JIU CHANG 翁久长 (1927-)

Tian, Ye 田野
HONG, FAN TAO 洪汎涛 (1928-)

Tian, Ye 田野
TIAN, KUI 田魁 (1930-)

Tian, Ye 田野
TIAN, BAO FA 田宝发 (1933-)

Tian, Ye 田野
ZOU, ZONG BIN 邹宗彬 (1946-)

Tian, Ye 田野
WANG, ZAI PING 王再平 (1948-)

Tian, Ye fu 田也夫
ZHANG, HUI REN 张惠仁 (1932-)

Tian, Yi 田毅
LI, CHUN XUE 李春学 (1938-)

Tian yi 天一
ZHU, BAO KANG 朱葆康 (1881-1942)

Tian yi 天一
ZOU, QUAN 邹铨 (1887-1913)

Tian yi 天逸
YUN, DAI YING 恽代英 (1895-1931)

Tian, Yi wen 田一文
TIAN, SHI YUAN 田世源 (1919-)

Tian, Yin 田茵
MA, JUN CHU 马君楚 (1933-)

Tian yin 天寅
TANG, YAO LU 唐耀路 (1930-)

Tian yin 天隐
YANG, SHU KAN 杨庶堪 (1881-1942)

TIAN, YIN SHAN 田银山 (1925-)
Kun shan 昆山
Tian, Guang 田光

Wen, Jun 文均
Yin ji 音吉

Tian, Ying 田英
TIAN, YING CHENG 田英成 **(1940-)**

Tian ying 天婴
CHEN, XUN ZHENG 陈训正 **(1872-1944)**

Tian ying 天婴
SU, MEI 苏梅 **(1897-1999)**

Tian ying 天鹰
JIANG, CHENG YANG 姜承阳 **(1921-)**

TIAN, YING CHENG 田英成 **(1940-)**
Ao si ka 奥斯卡
Tian, Ke 田柯
Tian, Nong 田农
Tian, Ping 田平
Tian, Ying 田英
Wu, Tao 吴韬

TIAN, YING TONG 田应桐 **(1947-)**
Tian, Si 田思

TIAN, YING ZHANG 田英章 **(1950-)**
Cun qing 存青

Tian ying zi 天婴子
CHEN, XUN ZHENG 陈训正 **(1872-1944)**

Tian, Yong 田用
HU, SI YONG 胡思庸 **(1926-)**

Tian, Yong 田庸
CHEN, CHONG QIAO 陈崇桥 **(1926-)**

Tian yong 天用
ZHU, XIANG 朱湘 **(1904-1933)**

TIAN, YONG CHANG 田永昌 **(1944-)**
Qing quan 清泉
Xiao, Tian 肖田

Tian, You 田柚
DONG, TIAN YOU 董天佑 **(1943-)**

Tian you 天佑
DENG, TIAN YOU 邓天佑 **(1915-)**

Tian you hua ren 天游化人
KANG, YOU WEI 康有为 **(1858-1927)**

Tian you ju shi 天游居士
KANG, YOU WEI 康有为 **(1858-1927)**

Tian, Yu 田雨
XU, SHI JING 徐世京 **(1931-)**

Tian, yu 田雨
HUANG, PEI XU 黄培需 **(1932-)**

Tian, Yu 田雨
ZHU, XI JIANG 朱希江 **(1936-)**

Tian yu 天宇
LIU, HUAI ZHANG 刘怀章 **(1932-)**

Tian yu 天羽
CHEN, BAI 陈白 **(1869-1934)**

Tian yu 天羽
ZHANG, JIA 张甲 **(1921-)**

Tian yu 天毓
HE, CHANG XIU 何畅秀 **(1890-1983)**

Tian, Yu chou 田于畴
WANG, RU TAO 王汝涛 **(1921-)**

TIAN, YU QING 田余庆 **(1924-)**
Tang, Yuan you 汤远由

Tian, Yuan 田原
DENG, JING XI 邓经喜 **(1889-1981)**

Tian, Yuan 田原
PAN, YOU WEI 潘有炜 **(1925-)**

Tian, Yuan 田原
TIAN, YUAN 田源 **(1927-1987)**

TIAN, YUAN 田原 **(1956-)**
Yuan, Ye 原野

TIAN, YUAN 田源 **(1927-1987)**
Bao, Si 保斯
Lu, Si kou 鲁司寇
Tian, Yuan 田原
Yi hui 忆辉

TIAN, YUAN 田苑
Tian, Fan 田范

Tian yuan 天猿
YUAN, SHU 袁殊 **(1911-1987)**

Tian, Yue 田月
MIAO, WEN WEI 缪文渭 **(1915-)**

Tian yue 天月
HU, ZHONG YU 胡钟育 **(1891-1922)**

Tian yue 天月
HU, YU ZHI 胡愈之 **(1896-1986)**

TIAN, YUN LIANG 田运良 **(1964-)**
Gu, Ren ji 辜人几

Tian, Zai dong 田在东
QI, YAN MING 齐燕铭 **(1907-1978)**

TIAN, ZAI RONG 田再荣
Cui chun 摧春
Dan qing 丹青
Fang cao 芳草
Fu kun 福坤
Tian, Yan 田雁

Tian zhang 天章
LIU, TIAN ZHANG 刘天章 **(1893-1931)**

Tian zhen 天贞
XIE, PEI ZHEN 谢培贞 **(1921-1953)**

Tian zhen dao ren 天真道人
CHEN, JIAN HONG 陈剑虹 **(1880-1946)**

TIAN, ZHEN ZHONG 田振中 **(1917-)**
Lin, Rong 林容
Lin, Xi 林夕
Lu, Meng 卢梦
Lu meng 芦梦
Wang, Dao 王道
Wu, Chu 吴楚

Tian zheng 天诤
LIU, XIANG TING 刘襄亭

TIAN, ZHI CHENG 田质成 **(1911-)**
Shi, Tian shou 师田手
Shou 手
Tian, Feng zhang 田凤章

Tian, Zhi he 田志贺
HUANG, ZHONG MING 黄仲鸣

Tian, Zhong 田重
JIANG, ZI LONG 蒋子龙 **(1941-)**

Tian, Zhong he 田中禾
ZHANG, QI HUA 张其华 **(1941-)**

TIAN, ZHONG JI 田仲济 **(1907-)**
Chen, Jin 陈锦
Cheng, Fan 程帆
Cun 邨
Cun 村
Gan 淦
Gao, Li fu 高力夫
Gao, Tian fu 高田夫
Jin 仅
Jin min 仅民
Lan, Hai 兰海
Lan, Hai 蓝海
Liu, Fang bai 刘方白
Liu, Wen 柳闻
Nan, Hai 南海
Qing 青
Qing ye 青野
Tian, Gan 田淦
Xiang 乡
Xiang ting 薌汀
Xiao gan 小淦
Yang, Wen 扬文
Yang, Wen 杨文
Ye 野
Ye cun 野邨
Ye liu 野柳

Tian, Zhong ling 田钟灵
TIAN, TI REN 田体仁（**1913-1989**）

TIAN, ZHONG LUO 田锺洛 **(1924-)**
Bai, Le fu 白乐夫
Ji, Qing shan 纪青山
Jiang, Cheng 江城
Jiang, Shui 江水
Lan, Yu 蓝羽
Li, Zhuo zhao 李浊照
Liang, Ru huai 梁汝怀
Liang, Ru huai 梁如怀
Lin, Bi 林碧
Luo, Tuo 骆驼
Luo wen qing 洛文青
Pei, Ling 裴苓
Shen, Tan 沈潭
Shi, Jun 史军
Tian, Fu chun 田復春
Yu, Zi shui 庾子水
Yuan, Ying 袁鹰
Yue, Ren 越人
Zheng, Ge 郑歌

Tian, Zhong mu 田中木
DU, SHU YING 杜书瀛 **(1938-)**

TIAN, ZHONG QUAN 田中全 **(1935-)**
Zhong, Quan 钟泉

Tian, Zhong shi 田钟实
CHEN, CHONG QIAO 陈崇桥 **(1926-)**

Tian, Zhou 田舟
TIAN, TIAN HUA 田天华

Tian, Zhou 田帚
HU, SHEN DING 胡申定 **(1915-)**

Tian zhou zhe 天帚者
ZHANG, SHOU YI 张守彝 **(-1937)**

Tian zhu 天竹
ZHAI, ZONG ZHU 翟宗祝

Tian zhu feng jiu ke 天柱峰旧客
ZHANG, XIN YUAN 张心远 **(1895-1967)**

Tian zhu shan qiao 天柱山樵
ZHANG, XIN YUAN 张心远 **(1895-1967)**

Tian zhu shan xia ren 天柱山下人
ZHANG, XIN YUAN 张心远 **(1895-1967)**

Tian, Zhuang 田壮
CHEN, ZHENG ZHI 陈正之

Tian, Zhuang 田庄
LI, XI 李曦 **(1920-)**

Tian, Zi 田子

ZHAO, TING JUN 赵廷俊 **(1922-)**

Tian, Zi 田子
ZHANG, SHAN PING 张善平 **(1928-)**

Tian, Zi 田紫
LU, RU YIN 卢汝吟 **(1918-)**

Tian zi 天子
WANG, YUE YING 王跃英 **(1963-)**

TIAN, ZI CHENG 田自成 **(1944-)**
Tian, Li 田力

Tian, Zi fu 田子夫
LU, RU YIN 卢汝吟 **(1918-)**

TIAN, ZI FU 田子馥 **(1937-)**
Lao pu 老圃
Tian, Pu 田圃

Tian, Zi hao 田子浩
WU, YONG FU 巫永福 **(1913-)**

TIAN, ZI QIN 田子勤 **(1911-1984)**
Tian, Qin 田禽

Tian, Zi qin 田梓琴
TIAN, TONG 田桐 **(1879-1930)**

TIAN, ZONG REN 田宗仁 **(1911-)**
Tian, Xin fu 田辛甫
Xin, Fu 辛甫

TIAN, ZU SHI 田祖士 **(1934-)**
Hai, Hang 海航

Tian zui 天醉
HONG, YUN XIANG 洪允祥 **(1874-1933)**

Tian zuo 天佐
LIU, JIAN 刘健 **(1913-1987)**

Tian zuo 天作
WEI, TIAN ZUO 魏天作 **(1958-)**

TIAN, ZUO LIANG 田作良 **(1921-)**
Shi, Bing 石兵

Tiao fu 调伏
LI, WEN TAO 李文涛 **(1880-1942)**

Tiao hua 苕华
LIANG, DING FEN 梁鼎棻 **(1859-1920)**

Tiao kuang 苕狂
ZHAO, ZE LIN 赵泽霖 **(1892-1953)**

Tiao nian 苕年
FU, JU FENG 傅举丰 **(1905-1982)**

Tiao rou 调柔
LI, WEN TAO 李文涛 **(1880-1942)**

Tiao shu 迢曙
SHI, ZUO SHI 施作师 **(1926-)**

Tiao shun 调顺
LI, WEN TAO 李文涛 **(1880-1942)**

Tiao tao 迢滔
SHI, ZUO SHI 施作师 **(1926-)**

Tiao weng 苕翁
LIANG, DING FEN 梁鼎棻 **(1859-1920)**

Tiao xi cha ren 苕溪茶人
CAI, QUAN BAO 蔡泉宝 **(1939-)**

Tiao xi sheng 苕溪生
WANG, DAO DING 汪道鼎

Tiao yin 苕隐
QIAN, E SUN 钱萼孙 **(1908-)**

Tiao zhi hua 苕之华
DU, NIAN SHAO 杜念绍 **(1921-)**

Tiao zi 苕子
DU, NIAN SHAO 杜念绍 **(1921-)**

Tiao zi 苕子
SHAO, YAN ZHEN 邵燕祯 **(1939-)**

Tie 铁
LEI, ZHAO XING 雷昭性 **(1873-1920)**

Tie 铁
YUN, SHU JUE 恽树珏 **(1878-1935)**

Tie 铁
HU, SHI 胡适 **(1891-1962)**

Tie an 铁庵
QU, XUAN YING 瞿宣颖 **(1892-1973)**

Tie bi 铁笔
HOU, YAO 侯曜 **(1900-1945)**

Tie bi zi 铁笔子
ZHONG, BAO 钟宝 **(1908-1978)**

Tie cang 铁苍
PAN, DA WEI 潘达微 **(1880-1929)**

Tie cheng mu yong shan ren 铁城慕雍山人
ZHENG, GUAN YING 郑观应 **(1842-1922)**

Tie cheng qi you sheng 铁城杞忧生
ZHENG, GUAN YING 郑观应 **(1842-1922)**

Tie chi han 铁池翰
ZHANG, TIAN YI 张天翼 **(1906-1985)**

Tie chui 铁锤
LU, QUAN YI 卢全义 **(1937-)**

Tie dan zi 铁弹子
YANG, ZHONG JIAN 杨钟健 **(1897-1979)**

Tie di 铁笛

YIN, GUAN 尹爟

Tie ding 铁丁
YU, QI PING 余其平 (1962-)

Tie ding 铁丁
LIU, YOU CHANG 刘有常

Tie er 铁儿
HU, SHI 胡适 (1891-1962)

Tie er 铁儿
WANG, XIAO PING 王啸平 (1919-)

Tie fei 铁飞
CHEN, QI CHANG 陈其昌 (1934-)

Tie fu 铁夫
WANG, REN SHU 王任叔 (1901-1972)

Tie fu 铁夫
ZHANG, TIE FU 张铁夫 (1922-)

Tie geng 铁耕
CHEN, YAO TANG 陈耀唐 (1908-1970)

Tie gong 铁工
YANG, MIN GUI 杨民贵 (1939-)

Tie gong 铁公
ZHAO, QING GE 赵清阁 (1914-)

Tie hai 铁孩
BAO, QING XIAN 鲍庆献 (1923-)

Tie hai 铁海
LIU, WEI HAN 刘维汉 (1898-)

Tie han 铁汉
YU, QING LING 喻庆龄 (1923-)

Tie han 铁汉
LI, YING ZHE 李颖哲 (1948-)

Tie han 铁翰
ZHANG, TIAN YI 张天翼 (1906-1985)

Tie hou 铁喉
LI, GUO RUI 厉国瑞 (1909-)

Tie hua 铁华
LIU, TIE HUA 刘铁华 (1915-)

Tie hua 铁花
WU, JIAN QUAN 吴剑泉

Tie hua 铁铧
PENG, DI HUA 彭棣华 (1939-)

Tie jian 铁肩
LIU, YUE ZHOU 刘月舟 (1910-1987)

Tie jian 铁肩
FU, SHOU YI 傅寿宜

Tie jiang 铁匠

WANG, KE QING 王克庆 (1933-)

Tie jiao 铁礁
YUN, SHU JUE 恽树珏 (1878-1935)

Tie jin 铁津
LI, JIN QUAN 李金泉 (1916-)

Tie jun 铁军
LIU, TIE HUA 刘铁华 (1915-)

Tie jun 铁军
YUAN, REN 袁韧 (1919-)

Tie jun 铁君
ZHANG, TIE JUN 张铁君 (1899-)

Tie kang 铁亢
ZHENG, ZHUO QUN 郑卓群 (1913-1942)

Tie kang 铁抗
ZHENG, ZHUO QUN 郑卓群 (1913-1942)

Tie ke 铁克
SUN, PEI YUAN 孙培元 (1914-1947)

Tie kou 铁口
YANG, YI CHUN 杨益春

Tie lang 铁郎
CHEN, JIA DING 陈家鼎 (1877-1928)

Tie lang 铁郎
HONG, LUN XIU 洪伦修 (1903-1933)

Tie leng 铁冷
LIU, QI 刘绮 (-1950)

Tie ling yi min 铁岭遗民
HE, JIA HUA 何家骅 (1920-)

Tie liu 铁流
HAN, GUO XIAN 韩国贤 (1929-)

Tie liu 铁流
ZHONG, WEN LING 钟文灵 (1931-)

Tie liu 铁流
DONG, QING FANG 董庆芳 (1954-)

Tie long 铁龙
LIU, ZU WANG 刘祖望 (1952-)

Tie lu 铁露
CHEN, WEN SHANG 陈文尚 (1929-)

Tie luan 铁峦
LIN, YU NAN 林育南 (1897-1931)

Tie ma 铁马
ZHENG, KAI XIU 郑开修 (1905-1960)

Tie ma 铁马
JIN, ZHEN HUA 金振华 (1930-)

Tie ma 铁马

XU, TIE MA 许铁马

Tie man 铁曼
XING, SHAO JING 邢绍景 (1935-)

Tie mei 铁梅
QU, QIU BAI 瞿秋白 (1899-1935)

Tie min 铁民
ZHANG, TIE MIN 章铁民 (1899-)

Tie min 铁民
WANG, REN SHU 王任叔 (1901-1972)

Tie ming 铁鸣
WAN, HUA QIAO 万华乔 (1916-)

Tie ming 铁铭
FENG, YUN 冯云 (1934-)

Tie mu lun 帖木崙
QIU, MING KUN 邱名崐 (1940-)

Tie mu she 铁木社
ZHOU, SHU REN 周树人 (1881-1936)

Tie mu yi shu she 铁木艺术社
ZHOU, SHU REN 周树人 (1881-1936)

Tie mu zhen er 铁木真儿
YANG, CHUAN YE 杨传业 (1923-)

Tie na 铁钠
HUANG, DONG FAN 黄东藩 (1922-)

Tie nan 铁楠
YANG, BAO CHENG 杨宝成 (1965-)

Tie ne 铁讷
HUA, XI LU 花禧禄 (1912-1946)

Tie niu 铁牛
ZHU, DAN 朱丹 (1917-)

Tie niu 铁牛
WU, QING SHENG 吴清生 (1918-)

Tie niu 铁牛
FANG, JING LONG 方井龙 (1928-)

Tie niu 铁牛
LIANG, TONG WEN 梁通文 (1943-)

Tie niu lao ren 铁牛老人
YAN, ZONG LIN 阎宗临 (1904-1978)

Tie po bing sheng 铁坡冰生
DU, BING PO 杜冰坡

Tie qi 铁器
HE, JIA LIN 何家麟 (1907-)

Tie qiao 铁樵
YUN, SHU JUE 恽树珏 (1878-1935)

Tie ran 铁髯

WANG, SHI ZHAO 王世昭 (1905-)

Tie ren 铁人
YE, FENG 叶枫 (1920-)

Tie ren 铁人
LIU, SHAO WEN 刘少文

Tie ru yi guan zhu 铁如意馆主
ZHANG, ZONG XIANG 张宗祥 (1881-1965)

Tie rui zhang 铁瑞章
TIAN, HAN 田汉 (1898-1968)

Tie sen 铁森
XU, YAN NIAN 许延年

Tie seng 铁僧
GU, SHI 顾实 (1876-)

Tie shan 铁珊
XU, SHU ZHENG 徐树铮 (1880-1925)

Tie she dao ren 铁蛇道人
YOU, BAN KUANG 尤半狂

Tie sheng 铁生
GU, SHI 顾实 (1876-)

Tie sheng 铁生
ZHANG, TIE SHENG 张铁生 (1904-1979)

Tie sheng 铁生
CHEN, SHAO MEI 陈绍枚

Tie shi 铁石
LI, ZI XIN 李滋新 (1912-)

Tie shi 铁石
ZHANG, SHAO JUN 张绍军

Tie shi dao ren 铁石道人
CHEN, BAO CHEN 陈宝琛 (1849-1935)

Tie shu 铁树
LUO, DA GANG 罗大刚 (1909-)

Tie shu hua 铁树花
WANG, JIAN HUA 王建华 (1941-)

Tie tuo 铁佗
XIA, TIE JIAN 夏铁肩 (1922-)

Tie tuo 铁陀
XIA, TIE JIAN 夏铁肩 (1922-)

Tie wu 铁吾
CHENG, FENG CAI 成凤彩 (1902-)

Tie xian 铁弦
ZHANG, QUAN XIN 张全欣 (1913-1984)

Tie xie 铁屑
XU, XIAN ZHAO 徐先兆

Tie xin 铁心

WANG, XIAN CAI 王铣才 **(1921-)**

Tie xue 铁血
ZHANG, XIA HUN 张侠魂 **(-1938)**

Tie ya 铁厓
LEI, ZHAO XING 雷昭性 **(1873-1920)**

Tie ya 铁崖
YUN, SHU JUE 恽树珏 **(1878-1935)**

Tie yan shan fang 铁砚山房
SHAO, RUI PENG 邵瑞彭 **(1886-1938)**

Tie ying 铁英
ZHANG, LIANG ZE 张良泽 **(1939-)**

Tie ying 铁影
QU, QIU BAI 瞿秋白 **(1899-1935)**

Tie ying 铁鹰
MA, TIE YING 马铁鹰 **(1953-)**

Tie yuan 铁源
SHI, TIE YUAN 石铁源 **(1932-)**

Tie yun 铁云
LIU, MENG PENG 刘孟鹏 **(1857-1909)**

Tie zhen 铁针
TONG, HAI CAI 佟海才 **(1941-)**

Tie zheng 铁铮
LEI, ZHAO XING 雷昭性 **(1873-1920)**

Tie zheng 铁筝
HUANG, GUO BAO 黄国宝 **(1948-)**

Tie zhui 铁椎
XU, GAN TANG 徐甘棠

Tie zi 铁子
GU, LIAN TANG 顾连塘 **(1935-)**

Tie zu 铁卒
CHEN, TIE ZHENG 陈铁铮 **(1906-1990)**

Ting 汀
YANG, CHAO XI 杨朝熙 **(1904-1992)**

Ting 汀
HAO, AI 郝艾 **(1915-)**

Ting 廷
WANG, SEN RAN 王森然 **(1895-1984)**

Ting cai 庭彩
CHEN, CAI 陈采 **(1918-)**

Ting chao sheng 听潮生
CHEN, TING CHAO 陈听潮 **(1902-)**

Ting che lou 听车楼
PAN, HAN NIAN 潘汉年 **(1905-1977)**

Ting diao 庭钓
XIONG, FU 熊复 **(1915-)**

Ting fan 廷璠
CHEN, TING FAN 陈廷璠 **(1897-)**

Ting feng lou 听风楼
FENG, YI DE 冯贻德 **(1913-)**

Ting feng lou zhu 听风楼主
FENG, YI DE 冯贻德 **(1913-)**

Ting gao 廷高
HUANG, TING GAO 黄廷高

Ting ge si 廷格斯
ZHENG, ZI LIN 郑子林 **(1928-)**

Ting gong 霆公
CHEN, TING RUI 陈霆锐 **(1890-1976)**

Ting gu 亭谷
LI, ZI HUA 李子华 **(1943-)**

Ting gu ren 听鼓人
WANG, YANG 汪洋 **(1879-1921)**

Ting huang 汀黄
MO, CHANG HU 莫昌虎 **(1938-)**

Ting jia 庭嘉
YOU, TING JIA 游庭嘉

Ting jin 挺进
LI, QUN JIE 李群杰 **(1912-)**

Ting jin 挺进
LEI, HUA TING 雷华廷 **(1956-)**

Ting lan 汀兰
LIN, SHUI 林水 **(1938-)**

Ting lan 汀兰
DING, CONG 丁聪 **(1948-)**

Ting lin 亭林
YANG, SHAO XUAN 杨绍萱 **(1893-1971)**

Ting mang 汀芒
HE, KAI RONG 何开荣 **(1907-1952)**

Ting ni 亭尼
PAN, YOU LAI 潘友来 **(1955-)**

Ting qian 廷谦
ZHANG, TING QIAN 章廷谦 **(1901-1981)**

Ting qiao 听樵
HU, DING XIN 胡鼎新 **(1912-1992)**

Ting qiu 听秋
JING, HENG YI 经亨颐 **(1877-1938)**

Ting rui 霆锐
CHEN, TING RUI 陈霆锐 **(1890-1976)**

Ting shang hei 汀上黑

RAO, BAI HUA 饶柏华 **(1938-)**

Ting shang huang 汀上黄
MO, CHANG HU 莫昌虎 **(1938-)**

Ting sheng 汀生
QIU, RI XING 丘日兴 **(1913-)**

Ting sheng 霆生
ZHOU, CHENG SHU 周承澍 **(1902-1983)**

Ting sheng 霆声
ZHOU, CHENG SHU 周承澍 **(1902-1983)**

Ting shi 汀石
LIU, SHI MO 刘世模

Ting shi zhai zhu 听诗斋主
CHEN, TIAN 陈田 **(1849-1921)**

Ting shui 听水
CHEN, BAO CHEN 陈宝琛 **(1849-1935)**

Ting shui lao ren 听水老人
CHEN, BAO CHEN 陈宝琛 **(1849-1935)**

Ting shui zhai lao ren 听水斋老人
CHEN, BAO CHEN 陈宝琛 **(1849-1935)**

Ting shui zhai zhu ren 听水斋主人
CHEN, BAO CHEN 陈宝琛 **(1849-1935)**

Ting song an xing zhe 听松庵行者
XIAO, TUI 萧蜕 **(1863-1958)**

Ting tao 听涛
CAO, JU REN 曹聚仁 **(1900-1972)**

Ting tao guan xue an shi 听涛馆雪菴氏
WANG, XUE AN 王雪菴

Ting tian ge 听天阁
PAN, TIAN SHOU 潘天寿 **(1897-1971)**

Ting tian you ming sheng 听天由命生
CHEN, GAN YI 陈赣一

Ting ting 廷廷
WANG, TING JUN 王廷俊 **(1953-)**

Ting ting 婷婷
FANG, HAO 方豪 **(1910-1980)**

Ting xiang 听香
CHEN, QING CHEN 陈庆琛

Ting xuan 亭轩
WANG, WEN RU 王文濡

Ting yan 汀雁
ZHAO, ZHONG YI 赵仲邑 **(1914-1984)**

Ting yi 庭义
DENG, TING YI 邓庭毅 **(1951-)**

Ting, Yi ji 亭一寄

GU, ZHAO XIONG 顾兆熊 **(1888-1973)**

Ting yin 汀茵
DENG, LIANG 邓亮 **(1914-)**

Ting yin 婷茵
XIONG, QING TUO 熊庆鮀 **(1924-)**

Ting ying 挺英
SHI, XIAO CHONG 石啸冲 **(1908-)**

Ting yu lou 听雨楼
JIANG, ZHU CHAO 蒋箸超 **(-1928)**

Ting yu lou zhu 听雨楼主
JIANG, YONG JUN 姜永俊 **(1923-)**

Ting yue xuan 听月轩
HE, WEI 何为 **(1924-)**

Ting yun ge zhu 停云阁主
WAN, CONG MU 万从木 **(1898-)**

Ting zhang 亭长
SHEN, DUAN XIAN 沈端先 **(1900-1995)**

Ting zhang 亭长
YUN, YI QUN 恽逸群 **(1905-1978)**

Ting zhe 听者
SHEN, DUAN XIAN 沈端先 **(1900-1995)**

Ting zhu 挺竹
ZHANG, TING ZHU 张廷竹 **(1950-)**

Ting zhu xuan zhu ren 听竹轩主人
DENG, QING WU 邓晴午 **(1921-)**

Tong 仝
JIN, LI WU 金力吾 **(1921-)**

Tong 通
ZHANG, SHU TONG 张叔通 **(1877-1967)**

Tong bai 桐柏
SUN, FU YUAN 孙福源 **(1894-1966)**

Tong bo 同伯
ZHANG, GONG 张恭 **(1877-1912)**

Tong bo 通伯
MA, QI CHANG 马其昶 **(1854-1929)**

Tong bo 通伯
ZHUANG, XIAN SHI 莊先识

TONG, CANG HUAI 童苍怀
Ai lou 爱楼
Shi chuang shan min 石窗山民
Tong, Yin 童隐
Yang ci 仰慈

TONG, CHANG MING 佟常明 **(1927-1990)**
Dong yun 东云
Shu, Xin 舒欣

Su, Hang 苏杭
Su, Xin qun 苏辛群
Su, Zhen 苏真
Tong, Xin 佟辛
Xin, Ken 辛恳
Xin, Qun 辛群
Ye, Xi 叶西

TONG, CHANG QING 佟长青 **(1913-1945)**
Cen, Ren 岑刃
Chen, Yin 陈因
Shi, Zu 石卒
Sui die 碎碟
Tong, Zi song 佟子松

TONG, CHANG RONG 童长荣
Can hua 灿华
Zhang, Chang rong 张长荣

TONG, CHANG ZHE 童昌哲 **(1927-)**
Ban xia lou zhu 伴霞楼主

Tong chen 恸尘
WANG, JIA CAI 汪家材 **(1891-1941)**

Tong, Cheng 童城
LU, FANG 卢滂 **(1914-)**

Tong, Chou 佟畴
TONG, SHU DUO 佟树铎 **(1935-)**

TONG, CHUAN JIA 佟传甲 **(1925-)**
Tong, Ke 佟轲

Tong, Cong 童从
TONG, JI HU 童继祜 **(1947-)**

Tong, Da long 童大龙
HUANG, QING QI 黄庆绮 **(1956-)**

Tong, Dan 童丹
CHEN, ZONG WEN 陈宗文 **(1938-)**

Tong dao 同刀
XU, DA GANG 徐大刚 **(1926-)**

TONG, DAO MING 童道明 **(1937-)**
Yang, She ren 杨舍人

TONG, DE KAI 佟德凯 **(1956-)**
Kai ya 凯亚

Tong di 桐弟
LI, ZI FENG 李紫凤

TONG, DIAN CHEN 佟殿臣 **(1937-)**
Ding, Xiao weng 丁晓翁

Tong, Ding 童丁
HU, JING FANG 胡景芳 **(1931-)**

Tong feng lou zhu ren 通风楼主人
ZHOU, LU 周輅 **(1916-)**

Tong, Fu 佟伏
ZHANG, SHI XIE 张士燮 **(1932-)**

Tong fu 同父
HUANG, YAN PEI 黄炎培 **(1878-1965)**

Tong fu 彤夫
NIU, ZHI QIANG 牛志强 **(1943-)**

Tong fu 痛夫
LIANG, DING FEN 梁鼎棻 **(1859-1920)**

TONG, FU MIN 佟赋敏 **(1900-)**
Tong, Jing xin 佟晶心

Tong, Gong 童工
SONG, JIU ZHI 宋九祉 **(1917-)**

Tong, Guo hua 童国华
TONG, HAN ZHANG 童汉章 **(1894-1926)**

TONG, HAI CAI 佟海才 **(1941-)**
Tie zhen 铁针

TONG, HAN ZHANG 童汉章 **(1894-1926)**
Ai zhi 爱智
Bai, Cai 白采
Bai, Tu feng 白吐凤
Guo, Hua 国华
Shou yin 瘦吟
Shou zhi 受之
Tong, Guo hua 童国华
Tu feng 吐凤

Tong, Hao yuan 童浩源
LEI, HENG SHAN 雷衡山 **(1950-)**

Tong, Hen 童痕
SHEN, TONG HENG 沈同衡 **(1914-)**

Tong hong de lao tou zi 通红的老头子
ZHANG, YAN LI 张延礼 **(1870-1937)**

Tong, Hua 童华
ZHANG, CHE 张彻

Tong hua 桐华
XING, TONG HUA 邢桐华 **(-1940)**

Tong, Hua xin 童华信
ZHENG, JIA ZHEN 郑家镇

Tong hua zhi dou tang 桐花芝豆堂
LIU, SHOU PENG 刘寿彭 **(1891-1934)**

Tong, Huai 童怀
YANG, TONG HUAI 阳同淮 **(1952-)**

TONG, JI HU 童继祜 **(1947-)**
Tong, Cong 童从

TONG, JI LIN 童霁霖 **(1909-1979)**
Bi lie 比烈
Tong, Qing lan 童晴岚

Tong, Yu lin 童雨林
Yi shi 以石
You, Li 尤力

TONG, JIAN YING 童建颖 **(1952-)**
Gu xing 孤行

Tong jiang 彤江
LONG, BI DE 龙彼德 **(1941-)**

Tong jiang qiu 桐江秋
YANG, XIANG XIAN 杨湘贤 **(1936-)**

Tong, Jing 童景
LIU, MAO FA 刘茂发 **(1940-)**

Tong, Jing xin 佟晶心
TONG, FU MIN 佟赋敏 **(1900-)**

Tong, Jun 童军
LÜ, GUAN HUA 吕关华 **(1945-)**

TONG, JUN 佟军 **(1926-)**
Bu zhou 步洲

Tong jun 桐君
XIE, CHENG GONG 谢成功 **(1935-)**

Tong jun 桐君
ZHANG, MENG LIN 张梦麟

Tong, Kai ming 佟楷明
DONG, ZU JIAO 董祖蛟 **(1902-)**

Tong kang 同康
SUN, XIONG 孙雄 **(1866-1935)**

Tong, Ke 佟轲
TONG, CHUAN JIA 佟传甲 **(1925-)**

Tong ku sheng 痛苦生
ZHAO, SHENG 赵声 **(1881-1911)**

Tong ku sheng 痛哭生
QIU, FENG JIA 丘逢甲 **(1864-1912)**

Tong, Le 童乐
WANG, WEN ZHI 王文志 **(1956-)**

Tong, Li 佟荔
XIAO, BING QIAN 萧秉乾 **(1910-1999)**

TONG, LI PING 童立平 **(1962-)**
Sha, Mo zi 沙漠子

Tong, Lin 佟林
WANG, DONG LIN 王东麟 **(1925-)**

Tong lou 侗廔
SHEN, RU SONG 沈茹松 **(1919-1989)**

Tong, Meng 童蒙
ZHANG, SHU ZHEN 张淑贞

Tong miao 通妙
WU, LAO ZE 吴老择

Tong, Ming 童明
GUAN, JIN DONG 官晋东 **(1957-)**

Tong ming 同明
GUAN, DA TONG 管大同 **(1913-1981)**

TONG, MING GUANG 佟明光 **(1936-)**
A ming 阿明
Dan tong 丹彤
Lan, Tao 兰涛
Qing chuan 晴川

Tong, Mu 童目
LIU, YAN WU 刘彦武 **(1957-)**

TONG, NAI LIN 佟乃林 **(1935-)**
Dong mu 冬木

Tong, Nian 童年
ZHONG, LIANG YI 钟良沂 **(1921-)**

Tong, Nuan 佟暖
DU, GUO JUN 杜国俊 **(1950-)**

Tong pa tie ban lou 铜琶铁板楼
ZHANG, YUAN QUN 张元群 **(1897-)**

TONG, PENG NIAN 童彭年
Tong, Sou 童叟

Tong, Pi sheng 童丕绳
TONG, SHU YE 童书业 **(1908-1968)**

Tong pu feng chu 桐圃凤雏
PAN, FEI SHENG 潘飞声 **(1857-1934)**

Tong qi 彤旗
WANG, TONG QI 王同起 **(1950-)**

TONG, QI ZHI 童启智
Xiao wan tong 小顽童

Tong, Qing lan 童晴岚
TONG, JI LIN 童霁霖 **(1909-1979)**

Tong ren 同人
GUO, MO RUO 郭沫若 **(1892-1978)**

Tong ren zi 同仁子
SUN, YUAN 孙元 **(1883-1911)**

Tong, Shan 童山
QIU, XIE YOU 邱燮友 **(1931-)**

Tong sheng 恸生
WANG, JIA CAI 汪家材 **(1891-1941)**

Tong sheng 通盛
WANG, REN SHU 王任叔 **(1901-1972)**

Tong shi 铜士
FAN, DANG SHI 范当世 **(1854-1904)**

Tong, Shi duo 佟世铎
TONG, XING YU 佟醒愚 **(-1940?)**

TONG, SHI ZHANG 童世璋 **(1917-)**
Tong, Yan 童言
Tong yan wu ji 童言无忌

TONG, SHU DUO 佟树铎 **(1935-)**
Tong, Chou 佟畴

TONG, SHU YE 童书业 **(1908-1968)**
Feng, Hong 冯鸿
Feng, Mei 冯梅
Juan yi 卷益
Pi sheng 丕绳
Tong, Pi sheng 童丕绳
Tong, Yi 童疑
Wu, Liu 吴流
Yong an 庸安
Zhang, Juan yi 章卷益

Tong, Shuo zhi 佟硕之
CHEN, WEN TONG 陈文统 **(1926-)**

Tong, Sou 童叟
TONG, PENG NIAN 童彭年

Tong sun 桐荪
ZHENG, ZHI FAN 郑之蕃 **(1887-1963)**

Tong, Tai ya 童泰雅
LEI, HENG SHAN 雷衡山 **(1950-)**

TONG, TIAN JIAN 童天鉴 **(1916-1985)**
Huang, Tian xian 黄天贤
Jian 间
Shi dai de ge shou 时代的歌手
Tian, Jian 田间
Tian jian 天涧
Zhong guo ren 中国人

Tong, Tuo 童驼
SHEN, QI WU 沈启无 **(1902-1969)**

Tong tuo 铜驼
GUO, SHAO MING 郭少鸣 **(1930-)**

Tong, Wang 佟望
XU, DE JIN 徐德锦 **(1921-)**

Tong, Wei 佟韦
TONG, YU PENG 佟遇鹏 **(1929-)**

Tong, Wei 佟伟
CUI, YU ZHUO 崔玉琢 **(1948-)**

TONG, WEN XI 佟文西 **(1945-)**
Dong ren 冬人
Tian han 天汉

Tong wu 彤吾
HUA, JUN WU 华君武 **(1915-)**

TONG, XI REN 佟希仁 **(1935-)**
Dong ren 冬人
Xi ren 溪人
Xi shui 溪水

TONG, XIANG HE 仝相和 **(1946-)**
Fei gong 非攻
Wang, Yun zhi 王允之

Tong, Xin 佟辛
TONG, CHANG MING 佟常明 **(1927-1990)**

Tong, Xin 童心
LU, FANG 卢滂 **(1914-)**

Tong, Xin 童心
WEN, CHUN 文椿 **(1934-)**

Tong, Xin 童信
ZHANG, YUE 张越 **(1937-)**

Tong xin 仝新
WANG, JING TAO 王景陶 **(1948-)**

Tong xing 同行
ZHAO, SHU LI 赵树礼 **(1906-1970)**

Tong xing 彤星
LIU, TONG XING 刘同兴 **(1942-)**

TONG, XING YU 佟醒愚 **(-1940?)**
Gao, Shan 高山
Tong, Shi duo 佟世铎
Xia, Hang 夏航
Ye, Fu 叶茀
Ye, Fu 叶福

Tong, Xu 童旭
LIU, FU FANG 刘福芳 **(1930-)**

TONG, XUAN SUN 童轩荪
Hong yong san ren 弘永散人

Tong, Xun yuan 彤迅原
ZHANG, HUA SHENG 张华盛 **(1933-)**

Tong, Xun zhai 童恂斋
LI, PING XIN 李平心 **(1907-1966)**

Tong, Yan 童言
TONG, SHI ZHANG 童世璋 **(1917-)**

Tong, Yan 童颜
ZHANG, TANG QI 张堂錡 **(1962-)**

Tong yan wu ji 童言无忌
TONG, SHI ZHANG 童世璋 **(1917-)**

Tong ye 桐叶
TANG, MING SHI 唐鸣时 **(1901-1982)**

Tong, Yi 童怡
MAO, YI BO 毛一波 **(1902-)**

Tong, Yi 童疑
TONG, SHU YE 童书业 **(1908-1968)**

Tong, Yi fan 童逸凡
TONG, YOU FANG 童又芳 (1919-)

Tong, Yi fen 童艺奋
MA, JIN YAN 马金焰 (1950-)

Tong, Yi tang 童宜堂
YE, DING YI 叶鼎彝 (1913-1954)

Tong, Yin 童隐
TONG, CANG HUAI 童苍怀

Tong yin hua 同殷华
RUAN, DA ZHENG 阮大正

Tong, Ying 仝瑛
JI, GUANG MING 冀光明 (1932-)

Tong, Ying 佟英
WU, TONG 吴佟 (1922-)

Tong, Ying 童婴
NI, HONG 倪虹 (1929-)

TONG, YOU FANG 童又芳 (1919-)
Tong, Yi fan 童逸凡

TONG, YOU QING 童有庆 (1932-)
Li li 立里

Tong, Yu lin 童雨林
TONG, JI LIN 童霁霖 (1909-1979)

TONG, YU PENG 佟遇鹏 (1929-)
Dong qing 冬青
Dong wei 冬韦
Tong, Wei 佟韦
Wei, Ren 韦人

Tong, Yuan 童元
HUANG, WAN YUAN 黄万源 (1939-)

Tong yuan 桐园
LI, YOU LONG 李犹龙 (1881-1953)

Tong yun 彤云
LAI, ZHAO ZENG 赖肇增 (1926-)

Tong yun 彤云
LIU, YUN SHENG 刘云生 (1951-)

Tong zhao 同昭
WANG, TONG ZHAO 王统照 (1897-1957)

Tong zhao 统照
WANG, TONG ZHAO 王统照 (1897-1957)

Tong, Zhen 童贞
TONG, ZHEN 童真 (1928-)

TONG, ZHEN 童真 (1928-)
Tong, Zhen 童贞

Tong, Zhen hua 童振华
CAO, BO HAN 曹伯韩 (1897-1959)

Tong, Zhi 佟智
JIAN, YOU WEN 简又文 (1896-1979)

Tong, Zhi 童稚
LIU, JUN 刘军 (1959-)

Tong zhi 同之
HUANG, ZHI 黄质 (1865-1955)

Tong zhi 铜芝
HUANG, ZHI 黄质 (1865-1955)

Tong zhi tong sheng xian feng xiu cai 同治童生咸丰秀才
WU, JUN QING 吴俊卿 (1844-1927)

TONG, ZHONG GENG 童仲赓
Lao wan tong 老顽童
Zong geng 纵耕

TONG, ZHONG GUI 童忠贵 (1963-)
Su, Tong 苏童

TONG, ZHONG TAO 童中焘 (1939-)
Meng, Tun 孟焞

Tong zi 通子
LI, TONG XUN 李通训 (1944-)

Tong, Zi song 佟子松
TONG, CHANG QING 佟长青 (1913-1945)

Tong zuo 同左
YU, CHENG HUI 俞成辉 (1911-)

Tou zhu 透珠
HU, YUAN 胡渊

Tu 土
ZHAO, SHU LI 赵树礼 (1906-1970)

Tu 荼
WU, GUAN ZHONG 吴冠中 (1919-)

Tu, An 屠岸
JIANG, BI HOU 蒋璧厚 (1923-)

Tu ao 凸凹
SHI, CHANG YI 史长义 (1963-)

TU, BAI YU 涂白玉 (1946-)
Mo yu 陌遇
Shi, Ye 石也

Tu bao 土豹
SUN, SHU XUN 孙树勋 (1913-)

TU, CAN LIN 涂璨琳 (1947-)
Bei men cun ren 北门邨人

Tu, Chen ye 涂尘野
TU, CHUAN XI 涂传熹 (1929-)

TU, CHUAN XI 涂传熹 (1929-)
Lin, Yi 林乙

Tu, Chen ye 涂尘野

Tu di 徒弟
XU, DU DI 许度地 **(1914-)**

Tu ding 土丁
DIAO, JUN LIN 雕俊麟 **(1924-)**

Tu, Feng 涂枫
TU, YUAN QU 涂元渠 **(1921-1981)**

Tu feng 吐凤
TONG, HAN ZHANG 童汉章 **(1894-1926)**

Tu, Fu 屠富
LIAO, ZHONG KAI 廖仲恺 **(1877-1925)**

Tu gang 秃岗
XU, CHUN XI 许春惜 **(1930-)**

Tu gen 土根
WANG, YANG 王扬 **(1917-1986)**

Tu gu la 土古拉
ZHANG, GUANG LUN 张广纶 **(1943-)**

Tu gu le 图古勒
GAO, WEN XIU 高文修 **(1945-)**

TU, GUO YING 屠国瑛 **(1938-)**
Kuo ying 廓影
Tang, Pu 唐璞

Tu hong 吐虹
ZENG, YE LU 曾也鲁 **(1938-)**

TU, HUAI ZHANG 涂怀章 **(1942-)**
Tu qiang 图强
Tu yuan 途远

Tu ji 突击
ZENG, QING BO 曾庆波

TU, JIE CHU 屠介初 **(1919-1981)**
Nan, Guang 南光
Tu, Xian ruo 屠咸若

Tu, Jing yuan 屠敬远
FANG, GUI DE 方珪德 **(1922-)**

Tu jun 土君
HE, KAI RONG 何开荣 **(1907-1952)**

TU, KE 涂克 **(1916-)**
Lü di 绿笛

Tu lao er 土老儿
CAO, JU REN 曹聚仁 **(1900-1972)**

Tu li 土力
MU, DE HUI 穆德辉 **(1924-)**

Tu, Long shi 屠龙士
XU, GUANG SHEN 徐光燊 **(1920-)**

Tu mu 土木
DU, SHU XIU 杜树修 **(1928-)**

Tu mu 土木
SONG, YI FENG 宋裔烽

TU, NAI XIAN 涂乃贤 **(1943-)**
Mei, Ao shuang 梅傲霜
Shi, Da 史达
Tao, Ran 陶然
Tu, Tao ran 涂陶然
Xiao, Jin 萧进
Yu, Lan 余澜

Tu nan 图南
CHU, TU NAN 楚图南 **(1899-)**

Tu nu 土驽
ZHAO, LU 赵橹 **(1922-)**

TU, QI HUA 屠玘华 **(1914-)**
Mei, Zhi 梅志
Tu, Qi hua 屠其华
Tu, Yao hua 屠瑶华

Tu, Qi hua 屠其华
TU, QI HUA 屠玘华 **(1914-)**

Tu qiang 图强
TU, HUAI ZHANG 涂怀章 **(1942-)**

Tu ran 徒然
LI, PU YUAN 李朴园 **(1901-)**

Tu ran 徒然
TAO, KANG DE 陶亢德 **(1908-1983)**

Tu ren 土人
FANG, ZHENG 方拯 **(1906-)**

Tu ren 土人
LIU, JING SHENG 刘景胜 **(1949-)**

Tu ru 突如
SHEN, DUAN XIAN 沈端先 **(1900-1995)**

TU, SHAO MIN 涂绍民 **(1952-)**
Wu re er tu 乌热尔图

Tu, Shen hong 屠申红
TU, ZU GEN 屠祖根 **(1939-)**

Tu sheng 突生
WANG, ZHONG SHENG 王忠生 **(1911-)**

Tu shi ren 兔诗人
HU, KAI YU 胡开瑜

Tu shou 秃寿
PAN, TIAN SHOU 潘天寿 **(1897-1971)**

Tu, Si 屠思
DAI, MENG OU 戴梦鸥 **(1905-1950)**

Tu, Tao ran 涂陶然
TU, NAI XIAN 涂乃贤 **(1943-)**

Tu teng 图藤
LIU, DA REN 刘大任 **(1939-)**

Tu, Tu 涂途
TU, WU SHENG 涂武生 **(1934-)**

Tu wei 突围
XU, CHANG JI 徐长吉 **(1916-1964)**

TU, WU SHENG 涂武生 **(1934-)**
Sun, Wu 孙午
Tu, Tu 涂途
Wu sheng 武生

Tu xi 土犀
HE, KAI RONG 何开荣 **(1907-1952)**

Tu xi 土犀
ZHENG, YU CHI 郑玉墀 **(1913-)**

Tu, Xian ruo 屠咸若
TU, JIE CHU 屠介初 **(1919-1981)**

Tu xiang 秃橡
LI, GUO YING 黎国颖 **(1938-)**

TU, XIANG YU 涂翔宇 **(1916-)**
Cheng, Cai 程才
Du, Yu 杜宇

Tu xin 土辛
MA, GUANG HUANG 马光煌 **(1921-)**

TU, XIU TIAN 涂秀田 **(1944-)**
Sha, Bai 沙白

Tu yan 荼言
LAO, SI GUANG 劳思光

Tu, Yao hua 屠瑶华
TU, QI HUA 屠玘华 **(1914-)**

TU, YI FANG 屠义方 **(1907-)**
Ning bing 凝冰

Tu, Yi ge 涂一歌
DAI, SHAN KUI 戴善奎 **(1948-)**

TU, YI HUI 涂裔辉 **(1937-)**
Yi shan 移山

Tu yin 土吟
ZHENG, JING GOU 郑敬构 **(1966-)**

TU, YING YING 屠颖颖
Tao, Ye 陶冶

Tu you 突友
LIANG, ZHI TAO 梁植涛 **(1915-)**

Tu yuan 途远
TU, HUAI ZHANG 涂怀章 **(1942-)**

TU, YUAN QU 涂元渠 **(1921-1981)**
Feng ye 枫野
Hong ye 红野
Huang ye 荒野
Tu, Feng 涂枫
Yu, Ping 余萍

Tu zhen 吐真
GAO, JIN LIANG 高锦亮 **(1905-1975)**

TU, ZHI 涂治 **(1903-1976)**
Ce san 策三

TU, ZHONG YI 涂仲镒 **(1931-)**
Mei, Yi 梅逸

TU, ZONG TAO 涂宗涛 **(1924-)**
Si ma, Mu 司马牧

TU, ZU GEN 屠祖根 **(1939-)**
Bao, Zheng 包正
Tu, Shen hong 屠申红

Tuan jin 抟今
WANG, LI XI 王礼锡 **(1901-1939)**

Tuan ni 抟泥
ZHANG, LIAN JIE 张连捷 **(1920-)**

Tui an 退庵
XIAO, TUI 萧蜕 **(1863-1958)**

Tui an 蜕厂
QU, XUAN YING 瞿宣颖 **(1892-1973)**

Tui an 蜕安
CHEN, YI FAN 陈彝范 **(1860-1913)**

Tui an 蜕安
XIAO, TUI 萧蜕 **(1863-1958)**

Tui an 蜕庵
CHEN, YI FAN 陈彝范 **(1860-1913)**

Tui an 蜕黯
XIAO, TUI 萧蜕 **(1863-1958)**

Tui bei 推背
ZHAO, SHU LI 赵树礼 **(1906-1970)**

Tui cun 蜕存
CHEN, YI FAN 陈彝范 **(1860-1913)**

Tui geng lao ren 退耕老人
XU, SHI CHANG 徐世昌 **(1858-1939)**

Tui gong 蜕公
XIAO, TUI 萧蜕 **(1863-1958)**

Tui lu 退庐
HU, SI JING 胡思敬 **(1870-1922)**

Tui lu 退庐
ZHANG, YAN HOU 张延厚 **(1872-)**

Tui lu ju shi 退庐居士
HU, SI JING 胡思敬 **(1870-1922)**

Tui mi lao ren 退密老人
GAO, XIE 高燮 **(1878-1958)**

Tui mi weng 退密翁
GAO, XIE 高燮 **(1878-1958)**

Tui seng 退僧
CHEN, YI FAN 陈彝范 **(1860-1913)**

Tui seng 蜕僧
CHEN, YI FAN 陈彝范 **(1860-1913)**

Tui shi xue zhe 退室学者
LIN, WAN LI 林万里 **(1873-1926)**

Tui si lao ren 蜕私老人
YAO, YONG PU 姚永朴 **(1862-1939)**

Tui si lu zhu ren 退思庐主人
ZHENG, TUI ZHI 郑退之

Tui si zhai 退思斋
ZHANG, QING LIN 张庆霖

Tui sou 退叟
XU, SHI CHANG 徐世昌 **(1858-1939)**

Tui weng 退翁
CHEN, YI FAN 陈彝范 **(1860-1913)**

Tui weng 蜕翁
CHEN, YI FAN 陈彝范 **(1860-1913)**

Tui xing lu zhu ren 退醒庐主人
SUN, JIA ZHEN 孙家振 **(1863-1939)**

Tui yuan 蜕园
CHEN, SAN LI 陈三立 **(1852-1937)**

Tui yuan 蜕园
QU, XUAN YING 瞿宣颖 **(1892-1973)**

Tui zhai 退斋
GU, SONG CHEN 顾崧臣 **(-1929)**

Tui zhi 退之
MA, JUN SHENG 马骏声 **(1889-)**

Tui zhi 推之
CHEN, SHU YAO 陈蜀尧 **(1923-)**

Tui zhi ji zhe 退职记者
ZHU, ZHEN SHENG 朱振声 **(1913-)**

Tun an 屯安
FU, XIONG XIANG 傅熊湘 **(1883-1930)**

Tun an 屯庵
FU, XIONG XIANG 傅熊湘 **(1883-1930)**

Tun an 芚厂
JIN, ZHAO ZI 金兆梓 **(1889-1975)**

Tun fu 屯夫
LIU, BAI SHENG 刘柏生 **(1939-)**

Tun gen 屯艮
FU, XIONG XIANG 傅熊湘 **(1883-1930)**

Tun gen 屯根
FU, XIONG XIANG 傅熊湘 **(1883-1930)**

Tun leng 屯冷
WANG, JI SHENG 王寄生 **(1918-)**

Tun li 吞里
JIN, YANG 金扬 **(1925-)**

Tun lu 屯庐
FU, XIONG XIANG 傅熊湘 **(1883-1930)**

Tun ri 屯日
YAN, HAN MIN 严汉民 **(1914-)**

Tun weng 屯翁
YI, TING XI 易廷熹 **(1874-1941)**

Tuo 驼
ZHAO, CHAO GOU 赵超构 **(1910-1992)**

Tuo an 驼庵
GU, BAO SUI 顾宝随 **(1897-1960)**

Tuo ba, Feng 拓跋逢
FENG, TONG YI 冯统一

Tuo feng 驼峰
LIU, QI JUN 柳启鋆 **(1902-)**

Tuo feng 驼峰
QU, GANG 瞿钢 **(1925-)**

Tuo fu 拓夫
TANG, SHU WEN 唐树文 **(1954-)**

Tuo ge 拓哥
JIN, TUO 金拓

Tuo hua 托华
REN, GEN LIU 任根鎏 **(1923-)**

Tuo huang 拓荒
JING, LE RAN 敬乐然

Tuo huang zhe 拓荒者
LÜ, XIU LIAN 吕秀莲 **(1944-)**

Tuo kuang 陀旷
YUAN, KE WEN 袁克文 **(1890-1931)**

Tuo lang 沱浪
QU, RUN HAI 曲润海 **(1936-)**

Tuo ling 佗陵
LUO, YONG 罗庸 **(1900-1950)**

Tuo ling 驼铃
CHANG, SHU TAI 常舒泰 **(1921-)**

Tuo ling 驼铃
GAO, HUA WEN 高华文 (1924-)

Tuo ling 驼铃
DU, DE MING 杜德明 (1926-)

Tuo ling 驼铃
LI, CHUN TING 李春亭 (1930-)

Tuo ling 驼铃
TUO, XIU MING 庹修明 (1935-)

Tuo ling 驼铃
PENG, LONG FEI 彭龙飞 (1936-)

Tuo liu 托流
ZHANG, QI XUN 章启勋 (1916-)

Tuo mu 拓牧
DU, SONG SHOU 杜松寿 (1905-)

Tuo mu 拓木
XIONG, GUO MO 熊国模 (1932-)

Tuo niao 鸵鸟
WANG, REN SHU 王任叔 (1901-1972)

Tuo ri cha ge 托日查戈
GAO, DI 高帝 (1928-)

Tuo sheng 沱生
GUO, MO RUO 郭沫若 (1892-1978)

Tuo tang 拓堂
WANG, REN SHU 王任叔 (1901-1972)

Tuo wo si tai 托我斯泰
XU, DIAO FU 徐调孚 (1901-1981)

TUO, XIU MING 庹修明 (1935-)
Tuo ling 驼铃

Tuo yan san lang 酡颜三郎
XIAO, JUN 萧军 (1907-1988)

Tuo yun 驼云
LUO, ZHI TIAN 骆之恬 (1932-)

Tuo zhong 驮重
WU, ZU YI 吴祖颐

V

V. D.
CHEN, WANG DAO 陈望道 (1890-1977)

V. P.
SHEN, YAN BING 沈雁冰 (1896-1981)

V.T
QU, QIU BAI 瞿秋白 (1899-1935)

Venk
XU, ZHI 徐雉 (1899-1947)

W

W
WANG, SEN RAN 王森然 (1895-1984)

W
WU, CHUN HAN 吴春晗 (1909-1969)

WAT. SON
CAI, HE SEN 蔡和森 (1895-1931)

WC
CHEN, BING JUN 陈秉钧 (1906-1988)

WGT
HU, SHI 胡适 (1891-1962)

WHO
HU, SHI 胡适 (1891-1962)

W M
CHEN, SHAO YU 陈绍禹 (1904-1974)

W ou yang W 欧阳
SONG, YUAN MO 宋元模 (1911-)

W. S.
WANG, WEN CHEN 王文琛 (1922-)

W sheng W 生
WANG, REN SHU 王任叔 (1901-1972)

W Wang W 王
WANG, JIU YU 王久馀 (1921-)

W Y
WANG, JIU YU 王久馀 (1921-)

W. Z. C.
WANG, ZENG XIAN 王曾宪

Wnikian
HUANG, DIAN CHENG 黄典诚 (1914-)

Wa hun 娲魂
YAN, BIN 燕斌

Wa ming 瓦鸣
SUN, SHI WEI 孙世伟

Wa shi nü shi 娲石女氏
YAN, BIN 燕斌

Wa weng 瓦翁
WEI, DONG CHEN 卫东晨 (1910-)

Wai hang 外行
XIAO, JUN 萧军 (1907-1988)

Wai lou 外楼
CHEN, YU GAN 陈毓淦 (1917-)

Wai lou 外楼
GUO, LI PI 郭力丕 (1928-)

Wai lu 外庐
HOU, ZHAO LIN 侯兆麟 (1903-1987)

Wai shi shi 外史氏
LIANG, QI CHAO 梁启超 (1873-1929)

Wai wen 外文
SHAN, GENG SHENG 单庚生

Wai zhai 外斋
YI, TING XI 易廷熹 (1874-1941)

Wan 顽
ZHANG, WEI 张威 (1910-)

Wan 顽
LIN, JUE FU 林觉夫 (1919-1992)

Wan 顽
LI, JIN ZAI 李今再 (1929-)

Wan, Ban 万班
WAN, DE HAN 万德涵 (1905-)

Wan ban lou zhu 万板楼主
WANG, QING FANG 王青芳 (1906-)

Wan, Bang 万榜
HUANG, FA BANG 黄发榜 (1938-)

Wan, Bi 万壁
SHEN, YAN BING 沈雁冰 (1896-1981)

Wan bi 完壁
YAO, YU XIANG 姚玉祥 (1915-)

WAN, BIN 万斌 (1946-)
Jiang, Yuan 江源
Shi, Qian 石谦

Wan bing 晚兵
JIANG, SHU CHUAN 姜澍川 (1931-)

Wan, Bo 万波
ZHOU, DA LU 周大鹿 (1922-)

Wan bo 皖伯
SHEN, ZENG ZHI 沈曾植 (1850-1922)

WAN, CHANG SHENG 万长生 (1947-)
Lian, Feng 连峰

Wan, Cheng 晚成
WANG, GUAN AN 王冠安 (1926-)

Wan, Chong shan 万重山
YANG, YAN QI 杨彦歧 (1920-1978)

Wan, Chuan 万川
WAN, WEN JUN 万文俊 (1925-)

WAN, CHUAN YAO 万传軺 (1922-)
Ji, Xing 吉星
Shi qian 十千
Wan, Zheng 万正

WAN, CONG MU 万从木 (1898-)
Cong mu 从木
Ting yun ge zhu 停云阁主
Zhu shan shan ren 竹山山人

Wan, Cong shan 万丛山
WAN, FENG 万峰 (1925-)

Wan cun 晚村
LÜ, A YONG 吕阿墉

Wan, Cun fu 万村夫
WAN, WEN JUN 万文俊 (1925-)

Wan, Da lin 万大林
CHENG, YI RONG 程一戎 (1910-)

WAN, DE HAN 万德涵 (1905-)
Chen, Chu 陈出
Chen, Shou 陈寿
Da hai 大海
Mei, Zi 梅子
Shuang mei 双呆
Te han zi 特罕子
Wan, Ban 万班
Wan, Mei zi 万枚子
Wan, Mei zi 万梅子

WAN, DI HE 万迪鹤 (1907-1943)
You xue ji zhe 游学记者

Wan, Di quan 万滴泉
ZHA, XUE SONG 查雪松 (1931-)

Wan er 宛尔
YU, HUAI 俞怀

Wan er 莞尔
LIU, YANG ER 刘扬迩 (1930-)

Wan er 莞尔
YU, HUAI 俞怀

Wan er 菀尔
YU, HUAI 俞怀

Wan, Fang zhou 万方舟
FANG, GUO RONG 方国荣 (1951-)

WAN, FENG 万峰 (1925-)
Wan, Cong shan 万丛山

Wan feng 晚枫
WEI, JIA GUO 魏家国 (1934-)

Wan, Fu shi 万福士
LIN, YOU ZHANG 林佑璋 (1940-)

Wan, Ge 万戈
LI, BAI CHENG 李百成 (1933-)

Wan, Ge 万戈
SUN, CHENG XI 孙成熙 (1935-)

Wan gong 琬公
LI, ZI MIN 李子敏 **(1930-)**

Wan, Gu jiang 万古江
LIN, RU JI 林如稷 **(1902-1976)**

Wan, Gu yang 万古洋
LIN, RU JI 林如稷 **(1902-1976)**

WAN, GUO RU 万国儒 **(1931-1990)**
Dong liu 东流
Fang, Gang 方刚

Wan, Han 万寒
WAN, YU DE 万玉德 **(1936-)**

Wan, Hu hou 万户侯
HOU, JIA JU 侯家驹 **(1928-)**

WAN, HUA FU 万华福
Shao wu 绍武

WAN, HUA QIAO 万华乔 **(1916-)**
Tie ming 铁鸣

Wan hui lou zhu 晚悔楼主
BIN, GUO ZHEN 宾国振 **(1910?-1977)**

Wan, Ji 万跻
WAN, JIA XIANG 万家祥 **(1955-)**

Wan, Ji yuan 万纪元
WAN, JI YUAN 万基元 **(1953-)**

WAN, JI YUAN 万基元 **(1953-)**
Wan, Ji yuan 万纪元

Wan, Jia 万佳
GAO, WAN JIA 高万佳 **(1941-)**

WAN, JIA BAO 万家宝 **(1910-1996)**
Cao, Yu 曹禺
Jia bao 家宝
Wan, Xiao shi 万小石
Xiao shi 小石

Wan, Jia fo 万家佛
YANG, HAO QUAN 杨浩泉 **(1918-)**

Wan, Jia ming 万家明
WU, CHUAN YOU 吴传佑 **(1914-1982)**

WAN, JIA XIANG 万家祥 **(1955-)**
Wan, Ji 万跻

WAN, JIAN GUO 万建国 **(1954-)**
Sheng ni 圣尼

WAN, JIAN HUA 万建华 **(1962-)**
Shi, Chuan 石穿

Wan, Jiang 万江
JIANG, HONG DING 蒋洪鼎 **(1921-)**

Wan, Jie 万捷
ZHAO, WAN JIE 赵万捷 **(1940-)**

Wan, Jin sheng 万今声
WAN, JIN SHENG 万金声 **(1912-)**

WAN, JIN SHENG 万金声 **(1912-)**
Wan, Jin sheng 万今声

WAN, JING HUA 万静华 **(1953-)**
Hua lin 桦林
Wan, Shang yuan 万上源

Wan jiu 湾九
CHEN, WANG JIU 陈望久 **(1934-)**

Wan juan 婉娟
GU, BAO RONG 顾葆瑢

WAN, JUN 万军 **(1944-)**
Chang geng 长庚

Wan, Jun 万均
GAO, YANG YU 高仰愈 **(1898-1949)**

Wan, Jun 万均
PAN, QIN PU 潘琹朴 **(1908-1984)**

Wan, Jun 万钧
LIU, FANG SHENG 刘方盛 **(1921-)**

Wan jun 顽君
LI, JIN ZAI 李今再 **(1929-)**

Wan ke 挽客
YAO, LENG 姚冷 **(1923-)**

Wan, Lan 万兰
WEN, JIE RUO 文洁若 **(1927-)**

Wan lan nü shi 畹兰女士
OU YANG, LAN 欧阳兰

Wan lang 宛郎
WU, SHAO BAO 吴绍葆 **(1925-)**

WAN, LI 万里 **(1909-)**
Wen, Han 文翰

Wan, Li 万里
CHEN, TING GUI 陈廷桂 **(1913-1988)**

Wan, Li 万力
ZHANG, SHOU ZHONG 张守中 **(1920-)**

Wan, Li fan 万里帆
HUANG, TONG FU 黄同甫 **(1941-)**

Wan, Li gu 万里孤
FANG, HAO 方豪 **(1910-1980)**

WAN, LI HUANG 万礼黄 **(1903-1971)**
Kuang, Shu 匡术
Wan, Man 万曼
Xu, Meng 徐蒙

Ye, Kui li 冶夔离

Wan, Li lang 万里浪
GU, WAN LI 古万利 **(1952-)**

WAN, LI PENG 万里鹏 **(1926-)**
Meng yun 梦云
Wan, Qian 万千
Yan, Fei 燕飞

Wan, Li shan 万里山
LIU, SHI ZE 刘世泽 **(1928-)**

Wan, Li yun 万里云
WEI, QING HUANG 韦庆煌 **(1916-)**

Wan, Lian sheng 万炼生
LI, ZHAO LIN 李兆麟 **(1915-)**

Wan, Lin 万琳
ZHOU, WAN LIN 周万琳 **(1961-)**

Wan lin 宛琳
ZHANG, DAO YIN 张道引 **(1938-)**

Wan ling 宛灵
YANG, QIU SHENG 杨秋生 **(1955-)**

Wan, Liu 万六
ZHOU, ZUO REN 周作人 **(1885-1967)**

Wan, Liu 万流
WANG, REN SHU 王任叔 **(1901-1972)**

Wan, Liu 万流
LI, PING XIN 李平心 **(1907-1966)**

Wan, Liu 万柳
WANG, SI ZENG 王嗣曾 **(1909-)**

WAN, LONG SHENG 万龙生 **(1941-)**
Yu, Jian 余见

Wan, Lu 万陆
XIE, WAN LU 谢万禄 **(1938-)**

Wan lu 卐庐
LIU, YUN 刘筠

Wan, Man 万曼
WAN, LI HUANG 万礼黄 **(1903-1971)**

Wan, Mang 万芒
MA, HUA 马骅 **(1916-)**

Wan, Mei zi 万枚子
WAN, DE HAN 万德涵 **(1905-)**

Wan, Mei zi 万梅子
WAN, DE HAN 万德涵 **(1905-)**

WAN, MIN HAO 宛敏灏 **(1906-)**
Shao huai 少怀
Wan, San 宛三

Wan, Mu 万木
WAN, SHU LIN 万树邻 **(1923-)**

Wan, Mu chun 万木春
ZHOU, ZHI HUI 周之辉 **(1923-)**

Wan, Nan 万南
WEN, JIE RUO 文洁若 **(1927-)**

Wan nan 晚南
DUAN, MU HUAI 段暮怀 **(1963-)**

Wan, Ni ya 万尼亚
GAO, SHU QING 杲淑清 **(1920-)**

Wan, Nian qing 万年青
CHEN, BO TAO 陈伯陶 **(1855-1930)**

Wan, Nian qing 万年青
XIAO, JUN 萧军 **(1907-1988)**

Wan, Nian qing 万年青
LI, ZHENG ZHONG 李正中 **(1921-)**

Wan, Ning 万宁
WANG, YE LONG 王业隆 **(1941-)**

Wan ning 宛凝
YANG, WAN NING 杨万宁 **(1963-)**

Wan, Niu 万牛
ZHOU, XIU ZHAN 周修展 **(1925-)**

Wan peng 宛朋
QIU, YONG HE 邱永和 **(-1945)**

WAN, PENG FEI 万鹏飞 **(-1907)**
Jiang, Shou dan 姜守旦
Jiang, Shou dan 江守旦

Wan, Ping 万平
ZHANG, GONG 张恭 **(1877-1912)**

Wan, Ping 万平
WANG, GU ZE 王古泽

Wan, Ping 宛平
LIU, SHAO PING 刘少平

WAN, PING JIN 万平近 **(1926-)**
Hong, You 洪游
Pian zhou 扁舟

Wan pu dao ren 完璞道人
SUN, PU 孙璞 **(1884-1953)**

Wan, Qian 万千
QIN, HAO 秦浩 **(1908-)**

Wan, Qian 万千
WAN, LI PENG 万里鹏 **(1926-)**

Wan, Qian 万千
FANG, PING 方平 **(1932-)**

Wan, Qian 万千
LI, SHENG WU 李胜武 **(1946-)**

Wan, Qian 万千
WANG, JI TING 王继庭 **(1953-)**

Wan, Qing 万青
WAN, YA LIN 万亚林

Wan qing 晚清
CHEN, HUA LI 陈化鲤 **(1910-)**

Wan qing 晚晴
YAN, ZHEN 严桢 **(1889-1968)**

Wan qing 晚晴
CHEN, HUA LI 陈化鲤 **(1910-)**

Wan qing 晚晴
SONG, QI MIN 宋启民 **(1923-)**

Wan qing 晚晴
ZHOU, MEI JUAN 周美娟 **(1940-)**

Wan qing lao ren 晚晴老人
LI, WEN TAO 李文涛 **(1880-1942)**

WAN, QING LI 万青力 **(1945-)**
Bai, Hei 白黑
Hai, Yin 海音

Wan qiu 晚秋
TIAN, XING KUI 田兴奎

Wan ren 宛人
ZHOU, DA XIN 周大新 **(1952-)**

Wan ren 皖人
ZHANG, SHI LI 张世礼 **(1938-)**

Wan ren 皖人
ZHOU, SAN YUE 周三月 **(1950-)**

Wan, Ren jie 万人杰
CHEN, ZI JUN 陈子儁 **(1919-1989)**

Wan, Ren tuo 万人唾
TANG, DUAN YI 唐端毅 **(1913-1992)**

Wan rong 婉嵘
LI, AN QIAO 厉厂樵 **(1901-1960)**

Wan, Ruo 宛若
YAO, XI JUN 姚锡钧 **(1892-1954)**

Wan, Ruo 宛若
CHEN, SHI GUO 陈士果 **(1950-)**

Wan, San 宛三
WAN, MIN HAO 宛敏灏 **(1906-)**

Wan san 畹三
OU YANG, LAN 欧阳兰

Wan, Sang yuan 万桑园
LI, CHENG YU 李澄宇 **(1882-)**

Wan seng 顽僧
LEI, ZHAO XING 雷昭性 **(1873-1920)**

Wan seng 顽僧
WANG, JIA YI 王嘉祎 **(-1922)**

Wan sha 皖砂
CAO, CHUN DE 曹春德 **(1925-)**

Wan, Shan 万山
ZHU, GUANG YA 朱光亚 **(1936-)**

Wan shan ren 晚山人
CHEN, XUN ZHENG 陈训正 **(1872-1944)**

Wan, Shang yuan 万上源
WAN, JING HUA 万静华 **(1953-)**

WAN, SHAO RU 万绍儒 **(1912-)**
Shao yu 韶宇

Wan, shi 宛石
ZHANG, ZHI MIN 张稚民 **(1926-)**

Wan, shi 顽石
QIAN, HOU YI 钱厚贻 **(-1932)**

Wan, shi 顽石
CHEN, DU XIU 陈独秀 **(1879-1942)**

Wan, shi 顽石
ZHOU, ZUO REN 周作人 **(1885-1967)**

Wan, shi 顽石
SHI, LIAN XUE 石联学 **(1906-)**

Wan, shi 顽石
ZHANG, WEI 张威 **(1910-)**

Wan, shi 顽石
LIN, JUE FU 林觉夫 **(1919-1992)**

Wan, shi 顽石
LI, JIN ZAI 李今再 **(1929-)**

Wan, shi 顽石
ZHANG, SHI PENG 张石朋

Wan shi lou 顽石楼
QIAN, SONG YAN 钱松巖 **(1897-1985)**

Wan shi lou zhu 万石楼主
TAO, SHOU BO 陶寿伯 **(1902-)**

Wan shi sheng 顽石生
QIAN, HOU YI 钱厚贻 **(-1932)**

Wan, Shi si 万湜思
YAO, SI QUAN 姚思铨 **(1915-1944)**

Wan shou shi zhu 万寿室主
YUAN, KE WEN 袁克文 **(1890-1931)**

Wan, Shu 万殊
ZHANG, YI HOU 张逸侯 **(1916-1978)**

Wan, Shu 万殊
WANG, YUAN HUA 王元化 **(1920-)**

WAN, SHU LIN 万树邻 **(1923-)**
Wan, Mu 万木

WAN, SHU YANG 万舒扬 **(1924-)**
He, Jia dong 何家栋

Wan, Shui 万水
WU, HAI 吴海 **(1936-)**

WAN, SI NIAN 万斯年
Wan, Xian 万咸

Wan, Si shi 万斯湜
YAO, SI QUAN 姚思铨 **(1915-1944)**

Wan, Song 万松
XU, MAO RONG 徐茂荣 **(1911-1977)**

Wan song lao ren 万松老人
YING, HUA 英华 **(1867-1926)**

Wan song ye ren 万松野人
YING, HUA 英华 **(1867-1926)**

Wan, Song zhou 宛松舟
ZHANG, GUO GANG 张国刚 **(1956-)**

WAN, TING JU 宛廷聚
Wan, Yan 宛延

Wan, Tong 宛童
WANG, DONG 汪东 **(1890-1963)**

Wan tong 顽童
WANG, YU 王宇 **(1935-)**

Wan, Wan 宛宛
RONG, DING CHANG 容鼎昌 **(1919-)**

Wan, Wan 宛宛
ZHOU, YUAN YUAN 周元元

Wan wan 婉婉
LI, SAI RONG 李赛蓉 **(1949-)**

Wan wei shi zhe 宛委使者
SHEN, ZENG ZHI 沈曾植 **(1850-1922)**

WAN, WEI ZHOU 万苇舟 **(1925-)**
Wei zhou 维周
Zhou, Nan 周南

WAN, WEN DE 万文德 **(1915-)**
Bai, Ting 白亭
He, Le 何乐
Wan, Zi 万紫
Wang, Yu 王玉

WAN, WEN JUN 万文俊 **(1925-)**

Wan, Chuan 万川
Wan, Cun fu 万村夫

Wan wen weng 晚闻翁
SHEN, ZONG JI 沈宗畸 **(1857-1926)**

WAN, WEN YI 万文义 **(1944-)**
Lao ma 老马

WAN, WU 万武
Shao shi 少石

Wan xia 晚霞
LI, YU SAN 李育三 **(1914-)**

Wan Xia 晚霞
WANG, XIA 王侠 **(1931-)**

Wan, Xian 万咸
WAN, SI NIAN 万斯年

Wan, Xiao shi 万小石
WAN, JIA BAO 万家宝 **(1910-1996)**

Wan, Xin qi 万心齐
LI, PING XIN 李平心 **(1907-1966)**

Wan, Xuan 万宣
FENG, DA GUANG 冯大广 **(1934-)**

WAN, YA LIN 万亚林
Wan, Qing 万青

Wan, Yan 宛延
WAN, TING JU 宛廷聚

Wan yan 顽岩
LI, JIN ZAI 李今再 **(1929-)**

Wan yan, Ji 完颜籍
LIANG, MING GUANG 梁明广 **(1931-)**

Wan yan, Li 完颜荔
FANG, GUI DE 方珪德 **(1922-)**

Wan, Ye 万叶
DAI, JUN 戴均 **(1903-1945)**

Wan, Yi 万一
WEN, WAN YI 温万镒 **(1923-)**

WAN, YI 万依 **(1925-)**
Wu yuan 无园

Wan yi 芄怡
ZHANG, JU 张菊 **(1917-)**

Wan, Yi lou 万一楼
XU, CHI QING 徐持庆 **(1940-)**

Wan, Yi yu 万一羽
TANG, DUAN YI 唐端毅 **(1913-1992)**

WAN, YI ZHEN 万以贞 **(1941-)**
Kang, Ling 康龄

Wan, Yin 万银
WANG, ZHENG 王政 **(1914-)**

Wan ying 婉莹
XIE, WAN YING 谢婉莹 **(1900-1999)**

WAN, YING ZHI 万应之
Ying zi 婴子

WAN, YU DE 万玉德 **(1936-)**
Tai yun 泰运
Wan, Han 万寒
Xiu, Ying 修樱

Wan, Yue 万岳
CHEN, XI HE 陈西禾 **(1911-1983)**

Wan, Yue 宛约
HU, YE PIN 胡也频 **(1903-1931)**

Wan yue 皖岳
CHU, TIE ZHU 储铁柱 **(1958-)**

Wan, Zhai 万斋
HAN, WAN ZHAI 韩万斋 **(1941-)**

Wan, Zheng 万正
WAN, CHUAN YAO 万传軺 **(1922-)**

Wan, Zhi 万之
QIU, XI 丘玺 **(1913-)**

WAN, ZHI MIN 万志民 **(1926-)**
Mian xing 勉行

Wan, Zhong wen 万仲文
FU, CHENG 符程 **(1910-1988)**

Wan, Zhou 万洲
XIA, WAN ZHOU 夏万洲 **(1947-)**

Wan, Zhu lou 万竹楼
ZUO, SHUN SHENG 左舜生 **(1893-1969)**

Wan, Zi 万紫
WAN, WEN DE 万文德 **(1915-)**

Wan zi 晚紫
YANG, CHAO XI 杨朝熙 **(1904-1992)**

WAN, ZI LIN 万子霖
Yu, Jing yan 余景延

Wan, Zi qian 万紫千
JIANG, BING JIE 蒋冰杰 **(1925-)**

Wan, Zun yi 万尊嶷
LIU, RI BO 刘日波 **(1917-)**

WANG, A CHENG 王阿成 **(1947-)**
A cheng 阿成

Wang, Ai 王艾
LI, SHA LING 李沙铃 **(1932-)**

WANG, AI LAN 王爱兰 **(1921-)**
Ai lan 爱兰

WANG, AI PING 王爱平 **(1956-)**
Shan quan 山泉
Wang, Ping 王平

Wang, Ai wei 王爱维
LI, HUAN SHEN 李焕燊

WANG, AI YU 王爱予 **(1906-1986)**
Wang, Bao ren 王葆仁

WANG, AI ZHEN 王爱真 **(1916-)**
Xue, Ming 薛明

Wang an 望安
LI, WANG AN 李望安 **(1936-)**

WANG, AN FU 王安府 **(1905-)**
Yi sheng 怡生

WANG, AN HUA 王安华 **(1943-)**
Hua, Jing 华敬
Wang, Ge 王歌

WANG, AN QI 王安岐 **(1952-)**
An, Qi 安琪

WANG, AN QI 王安琪 **(1963-)**
An, Qi 安琪

WANG, AN TAI 王安泰 **(1935-)**
Wang, Mo ren 王默人

Wang, An yi 王安忆
WANG, AN YI 王安仪 **(1954-)**

WANG, AN YI 王安仪 **(1954-)**
Wang, An yi 王安忆

WANG, AN YOU 王安友 **(1923-)**
Liang, An pei 梁安培
Liang, Xin 梁新
Pei yuan 培元

Wang, Ang 王昂
WANG, SHOU CHUN 王守椿 **(1895-1985)**

Wang, Ao qi 王奥奇
ZENG, XI BANG 曾希邦

Wang, Ba 汪八
WANG, DONG 汪东 **(1890-1963)**

WANG, BAI SHENG 王柏生 **(1941-)**
Bai, Sen 柏森

Wang, Bai shi 王白石
DAI, ZI CHENG 戴自诚 **(1918-)**

WANG, BAI SHUI 王白水 **(1922-)**
Bai, Shui 白水

WANG, BAN ZAI 王板哉 **(1906-)**
Wang, Zhao jun 王兆均

WANG, BAO CHEN 王宝臣 **(1924-)**
Wang, Fan 王凡

WANG, BAO CHENG 王保成 **(1948-)**
Gan, Lu 甘露

WANG, BAO GUI 王宝贵 **(1950-)**
Yu cang 雨苍

WANG, BAO GUO 王保国 **(1950-)**
Bao, Gu 包谷
Bao gu 苞谷
Su, Nan 苏南

Wang, Bao kang 王宝康
WANG, DA SU 王大苏

WANG, BAO LIANG 王宝良
Bo liang 波良

WANG, BAO MIN 王保民 **(1956-)**
Xiao, Xiao shuo 肖笑烁

Wang, Bao ren 王葆仁
WANG, AI YU 王爱予 **(1906-1986)**

WANG, BAO XIANG 王葆祥 **(1909-1977)**
Li, Shan ye 李山野
Wang, Du lu 王度庐
Xiao yu 霄羽

Wang, Bao xin 王葆心
YANG, SHOU JING 杨守敬 **(1839-1915)**

WANG, BAO XIN 王葆心 **(1867-1944)**
Hui tang 晦堂
Ji, Xiang 季香
Ji, Xiang 季芗
Qing cha 青垞

WANG, BAO YI 王保义 **(1954-)**
Sha, Ying 沙莺
Yi hua 翼华

WANG, BAO YUN 王保云 **(1956-)**
Ji, Yun 冀云

WANG, BAO ZHEN 王宝珍 **(1952-)**
Wang, Bao zhen 王宝真

Wang, Bao zhen 王宝真
WANG, BAO ZHEN 王宝珍 **(1952-)**

WANG, BAO ZHEN 王保珍 **(1933-)**
Yuan zhen 缘珍
Yun, Xiang 云祥

WANG, BAO ZHEN 王葆桢
Shu yan 漱巖

WANG, BAO ZHOU 王保洲
Xi he zhou 西河洲

WANG, BAO ZHU 王宝柱 **(1934-)**
Xia, Nong 夏农

WANG, BEI QIU 王北秋 **(1927-)**
Mu, Ge 穆歌
Wang, Guo 王果

Wang, Bei yu 王北羽
WANG, LE XIAN 王乐先

Wang, Bei yu 王北峪
WANG, SHU CHUAN 王书川 **(1919-)**

WANG, BEI YU 王倍愚 **(1931-)**
Wang, Yu 王愚
Xiao, Cao 萧草

WANG, BEN CHENG 王本诚 **(1936-)**
Shu yu 叔愚
Xing chu 性初

Wang, Ben hu 汪笨湖
WANG, ZHEN RUI 王振瑞 **(1953-)**

Wang, Bi chuan 王碧川
WANG, HAN JIN 王汉金 **(1932-)**

Wang, Bi jiang 汪辟疆
WANG, GUO YUAN 王国垣 **(1890-1966)**

Wang, Bi shan 王碧珊
WANG, REN SHU 王任叔 **(1901-1972)**

WANG, BI WU 王碧梧 **(1916-)**
Liao, Hong 廖红

WANG, BIAO 王彪
Bo feng 泊风

Wang, Bin 王斌
YU, SHU DE 于树德 **(1894-1982)**

WANG, BIN 王斌 **(1941-)**
Wang, Ge 王戈

Wang, Bin 王滨
WANG, SHAO JIE 王绍杰 **(1912-1960)**

WANG, BIN 王滨 **(1957-)**
Huang yuan 荒原

WANG, BIN 汪滨 **(1922-)**
Sha, An 沙岸

WANG, BIN LU 王滨鲁 **(1866-1921)**
Wang, Yan qing 王燕卿

WANG, BING 王冰 **(1952-)**
San yi xuan zhu 三宜轩主
Yi an 益庵

Wang, Bing cheng 王秉成
LIU, YU SHENG 刘裕声

WANG, BING GEN 王炳根 **(1951-)**
Hou, Bo 厚薄

WANG, BING LIAN 王秉璉 **(1932-)**
Chi yan feng 赤岩峰

WANG, BING LIANG 王炳亮 **(1947-)**
Wei, Shi 卫士

WANG, BING RU 王冰如 **(1906-)**
Ling, Yun 凌云

Wang, Bing ruo 王冰若
LI, JI 李季 **(1894-)**

WANG, BING XUN 王秉勋 **(1930-)**
Chu, Ge 初歌
Wang, Pu 汪璞
Wang, Zhu yu 王主玉

Wang, Bing yang 王冰洋
WANG, XIE 王燮 **(1909-1962)**

WANG, BING YI 王秉仪 **(1924-)**
Sai feng 塞风
Wang, Zheng yi 王正一

Wang, Bing yi 王炳毅
WANG, JIN PING 王金平 **(1946-)**

Wang, Bing yu 王丙煜
WANG, CHANG GUI 王长贵 **(1924-)**

WANG, BING ZHI 王冰之 **(1909-1976)**
Li, Dong ye 李东野
Li, You qing 李有青
Qi, Yu 齐语

WANG, BING ZHONG 王丙中 **(1943-)**
Wang, Ya dong 王亚东
Xiao, Bing 肖兵
Xiao, Lan 肖岚

Wang, Bo 王波
PI, SHU MIN 皮述民 **(1933-)**

WANG, BO 王波 **(1945-)**
Shan lu 山路
Yuan, Shan 远山

Wang bo 望波
DENG, WEI XIONG 邓伟雄

Wang, Bo di 王伯谛
WANG, XI ZENG 王希曾 **(1901-)**

WANG, BO FANG 王伯方 **(1947-)**
Fang, Xin 方欣

Wang, Bo heng 王伯衡
WANG, YU QUAN 王毓铨 **(1910-)**

WANG, BO LONG 王波龙
Bo long 波龙

WANG, BO MIN 王伯民 **(1936-)**
Zhou, Wu zheng 周吴郑

WANG, BO MIN 王伯敏 **(1924-)**
Bai, Min 柏闽
Tian, Su fan 田宿蘩

WANG, BO MING 王伯明 **(1944-)**
Wang, Yi 王毅

Wang, Bo ping 王伯平
WANG, PING YI 王平一

Wang, Bo qian 汪伯谦
WANG, XIE 汪鎣 **(1871-1944)**

Wang, Bo sheng 王伯生
WANG, ZHI ZHANG 王芷章 **(1903-1982)**

WANG, BO XI 王博习 **(1920-1942)**
Sha zhai 莎寨

Wang, Bo xiang 王伯祥
WANG, ZHONG QI 王锺麒 **(1890-1975)**

Wang, Bo xu 汪伯序
WANG, ZHAO YONG 汪兆镛 **(1861-1939)**

WANG, BO YI 王伯益
Zhu lou zhu ren 竹楼主人

WANG, BO YING 王伯英 **(1920-)**
Meng, Bai 孟白
Meng bai 梦白
Wang, Meng bai 王孟白
Wang, Yun 王云
Xiang dao ren 乡道人
Xiang dao shi 乡道士

WANG, BO YUAN 王博渊 **(1952?-)**
Bai, Yuan 柏原

Wang, Bu 王布
AN, YU RONG 安裕荣 **(1941-)**

WANG, BU CHAO 王步超 **(1936-)**
Bu, Chao 步超
Fan, Yu 樊昱

WANG, BU HAN 王步涵 **(1920-)**
Lin, Lan 林蓝
Xiao, Han 萧涵

Wang, Bu xia 王不遐
ZHOU, ZUO REN 周作人 **(1885-1967)**

Wang, Cai 王采
ZENG, CAI 曾采 **(1924-)**

Wang, Cai feng 王采风
WANG, ZAO 王灶 **(1938-)**

WANG, CAI XI 王才锡 **(1949-)**
Mo, Fei 莫非

Wang, Can zhang 王灿章
WANG, GENG JIN 王耕今 **(1911-)**

Wang cao 旺草
HUO, SHU FEN 霍树菜 **(1911-)**

Wang, Ce 王冊
LIANG, RUN SHAN 梁润珊 **(1938-)**

Wang, Chan 王忏
WANG, XI CHENG 王锡成 **(1918-)**

Wang, Chang 王昌
SU, XUAN YING 苏玄瑛 **(1884-1918)**

WANG, CHANG AN 王长安 **(1956-)**
An, Zi 安子

WANG, CHANG BO 王昌波 **(1947-)**
Ya bo 雅波

Wang, Chang ding 王昌定
WU, ZHAO AN 吴兆安 **(1924-)**

WANG, CHANG FU 王长富 **(1948-)**
Chang, Fu 常赋
Ge, Ge 戈戈

WANG, CHANG GUANG 王长光 **(1920-)**
A la 阿拉
Fu chai 夫差
Mu gong 木公
Wang, Song 王松
Xu, Xing 徐醒
Xue ye 雪野
Yi tu 一土

WANG, CHANG GUI 王长贵 **(1924-)**
Wang, Bing yu 王丙煜
Xue, Xi 薛晰

WANG, CHANG HAO 王常浩 **(1948-)**
Wang, Wen 王文

Wang, Chang jian 王长剑
WANG, CHANG JIAN 王长简 **(1910-1988)**

WANG, CHANG JIAN 王长简 **(1910-1988)**
Han, Hu 韩弧
Ji, Meng 季孟
Jun xi 君西
Kang, Liao zhai 康了斋
Lu fen 芦焚
Pei fang 佩芳
Pei ling 佩灵
Shi, Tuo 师陀
Wang, Chang jian 王长剑
Wang, Ji zeng 王继曾

Wang, Yi ren 王义仁
Xiang, Feng 向烽
Zhu, Fan 朱梵

Wang, Chang lin 王长林
WANG, SHI JI 王世纪 **(1924-)**

WANG, CHANG MAO 王昌茂 **(1933-)**
Fang, Ye 方晔

WANG, CHANG QING 王长庆 **(1932-)**
Wang, Yun man 王云缦

WANG, CHANG QING 王长青 **(1922-)**
De qian 德虔
Hai, Di 海笛
Hong zao 红藻
Ling kui 灵夔
Lu yan 芦燕

WANG, CHANG QING 王长青 **(1930-)**
Chang qing 长青
Meng yan 梦岩
Wang, Meng yan 王梦岩

WANG, CHANG SHOU 王长寿
Chi, Fan 迟帆
Wang, Hua dong 王华东

Wang, Chang xiong 王昶雄
WANG, RONG SHENG 王荣生 **(1916-)**

WANG, CHANG YAN 王昌言 **(1925-)**
Chang yan 畅言
Yu, Bai 禹拜

WANG, CHANG YAO 王昌耀 **(1936-)**
Chang yao 昌耀

WANG, CHAO QING 王潮清 **(1926-)**
Lan, Qing 蓝青
Lan, Yu 蓝羽
Xiao, Xuan 萧絃

WANG, CHAO RUI 王朝瑞 **(1939-)**
Wu shan 屋山

Wang, Chao yin 王朝垠
WANG, CHAO YIN 王朝银 **(1936-)**

WANG, CHAO YIN 王朝银 **(1936-)**
Lan, Yu 蓝宇
Wang, Chao yin 王朝垠

WANG, CHAO ZHEN 王朝珍 **(1937-)**
Ye cao 野草

Wang, Che 王彻
WANG, ZHAN YUAN 王占元 **(1925-1968)**

Wang, Che 王澈
WANG, RUO SHUI 王若水 **(1926-)**

WANG, CHEN 王晨 (1950-)
Chen yu 晨雨
Chen yu 晨语

Wang chen 望尘
SUN, DAO XIONG 孙道雄 (1954-)

WANG, CHEN MU 王晨牧 (1917-)
Chen mu 晨牧

Wang, Chen wu 王尘无
WANG, CHENG MO 王承谟 (1911-1938)

WANG, CHENG 王诚 (1898-1940)
Dou qin 斗勤
Du qing 独清
Ju yan 炬緂
Qin, Lao 秦佬
Qing hou 青侯
Wang, Du qing 王独清
Zhang, Yun 张云

Wang, Cheng 王程
WANG, GUO ZHANG 王国璋 (1925-)

Wang cheng 望城
CHEN, JIAN YAO 陈鉴尧 (1931-)

WANG, CHENG CAI 王成才 (1940-)
Jin, Ge 金戈

WANG, CHENG DONG 汪承栋 (1930-)
Mu dong 木冬

WANG, CHENG GANG 王成刚 (1934-)
Nan, Feng 南风
Zhu, Ping an 祝平安

WANG, CHENG GONG 汪诚功 (1921-)
Liu, Li 柳笠
Qiu, Ru tian 仇如天
Xu, Chui 徐吹
Xu, Lang 徐朗

WANG, CHENG KAI 汪成凯 (1906-)
Wang, Da jie 汪大捷

WANG, CHENG MO 王承谟 (1911-1938)
Chen wu 尘无
Chen wu 尘芜
Fang, Jing liang 方景良
Lao, Ren 劳人
Li li 离离
Mo er 摩尔
Wang, Chen wu 王尘无
Xiang, La 向拉
Xiao wu 小无

WANG, CHENG QUAN 王承权 (1935-)
Wang, Wan 王宛

WANG, CHENG RUI 王承瑞 (1941-)
Cheng, Rui 成瑞

WANG, CHENG YAN 王承琰
Ba, Tu er 巴图尔
Nai fan 乃帆
Peng, Yu 彭雨

WANG, CHENG YE 王成业 (1943-)
Cheng, Yi 成一

WANG, CHENG YI 汪诚义 (1930-)
Wang, Cheng yi 汪诚仪

Wang, Cheng yi 汪诚仪
WANG, CHENG YI 汪诚义 (1930-)

WANG, CHENG ZHI 王承智 (1954-)
Ding, Fan 丁凡

WANG, CHENG ZHONG 王乘中 (1903-1971)
Wang, Qing xi 王清溪
Wang, Yu he 王育和

WANG, CHENG ZHOU 王承周 (1921-)
A fang 阿芳
Ba, Shan 巴山
Hai, Sha 海沙
Wang, Ke fu 王可夫
Wang, Zheng 王正
Yi bing 一兵

WANG, CHENG ZHU 王成柱 (1930-)
Qiu, Feng 秋风

WANG, CHENG ZONG 汪承宗 (1928-)
Guo ren 国人
Shi pin 食品
Wu sheng 悟生
Zhong guo ren 中国人

WANG, CHENG ZU 王承祖 (1934-)
Wen, Kuan 文宽

WANG, CHI 汪痴
Su ni 甦霓
Wang, Shu yi 汪叔宜
Ye he 野鹤

WANG, CHI HUA 王持华
Chi 赤
Chi hua 赤华

WANG, CHONG GANG 汪崇刚 (1924-)
Bian, Cun 边村
Shen, Cun 沈村
Shen, Ji 沈寂
Wang, Rong gang 汪荣刚
Zhu, Hong 朱红

WANG, CHONG HUAN 王崇焕
Han zhang 汉章
Wang, Han zhang 王汉章

WANG, CHONG HUI 王宠惠 **(1881-1958)**
Liang chou 亮畴

WANG, CHONG LÜ 王充闾 **(1935-)**
Lin, Mu 林牧
Wang, Cong 汪聪

WANG, CHONG QIAN 王崇谦 **(1932-)**
Luo, Huan 骆焕
Wang, Di 王迪
Wang, Di 汪荻
Zhen ju 甄居

WANG, CHONG REN 王崇人 **(1931-)**
Wang, Zhai 望斋

Wang, Chong wen 王崇文
MENG, XIAN QI 孟宪棨 **(1902-1976)**

Wang chu 望楚
JIANG, ZHOU 蒋周

WANG, CHU LIANG 王楚良
Gu, Qin xin 古琴心
Zhu, Wu shuang 祝无双

WANG, CHUAN 汪僢 **(1855-1918)**
Chang le lao 长乐老
De ke jun 德克俊
Hong guang 红光
Ling yin 伶隐
Tian di ji lu zhu ren 天地寄庐主人
Wang, Xiao nong 汪笑侬
Xiao nong 孝农
Yang tian 仰天
Zhu tian nong ren 竹天农人

Wang chuan 忘川
LIAO, ZHI CHUN 廖枝春 **(1953-)**

WANG, CHUAN HONG 王传洪 **(1927-)**
Ji, Ti 吉悌
Li, Ba 李拔

WANG, CHUAN PU 王传璞 **(1932-)**
Wang, Pu 王璞

WANG, CHUAN ZHANG 王传章 **(1943-)**
Chuan zhang 川章
Qin, Lan 秦蓝
Wang, Yan 王岩
Ye shi 野士

Wang, Chun 王春
WANG, SHOU CHUN 王寿春 **(1929-)**

Wang, Chun 汪纯
WANG, XIU CHUN 王修纯 **(1932-)**

Wang, Chun chen 王尊晨
WANG, YUN ZHANG 王蕴章 **(1884-1942)**

WANG, CHUN JIANG 王春江 **(1916-)**
Geng, Ming 耿明
Gu, Ba 古巴
Hui jun 慧君
Wang, Yu 王禹
Wang, Yun he 王云和
Yu wu 芋芜

WANG, CHUN JIE 王淳杰 **(1958-)**
Chun jie 淳杰
He, Ping 和平

WANG, CHUN LIN 王春林 **(1860-1929)**
Chun lin 春林

Wang, Chun nong 王尊农
WANG, YUN ZHANG 王蕴章 **(1884-1942)**

WANG, CHUN REN 王纯人 **(1933-)**
Ding, Niu 丁牛
Ye feng 野风

WANG, CHUN RONG 王春荣 **(1945-)**
Chun rong 春容
Chun zi 春子

WANG, CHUN WEI 王春伟 **(1960-)**
Wang, Zi 王子

WANG, CHUN WU 王纯五 **(1932-)**
Yu shan 玉山

Wang, Chun xi 汪春溪
WANG, CHUN XI 汪春熙 **(1917-)**

WANG, CHUN XI 汪春熙 **(1917-)**
Wang, Chun xi 汪春溪
Wang, Xi 汪溪
Yi jiao 一觉

WANG, CHUN XIN 王纯信 **(1936-)**
Tai bin 太滨

WANG, CHUN YAN 王纯炎 **(1949-)**
Cang kong 苍空
Yan ge 鄢戈

Wang, Chun yi 王纯一
YANG, JIN TAO 杨锦涛 **(1896-1931)**

WANG, CHUN YUAN 王春元 **(1925-)**
Ma, Wen bing 马文兵

WANG, CI QUAN 王慈全 **(1917-1992)**
Wang, Ren zhong 王任重
Xin, Li 辛黎

Wang, Ci zhi 王刺芝
WANG, ZHE ZHI 王哲之

Wang, Cong 王淙
WANG, WEI MING 王伟明 **(1954-)**

Wang, Cong 王聪
WEN, ZHE QU 文哲渠 **(1911-)**

WANG, CONG 王聪
Han fei 菡菲

Wang, Cong 汪聪
WANG, CHONG LÜ 王充闾 **(1935-)**

Wang, Cong hua 王从化
WANG, ZI CHENG 王自成 **(1915-)**

WANG, CONG QI 王琮祺 **(1948-)**
Guang yun 广云

Wang, Cong zhi 王从之
WANG, YAN FEI 王燕飞 **(1921-)**

Wang, Cong zhou 王从周
ZHANG, DONG SUN 张东荪 **(1886-1973)**

Wang cui 望翠
WU, RUI XIN 吴锐心 **(1909-)**

Wang cui xuan 望翠轩
WU, RUI XIN 吴锐心 **(1909-)**

Wang, Da 王大
SUN, HUAI QIAN 孙怀谦 **(1920-)**

Wang, Da an 王大安
WANG, JING ZHI 王静芝 **(1916-)**

WANG, DA BAO 王大宝 **(1935-)**
Qian ye 千业
Wang, Da bao 王大保

Wang, Da bao 王大保
WANG, DA BAO 王大宝 **(1935-)**

Wang, Da fan 王大凡
WANG, MEI FENG 王梅峰

Wang, Da fu 王达弗
WANG, DA FU 王达富 **(1918-)**

WANG, DA FU 王达富 **(1918-)**
Wang, Da fu 王达弗

Wang, Da gui 王大贵
LI, JUN XIAN 李俊贤 **(1919-)**

Wang, Da hai 王大海
WANG, LIU 汪流 **(1923-)**

WANG, DA HAI 王大海 **(1934-)**
Da hai 大海

WANG, DA HUA 王大化 **(1919-1946)**
Yan 炎

WANG, DA JI 王大勣 **(1921-)**
Su, Zhe 苏蜇
Su, Zhi 苏执

Wang, Jue 王觉
Wo dan 渥丹

Wang, Da jie 汪大捷
WANG, CHENG KAI 汪成凯 **(1906-)**

Wang, Da jue 王大觉
WANG, DE ZHONG 王德锺 **(1896-1927)**

Wang, Da ke 王大可
WANG, ZHE QI 王者琦 **(1947-)**

WANG, DA PING 王大平 **(1948-)**
Da ping 大平

Wang, Da ping 王达平
NIE, SHOU XIN 聂守信 **(1912-1935)**

WANG, DA REN 王大任 **(1913-)**
Gen yuan 艮园

Wang, Da sheng 王大生
NI, WEI LIANG 倪伟良 **(1918-1988)**

WANG, DA SU 王大苏
Su, Guang cheng 苏广成
Wang, Bao kang 王宝康

WANG, DA TONG 王大彤
Wang, Tong 王桐

Wang, Da tong 汪大同
WANG, LIU BIN 汪六滨 **(1910-1990)**

WANG, DA XIE 汪大燮 **(1859-1928)**
Bo tang 伯堂
Bo tang 伯唐

WANG, DA XUE 王大学 **(1928-)**
Han, Lu 韩路
Jiang, Yuan 江源
Wei qun 伟群

Wang, Da zhen 王大桢
WANG, PENG SHENG 王芃生 **(1893-1946)**

Wang, Da zhong 王大钟
FANG, FANG 方方 **(1904-1971)**

Wang, Dai liang 王代梁
ZHOU, JIAN XIAO 周剑箫 **(1911-1992)**

WANG, DAI YING 王黛英
Dai ying 黛英
Wang, Ling 王令

Wang, Dai ying 王黛影
WANG, QIONG ZHU 王琼珠 **(1930-)**

Wang, Dan 王丹
YIN, ZHI QING 殷志卿 **(1926-)**

WANG, DAN HUI 王丹辉 **(1941-)**
Jian, Xi 简兮

Lü pa 绿葩
Xuan xi 绚兮

WANG, DAN HUI 王丹慧
Dan hui 丹慧

WANG, DAN KUI 王丹揆 **(1860-1941)**
Nong, Yin 农隐

Wang, Dao 王道
TIAN, ZHEN ZHONG 田振中 **(1917-)**

Wang, Dao 王道
ZHU, YI CHU 朱宜初 **(1925-)**

Wang dao 望道
CHEN, WANG DAO 陈望道 **(1890-1977)**

WANG, DAO DING 汪道鼎
Tiao xi sheng 苕溪生

WANG, DAO RONG 王道荣 **(1961-)**
Ou ran 偶然

WANG, DAO SHENG 王道生 **(1940-)**
Ai, Tong 艾童
Jian, Zhi gong 简之恭
Ya zhi 亚之

WANG, DAO YUAN 王道远
Wen, Shi 文石

WANG, DE AN 王德安 **(1940-)**
Wang, Yao dong 王耀东

WANG, DE FENG 王德风 **(1938-)**
Hai, Lan 海蓝
Xiao qiao 晓桥

Wang, De hai 王德海
WANG, TONG FA 王统发 **(1924-)**

WANG, DE JIN 王德进 **(1937-)**
Chi feng 赤枫

WANG, DE JUN 王德均 **(1903-)**
Wang, Wei zhong 王惟中

WANG, DE KAI 王德楷 **(1876?-1927)**
Mu zhai 木斋

WANG, DE LI 王德立 **(1932-)**
Dong li 冬立

WANG, DE LIN 王德林 **(1920-)**
Dai ling 呆令
De lin 德林
De lin 德麟
Dou fu gan 豆腐干
Ling gong 令公
Liu, Ping 刘萍
Mi, Lu 米鹿
Wang, Meng yu 王梦玉

WANG, DE MING 王德明 **(1959-)**
Xiao chen 晓沉
Xiao ming 晓明

WANG, DE MING 王德明
Shi, Ying 石英

WANG, DE PEI 王德培 **(1927-)**
Wang, Pei 王培
Wang, Xiu 王秀

Wang, De peng 王德鹏
WANG, YUN SHENG 王芸生 **(1901-1980)**

WANG, DE QI 王德錡
Er chi 二痴
Qiu, Ya 秋厓
Wang, Zhen wei 王振威

Wang, De quan 王德权
WANG, QUAN 王权 **(1930-)**

WANG, DE RUN 王德润 **(1931-)**
Wang, Shui 王水

Wang, De shu 王德枢
WANG, ZHI LIN 王之麟 **(1942-)**

WANG, DE WEI 王德薇
Han hai 瀚海

Wang, De xun 王德勋
WANG, DE XUN 王德埙 **(1950-)**

WANG, DE XUN 王德埙 **(1950-)**
Wang, De xun 王德勋
Xiao chi 小篪

Wang, De yuan 汪德渊
WANG, YUN ZHONG 汪允中

WANG, DE ZHAO 王德昭 **(1914-1982)**
Ding, Zhu 丁主

WANG, DE ZHONG 王德锺 **(1896-1927)**
Huan hua 幻花
Wang, Da jue 王大觉
Wang, Xuan mu 王玄穆

Wang, Di 王弟
HAN, GUO XIAN 韩国贤 **(1929-)**

Wang, Di 王迪
WANG, CHONG QIAN 王崇谦 **(1932-)**

WANG, DI 王迪 **(1952-)**
A di 阿迪

Wang, Di 王笛
FENG, HOU SHENG 冯厚生 **(1913-)**

Wang, Di 王棣
WANG, ZHONG QIN 王忠勤 **(1919-)**

Wang, Di 汪荻
WANG, CHONG QIAN 王崇谦 **(1932-)**

Wang di 望涤
FENG, HOU SHENG 冯厚生 **(1913-)**

WANG, DI SHAN 王地山 **(1933-)**
Di shan 地山
Wang, Zheng 王征
Yu qing 雨晴

WANG, DIAN GONG 王殿贡 **(1941-)**
Ou yang, Yi bing 欧阳逸冰

WANG, DIAN JI 王奠基 **(1900-1979)**
Shan fu 山父
Shan wu 芟芜
Wang, San fu 汪三辅

WANG, DING 王鼎
Gui, Fo 桂佛
Qie an 且安
Xiao cun 筱村

Wang ding 望鼎
LIN, ZHU YU 林祝敔 **(1915-1975)**

WANG, DING CHENG 王鼎成 **(1917-1983)**
Ding, Ren 丁人
Gao, Yang 高扬
Hua, Lu gong 华路工
Lu, Gong 路工
Qing jun 青君
Xu, Da ming 许达明
Zhuang, Wei min 庄卫民

Wang, Ding feng 王丁风
WANG, DING FENG 王鼎丰 **(1932-)**

WANG, DING FENG 王鼎丰 **(1932-)**
Wang, Ding feng 王丁风
Wang, Zhen wu 王祯武

WANG, DING JUN 王鼎钧 **(1927-)**
Dai, Wei 戴薇
Fang, Yi zhi 方以直
Kou, Jie 寇节
Zheng, Liang 郑梁

WANG, DING LI 王定理 **(1925-)**
Jiang ren 匠人

WANG, DING WEI 王定纬
Wang, Xing an 王惺岸

Wang, Dong 王东
WANG, REN CAI 王仁才

WANG, DONG 王栋
Dong yuan 东园

WANG, DONG 汪东 **(1890-1963)**
Ji an 寄庵
Ji sheng 寄生
Meng qiu 梦秋
Tan fo 弹佛
Wan, Tong 宛童
Wang, Ba 汪八
Wang, Dong bao 汪东宝
Wang, Meng qiu 汪梦秋
Wang, Shu chu 汪叔初
Wang, Xu chu 汪旭初
Xu chu 旭初

Wang, Dong bao 汪东宝
WANG, DONG 汪东 **(1890-1963)**

Wang, Dong cheng 王东成
WANG, MAO GONG 王懋功 **(1890-)**

WANG, DONG HAI 王东海 **(1940-)**
Xi zi 喜字

WANG, DONG LIN 王东麟 **(1925-)**
Tong, Lin 佟林

WANG, DONG LIN 汪东林 **(1938-)**
Zheng, Zhi shu 郑直淑

WANG, DONG MAN 王东满 **(1941-)**
Zhang liu 漳柳

Wang, Dong pei 王东培
WANG, XIAO KUI 王孝烇

Wang, Du 王度
WANG, YUN SHENG 王运生 **(1896-1946)**

Wang, Du 王督
WANG, FU RU 王夫如 **(1923-)**

WANG, DU CHUN 王笃纯 **(1934-)**
Wang, Jie 王杰

WANG, DU FA 王笃法 **(1940-)**
Wang, Feng 王峯

WANG, DU FANG 王笃芳 **(1947-)**
Han wei 寒苇

Wang, Du lu 王度庐
WANG, BAO XIANG 王葆祥 **(1909-1977)**

Wang, Du qing 王独清
WANG, CHENG 王诚 **(1898-1940)**

WANG, DU SHENG 汪笃生 **(1937-)**
Wang yang 汪洋
Zhu, Ma 竹马

Wang, Dun gen 王钝根
WANG, HUI 王晦 **(1888-1950?)**

WANG, DUN QING 王敦庆 **(1898-1990)**
Dun qing 敦庆

Guo, De 郭德
Hua jia 画家
Huang, Ci lang 黄次郎
Lao chi 老痴
Liu, Yuan 柳园
Meng lan 梦兰
Mo zi 谟子
Tan, Yi li 谭以理
Wang, Jiang jing 王江泾
Wang, Lü zhen 王履箴
Wang, Yi liu 王一榴
Xiao ling 小令
Yi li 以礼
Yi liu 一榴
Yi, Liu 易流
Zhu, Tao shan 诸涛山

WANG, DUO ZHI 王多治 **(1936-)**
Zhi fang 治芳

WANG, EN BAO 王恩保 **(1938-)**
Fang, Jin 方进

WANG, EN YANG 王恩洋
Gui shan lao ren 龟山老人

WANG, EN YU 王恩宇 **(1937-)**
Meng, Jin yu 孟津宇

Wang, Er 王二
TANG, DUAN YI 唐端毅 **(1913-1992)**

Wang, Er 王二
WANG, YUN HANG 王允沆 **(1933-)**

Wang, Er 王耳
WEN, ZHE QU 文哲渠 **(1911-)**

Wang, Er 王耳
SUN, ZE YU 孙泽宇 **(1936-)**

Wang, Er bei 王尔碑
WANG, WAN RONG 王婉容 **(1926-)**

WANG, ER LING 王尔龄
Er ling 尔龄

Wang, Er sheng 王二生
WANG, JING TANG 王敬塘 **(1917-)**

Wang, Fa 王法
JIN, YU HAI 金玉海 **(1926-1968)**

WANG, FA HUAI 王发槐 **(1929-)**
Wang, Ni 王霓
Yu hong 雨虹

WANG, FA QIN 王法勤 **(1870-1941)**
Gao yang jiu tu 高阳酒徒

Wang, Fan 王凡
WANG, HONG 王鸿 **(1904-1986)**

Wang, Fan 王凡
WANG, BAO CHEN 王宝臣 **(1924-)**

Wang, Fan 王璠
XU, GAN SHENG 徐幹生 **(1920-)**

Wang, Fan wo 王返我
WANG, HENG 王衡 **(1901-1944)**

Wang, Fan xi 王凡西
WANG, WEN YUAN 王文元 **(1907-)**

Wang, Fang 王方
WANG, ZHI NONG 王智浓 **(1932-)**

Wang, Fang 王方
WANG, MAN YING 王满盈 **(1965-)**

Wang, Fang 王芳
WANG, JIE FANG 王解放 **(1950-)**

WANG, FANG 汪芳 **(1955-)**
Fang, Fang 方方

WANG, FANG LI 王芳礼 **(1939-)**
Fang, Li 方里

Wang, Fang ren 王方仁
WANG, YI FANG 王以方 **(1904-)**

Wang, Fang shu 王方曙
WANG, JING ZHI 王静芝 **(1916-)**

WANG, FANG XUN 王放勋 **(1917-)**
Hong dao 宏道
Jia qiang 加强
Wang, Jia xiang 王家祥

Wang, Fang zi 王仿子
WANG, JIAN XING 王健行 **(1916-)**

Wang, Fei 王飞
WANG, ZE HENG 王泽恒 **(1916-)**

WANG, FEI 王飞 **(1955-)**
Da ye 大野

Wang, Fei 王斐
WANG, SHEN GONG 王深珙

Wang, Fei bai 王霏白
WANG, REN 王仁 **(1921-)**

WANG, FEI BAI 汪飞白 **(1929-)**
Fei bai 飞白

Wang, Fen 王坟
ZHU, WEN 朱雯 **(1911-)**

Wang, Fen 王焚
WANG, YAN LIN 王炎林 **(1922-)**

Wang, Feng 王风
ZHU, YI CHU 朱宜初 **(1925-)**

Wang, Feng 王峯
WANG, DU FA 王笃法 (1940-)

WANG, FENG CHANG 王凤长 (1941-)
Jin, Ge 金戈

WANG, FENG LAN 王凤兰 (1941-)
Wang, Lan 王兰
Wu, Yi mei 武一梅

WANG, FENG QI 王凤岐 (1918-)
Bai, Yi 白衣
Peng, Bi 彭壁
Shi, Guo 石果
Wang, Ri an 王日安
Wang, Yan 王宴
Wang yan 往烟
Wang, yan zhi 王宴之
Wang, Yi an 王一庵
Ya fu 亚夫
Yi an 一庵

WANG, FENG XIAN 王凤贤 (1932-)
Feng, Xian 冯娴

WANG, FENG YUN 王凤云
Dan qun 丹群
Tian, Dan 田丹

Wang, Feng zhou 王凤州
WANG, SHI ZHEN 王世贞

WANG, FO SU 王佛苏 (1907-1957)
Ding, Mai 丁迈
Ding, Meng 丁蒙
Jiao tong 蕉桐
Li qing 笠青
Lu, Li 陆离

Wang, Fu 王夫
WANG, TONG FA 王统发 (1924-)

WANG, FU 王扶 (1938-)
Fei ya 菲雅
Wang, Fu 王馥
Xiao, Mei 肖梅

WANG, FU 王斧 (1880-1942)
Fu jun 斧军
Yu fu 玉父

WANG, FU 王馥 (1919-)
Gu, Man 谷曼

Wang, Fu 王馥
WANG, FU 王扶 (1938-)

Wang, Fu an 王福盦
WANG, SHOU QI 王寿祺 (1880-1960)

Wang, Fu cheng 王福成
XU, ZI XIONG 徐子雄 (1936-)

WANG, FU CHUN 王福春 (1940-)
Wang, Qi 王琦

Wang, Fu fan 王夫凡
WANG, XIN FU 王新甫 (1902-)

WANG, FU GU 王復古 (1933-)
Bi ming 笔鸣
Lao, Ying 劳影
Mu rong, Mei 慕容美

Wang, Fu he 王福和
WANG, JIN HE 王瑾和 (1940-)

WANG, FU KUN 王富坤 (1934-)
Wang, Kun 王坤

WANG, FU LIN 王富林 (1942-)
Lin, Er 林尔

WANG, FU MIN 王福民 (1919-)
An, Di 安迪
Dan gong 亶公
Fu 復
Gao, Mei 高梅
Yi xin 以信

WANG, FU MING 王幅明 (1949-)
Fu ming 付鸣

WANG, FU QUAN 王福全 (1905-1983)
Bai, He 白河
Bai, Ting 白汀
Da wei 大威
Jian zhi 减之
Li, Huang 李篁
Li, Yin 李荫
Luo, Long 罗龙
Luo, Lun 罗伦
Wang, Nü shi 王女士
Wang, Ya ping 王亚平
Ya ping 亚平

Wang, Fu quan 汪馥泉
WANG, FU YAN 汪馥炎 (1891-1940)

WANG, FU REN 王富仁 (1941-)
Fu ren 黻人
Zhao, Yu lan 赵育岚

WANG, FU RU 王夫如 (1923-)
Lu, Mei 鲁煤
Mu qing 牧青
Wang, Du 王督

Wang, Fu sheng 王复生
WANG, RU TING 王濡廷 (1896-1936)

Wang, Fu sun 汪馥荪
WANG, JING YU 汪敬虞 (1917-)

WANG, FU XIANG 王复祥 **(1935-)**
Wang, Fu yang 王复羊

WANG, FU XING 王復兴 **(1950-)**
Fu xing 浮星

WANG, FU YAN 汪馥炎 **(1891-1940)**
Fu 馥
Fu quan 馥泉
Fu yan 馥炎
Shen, Jun 沈浚
Wang, Fu quan 汪馥泉
Wang, Zheng he 汪正禾
Wei ming 唯明
Zhao, Guang rong 赵光荣
Zi xin 自新

Wang, Fu yang 王复羊
WANG, FU XIANG 王复祥 **(1935-)**

WANG, FU YUAN 王復元
Wang, Quan 王全

WANG, FU YUAN 王赋元 **(1930-)**
Wang jiang yue 望江月

Wang, Fu zeng 王复增
WANG, FU ZENG 王福曾 **(1917-)**

WANG, FU ZENG 王福曾 **(1917-)**
Wang, Fu zeng 王复增
Wang, Yi fu 王沂甫

WANG, GAN CHANG 王淦昌 **(1907-)**
Wang, Jing 王京

Wang, Gan yu 王赣愚
WANG, JIA MAO 王家茂 **(1906-)**

Wang, Gan zhi 王干之
WANG, XU SHUN 王需顺 **(1926-)**

Wang, Gang 王冈
NIE, DUO RAO 聂多饶 **(1929-)**

Wang, Gang 王刚
WANG, SHI LANG 王诗琅 **(1908-1984)**

Wang, Gang 王钢
HE, KAI RONG 何开荣 **(1907-1952)**

Wang, Gao 王杲
WANG, ZHU CHAI 王珠钗 **(1926-)**

Wang, Ge 王戈
WANG, BIN 王斌 **(1941-)**

Wang, Ge 王舸
WANG, SHI CHANG 王世昌 **(1931-)**

Wang, Ge 王葛
WANG, JIN CHANG 王进昌 **(1922-)**

Wang, Ge 王歌
WANG, XIAO PING 王啸平 **(1919-)**

Wang, Ge 王歌
WANG, XING GUO 王兴国 **(1931-)**

Wang, Ge 王歌
WANG, AN HUA 王安华 **(1943-)**

WANG, GE XING 王歌行 **(1931-)**
Ge xing 歌行

Wang, Ge yi 王个簃
WANG, XIAN 王贤 **(1897-1988)**

WANG, GEN JIAN 王亘坚 **(1923-)**
Ye, Hua shi 叶华实

Wang, Gen rong 王根荣
WANG, GENG XIONG 王耿雄 **(1923-)**

Wang, Geng 王耕
WANG, WEN 王汶 **(1922-)**

WANG, GENG FU 王耕夫 **(1953?-)**
Geng fu 耕夫

WANG, GENG JIN 王耕今 **(1911-)**
Meng, Guang 孟光
Wang, Can zhang 王灿章

WANG, GENG NIAN 王庚年 **(1930-)**
Ding, Guang wu 丁广午
Wen, Yi 闻益

Wang, Geng tian 王耕田
WANG, ZAO 王灶 **(1938-)**

WANG, GENG XIONG 王耿雄 **(1923-)**
Wang, Gen rong 王根荣

Wang, Gong 王工
WANG, XIAN ZHI 王先智 **(1923-)**

WANG, GONG PU 王公浦 **(1922-)**
Gong pu 公浦

WANG, GONG SHOU 王公寿 **(1925-)**
Gong, Mei chun 巩梅春
Yue, Shu 乐书

WANG, GONG WEI 王公维
Wang, Hao zhi 王浩之

Wang, Gong yu 王公玙
WANG, ZONG FAN 王宗璠 **(1903-1983)**

WANG, GU JUN 王榖君 **(1927-)**
Yu mi 玉米

Wang, Gu lu 王古鲁
WANG, ZHONG LIN 王锺麟 **(1900-1959)**

WANG, GU ZE 王古泽

Hu, Wei 胡微
Hu, Zi 胡紫
Su, Wei 苏维
Wan, Ping 万平
Wang, Shu wei 王述微
Wang, Wan ping 王宛平
Wang, Xu wei 王续维
Wang, Yong yi 王咏谊
Xue rong 雪溶

WANG, GUAN 王琯 **(1896-1960)**
Wang, Xian tang 王献唐

WANG, GUAN AN 王冠安 **(1926**
Wan Cheng 晚成

WANG, GUAN QUAN 王观泉 **(1932-)**
Yi, Zhi mei 伊之美

WANG, GUAN QUN 王冠群 **(1934-)**
Yi bing 益兵

Wang, Guan ya 王冠亚
WANG, LI EN 王立恩 **(1929-)**

WANG, GUANG BIN 王光宾 **(1921-)**
Wang, Li 王力
Wang, Li 王犁
Yu, Zhao li 于兆力

WANG, GUANG HUA 王光华 **(1941-)**
Huai feng 槐风

WANG, GUANG LÜ 王光闾 **(1920-)**
Wang, Wei xun 王维迅

WANG, GUANG MING 王光明 **(1946-)**
Wang, Jun 王骏

WANG, GUANG MING 王光明 **(1955-)**
Bai, Tian 白天
Xiao, Chun 肖春

WANG, GUANG QI 王光祈 **(1892-1936)**
Run yu 潤玙
Ruo yu 若愚

WANG, GUANG TI 王光逖 **(1918-1981)**
Bai, Li 白藜
Bai, Xin 白辛
Chun yu, Qing 淳于清
Fan, Shu han 范叔寒
Huang li 荒藜
Huang, Yun 黄允
Jin, Ming 金明
Shu liu 漱流
Si ma, Sang dun 司马桑敦
Xi, Xiao lan 席小岚
Ye ren 野人

WANG, GUANG ZHEN 王光珍 **(1916-)**

Wang, Ping 王苹

WANG, GUANG ZHENG 王光正 **(1949-)**
Chen, Ding ding 陈丁丁
Chen, Shi 陈湜
Huang, Rui 黄锐
Xiao wang 晓望

WANG, GUANG ZU 王光祖
Liu, Lin 柳林
Wang, Jing qiu 王劲秋

WANG, GUI 王贵 **(1950-)**
Si, Zhu 斯竹
Xin, Bu gan 辛不甘

WANG, GUI CHEN 王贵宸 **(1929-)**
Gui, Chen 桂忱

WANG, GUI RONG 王桂荣 **(1926-)**
Li gang 力冈

WANG, GUI SHENG 王贵生 **(1932-)**
Shu yuan 树元
Wang, Shu yuan 王树元

WANG, GUI XIAN 王桂仙 **(1953-)**
Wang, Hai ling 王海玲

Wang, Gui xin 汪癸辛
WANG, ZHAO MING 汪兆铭 **(1883-1944)**

Wang, Gui xin 汪桂辛
WANG, ZHAO MING 汪兆铭 **(1883-1944)**

WANG, GUI ZHEN 王贵珍 **(-1927)**
Pin qing 品青
Pin qing 聘卿
Wang, Pin qing 王品青
Wang, Pin qing 王聘卿

Wang, Gun fu 汪衮甫
WANG, RONG BAO 汪荣宝 **(1878-1933)**

Wang, Guo 王果
WANG, BEI QIU 王北秋 **(1927-)**

WANG, GUO FAN 王国璠
Wang, Pu an 王朴厂

WANG, GUO HUA 王国华 **(1963-)**
Lu, Song 鲁嵩

WANG, GUO MAO 王国冒 **(1914-)**
Wang, Yi feng 王易风
Yi feng 一锋

WANG, GUO QIANG 王国强
Du sha 渡沙

WANG, GUO QING 王国庆 **(1955-)**
Chen zhong 晨钟
Shi, Yi 石衣

WANG, GUO WEI 王国维 **(1877-1927)**
Bo yu fu 伯隅父
Fan, Zhi hou 樊志厚
Guan tang 观堂
Guo, Zhen 国桢
Jing an 静安
Jing an 静庵
Li tang 礼堂
Wang, Guo zhen 王国桢
Wang, Jing an 王静安
Wang, Jing an 王静庵
Wang, Yong guan 王永观
Wang, You an 王幼安
Yong guan 永观

WANG, GUO XIANG 王国祥 **(1937-)**
Dong fang, Ji xiao 东方既晓

WANG, GUO XIN 王国新 **(1949-)**
Bai, Quan 白泉

WANG, GUO XING 王国兴 **(1932-)**
Guo xing 国兴

WANG, GUO YING 王国璎 **(1941-)**
Ying luo 璎珞

WANG, GUO YUAN 汪国垣 **(1890-1966)**
Fang, Hu 方湖
Fang hu zhu ren 方湖主人
Wang, Bi jiang 汪辟疆

WANG, GUO ZHANG 王国璋 **(1925-)**
Wang, Cheng 王程
Xu, Lu 徐鹿
Zhang, Chi 张弛

Wang, Guo zhen 王国桢
WANG, GUO WEI 王国维 **(1877-1927)**

WANG, GUO ZHEN 汪国真 **(1956-)**
Xiao wang 晓望
Xiao wang 晓汪

Wang, Guo zhi 王果之
WANG, LAN 王蓝 **(1922-)**

Wang, Hai 王海
WANG, ZHEN HAI 王振海 **(1955-)**

Wang, Hai 王海
WANG, XI HAI 王希海 **(1963-)**

Wang, Hai bo 王海波
WANG, MAN BO 王曼波 **(1957-)**

Wang, Hai fan 王海帆
WANG, YU DAI 王毓岱 **(1845-1917)**

Wang, Hai lin 王海林
YANG, LI ZHOU 杨力舟 **(1942-)**

Wang, Hai ling 王海玲
WANG, GUI XIAN 王桂仙 **(1953-)**

WANG, HAI NAN 王海南 **(1943-)**
Hai, Nan 海南

Wang, Hai yan 王海燕
WANG, ZHAO QI 王肇歧 **(1933-)**

WANG, HAI YAN 王海燕 **(1960-)**
Han yi 涵逸

WANG, HAN 王汉 **(1883-1905)**
Nu tao 怒涛
Yong tao 湧涛
Zhu, An 竹庵

Wang, Han 王涵
SHAO, CHUAN LIE 邵传烈 **(1940-)**

Wang, Han cao 王寒操
HUANG, ZAI SHENG 黄载生 **(1945-1991)**

WANG, HAN CHEN 王汉臣 **(1920-)**
Si man 思曼
Wei fan 苇帆

WANG, HAN JIN 王汉金 **(1932-)**
Wang, Bi chuan 王碧川

Wang, Han qing 王涵清
WANG, RUI 王瑞 **(1915-)**

WANG, HAN QIONG 王汉琼
Leng, Lu 冷露

Wang, Han tong 王汉彤
WANG, YING ZHOU 王瀛洲

Wang, Han wen 汪汉雯
WANG, LUN 汪崙 **(1912-)**

Wang, Han xi 汪汉溪
WANG, LONG BIAO 汪龙标 **(1874?-1924)**

Wang, Han zhang 王汉章
WANG, CHONG HUAN 王崇焕

WANG, HAN ZHUO 王汉倬
Bai, Ping 白苹
Ren, Shi 任实

Wang, Hao 王昊
WANG, HAO 王灏 **(1927-)**

Wang, Hao 王浩
WANG, HAO YUE 王皓月 **(1934-)**

Wang, Hao 王浩
WANG, WAN FU 王万富 **(1946-)**

WANG, HAO 王灏 **(1927-)**
Heng shui 横水
Luo, Gu 罗谷

Wang, Hao 王昊
Wang hao 望昊
Xu, Mu 徐沐
Zhong, Wang xiang 钟王向

Wang, Hao 王灏
WANG, WAN FU 王万富 **(1946-)**

Wang hao 望昊
WANG, HAO 王灏 **(1927-)**

Wang, Hao han 汪浩瀚
WANG, YUN FENG 汪云峰

WANG, HAO WEI 王浩威 **(1960-)**
La fei ya 拉非亚
Tan, Shi 谭石

WANG, HAO YUE 王皓月 **(1934-)**
Hao yue 皓月
Wang, Hao 王浩

Wang, Hao zhi 王浩之
WANG, GONG WEI 王公维

Wang, He 王禾
NIE, DUO RAO 聂多饶 **(1929-)**

Wang, He 王何
WANG, KE REN 王可人 **(1928-)**

Wang, He 王和
CHENG, YI RONG 程一戎 **(1910-)**

Wang, He 王和
ZHANG, ZHI GE 张志革 **(1921-)**

WANG, HE 王赫
Da chi 大赤
Ren, Hua 任化

WANG, HE HE 王和合 **(1948-)**
Shen, Zhuo 沈卓
Zhen xue li 真学力

WANG, HE PING 王和平 **(1948-)**
Chen gu 晨谷
Nan, Shan 南山

WANG, HE PING 王和平 **(1961-)**
Wei ping 玮平

WANG, HE PING 王和平 **(1964-)**
He ping 河平

WANG, HE QUN 王合群 **(1953-)**
He qun 合群

Wang, He yi 王和义
CHEN, MU CHENG 陈木城 **(1955-)**

Wang, Heng 王恒
WANG, WEN JUN 王文俊 **(1957-)**

WANG, HENG 王珩 **(1930-)**
Wang, Shi qi 王世琦

WANG, HENG 王衡 **(1901-1944)**
Lu, Yan 鲁彦
Lu, Yan 鲁颜
Wang, Fan wo 王返我
Wang, Lu yan 王鲁彦
Wang, Lu yan 王鲁颜
Wang, Wang wo 王忘我

WANG, HENG JI 王恒基 **(1934-)**
Shi, Ying 石英
Zhao, Xi 赵熙

WANG, HENG SHENG 汪珩生 **(1924-1986)**
Ping, Yang zi 平阳子
Wang, Ya qing 汪亚青
Ya qing 亚青
Ya ting 亚汀

Wang, Hong 王弘
WANG, HONG 王鸿 **(1904-1986)**

Wang, Hong 王红
LIU, BAO DUAN 刘保端 **(1928-)**

Wang, Hong 王红
WANG, YU JI 王玉吉 **(1941?-)**

Wang, Hong 王虹
WANG, YONG SHENG 王永生 **(1930-1991)**

Wang, Hong 王虹
WANG, MING ZHU 王明珠 **(1939-)**

WANG, HONG 王鸿 **(1904-1986)**
Hu, Man 胡蛮
Hu man 祜曼
Hua, Pu 华普
Ku li 苦力
Wang, Fan 王凡
Wang, Hong 王弘
Wang, Jun chu 王钧初

WANG, HONG BIN 王红彬 **(1964-)**
Hong bing 红冰

WANG, HONG BIN 王洪彬 **(1935-)**
Xue mo 雪墨

WANG, HONG BO 王洪波 **(1940-)**
Shan tao 山涛

WANG, HONG HU 王鸿鹄
Gao, Sai 高塞

WANG, HONG JIA 王宏甲 **(1953-)**
Hong jia 宏甲

WANG, HONG JIAN 王宏建 **(1944-)**
Hong, Jian 洪建

Hong jian 弘鉴

WANG, HONG JIU 王紘久 **(1944-)**
Li, Zhuo 李拙
Wang, Tuo 王拓

WANG, HONG JUN 王洪钧 **(1922-)**
Jin, Fu 金夫

WANG, HONG MING 汪鸿明 **(1931-)**
Qi, Xue 祁雪
Wang, Jiang yue 望江月

WANG, HONG PU 王洪溥 **(1924-)**
Gong liang 公亮
Jiang, Feng 江枫
Tian, Yan 田炎
Wang, Huo 王火
Xu zhou 虚舟

WANG, HONG QING 王鸿卿 **(1917-1982)**
Wang, Lin 王琳
Wang, Lin 王林
Xu, Ge 徐歌

WANG, HONG RU 王洪如 **(1936-)**
Wang, Zhan 王湛

WANG, HONG SHI 王宏实
Hong shi 宏实

WANG, HONG TAO 王洪涛 **(1937-)**
Hong, Tao 洪涛
Wang, Yu ling 王玉岭
Yu ling 羽翎

WANG, HONG TAO 王鸿涛 **(1935-)**
Chen, Chuan 陈川
Qi ge 其格

Wang, Hong wen 王鸿文
WANG, PENG 王澎 **(1930-)**

WANG, HONG XUN 汪鸿勋 **(1907-)**
Wang, Ming zhu 汪铭竹

WANG, HONG YE 王洪叶 **(1947-)**
Hong, Ye 洪叶
Qiu, Feng 秋枫

WANG, HONG YUAN 王弘愿
Wang, Hong yuan 王宏愿
Wang, Shi yu 王师愈
Yuan wu ju shi 园五居士

Wang, Hong yuan 王宏愿
WANG, HONG YUAN 王弘愿

WANG, HONG ZHI 王宏志 **(1936-)**
Zi zi 孜孜

WANG, HOU CHANG 汪厚昌 **(1872-1943)**
Qie fu 切肤
Wang, Liao weng 汪瞭翁

Wang, Hua 王华
CHENG, XIU SHAN 程秀山 **(1912-1983)**

WANG, HUA 汪桦 **(1955-)**
Liao liao cun tong 了了村童

Wang, Hua dong 王华东
WANG, CHANG SHOU 王长寿

WANG, HUA FENG 王华峰 **(1929-)**
Hua, Yu 华雨
Wang, Kai 王凯
Wang, Kai 王恺

WANG, HUA GUANG 王华光 **(1918-)**
Bai, Yun 白云
Lü ren 旅人
Ruo fei 若非
Yi fan 一凡

Wang, Hua nan 王华南
WANG, YAN WEN 王延文 **(1917-)**

WANG, HUA QI 王化歧
Da wei 大维

Wang, Huai 王怀
WANG, JUN JIE 王俊傑 **(1927-)**

Wang, Huai 王怀
WANG, HUAI QING 王怀庆 **(1944-)**

Wang, Huai bing 王淮冰
WANG, JIA LIN 王家琳 **(1919-)**

WANG, HUAI DE 王怀德 **(1926-)**
Run fang 润芳
Wang, Yi sheng 王艺生
Yu sheng 雨声

WANG, HUAI MAN 王槐曼 **(1931-)**
Wang, Yu jie 王郁洁
Xi leng zhai 西冷斋
Zhang, Chang 张昌

WANG, HUAI QING 王怀庆 **(1944-)**
Wang, Huai 王怀

WANG, HUAI YI 王槐一 **(1941-)**
Bai, Huai 白槐

WANG, HUAI YING 汪怀英 **(1948-)**
Shang, Ying 尚瑛

WANG, HUAI ZHI 王怀志 **(1925-)**
Wang, Yan 王岩

Wang, Huan 王幻
WANG, JIA WEN 王家文 **(1927-)**

Wang, Huan 王嬛
WANG, YAN LIN 王炎林 **(1922-)**

WANG, HUAN BIAO 王焕镳 **(1900-1982)**
Jue wu 觉无
Wang, Jia wu 王驾吾
Yin chao 因巢

WANG, HUAN CHUN 王焕春 **(1942-)**
Wang, Jing fei 王竟飞

Wang, Huan dou 王焕斗
WANG, XIANG CHEN 王向辰 **(1908-1958)**

WANG, HUAN JUN 王焕均 **(1931-)**
Xiao, Yang 肖羊

Wang, Huan zhi 王焕之
WANG, WEI XIONG 王伟雄 **(1962-)**

Wang, Huang 王荒
WANG, JUN ZHU 王隽珠 **(1950-)**

Wang, Hui 王挥
YANG, YANG 杨扬 **(1933-)**

WANG, HUI 王晖 **(1960-)**
Xiao hui 晓晖

WANG, HUI 王晦 **(1888-1950?)**
Dun gen 钝根
Gen pan 根盘
Geng pei 耕培
Wang, Dun gen 王钝根
Wang, Yong jia 王永甲
Yong jia 永甲

WANG, HUI 王慧 **(1956-)**
Qing qiu 清秋
Xiao ai 小爱
Yi, Shui han 易水寒

Wang, Hui an 王晦庵
TANG, DUAN YI 唐端毅 **(1913-1992)**

WANG, HUI FENG 王惠风 **(-1942)**
Bai, Deng dao 白登道
Chen, Qing nong 陈清侬
Heng guang 横光
Lan, Tian yu 蓝田玉
Wang, Jun shi 王君实
Wang, Le yi 王乐怡
Wang, Xiu hui 王修慧
Zhu, Li ye 朱丽叶

WANG, HUI GUAN 王慧观
Hui guan 慧观

WANG, HUI JUN 王辉俊 **(1957-)**
Jin, Yin hua 金银花
Jun feng 峻峰

WANG, HUI MIN 王慧敏 **(1923-)**
Xin wen 心文

WANG, HUI PING 王惠萍 **(1946-)**
Ning, Xiao feng 宁小凤
Pu, Hui 浦惠

WANG, HUI PING 王惠萍 **(1958-)**
Yang, Di 杨笛

WANG, HUI QI 王慧骐 **(1954-)**
Xiao shan 晓山

WANG, HUI QIN 王慧芹 **(1932-)**
Zhi fu 智甫

WANG, HUI RONG 王惠蓉 **(1922-)**
Jian qing 剑清
Wang, Jian qing 王剑清

WANG, HUI XIA 王慧侠 **(1952-)**
Lü, Hui 吕荟

WANG, HUI ZHEN 王慧珍 **(1935-)**
Hua, Yin 华茵
Jing xin 晶心
Shen, Song 沈嵩

Wang, Huo 王火
WANG, HONG PU 王洪溥 **(1924-)**

Wang, Huo tu 王火土
WANG, ZAO 王灶 **(1938-)**

Wang, Ji 王季
WANG, JI 王楫

Wang, Ji 王济
HUANG, JIA BEN 黄家本 **(1926-)**

WANG, JI 王荠
Wang, Mei hen 王梅痕

Wang, Ji 王基
ZHENG, ZHEN DUO 郑振铎 **(1898-1958)**

WANG, JI 王楫
Wang, Ji 王季

Wang, Ji 王骥
CAO, YONG XIANG 曹永祥 **(1937-)**

Wang, Ji bing 王吉柄
WANG, XIANG CHEN 王向辰 **(1908-1958)**

WANG, JI CAN 王继粲 **(1924-)**
Wang, Lie 王烈
Wang, Yue dan 王月旦
You xuan 幼宣
Zuo, Xuan 左旋

Wang, Ji cheng 王吉呈
WANG, JI CHENG 王积成 **(1939-)**

WANG, JI CHENG 王积成 **(1939-)**
Ji, Wen 吉文
Wang, Ji cheng 王吉呈

Wang, Ji cong 王集丛
WANG, YI LIN 王义林 **(1906-1990)**

WANG, JI GAO 汪季高
Shuang tong guan zhu 双桐馆主

WANG, JI GENG 王济庚
Dan ying 丹影

WANG, JI GUANG 王继光 **(1938-)**
Ji, Guang 季光
Shi, Yu 史愚
Wang, Si yu 王思宇

Wang, Ji he 王缉和
WANG, YANG 王扬 **(1917-1986)**

Wang, Ji hua 王积华
YU, YAN 于雁 **(1931-)**

WANG, JI KU 王吉库 **(1950-)**
Wang, Xu dong 王旭东

WANG, JI LIN 王吉林 **(1926-)**
Li, Ming 黎明

WANG, JI LONG 王吉隆 **(1942-)**
Lü di 绿蒂

WANG, JI MEI 王济美 **(1933-)**
Wang, Qi 王齐

Wang, Ji qian 王己千
WANG, JI QUAN 王季铨 **(1907-)**

Wang, Ji qian 王纪千
WANG, JI QUAN 王季铨 **(1907-)**

Wang, Ji qian 王季迁
WANG, JI QUAN 王季铨 **(1907-)**

WANG, JI QIN 王吉秦 **(1954-)**
Jin, Mu 金木

WANG, JI QING 王纪卿 **(1953-)**
Xia, Zi 夏子

WANG, JI QUAN 王季铨 **(1907-)**
Wang, Ji qian 王季迁
Wang, Ji qian 王纪千
Wang, Ji qian 王己千

Wang, Ji ren 王吉人
ZHENG, SHU QIN 郑树钦 **(1942-)**

Wang, Ji ren 王纪人
WANG, JI REN 王纪仁 **(1940-)**

WANG, JI REN 王纪仁 **(1940-)**
Wang, Ji ren 王纪人

Wang, Ji ren 王继仁
WANG, YUN SHENG 王运生 **(1896-1946)**

WANG, JI SHA 王冀沙 **(1948-)**
Fou fou 否否
Ji, Ren 冀人

WANG, JI SHENG 王寄生 **(1918-)**
An dong ni ao 安东尼奥
Bai, Ren 白刃
Han kou 汉口
Lan, Mo 兰默
Tun leng 屯冷
Wang, Kui sheng 王馈生
Wang, Nian song 王年送
Wang, Shuang 王爽

Wang, Ji si 王季思
WANG, QI 王起 **(1906-1996)**

WANG, JI TING 王继庭 **(1953-)**
Jiang, Lang 江朗
Shi, Feng 时风
Wan, Qian 万千

WANG, JI TONG 王季同 **(1875-)**
Wang, Xiao xu 王小徐

WANG, JI WU 王继武 **(1944-)**
Xi shi 西石

WANG, JI WU 王辑五 **(1900-1981)**
Rui sheng 瑞生
Zhong, Rui 钟瑞

Wang, Ji xi 王吉曦
WANG, XIN MING 王新命 **(1892-1961)**

WANG, JI XIAO 王基孝 **(1930-)**
Jie xiao 杰晓
Wang, Ji xiao 王基笑
Zhu, Tian 竹天

Wang, Ji xiao 王基笑
WANG, JI XIAO 王基孝 **(1930-)**

Wang, Ji xin 汪季新
WANG, ZHAO MING 汪兆铭 **(1883-1944)**

WANG, JI XUAN 王寄玄 **(1916-1985)**
An, Wei 安危
Gan, Lian yi 干恋一
Ji xuan 寄玄
Wang, Qing chi 王庆墀
Yu, Yi fei 于一飞

WANG, JI YAO 王继尧 **(1921-)**
Ji yao 寄遥
Li, Qian 李茜
Lu, Guo 鲁果
Lu, Qi feng 鲁企风

Xiang, Yang 向阳

WANG, JI YE 王积业 (1929-)
Wang, Jie 王颉
Wang, Ling fei 王凌飞

WANG, JI YOU 王季友 (1910-1979)
Ming ding bing ding 酩酊兵丁
Song, Yu 宋玉
Wen, Ke shi 文可式
Xin yuan 馨园
Yi shi lou zhu 疑史楼主
Zhi yuan 芝园

WANG, JI YU 王季愚
Ji, Yu 季愚

WANG, JI YUAN 王济远 (1893-1975)
Ji yuan 济远

Wang, Ji zeng 王继曾
WANG, CHANG JIAN 王长简 (1910-1988)

WANG, JI ZHONG 王吉忠 (1953-)
Qu, Hong 曲宏
Zhuang, Zhong 庄钟

Wang, Ji zhu 王际主
WANG, YA NAN 王亚南 (1901-1969)

Wang, Ji zi 王季子
LI, JI 李季 (1894-)

Wang, Jia 王嘉
WANG, LIN TAI 王临泰 (1919-)

WANG, JIA BIN 王嘉宾 (1928-)
Wang, Jiao 王皎

WANG, JIA CAI 汪家材 (1891-1941)
Ku liu hua guan 苦榴花馆
Tong chen 恸尘
Tong sheng 恸生

Wang, Jia dian 王加点
MIN, YU RU 闵玉如 (1912-)

WANG, JIA GAN 王家干
Jia gan 佳甘

Wang, Jia he 王加和
CHENG, YI RONG 程一戎 (1910-)

WANG, JIA HONG 王家鸿
Qu lu 劬庐
Zhong, Wen 仲文

Wang, Jia jin 汪家瑾
WANG, YUAN FANG 汪原放 (1897-1980)

WANG, JIA LIN 王家琳 (1919-)
Tan, Bing 谈兵
Wang, Huai bing 王淮冰

Xue zhi 学知

WANG, JIA LUN 王家伦 (1933-)
Jia lun 加伦

WANG, JIA MAO 王家茂 (1906-)
Gong yu 贡予
Wang, Gan yu 王赣愚

WANG, JIA PU 王家璞 (1927-)
Wang, Zhi yu 王质玉

WANG, JIA REN 王家仁
Ye, Bing 叶兵
Ye, Wei xing 叶未行

WANG, JIA SHENG 王家声 (1933-)
Wang, Sheng 王声

Wang, Jia shui 王加水
WANG, ZHI 汪志 (1945-)

Wang, Jia tu 王甲土
ZHAO, SHU LI 赵树礼 (1906-1970)

Wang, Jia wei 王假维
GUO, MO RUO 郭沫若 (1892-1978)

WANG, JIA WEN 王家文 (1927-)
Wang, Huan 王幻

Wang, Jia wu 王驾吾
WANG, HUAN BIAO 王焕镳 (1900-1982)

Wang, Jia xiang 王家祥
WANG, FANG XUN 王放勋 (1917-)

WANG, JIA XIANG 王家祥 (1953-)
Li, Hua 黎铧

WANG, JIA XIANG 王家祥 (1966-)
Li, Xiang 李详
Yun, Shui 云水

WANG, JIA XIANG 王嘉祥 (1906-1974)
Ding xin 鼎新
Jia qiang 稼蔷
Jia su 家肃
Jia xiang 驾翔
Jia xiang 家祥
Wang, Jia xiang 王稼祥
Wang, Zhen sheng 王振生
Xiang 祥

Wang, Jia xiang 王稼祥
WANG, JIA XIANG 王嘉祥 (1906-1974)

WANG, JIA XIN 王家新 (1957-)
Zi an 子岸

Wang, Jia yan 王家棪
CHENG, ZHUO RU 程灼如 (1924-)

WANG, JIA YI 王家怡

Ou yang, Er chun 欧阳二春

WANG, JIA YI 王嘉禕（　　-1922）
Hui seng 慧僧
Wan seng 顽僧
Wang, Wei chen 王伟忱
Wang, Wei chen 王维忱
Wei ren 伟人
Wei sheng 伟生

WANG, JIA YIN 王嘉荫（1911-1976）
Chi gong 痴公
Wang, Yin zhi 王荫之

WANG, JIA YING 王家莹（1928-　　）
Yan tao 彦陶

WANG, JIA YU 王家棫（1907-　　）
Jia yu 家棫
Pu ren 朴人
Wang, Sun 王孙

Wang, Jia yun 王家蕴
WANG, YI GANG 王以刚（1895-1943）

Wang jiang yue 望江月
WANG, FU YUAN 王赋元（1930-　　）

WANG, JIAN 王建（1952-　　）
Xiao jian 晓剑

WANG, JIAN 王俭（1958-　　）
Yi tu 一土

WANG, JIAN 王剑（1947-　　）
Jian ge 剑歌
Shang, Fang 尚方

Wang, Jian 王剑
WANG, JIAN GUO 王建国（1952-　　）

WANG, JIAN 王健（1924-　　）
Shi xing 士行

Wang, Jian 王涧
WANG, JUN JIAN 王军健（1952-　　）

WANG, JIAN 王鉴（1903-1975）
Leng lu zhu ren 冷庐主人
Shu, Xue 舒学
Wang, Song min 王颂民
Wang, Song wen 王颂文
Wang, You san 王有三
Wang, Zhen yu 王振宇
Wang, Zhong min 王重民
Zhong min 重民
Zhong wen 重闻

WANG, JIAN 王鉴（1928-　　）
Zhi shan 至善
Zi zhao 子照

WANG, JIAN 汪鋑（1916-1966）
Ji, Keng 季铿

WANG, JIAN GUO 王建国（1926-　　）
Qu, Chen 曲辰

WANG, JIAN GUO 王建国（1934-　　）
Wang, Shu quan 王树权

WANG, JIAN GUO 王建国（1952-　　）
Wang, Jian 王剑
Wang, Jing 王競

WANG, JIAN GUO 王建国（1959-　　）
Chen shi 沉石

WANG, JIAN HONG 王涧泓（1946-　　）
Liu, Ming chan 柳鸣蝉
Qiu, Liang 秋凉
Wu, Zhe 吴辙
Yi zi 宜子

WANG, JIAN HUA 王建华（1941-　　）
Lu ya zi 芦芽子
Mo, Ren 墨人
Tie shu hua 铁树花

WANG, JIAN HUA 王建华（1954-　　）
Shi, Tou 石头

WANG, JIAN HUI 王坚辉（1933-　　）
Xin, Yi 辛夷

WANG, JIAN JIA 王建家（1940-　　）
Dan chi 丹赤

WANG, JIAN LU 王建禄（1891-1969）
Wang, Lao jiu 王老九

WANG, JIAN MING 汪剑鸣
Hong xiao 红绡
Lu, Hen sheng 鲁恨生
Wang, Jing xing 汪景星
Xia, Feng 夏风

WANG, JIAN PING 王建平（1963-　　）
Jing hong 静泓

Wang, Jian qing 王剑清
WANG, HUI RONG 王惠蓉（1922-　　）

Wang, Jian qiu 王剑秋
SHEN, HUI CHUN 沈会春（1902-1965）

Wang, Jian san 王剑三
WANG, TONG ZHAO 王统照（1897-1957）

WANG, JIAN WU 王建武
Mo, Bo 墨波

Wang, Jian xian 王健先
WANG, TONG ZHAO 王统照（1897-1957）

Wang, Jian Xian 王鉴贤
WANG, TONG ZHAO 王统照 **(1897-1957)**

WANG, JIAN XING 王健行 **(1916-)**
Wang, Fang zi 王仿子

WANG, JIAN YU 王建裕
Qing yun 卿云

WANG, JIANG HAN 王江汉
Yi wen 逸文

Wang, Jiang jing 王江泾
WANG, DUN QING 王敦庆 **(1898-1990)**

WANG, JIANG SHUI 王江水 **(1950-)**
Jiang, Shui 江水

Wang Jiang yue 望江月
WANG, HONG MING 汪鸿明 **(1931-)**

Wang, Jiao 王皎
WANG, JIA BIN 王嘉宾 **(1928-)**

Wang, Jiao xin 王蕉心
WANG, MENG JI 王梦吉

Wang, Jie 王介
AI XIN JUE LUO, YU TONG 爱新觉罗毓桐 **(1912-)**

Wang, Jie 王杰
WANG, DU CHUN 王笃纯 **(1934-)**

WANG, JIE 王杰 **(1960-)**
Chun zi 春子
Zheng, Yu 郑豫

Wang, Jie 王洁
WANG, YU QING 王玉卿 **(1911-)**

Wang, Jie 王颉
WANG, JI YE 王积业 **(1929-)**

WANG, JIE FANG 王解放 **(1950-)**
Wang, Fang 王芳

WANG, JIE LIU 王节流 **(1944-)**
Jie liu 节流

WANG, JIE XIN 王洁心 **(1927-)**
Gu, Lan 谷兰
Hai, Lian 海莲
Hu, Hua 胡画
Xiao, Yao 萧瑶

Wang, Jie yu 王洁予
WANG, ZENG YUAN 王曾远 **(1909-1937)**

Wang, Jin 王今
WANG, SHU XIN 王树鑫 **(1925-)**

Wang, Jin bao 王金豹
WANG, JIN XU 王金旭 **(1939-)**

WANG, JIN BO 王金波 **(1935-)**
Jin, Bo 金波

WANG, JIN CHANG 王进昌 **(1922-)**
Wang, Ge 王葛

Wang, Jin chuan 王进川
LIU, JIN ZHEN 刘金圳

Wang, Jin ding 汪金丁
WANG, LIN XI 汪林锡 **(1909-)**

WANG, JIN FA 王锦发
Qiu, Yi han 丘易寒

Wang, Jin feng 王金凤
JIANG, LI JUN 蒋励君 **(1928-)**

WANG, JIN FENG 王晋枫 **(1927-)**
Li qi 粒奇
Zhi hua 志化

WANG, JIN FU 王金绂 **(1894-)**
Wang, Xiang bo 王祥伯
Xiang bo 祥伯

WANG, JIN HE 王瑾和 **(1940-)**
Sha, Feng 沙峰
Wang, Fu he 王福和

Wang, Jin jiang 王锦江
WANG, SHI LANG 王诗琅 **(1908-1984)**

WANG, JIN JUN 王晋军 **(1957-)**
Jian he 涧河
Long, Ping 龙坪
Wang, Zi 王子
Wang, Zi 王梓

WANG, JIN LIN 王金林 **(1935-)**
Lin, Yin 林隐

Wang, Jin lu 王金璐
WANG, QING LU 王庆禄 **(1919-)**

Wang, Jin mei 王尽美
WANG, RUI JUN 王瑞俊 **(1898-1925)**

Wang, Jin mei 王烬美
WANG, RUI JUN 王瑞俊 **(1898-1925)**

Wang, Jin mei 王烬梅
WANG, RUI JUN 王瑞俊 **(1898-1925)**

WANG, JIN MIN 王晋民 **(1936-)**
Jing ming 静鸣

Wang, Jin mu 王金穆
DAI, BING HENG 戴秉衡 **(1926-)**

WANG, JIN PING 王金平 **(1946-)**
Jin, Ping 金平
Wang, Bing yi 王炳毅
Wang, Yi 王毅

Wang, Jin qi 王金琦
JIN, QI 金琦

Wang, Jin qing 王晋卿
WANG, SHU NAN 王树枏 **(1851-1936)**

WANG, JIN REN 王尽仁 **(1930-)**
Wang, Shao 王绍

WANG, JIN SHAN 王进珊 **(1906-)**
Shan 珊

WANG, JIN SHENG 王进生 **(1935-)**
Ai, Mu 艾牧
Bai, Hui 白辉
Mao, Lu 茅芦
Shi bing 混冰
Wang, Mo feng 王默讽
Zhang, Xiao wen 张孝文

WANG, JIN SHENG 王金声 **(1930-)**
Ping, Fan 平凡

WANG, JIN SHUI 王金水 **(1906-1982)**
Guan lan 观澜

Wang, Jin tao 汪金涛
SHI, RUO MING 施若铭 **(1922-)**

WANG, JIN XIANG 王金湘 **(1947-)**
Mu mu 木目

WANG, JIN XU 王金旭 **(1939-)**
Wang, Jin bao 王金豹

Wang, Jin yu 王金羽
WANG, JUN YU 王均宇

WANG, JIN YUN 王锦云 **(1917-)**
Dan feng 丹枫
Ji, Yun 吉云
Tian, Wu 田芜

Wang, Jin zhu 王近朱
WANG, XING YE 王兴业 **(1924-)**

WANG, JIN ZHU 王金柱 **(1954-)**
Ji lu 棘路
Jin zhu 今祝
Jing zhu 荆竹
Zuo ren 佐人

Wang, Jing 王井
WANG, JING REN 王景任 **(1913-)**

Wang, Jing 王京
WANG, GAN CHANG 王淦昌 **(1907-)**

Wang, Jing 王京
HE, XING CONG 何兴琮 **(1921-)**

Wang, Jing 王荆
WANG, JING SHAN 王景山 **(1924-)**

WANG, JING 王竟
Shu, An 疏盦
Xiao shu 笑疏
Wang, Xiao su 王啸苏

Wang, Jing 王敬
ZHAO, SHU LI 赵树礼 **(1906-1970)**

WANG, JING 王靖
Li qing 立青
Mei, Hun 梅魂
Mei hun 槑魂
Wang, Mei hun 王梅魂

Wang, Jing 王兢
WANG, JIAN GUO 王建国 **(1952-)**

Wang, Jing an 王静安
WANG, GUO WEI 王国维 **(1877-1927)**

Wang, Jing an 王静庵
WANG, GUO WEI 王国维 **(1877-1927)**

WANG, JING BIN 王景斌 **(1953-)**
Bi an 彼岸
Jing, Bin 景斌

Wang, Jing bo 王景波
YIN, KUAN 尹宽

WANG, JING CHAO 王景超
Yan, Qi yi 燕栖夷

WANG, JING CHUAN 王经川 **(1914-1984)**
Wei, Bo 魏伯
Wei lu 玮璐
Wei lu 玮路

Wang, Jing fei 王竟飞
WANG, HUAN CHUN 王焕春 **(1942-)**

Wang, Jing feng 王景枫
WANG, JING FENG 王景峰 **(1943-)**

WANG, JING FENG 王景峰 **(1943-)**
Wang, Jing feng 王景枫

WANG, JING HUA 王境华 **(1947-)**
Chao ran 超然
Jing hua 璟华

Wang, Jing lin 王景林
CAI, XI LIN 蔡西林 **(1940-)**

WANG, JING LIN 王璟琳 **(1931-)**
Kang jin 亢进

WANG, JING LONG 王景隆 **(1928-1957)**
Xiang, Yi 向一

Wang, Jing qiu 王劲秋
WANG, GUANG ZU 王光祖

WANG, JING REN 王景任 (1913-)
Wang, Jing 王井

Wang, Jing ru 王静如
WANG, ZHEN YU 王振宇 (1903-1990)

WANG, JING SHAN 王景山 (1924-)
Ai, Huang 艾簧
Chun shan 春山
Jing san 敬三
Jing, Shan 景山
Jing, Shan 荆山
Lu, Feng 鲁峰
Lu, Feng 鲁锋
Nan, Ming 南明
Qing shan 青山
Su, Qi 苏起
Su, Wei 苏为
Wang, Jing 王荆
Xiao, Min 萧民
Yang, Qi 扬旗
Yang zhi 仰之
Yin, Ming 尹明
Ying, Qi 应起
Ying, Wei 应为

WANG, JING TANG 王敬塘 (1917-)
Wang, Er sheng 王二生

WANG, JING TAO 王景陶 (1948-)
A tao 阿陶
Hong feng 红峰
Ju ren 菊人
Tong xin 仝新

WANG, JING TAO 王警涛
Jing tao 警涛

Wang, Jing wei 汪精卫
WANG, ZHAO MING 汪兆铭 (1883-1944)

WANG, JING WEN 王敬文 (1936-)
Fang, Lin 方林
Yu tian 雨田

WANG, JING XI 王敬義 (1933-)
Du, Yi 杜衣
Mi lu 麋鹿
Tang, Xia 唐侠

WANG, JING XI 汪敬熙 (1897-1968)
Ji zhai 缉斋
K. S.

WANG, JING XIAN 王靖献 (1940-)
Can san 残三
Yang, Mu 杨牧
Ye, Shan 叶珊

WANG, JING XIANG 王竟祥 (1925-)
Wang, Li 王立

Wang, Jing xing 汪景星
WANG, JIAN MING 汪剑鸣

Wang, Jing xuan 王敬轩
QIAN, XUAN TONG 钱玄同 (1887-1939)

WANG, JING YAN 王荆岩 (1935-)
Lü ye 绿野

Wang, Jing ye 王静野
WANG, PING 王萍 (1919-)

WANG, JING YU 汪敬虞 (1917-)
Wang, Fu sun 汪馥荪

Wang, Jing yuan 王敬源
WANG, MAN YING 王满盈 (1965-)

WANG, JING ZHI 王静芝 (1916-)
Fang, Shu 方曙
Shuang mao lou zhu 霜茂楼主
Wang, Da an 王大安
Wang, Fang shu 王方曙
Wang, Yong shu 王永曙

Wang, Jing zhi 汪静之
WANG, LI AN 江立安 (1902-)

WANG, JING ZHONG 王精忠 (1933-)
Lan, Tian 蓝天

Wang, Jing zhuang 王静莊
WANG, JUN QING 王濬卿

Wang, Jiu 王九
WANG, MENG GU 王梦古 (1902-)

Wang, Jiu 王久
LI, TIAN MIN 李天民 (1920-)

WANG, JIU CHENG 王九成 (1965-)
Lao jiu 老九

WANG, JIU RU 王九如 (1892-1968)
Jin, Cai 金才
Wang, Zun san 王尊三
Yu, Jia bi 于家璧

WANG, JIU XIA 王久侠 (1967-)
Wang, Xiao xia 王晓霞

WANG, JIU XING 王玖兴 (1916-)
Qian fu 谦夫
Xu dong 旭东

Wang, Jiu yang 王九阳
WANG, RONG GUI 王荣贵 (1939-)

WANG, JIU YU 王久馀 (1921-)
Dan, Li nu 但犁努
Dan, Lu 但路

Dong nan xi 东南西
Li 犁
Li, Nu 犁努
Lu, Ding 路丁
Nu ding 努丁
Tian, Li 田离
Tian, Li 田篱
W Y
W Wang W王
Wang, Tian 王田
Wang, Yu 王余
Wang, Yu 王郁
Wang, Yu 王餘
Y Yu Y郁
Yu, Li 余篱
Yu, Yi chuan 余一川
Yu, Yu 郁余

Wang, Jiu yuan 王玖原
SHEN, CONG WEN 沈从文 **(1902-1988)**

Wang, Ju 王钜
WANG, SONG LIN 王松林 **(1946-)**

WANG, JU CHUN 王举春 **(1936-)**
Mu ran 木然

Wang, Jue 王决
WANG, MENG MING 王孟明 **(1923-)**

Wang, Jue 王珏
ZOU, SHAO CHEN 邹绍臣 **(1926-)**

Wang, Jue 王珏
WANG, XIAN ZHONG 王献忠 **(1934-)**

Wang, Jue 王觉
WANG, DA JI 王大勣 **(1921-)**

WANG, JUE YUAN 王觉源
Jue yuan 觉源

Wang, Jun 王军
LIU, TIE HUA 刘铁华 **(1915-)**

WANG, JUN 王军 **(1959-)**
Lin, Xi 林夕

Wang, Jun 王君
WANG, QIU JUN 王秋君 **(1959-)**

Wang, Jun 王均
WANG, JUN 王鋆 **(1922-)**

Wang, Jun 王钧
YE, SHAO JUN 叶绍钧 **(1894-1988)**

Wang, Jun 王骏
WANG, GUANG MING 王光明 **(1946-)**

WANG, JUN 王鋆 **(1922-)**
Wang, Jun 王均

WANG, JUN 王濬 **(1925-1983)**
Ji, Huai min 纪怀民

Wang, Jun chu 王钧初
WANG, HONG 王鸿 **(1904-1986)**

WANG, JUN FENG 王俊峰 **(1923-)**
Huai, Gu 怀谷
Lin, Yan 林巖
Wang, Jun feng 王峻峰
Wei yan 微言

Wang, Jun feng 王峻峰
WANG, JUN FENG 王俊峰 **(1923-)**

Wang, Jun feng 王峻峰
WANG, YUN SHAN 王云山 **(1932-)**

Wang, Jun fu 王君父
WANG, ZI HENG 王子恒 **(1921-)**

WANG, JUN GANG 王君纲
Qi huai 绮怀

WANG, JUN GAO 王俊高 **(1954-)**
Jun gao 峻高

WANG, JUN JIAN 王军健 **(1952-)**
Wang, Jian 王涧

WANG, JUN JIE 王俊傑 **(1927-)**
Chen, Ren 陈人
Chuan xi 川曦
Fan ying 帆影
Huai, De 怀德
Jun shao 君绍
Jun ying 君影
Lan, Ye 蓝叶
Ming zhi 铭志
Nan, Shan 南山
Wang, Huai 王怀
Wang, Zhong 王中
Yi sheng 艺声
Zhong tian 中天

WANG, JUN LIANG 王俊亮
Yong liang 永亮

Wang, Jun ming 王军名
WANG, ZI CHENG 王自成 **(1915-)**

WANG, JUN NIAN 王俊年 **(1933-)**
Huang yuan 荒原
Lu, Bai 鲁白
Mu na 木纳

WANG, JUN PING 王均平 **(1907-)**
Huang, He 黄河
Ping, Wen 平文
Yi tian 一天

Wang, Jun qiang 王君强
WANG, YING XIU 王英秀 **(1924-)**

Wang, Jun qing 王均卿
WANG, WEN RU 王文濡

WANG, JUN QING 王濬卿
Ba bao wang lang 八宝王郎
Wang, Jing zhuang 王静莊

WANG, JUN SHENG 王俊生 **(1930-)**
Jing tian 静恬

Wang, Jun shi 王君实
WANG, HUI FENG 王惠风 **(-1942)**

Wang, Jun wen 王隽闻
WANG, XIANG LIN 王相林 **(1909-1984)**

WANG, JUN YI 王君毅
Jun yi 郡仪

Wang, Jun ying 王俊英
WANG, YU ZHI 王玉芝 **(1927-)**

Wang, Jun yu 王军余
WANG, QING TU 王庆图 **(1881-1969)**

WANG, JUN YU 王君玉
Ji tang 继唐

WANG, JUN YU 王均宇
Wang, Jin yu 王金羽

WANG, JUN YUAN 王钧元 **(1919-1971)**
Wang, Zong yuan 王宗元

WANG, JUN ZHEN 王均镇 **(1952-)**
Lu, Yan 鲁燕

WANG, JUN ZHU 王隽珠 **(1950-)**
Huang ren 荒人
Wang, Huang 王荒

Wang, Kai 王凯
WANG, HUA FENG 王华峰 **(1929-)**

Wang, Kai 王恺
WANG, HUA FENG 王华峰 **(1929-)**

WANG, KAI 王锴 **(1942-)**
Jin, Jie 金皆
Mai, Xie kai 麦歇锴

WANG, KAI CHUAN 王凯传 **(1935-)**
Kai chuan 凯传

WANG, KAI JING 汪开竞 **(1912-1976)**
Jin, Hui wu 金惠吾
Ke quan 克铨
Luo ren 落人
Nan dao ju shi 南岛居士
Shen liang 慎良
Tao, Ran 陶然
Yi, Teng 依藤
Zheng zheng 丁丁
Zhong, Ping 仲平

WANG, KAI NAN 王铠男
Kai nan 铠男

WANG, KAI YAN 王开炎
Wang, Ran 王然

WANG, KAI ZHU 王铠珠 **(1952-)**
Lin, Feng 林风

Wang, Kan 王侃
WANG, ZI KAI 王子恺 **(1935-)**

WANG, KAN DE 王坎德 **(1939-)**
Luo hui 洛惠

Wang, Kang 王亢
WANG, YAN LIN 王炎林 **(1922-)**

WANG, KANG 王康 **(1919-)**
Shi, Jing 史靖
Wang, Nian kun 王念昆

WANG, KANG FU 王抗夫
Kang fu 抗大
Wang, Qi shi 王弃石
Wang, Yi zhong 王艺钟
Yi zhong 艺钟

WANG, KANG LE 王康乐 **(1907-)**
Kuai lü 快绿

WANG, KANG NIAN 汪康年 **(1860-1911)**
Chu, Guan 初官
Hao nian 灏年
Hui bo 恢伯
Kang, Nian 康年
Liang, Qing 梁卿
Rang qing 穰卿
Xing zui sheng 醒醉生
Yi bai 毅白
Yi bo 毅伯

Wang, Ke 王轲
YAO, YU XIANG 姚玉祥 **(1915-)**

Wang, Ke 王珂
LU, RU YIN 卢汝吟 **(1918-)**

Wang, Ke an 王克安
WANG, KE QING 王克庆 **(1933-)**

WANG, KE CHENG 王克澄 **(1931-)**
Lao, Si 劳思

WANG, KE FAN 王克范
Jin ren 矜人

WANG, KE FEI 王克非 **(1933-)**

Wang, Ya 王亚

WANG, KE FEN 王克芬 **(1927-)**
A fen 阿芬

Wang, Ke fu 王可夫
WANG, CHENG ZHOU 王承周 **(1921-)**

WANG, KE LANG 王克浪 **(1913-)**
Ji bai 既白
Yi fu 怿夫
Yu, Yi 于一
Zi gong 子贡

WANG, KE MING 王克明 **(1950-)**
Ke ming 刻铭
Wang, Ke ming 王刻铭

Wang, Ke ming 王刻铭
WANG, KE MING 王克明 **(1950-)**

Wang, Ke nan 王克南
WANG, SHOU HUA 王寿华 **(1918-)**

Wang, Ke ning 王克宁
WANG, REN SHU 王任叔 **(1901-1972)**

WANG, KE QI 王克岐 **(1927-)**
Wang, Yang 汪洋

WANG, KE QIAN 王克千 **(1930-)**
Ke, Qian 柯千

Wang, Ke qin 王克勤
YU, ZHI HUA 喻志华 **(1913-1974)**

WANG, KE QIN 王克勤 **(1938-)**
Chi fu 痴夫

WANG, KE QING 王克庆 **(1933-)**
Tie jiang 铁匠
Wang, Ke an 王克安

Wang, Ke qiu 王可秋
WANG, LE XIAN 王乐先

WANG, KE RANG 汪克让 **(1946-)**
Gong jian 恭俭
Shui, Wang 水王

WANG, KE REN 王可人 **(1928-)**
Wang, He 王何

WANG, KE REN 王克仁 **(1907-)**
Chang bai san ren 长白散人
Chun bing 春冰
Chun mu 春沐
Wang, Mu 王沐
Wang, Yi nuan 王沂暖
Yang zheng shi zhu ren 养正室主人

WANG, KE WU 王克武 **(1939-)**
CAMERA

Ke meng na 克梦娜

Wang, Ke xun 王克洵
YU, ZHI HUA 喻志华 **(1913-1974)**

Wang, Ke xun 王克珣
YU, ZHI HUA 喻志华 **(1913-1974)**

Wang, Ken 王肯
WANG, XING YE 王兴业 **(1924-)**

Wang, Kuai ren 王快人
GU, LI GAO 顾立高 **(1923-)**

Wang, Kui sheng 王馈生
WANG, JI SHENG 王寄生 **(1918-)**

WANG, KUI ZHUO 王奎卓 **(1931-)**
Wang, Zhuo 王卓

Wang, Kun 王坤
WANG, FU KUN 王富坤 **(1934-)**

WANG, KUN 王琨 **(1940-)**
Jin chi 斤斥

WANG, KUN CHENG 王堃骋 **(1912-)**
Kun lun mu fu 崑崙牧夫

Wang, Kun lun 王崑崙
WANG, RU YU 王汝玙 **(1902-1985)**

Wang, Lan 王兰
XU, JUN XUN 徐君勋 **(1925-)**

Wang, Lan 王兰
WANG, FENG LAN 王凤兰 **(1941-)**

Wang, Lan 王岚
WANG, SHEN PEI 王申培 **(1947-)**

WANG, LAN 王蓝 **(1922-)**
Guo, Zhi 果之
Huang, Lan 黄蓝
Wang, Guo zhi 王果之

WANG, LAN RUO 王兰若 **(1911-)**
Ai lü cao tang zhu 爱绿草堂主
Tao, Tang 陶唐

Wang, Lao ji 王老吉
SHEN, DUAN XIAN 沈端先 **(1900-1995)**

Wang, Lao ji 汪老吉
SHEN, DUAN XIAN 沈端先 **(1900-1995)**

Wang, Lao jiu 王老九
WANG, JIAN LU 王建禄 **(1891-1969)**

WANG, LE BIN 王乐宾 **(1927-)**
Gu, Ting 谷汀
Liao, Gu ying 辽谷鹰
Shao, Mo xia 邵默夏

WANG, LE TAO 王乐匋 **(1921-)**
Lao tao 老匋
Mo an 默庵

WANG, LE TIAN 王乐天 **(1917-1990)**
Chun lei 春蕾
Lan, Ben 蓝本
Shi, Cheng 石城
Shi, Jiang 石江

WANG, LE XIAN 王乐先
Wang, Bei yu 王北羽
Wang, Ke qiu 王可秋

Wang, Le yi 王乐怡
WANG, HUI FENG 王惠风 **(-1942)**

Wang, Lei 王雷
WANG, YU TIAN 王雨田 **(1928-)**

Wang, Lei 王蕾
WANG, ZI XUE 王子学 **(1943-)**

WANG, LEI JIA 王蕾嘉 **(1906-)**
Ai fu fu ren 艾芙夫人
Lei jia 蕾嘉
Luo hua 洛华
Luo zi 洛子
Wang, Xian kui 王显葵
Xiang, Chen 向忱

Wang, Lei zhi 王磊之
CHENG, FU CHUN 程扶錞 **(1928-)**

WANG, LI 王力 **(1900-1986)**
Long chong bing diao zhai 龙虫并雕斋
Wang, Liao yi 王了一
Wang, Xiang han 王祥汉
Wang, Xiang ying 王祥英
Wang, Xie 王协
Wang, Zi wu 王子武

Wang, Li 王力
WANG, LIN DONG 王麟东 **(1920-1968)**

Wang, Li 王力
WANG, GUANG BIN 王光宾 **(1921-)**

Wang, Li 王立
WANG, ZHEN SHENG 王鍼生 **(1905-1986)**

Wang, Li 王立
WANG, JING XIANG 王竟祥 **(1925-)**

WANG, LI 王丽 **(1963-)**
Li, Qiu 黎秋
Mao, Li 毛丽

Wang, Li 王里
XU, ZHI RONG 许智荣 **(1936-)**

Wang, Li 王莉
WANG, LI PING 王立平 **(1967-)**

Wang, Li 王犁
WANG, GUANG BIN 王光宾 **(1921-)**

WANG, LI AN 汪立安 **(1902-)**
Jing zhi 静之
Jing zhi 静芝
Ku mi 苦蜜
Shu dai zi 书呆子
Wang, Jing zhi 汪静之
Yi wen 逸文
Zhu shu chong 蛀书虫

WANG, LI BAO 王立宝 **(1943-)**
Hua, Shi 华实

WANG, LI CAI 王立才 **(1944-)**
Mo, Fan 墨凡

WANG, LI DAO 王立道 **(1931-)**
Chou shi 愁石

WANG, LI EN 王立恩 **(1929-)**
Tian kuang 天贶
Wang, Guan ya 王冠亚
Wang, Yi 王乙

Wang, Li fen 王黎焚
WANG, ZHENG 王正 **(1930-)**

WANG, LI GANG 王立纲 **(1934-)**
Chu, Zhi 初知
Jin, Zhong 金钟

WANG, LI HUA 王利华 **(1942-)**
Wang, Shan jia 王山佳

WANG, LI JUN 王立军 **(1970-)**
Lao hu 老虎
Xiao ping 小平

WANG, LI KANG 汪立康 **(1927-)**
Chai, Feng 柴逢
Li, Hang 栗杭
Li, Kang 栗康

WANG, LI KUN 王丽坤 **(1952-)**
Fang, Fang tu 方方土

WANG, LI MIN 王立敏 **(1954-)**
Xian yun 闲云

WANG, LI MIN 王笠民
Li min 笠民
Yi ou 一沤

Wang, Li min 王黎民
FENG, XUE FENG 冯雪峰 **(1903-1976)**

WANG, LI MING 王黎明 **(1948-)**
Su, You 苏由

WANG, LI PING 王立平 (1967-)
Wang, Li 王莉
Yue, Tian 乐天

WANG, LI PU 王礼溥
Xiao, Mo 萧默

Wang, Li qi 王力器
WANG, LI QI 王利器 (1912-)

Wang, Li qi 王礼器
WANG, LI QI 王利器 (1912-)

WANG, LI QI 王利器 (1912-)
Wang, Li qi 王礼器
Wang, Li qi 王力器
Wang, Xiao chuan 王晓传
Yong feng 永丰

Wang, Li qian 王礼谦
WANG, SHI LANG 王诗琅 (1908-1984)

WANG, LI QIU 王理求 (1937-)
Jian zhi 践之
Qiu xin lao ren 秋心老人

Wang, Li shan 王力山
WANG, WEN XIAN 王文显 (1886-1968)

WANG, LI XI 王礼锡 (1901-1939)
Li xi 礼锡
S W
Tuan jin 抟今
Wang, Shelley
Wang, Shu san 王庶三
Wang, Tuan jin 王搏今

WANG, LI XING 王立行 (1928-)
Zhou, Yu kuan 周裕宽

WANG, LI XIONG 王力雄
Bao, Mi 保密

WANG, LI YUN 王笠耘 (1927-)
Ye, Yun 叶耘

Wang, Li zao 王立早
HU, SHI ZHANG 胡士璋 (1924-)

WANG, LI ZENG 王礼曾 (1921-)
Wang, Wen shi 王汶石
Wang, Zhong bin 王仲斌
Wen shi 汶石
Zhong, Bin 仲斌

WANG, LI ZHI 王立志 (1941-)
Geng chang zi 庚长子

WANG, LI ZHONG 王立中 (1935-)
Wang, Shao 王少

WANG, LI ZHONG 王立忠 (1922-)
Meng, Shi 孟实

Wang, Lian 王炼
WANG, SHU XIN 王树鑫 (1925-)

WANG, LIAN 王莲
He qing 荷卿

WANG, LIAN FENG 王连锋 (1940-)
Yi hen 亦痕

Wang, Lian ping 王连平
WANG, XI YIN 王喜垠 (1898-)

WANG, LIAN QIAO 王连乔
Ya xing zhi 亚兴智

Wang, Lian yi 王联谊
WANG, NIAN YI 王年一 (1932-)

WANG, LIANG JIN 王良瑾 (1932-)
Lin, Jin 蔺瑾

Wang, Liang nian 王良念
WANG, ZUO MIN 王作民

WANG, LIANG QIU 王良球
Wang, Wei min 王维民
Wei min 维民

Wang liao 望辽
FENG, YE XIN 冯叶莘 (1917-1989)

WANG, LIAO SHENG 王辽生 (1930-)
Fei, Li 费力
Liao liao 辽辽

Wang, Liao weng 汪瞭翁
WANG, HOU CHANG 汪厚昌 (1872-1943)

Wang, Liao yi 王了一
XIE, DAN RU 谢淡如 (1904-1962)

Wang, Liao yi 王了一
WANG, LI 王力 (1900-1986)

WANG, LIAO YING 王燎莹 (1921-)
Liao ying 燎英
Wang, Shu 王述
Wang, Su 王速

Wang, Lie 王烈
WANG, JI CAN 王继粲 (1924-)

WANG, LIE 王烈 (1931-)
Nan, Tian 南天

Wang, Lin 王林
WANG, QIAO NAN 王乔南 (1896-)

Wang, Lin 王林
WANG, XIANG LIN 王相林 (1909-1984)

Wang, Lin 王林
GE, WEI JING 葛为璟 (1915-)

Wang, Lin 王林
WANG, HONG QING 王鸿卿 (1917-1982)

Wang, Lin 王林
ZHAO, PU LIN 赵普琳 (1919-)

Wang, Lin 王林
ZHENG, ZAO 郑造 (1921-1966)

WANG, LIN 王林 (1956-)
Fang, Shuo 方朔

WANG, LIN 王林 (1959-)
Wang, Ru lin 王汝林

WANG, LIN 王琳 (1916-)
Gu, Yin 谷音
Li, Lu 黎璐
Lin, Di 林笛

Wang, Lin 王琳
WANG, HONG QING 王鸿卿 (1917-1982)

WANG, LIN 王琳 (1942-)
Nian shou zhong 念守中

Wang, Lin 王麟
WANG, QING LIN 王庆麟 (1932-)

WANG, LIN DONG 王麟东 (1920-1968)
Wang, Li 王力

WANG, LIN DU 王林渡 (1908-1980)
Jiang, Gui 姜贵
Wang, Xing yan 王行巖
Xin, Ji zi 辛季子

WANG, LIN GU 王林谷 (1919-)
Lin, Gu 林谷

Wang, Lin shu 汪麟书
WANG, YUAN FANG 汪原放 (1897-1980)

WANG, LIN TAI 王临泰 (1919-)
Chen, Liang 陈亮
Liu, Qing 柳青
Si ma, Ding 司马定
Song, Nian zu 宋念祖
Su, Wen 苏文
Wang, Jia 王嘉
Wang, Zhi kuan 王至宽
Yan peng 雁朋

WANG, LIN XI 汪林锡 (1909-)
Jin, Ding 金丁
Wang, Jin ding 汪金丁
Wang, Zhu ming 汪竹铭
Zhu, Ming 竹铭

WANG, LIN XIANG 王琳祥 (1953-)
Lin, Xiang 林祥
Lin, Xiang 林翔

Wang, Ling 王令
LUO, ZE PU 罗泽浦 (1927-1998)

Wang, Ling 王令
WANG, DAI YING 王黛英

Wang, Ling 王凌
LIU, YU ZHE 刘育哲

WANG, LING 王陵 (-1995)
Gao, Hua 高华
Jiang, Zhi nan 江之南
Xia, Wan na 夏湾拿

Wang, Ling fei 王凌飞
WANG, JI YE 王积业 (1929-)

Wang, Ling gao 王灵皋
GAO, YU HAN 高语罕 (1888-1948)

WANG, LING HAN 王凌汉
Ge, Ban 戈般

Wang, Ling jun 王灵钧
GAO, YU HAN 高语罕 (1888-1948)

Wang, Ling qun 王岭群
WANG, LING QUN 王领群 (1949-)

WANG, LING QUN 王领群 (1949-)
Wang, Ling qun 王岭群

WANG, LIU 汪流 (1923-)
Shuai, Ke 帅克
Wang, Da hai 王大海

WANG, LIU 汪流 (1929-)
Fang, Tan 方探
Wang, Liu 汪鎏

Wang, Liu 汪鎏
WANG, LIU 汪流 (1929-)

WANG, LIU BIN 汪六滨 (1910-1990)
Hai, Shui 海水
Tan yun 潭云
Tian, Lu 田庐
Wang, Da tong 汪大同
Wu, Qiang 吴强
Wu qiang 吴蔷
Wu, Se 吴啬
Ye, Ru tong 叶如桐
Zao xiang 藻香

WANG, LIU TING 王柳汀 (1909-1974)
Wang, Yu fu 王渔父

WANG, LONG BIAO 汪龙标 (1874?-1924)
Wang, Han xi 汪汉溪

WANG, LONG FU 王隆夫 (1931-)
Chang nan zi 昌南子
Tao weng 陶翁

Wang, Lu 王卢
ZHAO, SHAO WEI 赵少伟

WANG, LU 王禄 **(1916-)**
Liu, Lin 柳林
Wang, Xue bo 王雪波
Wang, Xue bo 王血波

Wang, Lu 王鲁
WANG, YOU HUA 王幼华 **(1956-)**

Wang, Lu 汪辂
WEI, QING YUAN 韦庆远 **(1928-)**

WANG, LU RU 王鹭如
Wang, Yi 王益

Wang, Lu sheng 王鲁生
WANG, YAN FENG 王衍丰 **(1934-)**

WANG, LU SONG 王禄松 **(1933-)**
Cang hai su 沧海粟

Wang, Lu yan 王鲁彦
WANG, HENG 王衡 **(1901-1944)**

Wang, Lu yan 王鲁颜
WANG, HENG 王衡 **(1901-1944)**

Wang, Lu yao 王陆瑶
WANG, SHAN SHAN 王珊珊 **(1955-)**

Wang, Lu zhan 王鲁瞻
WANG, RU YU 王汝玙 **(1902-1985)**

Wang, Lü zhen 王履箴
WANG, DUN QING 王敦庆 **(1898-1990)**

Wang, Luan 王峦
WANG, XIE 王燮 **(1909-1962)**

WANG, LUN 汪崙 **(1912-)**
Bai, Lun 白仑
Han wen 翰文
Han wen 汉雯
Wang, Han wen 汪汉雯

Wang, Luo 王洛
BI, XIU SHAO 毕修勺 **(1902-1992)**

Wang, Luo 王烙
WANG, SHEN QUAN 王深泉 **(1923-)**

WANG, LUO BIN 王洛宾 **(1913-)**
Luo bin 洛宾

Wang, Luo hua 王洛华
WANG, REN SHU 王任叔 **(1901-1972)**

Wang, Mai 王迈
HE, CHENG CHAO 何澄超 **(1915-)**

Wang, Mai gan 王麦杆
WANG, XING TANG 王兴堂 **(1921-)**

Wang, Mai qun 王迈群
WANG, REN LIN 王人麟

Wang, Man 王曼
WANG, WEN MIN 王文敏 **(1928-)**

WANG, MAN BO 王曼波 **(1957-)**
Wang, Hai bo 王海波

Wang, Man shuo 王曼硕
WANG, WEN PU 王文溥 **(1905-1985)**

WANG, MAN YING 王满盈 **(1965-)**
Jing,Yuan 敬源
Jing yuan 静渊
Liu sha shi 流沙石
Wang, Fang 王方
Wang, Jing yuan 王敬源

Wang, Mang 汪漭
WANG, SHU BAI 汪澍白 **(1923-)**

WANG, MAO GONG 王懋功 **(1890-)**
Wang, Dong cheng 王东成

WANG, MAO QUAN 王卯全 **(1957-)**
Xiao, Le 肖乐

WANG, MAO ZU 汪懋祖
Dian cun 典存

Wang, Mei 王玫
JIN, ZHI WEN 金知温 **(1915-1989)**

WANG, MEI 王玫
Kang, Nai xin 康乃馨

Wang, Mei 王梅
ZHANG, QIAO FU 张乔夫 **(1931-)**

Wang mei 望梅
WANG, SHANG ZHI 王尚志 **(1912-)**

WANG, MEI CHUANG 王梅窗 **(1914-)**
Nan, Zhi 南枝
Xiao xue 小雪
Xue cun 雪村

WANG, MEI DING 王梅定 **(1923-)**
Jin, Ming 金名
Mei, Ding 梅定
Wang, Mei ting 王梅汀
Wang, Xing jian 王行健
Wang, Yi mo 王以沫

WANG, MEI FENG 王梅峰
Wang, Da fan 王大凡

Wang, Mei fu 王每夫
WANG, MU EN 王慕恩 **(1954-)**

Wang, Mei hen 王梅痕

WANG, JI 王荠

WANG, MEI HUAN 王美奂 (1952-)
Mei huan 美奂

Wang, Mei hun 王梅魂
WANG, JING 王靖

Wang, Mei ting 王梅汀
WANG, MEI DING 王梅定 (1923-)

Wang, Men 王门
LI, YUAN 李园

WANG, MENG 王蒙 (1934-)
Yang, Yu 阳雨

Wang, Meng 王懵
WANG, NIAN WU 王念武 (1939?-)

Wang, Meng bai 王孟白
WANG, BO YING 王伯英 (1920-)

WANG, MENG GU 王梦古 (1902-)
Wang, Jiu 王九

WANG, MENG JI 王梦吉
Wang, Jiao xin 王蕉心

WANG, MENG KUI 王梦奎 (1938-)
Guo, Zhang 郭章
Wen, Xian ren 温宪仁

WANG, MENG MING 王孟明 (1923-)
Wang, Jue 王决

WANG, MENG OU 王梦鸥 (1907-)
Liang, Zong zhi 梁宗之
Zong zhi 宗之

Wang, Meng ou 王盟鸥
WANG, YI REN 王以仁 (1902-1926)

Wang, Meng qiu 汪梦秋
WANG, DONG 汪东 (1890-1963)

WANG, MENG REN 王猛仁 (1959-)
Gan, Mu 甘木
Li, Ren 黎仁

Wang, Meng su 王孟素
WANG, SHANG ZHI 王尚志 (1912-)

Wang, Meng xiang 汪梦湘
XU, YONG PING 徐詠平 (1912-)

Wang, Meng xiao 王孟潇
WANG, SHI YING 王士英 (1898-)

Wang, Meng yan 王梦岩
WANG, CHANG QING 王长青 (1930-)

WANG, MENG YANG 王孟扬 (1905-)
Meng yang 梦扬

WANG, MENG YE 王梦野
Meng ye 梦野

Wang, Meng yu 王梦玉
WANG, DE LIN 王德林 (1920-)

WANG, MENG YUN 王梦云 (1894-)
An, Chu 安初
Zhu, San 祝三

WANG, MI 王米 (1924-)
Wang, Xi cheng 王西成

Wang, Mi 王米
WANG, XIAN LING 王宪伶 (1959-)

WANG, MI WEN 王宓文 (1902-1972)
Ti zhai 惕斋
Yi chu 艺初

WANG, MIAN 王勉 (1957-)
Ning, Zi 宁子

Wang, Mian si 王勉思
TAO, JING HE 陶景和 (1926-)

Wang, Miao 汪苗
WANG, MIAO GEN 汪苗根 (1943-)

Wang miao 妄妙
HE, ZHANG PING 何章平 (1916-1968)

WANG, MIAO GEN 汪苗根 (1943-)
A miao 阿苗
Wang, Miao 汪苗

Wang, Min 王敏
XU, DI QIANG 许迪锵 (1953-)

WANG, MIN 王敏 (1956-)
Dao zi 岛子

Wang min 望敏
PENG, XIU DAO 彭修道 (1905-1944)

WANG, MIN CHUAN 王敏川
Xi zhou 锡舟

WANG, MIN NING 王民宁 (1905-)
Yi he 一鹤

Wang, Min sheng 王民声
WANG, RUI XIN 王瑞鑫 (1919-)

Wang, Ming 王命
WANG, WEN CHEN 王文琛 (1922-)

Wang, Ming 王明
CHEN, SHAO YU 陈绍禹 (1904-1974)

WANG, MING 王明 (1911-1992)
Jiu si 九思
Wang, Ze cheng 王则诚

Wang, Ming 王明

WANG, ZHU CHAI 王珠钗 (1926-)

Wang, Ming 王铭
ZUO, JIE YI 左介贻 (1920-)

WANG, MING FENG 王鸣凤 (1920-)
A feng 阿凤

Wang, Ming fu 王命夫
GAO, CHONG LI 高崇礼 (1924-1969)

WANG, MING HENG 王名衡 (1912-1984)
Bai, Mu 白木
Bai mu ci lang 白木次郎
Ruo hai 若海
Tian lan 天兰
Tian lan 天蓝
Wang, Ruo hai 王若海

WANG, MING QIAN 王明千 (1927-)
Zhou, Shu 周舒

Wang, Ming qian 王鸣谦
WANG, YE GUI 王业贵 (1949-)

WANG, MING SHU 王明书 (1924-)
De rong 德容
Jin shu 锦书

WANG, MING TI 王名题
Ming di 鸣笛
Ming, Feng 明锋

WANG, MING XIN 王明心 (1945-)
Min xin 民心

WANG, MING XIN 王明信 (1946-)
Su, Xiao meng 苏小蒙

WANG, MING XIN 王明新 (1925-)
Zhou, Jian 周建

WANG, MING YU 汪铭育 (1943-)
Wang, Shi yu 汪世瑜
Yan, Gong jin 言公谨

Wang, Ming yuan 王明远
WANG, YONG QI 王永祺

Wang, Ming zhai 王明斋
ZHANG, GUANG REN 张光人 (1902-1985)

WANG, MING ZHU 王明珠 (1939-)
Wang, Hong 王虹

Wang, Ming zhu 汪铭竹
WANG, HONG XUN 汪鸿勋 (1907-)

Wang, Mo feng 王默讽
WANG, JIN SHENG 王进生 (1935-)

Wang, Mo ren 王默人
WANG, AN TAI 王安泰 (1935-)

Wang, Mu 王母
ZHOU, ZUO REN 周作人 (1885-1967)

Wang, Mu 王沐
WANG, KE REN 王克仁 (1907-)

Wang, Mu 王牧
SHEN, CHENG LI 沈承立 (1913-)

Wang, Mu 王穆
SHEN, DUAN XIAN 沈端先 (1900-1995)

WANG, MU EN 王慕恩 (1954-)
Han 罕
Wang, Mei fu 王每夫
Yin mo 因摩

Wang, Mu gong 王木弓
WANG, XING YE 王兴业 (1924-)

WANG, MU HENG 汪慕恒 (1927-)
Xiao, Bin 萧彬
Yang, Wei zhong 杨维中

Wang, Mu lin 王木林
WANG, SHU SEN 王树森 (1945-)

WANG, MU QUN 王牧群 (1925-)
Hong, Ye 洪野
Mu qun 牧群

Wang, Mu zhi 王牧之
WANG, ZHEN QUAN 王振荃 (1930-)

Wang, Nai 王乃
DU, YOU MING 杜又明 (1915-1983)

Wang, Nai 王鼐
ZHANG, AI LING 张爱玲 (1920-1995)

Wang, Nai dong 王乃东
WANG, NAI DONG 王乃栋 (1946-)

WANG, NAI DONG 王乃东 (1941-)
Ai, Lei 艾雷

WANG, NAI DONG 王乃栋 (1946-)
Wang, Nai dong 王乃东

Wang, Nai fan 王乃凡
WANG, TONG FA 王统发 (1924-)

Wang, Nai fei 王乃飞
WANG, SHU LING 王淑玲 (1954-)

WANG, NAI GAO 王乃高 (1936-)
Gao, Xiang 高祥
Gao, Xing 高兴

WANG, NAI QIAN 王乃谦 (1932-)
Zhao ri ge ba tu 照日格巴图

WANG, NAI SHAN 王乃山 (1943-)
Lu, Shan 鲁山

Man qi zi 曼奇子
Wang, Xuan 王玄
Yan gu 岩谷

WANG, NAI ZHUANG 王乃壮 **(1929-)**
Jing lian ju shi 静敛居士
Shan ye chan ren 山野禅人
Wang, Zhou 王洲

Wang, Nan 王南
HUANG, JIN YA 黄襟亚 **(1911-1973)**

Wang, Nan 王南
WANG, XIAN BIN 王显斌 **(1954-)**

Wang, Nan 王楠
WANG, ZI YING 王自英 **(1918-)**

Wang nan 望南
GAO, WEI XI 高维晞 **(1933-)**

WANG, NAN PING 王南萍 **(1956-)**
Lan, Ping 兰萍

Wang, Ni 王霓
WANG, FA HUAI 王发槐 **(1929-)**

Wang, Nian kun 王念昆
WANG, KANG 王康 **(1919-)**

WANG, NIAN QIAO 王年樵 **(1923-)**
Duan mu, Heng 端木珩
Wang, Zhuang 王庄
Zhang, Jiang 张浆
Zhang, Ye 张掖

Wang, Nian qiu 王念秋
WANG, WAN RONG 王婉容 **(1926-)**

Wang, Nian qu 王念劬
YUAN, GUANG MEI 袁光楣 **(1916-1982)**

Wang, Nian song 王年送
WANG, JI SHENG 王寄生 **(1918-)**

WANG, NIAN WU 王念武 **(1939?-)**
Wang, Meng 王懵

WANG, NIAN YI 王年一 **(1932-)**
Wang, Lian yi 王联谊
Wang, Nian yi 王年颐

Wang, Nian yi 王年颐
WANG, NIAN YI 王年一 **(1932-)**

Wang, Ning 王宁
WANG, REN SHU 王任叔 **(1901-1972)**

WANG, NING 王宁 **(1955-)**
Si, Yi ning 斯义宁

Wang, Ning 王凝
WANG, TIE CHEN 王铁臣

WANG, NING SHENG 汪宁生 **(1930-)**
Lin, Sheng 林声

WANG, NING YU 王宁宇 **(1935-)**
Ning, Yu 宁宇

Wang, Nong 王农
ZHAO, SHU LI 赵树礼 **(1906-1970)**

Wang, Nong 王农
HUANG, LONG 黄龙 **(1925-)**

Wang, Nü shi 王女士
WANG, FU QUAN 王福全 **(1905-1983)**

Wang, Pai 王牌
WANG, ZHI LIAN 王志濂 **(1929-)**

WANG, PAN GENG 王潘庚 **(1946-)**
Chen, Fan geng 陈藩庚
Pan geng 盼耕

Wang, Pei 王沛
WANG, YU PEI 王玉佩 **(1953-)**

Wang, Pei 王佩
WANG, YU PEI 王玉佩 **(1953-)**

Wang, Pei 王培
WANG, DE PEI 王德培 **(1927-)**

WANG, PEI DE 汪培德
Lu, Ren 路人

WANG, PEI KUN 王培堃 **(1940-)**
Jing lei 惊雷
Xiao niu 小牛
Yu, Ning 于宁

WANG, PEI MIN 王培敏 **(1962-)**
A min 阿敏

WANG, PEI XIN 王培鑫 **(1935-)**
Wang, Xin 王欣

WANG, PENG 王澎 **(1930-)**
Wang, Hong wen 王鸿文

WANG, PENG FEI 王鹏飞
Jing, Bai 井柏
Mie, Ru ye 乜如也
Yi tai 以太

WANG, PENG JU 王鹏举 **(1933-)**
Dong fang, Tao 东方涛
Wang, Shi 王石
Wang, Shi ta 王石他

WANG, PENG NIAN 汪彭年 **(1883-)**
Shou cen 瘦岑
Xi chen 喜臣

WANG, PENG SHENG 王芃生 **(1893-1946)**

Wang, Da zhen 王大桢
Yue sou 曰叟

WANG, PENG TAO 王澎涛 **(1946-)**
Shao mo 少墨

WANG, PI XIANG 王丕祥 **(1926-)**
Pei xiang 沛翔

Wang, Pin qing 王品青
WANG, GUI ZHEN 王贵珍 **(-1927)**

WANG, PIN QING 王品清
Da qi 大琦

Wang, Pin qing 王聘卿
WANG, GUI ZHEN 王贵珍 **(-1927)**

WANG, PIN ZHI 王聘之 **(1919-)**
Bai, Yan 柏巖
Dong fang, Wei bai 东方未白
Fu, Meng 符蒙
Guo, Hao 郭豪
Li, Rong 李容
Liang, Fu 梁父
Lü, Jian 吕剑
Niu 牛
Qi, Shi 齐士
Si ma, Tao 司马韬
Wang, Ting jue 王廷爵
Wang, Yi jian 王一剑
Wang, Yuan bai 王原白
Yi jian 一剑
Yu, Ji 于蓟
Yuan, Bai 原白
Yuan, Shan 原山
Zi niu 子牛

Wang, Ping 王平
LI, YAO TANG 李尧棠 **(1904-)**

WANG, PING 王平 **(1922-)**
Kong, Zhi jian 孔之见
Tan ying 潭影

Wang, Ping 王平
LÜ, ZONG QUAN 吕宗权 **(1928-)**

Wang, Ping 王平
WANG, YA 王亚 **(1928-)**

WANG, PING 王平 **(1931-)**
Liu, Yi 刘艺
Wang, Shi zi 王实子

Wang, Ping 王平
WANG, YUAN MING 王渊明 **(1942-)**

Wang, Ping 王平
WANG, AI PING 王爱平 **(1956-)**

WANG, PING 王平 **(1957-)**
Jian qiu 剑秋

Wang, Ping 王苹
WANG, GUANG ZHEN 王光珍 **(1916-)**

WANG, PING 王萍 **(1919-)**
Wang, Jing ye 王静野
Wang, Zhong ying 王仲英

Wang, Ping 汪萍
WANG, XUE XUAN 汪学萱 **(1939-)**

WANG, PING HOU 王屏侯
Wang, Yang qing 王扬青
Yang, Qing 扬青

Wang, Ping ling 王平陵
WANG, YANG SONG 王仰嵩 **(1898-1964)**

WANG, PING YI 王平一
Ping, Yi 平一
Wang, Bo ping 王伯平

Wang po 望坡
SU, YU FU 苏玉孚 **(1927-)**

Wang, Pu 王朴
PANG, JIA JI 庞家骥 **(1925-)**

WANG, PU 王普 **(1900-)**
Ci sheng 慈生

Wang, Pu 汪璞
WANG, BING XUN 王秉勋 **(1930-)**

Wang, Pu 王璞
WANG, CHUAN PU 王传璞 **(1932-)**

WANG, PU 王璞 **(1950-)**
Duo duo 多多
Yan, Xiao 严晓

Wang, Pu an 王朴厂
WANG, GUO FAN 王国璠

WANG, PU QING 汪普庆 **(1917-)**
Fei shi 菲士
Nan, Fu 南父

WANG, PU YAO 王普耀
Wang, Xiang yan 王香岩

Wang, Qi 王齐
WANG, JI MEI 王济美 **(1933-)**

Wang, Qi 王其
MAO, YONG KUN 毛用坤 **(1936-)**

WANG, QI 王起 **(1906-1996)**
Meng gan 梦甘
Qi jun nü shi 绮君女士
Qi, Ren 齐人
Wang, Ji si 王季思

Xiao mi 小米
Xue jie 学洁
Zai chen 在陈
Zhi cao 之操

WANG, QI 王绮
Leng, Fo 冷佛

WANG, QI 王琦 **(1918-)**
Hua, Lai 华莱
Ji, Zhi 季植
Ji, Zhi shou 季植寿
Ruo mu 若木
Wen, Lin 文林

Wang, Qi 王琦
WANG, FU CHUN 王福春 **(1940-)**

WANG, QI 王琪
Peng, Qian zhi 彭千指

Wang, Qi 王琪
WANG, SONG DAI 王松黛 **(1917-)**

Wang, Qi cheng 王其诚
REN, ZHUO XUAN 任卓宣 **(1896-1990)**

WANG, QI JIANG 汪启疆 **(1944-)**
Qi, Jiang 启疆

Wang, Qi li 王启礼
HUANG, GAN CHEN 黄干臣 **(1949-)**

WANG, QI LIN 王启霖 **(1915-1949)**
Bing bo 冰波

WANG, QI PENG 王其鹏 **(1945-)**
Yuan, Xiang 远翔

Wang, Qi shi 王弃石
WANG, KANG FU 王抗夫

WANG, QI SUN 王齐孙 **(1928-)**
Qi sheng 琦生

WANG, QI XIANG 王奇祥 **(1931-)**
Song tao 松涛
Sun, Qi 孙崎
Wang, Yan 王焱

WANG, QI XIN 王琦馨
Lang huan nü shi 娜嬛女士

Wang, Qi yi 王七一
WANG, QI YI 王其禕 **(1957-)**

WANG, QI YI 王其禕 **(1957-)**
Wang, Qi yi 王七一

WANG, QI YUN 汪绮云
Fu juan he shang 復鹃和尚
Wen, Zao 文藻

Wang, Qian 王浅
WANG, XI XUAN 王锡宣 **(1912-1988)**

Wang, Qian 王前
XU, GAN SHENG 徐幹生 **(1920-)**

Wang, Qian 王乾
WANG, XUE WU 王学武 **(1946-)**

WANG, QIAN GANG 王潜刚
Guan cang ju shi 观沧居士

WANG, QIAN SHI 王千蒔
Qian shi 千蒔

Wang, Qian yi 王千一
JIA, YU 贾玉 **(1929-)**

Wang, Qian you 王前佑
WANG, SHEN YIN 王神荫 **(1915-)**

Wang, Qiang 王强
HE, XIU HUA 何修华 **(1925-)**

WANG, QIAO NAN 王乔南 **(1896-)**
Li gong 力工
Wang, Lin 王林

WANG, QIN 工勤 **(1963-)**
Lan, Xi 兰溪
Sha, Chen 沙尘

Wang qin 望秦
WANG, WU ZENG 王吾增 **(1934-)**

Wang, Qing 王青
WANG, YU QING 王玉青

Wang, qing 望青
MAO, WEI RAN 茅蔚然 **(1923-)**

WANG, QING BAI 王庆柏 **(1920-)**
Chao ren 超人
Chen, Fu 陈夫
Wang, Yan 王炎

WANG, QING CHENG 王庆成 **(1928-)**
Ji sheng 既生
Yu, Liang 俞亮
Yu liang 瑜亮
Yue, Xin 乐新
Zhou, Wu 周武

Wang, Qing chi 王庆墀
WANG, JI XUAN 王寄玄 **(1916-1985)**

WANG, QING CHUN 王庆纯 **(1913-)**
Shi, Di 石蒂
Wang, Tie ya 王铁崖

Wang, Qing cun 王青邨
MAO, SHU QING 毛树清 **(1916-)**

WANG, QING FAN 王庆璠 (1946-)
Jiang, Ling 姜凌
Leng, Quan yue 冷泉月

WANG, QING FANG 王青芳 (1906-)
Wan ban lou zhu 万板楼主

WANG, QING FENG 王清风
Cun cao xin 寸草心

Wang, Qing hua 王庆华
SHI, RU BI 石汝璧 (1902-1928)

WANG, QING LIN 王庆麟 (1932-)
Bo hou 伯厚
Wang, Lin 王麟
Ya xian 痖弦

Wang, Qing lin 王青林
REN, ZHUO XUAN 任卓宣 (1896-1990)

WANG, QING LU 王庆禄 (1919-)
Wang, Jin lu 王金璐

WANG, QING LU 王青路 (1897-1990)
Wang, Zi yun 王子云

Wang, Qing ping 王清平
LUO, SHI HUAN 罗士桓 (1911-)

Wang, Qing shan 王清珊
WANG, YONG FEI 王勇飞 (1927-)

WANG, QING SHENG 王庆升 (1932-)
Wang, Xin 王昕

Wang, Qing sheng 王庆生
WANG, WEI ZHANG 王为章 (1934-)

WANG, QING TU 王庆图 (1881-1969)
Wang, Jun yu 王军余

Wang, Qing xi 王清溪
WANG, CHENG ZHONG 王乘中 (1903-1971)

WANG, QING YU 王庆余 (1932-)
Jun yu 君余

WANG, QING YUAN 王庆沅 (1938-)
Ba, Shan qing 巴山青

Wang, Qing yun 王庆云
BAO, QING XIAN 鲍庆献 (1923-)

Wang, Qiong 王茕
WANG, YAN LIN 王炎林 (1922-)

WANG, QIONG 王琼 (1940-)
Mo, Ke 莫克

Wang, Qiong 王琼
WANG, XUE FENG 王学峰 (1955-)

WANG, QIONG SHAN 王琼珊
Lan san dao ren 懒散道人

WANG, QIONG ZHU 王琼珠 (1930-)
Dai ying 黛影
Wang, Dai ying 王黛影

WANG, QIU JUN 王秋君 (1959-)
He mu 禾木
Wang, Jun 王君

Wang, Qiu mei 王秋湄
WANG, YUAN 王薳 (1884-1944)

Wang, Qiu shi 王秋石
WANG, XIAO PING 王小平 (1959-)

WANG, QIU TIAN 王秋田 (1905-)
Fan, Tong 范统
Yin shen 鄞申

WANG, QIU XI 王秋喜 (1950-)
Liu, Shi shan 柳石山

Wang, Qiu xin 王秋心
WANG, SHOU CHUN 王守椿 (1895-1985)

WANG, QIU YE 王秋野 (1914-)
Lao qiu 老秋
Qiu, Weng 秋翁

WANG, QIU YING 王秋萤 (1913-)
Gu, Shi 谷实
Hong, Huang 洪荒
Huang, Xuan 黄玄
Lin, Huan 林缓
Niu, He zhi 牛何之
Qiu, Ying 邱莹
Qiu, Ying 秋莹
Shu, Ke 舒柯
Su, Ke 苏克
Sun, Yu 孙育
Wang, Zhi ping 王之平

WANG, QU CHANG 王蘧常 (1900-1989)
Duan liu 端六
Ming, Liang lu 明两庐
Yuan zhong 瑗仲

Wang, Quan 王全
WANG, FU YUAN 王復元

WANG, QUAN 王权 (1930-)
Mu ma 牧马
Wang, De quan 王德权

Wang, Quan 王泉
WANG, YI YUAN 王艺园 (1955-)

WANG, QUAN GEN 王泉根 (1949-)
Wen, Ye bo 文也博

Wang, Que 王却

WANG, WEN CHEN 王文琛 (1922-)

WANG, QUN 汪群 (1904-1928)
Ji bei 骥北
Kong liao 空了
Zi wen ge 子文哥

WANG, QUN 王群 (1954-)
Xiao shan 晓山

Wang, Ran 王然
WANG, KAI YAN 王开炎

WANG, RAN 王燃 (1954-)
Lun sang 沦桑
Mu, Lun 沐沦

Wang, Ren 王仁
ZHOU, YAO PING 周耀平 (1906-)

WANG, REN 王仁 (1921-)
Wang, Fei bai 王霏白

Wang, Ren 王仁
ZHANG, QIAO FU 张乔夫 (1931-)

Wang, Ren 王稔
WANG, WEN MIN 王文敏 (1928-)

WANG, REN CAI 王仁才
Wang, Dong 王东
Xiao dong 晓冬

Wang, Ren feng 汪刃锋
WANG, YI LUN 汪亦伦 (1918-)

WANG, REN JI 王仁济
Wang, Xie 王谢

WANG, REN JIE 汪仁玠 (1961-)
Sha, Di 沙笛

WANG, REN JUN 王仁俊 (1866-1913)
Gan chen 幹臣
Gan zheng 桿郑
Ren jun 人俊

WANG, REN JUN 王仁钧 (1930-)
Wang, Sun cao 王孙草

WANG, REN LIN 王人麟
Wang, Mai qun 王迈群

WANG, REN NAN 王仁南 (1917-)
Jiang, Rong jiang 江戎疆
Jiang, Shu jiang 江戍疆
Su, Bei hai 苏北海
Su, Jiang 苏江
Xi xin 锡新

WANG, REN QIAN 王仁谦
Hao qing 浩青

WANG, REN QIU 王人秋 (1942-)
Huo he 伙禾
Qiu, Shi 秋实

WANG, REN SHU 王任叔 (1901-1972)
A mu 阿木
A Q 阿 Q
A da 阿大
A san 阿三
Ai wu 爱吾
Ba 巴
Ba jie 八戒
Ba, Ke 巴克
Ba, Luo 巴洛
Ba, Ren 巴人
Bai, Mu 白木
Bai, Shi 白石
Bai, Wu 白屋
Bao, Fei di 包菲的
Bi san nü shi 碧三女士
Bi shan 碧珊
Bi shan nü shi 碧珊女士
Bian zhe 编者
Bu ping 不平
Chang gong 长弓
Chang, Yu 常雨
Chao 朝
Chen, Chu 陈刍
Cheng, Wu 成吾
Chi kong 赤空
Chu min 刍民
Cun shi 村士
Da cheng 大成
Da yuan 大远
Dan ding 但丁
Dan jin 丹金
Dao min 岛民
Ding, Shi 丁史
Du mu 独木
Fang, Du 方度
Fang, Guang ming 方光明
Fang, Ming 方明
Fang, Sheng 方生
Fang, Yan 芳彦
Fang, Zhi 方直
Fang, Zhou 方舟
Fei an 非厂
Fei lu men 非鲁门
Fei shi 飞矢
Feng 枫
Fu yue 斧钺
Gong du 公度
Gong fu 公辅
Gu, Bai 古柏
Gu fen 孤愤
Gu pu 菰莆

Guan, Bai ji 管柏己
Guo zhong 国忠
Han lang 汉郎
He, Shang 和尚
Hou, Yi 后羿
Hu, Jia 胡笳
Hua 华
Hua, Sha 华沙
Huang, Bo ang 黄伯昂
Huang, Yi 黄裔
Hui an 晦庵
Hui an he shang 晦庵和尚
Hui tang 毁堂
Huo shan wu ke 火山舞客
Ji dong 基冬
Ji ji 既激
Ji lou 霁楼
Ji nu 疾奴
Ji, Shi 吉士
Ji shou 疾首
Ji, Yi 季裔
Jian feng 健锋
Jian sheng 坚生
Jian shi 坚石
Jian, Wen 简文
Jing feng 劲风
Jing sha 净沙
Jing, Sheng 荆生
Jing tang 静堂
Jiu jie 九戒
Ju chuan 巨川
Kang, Sun 康荪
Ke ji 克基
Ke lie fu 科列夫
Ke lin 克林
Ke ning 克宁
Ke shi 克士
Ke yue 克约
Kong, Yi ji 孔乙己
Lao, Ren 劳人
Li 莉
Lin lin 霖霖
Liu yun 流云
Lu sheng 芦声
Lu, Ren 路人
Luo 洛
Luo, Hua 罗化
Luo hua 洛华
Luo shi 洛石
Luo shi 落石
Luo yan 落雁
Ma, Qian zu 马前卒
Ma, Zu 马卒
Mei en 美恩
Mei yi 美逸
Mei yi 美懿
Men wai han 门外汉
Meng die 梦蝶
Mi, Ping 米平
Min shu 敏书
Ming bian 鸣鞭
Ming san 鸣三
Mou sheng 谋生
Mou sheng zhe 某生者
Mu gong 木公
Mu shi 木石
Mu, Zi qin 穆子沁
Nan, Mu 南木
Nan shi 难士
Ning, Ren 宁人
Ping, Yi 平一
Po xiao 破晓
Qi ji 弃疾
Qi shan 岐山
Qiao, Cang 乔仓
Qiao, Lun 乔仑
Qiu, Zhong 裘重
Qu, Mi mi 屈米米
Qu, Mi ping 屈米平
Qu, Wei ping 屈未平
Qu, Yi 屈轶
Qu, Yi 屈逸
Ren 仁
Ren 任
Ren fu 忍夫
Ren li 仁莉
Ren sheng 壬生
Ren sheng 韧生
Ren, Shi 任士
Ren shi 忍士
Ren, Shu 任叔
Ren yan 忍言
Ru xin 茹辛
Ruo bing 若冰
Ruo fu 若夫
Ruo hua 若华
Ruo mu 若木
Ruo nan 若男
Ruo sai 若赛
Ruo sha 若沙
Ruo shui 若水
Ruo tian 若天
Ruo yin 若因
San zang 三藏
Sha, Fu 沙凫
Shan ba lao 山巴佬
Shan chuan ye ke 剡川野客
Shang, Fu 尚父

Shang, Wen 尚文
Shi 史
Shi, Fei 石非
Shi jie 十戒
Shi, Shi 石矢
Shi yi 矢羿
Shi zhai 实斋
Shu 叔
Shu, Xu 束胥
Si han 思汉
Si hua 思华
Si kong jian guai 司空见怪
Si lu 思陆
Si ma, Kou 司马寇
Si mi 思弥
Si min 思敏
Si, Wen 斯文
Si yuan 思远
Su, Wen 苏文
Su, Xi po 苏西坡
Sun lang 损郎
Tang, Min 唐民
Tang, Ming 唐明
Tang, Seng 唐僧
Tian di 天地
Tian tang 天堂
Tian, Xin 田馨
Tie fu 铁夫
Tie min 铁民
Tong sheng 通盛
Tuo niao 鸵鸟
Tuo tang 拓堂
W sheng W 生
Wan, Liu 万流
Wang, Bi shan 王碧珊
Wang, Ke ning 王克宁
Wang, Luo hua 王洛华
Wang, Ning 王宁
Wang, Shu ming 王淑明
Wang, Zhi 王芷
Wang, Zhi qi 王志祈
Wei ming 未名
Wei ping 未平
Wei shi 唯士
Wei te 唯特
Wei xun 未迅
Wen 文
Wen, Dou 闻斗
Wen, Feng 文风
Wen, Qun 文群
Wen, Si 文思
Wen yi 文逸
Wu 无
Wu fei 悟非
Wu ji 无疾
Wu jiu 无咎
Wu tang 无堂
Wu xie 无邪
Wu, Yun bo 伍芸伯
Xi lin 西林
Xia li ba ren 下里巴人
Xia li ren 下里人
Xiao D 小 D
Xiao jiao 晓角
Xiao min 小民
Xiao, Yang 萧扬
Xiao, Zhuang 萧庄
Xin wu 新吾
Xing chun 性纯
Xing zhe 行者
Xu 胥
Yan shi ge zhe 燕市歌者
Yan, Tang 燕堂
Ye fu 野夫
Yi 逸
Yi 懿
Yi, Deng 伊登
Yi fan 逸凡
Yi fu 一夫
Yi fu 羿大
Yi fu 轶夫
Yi fu 逸夫
Yi min 一民
Yi min 轶民
Yi ming 一鸣
Yi nü shi 易女士
Yi ping 一平
Yi ping 一萍
Yi, Ren 伊人
Yi ru 一如
Yi san 忆三
Yi sheng 逸生
Yi shi 逸士
Yi shi 羿矢
Yi yi 夷羿
Yi zhi 一志
Yu gong 羽公
Z S
Zhang 章
Zhang, Yue 章钺
Zhao, Leng 赵冷
Zhe ren 哲人
Zhi chao 志超
Zhi fu 直夫
Zhi wu 知屋
Zhi yan 只眼
Zhi yi 之逸
Zhi yi 直逸
Zhi zheng 知正

Zhong yi 鐘裔
Zhu, Yi 诸毅
Zhuang, Shi zong 庄师宗
Zhuo tang 拙堂
Zi ming 子明
Zi ying 子英

WANG, REN YI 汪人以 **(1930-)**
Lin, Yu 林予

Wang, Ren zhong 王任重
WANG, CI QUAN 王慈全 **(1917-1992)**

WANG, REN ZHONG 王任重 **(1906-)**
Gong, Tong wen 龚同文

Wang, Ri an 王日安
WANG, FENG QI 王凤岐 **(1918-)**

WANG, RI QING 王日青 **(1937-)**
Shi man 士曼

Wang, Rong 王戎
WANG, YOU HOU 王友厚 **(1920-)**

WANG, RONG 王嵘 **(1938-)**
Yi shi 一士

WANG, RONG BAO 汪荣宝 **(1878-1933)**
Gong, Yi 公衣
Gun fu 衮父
Gun fu 衮甫
Tai xuan 太玄
Wang, Gun fu 汪衮甫

Wang, Rong gang 汪荣刚
WANG, CHONG GANG 汪崇刚 **(1924-)**

WANG, RONG GUI 王荣贵 **(1939-)**
Wang, Jiu yang 王九阳
Chen li 晨丽

WANG, RONG HAI 王容海
Han ma 汗马

Wang, Rong sheng 王戎生
WANG, RONG SHENG 王戎笙 **(1929-)**

WANG, RONG SHENG 王戎笙 **(1929-)**
Rong, Sheng 戎笙
Shi, Ge 石戈
Shi, Ge 史葛
Wang, Rong sheng 王戎生

WANG, RONG SHENG 王荣生 **(1916-)**
Wang, Chang xiong 王昶雄

WANG, RONG XIAN 王荣宪 **(1922-)**
Xi shui 豁水

Wang, Rong yan 王溶岩
WANG, ZHI CHENG 王志成 **(1948-)**

WANG, RONG ZHI 王蓉芷 **(1928-)**
Rong zi 蓉子

WANG, RONG ZU 汪荣祖 **(1940-)**
Yun, Chu 云雏

Wang, Ru bo 王儒博
WEI, TIAN PEI 魏天裴 **(1949-)**

Wang, Ru lin 王汝林
WANG, LIN 王林 **(1959-)**

WANG, RU MEI 王汝梅 **(1913-)**
Huang, Hua 黄华
Huang, Yu min 黄裕民

WANG, RU MEI 王汝梅 **(1935-)**
Zi yang 滋阳

WANG, RU TAO 王汝涛 **(1921-)**
Tian, Yu chou 田于畴

WANG, RU TING 王濡廷 **(1896-1936)**
Su 苏
Wang, Fu sheng 王复生
Xie 嶰
Zhi an 止庵

WANG, RU YU 王汝玙 **(1902-1985)**
Da yu 大鱼
Jian lu 坚庐
Kun 鲲
Ruo yu 若愚
Song qing 松青
Tai yu 太愚
Wang, Kun lun 王崑崙
Wang, Lu zhan 王鲁瞻
Wang, Ruo yu 王若愚

WANG, RUI 王瑞 **(1915-)**
Wang, Han qing 王涵清

WANG, RUI JUN 王瑞俊 **(1898-1925)**
Jin mei 尽美
Jin mei 烬梅
Mei 梅
Wang, Jin mei 王尽美
Wang, Jin mei 王烬美
Wang, Jin mei 王烬梅

Wang, Rui lin 王瑞霖
GAO, YU HAN 高语罕 **(1888-1948)**

WANG, RUI PENG 王瑞鹏
Wang, Tao 王韬

WANG, RUI QI 王瑞起 **(1942-)**
Huang tian 荒田

WANG, RUI QIONG 王瑞琼
Xi xi 熙熙

Xin feng 心枫

WANG, RUI REN 王瑞人 (1937-)
Niu, Fu 牛福

WANG, RUI TANG 王瑞瑭 (1930-)
Luo, Si 罗丝

WANG, RUI XIN 王瑞鑫 (1919-)
Wang, Min sheng 王民声
Wang, Wen jue 王文爵
Wen, Mu 文牧

WANG, RUI ZHEN 王瑞珍 (1917-)
Wang, Rui zhen 王瑞真
Wang, Tai ran 王泰然
Wang, Tie 王铁

Wang, Rui zhen 王瑞真
WANG, RUI ZHEN 王瑞珍 (1917-)

WANG, RUN HUA 王润华 (1924-1987)
He, Lu 贺路
Lin, Nan 林南
Shi, Mei 石梅
Si yi 思义

WANG, RUN QUAN 王润泉
Du, Peng 杜澎

WANG, RUN SEN 王润森
Lan, Tian ye 蓝天野

WANG, RUN SHENG 王润生 (1942-)
Qiu, Sheng 秋升
Wei san 慰三

Wang, Ruo bing 王若冰
WANG, XI ZHEN 王希珍 (1962-)

Wang, Ruo fei 王若飞
WANG, YUN SHENG 王运生 (1896-1946)

Wang, Ruo hai 王若海
WANG, MING HENG 王名衡 (1912-1984)

WANG, RUO SHUI 王若水 (1926-)
Wang, Che 王澈
Wang, Zhi yun 王志云

Wang, Ruo wang 王若望
WANG, SHOU HUA 王寿华 (1918-)

Wang, Ruo yu 王若愚
WANG, RU YU 王汝玙 (1902-1985)

Wang, Ruo yu 王若愚
WANG, ZHEN DE 王振德 (1941-)

Wang, San fu 汪三辅
WANG, DIAN JI 王奠基 (1900-1979)

Wang, San huai 王三槐
WANG, SHOU PENG 王寿彭 (1925-)

Wang, San lin 王三林
WANG, XUE LI 王学理 (1934-)

Wang, Sen 王森
WANG, YI XIU 汪易修 (1929-)

WANG, SEN RAN 王森然 (1895-1984)
Bai, Di si 白蒂斯
Bi bo 碧波
Bi luo 碧萝
Bi meng 碧梦
Bi tian 碧天
Bi yun 碧云
Bo na 伯纳
Chun fei qiu lang ge zhu 春妃秋郎阁主
Da cun xi ya 大邨西崖
Di lou 涤楼
Du, Wei 杜蕨
Hei, Yi 黑衣
Hei yi dao ren 黑衣道人
Ji 楫
Jing, Jia 景伽
Jing, Yan 景延
Ju zi 菊子
Jun ji 君寂
Lao hou 老后
Lin 林
Long min 珑珉
M. A.
Man jia 曼伽
Man shu 漫淑
Mu, Hua 慕华
Ou 藕
Ou, Dan 欧胆
Ping di 苹蒂
Qiao, Qing 乔青
Qin fu 芹父
Qiu, Xing 秋星
San mu 三木
Seng yan 僧巖
Seng you 僧友
Shi lue 士略
Shou peng 瘦鹏
Song 松
Ting 廷
W
Wang, Yue 王樾
Wen xin 问心
Wu shu qing shan bai cao lu zhu 无数青山拜草庐主
Xiang 湘
Xiang, Xin 向心
Xing nan 杏南
Xing yan 杏煙

Xing yan 杏巖
Xiu min 繡民
Yang wu 养吾
Yi wu sheng 一无生
Yu ou 玉藕
Yue 樾
Yun yun 芸芸
Zhan qing 瞻清
Zi ran 子然
Zi yan 子燕

Wang, Sha 王沙
TANG, KUANG SONG 汤匡淞 **(1914-1953)**

Wang, Sha ai 王沙艾
WANG, SONG ZHI 王松之

Wang, Sha ai 王莎艾
WANG, SONG ZHI 王松之

WANG, SHAN 王山
Luo yi ning ge er 洛伊宁格尔

Wang shan 忘山
HE, BAO SEN 何宝森 **(1938-)**

Wang, Shan er 王山而
WEN, RUI AN 温瑞安 **(1954-)**

Wang, Shan jia 王山佳
WANG, LI HUA 王利华 **(1942-)**

WANG, SHAN SHAN 王珊珊 **(1955-)**
Wang, Lu yao 王陆瑶

WANG, SHAN ZHONG 王善忠 **(1935-)**
Wang, Zhong 王仲

Wang, Shan zi 王善子
WANG, XIANG DONG 王向东 **(1949-)**

Wang, Shang 王商
HUANG, ZHI GUANG 黄志光 **(1957-)**

Wang, Shang hua 王尚华
WANG, SHANG ZHENG 王尚政 **(1923-)**

WANG, SHANG QIN 王尚勤 **(1940-)**
Shu, Qin 舒琴
Xin ying 心影

WANG, SHANG WEN 王尚文 **(1929-)**
Wang, Song nian 王松年

WANG, SHANG YI 王商一 **(1909-)**
Lu, Zhai 鲁斋
Shou ruan lou 寿阮楼
Yuan meng qi hui lou 鸳梦七迴楼

WANG, SHANG ZHENG 王尚政 **(1923-)**
Fu, Weng 伏翁
Fu yuan 复员
Hong, Liu 洪流
Liao yuan 燎原
Shang, Zheng 尚政
Wang, Shang hua 王尚华
Zheng wen 正文

WANG, SHANG ZHI 王尚志 **(1912-)**
Gu, Ying 顾盈
Meng, Su 孟素
Wang mei 望梅
Wang, Meng su 王孟素

Wang, Shao 王少
WANG, LI ZHONG 王立中 **(1935-)**

WANG, SHAO 王劭 **(1930-)**
Gao, Feng 高风

Wang, Shao 王绍
WANG, JIN REN 王尽仁 **(1930-)**

Wang, Shao bai 汪少白
WU, CHENG SHI 吴承仕 **(1884-1939)**

Wang, Shao chuan 王少船
MA, SHI YING 马士瑛

Wang, Shao chun 王少春
WANG, XIU CHUN 王秀春 **(1947-)**

WANG, SHAO DE 王绍德 **(1938-)**
Wang, Ye 王野

WANG, SHAO FEI 王绍飞 **(1929-)**
Li, Chang yu 黎昌于
Wang, Xiao pei 王效培
Xie li 协力

Wang, Shao feng 王少峰
CHEN, HAN BO 陈翰伯 **(1914-1988)**

WANG, SHAO HAN 王少寒
Gao, Ling 高陵

WANG, SHAO HUA 王少华 **(1935-)**
Bai, Ling hai 白令海
Meng chi 梦池
Yong ju 永驹

WANG, SHAO HUA 王少华 **(1956-)**
Lao san 老三

WANG, SHAO JI 汪绍箕 **(1906-)**
Hong, Guang 洪广
Hua, Kan 华侃
Shao ji 绍箕
Ti ran 倜然
Wang, Ti ran 汪倜然
Yang, Jian 杨健
Zhou, Ren 周人

WANG, SHAO JIE 王绍杰 **(1912-1960)**
Wang, Bin 王滨

WANG, SHAO MING 王少明
Wang, Xin 王心

WANG, SHAO QING 王绍清 **(1911-)**
Gao, Feng 高风
Ke jian 克坚
Tian, Shui 田水
Wen, Xiang 文祥
Zhu, Hou 朱侯

WANG, SHAO SHENG 王韶生 **(1906-)**
Huai, Bing 怀冰

WANG, SHAO SHI 王少石 **(1940-)**
Shui an 睡庵

Wang, Shao tang 王绍棠
WANG, ZHAO TANG 王召棠 **(1926-)**

WANG, SHAO WEN 王绍文
Wang, Zhe 王哲

WANG, SHAO ZHONG 王绍钟 **(1948?-)**
Shao zhong 韶钟

Wang, Shelley
WANG, LI XI 王礼锡 **(1901-1939)**

WANG, SHEN GONG 王深珙
Wang, Fei 王斐

Wang, Shen ming 王慎明
WANG, SI HUA 王思华 **(1904-1978)**

WANG, SHEN PEI 王申培 **(1947-)**
Lan 岚
Wang, Lan 王岚

WANG, SHEN QUAN 王深泉 **(1923-)**
Fang, Wei 方维
Lu, Si lu 陆思鲁
Qin, Ke 秦可
Qin, Xi ning 秦西宁
Qiu, Jiang hai 邱江海
Shi, Liu jin 石流金
Shu, Wen lang 舒文朗
Shu, Xiang cheng 舒巷城
Wang, Luo 王烙
Wang, Si chang 王思畅
Xiang, Cheng 项城
Xiang, Yu hui 向于回
You, Jia duo 尤加多
Yu, Yan ni 于燕泥

Wang, Shen si 王慎思
WANG, ZHI DUI 王之兑 **(1915-1990)**

WANG, SHEN TING 王深汀
Hui lan 慧兰

Wang, Shen wu 王慎吾
WANG, YI TANG 王揖唐 **(1877-1946)**

WANG, SHEN YIN 王神荫 **(1915-)**
Wang, Qian you 王前佑

WANG, SHEN ZHI 王慎之 **(1939-)**
Song shan 松衫

Wang, Sheng 王声
WANG, JIA SHENG 王家声 **(1933-)**

Wang, Sheng 王笙
WANG, WEN CHEN 王文琛 **(1922-)**

WANG, SHENG CHAO 王胜朝 **(1942-)**
Wang, Ying 王颖

WANG, SHENG FU 王生富 **(1943-)**
Qi shi 奇石
Wang, Wei an 王维安

WANG, SHENG REN 王胜仁
Ke fu 可夫
Wu, Ling 武陵
Xiang fu 湘夫
Xiang ren 湘人
Xiang ren 湘仁

WANG, SHENG SHAN 王升山 **(1951-)**
Ri er 日珥

WANG, SHENG SHAN 王生善 **(1921-)**
Xiao xian 孝先

Wang, Sheng wei 王生炜
WANG, SHENG WU 王绳武 **(1926-)**

Wang, Sheng wu 王生五
WANG, SHENG WU 王绳武 **(1926-)**

WANG, SHENG WU 王绳武 **(1926-)**
Wang, Sheng wei 王生炜
Wang, Sheng wu 王生五

Wang, Shi 王石
HE, KAI RONG 何开荣 **(1907-1952)**

Wang, Shi 王石
WANG, PENG JU 王鹏举 **(1933-)**

Wang, Shi 王适
WANG, YUAN 王蘧 **(1884-1944)**

WANG, SHI CEN 王石岑 **(1914-)**
Dian fan lou zhu 点帆楼主

WANG, SHI CHANG 王世昌 **(1931-)**
Lan, Jing 蓝鲸
Wang, Ge 王舸

Wang, Shi cheng 王世称
WANG, SHI XIU 王式修 **(1931-)**

WANG, SHI CHENG 王石城 **(1909-)**
Shi, Fu 石夫

Wu, Ming 吴明

WANG, SHI DA 王世达 **(1922-)**
Sha, Ou 沙鸥
Shi ming 失名

WANG, SHI DE 王世德 **(1930-)**
Wang, Zheng feng 王正风

Wang, Shi ge 王十戈
CHENG, YI RONG 程一戎 **(1910-)**

WANG, SHI GE 王世阁 **(1931-)**
Shi, Ge 石革
Xuan, Bing 宣兵

Wang, shi gong 亡是公
ZHANG, BING LIN 章炳麟 **(1869-1936)**

WANG, SHI GUANG 王世光 **(1946-)**
Huang, Feng 黄蜂

WANG, SHI JI 王世纪 **(1924-)**
Wang, Chang lin 王长林

WANG, SHI JIA 王世家 **(1937-)**
Hua, Wen 华文
Lu, Fu 鲁夫

Wang, Shi jing 王士菁
GE, BING SHU 葛秉曙

WANG, SHI JUN 王世浚 **(1912-1949)**
Fei xue 飞血
Han jun 寒畯
Ji, Liang 季梁
Lao ming 老命
Mei quan 玫泉
Qin, Kui 秦喟
Shi, Jun 石军
Shi jun 世浚
Wen, Qian 闻迁
Wen, Quan 文泉

WANG, SHI LANG 王诗琅 **(1908-1984)**
Jin jiang 锦江
Lai feng 莱峰
Rong, Feng 荣峰
Si lang 嗣郎
Wang, Gang 王刚
Wang, Jin jiang 王锦江
Wang, Li qian 王礼谦
Wang, Yi gang 王一刚
Yi gang 一刚

WANG, SHI LI 王实力 **(1934-)**
Wang, Xing yuan 王杏元

WANG, SHI LONG 王世龙 **(1931-)**
Yu, Yi 于一

WANG, SHI LUN 王师伦 **(1905-1968)**
Wang, Xing yao 王性尧
Xun lu 逊庐

Wang, Shi min 王世民
WANG, SHI MING 王世名 **(1940-)**

WANG, SHI MING 王世名 **(1940-)**
Wang, Shi min 王世民
Wang, Zhen xian 王振贤
Yue, Dai 岳岱

WANG, SHI NONG 王诗农 **(1912-)**
Lin, Chen 林辰
Shang guan, Song 上官松
Shi, Nong 施农
Zhi zi 芝子

WANG, SHI PIN 王诗品 **(1950-)**
Lin, Fan 林凡
Yan ying 雁影

Wang, Shi qi 王世琦
WANG, HENG 王珩 **(1930-)**

WANG, SHI QI 王石琪 **(1928-)**
Shi, Qi 石琪

WANG, SHI QUAN 王士泉 **(1904-)**
Wang, Shi rong 王世荣

Wang, Shi rong 王世荣
WANG, SHI QUAN 王士泉 **(1904-)**

Wang, Shi run 王石润
MA, ZHI YUAN 马志远 **(1918-)**

Wang, Shi san 王十三
WANG, YUN ZHANG 王蕴章 **(1884-1942)**

Wang, Shi ta 王石他
WANG, PENG JU 王鹏举 **(1933-)**

WANG, SHI TONG 王式通 **(1863-1931)**
Shu heng 书衡
Xu lu 鄦庐
Yi tong 仪通
Zhi an 志盦

Wang, Shi wei 王石巍
WANG, SHU HAN 王叔翰 **(1900-1947)**

Wang, Shi wei 王实味
WANG, SHU HAN 王叔翰 **(1900-1947)**

Wang, Shi wei 王诗薇
WANG, SHU HAN 王叔翰 **(1900-1947)**

WANG, SHI XIANG 王石祥 **(1939-)**
He, Li 贺力
Shi, Xiang 石祥
Wei shi 巍石
Ye, Yu 叶雨

WANG, SHI XIONG 王士雄
Meng, Ying 孟英

WANG, SHI XIU 王式修 **(1931-)**
Wang, Shi cheng 王世称

WANG, SHI XUE 王世学 **(1912-)**
Gao, Lu 高鲁
Gu hong 孤鸿
Jiang, Niao 江鸟
Jiang, Tao 江涛
Kuang xun 狂循
Li rong 丽容
Wang, Xun 王循

WANG, SHI YI 王十仪 **(1917-)**
Bai, Er 白尔
Mu, Jian 穆謇
Ou yang, Ai mei 欧阳爱梅
Shi, Yi 石翊
Shi, Yi 石翼
Wang, Shi yi 王拾遗

Wang, Shi yi 王拾遗
WANG, SHI YI 王十仪 **(1917-)**

WANG, SHI YING 王士英 **(1898-)**
Sha tuo yuan zhu 莎佗园主
Wang, Meng xiao 王孟潇
Wang, Yu jin 王语今

WANG, SHI YING 王世瑛 **(1899-1945)**
Yi xing 一星

Wang, Shi ying 王世颖
WANG, XIN FU 王新甫 **(1902-)**

WANG, SHI YU 王世裕 **(1874-1944)**
Wang, Zi yu 王子余
Yu zi 馀子

Wang, Shi yu 王师愈
WANG, HONG YUAN 王弘愿

Wang, Shi yu 汪世瑜
WANG, MING YU 汪铭育 **(1943-)**

Wang, Shi ze 王士泽
HUANG, SHU ZE 黄树则 **(1914-)**

WANG, SHI ZHAO 王世昭 **(1905-)**
Chang qing 长青
Tie ran 铁髯
Wu ming shi 无名氏

WANG, SHI ZHEN 王世贞
Wang, Feng zhou 王凤州

WANG, SHI ZHEN 王世祯
Long, Ji 龙骥
Tang, Ren 唐人
Wang, Su xin 王素心
Wen, Ke shi 文可式
Ya huang 亚黄
Zheng, Duo en 郑铎恩

WANG, SHI ZHEN 王世镇
Wang, Zhen 王镇

WANG, SHI ZHENG 王世正
Shi zheng 诗铮

WANG, SHI ZHI 王石之 **(1898-)**
Wang, Wen ying 王文英

WANG, SHI ZHONG 王士钟 **(1913-1968)**
Ruo shui 若水

Wang, Shi zhou 王十洲
WANG, SI XIANG 王思翔 **(1922-)**

WANG, SHI ZHUO 王世焯
Tian, Feng 田风
Xiao, Jin 萧金

Wang, Shi zi 王实子
WANG, PING 王平 **(1931-)**

Wang, Shou 王寿
SHEN, CONG WEN 沈从文 **(1902-1988)**

WANG, SHOU AN 王守安 **(1948-)**
An, Ge 安歌
Tian, Xue 田雪

Wang, Shou chang 王寿昌
WANG, ZHI REN 王之仁

WANG, SHOU CHUN 王守椿 **(1895-1985)**
Huang, Hua 黄华
Huang, Yuan 黄源
Nian xian 念先
Shou chun 首春
Si jin 思锦
Si yun 思云
Wang, Ang 王昂
Wang, Qiu xin 王秋心
Wang, Shou chun 王首春
Wang, Si jin 汪思锦
Wang, Tie feng 汪铁锋
Wang, Xue wen 王学文
Wei ming 惟明

WANG, SHOU CHUN 王寿春 **(1929-)**
Wang, Chun 王春

Wang, Shou chun 王首春
WANG, SHOU CHUN 王守椿 **(1895-1985)**

WANG, SHOU CONG 王守聪
Ya heng 亚蘅

WANG, SHOU HUA 王寿华 **(1918-)**
Heng shu heng 横竖横

Ji, Chou 纪仇
Ku wang 苦望
Luji
Ruo han 若涵
Ruo mu 若木
Ruo wang 若望
Shou hua 寿华
Wang, Ke nan 王克南
Wang, Ruo wang 王若望
Yu, Tian 俞田
Zhuang, Xie 莊谐

Wang, Shou hua 汪寿华
HE, JIN LIANG 何今亮 **(1901-1927)**

Wang, Shou jue 王守觉
WANG, SHOU PING 王守平 **(1925-)**

WANG, SHOU KANG 王寿康
Fu qing 茀青

WANG, SHOU MEI 王寿美 **(1930-)**
Lin, Mu 林牧

WANG, SHOU PENG 王寿彭 **(1925-)**
Wang, San huai 王三槐
Wang, Su 王肃
Wang, Xiang 王相
Wang, Yang le 王央乐
Wei hua 炜华
Yu wen, Jie 宇文捷

WANG, SHOU PING 王守平 **(1925-)**
Wang, Shou jue 王守觉

WANG, SHOU QI 王寿祺 **(1880-1960)**
Chi mo lao ren 持默老人
Fu an 福盦
Luo, Cha 罗刹
Luo cha jiang min 罗刹江民
Qu, Hu 屈瓠
Wang, Fu an 王福盦
Wang, Ti 王禔
Wei ji 维季
Yin, Yong 印傭

Wang, Shou qing 王绶青
WANG, YU XI 王玉玺 **(1936-)**

Wang, Shou ren 王守仁
WANG, SHOU REN 王授仁 **(1934-)**

WANG, SHOU REN 王授仁 **(1934-)**
Wang, Shou ren 王守仁
Xiao, Wei hong 肖韦宏
Yu, Wei 于韦

WANG, SHOU SHAN 王寿山 **(1921-)**
Feng, Ji xiao 冯寄肖
Qing yun 轻云
Sang, Hen 桑痕
Wang, Yan ling 王延龄
Xiao ling 小玲
Yan, Lin 言林
Yan, Ling 燕凌
Yan, Ling 严陵
Yan ling 鄢陵

WANG, SHOU WAN 王守婉 **(1932-)**
Ling, Huan 凌焕

Wang, Shou xia 王寿遐
ZHOU, ZUO REN 周作人 **(1885-1967)**

Wang, Shou xing 王守行
WANG, YE LIN 王椰林 **(1953-)**

Wang, Shou zhen 王守真
WANG, ZHEN 王真 **(1905-)**

WANG, SHOU ZHI 王守志 **(1941-)**
Shi, Fu 石夫

Wang, Shu 王述
WANG, LIAO YING 王燎莹 **(1921-)**

Wang, Shu 王树
WANG, ZHI BO 王植波 **(1925-1964)**

Wang, Shu 王殊
WANG, SHU PING 王树平 **(1924-)**

WANG, SHU 王曙 **(1930-)**
Li, Si 栗斯

Wang shu 望舒
DAI, MENG OU 戴梦鸥 **(1905-1950)**

WANG, SHU BAI 汪澍白 **(1923-)**
Nie, Cheng 聂诚
Wang, Mang 汪漭

WANG, SHU CHEN 王树忱 **(1931-1991)**
A hei 阿黑
Shu chen 抒晨
Wang, Wang 王往

Wang, Shu chu 汪叔初
WANG, DONG 汪东 **(1890-1963)**

WANG, SHU CHUAN 王书川 **(1919-)**
Bei yu shan ren 北峪山人
Li, Chuan 黎川
Wang, Bei yu 王北峪

WANG, SHU CUN 王树村 **(1923-)**
Gu, Liu cun 古柳村

WANG, SHU FAN 王树藩 **(1926-)**
Gong, Ping 龚平
Luo, Ying 罗英

WANG, SHU FANG 王淑芳 **(1902-1943)**

Wang, Yi pu 王艺圃
Yao, Ying 姚颖

WANG, SHU HAN 王叔翰 **(1900-1947)**
Shi wei 实味
Shi wei 诗味
Shi wei 诗薇
Shi, Wei 石魏
Shu han 叔翰
Wang, Shi wei 王石巍
Wang, Shi wei 王实味
Wang, Shi wei 王诗薇

Wang, Shu heng 王书衡
ZHANG, SHOU CHANG 张守常 **(1922-)**

WANG, SHU HUA 王淑华
Wang, Yi 王怡

Wang, Shu huai 王书怀
WANG, SHU HUAI 王树槐 **(1929-1983)**

WANG, SHU HUAI 王树淮 **(1955-)**
A huai 阿淮
Shu, Huai 树淮

WANG, SHU HUAI 王树槐 **(1929-1983)**
Leng, Feng 冷风
Wang, Shu huai 王书怀

WANG, SHU JI 王树基 **(1921-)**
Qiu, Ji 秋麂
Ruo ming 若明
Shu, Ji 树基
Wang, Yang chen 王仰晨
Xiao zhi 小志
Yang, Chen 扬尘

Wang, Shu jun 王叔俊
DING, JING TANG 丁景唐 **(1920-)**

WANG, SHU KAI 王树楷 **(1907-1960?)**
Jun zhi 君直

WANG, SHU LIN 王书林 **(1941-)**
Ye, Yin 叶寅

WANG, SHU LIN 王树林 **(1962-)**
Shu, Ling 舒凌
Xiao, Shu 萧舒
Yuan, Cun 远村

WANG, SHU LING 王淑玲 **(1954-)**
Wang, Nai fei 王乃飞
Xiao ya 晓亚

WANG, SHU MEI 王淑美
A mei 阿美

WANG, SHU MIN 王树民 **(1911-)**
Shu an 曙庵
Yi min 逸民

Wang, Shu ming 王淑明
WANG, REN SHU 王任叔 **(1901-1972)**

Wang, Shu ming 王淑明
WANG, ZHU 王铸 **(1902-1986)**

WANG, SHU MING 汪叔明 **(1873-)**
Fei shi 匪石
Wang, Xi 汪希
Wang, Xi 汪熙

WANG, SHU NAN 王树枬 **(1851-1936)**
Mian shan lao mu 绵山老牧
Tao, Lu 陶庐
Tao lu lao ren 陶庐老人
Tao lu zhu ren 陶庐主人
Wang, Jin qing 王晋卿
Wen, Mo shi 文莫室
Ye shi shi 野史氏

WANG, SHU PING 王树平 **(1924-)**
Lin, Mang 林莽
Wang, Shu 王殊

Wang, Shu quan 王树权
WANG, JIAN GUO 王建国 **(1934-)**

WANG, SHU REN 王树人 **(1936-)**
Shu, Ren 树人
Su, Ren 苏韧
Ying, Wei 英玮

WANG, SHU RONG 王树荣 **(1871-)**
Gang zhai 刚斋
Shao shao xuan 绍邵轩
Xiang ren ou ju 相人偶居

Wang, Shu rong 王树荣
NI, MO YAN 倪墨炎 **(1933-)**

Wang, Shu san 王庶三
WANG, LI XI 王礼锡 **(1901-1939)**

WANG, SHU SEN 王树森 **(1945-)**
Mu lin 木林
Shu shan 书山
Shu sheng 曙胜
Wang, Mu lin 王木林
Wen, Bo 文波

WANG, SHU TIAN 王书天
Ban lao xu niang 半老徐娘

WANG, SHU TIAN 王树田 **(1951-)**
Wen, Ping 文平

Wang, Shu wei 王述微
WANG, GU ZE 王古泽

Wang, Shu xia 王淑霞
WANG, SONG DAI 王松黛 **(1917-)**

WANG, SHU XIN 王树鑫 **(1925-)**
Wang, Jin 王今
Wang, Lian 王炼

Wang, Shu yi 汪叔宜
WANG, CHI 汪痴

WANG, SHU YU 王淑玉 **(1923-)**
Su, Ru 苏茹
Yi xin 毅新

Wang, Shu yuan 王树元
WANG, GUI SHENG 王贵生 **(1932-)**

WANG, SHU YUN 王纾运
Tian hen 天恨
Tian hen sheng 天恨生
Wang, Tian hen 王天恨

Wang, Shu yun 王淑耘
WANG, SHU YUN 王淑筠 **(1920-)**

WANG, SHU YUN 王淑筠 **(1920-)**
Wang, Shu yun 王淑耘

WANG, SHU ZHEN 王淑贞 **(1937-)**
Wang, Yu jue 王玉珏

Wang, Shuang 王爽
WANG, JI SHENG 王寄生 **(1918-)**

Wang, Shui 王水
WANG, XIAN ZHI 王先智 **(1923-)**

Wang, Shui 王水
WANG, DE RUN 王德润 **(1931-)**

WANG, SHUO ZHI 王硕智
Wang, Wang sun 王王孙

Wang, Si 王寺
TANG, KUANG SHI 汤匡时 **(1927-)**

Wang, Si chang 王思畅
WANG, SHEN QUAN 王深泉 **(1923-)**

Wang, Si dian 王思玷
WANG, SI HUANG 王思璜 **(1895-1926)**

WANG, SI HUA 王思华 **(1904-1978)**
Wang, Shen ming 王慎明
Wang, You ming 王右铭
Wang, You ming 王又铭
Wang, You ming 王又明
You ming 右铭

WANG, SI HUANG 王思璜 **(1895-1926)**
Wang, Si dian 王思玷
Wang, Yi min 王一民

Wang, Si jia 王思嘉
JIA, ZHI FANG 贾植芳 **(1915-)**

Wang, Si jin 汪思锦
WANG, SHOU CHUN 王守椿 **(1895-1985)**

Wang, Si tian 王思田
ZHAO, TING JUN 赵廷俊 **(1922-)**

WANG, SI XIANG 王思翔 **(1922-)**
Feng xi 风兮
Qi ran 期然
Wang, Shi zhou 王十洲
Yu, Ren 于人
Yu, Ren 宇仁
Zhang, Yu 张禹
Zhang, Yu 章玉

Wang, Si yu 王思宇
WANG, JI GUANG 王继光 **(1938-)**

Wang, Si yuan 王思远
WANG, ZHI ZHI 王誌之 **(1905-1990)**

WANG, SI ZENG 王嗣曾 **(1909-)**
Kai yuan 楷元
Wan, Liu 万柳

WANG, SONG 王松 **(1866-1930)**
Cang hai yi min 沧海遗民

Wang, Song 王松
WANG, CHANG GUANG 王长光 **(1920-)**

WANG, SONG DAI 王松黛 **(1917-)**
Lu, Fei 陆斐
Lu, Fei 逯斐
Min 敏
Song, Dai 宋玳
Wang, Qi 王琪
Wang, Shu xia 王淑霞
Zheng, Jue 郑珏

WANG, SONG JI 王松基 **(1936-)**
Wang, Wu xie 王无邪

WANG, SONG LIN 王松林 **(1946-)**
Wang, Ju 王钜

WANG, SONG LING 王松龄 **(1938-)**
Jian qiu 剑秋

Wang, Song min 王颂民
WANG, JIAN 王鉴 **(1903-1975)**

Wang, Song nian 王松年
WANG, SHANG WEN 王尚文 **(1929-)**

WANG, SONG QING 王松青 **(1947-)**
Bai, Fan 白帆
Bei chuan 北川
Miao, Qing 苗青
Song, Qing 宋青

Wang, Song wen 王颂文

WANG, JIAN 王鉴 **(1903-1975)**

WANG, SONG YU 王颂餘 **(1910-　　)**
Wang, Wei 王为

WANG, SONG ZHI 王松之
Wang, Sha ai 王沙艾
Wang, Sha ai 王莎艾

Wang, Su 王苏
WANG, YOU SAN 王友三 **(1929-　　)**

Wang, Su 王苏
WANG, SU XIN 王素心 **(1935-　　)**

Wang, Su 王肃
WANG, SHOU PENG 王寿彭 **(1925-　　)**

Wang, Su 王速
WANG, LIAO YING 王燎莹 **(1921-　　)**

WANG, SU DA 王肃达 **(1910-1963)**
Mo, Lang 墨浪

WANG, SU E 王素娥 **(1954-　　)**
Xu, Ru lin 徐如林

WANG, SU LAN 王素兰
Chu lan 樗岚

WANG, SU REN 王素稔 **(1923-1989)**
Su, Ren 苏刃

WANG, SU XIN 王素心 **(1935-　　)**
Su, Xin 苏欣
Su xin 素心
Wang, Su 王苏

Wang, Su xin 王素心
WANG, SHI ZHEN 王世祯

WANG, SU ZHEN 王素珍 **(1920-　　)**
Su zhi 素之

WANG, SUI HAN 汪岁寒 **(1924-　　)**
Wang, Yu long 汪育龙

Wang, Sun 王孙
WANG, JIA YU 王家棫 **(1907-　　)**

Wang, Sun cao 王孙草
WANG, REN JUN 王仁钧 **(1930-　　)**

Wang, Sun chu 王孙楚
GAO, BAI SHI 高拜石 **(1901-1969)**

WANG, TAI JI 王太吉 **(1947-　　)**
Nan, Ding 南丁
Wu, Ming 吴明

Wang, Tai li 王太礼
CHENG, CAI 成才 **(1930-　　)**

Wang, Tai ran 王泰然

WANG, RUI ZHEN 王瑞珍 **(1917-　　)**

Wang tang 望堂
YANG, SHOU JING 杨守敬 **(1839-1915)**

Wang, Tao 王弢
WANG, XIANG LIN 王相林 **(1909-1984)**

Wang, Tao 王涛
WANG, XIANG LIN 王相林 **(1909-1984)**

Wang, Tao 王韬
WANG, XIANG LIN 王相林 **(1909-1984)**

Wang, Tao 王韬
WANG, RUI PENG 王瑞鹏

Wang, Ti 王倜
WANG, YUN SHAN 王云山 **(1932-　　)**

Wang, Ti 王裼
WANG, SHOU QI 王寿祺 **(1880-1960)**

Wang, Ti ran 汪倜然
WANG, SHAO JI 汪绍箕 **(1906-　　)**

Wang, Tian 王田
WANG, JIU YU 王久餘 **(1921-　　)**

Wang tian 望天
ZENG, MIN ZHI 曾敏之 **(1917-　　)**

WANG, TIAN CHI 王天池 **(1914-　　)**
Huang, Shan 黄山

Wang, Tian hen 王天恨
WANG, SHU YUN 王纾运

WANG, TIAN JIE 王天杰 **(1959-　　)**
Chen zi 晨子
Tian jie 天洁

WANG, TIAN JIN 王天进
Qiao chu 翘楚

WANG, TIAN LONG 王添隆
Gong jian shou 弓箭手
Huang cao 荒草

WANG, TIAN LU 王天禄
Bai, Shui 白水
Jue chu 觉初
Lu, Kuang 鲁狂
Lü tian 绿天

WANG, TIAN XI 王天锡 **(1940-　　)**
Bei qian 北千
Wang, Yi 王易

WANG, TIAN ZONG 王天纵 **(1879?-1921)**
Guang fu 光復
Xu jiu 旭九
Zong zi 纵子

Wang, Tie 王铁
WANG, RUI ZHEN 王瑞珍 **(1917-)**

WANG, TIE CHEN 王铁臣
Tian, Kun 田堃
Wang, Ning 王凝

Wang, Tie feng 汪铁锋
WANG, SHOU CHUN 王守椿 **(1895-1985)**

Wang, Tie kou 王铁口
QIN, HAO 秦浩 **(1908-)**

Wang, Tie ya 王铁崖
WANG, QING CHUN 王庆纯 **(1913-)**

WANG, TIE YING 王铁营
Mao, Ren 茅人

WANG, TIE ZHU 王铁柱
Wen, Qi 文琪

WANG, TING 汪霆
Guan, Shan yue 关山月

WANG, TING FENG 王廷风 **(1933-)**
Zi feng 子风

Wang, Ting jue 王廷爵
WANG, PIN ZHI 王聘之 **(1919-)**

WANG, TING JUN 王廷俊 **(1953-)**
Lin yu feng 临玉风
Luo yang zi 螺阳子
Ting ting 廷廷

WANG, TING ZHEN 王廷珍 **(1929-)**
Yin zheng 音铮

Wang, Ting zhi 王亭之
TAN, XI YONG 谈锡永 **(1935-)**

WANG, TONG 王彤 **(1932-)**
Yang, Yang 杨羊

WANG, TONG 王彤 **(1939-)**
Bing gu 冰谷

Wang, Tong 王彤
WANG, YE LONG 王业隆 **(1941-)**

Wang, Tong 王统
CHEN, YUN TONG 陈运通 **(1914-)**

Wang, Tong 王桐
WANG, DA TONG 王大彤

Wang, Tong 王通
CHEN, SHANG YOU 陈尚友 **(1904-1989)**

WANG, TONG FA 王统发 **(1924-)**
Cheng, Lin 承临
Fan fu 凡夫
Fan ren 凡人
Fan zi 凡子
Fang, Shu 方曙
Nai fan 乃凡
Nai zhen 乃真
Ping, Fan 平凡
Qi, Xin 齐心
Shi yuan 实元
Shu ming 曙鸣
Wang, De hai 王德海
Wang, Fu 王夫
Wang, Nai fan 王乃凡
Xia, Qiang 夏强
Xia, Xing 夏醒
Xia, Zi 夏子
Yu, Si miao 余思妙

Wang, Tong hui 王同惠
FEI, XIAO TONG 费孝通 **(1910-)**

WANG, TONG QI 王同起 **(1950-)**
Liang, Qi 梁琪
Tong qi 彤旗

WANG, TONG REN 王同仁 **(1937-)**
Hai, Fu 海父

WANG, TONG SHU 王同书 **(1938-)**
He, Jie 何睫
Lin, Tong 林同
Shi, Ping 史平
Su, Ai hua 苏爱华
Su, Feng 苏丰

WANG, TONG XUN 王桐勋 **(1915-1992)**
Da jiang 大江
Jiang, Feng 江风
Li jun 力军
Rong, Zhang 荣章
Xun feng 薰风
Yi ge 一戈
Ying fu 硬夫

WANG, TONG ZHAO 王统照 **(1897-1957)**
Ai qian 靄骞
C
Can zhe 粲者
Ding 丁
Hong meng 鸿蒙
Jian 剑
Jian jun 剑君
Jian ru 剑如
Jian san 剑三
Jian san 鑯三
Jian shan 鑯山
Jian xian 剑先
Jian xian 健先
Jian xian 鉴先
Jian zhi 鉴之

L C
Lu 卢
Lu, Jian 卢坚
Lu, Sheng 卢生
Meng guan 梦观
Min 旻
Mo 默
Mo jian 摩坚
Mo jian 默坚
Mo lu 摩卢
Mu gong 木公
Qiu, Min 秋旻
Rong, Lu 容庐
Ru 如
T
T. C.
Ti xi 提西
Tong zhao 同昭
Tong zhao 统照
Wang, Jian san 王剑三
Wang, Jian xian 王健先
Wang, Jian Xian 王鉴贤
Wang, Xun ru 王恂如
Wei 韦
Wei, Jian 韦坚
Wei, Li 韦立
Wei, Mo 韦默
Wei, Pei 韦佩
Wei, Ru 韦如
Wen, Ru 文如
Xi 息
Xi lu 息庐
Xi meng 息梦
Xian 先
Xiu, Ru 修如
Xun 恂
Xun ru 恂如
Xun zi 恂子
Yong ren 庸人
Yun 云
Yun, Jun 云君
Zhan, Zhan 詹詹
Zhao 照
Zheng, Yan 郑言
Zhu wei 著微
Zhu, Wen 朱雯
Zhu yuan 珠渊

Wang, Tu 王突
CHENG, JUN 成骏 (1916-1983)

Wang, Tuan jin 王摶今
WANG, LI XI 王礼锡 (1901-1939)

WANG, TUN HU 王屯虎 (1952-)
Ji zi zhai 集字斋

Wang, Yi 王一

Wang, Tuo 王拓
WANG, HONG JIU 王紘久 (1944-)

Wang, Wan 王宛
WANG, CHENG QUAN 王承权 (1935-)

WANG, WAN FU 王万富 (1946-)
Wang, Hao 王灏
Wang, Hao 王浩

Wang, Wan ping 王宛平
WANG, GU ZE 王古泽

WANG, WAN QING 王万清
Du gu, Shu long 独孤恕龙

WANG, WAN QING 王婉清
Lan, Jun yi 蓝君仪

WANG, WAN RONG 王婉容 (1926-)
DDT
Fei fei 非非
Fu cao 浮草
Hai, Tao 海涛
Hu, Yun 胡云
Wang, Er bei 王尔碑
Wang, Nian qiu 王念秋

Wang, Wang 王汪
WANG, ZONG CHANG 王宗昌 (1930-)

Wang, Wang 王往
WANG, SHU CHEN 王树忱 (1931-1991)

Wang, Wang 王旺
WANG, WEN MIN 王文敏 (1928-)

Wang, wang sheng 忘忘生
HU, SHAN YUAN 胡山源 (1897-1988)

Wang, Wang sun 王王孙
WANG, SHUO ZHI 王硕智

Wang, Wang wo 王忘我
WANG, HENG 王衡 (1901-1944)

Wang, Wei 王为
WANG, SONG YU 王颂馀 (1910-)

Wang, Wei 王为
WANG, WEN MIN 王文敏 (1928-)

Wang, Wei 王韦
HE, QIONG WEI 何琼玮 (1928-)

WANG, WEI 王伟 (1927-)
Liu, Yi 柳仪

Wang, Wei 王伟
WANG, WEI 王炜 (1942-)

Wang, Wei 王伟

WANG, ZHAN SHAN 王占山 **(1949-　　)**

Wang, Wei 王纬
XU, MAO RONG 徐茂荣 **(1911-1977)**

WANG, WEI 王炜 **(1942-　　)**
Wang, Wei 王伟

Wang, Wei 王桅
WANG, WEI HUA 王蔚桦 **(1938-　　)**

Wang, Wei 王惟
WU, CHENG HUI 吴承惠 **(1926-　　)**

Wang, Wei 汪苇
WENG, ZU LIANG 翁祖亮 **(1929-　　)**

Wang, Wei 汪苇
WEI, QI LIN 韦其麟 **(1935-　　)**

WANG, WEI 汪炜 **(1972-　　)**
Fu, Zi 傅紫

Wang wei 望微
KOU, WANG WEI 寇望微 **(　　-1950?)**

Wang, Wei an 王维安
WANG, SHENG FU 王生富 **(1943-　　)**

WANG, WEI BO 王薇伯
Fen yang fei xia 汾阳飞侠
Wei bo 薇伯

Wang, Wei chen 王伟忱
WANG, JIA YI 王嘉祎 **(　　-1922)**

Wang, Wei chen 王维忱
WANG, JIA YI 王嘉祎 **(　　-1922)**

WANG, WEI FA 汪为法
Wei fa 为法

WANG, WEI GANG 王维刚 **(1950-　　)**
Liao yun 聊云
Wei, Gang 韦刚
Xiao han 小憨

WANG, WEI HUA 王蔚桦 **(1938-　　)**
Feng ma niu 风马牛
Hua, Xia 华夏
Wang, Wei 王桅
Wei hua 蔚桦

Wang, Wei ke 王维克
WANG, ZHAO XIANG 王兆祥 **(1900-1952)**

WANG, WEI LIAN 王威廉 **(1922-　　)**
Cheng, Li 成立

Wang, Wei min 王维民
WANG, LIANG QIU 王良球

WANG, WEI MING 王伟明 **(1954-　　)**
Lan, Qing tian 蓝青天
Su, Shun 苏舜
Wang, Cong 王淙
Wei ming 伟明

Wang, Wei ming 王微明
WU, WEN QI 吴文祺 **(1901-1991)**

WANG, WEI QUAN 王维泉 **(1926-　　)**
Cao yang 草央
Mao, Ying 毛英

WANG, WEI REN 王维仁 **(1944-　　)**
Song yue 松月

WANG, WEI XING 王卫兴 **(1944-　　)**
Wei, Xing 卫兴

WANG, WEI XIONG 王为雄 **(1909-1986)**
Bai, Ding 白丁
Xu, Ping yu 徐平羽

WANG, WEI XIONG 王伟雄 **(1962-　　)**
Wang, Huan zhi 王焕之

Wang, Wei xun 王维迅
WANG, GUANG LÜ 王光闾 **(1920-　　)**

WANG, WEI YAN 汪维炎 **(1939-　　)**
Shang, Yu 尚雨

WANG, WEI ZHANG 王为章 **(1934-　　)**
Wang, Qing sheng 王庆生

WANG, WEI ZHEN 王伟珍
Cun fu 村夫

WANG, WEI ZHENG 王为政 **(1944-　　)**
Bei chen 北辰

Wang, Wei zhi 王维之
WANG, YE LONG 王业隆 **(1941-　　)**

Wang, Wei zhong 王惟中
WANG, DE JUN 王德均 **(1903-　　)**

Wang, Wei zhou 王维舟
LI, HONG 李竑 **(1931-　　)**

Wang, Wen 王文
SONG, MING BO 宋明波 **(1919-1989)**

Wang, Wen 王文
WANG, CHANG HAO 王常浩 **(1948-　　)**

WANG, WEN 王汶 **(1922-　　)**
Chi, Che 池澈
Lin, Xiao 林晓
Wang, Geng 王耕
Wang, Wen 王雯
Wu, Tong 吴彤
Ye, Li 叶黎
Zi wei 紫薇

Wang, Wen 王雯
WANG, WEN 王汶 **(1922-)**

Wang wen 罔闻
ZHOU, JIAN XIAO 周剑箫 **(1911-1992)**

WANG, WEN BIN 王文彬 **(1928-)**
Bei, Fan 贝梵
Wen bin 汶滨
Yi ren 弋人

WANG, WEN CHEN 王文琛 **(1922-)**
Ju que 巨阙
Lu shi 录士
Qiao, Ya 乔亚
Shang guan, Di 上官敌
W.S.
Wang, Ming 王命
Wang, Que 王却
Wang, Sheng 王笙
Wen, Chen 文琛
Zhan lu 湛卢

WANG, WEN CHUN 王文纯 **(1928-)**
Yu, Bo 郁波

Wang, Wen feng 汪文风
WANG, YI XIU 汪易修 **(1929-)**

WANG, WEN HAO 王文灏 **(1892-1953)**
Wen, Hang 文航

Wang, Wen hua 王文华
WANG, YAN HUA 王艳华 **(1958-)**

WANG, WEN HUA 王文华
Yu, Wen 余闻

WANG, WEN HUA 汪文华 **(1931-)**
Nan gang 楠刚

Wang, Wen hui 王文慧
LI, YAO TANG 李尧棠 **(1904-)**

WANG, WEN JI 王文计 **(1951-)**
Lao cheng 老城

WANG, WEN JIE 王文杰 **(1903-)**
Su, San 苏散

Wang, Wen jue 王文爵
WANG, RUI XIN 王瑞鑫 **(1919-)**

WANG, WEN JUN 王文俊 **(1957-)**
Wang, Heng 王恒
Wen, Jun 文隽

WANG, WEN KE 王文科 **(1947-)**
Lao, Wang 劳望

WANG, WEN KUI 王文奎 **(1944-)**
Wen kui 雯葵

WANG, WEN LING 王文龄
Jiang, Ling 江陵

WANG, WEN MIN 王文敏 **(1928-)**
Wang, Man 王曼
Wang, Ren 王稔
Wang, Wang 王旺
Wang, Wei 王为

WANG, WEN PING 王文平 **(1941-)**
Wen, Ping 文平

WANG, WEN PU 王文溥 **(1905-1985)**
Wang, Man shuo 王曼硕

Wang, Wen qiu 王文秋
WANG, WEN XIU 王文绣 **(1918-)**

WANG, WEN RU 王文濡
Tian rang wang lang 天壤王郎
Ting, xuan 亭轩
Wang, Jun qing 王均卿
Wu men lao jun 吴门老均
Xin jiu fei wu 新旧废物
Xue jie xian min 学界闲民
Zhu, Yu 竹毓

Wang, Wen shi 王汶石
WANG, LI ZENG 王礼曾 **(1921-)**

Wang, Wen shu 王文殊
CHEN, SHANG YOU 陈尚友 **(1904-1989)**

WANG, WEN XI 王文西 **(1918-)**
Wu, Dong 武东
Xi leng 西冷

WANG, WEN XIAN 王文显 **(1886-1968)**
Li shan 力山
Wang, Li shan 王力山

Wang, Wen xiang 王文翔
WANG, YE LONG 王业隆 **(1941-)**

WANG, WEN XIU 王文绣 **(1918-)**
Qun yi 群艺
Tian, Xing 田星
Wang, Wen qiu 王文秋
Wen, Qiu 文秋
Wen, Qiu 闻秋

WANG, WEN XUAN 王文选
Yue, Yang 岳阳

WANG, WEN YI 王文意 **(1923-)**
Zhang, Zhong 张忠

WANG, WEN YI 王文漪 **(1914-)**
Cun xin 村炘
Huan ran 焕然
Jie xin 洁心
Zi qin 紫芹

Wang, Wen ying 王文英
WANG, SHI ZHI 王石之 **(1898-)**

WANG, WEN YU 王文玉 **(1909-)**
Rui wu 瑞伍

WANG, WEN YUAN 王文元 **(1907-)**
Geng xin 耕莘
Hui quan 惠泉
Li, Shu xun 李书勳
San yuan 三原
Shuang shan 双山
Shuang shan lou 双山楼
Wang, Fan xi 王凡西

WANG, WEN ZHI 王文志 **(1956-)**
Mei shi xin 玫士心
Tong, Le 童乐

WANG, WEN ZHONG 王文忠 **(-1946)**
Shi, Qing 石青

WANG, WEN ZHONG 王文衷 **(1931-)**
Dong fang, Tao 东方涛
Gu, Lan 谷岚
Xu, Dai 许岱

WANG, WEN ZHUO 王文卓 **(1931-)**
Si ping lou 思平楼

Wang, Wu 王芜
SU, YOU CAI 苏有才 **(1927-)**

Wang wu ji 望无际
LIN, HE HUA 林鹤华 **(1953-)**

Wang, Wu sheng 王无生
WANG, ZHONG QI 王锺麒 **(1880-1913)**

WANG, WU SHENG 王悟生 **(1936-)**
Ai, Mu 艾木
Si hao 思浩

Wang, Wu wei 王无为
WANG, XIN MING 王新命 **(1892-1961)**

Wang, Wu xie 王无邪
WANG, SONG JI 王松基 **(1936-)**

WANG, WU ZENG 王吾增 **(1934-)**
Shan chuan he 山川河
Wang qin 望秦
You ren 遊人

WANG, XI 王曦 **(1950-)**
Dan dan 旦旦

Wang, Xi 汪希
WANG, SHU MING 汪叔明 **(1873-)**

Wang, Xi 汪溪
WANG, CHUN XI 汪春熙 **(1917-)**

Wang, Xi 汪熙
WANG, SHU MING 汪叔明 **(1873-)**

Wang, Xi cheng 王夕澄
WANG, XI CHENG 王锡成 **(1918-)**

Wang, Xi cheng 王西成
WANG, MI 王米 **(1924-)**

WANG, XI CHENG 王锡成 **(1918-)**
Wang, Chan 王忏
Wang, Xi cheng 王夕澄
Xi cheng 夕澄
Xiao bo 笑波
Zai sheng 再生

WANG, XI HAI 王希海 **(1963-)**
Bi hai 碧海
Wang, Hai 王海
Wen, Chou 文俦

WANG, XI JIAN 王希坚 **(1918-)**
Jian lin 剑林
Xi jian 希坚

WANG, XI LIANG 王希亮 **(1946-)**
Liang xi 良曦
Xi liang 曦亮

WANG, XI LIN 汪习麟 **(1932-)**
Huai, Yuan 怀园
Wen, Xuan 文宣
Zi yu 子羽

WANG, XI PENG 汪锡鹏
Shuang, Bei zi 双贝子

WANG, XI PING 王西平 **(1936-)**
Xi ping 西屏
Xiao xi 小溪

WANG, XI PU 王熙普 **(1874-1911)**
Wang, Zhong sheng 王鐘声

WANG, XI QI 王锡祺
Shou xuan 寿萱

Wang, Xi ren 王西稔
WANG, XI YAN 王西彦 **(1914-)**

WANG, XI RU 王锡儒 **(1943-)**
Shan fu 山夫

Wang, Xi shen 王西神
WANG, YUN ZHANG 王蕴章 **(1884-1942)**

WANG, XI SONG 王系松 **(1941-)**
Qian song 黔松

WANG, XI XIAN 王希贤
Shen, Zhong shi 沈衷拭

WANG, XI XUAN 王锡宣 **(1912-1988)**

A xin 阿辛
Shen, Jun zhi 申均之
Wang, Qian 王浅

WANG, XI YAN 王西彦 **(1914-)**
Mo, Rong 莫荣
Nan, Huang 南荒
Pan, Zong yao 潘宗耀
Shao, Xiang yang 邵向阳
Shi, Ren 施稔
Si, Yuan 斯远
Wang, Xi ren 王西稔
Xi ren 西稔
Xi yan 细言
Yang, Hong 杨洪
Yi jin 忆津
Yu, Pan 俞磐

Wang, Xi yan 汪希颜
WANG, ZHU 汪铸

WANG, XI YAO 王希尧 **(1918-)**
Mo, Chan 墨禅

WANG, XI YIN 王喜垠 **(1898-)**
Wang, Lian ping 王连平

WANG, XI ZENG 王希曾 **(1901-)**
Wang, Bo di 王伯谛
Wang, Xi zheng 王西徵
Wang, You wei 王酉微
Xi zheng 西徵
You wei 酉微

WANG, XI ZHEN 王希珍 **(1962-)**
Wang, Ruo bing 王若冰
Wei ran 未然
Wen, Jiu 闻久
Yi zu 一卒

Wang, Xi zheng 王西徵
WANG, XI ZENG 王希曾 **(1901-)**

WANG, XIA 王侠 **(1931-)**
Wan, Xia 晚霞

WANG, XIA 王霞 **(1963-)**
Yun, Cun 远村

Wang xia 望遐
DU, XIA YUN 杜霞云 **(1937-)**

WANG, XIA JU 王遐举 **(1909-)**
Qing quan 清泉
Ye nong 野农

Wang, Xia sheng 王侠生
JIANG, XIA 江侠

Wang, Xia shou 王遐寿
ZHOU, ZUO REN 周作人 **(1885-1967)**

WANG, XIAN 王贤 **(1897-1988)**
Ge yi 个簃
Shuang cha ge 霜茶阁
Wang, Ge yi 王个簃

WANG, XIAN 王显 **(1922-)**
Bo hui 伯晦

Wang xian 望仙
DING, SI YI 丁思逸 **(1929-)**

WANG, XIAN BIN 王显斌 **(1954-)**
Wang, Nan 王南

WANG, XIAN CAI 王铣才 **(1921-)**
Tie xin 铁心
Wang, Ye xin 王冶新
Wang, Yi xin 王以辛
Yang, Fang 扬放
Ye, Xin 叶辛

Wang, Xian kui 王显葵
WANG, LEI JIA 王蕾嘉 **(1906-)**

Wang, Xian li 王显理
HUANG, JIA YIN 黄嘉音 **(1913-1960)**

WANG, XIAN LING 王宪伶 **(1959-)**
Wang, Mi 王米
Xi jing 西京

WANG, XIAN PEI 王先霈 **(1939-)**
Jiang, Xi reng 姜希礽
Xian, Pei 冼佩

WANG, XIAN QIAN 王先谦 **(1842-1917)**
Kui yuan 葵园
Xu shou 虚受
Yi wu 益吾

WANG, XIAN QIANG 王先强 **(1945-)**
Chang, Shan 常山

Wang, Xian tang 王献唐
WANG, GUAN 王琯 **(1896-1960)**

WANG, XIAN ZE 王显泽 **(1925-)**
Chen, Yi yun 陈一云
Chen, Yi yun 陈逸云

Wang, Xian zhen 王贤桢
WANG, YUN RU 王蕴如

WANG, XIAN ZHI 王先智 **(1923-)**
Cen, Xiu 岑秀
Wang, Gong 王工
Wang, Shui 王水
Xia, Lu 夏渌
Xin zhi 忻之

WANG, XIAN ZHONG 王贤忠 **(1932-)**
Xiao, Xiao 萧潇

Xing zhong 兴中

WANG, XIAN ZHONG 王献忠 (1934-)
Da nan 大南
Wang, Jue 王珏

Wang, Xiang 王相
WANG, SHOU PENG 王寿彭 (1925-)

Wang, Xiang bo 王祥伯
WANG, JIN FU 王金绂 (1894-)

WANG, XIANG CHEN 王向臣 (1952-)
Jin ge 晋戈

WANG, XIANG CHEN 王向辰 (1908-1958)
Lao xiang 老向
Wang, Huan dou 王焕斗
Wang, Ji bing 王吉柄
Wang, Xiang chen 王项臣
Xiang, Chen 向辰

Wang, Xiang chen 王项臣
WANG, XIANG CHEN 王向辰 (1908-1958)

WANG, XIANG DONG 王向东 (1949-)
Wang, Shan zi 王善子
Xiang, Dong 项东

WANG, XIANG FENG 王向峰 (1932-)
Wen, Qi ming 闻启明
Zeng, Wei 曾为

Wang, Xiang han 王祥汉
WANG, LI 王力 (1900-1986)

WANG, XIANG KUN 王象坤
Xiang, Kun 项坤

WANG, XIANG LIN 王相林 (1909-1984)
Jun wen 俊闻
Wang, Jun wen 王隽闻
Wang, Lin 王林
Wang, Tao 王弢
Wang, Tao 王涛
Wang, Tao 王韬
Xiang, Lin 向林

WANG, XIANG QUN 王向群 (1941-)
Xiang qun 象群

Wang, Xiang sheng 王祥生
TAO, DA YONG 陶大镛 (1918-)

Wang, Xiang yan 王香岩
WANG, PU YAO 王普耀

Wang, Xiang ying 王祥英
WANG, LI 王力 (1900-1986)

WANG, XIANG YUN 王相云 (1924-)
Hai, Lang 海浪

WANG, XIANG YUN 王祥云 (1930-)
Xiao hong 晓虹

WANG, XIAO 王孝 (1922-)
Cang lang ke 沧浪客

Wang, Xiao 王笑
WANG, YONG XIN 王永鑫 (1936-)

Wang, Xiao an 王筱庵
WANG, ZHUAN 王篆

Wang, Xiao chuan 王晓传
WANG, LI QI 王利器 (1912-)

WANG, XIAO DA 王孝达 (1939-)
Hua, Da 华达
Wang, Xiao da 王晓达

Wang, Xiao da 王晓达
WANG, XIAO DA 王孝达 (1939-)

WANG, XIAO DI 王孝弟 (1950-)
Mu yi 木易
Yang, Wen ming 杨文明

Wang, Xiao di 王晓堤
WANG, YI HAN 王毅汉 (1954-)

Wang, Xiao feng 王孝风
CHEN, HAN BO 陈翰伯 (1914-1988)

WANG, XIAO FU 王晓福 (1918-)
Ding, Xue 丁雪

WANG, XIAO GANG 王小刚 (1954-)
Qi, Gang 齐刚

Wang, Xiao hang 王小航
WANG, ZHAO 王照 (1859-1933)

WANG, XIAO JUN 王晓军 (1955-)
Cao di 草笛
Sha, Xian 沙弦

WANG, XIAO KUI 王孝煃
Dong pei shan min 东培山民
Wang, Dong pei 王东培
Yi cheng yan zhai zhu ren 一澂研斋主人

WANG, XIAO LIAN 王孝廉 (1942-)
Shi wu yu 食无鱼
Wang, Xuan 王璇

WANG, XIAO LIAN 王孝廉 (1950-)
Wang, Xiao lian 王晓廉

Wang, Xiao lian 王晓廉
WANG, XIAO LIAN 王孝廉 (1950-)

WANG, XIAO LIN 王晓林 (1962-)
Ma, La song 马拉松
Mei, Song 梅松

WANG, XIAO LING 汪筱玲 **(1951-)**
Ling ding 伶丁

WANG, XIAO NONG 汪小农 **(1958-)**
Xiao xiao 小小

Wang, Xiao nong 汪笑侬
WANG, CHUAN 汪僢 **(1855-1918)**

Wang, Xiao pei 王效培
WANG, SHAO FEI 王绍飞 **(1929-)**

WANG, XIAO PENG 王晓鹏 **(1948-)**
Xi shui 溪水

WANG, XIAO PING 王小平 **(1959-)**
Wang, Qiu shi 王秋石

WANG, XIAO PING 王啸平 **(1919-)**
Chen, Zhen 陈真
Dai ding 黛丁
Hong, Ying 洪英
Lang hui 浪辉
Tie er 铁儿
Wang, Ge 王歌
Xiao, Ke 萧克
Xiao ping 啸平
Ye, Bing 叶冰

Wang, Xiao quan 王孝泉
WANG, ZHEN XIAN 王振先 **(1880-)**

WANG, XIAO RONG 王孝溶 **(1927-)**
Miao, Ge 苗歌

Wang, Xiao shi 王小石
ZHANG, YE ZHOU 张叶舟 **(1914-1980)**

WANG, XIAO SHI 王校石 **(1957-)**
Xiao shi 小石

Wang, Xiao shu 王效枢
WANG, ZHE ZHONG 王哲中 **(1933-)**

Wang, Xiao su 王啸苏
WANG, JING 王竞

WANG, XIAO WEI 王小伟 **(1963-)**
Xiao wei 小苇

Wang, Xiao xia 王晓霞
WANG, JIU XIA 王久侠 **(1967-)**

WANG, XIAO XIAN 王孝先 **(1942-)**
Yu fu 愚夫

Wang, Xiao xiao 王小笑
YANG, SAN QIAO 杨三桥 **(1955-)**

WANG, XIAO XIN 王小信 **(1951-)**
Lan, Tian yuan 兰天塬
Shi, Tou wa 石头娃

Wang, Xiao xu 王小徐
WANG, JI TONG 王季同 **(1875-)**

WANG, XIAO YAN 王晓岩 **(1923-)**
Wang, Yi zhi 王易之
Wang, Yi zhi 王一之

WANG, XIAO YANG 王晓阳 **(1955-)**
Xiao yang 小羊

WANG, XIAO YI 王小逸
Ai qu xian sheng 爱去先生
Chang ning 长宁
Feng, Yi 冯轶
H xian sheng H 先生
He, Jia zhi 何家支
Li, Yao shan 李乐山
Zhuo dao ren 捉刀人

Wang, Xiao zeng 汪效曾
WANG, ZHONG XIAN 汪仲贤 **(1888-1937)**

Wang, Xie 王协
WANG, LI 王力 **(1900-1986)**

Wang, Xie 王谢
WANG, REN JI 王仁济

WANG, XIE 王燮 **(1909-1962)**
Bi yan 壁岩
Bi yan 壁巖
Bian, Ying 边鹰
Bing yang 冰洋
Gong, Luan 龚鸾
He, Qi leng 何其冷
Pan, Ning 潘凝
Wang, Bing yang 王冰洋
Wang, Luan 王峦

WANG, XIE 王燮 **(1929-)**
Ba, Nu 巴驽
Dan qiang 丹蔷

WANG, XIE 汪瀣 **(1871-1944)**
Dong yin 冬饮
Wang, Bo qian 汪伯谦
Wu xiang ju shi 无想居士

Wang, Xin 王心
WANG, SHAO MING 王少明

Wang, Xin 王昕
WANG, QING SHENG 王庆升 **(1932-)**

Wang, Xin 王欣
WANG, PEI XIN 王培鑫 **(1935-)**

WANG, XIN 王信 **(1934-)**
An, Fan 安凡

Wang, Xin 王莘
WANG, XIN GENG 王莘耕 **(1918-)**

Wang, Xin di 王辛迪
WANG, XIN DI 王馨迪 **(1912-)**

Wang, Xin di 王辛笛
WANG, XIN DI 王馨迪 **(1912-)**

WANG, XIN DI 王新弟 **(1950-)**
Xin, Di 辛地
Zeng, Rong 曾戎

WANG, XIN DI 王馨迪 **(1912-)**
Er de 尔德
Niu, He zhi 牛何之
Wang, Xin di 王辛迪
Wang, Xin di 王辛笛
Xin, Di 辛迪
Xin, Di 辛笛
Xin di 心笛
Yi min 一民

WANG, XIN FU 王新甫 **(1902-)**
Chun da 春大
Fu fan 夫凡
Jin fu 今甫
Shui yu 谁欤
Shi ying 世颖
Wang, Fu fan 王夫凡
Wang, Shi ying 王世颖
Ying 颖

WANG, XIN GENG 王莘耕 **(1918-)**
Qing song 青松
Wang, Xin 王莘

Wang, Xin guo 王心果
WANG, ZAO 王灶 **(1938-)**

WANG, XIN KEN 王辛恳
Xin, Min 辛民

Wang, Xin min 王欣敏
WANG, XIN MIN 王新民 **(1953-)**

WANG, XIN MIN 王新民 **(1953-)**
Wang, Xin min 王欣敏

WANG, XIN MING 王新命 **(1892-1961)**
Piao bo 飘泊
Piao bo wang 飘泊王
Wang, Ji xi 王吉曦
Wang, Wu wei 王无为
Wu wei 无为

WANG, XIN XU 汪心序 **(1937-)**
Jiang, Shan jiao 江山娇
Wang, Yun heng 汪运衡

Wang, Xin ye 汪辛野
LI, FU YUAN 李福源 **(1933-)**

Wang, Xin yue 王心月
FANG, YI QUN 方轶群 **(1914-)**

WANG, XING 王兴 **(1954-)**
Nian ren 念人

Wang, Xing an 王惺岸
WANG, DING WEI 王定纬

WANG, XING DONG 王兴东 **(1951-)**
Cang er 苍耳

WANG, XING FA 王兴发 **(1949-)**
Yi zhen 一真

WANG, XING GUO 王兴国 **(1931-)**
Wang, Ge 王歌
Yang, Huai shu 杨槐树

Wang, Xing hai 望星海
WANG, YONG 王勇 **(1966-)**

WANG, XING HUA 王兴华 **(1927-)**
Xin hua 新花

WANG, XING HUA 王兴华
Lu, Feng 陆风
Wang, Zhuo wu 王卓武

Wang, Xing jian 王行健
WANG, MEI DING 王梅定 **(1923-)**

WANG, XING QING 王杏庆
Nan, Fang shuo 南方朔
Nan, Min 南民

WANG, XING REN 王兴仁 **(1939-)**
Xing ren 行人

WANG, XING SEN 王兴森 **(1943-)**
Xin sheng 新生

WANG, XING TANG 王兴堂 **(1921-)**
Ai you shan ren 爱游山人
Cheng, Gan 程敢
Ma, Geng 马耿
Mai, Gan 麦杆
Mei, Jin 梅进
Ming, Gu 明古
Mu ge 木革
Wang, Mai gan 王麦杆
Zhang, Ying 张英

Wang, Xing yan 王行巖
WANG, LIN DU 王林渡 **(1908-1980)**

Wang, Xing yao 王性尧
WANG, SHI LUN 王师伦 **(1905-1968)**

WANG, XING YE 王兴业 **(1924-)**
Wang, Jin zhu 王近朱
Wang, Ken 王肯
Wang, Mu gong 王木弓

Wang, Xing yuan 王杏元
WANG, SHI LI 王实力 **(1934-)**

WANG, XING ZHI 王兴志 **(1934-)**
Gao, Ge 高歌
Wang, Xing zhi 王行之

Wang, Xing zhi 王行之
WANG, XING ZHI 王兴志 **(1934-)**

Wang, Xiu 王朽
WANG, YUE SHAN 王岳山 **(1952-)**

Wang, Xiu 王秀
WANG, DE PEI 王德培 **(1927-)**

Wang, Xiu 王岫
GAO, YAN 高焰 **(1925-)**

WANG, XIU CHUN 王秀春 **(1947-)**
Bai geng 百耕
Wang, Shao chun 王少春

WANG, XIU CHUN 王修纯 **(1932-)**
Wang, Chun 汪纯
Xiu, Chun 修纯
Zhi pu 质朴

WANG, XIU GU 王秀谷 **(1923-)**
Zhong qing 中青

Wang, Xiu hui 王修慧
WANG, HUI FENG 王惠风 **(-1942)**

Wang, Xiu lu 王岫卢
WANG, YUN WU 王云五 **(1888-1979)**

WANG, XIU SHENG 王秀生 **(1941-)**
Lao xiu 老秀

WANG, XIU XIONG 王秀雄 **(1924-)**
Lu, Ya 陆亚
Wang, Zhong yuan 王仲园
Xiu xiong 秀雄
Ya feng 雅枫
Ya zi 亚子

WANG, XU 王旭 **(1963-)**
Han she 寒舍
Huang yuan 荒原

Wang, Xu 王序
ZHAO, CONG 赵聪 **(1916-1986)**

Wang, Xu 王序
YE, FEI 叶飞 **(1922-)**

Wang, Xu chu 汪旭初
WANG, DONG 汪东 **(1890-1963)**

Wang, Xu dong 王旭东
WANG, JI KU 王吉库 **(1950-)**

WANG, XU DONG 王旭东 **(1938-)**

Wang, Yi ren 王以人
Yi ren 一人

WANG, XU SHUN 王需顺 **(1926-)**
Sun, Xun 孙逊
Wang, Gan zhi 王干之

Wang, Xu wei 王续维
WANG, GU ZE 王古泽

WANG, XU YAN 王绪言 **(1926-)**
Li zi 粒紫
Si, Qun 斯群

WANG, XU ZHU 王恤珠 **(1930-)**
Xi zhu 西朱
Xue zhu 雪竹

Wang, Xuan 王玄
WANG, NAI SHAN 王乃山 **(1943-)**

Wang, Xuan 王璇
WANG, XIAO LIAN 王孝廉 **(1942-)**

WANG, XUAN MING 王宣铭 **(1950-)**
Jin, Ming 金名

Wang, Xuan mu 王玄穆
WANG, DE ZHONG 王德锺 **(1896-1927)**

WANG, XUE AN 王雪菴
Ting tao guan xue an shi 听涛馆雪菴氏

Wang, Xue bo 王血波
WANG, LU 王禄 **(1916-)**

Wang, Xue bo 王雪波
WANG, LU 王禄 **(1916-)**

WANG, XUE CHEN 王雪尘 **(1906-1949)**
Bai, Xue 白雪

WANG, XUE FENG 王学峰 **(1955-)**
Jun wei 军伟
Mei, Ling 梅灵
Wang, Qiong 王琼
Wu, Guan 吴冠

WANG, XUE HAN 汪学瀚 **(-1915)**
Wang, Xun 汪洵
Wang, Yuan ruo 汪渊若

WANG, XUE JIAO 王雪蕉 **(1929-)**
Wang, Yi ding 王贻鼎

WANG, XUE LI 王学理 **(1934-)**
Qin, Yong 秦勇
Wang, San lin 王三林
Yu, Ge 于戈

WANG, XUE TONG 王学通
Tan zhi ju shi 弹指居士
Zai sheng 再生

Wang, Xue wen 王学文
WANG, SHOU CHUN 王守椿 **(1895-1985)**

WANG, XUE WU 王学武 **(1946-)**
Wang, Qian 王乾

WANG, XUE XIU 王学秀 **(1939-)**
He nai 禾乃
Qin, Yu 秦雨
Xue xiu 雪秀

WANG, XUE XUAN 汪学萱 **(1939-)**
Wang, Ping 汪萍

WANG, XUE YA 王雪崖 **(1927-)**
Yu shan 雨山

WANG, XUE YING 王雪莹 **(1963-)**
Xue ying 雪莹
Zi wei 紫薇

WANG, XUE YUAN 王学渊 **(1936-)**
Fang, Mu 方牧

WANG, XUE ZHONG 王学仲 **(1925-)**
Ye bo 夜泊

Wang, Xun 王寻
FENG, YING ZI 冯英子 **(1915-)**

Wang, Xun 王旬
ZHA, BO HENG 查伯衡 **(1914-)**

WANG, XUN 王逊
Li, Shu li 黎舒里

Wang, Xun 王循
WANG, SHI XUE 王世学 **(1912-)**

Wang, Xun 汪洵
WANG, XUE HAN 汪学瀚 **(-1915)**

Wang, Xun ru 王恂如
WANG, TONG ZHAO 王统照 **(1897-1957)**

WANG, YA 王亚 **(1928-)**
Hong liang 宏亮
Hong ping 虹萍
Wang, Ping 王平

Wang, Ya 王亚
WANG, KE FEI 王克非 **(1933-)**

Wang, Ya 王鸦
WEI, CANG SHI 魏沧石 **(1928-)**

WANG, YA CHEN 王亚尘 **(1894-1983)**
Jin yu da wang 金鱼大王
Ya chen 亚尘
Yun yin ju shi 云隐居士

Wang, Ya dong 王亚东
WANG, BING ZHONG 王丙中 **(1943-)**

WANG, YA FAN 王亚凡 **(1914-1961)**
Ya fan 亚凡

WANG, YA NAN 王亚南 **(1901-1969)**
Bi hui 碧辉
Wang, Ji zhu 王际主
Wang, Yu cun 王渔邨
Wang, Zhen 王真
Yu cun 渔邨

Wang, Ya ping 王亚平
WANG, FU QUAN 王福全 **(1905-1983)**

Wang, Ya qing 汪亚青
WANG, HENG SHENG 汪珩生 **(1924-1986)**

Wang, Yan 王岩
WANG, HUAI ZHI 王怀志 **(1925-)**

Wang, Yan 王岩
WANG, CHUAN ZHANG 王传章 **(1943-)**

Wang, Yan 王岩
LIU, YONG RANG 刘永让

Wang, Yan 王炎
WANG, YAN PING 王燕屏 **(1911-)**

Wang, Yan 王炎
WANG, QING BAI 王庆柏 **(1920-)**

Wang, Yan 王炎
WANG, YUE SHAN 王岳山 **(1952-)**

Wang, Yan 王宴
WANG, FENG QI 王凤岐 **(1918-)**

Wang, Yan 王焱
WANG, QI XIANG 王奇祥 **(1931-)**

WANG, YAN 王琰 **(1914-)**
Wang, Yan ru 王琰如
Yan ru 琰如
Yi yan 一言

WANG, YAN 王琰 **(1949-)**
Pu ti 菩提

Wang yan 亡言
LI, WEN TAO 李文涛 **(1880-1942)**

Wang yan 忘言
QIN, LE JIA 秦乐嘉 **(1949-)**

Wang yan 往烟
WANG, FENG QI 王凤岐 **(1918-)**

Wang, Yan cheng 王言成
WANG, ZI CHENG 王自成 **(1915-)**

WANG, YAN CHUN 王延春 **(1913-)**
Mei, Si 梅丝
Wang, Yuan fang 王元方

WANG, YAN FEI 王燕飞 **(1921-)**
Wang, Cong zhi 王从之
Xin, Xi 辛西

WANG, YAN FENG 王衍丰 **(1934-)**
Mai, Gao 麦高
Wang, Lu sheng 王鲁生

WANG, YAN HUA 王艳华 **(1958-)**
Wang, Wen hua 王文华

WANG, YAN LI 王衍励 **(1942-)**
Ba, Man 巴曼

WANG, YAN LIN 王炎林 **(1922-)**
Gu ding 孤丁
Huang, Da fa 黄大发
Huo, Xiang zheng 霍香正
Lan, Si 兰思
Lu ying 璐影
Si kong, Bai 司空白
Wang, Fen 王焚
Wang, Huan 王嬛
Wang, Kang 王亢
Wang, Qiong 王茕
Xu, Biao 许彪
Ye ku lang 夜哭郎

Wang, Yan ling 王延龄
WANG, SHOU SHAN 王寿山 **(1921-)**

WANG, YAN LING 王延龄 **(1933-)**
Liu hong 榴红
Wang, Zhen hua 王振华

WANG, YAN PING 王燕屏 **(1911-)**
Wang, Yan 王炎

Wang, Yan qing 王燕卿
WANG, BIN LU 王滨鲁 **(1866-1921)**

Wang, Yan ru 王琰如
WANG, YAN 王琰 **(1914-)**

WANG, YAN SHENG 王燕生 **(1934-)**
Ai, Ku 艾苦
Rong, Ma zheng 戎马征
Wu, Ang 吴昂
Yan sheng 雁声

WANG, YAN SHI 王研石
Gong, Gan 公敢
Gong, Lei 公磊
Jiang jun 将军
Yan shi 研石

WANG, YAN WEN 王延文 **(1917-)**
Huang, Qing 黄青
Wang, Hua nan 王华南

Wang, Yan xin 王砚新
WANG, YANG 王扬 **(1917-1986)**

WANG, YAN YING 王衍盈 **(1926-)**
Yan, yun 燕云

Wang, Yan zhi 王延芝
XU, DONG BIN 徐东滨 **(1927-1995)**

Wang, yan zhi 王宴之
WANG, FENG QI 王凤岐 **(1918-)**

Wang, Yang 王羊
DU, SONG SHOU 杜松寿 **(1905-)**

Wang, Yang 王羊
DU, NIAN SHAO 杜念绍 **(1921-)**

WANG, YANG 汪洋 **(1879-1921)**
Po yuan 破园
Shi, Pi 石皮
Ting gu ren 听皷人
Xi ying 息影
Ying 影
Ying lu 影庐
Ying sheng 影生
Ying xuan 影轩
Zi shi 子实

Wang, Yang 汪洋
WANG, YE QIU 王冶秋 **(1909-1987)**

Wang, Yang 汪洋
XIANG, QI YUAN 项启源 **(1925-)**

Wang, Yang 汪洋
WANG, KE QI 王克岐 **(1927-)**

Wang, Yang 汪洋
WANG, YI YANG 汪易扬 **(1931-)**

Wang, yang 汪洋
WANG, DU SHENG 汪笃生 **(1937-)**

Wang, Yang 汪洋
YU, DE HAI 喻德海 **(1938-)**

WANG, YANG 王扬 **(1917-1986)**
A di 阿娣
Ban qin 半琴
Cai, Jian 蔡俭
Cai, Jiu 蔡九
Cao, Shang yi 曹尚沂
Gu, Yuan 顾元
Hu, Guang 胡广
Jiang, Yi 姜一
Lei, Dian 雷点
Ling hu, Hou 令狐厚
Mei luo 美罗
Qin, Jian 秦俭
Qin, Si 秦似
Qing guo 青果

Ru wen 茹雯
Shi, Fa 石发
Shui, Sheng 水生
Shui, Wei 水味
Si yan 寺言
Si zhi 思秩
Tu gen 土根
Wang, Ji he 王缉和
Wang, Yan xin 王砚新
Wu, Meng 吴蒙
Xian, Wei 冼为
Xin, Zi 辛自
Xu, Man 徐曼
Yang, Bu fei 杨步飞
Yang, Ke 羊珂
Yi jiao 一觉
Yu, Tu gen 余土根
Yu, Wei ming 余未名
Yu, Yi ming 余一名
Yuan, Dao 袁道
Zhu, Xiao qi 朱小奇

Wang yang 望阳
DU, YE MU 杜也牧 **(1910-1984)**

Wang, Yang chen 王仰晨
WANG, SHU JI 王树基 **(1921-)**

Wang, Yang le 王央乐
WANG, SHOU PENG 王寿彭 **(1925-)**

Wang, Yang qing 王扬青
WANG, PING HOU 王屏侯

WANG, YANG SONG 王仰嵩 **(1898-1964)**
Cao lai 草莱
Ji feng 疾风
Ping, Ling 平陵
Qiu, Tao 秋涛
Sha, Qian 沙潜
Shi, Hen 史痕
Wang, Ping ling 王平陵
Xi leng 西冷
Yun, Sun 云荪

WANG, YAO 王瑶 **(1914-1989)**
Di, En 狄恩
Geng, Da 耿达
Yu, Lie 余列
Zhao chen 昭琛

Wang, Yao dong 王耀东
WANG, DE AN 王德安 **(1940-)**

WANG, YAO MIN 王尧民
Ju e 巨鳄

Wang, Yao shan 王尧山
SONG, SHU MO 宋书模 **(1910-)**

WANG, YAO WEI 王耀玮 **(1961-)**
Zhai, Wei 翟韦

Wang, Ye 王烨
WANG, ZHONG YONG 王忠勇 **(1947-)**

Wang, Ye 王烨
WANG, YE GUI 王业贵 **(1949-)**

Wang, Ye 王野
WANG, SHAO DE 王绍德 **(1938-)**

WANG, YE AI 王也爱 **(1964-)**
Si mao 四毛
Wang, Zi jun 王子君
Ye ai 野爱

Wang, Ye fei 王叶飞
YE, FEI 叶飞 **(1922-)**

WANG, YE GUI 王业贵 **(1949-)**
Wang, Ming qian 王鸣谦
Wang, Ye 王烨
Ye, Gui 叶桂

WANG, YE LIN 王椰林 **(1953-)**
Dong fang, Ye lin 东方椰林
Liu, Fu feng 柳扶风
Liu, Gong 柳公
Lu, Ji ren 鲁继人
Lu, Mi ren 鲁迷人
Wang, Shou xing 王守行

WANG, YE LONG 王业隆 **(1941-)**
Wan, Ning 万宁
Wang, Tong 王彤
Wang, Wei zhi 王维之
Wang, Wen xiang 王文翔

WANG, YE QIU 王冶秋 **(1909-1987)**
Wang, Yang 汪洋
Wang, Ye qiu 王野秋
Wang, Zhi hong 王之紘
Ye qiu 野秋
Ye qiu 野囚
Ye qiu 冶秋

Wang, Ye qiu 王野秋
WANG, YE QIU 王冶秋 **(1909-1987)**

Wang, Ye qiu 王野秋
WANG, YI QIU 王亦秋 **(1925-)**

Wang, Ye wei 王业伟
WANG, YE WEI 王业玮 **(1923-)**

WANG, YE WEI 王业玮 **(1923-)**
Bai, Xin 白辛
Feng, Ji 冯纪
Gan 干
Gan, Ge 干戈

Huang yuan 荒原
Li, Zhou 李舟
Lü, Song 吕宋
Pu ding 仆仃
Wang, Ye wei 王业伟
Ye, Wei 叶危
Yi han 亦寒
Zhong hou 忠厚
Zhong, Liu 钟流

Wang, Ye xin 王冶新
WANG, XIAN CAI 王铣才 **(1921-)**

Wang, Yi 王一
WEN, SI XIANG 温嗣翔 **(1916-)**

Wang, Yi 王一
WANG, TUN HU 王屯虎 **(1952-)**

Wang, Yi 王乙
WANG, LI EN 王立恩 **(1929-)**

Wang, Yi 王怡
WANG, SHU HUA 王淑华

Wang, Yi 王易
WANG, TIAN XI 王天锡 **(1940-)**

Wang, Yi 王益
WANG, LU RU 王鹭如

Wang, Yi 王裔
HE, ZHEN YE 何振业 **(1922-)**

WANG, YI 王毅 **(1915-)**
Yi sou 逸叟

Wang, Yi 王毅
WANG, BO MING 王伯明 **(1944-)**

Wang, Yi 王毅
WANG, JIN PING 王金平 **(1946-)**

WANG, YI 王毅 **(1949-)**
Fu hua 馥华
Wu, Mian zhi 吴冕之

Wang, Yi 王懿
HE, ZHANG PING 何章平 **(1916-1968)**

WANG, YI 汪怡 **(1878-1960)**
Yi an 一厂

Wang yi 忘已
LI, WEN TAO 李文涛 **(1880-1942)**

Wang, Yi an 王一庵
WANG, FENG QI 王凤岐 **(1918-)**

WANG, YI AN 王怡庵
Yi an 怡庵

Wang, Yi An 王易庵
ZHOU, JIAN XIAO 周剑箫 **(1911-1992)**

Wang, Yi cen 王益岑
QIAN, XING CUN 钱杏邨 **(1900-1977)**

WANG, YI CHEN 王一尘
Yi chen 一尘

Wang, Yi cheng 王一诚
SHEN, DUAN XIAN 沈端先 **(1900-1995)**

Wang, YI di 王一地
WANG, YI DI 王宜弟 **(1929-)**

WANG, YI DI 王宜弟 **(1929-)**
Wang, YI di 王一地
Wang, YI di 王毅弟

Wang, YI di 王毅弟
WANG, YI DI 王宜弟 **(1929-)**

WANG, YI DING 王弋丁 **(1927-)**
Ding, Ming 丁明
Ge, Ding 戈丁

Wang, Yi ding 王贻鼎
WANG, XUE JIAO 王雪蕉 **(1929-)**

WANG, YI FANG 王以方 **(1904-)**
Hei, Xia 黑侠
Mei, Chuan 梅川
Wang, Fang ren 王方仁

Wang, Yi fang 王亦放
WANG, ZHENG 王正 **(1930-)**

WANG, YI FANG 汪逸芳 **(1950-)**
Xia, Tian 夏天
Ye, Fang 叶芳

WANG, YI FEI 王一飞 **(1899-1928)**
Wang, Yi wei 王伊维
Yi, Wei 伊维
Zhen shi 珍师

Wang, Yi feng 王易风
WANG, GUO MAO 王国冒 **(1914-)**

Wang, Yi fu 王沂甫
WANG, FU ZENG 王福曾 **(1917-)**

Wang, Yi gang 王一刚
WANG, SHI LANG 王诗琅 **(1908-1984)**

WANG, YI GANG 王以刚 **(1895-1943)**
Ke rou 克柔
Wang, Jia yun 王家蕴

WANG, YI HAN 王毅汉 **(1954-)**
Wang, Xiao di 王晓堤

Wang, Yi hong 王一鸿
WANG, YUN WU 王云五 **(1888-1979)**

WANG, YI HUA 王义华 **(1961-)**

Bo yi 博艺
Yi hua 艺华

Wang, Yi jian 王一剑
WANG, PIN ZHI 王聘之 **(1919-)**

WANG, YI LIN 王义林 **(1906-1990)**
Ju sheng 菊生
Wang, Ji cong 王集丛
Yu, Ming 余明

Wang, Yi liu 王一榴
WANG, DUN QING 王敦庆 **(1898-1990)**

WANG, YI LONG 王一龙 **(1935-)**
Shi, Zhai 石斋

WANG, YI LUN 汪亦伦 **(1918-)**
Ren feng 刃锋
Ren feng 仞锋
Wang, Ren feng 汪刃锋

Wang, Yi min 王一民
WANG, SI HUANG 王思璜 **(1895-1926)**

Wang, Yi ming 王一鸣
REN, ZHUO XUAN 任卓宣 **(1896-1990)**

Wang, Yi ming 王亦鸣
REN, ZHUO XUAN 任卓宣 **(1896-1990)**

WANG, YI MING 王怡名 **(1919-)**
Liang, Can 梁灿
Ye, Ming 叶明

Wang, Yi mo 王以沫
WANG, MEI DING 王梅定 **(1923-)**

WANG, YI NIAN 汪诒年 **(1866-)**
Ce 策
Song ge 颂阁
Song gu 颂谷
Song gu 颂榖
Zhong, Ce 仲策
Zhong, Gu 仲谷

Wang, Yi nuan 王沂暖
WANG, KE REN 王克仁 **(1907-)**

Wang, Yi peng 王易鹏
WANG, YUN XI 王运熙 **(1926-)**

Wang, Yi ping 王以平
WANG, YI PING 王夷平 **(1932-)**

WANG, YI PING 王夷平 **(1932-)**
Chen, Jing lie 陈景烈
Chu, Tian shu 楚天舒
Feng yuan 枫原
Wang, Yi ping 王以平

Wang, Yi pu 王艺圃
WANG, SHU FANG 王漱芳 **(1902-1943)**

WANG, YI QIU 王亦秋 **(1925-)**
Wang, Ye qiu 王野秋

Wang, Yi ren 王义仁
WANG, CHANG JIAN 王长简 **(1910-1988)**

Wang, Yi ren 王以人
WANG, XU DONG 王旭东 **(1938-)**

WANG, YI REN 王以仁 **(1902-1926)**
Meng ou 盟鸥
Wang, Meng ou 王盟鸥
Yi ren 以仁

Wang, Yi sheng 王艺生
WANG, HUAI DE 王怀德 **(1926-)**

Wang, Yi tai 王益太
SUN, DE XIN 孙德鑫 **(1912-)**

WANG, YI TANG 王揖唐 **(1877-1946)**
Geng 赓
Shi gong 什公
Wang, Shen wu 王慎吾
Yi tang 逸塘

Wang, Yi tao 王一桃
HUANG, SHOU YAN 黄寿延 **(1934-)**

Wang, Yi ting 王一亭
WANG, ZHEN 王震 **(1867-1938)**

Wang, Yi wei 王伊维
WANG, YI FEI 王一飞 **(1899-1928)**

Wang, Yi xiao 王一小
TAN, JIONG HUAN 谭炯寰 **(1944-)**

WANG, YI XIN 王义信 **(1941-)**
Mo, Fu 墨夫

Wang, Yi xin 王以辛
WANG, XIAN CAI 王铣才 **(1921-)**

Wang, Yi xing 王一行
MO, XI FEN 莫西芬 **(1931-)**

WANG, YI XIU 汪易修 **(1929-)**
Jiang, Liu 江流
Wang, Sen 王森
Wang, Wen feng 汪文风

WANG, YI YANG 汪易扬 **(1931-)**
Po bi zhai zhu 破壁斋主
Wang, Yang 汪洋
Xia, Yang 夏阳

WANG, YI YUAN 王艺园 **(1955-)**
Qiang, Hua 强华
Wang, Quan 王泉

Wang, Yi zhao 王逸昭
ZHENG, BING ZHONG 郑炳中 **(1922-)**

Wang, Yi zhi 王一之
WANG, XIAO YAN 王晓岩 (1923-)

WANG, YI ZHI 王一之 (1931-)
Yi zhi 一之
Yi zhi 亦知

Wang, Yi zhi 王宜之
REN, ZHUO XUAN 任卓宣 (1896-1990)

Wang, Yi zhi 王怡之
WANG, ZHI CHEN 王志忱 (1916-)

Wang, Yi zhi 王易之
WANG, XIAO YAN 王晓岩 (1923-)

Wang, Yi zhong 王艺钟
WANG, KANG FU 王抗夫

Wang, Yi zhong 王以中
WANG, YONG 王庸 (1899-1956)

WANG, YIN CHUAN 王印川 (1880-1939)
Kong hai 空海

Wang, Yin ming 王阴明
HAN, DAO CHENG 韩道诚 (1917-)

WANG, YIN QUAN 王印权 (1940-)
Zhu, Qu 竹曲

WANG, YIN SHENG 王垠生 (1937-)
Gu, Ken 谷垦
Wang, Yun 王耘

WANG, YIN SHENG 王寅生 (1902-1956)
Hu zi 虎子
Jian min 健民
Ren, Min 任民
Wei, Ling dun 卫令敦
Ye, Min 叶民

WANG, YIN TING 王荫庭 (1934-)
Xu rong 虚容

Wang, Yin zhi 王荫之
WANG, JIA YIN 王嘉荫 (1911-1976)

Wang, Ying 王英
HUANG, YING 黄英 (1898-1934)

Wang, Ying 王英
QIAN, XING CUN 钱杏邨 (1900-1977)

Wang, Ying 王英
GENG, YING 耿瑛 (1933-)

WANG, YING 王英 (1936-)
Ai zhou 爱周

Wang, Ying 王莹
YU, ZHI HUA 喻志华 (1913-1974)

Wang, Ying 王萤
GAO, YAN 高焰 (1925-)

Wang, Ying 王颖
LI, ZHI HENG 李志恒 (1930-)

Wang, Ying 王颖
QIAN, JIAN YING 钱剑英 (1932-)

Wang, Ying 王颖
WANG, SHENG CHAO 王胜朝 (1942-)

Wang, Ying 王影
SHU, PEI 束佩 (1919-)

WANG, YING 汪莹 (1940-)
Lin, Shen 林燊
Pan, Bin 潘彬
Ying ying 盈盈

Wang, Ying 汪颖
WEN, WAN YI 温万镒 (1923-)

Wang ying 望鹰
LIANG, DI YUN 梁荻云 (1919-)

WANG, YING CHUN 王迎春 (1942-)
Chun zhou 春舟

WANG, YING FANG 王瑛芳 (1951-)
Qing fang 晴芳

Wang, Ying fen 王颖奋
WANG, ZUO YING 王作颖

WANG, YING GUO 汪应果 (1938-)
Man sheng 曼生

WANG, YING MIN 王英民 (1925-)
Xiu, Jun 修军

Wang, Ying xia 王映霞
JIN, BAO QIN 金宝琴 (1907-)

WANG, YING XIANG 王映湘 (1924-)
Ai ai 爱爱
Sha, Ai lian 沙爱莲
Si ma, Kong 司马空
Wang, Zhu ping 王竹屏
Zhu, Ping 竹屏

WANG, YING XIONG 王英雄
Han shan 寒山

WANG, YING XIU 王英秀 (1924-)
Wang, Jun qiang 王君强
Ying xiu 迎秀

WANG, YING ZHOU 王瀛洲
Mei chan 眉禅
Qian shi 蒨士
Wang, Han tong 王汉彤

Wang, Yong 王庸

LIU, HUI MIN 刘惠民 (1917-)

WANG, YONG 王勇 **(1966-)**
Jiao ye 蕉椰
Wang, Xing hai 望星海

WANG, YONG 王庸 **(1899-1956)**
Wang, Yi zhong 王以中
Yi zhong 以中

WANG, YONG 王庸 **(1933-)**
Fang, Jue 方觉

WANG, YONG FEI 王勇飞 **(1927-)**
Wang, Qing shan 王清珊

Wang, Yong guan 王永观
WANG, GUO WEI 王国维 **(1877-1927)**

WANG, YONG HAO 王永豪 **(1932-)**
Lu zhi 鹿之

Wang, Yong jia 王永甲
WANG, HUI 王晦 **(1888-1950?)**

WANG, YONG NIAN 王永年 **(1927-)**
Lei, Yi 雷怡
Wang, Zhong nian 王仲年
Yang, Qi 杨绮

WANG, YONG QI 王永祺
Wang, Ming yuan 王明远

WANG, YONG QUAN 王永泉 **(1943-)**
Sang, Yuan 桑原

Wang, Yong quan 王永泉
WANG, YONG QUAN 王永全 **(1948-)**

WANG, YONG QUAN 王永全 **(1948-)**
Wang, Yong quan 王永泉
Ye, Quan 叶全

WANG, YONG SHENG 王永生 **(1930-1991)**
Wang, Hong 王虹
Xiao, Yong 萧永

Wang, Yong shu 王永曙
WANG, JING ZHI 王静芝 **(1916-)**

WANG, YONG SUO 王永梭 **(1915-)**
Bai ling 百灵

WANG, YONG TANG 汪永棠 **(1912-)**
Bo wei 波微
Han jun 涵君
Mang ren 忙人
Ru hai 如海
Wang, Yuan han 汪远涵
Wei bo 微波
Xiao hu 小湖
Xiao wei 小微
Xiao wei 笑微
Yuan, Han 远涵
Yue, Xian 越闲

WANG, YONG XIN 王永鑫 **(1936-)**
Wang, Xiao 王笑

WANG, YONG XING 王永兴
Huang, Kan 黄刊

Wang, Yong yi 王永义
XU, EN XI 许恩熙 **(1923-)**

Wang, Yong yi 王咏谊
WANG, GU ZE 王古泽

Wang, You 王由
ZHANG, HONG YOU 章鸿猷 **(1913-1994)**

Wang, You an 王幼安
WANG, GUO WEI 王国维 **(1877-1927)**

WANG, YOU CAI 王有才 **(1945-)**
Xiang, Yu 向宇
You cai 又采

WANG, YOU DA 王友达 **(1957-)**
Hai, Yun 海韵

WANG, YOU HOU 王友厚 **(1920-)**
Hu, Zhi 胡植
Mu, Lan 慕兰
Wang, Rong 王戎
Xiao, Mei 萧梅

WANG, YOU HUA 王幼华 **(1956-)**
Huang, Ke 黄克
Wang, Lu 王鲁

WANG, YOU LU 王有路 **(1942-)**
You luo 幽洛

Wang, You ming 王又明
WANG, SI HUA 王思华 **(1904-1978)**

Wang, You ming 王又铭
WANG, SI HUA 王思华 **(1904-1978)**

Wang, You ming 王右铭
WANG, SI HUA 王思华 **(1904-1978)**

WANG, YOU QIN 王有钦 **(1930-)**
Du, Qian 杜千
He, Lang 贺朗

WANG, YOU REN 王有仁 **(1947-)**
Jin, Chun 靳春

WANG, YOU SAN 王友三 **(1929-)**
Wang, Su 王苏
Xiao, Yi fu 萧一夫

Wang, You san 王有三
WANG, JIAN 王鉴 **(1903-1975)**

Wang, You wei 王西微
WANG, XI ZENG 王希曾 **(1901-)**

Wang you xian guan 忘忧仙馆
ZHANG, GUANG 张光 **(1879-1970)**

Wang, You you 汪优游
WANG, ZHONG XIAN 汪仲贤 **(1888-1937)**

Wang, You yun 王西云
XU, ZE LIN 徐泽霖 **(1928-)**

Wang, Yu 王于
LIU, YU YING 刘毓滢 **(1926-)**

Wang, Yu 王玉
WAN, WEN DE 万文德 **(1915-)**

Wang, Yu 王宇
LI, KE CHUN 李克纯 **(1916-1984)**

WANG, YU 王宇 **(1935-)**
Su, Lei 苏雷
Wan tong 顽童
Wu zhen 悟真
Yin lu 隐露
Yong tao 永涛
Yu di 雨滴
Yun, Shi 云石

Wang, Yu 王余
WANG, YU QI 王余杞 **(1905-)**

Wang, Yu 王余
WANG, JIU YU 王久馀 **(1921-)**

WANG, YU 王余 **(1949-)**
Duan mu, Yi fei 端木翊斐
Gao, Jian ting 高健庭
Qin, Zhan tong 秦展彤
Xi men, Ding 西门丁

Wang, Yu 王郁
WANG, JIU YU 王久馀 **(1921-)**

Wang, Yu 王雨
ZHAO, CHONG JING 赵崇敬 **(1934-)**

Wang, Yu 王雨
WANG, ZHI GANG 王志刚 **(1945-)**

Wang, Yu 王禹
WANG, CHUN JIANG 王春江 **(1916-)**

WANG, YU 王渔 **(1928-)**
Wang, Zhong 王忠

Wang, Yu 王愉
WU, CHENG HUI 吴承惠 **(1926-)**

WANG, YU 王渝 **(1939-)**
Jian, De hao 简得豪
Xia, Xiao fu 夏晓芙
Xia, Yun 夏云

Wang, Yu 王愚
WANG, BEI YU 王倍愚 **(1931-)**

Wang, Yu 王餘
WANG, JIU YU 王久馀 **(1921-)**

Wang yu 望雨
ZHOU, GUANG DOU 周光斗 **(1920-)**

WANG, YU CAI 王育才 **(1946-)**
Qiu, Shi 秋实
Qu, Na 屈呐
Xiao xing 小星

WANG, YU CHANG 王堉昌
Gao liang yu ling 高凉遇零

WANG, YU CHENG 王玉成 **(1939-)**
Ling, Yu fei 凌喻非

WANG, YU CHI 王玉池 **(1931-)**
Ming yue 名月

WANG, YU CHUN 王毓春 **(1928-)**
Yi, Ping 伊萍

Wang, Yu cun 王渔邨
WANG, YA NAN 王亚南 **(1901-1969)**

WANG, YU DAI 王毓岱 **(1845-1917)**
Shao fang 少舫
Wang, Hai fan 王海帆
Zhou zhen shan ren 舟枕山人

Wang, Yu fu 王渔父
WANG, LIU TING 王柳汀 **(1909-1974)**

Wang, Yu he 王育和
WANG, CHENG ZHONG 王乘中 **(1903-1971)**

WANG, YU HE 汪毓和 **(1929-)**
Mu he 木禾
Qiu zhen 求真
Shui, He 水禾
Yi ding 一丁
Yi mang 一芒

Wang, Yu hu 王玉胡
WANG, YU HU 王玉瑚 **(1924-)**

WANG, YU HU 王玉瑚 **(1924-)**
Wang, Yu hu 王玉胡
Yu hu 玉胡

WANG, YU HUANG 王裕煌 **(1927-)**
Guan, Xin yi 关新艺
Si hui 思慧

WANG, YU HUI 王玉辉 **(1957-)**
Yi hui 一挥

WANG, YU JI 王玉吉 (1941?-)
Wang, Hong 王红

Wang, Yu jie 王郁洁
WANG, HUAI MAN 王槐曼 (1931-)

Wang, Yu jin 王语今
WANG, SHI YING 王士英 (1898-)

Wang, Yu jue 王玉珏
WANG, SHU ZHEN 王淑贞 (1937-)

WANG, YU JUN 王羽军
Bei feng 北峯

WANG, YU JUN 王聿均 (1918-)
Di di 谛谛
Lu, Min 鲁民
Shi e 士谔
Yan, Ran 燕然

WANG, YU LIANG 王玉良 (1955-)
Yu, Liang 郁良

WANG, YU LIANG 汪玉良 (1933-)
He, Li 赫黎

WANG, YU LIN 王玉林 (1949-)
Cun ren 村人

Wang, Yu ling 王玉岭
WANG, HONG TAO 王洪涛 (1937-)

Wang, Yu long 汪育龙
WANG, SUI HAN 汪岁寒 (1924-)

WANG, YU PEI 王玉佩 (1953-)
Wang, Pei 王沛
Wang, Pei 王佩

WANG, YU QI 王余杞 (1905-)
Li, Man yin 李曼因
Man yin 曼因
Wang, Yu 王余
Yu, Qi 余杞
Yu qi 隅棨

WANG, YU QIN 王玉琴
Sheng yin 圣吟

WANG, YU QING 王玉青
Wang, Qing 王青

WANG, YU QING 王玉卿 (1911-)
Wang, Jie 王洁
Wang, Yu qing 王玉清

Wang, Yu qing 王玉清
WANG, YU QING 王玉卿 (1911-)

WANG, YU QUAN 王毓铨 (1910-)
Wang, Bo heng 王伯衡

WANG, YU REN 王裕仁 (1955-)
Gu, Ling 古令
Ku ling 苦苓
Zhan su 展甦

Wang, Yu ren 王毓仁
WANG, ZHONG QI 王锺麒 (1880-1913)

WANG, YU SHI 王禹时 (1929-)
Ge, Tong 戈彤
Ji, Gang 季纲
Ji, Shi yu 吉时雨
Lei lu 磊庐

WANG, YU TANG 王玉堂 (1907-)
An, Ke 安克
Ang fu 昂夫
Chen, Ji 陈迹
Gang fu 冈夫
Gang jie ye fu 冈捷耶夫
Ji, Yu 季玉
Sha, Yu 沙玉
Sha, Yu 沙雨
Shan ren 山仁
Yu, Tang 宇堂
Yu tang 玉堂
Yu tang 愚堂

WANG, YU TIAN 王雨田 (1928-)
Wang, Lei 王雷
Yu tian 与田

WANG, YU WEN 王豫文 (1964-)
Jue wen 珏文
Wen, Zi 闻仔

WANG, YU XI 王玉玺 (1936-)
Wang, Shou qing 王绶青
Xin, Zi 辛梓

WANG, YU XI 王玉喜 (1952-)
Yu xi 雨溪

WANG, YU XIN 王宇信 (1940-)
Ren yan 仁言

WANG, YU ZHEN 汪毓真
Wu yin 悟因

Wang, Yu zhi 王于之
WANG, YU ZHI 王裕之 (1927-)

WANG, YU ZHI 王玉芝 (1927-)
Wang, Jun ying 王俊英

WANG, YU ZHI 王裕之 (1927-)
Wang, Yu zhi 王于之
Yu, Zhi 于之

Wang, Yuan 王元
YANG, ZU QUAN 杨祖泉 (1928-)

Wang, Yuan 王原

CHEN, LI TING 陈鲤庭 (1910-)

WANG, YUAN 王蘧 (1884-1944)
Chen xing 晨星
Hong yi 虹簃
Hong zhai 洪斋
Jin, Pi luo 金毘罗
Jun yan 军演
Qing chou 清酬
Qing liang 清凉
Qiu, Zhai 秋斋
She tang 摄堂
Shi ren 世仁
Tai xiang 苔香
Wang, Qiu mei 王秋湄
Wang, Shi 王适
Xi xie 西澥

Wang, Yuan bai 王原白
WANG, PIN ZHI 王聘之 (1919-)

Wang, Yuan fang 王元方
WANG, YAN CHUN 王延春 (1913-)

WANG, YUAN FANG 汪原放 (1897-1980)
Bai, Shi 白石
Fang, Quan 方泉
Shi min 士敏
Wang, Jia jin 汪家瑾
Wang, Lin shu 汪麟书
Yan, Yue 严约
Yuan, Fang 原放

Wang, Yuan han 汪远涵
WANG, YONG TANG 汪永棠 (1912-)

WANG, YUAN HUA 王元化 (1920-)
Fang, Dian 方典
Fang, Sun 方隼
Fei gu 非骨
Gu, Liu fang 谷流芳
Guan yuan 馆园
Han yu 函雨
He, Dian 何典
Luo shi wen 洛蚀文
Luo wen 洛文
Qing yuan 清园
Shang, Jun 尚钧
Shi wen 蚀文
Su, Cu 苏簇
Wan, Shu 万殊
Yu, Ding 禹鼎
Zhong, Heng 仲亨
Zuo si 佐思

WANG, YUAN JIAN 王愿坚 (1929-1991)
Yuan, Bing 原冰
Yuan, Jian 原坚

WANG, YUAN KUN 王源锟
Ou, Nuo 欧诺

WANG, YUAN LI 王沅礼 (1908-)
Jian zhai 渐斋
Wang, Zhuang wei 王壮为
Yu zhao shan fang 玉照山房

WANG, YUAN LIANG 王元良
Yuan, Liang 元良

Wang, Yuan ming 王元明
WANG, YUAN MING 王渊明 (1942-)

WANG, YUAN MING 王渊明 (1942-)
Wang, Ping 王平
Wang, Yuan ming 王元明
Zhang, Min 张民

Wang, Yuan ping 王远平
NIE, SHOU XIN 聂守信 (1912-1935)

Wang, Yuan quan 汪渊泉
WANG, ZI CHAO 汪子超 (1927-)

Wang, Yuan ruo 汪渊若
WANG, XUE HAN 汪学瀚 (-1915)

Wang, yuan shan 望远山
LÜ, XIU LIAN 吕秀莲 (1944-)

WANG, YUAN TE 王元特 (1920-)
Fei xiong 飞熊

WANG, YUE 王钺
Wang, Zhu cen 王竹岑

Wang, Yue 王樾
WANG, SEN RAN 王森然 (1895-1984)

Wang yue 望月
LIN, CAN HUAN 林灿桓 (1911-)

Wang yue 望月
OU YANG, ZHI XIONG 欧阳陟雄 (1970-)

Wang, Yue dan 王月旦
WANG, JI CAN 王继粲 (1924-)

WANG, YUE SHAN 王岳山 (1952-)
Wang, Xiu 王朽
Wang, Yan 王炎

WANG, YUE SHENG 王月圣 (1951-)
Yi ding 一丁

WANG, YUE YING 王跃英 (1963-)
Tian zi 天子

Wang, Yun 王云
WANG, BO YING 王伯英 (1920-)

Wang, Yun 王云

WANG, YUN 王沄 **(1931-)**

WANG, YUN 王云 **(1945-)**
Jun qing 峻青

WANG, YUN 王沄 **(1931-)**
Bing fu 冰夫
Chu, Zi 楚子
Lie bing 裂冰
Wang, Yun 王云

WANG, YUN 王芸 **(1920-)**
Huan bin fan zhe 洹滨凡者

Wang, Yun 王耘
WANG, YIN SHENG 王垠生 **(1937-)**

Wang, Yun 王蕴
WANG, YUN XI 王运熙 **(1926-)**

Wang yun 望云
ZHANG, WEN BING 张文炳 **(-1959)**

Wang yun 望云
WU, CHUAN YOU 吴传佑 **(1914-1982)**

Wang yun 望云
ZENG, MIN ZHI 曾敏之 **(1917-)**

Wang yun 望云
HUANG, YI YONG 黄益庸 **(1926-)**

Wang yun 望云
FAN, FU GENG 樊福庚 **(1931-)**

Wang yun 望云
ZHANG, WANG YUN 张望云

WANG, YUN CHUN 王运春 **(1951-)**
Yun chun 运春

WANG, YUN FENG 王韵凤 **(1949-)**
Yun feng 韵凤

WANG, YUN FENG 汪云峰
Wang, Hao han 汪浩瀚

WANG, YUN GEN 王云根 **(1952-)**
Luo, Feng 骆峰

WANG, YUN HANG 王允沆 **(1933-)**
Wang, Er 王二

Wang, Yun he 王云和
WANG, CHUN JIANG 王春江 **(1916-)**

Wang, Yun heng 汪运衡
WANG, XIN XU 汪心序 **(1937-)**

WANG, YUN JIE 王云階 **(1911-)**
Xue lin 雪林
Yun jie 韵洁

Wang, Yun man 王云缦

WANG, CHANG QING 王长庆 **(1932-)**

WANG, YUN MEI 王韵梅 **(1918-)**
Fan lu 繁露

WANG, YUN NAN 王云南 **(1920-)**
Lei, Ting 雷汀
Lei ting 垒汀

WANG, YUN RU 王蕴如
Wang, Xian zhen 王贤桢

WANG, YUN SHAN 王云山 **(1932-)**
Wang, Jun feng 王峻峰
Wang, Ti 王倜

WANG, YUN SHENG 王芸生 **(1901-1980)**
Cao ren 草人
De peng 德鹏
Jiu wen ji zhe 旧闻记者
Juan fei 倦飞
Wang, De peng 王德鹏
Yun sheng 芸生

WANG, YUN SHENG 王运生 **(1896-1946)**
Huang, Jing zhai 黄敬斋
Lei, Yin 雷音
Nie 涅
Ruo fei 若飞
Wang, Du 王度
Wang, Ji ren 王继仁
Wang, Ruo fei 王若飞
Wei 威
Yue, Fei 岳飞
Yue, Wei 岳威

WANG, YUN TANG 王蕴瑭 **(1960-)**
Da chuan 大川
Yun tang 蕴瑭

WANG, YUN TIAN 王运天 **(1951-)**
Geng shi 耕石

WANG, YUN WU 王云五 **(1888-1979)**
Chu xiu 出岫
Long, Juan fei 龙倦飞
Long, Yi jiang 龙一江
Wang, Xiu lu 王岫卢
Wang, Yi hong 王一鸿
Wang, Zhi rui 王之瑞
Xiu lu 岫卢
Zhi rui 之瑞

WANG, YUN XI 王运熙 **(1926-)**
Shen, Jiao 申椒
Wang, Yi peng 王易鹏
Wang, Yun 王蕴

WANG, YUN ZHANG 王蕴章 **(1884-1942)**
Bei si shi zhai 备四时斋

Chun 蓴
Chun lu 蓴庐
Chun lu 莼庐
Chun nong 莼农
Chun nong 蓴农
Er quan ting zhang 二泉亭长
Hong e que nao ci ren 红鹅鹊恼词人
Hong e sheng 红鹅生
Liang xi chun nong 梁溪蓴农
Mei, Hun 梅魂
Que nao 鹊恼
Que nao ci ren 鹊恼词人
Shi nian shuo meng ren 十年说梦人
Song feng 松风
Su, Kan 苏龛
Wang, Chun chen 王蓴晨
Wang, Chun nong 王蓴农
Wang, Shi san 王十三
Wang, Xi shen 王西神
Xi chen 洗尘
Xi chen 屣尘
Xi chen 樨尘
Xi cheng 樨塍
Xi shen 西神
Xi shen can ke 西神残客
Xi shen wang shi san 西神王十三
Yao jiu sheng 窈九生

Wang, Yun zhi 王允之
TONG, XIANG HE 仝相和 **(1946-)**

WANG, YUN ZHONG 汪允中
De yuan 德渊
Ji 寂
Ji zhao 寂照
Mu, Yun 慕云
Wang, De yuan 汪德渊

WANG, ZAI PING 王再平 **(1948-)**
Tian, Ye 田野

WANG, ZAI TIAN 王再天 **(1907-)**
Mo nan mu sou 漠南牧叟

WANG, ZAO 王灶 **(1938-)**
Cai feng 采风
Chi yan di 赤炎地
Geng xin 耕心
Huo guo 获果
Wang, Cai feng 王采风
Wang, Geng tian 王耕田
Wang, Huo tu 王火土
Wang, Xin guo 王心果
Zhong yi 种意

WANG, ZAO QUAN 王藻全 **(1945-)**
Shang qing 上清
Zao quan 藻全

WANG, ZAO XIANG 汪藻香 **(1908-1980)**
Bei qiao weng 北桥翁
Hai, Qing 海青

Wang, Ze chang 王泽长
WANG, ZHI DUI 王之兑 **(1915-1990)**

Wang, Ze cheng 王则诚
WANG, MING 王明 **(1911-1992)**

WANG, ZE HENG 王泽恒 **(1916-)**
Wang, Fei 王飞

WANG, ZE KAI 汪泽楷
Luo ti 裸体

WANG, ZE LU 王则潞
Zhi lu 质庐

WANG, ZE QUN 王泽群 **(1945-)**
Luo, Fang 罗放

WANG, ZENG CAI 王曾才 **(1935-)**
Shu, Mang 舒芒
Xi ming 西明
Xia, Qiang 夏强
Yu, Li 于立

WANG, ZENG FAN 王曾凡 **(1954-)**
Zeng, Fan 曾凡

WANG, ZENG QI 汪曾祺 **(1920-1997)**
Xi men, Yu 西门鱼
Zeng, Qi 曾岐
Zeng, Qi 曾祺
Zeng, Shi 曾蓍

WANG, ZENG XIAN 王曾宪
Sheng 生
W. Z. C.

WANG, ZENG YUAN 王曾远 **(1909-1937)**
Wang, Jie yu 王洁予

WANG, ZENG YUAN 王增元 **(1951-)**
Ai, Li 艾里

Wang, Zhai 望斋
WANG, CHONG REN 王崇人 **(1931-)**

Wang, Zhan 王湛
WANG, HONG RU 王洪如 **(1936-)**

Wang, Zhan 王瞻
HUA, XI LU 花禧禄 **(1912-1946)**

WANG, ZHAN BIAO 王占彪 **(1930-)**
A hong 阿红

Wang, Zhan fei 汪占非
WANG, ZHAN HUI 汪占辉

WANG, ZHAN HUI 汪占辉
Wang, Zhan fei 汪占非

WANG, ZHAN SHAN 王占山 **(1949-)**
Hong, Feng 洪峰
Huang shan 荒山
Wang, Wei 王伟
Xia, Chu 夏初

WANG, ZHAN XIAN 王湛贤 **(1925-1960)**
A zhan 阿湛

WANG, ZHAN YUAN 王占元 **(1925-1968)**
Wang, Che 王彻

WANG, ZHANG SHENG 王樟生 **(1932-)**
Qing ke 青稞

WANG, ZHAO 王照 **(1859-1933)**
Lu zhong qiong shi 芦中穷士
Shui, Dong 水东
Shui dong cao tang zhu ren 水东草堂主人
Wang, Xiao hang 王小航
Xiao hang 小航

Wang, Zhao jun 王兆均
WANG, BAN ZAI 王板哉 **(1906-)**

Wang, Zhao min 王兆民
WANG, ZHAO MIN 王肇民 **(1908-)**

Wang, Zhao min 王昭民
WANG, ZHAO MING 汪兆铭 **(1883-1944)**

WANG, ZHAO MIN 王肇民 **(1908-)**
Wang, Zhao min 王兆民

WANG, ZHAO MING 汪兆铭 **(1883-1944)**
Huai bi pi fu 怀璧匹夫
Ji, Xin 季辛
Ji, Xin 季新
Ji, Xun 季恂
Jia ting zhi zui ren 家庭之罪人
Jing wei 精卫
Li, Yi xin 李一新
Man zhao 曼昭
Min yi 民意
Pu man 扑满
Shou yue 守约
Shuang zhao lou 双照楼
Wang, Gui xin 汪癸辛
Wang, Gui xin 汪桂辛
Wang, Ji xin 汪季新
Wang, Jing wei 汪精卫
Wang, Zhao min 王昭民
Zhao, Ming 兆铭
Zhi tou bao xiang zhe 枝头抱香者

WANG, ZHAO QI 王肇歧 **(1933-)**
Wang, Hai yan 王海燕

WANG, ZHAO REN 王肇仁 **(1929-)**
He, Ming 何名
Yu, Zhen 于真

WANG, ZHAO TANG 王召棠 **(1926-)**
Wang, Shao tang 王绍棠

Wang, Zhao tong 王昭同
WANG, ZHEN HUAN 王振寰 **(1907-)**

Wang, Zhao wen 王昭文
WANG, ZHAO WEN 王朝闻 **(1909-)**

WANG, ZHAO WEN 王朝闻 **(1909-)**
Chi shi 赤石
Liao, Hua 廖化
Miao, Hua 缪化
Niu 牛
Wang, Zhao wen 王昭文
Wen 雯
Wen shi 纹石
Xi, Si he 席斯诃
Xiao niu 小牛

WANG, ZHAO XIANG 王兆祥 **(1900-1952)**
Wang, Wei ke 王维克
Wei ke 维克

WANG, ZHAO XING 王肇星 **(-1940)**
Mo, Ping lan 莫凭栏
Xue di 雪蒂

WANG, ZHAO YONG 汪兆镛 **(1861-1939)**
Jing wu 憬吾
Jue dao shi 觉道士
Qing xi yu yin 清溪渔隐
Wang, Bo xu 汪伯序
Wei shang ju shi 微尚居士
Wei shang lao ren 微尚老人
Yong sou 慵叟
Yu wu 雨屋
Zong chuang 棕窗

Wang, Zhe 王哲
WANG, SHAO WEN 王绍文

WANG, ZHE BIN 汪浙滨 **(1952-)**
Zhe bin 浙滨

WANG, ZHE CHENG 汪浙成 **(1936-)**
Qing fang 青放

WANG, ZHE QI 王者琦 **(1947-)**
Wang, Da ke 王大可

WANG, ZHE ZHI 王哲之
Wang, Ci zhi 王刺芝

WANG, ZHE ZHONG 王哲中 **(1933-)**
Wang, Xiao shu 王效枢
Zhe zhong 哲中

Wang, Zhen 王真
WANG, YA NAN 王亚南 **(1901-1969)**

WANG, ZHEN 王真 **(1905-)**
Wang, Shou zhen 王守真
Wang, Zheng 王证

WANG, ZHEN 王真 **(1939-)**
Hua, Lei 花蕾

Wang, Zhen 王镇
WANG, SHI ZHEN 王世镇

WANG, ZHEN 王震 **(1867-1938)**
Bai long shan ren 白龙山人
Wang, Yi ting 王一亭

Wang, Zhen 王鍼
WANG, ZHEN SHENG 王鍼生 **(1905-1986)**

WANG, ZHEN DE 王振德 **(1941-)**
Shi, Si ping 施巳平
Shi, Si xin 施巳辛
Wang, Ruo yu 王若愚

WANG, ZHEN DUO 王振铎 **(1936-)**
Ji duo 基多
Zhen duo 圳朵

WANG, ZHEN FANG 王振芳 **(1933-)**
Shi san ling tong 十三龄童

WANG, ZHEN FEN 王振奋 **(1955-)**
Sha, Lang 沙浪

WANG, ZHEN GONG 王箴躬 **(1936-)**
Ding, Gong 丁弓
Wang, Zhi zhai 王志斋
Yi xiao 意晓

WANG, ZHEN GUANG 王真光 **(1926?-)**
Zhen guang 真光

WANG, ZHEN HAI 王振海 **(1955-)**
Wang, Hai 王海

WANG, ZHEN HAN 王振汉 **(1927-)**
Yu, Sha 于沙

WANG, ZHEN HU 王振湖 **(1937-)**
Ding, Xiao 丁笑
Hu, Wen 胡文
Leng, Jie 冷介
Shi, Feng 石峰

Wang, Zhen hua 王振华
WANG, YAN LING 王延龄 **(1933-)**

WANG, ZHEN HUAN 王振寰 **(1907-)**
Wang, Zhao tong 王昭同

WANG, ZHEN HUAN 王振寰 **(1910-1973)**
Luo, Li 罗里
Wang, Zhu 王朱
Yi, Tu 伊土

WANG, ZHEN HUAN 王振寰 **(1926-)**
Su, Xing 苏星

WANG, ZHEN JIA 王振佳 **(1937-)**
Xiao feng 笑风

WANG, ZHEN QING 王振清 **(1951-)**
Chen xi 晨曦

WANG, ZHEN QUAN 王振荃 **(1930-)**
Feng ming 凤鸣
Ge feng 歌风
Luo, Yu zhi 罗羽之
Wang, Mu zhi 王牧之

WANG, ZHEN RONG 王振荣 **(1935-)**
Shi, Dai 时代
Zhen rong 阵容

WANG, ZHEN RUI 王振瑞 **(1953-)**
Wang, Ben hu 汪笨湖

Wang, Zhen sheng 王振生
WANG, JIA XIANG 王嘉祥 **(1906-1974)**

WANG, ZHEN SHENG 王鍼生 **(1905-1986)**
Ding, Yuan 丁远
Gong chao 公超
He, Gong chao 何公超
He, Hui xin 何慧心
He, Wei xin 何味辛
Hui xin 慧心
Wang, Li 王立
Wang, Zhen 王鍼
Wei xin 味辛
Yu, Zhen 于贞
Yu, Zhen yi 于贞一

Wang, Zhen si 汪真思
WANG, ZHI DUI 王之兑 **(1915-1990)**

Wang, Zhen wei 王振威
WANG, DE QI 王德錡

Wang, Zhen wu 王祯武
WANG, DING FENG 王鼎丰 **(1932-)**

WANG, ZHEN XIAN 王振先 **(1880-)**
Wang, Xiao quan 王孝泉

Wang, Zhen xian 王振贤
WANG, SHI MING 王世名 **(1940-)**

Wang, Zhen yu 王振宇
WANG, JIAN 王鉴 **(1903-1975)**

WANG, ZHEN YU 王振宇 **(1903-1990)**
Fei lie 菲烈

Fei lie 斐烈
Wang, Jing ru 王静如

WANG, ZHEN ZHOU 王振洲 (1934-)
Bian, Ji 边纪

Wang, Zheng 王正
WANG, CHENG ZHOU 王承周 (1921-)

WANG, ZHENG 王正 (1930-)
Li, Fen 李芬
Wang, Li fen 王黎焚
Wang, Yi fang 王亦放
Xiang, Yang 向阳
Zuo, Xin 左辛

WANG, ZHENG 王正 (1940-)
A zhen 阿真
Zhen, Zhen 甄真

Wang, Zheng 王证
WANG, ZHEN 王真 (1905-)

Wang, Zheng 王征
WANG, DI SHAN 王地山 (1933-)

WANG, ZHENG 王政 (1914-)
Bai, Cha 白茶
Qi, Le 齐勒
Wan, Yin 万银
Wang, Zi ping 王紫萍
Yi shan 一山
Zi ding 紫丁
Zi jun 紫君
Zi lang 紫郎

WANG, ZHENG 王徵 (1938-)
Lao shou 老寿

WANG, ZHENG FANG 王正方 (1938-)
Fang, Fang 方方

Wang, Zheng feng 王正风
WANG, SHI DE 王世德 (1930-)

Wang, Zheng he 汪正禾
WANG, FU YAN 汪馥炎 (1891-1940)

WANG, ZHENG PING 王正平 (1948-)
Huang, Xiang 黄向
Zhen, Shui 溱水

Wang, Zheng xian 王正先
WANG, ZONG YAO 王宗尧 (1919-)

WANG, ZHENG XIANG 王正湘 (1931-)
Zhu, Qi 竹奇

Wang, Zheng yi 王正一
WANG, BING YI 王秉仪 (1924-)

WANG, ZHENG YI 王正义 (1960-)
Lu, Qing 鲁青

Wang, Zhi 王之
WANG, ZHI LIANG 王之梁 (1934-)

Wang, Zhi 王芷
WANG, REN SHU 王任叔 (1901-1972)

WANG, ZHI 汪志 (1945-)
Wang, Jia shui 王加水

Wang zhi 望之
LI, GUANG TIAN 李广田 (1906-1968)

WANG, ZHI AN 王治安 (1936-)
An, Ran 安然
Xin ran 欣然

WANG, ZHI BIN 王志彬 (1933-)
Lin, Dan 林丹
Shan mu 杉木

WANG, ZHI BO 王植波 (1925-1964)
Wang, Shu 王树

WANG, ZHI CHEN 王志忱 (1916-)
Wang, Yi zhi 王怡之

WANG, ZHI CHENG 王志成 (1948-)
Wang, Rong yan 王溶岩

WANG, ZHI CHENG 王志诚 (1958-)
Lu, Han xiu 路寒袖
Zhu, Chou sun 朱绸孙

WANG, ZHI CHONG 王志冲 (1936-)
Bing huo 冰火
Tian fei 天飞

WANG, ZHI CHUN 王之春
Jue tang 爵棠
Shao tang 芍棠
Shao tang ju shi 芍塘居士

WANG, ZHI DUI 王之兑 (1915-1990)
Ding, Pu 丁普
Jing ping 静平
Liu, Xian 刘岘
Liu, Ya 柳涯
Liu yan 流岩
Shen si 慎思
Wang, Shen si 王慎思
Wang, Ze chang 王泽长
Wang, Zhen si 汪真思
Ze chang 泽长
Zhang, Jing ping 张静平

WANG, ZHI GANG 王志刚 (1945-)
Wang, Yu 王雨

Wang, Zhi hong 王之紘
WANG, YE QIU 王冶秋 (1909-1987)

WANG, ZHI JIAN 王志健 (1928-)

Lin, Heng 林恒
Lin, Ling 林翎
Shang guan, Yu 上官予
Shi, Lin 石林
Shu, Lin 舒林
Shu, Ling 舒灵

WANG, ZHI JIE 王之节
Ge kong 哥空

WANG, ZHI JIE 王智杰 **(1926-)**
Wei bin 维斌

WANG, ZHI JING 王之景
Dong fang, Fu ming 东方復明

WANG, ZHI JUN 王致钧 **(1935-)**
Lan, Li 兰荔

Wang, Zhi kuan 王至宽
WANG, LIN TAI 王临泰 **(1919-)**

WANG, ZHI LAI 王治来 **(1930-)**
Wang, Zhi ping 王治平

WANG, ZHI LIAN 王志濂 **(1929-)**
Ai, Mi 艾咪
Mi, Ke er 米可儿
Shi yin 诗音
Shou yun wang pai 瘦云王牌
Wang, Pai 王牌

WANG, ZHI LIANG 王之梁 **(1934-)**
Wang, Zhi 王之

Wang, Zhi liang 王智良
WANG, ZHI LIANG 王智量 **(1928-)**

Wang, Zhi liang 王智亮
WANG, ZHI LIANG 王智量 **(1928-)**

WANG, ZHI LIANG 王智量 **(1928-)**
Ding, Yi 丁一
Liang, Li 梁丽
Ni tu 泥土
Qian zi 茜子
Rui, Ming 芮明
Wang, Zhi liang 王智良
Wang, Zhi liang 王智亮
Zhi liang 智量

WANG, ZHI LIN 王之麟 **(1942-)**
Wang, De shu 王德枢

WANG, ZHI MIN 王志民 **(1934-)**
Huang, Yi nong 黄亦农
Huang, Yong 黄勇
Ling, Zhu 凌竹
Yi nong 亦农

WANG, ZHI NONG 王智浓 **(1932-)**
Dong fang, Liang 东方亮
Dong fang, Qiang 东方强
Ke, Liao sha 柯辽沙
Liu, Ru mei 柳如眉
Tan, Tian 谭天
Tan, Xin zhi 谭新之
Wang, Fang 王方
Xiao, Lan 萧蓝
Yan, Ru yu 颜如玉
Zhou, Wei chang 周维畅
Zhu, Tian ming 祝天明

Wang, Zhi ping 王之平
WANG, QIU YING 王秋萤 **(1913-)**

Wang, Zhi ping 王治平
WANG, ZHI LAI 王治来 **(1930-)**

Wang, Zhi qi 王志祁
WANG, REN SHU 王任叔 **(1901-1972)**

Wang, Zhi que 王之却
WANG, ZU GUANG 王祖光 **(1919-)**

WANG, ZHI REN 王之仁
Wang, Shou chang 王寿昌
Wang, Zi ren 王子仁
Xiao zhai zhu ren 晓斋主人

Wang, Zhi rui 王之瑞
WANG, YUN WU 王云五 **(1888-1979)**

WANG, ZHI SHENG 王志圣
Sha, Tuo 沙驼

WANG, ZHI SHENG 王志胜 **(1922-)**
Lu, Xia 鲁侠

WANG, ZHI SHI 王知十 **(1924-)**
Jiang, He 江河
Xiao shi 晓石

WANG, ZHI TAI 王之泰 **(1939-)**
Wu, Zhi 吴芝

Wang, Zhi yu 王质玉
WANG, JIA PU 王家璞 **(1927-)**

Wang, Zhi yuan 王之元
WANG, ZI YUAN 王自元 **(1949-)**

Wang, Zhi yun 王志云
WANG, RUO SHUI 王若水 **(1926-)**

WANG, ZHI YUN 王志云 **(1945-)**
Bai, Di 白帝

Wang, Zhi zhai 王志斋
WANG, ZHEN GONG 王箴躬 **(1936-)**

WANG, ZHI ZHANG 王芷章 **(1903-1982)**
Er qu 二渠
Wang, Bo sheng 王伯生

Wang, Zhi zhi 王志之
WANG, ZHI ZHI 王誌之 **(1905-1990)**

WANG, ZHI ZHI 王誌之 **(1905-1990)**
Chu, Qiu 楚囚
Ci zhi 刺之
Han sha 含沙
Han sha 寒沙
Si yuan 思远
Wang, Si yuan 王思远
Wang, Zhi zhi 王志之

Wang, Zhi zhong 王枝忠
CHEN, ZHI ZHONG 陈枝忠 **(1944-)**

Wang, Zhong 王中
ZHANG, ZONG KE 张宗可 **(1898-1975)**

Wang, Zhong 王中
SHAN, JI 单勣 **(1914-)**

Wang, Zhong 王中
WANG, JUN JIE 王俊傑 **(1927-)**

Wang, Zhong 王仲
WANG, SHAN ZHONG 王善忠 **(1935-)**

Wang, Zhong 王众
LIAO, XIN QUAN 廖信泉 **(1916-1986)**

Wang, Zhong 王忠
WANG, YU 王漁 **(1928-)**

Wang, Zhong 王钟
CAI, JIN ZHI 蔡锦芝 **(1944-)**

Wang, Zhong 汪仲
HE, XIN 何欣 **(1922-)**

Wang zhong 望中
CHEN, PING SHAN 陈萍珊 **(1914-)**

Wang, Zhong bin 王仲斌
WANG, LI ZENG 王礼曾 **(1921-)**

WANG, ZHONG CAI 王中才 **(1940-)**
He, Shan mei 何山美
Lao ning 老宁
Wen, She 闻涉

WANG, ZHONG CHEN 王中忱 **(1954-)**
Zong, Cheng 宗诚

WANG, ZHONG FAN 王忠范 **(1948-)**
Xu, Xin 许辛

WANG, ZHONG FANG 王仲方 **(1904-1980)**
Long, Tao 龙套

WANG, ZHONG GANG 王仲刚 **(1953-)**
Liu, Cheng hang 柳成行

Wang, Zhong lian 王仲廉
WANG, ZHONG LIN 王锺麟 **(1900-1959)**

WANG, ZHONG LIN 王锺麟 **(1900-1959)**
Gu, Lu 古鲁
Wang, Gu lu 王古鲁
Wang, Zhong lian 王仲廉

Wang, Zhong luo 王仲荦
WANG, ZHONG PING 王仲平 **(1913-1986)**

Wang, Zhong min 王重民
WANG, JIAN 王鉴 **(1903-1975)**

Wang, Zhong nian 王仲年
WANG, YONG NIAN 王永年 **(1927-)**

WANG, ZHONG PING 王仲平 **(1913-1986)**
Wang, Zhong luo 王仲荦

WANG, ZHONG QI 王锺麒 **(1880-1913)**
Can min 惨民
Da ai 大哀
Dao hai zi 蹈海子
Lu 僇
Lu min 僇民
San han 三函
Shu an 述庵
Tian lu 天僇
Tian lu sheng 天僇生
Wang, Wu sheng 王无生
Wang, Yu ren 王毓仁
Wu 无
Wu sheng 无生
Wu sheng sheng 无生生
Yi chen bu ran 一尘不染
Yong 庸
Yong ren 庸人
Yu, Ren 郁仁
Yu ren 毓仁

WANG, ZHONG QI 王锺麒 **(1890-1975)**
Bi zhuang 碧庄
Bo xiang 伯祥
Bu xiang 不翔
Ji sou 畸叟
Rong, An 容安
Rong, Sou 容叟
Rong, Tang 容堂
Rong, Weng 容翁
Su, Ting 苏亭
Wang, Bo xiang 王伯祥
Xun zhai 巽斋
Zhen jiao 臻郊

WANG, ZHONG QI 王锺麒 **(1897-)**
Yi ya 益厓

Wang, Zhong qin 王仲琴
WANG, ZHONG QIN 王忠勤 **(1919-)**

WANG, ZHONG QIN 王忠勤 **(1919-)**
He, Fang 何妨
Wang, Di 王棣
Wang, Zhong qin 王仲琴
Zhong, Qin 仲琴

Wang, Zhong qing 王中青
WANG, ZHONG QING 王忠卿 **(1912-1990)**

WANG, ZHONG QING 王仲清 **(1926-)**
Shu ren 蜀人

WANG, ZHONG QING 王忠卿 **(1912-1990)**
Piao bo 飘泊
Wang, Zhong qing 王中青

WANG, ZHONG SHENG 王忠生 **(1911-)**
Tu sheng 突生
Zhong sheng 钟声

Wang, Zhong sheng 王鐘声
WANG, XI PU 王熙普 **(1874-1911)**

WANG, ZHONG XIAN 汪仲贤 **(1888-1937)**
Wang, Xiao zeng 汪效曾
Wang, You you 汪优游
Xi zi 戏子
You you 优游
Zhong, Xian 仲贤

WANG, ZHONG XIN 王仲莘 **(1928-)**
Zhu, Dan hong 朱丹红

WANG, ZHONG YIN 王众音 **(1915-)**
Dai zuo ba ren 岱左巴人
Dong jiang 东江

Wang, Zhong ying 王仲英
WANG, PING 王萍 **(1919-)**

WANG, ZHONG YONG 王忠勇 **(1947-)**
Shi, Xiao 石笑
Si han 思涵
Wang, Ye 王烨
Zhong tian 中天

WANG, ZHONG YU 王忠瑜 **(1927-)**
Yun, Cen 云岑

Wang, Zhong yuan 王仲园
WANG, XIU XIONG 王秀雄 **(1924-)**

WANG, ZHONG YUAN 王仲源 **(1939-)**
Bo fu 波夫
Chen feng 晨枫
Zhong, Yuan 仲源
Zhong, Yuan 钟远

Wang, Zhou 王洲
WANG, NAI ZHUANG 王乃壮 **(1929-)**

Wang, Zhu 王朱
WANG, ZHEN HUAN 王振寰 **(1910-1973)**

Wang, Zhu 王朱
LIN, JIN LA 林金拉 **(1930-)**

WANG, ZHU 王铸 **(1902-1986)**
Chen, Jin 陈谨
Jin, Xin 金心
Shu, Meng 東萌
Shu ming 淑明
Tian di 天帝
Tian di 天地
Wang, Shu ming 王淑明
Wu shao 舞勺

WANG, ZHU 汪铸
Wang, Xi yan 汪希颜

Wang zhu 望诸
YUAN, GUANG MEI 袁光楣 **(1916-1982)**

Wang, Zhu cen 王竹岑
WANG, YUE 王钺

WANG, ZHU CHAI 王珠钗 **(1926-)**
Wang, Gao 王杲
Wang, Ming 王明

WANG, ZHU CHEN 王柷晨 **(1882-)**
Dong yi 东乙

Wang, Zhu ming 汪竹铭
WANG, LIN XI 汪林锡 **(1909-)**

Wang, Zhu ping 王竹屏
WANG, YING XIANG 王映湘 **(1924-)**

Wang zhu sheng 网珠生
PING, HENG 平衡 **(1892-1980)**

Wang, Zhu yu 王主玉
WANG, BING XUN 王秉勋 **(1930-)**

Wang, Zhuan 王耑
ZHANG, RUI LIN 张瑞麟 **(1933-)**

WANG, ZHUAN 王耑 **(-1960)**
Hong, Ban dai 洪半呆
Pu, Jian 蒲剑
Shan xiong 山兄
Tao mu 桃木

WANG, ZHUAN 王篆
Wang, Xiao an 王筱庵

WANG, ZHUAN YA 王篆雅 **(1938-)**
Sheng, Zi juan 盛紫娟

Wang, Zhuang 王庄
WANG, NIAN QIAO 王年樵 **(1923-)**

WANG, ZHUANG HONG 王壮弘 **(1931-)**
Chong Shan 崇善

Wang, Zhuang wei 王壮为
WANG, YUAN LI 王沅礼 (1908-)

Wang, Zhuo 王卓
XU, ZHONG YU 徐中玉 (1915-)

Wang, Zhuo 王卓
WANG, KUI ZHUO 王奎卓 (1931-)

WANG, ZHUO 王琢 (1921-)
Nan, Bing 南冰
Shu, Yu 舒宇
Yu shan 禺山

WANG, ZHUO MIN 王卓民 (1965-)
Hai, Tao 海涛
Zhuo, Min 卓民

Wang, Zhuo wu 王卓武
WANG, XING HUA 王兴华

Wang, Zi 王子
WANG, JIN JUN 王晋军 (1957-)

Wang, Zi 王子
WANG, CHUN WEI 王春伟 (1960-)

Wang, Zi 王梓
WANG, JIN JUN 王晋军 (1957-)

WANG, ZI CHAO 汪子超 (1927-)
Gao, Lu 高炉
Ma, Ding 马丁
Wang, Yuan quan 汪渊泉
Yu, Man 余曼

WANG, ZI CHENG 王自成 (1915-)
Kuang tao 狂涛
Ruo shui 若水
Shi, Tao 史涛
Tian, Bing 田兵
Wang, Cong hua 王从化
Wang, Jun ming 王军名
Wang, Yan cheng 王言成

WANG, ZI FU 王梓夫 (1947-)
Qin, Sang 秦桑
Su, Mu 苏牧

WANG, ZI HENG 王子恒 (1921-)
Fu rong ke 芙蓉客
Lin, Li 林里
Wang, Jun fu 王君父
Wei jia 维加
Yang, Cheng ke 羊城客

WANG, ZI JIANG 王子江 (1958-)
Zi jiang 子江

Wang, Zi jun 王子君
WANG, YE AI 王也爱 (1964-)

WANG, ZI KAI 王子恺 (1935-)
Jiang, Yue 江悦
Wang, Kan 王侃

Wang, Zi ping 王紫萍
WANG, ZHENG 王政 (1914-)

WANG, ZI RAN 王自然
Kang, Qi da 康琪妲

Wang, Zi ren 王子仁
WANG, ZHI REN 王之仁

WANG, ZI SHUO 王子硕 (1952-)
Chang, Shi 常式
Shi, Ye 石页

Wang, Zi tong 王子通
HE, ZHAO 贺照 (1922-)

Wang, Zi wu 王子武
WANG, LI 王力 (1900-1986)

Wang, Zi xin 王子欣
ZHANG, TING QIAN 章廷谦 (1901-1981)

WANG, ZI XUE 王子学 (1943-)
Wang, Lei 王蕾

Wang, Zi ye 王子野
CHENG, FU DUO 程敷铎 (1916-)

WANG, ZI YI 汪自毅 (1927-)
Xi zhi 习之

WANG, ZI YING 王自英 (1918-)
Jin, Ling 金陵
Wang, Nan 王楠
Ying, Zi 英子

Wang, Zi yu 王子余
WANG, SHI YU 王世裕 (1874-1944)

WANG, ZI YUAN 王自元 (1949-)
Wang, Zhi yuan 王之元

Wang, Zi yun 王子云
WANG, QING LU 王青路 (1897-1990)

Wang, Zi yun 王子云
WU, YU WEI 吴堉威 (1906-1989)

WANG, ZONG CHANG 王宗昌 (1930-)
Wang, Wang 王汪

WANG, ZONG FAN 王宗璠 (1903-1983)
Bai, Yu 白羽
Lu, Zhen 鲁珍
Wang, Gong yu 王公玙
Yi fan 乙凡

WANG, ZONG LI 王宗礼 (1939-)
Ge, Yang 戈阳

Liu, Shan 柳山
Wang, Zong ren 王宗仁

Wang, Zong ren 王宗仁
WANG, ZONG LI 王宗礼 **(1939-)**

WANG, ZONG YAO 王宗尧 **(1919-)**
Wang, Zheng xian 王正先
Yu gao 玉杲
Yu, Nian 余念

WANG, ZONG YAO 王宗尧 **(1937-)**
Hua, Jia 华槚

Wang, Zong yuan 王宗元
WANG, JUN YUAN 王钧元 **(1919-1971)**

WANG, ZONG YUAN 汪宗元 **(1937-)**
A mao 阿茂
Cong yuan 琮源
Li, Ping 黎平

WANG, ZU GUANG 王祖光 **(1919-)**
Ai, Wu 艾悟
Meng yun 梦云
Wang, Zhi que 王之却
Zhi que 之却
Zi que 紫鹊

WANG, ZU JIONG 王祖冋 **(1947-)**
Sha, Jiong 沙炯
Wang, Zu jiong 王祖炯

Wang, Zu jiong 王祖炯
WANG, ZU JIONG 王祖冋 **(1947-)**

WANG, ZU LING 王祖铃 **(1949-)**
Zhu, Lin 竹林

WANG, ZU XUN 王祖勋 **(1921-)**
An, Xia 安侠

WANG, ZU YU 王祖畬 **(1842-1918)**
Shu shan 漱山
Sui san 岁三
Zi xiang 紫翔

WANG, ZU YU 王祖餘
Tao hua hui mian er 桃花靧面儿
Tian rang wang lang 天壤王郎
Xi xi yu yin 溪西渔隐
Zhe dong chi shu sheng 浙东痴书生
Zhe pao xiu zhi shi zhe 赭袍绣豸使者

Wang, Zun san 王尊三
WANG, JIU RU 王九如 **(1892-1968)**

WANG, ZUO HONG 王左泓 **(1955-)**
You, Ke 尤克
Zuo, Hong 左泓

WANG, ZUO LIANG 王佐良 **(1916-)**
Zhu, Yan 竹衍

WANG, ZUO LIN 王作林 **(1951-)**
Zuo, Lin 左林

WANG, ZUO MIN 王作民
Wang, Liang nian 王良念

WANG, ZUO QUAN 王作泉 **(1959-)**
Wang, Zuo zhong 王作忠

WANG, ZUO YING 王佐英 **(1934-)**
Zhu, Qing 竺青

WANG, ZUO YING 王作颖
Wang, Ying fen 王颖奋

Wang, Zuo zhong 王作忠
WANG, ZUO QUAN 王作泉 **(1959-)**

Wei 韦
SHEN, YAN BING 沈雁冰 **(1896-1981)**

Wei 韦
WANG, TONG ZHAO 王统照 **(1897-1957)**

Wei 苇
ZHANG, JI LUAN 张季鸾 **(1888-1942)**

Wei 苇
LIU, TONG JU 刘通矩 **(1921-)**

Wei 威
WANG, YUN SHENG 王运生 **(1896-1946)**

Wei 威
SHEN, YAN BING 沈雁冰 **(1896-1981)**

Wei 维
QU, QIU BAI 瞿秋白 **(1899-1935)**

Wei 维
LI, LI SAN 李立三 **(1899-1967)**

Wei 微
SHEN, YAN BING 沈雁冰 **(1896-1981)**

Wei 微
DU, LIAN ZHAI 杜联斋 **(1908-1963)**

Wei 蔚
CHEN, YUAN 陈垣 **(1880-1971)**

Wei 慰
ZHANG, WEI CI 张慰慈 **(1890-)**

Wei ai 未艾
ZHANG, HE LING 张鹤龄 **(1917-)**

Wei ai 未艾
CONG, SONG 丛耸 **(1934?-)**

Wei, An 韦岸
ZHANG, WEI AN 张维安 **(1937-)**

Wei an 畏盦

HU, YUN GONG 胡允恭

Wei an 惟安
ZHANG, WEI AN 张维安 **(1937-)**

Wei, Ba 魏拔
WEI, SHI YING 魏世英 **(1930-)**

WEI, BA QUN 韦拔群 **(1894-1932)**
Fen bu ping 愤不平
Wei, Cui 韦萃

Wei, Bai 韦白
WEI, WEI QI 魏伟琦 **(1953-)**

Wei bai 苇白
CHEN, REN JIAN 陈仁鉴 **(1913-)**

Wei bai 苇白
YIN, SHEN 殷参 **(1916-)**

Wei, Bai bi 魏百弼
WEI, BI 魏弼 **(1914-1983)**

Wei, Bai xin 韦柏馨
BAO, WEN DI 包文第 **(1920-)**

Wei, bei hua 威北华
LI, XUE MIN 李学敏 **(1923-1961)**

Wei ben 威贲
FU, ZHEN LUN 傅振伦 **(1906-)**

Wei ben 维本
FU, ZHEN LUN 傅振伦 **(1906-)**

WEI, BEN LI 魏本立 **(1953-)**
Wei, Xing 魏星

Wei, Ben ren 魏本仁
CHEN, SHOU MEI 陈守梅 **(1907-1967)**

WEI, BI 魏弼 **(1914-1983)**
Bai bi 百弼
Wei, Bai bi 魏百弼
Wei bi 未必

Wei bi 未必
WEI, BI 魏弼 **(1914-1983)**

Wei, Bi jia 魏璧嘉
ZENG, YAN XIU 曾彦修 **(1919-)**

Wei bin 维斌
WANG, ZHI JIE 王智杰 **(1926-)**

Wei, Bo 魏伯
WANG, JING CHUAN 王经川 **(1914-1984)**

Wei, Bo 魏勃
SHEN, DUAN XIAN 沈端先 **(1900-1995)**

Wei bo 微波
SHEN, YAN BING 沈雁冰 **(1896-1981)**

Wei bo 微波
XIE, BING YING 谢冰莹 **(1906-2000)**

Wei bo 微波
WANG, YONG TANG 汪永棠 **(1912-)**

Wei bo 薇伯
WANG, WEI BO 王薇伯

WEI, CANG SHI 魏沧石 **(1928-)**
Ba, Lang 巴浪
Du, Wu 杜芜
Jin, Guo 金果
Shu, Mu yuan 舒牧原
Shu, Sai 舒塞
Wang, Ya 王鸦
Wei, Shao huan 魏绍桓
Wen, Lan 文兰
Xing sha 星沙

Wei ce 唯策
LÜ, ZHAN QING 吕展青 **(1909-)**

Wei, Chang 韦长
TANG, DUAN YI 唐端毅 **(1913-1992)**

Wei, Chang ming 韦长明
LI, ZHENG ZHONG 李正中 **(1921-)**

Wei chen 未辰
LI, YU ZHEN 李毓珍 **(1909-)**

Wei chen 微尘
CHEN, ZHI MAI 陈之迈 **(1908-1978)**

Wei chen 微尘
CHEN, XUAN ZHEN 陈璇珍 **(1909-)**

Wei chen 微尘
HE, SHI QUAN 何世权 **(1916-)**

Wei chen 蔚琛
XU, HONG BIN 许鸿宾 **(1935-)**

Wei, Cheng 魏理
HE, ZHENG QING 何政清

Wei cheng 未成
DONG, XUE CHENG 董学诚 **(1939-)**

Wei, Cheng ming 魏成名
LI, ZHENG ZHONG 李正中 **(1921-)**

Wei, Cheng ming 魏澄明
YI, QIONG 易琼 **(1916-)**

WEI, CHENG WU 韦承武 **(1933-)**
Fang, Kang 方亢
Wei, Zhi hua 韦志华
Zhuang, Fu 庄夫

Wei, Chi 魏迟
DAI, WEN BAO 戴文葆 **(1923-)**

Wei, Chong qing 魏重庆
WEI, ZHEN SHENG 魏震声 **(1900-)**

Wei, Chong wen 韦崇文
WEI, SU YUAN 韦素园 **(1902-1932)**

WEI, CHONG WU 韦崇武 **(1905-1978)**
Bai, Cai 白菜
Cong, Wu 丛芜
Dong ying 东滢
Fei, Xue 费学
Li ren 立人
Liao nan 蓼南
Lin, Er 林耳
Lin, Qu 林取
Ruo yu 若愚
T. W.
Wei, Cong wu 韦丛芜
Wei, Li ren 韦立人
Yi, Fu 伊夫

Wei, Chu geng 魏锄耕
GUAN, YOU WEI 关有维 **(1909-1941)**

Wei, Chuan 韦川
ZHOU, WEI ZHOU 周伟洲 **(1940-)**

WEI, CHUAN TONG 魏传统 **(1908-1996)**
Wei, Shu qin 魏树勤

WEI, CHUAN YI 魏传义 **(1928-)**
Chuan yi 川一

Wei, Chun mu 韦春畝
SHEN, DUAN XIAN 沈端先 **(1900-1995)**

WEI, CHUN QIU 卫春秋
Ling xiao sheng 灵箫生

Wei ci 慰慈
ZHANG, WEI CI 张慰慈 **(1890-)**

Wei, Cong jiang 魏淙江
CHEN, JIN LING 陈晋岭 **(1928-)**

Wei, Cong wu 韦丛芜
WEI, CHONG WU 韦崇武 **(1905-1978)**

Wei, Cui 韦萃
WEI, BA QUN 韦拔群 **(1894-1932)**

WEI, CUI MEI 魏翠梅 **(1949-)**
Dai, Wei 戴维

Wei, Da 魏大
WEI, HONG JIE 魏鸿杰 **(1920-)**

Wei da fa shi 卫大法师
WEI, JU XIAN 卫聚贤 **(1898-)**

Wei dan 威丹
ZOU, RONG 邹容 **(1885-1905)**

Wei dan 蔚丹
ZOU, RONG 邹容 **(1885-1905)**

Wei dan 蔚丹
ZHOU, GUI SHENG 周桂生 **(1885-1911)**

Wei dao 为导
LI, WEN TAO 李文涛 **(1880-1942)**

Wei de 威德
LI, WEN TAO 李文涛 **(1880-1942)**

Wei de 惟得
KE, ZI WEI 柯子威

WEI, DENG 魏登 **(1923-)**
Chang, Wen 常文
Gu, Zi 谷子
Lu, Bo 鲁伯
Ma, Zu 马卒
Mo, Ke 墨客
Shi, Ding mi 史丁密
Shi, Qing 史青
Wei, Li da 魏立大
Wei, Wen 韦文
Zhang, Ben 张本

WEI, DIAN CHEN 魏殿臣 **(1928-)**
Ya wen 雅文

WEI, DONG CHEN 卫东晨 **(1910-)**
Wa weng 瓦翁

Wei, Dong ming 魏东明
YANG, WU SHENG 杨戊生 **(1915-1982)**

WEI, DONG SHENG 魏冬生 **(1953-)**
Wei, Ren 魏人

WEI, DONG YU 魏栋宇 **(1961-)**
Ba yin 八音

WEI, DUAN 魏端 **(1924-)**
Duan mu, Ye 端木野
Yu, Fei wo 余非我
Su, Dan 苏旦

Wei, Dun 魏敦
PAN, NAI GUANG 潘乃光

Wei, Dun fu 魏敦夫
JIANG, GUANG CI 蒋光慈 **(1901-1931)**

Wei, E 韦鄂
LIU, WEI 刘暐 **(1913-1938)**

Wei, E 魏峨
WEI, YU E 魏裕鄂 **(1931-)**

Wei fa 为法
HONG, WEI FA 洪为法 **(1900-1970)**

Wei fa 为法

WANG, WEI FA 汪为法

WEI, FAN 魏凡 (1936-)
Wei fan 未凡

Wei fan 未凡
WEI, FAN 魏凡 (1936-)

Wei fan 苇帆
WANG, HAN CHEN 王汉臣 (1920-)

Wei fang 危舫
CHEN, WEI FANG 陈伟芳 (1922-)

WEI, FEI 隗芾 (1938-)
Gu, Xiang 顾乡
Zuo, Feng 左锋

Wei fei 未非
NI, LONG SHENG 倪隆盛 (1927-)

Wei, Fei jun 卫斐君
JIANG, XI JIN 蒋锡金 (1915-)

Wei fen 蔚芬
TIAN, JU CHANG 田聚长 (1938-)

Wei, Feng 韦峰
LI, ZHENG ZHONG 李正中 (1921-)

Wei feng 维风
YE, YU FANG 叶玉芳 (1928-)

Wei feng 蔚风
BAI, SHU RONG 白舒荣 (1941-)

WEI, FENG BIAO 魏凤标 (1898-1928)
Chou 畴
Jin, Shi 金士
Jin, Shi duo 金士铎
Ming, Xuan 明轩
Wei, Jin 韦金
Wei, Jin 魏金
Wei, Xi yan 魏惜言
Wei, Ye chou 魏野畴
Xi yan 西岩
Xi yan 惜言
Yan 言
Ye chou 野俦
Ye chou 野畴

Wei fu 苇夫
XIE, YU HENG 谢宇衡 (1926-)

Wei fu 渭夫
SONG, YUAN MO 宋元模 (1911-)

Wei fu 蔚夫
ZHANG, HONG YOU 章鸿猷 (1913-1994)

Wei, Gan 卫干
HU, HENG ZI 胡蘅子

Wei gan 味橄
QIAN, GE CHUAN 钱歌川 (1903-1990)

Wei, Gan song 魏干松
WEI, MENG KE 魏猛克 (1911-1984)

Wei, Gang 韦刚
WANG, WEI GANG 王维刚 (1950-)

Wei gang 唯刚
LIN, ZHI JUN 林志钧 (1879-1960)

Wei, Gang yan 魏钢焰
WEI, KAI CHENG 魏开诚 (1922-)

Wei gao 慰高
LIU, YA ZI 柳亚子 (1887-1958)

Wei, Ge 韦戈
MENG, QUAN 孟全 (1933-)

Wei gen 味根
LI, SHANG HUAN 黎尚桓 (1910-)

Wei geng 维耕
XIE, WEI GENG 谢维耕 (1950-)

Wei, Gong 韦公
PENG, JIA HUANG 彭家煌 (1898-1933)

Wei gong 为公
DONG, LIN 董霖 (1907-)

Wei gong 为公
HONG, ZENG SHOU 洪增寿 (1920-)

Wei gong 畏公
TAN, YAN KAI 谭延闿 (1880-1930)

Wei gong 维公
XU, ZONG JIAN 徐宗鉴

Wei, Gu 魏谷
DONG, LIN 董霖 (1907-)

Wei guang 微光
HAO, FANG JIN 郝方进 (1925-)

WEI, GUANG BANG 韦光榜 (1964-)
Mu zhi 牧之

WEI, GUANG HONG 韦光洪 (1934-)
Wei, Wei 韦苇
Yue, Cao 乐草

Wei gui 为归
LI, WEN TAO 李文涛 (1880-1942)

Wei guo 维国
LI, LI SAN 李立三 (1899-1967)

WEI, GUO DING 韦国鼎 (1928-)
Sa, Hong xi 萨红西
Wei, Lei 韦蕾

Wei, Yu ping 韦雨平
Zhi hen 之痕

WEI, GUO FANG 魏国芳 **(1932-1986)**
Dan feng 丹峰
Lin, Ya 林崖
Wei meng 巍萌
Wei wei 魏嵬

Wei, Han 韦翰
HU, WEI HAN 胡维汉 **(1930-)**

Wei han 维汉
LI, WEI HAN 李维汉 **(1896-1984)**

Wei, Hang 韦航
LIU, WEN XIAN 刘文铣 **(1922-)**

Wei hang 维航
GONG, PENG 龚澎 **(1914-1970)**

Wei, Hao 韦皓
WEI, HONG FU 韦宏夫 **(1937-)**

Wei, He 韦禾
WEI, XIU RONG 韦秀荣 **(1945-)**

Wei hen 微痕
LI, JING CI 李景慈 **(1918-)**

Wei heng 惟恒
GU, QI CHENG 顾其城 **(1910-)**

Wei, Hong 韦虹
WEI, JIAN HONG 韦剑虹 **(1919-)**

WEI, HONG FU 韦宏夫 **(1937-)**
Geng fu 更夫
Wei, Hao 韦皓
Wei zhen 维真

WEI, HONG GANG 韦鸿纲 **(1931-)**
Wei, Ye 韦野
Wei ye 未也

WEI, HONG JIE 魏鸿杰 **(1920-)**
Hong yang shu 红杨树
Lu di 芦笛
Wei, Da 魏大
Wei, Wei 魏巍

WEI, HONG XING 魏洪兴 **(1968-)**
Meng xue 梦雪
Xiao shi 小诗

Wei hu 为护
LI, WEN TAO 李文涛 **(1880-1942)**

Wei, Hua 卫华
LI, JI QIN 李寄秦 **(1936-)**

Wei, Hua 魏华
LI, DING SHENG 李鼎声 **(1914-)**

Wei hua 伟华
WU, WEI HUA 吴伟华 **(1939-)**

Wei hua 炜华
WANG, SHOU PENG 王寿彭 **(1925-)**

Wei hua 蔚桦
WANG, WEI HUA 王蔚桦 **(1938-)**

WEI, HUA BANG 魏华邦 **(1934-)**
Wei qing 委青

Wei, Huai 魏槐
LENG, WEI HUAI 冷慰怀 **(1945-)**

Wei huai 渭淮
LENG, WEI HUAI 冷慰怀 **(1945-)**

Wei, Huai bin 卫怀彬
WEI, JU XIAN 卫聚贤 **(1898-)**

Wei, Huang 魏煌
QIU, REN ZONG 邱仁宗 **(1932-)**

Wei, Huang nu 魏荒弩
WEI, SHAO ZHEN 魏绍珍 **(1918-)**

WEI, HUI LIN 卫惠林 **(1903-)**
Fei zi 非子

Wei, Hui ming 韦会明
WEI, QI XIN 韦启新 **(1949-)**

Wei, Ji 韦骥
WEI, JIAN LIN 卫建林 **(1939-)**

Wei ji 为济
HONG, WEI JI 洪为济 **(1912-)**

Wei ji 违忌
HONG, WEI JI 洪为济 **(1912-)**

Wei ji 维季
WANG, SHOU QI 王寿祺 **(1880-1960)**

Wei ji 维基
ZHU, WEI JI 朱维基 **(1904-1971)**

Wei ji lou zhu 未济楼主
GAO, XU 高旭 **(1877-1925)**

WEI, JI XIN 魏继新 **(1950-)**
Lan, Di 兰荻
Xiao, Mu 萧木

Wei ji zhai 未济斋
LUO, CHANG PEI 罗常培 **(1899-1958)**

Wei jia 維加
QIN, XIAO QING 覃晓晴 **(1912-)**

Wei jia 维加
WANG, ZI HENG 王子恒 **(1921-)**

Wei jia 维嘉

QU, QIU BAI 瞿秋白 (1899-1935)

WEI, JIA GUO 魏家国 (1934-)
Wan feng 晚枫

Wei, Jian 卫建
HU, SHENG 胡绳 (1918-)

Wei, Jian 韦坚
WANG, TONG ZHAO 王统照 (1897-1957)

Wei jian 唯建
LI, WEI JIAN 李惟建 (1907-1981)

Wei jian 惟建
LI, WEI JIAN 李惟建 (1907-1981)

WEI, JIAN GONG 魏建功 (1901-1980)
C. K.
Cao, Jia ju 曹家驹
Du gu, Dan 独孤旦
Jian gong 建功
Jian gong 健攻
Kang, Long 康龙
Shan gui 山鬼
Tian xing 天行
Wei, Tian xing 魏天行
Wen, Li 文里
Wen, Li 文狸

WEI, JIAN HONG 韦剑虹 (1919-)
Wei, Hong 韦虹
Yu gong 雨弓

WEI, JIAN HUI 韦剑辉 (1931-)
Xi chou 西畴
Wei wen 微闻

WEI, JIAN LIN 卫建林 (1939-)
He, Wei 何唯
Wei, Ji 韦骥

WEI, JIAN WEI 韦健玮 (1954-)
Yuan, Yuan 袁元

WEI, JIAN YOU 魏建猷 (1909-1988)
Wei, Shou mo 魏守谟

WEI, JIANG QIONG 韦江琼 (1940-)
Jiang, Qiong 江琼

WEI, JIE SAN 韦杰三 (1903-1926)
Qi hui 崎卉
Yi wei 一苇

Wei, Jin 韦金
WEI, FENG BIAO 魏凤标 (1898-1928)

Wei, Jin 魏金
WEI, FENG BIAO 魏凤标 (1898-1928)

Wei, Jin 魏晋
KONG, LING JUN 孔令俊 (1904-1972)

Wei, Jin 魏晋
WEI, YUN ZHI 魏运织 (1907-)

Wei, Jin zhi 魏金枝
WEI, YI YUN 魏义云 (1900-1972)

Wei, jing 维敬
SHEN, YAN BING 沈雁冰 (1896-1981)

Wei, Jing bo 魏京伯
WEI, JU XIAN 卫聚贤 (1898-)

WEI, JING QUN 魏敬群 (1918-)
Huang cao 荒草

WEI, JING SHENG 魏京生 (1950-)
Jin, Sheng 金生
Jin, Sheng 金声
Jin sheng 今声

WEI, JING SHU 魏景舒 (1941-)
Wei mao 末茅

Wei ju 为炬
LI, WEN TAO 李文涛 (1880-1942)

Wei ju 味菊
CHEN, QING QUAN 陈清泉

WEI, JU XIAN 卫聚贤 (1898-)
Ban, Han dao 班汉道
Lu, Zhi shen 鲁智深
Wei da fa shi 卫大法师
Wei, Huai bin 卫怀彬
Wei, Jing bo 魏京伯

Wei ju xuan zhu 味菊轩主
CHEN, QING QUAN 陈清泉

Wei, Jun 卫军
YIN, ZUN MO 尹遵谟 (1926-)

Wei, Jun 韦君
SHEN, YAN BING 沈雁冰 (1896-1981)

Wei jun 为君
CHANG, HUI 常惠 (1894-1985)

Wei jun 纬君
ZHU, XI LIANG 朱锡梁 (1873-1932)

Wei jun 炜军
SUN, WEI TAO 孙维韬 (1931-)

Wei jun 威军
SHI, WEI JUN 史维钧 (1930-)

Wei jun 维俊
ZHENG, ZHEN MING 郑贞铭 (1936-)

Wei jun 薇君
KANG, TONG WEI 康同薇 (1879-1974)

WEI, JUN HAI 韦俊海 (1955-)

Ai, Lu 艾璐
Du ren 都人
Lao hai 老海

WEI, JUN LIN 韦君琳 **(1944-)**
Sui yu 碎玉
Xiao wei 筱苇

WEI, JUN XIU 卫俊秀 **(1908-)**
Jing, Xun 景迅

Wei, Jun yi 韦君宜
WEI, ZHEN YI 魏蓁一 **(1917-)**

WEI, KAI CHENG 魏开诚 **(1922-)**
Wei, Gang yan 魏钢焰

WEI, KAI TAI 魏开泰 **(1915-)**
Jun ming 君明

Wei, Ke 魏可
ZHENG, SHI XUE 郑时学 **(1920-)**

Wei, ke 威柯
ZHU, JIAN XIN 朱建新 **(1948-)**

Wei ke 维克
WANG, ZHAO XIANG 王兆祥 **(1900-1952)**

Woi kc 维克
LI, LIE WEN 黎烈文 **(1904-1972)**

Wei, Ke te 魏克特
JIANG, GUANG CI 蒋光慈 **(1901-1931)**

WEI, KONG MING 魏孔明 **(1937?-)**
Qian li 千里

WEI, KUI YUAN 韦魁元 **(1942-)**
Hu he 呼和
Wei, Wei 韦苇
Wei, Yun 韦芸

WEI, KUN TAI 魏坤太 **(1935-)**
Wei, Ran 魏燃
Wu yuan 悟源

Wei lai 未来
MA, WEN QI 马文启 **(1926-)**

WEI, LAN 魏兰 **(1866-1928)**
Shi, Jie 石介
Shi, Shan 石山
Shi, Sheng 石生
Wei, Shi sheng 魏石生

Wei lan 微蓝
JIANG, MU 姜穆 **(1929-)**

Wei lan 蔚蓝
WU, ZHONG QING 吴仲青 **(1900-1948)**

Wei lan 蔚蓝
ZHUANG, KE CHANG 莊克昌 **(1900-)**

Wei lan 蔚蓝
YANG, ZHI HUA 杨志华 **(1934-)**

Wei lan 蔚蓝
XU, DONG LIANG 许栋梁

Wei lan se 蔚蓝色
FANG, JIE CHENG 方捷成 **(1954-)**

WEI, LAN SHI 韦兰史
Jian bi ban hong guan zhu 健碧斑红馆主

Wei, Lei 韦蕾
WEI, GUO DING 韦国鼎 **(1928-)**

Wei lei 畏垒
CHEN, XUN EN 陈训恩 **(1890-1948)**

Wei, Li 卫理
DING, JING TANG 丁景唐 **(1920-)**

Wei, Li 卫理
SUN, BANG DA 孙帮达 **(1922-)**

Wei, Li 韦立
WANG, TONG ZHAO 王统照 **(1897-1957)**

Woi, Li 魏力
NI, YI MING 倪亦明 **(1935-)**

Wei li 味荔
SHEN, LIAN ZHI 沈錬之 **(1904-)**

Wei, Li da 魏立大
WEI, DENG 魏登 **(1923-)**

Wei, Li ren 韦立人
WEI, CHONG WU 韦崇武 **(1905-1978)**

Wei lian yi 危涟漪
LUO, BAO WU 罗保吾

Wei, Liang 魏良
TANG, DAO GENG 汤道耕 **(1904-1992)**

Wei, Liang 魏凉
NI, WEI LIANG 倪伟良 **(1918-1988)**

Wei liang 畏凉
LIN, WEI LIANG 林为梁 **(1916-1943)**

Wei liang 唯凉
LIN, WEI LIANG 林为梁 **(1916-1943)**

Wei liang 惟亮
OU YANG, QIN 欧阳钦 **(1900-1978)**

Wei liang 维良
XU, WEI 徐炜 **(1916-)**

Wei liang 维凉
LIN, WEI LIANG 林为梁 **(1916-1943)**

Wei, Lin 卫林
LI, GUO LIANG 李国樑 **(1920-)**

Wei, Lin 韦林
ZUO, YI HUA 左义华 **(1923-)**

Wei, Lin 魏琳
JIANG, LIN LIN 蒋琳琳 **(1924-)**

Wei lin 为琳
SHEN, CONG WEN 沈从文 **(1902-1988)**

Wei lin 玮琳
OU, RU BAI 区如柏

Wei ling 为零
LIN, WEI LIANG 林为梁 **(1916-1943)**

Wei ling 威灵
LIN, WEI LIANG 林为梁 **(1916-1943)**

Wei ling 唯灵
MAI, YAO TANG 麦耀堂

Wei ling 微灵
ZHANG, ZHI TIAN 张芝田 **(1908-1986)**

Wei ling 微灵
BAI, GUANG ZHENG 白光正 **(1922-)**

Wei, Ling dun 卫令敦
WANG, YIN SHENG 王寅生 **(1902-1956)**

Wei, Ling tong 韦龄童
XU, ZHENG ZHONG 徐正中 **(1936-)**

Wei, Liu 韦流
WU, ZHANG SHU 吴丈蜀 **(1919-)**

Wei liu an zhu 味六盦主
DU, JIU TIAN 杜就田

Wei long 危龙
NI, YI MING 倪亦明 **(1935-)**

WEI, LONG WEN 魏龙文 **(1922-)**
Wei, Shao chang 魏绍昌

Wei lu 玮路
WANG, JING CHUAN 王经川 **(1914-1984)**

Wei lu 玮璐
WANG, JING CHUAN 王经川 **(1914-1984)**

Wei lu 畏庐
LIN, SHU 林纾 **(1852-1924)**

Wei lu 微庐
ZHANG, CHUAN PU 张传普 **(1902-)**

Wei lu 微露
YU, JIN FENG 俞金凤 **(1943-)**

Wei lu fu 畏庐父
LIN, SHU 林纾 **(1852-1924)**

Wei lu fu 畏庐甫
LIN, SHU 林纾 **(1852-1924)**

Wei lu ju shi 畏庐居士
LIN, SHU 林纾 **(1852-1924)**

Wei lu lao ren 畏庐老人
LIN, SHU 林纾 **(1852-1924)**

Wei lu zi 畏庐子
LIN, SHU 林纾 **(1852-1924)**

Wei mang 伟芒
MA, QING QUAN 马清泉 **(1935-)**

Wei mao 未茅
WEI, JING SHU 魏景舒 **(1941-)**

Wei meng 未萌
YU, DE RUN 于得润 **(1954-)**

Wei meng 魏萌
WEI, GUO FANG 魏国芳 **(1932-1986)**

Wei, Meng ke 魏孟克
WEI, MENG KE 魏猛克 **(1911-1984)**

WEI, MENG KE 魏猛克 **(1911-1984)**
He, Jia jun 何家骏
Ke 克
Meng 孟
Meng 猛
Meng, Ke 孟克
Meng ke 猛克
Wei, Gan song 魏干松
Wei, Meng ke 魏孟克
Wei, Ran 魏然
Ye, Yi chen 叶一沉
Zhen huang 振煌

Wei miao 微妙
BAO, GONG YI 包公毅 **(1876-1973)**

Wei miao 微妙
LI, WEN TAO 李文涛 **(1880-1942)**

Wei, Min 魏民
LIANG, HONG JIE 梁洪杰 **(1940-)**

Wei, Min 魏敏
WEI, XI SHEN 魏喜身 **(1925-)**

Wei, Min 卫民
WEI, XI SHEN 魏喜身 **(1925-)**

Wei, Min 卫民
HUANG, WEI MING 黄渭铭 **(1936-)**

Wei, Min 卫民
CAI, CHAO 蔡超 **(1944-)**

Wei min 为民
LIN, CAN HUAN 林灿桓 **(1911-)**

Wei min 为民
NI, ZHENG XIANG 倪政祥 (1935-)

Wei min 未民
XU, SI XING 徐嗣兴 (1923-)

Wei min 维民
WANG, LIANG QIU 王良球

Wei min 蔚民
JIN, JIA BAO 靳家保 (1926-)

Wei min 伟民
ZHENG, CUN 郑存 (1928-)

Wei, Min sheng 魏民生
GUAN, YOU WEI 关有维 (1909-1941)

WEI, MING 韦明
Gu ci 孤刺
Li, Ming 李明
Lin, Xing 林行
Tian su 天素

Wei, Ming 魏名
LI, ZHENG ZHONG 李正中 (1921-)

Wei, ming 未名
SHEN, YAN BING 沈雁冰 (1896 1981)

Wei, ming 未名
WANG, REN SHU 王任叔 (1901-1972)

Wei ming 未名
HE, KAI RONG 何开荣 (1907-1952)

Wei ming 未名
CHEN, YAO TANG 陈耀唐 (1908-1970)

Wei ming 未名
JIANG, CHEN 姜琛 (1913-1943)

Wei ming 未名
YI, ZHUN 易准 (1931-)

Wei ming 未名
LI, ZONG MIN 李宗敏 (1947-)

Wei ming 未名
ZHU, YUE ZHONG 朱跃忠 (1952-)

Wei ming 未名
MA, FEI CHEN 马非陈 (1955-)

Wei, ming 未名
YU, LING AI 余玲爱

Wei ming 未明
SHEN, YAN BING 沈雁冰 (1896-1981)

Wei ming 未明
HU, QIU YUAN 胡秋原 (1910-1989)

Wei ming 未明
ZHU, ZONG BIN 朱宗彬 (1913-1937)

Wei ming 未明
ZHU, LU YUAN 朱菉园 (1914-1987)

Wei ming 未明
ZHU, KUAN 祝宽 (1921-)

Wei ming 未明
XU, SI XING 徐嗣兴 (1923-)

Wei ming 为明
LI, WEN TAO 李文涛 (1880-1942)

Wei ming 伟明
WANG, WEI MING 王伟明 (1954-)

Wei ming 苇鸣
ZHENG, WEI MING 郑伟明 (1958-)

Wei ming 味茗
SHEN, YAN BING 沈雁冰 (1896-1981)

Wei ming 唯明
WANG, FU YAN 汪馥炎 (1891-1940)

Wei ming 唯明
ZHONG, XIAN MIN 钟宪民 (1910-)

Wei ming 惟明
WANG, SHOU CHUN 王守椿 (1895-1985)

Wei ming 微明
SHEN, YAN BING 沈雁冰 (1896-1981)

Wei ming 微明
CHEN, WEI MING 陈维明 (1905-1961)

Wei ming 微鸣
WEI, XI SHEN 魏喜身 (1925-)

Wei ming 蔚明
QIU, GUO YING 邱国鹰 (1944-)

Wei, ming hu 未名湖
HUO, HAN JI 霍汉姬 (1937-)

Wei, Ming sheng 魏明胜
GUAN, YOU WEI 关有维 (1909-1941)

Wei, Mo 韦默
WANG, TONG ZHAO 王统照 (1897-1957)

Wei, Mo 魏沫
YUAN, GUANG MEI 袁光楣 (1916-1982)

Wei mo 未末
JIANG, DE MING 蒋德明（1955- ）

Wei mo 维摩
QU, QIU BAI 瞿秋白 (1899-1935)

Wei mo 维摩
SUN, SHU XIAN 孙述宪 (1930-)

Wei mo 微末
DU, XIN 杜鑫 **(1926-)**

Wei, Mou 魏谋
QIAN, XING CUN 钱杏邨 **(1900-1977)**

Wei mu 唯木
FENG, JI 冯骥 **(1919-)**

WEI, NAI KUN 韦乃坤 **(1896-1976)**
Peng dan 捧丹
Pu, Tian 普天
Wei, Que 韦慤

Wei nan 蔚南
XU, WEI NAN 徐蔚南 **(1900-1952)**

Wei nan ge 慰喃歌
WEI, ZHAO FENG 魏照风 **(1913-)**

Wei ni 薇妮
ZHANG, QI XUN 章启勋 **(1916-)**

Wei, Ning 魏凝
QU, QIU BAI 瞿秋白 **(1899-1935)**

Wei ning 惟宁
QU, QIU BAI 瞿秋白 **(1899-1935)**

Wei ning 维宁
QU, QIU BAI 瞿秋白 **(1899-1935)**

Wei nong 慰农
DENG, TUO 邓拓 **(1912-1966)**

Wei, Pei 韦佩
WANG, TONG ZHAO 王统照 **(1897-1957)**

Wei, Ping 韦平
MOU, LUN YANG 牟伦扬 **(1919-1943)**

Wei ping 未平
WANG, REN SHU 王任叔 **(1901-1972)**

Wei ping 味苹
ZHANG, YOU LUAN 张友鸾 **(1904-1990)**

Wei ping 玮平
WANG, HE PING 王和平 **(1961-)**

Wei ping 微萍
DING, JING TANG 丁景唐 **(1920-)**

Wei, Qi 韦祺
ZENG, JI QI 曾继祺 **(1919-)**

Wei qi 维祺
ZHANG, WEI QI 张维祺

Wei qi 蔚岐
LEI, MAO KUI 雷茂奎 **(1934-)**

WEI, QI LIN 韦其麟 **(1935-)**
Jiang, Ji 江楫
Meng, Huang 蒙荒
Wang, Wei 汪苇
Xu ye 旭野

WEI, QI XIN 韦启新 **(1949-)**
Wei, Hui ming 韦会明

Wei, Qing 魏青
LIU, GEN SHENG 刘根生 **(1950-)**

Wei qing 未青
LI, XING YA 李兴亚 **(1925-)**

Wei qing 未青
ZHANG, YONG QUAN 张永权 **(1942-)**

Wei qing 苇青
DONG, WEI QING 董为清 **(1949-)**

Wei qing 委青
WEI, HUA BANG 魏华邦 **(1934-)**

Wei qing 渭青
QI, HUANG 齐璜 **(1864-1957)**

Wei qing 微青
YAN, MAO YUAN 严懋垣 **(1911-)**

Wei qing 蔚青
YAN, MAO YUAN 严懋垣 **(1911-)**

Wei qing 蔚青
ZHAO, BAO ZHONG 赵宝忠 **(1919-)**

Wei qing 蔚青
LIU, GUO ZHONG 刘国钟

WEI, QING DE 魏清德
Wei, Run an 魏润庵

WEI, QING HUANG 韦庆煌 **(1916-)**
Cang ping 沧萍
Chang ping 昌平
Li, Yun 李云
Ping 平
Ri ping 日平
Wan, Li yun 万里云
Wu, Qi ren 吴其仁
Yun 云
Yun, Long 云龙

WEI, QING YUAN 韦庆远 **(1928-)**
Qing yuan 庆源
Wang, Lu 汪辂
Ying 膺

Wei, Qiu 韦丘
LI, SI QIANG 黎思强 **(1923-)**

Wei, Qiu zheng 魏求争
ZHOU, YU MING 周玉铭 **(1925-)**

Wei qu 为趣

LI, WEN TAO 李文涛 **(1880-1942)**

Wei quan 唯诠
FANG, QUN 方群 **(1930-)**

Wei quan 维铨
YANG, WEI QUAN 杨维铨 **(1900-1957)**

WEI, QUAN SHEN 魏泉深 **(1920-)**
Hai, Yuan 海原

Wei, Que 韦悫
WEI, NAI KUN 韦乃坤 **(1896-1976)**

Wei, Que 魏阙
GAO, QUAN ZHI 高全之

WEI, QUN 魏群 **(1935-)**
Wei, Zhong zheng 魏忠正
Xiao wei 小魏

Wei qun 伟群
WANG, DA XUE 王大学 **(1928-)**

Wei, Ran 魏然
ZHANG, WEI 张威 **(1910-)**

Wei, Ran 魏然
WEI, MENG KE 魏猛克 **(1911-1984)**

Wei, Ran 魏燃
WEI, KUN TAI 魏坤太 **(1935-)**

Wei ran 未冉
ZHU, JIA YU 朱家瑜 **(1916-1988)**

Wei ran 未然
ZHANG, WEN GUANG 张文光 **(1913-)**

Wei ran 未然
WANG, XI ZHEN 王希珍 **(1962-)**

Wei, Ren 韦人
TONG, YU PENG 佟遇鹏 **(1929-)**

Wei, ren 韦人
LIU, XIAO HUI 刘笑惠 **(1936-)**

Wei, Ren 魏人
WEI, DONG SHENG 魏冬生 **(1953-)**

Wei ren 为人
CHEN, WEI YING 陈蔚英 **(1899-1937)**

Wei ren 为人
TANG, WEI REN 唐为人 **(1953-)**

Wei ren 未人
WU, SHI YU 吴士余 **(1945-)**

Wei ren 伟人
WANG, JIA YI 王嘉祎 **(-1922)**

Wei ren 伟仁
ZHOU, WEI 周伟 **(1885-)**

Wei ren 畏人
LIANG, JIA GUAN 梁嘉官 **(1908-1970)**

Wei ren 维仁
JIANG, TAI ZHEN 蒋太真

Wei, Ren ming 卫刃明
BIAN, ZHEN XIA 边震遐 **(1935-)**

Wei, Rong 魏容
WEI, XIU RONG 韦秀荣 **(1945-)**

Wei, Ru 韦如
WANG, TONG ZHAO 王统照 **(1897-1957)**

Wei, Ru 韦如
YANG, JIA JU 杨家驹 **(1917-)**

Wei ru 畏如
LI, SHANG HUAN 黎尚桓 **(1910-)**

Wei ru 蔚如
XU, WEI RU 徐蔚如 **(1860-1937)**

Wei ru 蔚如
XIA, REN HU 夏仁虎 **(1873-1963)**

Wei, Ru hui 魏如晦
QIAN, XING CUN 钱杏邨 **(1900-1977)**

WEI, RU MING 魏汝明 **(1937-)**
Lan, Jiang 蓝江

Wei rui 葳蕤
LIN, XIANG YANG 林向阳 **(1936-)**

WEI, RUI LIN 韦瑞霖 **(1912-)**
Huan xi 焕熙

Wei, Run an 魏润庵
WEI, QING DE 魏清德

Wei, Run shen 魏润身
WEI, XI SHEN 魏喜身 **(1925-)**

Wei ruo 瑋若
XU, YU YI 许玉意

Wei, Sai 韦塞
MOU, LUN YANG 牟伦扬 **(1919-1943)**

Wei san 畏三
ZHAO, JUN HAO 赵君豪 **(1903-1966)**

Wei san 慰三
WANG, RUN SHENG 王润生 **(1942-)**

Wei sen 伟森
LI, WEI SEN 李伟森 **(1903-1931)**

Wei shan 维山
FENG, XUE FENG 冯雪峰 **(1903-1976)**

Wei shan 微山

ZHANG, SHI ZHU 张世珠 (1924-)

WEI, SHAN CHEN 魏善忱
Shan chen 善忱

Wei shang ju shi 微尚居士
WANG, ZHAO YONG 汪兆镛 (1861-1939)

Wei shang lao ren 微尚老人
WANG, ZHAO YONG 汪兆镛 (1861-1939)

Wei, Shao chang 魏绍昌
WEI, LONG WEN 魏龙文 (1922-)

WEI, SHAO GEN 魏绍根 (1940? -)
Xiao fei 笑非

Wei, Shao huan 魏绍桓
WEI, CANG SHI 魏沧石 (1928-)

WEI, SHAO ZHEN 魏绍珍 (1918-)
Huang nu 荒弩
Huang ying 荒鹰
Wei, Huang nu 魏荒弩
Wei, Zhen 魏真
Wei, Zhen 魏缜

WEI, SHAO ZHENG 魏绍征 (1909-)
Shao zhen 韶蓁

Wei she 为舍
LI, WEN TAO 李文涛 (1880-1942)

Wei shen 威深
LI, WEI SHEN 李威深

Wei, Sheng 卫生
SHEN, YAN BING 沈雁冰 (1896-1981)

Wei sheng 为胜
LI, WEN TAO 李文涛 (1880-1942)

Wei sheng 未生
GONG, BAO QUAN 龚宝铨 (1886-1922)

Wei sheng 伟生
WANG, JIA YI 王嘉祎 (-1922)

Wei sheng 伟生
LI, WEI SEN 李伟森 (1903-1931)

Wei sheng 尾生
CAO, JU REN 曹聚仁 (1900-1972)

Wei sheng 维生
CHEN, XIAO TING 陈孝庭 (1930-)

Wei sheng 薇生
GONG, BAO QUAN 龚宝铨 (1886-1922)

Wei, Sheng kun 魏升焜
WEI, SHENG KUN 魏陛坤 (1931-1992)

WEI, SHENG KUN 魏陛坤 (1931-1992)
Wei, Sheng kun 魏升焜
Wei, Wei 魏魏

Wei, Shi 卫士
WANG, BING LIANG 王炳亮 (1947-)

Wei shi 唯士
WANG, REN SHU 王任叔 (1901-1972)

Wei shi 巍石
WANG, SHI XIANG 王石祥 (1939-)

Wei, Shi fan 韦世凡
WEI, SHI FAN 韦世蕃 (1942-)

WEI, SHI FAN 韦世蕃 (1942-)
Wei, Shi fan 韦世凡
Wei, Yi 韦依
Wei, Yi fan 韦一凡

Wei, Shi qin 韦世琴
LUO, ZE PU 罗泽浦 (1927-1998)

Wei, Shi sheng 魏石生
WEI, LAN 魏兰 (1866-1928)

WEI, SHI YING 魏世英 (1930-)
Lu, Yao 路遥
Wei, Ba 魏拔

Wei, Shi you 韦士繇
ZHOU, SHU REN 周树人 (1881-1936)

Wei shou 为首
LI, WEN TAO 李文涛 (1880-1942)

Wei, Shou mo 魏守谟
WEI, JIAN YOU 魏建猷 (1909-1988)

WEI, SHU HAI 魏树海 (1936-)
Lu, Yu 路雨

Wei, Shu qin 魏树勤
WEI, CHUAN TONG 魏传统 (1908-1996)

Wei, Shu yuan 韦漱园
WEI, SU YUAN 韦素园 (1902-1932)

WEI, SHUANG FENG 魏双凤 (1916-)
Ming zhi 鸣之

Wei, Shui 魏水
LI, XING MIN 李醒民 (1945-)

Wei shui 渭水
WEI, TIAN SHUI 卫天水 (1931-)

Wei shui 渭水
ZHOU, KANG MEI 周抗美 (1950-)

Wei si 苇丝
CAI, HONG JI 蔡鸿基 (1908-)

Wei, Si li 卫斯理
NI, YI MING 倪亦明 (1935-)

Wei, Su 韦素
ZHOU, SHU REN 周树人 **(1881-1936)**

Wei su 未苏
GONG, BAO QUAN 龚宝铨 **(1886-1922)**

Wei su 维素
JIANG, GUANG CI 蒋光慈 **(1901-1931)**

WEI, SU YUAN 韦素园 **(1902-1932)**
Wei, Chong wen 韦崇文
Wei, Shu yuan 韦漱园

Wei sun 味荪
GONG, BAO QUAN 龚宝铨 **(1886-1922)**

Wei suo 苇索
ZHOU, SHU REN 周树人 **(1881-1936)**

Wei ta 维它
QU, QIU BAI 瞿秋白 **(1899-1935)**

Wei tai 维泰
SHEN, SEN HAO 沈森豪 **(1936-)**

Wei tan 维坦
LI, ZI HUA 李子华 **(1943-)**

Wei, Tang 韦唐
ZANG, RONG 臧嵘 **(1935-)**

Wei tang 未唐
JIANG, FU CONG 蒋复聪 **(1898-1990)**

Wei tang 未堂
DU, ER WEI 杜而未 **(1915-)**

Wei te 唯特
WANG, REN SHU 王任叔 **(1901-1972)**

Wei te 维特
SHEN, WEI DE 沈蔚德 **(1911-)**

Wei ti 未鬌
WU, WEN TIAN 吴闻天

Wei ti 伟倜
GUO, EN DA 郭恩大 **(1919-1976)**

Wei ti 危涕
JIN, XING YAO 金性尧 **(1916-)**

Wei tian 蔚天
XIAO, JUN 萧军 **(1907-1988)**

WEI, TIAN PEI 魏天裴 **(1949-)**
Wang, Ru bo 王儒博

WEI, TIAN SHUI 卫天水 **(1931-)**
Wei shui 渭水

Wei, Tian xing 魏天行
WEI, JIAN GONG 魏建功 **(1901-1980)**

WEI, TIAN ZUO 魏天作 **(1958-)**
Tian zuo 天作
Wei, Ye 魏晔

Wei, Tie 魏铁
WEI, TIE SHENG 魏铁生 **(1935-)**

WEI, TIE SHENG 魏铁生 **(1935-)**
Wei, Tie 魏铁

Wei ting 慰亭
YUAN, SHI KAI 袁世凯 **(1859-1916)**

Wei, Tong que 韦铜雀
WU, YAO ZONG 吴耀宗

Wei, Tuo 韦陀
YUAN, SHU 袁殊 **(1911-1987)**

Wei, Tuo 韦陀
LI, YU ZHONG 李育中 **(1911-)**

Wei, Tuo 韦陀
HUANG, GUO REN 黄郭人

Wei wan lou 未晚楼
LI, CHENG YU 李澄宇 **(1882-)**

WEI, WANG XIANG 卫王祥 **(1927-)**
Wei, Wang xiang 卫王象
Wei, Xiang 卫象
Wei, Xiang 卫相

Wei, Wang xiang 卫王象
WEI, WANG XIANG 卫王祥 **(1927-)**

Wei, Wei 韦韦
ZHAO, AN JI 赵安济 **(-1975)**

Wei, Wei 韦韦
YE, MIN ER 叶敏尔

Wei, Wei 韦伟
HAN, DAO CHENG 韩道诚 **(1917-)**

Wei, Wei 韦伟
SHI, YUN HUA 石蕴华 **(1921-)**

Wei, Wei 韦苇
WEI, GUANG HONG 韦光洪 **(1934-)**

Wei, Wei 韦苇
WEI, KUI YUAN 韦魁元 **(1942-)**

Wei, Wei 魏薇
LI, JING CI 李景慈 **(1918-)**

Wei, Wei 魏魏
WEI, XIAO XI 魏晓曦 **(1914-)**

Wei, Wei 魏魏
WEI, SHENG KUN 魏陞坤 **(1931-1992)**

Wei, Wei 魏巍

WEI, HONG JIE 魏鸿杰 (1920-)

Wei wei 巍鬼
WEI, GUO FANG 魏国芳 (1932-1986)

Wei wei 微微
WEN, CHENG YUN 温成筠 (-1948)

Wei wei fu ren 薇薇夫人
YUE, CHAI JUN 乐茝军 (1932-)

WEI, WEI QI 魏伟琦 (1953-)
Wei, Bai 韦白

WEI, WEI YI 魏惟仪 (1918-)
Wen ni・Dong 温妮・东

Wei, Wen 韦文
WEI, DENG 魏登 (1923-)

Wei wen 维文
LIU, WEN XING 刘文性 (1935-)

Wei wen 维文
LUO, WEI GUI 罗维贵 (1942-)

Wei wen 微闻
WEI, JIAN HUI 韦剑辉 (1931-)

WEI, WEN HAO 韦文豪 (1933-)
Wei, Wen jun 韦文俊
Wen, Guang 文光
Wen, Jun 文骏
Yi se 一色

Wei, Wen jun 韦文俊
WEI, WEN HAO 韦文豪 (1933-)

Wei, Wu gong 衛武功
QIU, HENG JIN 邱衡近 (1899-1949)

Wei wu 维武
YANG, XIAN YI 杨宪益 (1915-)

Wei, Xi 韦西
HUANG, SHEN HUI 黄燊辉 (1935-)

Wei, Xi 韦谿
ZOU, WEI XI 邹维熙 (1927-)

Wei xi 危谿
ZOU, WEI XI 邹维熙 (1927-)

Wei xi 苇西
LU, YU 路逾 (1913-)

Wei xi 维西
LI, XI MEI 李希美 (1923-)

Wei xi 维熹
WEI, ZHI YUAN 志远 (1952-)

WEI, XI LIN 魏锡林 (1937-)
Ba, Ren 巴任
Lao wei 老魏
Li li 离离

WEI, XI SHEN 魏喜身 (1925-)
Wei, Min 卫民
Wei, Min 魏敏
Wei ming 微鸣
Wei, Run shen 魏润身
Wei, Zhen hua 魏振华

Wei, Xi ya 韦西亚
MO, YI HUI 莫仪慧

Wei, Xi yan 魏惜言
WEI, FENG BIAO 魏凤标 (1898-1928)

Wei, Xia yang 魏夏阳
WEI, XIANG YANG 魏向阳 (1958-)

Wei, Xian 韦弦
MA, HUA 马骅 (1916-)

Wei xian 慰先
OU, ZAI XIN 欧载欣 (1927-)

WEI, XIAN WEN 魏显文 (1915-)
Wei, Zi xi 魏紫熙

Wei, Xiang 卫相
WEI, WANG XIANG 卫王祥 (1927-)

Wei, Xiang 卫象
WEI, WANG XIANG 卫王祥 (1927-)

Wei xiang 维想
ZHAO, LING MAO 赵令茂 (1946-)

WEI, XIANG YANG 魏向阳 (1958-)
Wei, Xia yang 魏夏阳

Wei, Xiao 韦晓
YANG, FU DONG 杨复冬 (1922-1978)

Wei xiao 惟孝
YOU, LIE 尢列 (1865-1936)

Wei xiao 微笑
BAO, GONG YI 包公毅 (1876-1973)

WEI, XIAO HUA 魏小华 (1960-)
Lu, Yu 路羽

WEI, XIAO XI 魏晓曦 (1914-)
Wei, Wei 魏魏

Wei, Xin 韦辛
LIU, MAO LONG 刘茂隆 (1912-)

Wei, Xin 韦辛
LIN, ZHEN QUAN 林振权

Wei, Xin 韦昕
YANG, WEI XIN 杨韦昕 (1931-)

Wei xin 味辛

QIAN, XIN 钱辛 (1879-1944)

Wei xin 味辛
WANG, ZHEN SHENG 王鍼生 (1905-1986)

Wei xin 唯心
JIANG, MENG LIN 蒋梦麟 (1885-1964)

Wei xin 唯心
LÜ, PEI LIN 吕沛林 (1889-1947)

Wei xin 惟心
JIANG, MENG LIN 蒋梦麟 (1885-1964)

Wei xin 维心
XU, GUANG PING 许广平 (1898-1968)

Wei xin 维新
LUO, YUN 罗云 (1928-)

Wei xin lao ren 味辛老人
SUN, XIONG 孙雄 (1866-1935)

Wei, Xing 卫兴
WANG, WEI XING 王卫兴 (1944-)

Wei, Xing 韦兴
SHEN, YAN BING 沈雁冰 (1896-1981)

Wei, Xing 韦行
WEI, XING HUA 卫兴华 (1925-)

Wei, Xing 魏星
WEI, BEN LI 魏本立 (1953-)

Wei xing 未行
LI, XING YA 李兴亚 (1925-)

WEI, XING HUA 卫兴华 (1925-)
Wei, Xing 韦行

WEI, XING LANG 韦星朗 (1933-)
Zhuang, Jun 庄君

Wei xing shi guan zhai zhu 唯性史观斋主
LIANG, XIAO ZHONG 梁小中 (1926-)

WEI, XIU RONG 韦秀荣 (1945-)
Wei, He 韦禾
Wei, Rong 魏容

WEI, XU WEN 魏绪文 (1924-)
Feng ye 风叶

Wei, Xuan 卫宣
MENG, CHANG QING 孟长庆 (1936-)

Wei, Xuan 魏烜
YANG, CHU YAO 杨楚耀 (1942-)

Wei xuan 炜谖
QIU, WEI XUAN 丘炜萲 (1873-1941)

Wei xuan 炜萱
QIU, WEI XUAN 丘炜萲 (1873-1941)

Wei xuan 炜薞
QIU, WEI XUAN 丘炜萲 (1873-1941)

Wei xuan 炜藼
QIU, WEI XUAN 丘炜萲 (1873-1941)

Wei xue zhai zhu 未学斋主
QIAN, MU 钱穆 (1895-1990)

Wei, Xun 魏勋
XIAO, BING QIAN 萧秉乾 (1910-1999)

Wei xun 未迅
WANG, REN SHU 王任叔 (1901-1972)

Wei xun 未迅
JIN, WEI XIN 金维新 (1918-1947)

Wei, Ya 韦娅
ZUO, WEI 左韦 (1956-)

WEI, YAN 魏岩 (1916-)
Lu, Bo 鲁渤

Wei yan 畏碞
LAO, WEI MENG 劳纬孟

Wei yan 微言
REN, ZHUO XUAN 任卓宣 (1896-1990)

Wei yan 微言
LI, ZHAO LIN 李兆麟 (1915-)

Wei yan 微言
MA, PEI WEN 马沛文 (1921-)

Wei yan 微言
WANG, JUN FENG 王俊峰 (1923-)

Wei yan 微言
LIU, WO JUN 刘沃均 (1927-)

Wei yan 微言
ZHOU, QING HE 周清河 (1950-)

Wei yan ju 未厌居
YE, SHAO JUN 叶绍钧 (1894-1988)

Wei, Yang 韦央
ZHU, TING GUANG 朱庭光 (1924-)

Wei, yang 未央
HUA, SHAN 华山 (1920-1985)

Wei, yang 未央
ZHANG, KAI MING 章开明 (1930-)

WEI, YANG QING 魏扬青 (1960-)
Zhu, Zi 竹子

Wei, Ye 韦叶
SUN, JIA JIN 孙家晋 (1918-)

Wei, Ye 韦野

BAO, JI HUAN 鲍继焕 (1922-)

Wei, Ye 韦野
WEI, HONG GANG 韦鸿纲 (1931-)

Wei, Ye 魏耶
HOU, JIN JING 侯金镜 (1920-1971)

Wei, Ye 魏晔
WEI, TIAN ZUO 魏天作 (1958-)

Wei ye 未也
WEI, HONG GANG 韦鸿纲 (1931-)

Wei, Ye chou 魏野畴
WEI, FENG BIAO 魏凤标 (1898-1928)

Wei, Yi 卫毅
YU, WEI YI 虞卫毅 (1958-)

Wei, Yi 韦依
WEI, SHI FAN 韦世蕃 (1942-)

Wei, Yi 韦裔
LIU, SHI PEI 刘师培 (1884-1919)

Wei yi 为依
LI, WEN TAO 李文涛 (1880-1942)

Wei yi 渭裔
LÜ, CHAO XIANG 吕朝相 (1919-)

Wei, Yi fan 韦一凡
WEI, SHI FAN 韦世蕃 (1942-)

WEI, YI JIAN 危亦健 (1934-)
Ruan, Fang 阮放
Tao, Li 陶里

WEI, YI JUN 魏贻君 (1962-)
Wei, Zi zhuo 卫子浊

WEI, YI YUN 魏义云 (1900-1972)
Feng xi 凤兮
Gao, Shan 高山
Jin, Zhi 金枝
Lao bing 老兵
Lu su 鹿宿
Mo, Gan 莫干
Wei, Jin zhi 魏金枝
Xiao shan 笑山
Yu, Yi 于乙

Wei yin 微音
LIN, WEI YIN 林微音 (1899-1982)

Wei yin 薇因
XU, SU LING 徐苏灵 (1906-)

Wei, Ying 韦婴
ZHANG, YUE QIN 张月琴 (1922-)

Wei, You sheng 魏有生
LIU, MAO LONG 刘茂隆 (1912-)

Wei, Yu 韦玉
HONG, JIAN GUO 洪建国 (1940-)

Wei, Yu 韦彧
SHEN, DUAN XIAN 沈端先 (1900-1995)

Wei, Yu 魏育
QIAN, XING CUN 钱杏邨 (1900-1977)

WEI, YU 魏雨 (1966-)
Wei, Yu 魏语
Wei yu 未雨

Wei, Yu 魏语
WEI, YU 魏雨 (1966-)

Wei yu 未雨
WEI, YU 魏雨 (1966-)

Wei yu 渭渔
WU, GUANG XIONG 吴光熊

Wei yu 微雨
LIU, XIANG TING 刘襄亭

WEI, YU E 魏裕鄂 (1931-)
He shan 禾山
Wei, E 魏峨
Xia, Shan 夏山

WEI, YU MEI 韦毓梅
Jiang, Ping 姜平
Sun, Lan 孙兰

Wei, Yu ping 卫禹平
PAN, ZU XUN 潘祖训 (1920-)

Wei, Yu ping 韦雨平
WEI, GUO DING 韦国鼎 (1928-)

Wei, Yu qian 魏于潜
WU, CHEN 吴琛 (1912-1988)

WEI, YU QING 魏毓庆 (1933-)
Bu yi 布衣

WEI, YU SHAN 魏玉山 (1946-)
Kun mu 昆木

Wei, Yuan 卫原
XIE, SONG MU 谢诵穆 (1911-1972)

Wei yuan 未园
LIANG, DING FEN 梁鼎棻 (1859-1920)

Wei yuan 未园
SHEN, XIU 沈修

WEI, YUAN KUANG 魏元旷
Qian yuan yi sou 潜园逸叟

Wei yue 巍岳
FAN, WEI YUE 樊惟岳 (1948-)

Wei yue yan 危月燕
ZHOU, JIAN XIAO 周剑箫 (1911-1992)

Wei, Yun 韦芸
WEI, KUI YUAN 韦魁元 (1942-)

Wei, Yun 韦晕
OU, WEN ZHUANG 区文庄 (1913-)

WEI, YUN SHENG 韦云生
Lang yun 浪云

WEI, YUN ZHI 魏运织 (1907-)
Qin, Han 秦汉
Shi, Shi 史实
Wei, Jin 魏晋
Yong chi 永炽
Yun chi 允炽
Yun zhe 允哲

Wei, Ze 魏则
CHENG, JUN 成骏 (1916-1983)

Wei, Zhai 韦斋
YI, TING XI 易廷熹 (1874-1941)

Wei, Zhai 魏斋
YI, TING XI 易廷熹 (1874-1941)

WEI, ZHAN HE 魏占河 (1932-)
Lao, Le 劳乐

Wei zhang 维章
XU, XUE JIAN 徐学俭 (1939?-)

Wei zhao 未兆
CHEN, LIAN QING 陈炼青 (1907-1940)

WEI, ZHAO FENG 魏照风 (1913-)
Ding, Wu 丁舞
Ke mang 呵莽
Meng, Jia 孟嘉
Wei nan ge 慰喃歌
Yi ruo 亦若

Wei zhao lu 未兆庐
YU, XING WU 于省吾 (1896-1984)

WEI, ZHAO QI 魏兆淇 (1904-1978)
Zhuo, Zhi 卓治

Wei zhao, Ling fei 魏赵灵飞
ZHAO, LING FEI 赵灵飞 (1874-1936)

Wei zhe 未哲
CHENG, JUN 成骏 (1916-1983)

Wei, Zhen 韦真
LIANG, RONG RUO 梁容若 (1905-1982)

Wei, Zhen 韦真
HANG, XING 杭行 (1925-)

Wei, Zhen 魏真
WEI, SHAO ZHEN 魏绍珍 (1918-)

Wei, Zhen 魏缜
WEI, SHAO ZHEN 魏绍珍 (1918-)

Wei zhen 维真
LI, LI SAN 李立三 (1899-1967)

Wei zhen 维真
WEI, HONG FU 韦宏夫 (1937-)

Wei, Zhen hua 魏振华
WEI, XI SHEN 魏喜身 (1925-)

WEI, ZHEN SHENG 魏震声 (1900-)
Wei, Chong qing 魏重庆

WEI, ZHEN YI 魏蓁一 (1917-)
Wei, Jun yi 韦君宜

Wei, Zheng min 魏拯民
GUAN, YOU WEI 关有维 (1909-1941)

Wei, Zhi 卫之
ZHANG, DAO FAN 张道藩 (1897-1968)

Wei, Zhi 卫之
ZHOU, ZHONG REN 周中仁 (1927-)

Wei, Zhi 韦芝
LIN, LIE 林烈 (1913-)

Wei zhi 伟峙
SHI, WEI CI 石慰慈 (1933-)

Wei zhi 惟志
HUANG, YOU XIONG 黄幼雄

Wei zhi 微之
HUANG, YOU XIONG 黄幼雄

Wei zhi 微知
LIN, XUE LI 林学礼 (1922-)

Wei zhi 蔚之
TANG, WEN ZHI 唐文治 (1865-1954)

Wei zhi 蔚芝
TANG, WEN ZHI 唐文治 (1865-1954)

Wei, Zhi hua 韦志华
WEI, CHENG WU 韦承武 (1933-)

Wei, Zhi ji 魏之吉
LI, ZHENG ZHONG 李正中 (1921-)

WEI, ZHI YUAN 魏志远 (1952-)
Wei xi 维熹

Wei zhong 威中
LIANG, JIA GUAN 梁嘉官 (1908-1970)

Wei zhong 惟众
QU, QIU BAI 瞿秋白 (1899-1935)

Wei zhong 微中

DENG, JUN WU 邓均吾 **(1898-1969)**

WEI, ZHONG JUN 韦仲君
X sheng X 生

WEI, ZHONG QI 魏锺琦
Tian xin ge zhu ren 天馨阁主人

WEI, ZHONG TIAN 魏中天 **(1908-)**
Jia yin 笳音
Zhong tian 中天

Wei, Zhong zheng 魏忠正
WEI, QUN 魏群 **(1935-)**

Wei zhou 维舟
LI, WEI ZHOU 李威周 **(1928-)**

Wei zhou 维周
JI, WEI ZHOU 纪维周 **(1922-)**

Wei zhou 维周
WAN, WEI ZHOU 万苇舟 **(1925-)**

Wei zhou 维周
ZHANG, WEI ZHOU 张维周

WEI, ZHOU SHAN 魏周山 **(1948-)**
Ye zhou 夜舟

Wei zhu 维竹
LI, YING 李英 **(1923-)**

Wei zhuang ren 未庄人
YE, MAO SHENG 叶茂盛 **(1963-)**

Wei zi 维子
ZENG, YI MEI 曾逸梅 **(1907-)**

Wei zi 微子
WU, ZI YUAN 吴紫垣 **(1883-1944)**

Wei, Zi xi 魏紫熙
WEI, XIAN WEN 魏显文 **(1915-)**

WEI, ZI YUN 魏子云 **(1917-)**
Ding, Si 丁巳

Wei, Zi zhuo 卫子浊
WEI, YI JUN 魏贻君 **(1962-)**

Wei zu 维祖
ZHANG, ZI PING 张资平 **(1893-1959)**

Wei, Zu yin 卫祖因
WEI, ZU YIN 卫祖荫 **(1937-)**

WEI, ZU YIN 卫祖荫 **(1937-)**
Wei, Zu yin 卫祖因
Zu, Yin 祖荫
Zu, Yin 祖因

Wen 文
YU, DA FU 郁达夫 **(1896-1945)**

Wen 文
SHEN, YAN BING 沈雁冰 **(1896-1981)**

Wen 文
WANG, REN SHU 王任叔 **(1901-1972)**

Wen 文
WU, WEN QI 吴文祺 **(1901-1991)**

Wen 文
ZHAO, QI WEN 赵其文 **(1903-1980)**

Wen 文
SHAO, XUN MEI 邵洵美 **(1906-1968)**

Wen 文
ZHAO, SHU LI 赵树礼 **(1906-1970)**

Wen 文
HE, KAI RONG 何开荣 **(1907-1952)**

Wen 文
GAO, JI LIN 高季琳 **(1909-)**

Wen 文
XU, ZHEN 徐震 **(1915-1946)**

Wen 文
LIU, TONG JU 刘通矩 **(1921-)**

Wen 闻
ZHANG, WEN TIAN 张闻天 **(1900-1976)**

Wen 雯
WANG, ZHAO WEN 王朝闻 **(1909-)**

WEN, AN JUN 温安军 **(1962-)**
Wen, He 温和

Wen, Bai 文白
ZHU, WEN YUAN 朱文渊 **(1916-)**

Wen, Bao 文豹
GUO, MO RUO 郭沫若 **(1892-1978)**

Wen, Bi 闻璧
LIAO, JIA QUAN 廖家权 **(1907-1990)**

Wen, Bi feng 文笔锋
YOU, WEN GUI 尤文贵 **(1930-)**

Wen, Biao 文彪
LIAO, WEN BIAO 廖文彪 **(1956-)**

Wen, Bin 文彬
WU, JIAN HUA 吴剑华

Wen, Bin 闻彬
PAN, WEN BIN 潘文斌 **(1948-)**

Wen bin 问彬
ZHANG, WEN BIN 张文彬 **(1933-)**

Wen bin 汶滨
WANG, WEN BIN 王文彬 **(1928-)**

Wen, Bing 文冰
  HU, XIAO XUAN 胡小宣 **(1965-)**

Wen, Bing 文兵
  LIU, XI FU 刘喜富 **(1925-)**

Wen, Bing 文兵
  SUN, WEI 孙伟 **(1934-)**

Wen, Bing 文炳
  FENG, WEN BING 冯文炳 **(1901-1967)**

Wen, Bing 闻炳
  SUN, MENG REN 孙梦仁 **(1946-)**

Wen, Bo 文博
  CAO, BO HAN 曹伯韩 **(1897-1959)**

Wen, Bo 闻博
  ZHOU, WEN BO 周文博 **(1924-)**

Wen, Bo 文波
  WANG, SHU SEN 王树森 **(1945-)**

Wen, Bo 文勃
  BAI, YE 白烨 **(1952-)**

WEN, BO PING 文伯屏 **(1927-)**
  Yi su 一粟

WEN, BU BIAO 文步彪 **(1942-1983)**
  Wen, Hua 文华
  Wen, Wu bin 文武斌
  Xia shan 遐山

Wen, Cai 文采
  JIANG, YING LONG 江应龙 **(1920-)**

WEN, CAI 文采 **(1951-)**
  Liu, Guang yu 刘广郁

Wen, Cai 闻采
  MA, WEN CAI 马文才 **(1952-)**

Wen, Cang 闻苍
  SHEN, DUAN XIAN 沈端先 **(1900-1995)**

Wen, Cang 温藏
  WEN, GUO SHENG 温国生 **(1940-)**

Wen cang 问苍
  ZHOU, WU XUAN 周武宣 **(1906-1980)**

Wen, Cao 文草
  QIU, QI HUA 仇启华 **(1926-)**

Wen, Cao 文操
  YAN, GUO QIANG 颜国强 **(1937-)**

Wen, Chan 文婵
  YING, WEN CHAN 应文婵 **(1912-1987)**

Wen, Chan 文禅
  KOU, DA HENG 寇达亨 **(1955-)**

Wen, Chang 文畅
  XING, DE CHANG 邢德昶 **(1939-)**

WEN, CHANG LU 温长路 **(1947-)**
  Wen, Tiao 文苕
  Yu yu 寓愚

WEN, CHANG NAN 文昌男 **(1944-)**
  Wen, Quan 文泉
  Wen, Yan 文岩

Wen, Chao 闻潮
  MIN, TIE SHAN 闵铁山 **(1918-)**

Wen, Chen 文琛
  WU, ZHUANG 伍庄 **(1881-1959)**

Wen, Chen 文琛
  WANG, WEN CHEN 王文琛 **(1922-)**

Wen, Chen quan 文臣权
  JI, CHENG 姬柽 **(1969-)**

Wen, Cheng 文诚
  YONG, WEN YUAN 雍文远 **(1916-)**

WEN, CHENG YUN 温成筠 **(-1948)**
  Ai, Xun 艾循
  Wei wei 微微
  Zheng, Wen 郑文

Wen, Chi 闻迟
  LIU, SHU CHENG 刘叔成 **(1933-)**

Wen, Chi 温池
  WEN, WAN YI 温万镒 **(1923-)**

Wen, Chou 文丑
  WU, YING 武瑛 **(1940-)**

Wen, Chou 文俦
  WANG, XI HAI 王希海 **(1963-)**

Wen, Chu 文初
  YAN, YUN SHU 颜芸枢 **(1882-1942)**

Wen, Chu 文初
  CHEN, SHI ZHONG 陈诗忠 **(1943-)**

Wen chu 雯初
  LIAO, HUAN XING 廖焕星

Wen, Chuan shan 文船山
  HUANG, ZAI SHENG 黄载生 **(1945-1991)**

Wen, Chuan 文川
  QI, LONG XI 齐隆锡 **(1924-)**

Wen, Chuan 文川
  LAI, XIANG 赖祥 **(1934-)**

Wen, Chuan 文川
  QI, SHU TING 齐树亭 **(1950-)**

Wen, Chuan 文川

LIU, KE JUN 刘克军 **(1955-)**

WEN, CHUN 文椿 **(1934-)**
Tong, Xin 童心
Xuan juan 萱娟

Wen, Cong dao 文从道
HUANG, ZHONG CONG 黄仲琮 **(1923-)**

Wen, Da 文达
HAN, WEN DA 韩文达 **(1917-)**

Wen, Da 文达
LI, WEN DA 李文达 **(1918-)**

Wen, Da 文笪
YU WEN, DA 宇文笪

Wen, Dao 闻道
YANG, TIAN JI 杨天骥 **(1880-1960)**

WEN, DE SHENG 温德生 **(1949-)**
Lin, Ye 林野

WEN, DI 文砥 **(1898-)**
Jian dan qin xin guan 剑胆琴心馆
Ping shui wen lang 萍水文郎
Wen, Gong zhi 文公直

Wen, Di xiang 文地祥
LI, MU YI 李慕逸

Wen, Ding 文丁
ZHANG, XIU WEN 张修文 **(1930-)**

Wen, Ding 文丁
HOU, WEN QING 侯文卿 **(1933-)**

Wen, Ding 文丁
SHEN, SHI KUN 沈仕坤 **(1935-)**

Wen, Ding 文丁
DAI, MING JIU 戴明久 **(1950-)**

Wen, Dou 闻斗
WANG, REN SHU 王任叔 **(1901-1972)**

Wen, Du 文渡
QIU, YUN DUO 邱韻铎 **(1907-)**

WEN, DU TONG 文笃同
Wen, Qiang 文强
Wen, Zhu yue 文竹月
Zhu, Yue 竹月

WEN, DUAN ZHENG 温端政 **(1932-)**
Jin, Yu 靳雨

Wen, Duo 闻多
WEN, JIA HUA 闻家骅 **(1899-1946)**

Wen, Er 文二
DING, KE WU 丁克武 **(1915-)**

Wen, Fang 文方
CHEN, FANG 陈放

Wen, Fang 闻方
ZOU, DI FAN 邹荻帆 **(1917-1995)**

Wen, Fei 文飞
DUAN, SU SHAN 段宿山 **(1962-)**

WEN, FEI 文斐
Huan an 幻盦
Huan yuan 幻园
Mu xi 牧希
Wen, Hui 文灰
Yan, Nian 延年

Wen, Feng 文风
WANG, REN SHU 王任叔 **(1901-1972)**

Wen, Feng 文锋
SUN, DA WEN 孙大文 **(1945-)**

Wen, Feng 文峰
SONG, YI FENG 宋裔烽

Wen, Feng 文蜂
YOU, WEN GUI 尤文贵 **(1930-)**

Wen, Feng 温风
XIE, WEN QING 谢文清 **(1922-)**

Wen, Feng 温风
TAN, WEN FENG 谭文峰 **(1959-)**

Wen, Feng qi 闻风起
LIU, SHI ZE 刘世泽 **(1928-)**

Wen, Feng zi 文丰子
CHENG, WEN KAI 程文恺 **(1947-)**

Wen, Fu 文孚
XU, JIE 许杰 **(1901-1993)**

Wen, Fu 文符
LIANG, WEN FU 梁文福 **(1964-)**

Wen, Fu 闻夫
LU, WEN FU 陆文夫 **(1928-)**

Wen, Fu ai 文赴哀
SHAO, DA CHENG 邵大成 **(1922-)**

Wen, Fu xing 文福兴
XU, ZHAN YUAN 徐湛源 **(1879-1943)**

Wen, Gan 文淦
BAI, JING REN 白景仁 **(1937-)**

WEN, GE 文戈 **(-1955)**
Bai, Bo 白波
Bai, Lang 白浪
Huang, Lang 黄浪
Xiao, Suo 萧索
Xiao, Xiao 萧萧

Wen, Ge 文戈
HUANG, WEN XIANG 黄文湘 (1925-)

Wen, Ge 文戈
SUN, CHUN TING 孙春亭 (1943-)

Wen, Ge 文戈
LIU, JIAN AN 刘健安 (1949-)

Wen, Ge 文戈
GUO, SHU YUN 郭淑云 (1953-)

Wen, Ge 文歌
SUN, CHUN TING 孙春亭 (1943-)

Wen, Ge 闻阁
LI, YUE YI 李钺仪

Wen, Ge 闻歌
BAO, WEN DI 包文第 (1920-)

Wen, Ge 温戈
QIU, LI JI 丘立基 (1937-)

Wen geng 问耕
GUO, LI CHENG 郭立诚 (1915-)

Wen, Gong 文弓
ZHANG, BO 张波 (1957-)

Wen, Gong 闻功
WEN, GONG ZHI 温功智 (1923-)

Wen, Gong cang 闻弓藏
CHENG, KANG DING 程康定 (1920-)

Wen, Gong jin 闻公瑾
MEN, RUI YU 门瑞瑜 (1936-)

Wen, Gong yi 温公颐
WEN, SHOU LIAN 温寿链 (1904-)

Wen, Gong zhi 文公直
ZHOU, SHU REN 周树人 (1881-1936)

Wen, Gong zhi 文公直
WEN, DI 文砥 (1898-)

WEN, GONG ZHI 温功智 (1923-)
Wen, Gong 闻功

Wen, Gu 文谷
CHEN, JING RONG 陈敬容 (1917-1989)

Wen, Guang 文光
CHEN, CHENG 陈澄 (1896-1943)

Wen, Guang 文光
ZHANG, WEN GUANG 张文光 (1913-)

Wen, Guang 文光
WEI, WEN HAO 韦文豪 (1933-)

Wen, Guang 文光
HUANG, QUAN XING 黄全兴 (1944-)

Wen, Guang 文光
LI, WEN GUANG 李文光

Wen, Guang 文广
SU, SHAO QUAN 苏少泉 (1935-)

Wen, Gui 文诡
YUAN, WEN SOU 袁文薮 (1873-1934)

Wen, Gui 文诡
ZHOU, SHU REN 周树人 (1881-1936)

Wen, Gui 文龟
CHEN, WEN GUI 陈文贵 (1948-)

Wen, Guo 文过
LIU, XIN MIN 刘新民 (1926-)

WEN, GUO LIANG 温国良 (1942-)
Leng, Yuan 冷原

WEN, GUO SHENG 温国生 (1940-)
Miao, You 苗幼
Shan ba zi 山芭仔
Wen, Cang 温藏
Wen, Xiang ying 温祥英
Yun, Tian 云天

WEN, HAI 温海 (1972-)
Feng tao 枫涛
Meng xuan 梦轩
Si qin 思芹
Zi feng 紫枫
Zi xuan 紫轩

Wen, Hai 闻海
WU, GUI LONG 吴桂龙 (1954-)

Wen, Hai li 文海犁
YANG, FU DONG 杨复冬 (1922-1978)

Wen, Han 文翰
WAN, LI 万里 (1909-)

Wen, Hang 文航
WANG, WEN HAO 王文灏 (1892-1953)

Wen, Hao 文昊
LI, ZHI YUAN 李致远 (1931-)

Wen, He 文禾
LIU, YAN 刘彦 (1956-)

Wen, He 文龢
CHEN, WEN HE 陈文和 (1948-)

Wen, He 温和
WEN, AN JUN 温安军 (1962-)

Wen, Hong zi 文鸿子
FU, ZI JIU 傅子玖 (1934-)

Wen, Hou 文侯

HOU, WEN QING 侯文卿 (1933-)

WEN, HOU MING 闻厚铭 (1935-)
He ming 鹤鸣

Wen, Hu 文虎
FAN, WEN FU 范文甫 (1870-1936)

Wen, Hu 文虎
LUO, ZHANG LONG 罗章龙 (1896-)

Wen, Hu 文虎
HUANG, TIAN SHI 黄天石 (1898-1983)

Wen, Hu 文虎
YANG, WEN HU 杨文虎 (1962-)

Wen, hu qu lu sheng 闻胡蘧庐生
SHEN, YIN MO 沈尹默 (1883-1971)

Wen, Hua 文华
CHEN, YU SHUANG 陈玉爽 (1929-)

Wen, Hua 文华
WEN, BU BIAO 文步彪 (1942-1983)

Wen, Hua 文华
ZHU, WEN HUA 朱文华 (1957-)

Wen, Hua 文华
ZHANG, WEN HUA 张文华

Wen, Hua bing 闻化冰
ZHENG, FENG ZAO 郑风藻 (1938-)

WEN, HUA ZHANG 文华章 (1938-)
Xiao ting 晓艇

Wen, Huai 闻淮
CHEN, WEN HUAI 陈文怀 (1934-)

WEN, HUAI LANG 文怀朗 (1913-)
Hui hui 徽徽
Jiang, Tai gong 姜太公
Lao tai po 老太婆
Su, Meng 苏梦

Wen, Huai sha 文怀沙
WEN, ZHE QU 文哲渠 (1911-)

WEN, HUAN RAN 文焕然 (1919-1986)
Duan xi 端喜

Wen, Huang 文黄
SHEN, DUAN XIAN 沈端先 (1900-1995)

Wen, Hui 文灰
WEN, FEI 文斐

Wen, Hui 文惠
SU, XUAN YING 苏玄瑛 (1884-1918)

Wen, Hui 文惠
YANG, WEN HAN 杨文翰 (1935-)

Wen hui 雯回
CHEN, WEN HUAI 陈文怀 (1934-)

Wen, Ji 文吉
ZHOU, SHUAN LIU 周拴留 (1944-)

Wen, Ji 文汲
QIU, YUN DUO 邱韵铎 (1907-)

Wen, Ji 文基
ZHENG, ZHEN DUO 郑振铎 (1898-1958)

WEN, JI 闻籍 (1905-)
Wen, Jia si 闻家驷
Yan tian 砚田

Wen, Jia 文嘉
XU, JIE 许杰 (1901-1993)

WEN, JIA HUA 闻家骅 (1899-1946)
Feng ye 风叶
H.S.L.
Hua 骅
Wen, Duo 闻多
Wen, Kuang zhai 闻匡斋
Wen, Yi duo 闻一多
Wen, Yi duo 闻亦多
Wen, You san 闻友三
Wen, You xian 闻友仙
Xi xi 夕夕
Yi duo 一多
You san 友三
You shan 友山

Wen, Jia si 闻家驷
WEN, JI 闻籍 (1905-)

Wen, Jian 文坚
QU, DA WEN 曲大文 (1928-)

Wen, Jian 文俭
YU, CHANG WEI 于昌伟 (1971-)

WEN, JIAN LIU 温健骝 (1944-1976)
Lin, Xing yun 林行云
Ma, Qing ru 马清如
Mo niang 默娘
Shi, Yi 石衣
Xu, Xing wu 徐醒吾
Xu, Yi yun 徐一云

WEN, JIAN LONG 温见龙 (1935-)
Wen, Mao lu 温毛卢

Wen, Jian si 闻见思
SHAO, DE RUN 邵德润 (1915-)

Wen, jiang 汶江
ZHANG, GUAN SHENG 张冠生 (1924-)

Wen, Jiao 闻郊
YU, ZHEN MIN 郁振民 (1916-)

Wen, Jie 闻界
ZHANG, SHI YI 张师顗 (1921-)

Wen, Jie 闻捷
ZHAO, WEN JIE 赵文节 (1923-1971)

Wen, Jie 闻捷
TAO, WEN JIE 陶文杰 (1958-)

Wen, Jie fu 闻介夫
ZHOU, JI HONG 周纪洪 (1953-)

WEN, JIE RUO 文洁若 (1927-)
Di xin 棣新
Man jian 曼坚
Mo yi 默宜
Su fei 素菲
Wan, Lan 万兰
Wan, Nan 万南

Wen, Jin 文津
LI, XI MI 李希泌 (1919-)

Wen, Jin 文津
ZHANG, JIAN 张健 (1939-)

Wen jin 汶津
ZHANG, JIAN 张健 (1939-)

Wen jin 问津
MIAO, GUANG QIN 缪光钦 (1915-)

Wen jin 问津
YU, ZHI XUE 于志学 (1935-)

Wen jin 问津
LIU, WEN JIN 刘文晋 (1922-)

WEN, JING 文井 (1940-)
Ji si 集思

Wen, Jing 文经
HUANG, WEN XIANG 黄文湘 (1925-)

Wen, Jing 文静
WU, XI YUN 伍锡芸 (1952-)

Wen, Jing 闻靓
DENG, SHI ZHONG 邓式钟 (1919-)

Wen, Jing 闻璟
HONG, SHENG XIONG 洪胜雄 (1948-)

WEN, JING CHU 文劲础 (1925-1983)
Wen, Mang yan 文莽彦

Wen, Jing ping 温静平
WEN, YE JUN 温业均 (1935-)

Wen, Jing qing 温景情
WEN, TING KUAN 温廷宽 (1919-)

Wen, Jiu 闻久
WANG, XI ZHEN 王希珍 (1962-)

Wen, Juan 文涓
LI, XIU JUAN 李秀娟 (1966-)

Wen juan 问鹃
CHU, SONG XUE 褚松雪 (1900-)

Wen juan 吻鹃
QIN, GUO XIAN 钦国贤 (1913-1983)

Wen juan nü shi 问鹃女士
CHU, SONG XUE 褚松雪 (1900-)

Wen, Jue 文珏
JIANG, WEN SHUANG 江文双 (1932-)

Wen, Jun 文军
SONG, YUN CHANG 宋运昌 (1917-)

Wen, Jun 文军
CHEN, ZHENG YANG 陈拯阳 (1931-)

Wen, Jun 文君
YANG, ZHI HUA 杨之华 (1900-1973)

Wen, Jun 文君
ZHAO, SHU LI 赵树礼 (1906-1970)

Wen, Jun 文君
HUANG, GUI WEN 黄贵文 (1940-)

Wen, Jun 文君
LIU, DE LIN 刘德林 (1951-)

Wen, Jun 文均
TIAN, YIN SHAN 田银山 (1925-)

Wen, Jun 文俊
LIU, YU LIANG 刘玉亮 (1954-)

Wen, Jun 文骏
WEI, WEN HAO 韦文豪 (1933-)

Wen, Jun 文儁
WANG, WEN JUN 王文俊 (1957-)

Wen, Jun 闻君
SONG, WEN YU 宋文郁 (1931-)

Wen jun 问君
ZHANG, YAO CHEN 张耀宸 (1926-)

Wen jun 汶君
LIN, CHANG SHOU 林昌寿 (1946-)

Wen jun 雯君
WU, YU WEI 吴堉威 (1906-1989)

Wen, Kai 文开
MI, WEN KAI 糜文开 (1909-)

Wen, Kai 文恺
CHENG, WEN KAI 程文恺 (1947-)

Wen, Ke 文克
LIU, KE GANG 刘克刚 (1924-)

Wen, Ke 文科
YAN, WEN KE 阎文科 (1945-)

WEN, KE QIN 温克勤 (1936-)
Qiu, Shi 秋石
Ren, Zhen 任真
Sui, Yun 隋云
Wen, Ming 闻明
Yu yi 喻义

Wen, Ke shi 文可式
WANG, JI YOU 王季友 (1910-1979)

Wen, Ke shi 文可式
WANG, SHI ZHEN 王世祯

Wen, Kuan 文宽
WANG, CHENG ZU 王承祖 (1934-)

Wen, Kuang zhai 闻匡斋
WEN, JIA HUA 闻家骅 (1899-1946)

Wen, Kui 文魁
ZHANG, WEN YUAN 张文元 (1910-)

Wen, Kui 文魁
HE, YU PING 何羽萍

Wen kui 雯葵
WANG, WEN KUI 王文奎 (1944-)

Wen, Lan 文兰
WEI, CANG SHI 魏沧石 (1928-)

Wen, Lan 文兰
AN, WEN BIN 安文斌 (1943-)

Wen, Lan 文澜
LIAO, HAN CHEN 廖汉臣 (1912-1980)

Wen, lan 文澜
ZHANG, WEN LAN 张文澜

Wen, Lan 温兰
WU, TONG 吴佟 (1922-)

Wen, Lang 闻朗
LUO, WEN LIANG 罗文亮 (1937-)

Wen, Le 文乐
DENG, JIAN HUA 邓建华 (1965-)

Wen, Le 闻乐
CHEN, ZHEN PENG 陈振鹏 (1920-)

Wen, Lei 文雷
ZHOU, CHENG WU 周程武 (1937-)

Wen, Lei 文雷
HU, WEN BIN 胡文彬 (1939-)

Wen, Li 文力
QI, QIN 齐勤 (1953-)

Wen, Li 文里
WEI, JIAN GONG 魏建功 (1901-1980)

Wen, Li 文狸
WEI, JIAN GONG 魏建功 (1901-1980)

Wen, Li 文骊
MA, LIN 马琳 (1926-)

WEN, LI CHENG 温立成 (1902-)
Pei jun 霈君
Wen, Pei jun 温霈君
Wen, Pei yun 温佩筠

Wen, Lian 文炼
ZHANG, BIN 张斌 (1920-)

WEN, LIAN WEI 温联玮 (1879-1939)
Qing chen 清臣
Wen, Su 温肃

Wen, Liang hua 温良华
WEN, LIANG HUA 温梁华 (1952-)

WEN, LIANG HUA 温梁华 (1952-)
Liang, Hua 梁华
Wen, Liang hua 温良华

Wen, Liang yu 温凉玉
WEN, RUI AN 温瑞安 (1954-)

Wen, Lin 文林
WU, WEN LIN 吴文林 (1904-)

Wen, Lin 文林
ZHANG, ZHI TIAN 张芝田 (1908-1986)

Wen, Lin 文林
WANG, QI 王琦 (1918-)

Wen, Lin 文林
YANG, SHENG MING 杨生明 (1931-)

Wen, Ling 文玲
LIU, HE FANG 刘和芳 (1927-)

Wen, Ling 文翎
LIANG, DE BIAO 梁德标 (1938-)

Wen, Ling 温凌
GONG, SHU DUO 龚书铎 (1929-)

Wen, Liu 温流
LIANG, XI FANG 梁惜芳 (1912-1937)

Wen liu 问流
LIU, HONG YUN 刘鸿云

Wen, Long 闻龙
MA, BO LIANG 马博良 (1933-)

Wen, Lou 文楼
XU, YI ZONG 许义宗 (1944-)

Wen lu ke 蚊庐客
WU, TAI SHAN 吴太山

Wen, Lun 闻伦
MA, BO LIANG 马博良 **(1933-)**

Wen, Luo 文落
CHEN, ZHEN PENG 陈振鹏 **(1920-)**

Wen, Man tang 文满堂
WEN, YU YANG 文誉扬 **(1914-)**

Wen, Mang 文芒
LI, CHUN HUA 李春华 **(1950-)**

Wen, Mang yan 文莽彦
WEN, JING CHU 文劲础 **(1925-1983)**

Wen, Mao lu 温毛卢
WEN, JIAN LONG 温见龙 **(1935-)**

WEN, MEI HUI 文美惠 **(1931-)**
Lin, Zhi 林之

Wen, Meng 文蒙
WEN, ZHI QIANG 文志强 **(1931-)**

Wen, Mian 闻勉
LI, JING FENG 李景峰 **(1939-)**

Wen, Miao 文苗
ZHU, SHI FENG 朱石峰 **(1903-1947)**

Wen, Min fa 温民法
HUANG, XUAN WEN 黄烜文 **(1936-)**

Wen, Ming 闻明
WEN, KE QIN 温克勤 **(1936-)**

Wen, Ming 闻鸣
LI, WEN MING 李文明 **(1950-)**

WEN, MING 温明
Hei, Jiao tu 黑教徒

Wen, Mo shi 文莫室
WANG, SHU NAN 王树枏 **(1851-1936)**

Wen, Mu 文木
ZHOU, XU LIANG 周煦良 **(1905-1984)**

Wen, Mu 文木
DAI, KE CHONG 戴克崇 **(1907-1964)**

Wen, Mu 文木
ZHAO, CHAO GOU 赵超构 **(1910-1992)**

Wen, Mu 文木
LIU, XIAN PING 刘先平 **(1937-)**

Wen, Mu 文牧
ZHANG, WEN HUAN 张文环 **(1909-1978)**

Wen, Mu 文牧
WANG, RUI XIN 王瑞鑫 **(1919-)**

Wen, Mu 文牧
WEN, RONG FU 文荣福 **(1933-)**

WEN, MU BAI 文慕白 **(1950-)**
Lan feng 岚风

Wen, Nan 文南
LIU, ZI WEI 刘子威 **(1930-)**

Wen, Nan 文南
DING, LING WU 丁令武 **(1937-)**

Wen, Ni 文猊
QIAO, WEN NI 乔文猊 **(1919-)**

Wen ni 雯霓
LI, YI MIN 李逸民 **(1929-)**

Wen ni · Dong 温妮·东
WEI, WEI YI 魏惟仪 **(1918-)**

Wen, Ning 文宁
ZHU, JI YING 祝基滢 **(1935-)**

Wen, Nong 文农
HUANG, WEN NONG 黄文农

Wen, Nuan 温暖
WEN, SHU GUANG 温述光 **(1932-)**

WEN, NUAN 温暖 **(1954-)**
Chun tian 春天

Wen, Pei 文佩
KANG, TONG BI 康同璧 **(1880-)**

Wen, Pei jun 温霈君
WEN, LI CHENG 温立成 **(1902-)**

Wen, Pei yun 温佩筠
WEN, LI CHENG 温立成 **(1902-)**

Wen, Peng 文鹏
XU, AI ZHEN 徐爱珍 **(1938-)**

Wen, Peng 文鹏
LONG, ZHI SHUI 龙治水 **(1950-)**

Wen, Pin 闻频
JIAO, WEN PING 焦文平 **(1940-)**

Wen, Ping 文平
WANG, WEN PING 王文平 **(1941-)**

Wen, Ping 文平
WANG, SHU TIAN 王树田 **(1951-)**

Wen pu 蚊扑
ZHANG, RU ZHI 张汝智 **(1922-)**

Wen, Qi 文岐
YUAN, WEN SHU 袁文枢 **(1910-1993)**

Wen, Qi 文琪

WANG, TIE ZHU 王铁柱

Wen, Qi 闻起
TAO, BAI 陶白 **(1911-)**

Wen, Qi 闻起
ZHU, HONG XUN 朱鸿勋 **(1923-)**

Wen, Qi ming 闻启明
WANG, XIANG FENG 王向峰 **(1932-)**

Wen, Qi wu 文起舞
LIN, XING YI 林倖一

WEN, QI YU 文启禹 **(1924-)**
Wen, Yi 文艺

Wen, Qian 文浅
YAO, ZHENG KANG 姚正康 **(1934-)**

Wen, Qian 闻迁
WANG, SHI JUN 王世浚 **(1912-1949)**

Wen, Qian 闻谦
HU, SHU KUN 胡树琨 **(1941-)**

Wen, Qiang 文强
WEN, DU TONG 文笃同

WEN, QIANG ZHOU 温强洲 **(1944-)**
Gong sui 弓虽

Wen qiao 问樵
XU, NAI XIANG 徐迺翔 **(1931-)**

Wen qin ge zhu 问琴阁主
SONG, YU REN 宋育仁 **(1858-1931)**

Wen, Qing 文青
SHAO, CHANG QING 邵长青 **(1931-)**

Wen, Qing 文青
LIU, XIANG LONG 刘祥龙 **(1952-)**

Wen, Qing 文清
LIU, ZI LONG 刘子龙 **(1925-)**

Wen, Qiong 闻蛩
JIN, XING YAO 金性尧 **(1916-)**

Wen, Qiu 文秋
WANG, WEN XIU 王文绣 **(1918-)**

Wen, Qiu 闻秋
WANG, WEN XIU 王文绣 **(1918-)**

Wen, Qu 文区
YUAN, WEN SHU 袁文枢 **(1910-1993)**

Wen, Qu 文渠
FU, XIONG XIANG 傅熊湘 **(1883-1930)**

Wen, Qu 文蕖
FU, XIONG XIANG 傅熊湘 **(1883-1930)**

Wen, Quan 文泉
WANG, SHI JUN 王世浚 **(1912-1949)**

Wen, Quan 文泉
CHEN, WEN QUAN 陈文泉 **(1918-)**

Wen, Quan 文泉
ZHU, WEN QUAN 朱文泉 **(1935-)**

Wen, Quan 文泉
WEN, CHANG NAN 文昌男 **(1944-)**

WEN, QUN 文群 **(1884-1969)**
Zhang, Gong 章贡
Zhao sheng 召生

Wen, Qun 文群
WANG, REN SHU 王任叔 **(1901-1972)**

Wen, Qun si 文群思
LIN, BING HUANG 林炳煌 **(1934-)**

Wen, Ren jun 闻人俊
LU, SHAO QUAN 卢绍权 **(1920-1980)**

Wen, Ren ping 温任平
WEN, RUI TING 温瑞庭 **(1944-)**

Wen, Ren qian 闻人千
HU, ZHEN QING 胡振清 **(1916-)**

WEN, RONG FU 文荣福 **(1933-)**
Ding, Xi 丁郗
Fang, Ban lin 方半林
Fang, Jiao 方郊
Tian, Ling 田陵
Wen, Mu 文牧

Wen, Rong zi 文荣子
ZHANG, JIN JIAN 张金鑑 **(1902-1988)**

Wen, Ru 文如
WANG, TONG ZHAO 王统照 **(1897-1957)**

Wen, Ru 文如
DENG, ZHI CHENG 邓之诚 **(1887-1960)**

WEN, RU XIAN 闻汝贤 **(1909-)**
Wu zuo ju shi 无作居士

Wen, Rui 文瑞
ZHAO, SHU LI 赵树礼 **(1906-1970)**

WEN, RUI AN 温瑞安 **(1954-)**
Da fan shu 大蕃薯
Feng ling cao 风铃草
Liu, Mei se 柳眉色
Long, Yin 龙音
Shu, Xia wu 舒侠舞
Wang, Shan er 王山而
Wen, Liang yu 温凉玉
Wen, Wan 温晚

Wen, Zi ping 温子平
Xiang, Fei meng 项飞梦

WEN, RUI TING 温瑞庭 **(1944-)**
Wen, Ren ping 温任平

Wen, Ruo 文若
LIANG, WEN RUO 梁文若 **(1916-1968)**

Wen, Ruo 文若
LIU, XIU ZHEN 刘秀珍 **(1949-)**

Wen ruo nü shi 雯若女士
YUAN, WEN YING 袁文英

Wen, Sen 文森
HE, ZHANG PING 何章平 **(1916-1968)**

WEN, SHA 温沙 **(1916-1941)**
Hong liu 烘流

Wen, Sha he 文莎诃
WEN, SHENG GANG 温盛刚 **(1907-1934)**

Wen, Shan 闻山
SHEN, JI PING 沈季平 **(1927-)**

Wen shan 纹珊
GE, SHANG DE 葛尚德

Wen shan dun sou 文山遯叟
XIAO, TIAN SHI 萧天石 **(1909-)**

Wen, Shan mu 文山木
LI, DONG QUAN 李冬泉 **(1958-)**

Wen, Shao 闻韶
ZHENG, QIAN 郑骞 **(1906-1991)**

WEN, SHAO XIAN 温绍贤 **(1934-)**
Gang feng 岗枫
Jiang, Feng 江枫
Ru fan 汝範

Wen, She 闻涉
WANG, ZHONG CAI 王中才 **(1940-)**

Wen shen 雯深
JIANG, SHU GE 姜书阁 **(1907-)**

Wen, Sheng 文生
CHEN, CHENG 陈澄 **(1896-1943)**

Wen, Sheng 文生
DAI, MENG OU 戴梦鸥 **(1905-1950)**

Wen, Sheng 文生
HE, KAI RONG 何开荣 **(1907-1952)**

Wen, Sheng 文生
ZHENG, WEN SEN 郑文森 **(1915-1983)**

Wen, Sheng 闻胜
SUN, WEN SHENG 孙文圣 **(1937-)**

WEN, SHENG GANG 温盛刚 **(1907-1934)**
Wen, Sha he 文莎诃

Wen, Shi 文石
LI, BAO XUN 李葆恂 **(1859-1915)**

Wen, Shi 文石
SUN, WEN SHI 孙文石 **(-1978)**

Wen, Shi 文石
WANG, DAO YUAN 王道远

Wen shi 问石
ZHU, BAO QING 朱宝庆 **(1950-)**

Wen shi 汶石
WANG, LI ZENG 王礼曾 **(1921-)**

Wen shi 纹石
WANG, ZHAO WEN 王朝闻 **(1909-)**

Wen, Shi gong 文史公
FAN, QI XIN 范启新 **(1914-)**

WEN, SHI KUN 文世堃 **(1948-)**
Wen, Zhi 闻志

WEN, SHI YIN 文世银 **(1924-)**
Shu, Nong 树农

Wen, Shou 文寿
ZHAO, ZI FAN 赵滋蕃 **(1924-1986)**

Wen, Shou lian 温寿连
WEN, SHOU LIAN 温寿链 **(1904-)**

WEN, SHOU LIAN 温寿链 **(1904-)**
Meng hua 梦华
Wen, Gong yi 温公颐
Wen, Shou lian 温寿连

Wen, Shu 文抒
REN, WEN SUO 任文锁 **(1953-)**

Wen, Shu 文殊
FU, XIONG XIANG 傅熊湘 **(1883-1930)**

Wen, Shu 文殊
YUAN, WEN SHU 袁文枢 **(1910-1993)**

Wen, Shu 闻曙
LIN, YANG SHAN 林仰山 **(1910-)**

Wen shu 雯殊
LI, YUN 李云 **(1914-1982)**

WEN, SHU GUANG 温述光 **(1932-)**
Wen, Nuan 温暖

WEN, SHU GUO 闻树国 **(1956-)**
Sha, Ren xing 沙仁行

Wen shu shang shi 文书上士
YAN, QING SHU 严庆澍 **(1919-1981)**

Wen, Shu yang 文淑阳
YANG, DE JI 杨德基 **(1913-1980)**

Wen, Shui 文水
SUN, WEI SHUI 孙维水 **(1930-)**

Wen, Si 文丝
LUO, CHENG XUN 罗承勋 **(1921-)**

Wen, Si 文思
WANG, REN SHU 王任叔 **(1901-1972)**

Wen, Si 文思
DONG, FU WEN 董辅文 **(1938-)**

Wen, Si 闻思
ZHU, WEN YANG 朱文杨 **(1944-)**

Wen, Si 温斯
HUANG, DONG TAO 黄东涛 **(1945-)**

WEN, SI XIANG 温嗣翔 **(1916-)**
Bian zhe 编者
Jing yan 敬言
Liu, Cheng 刘诚
Liu yin 流音
Min yan 敏言
Pi pi 丕丕
Ren yan 人言
Si xiang 嗣翔
Wang, Yi 王一
Wen, Tian feng 温田丰
Wu yan 芜言
Xiao min 小民
Yuan, Liu 元留
Zhong yan 重言

Wen, Si xiu 闻思修
SHAO, DE RUN 邵德润 **(1915-)**

Wen, Si xiu 闻思修
XUE, MAO SONG 薛茂松

Wen, Su 温肃
WEN, LIAN WEI 温联玮 **(1879-1939)**

Wen, Su zhi 文夙之
FAN, QI XIN 范启新 **(1914-)**

Wen tan xiao zu 文壇小卒
YANG, CUN REN 杨邨人 **(1901-1955)**

Wen, Tao 文匋
HE, QI TAO 何启陶 **(1933-)**

Wen, Tao 文涛
ZHONG, SHI BIN 钟士斌 **(1937-)**

Wen, Tao 文涛
LIN, GUO PING 林国平 **(1943-)**

Wen, Tao 文涛
YAN, WEN TAO 严文涛 **(1959-)**

Wen, Tian 文天
ZHANG, WEN TIAN 张闻天 **(1900-1976)**

Wen, Tian 闻天
ZHANG, WEN TIAN 张闻天 **(1900-1976)**

Wen, Tian 闻天
ZHANG, ZHEN DUO 张振铎 **(1908-)**

Wen tian 问天
CHEN, GUO ZHAO 陈国钊 **(1912-)**

Wen tian 问天
YUE, YU LING 岳玉岭 **(1958-)**

Wen, Tian feng 温田丰
WEN, SI XIANG 温嗣翔 **(1916-)**

Wen, Tiao 文苕
WEN, CHANG LU 温长路 **(1947-)**

Wen ting 汶汀
SONG, YUAN MO 宋元模 **(1911-)**

WEN, TING KUAN 温廷宽 **(1919-)**
Jing, Bai 井白
Wen, Jing qing 温景情

Wen, Tong 文通
XU, WEN TONG 徐文通 **(1930-)**

Wen, Tong sheng 文童生
WU, TAI SHAN 吴太山

WEN, TONG YI 文同懿 **(1947-)**
Zi yi 子懿

Wen, Wai han 文外汉
FU, WEN JIN 傅文金

Wen, Wan 温晚
WEN, RUI AN 温瑞安 **(1954-)**

Wen, Wan yi 温万一
WEN, WAN YI 温万镒 **(1923-)**

WEN, WAN YI 温万镒 **(1923-)**
Liu, Ting 柳汀
Wan, Yi 万一
Wang, Ying 汪颖
Wen, Chi 温池
Wen, Wan yi 温万一

Wen, Wei 文韦
LIU, TONG JU 刘通矩 **(1921-)**

Wen, Wei 文苇
LIU, TONG JU 刘通矩 **(1921-)**

Wen, Wei 文威
CHEN, WEN WEI 陈文威 **(1948-)**

Wen, Wei 文蔚

NIE, WEN YU 聂文郁 (1909-1988)

Wen, Wei 文薇
ZHANG, WEI QING 张薇青 (1927-)

Wen, Wen 文文
ZHU, WEN YUAN 朱文渊 (1916-)

Wen, Wen 文雯
WU, TONG 吴佟 (1922-)

Wen, Wen 闻问
ZHOU, MU ZHAI 周木斋 (1910-1941)

Wen, Wen 闻问
YANG, MING 杨明 (1919-)

Wen wen 问闻
XIA, ZHENG HE 夏正和 (1904-)

Wen, Wen bing 温文炳
FENG, WEN BING 冯文炳 (1901-1967)

Wen, Wen wen 文文文
ZHENG, SHU RONG 郑树荣 (1917-)

Wen, Wu bin 文武斌
WEN, BU BIAO 文步彪 (1942-1983)

Wen, Wu bin 文武斌
YAN, DAO BIN 颜道斌 (1952-)

Wen, Wu jun 文武君
LI, JIA BIN 李家斌

Wen, Xi 文西
QIAO, GUAN HUA 乔冠华 (1913-1983)

Wen, Xi 闻喜
LIU, WEN XIAN 刘文铣 (1922-)

Wen xi 雯希
KE, TIAN GUO 柯天国 (1946-)

Wen xian lu zhu 闻仙庐主
YANG, LONG SHAN 杨隆山 (1914-)

Wen, Xian ren 温宪仁
WANG, MENG KUI 王梦奎 (1938-)

Wen, Xiang 文祥
CHEN, SHOU MEI 陈守梅 (1907-1967)

Wen, Xiang 文祥
WANG, SHAO QING 王绍清 (1911-)

Wen, Xiang 文湘
LIU, YU 刘瑜 (1922-)

Wen, Xiang 文翔
WU, WEN XIANG 吴文翔

Wen, Xiang 温乡
HUANG, WEN XIANG 黄文相

WEN, XIANG 温祥 (1932-)
Zhu, Xiang ren 竺襄仁

Wen, Xiang ying 温祥英
WEN, GUO SHENG 温国生 (1940-)

WEN, XIANG YONG 温相勇 (1964-)
Fei ke 菲可

Wen, Xiao 文驍
DU, XIN 杜鑫 (1926-)

Wen, Xiao 闻笑
SONG, FENG MING 宋凤鸣 (1934-)

WEN, XIAO CUN 文晓村 (1928-)
Bai, Sha 白沙
Yi, Chuan 伊川

Wen, Xiao feng 文啸风
FU, MAN FEI 傅漫飞 (1936-)

WEN, XIAO PING 温小平 (1948-)
Yue, Hui 乐慧

Wen, Xin 文心
XU, BING CHENG 许炳成 (1930-1987)

Wen, Xin 文辛
HUANG, ZHI JIE 黄志傑 (1924)

Wen, Xin 文辛
LIU, LIE HENG 刘烈恒 (1936-)

Wen, Xin 文辛
HUANG, JI GUANG 黄继光 (1937-)

Wen, Xin 文辛
ZHAO, SHOU DONG 赵守东 (1959-)

Wen, Xin 文新
ZHU, HUAI CAI 祝怀才 (1921-)

Wen, Xin 文馨
CHEN, HUA FU 陈华福 (1948-)

Wen, Xin 闻欣
ZHANG, WEN XIN 张文欣 (1948-)

Wen, Xin 闻欣
CHEN, HUA FU 陈华福 (1948-)

Wen, Xin 闻欣
LI, CHANG YOU 李长有 (1940-)

Wen xin 问心
WANG, SEN RAN 王森然 (1895-1984)

WEN, XIN HUI 温新徽
Li, Guang yao 李光尧

Wen, Xing 文星
RAO, ZHANG FENG 饶彰风 (1915-1970)

Wen xing 问星
ZHOU, ZUO REN 周作人 (1885-1967)

Wen, Xiong 文雄
YE, WEN XIONG 叶文雄

Wen, Xiu 文修
CHEN, QING 陈青 **(1920-)**

Wen, Xu 文旭
LUO, DE YIN 罗德银 **(1937-)**

Wen, Xuan 文宣
WANG, XI LIN 汪习麟 **(1932-)**

Wen, Xuan 文选
LIU, XUAN MIN 刘选民

Wen, Xuan 文萱
ZHU, WEN XUAN 诸文萱 **(1902-1984)**

Wen, Xue 文学
LIN, XUE 林学 **(1927-)**

Wen, Xue 闻雪
YANG, KUANG MAN 杨匡满 **(1942-)**

Wen, Xun 文洵
LIN, WEN XUN 林文询 **(1943-)**

Wen, Yan 文岩
ZHAO, BAO NING 赵保宁 **(1942-)**

Wen, Yan 文岩
WEN, CHANG NAN 文昌男 **(1944-)**

Wen, Yan 文彦
LI, XIAO YAN 李效颜 **(1920-)**

Wen, Yan 闻严
DENG, REN ZHANG 邓人璋 **(1940-)**

Wen, Yan 闻言
YANG, ZHEN WEN 杨振文 **(1939-)**

Wen, Yan 闻岩
ZHOU, ZHONG HOU 周忠厚 **(1938-)**

Wen, Yan bi 文延笔
CUI, SAN LONG 崔三龙 **(1939-)**

WEN, YAN ZE 文衍泽 **(1923-)**
Chu, Xiang 楚湘
Sha, Lun 沙仑

Wen, Yang 文羊
NI, ZHENG XIANG 倪政祥 **(1935-)**

Wen yao 问尧
LIU, CHENG YU 刘成禺 **(1877-1953)**

WEN, YAO YUAN 温耀渊 **(1941-)**
Wen, Yue yuan 温跃渊

Wen, Ye 文野
TAN, YING LIN 谭英林 **(1940-)**

Wen, Ye 文野
GAO, WEN XIANG 高文翔 **(1960-)**

Wen, Ye bai 文也白
MA, SEN 马森 **(1932-)**

Wen, Ye bo 文也博
WANG, QUAN GEN 王泉根 **(1949-)**

Wen, Ye fan 文也凡
GUO, LIANG XIN 郭梁信 **(1926-)**

Wen, Ye he 闻野鹤
WEN, YOU 闻宥 **(1901-1985)**

WEN, YE JUN 温业均 **(1935-)**
Wen, Jing ping 温静平

Wen, Yi 文艺
WEN, QI YU 文启禹 **(1924-)**

Wen, Yi 文诒
YI, DING MING 易鼎铭 **(1925-)**

Wen, Yi 文怡
PAN, KUI CUN 潘葵邨 **(1903-)**

Wen, Yi 文易
BAI, LE CHENG 白乐成 **(1946-)**

Wen, Yi 文谊
YANG, ZHEN WEN 杨振文 **(1939-)**

Wen, yi 文逸
WANG, REN SHU 王任叔 **(1901-1972)**

Wen, Yi 闻艺
CHEN, RUI QI 陈瑞淇 **(1921-)**

Wen, Yi 闻艺
SONG, FENG MING 宋凤鸣 **(1934-)**

Wen, Yi 闻艺
PAN, DE MING 潘德铭 **(1958-)**

Wen, Yi 闻益
WANG, GENG NIAN 王庚年 **(1930-)**

Wen, Yi 闻毅
HE, XIN MIN 贺新民 **(1936-)**

Wen, Yi duo 闻一多
WEN, JIA HUA 闻家骅 **(1899-1946)**

Wen, Yi duo 闻亦多
WEN, JIA HUA 闻家骅 **(1899-1946)**

WEN, YI QI 文亦奇
Yun, Yan 云烟

Wen, Yi qi 文逸奇
FU, MAN FEI 傅漫飞 **(1936-)**

Wen, Yi qian 文益谦
LIAO, JIA QUAN 廖家权 **(1907-1990)**

Wen, Yi qian 文益谦
DENG, TUO 邓拓 **(1912-1966)**

Wen, Yi xi 闻一夕
ZHOU, DA PENG 周大鹏 **(1947-)**

Wen, Yi zhu 文仪珠
CHEN, XING ZHONG 陈性忠 **(1920-)**

Wen, Yin 文尹
QU, QIU BAI 瞿秋白 **(1899-1935)**

Wen, Yin 文尹
YANG, ZHI HUA 杨之华 **(1900-1973)**

Wen, Yin 文尹
LI, WEI HENG 李维恒 **(1916-)**

Wen, Yin 文印
YANG, ZHI YIN 杨志印 **(1934-)**

Wen yin 汶隐
ZHU, WEN YUN 诸文蕴 **(1894-1940)**

Wen, Ying 文英
FENG, XUE FENG 冯雪峰 **(1903-1976)**

Wen, Ying 文瑛
SU, XUAN YING 苏玄瑛 **(1884-1918)**

Wen, Ying 文瑛
CHEN, RI XIN 陈日新 **(1900-1990)**

Wen, Ying 闻莺
CHEN, MING GUI 陈明贵 **(1949-)**

Wen, Ying hua 文英华
HUANG, YING LIANG 黄应良 **(1933-)**

Wen ying lou zhu 问影楼主
HU, SI JING 胡思敬 **(1870-1922)**

Wen, You 文友
XIE, WEN BING 谢文炳

Wen, You 文佑
FU, TIAN CHOU 傅天仇 **(1920-1990)**

WEN, YOU 闻宥 **(1901-1985)**
Ren feng 人凤
Wen, Ye he 闻野鹤
Ye he 野鹤
Zai you 在宥

Wen, You san 闻友三
WEN, JIA HUA 闻家骅 **(1899-1946)**

Wen, You xian 闻友仙
WEN, JIA HUA 闻家骅 **(1899-1946)**

Wen, Yu 文玉
LI, WEI LUN 李维纶 **(1916-)**

Wen, Yu 文妤
LU, QING ZHEN 陆庆珍（**1938-)**

Wen, Yu 文郁
NIE, WEN YU 聂文郁 **(1909-1988)**

Wen, Yu 文雨
QIU, CHUN LIN 邱春林 **(1955-)**

Wen, Yu 文俞
HUANG, WEN YU 黄文俞 **(1919-)**

Wen, Yu 文瑜
ZHENG, NENG RUI 郑能瑞 **(1918-1991)**

Wen, Yu 文瑜
CUI, YI KUAN 崔以宽 **(1936-)**

Wen, Yu 闻雨
JIANG, SHU CHUAN 姜澍川 **(1931-)**

Wen yu 问渔
JIANG, HENG YUAN 江恒源 **(1885-)**

WEN, YU HUA 温玉华
Zi yun 紫云

Wen yu nü shi 问渔女史
SHAO, ZHEN HUA 邵振华

WEN, YU SHU 温玉书 **(1911-)**
Ban ke ke 半沓沓
C. C.
Gao, Han 高汉
Nan, Yang bo 南洋伯
Ping jun 苹君
Qiu, Lang 秋郎
Qiu, Shan 丘山
Shan ye 山叶
Shu, Di 舒弟
Tao, Ran 陶然
Wen, Yu shu 温玉舒
Wen, Zi chuan 温梓川
Xin, Mu 辛木
Yu shu 玉舒
Yu, Cang 于苍
Zi chuan 梓川

Wen, Yu shu 温玉舒
WEN, YU SHU 温玉书 **(1911-)**

WEN, YU TING 温玉亭 **(1942-)**
Run chun 润春

WEN, YU YANG 文誉扬 **(1914-)**
Ai, Yan 艾炎
Wen, Man tang 文满堂

Wen, Yuan 文元
PAN, KE FEN 潘克芬 **(1914-)**

Wen, Yuan 文远
JIANG, SHU GE 姜书阁 **(1907-)**

Wen, Yuan 文远

WU, WEN YUAN 吴文元 (1943-)

Wen, Yuan 文苑
XIAO, WEN YUAN 萧文苑 (1933-)

Wen, Yuan 文苑
DONG, ZHEN GUO 董振国 (1944-)

Wen, Yuan 文渊
MA, GUO LIANG 马国亮 (1908-)

Wen, Yuan 温园
JIANG, SHU GE 姜书阁 (1907-)

Wen yuan 问源
JIANG, SHU GE 姜书阁 (1907-)

Wen, Yue yuan 温跃渊
WEN, YAO YUAN 温耀渊 (1941-)

Wen, Yun 文筠
LI, WEN CHAO 李文超 (1929-)

Wen, Yun 文筠
FU, XU WEN 傅绪文 (1956-)

Wen, Yun 文蕴
CAO, ZHENG WEN 曹正文 (1950-)

Wen, Zai dao 文載道
JIN, XING YAO 金性尧 (1916-)

Wen, Zao 文藻
XU, DONG 徐东 (1935-)

Wen, Zao 文藻
WANG, QI YUN 汪绮云

Wen, Ze ling 文则灵
YANG, YAN QI 杨彦岐 (1920-1978)

Wen, Zhang 文章
HUA, ZENG RUI 华增瑞 (1926-)

Wen, Zhang fei 文张飞
LIU, CANG LANG 刘沧浪 (1919-)

Wen, Zhao 文钊
LIU, DUN REN 刘敦仁 (1936-)

WEN, ZHAO LI 温昭礼 (1934-)
Xia hou, Wen 夏侯温

WEN, ZHAO TONG 温肇桐 (1909-1990)
Yu, Fu 虞復

WEN, ZHE QU 文哲渠 (1911-)
An, Ni 安尼
Bai, Ke 白柯
Guan zhi 贯之
Huai, Sha 怀沙
Si kong, Wu ji 司空无忌
Wang, Cong 王聪
Wang, Er 王耳
Wen, Huai sha 文怀沙
Yan, Tang 燕堂
Zhe qu 哲渠

Wen, Zhen 文珍
MA, WEN ZHEN 马文珍 (1906-)

WEN, ZHEN TING 文振庭 (1924-)
Bai, Lü yang 白旅阳
C. T.
Liu, Gang 柳刚
Xu, Du 许渡
Yang, Yang 杨扬
Zheng, Yuan 郑园

Wen, Zheng 文正
SI TU, ZHENG 司徒政

Wen, Zheng 文征
MO, WEN ZHEN 莫文珍 (1933-)

Wen, Zheng 文征
ZHENG, SHI ZHONG 郑世忠 (1954-)

Wen, Zheng 闻征
MO, WEN ZHEN 莫文珍 (1933-)

Wen, Zheng 闻政
TAO, WEN ZHENG 陶文正 (1946-)

Wen, Zhi 文志
ZHANG, YONG SHUN 章永顺 (1940-)

Wen, Zhi 文志
SHI, WEN ZHI 施文志

Wen, Zhi 文直
SHEN, YAN BING 沈雁冰 (1896-1981)

Wen, Zhi 闻之
ZHENG, XUE MENG 郑学檬 (1937-)

Wen, Zhi 闻之
DENG, JIN SHEN 邓进深 (1940-)

Wen, Zhi 闻志
WEN, SHI KUN 文世堃 (1948-)

Wen, Zhi chu 文之初
NI, WEI LIANG 倪伟良 (1918-1988)

Wen, Zhi liu 文之流
LU, SHAO QUAN 卢绍权 (1920-1980)

Wen, Zhi ping 文知平
LIU, SHI CHANG 刘世昌

WEN, ZHI QIANG 文志强 (1931-)
Wen, Meng 文蒙

Wen, Zhi qiang 温志强
WENG, NAI QIANG 翁乃强 (1936-)

Wen, Zhi qing 闻之清

MU, DE HUI 穆德辉 **(1924-)**

Wen, Zhong 文众
FU, XIAO HANG 傅晓航 **(1929-)**

Wen, Zhong 文众
CHEN, KE QIN 陈克勤 **(1951-)**

Wen, Zhong 闻钟
LIU, WEN ZHONG 刘文中 **(1940-)**

Wen, Zhong xia 文中侠
CAO, ZHENG WEN 曹正文 **(1950-)**

Wen, Zhong yuan 文仲元
NI, LONG SHENG 倪隆盛 **(1927-)**

Wen, Zhou 文舟
LING, WEN ZHOU 凌文舟 **(1916-)**

Wen, Zhou 温州
DENG, TUO 邓拓 **(1912-1966)**

Wen, Zhu yue 文竹月
WEN, DU TONG 文笃同

Wen, Zhuo 文焯
ZHENG, WEN ZHUO 郑文焯（**1856-1918**）

Wen, Zhuo 文擢
SU, WEN ZHUO 苏文擢

Wen, Zhuo 文濯
HE, DA SHUN 贺大舜 **(1937-)**

WEN, ZHUO ZHI 文琢之
Lao cheng du 老成都

Wen, Zi 文子
LIU, TONG JU 刘通矩 **(1921-)**

Wen, Zi 文子
WU, TONG 吴佟 **(1922-)**

Wen, Zi 闻仔
WANG, YU WEN 王豫文 **(1964-)**

Wen, Zi chuan 温梓川
WEN, YU SHU 温玉书 **(1911-)**

Wen, Zi ping 温子平
WEN, RUI AN 温瑞安 **(1954-)**

Wen, Zong 文宗
ZHOU, JIE CHEN 周介尘（**1920-** ）

Wen, Zong 文宗
ZHANG, LIN 张麟

Wen, Zong shan 文宗山
WU, CHONG WEN 吴崇文 **(1919-1950)**

Wen, Zuo 文佐
FU, TIAN CHOU 傅天仇 **(1920-1990)**

Weng an 嗡唵
CHEN, XIU LU 陈修禄 **(1918-1988)**

Weng, Bo cong 翁伯聪
WENG, YING 翁瀛 **(1915-)**

Weng, Cai xin 翁采薪
JIANG, SHI 江石 **(1899-)**

Weng, Chun xue 翁春雪
WENG, GUO LIANG 翁国樑 **(1910-1978)**

Weng, Du jian 翁独健
WENG, XIAN HUA 翁贤华 **(1906-1986)**

WENG, GUO LIANG 翁国樑 **(1910-1978)**
Chun xue 春雪
Weng, Chun xue 翁春雪

WENG, HAN GUANG 翁寒光 **(1911-)**
Feng feng 风锋
Sha tian 莎天

WENG, HUA BI 翁华壁
Gong sun, Yu 公孙羽

Weng, Ji yun 翁继耘
WU, RUI XIN 吴锐心 **(1909-)**

WENG, JIAN 翁坚 **(1929-)**
Weng, Shou peng 翁寿彭

WENG, JIU CHANG 翁久长 **(1927-)**
Feng lan 枫岚
Hong, Xuan 洪炫
Huang ye 荒野
Lü mang 绿莽
Sha, Huang 沙荒
Sha, Yin 沙垠
Tian, Feng 田烽
Tian, Ye 田野

WENG, LIN SHENG 翁麟声 **(1910-)**
Bi ye 碧野
Liao yi 了一
Ou hong 偶虹
Ou hong 藕红
Tian weng 恬翁
Weng, Ou hong 翁偶虹
Yi yi 怡簃

Weng, Lou 翁篓
FAN, SHI YUAN 樊世渊 **(1940-)**

WENG, NAI QIANG 翁乃强 **(1936-)**
Wen, Zhi qiang 温志强

Weng nan 滃南
YANG, ZENG LUO 杨增荦 **(1860-1933)**

Weng, Ou hong 翁偶虹
WENG, LIN SHENG 翁麟声 **(1910-)**

Weng, Rong 翁戎
JIANG, MING SHU 江明树 **(1950-)**

WENG, RUI YUAN 翁瑞媛
Hang yan 航燕

Weng, Shi 翁实
CHEN, DU XIU 陈独秀 **(1879-1942)**

WENG, SHI JIE 翁诗杰 **(1956-)**
Fang, Ye 方野

WENG, SHOU NAN 翁寿楠 **(1932-)**
Nan, Mu 南木

Weng, Shou peng 翁寿彭
WENG, JIAN 翁坚 **(1929-)**

Weng, Sun 翁隼
ZHOU, SHU REN 周树人 **(1881-1936)**

WENG, TAI AN 翁泰安 **(1939-)**
Fan, Mo shi 范模士

WENG, WEN HAO 翁文豪
Hao yu hao 浩于豪

WENG, WEN HAO 翁文灏 **(1889-1971)**
Cun zhang 存璋
Que shi 悫士
Yong ni 咏霓
Yong nian 永年

WENG, WEN ZHONG 翁文忠 **(1939-)**
Meng qiao 梦樵

WENG, XIAN HUA 翁贤华 **(1906-1986)**
Weng, Du jian 翁独健

Weng, Xin hua 翁新华
WENG, YU LAN 翁寓兰 **(1951-)**

WENG, YA NAN 翁雅南 **(1908-1977)**
Jia yu 佳羽

Weng, Yi tong 翁亦童
LÜ, DE HUA 吕德华 **(1927-)**

WENG, YING 翁瀛 **(1915-)**
Weng, Bo cong 翁伯聪

WENG, YU LAN 翁寓兰 **(1951-)**
Lao weng 老翁
Weng, Xin hua 翁新华

WENG, YUAN FA 翁元法 **(1927-)**
Cao yuan 草原
Ke lin 珂林
Liu, Lin 柳林
Wu, Jun fa 吴俊发

WENG, YUAN RUN 翁元润 **(1933-)**
He yi yu gong 鹤衣愚公
Jin ping shan ren 锦屏山人

WENG, ZE SHENG 翁泽生
Ze sheng 泽生

WENG, ZHAO YUAN 翁照垣
Teng hui 腾辉

WENG, ZU LIANG 翁祖亮 **(1929-)**
Fang, Yu 方羽
Wang, Wei 汪苇

Wo 我
ZHANG, XIN YUAN 张心远 **(1895-1967)**

WO, BAO HUA 沃保华 **(1952-)**
Wo, Zhou 沃洲

Wo bo ge 渥波格
WU, BO 吴渤 **(1911-1984)**

Wo chan 卧禅
ZHANG, REN JIE 张人杰 **(1877-1950)**

Wo dan 渥丹
WANG, DA JI 王大勣 **(1921-)**

Wo de da ge 我的大哥
ZHOU, SHU REN 周树人 **(1881-1936)**

Wo fo 卧佛
GU, SHU LIANG 顾叔良

Wo fo shan ren 我佛山人
WU, WO YAO 吴沃尧 **(1867-1910)**

Wo fu 渥甫
YAN, DUN YI 严敦易 **(1905-1962)**

Wo hu shan ren 卧虎山人
LIU, DA PENG 刘大鹏 **(1857-1942)**

Wo ju 蜗居
ZHU, JIA JIN 朱家溍 **(1914-)**

Wo long sheng 卧龙生
NIU, HE TING 牛鹤亭 **(1934-1997)**

Wo long sheng 卧龙生
LI, LIANG 李梁

Wo lu 蜗庐
GAO, YU HAN 高语罕 **(1888-1948)**

Wo lu 蜗庐
ZHAO, ZHONG YI 赵仲邑 **(1914-1984)**

Wo niu 卧牛
LI, JIN SHENG 李津生 **(1961-)**

Wo niu cao tang zhu ren 卧牛草堂主人
ZHANG, YANG XIA 张扬霞 **(1951-)**

Wo niu ju shi 蜗牛居士
DING, XIANG HUA 丁翔华 **(1919-1939)**

Wo pu 沃圃
YAN, DUN YI 严敦易 **(1905-1962)**

Wo pu 渥圃
YAN, DUN YI 严敦易 **(1905-1962)**

Wo qiu zhong zi 沃丘仲子
FEI, XING JIAN 费行简 **(1871-1955)**

Wo ran 渥然
ZHU, JIA YU 朱家瑜 **(1916-1988)**

Wo shi ge duo chou duo bing shen 我是个多愁多病身
HUANG, SHI QUAN 黄式权 **(1853-1924)**

Wo sou 蜗叟
SUN, ZI QIANG 孙自强 **(1912-1990)**

Wo xian bai hua shi ri sheng 我先百花十日生
BAO, GONG YI 包公毅 **(1876-1973)**

Wo xin lao ren 卧薪老人
JIANG, SHI JIE 蒋士杰 **(1880-1961)**

Wo ye 沃野
ZHANG, HAI OU 张海鸥 **(1921-)**

Wo yi qian shan ren 我亦潜山人
ZHANG, XIN YUAN 张心远 **(1895 1967)**

Wo yun 卧云
XU, ZHAO HUAN 许兆焕 **(1937-)**

Wo yun ju shi 卧云居士
SU, SHOU QIAO 苏寿乔 **(1878-)**

Wo yun lou zhu ren 卧云楼主人
JIANG, YING LONG 江应龙 **(1920-)**

Wo, Zhou 沃洲
WO, BAO HUA 沃保华 **(1952-)**

Wo zi 卧子
CHEN, JIAN HONG 陈剑虹 **(1880-1946)**

Wu 五
ZHOU, EN LAI 周恩来 **(1898-1976)**

Wu 无
WANG, ZHONG QI 王锺麒 **(1880-1913)**

Wu 无
WANG, REN SHU 王任叔 **(1901-1972)**

Wu 无
JIANG, BING ZHI 蒋冰之 **(1904-1986)**

Wu 伍
ZHOU, EN LAI 周恩来 **(1898-1976)**

Wu 芜
GAO, JI LIN 高季琳 **(1909-)**

Wu 芜
HE, XIN QUAN 和新泉 **(1924-)**

Wu 物
WU, JIN SHENG 吴金声 **(1914-)**

Wu ai 五艾
GAO, DE SHENG 高德生 **(1917-1987)**

Wu ai 无艾
TANG, DAO GENG 汤道耕 **(1904-1992)**

Wu ai 无爱
TANG, DAO GENG 汤道耕 **(1904-1992)**

Wu, Ai lin 吴蔼林
WU, ZONG CI 吴宗慈 **(1879-)**

WU, AI YUE 吴爱月 **(1955-)**
Ai, Le 艾乐
Bi nu 笔怒
Bing lin 冰琳
Meng, Lu 蒙路

Wu, An 吴安
ZHAO, ZHEN WAN 赵镇琬 **(1938-)**

Wu, An 吴岸
QIU, LI JI 丘立基 **(1937-)**

Wu an 无岸
SHEN, QI 沈奇 **(1951-)**

Wu an 无庵
CAI, LIANG REN 蔡良人 **(1938-)**

Wu an 无鞍
MA, SHU 马舒 **(1924-)**

Wu an 无盦
ZHAN, AN TAI 詹安泰 **(1902-1967)**

Wu, Ang 吴昂
WANG, YAN SHENG 王燕生 **(1934-)**

WU, BA LING 吴灞陵
Wu, Yan ling 吴延陵

Wu bai ce feng zhang 五百册峰长
PAN, FEI SHENG 潘飞声 **(1857-1934)**

WU, BAI HUA 吴白桦 **(1918-1955)**
Bai, Hua 白桦

WU, BAI HUI 巫白慧 **(1919-)**
Wu, Bai wei 巫百维
Yu, Ping 于平
Zhu, Yun shi 竺云使

Wu, Bai lu 吴白鲁
WU, TING GUAN 吴廷琯 **(1914-)**

Wu, Bai tao 吴白匋
WU, ZHENG ZHU 吴征铸 **(1906-1992)**

WU, BAI TAO 吴白涛 **(1925-)**

Lü, Yan 吕岩
Yang, Gong he 羊公鹤

Wu, Bai wei 巫百维
WU, BAI HUI 巫白慧 **(1919-)**

Wu, Bai wu 吴白屋
WU, FANG JI 吴芳吉 **(1897-1932)**

Wu, Bai xin 乌白辛
WU, YU HONG 吴宇洪 **(1920-1966)**

Wu, Bao an 吴抱安
LIN, RU JI 林如稷 **(1902-1976)**

WU, BAO AN 吴保安 **(1913-)**
Wu, Yu jin 吴于廑

WU, BAO CHU 吴保初 **(1869-1913)**
Bei shan 北山
Jun sui 君遂
Wu, Ying 吴瘿
Yan fu 彦復
Ying gong 婴公
Ying gong 瘿公

WU, BAO GANG 吴保刚 **(1933-)**
Wu, Gang 吴刚
Wu, Tie 吴铁

WU, BAO JUN 吴宝君 **(1962-)**
Hao miao 浩渺

WU, BAO KANG 吴保康 **(1917-)**
Wu, Jian 吴健

WU, BAO SAN 吴宝三 **(1945-)**
Lin, Yuan 林元

WU, BEN SHU 吴本恕 **(1942-)**
Wu, Hong 吴红

Wu, Ben xing 吴奔星
WU, LI HUA 吴立华 **(1913-)**

Wu, Bi 吴碧
HU, DUAN HAO 胡端豪 **(1923-)**

WU, BI LIAN 吴碧莲 **(1955-)**
Xiao rong 小蓉

Wu, Bi liu 吴碧柳
WU, FANG JI 吴芳吉 **(1897-1932)**

Wu, Bian 乌边
WU, BING AN 乌丙安 **(1929-)**

WU, BIAN JIA 吴边笳
Bian, Jia 边笳

Wu, Bian shi 伍边石
ZHANG, JIA 张甲 **(1921-)**

Wu, Bin 伍滨
HUANG, JING WAN 黄静婉

Wu, Bing 吴冰
WU, JIN SHENG 吴金声 **(1914-)**

Wu, Bing 吴冰
WU, QIAN YU 吴谦裕 **(1920-)**

Wu, bing 无冰
KAN, DUO 阚铎 **(1874-1935)**

WU, BING AN 乌丙安 **(1929-)**
Ding, Li 丁离
Wu, Bian 乌边
Wu ji 无忌

Wu bing ju shi 无病居士
FAN, ZENG XIANG 樊增详 **(1846-1931)**

Wu, Bing lian 伍并廉
LU, FANG 卢滂 **(1914-)**

WU, BING NAN 吴炳南 **(1929-)**
Wu cun 芜邨
Yi shi 一石

WU, BING WEI 吴炳伟 **(1939-)**
Ming, Shi 明视

WU, BO 吴渤 **(1911-1984)**
Bai, Wei 白危
Wo bo ge 渥波格
Wu, Gao yuan 吴皋原
Wu, Qin hong 吴钦宏
Yue, Wei 越危

Wu, Bo 吴跛
WU, GUANG XIONG 吴光熊

Wu, Bo 武波
FAN, WEN LAN 范文澜 **(1893-1969)**

Wu, Bo lun 武伯沦
WU, BO LUN 武伯纶

WU, BO LUN 武伯纶
Bo lun 伯沦
Wu, Bo lun 武伯沦

WU, BO QI 吴伯錡
Lang tao sha 浪淘沙

Wu, Bo xiao 吴伯箫
WU, XI CHENG 吴熙成 **(1906-1982)**

Wu, Bo yuan 吴伯元
WU, WO YAO 吴沃尧 **(1867-1910)**

Wu bu 无补
ZHAO, ER XUN 赵尔巽 **(1844-1927)**

Wu, Bu lan 乌卜兰
SHI, ZHI MIN 史智敏 **(1930-)**

WU, BU NAI 吴步乃 **(1929-)**
A li 阿里
Bu, Ji 步及
Wu, Shi bu 吴士步

Wu, Bu zhe 伍不折
CHENG, JUN 成骏 **(1916-1983)**

Wu, Cai 吴才
CHAI, FENG 柴峰 **(1954-)**

Wu, Cang shi 吴苍石
WU, JUN QING 吴俊卿 **(1844-1927)**

Wu, Cang shuo 吴仓硕
WU, JUN QING 吴俊卿 **(1844-1927)**

Wu, Cha 伍岔
CHEN, BO PING 陈伯萍 **(1923-)**

Wu, Chan 伍禅
WU, ZAN TIAN 伍赞天 **(1904-1988)**

WU, CHAN XIA 吴禅霞 **(1944-)**
Yan, Ai lian 严爱莲

Wu, Chang 吴常
WU, CHANG MING 吴昌明 **(1955-)**

Wu chang 五常
XU, BI BO 徐碧波 **(1898-)**

WU, CHANG MING 吴昌明 **(1955-)**
Chang, Ming 常明
Wu, Chang 吴常
Xie fu 谐父

Wu, Chang qian 吴常千
WU, SHANG QIAN 吴上千 **(1902-)**

WU, CHANG SHOU 吴昌绶
Bo wan 伯宛
Ci shan 词山
Gan, Dun 甘遯
Song lin 松邻
Song ling 松龄
Yin, Chen 印臣
Yin, Cun 印存

Wu, Chang shuo 吴昌硕
WU, JUN QING 吴俊卿 **(1844-1927)**

Wu, Chao 吴超
WU, JUN CHAO 吴君超 **(1929-)**

Wu chao 无巢
ZHANG, QUAN XIN 张全欣 **(1913-1984)**

WU, CHAO ZHU 邬朝祝 **(1923-)**
Cui zhu 翠竹
Song, Yu 宋于
Wu zhu 乌竹

WU, CHEN 吴琛 **(1912-1988)**
Liu, Ye 柳叶
Meng, Lang 孟浪
Su, Dan 苏丹
Tang, Tu 唐突
Wei, Yu qian 魏于潜

Wu chen 戊辰
YANG, WU SHENG 杨戊生 **(1915-1982)**

Wu, Chen bo 吴辰伯
WU, CHUN HAN 吴春晗 **(1909-1969)**

Wu, Chen jia 吴晨笳
WU, HUAI CUO 吴怀磋 **(1925-)**

Wu, Cheng 吴诚
GUO, MO RUO 郭沫若 **(1892-1978)**

Wu, Cheng 吴澄
DONG, BAO HE 董葆和 **(1925-)**

Wu cheng 雾城
CHEN, XI RONG 陈希荣 **(1911-1970)**

WU, CHENG GAN 吴承淦 **(1918-1970)**
Huang, He 黄河
Wu, Li an 吴犁厂
Wu, Xiao wu 吴小武
Xiao, Ye mu 萧也牧

WU, CHENG HUI 吴承惠 **(1926-)**
Bai, Wu 白屋
Cen, Hui 岑慧
Cen, Shan 岑珊
Chen, Hui 陈惠
Chen, Si 陈思
Dong fang, Xiao 东方晓
Dong fang, Yu 东方羽
Gu, Pan 顾盼
Li, Mei 李枚
Lin, Yi wei 林一玮
Qin, Lü zhi 秦绿枝
Wang, Wei 王惟
Wang, Yu 王愉
Xi men, Huan 西门宦
Xiao hui 小慧
Xin, Wei an 辛未安

WU, CHENG LIE 伍成列 **(1937-)**
Chen, Lie 陈列
Cheng, Li 成例

Wu, Cheng qun 吴成群
WU, YU CHEN 伍于琛 **(1923-)**

WU, CHENG REN 武承仁 **(1930-)**
Cong rong 从戎
Wu ren 武人

WU, CHENG SHI 吴承仕 **(1884-1939)**
Da bai 大白
Gu, Dong 古董
Jian zhai 絸斋
Jian zhai 檢斋
Shao bai 少白
Sun, Shao heng 孙少恒
Wang, Shao bai 汪少白
Xia, Yong 夏雍
Yu, Ting 虞廷

WU, CHENG ZHI 吴诚之
Zhe fei 哲非

Wu, Chi 吴癡
XU, CHENG ZHI 许承志 **(1917-)**

WU, CHI CHANG 吴炽昌
Luo, Yue 罗约
Zi guan 子冠

Wu, Chi gong 吴持恭
WU, QIAN ZHI 吴谦之 **(1918-)**

WU, CHI YU 吴赤宇 **(1945-)**
Chi yu 赤宇

WU, CHONG LAN 吴崇兰 **(1924-)**
Lan 兰
Lan, Tian 蓝天
Su xin lan 素心兰
Xiao lan 小兰
Zong lan 棕蓝

WU, CHONG WEN 吴崇文 **(1919-1950)**
Wen, Zong shan 文宗山

Wu, Chong xiao 吴重霄
WU, QIAN HAO 吴乾浩 **(1939-)**

WU, CHONG YANG 吴重阳 **(1934-)**
Lu, Ding 鲁丁
Zhong, Yang 仲阳

Wu chou 无愁
HU, SHAN YUAN 胡山源 **(1897-1988)**

Wu, Chu 吴楚
TIAN, ZHEN ZHONG 田振中 **(1917-)**

Wu, Chu 吴楚
WU, GUO LIANG 吴国樑 **(1917-)**

Wu, Chu ren 吴楚人
WU, NAN SHENG 吴南生 **(1922-)**

Wu chuan 无川
GAO, DE SHENG 高德生 **(1917-1987)**

WU, CHUAN JIU 吴传玖 **(1948-)**
Bai, Qing 柏青
Yu shi 雨石

WU, CHUAN JUN 吴传钧 **(1918-)**
Wu, Ren zhi 吴任之

WU, CHUAN LIN 吴传麟 **(1939-)**
Ji, Fang 纪芳

WU, CHUAN YOU 吴传佑 **(1914-1982)**
Chuan you 传佑
Du, Jian ming 杜渐明
Fang, Wen 方闻
Si qi 思齐
Wan, Jia ming 万家明
Wang yun 望云
Wu, Shi 吴视
Wu, Yi fang 吴一方
Yi fang 一方

WU, CHUN CHENG 吴春成 **(1926-)**
Wu, Feng 吴枫

WU, CHUN FU 吴春富 **(1940-)**
Chun fu 春馥

WU, CHUN HAN 吴春晗 **(1909-1969)**
Cao mang shi jia 草莽世家
Chen bo 辰伯
Gao, Guang 高光
Gong sun, Qi zhi 公孙器之
Han, Wu 韩武
He, Wu ji 何无忌
Lan, Hou 兰后
Liu, Hui zhi 刘恢之
Liu, Mian 刘勉
Liu, Mian zhi 刘勉之
Lü, Qing 吕庆
Mian zhi 勉之
W
Wu, Chen bo 吴辰伯
Wu, Han 吴晗
Wu, Nan xing 吴南星
Wu, Wu xuan 吴梧轩
Wu xuan 梧轩
Wu, Zi zhi 吴子直
Xi yi jia 西已加
Xu, Zhang bai 徐章白
You sheng 酉生
Zhang, Bai 章白
Zhang, Bo 张伯
Zhao, Yan 赵彦

WU, CHUN HENG 吴春恒 **(1910-)**
Feng chen 风尘
Hui sheng 惠生
Jiang, Qing 江清
Jiang qing lan hou 江清兰后
Jiang, Zhuang 江庄
Lan, Gu 兰谷

Wu, Guang 吴广
Wu, Hui sheng 吴惠生
Wu, Yue 吴越

WU, CHUN LIN 吴春林 **(1921-)**
Wu, Jia lai 吴家莱

WU, CI SU 吴赐苏
You, Ni si 尤妮丝

WU, CUI REN 吴萃人 **(1908-)**
Wu, Xue tao 吴雪涛

Wu, Cun 吴村
WU, SHI JIE 吴世杰 **(1904-)**

Wu cun 芜邨
WU, BING NAN 吴炳南 **(1929-)**

Wu cun 芜村
GAO, JI LIN 高季琳 **(1909-)**

Wu cuo 无错
FAN, DANG SHI 范当世 **(1854-1904)**

Wu, Da 武达
HUANG, HE QING 黄河清 **(1905-)**

Wu da 五大
SHI, ZI CHEN 史紫忱 **(1914-1993)**

WU, DA CHANG 吴达昌
Ge, Shuang 葛霜
Wu, Qin 吴琴
Wu, Shi yang 吴示羊
Wu, Yang 吴羊
Wu, Yi 吴宜

Wu, Da han 吴达翰
DU, YUN XIE 杜运燮 **(1918-)**

Wu, Da kuan 吴大宽
WU, YU HONG 吴宇洪 **(1920-1966)**

WU, DA KUN 吴大琨 **(1916-)**
Da kun 大琨
Wu, Mu 吴穆
Wu, Xue dong 吴学东

Wu, Da quan 吴达诠
WU, DING CHANG 吴鼎昌 **(1884-1950)**

WU, DA XIONG 吴达雄 **(1943-)**
Mi, Lei 米雷

WU, DA YING 吴大英 **(1932-)**
Wu, De yin 吴德音

WU, DA YOU 吴大猷 **(1907-2000)**
Hong, Dao 洪道

WU, DA YUAN 吴大元 **(1948-)**
Wu, Hao 吴昊
Wu, Hao 吴浩

Ya yun 亚云

Wu, Dai 吴戴
ZHAO, SHU LI 赵树礼 **(1906-1970)**

WU, DAI SHENG 吴带生 **(1943-)**
Xiao wu 晓雾

Wu, Dan 吴丹
WU, ZHONG YING 吴仲英

Wu, Dan 武丹
DENG, TUO 邓拓 **(1912-1966)**

Wu, Dan chun 吴淡春
LI, MING CHENG 李明诚 **(1914-)**

WU, DAN GE 伍丹戈 **(1912-1983)**
Kang, Cheng 康成

Wu, Dao zhou 吴道周
LIN, RU JI 林如稷 **(1902-1976)**

Wu, Dao zi 吴道子
WU, GUO QUAN 吴国铨 **(1950-)**

Wu de 无得
LI, WEN TAO 李文涛 **(1880-1942)**

WU, DE GAI 吴德垓 **(1936-)**
Wu, Yue 吴越
Zhong, Yi ping 仲一平
Zheng, Zhong wei 郑仲维

WU, DE HUI 吴德辉 **(1934-)**
Ya de 亚德

WU, DE JIAN 仵德建 **(1956-)**
Nan ran 赧然

WU, DE LIANG 吴德亮 **(1952-)**
De liang 德亮

WU, DE YI 伍德彝
Yi gong 乙公
Yi lao 逸老
Yi sou 逸叟
Yi zhuang 逸莊
Yi zhuang 懿莊

Wu, De yin 吴德音
WU, DA YING 吴大英 **(1932-)**

WU, DE ZU 武德祖 **(1923-)**
Su, Jian 苏坚

Wu, Deng 吴登
WU, JIN ZHEN 吴金针 **(1947-)**

Wu deng 无等
LI, WEN TAO 李文涛 **(1880-1942)**

Wu, Di 武地
YANG, TENG XIAO 杨腾霄 **(1949-)**

Wu di 芜蒂
WU, ZU XIANG 吴组缃 **(1908-1994)**

Wu, Di zhong 吴砥中
WU, TING ZHEN 吴廷桢

Wu, Ding 伍丁
YAO, WEN YUAN 姚文元 **(1931-)**

Wu, Ding 武丁
XU, WU DING 徐武丁 **(1944-)**

WU, DING CHANG 吴鼎昌 **(1884-1950)**
Da quan 达诠
Qian xi 前溪
Wu, Da quan 吴达诠
Xi shan 西山

Wu, Ding di 吴丁谛
WU, DING DI 吴鼎第 **(1914-)**

WU, DING DI 吴鼎第 **(1914-)**
Ding, Di 丁谛
Ding, Di 丁蒂
Jiang, Cheng 江澄
Nan, Xun 南薰
Shu liu 漱六
Wu, D
Wu, Ding di 吴丁谛
Wu, Tiao gong 吴调公
Xu, Shu liu 许漱六
Zhou, Yan 周言

Wu, Ding he 武定河
FENG, XUE FENG 冯雪峰 **(1903-1976)**

Wu ding shi 无定室
ZHANG, HAI PING 张海平 **(1900-1965)**

WU, DING YE 吴定叶 **(1915-)**
Wu, Xi huang 吴熙晃
Xi huang 熙晃

Wu, Dong 武东
WANG, WEN XI 王文西 **(1918-)**

WU, DONG HAI 吴东海 **(1929-)**
Hai, Ming 海明

Wu, Dong long 吴东龙
WU, JIE YUAN 吴介源 **(1948-)**

WU, DONG QUAN 吴东权 **(1928-)**
Lin, Xin 林信
Mu cheng lin 木成林
Ren yan 人言
Wu, Zhong mou 吴仲谋
Zhong, Mou 仲谋

WU, DONG SHUANG 吴东双 **(1948-)**
Dong shan 冬山

Wu duan 无端
SHEN, DUAN XIAN 沈端先 **(1900-1995)**

WU, DUAN YI 吴端仪
Xue lun 雪伦

Wu e dao ren 无厄道人
ZHANG, YAN LI 张延礼 **(1870-1937)**

Wu, En 吴恩
LIU, HOU SHENG 刘厚生 **(1921-)**

WU, EN YU 吴恩裕 **(1909-)**
Fu sheng 浮生
Fu sheng 负生

WU, EN YUAN 吴恩远 **(1948-)**
Wu, Jing 吴敬

Wu er zun zhe 无耳尊者
YUAN, TIAN GENG 袁天庚

Wu, Fa 吴法
REN, YU CHENG 任禹成 **(1907-)**

WU, FA QIAN 吴法乾 **(1944-)**
Mo zhi 默之

Wu, Fan 吴凡
WU, ZHENG LUN 吴正伦 **(1923-)**

Wu, Fan 吴繁
WU, TAI CHANG 吴泰昌 **(1937-)**

WU, FANG JI 吴芳吉 **(1897-1932)**
Bai wu shi ren 白屋诗人
Bi liu 碧柳
Bai wu wu sheng 白屋吴生
Wu, Bai wu 吴白屋
Wu, Bi liu 吴碧柳

Wu, Fang lan 吴放澜
WU, QI JI 吴启基 **(1951-)**

WU, FEI 吴非 **(1924-)**
Gong sun, Yu 公孙煜
Shi, You san 师友三
Wu you 无尤

Wu, Fei 吴非
HUANG, JI GUANG 黄继光 **(1937-)**

Wu, Fei 吴朏
WU, JING HENG 吴敬恒 **(1865-1953)**

Wu, Fei 吴费
ZHANG, HONG YOU 章鸿猷 **(1913-1994)**

Wu fei 悟非
WANG, REN SHU 王任叔 **(1901-1972)**

WU, FEI DAN 吴斐丹 **(1907-1981)**
Bi ling 碧灵
Bi xu 碧虚

Chi song 赤松
Fei dan 斐丹
Nang ying 囊萤
Ru xun 汝勋
Wu, Ru xun 吴汝勋
Ying xue 映雪

Wu, Fei ge 吴飞舸
WU, YIN YUAN 吴因元 **(1945-)**

Wu, Feng 吴沨
WU, LIANG YONG 吴良镛 **(1922-)**

Wu, Feng 吴枫
WU, CHUN CHENG 吴春成 **(1926-)**

Wu, Feng 吴枫
WU, MENG GUI 吴梦桂 **(1928-)**

Wu, Feng 吴峰
WU, SI HONG 吴似鸿 **(1906-)**

Wu, Feng 吴峰
JI, PENG YUN 纪鹏云 **(1927-)**

WU, FENG 巫峰 **(1913-)**
Wu, Ke peng 巫客蓬

WU, FENG CHU 吴凤雏 **(1949-)**
Yin, Ming 尹明

Wu feng lou zhu 无风楼主
DENG, WEN GUANG 邓文光

Wu, Fu 武夫
WU, JUN DA 武俊达 **(1916-)**

Wu, Fu 武夫
HU, YUN HUAN 胡允桓 **(1939-)**

Wu, Fu 武夫
LIANG, ZHAO CUN 梁兆存 **(1943-)**

Wu, Fu 吴弗
ZHANG, HONG YOU 章鸿猷 **(1913-1994)**

Wu fu 无缚
LI, WEN TAO 李文涛 **(1880-1942)**

Wu, Fu ai 邬夫哀
HE, QI FANG 何其芳 **(1912-1977)**

WU, FU HUI 吴福辉 **(1939-)**
Wu, Wei 吴畏

WU, FU NAI 武福鼐 **(1900-)**
Wu, Mu yao 武慕姚
Zhuo sou 拙叟

WU, FU QIANG 伍福强 **(1930-)**
Fu qiang 夫强
Wu, Qiang 伍强

WU, FU QING 吴福庆 **(1920-)**
Wu, Le tian 吴乐天

Wu fu sheng 无负生
LU, FENG CHU 陆奉初

WU, FU XI 吴福熙
Zhu, Xin 朱心

WU, FU YING 伍福盈 **(1940-)**
Cao yin 草茵
Fu yin 复吟
Jiang, Shui xin 江水心

Wu, Fu zhi 吴茀之
WU, XI 吴谿 **(1900-1977)**

Wu, Gang 吴冈
TENG, MAO TONG 滕茂桐 **(1914-)**

Wu, Gang 吴刚
YU, YUAN GUI 俞元桂 **(1921-)**

Wu, Gang 吴刚
WU, BAO GANG 吴保刚 **(1933-)**

Wu, Gang 吴刚
SONG, FENG MING 宋凤鸣 **(1934-)**

WU, GANG 吴刚 **(1937-)**
Miao, Lin 苗林

Wu, Gang 吴刚
ZHU, BU LOU 朱步楼 **(1955-)**

WU, GANG 吴刚 **(1974-)**
Shi ying 诗颖
Wu, Gang 吴罡

Wu, Gang 吴罡
WU, GANG 吴刚 **(1974-)**

Wu gang 梧冈
TENG, MAO TONG 滕茂桐 **(1914-)**

Wu, Gao 伍皋
YANG, CHUAN YE 杨传业 **(1923-)**

Wu, Gao 吴高
WU, SHAN ZHEN 吴善珍 **(1906-1985)**

Wu, Gao yuan 吴皋原
WU, BO 吴渤 **(1911-1984)**

Wu, Ge 吴戈
WU, SHAO GAN 吴绍赣 **(1917-)**

Wu, Ge 吴戈
FANG, BI YU 方笔羽 **(1922-)**

Wu, Ge 吴戈
WU, SHUANG LIAN 吴双连 **(1936-)**

Wu, Ge 吴戈
WU, TIAN CAI 吴天才 **(1936-)**

Wu, Ge 吴戈
WU, HONG YI 吴宏一 **(1943-)**

Wu, Ge zi 伍歌子
MA, HUA 马骅 **(1916-)**

Wu, Geng 吴耕
WU, GUI LONG 吴桂龙 **(1954-)**

Wu, Geng shun 吴庚舜
WU, GENG SHUN 吴赓舜 **(1932-)**

WU, GENG SHUN 吴赓舜 **(1932-)**
Wu, Geng shun 吴庚舜
Zhi yi 贊谊

Wu gong 忤公
ZHOU, JIN JUE 周今觉

Wu gong 蕪弓
CHENG, FU CHUN 程扶錞 **(1928-)**

Wu, Gong han 吴公汗
ZHANG, SHOU QIAN 张守谦 **(1916-)**

WU, GONG HENG 吴恭亨 **(1858-1937)**
Tan she 弹赦

Wu, Gong xiong 吴公雄
WU, YU GONG 吴虞公

WU, GONG ZHENG 吴功正 **(1943-)**
Ding, Zhang 丁章
Gu, Lin shi 古林士
Li gong 力工
Li wen 力文
Nian ren 埝任
Qiu, Qu 裘取
Wu, Wen 吴文

Wu gou 无垢
LIU, WU GOU 柳无垢 **(1914-1963)**

WU, GU HONG 吴谷虹 **(1923-1988)**
Bai, Mang 白芒

Wu gua ai shi 无挂碍室
YU, JING YU 于镜宇 **(1907-1999)**

Wu, Guan 吴冠
WANG, XUE FENG 王学峰 **(1955-)**

WU, GUAN NIAN 吴冠辇 **(1952-)**
Yin, Fan 尹凡

WU, GUAN YIN 吴贯因 **(1880-1935)**
Wu, Guan ying 吴冠英
Wu, Liu yu 吴柳隅
Yu yuan 隅园

Wu, Guan ying 吴冠英
WU, GUAN YIN 吴贯因 **(1880-1935)**

WU, GUAN YU 吴冠玉 **(1957-)**
Chi ming 驰明

WU, GUAN ZHONG 吴冠中 **(1919-)**
Tu 荼

Wu, Guang 吴广
WU, CHUN HENG 吴春恒 **(1910-)**

WU, GUANG CHONG 吴广崇 **(1959-)**
Bai, Hua 柏华

WU, GUANG CHUAN 吴广川 **(1901-)**
Chuan 川
Guang chuan 广川
Kuang cun 邝村
Kuang shan 邝山
Xi, Yin 奚因
Yi cun 一村

WU, GUANG CHUAN 吴广川 **(1946-)**
Xiao yue 小岳

WU, GUANG JIAN 伍光建 **(1867-1943)**
Jun shuo 君朔
Wu, Zhao yi 伍昭扆
Zhao yi 昭扆

WU, GUANG XIONG 吴光熊
Guang xiong 光熊
Han hun 汉魂
Shuang re 双热
Wei yu 渭渔
Wu, Bo 吴踣
Wu, Shuang re 吴双热
Wu, Xiang re 吴相热
Wu, Xu 吴恤
Yi han 一寒

WU, GUI FANG 武桂芳 **(1915-)**
Gui, Fang 桂芳
Gui, Ru fang 桂如芳
Lü, Ke shi 吕克石
Mu gui 木圭

WU, GUI LONG 吴桂龙 **(1954-)**
Wen, Hai 闻海
Wu, Geng 吴耕
Yang, Jian 杨建

Wu, Gui yuan 吴桂元
WU, YI FENG 吴易风 **(1932-)**

WU, GUO DONG 吴国栋 **(1948-)**
Yu, Mo 于墨

WU, GUO HUA 武国华 **(1934-)**
Ge, Hua 戈华

WU, GUO LIANG 吴国樑 **(1917-)**
Wu, Chu 吴楚

WU, GUO PING 吴国平 **(1956-　　)**
Xiao wu 筱无
Yun, Pin 云频

Wu, Guo qing 吴国清
WU, XU CHENG 吴旭成 **(1957-　　)**

WU, GUO QUAN 吴国铨 **(1950-　　)**
Wu, Dao zi 吴道子
Wu, Zhong long 吴中龙

WU, HAI 吴海 **(1936-　　)**
Shan ren 山人
Wan, Shui 万水
Wu, Jia hai 吴家海
Wu, Xi 吴溪

Wu, Hai ning 吴海宁
WU, YU 吴玙 **(1910-1946)**

WU, HAI SHAN 吴海山
Wu, Xue hen 吴雪痕

Wu, Han 吴晗
WU, CHUN HAN 吴春晗 **(1909-1969)**

Wu, Han 吴涵
WU, ZAO XI 吴藻溪 **(1904-　　)**

WU, HAN 武汉 **(1921-　　)**
Wu, Zhong shou 武仲寿

Wu, Han 武汉
YU, YIN 于寅

Wu, Han hua 吴寒花
HU, HAN HUA 胡汉华 **(1911-　　)**

WU, HAN YUAN 吴汉源 **(1961-　　)**
Bi, Hua liu 毕华流

Wu, Hang bin 吴航斌
LI, XIANG LIU 李乡浏 **(1934-　　)**

Wu, Hao 伍浩
SU, ZAI DUN 苏在敦 **(1932-　　)**

Wu, Hao 伍豪
ZHOU, EN LAI 周恩来 **(1898-1976)**

Wu, Hao 吴昊
WU, JIN LAN 吴晋澜 **(1907-1984)**

WU, HAO 吴昊 **(1930-　　)**
Shi lu 世禄

Wu, Hao 吴昊
WU, YU TIAN 吴玉田 **(1939-　　)**

Wu, Hao 吴昊
WU, DA YUAN 吴大元 **(1948-　　)**

Wu, Hao 吴昊
WU, ZHEN BANG 吴振邦 **(1948-　　)**

Wu, Hao 吴浩
WU, DA YUAN 吴大元 **(1948-　　)**

Wu, He 伍禾
HU, DE HUI 胡德辉 **(1913-1968)**

Wu, He 伍禾
WU, TANG DI 伍棠棣 **(1921-　　)**

WU, HE QIN 吴鹤琴 **(1913-1969)**
Bai, He 白鹤
Bai, Weng 白翁
Niu sou zhai zhu 牛溲斋主
Wu, Niu 吴牛
Wu, Yi niu 吴逸牛
Yi chen 一尘

Wu, Hong 吴红
WU, BEN SHU 吴本恕 **(1942-　　)**

Wu, Hong sheng 吴宏声
HUANG, WAN YUAN 黄万源 **(1939-　　)**

WU, HONG WEN 吴宏文 **(1947-　　)**
Wu, Xuan ren 吴萱人

WU, HONG WU 吴洪武 **(1939-　　)**
Fong yo 枫叶
Shi cheng shan ren 石城山人

WU, HONG YI 吴宏一 **(1943-　　)**
Feng, Yi 冯异
Lu, Ling 卢令
Wu, Ge 吴戈
Wu, Jiao shan 吴蕉山

Wu, Hong you 吴宏猷
YU, HONG YOU 俞鸿犹

Wu, Hong yuan 吴弘远
YU, HONG YOU 俞鸿犹

WU, HONG YUAN 吴洪源 **(1930-　　)**
Hong, Yuan 洪源

WU, HONG ZAO 吴鸿藻 **(1918-1983)**
Wu, Lu qin 吴鲁芹

Wu, Hou 吴厚
HOU, FU HAI 侯福海 **(1927-　　)**

Wu, Hu fan 吴湖帆
WU, WAN 吴万 **(1894-1970)**

Wu, Hu ren 吴糊仁
QIAN, HOU QING 钱厚庆 **(1925-1947)**

Wu hu yin gai 五湖印丐
WU, JUN QING 吴俊卿 **(1844-1927)**

Wu, Hua 吴华
WU, KUN JI 吴坤纪 **(1933-　　)**

WU, HUA 武华
Hua, Guang zi 华光子
Wu hua li 五铧犁

Wu hua 舞花
WU, JIAN HUA 吴健华 (1947-)

Wu, Hua chang 吴化常
CHEN, XIAN YI 陈先艺 (1919-)

Wu hua li 五铧犁
WU, HUA 武华

Wu, Hua qiang 吴花蔷
PENG, DING AN 彭定安 (1928-)

Wu, Hua xue 吴化学
WU, JIN SHENG 吴金声 (1914-)

Wu huai 无怀
ZHANG, YI HOU 张逸侯 (1916-1978)

WU, HUAI CUO 吴怀磋 (1925-)
Lao san 老三
Wu, Chen jia 吴晨笳

WU, HUAI SHENG 吴淮生 (1929-)
Gu, Feng 古枫
Jiao, Yu wen 焦雨闻
Lei zi 磊子
Yu wen 雨闻
Yun, Fan 云帆
Zong, Xue su 宗学素

WU, HUAI YI 巫怀毅
Leng, Yan 冷眼

Wu huan 无患
XIE, JUE ZAI 谢觉哉 (1884-1971)

WU, HUAN ZHANG 吴焕章 (1941-1990)
Dai, Fu 戴夫
Dai, Fu 戴富
Dai, Tian 戴天

Wu huan zi 五环子
PU, HUAN JING 浦寰靖 (1928-)

Wu, Hui 吴辉
WU, SHENG YAN 吴胜延 (1938-)

WU, HUI 吴慧 (1927-)
Shang, Xian 商岘

Wu hui 无悔
GU, JIE GANG 顾颉刚 (1893-1980)

WU, HUI LIAN 吴慧莲
Hui lian 慧莲

WU, HUI NAN 吴惠男
Wu, Lang yuan 吴浪原

Wu, Hui sheng 吴惠生

WU, CHUN HENG 吴春恒 (1910-)

Wu, Hun 吴魂
GAO, ZENG 高增

Wu, Ji 伍骥
MA, HUA 马骅 (1916-)

Wu, Ji 吴蓟
YANG, ZHENG WU 杨正吾 (1920-)

Wu ji 无忌
LIU, XI RENG 柳锡礽 (1907-)

Wu ji 无忌
YANG, ZHENG WU 杨正吾 (1920-)

Wu ji 无忌
WU, BING AN 乌丙安 (1929-)

Wu ji 无疾
WANG, REN SHU 王任叔 (1901-1972)

WU, JI HUI 吴季惠 (1908-)
Wu, Jun 吴俊

WU, JI KANG 吴季康 (1943-)
Huang dao 荒岛

WU, JI XUE 吴纪学 (1941-)
Ji, Xue 纪学

WU, JI XUE 巫继学 (1946-)
Bai, Yun gong 白运工
Luo, Xing 罗兴
Wu, Jiang 巫江
Yu, Cong 于从

WU, JI YUE 吴继岳 (1905-)
Chen ge 沉戈
Chen, Qiong 陈琼
Hu, Tu 胡图
Hu, Yi 胡益
Lin, Chong 林冲
Lin, Cong 林聪
Mu, Xian 慕贤
Shan ren 善人
Shan shan 珊珊
Yang, Fan 扬帆

Wu, Jia 吴嘉
WU, JIA JIN 吴家瑾 (1930-)

Wu, Jia ao 吴嘉璈
LIANG, KUAN 梁宽 (1913-)

WU, JIA GUO 吴家国 (1936-)
Xiang, Qian 向前

Wu, Jia hai 吴家海
WU, HAI 吴海 (1936-)

WU, JIA HUA 吴家华 (1932-)

Lun guo 伦果

WU, JIA JIN 吴家瑾 **(1930-)**
Chu, Heng 楚珩
Wu, Jia 吴嘉

Wu, Jia lai 吴家莱
WU, CHUN LIN 吴春林 **(1921-)**

WU, JIA LU 吴家禄 **(1898-1982)**
Jia lu 家禄
Wu, Yu ru 吴玉如
Yu sou 迂叟

Wu, Jia ming 吴家明
DAI, MENG OU 戴梦鸥 **(1905-1950)**

Wu, Jia qing 伍稼青
WU, SHOU ZHEN 伍受真 **(1901-)**

Wu, Jia qing 吴稼青
WU, SHOU ZHEN 伍受真 **(1901-)**

WU, JIA QUAN 吴佳权 **(1956-)**
Jia shi 佳石
Shi mu 矢木
Su hao 素毫
Suo ran 索然

WU, JIA RUI 吴嘉瑞
Yan zhou 雁舟

WU, JIA TANG 吴嘉棠 **(1913-1983)**
Lou, Zi xi 楼自惜
Zi xi lou zhu 自惜楼主

WU, JIA XIN 吴家新 **(1950-)**
Jia xin 葭欣

Wu, Jian 吴坚
CHANG, YAN QING 常延青 **(1920-)**

Wu, Jian 吴健
WU, BAO KANG 吴保康 **(1917-)**

Wu, Jian 吴检
LIU, RI BO 刘日波 **(1917-)**

Wu, Jian 武剑
SONG, KUN 宋坤 **(1951-)**

WU, JIAN CHAN 伍剑禅
Jian chan 剑禅

Wu, Jian de 吴建德
WU, SHU SHENG 吴树声 **(1922-)**

Wu, Jian fu 吴湔祓
WU, SHENG CONG 吴胜聪

WU, JIAN GUO 吴建国 **(1956-)**
Wu, Wu 吴梧

WU, JIAN HUA 吴建华 **(1960-)**
Jian hua 剑铧

WU, JIAN HUA 吴建华
Shi, Yang 史扬

WU, JIAN HUA 吴剑华
Wen, Bin 文彬

WU, JIAN HUA 吴健华 **(1947-)**
Wu hua 舞花

WU, JIAN MIN 吴建民 **(1954-)**
Jian ming 建茗
Lu, Shan song 鲁山松

WU, JIAN MIN 吴健民 **(1921-)**
Jing zhi 镜之
Wu, Ren jian 吴人建

WU, JIAN QING 武剑青 **(1931-)**
Fang, Yun 方云

WU, JIAN QUAN 吴剑泉
Tie hua 铁花

Wu, Jian ren 吴趼人
WU, WO YAO 吴沃尧 **(1867-1910)**

WU, JIAN TIAN 吴建田 **(1900-1976)**
Wu, Rao geng 吴饶畊
Wu, Zhuo liu 吴濁流

WU, JIAN XIAN 吴建贤 **(1923-1991)**
A meng 阿蒙
Hu, Yue 胡越
Jing nong 菁秾
Ke meng 可蒙
Si tu, Hu 司徒湖
Wu, Lang 吴郎
Wu, Nong 吴秾

WU, JIAN ZHI 吴建之 **(1938-)**
Jian zhi 建之
Nan, Fang 南方
Qi, Lu 齐鲁
Si yu 似愚

Wu, Jian zhong 吴健中
WU, ZHU DE 吴铸德 **(1929-)**

WU, JIAN ZHONG 武建中 **(1940-)**
Shang, Liang 尚梁

WU, JIAN ZHONG 武建中 **(1947-)**
Xia, Ye 夏野

Wu, Jiang 吴江
WU, JUAN MEI 吴娟妹 **(1943-)**

Wu, Jiang 巫江
WU, JI XUE 巫继学 **(1946-)**

Wu, Jiang fan 吴江帆

HONG, WEI JI 洪为济 (1912-)

WU, JIANG FENG 吴江枫
Shuang lu 霜庐
Wu, Zhi ying 吴之英

Wu, Jiang leng 吴江冷
WU, YI SUN 吴贻荪 (1911-1986)

Wu jiang nian si hua sheng 浯江廿四劃生
HUANG, KE QUAN 黄克全 (1952-)

WU, JIANG QIA 吴江洽
Jiang, Qia 江洽

Wu, Jiao shan 吴蕉山
WU, HONG YI 吴宏一 (1943-)

WU, JIE 伍杰 (1930-)
Dao nan 道南
Wu, Mu 伍木

Wu, Jie 吴杰
WU, ZHONG GUANG 武中光 (1917-)

WU, JIE YUAN 吴介源 (1948-)
Wu, Dong long 吴东龙

Wu, Jin 吴进
DU, YUN XIE 杜运燮 (1918-)

WU, JIN 吴进 (1927-)
Gao, Qing 高清

Wu jin 无尽
LI, WEN TAO 李文涛 (1880-1942)

Wu jin 无尽
ZHOU, GUI SHENG 周桂生 (1885-1911)

Wu jin 悟今
ZHAO, SHU LI 赵树礼 (1906-1970)

Wu jin an 无尽庵
ZHOU, GUI SHENG 周桂生 (1885-1911)

WU, JIN BIAO 伍锦标 (1943-)
Si shi 思石
Yan ren 砚人

Wu jin cang zhai 无尽藏斋
SHAO, ZU PING 邵祖平 (1900-)

WU, JIN FA 吴锦发 (1954-)
Cang lang 仓浪
Cang lang 沧浪
Li, Yu ben 李欲奔

WU, JIN LAN 吴晋澜 (1907-1984)
Bai, Bing 白冰
Lu, Xi 鲁皙
Mao, Qing 茅青
Qiu, Shan 秋山
Wu, Hao 吴昊
Wu, Qiu shan 吴秋山
Wu, Tian lu 吴天庐

WU, JIN LIANG 吴金良 (1955-)
Jin, Liang 金良
Geng yu 耕愚

WU, JIN SHENG 吴金声 (1914-)
Bing 冰
Li 理
Wu 物
Wu, Bing 吴冰
Wu, Hua xue 吴化学
Wu li 物理
Xiao bing 小兵
Xiao bing 消冰

WU, JIN YUAN 吴锦苑
Li li 莉莉
Xin yi 欣怡

WU, JIN ZHEN 吴金针 (1947-)
Gao, Han liang 高汉亮
Wu, Deng 吴登

Wu, Jing 吴劲
ZHOU, GUI SHENG 周桂生 (1885-1911)

Wu, Jing 吴菁
WU, ZHONG QING 吴仲青 (1900-1948)

Wu, Jing 吴敬
WU, EN YUAN 吴恩远 (1948-)

Wu jing 芜菁
DING, JING TANG 丁景唐 (1920-)

WU, JING HENG 吴敬恒 (1865-1953)
Fei an 朏盦
Fei an lao ren 朏盦老人
Han qing 翰青
Ran 燃
Ran liao 燃料
Ren an 訒菴
Tan tian lao ren 谈天老人
Wu, Fei 吴朏
Wu, Tiao 吴朓
Wu, Zhi hui 吴稚晖
Yi 夷
Zhi hui 稚晖

WU, JING HONG 吴景鸿 (1876-1939)
Wu, Men 无闷
Wu, Xiao xian 吴孝先

Wu jing ju shi 无竟居士
ZHANG, QI HUANG 张其鍠 (1877-1927)

Wu, Jing ming 吴敬铭
WU, WEN QI 吴文祺 (1901-1991)

WU, JING MO 吴敬模 **(1914-　　)**
Wu, Wan gu 吴万谷

Wu, Jing qun 武经群
YIN, SHI JIE 尹世杰 **(1922-　　)**

WU, JING SONG 吴景崧 **(1906-1967)**
Wu, Xiang yu 吴向隅
Wu, Zhi ping 吴志平
Xiang, Yu 向隅
Xiang, Yu 向愚
Xiang yu 湘渔

Wu, Jing ting 吴镜汀
WU, XI ZENG 吴熙曾 **(1904-1972)**

WU, JING WEN 吴井文 **(1933-　　)**
Wu, Wen geng 邬闻耕

WU, JING XIONG 吴经熊 **(1899-　　)**
De sheng 德生

Wu, Jing xuan 吴敬轩
WU, KANG 吴康 **(1897-1976)**

Wu, Jing ye 吴敬业
WU, TIAN CI 吴天赐 **(1911-1948)**

Wu, Jing yi 吴敬仪
WU, MAN JUN 吴曼君 **(1912-1986)**

WU, JING ZE 吴景泽 **(1926-　　)**
Wu, Yong qing 吴永清

Wu, Jing zi 吴敬子
HUANG, ZHONG MING 黄仲鸣

Wu, Jing zi 吴静子
WU, JUN SU 吴君素

Wu jiu 无咎
CHEN, BAI 陈白 **(1869-1934)**

Wu jiu 无咎
MA, HENG 马衡 **(1881-1955)**

Wu jiu 无咎
WANG, REN SHU 王任叔 **(1901-1972)**

Wu jiu sheng 五九生
ZHOU, GUO XIAN 周国贤 **(1894-1968)**

Wu jiu zi 无咎子
CHEN, BAI 陈白 **(1869-1934)**

Wu juan ku zhai 无倦苦斋
QIAN, JUN TAO 钱君匋 **(1906-　　)**

WU, JUAN MEI 吴娟妹 **(1943-　　)**
Wu, Jiang 吴江

Wu, Jue min 吴觉民
CHEN, CHENG 陈澄 **(1896-1943)**

Wu, Jun 吴俊
WU, JUN QING 吴俊卿 **(1844-1927)**

Wu, Jun 吴俊
WU, JI HUI 吴季惠 **(1908-　　)**

Wu, Jun 武隽
WU, JUN DA 武俊达 **(1916-　　)**

Wu jun 无君
SUN, JUN ZHANG 孙军章 **(1957-　　)**

Wu jun 芜君
MAO, YI HU 毛翼虎 **(1914-　　)**

WU, JUN CHANG 吴均昌 **(1937-　　)**
Kan kan 看看

WU, JUN CHAO 吴君超 **(1929-　　)**
Wu, Chao 吴超

WU, JUN DA 武俊达 **(1916-　　)**
Lu, Fu 陆夫
Wu, Fu 武夫
Wu, Jun 武隽
Yang, Bu 羊卜

Wu, Jun fa 吴俊发
WENG, YUAN FA 翁元法 **(1927-　　)**

Wu, Jun fu 吴俊甫
WU, QING SHENG 吴清生 **(1918-　　)**

WU, JUN GANG 吴俊刚 **(1950-　　)**
Shan, Ge 单戈
Shi, Gang 石岗
Shi, Yu 史鱼
Wu, Meng 吴蒙
Xue xin 学新
Zi ni 子泥

WU, JUN JIE 吴俊傑 **(1925-　　)**
Bei lao 北佬
Jun jie 君傑
Ye yu 也愚

WU, JUN JIE 吴俊傑 **(1961-　　)**
Liu，Ao 柳翱

WU, JUN QING 吴俊卿 **(1844-1927)**
A cang 阿仓
An, Ji 安吉
Ban cang 半仓
Ban ri cun 半日邨
Cang shi 仓石
Cang shi 苍石
Cang shi dao ren 仓石道人
Cang weng 仓翁
Da long 大聋
Da long ren 大聋人
E shi zhi guan 恶诗之官

Fan qing wu shi zhu ren 饭青芜室主人
Fou 缶
Fou dao ren 缶道人
Fou ji 缶记
Fou lao 缶老
Fou lu 缶庐
Fou weng 缶翁
Fou zhu ren 缶主人
Gui ren li min 归仁里民
Ji, Xian 季仙
Jun qing 俊卿
Jun xuan wu xu wu 俊轩无须吴
Ku tie 苦铁
Lao cang 老苍
Lao fou 老缶
Lao zhi ju ren xia 老至居人下
Liao tian yi 寥天一
Long 聋
Long yu guan 聋于官
Mu ji 木鸡
Pi chan 甓禅
Po he 破荷
Po he lao fou 破荷老缶
Po he ting zhang 破荷亭长
Qi guan xian peng ze ling wu shi ri 弃官先彭泽令五十日
Qiang you er 墙有耳
Shi, Ren 石人
Shi ren zi shi zhu ren 石人子室主人
Shi, Zun zhe 石尊者
Suan han wei 酸寒尉
Tong zhi tong sheng xian feng xiu cai 同治童生咸丰秀才
Wu, Cang shi 吴苍石
Wu, Cang shuo 吴仓硕
Wu, Chang shuo 吴昌硕
Wu hu yin gai 五湖印丐
Wu, Jun 吴俊
Wu qing ting zhang 芜青亭长
Wu, Shi 吴氏
Wu xu lao ren 无须老人
Wu, Zhong 吴中
Xiao hu 削瓠
Xiao xin ting 敦心听
Yi yue an dong ling 一月安东令

Wu, Jun shi 吴君石
WU, ZU GUANG 吴祖光 **(1917-)**

WU, JUN SU 吴君素
Wu, Jing zi 吴静子

WU, KAI JIN 吴开晋 **(1934-)**
Wu, Xin 吴辛

WU, KAI XUAN 吴恺玄
Jing he 静鹤

WU, KANG 吴康 **(1897-1976)**
Jing xuan 敬轩
Wu, Jing xuan 吴敬轩
Xi yuan zhu ren 锡园主人

WU, KANG CHENG 伍康成
Dan ge 丹戈

WU, KANG MIN 吴康民 **(1926-)**
Fang, Fu qi 方辅起
Huang, Xin jin 黄信今
Li, Hua sheng 李化生
Lu, Guan 陆观
Tian, Mi 田蜜

WU, KE GANG 吴克刚
Jun yi 君毅

Wu, Ke jun 吴克俊
WU, YUN 吴云 **(1930-)**

Wu, Ke peng 巫客蓬
WU, FENG 巫峰 **(1913-)**

WU, KE REN 武克仁 **(1919-)**
Ke ren 可人
Ru bing 茹冰
Ru xin 茹辛
Shi hong 士虹
WU, KUN 吴坤
Shi sheng 适生

WU, KUN HUANG 吴坤煌 **(1909-)**
Wu ye 梧叶
Wu ye sheng 梧叶生

WU, KUN JI 吴坤纪 **(1933-)**
Du, Ya 杜亚
Gan, Ge 干戈
Wu, Hua 吴华
Wu, She 吴舍

WU, KUN PENG 吴坤鹏 **(1925-)**
Kou, Tian 寇天

Wu, La 邬拉
CHEN, LIANG 陈良 **(1925-)**

Wu, Lai 吴莱
WU, YUE JUAN 吴月娟 **(1919-)**

Wu, Lan 吴蓝
WU, NAN XUN 吴南薰 **(1927-)**

Wu, Lan 吴蓝
HU, JING ZHI 胡经之 **(1933-)**

Wu, Lan han 乌兰汉
GAO, MANG 高莽 **(1926-)**

Wu, Lan han 乌蓝汗

GAO, MANG 高莽 (1926-)

Wu lan qi ri ge 乌兰齐日格
ZHU, BING 朱兵 (1950-)

Wu, Lang 吴郎
JI, SHOU REN 季守仁 (-1961)

Wu, Lang 吴郎
WU, JIAN XIAN 吴建贤 (1923-1991)

Wu, Lang 吴郎
SONG, FENG MING 宋凤鸣 (1934-)

Wu, Lang 邬郎
GAO, DE SHENG 高德生 (1917-1987)

Wu, Lang 吴朗
SHE, ZHONG QIU 佘仲秋 (1923-)

WU, LANG PING 吴浪平 (1949-)
Wu, Shang ping 吴尚平

Wu, Lang sha 吴朗沙
SHE, ZHONG QIU 佘仲秋 (1923-)

Wu, Lang xi 吴朗西
WU, WEN LIN 吴文林 (1904-)

Wu, Lang yuan 吴浪原
WU, HUI NAN 吴惠男

Wu, Lao 吴劳
WU, SHANG QING 吴尚清 (1916-)

WU, LAO ZE 吴老择
Tong miao 通妙

Wu, Le 武乐
ZHANG, GUI CHENG 张贵诚 (1932-)

Wu, Le tian 吴乐天
WU, FU QING 吴福庆 (1920-)

Wu, Le yao 吴乐尧
WU, ZHAO XIN 吴兆莘 (1901-1978)

Wu le · chao ke tu 乌勒·朝克图
YUN, ZHAO GUANG 云照光 (1929-)

Wu, Li 吴黎
WU, LI ZHU 吴丽珠 (1940-)

Wu li 五里
FENG, XUE FENG 冯雪峰 (1903-1976)

Wu li 物理
WU, JIN SHENG 吴金声 (1914-)

Wu, Li an 吴犁厂
WU, CHENG GAN 吴承淦 (1918-1970)

WU, LI FU 伍蠡甫 (1900-)
Jing an 敬庵

WU, LI HUA 吴立华 (1913-)
Bing xin 冰心
Chang mang 长芒
Chang, Ming 常明
Dong fang, Liang 东方亮
Fu fa 浮筏
Gong, Cao 宫草
Li hua 立华
Liu, Xi 柳溪
Nai tong 乃同
Niu, Nai tong 牛乃同
Ou yang, Jing 欧阳镜
Wu, Ben xing 吴奔星

Wu, Li jun 武力钧
SUN, WU NAN 孙武南 (1921-)

Wu li kan hua ke 雾裹看花客
QIAN, XIN BO 钱昕伯

WU, LI PING 伍丽萍 (1962-)
Wu, Mei xin 伍美心

Wu, Li ping 吴理平
WU, LIANG PING 吴亮平 (1908-1986)

Wu, Li ping 吴理屏
WU, LIANG PING 吴亮平 (1908-1986)

Wu, Li ping 吴黎平
WU, LIANG PING 吴亮平 (1908-1986)

WU, LI WAN 吴丽婉 (1930-)
Li wan 丽婉

WU, LI WANG 武砺旺 (1965-)
Shi, Li 石厉

WU, LI YING 吴丽樱 (1953-)
Wu, Ying 吴樱

WU, LI ZHU 吴丽珠 (1940-)
Wu, Li 吴黎

WU, LIAN DONG 吴联栋 (1905-)
Nan, Jian 南涧

WU, LIAN FU 吴濂夫 (1931-)
Sai bei 塞北

WU, LIAN ZENG 吴连增 (1936-)
Fei, Yang 费扬

Wu liang 寤凉
TANG, BAO SEN 唐葆森 (1907-1985)

Wu, Liang bin 吴良斌
WU, LIANG PING 吴亮平 (1908-1986)

Wu, Liang bin 吴亮斌
WU, LIANG PING 吴亮平 (1908-1986)

WU, LIANG PING 吴亮平 (1908-1986)
Li, Ping 黎平

Liang ping 良平
Liang ping 亮平
Liang ping 亮萍
Liang, Wu 梁武
Wu, Li ping 吴理平
Wu, Li ping 吴理屏
Wu, Li ping 吴黎平
Wu, Liang bin 吴良斌
Wu, Liang bin 吴亮斌
Wu, Lü ping 吴履平

WU, LIANG YONG 吴良镛 **(1922-)**
Wu, Feng 吴沨

Wu, Liang zhi 伍良之
LIANG, GUAN ZHONG 梁冠中 **(1942-)**

Wu, Liao 吴辽
JIN, WAN YI 金万义 **(1916-)**

Wu liao 无聊
CHEN, LIAN QING 陈炼青 **(1907-1940)**

Wu liao ke 无聊客
ZHOU, FAN SHENG 周梵生

Wu liao ren 无聊人
ZHANG, RU ZHI 张汝智 **(1922-)**

Wu lin ren 武林人
SUN, YI YI 孙以毅 **(1900-1982)**

WU, LIN SHU 吴林杼 **(1934-)**
Lin, Shu 林杼

Wu, Ling 武陵
SHAO, ZI FENG 邵子风 **(1903-)**

Wu, Ling 武陵
CHEN, ZHI DU 谌志笃

Wu, Ling 武陵
WANG, SHENG REN 王胜仁

Wu ling 五0
CHEN, ZHI DU 谌志笃

Wu, Ling ge 武陵歌
WU, WEN CHAO 吴文超 **(1924-)**

Wu, Ling mei 吴令湄
LUO, CHENG XUN 罗承勋 **(1921-)**

Wu ling ren 武陵人
HUANG, YUE JUAN 黄月娟

Wu, Ling xi 武陵溪
WU, ZHONG SEN 武忠森 **(1923-)**

Wu, Ling zhi 吴灵鸩
WU, MEI 吴梅 **(1884-1939)**

Wu, Liu 吴流
TONG, SHU YE 童书业 **(1908-1968)**

Wu, Liu 吴鎏
SHEN, ZU AN 沈祖安 **(1930-)**

Wu, Liu 武柳
HAN, GUANG RONG 韩广荣 **(1955-)**

WU, LIU NAN 吴榴楠 **(1949-)**
Jiang, Nan 江楠

Wu, Liu qiao 吴六桥
CAI, WEN XUAN 蔡文玄 **(1905-1995)**

Wu, Liu yu 吴柳隅
WU, GUAN YIN 吴贯因 **(1880-1935)**

Wu, Long 伍龙
LIU, GEN SHE 刘跟社 **(1959-)**

Wu, Lou 吴楼
ZHANG, SHOU QIAN 张守谦 **(1916-)**

Wu lou ju shi 吴楼居士
WU, SI MING 吴思明 **(1936-)**

Wu lu 吾庐
YU, MING HENG 俞铭衡 **(1900-1990)**

Wu lu 芜露
RUAN, ZHI XIONG 阮志雄 **(1954-)**

Wu lu 悟庐
LIU, XIN HUANG 刘心皇 **(1915-)**

Wu, Lu jun 吴陆君
WU, XIAN HUI 吴先惠 **(1954-)**

Wu, Lu qin 吴鲁芹
WU, HONG ZAO 吴鸿藻 **(1918-1983)**

WU, LÜ NAN 吴吕南 **(1952-)**
Qi ling 乞灵
Xiao lü 小绿

Wu, Lü ping 吴履平
WU, LIANG PING 吴亮平 **(1908-1986)**

Wu lü zhu ren 无虑主人
LU, SHU XUN 卢树勳 **(1929-)**

Wu, Lue 伍略
LONG, MING WU 龙明五 **(1936-)**

Wu lue a shan you 武略阿善悠
LONG, MING WU 龙明五 **(1936-)**

Wu lue dai meng 伍略呆孟
LONG, MING WU 龙明五 **(1936-)**

Wu lue dai meng 武略呆梦
LONG, MING WU 龙明五 **(1936-)**

Wu man ci jia 乌蛮次佳
YANG, JIA FU 杨佳富 **(1964-)**

WU, MAN JUN 吴曼君 **(1912-1986)**
Wu, Jing yi 吴敬仪

Wu, Man tuo 吴曼陀
WU, MI 吴宓 **(1894-1978)**

WU, MAN YING 吴曼英 **(1935-)**
Ye feng 野蜂

Wu mao 无卯
ZHANG, SHI ZHAO 章士钊 **(1882-1973)**

Wu, Mei 伍妹
DENG, WEN SHU 邓文淑 **(1904-1992)**

Wu, Mei 伍美
DENG, WEN SHU 邓文淑 **(1904-1992)**

Wu, Mei 吴枚
WU, RU YI 吴汝翊 **(1919-)**

Wu, Mei 吴眉
XU, WAN MING 徐万明 **(1941-)**

WU, MEI 吴梅 **(1884-1939)**
Bu fei 逋飞
Chang zhou mei dao ren 长洲呆道人
Dong li ci ke 东篱词客
Jiang dong bu fei 江东逋飞
Ling zhi 灵鳷
Mei dao ren 呆道人
She mo ta shi 奢摩它室
Shuang ya 霜厓
Wu, Lling zhi 吴灵鳷
Wu, Mou 吴某
Wu, Qu an 吴瞿安
Wu, Qu an 吴臞安
Wu, Qu an 吴癯安
Ya sou 厓叟

Wu, Mei 吴梅
HU, SHOU MEI 胡寿楣 **(1908-1982)**

Wu, Mei 吴梅
WU, RU YI 吴汝翊 **(1919-)**

Wu mei 无寐
CHEN, ZI FEN 陈子奋 **(1898-1976)**

WU, MEI EN 吴美恩 **(1949-)**
Lan, Xin cao 兰心草
Ling, Song 凌松
Lü dao 绿岛
Niu, Zi 牛仔
Shi hun yu 失魂鱼
Yan, Fan 颜帆
Ye he cao 夜合草
Zi meng ling 紫梦羚

Wu, Mei sun 吴眉孙
WU, QING XIANG 吴清庠 **(1878-1961)**

Wu, Mei xin 伍美心
WU, LI PING 伍丽萍 **(1962-)**

Wu men 无闷
WU, JING HONG 吴景鸿 **(1876-1939)**

Wu men 无闷
FU, XIONG XIANG 傅熊湘 **(1883-1930)**

Wu men 无闷
XIA, MIAN ZUN 夏丏尊 **(1886-1946)**

Wu men 无闷
YANG, PU SHENG 杨谱笙

Wu men 悟门
WU, RUI XIN 吴锐心 **(1909-)**

Wu men lao jun 吴门老均
WANG, WEN RU 王文濡

Wu men lao ren 无闷老人
LIU, ZU PEI 刘祖沛

Wu men shou juan 吴門瘦鵑
ZHOU, GUO XIAN 周国贤 **(1894-1968)**

Wu men tian xiao sheng 吴门天笑生
BAO, GONG YI 包公毅 **(1876-1973)**

Wu, Meng 吴梦
WU, XIAO TIAN 吴孝田 **(1928-)**

Wu, Meng 吴蒙
WANG, YANG 王扬 **(1917-1986)**

Wu, Meng 吴蒙
WU, JUN GANG 吴俊刚 **(1950-)**

Wu meng 无梦
CHEN, WU MEN 陈无闷

Wu, Meng chang 伍孟昌
WU, SHI CHAO 伍仕超 **(1912-)**

Wu, Meng chang 伍梦昌
WU, SHI CHAO 伍仕超 **(1912-)**

Wu, Meng chuang 伍梦窗
WU, SHI CHAO 伍仕超 **(1912-)**

WU, MENG FEI 吴梦非 **(1893-1979)**
Jia bai 嘉白
Jia ping 嘉平

WU, MENG GUI 吴梦桂 **(1928-)**
Wu, Feng 吴枫

Wu meng qing nian 无梦青年
YUAN, ZHEN YING 袁振英

WU, MI 吴宓 **(1894-1978)**
Kong xuan 空轩
Man tuo 曼陀

ZHANG, SEN LIN 张森林 **(1961-　　)**

Wu, Mu 吴穆
WU, DA KUN 吴大琨 **(1916-　　)**

Wu mu 午木
NIU, LIN SEN 牛林森 **(1942-　　)**

WU, MU FENG 吴慕风 **(1915-　　)**
Chang feng 长风
Lao long 老龙
Wu, Ruo 吴若

Wu mu shan seng 乌目山僧
HUANG, ZONG YANG 黄宗仰 **(1861-1921)**

WU, MU SHI 吴穆适
Jiang, Nan 江南

Wu, Mu yao 武慕姚
WU, FU NAI 武福鼐 **(1900-　　)**

Wu, Na 吴娜
ZHAN, DAI ER 詹岱尔 **(1947-　　)**

Wu, Nai 吴奈
SHEN, QI 沈奇 **(1951-　　)**

WU, NAN JUAN 吴枏娟 **(1952-　　)**
Rong rong 融融

WU, NAN RU 吴南如 **(1898-1975)**
Tian sheng 天生

WU, NAN SHENG 吴南生 **(1922-　　)**
Wu, Chu ren 吴楚人
Zuo, Ci 左慈

Wu, Nan xing 吴南星
LIAO, JIA QUAN 廖家权 **(1907-1990)**

Wu, Nan xing 吴南星
WU, CHUN HAN 吴春晗 **(1909-1969)**

Wu, Nan xing 吴南星
DENG, TUO 邓拓 **(1912-1966)**

WU, NAN XUN 吴南薰 **(1927-　　)**
Hu, Zi 胡子
Nan, Nan 南南
Shun feng 舜风
Tian, Di 田地
Wu, Lan 吴蓝
Xia, Shu 夏黍
Xiao, Gu 萧谷
Xiao tian 小田

WU, NE SUN 吴讷孙 **(1919-　　)**
Lu qiao 鹿桥
Wu, Nelson Ikou

Wu, Nelson Ikou
WU, NE SUN 吴讷孙 **(1919-　　)**

Wu neng 无能
QIAN, XUAN TONG 钱玄同 **(1887-1939)**

Wu neng zi 无能子
QIAN, XUAN TONG 钱玄同 **(1887-1939)**

Wu nian 无念
YI, TING XI 易廷熹 **(1874-1941)**

Wu, Nian ci 吴念慈
DU, GUO XIANG 杜国庠 **(1889-1961)**

Wu, Nian zhen 吴念真
WU, WEN QIN 吴文钦 **(1952-　　)**

Wu, Ning 伍宁
HUANG, GU NONG 黄谷农 **(1916-　　)**

WU, NING 吴宁
Ba, Lei 巴蕾

Wu, Niu 乌牛
ZHOU, MIN ZHEN 周民震 **(1932-　　)**

Wu, Niu 吴牛
XU, YUN QIAO 许云樵 **(1905-1981)**

Wu, Niu 吴牛
WU, SHAN ZHEN 吴善珍 **(1906-1985)**

Wu, Niu 吴牛
WU, HE QIN 吴鹤琴 **(1913-1969)**

Wu, Nong 吴秾
WU, JIAN XIAN 吴建贤 **(1923-1991)**

WU, NONG HUA 吴农花
Chen long 辰龙

WU, PEI JUE 吴佩珏 **(1932-　　)**
Wu, Yue 吴越
Yu yu 玉玉

WU, PEI LIN 吴沛霖 **(1889?-　　)**
Jie yang ling qiao zhe 揭阳岭樵者
Mei, Chan 梅禅
Ze an 泽庵

WU, PEI LING 吴佩玲
Pei ling 佩玲

Wu, Pei ying 武佩莹
WU, PI RONG 武丕荣

Wu, Peng 吴彭
WU, YANG MU 吴养木 **(1921-　　)**

Wu, Peng lai 吴蓬莱
WU, YU CHENG 吴裕成 **(1952-　　)**

Wu, Peng nian 吴彭年
WU, PING 吴平 **(1923-　　)**

Wu, Pi 武陂
FAN, WEN LAN 范文澜 **(1893-1969)**

WU, PI RONG 武丕荣
Huan feng 寰风
Pei ying 佩莹
Pei yun 佩筠
Sai shi 塞石
Wu, Pei ying 武佩莹

WU, PI TI 吴丕悌 **(1910-1972)**
Fei er 斐尔
Gao xiong 糕兄
Yun jian wei zhi 云间伟治

WU, PIN JIN 吴品今
Geng yu 耕雨
Pin jin 品今

Wu, Ping 吴平
WU, SHAO YI 吴绍镒 **(1907-1942)**

WU, PING 吴平 **(1923-)**
Ping, Ni 平尼
Wu, Peng nian 吴彭年
Wu, Shu zhi 吴树之

Wu, Ping 吴平
ZOU, ZHI CHENG 邹志诚 **(1928-)**

WU, PING 吴平 **(1931-)**
Te ge xi 特格希

Wu, Ping yun 吴萍云
ZHOU, ZUO REN 周作人 **(1885-1967)**

Wu, Ping zhi 吴平之
WU, SHAN 吴山 **(1876-1936)**

WU, PU MING 吴普明
Pu, Ming 普明

Wu, Qi 吴起
GAO, DE XIONG 高德雄 **(1918-1981)**

WU, QI CHANG 吴其昌 **(1905-1944)**
Zheng an 正厂

Wu, Qi er 邬契尔
WU, SHAN ZHEN 吴善珍 **(1906-1985)**

Wu, Qi fang 吴岂仿
HE, QI FANG 何其芳 **(1912-1977)**

WU, QI JI 吴启基 **(1951-)**
Wu, Fang lan 吴放澜
Wu, Yin 吴垠

Wu qi la da 吴琪拉达
WU, YI XING 吴义兴 **(1936-)**

Wu, Qi min 吴其敏
WU, RUI XIN 吴锐心 **(1909-)**

Wu, Qi ren 吴齐仁
ZHANG, JING LU 张静庐 **(1898-1969)**

Wu, Qi ren 吴其仁
WEI, QING HUANG 韦庆煌 **(1916-)**

WU, QI SEN 吴其森 **(1949-)**
Wu, Xiao 吴晓

WU, QI XIANG 吴启庠 **(1929-1984)**
Cheng ying 呈英
Xiao, Rong 萧容
Xiao rong 小容

WU, QI YU 吴其玉 **(1904-)**
Qi yu 琪屿

Wu, Qi yuan 吴绮缘
WU, XI 吴惜 **(1898-1949)**

Wu, Qi zhai 邬启斋
YE, HONG 叶洪 **(1920-)**

Wu, Qian 吴倩
WU, WAN 吴万 **(1894-1970)**

Wu, Qian 吴倩
WU, ZONG RUI 吴宗瑞 **(1921-)**

WU, QIAN 吴倩 **(1956-)**
A qiang 阿蔷

Wu, Qian an 吴倩庵
WU, WAN 吴万 **(1894-1970)**

Wu, Qian cheng 吴潜诚
WU, QUAN CHENG 吴全成 **(1949-)**

WU, QIAN HAO 吴乾浩 **(1939-)**
Tian hao 天昊
Wu, Chong xiao 吴重霄

WU, QIAN HUI 吴乾惠 **(1913-)**
Meng di yuan 梦蒂园

Wu, Qian yao 伍迁耀
WU, QING YOU 吴清友 **(1906-)**

WU, QIAN YU 吴谦裕 **(1920-)**
Diao, Wen mei 貂问湄
Li, Yin 李音
Lu, Bin 鲁彬
Si ma, Mu ding 司马牧丁
Wu, Bing 吴冰
Zhou, Zhang 周章

WU, QIAN ZHI 吴谦之 **(1918-)**
Wu, Chi gong 吴持恭

Wu, Qiang 伍强
WU, FU QIANG 伍福强 **(1930-)**

Wu, Qiang 吴强
WU, SI HONG 吴似鸿 **(1906-)**

Wu, Qiang 吴强

WANG, LIU BIN 汪六滨 **(1910-1990)**

Wu, qiang 吴蔷
WANG, LIU BIN 汪六滨 **(1910-1990)**

Wu, Qiao 吴峤
WU, ZHI ZHEN 吴织珍 **(1921-)**

Wu, Qin 吴琴
WU, DA CHANG 吴达昌

Wu, Qin feng 吴沁风
WU, SHENG FENG 吴晟锋 **(1947-)**

Wu, Qin hong 吴钦宏
WU, BO 吴渤 **(1911-1984)**

Wu, Qing 吴晴
CHEN, JIA NING 陈家宁 **(1938-)**

Wu, Qing 吴晴
WU, SHUN JIAO 吴顺娇 **(1951-)**

Wu qing 无庆
LI, WEN TAO 李文涛 **(1880-1942)**

Wu qing 芜青
YI, ZHUN 易准 **(1931-)**

WU, QING CHI 吴庆坻 **(1848-1924)**
Bu song lao ren 补松老人
Bu song lu 补松庐
Bu song zhai 补松斋
Hui yu sheng 悔馀生
Jiao lang 蕉廊
Jing jiang 敬疆
Xiao huai yi 小槐簃
Zi xiu 子修

Wu, Qing ru 吴清如
WU, QING RU 吴清儒 **(1927-)**

WU, QING RU 吴清儒 **(1927-)**
Wu, Qing ru 吴清如

WU, QING SHENG 吴清生 **(1918-)**
Tie niu 铁牛
Wu, Jun fu 吴俊甫
Wu, Zi an 吴子安

WU, QING TANG 吴庆堂 **(1911-)**
Gu ding 孤丁
Hui sheng 绘声

WU, QING TIAN 吴擎天
Qing tian 擎天

Wu, Qing ting 吴清汀
WU, XI MIAO 吴细庙 **(1945-)**

Wu qing ting zhang 芜青亭长
WU, JUN QING 吴俊卿 **(1844-1927)**

Wu, Qing wen 伍青文
CHEN, ZHANG TAI 陈章太 **(1932-)**

WU, QING XIA 吴青霞 **(1910-)**
Long cheng nü shi 龙城女史
Zhuan xiang ge zhu 篆香阁主

WU, QING XIANG 吴清庠 **(1878-1961)**
Han yu 寒芋
Hua bing weng 画饼翁
Mei sun 眉孙
Po bo 破盋
Shuang hong dou zhai zhu 双红豆斋主
Wu, Mei sun 吴眉孙
Yu gong 芋公
Yu sou 芋叟

WU, QING XING 吴青杏
Xia, Yan 夏烟

WU, QING YOU 吴清友 **(1906-)**
Wu, Qian yao 伍迁耀

WU, QING ZHAO 吴庆照 **(1939-)**
Xi lu 希路

Wu, Qiong 吴穷
WU, YUN SEN 吴云森 **(1929-)**

Wu qiong 芜茕
WU, ZHANG SHU 吴丈蜀 **(1919-)**

Wu, Qiong li 吴琼立
SUN, WEI FANG 孙惟舫 **(1952-)**

Wu, Qiu 吴秋
HUANG, GUI WEN 黄贵文 **(1940-)**

Wu qiu 梧丘
SHAO, RUI PENG 邵瑞彭 **(1886-1938)**

Wu qiu bei zhai zhu ren 无求俻斋主人
YAN, MING JIE 严明傑 **(1904-)**

WU, QIU LIN 吴秋林 **(1955-)**
Zhong, Shan 钟山

Wu, Qiu shan 吴秋山
WU, JIN LAN 吴晋澜 **(1907-1984)**

WU, QIU ZAN 吴秋赞 **(1941?-)**
Nan, Fei yan 南飞雁
Nan, Feng 南枫

Wu, Qu 吴去
REN, YU CHENG 任禹成 **(1907-)**

Wu, Qu an 吴瞿安
WU, MEI 吴梅 **(1884-1939)**

Wu, Qu an 吴臞安
WU, MEI 吴梅 **(1884-1939)**

Wu, Qu an 吴癯安

WU, MEI 吴梅 **(1884-1939)**

WU, QUAN CHENG 吴全成 **(1949-)**
Wu, Qian cheng 吴潜诚

Wu quan shan ren 五泉山人
LIU, ER XIN 刘尔炘 **(1865-1931)**

WU, QUAN XI 吴全喜 **(1948-)**
Gu, Jing 古井

Wu, Qun 伍群
HU, DE JIA 胡德嘉 **(1931-)**

Wu, Qun 吴群
WU, YU CHEN 伍于琛 **(1923-)**

Wu, Ran 吴然
WU, XING RAN 吴兴然 **(1945-)**

Wu, Rao geng 吴饶畊
WU, JIAN TIAN 吴建田 **(1900-1976)**

Wu re er tu 乌热尔图
TU, SHAO MIN 涂绍民 **(1952-)**

Wu ren 武人
WU, CHENG REN 武承仁 **(1930-)**

WU, REN CHANG 吴人长
Yong lin 永麟

Wu, Ren jian 吴人建
WU, JIAN MIN 吴健民 **(1921-)**

Wu ren lu 五人路
SU, LI YAN 苏立言 **(1918-)**

Wu, Ren zhi 吴仞之
WU, SHANG QIAN 吴上千 **(1902-)**

Wu, Ren zhi 吴任之
WU, CHUAN JUN 吴传钧 **(1918-)**

Wu, Rong 吴戎
WU, RONG ZHANG 吴蓉章 **(1932-)**

Wu, Rong 吴容
WU, ZHEN GUANG 吴振光 **(1921-)**

WU, RONG FA 吴荣发 **(1934-)**
Hua, Lao hu 花老虎

WU, RONG KANG 吴荣康 **(1911-)**
Wu, Shan 吴山

WU, RONG ZHANG 吴蓉章 **(1932-)**
Wu, Rong 吴戎

WU, RU MING 吴汝铭
Yu ming 雨溟

Wu, Ru xun 吴汝勋
WU, FEI DAN 吴斐丹 **(1907-1981)**

WU, RU YI 吴汝翊 **(1919-)**
Ru yan 乳燕
Wu, Mei 吴枚
Wu, Mei 吴梅

Wu, Rui 吴锐
WU, SHENG GANG 吴胜刚 **(1915-)**

WU, RUI CUN 巫瑞村 **(1938-)**
Rui cun 瑞邨

WU, RUI XIANG 吴瑞祥
Ma, Fu zhi 马夫之
Xue sheng 雪生
Zhao, Lin 赵林

WU, RUI XIN 吴锐心 **(1909-)**
Liang, Bai qing 梁柏青
Mai, Qing qing 麦青青
Mei an 眉庵
Mei an 眉菴
Wang cui xuan 望翠轩
Wang cui 望翠
Weng, Ji yun 翁继耘
Wu men 悟门
Wu, Qi min 吴其敏
Xiang, Chen 向宸
Xiang, Huan 向寰

Wu, Ruo 吴若
WU, MU FENG 吴慕风 **(1915-)**

WU, RUO PING 吴若萍 **(1928-)**
Gu, Feng 谷风
Ruo ping 若萍

WU, SAN CAI 吴三才 **(1926-)**
Huang, Sha 黄砂
Yi fu 毅夫

WU, SAN LIAN 吴三连 **(1899-)**
Dong hu 东湖
Jiang, Yu 江雨

Wu, Se 吴啬
WANG, LIU BIN 汪六滨 **(1910-1990)**

Wu, Sen 吴森
CHEN, QI TIAN 陈启天 **(1893-1984)**

WU, SEN XIONG 吴森雄 **(1929?-1979)**
Hei, Chou 黑丑
La fu 拉夫
Lao xi 老锡
Luo fu 洛夫
Shi, Si 史斯
Wu, Xi 吴锡
Xi shi 锡士

WU, SHAN 吴山 **(1876-1936)**

Da tong shan ren 大同山人
Sheng ming zhi cheng 圣名旨诚
Wu, Ping zhi 吴平之

Wu, Shan 吴山
WU, RONG KANG 吴荣康 **(1911-)**

Wu, Shan 吴山
CAI, YU ZHI 蔡宇知 **(1953-)**

Wu, Shan 巫山
JIANG, XIAN YUN 蒋先云 **(1902-1927)**

Wu shan 梧山
CHEN, FU TONG 陈福桐

Wu shan 屋山
WANG, CHAO RUI 王朝瑞 **(1939-)**

Wu, Shan ren 吴山人
WU, YU 吴虞 **(1872-1949)**

WU, SHAN TING 吴善庭 **(1936-)**
Yan, Ming 严茗

WU, SHAN ZHEN 吴善珍 **(1906-1985)**
Wu, Gao 吴高
Wu, Niu 吴牛
Wu, Qi er 郎契尔
Wu, Wu 吴舞
Wu, Xi ru 吴奚如
Wu, Xi ru 吴席儒
Xi 奚
Xi, Ru 奚如

Wu, Shang li 武尚礼
WU, SHANG LI 武尚理 **(1929-)**

WU, SHANG LI 武尚理 **(1929-)**
Wu, Shang li 武尚礼

Wu, Shang ping 吴尚平
WU, LANG PING 吴浪平 **(1949-)**

WU, SHANG QIAN 吴上千 **(1902-)**
Wu, Chang qian 吴常千
Wu, Ren zhi 吴仞之

WU, SHANG QING 吴尚清 **(1916-)**
Wu, Lao 吴劳

WU, SHANG YING 吴尚鹰 **(1892-)**
Yi fei 一飞

Wu, Shao 吴韶
WU, ZU GUANG 吴祖光 **(1917-)**

Wu shao 舞勺
WANG, ZHU 王铸 **(1902-1986)**

WU, SHAO BAO 吴绍葆 **(1925-)**
Fang, Mu li 方慕黎
Fu ping 浮萍

Jin bang ju shi 金榜居士
Wan lang 宛郎
Yi de 一得
Yuan, Lang 元朗

WU, SHAO GAN 吴绍赣 **(1917-)**
Wu, Ge 吴戈

WU, SHAO WEN 武少文
Shao wen 少文

Wu, Shao yan 吴绍彦
YU, HONG YOU 俞鸿犹

WU, SHAO YI 吴绍镒 **(1907-1942)**
Wu, Ping 吴平
Yang, Deng 杨邓
Yang, Song 杨松

Wu, She 吴舍
WU, KUN JI 吴坤纪 **(1933-)**

Wu, Sheng 毋声
YANG, SAN QIAO 杨三桥 **(1955-)**

WU, SHENG 邬生 **(1935-)**
Shan ge 山戈

Wu, Sheng 吴生
ZHANG, JIAN 张健 **(1939-)**

Wu, Sheng 吴声
WU, ZI QIANG 吴自强 **(1943-)**

Wu, Sheng 吴晟
WU, SHENG XIONG 吴胜雄 **(1944-)**

Wu, Sheng 武生
TU, WU SHENG 涂武生 **(1934-)**

Wu sheng 无生
WANG, ZHONG QI 王锺麒 **(1880-1913)**

Wu sheng 无生
CHEN, QI TIAN 陈启天 **(1893-1984)**

Wu sheng 悟生
WANG, CHENG ZONG 汪承宗 **(1928-)**

Wu sheng 雾升
BAI, CHONG YI 白崇义 **(1931-)**

Wu sheng 寤生
ZENG, RU ZHONG 曾汝钟 **(1919-)**

WU, SHENG CONG 吴胜聪
Meng, Lin 孟霖
Wu, Jian fu 吴湔祓

WU, SHENG FENG 吴晟锋 **(1947-)**
Cui, Can 崔粲
Gu, Li 古利
Qin, Cai 秦彩
Qing ting 青亭

Su, San xiu 苏三秀
Wu, Qin feng 吴沁风
Wu, Sheng feng 吴盛丰
Wu, Yi xin 吴亦欣
Wu, Ying pei 吴膺培
Zhan, Wu 詹芜

Wu, Sheng feng 吴盛丰
WU, SHENG FENG 吴晟锋 **(1947-)**

WU, SHENG GANG 吴胜刚 **(1915-)**
Huo liu 火流
Wu, Rui 吴锐

WU, SHENG HUI 吴盛辉 **(1920-1944)**
Chen, Hui 陈辉

Wu sheng sheng 无生生
WANG, ZHONG QI 王锺麒 **(1880-1913)**

WU, SHENG XI 吴圣昔 **(1932-)**
Fang, Sheng 方胜

WU, SHENG XIONG 吴胜雄 **(1944-)**
Wu, Sheng 吴晟

WU, SHENG YAN 吴胜延 **(1938-)**
Wu, Hui 吴辉

Wu, Shi 伍实
FU, ZE HUANG 傅则黄 **(1893-1971)**

Wu, Shi 吴士
FENG, YING ZI 冯英子 **(1915-)**

Wu, Shi 吴氏
WU, JUN QING 吴俊卿 **(1844-1927)**

Wu, Shi 吴石
XU, JIN NONG 徐今农 **(1933-)**

Wu, Shi 吴视
WU, CHUAN YOU 吴传佑 **(1914-1982)**

Wu, Shi 武石
FENG, ZI SHU 冯子树 **(1914-)**

Wu shi 悟实
SUN, BANG DA 孙帮达 **(1922-)**

Wu shi an 兀十厂
FU, RUI JIN 符瑞金 **(1906-)**

Wu, Shi bu 吴士步
WU, BU NAI 吴步乃 **(1929-)**

WU, SHI CHANG 吴世昌 **(1908-1986)**
Luo, Yin shi 罗音室
Wu, Zi zang 吴子臧
Yan jing bu yi 燕京布衣
Zi zang 子臧

WU, SHI CHAO 伍仕超 **(1912-)**
Meng, Chang 孟昌
Wu, Meng chang 伍梦昌
Wu, Meng chang 伍孟昌
Wu, Meng chuang 伍梦窗

Wu, Shi fa 吴世法
ZHAO, SHU LI 赵树礼 **(1906-1970)**

Wu, Shi fu 伍石夫
WU, SHI YING 伍世英 **(1910-1939)**

Wu, Shi hong 吴石鸿
WU, ZI JIN 吴紫金 **(-1957)**

WU, SHI HUAN 吴世宦 **(1926-)**
Wu, Wei qun 吴维群

WU, SHI JIAN 吴士鑑 **(1868-1933)**
Han jia shi zhu 含嘉室主
Jiu zhong jing she 九钟精舍

WU, SHI JIE 吴世杰 **(1904-)**
Shi jie 世杰
Shi, Xun 石浔
Wu, Cun 吴村

Wu, Shi mang 吴世茫
HUANG, YONG YU 黄永玉 **(1924-)**

WU, SHI MING 吴适鸣
Jing bang 静邦

Wu, Shi tong 吴拾桐
XU, DONG BIN 徐东滨 **(1927-1995)**

Wu, Shi tu 伍识途
GU, XING 顾行 **(1928-)**

Wu, Shi xuan 吴士萱
WU, YING YUN 吴应云

Wu, Shi yang 吴示羊
WU, DA CHANG 吴达昌

Wu, Shi yi 武拾遗
LIANG, MENG GENG 梁梦庚 **(1914-)**

WU, SHI YING 伍世英 **(1910-1939)**
Shi ying 世英
Wu, Shi fu 伍石夫
Xiu ji 休基

WU, SHI YU 吴士余 **(1945-)**
Si, Yu 斯余
Wei ren 未人

WU, SHI YUAN 吴士源 **(1922-)**
Lin, Yun 林耘

WU, SHI ZENG 伍士增 **(1926-)**
Li yun 力耘
Shi zeng 士增

Wu shi zhai 五石斋

DENG, ZHI CHENG 邓之诚 (1887-1960)

Wu, Shou 吴守
YANG, YAN QI 杨彦歧 (1920-1978)

Wu shou 无首
LIAO, ZHONG KAI 廖仲恺 (1877-1925)

WU, SHOU FU 吴受福
Jie zi 介兹
Jin xuan 琎轩
Zi li 子梨

WU, SHOU MING 吴守明 (1938-)
Bai, Yun 白云
Hai, Yang 海阳

WU, SHOU ZHEN 伍受真 (1901-)
Jia qing 稼青
Wu, Jia qing 伍稼青
Wu, Jia qing 吴稼青

WU, SHU 吴树
Xia, Xian 夏弦

WU, SHU MING 吴湫溟 (1924-)
Hu gong 壶公

WU, SHU PING 吴树平 (1940-)
Yu, Yi shi 于亦时
Zhong, Hua 钟华

Wu shu qing shan bai cao lu zhu 无数青山拜草庐主
WANG, SEN RAN 王森然 (1895-1984)

Wu, Shu sheng 伍书生
LIANG, ZHU HUA 梁柱华 (1941-)

WU, SHU SHENG 吴树声 (1922-)
Jia sheng 家声
Lao, Wu 劳芜
Lao, Wu 劳武
Man wen 漫文
Wu, Jian de 吴建德

WU, SHU TIAN 吴曙天 (1903-1942)
Shu tian 曙天
Shu tian nü shi 曙天女士

WU, SHU YING 吴疏影
Shu, Ying 疏影

Wu, Shu zhi 吴树之
WU, PING 吴平 (1923-)

WU, SHUANG 吴塽 (1928-)
Bai, Heng 白珩
Ge, Ge 戈戈
Lao diu 老丢
Li, Yun 李云
Xiao ge 小戈
Xiao yun 小云
Yong quan 涌泉

Wu shuang 浯霜
YU, ZONG YUAN 俞宗原 (1874-1922)

WU, SHUANG LIAN 吴双连 (1936-)
Qiu, Shuang 秋爽
Wu, Ge 吴戈
Xia, Liang 夏凉

Wu, Shuang re 吴双热
WU, GUANG XIONG 吴光熊

Wu, Shuang yi 吴双翼
WU, YUN SHENG 吴筠生 (1929-)

Wu, Shuang yi 吴双翼
GUO, BO YING 郭伯英

Wu shui 无水
YANG, DE EN 杨德恩 (1908-)

WU, SHUN JIAO 吴顺娇 (1951-)
Wu, Qing 吴晴

WU, SHUN ZHI 吴顺治 (1938-)
Ruo ying 若影

Wu shuo 无说
LI, WEN TAO 李文涛 (1880-1942)

Wu, Si 乌斯
REN, GEN LIU 任根鎏 (1923-)

Wu si 无私
CHEN, QI 陈弃

WU, SI HONG 吴似鸿 (1906-)
A luo 阿罗
S H
Su, Hong 苏虹
Wu, Feng 吴峰
Wu, Qiang 吴强
Xiang qiu 湘秋

WU, SI MAO 武思茂
Mao 冒
Si mao 思冒

WU, SI MING 吴思明 (1936-)
Si ma, Ling 司马翎
Wu lou ju shi 吴楼居士

Wu, Si yi 吴思一
ZENG, JI RONG 曾几荣

WU, SI ZHONG 吴思钟 (1954-)
Liu sha 流沙

Wu, Song 吴淞
ZHANG, CHUN QIAO 张春桥 (1917-)

WU, SONG GAO 吴颂皋 (1899-)
Leng, Guan 冷观

Wu, Yi gong 吴翼公
Yi gong 翼公

WU, SONG GU 吴松谷 **(1907-)**
Wu, Yi sheng 吴逸生
Yi sheng 逸生
Yi zu 医卒

WU, SONG LING 吴松龄 **(1927-)**
Lu, Yao 路遥
Yang yan 仰淹

WU, SONG QIAO 伍松乔 **(1948-)**
Duo yi mu 多一木
Yi mu 一木
Yong yong 庸庸

Wu sou 梧叟
ZHOU, YUE NIAN 周岳年 **(1910-)**

WU, SU 吴肃 **(1898-1939)**
Nai ku sheng 耐苦生
Wu, Ya lu 吴亚鲁

Wu, Sun 伍隼
XIA, QIN HAN 夏钦瀚 **(1926-)**

WU, SUN 吴隼 **(1902-1961)**
Lu ming 鹿鸣
Qiu, Chen 秋尘

Wu suo 无所
LI, WEN TAO 李文涛 **(1880-1942)**

WU, TAI CHANG 吴泰昌 **(1937-)**
Shan feng 山风
Wu, Fan 吴繁
Yu, Xiang 余乡

WU, TAI SHAN 吴太山
Liu lian guan zhu 榴梿馆主
Shan shan 珊珊
Shou he 瘦鹤
Su, Su 苏苏
Wen lu ke 蚊庐客
Wen, Tong sheng 文童生

Wu tan chun 吾谈春
LI, MING CHENG 李明诚 **(1914-)**

Wu tang 无堂
XIE, LIU YI 谢六逸 **(1898-1945)**

Wu tang 无堂
WANG, REN SHU 王任叔 **(1901-1972)**

WU, TANG DI 伍棠棣 **(1921-)**
Jian ju 健驹
Wu, He 伍禾

WU, TAO 吴梼
Dan, Zhong 亶中

WU, TAO 吴焘
Zi ming 子明

Wu, Tao 吴韬
TIAN, YING CHENG 田英成 **(1940-)**

Wu ti lou 无梯楼
BU, SHAO FU 卜少夫 **(1908-2000)**

WU, TI REN 吴体仁
Ping wang 苹望

Wu, Tian 吴天
HONG, WEI JI 洪为济 **(1912-)**

WU, TIAN BO 吴田波 **(1964-)**
Tian, Bo 田波

WU, TIAN CAI 吴天才 **(1936-)**
Ding, Feng 丁锋
Ding, Ping 丁平
Jiang, Qi 江錡
Jiang, Tian 江天
Jiang, Ting 江汀
Liu, Meng 柳梦
Lu, Mang 鲁鋩
Ou yang, Gang feng 欧阳罡风
Ru zi niu 孺子牛
Shi, Feng 石枫
Si ma, Juan juan 司马涓涓
Wu, Ge 吴戈

WU, TIAN CI 吴天赐 **(1911-1948)**
Ang chong 昂冲
Chen, Guang 陈光
Wu, Jing ye 吴敬业

WU, TIAN FANG 吴天放
Tian fang 天放

Wu, Tian lu 吴天庐
WU, JIN LAN 吴晋澜 **(1907-1984)**

WU, TIAN MIN 吴天民
Jie shi 介石

WU, TIAN SHANG 吴天赏 **(1909-1947)**
Wu, Yu san 吴郁三
Wu, Yu san 吴鬱三

Wu, Tian shi 吴天石
WU, YU LIN 吴毓麟 **(1910-1966)**

Wu, Tiao 吴朓
WU, JING HENG 吴敬恒 **(1865-1953)**

Wu, Tiao gong 吴调公
WU, DING DI 吴鼎第 **(1914-)**

Wu, Tie 吴铁
WU, BAO GANG 吴保刚 **(1933-)**

Wu, Tie ping 伍铁平

HUANG, DING ZHUO 黄定涿 (1928-)

Wu, Ting 武汀
XU, WU DING 徐武丁 (1944-)

WU, TING FANG 伍廷芳 (1842-1922)
Guan du lu 观渡庐
Zhi yong 秩庸

WU, TING GUAN 吴廷琯 (1914-)
Bai, Lu 白鲁
Jiang, Shang qing 江上青
Shang qing 上青
Tian, Jun 田峻
Wu, Bai lu 吴白鲁
Xia li 下里
Xu, Fan 许藩
Ya wu 涯屋
Yun, Zhao 云召

WU, TING QIU 吴廷璆 (1910-)
Lin, Jiu 林玖
Man quan 曼泉
Mo jian 默健

WU, TING XIE 吴廷燮 (1866-1947)
Jing, Du tang 景杜堂
Wu, Xiang zhi 吴向之
Xiang, Zhi 向之

WU, TING ZHEN 吴廷桢
Wu, Di zhong 吴砥中

WU, TONG 吴佟 (1922-)
Fang, Dong 方冬
Hai, Ren 海人
Qian shan lü 千山绿
Tong, Ying 佟英
Wen, Lan 温兰
Wen, Wen 文雯
Wen, Zi 文子

Wu, Tong 吴彤
WANG, WEN 王汶 (1922-)

Wu tong 梧桐
WU, MING QIANG 吴明强 (1964-)

Wu tong 梧桐
HUANG, JIN BAO 黄金保

WU, TONG BAO 吴同宝 (1922-)
Lao sha 老莎
Sha sheng 莎生
Sha zhai 莎斋
Shao, Ru yu 邵汝愚
Shao ruo 少若
Wu, Xiao ru 吴小如
Wu, Zhen 吴珍
Yu, Sha 虞莎

Yu xin 舆薪

Wu, Tong ge 伍同戈
DING, RI CHU 丁日初 (1917-)

WU, TONG MEI 吴通美 (1946-)
A cai 阿彩

Wu, Tong yuan 乌统远
WU, ZHONG YU 乌钟毓 (1894-1965)

Wu, Tong zi 吴桐子
YU, DA XIANG 喻大翔 (1953-)

Wu tong zi 梧桐了
LI, QI NIAN 李綺年 (1956-)

Wu wai ju shi 无外居士
DENG, TIE 邓铁 (1898-1963)

WU, WAN 吴万 (1894-1970)
Chou yi 醜簃
Dong zhuang 东庄
Jiang nan wu shi shi jia 江南吴氏世家
Mei, Jing 梅景
Mei jing shu wu zhu ren 梅景书屋主人
Song shan ju shi 嵩山居士
Wu, Hu fan 吴湖帆
Wu, Qian 吴倩
Wu, Qian an 吴倩庵
Qian an 倩庵
Yan, Yi 燕翼

Wu, Wan 吴琬
FANG, HAO 方豪 (1910-1980)

Wu, Wan gu 吴万谷
WU, JING MO 吴敬模 (1914-)

Wu, Wang 吴往
YANG, FENG QI 杨凤岐 (1908-)

Wu, Wang 吴往
FANG, HAI CHUN 方海春 (1912-1970)

WU, WANG YAO 吴望尧 (1932-)
Ba, Lei 巴雷

Wu, Wei 吴畏
WU, YUN SEN 吴云森 (1929-)

Wu, Wei 吴畏
WU, FU HUI 吴福辉 (1939-)

Wu, Wei 吴谓
CHEN, KE HUI 陈克惠 (1918-)

Wu wei 无为
CHEN, QI MEI 陈其美 (1877-1916)

Wu wei 无为
WANG, XIN MING 王新命 (1892-1961)

Wu wei 无为
ZHOU, JI WEN 周纪文 **(1941-)**

Wu wei 无畏
LI, WEN TAO 李文涛 **(1880-1942)**

Wu wei 无畏
LIANG, HONG ZHI 梁鸿志 **(1882-1946)**

Wu wei 无畏
LIU, SHI PEI 刘师培 **(1884-1919)**

Wu wei 无畏
XIE, BING YING 谢冰莹 **(1906-2000)**

Wu wei 无畏
SHI, WU WEI 施无畏

WU, WEI AN 吴伟安
Wu, Yi 吴义

WU, WEI CHENG 吴伟程 **(1937-)**
A dun 阿敦

WU, WEI HUA 吴伟华 **(1939-)**
Gao, Fei 高飞
Gao, Feng 高风
Gao, Yun 高云
Wei hua 伟华

WU, WEI LIANG 吴维凉 **(1958-)**
Sha, Ou 沙鸥
Sun man gong quan 孙满公权
Yan, Piao nan 燕飘南

WU, WEI PING 吴伟平
Dong lai shi 东来石

Wu, Wei qun 吴维群
WU, SHI HUAN 吴世宦 **(1926-)**

Wu wei zhai 无谓斋
PAN, TIAN SHOU 潘天寿 **(1897-1971)**

Wu, Wei zhe 伍未折
CHENG, JUN 成骏 **(1916-1983)**

Wu, Wen 吴文
WU, YING XIA 吴应厦 **(1936-)**

Wu, Wen 吴文
WU, GONG ZHENG 吴功正 **(1943-)**

Wu wen 无文
JIANG, SHAO QUAN 江绍铨 **(1883-1954)**

Wu wen 吾闻
DAI, WEN BAO 戴文葆 **(1923-)**

WU, WEN CHAO 吴文超 **(1924-)**
Cao, Bang 曹邦
Hei, Ni 黑尼
Jin ye 晋野
M P
Ma, Mu bian 马牧边
Mou, Bin 牟滨
Mu ye 牧野
Wu, Ling ge 武陵歌
Wu, Yu 吴虞
Xiao, Ye 萧也
Xiao, Ye 萧野
Xin, Ye 辛野

Wu, Wen geng 邬闻耕
WU, JING WEN 吴井文 **(1933-)**

Wu, Wen hui 吴文慧
FANG, BI YU 方笔羽 **(1922-)**

Wu, Wen jia 吴文嘉
XU, JIE 许杰 **(1901-1993)**

WU, WEN JUN 吴文俊
Gu, Jin yong 顾今用

WU, WEN LIN 吴文林 **(1904-)**
Jing chuan 静川
Wen, Lin 文林
Wu, Lang xi 吴朗西

WU, WEN QI 吴文祺 **(1901-1991)**
Chen, Zong ying 陈宗英
Han feng 寒风
Li sheng 立生
Si ma, Dong 司马东
Wang, Wei ming 王微明
Wen 文
Wu, Jing ming 吴敬铭
Zhu, Feng qi 朱凤起

WU, WEN QIN 吴文钦 **(1952-)**
Nian zhen 念真
Wu, Nian zhen 吴念真

WU, WEN TIAN 吴闻天
Wei ti 未鬀

WU, WEN XIANG 吴文翔
Wen, Xiang 文翔

WU, WEN YUAN 吴文元 **(1943-)**
Wen, Yuan 文远
Xin bing 新兵

WU, WEN ZHI 吴文治 **(1925-)**
Shi, Mu 石牧
Tian ping 天平

Wu, Wen zhong 武文众
ZHANG, WU DE 张武德 **(1936-)**

Wu weng 无翁
XIAO, TUI 萧蜕 **(1863-1958)**

Wu wo 无我
LIN, YIN MIN 林尹民 **(1886-1911)**

Wu wo 无我
LUO, ZHANG LONG 罗章龙 **(1896-)**

Wu wo 无我
CHEN, FU XIANG 陈辅相

Wu wo lu 无我庐
JIANG, SHAO QUAN 江绍铨 **(1883-1954)**

WU, WO YAO 吴沃尧 **(1867-1910)**
Chou si zhu ren 抽絲主人
Di zhai 迪斋
Fu 佛
Jian 趼
Jian an 繭闇
Jian chan 趼廛
Jian ren 趼人
Jian ren 繭人
Jian sou 繭叟
Jie 偈
Lao shang hai 老上海
Ling nan jiang sou 岭南将叟
Wo fo shan ren 我佛山人
Wu, Bo yuan 吴伯元
Wu, Jian ren 吴趼人
Xi ying lu zhu 息影庐主
Xiao yun 小允
Ye shi shi 野史氏
Zhong guo lao shao nian 中国老少年

Wu, Wu 吴吾
WU, YU 吴虞 **(1872-1949)**

Wu, Wu 吴芜
LIU, YAN XIANG 刘延湘 **(1942-)**

Wu, Wu 吴梧
WU, JIAN GUO 吴建国 **(1956-)**

Wu, Wu 吴舞
WU, SHAN ZHEN 吴善珍 **(1906-1985)**

Wu, Wu xuan 吴梧轩
WU, CHUN HAN 吴春晗 **(1909-1969)**

WU, XI 吴惜 **(1898-1949)**
Bi meng shu wu 碧梦书屋
Leng, Hong 冷红
Leng hong nü shi 冷红女士
Leng hong nü shi 冷红女史
Qi yuan 起原
Qi yuan 绮缘
Tian mao 天毛
Tian mao 天猫
Wu, Qi yuan 吴绮缘
Yi hong lou 忆红楼

Wu, Xi 吴溪
WU, HAI 吴海 **(1936-)**

Wu, Xi 吴溪
WU, XING LIN 吴兴林 **(1951-)**

WU, XI 吴谿 **(1900-1977)**
Wu, Fu zhi 吴茀之
Wu, Xi zhi 吴谿之

Wu, Xi 吴锡
WU, SEN XIONG 吴森雄 **(1929?-1979)**

WU, XI CHENG 吴熙成 **(1906-1982)**
Bo xiao 伯簫
Kou tian 叩天
Shan wu 山屋
Tian sun 天荪
Wu, Bo xiao 吴伯簫

Wu, Xi huang 吴熙晃
WU, DING YE 吴定叶 **(1915-)**

WU, XI LAN 吴惜兰
You lan 幽兰

WU, XI LING 吴西玲
Xi ling 西玲

WU, XI MIAO 吴细庙 **(1945-)**
Cao di 草地
Wu, Qing ting 吴清汀

Wu, Xi ru 吴奚如
WU, SHAN ZHEN 吴善珍 **(1906-1985)**

Wu, Xi ru 吴席儒
WU, SHAN ZHEN 吴善珍 **(1906-1985)**

WU, XI TONG 吴西彤 **(1929-)**
Qi tong 棲桐
Tian bian ren 田边人
Wu, Xi tong 吴锡彤
Xi hong 曦虹
Xi liu 溪流
Xi tong 西彤
Yan, Chi 严炽

Wu, Xi tong 吴锡彤
WU, XI TONG 吴西彤 **(1929-)**

WU, XI XING 吴锡兴 **(1944-)**
Xi, Xin 习辛

WU, XI YUN 伍锡芸 **(1952-)**
Wen, Jing 文静

WU, XI ZENG 吴熙曾 **(1904-1972)**
Jing hu 镜湖
Wu, Jing ting 吴镜汀

Wu, Xi zhi 吴谿之
WU, XI 吴谿 **(1900-1977)**

Wu xia 毋暇

LIANG, DING FEN 梁鼎棻 (1859-1920)

Wu, Xian 吴娴
YU, XIU XI 于秀锡 (1939-)

Wu, Xian 巫咸
ZHAO, WEN JIE 赵文节 (1923-1971)

Wu, Xian 武显
ZHAO, SHU LI 赵树礼 (1906-1970)

WU, XIAN CHUN 吴贤淳 (1928-)
Yun, Feng 云峰

WU, XIAN HUI 吴先惠 (1954-)
Wu, Lu jun 吴陆君

Wu, Xian zi 伍宪子
WU, ZHUANG 伍庄 (1881-1959)

Wu xiang 妩乡
CHAI, SHAO WU 柴绍武

Wu xiang an 无相庵
SHI, ZHE CUN 施蛰存 (1905-)

Wu, Xiang bei 吴向北
WU, XIAO TIAN 吴孝田 (1928-)

Wu xiang ju shi 无想居士
WANG, XIE 汪淦 (1871-1944)

Wu, Xiang re 吴相热
WU, GUANG XIONG 吴光熊

WU, XIANG RONG 吴相融
Bao jun 豹军
Po lu 破虏

Wu, Xiang wen 吴湘文
LIN, XUE LI 林学礼 (1922-)

Wu, Xiang yu 吴向隅
WU, JING SONG 吴景崧 (1906-1967)

Wu, Xiang zhi 吴向之
WU, TING XIE 吴廷燮 (1866-1947)

Wu, Xiao 吴晓
WU, QI SEN 吴其森 (1949-)

Wu xiao 无笑
LIU, SI HAI 刘斯海 (1919-)

Wu xiao 妩潇
TA, NA 塔娜 (1962-)

WU, XIAO LING 吴晓铃 (1914-1998)
Ying, Fu 英甫

WU, XIAO MIN 吴晓民 (1953-)
Yu xiao 欲晓

Wu, Xiao pei 吴小佩
WU, MING 吴铭

Wu, Xiao ru 吴小如
WU, TONG BAO 吴同宝 (1922-)

WU, XIAO TIAN 吴孝田 (1928-)
Bai, Zai xuan 白在宣
Chui di yi hua ren 吹笛衣花人
Gao, Yuan 高原
Jun chan 隽蝉
Shan fen 山焚
Shu, Qu 舒屈
Tang, Cun 唐村
Wu, Meng 吴梦
Wu, Xiang bei 吴向北
Wu, Yang 吴羊
Xiang, Bei 向北

Wu, Xiao wu 吴小武
WU, CHENG GAN 吴承淦 (1918-1970)

Wu, Xiao xian 吴孝先
WU, JING HONG 吴景鸿 (1876-1939)

Wu, Xiao xian 吴啸仙
DU, GUO XIANG 杜国庠 (1889-1961)

Wu xie 无邪
WANG, REN SHU 王任叔 (1901-1972)

Wu xie 无邪
SHI, DE SHAN 施德善 (1955-)

Wu xie 无懈
ZHOU, FO HAI 周佛海 (1897-1948)

Wu, Xin 吴辛
WU, KAI JIN 吴开晋 (1934-)

Wu, Xin 吴欣
GUI, SHI XIN 桂诗新 (1957-)

Wu, Xin 吴新
DAI, BANG 戴邦 (1917-)

Wu xin 无心
QIAN, XING CUN 钱杏邨 (1900-1977)

Wu xin ju shi 无心居士
PENG, XUN ZHI 彭逊之

Wu, Xin liu 吴心柳
ZHANG, JI GAO 张继高 (1926-1995)

WU, XIN RONG 吴新荣 (1907-1967)
Man he 蔓鹤
Shi, Min 史民
Shi shan 世山
Suo lang shan fang zhu ren 琐琅山房主人
Yan, Ling sheng 延陵生
Yi li 艺里
Zhao, Xing 兆行
Zhen ying 震瀛

Wu xing 五行
SHI, LI XING 施力行 **(1927-)**

Wu xing 午星
XU, XING ZHE 徐行者 **(1928-)**

WU, XING HUA 吴兴华
Liang, Wen xing 梁文星

Wu xing ji zi 吴兴季子
YOU, LIE 尢列 **(1865-1936)**

WU, XING LIN 吴兴林 **(1951-)**
Wu, Xi 吴溪

WU, XING RAN 吴兴然 **(1945-)**
Shi, Qing quan 石清泉
Shuang tian 霜天
Wu, Ran 吴然

WU, XING ZHONG 吴兴中 **(1928-)**
Wu, Yan hen 吴烟痕

Wu, Xiu 吴休
WU, YAN XIU 吴衍休 **(1932-)**

Wu, Xiu bian 吴修边
HAO, HONG NIAN 郝洪年 **(1926-)**

WU, XIU CHUN 吴秀春 **(1951-)**
Chun zi 春子

Wu, Xiu fu 吴秀夫
YAN, ZHI JUN 燕志儁 **(1907-1982)**

Wu, Xiu jian 吴绣剑
HUA, YONG ZHENG 华永正 **(1928-)**

WU, XIU MING 吴秀明 **(1952-)**
Zhong, Hua min 钟华民

WU, XIU ZHEN 吴秀珍 **(1940-)**
Chang, Xiu 常秀
Fang, Fei 方菲
Liu, Xiu min 刘秀敏
Shi, Jun 石君

Wu, Xu 吴恤
WU, GUANG XIONG 吴光熊

Wu, Xu bin 吴煦斌
WU, YU YING 吴玉英 **(1949-)**

WU, XU CHENG 吴旭成 **(1957-)**
Wu, Guo qing 吴国清
Xu cheng 旭成

Wu xu jie yi 戊戌孑遗
ZHANG, YUAN JI 张元济 **(1867-1959)**

Wu xu lao ren 无须老人
WU, JUN QING 吴俊卿 **(1844-1927)**

Wu xu sheng 戊戌生
CHENG, XI JI 成希箕 **(1898-1991)**

Wu, Xuan 吴宣
WU, YUN SHENG 吴筠生 **(1929-)**

Wu xuan 梧轩
WU, CHUN HAN 吴春晗 **(1909-1969)**

Wu, Xuan ren 吴萱人
WU, HONG WEN 吴宏文 **(1947-)**

Wu, Xuan wen 吴炫文
WU, XUAN WEN 吴绚文 **(1913-)**

WU, XUAN WEN 吴绚文 **(1913-)**
Cao ming 草明
Cao ming nü shi 草明女士
Chu, Ya ming 褚雅明
Wu, Xuan wen 吴炫文

Wu, Xue dong 吴学东
WU, DA KUN 吴大琨 **(1916-)**

Wu, Xue hen 吴雪痕
WU, HAI SHAN 吴海山

Wu, Xue tao 吴雪涛
WU, CUI REN 吴萃人 **(1908-)**

WU, XUN 吴勳 **(1919-)**
Qi shan 奇山

Wu, Ya 乌鸦
CAO, JU REN 曹聚仁 **(1900-1972)**

Wu ya 无涯
LUO, MEI ZHAO 罗梅沼 **(1930-)**

Wu, Ya fu 乌亚夫
YANG, CHI CHANG 杨炽昌 **(1908-)**

Wu, Ya ke 武雅客
FENG, ZUO MIN 冯作民 **(1927-)**

Wu, Ya lu 吴亚鲁
WU, SU 吴肃 **(1898-1939)**

Wu ya sheng 无涯生
OU, JU JIA 欧榘甲 **(1858-1912)**

Wu ya shi zhu ren 无涯室主人
LUO, WU YA 骆无涯

WU, YA ZHEN 吴亚贞 **(1917-)**
Ji ming 寄明
Wu, Zi ping 吴子平

Wu, Yan 吴炎
TAN, XIONG 谈雄 **(1949-)**

Wu, Yan 吴岩
TANG, DAO GENG 汤道耕 **(1904-1992)**

Wu, Yan 吴岩
SUN, JIA JIN 孙家晋 (1918-)

WU, YAN 吴岩
Chang chu 苌楚
Lan, Yan 蓝烟
Shi luo 莳萝
Wei, Ye 韦叶

Wu, Yan 吴彦
ZENG, JI RONG 曾几荣

Wu, Yan 吴研
XU, JING HUA 许静华 (1934-)

Wu, Yan 吴烟
HOU, FU HAI 侯福海 (1927-)

Wu, Yan 吴雁
WU, ZHAO AN 吴兆安 (1924-)

Wu yan 五岩
XU, DAO XIN 许道信 (1956-)

Wu yan 午言
XU, DING MING 许定铭 (1947-)

Wu yan 无厌
LI, WEN TAO 李文涛 (1880-1942)

Wu yan 无言
MU, DE HUI 穆德辉 (1924-)

Wu yan 无言
LI, WEN TIAN 李文田 (1940-)

Wu yan 无烟
HUANG, LÜ LÜ 黄绿绿 (1952-)

Wu yan 无盐
XU, JING HUA 许静华 (1934-)

Wu yan 吾言
TAN, JIONG HUAN 谭炯寰 (1944-)

Wu yan 呜咽
XIAO, JUN 萧军 (1907-1988)

Wu yan 芜言
WEN, SI XIANG 温嗣翔 (1916-)

Wu, Yan hen 吴烟痕
WU, XING ZHONG 吴兴中 (1928-)

WU, YAN HUAN 吴延环 (1910-)
Shi huan 誓还

WU, YAN JIN 吴彦进
Ming, Che 明澈

WU, YAN LING 伍雁铃
Jin, Ling zi 金铃子

Wu, Yan ling 吴延陵
WU, BA LING 吴灞陵

Wu yan lou zhu 五研楼主
CHEN, CHU SHENG 陈初生 (1946-)

WU, YAN MEI 吴延玫 (1933-)
Si ma, Zhong yuan 司马中原

WU, YAN QIN 吴衍廞 (1930-)
Wu, Ye 吴野

WU, YAN SHOU 伍延寿 (1918-)
Miao, Yan xiu 苗延秀
Miao, Zi 苗子

WU, YAN XIU 吴衍休 (1932-)
Wu, Xiu 吴休
Wu, Yue 吴越

Wu, Yang 吴羊
WU, XIAO TIAN 吴孝田 (1928-)

Wu, Yang 吴羊
WU, DA CHANG 吴达昌

Wu, Yang 吴杨
YANG, ZHENG JIN 杨正进 (1966-)

Wu yang 无恙
DENG, TIE 邓铁 (1898-1963)

Wu yang 雾洋
CHENG, XIAO DONG 成宵冬 (1955-)

Wu, Yang bi 吴羊璧
WU, YUN SHENG 吴筠生 (1929-)

Wu, Yang jun 吴羊君
WU, YU CHEN 伍于琛 (1923-)

WU, YANG MU 吴养木 (1921-)
Wu, Peng 吴彭

Wu yang sheng 无恙生
SUN, WEN 孙文 (1866-1925)

Wu yang shi 五羊石
LI, ZHONG SHENG 李钟声 (1945-)

WU, YAO HUI 吴耀辉
Yan, Lang 燕郎

WU, YAO QING 吴瑶青 (1914-)
Hu, Zhe fu 胡哲夫
Wu, Ze 吴泽
Zhe fu 哲夫
Zong, Yu 宗鱼

Wu, Yao xiang 吴耀翔
FANG, FANG 方方 (1904-1971)

WU, YAO ZONG 吴耀宗
Wei, Tong que 韦铜雀

Wu, Ye 吴野

WU, YAN QIN 吴衍廞 **(1930-)**

Wu, Ye 鄖野
JIN, SONG 金松 **(1917-)**

Wu ye 午耶
LI, ZI MIN 李子敏 **(1930-)**

Wu ye 无叶
ZHANG, DE BEN 张德本 **(1952-)**

Wu ye 芜野
HUANG, XI MING 黄锡鸣 **(1946-)**

Wu ye 梧叶
WU, KUN HUANG 吴坤煌 **(1909-)**

Wu ye sheng 梧叶生
WU, KUN HUANG 吴坤煌 **(1909-)**

Wu ye zi 无叶子
ZHANG, DE BEN 张德本 **(1952-)**

Wu, Yi 伍义
SHEN, YU GANG 沈毓刚 **(1920-)**

Wu, Yi 吴义
WU, WEI AN 吴伟安

Wu, Yi 吴仪
FENG, SHU LAN 冯淑兰 **(1900-1974)**

Wu, Yi 吴亦
XIAO, MAN RUO 萧蔓若 **(1908-)**

Wu, Yi 吴宜
WU, DA CHANG 吴达昌

Wu, Yi 吴疑
ZHOU, ZU SHI 周祖式 **(1914-)**

Wu, Yi 吴毅
YE, KUN CAN 叶昆灿 **(1935-)**

WU, YI 吴翼 **(1916-)**
Hong, Ma 洪马

Wu, Yi 吴翼
LI, ZHENG ZHONG 李正中 **(1921-)**

Wu yi 无以
ZHANG, XU QING 张续清 **(1922-)**

Wu yi 无依
LI, WEN TAO 李文涛 **(1880-1942)**

Wu yi 无射
ZHU, ZONG LIANG 朱宗良 **(1892-1970)**

Wu yi 无逸
XIA, SHU XUN 夏树勋 **(1912-)**

Wu, Yi An 吴易庵
ZHOU, JIAN XIAO 周剑箫 **(1911-1992)**

Wu, Yi die 乌一蝶
WU, ZHONG YU 乌钟毓 **(1894-1965)**

Wu, Yi dong 伍邑东
ZENG, JING CHU 曾景初 **(1918-)**

Wu, Yi fan 吴逸凡
WU, ZHAO YUAN 吴照愿 **(1910-)**

Wu, Yi fang 吴一方
WU, CHUAN YOU 吴传佑 **(1914-1982)**

WU, YI FEI 吴一飞
Jin, Shi 金石
Lu, Bo xu 鲁伯续

WU, YI FENG 吴易风 **(1932-)**
Wu, Gui yuan 吴桂元

WU, YI GE 吴一舸 **(1910-1981)**
Wu, Yue 吴越

Wu, Yi gong 吴翼公
WU, SONG GAO 吴颂皋 **(1899-)**

Wu, Yi jun 吴易君
HU, XI NIAN 胡锡年 **(1913-)**

WU, YI KENG 吴一铿 **(1919-)**
Xiao, Ling 肖玲

WU, YI LI 吴奕励
Yi li 亦励

Wu, Yi mei 武一梅
WANG, FENG LAN 王凤兰 **(1941-)**

Wu, Yi niu 吴逸牛
WU, HE QIN 吴鹤琴 **(1913-1969)**

Wu, Yi sheng 吴逸生
WU, SONG GU 吴松谷 **(1907-)**

WU, YI SUN 吴贻荪 **(1911-1986)**
Wu, Jiang leng 吴江冷

WU, YI TAO 吴以滔 **(1920-1972)**
Huang, Jia 黄稼
Yi tao 以滔

Wu, Yi xin 吴亦欣
WU, SHENG FENG 吴晟锋 **(1947-)**

WU, YI XING 吴义兴 **(1936-)**
Wu qi la da 吴琪拉达

WU, YI ZHENG 吴一正 **(1951-)**
You fu 友福

Wu, Yin 吴垠
LU, YUAN 陆原 **(1928-)**

Wu, Yin 吴垠
WU, QI JI 吴启基 **(1951-)**

Wu yin 戊寅
GAO, JUN 高君 **(1938-)**

Wu yin 芜茵
GE, ZENG JI 葛曾济 **(1913-)**

Wu yin 悟因
WANG, YU ZHEN 汪毓真

WU, YIN SHU 吴引漱 **(1925-)**
Shui, Shu wen 水束文

WU, YIN YI 吴因易 **(1946-)**
Fa sheng 发生
Hua, Sheng 华生

WU, YIN YUAN 吴因元 **(1945-)**
Wu, Fei ge 吴飞舸

Wu, Ying 伍郢
WU, YING 吴颖 **(1924-)**

WU, YING 吴英
Hei, Zi 黑子

WU, YING 吴瑛 **(1915-1961)**
Wu, Yu ying 吴玉瑛
Xiao ying 小英
Ying zi 瑛子

Wu, Ying 吴瑛
HOU, RONG SHENG 侯榕生 **(1926-1990)**

WU, YING 吴颖 **(1924-)**
Shi, Leng yu 石棱羽
Shi, Qiu zhen 史求真
Shi, You feng 石尤风
Wu, Ying 伍郢

Wu, Ying 吴颖
JING, XI REN 荆溪人 **(1926-)**

Wu, Ying 吴影
MEI, MING ZHENG 梅明正 **(1922-)**

Wu, Ying 吴樱
WU, LI YING 吴丽樱 **(1953-)**

Wu, Ying 吴瘿
WU, BAO CHU 吴保初 **(1869-1913)**

WU, YING 武瑛 **(1940-)**
Qiu, He 秋禾
Shi, Chuan 石川
Wen, Chou 文丑
Wu, Ying 武鹰
Yu shi 雨石

Wu, Ying 武鹰
WU, YING 武瑛 **(1940-)**

Wu ying 梧影
TAO, XING ZHI 陶行知 **(1891-1946)**

WU, YING JU 吴应炬 **(1926-)**
Ying, Ju 应炬

Wu, Ying pei 吴膺培
WU, SHENG FENG 吴晟锋 **(1947-)**

WU, YING TAO 吴瀛涛 **(1916-1971)**
Ying tao 瀛涛

WU, YING XIA 吴应厦 **(1936-)**
Li, Tie 李铁
Wu, Wen 吴文

WU, YING YUN 吴应云
Wu, Shi xuan 吴士萱

WU, YING ZHI 吴英志 **(1944-)**
Ge tu ken 格吐肯

Wu, Yong 吴永
ZHANG, HUA SHENG 张华盛 **(1933-)**

Wu, Yong 吴涌
ZHANG, SI JIAN 张思鉴 **(1938-)**

Wu, Yong 吴庸
ZHANG, DA JUN 张达钧

Wu yong 勿用
LIU, YA NONG 刘雅农 **(1896-)**

WU, YONG FU 巫永福 **(1913-)**
Tian, Zi hao 田子浩

WU, YONG JIU 吴詠九 **(1920-)**
Song, Rui 宋瑞
Wu, You shi 吴友诗
You, Shi 尤时
You shi 友诗
Yu, Shi 郁士

WU, YONG NIAN 吴永年 **(1925-1987)**
Li, Jiu ling 李九龄

Wu, Yong qing 吴永清
WU, JING ZE 吴景泽 **(1926-)**

WU, YONG QUAN 吴涌泉
Ruo ai 若艾

WU, YONG SHAN 吴永珊 **(1878-1966)**
Joseph
Ping, Yang 平洋
Shu, Ren 树人
Wu, Yu zhang 吴玉章
Yong shan 永珊
Yue, Ping yang 岳平洋
Yue, Zhen dong 岳镇东
Zhen dong 镇东
Zhen dong 震东

Wu, Yong xiang 吴詠湘

WU, YUN SUN 吴贇孙 **(1914-1970)**

WU, YONG XUE 吴永学
Zhuang guo wei 壮国威

Wu you 无尤
WU, FEI 吴非 **(1924-)**

Wu you 无有
LI, WEN TAO 李文涛 **(1880-1942)**

Wu, You ling 吴又陵
WU, YU 吴虞 **(1872-1949)**

Wu, You shi 吴友石
BAI, YU HUAN 白逾桓 **(1875-1935)**

Wu, You shi 吴友诗
WU, YONG JIU 吴詠九 **(1920-)**

Wu you zi 无忧子
GAO, XIE 高燮 **(1878-1958)**

Wu, Yu 吴羽
JI, XIN 季信 **(1908-1964)**

WU, YU 吴玙 **(1910-1946)**
Ling, Dai 凌岱
Wu, Hai ning 吴海宁
Zhou, Xing 周行
Zi fan 子璠

Wu, Yu 吴雨
WU, ZHONG JIE 吴中杰 **(1936-)**

Wu, Yu 吴瑜
LIN, JUE FU 林觉夫 **(1919-1992)**

WU, YU 吴虞 **(1872-1949)**
Ai zhi 爱智
Ai zhi lu 爱智庐
Bu qiu sheng 不丘生
Hai, Mo an 海墨庵
Li ming lao ren 黎明老人
Qi, Ming weng 启明翁
Shi, Jn tang 师今堂
Wu, Ai zhi 吴爱智
Wu, Shan ren 吴山人
Wu, Wu 吴吾
Wu, You ling 吴又陵
Yi yin shi 宜隐室
Yin shui ju shi 饮水居士
You ling 又陵

Wu, Yu 吴虞
WU, WEN CHAO 吴文超 **(1924-)**

Wu yu 无欲
CHEN, YU GANG 陈玉刚 **(1927-)**

Wu yu 吾愚
YU, JING YU 于镜宇 **(1907-1999)**

WU, YU CHENG 吴裕成 **(1952-)**
Peng lai yu cheng 蓬莱玉成
Wu, Peng lai 吴蓬莱
Yu cheng 玉成

WU, YU GAN 武堉幹 **(1899-)**
Fo hang 佛航
Yu gan 育干

WU, YU GONG 吴虞公
Wu, Gong xiong 吴公雄

Wu, Yu heng 吴玉衡
WU, MI 吴宓 **(1894-1978)**

WU, YU HONG 吴宇洪 **(1920-1966)**
Bai, Xin 白辛
Duan mu, Yang 端木扬
Geng, Xin jin 庚辛金
Liu, Ru si 柳如丝
Wu, Bai xin 乌白辛
Wu, Da kuan 吴大宽

Wu, Yu jin 吴于廑
WU, BAO AN 吴保安 **(1913-)**

WU, YU LIAN 吴玉莲 **(1944-)**
Yue, Yue 岳岳

WU, YU LIN 吴毓麟 **(1910-1966)**
Li, Shi 李实
Shi, Jian 史坚
Wu, Tian shi 吴天石
You li 友李
Zhou, Yi 周裔

WU, YU LIN 武宇林 **(1955-)**
Yu, Mu 于木

Wu, Yu ru 吴玉如
WU, JIA LU 吴家琭 **(1898-1982)**

Wu, Yu san 吴郁三
WU, TIAN SHANG 吴天赏 **(1909-1947)**

Wu, Yu san 吴鬱三
WU, TIAN SHANG 吴天赏 **(1909-1947)**

Wu, Yu seng 吴雨僧
WU, MI 吴宓 **(1894-1978)**

Wu, Yu sheng 吴雨生
WU, MI 吴宓 **(1894-1978)**

WU, YU TIAN 吴玉田 **(1939-)**
Wu, Hao 吴昊

WU, YU WEI 吴堉威 **(1906-1989)**
A man 阿曼
Gao, Tang 高堂
Gong yang, Ai 公羊矮

Gong yang 公羊
Gong yi yang 公一羊
Huang, Feng 黄蜂
Huang, Fan 黄飒
Jia, Sheng 贾生
Jia yi mu 甲乙木
Kui tang 愧堂
Lu, Chi 鲁迟
Lun zhai 沧斋
Luo sheng 洛生
M. M.
Man yan 曼衍
Mu, Yi 慕一
Qing yan 庆衍
Qing yan 青岩
Qing yan 轻烟
Shang guan, Jing 上官敬
Shu gong 庶公
Shu yun 疎云
Te xiao 特嚣
Wang, Zi yun 王子云
Wen jun 雯君
Wu, Yun xin 吴云心
Xiao, Zhong na 萧仲纳
Xiao, Zhou 肖周
Y. S.
Yang, Ai 羊矮
Yang, Gu 羊谷
Yang, Nai 羊乃
Yi hang 一航
Yi, Mu 易牧
Yi mu 一木
Yi mu 乙木
Yi mu 乙牧
Yi mu 乙慕
Yu yuan 萸园
Yun, Xin 云心
Zi yun 子云

WU, YU XIAO 武玉笑 **(1929-)**
Wu, Yu ying 武玉英
Xiao wu 小武

WU, YU YING 吴玉英 **(1949-)**
Wu, Xu bin 吴煦斌

Wu, Yu ying 吴玉瑛
WU, YING 吴瑛 **(1915-1961)**

Wu, Yu ying 武玉英
WU, YU XIAO 武玉笑 **(1929-)**

Wu, Yu zhang 吴玉章
WU, YONG SHAN 吴永珊 **(1878-1966)**

Wu, Yuan 吴苑
WU, YUE JUAN 吴月娟 **(1919-)**

Wu yuan 无园
WAN, YI 万依 **(1925-)**

Wu yuan 悟源
WEI, KUN TAI 魏坤太 **(1935-)**

WU, YUAN MAI 吴元迈 **(1934-)**
Cao yu 草遇
Yao, Yuan 姚远

Wu, Yue 伍月
FANG, ZHENG 方拯 **(1906-)**

Wu, Yue 吴越
WU, YI GE 吴一舸 **(1910-1981)**

Wu, Yue 吴越
WU, CHUN HENG 吴春恒 **(1910-)**

Wu, Yue 吴越
WU, PEI JUE 吴佩珏 **(1932-)**

Wu, Yue 吴越
WU, YAN XIU 吴衍休 **(1932-)**

Wu, Yue 吴越
WU, DE GAI 吴德垓 **(1936-)**

WU, YUE 吴樾
Jian xia 建霞
Meng, Xia 孟侠

Wu yue 五月
FENG, XUE FENG 冯雪峰 **(1903-1976)**

Wu yue hua 五月花
XU, WEN TING 许文廷 **(1937-)**

WU, YUE JUAN 吴月娟 **(1919-)**
Chai, Ding 柴丁
Wu, Lai 吴莱
Wu, Yuan 吴苑
Wu, Zi feng 吴紫风
Yi ming 佚名
Zi ding 紫丁
Zi feng 紫风

WU, YUE REN 吴樾人 **(1923-)**
Ke, Ming 柯明
Lü, Xi an 吕西安

WU, YUE YING 吴月英 **(1942-)**
A yin 阿因

WU, YUN 乌云 **(1932-)**
Sha, Yan 沙燕

WU, YUN 吴云 **(1930-)**
Wu, Ke jun 吴克俊

WU, YUN 吴沄 **(1922-1977)**
Tai yang 太阳
Wu, Yun 吴耘

WU, YUN 吴昀 **(1939-)**
Gong chun 贡春

Wu, Yun 吴耘
WU, YUN 吴沄 **(1922-1977)**

Wu, Yun 吴澐
LU, TING JIE 卢廷杰 **(1904-1991)**

Wu, Yun 武耘
ZHU, DE MO 朱德模 **(1926-)**

Wu yun 无云
CAI, LIANG REN 蔡良人 **(1938-)**

Wu yun ba tu 乌云巴图
HE, HAI 何海 **(1937-)**

Wu, Yun bo 伍芸伯
WANG, REN SHU 王任叔 **(1901-1972)**

WU, YUN CHEN 吴云臣 **(1915-)**
Li, Shao ting 李少霆

WU, YUN FENG 吴云峰 **(1933-)**
Han hua 汉华
Xue shan 雪山

WU, YUN SEN 吴云森 **(1929-)**
Jian, Yu 简予
Jiang, Feng 江枫
Kuang, Fei 匡非
Wu, Qiong 吴穷
Wu, Wei 吴畏
Ye, Chen 叶琛
Yi ye 一叶
Yu zhi 予之

Wu yun shan ren 五云山人
YU, HUA XING 禹化兴 **(1937-)**

WU, YUN SHENG 吴筠生 **(1929-)**
Fang, Xiao 方晓
Lin, Ni 林泥
Ling, Ying 凌影
Lu, Jia 鲁嘉
Lü, Yin 吕殷
Shi, Bin 史宾
Shuang yi 双翼
Tang, Fei 唐斐
Wu, Shuang yi 吴双翼
Wu, Xuan 吴宣
Wu, Yang bi 吴羊璧
Yang, Bi 羊璧
Zhang, Ni 章妮
Zhang, Yu 章玉

WU, YUN SUN 吴贯孙 **(1914-1970)**
Wu, Yong xiang 吴詠湘

Wu, Yun xin 吴云心
WU, YU WEI 吴堉威 **(1906-1989)**

WU, ZAI TING 吴再挺
Da san 达三
Jing zhi 竟之

WU, ZAN TIAN 伍赞天 **(1904-1988)**
Lu, Shao yi 陆少懿
Wu, Chan 伍禅

WU, ZAO XI 吴藻溪 **(1904-)**
Wu, Han 吴涵
Zhong cun, Guo xiong 中村国雄

Wu, Ze 吴泽
WU, YAO QING 吴瑶青 **(1914-)**

Wu zhai 午斋
QIAN, JUN TAO 钱君匋 **(1906-)**

Wu zhai 无斋
LOU, JIAN NAN 楼建南 **(1905-)**

WU, ZHAN WEN 吴占文 **(1958-)**
Yang, Bo 杨波

WU, ZHAN ZHOU 毋占洲 **(1922-)**
Han song 寒松

WU, ZHANG SHU 吴丈蜀 **(1919-)**
Mo liu 末流
Piao peng 飘蓬
Wei, Liu 韦流
Wu qiong 芜茕
Xi chuan 西川
Xun, Zhi 荀芷

WU, ZHAO AN 吴兆安 **(1924-)**
Bai, Zao 白藻
Liao yun 蓼云
Wang, Chang ding 王昌定
Wu, Yan 吴雁

Wu, Zhao di 武兆堤
DONG, GANG 董钢 **(1921-)**

WU, ZHAO XIN 吴兆莘 **(1901-1978)**
Wu, Le yao 吴乐尧

WU, ZHAO XIU 吴兆修 **(1931-)**
A lian 阿莲
Da miao 大苗
Ren, Wu 任伍
You, Gan 尤橄

Wu, Zhao yi 伍昭扆
WU, GUANG JIAN 伍光建 **(1867-1943)**

WU, ZHAO YUAN 吴照愿 **(1910-)**
Bu, Ji ci 卜吉慈
Chun fu 蠢夫

Wu, Yi fan 吴逸凡
Y. F.
Yi fan 一翻
Yi fan 逸凡
Yuan, Ding 原丁

Wu, Zhe 吴辙
WANG, JIAN HONG 王涧泓 **(1946-)**

Wu, Zhe 武者
LUO, SHENG WU 罗绳武 **(1903-)**

Wu, Zhe ren 吴哲人
MU, DE HUI 穆德辉 **(1924-)**

Wu, Zhen 吴珍
ZHAO, MENG YUAN 赵孟原 **(1912-)**

Wu, Zhen 吴珍
WU, TONG BAO 吴同宝 **(1922-)**

WU, ZHEN 吴祯 **(1938-)**
Yun, Mo 云墨

Wu zhen 悟真
WANG, YU 王宇 **(1935-)**

WU, ZHEN BANG 吴振邦 **(1948-)**
Wu, Hao 吴昊

WU, ZHEN FENG 吴振峰 **(1957-)**
Bu ran 不然

WU, ZHEN GANG 吴振刚 **(1916-)**
Da Bao 大保

WU, ZHEN GUANG 吴振光 **(1921-)**
Lin, Qian 林倩
Wu, Rong 吴容

WU, ZHEN NI 吴珍妮 **(1944-)**
Yu wen 玉文

WU, ZHEN ZHOU 武震州
Jing, Yun 景云

Wu, Zheng 吴郑
ZHOU, ZHONG REN 周中仁 **(1927-)**

Wu zheng 无诤
ZHANG, TIAN YI 张天翼 **(1906-1985)**

Wu zheng 无诤
LIU, QIAN 刘谦 **(1883-1959)**

WU, ZHENG HUAN 吴拯圜
Zheng huan 拯圜

WU, ZHENG LUN 吴正伦 **(1923-)**
Wu, Fan 吴凡

WU, ZHENG ZHU 吴征铸 **(1906-1992)**
Bai, Tao 白匋
Ling suo 灵琐
Liu, Dao huang 刘导黄
Tao, Fu 陶甫
Wu, Bai tao 吴白匋
Zheng zhu 征铸

Wu, Zhi 吴芝
WANG, ZHI TAI 王之泰 **(1939-)**

Wu zhi 五知
XIE, XING YAO 谢兴尧 **(1906-)**

WU, ZHI FEI 吴之非 **(1929-)**
Shi, Suo 史索

WU, ZHI GE 武止戈 **(-1933)**
Ge 戈
Zhi ge 止戈

WU, ZHI GUANG 吴之光 **(1922-)**
Fang, Xiu 方修
Guan zhi 观止
Ren, Xin 任辛

Wu, Zhi hui 吴稚晖
WU, JING HENG 吴敬恒 **(1865-1953)**

WU, ZHI LIN 吴芝麟 **(1952-)**
Lin, Zhong cao 林中草

Wu, Zhi lu 巫之禄
ZHAO, WEN JIE 赵文节 **(1923-1971)**

WU, ZHI NAN 吴之南 **(1930-)**
Shi nan 氏枏

Wu, Zhi ping 吴志平
WU, JING SONG 吴景崧 **(1906-1967)**

Wu, Zhi shu 伍知述
LIANG, GUAN ZHONG 梁冠中 **(1942-)**

Wu, Zhi ying 吴之英
WU, JIANG FENG 吴江枫

WU, ZHI YING 吴芝瑛 **(1868-1933)**
Xiao wan liu tang 小万柳堂
Zi ying 紫英

WU, ZHI YOU 吴直由
Zhi you 直由

Wu, Zhi yue 吴之月
XU, ZHI QIAO 许之乔 **(1914-1986)**

WU, ZHI ZAO 吴之藻 **(1877-1937)**
Lian xi ju shi 莲西居士

WU, ZHI ZHEN 吴织珍 **(1921-)**
Wu, Qiao 吴峤

Wu, Zhong 吴中
WU, JUN QING 吴俊卿 **(1844-1927)**

WU, ZHONG DA 吴仲达

Ou, Yi 欧羿

WU, ZHONG GUANG 武中光 **(1917-)**
Wu, Jie 吴杰

Wu, Zhong ji 吴中极
WU, ZHONG JIE 吴中杰 **(1936-)**

WU, ZHONG JIE 吴中杰 **(1936-)**
Wu, Yu 吴雨
Wu, Zhong ji 吴中极

Wu zhong jun 雾中君
ZHOU, YU RONG 周玉容 **(1936-)**

Wu, Zhong long 吴中龙
WU, GUO QUAN 吴国铨 **(1950-)**

Wu, Zhong mou 吴仲谋
WU, DONG QUAN 吴东权 **(1928-)**

WU, ZHONG QI 吴钟綺
Mo, Yu sheng 墨余生

WU, ZHONG QING 吴仲青 **(1900-1948)**
Bai, Gui 白龟
Chang xu 昶旭
Wei lan 蔚蓝
Wu, Jing 吴菁
Xi mo 西摩

WU, ZHONG SEN 武忠森 **(1923-)**
Wu, Ling xi 武陵溪
Zhong sen 忠森

Wu, Zhong shou 武仲寿
WU, HAN 武汉 **(1921-)**

WU, ZHONG XI 吴仲禧 **(1895-)**
Fen fei 奋飞

WU, ZHONG YING 吴仲英
Wu, Dan 吴丹
Xian dan 仙丹

WU, ZHONG YU 乌钟毓 **(1894-1965)**
Jie sheng 介生
Wu, Tong yuan 乌统远
Wu, Yi die 乌一蝶
Zhi, Yi 支义
Zhi, Zhi 支支

Wu zhu 乌竹
WU, CHAO ZHU 邬朝祝 **(1923-)**

Wu zhu 无住
LI, WEN TAO 李文涛 **(1880-1942)**

Wu, Zhou 吴宙
SHU, ZENG CAI 舒增才 **(1919-)**

WU, ZHU DE 吴铸德 **(1929-)**
Wu, Jian zhong 吴健中

Wu, Zhu qing 吴竹清
CHEN, QI TIAN 陈启天 **(1893-1984)**

WU, ZHU XIAN 吴竹僊
Zhu, Xian 竹僊

WU, ZHUANG 伍庄 **(1881-1959)**
Bo lang lou zhu 博浪楼主
Meng die 梦蝶
Wen, Chen 文琛
Wu, Xian zi 伍宪子
Xue tie 雪铁

Wu, Zhuo 吴卓
ZHOU, ZUO REN 周作人 **(1885-1967)**

WU, ZHUO FAN 伍卓凡 **(1941-)**
Guo, Ke 过客
Su zi 俗子

Wu, Zhuo liu 吴濁流
WU, JIAN TIAN 吴建田 **(1900-1976)**

Wu, Zi 武子
MU, JING XI 穆敬熙 **(1900-1971)**

Wu zi 午子
ZHANG, QI CHANG 张其昌 **(1952-)**

Wu, Zi an 吴子安
WU, QING SHENG 吴清生 **(1918-)**

Wu, Zi bin 吴子斌
ZHUANG, LI ZHI 庄立之 **(1929-)**

Wu, Zi feng 吴紫风
WU, YUE JUAN 吴月娟 **(1919-)**

WU, ZI JIN 吴紫金 **(-1957)**
Shi, Hong 石鸿
Wu, Shi hong 吴石鸿

Wu, Zi ping 吴子平
WU, YA ZHEN 吴亚贞 **(1917-)**

WU, ZI QIANG 吴自强 **(1943-)**
Wu, Sheng 吴声

WU, ZI YU 吴梓瑜 **(1948-)**
Pu, Gong ying 蒲公英

Wu, Zi yuan 吴子垣
WU, ZI YUAN 吴紫垣 **(1883-1944)**

WU, ZI YUAN 吴紫垣 **(1883-1944)**
Wei zi 微子
Wu, Zi yuan 吴子垣

Wu, Zi zang 吴子臧
WU, SHI CHANG 吴世昌 **(1908-1986)**

Wu, Zi zhi 吴子直
WU, CHUN HAN 吴春晗 **(1909-1969)**

WU, ZONG CI 吴宗慈 (1879-)
Ai lin 蔼林
Ai ling 哀灵
Wu, Ai lin 吴蔼林

WU, ZONG HAI 吴宗海 (1925-)
Bai, Qiao 白桥
Bei, Ding 贝丁
Chen ying 晨婴
Lan, Nong 蓝浓
Li, Li 李荔
Li, Li 李犁
Lu, Si 鲁斯
Xi an 西岸
Xia, Nong 夏浓
Xia, Nuo 夏诺
Xia, Ying 夏婴
Xiao liu 小流

WU, ZONG HUI 吴宗蕙 (1934-)
Bi xia 碧夏
Zong, Hui 宗蕙

WU, ZONG JI 吴宗济 (1906-)
Qi, Lu 齐鲁
Qi, Shui 齐水
Zhi chuan 稚川

WU, ZONG JIN 吴宗锦 (1948-)
Jiang, Di 江荻

WU, ZONG RUI 吴宗瑞 (1921-)
Tao, Ping 陶萍
Wu, Qian 吴倩

WU, ZONG XI 吴宗锡 (1925-)
Cheng, Zhi 程芷
Shi zhi 拾之
Tang, Mo 唐墨
Xia, Shi 夏史
You, Da jun 尤大军
Yu, Xiang 虞襄
Zuo, Xian 左絃

WU, ZONG YING 吴宗英 (1935-)
Zhong, Ying 仲英

Wu zu 无阻
WU, ZU WANG 吴祖望 (1925-)

WU, ZU DE 吴祖德 (1947-)
A de 阿德

WU, ZU GUANG 吴祖光 (1917-)
Lü ying 绿英
Si tu, Dian deng 司徒电登
Wu, Jun shi 吴君石
Wu, Shao 吴韶
Yang, Shuang 杨双
Zong, Ming 宗明

WU, ZU WANG 吴祖望 (1925-)
Wu zu 无阻

Wu, Zu xiang 吴组湘
WU, ZU XIANG 吴组缃 (1908-1994)

WU, ZU XIANG 吴组缃 (1908-1994)
Cheng, Bi bing 程碧冰
Gu 谷
Ji gu 寄谷
Mu gong 木公
Wu di 芜蒂
Wu, Zu xiang 吴组湘
Wu, Zu xiang 吴祖襄
Xiang 襄
Ye 野
Ye song 野松
Zu, Xiang 祖襄

Wu, Zu xiang 吴祖襄
WU, ZU XIANG 吴组缃 (1908-1994)

WU, ZU YI 吴祖颐
Tuo zhong 驮重

Wu zuo 无作
LI, WEN TAO 李文涛 (1880-1942)

Wu zuo ju shi 无作居士
WEN, RU XIAN 闻汝贤 (1909-)

X

X
LAI, HE 赖河 (1894-1943)

X sheng X 生
WEI, ZHONG JUN 韦仲君

X. D.
HAO, AI 郝艾 (1915-)

X. F.
ZHANG, GUANG REN 张光人 (1902-1985)

X Y Z
GAO, MING 高明 (1908-)

Xilin
QIAN, XUAN TONG 钱玄同 (1887-1939)

Xi 汐
XU, ZHEN 徐震 (1915-1946)

Xi 西
ZHENG, ZHEN DUO 郑振铎 (1898-1958)

Xi 希
SHEN, YAN BING 沈雁冰 (1896-1981)

Xi 奚
WU, SHAN ZHEN 吴善珍 (1906-1985)

Xi 息
WANG, TONG ZHAO 王统照 **(1897-1957)**

Xi 熹
ZHAO, CHAO GOU 赵超构 **(1910-1992)**

XI, A XING 奚阿兴 **(1944-)**
A xing 阿兴

Xi ai shi 西艾士
ZHANG, XI YA 章西厓 **(1917-)**

Xi, An 席安
GU, QI CHENG 顾其城 **(1910-)**

Xi an 夕庵
LIANG, DING FEN 梁鼎菜 **(1859-1920)**

Xi an 夕庵
GUAN, SONG FANG 关松房 **(1901-1982)**

Xi an 兮庵
OU YANG, LI YUAN 欧阳立袁 **(1889-1962)**

Xi an 西岸
WU, ZONG HAI 吴宗海 **(1925-)**

Xi an 息庵
CHEN, YI FAN 陈彝范 **(1860-1913)**

Xi an 盦盦
YANG, YU LIN 杨毓麟 **(1872-1911)**

Xi an zhu ren 夕庵主人
GUAN, SONG FANG 关松房 **(1901-1982)**

Xi ban 希班
LI, CHAO RAN 李超然 **(1916-)**

Xi bei 西贝
JIA, CHENG YIN 贾承荫 **(1936-)**

Xi bei 西贝
JIA, YING HUA 贾英华 **(1952-)**

Xi bei 溪北
YANG, WEI QUAN 杨维铨 **(1900-1957)**

Xi bi 西笔
LI, GUO YING 黎国颖 **(1938-)**

Xi, Bo 奚伯
JIA, SHI XIN 贾士鑫 **(1938-)**

Xi bo 西波
HUANG, DONG TAO 黄东涛 **(1945-)**

Xi bo 曦波
LI, YOU XIN 李友欣 **(1924-)**

Xi bu 希逋
JI, XIAN LIN 季羡林 **(1911-)**

Xi cen 洗岑
LI, GUANG TIAN 李广田 **(1906-1968)**

Xi chang lou zhu 夕长楼主
ZHENG, YUE 郑岳 **(1903-1975)**

Xi chao 西超
ZHANG, XI CHANG 张锡昌 **(1902-1980)**

Xi chen 洗尘
WANG, YUN ZHANG 王蕴章 **(1884-1942)**

Xi chen 洗尘
DING, CHUN LIN 丁春霖 **(1947-)**

Xi chen 喜臣
WANG, PENG NIAN 汪彭年 **(1883-)**

Xi chen 屣尘
WANG, YUN ZHANG 王蕴章 **(1884-1942)**

Xi chen 樨尘
WANG, YUN ZHANG 王蕴章 **(1884-1942)**

Xi chen 曦晨
LI, GUANG TIAN 李广田 **(1906-1968)**

Xi cheng 夕澄
WANG, XI CHENG 王锡成 **(1918-)**

Xi cheng 樨塍
WANG, YUN ZHANG 王蕴章 **(1884-1942)**

Xi cheng fang cao 西城芳草
CHEN, LONG YU 陈龙玉

Xi, Cheng xiang 习城乡
YAN, CHUN DE 阎纯德 **(1939-)**

XI, CHENG ZHENG 席诚正 **(1922-)**
Cao, Wen 曹文
Cao, You cai 曹有才
He, Ren 何仁
Shu, Shu 舒蜀
Xi rong 西戎

Xi chou 西畴
WEI, JIAN HUI 韦剑辉 **(1931-)**

Xi chou 锡畴
CHEN, YI FAN 陈彝范 **(1860-1913)**

Xi chuan 西川
WU, ZHANG SHU 吴丈蜀 **(1919-)**

Xi chuan 西川
LIU, JUN 刘军 **(1963-)**

Xi chuang 西窗
MA, HUA 马骅 **(1916-)**

Xi, Chun 奚纯
CHEN, ZONG TANG 陈宗棠 **(1936-)**

Xi chun 惜醇
LIN, XI CHUN 林锡纯 **(1935-)**

XI, CHUN DONG 席春栋 **(1966-)**
Jian hong 剑虹

Xi cun 西村
LI, LIAN CUI 李连萃 **(1911-1991)**

Xi cun 息存
JIN, XIONG BAI 金雄白 **(1903-1985)**

Xi cun 溪邨
YANG, LONG SHAN 杨隆山 **(1914-)**

Xi da 希达
ZHOU, WEI ZHOU 周伟洲 **(1940-)**

Xi di 西蒂
ZHENG, ZHEN DUO 郑振铎 **(1898-1958)**

Xi di 西蒂
DING, CAN CHENG 丁灿成 **(1919-1969)**

Xi di 西諦
ZHENG, ZHEN DUO 郑振铎 **(1898-1958)**

Xi, Di chen 席涤尘
XI, HONG SHOU 席鸿绶

Xi, Di jia 席地家
GUAN, FEI MENG 关非蒙 **(1921-)**

Xi ding 西丁
TANG, LIAN GUAN 唐濂观 **(1916-)**

Xi ding 西丁
CHEN, MAO LIN 陈懋林 **(1933-)**

Xi dong 洗东
YANG, WEI QUAN 杨维铨 **(1900-1957)**

Xi er 洗耳
HU, DE HUI 胡德辉 **(1913-1968)**

Xi er 洗耳
LI, YING ROU 李颖柔

Xi fan 洗凡
JIANG, YAN SHENG 蒋衍升 **(1882-1915)**

Xi fang 西方
LIU, HOU YI 刘后贻 **(1924-)**

Xi fang 息方
FENG, XUE FENG 冯雪峰 **(1903-1976)**

Xi fang jin 西方金
QIU, FENG 邱峰 **(1947-)**

Xi fang zi 西方子
JIN, KE JIAN 金克剑 **(1948-)**

Xi fen 希汾
GUO, XI FEN 郭希汾 **(1893-1984)**

Xi feng 夕风
LIAO, XI LAN 廖西岚 **(1946-)**

Xi feng 西风
LIAO, XI LAN 廖西岚 **(1946-)**

Xi feng 西风
CHEN, YI QIANG 陈宜强 **(1962-)**

Xi, Feng ke 习风科
HUANG, YUAN PING 黄元平 **(1923-)**

Xi feng lao nong 西峰老农
FU, ZENG XIANG 傅增湘 **(1872-1949)**

Xi feng shan ren 西峰山人
ZHANG, ZI SHENG 张自生 **(1944-)**

Xi fu 西甫
LUO, MING 罗铭 **(1912-)**

Xi fu 希复
ZHUANG, YIN AN 莊银安 **(1855-1938)**

Xi gang 西岗
YANG, CHENG YIN 杨成寅 **(1926-)**

Xi gao 熙高
ZHOU, XI GAO 周熙高 **(1938-)**

XI, GEN FU 奚根福 **(1941-)**
Fang, Di 房笛
Lu, Zhang mei 陆章梅
Xi, Hai 奚海

Xi, Gu 奚谷
ZOU, WEI XI 邹维熙 **(1927-)**

Xi guang 锡光
CHEN, XI GUANG 陈锡光 **(1904-1935)**

Xi guang 锡光
NIE, YUN LAN 聂云岚

Xi gui 西氿
REN, YU CHENG 任禹成 **(1907-)**

Xi, Hai 奚海
XI, GEN FU 奚根福 **(1941-)**

Xi he 西禾
CHEN, XI HE 陈西禾 **(1911-1983)**

Xi he 西河
GUO, XI HE 郭熙和 **(1917-)**

Xi he 西河
ZHANG, JING HUA 张景华**(1954-)**

Xi he zhou 西河洲
WANG, BAO ZHOU 王保洲

Xi heng 希衡
FAN, REN 范任 **(1906-1971)**

Xi hong 西虹

NING, BAO LU 宁保禄 (1921-)

Xi hong 曦虹
WU, XI TONG 吴西彤 **(1929-)**

Xi hong sheng 惜红生
CHEN, XU 陈栩 **(1879-1940)**

XI, HONG SHOU 席鸿绶
Di chen 涤尘
Feng di 风笛
Shi, Ye 石耶
Xi, Di chen 席涤尘

Xi hua 西华
ZHANG, ZHI TIAN 张芝田 **(1908-1986)**

Xi hua 西华
ZHOU, SHAO 周劭 **(1916-)**

Xi hua 西华
SHENG, XI SHAN 盛锡珊 **(1925-)**

Xi hua 西华
CHENG, SHAO HUAI 程少怀

Xi huang 熙晃
WU, DING YE 吴定叶 **(1915-)**

Xi huang zheng yin 羲皇正胤
YI, BEN XI 易本羲

Xi hui 惜蕙
SHI, ZHE CUN 施蛰存 **(1905-)**

Xi ji 系己
LIU, LONG GUANG 柳龙光 **(1915-1948)**

Xi jia 希嘉
QU, XI XIAN 瞿希贤 **(1919-)**

Xi jian 希坚
WANG, XI JIAN 王希坚 **(1918-)**

Xi jiang 希疆
HU, SHI 胡适 **(1891-1962)**

Xi jin 西金
YU, SHI JIN 喻世锦 **(1924-)**

Xi jin 西津
GU, LIN SHI 顾麟士 **(1865-1930)**

Xi jin 希晋
LIU, RI BO 刘日波 **(1917-)**

Xi jin 惜今
LIU, JUN XIANG 刘峻骧 **(1937-)**

Xi jin 锡金
JIANG, XI JIN 蒋锡金 **(1915-)**

Xi jing 西京
WANG, XIAN LING 王宪伶 **(1959-)**

XI, JING ZHI 奚静之 **(1935-)**
Yang, Li 杨力

Xi jun 希隽
LIN, XI JUN 林希隽

Xi jun 细君
AI XIN JUE LUO, YU TONG 爱新觉罗毓桐 **(1912-)**

Xi kai 洗恺
JIN, SHAO YING 金少英

Xi, Kong gu 习空谷
ZHANG, SI WEI 张思维

Xi kun 西崑
HUANG, JIN LIAN 黄进莲 **(1947-)**

Xi la ren 希腊人
LIANG, SHI QIU 梁实秋 **(1902-1987)**

Xi, Lai 郗来
HE, WEN XUAN 何文轩 **(1938-)**

Xi lai ke 西来客
ZHANG, XIN YUAN 张心远 **(1895-1967)**

Xi le 喜乐
JIANG, ZENG LIANG 姜增亮 **(1915-)**

Xi leng 西冷
WANG, YANG SONG 王仰嵩 **(1898-1964)**

Xi leng 西冷
WANG, WEN XI 王文西 **(1918-)**

Xi leng 西冷
KANG, XIANG MIN 康湘民 **(1965-)**

Xi leng zhai 西冷斋
WANG, HUAI MAN 王槐曼 **(1931-)**

Xi li 西篱
ZHOU, XI LI 周西篱 **(1964-)**

Xi li 希里
CAI, CHUAN SHENG 蔡川胜

Xi lian 洗炼
FAN, GUO HUA 范国华 **(1931-)**

Xi, Lian bo 席连勃
XI, MU RONG 席慕蓉 **(1943-)**

Xi lian jiang 西连江
GAN, DANG YAN 甘当炎 **(1937-)**

Xi liang 洗梁
YUN, DAI YING 恽代英 **(1895-1931)**

Xi liang 希亮
ZHONG, LU SHENG 钟露昇

Xi liang 曦亮
WANG, XI LIANG 王希亮 **(1946-)**

Xi lin 西林
DING, XIE LIN 丁燮林 **(1893-1974)**

Xi lin 西林
WANG, REN SHU 王任叔 **(1901-1972)**

Xi lin 西林
LI, LIAN CUI 李连萃 **(1911-1991)**

Xi lin 西林
YU, ZHONG JIN 欝重今 **(1928-)**

Xi lin 锡麟
SUN, XI QI 孙锡琪 **(1903-1940)**

Xi ling 西玲
WU, XI LING 吴西玲

Xi ling 西陵
ZHU, DE MO 朱德模 **(1926-)**

Xi ling 蹊岭
SUN, XI LING 孙喜玲 **(1955-)**

Xi ling ju shi shao zhi ren 息陵居士杓之人
ZHOU, ZUO REN 周作人 **(1885-1967)**

Xi ling shi jia 西泠石伽
SHEN, SHI JIA 申石伽 **(1906-)**

Xi ling zi 西陵子
GAO, FENG CHI 高凤池 **(1935-)**

Xi liu 溪流
WU, XI TONG 吴西彤 **(1929-)**

Xi liu 西流
HOU, LI CHAO 侯立朝 **(1929-)**

XI, LIU FANG 奚柳芳 **(1947-)**
Liu fang 流方

Xi liu shui 西流水
ZENG, YI HUA 曾忆华

Xi lou 西楼
ZHANG, XI LU 张希鲁 **(1900-)**

Xi lu 西庐
KUANG, ZHOU YI 况周颐 **(1859-1926)**

Xi lu 希路
WU, QING ZHAO 吴庆照 **(1939-)**

Xi lu 息庐
LI, WEN TAO 李文涛 **(1880-1942)**

Xi lu 息庐
WANG, TONG ZHAO 王统照 **(1897-1957)**

Xi lun 希伦
HE, ZHANG PING 何章平 **(1916-1968)**

Xi ma 西马
SHI, XIONG FEI 史雄飞 **(1954-)**

Xi ma la ya 喜马拉雅
ZHAO, ZHENG PING 赵正平 **(1878-1945)**

Xi ma la ye 喜马拉耶
ZHAO, ZHENG PING 赵正平 **(1878-1945)**

Xi man 西曼
ZHANG, BAI LU 张百禄 **(1895-1949)**

Xi man 西曼
ZHANG, WEN TIAN 张闻天 **(1900-1976)**

Xi man 希曼
ZHANG, BAI LU 张百禄 **(1895-1949)**

Xi man 溪曼
LI, JIN ZE 李晋泽 **(1928-)**

Xi mao 西毛
TANG, BIN 唐彬 **(1959-)**

Xi men, Ding 西门丁
WANG, YU 王余 **(1949-)**

Xi men, Huan 西门宦
WU, CHENG HUI 吴承惠 **(1926-)**

Xi men, Yu 西门鱼
WANG, ZENG QI 汪曾祺 **(1920-1997)**

Xi men, Feng 西门凤
ZHENG, MENG ZHOU 郑梦周 **(1920-1982)**

Xi men, Liu 西門柳
QIU, NAN 邱楠 **(1916-1979)**

Xi meng 西蒙
LIU, FANG SONG 刘芳松 **(1910-1994)**

Xi meng 西蒙
XIANG, SHOU KANG 项寿康 **(1920-)**

Xi meng 希蒙
DU, YU XIN 杜玉新

Xi meng 息梦
WANG, TONG ZHAO 王统照 **(1897-1957)**

Xi meng 惜梦
ZHAO, XI MENG 赵惜梦 **(1898-1959)**

Xi mi lan 西米兰
ZHU, ZI QI 朱子奇 **(1920-)**

Xi mi shu shu 西米叔叔
SU, ZHAO XIONG 粟照雄 **(1945-)**

Xi, Mian zhi 席勉之
XUE, E GUO 薛萼果 **(1908-1983)**

Xi min 西民
SHI, XI MIN 石西民 **(1912-1987)**

Xi min 西民

XUAN, XI MING 轩西明 **(1949-)**

Xi min 喜民
HUANG, XI MIN 黄喜民 **(1949-)**

Xi ming 夕明
NONG, GUAN PIN 农冠品 **(1936-)**

Xi ming 西明
WANG, ZENG CAI 王曾才 **(1935-)**

Xi ming 西明
XUAN, XI MING 轩西明 **(1949-)**

Xi ming 锡明
LI, JIN MING 黎锦明 **(1905-)**

Xi mo 西摩
WU, ZHONG QING 吴仲青 **(1900-1948)**

Xi mo 细沫
SONG, YUAN MO 宋元模 **(1911-)**

XI, MU RONG 席慕蓉 **(1943-)**
Mo rong 漠蓉
Mu, Lun 穆伦
Qian hua 千华
Xi, Lian bo 席连勃
Xia, Cai 夏采
Xiao, Rul 萧瑞

Xi, Nai fang 席耐芳
ZHENG, LONG JIN 郑隆谨 **(1895-1979)**

Xi, Nai fang 席耐芳
SHEN, DUAN XIAN 沈端先 **(1900-1995)**

Xi nan 西南
ZHANG, XI NAN 张西南 **(1952-)**

Xi nan 溪南
FENG, LIU TANG 冯柳堂 **(-1943)**

XI, NANG 奚囊 **(1876-1940)**
Lian yi 莲依
Xi, Sheng bai 奚生白
Xi, Yan zi 奚燕子
Yan, Zi 燕子
Zai lin 在林

Xi ni er 希尼尔
XIE, HUI PING 谢惠平 **(1957-)**

Xi nong 细农
XU, SHENG YAO 许绳尧 **(1897-1984)**

Xi peng 锡朋
LI, JIN MING 黎锦明 **(1905-)**

Xi ping 西萍
XING, PING ZHOU 邢萍舟 **(1902-1972)**

Xi ping 西萍
ZHONG, QI FU 钟契夫 **(1925-)**

Xi ping 西屏
XING, PING ZHOU 邢萍舟 **(1902-1972)**

Xi ping 西屏
ZHANG, LING YU 张令誉 **(1903-)**

Xi ping 西屏
WANG, XI PING 王西平 **(1936-)**

Xi ping 希平
CUI, BAI CHENG 崔百城 **(1916-)**

Xi ping 溪萍
QIU, REN MEI 邱仁美 **(1924-)**

Xi po 西泼
SONG, YUAN MO 宋元模 **(1911-)**

Xi qi 锡祺
GE, ZU LAN 葛祖兰 **(1887-1987)**

Xi qi 锡麒
SUN, XI QI 孙锡琪 **(1903-1940)**

Xi qian huang 西茜凰
HUANG, QI YING 黄绮莹 **(1952-)**

Xi qiang 希强
GUO, LÜ GANG 郭履刚 **(1939-)**

Xi qiao 西樵
ZHAO, DA CHENG 赵大成 **(1920-1988)**

Xi qiao qiao zi 西樵樵子
KANG, YOU WEI 康有为 **(1858-1927)**

Xi qiao shan ren 西樵山人
KANG, YOU WEI 康有为 **(1858-1927)**

Xi qiao shan ren 西樵山人
XIAN, YU QING 冼玉清 **(1895-1965)**

Xi qing 洗清
LIU, CHANG QING 刘长青 **(1917-)**

Xi qiu 惜秋
JIANG, JUN ZHANG 蒋君章 **(1905-1986)**

Xi qiu sheng 惜秋生
OU YANG, GAN 欧阳淦 **(1883?-1907)**

Xi qu 溪曲
LIU, ZI CHENG 刘子成 **(1942-)**

Xi ren 西稔
WANG, XI YAN 王西彦 **(1914-)**

Xi ren 希人
JING, XI REN 荆溪人 **(1926-)**

Xi ren 喜人
BAI, GUANG YUAN 白光远 **(1916-)**

Xi ren 溪人
TONG, XI REN 佟希仁 **(1935-)**

Xi rong 西戎
XI, CHENG ZHENG 席诚正 **(1922-)**

Xi, Ru 奚如
WU, SHAN ZHEN 吴善珍 **(1906-1985)**

Xi rui 希锐
YUE, XI RUI 岳喜瑞 **(1920-)**

Xi, Ruo 奚若
ZHOU, SHU KUI 周树奎 **(1873-1936)**

Xi ruo 曦若
QIAO, WEN NI 乔文猊 **(1919-)**

Xi san 锡三
GAO, SHANG DE 高尚德 **(1896-1925)**

Xi sang 洗桑
ZHANG, SHUI QI 张水淇

Xi sha 西沙
HONG, DA LIN 洪达霖 **(1964-)**

Xi, Shan 奚山
JI, XIN QUN 嵇信群 **(1932-)**

Xi shan 西山
WU, DING CHANG 吴鼎昌 **(1884-1950)**

Xi shan 西山
ZENG, ZHI KAI 曾志开 **(1919-)**

Xi shan 西山
ZOU, EN YUAN 邹恩元

Xi shan 希山
LUO, SHI YANG 罗师扬 **(1866-1931)**

Xi shan 溪山
GUO, DONG KUI 郭东奎 **(1927-)**

Xi shan 锡山
GAO, SHANG DE 高尚德 **(1896-1925)**

Xi shan lao ren 希山老人
LUO, SHI YANG 罗师扬 **(1866-1931)**

Xi shan yi shi 西山逸士
PU, RU 溥儒 **(1896-1963)**

Xi she 汐社
LIANG, DING FEN 梁鼎棻 **(1859-1920)**

Xi shen 西神
WANG, YUN ZHANG 王蕴章 **(1884-1942)**

Xi shen can ke 西神残客
WANG, YUN ZHANG 王蕴章 **(1884-1942)**

Xi shen wang shi san 西神王十三
WANG, YUN ZHANG 王蕴章 **(1884-1942)**

Xi sheng 希圣
GAO, ER SONG 高尔松 **(1900-)**

Xi sheng 希生
CHENG, XI ZHENG 程西铮 **(1907-1984)**

Xi sheng 希声
YANG, ZHEN SHENG 杨振声 **(1890-1956)**

Xi sheng 蹊生
HE, SHI JUN 何时俊 **(1887-1944)**

Xi, Sheng bai 奚生白
XI, NANG 奚囊 **(1876-1940)**

Xi, Shi 奚石
TAO, DA YONG 陶大镛 **(1918-)**

Xi shi 夕拾
YANG, SHI JUN 杨时俊 **(1917-)**

Xi shi 西石
WANG, JI WU 王继武 **(1944-)**

Xi shi 昔莳
ZOU, GUAN QUN 邹冠群 **(1912-)**

Xi shi 溪石
JIN, ZHE 金哲 **(1931-)**

Xi shi 锡士
WU, SEN XIONG 吴森雄 **(1929?-1979)**

Xi, Shi ren 奚石人
TAO, DA YONG 陶大镛 **(1918-)**

Xi shou 西狩
ZHANG, BING LIN 章炳麟 **(1869-1936)**

Xi shou 锡寿
YAN, DA CHUN 严大椿 **(1909-)**

Xi shou zhu yu 西狩祝予
ZHANG, BING LIN 章炳麟 **(1869-1936)**

Xi shuang 息霜
LI, WEN TAO 李文涛 **(1880-1942)**

Xi shui 西水
TAN, CUI YAN 谭翠艳 **(1957-)**

Xi shui 溪水
TONG, XI REN 佟希仁 **(1935-)**

Xi shui 溪水
WANG, XIAO PENG 王晓鹏 **(1948-)**

Xi shui 豁水
WANG, RONG XIAN 王荣宪 **(1922-)**

Xi, Si he 席斯诃
WANG, ZHAO WEN 王朝闻 **(1909-)**

Xi song 惜诵
LI, YUE RUI 李岳瑞 **(1852-1927)**

Xi, Su 奚俗

XIAO, SU 萧肃 (1919-)

Xi tang 西堂
LI, YOU LONG 李犹龙 (1881-1953)

Xi tang 西堂
YU, ZHAO YI 于肇怡 (1917-1967)

Xi te li ni 希特里尼
LIU, CANG LANG 刘沧浪 (1919-)

Xi ti 西梯
ZHENG, ZHEN DUO 郑振铎 (1898-1958)

Xi tian 希天
MAO, JI QUAN 茅及铨 (1921-)

Xi tong 洗桐
ZHANG, CHANG 张长 (-1937)

Xi tong 西彤
WU, XI TONG 吴西彤 (1929-)

Xi tou cun ren 溪头村人
ZHUANG, WEN HUA 莊文桦

Xi, Wai si 席外思
ZHANG, YONG NIAN 张永年 (1910-1997)

Xi wang 西望
ZHANG, BAI LU 张百禄 (1895-1949)

Xi wang 希王
FU, ZHEN LUN 傅振伦 (1906-)

Xi wei 西维
GAO, JIE 高洁 (1947-)

Xi wei 西渭
LI, JIAN WU 李健吾 (1906-1982)

Xi wei xuan 惜味轩
ZHANG, YAN HOU 张延厚 (1872-)

Xi wen 習文
ZHENG, DAO YUAN 郑道远 (1953-)

Xi wen 曦文
JIN, QUAN CAI 金全才 (1927-)

Xi weng 息翁
LI, WEN TAO 李文涛 (1880-1942)

Xi, Wu 席伍
ZHAO, XING HE 赵性和 (1899-1926)

Xi wu 锡五
LIU, XI WU 刘锡五 (1898-)

Xi xi 夕夕
WEN, JIA HUA 闻家骅 (1899-1946)

Xi xi 西西
ZHANG, YAN 张彦 (1938-)

Xi xi 西溪
CHEN, YI YI 陈以义 (-1915)

Xi xi 栖栖
SHU, SHUN ZHEN 树顺贞 (1916-)

Xi xi 熙熙
WANG, RUI QIONG 王瑞琼

Xi xi yu yin 溪西渔隐
WANG, ZU YU 王祖馀

Xi xiang 息响
CHEN, XI XIANG 陈锡襄

Xi, Xiao lan 席小岚
WANG, GUANG TI 王光逖 (1918-1981)

XI, XIAO PING 席小平 (1952-)
Xiao xi 小溪
Xiao xi 晓夕

XI, XIAO YANG 奚晓阳 (1958-)
Xiao, Fan 萧帆

Xi xie 西澥
WANG, YUAN 王蘧 (1884-1944)

Xi, Xin 习辛
WU, XI XING 吴锡兴 (1944-)

Xi xin 洗心
YAN, YOU TAI 严有太 (1920-)

Xi xin 锡新
WANG, REN NAN 王仁南 (1917-)

Xi, Xin ming 郗欣明
ZHAO, GUO XI 赵国玺 (1939-)

Xi xing 希行
LU, KE CHANG 陆克昌 (1923-)

Xi ya 西雅
XIA, HONG FEI 夏鸿飞 (1924-)

Xi yan 西岩
WEI, FENG BIAO 魏凤标 (1898-1928)

Xi yan 系言
ZHANG, JIN YAN 张金燕 (1901-)

Xi yan 细言
WANG, XI YAN 王西彦 (1914-)

Xi yan 惜言
WEI, FENG BIAO 魏凤标 (1898-1928)

Xi yan 溪岩
ZENG, WEN YUAN 曾文渊 (1935-)

Xi yan sou 熙燕叟
LI, BAO XUN 李葆恂 (1859-1915)

Xi, Yan zi 奚燕子

XI, NANG 奚囊 (1876-1940)

Xi yang 夕阳
PAN, JIA QUN 潘家群

Xi yang 希扬
HUO, XI YANG 霍希扬 (1921-)

Xi yang 晞阳
CHEN, YAN JIE 陈延杰 (1888-1970)

Xi yi 希逸
ZHANG, HENG 张珩 (1915-1963)

Xi yi shi zhu 希夷室主
XU, YUN QIAO 许云樵 (1905-1981)

Xi yi jia 西已加
WU, CHUN HAN 吴春晗 (1909-1969)

Xi yi ou 熙伊欧
OU YANG, CHANG ZHAO 欧阳常昭 (1928-)

Xi, Yin 奚因
WU, GUANG CHUAN 吴广川 (1901-)

Xi yin 惜阴
ZHAO, FENG CHANG 赵凤昌 (1856-1938)

Xi yin tang 惜阴堂
ZHAO, FENG CHANG 赵凤昌 (1856-1938)

Xi ying 西莹
CHEN, YUAN 陈源 (1896-1970)

Xi ying 西滢
CHEN, YUAN 陈源 (1896-1970)

Xi ying 息影
WANG, YANG 汪洋 (1879-1921)

Xi ying lu zhu 息影庐主
WU, WO YAO 吴沃尧 (1867-1910)

Xi ying lu zhu ren 息影庐主人
ZHANG, BO ZHEN 张伯祯 (1877-1947)

Xi you 西狖
LI, YONG CHUN 李永春 (1951-)

Xi, Yu 奚予
LU, RU YIN 卢汝吟 (1918-)

Xi yu 西羽
XU, NAI XIANG 徐迺翔 (1931-)

Xi yu 细雨
HU, DA WEN 胡大文 (1941-1990)

Xi yu 惜餘
ZHOU, XIAN WEN 周宪文 (1907-)

Xi yu 樨玉
ZHENG, YU CHI 郑玉墀 (1913-)

Xi yu nü shi 樨玉女士
ZHENG, YU CHI 郑玉墀 (1913-)

XI, YU ZHEN 席裕珍 (1931-)
Mei, Er 梅儿

Xi yuan 西园
YE, DE HUI 叶德辉 (1864-1927)

Xi yuan 西园
HUA, GANG 华岗 (1903-1972)

Xi yuan 西园
ZHANG, CHUN FENG 张春峰 (1929-)

Xi yuan 西原
MA, HUAN 马环 (1917-)

Xi yuan 西源
ZHENG, ZHEN DUO 郑振铎 (1898-1958)

Xi yuan 郎园
YE, DE HUI 叶德辉 (1864-1927)

Xi yuan 息园
GAN, PENG YUN 甘鹏云 (1861-1940)

Xi yuan 翕园
ZHOU, EN 周恩 (1909-)

Xi yuan 洗园
MA, HUAN 马环 (1917-)

Xi yuan zhu ren 锡园主人
WU, KANG 吴康 (1897-1976)

Xi yue 西岳
HUANG, LI FEI 黄丽飞

Xi yun 夕云
LI, XI RONG 李锡荣

Xi zao 西灶
FAN, YONG 范镛 (1894-1967)

Xi zhai 希斋
ZHU, WEN XUAN 诸文萱 (1902-1984)

Xi zhai 翕斋
GUAN, SONG FANG 关松房 (1901-1982)

Xi zhang 喜章
HU, XI ZHANG 胡希张 (1930-)

Xi zhang 锡章
YANG, XI ZHANG 杨锡章 (1864-1929)

Xi zhao 犀照
PENG, SHU ZHI 彭述之 (1896-1983)

Xi zhao 樨炤
FU, SHAN WEN 傅善文 (1924-)

Xi, Zhen 席珍
SUN, XI ZHEN 孙席珍 (1906-1984)

Xi zhen 希珍
PAN, XI ZHEN 潘希珍 (1917-)

Xi zhen 希真
SHEN, YAN BING 沈雁冰 (1896-1981)

Xi zhen 希真
SHEN, ZE MIN 沈泽民 (1900-1933)

Xi zheng 西铮
CHENG, XI ZHENG 程西铮 (1907-1984)

Xi zheng 西徵
WANG, XI ZENG 王希曾 (1901-)

XI, ZHENG MING 席正铭 (-1917)
Qian hun 黔魂

Xi zheng tang 希郑堂
GONG, DAO GENG 龚道耕 (1876-1941)

Xi zhi 习之
WANG, ZI YI 汪自毅 (1927-)

Xi zhi 希之
LI, XI 李希 (1911-1989)

Xi zhi 溪之
YANG, YU KUN 杨玉坤 (1937-)

Xi zhong 希仲
JIANG, XI ZHONG 蒋希仲 (1901-1973)

Xi zhong 曦仲
CHEN, XI ZHONG 陈熙中 (1940-)

Xi zhou 锡舟
WANG, MIN CHUAN 王敏川

Xi zhou zhong zi 熙州仲子
CHEN, DU XIU 陈独秀 (1879-1942)

Xi zhou zhong zi ju shi 熙洲仲子居士
CHEN, DU XIU 陈独秀 (1879-1942)

Xi zhu 西朱
WANG, XU ZHU 王恤珠 (1930-)

Xi zi 戏子
WANG, ZHONG XIAN 汪仲贤 (1888-1937)

Xi zi 戏子
XIONG, FU XI 熊福禧 (1900-1965)

Xi zi 西子
XU, YONG 许勇 (1969-)

Xi zi 喜字
WANG, DONG HAI 王东海 (1940-)

Xi zi 哲子
YANG, DU 杨度 (1875-1931)

Xi zu 西祖
LONG, XI ZU 龙熹祖 (1934-)

Xi zu 希祖
ZHU, XI ZU 朱希祖 (1879-1944)

Xia 夏
QIAN, XUAN TONG 钱玄同 (1887-1939)

Xia 夏
DENG, ZHONG XIA 邓中夏 (1894-1933)

Xia 霞
CHEN, TING GUI 陈廷桂 (1913-1988)

Xia 霞
KUANG, RUO XIA 匡若霞 (1927-)

Xia an 侠安
LIN, QING XUAN 林清玄 (1953-)

Xia an 侠盦
SUN, DE QIAN 孙德谦 (1869-1935)

Xia an 遐庵
YE, GONG CHUO 叶恭绰 (1881-1968)

Xia, Bai ge 夏白格
GUAN, DONG YAN 关东彦 (1919-)

XIA, BAO LIN 夏宝林 (1935-)
Lin, Yin 林音
Xia, Le 夏乐

Xia, Bi quan 夏碧泉
XIA, QI PING 夏启平 (1960-)

Xia, Bin 夏彬
LÜ, SHOU KE 吕守科 (1925-)

XIA, BIN WEN 夏斌文 (1938-)
Qian fu 纤夫

Xia, Bing 夏冰
LÜ, SHOU KE 吕守科 (1925-)

Xia, Bing 夏冰
HUANG, HAN XIONG 黄汉雄 (1950-)

Xia, Bo yang 夏伯阳
CHEN, YU GAN 陈毓淦 (1917-)

Xia, Cai 夏采
XI, MU RONG 席慕蓉 (1943-)

XIA, CAI LING 夏彩玲
Xia, Xue 夏雪

Xia, Cao 夏草
YE, XIONG 叶雄 (1950-)

Xia, Cao 夏草
CHU, TIE ZHU 储铁柱 (1958-)

XIA, CHANG CHI 夏昌炽 (1889-1970)
Guang yu 光宇
Guang yu 光禹

Xia chen 侠麈
ZHOU, GUO XIAN 周国贤 **(1894-1968)**

Xia chen 廈晨
SONG, YI YING 宋亦英 **(1919-)**

XIA, CHEN ZHONG 夏晨中 **(1912-)**
Cheng zhong 澄衷
Hui yin 徽音
Liang, Bin 梁滨
Yang, Lian 杨莲
Yang, Ting 扬庭

XIA, CHENG TAO 夏承焘 **(1900-1986)**
Meng xu sheng 梦栩生
Qu, Chan 瞿禅
Qu, Ran 瞿髯
Xia, Qu chan 夏瞿禅
Xia, Qu chan 夏癯禅
Xia, Qu ran 夏瞿髯
Yi zhi 异之

XIA, CHENG YING 夏承楹 **(1910-)**
He, Fan 何凡

Xia, Chu 夏初
WANG, ZHAN SHAN 王占山 **(1949-)**

Xia, Chu 夏楚
XIA, SHU YUAN 夏澍元 **(1916-1965)**

Xia, Chu lin 夏初临
CHEN, FAN 陈凡 **(1915-1997)**

Xia, Chuan 夏川
LU, ZHEN HUA 卢镇华 **(1918-)**

Xia, Chuan 夏川
SHU, XUE LI 束学礼 **(1918-)**

Xia, Chuan 夏川
TANG, MEI SHENG 唐梅生 **(1931-)**

Xia, Chuan 夏川
LI, GUO HAN 李国汉 **(1942-)**

Xia, Chuan 夏川
MA, ZHONG JI 马中骥 **(1945-)**

XIA, CHUAN CAI 夏传才 **(1924-)**
Xia, Tian 夏天

Xia, Chuan shu 夏传书
TANG, WEN BIAO 唐文标 **(1946-)**

Xia, Chun 夏淳
ZHA, QIANG LIN 查强麟 **(1918-)**

XIA, CHUN HAI 夏春海 **(1952-)**
A fan 阿帆
Xia, Fan 夏帆
Xiao fu 潇父
Yue, Shu 乐叔

Xia cun 霞村
XU, YUAN DU 徐元度 **(1907-1986)**

Xia, Dai 夏岱
LI, CHANG WEI 李长蔚 **(1926-)**

Xia, Dan 夏丹
LIU, CHANG QING 刘长青 **(1917-)**

XIA, DAO CHENG 夏道成 **(1912-)**
Xia, Ri yan 夏日炎

XIA, DE QI 夏得齐 **(1915-)**
Meng, Jue 孟觉
Xia, Meng 夏梦
Zhou, Ge 周戈
Zhou, You 周游
Zhou, Yuan 周原

Xia, Di 夏迪
DING, RI CHU 丁日初 **(1917-)**

Xia, Di 夏荻
DENG, PING 邓平 **(1925-1985)**

Xia, Di meng 夏迪蒙
DING, RI CHU 丁日初 **(1917-)**

Xia, Ding yu 夏定域
XIA, TING YU 夏廷棫 **(1902-1979)**

XIA, DONG YUAN 夏东元 **(1921-)**
Hu, Zheng si 胡正思
Luo, Xian 罗咸
Yan, Cheng 严程

Xia, Fan 夏帆
XIA, CHUN HAI 夏春海 **(1952-)**

Xia, Fang 夏放
XIA, ZHI FANG 夏之放 **(1939? -)**

Xia, Fei 夏飞
XIE, JUE HONG 谢觉红

Xia fei 侠飞
LU, JIAO NAN 陆峤南

Xia fei 霞菲
LU, DAN LIN 陆丹林 **(1898-1972)**

Xia, Feng 夏风
SUN, WEN LIN 孙文林 **(1914-1987)**

Xia, Feng 夏风
YE, MING XUN 叶明勲 **(1914-)**

Xia, Feng 夏风
XIAO, SHU KUAN 萧树宽 **(1949-)**

Xia, Feng 夏风
WANG, JIAN MING 汪剑鸣

Xia, Feng 夏枫
SUN, WEN LIN 孙文林 **(1914-1987)**

Xia, Feng 夏逢
LIU, YAN LING 刘延陵 **(1895-1988)**

Xia fo 侠佛
XIE, ZHEN 谢震 **(1867-1923)**

Xia fu 侠父
XUAN, YAO HUO 宣尧火 **(1899-1938)**

Xia, Fu xin 夏斧心
XIA, YUN 夏云

Xia gai shan min 夏盖山民
XIA, MIAN ZUN 夏丏尊 **(1886-1946)**

Xia, Ge 夏格
TANG, JIA HUI 唐嘉慧 **(1962-)**

Xia, Geng 夏耕
XIA, XIE SHI 夏写时 **(1934-)**

Xia, Gu 夏古
SONG, YUAN MO 宋元模 **(1911-)**

Xia guan 遐观
ZHOU, SHU REN 周树人 **(1881-1936)**

Xia, Guang 夏光
XIA, TONG GUANG 夏同光 **(1909-1968)**

Xia, Guang 夏光
SHEN, SI MING 沈思明 **(1913-)**

Xia, Guo 夏果
YUAN, KE PING 源克平 **(1915-1985)**

Xia han ji ren 夏寒集人
ZHANG, JIN JIAN 张金鑑 **(1902-1988)**

Xia, Han jiang 夏寒江
XIA, JIA PU 夏家浦 **(1956-)**

Xia, Hang 夏航
TONG, XING YU 佟醒愚 **(-1940?)**

Xia, Hao 夏浩
MAO, QUAN SHENG 毛泉生 **(1927-)**

Xia, He 夏鹤
CAO, WEI MING 曹伟明 **(1958-)**

Xia, Hong 夏闳
DAI, HONG SEN 戴鸿森 **(1932-)**

Xia, Hong 夏虹
ZHANG, ZI QIANG 张自强 **(1946-)**

XIA, HONG 夏虹 **(1965-)**
Da fu 达夫
Fan fu 凡夫
Hua, Xia 华夏
Xia, Wei yi 夏威夷

XIA, HONG FEI 夏鸿飞 **(1924-)**
Ai, Yin 艾音
Hong, Fei 洪飞
Hu, Fei 胡菲
Xi ya 西雅

Xia, Hou 夏侯
CHEN, YAO MIN 陈耀民 **(1927-)**

Xia hou, Chong 夏侯宠
HE, ZHEN YE 何振业 **(1922-)**

Xia hou, Ming 夏侯明
MA, GUO LIANG 马国亮 **(1908-)**

Xia hou, Wan xun 夏侯晚浔
GU, HONG 顾鸿 **(1920-1986)**

Xia hou, Wen 夏侯温
WEN, ZHAO LI 温昭礼 **(1934-)**

Xia hou, Wei yin 夏候未胤
LIU, PING RUO 刘平若 **(1907-)**

Xia hou, Wu ji 夏侯无忌
SUN, SHU XIAN 孙述宪 **(1930-)**

Xia hou, Ying 夏侯英
LIU, CHENG HUI 刘承蕙 **(1925-)**

Xia hou, Zhuan yin 夏候专胤
LIU, PING RUO 刘平若 **(1907-)**

Xia, Hua 夏华
YANG, YI MEI 杨意美

Xia, Huai shuang 夏怀霜
MEI, JIN HUA 梅金华

Xia, Huang 夏煌
HUANG, YAN HUA 黄彦华

Xia, Hui 夏晖
XIN, HUA 辛华 **(1949-)**

Xia hun 侠魂
ZHANG, XIA HUN 张侠魂 **(-1938)**

Xia hun 侠魂
SHEN, XIA HUN 沈侠魂 **(1915-1966)**

Xia, Ji 夏汲
LIU, HE 刘禾 **(1933-)**

Xia, Ji 夏季
ZHANG, HENG SHOU 章恒寿 **(1931-)**

Xia, Ji an 夏济安
XIA, SHU YUAN 夏澍元 **(1916-1965)**

XIA, JI DIAN 夏基甸 **(1928-)**
Dan shui 淡水
Fu, Bo 伏波

Hua, Tian 华田
Jie zhi 洁之
Xia, Xin geng 夏莘耕

XIA, JI SONG 夏基松 **(1925-)**
Xue song 雪松

XIA, JIA PU 夏家浦 **(1956-)**
Xia, Han jiang 夏寒江
Yang, Shu 羊恕

Xia, Jian 夏检
XIA, KANG NONG 夏康农 **(1902-1970)**

Xia, Jian 夏简
YU, HENG 于衡 **(1921-)**

Xia, Jian 夏简
CHEN, SONG LING 陈松龄

Xia, Jian cheng 夏剑丞
XIA, JING GUAN 夏敬观 **(1875-1953)**

Xia, Jie 夏杰
XU, JIA ZHEN 徐家桢 **(1952-)**

Xia, Jie 夏洁
FAN, GAO GUI 范高贵 **(1934-)**

XIA, JIE 夏婕 **(1949-)**
Mei, Nü 梅女

Xia, Jing 夏菁
SHENG, ZHI CHENG 盛志澄 **(1925-)**

Xia, Jing fan 夏景凡
XIA, ZONG YU 夏宗禹 **(1921-)**

XIA, JING GUAN 夏敬观 **(1875-1953)**
Guan ren 盥人
Jian cheng 剑丞
Jian cheng 鉴丞
Niu, Lin sou 牛邻叟
Ren gu lou 忍古楼
Xia, Jian cheng 夏剑丞
Xuan xiu 玄修
Xue an 吷庵

XIA, JING NONG 夏敬农
Quan ru 犬儒

Xia, Jing yan 夏静岩
CHEN, CHU CAI 陈楚材 **(1902-)**

Xia, Jing ye 夏静野
LIANG, YONG YU 梁永裕 **(1921-)**

Xia, Jiu ding 夏九鼎
LIN, ZHU YU 林祝敔 **(1915-1975)**

Xia, Jun 夏君
SUN, JUN ZHENG 孙钧正 **(1936-)**

Xia, Kang nong 夏亢农
XIA, KANG NONG 夏康农 **(1902-1970)**

XIA, KANG NONG 夏康农 **(1902-1970)**
Hao ran 浩然
Kai yin 开因
Kang, Nong 康农
Kang nong 亢农
Lin, Cang bai 林沧白
Qiao, Feng 乔峰
Tian, Jia he 田家龢
Xia, Jian 夏检
Xia, Kang nong 夏亢农
Zhou, Shi xin 周士信

Xia, Kui 夏葵
LI, YI QING 李乙青 **(1911-)**

Xia, Lai 夏莱
BU, SHAO FU 卜少夫 **(1908-2000)**

XIA, LAI DI 夏莱蒂
Lai di 莱蒂
Lai, Zhi 来芝

Xia, Lang 夏郎
ZHANG, QING GUANG 张清广 **(1921-)**

Xia, Le 夏乐
XIA, BAO LIN 夏宝林 **(1935-)**

Xia, Lei 夏雷
CHEN, RU XUN 陈汝埙 **(1906-)**

Xia, Lei 夏雷
XIA, YU TIAN 夏雨田 **(1938-)**

Xia, Li 夏里
LUO, SHAO SHU 罗绍书 **(1933-)**

Xia, Li 夏里
QIU, CHANG 邱昶 **(1942-)**

Xia, Li 夏里
YU, YOU FA 于友发 **(1943-)**

Xia, Li 夏歷
LIANG, TAO 梁涛 **(1924-1995)**

Xia li 下里
WU, TING GUAN 吴廷琯 **(1914-)**

Xia li 下里
LI, LONG YU 李隆裕 **(1933-)**

Xia li ba 下里巴
DIAO, YONG QUAN 刁永泉 **(1945-)**

Xia li ba 下俚巴
ZENG, XIANG QI 曾祥祺 **(1916-)**

Xia li ba ren 下里巴人
ZHANG, DA QIAN 张大千 **(1899-1983)**

Xia li ba ren 下里巴人
WANG, REN SHU 王任叔 (1901-1972)

Xia li ba ren 下里巴人
CAO, ZHI YUAN 曹志渊 (1933-)

Xia li ren 下里人
WANG, REN SHU 王任叔 (1901-1972)

XIA, LI RU 夏立如 (1918-)
Xia, Zi yi 夏子颐

Xia, Li yang 夏里阳
LIU, RUI FENG 刘瑞峰 (1916-)

Xia, Lian 夏莲
HUANG, LIAN ZHONG 黄莲中 (1936-)

Xia, Liang 夏凉
WU, SHUANG LIAN 吴双连 (1936-)

Xia, Lie 夏烈
XIA, ZU ZHUO 夏祖焯 (1941-)

XIA, LIN 夏廪
Xia, Ying xiang 夏应祥
Xia, Zhong lin 夏钟麟
Xuan er 楦耳

Xia, Ling jiang 夏凌江
MA, ZHI YUAN 马志远 (1918-)

Xia lou 霞楼
BI, ZHEN DA 毕振达 (1862-1926)

Xia, Lu 夏庐
HU, GUANG WEI 胡光炜 (1888-1962)

Xia, Lu 夏渌
WANG, XIAN ZHI 王先智 (1923-)

Xia, Lu 夏露
ZHANG, MING YU 张明玉 (1947-)

Xia, Lu jiang 夏芦江
XIA, WEI 夏伟

Xia, Lu ren 夏潞仁
LI, JIN QUAN 李金泉 (1916-)

Xia, Lü di 夏绿蒂
YAO, LENG 姚冷 (1923-)

Xia, lü jiao 夏绿蕉
LIU, DA JIE 刘大杰 (1904-1977)

Xia, Lü yin 夏绿茵
LI, NING ER 李宁儿 (1953-)

Xia, Luo 夏洛
QIU, MING KUN 邱名崐 (1940-)

Xia, Luo fan 夏骆梵
XIA, MEI HUA 夏美华 (1948-)

Xia, Luo sang 夏洛桑
CHEN, WEI XIAN 陈维贤 (1949-)

Xia, Ma 夏马
DENG, JI SHENG 邓纪生 (1938-)

XIA, MEI 夏玫 (1934-)
Ai, Min 艾珉

Xia, Mei 夏眉
XIE, ZHAO MEI 谢昭梅 (1943-)

XIA, MEI HUA 夏美华 (1948-)
Xia, Luo fan 夏骆梵

Xia, Men 夏门
CHEN, MEI NA 陈美娜 (1941-)

Xia, Meng 夏梦
XIA, DE QI 夏得齐 (1915-)

Xia, Mian zhan 夏勉旃
XIA, MIAN ZUN 夏丏尊 (1886-1946)

XIA, MIAN ZUN 夏丏尊 (1886-1946)
Men an 闷庵
Mian zun 丏尊
Mo zhi 默之
Ping, Wu 平屋
Ping wu zhu ren 平屋主人
Wu men 无闷
Xia gai shan min 夏盖山民
Xia, Mian zhan 夏勉旃
Xia, Zhu 夏铸

Xia, Min 夏民
YANG, ZHEN HUA 杨镇华

Xia, Ming 夏明
MA, GUO LIANG 马国亮 (1908-)

Xia, Ming 夏明
CHEN, HONG SHAN 陈鸿山

XIA, MING HAN 夏明翰 (1900-1928)
Chen, Ri xi 陈日习
Ming, Han 明翰

Xia, Mo 夏末
YIN, HAO 殷皓 (1956-)

Xia, Mo 夏默
LIN, JIN RONG 林晋荣

Xia, Mu 夏牧
LIANG, YONG YU 梁永裕 (1921-)

Xia, Mu 夏牧
CHEN, HONG SHAN 陈鸿山

Xia, Mu qing 夏木清
CHEN, CHUAN BO 陈川波 (1941-)

Xia, Nai di 夏奈蒂
HE, ZHEN YE 何振业 (1922-)

Xia, Nan 夏楠
CHEN, YONG FENG 陈永丰 (1952-)

Xia, Ning 夏宁
HUANG, GUO HONG 黄国鸿 (1937-)

Xia, Ning shuang 夏凝霜
LU, SHAO QUAN 卢绍权 (1920-1980)

Xia, Nong 夏农
WANG, BAO ZHU 王宝柱 (1934-)

Xia, Nong 夏浓
WU, ZONG HAI 吴宗海 (1925-)

Xia, Nuo 夏诺
WU, ZONG HAI 吴宗海 (1925-)

Xia, Peng 夏朋
YAO, FU 姚馥 (-1936)

XIA, PING 夏平
Ping lu 萍庐

Xia, Pu 夏仆
FAN, XI YI 樊习一 (1940-)

Xia, Qi feng 夏奇峯
XIA, YUN 夏云

XIA, QI PING 夏启平 (1960-)
Xia, Bi quan 夏碧泉

Xia, Qi xiang 夏麒祥
FENG, JIN XIN 冯金辛 (1914-)

Xia, Qiang 夏强
WANG, TONG FA 王统发 (1924-)

Xia, Qiang 夏强
WANG, ZENG CAI 王曾才 (1935-)

Xia, Qin 夏琴
ZHANG, YAN 张燕 (1924-)

XIA, QIN HAN 夏钦瀚 (1926-)
Chun yu, Bu jing 淳于不敬
Chun yu, Er 淳于尔
Fang, Ji 方棘
Li, Chun shui 李淳水
Ma, Men 马门
Si ma, Chun qiu 司马春秋
Si ma, Guai 司马怪
Wu, Sun 伍隼

Xia, Qing 夏青
GENG, SHAO GUANG 耿绍光 (1927-)

XIA, QING 夏青 (1947-)
Mei, Yi 梅逸

XIA, QING 夏青 (1953-)
Lu, Meng 路梦
Lu, Xia 路霞

Xia, Qing feng 夏青峰
XIAO, CUN 萧村

Xia, Qing feng 夏青峰
LI, JUN ZHE 李君哲 (1929-)

Xia, Qiu 夏秋
LIU, JU YING 刘菊英 (1944-)

Xia, Qiu dong 夏秋冬
LIANG, TAO 梁涛 (1924-1995)

Xia, Qu 夏蕖
CHEN, SHU ZHANG 陈淑章 (1906-1991)

Xia, Qu chan 夏瞿禅
XIA, CHENG TAO 夏承焘 (1900-1986)

Xia, Qu chan 夏癯禅
XIA, CHENG TAO 夏承焘 (1900-1986)

Xia, Qu ran 夏瞿髯
XIA, CHENG TAO 夏承焘 (1900-1986)

XIA, QUAN FA 夏全发 (1951-)
Qun hui 群慧

Xia, Ren bo 夏仁波
MO, PU 莫朴 (1915-)

XIA, REN HU 夏仁虎 (1873-1963)
Wei ru 蔚如
Zhi chao 枝巢
Zhi chao zi 枝巢子
Zhi weng 枝翁

Xia, Ri kui 夏日葵
CHEN, RU XUN 陈汝埙 (1906-)

Xia, Ri yan 夏日炎
XIA, DAO CHENG 夏道成 (1912-)

Xia, Rui min 夏瑞民
GU, QI CHENG 顾其城 (1910-)

Xia, Sha 夏沙
DU, YAN ZHI 杜彦之 (1922-)

Xia, Shan 夏山
WEI, YU E 魏裕鄂 (1931-)

Xia shan 遐山
WEN, BU BIAO 文步彪 (1942-1983)

Xia shan 霞山
HUANG, SHOU QI 黄寿祺 (1912-)

Xia shang 霞裳
LI, XIA SHANG 李霞裳 (1927-)

Xia, Shang zao 夏尚早

Xia, Xian shi 夏宪时
XIA, XIE SHI 夏写时 **(1934-)**

Xia, Xiang 夏香
PAN, YA TUN 潘亚暾 **(1931-)**

Xia, Xiao fu 夏晓芙
WANG, YU 王渝 **(1939-)**

XIA, XIAO HUA 夏晓华 **(1954-)**
Bai, Dong 柏冬
Chen zhong 晨钟

XIA, XIE SHI 夏写时 **(1934-)**
Guan, Li 管里
Li, Shu 李抒
Qiu, Zhong 秋仲
Xia, Geng 夏耕
Xia, Xian shi 夏宪时
Ye, Gong 叶工

Xia, Xin 夏心
BAI, QUAN CHENG 白全成 **(1954-)**

Xia, Xin geng 夏莘耕
XIA, JI DIAN 夏基甸 **(1928-)**

Xia, Xing 夏醒
WANG, TONG FA 王统发 **(1924-)**

Xia, Xing guo 夏兴国
XIA, XING YUAN 夏兴园 **(1933-)**

XIA, XING YUAN 夏兴园 **(1933-)**
Xia, Xing guo 夏兴国

Xia, Xue 夏雪
XIA, CAI LING 夏彩玲

XIA, YA YI 夏亚一 **(1920-)**
Ya yi 亚彝

Xia, Yan 夏衍
SHEN, DUAN XIAN 沈端先 **(1900-1995)**

Xia, Yan 夏烟
WU, QING XING 吴青杏

Xia, Yang 夏羊
ZHANG, YI SAN 张伊三 **(1922-)**

Xia, Yang 夏羊
SUN, YI ZHI 孙义志 **(1967-)**

Xia, Yang 夏阳
GUO, SEN LIN 郭森林 **(1910-)**

Xia, Yang 夏阳
LIU, ZHEN DE 刘振德 **(1917-)**

Xia, Yang 夏阳
LIN, ZHI YIN 林芷茵 **(1921-)**

Xia, Yang 夏阳
LI, SHUO CHENG 李硕诚 **(1922-)**

Xia, Yang 夏阳
WANG, YI YANG 汪易扬 **(1931-)**

Xia, Yang 夏阳
SUN, XI RU 孙希如 **(1931-)**

Xia, Yang 夏阳
SUN, PEI 孙珮 **(-1941)**

Xia, Ye 夏叶
YE, TING FANG 叶廷芳 **(1936-)**

Xia, Ye 夏野
XIA, ZHENG CHUN 夏正纯 **(1924-)**

Xia, Ye 夏野
WU, JIAN ZHONG 武建中 **(1947-)**

Xia, Ye ying 夏夜萤
MA, HUA 马骅 **(1916-)**

Xia, Yi 夏夷
XU, BIN 徐斌 **(1924-1981)**

Xia, Yi 夏依
RUAN, HUI XIA 阮惠霞 **(1928-)**

Xia, Yi 夏易
CHEN, XUAN WEN 陈绚文 **(1922-)**

Xia, Yi 夏羿
ZU, MING HUA 祖明华 **(1955-)**

Xia, Yi han 夏亦寒
XIA, TIE JIAN 夏铁肩 **(1922-)**

Xia, Yi lin 夏益林
FANG, JIA JIE 方家杰 **(1919-)**

XIA, YI PING 夏一平 **(1925-)**
Xin yin 心因

Xia, Ying 夏盈
LU, SHAO QUAN 卢绍权 **(1920-1980)**

Xia, Ying 夏莺
DING, JIA SHU 丁嘉树 **(1907-1990)**

Xia, Ying 夏婴
LIN, ZHU YU 林祝敔 **(1915-1975)**

Xia, Ying 夏婴
LI, BAO JIA 李葆家 **(1920-)**

Xia, Ying 夏婴
WU, ZONG HAI 吴宗海 **(1925-)**

Xia, Ying 夏影
CHEN, HONG SHAN 陈鸿山

Xia, Ying xiang 夏应祥
XIA, LIN 夏廪

Xia, Yong 夏雍
WU, CHENG SHI 吴承仕 **(1884-1939)**

Xia, You xin 夏又新
ZHANG, YU FA 张玉法 **(1936-)**

Xia, Yu 夏宇
HUANG, QING QI 黄庆绮 **(1956-)**

Xia, Yu 夏雨
LI, SHOU HONG 李寿鸿 **(1924-)**

XIA, YU CHANG 夏雨常 **(1931?-)**
Huo meng 活梦
Ye ming 业明
Yu, Chang 余常

Xia, Yu tian 夏雨天
ZHANG, YI DONG 张奕东 **(1926-)**

XIA, YU TIAN 夏雨田 **(1938-)**
Lei, Wen 雷文
Xia, Lei 夏雷

Xia, Yu wei 夏雨薇
LIU, XIU ZHEN 刘秀珍 **(1949-)**

XIA, YUAN YU 夏元瑜 **(1913-)**
Yuan, Yu 元瑜

Xia, Yun 夏耘
LI, PENG ZHU 李鹏翥 **(1934-)**

Xia, Yun 夏云
WANG, YU 王渝 **(1939-)**

XIA, YUN 夏云
C. C.
Xia, Fu xin 夏斧心
Xia, Qi feng 夏奇峯

XIA, ZENG YOU 夏曾佑 **(1863-1924)**
Ba gu sheng ren 八股圣人
Bie shi 别士
Hui qing 蕙卿
Sui fo 碎佛
Sui qing 穗卿
Xia, Sui qing 夏穗卿
Zeng, You 曾佑

Xia zhai 下斋
CHENG, JIA CHENG 程家檉 **(1874-1914)**

Xia, Zhen 夏真
ZHU, YA ZHEN 朱亚珍 **(1946-)**

XIA, ZHEN TAO 夏甄陶 **(1931-)**
Ye bing 耶冰

XIA, ZHENG CHUN 夏正纯 **(1924-)**
Xia, Ye 夏野
Xia, Zhong liang 夏忠良

XIA, ZHENG HE 夏正和 **(1904-)**
Er yi 而已
Li, Fu 黎夫
Mo, Xi 墨西
Wen wen 问闻
Xia, Zheng nong 夏征农
Xia, Zheng nong 夏徵农
Xia, Zi mei 夏子美
Yi zhi 一知
Zheng nong 征农
Zi mei 子美

Xia, Zheng nong 夏征农
XIA, ZHENG HE 夏正和 **(1904-)**

Xia, Zheng nong 夏徵农
XIA, ZHENG HE 夏正和 **(1904-)**

Xia, Zhi 夏至
ZHANG, GUO GANG 张国刚 **(1956-)**

Xia, Zhi 夏知
ZOU, ZONG BIN 邹宗彬 **(1946-)**

XIA, ZHI DING 夏智定 **(1944-)**
Yi jia 亦嘉
Zi ding 紫丁

XIA, ZHI FANG 夏之放 **(1939?-)**
Xia, Fang 夏放

Xia, Zhi fang 夏芷芳
CHEN, FENG YUE 陈枫月

Xia, Zhi feng 夏志峰
LI, JUN ZHE 李君哲 **(1929-)**

Xia, Zhi lei 夏之雷
ZHANG, FA 张发 **(1939-)**

Xia, Zhi xi 夏之曦
HUANG, CAN 黄粲 **(1911-)**

Xia, Zhi yan 夏之炎
LIN, ZHOU 林洲

Xia, Zhong liang 夏忠良
XIA, ZHENG CHUN 夏正纯 **(1924-)**

Xia, Zhong lin 夏钟麟
XIA, LIN 夏廪

Xia, Zhu 夏铸
XIA, MIAN ZUN 夏丏尊 **(1886-1946)**

Xia, Zi 夏子
WANG, TONG FA 王统发 **(1924-)**

Xia, Zi 夏子
WANG, JI QING 王纪卿 **(1953-)**

Xia zi 侠子
MEI, MING ZHENG 梅明正 **(1922-)**

Xia, Zi mei 夏子美
XIA, ZHENG HE 夏正和 **(1904-)**

Xia, Zi yi 夏子颐
XIA, LI RU 夏立如 **(1918-)**

Xia, Zong han 夏宗汉
RUAN, DA ZHENG 阮大正

XIA, ZONG YU 夏宗禹 **(1921-)**
Xia, Jing fan 夏景凡

XIA, ZU ZHUO 夏祖焯 **(1941-)**
Xia, Lie 夏烈

Xian 先
WANG, TONG ZHAO 王统照 **(1897-1957)**

Xian 弦
SHAO, KE PING 邵克萍 **(1916-)**

Xian ai 先艾
JIAN, XIAN AI 蹇先艾 **(1906-)**

XIAN, BING QING 冼冰清
Shi hua 诗华

Xian bu an 閒步庵
SHEN, QI WU 沈启无 **(1902-1969)**

Xian cao 娴草
TANG, XI 唐希 **(1947-)**

Xian cha 仙槎
HE, SI YUAN 何思源 **(1896-1982)**

Xian cheng 先程
ZHANG, XIAN MIN 张宪民 **(1932-)**

Xian chuan 弦川
CHEN, LI DU 陈礼读 **(1951-)**

Xian chun 现春
LIN, YING SHAN 林英珊 **(1940-)**

Xian da 闲大
SHAO, XUN MEI 邵洵美 **(1906-1968)**

Xian dai fu nü she 现代妇女社
MENG, XIAN QI 孟宪棨 **(1902-1976)**

Xian dan 仙丹
WU, ZHONG YING 吴仲英

XIAN, DE HUI 冼德慧 **(1928-)**
Jiang, Feng 江风
Jin, Ling 金陵
Nan, Hai 南海
Ning, Xin 宁馨
Xian, Ning 冼宁
Xiao chun 小纯
Xiao qing 晓青

Xian di 显谛
LIU, QING LU 刘清禄 **(1915-1965)**

Xian, Fu 冼夫
CHEN, XIAN FU 陈显涪 **(1949-)**

Xian fu 仙甫
NING, TIAO YUAN 甯调元 **(1873-1913)**

Xian fu 先夫
ZHANG, SHOU CHANG 张守常 **(1922-)**

Xian fu 弦夫
YANG, FENG XIANG 杨风翔 **(1931-)**

Xian gen 仙根
QIU, FENG JIA 丘逢甲 **(1864-1912)**

Xian, Hai liu 咸海流
LIU, HAI XIAN 刘海贤 **(1953-)**

Xian he 仙鹤
XU, ZHI MO 徐志摩 **(1896-1931)**

Xian he 先河
HE, JIA HUAI 何家槐 **(1911-1969)**

Xian hong 仙鸿
GUO, SHAN HONG 郭善鸿 **(1929-)**

Xian hu 仙乎
LU, XING FU 卢星父

Xian jiang 贤江
YANG, XIAN JIANG 杨贤江 **(1895-1931)**

Xian jin 先进
LI, SHU SHI 李书诗 **(1890-1927)**

Xian jun 闲君
CHEN, WEN WEI 陈文威 **(1948-)**

Xian lin 献麟
GONG, YU SHU 弓玉书

Xian lu 岘路
GAO, ZHEN HENG 高振恒 **(1940-)**

Xian min 仙民
XUAN, WAN MING 宣万明 **(1958-)**

Xian min 先敏
ZHU, XIAN MIN 祝贤民 **(1927-)**

Xian min 宪民
LIANG, QI CHAO 梁启超 **(1873-1929)**

Xian min 鲜民
LIANG, DING FEN 梁鼎棻 **(1859-1920)**

Xian min 鲜民
FENG, CHAO 冯超 **(1883-1912)**

Xian ming 闲明
ZHU, XIAN MIN 祝贤民 **(1927-)**

Xian ming 鲜名
CHEN, LANG QIU 陈朗秋 **(1917-)**

Xian ming 鲜明
CHEN, LANG QIU 陈朗秋 **(1917-)**

Xian ming 鲜明
ZUO, XUAN MING 左萱明 **(1924-)**

Xian, Ning 冼宁
XIAN, DE HUI 冼德慧 **(1928-)**

Xian, Pei 冼佩
WANG, XIAN PEI 王先霈 **(1939-)**

Xian qiao 仙乔
XIANG, CHU 向楚 **(1880-1961)**

Xian qiao 仙侨
XIANG, CHU 向楚 **(1880-1961)**

Xian qiao 仙翘
XIANG, CHU 向楚 **(1880-1961)**

Xian qiao 仙樵
XIANG, CHU 向楚 **(1880-1961)**

Xian ren 贤人
LIU, YONG XIAN 刘永贤 **(1934-)**

Xian ren 閒人
YU, ZHAO 于照 **(1889-1959)**

Xian shan ren 闲山人
GAO, XIE 高燮 **(1878-1958)**

Xian sheng 先生
LIAO, CHEN YUN 廖陈云 **(1905-1995)**

Xian shi 冼适
DAI, MENG OU 戴梦鸥 **(1905-1950)**

Xian shi 閒事
XIE, BING YING 谢冰莹 **(1906-2000)**

Xian si 咸思
LIU, RONG 刘瑢 **(1910-)**

Xian tai 鲜苔
LUO, ZHENG ZHUO 罗正晫 **(1906-1983)**

Xian tang 闲堂
CHENG, HUI CHANG 程会昌 **(1913-)**

Xian, Wei 冼为
WANG, YANG 王扬 **(1917-1986)**

Xian wei 弦韦
MA, HUA 马骅 **(1916-)**

Xian wei jing 显微镜
LI, JING CI 李景慈 **(1918-)**

Xian wen 鲜文
ZHAO, XIAN WEN 赵鲜文

Xian weng 先翁
CHEN, XIAN FU 陈显涪 **(1949-)**

Xian wu 宪武
YANG, HONG LIE 杨鸿烈 **(1903-1977)**

Xian xia 仙霞
NING, TIAO YUAN 甯调元 **(1873-1913)**

Xian xian 闲闲
XIE, JUE ZAI 谢觉哉 **(1884-1971)**

XIAN, XIAO QIAN 冼小前 **(1955-)**
Lian, Ren 廉人

Xian xie 县解
ZHU, DA FU 朱大符 **(1885-1920)**

Xian xie zhai zhu ren 闲邪斋主人
PENG, XUN ZHI 彭逊之

Xian xing 贤行
LI, WEN TAO 李文涛 **(1880-1942)**

XIAN, XING HAI 冼星海 **(1905-1945)**
Huang, Xun 黄训
Kong, Yu 孔宇
Xing hal 星海

Xian xuan 先宣
ZHAO, SHI 赵适 **(1923-)**

Xian you zi 先优子
MAI, MENG HUA 麦孟华 **(1875-1915)**

Xian yu 先余
ANG, ZHEN 方振 **(1928-)**

XIAN, YU QING 冼玉清 **(1895-1965)**
Lang gan guan zhu 琅玕馆主
Xi qiao shan ren 西樵山人

Xian yu yang 鲜鱼羊
YU, ZHU ZHOU 俞竹舟 **(1909-1974)**

Xian yu yang 鲜鱼羊
ZHAO, XIAN WEN 赵鲜文

Xian yu zhi yin 鲜于知音
DU, GUO AN 杜果安 **(1906?-1963)**

Xian yuan 闲园
CHEN, SAN LI 陈三立 **(1852-1937)**

Xian yuan 咸员
LI, WEN HUI 李文会 **(1899-1958)**

Xian yue 闲月
XU, XUE YUAN 许学沅 **(1886-1972)**

Xian yue 贤月
LI, WEN TAO 李文涛 **(1880-1942)**

Xian yun 闲云

BI, ZHEN DA 毕振达 (1862-1926)

Xian yun 闲云
HU, SHAN YUAN 胡山源 (1897-1988)

Xian yun 闲云
LIAO, JIA QUAN 廖家权 (1907-1990)

Xian yun 闲云
WANG, LI MIN 王立敏 (1954-)

Xian yun 闲云
LI, DA XING 李大醒

Xian yun ge zhu 閒云阁主
LI, LI QUAN 李丽泉

Xian zhai 闲斋
YAO, XIN NONG 姚莘农 (1905-1991)

Xian zhai 闲斋
XU, HU 徐琥 (1909-)

Xian zhang 宪章
FENG, XIAN ZHANG 冯宪章 (1908-1931)

Xian zhi 仙枝
LIN, HUI E 林慧娥 (1953-)

Xian zhi 咸直
MENG, XIAN ZHI 孟宪智

Xian zhi 鲜知
XU, SI CONG 徐四聪 (1918-)

Xian zhou 险舟
AI, WEI 艾伟 (1891-1955)

Xian zhu 羡竹
JIAO, BING KUN 焦炳琨 (1933-)

Xian zhu ren 闲主人
HU, YUN 胡蕴 (1868-1938)

Xiang 乡
TIAN, ZHONG JI 田仲济 (1907-)

Xiang 祥
WANG, JIA XIANG 王嘉祥 (1906-1974)

Xiang 祥
ZHENG, ZHUO QUN 郑卓群 (1913-1942)

Xiang 湘
YE, ZONG YUAN 叶宗源 (1887-1946)

Xiang 湘
WANG, SEN RAN 王森然 (1895-1984)

Xiang 翔
ZHOU, EN LAI 周恩来 (1898-1976)

Xiang 翔
SHAO, YAN XIANG 邵燕祥 (1933-)

Xiang 翔
CHEN, XIANG HUA 陈翔华 (1934-)

Xiang 襄
WU, ZU XIANG 吴组缃 (1908-1994)

Xiang ai ming 香爱明
XIE, SU 谢甦

Xiang, An 向岸
ZHU, YUE ZHONG 朱跃忠 (1952-)

Xiang ba lao 乡巴老
XIE, BING YING 谢冰莹 (1906-2000)

XIANG, BANG XIAN 向邦先 (1938-)
Xiang, Chi 向炽

Xiang bao lao 乡饱姥
XIE, BING YING 谢冰莹 (1906-2000)

Xiang, Bei 向北
WU, XIAO TIAN 吴孝田 (1928-)

Xiang, Bei 向北
ZHENG, ZHEN CONG 郑振聪 (1946-)

Xiang, Bi 向碧
HE, CHENG CHAO 何澄超 (1915-)

Xiang, Bing 向兵
YAO, QIAN XIANG 姚谦祥 (1912-)

Xiang, Bing 向兵
YAN, XING SHENG 阎兴胜 (1930-)

Xiang bing 翔兵
LI, XIANG BIN 李祥彬 (1944-)

Xiang, Bo 向波
XIANG, SHI HUA 向世华 (1941-)

Xiang bo 相伯
MA, ZHI DE 马志德 (1840-1939)

Xiang bo 祥伯
WANG, JIN FU 王金绂 (1894-)

Xiang bo 湘伯
MA, ZHI DE 马志德 (1840-1939)

Xiang bo 湘波
HUANG, QI SHUAI 黄起衰 (1929-1988)

Xiang, Can hui 向灿辉
YANG, JI CHUAN 杨济川 (1928-)

Xiang, Chen 向忱
WANG, LEI JIA 王蕾嘉 (1906-)

Xiang, Chen 向辰
WANG, XIANG CHEN 王向辰 (1908-1958)

Xiang, Chen 向宸
WU, RUI XIN 吴锐心 (1909-)

Xiang, Cheng 向成
ZHENG, XI LIN 郑锡麟 **(1914-)**

XIANG, CHENG 向诚 **(1918-)**
Xiang, Kai xian 向开先
Xiang, Yu 向隅

Xiang, Cheng 向诚
GUO, GUO YONG 郭国涌 **(1924-)**

Xiang, Cheng 项城
WANG, SHEN QUAN 王深泉 **(1923-)**

Xiang cheng 湘程
LIU, XIANG CHENG 刘向成 **(1929-)**

Xiang, Chi 向炽
XIANG, BANG XIAN 向邦先 **(1938-)**

XIANG, CHU 向楚 **(1880-1961)**
Xian qiao 仙乔
Xian qiao 仙侨
Xian qiao 仙樵
Xian qiao 仙翘

Xiang, Chu 项除
XIANG, DE LONG 项德龙 **(1898-1941)**

Xiang, Chun 向春
LI, XIANG CHUN 李向春 **(1937-)**

Xiang, Chun ye 向春野
YANG, TIAN BIAO 杨天彪 **(1927-)**

Xiang cun ci lang 项村次郎
CHENG, YI RONG 程一戎 **(1910-)**

Xiang, Cun 项邨
CHENG, YI RONG 程一戎 **(1910-)**

Xiang cun 乡村
YAO, DING SHENG 姚鼎生 **(1929-)**

Xiang, Cun ren 项村人
CHENG, YI RONG 程一戎 **(1910-)**

XIANG, DA 向达 **(1900-1966)**
Fang, Xiang 方向
Fo tuo ye she 佛驮耶舍
Fo tuo ye she 佛陀耶舍
Jue ming 觉明
Jue ming ju shi 觉明居士
Ka tuo 卡脱
Xiang, Jue ming 向觉明

XIANG, DAN 向丹 **(1942-)**
Ba, Song 巴松
Bei chuan 北川

Xiang dan 湘丹
ZHANG, JIAN 张健 **(1939-)**

Xiang dao ren 乡道人
WANG, BO YING 王伯英 **(1920-)**

Xiang dao shi 乡道士
WANG, BO YING 王伯英 **(1920-)**

XIANG, DE LONG 项德龙 **(1898-1941)**
Xiang, Chu 项除
Xiang, Ying 项英

XIANG, DE YAN 项德言
Jiao ren 鲛人

Xiang di 湘弟
MA, JIA XIANG 马家骧 **(1916-)**

Xiang di 骧弟
MA, JIA XIANG 马家骧 **(1916-)**

XIANG, DING RONG 项定荣 **(1909-)**
Xing jian 行健

Xiang, Dong 项东
WANG, XIANG DONG 王向东 **(1949-)**

Xiang, Dong liu 向东流
YANG, SHI JUN 杨时俊 **(1917-)**

Xiang, Dong ming 向东明
RAO, BING GUO 饶炳国 **(1933-)**

Xiang, Dun 向盾
FANG, BI YU 方笔羽 **(1922-)**

Xiang, Fang 向方
LIU, ZHI ZHONG 刘治中 **(1921-)**

Xiang fei 香菲
ZOU, GUAN QUN 邹冠群 **(1912-)**

Xiang, Fei meng 项飞梦
WEN, RUI AN 温瑞安 **(1954-)**

Xiang, Feng 向风
CHEN, SEN HAN 陈森汉 **(1946-)**

Xiang, Feng 向烽
WANG, CHANG JIAN 王长简 **(1910-1988)**

Xiang, Feng 向烽
XIANG, XI JIN 向希金

Xiang feng 翔风
QIU, ZHI JIE 仇智杰 **(1933-)**

Xiang fu 相拂
LIN, YU NAN 林育南 **(1897-1931)**

Xiang fu 祥夫
LIU, HOU YI 刘后贻 **(1924-)**

Xiang fu 湘夫
WANG, SHENG REN 王胜仁

Xiang fu 湘甫
PENG, CHU HENG 彭楚珩 **(1908-)**

Xiang, Geng 向耕
HU, KANG XIN 胡康新 **(1932-)**

Xiang gu 湘谷
JIANG, SUN SHENG 蒋荪生 **(1917-)**

Xiang gu 湘榖
JIANG, SUN SHENG 蒋荪生 **(1917-)**

Xiang, Guang 向光
XU, ZHAO FU 徐招富 **(1935-)**

Xiang hai tang guan 香海堂馆
KUANG, ZHOU YI 况周颐 **(1859-1926)**

Xiang hai tang guan 香海棠馆
KUANG, ZHOU YI 况周颐 **(1859-1926)**

Xiang, He 项河
ZHAO, FU SHUN 赵福顺 **(1944-)**

Xiang he 翔鹤
CHEN, XIANG HE 陈翔鹤 **(1901-1969)**

Xiang hen 湘痕
SHI, SHU YI 施淑仪 **(1878-)**

Xiang, Hong 向红
ZHAO, CHAO GOU 赵超构 **(1910-1992)**

Xiang, Hong 向红
YANG, MEI MEI 杨美美 **(1937-)**

Xiang, Hu 向滸
LI, TIE GEN 李铁根 **(1898-1983)**

Xiang hu cun she 向湖村舍
ZHAO, FAN 赵藩 **(1851-1927)**

Xiang, Hua 向华
LIN, RU JI 林如稷 **(1902-1976)**

Xiang, Hua 向华
JIANG, DE KUI 江德奎 **(1905-)**

Xiang hua 骧化
ZHANG, XIANG HUA 张骧化 **(1927-)**

Xiang huai 湘淮
LUO, YI 罗毅 **(1916-)**

Xiang, Huan 向寰
WU, RUI XIN 吴锐心 **(1909-)**

Xiang, Hui 向晖
LI, SHENG WU 李胜武 **(1946-)**

Xiang, Huo 向火
MEI, MING ZHENG 梅明正 **(1922-)**

Xiang ji 香积
LI, YI 李宜

Xiang jian nan 相见难
HONG, ZHI HUI 洪智惠 **(1939-)**

Xiang jiang 湘江
LIU, HOU YI 刘后贻 **(1924-)**

Xiang jiang ju zi 湘江菊子
LU, BAO HUA 卢葆华

XIANG, JIN JIANG 向锦江 **(1914-)**
Dan tu 丹徒

Xiang, Jing 项睛
ZHANG, EN CI 张恩慈 **(1928-)**

Xiang, Jing yu 向警予
XIANG, JUN XIAN 向俊贤 **(1895-1928)**

Xiang, Jue ming 向觉明
XIANG, DA 向达 **(1900-1966)**

Xiang, Jun 向君
XIONG, FU XI 熊福禧 **(1900-1965)**

Xiang jun 湘君
FU, XIONG XIANG 傅熊湘 **(1883-1930)**

Xiang jun 湘君
YE, ZONG YUAN 叶宗源 **(1887-1946)**

Xiang jun 湘君
LIU, DA JIE 刘大杰 **(1904-1977)**

XIANG, JUN XIAN 向俊贤 **(1895-1928)**
Jing yu 警予
Xiang, Jing yu 向警予
Zhen yu 振宇

Xiang, Kai 向开
YUAN, DA WEN 袁达文 **(1924-)**

Xiang, Kai ran 向恺然
XIANG, KUI 向逵 **(1889-1957)**

Xiang, Kai xian 向开先
XIANG, CHENG 向诚 **(1918-)**

Xiang ke 香客
YE, YUN PU 叶韫璞 **(1905-1975)**

Xiang ke 湘客
LU, YING YU 陆英育 **(1929-)**

XIANG, KONG YAN 项孔言 **(1925-)**
Chu, Ding 楚丁
Qi fan 岂凡

XIANG, KUI 向逵 **(1889-1957)**
Bu xiao sheng 不肖生
Cheng, Fang 程方
Huang, Zong han 黄宗汉
Kai ran 恺然
Ping jiang bu xiao sheng 平江不肖生
Xiang, Kai ran 向恺然

Xiang, Kui 向葵
LIU, CHANG SONG 刘长菘 **(1915-)**

Xiang, Kun 项坤
WANG, XIANG KUN 王象坤

Xiang kun 象坤
ZHAN, YI ZHI 詹一之 (1926-)

Xiang, La 向拉
WANG, CHENG MO 王承谟 (1911-1938)

Xiang, Lan 向岚
GAO, SHU QING 杲淑清 (1920-)

Xiang lei 湘累
FU, XIONG XIANG 傅熊湘 (1883-1930)

Xiang lei 湘磊
CHEN, TE MING 陈特明 (1944-)

Xiang lei 湘虆
FU, XIONG XIANG 傅熊湘 (1883-1930)

Xiang leng 香冷
LI, XIANG LENG 李香冷

Xiang li 乡里
LI, XIANG 李湘 (1948-)

Xiang li 乡里
YANG, JI GANG 杨吉冈 (1950-)

Xiang li 湘俚
XIE, YING XIN 谢颖新 (1937-)

Xiang, Lian 项錬
LIANG, MENG GENG 梁梦庚 (1914-)

Xiang, Lin 向林
WANG, XIANG LIN 王相林 (1909-1984)

Xiang lin 祥麟
ZOU, DI FAN 邹荻帆 (1917-1995)

Xiang, Lin bing 向林冰
ZHAO, JI BIN 赵纪彬 (1905-1982)

Xiang ling 香灵
LUO, XIANG LIN 罗香林 (1906-1978)

Xiang ling 湘灵
LIAO, XIANG LING 廖香灵 (1947-)

Xiang ling 湘灵
MA, JIANG 马江 (1965-)

Xiang ling 湘灵
FANG, XUE CHUN 方雪纯

Xiang ling 湘舲
ZHOU, QING YUN 周庆云 (1864-1933)

Xiang ling 翔翎
LI, QING XUAN 李庆漩 (1948-)

Xiang lu feng hua ren 香炉峰画人
JIANG, CHENG NAN 姜成楠 (1944-)

Xiang, Min 向民
LOU, JIAN HUA 娄建华 (1927?-)

Xiang, Min 向民
OU, QING CHI 欧清池 (1943-)

Xiang, Ming 向明
ZHANG, FA ZAN 张发赞 (1916-)

Xiang, Ming 向明
YANG, JI CHUAN 杨济川 (1928-)

Xiang, Ming 向明
DONG, PING 董平 (1929-)

Xiang, Ming 向明
LIU, SI QI 刘思奇 (1935-)

Xiang, Nan 向南
ZHOU, PEI LI 周培礼 (1938-)

Xiang, Nan 项南
HUANG, WEI CHAO 黄维超 (1939-)

Xiang, Nan fei 向南飞
XUAN, JIAN REN 宣建人 (1914-)

Xiang nan lu zhu 向南庐主
LIU, XUN QUAN 刘巽权 (1882-1923)

XIANG, NAN XIANG 相南祥 (1955-)
Nan, Xiang 南翔
Xiang, Nan xiang 相南翔

Xiang, Nan xiang 相南翔
XIANG, NAN XIANG 相南祥 (1955-)

Xiang nian 湘念
ZHENG, XIANG HENG 郑向恒 (1939-)

Xiang nong 乡侬
CHEN, QING LONG 陈庆隆 (1910-)

Xiang nong 相农
GONG, PI YAN 公丕炎 (1946-)

Xiang nü 湘女
FENG, SUI FANG 冯穗芳 (1954-)

XIANG, PEI LIANG 向培良 (1901-1961)
Pei liang 培良
Xiang xia ren 乡下人

Xiang, Ping 向平
QU, XUAN YING 瞿宣颖 (1892-1973)

Xiang, Ping 向平
CHEN, ZENG SHAN 陈增善 (1909-1974)

Xiang ping 芗萍
ZOU, GUAN QUN 邹冠群 (1912-)

Xiang ping 湘萍
HUANG, PING 黄萍 (1945-)

Xiang po ju shi 香坡居士
YIN, REN 殷仁

Xiang pu 湘浦
LIN, YU NAN 林育南 **(1897-1931)**

XIANG, QI YUAN 项启源 **(1925-)**
Fang, Xin 方辛
Wang, Yang 汪洋

Xiang, Qian 向前
ZENG, SHUN XIANG 曾顺祥 **(1927-)**

Xiang, Qian 向前
MO, XI FEN 莫西芬 **(1931-)**

Xiang, Qian 向前
WU, JIA GUO 吴家国 **(1936-)**

Xiang qian 象谦
XU, XIANG QIAN 徐向前 **(1901-1990)**

Xiang, Qie 向茄
QU, QIU BAI 瞿秋白 **(1899-1935)**

Xiang, Qing 向青
TANG, XIANG QING 唐向青 **(1915-)**

Xiang, Qing 项青
HUANG, JU 黄菊 **(1950-)**

Xiang qiu 湘秋
WU, SI HONG 吴似鸿 **(1906-)**

Xiang, Qun 向群
DENG, LI QUN 邓力群 **(1915-)**

Xiang, Qun 向群
HE, XIN MIN 贺新民 **(1936-)**

Xiang, Qun 向群
YAN, NUO FU 严诺夫 **(1952-)**

Xiang qun 象群
WANG, XIANG QUN 王向群 **(1941-)**

Xiang ren 乡人
ZHANG, HAN RONG 张汉荣 **(1932-)**

Xiang ren 芗人
CHEN, WEN HE 陈文和 **(1927-)**

Xiang ren 湘人
SHU, DAO GUI 书道规 **(1936-)**

Xiang ren 湘人
WANG, SHENG REN 王胜仁

Xiang ren 湘仁
WANG, SHENG REN 王胜仁

Xiang, Ren hong 向人红
ZHANG, XIANG HUA 张骧化 **(1927-)**

Xiang ren ou ju 相人偶居
WANG, SHU RONG 王树荣 **(1871-)**

Xiang, Rong 向荣
CHEN, ZHUO YING 陈卓莹 **(1908-1980)**

Xiang, Rong 向荣
CHENG, XIANG RONG 程向荣 **(1926-)**

Xiang, Rong 向荣
PANG, XIANG RONG 庞向荣 **(1949-)**

Xiang, Ru 向茹
QU, QIU BAI 瞿秋白 **(1899-1935)**

XIANG, RUI HONG 向瑞鸿 **(1912-1968)**
Xiang, Yu 向隅

Xiang, Ruo 向若
ZHANG, XUAN 张璿 **(1909-)**

Xiang sen 相森
ZHANG, YOU LUAN 张友鸾 **(1904-1990)**

Xiang shan 香山
ZHANG, XIANG SHAN 张香山 **(1914-)**

Xiang shan 象山
GAO, YI HAN 高一涵 **(1885-)**

Xiang shan 象山
BAO, GUO ZHONG 鲍国忠 **(1947-)**

Xiang shan ya huang 香山亚黄
HUANG, ZHAO TAO 黄炤桃 **(1938-)**

Xiang shan zi 象山子
XIA, TING YU 夏廷棫 **(1902-1979)**

Xiang, Shang 向上
NIE, RONG ZHEN 聂荣臻 **(1899-1992)**

Xiang, Shang kan 向尚瞰
ZENG, CHUN SHENG 曾春生 **(1938-)**

Xiang shang lao kuang nong 湘上老狂农
QI, HUANG 齐璜 **(1864-1957)**

Xiang shang lao nong 湘上老农
QI, HUANG 齐璜 **(1864-1957)**

Xiang, Sheng 向生
SHEN, CHE 沈徹

Xiang sheng 翔生
CHEN, JUN YU 陈俊愉 **(1917-)**

XIANG, SHI HUA 向世华 **(1941-)**
Xiang, Bo 向波

XIANG, SHOU KANG 项寿康 **(1920-)**
Cao, Ming 曹明
Gao, Yang 高扬
Xi meng 西蒙

Xiang, Shu 向曙

ZHU, EN ZHU 朱恩铸 (1946-)

Xiang shui lang zi 湘水浪子
ZENG, NIAN 曾念 (1957-)

XIANG, SI GENG 向思赓 (1909-1994)
A gen 阿根
Shi, Geng 史庚
Shi, Geng 史赓

Xiang song 香宋
ZHAO, XI 赵熙 (1867-1948)

Xiang song 祥松
FANG, ZHENG GU 方正鹄 (1900-1935)

Xiang song ci ren 香宋词人
ZHAO, XI 赵熙 (1867-1948)

Xiang, Tian wang 向天望
YE, KUN CAN 叶昆灿 (1935-)

Xiang ting 香汀
ZHANG, XIANG DING 张象鼎 (1899-1992)

Xiang ting 薌汀
TIAN, ZHONG JI 田仲济 (1907-)

Xiang, Wei 向微
SUN, HONG JIE 孙鸿杰 (1921-)

Xiang Wei 象微
SUN, HONG JIE 孙鸿杰 (1921-)

Xiang wen 祥文
HONG, SHAN XIAO 洪善效 (1899-1925)

Xiang, Wu 向午
ZHANG, XIANG WU 张相武 (1931-)

Xiang wu 相武
ZHANG, XIANG WU 张相武 (1931-)

XIANG, XI JIN 向希金
Xiang, Feng 向烽

Xiang, Xia 向夏
HUANG, LIU PING 黄六平

Xiang xia ren 乡下人
XIANG, PEI LIANG 向培良 (1901-1961)

Xiang xia ren 乡下人
ZHANG, SHEN HUA 张身华 (1922-1988)

Xiang xia ren 乡下人
LI, LU 李路 (1924-)

Xiang xia ren 乡下人
YAO, ZHEN 姚朕

Xiang xia ren 项下人
ZHANG, SHEN HUA 张身华 (1922-1988)

Xiang xiang 响响
PENG, SHI XIANG 彭仕响 (1956-)

Xiang xiang 湘湘
FENG, SUI FANG 冯穗芳 (1954-)

Xiang, Xin 向心
WANG, SEN RAN 王森然 (1895-1984)

Xiang, Xin 向新
ZHUANG, JING 庄劲 (1919-)

Xiang, Xin 向新
LIU, NING 刘宁 (1920-)

Xiang, Xiong 向雄
MENG, XIANG YONG 孟翔勇 (1953-)

Xiang, Xiu 向秀
DU, NAN FA 杜南发 (1952-)

Xiang, Xu 向煦
LI, XIANG SHU 李湘树 (1954-)

Xiang xue yuan zhu ren 香雪园主人
ZHOU, GUO XIAN 周国贤 (1894-1968)

Xiang, Yan 向宴
LIU, GONG HUANG 刘恭煌 (1931-)

Xiang yan 相严
LI, WEN TAO 李文涛 (1880-1942)

XIANG, YAN LING 向燕凌 (1940-)
Yang, Ling 杨凌

Xiang, Yang 向阳
YU, YU HAI 于玉海 (1909-)

Xiang, Yang 向阳
YANG, DE JI 杨德基 (1913-1980)

Xiang, Yang 向阳
MIN, TIE SHAN 闵铁山 (1918-)

Xiang, Yang 向阳
YE, FENG 叶枫 (1920-)

Xiang, Yang 向阳
WANG, JI YAO 王继尧 (1921-)

Xiang, Yang 向阳
MEI, MING ZHENG 梅明正 (1922-)

Xiang, Yang 向阳
WANG, ZHENG 王正 (1930-)

Xiang, Yang 向阳
CAI, QI KANG 蔡其康 (1934-)

Xiang, Yang 向阳
ZHANG, YI SHENG 张义生 (1935-)

Xiang, Yang 向阳
SHU, DAO GUI 书道规 (1936-)

Xiang, Yang 向阳

LIANG, TONG WEN 梁通文 (1943-)

Xiang, Yang 向阳
LIN, QI YANG 林淇瀁 (1955-)

Xiang, Yang chun 向阳春
LIU, GONG HUANG 刘恭煌 (1931-)

Xiang, Yang ge 向阳戈
ZHENG, MENG ZHOU 郑梦周 (1920-1982)

Xiang, Yang sheng 向阳生
DENG, TUO 邓拓 (1912-1966)

Xiang, Yang tian 向阳天
LIU, ZHEN PENG 刘振鹏 (1915-)

Xiang, Yi 向一
WANG, JING LONG 王景隆 (1928-1957)

Xiang yi 享邑
GUO, SHAO GANG 郭绍纲 (1932-)

Xiang yi kai 湘以楷
HUANG, GUO HAI 黄国海 (1936-)

Xiang yin 乡音
NIE, YU WEN 聂玉文 (1938-)

Xiang yin 相因
YUAN, GUANG MEI 袁光楣 (1916-1982)

Xiang yin 湘音
LIU, JIAN GONG 刘建共 (1963-)

Xiang, Ying 项英
XIANG, DE LONG 项德龙 (1898-1941)

Xiang ying 香樱
KUANG, ZHOU YI 况周颐 (1859-1926)

Xiang ying 襄萤
CHE, SHOU ZHOU 车寿周 (1914-)

Xiang, Yu 向宇
WANG, YOU CAI 王有才 (1945-)

Xiang, Yu 向隅
WU, JING SONG 吴景崧 (1906-1967)

Xiang, Yu 向隅
XIANG, RUI HONG 向瑞鸿 (1912-1968)

Xiang, Yu 向隅
SONG, JIA TAI 宋家泰 (1915-)

Xiang, Yu 向隅
XIANG, CHENG 向诚 (1918-)

Xiang, Yu 向愚
WU, JING SONG 吴景崧 (1906-1967)

Xiang, Yu 向愚
LU, JIAN 陆健 (1956-)

Xiang, Yu 项羽
DING, JING YAO 丁景垚

Xiang yu 乡愚
SHEN, YAN BING 沈雁冰 (1896-1981)

Xiang yu 芗雨
SU, XIANG YU 苏芗雨 (1901-1986)

Xiang yu 芗雨
HONG, SHI TANG 洪诗棠 (1961-)

Xiang yu 祥羽
SHAO, GUAN XIANG 邵冠祥

Xiang yu 湘渔
SHEN, YAN BING 沈雁冰 (1896-1981)

Xiang yu 湘渔
WU, JING SONG 吴景崧 (1906-1967)

Xiang yu 翔宇
ZHOU, EN LAI 周恩来 (1898-1976)

Xiang, Yu hui 向于回
WANG, SHEN QUAN 王深泉 (1923-)

Xiang, Yu mao 向羽毛
CHEN, FAN 陈范 (1940-)

Xiang yuan 湘园
HAO, QIAN 郝谦 (1902-)

Xiang, Yun 向云
GUO, YAN LI 郭延礼 (1937-)

Xiang yun 湘云
GUO, EN DA 郭恩大 (1919-1976)

Xiang yun 湘云
PENG, XIANG YUN 彭湘云 (1946-)

Xiang yun 湘耘
JIANG, XIAN YUN 蒋先云 (1902-1927)

Xiang, Zhen 向真
GAO, SHU QING 杲淑清 (1920-)

Xiang, Zheng 向筝
TAN, MING CAI 谭明才 (1934-)

Xiang, Zhi 向之
WU, TING XIE 吴廷燮 (1866-1947)

XIANG, ZHONG FA 向忠发 (1880-1931)
Zhong fa 忠发

Xiang zhu 湘竹
CAO, LI JIAN 曹立坚 (1928-)

Xiang, Zhuang 项庄
DONG, YAN 董炎 (1923-)

Xiang zhuang 香莊
TANG, BAO SEN 唐葆森 (1907-1985)

XIANG, ZHUO 项拙
Yi yu 亦愚

Xiang zi 乡子
YAN, CHUN DE 阎纯德 (1939-)

Xiang zi 湘子
ZHOU, ZUO XIN 周作新 (1917-)

Xiang zi 湘子
HAN, GUO XIAN 韩国贤 (1929-)

Xiang zi 湘子
LIU, JIN QIONG 刘金琼 (1940-)

Xiang zi 湘子
TANG, SU LAN 汤素兰 (1965-)

Xiang zi 湘子
LIU, GUO XIANG 刘国香

Xiang zi 翔子
HUANG, XIANG 黄翔 (1963-)

Xiao 肖
CHENG, HE LING 成鹤令 (1917-1980)

Xiao 晓
CHEN, WANG DAO 陈望道 (1890-1977)

Xiao 晓
SHEN, YAN BING 沈雁冰 (1896-1981)

Xiao 笑
BAO, GONG YI 包公毅 (1876-1973)

Xiao 笑
HU, SHI 胡适 (1891-1962)

Xiao 霄
XU, REN JIN 徐仁锦 (1888-1961)

Xiao ai 小爱
WANG, HUI 王慧 (1956-)

Xiao, Ai 萧艾
HUANG, JIA DONG 黄甲东 (1913-)

Xiao, Ai 萧艾
XIAO, JIA LIN 萧家林 (1919-)

Xiao, Ai 萧艾
LAI, NAN GUANG 赖南光 (1936-)

Xiao, Ai 萧艾
LU, JIAN HONG 陆健鸿 (1949-)

Xiao, Ai mei 萧爱梅
XIAO, ZI ZHANG 萧子暲 (1896-1983)

Xiao, Ai mi 萧埃弥
XIAO, ZI ZHANG 萧子暲 (1896-1983)

Xiao an 效厂
LI, XIAO AN 李效厂

Xiao an 晓安
AN, SHUN GUO 安顺国 (1960-)

Xiao an 晓安
ZHOU, XIAO AN 周晓安

Xiao an 笑庵
LI, YING LIN 李应林 (1892-1954)

Xiao an 筱庵
SHI, YUN FENG 史云峰 (1921-)

Xiao, Bai 萧白
MA, ZHI YUAN 马志远 (1918-)

Xiao, Bai 萧白
ZHANG, QI DONG 张其栋 (1921-)

Xiao, Bai 萧白
ZHOU, ZHONG XUN 周仲勋 (1925-)

Xiao, Bai 萧白
LIU, XIN MIN 刘新民 (1926-)

Xiao, Bai 萧柏
QIAN, ZUO YUAN 钱佐元 (1912-)

Xiao, Bai 肖白
YIN, SHEN 殷参 (1916-)

Xiao, Bai 肖柏
CHEN, BAI SHENG 陈柏生 (1926-)

Xiao bai 晓白
ZHU, WEN YUAN 朱文渊 (1916-)

Xiao bai 晓白
LI, GUO HAN 李国汉 (1942-)

Xiao bai 晓白
BAI, YE 白烨 (1952-)

Xiao bai 晓白
BAI, QING XIANG 白庆祥 (1955-)

Xiao bai 小白
CHENG, XI JI 成希箕 (1898-1991)

Xiao bai 小白
LI, BO PING 李伯屏 (1931-)

Xiao bai 小柏
QIAN, ZUO YUAN 钱佐元 (1912-)

Xiao bai 笑白
LIU, XIAO HUI 刘笑惠 (1936-)

Xiao bai 笑柏
QIAN, ZUO YUAN 钱佐元 (1912-)

Xiao bai he 小百合
YE, SHU LAN 叶淑兰 (1951-)

XIAO, BAI LIANG 萧百亮

Da bi 大弼
Lu, Ren 路人
Xiao, Shu 萧疏

Xiao, Bang 萧邦
YU, BAI WEI 俞百巍 **(1928-)**

Xiao bang 小邦
XU, BING YUE 徐秉钺 **(1926-)**

Xiao, Bao 肖宝
DUAN, BAO LIN 段宝林 **(1934-)**

XIAO, BAO YU 萧宝玉 **(1947-)**
Xiao, Hong qiu 萧宏秋

Xiao bei 小贝
SHEN, JIAN RONG 沈建荣

Xiao bi 小碧
JIANG, YU SHEN 江郁燊 **(1916-1984)**

Xiao bi 小璧
LU, KAN 陆侃 **(1903-1978)**

Xiao bi 晓毕
BI, JIAN GUO 毕建国 **(1949-)**

Xiao bi 晓笔
BI, XING XING 毕星星 **(1948-)**

Xiao, Bin 肖斌
ZHU, YA FU 朱亚夫 **(1943-)**

Xiao, Bin 萧彬
WANG, MU HENG 汪慕恒 **(1927-)**

Xiao bin 晓滨
GONG, XIAO BIN 宫晓滨 **(1946-)**

Xiao, Bing 肖冰
LIU, XI FU 刘喜富 **(1925-)**

Xiao, Bing 肖冰
YU, QI XIANG 虞期湘 **(1938-)**

Xiao, Bing 肖冰
SUN, LI 孙里 **(1942-)**

Xiao, Bing 萧冰
CUI, BAO YING 崔宝瑛 **(1916-)**

Xiao, Bing 萧冰
CHEN, JUN SHAN 陈君山 **(1922-)**

Xiao, Bing 萧冰
XIAO, YU TIAN 萧毓田 **(1937-)**

Xiao, Bing 萧冰
ZHENG, HUA QIAO 郑华侨 **(1939-)**

Xiao, Bing 萧兵
SHAO, YI JIAN 邵宜健 **(1933-)**

Xiao, Bing 肖兵
ZHAO, YU LONG 赵玉龙 **(1942-)**

Xiao, Bing 肖兵
WANG, BING ZHONG 王丙中 **(1943-)**

Xiao, Bing 肖兵
XIAO, QIU SHENG 萧秋生 **(1949-)**

Xiao bing 小兵
SHEN, CONG WEN 沈从文 **(1902-1988)**

Xiao bing 小兵
XIE, BING YING 谢冰莹 **(1906-2000)**

Xiao bing 小兵
WU, JIN SHENG 吴金声 **(1914-)**

Xiao bing 小兵
FU, WEN RANG 傅温让 **(1919-)**

Xiao bing 小兵
ZHU, HENG BIN 朱衡彬 **(1922-)**

Xiao bing 小兵
CUI, YAN QIN 崔彦勤 **(1930-)**

Xiao bing 晓兵
LIU, JIAN JING 刘剑菁 **(1928-)**

Xiao bing 晓冰
LI, ZHONG CAI 李忠才 **(1930-)**

Xiao bing 消冰
WU, JIN SHENG 吴金声 **(1914-)**

XIAO, BING QIAN 萧秉乾 **(1910-1999)**
Bing qian 秉乾
Bing qian 炳乾
Jie fu 洁夫
Jie fu 洁父
P. C. Luo bo te P. C.罗伯特
Qian 乾
Shi, Min 施民
Shu, Cang 树藏
Shu, Xiong 树雄
Ta ta mu lin 塔塔木林
Tian, Tan 田坦
Tong, Li 佟荔
Wei, Xun 魏勋
Xiao, Qian 萧乾
Xiao, Ruo ping 萧若萍
Zuo zhe sheng ping bu xiang 作者生平不详

Xiao, Bo 萧波
LI, NAI HONG 李乃洪 **(1944-)**

Xiao, Bo 肖波
CAO, ZHENG WEN 曹正文 **(1950-)**

Xiao bo 小波
NI, ZHENG XIANG 倪政祥 **(1935-)**

Xiao bo 小波

LIU, XIAO BO 刘晓波 (1955-)

Xiao bo 晓波
LIU, HONG YI 刘弘毅 (1931-)

Xiao bo 晓波
NI, ZHENG XIANG 倪政祥 (1935-)

Xiao bo 晓波
BEI, GUANG FENG 贝光峰 (1946-)

Xiao bo 晓波
GAO, LIU AN 高留安 (1954-)

Xiao bo 晓波
GE, XIAO BO 葛晓波 (1964-)

Xiao bo 笑波
WANG, XI CHENG 王锡成 (1918-)

Xiao bo 笑波
JIANG, XIAO BO 江笑波 (1925-)

Xiao bu dian 小不点
YIN, HUAI WEN 尹怀文

Xiao, Cai 萧采
XIAO, CHUAN WEN 萧传文 (1916-)

Xiao, Can 萧参
QU, QIU BAI 瞿秋白 (1899-1935)

Xiao cang 晓苍
LI, XIAO CANG 李啸仓 (1921-1990)

Xiao, Cao 萧草
WANG, BEI YU 王倍愚 (1931-)

Xiao, Cao 萧草
ZHU, JIONG QIANG 朱炯强 (1933-)

Xiao cao 小草
OU YANG, LI YUAN 欧阳立袁 (1889-1962)

Xiao cao 小草
LI, JING CI 李景慈 (1918-)

Xiao cao 小草
CAO, ZHEN YOU 曹振友 (1956-)

Xiao cao 小曹
GU, XING 顾行 (1928-)

Xiao, Cen 肖岑
LI, WEN XUE 李文学 (1938-)

Xiao cen 小岑
CHEN, XIAO CEN 谌小岑 (1896-)

Xiao cen 晓岑
CHEN, XIAO CEN 谌小岑 (1896-)

Xiao cen 笑岑
LEI, XIAO CEN 雷啸岑 (1896-1982)

Xiao cha 晓察
ZHA, QUAN WU 查全武 (1941-)

Xiao chan 啸廛
SUN, QU YUAN 孙臞蝯

Xiao chan 歗廛
SUN, QU YUAN 孙臞蝯

Xiao chang 小常
CHANG, YU CHANG 常玉昌 (1942-)

Xiao chang lu she ren 小长芦社人
SHEN, ZENG ZHI 沈曾植 (1850-1922)

XIAO, CHANG SHU 萧长书 (1948-)
Xiao shu 啸书

Xiao, Chao 肖潮
CAO, ZHENG LU 曹征路 (1949-)

Xiao chao 小超
DENG, WEN SHU 邓文淑 (1904-1992)

XIAO, CHAO QUN 萧超群 (1934-)
Shi liu 十流
Xiao, Ji 萧寂
Xiao, Sa 萧飒

Xiao, Chen 肖晨
GUO, XIAO CHEN 郭肖晨 (1930-)

Xiao, Chen 肖晨
ZHONG, GAO YUAN 钟高渊 (1946-)

Xiao, Chen 萧沉
LIU, SHU CHUN 刘树春 (1923-)

Xiao, Chen 萧琛
SUN, DE PEI 孙德培 (1923-)

Xiao chen 小尘
CHEN, XIAO HU 陈晓虎 (1950-)

Xiao chen 小辰
CHEN, XIAO REN 陈孝仁 (1940-)

Xiao chen 晓沉
WANG, DE MING 王德明 (1959-)

Xiao chen 晓辰
CHEN, XIAO REN 陈孝仁 (1940-)

Xiao chen 晓晨
LI, BING ZHEN 李炳镇 (1947-)

Xiao chen 晓晨
HE, XIAO CHEN 贺晓晨 (1952-)

Xiao chen 晓晨
CHEN, HUI 陈辉 (1960-)

Xiao chen 笑尘
WU, MIN XIONG 吴敏熊

Xiao, Cheng 肖诚

CHEN, NAI XIANG 陈乃祥 **(1932-)**

Xiao, Cheng 萧城
YAN, BO QIN 颜伯勤

Xiao cheng 小城
ZHONG, HAI CHENG 钟海诚 **(1955?-)**

Xiao cheng 晓程
FU, CHENG MO 傅承谟 **(1922-)**

Xiao cheng ke 小乘客
QI, GONG 启功 **(1912-)**

Xiao chi 小篪
WANG, DE XUN 王德埙 **(1950-)**

Xiao chong 小虫
RONG, NIAN ZHU 戎念竹 **(1957-)**

Xiao chong 晓冲
LIU, DA WEN 刘达文 **(1952-)**

Xiao, Chong ming 萧崇明
LIN, ZE RONG 林泽荣 **(1906-1981)**

Xiao, Chong su 萧崇素
XIAO, ZONG PU 萧宗朴 **(1905-)**

Xiao chu 笑楚
MEI, YING 梅英 **(1910-)**

Xiao, Chu lü 萧楚侣
XIAO, SHU LIE 萧树烈 **(1896-1927)**

Xiao, Chu nü 萧楚女
XIAO, SHU LIE 萧树烈 **(1896-1927)**

Xiao, Chu ru 萧楚汝
XIAO, SHU LIE 萧树烈 **(1896-1927)**

Xiao, Chu yu 萧初遇
XIAO, SHU LIE 萧树烈 **(1896-1927)**

Xiao, Chuan 萧川
ZHAO, FU SHUN 赵福顺 **(1944-)**

Xiao, Chuan 萧川
XIAO, SHAO QUAN 萧绍权 **(1959-)**

Xiao chuan 小川
GUO, EN DA 郭恩大 **(1919-1976)**

Xiao chuan 晓舡
GUO, EN DA 郭恩大 **(1919-1976)**

Xiao chuan 晓船
GUO, EN DA 郭恩大 **(1919-1976)**

Xiao chuan 笑川
MO, XIAO CHUAN 莫孝传 **(1933-)**

XIAO, CHUAN JUN 萧传俊 **(1934-)**
Song wen 松文

XIAO, CHUAN WEN 萧传文 **(1916-)**
Lü shui 绿水
Xiao, Cai 萧采
Yi xin 一心

Xiao, Chui 萧吹
SHAN, GENG SHENG 单庚生

Xiao chui 小吹
ZHANG, SHU TONG 张叔通 **(1877-1967)**

Xiao chui 小槌
JIN, CHUN BIN 金纯斌 **(1913-)**

Xiao, Chun 肖春
WANG, GUANG MING 王光明 **(1955-)**

Xiao chun 小纯
XIAN, DE HUI 冼德慧 **(1928-)**

Xiao chun 晓春
LUO, FENG TIAN 骆凤田 **(1931-)**

Xiao cong 晓聪
LI, RUI HONG 李瑞洪 **(1958-)**

Xiao cui hua 小翠花
YU, LIAN QUAN 于连泉 **(1900-)**

Xiao, Cun 萧村
LI, JUN ZHE 李君哲 **(1929-)**

XIAO, CUN 萧村
Xia, Qing feng 夏青峰

Xiao cun 晓村
LIU, XIAO CUN 刘孝存 **(1946-)**

Xiao cun 晓村
SUN, CHUN TING 孙春霆

Xiao cun 笑存
LEI, XIAO CEN 雷啸岑 **(1896-1982)**

Xiao cun 筱村
WANG, DING 王鼎

Xiao D 小 D
WANG, REN SHU 王任叔 **(1901-1972)**

Xiao, Dai 萧岱
DAI, XING EN 戴行恩 **(1913-1988)**

Xiao dai 小戴
DAI, JIN HUA 戴锦华 **(1959-)**

Xiao dai 晓黛
YANG, JING RU 杨静如 **(1919-)**

XIAO, DAI XIAN 萧代贤 **(1938-)**
Hu du cun min 虎渡村民
Xiao, Han 萧汉

Xiao dan 小丹
SHEN, XIAO LONG 申小龙 **(1952-)**

Xiao, Dao 肖岛
XIAO, FU XIANG 萧福祥 (1961-)

Xiao dao 小岛
SUN, YUN XIAO 孙允孝 (1955-)

Xiao, De 肖德
XIAO, DE SHENG 萧德生 (1926-)

XIAO, DE SHENG 萧德生 (1926-)
Xiao, De 肖德

XIAO, DE YAN 萧德演 (1922-)
Xiao, Di yan 萧蒂岩
Xiao, Xiao xiao 萧小笑
Yan, Di 燕笛

Xiao deng 小邓
DENG, LIANG 邓亮 (1914-)

Xiao, Di 萧荻
SHI, ZAI XUAN 施载宣 (1920-)

Xiao, Di 萧荻
XIE, ZHEN DONG 谢振东 (1930-)

Xiao, Di 萧笛
YANG, FU DONG 杨复冬 (1922-1978)

Xiao di 晓隄
GENG, YU XI 耿郁溪

Xiao di 晓棣
HUANG, SHU ZE 黄树则 (1914-)

Xiao, Di fei 萧涤非
XIAO, ZHONG LIN 萧忠临 (1907-1991)

Xiao, Di yan 萧蒂岩
XIAO, DE YAN 萧德演 (1922-)

Xiao dian yi 小奠邑
ZHENG, YA HUA 郑雅化 (1946-)

Xiao, Ding 肖丁
ZHAO, CHENG 赵诚 (1933-)

Xiao, Ding 萧丁
DING, CAN CHENG 丁灿成 (1919-1969)

Xiao, Ding 萧丁
CHEN, ZHEN PENG 陈振鹏 (1920-)

Xiao, Ding 萧丁
REN, XIAO DING 任萧丁 (1930-)

Xiao ding 小丁
DING, CONG 丁聪 (1916-)

Xiao ding 小丁
CHEN, XI YI 陈锡仪 (1918-)

Xiao ding 小丁
DENG, HUI BO 邓惠伯 (1938-)

Xiao ding 晓丁
DING, LIN YI 丁临一 (1953-)

XIAO, DING TAI 萧定太 (1959-)
Tao zi 涛子
Xiao, Ding tao 萧定涛
Xiao, Jun tao 萧骏涛
Xiao yao 逍遥

Xiao, Ding tao 萧定涛
XIAO, DING TAI 萧定太 (1959-)

Xiao, Ding yong 萧鼎镛
XIAO, JING RONG 萧景容 (1923-)

Xiao, Dong 萧冬
FAN, XUE LI 范学蠡 (1916-1986)

Xiao, Dong 萧冬
TENG, XIAO DONG 滕晓东 (1952-)

Xiao dong 晓东
CHEN, DUN HUI 陈敦慧 (1949-)

Xiao dong 晓东
TENG, XIAO DONG 滕晓东 (1952-)

Xiao dong 晓东
HU, WEI DONG 胡炜东 (1968-)

Xiao dong 晓冬
WANG, REN CAI 王仁才

Xiao dong 消冻
XIAO, LIAN ZHU 萧联珠 (1946-)

Xiao dong 筱东
HUANG, JIN TANG 黄锦堂

Xiao, Du 肖度
ZHANG, TING QIAN 章廷谦 (1901-1981)

Xiao, Du 萧独
XU, DONG BIN 徐东滨 (1927-1995)

Xiao du 晓渡
DU, DONG QI 杜栋齐 (1953-)

Xiao, Du ping 萧篤平
XIAO, GONG QUAN 萧公权 (1897-1981)

Xiao dun 小钝
DING, CHI TAN 丁痴昙

Xiao duo 晓铎
LIU, ZHAO JI 刘兆吉 (1913-)

Xiao e 小鹅
ZHANG, NAI YING 张廼莹 (1911-1942)

XIAO, EN CHENG 萧恩承
Xiao, Tie di 萧铁笛

Xiao, Fan 肖凡
ZENG, XIAO FAN 曾孝凡 **(1943-)**

Xiao, Fan 肖凡
TANG, SHU WEN 唐树文 **(1954-)**

Xiao, Fan 萧凡
XUE, SHU MING 薛述明 **(1924-)**

Xiao, Fan 萧帆
XI, XIAO YANG 奚晓阳 **(1958-)**

Xiao, Fan 萧范
FAN, HUA SHENG 范华生 **(1917-)**

Xiao, Fan 萧梵
LIAO, SHUN XIANG 廖顺庠 **(1923-)**

Xiao, Fan 萧梵
FAN, YU JIAN 樊玉俭 **(1926-)**

Xiao, Fan 萧藩
LIAO, SHUN XIANG 廖顺庠 **(1923-)**

Xiao fan 小凡
SHEN, YAN BING 沈雁冰 **(1896-1981)**

Xiao fan 小凡
LIAO, SHUN XIANG 廖顺庠 **(1923-)**

Xiao fan 小凡
XIAO, JIAN HENG 萧建亨 **(1930-)**

Xiao fan 小凡
CAI, ZHEN TONG 蔡镇桐 **(1936-)**

Xiao fan 小凡
HAN, SHAN YUAN 韩山元 **(1942-)**

Xiao fan 小帆
FAN, DIAN WU 樊殿武 **(1957-)**

Xiao fan 小范
FAN, HUA SHENG 范华生 **(1917-)**

Xiao fan 小梵
CHAI, E 柴萼 **(1893-)**

Xiao fan 晓凡
FAN, CHANG YU 范长钰 **(1937-)**

Xiao fan 晓帆
LIAO, SHUN XIANG 廖顺庠 **(1923-)**

Xiao fan 晓帆
FAN, YU JIAN 樊玉俭 **(1926-)**

Xiao fan 晓帆
ZHENG, TIAN BAO 郑天宝 **(1935-)**

Xiao fan 晓帆
FAN, DE KANG 樊德康 **(1940-)**

Xiao fan 晓帆
CHEN, RUI TONG 陈瑞统 **(1942-)**

Xiao fang 小方
FANG, ER XIAN 方尔咸 **(1873-)**

Xiao fang 小方
GU, ZHUN 顾准 **(1915-1974)**

Xiao fang 小方
ZHOU, DA LU 周大鹿 **(1922-)**

Xiao fei 晓飞
ZHANG, XIAO FEI 张晓非 **(1919-)**

Xiao fei 晓非
SHEN, XIAN NAN 沈显南

Xiao fei 笑非
WEI, SHAO GEN 魏绍根 **(1940? -)**

Xiao fei hong 小飞鸿
LIN, TIAN QING 林天庆

Xiao fen 晓棻
JIANG, FEN 江芬 **(1939-)**

Xiao, Feng 肖凤
ZHAO, FENG XIANG 赵凤翔 **(1937-)**

Xiao, Feng 肖枫
XIAO, FENG 萧风 **(1926-)**

Xiao, Feng 肖峰
SHI, GAN FENG 史敢峰 **(1950-)**

Xiao, Feng 萧风
GU, SAN DUO 顾三多 **(1920-)**

XIAO, FENG 萧风 **(1926-)**
Xiao, Feng 肖枫

Xiao, Feng 萧凤
ZHAO, FENG AO 赵凤翱 **(1915-1980)**

Xiao, Feng 萧锋
XIAO, ZHONG WEI 萧忠渭 **(1917? -)**

Xiao feng 小凤
YE, ZONG YUAN 叶宗源 **(1887-1946)**

Xiao feng 小峰
LI, RONG DI 李荣第 **(1897-1971)**

Xiao feng 晓风
LIU, ER XIN 刘尔炘 **(1865-1931)**

Xiao feng 晓风
CHEN, WANG DAO 陈望道 **(1890-1977)**

Xiao feng 晓风
CHEN, JUN BAO 陈君葆 **(1898-1982)**

Xiao feng 晓风
HUA, GANG 华岗 **(1903-1972)**

Xiao feng 晓风
ZHANG, QI XUN 章启勋 **(1916-)**

Xiao feng 晓风
CHENG, DAI XI 程代曦（**1927-** ）

Xiao feng 晓风
YANG, FU KUAN 杨富宽（**1929-** ）

Xiao feng 晓风
ZHANG, YONG NIAN 张永年（**1930-** ）

Xiao feng 晓风
LI, JIAN BAO 李健葆（**1935-** ）

Xiao feng 晓风
ZHANG, XIAO FENG 张晓风（**1941-** ）

Xiao feng 晓风
ZHU, BAO QING 朱宝庆（**1950-** ）

Xiao feng 晓峰
HUA, GANG 华岗（**1903-1972**）

Xiao feng 晓峰
CHEN, YING DE 陈应德（**1938-** ）

Xiao feng 晓峰
FENG, TONG JUN 冯同军（**1947-** ）

Xiao feng 笑风
WANG, ZHEN JIA 王振佳（**1937-** ）

Xiao feng 笑枫
CHEN, HONG XIANG 陈鸿祥（**1937-** ）

Xiao feng 笑峯
QU, QIU BAI 瞿秋白（**1899-1935**）

Xiao feng 啸风
MOU, SHAO YU 牟少玉（**1923-** ）

Xiao feng 啸峰
ZHU, ZHEN SHENG 朱振生（**1922-** ）

Xiao feng 潇枫
ZHAO, ZONG XIN 赵宗信（**1937-** ）

Xiao feng 潇枫
MO, SHUN SHENG 莫顺生（**1942-** ）

Xiao feng 霄峰
HE, ZHEN BANG 何镇邦（**1938-** ）

Xiao, Fu 肖夫
FU, BING CHONG 傅炳崇（**1938-** ）

Xiao, Fu 肖夫
YE, TING 叶霆（**1954-** ）

Xiao, Fu 萧夫
FU, XIN MIN 傅新民（**1955-** ）

Xiao fu 小夫
BU, SHAO FU 卜少夫（**1908-2000**）

Xiao fu 小夫
NI, SHU GEN 倪树根（**1933-** ）

Xiao fu 晓芙
RAO, BAI HUA 饶柏华（**1938-** ）

Xiao fu 潇父
XIA, CHUN HAI 夏春海（**1952-** ）

XIAO, FU XI 萧福熙（**1942-** ）
Xiao, Yin 肖音

XIAO, FU XIANG 萧福祥（**1961-** ）
Lang hua 浪花
Xiao, Dao 肖岛

Xiao, Gan 肖干
ZHAO, JIAN PING 赵剑平（**1957-** ）

Xiao gan 小淦
TIAN, ZHONG JI 田仲济（**1907-** ）

Xiao, Gan niu 萧甘牛
XIAO, ZHONG TANG 萧钟棠（**1905-1982**）

XIAO, GAN TIAN 萧干田（**1950-** ）
Ci hai 慈海
Xiao, Man 萧曼

Xiao, Gang 肖岗
JIANG, JI KANG 江继康（**1930-** ）

Xiao gang 小刚
LIU, XIAO GANG 刘晓刚（**1931-** ）

Xiao gang 小岗
LIU, XIAO GANG 刘晓刚（**1931-** ）

Xiao gang 晓罔
JIN, ZU TONG 金祖同（**1912-** ）

Xiao gang 晓岗
ZHAO, GENG LU 赵庚禄（**1934-** ）

Xiao gang 晓钢
ZHENG, XIAO GANG 郑晓钢（**1945-** ）

Xiao, Ge 肖戈
GU, YONG ZHONG 顾用中（**1913-** ）

Xiao ge 小戈
WU, SHUANG 吴塽（**1928-** ）

Xiao ge 小戈
GU, XING 顾行（**1928-** ）

Xiao ge 晓歌
XU, GUANG SHEN 徐光燊（**1920-** ）

Xiao ge 晓歌
ZHOU, CHANG SUO 周长锁（**1955-** ）

Xiao ge 筱歌
HU, XI SHENG 胡细生（**1942-** ）

Xiao geng 孝耕
SHEN, ZONG JI 沈宗畸（**1857-1926**）

Xiao, Gong 肖公
MAO, YING LONG 毛应龙 **(1924-)**

Xiao gong 小工
HAN, ZHI XIANG 韩致祥 **(1900-1934)**

Xiao gong 小工
CAO, ZHI 曹峙 **(1924-)**

Xiao gong 晓宫
GONG, GUO CAI 龚国才 **(1956-)**

Xiao gong 嘐公
SHEN, LI 沈砺 **(1879-1946)**

Xiao gong 啸公
ZHUO, RAN 卓然 **(1924-)**

Xiao, Gong fu 萧恭甫
XIAO, GONG QUAN 萧公权 **(1897-1981)**

XIAO, GONG QUAN 萧公权 **(1897-1981)**
Ba, Ren 巴人
Jun heng 君衡
Shi, Ou 石沤
Xiao, Du ping 萧笃平
Xiao, Gong fu 萧恭甫
Xiao, Ji yuan 萧迹园
Xiao, Zhong quan 萧中权

XIAO, GONG WEI 萧公畏 **(1907-)**
Jiang yuan 薑圆
Xiao, Yao tian 萧遥天

Xiao, gong zi 小公子
LI, LE WEI 李乐薇 **(1930-)**

Xiao, Gu 萧谷
WU, NAN XUN 吴南薰 **(1927-)**

Xiao gu 小谷
HUANG, YAO GAO 黄尧高 **(1939-1973)**

Xiao gu 小孤
FANG, JIAN MING 方健明 **(1919-)**

Xiao gu 孝穀
YI, TING XI 易廷熹 **(1874-1941)**

XIAO, GUAN HONG 萧关鸿 **(1949-)**
Guan, Hong 关鸿

Xiao guang 小光
ZHANG, GUANG CHANG 张光昌 **(1938-)**

Xiao guang 晓光
ZHANG, TIAN BAI 张天白 **(1902-)**

Xiao guang 晓光
LI, ZHEN OU 黎振欧 **(1925-)**

Xiao guang 晓光
LIANG, XING CHEN 梁兴晨 **(1934-)**

Xiao guang 晓光
CHEN, XIAO GUANG 陈晓光 **(1948-)**

Xiao guang 笑广
CUI, XIAO GUANG 崔晓光 **(1941-)**

Xiao, Gui 萧轨
YANG, ZU TAO 杨祖陶 **(1927-)**

Xiao hai 小孩
PAN, HAN NIAN 潘汉年 **(1905-1977)**

Xiao hai 晓海
CHAO, XI DI 晁锡第 **(1943-)**

Xiao hai 小海
TANG, QI XING 唐奇兴 **(1952-)**

Xiao hai 小海
YANG, BIN 杨彬 **(1968-)**

XIAO, HAI HAN 萧海涵 **(1917-)**
Xiao, Sa 萧洒

Xiao, Hai lin 萧海琳
ZHANG, BING LIN 章炳麟 **(1869-1936)**

Xiao hai zi 小孩子
ZHOU, SHU REN 周树人 **(1881-1936)**

Xiao, Han 萧汉
XIAO, DAI XIAN 萧代贤 **(1938-)**

Xiao, Han 萧涵
WANG, BU HAN 王步涵 **(1920-)**

Xiao, Han 萧翰
HAN, YU HUA 韩玉华 **(1945-)**

Xiao, Han 肖函
HAN, WU XI 韩武喜 **(1956-)**

Xiao, Han 肖寒
HAN, JIAN PING 韩剑平 **(1955-)**

Xiao han 小寒
GONG, LAI SHENG 宫莱生 **(1962-)**

Xiao han 小憨
WANG, WEI GANG 王维刚 **(1950-)**

Xiao han 晓涵
JIANG, BING ZHI 蒋冰之 **(1904-1986)**

Xiao han 晓菡
JIANG, BING ZHI 蒋冰之 **(1904-1986)**

Xiao han 晓寒
ZHANG, YUN SONG 张云松 **(1923-1988)**

Xiao han 晓寒
HAN, SHAO HUA 韩少华 **(1933-)**

Xiao han 晓寒
HAN, FU DE 韩福德 **(1942-)**

Xiao han 晓寒
ZHAO, YUE HAN 赵岳汉 **(1945-)**

Xiao han 晓寒
HAN, SONG 韩松 **(1949-)**

Xiao han 晓寒
HAN, WU XI 韩武喜 **(1956-)**

Xiao han 笑寒
HAN, ZHENG TIAN 韩征天 **(1956-)**

Xiao han nü shi 小菡女士
JIANG, BING ZHI 蒋冰之 **(1904-1986)**

Xiao hang 小航
WANG, ZHAO 王照 **(1859-1933)**

Xiao hang 小航
LUO, XIAO HANG 陈小航 **(1898-1971)**

Xiao hang 小航
XU, DI QIANG 许迪锵 **(1953-)**

XIAO, HAO QUAN 萧浩权
Xiao, Ping 萧平

Xiao hao sou 吗蒿叟
FENG, XU 冯煦 **(1843-1927)**

Xiao, He 肖禾
ZHAO, YUE HUA 赵曰华 **(1928-)**

Xiao, He 萧荷
LU, SHEN FANG 卢申芳 **(1939-)**

Xiao he 小禾
DING, LING SHENG 丁凌生 **(1932-)**

Xiao he 小禾
CHEN, JIAN CHENG 陈建成 **(1941-)**

Xiao he 小禾
HE, XIANG JIU 何香久 **(1955-)**

Xiao he 小禾
HE, XIAO FEN 和小芬 **(1948-)**

Xiao he 小诃
ZHAO, JIA AO 赵家璈 **(1924-)**

Xiao he 小赫
YANG, HONG YI 杨宏义 **(1955-)**

Xiao he 效鹤
YU, SHOU YI 余寿颐 **(1883-1930)**

Xiao he 晓河
HE, TONG JIAN 何同鉴 **(1918-)**

Xiao he 晓荷
HE, XIAO CHEN 贺晓晨 **(1952-)**

Xiao he 晓鹤
HE, MAO ZHI 贺茂之 **(1947-)**

Xiao hei 小黑
CHEN, QI JIE 陈奇杰 **(1951-)**

Xiao heng xiang shi zhu ren 小横香室主人
XU, CHANG 徐昌 **(1869-1928)**

Xiao, Hong 萧红
XIAO, ZONG PU 萧宗朴 **(1905-)**

Xiao, Hong 萧红
ZHANG, NAI YING 张迺莹 **(1911-1942)**

Xiao, Hong 萧虹
ZHONG, QIU SHENG 钟秋生 **(1942-)**

Xiao, Hong 萧鸿
ZHOU, XIAO HONG 周啸虹 **(1932-)**

Xiao, Hong 萧鸿
SHAO, JIA SHI 邵嘉适

Xiao hong 小红
LI, XUE TING 李学亭 **(1910-)**

Xiao hong 小虹
LI, WU KUI 李武魁 **(1929-)**

Xiao hong 小虹
LI, XIAO HONG 李肖虹 **(1939?-)**

Xiao hong 晓红
HAN, ZHONG KUN 韩钟崑 **(1932-)**

Xiao hong 晓红
MA, JI HONG 马继红 **(1954-)**

Xiao hong 晓宏
CHEN, YONG HONG 陈泳红 **(1969-)**

Xiao hong 晓虹
CHANG, ZHONG YUAN 常钟元 **(1913-1982)**

Xiao hong 晓虹
WANG, XIANG YUN 王祥云 **(1930-)**

Xiao hong 晓虹
LI, XIAO HONG 李肖虹 **(1939?-)**

Xiao hong 晓虹
MA, JI HONG 马继红 **(1954-)**

Xiao hong 笑鸿
ZUO, XIAO HONG 左啸红 **(1905-1986)**

Xiao hong 啸虹
QIU, WEI XUAN 丘炜萲 **(1873-1941)**

XIAO, HONG JI 萧弘吉
Dan qing 丹青
Dan shan 丹山
Dan xin 丹心

Xiao, Hong qiu 萧宏秋
XIAO, BAO YU 萧宝玉 **(194 孟 7-　)**

Xiao hong sheng 啸虹生
QIU, WEI XUAN 丘炜萲 **(1873-1941)**

Xiao hong xuan zhu ren 啸虹轩主人
FENG, SHU LUAN 冯叔鸾

Xiao, Hu 萧湖
ZHANG, XIAO HU 张肖虎 **(1914-　)**

Xiao hu 小湖
WANG, YONG TANG 汪永棠 **(1912-　)**

Xiao hu 削瓠
WU, JUN QING 吴俊卿 **(1844-1927)**

Xiao hu 啸虎
ZHANG, XIAO HU 张肖虎 **(1914-　)**

Xiao hu tu 小糊涂
MENG, XIAN QI 孟宪桼 **(1902-1976)**

Xiao, Hua 肖华
CHEN, XIAO HUA 陈小华 **(1949-　)**

Xiao hua 小华
HE, XIAO DA 何孝达 **(1915-1994)**

Xiao hua 小华
CHEN, QIONG HUA 陈琼华 **(1940-　)**

Xiao hua 小桦
LIU, ZHI HUA 刘志华 **(1962-　)**

Xiao hua 晓华
LI, ZI YING 李子英 **(1921-　)**

Xiao hua 晓华
HUA, LU 华路 **(1950-　)**

Xiao hua 晓桦
LI, XIAO HUA 李晓桦 **(1955-　)**

Xiao hua gong 小华工
CHEN, HONG JU 陈鸿举 **(1938-　)**

Xiao huai 孝怀
ZHOU, SHAN PEI 周善培 **(1876-　)**

Xiao huai yi 小槐簃
WU, QING CHI 吴庆坻 **(1848-1924)**

XIAO, HUANG 萧璜 **(1941-**
Niu, Peng 牛鹏
Yu, Li 于力

Xiao huang 箫篁
HUANG, GUO RONG 黄国荣 **(1947-　)**

Xiao huang hun guan 小黄昏馆
SHAO, RUI PENG 邵瑞彭 **(1886-1938)**

Xiao hui 小惠
YANG, CHENG YE 杨成业 **(1914-　)**

Xiao hui 小惠
LU, WEI LUAN 卢玮銮 **(1939-　)**

Xiao hui 小慧
YANG, CHENG YE 杨成业 **(1914-　)**

Xiao hui 小慧
WU, CHENG HUI 吴承惠 **(1926-　)**

Xiao hui 小慧
ZHENG, CHUN HUI 郑春辉 **(1927-　)**

Xiao hui 小慧
ZHANG, HUI ZHEN 张慧贞 **(1928-　)**

Xiao hui 晓卉
YU, XIAO HUI 余小惠 **(1949-　)**

Xiao hui 晓晖
ZHANG, JING YING 张竞英 **(1926-　)**

Xiao hui 晓晖
WANG, HUI 王晖 **(1960-　)**

XIAO, HUI KAI 萧辉楷 **(1926-1992)**
Chen, Hong 陈虹
Fang, Hao 方皞

Xiao hui xian 筱惠仙
DING, SHU RONG 丁淑容 **(1912-　)**

Xiao huo ji 小伙计
XIAO, JUN 萧军 **(1907-1988)**

Xiao huo ji 小伙计
LI, SHENG ZHUANG 李生庄 **(1910-1946)**

Xiao, Ji 萧寂
XIAO, CHAO QUN 萧超群 **(1934-　)**

Xiao ji 晓纪
HUANG, XIU JI 黄修纪 **(1939-　)**

Xiao, Ji yuan 萧迹园
XIAO, GONG QUAN 萧公权 **(1897-1981)**

Xiao ji zhe 小记者
ZHANG, XIN YUAN 张心远 **(1895-1967)**

Xiao ji zhe 小记者
YAN, E SHENG 严谔声 **(1898-1969)**

Xiao ji zhe 小记者
YANG, CUN REN 杨邨人 **(1901-1955)**

XIAO, JIA JU 萧家驹 **(1909-　)**
Hua, Xia min 华夏民
Nian yi 念一

XIAO, JIA LIN 萧家林 **(1919-　)**
Lin, Yuan 林园
Xiao, Ai 萧艾

Yi wu 一芜

Xiao, Jian 萧剑
ZHENG, WEN SHUI 郑文水 **(1944-)**

Xiao jian 小剑
MENG, QUAN 孟全 **(1933-)**

Xiao jian 晓剑
WANG, JIAN 王建 **(1952-)**

Xiao jian 啸剑
GUO, XIN LI 郭新利 **(1971-)**

XIAO, JIAN FENG 萧剑峰 **(1925-)**
Jian feng 健风

XIAO, JIAN HENG 萧建亨 **(1930-)**
Bai, Shan 柏山
Mu shan 木舢
Xiao fan 小凡

XIAO, JIAN MEI 萧剑梅 **(1957-)**
Jian mei 健美
Jian song 剑嵩
Xiao, Liu 肖刘

XIAO, JIAN ZHENG 萧鉴铮 **(1936-)**
Feng yun 枫云

Xiao, Jian zhou 萧剑周
ZHOU, JIAN XIAO 周剑箫 **(1911-1992)**

Xiao, Jiang 萧绛
ZHAO, MENG YUAN 赵孟原 **(1912-)**

Xiao, Jiang 萧疆
JIANG, QIANG GUO 姜强国 **(1956-)**

Xiao jiang 晓江
JIANG, ZENG PEI 江曾培 **(1933-)**

Xiao jiang 晓疆
JIANG, QIANG GUO 姜强国 **(1956-)**

Xiao jiang 笑匠
XU, FU LIN 徐傅霖 **(1880-)**

Xiao jiang ping 小江平
ZHANG, JING SHENG 张竞生 **(1888-1970)**

Xiao jiang ping 小江平
JIN, MAN CHENG 金满成 **(1900-1971)**

Xiao jiao 晓角
ZHOU, SHU REN 周树人 **(1881-1936)**

Xiao jiao 晓角
WANG, REN SHU 王任叔 **(1901-1972)**

Xiao jie 小捷
TAO, XIONG 陶雄 **(1911-)**

XIAO, JIE RAN 萧洁然 **(1945-)**
Jie ran 洁然

Xiao, Jin 萧进
TU, NAI XIAN 涂乃贤 **(1943-)**

Xiao, Jin 萧金
XIAO, SHI TAI 萧士太 **(1938-)**

Xiao, Jin 萧金
WANG, SHI ZHUO 王世焯

Xiao jin 晓今
JIN, HUI 金辉 **(1954-)**

Xiao, Jin du 萧今度
NIE, GAN NU 聂甘弩 **(1903-1986)**

XIAO, JIN DUI 萧金堆 **(1927-)**
Dan xing 淡星
Xiao, Xiang wen 萧翔文

Xiao, Jin yu 萧今雨
NIE, GAN NU 聂甘弩 **(1903-1986)**

XIAO, JIN ZHONG 萧金钟 **(1937-)**
Bu huo 不惑

XIAO, JIN ZHONG 萧锦钟 **(1953-)**
Chao lang 朝浪
Qiao ya 悄雅
Xiao, Qi 萧旗

Xiao jing 小净
QIN, XIAO QING 覃晓晴 **(1912-)**

Xiao jing 小菁
LIANG, MENG GENG 梁梦庚 **(1914-)**

Xiao jing 小静
OU YANG, BEN YI 欧阳本义 **(1902-1993)**

Xiao jing 小静
XIE, JIA YIN 谢家因 **(1921-)**

Xiao jing 晓菁
ZHANG, SONG LING 张松龄

Xiao jing 晓晶
DENG, TUO 邓拓 **(1912-1966)**

XIAO, JING REN 萧敬人
Xiao, Yi 萧逸

XIAO, JING RONG 萧景容 **(1923-)**
Xiao, Ding yong 萧鼎镛

Xiao jing zhai 小静斋
MA, SHOU HUA 马寿华 **(1893-)**

Xiao, jiu 晓酒
DING, CAN CHENG 丁灿成 **(1919-1969)**

XIAO, JUN 萧军 **(1907-1988)**
Bai xing 百姓
Bai, Yan zi 白燕子
Bian zhe 编者

Biao zhun shi min 标準市民
Bu cai 不才
Da si fu 大司伕
Guan ding 馆丁
Hai, Jiao 海交
Hong xiao 虹啸
Huang, Xuan 黄玄
Jun 军
Lan ding 栏丁
Lang, Hua 郎华
Liao xi zui xia 辽西醉侠
Liu, Bao li 刘葆力
Liu, Hong lin 刘鸿霖
Liu, Jun 刘军
Liu, Jun 刘均
Liu, Wei tian 刘蔚天
Liu, Wei xin 刘维信
Qiu zhen lou 求真楼
Qiu zhen lou zhu 求真楼主
Ruan, Qi lang 阮七郎
Sai shang 塞上
San lang 三郎
Tian, Jun 田军
Tian, Ni 田倪
Tuo yan san lang 酡颜三郎
Wai hang 外行
Wan, Nian qing 万年青
Wei tian 蔚天
Wu yan 呜咽
Xiao huo ji 小伙计
Xiao, Tian 萧田
Xiao xiao 潇潇
Xin shi min 新市民
Xiu cai 秀才
Xue sheng 学生
Yan, Bai 燕白
Ye ying 夜莺
Yi jian lou zhu 一间楼主
Yi ren 毅人
Yin fei 吟飞
Yu jie 羽捷
Zhang, Lang 张郎
Zhe ye 者也

Xiao, Jun 萧君
JIAN, XIAN AI 蹇先艾 **(1906-)**

XIAO, JUN 萧俊 **(1961-)**
Ji ji cao 芨芨草
Xiao, Xiao 萧萧
Xiao, Xiao 萧潇
Xing yu 星郁

Xiao, Jun 肖君
ZHAO, WEI QUN 赵为群 **(1961-)**

Xiao jun 小军
LI, GUANG HUI 李光辉 **(1930-)**

Xiao jun 小军
ZHANG, YU XUAN 张玉萱 **(1939-)**

Xiao jun 小骏
YIN, XIAO JUN 银小俊 **(1952-)**

Xiao jun 晓军
LIN, YI ZHEN 林仪贞 **(1919-)**

Xiao jun 晓军
ZHANG, YU XUAN 张玉萱 **(1939-)**

Xiao jun 啸军
ZHOU, ZU QING 周祖庆

Xiao jun 筱君
CEN, RU YANG 岑汝养 **(1926-)**

Xiao jun 筱君
CHEN, XIAO JUN 陈小军 **(1962-)**

XIAO, JUN HE 萧君和 **(1945-)**
Qing cun 庆存

Xiao, Jun tao 萧骏涛
XIAO, DING TAI 萧定太 **(1959-)**

XIAO, JUN ZHE 萧俊哲 **(1913-)**
Chang, Bai 常白

Xiao K 小K
PAN, HAN NIAN 潘汉年 **(1905-1977)**

Xiao, Ka 萧卡
XIAO, KE CAI 萧克材 **(1919-)**

Xiao, Kai 肖开
DU, JIAN GUO 杜建国 **(1941-)**

Xiao, Kai 肖凯
SUN, YU SHI 孙玉石 **(1935-)**

Xiao, Kai 萧恺
PAN, HAN NIAN 潘汉年 **(1905-1977)**

Xiao kai 小开
PAN, HAN NIAN 潘汉年 **(1905-1977)**

Xiao kai 小开
ZHAO, SHI KAI 赵世开 **(1926-)**

XIAO, KAI YU 萧开愚 **(1960-)**
Kai yu 开愚

Xiao kang 小康
ZHENG, WEN SHUI 郑文水 **(1944-)**

Xiao, Ke 肖克
LI, SHU TONG 李树彤 **(1957-)**

Xiao, Ke 萧克
WANG, XIAO PING 王啸平 **(1919-)**

Xiao ke 小可
BI, ZHEN DA 毕振达 **(1862-1926)**

Xiao ke 小可
CHEN, BEI XU 陈悲煦 **(1887-1944)**

Xiao ke 小可
SHEN, QI 沈奇 **(1951-)**

Xiao ke 小可
CHEN, XIN CHUN 陈心纯

Xiao ke 小柯
LI, ZHENG ZHONG 李正中 **(1921-)**

Xiao ke 小科
CHEN, DENG KE 陈登科 **(1919-)**

XIAO, KE CAI 萧克材 **(1919-)**
Ping, Zi 平子
Xiao, Ka 萧卡
Xiao, Zhong ne 萧仲讷

XIAO, KE OU 萧可鸥
Ke ou 可鸥

Xiao, Ke ren 肖可仁
HE, DE XIN 何德新 **(1954-)**

Xiao, Kuan 萧宽
XIAO, SHU KUAN 萧树宽 **(1949-)**

XIAO, KUN SHENG 萧坤生 **(1953-)**
Kun sheng 堃生

Xiao lai qin guan 小来禽馆
ZHANG, BO YING 张伯英 **(1869-1934)**

Xiao, Lan 肖岚
WANG, BING ZHONG 王丙中 **(1943-)**

Xiao, Lan 萧蓝
LI, QUAN JI 李全基 **(1917-)**

Xiao, Lan 萧蓝
WANG, ZHI NONG 王智浓 **(1932-)**

Xiao lan 小兰
MAI, CHUN QIAN 麦春乾 **(1911-1982)**

Xiao lan 小兰
WU, CHONG LAN 吴崇兰 **(1924-)**

Xiao lan 小兰
SHENG, RU MEI 盛如梅 **(1934-)**

Xiao lan 小兰
SHEN, XIAO LAN 申小兰 **(1942-)**

Xiao lan 小兰
MA, GUI LAN 马桂兰 **(1949-)**

Xiao lan 小蓝
SHENG, RU MEI 盛如梅 **(1934-)**

Xiao lan 小蓝
ZENG, WEN MING 曾文明

Xiao lan 小蓝
LU, DE YI 卢德仪

Xiao, Lang 萧郎
YANG, SHAN 杨山 **(1924-)**

Xiao, Lang 萧郎
XIAO, YAN QING 萧艳清 **(1924-)**

Xiao, Lang 萧郎
HUANG, CHONG XIONG 黄崇雄 **(1943-)**

Xiao, Lang 萧琅
SHI, ZHE CUN 施蛰存 **(1905-)**

Xiao, Lao 萧劳
QU, QIU BAI 瞿秋白 **(1899-1935)**

Xiao lao bian 小老编
ZHOU, HUAN HUAN 周焕欢 **(1940-)**

Xiao, Le 肖乐
WANG, MAO QUAN 王卯全 **(1957-)**

Xiao le 孝乐
LIN, HUAN DAO 林环岛 **(1904-1941)**

Xiao, Lei 萧雷
ZHOU, DA LU 周大鹿 **(1922-)**

Xiao, Lei 萧雷
BAI, XIAN YONG 白先勇 **(1937-)**

Xiao, Lei 萧雷
YANG, YING XIN 杨迎新 **(1946-)**

Xiao lei 小雷
LEI, JIN QIAN 雷进前（**1939-)**

Xiao lei 晓雷
LEI, JIN QIAN 雷进前（**1939-)**

Xiao, Li 肖礼
LI, YUAN JIE 李远杰 **(1948-)**

Xiao, Li 肖犁
GUO, ZHAO HENG 郭兆恒 **(1930-)**

Xiao, Li 萧力
LI, SHU YUAN 李淑源 **(1920-)**

Xiao, Li 萧黎
LI, SHI SHUN 李世顺 **(1918-)**

XIAO, LI QUN 萧力群 **(1963-)**
Bing shan 冰山

Xiao li 小立
LUO, YING 罗英 **(1940-)**

Xiao li 小犁
XU, DU DI 许度地 **(1914-)**

Xiao li 小黎
HONG, LÜ HE 洪履和 **(1918-1962)**

Xiao li 晓立
SHENG, XI SHAN 盛锡珊 **(1925-)**

Xiao li 晓立
LI, ZI YUN 李子云 **(1930-)**

Xiao li 晓立
DING, XIAO LI 丁小莉 **(1957-)**

Xiao li 晓里
LI, GEN XIAN 李根显 **(1935-)**

Xiao li 晓犁
ZHAO, XUE LI 赵学理 **(1925-)**

Xiao li 晓犁
LIU, YONG ZHENG 刘拥政 **(1948-)**

Xiao li 晓理
GAO, XIAO LI 高晓力 **(1954-)**

Xiao li 晓笠
DING, XIAO LI 丁小莉 **(1957-)**

Xiao li 晓黎
LI, ZHI LIN 李志林 **(1948-)**

Xiao li 晓蠡
LI, GEN XIAN 李根显 **(1935-)**

Xiao, Lian 萧莲
XIAO, ZONG PU 萧宗朴 **(1905-)**

Xiao lian 孝廉
LUO, YI QUN 罗益群 **(1945-)**

XIAO, LIAN ZHU 萧联珠 **(1946-)**
Xiao dong 消冻

Xiao, Liang 肖亮
LI, SHEN XIU 李身修 **(1931-)**

Xiao liang 小良
LIN, LIANG 林良 **(1924-)**

Xiao liang 小亮
CHEN, QI BANG 陈启榜 **(1924-)**

Xiao liang 效良
ZHAO, SHU LI 赵树礼 **(1906-1970)**

Xiao liang 晓亮
LIANG, ZUN ZHI 梁遵之 **(1928-)**

Xiao, Liao 萧寥
JIAN, XIAN AI 蹇先艾 **(1906-)**

Xiao, Lin 肖林
FAN, FU GENG 樊福庚 **(1931-)**

Xiao, Lin 肖林
LIN, ZENG XIN 林曾信 **(1936-)**

Xiao, Lin 肖林
CHAI, LI YANG 柴立扬 **(1946-)**

Xiao, Lin 萧林
JIN, ZHI CHAO 金志超 **(1905-1970)**

Xiao, Lin 肖琳
JIAO, YU ZHANG 矫玉璋 **(1928-)**

Xiao, Lin 萧鳞
XIAO, TUI 萧蜕 **(1863-1958)**

Xiao lin 小林
PI, ZUO JIU 皮作玖 **(1917-)**

Xiao lin 小林
LIN, YANG ZHENG 林仰峥 **(1923-)**

Xiao lin 小林
HUANG, FU LIN 黄福临 **(1926-)**

Xiao lin 小林
DU, XI WU 杜锡武 **(1927-)**

Xiao lin 晓林
HE, YI 何以 **(1930-)**

Xiao lin 晓林
LIN, JIN LA 林金拉 **(1930-)**

Xiao lin 晓林
CHEN, DAO LIN 陈道林 **(1934-)**

Xiao lin 晓琳
MA, ZHONG JI 马中骥 **(1945-)**

Xiao, Ling 肖玲
WU, YI KENG 吴一铿 **(1919-)**

Xiao, Ling 萧灵
XIAO, MAN RUO 萧蔓若 **(1908-)**

Xiao, Ling 萧灵
YANG, YI MEI 杨意美

Xiao ling 小令
WANG, DUN QING 王敦庆 **(1898-1990)**

Xiao ling 小玲
CHEN, YING 陈锳 **(1907-1988)**

Xiao ling 小玲
WANG, SHOU SHAN 王寿山 **(1921-)**

Xiao ling 小铃
CHEN, YING 陈锳 **(1907-1988)**

Xiao ling 晓岭
ZHAO, XIAO LING 赵小玲 **(1929-)**

Xiao, Liu 肖刘
XIAO, JIAN MEI 萧剑梅 **(1957-)**

Xiao, Liu 肖柳
ZHANG, MING TUN 张名暾 **(1922-)**

Xiao, Liu 肖柳
LIU, QI YUN 刘祺云 **(1946-)**

Xiao, Liu 肖流
LIU, CHENG HENG 刘成珩 **(1924-)**

Xiao liu 小柳
TAO, MU 陶牧 **(1874-1934)**

Xiao liu 小流
WU, ZONG HAI 吴宗海 **(1925-)**

Xiao liu 晓柳
LIU, CHANG CHUN 刘长春 **(1951-)**

Xiao liu 晓流
LIU, CAI FENG 刘采峰 **(1923-1979)**

Xiao liu 晓流
LIU, XUE GENG 刘学庚 **(1950-)**

Xiao liu 晓留
LIU, GUO YAO 刘国尧 **(1947-)**

Xiao liu ge 小柳哥
CHEN, LIU DE 陈柳德 **(1941-)**

Xiao, Long 萧龙
DU, NIAN SHAO 杜念绍 **(1921-)**

Xiao, Long 萧垄
HUANG, CHONG XIONG 黄崇雄 **(1943-)**

Xiao long 小龙
BAO, ZUN PENG 包遵彭 **(1916-1970)**

Xiao long 小龙
HA, KUAN GUI 哈宽贵 **(1928-1982)**

Xiao long 小龙
XIE, WEN SUN 谢文孙 **(1935-)**

Xiao long 晓珑
SHEN, XIAO LONG 申小龙 **(1952-)**

Xiao lou 晓楼
LOU, GUO MING 楼国明 **(1948-)**

Xiao lou 啸楼
KUAI, ZHEN GAN 蒯贞幹

Xiao lu 小鹿
LU, XIU ZHEN 陆秀珍 **(1907-1993)**

Xiao lu 小鹿
HONG, SU LI 洪素丽

Xiao lu 小鲁
QIAN, YA XIN 钱亚新 **(1903-1990)**

Xiao lu 小鲁
CHEN, LI FENG 陈立峰 **(1919-1963)**

Xiao lu 小鲁
YANG, TING FU 杨廷福 **(1924-1984)**

Xiao lu 小路
ZHENG, SHI XUE 郑时学 **(1920-)**

Xiao lu 小路
SHAO, CHONG FEI 邵冲飞 **(1926-)**

Xiao lu 晓鲁
LU, XIU ZHEN 鲁秀珍 **(1935-)**

Xiao lu 晓鲁
LU, XIAO MING 鲁小明 **(1946-)**

Xiao lu 晓鲁
CHEN, JING SONG 陈劲松 **(1959-)**

Xiao lu 晓路
REN, JI SHENG 任吉生 **(1939-)**

Xiao lu 晓路
LU, SHU JUN 路树军 **(1952-)**

Xiao lu 啸麓
GUO, ZE YUN 郭则澐 **(1884-1940)**

Xiao lu 筱鲁
QIAN, YA XIN 钱亚新 **(1903-1990)**

Xiao lü 小绿
WU, LÜ NAN 吴吕南 **(1952-)**

XIAO, LÜ SHI 萧绿石
Lü shi 绿石

Xiao lü tian zhu ren 小绿天主人
SUN, YU XIU 孙毓修 **(1871-1922)**

Xiao lun 晓伦
FENG, XIAO LUN 奉孝伦 **(1940-)**

Xiao, Luo 肖洛
ZHANG, JING AN 张敬安 **(1925-)**

Xiao, Luo 肖洛
LU, SHI XIN 陆士鑫 **(1938-)**

Xiao, Ma 肖马
YING, TIAN SHI 应天士 **(1932-)**

Xiao, Ma 萧马
YAN, DUN XUN 严敦勋 **(1930-)**

Xiao ma 小马
MA, CHUN 马春 **(1940-)**

Xiao ma 小马
MA, WEN LAI 马文来 **(1947-)**

Xiao ma 啸马
MA, XUAN ZHAO 马萱钊 **(1931-)**

Xiao, Man 萧曼
XIAO, GAN TIAN 萧干田 **(1950-)**

Xiao, Man ruo 萧曼若
XIAO, MAN RUO 萧蔓若 (1908-)

XIAO, MAN RUO 萧蔓若 (1908-)
Ai, Cong 艾丛
Dai, Yu 戴玉
Gao, Ban shao 高半勺
He, Po 何迫
Lin, Ying 林映
Man 蔓
Man ruo 蔓若
Qi zhen 其蓁
Qiu, Die 丘垤
Wu, Yi 吴亦
Xiao, Ling 萧灵
Xiao man 小蔓
Xiao, Man ruo 萧曼若
Xiao, Nong tan 萧秾昙
Xiao, Xiang 萧香

Xiao man 小曼
LU, XIAO MAN 陆小曼 (1903-1967)

Xiao man 小蔓
XIAO, MAN RUO 萧蔓若 (1908-)

Xiao, Mang 肖芒
ZHANG, SHI XUN 张世勋 (1925-)

Xiao mang 晓芒
HE, ZHEN YE 何振业 (1922-)

Xiao, Mao 萧旄
LU, FANG 卢滂 (1914-)

Xiao mao 小猫
CHEN, LI JUAN 陈丽娟 (1917-)

Xiao, Mei 肖梅
JIANG, SHANG WEN 江尚文 (1899-1966)

Xiao, Mei 肖梅
WANG, FU 王扶 (1938-)

Xiao, Mei 肖梅
MEI, FENG CHUN 梅逢春 (1945-)

Xiao, Mei 萧梅
XIAO, ZONG PU 萧宗朴 (1905-)

Xiao, Mei 萧梅
WANG, YOU HOU 王友厚 (1920-)

Xiao mei 小妹
SU, MEI 苏梅 (1897-1999)

Xiao mei 小梅
LU, KAN 陆侃 (1903-1978)

Xiao mei 小梅
SUN, ZHONG QI 孙锺琦 (1914-1983)

Xiao mei 小梅
PENG, XUE ZHEN 彭雪珍 (1914-1988)

Xiao mei 晓梅
LIU, XIAO MEI 刘晓梅 (1950-)

Xiao mei 晓梅
JIN, HONG 金红

Xiao mei 笑梅
LIN, ZHI QIANG 林志强 (1933-)

Xiao mei 筱梅
CHEN, XIAO MEI 陈筱梅

Xiao mei an zhu 小梅庵主
MEI, JI XUN 梅际郇 (1873-1934)

Xiao, Meng 萧梦
GUO, MENG LIANG 郭孟良 (1965-)

Xiao, Meng 萧猛
JIN, SONG 金松 (1917-)

Xiao, Meng 萧萌
ZHONG, QIU SHENG 钟秋生 (1942-)

Xiao meng 小梦
XU, JIE 许杰 (1901-1993)

Xiao meng 晓梦
MENG, QING MIN 孟庆民 (1959-)

Xiao meng 晓梦
GUO, MENG LIANG 郭孟良 (1965-)

Xiao mi 小米
WANG, QI 王起 (1906-1996)

Xiao mi 小咪
CHEN, YAO MIN 陈耀民 (1927-)

Xiao mi su 小米素
LUO, XIAO PING 骆笑萍

Xiao mian 晓勉
LIAO, XIAO MIAN 廖小勉 (1951-)

Xiao mian 笑面
CUI, HAI RONG 崔海容 (1954-)

Xiao, Miao 萧苗
MIAO, JUN JIE 缪俊杰 (1936-)

Xiao miao 小苗
CHEN, QIAO SHENG 陈桥生 (1918-)

Xiao, Min 肖敏
ZHOU, YUE QUAN 周月泉 (1920-1990)

Xiao, Min 肖敏
ZHANG, ZHAO LIN 张兆林 (1929-)

XIAO, MIN 萧敏 (1947-)
Min zi 敏子

Xiao, Min 萧民
WANG, JING SHAN 王景山 **(1924-)**

Xiao min 小民
WANG, REN SHU 王任叔 **(1901-1972)**

Xiao min 小民
ZHONG, SHAO KUN 钟绍锟 **(1914-)**

Xiao min 小民
WEN, SI XIANG 温嗣翔 **(1916-)**

Xiao min 小民
LIU, CHANG MIN 刘长民 **(1929-)**

Xiao min 小民
TAN, WEN FENG 谭文峰 **(1959-)**

Xiao min 孝闽
CAI, WAN LEI 蔡万雷

Xiao min 啸民
ZHANG, JIE 张杰 **(1933-)**

Xiao min 筱敏
YUAN, XIAO MIN 袁小敏 **(1955-)**

Xiao, Ming 肖明
LUO, XIN MAO 罗辛卯 **(1951-)**

Xiao, Ming 萧鸣
JING, XIANG DE 荆象德 **(1936-)**

Xiao ming 晓明
SHU, LI ZHEN 舒丽珍 **(1932-)**

Xiao ming 晓明
OU, YONG CHENG 区用诚 **(1934-)**

Xiao ming 晓明
WANG, DE MING 王德明 **(1959-)**

Xiao ming 晓明
XU, XIAO PENG 徐晓鹏 **(1966-)**

Xiao ming 晓明
JIANG, XIAO MING 姜晓铭 **(1967-)**

Xiao ming 晓鸣
ZHENG, MIN 郑敏 **(1920-)**

Xiao ming 笑鸣
TAO, XIAO MING 陶小明 **(1952-)**

Xiao ming 筱明
QIU, YAN MING 邱彦明 **(1951-)**

Xiao ming 箫鸣
ZHOU, MIN 周珉

Xiao, Mo 肖默
MAI, RONG BANG 麦荣邦 **(1944-)**

Xiao, Mo 萧默
WANG, LI PU 王礼溥

Xiao mo 小墨
LIU, SUI YUAN 刘燧元 **(1904-1985)**

Xiao mo 小墨
MEI, MO SHENG 梅墨生 **(1960-)**

Xiao mo 小默
LIU, SUI YUAN 刘燧元 **(1904-1985)**

Xiao, Mo er 萧莫尔
CAI, JING FU 蔡景福 **(1924-1987)**

Xiao, Mu 肖木
ZHANG, HUA QING 张华清 **(1932-)**

Xiao, Mu 萧木
CHEN, QING 陈青 **(1920-)**

Xiao, Mu 萧木
WEI, JI XIN 魏继新 **(1950-)**

Xiao, Mu 萧牧
CHEN, JUN SHAN 陈君山 **(1922-)**

Xiao mu 小木
ZENG, PU 曾朴 **(1872-1935)**

Xiao mu 小牧
DU, CHENG NAN 杜承南 **(1933-)**

Xiao mu 孝穆
SU, XUAN YING 苏玄瑛 **(1884-1918)**

Xiao mu 晓牧
PENG, BO 彭波 **(1936-)**

Xiao, Mu lin 肖木林
QIAO, SAN BAO 乔三保 **(1935-)**

Xiao mu zhai 小木斋
ZHOU, MU ZHAI 周木斋 **(1910-1941)**

Xiao nan 小南
HUANG, TING NAN 黄挺南 **(1950-)**

Xiao ni 小尼
LU, QI ZHI 鲁启智 **(1924-)**

Xiao ni 小妮
ZHOU, SHAO YI 周绍仪 **(1908-1979)**

Xiao nian 小年
LI, SHENG RU 李升如 **(1911-)**

Xiao nian hua 笑拈花
BAO, GONG YI 包公毅 **(1876-1973)**

Xiao niao 晓鸟
OU YANG, HUI XU 欧阳恢绪 **(1924-)**

Xiao, Ning 萧凝
ZHU, BAO ZHEN 朱宝蓁 **(1925-)**

Xiao niu 小牛
WANG, ZHAO WEN 王朝闻 **(1909-)**

Xiao niu 小牛
WANG, PEI KUN 王培堃 **(1940-)**

Xiao niu 小牛
ZHANG, XIAO NIU 张小牛 **(1951-)**

Xiao niu 小牛
LIU, XIANG 刘翔 **(1965-)**

Xiao niu 小牛
FENG, XU 冯旭

Xiao nong 孝农
WANG, CHUAN 汪僢 **(1855-1918)**

Xiao, Nong tan 萧秾昙
XIAO, MAN RUO 萧蔓若 **(1908-)**

Xiao nü hai 小女孩
XU, ZHAO ZHEN 许肇箴 **(1961-)**

Xiao nuan 晓暖
HAN, SONG 韩松 **(1949-)**

Xiao ou 孝瓯
ZHOU, SHU MO 周树谟 **(1860-1925)**

Xiao ou 晓欧
OU, SONG DE 欧松德 **(1940-)**

Xiao ou 啸鸥
LIAN, XING ZI 连兴梓 **(1909-)**

Xiao pan 晓畔
ZHONG, ZHEN FA 钟振发 **(1937-)**

Xiao, Peng 萧鹏
DAI, PENG HAI 戴鹏海 **(1929-)**

Xiao, Ping 肖萍
HUANG, GONG WEI 黄公伟 **(1908-)**

Xiao, Ping 萧平
LI, LIAN CUI 李连萃 **(1911-1991)**

Xiao, Ping 萧平
SONG, ZHEN CHU 宋振初 **(1926-1988)**

Xiao, Ping 萧平
GAO, ZHI PING 高志平 **(1952-)**

XIAO, PING 萧平 **(1955-)**
Yuan, Fan 远帆

Xiao, Ping 萧平
XIAO, HAO QUAN 萧浩权

Xiao ping 小平
WANG, LI JUN 王立军 **(1970-)**

Xiao ping 小屏
LI, BO PING 李伯屏 **(1931-)**

Xiao ping 小萍
GU, FENG CHENG 顾凤城 **(1908-1940)**

Xiao ping 小萍
CHEN, HUA LI 陈化鲤 **(1910-)**

Xiao ping 啸平
WANG, XIAO PING 王啸平 **(1919-)**

Xiao ping 啸平
XIE, XIONG XUAN 谢雄玄 **(1935-)**

Xiao, Po 肖泼
ZHAO, ZHONG 赵锺 **(1928-)**

Xiao po 小坡
ZHENG, WEN ZHUO 郑文焯 **(1856-1918)**

XIAO, PU SHENG 萧朴生 **(- 1926)**
Jue nu 觉奴
Pu sheng 朴生

Xiao, Qi 萧旗
XIAO, JIN ZHONG 萧锦钟 **(1953-)**

Xiao qi 晓琦
QI, SHU TING 齐树亭 **(1950-)**

Xiao qi 笑齐
QI, LONG XI 齐隆锡 **(1924-)**

XIAO, QI NAN 萧奇男 **(1934-)**
Xiao, Ying jun 萧英俊

XIAO, QIAN 萧前 **(1924-)**
Xiao, Qian fen 萧前棻
Xiao, Qian gui 萧前桂

Xiao, Qian 萧倩
ZHONG, QIU SHENG 钟秋生 **(1942-)**

Xiao, Qian 萧乾
XIAO, BING QIAN 萧秉乾 **(1910-1999)**

Xiao, Qian 萧谦
XIAO, YU LEI 萧玉磊 **(1937-)**

Xiao qian 小茜
LIANG, MENG GENG 梁梦庚 **(1914-)**

Xiao qian 小蒨
LIANG, MENG GENG 梁梦庚 **(1914-)**

Xiao qian 晓茜
SHEN, CE 沈策 **(-1983)**

Xiao qian 啸乾
QIAN, BANG DONG 钱邦东 **(1963-)**

Xiao, Qian fen 萧前棻
XIAO, QIAN 萧前 **(1924-)**

Xiao, Qian gui 萧前桂
XIAO, QIAN 萧前 **(1924-)**

XIAO, QIAN YONG 萧前勇 **(1942-)**
Qian yong 潜泳

Xin ran 欣然
Yu fu 瑜夫

Xiao qiao 小桥
LUO, DA SHENG 罗大胜 (1942-)

Xiao qiao 晓桥
WANG, DE FENG 王德风 (1938-)

Xiao qiao 晓樵
QIAO, XUE ZHU 乔雪竹 (1950-)

Xiao, Qin 萧琴
HUANG, KE MEI 黄克梅 (1915-1961)

Xiao qin 潇琴
LI, XIAO QIN 李孝琴 (1962-)

Xiao, Qing 肖青
SU, MEI 苏梅 (1897-1999)

Xiao, Qing 萧晴
HE, ZHI MIN 何治敏 (1919-)

Xiao qing 小庆
LU, QING ZHEN 陆庆珍 (1938-)

Xiao qing 小青
CHENG, XIAO QING 程小青 (1893-1976)

Xiao qing 小青
XIAO, SHU LIE 萧树烈 (1896-1927)

Xiao qing 小青
FU, LEI 傅雷 (1908-1966)

Xiao qing 小青
ZHANG, HUI 张慧 (1909-)

Xiao qing 小青
SONG, QING RU 宋清如 (1910-)

Xiao qing 小青
CHEN, QIAO SHENG 陈桥生 (1918-)

Xiao qing 小青
LIN, WAN QING 林万青 (1952-)

Xiao qing 晓庆
LI, QING ZENG 李庆曾 (1949-)

Xiao qing 晓青
XIAN, DE HUI 冼德慧 (1928-)

Xiao qing 晓青
CHEN, XIAO 陈晓 (1936-)

Xiao qing 晓青
HUANG, SHI HENG 黄世衡 (1937-)

Xiao qing 晓青
DI, QING 狄青 (1968-)

Xiao qing 晓晴
YANG, JUN QING 杨俊青 (1945-)

Xiao qing 啸青
CHEN, CHENG ZUO 陈承祚 (1914-)

Xiao qing 啸颀
SUN, QU YUAN 孙臞蝯

Xiao qing he 晓清河
MEN, RUI YU 门瑞瑜 (1936-)

Xiao qing jiang 小清江
KE, ZHEN ZHONG 柯振中 (1945-)

XIAO, QING YU 萧庆馀 (1953-)
Xiao, Sa 萧飒

Xiao qiong 小琼
CHEN, XIAO QIONG 陈小琼

Xiao, Qiu 萧秋
XIAO, SHU LIE 萧树烈 (1896-1927)

Xiao, Qiu 萧秋
ZHU, XIAO QIU 朱啸秋 (1923-)

Xiao qiu 小丘
QIU, TAO LIANG 丘陶亮 (1947-)

Xiao qiu 小秋
CHEN, QIU FAN 陈秋帆 (1909-1984)

Xiao qiu 小秋
ZHANG, QUAN XIN 张全欣 (1913-1984)

Xiao qiu 晓秋
DI, QING 狄青 (1968-)

Xiao qiu 啸秋
QIAN, CHENG 钱城 (1889-1938)

Xiao qiu 啸秋
LIN, TIE HUN 林铁魂 (1900-)

Xiao qiu 啸秋
ZHU, XIAO QIU 朱啸秋 (1923-)

Xiao qiu 晓丘
QIU, LAN SHENG 丘兰生 (1932-)

XIAO, QIU SHENG 萧秋生 (1949-)
Xiao, Bing 肖兵
Xiao, Zheng yi 肖正义
Zheng, Yi 郑毅

Xiao, Quan 肖泉
LIN, WAN LI 林万里 (1873-1926)

Xiao, Quan 肖泉
ZHANG, WEN YUAN 张文苑 (1926-)

Xiao quan 小泉
CUI, ZHU HOU 崔注厚 1950-)

Xiao quan 孝荃
ZANG, KE JIA 臧克家 (1905-)

Xiao quan 晓泉
JIANG, ZHI ZHONG 蒋治中 **(1935-)**

Xiao quan 笑泉
MEI, XIU QUAN 梅秀全 **(1954-)**

Xiao quan 啸泉
LUO, WEI FAN 罗伟凡 **(1957-)**

Xiao ran 晓然
RAN, LONG ZHONG 冉隆中 **(1957-)**

Xiao ran 晓然
DAI, LI RAN 戴立然 **(1960-)**

Xiao, Ran 萧然
MENG, XIAN QI 孟宪棨 **(1902-1976)**

Xiao, Ran 萧然
JIAN, XIAN AI 蹇先艾 **(1906-)**

Xiao, Ran 萧然
LI, QI GANG 李启刚 **(1925-)**

Xiao ran 潇然
MENG, XIAN QI 孟宪棨 **(1902-1976)**

Xiao, Ren 肖人
HUANG, DA RONG 黄大荣 **(1943-)**

Xiao, Ren 肖仁
MENG, MING YI 孟明义 **(1934-)**

Xiao, Ren 萧人
ZHU, YI SHU 朱以书 **(1904-)**

Xiao ren 晓人
LUAN, WEI LUN 栾为伦 **(1925-)**

Xiao ren zi 晓仁子
CHEN, WANG DAO 陈望道 **(1890-1977)**

Xiao, Rong 肖荣
ZHUANG, XIAO RONG 庄筱荣 **(1934-)**

Xiao, Rong 萧容
WU, QI XIANG 吴启庠 **(1929-1984)**

XIAO, RONG 萧溶 **(1943-)**
You cheng 又丞

Xiao, Rong 萧榕
FENG, YING ZI 冯英子 **(1915-)**

Xiao rong 小荣
QIAN, JUN TAO 钱君匋 **(1906-)**

Xiao rong 小容
WU, QI XIANG 吴启庠 **(1929-1984)**

Xiao rong 小蓉
WU, BI LIAN 吴碧莲 **(1955-)**

Xiao ru 晓儒
CHEN, MEI RU 陈美儒 **(1952-)**

Xiao ruan 小阮
SU, WEI ZHEN 苏维桢 **(1888-1943)**

Xiao, Rui 萧瑞
XI, MU RONG 席慕蓉 **(1943-)**

Xiao rui 晓瑞
HUANG, RUI 黄瑞 **(1958-)**

Xiao, Ruo ping 萧若萍
XIAO, BING QIAN 萧秉乾 **(1910-1999)**

Xiao, Sa 萧洒
XIAO, HAI HAN 萧海涵 **(1917-)**

Xiao, Sa 萧洒
XIAO, XIAN LIANG 萧贤良 **(1938-)**

Xiao, Sa 萧飒
XIAO, CHAO QUN 萧超群 **(1934-)**

Xiao, Sa 萧飒
XIAO, QING YU 萧庆馀 **(1953-)**

Xiao, San 萧三
XIAO, ZI ZHANG 萧子暲 **(1896-1983)**

Xiao, San 萧叁
XIAO, ZI ZHANG 萧子暲 **(1896-1983)**

Xiao san 小三
XIAO, ZI ZHANG 萧子暲 **(1896-1983)**

Xiao san 晓三
CHEN, SHOU XIANG 陈绶祥 **(1944-)**

Xiao, Sang 萧桑
CHEN, XIAO MEI 陈晓梅 **(1924-)**

Xiao, Se 萧瑟
CHEN, BING YI 陈秉彝 **(1916-)**

Xiao, Sha 萧沙
SHA, JIN CHENG 沙金成 **(1953-)**

Xiao, Shan 肖山
LI, JIN SHENG 李进生 **(1941-)**

Xiao, Shan 萧山
XIAO, ZI ZHANG 萧子暲 **(1896-1983)**

Xiao, Shan 萧珊
CHEN, YUN ZHEN 陈蕴珍 **(1921-1972)**

Xiao shan 小山
MIAO, QUAN SUN 缪荃孙 **(1844-1919)**

Xiao shan 小山
XIAO, ZI ZHANG 萧子暲 **(1896-1983)**

Xiao shan 小山
YANG, WEI QUAN 杨维铨 **(1900-1957)**

Xiao shan 小山
LI, ZHEN HAN 李振汉 **(1912-1975)**

Xiao shan 小珊
MIAO, QUAN SUN 缪荃孙 **(1844-1919)**

Xiao shan 晓山
RUAN, XI CHAO 阮熙朝 **(1897-1935)**

Xiao shan 晓山
CHEN, SHOU XIANG 陈绶祥 **(1944-)**

Xiao shan 晓山
WANG, QUN 王群 **(1954-)**

Xiao shan 晓山
WANG, HUI QI 王慧骐 **(1954-)**

Xiao shan 笑山
WEI, YI YUN 魏义云 **(1900-1972)**

Xiao shan 笑山
LIU, DE YIN 刘德荫 **(1921-)**

Xiao shan 筱珊
MIAO, QUAN SUN 缪荃孙 **(1844-1919)**

Xiao shan bing xin 小山秉信
LI, XI SHENG 李希圣 **(1864-1905)**

XIAO, SHAO LIAN 萧绍连 **(1931-)**
Bai, Yu 白玉
Hong shi 红石

XIAO, SHAO QUAN 萧绍权 **(1959-)**
Lao xiao 老肖
Xiao, Chuan 萧川

Xiao, Sheng 萧笙
XIAO, YUN LONG 萧云龙 **(1942?-)**

Xiao sheng 小生
BAO, GONG YI 包公毅 **(1876-1973)**

Xiao sheng 小生
ZHANG, QING RONG 张清荣 **(1902-1955)**

Xiao sheng 小生
CHEN, QI 陈淇 **(1911-)**

Xiao sheng 晓声
JIN, JUN SHENG 金骏声 **(1934-)**

Xiao sheng 晓声
XIE, XIAO QIN 谢晓勤

Xiao sheng 笑生
LIAO, QING XIU 廖清秀 **(1927-)**

Xiao sheng 笑生
LU, JIAN 陆健 **(1956-)**

Xiao sheng 笑生
LU, BAO HUA 卢葆华

Xiao sheng 笑声
LAN, XIAO SHENG 兰孝生 **(1937-)**

Xiao sheng 嚣生
LIANG, WEN BO 梁文博 **(1956-)**

XIAO, SHENG FU 萧声福 **(1964-)**
Yin, Hong 殷红

Xiao sheng xing Gao 小生姓高
GAO, DE XIONG 高德雄 **(1918-1981)**

Xiao, Shi 萧石
LI, XIU SHI 李岫石 **(1911-1938)**

Xiao, Shi 肖市
ZHAO, REN DE 赵仁德 **(1924-)**

Xiao shi 小石
WAN, JIA BAO 万家宝 **(1910-1996)**

Xiao shi 小石
ZHANG, YE ZHOU 张叶舟 **(1914-1980)**

Xiao shi 小石
SHI, GUO LIANG 石国樑 **(1939-)**

Xiao shi 小石
WANG, XIAO SHI 王校石 **(1957-)**

Xiao shi 小石
LIN, YI YING 林艺瑛

Xiao shi 小诗
WEI, HONG XING 魏洪兴 **(1968-)**

Xiao shi 孝实
LIU, ZHEN LIN 刘桢麟

Xiao shi 晓士
ZHANG, BAI HUA 张柏华 **(1929-)**

Xiao shi 晓石
WANG, ZHI SHI 王知十 **(1924-)**

Xiao shi 晓石
LIU, XIAO SHI 刘晓石 **(1931-)**

Xiao shi 晓时
CHEN, GUI RU 陈珪如 **(1907-1986)**

Xiao shi 晓时
FANG, XIAO SHI 方小石 **(1911-)**

Xiao shi 笑十
MEN, RUI YU 门瑞瑜 **(1936-)**

Xiao shi 笑世
ZOU, EN RUN 邹恩润 **(1895-1944)**

Xiao shi 笑时
CHENG, CAI 成才 **(1930-)**

Xiao shi 筱石
CHEN, KUI LONG 陈夔龙 **(1857-1948)**

Xiao, Shi cong 肖时聪
ZENG, YAN XIU 曾彦修 (1919-)

Xiao, Shi han 萧诗寒
LI, YI YE 李逸野 (1930-)

XIAO, SHI TAI 萧士太 (1938-)
Xiao, Jin 萧金

Xiao shi yi 小诗医
LI, SHI JING 李石鲸

XIAO, SHI YING 萧士英 (1891-)
Yao, Cheng 尧丞

Xiao shi zi 小石子
ZENG, RU ZHONG 曾汝钟 (1919-)

XIAO, SHU 萧淑 (1923-)
Gu, Feng 谷风
Lao ye 老也
Ye feng 野枫

Xiao, Shu 萧疏
XIAO, BAI LIANG 萧百亮

Xiao, Shu 萧舒
WANG, SHU LIN 王树林 (1962-)

Xiao shu 小树
CHEN, SHI YI 陈世宜 (1884-1959)

Xiao shu 小淑
ZHOU, ZHI NING 周志宁 (1920-1975)

Xiao shu 小疏
LU, ZHENG SHEN 卢正绅 (1905-1951)

Xiao shu 小署
ZHANG, XIN QI 张新奇 (1949-)

Xiao shu 笑疏
WANG, JING 王竞

Xiao shu 啸书
XIAO, CHANG SHU 萧长书 (1948-)

Xiao shu 筱墅
LIU, YUN 刘筠

XIAO, SHU KUAN 萧树宽 (1949-)
Bei jiang 北疆
Hai, He 海河
Xia, Feng 夏风
Xiao, Kuan 萧宽

XIAO, SHU LIE 萧树烈 (1896-1927)
Chou lü 丑侣
Chou lü 醜侣
Chou nü 丑女
Chou xin 丑信
Chou yu 抽玉
Chu 楚
Chu, Lü 楚侣
Chu, Nü 楚女
Chu, Yu 初遇
Cun tie 寸铁
Fei shi 匪石
Hu 弧
Hu fu 弧父
Huo hua 火花
Ji zhe 记者
Lou lü 陋侣
Lü 侣
Nü 女
Nü yu 女玉
Qing feng 青峰
Qiu 秋
Shu, Lie 树烈
Xiao, Chu lü 萧楚侣
Xiao, Chu nü 萧楚女
Xiao, Chu ru 萧楚汝
Xiao, Chu yu 萧初遇
Xiao qing 小青
Xiao, Qiu 萧秋
Ye huo 野火
Ye ma 野马
Yu 玉

Xiao shu zhai 小疏斋
LU, ZHENG SHEN 卢正绅 (1905-1951)

Xiao, Shuang 萧霜
HUO, HAN JI 霍汉姬 (1937-)

Xiao shuang ji an 小霜寂庵
ZHANG, WEI XIANG 张惟骧 (1883-1948)

Xiao shui shou 小水手
SONG, JIU ZHI 宋九祉 (1917-)

XIAO, SHUI SHUN 萧水顺 (1947-)
Xiao, Xiao 萧萧

Xiao, Si 肖斯
DENG, TUO 邓拓 (1912-1966)

Xiao si 小四
SHI, LIU YING 施柳莺 (1948-)

Xiao si 小思
LU, WEI LUAN 卢玮銮 (1939-)

Xiao si 筱思
CHEN, MEI JIN 陈美今 (1928-)

XIAO, SI LOU 萧思楼
Guo, Lai ren 过来人

Xiao, Si ming 肖思明
GE, BAO QUAN 戈宝权 (1913-)

Xiao song 小松

ZHAO, MENG YUAN 赵孟原 (1912-)

Xiao song 小松
SONG, DE YONG 宋德永 (1940-)

Xiao song 晓宋
SONG, ZHONG CHENG 宋仲琤 (1963-)

Xiao, Song ming 萧颂明
LIN, ZE RONG 林泽荣 (1906-1981)

Xiao, Su 肖肃
ZHAO, KE REN 赵克仁 (1919-)

XIAO, SU 萧肃 (1919-)
Xi, Su 奚俗
Xiao, Su 萧素

Xiao, Su 萧肃
XIAO, XIAO QING 萧晓清 (1953-)

Xiao, Su 肖素
ZHAO, KE REN 赵克仁 (1919-)

Xiao, Su 萧素
XIAO, SU 萧肃 (1919-)

XIAO, SU 萧甦 (1928? -)
Geng sheng 更生
Shu yan 淑炎

Xiao su 笑俗
ZHAO, KE REN 赵克仁 (1919-)

Xiao su 箫苏
SU, XIAO HUA 苏箫化 (1945-)

Xiao su er 笑俗儿
JIANG, GUANG CI 蒋光慈 (1901-1931)

Xiao sun 歗孙
ZHOU, ZUO REN 周作人 (1885-1967)

Xiao, Suo 萧索
WEN, GE 文戈 (-1955)

XIAO, SUO ZHU 萧锁柱 (1948-)
Xiao, Yang 肖瑒

Xiao tan 小潭
ZHAO, SHU LI 赵树礼 (1906-1970)

Xiao tang 晓唐
TANG, QIN FU 汤勤福 (1953-)

Xiao tang 晓堂
TANG, DE LIANG 唐德亮 (1958-)

Xiao tang 晓棠
ZHAO, YAO TANG 赵耀堂 (1933-)

Xiao tao 小匋
HUANG, WEN ZONG 黄文宗 (1910-)

Xiao tao 潇滔
LÜ, QIN 吕沁 (1925-)

Xiao, Tian 肖田
TIAN, YONG CHANG 田永昌 (1944-)

Xiao, Tian 肖田
TENG, XIAO TIAN 滕晓天 (1948-)

Xiao, Tian 萧田
XIAO, JUN 萧军 (1907-1988)

Xiao tian 小天
JIN, GUANG YAO 金光耀 (1902-1966)

Xiao tian 小田
TIAN, SHI YUAN 田世源 (1919-)

Xiao tian 小田
WU, NAN XUN 吴南薰 (1927-)

Xiao tian 晓天
XU, DE RUN 徐德润 (1928-)

Xiao tian 晓天
ZHANG, LIAN 张联 (1947-)

Xiao tian 晓天
TENG, XIAO TIAN 滕晓天 (1948-)

Xiao tian 晓田
TIAN, GUI FANG 田桂芳 (1951-)

Xiao tian 笑天
LI, XUE TING 李学亭 (1910-)

Xiao tian 笑天
HAN, WEN DA 韩文达 (1917-)

Xiao tian 笑天
BAO, QING XIAN 鲍庆献 (1923-)

Xiao tian 啸天
XU, XIAO TIAN 许啸天 (1886-1946)

Xiao tian 啸天
FEI, YUN WEN 费云文 (1916-)

Xiao tian lu 歗天庐
MA, XU LUN 马叙伦 (1884-1970)

Xiao tian sheng 啸天生
XU, XIAO TIAN 许啸天 (1886-1946)

Xiao tian sheng 歗天生
MA, XU LUN 马叙伦 (1884-1970)

XIAO, TIAN SHI 萧天石 (1909-)
Ban piao dao ren 半瓢道人
Liao yi zi 了一子
Tai yi shan ren 太乙山人
Tian wu ju shi 天无居士
Tian xuan zi 天玄子
Wen shan dun sou 文山遯叟
Xuan zhen zi 玄真子

Xiao tian zi 歗天子
MA, XU LUN 马叙伦 **(1884-1970)**

Xiao, Tie 肖铁
GAO, PENG 高鹏 **(1932-)**

Xiao, Tie di 萧铁笛
XIAO, EN CHENG 萧恩承

Xiao, Ting 肖亭
SI TU, HUA CHENG 司徒华城 **(1927-)**

Xiao, Ting 萧亭
CHEN, XIAO TING 陈孝庭 **(1930-)**

Xiao, Ting 萧汀
LI, CHENG ZHANG 李承璋 **(1950-)**

Xiao ting 孝亭
CHEN, XIAO TING 陈孝庭 **(1930-)**

Xiao ting 宵婷
ZHAO, AN TING 赵安亭 **(1941?-)**

Xiao ting 晓亭
LI, FENG SHU 李凤书 **(1921-)**

Xiao ting 晓亭
LIN, TING TING 林婷婷

Xiao ting 晓艇
WEN, HUA ZHANG 文华章 **(1938-)**

Xiao, Tong 萧通
YANG, FU DONG 杨复冬 **(1922-1978)**

Xiao, Tong 萧铜
SHENG, JIAN ZHONG 生鑑忠 **(1928-1995)**

Xiao tong 小童
SHENG, JIAN ZHONG 生鑑忠 **(1928-1995)**

Xiao tong 晓彤
HAN, SHAN YUAN 韩山元 **(1942-)**

Xiao tong 晓彤
ZHANG, YUN 张匀 **(1953-)**

Xiao tong feng 筱桐凤
YANG, YOU HE 阳友鹤 **(1913-1984)**

Xiao tu 小图
HE, QIAO CHAN 何巧婵 **(1954-)**

XIAO, TUI 萧蜕 **(1863-1958)**
Ben wu 本无
Han chan 寒蝉
Han sou 寒叟
Jiang nan ben wu ju shi 江南本无居士
Shu zi 叔子
Ting song an xing zhe 听松庵行者
Tui an 退庵
Tui an 蜕安
Tui an 蜕黯
Tui gong 蜕公
Wu weng 无翁
Xiao, Lin 萧鳞
Xiao, Zhong fu 萧中孚
Zhong fu 盅孚
Zui song lao ren 罪松老人

Xiao tuo 小陀
CHEN, YAN 陈炎 **(1925-)**

Xiao, Wan 肖湾
PANG, RUI YING 庞瑞瀛 **(1937-)**

Xiao wan 小宛
CHEN, SHAO HUA 陈少华 **(1949-)**

Xiao wan 孝纨
YOU, LIE 尢列 **(1865-1936)**

Xiao wan liu tang 小万柳堂
WU, ZHI YING 吴芝瑛 **(1868-1933)**

Xiao wan liu tang zhu ren 小万柳堂主人
LIAN, QUAN 廉泉 **(1868-1931)**

Xiao wan tong 小顽童
TONG, QI ZHI 童启智

Xiao, Wang 萧望
LI, SHUO CHENG 李硕诚 **(1922-)**

Xiao wang 晓汪
WANG, GUO ZHEN 汪国真 **(1956-)**

Xiao wang 晓望
WANG, GUANG ZHENG 王光正 **(1949-)**

Xiao wang 晓望
WANG, GUO ZHEN 汪国真 **(1956-)**

Xiao, Wei 萧微
ZHANG, XIAO WEI 张晓伟 **(1956-)**

Xiao wei 小未
YANG, KE 杨可 **(1957-)**

Xiao wei 小苇
WANG, XIAO WEI 王小伟 **(1963-)**

Xiao wei 小微
WANG, YONG TANG 汪永棠 **(1912-)**

Xiao wei 小魏
WEI, QUN 魏群 **(1935-)**

Xiao wei 笑微
WANG, YONG TANG 汪永棠 **(1912-)**

Xiao wei 笑薇
DUAN, WEN HUA 段文华 **(1949-)**

Xiao wei 筱苇
WEI, JUN LIN 韦君琳 **(1944-)**

Xiao, Wei hong 肖韦宏
WANG, SHOU REN 王授仁 **(1934-)**

Xiao wei mo shi 小维摩室
ZHANG, YUAN QUN 张元群 **(1897-)**

Xiao, Wen 肖文
ZHAO, WEN FA 赵文发 **(1933-)**

Xiao, Wen 萧文
HANG, XING 杭行 **(1925-)**

Xiao, Wen 萧雯
HUANG, BING HUI 黄炳晖 **(1915-1979)**

Xiao wen 小文
DENG, ER JING 邓尔敬 **(1918-)**

Xiao wen 晓文
LU, YAO DONG 陆耀东 **(1930-)**

Xiao wen 晓文
FENG, XIAO WEN 冯晓文 **(1942-)**

Xiao wen 消雯
XIAO, YONG QING 萧永清 **(1918-)**

Xiao wen 啸文
HAN, WEN DA 韩文达 **(1917-)**

Xiao wen 筱文
SHENG, JIU CHOU 盛九畴 **(1936-)**

Xiao wen 筱文
CHEN, SHAO HUA 陈少华 **(1949-)**

Xiao, Wen lan 萧文兰
YANG, DE JI 杨德基 **(1913-1980)**

XIAO, WEN YUAN 萧文苑 **(1933-)**
Wen, Yuan 文苑

XIAO, WEN YUAN 萧文渊
Yu jue min 予觉民

Xiao, Weng 萧翁
LÜ, ZHEN BAI 吕贞白 **(1907-1984)**

Xiao weng 晓翁
LIANG, XIAO ZHONG 梁小中 **(1926-)**

Xiao weng 笑翁
BAO, GONG YI 包公毅 **(1876-1973)**

Xiao wo 笑涡
LIANG, XI FANG 梁惜芳 **(1912-1937)**

Xiao, Wu 肖吾
LIANG, HUAN DING 梁焕鼎 **(1893-1988)**

Xiao wu 小无
WANG, CHENG MO 王承谟 **(1911-1938)**

Xiao wu 小武
WU, YU XIAO 武玉笑 **(1929-)**

Xiao wu 晓戊
QI, QIN 戚芹 **(1952-)**

Xiao wu 晓雾
WU, DAI SHENG 吴带生 **(1943-)**

Xiao wu 筱无
WU, GUO PING 吴国平 **(1956-)**

Xiao, Xi 肖西
ZHANG, DE ZHEN 张德真 **(1936-)**

Xiao, Xi 萧习
XIAO, YU TIAN 萧毓田 **(1937-)**

Xiao xi 小溪
WANG, XI PING 王西平 **(1936-)**

Xiao xi 小溪
ZHAO, YUN PING 赵云平 **(1950-)**

Xiao xi 小溪
XI, XIAO PING 席小平 **(1952-)**

Xiao xi 小溪
LIU, LIAN SHU 刘莲枢 **(1953-)**

Xiao xi 晓夕
XI, XIAO PING 席小平 **(1952-)**

Xiao xi 晓西
HE, KAI SI 何开四 **(1945-)**

Xiao xi 晓希
TIAN, LIN 田琳（**1916-** ）

Xiao xi 晓溪
TIAN, LIN 田琳（**1916-** ）

Xiao xia 小夏
JIN, LÜ XIA 金吕夏 **(1944-)**

Xiao xia 晓霞
BIAN, ZHEN XIA 边震遐 **(1935-)**

Xiao xia 啸霞
LIU, XI RENG 柳锡礽 **(1907-)**

Xiao, Xian 萧閒
ZHANG, ZHEN ZHI 张振之 **(1920-1971)**

Xiao xian 小仙
RUAN, XI CHAO 阮熙朝 **(1897-1935)**

Xiao xian 孝先
WANG, SHENG SHAN 王生善 **(1921-)**

Xiao xian 笑仙
RUAN, XI CHAO 阮熙朝 **(1897-1935)**

Xiao xian 啸仙
RUAN, XI CHAO 阮熙朝 **(1897-1935)**

XIAO, XIAN LIANG 萧贤良 **(1938-)**
Xiao, Sa 萧洒

Xiao, Xiang 萧香
XIAO, MAN RUO 萧蔓若 (1908-)

Xiao, Xiang 萧湘
HONG, RONG CHENG 洪荣成 (1959-)

Xiao xiang 晓翔
LIU, CHANG QING 刘长青 (1917-)

Xiao xiang 潇湘
LIU, GUO XIANG 刘国香

XIAO, XIANG HE 萧相何 (1927-)
Lu, Zhi 鲁芝

Xiao xiang po 小乡婆
LIU, DAN LI 刘诞丽

Xiao, Xiang wen 萧翔文
XIAO, JIN DUI 萧金堆 (1927-)

Xiao, Xiang zi 肖湘子
REN, MING YAO 任明耀 (1922-)

Xiao, Xiao 肖潇
CHEN, XIAO HUA 陈小华 (1949-)

Xiao, Xiao 肖潇
SONG, YONG YI 宋永毅 (1949-)

Xiao, Xiao 萧萧
SHEN, ZU MOU 沈祖牟 (1909-1947)

Xiao, Xiao 萧萧
XIAO, SHUI SHUN 萧水顺 (1947-)

Xiao, Xiao 萧萧
WEN, GE 文戈 (-1955)

Xiao, Xiao 萧萧
XIAO, JUN 萧俊 (1961-)

Xiao, Xiao 萧潇
WANG, XIAN ZHONG 王贤忠 (1932-)

Xiao, Xiao 萧潇
XIAO, JUN 萧俊 (1961-)

Xiao, Xiao 萧潇
YU, BING 余冰

Xiao, Xiao 肖小
YU, JING 于劲 (1953-)

Xiao xiao 小小
GUO, SHU YUN 郭淑云 (1953-)

Xiao xiao 小小
WANG, XIAO NONG 汪小农 (1958-)

Xiao xiao 小肖
ZHAO, WEN WEI 赵文渭 (1926-)

Xiao xiao 小枵
ZHU, YI WEI 朱一苇 (1909-1987)

Xiao xiao 筱晓
LIU, LING ZHU 刘玲珠 (1957-)

Xiao xiao 潇潇
XIAO, JUN 萧军 (1907-1988)

Xiao xiao 潇潇
HE, ZHEN 何真 (1947-)

XIAO, XIAO QING 萧晓清 (1953-)
Xiao, Su 萧肃
Xiao, Yu 萧雨

Xiao, Xiao sheng 萧晓生
ZHU, XIU QUAN 朱秀全 (1915-)

Xiao, Xiao shuo 肖笑烁
WANG, BAO MIN 王保民 (1956-)

Xiao, Xiao xiao 萧小笑
XIAO, DE YAN 萧德演 (1922-)

Xiao xin 小辛
QIN, ZHAN YA 秦占雅 (-1940?)

Xiao xin 小辛
JIANG, WEN ZHONG 江文忠 (1922-1986)

Xiao xing 小星
WANG, YU CAI 王育才 (1946-)

Xiao xing 晓星
ZHAO, YA BO 赵雅博 (1917-)

Xiao xing 晓星
SUN, DE PEI 孙德培 (1923-)

Xiao xing 晓星
XU, XING ZHE 徐行者 (1928-)

Xiao xing 晓星
YAO, YONG ZHENG 姚永正 (1949-)

Xiao xing 晓星
XU, XIN JIAN 徐新建 (1955-)

Xiao xing 晓星
YIN, WEI XING 尹卫星 (1957-)

Xiao xing 晓星
SHI, ZHI MIN 石志民

Xiao xin ting 斅心听
WU, JUN QING 吴俊卿 (1844-1927)

Xiao, Xiong 肖雄
ZHAO, WEN XIONG 赵文雄 (1952-)

Xiao xiong 小熊
SHAO, CHONG FEI 邵冲飞 (1926-)

Xiao xiu 小秀

FENG, XIAO XIU 冯小秀 **(1920-1976)**

Xiao xiu 晓秀
HOU, XIU KUN 侯秀坤 **(1955-)**

Xiao, Xu 萧絮
XIAO, ZONG PU 萧宗朴 **(1905-)**

Xiao xu 晓旭
ZHANG, BO JIAN 张伯简 **(1898-1926)**

Xiao xu 晓旭
LI, JIA XU 李家旭 **(1935-)**

Xiao xu 晓旭
XU, SHOU YIN 徐守银 **(1941-)**

Xiao, Xuan 萧轩
XUAN, WAN MING 宣万明 **(1958-)**

Xiao, Xuan 萧絃
WANG, CHAO QING 王潮清 **(1926-)**

Xiao xue 小雪
WANG, MEI CHUANG 王梅窗 **(1914-)**

Xiao xue 晓雪
YANG, WEN HAN 杨文翰 **(1935-)**

XIAO, XUE LIANG 萧学良 **(1911-)**
Xue liang 学良

Xiao, Xue peng 萧雪朋
XIAO, YOU MEI 萧友梅 **(1884-1940)**

Xiao, Xue sheng 肖雪生
ZHANG, SHAO CHENG 张绍诚 **(1935-)**

Xiao xun 效迅
DAN, XI FAN 但夕凡 **(1933-)**

Xiao xun 效洵
ZHENG, XIAO SONG 郑孝嵩 **(1907-)**

Xiao xun 晓汛
LIAO, SHUN XIANG 廖顺庠 **(1923-)**

Xiao xun 晓峋
LU, FANG 卢滂 **(1914-)**

Xiao, Ya 肖雅
ZHAO, YA AN 赵雅安 **(1957-)**

Xiao, Ya 萧亚
LIU, XI RENG 柳锡礽 **(1907-)**

Xiao ya 小丫
BAI, ZHI GANG 白志钢 **(1952-)**

Xiao ya 小亚
LI, YA QUN 李亚群 **(-1979)**

Xiao ya 小雅
ZHANG, JIAN HUA 张建华 **(1957-)**

Xiao ya 晓亚
WANG, SHU LING 王淑玲 **(1954-)**

Xiao, Yan 肖严
FU, GENG SHENG 傅庚生 **(1910-1984)**

Xiao, Yan 肖言
CHEN, JIN YAN 陈今言 **(1925-1977)**

Xiao, Yan 肖岩
FU, GENG SHENG 傅庚生 **(1910-1984)**

Xiao, Yan 萧彦
QIU, JIAN MIN 邱建民 **(1924-)**

Xiao, Yan 萧燕
CHEN, BO WEN 陈博文 **(1932-1989)**

Xiao yan 小延
ZHAO, JIA BI 赵家璧 **(1908-)**

Xiao yan 小言
LAN, YU YE 蓝裕业 **(1902-1928)**

Xiao yan 小言
ZHAO, CHENG 赵诚 **(1933-)**

Xiao yan 小雁
CHEN, LI TONG 陈立同 **(1948-)**

Xiao yan 小燕
TENG, GANG 滕刚

Xiao yan 晓岩
ZHANG, YUN CHEN 张蕴琛

Xiao yan 晓研
CHEN, YAN 陈研 **(1956-)**

Xiao yan 晓雁
HE, JING YAN 和经雁 **(1964-)**

Xiao yan 晓燕
ZHANG, YAN AN 张延安 **(1953-)**

Xiao yan 晓燕
ZHOU, YING KUN 周应琨

Xiao yan 筱延
ZHAO, JIA BI 赵家璧 **(1908-)**

Xiao yan 筱岩
FU, GENG SHENG 傅庚生 **(1910-1984)**

XIAO, YAN QING 萧艳清 **(1924-)**
A xiao 阿筱
Guo, Lai ren 过来人
Xiao, Lang 萧郎
Xiao, Si lou 萧思楼

Xiao, Yang 肖羊
WANG, HUAN JUN 王焕均 **(1931-)**

Xiao, Yang 肖杨
YANG, JI ZHE 杨吉哲 **(1963-)**

Xiao, Yang 肖瑒
XIAO, SUO ZHU 萧锁柱 **(1948-)**

Xiao, Yang 萧扬
WANG, REN SHU 王任叔 **(1901-1972)**

Xiao, Yang 萧扬
CHEN, MEI YU 陈梅雨 **(1914-)**

Xiao, Yang 萧扬
YANG, SHAN 杨山 **(1924-)**

Xiao, Yang 萧洋
LI, LIU MAN 李六曼 **(1944-)**

Xiao yang 小羊
YANG, CHUN YU 杨春瑜 **(1912-1988)**

Xiao yang 小羊
WANG, XIAO YANG 王晓阳 **(1955-)**

Xiao yang 晓阳
YANG, JI CHUAN 杨济川 **(1928-)**

Xiao yang 晓阳
YANG, ZHAO LIN 杨肇林 **(1935-)**

Xiao yang 晓阳
YANG, XUE RU 杨学儒 **(1950-)**

Xiao yang 晓阳
YANG, WAN HUA 杨万华 **(1957-)**

Xiao yang 晓阳
YANG, YONG 杨勇 **(1957-)**

Xiao yang 晓阳
YANG, YA NING 杨亚宁

Xiao yang 晓杨
YANG, JUN QING 杨俊青 **(1945-)**

Xiao yang 晓洋
YANG, ZHENG TAI 阳正太 **(1941-)**

Xiao yang 箫扬
GU, JIAN 辜健 **(1939-)**

Xiao, Yao 肖尧
YAO, ZHEN 姚朕

Xiao, Yao 萧瑶
WANG, JIE XIN 王洁心 **(1927-)**

Xiao yao 小么
LI, SHENG XUAN 李生萱 **(1910-1966)**

Xiao yao 小吆
LI, SHENG XUAN 李生萱 **(1910-1966)**

Xiao yao 小妖
YAO, ZHEN 姚朕

Xiao yao 逍遥
HUANG, PENG 黄鹏 **(1908-1982)**

Xiao yao 逍遥
YUAN, SHU 袁殊 **(1911-1987)**

Xiao yao 逍遥
XIAO, DING TAI 萧定太 **(1959-)**

Xiao yao dan 小药旦
FU, SHAO FANG 富少舫

Xiao yao ge 逍遥阁
HUANG, PENG 黄鹏 **(1908-1982)**

Xiao yao ju shi 逍遥居士
HUANG, PENG 黄鹏 **(1908-1982)**

Xiao, Yao tian 萧遥天
XIAO, GONG WEI 萧公畏 **(1907-)**

Xiao, Ye 萧也
WU, WEN CHAO 吴文超 **(1924-)**

Xiao, Ye 萧野
WU, WEN CHAO 吴文超 **(1924-)**

Xiao, Ye 萧野
LIN, MANG ZHONG 林莽中

Xiao ye 小耶
DING, XING 丁星 **(1924-)**

Xiao ye 小野
LI, YUAN 李远 **(1951-)**

Xiao ye 小野
YU, SHUANG BO 于爽波 **(1958-)**

Xiao ye 晓野
XIE, QUAN MING 谢泉铭 **(1927-)**

Xiao, Ye mu 萧也牧
WU, CHENG GAN 吴承淦 **(1918-1970)**

Xiao ye qu 小夜曲
ZHUANG, RUI MING 莊瑞明

Xiao, Yi 肖毅
HU, XING YA 胡兴亚 **(1937-)**

Xiao, Yi 萧衣
HUANG, BING HUI 黄炳晖 **(1915-1979)**

Xiao, Yi 萧怡
YU, ZHAO YI 于肇怡 **(1917-1967)**

Xiao, Yi 萧逸
XIAO, JING REN 萧敬人

Xiao yi 小宜
LIU, WU GOU 柳无垢 **(1914-1963)**

Xiao yi 晓一
ZHOU, HE TING 周鹤亭 **(1933-1980)**

Xiao yi 晓伊

YI, HUI YING 伊惠英 **(1954-)**

Xiao, Yi fu 萧一夫
WANG, YOU SAN 王友三 **(1929-)**

XIAO, YI HONG 萧毅虹 **(1948-1984)**
Meng, Jing 孟静

Xiao, Yi lun 肖艺伦
DONG, WEI QING 董为清 **(1949-)**

XIAO, YI SHAN 萧一山 **(1902-1978)**
Fei yu guan 非宇馆

Xiao yi sheng 笑意生
ZOU, EN RUN 邹恩润 **(1895-1944)**

Xiao, Yi wu 萧亦五
XIAO, YU TANG 萧玉堂 **(1914-1977)**

XIAO, YI XIANG 萧义祥 **(1943-)**
Xiao, Zhen rong 肖振荣
Yan lan 岩岚

Xiao yi zhi 晓一之
TAO, YU MING 陶玉明 **(1952-)**

Xiao, Yin 肖音
XIAO, FU XI 萧福熙 **(1942-)**

Xiao, Yin 肖殷
ZHENG, WEN SEN 郑文森 **(1915-1983)**

Xiao, Yin 萧引
ZHANG, YA FEI 张亚非

Xiao, Yin 萧垠
XIE, YOU SAN 谢友三 **(1924-)**

Xiao yin 小音
XU, YING RU 许英儒 **(1927-)**

Xiao yin 小隐
SU, WEI ZHEN 苏维桢 **(1888-1943)**

Xiao yin 小隐
FENG, YUAN YI 冯远翼

Xiao yin 孝隱
LING, ZHUO 凌卓 **(1905-1957)**

Xiao yin 晓音
LU, GEN RU 陆根如 **(1946-)**

Xiao yin 晓音
YIN, JUN XI 殷俊玺 **(1947-)**

Xiao yin 逍茵
SHEN, XIAO LAN 申小兰 **(1942-)**

Xiao, Yin guo 肖因果
HE, HONG YU 何红玉 **(1941-)**

Xiao yin lou zhu 箫引楼主
YE, ZONG YUAN 叶宗源 **(1887-1946)**

Xiao, Ying 萧英
ZHENG, WEN SEN 郑文森 **(1915-1983)**

Xiao, Ying 萧英
HAN, XIAO YING 韩晓鹰 **(1921-)**

XIAO, YING 萧瑛 **(1931-)**
Cao su 草肃

Xiao, Ying 萧颖
YIN, KAO ZHEN 尹考臻 **(1947-)**

Xiao ying 小英
WU, YING 吴瑛 **(1915-1961)**

Xiao ying 小英
CHEN, FU ZHU 陈扶助

Xiao ying 小郢
LI, YUE RUI 李岳瑞 **(1852-1927)**

Xiao ying 小莹
YAO, FANG REN 姚方仁 **(1905-1969)**

Xiao ying 小鹰
PAN, SHI CONG 潘世聪 **(1927-)**

Xiao ying 笑影
YU, ZE HONG 余泽鸿 **(1903-1935)**

Xiao ying 潇莹
ZHANG, KANG QUN 张康群 **(1953-)**

Xiao ying 晓影
YU, ZE HONG 余泽鸿 **(1903-1935)**

Xiao ying 晓影
HAN, XIAO YING 韩晓鹰 **(1921-)**

Xiao ying 晓鹰
HAN, XIAO YING 韩晓鹰 **(1921-)**

Xiao ying 晓鹰
ZHU, XIAO GUO 朱晓国 **(1947-)**

Xiao, Ying jun 萧英俊
XIAO, QI NAN 萧奇男 **(1934-)**

Xiao, Yong 肖勇
YE, YONG LIE 叶永烈 **(1940-)**

Xiao, Yong 萧勇
LI, YUAN BEN 李元本 **(1945-)**

Xiao, Yong 萧永
WANG, YONG SHENG 王永生 **(1930-1991)**

Xiao yong 小勇
ZHENG, XIAO YONG 郑小勇

XIAO, YONG QING 萧永清 **(1918-)**
Xiao wen 消雯

XIAO, YOU MEI 萧友梅 **(1884-1940)**
Si he 思鹤

Xiao, Xue peng 萧雪朋

Xiao, Yu 肖于
YU, JING 于劲 **(1953-)**

Xiao, Yu 肖羽
YU, ZONG XIN 于宗信 **(1945-)**

Xiao, Yu 肖雨
YU, XIAO RAN 于笑然 **(1946-)**

Xiao, Yu 肖愚
LIU, YU 刘瑀

Xiao, Yu 萧玉
YU, ZHONG FU 于忠福 **(1927-)**

Xiao, Yu 萧宇
DU, XIA YUN 杜霞云 **(1937-)**

Xiao, Yu 萧雨
LIU, BAO DUAN 刘保端 **(1928-)**

Xiao, Yu 萧雨
XIAO, XIAO QING 萧晓清 **(1953-)**

XIAO, YU 萧渔 **(1913-)**
Xiao yu 小鱼

XIAO, YU 萧瑜 **(1894-1976)**
Xiao, Zi sheng 萧子昇

Xiao yu 小玉
CHU, SONG XUE 褚松雪 **(1900-)**

Xiao yu 小宇
ZHOU, DA LU 周大鹿 **(1922-)**

Xiao yu 小聿
SUN, JIN 孙津 **(1953-)**

Xiao yu 小芋
LIU, YU 刘瑀

Xiao yu 小雨
DONG, XIAO YU 董小宇 **(1956-)**

Xiao yu 小雨
XING, XIAO LI 邢小利 **(1958-)**

Xiao yu 小鱼
XIAO, YU 萧渔 **(1913-)**

Xiao yu 小鱼
SUN, ZONG LU 孙宗鲁 **(1929-)**

Xiao yu 小鱼
CHEN, ZHENG LONG 陈正隆 **(1947-)**

Xiao yu 小瑜
JIAO, CHENG ZHI 焦承志 **(1905-1975)**

Xiao yu 小俞
OU YANG, JING 欧阳晶 **(1920-)**

Xiao yu 小渔
XIN, DING LI 忻鼎立 **(1927-)**

Xiao yu 效愚
LIN, ZENG PING 林增平 **(1923-)**

Xiao yu 晓玉
LIU, XIAO YU 刘孝瑜 **(1923-)**

Xiao yu 晓雨
YU, ZHEN GUI 余振贵 **(1946-)**

Xiao yu 晓雨
GAN, YI WEN 甘以雯 **(1954-)**

Xiao yu 晓雨
LI, XIAO RU 李小如 **(1955-)**

Xiao yu 晓雨
DUAN, YU NONG 段禹农 **(1957-)**

Xiao yu 笑宇
XIN, YI FU 辛一夫 **(1929-)**

Xiao yu 笑宇
ZHAO, GUI CAI 赵贵才 **(1943-)**

Xiao yu 笑雨
XIN, YI FU 辛一夫 **(1929-)**

Xiao yu 笑雨
QIU, XIAO YU 邱小玉 **(1932-)**

Xiao yu 潇雨
DONG, XIAO YU 董小宇 **(1956-)**

Xiao yu 霄羽
WANG, BAO XIANG 王葆祥 **(1909-1977)**

XIAO, YU HUI 萧毓辉 **(1937-)**
Xiao, Yu xuan 萧育轩

XIAO, YU JING 萧玉井 **(1941-)**
Jia yang 嘉扬
Zhi hua 之华

XIAO, YU LEI 萧玉磊 **(1937-)**
Xiao, Qian 萧谦

Xiao yu lin 潇郁霖
CHEN, PEI E 陈佩娥 **(1960-)**

XIAO, YU TANG 萧玉堂 **(1914-1977)**
Xiao, Yi wu 萧亦五
Yi wu 毅武

XIAO, YU TIAN 萧毓田 **(1937-)**
Ban shui 半水
Qiu, Shi 秋实
Xiao, Bing 萧冰
Xiao, Xi 萧习

Xiao, Yu xuan 萧育轩
XIAO, YU HUI 萧毓辉 **(1937-)**

Xiao, Yuan 肖元
ZHAO, LI 赵澧 **(1919-)**

Xiao, Yuan 肖元
LI, ZHAN YUAN 李占元 **(1945-)**

Xiao, Yuan 肖源
YU, XIAO YUAN 余小沅 **(1946-)**

Xiao, Yuan 肖源
YAN, HUA 阎华 **(1955-)**

XIAO, YUAN 萧园 **(1928-)**
Huang fu, Qu bing 皇甫去病
Xiao, Yuan 萧苑

Xiao, Yuan 萧苑
XIAO, YUAN 萧园 **(1928-)**

Xiao yuan 小元
MA, YUAN XIANG 马元湘

Xiao yuan 小园
YOU, LIE 尢列 **(1865-1936)**

Xiao yuan 小园
LI, SHU CHENG 李书城 **(1881-1965)**

Xiao yuan 小垣
LI, SHU CHENG 李书城 **(1881-1965)**

Xiao yuan 小原
YANG, KUN YUAN 杨昆原 **(1952-)**

Xiao yuan 孝园
DAI, CHUAN XIAN 戴传贤 **(1890-1949)**

Xiao yuan 晓园
LI, SHU CHENG 李书城 **(1881-1965)**

Xiao yuan 晓原
YUAN, PING QI 袁平启 **(1929-)**

Xiao yuan 晓原
YUAN, PEI SHU 袁培树 **(1951-)**

Xiao yuan 筱缘
YUAN, XING ZHUANG 袁行庄 **(1914-)**

Xiao yuan ding 小园丁
XU, YI ZONG 许义宗 **(1944-)**

Xiao yue 小岳
WU, GUANG CHUAN 吴广川 **(1946-)**

Xiao yue 晓月
ZHU, ZHEN FANG 朱振方 **(1916-)**

Xiao yue 晓月
LIANG, YA MING 梁亚明 **(1952-)**

Xiao yue 晓月
ZHOU, XIAO YANG 周晓扬 **(1953-)**

Xiao yue han 小约翰
HE, KAI RONG 何开荣 **(1907-1952)**

Xiao yue ying 筱月影
ZHANG, LIAN KE 张连科 **(1914-1964)**

Xiao, Yun 肖云
ZHAO, HONG EN 赵鸿恩 **(1911-)**

Xiao, Yun 肖云
YU, LI FANG 于立芳 **(1931-)**

Xiao, Yun 萧芸
ZHAO, ZHEN DUO 赵振铎 **(1928-)**

Xiao yun 小云
CAI, CHU SHENG 蔡楚生 **(1906-1968)**

Xiao yun 小云
JIANG, YU SHEN 江郁桑 **(1916-1984)**

Xiao yun 小云
WU, SHUANG 吴塽 **(1928-)**

Xiao yun 小云
LAN, XIANG YUN 蓝祥云 **(1936-)**

Xiao yun 小云
CHEN, XIAO YUN 陈小云

Xiao yun 小允
WU, WO YAO 吴沃尧 **(1867-1910)**

Xiao yun 晓云
YIN, SHI JIE 尹世杰 **(1922-)**

Xiao yun 晓云
MAO, XIA 毛侠 **(1927-)**

Xiao yun 晓云
YOU, YUN SHAN 游云山

XIAO, YUN HUI 肖云辉 **(1929-)**
Bai, Shui 白水
Qian hong 千红

XIAO, YUN LONG 萧云龙 **(1942?-)**
Xiao, Sheng 萧笙

Xiao yun xia 晓云霞
ZHU, JI CHENG 朱吉成 **(1937-)**

Xiao ze 孝则
SHEN, HOU CI 沈厚慈

Xiao zha 小楂
ZHA, JIAN YING 查建英 **(1959-)**

Xiao, Zhai 萧斋
CHEN, DING SHAN 陈定山 **(1895-1984)**

Xiao zhai 小斋
ZHANG, YUAN JI 张元济 **(1867-1959)**

Xiao zhai zhu ren 晓斋主人
WANG, ZHI REN 王之仁

Xiao zhan 晓瞻
LUO, LONG JI 罗隆基 (1897-1965)

Xiao, Zhang 肖章
ZHANG, QI CHANG 张其昌 (1952-)

Xiao zhang 小张
ZHANG, QI CHANG 张其昌 (1952-)

Xiao zhang 晓章
ZHANG, BING 张兵 (1947-)

Xiao zhang 晓彰
ZHANG, DE QIANG 张德强 (1947-)

Xiao, Zhao 肖照
ZHAO, YAN ZHANG 赵彦章 (1927-)

Xiao zhao 晓照
ZHAO, CHEN GUANG 赵晨光 (1954-)

Xiao zhe 謞者
CHEN, SHU TONG 陈叔通 (1876-1966)

Xiao, Zhen 肖珍
LIU, PEI 刘沛 (1919-)

XIAO, ZHEN 萧真 (1924-)
Zhai, Shi 翟始

Xiao, Zhen rong 肖振荣
XIAO, YI XIANG 萧义祥 (1943-)

Xiao, Zhen sheng 萧振声
HONG, SHEN 洪深 (1894-1955)

Xiao, Zheng 肖政
ZHENG, YI MIN 郑一民 (1946-)

Xiao, Zheng yi 肖正义
XIAO, QIU SHENG 萧秋生 (1949-)

Xiao zhi 小志
WANG, SHU JI 王树基 (1921-)

Xiao, Zhi fan 萧植藩
XIAO, ZI ZHANG 萧子暲 (1896-1983)

Xiao, Zhong 肖中
GAO, ZHI LING 高志凌 (1937-)

Xiao zhong 小仲
CHEN, XI FAN 陈锡蕃 (1934-)

Xiao zhong 小仲
YU, PING GUANG 余平光

Xiao zhong 晓钟
ZHONG, LIANG YI 钟良沂 (1921-)

Xiao zhong 晓钟
ZHONG, ZHI HONG 钟志宏 (1932-)

Xiao zhong 晓钟
ZHONG, KUAN HONG 钟宽洪 (1937-)

Xiao zhong 晓鐘
ZHONG, LI HUI 钟丽慧 (1953-)

Xiao, Zhong fu 萧中孚
XIAO, TUI 萧蜕 (1863-1958)

XIAO, ZHONG LIN 萧忠临 (1907-1991)
Xiao, Di fei 萧涤非

Xiao, Zhong na 萧仲纳
WU, YU WEI 吴堉威 (1906-1989)

Xiao, Zhong ne 萧仲讷
XIAO, KE CAI 萧克材 (1919-)

Xiao, Zhong quan 萧中权
XIAO, GONG QUAN 萧公权 (1897-1981)

XIAO, ZHONG TANG 萧钟棠 (1905-1982)
Xiao, Gan niu 萧甘牛

XIAO, ZHONG WEI 萧忠渭 (1917? -)
Xiao, Feng 萧锋

Xiao, Zhou 肖周
WU, YU WEI 吴堉威 (1906-1989)

Xiao, Zhou 肖宙
LI, ZHOU YOU 李周祐 (1913-)

Xiao, Zhou 萧舟
ZHOU, FU SHUN 周福顺 (1917-1969)

Xiao, Zhou 萧舟
ZHOU, LU QUAN 周鲁泉 (1917-1983)

Xiao, Zhou 萧舟
ZHOU, AI WEN 周艾文 (1930-1987)

Xiao zhou 小舟
ZHOU, FENG 周峰 (1957-)

Xiao zhou 晓舟
YUAN, YU FANG 袁玉芳 (1955-)

Xiao zhou 筱舟
ZHOU, HUAI QIU 周怀求 (1912-1966)

Xiao, Zhu 肖珠
ZHANG, ZHU FENG 张祝丰 (1951-)

Xiao zhu 晓珠
LÜ, BI CHENG 吕碧城 (1883-1943)

Xiao, Zhuang 萧庄
WANG, REN SHU 王任叔 (1901-1972)

Xiao, Zhuang 萧庄
YU, BAI WEI 俞百巍 (1928-)

XIAO, ZHUO QIAN 萧卓千 (1912-)
Fang, Hong 方弘

Xiao zi 小紫
HUANG, QI YING 黄绮莹 (1952-)

Xiao zi 晓紫
ZHU, JIN CHEN 朱金晨 (1947-)

Xiao zi he 小子和
FENG, XU 冯旭

Xiao, Zi sheng 萧子昇
XIAO, YU 萧瑜 (1894-1976)

Xiao, Zi zhang 萧子章
XIAO, ZI ZHANG 萧子暲 (1896-1983)

XIAO, ZI ZHANG 萧子暲 (1896-1983)
Ai mei 爱梅
Ai mi 埃弥
Ai mi Hsiao 埃弥·萧
An, Mi 安弥
E. S.
Emi Siao
S. S.
Tian guang 天光
Xiao, Ai mei 萧爱梅
Xiao, Ai mi 萧埃弥
Xiao, San 萧三
Xiao, San 萧叁
Xiao san 小三
Xiao, Shan 萧山
Xiao shan 小山
Xiao, Zhi fan 萧植藩
Xiao, Zi zhang 萧子章
Yong jie 永结
Zi zhang 子暲

XIAO, ZONG PU 萧宗朴 (1905-)
Ba, Lan 巴兰
Hai, Shi 海士
Lian xin 莲心
Lu ge 芦歌
Xiao, Chong su 萧崇素
Xiao, Hong 萧红
Xiao, Lian 萧莲
Xiao, Mei 萧梅
Xiao, Xu 萧絮

Xie 嶰
WANG, RU TING 王濡廷 (1896-1936)

Xie, Bai han 谢白寒
XIE, YAO HUI 谢耀辉 (1919-)

XIE, BAI YUN 谢白云 (1934-)
Meng, Lang 孟浪

XIE, BAO CHENG 谢保成 (1943-)
Bao sheng 葆盛
Bing shu 昞姝

XIE, BAO PING 解保平 (1953-)
Bao, Ping 鲍平

Xie, Bao shu 谢宝树
XIE, RUI JIE 谢瑞阶 (1902-)

XIE, BEN SHU 谢本书 (1936-)
Li wen 力文

Xie, Bin 谢彬
XIE, BING YING 谢冰莹 (1906-2000)

XIE, BIN HONG 谢彬洪 (1945-)
Xie, Qing quan 谢清泉

Xie, Bing ji 谢冰季
XIE, WEI JI 谢为楫 (1910-1984)

Xie, Bing ning 谢冰凝
XIE, SHUI LIN 谢水霖 (1949-)

Xie, Bing xin 谢冰心
XIE, WAN YING 谢婉莹 (1900-1999)

XIE, BING YING 谢冰莹 (1906-2000)
A mu lin 阿木林
Bi yun 碧云
Bin bin 彬彬
Bing ying 冰莹
Bing ying nü shi 冰莹女士
Feng xi 凤兮
Fu ying 芙英
Ge lei 格雷
Ji, Lao 纪佬
Jian shi 间事
Lan, Ru 蓝如
Lin, Na 林娜
Lin, San 林三
Liu, Bin 刘彬
Liu, Ying 刘滢
Ming gang 鸣冈
Nan, Zhi 南芷
Qiu, Ping 秋萍
San lin 三林
Wei bo 微波
Wu wei 无畏
Xian shi 閒事
Xiang ba lao 乡巴老
Xiang bao lao 乡饱姥
Xiao bing 小兵
Xie, Bin 谢彬
Xie, Feng bao 谢凤宝
Xie, Ming gang 谢鸣冈
Yi ping 忆萍
Ying 莹
Ying 瑛
Ying, Ying 英英
Ying, Zi 英子

Zhi ying 芷英
Zi ying 紫英

Xie, Bu hao 谢步豪
ZHU, QI XIA 朱企霞 **(1904-1984)**

Xie, Bu min 谢不敏
XIE, JUE HONG 谢觉红

Xie, Cai jiang 谢采江
XIE, GENG CHEN 谢庚宸

XIE, CHANG YU 谢昌余 **(1936-)**
Xue shen 雪深

Xie, Chen 谢忱
XIE, WU LIANG 谢无量 **(1884-1964)**

Xie, Chen 谢沉
XIE, WU LIANG 谢无量 **(1884-1964)**

XIE, CHENG 谢成 **(1958-)**
Xie, Chuan cheng 谢川成

Xie, Cheng gong 谢成功
XIE, ZONG YI 谢宗伊 **(1931-)**

XIE, CHENG GONG 谢成功 **(1935-)**
Long, Zhi 龙之
Tong jun 桐君

XIE, CHENG HUA 谢承华 **(1941-)**
Hui hai ming 卉海明
Teng, Chun 滕春

XIE, CHI 谢持 **(1876-1939)**
Zhu, Hui sheng 朱惠生

Xie, Chuan cheng 谢川成
XIE, CHENG 谢成 **(1958-)**

Xie, Chun 谢春
MAO, YING LONG 毛应龙 **(1924-)**

Xie chun 撷纯
LIU, QI CONG 刘棨琮 **(1916-)**

XIE, CHUN MAN 谢春满
Chun man zi 春满子

XIE, CHUN MU 谢春木 **(1902-)**
Xie, Nan guang 谢南光
Zhui feng 追风

Xie chun yi 写春簃
LI, CHENG QUAN 郦承铨 **(1904-)**

Xie cun 絜邨
CAI, XING JI 蔡兴济

XIE, CUN LI 谢存礼 **(1948-)**
Chun li 春里
Cun li 存理

Xie, Dan ru 谢旦如
XIE, DAN RU 谢淡如 **(1904-1962)**

XIE, DAN RU 谢淡如 **(1904-1962)**
Dan ru 旦如
Dan ru 淡如
Dan zhao 淡诏
Wang, Liao yi 王了一
Xie, Dan ru 谢旦如
Xie, Dan ru 谢澹如
Yuan, Gong 元功

Xie, Dan ru 谢澹如
XIE, DAN RU 谢淡如 **(1904-1962)**

XIE, DE YAO 谢德耀
Bu de 布德

XIE, DIAN BIN 谢殿斌 **(1947-)**
Yang, Liu xie 杨柳榭

Xie, Ding Yu 谢丁玉
XIE, DING YU 谢鼎钰 **(1935-)**

XIE, DING YU 谢鼎钰 **(1935-)**
Xie, Ding Yu 谢丁玉

XIE, EN PU 谢恩溥 **(1885-1969)**
Xie, Lin 谢霖

XIE, EN ZE 解恩泽 **(1936-)**
Xin, Zhe 辛哲

Xie, Fan 谢凡
LI, XI FAN 李锡范 **(1927-)**

Xie, Fan 谢繁
XIE, ZHONG YI 谢众益 **(1963-)**

Xie, Fang 谢芳
XIE, ZHAO LIN 谢肇麟 **(1928-)**

XIE, FEI FEI 谢霏霏 **(1945-)**
Miao miao 淼淼

Xie, Fei zhen 谢斐真
XIE, PEI ZHEN 谢培贞 **(1921-1953)**

Xie, Fen 谢芬
SHEN, YAN BING 沈雁冰 **(1896-1981)**

Xie fen nü lang 撷芬女郎
CHEN, XIE FEN 陈撷芬 **(1883-1923)**

Xie, Feng bao 谢凤宝
XIE, BING YING 谢冰莹 **(1906-2000)**

XIE, FENG SONG 谢逢松 **(1932-)**
Hong feng 红风
Hui yang zi 惠阳子

Xie fu 谐父
WU, CHANG MING 吴昌明 **(1955-)**

XIE, FU CHOU 谢福畴 (　-1986)
Luo ye 落叶
Luo ye gu 落叶谷

Xie fu ren 谢夫人
YANG, MEI HUI 杨美惠

XIE, FU SEN 谢复森 (1919-　)
Bian, Dong liu 卞东流
Bu, Shu 卜束
Chang, Yan dao 常言道
Du, Nie 杜涅
Fu, Chen 伏琛
Geng, Chan mian 耿缠绵
Geng, Ming 耿明
Huang fu, Shi 皇甫湜
Ma, Ling 马凌
Mo lu ren 陌路人
Nie li 涅丽
Shan shi 山石
Si tu, Yi shao 司徒一勺
Xie, Yu 谢狱
Xin, Yan 辛岩
Yan, Ying 颜瀛
Yi shao 一勺
Yu, Ying 郁影
Zhu, Zhou 祝舟

XIE, FU SHENG 谢富生 (1910-　)
Hua, Jun 华骏
Mu, Xi 慕熹
Qian li ju 千里驹
Zi shu 紫曙

XIE, FU YA 谢扶雅 (1892-　)
Fu ya 扶雅
Fu ya 扶亚
Nai ren 乃壬
Tian kuang 天贶

Xie, Gang 谢刚
XIE, GANG ZHEN 谢刚振 (1940-　)

XIE, GANG ZHEN 谢刚振 (1940-　)
Xie, Gang 谢刚

Xie, Gang zhu 谢刚主
XIE, GUO ZHEN 谢国桢 (1901-1982)

XIE, GENG CHEN 谢庚宸
Xie, Cai jiang 谢采江
Zi bo 子波
Zi xi 子兮

Xie gong 絜公
LUO, ZHEN YU 罗振玉 (1866-1940)

XIE, GONG CHENG 谢功成 (1921-　)
Yu, You 郁又

XIE, GUAN 谢观 (1880-1950)
Cheng zhai 澄斋

XIE, GUAN SHENG 谢冠生 (1897-1971)
Gui sheng 簋笙
Xie, Shou chang 谢寿昌

Xie, Guang jin 谢光瑾
XIE, YOU SAN 谢友三 (1924-　)

XIE, GUANG ZHI 谢广志 (1931-　)
Qing shan 青山

XIE, GUO HUA 谢国华 (1947-　)
Xie, Qing 谢清

XIE, GUO ZHEN 谢国桢 (1901-1982)
Gang 刚
Luo shu wan ren 罗墅湾人
Xie, Gang zhu 谢刚主
Zhu 主

Xie, Hai yan 谢海燕
XIE, YI XIAN 谢益先 (1910-　)

XIE, HAN MU 谢捍牧 (1933-　)
Xie, Niu 谢牛

Xie hang 颉颃
ZHENG, JIN XIAN 郑锦先 (1926-　)

Xie, Hao 谢浩
FU, RUI JIN 符瑞金 (1906-　)

Xie, Hong 谢宏
XIE, XUE XIU 谢学修 (1939-　)

XIE, HONG KUN 谢洪坤 (1914-　)
Xie, Jing bo 谢静波
Xie, Jun 谢俊
Xie, Tian 谢添

Xie, Hong tu 谢宏徒
XIE, LIU YI 谢六逸 (1898-1945)

XIE, HONG YUAN 解洪元 (1915-　)
Yang jiao xian sheng 羊角先生

XIE, HUA GUO 谢华国 (1882-1939)
Bao xiang 抱香
Da wu tai zhong yi shao nian 大舞台中一少年
Xie, Ying bo 谢英伯
Ying, Bo 英伯
Ying po 瑛珀
Zhi tou bao xiang ke 枝头抱香客

XIE, HUI 谢辉 (1932-　)
Ke, Tong wen 柯彤文
Xia, Su 夏苏
Xie, Ke 谢柯

XIE, HUI E 谢会娥 (1926-　)

Fang, Wen 方文

XIE, HUI HUANG 谢辉煌 (1931-)
Xie, Zhen 谢箴

XIE, HUI PING 谢惠平 (1957-)
Li ka 篱卡
Qi, Si 齐斯
Xi ni er 希尼尔

XIE, JI ZONG 谢继宗 (1940-)
Xie, Ming 谢明

Xie, Jia 谢甲
SUN, SAN TONG 孙三同 (1918-)

Xie, Jia 谢嘉
XIE, XUE GAO 谢学高 (1904-)

XIE, JIA XIAO 谢家孝 (1931-)
Hsieh, Jimmy C, H.
Shu ke 庶克

Xie, Jia yin 谢加因
XIE, JIA YIN 谢家因 (1921-)

XIE, JIA YIN 谢家因 (1921-)
Hua, Xi li 花西里
Jia 加
Jia yin 家因
Jia yin 加因
Li jing zhi 丽静之
Shi, Zhi da 史之达
Xiao jing 小静
Xie, Jia yin 谢加因

XIE, JIAN QIANG 解建强 (1959-)
Han shi 寒石
Hao, Ping 郝萍

XIE, JIAN ZHONG 谢建中 (1946-)
Yi peng 艺鹏

Xie, Jin 谢瑾
XIE, YOU SAN 谢友三 (1924-)

XIE, JIN BAO 谢进保 (1938-)
Jin bo 锦波
Li, Yun yin 李韵音

XIE, JIN QUAN 谢金泉
Hong, Liu 洪流

XIE, JIN ZHONG 谢金忠 (1968-)
Luo, La 罗拉
Yu, Zhou 郁舟

Xie, Jing bo 谢静波
XIE, HONG KUN 谢洪坤 (1914-)

Xie, Jing cheng 谢竟成
XIE, XIAN ZHI 谢咸志 (1931-)

XIE, JING TIAN 谢景田 (1943-)
Lü ye 绿叶

XIE, JIONG 谢炯 (1929-)
Jin, Zhu 金筑

XIE, JUE HONG 谢觉红
Ju, Si wei 居思危
Xia, Fei 夏飞
Xie, Bu min 谢不敏
Zhuo dao xin ren 捉刀新人

XIE, JUE ZAI 谢觉哉 (1884-1971)
Dun fu 敦夫
Fei fei 飞飞
Gu, Gong 古公
Huan nan 焕南
Jia jin 佳金
Jian xin 见心
Jue 觉
Jue zai 觉哉
Jue zhai 觉斋
Ma, Bin 马彬
Ming, Yuan 明远
Shi, Hua 石华
Wu huan 无患
Xian xian 闲闲
Xie, Wei jun 谢维鋆
Yi fu 毅夫
Zhong li 忠理

Xie, Jun 谢俊
XIE, HONG KUN 谢洪坤 (1914-)

XIE, JUN FENG 谢峻峰 (1946-)
Yi ding 一丁

XIE, JUN JIE 谢俊杰 (1942-)
Lü chuan 绿川

XIE, JUN YUAN 谢俊元 (1947-)
Jing yuan 静远

XIE, KANG 谢康 (1901-)
Yong nian 永年
Yun yan 允研

Xie, Ke 谢克
SHE, KE QUAN 佘克泉 (1931-)

Xie, Ke 谢柯
XIE, HUI 谢辉 (1932-)

XIE, KE QIANG 谢克强 (1947-)
Bai, Gu 白谷
Gang ren 冈人

Xie li 协力
WANG, SHAO FEI 王绍飞 (1929-)

Xie, Li fa 谢里法

XIE, LI FA 谢理发

XIE, LI FA 谢理发
Xie, Li fa 谢里法

XIE, LI HUI 谢立惠 **(1907-)**
Bo jian 伯坚
Liu ming 流明

XIE, LI MING 谢力鸣
Li ming 力鸣

Xie, Liang 谢良
XIE, YU FA 谢毓法 **(1915-1991)**

XIE, LIANG ZUO 谢良佐
Jia an 稼庵

Xie, Lin 谢淋
XIE, SHUI LIN 谢水霖 **(1949-)**

Xie, Lin 谢琳
LIU, JIA YU 刘佳玉 **(1916-)**

Xie, Lin 谢霖
XIE, EN PU 谢恩溥 **(1885-1969)**

Xie, Ling 谢玲
HU, DUAN HAO 胡端豪 **(1923-)**

Xie, Ling 谢菱
HU, DUAN HAO 胡端豪 **(1923-)**

XIE, LING RU 谢玲如
Zhen yi 珍怡

XIE, LIU YI 谢六逸 **(1898-1945)**
Hong tu 宏徒
Liu yi 六逸
Lu, Si 鲁思
Lu, Yi 路易
Lu, Yu 鲁遇
Lu, Yu 鲁愚
Wu tang 无堂
Xie, Hong tu 谢宏徒
Xie, Lu yi 谢麓逸
Zhong wu 中午

Xie, Lu yi 谢麓逸
XIE, LIU YI 谢六逸 **(1898-1945)**

XIE, MAN NA 谢嫚娜
Gao, Yu qing 高于晴

Xie, Meng 谢蒙
XIE, WU LIANG 谢无量 **(1884-1964)**

XIE, MIAN 谢冕 **(1932-)**
Liang, Yu feng 梁雨风
Xie, Yu liang 谢鱼梁

XIE, MIN 谢敏 **(1925-)**
Chu, Yu 初煜
Mu, Ying 穆映
Qian, Bi hou 钱毖后
Shang guan, Gui zhi 上官桂枝

Xie, Ming 谢明
XIE, RONG MING 谢蓉明 **(1928-)**

Xie, Ming 谢明
XIE, JI ZONG 谢继宗 **(1940-)**

XIE, MING 谢明 **(1951-)**
Lao ming 老明

XIE, MING DE 谢明德 **(1951-)**
A ming 阿明
Li, Yi 李懿

Xie, Ming gang 谢鸣冈
XIE, BING YING 谢冰莹 **(1906-2000)**

Xie, Ming xiao 谢明霄
XIE, XING LANG 谢星朗

XIE, MING ZHOU 谢明洲 **(1947-)**
Huang, Ming zhou 黄明洲
Jing zhou 京洲

Xie mo 蟹沫
ZENG, PU 曾朴 **(1872-1935)**

Xie, Mo qin 谢默琴
XIE, YU HENG 谢宇衡 **(1926-)**

Xie, Nan guang 谢南光
XIE, CHUN MU 谢春木 **(1902-)**

XIE, NIAN SU 谢念苏 **(1955-)**
Su, Yu 苏渝

Xie, Ning 谢凝
XIE, YONG JIU 谢永就 **(1950-)**

Xie, Niu 谢牛
XIE, HAN MU 谢捍牧 **(1933-)**

Xie, Pan 谢潘
SHANG, YUE 尚钺 **(1902-1982)**

XIE, PEI ZHEN 谢培贞 **(1921-1953)**
Bai, Ge 白鸽
Bai, Ling 白鸰
Tian zhen 天贞
Xie, Fei zhen 谢斐真
Yu, Fei 于斐

XIE, PENG XIONG 谢鹏雄 **(1933-)**
Nan, You zhou 南有洲

XIE, PIN RU 解聘如 **(1935-)**
Pin ru 聘如

XIE, PU 谢璞 **(1932-)**
Chun hui 春晖

XIE, QI GUI 谢其规 **(1933-　　)**
Ba, Shan 巴山
Bo guang 波光
Xie, Qi gui 谢棨桂
Ye jun 野军

Xie, Qi gui 谢棨桂
XIE, QI GUI 谢其规 **(1933-　　)**

Xie, Qi tai 谢启泰
ZHANG, HAN FU 章汉夫 **(1906-1972)**

Xie, Qing 谢清
XIE, GUO HUA 谢国华 **(1947-　　)**

Xie, Qing 解清
GUO, YOU YONG 郭有勇 **(1920-　　)**

Xie qing 絜青
SHU, QING CHUN 舒庆春 **(1899-1966)**

Xie, Qing quan 谢清泉
XIE, BIN HONG 谢彬洪 **(1945-　　)**

XIE, QUAN MING 谢泉铭 **(1927-　　)**
Xiao ye 晓野

Xie, Ran 谢然
TAO, FU 陶复 **(1914-1972)**

Xie, Ren 谢人
RONG, SONG 容嵩 **(1950-　　)**

Xie, Ren 解人
FAN, GUANG QI 范光启 **(1882-1914)**

Xie, Ren 解人
ZENG, ZHAN MO 曾展模 **(1901-1982)**

Xie, Ren bao 谢人堡
XIE, REN FU 谢仁甫 **(1915-　　)**

XIE, REN FU 谢仁甫 **(1915-　　)**
Xie, Ren bao 谢人堡

Xie, Ren wu 谢人吾
XIE, RONG 谢荣 **(1914-　　)**

XIE, RONG 谢荣 **(1914-　　)**
Chai, Che 柴车
Xie, Ren wu 谢人吾
Xie, Tian sun 谢天孙

XIE, RONG HUA 谢荣华
Fu, Gui 傅贵

XIE, RONG MING 谢蓉明 **(1928-　　)**
Xie, Ming 谢明

XIE, RUI HUAI 谢瑞怀
Tang yong 堂勇

XIE, RUI JIE 谢瑞阶 **(1902-　　)**
Xie, Bao shu 谢宝树

XIE, SAN ZHONG 谢三中 **(1941-　　)**
San yan zhong cun 三言中村

Xie, Sang 谢桑
QIN, HAO 秦浩 **(1908-　　)**

XIE, SHAO JI 谢绍箕 **(1934-　　)**
Yi bing 一兵

XIE, SHAO XIAN 谢绍贤 **(1960-　　)**
Rui xian 瑞贤

Xie, shen 谢沈
XIE, WU LIANG 谢无量 **(1884-1964)**

Xie, Sheng 解声
MENG, HAI SHENG 孟海生 **(1948-　　)**

XIE, SHENG PEI 谢盛培 **(1929-　　)**
Fan su 繁素
Xie, Yun 谢云

XIE, SHENG YUAN 谢声远
Xin qun 心群
Xue, Ying 薛英

XIE, SHI JIAN 谢诗坚 **(1945-　　)**
Fei yang 飞扬

Xie, Shou chang 谢寿昌
XIE, GUAN SHENG 谢冠生 **(1897-1971)**

XIE, SHU 谢树 **(1926-　　)**
Yan, Se 严瑟
Yang, Jiao 羊角

XIE, SHU DE 谢淑德 **(1952-　　)**
Si, Ren 斯人

XIE, SHU FEN 谢淑芬 **(1956-　　)**
Qiong miao 茕渺

XIE, SHU YUAN 谢叔元 **(1866-1939)**
Xie, Xi an 谢希菴

Xie, Shuang tian 谢霜天
XIE, WEN JIU 谢文玖 **(1943-　　)**

XIE, SHUI LIN 谢水霖 **(1949-　　)**
Jun man ke 军曼客
Ling hu, Cao 令狐草
Qiao, Hua lin 乔华霖
Sui shang fei 穗上飞
Xie, Bing ning 谢冰凝
Xie, Lin 谢淋
Xie, Yu jin 谢予斤

XIE, SHUI WANG 谢水旺 **(1931-　　)**
Ding, Yi 丁一
You, Shu fu 尤淑夫
You, Su fu 尤素夫

Xie, Si chun 谢思尊

KAN, JIA MING 阚家蓂

XIE, SONG MU 谢诵穆 (1911-1972)
Wei, Yuan 卫原

XIE, SU 谢甦
Xiang ai ming 香爱明
Xie, Zhuo 谢濁

Xie tang 协堂
ZHENG, XIN LING 郑心伶（1938- ）

Xie, Tao 谢陶
XIE, YU HENG 谢宇衡 (1926-)

XIE, TAO 谢韬
Xie, Yi ming 谢以明
Ye, Yi min 叶逸民
Yi min 逸民

Xie, Tian 谢添
XIE, HONG KUN 谢洪坤 (1914-)

XIE, TIAN AO 谢天璈 (1918-)
Tian, Ao 田遨

Xie tian san ren 懈天散人
TIAN, TENG JIAO 田滕蛟

Xie, Tian sun 谢大孙
XIE, RONG 谢荣 (1914-)

XIE, TING YU 谢庭玉 (1911-)
Huang, Di 黄地
Xie, Ting yu 谢挺宇

Xie, Ting yu 谢挺宇
XIE, TING YU 谢庭玉 (1911-)

Xie, Tong wen 解同文
HUANG, JI CHI 黄继持 (1938-)

XIE, WAN LU 谢万禄 (1938-)
Wan, Lu 万陆

XIE, WAN YING 谢婉莹 (1900-1999)
Bing xin 冰心
Bing xin nü shi 冰心女士
Nan shi 男士
Wan ying 婉莹
Xie, Bing xin 谢冰心

XIE, WEI GENG 谢维耕 (1950-)
Jing, Lai 景来
Wei geng 维耕

XIE, WEI JI 谢为楫 (1910-1984)
Bing ji 冰季
Xie, Bing ji 谢冰季

XIE, WEI JIN 谢唯进
Yun chang 允常

Xie, Wei jun 谢维鋆
XIE, JUE ZAI 谢觉哉 (1884-1971)

XIE, WEN BING 谢文炳
Han chuan 汗川
Wen, You 文友

XIE, WEN JIU 谢文玖 (1943-)
Xie, Shuang tian 谢霜天

XIE, WEN LI 谢文利 (1943-)
Xie, Yan 谢岩

XIE, WEN QING 谢文清 (1922-)
Han feng 寒风
Wen, Feng 温风
Xin, Qing 辛清

XIE, WEN SUN 谢文孙 (1935-)
Jiang nan shu sheng 江南书生
Xiao long 小龙

Xie weng 歇翁
HUANG, PING SUN 黄萍荪 (1902-)

XIE, WU LIANG 谢无量 (1884-1964)
Chen 忱
Chen 沉
Se an 啬庵
Xie, Chen 谢忱
Xie, Chen 谢沉
Xie, Meng 谢蒙
Xie, shen 谢沈

XIE, WU YUAN 谢午元 (1950-)
Shi, Bang 石磅

Xie, Wu zhi 谢五知
XIE, XING YAO 谢兴尧 (1906-)

Xie, Xi an 谢希菴
XIE, SHU YUAN 谢叔元 (1866-1939)

Xie xi ke 榭溪客
ZHANG, JIAN MENG 张健盟 (1933-)

XIE, XI LIN 谢锡琳 (1920-)
Xie, Xue chou 谢雪畴

Xie, Xia 谢霞
LIU, ZHI DE 刘稚德 (1912-1988)

Xie, Xian ye 谢仙野
XIE, YU HENG 谢宇衡 (1926-)

XIE, XIAN YUN 谢先云 (1943-)
Yu di 雨笛

XIE, XIAN ZHI 谢咸志 (1931-)
Xie, Jing cheng 谢竟成

XIE, XIANG TAO 谢祥涛 (1964-)
Shu zhou 书舟

XIE, XIANG ZHEN 谢相箴 **(1915-)**
Hu, Su 胡苏

XIE, XIAO QIN 谢晓勤
Xiao sheng 晓声

XIE, XIAO SI 谢孝思 **(1905-)**
Zhong, Mou 仲谋

Xie, Xie 谢榭
LIU, CAI ZHOU 刘才洲 **(1921-1970)**

Xie xie 屑屑
YE, ZONG YUAN 叶宗源 **(1887-1946)**

XIE, XIN YI 谢信一
Xia, Wei 夏威

XIE, XING 谢兴 **(1907-1975)**
Du, Shan 杜山
Gu, Kun 顾昆
He, Guang 何光
He, Guang 贺光
He, Lian 何连
Lu, Qing 陆擎
Xie, Yun xin 谢韵心
Yan, Hao 颜浩
Yan, Shen cun 颜申村
Zhang, Min 章泯

XIE, XING LANG 谢星朗
Xie, Ming xiao 谢明霄

XIE, XING LOU 谢星楼
Liu, Shang jun 柳裳君

XIE, XING YAO 谢兴尧 **(1906-)**
Kan yin 堪隐
Kan yin zhai 堪隐斋
Lao chang mao 老长毛
Rao gong 尧公
Shen, Yi 沈亦
Wu zhi 五知
Xie, Wu zhi 谢五知
Xie, Yi tang 谢揖唐
Yao, Gong 尧公
Zhi fei 知非
Zhi shi 知是

XIE, XIONG XUAN 谢雄玄 **(1935-)**
Kuang, Yi ren 邝异人
Xiao ping 啸平
Yu sen 雨森

XIE, XIU LIAN 谢秀莲 **(1948-)**
Di yi 荻宜

XIE, XIU ZONG 谢秀宗 **(1943-)**
Sha, Ling 沙灵
Xu, Si 徐思

Xie, Xue chou 谢雪畴
XIE, XI LIN 谢锡琳 **(1920-)**

XIE, XUE GAO 谢学高 **(1904-)**
Xie, Jia 谢嘉

XIE, XUE XIU 谢学修 **(1939-)**
Chen, Chuan 陈川
Chen, Nan 陈南
Chen, Sha 陈沙
Xie, Hong 谢宏

Xie xun 协埙
HUANG, SHI QUAN 黄式权 **(1853-1924)**

Xie, Yan 谢岩
XIE, WEN LI 谢文利 **(1943-)**

Xie, Yan bai 谢燕白
LIU, XIN MIN 刘新民 **(1926-)**

XIE, YAO HUI 谢耀辉 **(1919-)**
Bai, Han 白寒
Du, Ruo ying 杜若英
Gu, Deng dong 古登东
Li, Qing 李青
Li, Zi hui 李子惠
Lin, Zhi feng 林之风
Mai, Miao tian 麦苗田
Mo, Gan shan 莫干山
Tian, Jia 田家
Xie, Bai han 谢白寒

Xie, Yi 谢逸
XIE, YI HUA 谢逸华 **(1918-)**

Xie, Yi 谢毅
XING, JIE 邢洁 **(1934-)**

XIE, YI HUA 谢逸华 **(1918-)**
Xie, Yi 谢逸

Xie, Yi ming 谢以明
XIE, TAO 谢韬

Xie, Yi tang 谢揖唐
XIE, XING YAO 谢兴尧 **(1906-)**

XIE, YI XIAN 谢益先 **(1910-)**
Hai, Yan 海砚
Xie, Hai yan 谢海燕

Xie, Ying bo 谢英伯
XIE, HUA GUO 谢华国 **(1882-1939)**

XIE, YING XIN 谢颖新 **(1937-)**
Chun lei 春雷
Xiang li 湘俚

XIE, YONG CHENG 谢永成 **(1948-)**
Ai, Xian 艾弦
Sheng jie 圣洁

XIE, YONG FA 谢永发 (1938-)
Yong fa 永发

XIE, YONG JIU 谢永就 (1950-)
Qiu, Hong 秋红
Xie, Ning 谢凝

XIE, YOU RONG 谢犹荣
Fang fei 芳菲

XIE, YOU SAN 谢友三 (1924-)
Xiao, Yin 萧垠
Xie, Guang jin 谢光瑾
Xie, Jin 谢瑾

XIE, YOU SHI 谢幼石
You shi 幼石

Xie, Yu 谢羽
CAI, SHU QING 蔡叔卿 (1939-)

Xie, Yu 谢狱
XIE, FU SEN 谢复森 (1919-)

Xie, Yu 谢狱
MA, LING 马凌

Xie, Yu 谢裕
TANG, PING YU 唐平裕 (1936-)

XIE, YU 谢瑜 (1945-)
Bo yun 波云

Xie yu 絜予
SHU, QING CHUN 舒庆春 (1899-1966)

XIE, YU FA 谢毓法 (1915-1991)
Xie, Liang 谢良

XIE, YU HENG 谢宇衡 (1926-)
Chen, Ting 陈汀
Ni, Wen 倪雯
Qiao, Xin 乔辛
Wei fu 苇夫
Xie, Mo qin 谢默琴
Xie, Tao 谢陶
Xie, Xian ye 谢仙野
Xie, Zhao 谢钊
Xie, Zhuo bing 谢斲冰

Xie, Yu jin 谢予斤
XIE, SHUI LIN 谢水霖 (1949-)

XIE, YU JIU 谢玉久 (1952-)
Chu, Tian 楚天

Xie, Yu liang 谢鱼梁
XIE, MIAN 谢冕 (1932-)

Xie, Yu ning 謝雨凝
ZHOU, LUO XIA 周落霞 (1937-)

Xie, Yu tian 谢玉田
ZHU, ZONG BIN 朱宗彬 (1913-1937)

XIE, YU ZHEN 解驭珍 (1927-)
Jian, Ping 简平

XIE, YUAN DING 谢远定 (1899-1928)
Yuan, Ding 远定

Xie, Yue jiu 谢悦九
SUN, JUN ZHENG 孙钧正 (1936-)

Xie, Yun 謝云
ZHANG, DA ZONG 张大宗 (1925-)

Xie, Yun 谢云
XIE, SHENG PEI 谢盛培 (1929-)

XIE, YUN E 谢云娥 (1938-)
Guo, Xin yun 郭心云

Xie, Yun xin 谢韵心
XIE, XING 谢兴 (1907-1975)

XIE, ZENG TAI 谢增泰 (1920-1986)
Zhang, Ming 张明
Zhang, Ying 张英
Zeng, Tai lang 曾太郎

Xie, Zhao 谢钊
XIE, YU HENG 谢宇衡 (1926-)

XIE, ZHAO LIN 谢肇麟 (1928-)
Xie, Fang 谢芳

XIE, ZHAO MEI 谢昭梅 (1943-)
Xia, Mei 夏眉

Xie, Zhen 谢甄
XIE, ZHEN ZHEN 谢振甄 (1945-)

Xie, Zhen 谢箴
XIE, HUI HUANG 谢辉煌 (1931-)

XIE, ZHEN 谢震 (1867-1923)
Xia fo 侠佛

XIE, ZHEN DONG 谢振东 (1930-)
Bai, Zhou han 白昼寒
Dong fang 东方
Dong feng 东风
Gu wu 孤骛
Jin, Ling 金陵
Kua fu 胯夫
Xiao, Di 萧荻
Xin chao 新潮
Zhou, Qin 周秦
Zhu zhao 烛照

Xie, Zhen peng 谢珍朋
CHEN, WEN WEI 陈文威 (1948-)

XIE, ZHEN QIANG 谢振强 (1954-)
A qiang 阿强

XIE, ZHEN ZHEN 谢振甄 **(1945-)**
Xie, Zhen 谢甄

XIE, ZHI CHENG 谢志诚 **(1931-)**
Shan he 山河

XIE, ZHI GUANG 谢之光 **(1900-1976)**
Xu xu zhai zhu 栩栩斋主

XIE, ZHI JUN 谢直君
Tian wo sheng 天卧生

XIE, ZHI YUN 谢直云 **(1948-)**
Chi yun 赤云
Zhi yun 植云

XIE, ZHONG YI 谢众益 **(1963-)**
Si, Sheng tang 斯盛堂
Xie, Fan 谢繁

Xie zhuang 燮莊
SHI, ZE ZHI 史泽之 **(1908-)**

Xie, Zhuo 谢濁
XIE, SU 谢甦

Xie, Zhuo bing 谢斲冰
XIE, YU HENG 谢宇衡 **(1926-)**

XIE, ZHUO RONG 谢倬荣 **(1905-1964)**
Jin, Shi sheng 金石声

XIE, ZI WEN 谢梓文 **(1916-)**
Zhi wen 之文
Zi 孜

Xie, Zi xun 谢子迅
ZHAO, ZI XUN 赵子逊 **(1933-)**

XIE, ZONG YI 谢宗伊 **(1931-)**
Xie, Cheng gong 谢成功
Zheng, Wei qun 郑为群

Xin 心
YAN, YU FANG 颜毓芳 **(1912-)**

Xin 心
YU, YI YUN 俞翼云

Xin 辛
ZHOU, SHU KUI 周树奎 **(1873-1936)**

Xin 辛
QIAN, XIN 钱辛 **(1879-1944)**

Xin 辛
ZHANG, WEI 张威 **(1910-)**

Xin 辛
JIANG, XI JIN 蒋锡金 **(1915-)**

Xin 辛
HE, XIN 何欣 **(1922-)**

Xin 新
ZHOU, SHU KUI 周树奎 **(1873-1936)**

Xin 新
ZHENG, ZHEN DUO 郑振铎 **(1898-1958)**

Xin 新
YAN, YU FANG 颜毓芳 **(1912-)**

Xin a lan ruo zhu chi 心阿兰若住持
PAN, TIAN SHOU 潘天寿 **(1897-1971)**

Xin, Ai 辛艾
MIN, TIE SHAN 闵铁山 **(1918-)**

Xin ai 信爱
SHEN, ZHONG JIU 沈仲九 **(1887-1968)**

Xin, An 辛庵
ZHOU, SHU KUI 周树奎 **(1873-1936)**

Xin an 新庵
ZHOU, SHU KUI 周树奎 **(1873-1936)**

Xin, Bai 辛白
YU, GUANG SHENG 余光生 **(1906-1978)**

Xin, Bai 辛白
MIAO, LI TIAN 苗力田 **(1917-)**

Xin, Bai 辛白
XU, HUAN RU 徐焕如 **(1923-)**

Xin, Bai 辛白
JIANG, YU TING 蒋玉亭 **(1932-)**

Xin, Bai 辛白
HUANG, XING ZHONG 黄兴中 **(1950-)**

Xin, Bai 辛白
SONG, YI HONG 宋一鸿

Xin, Bai 辛白
LI, XIN BAI 李辛白

Xin bai 心白
SONG, YI HONG 宋一鸿

Xin, Bai yu 辛白宇
CAO, XIN ZHI 曹辛之 **(1917-1995)**

Xin biao 心表
CHEN, WEN HUAI 陈文怀 **(1934-)**

Xin bing 新兵
WU, WEN YUAN 吴文元 **(1943-)**

Xin, Bing mao 辛冰茅
ZHENG, SHI BIN 郑士彬 **(1939-)**

Xin bo 心波
FENG, XIAN ZHANG 冯宪章 **(1908-1931)**

Xin bo 欣伯
SHAO, RONG FEN 邵荣芬 **(1922-)**

Xin bo 信伯
LI, XING BAI 李行百 **(1926-)**

Xin bo 新波
HUANG, YU XIANG 黄裕祥 **(1915-1980)**

Xin, Bu gan 辛不甘
WANG, GUI 王贵 **(1950-)**

Xin chang 欣长
SHEN, XIAO HUI 沈孝辉 **(1944-)**

Xin chang 新昌
ZHU, HUA YU 朱化雨

Xin chao 新潮
XIE, ZHEN DONG 谢振东 **(1930-)**

Xin, Chen 辛臣
CHEN, ZHEN GUO 陈振国 **(1940-)**

Xin cheng 新城
SHU, WEI ZHOU 舒维周 **(1893-1960)**

Xin chuan 信川
HUANG, KAN 黄侃 **(1886-1935)**

Xin, Chun 辛纯
LIN, A MIAN 林阿绵 **(1937-)**

XIN, DA MING 辛大明 **(1921-)**
Luo xin 洛辛

XIN, DA MO 辛达谟
Xin, Wei ya 辛维雅

Xin, Dai 辛代
FANG, LING GUI 方龄贵 **(1918-)**

Xin dai 心岱
LI, BI HUI 李碧慧 **(1949-)**

Xin de 新德
LIU, SI QI 刘思奇 **(1935-)**

Xin, Di 辛笛
WANG, XIN DI 王馨迪 **(1912-)**

Xin, Di 辛笛
LU, RU YIN 卢汝吟 **(1918-)**

Xin, Di 辛地
WANG, XIN DI 王新弟 **(1950-)**

Xin, Di 辛迪
WANG, XIN DI 王馨迪 **(1912-)**

Xin di 心笛
WANG, XIN DI 王馨迪 **(1912-)**

Xin di 心笛
PU, LI LIN 浦丽琳

Xin di 新地
SONG, YUAN MO 宋元模 **(1911-)**

Xin di 新笛
ZENG, TIAN 曾天 **(1930-)**

XIN, DING LI 忻鼎立 **(1927-)**
Xiao yu 小渔
Xin, Ke quan 忻可权

Xin dong 心冬
ZHANG, XIAO DONG 张晓东 **(1934-)**

Xin, Er 辛尔
LI, CONG XIN 李从心 **(1912-)**

XIN, FA JUN 信法钧 **(1920-1990)**
Bai, Chun 白纯
Bai, Cun 白村
Chu, Bai chun 楚白纯

Xin, Fan 辛梵
YANG, YAN QI 杨彦岐 **(1920-1978)**

Xin fang 信芳
LÜ, BI CHENG 吕碧城 **(1883-1943)**

Xin fang 信芳
DAI, MENG OU 戴梦鸥 **(1905-1950)**

Xin fang 新方
TANG, DUAN YI 唐端毅 **(1913-1992)**

Xin fang 馨芳
ZENG, YOU ZHU 曾幼珠

Xin fang ci lü 信芳词侣
LÜ, BI CHENG 吕碧城 **(1883-1943)**

Xin, Feng 辛枫
ZHANG, BAO MING 张宝明 **(1930-)**

Xin feng 心风
BAI, ZI PIAO 白恣票 **(1945-)**

Xin feng 心枫
WANG, RUI QIONG 王瑞琼

Xin feng 信风
ZHANG, BO YAN 张伯彦 **(1917-1944)**

Xin, Feng xia 新风霞
YANG, SHU MIN 杨淑敏 **(1927-)**

Xin, Fu 辛夫
MAO, RUI LIN 毛瑞林 **(1960-)**

Xin, Fu 辛夫
PENG, XI CAI 彭喜才 **(1961-)**

Xin, Fu 辛甫
TIAN, ZONG REN 田宗仁 **(1911-)**

Xin fu 心斧
LIN, TANG 林镗

Xin gan 心感
LIN, HE QING 林和清 **(-1943)**

Xin, Ge 辛戈
DONG, LIN ZHONG 董林忠 **(1942?-)**

Xin ge 心戈
CHEN, ZHI BIN 陈志斌 **(1952-)**

Xin ge 莘歌
LÜ, JIAN XING 吕健兴 **(1949-)**

Xin ge 新戈
CAO, DA JIN 曹达金 **(1932-)**

Xin, Geng 辛耕
ZHU, PEI JUN 朱培钧 **(1916-)**

Xin gong 心工
SHEN, QING HONG 沈庆鸿 **(1870-1947)**

Xin gong 信公
LU, XIN 卢信 **(1885-1933)**

Xin, Gu mu 辛古木
ZHANG, KE BIAO 章克标 **(1900-)**

Xin guan 心观
HAN, XIN GUAN 韩心观

Xin guang 新光
CHANG, YAN SHENG 常燕生 **(1898-1947)**

Xin, Guo 辛果
ZHANG, XIN GUO 张新果 **(1952-)**

Xin guo 心果
HUANG, LIAN ZHONG 黄莲中 **(1936-)**

XIN, GUO XUN 辛国勋 **(1933-)**
Yun, Shi 云石

Xin, Hai 辛亥
LI, DA ZHAO 李大钊 **(1889-1927)**

Xin hai 心海
LIANG, DING FEN 梁鼎棻 **(1859-1920)**

Xin hai 心海
YUAN, XIN HAI 袁心海 **(1960-)**

Xin hai 心海
QIU, XIN HAI 邱心海

Xin hai 心海
SHEN, ZHAO HAN 沈兆涵

Xin hai tong zhi hou si zhe 辛亥同志後死者
ZHOU, PEI YI 周培艺 **(-1958)**

Xin, Han 辛寒
LIU, ZI XI 刘自喜 **(1933-)**

Xin han ge 心汉阁
ZHAO, SHAO CHANG 赵绍昌 **(1902-1948)**

Xin han ge zhu 心汉阁主
ZHAO, SHAO CHANG 赵绍昌 **(1902-1948)**

Xin, Hao 辛浩
GU, ZHI WEI 顾知微 **(1918-)**

Xin, He 辛壑
JIANG, XI JIN 蒋锡金 **(1915-)**

Xin he 欣荷
LI, WEN HENG 李文蘅 **(1950-)**

Xin heng shi 莘衡室
ZHANG, MU ZHI 张牧支 **(1905-)**

Xin, Hong 辛鸿
HONG, GAO MING 洪高明 **(1917-1973)**

XIN, HUA 辛华 **(1949-)**
Shi, Yi ge 石亦歌
Xia, Hui 夏晖
Yang, Ping 扬平

Xin, Hua 辛华
TIAN, XIN HUA 田新华 **(1956-)**

Xin, Hua 辛桦
CHEN, SHAO WEI 陈绍伟 **(1941-)**

Xin hua 欣桦
RAO, XING HUA 饶兴华 **(1939-)**

Xin hua 新华
YAO, GENG KUI 姚庚夔 **(1905-)**

Xin hua 新花
WANG, XING HUA 王兴华 **(1927-)**

Xin hui 新会
LIANG, QI CHAO 梁启超 **(1873-1929)**

XIN, HUI WU 辛惠伍 **(1915-)**
Yu lan 毓兰

Xin, Ji 辛吉
YANG, DA XIN 杨大辛

Xin, Ji zi 辛季子
WANG, LIN DU 王林渡 **(1908-1980)**

Xin, Jia 辛佳
ZHU, YA FU 朱亚夫 **(1943-)**

Xin, Jia 辛嘉
CHEN, SONG LING 陈松龄

Xin, Jian 辛见
LI, JIN ZAI 李今再 **(1929-)**

Xin, Jian 辛剪
CHEN, JING 陈竟 **(1940-)**

Xin jian 心简
LIU, JIA LIN 柳佳林

XIN, JIE 辛洁 **(1974-)**

Lu, Cao 路草

Xin jie 新杰
XU, XIN JIE 徐新杰 **(1933-)**

Xin jing 心井
ZHANG, XIU YA 张秀亚 **(1919-)**

Xin jiu fei wu 新旧废物
WANG, WEN RU 王文濡

Xin jun 昕君
YU, XIN JUN 俞新军 **(1971-)**

Xin kai 新凯
XU, XIN KAI 许新凯

Xin, Ke 辛可
LU, RU YIN 卢汝吟 **(1918-)**

Xin, Ke 辛可
XUE, ZHOU QI 薛周琦 **(1936-)**

Xin, Ke 辛克
CHEN, HE 陈鹤 **(1912-1984)**

Xin, Ke 辛珂
LU, RU YIN 卢汝吟 **(1918-)**

Xin ke 馨柯
YANG, TANG JIE 杨唐杰 **(1934-)**

Xin, Ke quan 忻可权
XIN, DING LI 忻鼎立 **(1927-)**

Xin, Ken 辛恳
TONG, CHANG MING 佟常明 **(1927-1990)**

Xin, Ku 辛苦
JIANG, XI JIN 蒋锡金 **(1915-)**

Xin lai 新来
BAO, GUO ZHONG 鲍国忠 **(1947-)**

Xin lan 心兰
PAN, FEI SHENG 潘飞声 **(1857-1934)**

Xin lang 新浪
HUANG, YU CHEN 黄玉琛 **(1929-1985)**

Xin, Lao 辛劳
CHEN, XIN LAO 陈辛劳 **(1911-1945)**

Xin, Lei 辛雷
XU, XIN LEI 徐辛雷 **(1915-1987)**

Xin, Lei 辛磊
DENG, JUN YAO 邓君耀 **(1952-)**

Xin lei 莘磊
KUANG, JIAN PING 邝剑平 **(1915-)**

Xin lei 新蕾
CHEN, TIAN JUN 陈恬君 **(1940-)**

Xin, leng 心冷
HE, XIN LENG 何心冷 **(-1933)**

Xin, Li 辛立
YANG, QUE SU 杨却俗 **(1910-)**

Xin, Li 辛黎
WANG, CI QUAN 王慈全 **(1917-1992)**

Xin li 信力
LI, WEN TAO 李文涛 **(1880-1942)**

Xin li 新立
YANG, QUE SU 杨却俗 **(1910-)**

XIN, LI LIANG 忻礼良 **(1913-)**
Li liang 礼良

Xin liang 莘良
ZHANG, REN XIAN 张仁仙 **(1916-)**

Xin lin 新林
ZHENG, XI LIN 郑锡麟 **(1914-)**

Xin, Ling 辛苓
YU, ZHONG RUI 郁钟瑞 **(1917-)**

Xin ling 欣灵
LI, JIN HONG 李锦洪 **(1954-)**

Xin, Lu 辛路
DING, LIU QIANG 丁留强 **(1964-)**

Xin, Lu 辛庐
TIAN, XING KUI 田兴奎

Xin, Lü 辛旅
HE, ZHONG XIN 何钟鑫 **(1924-)**

Xin luo shan guan 新罗山館
QIAN, JUN TAO 钱君匋 **(1906-)**

Xin mang 新莽
SU, ZU DE 苏祖德

Xin mao 新茅
LU, MAO JU 卢懋居 **(1902-1941)**

Xin mei 心美
DENG, ZHONG XIA 邓中夏 **(1894-1933)**

Xin, Mi 辛麋
JIANG, WEN ZHONG 江文忠 **(1922-1986)**

Xin, Min 辛民
ZHOU, ZUO REN 周作人 **(1885-1967)**

Xin, Min 辛民
ZHANG, XIN MIN 张新民 **(1952-)**

Xin, Min 辛民
WANG, XIN KEN 王辛恳

Xin min 昕旻
GUO, XIN MIN 郭新民 **(1957-)**

Xin min cong bao ji zhe 新民从报记者
L,IANG, QI CHAO 梁启超 **(1873-1929)**

Xin min cong bao she she yuan 新民从报社社员
LIANG, QI CHAO 梁启超 **(1873-1929)**

Xin min zi 新民子
LIANG, QI CHAO 梁启超 **(1873-1929)**

Xin, Ming 辛明
XU, JI SHAN 许集善

Xin ming 信明
ZHOU, ZUO REN 周作人 **(1885-1967)**

Xin ming zi 心明子
LI, SHI HONG 李世弘 **(1943-)**

Xin, Mo 辛墨
JIANG, WEN BIN 蒋文彬 **(1936-)**

Xin, Mo 辛默
ZHOU, ZHI GAO 周志高 **(1945-)**

Xin, Mo fu 辛漠夫
ZHOU, ZHENG BAO 周政保 **(1948-)**

Xin, Mu 辛木
WEN, YU SHU 温玉书 **(1911-)**

Xin, Mu 辛牧
YANG, ZHI ZHONG 杨志中 **(1943-)**

Xin, Na 辛纳
LIN, RI YANG 林日扬 **(1951-)**

Xin, Na ma 辛纳玛
HUANG, WEN XIANG 黄文湘 **(1925-)**

Xin niao 鑫鸟
JIN, XING YAO 金性尧 **(1916-)**

Xin nong 心侬
GU, FENG TIAN 谷凤田

Xin nong 莘农
CHEN, QI XIU 陈启修 **(1886-1960)**

Xin nong 莘农
YAO, XIN NONG 姚莘农 **(1905-1991)**

Xin nong 新农
HUANG, LI YE 黄立业 **(1930-)**

Xin pu 心譜
YANG, PU 杨莆 **(1931-)**

XIN, PU TIAN 辛朴田 **(1902-1928)**
Chi sheng 赤生
Tian, He 田河

Xin, Qi 辛奇
PENG, XIN QI 彭新琪 **(1929-)**

Xin, Qi 辛琦
LU, RU YIN 卢汝吟 **(1918-)**

Xin qi 欣奇
XU, DAO QI 许道琦 **(1914-)**

Xin qi 新奇
PENG, XIN QI 彭新琪 **(1929-)**

Xin, Qi ji 辛弃疾
CHEN, HE 陈鹤 **(1912-1984)**

Xin, Qi shi 辛其氏
JIAN, MU XIAN 简慕娴 **(1950-)**

Xin qian 新钱
YE, YOU QUAN 叶幼泉 **(1909?-)**

XIN, QIN 辛勤 **(1939-)**
Liang nu 良驽
Mu lan 木兰

Xin, Qing 辛清
ZHU, SHENG 朱声 **(1919-1966)**

Xin, Qing 辛清
XIE, WEN QING 谢文清 **(1922-)**

Xin qing 信卿
SHEN, EN FU 沈恩孚 **(1864-1944)**

Xin qiu 欣秋
QU, DA WEN 曲大文 **(1928-)**

Xin quan 心泉
CHEN, HUO QUAN 陈火泉 **(1908-)**

Xin quan 心泉
HUANG, SHENG QUAN 黄升泉 **(1919-)**

Xin quan 心泉
CHEN, XIN QIAN 陈新乾

Xin, Qun 辛群
TONG, CHANG MING 佟常明 **(1927-1990)**

Xin qun 心群
XIE, SHENG YUAN 谢声远

Xin ran 欣然
WANG, ZHI AN 王治安 **(1936-)**

Xin ran 欣然
ZHANG, SHI WEI 张士伟 **(1939-)**

Xin ran 欣然
PAN, SHU GUANG 潘树广 **(1940-)**

Xin ran 欣然
XIAO, QIAN YONG 萧前勇 **(1942-)**

Xin ran 欣然
ZHENG, YI MIN 郑一民 **(1946-)**

Xin ran 欣然
CUI, YU ZHUO 崔玉琢 **(1948-)**

Xin ran 欣然
LIU, XIN 刘昕 **(1951-)**

Xin ran zhai 欣然斋
LI, YA NONG 李亚农 **(1906-1962)**

Xin, Ren 辛人
CAO, JING PING 曹京平 **(1912-)**

Xin, Ren 辛人
CHEN, XIN REN 陈辛仁 **(1915-)**

Xin, Ren 辛人
REN, ZHE WEI 任哲维 **(1918-)**

Xin, Ren 辛仁
ZHANG, WEN GUANG 张文光 **(1913-)**

Xin, Ren 辛任
ZHANG, WEI 张威 **(1910-)**

Xin ren 莘人
ZHUANG, ZHAO SHUN 莊昭顺 **(1924-)**

Xin, Ren da 辛任达
CHEN, ZHI LIANG 陈志良 **(1945-)**

Xin, Rou 辛柔
MA, ZHEN 马振 **(1921-)**

Xin, Ru 辛如
FENG, ZENG RONG 冯增荣 **(1925-)**

Xin, Ru 辛茹
BAO, CHONG ZHANG 包崇章 **(1917-)**

Xin, Ru 辛茹
RAO, BAI HUA 饶柏华 **(1938-)**

Xin ru 心如
CHEN, ZHE 陈喆 **(1938-)**

Xin ru 心茹
YANG, FENG MEI 杨凤梅 **(1960-)**

Xin rui 心蕊
LI, E 李萼 **(1922-)**

Xin rui 欣蕊
LIU, PEI FANG 刘培芳 **(1948-)**

Xin, Ruo 辛若
JIANG, XI JIN 蒋锡金 **(1915-)**

Xin, Shan fu 辛善夫
LI, SHUO CHENG 李硕诚 **(1922-)**

Xin, Shang ren 辛尚仁
LIN, ZHEN QUAN 林振权

Xin, Sheng 辛生
ZHANG, HAI WEI 张海威 **(1927?-)**

Xin sheng 新生
BI, YUN CHENG 毕云程 **(1891-1971)**

Xin sheng 新生
WANG, XING SEN 王兴森 **(1943-)**

Xin sheng shi 新生室
LIU, QIAN 刘谦 **(1883-1959)**

Xin, Shi 辛实
ZHANG, YING HUA 张英华 **(1917-1984)**

Xin shi 心史
MENG, SEN 孟森 **(1868-1938)**

Xin shi 新实
ZHANG, YING HUA 张英华 **(1917-1984)**

Xin shi min 新市民
XIAO, JUN 萧军 **(1907-1988)**

Xin shi shi 新史氏
LIANG, QI CHAO 梁启超 **(1873-1929)**

Xin shi shi 新史氏
HUANG, PENG 黄鹏 **(1908-1982)**

Xin shou 心手
XU, ZHI MO 徐志摩 **(1896-1931)**

Xin shu 心曙
LIN, XIN SHU 林心曙

Xin shui 心水
ZOU, EN RUN 邹恩润 **(1895-1944)**

Xin shui 心水
HUANG, YU YE 黄玉液 **(1944-)**

Xin, Su 辛肃
CHEN, XIAO MEI 陈晓梅 **(1924-)**

Xin tai ping shi 心太平室
ZHANG, YI LIN 张一麐 **(1867-1943)**

Xin tai ping shi zhu ren 心太平室主人
ZHANG, YI LIN 张一麐 **(1867-1943)**

Xin tian 心田
OU YANG, JIE 欧阳杰 **(1926-)**

Xin tian 心恬
LUO, CHANG PEI 罗常培 **(1899-1958)**

Xin tian 莘田
LUO, CHANG PEI 罗常培 **(1899-1958)**

Xin tian weng 信天翁
PAN, ZHEN HUA 潘振华 **(1856-1921)**

Xin tian weng 馨天翁
YI, JIANG HONG 乙江红 **(1956-)**

Xin tian you 信天游
BI, KAI WEN 毕开文 **(1931-)**

Xin tu 新土

LI, WEI 李伟 (1946-)

Xin, Wei ai 辛未艾
BAO, WEN DI 包文第 (1920-)

Xin, Wei ai 辛未艾
SHEN, ZU AN 沈祖安 (1930-)

Xin, Wei an 辛未安
WU, CHENG HUI 吴承惠 (1926-)

Xin, Wei bai 辛未白
ZHANG, CHUN QIAO 张春桥 (1917-)

Xin, Wei wen 辛未文
CHEN, QIU FANG 陈秋舫 (1926-)

Xin, Wei ya 辛维雅
XIN, DA MO 辛达谟

Xin, Wen 辛文
CHEN, YAO TING 陈耀庭 (1933-1984)

Xin, Wen 辛闻
YANG, SHI GUANG 杨世光 (1940-)

Xin wen 心文
WANG, HUI MIN 王慧敏 (1923-)

Xin wen 新闻
XUE, WEN 薛雯 (1955-)

Xin, Wen ji 辛文纪
YANG, BEN QUAN 杨本泉 (1923-)

Xin, Wen zhi 辛文芷
LUO, CHENG XUN 罗承勋 (1921-)

Xin wo 新我
ZHU, ZHEN FANG 朱振方 (1916-)

Xin, Wu 辛午
LIU, TAI LONG 刘泰隆 (1927-)

Xin wu 心吾
ZHENG, WEN SEN 郑文森 (1915-1983)

Xin wu 心吾
HU, KUN ZHONG 胡坤仲 (1948-)

Xin wu 心悟
FANG, BIN 方斌 (1946-)

Xin wu 新吾
WANG, REN SHU 王任叔 (1901-1972)

Xin wu 新吾
LI, SHI CHUAN 李世传 (1919-)

Xin, Xi 辛西
WANG, YAN FEI 王燕飞 (1921-)

Xin, Xi zhao 辛夕照
DING, JING TANG 丁景唐 (1920-)

Xin xia 心侠
FENG, PING 冯平

Xin, Xian 辛咸
RAO, XIN XIAN 饶鑫贤 (1923-)

Xin, Xiang 辛香
GUO, JIN SHUAN 郭进栓 (1958-)

Xin xiang 心祥
GAO, SONG 高松 (1913-)

Xin xiang shi zhu 心香室主
FU, BAO QING 傅抱青 (1910-)

Xin, Xin 辛心
LIU, XIN MIN 刘新民 (1926-)

Xin, Xin 辛新
ZHOU, SHU KUI 周树奎 (1873-1936)

Xin xin 心心
YU, YI YUN 俞翼云

Xin xin 忻欣
LI, ZHI HUA 李之华 (1916-)

Xin xin 芯心
ZHENG, BING ZHONG 郑炳中 (1922-)

Xin xin 芯心
DING, CHEN 丁琛 (1923-)

Xin xin 欣欣
SU, ZAI DUN 苏在敦 (1932-)

Xin xin 莘莘
HONG, LIAN SHUN 洪连顺 (1948-)

Xin xin 新新
GU, RUN 谷闰 (1959-)

Xin xin dao ren 欣欣道人
LI, WEN TAO 李文涛 (1880-1942)

Xin xin zi 新新子
ZHOU, SHU KUI 周树奎 (1873-1936)

Xin xiu 心秀
CHEN, RONG DE 陈荣德

Xin, Xu 忻绪
ZHANG, QI FAN 张启范 (1936-)

Xin, Xu 辛旭
CHEN, AN KANG 陈安康 (1931-)

Xin, Xue bu 欣学步
SHI, FA LIANG 石发亮

Xin ya 新亚
HUANG, XIN YA 黄新亚

Xin, Yan 辛岩
XIE, FU SEN 谢复森 (1919-)

Xin, Yan 辛岩

REN, BI YI 任必义 (1955-)

Xin yan 心言
DING, BAO LAN 丁宝兰 (1917-1988)

Xin yan 心言
LIU, BEN XUE 刘本学 (1937-)

Xin yan 心炎
HU, YU ZHI 胡愈之 (1896-1986)

Xin yan 心砚
GUO, SHU YUN 郭淑云 (1953-)

Xin yan 新焰
CAO, QING 曹清 (1918-1960)

Xin, Yang 辛扬
LIU, SHENG ZHI 刘生智 (1919-)

Xin, Ye 辛冶
MAI, ZHAO XIN 麦兆莘 (1932-)

Xin, Ye 辛野
LI, ZHENG ZHONG 李正中 (1921-)

Xin, Ye 辛野
WU, WEN CHAO 吴文超 (1924-)

Xin ye 莘野
ZHANG, WEI 张威 (1910-)

Xin ye 新野
ZHOU, DA LU 周大鹿 (1922-)

Xin ye 心叶
YE, RUO XUN 叶若迅

Xin, Yi 辛夷
YANG, PI HENG 杨丕衡 (1922-)

Xin, Yi 辛夷
WANG, JIAN HUI 王坚辉 (1933-)

Xin, Yi 辛夷
ZHOU, GUO CAN 周国粲 (1934-)

Xin, Yi 辛夷
ZHANG, XI HOU 张锡厚 (1937-)

Xin, Yi 辛沂
SU, ZI LONG 苏子龙 (1941-)

Xin, Yi 辛悒
AN, SHI SEN 安世森 (1933-)

Xin yi 心一
YANG, BI 杨必 (1922-1968)

Xin yi 心一
CHENG, FU CHUN 程扶錞 (1928-)

Xin yi 心怡
LIN, TING TING 林婷婷

Xin yi 欣怡
WU, JIN YUAN 吴锦苑

Xin yi 忻易
LI, MAO SHENG 李茂盛 (1941-)

Xin yi 馨忆
MA, FANG YI 马芳仪 (1963-)

XIN, YI FU 辛一夫 (1929-)
Ke cheng 克成
Lao xin 老辛
Xiao yu 笑雨
Xiao yu 笑宇
Yin zi 檃子

Xin, Yi hua 辛荑花
LIN, RI YANG 林日扬 (1951-)

Xin, Yi zhi 辛易之
GUO, MO RUO 郭沫若 (1892-1978)

Xin yin 心印
SU, XUAN YING 苏玄瑛 (1884-1918)

Xin yin 心因
YANG, DE EN 杨德恩 (1908-)

Xin yin 心因
XIA, YI PING 夏一平 (1925-)

Xin ying 心影
ZHOU, SHI CHAO 周世超 (-1939)

Xin ying 心影
HONG, ZHI HUI 洪智惠 (1939-)

Xin ying 心影
WANG, SHANG QIN 王尚勤 (1940-)

Xin ying 欣影
ZHU, XUN LING 朱迅翎 (1946-)

Xin ying 新莺
KUANG, ZHOU YI 况周颐 (1859-1926)

Xin ying 新婴
HAN, ZHONG 韩重 (1870-1912)

Xin you 新猷
ZHAO, WEI WEN 赵蔚文 (1928-)

Xin, Yu 辛予
PAN, DI 潘涤 (1909-)

Xin, Yu 辛予
SHEN, CHENG LI 沈承立 (1913-)

Xin, Yu 辛羽
DONG, FU WEN 董辅文 (1938-)

Xin, Yu 辛郁
FU, SHI SEN 宓世森 (1933-)

Xin, Yu 辛雨

QIAN, BO CHENG 钱伯城（1922- ）

Xin, Yu 辛雨
ZHENG, XIONG 郑雄 (1930-)

Xin, Yu 辛鬱
FU, SHI SEN 宓世森 (1933-)

Xin yu 心宇
HONG, RONG ZHEN 洪荣真

Xin yu 心俞
YU, YU 余愉 (1896-1985)

Xin yu 心餘
MIAO, TIAN HUA 缪天华 (1914-)

Xin yu 忻愉
LI, MAO SHENG 李茂盛 (1941-)

Xin yu 忻愈
LI, MAO SHENG 李茂盛 (1941-)

Xin yu 新玉
ZHONG, SHU YUN 钟淑芸 (1944-)

Xin yu 新宇
LI, XING YU 李兴玉 (1932-)

Xin yu 新宇
GENG, XING YU 耿兴余 (1941-)

Xin yu 新羽
CHEN, XIN CHUAN 陈新川 (1952-)

Xin yu 新雨
ZHANG, ZHI ZHANG 张至璋 (1940-)

Xin, Yuan 辛苑
ZANG, XIN YUAN 臧馨远 (1913-1991)

Xin yuan 欣原
XUE, XIN YUAN 薛欣原 (1934-)

Xin yuan 欣原
HUANG, YU WEN 黄郁文

Xin yuan 新原
SHA, XIAO HONG 沙晓红 (1959-)

Xin yuan 馨园
WANG, JI YOU 王季友 (1910-1979)

Xin, Yuan cha 辛远茶
LI, SI QIANG 黎思强 (1923-)

Xin, Zai 辛哉
LI, JUN YU 李钧棫 (1929-)

Xin, Zhai 辛斋
HANG, SHEN XIU 杭慎修 (1869-1924)

Xin zhai 心斋
XU, ZHAN YUAN 徐湛源 (1879-1943)

Xin zhai 信斋
ZHAO, CHENG 赵诚 (1933-)

Xin zhao 心照
ZENG, CAI 曾采 (1924-)

Xin, Zhe 辛哲
XIE, EN ZE 解恩泽 (1936-)

Xin zhe jiang xiao gong 新浙江嘐公
SHEN, LI 沈砺 (1879-1946)

Xin, Zhi 辛之
CAO, XIN ZHI 曹辛之 (1917-1995)

Xin, Zhi 辛之
MA, GUANG HUANG 马光煌 (1921-)

Xin, Zhi 辛芷
LU, RU YIN 卢汝吟 (1918-)

Xin zhi 心稚
SUN, ZHI 孙治 (1950-)

Xin zhi 忻之
WANG, XIAN ZHI 王先智 (1923-)

Xin zhi 新知
LÜ, TONG LIU 吕同六 (1938-)

Xin zhi fan 心之帆
SUN, XI RU 孙希如 (1931-)

Xin zhong guo zhi fei wu 新中国之废物
CHEN, LENG 陈冷 (1878-1965)

Xin zhou 新洲
TAO, XIN ZHOU 陶鑫洲 (1949-)

Xin, Zhu 辛竹
JIN, KE MU 金克木 (1912-)

Xin zhu 心珠
SHI, RU BI 石汝璧 (1902-1928)

Xin, Zhuo jia 辛卓佳
YU, HE LIN 余鹤林 (1910-1939)

Xin, Zi 辛自
WANG, YANG 王扬 (1917-1986)

Xin, Zi 辛梓
WANG, YU XI 王玉玺 (1936-)

Xin zi 心梓
ZHENG, FANG 郑放 (1920-)

Xin zi 信子
YU, ZONG XIN 于宗信 (1945-)

Xing 星
HU, SHAN YUAN 胡山源 (1897-1988)

Xing 星
LI, WEN GUANG 李文光

Xing 星
MA, XING CHI 马星驰

Xing 騂
HU, SHI 胡适 **(1891-1962)**

Xing an 惺安
DING, HUI KANG 丁惠康 **(1870-1909)**

Xing an 惺庵
DING, HUI KANG 丁惠康 **(1870-1909)**

Xing an 惺庵
ZHOU, SHU KUI 周树奎 **(1873-1936)**

Xing an 惺庵
ZHOU, ZHONG YUE 周钟岳 **(1876-1955)**

Xing, Ben si 邢贲思
XING, CHENG YONG 邢承墉 **(1929-)**

XING, BING SHUN 邢秉顺 **(1933-)**
Xing, Kai 邢凯

Xing, Bo 邢波
XING, ZHONG CHENG 邢忠诚 **(1932-)**

Xing can 星灿
LIU, XING CAN 刘星灿 **(1937-)**

Xing chen 星辰
ZHONG, BAI YU 钟柏榆

Xing cheng 星城
ZHANG, ZHONG FU 张忠富 **(1945-)**

Xing cheng 醒澄
YE, SHAO JUN 叶绍钧 **(1894-1988)**

XING, CHENG YONG 邢承墉 **(1929-)**
Meng hua 梦华
Xing, Ben si 邢贲思
Yu, Si 余思

Xing chi 杏痴
JIANG, LUN 姜崙

Xing chi 星驰
MA, XING CHI 马星驰

Xing chi sheng 醒迟生
MA, XING CHI 马星驰

Xing chu 性初
WANG, BEN CHENG 王本诚 **(1936-)**

Xing chun 性纯
WANG, REN SHU 王任叔 **(1901-1972)**

XING, DAN 邢丹 **(1951-)**
Chu, Ming 初鸣

XING, DE CHANG 邢德昶 **(1939-)**
Wen, Chang 文畅

Xing dian 刑颠
ZHOU, ZUO REN 周作人 **(1885-1967)**

Xing ding 性定
XU, XING DING 许性定

Xing er 星儿
TANG, XI 唐希 **(1947-)**

Xing fan 星藩
CHEN, YUAN 陈垣 **(1880-1971)**

XING, FENG LIN 邢凤麟 **(1937-)**
Li, Si 李思
Song, Xin 宋鑫

XING, FENG WU 邢凤梧 **(1931-)**
Mo yuan geng fu 墨苑耕夫
Song, Jie 宋杰

Xing, Feng zao 邢风藻
ZHENG, FENG ZAO 郑风藻 **(1938-)**

Xing fo 杏佛
YANG, QUAN 杨铨 **(1893-1933)**

XING, FU YI 邢福义 **(1935-)**
Hua, Ping 华萍

XING, FU ZHUANG 邢福壮 **(1945-)**
Kai yi 开邑

Xing, Geng 邢庚
XING, HOU GENG 邢厚庚 **(1949-)**

Xing gong 性公
LIANG, DING FEN 梁鼎菜 **(1859-1920)**

Xing gong 星公
SONG, ZHEN TING 宋振庭 **(1921-1985)**

Xing, Gong wan 邢公畹
XING, QING LAN 邢庆兰 **(1914-)**

XING, GUANG ZU 邢光祖 **(1914-1993)**
Hong xing 鸿行
Si ma, Guang 司马光
Zhi heng 芷蘅

XING, GUO XI 邢国玺 **(1937-)**
Ke ren 可人
Xing, Ke 邢可
Zhu, Xin kang 祝新康

XING, GUO ZHU 邢国柱 **(1918-)**
Xing, Ye 邢也
Xing, Ye 邢野

Xing hai 星海
LIANG, DING FEN 梁鼎菜 **(1859-1920)**

Xing hai 星海
XIAN, XING HAI 冼星海 **(1905-1945)**

Xing han 兴汉
SHI, FENG GUANG 师峰光 (1943-)

Xing han jian sheng lang 兴汉剑生郎
JIAN, YOU WEN 简又文 (1896-1979)

Xing he 星河
ZHONG, RONG GUANG 钟荣光 (1866-1942)

Xing he 星河
ZHANG, XIN GUO 张辛国 (1926-)

Xing hen 杏恨
ZHANG, XIN YUAN 张心远 (1895-1967)

XING, HOU GENG 邢厚庚 (1949-)
Xing, Geng 邢庚

Xing hua 星华
GENG, ZHEN HUA 耿振华 (1913-)

Xing hua 星华
SUN, XING HUA 孙星华 (1947-)

Xing hua 醒华
PU, JUN NIAN 浦军年

Xing hua 醒华
HUANG, JUE 黄觉

XING, HUA QI 邢华棋
Hua, Qi 华琪

Xing hui 省辉
ZHANG, SHOU QIAN 张守谦 (1916-)

Xing hun 星魂
CHEN, CHUN AN 陈春安 (1952-)

Xing hun 醒魂
ZHOU, FA YANG 周发扬 (1918-1984)

Xing huo 星火
YANG, GUO HUA 杨国华 (1925-)

Xing huo 星火
HE, CUN 何村 (1935-)

XING, JI ZHONG 邢济众 (1932-)
Xing, Zhi zhong 邢致中
Yun, Cun 云邨

Xing jian 行健
XIANG, DING RONG 项定荣 (1909-)

XING, JIE 邢洁 (1934-)
Shi jie 士洁
Xie, Yi 谢毅

XING, JUN JI 邢军纪 (1955-)
Chen zhong 沉钟
Zhong, Qiu 钟秋

Xing, Kai 邢凯
XING, BING SHUN 邢秉顺 (1933-)

Xing, Ke 邢可
XING, GUO XI 邢国玺 (1937-)

Xing ke 惺可
ZHONG, RONG GUANG 钟荣光 (1866-1942)

Xing kong 性空
LI, WEN TAO 李文涛 (1880-1942)

XING, LAI TING 邢莱廷 (1937-)
Mu qing 木青

Xing lang 杏郎
LI, ZHENG ZHONG 李正中 (1921-)

Xing lang 星朗
LIU, XIN HUANG 刘心皇 (1915-)

Xing lang 醒郎
HUANG, ZHONG SU 黄仲苏 (1895-)

Xing le 行乐
HE, SHI JUN 何时俊 (1887-1944)

XING, LE XIAN 邢乐贤 (1926-)
Geng nong 耕农
Pu, Min 蒲民
Yi ping 怡评

Xing lin zi 杏林子
LIU, XIA 刘侠 (1942-)

Xing ling 性灵
FU, JIA LEI 符加雷 (1924-)

XING, LU 邢露 (1960-)
Lu, Ping 路平

Xing lu 醒陆
TIAN, XING KUI 田兴奎

Xing lu 星庐
LI, YOU LONG 李犹龙 (1881-1953)

Xing, lü 行侣
CHEN, XI YI 陈锡仪 (1918-)

Xing mang 星芒
GAO, TIAN BAI 高天白 (1927-)

Xing mian 杏绵
DUAN, XING MIAN 段杏绵 (1928-)

Xing ming 星命
ZHOU, ZUO REN 周作人 (1885-1967)

Xing ming 星明
JIANG, XING MING 江星明 (1922-)

XING, MU HUAN 邢慕寰
Xing, Qi feng 邢杞风

Xing nai 星乃

YAN, JING YAO 严景耀 **(1905-1976)**

Xing nan 杏南
WANG, SEN RAN 王森然 **(1895-1984)**

Xing niao 星鸟
JIN, XING YAO 金性尧 **(1916-)**

Xing nong 惺农
CHEN, QI XIU 陈启修 **(1886-1960)**

Xing nong 醒侬
ZHAO, XING HE 赵性和 **(1899-1926)**

Xing pan 行盘
XING, SHAO JING 邢绍景 **(1935-)**

XING, PENG JU 邢鹏举 **(1908-1950)**
Xing, Yun fei 邢云飞

XING, PING ZHOU 邢萍舟 **(1902-1972)**
Qian ping 茜萍
Xi ping 西屏
Xi ping 西萍
Xing, Xi ping 邢西萍
Xu, Bing 徐冰

Xing pu 星朴
HUAN, XIANG 宦乡 **(1909-1989)**

Xing qi 性起
LI, WEN TAO 李文涛 **(1880-1942)**

Xing, Qi feng 邢杞风
XING, MU HUAN 邢慕寰

XING, QI ZHOU 邢启周
Yue 越
Zhi han 志汉
Zhi han 知犴

Xing qiao 星桥
LI, XIN KUI 李新魁 **(1935-)**

XING, QING LAN 邢庆兰 **(1914-)**
Xing, Gong wan 邢公畹

Xing qu 星曲
QI, LONG XI 齐隆锡 **(1924-)**

Xing ren 行人
WANG, XING REN 王兴仁 **(1939-)**

Xing ren 性仁
SHEN, XING REN 沈性仁

XING, REN JIE 邢人杰 **(1934?-)**
Lu, Nan 鲁南

XING, REN RANG 邢仁让 **(1932-)**
Lao xin 老新

Xing ren shang 行人上
JIANG, XI ZHONG 蒋希仲 **(1901-1973)**

Xing san 省三
ZHANG, SHAO ZENG 张绍曾 **(1919-)**

Xing sha 星沙
WEI, CANG SHI 魏沧石 **(1928-)**

XING, SHAO JING 邢绍景 **(1935-)**
Tie man 铁曼
Xing pan 行盘
Xing zhou 行舟
Xing, Zi yun 邢子云

Xing shen 省身
ZENG, MIN ZHI 曾敏之 **(1917-)**

Xing shi 醒石
ZHANG, XI GUO 张系国 **(1944-)**

Xing shi 醒石
MA, XIN LIN 马新林 **(1956-)**

Xing shi 醒狮
CHEN, QU BING 陈去病 **(1874-1933)**

Xing su 行素
ZHAO, JUN QI 赵俊奇 **(1950-)**

Xing tai 星台
CHEN, TIAN HUA 陈天华 **(1875-1905)**

Xing tang lao wu hou ren 星塘老屋後人
QI, HUANG 齐璜 **(1864-1957)**

Xing tian 形天
SHEN, YAN BING 沈雁冰 **(1896-1981)**

Xing tian 星田
TANG, YI ZHENG 唐一正 **(1920-)**

XING, TONG HUA 邢桐华 **(-1940)**
Bo 勃
Bo sheng 勃生
Tong hua 桐华

Xing wang 星王
LIU, XIN HUANG 刘心皇 **(1915-)**

Xing wen 行文
AN, FENG LIN 安凤麟 **(1916-1972)**

Xing, Weng 幸翁
LU, DAN AN 陆澹安 **(1894-1980)**

Xing wu 兴无
LIU, TAI LONG 刘泰隆 **(1927-)**

Xing wu 星屋
JIN, XING YAO 金性尧 **(1916-)**

Xing, Xi 幸熙
ZHAO, XING XI 赵幸熙 **(1924-1977)**

Xing, Xi ping 邢西萍
XING, PING ZHOU 邢萍舟 **(1902-1972)**

XING, XIAO LI 邢小利 **(1958-)**
Xiao yu 小雨

Xing xing 星星
FANG, FANG 方方 **(1904-1971)**

Xing xing 星星
ZANG, KE JIA 臧克家 **(1905-)**

Xing xing 星星
BI, XING XING 毕星星 **(1948-)**

Xing xing 行行
SU, XUAN YING 苏玄瑛 **(1884-1918)**

XING, XU HUAN 邢煦寰 **(1938-)**
Bai, Ying 白莹

Xing xue 兴学
LIU, XING BANG 刘兴邦 **(1937-)**

Xing xue 星学
LI, XIN XUE 李新学 **(1929-)**

Xing yan 行严
ZHANG, SHI ZHAO 章士钊 **(1882-1973)**

Xing yan 杏烟
WANG, SEN RAN 王森然 **(1895-1984)**

Xing yan 杏巖
WANG, SEN RAN 王森然 **(1895-1984)**

Xing yao 性堯
JIN, XING YAO 金性尧 **(1916-)**

Xing, Ye 邢也
XING, GUO ZHU 邢国柱 **(1918-)**

Xing, Ye 邢野
XING, GUO ZHU 邢国柱 **(1918-)**

Xing ye 星叶
XU, XING YE 徐兴业 **(1917-1990)**

Xing ye 星野
MA, XING YE 马星野 **(1910-)**

Xing yi 行宜
CHEN, YUN YI 陈运义 **(1925-)**

Xing, Yin 邢音
PENG, ZONG XIANG 彭宗祥 **(1944-)**

Xing yin 性因
YU, ZE HONG 余泽鸿 **(1903-1935)**

Xing, Ying 邢颖
YANG, LI YUN 杨丽云 **(1939-)**

Xing ying 杏影
YANG, SHOU MO 杨守默 **(1912-1967)**

XING, YONG CHUAN 邢永川 **(1938-)**
Shui, San lang 水三郎

Xing yu 行余
HU, WEN BIN 胡文彬 **(1939-)**

Xing yu 星宇
DAI, BING HENG 戴秉衡 **(1926-)**

Xing yu 星郁
XIAO, JUN 萧俊 **(1961-)**

XING, YU QUAN 邢玉泉 **(1943-)**
Yu quan 玉泉

Xing yuan 醒元
CHANG, REN XIA 常任侠 **(1904-)**

Xing yue 星月
LI, PING XIN 李平心 **(1907-1966)**

XING, YUN 星云 **(1927-)**
Jiao fu 脚夫
Mo jia 摩迦
Mo ni 摩尼

Xing, Yun fei 邢云飞
XING, PENG JU 邢鹏举 **(1908-1950)**

Xing zhai 醒斋
YANG, CHUN BO 杨春波 **(1907-)**

Xing zhe 行者
WANG, REN SHU 王任叔 **(1901-1972)**

Xing, Zhi 幸之
XU, DA 许达 **(1904-1991)**

Xing, Zhi 幸之
YANG, XING ZHI 杨幸之

Xing, Zhi 幸止
HU, YING ZHI 胡颖之

Xing zhi 行之
JIANG, CHUN FANG 姜椿芳 **(1912-1987)**

Xing zhi 行之
ZHANG, XING 张行 **(1932-)**

Xing zhi 行之
LI, LI 李力 **(1959-)**

Xing zhi 行知
TAO, XING ZHI 陶行知 **(1891-1946)**

Xing zhi 省之
GE, HONG ZHEN 葛鸿桢 **(1946-)**

Xing, Zhi zhong 邢致中
XING, JI ZHONG 邢济众 **(1932-)**

Xing zhong 兴中
WANG, XIAN ZHONG 王贤忠 **(1932-)**

XING, ZHONG CHENG 邢忠诚 **(1932-)**
Xing, Bo 邢波

Xing zhou 行舟
XING, SHAO JING 邢绍景 **(1935-)**

Xing zhou yu gong 星洲寓公
QIU, WEI XUAN 丘炜萲 **(1873-1941)**

Xing zhuang 行庄
YUAN, XING ZHUANG 袁行庄 **(1914-)**

Xing zi 杏子
QI, HUANG 齐璜 **(1864-1957)**

Xing zi 杏子
YANG, XING ZHI 杨幸之

Xing zi 星子
LUO, GUANG ZE 罗光泽 **(1927-)**

Xing zi wu lao min 杏子隖老民
QI, HUANG 齐璜 **(1864-1957)**

Xing, Zi yun 邢子云
XING, SHAO JING 邢绍景 **(1935-)**

Xing zui sheng 醒醉生
WANG, KANG NIAN 汪康年 **(1860-1911)**

XING, ZUO MEI 邢作梅 **(1931-)**
Jin shan 晋山

Xiong 雄
ZHAO, PING FU 赵平复 **(1902-1931)**

Xiong 熊
XIONG, FU XI 熊福禧 **(1900-1965)**

Xiong, Bai 熊白
QU, QIU BAI 瞿秋白 **(1899-1935)**

XIONG, BAI SHI 熊白施 **(1923-)**
Lao, Hong 劳洪
Luo, Fang 罗方
Luo, Jun 罗隽
Xiong, Hong jia 熊鸿嘉

XIONG, BIN XIANG 熊彬祥 **(1939-)**
Jiang, Ling 江陵

XIONG, BING MING 熊秉明 **(1922-)**
Jiang, Yin 江荫

Xiong, Bing san 熊秉三
XIONG, XI LING 熊希龄 **(1869-1937)**

XIONG, BING YUAN 熊秉元
Yin, Ming 尹明

Xiong chou zi 雄愁子
ZHAO, SHENG 赵声 **(1881-1911)**

XIONG, DA 熊达 **(1929-)**
Ding, Gong 丁工
Shi, Da fu 石达夫
Shi, Fu 石夫

XIONG, DE JI 熊德基 **(1913-)**
Jian tang 鉴堂

XIONG, DE LAN 熊德兰 **(1924-)**
De lan 德兰

Xiong, De shan 熊得山
XIONG, XUE JUN 熊学峻 **(1891-1939)**

XIONG, DING ZHONG 熊定中 **(1885-1968)**
Qi yuan 漆园
Qi yuan lao ren 漆园老人
Shi li 十力
Xiong, Shi li 熊十力
Xiong, Zi zhen 熊子贞
Xiong, Zi zhen 熊子真
Yi weng 逸翁
Zi zhen 子真

Xiong, Fei 熊飞
LIAO, JIA QUAN 廖家权 **(1907-1990)**

Xiong, Fei 熊飞
XIONG, XIAN QIU 熊贤璆 **(1916-1981)**

Xiong, Fei 熊飞
XIONG, HAN SHENG 熊寒声

Xiong fei 雄飞
ZHOU, HONG XING 周红兴 **(1936-)**

Xiong, Feng 熊风
XIONG, ZHI RUI 熊智锐

Xiong, Fo xi 熊佛西
XIONG, FU XI 熊福禧 **(1900-1965)**

XIONG, FU 熊复 **(1915-)**
Fu, Rong 傅容
Man si 曼丝
Qing shui 清水
Ru chun 茹纯
Ting diao 庭钧

XIONG, FU XI 熊福禧 **(1900-1965)**
Du, Ren Zhou 度人舟
Fo 佛
Fo xi 佛西
T
Xi zi 戏子
Xiang, Jun 向君
Xiong 熊
Xiong, Fo xi 熊佛西

XIONG, GONG ZHE 熊公哲 **(1895-)**
Guo, Ting 果庭

Xiong gu 敻古
CHEN, QI HE 陈奇合 **(1946-)**

XIONG, GUO MO 熊国模 **(1932-)**

San you 三友
Tuo mu 拓木

Xiong, Hai shan 熊海山
DONG, ZUN XIN 董尊鑫 **(1916-1955)**

Xiong, Hai yun 熊海云
DONG, ZUN XIN 董尊鑫 **(1916-1955)**

Xiong, Han jiang 熊寒江
XIONG, QING TUO 熊庆鮀 **(1924-)**

XIONG, HAN SHENG 熊寒声
Xiong, Fei 熊飞

Xiong, He yi 熊和义
XIONG, YI RAN 熊一然 **(1938-)**

XIONG, HEN GE 熊痕戈 **(1923-)**
Gen li 艮里
Heng guo 蘅果

Xiong hong 敻虹
HU, MEI ZI 胡梅子 **(1940-)**

Xiong, Hong jia 熊鸿嘉
XIONG, BAI SHI 熊白施 **(1923-)**

XIONG, HUA FENG 熊华峰 **(1965-)**
Mi feng 蜜蜂

Xiong, Huang 熊煌
TAO, YU LIN 陶玉麟 **(1924-)**

XIONG, JI HUA 熊冀华 **(1932-)**
Ji, Hua 冀华

XIONG, JI QUAN 熊继泉 **(1939-)**
Shan quan 山泉

Xiong, Ji yun 熊纪云
XIONG, XIN YE 熊新野 **(1919-)**

Xiong, Jiao qiu 熊教璆
XIONG, XIAN QIU 熊贤璆 **(1916-1981)**

Xiong, Jing 熊静
XIONG, XIN WU 熊信吾

XIONG, KE QI 熊克岐 **(1935-)**
Lao ke 老克

XIONG, KUN ZHEN 熊崐珍 **(1923-)**
Ai, Wen 艾雯

XIONG, LI JIA 熊例嘉
A lie 阿列

XIONG, LI QING 熊丽青
Li qing 丽青

XIONG, MENG FEI 熊梦飞 **(1896-)**
Fei 飞

XIONG, MENG YUN 熊梦云 **(1950-)**
Ye, Meng 叶梦

Xiong po 雄魄
QU, QIU BAI 瞿秋白 **(1899-1935)**

XIONG, QI XIONG 熊启雄 **(1943-)**
A xiong 阿雄

XIONG, QING TUO 熊庆鮀 **(1924-)**
Han, Jiang 韩江
Han jiang 寒江
Qing tuo 庆鮀
Qing tuo 磬陀
Ting yin 婷茵
Xiong, Han jiang 熊寒江

Xiong, Rong 熊融
CHEN, CUI 陈粹 **(-1910)**

Xiong, Sai sheng 熊塞声
XIONG, XIAN QIU 熊贤璆 **(1916-1981)**

Xiong san 雄三
GU, SAN DUO 顾三多 **(1920-)**

XIONG, SHANG ZHI 熊尚志 **(1954-)**
A hong 阿洪

XIONG, SHENG YUAN 熊盛元 **(1949-)**
Yu, Yun 郁云

Xiong, Shi li 熊十力
XIONG, DING ZHONG 熊定中 **(1885-1968)**

Xiong, Shi yi 熊式一
XIONG, SHI YI 熊适逸 **(1902-1992)**

Xiong, Shi yi 熊式弌
XIONG, SHI YI 熊适逸 **(1902-1992)**

XIONG, SHI YI 熊适逸 **(1902-1992)**
Shi zhai ju shi 适斋居士
Xiong, Shi yi 熊式一
Xiong, Shi yi 熊式弌

XIONG, SHU LONG 熊述隆 **(1944-)**
A long 阿隆
Fang, Mu 方牧
Jin, Bing 金冰
Xu zhong 叙重

XIONG, TIE JI 熊铁基 **(1933-)**
Jin, Qi 金其
Zheng, Shi 郑实

XIONG, WAN XIN 熊晚馨 **(1925-)**
Zuo, Ni 左泥

XIONG, WANG PING 熊望平 **(1949-)**
Zi mi 紫米

XIONG, XI LING 熊希龄 **(1869-1937)**
Shuang qing ju shi 双清居士

Xiong, Bing san 熊秉三

XIONG, XIAN QIU 熊贤璆 **(1916-1981)**
Sai sheng 塞声
Xiong, Fei 熊飞
Xiong, Jiao qiu 熊教璆
Xiong, Sai sheng 熊塞声

Xiong, Xin 熊昕
CHEN, WEI MO 陈炜谟 **(1903-1955)**

XIONG, XIN WU 熊信吾
Xiong, Jing 熊静

XIONG, XIN YE 熊新野 **(1919-)**
Xiong, Ji yun 熊纪云

Xiong, Xiong 熊雄
CHEN, SHU 陈澍 **(1956-)**

XIONG, XIONG 熊雄 **(1963-)**
Dan dan 丹丹

XIONG, XUE JUN 熊学峻 **(1891-1939)**
De san 德三
Kang, Nian 康年
Xiong, De shan 熊得山
Zi qi 子奇

XIONG, YAO HUA 熊耀华 **(1937-1985)**
Gu, Long 古龙

XIONG, YI RAN 熊一然 **(1938-)**
Xiong, He yi 熊和义

Xiong ying 雄鹰
HE, JIE SHENG 贺捷生 **(1935-)**

Xiong, Zheng guo 熊正国
LUO, XIANG GUANG 罗祥光 **(1934-)**

XIONG, ZHI CHENG 熊志成 **(1923-)**
Ke xie 克谐

XIONG, ZHI RUI 熊智锐
Xiong, Feng 熊风

XIONG, ZHUO RAN 熊卓然 **(1930-)**
Jing shan 静山

Xiong, Zi 熊子
ZENG, GUANG XUN 曾广勋

Xiong zi 雄子
CHEN, JIAN XIONG 陈剑雄 **(1915-)**

Xiong, Zi zhen 熊子贞
XIONG, DING ZHONG 熊定中 **(1885-1968)**

Xiong, Zi zhen 熊子真
XIONG, DING ZHONG 熊定中 **(1885-1968)**

Xiu 秀
CHEN, DU XIU 陈独秀 **(1879-1942)**

Xiu 修
YING, XIU REN 应修人 **(1900-1933)**

Xiu 琇
GUO, JIN XIU 郭晋秀 **(1929-)**

Xiu bi 秀碧
QIAN, JING XUE 钱景雪 **(1918-)**

Xiu cai 秀才
XIAO, JUN 萧军 **(1907-1988)**

Xiu cang 袖沧
CHEN, SHOU CHANG 陈寿昌 **(1906-1934)**

Xiu chang 秀昌
LI, DA ZHAO 李大钊 **(1889-1927)**

Xiu, Chao 修朝
LU, WEI TING 卢维廷 **(1948-)**

Xiu, Chun 修纯
WANG, XIU CHUN 王修纯 **(1932-)**

Xiu chun 秀春
LI, XIU CHUN 李秀春

Xiu dao ren 朽道人
CHEN, HENG KE 陈衡恪 **(1876-1923)**

Xiu dao ren 秀道人
KUANG, ZHOU YI 况周颐 **(1859-1926)**

Xiu de 修德
YE, DU CHU 叶笃初 **(1933-)**

Xiu feng 袖风
YIN, SHOU SONG 尹寿松 **(1882-)**

Xiu fu 秀夫
DING, CHUAN JING 丁传靖 **(1870-1930)**

Xiu fu 秀甫
DING, CHUAN JING 丁传靖 **(1870-1930)**

Xiu fu 琇甫
DING, CHUAN JING 丁传靖 **(1870-1930)**

XIU, HAI TAO 修海涛
Qi, Mo 齐墨

Xiu hao 秀豪
LAN, TIAN WEI 蓝天蔚 **(1878-1921)**

Xiu he 秀何
LIANG, ZI HENG 梁子衡 **(1913-)**

Xiu hu 秀湖
XU, NAI CHANG 许乃昌

Xiu hu sheng 秀湖生
XU, NAI CHANG 许乃昌

Xiu ji 休基
WU, SHI YING 伍世英 **(1910-1939)**

XIU, JIN WEN 修进文 (1917-)
Lin, Qing 林青
Meng, Qian 孟千
Su, Tong 苏彤
Xiu, Meng qian 修孟千

Xiu ju shi 朽居士
PAN, TIAN SHOU 潘天寿 **(1897-1971)**

Xiu, Jun 修军
WANG, YING MIN 王英民 **(1925-)**

Xiu kun 秀昆
YUAN, BAO KUN 远保坤 **(1915-1968)**

Xiu lan 岫岚
LIN, XIU LAN 林秀兰

Xiu, Lin 修林
LI, XIU LIN 李秀林 **(1931-1986)**

Xiu lu 岫卢
WANG, YUN WU 王云五 **(1888-1979)**

Xiu lun 銹轮
LI, XI 李曦 **(1920-)**

Xiu, Mei 修梅
KUANG, ZHOU YI 况周颐 **(1859-1926)**

Xiu, Mei 修梅
LUO, YONG 罗庸 **(1900-1950)**

Xiu, Meng qian 修孟千
XIU, JIN WEN 修进文 **(1917-)**

Xiu min 繍民
WANG, SEN RAN 王森然 **(1895-1984)**

Xiu mu 休穆
SHEN, XIU 沈修

Xiu mu 朽木
TAN, YA MU 谭亚木 **(1942-)**

Xiu mu ju shi 朽木居士
PAN, TIAN SHOU 潘天寿 **(1897-1971)**

Xiu nong 秀农
LIN, ZHI QIANG 林志强 **(1933-)**

Xiu, Ping 修平
CHEN, QI TIAN 陈启天 **(1893-1984)**

Xiu, Ping 修平
BI, XIU SHAO 毕修勺 **(1902-1992)**

Xiu qi 秀其
CHEN, HONG NENG 陈鸿能 **(1945-)**

Xiu, Ren 修人
YING, XIU REN 应修人 **(1900-1933)**

Xiu, Ru 修如
WANG, TONG ZHAO 王统照 **(1897-1957)**

Xiu, Sen 修森
GONG, XIU SEN 龚修森 **(1949-)**

Xiu shan 秀山
MA, GUO LIANG 马国亮 **(1908-)**

Xiu, Shao 修勺
BI, XIU SHAO 毕修勺 **(1902-1992)**

Xiu sheng 岫生
ZHOU, LUN YUAN 周抡元 **(1899-)**

Xiu, Shi 修士
YING, XIU REN 应修人 **(1900-1933)**

Xiu, Shi 修士
LIU, DA JIE 刘大杰 **(1904-1977)**

Xiu shi 秀石
LI, XIU SHI 李秀实 **(1936-)**

Xiu shi 秀实
LIANG, XIN RONG 梁新荣 **(1954-)**

Xiu shi 岫石
ZHANG, XIU SHI 张秀时 **(1938-)**

Xiu shui 秀水
SUN, WEI 孙伟 **(1934-)**

Xiu shuo 脩朔
MA, CHANG RONG 马长荣

Xiu tai 朽太
LÜ, PEI LIN 吕沛林 **(1889-1947)**

Xiu tao 秀陶
ZHENG, XIU TAO 郑秀陶 **(1934-)**

Xiu tie 朽铁
FENG, XUE BIN 冯学彬 **(1933-)**

Xiu xi 秀溪
YU, XIU XI 于秀锡 **(1939-)**

Xiu xia 秀侠
ZHU, GENG MING 祝庚明 **(1907-1986)**

Xiu xiong 秀雄
WANG, XIU XIONG 王秀雄 **(1924-)**

Xiu, Xiu 修修
YING, XIU REN 应修人 **(1900-1933)**

Xiu, Xiu ren 修修人
YING, XIU REN 应修人 **(1900-1933)**

Xiu xiu sheng 休休生
FU, JIA LIN 傅家麟 **(1911-1988)**

XIU, YAN 修严
Qing xu 晴虚

Xiu yan 秀妍

HUANG, SHOU YAN 黄寿延 (1934-)

Xiu ying 秀英
DIAO, XIU YING 刁秀英 (1950-)

Xiu, Ying 修樱
WAN, YU DE 万玉德 (1936-)

Xiu yuan 秀沅
ZANG, XIN YUAN 臧馨远 (1913-1991)

Xiu yun 岫云
GAO, ZENG 高增

Xiu yun guan zhu ren 岫云馆主人
LIANG, CHAO JIE 梁朝杰

Xiu yun shan ren 岫云山人
LIAN, QUAN 廉泉 (1868-1931)

Xiu yun yun 休芸芸
SHEN, CONG WEN 沈从文 (1902-1988)

Xiu zhi fu 休止符
ZHOU, CONG SHENG 周聪昇 (1954-)

Xiu zi 秀子
KOU, WANG WEI 寇望微 (-1950?)

Xiu zi wu 烋子乌
ZHANG, SHI YI 张师顗 (1921-)

Xu 旭
YU, DA FU 郁达夫 (1896-1945)

Xu 胥
WANG, REN SHU 王任叔 (1901-1972)

Xu 胥
JIANG, XI JIN 蒋锡金 (1915-)

Xu 栩
CHEN, XU 陈栩 (1879-1940)

Xu 虚
ZHANG, HE 张鹤 (1911-1941)

XU, AI CHANG 许艾昌 (1935-)
Min qi 敏歧
Xu, Min qi 许敏歧
Xue ping 雪平

XU, AI ZHEN 徐爱珍 (1938-)
Li li 莉莉
Meng li bin 梦莉彬
Meng li 梦莉
Wen, Peng 文鹏
Zhang, Li 张莉

Xu an 鄦厂
XU, SU MIN 许苏民 (-1924)

XU, ANG 许昂 (1928-)
Yi ding 一丁

Xu, Bai 徐白
XU, ZU HUA 徐祖华 (1909-1931)

Xu bai 虚白
ZENG, TAO 曾焘 (1895-1994)

Xu bai 虚白
ZHU, XU BAI 朱虚白 (1902-1981)

Xu, Bai ao 徐柏敖
CHEN, ZHONG LIANG 陈中良 (1946-)

XU, BAI HAO 许白昊 (1889-1928)
Bai, Hao 白昊

XU, BAI RONG 徐柏容 (1922-)
Ling hu 令狐
Ling hu, Ling yi 令狐令疑
Ling hu, Si 令狐思
Tai shi jian 太史简
Ye, Jin 叶金
Zhou, Dao 周到

Xu, Bai ting 徐柏庭
XU, ZU HUA 徐祖华 (1909-1931)

XU, BAI YI 徐百益
Bao, Luo 保罗

Xu, Bai ze 徐白则
XU, ZU HUA 徐祖华 (1909-1931)

Xu, Ban 徐半
JIN, DE CHENG 金德成 (1918-)

XU, BANG DA 徐邦达 (1911-)
Huo sou 蠖叟
Li, An 李菴
Xu, Fu yin 徐孚尹
Xu, Pang 徐旁

Xu, Bao ren 徐宝仁
XU, JIN 徐进 (1942-)

XU, BAO SHAN 徐宝山
Bei, Yue 贝岳

XU, BAO TI 徐宝梯 (1901-)
Bu, Yun 步云
Gu, Qu zhou 顾曲周
Tao, Dun 陶钝

XU, BAO YU 许宝钰 (1917-)
He, Shuang lin 赫双林
Mo chi 默痴
Mo, Ruo 莫若
Xu, Fa xin 许法新
Xu, Jin 许谨
Xu, Mo chi 许默痴
Xu, Nuo 许诺
Xu, Qin 许钦

XU, BEI HONG 徐悲鸿 (1895-1953)
Huang, Fu 黄扶
Jiang nan bu yi 江南布衣
Jiang nan pin xia 江南贫侠
Pcon Ju
Shen zhou shao nian 神州少年

Xu, Bei ting 徐北汀
XU, XI 徐熹 (1908-)

Xu, Ben fu 徐本夫
XU, BEN FU 徐本福 (1939-)

XU, BEN FU 徐本福 (1939-)
Xu, Ben fu 徐本夫

XU, BI BO 徐碧波 (1898-)
Gui, Yan 归燕
Hong yu 红雨
Ji su 嫉俗
Sui an 遂安
Wu chang 五常
Zhi liang 直谅

Xu, Bi da 徐必达
HONG, YONG AN 洪永安 (1907-1989)

XU, BI XIA 许碧霞
Zhu, Lian 竹莲

Xu, Biao 许彪
WANG, YAN LIN 王炎林 (1922-)

Xu, Bin 徐彬
XU, REN JIN 徐仁锦 (1888-1961)

XU, BIN 徐斌 (1924-1981)
Xia, Yi 夏夷
Xu, Su 徐速
Xu, Zhi ping 徐直平

XU, BIN 徐斌 (1935-)
Yin chuan ren 溵川人

Xu, Bin 徐斌
XU, BING 徐兵 (1964-)

Xu bin 旭滨
SUN, BING LUN 孙冰轮 (1926-)

Xu, Bin bin 徐彬彬
XU, REN JIN 徐仁锦 (1888-1961)

XU, BIN YAO 徐宾尧 (1918-1986)
Xu, Xu 徐徐

XU, BIN ZHANG 许彬章 (1920-)
Lu, Hao 陆灏
Luo hao 洛灏

Xu, Bing 徐冰
XING, PING ZHOU 邢萍舟 (1902-1972)

XU, BING 徐兵 (1964-)
Xu, Bin 徐斌
Xu, Dong hai 徐东海

XU, BING CHANG 徐炳昶 (1888-1976)
Dun an 遁庵
Dun an 遁菴
He ren 河人
Si he ren 四河人
Xu sheng 虚生
Xu, Xu sheng 徐旭生

XU, BING CHENG 许炳成 (1930-1987)
Gao, Wen feng 高文峯
Wen, Xin 文心

XU, BING KUI 徐炳奎 (1913-1967)
Xu, Bu 徐步

XU, BING WEN 徐秉文 (1902-)
Xu, De an 徐德庵

XU, BING YUE 徐秉钺 (1926-)
Bang ren 邦人
Xiao bang 小邦
Zhong, Zheng 仲正
Zi ming 子明

Xu, Bo 徐伯
XU, BO XU 徐伯訏 (1908-1980)

Xu bo 煦伯
ZENG, TAO 曾焘 (1895-1994)

XU, BO CHENG 许伯承 (1903-1978)
Bai heng 百衡

XU, BO GENG 徐伯耕 (1923-)
Qi, Jun 齐军
Xu, Jin 徐进

XU, BO HE 徐伯河 (1955-)
Xu, Yi lu 徐艺芦

XU, BO JIAN 许伯建 (1913-)
A zhi 阿植

Xu, Bo xin 徐伯昕
XU, LIANG 徐亮 (1905-1984)

XU, BO XIONG 续伯雄
Lao wan tong 老顽童

XU, BO XU 徐伯訏 (1908-1980)
Dong fang, Ji bai 东方既白
Er bin 贰鬓
Jiang, Cheng bei 姜城北
Li ming 丽明
Po yu 迫迂
Ren, Zi chu 任子楚
Shi, Da gang 史大刚

Xu, Bo 徐伯
Xu, Chuan cong 徐传琮
Xu, Xu 徐訏
Xu, Yu 徐于
Yu, Guang mu 余光沐

Xu, Bu 徐步
XU, BING KUI 徐炳奎 **(1913-1967)**

Xu, Bu 徐步
XU, SHOU ZHONG 徐守中 **(1917-)**

Xu, Bu 徐步
XU, JUN MING 徐俊明 **(1923-)**

Xu, Bu 徐步
XU, ZHI JIAN 徐志坚 **(1958-)**

Xu, Bu heng 徐步衡
XU, JUN MING 徐俊明 **(1923-)**

XU, BU KUI 徐步奎 **(1923-)**
Xu, Shuo fang 徐朔方

Xu, Cai 徐才
HAN, WEN CAI 韩文才 **(1926-)**

Xu, Ce 徐策
GENG, RONG SHUI 耿荣水

XU, CHANG 徐昌 **(1869-1928)**
Chun fei 纯飞
Xu, Ke 徐珂
Xu, Zhong ke 徐仲可
Xue chuang 雪窗
Zhong ke 中可
Zhong yu 仲玉
Chun fei guan zhu 纯飞馆主
Kang, Ju 康居
Tian su ge zhu 天苏阁主
Xiao heng xiang shi zhu ren 小横香室主人
Zhong, Ke 仲可

XU, CHANG JI 徐长吉 **(1916-1964)**
Cao, Ban 曹半
Cong min 从民
Ding 丁
Gu 古
Gu, Ding 古丁
Mo, Fei 墨非
Shi, Zhi zi 史之子
Tu wei 突围
Xu, Cong 徐匆
Xu, Ji ping 徐汲平
Xu, Tu wei 徐突微

XU, CHANG LIN 徐昌霖 **(1917-)**
Chang ling 畅灵
Liu ru 六如
Pan, Xu huai 潘序怀
Yu, Ri mu 余日木
Yu, Yu 俞雨
Zhang, Yin 张寅

XU, CHANG MING 徐昌明 **(1929-)**
Chang ming 昌酩

XU, CHANG QING 徐长青 **(1956-)**
Chang, Qing 常青
Xu, Xiao 徐笑

XU, CHANG SHUO 徐昌硕 **(1922-)**
Cang shi 苍石

Xu, Chang tian 徐长天
LI, CHENG ZHANG 李承璋 **(1950-)**

XU, CHANG WEI 许昌威 **(1905-1988)**
A yun 阿筠
Ma, Bu tuo 马不陀
Shuang qing ge zhu 双青阁主
Xu, Jun wu 许君武
Yun lu 筠卢
Zhi ge 止戈

Xu, Chang wen 徐昌文
XU, MAN 徐曼 **(1924-)**

Xu, Chao fu 徐朝夫
XU, ZHAO FU 徐招富 **(1935-)**

Xu, Chao xiong 许潮雄
LI, NAN HENG 李南衡 **(1940-)**

Xu, Chen 许晨
LONG, SHI HUI 龙世辉 **(1925-1991)**

XU, CHEN LIAN 许陈联 **(1953-)**
Chi shi 痴石

XU, CHEN MIAN 徐陈冕 **(1881-)**
Xu, Ji qing 徐寄庼

Xu, Chen yan 徐尘言
LIN, SONG KUI 林颂葵 **(1928-)**

Xu, Cheng 徐澂
XUE, BO GU 薛伯谷 **(1936-)**

Xu, Cheng 徐澄
XU, YONG FU 徐永福 **(1958-)**

Xu cheng 旭成
WU, XU CHENG 吴旭成 **(1957-)**

Xu, Cheng bei 徐城北
XU, YAN KENG 徐延铿 **(1942-)**

XU, CHENG FEI 徐承飞
Da shan 大山

Xu, Cheng lin 徐成林
XU, DE ZHI 徐德志 **(1939-)**

XU, CHENG QUAN 徐成全 **(1962-)**
Bei gu 北顾
Mi, A na 米阿娜
Xu, Cheng quan 徐澄泉

Xu, Cheng quan 徐澄泉
XU, CHENG QUAN 徐成全 **(1962-)**

Xu, Cheng si 徐乘驷
CHEN, ZENG HONG 陈增鸿 **(1908-)**

XU, CHENG XUE 许承学 **(1923-)**
Xu, Li yi 许力以

Xu, Cheng yu 徐澄宇
XU, YING 徐英

XU, CHENG ZHI 许承志 **(1917-)**
Chen zhi 晨知
Ge, Ling 葛令
Han shan 菡珊
Huai, Shi 怀诗
Lian tan 恋潭
Shi xin 士心
Wu, Chi 吴癡
Xu, Zi mei 许子美

XU, CHENG ZHOU 许澄宙
Fang zhou zhu zi 房州竹子
Zhu, Zi 竹子

Xu, Chi 徐迟
XU, SHANG SHOU 徐商寿 **(1914-1996)**

XU, CHI QING 徐持庆 **(1940-)**
LI, Ruo mei 李若梅
Nan hai er lang 南海二郎
Shu quan 叔权
Wan, Yi lou 万一楼

XU, CHONG DE 许崇德 **(1929-)**
Zhong, Dai 钟岱

XU, CHONG HAO 许崇灏 **(1885-)**
Xu, Gong wu 许公武

XU, CHONG QI 许崇琪 **(1915-1979)**
Lin, Qui 林其
Yi, Lin 伊林
Yi, Lin 伊琳

Xu, Chong shi 许崇实
DAI, BO TAO 戴伯韬 **(1907-1981)**

Xu chu 旭初
LÜ, ZHI YI 吕志伊 **(1882-1942)**

Xu chu 旭初
WANG, DONG 汪东 **(1890-1963)**

Xu chu 旭初
ZHAO, JING SHEN 赵景深 **(1902-1985)**

Xu chu 旭初
ZHAO, JIA XI 赵家喜 **(1948-)**

Xu, Chu hang 许初航
XU, ZHENG FAN 许征帆 **(1927-)**

Xu, Chuan cong 徐传琮
XU, BO XU 徐伯訏 **(1908-1980)**

Xu, Chui 徐吹
WANG, CHENG GONG 汪诚功 **(1921-)**

Xu, Chun 许淳
XU, JING HUA 许静华 **(1934-)**

XU, CHUN 徐春 **(1947-)**
Chun ge 春歌

Xu, Chun gong 许纯公
XU, ZHENG ZHI 许正直 **(1911-)**

XU, CHUN LIAN 徐春莲 **(1956-)**
Lian zi 莲子

XU, CHUN XI 许春惜 **(1930-)**
Chen, Chun lu 陈春陆
Chun lu 春陆
Dong qing 冬青
Lan, Yuan 蓝原
Tu gang 秃岗

XU, CHUN YUAN 徐纯原 **(1943-)**
Jin, Fan 金帆

Xu, Cong 徐匆
XU, CHANG JI 徐长吉 **(1916-1964)**

XU, CONG QUAN 徐淙泉 **(1946-)**
Lao jin 老金
Luo jin 洛金
Yan, Zhao zi 燕赵子

Xu, Cui an 徐粹庵
XU, ZONG JIAN 徐宗鉴

Xu, Cun 徐邨
LIU, HONG KUI 刘鸿奎 **(1927-)**

Xu cun qiao ren 许村樵人
ZHANG, ER TIAN 张尔田 **(1874-1945)**

XU, CUN YING 徐存英 **(1939-)**
Xu, Ying 徐瑛

XU, DA 许达 **(1904-1991)**
Dan sha 丹沙
Lan, Tian 蓝天
Ni lu 霓璐
Ou yang, Xin 欧阳信
Qu, Wen 屈文
Tian ma 天马
Xing, Zhi 幸之

Xu, Xing zhi 许幸之

Xu, Da 徐达
XU, SUI GENG 徐燧耕 (1915-)

Xu, Da fang 徐大放
LIU, KE YU 刘克裕 (1922-1987)

Xu, Da feng 徐大风
SUN, JUN 孙俊

XU, DA GANG 徐大刚 (1926-)
Da gang 大刚
Tong dao 同刀

XU, DA LI 许大立 (1947-)
A da 阿达
Da li 达黎

XU, DA LING 许大龄 (1922-)
Shi, Bing 史兵

Xu, Da ming 许达明
WANG, DING CHENG 王鼎成 (1917-1983)

Xu, Da ran 许达然
XU, WEN XIONG 许文雄 (1940-)

XU, DA YUAN 许大远
Bai, Shi 白石
Xu lü 须旅

Xu, Dai 许岱
WANG, WEN ZHONG 王文衷 (1931-)

XU, DAI SHAN 徐岱珊 (1924-)
Gang 刚
Lu, Yan 鲁言
Xu, Gang 徐刚
Ye huo 野火
Yu, Xing 余星

XU, DAN 许丹 (1892-1950?)
Xu, Ji shang 许季上

Xu dan 旭旦
LIN, JING HUANG 林景煌 (1919-)

Xu, Dan ge 徐丹歌
XU, SONG NIAN 徐颂年 (1904-1981)

Xu, Dan lin 许丹林
XU, SEN LIN 许森林 (1949-)

Xu, Dao lin 徐道邻
CHEN, XUN EN 陈训恩 (1890-1948)

XU, DAO QI 许道琦 (1914-)
Pu ru 璞如
Xin qi 欣奇

XU, DAO XIN 许道信 (1956-)
Shan shi 山石
Wu yan 五岩

Xu, De 许德
GAO, DE XIONG 高德雄 (1918-1981)

Xu, De an 徐德庵
XU, BING WEN 徐秉文 (1902-)

XU, DE HUA 许德华 (1908-1969)
Luo hua 洛华
Xu, Guang da 许光达

XU, DE JIN 徐德锦 (1921-)
Chan yan 巉岩
Hai, Yin 海音
Ji, Chu yang 纪初阳
Liu, Shu 柳舒
Lu, Fan 陆凡
Lu, Fang 鲁放
Niu, Jia xin 牛稼辛
Qiu, Jiang 秋江
Shi, Jian li 史渐黎
Shi, Xiang li 史向黎
Tong, Wang 佟望
Xu, Fang 徐放
Xu, Xin 徐辛

XU, DE LIN 许德麟 (1916-)
Lin lu 麟庐

XU, DE MIN 许德民 (1953-)
Mo xu 默许

XU, DE MING 许德明
Yi, Fan 伊凡

XU, DE PEI 徐德培
Du fu 笃夫
Du fu 笃甫
Nan, Cun 南邨

XU, DE RUN 徐德润 (1928-)
Xiao tian 晓天

XU, DE XIAN 徐德宪 (1928-1968)
Xu, Xian 徐宪

XU, DE ZHI 徐德志 (1939-)
Cheng, Lin 成林
Xu, Cheng lin 徐成林
Yu, Ren 余仁

XU, DENG JU 徐登举 (1940-)
Han hai yi ding 瀚海一丁
Si xiao 思筱
Song shi 松石

Xu, Di 徐迪
LU, FU ZENG 路福增 (1928-)

Xu, Di gao 许第高
XU, GUI LIN 许桂林

XU, DI QIANG 许迪锵 **(1953-   )**
Jiang, You 江游
Wang, Min 王敏
Xiao hang 小航
Ye, Si 叶思

XU, DI SHAN 许地山 **(1893-1941)**
Di shan 地山
Luo hua sheng 落华生
Luo hua sheng 落花生
Xu, Shu chou 许叔丑
Xu, Zan kun 许赞堃

Xu, Di si 许抵死
XU, GUO 许国 **(1930-1987)**

XU, DI TANG 许棣棠 **(-1919)**
Yi an 怡庵
Yi sun 怡荪

Xu, Di xin 许涤新
XU, SHENG WEN 许声闻 **(1906-1988)**

XU, DIAO FU 徐调孚 **(1901-1981)**
Chen, Shi he 陈时和
Di, Fu 狄福
Diao fu 调孚
Fu 孚
Jia, Zhao ming 贾兆明
Jia, Zhao sheng 贾兆生
Jing yin 静因
Kai tuo 开脱
Mo, Zhai 墨翟
Pu, Shao 蒲梢
Qi, Meng sheng 启蒙生
Tuo wo si tai 托我斯泰
Xu, Ming ji 徐名骥

Xu, Ding 徐鼎
XU, JI HUA 徐季华 **(1923-   )**

XU, DING KANG 徐鼎康 **(1876-1938)**
Jiu yin ju shi 鹫因居士
Xu, Xi cheng 徐锡丞

XU, DING MING 许定铭 **(1947-   )**
Miao, Hen 苗痕
Tao, Jun 陶俊
Wu yan 午言

XU, DONG 徐东 **(1935-   )**
Wen, Zao 文藻

Xu dong 旭东
LUAN, SHAO SHAN 栾少山 **(1906-1973)**

Xu dong 旭东
WANG, JIU XING 王玖兴 **(1916-   )**

XU, DONG BIN 徐东滨 **(1927-1995)**
Hong, Yi 洪毅
Li, Shu 黎庶
Ou ya sheng 藕芽生
Qi, Dan 祁弹
Wang, Yan zhi 王延芝
Wu, Shi tong 吴拾桐
Xiao, Du 萧独
Yue, Xin 岳心
Yue, Zhong shi 岳中石
Zhang, Xi wang 张西望

Xu, Dong hai 徐东海
XU, BING 徐兵 **(1964-   )**

XU, DONG LIANG 许栋梁
Wei lan 蔚蓝

Xu, Du 许渡
WEN, ZHEN TING 文振庭 **(1924-   )**

XU, DU CHUN 许度春
Lei, Li pu 雷力普

XU, DU DI 许度地 **(1914-   )**
Lao lu 老鲁
Li, Mo 黎末
Liu hen 流痕
Liu yun 流云
Lu, Jia 鲁加
Lu, Jia 鲁家
Lu, Li 鲁藜
Lu, Mang 鲁莽
Niu, Yun 牛云
Nu li 怒隶
Shan pai 山湃
Si ma, Lun 司马侖
Tian, Li 田犁
Tu di 徒弟
Xiao li 小犁
Xu, Huai rong 许怀榕
Xu, Liu hen 许流痕
Xu, Liu lang 许流浪
Xu, Tu di 许图地
Xu, Tu di 许徒弟

XU, DU QIAN 徐笃谦 **(1925-   )**
Han, Yan 韩烟
Hu, Liu 胡柳
Leng, Yan 冷眼
Liu, Ying 刘莺
Xu, Niang 徐娘
Xu, Qian fu 徐前赴
Xu, Qian fu 徐谦夫
Xu, Yi feng 徐艺风
Yu, Yan ren 余言人
Zheng hong 征鸿

XU, DUAN FU 胥端甫 **(1906-   )**

Yi an 抑庵

XU, DUN GU 许敦谷 **(1894-)**
Gu, Gu 谷谷
Xu, Tai gu 许太谷

XU, DUN XIAN 许敦贤 **(1961-)**
Luo yu 洛宇

XU, DUO 许多 **(1911-1941)**
A-D 阿 D
Xu, Qing 许晴

Xu, Duo 许多
XU, JIE MIN 许介民 **(1925-)**

Xu, Duo 许多
XU, MAO RONG 许茂荣 **(1939-)**

Xu, E 许峨
XU, MEI XUN 许美埙 **(1901-1991)**

XU, EN MEI 徐恩楣 **(1934-)**
Xu, Yi lan 徐薏蓝

XU, EN XI 许恩熙 **(1923-)**
Chang, You sheng 常有声
Lin, Huo 林火
Shi, Bu zhuo 石不琢
Shi, Yu zhuo 石玉琢
Wang, Yong yi 王永义
Xu, Ke 许可
Xu, Xing 许行

Xu, En yu 徐恩予
XU, EN ZENG 徐恩曾 **(1898-1985)**

XU, EN ZENG 徐恩曾 **(1898-1985)**
Xu, En yu 徐恩予
Xu, Si yu 徐思予

Xu, Fa xin 许法新
XU, BAO YU 许宝钰 **(1917-)**

Xu, Fan 许藩
WU, TING GUAN 吴廷琯 **(1914-)**

Xu, Fan 徐帆
XU, REN DE 徐仁德 **(1925-)**

Xu, Fan 徐帆
LIN, TIAN SHUN 林天顺 **(1941-)**

Xu fan 稸蕃
QIU, WEI XUAN 丘炜萲 **(1873-1941)**

Xu, Fan cheng 徐梵澄
XU, HU 徐琥 **(1909-)**

Xu, Fang 许方
XU, YONG KUAN 许永宽 **(1926-)**

Xu, Fang 徐方
LIU, RUN HE 刘润和

Xu, Fang 徐芳
CHENG, YING LIU 程应镠 **(1916-1994)**

Xu, Fang 徐芳
LIU, RUN HE 刘润和

Xu, Fang 徐放
XU, DE JIN 徐德锦 **(1921-)**

Xu fei 嘘非
SHI, ZUO SHI 施作师 **(1926-)**

XU, FEI GUANG 徐非光 **(1929-)**
Qi, Fang 戚方

XU, FEN 徐芬
Fen jun 芬君

Xu, Feng 许峰
HUANG, SHU ZE 黄树则 **(1914-)**

Xu, Feng 徐烽
XU, SI XING 徐嗣兴 **(1923-)**

XU, FENG YI 许凤仪 **(1938-)**
Yang, Er feng 杨二凤

Xu, Fo su 徐佛苏
XU, ZHAN YUAN 徐湛源 **(1879-1943)**

Xu fu 旭夫
DENG, SUI FU 邓遂夫 **(1943-)**

Xu fu 叙父
HE, SUI 何遂 **(1887-1968)**

XU, FU BAO 徐甫堡 **(1913-)**
Dun ge 盾戈

XU, FU CHANG 许福昌 **(1941-)**
Dan dan 淡淡
Gu, Su 谷粟
Nan, Shan he 南山鹤
Xu, Jing yuan 许静渊

XU, FU JI 许福吉 **(1960-)**
Ben xing 奔星

XU, FU LANG 徐福郎 **(1940-)**
Lan, Guang 蓝光

XU, FU LIN 徐傅霖 **(1879-1958)**
Ban mei 半梅
Ban mei 半槑
Meng die 梦蝶
Meng yan 梦岩
Xu, Zhu 徐筑
Zhuang, Zhou 庄周
Zhuo, Dai 卓呆
Zi yun shan fang 紫云山房

XU, FU LIN 徐傅霖 (1880-)
A dai 阿呆
Dai 呆
He, Ma 赫马
Jiang weng 酱翁
Li, A mao 李阿毛
Mai you lang 卖油郎
Xiao jiang 笑匠
Xu, Zhuo dai 徐卓呆
Zhuo, Dai 卓呆

XU, FU MIN 许伏民
Bai, Yan 白眼
Leng quan fu min 冷泉伏民
Leng quan ting zhang 冷泉亭长
Ze shan yi 则山簃
Ze shan yi zhu 则山簃主

XU, FU TANG 徐福棠 (1937-)
Yu, Yi mu 余易木

Xu, Fu yin 徐孚尹
XU, BANG DA 徐邦达 (1911-)

XU, GAN SHENG 徐幹生 (1920-)
Qin, Huai bi 秦淮碧
Tang, Yi jin 汤懿瑾
Wang, Fan 王璠
Wang, Qian 王前

XU, GAN TANG 徐甘棠
Gan, Tang 甘棠
Tie zhui 铁椎

Xu, Gang 徐刚
XU, DAI SHAN 徐岱珊 (1924-)

XU, GAO RUAN 徐高阮 (1914-1969)
Huai, Shuang 怀霜
Xu, Yun shu 徐芸书

Xu, Ge 徐歌
WANG, HONG QING 王鸿卿 (1917-1982)

Xu, Ge 徐歌
XU, ZHONG HUI 徐忠辉 (1939-)

Xu ge 戌戈
RONG, WEI YU 戎维域 (1923-)

Xu, Gong 许宫
WU, MING GONG 吴明恭

Xu, Gong 徐攻
XU, YI GONG 徐一工 (1937-)

Xu, Gong wu 许公武
XU, CHONG HAO 许崇灏 (1885-)

Xu, Gong xu 许公许
XU, GUO 许国 (1930-1987)

Xu, Gu 许谷
XU, YU 徐瑜 (1945-)

Xu gu 虚谷
CHEN, MAN YING 陈满盈 (1896-1965)

Xu gu 须谷
HU, NAN 胡楠 (1961-)

Xu gu 虚谷
LIU, YAO 刘燿 (1906-1983)

Xu gu 虚谷
FENG, ZHAO CHANG 冯兆昌 (1936-1975)

Xu, Guan 许观
XU, GUAN ZENG 许观曾 (1899-1939)

XU, GUAN HAI 徐官海
Xu, Zhe shen 徐哲身
Yang hua xuan 养花轩

XU, GUAN ZENG 许观曾 (1899-1939)
Ban long 半龙
Guan fu 盥孚
Xu, Guan 许观

Xu, guang 旭光
LI, SHU GUANG 李曙光 (1928-)

Xu, guang 旭光
LI, XUE GUANG 李学光 (1953-)

Xu, Guang da 许光达
XU, DE HUA 许德华 (1908-1969)

XU, GUANG FU 徐广福 (1923-)
Xu, Guang fu 徐光夫

Xu, Guang fu 徐光夫
XU, GUANG FU 徐广福 (1923-)

XU, GUANG PING 许广平 (1898-1968)
Bian zhe 编者
Chi ping 持平
Fei xin 非心
Guang ping 广平
Gui, Zhen 归真
H.M.
Han tan 寒潭
Hao bo 浩波
Jing, Song 景宋
Jun ping 君平
K.P.
Ping, Lin 平林
Shang shi 伤时
Wei xin 维心
Xu, Jing song 许景宋
Xu, Xia 许遐
Xu, Xia 许霞
Xu, Xiu 许秀

Yi ge xue you 一个学友
Yin bo 音波
Zheng yan 正言

XU, GUANG SHEN 徐光燊 **(1920-)**
Jun 君
Lü jie 绿阶
Tan ke 坦克
Tu, Long shi 屠龙士
Xiao ge 晓歌
Yue, Ying 越缨

Xu, Guang sheng 许广昇
ZHOU, SHU REN 周树人 **(1881-1936)**

XU, GUANG XIAO 徐光霄 **(1915-1989)**
Ge, Mao 戈矛
Gu, Xi 谷豀
Jian 简
Jian, Rang 简壤
Lu, Shan 鲁山
Qi, Ye 齐野
Si ma, Niu 司马牛
Yu, Yi ren 余亦人
Yuan, Yao shan 元乐山

XU, GUANG YAO 徐光耀 **(1925-)**
Yue, Feng 越风

XU, GUANG YI 许光一 **(1934-)**
Gao, Li han 高丽汉

XU, GUANG ZHEN 徐光珍 **(1918-)**
Xu, Huan 徐欢

XU, GUI LIN 许桂林
Rong, Zhai 容斋
Sun, Nian zu 孙念祖
Xu, Di gao 许第高

Xu, Gui tian 徐归田
XU, QU CHENG 徐渠成

XU, GUO 许国 **(1930-1987)**
Ha gong 哈公
Shi pi 士啤
Xu, Di si 许抵死
Xu, Gong xu 许公许

XU, GUO FU 徐国富 **(1949-)**
Gu, Fu 谷甫

XU, GUO HUA 徐国华 **(1928-)**
Gang feng 刚峰
Guo, Hua 郭化
Guo, Hua 郭华

Xu, Guo teng 徐国腾
XU, LIANG HE 徐良河 **(1930-)**

XU, GUO YING 许国英 **(1875-1923)**
Bu cai 不才
Bu cai zi 不才子
Gao yang bu cai zi 高阳不才子
Gao yang shi bu cai zi 高阳氏不才子
Ji lu 寄庐
Shou wen wen xuan 受汶汶轩
Su an 甦庵
Tan hua ge zhu 弹华阁主
Xu, Su an 许甦庵
Xu, Zhi yan 许指严
Xu, Zhi yan 许指岩
Xu, Zhi yi 许志毅
Yan geng lu zhu 砚耕庐主
Zhi yan 指严
Zhi yi 志毅

XU, GUO ZHANG 许国璋 **(1915-)**
Gu, Zhuang 古庄

Xu, Hai 许海
XU, HAI LONG 许海龙 **(1927-)**

XU, HAI LONG 许海龙 **(1927-)**
Xu, Hai 许海

Xu, Hai qin 许海钦
XU, JIE MIN 许介民 **(1925-)**

Xu, Han 许寒
HAN, CHENG WEN 韩承文 **(1926-1992)**

XU, HAN CHEN 徐汉臣 **(1911-)**
Fen zhi 奋之
Xu, Xue han 徐雪寒

Xu, Han ru 许翰如
LIN, LI TIAN 林犁田 **(1921-)**

Xu, Han san 许汉三
XU, JIE 许杰 **(1901-1993)**

Xu, Hao 徐浩
PENG, XUE PEI 彭学沛 **(1896-1948)**

Xu, Hao 徐浩
XU, JIA ZHEN 徐家桢 **(1952-)**

XU, HAO RAN 许浩然 **(1924-)**
Jie zi 芥子
Xu, Jie zi 许芥子

XU, HE FU 徐禍夫 **(1903-1977)**
Xu, Xing 徐行

XU, HE LIN 徐和邻 **(1922-)**
He lin 禾林

XU, HE LIN 徐鹤林
You qing 又青

XU, HE PING 许和平 **(1952-)**
Xu, Jia ping 许嘉评

Xu, Yuan 许源

XU, HENG 徐衡 **(1929-)**
Xu, Shao jin 徐绍进

XU, HENG JIN 徐恒进 **(1942-)**
Jiang, Nong 江农
Yu, Yan 余言

XU, HONG 徐弘 **(1955-)**
Xu, Yan ying 徐雁影

Xu, Hong 徐鸿
XU, HONG ZHANG 徐鸿章 **(1943-)**

XU, HONG BIN 许鸿宾 **(1935-)**
Wei chen 蔚琛

XU, HONG ZHANG 徐鸿章 **(1943-)**
Jin, He 金河
Xu, Hong 徐鸿

XU, HONG ZHANG 徐鸿彰
Shu, Ya yun 舒亚云

XU, HOU KUN 徐厚昆 **(1930-)**
Kun lun 昆仑

XU, HU 徐虎 **(1926-)**
H. H.
Yu, Ming 余明

XU, HU 徐琥 **(1909-)**
An 唵
Fan cheng 梵澄
Fan ke 梵可
Feng, Yao 冯珧
Gu, Ming 古明
Shi quan 诗荃
Xian zhai 闲斋
Xu, Fan cheng 徐梵澄
Xu, Shi quan 徐诗荃
Ye hu chan 野狐禅

Xu, Hu sha 徐胡沙
XU, MAO TING 徐茂庭 **(1922-)**

Xu, Hua 徐骅
XU, NAI XIANG 徐迺翔 **(1931-)**

Xu, Hua bei 徐华北
XU, HUI 徐辉 **(1955-)**

Xu, Hua hua 徐华华
XU, JING XIANG 徐京祥 **(1915-)**

Xu, Hua tian 许华天
PAN, XUN 潘训 **(1902-1934)**

Xu, Huai qi 徐怀启
XU, YING CHANG 徐应长 **(1905-1980)**

Xu, Huai rong 许怀榕
XU, DU DI 许度地 **(1914-)**

Xu, Huai zhe 许怀哲
SUN, QING YU 孙庆餘

XU, HUAI ZHONG 许怀中 **(1929-)**
Xu, Huai zhong 徐怀中
Xu, Lang 许朗

Xu, Huai zhong 徐怀中
XU, HUAI ZHONG 许怀中 **(1929-)**

Xu, Huan 徐欢
XU, GUANG ZHEN 徐光珍 **(1918-)**

XU, HUAN MIN 徐焕民
Yu seng 雨僧

XU, HUAN QIU 许焕秋 **(1940-)**
Xu, Xian 许先

XU, HUAN RONG 徐焕荣 **(1916-)**
Bai, Tao 柏涛

XU, HUAN RU 徐焕如 **(1923-)**
Huan lu 欢路
Xin, Bai 辛白

Xu, Hui 徐汇
ZHANG, CHUN QIAO 张春桥 **(1917-)**

XU, HUI 徐辉 **(1955-)**
Da jian 大舰
Xu, Hua bei 徐华北

XU, HUI NA 许惠娜 **(1951-)**
You, Qin 尤琴

Xu, Hui zhi 许悔之
XU, YOU JI 许有吉 **(1966-)**

Xu, Ji 徐冀
LI, JUN 李儁

Xu, Ji chen 徐寄尘
XU, ZI HUA 徐自华 **(1873-1935)**

Xu Ji chen nü shi 徐寄尘女士
XU, ZI HUA 徐自华 **(1873-1935)**

XU, JI CHUAN 许姬传 **(1900-1990)**
Si qian 思潜

Xu, Ji fu 许季茀
XU, SHOU SHANG 许寿裳 **(1883-1948)**

Xu, Ji fu 许季弗
XU, SHOU SHANG 许寿裳 **(1883-1948)**

Xu, Ji fu 许季黻
XU, SHOU SHANG 许寿裳 **(1883-1948)**

XU, JI HUA 徐季华 **(1923-)**
He cao 禾草

Liu, Ba 刘巴
Liu, Chi 柳池
Liu, Shi 柳石
Liu, Shi chi 柳石池
Liu, Xiao tian 刘晓天
Shi, Chi 石池
Xu, Ding 徐鼎
Xu, Ji zi 徐季子
Xu, Jia 许伽
Xu, Jia 许迦
Xu, Man 徐慢

Xu, Ji ke 许季珂
XU, JIE 许玠 **(1896-1963)**

Xu, Ji long 徐季龙
XU, QIAN 徐谦 **(1871-1940)**

XU, JI MING 许季明
Ji, Ming 季明

Xu, Ji ping 徐汲平
XU, CHANG JI 徐长吉 **(1916-1964)**

Xu, Ji qing 徐寄庼
XU, CHEN MIAN 徐陈冕 **(1881-)**

Xu, Ji qiu 许寄秋
XU, YONG KUAN 许永宽 **(1926-)**

XU, JI SHAN 许集善
Xin, Ming 辛明

Xu, Ji shang 许季上
XU, DAN 许丹 **(1892-1950?)**

Xu, Ji zi 徐季子
XU, JI HUA 徐季华 **(1923-)**

Xu, Jia 许伽
XU, JI HUA 徐季华 **(1923-)**

Xu, Jia 许迦
XU, JI HUA 徐季华 **(1923-)**

Xu, Jia en 许家恩
XU, XIAO TIAN 许啸天 **(1886-1946)**

Xu, Jia he 徐家鹤
XU, SONG NIAN 徐颂年 **(1904-1981)**

XU, JIA LIN 许家麟 **(1941-)**
Xu, Ning 许宁

XU, JIA LU 许嘉璐 **(1937-)**
Ruo shi 若石

XU, JIA MING 徐嘉铭 **(1962-)**
Xu, Wang yun 徐望云

Xu, Jia ping 许嘉评
XU, HE PING 许和平 **(1952-)**

XU, JIA RUI 徐嘉瑞 **(1895-1977)**
Bai, Ding 白丁
M
Meng lin 梦麟
Meng ling 梦龄
Qian ren 前人
Xu, Meng lin 徐梦麟

XU, JIA SHENG 许家声 **(1942-)**
Ning, Jun 宁军

XU, JIA SHI 徐佳士 **(1922-)**
Fang, Cun 方村
Xu, Xiao 徐晓

XU, JIA ZHEN 徐家桢 **(1952-)**
Xia, Jie 夏杰
Xu, Hao 徐浩
Xu, San mao 徐三毛

Xu, Jian 许剑
MA, BIN 马彬 **(1924-1983)**

XU, JIAN 许渐 **(1934-)**
Xu, Jian 徐健
Xu, Wen cun 徐文存
Xue bing 雪兵

Xu, Jian 徐坚
XU, JUN MING 徐俊明 **(1923-)**

Xu, Jian 徐健
XU, JIAN 许渐 **(1934-)**

XU, JIAN CHENG 徐建成 **(1947-)**
Chi, Yun 迟云

XU, JIAN PING 许建平 **(1960-)**
Hei, Zi 黑子
Tian, Bu 田哺

XU, JIAN QUAN 徐鉴泉 **(1908-1975)**
Ding, Tao 丁韬

Xu, Jian san 徐建三
XU, MAI JIN 徐迈进 **(1907-1987)**

Xu, Jiao 徐角
LIU, HUI MIN 刘惠民 **(1917-)**

XU, JIE 许杰 **(1901-1993)**
Han feng 寒风
Jie ke 杰克
Kong, Fan yin 孔凡因
Lao li 老力
Liu shu 六叔
Nan, Shan 南山
PT
Ping, Jia 平嘉
Shi ren 士仁
Wen, Fu 文孚

Wen, Jia 文嘉
Wu, Wen jia 吴文嘉
Xiao meng 小梦
Xu, Han san 许汉三
Xu, Shi ren 许士仁
Xu, Zhu jun 许竹君
Zha liao 诈僚
Zhang, Shi ren 张士仁
Zhang, Zhi san 张知三
Zhang, Zi san 张子三
Zhi shan 知山
Zhi wen 志文
Zhou, Jiu 周九
Zi san 子三

XU, JIE 许玠 **(1896-1963)**
Xu, Ji ke 许季珂

Xu, Jie 徐杰
CHEN, CHENG 陈澄 **(1896-1943)**

Xu, Jie 徐杰
XU, SHI JIE 徐士杰 **(1914-)**

XU, JIE MIN 许介民 **(1925-)**
Xu, Duo 许多
Xu, Hai qin 许海钦

Xu, Jie zi 许芥子
XU, HAO RAN 许浩然 **(1924-)**

Xu, Jin 许谨
XU, BAO YU 许宝钰 **(1917-)**

XU, JIN 许瑾 **(1919-)**
A lu si nü shi 阿露丝女士

Xu, Jin 徐进
QIAN, SAN QIANG 钱三强 **(1913-1992)**

Xu, Jin 徐进
XU, XI CHEN 徐喜辰 **(1921-)**

Xu, Jin 徐进
XU, BO GENG 徐伯耕 **(1923-)**

XU, JIN 徐进 **(1942-)**
Xu, Bao ren 徐宝仁

Xu, Jin 徐锦
HUANG, SHU ZE 黄树则 **(1914-)**

XU, JIN BO 许锦波 **(1950-)**
Leng, Chuan 冷川

Xu, Jin cheng 许金城
XU, WAN CHENG 许晚成

Xu, Jin fu 许廑父
XU, YU CHENG 许与澂

Xu, Jin hua 许锦华
XU, YONG 许勇 **(1969-)**

XU, JIN KUN 许金坤 **(1942-)**
Jin, Shan chuan 金山川
Jin, Shi 金石
Xu, Zhi meng 许芝萌

XU, JIN NONG 徐今农 **(1933-)**
Wu, Shi 吴石

Xu, Jin tian 徐金田
LIN, JIN TIAN 林金田 **(1907-)**

Xu, Jin wen 徐进文
ZHOU, YAO PING 周耀平 **(1906-)**

XU, JIN XING 许进兴 **(1948-1987)**
Xu, Lan shan 许蓝山

Xu, Jin zhi 徐近之
XU, NIAN ZHUANG 徐念庄 **(1908-1982)**

Xu, Jing 徐京
ZHANG, AI LING 张爱玲 **(1920-1995)**

Xu, Jing 徐菁
SHI, YI REN 史义仁 **(1931-)**

Xu, Jing bai 徐惊百
XU, ZHEN 徐震 **(1915-1946)**

Xu, Jing cheng 徐静诚
XU, YOU JIN 徐友金 **(1928-)**

Xu, Jing cun 许競存
XU, XIANG 许湘

XU, JING DA 徐景达 **(1934-1987)**
A da 阿达

XU, JING HUA 许静华 **(1934-)**
He, Ri shen 何日伸
Jin, Shu zi 金淑子
Li, Hong 李虹
Li hong 理红
Li, Ke xin 李可欣
Li, Xun 李洵
Nian, La mei 年腊梅
Wu, Yan 吴研
Wu yan 无盐
Xu, Chun 许淳
Xu, Xin yi 许心怡
Zhu, Xin 朱莘

Xu, Jing ren 许静仁
XU, SHI YING 许世英 **(1872-1964)**

Xu, Jing song 许景宋
XU, GUANG PING 许广平 **(1898-1968)**

XU, JING XIANG 徐京祥 **(1915-)**
Lü, Meng 吕蒙
Xu, Hua hua 徐华华

XU, JING XIN 徐镜心 **(1874-1914)**
Zi jian 子鑑

XU, JING XUE 徐景学 **(1939-)**
Jing si 敬思

XU, JING YANG 许精阳 **(1933-)**
Meng ge 虻歌

Xu, Jing yuan 许静渊
XU, FU CHANG 许福昌 **(1941-)**

Xu jiu 旭九
WANG, TIAN ZONG 王天纵 **(1879?-1921)**

XU, JIU DONG 许久东 **(1960-)**
Xu, Rong 许榕

Xu, Ju fang 许菊芳
XU, RUO CHAO 许若潮 **(1913-1977)**

Xu, Ju ren 徐菊人
XU, SHI CHANG 徐世昌 **(1858-1939)**

XU, JUE 徐觉 **(1889-1937)**
Bi zhi 辟支
Bi zi 辟子
Dong hai jiao ren 东海鲛人
Dong hai san lang 东海三郎
Jue 觉
Jue ye 觉也
Kuai huo san lang 快活三郎
Lao zhen 老枕
Mei zi 眉子
Meng teng shi zhu 懵腾室主
Nan quan wai shi 南泉外史
Qi zhu sheng 泣珠生
Qing ling yi die 青陵一蝶
Shang xin ren yu 傷心人语
Xu, Xu 徐徐
Xu, Zhen ya 徐枕亚
Zhen ya 枕亚
Zhen ya ge zhu 枕亚阁主
Zhen ya shi zhu 枕亚室主

XU, JUE MIN 许觉民 **(1921-)**
Hu, Yi ba 扈邑巴
Jie 洁
Jie min 洁泯
Zhang, Chi 张弛

Xu, Jun 徐军
MO, XI FEN 莫西芬 **(1931-)**

Xu, Jun 徐军
JIAO, BING KUN 焦炳琨 **(1933-)**

XU, JUN 徐鋆
Dan lu 淡庐
Dan lu 澹庐
Dan lu zhu ren 澹庐主人
Guan qun 冠群
Guan xun 贯恂

XU, JUN FAN 徐君藩 **(1914-)**
A men 阿门
Fan jun 藩君
Jun fan 均凡
Ling na 灵纳
Xu, Sao 徐扫

Xu, Jun hui 徐君慧
LI, ZI YING 李子英 **(1921-)**

XU, JUN JI 许俊基 **(1927-)**
Gong, Yun si 巩云思

XU, JUN MEI 徐君梅 **(1911-1966)**
Fang tian 芳田

Xu, Jun mian 徐君勉
XU, ZHAN YUAN 徐湛源 **(1879-1943)**

Xu, Jun min 徐俊民
XU, JUN MING 徐俊明 **(1923-)**

XU, JUN MING 许俊明
Ji, Lin 纪林
Qing 青

XU, JUN MING 徐俊明 **(1923-)**
Jing zhi 静之
Xu, Bu 徐步
Xu, Bu heng 徐步衡
Xu, Jian 徐坚
Xu, Jun min 徐俊民

Xu, Jun wu 许君武
XU, CHANG WEI 许昌威 **(1905-1988)**

XU, JUN XI 徐俊西 **(1935-)**
Jun dong 竣东

XU, JUN XUN 徐君勋 **(1925-)**
Dong, Bing 董兵
Jin, Xian 金掀
Lü hong 绿泓
Wang, Lan 王兰
Xu, Lai 徐徕
Xu, Xian 徐掀
Yu, Jian cao 鱼柬草
Zhuan qing 耑青

XU, KAI LEI 徐开垒 **(1922-)**
Kai lei 开垒
Li yu 立羽
Xu, Yi 徐翊
Yu, Yu 余羽

XU, KANG NIAN 徐康年 **(1937-)**
Kang, Nian 康年

Xu, Ke 许可
XU, EN XI 许恩熙 **(1923-)**

Xu, Ke 许可
XU, YONG JIANG 许永江

XU, KE 徐克
Nan, Yun 南云

Xu, Ke 徐柯
YAN, GUO CAI 燕国材 **(1930-)**

Xu, Ke 徐珂
XU, CHANG 徐昌 **(1869-1928)**

Xu, Ke ruo 徐克弱
CHEN, FAN 陈凡 **(1915-1997)**

Xu, Ke zhuo 徐可倬
XU, LI SHENG 徐励生

Xu kong 虚空
LI, WEN TAO 李文涛 **(1880-1942)**

Xu, Kui 徐葵
HUANG, YAO ZONG 黄耀宗

XU, KUN QUAN 徐坤泉 **(1907-1954)**
A Q zhi di 阿Q之弟

Xu, Lai 徐徕
XU, JUN XUN 徐君勋 **(1925-)**

Xu, Lan 许兰
XU, LAN XIANG 许兰香

Xu, Lan shan 许蓝山
XU, JIN XING 许进兴 **(1948-1987)**

XU, LAN SUN 许兰孙
Bai, Ou 白鸥
Bai ou nü shi 白鸥女士

XU, LAN XIANG 许兰香
Xu, Lan 许兰

XU, LAN YING 徐兰英 **(1946-)**
A lan 阿岚

Xu, Lang 许朗
XU, HUAI ZHONG 许怀中 **(1929-)**

Xu, Lang 徐朗
WANG, CHENG GONG 汪诚功 **(1921-)**

Xu, Lang tong 许浪通
XU, XIN TONG 许信通 **(1936-)**

XU, LANG XI 徐朗西 **(1885-)**
Qin, Sheng 秦生
Xu, Ying tang 徐应唐
Yu yun 峪云
Yu yun shan ren 峪云山人

Xu, Le 徐乐
YANG, SHU CHU 杨书楚 **(1935-)**

Xu, Lei ran 许磊然
XU, YI ZENG 许怡曾 **(1918-)**

XU, LI 徐立 **(1951-)**
Jin, Shi 金石

Xu, Li 徐李
XU, WEN ZHONG 徐文仲 **(1936-)**

Xu, Li heng 徐力衡
XU, SHAN YUAN 徐善源 **(1914-1977)**

XU, LI HUA 徐丽华
Xu, Yi 徐毅

Xu, Li qun 许立群
YANG, CHENG DONG 杨承栋 **(1927-)**

XU, LI SHENG 徐励生
Xu, Ke zhuo 徐可倬

Xu, Li si 许理斯
XU, RUO CHAO 许若潮 **(1913-1977)**

Xu, Li yi 许力以
XU, CHENG XUE 许承学 **(1923-)**

Xu, Li zhi 徐利治
XU, QUAN YONG 徐泉涌 **(1920-)**

Xu, Lian 徐联
XU, SHI CHEN 徐世臣 **(1939-)**

XU, LIAN CHENG 徐连诚 **(1936-)**
Yu geng 雨耕

XU, LIANG 徐亮 **(1905-1984)**
Bo xin 伯昕
Xu, Bo xin 徐伯昕
Xu, Wei bing 徐味冰
Xu, Yin qiu 徐吟秋
Yin qiu 吟秋
Zhao, Xi qing 赵锡庆

Xu liang 煦良
ZHOU, XU LIANG 周煦良 **(1905-1984)**

XU, LIANG HE 徐良河 **(1930-)**
Gui, Yong 桂庸
Lan, Xuan 蓝萱
Pu teng 葡藤
Shi yin 诗吟
Xu, Guo teng 徐国腾
Xu, Zheng 徐征
Yi, Ren 伊人
Yuan, Sun 元孙

XU, LIAO WENG 徐了翁
Liao weng 了翁

Xu, lin 旭林

ZHANG, XU LIN 张旭林 (1939-)

XU, LIN 徐琳 (1922-)
Ai hua 爱华
Lin yu 琳玉

XU, LIN 徐琳 (1927-)
Yong lu 永禄
Yun, Lou 云楼

XU, LIN DA 徐林达 (1941-)
Lin, Da 林达

XU, LIN HUANG 徐林晃 (1955-)
Lin, Guang 林光

XU, LIN YI 徐林义 (1940-)
Lin, Yin 林音

Xu, Ling 徐凌
SUN, JIN LING 孙金陵 (1964-)

Xu, Ling fang 许令芳
ZHOU, DING YI 周定一 (1913-)

Xu, Ling xiao 徐凌霄
XU, REN JIN 徐仁锦 (1888-1961)

XU, LING YUN 徐凌云 (1885-1965)
Ling, Yun sheng 凌云生

XU, LING ZHI 徐凌志 (1955-)
Ling, Zi 凌子

Xu, Liu 徐流
CHENG, GUANG RUI 程光锐 (1918-)

Xu, Liu hen 许流痕
XU, DU DI 许度地 (1914-)

Xu, Liu lang 许流浪
XU, DU DI 许度地 (1914-)

Xu, Lu 徐鹿
WANG, GUO ZHANG 王国璋 (1925-)

Xu lu 虚庐
ZHANG, GUAN ZHE 张冠哲 (1947-)

Xu lu 鄦庐
WANG, SHI TONG 王式通 (1863-1931)

Xu, Lu ling 徐路翎
XU, SI XING 徐嗣兴 (1923-)

Xu, Lü 徐律
XU, YAO ZHEN 徐耀桢

Xu lü 须旅
XU, DA YUAN 许大远

Xu, Lun 徐仑
XU, SHI LUN 徐世纶 (1909-)

Xu, Lun yin 许仑音
CAI, SI CHENG 蔡思诚 (1914-1935)

Xu, Luo 许罗
LIN, LI TIAN 林犁田 (1921-)

Xu, Ma lin 徐玛琳
XU, YI MEI 徐懿美 (1942-)

XU, MAI JIN 徐迈进 (1907-1987)
Xu, Jian san 徐建三
Xu, Qiu chan 徐秋蝉
Xu, Wen yuan 徐文元
Xu, Xiao guang 徐晓光

Xu, Man 徐曼
WANG, YANG 王扬 (1917-1986)

XU, MAN 徐曼 (1924-)
Xu, Chang wen 徐昌文
Xu, Wen shui 徐文水

Xu, Man 徐曼
XU, NAI WEN 徐乃文 (1940-)

Xu, Man 徐慢
XU, JI HUA 徐季华 (1923-)

XU, MAO CHANG 许茂昌
Mao chang 茂昌

XU, MAO RONG 许茂荣 (1939-)
Ding, Qi 丁琪
Ka si 卡斯
Xu, Duo 许多
Zhu, Ran 朱然

XU, MAO RONG 徐茂荣 (1911-1977)
Chi mang 蚩氓
Ding, Xiang gong 丁象恭
Dun pang 敦庞
Fan, Kang 樊康
Fu xian 弗先
Gao, Ping 高平
Hui chun 回春
Hui yin 回音
Lao, Yu nong 劳于农
Li sheng 力生
Lin, Yu 林予
Liu, Ying 柳英
Mao yong 懋庸
Mu, Rong 慕容
Peng, Ding 彭鼎
Ping, Zhong 平仲
Song, Xiu 宋修
Wan, Song 万松
Wang, Wei 王纬
Xu, Mao yong 徐懋庸
Xu, Xuan sheng 徐选胜
Yang 扬

Yang, Ling 扬灵
Ye zi 晔子
Yong 庸
Yu, Yang ling 余扬灵
Yu, Zhi li 余致力
Zhi li 致立

XU, MAO TING 徐茂庭 **(1922-)**
Hu, Sha 胡沙
Jiang, Jun 江军
Shi, Ying 史莹
Xu, Hu sha 徐胡沙
Xu, Qin jing 徐勤精
Xu, Sha 徐沙
Ying 莹

Xu, Mao yong 徐懋庸
XU, MAO RONG 徐茂荣 **(1911-1977)**

XU, MEI HUI 徐美惠
Qi, Yun 齐芸

XU, MEI LI 徐美丽 **(1950-)**
Chui yu 垂鬱
Sang, Ji sheng 桑寄生
Sang, Rou 桑柔

Xu, Mei xun 许美勋
XU, MEI XUN 许美壎 **(1901-1991)**

Xu, Mei xun 许美埙
XU, MEI XUN 许美壎 **(1901-1991)**

XU, MEI XUN 许美壎 **(1901-1991)**
Mei, Sun 梅孙
Mei xun 美埙
Pu, Luo 普络
Xu, E 许峨
Xu, Mei xun 许美勋
Xu, Mei xun 许美埙

Xu, Meng 徐梦
XU, RANG 徐儴 **(1885-)**

Xu, Meng 徐蒙
WAN, LI HUANG 万礼黄 **(1903-1971)**

Xu, Meng 徐蒙
XU, YOU SHOU 徐有守 **(1924-)**

XU, MENG CHAO 许萌超 **(1935-)**
Xu, Zhi 许之

Xu, Meng lin 徐梦麟
XU, JIA RUI 徐嘉瑞 **(1895-1977)**

XU, MENG QIU 徐梦秋 **(1901-)**
Lian, Chen 廉臣
Meng qiu 梦秋

XU, MIAN WEN 许勉文 **(1919-)**
Fan, Jin 范瑾

Xu, Min qi 许敏歧
XU, AI CHANG 许艾昌 **(1935-)**

Xu, Ming 徐明
ZHUANG, ZI MING 庄子明 **(1930-)**

Xu ming 旭明
ZHOU, JUAN GU 周娟姑 **(1933-)**

Xu ming 旭明
ZHU, XU MING 朱旭明 **(1934-)**

XU, MING 续明
Fa zeng 法增

XU, MING AN 徐明安 **(1922-)**
Xu, Shu zhi 徐庶之

Xu, Ming ji 徐名骥
XU, DIAO FU 徐调孚 **(1901-1981)**

XU, MING JIE 许明傑 **(1937-)**
Xu, Qi 许淇

XU, MING LIANG 徐明亮 **(1956-)**
Se bo 色波

Xu, Ming yi 徐明义
XU, YAN BING 徐严冰 **(1923-)**

Xu, Mo 徐沫
HE, ZENG XI 何增禧

XU, MO 徐谟 **(1893-1956)**
Ping, Zhang 平章

Xu, Mo chi 许默痴
XU, BAO YU 许宝钰 **(1917-)**

XU, MO LIN 许墨林 **(1940-)**
Mo, Lin 墨林

XU, MO YU 许默语 **(1913-1945?)**
E pi 噩疋
Mo nü 魔女

Xu, Mo zhi 徐默之
LIU, XIN HUANG 刘心皇 **(1915-)**

Xu, Mu 徐沐
WANG, HAO 王灏 **(1927-)**

Xu, Mu 徐穆
MU, DE HUI 穆德辉 **(1924-)**

Xu mu 虚木
DENG, TIE 邓铁 **(1898-1963)**

XU, MU LAN 徐木兰 **(1949-)**
Zheng, Mu 郑牧

Xu, Mu lin 徐木林
XU, MU LIN 徐牧麟 **(1928-)**

XU, MU LIN 徐牧麟 **(1928-)**
Xu, Mu lin 徐木林

XU, NAI CHANG 许乃昌
Xiu hu 秀湖
Xiu hu sheng 秀湖生
Xu, Xiu hu 许秀湖

XU, NAI CHANG 徐乃昌 **(1862-1936)**
Bing si 夂丝
Ji yu 积餘
Sui an 随庵

XU, NAI LI 徐乃力 **(1932-)**
Kun shan 昆山

Xu, Nai miao 许乃妙
XU, ZHENG FAN 许征帆 **(1927-)**

XU, NAI WEN 徐乃文 **(1940-)**
Xu, Man 徐曼

XU, NAI XIANG 徐廼翔 **(1931-)**
Ma, Yu 马羽
Ping zong 萍踪
Qiu, Zi 秋子
Sha, Yuan 沙原
Wen qiao 问樵
Xi yu 西羽
Xu, Hua 徐骅

Xu, Nan cun 许南村
CHEN, YONG SHAN 陈永善 **(1937-)**

XU, NAN YING 许南英 **(1855-1917)**
Pi she ye guo liu fa tou tuo 昆舍耶国留髮头陀
Yun bai 蕴白
Yun bo 允伯

XU, NIAN CI 徐念慈 **(1874-1908)**
Dong hai jue wo 东海觉我
Jue wo 觉我
Xu, Zheng yi 徐蒸乂

XU, NIAN ZHUANG 徐念庄 **(1908-1982)**
Xu, Jin zhi 徐近之

Xu, Niang 徐娘
XU, DU QIAN 徐笃谦 **(1925-)**

Xu, Ning 许宁
XU, JIA LIN 许家麟 **(1941-)**

Xu, Ning 徐宁
XU, SI XING 徐嗣兴 **(1923-)**

Xu, Nong 许农
ZHANG, BO YUAN 张伯媛 **(1941-)**

Xu, Nuo 许诺
XU, ZHI ZHENG 许之正 **(1916-)**

Xu, Nuo 许诺
XU, BAO YU 许宝钰 **(1917-)**

Xu, Pang 徐旁
XU, BANG DA 徐邦达 **(1911-)**

XU, PEI CHEN 徐培晨 **(1951-)**
Pei ren 沛人

XU, PEI DE 徐沛德 **(1883-1965)**
Xu, Ren ru 徐忍茹

XU, PEI GEN 许培根 **(1944-)**
Mai, Wei yi 麦威仪
Pei qln 佩芹
Xu, Yi yun 许亦云
Yun, Zhong zi 云中子

XU, PEI JI 许培基 **(1926-)**
Yan, Wu 言午

Xu, Pei wei 徐佩韦
SHEN, DUAN XIAN 沈端先 **(1900-1995)**

Xu, Pian 徐翩
LIN, GUANG HUI 林光辉 **(1932-)**

XU, PIN YU 徐品玉
Xu, Tian bai 徐天白

XU, PING 许平 **(1926-)**
Xu ping 煦平
Xu, Ping 许评

Xu, Ping 许评
XU, PING 许平 **(1926-)**

Xu, Ping 徐平
MENG, XIAN QI 孟宪棨 **(1902-1976)**

XU, PING 徐平 **(1926-)**
Qiu, Yang 秋阳
Yu, Fei 于非

Xu ping 煦平
XU, PING 许平 **(1926-)**

Xu, Ping yu 徐平羽
WANG, WEI XIONG 王为雄 **(1909-1986)**

Xu pu 叙圃
HE, SUI 何遂 **(1887-1968)**

Xu, Qi 许淇
XU, MING JIE 许明傑 **(1937-)**

Xu, Qi hang 徐起航
ZHAO, HONG ZHI 赵鸿志 **(1925-)**

Xu, QI JI 许弃疾
XU, YU CHENG 许与澂

XU, QI XIAN 许启贤 **(1934-)**
Xu, Shui zhong 许水忠

XU, QIAN 徐谦 **(1871-1940)**
Huang shan qiao ke 黄山樵客
Xu, Ji long 徐季龙

Xu, Qian fu 徐前赴
XU, DU QIAN 徐笃谦 **(1925-)**

Xu, Qian fu 徐谦夫
XU, DU QIAN 徐笃谦 **(1925-)**

XU, QIANG HUA 徐强华 **(1927-)**
Hua, Qiang 花强
Xu, Xiang lie 徐象烈

Xu, Qin 许钦
XU, BAO YU 许宝钰 **(1917-)**

XU, QIN 徐勤 **(1873-1945)**
Jun mian 君勉
Xue an 雪庵

Xu, Qin jing 徐勤精
XU, MAO TING 徐茂庭 **(1922-)**

Xu, Qin wen 许钦文
XU, SHENG YAO 许绳尧 **(1897-1984)**

Xu, Qing 许晴
XU, DUO 许多 **(1911-1941)**

Xu, Qing 徐勍
XU, ZHENG ZHONG 徐正中 **(1936-)**

XU, QING CHANG 许清昌 **(1915-)**
Lao lei 老蕾

XU, QING GUANG 徐青光 **(1909-)**
Qing guang 青光
Xu, Yu shu 徐玉书

Xu, Qing hua 许清华
XU, YONG 许勇 **(1969-)**

Xu, Qiong er 徐琼二
XU, YUAN CHEN 徐渊琛 **(-1948)**

XU, QIU 徐秋 **(1962-)**
Qiu, Zi 秋子

Xu, Qiu chan 徐秋蝉
XU, MAI JIN 徐迈进 **(1907-1987)**

XU, QIU TAO 徐秋涛
Yan shui san ren 烟水散人

XU, QU CHENG 徐渠成
Xu, Gui tian 徐归田

XU, QU XI 徐趣西
Qu, Xi 趣西

Xu, Quan 徐权
XU, RI QUAN 徐日权 **(1932-)**

XU, QUAN YONG 徐泉涌 **(1920-)**
Xu, Li zhi 徐利治

XU, RANG 徐傢 **(1885-)**
Ban meng 半梦
Dong fo 冻佛
Xu, Meng 徐梦
Xu, Yun shi 徐云石

XU, REN 许仁
Bai ge 百歌

Xu ren 需人
CHE, WEN BO 车文博 **(1931-)**

XU, REN DE 徐仁德 **(1925-)**
Qing yan 青烟
Xu, Fan 徐帆

Xu, Ren fu 徐仁甫
XU, YONG XIAO 徐永孝 **(1901-)**

Xu, Ren fu 徐任夫
XU, ZU HUA 徐祖华 **(1909-1931)**

XU, REN JIN 徐仁锦 **(1888-1961)**
Ben ge 本阁
Bin bin 彬彬
Ge 阁
Lao bei jing 老北京
Lao han 老汉
Lao xiao 老霄
Ling xiao 凌霄
Ling xiao ge zhu 凌霄阁主
Ling xiao han 凌霄汉
Ling xiao han ge 凌霄汉阁
Ling xiao han ge zhu 凌霄汉阁主
Ling xiao han ge zhu ren 凌霄汉阁主人
Ru ru 如如
Xiao 霄
Xu, Bin 徐彬
Xu, Bin bin 徐彬彬
Xu, Ling xiao 徐凌霄
Xu, Yi chen 徐一尘
Xu, Yi shi 徐一士
Yi chen 一尘
Yi shi 一士
Zhu chen 烛尘

Xu, Ren rong 許仁榮
JIN, YAO RU 金尧如 **(1923-)**

Xu, Ren ru 徐忍茹
XU, PEI DE 徐沛德 **(1883-1965)**

XU, REN TU 许仁图 **(1949-)**
A tu 阿图

Xu, Ren yan 许人言
YANG, FU DONG 杨复冬 **(1922-1978)**

XU, REN YU 徐仁钰 **(1890-1971)**
Ling xiao yi shi 凌霄一士
Yi shi 一士

XU, RI QUAN 徐日权 **(1932-)**
Xu, Quan 徐权

Xu, Rong 许榕
XU, JIU DONG 许久东 **(1960-)**

Xu rong 虚容
WANG, YIN TING 王荫庭 **(1934-)**

XU, RONG QING 徐荣庆 **(1931-)**
Yi xin 一信

Xu, Ru 许如
YANG, LING DE 杨令德 **(1905-1985)**

XU, RU 徐儒 **(1911-1972)**
Xu, Yi hua 徐一化

XU, RU LIANG 许汝良 **(1934-)**
Ping shan dao weng 平山道翁

Xu, Ru lin 徐如林
WANG, SU E 王素娥 **(1954-)**

XU, RU ZHAO 徐汝钊 **(1939-)**
Yu, Yu 于峪

XU, RUI YUE 徐瑞岳 **(1941-)**
Li, Huang 李篁

XU, RUN QUAN 许润泉 **(1938-)**
Bai, Shui 白水

XU, RUN ZHI 徐润芝 **(1927-)**
Cheng zhi 澄之
Ren zhi 纫芝

XU, RUO CHAO 许若潮 **(1913-1977)**
Hui zi 慧子
Jiang, Ling 姜凌
Li, Jiang 李疆
Xu, Ju fang 许菊芳
Xu, Li si 许理斯
Xu, Yang 许阳
Zhou, Shu yu 周漱玉

XU, RUO YING 许若英
Lü ting 绿汀

Xu, San mao 徐三毛
XU, JIA ZHEN 徐家桢 **(1952-)**

Xu, San xu 许三嘘
LI, SHU EN 李澍恩 **(-1945?)**

Xu, Sao 徐扫
XU, JUN FAN 徐君藩 **(1914-)**

XU, SEN LIN 许森林 **(1949-)**
Tian, Jian 田间
Xu, Dan lin 许丹林

Xu, Sha 徐沙
XU, MAO TING 徐茂庭 **(1922-)**

XU, SHAN YUAN 徐善源 **(1914-1977)**
A fu 阿福
Chen, Mu sheng 陈姆生
Fu cang 福藏
Hu, Ming shu 胡明树
Li heng 力衡
Ming, Shi 明士
Ming, Shu 明树
Ming, Zhu 明柱
Mu fu 牧夫
O.M.
Ping, Xing 平行
Xu, Li heng 徐力衡
Xu, Xu 徐徐
Zhan, Mo shi 詹谟士

XU, SHANG SHOU 徐商寿 **(1914-1996)**
Long, Ba 龙八
Shang, Shou 商寿
Shi, Gang 史纲
Tang, Lang 唐琊
Xu, Chi 徐迟
Yu, Sheng 余生

Xu, Shang sui 许上遂
XU, SHOU SHANG 许寿裳 **(1883-1948)**

Xu, Shang tian 徐尚田
XU, SI 徐思 **(1929-)**

XU, SHAO DI 许绍棣 **(1900-1980)**
Di 棣
Shao di 绍棣

Xu, Shao jin 徐绍进
XU, HENG 徐衡 **(1929-)**

XU, SHAO KANG 徐绍康 **(1892-1975)**
Chang bai lao ren 长白老人
Shu he 叔鹤

XU, SHAO WU 徐绍武 **(1934-)**
Shao, Wu 邵伍

XU, SHAO YI 许少逸 **(1939-)**
Cao qing 草青

XU, SHAO ZHEN 徐绍桢 **(1861-1936)**
Xue hai tang 学海堂
Xue shou lao ren 学寿老人

Xu, Shen 许慎
JIANG, CHUN FANG 姜椿芳 **(1912-1987)**

Xu, Shen 徐慎

XU, SHEN XING 徐慎行 (1933-)

XU, SHEN XING 徐慎行 (1933-)
Xu, Shen 徐慎

Xu sheng 虚生
XU, BING CHANG 徐炳昶 (1888-1976)

Xu sheng 虚生
SUN, ZHONG QI 孙锺琦 (1914-1983)

XU, SHENG WEN 许声闻 (1906-1988)
Di 涤
Di xin 涤新
Fang, Zhi ping 方治平
Han ruo 翰若
Han ruo 瀚若
Xu, Di xin 许涤新

XU, SHENG YAO 许绳尧 (1897-1984)
B.P.
C. W.
Fang, Zhi fu 方之夫
Gao, Yang 高阳
Ge lao guan 革老观
Hu shan ke 湖山客
Jia shu ren 假蜀人
Jin, Wen 金文
Jun wen 隽闻
Liu, Dao fu 刘道福
Liu, Si 柳丝
Mu zi 木子
Qin, Wen 钦文
Sheng luo da bo 剩落大伯
Sheng yao 绳尧
Shu bin 蜀宾
Song lin 松林
Tian, Er 田耳
Xi nong 细农
Xu, Qin wen 许钦文
Yi dong 一东
Yi ren 逸人
Zhang, Jin 张金

Xu shi 虚石
DING, NAI WU 丁迺武 (1941-)

XU, SHI CHANG 许世昌
Xu, Xin tai 许心泰
Zhu, Chui 竹槌

XU, SHI CHANG 徐世昌 (1858-1939)
Dong hai 东海
Shi men shan ren 石门山人
Shu sui lao ren 书髓老人
Shui, Zhu 水竹
Shui zhu cun ren 水竹邨人
Tao zhai 弢斋
Tui geng lao ren 退耕老人
Tui sou 退叟
Xu, Ju ren 徐菊人

XU, SHI CHEN 徐世臣 (1939-)
Xu, Lian 徐联

XU, SHI CHENG 徐世成 (1937-)
Cun shi 村石
Lu, Guang 鲁光

Xu, Shi dan 徐石丹
XU, ZHENG 徐正

XU, SHI JIE 徐士杰 (1914-)
Shi, Jie 石洁
Xu, Jie 徐杰

XU, SHI JIE 徐世傑 (1918-)
Wu, Ming 吴明

XU, SHI JING 徐世京 (1931-)
Fan, Xiu 范秀
Tian, Yu 田雨

XU, SHI KANG 徐世康 (1940-)
He, Yin 和音

XU, SHI LIAN 许世连 (1920-)
Bao, Er cong 鲍耳聪
Bin shi 镔石
Chen, Wei 陈微
Fan fu 凡夫
Fang ping 放平
Ji feng 集风
Kang nu 抗奴
Lian lang 琏郎
Man ping 漫萍
Qi, Fen 齐愤
Song, Ji ti 宋季提
Xu, Wen 许文
Yue, Fen ren 乐奋人

XU, SHI LIANG 徐师梁
Lao bai xing 老百姓

XU, SHI LUN 徐世纶 (1909-)
Ni xie 泥鞋
Xu, Lun 徐仑

Xu, Shi ping 徐世平
XU, ZONG SHI 徐宗士 (1910-)

Xu, Shi qi 许士騏
XU, SHI QI 许士麒 (1899-)

XU, SHI QI 许士麒 (1899-)
Xu, Shi qi 许士騏

Xu, Shi quan 徐诗荃
XU, HU 徐琥 (1909-)

Xu, Shi ren 许士仁

XU, JIE 许杰 **(1901-1993)**

XU, SHI RONG 徐世荣 **(1934-　　)**
Xu, Wen 徐文

XU, SHI TANG 徐世棠 **(1937-　　)**
Shi, Ying 时瀛

XU, SHI XU 许世旭 **(1934-　　)**
Xu, Su ting 许素汀

XU, SHI YAN 徐世延
Shi, Jie 混介

Xu, Shi yin 徐市隐
XU, ZAN ZHOU 徐赞周 **(1867-1929)**

XU, SHI YING 许世英 **(1872-1964)**
Jun ren 隽人
Shuang xi 双溪
Shuang xi cao tang zhu ren 双溪草堂主人
Xu, Jing ren 许静仁
Yun, Lou 云楼

Xu, Shi zhong 徐实中
XU, ZU ZHENG 徐祖正 **(1897-1978)**

Xu shou 虚受
WANG, XIAN QIAN 王先谦 **(1842-1917)**

XU, SHOU DA 许寿大 **(1916-　　)**
Cai, Xi jun 蔡西君
Xu, Shou tai 许绶泰
Xu, You 徐由

XU, SHOU JUAN 徐寿娟
Luo, Qiong 罗琼

XU, SHOU KANG 许寿康 **(1907-1974)**
Xu, Si xuan 许思玄
Xu, Si yuan 许思园

Xu, Shou kang 许寿康
XU, WAN CHENG 许晚成

Xu, Shou peng 许寿彭
XU, YAN NIAN 许延年

XU, SHOU SHANG 许寿裳 **(1883-1948)**
Liu qi 旒其
Shang sui 上遂
Xu, Ji fu 许季茀
Xu, Ji fu 许季苐
Xu, Ji fu 许季黻
Xu, Shang sui 许上遂

Xu, Shou tai 许绶泰
XU, SHOU DA 许寿大 **(1916-　　)**

XU, SHOU YIN 徐守银 **(1941-　　)**
Xiao xu 晓旭
Zheng yi 正义

XU, SHOU ZHEN 许寿真 **(1914-1949)**
Eltunko

XU, SHOU ZHONG 徐守中 **(1917-　　)**
Du, Ruo 杜若
Lin, Yu 林雨
Xu, Bu 徐步
Xu, Xing 徐行

Xu, Shu 徐庶
XU, WEN LI 徐文立 **(1941?-　　)**

Xu, Shu chou 许叔丑
XU, DI SHAN 许地山 **(1893-1941)**

XU, SHU JUAN 徐淑娟 **(1915-　　)**
Shu, Ang 舒昂
Shu, Dai 舒岱
Xu, Wei 徐微

XU, SHU LIN 徐树林 **(1944-　　)**
Jiang, Chun liu 江春流
Shu lin 庶凛

Xu, Shu liu 许漱六
WU, DING DI 吴鼎第 **(1914-　　)**

XU, SHU REN 胥树人 **(1922-　　)**
He, Mo 何莫
Li, Geng 黎庚

XU, SHU YUAN 徐树元 **(1924-　　)**
Jing, Hong 景虹
Xu, Xiao he 徐小赫
Yu, Xiao 余晓

XU, SHU ZHENG 徐树铮 **(1880-1925)**
Tie shan 铁珊
Xu, You zheng 徐又铮
Ze lin 则林

Xu, Shu zhi 徐庶之
XU, MING AN 徐明安 **(1922-　　)**

Xu, Shui 胥水
LIU, BAO CHI 刘宝篪 **(1956-　　)**

XU, SHUI LONG 许水龙 **(1965-　　)**
Ding, Zhao qing 丁照青

Xu, Shui yi 徐水易
YUE, DAI YUN 乐黛云 **(1931-　　)**

Xu, Shui zhong 许水忠
XU, QI XIAN 许启贤 **(1934-　　)**

XU, SHUN JIN 许顺进 **(1947-　　)**
Xu, Si 许思

Xu, Shuo fang 徐朔方
XU, BU KUI 徐步奎 **(1923-　　)**

Xu, Si 许思

XU, SHUN JIN 许顺进 (1947-)

XU, SI 徐思 (1929-)
He, Xi 何豁
Xu, Shang tian 徐尚田
Zi zhi 子治

Xu, Si 徐思
XIE, XIU ZONG 谢秀宗 (1943-)

XU, SI CONG 徐四聪 (1918-)
Xian zhi 鲜知
Xu, Xian zhi 徐显之
Yang yu 洋渔

XU, SI XING 徐嗣兴 (1923-)
Bing ling 冰菱
Feng song 烽嵩
Jia mu 嘉木
Liu feng 流烽
Lu, Ling 路翎
Mu, Na 穆纳
Mu na 木纳
Ning 宁
Sha hong 莎虹
Wei min 未民
Wei ming 未明
Xu, Feng 徐烽
Xu, Lu ling 徐路翎
Xu, Ning 徐宁
Yu, Lin 余林

Xu, Si xuan 许思玄
XU, SHOU KANG 许寿康 (1907-1974)

Xu, Si yu 徐思予
XU, EN ZENG 徐恩曾 (1898-1985)

Xu, Si yuan 许思园
XU, SHOU KANG 许寿康 (1907-1974)

XU, SONG NIAN 徐颂年 (1904-1981)
Dan ge 丹哥
Dan ge 丹歌
SH
Xu, Dan ge 徐丹歌
Xu, Jia he 徐家鹤
Xu, Zhong nian 徐仲年

XU, SONG SHI 徐松石 (1899-)
Zhao liu ju shi 照流居士

Xu, Sou 许叟
LIU, ZE 刘赜 (1891-1978)

Xu, Su 徐速
XU, BIN 徐斌 (1924-1981)

Xu, Su an 许甦庵
XU, GUO YING 许国英 (1875-1923)

XU, SU LAN 许素兰
Zhu, Lan 竹岚

XU, SU LING 徐苏灵 (1906-)
Wei yin 薇因

XU, SU MIN 许苏民 (-1924)
Su min 甦民
Xu an 鄦厂

Xu, Su ting 许素汀
XU, SHI XU 许世旭 (1934-)

XU, SU WU 徐夙吾
Luo, Sha 罗莎
Qing tong 青桐

XU, SUI GENG 徐燧耕 (1915-)
Liao liao 了了
Xu, Da 徐达
Xu, Yi liao 徐亦了
Ye, Lao 叶劳
Yi liao 一瞭

XU, SUI ZENG 许绥曾 (1921-)
Fang, Han 方涵
Li li 蠡理
Liang, Hua 梁华
Mei, Duo 梅朵
You, Cheng mei 尤成美
Zhao, Han 赵涵

Xu, Tai gu 许太谷
XU, DUN GU 许敦谷 (1894-)

XU, TAI QUAN 许泰权 (1963-)
Fei fei 非非
Fei fei 斐斐
Qin, Ye 秦野

XU, TAO 许涛 (1934-)
Jian yi 坚毅
Yan, Shui 言水

Xu, Tian bai 徐天白
XU, PIN YU 徐品玉

Xu, Tian fu 徐天復
XU, YU 徐裕 (1893?-1916)

Xu, Tian hong 许天虹
XU, YU XUN 许郁勋 (1907-1958)

Xu, Tian huo 徐天活
XU, TIAN RONG 徐天荣 (1924-)

XU, TIAN KAI 许天开
Tian kai 阗凯

XU, TIAN MIN 徐天民 (1928-)
Xu, Tian min 徐天敏

Xu, Tian min 徐天敏

XU, TIAN MIN 徐天民 **(1928-)**

XU, TIAN RONG 徐天荣 **(1924-)**
Xu, Tian huo 徐天活

Xu, Tian sheng 许天生
XU, XIAO TIAN 许啸天 **(1886-1946)**

Xu, Tian song 徐天颂
XU, YIN DONG 徐寅东 **(1950-)**

Xu, Tian xiao 徐天啸
XU, XIAO YA 徐啸亚

Xu, Tie 徐铁
LIU, NAI CHONG 刘乃崇 **(1921-)**

XU, TIE MA 许铁马
Tie ma 铁马

Xu, Ting 许汀
XU, YING RU 许英儒 **(1927-)**

XU, TING 许挺 **(1943-)**
Hu ke 浒可
Zu, Ting 祖亭

Xu, Tong 徐通
XU, YIN XIANG 徐荫祥 **(1912-)**

XU, TONG QIANG 徐通锵 **(1931-)**
Bo, Ming 薄鸣

Xu, Tu di 许图地
XU, DU DI 许度地 **(1914-)**

Xu, Tu di 许徒弟
XU, DU DI 许度地 **(1914-)**

Xu, Tu wei 徐突微
XU, CHANG JI 徐长吉 **(1916-1964)**

Xu wan 续完
QIU, WEI XUAN 丘炜萲 **(1873-1941)**

Xu wan chen 鄦挽沉
XU, WAN CHENG 许晚成

XU, WAN CHENG 许晚成
Jin, Cheng 金城
Tian gan 天干
Xu, Jin cheng 许金城
Xu, Shou kang 许寿康
Xu wan chen 鄦挽沉
Yi de 一得

XU, WAN MING 徐万明 **(1941-)**
Fang, Tang 方唐
Tang, Li 唐力
Wu, Mei 吴眉

XU, WAN XIONG 许万雄 **(1924-)**
Fang, Wen kang 方文亢

Xu, Zi 徐子

XU, WANG 徐旺 **(1925-)**
Chun quan 春泉

Xu, Wang yun 徐望云
XU, JIA MING 徐嘉铭 **(1962-)**

Xu, Wei 徐韦
SHEN, DUAN XIAN 沈端先 **(1900-1995)**

Xu, Wei 徐伟
XU, WEI 徐炜 **(1916-)**

XU, WEI 徐炜 **(1916-)**
Bai, Ding 白丁
Er ye 耳耶
Fan, Quan 范泉
Hu, Qin 胡琴
Jin, Xie 金燮
Lin, Yan 林炎
Lu, Shi yuan 陆士源
Lu, Wei liang 陆维良
Ma, Qing 马青
Wei liang 维良
Xu, Wei 徐伟
Xu, Wen wei 徐文伟
Yao yu 吕郁

Xu, Wei 徐微
XU, SHU JUAN 徐淑娟 **(1915-)**

Xu, Wei bing 徐味冰
XU, LIANG 徐亮 **(1905-1984)**

XU, WEI CHENG 徐惟诚 **(1930-)**
Yu, Ming 余铭
Yu, Xin yan 余心言

XU, WEI GUAN 徐薇官
Lu, Ming 路明

XU, WEI NAN 徐蔚南 **(1900-1952)**
Wei nan 蔚南
Xu, Yu lin 徐毓麟
Xu, Ze ren 徐泽人
Ze ren 泽人

XU, WEI RU 徐蔚如 **(1860-1937)**
Wei ru 蔚如

XU, WEI WEN 许巍文 **(1915-)**
Hui wen 慧文

XU, WEI XIN 许维新 **(1937-)**
Yan, Feng 严风

Xu, Wen 许文
XU, SHI LIAN 许世连 **(1920-)**

Xu, Wen 徐文
HUO, RU TANG 霍如棠 **(1912-1971)**

Xu, Wen 徐文
CHEN, XUN ZHI 陈迅之 **(1923-)**

Xu, Wen 徐文
XU, SHI RONG 徐世荣 **(1934-)**

Xu, Wen 徐闻
SHEN, JIN MEI 沈金梅 **(1936-)**

Xu wen 绪文
ZHAO, SHU LI 赵树礼 **(1906-1970)**

Xu, Wen cun 徐文存
XU, JIAN 许渐 **(1934-)**

XU, WEN DA 徐文达 **(1922-)**
Yan qiao 岩樵

XU, WEN DE 徐文德 **(1928-)**
Cheng, Ming 成名
Nai zhuang 乃壮
Xue yuan 雪原
Yu, Piao 余飘

XU, WEN HUA 许文华 **(1934-)**
Bai, Ou 白鸥

XU, WEN LI 徐文立 **(1941?-)**
Xu, Shu 徐庶

Xu, Wen ni 徐文麑
YE, SHAO JUN 叶绍钧 **(1894-1988)**

Xu, Wen shan 许文山
LIANG, ZHI TAO 梁植涛 **(1915-)**

XU, WEN SHAN 徐文珊 **(1899-)**
Bo yuan 帛园

Xu, Wen shui 徐文水
XU, MAN 徐曼 **(1924-)**

XU, WEN TIAN 许闻天 **(1902-1982)**
Lü teng 绿藤

XU, WEN TING 许文廷 **(1937-)**
Wu yue hua 五月花

XU, WEN TONG 徐文通 **(1930-)**
She, Wen 佘文
Wen, Tong 文通

Xu, Wen wei 徐文伟
XU, WEI 徐炜 **(1916-)**

XU, WEN WU 徐文武 **(1953-)**
Zi mo 紫陌

XU, WEN XIONG 许文雄 **(1940-)**
Xu, Da ran 许达然

Xu, Wen xiong 徐文雄
XU, ZU HUA 徐祖华 **(1909-1931)**

XU, WEN YAO 徐文耀 **(1916-)**
Guang yu 光羽
Yu, Si he 余思和

XU, WEN YU 许文郁 **(1949-)**
Ji, Miao 纪苗

Xu, Wen yuan 徐文元
XU, MAI JIN 徐迈进 **(1907-1987)**

XU, WEN ZHONG 徐文仲 **(1936-)**
Hu, Bing 胡兵
Xu, Li 徐李

Xu, Wu 许无
FANG, GUI DE 方珪德 **(1922-)**

Xu, Wu 徐舞
FANG, GUI DE 方珪德 **(1922-)**

Xu wu 虚无
LIU, YA ZI 柳亚子 **(1887-1958)**

XU, WU DING 徐武丁 **(1944-)**
Wu, Ding 武丁
Wu, Ting 武汀

Xu, Wu rong 许武荣
XU, XI YAO 许锡耀 **(1924-)**

Xu, Wu shan 徐吾山
XU, YUE KUN 徐曰琨 **(1906-)**

XU, XI 徐希 **(1940-)**
Zhen wu 振武

Xu, Xi 徐溪
LIU, SI HAI 刘斯海 **(1919-)**

XU, XI 徐熹 **(1908-)**
Miao chun 渺莼
Sen weng 森翁
Shi, Mei 石梅
Shu, Cheng 舒澄
Xu, Bei ting 徐北汀

XU, XI CHEN 徐喜辰 **(1921-)**
Xu, Jin 徐进

Xu, Xi cheng 徐锡丞
XU, DING KANG 徐鼎康 **(1876-1938)**

XU, XI HE 许锡河
Shan yun 杉云
Song yun 松云

XU, XI LIN 徐锡麟 **(1873-1907)**
Bai, Sen 柏森
Bo sheng 伯圣
Bo sun 伯荪
Guang han zi 光汉子
Yi sun 贻荪

XU, XI LIU 许锡流

Jiang, Chou 姜仇

XU, XI MEI 许细妹 **(1949-　　)**
Ru ping 如萍

XU, XI YAO 许锡耀 **(1924-　　)**
Xu, Wu rong 许武荣

XU, XI ZHEN 许席珍
Yi, Bei 易贝

Xu, Xia 许遐
ZHOU, SHU REN 周树人 **(1881-1936)**

Xu, Xia 许遐
XU, GUANG PING 许广平 **(1898-1968)**

Xu, Xia 许霞
ZHOU, SHU REN 周树人 **(1881-1936)**

Xu, Xia 许霞
XU, GUANG PING 许广平 **(1898-1968)**

Xu, Xia 徐夏
SHEN, TIAN YU 沈恬聿

Xu, Xia cun 徐霞村
XU, YUAN DU 徐元度 **(1907-1986)**

Xu, Xian 许先
XU, HUAN QIU 许焕秋 **(1940-　　)**

Xu, Xian 徐宪
XU, DE XIAN 徐德宪 **(1928-1968)**

Xu, Xian 徐掀
XU, JUN XUN 徐君勋 **(1925-　　)**

XU, XIAN JIA 许先甲 **(1886-1960)**
Xu, Zhao nan 许肇南

XU, XIAN ZHAO 徐先兆
Jing qiu 兢秋
K. S.
Kang, Sheng 康生
Kong, Sheng 孔生
Konseno
Tie xie 铁屑

Xu, Xian zhi 徐显之
XU, SI CONG 徐四聪 **(1918-　　)**

XU, XIANG 许湘
Su, Hua 苏华
Xu, Jing cun 许兢存

XU, XIANG 徐翔
Bei chan 悲禅
Xu, Xiang mu 徐翔穆

XU, XIANG JUN 许芗君 **(1954-　　)**
Xu, Yan 许燕

Xu, Xiang lie 徐象烈

XU, QIANG HUA 徐强华 **(1927-　　)**

Xu, Xiang mu 徐翔穆
XU, XIANG 徐翔

XU, XIANG QIAN 徐向前 **(1901-1990)**
Xiang qian 象谦

XU, XIANG RONG 徐向荣 **(1932-　　)**
Cao mu 草木

Xu, Xiao 徐晓
XU, JIA SHI 徐佳士 **(1922-　　)**

Xu, Xiao 徐笑
XU, CHANG QING 徐长青 **(1956-　　)**

XU, XIAO BIN 徐小彬 **(1953-　　)**
Xu, Xiao bin 徐小斌

Xu, Xiao bin 徐小斌
XU, XIAO BIN 徐小彬 **(1953-　　)**

Xu, Xiao guang 徐晓光
XU, MAI JIN 徐迈进 **(1907-1987)**

Xu, Xiao he 徐小赫
XU, SHU YUAN 徐树元 **(1924-　　)**

XU, XIAO PENG 徐晓鹏 **(1966-　　)**
Xiao ming 晓明

XU, XIAO TIAN 许啸天 **(1886-1946)**
Hai shang xian ren 海上闲人
Huang di zi sun zhi di pai Xu Ze hua 黄帝子孙之嫡派许则华
Re xue nan er Xu Ze hua 热血男儿许则华
Xiao tian 啸天
Xiao tian sheng 啸天生
Xu, Jia en 许家恩
Xu, Tian sheng 许天生
Xu, Ze hua 许则华
Ze hua 则华
Ze zhai 泽斋

XU, XIAO YA 徐啸亚
Qiu hun shi zhu 秋魂室主
Tian xiao 天啸
Tian ya lun luo ren 天涯沦落人
Xu, Tian xiao 徐天啸

Xu, Xin 许心
SHI, MING DE 施明德 **(1941-　　)**

Xu, Xin 许辛
WANG, ZHONG FAN 王忠范 **(1948-　　)**

Xu, Xin 徐辛
XU, DE JIN 徐德锦 **(1921-　　)**

Xu, Xin 徐辛
ZHU, ZI CHENG 朱子澄 **(1939-　　)**

Xu, Xin 徐欣
HE, ZI QUAN 何子铨 (1921-)

XU, XIN JIAN 徐新建 **(1955-)**
Xiao xing 晓星

XU, XIN JIE 徐新杰 **(1933-)**
Xin jie 新杰
Zi wei 紫薇

XU, XIN KAI 许新凯
Xin kai 新凯

XU, XIN LEI 徐辛雷 **(1915-1987)**
Xin, Lei 辛雷
Yang, Ming zhuo 阳明濯

Xu, Xin tai 许心泰
XU, SHI CHANG 许世昌

XU, XIN TONG 许信通 **(1936-)**
Xu, Lang tong 许浪通

Xu, Xin xue 许辛学
DENG, LI QUN 邓力群 **(1915-)**

Xu, Xin yi 许心怡
XU, JING HUA 许静华 **(1934-)**

Xu, Xing 许行
XU, EN XI 许恩熙 **(1923-)**

Xu, Xing 徐行
XU, HE FU 徐禍夫 **(1903-1977)**

Xu, Xing 徐行
ZHOU, YAO PING 周耀平 **(1906-)**

Xu, Xing 徐行
XU, SHOU ZHONG 徐守中 **(1917-)**

Xu, Xing 徐行
HUANG, ZHONG MING 黄仲鸣

Xu, Xing 徐幸
ZHONG, WEN LING 钟文灵 **(1931-)**

Xu, Xing 徐醒
WANG, CHANG GUANG 王长光 **(1920-)**

XU, XING DING 许性定
Xing ding 性定

XU, XING KAI 许兴凯 **(1900-)**
Lao tai po 老太婆
Xu, Zhi ping 许志平
Zhi ping 治平

Xu, Xing liang 徐兴良
XU, YONG LIN 徐永林 **(1936-)**

XU, XING PING 徐兴萍 **(1930-)**
Xu, Xing ping 徐星平

Xu, Xing ping 徐星平
XU, XING PING 徐兴萍 **(1930-)**

Xu, Xing wu 徐醒吾
WEN, JIAN LIU 温健骝 **(1944-1976)**

XU, XING YE 徐兴业 **(1917-1990)**
Xing ye 星叶

XU, XING ZHE 徐行者 **(1928-)**
Guan, Jian 管见
Xiao xing 晓星
Wu xing 午星

Xu, Xing zhi 许幸之
XU, DA 许达 **(1904-1991)**

XU, XIONG 徐熊 **(1927-)**
Chi ying 赤婴

Xu, Xiu 许秀
XU, GUANG PING 许广平 **(1898-1968)**

Xu, Xiu hu 许秀湖
XU, NAI CHANG 许乃昌

Xu, Xiu lin 许秀邻
XU, YI XIONG 许义雄 **(1939-)**

Xu, Xu 徐徐
XU, JUE 徐觉 **(1889-1937)**

Xu, Xu 徐徐
XU, SHAN YUAN 徐善源 **(1914-1977)**

Xu, Xu 徐徐
XU, BIN YAO 徐宾尧 **(1918-1986)**

Xu, Xu 徐訏
XU, BO XU 徐伯訏 **(1908-1980)**

Xu xu 絮絮
QIU, XU XU 丘絮絮 **(1909-1967)**

Xu xu guan zhu 嘘嘘馆主
LOU, JIAN NAN 楼建南 **(1905-)**

XU, XU HUAN 徐绪桓 **(1912-)**
Xu, Ying 徐盈

Xu, Xu sheng 徐旭生
XU, BING CHANG 徐炳昶 **(1888-1976)**

Xu xu zhai zhu 栩栩斋主
XIE, ZHI GUANG 谢之光 **(1900-1976)**

XU, XUAN FA 徐选法 **(1944-)**
Hong ji 宏济
Mo, Ming 莫明
Xu, Zi fang 徐子芳

Xu, Xuan sheng 徐选胜
XU, MAO RONG 徐茂荣 **(1911-1977)**

Xu, Xue 徐雪

LI, KA 李卡 **(1922-1949)**

Xu, Xue han 徐雪寒
XU, HAN CHEN 徐汉臣 **(1911-)**

Xu, Xue hui 徐学慧
DENG, ZHONG LONG 邓中龙 **(1926-)**

XU, XUE JIAN 徐学俭 **(1939?-)**
Wei zhang 维章

XU, XUE WEN 徐学文
Yi wen 逸汶

XU, XUE XUE 许雪雪
Xue xue 雪雪

XU, XUE YUAN 许学沅 **(1886-1972)**
Da hong shan ren 大洪山人
Xian yue 闲月

Xu, Xun 徐迅
ZHOU, JI REN 周济人 **(1932-)**

XU, XUN HE 胥勋和 **(1941-)**
Da da 达达

XU, XUN LEI 徐迅雷 **(-1931?)**
Xun lei 迅雷

Xu ya 旭雅
NI, LAI YIN 倪来音 **(1954-)**

Xu, Ya 许涯
PAN, YUN SHENG 潘允生 **(1914-)**

Xu, Yan 许言
YANG, FU DONG 杨复冬 **(1922-1978)**

Xu, Yan 许雁
XU, YAN CI 许燕慈 **(1944-)**

Xu, Yan 许燕
XU, YAN CI 许燕慈 **(1944-)**

Xu, Yan 许燕
XU, XIANG JUN 许芗君 **(1954-)**

Xu, Yan 徐彦
LI, FU YUAN 李福源 **(1933-)**

Xu yan 叙彦
CAO, YUAN BI 曹元弼 **(1879-)**

XU, YAN BING 徐严冰 **(1923-)**
Xu, Ming yi 徐明义

XU, YAN CI 许燕慈 **(1944-)**
Xu, Yan 许雁
Xu, Yan 许燕

Xu, Yan cun 徐衍存
QIAN, XING CUN 钱杏邨 **(1900-1977)**

XU, YAN FENG 许延风 **(1944-)**
Lan, Yu 兰羽
Mu yuan 牧园

XU, YAN KENG 徐延铿 **(1942-)**
Sai wai 塞外
Xu, Cheng bei 徐城北

XU, YAN NIAN 许延年
Peng dao 澎岛
Tie sen 铁森
Xu, Shou peng 许寿彭

XU, YAN PIAN 许晏骈 **(1922-1992)**
Gao, Yang 高阳
Jun wang 郡望
Shi, Yu 史鱼
Yan, Pian 晏骈

XU, YAN XIN 徐言信 **(1893-1958)**
Hong huo 红蠖
Hong huo nü shi 红蠖女士
Huo 蠖
Xu, Yu nuo 徐玉诺
Yi ba shou 一把手
Yu nuo 玉诺

Xu, Yan ying 徐雁影
XU, HONG 徐弘 **(1955-)**

XU, YAN ZHOU 徐彦洲 **(1961-)**
Qi, Yuan 启苑

Xu, Yang 许阳
XU, RUO CHAO 许若潮 **(1913-1977)**

Xu, Yang 许杨
XU, ZHENG FANG 许正芳 **(1954-)**

Xu yang 旭阳
YANG, BAO QUAN 杨宝泉 **(1938-)**

Xu, Yao chen 徐耀辰
XU, ZU ZHENG 徐祖正 **(1897-1978)**

Xu, Yao kun 徐耀焜
XU, YUE KUN 徐曰琨 **(1906-)**

XU, YAO ZHEN 徐耀桢
Xu, Lü 徐律

Xu ye 旭野
WEI, QI LIN 韦其麟 **(1935-)**

XU, YE LING 徐叶翎 **(1934-)**
Shi, Yu 石羽

XU, YE XIN 许业信 **(1926-)**
Lie hu 猎户
Lie ren 猎人
Tan, Zhen 谭真

XU, YE YU 徐晔宇 **(1952-)**
Ye yu 业余

Xu, Yi 许以
XU, YING RU 许英儒 **(1927-)**

XU, YI 徐益 **(1928-)**
Lü, Lin 吕林

Xu, Yi 徐翊
XU, KAI LEI 徐开垒 **(1922-)**

XU, YI 徐毅 **(1964-)**
Cheng, Zi liang 程子量
Lao liang 老量

Xu, Yi 徐毅
XU, LI HUA 徐丽华

Xu yi 蓄艺
SU, SHOU LIN 苏寿林 **(1948-)**

Xu, Yi an 许一厂
XU, YU CHENG 许与澂

Xu, Yi chen 徐一尘
XU, REN JIN 徐仁锦 **(1888-1961)**

Xu, Yi feng 徐艺风
XU, DU QIAN 徐笃谦 **(1925-)**

XU, YI GONG 徐一工 **(1937-)**
Xu, Gong 徐玫

Xu, Yi hua 徐一化
XU, RU 徐儒 **(1911-1972)**

Xu, Yi lan 徐薏蓝
XU, EN MEI 徐恩楣 **(1934-)**

Xu, Yi liao 徐亦了
XU, SUI GENG 徐燧耕 **(1915-)**

Xu, Yi lu 徐艺芦
XU, BO HE 徐伯河 **(1955-)**

XU, YI MEI 徐懿美 **(1942-)**
Xu, Ma lin 徐玛琳

XU, YI MIN 许一民 **(-1936)**
Hua shi 化石

XU, YI QING 徐一清
Xu, Yi qing 徐逸清

Xu, Yi qing 徐逸清
XU, YI QING 徐一清

Xu, Yi shi 徐一士
XU, REN JIN 徐仁锦 **(1888-1961)**

Xu, Yi wei 徐一苇
SHEN, DUAN XIAN 沈端先 **(1900-1995)**

Xu, Yi wen 许一文
SHI, MING DE 施明德 **(1941-)**

XU, YI XIONG 许义雄 **(1939-)**
Xu, Xiu lin 许秀邻

Xu, Yi yun 许亦云
XU, PEI GEN 许培根 **(1944-)**

Xu, Yi yun 徐一云
WEN, JIAN LIU 温健骝 **(1944-1976)**

XU, YI ZENG 许怡曾 **(1918-)**
Lei ran 磊然
Xu, Lei ran 许磊然
Yu qing 榆青

XU, YI ZONG 许义宗 **(1944-)**
Wen, Lou 文楼
Xiao yuan ding 小园丁

XU, YIN DONG 徐寅东 **(1950-)**
Xu, Tian song 徐天颂

Xu, Yin fu 徐殷夫
XU, ZU HUA 徐祖华 **(1909-1931)**

XU, YIN MING 许荫明
Yin ming 荫明

Xu, Yin qiu 徐吟秋
XU, LIANG 徐亮 **(1905-1984)**

XU, YIN XIANG 徐荫祥 **(1912-)**
Xu, Tong 徐通

XU, YING 徐英
Xu, Cheng yu 徐澄宇

Xu, Ying 徐盈
XU, XU HUAN 徐绪桓 **(1912-)**

XU, YING 徐莹
Da fang 大方

Xu, Ying 徐瑛
XU, CUN YING 徐存英 **(1939-)**

XU, YING 徐樱
Ming, Zhu 明珠

XU, YING CHANG 徐应长 **(1905-1980)**
Mo an 默厂
Xu, Huai qi 徐怀启

XU, YING RU 许英儒 **(1927-)**
Xiao yin 小音
Xu, Ting 许汀
Xu, Yi 许以

Xu, Ying tang 徐应唐
XU, LANG XI 徐朗西 **(1885-)**

XU, YONG 许勇 **(1969-)**
Duan, Hua 段华
Xi zi 西子

Xu, Jin hua 许锦华
Xu, Qing hua 许清华

XU, YONG CHU 许勇初 **(1952-)**
Cai, Yong kui 蔡詠葵
Chen, Guo 陈果
Yang, Ji 杨激

XU, YONG FU 徐永福 **(1958-)**
Xu, Cheng 徐澄

XU, YONG JIANG 许永江
Xu, Ke 许可

XU, YONG KUAN 许永宽 **(1926-)**
Lin, Ni 林泥
Luo, Ming 罗明
Qing feng 青枫
Sha, Feng 沙峰
Sha, Ming 沙明
Xu, Fang 许方
Xu, Ji qiu 许寄秋
Ye, Fei 叶飞
Yin ting 茵汀

XU, YONG LIN 徐永林 **(1936-)**
Xu, Xing liang 徐兴良

XU, YONG LU 徐詠禄 **(1923-)**
Bing ye 冰野
Sai ying 塞鹰
Sha hong 莎蕻

XU, YONG NIAN 徐永年 **(1931-)**
Qian he 千禾

XU, YONG PING 徐詠平 **(1912-)**
Da di 大笛
Dong fang, Wang 东方望
Ni si 尼斯
Wang, Meng xiang 汪梦湘

XU, YONG XIANG 徐永祥 **(1951-)**
Yang, Yi 羊衣

XU, YONG XIAO 徐永孝 **(1901-)**
Xu, Ren fu 徐仁甫

XU, YONG ZHANG 许永璋 **(1935-)**
Chu, Han 楚汉
Li zao 立早

Xu, You 许由
ZHANG, GUO GAN 张国淦 **(1876-1959)**

Xu, You 许由
JIN, MAN CHENG 金满成 **(1900-1971)**

Xu, You 许由
KOU, DAN 寇丹 **(1940-)**

Xu, You 徐由
XU, SHOU DA 许寿大 **(1916-)**

XU, YOU JI 许有吉 **(1966-)**
Xu, Hui zhi 许悔之

XU, YOU JIN 徐友金 **(1928-)**
Xu, Jing cheng 徐静诚

Xu, You sen 徐槱森
XU, ZHI MO 徐志摩 **(1896-1931)**

Xu, You shen 徐又申
XU, ZHI MO 徐志摩 **(1896-1931)**

XU, YOU SHOU 徐有守 **(1924-)**
Xu, Meng 徐蒙

Xu, You zheng 徐又铮
XU, SHU ZHENG 徐树铮 **(1880-1925)**

Xu, Yu 许钰
XU, YUN QIAO 许云樵 **(1905-1981)**

Xu, Yu 徐于
XU, BO XU 徐伯訏 **(1908-1980)**

XU, YU 徐裕 **(1893?-1916)**
Xu, Tian fu 徐天復
Xue er 血儿
Yi, Gu 衣谷

XU, YU 徐瑜 **(1945-)**
Liang, Xi 梁溪
Xu, Gu 许谷

Xu yu 旭宇
XU, YU TANG 许玉堂 **(1940-)**

Xu yu 旭羽
CHEN, WEI 陈玮 **(1936-)**

Xu yu 序宇
XU, ZHONG HUI 徐忠辉 **(1939-)**

Xu yu 须羽
DING, JING YAO 丁景垚

XU, YU CHENG 许与澂
Xu, Jin fu 许廑父
Xu, QI JI 许弃疾
Xu, Yi an 许一厂
Yan, Wu lang 颜五郎

Xu, Yu lin 徐毓麟
XU, WEI NAN 徐蔚南 **(1900-1952)**

Xu, Yu nuo 徐玉诺
XU, YAN XIN 徐言信 **(1893-1958)**

XU, YU PU 徐玉璞 **(1939-)**
Zhi bai 知白

XU, YU QIANG 徐聿强 **(1956-)**
Yu qiang 域强

Xu, Yu shu 徐玉书
XU, QING GUANG 徐青光 **(1909-)**

XU, YU TANG 许玉堂 **(1940-)**
Xu yu 旭宇

XU, YU XUN 许郁勋 **(1907-1958)**
Bai, Shi 白石
Tian hong 天虹
Xu, Tian hong 许天虹

XU, YU YI 许玉意
Wei ruo 瑋若

Xu, Yuan 许源
XU, HE PING 许和平 **(1952-)**

Xu yuan 旭沅
QIU, WEI XUAN 丘炜萲 **(1873-1941)**

Xu yuan 栩园
CHEN, XU 陈栩 **(1879-1940)**

Xu yuan 栩园
HUANG, JUN 黄钧

XU, YUAN CHEN 徐渊琛 **(-1948)**
Xu, Qiong er 徐琼二

XU, YUAN DU 徐元度 **(1907-1986)**
Bao, Er 保尔
Fang, Yuan 方原
Xia cun 霞村
Xu, Xia cun 徐霞村
Yuan, Du 元度

XU, YUE GUI 徐月桂 **(1937-)**
Yao, Heng 姚姮

XU, YUE HUA 许粤华 **(1912-)**
Yu tian 雨田

XU, YUE KUN 徐曰琨 **(1906-)**
Xu, Wu shan 徐吾山
Xu, Yao kun 徐耀焜
Yao kun 耀焜

XU, YUE YING 许月英 **(1959-)**
Lan, Yu 蓝雨

Xu, Yun 胥云
JIA, MING SHENG 贾明生 **(1943-)**

Xu, Yun 徐匀
ZHAO, XUN BO 赵循伯 **(1908-1980)**

XU, YUN QIAN 徐耘阡
P K

XU, YUN QIAO 许云樵 **(1905-1981)**
Jie hou yu sheng 劫后余生
Ju yu sheng 橘余生
Meng fei 梦飞
Meng fei zi 梦飞子
Wu, Niu 吴牛
Xi yi shi zhu 希夷室主
Xu, Yu 许钰
Yu jia 瑜伽

Xu, Yun shi 徐云石
XU, RANG 徐儴 **(1885-)**

Xu, Yun shu 徐芸书
XU, GAO RUAN 徐高阮 **(1914-1969)**

XU, YUN ZHI 徐韫知 **(1906-)**
Ba, Ke 巴克

Xu, Zan kun 许赞堃
XU, DI SHAN 许地山 **(1893-1941)**

XU, ZAN ZHOU 徐赞周 **(1867-1929)**
Xu, Shi yin 徐市隐

Xu, Ze hua 许则华
XU, XIAO TIAN 许啸天 **(1886-1946)**

XU, ZE LIN 徐泽霖 **(1928-)**
Ju sheng 巨生
Lang ping 浪平
Wang, You yun 王酉云

Xu, Ze ren 徐泽人
XU, WEI NAN 徐蔚南 **(1900-1952)**

XU, ZHAN KUN 徐占焜 **(1940-)**
Lin, Yu xuan 林雨轩

XU, ZHAN YUAN 徐湛源 **(1879-1943)**
Fo gong 佛公
Fo su 佛苏
Fo xin 佛心
Wen, Fu xing 文福兴
Xin zhai 心斋
Xu, Fo su 徐佛苏
Xu, Jun mian 徐君勉

Xu, Zhang bai 徐章白
WU, CHUN HAN 吴春晗 **(1909-1969)**

Xu, Zhang xu 徐章垿
XU, ZHI MO 徐志摩 **(1896-1931)**

XU, ZHAO FU 徐招富 **(1935-)**
Mei, Yu wa 梅雨蛙
Shi, San ji 石三吉
Xiang, Guang 向光
Xu, Chao fu 徐朝夫

XU, ZHAO HUAI 徐兆淮 **(1939-)**
A huai 阿槐
Zhun huai 准淮

XU, ZHAO HUAN 许兆焕 **(1937-)**
Fu, Fang qiao 傅方樵

Wo yun 卧云

Xu, Zhao nan 许肇南
XU, XIAN JIA 许先甲 (1886-1960)

XU, ZHAO ZHEN 许肇箴 (1961-)
Miao, Si 缪思
Xiao nü hai 小女孩

Xu, Zhe fu 许哲夫
SHI, MING DE 施明德 (1941-)

Xu, Zhe shen 徐哲身
XU, GUAN HAI 徐官海

XU, ZHEN 徐震 (1915-1946)
Fei, Ren 费仁
Jing bai 惊百
Li, Wen 李文
Li wen 理汶
Wen 文
Xi 汐
Xu, Jing bai 徐惊百

XU, ZHEN 徐震 (1929-)
Ding, Ai 丁艾
Gong jin du 公今度
Zhe dong 哲东

XU, ZHEN 徐震 (1934-)
Ge lou zhu ren 鸽楼主人

Xu, Zhen 徐震
XU, ZHEN SHI 徐震时 (1937-)

XU, ZHEN JIA 许振家 (1929-)
Xu, Zhen jia 许振嘉

Xu, Zhen jia 许振嘉
XU, ZHEN JIA 许振家 (1929-)

XU, ZHEN SHI 徐震时 (1937-)
Dong cun 东邨
Xu, Zhen 徐震
Yu, Chen 余辰

Xu, Zhen ya 徐枕亚
XU, JUE 徐觉 (1889-1937)

XU, ZHENG 徐正
Shi, Jian ru 石坚如
Shuang re 霜热
Shuang ruo 霜若
Xu, Shi dan 徐石丹

Xu, Zheng 徐征
XU, LIANG HE 徐良河 (1930-)

XU, ZHENG FAN 许征帆 (1927-)
Ou yang, Jin jiang 欧阳晋江
Xu, Chu hang 许初航
Xu, Nai miao 许乃妙

XU, ZHENG FANG 许正芳 (1954-)
Xu, Yang 许杨

XU, ZHENG YI 徐正义
A mu 阿木
Lü di 绿蒂

Xu, Zheng yi 徐蒸乂
XU, NIAN CI 徐念慈 (1874-1908)

Xu, Zheng zhi 许正之
XU, ZHI ZHENG 许之正 (1916-)

XU, ZHENG ZHI 许正直 (1911-)
Xu, Chun gong 许纯公

XU, ZHENG ZHONG 徐正中 (1936-)
Wei, Ling tong 韦龄童
Xu, Qing 徐勍

Xu, Zhi 许之
XU, MENG CHAO 许萌超 (1935-)

Xu, Zhi 徐至
SHEN, DUAN XIAN 沈端先 (1900-1995)

Xu, Zhi 徐芝
LI, JIN FENG 李金凤 (1956-)

XU, ZHI 徐雉 (1899-1947)
Venk

Xu zhi 旭芝
FANG, RONG GAO 方荣杲

Xu zhi 续之
HUA, YING SHEN 华应申 (1911-1981)

XU, ZHI CHENG 徐志成 (1931-)
Zhong liu 中流

XU, ZHI CHUN 徐志纯
Zi chun 紫醇

XU, ZHI HENG 许之衡 (-1925)
Yin liu zhai zhu ren 飲流斋主人

XU, ZHI JIAN 徐志坚 (1958-)
Xu, Bu 徐步

Xu, Zhi meng 许芝萌
XU, JIN KUN 许金坤 (1942-)

XU, ZHI MO 徐志摩 (1896-1931)
Da bing 大兵
E e 谔谔
Gu 谷
Guang tao 光涛
Hai, Gu 海谷
He 鹤
Huang, Gou 黄狗
Ji zhe 记者
Mei xuan 眉轩

Mo 摩
Nan, Hu 南湖
Shan wo 删我
Shen, Ru 申如
Shi zhe 诗哲
Xian he 仙鹤
Xin shou 心手
Xu, You sen 徐槱森
Xu, You shen 徐又申
Xu, Zhang xu 徐章埒
You shen 又申
Yun, Zhong he 云中鹤
Zhang, Xu 章埒
Zhi mo 志摩

Xu, Zhi ping 许志平
XU, XING KAI 许兴凯 **(1900-)**

XU, ZHI PING 许志平 **(1940-)**
Ji, Ping 纪屏

Xu, Zhi ping 徐直平
XU, BIN 徐斌 **(1924-1981)**

XU, ZHI QIAO 许之乔 **(1914-1986)**
Cheng, Fei yin 成菲茵
He, Yin 何茵
He, Ying 贺鹰
Huang, Xun 黄旬
Wu, Zhi yue 吴之月
Zhi qiao 之乔

XU, ZHI RONG 许智荣 **(1936-)**
Wang, Li 王里

XU, ZHI XIN 徐志忻 **(1944-)**
Mai, Jia 麦甲
Xu, Zi xin 徐子心

Xu, Zhi xing 许志行
PAN, DE FANG 潘德方 **(1902-1983)**

Xu, Zhi yan 许指严
XU, GUO YING 许国英 **(1875-1923)**

Xu, Zhi yan 许指岩
XU, GUO YING 许国英 **(1875-1923)**

Xu, Zhi yi 许志毅
XU, GUO YING 许国英 **(1875-1923)**

XU, ZHI ZHENG 许之正 **(1916-)**
Ding, Jia rui 丁家瑞
Mao hua 毛华
Nuo zhi 诺之
Song, Rui 宋瑞
Xu, Nuo 许诺
Xu, Zheng zhi 许正之
Zheng hua 正华
Zheng zhi 正之

Xu, Zhong 徐重
HUANG, YU QING 黄雨青 **(1925-)**

Xu zhong 叙重
XIONG, SHU LONG 熊述隆 **(1944-)**

XU, ZHONG GUO 胥忠国 **(1947-)**
Zhong, Ge 钟歌

XU, ZHONG HUA 徐仲华 **(1933-)**
Luo, Xu 罗絮

XU, ZHONG HUI 徐忠辉 **(1939-)**
Xu, Ge 徐歌
Xu yu 序宇

Xu, Zhong ke 徐仲可
XU, CHANG 徐昌 **(1869-1928)**

XU, ZHONG LIN 许钟麟
Lu, Ming 路明

Xu, Zhong nian 徐仲年
XU, SONG NIAN 徐颂年 **(1904-1981)**

XU, ZHONG PEI 徐钟珮 **(1917-)**
Pei ling ren 佩铃人
Yu, Feng 余风

XU, ZHONG TIAN 徐中天 **(1929-)**
Si ma, Yi kong 司马一孔

XU, ZHONG YI 徐中益 **(1949-)**
Lu, Di 卢荻

XU, ZHONG YOU 许钟祐 **(1908-)**
Ma ge 瑪戈

XU, ZHONG YU 徐中玉 **(1915-)**
Ling hu, Qing 令狐青
Wang, Zhuo 王卓
Zhong yu 中玉
Zong, Yue 宗越

Xu zhou 虚舟
ZHENG, LONG JIN 郑隆谨 **(1895-1979)**

Xu zhou 虚舟
PAN, SHOU 潘受 **(1911-)**

Xu zhou 虚舟
WANG, HONG PU 王洪溥 **(1924-)**

Xu, Zhu 徐筑
XU, FU LIN 徐傅霖 **(1879-1958)**

XU, ZHU CHENG 徐铸成 **(1907-1991)**
Ding, Ning 丁宁
Jin, Ge 金戈
Rong, Zhai 容斋
Shi, Ting 时霆
Yin si 银丝

Zhu cheng 铸成

Xu, Zhu jun 许竹君
XU, JIE 许杰 **(1901-1993)**

Xu, Zhu yuan 许竹园
ZHANG, KE BIAO 章克标 **(1900-)**

Xu, Zhuo dai 徐卓呆
XU, FU LIN 徐傅霖 **(1880-)**

XU, ZHUO YUN 许倬云 **(1930-)**
Zhuo yun 倬云

Xu, Zi 许紫
ZHU, HUAI CAI 祝怀才 **(1921-)**

Xu, Zi 徐子
XU, WAN XIONG 许万雄 **(1924-)**

Xu, Zi 徐兹
YIN, HUAN XIAN 殷焕先 **(1913-)**

Xu, Zi fang 徐子芳
XU, XUAN FA 徐选法 **(1944-)**

XU, ZI HUA 徐自华 **(1873-1935)**
Ji chen shi 寄尘氏
Qian hui 忏慧
Qian hui ci ren 忏慧词人
Xu, Ji chen 徐寄尘
Xu, Ji chen nü shi 徐寄尘女士

XU, ZI LIN 徐子林 **(1929-)**
Shu hong 蜀洪

Xu, Zi mei 许子美
XU, CHENG ZHI 许承志 **(1917-)**

XU, ZI MING 徐子明 **(1888-1972)**
Zhu, Guang han 朱光汉

Xu, Zi xin 徐子心
XU, ZHI XIN 徐志忻 **(1944-)**

XU, ZI XIONG 徐子雄 **(1936-)**
Bi, Ke xue 毕可雪
Wang, Fu cheng 王福成

Xu, Zi yong 许自庸
YAO, KE GUANG 姚克广 **(1917-1994)**

XU, ZONG JIAN 徐宗鉴
Ti seng 惕僧
Wei gong 维公
Xu, Cui an 徐粹庵

XU, ZONG SHI 徐宗士 **(1910-)**
Xu, Shi ping 徐世平
Zhi ping 治平

XU, ZONG XIAN 续宗先 **(1923-)**
Ai, Yang 艾扬
Ai, Yang 艾阳

XU, ZU HUA 徐祖华 **(1909-1931)**
Bai, Mang 白莽
Ivan
Luo fu 洛夫
Ren, Fu 任夫
Sha, Fei 沙菲
Sha, Luo 沙洛
Xu, Bai 徐白
Xu, Bai ting 徐柏庭
Xu, Bai ze 徐白则
Xu, Ren fu 徐任夫
Xu, Wen xiong 徐文雄
Xu, Yin fu 徐殷夫
Yi, Fan 伊凡
Yin, Fu 殷夫
Yin, Fu 殷孚

XU, ZU MING 许祖明 **(1948-)**
Zu, Ming 祖明

XU, ZU ZHENG 徐祖正 **(1897-1978)**
Shi zhong 实中
Xu, Shi zhong 徐实中
Xu, Yao chen 徐耀辰
Zu, Zheng 祖正

Xuan 玄
ZHOU, TAI XUAN 周太玄 **(1895-1968)**

Xuan 玄
SHEN, YAN BING 沈雁冰 **(1896-1981)**

Xuan 玄
SUN, DA KE 孙大珂 **(1909-1956)**

Xuan 宣
GUI, CANG LING 桂苍凌 **(1914-)**

Xuan 宣
XUAN, CHENG 宣诚

Xuan 萱
LI, SHENG XUAN 李生萱 **(1910-1966)**

Xuan 暄
MU, DE HUI 穆德辉 **(1924-)**

Xuan 璇
HUANG, YE MENG 黄野梦

Xuan an 选庵
KUANG, ZHOU YI 况周颐 **(1859-1926)**

Xuan bai 萱百
HU, YUN 胡蕴 **(1868-1938)**

Xuan, Bing 宣兵
WANG, SHI GE 王世阁 **(1931-)**

Xuan bo 玄伯
LI, ZONG TONG 李宗侗 **(1895-1975)**

Xuan bo 萱伯
HU, YUN 胡蕴 **(1868-1938)**

XUAN, BO CHAO 宣伯超 **(1912-)**
Bo chao 伯超
Qiu, Ling 秋灵

Xuan ce 玄策
LI, WEN TAO 李文涛 **(1880-1942)**

Xuan chang 玄常
SUN, GONG YAN 孙功炎 **(1913-)**

XUAN, CHENG 宣诚
Xuan 宣

Xuan dao ren 玄道人
LOU, CUN 楼村 **(1880-1950)**

Xuan, Er 宣儿
HU, ZHUO SHI 胡卓识 **(1963-)**

Xuan er 楦耳
XIA, LIN 夏廪

Xuan, Fan 宣樊
LIN, WAN LI 林万里 **(1873-1926)**

Xuan, Feng 宣风
LUO, XUAN WEN 罗旋文 **(1929-)**

Xuan fu 玄父
YOU, ZHI XIANG 尤志庠

Xuan fu 玄甫
YOU, ZHI XIANG 尤志庠

Xuan, Ge 宣阁
LIU, LIN SHENG 刘麟生 **(1894-1980)**

Xuan gen ju shi 玄根居士
LOU, CUN 楼村 **(1880-1950)**

XUAN, GU YU 宣古愚 **(1873?-1942)**
Huang, Ye weng 黄叶翁
Ren zhe 人哲
Xuan, Zhe 宣哲
Yu gong 愚公
Zi ye 子野

Xuan hui 玄会
LI, WEN TAO 李文涛 **(1880-1942)**

XUAN, HUI LIANG 宣惠良 **(1935-)**
Xuan, Wei 宣韦

Xuan ji 璇吉
SHEN, CONG WEN 沈从文 **(1902-1988)**

Xuan ji zi 璇玑子
ZHU, BANG XIAN 朱邦贤

XUAN, JIAN REN 宣建人 **(1914-)**
Dong men, Liang 东门亮
Xiang, Nan fei 向南飞
Yu, Chun 於春
Yu, Cun 余村

XUAN, JIN SHOU 宣金寿
Lao xuan 老宣
Xuan, Yong guang 宣永光

Xuan juan 萱娟
WEN, CHUN 文椿 **(1934-)**

Xuan, Jun 宣君
HAN, DAO CHENG 韩道诚 **(1917-)**

Xuan lan ju shi 玄覽居士
ZHENG, ZHEN DUO 郑振铎 **(1898-1958)**

Xuan lin 玄林
CHEN, XUN ZHENG 陈训正 **(1872-1944)**

Xuan lu 玄庐
SHEN, DING YI 沈定一 **(1892-1928)**

Xuan man 玄曼
SU, XUAN YING 苏玄瑛 **(1884-1918)**

Xuan, Min 宣敏
MAO, JI CHANG 毛季常 **(1920-1991)**

Xuan ming 玄明
GUO, ZHI GUANG 郭志光 **(1942-)**

Xuan ming 玄明
LI, WEN TAO 李文涛 **(1880-1942)**

Xuan mo 玄默
SHE, YAN MIAO 佘延苗 **(1919-)**

Xuan mo 玄默
ZHANG, LING XUAN 张令瑄 **(1928-1984)**

Xuan pu 玄圃
SHAO, YUAN CHONG 邵元冲 **(1890-1936)**

Xuan qing 璿卿
QIU, JIN 秋瑾 **(1875-1907)**

Xuan ren 玄人
LI, WEN TAO 李文涛 **(1880-1942)**

Xuan rong 玄荣
LI, WEN TAO 李文涛 **(1880-1942)**

Xuan ru 玄入
LI, WEN TAO 李文涛 **(1880-1942)**

Xuan ruo 璇若
SHEN, CONG WEN 沈从文 **(1902-1988)**

Xuan shan 玄山
LIN, XIAN SHAN 林贤山 **(1910-1985)**

Xuan shu 玄殊
SU, XUAN YING 苏玄瑛 **(1884-1918)**

Xuan tang 选堂
RAO, ZONG YI 饶宗颐 **(1916-)**

Xuan tong 玄同
LI, WEN TAO 李文涛 **(1880-1942)**

Xuan tong 玄同
QIAN, XUAN TONG 钱玄同 **(1887-1939)**

Xuan tong ju shi 玄同居士
LU, JIAO NAN 陆峤南

XUAN, WAN MING 宣万明 **(1958-)**
Fang, Ming 方明
He, Ping 何平
Ni, Xiao de 倪晓德
Xian min 仙民
Xiao, Xuan 萧轩

Xuan, Wei 宣韦
XUAN, HUI LIANG 宣惠良 **(1935-)**

Xuan weng 玄翁
HUANG, TAI XUAN 黄太玄

Xuan, Weng 宣翁
ZHAO, XUAN YANG 赵宣扬

Xuan xi 绚兮
LI, SU YING 李素英 **(1910-1986)**

Xuan xi 绚兮
WANG, DAN HUI 王丹辉 **(1941-)**

XUAN, XI MING 轩西明 **(1949-)**
Chen, Zi 陈子
Xi min 西民
Xi ming 西明
Xuan, Xi ming 轩锡明

Xuan, Xi ming 轩锡明
XUAN, XI MING 轩西明 **(1949-)**

Xuan, Xia fu 宣侠父
XUAN, YAO HUO 宣尧火 **(1899-1938)**

Xuan xian 璇僊
XIA, SHU YUAN 夏澍元 **(1916-1965)**

Xuan, Xiao fo 玄小佛
HE, LONG SHENG 何隆生 **(1951-)**

Xuan xin 玄辛
ZHENG, ZHEN DUO 郑振铎 **(1898-1958)**

Xuan, Xin zhao 宣心照
DU, YE MU 杜也牧 **(1910-1984)**

Xuan xiu 玄修
XIA, JING GUAN 夏敬观 **(1875-1953)**

Xuan xuan 玄玄
TIAN, TONG 田桐 **(1879-1930)**

Xuan xuan 玄玄
ZHU, ZI QING 朱自清 **(1898-1948)**

Xuan xuan 璇璇
CHEN, SHU XUAN 陈淑璇

Xuan xuan ju shi 玄玄居士
TIAN, TONG 田桐 **(1879-1930)**

Xuan xuan zi 玄玄子
TIAN, TONG 田桐 **(1879-1930)**

Xuan ya 玄崖
PENG, BING SHENG 彭丙生 **(1910-1968)**

Xuan yan 玄燕
CAO, YU TING 曹予庭 **(1929-)**

XUAN, YAO HUO 宣尧火 **(1899-1938)**
Jin qiu 今秋
Shi, Yan 石雁
Xia fu 侠父
Xuan, Xia fu 宣侠父

Xuan yi 玄衣
CAO, YU TING 曹予庭 **(1929-)**

Xuan, Ying 宣颖
QU, XUAN YING 瞿宣颖 **(1892-1973)**

Xuan ying 玄英
SHEN, YAN BING 沈雁冰 **(1896-1981)**

Xuan ying 玄婴
CHEN, XUN ZHENG 陈训正 **(1872-1944)**

Xuan ying 玄瑛
SU, XUAN YING 苏玄瑛 **(1884-1918)**

Xuan ying 玄影
LAI, XIAN YING 赖贤颖 **(1910-)**

Xuan ying zi 玄影子
HONG, JIN FENG 洪进锋

Xuan, Yong guang 宣永光
XUAN, JIN SHOU 宣金寿

Xuan zhao lu 萱照庐
SHEN, DE YONG 沈德镛 **(1898-1971)**

Xuan, Zhe 宣哲
XUAN, GU YU 宣古愚 **(1873?-1942)**

Xuan zhen zi 玄真子
XIAO, TIAN SHI 萧天石 **(1909-)**

Xuan zhong 玄中
SHAO, YUAN CHONG 邵元冲 **(1890-1936)**

Xuan zhong 玄仲
SUN, DA KE 孙大珂 **(1909-1956)**

Xuan, Zhong hua 宣中华
XUAN, ZHONG HUA 宣钟华 **(1898-1927)**

XUAN, ZHONG HUA 宣钟华 **(1898-1927)**
Le guan 乐观
Xuan, Zhong hua 宣中华
Yi fan 伊凡
Zhong hua 中华

Xuan zhu 玄珠
SHEN, YAN BING 沈雁冰 **(1896-1981)**

Xuan, Zi 宣子
SUN, SHU XIAN 孙述宪 **(1930-)**

Xuan zi 絢梓
NI, ZHENG XIANG 倪政祥 **(1935-)**

Xue 血
QU, QIU BAI 瞿秋白 **(1899-1935)**

Xue 学
ZHOU, ZUO REN 周作人 **(1885-1967)**

Xue 雪
ZHU, DE AN 朱德安 **(1901-1941)**

Xue 雪
YAO, GUAN SAN 姚冠三 **(1910-1999)**

Xue an 映庵
XIA, JING GUAN 夏敬观 **(1875-1953)**

Xue an 雪庵
XU, QIN 徐勤 **(1873-1945)**

Xue an 雪庵
SUN, SHI NAN 孙世南

Xue, Bai yan 薛白琰
ZHOU, ZUO XIN 周作新 **(1917-)**

XUE, BAO DING 薛葆鼎 **(1916-)**
Ming, Jin 明今

Xue, Bing 薛冰
FENG, XUE BING 冯雪冰 **(1907-1935)**

Xue, Bing 薛冰
SUN, TIE YI 孙铁毅 **(1946-)**

Xue, Bing 薛冰
XUE, BING 薛兵 **(1948-)**

XUE, BING 薛兵 **(1948-)**
Xue, Bing 薛冰

Xue bing 雪冰
DENG, WEN YI 邓文仪 **(1906-)**

Xue bing 雪兵
XU, JIAN 许渐 **(1934-)**

Xue bo 雪波
GU, HUAN KANG 顾缓康 **(1933-)**

XUE, BO GU 薛伯谷 **(1936-)**
Xu, Cheng 徐澂

XUE, BO YING 薛伯英 **(1928-)**
Xue, Tian jun 薛天俊

Xue bu 雪步
GUO, XUE BO 郭雪波 **(1948-)**

Xue cai 雪才
SHI, DING 施丁 **(1933-)**

Xue, Can bai 薛残白
XUE, QIAN BI 薛前壁 **(1911-)**

Xue cang 雪沧
LI, GUANG BI 李光壁 **(1914-1976)**

Xue cao 雪草
YUAN, PING QI 袁平启 **(1929-)**

Xue cao 雪草
LU, YAN LU 卢延禄 **(1935-)**

Xue ceng ying 雪层樱
DUAN, ZE HANG 段泽杭 **(1901-1946)**

Xue, Chen 薛琛
YIN, HAN GUANG 银汉光 **(1930-)**

Xue chen 雪尘
ZHANG, QI CHENG 张企程 **(1913-)**

Xue chen 雪晨
DUAN, ZE HANG 段泽杭 **(1901-1946)**

Xue chen 雪晨
CHEN, KE QIN 陈克勤 **(1951-)**

Xue, Chen zhi 薛沉之
HE, JIA LIN 何家麟 **(1907-)**

Xue, Cheng zhi 薛诚之
HE, JIA LIN 何家麟 **(1907-)**

Xue, Chi 薛池
YE, GUI SHENG 叶桂生 **(1939-)**

Xue chuan 雪川
CHEN, XI CHEN 陈锡琛 **(1931-)**

Xue, Chuan tong 薛传统
NA, QI MING 那启明 **(1937-)**

Xue chuan zi 雪川子
ZHAO, SHAO LIN 赵少琳 **(1960-)**

Xue chuang 雪窗
XU, CHANG 徐昌 **(1869-1928)**

Xue chun 雪纯
ZHU, DE AN 朱德安 **(1901-1941)**

Xue, Cun 薛郇
ZHU, KAN 朱侃 **(1925-)**

Xue cun 雪郇

LIN, LIE 林烈 (1913-)

Xue cun 雪村
ZHANG, XI CHEN 章锡琛 (1889-1969)

Xue cun 雪村
WANG, MEI CHUANG 王梅窗 (1914-)

Xue cun 雪村
ZHAO, QUAN YONG 赵泉勇 (1935-)

Xue cun 雪村
YANG, YAN JIE 杨艳杰 (1962-)

XUE, DA KE 薛大可 (1881-1960)
Cang song ge 苍松阁
Chao yin ge 潮音阁
Nan ming lao yu 南溟老渔
Xue, Zi qi 薛子奇

Xue dai 雪岱
GAO, WU 高悟 (1934?-)

Xue di 雪地
YIN, SHU YI 尹树义 (1958-)

Xue di 雪迪
LI, BING 李冰 (1957-)

Xue di 雪涤
DENG, XUE DI 邓雪涤

Xue di 雪蒂
WANG, ZHAO XING 王肇星 (-1940)

Xue die 雪蝭
SU, XUAN YING 苏玄瑛 (1884-1918)

Xue die 雪蝶
SU, XUAN YING 苏玄瑛 (1884-1918)

Xue dong 雪冬
FENG, XUE DONG 冯学栋 (1938-)

Xue, Du 薛度
XUE, YA NAN 薛亚男

Xue du 雪杜
XUE, YA NAN 薛亚男

Xue dun shi 学钝室
LI, HUANG 李璜 (1895-1991)

XUE, E GUO 薛萼果 (1908-1983)
Fang, Qing 方青
Mian zhi 勉之
Song, Liang 宋亮
Sun, Bao shan 孙宝山
Sun, Mian zhi 孙勉之
Sun, Ye fang 孙冶方
Sun, Yi zhou 孙一洲
Xi, Mian zhi 席勉之
Ye, Fei mu 叶菲木

Xue, En hou 薛恩厚
XUE, YONG LU 薛永禄 (1915-1981)

Xue, Er 薛尔
CHEN, YUAN HUI 陈元晖 (1913-)

Xue er 血儿
XU, YU 徐裕 (1893?-1916)

Xue, Er kang 薛尔康
XUE, YUAN YUAN 薛源源 (1948-)

Xue, Fan 薛凡
CHEN, WANG DAO 陈望道 (1890-1977)

XUE, FAN 薛范 (1934-)
Ji, Zhi mo 嵇志默

Xue fan 雪帆
CHEN, WANG DAO 陈望道 (1890-1977)

Xue fang 雪方
FENG, XUE FENG 冯雪峰 (1903-1976)

Xue fang 雪方
LI, QI GANG 李启刚 (1925-)

Xue fang 雪舫
LUO, YUN 罗云 (1928-)

Xue fang 雪舫
FU, SHI SEN 宓世森 (1933-)

Xue fang 雪舫
LUO, XUE FANG 骆雪舫

Xue fei 雪霏
HUANG, BI PEI 黄碧沛 (1931-1982)

XUE, FENG 薛锋 (1928-)
Xue feng 雪枫

Xue feng 雪枫
PENG, XIU DAO 彭修道 (1905-1944)

Xue feng 雪枫
XUE, FENG 薛锋 (1928-)

Xue feng 雪峯
FENG, XUE FENG 冯雪峰 (1903-1976)

Xue feng 雪峰
LUAN, JI FU 栾纪福 (1946-)

Xue fo 学佛
YANG, DU 杨度 (1875-1931)

Xue fu 雪甫
FANG, SHU GUANG 方曙光 (1898-1964)

Xue gan 雪干
HUANG, GUO HONG 黄国鸿 (1937-)

XUE, GUI LUN 薛桂轮 (1893-)
Zhi yi 志伊

Xue hai tang 学海堂
XU, SHAO ZHEN 徐绍桢 **(1861-1936)**

Xue hao 雪皓
XUE, YING PING 薛应平 **(1957-)**

Xue, He wei 薛何为
HE, JIA LIN 何家麟 **(1907-)**

Xue hen 雪痕
YAO, GUAN SAN 姚冠三 **(1910-1999)**

Xue heng 雪蘅
DONG, XUE HENG 董雪蘅 **(1918-)**

Xue hong 雪鸿
HOU, XIANG LIN 侯向林 **(1942-)**

Xue hua 雪华
YANG, XING ZHI 杨幸之

Xue hua cun ren 雪华邨人
FU, BAO QING 傅抱青 **(1910-)**

Xue hua fei 雪花飞
SU, ZU DE 苏祖德

XUE, HUA JIE 薛华杰 **(1937-)**
Hua, Jie 华杰

Xue, Hui 薛蕙
SHI, ZHE CUN 施蛰存 **(1905-)**

Xue jia li 雪茄李
LI, WEN YAO 李文耀 **(1945-)**

XUE, JIA ZHU 薛家柱 **(1937-)**
Luo, Yan 罗岩

XUE, JIAN GUO 薛剑国 **(1964-)**
Jing mei 静梅

Xue jie 学洁
WANG, QI 王起 **(1906-1996)**

XUE, JIE MIN 薛介民
Jie min 介民

Xue jie xian min 学界闲民
WANG, WEN RU 王文濡

Xue jin 雪金
MOU, LUN YANG 牟伦扬 **(1919-1943)**

XUE, JING FU 薛景福 **(1922-1985)**
Liu, Xi shu 柳西叔
Sui zhi 绥之
Xue, Sui zhi 薛绥之
Zhi shu 之恕

XUE, JING ZE 薛景泽 **(1957-)**
Yan bei 雁北

Xue, Jiong 薛炯
XUE, JUN DU 薛君度 **(1922-)**

Xue, Jiong shang 薛炯裳
XUE, JUN DU 薛君度 **(1922-)**

Xue, Jue xian 薛觉先
XUE, ZUO MEI 薛作梅 **(1903-1956)**

XUE, JUN DU 薛君度 **(1922-)**
Xue, Jiong 薛炯
Xue, Jiong shang 薛炯裳

Xue ke 雪克
SUN, DONG TING 孙洞庭 **(1920-1987)**

Xue ke 雪客
GAO, MANG 高莽 **(1926-)**

Xue ke 雪课
QIAN, SHI MING 钱世明 **(1942-)**

XUE, KE XING 薛克兴 **(1937-)**
Ke, Xing 柯兴

XUE, KE YANG 薛克扬 **(1926-)**
Ke yang 克扬

Xue lai 雪莱
YANG, FANG FEI 杨芳菲 **(1954-)**

Xue, Lan 薛岚
CHEN, ZONG TANG 陈宗棠 **(1936-)**

Xue lan 雪兰
ZHANG, XUE YIN 张雪茵 **(1908-1987)**

Xue lang ding 血浪丁
ZHENG, FANG 郑放 **(1920-)**

Xue lang zhai 雪浪斋
SHE, XUE MAN 佘雪曼 **(1909-)**

Xue lei 雪蕾
LI, RUO YU 李若愚 **(1925-)**

Xue, Li 薛荔
BAO, LI LI 鲍利黎 **(1948-)**

Xue, Li 薛笠
XUE, YAN FENG 薛燕凤 **(1952-)**

Xue li 学力
YAO, XUE LI 姚学礼 **(1948-)**

Xue li 雪立
YAO, XUE LI 姚学礼 **(1948-)**

Xue li 雪里
SU, BAI YU 苏白宇 **(1949-)**

Xue li 雪梨
HU, ZENG YI 胡增益 **(1934-)**

Xue li 雪犁
HU, ZENG YI 胡增益 **(1934-)**

Xue li 雪犁

LIU, EN LONG 刘恩龙 (1950-)

Xue, Li an 薛理安
BIAN, ZHI LIN 卞之琳 (1910-2000)

Xue li chun 雪里春
LU, XIU ZHEN 鲁秀珍 (1935-)

Xue li hong 雪里红
YANG, WEN HAN 杨文翰 (1935-)

Xue li hong 雪里红
CHEN, HAN SHENG 陈憨生

Xue lian 雪琏
SU, XUAN YING 苏玄瑛 (1884-1918)

Xue liang 学良
XIAO, XUE LIANG 萧学良 (1911-)

Xue, Liang 薛良
GUO, KE ZOU 郭可诹

Xue lin 雪林
SU, MEI 苏梅 (1897-1999)

Xue lin 雪林
WANG, YUN JIE 王云阶 (1911-)

Xue, Lin 薛邻
BIAN, ZHI LIN 卞之琳 (1910-2000)

Xue, Lin 薛林
BIAN, ZHI LIN 卞之琳 (1910-2000)

Xue, Lin 薛林
GONG, DE QUAN 龚德全 (1923-)

Xue ling 雪岭
ZHAO, XUE LING 赵学龄 (1935-)

Xue ling 雪岭
YUAN, XU LIN 袁旭临 (1937-)

Xue ling 雪岭
ZHENG, SONG YUN 郑松筠

Xue lu 雪庐
ZHOU, XIANG 周湘 (1871-1933)

Xue lu lao ren 雪庐老人
LI, BING NAN 李炳南

Xue lun 雪伦
SONG, YUAN MO 宋元模 (1911-)

Xue lun 雪伦
ZHANG, XIANG QUAN 张湘泉 (1917-)

Xue lun 雪伦
WU, DUAN YI 吴端仪

Xue lü 学旅
ZHENG, XUE JIA 郑学稼（1906-1987）

Xue lü 学侣

CEN, FAN 岑藩 (1874-)

XUE, MAO SONG 薛茂松
Wen, Si xiu 闻思修

Xue mei 雪梅
CAI, SHI HUA 蔡诗华 (1961-)

Xue meng 雪梦
LIU, GEN SHE 刘跟社 (1959-)

Xue, Ming 薛明
WANG, AI ZHEN 王爱真 (1916-)

Xue, Ming 薛明
XUE, MING XING 薛明兴 (1939-)

XUE, MING XING 薛明兴 (1939-)
Xue, Ming 薛明

Xue mo 雪墨
WANG, HONG BIN 王洪彬 (1935-)

Xue mou 雪眸
LIN, GUO LONG 林国隆 (1951-)

Xue, Mu qiao 薛暮桥
XUE, YU LIN 薛雨林 (1904-)

Xue, Ni 薛尼
YUAN, WEN SHU 袁文枢 (1910-1993)

Xue ni 雪泥
SUN, HONG 孙鸿 (1889-1965)

Xue ning 雪凝
YU, XI ZHEN 俞希珍 (1948-)

Xue ning 雪凝
LI, HAN CHUN 李含春 (1949-)

Xue nong 学农
ZHU, GUANG QING 朱广庆 (1932-)

Xue nong 雪农
FANG, JI ZHONG 方济众 (1923-1988)

Xue ping 雪平
XU, AI CHANG 许艾昌 (1935-)

Xue ping 雪屏
LIU, XUE PING 刘雪屏 (1958-)

Xue ping 雪萍
ZHANG, DE FANG 张德芳 (1929-)

Xue qi 雪祁
MA, JING XIAN 马兢先 (1911-)

Xue qi 雪祁
BAI, YUN ZHOU 白云洲 (1948-)

Xue qi 雪琪
FU, KAI HU 傅开笏 (1965-)

Xue qian 学潜

GUI, QI QUAN 桂起权 **(1940-)**

XUE, QIAN BI 薛前壁 **(1911-)**
Xue, Can bai 薛残白

Xue, Qiang 薛强
ZHENG, NENG RUI 郑能瑞 **(1918-1991)**

Xue qiao 雪桥
YANG, ZHONG XI 杨钟羲 **(1854-1940)**

Xue qiao 雪桥
FAN, CUN ZHONG 范存忠 **(1903-1988)**

Xue qiao 雪桥
ZHEN, CHONG DE 甄崇德 **(1926-)**

Xue qiao 雪樵
FAN, CUN ZHONG 范存忠 **(1903-1988)**

Xue qiao 雪樵
ZHAO, JUN QI 赵俊奇 **(1950-)**

Xue quan 雪泉
YU, XUE QIN 喻学勤 **(1936-)**

Xue quan 雪泉
LIU, XUE QUAN 刘雪泉 **(1946-)**

Xue quan 雪泉
ZHANG, YONG QUAN 张永泉

Xue ran 雪髯
TAN, REN FENG 谭人凤 **(1860-1920)**

Xue ren 学人
HU, SHAN YUAN 胡山源 **(1897-1988)**

Xue ren 雪人
LIU, YIN 刘吟 **(1912-)**

Xue ren 雪人
LI, CHENG HUI 李成徽 **(1921-)**

Xue rong 雪溶
WANG, GU ZE 王古泽

XUE, RONG JIU 薛荣久 **(1935-)**
Xue, Xi 薛习

Xue rong nü shi 雪容女士
LIU, DA JIE 刘大杰 **(1904-1977)**

Xue rou 雪柔
LU, LI YING 卢丽莺 **(1954-)**

Xue, Ruo lin 薛若邻
XUE, RUO LIN 薛若琳 **(1939-)**

XUE, RUO LIN 薛若琳 **(1939-)**
Xue, Ruo lin 薛若邻

Xue, Shan 薛汕
HUANG, GU NONG 黄谷农 **(1916-)**

Xue shan 雪山
QIAO, MING FU 乔明甫 **(1912-)**

Xue shan 雪山
HAN, TONG FU 韩桐福 **(1932-)**

Xue shan 雪山
WU, YUN FENG 吴云峰 **(1933-)**

Xue shan 雪山
ZHANG, XIN MIN 张新民 **(1943-)**

Xue shan lao seng 雪山老僧
LÜ, PEI LIN 吕沛林 **(1889-1947)**

Xue shan ying 雪山樱
LIN, ZHI YING 林志英 **(1936-)**

Xue shen 雪深
XIE, CHANG YU 谢昌余 **(1936-)**

Xue, Sheng 薛生
ZHONG, DONG 钟动 **(1882-1937)**

Xue sheng 雪生
LI, GEN YUAN 李根源 **(1879-1965)**

Xue sheng 雪生
WU, RUI XIANG 吴瑞祥

Xue sheng 学生
XIAO, JUN 萧军 **(1907-1988)**

Xue sheng 雪笙
DUAN, ZE HANG 段泽杭 **(1901-1946)**

XUE, SHENG YU 薛声豫 **(1910-1978)**
Xue, Xun 薛迅

Xue shi 雪石
LU, XIAN ZHONG 陆贤忠 **(1954-)**

Xue shou lao ren 学寿老人
XU, SHAO ZHEN 徐绍桢 **(1861-1936)**

XUE, SHOU XIN 薛守信 **(1929-)**
Xue, Yan 薛焰

Xue shu 雪舒
DU, XUE SHU 杜学舒

XUE, SHU MING 薛述明 **(1924-)**
Gang guo 刚果
Xiao, Fan 萧凡

Xue si 学思
HUANG, XUE HAI 黄学海

Xue si zhai zhu 学思斋主
JIANG, YING LONG 江应龙 **(1920-)**

Xue song 雪松
XIA, JI SONG 夏基松 **(1925-)**

Xue song 雪松
YAO, ZHENG KANG 姚正康 **(1934-)**

Xue song 雪松
CAO, XUE SONG 曹雪松

Xue, Sui zhi 薛绥之
XUE, JING FU 薛景福 **(1922-1985)**

Xue tang 雪堂
LUO, ZHEN YU 罗振玉 **(1866-1940)**

Xue tang 雪棠
GU, WANG 顾望 **(1922-　　)**

Xue, Tian 薛天
XUE, ZHONG QI 薛仲琦 **(1927-　　)**

Xue tian 雪天
XUE, ZHONG QI 薛仲琦 **(1927-　　)**

Xue, Tian jun 薛天俊
XUE, BO YING 薛伯英 **(1928-　　)**

XUE, TIAN SHEN 薛天申 **(1927-　　)**
Tian, Sheng 田声
Ya sheng 亚声

Xue tie 雪铁
WU, ZHUANG 伍庄 **(1881-1959)**

Xue ting 雪汀
CHEN, BING YUAN 陈炳元 **(1918-　　)**

Xue wang kan 雪王龛
ZHAO, XI 赵熙 **(1867-1948)**

Xue, Wei 薛卫
SHI, ZHE CUN 施蛰存 **(1905-　　)**

Xue wei 雪韦
LIU, MAO LONG 刘茂隆 **(1912-　　)**

Xue wei 雪苇
LIU, MAO LONG 刘茂隆 **(1912-　　)**

XUE, WEI GUI 薛维桂 **(1936-　　)**
Hong liu 红柳

XUE, WEN 薛雯 **(1955-　　)**
Xin wen 新闻

Xue wen 雪文
FANG, LING GUI 方龄贵 **(1918-　　)**

Xue wen 雪文
JIANG, CHENG NAN 姜成楠 **(1944-　　)**

Xue wen 雪文
GAO, WEN XIU 高文修 **(1945-　　)**

Xue wen 雪纹
OU YANG, LAN 欧阳兰

Xue wen nü shi 雪纹女士
OU YANG, LAN 欧阳兰

Xue weng 雪翁
CHEN, ZHI FO 陈之佛 **(1898-1962)**

Xue, Wu 薛伍
ZHENG, NENG RUI 郑能瑞 **(1918-1991)**

Xue wu 雪坞
YANG, HUAN 阳焕 **(1909-　　)**

Xue wu 雪武
LI, TAO 李涛 **(1925-　　)**

Xue wu ya 学无涯
KUANG, QUN XIN 邝群新

Xue, Xi 薛习
XUE, RONG JIU 薛荣久 **(1935-　　)**

Xue, Xi 薛晰
WANG, CHANG GUI 王长贵 **(1924-　　)**

Xue xi 雪羲
ZHOU, RU CHANG 周汝昌 **(1918-　　)**

Xue, Xi zu 薛习祖
HE, QI FANG 何其芳 **(1912-1977)**

Xue, Xi zu 薛锡祖
HE, QI FANG 何其芳 **(1912-1977)**

Xue, Xi zu 薛熙祖
HE, QI FANG 何其芳 **(1912-1977)**

XUE, XIANG CHUAN 薛香川 **(1944-　　)**
Xue, Xiang chuan 薛翔川

Xue, Xiang chuan 薛翔川
XUE, XIANG CHUAN 薛香川 **(1944-　　)**

Xue xin 学新
WU, JUN GANG 吴俊刚 **(1950-　　)**

Xue xin 雪心
ZHENG, XUE XIN 郑雪心

XUE, XIN YUAN 薛欣原 **(1934-　　)**
Xin yuan 欣原

Xue xing 血星
ZHANG, JUN XIAN 张俊贤 **(1925-　　)**

Xue xing 学星
ZHANG, JUN XIAN 张俊贤 **(1925-　　)**

XUE, XING GUO 薛兴国
Fan, Yan 樊言
Si ma, Xue 司马雪

XUE, XING XIA 薛兴霞 **(1936-　　)**
Meng, Si 孟丝

Xue xiu 雪秀
WANG, XUE XIU 王学秀 **(1939-　　)**

Xue, Xuan 薛璇
QIAN, JING XUE 钱景雪 **(1918-　　)**

Xue xue 雪雪
XU, XUE XUE 许雪雪

Xue, Xun 薛迅
XUE, SHENG YU 薛声豫 **(1910-1978)**

Xue xun 学训
ZUO, SHUN SHENG 左舜生 **(1893-1969)**

Xue xun 学迅
CHEN, HONG XIANG 陈鸿祥 **(1937-)**

Xue xun 雪迅
YIN, ZUN MO 尹遵谟 **(1926-)**

Xue ya 雪厓
LEI, ZHAO XING 雷昭性 **(1873-1920)**

Xue ya 雪崖
CHU, SONG XUE 褚松雪 **(1900-)**

XUE, YA NAN 薛亚男
Xue, Du 薛度
Xue du 雪杜

Xue ya xuan 雪压轩
ZHANG, SHOU LIN 张寿林 **(1907-)**

Xue, Yan 薛焰
XUE, SHOU XIN 薛守信 **(1929-)**

Xue yan 雪岩
ZHENG, FENG 郑峰 **(1949-)**

XUE, YAN FENG 薛燕凤 **(1952-)**
Xue, Li 薛笠

Xue yang 雪扬
LIU, YONG YU 刘庸愚 **(1919-)**

Xue yang 雪羊
FANG, HAI RU 方海如 **(1931-)**

Xue yang 雪阳
LI, YOU XIN 李友欣 **(1924-)**

Xue ye 雪野
ZANG, JUN SHENG 臧俊声 **(1905-)**

Xue ye 雪野
WANG, CHANG GUANG 王长光 **(1920-)**

Xue yi 雪衣
CHEN, DU XIU 陈独秀 **(1879-1942)**

Xue yin 雪垠
YAO, GUAN SAN 姚冠三 **(1910-1999)**

Xue yin 雪茵
ZHANG, XUE YIN 张雪茵 **(1908-1987)**

Xue ying 血婴
LIU, JUN XIANG 刘峻骧 **(1937-)**

Xue ying 雪英
ZHENG, JIANG PING 郑江萍 **(1923-)**

Xue, Ying 薛英
XIE, SHENG YUAN 谢声远

Xue ying 雪映
ZHANG, XING YUAN 张兴源 **(1956-)**

Xue ying 雪莹
WANG, XUE YING 王雪莹 **(1963-)**

Xue ying 雪影
ZHENG, YA BEN 郑亚本 **(1936-)**

Xue ying 雪影
CHEN, CHUN HONG 陈春红 **(1961-)**

Xue ying 雪影
PAN, JIA QUN 潘家群

XUE, YING PING 薛应平 **(1957-)**
Xue hao 雪皓

Xue yong 学咏
XUE, YONG NIAN 薛永年 **(1941-)**

Xue yong 雪涌
XUE, YONG NIAN 薛永年 **(1941-)**

XUE, YONG LU 薛永禄 **(1915-1981)**
Ai, De fu 艾德福
Xue, En hou 薛恩厚

XUE, YONG NIAN 薛永年 **(1941-)**
Xue yong 雪涌
Xue yong 学咏

Xue yong song 雪永崧
HUANG, LUAN 黄鸾 **(1943-)**

Xue, Yong yi 薛永颐
TAN, XI YONG 谈锡永 **(1935-)**

XUE, YOU JIN 薛友津 **(1954-)**
Lao you 老友
Li, Ning 李凝

Xue, Yu 薛餘
ZHOU, XIAN WEN 周宪文 **(1907-)**

Xue yu 学愚
HU, YU ZHI 胡愈之 **(1896-1986)**

Xue, Yu jie 薛妤婕
QIAN, JING XUE 钱景雪 **(1918-)**

XUE, YU LIN 薛雨林 **(1904-)**
Xue, Mu qiao 薛暮桥
Yu, Lin 余霖

Xue yuan 雪园
SHE, XUE MAN 佘雪曼 **(1909-)**

Xue yuan 雪原
ZHI, ZHEN YUAN 支振垣 **(1919-)**

Xue yuan 雪原
XU, WEN DE 徐文德 **(1928-)**

Xue yuan 雪原
HAN, JIN BAO 韩金宝 **(1943-)**

Xue yuan 雪原
HONG, LIAN SHUN 洪连顺 **(1948-)**

XUE, YUAN YUAN 薛源源 **(1948-)**
Xue, Er kang 薛尔康

Xue yun 雪韻
YANG, ZHAO NAN 杨召南 **(1928-)**

Xue zhai 雪斋
SHE, XUE MAN 佘雪曼 **(1909-)**

Xue zhao 学召
TANG, YANG HE 唐扬和 **(1920-)**

Xue zhao 学昭
CHEN, SHU ZHANG 陈淑章 **(1906-1991)**

Xue zhen 雪贞
JIANG, BING ZHI 蒋冰之 **(1904-1986)**

XUE, ZHEN JIA 薛振家 **(1908-1965)**
Chang bai 长白

Xue zhi 学知
WANG, JIA LIN 王家琳 **(1919-)**

Xue zhi 雪之
ZHOU, SHU REN 周树人 **(1881-1936)**

XUE, ZHONG QI 薛仲琦 **(1927-)**
Xue, Tian 薛天
Xue tian 雪天
Yi bing 艺兵
Yi zhi 一之
Zhong, Qi 仲琦

XUE, ZHOU QI 薛周琦 **(1936-)**
Xin, Ke 辛可

Xue, Zhu 薛竺
CHENG, JUN 成骏 **(1916-1983)**

XUE, ZHU 薛铸 **(1944-)**
Qin, Chuan 秦川
Xue zhu 雪铸

Xue zhu 雪竹
CHENG, JUN 成骏 **(1916-1983)**

Xue zhu 雪竹
WANG, XU ZHU 王恤珠 **(1930-)**

Xue zhu 雪铸
XUE, ZHU 薛铸 **(1944-)**

Xue zhuang 学莊
LIU, ZHAO WEI 刘兆威 **(1925-)**

Xue zi 雪子
TAO, XUE HUA 陶雪华 **(1944-)**

Xue zi 雪子
CHEN, BI ZHEN 陈必珍

Xue, Zi qi 薛子奇
XUE, DA KE 薛大可 **(1881-1960)**

XUE, ZI ZHENG 薛子正 **(1905-1980)**
Da ge 达戈
Zi zheng 子正

XUE, ZUO MEI 薛作梅 **(1903-1956)**
Fo an shao nian 佛岸少年
Fo feng shao shou 佛峰少手
Xue, Jue xian 薛觉先

Xun 卂
ZHOU, SHU REN 周树人 **(1881-1936)**

Xun 训
PAN, XUN 潘训 **(1902-1934)**

Xun 迅
ZHOU, SHU REN 周树人 **(1881-1936)**

Xun 迅
ZHOU, ZUO REN 周作人 **(1885-1967)**

Xun 勋
ZHANG, SHI XUN 张世勋 **(1925-)**

Xun 恂
WANG, TONG ZHAO 王统照 **(1897-1957)**

Xun 洵
PAN, XUN 潘训 **(1902-1934)**

Xun an 逊庵
ZOU, EN RUN 邹恩润 **(1895-1944)**

Xun an 愻闇
ZHANG, YU 章钰 **(1865-1937)**

Xun bo 逊伯
LU, DAN LIN 陆丹林 **(1898-1972)**

Xun chang bai xing 寻常百姓
JIN, QING YAN 金庆棪 **(1880-1932)**

Xun feng 迅风
LI, XIU YE 李修业 **(1915-)**

Xun feng 熏风
LI, XIU YE 李修业 **(1915-)**

Xun feng 薰风
WANG, TONG XUN 王桐勋 **(1915-1992)**

Xun feng 薰风
LI, WANG KAI 李旺开

Xun gong 逊公

SHEN, ZENG ZHI 沈曾植 (1850-1922)

Xun, Huan 荀寰
ZHOU, ZU SHI 周祖式 (1914-)

Xun huang 寻璜
LIU, XIN HUANG 刘心皇 (1915-)

Xun, Ji 荀繼
ZHOU, SHU REN 周树人 (1881-1936)

Xun jiu 迅鸠
ZHU, XUN JIU 朱迅鸠

Xun lang 迅郎
ZHENG, ZHEN CONG 郑振聪 (1946-)

Xun lei 迅雷
XU, XUN LEI 徐迅雷 (-1931?)

Xun lu 逊庐
WANG, SHI LUN 王师伦 (1905-1968)

Xun, Mei 荀枚
SHAO, XUN MEI 邵洵美 (1906-1968)

Xun mei 洵美
SHAO, XUN MEI 邵洵美 (1906-1968)

Xun min 循民
CHEN, XIAN YI 陈先艺 (1919-)

Xun qing 巡卿
DING, ZHEN DUO 丁振铎 (-1914)

Xun qing 迅清
YAO, QI RONG 姚启荣 (1961-)

Xun ru 恂如
WANG, TONG ZHAO 王统照 (1897-1957)

Xun ru 逊如
SUN, WEN LIN 孙文林 (1914-1987)

Xun tao 迅韬
SUN, QING JIANG 孙清江 (1922-)

Xun weng 迅翁
ZHOU, SHU REN 周树人 (1881-1936)

Xun weng 逊翁
SHEN, ZENG ZHI 沈曾植 (1850-1922)

Xun xing 迅行
ZHOU, SHU REN 周树人 (1881-1936)

Xun xuan 逊轩
SHI, LIAN XUE 石联学 (1906-)

Xun yan 巽言
TAO, CHENG ZHANG 陶成章 (1878-1912)

Xun yu 迅羽
HUANG, GUANG YOU 黄光佑 (1939-)

Xun yu 迅雨
FU, LEI 傅雷 (1908-1966)

Xun yu 逊輿
LU, DAN LIN 陆丹林 (1898-1972)

Xun yu 薰宇
LIU, JIA RONG 刘家镕 (1896-1967)

Xun yuan 勋远
LING, WEN SI 凌文思 (1912-)

Xun yuan 逊园
JIANG, JUN ZHANG 蒋君章 (1905-1986)

Xun zhai 逊斋
SHEN, ZENG ZHI 沈曾植 (1850-1922)

Xun zhai 巽斋
SHEN, ZENG ZHI 沈曾植 (1850-1922)

Xun zhai 巽斋
WANG, ZHONG QI 王锺麒 (1890-1975)

Xun zhai ju shi 逊斋居士
SHEN, ZENG ZHI 沈曾植 (1850-1922)

Xun zhai lao ren 巽斋老人
SHEN, ZENG ZHI 沈曾植 (1850-1922)

Xun, Zhi 荀芷
WU, ZHANG SHU 吴丈蜀 (1919-)

Xun zhi 迅之
CHEN, XUN ZHI 陈迅之 (1923-)

Xun zi 恂子
WANG, TONG ZHAO 王统照 (1897-1957)

Xun zu 迅足
CHEN, MIN 陈民 (1951-)

Y

Y. C. Lai
LI, YU CAI 黎煜才 (1941-)

Y. D.
LI, RONG DI 李荣第 (1897-1971)

YD
HU, ZHONG CHI 胡仲持 (1900-1968)

YDT
YU, DA FU 郁达夫 (1896-1945)

Y. E.
CAO, YU TING 曹予庭 (1929-)

Y. F.
FU, RUI JIN 符瑞金 (1906-)

Y. F.
WU, ZHAO YUAN 吴照愿 (1910-)

Y. F. T.
TANG, DAO GENG 汤道耕 (1904-1992)

Y. G
ZHOU, YAO PING 周耀平 **(1906-)**

Y K
YANG, XIAN JIANG 杨贤江 **(1895-1931)**

Y. K.
ZHENG, ZHEN DUO 郑振铎 **(1898-1958)**

Y. K.
ZHANG, YOU SONG 张友松 **(1903-)**

Y K
LOU, XI 楼曦 **(1908-)**

Y. K.
YIN, KUAN 尹宽

Y. L.
LIU, YAN LING 刘延陵 **(1895-1988)**

Y. L.
JIA, ZHI FANG 贾植芳 **(1915-)**

Y L
HUANG, YE MENG 黄野梦

Y P
SHEN, YAN BING 沈雁冰 **(1896-1981)**

Y. P.
YU, MING HENG 俞铭衡 **(1900-1990)**

Y. P.
YANG, TIAN SHENG 杨天生 **(1916-)**

Y. S.
WU, YU WEI 吴堉威 **(1906-1989)**

Y sheng Y 生
YANG, SONG MAO 杨松茂 **(1905-1959)**

Y. T.
LIU, YA ZI 柳亚子 **(1887-1958)**

Y Yu Y 郁
WANG, JIU YU 王久馀 **(1921-)**

Y Z
YU, HE LIN 余鹤林 **(1910-1939)**

Yeh, Chun-chan
YE, JUN JIAN 叶君健 **(1914-)**

Yip, Wai-lim
YE, WEI LIAN 叶维廉 **(1937-)**

Ya 亚
KUANG, YA MING 匡亚明 **(1906-)**

Ya 亚
LI, YA RU 李亚如 **(1919-)**

Ya 雅
DI, BAO XIAN 狄葆贤 **(1873-1941)**

Ya 雅
ZHOU, SHAO YI 周绍仪 **(1908-1979)**

Ya, Ba jia 亚巴加
DAI, MENG OU 戴梦鸥 **(1905-1950)**

Ya bo 雅波
WANG, CHANG BO 王昌波 **(1947-)**

Ya chen 亚尘
WANG, YA CHEN 王亚尘 **(1894-1983)**

Ya chen 亚尘
GUO, JUN XIONG 郭俊雄 **(1940-)**

Ya da zi 亚答子
LIU, JI KUN 刘济昆 **(1944-)**

Ya dan 亚丹
CAO, LIAN YA 曹联亚 **(1897-1987)**

Ya dan 亚丹
CHEN, YA DAN 陈雅丹 **(1942-)**

Ya dan 雅丹
CHEN, YA DAN 陈雅丹 **(1942-)**

Ya dao 亞島
QIAN, XING CUN 钱杏邨 **(1900-1977)**

Ya də 亚德
WU, DE HUI 吴德辉 **(1934-)**

Ya dong ping qing ren 亚东平情人
CAO, TING JIE 曹廷杰 **(1850-1926)**

Ya dong po fo 亚东破佛
PENG, XUN ZHI 彭逊之

Ya duo 亚朵
KONG, XIANG ZHANG 孔祥章 **(1937-)**

Ya fan 亚凡
WANG, YA FAN 王亚凡 **(1914-1961)**

Ya fan 亚凡
YU, CHANG JIANG 俞长江 **(1939-)**

Ya feng 亚凤
ZHU, QI 朱奇 **(1898-)**

Ya feng 亚风
LIN, CHUN 林椿 **(1913-1951)**

Ya feng 雅枫
WANG, XIU XIONG 王秀雄 **(1924-)**

Ya fu 亚夫
SUN, YA FU 孙亚夫 **(1910-1971)**

Ya fu 亚夫
WANG, FENG QI 王凤岐 **(1918-)**

Ya fu 亚夫
GUO, CHENG YI 郭成义 **(1950-)**

Ya fu 雅夫
YE, XIAO 叶晓 **(1968-)**

Ya fu fu 哑夫妇
ZENG, RUI XIONG 曾瑞熊 **(1903-)**

Ya ge 亚歌
MENG, XIAN GONG 孟宪公 **(1940-)**

Ya ge 雅歌
ZHOU, SHAO YI 周绍仪 **(1908-1979)**

Ya guang 亚光
CHEN, YA GUANG 陈亚光

Ya guo 亚郭
GUO, GUANG YA 郭光亚

YA, HAN ZHANG 牙含章 **(1916-1989)**
Fang, Ren 方仁
Hao fan 浩帆
Kang, Ming de 康明德
Ma, Er sha 马尔沙
Zhang, Lu 章鲁
Zi yuan 子元

Ya heng 亚蘅
WANG, SHOU CONG 王守聪

Ya hong 亚红
LI, ZHAO LIN 李兆麟 **(1915-)**

Ya huang 亚黄
WANG, SHI ZHEN 王世祯

Ya jian 雅间
JIA, ZHI JIAN 贾志坚 **(1950-)**

Ya jing 亚菁
LI, ZHEN XING 李振兴 **(1946-)**

Ya jun 亚军
CHENG, YA JUN 程亚君 **(1921-)**

Ya jun 亚军
LI, YA JUN 李亚军 **(1951-)**

Ya jun 雅君
HU, XIAO YA 胡筱娅 **(1955-)**

Ya ke 亚克
HUO, RU TANG 霍如棠 **(1912-1971)**

Ya lan 亚蓝
ZHANG, XIU YA 张秀亚 **(1919-)**

Ya lan 雅岚
LI, YA NAN 李亚南 **(1952-)**

Ya lei 哑雷
REN, JING HE 任敬和 **(1911-)**

Ya lin 亚林
PAN, HAN NIAN 潘汉年 **(1905-1977)**

Ya lin 亚林
MA, HUA 马骅 **(1916-)**

Ya ling 亚灵
YE, YUN PU 叶韫璞 **(1905-1975)**

Ya ling 亚灵
PAN, HAN NIAN 潘汉年 **(1905-1977)**

Ya long 鸦龙
JIANG, SONG QUAN 蒋松泉 **(1899-1971)**

Ya long 雅龙
JIANG, SONG QUAN 蒋松泉 **(1899-1971)**

Ya lu 亚卢
LIU, YA ZI 柳亚子 **(1887-1958)**

Ya lu 亚庐
LIU, YA ZI 柳亚子 **(1887-1958)**

Ya lu 亞鲁
QIAN, XING CUN 钱杏邨 **(1900-1977)**

Ya lun 亚伦
LIN, ZHENG LUN 林正伦 **(1942-)**

Ya lun 雅伦
HONG, ZU QIU 洪祖秋 **(1949-)**

Ya luo 亚罗
ZENG, RUI XIONG 曾瑞熊 **(1903-)**

Ya ma 亚马
LI, RU SHAN 李汝山 **(1913-)**

Ya mei 亚美
GUO, MEI CHAN 郭美婵

Ya mei 亚嫩
GUO, JIN FENG 郭金凤 **(1955-)**

YA, MEI CHANG 牙美昌 **(1927-)**
Fang, Ri 方日
Shi ren 食仁
Zhi ren 直人

Ya ming 亚明
YE, YA MING 叶亚明 **(1924-)**

Ya ming 亚明
YE, JIA BING 叶家炳 **(1924-)**

Ya ming 亚明
CUI, YA MING 崔亚明 **(1960-)**

Ya nan 亚南
HUANG, BO FAN 黄伯范 **(1944-)**

Ya nan 亚南
LI, YA NAN 李亚南 **(1952-)**

Ya niu 亚牛
TANG, YOU YAN 汤幼言 **(1918-)**

Ya ou 亚欧
MENG, XIAN GONG 孟宪公 **(1940-)**

Ya peng 亚彭
LAI, XIAO ZHONG 赖晓鐘 **(1947-)**

Ya ping 亚平
WANG, FU QUAN 王福全 **(1905-1983)**

Ya ping 亚平
ZHOU, XIAN WEN 周宪文 **(1907-)**

Ya ping 亚平
ZHANG, ZHI SHENG 张直生 **(1923-)**

Ya qing 亚青
WANG, HENG SHENG 汪珩生 **(1924-1986)**

Ya qing 亚青
PAN, JUN LING 潘俊龄 **(1938-)**

Ya quan 亚泉
DU, WEI SUN 杜炜孙 **(1873-1933)**

Ya ru 亚如
SUN, YA RU 孙雅茹 **(1936-)**

Ya sheng 亚声
XUE, TIAN SHEN 薛天申 **(1927-)**

Ya sheng 亚笙
YANG, SEN 杨森 **(1949-)**

Ya sou 厓叟
WU, MEI 吴梅 **(1884-1939)**

Ya su 亚苏
ZOU, LU 邹鲁 **(1885-1954)**

Ya su 亚苏
ZHANG, JIN YUAN 张晋媛

Ya su 亚苏
TAN, HUI ZHEN 谭惠珍

Ya tai 亚太
LIN, TAI RONG 林太荣 **(1962-)**

Ya tian 丫田
HE, XU 贺旭 **(1949-)**

Ya ting 亚汀
WANG, HENG SHENG 汪珩生 **(1924-1986)**

Ya tou 丫頭
QIU, XIAO JUN 邱潇君

Ya wei 亚薇
CAI, JING FU 蔡景福 **(1924-1987)**

Ya wen 雅文
WEI, DIAN CHEN 魏殿臣 **(1928-)**

Ya wu 涯屋
WU, TING GUAN 吴廷琯 **(1914-)**

Ya xian 痖弦
WANG, QING LIN 王庆麟 **(1932-)**

Ya xiang 亚乡
LI, XIANG 李湘 **(1948-)**

Ya xiao 雅筱
CHEN, MEI JIN 陈美今 **(1928-)**

Ya xin 亚新
YU, A XUN 余阿勳 **(1935-1983)**

Ya xin 亚新
ZHANG, YA XIN 章亚昕 **(1949-)**

Ya xin 雅心
HE, SONG BAI 何松柏 **(1938-1991)**

Ya xing 亚醒
LAI, XUE MU 赖雪慕 **(1939-)**

Ya xing zhe 哑行者
JIANG, YI 蒋彝 **(1903-1977)**

Ya xing zhi 亚兴智
WANG, LIAN QIAO 王连乔

Ya yan 雅言
ZHANG, XING KUI 张兴魁 **(1932-)**

Ya yi 亚一
TANG, YI ZHENG 唐一正 **(1920-)**

Ya yi 亚伊
YI, QIONG 易琼 **(1916-)**

Ya yi 亚彝
XIA, YA YI 夏亚一 **(1920-)**

Ya yu 雅雨
BAI, YU KUN 白毓崑 **(1868-1912)**

Ya yun 亚云
ZOU, QUAN 邹铨 **(1887-1913)**

Ya yun 亚云
WU, DA YUAN 吴大元 **(1948-)**

Ya yun 亚芸
ZHANG, JUN 张俊 **(1933-)**

Ya zhang 雅璋
LIAO, YA ZHANG 廖雅章 **(1922-)**

Ya zhi 亚之
ZHU, XING HE 朱星鹤 **(1936-)**

Ya zhi 亚之
WANG, DAO SHENG 王道生 **(1940-)**

Ya zhi 亚豸
LI, TING HUI 李廷辉 **(1931-)**

Ya zi 亚子
LIU, YA ZI 柳亚子 **(1887-1958)**

Ya zi 亚子
WANG, XIU XIONG 王秀雄 **(1924-)**

Ya zi 亚子
LI, TING HUI 李廷辉 **(1931-)**

Ya zi 痖子
DU, WEN XIAN 杜文贤 **(1960-)**

Yan 延
LU, SHI YAN 卢世延

Yan 严
YAN, MAN LI 严曼丽 **(1949-)**

Yan 言
WU, MI 吴宓 **(1894-1978)**

Yan 言
WEI, FENG BIAO 魏凤标 **(1898-1928)**

Yan 言
ZHAO, SHI YAN 赵世炎 **(1901-1927)**

Yan 岩
LEI, ZHAO XING 雷昭性 **(1873-1920)**

Yan 岩
SHI, JI XING 史济行 **(1906-)**

Yan 炎
ZHAO, SHI YAN 赵世炎 **(1901-1927)**

Yan 炎
WANG, DA HUA 王大化 **(1919-1946)**

Yan 衍
SHEN, DUAN XIAN 沈端先 **(1900-1995)**

Yan 艳
CHEN, YUAN 陈垣 **(1880-1971)**

Yan 淹
DING, WEN JIANG 丁文江 **(1887-1936)**

Yan 雁
SHEN, YAN BING 沈雁冰 **(1896-1981)**

Yan 燕
SU, XUAN YING 苏玄瑛 **(1884-1918)**

Yan, Ai lian 严爱莲
WU, CHAN XIA 吴禅霞 **(1944-)**

Yan, An 严岸
ZHANG, YAN AN 张延安 **(1953-)**

Yan an guan cha jia 延安观察家
MAO, ZE DONG 毛泽东 **(1893-1976)**

Yan, Ao 晏敖
ZHOU, SHU REN 周树人 **(1881-1936)**

Yan, Bai 燕白
XIAO, JUN 萧军 **(1907-1988)**

Yan, Bai 燕白
LIU, XIN MIN 刘新民 **(1926-)**

Yan bai 炎白
CHU, DA HONG 储大泓 **(1927-)**

Yan, Ban mo 言半默
LI, GUO RUI 厉国瑞 **(1909-)**

YAN, BAO GEN 严宝根 **(1940-)**
Ling, Qing 凌清
Ming zhi 铭之

YAN, BAO KANG 严宝康 **(1953-)**
Bai ling 百灵
Shu, Ren 舒仁

YAN, BAO MING 阎葆明 **(1907-)**
Bao, Ming 包明
Yan, Zhe wu 阎哲吾
Zhe wu 折梧

Yan, Bao zhong 阎宝忠
YAN, YAN 严炎 **(1954-)**

Yan bei 雁北
LIU, MIAO KE 刘苗科 **(1947-)**

Yan bei 雁北
XUE, JING ZE 薛景泽 **(1957-)**

Yan bei lao ren 燕北老人
YI, KUI 易夔

YAN, BEI MING 严北溟 **(1907-)**
Bai, Ming 白蓂
You yu 有鱼

Yan, Bi 颜壁
YAN, YU SHENG 颜裕盛 **(1914-)**

YAN, BI DA 阎必达 **(1910-1997)**
Jin sa 晋洒
Li chuan 立川
Yan, Li chuan 阎丽川

YAN, BIN 燕斌
Bu tian zhai 补天斋
Lian shi 煉石
Lian shi nü shi 煉石女士
Wa hun 娲魂
Wa shi nü shi 娲石女氏

Yan bin 雁宾
SHEN, YAN BING 沈雁冰 **(1896-1981)**

Yan bin 研彬
ZHANG, LEI 张磊 **(1933-)**

YAN, BING 严冰 **(1941-)**
Jiang, Tao 江涛

Yan, Bing 严兵
ZHANG, YAN PING 张彦平 **(1927-)**

Ya bing 彦冰
HAN, SHAO HUA 韩少华 **(1933-)**

Yan bing 眼兵
SI TU, CHUAN 司徒传 **(1912-1950)**

Yan bing 雁冰
SHEN, YAN BING 沈雁冰 **(1896-1981)**

Yan bing 譙冰
SHEN, YAN BING 沈雁冰 **(1896-1981)**

Yan, Bing er 严冰儿
YAN, GUANG HUA 严光化 **(1924-)**

YAN, BING YAO 颜炳耀 **(1935-)**
Yan, Shan 严山
Zhu ge, Ming 诸葛明

YAN, BING ZHI 严冰之 **(1906-)**
Bing zhi 冰之

Yan bo 烟波
ZHANG, QI CHENG 张企程 **(1913-)**

Yan bo diao tu 烟波钓徒
ZHANG, JIAN 张謇 **(1853-1926)**

YAN, BO QIN 颜伯勤
Xiao, Cheng 萧城

Yan, Bu 晏布
MA, RUO PU 马若璞 **(1913-)**

YAN, CAI LOU 严才楼 **(1939-)**
Bing zi 冰子

YAN, CANG JI 颜仓吉 **(1933-)**
Yan, Jie 颜傑

Yan, Chang 燕昌
SHEN, YAN BING 沈雁冰 **(1896-1981)**

Yan, Chen 严辰
YAN, HAN MIN 严汉民 **(1914-)**

Yan, Chen 严陈
CHEN, GUO QING 陈果卿 **(1940-)**

Yan, Cheng 严程
XIA, DONG YUAN 夏东元 **(1921-)**

Yan cheng 言成
CHU, PEI CHENG 储佩成 **(1942-)**

Yan, Chi 严炽
WU, XI TONG 吴西彤 **(1929-)**

Yan, Chi zhu 颜赤珠
GAO, DE SHENG 高德生 **(1917-1987)**

Yan, Chong 宴冲
HAN, LI 韩立 **(1914-1970)**

Yan, Chu 燕雏
ZHANG, YIN LIN 张荫麟 **(1906-1942)**

Yan, Chuan 言川
PAN, XUN 潘训 **(1902-1934)**

YAN, CHUN DE 阎纯德 **(1939-)**
Gao, Zhai 高寨
Pu, Zhi yang 濮之阳
Xi, Cheng xiang 习城乡
Xiang zi 乡子

YAN, CHUN GOU 颜纯钩 **(1948-)**
Mu, Yi 慕翼
Si, Ren 斯人

Yan, Chun kun 严纯昆
ZHUANG, SONG LIN 庄松林 **(1910-1974)**

Yan cun 雁村
ZHU, XUE SHU 朱学恕 **(1932-)**

Yan cun 演存
DENG, YAN CUN 邓演存

YAN, DA CHUN 严大椿 **(1909-)**
Xi shou 锡寿
Yan, Xi da 严锡大
Zhuang, Sen 庄森

Yan, Da shan 晏达善
ZHAO, JING SHEN 赵景深 **(1902-1985)**

Yan, Da wu 阎达五
YAN, MING DAO 阎明道 **(1929-)**

Yan dang 雁荡
CUI, ZHEN DI 崔振第 **(1911-)**

Yan dang shan ren 雁荡山人
ZHU, JING ZHOU 朱镜宙 **(1890-)**

YAN, DAO BIN 颜道斌 **(1952-)**
Wen, Wu bin 文武斌
Yan, Tong wen 颜通文

Yan, Dao heng 阎道衡
YAN, GEN QI 阎根齐 **(1959-)**

Yan, Di 严地
DU, XIANG MING 杜祥明 **(1932-)**

Yan, Di 燕笛
XIAO, DE YAN 萧德演 **(1922-)**

Yan di 炎帝
LI, YAN SHENG 李龑生 **(1897-1975)**

Yan di 雁棣
ZHANG, RONG FU 张荣甫

Yan, Ding 颜丁
YAN, YU FANG 颜毓芳 **(1912-)**

Yan, Ding 燕丁

LI, JIAN QING 李建庆 **(1925-)**

Yan, Ding 燕丁
ZU, DING YUAN 祖鼎元 **(1933-)**

Yan, Dong 严冬
ZHANG, KE QIN 张克勤 **(1941-)**

Yan, Dong 严冬
CAI, CHUAN SHENG 蔡川胜

YAN, DONG CAI 阎栋材 **(1923-1949)**
Lu, Leng 路冷
Sha, Tuo 沙驼
Yan ying 雁影

Yan, Dong hua 严东华
ZHANG, YAN LONG 张延龙 **(1939-)**

Yan, Dong yang 严冬阳
YAN, MING 严明 **(1917-)**

Yan, Du he 严独鹤
YAN, ZHEN 严桢 **(1889-1968)**

YAN, DUN XUN 严敦勋 **(1930-)**
Xiao, Ma 萧马

YAN, DUN YI 严敦易 **(1905-1962)**
Dun yi 敦易
Wo fu 渥甫
Wo pu 沃圃
Wo pu 渥圃
Yan, Yi zhi 严易之
Yi 易
Yi, Zhi 易之

YAN, E SHENG 严谔声 **(1898-1969)**
E sheng 谔声
Ne an 讷厂
Xiao ji zhe 小记者
Yi e 一谔

Yan er 炎儿
LI, YAN 李炎

Yan, Fan 颜帆
WU, MEI EN 吴美恩 **(1949-)**

Yan, Fei 燕飞
LÜ, SHOU KE 吕守科 **(1925-)**

Yan, Fei 燕飞
WAN, LI PENG 万里鹏 **(1926-)**

Yan, Fei 燕飞
DU, QI RONG 杜奇荣 **(1929-)**

YAN, FEI HONG 阎飞鸿 **(1950-)**
Bei tu shan ren 北图山人

Yan, Feng 严风
XU, WEI XIN 许维新 **(1937-)**

Yan feng 雁风
HU, WEN LIANG 胡文亮 **(1954-)**

Yan feng 雁枫
ZHU, WEN YANG 朱文杨 **(1944-)**

Yan, Feng le 阎丰乐
YAN, FENG LUO 阎凤落 **(1933-)**

YAN, FENG LUO 阎凤落 **(1933-)**
Yan, Feng le 阎丰乐

YAN, FU 严復 **(1854-1921)**
Chi an 尺盦
Chuan chu 传初
Guan wo sheng shi zhu ren 观我生室主人
Tian yan zong zhe xue jia 天演宗哲学家
Yan, Ji dao 严几道
Yan, You ling 严又陵
Yan, You ling 严幼陵
Yan, Zhong 严重
Yi shi shi 译史氏
You ling 幼陵
Yu ye lao ren 瘉壄老人
Yu ye tang 瘉壄堂
Zong, Guang 宗光
Zun chi 尊癡
Zun yi 尊疑
Zun yi chi an 尊疑尺盦

Yan fu 砚夫
ZHANG, WEN XUN 张文勋 **(1926-)**

Yan fu 彦復
WU, BAO CHU 吴保初 **(1869-1913)**

YAN, FU CHANG 严福昌 **(1939-)**
Yan, Su 严肃

Yan, Fu sun 严芙孙
YAN, HUI 严焊

Yan, Gang 阎纲
YAN, ZHEN GANG 阎振纲 **(1932-)**

Yan, Ge 严戈
YAN, WEN BIN 严文彬

Yan, Ge 严格
YAN, SHUN XI 严顺晞 **(1922-)**

Yan ge 鄢戈
WANG, CHUN YAN 王纯炎 **(1949-)**

YAN, GEN QI 阎根齐 **(1959-)**
Yan, Dao heng 阎道衡

Yan geng lao ren 研耕老人
ZHOU, XUE XI 周学熙 **(1865-1947)**

Yan geng lou 砚耕楼
ZHANG, KAI ZHENG 张开政 **(1930-)**

Yan geng lu zhu 砚耕庐主
XU, GUO YING 许国英 **(1875-1923)**

Yan, Gong 严恭
CHEN, BAO RUN 陈宝润 **(1914-)**

Yan, Gong 言公
YAN, JIA DI 阎家迪 **(1928-)**

Yan gong 妍公
YAN, JIA DI 阎家迪 **(1928-)**

Yan, Gong jin 言公谨
WANG, MING YU 汪铭育 **(1943-)**

Yan, Gong zheng 严公正
QIU, ZHAO FEI 丘肇飞 **(1943-)**

Yan gu 岩谷
WANG, NAI SHAN 王乃山 **(1943-)**

Yan gu lao ren 燕谷老人
ZHANG, HONG 张鸿 **(1866-1941)**

YAN, GUANG HUA 严光化 **(1924-)**
A nan 阿难
Da ge 大哥
Gu, Wei jin 古为今
Gu, Yu jin 顾喻今
He, Zhen 何真
Lu, Bing 鲁兵
Nan 难
Sha, Cai 沙采
Yan, Bing er 严冰儿
Yan, Ji 严霁
Yan, Ruo bing 严若冰

YAN, GUANG ZONG 鄢光宗 **(1946-)**
Er yue 二月

Yan, Gui 岩贵
LONG, GUANG MAO 龙光茂 **(1935-)**

Yan, Gui lai 燕歸來
QIU, RAN 邱然

Yan gui lai yi zhu ren 燕归来簃主人
ZHANG, ZHONG RUI 张仲瑞 **(1908-)**

YAN, GUI MING 阎贵明 **(1950-)**
Yan, Yan 颜岩

YAN, GUI QING 阎桂青 **(1930-)**
Yan, Xiao guang 阎晓光
Yan, Zhen 严阵

YAN, GUO BAO 严国保 **(1938-)**
Chu, Zu 楚卒
Su, Lang 苏朗

YAN, GUO CAI 燕国材 **(1930-)**
Xu, Ke 徐柯

YAN, GUO QIANG 颜国强 **(1937-)**
Chu, Ren 楚人
Jiang, Chu ren 江楚人
Wen, Cao 文操
Yong yang 永扬

YAN, GUO YI 阎国宜 **(1932-)**
Yan, Yi 严艺

YAN, HAI TAO 颜海涛 **(1924-1975)**
Hai, Tao 海滔
Ye, Tao 叶淘

Yan han 彦涵
LIU, YAN HAN 刘彦涵 **(1916-)**

Yan, Han min 严厂民
YAN, HAN MIN 严汉民 **(1914-)**

YAN, HAN MIN 严汉民 **(1914-)**
A. M.
An, Mi 安弥
An, Min 安敏
Han min 厂民
Liu, Wang 刘亡
Shen, Yan 沈彦
Tun ri 屯日
Yan, Han min 严厂民
Yan, Chen 严辰
Yan, Shuo 严朔
Yan, Xiang 严翔
Yan, Yi 严仪
Yang, Ping 杨坪

Yan, Han ni 燕含泥
JIANG, YONG GE 姜永革 **(1937-)**

Yan, Han tong 颜翰彤
LIU, NIAN QU 刘念渠

YAN, HAO 严浩 **(1952-)**
A bu la ti 阿不拉提
Mang xia 芒夏

Yan, Hao 颜浩
XIE, XING 谢兴 **(1907-1975)**

YAN, HAO WEN 阎好文 **(1920-)**
Du, Feng 杜烽

Yan he 延河
LIU, TONG SHENG 刘同生 **(1934-)**

YAN, HE LING 严鹤龄 **(1879-1937)**
Lü qin 侣琴

Yan, Hong 严洪
YE, HONG 叶洪 **(1920-)**

Yan hong 岩轟
SONG, XIAO PING 宋小平 **(1954-)**

YAN, HONG LIN 颜鸿林 **(1927-)**
Yan yi 雁翼

YAN, HONG YA 阎鸿亚 **(1964-)**
Hong hong 鸿鸿

Yan, Hua 严华
GUO, CHANG LIN 郭长林 **(1929-)**

YAN, HUA 阎华 **(1955-)**
Fang cao 芳草
Shan hua 山华
Xiao, Yuan 肖源

Yan hua 彦桦
PAN, YAO MING 潘耀明 **(1947-)**

Yan hua 巌华
PAN, PEI DE 潘培德 **(1938-)**

Yan, Hua long 严华龙
YAN, JIN FU 严金符 **(1915-)**

Yan, hua mu 彦华木
PAN, YAO MING 潘耀明 **(1947-)**

YAN, HUAI JIN 严怀瑾 **(1918-1986)**
Qian yi 倩一
Yan, Wei bing 严慰冰

Yan, Huan 颜欢
CHEN, DA ZHE 陈大哲 **(1934-)**

Yan, Huan 燕环
YUAN, KE WEN 袁克文 **(1890-1931)**

Yan, Hui 严晖
LI, HONG BI 李宏贲 **(1914-1991)**

YAN, HUI 严辉
Dai hong 黛红
Yan, Fu sun 严芙孙

Yan, Hui 严慧
ZHENG, YAN HUI 郑延慧 **(1929-)**

Yan, Hui 晏回
MA, RUO PU 马若璞 **(1913-)**

Yan hui 延悔
SHEN, DE YONG 沈德镛 **(1898-1971)**

Yan hui 餤慧
LI, WEN TAO 李文涛 **(1880-1942)**

Yan huo 彦火
PAN, YAO MING 潘耀明 **(1947-)**

Yan, Ji 严霁
YAN, GUANG HUA 严光化 **(1924-)**

Yan, Ji 严髻
LI, WEN TAO 李文涛 **(1880-1942)**

Yan ji 烟戟
LIU, CHENG HUI 刘承蕙 **(1925-)**

Yan ji 演济
ZHOU, MING KUI 周明夔 **(1899-1970)**

Yan ji 彦及
CHEN, XUN EN 陈训恩 **(1890-1948)**

Yan, Ji cheng 严既澄
YAN, QIE 严锲 **(1899-)**

Yan, Ji dao 严几道
YAN, FU 严復 **(1854-1921)**

Yan, Ji guo 燕及果
LIU, CHENG HUI 刘承蕙 **(1925-)**

YAN, JI YUAN 晏济元 **(1902-)**
Lao ji 老济
Su zhen lao ren 素贞老人
Yan, Ping 晏平
Yuan, Zhen 元贞

YAN, JI ZHOU 严寄洲 **(1917-)**
Ji zhou 寄洲

YAN, JIA DI 阎家迪 **(1928-)**
Yan, Gong 言公
Yan gong 妍公
Yan, Pei gong 阎佩公
Yan, Qiu 阎秋

YAN, JIA JUN 鄢家骏 **(1944?-)**
San ye 三叶
Shi, Feng cao 石缝草

Yan, Jia pan 延家畔
YAN, ZE MIN 延泽民 **(1921-)**

YAN, JIA YAN 严家炎 **(1933-)**
Jia xi 稼兮
Yan, Jian 严謇

YAN, JIAN 严坚 **(1941-)**
Yan, Ming jian 严明鉴

Yan, Jian 严謇
YAN, JIA YAN 严家炎 **(1933-)**

Yan jiang 雁江
YANG, XIAN JIANG 杨贤江 **(1895-1931)**

Yan, Jie 颜傑
YAN, CANG JI 颜仓吉 **(1933-)**

YAN, JIN 严谨 **(1901-1969)**
Ren lu 忍庐
Shen yu 慎予
Yan, Shen yu 严慎予

Yan, Jin 言今
ZHANG, YU XUAN 张玉萱 **(1939-)**

YAN, JIN E 阎金锷 **(1911-1970)**
Luo luo ju shi 落落居士

Tang, Gao 唐高
Yan, Li fu 阎利甫
Yan, Si yan 严思雁
Yang, Ke en 杨克恩

YAN, JIN FU 严金符 **(1915-)**
Bai, Ben 白奔
Bai, Ni 白霓
Ding, Fang 丁放
San san 三三
Yan, Hua long 严华龙
Yuan bo 园波

YAN, JIN LIANG 颜金良 **(1946-)**
Yan, Yan 颜巌

Yan, Jin sheng 鄢金升
YAN, JIN SHENG 鄢金生 **(1940-)**

YAN, JIN SHENG 鄢金生 **(1940-)**
Yan, Jin sheng 鄢金升
Yan shan 焰山

YAN, JIN WEN 严金汶 **(1923-)**
Yan, Ya chu 严亚楚

Yan jing bu yi 燕京布衣
WU, SHI CHANG 吴世昌 **(1908-1986)**

Yan jing san ren 燕京散人
DING, BING SUI 丁秉鐩 **(1917-1980)**

Yan, Jing wen 严静文
HU, YUE 胡越 **(1920-1980)**

YAN, JING WEN 严静文 **(1927-)**
Yan, Lin 严林

YAN, JING XIANG 阎景祥 **(1934-)**
Lü, Zuo ren 吕佐仁

YAN, JING YAO 严景耀 **(1905-1976)**
Jing yue 竞曰
Xing nai 星乃
Yao qun 耀群
Yi fu 一夫

Yan, Juan 言涓
LU, ZHENG YAN 卢正言 **(1938-)**

YAN, JUE XIN 严觉新 **(1926-)**
Yan, Zhong 严重

Yan, Jun 严峻
CHEN, ZHI ANG 陈志昂 **(1927-)**

Yan, Jun 严峻
YAN, JUN JIE 阎俊杰 **(1931-)**

Yan jun 衍君
CHEN, SAN LI 陈三立 **(1852-1937)**

Yan jun 雁军
YU, YAN JUN 于雁军 **(1926-)**

Yan, Jun guang 严军光
YUAN, SHU 袁殊 **(1911-1987)**

YAN, JUN JIE 阎俊杰 **(1931-)**
Yan, Jun 严峻

YAN, JUN SEN 严俊森
Ru bin 如宾

Yan, Kai 颜开
YAN, QING SHU 严庆澍 **(1919-1981)**

Yan, Kai chen 严慨忱
YAN, QIE 严锲 **(1899-)**

Yan, Ke 燕客
ZHOU, SHU REN 周树人 **(1881-1936)**

Yan ke 彦克
YAN, KE JIAN 阎克俭 **(1924-)**

Yan, Ke feng 颜可风
QU, JIN JU 瞿金驹 **(1910-1979)**

Yan, Ke feng 颜可风
QU, JIN JU 瞿金驹 **(1910-1979)**

YAN, KE JIAN 阎克俭 **(1924-)**
Yan ke 彦克

Yan, Kuan 严宽
YAN, ZHE XI 严折西 **(1909-)**

Yan lan 岩岚
XIAO, YI XIANG 萧义祥 **(1943-)**

Yan, Lang 燕郎
WU, YAO HUI 吴耀辉

Yan lei 焱磊
MA, YI 马毅 **(1933-)**

Yan, Li 阎砺
YAN, SHENG LI 阎胜利 **(1952-)**

Yan li 延礼
ZHANG, YAN LI 张延礼 **(1870-1937)**

Yan, Li chuan 阎丽川
YAN, BI DA 阎必达 **(1910-1997)**

Yan, Li fu 阎利甫
YAN, JIN E 阎金锷 **(1911-1970)**

YAN, LI GONG 阎立功 **(1940-)**
Hong peng 鸿鹏

YAN, LI JUAN 阎丽娟 **(1948-)**
Jin, Liu 金柳

YAN, LI QUN 严立群 **(1954-)**
Li qun 立群

YAN, LI XIA 严丽霞 **(1956-)**

A li 阿丽
Li xia 丽霞
Li xia 励霞

Yan, Liang 燕良
CAI, LIANG QIAN 蔡良乾 **(1943-)**

YAN, LIANG 燕亮 **(1938-)**
Ba, La 巴拉

Yan, Lin 严林
YAN, JING WEN 严静文 **(1927-)**

Yan, Lin 言林
LIU, YAN LING 刘延陵 **(1895-1988)**

Yan, Lin 言林
WANG, SHOU SHAN 王寿山 **(1921-)**

Yan, Lin 燕林
TIAN, TI REN 田体仁 **(1913-1989)**

Yan, Ling 严陵
WANG, SHOU SHAN 王寿山 **(1921-)**

Yan, Ling 严凌
MU, ZHEN XING 穆振兴 **(1934-)**

Yan, Ling 燕凌
WANG, SHOU SHAN 王寿山 **(1921-)**

Yan ling 延陵
LIU, YAN LING 刘延陵 **(1895-1988)**

Yan ling 延龄
ZHOU, JUE 周觉 **(-1933)**

Yan ling 雁翎
LI, JUN ZHE 李君哲 **(1929-)**

Yan ling 雁翎
CHENG, ZHEN JIA 程振家 **(1938-)**

Yan ling 雁零
ZHONG, LING 钟玲 **(1945-)**

Yan ling 鄢陵
WANG, SHOU SHAN 王寿山 **(1921-)**

Yan ling shan ren 炎陵山人
DENG, GONG XUAN 邓公玄 **(1901-1977)**

Yan, Ling feng 严灵峰
YAN, MING JIE 严明傑 **(1904-)**

Yan, Ling sheng 延陵生
WU, XIN RONG 吴新荣 **(1907-1967)**

Yan, Ling zi 严陵子
DAI, BU FAN 戴不凡 **(1922-1980)**

YAN, LONG ZHANG 颜龙章 **(1925-)**
Shui, Mo 水沫

Yan, Lou 燕楼
YE, YUN PU 叶韫璞 **(1905-1975)**

Yan lu 砚庐
LIU, SHI HENG 刘世珩 **(1875-1937)**

Yan, Mai 燕麦
LIU, XI RONG 刘锡荣 **(1920-)**

YAN, MAN LI 严曼丽 **(1949-)**
Yan 严

YAN, MAO YUAN 严懋垣 **(1911-)**
Heng shu 恒墅
Wei qing 微青
Wei qing 蔚青
Yan, Wei qing 严薇青

YAN, MIN ER 严敏尔
Yan, Qin 严沁

YAN, MIN QIANG 严民强 **(1927-)**
Ge, Mu 葛穆
Hong yuan 红原
Qing yun 青云

Yan, Ming 严明
LI, DA ZHAO 李大钊 **(1889-1927)**

YAN, MING 严明 **(1917-)**
Yan, Dong yang 严冬阳

Yan, Ming 严茗
WU, SHAN TING 吴善庭 **(1936-)**

Yan, Ming 晏明
GUO, CAN ZHI 郭灿之 **(1920-)**

Yan, Ming 燕铭
QI, YAN MING 齐燕铭 **(1907-1978)**

Yan ming 延明
GONG, XIAN MING 龚贤明 **(1940-)**

Yan ming 雁鸣
CUI, YU ZHUO 崔玉琢 **(1948-)**

YAN, MING DAO 阎明道 **(1929-)**
Yan, Da wu 阎达五

YAN, MING GUANG 晏明光 **(1956-)**
Yan ying 岩鹰

Yan, Ming jian 严明鉴
YAN, JIAN 严坚 **(1941-)**

YAN, MING JIE 严明傑 **(1904-)**
Li, Hua ling 李华龄
Lin, Feng 林锋
Ling, Feng 凌风
Ling feng 灵凤
Wu qiu bei zhai zhu ren 无求备斋主人
Yan, Ling feng 严灵峰
Yang yuan 养元

Zang, Fu long 臧伏龙

Yan, Mo xiao 严墨啸
ZHUANG, PEI CHU 庄培初 **(1916-)**

Yan, Mu 燕慕
YAN, ZHI JUN 燕志儁 **(1907-1982)**

Yan, Nan 燕南
ZHAO, FENG ZHANG 赵凤章 **(1918-1986)**

Yan nan 彦南
BAO, JI HUAN 鲍继焕 **(1922-)**

Yan nan ping dao ren 燕南萍道人
CHEN, PING QING 陈萍青

Yan, Nan shan 燕南山
YANG, SHU QING 杨树清 **(1962-)**

Yan, Nian 延年
ZHANG, HENG DE 张亨德 **(1938-)**

Yan, Nian 延年
ZHOU, MO 周默

Yan, Nian 延年
WEN, FEI 文斐

Yan, Ning 晏宁
FENG, YAN NING 冯彦宁 **(1963-)**

Yan, Ning 燕宁
JI, WEI ZHOU 纪维周 **(1922-)**

Yan ning 雁宁
TIAN, YAN NING 田雁宁 **(1953-)**

YAN, NUO FU 严诺夫 **(1952-)**
Xiang, Qun 向群
Yue, Fu 乐夫

Yan pei 彦沛
ZHANG, WEN XIN 张文欣 **(1948-)**

Yan, Pei gong 阎佩公
YAN, JIA DI 阎家迪 **(1928-)**

Yan peng 雁朋
WANG, LIN TAI 王临泰 **(1919-)**

Yan, Pian 晏骈
XU, YAN PIAN 许晏骈 **(1922-1992)**

Yan, Piao nan 燕飘南
WU, WEI LIANG 吴维凉 **(1958-)**

Yan, Ping 严平
ZENG, YAN PING 曾燕萍 **(1910-)**

Yan, Ping 晏平
YAN, JI YUAN 晏济元 **(1902-)**

Yan, Ping 燕平
SHI, YAN PING 施燕萍 **(1926-)**

Yan, Ping 燕坪
ZHANG, YI HUA 章一华 **(1922-)**

Yan, Ping 燕萍
SHI, YAN PING 施燕萍 **(1926-)**

Yan ping 彦萍
ZHANG, YAN PING 张彦平 **(1927-)**

YAN, QI 彦奇 **(1926-)**
Shang, Guo chen 商国臣

Yan, Qi 燕琦
ZHANG, YAN JIN 张燕瑾

Yan qi 艳齐
ZHANG, YAN QI 张艳齐 **(1958-)**

Yan qi 彦歧
YANG, YAN QI 杨彦歧 **(1920-1978)**

Yan, Qi yi 燕栖夷
WANG, JING CHAO 王景超

Yan, Qian zi 言茜子
HE, XIAO DA 何孝达 **(1915-1994)**

Yan, Qian zi 言茜子
CHEN, XUAN WEN 陈绚文 **(1922-)**

Yan, Qiang 严锵
ZHUANG, ZHONG QING 庄钟庆 **(1933-)**

YAN, QIANG GUO 阎强国 **(1964-)**
Gu, Lan yin 顾兰银

Yan qiao 岩樵
XU, WEN DA 徐文达 **(1922-)**

Yan qiao 烟桥
FAN, YONG 范镛 **(1894-1967)**

Yan qiao 烟桥
CHEN, XI RONG 陈希荣 **(1911-1970)**

YAN, QIE 严锲 **(1899-)**
Cheng 澄
Chu, Ri lou 初日楼
Hai, Ri lou 海日楼
Ji cheng 既澄
Ji cheng 济澄
Yan, Ji cheng 严既澄
Yan, Kai chen 严慨忱
Yan, Su 严肃
Yan, Su 严素

Yan, Qin 严沁
HU, ER MIN 胡尔敏 **(1944-)**

Yan, Qin 严沁
YAN, MIN ER 严敏尔

YAN, QING 严清 **(1919-)**
Bai, Ju 白驹

Yan, Qing 晏青
LIU, XUE AN 刘雪庵 **(1905-1985)**

Yan, Qing 言情
HUANG, XIONG BIAO 黄熊彪 **(1891-1974)**

Yan qing 岩青
NIU, YU LONG 牛余龙 **(1964-)**

Yan qing 雁青
LI, GONG TAO 李功焘

Yan, Qing 雁晴
LI, LI 李笠 **(1887-)**

YAN, QING HUANG 颜庆煌 **(1940-)**
Ning, Hong 宁虹

Yan, Qing man 严青蔓
YAN, WEN JIN 严文锦 **(1915-)**

YAN, QING SHOU 颜青守 **(1936-)**
Ai, Mei 艾梅
Qing yu 青宇

YAN, QING SHU 严庆澍 **(1919-1981)**
Cao shan shang ren 草山上人
Dong xue 冬雪
Gao, Shan ke 高山客
Ge, Xia 葛夏
Gong man xue 弓满雪
Jiang, Xing yu 江杏雨
Jin wu kui yi 今屋奎一
Luo feng 洛风
Luo feng 洛峰
Ruan, Lang 阮朗
Sang, Ci 桑慈
Sha, Ru xue 沙如雪
Tang, Ren 唐人
Tao, Ben 陶奔
Wen shu shang shi 文书上士
Yan, Kai 颜开
Zhang, Bi 张壁

YAN, QING XI 严庆禧 **(1911-)**
Ke huai 克怀

Yan, Qiu 阎秋
YAN, JIA DI 阎家迪 **(1928-)**

Yan qu zhai zhu ren 研曲斋主人
YANG, FU SEN 杨富森 **(1918-)**

Yan quan 岩荃
AI, GUANG DAO 艾光道 **(1922-)**

Yan quan 衍泉
LIN, LI MEI 林丽美

YAN, QUN 严群 **(1907-1985)**
Bu dang 不党
Yi shi lao ren 怡适老人
Yi zhi 一指

Yan, Ran 燕然
WANG, YU JUN 王聿均 **(1918-)**

Yan, Ren 燕人
GUO, AN REN 郭安仁 **(1909-1968)**

Yan, Ren 燕人
DU, QI RONG 杜奇荣 **(1929-)**

Yan ren 彦仁
HU, YI 胡毅 **(1904-)**

Yan ren 砚人
WU, JIN BIAO 伍锦标 **(1943-)**

Yan, Rong zhang 言荣彰
YAN, XIN ZHE 言心哲 **(1898-1984)**

Yan, Ru 晏如
LIU, XUE AN 刘雪庵 **(1905-1985)**

Yan, Ru 燕如
BI, QING HANG 毕庆航 **(1918-)**

Yan ru 琰如
WANG, YAN 王琰 **(1914-)**

YAN, RU QUAN 严儒铨 **(1941-)**
Shi, Wan 石湾

Yan, Ru yu 颜如玉
WANG, ZHI NONG 王智浓 **(1932-)**

Yan, Ru yue 严如钺
LI, XIANG LIU 李乡浏 **(1934-)**

Yan, Ruo bing 严若冰
YAN, GUANG HUA 严光化 **(1924-)**

YAN, RUO LAN 严若兰 **(1926-)**
Lin, Lan 林岚
Yan, Xia feng 严霞峰

Yan, Se 严瑟
XIE, SHU 谢树 **(1926-)**

Yan, Sen 严森
YAN, WEN JIN 严文锦 **(1915-)**

Yan, Seng 严僧
SUN, HAN BING 孙涵冰

Yan, Shan 严山
YAN, BING YAO 颜炳耀 **(1935-)**

Yan shan 偃山
ANG, ZHONG XI 杨钟羲 **(1854-1940)**

Yan shan 焰山
YAN, JIN SHENG 鄢金生 **(1940-)**

Yan, Shan ke 燕山客
TAO, BAI 陶白 **(1911-)**

Yan, Shan nü 鄢山女
LIU, JING 刘竞

Yan, Shan ren 燕山人
LI, YUN YAN 李云燕 **(1944-)**

Yan, Shan zu 燕山卒
SONG, JIU ZHI 宋九祉 **(1917-)**

Yan shang 岩上
YAN, ZHEN XING 严振兴 **(1938-)**

Yan, Shao xian 阎少显
YAN, TIAN RUI 阎天瑞 **(1915-)**

Yan, Shen 言申
ZHANG, YAN SHENG 张演生 **(1954-)**

Yan, Shen cun 颜申村
XIE, XING 谢兴 **(1907-1975)**

Yan, Shen qian 严慎谦
MEI, MING ZHENG 梅明正 **(1922-)**

Yan, Shen yu 严慎予
YAN, JIN 严谨 **(1901-1969)**

Yan, Sheng 燕生
CHANG, YAN SHENG 常燕生 **(1898-1947)**

Yan, Sheng 燕声
ZHANG, YONG JIANG 张永江

Yan, Sheng 延生
YANG, JING NIAN 杨敬年 **(1908-)**

Yan, Sheng 延生
LI, YAN SHENG 李延生 **(1930-)**

Yan, Sheng 延声
LI, YAN SHENG 李延声 **(1945-)**

Yan sheng 雁声
WANG, YAN SHENG 王燕生 **(1934-)**

YAN, SHENG LI 阎胜利 **(1952-)**
Yan, Li 阎砺

Yan, Shi 言拾
JI, YONG FU 计用辐 **(1939-)**

Yan shi 研石
WANG, YAN SHI 王研石

Yan shi ge zhe 燕市歌者
WANG, REN SHU 王任叔 **(1901-1972)**

Yan shi jiu tu 燕市酒徒
CHEN, ZI FAN 陈子范 **(1881-1914)**

Yan, Shi wen 燕诗文
HAO, JIAN 郝鉴 **(1948?-)**

Yan, Shi zhong 言师中
YAN, SHI ZHONG 言师仲 **(1947-)**

YAN, SHI ZHONG 言师仲 **(1947-)**
Yan, Shi zhong 言师中

YAN, SHU JING 阎书景 **(1919-)**
Nan, Dan 南丹
Yan, Su 阎素

Yan, Shu zhi 阎淑之
HUANG, GU NONG 黄谷农 **(1916-)**

Yan, Shui 燕水
FENG, XUE FENG 冯雪峰 **(1903-1976)**

Yan, Shui 燕水
LIU, ZHI QING 刘志清 **(1938-)**

Yan, Shui 延水
YAN, ZHEN GANG 阎振纲 **(1932-)**

Yan, Shui 言水
XU, TAO 许涛 **(1934-)**

Yan, Shui bo 延水波
LIU, CHENG ZHANG 刘成章 **(1937-)**

Yan shui san ren 烟水散人
XU, QIU TAO 徐秋涛

YAN, SHUN XI 严顺晞 **(1922-)**
Fu fong 扶风
Gao, Sheng wei 高生微
Gou mang 勾芒
Shi, Zuo shu 石作蜀
Yan, Ge 严格

Yan, Shuo 严朔
YAN, HAN MIN 严汉民 **(1914-)**

Yan, Si 严思
DU, PI MIAN 杜丕勉 **(1943-)**

Yan si 焉思
MAO, ZHENG TIAN 毛正天 **(1955-)**

Yan si 煙寺
LI, YONG JI 李勇吉 **(1944-)**

Yan, Si mu 严思穆
LUAN, WEN HAI 栾文海 **(1932-)**

Yan, Si yan 严思雁
YAN, JIN E 阎金锷 **(1911-1970)**

Yan, Song 延颂
YANG, SU MIN 杨苏民 **(1934-)**

Yan song 岩松
CHEN, GUANG LIAN 陈光莲 **(1937-)**

Yan song 岩松
LI, DONG QUAN 李冬泉 **(1958-)**

Yan sou 赝叟
TAN, CHANG ZHI 谈长治 **(1868-1937)**

Yan, Su 延甦
ZENG, LING DUO 曾令铎 **(1919-)**

Yan, Su 严肃
YAN, QIE 严锲 **(1899-)**

Yan, Su 严肃
YAN, FU CHANG 严福昌 **(1939-)**

Yan, Su 严肃
YAN, XIAO JIAN 严啸建 **(1954-)**

Yan, Su 严素
YAN, QIE 严锲 **(1899-)**

Yan, Su 严素
ZHONG, LIANG YI 钟良沂 **(1921-)**

Yan, Su 阎肃
YAN, ZHI YANG 阎志扬 **(1930-)**

Yan, Su 阎素
YAN, SHU JING 阎书景 **(1919-)**

Yan, Su 燕素
YAN, ZHI JUN 燕志儁 **(1907-1982)**

Yan, Su zhi 严肃之
HUANG, GU NONG 黄谷农 **(1916-)**

Yan, Tang 晏唐
TANG, ZE RONG 唐泽蓉 **(1934-)**

Yan, Tang 燕堂
WANG, REN SHU 王任叔 **(1901-1972)**

Yan, Tang 燕堂
WEN, ZHE QU 文哲渠 **(1911-)**

Yan tao 彦陶
WANG, JIA YING 王家莹 **(1928-)**

Yan tian 砚田
WEN, JI 闻籍 **(1905-)**

Yan tian 砚田
JIA, QI JIA 贾起家 **(1953-)**

YAN, TIAN RUI 阎天瑞 **(1915-)**
Mang bei you ke 邙北游客
Qing ya zhai zhu 清雅斋主
Shao xian 少显
Tian rui 天瑞
Yan, Shao xian 阎少显

YAN, TING YUN 严停云 **(1926-)**
Hua, Yan 华严

Yan, Tong wen 颜通文
YAN, DAO BIN 颜道斌 **(1952-)**

Yan, Wang 延罔
YAN, ZHEN GANG 阎振纲 **(1932-)**

Yan, Wang 严望
YAN, YOU TAI 严有太 **(1920-)**

Yan, Wei 言微
SHU, PEI 束佩 **(1919-)**

Yan, Wei 燕微
CAI, LIANG QIAN 蔡良乾 **(1943-)**

Yan wei 彦威
MIAO, YUE 缪钺 **(1904-)**

Yan, Wei bing 严慰冰
YAN, HUAI JIN 严怀瑾 **(1918-1986)**

Yan, Wei meng 严韦蒙
LI, RUN HU 李润湖 **(1913-1947)**

Yan, Wei qing 严薇青
YAN, MAO YUAN 严懋垣 **(1911-)**

Yan, Wei zhen 严唯真
LIN, ZHI QIANG 林志强 **(1933-)**

Yan, Wen 燕文
MIAO, JUN JIE 缪俊杰 **(1936-)**

Yan, Wen 严文
LÜ, YONG YAN 吕永岩 **(1952-)**

Yan wen bang 岩温帮
ZHENG, PENG 征鹏 **(1943-)**

YAN, WEN BIN 严文彬
Yan, Ge 严戈

YAN, WEN JIN 严文锦 **(1915-)**
Qing man 青蔓
Si tu, Dan 司徒丹
Yan, Qing man 严青蔓
Yan, Sen 严森
Yan, Wen jing 严文井

Yan, Wen jing 严文井
YAN, WEN JIN 严文锦 **(1915-)**

YAN, WEN KE 阎文科 **(1945-)**
Wen, Ke 文科

YAN, WEN TAO 严文涛 **(1959-)**
Wen, Tao 文涛

YAN, WEN XI 阎文喜 **(1938-)**
Yi, An 依安

Yan, Wu 严吾
YAN, WU 鄢午 **(1932-)**

Yan, Wu 言午
XU, PEI JI 许培基 **(1926-)**

Yan, Wu 言午
DAI, YUN FEI 戴云飞 **(1962-)**

YAN, WU 鄢午 **(1932-)**
Yan, Wu 严吾

Yan wu 剡芜

Yan wu 衍五
FU, ZHEN LUN 傅振伦 **(1906-)**

Yan wu 剡芜
YAN, WU 鄢午 **(1932-)**

Yan, Wu ji 言无忌
BAO, CHANG 鲍昌 **(1930-1989)**

Yan, Wu lang 颜五郎
XU, YU CHENG 许与澂

Yan, Wu xu 言无虚
YOU, QI 尤淇 **(1919-)**

Yan, Wu yin 言无隐
GUO, QUAN BEN 郭全本 **(1920-)**

Yan, Xi 言曦
QIU, NAN 邱楠 **(1916-1979)**

Yan, Xi da 严锡大
YAN, DA CHUN 严大椿 **(1909-)**

YAN, XI QUN 阎西群 **(1960-)**
Da qun 大群
Jun yang 峻杨

Yan, Xi zao 言西早
TAN, ZONG YUAN 谭宗远 **(1952-)**

Yan, Xia 燕侠
GAO, HUA WEN 高华文 **(1924-)**

Yan xia 彦瑕
CUI, ZHEN QUAN 崔振权 **(1971-)**

Yan, Xia feng 严霞峰
YAN, RUO LAN 严若兰 **(1926-)**

Yan xia san ren 烟霞散人
HUANG, ZHI 黄质 **(1865-1955)**

Yan, Xiang 严翔
YAN, HAN MIN 严汉民 **(1914-)**

Yan, Xiang 晏翔
SHAO, YAN XIANG 邵燕祥 **(1933-)**

Yan, Xiang 颜香
SHAO, YAN XIANG 邵燕祥 **(1933-)**

Yan, Xiang 燕祥
SHAO, YAN XIANG 邵燕祥 **(1933-)**

Yan, Xiang 燕翔
SHAO, YAN XIANG 邵燕祥 **(1933-)**

Yan xiang 岩像
RAO, YOU HU 饶友瑚 **(1918-1938)**

Yan xiang 彦祥
MA, YAN XIANG 马彦祥 **(1907-1988)**

Yan xiang 彦祥
SHAO, YAN XIANG 邵燕祥 **(1933-)**

Yan xiang 雁翔
SHAO, YAN XIANG 邵燕祥 **(1933-)**

Yan xiang 雁翔
ZENG, XIAO MING 曾晓鸣 **(1946-)**

Yan xiang 雁翔
LI, YAN XIANG 李延祥 **(1948-)**

Yan, Xiao 严晓
WANG, PU 王璞 **(1950-)**

Yan, Xiao guang 阎晓光
YAN, GUI QING 阎桂青 **(1930-)**

YAN, XIAO JIAN 严啸建 **(1954-)**
Yan, Su 严肃

YAN, XIAO KUI 颜晓葵 **(1932-)**
Yao, Tan 尧天

Yan, Xin 阎信
YIN, JING JUN 尹景军 **(1949-)**

Yan xin 雁心
LI, YING JIA 李应甲 **(1924-)**

YAN, XIN ZHE 言心哲 **(1898-1984)**
Yan, Rong zhang 言荣彰

Yan, Xing 颜行
LIAO, XIN QUAN 廖信泉 **(1916-1986)**

YAN, XING 晏星 **(1919-)**
Pan, An sheng 潘安生

YAN, XING SHENG 阎兴胜 **(1930-)**
Xiang, Bing 向兵

YAN, XIONG 颜雄 **(1937-)**
Yan, Xun 言恂

Yan, Xiu 严秀
ZENG, YAN XIU 曾彦修 **(1919-)**

Yan xiu 彦修
ZENG, YAN XIU 曾彦修 **(1919-)**

Yan xiu 烟秀
ZENG, YAN XIU 曾彦修 **(1919-)**

Yan, Xu 晏旭
JING, XIAO QUAN 井笑泉 **(1941-)**

Yan xu ge 延旭阁
ZHU, JIA JIN 朱家溍 **(1914-)**

Yan, Xuan 燕旋
FENG, XUE FENG 冯雪峰 **(1903-1976)**

YAN, XUE YUAN 颜学渊 **(-1976)**
Ling dian ling 零点零

Yan, Xun 言恂
YAN, XIONG 颜雄 **(1937-)**

Yan, Xun 燕迅
GUO, QIU LIANG 郭秋良 **(1936-)**

Yan, Ya 燕崖
HU, YU ZHEN 胡玉贞 **(1905-)**

Yan, Ya chu 严亚楚
YAN, JIN WEN 严金汶 **(1923-)**

Yan ya shan qiao 燕崖山樵
GUO, XIONG 郭雄 **(1920-)**

Yan, Yan 严岩
ZENG, WEN YUAN 曾文渊 **(1935-)**

Yan, Yan 严炎
LI, XIANG WEN 李象文 **(-1955?)**

YAN, YAN 严炎 **(1954-)**
Men huai shan 门怀珊
Yan, Bao zhong 阎宝忠
Yao, Wang 姚旺

Yan, Yan 颜岩
YAN, GUI MING 阎贵明 **(1950-)**

Yan, Yan 颜巌
YAN, JIN LIANG 颜金良 **(1946-)**

Yan, Yan 燕岩
HU, YU ZHEN 胡玉贞 **(1905-)**

Yan, Yan 燕燕
YAN, ZHI JUN 燕志儁 **(1907-1982)**

Yan, Yan 燕燕
CHEN, ZU YAN 陈祖彦 **(1945-)**

Yan, Yan 言言
YANG, JIA JU 杨家驹 **(1917-)**

Yan, Yan 言言
DUAN, MEI FANG 段玫芳 **(1941-)**

Yan, Yan 言炎
TAN, FENG LIANG 谭凤樑 **(1936-)**

Yan, Yan 言衍
LIU, SHU XIAN 刘述先 **(1934-)**

Yan yan 炎炎
ZHANG, TIAN BAI 张天白 **(1902-)**

YAN, YAN ZHOU 严眼周
Yu gong 愚公

Yan yang 炎羊
SUN, ZE YU 孙泽宇 **(1936-)**

Yan yang 雁洋
ZHOU, YAN YANG 周艳炀 **(1931-)**

YAN, YAO LIAN 阎瑶莲 **(1931-)**
Jiang, Jing 江静
Jing yu 静宇
Yao lian 瑶莲

Yan ye 彦页
YAN, YUAN SHU 颜元叔 **(1933-)**

Yan, Yi 严艺
YAN, GUO YI 阎国宜 **(1932-)**

Yan, Yi 严仪
YAN, HAN MIN 严汉民 **(1914-)**

Yan, Yi 燕翼
WU, WAN 吴万 **(1894-1970)**

Yan yi 岩毅
NAN, JI FU 南基福 **(1948-)**

Yan yi 雁一
LIU, SHUI GEN 刘水根 **(1962-)**

Yan yi 雁翼
YAN, HONG LIN 颜鸿林 **(1927-)**

Yan yi 雁翼
ZHAO, YING QI 赵应麒 **(1928-)**

Yan yi 檐簃
CHAI, E 柴萼 **(1893-)**

Yan yi 簷簃
CHAI, E 柴萼 **(1893-)**

YAN, YI PING 严一萍 **(1912-1987)**
Ping lu 萍庐
Yuan hu san ren 鸳湖散人

Yan, Yi quan 燕义权
REN, ZHUO XUAN 任卓宣 **(1896-1990)**

Yan, Yi yan 颜一烟
YAN, YU FANG 颜毓芳 **(1912-)**

Yan, Yi zhi 严易之
YAN, DUN YI 严敦易 **(1905-1962)**

Yan yin 雁荫
CHEN, YAO MIN 陈耀民 **(1927-)**

Yan yin 演音
LI, WEN TAO 李文涛 **(1880-1942)**

Yan, Yin ge 言音戈
LI, ZHI GANG 李志刚 **(1952-)**

Yan yin he shang 演音和尚
LI, WEN TAO 李文涛 **(1880-1942)**

Yan, Ying 颜瀛
XIE, FU SEN 谢复森 **(1919-)**

Yan, Ying 燕英
CHEN, YAO MIN 陈耀民 **(1927-)**

Yan, Ying 燕影
SU, XUAN YING 苏玄瑛 **(1884-1918)**

Yan ying 雁影
YAN, DONG CAI 阎栋材 **(1923-1949)**

Yan ying 雁影
WANG, SHI PIN 王诗品 **(1950-)**

Yan ying 岩英
LIU, YUN TANG 刘筠堂 **(-1964)**

Yan ying 岩影
ZHANG, XIAO FENG 张晓风 **(1941-)**

Yan ying 岩鹰
YAN, MING GUANG 晏明光 **(1956-)**

Yan ying 彦颖
CHEN, YU SHUANG 陈玉爽 **(1929-)**

Yan ying shi 檐樱室
CHENG, JING YU 程靖宇

Yan ying zhai 雁影斋
LI, XI SHENG 李希圣 **(1864-1905)**

Yan, Yong 晏甬
YAN, ZI SHU 晏子述 **(1916-)**

Yan, Yong 晏勇
YAN, ZI SHU 晏子述 **(1916-)**

Yan yong 岩咏
QI, LONG XI 齐隆锡 **(1924-)**

YAN, YONG FU 颜永甫 **(1919-)**
Lin, Feng 林丰
Ling feng 伶风

Yan yong niu 焉用牛
YANG, FU DONG 杨复冬 **(1922-1978)**

Yan, You ling 严又陵
YAN, FU 严復 **(1854-1921)**

Yan, You ling 严幼陵
YAN, FU 严復 **(1854-1921)**

YAN, YOU MEI 严友梅 **(1925-)**
Lu di 芦笛

YAN, YOU TAI 严有太 **(1920-)**
Ke wei 克维
Xi xin 洗心
Yan, Wang 严望

Yan, Yu 言语
HUANG, JIA DONG 黄甲东 **(1913-)**

Yan yu 炎羽
ZHAO, RU ZHEN 赵汝真 **(-1948)**

Yan yu 焉于
ZHOU, SHU REN 周树人 **(1881-1936)**

YAN, YU FANG 颜毓芳 **(1912-)**
Hen 痕
Jun 君
Qiong ren 穷人
Xin 心
Xin 新
Yan, Ding 颜丁
Yan, Yi yan 颜一烟
Yi yan 一烟

Yan, Yu ming 燕遇明
YAN, ZHI JUN 燕志儁 **(1907-1982)**

Yan, Yu shan 颜玉山
LIU, YU SHAN 刘玉山 **(1940-)**

YAN, YU SHENG 颜裕盛 **(1914-)**
Ba, Er 巴尔
Ba, Sai 巴塞
Ou yang, Shan jun 欧阳山军
Yan, Bi 颜壁

YAN, YU ZUN 严郁尊
Lin, Lin 林林

YAN, YUAN SHU 颜元叔 **(1933-)**
Yan ye 彦页

Yan, Yue 严约
WANG, YUAN FANG 汪原放 **(1897-1980)**

Yan yue 雁月
DI, YING 狄膺 **(1895-1964)**

Yan, Yun 颜允
YU, ZHONG ZHENG 郁钟正 **(1915-)**

Yan, Yun 燕云
JIN, WEN YU 晋文郁 **(1920-)**

Yan, yun 燕云
WANG, YAN YING 王衍盈 **(1926-)**

Yan, Yun 燕云
QIU, RAN 邱然

Yan, Yun 燕筠
ZHENG, QIAN 郑骞 **(1906-1991)**

YAN, YUN SHU 颜芸枢 **(1882-1942)**
Quan quan 拳拳
Wen, Chu 文初

Yan, Ze liang 延择良
YAN, ZE MIN 延泽民 **(1921-)**

Yan, Ze liang 延泽良
YAN, ZE MIN 延泽民 **(1921-)**

YAN, ZE MIN 延泽民 **(1921-)**
Jia pan 家畔
Leng, Yi 冷怡

Yan, Jia pan 延家畔
Yan, Ze liang 延泽良
Yan, Ze liang 延择良
Zhang, Shu 张树

Yan zhai 棪斋
LI, YAN 李棪 **(1910-　　)**

Yan, Zhao ren 燕照人
HE, MIN YING 赫民英 **(1949-　　)**

Yan, Zhao rong 燕赵容
DU, QI RONG 杜奇荣 **(1929-　　)**

Yan, Zhao shi 燕赵士
ZOU, WEI XI 邹维熙 **(1927-　　)**

Yan, Zhao zi 燕赵子
XU, CONG QUAN 徐淙泉 **(1946-　　)**

Yan, Zhe wu 阎哲吾
YAN, BAO MING 阎葆明 **(1907-　　)**

YAN, ZHE XI 严折西 **(1909-　　)**
Ji, Shi 吉士
Yan, Kuan 严宽

Yan, Zhen 严阵
YAN, GUI QING 阎桂青 **(1930-　　)**

Yan, Zhen 严阵
LI, CHENG ZHANG 李承璋 **(1950-　　)**

YAN, ZHEN 严桢 **(1889-1968)**
Lao zu 老卒
Bin fang guan zhu 槟芳馆主
Du he 独鹤
Wan qing 晚晴
Yan, Du he 严独鹤
Yan, Zi cai 严子材
Zhi wo 知我

Yan, Zhen 言真
ZHANG, ZHUO YUAN 张卓元 **(1933-　　)**

YAN, ZHEN DONG 颜振东 **(1943-　　)**
Bei chen 北辰

YAN, ZHEN GANG 阎振纲 **(1932-　　)**
Shan, Li 单里
Yan, Gang 阎纲
Yan, Shui 延水
Yan, Wang 延罔

Yan, Zhen guo 严振国
YAN, ZHEN GUO 阎振国 **(1937-　　)**

YAN, ZHEN GUO 阎振国 **(1937-　　)**
Yan, Zhen guo 严振国

YAN, ZHEN XING 严振兴 **(1938-　　)**
Yan shang 岩上

Yan, Zheng 严正
LUO, MEI ZHAO 罗梅沼 **(1930-　　)**

Yan, Zheng zhi 延正直
QUAN, GUO QUAN 全国权 **(1940-　　)**

Yan, Zhi 严之
DING, HONG CHANG 丁宏昌 **(1948-　　)**

Yan, Zhi 言之
CHEN, ZI LING 陈子伶 **(1942-　　)**

Yan, Zhi 言知
YANG, YU LONG 杨御龙 **(1929-1980)**

Yan, Zhi 言志
YING, RUO SHI 英若识 **(1935-　　)**

Yan, Zhi 言直
ZHANG, WEN GUANG 张文光 **(1913-　　)**

Yan, Zhi 言直
ZHU, HONG XUN 朱鸿勋 **(1923-　　)**

Yan zhi 炎之
MIAO, QUAN SUN 缪荃孙 **(1844-1919)**

Yan zhi 彦之
CHEN, CHUN FENG 陈春凤 **(1957-　　)**

Yan zhi 砚之
DENG, FANG BAI 邓方柏 **(1929-　　)**

Yan zhi ao zhe 宴之敖者
ZHOU, SHU REN 周树人 **(1881-1936)**

YAN, ZHI DAO 严志道 **(1919-　　)**
Bai, De yi 白得易
Jiang, Feng 江风
Jiang, Feng 江峰
Tian ming 天明

Yan, Zhi ji 燕之矶
CHENG, YAN 成燕 **(1925-　　)**

YAN, ZHI JUN 燕志儁 **(1907-1982)**
Wu, Xiu fu 吴秀夫
Yan, Mu 燕慕
Yan, Su 燕素
Yan, Yan 燕燕
Yan, Yu ming 燕遇明
Yu ming 遇明
Zhi jun 志儁

Yan, Zhi wu 阎志吾
MA, SHU MING 马书铭 **(1922-　　)**

YAN, ZHI YANG 阎志扬 **(1930-　　)**
Yan, Su 阎肃

Yan, Zhong 严重
YAN, FU 严復 **(1854-1921)**

Yan, Zhong 严重

YAN, JUE XIN 严觉新 **(1926-)**

YAN, ZHONG PING 严中平 **(1909-1991)**
Hui ming 晦明

Yan zhou 雁舟
WU, JIA RUI 吴嘉瑞

Yan zhu 研躅
DENG, TIE 邓铁 **(1898-1963)**

Yan, Zi 燕子
XI, NANG 奚囊 **(1876-1940)**

Yan, Zi 燕子
MENG, XIAN QI 孟宪棨 **(1902-1976)**

Yan, Zi 燕子
HE, ZHANG PING 何章平 **(1916-1968)**

Yan, Zi 燕子
REN, YAN FANG 任彦芳 **(1937-)**

Yan, Zi 燕梓
DU, YAN ZHI 杜彦之 **(1922-)**

Yan zi 砚子
MAO, SHUI QING 毛水清 **(1937-)**

Yan zi 焉子
ZHOU, SHU REN 周树人 **(1881-1936)**

Yan, Zi an 燕子庵
SU, XUAN YING 苏玄瑛 **(1884-1918)**

Yan, Zi cai 严子材
YAN, ZHEN 严桢 **(1889-1968)**

Yan, Zi fang 燕子肪
REN, YAN FANG 任彦芳 **(1937-)**

Yan, Zi kan 燕子龛
SU, XUAN YING 苏玄瑛 **(1884-1918)**

Yan zi shan seng 燕子山僧
SU, XUAN YING 苏玄瑛 **(1884-1918)**

YAN, ZI SHU 晏子述 **(1916-)**
Yan, Yong 晏勇
Yan, Yong 晏甬

YAN, ZONG LIN 阎宗临 **(1904-1978)**
Tie niu lao ren 铁牛老人
Yi ran 已燃
Yi ran 已然

Yang 扬
SHEN, YAN BING 沈雁冰 **(1896-1981)**

Yang 扬
XU, MAO RONG 徐茂荣 **(1911-1977)**

Yang, A nan 杨阿南
YANG, JIANG YUAN 杨江源 **(1949-)**

Yang, Ai 羊矮
WU, YU WEI 吴堉威 **(1906-1989)**

Yang, Ai 杨唉
YANG, SEN 杨森 **(1930-1954)**

YANG, AI 杨瑷 **(1927-)**
Gan, Ning 甘宁
Yang, Jing 杨劲
Yang, Su 杨苏

Yang, Ai sheng 杨艾生
YUAN, WEI 袁炜 **(1914-)**

Yang, Bai 杨白
YANG, SHAN JI 杨善集 **(1900-1927)**

Yang, Bai he 杨百合
YANG, HONG YI 杨鸿仪 **(1941-)**

YANG, BAI QING 杨柏青 **(1964-)**
Bai, Mu 白木

Yang, Bai yi 杨白衣
YANG, XIAN XIANG 杨显祥

Yang, Bai yong 杨百勇
LIU, SHAO MING 刘绍铭 **(1934-)**

Yang, Bai yu 杨白鬱
YANG, SEN 杨森 **(1930-1954)**

YANG, BAI YUAN 杨百元 **(1921-)**
Jian ying 剑莹

YANG, BANG DU 杨邦渡
Yao, Li ying 姚立英

YANG, BANG TUO 杨邦拓 **(1932-)**
Yang, Bang xing 杨邦兴

Yang, Bang xing 杨邦兴
YANG, BANG TUO 杨邦拓 **(1932-)**

Yang, Bao 杨鲍
YANG, DA XIN 杨大辛

YANG, BAO CHENG 杨宝成 **(1965-)**
Huang dao 荒岛
Tie nan 铁楠

YANG, BAO LIN 杨宝林 **(1958-)**
Yang, Bao pu 杨抱朴

Yang, Bao pu 杨抱朴
YANG, BAO LIN 杨宝林 **(1958-)**

YANG, BAO QUAN 杨宝泉 **(1938-)**
Xu yang 旭阳
Yang, Bao quan 杨保全

Yang, Bao quan 杨保全
YANG, BAO QUAN 杨宝泉 **(1938-)**

YANG, BAO TAI 杨保泰 **(1899-1969)**

Yang, Xiao zhong 杨小仲

Yang, Bao yi 杨保义
LIU, CUN REN 柳存仁 **(1917-)**

Yang, Bei xing 杨北星
YANG, XUE RU 杨学儒 **(1950-)**

Yang, Ben 杨奔
YANG, PI HENG 杨丕衡 **(1922-)**

YANG, BEN 杨奔 **(1928-)**
Bi kun 璧堃
Jian dan 剑胆
Kun 堃
Ming, Xing 明星
Yang, Hua luo 杨花落
Yi xin 弋心
Zeng, Run 曾润

YANG, BEN QUAN 杨本泉 **(1923-)**
Ai, Bai shui 艾白水
Bai, Ji 白集
He, Bi 何碧
Lan, Gu 蓝谷
Mu, Na 穆纳
Mu, Ren 穆仁
Mu ren 木人
Pan, Ni xi 潘尼西
Shu, Chong 舒崇
Su, Cong 苏丛
Xin, Wen ji 辛文纪
Yu, Si 于思
Yu, Zhi si 余之思

Yang, Bi 羊璧
WU, YUN SHENG 吴筠生 **(1929-)**

YANG, BI 杨必 **(1922-1968)**
Xin yi 心一
Yang, Bi 杨璧

Yang, Bi 杨碧
LI, YANG BI 李仰弼 **(1924-1993)**

Yang, Bi 杨璧
YANG, BI 杨必 **(1922-1968)**

YANG, BIN 杨彬 **(1968-)**
A fan 阿帆
Hong dou 红豆
Jiang, Fan 江帆
Xiao hai 小海

Yang, Bin 杨缤
YANG, JI ZHENG 杨季徵 **(1905-1957)**

Yang, Bing 羊冰
YANG, JIAN SHUI 杨坚水 **(1936-)**

Yang, Bing 杨冰
YANG, JI ZHENG 杨季徵 **(1905-1957)**

Yang, Bing chen 杨丙辰
YANG, ZHEN WEN 杨震文 **(1892-)**

Yang, Bing kun 杨炳堃
YANG, HONG LIE 杨鸿烈 **(1903-1977)**

YANG, BING NAN 杨炳南 **(1934-)**
Yi niu 一牛

YANG, BING QIAN 杨秉乾 **(1927-)**
Yang, Shu 杨树

YANG, BING QIANG 杨秉强 **(1902-1929)**
Shi fen 拾芬
Shi, Hun 石魂

Yang, Bing zhong 杨炳忠
FENG, BING NAN 封炳楠 **(1943-)**

Yang, Bo 扬波
YANG, CHUN BO 杨春波 **(1907-)**

Yang, Bo 扬波
YANG, TIAN SHENG 杨天生 **(1916-)**

Yang, Bo 杨波
FAN, CHENG 范程 **(1927-)**

Yang, Bo 杨波
YANG, MING XIAO 杨明孝 **(1940-)**

Yang, Bo 杨波
WU, ZHAN WEN 吴占文 **(1958-)**

YANG, BO DA 杨伯达
Ge, Yang 戈扬

Yang, Bo jun 杨伯峻
YANG, DE CHONG 杨德崇 **(1909-)**

Yang, Bo kai 杨伯恺
YANG, YI TANG 杨逸棠

Yang, Bo mian 杨伯勉
GUO, MO RUO 郭沫若 **(1892-1978)**

Yang, Bu 羊卜
WU, JUN DA 武俊达 **(1916-)**

Yang, Bu fei 杨步飞
WANG, YANG 王扬 **(1917-1986)**

YANG, BU WEI 杨步伟 **(1889-1981)**
Yang, Yun qing 杨韻卿
Yun, Rang 云让
Zhao yang, Bu wei 赵杨步伟
Zhao yuan ren fu ren 赵元任夫人

Yang, Cai 杨采
YANG, CHUN YU 杨春瑜 **(1912-1988)**

YANG, CAI LONG 杨财隆 **(1938-)**
Ju long 巨龙
Ze min 泽民

YANG, CAI MING 杨才铭 (1935-)
Mu yuan 牧原

Yang, Cang bai 杨沧白
YANG, SHU KAN 杨庶堪 (1881-1942)

Yang, Chang 杨长
YANG, TIE PING 杨铁平 (1950-)

YANG, CHANG 杨畅 (1931-)
Chun yang 春阳
He feng 禾丰
Li yuan 梨园

Yang, Chang gen 杨长根
MAO, YI CHUN 茅以春 (1923-)

YANG, CHANG HAI 杨长海 (1936-)
Yang, Mu 杨沐

YANG, CHANG HUAI 杨长槐 (1938-)
Hu shi 乎石

YANG, CHANG JI 杨昌济 (1871-1920)
Huai, Zhong 怀中
Yang, Huai zhong 杨怀中

YANG, CHANG NIAN 杨昌年 (1930-)
Ge, Bi 戈壁

Yang, Chang qing 杨畅卿
YANG, YONG TAI 杨永泰 (1880-1936)

Yang, Chao 扬潮
YANG, LIAN ZHENG 杨廉政 (1900-1946)

Yang, Chao 杨超
YANG, DUAN LIU 杨端六 (1885-1966)

Yang, Chao 杨潮
YANG, LIAN ZHENG 杨廉政 (1900-1946)

Yang chao 洋潮
YANG, LIAN ZHENG 杨廉政 (1900-1946)

Yang, Chao qing 杨朝庆
YANG, QI 杨圻 (1875-1941)

YANG, CHAO RAN 杨超然
Zhu, Gai 朱改

Yang, Chao sheng 杨潮声
YANG, LIAN ZHENG 杨廉政 (1900-1946)

YANG, CHAO XI 杨朝熙 (1904-1992)
Sha, Ting 沙汀
Ting 汀
Wan zi 晚紫
Yang, Tong fang 杨同芳
Yang, Zi qing 杨子青
Yin, Guang 尹光
Zhi qing 只青
Zhong, Jun 仲俊
Zi qing 子青

YANG, CHAO ZHI 杨朝枝 (1917-)
Liu, Tang 柳塘
Yang, Liu tang 杨柳塘

Yang, Chen 扬尘
WANG, SHU JI 王树基 (1921-)

YANG, CHEN BIN 杨臣彬 (1932-)
A cheng 阿澄

YANG, CHEN YIN 杨尘因
Chen yin 尘因
Yang, Yin sheng 杨氤生

Yang, Cheng 羊成
HE, CUN 何村 (1935-)

Yang, Cheng 羊城
YANG, CHI JUN 杨炽均 (1941-)

Yang, Cheng 杨诚
FANG, ZHENG 方拯 (1906-)

YANG, CHENG 杨城
Yu fu 渔父

Yang, Cheng bai 杨成柏
REN, ZHUO XUAN 任卓宣 (1896-1990)

YANG, CHENG DONG 杨承栋 (1927-)
Xu, Li qun 许立群
Yang, Er 杨耳

YANG, CHENG FANG 杨成芳 (1920-)
Bai, Yang 白杨

Yang, Cheng fu 杨澄甫
YANG, ZHAO QING 杨兆清 (1883-1936)

Yang, Cheng ke 羊城客
WANG, ZI HENG 王子恒 (1921-)

YANG, CHENG XUN 杨承训 (1935-)
Cheng, Cheng 成城

YANG, CHENG YE 杨成业 (1914-)
Lu, Jia 鲁佳
Xiao hui 小惠
Xiao hui 小慧
Yang, Jun mo 杨君墨
Yang, Jun mo 杨君默
Yang, Mo 杨沫
Yang, Mo 杨默

YANG, CHENG YIN 杨成寅 (1926-)
Lu di 芦笛
Ma, Nan chi 马南驰
Xi gang 西岗
Yu di 玉笛

YANG, CHI CHANG 杨炽昌 (1908-)
Nan, Run 南润
Shan yang 山羊

Shui, Yin ping 水荫萍
Wu, Ya fu 乌亚夫

YANG, CHI JUN 杨炽均 **(1941-)**
Tian su 天粟
Yang, Cheng 羊城
Zhen hui 振辉

Yang, Chi min 杨赤民
YANG, KUN 杨堃 **(1901-)**

YANG, CHONG LONG 杨崇隆 **(1960-)**
Yang, Ying chen 杨应晨

YANG, CHONG SHI 杨崇时 **(1944-)**
Qiu, Hui 秋晖

Yang chu 养初
HUANG, SHI 黄石

YANG, CHU PING 杨楚萍 **(1940-)**
Li, Lan 李蓝

YANG, CHU YAO 杨楚耀 **(1942-)**
Wei, Xuan 魏烜
Yang, Xuan 杨烜

YANG, CHU YU 杨楚玉
Yu, Qing 于青

Yang, Chuan san 杨传三
YANG, CHUAN SHAN 杨传山 **(1949-)**

YANG, CHUAN SHAN 杨传山 **(1949-)**
Yang, Chuan san 杨传三

YANG, CHUAN YE 杨传业 **(1923-)**
Chuan ye 传业
Chuan ye 椽叶
Fei ren 非人
Gu, Han 古汗
Hong, Huang 洪荒
Lei, Yan 雷焱
Te 特
Te ge 特哥
Tie mu zhen er 铁木真儿
Wu, Gao 伍皋
Yang, You sheng 杨幼生
Ye, Feng 叶风
You sheng 幼生
Zuo ye 作业

Yang, Chun 杨春
LU, QI ZHI 鲁启智（**1924-)**

Yang, Chun 杨淳
LIU, BAO RONG 刘宝荣 **(1922-)**

YANG, CHUN BO 杨春波 **(1907-)**
Bo hen 波痕
Chun bo 春波
Kai fang 开芳
Xing zhai 醒斋
Yang, Bo 扬波
Zi lan 子兰

YANG, CHUN GUANG 杨春光 **(1956-)**
Sha, Tan 沙滩

YANG, CHUN QIU 羊春秋 **(1922-)**
Gong yang 公羊

YANG, CHUN TAI 杨春台 **(1923-)**
Yang, Liu 杨柳

YANG, CHUN YU 杨春瑜 **(1912-1988)**
Chun yi 春逸
Huo xing 火星
Lei 雷
Liu, Yu 刘御
Shi, Ba ke 史巴克
Shi, Ba ke 施巴克
Shi, Ba xing 史巴星
Xiao yang 小羊
Yang, Cai 杨采
Ye ren 野人
Yu tian 雨田

Yang ci 仰慈
TONG, CANG HUAI 童苍怀

Yang, Ci deng 杨慈灯
YANG, JIAN CHI 杨剑赤 **(1918-)**

YANG, CI XUN 杨慈讯
Ci xun 慈讯

Yang, Cun 杨村
CHEN, LIANG GUANG 陈良光 **(1922-)**

Yang, Cun 杨村
YANG, ZHEN YUAN 杨振元 **(1926-)**

Yang, Cun bin 杨村彬
YANG, RUI LIN 杨瑞麟 **(1911-1989)**

YANG, CUN REN 杨邨人 **(1901-1955)**
Ba, Ren 巴人
Ba, Shan 巴山
Cun ren 邨人
Liu, Si 柳丝
Wen tan xiao zu 文壇小卒
Xiao ji zhe 小记者
Yang, Ren 杨人

Yang, Da cheng 杨大成
YANG, DE CHENG 杨德成 **(1936-)**

Yang, Da kuan 杨大宽
YANG, FU KUAN 杨富宽 **(1929-)**

Yang, Da qun 杨大群
YANG, JIAN SHENG 杨建生 **(1927-)**

YANG, DA XIN 杨大辛
Xin, Ji 辛吉
Yang, Bao 杨鲍
Zhu, Zhu yin 祝竹荫

Yang da yi shi 杨大医师
ZHENG, XI LIN 郑锡麟 **(1914-)**

Yang, Da yuan 杨大元
DONG, HUA 董华 **(1907-1980)**

YANG, DAI XIN 杨代欣 **(1949-)**
Zhu, Xin 朱欣

YANG, DAI ZHANG 杨代漳 **(1947-)**
Zhang, Yi 章弋

Yang, Dan 扬丹
YANG, WEN BO 杨文波 **(1951-)**

Yang, Dan ping 杨丹萍
YANG, PING 杨萍 **(1916-)**

YANG, DAN SHENG 杨澹生
Di 堤

Yang, Dan sun 杨丹荪
YANG, LIAN ZHENG 杨廉政 **(1900-1946)**

YANG, DAN YUAN 杨澹园
Dan yuan 澹园

Yang, Dao jing 杨道经
YANG, NAI SI 杨耐思 **(1930-)**

YANG, DE CHENG 杨德成 **(1936-)**
Yang, Da cheng 杨大成

YANG, DE CHONG 杨德崇 **(1909-)**
Yang, Bo jun 杨伯峻

YANG, DE EN 杨德恩 **(1908-)**
Chen, Ju hua 陈菊华
Huang, Yun 黄云
Lao, Ren 劳人
Peng, Nian 彭年
Peng, Zi yi 彭子仪
Ruo shui 若水
Shui, Cao 水草
Wu shui 无水
Xin yin 心因
Yang, Yin shen 杨荫深
Yang, Yin xin 杨因心
Yang, Ze fu 杨泽夫
Yin shen 荫深
Yin xin 因心
Ying, Fu 英夫
Ze fu 泽夫

YANG, DE HUA 杨德华 **(1933-)**
Jiang, Hai ping 江海萍
Li, Lun 李伦

YANG, DE JI 杨德基 **(1913-1980)**
Ai, Huang 艾煌
Wen, Shu yang 文淑阳
Xiang, Yang 向阳
Xiao, Wen lan 萧文兰
Yang, Shu 杨述
Zi fang 子方

YANG, DE MING 杨德明 **(1942-)**
Hong, Liu 红柳
Long yuan 陇原

YANG, DE QUAN 杨德权 **(1953-)**
Shuang mu 双木

YANG, DE QUAN 杨德铨 **(1939-)**
Lin, Ling 林凌
Yang, Shi xiong 杨世雄
Yu, Yi 于一

YANG, DE SHU 杨德树 **(1939-)**
Yang, Shu 杨树

YANG, DE YU 杨德豫 **(1928-)**
Jiang, Sheng 江声

Yang, Deng 杨邓
WU, SHAO YI 吴绍镒 **(1907-1942)**

Yang, Deng 杨邓
DENG, LI QUN 邓力群 **(1915-)**

Yang, Di 杨荻
YANG, NAI DONG 杨耐冬 **(1933-)**

Yang, Di 杨笛
WANG, HUI PING 王惠萍 **(1958-)**

Yang, Di 杨隄
CAI, WEN XUAN 蔡文玄 **(1905-1995)**

Yang, Di xin 杨涤新
YANG, ZHAO JUN 杨兆钧 **(1909-)**

YANG, DIAN QIU 杨典求 **(1935-)**
Shang, Wen 尚文

YANG, DIAN XI 杨典喜 **(1931-)**
Ping qin 萍沁

Yang, Die 杨昳
YANG, QIU SHI 杨秋实 **(1924-)**

Yang, Ding han 羊丁寒
LI, GUO YING 黎国颖 **(1938-)**

Yang, Ding zhou 杨定舟
MU, YA CAI 穆亚才 **(1921-)**

Yang, Dong 杨东
YANG, YUN E 杨云鹗 **(1910-1991)**

Yang, Dong 杨冬
YANG, YUN E 杨云鹗 **(1910-1991)**

Yang, Dong chun 杨东莼
YANG, REN QI 杨人杞 **(1900-1979)**

YANG, DONG MING 杨东明
Qiu, Fan 秋帆

YANG, DONG ZHI 杨东志 **(1957-)**
Gu, Ming 谷鸣
Yang, Li 杨力
Yang, Liu feng 杨柳风

YANG, DU 杨度 **(1875-1931)**
Hu chan 虎禅
Hu chan shi 虎禅师
Hu gong 虎公
Hu tou she 虎头蛇
Jiu jiu 九九
Shi hu 释虎
Xi zi 哲子
Xue fo 学佛
Yang, Hu chan 杨虎禅
Yang, Xi zi 杨哲子

Yang, Du 杨渡
YANG, ZHAO NONG 杨炤浓 **(1958-)**

Yang, Du sheng 杨笃生
YANG, YU LIN 杨毓麟 **(1872-1911)**

YANG, DUAN LIU 杨端六 **(1885-1966)**
Yang, Chao 杨超
Yang, Mian 杨冕

YANG, DUN YI 杨敦颐
Bing mao 病毛
Cui qing 粹卿
Su min 甦民
Yang, Su min 杨甦民

Yang, E 羊娥
YANG, FU DONG 杨复冬 **(1922-1978)**

YANG, EN PU 杨恩璞 **(1939-)**
A pu 阿璞

Yang, Er 杨耳
YANG, CHENG DONG 杨承栋 **(1927-)**

Yang, Er feng 杨二凤
XU, FENG YI 许凤仪 **(1938-)**

YANG, FA YU 杨发育 **(1931-)**
Yang, Fa yuan 杨发渊

Yang, Fa yuan 杨发渊
YANG, FA YU 杨发育 **(1931-)**

Yang, Fan 杨凡
SHI, YUN HUA 石蕴华 **(1921-)**

Yang, Fan 杨帆
LIU, BAO RONG 刘宝荣 **(1922-)**

Yang, Fan 杨帆
YANG, JIA LANG 杨贾郎 **(1946-)**

Yang, Fan 杨帆
YANG, HUAN ZHEN 杨焕珍 **(1956-)**

Yang, Fan 杨番
FANG, JIA QI 方家齐 **(1914-)**

Yang, Fan 扬帆
WU, JI YUE 吴继岳 **(1905-)**

Yang, Fan 扬帆
BAO, GAN FU 包干夫 **(1920-)**

Yang, Fan 扬帆
SHI, YUN HUA 石蕴华 **(1921-)**

Yang, Fan 扬帆
YANG, LI YUN 杨丽云 **(1939-)**

Yang, Fan 扬帆
FAN, YU SHENG 樊玉生 **(1956-)**

YANG, FAN DAI 杨帆代
Bai, Tao 白桃

Yang, Fang 扬放
WANG, XIAN CAI 王铣才 **(1921-)**

YANG, FANG FEI 杨芳菲 **(1954-)**
Xue lai 雪莱

YANG, FANG YUN 杨方云
Kuang meng 狂梦

YANG, FANG ZHI 杨放之 **(1908-)**
Wu, Min 吴敏

Yang, Fei 杨非
YANG, JIN HAO 杨晋豪 **(1910-)**

Yang, Fei 杨非
YANG, TING FU 杨廷福 **(1924-1984)**

Yang, Fei jie 杨非刼
CAO, JIE 曹捷 **(1958-)**

Yang, Fen ruo 杨芬若
BI, ZHEN DA 毕振达 **(1862-1926)**

Yang, Feng 阳枫
LIU, YU FENG 刘玉峰 **(1929-)**

Yang, Feng 杨峰
YANG, YAO DONG 杨曜东 **(1921-)**

Yang feng lou 仰风楼
YANG, JIA LUO 杨家骆 **(1912-)**

YANG, FENG MEI 杨凤梅 **(1960-)**
Xin ru 心茹

YANG, FENG QI 杨凤岐 **(1908-)**
Fan hai 凡海
Fan niao 凡鸟

Gong lu 恭鲁
Hu, Yi yi 胡依依
Ji, Xing 吉星
Liang, Ge bai 梁戈白
Liang, Yun song 梁韵松
Long, Gong gong 龙贡公
Long, Gong gong 龙共公
Long, Yi 龙乙
Long, Yun 龙韵
Luo, Qian 罗茜
Luo, Xi 罗西
Ming, Chang zhao 明长照
Ou yang, Fan hai 欧阳凡海
Ou yang, Shan 欧阳山
Qi sheng 奇生
Sa, Bu luo 萨布落
Shi wu 仕舞
Wu, Wang 吴往
Yang, Yi 杨仪
Yi gong 亦拱
Yu, Wen 于雯
Zhang, Zhao 张招

YANG, FENG XIANG 杨风翔 **(1931-)**
Gu, Lei 顾蕾
Lu ping 芦萍
Xian fu 弦夫
Yi ma shan 驿马山

YANG, FENG YING 杨凤英
Feng ying 枫盈

YANG, FENG ZHANG 杨凤章 **(1934-)**
Fang, Ding 方定
Fang, Zhi 方知
Hai, Xiang 海翔

Yang, Fu 羊馥
YANG, FU DONG 杨复冬 **(1922-1978)**

Yang, Fu 杨茯
YANG, ZHE RONG 杨哲荣 **(1951-)**

Yang, Fu 杨福
YANG, ZHE RONG 杨哲荣 **(1951-)**

YANG, FU DONG 杨复冬 **(1922-1978)**
A li 阿犁
A tiao 阿窕
Duo zhi yu 惰之余
Feng feng 烽烽
Gan, Lan 甘兰
Gan, Wei ru 甘为孺
Ge, Wei 葛韦
Hai, Wen 海闻
He er 禾耳
Leng, Dui qian 冷对千
Ma, Su 马速
Wei, Xiao 韦晓
Wen, Hai li 文海犁
Xiao, Di 萧笛
Xiao, Tong 萧通
Xu, Ren yan 许人言
Xu, Yan 许言
Yan yong niu 焉用牛
Yang, E 羊娥
Yang, Fu 羊馥
Yang, Jin zhong 杨瑾钟
Yang, Si 羊思
Yi, Tiao 易窕
Yi tiao 一窕
Zhong, Zi mang 钟子芒

YANG, FU HUA 杨富华 **(1956-)**
Yang, Zi 杨子

Yang fu ju shi 阳復居士
JIANG, QIAN 江谦 **(1876-1942)**

YANG, FU KUAN 杨富宽 **(1929-)**
Da mu 大木
Xiao feng 晓风
Yang, Da kuan 杨大宽
Yang, Mai 杨麦
Yang, Mo 杨陌

YANG, FU LIN 杨福林 **(1947-)**
Dong yuan 冬原

YANG, FU SEN 杨富森 **(1918-)**
Yan qu zhai zhu ren 研曲斋主人

YANG, FU SEN 杨福森 **(1946-)**
Yang, Fu sheng 杨福生

Yang, Fu sheng 杨福生
YANG, FU SEN 杨福森 **(1946-)**

Yang, Fu yu 杨傅禹
FU, YU 傅禹 **(1920-1989)**

Yang, Gang 杨刚
YANG, JI ZHENG 杨季徵 **(1905-1957)**

Yang, Gang 杨刚
YANG, RONG FANG 杨荣芳 **(1938-)**

Yang gang nü shi 杨刚女士
YANG, JI ZHENG 杨季徵 **(1905-1957)**

Yang, Gang ren 杨刚仁
ZHENG, ZU RONG 郑祖荣 **(1925-)**

Yang gao 仰高
YUAN, GUANG MEI 袁光楣 **(1916-1982)**

Yang, Ge 扬戈
LIU, REN YONG 刘仁勇 **(1927-)**

Yang, Ge 扬戈
LIU, HUAN TAI 刘焕太 **(1953-)**

YANG, GE WA 杨戈娃 **(1949-　　)**
Yang, Ruo mu 杨若木

Yang, Geng 杨耕
SHEN, SEN HAO 沈森豪 **(1936-　　)**

YANG, GENG 杨赓
Mu, Yi 慕伊

Yang, Geng fu 杨庚甫
YANG, XIAN JIANG 杨贤江 **(1895-1931)**

Yang, Geng qing 杨耕青
JIANG, JIAN GUO 姜建国 **(1934-　　)**

YANG, GENG SHENG 杨更生 **(1921-1990)**
Fan, Su 范甦
Yang, Su 杨甦
Zhao, Deng 赵灯

YANG, GENG SHENG 杨赓笙 **(1869-1955)**
Liu, Ru xue 柳茹雪

Yang, Gong 杨工
YANG, ZU TAO 杨祖陶 **(1927-　　)**

Yang, Gong bai 扬工白
YANG, QIU REN 杨秋人 **(1907-1983)**

Yang, Gong he 羊公鹤
WU, BAI TAO 吴白涛 **(1925-　　)**

Yang, Gong ji 杨公忌
YANG, ZHEN HUA 杨振华 **(1921-1988)**

Yang, Gong ji 杨公骥
YANG, ZHEN HUA 杨振华 **(1921-1988)**

Yang, Gu 羊谷
WU, YU WEI 吴堉威 **(1906-1989)**

Yang, Gu 杨谷
ZHOU, ZHI NING 周志宁 **(1920-1975)**

Yang, Gu xi 杨古锡
YANG, WEI QUAN 杨维铨 **(1900-1957)**

YANG, GU ZHONG 杨谷中 **(1923-　　)**
Liu, Chun 柳春
Yang, Liu chun 杨柳春

Yang, Guan 阳关
YANG, SHI GUANG 杨世光 **(1940-　　)**

YANG, GUAN FEN 杨冠芬 **(1921-　　)**
Zhu lan wen shi 竹兰文史
Zhu lan zhai zhu 竹兰斋主

YANG, GUAN LAN 杨观澜
Guan lan 观澜
Lan 澜

Yang, Guang 阳光
DENG, LIANG 邓亮 **(1914-　　)**

Yang, Guang 阳光
YANG, JIN ZHAO 杨锦兆 **(1919-　　)**

Yang, Guang 阳光
HONG, JIE 洪傑 **(1926-　　)**

YANG, GUANG 杨光 **(1955-　　)**
Mu, Yi 穆亦
Mu, Yi 穆义

YANG, GUANG BIN 杨广彬 **(1964-　　)**
Lan, Yu 蓝雨

Yang, Guang bo 杨光波
YANG, JIN HAO 杨晋豪 **(1910-　　)**

YANG, GUANG HUA 杨光化 **(1925-　　)**
Qi mei 其眉
Yang, Lü fang 杨履方

Yang, Guang ming 杨光明
YANG, MING 杨明 **(1919-　　)**

Yang, Guang zheng 杨光政
YANG, JIN HAO 杨晋豪 **(1910-　　)**

YANG, GUANG ZHONG 杨光中 **(1927-　　)**
Yang, Liu feng 杨柳风

Yang, Gui 杨桂
YANG, MEI QING 杨美清 **(1931-　　)**

YANG, GUI 杨贵 **(1906-1985)**
Yang, Jian wen 杨建文
Yang, Kui 杨逵

YANG, GUI CAI 杨贵才 **(1947-　　)**
Yang, Lei 杨磊

YANG, GUI RONG 杨桂荣 **(1933-　　)**
Lin, Yang 林杨

YANG, GUI SEN 杨桂森 **(1920-　　)**
Han shui 寒水
Yang, Han 杨涵
Yi, Shui 易水
Zhi gang 志刚

YANG, GUI SHAN 杨贵山 **(1933-　　)**
Mu shi 木石
Yi, Yu 易予
Qi yuan zhu ren 杞园主人

Yang, Gui xin 杨桂欣
YANG, GUI XIN 杨桂馨 **(1935-　　)**

YANG, GUI XIN 杨桂馨 **(1935-　　)**
Yang, Gui xin 杨桂欣

YANG, GUO FAN 杨国藩 **(1928-　　)**
Lu, Shao 鲁哨
Mu yi 木易
Shi, Lu 石橹

Ya fu 亚夫
Yang, Zhao 杨昭
Yi meng ke 忆梦珂

YANG, GUO FU 杨国辅 (1936-)
Yang, Song 杨松

YANG, GUO GUANG 杨国光 (1937-)
Guo, Guang 国光

YANG, GUO HUA 杨国华 (1925-)
Xing huo 星火
Yang, Xing huo 杨星火

YANG, GUO PING 杨国平 (1969-)
Chi feng 赤枫
San qing 三清

YANG, GUO XIANG 杨国祥 (1950-)
Yang, Xian 杨弦

Yang, Hai 阳海
YANG, SHENG HAI 阳盛海 (1952-)

Yang hai 洋海
YANG, SHENG HAI 阳盛海 (1952-)

YANG, HAI FAN 杨海帆 (1958-)
Chi, Le 迟乐

Yang, Han 杨涵
YANG, GUI SEN 杨桂森 (1920-)

Yang, Han chi 杨汉池
YANG, KE CHENG 杨克成 (1929-)

Yang, Han hui 杨寒灰
YANG, YU LIN 杨毓麟 (1872-1911)

Yang, Han sheng 阳翰笙
OU YANG, BEN YI 欧阳本义 (1902-1993)

YANG, HAO 杨浩 (1901-)
Cheng, Zhi 成志

YANG, HAO QING 杨浩青 (1921-)
Hong, Yin 洪茵

YANG, HAO QUAN 杨浩泉 (1918-)
Chen, Hao guang 陈浩光
Fang, Sheng 方生
He, Long 何龙
Heng mei leng 横眉冷
Wan, Jia fo 万家佛
Yang, Yue 杨越
Yang, Yue 杨樾
Yu, Yan jiao 于燕郊

Yang, He 扬禾
NIU, SHU HE 牛树禾 (1918-)

Yang, He 扬和
TANG, YANG HE 唐扬和 (1920-)

Yang, He 扬河
TANG, YANG HE 唐扬和 (1920-)

Yang, He 杨禾
NIU, SHU HE 牛树禾 (1918-)

Yang he 秧河
TANG, YANG HE 唐扬和 (1920-)

YANG, HE LOU 杨鹤楼 (1939-)
Ye, Jin 叶今

Yang, He sheng 阳和生
CHEN, ZHONG XUAN 陈钟瑄 (1920-)

YANG, HE XIONG 杨和雄 (1940-)
Yang, Qing chu 杨青矗

Yang, Heng fu 杨衡甫
YANG, QUAN 杨铨 (1893-1933)

YANG, HENG ZHONG 杨衡钟 (1937-)
Hong zheng 弘征

Yang, Hong 扬虹
ZHOU, GUO HUI 周国辉 (1929-)

Yang, Hong 杨红
YANG, JIN 杨瑾 (1929-)

Yang, Hong 杨洪
WANG, XI YAN 王西彦 (1914-)

YANG, HONG FANG 杨鸿芳 (1948-)
Hong, Huang 洪荒

YANG, HONG FEI 杨鸿飞
Yuan ming 圆明

Yang, Hong feng 扬红风
LIU, SHI ZE 刘世泽 (1928-)

YANG, HONG LIE 杨鸿烈 (1903-1977)
Xian wu 宪武
Yang, Bing kun 杨炳堃

Yang, Hong nong 杨弘农
YANG, JUN 杨俊 (1919-)

YANG, HONG YI 杨宏义 (1955-)
Xiao he 小赫

YANG, HONG YI 杨鸿仪 (1941-)
Yang, Bai he 杨百合
Yang, Zhi lu 杨旨鲁
Yang, Zi ru 杨子如

YANG, HOU XING 杨厚兴 (1915-)
Yang, Xu dong 杨旭东

Yang, Hu 阳湖
QIAN, BO CHENG 钱伯城 (1922-)

Yang, Hu chan 杨虎禅
YANG, DU 杨度 (1875-1931)

Yang, Hua 杨华
YANG, JIAN 杨建 **(1906-1936)**

Yang, Hua 杨华
YE, YI QUN 叶以群 **(1911-1966)**

Yang, Hua 杨华
ZHOU, ZHI NING 周志宁 **(1920-1975)**

Yang, Hua 杨华
JIANG, MU 姜穆 **(1929-)**

Yang, Hua 杨花
YANG, JIAN 杨建 **(1906-1936)**

Yang, Hua 杨桦
SHAO, GENG SHI 邵更世 **(1923-)**

Yang, Hua 杨桦
LI, CHUN QIAN 李春茜 **(1943-)**

Yang, Hua 杨铧
LI, MING CHENG 李明诚 **(1914-)**

Yang, Hua han 阳华汉
OU YANG, BEN YI 欧阳本义 **(1902-1993)**

YANG, HUA KANG 杨华康 **(1930-)**
Mai, Sui 麦穗
Shen, Cong 沈傯
Yao, Jiang ren 姚江人

Yang, Hua luo 杨花落
YANG, BEN 杨奔 **(1928-)**

Yang, Hua neng 杨华能
YANG, YA REN 杨亚人 **(1926-)**

Yang, Hua ning 杨华宁
HUA, SHAN 华山 **(1920-1985)**

Yang hua xuan 养花轩
XU, GUAN HAI 徐官海

YANG, HUA YUE 杨华岳 **(1938-)**
Yue, Tao 岳涛

Yang, Huai 杨槐
CHE, SHOU ZHOU 车寿周 **(1914-)**

Yang, Huai 杨槐
LUO, ZE PU 罗泽浦 **(1927-1998)**

YANG, HUAI BAI 杨怀白
Cao cao 中中

Yang, Huai shu 杨槐树
WANG, XING GUO 王兴国 **(1931-)**

Yang, Huai zhong 杨怀中
YANG, CHANG JI 杨昌济 **(1871-1920)**

YANG, HUAN 阳焕 **(1909-)**
Xue wu 雪坞
Yang, Tai yang 阳太阳

Yang, Huan 杨焕
SHI, DA QIAN 史大千 **(1929-)**

Yang, Huan 杨唤
YANG, SEN 杨森 **(1930-1954)**

YANG, HUAN DIAN 杨焕典 **(1931-)**
Zheng yuan 正元

YANG, HUAN YU 杨焕育 **(1944-)**
Qin mo 芹墨

YANG, HUAN ZHEN 杨焕珍 **(1956-)**
Yang, Fan 杨帆

Yang, Hui 羊翚
QIN, TIAN EN 覃天恩 **(1924-)**

YANG, HUI 杨恢 **(-1907)**
Gong pu 公僕
Yang, Zhuo lin 杨卓林
Zhuo, Lin 卓林

Yang, Hui 杨晦
YANG, XING DONG 杨兴栋 **(1899-1983)**

Yang, Hui xiu 杨慧修
YANG, XING DONG 杨兴栋 **(1899-1983)**

YANG, HUO XING 杨活兴
Lu, Shi 鲁施

Yang, Ji 杨纪
ZHANG, PENG ZHOU 张蓬舟 **(1904-1991)**

Yang, Ji 杨纪
ZHANG, YE ZHOU 张叶舟 **(1914-1980)**

Yang, Ji 杨激
XU, YONG CHU 许勇初 **(1952-)**

YANG, JI CHUAN 杨济川 **(1928-)**
Lan, Tian hong 蓝天红
Liu, Ye qing 柳野青
Niu, Zi ru 牛子孺
Xiang, Can hui 向灿辉
Xiang, Ming 向明
Xiao yang 晓阳
Yang, Liu qing 杨柳青
Yao, Xiao hui 姚小徽

YANG, JI GANG 杨吉冈 **(1950-)**
Shuo gang 朔冈
Xiang li 乡里

YANG, JI GUANG 杨际光 **(1926-)**
Bei, Na tai 贝娜苔
Luo, Miao 罗缪

YANG, JI KANG 杨季康 **(1911-)**
Yang, Jiang 杨绛

YANG, JI PING 杨济平 **(1957-)**

Yang, Ping 杨平

YANG, JI REN 杨吉人 **(1948-)**
Shi jia 十驾
Yang, Ji ren 杨继仁

Yang, Ji ren 杨继仁
YANG, JI REN 杨吉人 **(1948-)**

YANG, JI SHENG 杨季生
Hai, Yan 海燕
Li ming 立明

YANG, JI XIAN 杨济贤 **(1927-)**
Zhen yi 震夷

YANG, JI YE 杨继业 **(1943-)**
Mu fu 牧夫

YANG, JI YUN 杨霁云 **(1910-)**
Bai, Yi zhu 柏荑珠
Long ye fei zhai 龙也吠斋
Qin, Fei lu 秦飞庐
Yi zhu 荑珠

YANG, JI ZENG 杨继曾 **(1899-)**
Li, Mi cai 李弥采
Mi cai 弥采

YANG, JI ZHE 杨吉哲 **(1963-)**
Long, Zi 龙仔
Xiao, Yang 肖杨

YANG, JI ZHENG 杨季徵 **(1905-1957)**
Hui chen 晦晨
Li, Nian qun 李念群
Shi ming 失名
Shi ming nü shi 失名女士
Yang, Bin 杨缤
Yang, Bing 杨冰
Yang, Gang 杨刚
Yang gang nü shi 杨刚女士
Zhen bai 贞白

Yang, Jia 杨嘉
YANG, JIA JU 杨家驹 **(1917-)**

YANG, JIA CHANG 杨嘉昌 **(1914-)**
A. Yang A. 杨
A yang 阿杨
An, Huai 安怀
Hao wen 好文
K Y
Yang, Ke yang 杨可扬
Zhou, Shan 周山

YANG, JIA FU 杨佳富 **(1964-)**
Wu man ci jia 乌蛮次佳

YANG, JIA JU 杨家驹 **(1917-)**
Bi ru 碧如
Jia 嘉
Li, Xuan 李玄
Wei, Ru 韦如
Yan, Yan 言言
Yang, Jia 杨嘉
Zuo, Ge 左戈

YANG, JIA JUN 杨家俊 **(1942-)**
Ri xia 日霞

YANG, JIA LANG 杨贾郎 **(1946-)**
Yang, Fan 杨帆
Yang, Mei 杨梅
Yang, Yi 杨翼

YANG, JIA LUO 杨家骆 **(1912-)**
Yang feng lou 仰风楼

YANG, JIA QI 杨嘉祈
Yang, Li 杨理

Yang, Jia ren 杨嘉仁
YANG, JIA REN 杨嘉任 **(1912-1966)**

YANG, JIA REN 杨嘉任 **(1912-1966)**
Yang, Jia ren 杨嘉仁

YANG, JIA SHENG 杨家盛
Mu, Leng 穆棱

YANG, JIA WEN 杨家文 **(1923-)**
Zhou, Min 周敏

YANG, JIAN 杨建 **(1906-1936)**
Jiang, Meng bi 江梦笔
Qi ren 器人
Yang, Hua 杨华
Yang, Hua 杨花
Yang, Jian hua 杨建华
Yang, Qi ren 杨器人
Yang, Xian da 杨显达

Yang, Jian 杨建
WU, GUI LONG 吴桂龙 **(1954-)**

Yang, Jian 杨健
WANG, SHAO JI 汪绍箕 **(1906-)**

Yang, Jian 杨简
YANG, WEI SHENG 杨维升 **(1911-1981)**

Yang, Jian 杨戬
GUAN, YUN LONG 管运龙 **(1929-)**

YANG, JIAN BAI 杨坚白 **(1911-)**
Fei shi 非石
Kang, Mo ni 康莫逆
Yang, Jian bei 杨建北
Yang, Yi tong 杨异同
Yang, Yu tian 杨娱天
Yu, Tian 于天
Yu tian 娱天

Yang, Jian bei 杨建北

YANG, JIAN BAI 杨坚白 **(1911-)**

YANG, JIAN CHI 杨剑赤 **(1918-)**
Chi deng 赤灯
Ci deng 慈灯
Yang, Ci deng 杨慈灯
Yang, Shao wei 杨少尉

Yang, Jian hua 杨建华
YANG, JIAN 杨建 **(1906-1936)**

Yang, Jian min 杨建民
YANG, JIAN MING 杨剑鸣 **(1957-)**

YANG, JIAN MING 杨剑鸣 **(1957-)**
Yang, Jian min 杨建民
Yang, Mao 杨矛
Yang, Mao 羊毛

YANG, JIAN SHENG 杨建生 **(1927-)**
Yang, Da qun 杨大群

YANG, JIAN SHUI 杨坚水 **(1936-)**
Yang, Bing 羊冰

Yang, Jian wen 杨建文
YANG, GUI 杨贵 **(1906-1985)**

Yang, Jian xi 杨建兮
YANG, JIAN XI 杨建喜 **(1937-)**

Yang, Jian xi 杨建西
YANG, JIAN XI 杨建喜 **(1937-)**

YANG, JIAN XI 杨建喜 **(1937-)**
Yang, Jian xi 杨建兮
Yang, Jian xi 杨建西

Yang, Jian xiu 杨剑秀
OU YANG, BEN YI 欧阳本义 **(1902-1993)**

Yang, Jian ying 杨鉴莹
YANG, QI 杨圻 **(1875-1941)**

YANG, JIAN ZHONG 杨建中 **(1931-)**
Gong yang, Geng 公羊庚
He, Qi 何弃
Jian zhong 舰钟
Lan, Ling 蓝翎
Shao, Er wei 邵而为
Shi, Bing 石冰
Yang, Shu 杨疏

Yang, Jiang 杨绛
YANG, JI KANG 杨季康 **(1911-)**

YANG, JIANG MIN 杨江敏 **(1954-)**
Jiang, Min 江敏

YANG, JIANG YUAN 杨江源 **(1949-)**
Jiang, Lan 江兰
Yang, A nan 杨阿南

YANG, JIANG ZHU 杨江柱 **(1929-)**
Jiang, Zhu 江柱
Yang, Yang 杨扬

Yang, Jiao 羊角
ZHANG, XUAN 张宣 **(1916-)**

Yang, Jiao 羊角
XIE, SHU 谢树 **(1926-)**

Yang, Jiao 羊角
YANG, SEN 杨森 **(1930-1954)**

Yang, Jiao 杨角
YANG, LI SHENG 杨立生 **(1916-)**

Yang jiao xian sheng 羊角先生
XIE, HONG YUAN 解洪元 **(1915-)**

Yang, Jie 杨杰
YANG, SHOU MO 杨守默 **(1912-1967)**

Yang, Jie 杨杰
ZHU, HAN WEN 祝汉文 **(1921-)**

YANG, JIE 杨杰 **(1956-)**
Meng die 梦蝶
Yang yang 洋洋

YANG, JIE 杨杰 **(1958-)**
Ji yuan lan ren 济源懒人

Yang, Jin 杨晋
SONG, QI 宋淇 **(1919-)**

YANG, JIN 杨瑾 **(1929-)**
Yang, Hong 杨红

Yang, Jin fu 杨今甫
YANG, ZHEN SHENG 杨振声 **(1890-1956)**

Yang, Jin fu 杨金甫
YANG, ZHEN SHENG 杨振声 **(1890-1956)**

YANG, JIN HAO 杨晋豪 **(1910-)**
Ding, San 丁三
Guang zhen 光震
Jin hao 晋豪
Lin, Yi 林易
Shou qing 寿青
Yang, Fei 杨非
Yang, Guang bo 杨光波
Yang, Guang zheng 杨光政
Yang, Shou qing 杨寿清
Yang, Qing tao 杨青涛

YANG, JIN PENG 杨金鹏 **(1949-)**
Yang, Xue 阳雪

YANG, JIN SHU 杨金树 **(1946-)**
Jin, Su 金速
Lao tian 老天

YANG, JIN TAO 杨锦涛 **(1896-1931)**
Pao an 匏安

Pao an 匏庵
Wang, Chun yi 王纯一
Yang, Lin tao 杨麟焘
Yang, Pao an 杨匏安
夕幺马

YANG, JIN ZHAO 杨锦兆 **(1919-)**
Yang, Guang 阳光

Yang, Jin zhong 杨瑾钟
YANG, FU DONG 杨复冬 **(1922-1978)**

YANG, JIN ZHOU 杨金洲 **(1923-)**
Jing, Cheng 景成
Yang, Jing cheng 杨景成

Yang, Jing 杨劲
YANG, AI 杨瑷 **(1927-)**

Yang, Jing 杨静
YANG, JING RU 杨静如 **(1919-)**

Yang, Jing cheng 杨景成
YANG, JIN ZHOU 杨金洲 **(1923-)**

YANG, JING CI 杨敬慈
Jing ci 敬慈

YANG, JING NIAN 杨敬年 **(1908-)**
Peng bo 蓬勃
Yan, Sheng 延生

Yang, Jing qing 杨镜清
YU, HE LIN 余鹤林 **(1910-1939)**

YANG, JING RU 杨静如 **(1919-)**
Hei, Ling 黑苓
Ning, Yi 宁以
Xiao dai 晓黛
Yang, Jing 杨静
Yang, Yi 杨苡

YANG, JING SONG 杨劲松 **(1955-)**
Gong mu 公木

YANG, JING TING 杨景亭 **(1937-)**
Yi ding 一丁

Yang, Jing ying 杨镜英
YU, HE LIN 余鹤林 **(1910-1939)**

Yang, Jing yu 杨靖宇
MA, SHANG DE 马尚德 **(1905-1940)**

Yang, Jun 羊君
WU, YU CHEN 伍于琛 **(1923-)**

Yang, Jun 羊君
TIAN, TE PING 田特平 **(1956-)**

Yang, Jun 杨军
WU, YU CHEN 伍于琛 **(1923-)**

Yang, Jun 杨君
WU, YU CHEN 伍于琛 **(1923-)**

YANG, JUN 杨俊 **(1919-)**
Yang, Hong nong 杨弘农

YANG, JUN 杨俊 **(1943-)**
Han jiang xue 寒江雪
Yuan, Ying 远影

Yang, Jun chen 杨君辰
YANG, WU SHENG 杨戊生 **(1915-1982)**

Yang, Jun gong 杨骏公
YANG, TIAN JI 杨天骥 **(1880-1960)**

YANG, JUN GUANG 杨俊光 **(1932-)**
Jiu tong 九同
Qi wei li 耆未立
Yang, Sheng 阳生

YANG, JUN JIE 杨俊傑 **(1933-)**
Da guan 达观
Qin, Han 秦汉

YANG, JUN LI 杨君丽
Bai, Yang 白杨
Yang, Jun li 杨君莉

Yang, Jun li 杨君莉
YANG, JUN LI 杨君丽

YANG, JUN MING 杨俊明 **(1959-)**
Yang, Men 杨门

Yang, Jun mo 杨君墨
YANG, CHENG YE 杨成业 **(1914-)**

Yang, Jun mo 杨君默
YANG, CHENG YE 杨成业 **(1914-)**

YANG, JUN QING 杨俊青 **(1945-)**
Guang hong 广红
Qian qing 倩晴
Xiao qing 晓晴
Xiao yang 晓杨

YANG, JUN SHENG 杨俊生 **(1909-)**
Jun sheng 俊生

Yang, Ka 杨卡
LIU, REN YONG 刘仁勇 **(1927-)**

Yang, Kai 杨恺
ZHANG, KE BIAO 章克标 **(1900-)**

Yang, Ke 羊珂
WANG, YANG 王扬 **(1917-1986)**

YANG, KE 杨可 **(1957-)**
Hao zhi 蒿枝
Xiao wei 小未

Yang, Ke 杨珂
HE, QI FANG 何其芳 **(1912-1977)**

YANG, KE CHENG 杨克成 (1929-)
Hong, Ming 洪明
Yang, Han chi 杨汉池

Yang, Ke en 杨克恩
YAN, JIN E 阎金锷 (1911-1970)

YANG, KE LIN 杨克林 (1948-)
Li zhou 力舟

Yang, Ke ming 杨克明
YANG, SHI 杨适 (1932-)

YANG, KE QIN 杨克勤 (1936-)
Yang, Liu 杨柳

YANG, KE REN 杨可忍 (1932-)
Ke, Ren 柯人

Yang, Ke yang 杨可扬
YANG, JIA CHANG 杨嘉昌 (1914-)

YANG, KE ZHONG 杨克忠 (1964-)
Mo, Shi 墨石

Yang, Ken fu 杨垦夫
YANG, YANG 杨扬 (1933-)

YANG, KONG XIAN 杨孔娴
He rui si 荷蕊丝
Ka bin 卡斌

YANG, KONG XIN 杨孔鑫 (1932-)
Mo, Ran 莫染

YANG, KUANG HAN 杨匡汉 (1940-)
Kuang, Han 邝涵
Qi yuan 企员

YANG, KUANG MAN 杨匡满 (1942-)
Kuang, Man 匡满
Ou yang, Wen xue 欧阳闻雪
Wen, Xue 闻雪

Yang, Kui 杨逵
YANG, GUI 杨贵 (1906-1985)

YANG, KUI ZHANG 杨奎章 (1921-)
Yang, Qun 杨群
Yu, Qun 于群

YANG, KUN 杨堃 (1901-)
Yang, Chi min 杨赤民
Yang, Nian ji 杨念基
Yang, Qian 杨乾
Zhang, Hao li 张好礼

YANG, KUN YUAN 杨昆原 (1952-)
Xiao yuan 小原

Yang, Lai 杨崃
YANG, LIE ZHANG 杨列章 (1940-)

Yang, Lai shun 杨来顺
FU, DUAN 傅端 (1947-)

Yang, Lan 杨岚
YANG, SHU LAN 杨淑兰 (1960-)

Yang, Lan chun 杨兰春
YANG, LIAN CUN 杨连存 (1921-)

Yang, Lan zhi 杨兰芝
YANG, ZHAO NAN 杨召南 (1928-)

Yang, Lei 杨雷
HUANG, QING YUN 黄庆云 (1944-)

Yang, Lei 杨磊
YANG, GUI CAI 杨贵才 (1947-)

Yang, Lei 杨蕾
LI, LING XIU 李玲修 (1944-)

Yang, Leng 杨棱
YANG, WEN XIN 杨温欣

Yang, Li 杨力
JIA, ZHI FANG 贾植芳 (1915-)

Yang, Li 杨力
XI, JING ZHI 奚静之 (1935-)

Yang, Li 杨力
YANG, DONG ZHI 杨东志 (1957-)

Yang, Li 杨励
LUO, WEI YANG 罗维扬 (1942-)

YANG, LI 杨犁
Su, Ping 苏平

Yang, Li 杨理
YANG, JIA QI 杨嘉祈

YANG, LI ANG 杨里昂 (1939-)
Li, Ang 李昂

Yang, Li fu 杨犁夫
YANG, YANG 杨扬 (1933-)

Yang, Li ke 杨立可
YANG, ZHEN JI 杨镇畿 (1923-)

YANG, LI MIN 杨利民 (1958-)
Li, Min 黎民

YANG, LI MING 杨立明 (1968-)
Li, Ming 黎明

YANG, LI QIAO 杨歷樵
Bai, Hua 白华
Li qiao 歷樵

Yang, Li ren 杨立人
QIN, YUN ZHANG 秦运章 (1906-)

Yang, Li sen 杨力森

YANG, LI SHENG 杨立生 **(1916-)**

YANG, LI SHENG 杨立生 **(1916-)**
Yang, Jiao 杨角
Yang, Li sen 杨力森

YANG, LI XIAN 杨立贤 **(1949-)**
Yang xiao 洋笑

Yang, Li xing 杨力行
YANG, REN 杨仁 **(1912-)**

YANG, LI YUN 杨丽云 **(1939-)**
Xing, Ying 邢颖
Yang, Fan 扬帆

YANG, LI ZHOU 杨力舟 **(1942-)**
Chun zhou 春舟
Wang, Hai lin 王海林

Yang, Lian 杨莲
XIA, CHEN ZHONG 夏晨中 **(1912-)**

YANG, LIAN 杨镰 **(1947-)**
Zhou, Dong jun 周东郡

YANG, LIAN CUN 杨连存 **(1921-)**
Yang, Lan chun 杨兰春

Yang, Lian sheng 杨莲生
YANG, LIAN SHENG 杨联陞 **(1914-1990)**

YANG, LIAN SHENG 杨联陞 **(1914-1990)**
Lian sheng 莲生
Yang, Lian sheng 杨莲生

YANG, LIAN ZHENG 杨廉政 **(1900-1946)**
Chao ru 潮如
Chao sheng 潮声
Chao shui 潮水
Chao shui 朝水
Jiu huan 九寰
Yang, Chao 扬潮
Yang, Chao 杨潮
Yang chao 洋潮
Yang, Chao sheng 杨潮声
Yang, Dan sun 杨丹荪
Yang, Zao 羊棗
Yi, Zhuo 易卓

YANG, LIANG CAI 杨亮才 **(1933-)**
A liang 阿亮
Bai, Mu 白木
Feng ming 凤鸣
Liu, Qing 刘青

YANG, LIANG GONG 杨亮工 **(1894-)**
Liang gong 谅功
Yang, Liang gong 杨量工

Yang, Liang gong 杨量工
YANG, LIANG GONG 杨亮工 **(1894-)**

YANG, LIE ZHANG 杨列章 **(1940-)**
Yang, Lai 杨崃

Yang, Lin 杨琳
YANG, YI 杨毅 **(1947-)**

Yang, Lin tao 杨麟焘
YANG, JIN TAO 杨锦涛 **(1896-1931)**

Yang, Ling 杨令
ZOU, DI FAN 邹荻帆 **(1917-1995)**

Yang, Ling 杨凌
XIANG, YAN LING 向燕凌 **(1940-)**

Yang, Ling 扬灵
XU, MAO RONG 徐茂荣 **(1911-1977)**

YANG, LING DE 杨令德 **(1905-1985)**
L. T.
Xu, Ru 许如

Yang, Ling ye 羊令野
HUANG, ZHONG CONG 黄仲琮 **(1923-)**

Yang, Liu 杨柳
YANG, CHUN TAI 杨春台 **(1923-)**

Yang, Liu 杨柳
YANG, XI SHENG 杨希圣 **(1934-)**

Yang, Liu 杨柳
YANG, KE QIN 杨克勤 **(1936-)**

Yang, Liu 杨柳
YANG, PING ZHANG 杨平章 **(1947-)**

Yang, Liu 杨柳
YANG, YU TAI 杨煜泰 **(1963-)**

Yang, Liu 杨柳
HAO, CHANG YIN 郝长印 **(1965-)**

Yang, Liu chun 杨柳春
YANG, GU ZHONG 杨谷中 **(1923-)**

Yang, Liu feng 杨柳风
YANG, GUANG ZHONG 杨光中 **(1927-)**

Yang, Liu feng 杨柳风
YANG, DONG ZHI 杨东志 **(1957-)**

Yang, Liu qing 杨柳青
CHEN, YAO MIN 陈耀民 **(1927-)**

Yang, Liu qing 杨柳青
YANG, JI CHUAN 杨济川 **(1928-)**

Yang, Liu qing 杨柳青
CHU, RUI GENG 储瑞耕 **(1946-)**

Yang, Liu qing 杨柳青
YANG, ZHAO ZHONG 杨昭忠

Yang liu qing qing 杨柳青青

LI, ZHONG TIAN 黎中天

Yang, Liu tang 杨柳塘
YANG, CHAO ZHI 杨朝枝 (1917-)

Yang, Liu xie 杨柳榭
YANG, ZHEN MING 杨振明 (1946-)

Yang, Liu xie 杨柳榭
XIE, DIAN BIN 谢殿斌 (1947-)

Yang, Liu xie 杨柳榭
LIU, GE WEN 刘格文 (1948-)

Yang, Liu zhi 杨柳枝
LI, WEN SHAN 李文珊 (1929-)

Yang, Long 羊龙
SHEN, HONG GEN 沈鸿根 (1943-)

YANG, LONG SHAN 杨隆山 (1914-)
Er qu ye sou 二曲野叟
Wen xian lu zhu 闻仙庐主
Xi cun 溪邨

YANG, LU SHENG 杨潞生 (1956-)
Lu lu 潞潞

Yang, Lu you 羊路由
HUANG, HUAI QING 黄怀清 (1917-1970)

Yang, Lü fang 杨履方
YANG, GUANG HUA 杨光化 (1925-)

Yang, Mai 杨麦
YANG, FU KUAN 杨富宽 (1929-)

YANG, MAN QIU 杨曼秋 (-1994)
Chi, Man qiu 池满秋

Yang, Mao 羊毛
YANG, JIAN MING 杨剑鸣 (1957-)

Yang, Mao 杨矛
YANG, JIAN MING 杨剑鸣 (1957-)

YANG, MAO 杨貌 (1939-)
Lu shan yi bao 庐山一豹

Yang, Mei 杨梅
YANG, JIA LANG 杨贾郎 (1946-)

YANG, MEI HUI 杨美惠
Xie fu ren 谢夫人

Yang, Mei kan 杨每戡
DONG, HUA 董华 (1907-1980)

YANG, MEI MEI 杨美美 (1937-)
Hai, Niang 海娘
Xiang, Hong 向红
Yang, Wei 杨薇
Yang, Xiang hong 杨向红
Yang, Yang 杨扬

Yang, Mei ni 杨昧尼
YANG, PI HENG 杨丕衡 (1922-)

YANG, MEI QING 杨美清 (1931-)
Yang, Gui 杨桂
Yi bing 亦兵

YANG, MEI QIONG 杨美琼
Sha shi 莎士

Yang, Men 杨门
YANG, JUN MING 杨俊明 (1959-)

YANG, MENG HUANG 杨孟煌 (1953-)
Jian chen 剑尘
Yang, Zi jian 杨子涧

Yang, Meng ru 杨梦如
YANG, MENG RU 杨梦茹 (1955-)

YANG, MENG RU 杨梦茹 (1955-)
Meng ru 梦如
Yang, Meng ru 杨梦如

YANG, MENG TING 杨萌亭 (1939-)
Fang, Zhu cun 方竹村
Guan, Fang 管方
Zheng ming 诤明

Yang, Mi feng 杨蜜蜂
YANG, SHAN 杨山 (1924-)

Yang, Mian 杨冕
YANG, DUAN LIU 杨端六 (1885-1966)

YANG, MIN GUI 杨民贵 (1939-)
Tie gong 铁工

YANG, MIN SHENG 杨敏盛 (1950-)
A sheng 阿盛
Lian, Hai ping 连海平
Yue zhao hua 月照花

Yang, Ming 杨明
ZHANG, TIAN BAI 张天白 (1902-)

Yang, Ming 杨明
YANG, YU JIN 杨毓瑨 (1913-1968)

Yang, Ming 杨明
DENG, LIANG 邓亮 (1914-)

YANG, MING 杨明 (1919-)
Ding, Huan 丁奂
Liu, Ying guang 柳映光
Qian fang 千方
Wen, Wen 闻问
Yang, Guang ming 杨光明

YANG, MING 杨明 (1922-)
Shen yan 慎言
Yang, Shen yan 杨慎言

YANG, MING 杨明 **(1928-　　)**
Yi, Zhi 易之
Yi zhi 一之

YANG, MING 杨明 **(1929-　　)**
Bai, Ming 白明

Yang, Ming 杨明
YANG, PEI LAN 杨培兰 **(1934-　　)**

YANG, MING 杨明 **(1952-　　)**
Yang, Ming 杨铭

Yang, Ming 杨铭
YANG, MING 杨明 **(1952-　　)**

Yang, Ming 羊鸣
YANG, PEI LAN 杨培兰 **(1934-　　)**

YANG, MING HUI 杨明辉 **(1934-1980)**
Min, Fei 闵飞

YANG, MING SUO 杨明锁 **(1939-　　)**
Ming, Suo 明索

YANG, MING XIAN 杨明显 **(1938-　　)**
Pu, Yang mi 濮阳瀰

YANG, MING XIAO 杨明孝 **(1940-　　)**
Yang, Bo 杨波

Yang, Ming yang 杨明扬
DENG, LIANG 邓亮 **(1914-　　)**

Yang, Ming zhuo 阳明濯
XU, XIN LEI 徐辛雷 **(1915-1987)**

Yang, Mo 杨沫
YANG, CHENG YE 杨成业 **(1914-　　)**

Yang, Mo 杨陌
YANG, FU KUAN 杨富宽 **(1929-　　)**

YANG, MO 杨模 **(1944-　　)**
Feng bo 峰波
Yang, Mu 杨牧

Yang, Mo 杨墨
LIN, YANG SHAN 林仰山 **(1910-　　)**

Yang, Mo 杨默
YANG, CHENG YE 杨成业 **(1914-　　)**

YANG, MO LEI 杨没累 **(1897-1928)**
A. Y. G. nü shi　A. Y. G.女士
M. R.

Yang mo zhai 鸯摩斋
YANG, SHOU NAN 杨寿枏 **(1868-1947)**

Yang, Mu 羊牧
LI, WEI XIN 黎维新 **(1925-　　)**

Yang, Mu 羊牧
LI, LIN XIANG 李林祥 **(1938-　　)**

Yang, Mu 羊牧
LIAO, ZHI CHUN 廖枝春 **(1953-　　)**

Yang, Mu 杨沐
YANG, CHANG HAI 杨长海 **(1936-　　)**

Yang, Mu 杨牧
WANG, JING XIAN 王靖献 **(1940-　　)**

Yang, Mu 杨牧
YANG, MO 杨模 **(1944-　　)**

Yang, Mu 杨慕
SHEN, DUAN XIAN 沈端先 **(1900-1995)**

Yang, Mu 杨穆
YANG, RU MO 杨汝模 **(1931-　　)**

Yang, Mu bian 羊牧边
YANG, SEN 杨森 **(1930-1954)**

Yang, Nai 羊乃
WU, YU WEI 吴堉威 **(1906-1989)**

YANG, NAI DONG 杨耐冬 **(1933-　　)**
Yang, Di 杨荻
Yang, Shu dian 杨书佃
Yang, Yang xu 杨养鬚
Yang, Yu 杨渔

YANG, NAI FAN 杨乃藩 **(1916-　　)**
Nai fan 耐烦
Nai fan 乃凡
Ren, Jian 任坚
Yong liang 永亮

YANG, NAI SI 杨耐思 **(1930-　　)**
Kang, Lang 康朗
San ge 三歌
Yang, Dao jing 杨道经
Yi ding 一丁

Yang, Nan wen 杨楠文
YANG, PU 杨莆 **(1931-　　)**

Yang, Ne wei 杨讷维
YANG, RI JI 杨日基 **(1912-1982)**

Yang, Ni 杨泥
YANG, YI 杨毅 **(1956-　　)**

Yang, Nian ji 杨念基
YANG, KUN 杨堃 **(1901-　　)**

YANG, NIAN YI 杨念一 **(1939-　　)**
Shan yi 山一

YANG, NING 杨凝 **(1912-　　)**
Zuo, Hui 左辉

Yang nu cai 洋奴才
YANG, YI CHUN 杨益春

Yang pai lao sheng 羊派老生

YUAN, XIAN AN 袁贤安 **(1874-1954)**

Yang, Pao an 杨匏安
YANG, JIN TAO 杨锦涛 **(1896-1931)**

YANG, PEI CHUN 杨培春 **(1955-)**
Mu mu 木沐
Yu, Chan 余蟾

Yang, Pei jun 杨培军
YANG, PEI JUN 杨培均 **(1955-)**

YANG, PEI JUN 杨培均 **(1955-)**
Ping, Jun 平均
Yang, Pei jun 杨培军

YANG, PEI LAN 杨培兰 **(1934-)**
Yang, Ming 羊鸣
Yang, Ming 杨明

Yang, Pei xin 杨培新
YANG, WEI CHEN 杨微尘 **(1922-)**

YANG, PENG 杨鹏 **(1938-)**
Ou yang, Peng 欧阳鹏
Ou yang, Wei zhu 欧阳维助

YANG, PI HENG 杨丕衡 **(1922-)**
Fei feng 绯枫
Nan, Ying 南璎
Xin, Yi 辛夷
Yang, Ben 杨奔
Yang, Mei ni 杨昧尼

Yang, Pin 杨品
YANG, ZHAN PING 杨占平 **(1956-)**

YANG, PIN CHUN 杨品纯 **(1925-)**
Mei, Xun 梅逊

Yang, Ping 扬平
XIN, HUA 辛华 **(1949-)**

Yang, Ping 杨平
YANG, ZHI ZHOU 杨治州 **(1917-1990)**

Yang, Ping 杨平
YANG, SHI CHANG 杨世长 **(1927-)**

Yang, Ping 杨平
YANG, SHI LIANG 杨世良 **(1928-)**

Yang, Ping 杨平
YANG, JI PING 杨济平 **(1957-)**

Yang, Ping 杨坪
YAN, HAN MIN 严汉民 **(1914-)**

Yang, Ping 杨萍
YANG, YU QING 杨玉清 **(1906-)**

YANG, PING 杨萍 **(1916-)**
Yang, Dan ping 杨丹萍
Yun, Ying 云影

YANG, PING ZHANG 杨平章 **(1947-)**
Chu, Yang 初阳
Yang, Liu 杨柳

Yang, Pu 杨朴
YANG, WEI DONG 杨卫东 **(1952-)**

Yang, Pu 杨浦
MAO, ZE DONG 毛泽东 **(1893-1976)**

Yang, Pu 杨浦
NI, SHU GEN 倪树根 **(1933-)**

YANG, PU 杨莆 **(1931-)**
Han bai 寒白
Lu, Lu 路露
Mo ying 默影
Mu, Fu 穆父
Mu fu 木斧
Mu, Xin wen 穆新文
Mu yang 牧羊
Ou yang, Jin shi 欧阳近士
Xin pu 心譜
Yang, Nan wen 杨楠文
Yang, Pu 杨谱
Yang, Xin 羊辛
Yang yang 洋漾
Zhu ge, Deng 诸葛灯

Yang, Pu 杨谱
YANG, PU 杨莆 **(1931-)**

YANG, PU SHENG 杨谱笙
Wu men 无闷

Yang, Qi 扬弃
YANG, WEI GUANG 杨伟光 **(1935-)**

Yang, Qi 扬旗
WANG, JING SHAN 王景山 **(1924-)**

YANG, QI 杨圻 **(1875-1941)**
Chao qing 朝庆
Jian ying 鑑莹
Jiang shan wan li lou 江山万里楼
Qi 圻
Yang, Chao qing 杨朝庆
Yang, Jian ying 杨鉴莹
Yang, Yun shi 杨云史
Ye yu 野玉
Ye, Si xia 叶思霞

Yang, Qi 杨绮
WANG, YONG NIAN 王永年 **(1927-)**

Yang, Qi 杨琦
YANG, QI ZHUANG 杨其庄 **(1921-)**

Yang, Qi 杨琪
SHEN, DUAN XIAN 沈端先 **(1900-1995)**

Yang, Qi bo 杨其波

FENG, XUN 冯洵 **(1922-)**

Yang, Qi ji 杨奔疾
DAI, WEN BAO 戴文葆 **(1923-)**

YANG, QI MING 杨器铭 **(1955-)**
Nian, Quan 年全
Qi, Ming 启明

Yang, Qi ren 杨器人
YANG, JIAN 杨建 **(1906-1936)**

Yang, Qi shan 杨其珊
YANG, ZHI HUA 杨之华 **(1900-1973)**

YANG, QI YU 杨启宇 **(1948-)**
An, Zhi 安知

Yang, Qi yun 杨綺云
CHEN, YU KUN 陈煜坤 **(1934-)**

YANG, QI ZHUANG 杨其庄 **(1921-)**
Hua, Ling 华玲
Huai, Rong 怀容
Jiang, Feng 江风
Jiang, Ying 江鹰
Luo, Yang 罗阳
Luo, Ying 骆英
Meng, Fen 孟汾
Tao, Sha 陶沙
Yang, Qi 杨琦
Yu, Xiu 余岫

Yang, Qian 杨前
YANG, QIAN ZHAO 杨乾钊 **(1939-)**

Yang, Qian 杨乾
YANG, KUN 杨堃 **(1901-)**

YANG, QIAN 杨乾
Lao yang 老羊

Yang, Qian hong 杨千红
ZHOU, YING PEI 周应培 **(1917-)**

Yang, Qian li 杨千里
YANG, TIAN JI 杨天骥 **(1880-1960)**

Yang, Qian ru 杨纤如
YANG, YUN E 杨云鹗 **(1910-1991)**

YANG, QIAN ZHAO 杨乾钊 **(1939-)**
Yang, Qian 杨前

Yang, Qing 扬青
WANG, PING HOU 王屏侯

Yang, Qing 杨青
CHEN, ZHEN XING 陈振兴 **(1934-)**

Yang, Qing 杨青
YE, YONG LIE 叶永烈 **(1940-)**

Yang, Qing 杨清
OU YANG, QIN 欧阳钦 **(1900-1978)**

Yang, Qing chu 杨青矗
YANG, HE XIONG 杨和雄 **(1940-)**

Yang, Qing tao 杨青涛
YANG, JIN HAO 杨晋豪 **(1910-)**

YANG, QIONG HUA 杨琼华 **(1927-)**
Qiong yin 琼音

Yang, Qiu 阳秋
SHEN, YAN BING 沈雁冰 **(1896-1981)**

Yang, Qiu fan 杨秋帆
YANG, ZHEN HONG 杨振鸿 **(1874-1909)**

YANG, QIU QING 杨秋卿 **(1954-)**
Gang yan 岗烟
Yuan, Yuan 苑苑

YANG, QIU REN 杨秋人 **(1907-1983)**
Yang, Gong bai 扬工白

YANG, QIU SHENG 杨秋生 **(1955-)**
Wan ling 宛灵

YANG, QIU SHI 杨秋实 **(1924-)**
Yang, Die 杨昳

Yang, Quan 扬泉
FAN, MING 范明 **(1947-)**

YANG, QUAN 杨铨 **(1893-1933)**
Heng fu 衡甫
Si hui 死灰
Xing fo 杏佛
Yang, Heng fu 杨衡甫
Yang, Xing fo 杨杏佛

Yang, Quan 杨铨
YANG, WEI QUAN 杨维铨 **(1900-1957)**

YANG, QUAN ZENG 杨全增 **(1932-)**
Cao ge 草歌
Si, Dong 斯冬
Quan zeng 泉曾

YANG, QUE SU 杨却俗 **(1910-)**
Xin, Li 辛立
Xin li 新立

Yang, Qun 杨群
YANG, KUI ZHANG 杨奎章 **(1921-)**

Yang, Qun 杨群
YANG, YI QUN 杨益群 **(1942-)**

YANG, QUN FEN 杨群奋 **(1917-)**
Fang, Yu 方瑜

Yang, Ren 杨人
YANG, CUN REN 杨邨人 **(1901-1955)**

Yang, Ren 扬仁
SHU, JI WEI 舒纪维 (1915-)

YANG, REN 杨仁 (1912-)
Yang, Li xing 杨力行

YANG, REN KAI 杨仁恺 (1915-)
He, Xi mou 和溪某
Yi, Mu 易木

YANG, REN PIAN 杨人楩 (1903-1973)
Luo, Mai 骆迈
Luo man 萝蔓
Luo man 洛漫
Luo man 洛曼

YANG, REN QI 杨人杞 (1900-1979)
Dong chun 东蓴
Yang, Dong chun 杨东莼

Yang, Ren shan 杨仁山
YANG, XUE PENG 杨学鹏 (1947-)

YANG, RI JI 杨日基 (1912-1982)
Ni ji 尼基
Nie, Heng 聂横
Ri ji 日基
Ruo wei 若为
Su, Mang 粟芒
Yang, Ne wei 杨讷维

YANG, RONG CHANG 杨荣昌 (1951-)
Duan, Yang 段洋
Yang, Si 杨思
Yang, Ying 杨萤

YANG, RONG FANG 杨荣芳 (1938-)
Rong, Lan tian 容兰天
Yang, Gang 杨刚
Yang, Rong fang 杨容方

Yang, Rong fang 杨容方
YANG, RONG FANG 杨荣芳 (1938-)

Yang, Rong guo 杨荣国
YANG, TIAN XI 杨天锡 (1907-1978)

YANG, RONG XIN 杨荣新 (1931-)
Yang, Rong xin 杨蓉馨
Yang, Rong xin 杨荣馨

Yang, Rong xin 杨荣馨
YANG, RONG XIN 杨荣新 (1931-)

Yang, Rong xin 杨蓉馨
YANG, RONG XIN 杨荣新 (1931-)

YANG, RU MO 杨汝模 (1931-)
Yang, Mu 杨穆

Yang, Ru song 杨如松
REN, ZHUO XUAN 任卓宣 (1896-1990)

YANG, RU ZHOU 杨汝舟
Pian zhou 扁舟

Yang, Rui 杨蕊
SUN, PU 孙璞 (1927-)

YANG, RUI LIN 杨瑞麟 (1911-1989)
Cun bin 村彬
Ou yang, Guang 欧阳光
Rui lin 瑞麟
Yang, Cun bin 杨村彬
Ye, Lin 叶琳
Yi wei 忆薇

YANG, RUI XIAN 杨瑞先
Man chi 曼池

YANG, RUI ZENG 杨瑞增 (1936-)
Yang, Xiao 杨啸

YANG, RUN DONG 杨润东 (1966-)
Jiang, Shang hun 江上魂
Teng, Yang gong 滕阳公

YANG, RUN YU 杨润玉 (1909-)
Run yu 润玉
Yang, Shou biao 杨寿标

Yang, Ruo dai 杨若呆
YANG, XIAO 杨萧

Yang, Ruo mu 杨若木
YANG, GE WA 杨戈娃 (1949-)

YANG, SAN QIAO 杨三桥 (1955-)
Wang, Xiao xiao 王小笑
Wu, Sheng 毋声
Yang, Zhi peng 杨志鹏
Zhi peng 志鹏

Yang, Sao 杨骚
YANG, WEI QUAN 杨维铨 (1900-1957)

YANG, SEN 杨森 (1930-1954)
Bai, Yu 白鬱
Jin, Ma 金马
Li, Tian xing 李天兴
Lu, Jia 路伽
Mu bian 牧边
Yang, Ai 杨唉
Yang, Bai yu 杨白鬱
Yang, Huan 杨唤
Yang, Jiao 羊角
Yang, Mu bian 羊牧边
Yu 鬱

YANG, SEN 杨森 (1949-)
Ya sheng 亚笙

YANG, SEN XIANG 杨森翔 (1945-)
Mu fei 木飞
Shi, Sheng 史生

Shi, Shi 史适
Yang, Yu 羊羽

Yang, Shan 羊山
LIN, YANG SHAN 林仰山 **(1910-)**

YANG, SHAN 杨山 **(1924-)**
Xiao, Lang 萧郎
Xiao, Yang 萧扬
Yang, Mi feng 杨蜜蜂
Yang shan 洋山
Yang, Sheng 杨生
Yang, Yang 杨羊
Yang, Zhuo 杨茁
Yang, Zong rong 杨宗荣

Yang, Shan 杨山
ZHANG, SHI RONG 张世荣 **(1939-)**

Yang, Shan 杨珊
YE, KUN CAN 叶昆灿 **(1935-)**

YANG, SHAN 杨珊 **(1965-)**
Shan yang 山羊

Yang shan 仰山
JIN, ZHONG HUA 金仲华 **(1907-1968)**

Yang shan 仰山
LIN, YANG SHAN 林仰山 **(1910-)**

Yang shan 洋山
YANG, SHAN 杨山 **(1924-)**

YANG, SHAN JI 杨善集 **(1900-1927)**
Yang, Bai 杨白

Yang, Shan kun 杨善昆
YANG, SHANG KUN 杨尚昆 **(1907-)**

YANG, SHAN LIN 杨山林 **(1953-)**
Lü feng 绿峰

YANG, SHANG DONG 杨尚东 **(1964-)**
Teng, Yang gong 滕阳公

YANG, SHANG KUN 杨尚昆 **(1907-)**
Li, Xuan fu 李萱夫
Shang, Kun 尚昆
Yang, Shan kun 杨善昆
Zhang, Kun 张昆
Zhe sheng 哲生

Yang, Shang wu 杨尚武
YANG, ZHEN SHENG 杨震声 **(1926-)**

Yang, Shao ji 杨绍基
YANG, SHAO JI 杨绍箕 **(1942-)**

YANG, SHAO JI 杨绍箕 **(1942-)**
He, Jian 何间
Hui tang 悔堂
Yang, Shao ji 杨绍基

YANG, SHAO LU 杨绍路 **(1940-)**
Shou shi 寿石

Yang, Shao wei 杨少尉
YANG, JIAN CHI 杨剑赤 **(1918-)**

YANG, SHAO XUAN 杨绍萱 **(1893-1971)**
Da he 大河
Guang yu 广譽
Ting lin 亭林

Yang, Shao zeng 杨绍曾
YANG, SHI XIAN 杨石先 **(1896-)**

Yang, She ren 杨舍人
TONG, DAO MING 童道明 **(1937-)**

Yang, Shen yan 杨慎言
YANG, MING 杨明 **(1922-)**

Yang, Sheng 扬声
YANG, ZHEN SHENG 杨振声 **(1890-1956)**

Yang, Sheng 阳生
YANG, JUN GUANG 杨俊光 **(1932-)**

Yang, Sheng 杨生
YANG, SHAN 杨山 **(1924-)**

YANG, SHENG CAI 杨生才 **(1937-)**
Yang, Yang 杨旸

YANG, SHENG HAI 阳盛海 **(1952-)**
Yang, Hai 阳海
Yang hai 洋海

YANG, SHENG MING 杨生明 **(1931-)**
Wen, Lin 文林
Yang, Wen lin 杨文林
Ye, Yang he 叶杨禾

Yang, Sheng ping 杨升平
YANG, SHENG PING 杨生平 **(1946-)**

YANG, SHENG PING 杨生平 **(1946-)**
Yang, Sheng ping 杨升平

Yang, Sheng xiao 杨声笑
YANG, ZHI MING 杨志明

Yang, Shi 扬石
YANG, YING BIN 杨应彬 **(1921-)**

Yang, Shi 羊石
ZHU, BO XIONG 朱伯雄 **(1932-)**

Yang, Shi 杨实
YANG, SHI 杨适 **(1932-)**

YANG, SHI 杨适 **(1932-)**
Ci gong 次弓
Yang, Ke ming 杨克明
Yang, Shi 杨实

YANG, SHI CHANG 杨世长 **(1927-)**

Yang, Ping 杨平

YANG, SHI DONG 杨适冬 **(1942-)**
Nai shuang 耐霜

YANG, SHI EN 杨世恩
Yang, Zi hui 扬子惠

YANG, SHI GUANG 杨世光 **(1940-)**
Xin, Wen 辛闻
Yang, Guan 阳关

Yang, Shi hu 羊师虎
NIE, ZU YOU 聂祖佑 **(1928-)**

YANG, SHI JI 杨世骥
Shi ji 世骥

YANG, SHI JUN 杨时俊 **(1917-)**
Bo, Cai 薄采
Chen, Shan 陈山
Fu chong 俯冲
Huang, Ji ping 黄寄萍
Lei, Ji 雷击
Li, Fang yuan 李芳原
Liu, Yi 柳夷
Liu, Yuan 柳原
Ping, Yuan 平原
Xi shi 夕拾
Xiang, Dong liu 向东流
Yang, Yang zi 杨扬子
Yang, Yu zhen 杨予真
Yang, Zi 扬子

YANG, SHI LIANG 杨世良 **(1928-)**
Yang, Ping 杨平

YANG, SHI LIANG 杨诗粮 **(1940-)**
Meng shi 梦石
Shi, Weng 石翁

YANG, SHI XIAN 杨石先 **(1896-)**
Yang, Shao zeng 杨绍曾

Yang, Shi xiong 杨世雄
YANG, DE QUAN 杨德铨 **(1939-)**

Yang, Shou biao 杨寿标
YANG, RUN YU 杨润玉 **(1909-)**

YANG, SHOU JING 杨守敬 **(1839-1915)**
Guan hai tang 观海堂
Hui ming xuan 晦明轩
Hui tang 晦堂
Ji su 激素
Lin su lao ren 邻苏老人
Wang, Bao xin 王葆心
Wang tang 望堂

YANG, SHOU MO 杨守默 **(1912-1967)**
Ai yu sheng 爱欲生
Gong sun, Zhe 公孙哲
Li qi 里奇
Xing ying 杏影
Yang, Jie 杨杰

YANG, SHOU NAN 杨寿枏 **(1868-1947)**
Cang sang zhai 沧桑斋
Cang yuan 藏园
Guan hua 贯华
Jue hua liao 觉花寮
Lang qian 郎潜
Ling quan ju shi 苓泉居士
Qiu, Cao zhai 秋草斋
Si chong zhai 思冲斋
Yang mo zhai 鸯摩斋
Yun, Ke 云薖
Yun zai shan fang 云在山房

Yang, Shou qing 杨寿清
YANG, JIN HAO 杨晋豪 **(1910-)**

Yang, Shou ren 杨守仁
YANG, YU LIN 杨毓麟 **(1872-1911)**

YANG, SHOU SEN 杨守森 **(1939-)**
Lu, Feng 鲁风

Yang, Shou yu 杨守愚
YANG, SONG MAO 杨松茂 **(1905-1959)**

Yang, Shu 羊恕
XIA, JIA PU 夏家浦 **(1956-)**

Yang, Shu 杨述
YANG, DE JI 杨德基 **(1913-1980)**

Yang, Shu 杨树
YANG, BING QIAN 杨秉乾 **(1927-)**

Yang, Shu 杨树
YANG, DE SHU 杨德树 **(1939-)**

Yang, Shu 杨疏
YANG, JIAN ZHONG 杨建中 **(1931-)**

YANG, SHU CHU 杨书楚 **(1935-)**
Lin, Zhi 林之
Luo, Bin lu 骆宾路
Mu, Yi 木易
Xu, Le 徐乐

Yang, Shu da 杨树达
YANG, YU FU 杨遇夫 **(1885-1956)**

Yang, Shu dian 杨书佃
YANG, NAI DONG 杨耐冬 **(1933-)**

YANG, SHU FANG 杨树芳 **(1909-)**
Yang, Xin an 杨欣安

YANG, SHU HUI 杨淑惠 **(1952-)**
Yun qin 韵琴

YANG, SHU HUI 杨淑慧 **(1929-)**

Shu, Hui 舒慧

YANG, SHU KAN 杨庶堪 (1881-1942)
Bin zhai 邠斋
Cang bai 沧白
Tian yin 天隐
Yang, Cang bai 杨沧白

YANG, SHU LAN 杨淑兰 (1960-)
Yang, Lan 杨岚

YANG, SHU MIN 杨淑敏 (1927-)
Xin, Feng xia 新风霞

YANG, SHU QING 杨树清 (1962-)
Yan, Nan shan 燕南山

YANG, SHU SEN 杨树森 (1926-)
Ji, Shi 纪实

Yang, Shu shan 扬树山
FU, YONG LING 傅永龄 (1927-)

Yang, Shu yun 杨书云
YU, YU HAI 于玉海 (1909-)

YANG, SHU ZHI 杨恕之
Shu zhi 恕之

Yang, Shuang 杨双
WU, ZU GUANG 吴祖光 (1917-)

YANG, SHUN MING 杨顺明 (1951-)
Yang, Zi qiao 羊子乔

Yang, Shuo 杨朔
YANG, YU JIN 杨毓瑨 (1913-1968)

Yang, Si 羊思
YANG, FU DONG 杨复冬 (1922-1978)

Yang, Si 杨思
YANG, RONG CHANG 杨荣昌 (1951-)

YANG, SI CHEN 杨思谌 (1926-)
Yu, Nian shi 余念石

YANG, SI JING 杨思精 (1928-)
Qu, Fu 曲夫
Yang, Yong 杨永

YANG, SI XUN 杨思迅 (1935-)
Fan liu 凡柳
Yang, Zhen sheng 杨震生
Yang, Zi 杨孜

Yang, Si zhang 杨似章
ZHANG, SI YANG 张泗洋 (1919-)

Yang, Si zhong 杨思中
YANG, XI ZHONG 杨熹中 (1919-)

Yang, Si zhong 杨思仲
YANG, XI ZHONG 杨熹中 (1919-)

YANG, SI ZHONG 杨思忠
Liang, Bo 梁波
Shi jia 诗家
Si zhong 死钟

Yang, Song 杨松
WU, SHAO YI 吴绍镒 (1907-1942)

Yang, Song 杨松
YANG, GUO FU 杨国辅 (1936-)

YANG, SONG LIN 杨松林
Zhong sheng 钟声

YANG, SONG MAO 杨松茂 (1905-1959)
Cun lao 村老
Jing xiang xuan zhu ren 静香轩主人
Shou yu 守愚
Y sheng Y 生
Yang xiang 洋翔
Yang, Shou yu 杨守愚

YANG, SONG NIAN 杨松年 (1941-)
Feng ru song 风入松
Lü yun 绿云

Yang, Su 杨苏
YANG, AI 杨瑷 (1927-)

Yang, Su 杨素
LI, HONG NI 李虹霓

Yang, Su 杨甦
YANG, GENG SHENG 杨更生 (1921-1990)

YANG, SU 杨甦 (1923-)
Geng sheng 更生

YANG, SU MIN 杨苏民 (1934-)
Gao, Xiang yang 高向阳
Yan, Song 延颂

Yang, Su min 杨甦民
YANG, DUN YI 杨敦颐

Yang tai ju shi 阳台居士
ZHENG, FENG ZAO 郑风藻 (1938-)

Yang, Tai yang 阳太阳
YANG, HUAN 阳焕 (1909-)

Yang, Tai yang 阳太阳
DENG, LIANG 邓亮 (1914-)

YANG, TANG JIE 杨唐杰 (1934-)
Dan ding 丹丁
Xin ke 馨柯

YANG, TAO 杨涛 (1930-)
Hai, Ge 海歌
Ou yang, Hong 欧阳虹

YANG, TAO 杨涛 (1952-)

Heng yi 恒毅

YANG, TENG XIAO 杨腾霄 **(1949-)**
Teng, Xiao 腾霄
Wu, Di 武地

Yang, Tian 阳天
GUO, YANG TING 郭阳庭 **(1923-)**

Yang tian 仰天
WANG, CHUAN 汪僢 **(1855-1918)**

Yang tian 仰天
HAN, WEN DA 韩文达 **(1917-)**

YANG, TIAN BIAO 杨天彪 **(1927-)**
Ai, Fan 艾帆
Jing ye 静野
Qi shou 旗手
Xiang, Chun ye 向春野
Yang, Tian nong 杨田农
Yu ye 予野

YANG, TIAN CHENG 杨天成 **(1919-1969)**
Chen, Hong 陈洪
Luo, Ting 罗亭
Qing a ge 青阿哥

YANG, TIAN JI 杨天骥 **(1880-1960)**
Dong fang 东方
Jian lu 繭庐
Jun gong 骏公
Qian li 千里
Tian ji 天骥
Tian ma 天马
Wen, Dao 闻道
Yang, Jun gong 杨骏公
Yang, Qian li 杨千里

Yang, Tian nan 杨天南
ZHANG, KE BIAO 章克标 **(1900-)**

Yang, Tian nong 杨田农
YANG, TIAN BIAO 杨天彪 **(1927-)**

YANG, TIAN SHENG 杨天生 **(1916-)**
Gu ping 孤萍
Y. P.
Yang, Bo 扬波

YANG, TIAN XI 杨天锡 **(1907-1978)**
Ji, Ye 季埜
Tian xi 天锡
Yang, Rong guo 杨荣国

YANG, TIAN YING 杨天楹 **(1923-)**
Yang, Zhu qing 杨柱青

Yang, Tian yuan 杨天渊
OU YANG, QIN 欧阳钦 **(1900-1978)**

YANG, TIE PING 杨铁平 **(1950-)**
Yang, Chang 杨长

Yang, Ting 扬汀
LIU, JI XIAN 刘集贤 **(1933-)**

Yang, Ting 扬庭
XIA, CHEN ZHONG 夏晨中 **(1912-)**

YANG, TING DONG 杨廷栋
Yi zhi 翼之

YANG, TING FU 杨廷福 **(1924-1984)**
Liao an 蓼庵
Shi ze 士则
Xiao lu 小鲁
Yang, Fei 杨非

Yang, Tong fang 杨同芳
YANG, CHAO XI 杨朝熙 **(1904-1992)**

YANG, TONG HUAI 阳同淮 **(1952-)**
Ou yang, Tong huai 欧阳同淮
Tong, Huai 童怀

Yang, Tong ming 杨彤明
LUO, CHENG LIE 骆承烈 **(1935-)**

Yang tuo 洋佗
TAN, LING JUN 谈灵钧

YANG, WAN BIN 杨婉濒
Zhu yong 筑咏

YANG, WAN HUA 杨万华 **(1957-)**
Xiao yang 晓阳
Yang, Yang 杨杨

YANG, WAN NING 杨万宁 **(1963-)**
A ken 阿肯
Wan ning 宛凝

YANG, WEI 杨炜
Mo, Yi zhi 莫奕之

Yang, Wei 杨维
YANG, WEI QUAN 杨维铨 **(1900-1957)**

YANG, WEI 杨蔚 **(1928-)**
He, Suo 何索

Yang, Wei 杨薇
YANG, MEI MEI 杨美美 **(1937-)**

Yang, Wei chen 杨韦尘
YANG, WEI CHEN 杨微尘 **(1922-)**

YANG, WEI CHEN 杨微尘 **(1922-)**
Yang, Pei xin 杨培新
Yang, Wei chen 杨韦尘

YANG, WEI CHUN 杨为春 **(1965-)**
Ci han 辞寒

YANG, WEI DONG 杨卫东 **(1952-)**
Yang, Pu 杨朴

YANG, WEI GUANG 杨伟光 (1935-)
Fang yuan 芳园
Shang, Xia 尚夏
Yang, Qi 扬弃

YANG, WEI PING 杨维屏 (1917-)
San li zhai zhu ren 三立斋主人

YANG, WEI QUAN 杨维铨 (1900-1957)
Bai, Yang 白杨
Bei xi 北溪
Feng, Shan 丰山
Fu shi 浮石
Nan, Gong 南公
Su 素
Tang shan a bo 唐山阿伯
Wei quan 维铨
Xi bei 溪北
Xi dong 洗东
Xiao shan 小山
Yang, Gu xi 杨古锡
Yang, Quan 杨铨
Yang, Sao 杨骚
Yang, Wei 杨维
Yi sao 一骚

Yang, Wei ren 杨为人
YANG, YING NAN 杨应南 (1941-)

YANG, WEI SHENG 杨维升 (1911-1981)
Yang, Jian 杨简

Yang, Wei wu 杨维武
YANG, XIAN YI 杨宪益 (1915-)

YANG, WEI XIN 杨韦昕 (1931-)
Wei, Xin 韦昕

YANG, WEI XING 杨维兴 (1921-)
Yang, Ye 杨野
Yi nan yan 噫喃燕

YANG, WEI YU 杨卫玉 (1888-1956)
Qiong 琼
Yuan 瑗

Yang, Wei zhong 杨维中
WANG, MU HENG 汪慕恒 (1927-)

Yang, Wen 扬文
TIAN, ZHONG JI 田仲济 (1907-)

Yang, Wen 杨文
TIAN, ZHONG JI 田仲济 (1907-)

YANG, WEN BO 杨文波 (1951-)
Yang, Dan 扬丹

YANG, WEN CHUN 杨问春 (1940-)
Dan fu 旦夫
Ji fan 戟帆

YANG, WEN DE 杨文德
Li yu 力余

YANG, WEN HAN 杨文翰 (1935-)
Cang hai xing 苍海星
Fang, Bo 方勃
Liu, Chi 柳池
Mu wen yu 木文羽
Qiu, Quan 秋泉
Wen, Hui 文惠
Xiao xue 晓雪
Xue li hong 雪里红

YANG, WEN HU 杨文虎 (1962-)
Wen, Hu 文虎

Yang, Wen lin 杨文林
YANG, SHENG MING 杨生明 (1931-)

Yang, Wen ming 杨文明
WANG, XIAO DI 王孝弟 (1950-)

YANG, WEN XIN 杨温欣
Yang, Leng 杨棱
Yang, Yu leng 杨雨棱

YANG, WEN YING 杨文颖 (-1977)
Dai yang 歹羊
Fan, Ying yang 范婴羊

Yang wu 养吾
WANG, SEN RAN 王森然 (1895-1984)

YANG, WU NENG 杨武能 (1938-)
Jin, Ni 金尼
Shu fu 蜀夫

YANG, WU SHENG 杨戊生 (1915-1982)
Chen 辰
Dong ming 东明
Jun chen 君辰
Wei, Dong ming 魏东明
Wu chen 戊辰
Yang, Jun chen 杨君辰

Yang xi 养豁
LI, GEN YUAN 李根源 (1879-1965)

Yang xi 漾兮
ZHANG, YANG XI 张漾兮 (1912-1964)

Yang, Xi fu 杨锡福
YANG, YANG 杨阳 (1946-)

YANG, XI GUANG 杨锡光 (1928-)
Cheng, Yuan 成苑
Min zhi 泯之
Yang ye 央叶
Yang, Zi min 杨子敏

YANG, XI GUANG 杨曦光 (1950-)
Yi bing 一兵

YANG, XI LING 杨熙龄 **(1927-1989)**
Yi, Jiang 易将

YANG, XI MAO 杨锡茂 **(1900-)**
Yang, Xi meng 杨西孟

Yang, Xi meng 杨西孟
YANG, XI MAO 杨锡茂 **(1900-)**

YANG, XI SHENG 杨希圣 **(1934-)**
Yang, Liu 杨柳

YANG, XI YAO 杨希尧 **(1924-)**
Huang, Ge 黄鸽
Zeng, Ye bai 曾也白

YANG, XI ZHANG 杨锡章 **(1864-1929)**
Ji yuan 几园
Ji yuan lao zi 几园老子
Liao gong 了公
Liao gong 蓼功
Liao wang 了王
Ru yan 乳燕
Xi zhang 锡章
Yang, Zi wen 杨子文
Zhi wen 至雯
Zi wen 紫雯

YANG, XI ZHONG 杨熹中 **(1919-)**
Chen, Yong 陈涌
Chen, Yong 陈湧
Yang, Si zhong 杨思仲
Yang, Si zhong 杨思中
Yong 涌

Yang, Xi zi 杨哲子
YANG, DU 杨度 **(1875-1931)**

Yang, Xia 扬侠
ZHANG, YANG XIA 张扬霞 **(1951-)**

Yang, Xia qing 杨霞青
QU, QIU BAI 瞿秋白 **(1899-1935)**

Yang, Xian 杨弦
YANG, GUO XIANG 杨国祥 **(1950-)**

Yang, Xian da 杨显达
YANG, JIAN 杨建 **(1906-1936)**

YANG, XIAN JIANG 杨贤江 **(1895-1931)**
Ben niu 犇牛
Gong pu 公朴
Jian fu 健夫
Jiang 江
Jiang, Yi 江一
Li, Fu ying 李服膺
Li, Hao wu 李浩吾
Li, Hong kang 李洪康
Li, Kang 李康
Li, Yi 李谊
Li, Ying yang 李膺扬
Liu, Dao sheng 柳岛生
Mu, Yan 慕颜
Niu, Ben 牛犇
Qu, Ta 曲它
Xian jiang 贤江
Y K
Yan jiang 雁江
Yang, Geng fu 杨庚甫
Yang, Ying fu 杨英父
Yang, Ying fu 杨英甫
Yao, Ying fu 姚应夫
Ye, Gong pu 叶公璞
Zhi fu 直夫

Yang, Xian ke 阳羡客
MAO, QUAN SHENG 毛泉生 **(1927-)**

YANG, XIAN QIN 杨宪钦 **(1954-)**
Yang, Xian qing 杨宪卿
Yang, Ze 杨泽

Yang, Xian qing 杨宪卿
YANG, XIAN QIN 杨宪钦 **(1954-)**

YANG, XIAN RONG 杨显荣 **(1944-)**
Luo di 落蒂

Yang, Xian sheng 杨先生
MAO, ZE DONG 毛泽东 **(1893-1976)**

YANG, XIAN XIANG 杨显祥
Hui ji xiang 慧吉祥
Long, Hui 龙慧
Yang, Bai yi 杨白衣

YANG, XIAN YAO 杨献瑶 **(1930-)**
Bei fang 北方

YANG, XIAN YI 杨宪益 **(1915-)**
Wei wu 维武
Yang, Wei wu 杨维武

Yang, Xian yu 杨先堉
YANG, YI ZHI 杨一之 **(1912-)**

YANG, XIAN ZHI 杨献芝 **(1918-)**
A jiao 阿皎
Jiao fei 皎霏
Yang, Xu 杨絮

Yang xiang 洋翔
YANG, SONG MAO 杨松茂 **(1905-1959)**

Yang, Xiang hong 杨向红
YANG, MEI MEI 杨美美 **(1937-)**

YANG, XIANG XI 杨向曦 **(1949-)**
Dong fang, Tao 东方涛
Lin, Xi 林曦

YANG, XIANG XIAN 杨湘贤 **(1936-)**

Tong jiang qiu 桐江秋

YANG, XIANG YANG 杨向阳 **(1932-)**
Chu, Bu 楚布

Yang, Xiao 杨啸
YANG, RUI ZENG 杨瑞增 **(1936-)**

YANG, XIAO 杨萧
Gu, Ling zi 顾玲子
Ruo dai 若呆
Yang, Ruo dai 杨若呆

Yang xiao 洋笑
YANG, LI XIAN 杨立贤 **(1949-)**

Yang, Xiao lin 扬孝林
SUN, YU CHUN 孙玉春 **(1947-)**

YANG, XIAO YU 杨小于 **(1969-)**
Dong fang 东方

Yang, Xiao yun 杨小云
ZHENG, YU XIU 郑玉岫 **(1943-)**

YANG, XIAO ZE 杨小泽 **(1956-)**
Lu, Yao 陆尧

Yang, Xiao zhong 杨小仲
YANG, BAO TAI 杨保泰 **(1899-1969)**

Yang, Xin 羊辛
YANG, PU 杨莆 **(1931-)**

Yang, Xin 杨辛
FU, QUAN RONG 傅全荣 **(1922-)**

Yang, Xin an 杨欣安
YANG, SHU FANG 杨树芳 **(1909-)**

YANG, XIN QIAO 杨新乔 **(1932-)**
Liu, Shan 柳山

Yang, Xin yu 杨新雨
SHI, YUN XIU 史云秀 **(1953-)**

YANG, XING AN 杨兴安 **(1944-)**
Hua, An 华安
Yang, Zi jiang 扬子江

YANG, XING DONG 杨兴栋 **(1899-1983)**
Hui 晦
Mei 楣
Yang, Hui 杨晦
Yang, Hui xiu 杨慧修

Yang, Xing fo 杨杏佛
YANG, QUAN 杨铨 **(1893-1933)**

Yang, Xing huo 杨星火
YANG, GUO HUA 杨国华 **(1925-)**

Yang xing lao nong 杨行老农
JU, ZHENG 居正 **(1876-1951)**

Yang xing lao pu 杨行老圃
MA, DAO NING 马道凝 **(1881-1940)**

Yang, Xing ping 杨星平
LIN, XIAO PING 林小平 **(1954-)**

YANG, XING ZHI 杨幸之
Liu, Yun 柳云
Xing zhi 幸之
Xing zi 杏子
Xue hua 雪华

YANG, XIU CEN 杨秀岑 **(1929-)**
Zhang, Wei 张碨

YANG, XIU MEI 杨修梅 **(1929-)**
Luo, Yang 罗扬

YANG, XIU QING 杨秀清 **(1963-)**
Qin, Chuan 秦川

Yang, Xu 杨絮
YANG, XIAN ZHI 杨献芝 **(1918-)**

Yang, Xu dong 杨旭东
YANG, HOU XING 杨厚兴 **(1915-)**

YANG, XU KONG 杨绪孔 **(1936-)**
Dao, Yuan 道源

Yang, Xuan 杨烜
YANG, CHU YAO 杨楚耀 **(1942-)**

YANG, XUAN 杨萱 **(1950-)**
Mo, Xie 莫邪

YANG, XUAN LIANG 杨宣良 **(1940-)**
Liang yan 良言

YANG, XUAN TANG 杨选堂 **(1921-)**
Mei, Zi 梅子
Yang, Zi 杨子
Zhu, Zi 朱子

Yang, Xue 阳雪
YANG, JIN PENG 杨金鹏 **(1949-)**

YANG, XUE PENG 杨学鹏 **(1947-)**
Yang, Ren shan 杨仁山

YANG, XUE RU 杨学儒 **(1950-)**
Bei xing 北星
Fang lu 芳路
Jin, Xing 金星
Leng, Huo 冷火
Ping ke 屏柯
Qun xing 群星
Tian gang 天罡
Xiao yang 晓阳
Yang, Bei xing 杨北星

YANG, YA NING 杨亚宁
Jin, Hua 金华

Xiao yang 晓阳

YANG, YA REN 杨亚人 **(1926-)**
Yang, Hua neng 杨华能

Yang, Yan 杨岩
HOU, YU XIN 侯钰鑫 **(1948-)**

Yang, Yan 杨彦
MENG, GUO YAN 蒙国彦 **(1932-)**

Yang yan 仰淹
WU, SONG LING 吴松龄 **(1927-)**

YANG, YAN BIN 杨宴宾 **(1951-)**
Mei, Qian 梅倩

YANG, YAN JIE 杨艳杰 **(1962-)**
Xue cun 雪村

YANG, YAN JIE 杨燕杰 **(1930-)**
Su, Xin 苏欣

YANG, YAN QI 杨彦歧 **(1920-1978)**
Ba, Lai 巴莱
Ou yang, Piao 欧阳飘
Wan, Chong shan 万重山
Wen, Ze ling 文则灵
Wu, Shou 吴守
Xin, Fan 辛梵
Yan qi 彦歧
Yi, Wen 易文
Zhu ge, Lang 诸葛郎

YANG, YAN WEN 杨延文 **(1939-)**
Bai, Shu cun 柏树村
Zhu jian tang 铸剑堂

Yang, Yang 扬扬
ZHOU, GUO HUI 周国辉 **(1929-)**

Yang, Yang 羊洋
LIN, RU JI 林如稷 **(1902-1976)**

Yang, Yang 阳飏
ZHANG, XIANG YANG 张向阳 **(1953-)**

Yang, Yang 杨扬
WEN, ZHEN TING 文振庭 **(1924-)**

Yang, Yang 杨扬
YANG, YU ZHANG 杨玉璋 **(1926-)**

Yang, Yang 杨扬
YANG, JIANG ZHU 杨江柱 **(1929-)**

YANG, YANG 杨扬 **(1933-)**
Wang, Hui 王挥
Yang, Ken fu 杨垦夫
Yang, Li fu 杨犁夫

Yang, Yang 杨扬
YANG, MEI MEI 杨美美 **(1937-)**

Yang, Yang 杨羊
YANG, SHAN 杨山 **(1924-)**

Yang, Yang 杨羊
WANG, TONG 王彤 **(1932-)**

YANG, YANG 杨阳 **(1946-)**
Er yang 二阳
Shou shi 寿石
Yang, Xi fu 杨锡福

Yang, Yang 杨旸
YANG, SHENG CAI 杨生才 **(1937-)**

Yang, Yang 杨杨
YANG, WAN HUA 杨万华 **(1957-)**

Yang yang 洋洋
YANG, JIE 杨杰 **(1956-)**

Yang yang 洋漾
YANG, PU 杨莆 **(1931-)**

Yang, Yang xu 杨养鬚
YANG, NAI DONG 杨耐冬 **(1933-)**

Yang, Yang zi 杨扬子
YANG, SHI JUN 杨时俊 **(1917-)**

YANG, YAO DONG 杨曜东 **(1921-)**
Guang dong xi mi 广东戏迷
Yang, Feng 杨峰

YANG, YE 杨叶 **(1931-)**
Yang, Yu ye 杨予野

Yang, Ye 杨野
YANG, WEI XING 杨维兴 **(1921-)**

Yang, Ye 杨野
GAO, HUA WEN 高华文 **(1924-)**

Yang, Ye 杨野
DU, NAN FA 杜南发 **(1952-)**

Yang, Ye 杨晔
SHEN, KE REN 沈可人 **(1916-)**

Yang ye 央叶
YANG, XI GUANG 杨锡光 **(1928-)**

Yang, Yi 羊衣
XU, YONG XIANG 徐永祥 **(1951-)**

Yang, Yi 杨仪
YANG, FENG QI 杨凤岐 **(1908-)**

YANG, YI 杨沂 **(1935-)**
Shui, Jing 水晶

Yang, Yi 杨苡
YANG, JING RU 杨静如 **(1919-)**

Yang, Yi 杨易
DUAN, YANG 段杨 **(1956-)**

Yang, Yi 杨翊
YI, DING MING 易鼎铭 (1925-)

YANG, YI 杨毅 (1947-)
Qing gu yan 青谷彦
Yang, Lin 杨琳

YANG, YI 杨毅 (1956-)
Liao liao 了了
Yang, Ni 杨泥

Yang, Yi 杨翼
HUANG, JI YAO 黄纪尧 (1943-)

Yang, Yi 杨翼
YANG, JIA LANG 杨贾郎 (1946-)

YANG, YI CHUN 杨益春
Bing mei 冰梅
PM
Si tu, Juan juan 司徒娟娟
Tang, Ji 唐吉
Tie kou 铁口
Yang nu cai 洋奴才
Yang, Zhi zhen 杨志针

YANG, YI HUA 杨遗华 (1954-)
Chen, Cun 陈村

YANG, YI LIN 杨以琳 (1928-)
Yuan, Cai 原采
Zong quan 棕泉

YANG, YI MEI 杨意美
Huang, Hua 黄华
Lü ni 绿妮
Xia, Hua 夏华
Xiao, Ling 萧灵
Yi fan 一帆

YANG, YI QUN 杨益群 (1942-)
Mu yi 木易
Yang, Qun 杨群

YANG, YI TANG 杨逸棠
Yang, Bo kai 杨伯恺

Yang, Yi tong 杨异同
YANG, JIAN BAI 杨坚白 (1911-)

YANG, YI XIANG 杨翼骧 (1918-)
Ma, Xiang 马襄
Mu yu 木羽

Yang, Yi yan 杨一言
YANG, YI YAN 杨弈彦

YANG, YI YAN 杨弈彦
Yang, Yi yan 杨一言

Yang, Yi zhi 羊易之
GUO, MO RUO 郭沫若 (1892-1978)

YANG, YI ZHI 杨一之 (1912-)
Yang, Xian yu 杨先堉

YANG, YIN JUN 杨隐君 (1919-)
Jun jun 君君
Lin, Qian 林潜
Yin jun 隐君

YANG, YIN LIN 杨荫林 (1932-)
Sai ye 塞野

YANG, YIN LONG 杨荫隆 (1936-)
Mu xin 牧欣
Zhao hui 朝晖

Yang, Yin shen 杨荫深
YANG, DE EN 杨德恩 (1908-)

Yang, Yin sheng 杨氤生
YANG, CHEN YIN 杨尘因

Yang, Yin xin 杨因心
YANG, DE EN 杨德恩 (1908-)

YANG, YING 杨莹 (1964-)
Yang, Zi 杨子

Yang, Ying 杨萤
YANG, RONG CHANG 杨荣昌 (1951-)

Yang, Ying 杨颖
YANG, ZHEN XI 杨振西 (1932-)

Yang, Ying 杨樱
YU, HE LIN 余鹤林 (1910-1939)

YANG, YING BIN 杨应彬 (1921-)
Yang, Shi 扬石

Yang, Ying chen 杨应晨
YANG, CHONG LONG 杨崇隆 (1960-)

YANG, YING FENG 杨英风 (1926-)
You you yang 呦呦杨

Yang, Ying fu 杨英父
YANG, XIAN JIANG 杨贤江 (1895-1931)

Yang, Ying fu 杨英甫
YANG, XIAN JIANG 杨贤江 (1895-1931)

Yang, Ying lei 杨应雷
HE, QI FANG 何其芳 (1912-1977)

YANG, YING NAN 杨应南 (1941-)
Yang, Wei ren 杨为人

YANG, YING SHI 杨映石 (1968-)
Shi, Lei 石磊

Yang, Ying shu 杨莹叔
YANG, YU JIN 杨毓瑨 (1913-1968)

YANG, YING XIN 杨迎新 (1946-)
Gan, Mo 甘漠

Ren, Er nan 任尔南
Xiao, Lei 萧雷

YANG, YING XIU 杨应修 **(1912-)**
Ke bin 可宾

Yang, Yong 杨永
YANG, SI JING 杨思精 **(1928-)**

YANG, YONG 杨勇 **(1957-)**
Xiao yang 晓阳

Yang, Yong 杨涌
LIU, HAN YONG 刘汉勇 **(1938-)**

YANG, YONG CAI 杨永才 **(1946-)**
Bai, Shui 白水
Bo ren 泊人

YANG, YONG FENG 杨永峰 **(1951-)**
Zhao, Wen 兆文

YANG, YONG HUI 杨永辉 **(1953-)**
Ling, Xiang 凌翔

Yang, Yong shu 杨永叔
YANG, YU JIN 杨毓瑨 **(1913-1968)**

YANG, YONG TAI 杨永泰 **(1880-1936)**
Yang, Chang qing 杨畅卿

YANG, YOU DE 杨友德 **(1931-)**
Yi xiao miao 艺小苗

YANG, YOU HE 阳友鹤 **(1913-1984)**
Xiao tong feng 筱桐凤

YANG, YOU LIAN 杨友濂 **(1906-)**
Yang, Yun ping 杨云萍
Yun, Ping 云萍
Yun, Ping sheng 云萍生

Yang, You sheng 杨幼生
YANG, CHUAN YE 杨传业 **(1923-)**

YANG, YOU TIAN 杨佑田 **(1958-)**
Bao, Bu ping 鲍布萍
Hui di 慧地
Mu zhi 牧之

Yang, Yu 羊羽
ZHAO, HE XIANG 赵鹤翔 **(1933?-)**

Yang, Yu 羊羽
YANG, SEN XIANG 杨森翔 **(1945-)**

Yang, Yu 羊愚
JIANG, CHENG YANG 姜承阳 **(1921-)**

Yang, Yu 阳羽
JIANG, MING YUAN 蒋明元 **(1937-)**

Yang, Yu 阳雨
WANG, MENG 王蒙 **(1934-)**

Yang, Yu 杨渔
YANG, NAI DONG 杨耐冬 **(1933-)**

Yang yu 洋雨
YANG, YU CAI 杨毓材 **(1933-)**

Yang yu 洋渔
XU, SI CONG 徐四聪 **(1918-)**

Yang yu 仰愈
GAO, YANG YU 高仰愈 **(1898-1949)**

Yang, Yu cai 杨玉才
YANG, YU CAI 杨毓材 **(1933-)**

YANG, YU CAI 杨毓材 **(1933-)**
Yang, Yu cai 杨玉才
Yang yu 洋雨

YANG, YU FU 杨遇夫 **(1885-1956)**
Gui xi zhai 贵希斋
Ji wei ju 积微居
Nai lin qing 耐林庼
Yang, Shu da 杨树达
Yu fu 遇夫

YANG, YU HE 杨雨河 **(1932-)**
Yi, Ke 易可

YANG, YU JIN 杨毓瑨 **(1913-1968)**
Yang, Ming 杨明
Yang, Shuo 杨朔
Yang, Ying shu 杨莹叔
Yang, Yong shu 杨永叔
Ying shu 莹叔

YANG, YU KUN 杨玉坤 **(1937-)**
Qing niao 青鸟
Xi zhi 溪之

Yang, Yu leng 杨雨棱
YANG, WEN XIN 杨温欣

YANG, YU LIN 杨毓麟 **(1872-1911)**
Chui yin han hui 椎印寒灰
Du sheng 笃生
Han hui 寒灰
Hu nan zhi hu nan ren 湖南之湖南人
San han 三涵
San hu fen min 三户愤民
Shou ren 守仁
Shu ren 叔壬
Shu yi 叔一
Xi an 蠹龛
Yang, Du sheng 杨笃生
Yang, Han hui 杨寒灰
Yang, Shou ren 杨守仁

YANG, YU LONG 杨御龙 **(1929-1980)**
Bi tian 碧天
Yan, Zhi 言知

YANG, YU PING 杨玉萍 **(1968-)**
Shen yu 神玉

YANG, YU QING 杨玉清 **(1906-)**
Yang, Ping 杨萍

YANG, YU QING 杨宇卿 **(1957-)**
Ye fei 夜飞

YANG, YU RU 杨玉如 **(1877-1961)**
Gu, Fu zi 古復子
Zao xiang 藻香

YANG, YU TAI 杨煜泰 **(1963-)**
Qin, Huai zhou 秦淮舟
Yang, Liu 杨柳

Yang, Yu tian 杨娱天
YANG, JIAN BAI 杨坚白 **(1911-)**

Yang, Yu ye 杨予野
YANG, YE 杨叶 **(1931-)**

YANG, YU YING 杨育英
Shen, Yang 沈杨

YANG, YU ZHANG 杨玉璋 **(1926-)**
Lai cai 来采
Mu yi 木易
Ren xin 仁心
Yang, Yang 杨扬
Zheng, Zhong 郑重

Yang, Yu zhen 杨予真
YANG, SHI JUN 杨时俊 **(1917-)**

Yang, Yu zi 羊羽子
ZHOU, EN LAI 周恩来 **(1898-1976)**

YANG, YUAN 杨元 **(1917-)**
Yang, Yuan 杨袁

Yang, Yuan 杨园
SU, LI YAN 苏立言 **(1918-)**

Yang, Yuan 杨袁
YANG, YUAN 杨元 **(1917-)**

Yang yuan 养元
YAN, MING JIE 严明傑 **(1904-)**

Yang yuan ju shi 养园居士
JIANG, YING LONG 江应龙 **(1920-)**

Yang, Yuan lue 杨远略
CHEN, FAN 陈凡 **(1915-1997)**

Yang, Yuan zhao 杨元兆
YANG, ZHENG XIONG 杨正雄 **(1938-)**

Yang yuan, Chang ying 杨袁昌英
YUAN, CHANG YING 袁昌英 **(1894-1973)**

Yang, Yue 杨越
YANG, HAO QUAN 杨浩泉 **(1918-)**

Yang, Yue 杨樾
YANG, HAO QUAN 杨浩泉 **(1918-)**

YANG, YUE PU 杨悦浦 **(1938-)**
Lu, Dong 鲁东

Yang, Yun 阳云
QIN, TIAN EN 覃天恩 **(1924-)**

YANG, YUN E 杨云鹗 **(1910-1991)**
Dong yang 冬杨
Mian liu 眠流
Qian yu 阡渔
Yang, Dong 杨东
Yang, Dong 杨冬
Yang, Qian ru 杨纤如
Yi tian 忆恬
Yuan, Chang xiao 袁长啸

Yang, Yun gu 杨昀谷
YANG, ZENG LUO 杨增荦 **(1860-1933)**

Yang, Yun ping 杨云萍
YANG, YOU LIAN 杨友濂 **(1906-)**

Yang, Yun qing 杨韻卿
YANG, BU WEI 杨步伟 **(1889-1981)**

YANG, YUN SHENG 杨筠生 **(1925-)**
Ying, Tao 英韬

Yang, Yun shi 杨云史
YANG, QI 杨圻 **(1875-1941)**

YANG, ZAI CHUN 杨再春 **(1943-)**
Mo, Ren 墨人

YANG, ZAI XI 杨在谿 **(1938-)**
Zai xi 再谿

Yang, Zao 羊棗
YANG, LIAN ZHENG 杨廉政 **(1900-1946)**

Yang, Ze 杨泽
YANG, XIAN QIN 杨宪钦 **(1954-)**

Yang, Ze fu 杨泽夫
YANG, DE EN 杨德恩 **(1908-)**

Yang, Zeng 杨曾
RAO, XIN XIAN 饶鑫贤 **(1923-)**

YANG, ZENG AI 杨增爱 **(1906-)**
Yang, Zui xiang 杨醉乡

YANG, ZENG LUO 杨增荦 **(1860-1933)**
Dan kan 倓堪
Man tuo 曼陀
Man tuo lou zhu 曼陀楼主
Seng ruo 僧若
Weng nan 滃南

Yang, Yun gu 杨昀谷
Yin liao 寅寮
Yu gong 羽公
Yun gu 昀谷
Zi yang 滋阳
Zi yang shan ren 滋阳山人

YANG, ZHAN PING 杨占平 **(1956-)**
Yang, Pin 杨品

YANG, ZHAN SHAN 杨占山 **(1965-)**
Cun meng 村萌

YANG, ZHAN YING 杨绽英 **(1958-)**
Bei yuan 北原

Yang, Zhang 杨章
YANG, ZHI HUA 杨之华 **(1900-1973)**

YANG, ZHAO 杨钊 **(1945-)**
Dan qing 丹青

Yang, Zhao 杨昭
YANG, GUO FAN 杨国藩 **(1928-)**

Yang, Zhao 杨照
YANG, ZHAO 杨曌 **(1937-)**

Yang, Zhao 杨照
LI, MING JUN 李明骏 **(1963-)**

YANG, ZHAO 杨曌 **(1937-)**
Yang, Zhao 杨照

YANG, ZHAO HUI 杨照辉 **(1944-)**
Ji, Zhi chao 季志超

YANG, ZHAO JUN 杨兆钧 **(1909-)**
Di xin 迪心
Yang, Di xin 杨涤新

YANG, ZHAO KE 杨昭科 **(1937-)**
Qiao ge 樵哥

YANG, ZHAO KUN 阳兆鲲
Bo jian 伯籛
Ti sheng 惕生

YANG, ZHAO LIN 杨肇林 **(1935-)**
Xiao yang 晓阳

YANG, ZHAO NAN 杨召南 **(1928-)**
Xue yun 雪韻
Yang, Lan zhi 杨兰芝
Zhao xia tian 照霞天

YANG, ZHAO NONG 杨炤浓 **(1958-)**
Yang, Du 杨渡

YANG, ZHAO QING 杨兆清 **(1883-1936)**
Yang, Cheng fu 杨澄甫

YANG, ZHAO SAN 杨兆三 **(1931-)**
Mu si 木斯
Yi, Chuan 易川

YANG, ZHAO ZHONG 杨昭忠
Shi, Cun 石村
Yang, Liu qing 杨柳青

YANG, ZHE RONG 杨哲荣 **(1951-)**
Fei wen 斐文
Ma, Dong 马冬
Yang, Fu 杨福
Yang, Fu 杨茯

Yang, Zhen 杨震
SHEN, DUAN XIAN 沈端先 **(1900-1995)**

YANG, ZHEN HONG 杨振鸿 **(1874-1909)**
Fu sheng 福陞
Qiu, Fan 秋帆
Si fu 思復
Yang, Qiu fan 杨秋帆
Zhi fu 志復

YANG, ZHEN HUA 杨振华 **(1921-1988)**
Gong, Ji 龚稷
Gong, Ji mu 龚棘木
Yang, Gong ji 杨公骥
Yang, Gong ji 杨公忌

YANG, ZHEN HUA 杨镇华
Cong zhong 从众
Lian yue 莲岳
Xia, Min 夏民

YANG, ZHEN JI 杨镇畿 **(1923-)**
Yang, Li ke 杨立可
Yang, Zhu jian 杨竹剑
Zhu, Jian 朱健

YANG, ZHEN MING 杨振明 **(1946-)**
Yang, Liu xie 杨柳榭

YANG, ZHEN SHA 杨真砂 **(1944-)**
Gao, Zhen 高真

YANG, ZHEN SHENG 杨振声 **(1890-1956)**
Jin fu 今甫
Qiu, Sheng 秋声
Xi sheng 希声
Yang, Jin fu 杨今甫
Yang, Jin fu 杨金甫
Yang, Sheng 扬声
Yang, Zhen sheng 杨震声
Yun fu 韵甫

Yang, Zhen sheng 杨震生
YANG, SI XUN 杨思迅 **(1935-)**

Yang, Zhen sheng 杨震声
YANG, ZHEN SHENG 杨振声 **(1890-1956)**

YANG, ZHEN SHENG 杨震声 **(1926-)**
Yang, Shang wu 杨尚武

YANG, ZHEN WEN 杨振文 **(1939-)**
Chen wen 辰文
Wen, Yan 闻言
Wen, Yi 文谊
Zeng, Wen 曾文

YANG, ZHEN WEN 杨震文 **(1892-)**
Bing chen 丙辰
Yang, Bing chen 杨丙辰

YANG, ZHEN XI 杨振西 **(1932-)**
Hong yang 红扬
Shan, Zi 单子
Yang, Ying 杨颖

YANG, ZHEN XIONG 杨振雄 **(1920-)**
Qu, Nu 曲奴
Yao qing 瑶青

YANG, ZHEN YI 杨振衣 **(1944-)**
Yi, Yi 伊伊

YANG, ZHEN YUAN 杨振元 **(1926-)**
Han, Jiang 韩江
Mei, He 梅河
Peng tao 澎涛
Yang, Cun 杨村
Yi yang 亦杨

Yang, Zheng 杨正
LIN, LU SHENG 林禄生 **(1920-)**

Yang zheng 仰峥
LIN, YANG ZHENG 林仰峥 **(1923-)**

YANG, ZHENG JIN 杨正进 **(1966-)**
Qi, Ning 戚凝
Wu, Yang 吴杨

Yang zheng shi zhu ren 养正室主人
WANG, KE REN 王克仁 **(1907-)**

YANG, ZHENG TAI 阳正太 **(1941-)**
Shuang Ye 霜叶
Xiao yang 晓洋

YANG, ZHENG WU 杨正吾 **(1920-)**
Wu, Ji 吴蓟
Wu ji 无忌

YANG, ZHENG XIN 杨正新 **(1942-)**
Ye he 野鹤

YANG, ZHENG XIONG 杨正雄 **(1938-)**
Chun qing 淳清
Yang, Yuan zhao 杨元兆

YANG, ZHENG ZHI 杨政知 **(1919-)**
Li, Ming 黎明

Yang, Zhi 杨枝
CHEN, QIN YUAN 陈钦源 **(1921-1987)**

YANG, ZHI 杨智 **(1958-)**
Ji, Jiu zhang 纪九章
Lao zhi 老智

Yang zhi 仰之
WANG, JING SHAN 王景山 **(1924-)**

YANG, ZHI CHENG 杨志诚
Lu, Yang 陆洋
Lu, Yi zhen 陆以真

YANG, ZHI GUANG 杨之光 **(1930-)**
Tao fu 焘甫

Yang, Zhi heng 杨志恒
LIN, HUAN DAO 林环岛 **(1904-1941)**

YANG, ZHI HUA 杨志华 **(1934-)**
Wei lan 蔚蓝
Yang, Zi hua 杨子华

Yang, Zhi hua 阳之花
JIANG, MING YUAN 蒋明元 **(1937-)**

YANG, ZHI HUA 杨之华 **(1900-1973)**
Du, Ning 杜宁
Wen, Jun 文君
Wen, Yin 文尹
Yang, Qi shan 杨其珊
Yang, Zhang 杨章
Yang, Zi hua nü shi 杨子华女士
Zhi hua 之华
Zhi hua 芝华

YANG, ZHI HUA 杨志华
Hai, Ling 海凌

YANG, ZHI JIE 杨志杰 **(1941-)**
Zhi jie 智杰

YANG, ZHI JUN 杨志军 **(1960-)**
Gu, Yuan 古塬

YANG, ZHI LIN 杨植霖 **(1911-)**
Chang hong 长虹
Tian he 天河
Yu san 雨三

Yang, Zhi lu 杨旨鲁
YANG, HONG YI 杨鸿仪 **(1941-)**

YANG, ZHI LU 杨枝露
Lu, Xi 路曦

YANG, ZHI MING 杨志明
Yang, Sheng xiao 杨声笑

Yang, Zhi peng 杨志鹏
YANG, SAN QIAO 杨三桥 **(1955-)**

YANG, ZHI QIU 杨知秋 **(1939-)**
Yi ye 一叶

Yang, Zhi shui 杨之水

CHENG, HUI CHANG 程会昌 (1913-)

YANG, ZHI XIN 杨志信 (1909-)
Zhi xin 之欣

YANG, ZHI YI 杨志一 (1926-)
Chen, Cong 陈聪

YANG, ZHI YIN 杨志印 (1934-)
Wen, Yin 文印

Yang, Zhi zhen 杨志针
YANG, YI CHUN 杨益春

YANG, ZHI ZHONG 杨志中 (1943-)
Xin, Mu 辛牧

YANG, ZHI ZHOU 杨治州 (1917-1990)
Yang, Ping 杨平

YANG, ZHONG 杨忠 (1927-)
Hai, Xiao 海笑
Hai, Xiao 海哮
Hai, Xiao 海啸

YANG, ZHONG DE 杨仲德 (1921-)
Lin, Xiu 林秀
Mo, Yan 莫岩
Shi, Tian 石田

YANG, ZHONG JIAN 杨钟健 (1897-1979)
Ben she tong ren 本社同仁
Ji gu shi 记骨室
Ji zhe 记者
Jian 健
Ke qiang 克强
Le tian hua sou 乐天华叟
Qiang, Jian 强健
Tie dan zi 铁弹子
Zhong, Jian 钟健

YANG, ZHONG KUI 杨仲揆 (1923-)
Dong ting bu ke 洞庭逋客
Zhong, Gong 仲弓

YANG, ZHONG LUN 杨仲伦 (1943-)
Chen bo 沉波

YANG, ZHONG MING 杨仲明
Qi, Li tian 漆丽天

YANG, ZHONG XI 杨钟羲 (1854-1940)
An an 庵庵
Liu cha 留垞
Liu tuo 留陀
Sheng yi 圣遗
Tao fu 韬服
Xue qiao 雪桥
Yan shan 偃山
Zhi qing 止庼
Zhi xing 芷姓
Zhong, Guang 钟广
Zi li 梓励

YANG, ZHONG XIU 杨钟岫 (1922-)
Niu, Weng 牛翁

YANG, ZHONG YI 杨中一
Zhong yi 中一

Yang zhou fu ren 扬州婦人
GUO, JIAN REN 郭坚忍 (1880-1940)

YANG, ZHOU HAN 杨周翰 (1915-)
Zhou, Han 周翰

Yang zhou xiao du 扬州小杜
DU, FA EN 杜发恩 (1891-1983)

Yang, Zhu jian 杨竹剑
YANG, ZHEN JI 杨镇畿 (1923-)

YANG, ZHU JIU 杨铸九 (1919-)
Yang, Zhuo han 杨卓翰

Yang, Zhu qing 杨柱青
YANG, TIAN YING 杨天楹 (1923-)

Yang, Zhuo 杨茁
YANG, SHAN 杨山 (1924-)

Yang, Zhuo han 杨卓翰
YANG, ZHU JIU 杨铸九 (1919-)

Yang, Zhuo lin 杨卓林
YANG, HUI 杨恢 (-1907)

Yang zhuo lou zhu 养拙楼主
ZHANG, HOU ZAI 张厚载 (1895-)

Yang zhuo xuan 养拙轩
ZHANG, HOU ZAI 张厚载 (1895-)

Yang, Zi 羊梓
LIU, KAI QIANG 刘开强 (1958-)

Yang, Zi 羊子
FENG, SU YING 冯素英

Yang, Zi 阳子
YIN, SHI LIN 尹世霖 (1938-)

Yang, Zi 阳子
ZHANG, XI NA 张曦娜 (1955-)

Yang, Zi 阳子
LU, FENG 陆峰 (1962-)

Yang, Zi 扬子
YANG, SHI JUN 杨时俊 (1917-)

Yang, Zi 扬子
FENG, JI 冯骥 (1919-)

Yang, Zi 扬子
JIANG, BO YIN 江伯寅 (1926-)

Yang, Zi 扬子

ZANG, RONG 臧嵘 (1935-)

Yang, Zi 扬子
ZHANG, JIA LONG 张家龙 (1938-)

Yang, Zi 扬子
SHEN, FU HUA 申復华

Yang, Zi 杨子
YANG, XUAN TANG 杨选堂 (1921-)

Yang, Zi 杨子
YU, YANG CHUN 于阳春 (1935-)

Yang, Zi 杨子
YANG, FU HUA 杨富华 (1956-)

Yang, Zi 杨子
YANG, YING 杨莹 (1964-)

Yang, Zi 杨孜
YANG, SI XUN 杨思迅 (1935-)

Yang, Zi 杨籽
YANG, ZI 杨梓 (1963-)

YANG, ZI 杨梓 (1963-)
Yang, Zi 杨籽

Yang, Zi 杨紫
CHANG, JIANG 常江 (1943-)

Yang zi 洋子
SONG, JIAN YANG 宋剑洋

YANG, ZI BO 杨子波 (1918-1974)
Lin, Mang 林莽
Pu, Gang 蒲岗
Yu cai 庾采
Zhu, Xun 朱讯
Zhu, Xun 诸逊
Zi bo 子波

Yang, Zi hua 杨子华
YANG, ZHI HUA 杨志华 (1934-)

Yang Zi hua nü shi 杨子华女士
YANG, ZHI HUA 杨之华 (1900-1973)

Yang, Zi hui 扬子惠
YANG, SHI EN 杨世恩

Yang, Zi jian 杨子涧
YANG, MENG HUANG 杨孟煌 (1953-)

Yang, Zi jiang 扬子江
LU, XIANG XIAN 陆象贤 (1917-)

Yang, Zi jiang 扬子江
ZHONG, WEN LING 钟文灵 (1931-)

Yang, Zi jiang 扬子江
LIU, BING YI 刘秉彝 (1933-)

Yang, Zi jiang 扬子江
YANG, XING AN 杨兴安 (1944-)

Yang, Zi jiang 杨子江
ZHONG, WEN LING 钟文灵 (1931-)

Yang, Zi jun 扬子君
ZHANG, YUE 张钺 (1945-)

Yang, Zi min 杨子敏
YANG, XI GUANG 杨锡光 (1928-)

Yang, Zi qiao 羊子乔
YANG, SHUN MING 杨顺明 (1951-)

Yang, Zi qing 杨子青
YANG, CHAO XI 杨朝熙 (1904-1992)

Yang, Zi ren 杨子任
MAO, ZE DONG 毛泽东 (1893-1976)

Yang, Zi ru 杨子如
YANG, HONG YI 杨鸿仪 (1941-)

Yang, Zi wen 杨子文
YANG, XI ZHANG 杨锡章 (1864-1929)

YANG, ZI XIN 杨字心 (1931-)
Hu yan bing 呼延兵
Zi xin 字心

Yang, Zong rong 杨宗栄
YANG, SHAN 杨山 (1924-)

Yang, Zong yi 杨宗一
YANG, ZUN YI 杨遵仪 (1908-)

YANG, ZONG ZHEN 杨宗珍 (1919-)
Meng, Yao 孟瑶

YANG, ZU QUAN 杨祖泉 (1928-)
Wang, Yuan 王元
Zhan hong 战鸿

YANG, ZU TAO 杨祖陶 (1927-)
Xiao, Gui 萧轨
Yang, Gong 杨工

Yang, Zui xiang 杨醉乡
YANG, ZENG AI 杨增爱 (1906-)

YANG, ZUN YI 杨遵仪 (1908-)
Yang, Zong yi 杨宗一

YANG, ZUO QING 杨作清 (1950-)
Qing chen 清辰
Qing quan 清泉

YANG, ZUO YU 杨作雨 (1920-)
A yu 阿雨
Luo yu 洛雨

Yao 尧
PAN, XUN 潘训 (1902-1934)

Yao 药

ZHOU, ZUO REN 周作人 **(1885-1967)**

Yao, An 药庵
YUN, SHU JUE 恽树珏 **(1878-1935)**

Yao, Bei 尧北
MA, PEI JI 马培吉 **(1964-)**

Yao, Ben 姚奔
YAO, ZHENG JI 姚正基 **(1919-)**

Yao bin 曜宾
JIANG, XI JIN 蒋锡金 **(1915-)**

YAO, BING FAN 姚秉凡 **(1921-)**
Yao, Ji nong 姚季农

Yao, Bing yan 姚丙炎
YAO, JI LIANG 姚济良 **(1921-1983)**

YAO, CHANG ZHI 姚昌志 **(1962-)**
Zhao, Yin 兆寅

Yao chen 药尘
TANG, YUN 唐云 **(1910-)**

Yao, Cheng 尧丞
XIAO, SHI YING 萧士英 **(1891-)**

Yao cheng 药城
TANG, YUN 唐云 **(1910-)**

Yao, Cheng long 姚成龙
YAO, XIN NONG 姚莘农 **(1905-1991)**

Yao, Chu 姚雏
YAO, XI JUN 姚锡钧 **(1892-1954)**

Yao, Chu chu 姚雏雏
YAO, XI JUN 姚锡钧 **(1892-1954)**

YAO, CONG RU 姚琮如 **(1915-)**
Yao, Xin 姚鑫

YAO, CONG WU 姚从吾 **(1894-1970)**
Cun wu 存吾
Shan yin 善因
Yao, Shi ao 姚士鳌

Yao, Cun ding 姚村丁
BIAN, GUANG XING 卞光兴 **(1939-)**

YAO, DA CI 姚大慈
Yao, San 姚三

Yao dai lao min 姚埭老民
SHEN, ZENG ZHI 沈曾植 **(1850-1922)**

Yao dai qu chan 姚埭癯禅
SHEN, ZENG ZHI 沈曾植 **(1850-1922)**

Yao, Dian zhong 姚奠中
YAO, YU TAI 姚豫太 **(1913-)**

YAO, DING SHENG 姚鼎生 **(1929-)**
Jiang, Han 江汉
Shi, Gong 石工
Tian, Ni 田泥
Xiang cun 乡村

Yao, Dong bai 姚冬白
YAO, GUAN SAN 姚冠三 **(1910-1999)**

YAO, DONG HUI 姚东辉 **(1945-)**
Dong hui 冬晖

Yao, Dun 姚钝
MU, DE HUI 穆德辉 **(1924-)**

YAO, ER KANG 姚尔康 **(1937-)**
Yao, Xin 姚欣

YAO, FA KUI 姚发奎 **(1936-)**
Yao, Kui 姚奎

YAO, FANG REN 姚方仁 **(1905-1969)**
Bin zhi 彬芷
Ding, Ai 丁爱
Fang, Ren 方仁
Hua, Feng 华风
Ling ling 玲玲
Mu rong, Zi 暮容梓
Peng 蓬
Peng zi 蓬子
Shan zun 杉尊
Xiao ying 小莹
Yao, Meng sheng 姚梦生
Yao, Peng zi 姚蓬子
Yao, Shan zun 姚杉尊

Yao feng 药风
ZHENG, FANG ZE 郑芳泽 **(1888-1935)**

Yao, Feng hui 姚凤惠
YAO, QIAN XIANG 姚谦祥 **(1912-)**

YAO, FU 姚馥 **(-1936)**
Xia, Peng 夏朋

Yao, Fu lan 姚馥兰
ZHA, LIANG YONG 查良镛 **(1925-)**

Yao, Fu sheng 姚浮生
YAO, GUAN SAN 姚冠三 **(1910-1999)**

Yao, Gao qiu 耀高邱
JIANG, BING ZHI 蒋冰之 **(1904-1986)**

YAO, GAO WU 姚高悟 **(1945-)**
Gao, Cai 高才
Gao, Wu 高梧

Yao ge 么哥
BIAN, ZHI LIN 卞之琳 **(1910-2000)**

YAO, GENG KUI 姚庚夔 **(1905-)**
Hua, Feng 华风
Mou fu ren 某夫人
Su, Feng 苏凤

Tao le sai nü shi 陶乐赛女士
Xin hua 新华
Yao, Su feng 姚苏凤
Yue zi 月子

Yao, Gong 尧公
XIE, XING YAO 谢兴尧 **(1906-)**

Yao gong 耀公
HUANG, BO YAO 黄伯耀 **(1871?-)**

YAO, GONG WEI 姚公伟 **(1922-)**
Yao, Yu 姚宇
Yao, Yi wei 姚一苇

Yao, Gong zhen 姚公振
YAO, JIANG BIN 姚江滨 **(1915-)**

YAO, GUAN SAN 姚冠三 **(1910-1999)**
Bai 白
Ban you xuan 半幽轩
Bing 冰
Bing tian 冰天
Chen si 沉思
Dong 冬
Dong bai 冬白
Leng, Xue 冷雪
Xue 雪
Xue hen 雪痕
Xue yin 雪垠
Yao, Dong bai 姚冬白
Yao, Fu sheng 姚浮生
Yao, Han ying 姚汉英
Yao, Xue hen 姚雪痕
Yao, Xue yin 姚雪垠

YAO, GUANG 姚光 **(1918-1945)**
Fu lu 復庐
Hou, Chao 后超
Yao, Shi zi 姚石子
Yi shi shi 佚史氏

YAO, GUO KUN 姚国坤 **(1937-)**
Gu, Feng 谷风
Gu, Kun 谷昆

YAO, HAN LIAN 姚汉联
Song an 松庵

Yao, Han ying 姚汉英
YAO, GUAN SAN 姚冠三 **(1910-1999)**

Yao, Han zhi 姚汗治
GAO, GUANG 高光 **(1926-)**

Yao, Heng 姚姮
XU, YUE GUI 徐月桂 **(1937-)**

Yao, Heng 药恒
YUE, HENG ZHEN 岳亨贞 **(1925-)**

Yao, Heng zhen 药恒贞
YUE, HENG ZHEN 岳亨贞 **(1925-)**

YAO, HONG YE 姚宏业 **(1887-1906)**
Ding sheng 定生
Hong, Ye 洪业
Jian sheng 剑生
Jing sheng 竞生

Yao hou 遥逅
YAO, JIAN GUO 姚建国 **(1954-)**

YAO, HUA 姚华 **(1876-1930)**
Lao mang 老芒
Lian hua an zhu 莲华庵主
Lu yi 菉猗
Mang fu 茫父
Mang mang fu 芒芒父
Mang mang fu 茫茫父
Zhuan mo guan zhu 砖墨馆主

Yao hua 瑶华
ZHONG, JING WEN 钟敬文 **(1903-)**

YAO, HUAN JI 姚焕吉 **(1944-)**
Chun qing 纯青
Huo shi 火石

YAO, HUI 姚辉 **(1965-)**
A ya 阿吔
Fei, Pin 费品

Yao, Ji kun 姚继焜
YAO, YU KUN 姚煜焜 **(1934-)**

YAO, JI LIANG 姚济良 **(1921-1983)**
Yao, Bing yan 姚丙炎

Yao, Ji nong 姚季农
YAO, BING FAN 姚秉凡 **(1921-)**

Yao, Ji yin 姚箕隐
FANG, GUI DE 方珪德 **(1922-)**

YAO, JIA JUN 姚家俊 **(1947-)**
Luo, Luo 罗落
Luo, Sha 罗沙
Ruo yu 若愚

Yao, Jia yi 姚嘉衣
ZHA, LIANG YONG 查良镛 **(1925-)**

Yao, Jian 姚见
YAO, YAN YI 姚砚翌 **(1924-)**

Yao, Jian 姚剑
ZHANG, JIAN 张建 **(1937-)**

YAO, JIAN 姚健 **(1954-)**
Yao jian 遥见

Yao jian 遥见
YAO, JIAN 姚健 **(1954-)**

YAO, JIAN GUO 姚建国 **(1954-)**
Liu, Hua 刘华
Yao hou 遥逅

YAO, JIANG BIN 姚江滨 **(1915-)**
Jiang, Bin 江斌
Jiang, Bing 江冰
Jiang, Ping 江平
Yao, Gong zhen 姚公振

Yao, Jiang ren 姚江人
YANG, HUA KANG 杨华康 **(1930-)**

Yao, Jing 姚菁
HUANG, CUI YING 黄翠英 **(1945-)**

Yao, Jing 姚静
YAO, ZHEN 姚溱 **(1921-1966)**

Yao jiu sheng 窈九生
WANG, YUN ZHANG 王蕴章 **(1884-1942)**

Yao, Ke 姚克
YAO, XIN NONG 姚莘农 **(1905-1991)**

YAO, KE GUANG 姚克广 **(1917-1994)**
Xu, Zi yong 许自庸
Yao, Yi lin 姚依林

Yao, Kuang 姚匡
YAO, TIAN PING 姚天平 **(1922-)**

Yao, Kui 姚奎
YAO, FA KUI 姚发奎 **(1936-)**

Yao kun 耀焜
XU, YUE KUN 徐曰琨 **(1906-)**

YAO, KUN BING 姚昆炳 **(1943-)**
Chen sheng 晨声

Yao la 遥拉
QI, BIN RU 齐斌濡 **(1922-)**

YAO, LENG 姚冷 **(1923-)**
Ai, Ming 艾明
Ge, Mang 戈茫
Han, Min 韩敏
Mao ren 锚人
Ou, Fu 欧夫
Wan ke 挽客
Xia, Lü di 夏绿蒂

Yao, Li 姚里
DING, JING TANG 丁景唐 **(1920-)**

Yao, Li ying 姚立英
YANG, BANG DU 杨邦渡

Yao lian 瑶莲
YAN, YAO LIAN 阎瑶莲 **(1931-)**

Yao, Liang 姚亮
MA, YUAN 马原 **(1953-)**

YAO, LING XI 姚灵犀
Ling xi 灵犀

Yao long 鳐龙
ZHONG, SHUN WEN 钟顺文 **(1953-)**

Yao lu 药庐
ZHOU, ZUO REN 周作人 **(1885-1967)**

Yao, Lü ye 姚绿野
YAO, WEN BIN 姚文彬 **(1933-1980)**

Yao, Luo hong 姚罗洪
YAO, ZI ZHEN 姚自珍 **(1910-)**

YAO, MEI ZHU 姚美珠
Sha, Ru 沙如

Yao meng 药梦
JIN, ZHAO FAN 金兆蕃 **(1868-1950)**

Yao, Meng sheng 姚梦生
YAO, FANG REN 姚方仁 **(1905-1969)**

Yao mian 药眠
HUANG, FANG 黄访 **(1903-1987)**

Yao min 耀民
CHEN, YAO MIN 陈耀民 **(1927-)**

Yao min 耀民
LIU, RUO MIN 刘若敏 **(1959-)**

Yao, Min ai 姚民哀
YAO, ZHEN 姚朕

YAO, MIN YOU 姚民有 **(1935-)**
Lu, Min 鲁民
Zheng, Yao 郑瑶

Yao, Ming da 姚名达
YAO, XIAN WEI 姚显微 **(1906-1942)**

YAO, MING DA 姚明达 **(1923-)**
Ye, Min 叶敏

Yao, Ming kun 姚名琨
YAO, YU SHENG 姚玉生

YAO, NAN 姚楠 **(1912-)**
Nan, Qian 南迁
Shi, Yao nan 史耀南
Zi liang 梓良
Zi mu 梓木

Yao, Ning 尧宁
FU, NAI QI 傅乃琦 **(1909-1993))**

YAO, PENG 姚朋 **(1926-)**
Peng, Ge 彭歌
Yu, Long 余龙

Yao, Peng zi 姚蓬子
YAO, FANG REN 姚方仁 **(1905-1969)**

YAO, QI RONG 姚启荣 **(1961-)**
Xun qing 迅清

YAO, QIAN XIANG 姚谦祥 **(1912-)**
Ding, Xiang 丁向
Pin xue er 贫血儿
Sha bing 傻兵
Xiang, Bing 向兵
Yao, Feng hui 姚凤惠
Yu ying 予影

Yao, Qiao 姚巧
YAO, QIAO YUN 姚巧云 **(1931-)**

Yao qiao 藥樵
GAN, PENG YUN 甘鹏云 **(1861-1940)**

YAO, QIAO YUN 姚巧云 **(1931-)**
Yao, Qiao 姚巧

Yao qing 瑶青
YANG, ZHEN XIONG 杨振雄 **(1920-)**

Yao, Qing miao 姚青苗
YAO, YU XIANG 姚玉祥 **(1915-)**

Yao qun 耀群
YAN, JING YAO 严景耀 **(1905-1976)**

Yao, Ru 尧如
JIN, YAO RU 金尧如 **(1923-)**

Yao, San 姚三
YAO, DA CI 姚大慈

YAO, SAN YOU 姚三友 **(1925-)**
Duo wen 多闻
Lao bing 老兵
Lao yao 老姚
Song, Zhu mei 宋竺梅
Yu zu 羽卒
Zi zhi 紫芝

Yao shan 乐山
YUE, SI BING 乐嗣炳 **(1901-1984)**

Yao shan 乐山
JIANG, REN 蒋仁 **(1908-)**

Yao, Shan bi 堯山壁
QIN, TAO BIN 秦陶彬 **(1939-)**

Yao, Shan zun 姚杉尊
YAO, FANG REN 姚方仁 **(1905-1969)**

Yao, Sheng 尧生
ZHAO, XI 赵熙 **(1867-1948)**

YAO, SHENG HONG 姚声宏 **(1922-)**
Liu qing 榴青
Ruan, Yi de 阮一得
Yao, Yuan fang 姚远方
Yao, Zhong 姚中

Yao, Shi 藥石
JU, ZHENG 居正 **(1876-1951)**

Yao, Shi ao 姚士鳌
YAO, CONG WU 姚从吾 **(1894-1970)**

YAO, SHI HU 姚世虎 **(1926-)**
Zhen, Wei min 甄为民

YAO, SHI XIAO 姚时晓
Jiang, Qiao 江桥
Shi, Xiao 时晓

Yao, Shi zi 姚石子
YAO, GUANG 姚光 **(1918-1945)**

Yao, Shou 姚寿
YAO, ZHENG JI 姚正基 **(1919-)**

Yao shui 乐水
HONG, SHEN 洪深 **(1894-1955)**

YAO, SI QUAN 姚思铨 **(1915-1944)**
Gu xi 孤西
Wan, Shi si 万湜思
Wan, Si shi 万斯湜

Yao, Su feng 姚苏凤
YAO, GENG KUI 姚庚夔 **(1905-)**

Yao, Tang 尧唐
ZHAO, YAO TANG 赵耀堂 **(1933-)**

Yao tang 药堂
ZHOU, ZUO REN 周作人 **(1885-1967)**

Yao tang lao ren 药堂老人
ZHOU, ZUO REN 周作人 **(1885-1967)**

Yao, Tian 尧天
YAN, XIAO KUI 颜晓葵 **(1932-)**

Yao tian 瑶天
CHEN, YI FAN 陈彝范 **(1860-1913)**

Yao tian lao tui 瑶天老蜕
CHEN, YI FAN 陈彝范 **(1860-1913)**

YAO, TIAN PING 姚天平 **(1922-)**
Lu, Zhuang 鲁莊
Yao, Kuang 姚匡
Yao, Tuo 姚拓
Zhang, Zhao 张兆

Yao ting 耀亭
GU, JI TANG 古继堂 **(1936-)**

Yao, Tuo 姚拓
YAO, TIAN PING 姚天平 **(1922-)**

Yao, Wang 姚旺
YAN, YAN 严炎 **(1954-)**

Yao, Wei 姚葳
ZHANG, MING 张明 **(1915-)**

YAO, WEI DOU 姚维斗 **(1940-)**
Bei chen 北辰
Yun zhi 运之

YAO, WEI MIN 姚为民 **(1931-)**
Shu, Yun 舒云

YAO, WEN BIN 姚文彬 **(1933-1980)**
Yao, Lü ye 姚绿野

YAO, WEN YUAN 姚文元 **(1931-)**
Cong rong 从容
Jing song 劲松
Ming ren 铭人
Niu, Zi ming 牛子明
Qun shan 群山
Wu, Ding 伍丁

Yao weng 药翁
TANG, YUN 唐云 **(1910-)**

YAO, XI GUANG 姚锡光 **(1900-)**
Shi, Quan 石泉

YAO, XI JUN 姚锡钧 **(1892-1954)**
Hong dou ci ren 红豆词人
Long, Gong 龙公
Meng xiang ge 梦湘阁
Wan, Ruo 宛若
Yao, Chu 姚雏
Yao, Chu chu 姚雏雏
Yao, Xiong bai 姚雄白
Yao, Yuan chu 姚鹓雏
Yuan chu 鹓雏

YAO, XIAN WEI 姚显微 **(1906-1942)**
Yao, Ming da 姚名达

Yao, Xiao hui 姚小徽
YANG, JI CHUAN 杨济川 **(1928-)**

Yao, Xiao yao 姚肖尧
YAO, ZHEN 姚朕

Yao, Xin 姚欣
YAO, ER KANG 姚尔康 **(1937-)**

Yao, Xin 姚鑫
YAO, CONG RU 姚琮如 **(1915-)**

YAO, XIN NONG 姚莘农 **(1905-1991)**
Ci gong 此公
Qu, Qu 区区
Xian zhai 闲斋
Xin nong 莘农
Yao, Cheng long 姚成龙
Yao, Ke 姚克
Yao, Zhi yi 姚志伊

Yao, Xin yang 姚新扬
HUANG, WEN XIANG 黄文湘 **(1925-)**

Yao, Xin ze 姚欣则
YAO, ZHAO FANG 姚昭方 **(1929-)**

Yao xing 遥星
ZHANG, XING KUI 张兴魁 **(1932-)**

Yao, Xiong bai 姚雄白
YAO, XI JUN 姚锡钧 **(1892-1954)**

Yao, Xue hen 姚雪痕
YAO, GUAN SAN 姚冠三 **(1910-1999)**

YAO, XUE LI 姚学礼 **(1948-)**
Huang, Zi 黄紫
Long yue 陇月
Xue li 学力
Xue li 雪立

Yao, Xue yin 姚雪垠
YAO, GUAN SAN 姚冠三 **(1910-1999)**

YAO, YAN YI 姚砚翌 **(1924-)**
Yao, Jian 姚见

Yao yao 窈窈
CHEN, WEI MING 陈维明 **(1905-1961)**

Yao ye 遥野
FU, XIANG JUN 付祥军 **(1966-)**

YAO, YE YONG 姚业涌 **(1946-)**
Shui, Yong 水勇

Yao, Yi 姚苡
LI, DIAN 李点 **(1914-1983)**

YAO, YI BANG 姚贻邦
Bai, Che 白澈

Yao, Yi lin 姚依林
YAO, KE GUANG 姚克广 **(1917-1994)**

Yao, Yi sha 姚亦沙
SHE, SHI GUANG 佘世光 **(1924-)**

Yao, Yi wei 姚一苇
YAO, GONG WEI 姚公伟 **(1922-)**

YAO, YI ZHUANG 姚以壮 **(1925-1973)**
Yao, Yu zhuang 姚育壮
Yun, Yue 云月

Yao, Ying 姚颖
WANG, SHU FANG 王湫芳 **(1902-1943)**

Yao, Ying fu 姚应夫
YANG, XIAN JIANG 杨贤江 **(1895-1931)**

YAO, YONG 姚勇 **(1963-)**
Huang, Di 黄帝

YAO, YONG GAI 姚永概 **(1866-1923)**
Shu jie 叔节

YAO, YONG PU 姚永朴 **(1862-1939)**

Tui si lao ren 蜕私老人
Yao, Zhong shi 姚仲实

YAO, YONG ZHENG 姚永正 **(1949-)**
Xiao xing 晓星

Yao, Yu 姚宇
YAO, GONG WEI 姚公伟 **(1922-)**

Yao, Yu 姚雨
YAO, YU XIANG 姚玉祥 **(1915-)**

Yao, Yu 姚鱼
LIN, WAN QING 林万青 **(1952-)**

Yao yu 舀郁
XU, WEI 徐炜 **(1916-)**

YAO, YU KUN 姚煜焜 **(1934-)**
A kun 阿昆
Yao, Ji kun 姚继焜

YAO, YU PING 姚雨平 **(1882-1974)**
Han qiang 汉强
Yu ping 雨平

YAO, YU SHENG 姚玉生
Yao, Ming kun 姚名琨

YAO, YU TAI 姚豫太 **(1913-)**
Ding, Yi 丁一
Ding, Zhong 丁中
Yao, Dian zhong 姚奠中

Yao, Yu xia 姚雨霞
YAO, YU XIANG 姚玉祥 **(1915-)**

YAO, YU XIANG 姚玉祥 **(1915-)**
Bai, Yi 白易
Bai, Yi 白蚁
Qing miao 青苗
Sang, Quan 桑泉
Si ma, Ying 司马莹
Wan bi 完壁
Wang, Ke 王轲
Yao, Qing miao 姚青苗
Yao, Yu 姚雨
Yao, Yu xia 姚雨霞
Yu xia 雨霞

Yao, Yu xuan 姚雨玄
YAO, YU XUAN 姚禹玄 **(1911-)**

YAO, YU XUAN 姚禹玄 **(1911-)**
Yao, Yu xuan 姚雨玄
Yu, Xuan 禹玄
Zhang, Geng 张庚

Yao, Yu zhuang 姚育壮
YAO, YI ZHUANG 姚以壮 **(1925-1973)**

Yao, Yuan 尧元
DUAN, YUE QING 段跃庆 **(1958-)**

Yao, Yuan 姚远
WU, YUAN MAI 吴元迈 **(1934-)**

Yao, Yuan 姚远
YU, XIAO RAN 于笑然 **(1946-)**

Yao yuan 遥远
YAO, ZONG WEI 姚宗伟 **(1923-)**

Yao, Yuan chu 姚鹓雏
YAO, XI JUN 姚锡钧 **(1892-1954)**

Yao, Yuan fang 姚远方
YAO, SHENG HONG 姚声宏 **(1922-)**

Yao, zeng 耀曾
ZHANG, YAO ZENG 张耀曾 **(1884-1938)**

YAO, ZHAO FANG 姚昭方 **(1929-)**
Yao, Xin ze 姚欣则

YAO, ZHEN 姚朕
Di er hao kan bao ren 第二号看报人
Hu fa jun 护法军
Hua, E 花萼
Hua e lou zhu 花萼楼主
Jun fu 君復
Lan, An 兰庵
Lao pao 老匏
Min ai 民哀
Tian dan 天亶
Xiang xia ren 乡下人
Xiao, Yao 肖尧
Xiao yao 小妖
Yao, Min ai 姚民哀
Yao, Xiao yao 姚肖尧
Zhu, Lan an 朱兰庵

YAO, ZHEN 姚溱 **(1921-1966)**
A sun 阿隼
Bo guang 波光
Ding, Jing 丁静
Ma, Ke ning 马可宁
Qin, Shang xiao 秦上校
Qin, Zuo 秦佐
Sa, Li gen 萨利根
Yao, Jing 姚静
Yu, Zhao li 于兆力
Zhong, Heng 仲亨

YAO, ZHEN HAN 姚振函 **(1940-)**
A tao 阿涛
He an 河岸

YAO, ZHEN HUAN 姚振寰 **(1935-)**
Zhen huan 振寰

YAO, ZHENG JI 姚正基 **(1919-)**
Shi, Chao gong 史抄公

Yao, Ben 姚奔
Yao, Shou 姚寿
Yao, Zhi wen 姚芝闻
Ying shi 映实

YAO, ZHENG KANG 姚正康 (1934-)
Shu ke 蜀客
Wen, Qian 文浅
Xue song 雪松

YAO, ZHENG XING 姚正兴 (1944-)
Shi, Kai 石凯
Zhou, Kui 周葵
Zi ye 子页

YAO, ZHI QIANG 姚志强 (1880-1915)
Jie hui 劫灰
Yong cheng 永成
Yong zhen 永贞

Yao, Zhi wen 姚芝闻
YAO, ZHENG JI 姚正基 (1919-)

Yao, Zhi yi 姚志伊
YAO, XIN NONG 姚莘农 (1905-1991)

YAO, ZHI ZHONG 姚志忠 (1939-)
Zhe cheng 哲成

Yao, Zhong 姚中
YAO, SHENG HONG 姚声宏 (1922-)

Yao, Zhong shi 姚仲实
YAO, YONG PU 姚永朴 (1862-1939)

Yao zhong wei 遥中苇
YAO, ZONG WEI 姚宗伟 (1923-)

Yao, Zhuang 姚壮
ZHU, HUAN WEN 朱焕文 (1927-)

Yao, Zi 姚紫
ZHENG, MENG ZHOU 郑梦周 (1920-1982)

YAO, ZI ZHEN 姚自珍 (1910-)
Hong 虹
Luo, Hong 罗洪
Yao, Luo hong 姚罗洪
Zi zhen 自珍

YAO, ZONG WEI 姚宗伟 (1923-)
Hu, Feng 胡枫
Yao yuan 遥远
Yao zhong wei 遥中苇

Ye 野
LI, JI YE 李继业 (1904-)

Ye 野
TIAN, ZHONG JI 田仲济 (1907-)

Ye 野
WU, ZU XIANG 吴组缃 (1908-1994)

Ye 也
JIN, WAN YI 金万义 (1916-)

Ye 叶
ZHU, WEN YAO 朱文尧

Ye, A sheng 叶阿生
YE, KE 叶克 (1912-)

Ye ai 夜埃
CHEN, CONG YAO 陈从耀 (1946-)

Ye ai 野爱
WANG, YE AI 王也爱 (1964-)

Ye, Bai 叶柏
LAN, WEN RUI 蓝文瑞 (1922-)

Ye bai 也白
ZHANG, HE LING 张鹤龄 (1917-)

Ye, Ban 叶伴
LUO, RONG XING 罗荣兴 (1945-)

Ye ban ke 夜半客
ZHENG, YU LI 郑玉礼 (1954-)

Ye, Bao tong 叶抱同
YE, HUANG 叶璜 (1897-)

Ye bei 也北
JIN, DE CHENG 金德成 (1918-)

Ye, Bei 叶悲
JIN, DE CHENG 金德成 (1918-)

Ye, Bei cen 叶北岑
LI, XIANG WEN 李象文 (-1955?)

Ye, Bei yan 叶北严
YE, HUANG 叶璜 (1897-)

Ye, Bin 叶斌
YE, QI SHENG 叶其声 (1938-)

Ye bin 业宾
BU, WEI QIN 卜维勤 (1933-)

Ye, Bing 叶冰
WANG, XIAO PING 王啸平 (1919-)

Ye, Bing 叶兵
WANG, JIA REN 王家仁

Ye, Bing 叶病
CHEN, CHUAN XI 陈传席 (1950-)

Ye bing 耶冰
XIA, ZHEN TAO 夏甄陶 (1931-)

YE, BING HUANG 叶炳煌 (1933-)
Fu dan 斧丹
Lu, Fu 鲁夫
Lu, Sha fu 鲁沙夫
Ye, Miao 叶苗

Ye, Qi yan 叶気焰
Ye, Yan 叶焰

Ye, Bo 叶勃
YE, MAO SHENG 叶茂盛 **(1963-)**

Ye bo 夜泊
WANG, XUE ZHONG 王学仲 **(1925-)**

Ye, Bo chao 叶伯超
LIAO, YU XIANG 廖玉祥

Ye can 野残
DENG, SHI 邓实 **(1877-1951)**

Ye, Cao 叶草
QIU, LI JI 丘立基 **(1937-)**

Ye cao 野草
FANG, FANG 方方 **(1904-1971)**

Ye cao 野草
PAN, SHOU HENG 潘寿恒 **(1914-)**

Ye cao 野草
SHEN, XIA HUN 沈侠魂 **(1915-1966)**

Ye cao 野草
WANG, CHAO ZHEN 王朝珍 **(1937-)**

Ye cao 野草
CHEN, PAN XU 陈磐绪 **(1940-)**

Ye cao shan ren 野草山人
CAI, CHEN WEI 蔡辰卫 **(1934-)**

Ye cha 夜叉
ZHANG, BING LIN 章炳麟 **(1869-1936)**

Ye cha 野茶
HUANG, YE MENG 黄野梦

YE, CHAN ZHEN 叶蝉贞 **(1917-)**
Ye, Zi 叶子

Ye, Chao 叶超
NI, QING ZHI 倪庆秩 **(1918-1989)**

Ye, Chen 叶沉
SHEN, XI LING 沈西苓 **(1904-1940)**

Ye, Chen 叶琛
WU, YUN SEN 吴云森 **(1929-)**

YE, CHENG XI 叶承熹 **(1949-)**
Ye, Xin 叶辛

YE, CHONG ZHI 叶崇智 **(1904-1981)**
Ye, Gong chao 叶公超

Ye chou 野俦
WEI, FENG BIAO 魏凤标 **(1898-1928)**

Ye chou 野畴
WEI, FENG BIAO 魏凤标 **(1898-1928)**

Ye, Chu 叶初
YE, YU SEN 叶玉森 **(1880-1933)**

Ye, Chu cang 叶楚伧
YE, ZONG YUAN 叶宗源 **(1887-1946)**

YE, CHUN LIANG 叶纯良
Jin, Ling 金陵
Si shu zhen 思淑真

Ye, Ci 叶辞
HE, ZHI YING 何志英

Ye, Cong 叶丛
YE, FENG 叶枫 **(1920-)**

Ye cun 野邨
TIAN, ZHONG JI 田仲济 **(1907-)**

Ye cun 野村
ZHAO, GUO JUN 赵国军 **(1953-)**

YE, DA BING 叶大兵 **(1928-)**
Lao jun 老军

YE, DA HUAI 叶大槐 **(1934-)**
Da Huai 大槐
Yi ye 一叶

Ye, Da jun 叶大军
HE, MENG FU 贺孟斧 **(1910-1945)**

Ye, Da kai 叶大开
YE, SHOU GAN 叶寿淦 **(1929-)**

YE, DA XIONG 叶达雄 **(1942-)**
Hai, Ge 海歌
Hai, Ou 海鸥
Ye, Qiu mei 叶秋梅
Ye, Xiu ying 叶秀英
Ye, Yin 叶吟

Ye, Dai luo 叶岱洛
YE, NAI FEN 叶乃芬 **(1912-1985)**

YE, DAO SHENG 叶道生 **(1909-1930)**
Ye, Gang 叶刚

YE, DE HUI 叶德辉 **(1864-1927)**
Huan bin 奂彬
Huan bin 焕彬
Li lou zhu ren 丽楼主人
Xi yuan 西园
Xi yuan 郎园
Yu shui 渔水
Zhi shan 直山

YE, DE HUI 叶德辉 **(1952-)**
Ye, Hui 叶辉
Ye, Tong 叶彤

YE, DE YU 叶德浴 **(1920-)**
Jiang, Zhu 江渚

Yi, Fan 伊凡

Ye deng 野灯
GAO, DE SHENG 高德生（**1917-1987)**

Ye, Di 叶荻
YE, GUAN SHI 叶观仕 **(1941-)**

Ye, Di 叶笛
YE, JI MIN 叶寄民 **(1931-)**

Ye, Di 叶谛
HUANG, AI MIN 黄爱民 **(1939-)**

YE, DING LUO 叶鼎洛 **(1900-)**
Ding luo 鼎洛
Luo, Ding 骆鼎
You, Ting yu 尤庭玉

Ye, Ding yi 叶丁易
YE, DING YI 叶鼎彝 **(1913-1954)**

YE, DING YI 叶鼎彝 **(1913-1954)**
Ding, Yi 丁一
Ding, Yi 丁易
Ding yi 鼎彝
Fang zhu 访竹
Guang sun zhi 光隼之
Shi yi 适易
Sun, Yi 孙怡
Tong, Yi tang 童宜堂
Ye, Ding yi 叶丁易

Ye, Dong 叶冬
CEN, KUN NAN 岑崑南 **(1935-)**

Ye, Dong xin 叶冬心
YE, QUN 叶群 **(1914-)**

Ye du 野渡
LI, DING SHENG 李鼎声 **(1914-)**

Ye du 野渡
LIU, YIN ZHUANG 刘荫庄 **(1949-)**

YE, DU CHU 叶笃初 **(1933-)**
Ruo su 若素
Xiu de 修德
Yi, Xing 伊行

YE, DUAN JIN 叶端瑾
Di neng 低能
Ji jin 饥馑
Ye, Zhuan gong 叶耑巩

Ye, Er jia 叶儿家
ZHONG, WEN LING 钟文苓

Ye, Fan 叶凡
YE, SONG FA 叶松发 **(1948-)**

Ye, Fan 叶帆
LI, SHENG WU 李胜武 **(1946-)**

Ye, Fang 叶芳
WANG, YI FANG 汪逸芳 **(1950-)**

Ye, Fei 叶飞
JIN, DE CHENG 金德成 **(1918-)**

YE, FEI 叶飞 **(1922-)**
Wang, Xu 王序
Wang, Ye fei 王叶飞

Ye, Fei 叶飞
XU, YONG KUAN 许永宽 **(1926-)**

Ye, Fei 叶菲
YIN, MENG PING 殷梦萍 **(1908-1981)**

Ye, Fei 叶菲
YE, HUI MING 叶辉明 **(1944-)**

Ye fei 夜飞
YANG, YU QING 杨宇卿 **(1957-)**

YE, FEI LUO 叶菲洛
Fei luo 菲洛

Ye, Fei mu 叶菲木
XUE, E GUO 薛萼果 **(1908-1983)**

Ye, Feng 叶丰
YE, LU YUAN 叶露园 **(1907-)**

Ye, Feng 叶风
REN, ZHUO XUAN 任卓宣 **(1896-1990)**

Ye, Feng 叶风
YANG, CHUAN YE 杨传业 **(1923-)**

YE, FENG 叶枫 **(1920-)**
Lu, Gong 路工
Qun ming 群明
Tie ren 铁人
Xiang, Yang 向阳
Ye, Cong 叶丛
Ye, Meng 叶萌

Ye, Feng 叶枫
HUANG, WEN XIANG 黄文湘 **(1925-)**

Ye, Feng 叶枫
LI, CHUN TING 李春亭 **(1930-)**

Ye, Feng 叶枫
CHEN, SHI WEN 陈世文 **(1951-)**

Ye, Feng 叶峰
YING, RUI XIAN 应瑞贤 **(1912-1944)**

Ye, Feng 叶锋
YING, RUI XIAN 应瑞贤 **(1912-1944)**

Ye feng 夜风
ZHAO, MENG YUAN 赵孟原 **(1912-)**

Ye feng 夜风

MA, HUA 马骅 (1916-)

Ye feng 夜峰
LIU, WEN CHEN 刘文忱 (1920-)

Ye feng 野风
YE, JI MIN 叶寄民 (1931-)

Ye feng 野风
WANG, CHUN REN 王纯人 (1933-)

Ye feng 野风
LUO, YUN QI 骆运启 (1935-)

Ye feng 野风
HU, BO 胡勃 (1943-)

Ye feng 野风
SUN, JIAN PING 孙建平 (1948-)

Ye feng 野枫
XIAO, SHU 萧淑 (1923-)

Ye feng 野蜂
WU, MAN YING 吴曼英 (1935-)

Ye, Feng chun 叶逢春
REN, ZHUO XUAN 任卓宣 (1896-1990)

YE, FENG SHENG 叶凤生 (1909-)
Ye, Shang zhi 叶尚志

Ye, Feng sheng 叶逢生
HUANG, YA 黄崖 (1932-1992)

Ye, Feng xi 叶凤溪
TAN, FU JI 谭福基 (1949-)

Ye, Fu 叶夫
SHEN, YAN XI 沈延羲 (1924-)

Ye, Fu 叶夫
ZHU, WEN YAO 朱文尧

Ye, Fu 叶茀
TONG, XING YU 佟醒愚 (-1940?)

Ye, Fu 叶福
TONG, XING YU 佟醒愚 (-1940?)

Ye fu 野夫
WANG, REN SHU 王任叔 (1901-1972)

Ye fu 野夫
ZHENG, CHENG ZHI 郑诚芝 (1909-1973)

Ye fu 野夫
HU, WEN BIN 胡文彬 (1939-)

Ye fu 野夫
LIN, JUN DA 林俊达 (1941-)

Ye fu 野夫
LIAO, YU XIANG 廖玉祥

Ye, Fu gen 叶富根
REN, YU CHENG 任禹成 (1907-)

Ye fu shan tong 冶父山童
ZHU, WEI JUN 朱蔚君 (1933-)

Ye, Gang 叶刚
YE, DAO SHENG 叶道生 (1909-1930)

Ye, Gang 叶刚
YE, ZHEN FU 叶振富 (1956-)

Ye, Gao lin 叶高林
YE, GE LIN 叶戈林

Ye ge 夜歌
ZHANG, QING YU 张青榆 (1916-)

Ye ge 夜歌
ZHAO, GUI CAI 赵贵才 (1943-)

Ye ge 耶戈
HE, ZHANG PING 何章平 (1916-1968)

YE, GE LIN 叶戈林
Ye, Gao lin 叶高林

Ye ge zi 野鸽子
ZHENG, ZHONG ZHU 郑仲珠 (1961-)

Ye, Gong 叶工
XIA, XIE SHI 夏写时 (1934-)

Ye gong 冶公
TAO, ZHU 陶铸 (1908-1969)

Ye, Gong chao 叶公超
YE, CHONG ZHI 叶崇智 (1904-1981)

YE, GONG CHUO 叶恭绰 (1881-1968)
Ju yuan 矩园
Xia an 遐庵
Xia weng 遐翁
Yu fu 玉父
Yu fu 玉甫
Yu fu 裕甫
Yu hu 玉虎
Yu hu 誉虎

Ye, Gong pu 叶公璞
YANG, XIAN JIANG 杨贤江 (1895-1931)

YE, GONG XIAN 叶公贤 (1938-)
Ding san 鼎三
Hong ye 宏叶

Ye gu 野谷
CHENG, SHAN TANG 成善棠 (1925-)

Ye, Gu qing 叶谷罄
YE, GUO QING 叶国庆

YE, GUAN FU 叶冠复
Qing feng 倾风
Qu, Tan 瞿昙

YE, GUAN QI 叶关琦 (1948-)
Shen, Xi cheng 沈西城

YE, GUAN SHI 叶观仕 (1941-)
Mo shang sang 陌上桑
Sha, Dao 沙岛
Ye, Di 叶荻

Ye guang 夜光
BAO, ZU TANG 包祖堂 (1934-)

YE, GUANG RONG 叶光荣
Ye, Man sha 叶曼沙

Ye, Gui 叶桂
WANG, YE GUI 王业贵 (1949-)

Ye, Gui shan 叶桂山
YE, SHAO JUN 叶绍钧 (1894-1988)

YE, GUI SHENG 叶桂生 (1939-)
Xue, Chi 薛池

YE, GUO QING 叶国庆
Ye, Gu qing 叶谷罄

Ye, Han 叶菡
ZHOU, QI 周琪 (1917-)

Ye, Han 叶寒
CHEN, NAI XIONG 陈乃雄 (1933-)

YE, HAN MING 叶汉明
Cai, Xuan 蔡玄
Nie, Hua zhao 聂华昭

Ye, He 叶赫
LIU, GUI LAN 刘桂兰

Ye he 野鹤
WEN, YOU 闻宥 (1901-1985)

Ye he 野鹤
DU, LIAN ZHAI 杜联斋 (1908-1963)

Ye he 野鹤
GONG, YAN LIU 龚衍鎏 (1914-1991)

Ye he 野鹤
LI, GONG YUE 李公越 (1919-)

Ye he 野鹤
CUI, YAN KUN 崔焰焜 (1932-)

Ye he 野鹤
YANG, ZHENG XIN 杨正新 (1942-)

Ye he 野鹤
CAI, YI LING 蔡奕灵 (1945-)

Ye he 野鹤
WANG, CHI 汪痴

Ye he 野禾
LIU, SHU CHUN 刘树春 (1923-)

Ye he cao 夜合草
WU, MEI EN 吴美恩 (1949-)

Ye, He hua 叶和华
LIN, YANG SHAN 林仰山 (1910-)

Ye he shan ren 野鹤山人
LEI, XIAO CEN 雷啸岑 (1896-1982)

Ye, Hen 叶痕
SHEN, HONG GEN 沈鸿根 (1943-)

Ye, Hong 叶红
YE, ZONG SHI 叶宗轼 (1930-)

Ye, Hong 叶红
ZHANG, HAN LANG 张寒朗 (1931?-)

YE, HONG 叶洪 (1920-)
Shui, Fu 水夫
Wu, Qi zhai 邬启斋
Yan, Hong 严洪
Ye, Shui fu 叶水夫
Zhou, Di 周迪

Ye, Hong 叶虹
ZHANG, HAN LANG 张寒朗 (1931?-)

Ye hong 野蕻
ZHU, YE HONG 朱野蕻

Ye, Hou 叶侯
ZHANG, ZHAO TONG 张肇桐 (1881-)

Ye hu chan 野狐禅
XU, HU 徐琥 (1909-)

Ye, Hua shi 叶华实
WANG, GEN JIAN 王亘坚 (1923-)

YE, HUANG 叶璜 (1897-)
Ye, Bao tong 叶抱同
Ye, Bei yan 叶北严

Ye, Hui 叶辉
YE, DE HUI 叶德辉 (1952-)

YE, HUI MING 叶辉明 (1944-)
Ye, Fei 叶菲

YE, HUI XI 叶会西 (1908-1976)
Ye, Yong zhen 叶永蓁
Ye, Zhen 叶蓁

Ye hun 夜魂
OU YANG, HUI XU 欧阳恢绪 (1924-)

Ye huo 野火
ZHOU, SHU REN 周树人 (1881-1936)

Ye huo 野火
XIAO, SHU LIE 萧树烈 (1896-1927)

Ye huo 野火

ZHONG, JI MING 钟纪明 **(1906-)**

Ye huo 野火
XU, DAI SHAN 徐岱珊 **(1924-)**

Ye huo 野火
LIN, HUANG SHENG 林晃升 **(1925-)**

Ye huo 野火
HU, ZHEN HAI 胡振海 **(1936-)**

YE, JI MIN 叶寄民 **(1931-)**
Ye, Di 叶笛
Ye feng 野风
Ye, Ji ming 叶寄名

Ye, Ji ming 叶寄名
YE, JI MIN 叶寄民 **(1931-)**

Ye, Jia 叶葭
OU, WEN ZHUANG 区文庄 **(1913-)**

YE, JIA BING 叶家炳 **(1924-)**
Ya ming 亚明

YE, JIA YI 叶家怡
Ni sai 尼塞

YE, JIA YING 叶嘉莹 **(1924-)**
Jia ling 嘉陵
Jia ling 迦陵

YE, JIA ZHENG 叶家铮 **(1957-)**
Lan, Jia wen 蓝伽文
Lan, Tian 蓝天

Ye, jian 晔谏
YE, REN YI 叶仁义 **(1932-)**

Ye, jian 烨谏
YE, REN YI 叶仁义 **(1932-)**

Ye, Jian feng 叶剑锋
YE, YANG 叶扬 **(1919-)**

YE, JIAN MING 叶坚铭 **(1933-)**
Lu, Yi 路荑

YE, JIAN YING 叶剑英 **(1897-1986)**
Jian ying 剑英

Ye, Jin 叶今
YANG, HE LOU 杨鹤楼 **(1939-)**

Ye, Jin 叶金
XU, BAI RONG 徐柏容 **(1922-)**

Ye jin 埜金
LIU, CHENG HUI 刘承蕙 **(1925-)**

YE, JIN DI 叶锦翟 **(1924-)**
Ye, Yun wen 叶云文

YE, JING FAN 叶景範
Lang dang nan er 浪荡男儿
Shao wu 少吾
Shen, Xi yan 沈希淹
Shen, Xi yuan 沈希渊

YE, JING KUI 叶景葵 **(1874-1949)**
Cun hui ju shi 存晦居士
Juan an 卷盦

Ye, Jing sheng 叶竞生
YE, XIA SHENG 叶夏声 **(1883-)**

Ye ju 野菊
PENG, LONG FEI 彭龙飞 **(1936-)**

Ye, Jun 叶君
BAO, SHU YUAN 包叔元 **(1911-)**

Ye, Jun 叶君
DENG, YE JUN 邓叶君 **(1955-)**

Ye jun 埜军
LIU, CHENG HUI 刘承蕙 **(1925-)**

Ye jun 野军
XIE, QI GUI 谢其规 **(1933-)**

YE, JUN JIAN 叶君健 **(1914-)**
Chen, Guang pi 陈广皮
Cicio Mar
Feng, Er 冯耳
Ma, Er 马耳
Yeh, Chun-chan

Ye, Jun pin 叶君频
ZHANG, QI XUN 章启勋 **(1916-)**

Ye, Jun ping 叶君萍
ZHANG, QI XUN 章启勋 **(1916-)**

Ye, Jun yi 叶君漪
ZHANG, XIAN MEI 张先梅

Ye, Kai 叶开
CHEN, CHUN AN 陈春安 **(1952-)**

YE, KE 叶克 **(1912-)**
Li, Bai san 李百三
Ye, A sheng 叶阿生

Ye ke 野客
FU, BAO QING 傅抱青 **(1910-)**

Ye ke 椰客
CAI, ZHONG DA 蔡仲达

Ye ku lang 夜哭郎
WANG, YAN LIN 王炎林 **(1922-)**

Ye kui 野葵
HUANG, RI KUI 黄日葵 **(1898-1930)**

Ye, Kui li 冶夔离
WAN, LI HUANG 万礼黄 **(1903-1971)**

YE, KUN CAN 叶昆灿 **(1935-)**

Liu, Bu 刘步
Liu, Lang 刘浪
Liu, Xin 刘心
Luo, Ming 骆明
Qiu, Ye 丘野
Si tu, Wen 司徒文
Tang, Ni 唐尼
Wu, Yi 吴毅
Xiang, Tian wang 向天望
Yang, Shan 杨珊
Zhao, Ming 赵明

Ye la 耶拉
AN, GUO LIANG 安国梁 **(1925-)**

YE, LAI CHENG 叶来诚 **(1943-)**
Bai, Ling 白凌

Ye, Lai shi 叶籁士
BAO, SHU YUAN 包叔元 **(1911-)**

Ye, Lan 叶岚
HU, SHENG 胡绳 **(1918-)**

Ye lan 野岚
LIU, YI QING 刘贻清 **(1928-)**

Ye lang 夜郎
ZHENG, YU ZHOU 郑玉洲 **(1932-)**

Ye lang 夜郎
CHEN, SHUI YUAN 陈水源 **(1939-)**

Ye, Lao 叶劳
XU, SUI GENG 徐燧耕 **(1915-)**

Ye lao 野老
LIN, RI YANG 林日扬 **(1951-)**

Ye, Lei 叶蕾
YE, SHU LAN 叶淑兰 **(1951-)**

Ye, Li 叶黎
WANG, WEN 王汶 **(1922-)**

Ye, Li 叶藜
QIU, LI JI 丘立基 **(1937-)**

Ye li 野黎
KONG, FAN YAN 孔繁衍 **(1912-)**

Ye li 野黎
SHEN, DE ZI 申德滋 **(1926-)**

Ye li 野藜
LIU, YUN QING 刘云清 **(1902-)**

Ye li 也丽
LIU, YUN QING 刘云清 **(1902-)**

YE, LI FU 叶立夫 **(1943-)**
Heng gu 横古

YE, LI ZHEN 叶丽珍 **(1955-)**
Yuan, Ni 袁霓

YE, LIAN PIN 叶莲品 **(1939-)**
Tian shi 天石

YE, LIANG GUANG 叶良广 **(1938-)**
Shi mu 世木

Ye, Lin 叶林
ZHANG, XING ZHI 张星芝 **(1901-1934)**

Ye, Lin 叶林
LIN, SHI ZHI 林诗治 **(1930-)**

Ye, Lin 叶琳
YANG, RUI LIN 杨瑞麟 **(1911-1989)**

Ye lin 夜霖
LI, ZHEN ZONG 李振宗 **(1943-)**

Ye lin 耶林
ZHANG, XING ZHI 张星芝 **(1901-1934)**

Ye lin 椰林
ZHANG, XING ZHI 张星芝 **(1901-1934)**

Ye, Lin feng 叶林丰
YE, YUN PU 叶韫璞 **(1905-1975)**

Ye, Lin hong 叶林红
HU, WEN BIN 胡文彬 **(1939-)**

YE, LIN KANG 叶林康 **(1919-1984)**
Jing, Yang 景阳
Tian, Jia 田稼
Ye, Qiu ping 叶秋平

YE, LIN SHENG 叶霖生 **(1914-)**
Hei, Ni 黑妮
Jin, Ge 金戈
Ping, Lin 平林
Ping lin xing zi 平林杏子
Qiu, Ye 秋叶
Ye, Ping lin 叶平林
Ye, Qiu 叶秋

Ye, Ling 叶灵
YU, TIAN CONG 尉天聪 **(1935-)**

Ye ling 耶灵
ZHANG, XING ZHI 张星芝 **(1901-1934)**

Ye ling 野苓
MA, ZUO JI 马作楫 **(1922-)**

Ye, Ling feng 叶灵凤
YE, YUN PU 叶韫璞 **(1905-1975)**

Ye, Ling qiu 叶岭秋
LOU, JIAN NAN 楼建南 **(1905-)**

Ye, Ling qiu 叶凌秋
LOU, JIAN NAN 楼建南 **(1905-)**

Ye, Liu 叶流

HUANG, YE LIU 黄叶流

Ye liu 野柳
TIAN, ZHONG JI 田仲济 (1907-)

YE, LIU CHUAN 叶流传 (1963-)
Jian, Ning 简宁

Ye, Long 叶隆
LIU, FANG SHENG 刘方盛 (1921-)

Ye, Lu 叶橹
MO, SHAO QIU 莫绍裘 (1936-)

Ye lu 也鲁
KONG, GUANG LIN 孔广林 (1917-)

Ye lu 也鲁
CUI, PEI LU 崔培鲁 (1944-)

Ye lu 耶鲁
HUANG, WANG QING 黄望青 (1913-)

Ye lu 耶路
LIU, XIAO BO 刘小波 (1923-)

Ye lu 椰庐
LIU, CUN HOU 刘存厚 (1885-1960)

YE, LU YUAN 叶露园 (1907-)
Lu yuan 露园
Lu yuan 潞渊
Ye, Feng 叶丰

Ye lü, Gui 耶律归
YU, HUAN SU 于还素 (1920-1993)

Ye, Lü su 叶绿素
LIU, FANG SONG 刘芳松 (1910-1994)

Ye, Lü su 叶绿素
LUO, HONG KUN 罗鸿堃 (1932-)

Ye, Lü su 叶绿素
LI, NAN HENG 李南衡 (1940-)

Ye, Luo 叶洛
YE, NAI FEN 叶乃芬 (1912-1985)

Ye luo 也罗
LUO, DI 罗的 (1928-)

Ye ma 野马
LI, JIN HUI 黎锦晖 (1891-1967)

Ye ma 野马
XIAO, SHU LIE 萧树烈 (1896-1927)

Ye ma 野马
ZHANG, QING RONG 张清荣 (1902-1955)

Ye ma 野马
DING, JIA SHU 丁嘉树 (1907-1990)

Ye ma 野马
MA, RUO PU 马若璞 (1913-)

Ye ma 野马
LIU, TONG JU 刘通矩 (1921-)

Ye ma 野马
ZHANG, XIANG HUA 张骧化 (1927-)

Ye ma 野马
NIU, RU XIANG 牛汝象 (1956-)

Ye ma 野马
MA, FANG YI 马芳仪 (1963-)

Ye, Man 叶曼
LIU, SHI LUN 刘世纶 (1917-)

Ye, Man 叶蛮
YE, WEN FU 叶文福 (1944-)

Ye man 耶曼
LAI, LAN 赖澜 (1921-)

Ye man 野曼
LAI, LAN 赖澜 (1921-)

Ye man 野蛮
HUANG, ZHEN YUAN 黄振元 (1866-1913)

Ye man 野蔓
LAI, LAN 赖澜 (1921-)

Ye, Man li 叶曼莉
CHEN, YOU HUA 陈佑华 (1930-)

Ye, Man niu 叶蛮牛
YE, WEN FU 叶文福 (1944-)

Ye, Man sha 叶曼沙
YE, GUANG RONG 叶光荣

Ye, Man tian 叶漫天
CAI, SHU PENG 蔡曙鹏 (1949-)

Ye man zi 野蔓子
LI, XUE MING 李雪明 (1951-)

Ye, Mang 叶芒
FENG, YI DE 冯贻德 (1913-)

Ye, Mang 叶芒
LI, NAI REN 李乃仁 (1916-)

Ye mang 野莽
PENG, XING GUO 彭兴国 (1953-)

Ye, Mao 叶茂
YU, GENG SHENG 喻更生 (1928-)

Ye mao 野猫
LÜ, SI MIAN 吕思勉 (1884-1957)

YE, MAO SHENG 叶茂盛 (1963-)
He, Ye 何叶
He ye 荷叶
Wei zhuang ren 未庄人

Ye, Bo 叶勃
Zhong, Guang 钟光

YE, MEI 叶梅 **(1953-)**
Fang, Guang lan 房广兰
Huai zi 槐子

Ye mei 也寐
ZHUANG, YONG MING 庄永明 **(1942-)**

YE, MEI ZHEN 叶美珍 **(1959-)**
Yi, Fan 伊凡

Ye, Meng 叶梦
XIONG, MENG YUN 熊梦云 **(1950-)**

Ye, Meng 叶萌
YE, FENG 叶枫 **(1920-)**

Ye, Meng 叶蒙
LIAN, MEI CHENG 练美成 **(1929-)**

YE, MENG DE 叶梦德
Ye, Shi lin 叶石林

Ye, Meng han 叶梦寒
ZHOU, DA LU 周大鹿 **(1922-)**

YE, MENG LI 叶梦梨
Jiang su yi shao nian 江苏一少年

YE, MENG LIN 叶梦麟
Ye, Zhi sheng 叶芝生

Ye, Meng sheng 叶梦生
YE, XIA SHENG 叶夏声 **(1883-)**

YE, MENG YOU 叶梦友
Ba, Ling 巴陵
Hong, Zi 洪子
Ye, Zi 叶子

Ye, Miao 叶苗
YE, BING HUANG 叶炳煌 **(1933-)**

Ye, Miao 叶苗
MI, YING WEN 密英文 **(1962-)**

Ye, Min 叶民
WANG, YIN SHENG 王寅生 **(1902-1956)**

Ye, Min 叶敏
HU, XING YUAN 胡星原 **(1921-1983)**

Ye, Min 叶敏
YAO, MING DA 姚明达 **(1923-)**

Ye min 冶民
CAI, YIN 蔡寅 **(-1937)**

Ye min 野民
DING, YA MIN 丁亚民 **(1958-)**

Ye min 野民
TANG, ZHONG 汤中

YE, MIN ER 叶敏尔
Fan er 梵尔
Wei, Wei 韦韦
Ye, Yi da 叶依达
Yi, Da 依达

Ye, Ming 叶明
SHEN, YAN BING 沈雁冰 **(1896-1981)**

Ye, Ming 叶明
YE, YI QUN 叶以群 **(1911-1966)**

Ye, Ming 叶明
KUANG, JIAN PING 邝剑平 **(1915-)**

Ye, Ming 叶明
WANG, YI MING 王怡名 **(1919-)**

Ye, Ming 叶明
CAO, ER XU 曹尔序 **(1926-)**

Ye, Ming 叶鸣
SHI, JIAN WEI 施建伟 **(1939-)**

Ye, Ming 叶鸣
GUO, KUN FU 郭坤福 **(1947-)**

Ye, Ming 叶铭
YE, YONG LIE 叶永烈 **(1940-)**

Ye ming 业明
XIA, YU CHANG 夏雨常 **(1931?-)**

YE, MING XUN 叶明勲 **(1914-)**
Xia, Feng 夏风

Ye, Mo 叶茉
HUANG, ZI XIANG 黄子祥 **(1914-)**

Ye mu 也木
REN, ZHI MING 任志明 **(1943-)**

Ye mu 野牧
TAN, YA MU 谭亚木 **(1942-)**

YE, NAI FEN 叶乃芬 **(1912-1985)**
Dai luo 代洛
Dai luo 岱洛
Ye, Dai luo 叶岱洛
Ye, Luo 叶洛

Ye, Nan 叶楠
CHEN, ZUO HUA 陈佐华 **(1930-)**

Ye, Ni 叶尼
HONG, WEI JI 洪为济 **(1912-)**

Ye, Ni 叶尼
SU, QI YING 苏启颖 **(1926-)**

Ye, Ni 叶泥
DAI, LAN CUN 戴兰村 **(1924-)**

Ye, Nian 叶念

TANG, ZI JIE 唐自杰 (1918-)

Ye niu 野牛
HUANG, ZHI GUANG 黄志光 (1957-)

Ye niu 野牛
CAI, SHI HUA 蔡诗华 (1961-)

Ye, Nong 叶浓
ZHANG, MO QING 张漠清 (1924-1968)

Ye nong 野农
WANG, XIA JU 王遐举 (1909-)

Ye ou zhai zhu 冶鸥斋主
ZHANG, YU GUANG 张聿光 (1885-1968)

YE, PEI CHANG 叶培昌 (1948-)
Li tao 澧涛

YE, PENG 叶蓬 (1929-)
Ben xing 奔星
Cao peng 草蓬
Fei peng 飞蓬
Peng chuang 蓬窗
Peng shan 蓬山

Ye, Peng 叶鹏
YE, SHAN JIAO 叶善教 (1935-)

Ye, Pln 叶频
ZHANG, QI XUN 章启勋 (1916-)

Ye, Pin 叶频
FAN, JI CHANG 樊际昌 (1922-)

Ye pin 也频
HU, YE PIN 胡也频 (1903-1931)

Ye, Ping 叶苹
YE, XIA DI 叶霞翟 (1914-1981)

Ye ping 野苹
HU, YE PIN 胡也频 (1903-1931)

Ye ping 野萍
ZHANG, ZHI SHENG 张直生 (1923-)

Ye ping 野萍
ZHOU, MIN ZHEN 周民震 (1932-)

Ye ping 也平
ZHANG, QI XUN 章启勋 (1916-)

Ye, Ping lin 叶平林
YE, LIN SHENG 叶霖生 (1914-)

Ye qi an zhu 夜起庵主
ZHENG, XIAO XU 郑孝胥 (1860-1938)

YE, QI SHENG 叶其声 (1938-)
Ding, Lang 丁浪
Fang, Tong 方彤
He, Lei 贺雷
Lin, Yuan 林原
Tian, chuan 田川
Ye, Bin 叶斌

YE, QI WEN 叶其文 (1938-)
Lu, Xing 鲁行

Ye, Qi yan 叶気焰
YE, BING HUANG 叶炳煌 (1933-)

Ye, Qian 叶倩
LIU, YONG YU 刘庸愚 (1919-)

Ye qian 业乾
YU, DE KUN 于德坤

Ye qian 冶虔
ZHANG, YI YAN 张伊岩 (1962-)

Ye qian 野谦
JIANG, CHUN FANG 姜椿芳 (1912-1987)

Ye, Qian sha 叶倩莎
CHEN, DAO MO 陈道谟 (1921-)

Ye, Qian shan 叶千山
HE, XIAO DA 何孝达 (1915-1994)

Ye, Qiao 叶樵
GAN, PENG YUN 甘鹏云 (1861-1940)

Yc qiao 野桥
LIU, SHU DE 刘澍德 (1906-1970)

Ye qiao 野樵
LIU, SHU DE 刘澍德 (1906-1970)

Ye, Qin 叶钦
CAO, BU LA 曹布拉 (1953-)

Ye, Qin 叶勤
YE, ZHEN FU 叶振富 (1956-)

Ye, Qing 叶青
REN, ZHUO XUAN 任卓宣 (1896-1990)

Ye, Qing 叶青
DAI, KAN 戴戡 (1941-)

Ye qing 业青
GUO, YE QING 郭业青 (1958-)

Ye qing guo 野青果
LÜ, QIN 吕沁 (1925-)

Ye, Qiu 叶秋
YE, LIN SHENG 叶霖生 (1914-)

Ye qiu 冶秋
WANG, YE QIU 王冶秋 (1909-1987)

Ye qiu 野囚
WANG, YE QIU 王冶秋 (1909-1987)

Ye qiu 野秋
WANG, YE QIU 王冶秋 (1909-1987)

Ye qiu 野秋
LIANG, ZU QIANG 梁祖强 **(1922-)**

Ye, Qiu mei 叶秋梅
YE, DA XIONG 叶达雄 **(1942-)**

Ye, Qiu ping 叶秋平
YE, LIN KANG 叶林康 **(1919-1984)**

Ye, Qiu yuan 叶秋原
YE, WEI DAN 叶为耽 **(1907-1948)**

Ye qu 野渠
CHEN, SHU ZHANG 陈淑章 **(1906-1991)**

Ye, Quan 叶全
WANG, YONG QUAN 王永全 **(1948-)**

Ye, Qun 叶群
YUN, YI QUN 恽逸群 **(1905-1978)**

YE, QUN 叶群 **(1914-)**
Ye, Dong xin 叶冬心

Ye, Qun 叶群
YE, SHU XUN 叶树勋 **(1938-)**

YE, RAN 叶然 **(1931-)**
Liu, Yong ji 刘永吉

Ye ren 野人
YANG, CHUN YU 杨春瑜 **(1912-1988)**

Ye ren 野人
WANG, GUANG TI 王光逖 **(1918-1981)**

Ye ren 野人
CHEN, HAN GUANG 陈汉光 **(1921-1973)**

Ye ren 野人
HU, DAI RUN 胡代润 **(1926-)**

Ye ren 椰人
LIAO, JIAN YU 廖建裕 **(1941-)**

YE, REN YI 叶仁义 **(1932-)**
Qin, Yu 秦玉
Ye, Jian 叶坚
Ye jian 烨谏

Ye rong 埜容
LIAO, JIA QUAN 廖家权 **(1907-1990)**

Ye rong 野容
LIAO, JIA QUAN 廖家权 **(1907-1990)**

YE, RONG ZHONG 叶荣鐘 **(1900-1978)**
Fan fu 凡夫
Qi 奇
Shao qi 少奇
Ye, Tian lai 叶天籁

Ye, Ru tong 叶如桐
WANG, LIU BIN 汪六滨 **(1910-1990)**

Ye, Ru zhen 叶如针
KONG, YONG SONG 孔永松 **(1935-)**

YE, RUO XUN 叶若迅
Xin ye 心叶

Ye, Sai 叶塞
ZHOU, KANG NAN 周康南 **(1918-)**

Ye, Sang 叶桑
ZHANG, SHAO 张韶 **(1924-)**

Ye, Shan 叶山
DING, JIA SHU 丁嘉树 **(1907-1990)**

Ye, Shan 叶山
YE, SHU HUA 叶淑华 **(1913-)**

Ye, Shan 叶珊
WANG, JING XIAN 王靖献 **(1940-)**

YE, SHAN JIAO 叶善教 **(1935-)**
Ma, Meng 马蒙
Ye, Peng 叶鹏

Ye, Shang zhi 叶尚志
YE, FENG SHENG 叶凤生 **(1909-)**

Ye, Shao 叶哨
YE, YUE DIAN 叶岳典 **(1937-)**

YE, SHAO JUN 叶绍钧 **(1894-1988)**
Ben zhi tong ren 本志同人
Bian zhe 编者
Bing 秉
Bing bing 丙秉
Bing chen 秉臣
Bing cheng 丙丞
Bing cheng 秉丞
Bing cheng 秉诚
Chen, Tao 谌陶
Cheng, Sheng 程生
Da rong 大容
Gu, Shen 谷神
Gui, Shan 桂山
Han, Xian 韩先
Han xian 翰先
Hua, Bing cheng 华秉丞
Hua, Bing cheng 华秉诚
Huang, You qin 黄幼琴
Ji zhe 记者
Jiao zhu zhe 校注者
Kai lin 楷林
Li, Tong fang 李通方
Liu, Shan 柳山
Meng, Yan 孟言
Shao jun 绍钧
Shen, Nai xu 申乃绪
Shen, Xu 申绪
Sheng tao 圣匋

Ye sun 野隼
SU, MEI 苏梅 **(1897-1999)**

YE, TAI HEN 叶苔痕 **(1905-1982)**
Dan rong ye 丹戎叶

Ye, Tao 叶匋
YE, SHAO JUN 叶绍钧 **(1894-1988)**

Ye, Tao 叶陶
YE, SHAO JUN 叶绍钧 **(1894-1988)**

Ye, Tao 叶淘
YAN, HAI TAO 颜海涛 **(1924-1975)**

Ye tao 野涛
ZHANG, ZHAO PENG 张兆鹏 **(1940-)**

YE, TE SHENG 叶特生 **(1951-)**
A sheng 阿生

Ye, Tian 叶田
SHAO, QUAN JIAN 邵全建 **(1926-)**

Ye, Tian lai 叶天籁
YE, RONG ZHONG 叶荣鐘 **(1900-1978)**

Ye, Ting 叶艇
YE, YONG LIE 叶永烈 **(1940-)**

YE, TING 叶霆 **(1954-)**
Xiao, Fu 肖夫

YE, TING FANG 叶廷芳 **(1936-)**
Ding, Fang 丁方
Qu, Jiang 瞿江
Xia, Ye 夏叶

Ye, Tong 叶彤
YE, DE HUI 叶德辉 **(1952-)**

Ye tong 野童
SONG, JIU ZHI 宋九祉 **(1917-)**

Ye tuo 也驼
ZHANG, JIA HUA 张嘉桦 **(1963-)**

Ye, Wei 叶危
WANG, YE WEI 王业玮 **(1923-)**

Ye, Wei 叶维
YE, WEI QU 叶渭渠 **(1929-)**

Ye, Wei 叶维
MAO, YI WEI 毛逸伟 **(1940-)**

Ye wei 野薇
SUN, XI LING 孙喜玲 **(1955-)**

YE, WEI DAN 叶为耽 **(1907-1948)**
Jin xuan 锦轩
Ling, Dai 凌黛
Lin, Zhu ran 林竹然
Ye, Qiu yuan 叶秋原

YE, WEI LIAN 叶维廉 **(1937-)**
Yip, Wai-lim

YE, WEI QU 叶渭渠 **(1929-)**
Ye, Wei 叶维

YE, WEI SHENG 叶维生 **(1954-)**
Ye, Wen hai 叶文海

YE, WEI SI 叶维四 **(1933-)**
Ye, Xu 叶胥
Ye, Yu 叶余

Ye, Wei xing 叶未行
WANG, JIA REN 王家仁

Ye, Wen 叶文
HAN, SHI ZHONG 韩世钟 **(1928-)**

Ye, Wen 叶问
CHEN, XUAN WEN 陈绚文 **(1922-)**

YE, WEN FU 叶文福 **(1944-)**
Man niu 蛮牛
Mang shi 莽石
Ye, Man 叶蛮
Ye, Man niu 叶蛮牛

Ye, Wen hai 叶文海
YE, WEI SHENG 叶维生 **(1954-)**

Ye, Wen xi 叶文西
YE, WEN XI 叶文熹 **(1926-)**

YE, WEN XI 叶文熹 **(1926-)**
Ye, Wen xi 叶文西

YE, WEN XIONG 叶文雄
Wen, Xiong 文雄

Ye, Wo ruo 叶沃若
LI, ZONG DA 李宗大 **(1911-)**

Ye, Wu ye 叶五叶
FU, RUI JIN 符瑞金 **(1906-)**

Ye, Xi 叶西
TONG, CHANG MING 佟常明 **(1927-1990)**

Ye, Xi 叶晞
YE, YU LIN 叶玉林 **(1932-)**

YE, XIA DI 叶霞翟 **(1914-1981)**
Ye, Ping 叶苹

YE, XIA SHENG 叶夏声 **(1883-)**
Bu jing 不竞
Meng die 梦蝶
Meng die sheng 梦蝶生
Meng sheng 梦生
Tian jing 天竞
Xia, Sheng 夏生
Ye, Jing sheng 叶竞生
Ye, Meng sheng 叶梦生

Ye, Xia zhu 叶下珠
HUANG, WAN YUAN 黄万源 (1939-)

YE, XIAN 叶贤
Ye, Xuan zhi 叶悬之

Ye, Xian 叶宪
LIU, XIN HUANG 刘心皇 (1915-)

YE, XIAN GU 叶显谷 (1931-)
Gu, Quan 谷泉
Nan, Feng 南风
Ye, Xiao shan 叶晓山

Ye, Xian guo 叶显国
YE, SHI TAO 叶石涛 (1925-)

Ye, Xian lin 叶献麟
FU, RUI JIN 符瑞金 (1906-)

YE, XIANG 叶乡 (1953?-)
Dao he 稻河

Ye, Xiang 叶香
HU, YUE XIANG 胡月香 (1950-)

YE, XIAO 叶晓 (1968-)
Ya fu 雅夫

Ye, Xiao 叶啸
YE, YOU CAI 叶有才 (1956-)

Ye xiao 野小
ZHAO, SHU LI 赵树礼 (1906-1970)

Ye, Xiao feng 叶小凤
YE, ZONG YUAN 叶宗源 (1887-1946)

Ye, Xiao shan 叶晓山
YE, XIAN GU 叶显谷 (1931-)

YE, XIAO SHEN 叶孝慎 (1949-)
Zhen, Zhen 甄真

YE, XIAO YAN 叶小燕 (1933-)
Ou, Yan 瓯燕

Ye, Xie sha 叶些刹
YE, YIN QUAN 叶因泉 (1901-)

Ye, Xin 叶辛
WANG, XIAN CAI 王铣才 (1921-)

Ye, Xin 叶辛
YE, CHENG XI 叶承熹 (1949-)

Ye xin 也辛
LI, KUI CAI 李奎才 (1922-)

Ye xin 野心
LI, KUI CAI 李奎才 (1922-)

Ye, Xin an 叶心安
YE, YU REN 叶与仁 (1883-)

Ye, Xin hua 叶莘华
CUI, WAN QIU 崔万秋 (1905-)

YE, XIN KANG 叶新康 (1951-)
Kang, Fu 康夫

Ye xing 也行
HAN, BAO DE 汉宝德 (1934-)

Ye xing 夜星
LI, RONG PEI 李荣培 (1903-1981)

Ye xing ren 夜行人
JIANG, JI PING 江寄萍

Ye, Xing yin 叶行寅
BAI, GUANG YUAN 白光远 (1916-)

YE, XIONG 叶雄 (1950-)
Gu, Yin 古寅
Xia, Cao 夏草

Ye, Xiu fu 叶秀夫
LIU, ZHEN YI 刘贞一 (1907-1941)

YE, XIU RONG 叶秀荣 (1939?-)
Gu, Wo 古卧
Ye, Yan 叶岩

YE, XIU RONG 叶秀蓉 (1948-)
Ye, Yun 叶沄
Ye, Zi 叶子

YE, XIU SHAN 叶秀山 (1935-)
Qiu, Wen 秋文

Ye, Xiu ying 叶秀英
YE, DA XIONG 叶达雄 (1942-)

YE, XIU YU 叶秀玉 (1919-)
Ye, Zi 叶子

Ye, Xu 叶胥
YE, WEI SI 叶维四 (1933-)

Ye, Xuan 叶絃
LIU, JUN REN 刘骏仁 (1923-)

Ye, Xuan zhi 叶悬之
YE, XIAN 叶贤

Ye xue 野雪
ZHAO, LIANG ZHANG 赵良璋 (1921-1948)

Ye, Xue wen 叶学文
MENG, MING YI 孟明义 (1934-)

YE, YA MING 叶亚明 (1924-)
Ya ming 亚明

Ye, Yan 叶岩
YE, XIU RONG 叶秀荣 (1939?-)

Ye, Yan 叶焰
YE, BING HUANG 叶炳煌 (1933-)

YE, YANG 叶扬 **(1919-)**
Ye, Jian feng 叶剑锋

Ye, Yang 叶杨
YE, YONG LIE 叶永烈 **(1940-)**

Ye, Yang he 叶杨禾
YANG, SHENG MING 杨生明 **(1931-)**

Ye, Yao 叶遥
ZHANG, MIN XIANG 张民享

Ye, Ye 叶叶
YE, ZONG YUAN 叶宗源 **(1887-1946)**

Ye ye 野野
SHEN, BEN AI 沈本爱

Ye, Yi 叶怡
LONG, YAN YI 龙燕怡 **(1937-)**

Ye, Yi 叶易
YE, SI ZENG 叶思曾 **(1931-)**

Ye yi 谒一
LIANG, YU CHUN 梁遇春 **(1906-1932)**

Ye, Yi chen 叶一沉
WEI, MENG KE 魏猛克 **(1911-1984)**

Ye, Yi da 叶依达
YE, MIN ER 叶敏尔

YE, YI FAN 叶逸凡 **(1912-)**
Qing shan 青山

Ye, Yi min 叶逸民
XIE, TAO 谢韬

Ye, Yi mu 叶一木
TIAN, BEN XIANG 田本相 **(1932-)**

YE, YI QUN 叶以群 **(1911-1966)**
Hua, Di 华蒂
Hua, Jun 华君
Qun 群
Yang, Hua 杨华
Ye, Ming 叶明
Ye, Yuan can 叶元灿
Yi jun 逸君
Yi qun 以群
Yi qun 逸群

Ye, Yi zao 叶一造
GUO, JIA GUI 郭嘉桂 **(1919-)**

Ye, Yin 叶吟
YE, DA XIONG 叶达雄 **(1942-)**

Ye, Yin 叶荫
LU, JIA WEN 卢嘉文 **(1909-)**

YE, YIN 叶荫 **(1941-)**
Chui kang 垂康
Cui gang 翠岗

Ye, Yin 叶寅
WANG, SHU LIN 王书林 **(1941-)**

Ye yin 夜音
CONG, FENG XUAN 丛凤轩 **(1928-)**

Ye yin 野垠
ZHANG, RUI LIN 张瑞麟 **(1933-)**

YE, YIN QUAN 叶因泉 **(1901-)**
Ye, Xie sha 叶些刹

Ye, Ying 叶英
CHEN, YOU HUA 陈佑华 **(1930-)**

Ye ying 夜莺
XIAO, JUN 萧军 **(1907-1988)**

Ye ying 夜莺
DING, JIA SHU 丁嘉树 **(1907-1990)**

YE, YING HONG 叶映红
Ying hong 映红

Ye, Ying yu 叶影予
CAI, YAN PEI 蔡炎培 **(1935-)**

Ye, Yong 叶咏
CHEN, JIN 陈进 **(1931-)**

YE, YONG LIE 叶永烈 **(1940-)**
A lie 阿烈
Jiu yuan 久远
Xiao, Yong 肖勇
Yang, Qing 杨青
Ye, Ming 叶铭
Ye, Ting 叶艇
Ye, Yang 叶杨
Ye, Zhou 叶舟
Yong lie 勇烈

Ye, Yong zhen 叶永蓁
YE, HUI XI 叶会西 **(1908-1976)**

YE, YOU CAI 叶有才 **(1956-)**
Ye, Xiao 叶啸

YE, YOU QUAN 叶幼泉 **(1909?-)**
Xin qian 新钱

Ye, Yu 叶羽
TAN, JIAN YAO 谭鉴尧 **(1922-)**

Ye, Yu 叶羽
CHEN, GANG 陈刚 **(1934-)**

Ye, Yu 叶余
YE, WEI SI 叶维四 **(1933-)**

Ye, Yu 叶雨
FAN, HE YONG 范鹤镛 **(1923-)**

Ye, Yu 叶雨

WANG, SHI XIANG 王石祥 **(1939-)**

Ye yu 也愚
DENG, SHI MING 邓士铭 **(1914-)**

Ye yu 也愚
WU, JUN JIE 吴俊傑 **(1925-)**

Ye yu 业余
XU, YE YU 徐晔宇 **(1952-)**

Ye yu 野玉
YANG, QI 杨圻 **(1875-1941)**

YE, YU FANG 叶玉芳 **(1928-)**
Wei feng 维风

Ye, Yu hao 叶于浩
GUO, JIA GUI 郭嘉桂 **(1919-)**

YE, YU LIN 叶玉林 **(1932-)**
Lin, Yu yi 林予一
Ye, Xi 叶晞

Ye, Yu meng 叶雨蒙
SONG, GUO XUN 宋国勋 **(1952-)**

YE, YU REN 叶与仁 **(1883-)**
Ye, Xin an 叶心安

YE, YU SEN 叶玉森 **(1880-1933)**
Bin hong 镔虹
Hong yu 荭渔
Jiang yu 茳渔
Shou ye 瘦叶
Ye, Chu 叶初
Ye, Zi 叶子
Zhong ling 中泠
Zhong ling ting zhang 中泠亭长

Ye, Yu shan 叶玉山
YE, YU SHAN 叶毓山 **(1935-)**

YE, YU SHAN 叶毓山 **(1935-)**
Ye, Yu shan 叶玉山

Ye, Yu tian 叶玉田
YE, YUE DIAN 叶岳典 **(1937-)**

Ye, Yuan can 叶元灿
YE, YI QUN 叶以群 **(1911-1966)**

Ye yue 野月
ZHAO, MENG YUAN 赵孟原 **(1912-)**

YE, YUE DIAN 叶岳典 **(1937-)**
Ba, Wang 巴望
Ye, Shao 叶哨
Ye, Zi qing 叶子青
Yue, Dian 岳典
Ye, Yu tian 叶玉田

Ye, Yun 叶云
JIANG, SHOU KANG 蒋寿康 **(1925-)**

Ye, Yun 叶云
LI, NAN SHAN 李南山 **(1931-)**

Ye, Yun 叶沄
YE, XIU RONG 叶秀蓉 **(1948-)**

Ye, Yun 叶耘
WANG, LI YUN 王笠耘 **(1927-)**

Ye yun 也耘
TANG, YING 唐瑛 **(1936-)**

YE, YUN PU 叶韫璞 **(1905-1975)**
Bai men qiu sheng 白门秋生
Feng 丰
Feng 风
Feng 凤
Feng xuan 凤轩
L. F.
Lin, Feng 林丰
Lin, Feng 林风
Lin feng 临风
Ling feng 灵凤
Nan, Cun 南村
Qin, Jing wen 秦静闻
Qiu, Lang 秋郎
Qiu, Sheng 秋生
Ren, He 任诃
Ren, Ke 任柯
Shi tang 柿堂
Shuang feng lou 双凤楼
Shuang hong shi 霜红室
Shuang ya 霜崖
Tan hua 昙华
Xiang ke 香客
Ya ling 亚灵
Yan, Lou 燕楼
Ye, Lin feng 叶林丰
Ye, Ling feng 叶灵凤
Yu pin wu 雨品巫
Zuo mu hua 佐木华

Ye, Yun qian 叶允倩
YE, SHAO JUN 叶绍钧 **(1894-1988)**

Ye, Yun wen 叶云文
YE, JIN DI 叶锦翟 **(1924-)**

YE, ZHANG RONG 叶章蓉 **(1928-)**
Tian qing 天青
Yi, Rong 易荣

YE, ZHAO 叶钊 **(1945-)**
Di shui xuan zhu 滴水轩主
Lu, Ye 鲁业
Lu, Ye 鲁烨

Ye, Zhen 叶蓁

YE, HUI XI 叶会西 **(1908-1976)**

YE, ZHEN FU 叶振富 **(1956-)**
Chen, Shou bai 陈瘦白
Jiao, Tong 焦桐
Ye, Gang 叶刚
Ye, Qin 叶勤

Ye, Zhen li 叶珍理
YE, SHI TAO 叶石涛 **(1925-)**

Ye, Zhi 叶芷
HE, SONG BAI 何松柏 **(1938-1991)**

Ye, Zhi 叶知
LI, PI YE 李丕业 **(1940-)**

YE, ZHI CHENG 叶至诚 **(1926-1992)**
Li, Jie 李洁

Ye, Zhi lin 叶之林
CAO, JING PING 曹京平 **(1912-)**

Ye, Zhi lin 叶之琳
CAO, JING PING 曹京平 **(1912-)**

YE, ZHI QI 叶之琦 **(1938-)**
Zhu, Dan 朱丹

Ye, Zhi qiu 叶知秋
LI, LIAN CUI 李连萃 **(1911-1991)**

Ye, Zhi qiu 叶知秋
KONG, FAN YAN 孔繁衍 **(1912-)**

Ye, Zhi qiu 叶知秋
CHEN, JIANG NAN 陈江南 **(1947-1992)**

YE, ZHI SHAN 叶至善 **(1918-)**
Hu yan zou 呼延奏
Shi yuan 士元
Yu, Zhi 于止

Ye, Zhi sheng 叶芝生
YE, MENG LIN 叶梦麟

Ye, Zhi yu 叶之余
QI, YAN MING 齐燕铭 **(1907-1978)**

Ye, Zhou 叶舟
SUN, WEN SHI 孙文石 **(-1978)**

Ye, Zhou 叶舟
ZHANG, YE ZHOU 张叶舟 **(1914-1980)**

Ye, Zhou 叶舟
YE, YONG LIE 叶永烈 **(1940-)**

Ye zhou 夜舟
WEI, ZHOU SHAN 魏周山 **(1948-)**

Ye zhou 野舟
ZHANG，PENG CHUAN 张朋川 **(1942-)**

Ye, Zhuan gong 叶耑巩
YE, DUAN JIN 叶端瑾

Ye zhuang 野莊
ZHUANG, YE 莊野

Ye, Zhuo shu 叶卓书
YE, ZONG YUAN 叶宗源 **(1887-1946)**

Ye, Zi 叶子
YE, YU SEN 叶玉森 **(1880-1933)**

Ye, Zi 叶子
YU, HE LIN 余鹤林 **(1910-1939)**

Ye, Zi 叶子
YE, CHAN ZHEN 叶蝉贞 **(1917-)**

Ye, Zi 叶子
YE, XIU YU 叶秀玉 **(1919-)**

Ye, Zi 叶子
YE, XIU RONG 叶秀蓉 **(1948-)**

Ye, Zi 叶子
LIU, JUN JIE 刘俊杰 **(1953-)**

Ye, Zi 叶子
HE, JIAN YE 贺建业 **(1964-)**

Ye, Zi 叶子
YE, MENG YOU 叶梦友

Ye, Zi 叶紫
YU, HE LIN 余鹤林 **(1910-1939)**

Ye zi 烨子
DONG, DA ZHONG 董大中 **(1935-)**

Ye zi 椰子
CHEN, SHU YUAN 陈淑媛 **(1918-1986)**

Ye zi 曄子
XU, MAO RONG 徐茂荣 **(1911-1977)**

YE, ZI MING 叶子铭 **(1935-)**
Nan, Cao 南草

Ye, Zi qing 叶子青
YE, YUE DIAN 叶岳典 **(1937-)**

Ye, Zi qing 叶子青
LI, NAN HENG 李南衡 **(1940-)**

YE, ZONG SHI 叶宗轼 **(1930-)**
Hai, Shan 海山
Ye, Hong 叶红

YE, ZONG YUAN 叶宗源 **(1887-1946)**
Chu, Cang 楚伧
Chun feng 春风
Lao feng 老凤
Lin lang sheng 琳琅生
Long, Gong 龙公
Shan, Ye 单叶

Yi an 抑庵
XU, DUAN FU 胥端甫 (1906-)

Yi an 怡庵
XU, DI TANG 许棣棠 (-1919)

Yi an 怡庵
WANG, YI AN 王怡庵

Yi an 益庵
WANG, BING 王冰 (1952-)

Yi an 益葊
SUN, DE QIAN 孙德谦 (1869-1935)

Yi an 逸庵
AN, RUO DING 安若定

Yi an 薏盦
SHEN, ZENG ZHI 沈曾植 (1850-1922)

Yi an fu 益葊甫
SUN, DE QIAN 孙德谦 (1869-1935)

Yi an zhu ren 怡庵主人
ZHANG, FEN 张芬

Yi ba shou 一把手
XU, YAN XIN 徐言信 (1893-1958)

Yi bai 夷白
LIAO, ZHONG KAI 廖仲恺 (1877-1925)

Yi bai 夷白
ZHOU, YI BAI 周夷白 (1900-1977)

Yi bai 夷白
CHEN, LONG YU 陈龙玉

Yi bai 毅白
WANG, KANG NIAN 汪康年 (1860-1911)

Yi, Bai sha 易白沙
YI, KUN 易坤 (1886-1921)

Yi, Bai ting 伊白汀
YI, YI MOU 伊贻谋

Yi, Bei 易贝
SUN, XI ZHEN 孙席珍 (1906-1984)

Yi, Bei 易贝
XU, XI ZHEN 许席珍

YI, BEN XI 易本羲
Xi huang zheng yin 羲皇正胤

Yi, Bi 易璧
TAN, ZHENG BI 谭正璧 (1901-1991)

Yi bi 一碧
REN, BAI TAO 任白涛 (1890-1952)

Yi bin 宜宾
QU, QIU BAI 瞿秋白 (1899-1935)

Yi, Bing 伊兵
ZHOU, JI GANG 周纪纲 (1916-1968)

Yi bing 一冰
SUN, NIAN FA 孙年法 (1964-)

Yi bing 一兵
PAN, LIAN SHENG 潘连升 (1913-)

Yi bing 一兵
SHEN, JIE FEI 沈杰飞 (1915-)

Yi bing 一兵
WANG, CHENG ZHOU 王承周 (1921-)

Yi bing 一兵
JIN, YI 金镒 (1930-)

Yi bing 一兵
TIAN, KUI 田魁（1930- ）

Yi bing 一兵
SHANG GUAN, DAO QUAN 上官道权 (1932-)

Yi bing 一兵
XIE, SHAO JI 谢绍箕 (1934-)

Yi bing 一兵
SHU, ZONG LIN 舒宗琳 (1939-)

Yi bing 一兵
NIE, YI BIN 聂义斌 (1943-)

Yi bing 一兵
YANG, XI GUANG 杨曦光 (1950-)

Yi bing 弋兵
ZHENG, GUI FU 郑桂富 (1942-)

Yi bing 艺兵
LI, YING JIA 李应甲 (1924-)

Yi bing 艺兵
ZHANG, HUA RONG 张华荣 (1926-)

Yi bing 艺兵
XUE, ZHONG QI 薛仲琦 (1927-)

Yi bing 艺兵
JI, ZHAO MING 吉兆明 (1928-)

Yi bing 艺兵
LI, ZHONG CAI 李忠才 (1930-)

Yi bing 艺兵
FU, LING YUN 傅凌云 (1935-)

Yi bing 艺兵
LI, DI 李迪 (1950-)

Yi bing 亦兵
YUAN, DONG YA 苑东亚 (1922-)

Yi bing 亦兵
SHI, YAN PING 施燕萍 (1926-)

Yi bing 亦兵
YANG, MEI QING 杨美清 (1931-)

Yi bing 益兵
WANG, GUAN QUN 王冠群 (1934-)

Yi bing 疑仌
QU, QIU BAI 瞿秋白 (1899-1935)

Yi bing 疑冰
QU, QIU BAI 瞿秋白 (1899-1935)

Yi bo 一波
MAO, YI BO 毛一波 (1902-)

Yi bo 逸波
LIU, YA PING 刘亚平 (1954-)

Yi bo 毅伯
WANG, KANG NIAN 汪康年 (1860-1911)

Yi, Cao shu 易草舒
CHEN, GUO TUAN 陈国团

Yi cen 一岑
GUO, YI CEN 郭一岑 (1894-1977)

Yi cen 逸岑
LIU, YAN LING 刘延陵 (1895-1988)

Yi chai sheng 亿钗生
LUO, LI MING 罗澧铭 (1903-)

Yi chan ti 壹阐提
LI, NENG QI 李能棋 (1934-)

Yi, Chang 伊长
SONG, YI CHANG 宋宜昌 (1948-)

Yi chang 以鬯
LIU, TONG YI 刘同绎 (1918-)

Yi, Chang qing 易长青
REN, ZHUO XUAN 任卓宣 (1896-1990)

Yi chao 一超
LI, KUN TAI 李坤泰 (1905-1937)

Y, chao 一超
ZHAO, YI CHAO 赵益超 (1941-)

Yi chao 一潮
SHAO, QUAN JIAN 邵全建 (1926-)

Yi chen 一尘
XU, REN JIN 徐仁锦 (1888-1961)

Yi chen 一尘
WU, HE QIN 吴鹤琴 (1913-1969)

Yi chen 一尘
WANG, YI CHEN 王一尘

Yi chen 亦忱
SU, PEI LAN 苏佩兰 (1930-)

Yi chen 轶尘
ZHU, KUI YI 朱揆一

Yi chen bu ran 一尘不染
WANG, ZHONG QI 王锺麒 (1880-1913)

Yi cheng 一成
ZHANG, SHAO CHENG 张绍诚 (1935-)

Yi cheng yan zhai zhu ren 一澂研斋主人
WANG, XIAO KUI 王孝煃

Yi chi 义痴
ZHANG, NAN XIAN 张难先 (1874-1968)

Yi chi 艺痴
ZHAN, YI ZHI 詹一之 (1926-)

Yi chi 夷驰
LIU, YU ZHANG 刘玉璋 (1913-)

Yi chi 疑迟
LIU, YU ZHANG 刘玉璋 (1913-)

Yi chu 艺初
WANG, MI WEN 王宓文 (1902-1972)

Yi chu 夷初
MA, XU LUN 马叙伦 (1884-1970)

Yi chu 逸初
LÜ, YUN QING 吕筠青

Yi, Chuan 伊川
WEN, XIAO CUN 文晓村 (1928-)

Yi, Chuan 易川
YANG, ZHAO SAN 杨兆三 (1931-)

Yi chuang 艺窗
ZHOU, BO DA 周伯达 (1914-1947)

Yi chun 忆蓴
DU, JIU TIAN 杜就田

Yi, Ci 易此
ZHENG, CHAO LIN 郑超麟 (1901-)

Yi ci 刈刺
GAN, CI SEN 甘祠森 (1914-1982)

Yi ci 轶赐
LIANG, QI CHAO 梁启超 (1873-1929)

Yi, Cun 依存
ZHANG, CHENG ZONG 张承宗 (1910-)

Yi cun 一村
CHEN, MAN YING 陈满盈 (1896-1965)

Yi cun 一村
WU, GUANG CHUAN 吴广川 (1901-)

Yi cun min 宜村民
LIAO, JIA QUAN 廖家权 (1907-1990)

Yi, Da 依达
YE, MIN ER 叶敏尔

Yi, Da an 易大厂
YI, TING XI 易廷熹 **(1874-1941)**

Yi dan 一丹
LIU, CHANG SI 刘长思 **(1937-)**

Yi dan 一旦
LI, WEI HENG 李维恒 **(1916-)**

Yi de 一得
GU, JUN ZHENG 顾均正 **(1902-1980)**

Yi de 一得
WU, SHAO BAO 吴绍葆 **(1925-)**

Yi de 一得
SUN, MENG JIAO 孙梦蕉

Yi de 一得
XU, WAN CHENG 许晚成

Yi de 一德
BAO, HUI SENG 包惠僧 **(1894-1979)**

Yi de 一德
OU YANG, BEN YI 欧阳本义 **(1902-1993)**

Yi de 贻德
NI, YI DE 倪贻德 **(1901-1970)**

Yi de er fu 伊德尔夫
YU, FU 于富 **(1944-)**

Yi de xuan zhu 一得轩主
LIN, ZUI TAO 林醉陶

Yi, Deng 伊登
WANG, REN SHU 王任叔 **(1901-1972)**

Yi, Dian 伊甸
CAO, FU QIANG 曹富强

Yi, Dian xuan 易殿选
YI, HAI SHAN 易海山 **(1953-)**

Yi diao ting zhu 意釣亭主
ZHANG, BO ZHEN 张伯祯 **(1877-1947)**

Yi ding 一丁
LIANG, XI 梁希 **(1883-1958)**

Yi ding 一丁
CHENG, XI JI 成希箕 **(1898-1991)**

Yi ding 一丁
QIAO, WEN NI 乔文猊 **(1919-)**

Yi ding 一丁
MEI, MING ZHENG 梅明正 **(1922-)**

Yi ding 一丁
LIU, SHU CHUN 刘树春 **(1923-)**

Yi ding 一丁
LUO, DE JI 骆德济 **(1925-)**

Yi ding 一丁
XU, ANG 许昂 **(1928-)**

Yi ding 一丁
WANG, YU HE 汪毓和 **(1929-)**

Yi ding 一丁
CHENG, CAI 成才 **(1930-)**

Yi ding 一丁
YANG, NAI SI 杨耐思 **(1930-)**

Yi ding 一丁
MENG, MING YI 孟明义 **(1934-)**

Yi ding 一丁
DU, XING FU 都幸福 **(1935-)**

Yi ding 一丁
YU, LONG 于龙 **(1935-)**

Yi ding 一丁
YANG, JING TING 杨景亭 **(1937-)**

Yi ding 一丁
XIE, JUN FENG 谢峻峰 **(1946-)**

Yi ding 一丁
WANG, YUE SHENG 王月圣 **(1951-)**

Yi ding 一丁
LOU, ZI CHUN 楼子春

Yi ding 义丁
CHENG, HUA HUN 程华魂 **(1921-)**

Yi ding 亦丁
TIAN, SHAO PENG 田少鹏（**1944-)**

YI, DING MING 易鼎铭 **(1925-)**
Li, Bing 李冰
Wen, Yi 文诒
Yang, Yi 杨翊

Yi dong 一东
XU, SHENG YAO 许绳尧 **(1897-1984)**

Yi dong 意洞
LIN, JUE MIN 林觉民 **(1887-1911)**

Yi du zhe 一读者
ZHANG, XING ZHI 张星芝 **(1901-1934)**

Yi duo 一多
WEN, JIA HUA 闻家骅 **(1899-1946)**

Yi duo 以多
ZHAO, DA CHENG 赵大成 **(1920-1988)**

Yi duo 仪多
LIU, SI HAI 刘斯海 **(1919-)**

Yi e 一谔

YAN, E SHENG 严谔声 (1898-1969)

Yi e 一鄂
SU, MEI 苏梅 (1897-1999)

Yi e 一萼
CAO, YI OU 曹轶欧 (1903-)

Yi er 已而
ZHUANG, BO HE 莊伯和

Yi er 亦耳
HAO, CUN XIANG 郝存祥 (1939-)

Yi er 豙儿
CHEN, DU XIU 陈独秀 (1879-1942)

Yi er gen 宜尔根
ZHAO, ZHI ZHONG 赵志忠 (1954-)

Yi, Er shan 易尔山
LIN, CHENG SI 林澄思 (1918-)

Yi fa 一发
HU, JUN 胡钧 (1870-1945)

Yi fa an 一发庵
HU, JUN 胡钧 (1870-1945)

Yi, Fan 衣凡
MA, HUA 马骅 (1916-)

Yi, Fan 伊凡
XUAN, ZHONG HUA 宣钟华 (1898-1927)

Yi, Fan 伊凡
XU, ZU HUA 徐祖华 (1909-1931)

Yi, Fan 伊凡
DONG, BIAN 董边 (1916-)

Yi, Fan 伊凡
SONG, JIU ZHI 宋九祉 (1917-)

Yi, Fan 伊凡
YE, DE YU 叶德浴 (1920-)

Yi, Fan 伊凡
LI, QI HUA 李启华 (1939-)

Yi, Fan 伊凡
KONG, HUI YI 孔慧怡 (1955-)

Yi, Fan 伊凡
YE, MEI ZHEN 叶美珍 (1959-)

Yi, Fan 伊凡
SHI, REN FAN 史人範

Yi, Fan 伊凡
XU, DE MING 许德明

Yi, Fan 依凡
MENG, XIAN QI 孟宪棨 (1902-1976)

Yi, Fan 依凡
YI, SHANG LUN 依尚伦 (1918-)

Yi, Fan 依凡
SHI, REN FAN 史人範

Yi, Fan 依凡
HU, YI FAN 胡依凡

Yi, Fan 依帆
MA, HUA 马骅 (1916-)

Yi, Fan 易梵
ZHAO, LING MAO 赵令茂 (1946-)

Yi fan 一凡
LI, MING FENG 李鸣凤 (1878-1919)

Yi fan 一凡
WANG, HUA GUANG 王华光 (1918-)

Yi fan 一凡
LIU, QUAN 刘泉 (1930-)

Yi fan 一凡
FAN, XI YI 樊习一 (1940-)

Yi fan 一凡
HUANG, SHUN LAI 黄顺来 (1947-)

Yi fan 一凡
MA, DAO ZHOU 马道洲 (1963-)

Yi fan 一帆
CHEN, DI FAN 陈涤凡 (1909-)

Yi fan 一帆
ZHANG, WEI FANG 张维芳 (1934-)

Yi fan 一帆
TIAN, JING FENG 田景丰 (1949-)

Yi fan 一帆
YANG, YI MEI 杨意美

Yi fan 一翻
WU, ZHAO YUAN 吴照愿 (1910-)

Yi fan 乙凡
WANG, ZONG FAN 王宗播 (1903-1983)

Yi fan 佚凡
ZHANG, XUE 张雪

Yi fan 猗蘩
JIN, CHAO HONG 金朝虹 (1951-)

Yi fan 逸凡
CHEN, RU XUAN 陈茹玄 (1894-1955)

Yi fan 逸凡
WANG, REN SHU 王任叔 (1901-1972)

Yi fan 逸凡
YU, CHENG ZE 于成泽 (1903-1982)

Yi fan 逸凡

WU, ZHAO YUAN 吴照愿 (1910-)

Yi fan 逸帆
ZHANG, XUE 张雪

Yi fan 毅帆
CAI, YUAN FENG 蔡元丰 (1963-)

Yi fan 彝范
CHEN, YI FAN 陈彝范 (1860-1913)

YI, FAN LUN 依凡伦
Lin, Chen 林尘

Yi, Fang 易方
MU, DE HUI 穆德辉 (1924-)

Yi fang 一方
WU, CHUAN YOU 吴传佑 (1914-1982)

Yi, Fei 弋飞
SHANG, XIAO BAI 商晓白

Yi, Fei 易非
CHEN, RUI LAI 陈瑞来 (1950-)

Yi, Fei 易飞
CHEN, YI FEI 陈逸飞 (1904-)

Yi fei 一飞
WU, SHANG YING 吴尚鹰 (1892-)

Yi fei 一飞
ZHANG, LI YUN 张立云 (1921-)

Yi fei 一飞
CHU, PEI CHENG 储佩成 (1942-)

Yi fei 一非
ZHANG, YI FEI 张一非 (1919-)

Yi fei 一非
ZHANG, LI YUN 张立云 (1921-)

Yi fei 一菲
GUO, AN REN 郭安仁 (1909-1968)

Yi fei 亦非
CHEN, YING SHANG 陈英赏 (-1984)

Yi fei 亦非
ZHANG, LI YUN 张立云 (1921-)

Yi fei 亦非
GUO, SHU YUN 郭淑云 (1953-)

Yi fei 逸飞
ZHANG, CHAO 张超 (1917-)

Yi, Fei jun 易斐君
CAI, JIAN 蔡健 (1915-)

Yi fen 一分
HE, XIAN FEN 何贤芬 (1935-)

Yi fen 一芬
MAI, CHUN QIAN 麦春乾 (1911-1982)

Yi feng 一风
ZHENG, DIAN BO 郑电波 (1956-)

Yi feng 一峰
XIA, TING YU 夏廷棫 (1902-1979)

Yi feng 一锋
WANG, GUO MAO 王国冒 (1914-)

Yi feng 忆凤
ZHAO, ZE LIN 赵泽霖 (1892-1953)

Yi feng 忆凤
CAI, ZHEN YANG 蔡振扬 (1917-)

Yi feng 艺风
MIAO, QUAN SUN 缪荃孙 (1844-1919)

Yi feng 艺风
GUO, DONG KUI 郭东奎 (1927-)

Yi feng 艺峰
PAN, JUN LING 潘俊龄 (1938-)

Yi feng 亦风
ZHU, DE FA 朱德发 (1934-)

Yi feng 抑锋
LIU, WEN CHEN 刘文忱 (1920-)

Yi feng 逸风
ZHU, ZHEN HUA 朱震华 (1915-)

Yi feng 逸峰
HONG, XIU XIONG 洪秀雄 (1944-)

Yi, Feng chun 易逢春
REN, ZHUO XUAN 任卓宣 (1896-1990)

Yi feng lao ren 艺风老人
MIAO, QUAN SUN 缪荃孙 (1844-1919)

Yi, Feng lu 依风露
YI, SHANG LUN 依尚伦 (1918-)

Yi feng shan ren 一峰山人
GAO, XI SHUN 高希舜 (1895-1982)

Yi, Fu 伊夫
WEI, CHONG WU 韦崇武 (1905-1978)

Yi fu 一夫
WANG, REN SHU 王任叔 (1901-1972)

Yi fu 一夫
YAN, JING YAO 严景耀 (1905-1976)

Yi fu 一夫
ZHAO, YU MING 赵玉明 (1928-)

Yi fu 一夫
QUAN, QI AI 权启爱 (1940-)

Yi fu 义夫

SUN, SI YI 孙思义 (1935-)

Yi fu 弋夫
MA, CHENG XIANG 马承祥 (1937-)

Yi fu 以复
FEI, YI FU 费彝复 (1913-1982)

Yi fu 亦夫
MAO, YI HU 毛翼虎 (1914-)

Yi fu 亦夫
SONG, JIAN SHE 宋建社 (1955-)

Yi fu 夷夫
CHEN, SHOU RONG 陈守荣 (1915-1979)

Yi fu 夷夫
ZHENG, BO YONG 郑伯永 (1919-1961)

Yi fu 佚夫
GAO, LONG SHENG 高龙生 (1903-1977)

Yi fu 怿夫
WANG, KE LANG 王克浪 (1913-)

Yi fu 羿夫
WANG, REN SHU 王任叔 (1901-1972)

Yi fu 轶夫
WANG, REN SHU 王任叔 (1901-1972)

Yi fu 逸夫
WANG, REN SHU 王任叔 (1901-1972)

Yi fu 逸夫
LOU, JIAN NAN 楼建南 (1905-)

Yi fu 逸夫
LI, QI NAN 李启南 (1937-)

Yi fu 毅夫
XIE, JUE ZAI 谢觉哉 (1884-1971)

Yi fu 毅夫
YU, CHENG ZE 于成泽 (1903-1982)

Yi fu 毅夫
LIU, XING YA 刘兴亚 (1911-)

Yi fu 毅夫
LUO, YI 罗毅 (1916-)

Yi fu 毅夫
WU, SAN CAI 吴三才 (1926-)

Yi fu 翼父
GAN, PENG YUN 甘鹏云 (1861-1940)

Yi fu 彝父
MIAO, LANG SHAN 缪朗山 (1911-1978)

Yi fu 彝甫
CHEN, SHAO LUN 陈绍伦 (1913-)

Yi, Fu lian 伊芙莲
PAN, ZHENG YING 潘正英

Yi, Fu ri 易夫日
QIU, CHUN LIN 邱春林 (1955-)

Yi gan 一竿
LIN, SHU QIANG 林舒谦 (1911-1983)

Yi, Gan 易感
YI, TING XI 易廷熹 (1874-1941)

Yi gang 一刚
WANG, SHI LANG 王诗琅 (1908-1984)

Yi ge 一戈
CHENG, XI JI 成希箕 (1898-1991)

Yi ge 一戈
WANG, TONG XUN 王桐勋 (1915-1992)

Yi ge 一格
GE, AN RONG 葛安荣 (1956-)

Yi ge 宜戈
LIU, XING MING 刘兴明 (1936-)

Yi ge nü shi 一舸女士
CHU, SONG XUE 褚松雪 (1900-)

Yi ge xue you 一个学友
XU, GUANG PING 许广平 (1898-1968)

Yi ge yi wu ren 一个义乌人
CHEN, WANG DAO 陈望道 (1890-1977)

Yi geng 以耕
LIU, YI TING 刘艺亭 (1917-)

Yi geng 亦耕
HONG, BANG DI 洪邦棣 (1949-)

Yi, Gong 易鞏
LIANG, ZHI TAO 梁植涛 (1915-)

Yi gong 一工
HUANG, YU XIANG 黄裕祥 (1915-1980)

Yi gong 一公
YU, MING HENG 俞铭衡 (1900-1990)

Yi gong 乙公
SHEN, ZENG ZHI 沈曾植 (1850-1922)

Yi gong 乙公
WU, DE YI 伍德彝

Yi gong 弋工
LIANG, SHI WEN 梁式文 (1908-1985)

Yi gong 艺公
DU, YUN ZHI 杜云之 (1923-)

Yi gong 亦拱
YANG, FENG QI 杨凤岐 (1908-)

Yi gong 翌公

LIANG, SHI WEN 梁式文 (1908-1985)

Yi gong 毅公
ZHANG, XUE LIANG 张学良 (1901-)

Yi gong 翼公
WU, SONG GAO 吴颂皋 (1899-)

Yi, Gu 衣谷
XU, YU 徐裕 (1893?-1916)

Yi, Gu 衣谷
LAN, YU YE 蓝裕业 (1902-1928)

Yi, Gu 衣谷
ZHANG, YU JI 张裕基

Yi gu 夷罟
QIAN, XUAN TONG 钱玄同 (1887-1939)

Yi gu 逸谷
QIAN, XUAN TONG 钱玄同 (1887-1939)

Yi gu 疑古
QIAN, XUAN TONG 钱玄同 (1887-1939)

Yi gu lao ren 逸谷老人
QIAN, XUAN TONG 钱玄同 (1887-1939)

Yi gu weng 憶菰翁
QIAN, XUAN TONG 钱玄同 (1887-1939)

Yi gu xuan tong 疑古玄同
QIAN, XUAN TONG 钱玄同 (1887-1939)

Yi, Guan 易冠
LIANG, GUAN ZHONG 梁冠中 (1942-)

YI, GUANG HAN 蚁光汉 (1934-)
Gao, Yi 高毅

YI, HAI SHAN 易海山 (1953-)
Yi, Dian xuan 易殿选

Yi, Han 衣寒
KONG, FAN YAN 孔繁衍 (1912-)

Yi, Han 易寒
LUO, DI 罗的 (1928-)

Yi han 一涵
GAO, YI HAN 高一涵 (1885-)

Yi han 一寒
WU, GUANG XIONG 吴光熊

Yi han 亦寒
XIA, TIE JIAN 夏铁肩 (1922-)

Yi han 亦寒
WANG, YE WEI 王业玮 (1923-)

Yi hang 一航
WU, YU WEI 吴堉威 (1906-1989)

Yi hao 奕豪
LI, JI TANG 李吉棠 (-1937)

Yi hao 逸豪
DENG, WEN SHU 邓文淑 (1904-1992)

Yi he 一鹤
WANG, MIN NING 王民宁 (1905-)

Yi, He yuan 易和元
ZENG, DE ZHEN 曾德镇 (1921-1988)

Yi hen 一痕
LI, JUN CAI 李俊才 (1921-)

Yi hen 亦痕
WANG, LIAN FENG 王连锋 (1940-)

Yi hen 遗恨
LI, MIAN CHENG 李勉成

Yi heng 亦珩
ZHANG, JUN LI 张钧莉 (1959-)

Yi heng 毅恒
SHEN, YOU QIN 沈友琴 (1944-)

Yi, Hong 衣虹
LU, DIAN SAN 路殿三 (1915-)

Yi, Hong 依虹
GAO, SHU HUA 高淑华 (1965-)

Yi, Hong 易红
BAO, QING XIAN 鲍庆献 (1923-)

Yi hong 一泓
TAN, PI MO 谭丕谟 (1899-1958)

Yi hong 一泓
HUANG, YU HUANG 黄毓璜 (1939-)

Yi hong 一虹
ZHANG, QI REN 张启仁 (1913-1983)

Yi hong 一虹
GE, ZENG JI 葛曾济 (1913-)

Yi hong 怡红
BAO, GONG YI 包公毅 (1876-1973)

Yi hong 倚虹
BI, ZHEN DA 毕振达 (1862-1926)

Yi hong 益虹
CHEN, QING ZHI 陈清枝 (1955-)

YI, HONG BIN 易洪斌 (1943-)
Chang, Sha 常莎
Mi, Luo 米萝

Yi hong lou 忆红楼
WU, XI 吴惜 (1898-1949)

Yi hong lou zhu 倚虹楼主
BI, ZHEN DA 毕振达 (1862-1926)

Yi hong sheng 怡红生
YU, JI PING 余寄萍

Yi hong xian guan 倚紅仙舘
ZHOU, ZHI SHENG 周之盛

Yi hou 一吼
ZHOU, DING SHAN 周定山 **(1898-1976)**

Yi, Hua 伊华
GUO, MENG LIANG 郭孟良 **(1965-)**

Yi, Hua 依华
PAN, YAO MING 潘耀明 **(1947-)**

Yi hua 一桦
PIAO, DONG WU 朴东武 **(1938-)**

Yi hua 艺华
REN, FU XIAN 任孚先 **(1935-)**

Yi hua 艺华
WANG, YI HUA 王义华 **(1961-)**

Yi hua 宜桦
LI, HUA ZHANG 李华章 **(1937-)**

Yi hua 逸华
ZHUANG, YU HUA 莊玉华

Yi hua 逸话
PIAO, CHANG HUA 朴昌华 **(1946-)**

Yi hua 翼华
WANG, BAO YI 王保义 **(1954-)**

Yi, Huang 易黄
CHEN, GUANG HUI 陈广惠

Yi hui 一挥
WANG, YU HUI 王玉辉 **(1957-)**

Yi hui 忆辉
TIAN, YUAN 田源 **(1927-1987)**

YI, HUI YING 伊惠英 **(1954-)**
Xiao yi 晓伊

Yi, Huo 易火
SHU, PEI 束佩 **(1919-)**

Yi ji 一骥
ZHANG, JI 章骥 **(1931-)**

Yi, Ji fu 易季復
YI, TING XI 易廷熹 **(1874-1941)**

Yi ji zhe 一記者
ZHANG, JI LUAN 张季鸾 **(1888-1942)**

Yi, Jia 伊佳
ZHANG, GUANG BO 张光博 **(1929-)**

Yi, Jia 易嘉
QU, QIU BAI 瞿秋白 **(1899-1935)**

Yi jia 亦嘉
XIA, ZHI DING 夏智定 **(1944-)**

YI, JIA YUE 易家钺 **(1898-1972)**
AB
A. D.
Er lang shen 二郎神
Hua, Xi 花蹊
Jia yue 家钺
Jun zuo 君左
Kang, Tao fu 康匋父
Kong gu shan ren 空谷山人
Qin yi lou 琴意楼
Yi, Jun zuo 易君左
Yi yuan 意园
You jun 右君

Yi jian 一剑
WANG, PIN ZHI 王聘之 **(1919-)**

Yi jian 毅剑
ZHANG, JIAN GUO 张建国 **(1965-)**

Yi jian lou zhu 一间楼主
XIAO, JUN 萧军 **(1907-1988)**

Yi jian lou zhu 一鑑楼主
YUAN, KE WEN 袁克文 **(1890-1931)**

Yi, Jiang 易将
YANG, XI LING 杨熙龄 **(1927-1989)**

Yi jiang 肄江
LU, DAN LIN 陆丹林 **(1898-1972)**

Yi jiang chun 一江春
JIANG, LIAN SHENG 蒋廉声 **(1932-)**

YI, JIANG HONG 乙江红 **(1956-)**
Xin tian weng 馨天翁

Yi jiao 一礁
CHEN, QING LONG 陈庆隆 **(1910-)**

Yi jiao 一觉
WANG, YANG 王扬 **(1917-1986)**

Yi jiao 一觉
WANG, CHUN XI 汪春熙 **(1917-)**

Yi jiao bai nian 一觉百年
ZHOU, JUE 周觉 **(-1933)**

Yi jie 一介
CHEN, WANG DAO 陈望道 **(1890-1977)**

Yi jie 一介
CAI, ZHAO ZHEN 蔡兆臻 **(1942-)**

Yi, Jin 衣锦
ZHOU, ZUO REN 周作人 **(1885-1967)**

Yi, Jin 衣锦
LI, JIN HUI 黎锦晖 **(1891-1967)**

Yi, Jin 依今
HU, SHAN YUAN 胡山源 **(1897-1988)**

Yi, Jin 易今
ZHOU, ZUO REN 周作人 **(1885-1967)**

Yi, Jin 易金
CHEN, XI ZHEN 陈锡祯

Yi jin 忆津
WANG, XI YAN 王西彦 **(1914-)**

Yi jin 以今
SHEN, XIA HUN 沈侠魂 **(1915-1966)**

Yi jin 夷今
ZHOU, ZUO REN 周作人 **(1885-1967)**

Yi jin 异襟
ZHOU, ZUO REN 周作人 **(1885-1967)**

Yi jin 宜禁
ZHOU, ZUO REN 周作人 **(1885-1967)**

Yi jin 益噤
ZHOU, ZUO REN 周作人 **(1885-1967)**

Yi jin 疑今
ZHOU, ZUO REN 周作人 **(1885-1967)**

Yi jin 疑今
ZHANG, XIANG DING 张象鼎 **(1899-1992)**

Yi jin 疑今
CHEN, DONG 陈东 **(1912-)**

Yi jin 疑今
LIN, BAO QUAN 林宝泉 **(1913-)**

Yi jin shan ren 疑今山人
ZHOU, ZUO REN 周作人 **(1885-1967)**

Yi jing 乙径
ZHOU, ZUO REN 周作人 **(1885-1967)**

Yi jing 义阱
ZHOU, ZUO REN 周作人 **(1885-1967)**

Yi jing 义经
ZHOU, ZUO REN 周作人 **(1885-1967)**

Yi jing 仪京
ZHOU, ZUO REN 周作人 **(1885-1967)**

Yi jing 亦荆
ZHOU, ZUO REN 周作人 **(1885-1967)**

Yi jing 曳脛
ZHOU, ZUO REN 周作人 **(1885-1967)**

Yi jing 宜静
HUANG, YU ZHEN 黄玉珍 **(1964-)**

Yi jing 怡京
ZHOU, ZUO REN 周作人 **(1885-1967)**

Yi jing 揖敬
ZHOU, ZUO REN 周作人 **(1885-1967)**

Yi jing 已惊
ZHOU, ZUO REN 周作人 **(1885-1967)**

Yi, Jing cao 易劲草
CHEN, TING GUI 陈廷桂 **(1913-1988)**

YI, JING XUAN 伊静轩 **(1905-)**
Qing gan 青干
Yi, Kang 伊康
Yi, Qing 伊青
Yi, Ren 伊人
You ping 幼平

Yi jiong 忆炯
ZHENG, DAO CHUAN 郑道传 **(1919-)**

Yi juan 一涓
CHEN, LI JUAN 陈丽娟 **(1917-)**

Yi jiao 一觉
WANG, YANG 王扬 **(1917-1986)**

Yi jiao 一觉
WANG, CHUN XI 汪春熙 **(1917-)**

Yi, Jun 易君
QU, QIU BAI 瞿秋白 **(1899-1935)**

Yi jun 艺君
SUN, ZHONG XIN 孙中信 **(1945-)**

Yi jun 逸君
YE, YI QUN 叶以群 **(1911-1966)**

Yi jun 毅军
HUANG, MAN JUN 黄曼君 **(1935-)**

Yi jun 毅君
CHEN, JIA DING 陈家鼎 **(1877-1928)**

Yi, Jun zuo 易君左
YI, JIA YUE 易家钺 **(1898-1972)**

Yi ka 乙卡
TIAN, HUAN 田环

Yi kan 一龛
DENG, TIE 邓铁 **(1898-1963)**

Yi kan 仪侃
CHEN, JI YAN 陈继俨

Yi Kan ren 易坎人
GUO, MO RUO 郭沫若 **(1892-1978)**

Yi, Kang 伊康
YI, JING XUAN 伊静轩 **(1905-)**

Yi, Ke 伊珂
ZHANG, SHOU SHEN 张守慎 **(1924-1968)**

Yi, Ke 依克

SHANG, YUE 尚钺 (1902-1982)

Yi, Ke 依克
ZHAO, ZI YUE 赵子岳 (1909-)

Yi, Ke 依克
NONG, GUAN PIN 农冠品 (1936-)

Yi, Ke 易可
YANG, YU HE 杨雨河 (1932-)

Yi ke 一可
ZENG, PEI LAN 曾佩兰 (1917-)

Yi ke 一柯
ZHOU, SHAO YI 周绍仪 (1908-1979)

Yi ke 一轲
ZHOU, YONG JIA 周永家 (1934-)

Yi ke 艺客
HUANG, ZHAO HAN 黄兆汉 (1941-)

Yi ke ai li 伊克艾利
AN, GUO LIANG 安国梁 (1925-)

Yi kong 一空
FU, CHENG 符程 (1910-1988)

YI, KUI 易夔
Yan bei lao ren 燕北老人

Yi kui 一奎
CAO, KUI YI 曹奎一 (1934-)

Yi kui 一葵
HUANG, RI KUI 黄日葵 (1898-1930)

YI, KUN 易坤 (1886-1921)
Bai, Sha zi 白沙子
Yi, Bai sha 易白沙
Yue cun 月村

Yi, Lan 易兰
REN, GEN LIU 任根鎏 (1923-)

Yi lan 一览
DU, JIAN GUO 杜建国 (1941-)

Yi lan 亦兰
SUN, MEI LAN 孙美兰 (1930-)

Yi lan 亦兰
SHAN, HONG 单虹 (1941-)

Yi lan shi zhu 憶兰室主
ZHOU, GUO XIAN 周国贤 (1894-1968)

Yi lang 一郎
ZHANG, QING RONG 张清荣 (1902-1955)

Yi lang 逸浪
GUO, NING 郭宁 (1961-)

Yi lao 逸老
WU, DE YI 伍德彝

Yi le 一乐
LI, YI LE 李怡乐

Yi le 亦乐
LONG, ZHONG WEN 龙仲文 (1937-)

Yi, Lei 伊蕾
SUN, GUI ZHEN 孙桂珍 (1951-)

Yi, Li 伊里
LI, ZI YING 李子英 (1921-)

Yi, Li 伊犁
PAN, XIU JUAN 潘秀娟 (1948-)

Yi, Li 伊黎
YI, QIONG 易琼 (1916-)

Yi li 艺里
WU, XIN RONG 吴新荣 (1907-1967)

Yi li 以礼
WANG, DUN QING 王敦庆 (1898-1990)

Yi li 亦励
WU, YI LI 吴奕励

YI, LI JUN 易丽君 (1934-)
Han, Yi 韩逸

Yi, Lian 伊莲
SONG, YI RUI 宋诒瑞 (1938-)

Yi, Lian 依莲
FANG, YU 方瑀 (1944-)

Yi liang 一良
ZHOU, YI LIANG 周一良 (1912-)

Yi liang 亦亮
MA, GUO LIANG 马国亮 (1908-)

Yi liang 以亮
SUN, YI LIANG 孙以亮 (1921-)

YI, LIANG JUN 弋良俊 (1934-)
Yin, Ren 尹人

Yi liao 一暸
XU, SUI GENG 徐燧耕 (1915-)

Yi, Lin 伊林
XU, CHONG QI 许崇琪 (1915-1979)

Yi, Lin 伊琳
XU, CHONG QI 许崇琪 (1915-1979)

Yi, Lin 易林
DENG, FA 邓发 (1906-1946)

Yi lin 艺林
MI, YING WEN 密英文 (1962-)

Yi lin 弈林
LOU, YI LIN 楼弈林 (1948-)

Yi lin 翊林
CHEN, QI TIAN 陈启天 **(1893-1984)**

Yi, Ling 衣凌
FU, JIA LIN 傅家麟 **(1911-1988)**

Yi ling 一陵
DING, QIAN 丁千 **(1931-)**

Yi ling 一零
CHEN, XUE YING 陈学英 **(-1950)**

Yi ling 一零
ZHOU, ZHI CHENG 周质澄 **(1923-)**

Yi ling 懿灵
ZHENG, MIAO SHAN 郑妙珊

Yi, Liu 易流
WANG, DUN QING 王敦庆 **(1898-1990)**

Yi liu 一流
LIU, ZHONG HAN 刘忠涵 **(1919-)**

Yi liu 一榴
WANG, DUN QING 王敦庆 **(1898-1990)**

Yi liu ci ren 依柳词人
YI, TING XI 易廷熹 **(1874-1941)**

Yi, Long 易隆
MAO, YING LONG 毛应龙 **(1924-)**

Yi long 一聋
CHEN, XING PING 陈星平 **(1949-)**

YI, LONG GUI 衣龙贵 **(1942-)**
Mo, Long 墨龙

Yi lou 羿楼
LIU, YA ZI 柳亚子 **(1887-1958)**

Yi, Lu 易路
ZHANG, ZHI XING 张志行 **(1947-)**

Yi lu 亦卢
GUO, GUO FU 郭国甫 **(1926-)**

Yi lu 奕庐
CHEN, YAO SHAN 陈尧山 **(1898-)**

Yi lu 逸庐
CAI, ZONG YANG 蔡宗阳

YI, LU ZHANG 奕禄璋 **(1943-)**
Lu, Ning 鲁宁

Yi, Lü 伊绿
MA, JIN XIANG 马进祥 **(1962-)**

Yi, Luo 依洛
LUO, REN YI 骆仁逸 **(1951-)**

Yi, Ma 易马
DENG, SHI ZHONG 邓式钟 **(1919-)**

Yi ma shan 驿马山
YANG, FENG XIANG 杨风翔 **(1931-)**

Yi man 亦曼
ZHANG, ZHAO NIAN 张兆年 **(1952-)**

Yi, Man hua 易漫华
ZENG, DE ZHEN 曾德镇 **(1921-1988)**

Yi mang 一芒
WANG, YU HE 汪毓和 **(1929-)**

Yi mang 一芒
LIU, MENG 刘猛 **(1945-)**

Yi mang 一氓
LI, YI MANG 李一氓 **(1902-1990)**

Yi, Mao 伊酕
YUAN, MING ZHU 袁明珠 **(1964-)**

Yi mao shi 宜楙室
FANG, ZHAO YING 房兆楹 **(1908-1985)**

Yi, Mei 伊湄
FENG, YI MEI 冯伊湄 **(1908-1976)**

Yi mei 一湄
ZHENG, JI YUN 郑际云 **(1895-1992)**

Yi mei 忆梅
HUANG, CHUN AN 黄春安 **(1939-)**

Yi mei 以枚
LIU, DI MIN 刘涤民 **(1930-)**

Yi mei 逸梅
ZHENG, JI YUN 郑际云 **(1895-1992)**

Yi mei 逸梅
YI, YOU MEI 伊友梅 **(1939-)**

Yi men 亦门
CHEN, SHOU MEI 陈守梅 **(1907-1967)**

Yi men 亦门
GU, QI CHENG 顾其城 **(1910-)**

Yi men 夷门
ZHAO, ZHENG PING 赵正平 **(1878-1945)**

Yi men 逸门
TAN, YAN KAI 谭延闿 **(1880-1930)**

Yi meng 一萌
LI, YI MANG 李一氓 **(1902-1990)**

Yi meng 沂蒙
LI, LU PING 李鲁平 **(1963-)**

Yi, Meng han 伊梦寒
LAN, SHAN REN 蓝善仁 **(1923-)**

YI, MENG HONG 易梦虹 **(1917-)**
Meng, Hong 孟弘

Meng, Hong 孟闳

Yi meng ke 忆梦珂
YANG, GUO FAN 杨国藩 **(1928-)**

Yi miao 艺苗
ZHAO, CUN LU 赵存禄 **(1930-)**

Yi min 一民
PENG, JIAN 彭坚 **(1901-1968)**

Yi min 一民
WANG, REN SHU 王任叔 **(1901-1972)**

Yi min 一民
CAO, ZAN QING 曹赞卿 **(1901-1980)**

Yi min 一民
CHU, YU KUN 储玉坤 **(1912-)**

Yi min 一民
WANG, XIN DI 王馨迪 **(1912-)**

Yi min 一民
PAN, LIAN SHENG 潘连升 **(1913-)**

Yi min 一民
ZHANG, PU JUN 张璞君 **(1917-)**

Yi min 一民
SUN, JUN QING 孙俊卿 **(1922-)**

Yi min 一民
PENG, ZHAO MIN 彭召民 **(1935-)**

Yi min 佚民
GU, ZE PEI 顾泽培

Yi min 宜民
JIN, JIA BAO 靳家保 **(1926-)**

Yi min 怡敏
MENG, ZHAN MIN 蒙占敏 **(1950-)**

Yi min 奕敏
GUAN, YI MING 管一明 **(1952-)**

Yi min 蚁民
GAO, XIE 高燮 **(1878-1958)**

Yi min 铁民
WANG, REN SHU 王任叔 **(1901-1972)**

Yi min 逸民
LI, ZI ZHOU 李子洲 **(-1929)**

Yi min 逸民
LOU, JIAN NAN 楼建南 **(1905-)**

Yi min 逸民
WANG, SHU MIN 王树民 **(1911-)**

Yi min 逸民
XIE, TAO 谢韬

Yi min 逸民
LIN, GENG YU 林耕餘

Yi min 遺民
QIAN, JING FANG 钱静方

Yi, Ming 伊明
YI, REN ZHI 伊任之 **(1913-)**

Yi ming 一明
ZHENG, MING 郑明

Yi ming 一鸣
WANG, REN SHU 王任叔 **(1901-1972)**

Yi ming 一鸣
ZHAO, SHU LI 赵树礼 **(1906-1970)**

Yi ming 一鸣
ZHANG, CHANG 张长 **(-1937)**

Yi ming 一鸣
CHENG, GUO MING 程国明 **(1932-)**

Yi ming 一鸣
LIU, GUO MING 刘国明 **(1954-)**

Yi ming 亦明
ZHU, PEI WO 朱佩我 **(1907-1945)**

Yi ming 亦鸣
REN, ZHUO XUAN 任卓宣 **(1896-1990)**

Yi ming 亦鸣
FU, RUI JIN 符瑞金 **(1906-)**

Yi ming 夷明
FEI, YI MIN 费彝民 **(1908-1988)**

Yi ming 夷明
LI, QIAO AN 李桥安 **(1909-)**

Yi ming 佚名
SHEN, DUAN XIAN 沈端先 **(1900-1995)**

Yi ming 佚名
ZHANG, HAN HUI 张寒晖 **(1902-1946)**

Yi ming 佚名
LI, LI 李立 **(1908-)**

Yi ming 佚名
WU, YUE JUAN 吴月娟 **(1919-)**

Yi ming 佚名
SHANG, HUI GUANG 商慧光 **(1920-)**

Yi ming 佚明
JIANG, DE MING 蒋德明 **(1955-)**

Yi ming 轶明
CHEN, YAN 陈炎 **(1925-)**

Yi ming 逸名
SHAO, XUN MEI 邵洵美 **(1906-1968)**

Yi ming 逸名

CHEN, HUI CONG 陈慧聪 **(1954-)**

Yi ming 逸鸣
CHEN, MEI JIN 陈美今 **(1928-)**

Yi ming 逸鸣
GUAN, YI MING 管一明 **(1952-)**

Yi ming 彝铭
DUAN, WEI YONG 段惟庸 **(1923-)**

Yi ming zhu 忆明珠
ZHAO, JUN RUI 赵俊瑞 **(1927-)**

Yi mo 一沫
LIU, ZHI MING 刘智明 **(1911-)**

Yi mo 一沫
LIU, YI 刘毅 **(1916-)**

Yi mo 一墨
YUAN, MAO 袁矛 **(1959-)**

Yi, Mo 易默
HUANG, ZI XIANG 黄子祥 **(1914-)**

Yi mo 移模
HUANG, ZI XIANG 黄子祥 **(1914-)**

Yi mo 颐模
CHEN, YU TIAN 陈雨田 **(1912-)**

Yi, Mu 易木
YANG, REN KAI 杨仁恺 **(1915-)**

Yi, Mu 易牧
WU, YU WEI 吴堉威 **(1906-1989)**

Yi mu 一木
WU, YU WEI 吴堉威 **(1906-1989)**

Yi mu 一木
WU, SONG QIAO 伍松乔 **(1948-)**

Yi mu 乙木
WU, YU WEI 吴堉威 **(1906-1989)**

Yi mu 乙牧
WU, YU WEI 吴堉威 **(1906-1989)**

Yi mu 乙慕
WU, YU WEI 吴堉威 **(1906-1989)**

Yi mu 亦木
LUAN, BAO JUN 栾保俊

Yi, Mu san 易姆三
LI, YU SAN 李育三 **(1914-)**

Yi nai 一鼐
FAN, SHI ZHONG 樊时中 **(1872-1906)**

Yi, Nan 易难
SHEN, AN XI 沈安熹 **(1925-)**

Yi nan yan 噫喃燕
YANG, WEI XING 杨维兴 **(1921-)**

Yi, Ni 衣尼
LIU, GUO XING 刘国兴 **(1915-)**

Yi, Ni ren 伊尼人
LIU, JIAN TIAN 刘健甜

Yi, Ning 伊宁
ZHANG, QI XUN 章启勋 **(1916-)**

Yi ning 一宁
SUN, GUAN LIN 孙观琳 **(1939-)**

Yi niu 一牛
YANG, BING NAN 杨炳南 **(1934-)**

Yi nong 一农
LUO, YI NONG 罗亦农 **(1902-1928)**

Yi nong 艺农
HU, SU MING 胡苏明 **(1897-1980)**

Yi nong 亦农
LUO, YI NONG 罗亦农 **(1902-1928)**

Yi nong 亦农
ZHANG, BING WEI 张炳蔚 **(1918-)**

Yi nong 亦农
WANG, ZHI MIN 王志民 **(1934-)**

Yi nong 亦农
ZHANG, YI NONG 张一农 **(1961-)**

Yi nü shi 易女士
WANG, REN SHU 王任叔 **(1901-1972)**

Yi ou 一沤
ZHANG, QIU CHONG 张秋虫 **(1904-1974)**

Yi ou 一沤
WANG, LI MIN 王笠民

Yi, Ou 伊欧
OU YANG, CHANG ZHAO 欧阳常昭 **(1928-)**

Yi ou 轶欧
ZHANG, ZHAO TONG 张肇桐 **(1881-)**

Yi ou 逸鸥
LIU, PEI YU 刘培育 **(1949-)**

Yi pei 以沛
REN, YI PEI 任以沛

Yi peng 艺鹏
XIE, JIAN ZHONG 谢建中 **(1946-)**

YI, PENG FEI 易鹏飞 **(1928-)**
Qin, Jing 覃靖

Yi piao 一瓢
FEI, SHAN JI 费善机

Yi, Pin 伊频

LUO, YUN QI 骆运启 (1935-)

Yi, Ping 伊萍
WANG, YU CHUN 王毓春 (1928-)

Yi, Ping 易萍
ZHU, QIU HUA 朱秋华 (1943-)

Yi ping 一平
JIANG, YI PING 江一平 (1898-1971)

Yi ping 一平
WANG, REN SHU 王任叔 (1901-1972)

Yi ping 一平
CHEN, QING LONG 陈庆隆 (1910-)

Yi ping 一平
ZHU, JIE FAN 朱介凡 (1912-)

Yi ping 一平
QU, YI PING 屈一平

Yi ping 一萍
WANG, REN SHU 王任叔 (1901-1972)

Yi ping 一萍
LI, PING XIN 李平心 (1907-1966)

Yi ping 一萍
REN, LI 任礼 (1913-)

Yi ping 一萍
PU, WANG WEN 蒲望文 (1913-)

Yi ping 一萍
SU, YI PING 苏一平 (1919-)

Yi ping 一萍
HUANG, BING SHAN 黄炳善 (1936-)

Yi ping 忆萍
XIE, BING YING 谢冰莹 (1906-2000)

Yi ping 以平
KUANG, YA MING 匡亚明 (1906-)

Yi ping 亦平
CHEN, YI PING 陈奕萍 (1935-)

Yi ping 亦平
BU, YAN PING 步燕萍 (1946-)

Yi, Ping 衣萍
ZHANG, YI PING 章衣萍 (1900-1947)

Yi, Ping 衣萍
ZHAO, SHU LI 赵树礼 (1906-1970)

Yi ping 怡评
XING, LE XIAN 邢乐贤 (1926-)

Yi ping 漪萍
CHEN, GUANG MEI 陈光美 (1913-1997)

Yi po 亦颇

JIANG, YI BO 江一波 (1908-)

Yi, Pu 易蒲
ZONG, TING HU 宗廷虎 (1933-)

Yi pu 艺圃
DAI, MENG OU 戴梦鸥 (1905-1950)

Yi pu 益圃
ZHANG, XI CHANG 张锡昌 (1902-1980)

Yi, Qi 伊奇
REN, GEN LIU 任根鎏 (1923-)

Yi qi 一七
REN, GEN LIU 任根鎏 (1923-)

Yi, Qi 衣其
NI, YI MING 倪亦明 (1935-)

Yi, Qi 衣琪
NI, YI MING 倪亦明 (1935-)

Yi qi 逸妻
WU, MING ZU 吴明足 (1947-)

Yi qi 逸棲
WU, MING ZU 吴明足 (1947-)

Yi, Qian 伊潜
QIAN, HOU QING 钱厚庆 (1925-1947)

Yi qian bu zhi wan qian bu mai 一钱不值万钱不卖
ZHANG, ZE 张泽 (1882-1940)

Yi qiao 一樵
GU, YU XIU 顾毓琇 (1902-)

Yi qiao 逸樵
MAO, SHU ZHENG 毛书征 (1934-)

Yi qie 一切
LI, YAO TANG 李尧棠 (1904-)

Yi qin 一芹
SHEN, DUAN XIAN 沈端先 (1900-1995)

Yi qin 一琴
LIU, SHI HENG 刘世珩 (1875-1937)

Yi qin 一擒
ZHOU, ZUO REN 周作人 (1885-1967)

Yi qin 忆琴
PAN, LIAN PEI 潘连培 (1920-)

Yi qin dao ren 一琴道人
LI, SHI JIAN 李实坚 (1885-1964)

Yi, Qing 伊青
YI, JING XUAN 伊静轩 (1905-)

Yi qing 一青
GUO, JING TANG 郭静唐 (-1953)

Yi qing 一青

GUO, YAN LI 郭延礼 **(1937-)**

Yi qing 一清
CHEN, WEN HE 陈文和 **(1927-)**

Yi qing 一清
CHEN, TING 陈亭 **(1957-)**

Yi qing 一罄
LIU, WEN QUAN 刘文泉 **(1935-)**

Yi qing 艺青
ZHANG, YONG XIU 张永修 **(1961-)**

Yi qing 以清
LI, QING CHEN 李清臣 **(1949-)**

Yi qing 意清
LIU, GUO SONG 刘国松

Yi qing 彝卿
CAO, TING JIE 曹廷杰 **(1850-1926)**

Yi qing 懿青
HUANG, YI QING 黄懿青 **(1914-)**

Yi, Qing shu 伊青叔
LIN, ER QI 林尔启

Yi, Qiong 伊琼
YI, QIONG 易琼 **(1916-)**

Yi, Qiong 易穹
ZHOU, YI QUN 周逸群 **(1896-1931)**

YI, QIONG 易琼 **(1916-)**
Gao, Han 高涵
Qiu, Wen 秋纹
Qiu zhen 求真
Shu hong 叔鸿
Wei, Cheng ming 魏澄明
Ya yi 亚伊
Yi 伊
Yi, Li 伊黎
Yi, Qiong 伊琼
Yi, Ren 伊任
Zhan fei 占霏

Yi qiong 一穹
ZHOU, YI QUN 周逸群 **(1896-1931)**

Yi qiong 以琼
REN, ZHUO XUAN 任卓宣 **(1896-1990)**

Yi, Qiu 易秋
LI, SHI QI 李士琦 **(1929-)**

Yi qiu 一丘
SUN, JIAN JUN 孙建军 **(1954-)**

Yi qiu 一秋
LI, FU CHUN 李富春 **(1900-1975)**

Yi qiu sheng 忆秋生
SHEN, YAN BING 沈雁冰 **(1896-1981)**

Yi qiu sheng 忆秋生
ZHANG, MENG LIN 张梦麟

Yi quan 一荃
REN, YI QUAN 任一权 **(1935-)**

Yi quan 移权
FU, LUO FEI 符罗飞 **(1896-1971)**

Yi, Que 伊阙
YIN, KAO ZHEN 尹考臻 **(1947-)**

Yi qun 以群
YE, YI QUN 叶以群 **(1911-1966)**

Yi qun 亦群
GUO, SHENG YUAN 郭生元 **(1921-)**

Yi qun 轶群
MU, JIA QI 穆家麒 **(1917-)**

Yi qun 翊群
YUN, YI QUN 恽逸群 **(1905-1978)**

Yi qun 逸群
YE, YI QUN 叶以群 **(1911-1966)**

Yi qun 逸群
SHAO, BO ZHOU 邵伯周 **(1924-)**

Yi, Ran 依然
LIU, BING RONG 刘秉荣 **(1945-)**

Yi, Ran 依然
PENG, SHI ZHUO 彭世灼 **(1949-)**

Yi ran 已然
YAN, ZONG LIN 阎宗临 **(1904-1978)**

Yi ran 已燃
YAN, ZONG LIN 阎宗临 **(1904-1978)**

Yi ran 峄然
HE, CHENG 贺成 **(1945-)**

Yi ran 怡然
HU, SHAN YUAN 胡山源 **(1897-1988)**

Yi ran 怡然
LIU, PEI HAN 刘培汉 **(1924-)**

Yi ran 怡然
CAI, XIANG RONG 蔡向荣 **(1947-)**

Yi ran 毅然
LIU, CHONG GANG 刘崇刚 **(1941?-)**

Yi, Ren 衣人
SHU, YI REN 束衣人 **(1925-1946)**

Yi, Ren 伊人
WANG, REN SHU 王任叔 **(1901-1972)**

Yi, Ren 伊人

TIAN, JI CONG 田继琮 (1904-)

Yi, Ren 伊人
CAO, BAO HUA 曹宝华 (1905-1978)

Yi, Ren 伊人
YI, JING XUAN 伊静轩 (1905-)

Yi, Ren 伊人
YI, WEN CHENG 伊文成 (1928-)

Yi, Ren 伊人
XU, LIANG HE 徐良河 (1930-)

Yi, Ren 伊任
YI, QIONG 易琼 (1916-)

Yi, Ren 依仁
LIN, XUE TANG 林雪棠 (1898-)

Yi, Ren 易人
JIANG, XI JIN 蒋锡金 (1915-)

Yi ren 以仁
WANG, YI REN 王以仁 (1902-1926)

Yi ren 逸人
XU, SHENG YAO 许绳尧 (1897-1984)

Yi ren 逸人
HUANG, WEN FAN 黄文範 (1925-)

Yi ren 毅人
XIAO, JUN 萧军 (1907-1988)

Yi ren 毅人
LI, TIAN HU 李天祜 (1916-)

Yi ren 一人
WANG, XU DONG 王旭东 (1938-)

Yi ren 弋人
CHENG, DAI XI 程代曦 (1927-)

Yi ren 弋人
WANG, WEN BIN 王文彬 (1928-)

Yi ren 弋人
DAI, MING XIAN 戴明贤 (1935-)

Yi ren 忆人
HUANG, WEN FAN 黄文範 (1925-)

YI, REN ZHI 伊任之 (1913-)
Ruan, Qian 阮潜
Yi, Ming 伊明

Yi, Rong 易荣
YE, ZHANG RONG 叶章蓉 (1928-)

Yi, Ru 易孺
YI, TING XI 易廷熹 (1874-1941)

Yi ru 一如
WANG, REN SHU 王任叔 (1901-1972)

Yi ru 一如
FANG, HE CHEN 方荷臣

Yi ru 一如
SHI, YI RU 史一如

Yi ru 一孺
LIANG, YI RU 梁一儒 (1936-)

Yi ru 翼如
LUO, SHU SI 罗书肆 (1918-1982)

Yi, Ruo 衣若
ZHAO, ZHEN WAN 赵镇琬 (1938-)

Yi, Ruo 易若
SHEN, YAN BING 沈雁冰 (1896-1981)

Yi ruo 亦若
WEI, ZHAO FENG 魏照风 (1913-)

Yi san 忆三
WANG, REN SHU 王任叔 (1901-1972)

Yi san 益三
QIN, YUN ZHANG 秦运章 (1906-)

Yi sao 一骚
YANG, WEI QUAN 杨维铨 (1900-1957)

Yi se 一色
WEI, WEN HAO 韦文豪 (1933-)

Yi seng 乙僧
SHEN, ZENG ZHI 沈曾植 (1850-1922)

Yi seng 意僧
ZHANG, XIA CHANG 张遐昌 (1916-)

Yi, Sha 衣莎
PAN, DU QING 潘独清 (1917-)

Yi sha 一刹
FAN, JIAN 範坚 (1954-)

Yi sha 艺莎
TAN, JIN CHAO 谭锦超 (1933-)

Yi sha 以沙
LUO, TING 罗廷 (1918-)

Yi, Sha bei 依莎贝
NI, YI SHU 倪亦舒 (1946-)

Yi, Shan 易山
LIU, YI SHAN 刘益善 (1950-)

Yi shan 一山
WANG, ZHENG 王政 (1914-)

Yi shan 一山
ZHANG, YI SAN 张益三 (1921-)

Yi shan 亦山
QIU, GUO PING 丘国平 (1949-)

Yi shan 宜山
LI, ZHI HUA 李之华 (1916-)

Yi shan 益山
ZHANG, YI SAN 张益三 (1921-)

Yi shan 移山
ZENG, QI 曾琦 (1892-1960)

Yi shan 移山
PAN, HAN NIAN 潘汉年 (1905-1977)

Yi shan 移山
FU, LEI 傅雷 (1908-1966)

Yi shan 移山
TU, YI HUI 涂裔辉 (1937-)

Yi shan 逸珊
ZHONG, LI ZHU 钟丽珠 (1929-)

Yi shan 意珊
CHEN, QI SU 陈启肃 (1911-1975)

Yi shan 黟山
SHU, WEI GUANG 舒炜光 (1932-1988)

YI, SHANG LUN 依尚伦 (1918-)
Yi, Fan 依凡
Yi, Feng lu 依风露

Yi shang ren 圯上人
CHEN, XUN ZHENG 陈训正 (1872-1944)

Yi shao 一勺
MI, WEN KAI 糜文开 (1909-)

Yi shao 一勺
XIE, FU SEN 谢复森 (1919-)

Yi she 亦舍
NI, LONG SHENG 倪隆盛 (1927-)

Yi sheng 一声
FENG, NAI CHAO 冯乃超 (1901-1983)

Yi sheng 一声
GU, YI XING 顾亦兴 (1932-)

Yi sheng 艺声
WANG, JUN JIE 王俊傑 (1927-)

Yi sheng 亦生
YUAN, YU BING 袁玉冰 (1899-1927)

Yi sheng 宜生
SHEN, YAN BING 沈雁冰 (1896-1981)

Yi sheng 宜生
TANG, DUAN YI 唐端毅 (1913-1992)

Yi sheng 怡生
WANG, AN FU 王安府 (1905-)

Yi sheng 祎升
LI, YI SHENG 李义生 (1943-)

Yi sheng 逸生
WANG, REN SHU 王任叔 (1901-1972)

Yi sheng 逸生
WU, SONG GU 吴松谷 (1907-)

Yi sheng 逸生
LIU, RI BO 刘日波 (1917-)

Yi sheng 毅生
ZHENG, TIAN TING 郑天挺 (1899-1981)

Yi sheng 毅生
HE, SHI QUAN 何世权 (1916-)

Yi, Shi 伊始
LU, QING BIAO 鲁庆彪 (1948-)

Yi, Shi 易士
LU, YU 路逾 (1913-)

Yi shi 一士
XU, REN JIN 徐仁锦 (1888-1961)

Yi shi 一士
XU, REN YU 徐仁钰 (1890-1971)

Yi shi 一士
TANG, DUAN YI 唐端毅 (1913-1992)

Yi shi 一士
WANG, RONG 王嵘 (1938-)

Yi shi 一士
LI, JIAN FENG 李建丰

Yi shi 一石
ZANG, YUAN WANG 臧瑗望 (1903-1946)

Yi shi 一石
WU, BING NAN 吴炳南 (1929-)

Yi shi 一石
SUN, YU SHI 孙玉石 (1935-)

Yi shi 一是
QIU, XIN MIN 邱新民 (1914-)

Yi shi 以石
TONG, JI LIN 童霁霖 (1909-1979)

Yi shi 亦石
QIAN, CHENG 钱城 (1889-1938)

Yi shi 亦石
SONG, SHU LU 宋淑禄 (1921?-)

Yi shi 羿矢
WANG, REN SHU 王任叔 (1901-1972)

Yi shi 益石
JIN, CHUN FENG 金春峰 (1935-)

Yi shi 逸士

WANG, REN SHU 王任叔 (1901-1972)

Yi shi 佾士
LÜ, YAO TING 吕耀庭 (1937-)

Yi shi 怡石
MA, DE LIN 马德林 (1936-)

Yi shi feng 益世风
HAN, WEN DA 韩文达 (1917-)

Yi shi feng 逸世风
HAN, WEN DA 韩文达 (1917-)

Yi shi feng 宜时风
HAN, WEN DA 韩文达 (1917-)

Yi shi lao ren 怡适老人
YAN, QUN 严群 (1907-1985)

Yi shi lou zhu 疑史楼主
WANG, JI YOU 王季友 (1910-1979)

Yi shi shi 佚史氏
YAO, GUANG 姚光 (1918-1945)

Yi shi shi 译史氏
YAN, FU 严復 (1854-1921)

Yi shi shi 逸史氏
LIANG, QI CHAO 梁启超 (1873-1929)

YI, SHI XIONG 衣仕雄 (1928-)
Qu, Chen ren 曲辰人
Yi, Yi tian 依易天

Yi, Shu 伊恕
HUANG, JIA DONG 黄甲东 (1913-)

Yi shu 亦舒
NI, YI SHU 倪亦舒 (1946-)

Yi shu 怡墅
ZHU, YI SHU 朱以书 (1904-)

Yi shu bian zhe 艺术编者
SHEN, DUAN XIAN 沈端先 (1900-1995)

Yi, Shu han 易叔寒
GUO, SI FEN 郭嗣汾 (1919-)

Yi shu pan tu 艺术叛徒
LIU, HAI SU 刘海粟 (1896-)

Yi, Shui 易水
FENG, XUE FENG 冯雪峰 (1903-1976)

Yi, Shui 易水
TIAN, BO YANG 田波扬（1904-1927）

Yi, Shui 易水
AI, DI CHEN 艾涤尘 (1905-1975)

Yi, Shui 易水
JIN, CHUN BIN 金纯斌 (1913-)

Yi, Shui 易水
FANG, JIA QI 方家齐 (1914-)

Yi, Shui 易水
YANG, GUI SEN 杨桂森 (1920-)

Yi, Shui 易水
ZHANG, QIN ZU 张钦祖 (1927-)

Yi, Shui 易水
ZHANG, KE QIN 张克勤 (1930-)

Yi, Shui 易水
TANG, LONG FA 汤龙发 (1932-)

Yi, Shui 易水
TIAN, LING 田灵

Yi shui 艺水
ZHENG, YU SHUI 郑玉水 (1938-)

Yi shui 亦水
CHEN, SHI YUAN 陈世远 (1958-)

Yi, Shui chou 易水愁
AI, JIA ZHENG 艾家政 (1925-)

Yi, Shui han 易水寒
GUO, SI FEN 郭嗣汾 (1919-)

Yi, Shui han 易水寒
WANG, HUI 王慧 (1956-)

Yi, Shui wen 易水温
QIAN, TONG 钱彤 (1912-1946)

YI, SHUN DING 易顺鼎 (1858-1920)
Bi hu qiu meng ci ren 碧湖秋梦词人
Chan qi zhai 忏绮斋
Chan qi zhai zhu ren 忏绮斋主人
Ku an 哭厂
Ku an 哭庵
Ku an 哭盦
Lan, Jia 兰伽
Long yang cai zi 龙阳才子
Mei jia 眉伽
Mei xin 眉心
Mo wei ge 摩围阁
Qin, Zhi lou 琴志楼
Shi, Fu 石甫
Shi fu 实父
Shi fu 实甫
Shuo fu 硕甫
Yi an 一厂
Yi shuo 易硕
Yu xu zi 玉虚子
Zhong shi 中实
Zhong shi 种石
Zhong, Shuo 仲硕
Zhong shuo 中硕
Zhong yong 中庸

Yi, shuo 易硕
YI, SHUN DING 易顺鼎 **(1858-1920)**

Yi si feng 一丝风
HAN, WEN DA 韩文达 **(1917-)**

Yi si feng 乙巳风
HAN, WEN DA 韩文达 **(1917-)**

Yi song 屹松
LIANG, LI SONG 梁立松 **(1944-)**

Yi sou 乙叟
SHEN, ZENG ZHI 沈曾植 **(1850-1922)**

Yi sou 乙叟
SHEN, ZENG ZHI 沈曾植 **(1850-1922)**

Yi sou 逸叟
QIAN, XUAN TONG 钱玄同 **(1887-1939)**

Yi sou 逸叟
WANG, YI 王毅 **(1915-)**

Yi sou 逸叟
WU, DE YI 伍德彝

Yi, Su 伊粟
ZHANG, CHANG HAI 张常海 **(1930-)**

Yi su 一粟
YU, CE 俞侧 **(1887-1938)**

Yi su 一粟
CAI, JIA GUI 蔡家桂 **(1903-)**

Yi su 一粟
ZHU, NAN XIAN 朱南铣 **(1916-1970)**

Yi su 一粟
WEN, BO PING 文伯屏 **(1927-)**

Yi su 一粟
ZHOU, SHAO LIANG 周绍良

Yi sun 怡荪
XU, DI TANG 许棣棠 **(-1919)**

Yi sun 贻荪
XU, XI LIN 徐锡麟 **(1873-1907)**

Yi tai 以太
HUANG, FU 黄郛 **(1880-1936)**

Yi tai 以太
WANG, PENG FEI 王鹏飞

Yi tang 乙堂
LUO, XIANG LIN 罗香林 **(1906-1978)**

Yi tang 逸塘
WANG, YI TANG 王揖唐 **(1877-1946)**

Yi tao 以滔
WU, YI TAO 吴以滔 **(1920-1972)**

Yi tao 亦陶
HUANG, KAN 黄侃 **(1886-1935)**

Yi, Teng 依藤
WANG, KAI JING 汪开竞 **(1912-1976)**

Yi tian 一天
QU, QIU BAI 瞿秋白 **(1899-1935)**

Yi tian 一天
WANG, JUN PING 王均平 **(1907-)**

Yi tian 忆恬
YANG, YUN E 杨云鹗 **(1910-1991)**

Yi, Tiao 易窕
YANG, FU DONG 杨复冬 **(1922-1978)**

Yi tiao 一窕
YANG, FU DONG 杨复冬 **(1922-1978)**

YI, TING XI 易廷熹 **(1874-1941)**
A da 阿大
An gong 岸公
Bu xuan 不玄
Da an 大庵
Da chai 大拆
Dai gong 待公
Dai weng 待翁
He shan lao ren 鹤山老人
He shan yi ru 鹤山易孺
Hua lin ci ke 花邻词客
Jian, Huan 简宧
Jue jing 绝景
Jue ting 玦亭
Lao tun 老屯
Min zhu lao ren 民主老人
Nan hua lao ren 南华老人
Nian an 念龕
Nian gong 念公
Ru zhai 孺斋
Su kan 甦龛
Su, kan 苏龛
Tun weng 屯翁
Wai zhai 外斋
Wei, Zhai 韦斋
Wei, Zhai 魏斋
Wu nian 无念
Xiao gu 孝穀
Yi liu ci ren 依柳词人
Yi, Da an 易大厂
Yi, Gan 易感
Yi, Ji fu 易季復
Yi, Ru 易孺
Yi, Wei zhai 易韦斋
Yi, Xi 易熹
Zui min 晬民

Yi ting 一汀

JIANG, HUA 姜华 (1950-)

Yi ting 怡婷
ZHUO, YI DING 卓以定 (1944-)

Yi, Tong 伊仝
SONG, JIU ZHI 宋九祉 (1917-)

Yi, Tong 伊童
SONG, JIU ZHI 宋九祉 (1917-)

Yi tong 仪通
WANG, SHI TONG 王式通 (1863-1931)

Yi tong 亦同
GUAN, DA TONG 管大同 (1913-1981)

Yi, Tu 伊土
WANG, ZHEN HUAN 王振寰 (1910-1973)

Yi tu 一土
WANG, CHANG GUANG 王长光 (1920-)

Yi tu 一土
WANG, JIAN 王俭 (1958-)

Yi, Wa 伊娃
LI, QI HUA 李启华 (1939-)

Yi, Wa 伊娃
JU, YING 鞠英 (1957-)

Yi, Wa 衣娃
CAO, LÜ MING 曹履铭 (1942-)

Yi, Wan ge 伊万葛
ZHI, ZHEN YUAN 支振垣 (1919-)

Yi, Wei 伊卫
LI, MAO SHENG 李茂盛 (1941-)

Yi, Wei 伊惟
GAO, HUA 高桦 (1935-)

Yi, Wei 伊维
WANG, YI FEI 王一飞 (1899-1928)

Yi, Wei 易薇
FU, YONG 傅永 (1925-)

Yi wei 一苇
ZHANG, JI LUAN 张季鸾 (1888-1942)

Yi wei 一苇
WEI, JIE SAN 韦杰三 (1903-1926)

Yi wei 一苇
ZHU, YI WEI 朱一苇 (1909-1987)

Yi wei 一苇
CHEN, DI FAN 陈涤凡 (1909-)

Yi wei 一苇
CHEN, ZHAO ZHANG 陈兆璋 (1923-)

Yi wei 一苇
FAN, HONG TU 樊宏图 (1928-)

Yi wei 一苇
JIANG, YI WEI 姜贻伟 (1949-)

Yi wei 一味
LI, WEN TAO 李文涛 (1880-1942)

Yi wei 乙苇
ZHU, YI WEI 朱一苇 (1909-1987)

Yi wei 忆薇
YANG, RUI LIN 杨瑞麟 (1911-1989)

Yi, Wei zhai 易韦斋
YI, TING XI 易廷熹 (1874-1941)

Yi, Wen 易文
YANG, YAN QI 杨彦歧 (1920-1978)

Yi wen 一文
QIAO, WEN NI 乔文猊 (1919-)

Yi wen 一文
TIAN, SHI YUAN 田世源 (1919-)

Yi wen 一文
CHEN, SHAO HUA 陈少华 (1949-)

Yi wen 一雯
FENG, RUN ZHANG 冯润章 (1902-1994)

Yi wen 以文
SHI, YI LIN 施逸霖 (1905-)

Yi wen 以文
JIANG, HAI RUI 蒋海瑞 (1922-)

Yi wen 以文
SU, FENG XI 苏凤喜 (1941-)

Yi wen 以雯
GAN, YI WEN 甘以雯 (1954-)

Yi wen 亦文
ZHU, SHOU QING 朱寿青 (1920-)

Yi wen 亦文
LI, WEN 李文 (1924-)

Yi wen 亦文
HAO, BIN SHENG 郝斌生 (1956-)

Yi wen 亦闻
ZHANG, SHAO WU 张少武 (1933-)

Yi wen 宜文
LI, WEN 李文 (1924-)

Yi wen 轶闻
HE, KAI RONG 何开荣 (1907-1952)

Yi wen 益文
ZHAO, SHU LI 赵树礼 (1906-1970)

Yi wen 逸文

WANG, LI AN 汪立安 (1902-)

Yi wen 逸文
WANG, JIANG HAN 王江汉

Yi wen 逸汶
XU, XUE WEN 徐学文

Yi wen 毅文
LIU, XIN HUANG 刘心皇 (1915-)

YI, WEN CHENG 伊文成 (1928-)
Ge, Ming 葛明
Yi, Ren 伊人

Yi wen she tong ren 译文社同人
ZHOU, SHU REN 周树人 (1881-1936)

Yi weng 乙翁
LI, QING YING 黎庆瀛 (1892-1978)

Yi weng 逸翁
XIONG, DING ZHONG 熊定中 (1885-1968)

Yi weng 逸翁
LIU, WEI 刘蔚 (1925-)

Yi weng 颐翁
PAN, TIAN SHOU 潘天寿 (1897-1971)

Yi wo 亦我
CUI, GONG DING 崔恭定 (1864-1937)

Yi wu 一无
FANG, JIA QI 方家齐 (1914-)

Yi wu 一无
ZENG, YAN XIU 曾彦修 (1919-)

Yi wu 一芜
XIAO, JIA LIN 萧家林 (1919-)

Yi wu 亦吾
LI, BAO QIANG 李宝强 (1937-)

Yi wu 亦吾
ZHANG, ZHEN GUO 张振国 (1937-)

Yi wu 亦武
HAO, BIN SHENG 郝斌生 (1956-)

Yi wu 夷吾
FANG, JIA QI 方家齐 (1914-)

Yi wu 益吾
WANG, XIAN QIAN 王先谦 (1842-1917)

Yi wu 疑珷
SHEN, CONG WEN 沈从文 (1902-1988)

Yi wu 毅武
XIAO, YU TANG 萧玉堂 (1914-1977)

Yi wu sheng 一无生
WANG, SEN RAN 王森然 (1895-1984)

Yi, Xi 易熹
YI, TING XI 易廷熹 (1874-1941)

Yi xi 荑蹊
ZHANG, TING QIAN 章廷谦 (1901-1981)

YI, XI GAO 易希高 (1942-)
Ai, Si 艾斯
Li, Xiang jun 李湘军
Lu, Bian cao 路边草
Yuan, Zhang 元璋

Yi xi lao ren 一息老人
JIN, LIANG 金梁 (1878-1962)

Yi xian 逸仙
MEI, GONG BIN 梅龚彬 (1901-1975)

Yi xian 宜闲
HU, ZHONG CHI 胡仲持 (1900-1968)

YI, XIAN GEN 易先根 (1937-)
Lu ye 芦野

Yi, Xiang 易象
CAI, YAN PEI 蔡炎培 (1935-)

Yi xiang 一相
LI, WEN TAO 李文涛 (1880-1942)

Yi xiang 翼翔
BAI, SHOU YI 白守义 (1936-)

Yi xiao 一笑
CHENG, TAI ZHONG 成泰忠 (1951-)

Yi xiao 逸霄
JIANG, YI XIAO 蒋逸霄

Yi xiao 意晓
WANG, ZHEN GONG 王箴躬 (1936-)

Yi xiao miao 艺小苗
YANG, YOU DE 杨友德 (1931-)

Yi xiao nü shi 逸霄女士
JIANG, YI XIAO 蒋逸霄

Yi xie 一蟹
QIAN, JING FANG 钱静方

Yi xin 一心
CHANG, XUE YONG 常学墉 (1911-)

Yi xin 一心
XIAO, CHUAN WEN 萧传文 (1916-)

Yi xin 一心
LIU, XIAO MEI 刘晓梅 (1950-)

Yi xin 一心
ZHOU, JING RONG 周静容

Yi xin 一信
XU, RONG QING 徐荣庆 (1931-)

Yi xin 乙心
KE, LI MEI 柯丽美

Yi xin 义昕
CHEN, YAN PING 陈岩平

Yi xin 弋心
YANG, BEN 杨奔 (1928-)

Yi xin 忆新
DU, YU XIN 杜玉新

Yi xin 艺辛
MEI, YI XIN 梅意辛 (1953-)

Yi xin 以昕
ZHAO, YI XIN 赵以昕

Yi xin 以信
WANG, FU MIN 王福民 (1919-)

Yi xin 奕馨
YING, FENG HUANG 应凤凰 (1950-)

Yi xin 益心
LU, DE QING 陆德庆 (1939-)

Yi xin 毅新
WANG, SHU YU 王淑玉 (1923-)

Yi, Xing 伊行
YE, DU CHU 叶笃初 (1933-)

Yi, Xing 伊星
YIN, BO SHENG 尹伯生 (1930-)

Yi xing 一星
WANG, SHI YING 王世瑛 (1899-1945)

Yi xing 一星
HOU, YAO 侯曜 (1900-1945)

Yi xing 一星
CAO, KUI YI 曹奎一 (1934-)

Yi xiong 亦雄
HUANG, CHANG WEI 黄昌炜 (1899-1927)

Yi xiu 一秀
ZHANG, QING GUANG 张清广 (1921-)

Yi xiu 亦秀
MU, SHAO LIANG 沐绍良 (1912-1969)

YI, XIU LUO 易修洛 (1918-)
Su, Luo 苏洛

YI, XIU QUAN 易秀泉 (1921-1961)
Shi, Chou 石俦

Yi xu 一序
ZHENG, LI SHENG 郑丽生 (1911-)

Yi xuan 一玄
TANG, YAO 唐曜

Yi xuan 忆萱
LIU, FENG ZHANG 刘奉仉 (1939-)

Yi xuan 亦玄
CHEN, YU QING 陈玉庆 (1918-)

Yi, Xue 伊雪
YIN, XUE FANG 尹学方 (1964-)

YI, XUE YIN 伊学尹 (1937-)
Luo yi 洛毅

Yi xun 翊勳
YUN, YI QUN 恽逸群 (1905-1978)

Yi, Ya 伊亚
YIN, SHU YI 尹树义 (1958-)

Yi ya 益厓
WANG, ZHONG QI 王锺麒 (1897-)

Yi, Yan 伊岩
ZHANG, YI YAN 张伊岩 (1962-)

Yi, Yan 易言
LIU, XI CHENG 刘锡诚 (1935-)

Yi, Yan 易炎
LIU, GUI BEN 刘贵本 (1926-)

Yi yan 一言
WANG, YAN 王琰 (1914-)

Yi yan 一言
GUAN, HAN 关汉 (1930-)

Yi yan 一烟
YAN, YU FANG 颜毓芳 (1912-)

Yi yan 一雁
HE, SHI JUN 何时俊 (1887-1944)

Yi yan 一燕
SHAO, YAN ZHEN 邵燕祯 (1939-)

Yi yan 宜言
LI, PING JIN 李屏锦 (1938-)

Yi, Yang 伊洋
OU, YI YANG 鸥一洋 (1936-)

Yi, Yang 易扬
LI, KE YUN 李克筠

Yi yang 一阳
JIANG, LIAN SHENG 蒋廉声 (1932-)

Yi yang 亦杨
YANG, ZHEN YUAN 杨振元 (1926-)

Yi, Ye 易也
FU, SHI KUI 富世魁 (1949-)

Yi, Ye 弋野
SHANG, XIAO BAI 商晓白

Yi ye 一叶
LOU, JIAN NAN 楼建南 **(1905-)**

Yi ye 一叶
LIANG, YI 梁漪 **(1925-)**

Yi ye 一叶
WU, YUN SEN 吴云森 **(1929-)**

Yi ye 一叶
YE, DA HUAI 叶大槐 **(1934-)**

Yi ye 一叶
YANG, ZHI QIU 杨知秋 **(1939-)**

Yi ye 一野
ZOU, DE HONG 邹德鸿 **(1922-)**

Yi ye 怡野
ZHU, YI SHU 朱以书 **(1904-)**

Yi, Yi 易一
HE, ZHANG 何章

Yi, Yi 伊伊
YANG, ZHEN YI 杨振衣 **(1944-)**

Yi, Yi 伊伊
HUANG, ZHEN YI 黄振彝

Yi, Yi 依依
HE, QIAO CHAN 何巧婵 **(1954-)**

Yi, Yi 依依
HUANG, ZHEN YI 黄振彝

Yi yi 夷羿
WANG, REN SHU 王任叔 **(1901-1972)**

Yi yi 怡簃
WENG, LIN SHENG 翁麟声 **(1910-)**

Yi yi 轶鎰
QIAN, JING XUE 钱景雪 **(1918-)**

Yi yi 遗遗
LIU, XI FU 刘喜富 **(1925-)**

Yi yi 毅怡
HU, JIA CHENG 胡家骢 **(1924-)**

YI, YI MOU 伊贻谋
Yi, Bai ting 伊白汀

Yi, Yi tian 依易天
YI, SHI XIONG 衣仕雄 **(1928-)**

Yi, Yin 伊因
CHEN, YAN 陈言 **(1967-)**

Yi yin 一吟
SHEN, XIAO LAN 申小兰 **(1942-)**

Yi yin 一音
LI, WEN TAO 李文涛 **(1880-1942)**

Yi yin he shang 一音和尚
LI, WEN TAO 李文涛 **(1880-1942)**

Yi yin shi 宜隐室
WU, YU 吴虞 **(1872-1949)**

Yi, Ying 易应
DAI, MENG OU 戴梦鸥 **(1905-1950)**

Yi ying 亦英
ZHU, BAI YING 祝百英 **(1902-)**

Yi, Yong 易庸
LIAO, JIA QUAN 廖家权 **(1907-1990)**

YI, YOU MEI 伊友梅 **(1939-)**
Yi mei 逸梅

Yi, Yu 衣鱼
LIU, XIN HUANG 刘心皇 **(1915-)**

Yi, Yu 易予
YANG, GUI SHAN 杨贵山 **(1933-)**

Yi yu 一羽
NIE, YUN LAN 聂云岚

Yi yu 一余
LIANG, MIN 梁民

Yi yu 一愚
LUO, SHU SI 罗书肆 **(1918-1982)**

Yi yu 亦愚
BAO, HUI SENG 包惠僧 **(1894-1979)**

Yi yu 亦愚
XIANG, ZHUO 项拙

Yi yu 抑郁
RAO, SHI HAI 饶世海 **(1967-)**

Yi yu shan ren 疑雨山人
CHEN, YI SONG 陈逸松 **(1907-)**

Yi, Yuan 易元
LUO, QI YUAN 罗绮园 **(1893-1931)**

Yi yuan 怡园
ZHOU, QING YUN 周庆云 **(1864-1933)**

Yi yuan 谊远
ZENG, YONG YI 曾永义 **(1941-)**

Yi yuan 逸园
GUO, ZE YUN 郭则澐 **(1884-1940)**

Yi yuan 意园
YI, JIA YUE 易家钺 **(1898-1972)**

Yi yuan 頤渊
JING, HENG YI 经亨颐 **(1877-1938)**

Yi, Yue 伊越
LIN, YI HUA 林益华 **(1951-)**

Yi yue 一月
LI, WEN TAO 李文涛 **(1880-1942)**

Yi yue an dong ling 一月安东令
WU, JUN QING 吴俊卿 **(1844-1927)**

Yi, Yun 伊云
CHEN, SU YUN 陈素云 **(1952-)**

Yi, Yun 衣云
ZHANG, QING JI 张庆吉 **(1916-)**

Yi yun 一韵
FANG, PU 方朴 **(1956-)**

Yi yun 弋云
QIN, TIAN EN 覃天恩 **(1924-)**

Yi yun 忆云
CHEN, YI FAN 陈彝范 **(1860-1913)**

Yi yun 亦云
SHEN, JING YING 沈景英 **(1894-1971)**

Yi yun 亦昀
HUANG, MEI YING 黄梅影 **(1951-)**

Yi yun 异云
LI, WEI JIAN 李惟建 **(1907-1981)**

Yi yun 翊云
JIANG, YONG 江庸 **(1877-1960)**

Yi yun 逸云
JIANG, YONG 江庸 **(1877-1960)**

Yi yun 逸云
ZHOU, YUN QIN 周蕴琴 **(1948-)**

Yi yun 逸云
LIN, YUE SI 林月丝 **(1954-)**

Yi yun 漪云
CHEN, GUANG MEI 陈光美 **(1913-1997)**

Yi yun 疑云
CHEN, HONG ZHOU 陈鸿洲 **(1936-)**

Yi yun 毅云
SHEN, TONG HENG 沈同衡 **(1914-)**

Yi yun 翼云
JIANG, YONG 江庸 **(1877-1960)**

Yi, Yun qiao 易云樵
YI, ZHEN JIU 易贞九 **(1903-)**

Yi ze zi 夷则子
HANG, SHEN XIU 杭慎修 **(1869-1924)**

Yi zhai 以斋
ZHANG, QING RONG 张清荣 **(1902-1955)**

Yi zhai 逸斋
LI, QING YING 黎庆瀛 **(1892-1978)**

Yi zhai zhu ren 毅斋主人
HU, SHI 胡适 **(1891-1962)**

Yi zhang 一张
ZHANG, LIN LAN 张林岚 **(1922-)**

Yi, Zhao 易兆
ZHANG, FA 张发 **(1939-)**

Yi zhe 义哲
SHI, CHANG YI 史长义 **(1963-)**

Yi zhe 医者
GU, JIAN ZHI 辜健智 **(1944-)**

Yi zhe 译者
ZHOU, SHU REN 周树人 **(1881-1936)**

Yi zhe 译者
ZHENG, ZHEN DUO 郑振铎 **(1898-1958)**

Yi zhe 颐者
PAN, TIAN SHOU 潘天寿 **(1897-1971)**

Yi zhen 一真
MU, DE HUI 穆德辉 **(1924-)**

Yi zhen 一真
WANG, XING FA 王兴发 **(1949-)**

Yi zhen 夷贞
FU, RU CHENG 宓汝成 **(1924-)**

Yi zhen 宜真
LI, XIU 李秀 **(1940-)**

Yi zhen 逸珍
ZHANG, ZHEN ZHEN 张珍珍 **(1955-)**

Yi, Zhen feng 易阵风
QU, QIU BAI 瞿秋白 **(1899-1935)**

YI, ZHEN JIU 易贞九 **(1903-)**
Yi, Yun qiao 易云樵

YI, ZHENG 易征 **(1930-)**
Chu, Tian shu 楚天舒

Yi, Zhi 依知
ZHENG, ZHEN DUO 郑振铎 **(1898-1958)**

Yi, Zhi 易之
YAN, DUN YI 严敦易 **(1905-1962)**

Yi, Zhi 易之
ZHANG, TIAN YI 张天翼 **(1906-1985)**

Yi, Zhi 易之
ZHOU, XIU ZHAN 周修展 **(1925-)**

Yi, Zhi 易之
YANG, MING 杨明 **(1928-)**

Yi, Zhi 易之
SHANG, QING XI 商庆玺 **(1929-)**

Yi zhi 一之
SHEN, DUAN XIAN 沈端先 **(1900-1995)**

Yi zhi 一之
ZHAO, QI WEN 赵其文 **(1903-1980)**

Yi zhi 一之
LUO, XIANG LIN 罗香林 **(1906-1978)**

Yi zhi 一之
ZHANG, TIAN YI 张天翼 **(1906-1985)**

Yi zhi 一之
QIAN, JIA JU 千家驹 **(1909-)**

Yi zhi 一之
SONG, CHENG SHU 宋承书 **(1922-)**

Yi zhi 一之
XUE, ZHONG QI 薛仲琦 **(1927-)**

Yi zhi 一之
YANG, MING 杨明 **(1928-)**

Yi zhi 一之
WANG, YI ZHI 王一之 **(1931-)**

Yi zhi 一止
LIN, ZHENG HE 林正和

Yi zhi 一志
WANG, REN SHU 王任叔 **(1901-1972)**

Yi zhi 一枝
LI, BAI HUA 李白华 **(1898-)**

Yi zhi 一知
XIA, ZHENG HE 夏正和 **(1904-)**

Yi zhi 一知
FENG, DENG YING 冯登瀛 **(1908-)**

Yi zhi 一知
LI, PI YE 李丕业 **(1940-)**

Yi zhi 一指
YAN, QUN 严群 **(1907-1985)**

Yi zhi 义之
SHANG, REN YI 尚仁义 **(1951-)**

Yi zhi 亦支
HUANG, KE JING 黄克靖 **(1920-)**

Yi zhi 亦知
WANG, YI ZHI 王一之 **(1931-)**

Yi zhi 异之
XIA, CHENG TAO 夏承焘 **(1900-1986)**

Yi zhi 异植
CHEN, YI ZHI 陈义芝 **(1953-)**

Yi zhi 宜之
ZHANG, REN YI 张仁义 **(1928-)**

Yi zhi 宜之
LIU, ZUO YI 刘作义 **(1932-)**

Yi zhi 漪之
CHEN, GUANG MEI 陈光美 **(1913-1997)**

Yi zhi 毅之
ZHANG, YI DONG 张奕东 **(1926-)**

Yi zhi 翼之
ZHANG, TIAN YI 张天翼 **(1906-1985)**

Yi zhi 翼之
YANG, TING DONG 杨廷栋

Yi, Zhi mei 伊之美
WANG, GUAN QUAN 王观泉 **(1932-)**

YI, ZHI QUN 易至群 **(1938-)**
Yi, Zi 易子

Yi zhi yi 一枝颐
LAI, JI XUN 来稷勋 **(1904-1976)**

Yi, Zhong 伊仲
HUANG, BING HUI 黄炳晖 **(1915-1979)**

Yi zhong 艺钟
WANG, KANG FU 王抗夫

Yi zhong 以中
WANG, YONG 王庸 **(1899-1956)**

Yi zhong 怡中
SHEN, KUN 沈琨

Yi zhong 逸钟
HONG, YI BIN 洪宜宾 **(1945-)**

Yi zhong hong 宜仲弘
SUN, SHU YU 孙述宇 **(1933-)**

Yi, Zhong xi 伊仲晞
OU YANG, CHANG ZHAO 欧阳常昭 **(1928-)**

Yi zhou 一舟
HONG, WEI JI 洪为济 **(1912-)**

Yi zhou 一舟
SONG, RU ZHAO 宋汝昭 **(1914-1956)**

Yi zhou 一舟
ZHOU, MEI JUAN 周美娟 **(1940-)**

Yi zhou 一舟
GUO, MING KUN 郭明昆

Yi zhou 忆舟
ZHANG, SHU LÜ 张叔吕 **(1923-)**

Yi, Zhu 易筑
SU, YUAN LEI 苏渊雷 **(1908-)**

Yi zhu 奕朱
CHEN, SHU FANG 陈淑芳 **(1941-)**

Yi zhu 荑珠
YANG, JI YUN 杨霁云 **(1910-)**

YI, ZHU XIAN 易竹贤 **(1935-)**
Chu, Xun 楚讯

Yi zhuang 逸莊
WU, DE YI 伍德彝

Yi zhuang 懿莊
WU, DE YI 伍德彝

YI, ZHUN 易准 **(1931-)**
He, Cui 何淬
He, Li sheng 贺砺生
Li, Jing tao 李静涛
Liang, Fei 梁飞
Lü, Yan zhu 吕研竹
Wei ming 未名
Wu qing 芜青
Zhu, Hai sheng 朱海生
Zhu, Ruo 朱若

Yi, Zhuo 易卓
YANG, LIAN ZHENG 杨廉政 **(1900-1946)**

Yi, Zi 易子
YI, ZHI QUN 易至群 **(1938-)**

Yi zi 宜子
WANG, JIAN HONG 王涧泓 **(1946-)**

Yi zu 一足
DENG, TIE 邓铁 **(1898-1963)**

Yi zu 一卒
HE, SONG LING 何崧龄 **(1889-1977)**

Yi zu 一卒
LOU, JIAN NAN 楼建南 **(1905-)**

Yi zu 一卒
WANG, XI ZHEN 王希珍 **(1962-)**

Yi zu 医卒
WU, SONG GU 吴松谷 **(1907-)**

Yi zu sou 一足叟
DENG, TIE 邓铁 **(1898-1963)**

Yi zun 一尊
ZHOU, SHU REN 周树人 **(1881-1936)**

Yin 因
ZHAO, SHI YAN 赵世炎 **(1901-1927)**

Yin 吟
LIU, XI FU 刘喜富 **(1925-)**

Yin 胤
LI, WEN TAO 李文涛 **(1880-1942)**

Yin 茵
MENG, XIAN QI 孟宪棨 **(1902-1976)**

Yin 荫
ZHU, DE AN 朱德安 **(1901-1941)**

Yin 荫
CHEN, YAO MIN 陈耀民 **(1927-)**

Yin 音
LI, WEN TAO 李文涛 **(1880-1942)**

Yin 音
ZHONG, MEI YIN 钟梅音 **(1922-1984)**

Yin 殷
CHANG, ZHONG YUAN 常钟元 **(1913-1982)**

Yin 絪
LIAO, ZONG GANG 廖宗刚 **(1918-)**

Yin an 隐庵
ZHOU, XIANG 周湘 **(1871-1933)**

Yin, Bai 尹柏
JIANG, YAN BIN 江延滨 **(1937-)**

Yin, Bai 殷白
ZHANG, HE LING 张鹤龄 **(1917-)**

Yin, Bai 殷白
ZHANG, DU QIU 张笃秋

Yin, Bai 殷柏
PENG, HUANG 彭璜

Yin bai 因百
ZHENG, QIAN 郑骞 **(1906-1991)**

Yin bai 荫柏
PENG, HUANG 彭璜

Yin bai 音白
CAI, YI ZHONG 蔡义忠 **(1924-)**

Yin bing 吟冰
TAN, YUAN HENG 谭元亨 **(1948-)**

Yin bing 饮冰
LIANG, QI CHAO 梁启超 **(1873-1929)**

Yin bing shi zhu ren 饮冰室主人
LIANG, QI CHAO 梁启超 **(1873-1929)**

Yin bing zi 饮冰子
LIANG, QI CHAO 梁启超 **(1873-1929)**

Yin bo 音波
XU, GUANG PING 许广平 **(1898-1968)**

Yin bo 音波
TAO, XIONG 陶雄 **(1911-)**

Yin bo 隐波
ZHANG, XIU WEN 张修文 **(1930-)**

YIN, BO KANG 尹伯康 **(1928-)**
Hei, Jian 黑健

YIN, BO SHENG 尹伯生 (1930-)
Bai, Sen 柏森
Yi, Xing 伊星

YIN, CHANG HENG 尹昌衡 (1886-1953)
Shuo quan 硕权
Tai zhao 太昭

Yin, Chang yu 殷常豫
YIN, XU YI 殷叙彝 (1925-)

Yi chao 因巢
WANG, HUAN BIAO 王焕镳 (1900-1982)

Yin che mai 引车卖
LUAN, RU XUN 栾汝勋 (1923-)

Yin, Chen 印臣
WU, CHANG SHOU 吴昌绶

Yin, Chen 殷沉
GU, QI CHENG 顾其城 (1910-)

Yin, Chen 殷塵
JIN, ZU TONG 金祖同 (1912-)

Yin chen 因蔯
LIU, REN FU 刘仁甫 (1922-)

Yin chen 隐尘
LI, YIN CHEN 李隐尘

YIN, CHENG CAN 尹承灿 (1928-)
Huo, Cai 霍才
Huo can 火粲

Yin, Cheng feng 殷乘风
YIN, JIAN BO 殷建波 (1959-)

Yin chuan ren 溵川人
XU, BIN 徐斌 (1935-)

Yin, Cun 印存
WU, CHANG SHOU 吴昌绶

Yin, Da 尹达
LIU, YAO 刘燿 (1906-1983)

YIN, DA CHUN 尹大椿 (1909-)
Yin, Xi shou 尹锡寿

YIN, DE HOU 殷德厚 (1930?-)
De hou 德厚
De long 德隆
Jue tian 觉天
Qi lei 其雷
Qi lei 期雷

YIN, DENG GUO 殷登国 (1950-)
Shang, Du 商都

YIN, DENG XIANG 殷登祥 (1939-)
Ai, Li 艾理

Yin, Di 尹堤
DENG, TUO 邓拓 (1912-1966)

Yin di 隐地
KE, QING HUA 柯青华 (1939-)

Yin, Di yun 尹笛云
YIN, GUAN 尹爟

Yin er 霪儿
ZHENG, YU LI 郑玉礼 (1954-)

Yin, Fan 尹凡
WU, GUAN NIAN 吴冠辇 (1952-)

Yin, Fan 殷凡
ZHANG, LI YUN 张立云 (1921-)

Yin, Fan 殷帆
ZHANG, LI YUN 张立云 (1921-)

Yin fan 茵梵
ZHANG, LI YUN 张立云 (1921-)

Yin fei 吟飞
XIAO, JUN 萧军 (1907-1988)

Yin, Fu 殷夫
XU, ZU HUA 徐祖华 (1909-1931)

Yin, Fu 殷孚
XU, ZU HUA 徐祖华 (1909-1931)

Yin fu 隐夫
DU, XING SHUN 杜兴顺 (1911-1986)

Yin, Gang 殷钢
CHEN, ZHI ANG 陈志昂 (1927-)

Yin ge 茵阁
SHEN, ZENG ZHI 沈曾植 (1850-1922)

Yin ge 音戈
YING, RUO SHI 英若识 (1935-)

Yin ge 廕阁
YU, SHOU YI 余寿颐 (1883-1930)

Yin, Geng 尹庚
LOU, XI 楼曦 (1908-)

Yin, Geng nan 尹耕南
YIN, GUANG RONG 尹光荣 (1918-)

Yin gong 因公
ZOU, EN RUN 邹恩润 (1895-1944)

Yin gong 隐公
GONG, HUAI 龚怀 (1890-1942)

Yin gong 蟫公
JIN, SHU FEN 金树芬 (1895-)

YIN, GUAN 尹爟
Di gong 笛公

Di sou 笛叟
Di sou 篴叟
Tie di 铁笛
Yin, Di yun 尹笛云

Yin, Guang 尹光
YANG, CHAO XI 杨朝熙 (1904-1992)

Yin, Guang 印光
ZHAO, SHENG LIANG 赵圣量 (1861-1940)

Yin guang 饮光
ZHANG, REN JIE 张人杰 (1877-1950)

Yin guang 饮光
LIU, XIANG TING 刘襄亭

YIN, GUANG RONG 尹光荣 (1918-)
Yin, Geng nan 尹耕南
Yin, Xue man 尹雪曼

YIN, GUI HAI 尹贵海 (1931-)
Jin, Tao 金涛

YIN, GUI LIN 殷桂林 (1922-)
Lin, Guang 林光

YIN, GUO MING 殷国明 (1956-)
Shi, Ming 石明
Shi, Ming 石鸣

YIN, GUO QI 鄞国琦 (1936-)
Huai hua 槐华

YIN, HAI 印海
Hui hai 慧海
Yuan xiu 园修

YIN, HAN GUANG 银汉光 (1930-)
Xue, Chen 薛琛

YIN, HAO 殷皓 (1956-)
Xia, Mo 夏末
Zhong, Ding 钟鼎

Yin he 银河
QIU, ZHI MING 邱志明 (1908-)

Yin he 银河
SHEN, PING 申平 (1955-)

Yin, Hong 尹鸿
ZENG, XIAN RUI 曾宪瑞 (1936-)

Yin, Hong 殷红
XIAO, SHENG FU 萧声福 (1964-)

YIN, HONG 殷红
He da zhuang 禾大壮

Yin hong 饮虹
LU, ZHENG SHEN 卢正绅 (1905-1951)

YIN, HONG GUANG 殷宏光 (1957-)
Quan lu 泉露

Yin hong yi 饮虹簃
LU, ZHENG SHEN 卢正绅 (1905-1951)

Yin hong yi zhu ren 饮虹簃主人
LU, ZHENG SHEN 卢正绅 (1905-1951)

Yin hu 饮湖
LIU, GUANG CHENG 刘光城 (1891-1975)

Yin, Hua 尹华
ZHANG, XIANG HUA 张香华 (1939-)

Yin, Hua 阴华
ZHANG, HUAN RONG 张焕容 (1884-1912)

YIN, HUA JIAN 尹华俭 (1942-)
Shi, Lian zi 石莲子
Yin, Yong 尹永

YIN, HUAI WEN 尹怀文
Xiao bu dian 小不点

YIN, HUAN XIAN 殷焕先 (1913-)
Meng, Fei 孟非
Qi, Zhong 齐中
Xu, Zi 徐兹
Yin, Meng fei 殷孟非

YIN, HUI 尹辉 (1949-)
Yong fei 永飞

Yin hui 隐辉
ZHAI, GUO JIN 翟国瑾 (1919-)

Yin, Hui min 尹慧珉
YIN, YI NAN 尹仪南 (1924-)

Yin ji 音吉
TIAN, YIN SHAN 田银山 (1925-)

YIN, JIA SHU 尹嘉书
Yin, Zhi ren 尹之任

YIN, JIAN BO 殷建波 (1959-)
Yin, Cheng feng 殷乘风

YIN, JIAN DE 尹建德 (1932-)
Yong le 永乐

YIN, JIAN DING 尹建鼎 (1922-)
Ban po 半坡

YIN, JIAN HUA 尹剑华 (1933-)
Lao, Bo xun 劳伯勋

Yin jiang 饮江
LIU, YI ZHENG 刘以正 (1947-)

Yin, Jie 印节
MU, DE HUI 穆德辉 (1924-)

Yin, Jin ma 殷金玛
SUN, YU CHUN 孙玉春 (1947-)

YIN, JING JUN 尹景军 (1949-)

Jin, Di 金镝
Yan, Xin 阎信

YIN, JUN 尹骏 **(1922-)**
Luo, Man 罗曼

Yin jun 隐君
YANG, YIN JUN 杨隐君 **(1919-)**

YIN, JUN SHENG 尹均生 **(1936-)**
Chu, Jun 楚君

YIN, JUN XI 殷俊玺 **(1947-)**
Xiao yin 晓音

Yin kai 音凯
CHEN, MEI JIN 陈美今 **(1928-)**

YIN, KAO ZHEN 尹考臻 **(1947-)**
Qin, Zhi 秦至
Xiao, Ying 萧颖
Yi, Que 伊阙
Yin, Zhen 尹臻

Yin, Ke han 殷可汉
MOU, LUN YANG 牟伦扬 **(1919-1943)**

YIN, KUAN 尹宽
Shi, Fu 石夫
Shi, Ren 石人
Shuo fu 硕夫
Shuo fu 硕甫
Wang, Jing bo 王景波
Y. K.

Yin lang 隐郎
DAI, YIN LANG 戴隐郎 **(1907-1985)**

Yin liao 寅寮
YANG, ZENG LUO 杨增荦 **(1860-1933)**

Yin liu zhai zhu ren 飲流斋主人
XU, ZHI HENG 许之衡 **(-1925)**

Yin lu 吟露
HU, JUN LIAN 胡俊莲

Yin lu 茵露
ZHU, HUI JIAO 朱蕙椒 **(1916-1987)**

Yin lu 隐露
WANG, YU 王宇 **(1935-)**

Yin, Lü 殷侣
QIU, LIN 邱林 **(1913-)**

Yin lun 隐沦
ZHANG, YIN LUN 张隐沦

Yin mao 荫茂
YU, YING MAO 余英茂 **(1964-)**

Yin meng 因梦
ZHOU, DING YI 周定一 **(1913-)**

Yin, Meng fei 殷孟非
YIN, HUAN XIAN 殷焕先 **(1913-)**

Yin, Meng hua 尹梦华
ZHOU, DING YI 周定一 **(1913-)**

YIN, MENG PING 殷梦萍 **(1908-1981)**
Li, Ming 黎明
Meng ping 梦萍
Ye, Fei 叶菲

Yin, Ming 尹明
ZHAO, MENG YUAN 赵孟原 **(1912-)**

Yin, Ming 尹明
WANG, JING SHAN 王景山 **(1924-)**

Yin, Ming 尹明
LIU, LIAN LUN 刘连仑 **(1943-)**

Yin, Ming 尹明
WU, FENG CHU 吴凤雏 **(1949-)**

Yin, Ming 尹明
XIONG, BING YUAN 熊秉元

Yin, Ming 尹茗
YIN, ZAI JI 尹在继 **(1920-)**

Yin, Ming 殷鸣
YU, QING LING 喻庆龄 **(1923-)**

Yin ming 荫明
XU, YIN MING 许荫明

Yin ming 音鸣
LIU, HONG SHENG 刘洪盛 **(1927-)**

Yin ming 隐名
HE, ZHEN YE 何振业 **(1922-)**

Yin ming zi 因明子
JIANG, ZHI YOU 蒋智由 **(1865?-1929)**

Yin, Mo 尹默
SHEN, YIN MO 沈尹默 **(1883-1971)**

Yin, Mo 殷沫
DAI, YIN LANG 戴隐郎 **(1907-1985)**

Yin, Mo 殷默
JIN, YOU JING 金有景 **(1931-)**

Yin mo 因摩
WANG, MU EN 王慕恩 **(1954-)**

Yin nan 隐南
ZHANG, HONG 张鸿 **(1866-1941)**

Yin, Ou 尹沤
ZHU, ZU MOU 朱祖谋 **(1857-1931)**

Yin, Qi min 尹启民
FAN, WEN LAN 范文澜 **(1893-1969)**

Yin, Qian 尹谦

ZHANG, SI JIAN 张思鉴 (1938-)

Yin, Qian 尹僉
FU, XIONG XIANG 傅熊湘 (1883-1930)

Yin, Qiang 尹强
YU, YONG XIANG 余永祥 (1940-)

Yin qing 隐青
ZHU, YIN QING 朱隐青 (1888-)

Yin qiong jiang guan 饮琼浆馆
PAN, FEI SHENG 潘飞声 (1857-1934)

Yin, Qiu 殷秋
ZHANG, HE LING 张鹤龄 (1917-)

Yin qiu 吟秋
XU, LIANG 徐亮 (1905-1984)

Yin qiu 茵秋
QIAN, MAO LIN 钱茂林 (1932-)

Yin qiu 寅秋
ZHANG, HU 张虎 (1941-)

YIN, QU 尹曲 (1921-)
Yin, Xiang lin 尹祥麟

Yin, Quan 印全
LU, YIN QUAN 陆印泉 (1911-)

Yin, Quan 印泉
LI, GEN YUAN 李根源 (1879-1965)

Yin, Quan 殷拳
ZHANG, JI KUAN 张吉宽

Yin qun 音群
HUANG, YAN BO 黄彦博 (1936-)

Yin, Ren 尹人
YI, LIANG JUN 弋良俊 (1934-)

YIN, REN 殷仁
Ren ju 人菊
San yi xian sheng 三一先生
Xiang po ju shi 香坡居士

Yin, Ru nan 殷汝南
REN, ZHUO XUAN 任卓宣 (1896-1990)

Yin, Ruo 尹若
MAO, YI BO 毛一波 (1902-)

Yin, San 殷三
YIN, SHEN 殷参 (1916-)

YIN, SHEN 殷参 (1916-)
Ai, Zi 艾子
Fang, Jun 方君
Fang, Wei bai 方苇白
Jiang, Fang sheng 姜方生
Jiang, Yu 姜渔
Wei bai 苇白
Xiao, Bai 肖白
Yin, San 殷三
Ying can 颖灿

Yin shen 荫深
YANG, DE EN 杨德恩 (1908-)

Yin shen 鄞申
WANG, QIU TIAN 王秋田 (1905-)

Yin sheng 荫生
YU, DA FU 郁达夫 (1896-1945)

Yin sheng 寅生
YE, SHAO JUN 叶绍钧 (1894-1988)

Yin sheng 寅生
LIU, SHUO REN 刘硕仁 (1930-)

Yin sheng 银笙
SHI, YIN SHENG 师银笙 (1946-)

Yin shi 吟石
TAN, YUAN HENG 谭元亨 (1948-)

Yin shi 音石
ZHANG, QI XUN 章启勋 (1916-)

Yin shi 音式
ZHANG, QI XUN 章启勋 (1916-)

Yin shi 隐石
LI, XIANG LIN 李祥麟 (1941-)

YIN, SHI JIE 尹世杰 (1922-)
Jiang, Tao 江涛
Jin, Yong 靳永
Shi, Jie 史洁
Shi zhe 轼辙
Si, Jie 斯捷
Wu, Jing qun 武经群
Xiao yun 晓云
Yin, Si jie 尹斯捷
Yin, Wen 尹文
Zhen, Yun 甄允

YIN, SHI LIN 尹世霖 (1938-)
Yang, Zi 阳子

Yin shi zhai zhu 吟石斋主
LI, GUANG QI 李光启

Yin shi zi 因是子
JIANG, WEI QIAO 蒋维乔 (1872-1958)

YIN, SHOU SONG 尹寿松 (1882-)
Xiu feng 袖风
Yin, Xiu feng 尹秀峯

Yin, Shu 殷述
REN, CHENG XI 任成喜 (1927-)

YIN, SHU HUAI 尹树槐 (1933-)
Shi yu 世愚

YIN, SHU XUN 殷书训 **(1923-)**
Shu, Xun 舒逊

YIN, SHU YI 尹树义 **(1958-)**
Xue di 雪地
Yi, Ya 伊亚

Yin shu zhai 阴书斋
FENG, ZUO MIN 冯作民 **(1927-)**

Yin shui ju shi 饮水居士
WU, YU 吴虞 **(1872-1949)**

YIN, SHUI XIN 印水心
Luan zhang 鸾章
Ming jian lou zhu 鸣剑楼主

YIN, SHUN 印顺
Li yan 力严

Yin si 银丝
XU, ZHU CHENG 徐铸成 **(1907-1991)**

Yin, Si jie 尹斯捷
YIN, SHI JIE 尹世杰 **(1922-)**

Yin, Si lie 尹斯烈
HUANG, ZHANG 黄彰 **(1893-1987)**

Yin tang 荫唐
ZHAO, MING YI 赵铭彝 **(1906-)**

Yin, Tao 殷涛
QU, JIN JU 瞿金驹 **(1910-1979)**

Yin tao 音涛
LI, NING QIANG 李宁强

Yin ting 茵汀
XU, YNUG KUAN 许永宽 **(1926-)**

Yin ting 荫亭
LI, YIN TING 李荫亭

Yin, Tong 殷仝
SONG, JIU ZHI 宋九祉 **(1917-)**

Yin, Tuo 殷拓
LU, RU YIN 卢汝吟 **(1918-)**

Yin, Wan 殷顽
LIU, DA SHEN 刘大绅 **(1887-1955)**

YIN, WEI 殷伟 **(1957-)**
Liu, Yin 柳荫

YIN, WEI XIN 尹维新 **(1952-)**
Nong, Gu 农谷

YIN, WEI XING 尹卫星 **(1957-)**
Xiao xing 晓星

Yin, Wen 尹文
YIN, SHI JIE 尹世杰 **(1922-)**

Yin wen 荫文
BU, SHI XU 步世绪 **(1914-1973)**

YIN, WEN CAN 印文灿 **(1901-)**
Zui tang 醉棠

Yin weng 蟫翁
JIN, SHU FEN 金树芬 **(1895-)**

Yin, Xi shou 尹锡寿
YIN, DA CHUN 尹大椿 **(1909-)**

Yin xia 隐霞
CHEN, XI HE 陈西禾 **(1911-1983)**

Yin xian 隐仙
GONG, HUAI 龚怀 **(1890-1942)**

YIN, XIAN CHUN 尹先春 **(1925-)**
Hong, Fan 洪帆
Yin, Yi zhi 尹一之

Yin, Xiang lin 尹祥麟
YIN, QU 尹曲 **(1921-)**

YIN, XIANG YUN 银祥云 **(1956-)**
Yin, Yun 银云

Yin, Xiao hui 殷晓晖
YIN, XUE FEI 殷学飞 **(1944-)**

Yin xiao jiu zhu 银箫旧主
ZHU, XI 朱玺 **(1894-1921)**

YIN, XIAO JUN 银小俊 **(1952-)**
Xiao jun 小骏

Yin xin 因心
YU, ZE HONG 余泽鸿 **(1903-1935)**

Yin xin 因心
YANG, DE EN 杨德恩 **(1908-)**

Yin xin 因心
LEI, JIAN EN 雷健恩 **(1953-)**

Yin, Xing 银星
YIN, ZUN MO 尹遵谟 **(1926-)**

Yin, Xiu feng 尹秀峯
YIN, SHOU SONG 尹寿松 **(1882-)**

YIN, XU 尹旭 **(1942-)**
Tian bai 天白

YIN, XU YI 殷叙彝 **(1925-)**
Shang, Ding 商鼎
Yin, Chang yu 殷常豫

Yin xuan 隐轩
GONG, HUAI 龚怀 **(1890-1942)**

YIN, XUE FANG 尹学方 **(1964-)**
Yi, Xue 伊雪

YIN, XUE FEI 殷学飞 **(1944-)**

Jiang, Miao 江淼
Lu, Ning 鲁宁
Yin, Xiao hui 殷晓晖

Yin, Xue man 尹雪曼
YIN, GUANG RONG 尹光荣

Yin, Yan 尹言
LÜ, JUN 吕君 (1963-)

YIN, YAN HUI 尹彦辉 (1925-)
Liao, Zhong an 廖仲安

Yin, Yang 殷扬
SHI, YUN HUA 石蕴华 (1921-)

Yin, Yi jun 尹伊君
CHENG, YI RONG 程一戎 (1910-)

YIN, YI NAN 尹仪南 (1924-)
Yin, Hui min 尹慧珉

Yin, Yi zhi 尹一之
YIN, XIAN CHUN 尹先春 (1925-)

Yin yin 茵茵
ZHUO, JI MIN 卓济民 (1921-)

Yin, Yong 尹永
YIN, HUA JIAN 尹华俭 (1942-)

Yin, Yong 印傭
WANG, SHOU QI 王寿祺 (1880-1960)

Yin, Yu 殷餘
RAO, SHA OU 饶沙鸥

Yin yu 引玉
LI, WEN QI 李文绮 (1902-)

Yin yu 荫餘
RAO, SHA OU 饶沙鸥

Yin yu 隐渔
JING, YIN YU 敬隐渔 (1902-)

Yin yuan 音苑
SI TU, HUA CHENG 司徒华城 (1927-)

Yin, Yun 银云
YIN, XIANG YUN 银祥云 (1956-)

YIN, ZAI JI 尹在继 (1920-)
Yin, Ming 尹茗

Yin, Zhen 尹臻
YIN, KAO ZHEN 尹考臻 (1947-)

Yin zheng 音铮
WANG, TING ZHEN 王廷珍 (1929-)

Yin zheng xiong 银正雄
LIU, SHAO MING 刘绍铭 (1934-)

YIN, ZHI QING 殷志卿 (1926-)
Wang, Dan 王丹

Yin, Zhi ren 尹之任
YIN, JIA SHU 尹嘉书

YIN, ZHI YANG 殷志扬 (1929-)
Fang, Qing yun 方青云

Yin, Zhi yang 殷枝阳
JIN, ZHI MANG 金枝芒

YIN, ZHONG CAI 尹仲材
Zhong, Cai 仲材

Yin, Zhou 殷周
CHE, SHOU ZHOU 车寿周 (1914-)

Yin, Zhou 殷洲
DENG, TUO 邓拓 (1912-1966)

Yin zhou 荫舟
ZHAO, LU 赵橹 (1922-)

YIN, ZHUAN 尹专
Liu, Jia 刘珈
Ma, Lan 马兰

Yin, Zi 尹子
PAN, KE FEN 潘克芬 (1914-)

Yin zi 茵子
LIU, YIN 刘茵 (1935-)

Yin zi 鼹子
XIN, YI FU 辛一夫 (1929-)

YIN, ZUN MO 尹遵谟 (1926-)
Jiang, Chao 江潮
Wei, Jun 卫军
Xue xun 雪迅
Yin, Xing 银星
Zhong, Kui 仲奎

Ying 英
SU, XUAN YING 苏玄瑛 (1884-1918)

Ying 英
YUN, DAI YING 恽代英 (1895-1931)

Ying 英
ZHAO, SHI YAN 赵世炎 (1901-1927)

Ying 英
ZHAO, SHU LI 赵树礼 (1906-1970)

Ying 郢
YE, SHAO JUN 叶绍钧 (1894-1988)

Ying 莹
CHEN, YUAN 陈源 (1896-1970)

Ying 莹
XIE, BING YING 谢冰莹 (1906-2000)

Ying 莹

XU, MAO TING 徐茂庭 **(1922-)**

Ying 婴
QIAN, XING CUN 钱杏邨 **(1900-1977)**

Ying 瑛
SU, XUAN YING 苏玄瑛 **(1884-1918)**

Ying 瑛
XIE, BING YING 谢冰莹 **(1906-2000)**

Ying 滢
CHEN, YUAN 陈源 **(1896-1970)**

Ying 滢
CHEN, JI YING 陈纪滢 **(1907-1997)**

Ying 颖
WANG, XIN FU 王新甫 **(1902-)**

Ying 颖
ZHANG, SHU LÜ 张叔吕 **(1923-)**

Ying 颖
HAN, ZHI YING 韩志颖

Ying 缨
YUN, DAI YING 恽代英 **(1895-1931)**

Ying 罂
ZHANG, SHU LÜ 张叔吕 **(1923-)**

Ying 影
WANG, YANG 汪洋 **(1879-1921)**

Ying 樱
ZHONG, YING MEI 钟樱妹

Ying 膺
WEI, QING YUAN 韦庆远 **(1928-)**

Ying bai 颖白
ZHENG, QIAN 郑骞 **(1906-1991)**

Ying bai 膺白
HUANG, FU 黄郛 **(1880-1936)**

Ying, Bin zhi 应彬之
LIN, ZE RONG 林泽荣 **(1906-1981)**

Ying, Bo 英伯
XIE, HUA GUO 谢华国 **(1882-1939)**

Ying can 颖灿
YIN, SHEN 殷参 **(1916-)**

Ying chao 颖超
DENG, WEN SHU 邓文淑 **(1904-1992)**

Ying, Chen 应忱
HAN, YING CHEN 韩英臣 **(1939-)**

Ying, Cheng yi 应成一
YING, YE CUN 应业存 **(1897-1983)**

Ying chi 樱痴
KUANG, ZHOU YI 况周颐 **(1859-1926)**

Ying chuan 颖川
KOU, DAN 寇丹 **(1940-)**

Ying chuan 颖川
CHEN, HAN SHENG 陈憨生

Ying chuan san lang 樱川三郎
CHEN, XU 陈栩 **(1879-1940)**

Ying dai 樱呆
LIU, JIAN MIN 刘建民 **(1956-)**

Ying dan 英诞
ZHU, REN JIAN 朱仁健 **(1913-1983)**

Ying dao 樱島
QIU, YUN DUO 邱韻铎 **(1907-)**

Ying dao nü shi 樱島女士
QIU, YUN DUO 邱韻铎 **(1907-)**

Ying, Di 英弟
BAI, GUANG ZHENG 白光正 **(1922-)**

Ying di 鹰娣
CHEN, YING XIONG 陈英雄 **(1941-)**

Ying fan 颖凡
LIN, SHAO WEN 林少雯 **(1950-)**

Ying, Fei cun 应非村
YING, HAN ZHANG 应汉章 **(1915-)**

Ying, Fei cun 应悱村
YING, HAN ZHANG 应汉章 **(1915-)**

Ying fen 颖芬
LIN, SHAO WEN 林少雯 **(1950-)**

Ying feng 迎风
SU, FENG XI 苏凤喜 **(1941-)**

YING, FENG HUANG 应凤凰 **(1950-)**
Feng huang 凤凰
Huang, Ju 黄菊
Yi xin 奕馨

YING, FENG ZHEN 英凤贞 **(1917-1942)**
Ying, Yin 英茵

Ying, Fu 英夫
YANG, DE EN 杨德恩 **(1908-)**

Ying, Fu 英夫
LIU, RONG FU 刘荣夫 **(1909-)**

Ying, Fu 英甫
WU, XIAO LING 吴晓铃 **(1914-1998)**

Ying fu 映芙
QIU, ZHE 丘哲 **(1885-1959)**

Ying fu 硬夫

WANG, TONG XUN 王桐勋 (1915-1992)

Ying, Fu qun 应服群
LIN, ZE RONG 林泽荣 (1906-1981)

Ying ge 鹦哥
FAN, GUANG XIAN 范广宪 (1897-1980)

Ying gong 婴公
WU, BAO CHU 吴保初 (1869-1913)

Ying gong 瘿公
WU, BAO CHU 吴保初 (1869-1913)

Ying guang 荧光
SHI, HENG JI 石恒基 (1934-)

Ying guang 萤光
ZHAO, GUANG TIAN 赵广田 (1954-)

Ying, Han zang 应汉奘
YING, HAN ZHANG 应汉章 (1915-)

YING, HAN ZHANG 应汉章 (1915-)
Gao, Jia suo 高加索
Lao ying 老鹰
Ying, Fei cun 应非村
Ying, Fei cun 应悱村
Ying, Han zang 应汉奘
Ying, Man hun 应漫魂

Ying hang 鹰航
LI, YING TANG 李英堂 (1916-)

Ying hao 英豪
JIANG, YING LONG 江应龙 (1920-)

Ying hao 膺浩
CHEN, PEI 陈培 (1925-)

Ying hong 映红
YE, YING HONG 叶映红

YING, HUA 英华 (1867-1926)
An, Jian 安蹇
An jian zhai zhu 安蹇斋主
An jian zhu ren 安蹇主人
Lian 敛
Lian zhi 敛之
Wan song lao ren 万松老人
Wan song ye ren 万松野人
Ying, Lian zhi 英敛之

Ying, Hua 英华
YU, YING HUA 于英华

Ying, Hua cheng 应化成
LI, SHUO CHENG 李硕诚 (1922-)

YING, HUA XIANG 应华香 (1933-)
Qiu, Su 秋素
Ying, Li fen 应丽芬

Ying huai 影怀
MA, GUO HUAI 马国怀 (1930-)

Ying, Ju 应炬
WU, YING JU 吴应炬 (1926-)

Ying, Ju cai 应聚才
GONG, ZONG YAO 贡宗耀 (1930-)

Ying ju shi 婴居士
LI, WEN TAO 李文涛 (1880-1942)

Ying ju shi xi weng 婴居士息翁
LI, WEN TAO 李文涛 (1880-1942)

Ying, Lang 英浪
DAI, YIN LANG 戴隐郎 (1907-1985)

Ying, Li fen 应丽芬
YING, HUA XIANG 应华香 (1933-)

Ying, Lian zhi 英敛之
YING, HUA 英华 (1867-1926)

Ying, Lin 英林
LI, WEI ZHOU 李威周 (1928-)

Ying lin 婴林
GE, CUI LIN 葛翠琳 (1930-)

Ying lin 潆潾
HONG, ZHI HUI 洪智惠 (1939-)

Ying, Lin de 应麟德
YING, XIU REN 应修人 (1900-1933)

Ying lu 影庐
WANG, YANG 汪洋 (1879-1921)

Ying lu 影庐
PAN, DA WEI 潘达微 (1880-1929)

Ying luo 璎珞
LI, WEN TAO 李文涛 (1880-1942)

Ying luo 璎珞
WANG, GUO YING 王国璎 (1941-)

Ying luo 璎珞
LEI, JIAN EN 雷健恩 (1953-)

Ying, Man hun 应漫魂
YING, HAN ZHANG 应汉章 (1915-)

Ying, Mao 应茂
YU, YING MAO 余英茂 (1964-)

Ying, Mei 英枚
ZHONG, ZE CAI 钟泽才 (1943-)

Ying, Min 英民
SONG, YING 宋英 (1920-)

Ying, Ming 英明
PAN, JIN YING 潘金英 (1958-)

Ying, Ming 英明

PAN, MING ZHU 潘明珠 **(1960-)**

Ying ming 莹明
LI, LI MING 李立明 **(1926-)**

Ying ming 莺鸣
HU, SHAN YUAN 胡山源 **(1897-1988)**

Ying ming 莺鸣
JIANG, YIN QING 姜寅清 **(1902-)**

Ying ning 婴宁
CHEN, XUN ZHENG 陈训正 **(1872-1944)**

Ying ning 樱宁
CHEN, XUN ZHENG 陈训正 **(1872-1944)**

Ying ning lao ren 樱宁老人
CHEN, XUN ZHENG 陈训正 **(1872-1944)**

Ying nu 莺怒
ZHU, HUI JIAO 朱蕙椒 **(1916-1987)**

YING, PEI AN 英培安 **(1947-)**
Kong, Da shan 孔大山

Ying po 瑛珀
XIE, HUA GUO 谢华国 **(1882-1939)**

Ying, Qi 应奇
ZHAO, YING QI 赵应麒 **(1928-)**

Ying, Qi 应起
WANG, JING SHAN 王景山 **(1924-)**

Ying, Qing 应清
LIU, XIAN LONG 刘现龙 **(-1941)**

Ying, Qiu 应裘
LIN, PEI 林沛 **(1950-)**

Ying, Ren 应人
PAN, KAI LIN 潘恺霖 **(1908-1987)**

YING, RUI XIAN 应瑞贤 **(1912-1944)**
Qiu, Bei 秋悲
Ye, Feng 叶峰
Ye, Feng 叶锋
Zhu, Xue mian 朱学勉

Ying ruo 颖若
SHEN, CHANG ZHI 沈昌直 **(1882-1949)**

YING, RUO SHI 英若识 **(1935-)**
Ruo shi 若石
Yan, Zhi 言志
Yin ge 音戈

Ying, San 英三
DU, GUO WEI 杜国玮

Ying, Shan 英善
SUN, YING SHAN 孙英善

Ying shan 映山
GUO, RONG SHENG 郭荣生 **(1947-)**

Ying shan 郢山
YE, SHAO JUN 叶绍钧 **(1894-1988)**

Ying shan hong 映山红
HAN, ZU PAN 韩祖盼 **(1934-)**

Ying, Sheng 英生
YU, DA FU 郁达夫 **(1896-1945)**

Ying sheng 郢生
YE, SHAO JUN 叶绍钧 **(1894-1988)**

Ying sheng 颖生
YE, SHAO JUN 叶绍钧 **(1894-1988)**

Ying sheng 颖声
CHEN, HAN SHENG 陈憨生

Ying sheng 影生
WANG, YANG 汪洋 **(1879-1921)**

Ying, Shi 应时
SU, SHI SHU 苏士澍 **(1949-)**

Ying, Shi 英士
CHEN, QI MEI 陈其美 **(1877-1916)**

Ying, Shi 英士
LIU, YING SHI 刘英士

Ying shi 映实
YAO, ZHENG JI 姚正基 **(1919-)**

Ying shi 颖士
PAN, SHI CONG 潘世聪 **(1927-)**

Ying, Shi yu 应时雨
YING, XIAN TING 应宪廷 **(1933-)**

Ying shu 莹叔
YANG, YU JIN 杨毓瑨 **(1913-1968)**

Ying sun 鹰隼
QIAN, XING CUN 钱杏邨 **(1900-1977)**

Ying, Tao 英韬
YANG, YUN SHENG 杨筠生 **(1925-)**

Ying tao 瀛涛
WU, YING TAO 吴瀛涛 **(1916-1971)**

Ying, Tian chang 应天长
YUAN, GUANG MEI 袁光楣 **(1916-1982)**

YING, TIAN SHI 应天士 **(1932-)**
Tian, Shi 田诗
Xiao, Ma 肖马

Ying, Tian yu 应天鱼
TAO, DE SAN 陶德三 **(1955-)**

Ying tong 婴童
SONG, JIU ZHI 宋九祉 **(1917-)**

Ying wan 霙菀
GAO, SHU QING 杲淑清 **(1920-)**

Ying, Wei 应为
WANG, JING SHAN 王景山 **(1924-)**

Ying, Wei 英玮
WANG, SHU REN 王树人 **(1936-)**

Ying, Wei chi 应未迟
YUAN, KUI JIU 袁暌九 **(1922-)**

YING, WEI JIANG 应维江 **(1942-)**
Jiang, Ping 江平

YING, WEN CHAN 应文婵 **(1912-1987)**
Wen, Chan 文婵
Ying zhi 映芝

Ying wu 影吾
PAN, DA WEI 潘达微 **(1880-1929)**

Ying xi 映西
ZHUANG, QIAN XIN 莊虔昕 **(1919-1989)**

Ying, Xi lang 应喜郎
LIU, XI 刘熹 **(1923-1958)**

YING, XIAN TING 应宪廷 **(1933-)**
Ying, Shi yu 应时雨

Ying xing 莹星
QIU, SHUI YUAN 邱水源

Ying xiu 迎秀
WANG, YING XIU 王英秀 **(1924-)**

Ying xiu 颖秀
LIU, XIU ZHEN 刘秀珍 **(1949-)**

YING, XIU REN 应修人 **(1900-1933)**
Ben she tong ren 本社同人
Ding, Jiu 丁九
Ding, Xiu ren 丁休人
Ding, Xiu ren 丁修人
Hui 2 会2
Hui 5 会5
Ke jiu 可九
Ke jiu 可久
Rui 蕤
Shu, Ding 舒丁
Siu
Siu Jen
Xiu 修
Xiu, Ren 修人
Xiu, Shi 修士
Xiu, Xiu 修修
Xiu, Xiu ren 修修人
Ying, Lin de 应麟德

Ying, Xu 应虚
HU, SHEN DING 胡申定 **(1915-)**

Ying xuan 影轩
WANG, YANG 汪洋 **(1879-1921)**

Ying xue 映雪
WU, FEI DAN 吴斐丹 **(1907-1981)**

Ying xue hong 映雪红
PENG, PIN GUANG 彭品光 **(1926-)**

Ying yang 鹰扬
HE, ZHONG YUAN 贺中原 **(1947? -)**

YING, YE CUN 应业存 **(1897-1983)**
Ying, Cheng yi 应成一

Ying, Ye ping 应野平
YING, YE PING 应野萍 **(1910-)**

YING, YE PING 应野萍 **(1910-)**
Ying, Ye ping 应野平

Ying, Ye sheng 应郇生
SONG, MOU YANG 宋谋瑒 **(1928-)**

Ying, Yi 英仪
PENG, XIANG YUN 彭湘云 **(1946-)**

Ying yi 颖一
YUAN, YING YI 袁颖懿 **(1929-)**

YING, YI NING 应懿凝 **(1910-)**
Dou hua shu yu fang zhu 豆花疏雨房主
Kui yi 揆一

Ying, Yin 英茵
YING, FENG ZHEN 英凤贞 **(1917-1942)**

Ying, Ying 英英
LI, DA ZHAO 李大钊 **(1889-1927)**

Ying, Ying 英英
XIE, BING YING 谢冰莹 **(1906-2000)**

Ying, Ying 英英
GUO, YING YING 郭英英 **(1963-)**

Ying ying 茔茔
ZHANG, HAN CHENG 张汉城 **(1923-)**

Ying ying 盈盈
WANG, YING 汪莹 **(1940-)**

Ying ying 盈盈
ZHANG, YING YING 张盈盈

Ying ying 莹莹
CHEN, YUN LIN 陈韵琳 **(1959-)**

Ying ying 莹影
HE, QIAO CHAN 何巧婵 **(1954-)**

Ying ying 婴婴
LIN, CAI YING 林彩英 **(1922-)**

Ying ying 颖颖

GAO, MING CHEN 高明晨 (1949-)

Ying ying 影影
CHEN, JI YING 陈纪滢 (1907-1997)

Ying ying 樱影
GONG, BING LU 龚冰庐 (1908-1955)

Ying, Yu 应瑜
HU, SHEN DING 胡申定 (1915-)

Ying yuan 映元
LIU, YING YUAN 刘映元

Ying yuan zhen fu 营员贞夫
SHI, DAI ZONG 石岱宗 (1923-)

Ying yun 郢云
LI, YUE RUI 李岳瑞 (1852-1927)

Ying, Zhang 应漳
LI, HAN QIU 李涵秋 (1873-1923)

Ying zhen 樱珍
YE, SHI TAO 叶石涛 (1925-)

Ying zhi 映芝
YING, WEN CHAN 应文婵 (1912-1987)

Ying zhi jian 樱之涧
ZHENG, JIAN YING 郑建英 (1951-)

Ying, Zhi qun 应之群
SHEN, DUAN XIAN 沈端先 (1900-1995)

Ying zhong 膺中
LUO, YONG 罗庸 (1900-1950)

Ying, Zi 英子
XIE, BING YING 谢冰莹 (1906-2000)

Ying, Zi 英子
DUAN, YING 段英 (1910-)

Ying, Zi 英子
WANG, ZI YING 王自英 (1918-)

Ying, Zi 英子
ZHU, HUI JUAN 朱慧娟 (1921-1947)

Ying, Zi 英子
ZHANG, XIAO 张效 (1935-)

Ying, Zi 英子
HE, QUN YING 何群英 (1937-)

Ying, Zi 英子
ZHU, DE YING 朱德英 (1947-)

Ying, Zi 英子
GUO, YING YING 郭英英 (1963-)

Ying, Zi 英子
HONG, SHUN YING 洪舜英

Ying zi 婴子
CHEN, CHENG ZUO 陈承祚 (1914-)

Ying zi 婴子
WAN, YING ZHI 万应之

Ying zi 瑛子
WU, YING 吴瑛 (1915-1961)

Ying zi 颖子
ZHANG, QING LIANG 张庆良 (1960-)

Ying zi 影子
GAO, BAI CANG 高柏苍 (1916-)

Ying zi 樱子
YUAN, WEI 袁炜 (1914-)

Ying zi 樱子
FENG, YING ZI 冯英子 (1915-)

Ying zi 樱子
CHEN, BING YUAN 陈炳元 (1918-)

Ying zi 樱子
JU, YING 鞠英 (1957-)

Yong 庸
WANG, ZHONG QI 王锺麒 (1880-1913)

Yong 庸
LÜ, SI MIAN 吕思勉 (1884-1957)

Yong 庸
ZHAO, SHU LI 赵树礼 (1906-1970)

Yong 庸
LIAO, JIA QUAN 廖家权 (1907-1990)

Yong 庸
XU, MAO RONG 徐茂荣 (1911-1977)

Yong 涌
YANG, XI ZHONG 杨熹中 (1919-)

Yong ai 泳爱
MU, SHAO LIANG 沐绍良 (1912-1969)

Yong an 庸安
TONG, SHU YE 童书业 (1908-1968)

Yong an 庸庵
CHEN, KUI LONG 陈夔龙 (1857-1948)

Yong an bu yi 永安布衣
ZHAO, CHENG KAI 赵承楷 (1935-)

Yong an ju shi 庸庵居士
CHEN, KUI LONG 陈夔龙 (1857-1948)

Yong bing 咏冰
TAN, YUAN HENG 谭元亨 (1948-)

Yong cao 泳草
PEI, BAO GUO 裴保国 (1959-)

Yong chang 永昌

LIU, CHANG 刘昶 (1908-)

Yong cheng 永成
YAO, ZHI QIANG 姚志强 (1880-1915)

Yong, Cheng 雍程
YONG, GUI LIANG 雍桂良 (1935-)

Yong chi 永炽
WEI, YUN ZHI 魏运织 (1907-)

Yong fa 永发
XIE, YONG FA 谢永发 (1938-)

Yong fei 永飞
YIN, HUI 尹辉 (1949-)

Yong fei 庸非
LIU, XIONG FEI 刘雄飞 (1925-)

Yong feng 永丰
WANG, LI QI 王利器 (1912-)

Yong feng xiang ren 永丰乡人
LUO, ZHEN YU 罗振玉 (1866-1940)

Yong fu 勇夫
JI, YONG FU 计用辐 (1939-)

Yong fu 庸夫
JI, YONG FU 计用辐 (1939)

Yong fu 庸夫
ZHUANG, YONG TAI 莊永泰

Yong, Geng 雍耕
ZHENG, BING ZHONG 郑炳中 (1922-)

Yong geng 永耕
LIU, YONG GEN 刘永根 (1965-)

Yong gong 蛹公
CHEN, BEI XU 陈悲煦 (1887-1944)

Yong guan 永观
WANG, GUO WEI 王国维 (1877-1927)

YONG, GUI LIANG 雍桂良 (1935-)
Yong, Cheng 雍程

Yong he 涌河
GUAN, YONG HE 管用和 (1937-)

Yong hong 永鸿
DAI, TIE XIONG 戴铁雄

Yong jia 永甲
WANG, HUI 王晦 (1888-1950?)

Yong jiang 永江
ZHANG, YONG JIANG 张永江

Yong jie 永结
XIAO, ZI ZHANG 萧子暲 (1896-1983)

Yong jing 永经
ZHAO, SHU LI 赵树礼 (1906-1970)

Yong ju 永驹
WANG, SHAO HUA 王少华 (1935-)

Yong ju 永驹
HUANG, LUAN 黄鸾 (1943-)

Yong kang 咏慷
CHEN, YONG KANG 陈永康

Yong le 永乐
YIN, JIAN DE 尹建德 (1932-)

Yong liang 永亮
YANG, NAI FAN 杨乃藩 (1916-)

Yong liang 永亮
WANG, JUN LIANG 王俊亮

Yong lie 勇烈
YE, YONG LIE 叶永烈 (1940-)

Yong lin 永麟
WU, REN CHANG 吴人长

Yong long 永龙
GAN, YONG LONG 甘永龙

Yong lu 永禄
XU, LIN 徐琳 (1927-)

Yong lu 俑庐
LUO, ZHEN YU 罗振玉 (1866-1940)

Yong ming 勇铭
ZHUANG, YONG MING 庄永明 (1942-)

Yong ni 咏霓
WENG, WEN HAO 翁文灏 (1889-1971)

Yong nian 永年
WENG, WEN HAO 翁文灏 (1889-1971)

Yong nian 永年
XIE, KANG 谢康 (1901-)

Yong, Ping 雍平
LIN, RU JI 林如稷 (1902-1976)

Yong, Pu zu 雍蒲足
HU, SHENG 胡绳 (1918-)

Yong qi 永弃
GU, WAN CHUAN 谷万川 (1905-1970)

Yong qiang 永强
YU, YONG XIANG 余永祥 (1940-)

Yong qing 詠青
GAO, YONG 高詠 (1920-1942)

Yong quan 涌泉
WU, SHUANG 吴塽 (1928-)

Yong ren 泳人

DENG, FEN 邓芬 (1894-1964)

Yong ren 庸人
QIAN, ZHEN HUANG 钱振鍠 (1875-1943)

Yong ren 庸人
WANG, ZHONG QI 王锺麒 (1880-1913)

Yong ren 庸人
WANG, TONG ZHAO 王统照 (1897-1957)

Yong ren 庸人
LIU, HUANG 刘璜 (1917-)

Yong ren 慵人
GU, HONG MING 辜鸿铭 (1857-1928)

Yong shan 永珊
WU, YONG SHAN 吴永珊 (1878-1966)

Yong shang 咏裳
CAI, YONG SHANG 蔡咏裳 (1901-1940)

Yong shi 詠时
LIANG, MENG GENG 梁梦庚 (1914-)

Yong, Shu 雍叔
SU, TONG BING 苏同炳 (1925-)

Yong shuo 勇说
LI, WEN TAO 李文涛 (1880-1942)

Yong sou 慵叟
WANG, ZHAO YONG 汪兆镛 (1861-1939)

Yong tao 永涛
WANG, YU 王宇 (1935-)

Yong tao 泳涛
ZHENG, LONG JIN 郑隆谨 (1895-1979)

Yong tao 湧涛
WANG, HAN 王汉 (1883-1905)

Yong wei 用威
DONG, BI WU 董必武 (1885-1975)

Yong, Wen 雍汶
YONG, WEN YUAN 雍文远 (1916-)

YONG, WEN YUAN 雍文远 (1916-)
Wen, Cheng 文诚
Yong, Wen 雍汶

Yong wu 詠武
HUANG, YONG WU 黄永武 (1936-)

Yong xiang 永祥
HU, YUE 胡越 (1920-1980)

Yong xiu 永修
HE, JIA HUAI 何家槐 (1911-1969)

Yong xue 永学
FAN, CHENG 范程 (1927-)

Yong xue 咏雪
SHEN, HOU CI 沈厚慈

Yong yan 永言
DONG, SHAO MING 董绍明 (1899-1969)

Yong yang 永扬
YAN, GUO QIANG 颜国强 (1937-)

Yong yong 庸庸
WU, SONG QIAO 伍松乔 (1948-)

Yong, Yu 雍羽
SHEN, CONG WEN 沈从文 (1902-1988)

Yong yu 庸禹
LIU, YONG YU 刘庸愚 (1919-)

Yong yu 庸愚
LIU, YONG YU 刘庸愚 (1919-)

Yong yun 踊云
CHEN, BEI XU 陈悲煦 (1887-1944)

Yong zan 咏簪
GONG, XIA CHU 龚霞初 (-1927)

Yong zhai 庸斋
PU, ZUO 溥佐 (1918-)

Yong zhang 用章
CHEN, YI 陈毅 (1901-1972)

Yong zhen 永贞
YAO, ZHI QIANG 姚志强 (1880-1915)

Yong zhi 咏之
PI, ZUO JIU 皮作玖 (1917-)

Yong zhi 泳芝
MAO, ZE DONG 毛泽东 (1893-1976)

Yong zhi 庸之
HU, SHAN YUAN 胡山源 (1897-1988)

You 有
QIAN, XIN 钱辛 (1879-1944)

You 油
ZHANG, XIN YUAN 张心远 (1895-1967)

You 蝤
ZHANG, XIANG DING 张象鼎 (1899-1992)

You, Bai 尤白
LI, YING JIA 李应甲 (1924-)

You bai 幼柏
ZHU, YOU BAI 朱幼柏 (1923-)

YOU, BAI WEI 尤百威
Hu chen 虎臣
You, Hu chen 尤虎臣

YOU, BAN KUANG 尤半狂
Ban kuang 半狂

Tie she dao ren 铁蛇道人

YOU, BAO LONG 由宝龙
You, Zhi wu 由稚吾
Zhi wu 稚吾

You bian 有忭
HU, PU AN 胡朴安 **(1878-1947)**

You bu wei zhai 有不为斋
LIN, HE LE 林和乐 **(1895-1976)**

You cai 又采
WANG, YOU CAI 王有才 **(1945-)**

You cao 忧草
SHE, RONG KUN 佘荣坤 **(1940-)**

YOU, CEN 由岑 **(1947-)**
Yun, Xiu 云岫

You, Chen 游尘
SHI, LIAN XUE 石联学 **(1906-)**

You, Cheng 尤诚
ZHANG, BAO XIN 张葆莘 **(1932-)**

You cheng 又丞
XIAO, RONG 萧溶 **(1943-)**

You, Cheng mei 尤成美
XU, SUI ZENG 许绥曾 **(1921-)**

You, Chuan 游川
LIN, YOU QUAN 林友泉 **(1953-)**

You chun 幼春
LI, HUANG 李璜 **(1895-1991)**

You chun 幼椿
LI, HUANG 李璜 **(1895-1991)**

You, Chun 游春
LIN, ZHI QIANG 林志强 **(1933-)**

You chun zhu ren 游春主人
ZHANG, JIA QI 张家骐 **(1898-1982)**

You cun 又村
CHEN, YAO TANG 陈耀唐 **(1908-1970)**

You, Da jun 尤大军
WU, ZONG XI 吴宗锡 **(1925-)**

You dan 幼丹
ZOU, RONG 邹容 **(1885-1905)**

You, Di 由迪
CHEN, SHU SHI 陈叔时

You, Ding 尤丁
LIU, RUI FENG 刘瑞峰 **(1916-)**

You fa weng 有发翁
PAN, SHI 潘式 **(1904-1966)**

You fang 友方
LIU, YUAN GONG 刘元工 **(1926-)**

You fang 幼舫
ZHENG, ZHEN DUO 郑振铎 **(1898-1958)**

You fang ge zhu 幽芳阁主
ZHENG, ZHEN DUO 郑振铎 **(1898-1958)**

You fang ju shi 幽芳居士
ZHENG, ZHEN DUO 郑振铎 **(1898-1958)**

You fang nü shi 幽芳女士
ZHENG, ZHEN DUO 郑振铎 **(1898-1958)**

You fei 幼非
ZHOU, ZI LI 周自立 **(1931-)**

You fu 又甫
DU, QI RONG 杜奇荣 **(1929-)**

You fu 柚斧
LI, HAN QIU 李涵秋 **(1873-1923)**

You fu 柚斧
BAO, AN BAO 包安保

You fu 友福
WU, YI ZHENG 吴一正 **(1951-)**

You, Gan 尤橄
WU, ZHAO XIU 吴兆修 **(1931-)**

You, Gang 尤刚
ZHOU, SHU REN 周树人 **(1881-1936)**

You, Ge 游戈
FANG, SI RUO 方思若 **(1931-)**

You, Gong 尤巩
ZHENG, ZAO 郑造 **(1921-1966)**

You gu 友谷
HU, SHENG 胡绳 **(1918-)**

You gu 幽谷
DONG, JIAN WU 董健吾

You, Guang 游光
ZHOU, SHU REN 周树人 **(1881-1936)**

You, Guang 游光
YOU, KUN BING 游琨炳 **(1947-)**

You guang 有光
MIAO, PEI SHI 苗培时 **(1918-)**

YOU, GUI HUI 游贵辉 **(1939-)**
Ji, Shen 纪深
Ju fan 菊凡
You, Min 游敏
You, Ya gao 游亚皋

You gui xue yin 有妫血胤
CHEN, QU BING 陈去病 **(1874-1933)**

You guo zi 忧国子
LI, LI SAN 李立三 **(1899-1967)**

You hai 又海
CHEN, HONG TAO 陈洪涛 **(-1919?)**

You, Han yin 尤酣隐
YOU, QI 尤淇 **(1919-)**

You heng 有恒
JIANG, JUN CHEN 姜君辰 **(1904-1985)**

You heng 有恒
SHI, YOU HENG 时有恒 **(1905-1982)**

You heng 又衡
QIN, SHU SHENG 秦树声 **(1861-1926)**

You heng 右衡
QIN, SHU SHENG 秦树声 **(1861-1926)**

You heng 幼衡
QIN, SHU SHENG 秦树声 **(1861-1926)**

You heng 宥横
QIN, SHU SHENG 秦树声 **(1861-1926)**

You heng 宥衡
QIN, SHU SHENG 秦树声 **(1861-1926)**

You hu 友瑚
RAO, YOU HU 饶友瑚 **(1918-1938)**

You, Hu chen 尤虎臣
YOU, BAI WEI 尤百威

You hua 友华
GU, JUN ZHENG 顾均正 **(1902-1980)**

You huai 有怀
HU, HUAI CHEN 胡怀琛 **(1886-1938)**

You, Huan 游唤
YOU, ZHI CHENG 游志诚 **(1956-)**

You, Huan ming 尤焕明
FENG, SHI CAI 冯世才 **(1938-)**

You huan yu sheng 忧患馀生
LIAN, MENG QING 连梦青

You huan yu sheng 憂患馀生
HE, TIAN YAN 何天言

You huang 友荒
ZHENG, ZHEN DUO 郑振铎 **(1898-1958)**

You huo 幽火
ZHANG, YU MAO 张毓茂 **(1935-)**

You Ji 由己
CHEN, DU XIU 陈独秀 **(1879-1942)**

You, Ji bo 九季博
YOU, LIE 九列 **(1865-1936)**

You, Ji zhi 游及之
SUN, DA KE 孙大珂 **(1909-1956)**

You jia 幼葭
LU, TING JIE 卢廷杰 **(1904-1991)**

You, Jia duo 尤加多
WANG, SHEN QUAN 王深泉 **(1923-)**

You, Jin 尤今
TAN, YOU JIN 谭幼今 **(1950-)**

You, Jin 尤金
TAN, YOU JIN 谭幼今 **(1950-)**

You jin 友今
CHEN, CHU CAI 陈楚材 **(1902-)**

You jin 友瑾
LIU, HOU SHENG 刘厚生 **(1921-)**

You, Jing 尤競
REN, YU CHENG 任禹成 **(1907-)**

You, Jing 由径
REN, YU CHENG 任禹成 **(1907-)**

YOU, JING DONG 尤劲东 **(1949-)**
Bei, Bei 贝北

You jun 右军
CAI, GUO YING 蔡国英 **(1912-)**

You jun 右君
YI, JIA YUE 易家钺 **(1898-1972)**

You, Ke 尤克
WANG, ZUO HONG 王左泓 **(1955-)**

You ke 有客
CHEN, YU GANG 陈玉刚 **(1927-)**

You Kui 佑魁
CHEN, YOU KUI 陈佑魁 **(1900-1928)**

YOU, KUN BING 游琨炳 **(1947-)**
You, Guang 游光
Zheng, Dan 郑淡

You la 右拉
ZHOU, ZUO REN 周作人 **(1885-1967)**

You lan 幽兰
HONG, REN YU 洪仁玉

You lan 幽兰
WU, XI LAN 吴惜兰

You le ju 悠乐居
CHENG, GUO MING 程国明 **(1932-)**

You li 友李
WU, YU LIN 吴毓麟 **(1910-1966)**

You, Li 尤力
TONG, JI LIN 童霁霖 **(1909-1979)**

YOU, LIE 尢列 **(1865-1936)**
Bo hua dao ren 钵华道人
Ling ji 令季
Qi dong 其洞
Shao wan 少纨
Wei xiao 惟孝
Wu xing ji zi 吴兴季子
Xiao wan 孝纨
Xiao yuan 小园
You, Ji bo 尢季博
You, Ling ji 尢令季

You lin 有麟
JING, YOU LIN 荆有麟 **(1903-1951)**

You ling 友玲
GONG, XIE 龚燮

You ling 又陵
WU, YU 吴虞 **(1872-1949)**

You ling 幼陵
YAN, FU 严復 **(1854-1921)**

You, Ling ji 尢令季
YOU, LIE 尢列 **(1865-1936)**

You, Long 尤龙
LIU, YOU LONG 刘有龙 **(1962-)**

You long 遊龙
ZHENG, PEI YE 郑培业

You, Lu 尤路
FAN, JING KUI 樊敬奎 **(1939-)**

YOU, LU HUI 游禄辉 **(1939-)**
Du, Yi 杜夷
Lan zi 岚子
You, Mu 游牧
You, Yu 游雨
Yu, Ye lu 余也鲁

You luan 友鸾
ZHANG, YOU LUAN 张友鸾 **(1904-1990)**

You luo 幽洛
WANG, YOU LU 王有路 **(1942-)**

You man lou 又满楼
ZHAO, YI CHEN 赵诒琛 **(-1934)**

You mei 友梅
LIN, YONG RONG 林咏荣 **(1914-)**

You mei 友梅
FEI, HAI JI 费海璣 **(1924-)**

You mei 友梅
GUO, CHENG TANG 郭成棠 **(1929-)**

You mei 友梅
ZHANG, HE LING 张鹤龄 **(1935-)**

You mei 右枚
DENG, YOU MEI 邓友梅 **(1931-)**

You mei 右梅
DENG, YOU MEI 邓友梅 **(1931-)**

You mei 幼梅
CHU, YOU MEI 褚幼梅

You mei xuan zhu 友梅轩主
LIN, YONG RONG 林咏荣 **(1914-)**

You, Mian 尤勉
FAN, GAO GUI 范高贵 **(1934-)**

You, Min 尤敏
MA, YOU MING 马幼明 **(1934-)**

You, Min 游敏
YOU, GUI HUI 游贵辉 **(1939-)**

You ming 右铭
WANG, SI HUA 王思华 **(1904-1978)**

You ming shi 有名氏
LIU, TONG JU 刘通矩 **(1921-)**

You, Mo 尤墨
CUI, YA NAN 崔亚楠 **(1955-)**

You mo 油墨
ZHAO, SHU LI 赵树礼 **(1906-1970)**

You, Mu 游牧
YOU, LU HUI 游禄辉 **(1939-)**

You mu 有木
ZHANG, TAI LEI 张太雷 **(1898-1927)**

You mu 攸沐
ZHANG, ZHU AN 张铸安 **(1909-)**

You, Ni 游泥
ZHANG, XIANG DING 张象鼎 **(1899-1992)**

You, Ni si 尤妮丝
WU, CI SU 吴赐苏

You, Nian lian 尤念莲
CHENG, JUN 成骏 **(1916-1983)**

You nong 幼农
ZHANG, YOU NONG 张幼农 **(1951-)**

YOU, PENG DAN 游蓬丹 **(1950-)**
Peng dan 蓬丹

You ping 幼平
YI, JING XUAN 伊静轩 **(1905-)**

YOU, QI 尤淇 **(1919-)**
Yan, Wu xu 言无虚
You, Han yin 尤酣隐

You qi 友奇
LIN, CAI YING 林彩英 **(1922-)**

You qi 幼齐
LIU, YIN 刘吟 **(1912-)**

You qian 宥前
DU, XI 杜羲 **(1887-1936)**

You, Qin 尤琴
XU, HUI NA 许惠娜 **(1951-)**

You qin 友琴
CHEN, CHU CAI 陈楚材 **(1902-)**

You, Qing 尤青
SHI, RUO MING 施若铭 **(1922-)**

You qing 又青
XU, HE LIN 徐鹤林

You qing 幽青
HUANG, SHU HUI 黄淑惠

You quan 友荃
DU, XI 杜羲 **(1887-1936)**

You quan 幼泉
DU, XI 杜羲 **(1887-1936)**

You qun 幼群
REN, YING HUI 任颖辉

You, Ran 由然
DENG, SHAO QING 邓少青 **(1942-)**

You ran 又然
LI, JIA QI 李家齐 **(1906-1984)**

You ran 又燃
LI, JIA QI 李家齐 **(1906-1984)**

You ran 悠然
HU, SHAN YUAN 胡山源 **(1897-1988)**

You ran 悠然
ZHANG, XIANG DING 张象鼎 **(1899-1992)**

You ran 悠然
ZHANG, YOU LUAN 张友鸾 **(1904-1990)**

You ren 右任
YU, YOU REN 于右任 **(1879-1964)**

You ren 诱人
YU, YOU REN 于右任 **(1879-1964)**

You ren 遊人
WANG, WU ZENG 王吾增 **(1934-)**

You san 友三
WEN, JIA HUA 闻家骅 **(1899-1946)**

You shan 友山
WEN, JIA HUA 闻家骅 **(1899-1946)**

You shen 又申
XU, ZHI MO 徐志摩 **(1896-1931)**

You sheng 又生
ZHENG, YOU SHENG 郑幼生 **(1945-)**

You sheng 友生
PENG, BING SHENG 彭丙生 **(1910-1968)**

You sheng 友盛
HUANG, YOU SHENG 黄有圣 **(1939-)**

You sheng 幼生
YANG, CHUAN YE 杨传业 **(1923-)**

You sheng 酉生
WU, CHUN HAN 吴春晗 **(1909-1969)**

You, Shi 尤时
WU, YONG JIU 吴詠九 **(1920-)**

You shi 友石
HU, KE XI 胡克熙 **(1911-)**

You shi 友实
ZHAO, PU LIN 赵普琳 **(1919-)**

You shi 友诗
WU, YONG JIU 吴詠九 **(1920-)**

You shi 幼石
XIE, YOU SHI 谢幼石

You shou 有守
CAI, SHOU 蔡守 **(1879-1941)**

You, Shu fu 尤淑夫
XIE, SHUI WANG 谢水旺 **(1931-)**

You, Si 尤思
ZENG, YE LU 曾也鲁 **(1938-)**

You song 友松
ZHANG, YOU SONG 张友松 **(1903-)**

You song 幼松
LIN, JI LING 林积令 **(1935-)**

You, Su 尤苏
MA, LE QUN 马乐群 **(1939-)**

You, Su fu 尤素夫
XIE, SHUI WANG 谢水旺 **(1931-)**

You, Su fu 尤素甫
JIA, YU 贾羽 **(1961-)**

You tai 猶太
ZHOU, MU ZHAI 周木斋 **(1910-1941)**

YOU, TING JIA 游庭嘉
Ting jia 庭嘉

You, Ting yu 尤庭玉
YE, DING LUO 叶鼎洛 (1900-)

You tong 悠桐
HUANG, ZUO MEI 黄作美 (1969-)

You wei 西微
WANG, XI ZENG 王希曾 (1901-)

You wen 有闻
YU, DA WEN 俞大文 (1909-)

YOU, WEN GUI 尤文贵 (1930-)
Wen, Bi feng 文笔锋
Wen, Feng 文蜂

You, Xi 尤西
LAN, DI ZHI 蓝棣之 (1940-)

You xi 祐西
LIU, YOU XI 刘祐西

You xi zhu ren 遊戏主人
LI, BAO JIA 李宝嘉 (1867-1906)

You, Xiang 尤翔
YOU, ZHI XIANG 尤志庠

YOU, XIANG ZHI 游祥芝 (1930-)
Zhu yu 茱萸

You xin 又新
CHEN, JIA HUI 陈家辉 (1948-)

You xiong 有熊
CHEN, WEI MO 陈炜谟 (1903-1955)

You xuan 幼宣
WANG, JI CAN 王继粲 (1924-)

You, Xuan fu 尤玄甫
YOU, ZHI XIANG 尤志庠

You xue ji zhe 游学记者
WAN, DI HE 万迪鹤 (1907-1943)

You Ya gao 游亚皋
YOU, GUI HUI 游贵辉 (1939-)

You yan sheng 幽燕生
MA, ZHUO HUA 马濯华 (1950-)

You, Yi 尤宜
ZHU, XING 朱行 (1933-1988)

You yi 友彝
ZHANG, XIANG DING 张象鼎 (1899-1992)

You yi 有仪
ZHANG, XIANG DING 张象鼎 (1899-1992)

You yi 有疑
ZHANG, XIANG DING 张象鼎 (1899-1992)

You yi 有彝
TANG, ZI BO 汤子博 (1882-1972)

You yi 忧夷
ZHANG, XIANG DING 张象鼎 (1899-1992)

You yi 忧疑
ZHANG, XIANG DING 张象鼎 (1899-1992)

You yi 犹疑
ZHANG, XIANG DING 张象鼎 (1899-1992)

You yi 有邑
CHEN, YU 陈郁 (1901-1974)

You, Yi fei 游意飞
LIU, MING DA 刘明达 (1945-)

You yi ren 又一人
JING, DING CHENG 景定成 (1879-1949)

You yin 有音
ZHONG, MEI YIN 钟梅音 (1922-1984)

You yin ju shi 幽吟居士
ZENG, RUI XIONG 曾瑞熊 (1903-)

You, Ying 尤颖
CHEN, HUI CONG 陈慧聪 (1954-)

You ying 有滢
CHEN, JI YING 陈纪滢 (1907-1997)

You you 幼幼
ZHANG, YI HUA 章一华 (1922-)

You you 优优
CHEN, PENG 陈鹏 (1891-1969)

You you 优游
WANG, ZHONG XIAN 汪仲贤 (1888-1937)

You you 悠悠
ZHANG, YOU LUAN 张友鸾 (1904-1990)

You you 悠悠
CHEN, HONG 陈虹 (1930-)

You you 悠悠
PAN, YA TUN 潘亚暾 (1931-)

YOU, YOU QIN 游友琴
Qin xin 琴心

You you tang zhu 右右堂主
LI, CHAO ZAI 李超哉 (1908-)

You you wo si 悠悠我思
CHEN, DA QI 陈大齐 (1887-1983)

You you yang 呦呦杨
YANG, YING FENG 杨英风 (1926-)

You, Yu 游雨

YOU, LU HUI 游禄辉 (1939-)

You yu 友渔
ZHANG, XIANG DING 张象鼎 (1899-1992)

You yu 友愚
ZHANG, XIANG DING 张象鼎 (1899-1992)

You yu 有鱼
YAN, BEI MING 严北溟 (1907-)

You yu 忧虞
ZHANG, XIANG DING 张象鼎 (1899-1992)

You yu 犹豫
ZHANG, XIANG DING 张象鼎 (1899-1992)

YOU, YUN QUAN 尤韵泉 (1901-)
Liu, Wei 刘苇

YOU, YUN SHAN 游云山
Xiao yun 晓云

You zheng 又铮
SHA, ZHENG 沙铮 (1922-)

You zhi 有之
ZHAO, XIU DAO 赵修道 (1934-)

You zhi 友智
FEI, HAI JI 费海玑 (1924-)

You zhi 幽之
LIN, ZONG YUAN 林宗源 (1935-)

YOU, ZHI CHENG 游志诚 (1956-)
You, Huan 游唤

You, Zhi wu 由稚吾
YOU, BAO LONG 由宝龙

You, Zhi xia 游之夏
HUANG, WEI LIANG 黄维樑 (1947-)

YOU, ZHI XIANG 尤志庠
Hei, Zi 黑子
Mo, Jun 墨君
Xuan fu 玄父
Xuan fu 玄甫
You, Xiang 尤翔
You, Xuan fu 尤玄甫

You zhu 友竹
ZHANG, SONG TAO 张松涛 (1929-)

You, Zi 游子
PENG, DING AN 彭定安 (1928-)

You, Zi 游子
CAI, YI LING 蔡奕灵 (1945-)

You, Zi 游子
YUAN, HUI GUANG 袁慧光 (1951-)

Yu 玉
XIAO, SHU LIE 萧树烈 (1896-1927)

Yu 玉
CHEN, SHAO YU 陈绍禹 (1904-1974)

Yu 玉
ZHAO, SHU LI 赵树礼 (1906-1970)

Yu 玉
HE, KAI RONG 何开荣 (1907-1952)

Yu 玉
DAI, ZI CHENG 戴自诚 (1918-)

Yu 宇
YU, JING YU 于镜宇 (1907-1999)

Yu 宇
PENG, KAI ZHONG 彭闓忠 (1913-)

Yu 羽
TANG, DUAN YI 唐端毅 (1913-1992)

Yu 余
YU, DA FU 郁达夫 (1896-1945)

Yu 郁
ZHANG, CHU KUN 张楚琨 (1912-)

Yu 禹
HU, SHENG 胡绳 (1918-)

Yu 语
LIN, HE LE 林和乐 (1895-1976)

Yu 敌
LIN, ZHU YU 林祝敔 (1915-1975)

Yu 渔
SHEN, YAN BING 沈雁冰 (1896-1981)

Yu 愉
YU, YU 余愉 (1896-1985)

Yu 瑜
TIAN, HAN 田汉 (1898-1968)

Yu 瑜
JIAO, CHENG ZHI 焦承志 (1905-1975)

Yu 瑜
DAI, ZI CHENG 戴自诚 (1918-)

Yu 虞
GUO, XI FEN 郭希汾 (1893-1984)

Yu 毓
JIN, YU FU 金毓黻 (1887-1962)

Yu 豫
ZHOU, SHU REN 周树人 (1881-1936)

Yu 鬱
YANG, SEN 杨森 (1930-1954)

YU, A XUN 余阿勋 (1935-1983)

Ya xin 亚新
Yu, Xun 余勳

Yu, Ai shan 余爱山
ZHAO, MEI WEI 赵美薇 **(1950-)**

Yu, Ai ya 余爱亚
BAO, CHANG 鲍昌 **(1930-1989)**

Yu, Ai zhe 于艾浙
YUAN, QING WANG 袁庆望 **(1930-)**

Yu an 渔岸
LI, ZI ANG 李子昂 **(1910-)**

Yu an 遇安
LI, YU AN 李遇安

Yu an 遇菴
GU, ZHI 古直 **(1884-1959)**

Yu an 愚庵
KANG, HONG ZHANG 康洪章 **(1896-1945)**

Yu an 愚庵
HONG, BO XUE 洪博学 **(1951-)**

Yu, An lan 于安瀾
YU, HAI YAN 于海晏 **(1902-)**

YU, ANG 余昂 **(1925-)**
Jing cao 劲草
Liang, Yu 梁煜
Zheng, Yuan 郑元

Yu, Bai 禹拜
WANG, CHANG YAN 王昌言 **(1925-)**

Yu bai 羽白
ZHANG, XI KONG 张习孔

Yu bai 瑜白
ZHANG, YU LIANG 张瑜良 **(1948-)**

Yu, Bai jin 余白金
LIU, JIA ZHEN 刘嘉祯 **(1923-)**

YU, BAI WEI 俞百巍 **(1928-)**
Gong zi bu 公子布
Jin, Tong 金童
Liu, Feng chun 柳逢春
Lu, Jing 卢璟
Lu, Qiong 卢琼
Xiao, Bang 萧邦
Xiao, Zhuang 萧庄
Yu, De ci 俞德慈
Yu, Ling 俞陵

YU, BANG XIAN 余邦宪
Han chen 汉臣

YU, BAO XUAN 于宝轩 **(1876-)**
Zhi ang 志昂

Yu, Ben 余本
YU, JIAN BEN 余建本 **(1905-)**

Yu, Bi hua 余碧桦
YU, SHOU CHUN 余守春 **(1959-)**

YU, BI YUN 俞陛云 **(1867-1950)**
Cun ying lao ren 存影老人
Dong hai ye sou 东海野叟
Le jing ju shi 乐静居士
Le jing lao ren 乐静老人
Yu, Jie qing 俞阶青
Yu kan lao ren 娱堪老人

Yu, Bin 宇彬
YU, JUN JI 宇俊吉 **(1945-)**

YU, BIN 余斌 **(1936-)**
Yu, Nan fei 余南飞

Yu, Bin 俞斌
OU YANG, JING 欧阳晶 **(1920-)**

YU, BING 余冰
Xiao, Xiao 萧潇

Yu, Bing 余兵
YU, ZHEN 余真 **(1929-)**

Yu, Bing 禹冰
JI, FU HUA 纪馥华 **(1934-)**

Yu bing 玉冰
YUAN, YU BING 袁玉冰 **(1899-1927)**

Yu bing 盂冰
YUAN, YU BING 袁玉冰 **(1899-1927)**

YU, BING KUN 于炳坤 **(1934-)**
Zhou, Liang si 周良思

Yu, Bing xin 余炳信
YU, SHOU CHUN 余守春 **(1959-)**

YU, BO 于波 **(1950-)**
Hai, Hong 海泓

Yu, Bo 郁波
WANG, WEN CHUN 王文纯 **(1928-)**

Yu, Bo 俞波
MA, XIN 马炘 **(1920-)**

Yu bo 玉波
HE, JIA CHUN 贺家春 **(1906-1982)**

Yu bo 餘波
TANG, ZENG BI 汤增壁 **(1882-1947)**

Yu, Bo xun 于伯循
YU, YOU REN 于右任 **(1879-1964)**

Yu, Bo yan 余伯颜
YU, YUAN AN 余元盦 **(1915-1961)**

Yu, Bo yue 余伯约
SHEN, DUAN XIAN 沈端先 **(1900-1995)**

Yu cai 育才
ZHANG, JIAN 张謇 **(1853-1926)**

Yu cai 庾采
YANG, ZI BO 杨子波 **(1918-1974)**

Yu cai 豫才
ZHOU, SHU REN 周树人 **(1881-1936)**

Yu, Cai deng 俞菜灯
YU, CHAO ZHU 俞巢竹 **(1921-)**

Yu can 御骖
FANG, SHI QIAO 方时乔 **(1897-1973)**

Yu can 餘残
CAI, CHAO 蔡超 **(1944-)**

Yu, Cang 于苍
WEN, YU SHU 温玉书 **(1911-)**

Yu, Cang 余苍
ZHANG, HUI JIAN 张慧剑 **(1904-1970)**

Yu cang 雨苍
HU, SHAN YUAN 胡山源 **(1897-1988)**

Yu cang 雨苍
WANG, BAO GUI 王宝贵 **(1950-)**

Yu cang 愚苍
JIANG, XIAN ZHE 蒋贤哲 **(1931-)**

Yu cang 鬱蒼
CHANG, YU CHANG 常玉昌 **(1942-)**

YU, CE 俞侧 **(1887-1938)**
Gao yang jiu jiu tu 高阳旧酒徒
Jian hua 建华
Jian hua 剑华
Jiang dong lao qiu 江东老虬
Lan can 懒残
Lao jian 老剑
Tai cang yi jian 太仓一剑
Yi su 一粟
Yu, E 俞锷

YU, CHAI FANG 余茝芳 **(1944-)**
Yu, Fang 于方

Yu, Chan 于产
YU, SHI QI 于士奇 **(1920-)**

Yu, Chan 余蟾
YANG, PEI CHUN 杨培春 **(1955-)**

Yu, Chang 于常
LI, JIN ZAI 李今再 **(1929-)**

Yu, Chang 余畅
YU, SHOU CHUN 余守春 **(1959-)**

Yu, Chang 余常
XIA, YU CHANG 夏雨常 **(1931?-)**

YU, CHANG JIANG 俞长江 **(1939-)**
Bo zhong shu 伯仲叔
Chang jiang 长江
Ya fan 亚凡
Yu, Lei 俞雷

YU, CHANG QING 虞常卿 **(1929-)**
Hong xing 弘星

YU, CHANG WEI 于昌伟 **(1971-)**
Wen, Jian 文俭

Yu, Chao 于潮
QIAO, GUAN HUA 乔冠华 **(1913-1983)**

Yu, Chao ran 余超然
YU, LONG XI 余隆禧 **(1934-)**

YU, CHAO ZHU 俞巢竹 **(1921-)**
Li, You ting 李幼庭
Yu, Cai deng 俞菜灯
Yu, Jie jun 俞介君

Yu, Chen 于琛
WU, YU CHEN 伍于琛 **(1923-)**

Yu, Chen 余辰
XU, ZHEN SHI 徐震时 **(1937-)**

Yu, Chen 余辰
ZHANG, FENG LI 张凤礼 **(1939-)**

YU, CHEN 俞晨 **(1921-)**
Lü, En 吕恩

Yu chen 雨辰
JIA, ZHEN 贾震 **(1909-)**

Yu chen 雨辰
HU, QI ZHEN 扈其震 **(1948-)**

Yu chen 雨晨
GUO, CHANG CHUN 郭长春 **(1931-)**

Yu chen 浴晨
CHEN, JUN SHAN 陈俊山 **(1937-)**

YU, CHEN TAO 余臣滔 **(1935-)**
Yu, Tao 余涛

Yu, Cheng 宇澄
LIANG, JIAN BO 梁剑波 **(1922-)**

Yu cheng 玉成
ZHAO, SHU LI 赵树礼 **(1906-1970)**

Yu cheng 玉宬
WU, YU CHENG 吴裕成 **(1952-)**

YU, CHENG HUI 俞成辉 **(1911-)**
Tong zuo 同左

Yu, Cheng wu 于成武
YU, WEN LIE 于文烈（**1922-** ）

Yu, Cheng wu 于承武
YU, WEN LIE 于文烈（**1922-** ）

YU, CHENG ZE 于成泽 **(1903-1982)**
Hong, Bo 洪波
Yi fan 逸凡
Yi fu 毅夫
Yu, Yi fu 于毅夫

Yu, Chi 于驰
MA, MING JUN 马名骏 **(1933-** **)**

Yu, Chl 于驰
MA, YOU MING 马幼明 **(1934-** **)**

Yu chi, Bu gong 尉迟不恭
ZHANG, ZI ZHAI 张子斋 **(1913-1989)**

Yu chi, Kui 尉遲葵
FANG, GUI DE 方珪德 **(1922-** **)**

Yu, Chi ping 余持平
NI, QING ZHI 倪庆秩 **(1918-1989)**

YU, CHONG SHENG 余崇生 **(1948-** **)**
Yu, Zhong sheng 余中生

Yu chu 玉初
LAO, NAI XUAN 劳乃宣 **(1843-1921)**

Yu chu 雨初
LI, MAN GUI 李曼瑰 **(1907-1975)**

Yu, Chuan 于船
SUN, YU CHUAN 孙裕川 **(1924-** **)**

Yu chuan 雨川
HUANG, JUN FA 黄俊发 **(1940-** **)**

Yu chuang 玉窗
GUAN, ZHI XIONG 关志雄 **(1936-** **)**

Yu chuang yi zhen shi 雨窗欹枕室
MA, LIAN 马廉 **(1893-1935)**

Yu, Chun 余春
YU, SHI CHANG 喻世长 **(1916-** **)**

Yu, Chun 於春
XUAN, JIAN REN 宣建人 **(1914-** **)**

Yu chun 雨纯
LIN, YU CHUN 林雨纯 **(1951-** **)**

Yu chun 雨春
HUANG, YU ZHEN 黄玉珍 **(1964-** **)**

Yu chun 遇春
GU, ZHI 古直 **(1884-1959)**

YU, CHUN GUI 于春桂 **(1934-** **)**
Chun gui 纯规

YU, CHUN HOU 于纯厚 **(1924-** **)**
Duan, Tian heng 段天衡
Yu, Fei 于飞
Yu, Lei 于雷
Yu, Yu tian 于雨田

Yu, Cong 于丛
WU, JI XUE 巫继学 **(1946-** **)**

Yu, Cong 郁葱
LI, LI CONG 李立丛 **(1956-** **)**

Yu cong 驭聪
LIANG, YU CHUN 梁遇春 **(1906-1932)**

Yu cu 语粗
HE, YU CHU 何寓础

Yu, Cun 余村
XUAN, JIAN REN 宣建人 **(1914-** **)**

Yu cun 雨村
CHEN, MAN YING 陈满盈 **(1896-1965)**

Yu cun 渔邨
WANG, YA NAN 王亚南 **(1901-1969)**

YU, DA CHENG 于大成 **(1934-** **)**
Li xuan lou zhu ren 理选楼主人
Gang xi ting zhang 纲溪亭长

Yu, Da dian 余大颠
YU, SHOU YI 余寿颐 **(1883-1930)**

YU, DA FU 郁达夫 **(1896-1945)**
Bai, Yi lang 白衣郎
Chun jiang diao tu 春江钓徒
Da 达
Da fu 达夫
Da fu yu wen 达夫郁文
Hai wai liu ren yin sheng 海外流人荫生
Jiang nan yi bu yi 江南一布衣
Su, Men xiao 苏门啸
T. D. Y.
Wen 文
Xu 旭
YDT
Yin sheng 荫生
Ying, Sheng 英生
Yu 余
Yu, Wen 郁文
Yue gui 曰归
Zhao, Lian 赵廉
Zi yue 子曰

Yu, Da geng 余大庚
QIAN, REN KANG 钱仁康 **(1914-** **)**

Yu, Da ren 余达仁
LIN, RU JI 林如稷 **(1902-1976)**

Yu, Da sui 余大遂

YU, SHOU YI 余寿颐 (1883-1930)

YU, DA WEN 俞大文 (1909-)
You wen 有闻

YU, DA WEN 虞达文 (1927-)
Li, Fang 黎方

YU, DA XIANG 喻大翔 (1953-)
Huang ye 荒野
Wu, Tong zi 吴桐子

Yu, Dan 宇丹
ZHANG, YU DAN 张宇丹 (1955-)

Yu, Dan lu 俞澹庐
YU, YAO 俞垚 (1893-1947)

Yu dao 玉道
ZHOU, YU YING 周毓英 (1900-1945)

Yu dao ren 豫道人
ZHANG, QI GAN 张其淦 (1859-1930)

Yu, De 俞德
YU, KUN 俞琨 (1895-1979)

YU, DE CHENG 于德成 (1933-)
Yu, Qing 于庆

Yu, De ci 俞德慈
YU, BAI WEI 俞百巍 (1928-)

YU, DE GEN 余德根 (1958-)
Huo lei hong 火雷红

Yu, De guang 于德光
YU, MING REN 于明仁 (1917-)

YU, DE HAI 喻德海 (1938-)
Wang, Yang 汪洋

YU, DE KUAN 余德宽
Shen, Qing 申青

YU, DE KUN 于德坤
Qiu ran ke 虬髯客
Ye qian 业乾

YU, DE RUN 于得润 (1954-)
Wei meng 未萌

YU, DE YUAN 虞德元 (1909-1989)
Bei shan 北山
Yu, Yu 虞愚
Zhu, Yuan 竹园

Yu, Di 郁地
LUO, LING ZHI 罗灵智 (1927-)

Yu, Di 俞笛
LI, JING CI 李景慈 (1918-)

Yu, Di 俞荻
YU, NIAN YUAN 俞念远 (1904-)

Yu di 玉笛
YANG, CHENG YIN 杨成寅 (1926-)

Yu di 雨笛
XIE, XIAN YUN 谢先云 (1943-)

Yu di 雨滴
WANG, YU 王宇 (1935-)

Yu, Dian gong 余颠公
YU, SHOU YI 余寿颐 (1883-1930)

YU, DING 于定
Qiu, Mo 秋墨
Yu, Qiu mu 于秋穆

Yu, Ding 余定
YU, REN KAI 余仁凯 (1931-)

Yu, Ding 禹鼎
WANG, YUAN HUA 王元化 (1920-)

Yu, Ding xin 于鼎新
YU, REN 于人 (1931-)

Yu, Ding zi 郁定子
YU, ZHEN MIN 郁振民 (1916-)

Yu dong 雨东
DUAN, RU DONG 段儒东 (1942-)

Yu dong 愈冬
DENG, YOU MEI 邓友梅 (1931-)

Yu, Duo huan 余多幻
NI, LONG SHENG 倪隆盛 (1927-)

Yu, E 俞锷
YU, CE 俞侧 (1887-1938)

YU, ER KE 俞尔科 (1941-)
Huai, Xu 怀旭

Yu, Er li 余而立
SUN, SHU XUN 孙树勋 (1913-)

Yu, Fan 于凡
NIE, XIAN WU 聂宪武 (1920-)

Yu, Fan 于帆
LIN, YI YING 林艺瑛

Yu, Fan 余凡
LIN, TIAN SHUN 林天顺 (1941-)

Yu, Fan 余藩
YU, HE LIN 余鹤林 (1910-1939)

Yu, Fan 宇凡
CHEN, ZONG HAN 陈宗汉 (1940-)

Yu fan 雨帆
PANG, JIAN KE 庞俭克 (1955-)

Yu, Fang 于方

YU, CHAI FANG 余茝芳 **(1944-)**

Yu, Fang 余方
LING, WEN ZHOU 凌文舟 **(1916-)**

Yu, Fang 郁芳
LIAO, YU FANG 廖裕芳 **(1936-)**

Yu fang guan zhu 玉芳馆主
FAN, HUA SHENG 范华生 **(1917-)**

Yu, Fang zhou 于方舟
YU, LAN ZHU 于兰渚 **(1900-1928)**

Yu, Fei 于飞
YU, CHUN HOU 于纯厚 **(1924-)**

Yu, Fei 于飞
ZANG, RONG 臧嵘 **(1935-)**

Yu, Fei 于非
XU, PING 徐平 **(1926-)**

Yu, Fei 于非
DU, ZHU CHENG 杜珠成 **(1935-)**

Yu, Fei 于斐
XIE, PEI ZHEN 谢培贞 **(1921-1953)**

Yu, Fei 宇飞
YU, YU FEI 于宇飞 **(1891-1975)**

Yu, Fei 余飞
YU, FU HAI 于富海 **(1956-)**

Yu, Fei 余非
JIAO, GUI TANG 矫桂棠 **(1933-)**

Yu, Fei 郁飞
MA, HUA 马骅 **(1916-)**

Yu, Fei 郁飞
YU, YU RU 郁玉如

Yu, Fei 郁菲
RAN, YU FEI 冉于飞 **(1927-)**

Yu fei 羽飞
MA, CHENG YI 马成翼 **(1950-)**

Yu fei 羽飞
YU, FU HAI 于富海 **(1956-)**

Yu fei 羽非
MO, CHANG HU 莫昌虎 **(1938-)**

Yu fei 雨非
SUN, BU FEI 孙步霏

Yu fei 雨霏
ZHANG, QIU ZHONG 张秋忠 **(1935-)**

Yu, Fei an 于非厂
YU, ZHAO 于照 **(1889-1959)**

Yu, Fei an 于非闇
YU, ZHAO 于照 **(1889-1959)**

Yu, Fei wo 余非我
YU, YOU LIN 余有麟 **(1913-)**

Yu, Fei wo 余非我
WEI, DUAN 魏端 **(1924-)**

Yu, Fen 于奋
DING, JING TANG 丁景唐 **(1920-)**

Yu, Fen 于棻
QIN, ZHAO JI 秦兆基 **(1932-)**

Yu, Feng 于凤
SUN, KE CHENG 孙恪诚 **(1923-)**

Yu, Feng 于封
DING, JING TANG 丁景唐 **(1920-)**

Yu, Feng 于逢
LI, ZHAO LIN 李兆麟 **(1915-)**

Yu, Feng 余风
XU, ZHONG PEI 徐钟珮 **(1917-)**

Yu, Feng 郁风
YU, ZHEN MIN 郁振民 **(1916-)**

Yu, Feng 俞风
YU, HAN JIANG 余汉江 **(1958-)**

Yu feng 玉峰
HE, JIA LIN 何家麟 **(1907-)**

Yu feng 玉峰
CHEN, YI FENG 陈一峰 **(1943-)**

Yu feng 雨峰
DING, JING TANG 丁景唐 **(1920-)**

Yu, Feng cun 于鳳村
ZHUO, JIONG 卓炯 **(1908-1987)**

Yu, Feng lin 于鳳林
ZHUO, JIONG 卓炯 **(1908-1987)**

Yu, Feng ling 于风灵
ZHAO, LING MAO 赵令茂 **(1946-)**

YU, FU 于富 **(1944-)**
Yi de er fu 伊德尔夫

Yu, Fu 宇甫
LIU, BAN SHENG 刘板盛 **(1944-)**

Yu, Fu 虞復
WEN, ZHAO TONG 温肇桐 **(1909-1990)**

Yu, Fu 鱼夫
LIN, KUI YOU 林奎佑 **(1960-)**

Yu fu 玉父
WANG, FU 王斧 **(1880-1942)**

Yu fu 玉父
YE, GONG CHUO 叶恭绰 **(1881-1968)**

Yu fu 玉甫
YE, GONG CHUO 叶恭绰 **(1881-1968)**

Yu fu 聿皐
JIN, JIAN LING 金建陵 **(1953-)**

Yu fu 育孚
SHI, YU FU 石毓符 **(1908-)**

Yu fu 渔父
SONG, JIAO REN 宋教仁 **(1882-1913)**

Yu fu 渔父
JING, XI REN 荆溪人 **(1926-)**

Yu fu 渔父
YANG, CHENG 杨城

Yu fu 渔夫
FU, SHAN WEN 傅善文 **(1924-)**

Yu fu 渔夫
AI, ZHI MING 艾之明 **(1956-)**

Yu fu 渔夫
LIN, TAI RONG 林太荣 **(1962-)**

Yu fu 裕甫
YE, GONG CHUO 叶恭绰 **(1881-1968)**

Yu fu 遇夫
YANG, YU FU 杨遇夫 **(1885-1956)**

Yu fu 愚夫
JIAO, BING KUN 焦炳琨 **(1933-)**

Yu fu 愚夫
WANG, XIAO XIAN 王孝先 **(1942-)**

Yu fu 瑜夫
XIAO, QIAN YONG 萧前勇 **(1942-)**

Yu fu 毓紱
JIN, YU FU 金毓黻 **(1887-1962)**

Yu fu 豫夫
CHANG, JUN SHI 常君实 **(1920-)**

Yu, Fu chu 俞復初
LAO, SI GUANG 劳思光

YU, FU HAI 于富海 **(1956-)**
Yu, Fei 余飞
Yu fei 羽飞

YU, FU YING 俞馥英 **(1932-)**
Lin, Fang 林芳

YU, FU ZHONG 于福中 **(1931-)**
Ding, Lang 丁朗
He yu 禾雨
Yu, Shi 于是

Yu, Gan 于干
CHEN, YU GAN 陈毓淦 **(1917-)**

Yu, Gan 郁甘
CHEN, YU GAN 陈毓淦 **(1917-)**

Yu gan 育干
WU, YU GAN 武堉幹 **(1899-)**

Yu, Gang 于刚
CHEN, ZE YUN 陈泽云 **(1914-)**

Yu, Gang 于刚
LI, TIAN JI 李天济 **(1921-)**

YU, GANG ZHI 余纲智 **(1938-)**
Yu zhi 愚智

Yu gao 玉杲
WANG, ZONG YAO 王宗尧 **(1919-)**

Yu, Ge 于戈
WANG, XUE LI 王学理 **(1934-)**

Yu, Ge 余歌
LIU, NIAN GUO 柳念国 **(1950-)**

Yu ge 豫格
ZHENG, WEN ZHUO 郑文焯 **(1856-1918)**

Yu geng 雨耕
TANG, RUN DIAN 唐润钿 **(1929-)**

Yu geng 雨耕
XU, LIAN CHENG 徐连诚 **(1936-)**

YU, GENG SHENG 喻更生 **(1928-)**
Geng tian 耕天
Nan, Shan 南山
Ye, Mao 叶茂

YU, GENG YU 于赓虞 **(1902-1963)**
Bo xi 波西
Dong mei 东美
Gen yu 根余
Geng yu 赓虞
Ji, Ren 吉人
Jun ping 君评
Ping 萍

Yu, Gong 虞弓
LIANG, ZHI TAO 梁植涛 **(1915-)**

Yu, Gong 虞弓
LI, ZHAO LIN 李兆麟 **(1915-)**

Yu gong 玉工
ZHOU, RU CHANG 周汝昌 **(1918-)**

Yu gong 羽公
YANG, ZENG LUO 杨增荦 **(1860-1933)**

Yu gong 羽公
WANG, REN SHU 王任叔 **(1901-1972)**

Yu gong 芋公
WU, QING XIANG 吴清庠 **(1878-1961)**

Yu gong 雨弓
WEI, JIAN HONG 韦剑虹 **(1919-)**

Yu gong 雨公
SHEN, QI WU 沈启无 **(1902-1969)**

Yu gong 昱公
ZHAO, SHU YI 赵树义 **(1947-)**

Yu gong 渔公
JIN, JIAN ZHI 金践之 **(1930-)**

Yu gong 愚公
XUAN, GU YU 宣古愚 **(1873?-1942)**

Yu gong 愚公
ZENG, QI 曾琦 **(1892-1960)**

Yu gong 愚公
ZOU, EN RUN 邹恩润 **(1895-1944)**

Yu gong 愚公
LIN, XUE HENG 林学衡 **(1898-1941)**

Yu gong 愚公
QI, LIANG KUN 齐良琨 **(1902-1956)**

Yu gong 愚公
CHENG, BEN PU 成本璞

Yu gong 愚公
YAN, YAN ZHOU 严眼周

Yu gong hou dai 愚公后代
BAO, HUA PU 鲍化普 **(1922-)**

Yu gu 玉姑
QIU, JIN 秋瑾 **(1875-1907)**

Yu, Gu min 余穀民
YU, XUN 余洵 **(-1938)**

Yu guan 豫观
CHEN, HAN SHENG 陈憨生

YU, GUAN CHAO 俞观潮 **(1931-)**
Guan chao 冠潮
Yu, Guan chao 俞冠潮

Yu, Guan chao 俞冠潮
YU, GUAN CHAO 俞观潮 **(1931-)**

YU, GUAN TING 于观亭 **(1940-)**
Zhong ming jia 中茗家

Yu, Guan xi 于冠西
YU, HONG XIN 于洪鑫 **(1922-)**

YU, GUAN YING 余冠英 **(1906-)**
Bai, Yan 白眼
Guan ying 冠英
Guan ying 灌婴

Yu, Shao sheng 余绍生

Yu, Guang 余光
ZHAO, CAI DONG 赵彩东 **(1930--)**

Yu, Guang 宇光
REN, JING HE 任敬和 **(1911-)**

Yu, Guang 宇光
YUAN, HAO 袁浩 **(1930-)**

Yu guang 玉光
ZHU, YING 朱英

Yu guang 愉光
YUAN, HAO 袁浩 **(1930-)**

Yu, Guang mu 余光沐
XU, BO XU 徐伯訏 **(1908-1980)**

YU, GUANG SHENG 余光生 **(1906-1978)**
Xin, Bai 辛白
Zai, Yang 宰杨

Yu, Guang yuan 于光远
YU, ZHONG ZHENG 郁钟正 **(1915-)**

YU, GUANG ZHONG 余光中 **(1928-)**
He, Ke ge 何可歌
Sheng, Meng ping 盛梦平

Yu, Gui 于归
YU, HUAN SU 于还素 **(1920-1993)**

Yu, Guo 于果
SHE, ZHONG QIU 佘仲秋 **(1923-)**

Yu, Guo 余过
PAN, YUE SHENG 潘粤生 **(1935-)**

YU, GUO JI 俞国基 **(1931-)**
Yu, Ning ren 俞宁人

YU, GUO KANG 余国康 **(1950-)**
Lang ke 浪克

YU, GUO KUN 余国琨 **(1931-)**
Jiang, Yu 江宇

YU, GUO LIANG 于国良 **(1938-)**
Yu, Mu 于牧

YU, GUO SONG 余国松 **(1948-)**
Huai shang yu 淮上渔

YU, GUO ZHEN 余国振 **(1948-)**
A ma 阿玛

Yu, Hai 于海
YU, YU HAI 于玉海 **(1909-)**

Yu hai 浴海
GENG, LONG XIANG 耿龙祥 **(1930-)**

YU, HAI JIANG 于海江 **(1933-)**

Lu, Ye 鲁也

YU, HAI YAN 于海晏 (1902-)
An lan 盦岚
Yu, An lan 于安澜

Yu, Han 于晗
YU, ZENG RUI 于增瑞 (1931-)

Yu han 语罕
GAO, YU HAN 高语罕 (1888-1948)

YU, HAN JIANG 余汉江 (1958-)
Yu, Feng 俞风

Yu, Han ying 于罕英
ZHONG, WEN LING 钟文灵 (1931-)

Yu, Han ying 於罕英
ZHONG, WEN LING 钟文灵 (1931-)

Yu, Hang 鱼行
ZHANG, HENG SHENG 张衡生 (1949-)

Yu hang xian sheng 余杭先生
ZHANG, BING LIN 章炳麟 (1869-1936)

Yu, Hao 于浩
GUO, JIA GUI 郭嘉桂 (1919-)

Yu, Hao cheng 于浩成
DONG, BAO HE 董葆和 (1925-)

Yu, Hao dong 俞灏东
YU, PING 俞萍 (1924-)

Yu, He 宇鹤
MAO, SHU ZHENG 毛书征 (1934-)

YU, HE LIN 余鹤林 (1910-1939)
A zhi 阿止
A zhi 阿芷
A zi 阿紫
Chen, Fang 陈芳
Huang, De 黄德
Liu, Qi 柳七
Tang, Chong 汤寵
Tang, Yong lan 汤泳兰
Xin, Zhuo jia 辛卓佳
Y Z
Yang, Jing qing 杨镜清
Yang, Jing ying 杨镜英
Yang, Ying 杨樱
Ye, Zi 叶子
Ye, Zi 叶紫
Yu, Fan 余藩
Yu, Zhao ming 余昭明
Yu, Zi gan 余自敢
Yu, Zi qiang 余自强
Zhi 芷
Zi 紫

YU, HE QING 余鹤清 (1931-)
He weng 鹤翁
Yu, Qing 余青
Yu, Wo 余我
Yu, Xin 余心

YU, HE QING 俞河清 (1927-)
Yu, Tian yi 俞天一

YU, HE XIAN 余鹤仙 (1929-)
He xian 鹤仙
Yue, Xuan 岳轩

Yu, He zhi 余何知
LI, XING JIAN 李行健 (1935-)

Yu, Hei ding 于黑丁
YU, MIN DAO 于敏道 (1914-)

YU, HENG 于衡 (1921-)
Xia, Jian 夏简

Yu heng 玉衡
LIN, YI ZHEN 林仪贞 (1919-)

Yu, Heng shan 余横山
LI, YING HAO 李英豪 (1941-)

Yu, Hong 郁红
SHEN, MING DE 沈明德 (1920-)

Yu, Hong 宇虹
ZHANG, WEN RONG 张文荣 (1930-)

Yu hong 羽虹
DAI, HONG JUN 戴鸿君 (1935-)

Yu hong 雨虹
WANG, FA HUAI 王发槐 (1929-)

Yu, Hong bin 余洪彬
YU, YUAN SHU 余远树 (1954-)

YU, HONG DE 于鸿德 (1921-)
Huang, Ji 黄济

Yu, Hong mian 郁红棉
BAO, QING XIAN 鲍庆献 (1923-)

Yu, Hong mo 俞鸿模
YU, SHAO QI 余少岐 (1908-1968)

YU, HONG XIN 于洪鑫 (1922-)
Guan xi 冠西
Hong, Xin 洪鑫
Li, Lan 李蓝
Liu, Jin 柳金
Lu di 芦笛
Mi, He 米河
Yu, Guan xi 于冠西

Yu, Hong xu 余虹序
YU, SHOU CHUN 余守春 (1959-)

YU, HONG YOU 俞鸿犹
Hong yuan 弘远
Kong, Qiang 孔锵
Wu, Shao yan 吴绍彦
Yu, Yi 俞夷
Wu, Hong you 吴宏猷
Wu, Hong yuan 吴弘远

Yu hou 雨後
ZHAO, YU HOU 肇毓厚 **(1938-)**

Yu hou 裕厚
ZHANG, ZHONG DUAN 张锺端

Yu hou 毓厚
ZHANG, ZHONG DUAN 张锺端

Yu hu 玉虎
YE, GONG CHUO 叶恭绰 **(1881-1968)**

Yu hu 玉胡
WANG, YU HU 王玉瑚 **(1924-)**

Yu hu 玉湖
HE, YU HU 何玉湖 **(1954-)**

Yu hu 誉虎
YE, GONG CHUO 叶恭绰 **(1881-1968)**

Yu, Hua 于化
YU, HUA LI 于化鲤 **(1933-)**

Yu, Hua 郁华
YU, QING YUN 郁庆云 **(1884-1939)**

Yu, Hua 郁华
YU, ZHONG RUI 郁钟瑞 **(1917-)**

Yu, Hua 郁华
LI, YOU YI 李佑一 **(1935-)**

Yu hua 玉华
NIU, YU HUA 牛玉华 **(1919-)**

Yu hua 雨华
MA, HUA 马骅 **(1916-)**

Yu hua 雨花
LIANG, WEI ZHOU 梁维周 **(1914-)**

Yu hua 雨花
NIU, YU HUA 牛玉华 **(1919-)**

Yu hua 毓华
FENG, CHI 冯池 **(1931-)**

YU, HUA LI 于化鲤 **(1933-)**
Yu, Hua 于化

YU, HUA QING 郁化清 **(1932-)**
Cheng yuan 澄源
Yu, Mo 郁沫

Yu hua ren 玉华人
ZENG, RUI XIONG 曾瑞熊 **(1903-)**

YU, HUA XING 禹化兴 **(1937-)**
Wu yun shan ren 五云山人

Yu, Huai 于怀
ZHANG, WEN TIAN 张闻天 **(1900-1976)**

Yu, Huai 于怀
QIAO, GUAN HUA 乔冠华 **(1913-1983)**

Yu, Huai 余怀
SONG, QI 宋淇 **(1919-)**

YU, HUAI 俞怀
Wan er 莞尔
Wan er 宛尔
Wan er 菀尔

Yu, Huai yun 郁怀云
ZHANG, WEN YU 张文郁 **(1915-1991)**

Yu, Huan fei 于浣非
YU, YU FEI 于宇飞 **(1891-1975)**

YU, HUAN SU 于还素 **(1920-1993)**
Bian, Di ying 边地鹰
Han fu 寒父
Ye lü, Gui 耶律归
Yu, Gui 于归

Yu, Huan yan 余欢颜
CHEN, DA ZHE 陈大哲 **(1934-)**

Yu, Hui 宇辉
CAO, TING WEI 曹廷伟 **(1936-)**

YU, HUI BANG 余惠邦 **(1939-)**
Yu, Xin 余心

Yu, Hui dan 余慧丹
YU, SI MU 余思牧 **(1925-)**

YU, HUI JUN 余慧君
Hui jun 慧君

Yu, Ji 于吉
YU, JI 俞棘 **(1914-)**

Yu, Ji 于吉
YU, JIA XIANG 于家骧 **(1916-1984)**

Yu, Ji 于蓟
WANG, PIN ZHI 王聘之 **(1919-)**

Yu, Ji 于籍
YU, JIA XIANG 于家骧 **(1916-1984)**

YU, JI 俞棘 **(1914-)**
Yu, Ji 于吉

Yu, Ji 俞集
GAN, ZHAO GUANG 甘兆光 **(1919-)**

Yu, Ji 虞棘
YU, JIA XIANG 于家骧 (1916-1984)

Yu, Ji chuan 余箕传
YU, NAN QIU 余楠秋 (1897-)

YU, JI PING 余寄萍
Yi hong sheng 怡红生

Yu, Ji yu 于寄愚
YU, YU HAI 于玉海 (1909-)

Yu, Jia 余珈
YU, YOU XIN 余友心 (1940-)

Yu, Jia 郁佳
JIA, YU 贾羽 (1961-)

Yu jia 羽佳
ZHAI, LI FENG 翟立峰 (1925-)

Yu jia 羽佳
ZHAI, LIAN BAO 翟连保 (1939-)

Yu jia 雨佳
ZHENG, SHOU YAN 郑寿岩 (1922-)

Yu jia 雨佳
HUO, ZHI JIAN 霍之键 (1935-)

Yu jia 雨嘉
CUI, ZHEN DI 崔振第 (1911-)

Yu jia 瑜伽
XU, YUN QIAO 许云樵 (1905-1981)

Yu jia 瑜珈
JIA, YU 贾羽 (1961-)

Yu, Jia bi 于家璧
WANG, JIU RU 王九如 (1892-1968)

Yu jia er 渔家儿
SUN, LU BIN 孙鲁滨 (1922-)

YU, JIA HU 余佳虎 (1950-)
Yu tu 於菟

YU, JIA JU 余家菊 (1898-1976)
Jia ju 家菊
Yu, Jing tao 余景陶
Yu, Zi yuan 余子渊

YU, JIA XI 余嘉锡 (1884-1956)
Du ji jian zhai 读已见斋
Juan weng 狷翁

YU, JIA XIANG 于家骧 (1916-1984)
Mu, Tao 穆涛
Yu, Ji 虞棘
Yu, Ji 于籍
Yu, Ji 于吉
Yu, Mu tao 虞慕陶
Zuo zhi 佐治

Yu, Jian 于尖
CHEN, QIAO SHENG 陈桥生 (1918-)

Yu, Jian 于健
CHEN, BING YI 陈秉彝 (1916-)

Yu, Jian 余见
WAN, LONG SHENG 万龙生 (1941-)

Yu, Jian 俞剑
HUANG, JIAN HUA 黄建华 (1936-)

Yu jian 玉剑
ZENG, QI 曾琦 (1892-1960)

Yu jian 御剑
FAN, GAO GUI 范高贵 (1934-)

YU, JIAN BEN 余建本 (1905-)
Yu, Ben 余本
Yu, Jian ping 余建平

Yu, Jian cao 鱼柬草
XU, JUN XUN 徐君勋 (1925-)

Yu, Jian hua 俞剑华
YU, KUN 俞琨 (1895-1979)

Yu, Jian ping 余建平
YU, JIAN BEN 余建本 (1905-)

YU, JIAN QIU 于建秋 (1917-)
Guo, Hao 郭浩
Lu, Te 鲁特
Mo ru 沫如
Ru he 如禾

Yu, Jian ting 余建亭
ZHU, ZHE JUN 朱哲均

Yu jiang 雨江
MA, ZU YI 马祖毅 (1925-)

Yu jiang 愚江
ZHANG, ZI ZHAI 张子斋 (1913-1989)

YU, JIAO DONG 俞胶东 (1947-)
Hei, Zi 黑子

Yu, Jie 余捷
ZHU, ZI QING 朱自清 (1898-1948)

Yu jie 羽捷
XIAO, JUN 萧军 (1907-1988)

Yu, Jie jun 俞介君
YU, CHAO ZHU 俞巢竹 (1921-)

Yu, Jie qing 俞阶青
YU, BI YUN 俞陛云 (1867-1950)

Yu, Jin 余金
LI, ZHENG ZHONG 李正中 (1921-)

Yu, Jin 郁进

DAI, WEN BAO 戴文葆 **(1923-)**

Yu jin 予今
LIU, YU QING 刘毓庆 **(1954-)**

Yu jin 鬱金
BAI, XIAN YONG 白先勇 **(1937-)**

YU, JIN FENG 俞金凤 **(1943-)**
Fan zhu 梵竹
Wei lu 微露

YU, JIN GUO 余锦国 **(1964-)**
Long, Ren 龙任
Shu jun 书君

YU, JIN HAI 余金海 **(1941-)**
Jin hai 津海
Ren wei 人未

YU, JIN TING 余金廷 **(1934-)**
Lu, Zi 陆子
Yu, Ting 余铤
Yu weng 渔翁

YU, JING 于劲 **(1953-)**
Xiao, Xiao 肖小
Xiao, Yu 肖于

Yu jing 雨晶
YU, XIU LAN 于秀兰 **(1950-)**

Yu, Jing an 俞镜安
YU, ZHI HUI 俞志辉 **(1926-)**

Yu jing cao tang 玉井草堂
ZHENG, YUE 郑岳 **(1903-1975)**

Yu, Jing ming 于敬铭
YU, YOU REN 于右任 **(1879-1964)**

Yu jing shan ren 玉井山人
ZHENG, YUE 郑岳 **(1903-1975)**

Yu, Jing tao 余景陶
YU, JIA JU 余家菊 **(1898-1976)**

Yu, Jing yan 余景延
WAN, ZI LIN 万子霖

Yu, Jing yu 于敬禹
YU, JING YU 于镜宇 **(1907-1999)**

YU, JING YU 于镜宇 **(1907-1999)**
Da yu 大宇
Jing 敬
Jing yu 淨雨
Jing yu 敬禹
Jing yu 竟宇
Jing yu 镜宇
Wu gua ai shi 无挂碍室
Wu yu 吾愚
Yu 宇
Yu, Jing yu 于敬禹
Yu, Yu 余愚
Yu, Zhang 俞章
Yu, Zhen huan 于震寰
Zhen huan 震寰

Yu jue min 予觉民
XIAO, WEN YUAN 萧文渊

Yu, Jun 于濬
YU, MIN DAO 于敏道 **(1914-)**

Yu jun 玉君
LUO, ZHENG SHU 罗正淑 **(1907-1987)**

Yu jun 玉君
LI, JIN XIANG 栗金襄 **(1909-1989)**

Yu jun 玉君
CHEN, LI TING 陈鲤庭 **(1910-)**

Yu jun 羽军
LU, WU YA 陆无涯 **(1912-1984)**

Yu jun 羽军
MOU, LUN YANG 牟伦扬 **(1919-1943)**

Yu jun 羽军
ZHANG, YU JUN 张羽军 **(1929-)**

Yu jun 雨君
CHU, YU KUN 储玉坤 **(1912-)**

Yu jun 毓钧
ZHENG, YU JUN 郑毓钧 **(1917-1943)**

Yu, Jun hui 余君慧
YU, WEN HUI 余文晖

YU, JUN JI 宇俊吉 **(1945-)**
Yu, Bin 宇彬

YU, JUN XIONG 余俊雄
He jia 禾佳

YU, KAI SHI 虞开仕
Lao shan 老讪
Li, Shan 李讪

YU, KAI XI 虞开锡
Si yan 肆言

Yu kan lao ren 娱堪老人
YU, BI YUN 俞陛云 **(1867-1950)**

Yu, Ke 于轲
ZHANG, SHI YI 张师顗 **(1921-)**

Yu, Ke fu 尉可夫
REN, ZHUO XUAN 任卓宣 **(1896-1990)**

YU, KONG WO 余空我 **(1898-)**
Bing xiang yi 冰香簃
Kong wo 空我

Qi san 其三
Suo kong lou 锁空楼

Yu, Kun 于坤
YU, REN CHUAN 于仁川 **(1930-)**

YU, KUN 俞琨 **(1895-1979)**
Yu, De 俞德
Yu, Jian hua 俞剑华

Yu kun 煜坤
CHEN, YU KUN 陈煜坤 **(1934-)**

Yu, Lan 余澜
TU, NAI XIAN 涂乃贤 **(1943-)**

Yu lan 毓兰
LIN, YU NAN 林育南 **(1897-1931)**

Yu lan 毓兰
XIN, HUI WU 辛惠伍 **(1915-)**

YU, LAN ZHU 于兰渚 **(1900-1928)**
Fang, Zhou 方舟
Fang zhou 芳洲
Yu, Fang zhou 于方舟

Yu, Lang 郁郎
TANG, SHU WEN 唐树文 **(1954-)**

Yu, Lang 郁琅
LI, HONG 李竑 **(1931-)**

Yu lang 玉朗
JIANG, YU QING 姜宇清 **(1955-)**

Yu lang 雨浪
ZHANG, JIN CHUN 张金春

Yu lang 渔郎
ZOU, LU 邹鲁 **(1885-1954)**

Yu lao 迂老
LI, SHI QUAN 李世铨 **(1879-1943)**

Yu, Le xing 余乐醒
YU, ZENG SHENG 余增生

Yu, Lei 于雷
YU, CHUN HOU 于纯厚 **(1924-)**

Yu, Lei 郁垒
LI, TAO 李涛 **(1925-)**

Yu, Lei 俞雷
YU, CHANG JIANG 俞长江 **(1939-)**

Yu, Lei wa 于雷娃
YU, SHUANG BO 于爽波 **(1958-)**

Yu, Leng 于冷
LUO, DI 罗的 **(1928-)**

Yu, Li 于力
DONG, FAN 董璠 **(1896-1953)**

Yu, Li 于力
XIAO, HUANG 萧璜 **(1941-)**

Yu, Li 于立
WANG, ZENG CAI 王曾才 **(1935-)**

YU, LI 于犁 **(1946-)**
A bai 阿拜

Yu, Li 于理
LI, PEI SEN 李培森 **(1947-)**

Yu, Li 于理
ZHANG, ZHONG DING 张中定 **(1961-)**

Yu, Li 余力
HU, NAI CHANG 胡乃昌 **(1924-1982)**

Yu, Li 余力
CHEN, XUE WEN 陈学文 **(1931-)**

Yu, Li 余力
HU, WEN BIN 胡文彬 **(1939-)**

Yu, Li 余篱
WANG, JIU YU 王久馀 **(1921-)**

Yu li 予里
AI XIN JUE LUO, YU TONG 爱新觉罗毓桐 **(1912-)**

Yu li 予里
HUANG, ZHONG CONG 黄仲琮 **(1923-)**

Yu li 予理
HUANG, CHAO YANG 黄潮洋 **(1916-)**

YU, LI FANG 于立芳 **(1931-)**
Xiao, Yun 肖云

Yu, Li hua 于利华
YU, XIAO FENG 于小凤 **(1960-)**

YU, LI HUA 於梨华 **(1931-)**
Sun, Mrs. Helen
Yu, Li hua 於黎华

Yu, Li hua 於黎华
YU, LI HUA 於梨华 **(1931-)**

YU, LI QUN 于立群 **(1916-1979)**
Jian bi 健笔
Li, Min 黎民
Li, Ming jian 黎明健
Yu, Pei shan 于佩珊
Yu, Shuo 于硕

Yu li tao 瑜力涛
GE, RONG JIN 葛荣晋 **(1935-)**

Yu lian 雨莲
CHEN, XUE MEI 陈雪美

YU, LIAN KE 于莲客

Cui yu 翠羽
Lian ke 莲客

YU, LIAN QUAN 于连泉 **(1900-)**
Xiao cui hua 小翠花

Yu, Liang 郁良
WANG, YU LIANG 王玉良 **(1955-)**

Yu, Liang 俞亮
SHEN, DUAN XIAN 沈端先 **(1900-1995)**

Yu, Liang 俞亮
WANG, QING CHENG 王庆成 **(1928-)**

Yu liang 瑜亮
WANG, QING CHENG 王庆成 **(1928-)**

Yu, Lie 余列
WANG, YAO 王瑶 **(1914-1989)**

Yu, Lin 余林
TANG, DUAN YI 唐端毅 **(1913-1992)**

Yu, Lin 余林
YU, SHANG XIU 余尚修 **(1918-)**

Yu, Lin 余林
XU, SI XING 徐嗣兴 **(1923-)**

Yu, Lin 余霖
XUE, YU LIN 薛雨林 **(1904-)**

Yu, Lin 郁林
LI, WEN QIN 李文钦 **(1920-)**

Yu, Lin 俞林
ZHAO, FENG ZHANG 赵凤章 **(1918-1986)**

Yu, Lin 俞琳
YU, YUN 俞允 **(1926-1989)**

Yu lin 玉麟
ZHANG, SHOU YI 张守义 **(1930-)**

Yu lin 雨林
SHI, RUN DE 施润德 **(1917-)**

Yu lin 雨林
YUN, ZHEN LIN 恽振霖 **(1928-)**

Yu lin 雨林
SONG, CHEN 宋辰 **(1929-)**

Yu lin 雨林
FENG, LIN ZHANG 冯霖章 **(1943-)**

Yu lin 雨霖
LIU, YAN LING 刘延陵 **(1895-1988)**

Yu lin 豫林
FENG, JU ZHONG 冯巨中 **(1932-)**

Yu, Ling 于伶
REN, YU CHENG 任禹成 **(1907-)**

Yu, Ling 余玲
ZHENG, DA XING 郑大兴 **(1922-)**

Yu, Ling 俞陵
YU, BAI WEI 俞百巍 **(1928-)**

Yu, Ling 宇铃
LIU, HUI JUAN 刘慧娟 **(1957-)**

Yu ling 羽翎
WANG, HONG TAO 王洪涛 **(1937-)**

YU, LING AI 余玲爱
Si xian 思弦
Wei ming 未名

YU, LING BO 于凌波 **(1926-)**
Bo yu ling 波于凌

YU, LING JU 喻舲居
Shu shan qing 蜀山青

Yu, Ling ke 余舲客
YU, SHANG YUAN 余上沅 **(1897-1970)**

Yu ling long guan zhu 玉玲珑馆主
SUN, JIA ZHEN 孙家振 **(1863-1939)**

Yu, Long 于龙
ZHANG, DA LONG 张大龙 **(1935-)**

YU, LONG 于龙 **(1935-)**
Ding, Yi 丁一
Yi ding 一丁

Yu, Long 余龙
YAO, PENG 姚朋 **(1926-)**

Yu, Long 郁笼
LIU, QI YU 刘起裕 **(1934-)**

YU, LONG XI 余隆禧 **(1934-)**
Yu, Chao ran 余超然

Yu lu 玉鲁
ZHU, FEI 朱斐

Yu lu 愚鲁
ZHANG, WEN XUN 张文勋 **(1926-)**

Yu lu 榆庐
SHAO, RUI PENG 邵瑞彭 **(1886-1938)**

Yu lu zhai zhu 愚庐斋主
DING, YI 丁艺 **(1952-)**

Yu, Lun 郁伦
MAI, WEI CHENG 麦伟成 **(1956-)**

Yu, Luo wen 于洛文
LI, ZHAO LIN 李兆麟 **(1915-)**

Yu, Man 余曼
WANG, ZI CHAO 汪子超 **(1927-)**

YU, MAO SHENG 余懋盛 **(1934-)**
Yu, Pin 余品

Yu, Mei 于昧
HU, ZHEN BANG 胡振邦 **(1924-)**

Yu mei 玉梅
KUANG, ZHOU YI 况周颐 **(1859-1926)**

Yu mei 玉楳
KUANG, ZHOU YI 况周颐 **(1859-1926)**

Yu mei 雨煤
CAO, YU MEI 曹雨煤 **(1938-)**

YU, MEI CHENG 于美成 **(1943-)**
Da ge 大戈

Yu mei ci ren 玉梅词人
KUANG, ZHOU YI 况周颐 **(1859-1926)**

YU, MEI LAN 喻梅兰 **(1967-)**
Lan, Zi 兰子

Yu, Men 禹门
CHEN, HUA LI 陈化鲤 **(1910-)**

Yu men 雨门
CHEN, HUA LI 陈化鲤 **(1910-)**

Yu, Meng 郁萌
LU, YOU MING 卢有明 **(1941-)**

Yu, Meng 虞萌
ZHOU, SHU REN 周树人 **(1881-1936)**

Yu, Mi 俞密
FENG, XUE FENG 冯雪峰 **(1903-1976)**

Yu mi 玉米
WANG, GU JUN 王毂君 **(1927-)**

Yu, Min 于民
QU, QIU BAI 瞿秋白 **(1899-1935)**

YU, MIN 于民 **(1914-)**
Yu, Min 于敏

Yu, Min 于敏
YU, MIN 于民 **(1914-)**

Yu min 榆民
ZHANG, JI LUAN 张季鸾 **(1888-1942)**

YU, MIN DAO 于敏道 **(1914-)**
Hei, Ding 黑丁
Yu, Hei ding 于黑丁
Yu, Jun 于濬
Yu, Yan 于雁

YU, MIN MIN 俞敏敏 **(1959-)**
Jia min 嘉敏

Yu, Min zhai 余敏斋
YU, ZHAO KANG 余肇康 **(1855-1931)**

Yu, Ming 于明
ZHAO, YU MING 赵玉明 **(1936-)**

Yu, Ming 余明
WANG, YI LIN 王义林 **(1906-1990)**

Yu, Ming 余明
YU, YOU LIN 余有麟 **(1913-)**

Yu, Ming 余明
YU, SI MU 余思牧 **(1925-)**

Yu, Ming 余明
XU, HU 徐虎 **(1926-)**

Yu, Ming 余铭
ZHOU, SHU REN 周树人 **(1881-1936)**

Yu, Ming 余铭
QU, QIU BAI 瞿秋白 **(1899-1935)**

Yu, Ming 余铭
XU, WEI CHENG 徐惟诚 **(1930-)**

Yu, Ming 郁明
PEI, YOU MING 裴有明 **(1921-)**

Yu, Ming 虞明
ZHOU, SHU REN 周树人 **(1881-1936)**

Yu, Ming 宇明
GU, ZHI CHENG 顾志成 **(1938-)**

Yu ming 雨溟
WU, RU MING 吴汝铭

Yu ming 遇明
YAN, ZHI JUN 燕志儁 **(1907-1982)**

YU, MING HENG 俞铭衡 **(1900-1990)**
Bai, Ping 白苹
Chang huan 长环
Gu huai ju shi 古槐居士
Huai ju shi 槐居士
Huai wu ju shi 槐屋居士
Huan 环
Liao heng shi 缭衡室
O. M.
Ping 平
Ping 萍
Ping, Bo 平伯
Ping chu 苹初
Qu, Zhai 屈斋
Rong zhi 茸芷
Wu lu 吾庐
Y. P.
Yi gong 一公
Yu, Ping bo 俞平伯
Yu, Qu zhai 俞屈斋
Yuan shi 援试
Yuan, Zhu 原竹

Zhao, Xin yu 赵心餘

YU, MING REN 于明仁 **(1917-)**
Bai, Hua 白桦
Bai, Tuo fang 白拓方
Nu li 努力
Sha, Li qing 沙利清
Tian, Lang 田琅
Tian, Lang 田瑯
Yu, De guang 于德光
Yu, Yi qiu 于逸秋

Yu, Ming san 余鸣三
YU, ZENG SHENG 余增生

Yu, Ming shen 余铭绅
LIN, RU JI 林如稷 **(1902-1976)**

YU, MING ZHEN 俞明震 **(1860-1918)**
Gu an 觚庵
Gu zhai 觚斋
Ke shi 恪士
Ming, Y 明夷

Yu, Mo 于末
CHEN, YING MING 陈应明 **(1932-)**

Yu, Mo 于墨
WU, GUO DONG 吴国栋 **(1948-)**

Yu, Mo 于默
YU, WEN LIE 于文烈 **(1922-)**

Yu, Mo 郁沫
YU, HUA QING 郁化清 **(1932-)**

Yu, Mo 愚墨
YU, ZONG SHOU 于宗寿 **(1950-)**

Yu mo 渔沫
CHEN, YING MING 陈应明 **(1932-)**

Yu, Mo wo 于沫我
DU, YOU MING 杜又明 **(1915-1983)**

Yu, Mu 于木
WU, YU LIN 武宇林 **(1955-)**

Yu, Mu 于牧
YU, GUO LIANG 于国良 **(1938-)**

Yu mu 雨牧
LIN, MU HAI 林木海 **(1940-)**

Yu, Mu tao 虞慕陶
YU, JIA XIANG 于家骧 **(1916-1984)**

YU, MU YI 余慕仪
Mu, Yi 慕仪

YU, NAI CUN 俞乃村 **(1920-)**
Cun fu 村夫

Yu, Nai han 于耐寒
YU, ZHONG CHUN 于忠纯 **(1929-)**

Yu, Nai wu 余乃吾
HAN, WEN DA 韩文达 **(1917-)**

Yu, Nai yu 余乃玉
LU, MENG SHU 卢梦殊 **(-1962)**

Yu, Nan 宇南
LUO, SHAO WEN 罗少文 **(1949-)**

Yu nan 育南
LIN, YU NAN 林育南 **(1897-1931)**

Yu nan 育楠
SUI, SHU SEN 隋树森 **(1906-)**

Yu, Nan fei 余南飞
YU, BIN 余斌 **(1936-)**

YU, NAN QIU 余楠秋 **(1897-)**
Yu, Ji chuan 余箕传

Yu, Nan zhu 郁南竹
CHEN, CHUAN BO 陈川波 **(1941-)**

YU, NENG BIN 余能斌 **(1938-)**
Luo wen 珞文

Yu, Nian 余念
WANG, ZONG YAO 王宗尧 **(1919-)**

Yu, Nian shi 余念石
YANG, SI CHEN 杨思谌 **(1926-)**

Yu, Nian xing 余念兴
ZHONG, WEI TING 仲伟庭 **(1931-)**

YU, NIAN YUAN 俞念远 **(1904-)**
Di 荻
Nian yuan 念远
Yu, Di 俞荻

Yu, Ning 于宁
WANG, PEI KUN 王培堃 **(1940-)**

YU, NING 余宁 **(1961-)**
Yu ren 愚人

Yu ning 雨凝
ZHOU, LUO XIA 周落霞 **(1937-)**

Yu, Ning ren 俞宁人
YU, GUO JI 俞国基 **(1931-)**

Yu nong lu 裕农路
CHEN, WEI MING 陈伟明 **(1954-)**

Yu nuo 玉诺
XU, YAN XIN 徐言信 **(1893-1958)**

Yu nü 玉女
LI, TIAN MIN 李天民 **(1920-)**

Yu ou 玉藕

WANG, SEN RAN 王森然 **(1895-1984)**

Yu, Pan 俞磐
WANG, XI YAN 王西彦 **(1914-)**

YU, PEI CHU 余培初 **(1882-1941)**
Da tong 大同
Gong sun, Zhang zi 公孙长子

Yu, Pei shan 于佩珊
YU, LI QUN 于立群 **(1916-1979)**

Yu, Piao 余飘
XU, WEN DE 徐文德 **(1928-)**

Yu, Pin 余品
YU, MAO SHENG 余懋盛 **(1934-)**

Yu pin wu 雨品巫
YE, YUN PU 叶辒璞 **(1905-1975)**

Yu, Pin zhen 于品贞
YU, YAN JUN 于雁军 **(1926-)**

Yu, Ping 于平
WU, BAI HUI 巫白慧 **(1919-)**

YU, PING 于平 **(1924-)**
Jing bo 静波

Yu, Ping 余萍
TU, YUAN QU 涂元渠 **(1921-1981)**

Yu, Ping 俞萍
CHEN, QIU FANG 陈秋舫 **(1926-)**

YU, PING 俞萍 **(1924-)**
Yu, Hao dong 俞灏东
Yu, Qin 俞琴
Yu, Yin lai 俞殷莱

Yu ping 雨平
YAO, YU PING 姚雨平 **(1882-1974)**

Yu ping 雨萍
DENG, PING 邓平 **(1925-1985)**

Yu ping 雨萍
ZHANG, BAO PING 张宝萍 **(1934-)**

Yu, Ping bo 俞平伯
YU, MING HENG 俞铭衡 **(1900-1990)**

Yu, Ping fu 余平夫
SU, SHU YANG 苏叔阳 **(1938-)**

YU, PING GUANG 余平光
Han guang 寒光
Xiao zhong 小仲

Yu, Qi 余七
LI, YAO TANG 李尧棠 **(1904-)**

Yu, Qi 余杞
WANG, YU QI 王余杞 **(1905-)**

Yu qi 羽奇
LI, YU QI 李玉琦 **(1924-)**

Yu qi 聿期
DU, YA YU 杜亚瑜

Yu qi 隅棨
WANG, YU QI 王余杞 **(1905-)**

Yu qi 瑜启
DAI, ZI CHENG 戴自诚 **(1918-)**

YU, QI CHANG 余棨昌 **(1882-)**
Ji men 戟门

Yu, Qi guan 余岂官
LIN, RU JI 林如稷 **(1902-1976)**

YU, QI PING 余其平 **(1962-)**
Tian ya lang ren 天涯浪人
Tie ding 铁丁

YU, QI QIANG 余其锵
Yu, Yi 余一

YU, QI WEI 俞启威 **(1911-1958)**
Huang, Jing 黄敬

Yu, Qi wen 郁其文
YU, QING LING 喻庆龄 **(1923-)**

YU, QI XIANG 虞期湘 **(1938-)**
Xiao, Bing 肖冰
Yu, Xiang 郁香

Yu, Qian 余谦
ZHAO, PEI QIAN 赵培谦 **(1926-)**

Yu qian 予倩
OU YANG, LI YUAN 欧阳立袁 **(1889-1962)**

YU, QIAN DI 余茜蒂
Ai, Long 艾珑
Meng, De lan 孟德兰

Yu qiang 聿强
CHEN, YU QIANG 陈聿强 **(1938-)**

Yu qiang 域强
XU, YU QIANG 徐聿强 **(1956-)**

Yu qie 予且
PAN, XU ZU 潘序祖 **(1902-)**

Yu, Qin 于勤
LU, DAN LIN 陆丹林 **(1898-1972)**

Yu, Qin 俞琴
YU, PING 俞萍 **(1924-)**

Yu qin 雨琴
LAI, JING WEN 赖敬文 **(1952-)**

Yu, Qing 于庆
YU, DE CHENG 于德成 **(1933-)**

Yu, Qing 于青
YANG, CHU YU 杨楚玉

Yu, Qing 于顷
CHANG, GE LUO 常葛洛 **(1920-)**

Yu, Qing 于晴
HE, ZHUANG 何庄 **(1925-)**

Yu, Qing 余青
YU, HE QING 余鹤清 **(1931-)**

Yu, Qing 郁青
YU, ZHONG RUI 郁钟瑞 **(1917-)**

Yu, Qing 尉青
REN, ZHUO XUAN 任卓宣 **(1896-1990)**

Yu qing 玉青
ZHOU, RU CHANG 周汝昌 **(1918-)**

Yu qing 雨青
LIU, YIN 刘吟 **(1912-)**

Yu qing 雨青
HUANG, YU QING 黄雨青 **(1925-)**

Yu qing 雨青
SU, ZAI DUN 苏在敦 **(1932-)**

Yu qing 雨青
LI, NING ER 李宁儿 **(1953-)**

Yu qing 雨晴
WANG, DI SHAN 王地山 **(1933-)**

Yu qing 雨晴
BAI, CHANG SHENG 白长生 **(1950-)**

Yu qing 隅卿
MA, LIAN 马廉 **(1893-1935)**

Yu qing 榆青
XU, YI ZENG 许怡曾 **(1918-)**

Yu qing 煜卿
FU, GUANG 傅光 **(1962-)**

Yu qing dao ren 郁青道人
DENG, TIE 邓铁 **(1898-1963)**

YU, QING LING 喻庆龄 **(1923-)**
Gao, Ge 高歌
Tie han 铁汉
Yin, Ming 殷鸣
Yu, Qi wen 郁其文
Yu, Yi fei 喻一飞
Zhi sha lang 芷莎郎

YU, QING YUN 郁庆云 **(1884-1939)**
Jing jiu ji yun 井久计云
Liu lang 六郎
Man tuo 曼陀
Yu, Hua 郁华

YU, QING ZUO 鱼清佐 **(1920-)**
Tian, He 田禾
Yu, Xun 鱼讯
Yu, Xun 鱼汛
Zhi jian 志坚

Yu qiong 玉琼
ZHAO, PIN YU 赵贫玉 **(1948-)**

Yu, Qiu 郁秋
PAN, YUE SHENG 潘粤生 **(1935-)**

Yu qiu 雨秋
LENG, YU 冷遹 **(1882-1959)**

Yu qiu 遇秋
LENG, YU 冷遹 **(1882-1959)**

Yu qiu 禦秋
LENG, YU 冷遹 **(1882-1959)**

Yu, Qiu mu 于秋穆
YU, DING 于定

Yu, Qu ming 余去名
LIU, GUO XING 刘国兴 **(1915-)**

Yu, Qu ming 余去明
LIU, GUO XING 刘国兴 **(1915-)**

Yu, Qu zhai 俞屈斋
YU, MING HENG 俞铭衡 **(1900-1990)**

Yu quan 玉泉
XING, YU QUAN 邢玉泉 **(1943-)**

Yu quan 玉泉
JIANG, QUAN 江瑔

Yu, Qun 于群
YANG, KUI ZHANG 杨奎章 **(1921-)**

YU, QUN 俞群 **(1957-)**
Lang hua 浪花

Yu qun 玉群
LI, JIN XIANG 栗金襄 **(1909-1989)**

Yu, Re 余热
LAN, YU YE 蓝裕业 **(1902-1928)**

Yu, Ren 于人
REN, YU CHENG 任禹成 **(1907-)**

Yu, Ren 于人
WANG, SI XIANG 王思翔 **(1922-)**

YU, REN 于人 **(1931-)**
Yu, Ding xin 于鼎新
Yu ren 愚人

Yu, Ren 余仁
NIU, ZHI GONG 牛致功 **(1928-)**

Yu, Ren 余仁
XU, DE ZHI 徐德志 (1939-)

Yu, Ren 郁人
CHEN, SI QING 陈思庆 (1935-)

Yu, Ren 郁人
LIN, FO ER 林佛儿 (1941-)

Yu, Ren 郁仁
WANG, ZHONG QI 王锺麒 (1880-1913)

Yu ren 予人
CHEN, MING MOU 陈明谋 (1920-)

Yu, Ren 宇仁
WANG, SI XIANG 王思翔 (1922-)

Yu ren 雨人
SHEN, YUN PEI 沈云沛 (1854-1918)

Yu ren 渔人
ZHOU, ZI YU 周子瑜 (1930-)

Yu ren 渔人
ZHANG, LI CHEN 张立辰 (1939-)

Yu ren 愚人
LI, WEI YI 李唯一 (1919-)

Yu ren 愚人
YU, REN 于人 (1931-)

Yu ren 愚人
YU, NING 余宁 (1961-)

Yu ren 毓仁
WANG, ZHONG QI 王锺麒 (1880-1913)

Yu ren 豫人
FAN, MING YING 范鸣英

Yu ren 鬱人
LIN, FO ER 林佛儿 (1941-)

YU, REN CHUAN 于仁川 (1930-)
Ren chuan 仁川
Yu, Kun 于坤

YU, REN JUN 于人俊 (1901-)
Mei, Yuan 梅园
Yu, Shi jie 于世杰

YU, REN KAI 余仁凯 (1931-)
Kai feng 凯枫
Yu, Ding 余定

Yu, Ri mu 余日木
XU, CHANG LIN 徐昌霖 (1917-)

YU, RONG GEN 俞荣根 (1943-)
Yun geng 耘耕

Yu, Rong rong 余绒绒
CUI, JIA RONG 崔家蓉 (1951-)

Yu, Ru 郁如
ZHANG, CHU KUN 张楚琨 (1912-)

Yu, Ru 郁茹
QIAN, YU RU 钱玉如 (1921-)

Yu ru 与如
HE, JIA HUAI 何家槐 (1911-1969)

Yu, Rui 宇瑞
ZHANG, YU RUI 张宇瑞 (1935-)

Yu rui 榆瑞
ZHOU, YU RUI 周榆瑞 (1917-1980)

Yu, Run tang 余润棠
YU, SI MU 余思牧 (1925-)

Yu ruo 愚若
YE, SHAO JUN 叶绍钧 (1894-1988)

YU, RUO XIA 余若瑕 (1928-)
Ge, Xian 葛嫻

YU, SAI 余塞 (1919-)
Ren, Zhong 任重

Yu, Sai fu 于塞夫
YU, ZHONG RUI 郁钟瑞 (1917-)

Yu, San 余三
LI, YAO TANG 李尧棠 (1904-)

Yu san 雨三
YANG, ZHI LIN 杨植霖 (1911-)

Yu sang 玉桑
LEI, SHI YU 雷石榆 (1911-)

Yu sang 彧桑
ZHANG, RONG RI 张荣日 (1942-)

Yu sen 雨森
XIE, XIONG XUAN 谢雄玄 (1935-)

Yu seng 雨僧
WU, MI 吴宓 (1894-1978)

Yu seng 雨僧
XU, HUAN MIN 徐焕民

Yu, Sha 于沙
WANG, ZHEN HAN 王振汉 (1927-)

Yu, Sha 於沙
YU, YING MAO 于应茂 (1929-)

Yu, Sha 虞莎
WU, TONG BAO 吴同宝 (1922-)

Yu sha 予沙
YU, YAN JUN 于雁军 (1926-)

Yu, Sha ding 俞沙丁
YU, WEI XIN 俞维新 (1923-1966)

YU, SHAN 于山 **(1928-　　)**
Lao yu 老鱼

Yu, Shan 余山
ZHU, ZONG BIN 朱宗彬 **(1913-1937)**

Yu, Shan 鱼山
LIU, XIN WU 刘心武 **(1942-　　)**

Yu, Shan 禹山
GENG, HAN 耿汉 **(1932-　　)**

Yu shan 玉山
WANG, CHUN WU 王纯五 **(1932-　　)**

Yu shan 玉山
OU YANG, ZE 欧阳泽

Yu shan 玉杉
YUAN, GUANG MEI 袁光楣 **(1916-1982)**

Yu shan 羽山
LIAO, YUN 廖云 **(1921-　　)**

Yu shan 雨山
CHEN, XIANG HE 陈翔鹤 **(1901-1969)**

Yu shan 雨山
ZHOU, ZUO XIN 周作新 **(1917-　　)**

Yu shan 雨山
YUAN, DA WEN 袁达文 **(1924-　　)**

Yu shan 雨山
WANG, XUE YA 王雪崖 **(1927-　　)**

Yu shan 雨山
SONG, XIANG RONG 宋祥荣 **(1928-　　)**

Yu shan 雨山
FAN, JIAN FENG 樊建峰 **(1955-　　)**

Yu shan 雨珊
DAI, YUAN 戴媛 **(1959-　　)**

Yu shan 禹山
WANG, ZHUO 王琢 **(1921-　　)**

Yu shan 豫山
ZHOU, SHU REN 周树人 **(1881-1936)**

Yu shan di zi 虞山弟子
DENG, TIE 邓铁 **(1898-1963)**

Yu, Shan qing 余山青
JIANG, HONG JI 江弘基

Yu shan shi ci lang 禹山世次郎
HUANG, SHI ZHONG 黄世仲 **(1872-1912)**

Yu shan yi sou 玉山一叟
HU, YU GUI 胡毓桂 **(1892-1985)**

Yu shang 羽裳
ZHANG, GUI XING 张贵兴 **(1956-　　)**

Yu, Shang ling 俞尚陵
ZHENG, DA XING 郑大兴 **(1922-　　)**

YU, SHANG XIU 余尚修 **(1918-　　)**
Yu, Lin 余林
Yu yin 聿尹

YU, SHANG YUAN 余上沅 **(1897-1970)**
Chen, Shi 陈时
Fang ke 舫客
Ling ke 舲客
Shang yuan 上沅
Yu, Ling ke 余舲客

Yu, Shao 于绍
LIU, HUI MIN 刘惠民 **(1917-　　)**

Yu shao 庾少
FENG, XUE FENG 冯雪峰 **(1903-1976)**

YU, SHAO FAN 余少飒 **(1902-　　)**
Su, Fu 苏甫

YU, SHAO JI 余绍基 **(1958-　　)**
Qin, Ji 秦羁

YU, SHAO QI 余少岐 **(1908-1968)**
Hong, Mo 洪摩
Yu, Hong mo 俞鸿模

Yu, Shao sheng 余绍生
YU, GUAN YING 余冠英 **(1906-　　)**

YU, SHAO SONG 余绍宋 **(1883-1949)**
Han ke 寒柯

Yu, She wei 于舍为
FEI, HAI JI 费海玑 **(1924-　　)**

Yu, Shen 于深
LI, MING CHENG 李明诚 **(1914-　　)**

Yu, Sheng 余生
XU, SHANG SHOU 徐商寿 **(1914-1996)**

Yu, Sheng 于胜
GOU, YU SHENG 苟煜升 **(1942-1984)**

Yu sheng 玉生
ZHAO, YIN TANG 赵银棠 **(1904-　　)**

Yu sheng 玉生
OU YANG, ZE 欧阳泽

Yu sheng 玉声
SUN, JIA ZHEN 孙家振 **(1863-1939)**

Yu sheng 雨声
WANG, HUAI DE 王怀德 **(1926-　　)**

Yu sheng 禺生
LIU, CHENG YU 刘成禺 **(1877-1953)**

Yu sheng 娱生
LONG, YU SHENG 龙榆生 **(1902-1966)**

Yu sheng 愚生
LU, DE LONG 卢德龙 **(1964-)**

Yu sheng 愚生
CHEN, YU 陈淯

Yu sheng 榆生
ZHANG, JI LUAN 张季鸾 **(1888-1942)**

Yu sheng 榆生
LONG, YU SHENG 龙榆生 **(1902-1966)**

Yu sheng 窳生
LI, SHEN YAN 李慎言 **(1859-1931)**

Yu sheng 馀生
WU, MI 吴宓 **(1894-1978)**

Yu, sheng 馀生
ZHOU, KAI QING 周开庆 **(1906-)**

Yu sheng 馀声
SHEN, YAN BING 沈雁冰 **(1896-1981)**

Yu sheng an zhu 雨声庵主
LIN, XIAN TANG 林献堂 **(1881-1956)**

Yu, Shi 于是
YU, FU ZHONG 于福中 **(1931-)**

Yu, Shi 于是
YU, SHU SEN 于树森 **(1953-)**

Yu, Shi 余时
JIANG, DE MING 姜德明 **(1929-)**

Yu, Shi 余实
LI, ZHI SHAN 李至善 **(1937-)**

Yu, Shi 郁士
WU, YONG JIU 吴詠九 **(1920-)**

Yu shi 羽史
LIN, ZHU YU 林祝敔 **(1915-1975)**

Yu shi 雨石
WU, YING 武瑛 **(1940-)**

Yu shi 雨石
QIU, ZHANG QING 裘樟清 **(1944-)**

Yu shi 雨石
WU, CHUAN JIU 吴传玖 **(1948-)**

Yu shi 雨时
JIN, YU SHI 金雨时 **(1941-)**

Yu shi 遇士
SHEN, YAN BING 沈雁冰 **(1896-1981)**

Yu shi 愚石
LIU, DAO YU 刘道玉 **(1933-)**

YU, SHI CHANG 喻世长 **(1916-)**
Chong gang 崇冈
Yu, Chun 余春

YU, SHI DA 於世达
Si ma, Qing shan 司马青山

YU, SHI GE 于世阁
Shi ge 世阁

Yu, Shi hu 于是乎
FU, XI ZHENG 傅玺政 **(1941-)**

Yu, Shi jie 于世杰
YU, REN JUN 于人俊 **(1901-)**

YU, SHI JIN 喻世锦 **(1924-)**
Xi jin 西金
Yu, Xi jin 喻西金

YU, SHI JUN 余士君 **(1946-)**
Yu, Zhi 余之

Yu, Shi lu 余师鲁
LIU, TAI LONG 刘泰隆 **(1927-)**

YU, SHI MEI 于式枚 **(1859-1915)**
Hui ruo 晦若
Sui sheng 穗生

YU, SHI QI 于士奇 **(1920-)**
Yu, Chan 于产
Yu, Tu 于土

Yu, shi shi 御史氏
QIU, HENG JIN 邱衡近 **(1899-1949)**

YU, SHI SONG 俞士崧 **(1932-)**
Yu, Song 俞崧

Yu, Shi xia 于时夏
CHEN, BING KUN 陈炳堃 **(1898-1990)**

Yu, Shi xiang 余适湘
HE, DE XIN 何德新 **(1954-)**

YU, SHI YU 于式玉 **(1907-)**
Shi 式
Shi yu 式玉

Yu shou 予手
QI, GONG 启功 **(1912-)**

YU, SHOU CHUN 余守春 **(1959-)**
Ruo tie 若铁
Yu, Bi hua 余碧桦
Yu, Bing xin 余炳信
Yu, Chang 余畅
Yu, Hong xu 余虹序

YU, SHOU YI 余寿颐 **(1883-1930)**
Da dian 大颠
Dian gong 颠公

Hai tian yan ying lou 海天雁影楼
Jiu nong 疚侬
Qiu, Seng 仇僧
San lang 三郎
Tian xin yi 天心簃
Xiao he 效鹤
Yin ge 廕阁
Yu, Da dian 余大颠
Yu, Da sui 余大遂
Yu, Dian gong 余颠公
Yu, Tian sui 余天遂
Yu, Yin ge 余廕阁
Yu, Zhu yin 余祝廕

Yu, Shu 余蜀
GAO, FENG 高风 (1932-)

Yu shu 玉书
YU, XIANG LIN 余祥麟 (1937-)

Yu shu 玉枢
HOU, ZHAO LIN 侯兆麟 (1903-1987)

Yu, shu 玉舒
WEN, YU SHU 温玉书 (1911-)

Yu, Shu 宇抒
LIN, CHUI YING 林垂樱 (1937-)

YU, SHU DE 于树德 (1894-1982)
Wang, Bin 王斌

YU, SHU GUANG 于曙光 (1944-)
Chen, Mo 陈没
Lao, Guo sheng 老果生

YU, SHU HENG 于书恒 (1938-)
Shu, Heng 舒衡

Yu, Shu ren 余蜀人
CHEN, ZONG TANG 陈宗棠 (1936-)

YU, SHU SEN 于树森 (1953-)
Yu, Shi 于是

Yu, Shu wen 余叔文
MA, QIAN MU 马千木 (1915-)

Yu shuang 御霜
CHENG, YAN QIU 程砚秋 (1904-1958)

YU, SHUANG BO 于爽波 (1958-)
Xiao ye 小野
Yu, Lei wa 于雷娃

Yu shuang yi zhu 玉霜簃主
CHENG, YAN QIU 程砚秋 (1904-1958)

Yu, Shui 于水
YU, XUE QIANG 于学强 (1946-)

Yu, Shui 鱼水
ZHANG, RUN HUI 张润翙 (1931-)

Yu shui 渔水
YE, DE HUI 叶德辉 (1864-1927)

Yu, Shuo 于硕
GUO, MO RUO 郭沫若 (1892-1978)

Yu, Shuo 于硕
YU, LI QUN 于立群 (1916-1979)

Yu, Si 于思
CHEN, HE 陈鹤 (1912-1984)

Yu, Si 于思
YANG, BEN QUAN 杨本泉 (1923-)

Yu, Si 于斯
GUO, YU SHI 郭豫适 (1933-)

Yu, Si 余思
XING, CHENG YONG 邢承墉 (1929-)

Yu, Si 余思
GUO, YU SHI 郭豫适 (1933-)

Yu, Si 余思
HONG, BAO SU 洪保苏 (1947-)

Yu, Si 郁思
CHEN, QING ZHEN 陈卿珍

Yu si 雨丝
SUN, QING YU 孙庆馀

Yu, Si bo 于思泊
YU, XING WU 于省吾 (1896-1984)

Yu si de zhi dao zhe 语丝的指导者
ZHOU, SHU REN 周树人 (1881-1936)

Yu, Si he 余思和
XU, WEN YAO 徐文耀 (1916-)

Yu, Si miao 余思妙
WANG, TONG FA 王统发 (1924-)

YU, SI MU 余思牧 (1925-)
Liao mang 遼莽
Ma, Qian 马前
Si tu, Zhuang 司徒壮
Yu, Hui dan 余慧丹
Yu, Ming 余明
Yu, Run tang 余润棠
Yuan, Shang fang 原上放

Yu si pai de zhu jiang 语丝派的主将
ZHOU, SHU REN 周树人 (1881-1936)

Yu, Song 郁松
TANG, LONG 唐龙 (1945-)

Yu, Song 俞崧
YU, SHI SONG 俞士崧 (1932-)

Yu song 雨松

CHENG, MAO YUN 程懋筠 (1900-1957)

Yu song 謦松
CHENG, MAO YUN 程懋筠 (1900-1957)

Yu, Song hua 俞颂华
YU, YAO 俞垚 (1893-1947)

Yu, Song yan 余松岩
YU, YONG QUAN 余咏泉 (1933-)

Yu sou 芋叟
WU, QING XIANG 吴清庠 (1878-1961)

Yu sou 迂叟
WU, JIA LU 吴家球 (1898-1982)

Yu, Su 余素
LIN, JIAN SHAN 林建山 (1949-)

Yu, Su fu 于肃夫
LI, ZHAO LIN 李兆麟 (1915-)

YU, SU QIU 尉素秋 (1914-)
Jiang, Yue 江月

Yu, Sui an 于遂安
DENG, TUO 邓拓 (1912-1966)

YU, SUO YA 余所亚 (1912-)
S O A
Suo ya 所亚

Yu, Tan 余坛
ZHANG, YI YAN 张伊岩 (1962-)

Yu, Tang 于汤
BAO, ZU TANG 包祖堂 (1934-)

Yu, Tang 郁堂
JIANG, SHAO QUAN 江绍铨 (1883-1954)

Yu, Tang 宇堂
WANG, YU TANG 王玉堂 (1907-)

Yu tang 玉堂
LIN, HE LE 林和乐 (1895-1976)

Yu tang 玉堂
WANG, YU TANG 王玉堂 (1907-)

Yu tang 玉塘
SHE, XUE MAN 佘雪曼 (1909-)

Yu tang 语堂
LIN, HE LE 林和乐 (1895-1976)

Yu tang 敔堂
ZHANG, BAI SHAN 张白山 (1912-)

Yu tang 裕堂
BAO, ZU TANG 包祖堂 (1934-)

Yu tang 愚堂
WANG, YU TANG 王玉堂 (1907-)

Yu tang 豫堂
QIAN, JUN TAO 钱君匋 (1906-)

Yu, Tao 余涛
YU, CHEN TAO 余臣涛 (1935-)

Yu ti 於体
LI, PIN ZHOU 李聘周 (1918-1938)

Yu, Tian 于天
YANG, JIAN BAI 杨坚白 (1911-)

Yu, Tian 于田
HU, SHENG 胡绳 (1918-)

Yu, Tian 俞田
WANG, SHOU HUA 王寿华 (1918-)

Yu tian 与田
WANG, YU TIAN 王雨田 (1928-)

Yu tian 玉田
PENG, GUO FU 彭国富 (1952-)

Yu tian 羽田
MIAO, WEN WEI 缪文渭 (1915-)

Yu tian 雨田
CHEN, SEN 陈森 (1911-)

Yu tian 雨田
YANG, CHUN YU 杨春瑜 (1912-1988)

Yu tian 雨田
XU, YUE HUA 许粤华 (1912-)

Yu tian 雨田
LEI, JIA SHEN 雷家駪 (1927-)

Yu tian 雨田
WANG, JING WEN 王敬文 (1936-)

Yu tian 雨田
FAN, YU TIAN 樊雨田 (1946-)

Yu tian 雨田
LEI, HUA TING 雷华廷 (1956-)

Yu tian 娱天
YANG, JIAN BAI 杨坚白 (1911-)

YU, TIAN CONG 尉天聪 (1935-)
Fang, Geng 方庚
Ye, Ling 叶灵

Yu, Tian fen 俞天愤
YU, ZHUANG 俞戆

Yu, Tian sui 余天遂
YU, SHOU YI 余寿颐 (1883-1930)

Yu, Tian yi 俞天一
YU, HE QING 俞河清 (1927-)

Yu, tiao ci ke 玉苕词客

LIANG, DING FEN 梁鼎菜 (1859-1920)

YU, TIE 于铁 (1926-)
Li, Xing 李行

Yu, Ting 余铤
YU, JIN TING 余金廷 (1934-)

Yu, Ting 虞廷
WU, CHENG SHI 吴承仕 (1884-1939)

Yu ting 雨亭
LIN, TING TING 林婷婷

Yu ting 豫亭
ZHOU, SHU REN 周树人 (1881-1936)

Yu ting 豫庭
ZHOU, SHU REN 周树人 (1881-1936)

Yu, Tong 禹彤
GUO, SHUI LIN 郭水林 (1940-)

Yu tong 予同
ZHOU, YU MAO 周毓懋 (1898-1981)

Yu, Tong 宇同
ZHANG, DAI NIAN 张岱年 (1909-)

Yu, Tu 于土
YU, SHI QI 于士奇 (1920-)

Yu tu 於菟
YU, JIA HU 余佳虎 (1950-)

Yu, Tu gen 余土根
WANG, YANG 王扬 (1917-1986)

Yu wai ren 域外人
ZHANG, XI GUO 张系国 (1944-)

Yu, wan ren 余皖人
ZHA, XIAN LIN 查显琳 (1923-)

Yu, Wang ying 于王英
DONG, PEI JI 董培记 (1948-)

Yu, Wei 于韦
WANG, SHOU REN 王授仁 (1934-)

Yu, Wei 俞蔚
SHEN, DUAN XIAN 沈端先 (1900-1995)

Yu wei 玉薇
SUI, TING MEI 隋廷枚

YU, WEI FAN 于维范 (1955-)
Yu, Yue 于跃

Yu, Wei ming 余未名
WANG, YANG 王扬 (1917-1986)

Yu wei nü shi 玉薇女士
SUI, TING MEI 隋廷枚

YU, WEI XIN 俞维新 (1923-1966)
Han zhu 寒竹
Kong, Sai 孔塞
Sha, Zi 沙子
Yu, Sha ding 俞沙丁

Yu, Wei ye 余微野
HUANG, WEI HAN 黄微汉 (1924-)

Yu, Wei ye 余薇野
DONG, WEI HAN 董维汉 (1924-)

YU, WEI YI 虞卫毅 (1958-)
Qi, Zhai 齐斋
Shou zhou yin shi 寿州隐石
Wei, Yi 卫毅

Yu, Wei yue 余维岳
LAN, YU SONG 蓝玉崧 (1925-)

Yu, Wen 于文
DU, ZHU CHENG 杜珠成 (1935-)

Yu, Wen 于文
YU, WU JIN 俞吾金 (1948-)

Yu, Wen 于雯
YANG, FENG QI 杨凤岐 (1908-)

Yu, Wen 余文
CHAI, DE SEN 柴德森 (1935-)

Yu, Wen 余文
FAN, ZI QIANG 范自强 (1944-)

Yu, Wen 余闻
WANG, WEN HUA 王文华

Yu, Wen 郁文
YU, DA FU 郁达夫 (1896-1945)

Yu, Wen 郁文
GAO, JI LIN 高季琳 (1909-)

Yu, Wen 郁文
LI, WEN QIN 李文钦 (1920-)

Yu, Wen 宇文
YU, WU JIN 俞吾金 (1948-)

Yu wen 玉文
WU, ZHEN NI 吴珍妮 (1944-)

Yu wen 羽文
HU, WEN XIONG 胡文雄 (1953-)

Yu wen 雨文
ZHAO, KE WEN 赵克文 (1936-)

Yu wen 雨纹
GAN, CI SEN 甘祠森 (1914-1982)

Yu wen 雨闻
WU, HUAI SHENG 吴淮生 (1929-)

Yu wen 毓文

LIAO, HAN CHEN 廖汉臣 **(1912-1980)**

YU WEN, DA 宇文笪
Wen, Da 文笪

YU, WEN GUO 于文国 **(1950-)**
Jiang, Feng 江风

Yu wen, Hong liang 宇文洪亮
LU, KE CHANG 陆克昌 **(1923-)**

YU, WEN HUI 余文晖
Fang, Yang 方羊
Jun hui 君慧
Shi, Jun hui 施君慧
Yu, Jun hui 余君慧

Yu wen, Jie 宇文节
QIAN, JUN TAO 钱君匋 **(1906-)**

Yu wen, Jie 宇文捷
WANG, SHOU PENG 王寿彭 **(1925-)**

Yu, Wen lai 于文莱
YU, WEN LIE 于文烈 **(1922-)**

YU, WEN LIE 于文烈 **(1922-)**
Jia, Fang 贾鲂
Jia, Yu 贾渔
Meng, Xiu 孟修
Yu, Cheng wu 于成武
Yu, Cheng wu 于承武
Yu, Mo 于默
Yu, Wen lai 于文莱

Yu wen, Xuan 宇文轩
CAI, XIANG RONG 蔡向荣 **(1947-)**

Yu wen, Yu wen 宇文于汶
SHAO, QUAN JIAN 邵全建 **(1926-)**

Yu wen, Zhou 宇文宙
REN, NAI FAN 任廼凡 **(1906-1986)**

Yu wen, Zhou 宇文宙
KONG, FAN YAN 孔繁衍 **(1912-)**

Yu weng 馀翁
SHEN, ZENG ZHI 沈曾植 **(1850-1922)**

Yu weng 馀翁
BAO, GONG YI 包公毅 **(1876-1973)**

Yu weng 愚翁
DENG, ZE RU 邓泽如 **(1869-1934)**

Yu weng 豫翁
ZHOU, SHU REN 周树人 **(1881-1936)**

Yu weng 雨翁
YU, YING 于瑛 **(1952-)**

Yu weng 渔翁
YU, JIN TING 余金廷 **(1934-)**

Yu, Wo 余我
YU, HE QING 余鹤清 **(1931-)**

Yu, Wu 余五
LI, YAO TANG 李尧棠 **(1904-)**

Yu wu 芋芜
WANG, CHUN JIANG 王春江 **(1916-)**

Yu wu 雨屋
WANG, ZHAO YONG 汪兆镛 **(1861-1939)**

YU, WU JIN 俞吾金 **(1948-)**
Yu, Wen 宇文
Yu, Wen 于文

Yu, Wu yan 余无言
YU, YU 余愚 **(1900-1963)**

YU, WU ZHANG 余武章 **(1915-1986)**
Shi, Yue 石月

Yu, Xi 于西
LIU, YU XI 刘浴西 **(1918-)**

Yu, Xi 郁熙
ZHUANG, JIE SEN 庄杰森

Yu, Xi 禹希
SHEN, KE CHENG 沈克诚 **(1872-1903)**

Yu xi 於戏
ZHANG, XIN YUAN 张心远 **(1895-1967)**

Yu xi 雨溪
WANG, YU XI 王玉喜 **(1952-)**

Yu xi 愚溪
SHEN, KE CHENG 沈克诚 **(1872-1903)**

Yu xi 愚溪
QIAN, GUANG PEI 钱光培 **(1939-)**

YU, XI HUANG 郁锡璜 **(1882-1941)**
Can xia san ren 餐霞散人

Yu, Xi jin 喻西金
YU, SHI JIN 喻世锦 **(1924-)**

YU, XI NING 于希宁 **(1913-)**
Guan, Kan 管龛
Gui, Yi 桂义
Lu, Gen 鲁根
Ping shou wai shi 平寿外史

Yu, Xi nong 于曦农
LIANG, YAN 梁彦 **(1913-)**

YU, XI PU 于锡璞 **(1923-)**
Gao, Yu 高于
Yu, Xin tian 于辛田

YU, XI ZHEN 俞希珍 **(1948-)**
Xue ning 雪凝

Yu, Xue ning 俞雪凝

Yu xia 雨霞
YAO, YU XIANG 姚玉祥 (1915-)

Yu xia 渔侠
ZHOU, BIN 周斌 (-1933)

Yu xia mo deng fu 馀暇摩登夫
ZHANG, DAO FAN 张道藩 (1897-1968)

Yu, Xian 于娴
LUO, DI 罗的 (1928-)

Yu xian 羽仙
GUO, YI DONG 郭翊东 (1920-)

Yu xian 雨仙
ZHANG, JUN SHAN 张峻山 (1968-)

Yu xian 雨弦
ZHANG, ZHONG JIN 张忠进 (1949-)

YU, XIAN HAO 郁贤皓 (1933-)
Tao, Gu 陶谷
Tao gu ju shi 陶谷居士

Yu xian sheng 迂先生
GONG, HUAI 龚怀 (1890-1942)

YU, XIAN YU 余先予 (1936-)
Yu, Xian yu 余先裕
Yu, Xing yu 余兴裕
Yu, Zhi 余之
Zhou, Zhi 周之

Yu, Xian yu 余先裕
YU, XIAN YU 余先予 (1936-)

Yu, Xiang 于翔
OU YANG, ZHU 欧阳翥 (1929-)

Yu, Xiang 余乡
WU, TAI CHANG 吴泰昌 (1937-)

Yu, Xiang 郁香
YU, QI XIANG 虞期湘 (1938-)

Yu, Xiang 虞襄
WU, ZONG XI 吴宗锡 (1925-)

Yu xiang 予向
HUANG, ZHI 黄质 (1865-1955)

Yu xiang 予象
KE, YU SHENG 柯玉生 (1934-)

Yu xiang 芋香
LI, BAO JIA 李宝嘉 (1867-1906)

Yu xiang 語香
JIAN, JING LUN 简经纶 (1890-1950)

YU, XIANG LIN 余祥麟 (1937-)
Man tuo 曼陀

Yu shu 玉书
Yu, Yu shu 余玉书

Yu, Xiang xiu 余向秀
GUO, QUAN BEN 郭全本 (1920-)

Yu, Xiang yi 于祥义
LÜ, YUAN FENG 吕远凤 (1929-)

Yu, Xiao 余晓
XU, SHU YUAN 徐树元 (1924-)

Yu Xiao 喻晓
YU, YUAN JI 喻元吉 (1941-)

Yu xiao 欲晓
WU, XIAO MIN 吴晓民 (1953-)

YU, XIAO FENG 于小凤 (1960-)
Mo yu 默孺
Yu, Li hua 于利华

YU, XIAO HUI 余小惠 (1949-)
Xiao hui 晓卉

Yu, Xiao min 余小敏
MING, FANG 明芳

YU, XIAO RAN 于笑然 (1946-)
Xiao, Yu 肖雨
Yao, Yuan 姚远

Yu, Xiao ying 余晓鹰
HAN, XIAO YING 韩晓鹰 (1921-)

YU, XIAO YUAN 余小沅 (1946-)
Xiao, Yuan 肖源

Yu, Xin 余心
YU, HE QING 余鹤清 (1931-)

Yu, Xin 余心
YU, HUI BANG 余惠邦 (1939-)

Yu, Xin 余信
ZHOU, DA YUAN 周大源 (1922-)

Yu, Xin 俞心
KE, YU SHENG 柯玉生 (1934-)

Yu xin 雨新
ZHANG, DE BI 张德壁 (1919-)

Yu xin 禺心
ZHANG, XIAO YU 张敫愚 (1927-)

Yu xin 舆薪
WU, TONG BAO 吴同宝 (1922-)

YU, XIN JUN 俞新军 (1971-)
Xin jun 昕君

YU, XIN LE 余心乐 (1913-)
Yue, Xin 乐心
Yue, Xin 乐新

YU, XIN MIN 余新民 (1934-)
Yu, Ye 余叶

YU, XIN QING 余新庆 (1949-)
Bai, Fan 白帆

Yu, Xin tian 于辛田
YU, XI PU 于锡璞 (1923-)

Yu, Xin yan 余心言
XU, WEI CHENG 徐惟诚 (1930-)

Yu, Xing 余星
XU, DAI SHAN 徐岱珊 (1924-)

Yu, Xing le 余行乐
HE, SHI JUN 何时俊 (1887-1944)

YU, XING WU 于省吾 (1896-1984)
Shuang jian chi 双剑誃
Su xing sou 夙兴叟
Wei zhao lu 未兆庐
Yu, Si bo 于思泊
Ze luo ju 泽螺居

Yu, Xing yu 余兴裕
YU, XIAN YU 余先予 (1936-)

YU, XIONG HE 余熊鹤 (1938-)
A he 阿鹤

Yu, Xiu 于秀
PAN, YAO MING 潘耀明 (1947-)

Yu, Xiu 于岫
LU, GUANG YI 鲁广益 (1911-1984)

Yu, Xiu 余岫
YANG, QI ZHUANG 杨其庄 (1921-)

Yu, Xiu 余修
LU, GUANG YI 鲁广益 (1911-1984)

Yu, Xiu cheng 于秀成
PAN, YAO MING 潘耀明 (1947-)

YU, XIU LAN 于秀兰 (1950-)
Yu jing 雨晶

YU, XIU WEN 于修文 (1926-)
Jiang, Bo 江波

YU, XIU XI 于秀锡 (1939-)
Wu, Xian 吴娴
Xiu xi 秀溪
Yu, Xiu xi 于绣溪

Yu, Xiu xi 于绣溪
YU, XIU XI 于秀锡 (1939-)

Yu xu zi 玉虚子
YI, SHUN DING 易顺鼎 (1858-1920)

Yu, Xuan 禹玄
YAO, YU XUAN 姚禹玄 (1911-)

Yu xuan 羽玄
LIU, YAN TIAN 刘岩田 (1938-)

Yu xuan shi zhu 娱萱室主
LEI, JIN 雷瑨

Yu, Xue gao 于学高
YU, XUE GAO 蔚学高 (1944-)

YU, XUE GAO 蔚学高 (1944-)
Yu, Xue gao 于学高

Yu, Xue ning 俞雪凝
YU, XI ZHEN 俞希珍 (1948-)

YU, XUE QIANG 于学强 (1946-)
Yu, Shui 于水

YU, XUE QIN 喻学勤 (1936-)
Xue quan 雪泉

Yu, Xue yi 俞学毅
SUN, LI CHENG 孙立成 (1916-)

YU, XUN 余洵 (-1938)
Da xiong 大雄
Jiao bian ji 脚编辑
Yu, Gu min 余穀民

Yu, Xun 余逊
LI, YI HANG 李一航 (1916-)

Yu, Xun 余勳
YU, A XUN 余阿勳 (1935-1983)

Yu, Xun 鱼讯
YU, QING ZUO 鱼清佐 (1920-)

Yu, Xun 鱼汛
YU, QING ZUO 鱼清佐 (1920-)

YU, XUN TAN 余勋坦 (1931-)
Liu sha 流沙
Liu sha he 流沙河

Yu, Yan 于雁
YU, MIN DAO 于敏道 (1914-)

YU, YAN 于雁 (1931-)
Wang, Ji hua 王积华

Yu, Yan 余言
XU, HENG JIN 徐恒进 (1942-)

Yu, Yan 禹岩
SUN, HONG KAI 孙宏开 (1934-)

Yu yan 玉言
ZHOU, RU CHANG 周汝昌 (1918-)

Yu yan 羽岩
ZONG, YUAN YA 宗远崖 (1918-)

Yu, Yan jiao 于燕郊

YANG, HAO QUAN 杨浩泉 **(1918-)**

YU, YAN JUN 于雁军 **(1926-)**
Yan jun 雁军
Yu, Pin zhen 于品贞
Yu sha 予沙
Yuan, Nan zhi 远南枝

Yu, Yan ni 于燕泥
WANG, SHEN QUAN 王深泉 **(1923-)**

Yu, Yan ren 余言人
XU, DU QIAN 徐笃谦 **(1925-)**

YU, YANG CHUN 于阳春 **(1935-)**
Bai, Xue 白雪
Gao, Ge 高歌
Yang, Zi 杨子

Yu, Yang ling 余扬灵
XU, MAO RONG 徐茂荣 **(1911-1977)**

YU, YANG SHEN 余阳申
Bai, Xiang deng 白香灯
Shang guan, Mu 上官牧

Yu, Yao 余姚
CHEN, ZHI LIANG 陈志良 **(1945-)**

YU, YAO 俞垚 **(1893-1947)**
Dan 澹
Dan lu 澹庐
Song hua 颂华
Yu, Dan lu 俞澹庐
Yu, Song hua 俞颂华

Yu, Yao shan 余乐山
HUANG, JUN DONG 黄俊东 **(1934-)**

Yu, Ye 于也
YU, ZONG XIN 于宗信 **(1945-)**

Yu, Ye 余叶
YU, XIN MIN 余新民 **(1934-)**

Yu ye 予野
YANG, TIAN BIAO 杨天彪 **(1927-)**

Yu ye 雨野
GUO, DONG KUI 郭东奎 **(1927-)**

Yu ye 裕业
LAN, YU YE 蓝裕业 **(1902-1928)**

Yu ye lao ren 瘉壄老人
YAN, FU 严復 **(1854-1921)**

Yu, Ye lu 余也鲁
YOU, LU HUI 游禄辉 **(1939-)**

Yu, Ye tan 余野潭
LI, SHI KAI 李世凯 **(1934-)**

Yu, Ye tan 余野潭
KANG, SHI ZHAO 康式昭 **(1935-)**

Yu ye tang 瘉壄堂
YAN, FU 严復 **(1854-1921)**

Yu, Yi 于一
WANG, KE LANG 王克浪 **(1913-)**

Yu, Yi 于一
YU, YI 俞毅 **(1928-)**

Yu, Yi 于一
WANG, SHI LONG 王世龙 **(1931-)**

Yu, Yi 于一
YANG, DE QUAN 杨德铨 **(1939-)**

Yu, Yi 于乙
WEI, YI YUN 魏义云 **(1900-1972)**

YU, YI 于艺
Chu tian 触天

Yu, Yi 余一
LI, YAO TANG 李尧棠 **(1904-)**

Yu, Yi 余一
YU, QI QIANG 余其锵

Yu, Yi 余怡
CAO, YU TING 曹予庭 **(1929-)**

Yu, Yi 余毅
GU, JIE GANG 顾颉刚 **(1893-1980)**

Yu, Yi 俞夷
YU, HONG YOU 俞鸿犹

Yu, Yi 俞易
LI, YU MIN 李玉民 **(1939-)**

YU, YI 俞逸
A jia 阿迦
Bi cen ci xian guan 碧参差仙馆
Chi tong 痴桐
Da lei 大雷
Da yun 大云
Jia ye 迦叶
Shen ying 神瑛
Yu, Yi fen 俞逸芬

YU, YI 俞毅 **(1928-)**
Yu, Yi 于一

Yu yi 予以
CAO, YU TING 曹予庭 **(1929-)**

Yu yi 羽仪
ZHANG, JIN HONG 张锦鸿 **(1908-)**

Yu yi 羽衣
ZHANG, PU JUN 张璞君 **(1917-)**

Yu yi 羽翼
HE, ZHANG PING 何章平 **(1916-1968)**

Yu yi 雨衣
GUAN, AI XIANG 关霭祥 **(1925-)**

Yu yi 喻义
WEN, KE QIN 温克勤 **(1936-)**

Yu, Yi chuan 余一川
WANG, JIU YU 王久馀 **(1921-)**

Yu, Yi de 于一得
DING, JING TANG 丁景唐 **(1920-)**

Yu, Yi fan 于一凡
LI, ZHEN PENG 李振鹏 **(1922-1980)**

Yu, Yi fei 于一飞
WANG, JI XUAN 王寄玄 **(1916-1985)**

Yu, Yi fei 喻一飞
YU, QING LING 喻庆龄 **(1923-)**

Yu, Yi fen 俞逸芬
YU, YI 俞逸

Yu, Yi fu 于毅夫
YU, CHENG ZE 于成泽 **(1903-1982)**

Yu, Yi ming 余一名
WANG, YANG 王扬 **(1917-1986)**

Yu, Yi mu 余易木
XU, FU TANG 徐福棠 **(1937-)**

Yu yi nü shi 羽衣女士
ZHANG, ZHU JUN 张竹君

YU, YI PING 于一平 **(1914-)**
Bin fei 斌菲

Yu, Yi qiu 于逸秋
YU, MING REN 于明仁 **(1917-)**

Yu, Yi ren 余亦人
XU, GUANG XIAO 徐光霄 **(1915-1989)**

Yu, Yi shi 于亦时
WU, SHU PING 吴树平 **(1940-)**

Yu, Yi wen 余逸文
DING, JING TANG 丁景唐 **(1920-)**

YU, YI YUN 俞翼云
Xin 心
Xin xin 心心

Yu, Yi zu 余一卒
ZHOU, WEN SHAO 周文韶 **(1935-)**

Yu, Yin 于音
YU, YOU FA 于友发 **(1943-)**

YU, YIN 于寅
Wu, Han 武汉

Yu, Yin 郁因
ZHOU, GUO CAN 周国粲 **(1934-)**

Yu yin 羽音
CHEN, SAN SU 陈三苏

Yu yin 聿尹
YU, SHANG XIU 余尚修 **(1918-)**

Yu, Yin ge 余廕阁
YU, SHOU YI 余寿颐 **(1883-1930)**

Yu, Yin lai 俞殷莱
YU, PING 俞萍 **(1924-)**

Yu, Ying 于英
LUO, DE JI 骆德济 **(1925-)**

Yu, Ying 于瑛
DONG, PEI JI 董培记 **(1948-)**

YU, YING 于瑛 **(1952-)**
Yu weng 雨翁

YU, YING 余英 **(1960-)**
Xia, Wa 夏娃

Yu, Ying 郁影
XIE, FU SEN 谢复森 **(1919-)**

Yu, Ying 郁影
JIN, YOU JING 金有景 **(1931-)**

Yu ying 予影
YAO, QIAN XIANG 姚谦祥 **(1912-)**

Yu ying 毓英
ZHOU, YU YING 周毓英 **(1900-1945)**

YU, YING HUA 于英华
Ying, Hua 英华

YU, YING JIE 于英杰 **(1938-)**
Fang, Ren 方仁
Mo, Yun 莫云
Mo yun 默耘

YU, YING MAO 于应茂 **(1929-)**
Yu, Sha 於沙

YU, YING MAO 余英茂 **(1964-)**
Chang zhu yuan 长竹园
Yin mao 荫茂
Ying, Mao 应茂

Yu ying zi 雨樱子
SHEN, XU CHUN 沈旭春

Yu yong ben 愚庸笨
YU, YUN PING 俞允平 **(1927-)**

YU, YONG QUAN 余咏泉 **(1933-)**
Yu, Song yan 余松岩

YU, YONG XIANG 余永祥 (1940-)
Yin, Qiang 尹强
Yong qiang 永强

Yu, You 于由
MAO, YU 毛羽 (1912-)

Yu, You 郁又
XIE, GONG CHENG 谢功成 (1921-)

Yu, You e 余犹恶
HUANG, JIA DONG 黄甲东 (1913-)

YU, YOU FA 于友发 (1943-)
Ba, Ping 巴平
Tian, She lang 田舍郎
Xia, Li 夏里
Yu, Yin 于音

YU, YOU LIN 余有麟 (1913-)
Feng xiao 风啸
Yu, Fei wo 余非我
Yu, Ming 余明

YU, YOU REN 于右任 (1879-1964)
Bai hua cao lu 白花草卢
Ban ku ban xiao lou zhu 半哭半笑楼主
Bo guo 剥果
Da feng 大风
Guan xi yu zi 关西餘子
Liu, Xue yu 刘学裕
Liu zhi zhai 六誌斋
Ran weng 髯翁
Sao 骚
Sao xin 骚心
Shan xi kai yuan ren 陕西开原人
Shen zhou jiu zhu 神州旧主
Tai ping lao ren 太平老人
Ti xue qian kun yi du juan 啼血乾坤一杜鹃
You ren 诱人
You ren 右任
Yu, Bo xun 于伯循
Yu, Jing ming 于敬铭

YU, YOU SHAN 于右山 (1920-)
Mu, Gong 慕公

YU, YOU XIN 余友心 (1940-)
Yu, Jia 余珈

Yu, You yu 余有虞
GAO, BAI CANG 高柏苍 (1916-)

YU, YOU ZE 于友泽 (1949-)
Jiang, He 江河

Yu, Yu 于余
FANG, REN GONG 方仁工 (1937-)

Yu, Yu 于峪
XU, RU ZHAO 徐汝钊 (1939-)

Yu, Yu 余羽
XU, KAI LEI 徐开垒 (1922-)

YU, YU 余愉 (1896-1985)
Xin yu 心俞
Yu 愉

YU, YU 余愚 (1900-1963)
Bu ping 不平
Yu, Wu yan 余无言
Ze ming 择明

Yu, Yu 余愚
YU, JING YU 于镜宇 (1907-1999)

Yu, Yu 郁余
WANG, JIU YU 王久馀 (1921-)

Yu, Yu 郁雨
HUANG, DA RONG 黄大荣 (1943-)

Yu, Yu 郁愚
LI, FENG XING 李凤行 (1926-)

Yu, Yu 俞雨
XU, CHANG LIN 徐昌霖 (1917-)

Yu, Yu 虞羽
HUANG, LIU PING 黄六平

Yu, Yu 虞愚
YU, DE YUAN 虞德元 (1909-1989)

Yu yu 玉玉
WU, PEI JUE 吴佩珏 (1932-)

Yu yu 玉宇
LIU, RI BO 刘日波 (1917-)

Yu yu 寓愚
WEN, CHANG LU 温长路 (1947-)

Yu yu 煜煜
LI, JIE RONG 李洁容 (1951-)

YU, YU FEI 于宇飞 (1891-1975)
Mian shi 眠石
Yu, Fei 宇飞
Yu, Huan fei 于浣非

YU, YU HAI 于玉海 (1909-)
Xiang, Yang 向阳
Yang, Shu yun 杨书云
Yu, Hai 于海
Yu, Ji yu 于寄愚
Yue, Ben 岳奔

YU, YU RU 郁玉如
Yu, Fei 郁飞

Yu, Yu shu 余玉书
YU, XIANG LIN 余祥麟 (1937-)

Yu, Yu sun 于禹孙

YU, ZAI CHUN 于在春 **(1909-)**

Yu, Yu tian 于雨田
YU, CHUN HOU 于纯厚 **(1924-)**

Yu, Yuan 俞远
LIAO, YI YUAN 廖一源 **(1920-)**

Yu yuan 芋园
LI, LI SAN 李立三 **(1899-1967)**

Yu yuan 雨原
DAI, LING YUN 戴凌云 **(1963-)**

Yu yuan 萸园
WU, YU WEI 吴堉威 **(1906-1989)**

Yu yuan 隅园
WU, GUAN YIN 吴贯因 **(1880-1935)**

Yu yuan 寓园
ZHANG, QI GAN 张其淦 **(1859-1930)**

Yu yuan 榆园
LIU, CUN HOU 刘存厚 **(1885-1960)**

Yu yuan 豫园
TAO, MING JUN 陶明浚 **(1894-1960)**

Yu, Yuan an 余元安
YU, YUAN AN 余元盦 **(1915-1961)**

Yu, Yuan an 余元庵
YU, YUAN AN 余元盦 **(1915-1961)**

YU, YUAN AN 余元盦 **(1915-1961)**
Yu, Bo yan 余伯颜
Yu, Yuan an 余元庵
Yu, Yuan an 余元安

YU, YUAN GUI 俞元桂 **(1921-)**
Wu, Gang 吴刚

YU, YUAN JI 喻元吉 **(1941-)**
Yu, Xiao 喻晓

YU, YUAN SHU 余远树 **(1954-)**
Yu, Hong bin 余洪彬

YU, YUAN TING 于远廷 **(1961-)**
Tian ya 天涯

YU, YUAN YING 郁元英 **(1900-)**
Jian yu 繭迂

Yu, Yue 于跃
YU, WEI FAN 于维范 **(1955-)**

Yu, Yue 余约
SHEN, DUAN XIAN 沈端先 **(1900-1995)**

YU, YUE CHUAN 于月川 **(1929-)**
Yue chuan 月川

Yu, Yue ren 余越人
CHEN, ZONG TANG 陈宗棠 **(1936-)**

Yu, Yun 宇云
LUO, ZHANG LONG 罗章龙 **(1896-)**

Yu, Yun 郁云
XIONG, SHENG YUAN 熊盛元 **(1949-)**

YU, YUN 俞允 **(1926-1989)**
Yu, Lin 俞琳

Yu yun 峪云
XU, LANG XI 徐朗西 **(1885-)**

YU, YUN CHONG 于云翀 **(1931-)**
A lun si qin 阿伦斯钦

YU, YUN PING 俞允平 **(1927-)**
Ji fu 疾夫
Qing yi 青夷
Yu yong ben 愚庸笨

Yu yun shan ren 峪云山人
XU, LANG XI 徐朗西 **(1885-)**

Yu, Zai 于再
YU, ZHEN HUA 于镇华 **(1921-1945)**

YU, ZAI CHUN 于在春 **(1909-)**
Gao, Ze ming 高则明
Guo jiang ji 过江鲫
Yu, Yu sun 于禹孙
Zai, Qiong 载琼

Yu, Zai xiao 余在笑
HUANG, JIA DONG 黄甲东 **(1913-)**

Yu, Ze 餘泽
ZHENG, HONG SHAN 郑鸿善 **(1916-)**

YU, ZE HONG 余泽鸿 **(1903-1935)**
Shao ying 少影
Xiao ying 晓影
Xiao ying 笑影
Xing yin 性因
Yin xin 因心

YU, ZE PAN 于泽泮 **(1933?-)**
Jiang, Sha 江沙
Luo feng 珞峯
Ze xiu 则秀

YU, ZENG RUI 于增瑞 **(1931-)**
Yu, Han 于晗

YU, ZENG SHENG 余增生
Yu, Le xing 余乐醒
Yu, Ming san 余鸣三

YU, ZENG ZUO 郁曾祚 **(1927-)**
Li, Yang 黎阳

Yu, Zhai 余斋

LI, XIU YE 李修业 (1915-)

Yu zhai 馀斋
SHEN, ZENG ZHI 沈曾植 (1850-1922)

Yu zhai 裕斋
ZHOU, SHU REN 周树人 (1881-1936)

Yu zhai lao ren 馀斋老人
SHEN, ZENG ZHI 沈曾植 (1850-1922)

Yu, Zhang 俞章
YU, JING YU 于镜宇 (1907-1999)

Yu, Zhang 俞章
ZHANG, QIAO FU 张乔夫 (1931-)

Yu zhang 预章
TANG, XIANG LONG 汤象龙 (1909-)

YU, ZHAO 于照 (1889-1959)
Fei an 非厂
Lao fei 老非
Xian ren 閒人
Yu, Fei an 于非厂
Yu, Fei an 于非闇

YU, ZHAO KANG 余肇康 (1855-1931)
Juan zhi lao ren 倦知老人
Yu, Min zhai 余敏斋

Yu, Zhao li 于兆力
QIAO, GUAN HUA 乔冠华 (1913-1983)

Yu, Zhao li 于兆力
YAO, ZHEN 姚溱 (1921-1966)

Yu, Zhao li 于兆力
WANG, GUANG BIN 王光宾 (1921-)

Yu, Zhao ming 余昭明
YU, HE LIN 余鹤林 (1910-1939)

Yu, Zhao ming 俞昭明
TANG, YUN JING 唐云旌 (1907-1980)

Yu zhao shan fang 玉照山房
WANG, YUAN LI 王沅礼 (1908-)

YU, ZHAO YI 于肇怡 (1917-1967)
Xi tang 西堂
Xiao, Yi 萧怡

Yu zhe 愚者
GAO, MIN 高敏 (1927-)

YU, ZHE GUANG 虞哲光 (1906-)
Yu, Zhi 于执

Yu, Zhen 于贞
WANG, ZHEN SHENG 王鍼生 (1905-1986)

Yu, Zhen 于真
WANG, ZHAO REN 王肇仁 (1929-)

Yu, Zhen 余振
LI, YU ZHEN 李毓珍 (1909-)

YU, ZHEN 余真 (1929-)
Yu, Bing 余兵

Yu zhen 欲真
CHEN, WEN WEI 陈文威 (1948-)

YU, ZHEN GUI 余振贵 (1946-)
Chong min 崇民
Xiao yu 晓雨

YU, ZHEN HUA 于镇华 (1921-1945)
Yu, Zai 于再

Yu, Zhen huan 于震寰
YU, JING YU 于镜宇 (1907-1999)

YU, ZHEN JIANG 于振江 (1931-)
Chen gong 辰工

YU, ZHEN LI 于振立 (1949-)
Chen li 沉犁

YU, ZHEN MIN 郁振民 (1916-)
Da feng 大风
Wen, Jiao 闻郊
Yu, Ding zi 郁定子
Yu, Feng 郁风
Zai mang 再芒

Yu, Zhen yi 于贞一
WANG, ZHEN SHENG 王鍼生 (1905-1986)

Yu, Zhen zhong 余振中
QIU, ZI WEI 邱子维 (1933-)

Yu, Zheng 俞徵
ZHOU, JIAN XIAO 周剑箫 (1911-1992)

Yu, Zheng ren 余正仁
LIN, RU JI 林如稷 (1902-1976)

Yu, Zhi 于之
WANG, YU ZHI 王裕之 (1927-)

Yu, Zhi 于之
CHEN, YU SHUANG 陈玉爽 (1929-)

Yu, Zhi 于止
YE, ZHI SHAN 叶至善 (1918-)

Yu, Zhi 于执
YU, ZHE GUANG 虞哲光 (1906-)

Yu, Zhi 于执
ZHANG, CHUN QIAO 张春桥 (1917-)

Yu, Zhi 余之
YU, XIAN YU 余先予 (1936-)

Yu, Zhi 余之
YU, SHI JUN 余士君 (1946-)

Yu, Zhi 余峙
ZHONG, WEI TING 仲伟庭 **(1931-)**

Yu zhi 雨之
CAI, YU ZHI 蔡宇知 **(1953-)**

Yu zhi 雨之
JIANG, YU QING 姜宇清 **(1955-)**

Yu zhi 予之
WU, YUN SEN 吴云森 **(1929-)**

Yu zhi 玉芷
CHEN, HUA SHU 陈华淑 **(1939-)**

Yu zhi 宇之
HU, DE HUI 胡德辉 **(1913-1968)**

Yu zhi 愉之
HU, YU ZHI 胡愈之 **(1896-1986)**

Yu zhi 愈之
HU, YU ZHI 胡愈之 **(1896-1986)**

Yu zhi 芋之
HU, YU ZHI 胡愈之 **(1896-1986)**

Yu zhi 昱之
ZHENG, QI-DONG 郑启东 **(1955-)**

Yu zhi 愚之
HU, YU ZHI 胡愈之 **(1896-1986)**

Yu zhi 愚智
YU, GANG ZHI 余纲智 **(1938-)**

Yu, Zhi biao 余之表
SUN, ZHEN 孙振 **(1926-)**

Yu, Zhi heng 余志恒
LU, HUI ZHONG 卢惠中 **(1929-)**

YU, ZHI HUA 喻志华 **(1913-1974)**
Gu, Xun 古洵
Wang, Ke qin 王克勤
Wang, Ke xun 王克洵
Wang, Ke xun 王克珣
Wang, Ying 王莹

YU, ZHI HUI 俞志辉 **(1926-)**
Guang jun 光军
Yu, Jing an 俞镜安

Yu, Zhi li 余致力
XU, MAO RONG 徐茂荣 **(1911-1977)**

YU, ZHI MING 于志明 **(1945-)**
Lan, Tian 蓝天
Tian guang 天光

Yu, Zhi qian 余之千
SUN, DA KE 孙大珂 **(1909-1956)**

Yu, Zhi qian 余之浅
LIN, PEI 林沛 **(1950-)**

Yu, Zhi shun 于治舜
YU, ZHI SHUN 于致顺 **(1931-)**

YU, ZHI SHUN 于致顺 **(1931-)**
Yu, Zhi shun 于治舜

Yu, Zhi si 余之思
YANG, BEN QUAN 杨本泉 **(1923-)**

YU, ZHI XUE 于志学 **(1935-)**
Gan, Cheng 干城
Wen jin 问津

Yu, Zhong 于中
LIANG, RUN SHAN 梁润珊 **(1938-)**

Yu zhong 育中
LI, YU ZHONG 李育中 **(1911-)**

Yu zhong 毓钟
SHEN, MIN TE 沈敏特 **(1936-)**

YU, ZHONG CHUN 于忠纯 **(1929-)**
Han bing 寒冰
Yu, Nai han 于耐寒

YU, ZHONG FU 于忠福 **(1927-)**
Xiao, Yu 萧玉

YU, ZHONG JIN 郁重今 **(1928-)**
Xi lin 西林

YU, ZHONG RUI 郁钟瑞 **(1917-)**
Cun yin 村因
Qian, Wan di 钱宛堤
Sun, Dian 孙钿
Xin, Ling 辛苓
Yu, Hua 郁华
Yu, Qing 郁青
Yu, Sai fu 于塞夫

Yu, Zhong sheng 余中生
YU, CHONG SHENG 余崇生 **(1948-)**

Yu zhong yan 雨中雁
OU, QING CHI 欧清池 **(1943-)**

YU, ZHONG YUAN 俞中原 **(1928-)**
Zhong yuan 中原

Yu, Zhong yuan 尉仲元
REN, ZHUO XUAN 任卓宣 **(1896-1990)**

YU, ZHONG ZHENG 郁钟正 **(1915-)**
Ai, Li 艾丽
Bo jing 伯京
Chong jin 重进
Hu, Jia hong 胡家鸿
Li, Luo 李洛
Liang, Zhong xin 梁仲信
Yan, Yun 颜允
Yu, Guang yuan 于光远

Yu, Zhou 郁舟
XIE, JIN ZHONG 谢金忠 **(1968-)**

Yu zhou 宇宙
ZHU, JUN 祝君 **(1955-)**

Yu, Zhu yin 余祝廕
YU, SHOU YI 余寿颐 **(1883-1930)**

YU, ZHU ZHOU 俞竹舟 **(1909-1974)**
Xian yu yang 鲜鱼羊

YU, ZHUANG 俞戆
Tian fen 天愤
Yu, Tian fen 俞天愤

Yu, Zi 于子
FENG, XUE FENG 冯雪峰 **(1903-1976)**

Yu, Zi 郁子
JI, HUA 季华 **(1953-)**

Yu zi 羽子
SUN, PIAN 孙翩 **(1943-)**

Yu zi 渝子
HUANG, SHUN RONG 黄顺荣 **(1948-)**

Yu zi 馀子
WANG, SHI YU 王世裕 **(1874-1944)**

Yu, Zi gan 余自敢
YU, HE LIN 余鹤林 **(1910-1939)**

YU, ZI HUI 俞子徽 **(1931-)**
Gu, Yu 谷雨

Yu, Zi qiang 余自强
YU, HE LIN 余鹤林 **(1910-1939)**

Yu, Zi shui 庚子水
TIAN, ZHONG LUO 田锺洛 **(1924-)**

Yu, Zi yuan 余子渊
YU, JIA JU 余家菊 **(1898-1976)**

YU, ZONG HAI 俞宗海 **(1847-1930)**
Su, Lu 粟庐

YU, ZONG SHOU 于宗寿 **(1950-)**
Yu, Mo 愚墨

YU, ZONG XIN 于宗信 **(1945-)**
Chang hong 长虹
Xiao, Yu 肖羽
Xin zi 信子
Yu, Ye 于也

YU, ZONG YUAN 俞宗原 **(1874-1922)**
Nü chuang shan min 女床山民
Wu shuang 涪霜
Zi liang 子亮

Yu zu 羽卒
YAO, SAN YOU 姚三友 **(1925-)**

YU, ZU SHENG 余祖胜 **(1926-1949)**
Cang fei 苍扉

Yu, Zui 于最
PENG, YU ZUI 彭玉最 **(1937-)**

Yuan 元
SU, XUAN YING 苏玄瑛 **(1884-1918)**

Yuan 远
ZHOU, SHU REN 周树人 **(1881-1936)**

Yuan 远
HUANG, WEI JI 黄为基 **(1885-1915)**

Yuan 爰
ZHANG, DA QIAN 张大千 **(1899-1983)**

Yuan 原
SONG, YUAN MO 宋元模 **(1911-)**

Yuan 源
ZHENG, ZHEN DUO 郑振铎 **(1898-1958)**

Yuan 瑗
YANG, WEI YU 杨卫玉 **(1888-1956)**

Yuan 远
ZHENG, ZHEN DUO 郑振铎 **(1898-1958)**

Yuan an 圆庵
CHEN, YUAN 陈垣 **(1880-1971)**

Yuan an 援庵
CHEN, YUAN 陈垣 **(1880-1971)**

Yuan, Bai 元白
QI, GONG 启功 **(1912-)**

Yuan, Bai 原白
WANG, PIN ZHI 王聘之 **(1919-)**

Yuan, Bai gang 袁百刚
YUAN, JUN SHENG 袁俊生 **(1950-)**

YUAN, BAO KUN 远保坤 **(1915-1968)**
Xiu kun 秀昆
Yuan, Qian li 远千里
Yuan, Xiu feng 远秀峰
Yuan, Xiu kun 远秀昆

Yuan, Bi 元璧
JIANG, YUAN MING 蒋元明 **(1949-)**

Yuan, Bing 原冰
WANG, YUAN JIAN 王愿坚 **(1929-1991)**

YUAN, BING QING 袁炳清 **(1937-)**
Bing qing 冰清
Ge, Ming 戈鸣

Yuan, Bo 元伯
QI, GONG 启功 **(1912-)**

Yuan, Bo 原玻
HUANG, YUAN BO 黄原波

Yuan, Bo 袁波
LÜ, YUAN FENG 吕远凤 (1929-)

Yuan, Bo 袁勃
HE, FENG WEN 何凤文 (1911-1967)

Yuan bo 园波
YAN, JIN FU 严金符 (1915-)

YUAN, BO QU 袁伯渠 (1934-)
Ju mu 巨沐

Yuan, Cai 原采
YANG, YI LIN 杨以琳 (1928-)

Yuan, Cao 原草
HUA, LU 华路 (1950-)

Yuan, Chang ling 袁昌龄
YUAN, KAI CHANG 袁开昌

Yuan, Chang xiao 袁长啸
YANG, YUN E 杨云鹗 (1910-1991)

YUAN, CHANG YING 袁昌英 (1894-1973)
Lan, Zi 兰子
Lan, Zi 兰紫
Yang yuan, Chang ying 杨袁昌英
Yuan, Lan zi 袁兰子
Yuan, Lan zi 袁兰紫

Yuan, Chen ying 袁尘影
YUAN, WEI 袁炜 (1914-)

Yuan, Chong 元冲
SHAO, YUAN CHONG 邵元冲 (1890-1936)

Yuan, Chu 元初
HUANG, ZHI 黄质 (1865-1955)

Yuan chu 鸳雏
ZHU, XI 朱玺 (1894-1921)

Yuan chu 鹓雏
YAO, XI JUN 姚锡钧 (1892-1954)

YUAN, CONG MEI 袁丛美
Bai, Ma 白马

Yuan, Cun 远村
WANG, SHU LIN 王树林 (1962-)

Yuan, Cun 远村
WANG, XIA 王霞 (1963-)

Yuan, Da lang 袁大郎
CAO, JU REN 曹聚仁 (1900-1972)

YUAN, DA WEI 远大为 (1945-)
Yuan, Jin 远近
Yuan, Xing 袁行

YUAN, DA WEN 袁达文 (1924-)
Dan shi 丹矢
Gu, Zui wen 古醉文
Shi, Zhi yan 史之演
Xiang, Kai 向开
Yu shan 雨山

Yuan, Dao 袁道
WANG, YANG 王扬 (1917-1986)

YUAN, DE CHANG 袁德常
De chang 德常

YUAN, DE GONG 袁德公 (1928-)
Chu, Qi 楚齐

YUAN, DE XING 袁德星 (1932-)
Chu, Ge 楚戈

Yuan, Dian 原甸
LIN, YOU ZHANG 林佑璋 (1940-)

Yuan, Dian yi 袁甸伊
ZHANG, YU FA 张玉法 (1936-)

Yuan, Ding 远定
XIE, YUAN DING 谢远定 (1899-1928)

Yuan, Ding 原丁
WU, ZHAO YUAN 吴照愿 (1910-)

Yuan, Ding 袁丁
LI, JING WEI 李经纬 (1933-)

Yuan, Ding 袁丁
SHI, ZE HUA 石泽华 (1958-)

Yuan ding 园丁
HE, XIN LENG 何心冷 (-1933)

Yuan ding 园丁
YUAN, SHU 袁殊 (1911-1987)

Yuan ding 园丁
YUAN, TONG XING 袁同兴 (1911-)

YUAN, DONG YA 苑东亚 (1922-)
Dong weng 东翁
Jing hua 靖华
Yi bing 亦兵

Yuan, Du 元度
XU, YUAN DU 徐元度 (1907-1986)

Yuan, Fan 远帆
XIAO, PING 萧平 (1955-)

Yuan, Fang 元芳
HOU, YOU ZHEN 侯幼珍 (1940-)

Yuan, Fang 远方
FANG, JIE CHENG 方捷成 (1954-)

Yuan, Fang 原放
WANG, YUAN FANG 汪原放 (1897-1980)

Ji, Hui 吉慧
You, Zi 游子

Yuan, Ji 元吉
HUANG, ZHI 黄质 **(1865-1955)**

YUAN, JI 袁冀 **(1923-)**
Yuan, Guo fan 袁国藩

Yuan, Ji chen 袁继臣
YUAN, JI CHENG 袁继成 **(1936-)**

YUAN, JI CHENG 袁继成 **(1936-)**
Shi, Qiu shi 史求实
Yuan, Ji chen 袁继臣

Yuan, Ji hui 袁缉辉
LI, JIA HUI 李家晖 **(1932-)**

Yuan, Ji nan 袁济南
YUAN, PEI SHU 袁培树 **(1951-)**

Yuan, Ji nan 袁暨南
YUAN, PEI SHU 袁培树 **(1951-)**

Yuan, Jia lai 袁家莱
YUAN, MU ZHI 袁牧之 **(1909-1978)**

Yuan, Jian 原坚
WANG, YUAN JIAN 王愿坚 **(1929-1991)**

YUAN, JIAN 袁简 **(1928-)**
Yuan, Sheng wu 袁圣梧
Zhi ge 止戈

YUAN, JIAN PING 袁剑平 **(1926-)**
Ling, Xiang 凌翔
Yuan, Yi ping 袁毅平
Zeng, Rui 曾锐

Yuan, Jiang 袁江
PI, ZUO JIU 皮作玖 **(1917-)**

Yuan, Jie 元节
LIANG, DING FEN 梁鼎菜 **(1859-1920)**

Yuan, Jin 远近
RUAN, RUN XUE 阮润学 **(1938-)**

Yuan, Jin 远近
YUAN, DA WEI 远大为 **(1945-)**

YUAN, JIN TING 原金亭 **(1953-)**
Jin, Ting 金亭

YUAN, JIN YUAN 袁金元 **(1916-)**
Fang, Huang 方徨

Yuan, Jing 袁静
YUAN, XING ZHUANG 袁行庄 **(1914-)**

Yuan jing 圆净
LI, RONG XIANG 李荣祥

Yuan ju 爱居
LIU, HOU ZI 刘厚滋 **(1909-)**

Yuan juan 源娟
HUANG, YUAN JUAN 黄源娟 **(1957-)**

Yuan, Jun 原均
GAO, YANG YU 高仰愈 **(1898-1949)**

Yuan, Jun 袁军
LIU, JIA 刘甲 **(1924-)**

Yuan, Jun 袁俊
ZHANG, JUN XIANG 张骏祥 **(1910-)**

Yuan, Jun 源竣
HOU, ZHE AN 侯哲荞 **(1905-)**

Yuan jun 沅君
FENG, SHU LAN 冯淑兰 **(1900-1974)**

YUAN, JUN SHENG 袁俊生 **(1950-)**
Yuan, Bai gang 袁百刚

YUAN, KAI CHANG 袁开昌
Yuan, Chang ling 袁昌龄

YUAN, KANG NIAN 苑康年 **(1918-)**
Cao huo 草火
Piao, Na 朴纳
Yuan, Zi xi 苑子熙

YUAN, KE 袁珂 **(1916-)**
Bing sheng 丙生
Feng xin zi 风信子
Gao, Biao 高标
Yuan, Sheng shi 袁圣时
Yuan, Zhan 袁展

YUAN, KE FU 袁克夫 **(1921-1984)**
Ke, Fu 柯复
Yuan, Ke fu 袁柯复

Yuan, Ke fu 袁柯复
YUAN, KE FU 袁克夫 **(1921-1984)**

YUAN, KE JIA 袁可嘉 **(1921-)**
Ke, Jia 柯嘉
Ke, Jia 柯茄

YUAN, KE PING 源克平 **(1915-1985)**
Long, Yun 龙韵
Xia, Guo 夏果

YUAN, KE WEN 袁克文 **(1890-1931)**
Bao cun 抱存
Bao cun 褒存
Bao gong 抱公
Bao gong 褒公
Bao, Yan 宝燕
Gui an 龟庵
Han yun 寒云
Han yun zhu ren 寒云主人

Han yun zi 寒云子
Jue kuang 觉旷
Ke wen 克文
Pei pei 佩佩
Tuo kuang 陀旷
Wan shou shi zhu 万寿室主
Yan, Huan 燕环
Yi jian lou zhu 一鑑楼主
Yuan, Han yun 袁寒云

YUAN, KUI JIU 袁睽九 **(1922-)**
Ban ya 半雅
Fei, Ci 费辞
Ying, Wei chi 应未迟

Yuan, Lan zi 袁兰子
YUAN, CHANG YING 袁昌英 **(1894-1973)**

Yuan, Lan zi 袁兰紫
YUAN, CHANG YING 袁昌英 **(1894-1973)**

Yuan, Lang 元朗
WU, SHAO BAO 吴绍葆 **(1925-)**

YUAN, LAO 袁烙
Fo yin 佛茵
Fu yin 芙茵

Yuan lei 渊雷
SU, YUAN LEI 苏渊雷 **(1908-)**

Yuan, Li 远离
LI, WEN TAO 李文涛 **(1880-1942)**

Yuan, Li 袁立
YUAN, SHU 袁殊 **(1911-1987)**

Yuan, Li 袁里
LI, YUAN QING 李元庆 **(1914-1979)**

YUAN, LI XUN 袁立勳
Dong mian 冬眠
Lin, Da qing 林大庆

YUAN, LI ZHEN 袁丽贞
Lang tian 浪天
Qian long 潜龙

Yuan, Liang 元良
WANG, YUAN LIANG 王元良

YUAN, LIANG JUN 袁良骏 **(1936-)**
Hu, Ling sheng 胡陵生
Yuan, Wan li 袁万里

Yuan, Liao 元寮
CAI, QIU TONG 蔡秋桐 **(1900-)**

Yuan, Ling 袁苓
ZHANG, YUAN LING 张元龄 **(1924-)**

Yuan, Liu 元留
WEN, SI XIANG 温嗣翔 **(1916-)**

Yuan man 圆满
LI, WEN TAO 李文涛 **(1880-1942)**

YUAN, MAO 袁矛 **(1959-)**
Yi mo 一墨

Yuan, Mei 元枚
SHEN, YAN BING 沈雁冰 **(1896-1981)**

Yuan, Mei 袁梅
YUAN, MU ZHI 袁牧之 **(1909-1978)**

Yuan men 愿门
LI, WEN TAO 李文涛 **(1880-1942)**

YUAN, MENG NING 袁孟宁 **(1935-)**
He, Liu 何流
Jiang, Nuo 姜诺
Meng, Ning 孟宁

Yuan meng qi hui lou 鸳梦七廻楼
WANG, SHANG YI 王商一 **(1909-)**

Yuan miao zhu tuo 袁庙祝驼
ZHANG, BO ZHEN 张伯祯 **(1877-1947)**

Yuan miao zhu tuo 袁庙祝驼
ZHANG, ZHONG RUI 张仲瑞 **(1908-)**

Yuan, Ming 袁明
SHEN, DUAN XIAN 沈端先 **(1900-1995)**

Yuan, Ming 袁明
LI, CUN MING 李存明 **(1923-)**

Yuan ming 怨明
GU, WAN CHUAN 谷万川 **(1905-1970)**

Yuan min 圆民
CHEN, HUI LING 陈惠龄 **(1916-)**

Yuan ming 圆明
YANG, HONG FEI 杨鸿飞

YUAN, MING ZHU 袁明珠 **(1964-)**
Yi, Mao 伊酕

Yuan, Mo 远漠
SONG, YUAN MO 宋元模 **(1911-)**

Yuan mo 渊沫
SONG, YUAN MO 宋元模 **(1911-)**

Yuan, Mu 远牧
LI, CHUN JING 李春景 **(1946-)**

Yuan, Mu 原木
HUANG, ZE LIN 黄泽林

YUAN, MU ZHI 袁牧之 **(1909-1978)**
Qian mian ren 千面人
Yuan, Jia lai 袁家莱
Yuan, Mei 袁梅
Zhi min 之敏

Yuan, Nan zhi 远南枝
YU, YAN JUN 于雁军 **(1926-)**

Yuan, Ni 袁霓
YE, LI ZHEN 叶丽珍 **(1955-)**

YUAN, PEI SHU 袁培树 **(1951-)**
Si yuan 思源
Xiao yuan 晓原
Yuan, Ji nan 袁暨南
Yuan, Ji nan 袁济南

Yuan, Ping 原平
SUN, SHU XUN 孙树勋 **(1913-)**

YUAN, PING QI 袁平启 **(1929-)**
Xiao yuan 晓原
Xue cao 雪草
Yuan, Xue chao 袁学超

YUAN, PING YU 苑坪玉 **(1952-)**
Ma, Sha 马沙

Yuan, Qi 元启
HUANG, ZHI 黄质 **(1865-1955)**

Yuan, Qi 元起
HUANG, ZHI 黄质 **(1865-1955)**

Yuan, Qi 元期
ZHOU, SHU REN 周树人 **(1881-1936)**

Yuan, Qian li 远千里
YUAN, BAO KUN 远保坤 **(1915-1968)**

Yuan, Qiao 元桥
LIU, RONG MIN 刘荣敏 **(1936-)**

Yuan, Qiao fu 源桥父
LI, RONG GE 李荣阁 **(1950-)**

Yuan, Qing 元庆
LI, YUAN QING 李元庆 **(1914-1979)**

Yuan, Qing 元青
TAO, YUAN QING 陶元庆 **(1893-1929)**

Yuan, Qing 袁青
LI, YUAN QING 李元庆 **(1914-1979)**

YUAN, QING LU 袁庆禄 **(1953-)**
Yuan, Wen xiu 袁文秀

YUAN, QING WANG 袁庆望 **(1930-)**
Yu, Ai zhe 于艾浙

YUAN, QIONG QIONG 袁琼琼 **(1950-)**
Zhu, Ling 朱陵

Yuan quan 渊泉
LI, DA ZHAO 李大钊 **(1889-1927)**

YUAN, REN 袁韧 **(1919-)**
San bai 三白

Tian, Mu 田牧
Tie jun 铁军

Yuan, Shan 远山
GUO, ZHEN DE 郭振德 **(1939-)**

Yuan, Shan 远山
WANG, BO 王波 **(1945-)**

Yuan, Shan 远山
CEN, XIAN QING 岑献青 **(1955-)**

Yuan, Shan 远山
LIU, LI HUA 刘利华 **(1961-)**

Yuan, Shan 原山
WANG, PIN ZHI 王聘之 **(1919-)**

Yuan, Shan lou 远山楼
ZHANG, BO YING 张伯英 **(1869-1934)**

Yuan, Shang cao 原上草
GU, DE XIAN 古德贤 **(1922-)**

Yuan, Shang cao 原上草
JIANG, JIAN GUO 姜建国 **(1934-)**

Yuan, Shang fang 原上放
YU, SI MU 余思牧 **(1925-)**

Yuan, She 原涉
ZHANG, XING KUI 张兴魁 **(1932-)**

Yuan, Sheng 远生
HUANG, WEI JI 黄为基 **(1885-1915)**

Yuan, Sheng 远生
ZHA, SHI YUAN 查士元

Yuan, Sheng shi 袁圣时
YUAN, KE 袁珂 **(1916-)**

Yuan, Sheng wu 袁圣梧
YUAN, JIAN 袁简 **(1928-)**

Yuan shi 渊实
LIAO, ZHONG KAI 廖仲恺 **(1877-1925)**

Yuan shi 援试
YU, MING HENG 俞铭衡 **(1900-1990)**

YUAN, SHI CHANG 袁世昌 **(1912-1975)**
Qiu, Yu 邱遇

YUAN, SHI JI 袁世纪 **(1948-)**
Yuan, Gu 原谷

YUAN, SHI KAI 袁世凯 **(1859-1916)**
Huan cun 洹邨
Mu ye xin nong 牧野新农
Rong, An 容庵
Wei ting 慰亭

Yuan, Shu 远树
HAO, JIAN LIANG 郝建樑 **(1907-)**

Yuan, Shu 袁曙
YUAN, SHU 袁殊 **(1911-1987)**

Yuan shu 沅叔
FU, ZENG XIANG 傅增湘 **(1872-1949)**

YUAN, SHU 袁殊 **(1911-1987)**
Bi quan 碧泉
Cui, Jing 崔井
Ding, Wei 丁未
Jun kuang 君匡
Li, Hui min 李惠民
Qian, Yi wen 钱逸汶
Rong, Jun 荣钧
Shao yi 少逸
Shu jun ju shi 殊君居士
Tian yuan 天猿
Wei, Tuo 韦陀
Xiao yao 逍遥
Yan, Jun guang 严军光
Yuan ding 园丁
Yuan, Li 袁立
Yuan, Shu 袁曙
Yuan, Xiao yao 袁逍遥
Yuan, Xiao yi 袁逍逸
Yuan, Xue yi 袁学易
Zeng, Da zhai 曾达斋

YUAN, SHU AN 袁恕庵
Ruo shui 弱水
San qian ruo shui 三千弱水

Yuan, Shu fen 袁淑芬
YUAN, YING YI 袁颖懿 **(1929-)**

Yuan, Shu ren 袁树仁
YUAN, SHU REN 袁淑仁 **(1938-)**

YUAN, SHU REN 袁淑仁 **(1938-)**
Yuan, Shu ren 袁树仁

Yuan, Shui pai 袁水拍
YUAN, GUANG MEI 袁光楣 **(1916-1982)**

Yuan, Si 原思
ZHANG, QING JIANG 张清江

Yuan, Song 原松
ZHANG, YUAN SONG 张元松

Yuan, Sun 元孙
XU, LIANG HE 徐良河 **(1930-)**

YUAN, TIAN FU 袁天福 **(1919-1983)**
Luo ting 洛汀
Yuan, Yi zhi 袁易之

YUAN, TIAN GENG 袁天庚
Meng bai 梦白
Wu er zun zhe 无耳尊者

Yuan tian yi 缘天簃
ZHANG, RU ZHAO 张汝钊 **(1900-)**

YUAN, TIAN ZHEN 袁天桢 **(1935-)**
Bai, Yu 白予
Yuan, Ye 原野

Yuan, Ting 远亭
LIN, QING XUAN 林清玄 **(1953-)**

YUAN, TONG XING 袁同兴 **(1911-)**
Man ying 漫影
Man ying 曼影
Sha, He 沙河
Yuan ding 园丁

Yuan, Wan li 袁万里
YUAN, LIANG JUN 袁良骏 **(1936-)**

YUAN, WEI 袁炜 **(1914-)**
Yang, Ai sheng 杨艾生
Ying zi 樱子
Yuan, Chen ying 袁尘影

YUAN, WEI XUN 袁维训 **(1934-)**
Yuan, Ye 原野

Yuan, Wen 原文
FANG, JUN 方骏 **(1943-)**

YUAN, WEN SHU 袁文枢 **(1910-1993)**
Shu, Fei 舒非
Shu, Ni 舒尼
Wen, Qi 文岐
Wen, Qu 文区
Wen, Shu 文殊
Xue, Ni 薛尼
Yuan, Wen shu 袁文殊
Yuan, Wen zhi 袁文植
Zhou, Ni 周尼

Yuan, Wen shu 袁文殊
YUAN, WEN SHU 袁文枢 **(1910-1993)**

YUAN, WEN SOU 袁文薮 **(1873-1934)**
Lan tai lang 谰太郎
Lan yan 谰言
Wen, Gui 文诡

Yuan, Wen xiu 袁文秀
YUAN, QING LU 袁庆禄 **(1953-)**

YUAN, WEN YING 袁文英
Wen ruo nü shi 雯若女士

YUAN, WEN ZHANG 袁文彰 **(1905-)**
Gao, Qiao ping 高乔平

Yuan, Wen zhi 袁文植
YUAN, WEN SHU 袁文枢 **(1910-1993)**

Yuan wu ju shi 园五居士

WANG, HONG YUAN 王弘愿

Yuan, Wu ming 袁无名
LIU, SHAO MING 刘绍铭 (1934-)

Yuan, Xi 袁犀
HAO, QING SONG 郝庆松 (1920-1979)

YUAN, XI FU 袁锡福 (1935-)
Yuan, Ye 袁野

Yuan, Xian 原宪
ZHOU, SHAO 周劭 (1916-)

YUAN, XIAN 袁先 (1921-)
Bai, Feng 白枫
Hai, Chao 海潮
Yuan, Xing xian 袁兴先

YUAN, XIAN AN 袁贤安 (1874-1954)
Er lang 二郎
Fei fei 菲菲
Mu yi 木易
Yang pai lao sheng 羊派老生

Yuan, Xiang 远翔
WANG, QI PENG 王其鹏 (1945-)

Yuan xiang 圆香
LIU, GUO XIANG 刘国香

YUAN, XIAO MIN 袁小敏 (1955-)
Xiao min 筱敏

Yuan, Xiao yao 袁逍遥
YUAN, SHU 袁殊 (1911-1987)

Yuan, Xiao yi 袁逍逸
YUAN, SHU 袁殊 (1911-1987)

YUAN, XIN 袁欣 (1948-)
Chu, Sheng 楚生

Yuan xin 源新
ZHENG, ZHEN DUO 郑振铎 (1898-1958)

YUAN, XIN HAI 袁心海 (1960-)
Xin hai 心海

Yuan, Xing 远行
MA, BU SHENG 马步升 (1963-)

Yuan, Xing 袁行
YUAN, DA WEI 远大为 (1945-)

Yuan, Xing gui 袁行规
YUAN, XING ZHUANG 袁行庄 (1914-)

Yuan, Xing xian 袁兴先
YUAN, XIAN 袁先 (1921-)

YUAN, XING ZHUANG 袁行庄 (1914-)
Xiao yuan 筱缘
Xing zhuang 行庄
Yuan, Jing 袁静
Yuan, Xing gui 袁行规

Yuan, Xiu 远岫
FENG, RI DE 冯日德 (1935-)

Yuan xiu 园修
YIN, HAI 印海

Yuan, Xiu feng 远秀峰
YUAN, BAO KUN 远保坤 (1915-1968)

Yuan, Xiu kun 远秀昆
YUAN, BAO KUN 远保坤 (1915-1968)

YUAN, XU LIN 袁旭临 (1937-)
Xue ling 雪岭

YUAN, XUE BO 袁学博 (1917-)
Bai, Di 白荻

Yuan, Xue chao 袁学超
YUAN, PING QI 袁平启 (1929-)

YUAN, XUE JUN 袁学俊 (1945-)
Shi, Wen 石文
Song, Ping 宋平
Yuan, Xue jun 袁学骏

Yuan, Xue jun 袁学骏
YUAN, XUE JUN 袁学俊 (1945-)

Yuan, Xue yi 袁学易
YUAN, SHU 袁殊 (1911-1987)

Yuan, Yao shan 元乐山
XU, GUANG XIAO 徐光霄 (1915-1989)

Yuan, Ye 原野
LIU, TONG JU 刘通矩 (1921-)

Yuan, Ye 原野
CAI, YANG YAN 蔡仰颜 (1931-)

Yuan, Ye 原野
YUAN, WEI XUN 袁维训 (1934-)

Yuan, Ye 原野
YUAN, TIAN ZHEN 袁天桢 (1935-)

Yuan, Ye 原野
LIU, TIE PING 刘铁平 (1946-)

Yuan, Ye 原野
TIAN, YUAN 田原 (1956-)

Yuan, Ye 原也
LIAO, SHUN XIANG 廖顺庠 (1923-)

Yuan, Ye 袁野
YUAN, XI FU 袁锡福 (1935-)

Yuan, Yi 元一
HUANG, ZHI 黄质 (1865-1955)

Yuan yi 渊一
LIU, CHAO LU 刘朝禄 (1888-1943)

Yuan yi 媛翌
CHEN, SHOU KANG 陈寿康 (1944-)

Yuan, Yi ping 袁毅平
YUAN, JIAN PING 袁剑平 (1926-)

Yuan, Yi zhi 袁易之
YUAN, TIAN FU 袁天福 (1919-1983)

Yuan yin 圆音
LI, WEN TAO 李文涛 (1880-1942)

Yuan, Yin bo 袁银波
YUAN, YIN HU 袁银虎 (1952-)

YUAN, YIN HU 袁银虎 (1952-)
Ren shen guo 人参果
Ren shen hua 人参花
Ren shen jing 人参精
Yuan, Yin bo 袁银波
Yuan yuan 源远

Yuan, Ying 元瑛
SU, XUAN YING 苏玄瑛 (1884-1918)

Yuan, Ying 远影
YANG, JUN 杨俊 (1943-)

Yuan, Ying 袁鹰
TIAN, ZHONG LUO 田锺洛 (1924-)

YUAN, YING YI 袁颖懿 (1929-)
Ying yi 颖一
Yuan, Shu fen 袁淑芬

Yuan, Yong 远庸
HUANG, WEI JI 黄为基 (1885-1915)

Yuan, Yu 元瑜
XIA, YUAN YU 夏元瑜 (1913-)

YUAN, YU BING 袁玉冰 (1899-1927)
Bing bing 冰冰
Ji zhe 记者
Pei nan nü shi 培南女士
Yi sheng 亦生
Yu bing 玉冰
Yu bing 孟冰
Yuan, Zhi ren 袁志仁

YUAN, YU FANG 袁玉芳 (1955-)
Xiao zhou 晓舟

Yuan, Yu kun 袁玉堃
PENG, YU SHENG 彭预升 (1917-)

Yuan yu lou zhu 愿雨楼主
LI, BAO JIA 李宝嘉 (1867-1906)

YUAN, YU YANG 袁聿扬 (1945-)
Qin, Shi yue 秦时月

Yuan, Yuan 元元
LIU, YU 刘瑜 (1922-)

Yuan, Yuan 远远
DENG, RONG KUN 邓荣坤 (1958-)

Yuan, Yuan 袁元
WEI, JIAN WEI 韦健玮 (1954-)

Yuan, Yuan 袁远
LI, MING YUAN 李明元 (1937-)

Yuan, Yuan 苑苑
YANG, QIU QING 杨秋卿 (1954-)

Yuan yuan 圆圆
MO, YUAN ZHUANG 莫圆庄

Yuan yuan 渊冤
LI, BING JI 李炳吉 (1971-)

Yuan yuan 媛媛
ZHANG, YUAN YUAN 张媛媛

Yuan yuan 源远
YUAN, YIN HU 袁银虎 (1952-)

Yuan, Yuan ke 元园客
HUANG, TIAN SHI 黄天石 (1898-1983)

Yuan yuan tang 缘缘堂
FENG, REN 丰仁 (1898-1975)

YUAN, YUE 袁越
He, Cong 何聪

Yuan yun 願云
JIANG, ZHI YOU 蒋智由 (1865?-1929)

Yuan zang 愿藏
LI, WEN TAO 李文涛 (1880-1942)

Yuan, Ze 袁则
ZHOU, LU QUAN 周鲁泉 (1917-1983)

Yuan, Ze nan 袁则难
YUAN, ZHI HUI 袁志惠 (1949-)

Yuan, Zhan 远展
ZHAO, GUI BAO 赵贵保 (1923-)

Yuan, Zhan 袁展
YUAN, KE 袁珂 (1916-)

Yuan, Zhang 元璋
YI, XI GAO 易希高 (1942-)

Yuan, Zhen 元贞
YAN, JI YUAN 晏济元 (1902-)

Yuan zhen 缘珍
WANG, BAO ZHEN 王保珍 (1933-)

Yuan, Zhen xia 原振侠
NI, YI MING 倪亦明 (1935-)

YUAN, ZHEN YING 袁振英

Huang long dao you 黄龙道友
Jue qing he shang 觉情和尚
Wu meng qing nian 无梦青年
Yuan, Zhong xun 袁仲勳
Zhen huan 震寰
Zhen ying 震瀛
Zhong bin dan lang 仲斌旦郎

Yuan, Zheng 袁征
SONG, BAI XING 宋百兴 **(1948-)**

Yuan, Zheng fan 袁征帆
ZOU, FANG FANG 邹放放

Yuan, Zhi 元之
HUANG, YI JUN 黄贻钧 **(1915-)**

Yuan zhi 沅芷
LIN, DA ZU 林达祖 **(1911-)**

YUAN, ZHI HUI 袁志惠 **(1949-)**
Yuan, Ze nan 袁则难

Yuan, Zhi ren 袁志仁
YUAN, YU BING 袁玉冰 **(1899-1927)**

Yuan, Zhi yuan 袁之园
DU, YOU MING 杜又明 **(1915-1983)**

Yuan zhong 沅中
PI, ZUO JIU 皮作玖 **(1917-)**

Yuan zhong 瑗仲
WANG, QU CHANG 王蘧常 **(1900-1989)**

Yuan zhong ren 园中人
ZHENG, XI YUAN 郑西园

Yuan, Zhong xun 袁仲勳
YUAN, ZHEN YING 袁振英

Yuan, Zhu 原竹
YU, MING HENG 俞铭衡 **(1900-1990)**

Yuan, Zhu tong 袁著同
YUAN, HUI 袁晖 **(1943-)**

YUAN, ZHUO ER 袁卓尔 **(1924-)**
Zhu, Zi 竹子

Yuan, Zi 远兹
FANG, JIA QI 方家齐 **(1914-)**

Yuan, Zi 袁子
YUAN, ZI CHENG 袁子城 **(1940-)**

Yuan zi 鸢子
LUO, JING FEN 罗竞芬 **(1967-)**

Yuan zi 援兹
MA, ZHI YUAN 马志远 **(1918-)**

YUAN, ZI CHENG 袁子城 **(1940-)**
Yuan, Zi 袁子

YUAN, ZI MING 原子明 **(1933-)**
Mo, Yan 墨岩

Yuan, Zi xi 苑子熙
YUAN, KANG NIAN 苑康年 **(1918-)**

YUAN, ZI YING 袁子英
Jun shan 君姗

YUAN, ZI ZHEN 袁子贞
Zhong sheng 鐘声

Yue 月
DAI, MENG OU 戴梦鸥 **(1905-1950)**

Yue 岳
FENG, HE LING 冯鹤龄 **(1914-)**

Yue 越
ZHOU, SHU REN 周树人 **(1881-1936)**

Yue 越
MEI, GONG BIN 梅龚彬 **(1901-1975)**

Yue 越
XING, QI ZHOU 邢启周

Yue 樾
WANG, SEN RAN 王森然 **(1895-1984)**

Yue 樾
ZHANG, ZI WEI 张子维 **(- 1913)**

Yue ai lao ren 月爱老人
SHEN, ZENG ZHI 沈曾植 **(1850-1922)**

Yue, Ben 乐贲
ZHOU, SHU REN 周树人 **(1881-1936)**

Yue, Ben 岳奔
YU, YU HAI 于玉海 **(1909-)**

Yue bi 月臂
LI, WEN TAO 李文涛 **(1880-1942)**

Yue bo 月波
LI, XU 李旭 **(1907-1984)**

Yue bo 月波
ZENG, YUE BO 曾月波 **(1917-)**

Yue bo 月波
LI, YUE BO 李月波

Yue bo 月波
OU YANG, YUAN HUA 欧阳元华 **(1940-)**

Yue, Cao 乐草
WEI, GUANG HONG 韦光洪 **(1934-)**

YUE, CHAI JUN 乐茝军 **(1932-)**
Bai, Si 白丝
Wei wei fu ren 薇薇夫人

Yue, Chuan 岳川

NI, YI MING 倪亦明 (1935-)

Yue chuan 月川
YU, YUE CHUAN 于月川 (1929-)

Yue chuan 月船
ZHOU, ZHI YAN 周之彦 (1885-1946?)

Yue chuang 月幢
LI, WEN TAO 李文涛 (1880-1942)

Yue cun 月村
YI, KUN 易坤 (1886-1921)

Yue cun 月村
LI, XU 李旭 (1907-1984)

Yue cun 刖存
LUO, ZHEN YU 罗振玉 (1866-1940)

Yue, Dai 岳岱
WANG, SHI MING 王世名 (1940-)

YUE, DAI YUN 乐黛云 (1931-)
Xu, Shui yi 徐水易

Yue deng 月镫
LI, WEN TAO 李文涛 (1880-1942)

Yue, Di 岳荻
ZUO, XI XIAN 左希贤 (1920-1976)

Yue, Dian 岳典
YE, YUE DIAN 叶岳典 (1937-)

Yue, Ding 越丁
ZHOU, SHU REN 周树人 (1881-1936)

Yue dong 跃冬
SUN, YAO DONG 孙耀东 (1922-)

Yue, Dong fu 乐东甫
CHEN, ZHI WEN 陈治文 (1926-)

Yue, E 越娥
ZHANG, XI LEI 张锡类 (1895-1958)

Yue fan 月凡
CAO, YING 曹瀛 (1956-)

Yue, Fei 岳飞
WANG, YUN SHENG 王运生 (1896-1946)

Yue, Fen ren 乐奋人
XU, SHI LIAN 许世连 (1920-)

Yue, Feng 乐丰
GAO, YOU PING 高佑平 (1952-)

Yue, Feng 岳枫
OU YANG, BEN YI 欧阳本义 (1902-1993)

Yue, Feng 越风
XU, GUANG YAO 徐光耀 (1925-)

Yue, Feng 越风
DU, WEN HE 杜文和 (1954-)

Yue, Feng 越峯
LIN, HAI CHENG 林海成 (1910-)

Yue feng 悦风
GAO, YOU PING 高佑平 (1952-)

Yue, Fu 乐夫
SHI, ZHEN HUA 施珍华 (1938-)

Yue, Fu 乐夫
YAN, NUO FU 严诺夫 (1952-)

Yue, Gan feng 岳敢峰
YUE, LIU XIN 岳留鑫 (1947-)

Yue, Guang 岳光
LI, ZHENG WEN 李正文 (1908-)

Yue, Guang 岳光
ZHENG, DU 郑笃 (1914-)

Yue guang qiu zi 月光丘子
CHEN, CHU SHENG 陈初生 (1946-)

Yue gui 曰归
YU, DA FU 郁达夫 (1896-1945)

YUE, GUO QING 乐国庆 (1940-)
Yue, Yun 乐云

Yue han 约翰
ZHAO, MENG YUAN 赵孟原 (1912-)

Yue han niu 约翰牛
HE, KAI RONG 何开荣 (1907-1952)

Yue he 约赫
CAO, XIN ZHI 曹辛之 (1917-1995)

Yue, Heng 岳恒
YUE, HENG ZHEN 岳亨贞 (1925-)

Yue heng 月恒
ZHAO, RI SHENG 赵日升 (1938-)

YUE, HENG ZHEN 岳亨贞 (1925-)
Yao, Heng 藥恒
Yao, Heng zhen 藥恒贞
Yue, Heng 岳恒

YUE, HONG WU 岳鸿武 (1938-)
A hong 阿虹
Hong wu 红午

YUE, HONG ZHI 岳洪治 (1949-)
Jiang, Bian 江边

Yue, Hua 岳华
FANG, KE LI 方克立 (1938-)

Yue, Hua 岳桦
TANG, YAO HUA 唐耀华 (1934-)

Yue hua 月华

TIAN, MAN SHI 田曼诗（**1926-** ）

Yue hua sheng 月华生
FANG, JI SHENG 方纪生 (**1908-1983**)

Yue, Huan 岳焕
SHEN, CONG WEN 沈从文 (**1902-1988**)

Yue, Hui 乐慧
WEN, XIAO PING 温小平 (**1948-**)

Yue, Ji sheng 乐季生
XIA, SHU YUAN 夏澍元 (**1916-1965**)

Yue, Jian 乐见
LIU, WEN XIAN 刘文铣 (**1922-**)

Yue, Jin 岳进
LIANG, MENG GENG 梁梦庚 (**1914-**)

YUE, JIN XIONG 乐近雄 (**1943-**)
Luo bu dun zhu 洛布顿珠

Yue, Jing 乐竟
LI, SHOU ZHANG 李守章 (**1905-1993**)

Yue jing 曰京
TIAN, JING FU 田景福 (**1911-**)

Yue, Jue tian 乐觉天
LÜ, SHOU KUN 吕寿琨 (**1919-1975**)

Yue, Jun 岳军
SUN, YUE 孙岳 (**1918-**)

Yue, Jun 岳军
CAI, RUI WU 蔡瑞武 (**1920-**)

Yue, Jun 岳军
LI, JIAN YAO 李鑑尧 (**1928-**)

Yue, Jun 岳钧
DU, RUO JUN 杜若君 (**1912-1987**)

Yue, Jun 岳峻
YUE, JUN ZHU 岳军柱 (**1960-**)

Yue, Jun 乐君
SUN, MENG JIAO 孙梦蕉

YUE, JUN ZHU 岳军柱 (**1960-**)
Yue, Jun 岳峻

Yue, Kai 乐凯
GU, XING 顾行 (**1928-**)

Yue, Ke 越客
ZHOU, SHU REN 周树人 (**1881-1936**)

Yue ke 约克
ZHANG, JIN TANG 张谨唐 (**1911-1983**)

Yue, Ke ji 岳克基
LIU, WEN QU 刘问渠

Yue, Le 乐乐

LIN, HUAN DAO 林环岛 (**1904-1941**)

Yue, Lian 岳帘
CHEN, WEN LI 陈文立 (**1953-**)

Yue, Lin 岳林
SHEN, CONG WEN 沈从文 (**1902-1988**)

Yue, Lin 岳林
LONG, BI DE 龙彼德 (**1941-**)

Yue, Lin 岳麟
FENG, HE LING 冯鹤龄（**1914-** ）

Yue, Ling 岳岭
ZHANG, HE LING 张鹤龄 (**1917-**)

YUE, LIU XIN 岳留鑫 (**1947-**)
Yue, Gan feng 岳敢峰

Yue, Lun 岳崙
JIANG, YAO KUN 蒋耀昆 (**1930-**)

Yue, Mei zhong 岳美中
YUE, ZHONG XIU 岳钟秀 (**1900-1982**)

Yue, Meng 岳萌
TANG, DAO GENG 汤道耕 (**1904-1992**)

Yue, Min 岳民
CHEN, LI TONG 陈立同 (**1948-**)

Yue, Min 越民
SHEN, JUN YE 沈钧业 (**1884-1951**)

Yue, Ming 乐鸣
ZHANG, MAN TAO 张曼涛

Yue, Mu 乐牧
MA, SEN 马森 (**1932-**)

Yue mu 曰木
SU, JUN 苏隽 (**1928-**)

Yue, Nan 岳南
LI, YAO NAN 李耀南 (**1917-**)

Yue, Niu 乐牛
CAO, ZHI GUO 曹治国 (**1938-**)

Yue, Nong 乐农
ZHANG, JI LOU 张继楼 (**1926-**)

Yue, Nong 岳农
LIN, XI JIA 林锡嘉 (**1939-**)

Yue, Nü 越女
LOU, XI 楼曦 (**1908-**)

Yue, Ping 岳平
SONG, XUE FEN 宋学芬

Yue, Ping yang 岳平洋
WU, YONG SHAN 吴永珊 (**1878-1966**)

Yue qi 月祺

HU, BO KEN 胡伯恳 (1900-1968)

Yue, Qian 岳骞
HE, JIA HUA 何家骅 (1920-)

Yue, Qian 越千
HU, JUN 胡钧 (1928-)

Yue, Qiao 岳樵
CHEN, SHI QUAN 陈石泉 (1922-)

Yue, Qiao 越侨
ZHOU, SHU REN 周树人 (1881-1936)

Yue qiao 月樵
GAN, PENG YUN 甘鹏云 (1861-1940)

Yue qiao 樾侨
GAN, PENG YUN 甘鹏云 (1861-1940)

Yue qin 月琴
ZHANG, KUN HUA 张昆华 (1937-)

Yue qu liao 月曲了
CAI, JING LONG 蔡景龙 (1941-)

YUE, QUAN 乐泉 (1950-)
Zhe yuan 柘园

Yue qun 月群
SHA, FENG QIAN 沙风骞 (1912-1986)

Yue, Ren 乐人
FU, KAI 傅凯 (1946-)

Yue, Ren 乐人
SI, SU SHI 司苏实 (1951-)

Yue, Ren 越人
LIU, WEN XIAN 刘文铣 (1922-)

Yue, Ren 越人
TIAN, ZHONG LUO 田锺洛 (1924-)

Yue, Ren 越人
ZHAO, ZI XUN 赵子逊 (1933-)

Yue ren 粤人
HUANG, BO FEI 黄伯飞 (1914-)

Yue, Rong rong 乐融融
PAN, YA TUN 潘亚暾 (1931-)

Yue ru 月如
FANG, SHI HENG 方诗恒 (1914-1983)

Yue ru 月如
ZHANG, HENG SHOU 章恒寿 (1931-)

Yue, Se 岳瑟
LIU, XIN ZHONG 刘莘仲 (1917-)

Yue se fu • ka er 约瑟夫 • 卡尔
GUO, SI HAI 郭四海 (1944-)

Yue, Shan 岳山
CHEN, XIU LU 陈修禄 (1918-1988)

Yue, Shan 越山
ZHOU, SHU REN 周树人 (1881-1936)

Yue shan 月山
GU, YE CAI 顾业才 (1954-)

Yue, Sheng 乐生
ZHAO, SHI YAN 赵世炎 (1901-1927)

Yue, Sheng 越声
JIN, KE JUN 金克浚 (1927-)

Yue sheng 月生
LI, SHENG QUAN 李胜权 (1939-)

Yue, Shi 乐石
SHI, LI JUN 石立君 (1962-)

Yue shu 月树
LI, XU 李旭 (1907-1984)

Yue, Shu 乐书
WANG, GONG SHOU 王公寿 (1925-)

Yue, Shu 乐叔
XIA, CHUN HAI 夏春海 (1952-)

Yue shu 阅疏
GAO, FEI 高飞 (1962-)

Yue, Si 乐斯
ZHAN, WEN HU 詹文浒 (1905-)

YUE, SI BING 乐嗣炳 (1901-1984)
Le guan 乐观
Si bing 嗣炳
Yao shan 乐山

Yue, Song 岳菘
ZHAO, MING YI 赵铭彝 (1906-)

Yue sou 曰叟
WANG, PENG SHENG 王芃生 (1893-1946)

Yue, Tai 岳泰
LIANG, ZONG DAI 梁宗岱 (1903-1983)

Yue, Tao 乐涛
TAO, JUN LU 陶俊禄 (1942-)

Yue, Tao 岳涛
YANG, HUA YUE 杨华岳 (1938-)

Yue, Tian 乐天
ZENG, RUI XIONG 曾瑞熊 (1903-)

Yue, Tian 乐天
WANG, LI PING 王立平 (1967-)

Yue, Tian sheng 乐天生
ZENG, RUI XIONG 曾瑞熊 (1903-)

Yue, Wei 岳威

WANG, YUN SHENG 王运生 (1896-1946)

Yue, Wei 越危
WU, BO 吴渤 (1911-1984)

Yue wei 樾伪
GAN, PENG YUN 甘鹏云 (1861-1940)

Yue, Wei qiao 岳维乔
HAN, DAO CHENG 韩道诚 (1917-)

Yue, Wei yang 乐未央
DING, JING TANG 丁景唐 (1920-)

Yue, Wen 乐文
ZHOU, SHU REN 周树人 (1881-1936)

Yue, Wen 乐文
ZHU, JIN SHUN 朱金顺 (1935-)

Yue, Wen 乐闻
LIU, WEN XIAN 刘文铣 (1922-)

Yue, Wen 乐闻
ZHU, BO HUA 朱伯华 (1947-)

Yue, Wen 乐雯
ZHOU, SHU REN 周树人 (1881-1936)

Yue, Wen 乐雯
QU, QIU BAI 瞿秋白 (1899-1935)

Yue, Wen 岳文
HAN, SHAN YUAN 韩山元 (1942-)

Yue, Wu yang 乐无恙
DING, JING TANG 丁景唐 (1920-)

YUE, XI RUI 岳喜瑞 (1920-)
Cai lun 彩轮
Kai ping 开平
Lu, Sheng 鲁声
Lu, Sheng tao 鲁声涛
Shi, Jing yun 石景韵
Su, Yun yue 苏耘岳
Xi rui 希锐
Yue, Ye 岳野
Yue, Zhong ping 岳中平
Yue, Zhuang 岳庄

Yue, Xian 越仙
KONG, FAN YU 孔繁璵 (1925-)

Yue, Xian 越闲
WANG, YONG TANG 汪永棠 (1912-)

Yue, Xiao 岳啸
OU YANG, XUE ZHONG 欧阳学忠 (1942-)

Yue, Xin 乐心
YU, XIN LE 余心乐 (1913-)

Yue, Xin 乐新
YU, XIN LE 余心乐 (1913-)

Yue, Xin 乐新
WANG, QING CHENG 王庆成 (1928-)

Yue, Xin 岳心
XU, DONG BIN 徐东滨 (1927-1995)

Yue, Xin 越薪
SHU, PEI 束佩 (1919-)

Yue, Xing 越行
LI, FENG 李峰 (1925-)

Yue xiu shan ren 越秀山人
ZHANG, XIANG QUAN 张湘泉 (1917-)

Yue, Xuan 岳轩
YU, HE XIAN 余鹤仙 (1929-)

Yue, Xun 岳勲
LI, YUE XUN 李岳勲

Yue, Yan 乐言
LIU, WEN XIAN 刘文铣 (1922-)

Yue yan 曰彦
CHEN, XUN EN 陈训恩 (1890-1948)

Yue, Yang 乐扬
FENG, XUE FENG 冯雪峰 (1903-1976)

Yue, Yang 岳阳
WANG, WEN XUAN 王文选

Yue yao 跃耀
LI, WEI YAO 李维耀 (1954-)

Yue, Ye 岳野
YUE, XI RUI 岳喜瑞 (1920-)

Yue, Yi ou 乐逸鸥
LIU, PEI YU 刘培育 (1949-)

Yue yin 月音
LI, WEN TAO 李文涛 (1880-1942)

Yue, Ying 越缨
XU, GUANG SHEN 徐光燊 (1920-)

Yue, You 乐游
ZHENG, LONG JIN 郑隆谨 (1895-1979)

Yue, You 乐游
GUO, DONG FANG 郭东方 (1949-)

Yue, Yu 乐予
SUN, LU BIN 孙鲁滨 (1922-)

YUE, YU LING 岳玉岭 (1958-)
Wen tian 问天

Yue yuan 约园
ZHANG, SHOU YONG 张寿镛 (1876-1945)

Yue, Yue 岳岳
WU, YU LIAN 吴玉莲 (1944-)

Yue, Yun 乐云
YUE, GUO QING 乐国庆 **(1940-)**

Yue, Zeng 乐曾
GE, ZHI CHENG 葛志成 **(1920-)**

Yue, Zhai 乐斋
CEN, CHUN ZE 岑春泽 **(1861-1933)**

Yue zhai 约斋
FU, ZE HUANG 傅则黄 **(1893-1971)**

Yue zhai 约斋
HUANG, YUE ZHOU 黄岳洲 **(1928-)**

Yue, Zhao 岳昭
DAI, JUN 戴均 **(1903-1945)**

Yue zhao hua 月照花
YANG, MIN SHENG 杨敏盛 **(1950-)**

Yue, Zhen dong 岳镇东
WU, YONG SHAN 吴永珊 **(1878-1966)**

Yue, Zhi 乐之
ZHAN, WEN HU 詹文浒 **(1905-)**

Yue zhi 约之
CHEN, YUE 陈约 **(1909-)**

Yue, Zhi a 岳之阿
HUANG, YUE ZHOU 黄岳洲 **(1928-)**

Yue, Zhi shi 乐只室
QIAN, JUN TAO 钱君匋 **(1906-)**

Yue, Zhong ping 岳中平
YUE, XI RUI 岳喜瑞 **(1920-)**

Yue, Zhong shi 岳中石
XU, DONG BIN 徐东滨 **(1927-1995)**

YUE, ZHONG XIU 岳钟秀 **(1900-1982)**
Yue, Mei zhong 岳美中

YUE, ZHONG YUAN 乐忠元 **(1920-)**
Bai, Mu 白穆

Yue, Zhuang 岳庄
YUE, XI RUI 岳喜瑞 **(1920-)**

Yue zi 月子
YAO, GENG KUI 姚庚夔 **(1905-)**

Yue, Zi geng 越子耕
LI, XUE MIN 李学敏 **(1923-1961)**

Yue, Zong 岳宗
PEI, YUAN 裴源 **(1937-)**

Yun 云
SHEN, YAN BING 沈雁冰 **(1896-1981)**

Yun 云
WU, MI 吴宓 **(1894-1978)**

Yun 云
WANG, TONG ZHAO 王统照 **(1897-1957)**

Yun 云
PAN, SHI 潘式 **(1904-1966)**

Yun 云
WEI, QING HUANG 韦庆煌 **(1916-)**

Yun 芸
SHEN, CONG WEN 沈从文 **(1902-1988)**

Yun 韵
QIU, YUN DUO 邱韻铎 **(1907-)**

Yun 蕴
HU, YUN 胡蕴 **(1868-1938)**

Yun, An 云庵
FU, CHENG 符程 **(1910-1988)**

Yun an 允安
ZHAO, YUN AN 赵允安 **(1898-1965)**

Yun an 芸盦
ZHAO, WAN LI 赵万里 **(1905-1980)**

Yun an 筠庵
GAO, ZENG 高增

Yun an 蕴庵
CHEN, ZHONG YAO 陈钟瑶 **(1913-1990)**

Yun bai 蕴白
XU, NAN YING 许南英 **(1855-1917)**

Yun, Bi lin 云碧琳
LIN, BI YUN 林碧云 **(1934-)**

Yun bian cao tang 芸鞭草堂
CHEN, JIA QING 陈家庆 **(-1969)**

Yun, Bin 云彬
SONG, YUN BIN 宋云彬 **(1897-1979)**

Yun bin 韵斌
ZHANG, YOU QUN 张友群 **(1935-)**

Yun bin 韻斌
ZHANG, YOU QUN 张友群 **(1935-)**

Yun, Bo 云波
ZHANG, YONG BO 张用博 **(1933-)**

Yun, Bo 云波
TAN, QUAN 谭泉

Yun bo 允伯
XU, NAN YING 许南英 **(1855-1917)**

Yun, Bu yi 云布衣
RONG, ZHU LIN 荣竹林 **(1940-)**

Yun, Cen 云岑
WANG, ZHONG YU 王忠瑜 **(1927-)**

Yun chang 允常
CHEN, SHAO LUN 陈绍伦 **(1913-)**

Yun chang 允常
XIE, WEI JIN 谢唯进

Yun, Chang an 恽长安
YUN, YI QUN 恽逸群 **(1905-1978)**

Yun, Chen 云臣
LIU, MENG PENG 刘孟鹏 **(1857-1909)**

Yun, Cheng zi 云程子
JIANG, RONG HUI 姜荣慧 **(1946-)**

Yun chi 允炽
WEI, YUN ZHI 魏运织 **(1907-)**

Yun, Chu 云雏
WANG, RONG ZU 汪荣祖 **(1940-)**

Yun, Chuan 云川
ZHANG, YE ZHOU 张叶舟 **(1914-1980)**

Yun, Chuan 云川
REN, LIU 任流 **(1936-)**

Yun chuang 芸窗
ZHAO, DA CHENG 赵大成 **(1920-1988)**

Yun chun 运春
WANG, YUN CHUN 王运春 **(1951-)**

Yun, Cong 云淙
HUA, XIA LING 华霞菱 **(1918-)**

Yun, Cong 云从
LIANG, LONG 梁龙 **(1894-1967)**

Yun cong hua yin 云淙花隐
GUO, ZE YUN 郭则澐 **(1884-1940)**

Yun, Cun 云邨
XING, JI ZHONG 邢济众 **(1932-)**

Yun cun 蕴存
QIU, LIANG 仇亮 **(1879-1918)**

Yun cun 韫存
QIU, LIANG 仇亮 **(1879-1918)**

YUN, DAI YING 恽代英 **(1895-1931)**
D Y
Dai yin 代音
Dai, Ying 戴英
Dai ying 代英
Dan 但
Dan, Yi 但一
Dan yi 旦一
F. M.
Ji zhe 记者
Tian yi 天逸
Xi liang 洗梁
Yi 逸
Yi 毅
Ying 英
Ying 缨
Zhi yi 稚宜
Zi yi 子怡
Zi yi 子毅

Yun ding bo xia 云顶跛侠
LIANG, BIN 梁彬

Yun duo 韵铎
QIU, YUN DUO 邱韻铎 **(1907-)**

Yun, Fan 云帆
WU, HUAI SHENG 吴淮生 **(1929-)**

Yun, Fan 云帆
LI, ZHONG QIU 李仲秋 **(1941-)**

Yun, Fei 云飞
ZHANG, JIONG 张炯 **(1933-)**

Yun fei 允斐
GE, QIN 葛琴 **(1907-)**

Yun fei 耘斐
LI, YUN FEI 李云飞 **(1934-)**

Yun, Fei yang 云飞扬
HU, ZHENG QUN 胡正群

Yun, Feng 云凤
ZHANG, YUN FENG 张云凤 **(1936?-)**

Yun, Feng 云峰
WU, XIAN CHUN 吴贤淳 **(1928-)**

Yun, Feng 云峰
LIU, HUA FANG 刘花芳 **(1929-)**

Yun feng 韵凤
WANG, YUN FENG 王韵凤 **(1949-)**

Yun fu 芸夫
SUN, SHU XUN 孙树勋 **(1913-)**

Yun fu 耘夫
SUN, SHU XUN 孙树勋 **(1913-)**

Yun fu 韵甫
YANG, ZHEN SHENG 杨振声 **(1890-1956)**

Yun, Ge 云阁
ZHAO, SI WU 赵斯武 **(1931-)**

Yun, Ge 云哥
ZHU, CHANG YUN 朱昌云 **(1933-)**

Yun ge hua ye lian nong 云阁花也憐侬
HAN, BANG QING 韩邦庆

Yun, Gen 云根
JIANG, YING LONG 江应龙 **(1920-)**

Yun geng 耘耕

YU, RONG GEN 俞荣根 **(1943-)**

Yun, Gu 云谷
ZHOU, YI BAI 周夷白 **(1900-1977)**

Yun gu 昀谷
YANG, ZENG LUO 杨增荦 **(1860-1933)**

Yun, Guang 云光
CHEN, XI GUANG 陈锡光 **(1904-1935)**

Yun guang 蕴光
TANG, BAO SEN 唐葆森 **(1907-1985)**

Yun, Hai 云海
HONG, ZHI HUI 洪智惠 **(1939-)**

Yun, Hai 云海
BAO, LI MIN 包立民 **(1941-)**

Yun hai 恽海
SHEN, DUAN XIAN 沈端先 **(1900-1995)**

Yun, Hai fei 云海飞
ZHANG, YONG XIU 张永修 **(1961-)**

Yun, Hai feng 云海风
ZHANG, GUI CAI 张贵才 **(1944-)**

Yun, Hai lou 云海楼
MIN, ER CHANG 闵尔昌 **(1872-1948)**

Yun, He 云河
HUANG, YUN HE 黄云鹤 **(1962-)**

Yun, He 云鹤
CHEN, YI YUN 陈逸云 **(1910-1969)**

Yun, He 云鹤
LI, YUN HE 李云鹤 **(1914-1991)**

Yun, He 云鹤
ZHANG, WEN XUN 张文勋 **(1926-)**

Yun, He 云鹤
CHEN, YUN HE 陈允鹤 **(1933-)**

Yun, He 云鹤
LAN, TING JUN 蓝廷骏 **(1942-)**

Yun he 蕴和
ZHANG, MO 张默 **(1872-1940)**

Yun heng 运衡
GAN, YUN HENG 甘运衡

Yun, Hu zai 云乎哉
JIN, YAO RU 金尧如 **(1923-)**

YUN, HUA 云华 **(1964-)**
Liu yi 留毅
Yun, Xin 云欣

Yun hua guan zhu 韻花馆主
LI, HAN QIU 李涵秋 **(1873-1923)**

Yun hui 蕴慧
ZHOU, SU SHAN 周素珊 **(1922-)**

Yun jian dian gong 云间颠公
LEI, JIN 雷瑨

Yun, Jian long 云间龙
LU, SHI E 陆士谔 **(1878-1944)**

Yun jian wei zhi 云间伟治
WU, PI TI 吴丕悌 **(1910-1972)**

Yun, Jiang 云江
JIN, ZUO GAO 金作镐 **(1907-)**

Yun jiao 韵焦
GE, QIN 葛琴 **(1907-)**

Yun jie 韵洁
WANG, YUN JIE 王云階 **(1911-)**

Yun, Jie jie 云姊姊
HUANG, QING YUN 黄庆云 **(1920-)**

Yun, Jing 云菁
SU, YUN JING 苏云菁 **(1937-)**

Yun ju shan ren 云居山人
CAI, XIAO LI 蔡小丽 **(1936-)**

Yun, Jun 云君
WANG, TONG ZHAO 王统照 **(1897-1957)**

Yun, Ke 云薖
YANG, SHOU NAN 杨寿枏 **(1868-1947)**

Yun, Lan 云览
GAO, YUN LAN 高云览 **(1910-1956)**

Yun lan 芸览
GAO, YUN LAN 高云览 **(1910-1956)**

Yun, Lang 云浪
ZHAO, XIAO LAN 赵晓澜 **(1950-)**

Yun, Lang 云郎
FANG, SHI XU 方时旭

Yun lang 蕴郎
LI, YUN LANG 李蕴朗 **(-1969)**

Yun lang 蕴郎
DAI, YUN LANG 戴蕴郎 **(1909-1984)**

Yun, Li 云力
DING, HUAI LI 丁怀理 **(1943-)**

Yun, Li 云力
YUN, WEI LI 云惟利 **(1953-)**

Yun, Li 云理
GUO, MING XIAO 郭明孝 **(1929-)**

Yun, Li feng 云里风
CHEN, CHUN DE 陈春德 **(1933-)**

Yun, Lin 云林
QIAN, JIA JUN 钱家骏 **(1916-)**

Yun lin 筠邻
GU, LIN SHI 顾麟士 **(1865-1930)**

Yun lin ju shi 云林居士
ZAI, YING 载滢 **(1862-1908)**

Yun lin shan ren 云林山人
CHEN, JIA XIN 陈嘉欣 **(1932-)**

Yun, Ling 云菱
LIU, YAN LING 刘延陵 **(1895-1988)**

Yun, Long 云龙
WEI, QING HUANG 韦庆煌 **(1916-)**

Yun, Lou 云楼
XU, SHI YING 许世英 **(1872-1964)**

Yun, Lou 云楼
XU, LIN 徐琳 **(1927-)**

Yun lu 匀庐
LI, GU FAN 李孤帆 **(1894-)**

Yun lu 芸卢
SHEN, CONG WEN 沈从文 **(1902-1988)**

Yun lu 筠卢
XU, CHANG WEI 许昌威 **(1905-1988)**

Yun mei 韵梅
ZHAO, SHI 赵适 **(1923-)**

Yun, Men 云门
FAN, ZENG XIANG 樊增祥 **(1846-1931)**

Yun, Meng lian 云梦莲
JIN, ZHONG MING 金钟鸣 **(1935-)**

Yun min 匀皿
DIAO, JUN LIN 雕俊麟 **(1924-)**

Yun, Mo 云墨
WU, ZHEN 吴祯 **(1938-)**

Yun, Mu wen 云母文
FANG, ZHENG GU 方正鹄 **(1900-1935)**

Yun, Nan 云囡
ZHOU, MI MI 周蜜蜜 **(1953-)**

Yun, Nan 云南
KE, WEI HAN 柯维翰 **(1902-1964)**

Yun, Ni 云霓
ZHOU, WU XIONG 周武雄

Yun nong 耘农
HUANG, FU 黄郛 **(1880-1936)**

Yun nong 耘农
SHEN, YUN LONG 沈云龙 **(1910-1987)**

Yun pi 运甓
HUANG, KAN 黄侃 **(1886-1935)**

Yun pi sheng 运甓生
HUANG, KAN 黄侃 **(1886-1935)**

Yun, Pin 云频
WU, GUO PING 吴国平 **(1956-)**

Yun, Ping 云萍
YANG, YOU LIAN 杨友濂 **(1906-)**

Yun, Ping 云萍
ZHUANG, WU WO 庄无我

Yun, Ping sheng 云萍生
YANG, YOU LIAN 杨友濂 **(1906-)**

Yun pu 韵谱
ZHAO, SHENG 赵声 **(1881-1911)**

Yun qi ju shi 云其居士
ZHANG, NAN XIAN 张难先 **(1874-1968)**

Yun qian 允倩
YE, SHAO JUN 叶绍钧 **(1894-1988)**

Yun, Qiao 云桥
LIANG, RUN SHAN 梁润珊 **(1938-)**

Yun, Qiao 云樵
OU, JU JIA 欧榘甲 **(1858-1912)**

Yun qin 沄沁
LÜ, YUN ZHANG 吕云章

Yun qin 韵琴
YANG, SHU HUI 杨淑惠 **(1952-)**

Yun, Qing 云青
DONG, DA ZHONG 董大中 **(1935-)**

Yun, Qing 云卿
DONG, YUN QING 董云卿

Yun qing nü shi 韵清女史
LÜ, YUN QING 吕筠青

Yun quan 韵泉
JIAN, XIAN AI 蹇先艾 **(1906-)**

Yun, Que 云雀
CHEN, LI TING 陈鲤庭 **(1910-)**

Yun, Rang 云让
YANG, BU WEI 杨步伟 **(1889-1981)**

Yun ren 芸人
HUANG, ZHI 黄质 **(1865-1955)**

Yun ren 耘人
LUO, YONG 罗庸 **(1900-1950)**

Yun, Ru 云如
BAI, LE CHENG 白乐成 **(1946-)**

Yun ru 蕴儒
LÜ, QI 吕琦

Yun ru 韻茹
ZHOU, CUI QING 周翠卿 **(1939-)**

Yun sha 耘砂
MA, XING 马醒

Yun, Shan 云衫
LIU, YUN SHAN 刘云山 **(1947-)**

Yun, Shan 云山
FAN, ZENG XIANG 樊增详 **(1846-1931)**

Yun, Shan 云山
LI, JIAN YAO 李鑑尧 **(1928-)**

Yun, Shan hai 云山海
SU, HUA RONG 苏华荣

Yun, Shan nü 云山女
LI, JIE RONG 李洁容 **(1951-)**

Yun, Shan qiu 云山秋
CHEN, HONG JU 陈鸿举 **(1938-)**

Yun, Sheng 云生
DU, LIAN ZHAI 杜联斋 **(1908-1963)**

Yun sheng 芸生
WANG, YUN SHENG 王芸生 **(1901-1980)**

Yun sheng 芸生
QIU, JIU RU 邱九如

Yun, Shi 云士
DU, LIAN ZHAI 杜联斋 **(1908-1963)**

Yun, Shi 云石
CHEN, FENG 陈烽 **(1932-)**

Yun, Shi 云石
XIN, GUO XUN 辛国勳 **(1933-)**

Yun, Shi 云石
WANG, YU 王宇 **(1935-)**

Yun, shi 云室
LIU, XIN HUANG 刘心皇 **(1915-)**

Yun shi 蕴石
MAI, LIU GUANG 麦馏光 **(1931-)**

Yun shi zhu ren 云室主人
LIU, XIN HUANG 刘心皇 **(1915-)**

Yun shu 韵曙
ZHAO, JI QIN 赵吉琴 **(1945-)**

YUN, SHU JUE 恽树珏 **(1878-1935)**
Huang, Shan min 黄山民
Jiao, Mu 焦木
Leng, Feng 冷风
Tie 铁
Tie jiao 铁礁
Tie qiao 铁樵
Tie ya 铁崖
Yao, An 药庵
Yun, Tie qiao 恽铁樵

Yun, Shui 云水
TANG, FENG KUAN 唐凤宽 **(1934-)**

Yun, Shui 云水
WANG, JIA XIANG 王家祥 **(1966-)**

Yun, Song 云松
LIANG, LONG 梁龙 **(1894-1967)**

Yun, Song 云松
LÜ, YUN SONG 吕云松 **(1930-)**

Yun, Song 云松
SONG, DING GUO 宋定国 **(1942-)**

Yun, Song 云松
JIANG, YUN SONG 江云松

Yun song 韫松
PENG, JIA HUANG 彭家煌 **(1898-1933)**

Yun song 韻松
FANG, SHENG TAO 方声涛 **(1885-1934)**

Yun song 韵松
LIANG, ZHI TAO 梁植涛 **(1915-)**

Yun sou 韗叟
LI, SHEN YAN 李慎言 **(1859-1931)**

Yun sou Sheng 韗叟生
LI, SHEN YAN 李慎言 **(1859-1931)**

Yun su 芸苏
HONG, YAN QIU 洪炎秋 **(1900-1980)**

Yun, Sun 云荪
WANG, YANG SONG 王仰嵩 **(1898-1964)**

Yun sun 韵荪
CHENG, JIA CHENG 程家柽 **(1874-1914)**

Yun, Tai 云台
HAN, WEN JU 韩文举 **(1855-1937)**

Yun, Tai 云台
OU, JU JIA 欧榘甲 **(1858-1912)**

Yun tang 蕴瑭
WANG, YUN TANG 王蕴瑭 **(1960-)**

Yun, Tao 云涛
LIN, HUAN DAO 林环岛 **(1904-1941)**

Yun, Tao 云涛
LÜ, CHAO JING 吕朝景 **(1943-)**

Yun, Te 云特
DENG, TUO 邓拓 **(1912-1966)**

Yun, Te 恽忒
DENG, TUO 邓拓 **(1912-1966)**

Yun, Tian 云天
TAO, XIONG 陶雄 **(1911-)**

Yun, Tian 云天
SHI, RUN DE 施润德 **(1917-)**

Yun, Tian 云天
HE, XING CONG 何兴琮 **(1921-)**

Yun, Tian 云天
WEN, GUO SHENG 温国生 **(1940-)**

Yun, Tie qiao 恽铁樵
YUN, SHU JUE 恽树珏 **(1878-1935)**

Yun ting shan ren 云亭山人
CAO, JU REN 曹聚仁 **(1900-1972)**

Yun, Tuan 云抟
LIU, MENG PENG 刘孟鹏 **(1857-1909)**

Yun, Tuan 云抟
ZHANG, YI PENG 张一鹏 **(1873-)**

Yun, Tuan 云湍
LIU, MENG PENG 刘孟鹏 **(1857-1909)**

Yun tuan 筼湍
LIU, MENG PENG 刘孟鹏 **(1857-1909)**

Yun, Wai tian 云外天
LI, YU QUAN 李毓泉 **(1909-1982)**

YUN, WEI LI 云惟利 **(1953-)**
Yun, Li 云力

Yun, Wen 云纹
ZHENG, ZHEN DUO 郑振铎 **(1898-1958)**

Yun, Weng 云翁
QIAN, LAI ZHONG 钱来忠 **(1942-)**

Yun, Wu ji 云无迹
HUANG, MEI YING 黄梅影 **(1951-)**

Yun xi nü shi 云溪女士
ZHAO, AI HUA 赵爱华

Yun, Xia 云峡
ZHU, JI CHENG 朱吉成 **(1937-)**

Yun xia 芸夏
LIU, XI RONG 刘锡荣 **(1920-)**

Yun, Xian 云先
CHEN, CHENG 陈澄 **(1896-1943)**

Yun, Xiang 云祥
WANG, BAO ZHEN 王保珍 **(1933-)**

Yun, Xiao 云霄
ZOU, EN RUN 邹恩润 **(1895-1944)**

Yun, Xiao ke 云霄客
CHEN, YUAN FA 陈源发 **(1932-)**

Yun xiao zhi zi 云霄之子
QIAO, BAO HUA 乔保华 **(1941-)**

Yun xie 运燮
DU, YUN XIE 杜运燮 **(1918-)**

Yun, Xin 云心
WU, YU WEI 吴堉威 **(1906-1989)**

Yun, Xin 云心
MA, XING 马醒

Yun, Xin 云欣
YUN, HUA 云华 **(1964-)**

Yun xin 韵心
LUO, BAI NIAN 罗柏年 **(1927-1986)**

Yun, Xiu 云岫
YOU, CEN 由岑 **(1947-)**

Yun, Ya 云崖
SHEN, DA LI 沈大力 **(1938-)**

Yun, Yan 云烟
WEN, YI QI 文亦奇

Yun yan 允研
XIE, KANG 谢康 **(1901-)**

Yun, Yi 云逸
SU, YU ZHU 苏玉珠 **(1953-)**

Yun yi chen 芸亦尘
HUANG, LUAN 黄鸾 **(1943-)**

Yun yi chen 芸逸尘
HUANG, LUAN 黄鸾 **(1943-)**

YUN, YI QUN 恽逸群 **(1905-1978)**
Liu, Hong 刘洪
Tang, Zhen 唐震
Ting zhang 亭长
Ye, Qun 叶群
Yi qun 翊群
Yi xun 翊勲
Yun, Chang an 恽长安
Yun, Yue xun 恽钥勋

Yun, Yin 云音
ZHOU, MING KUI 周明夔 **(1899-1970)**

Yun yin ju shi 云隐居士
WANG, YA CHEN 王亚尘 **(1894-1983)**

Yun, Ying 云影
YANG, PING 杨萍 **(1916-)**

Yun, Ying 云影
HE, EN RONG 何恩荣 **(1923-)**

Yun, Ying 云鹰
GU, ZHUN 顾准 **(1915-1974)**

Yun, You ke 云游客
BI, LIAN SHOU 毕连寿 **(1902-1971)**

Yun, Yu 云雨
MA, YUN PENG 马云鹏 **(1931-)**

Yun yu nü shi 韫玉女士
HU, PU AN 胡朴安 **(1878-1947)**

YUN, YU TANG 恽雨棠 **(1902-1931)**
Luo sheng 洛生

Yun, Yuan 云远
ZANG, XIN YUAN 臧馨远 **(1913-1991)**

Yun, Yue 云月
YAO, YI ZHUANG 姚以壮 **(1925-1973)**

Yun, Yue xun 恽钥勋
YUN, YI QUN 恽逸群 **(1905-1978)**

Yun, Yun 云云
LI, JIE REN 李劼人 **(1891-1962)**

Yun, Yun 云芸
ZOU, WEI XI 邹维熙 **(1927-)**

Yun yun 芸芸
WANG, SEN RAN 王森然 **(1895-1984)**

Yun yun 芸芸
SHEN, CONG WEN 沈从文 **(1902-1988)**

Yun yun 芸芸
ZHANG, XIE CHU 张燮雏 **(1927-)**

Yun yun 芸芸
SUN, MENG JIAO 孙梦蕉

Yun zai shan fang 云在山房
YANG, SHOU NAN 杨寿枏 **(1868-1947)**

Yun, Zai xuan 云在轩
QIAN, XI 钱希 **(1872-1930)**

Yun zhai 芸斋
SUN, SHU XUN 孙树勋 **(1913-)**

Yun zhai zhu ren 芸斋主人
SUN, SHU XUN 孙树勋 **(1913-)**

Yun zhang 耘章
LI, ZHI WEN 李志文 **(1942-)**

Yun, Zhao 云召
WU, TING GUAN 吴廷琯 **(1914-)**

YUN, ZHAO GUANG 云照光 **(1929-)**
Ge ri le chao ke tu 格日勒朝克图
Guo, Liang 郭亮
Mu niu 牧牛
Wu le・chao ke tu 乌勒・朝克图

Yun zhe 允哲
WEI, YUN ZHI 魏运织 **(1907-)**

Yun zhe 蕴哲
KONG, FAN YU 孔繁瑜 **(1925-)**

Yun, Zhen 云臻
NIE, RONG ZHEN 聂荣臻 **(1899-1992)**

YUN, ZHEN LIN 恽振霖 **(1928-)**
Yu lin 雨林

Yun zhen lou 蕴真楼
ZHANG, JIN JIAN 张金鉴 **(1902-1988)**

Yun zhen lou shang ren 蕴真楼上人
ZHANG, JIN JIAN 张金鉴 **(1902-1988)**

Yun zhi 运之
YAO, WEI DOU 姚维斗 **(1940-)**

Yun zhi 耘之
LIU, DENG HAN 刘登翰 **(1937-)**

Yun zhi 韫之
FU, BAO KUN 傅宝堃 **(1902-)**

Yun, Zhong 云中
CAI, RONG YONG 蔡荣勇 **(1955)**

Yun, Zhong he 云中鹤
XU, ZHI MO 徐志摩 **(1896-1931)**

Yun, Zhong yue 云中月
ZHANG, YU XUAN 张育瑄 **(1944-)**

Yun, Zhong zi 云中子
XU, PEI GEN 许培根 **(1944-)**

Yun zi 芸子
SONG, YU REN 宋育仁 **(1858-1931)**

Yun zi 芸子
FU, BAO KUN 傅宝堃 **(1902-)**

Yun zi 允滋
MAO, ZE DONG 毛泽东 **(1893-1976)**

Yun, Zi zi 云姊姊
HUANG, QING YUN 黄庆云 **(1920-)**

Z

Z. M.
LIANG, RONG RUO 梁容若 **(1905-1982)**

Z S
WANG, REN SHU 王任叔 **(1901-1972)**

Zero
HUANG, ZHANG 黄彰 **(1893-1987)**

Za hua 杂华
LI, WEN TAO 李文涛 **(1880-1942)**

Zai 载
SUN, WEN 孙文 **(1866-1925)**

Zai, Bai 宰白
SHEN, DUAN XIAN 沈端先 **(1900-1995)**

Zai bu si ren 再不死人
LIU, MENG PENG 刘孟鹏 **(1857-1909)**

Zai chen 在陈
WANG, QI 王起 **(1906-1996)**

Zai han 再韩
CAO, FU YUAN 曹福元

Zai hua 再华
CHEN, XI GUANG 陈锡光 **(1904-1935)**

Zai jun 在君
DING, WEN JIANG 丁文江 **(1887-1936)**

Zai li 再厉
LI, GUO RUI 厉国瑞 **(1909-)**

Zai lin 在林
XI, NANG 奚囊 **(1876-1940)**

Zai mang 再芒
YU, ZHEN MIN 郁振民 **(1916-)**

Zai mu 宰木
PAN, ZI NIAN 潘梓年 **(1893-1972)**

Zai qi 再起
LI, CUN MING 李存明 **(1923-)**

Zai, Qiong 载琼
YU, ZAI CHUN 于在春 **(1909-)**

Zai sheng 再生
WANG, XI CHENG 王锡成 **(1918-)**

Zai sheng 再生
WANG, XUE TONG 王学通

Zai, Wo 宰我
LIN, HE LE 林和乐 **(1895-1976)**

Zai xi 再谿
YANG, ZAI XI 杨在谿 **(1938-)**

Zai xuan 在璇
HUANG, YE MENG 黄野梦

Zai, Yang 宰杨
YU, GUANG SHENG 余光生 **(1906-1978)**

ZAI, YING 载滢 **(1862-1908)**
Lan yun dao ren 懒云道人
Qing su zhu ren 清素主人
Yun lin ju shi 云林居士

Zai you 在宥
WEN, YOU 闻宥 **(1901-1985)**

Zai, Yu 宰予
LIN, HE LE 林和乐 **(1895-1976)**

Zai zao zi 再造子
ZHU, GUO SHENG 朱国陞 **(1882-1955)**

Zai, Zhi 载之
SUN, WEN 孙文 **(1866-1925)**

Zai, Zhu 宰主
DENG, YU XIA 邓玉霞

Zan gong 赞工
ZHUANG, HE SHUI 庄河水 **(1943-)**

Zan si 赞思
PAN, FEI SHENG 潘飞声 **(1857-1934)**

Zan ting 赞庭
LEI, BI XING 雷必兴 **(1908-)**

Zang, Cheng zhi 臧承志
ZANG, KE JIA 臧克家 **(1905-)**

Zang, Fu long 臧伏龙
YAN, MING JIE 严明傑 **(1904-)**

Zang, Hong 臧蕻
ZHENG, BING ZHONG 郑炳中 **(1922-)**

ZANG, JUN SHENG 臧俊声 **(1905-)**
Chong guang 重光
Pei huang 佩璜
Shu han 叔寒
Xue ye 雪野
Zang, Kai zhi 臧恺之
Zhu, Mei 朱眉
Zi yang 紫杨

Zang, Kai zhi 臧恺之
ZANG, JUN SHENG 臧俊声 **(1905-)**

ZANG, KE JIA 臧克家 **(1905-)**
He, Jia 何嘉
Ke jia 克家
Shao quan 少全
Shi xian 士先
Sun, Quan 孙荃
Xiao quan 孝荃
Xing xing 星星
Zang, Cheng zhi 臧承志
Zang, Yi qu 臧亦蘧

ZANG, LE YUAN 臧乐源 **(1929-)**
Zang, Li yuan 臧濼源
Zang, Yun kuan 臧运寛

Zang, Li yuan 臧濼源
ZANG, LE YUAN 臧乐源 **(1929-)**

ZANG, NAN QIAO 臧南乔 **(1924-)**
Da long 大聋

Shi yi lou zhu ren 十艺楼主人
Zang, Zhen bai 臧真白

ZANG, QI FANG 臧启芳 **(1894-1961)**
Zang, Zhe xian 臧哲先
Zang, Zhe xuan 臧哲轩
Zhe xuan 蛰轩

Zang, Qi ren 臧其人
NIE, GAN NU 聂甘弩 **(1903-1986)**

ZANG, RONG 臧嵘 **(1935-)**
Lan, Wen 蓝雯
Wei, Tang 韦唐
Yang, Zi 扬子
Yu, Fei 于飞

ZANG, XIN YUAN 臧馨远 **(1913-1991)**
Xin, Yuan 辛苑
Xiu yuan 秀沅
Yun, Yuan 云远
Zang, Yun yuan 臧云远

Zang, Yi qu 臧亦蘧
ZANG, KE JIA 臧克家 **(1905-)**

Zang yuan ju shi 藏园居士
FU, ZENG XIANG 傅增湘 **(1872-1949)**

Zang yuan lao ren 藏园老人
FU, ZENG XIANG 傅增湘 **(1872-1949)**

ZANG, YUAN WANG 臧瑗望 **(1903-1946)**
Duo wen zhi 多问之
Yi shi 一石

Zang, Yun kuan 臧运宽
ZANG, LE YUAN 臧乐源 **(1929-)**

Zang, Yun yuan 臧云远
ZANG, XIN YUAN 臧馨远 **(1913-1991)**

Zang, Zhe xian 臧哲先
ZANG, QI FANG 臧启芳 **(1894-1961)**

Zang, Zhe xuan 臧哲轩
ZANG, QI FANG 臧启芳 **(1894-1961)**

Zang, Zhen bai 臧真白
ZANG, NAN QIAO 臧南乔 **(1924-)**

Zao bo 早播
ZHAO, CHUN REN 赵纯仁 **(1930-)**

Zao geng 早耕
CAO, ZUO GENG 曹作庚 **(1929-)**

Zao ping 藻萍
ZHONG, SHAO KUN 钟绍锟 **(1914-)**

Zao quan 藻全
WANG, ZAO QUAN 王藻全 **(1945-)**

Zao sen 噪森
NIE, SHOU XIN 聂守信 **(1912-1935)**

Zao shi lao ren 皂石老人
ZHU, REN JIAN 朱仁健 **(1913-1983)**

Zao wen 藻文
ZHU, FENG JUN 朱凤军 **(1956-)**

Zao wu 造五
ZHU, WEN XIONG 朱文熊 **(1883-1961)**

Zao xiang 藻香
YANG, YU RU 杨玉如 **(1877-1961)**

Zao xiang 藻香
WANG, LIU BIN 汪六滨 **(1910-1990)**

Zao xue 早雪
ZHU, ZHAO XUE 朱兆雪 **(1937-)**

Zao xue 澡雪
CHEN, MING SHU 陈鸣树 **(1931-)**

Zao yang 早阳
LI, XIAO DONG 李晓东 **(1955-)**

Zao zai 糟哉
LI, HUA KUO 李骅括

Ze 泽
SHEN, YAN BING 沈雁冰 **(1896-1981)**

Ze an 泽庵
WU, PEI LIN 吴沛霖 **(1889?-)**

Ze chang 泽长
WANG, ZHI DUI 王之兑 **(1915-1990)**

Ze chang 泽长
SHI, RUN DE 施润德 **(1917-)**

Ze dong 泽东
MAO, ZE DONG 毛泽东 **(1893-1976)**

Ze fu 泽夫
QIAN, JUN RUI 钱俊瑞 **(1908-1985)**

Ze fu 泽夫
YANG, DE EN 杨德恩 **(1908-)**

Ze fu 泽甫
QIAN, JUN RUI 钱俊瑞 **(1908-1985)**

Ze fu 泽富
PAN, ZE FU 潘泽富

Ze hua 则华
XU, XIAO TIAN 许啸天 **(1886-1946)**

Ze ji 泽激
LI, CHENG ZHANG 李承璋 **(1950-)**

Ze lan 则兰
LI, JIA QI 李家齐 **(1906-1984)**

Ze lin 则林

XU, SHU ZHENG 徐树铮 (1880-1925)

Ze luo ju 泽螺居
YU, XING WU 于省吾 **(1896-1984)**

Ze min 泽民
MAO, ZE MIN 毛泽民 **(1896-1943)**

Ze min 泽民
SHEN, ZE MIN 沈泽民 **(1900-1933)**

Ze min 泽民
YANG, CAI LONG 杨财隆 **(1938-)**

Ze, Ming 连茗
HUANG, MEI YING 黄梅影 **(1951-)**

Ze ming 择明
YU, YU 余愚 **(1900-1963)**

Ze ming 泽铭
MAO, ZE MIN 毛泽民 **(1896-1943)**

Ze pu 泽浦
LUO, ZE PU 罗泽浦 **(1927-1998)**

Ze pu 泽浦
HU, BING EN 胡炳恩 **(1931-)**

Ze ren 则人
SHEN, ZE MIN 沈泽民 **(1900-1933)**

Ze ren 泽人
XU, WEI NAN 徐蔚南 **(1900-1952)**

Ze shan 泽山
FANG, ER XIAN 方尔咸 **(1873-)**

Ze shan yi 则山簃
XU, FU MIN 许伏民

Ze shan yi zhu 则山簃主
XU, FU MIN 许伏民

Ze sheng 泽生
WENG, ZE SHENG 翁泽生

Ze shi ju 择是居
ZHANG, JUN HENG 张钧衡

Ze xiu 则秀
YU, ZE PAN 于泽泮 **(1933?-)**

Ze yu 则余
MA, QIAN MU 马千木 **(1915-)**

Ze yu 则愚
CHEN, ZE YU 陈则愚

Ze yu 泽羽
ZHANG, RUN HUI 张润翙 **(1931-)**

Ze zhai 泽斋
XU, XIAO TIAN 许啸天 **(1886-1946)**

Ze zheng 则正
HUANG, ZHE ZHENG 黄哲正

Ze zhong 泽中
RAO, XIN XIAN 饶鑫贤 **(1923-)**

ZENG, BAI JU 曾白驹 **(1936-)**
Bai, Ju 白驹
Bai, Yan 白砚

ZENG, CAI 曾采 **(1924-)**
Wang, Cai 王采
Xin zhao 心照

Zeng chang 增昌
DENG, ZHONG XIA 邓中夏 **(1894-1933)**

ZENG, CHENG JIN 曾成金 **(1947-)**
Zeng, Mu 曾畝

ZENG, CHUAN JU 曾传炬 **(1926-)**
Guan, Jian 管见

ZENG, CHUN 曾春 **(1955-)**
Shi ying 诗影

ZENG, CHUN SHENG 曾春生 **(1938-)**
Bo shang zhou 波上舟
Xiang, Shang kan 向尚瞰

ZENG, DA XUAN 曾达玄
Da xu 达虚

Zeng, Da zhai 曾达斋
YUAN, SHU 袁殊 **(1911-1987)**

Zeng, Dao 曾岛
ZENG, DE ZHEN 曾德镇 **(1921-1988)**

ZENG, DAO ZONG 曾道宗 **(1938-)**
Lao, Guang 劳广

ZENG, DE 曾德 **(1942-)**
Ma, Ti tie 马蹄铁

Zeng, De hua 曾德华
ZENG, SHUN XIANG 曾顺祥 **(1927-)**

ZENG, DE ZHEN 曾德镇 **(1921-1988)**
Ai, Li 艾藜
Bai, Yan hua 白彦花
Chen, Tao 陈涛
Deng, Yi mei 邓亦梅
Jin, Zhen 金真
Mu, Wei bo 穆微波
Tian, Jia 田家
Tian ma 天马
Yi, He yuan 易和元
Yi, Man hua 易漫华
Zeng, Dao 曾岛
Zhu, Wei 朱薇

ZENG, DU HONG 曾度洪 **(1918-)**
Zeng, Ji ze 曾纪则

Zeng, Fan 曾凡
FAN, YU ZHEN 樊玉振 **(1929-)**

Zeng, Fan 曾凡
WANG, ZENG FAN 王曾凡 **(1954-)**

ZENG, FAN RONG 曾繁荣 **(1943-)**
Fan yun 凡云
Feng xuan 沣宣
Long, Min 龙民
Zeng, Hui 曾辉

ZENG, FU MIAO 曾復妙
Fu miao 復妙

ZENG, FU NAN 曾富男 **(1941-)**
Zeng, Kuan 曾宽

Zeng, Gan 曾赣
ZENG, QING ZHONG 曾庆中 **(1968-)**

ZENG, GUANG CAN 曾广灿 **(1936-)**
Huo shan 火山
Liao, Jin quan 廖金全
Lu, Dai 鲁岱
Lu, Jun 鲁军
Lu, Sheng 鲁升
Lu, Sheng 鲁声
Lu, Shl 鲁石
Qi, Lu sheng 齐鲁生
Qiu, Bo 秋波
Qiu, Zhu 秋住

ZENG, GUANG JUN 曾广钧 **(1866-1929)**
Zhong bo 重伯
Zhong guo zhi jiu min 中国之旧民

ZENG, GUANG QIANG 曾广强 **(1958-)**
Mu qing 木青

ZENG, GUANG XUN 曾广勋
A nan 阿难
Guang xun 广勋
Jie cun 洁寸
Li, Shan hu 李珊瑚
San nan 三难
Xiong, Zi 熊子
Zeng, Tie chen 曾铁忱

ZENG, GUI MING 曾贵明 **(1939-)**
Zeng, Si 曾四

ZENG, GUI SEN 曾桂森 **(1937-)**
Quan yuan 泉源

ZENG, GUO ZHEN 曾国珍 **(1902-1971)**
Jin, Kai he 金凯荷
Jun he 君荷
Zeng, Jin ke 曾今可

Zeng, Hai 曾海
JIN, ZHONG MING 金钟鸣 **(1935-)**

Zeng, Hen 曾痕
BAO, WEN DI 包文第 **(1920-)**

Zeng, Hong 曾红
GAO, LING ZENG 高玲曾 **(1932-)**

Zeng, Hong 曾泓
ZENG, YUAN CHENG 曾渊澄 **(1936-)**

Zeng, Hua ding 曾华丁
ZENG, MAN HUA 曾曼华

Zeng, Hui 曾辉
ZENG, FAN RONG 曾繁荣 **(1943-)**

Zeng, Hui lan 曾惠兰
ZENG, PEI LAN 曾佩兰 **(1917-)**

ZENG, HUI MIN 曾慧民 **(1941-)**
Kong, Yi liao 孔乙了

ZENG, HUI YAN 曾慧燕
Lin, Xia feng 林下风

ZENG, JI FEN 曾纪芬 **(1852-1942)**
Chong de lao ren 崇德老人

ZENG, JI QI 曾继祺 **(1919-)**
Wei, Qi 韦祺
Zeng, Wei 曾炜

Zeng, Ji ren 曾冀人
ZHAO, RI SHENG 赵日升 **(1938-)**

ZENG, JI RONG 曾几荣
Lan, Xiang 兰翔
Wu, Si yi 吴思一
Wu, Yan 吴彦

ZENG, JI SHENG 曾季盛 **(1952-)**
Zeng, Yang 曾扬

ZENG, JI XUN 曾纪勲
San fa sheng 散髮生

Zeng, Ji ze 曾纪则
ZENG, DU HONG 曾度洪 **(1918-)**

Zeng, Jian wei 曾健为
QIN, ZHAO YANG 秦兆阳 **(1916-)**

Zeng, Jin ke 曾今可
ZENG, GUO ZHEN 曾国珍 **(1902-1971)**

ZENG, JIN YI 曾近义 **(1920-)**
Jing yi 劲毅
Jing yi 竟宜

ZENG, JIN ZHANG 曾锦漳 **(1939-)**
Zeng, You chuan 曾幼川

ZENG, JING CHU 曾景初 **(1918-)**
Jing, Chu 荆楚

Qin, Su 秦肃
Te xi 特西
Wu, Yi dong 伍邑东

ZENG, JING LAI 曾景来
Pu, Xin 普信
Pu, Xin sheng 普信生
Zeng, Pu xin 曾普信

Zeng, Jue zhi 曾觉之
ZENG, ZHAN MO 曾展模 (1901-1982)

Zeng, Jun 曾峻
JIANG, YI WEI 姜贻伟 (1949-)

Zeng, Ke 曾克
ZENG, PEI LAN 曾佩兰 (1917-)

Zeng, Kuan 曾宽
ZENG, FU NAN 曾富男 (1941-)

ZENG, KUN 曾坤 (1934-)
Si tu, An 司徒安

ZENG, KUN HUA 曾鲲化
Heng yang yi tian shi 横阳翼天氏

ZENG, LI HUA 曾丽华 (1952-)
Zeng, Yan 曾焰

ZENG, LI LI 曾黎力 (1942-)
Ling, Li 凌力

ZENG, LI PING 曾立平
Zeng, Shi 曾识

Zeng, Liang 曾亮
ZENG, PEI LAN 曾佩兰 (1917-)

ZENG, LING DUO 曾令铎 (1919-)
Shang, Feng 商峰
Shang, Yan su 商延甦
Shang, Zhan si 商展思
Su, Feng 苏风
Yan su 延甦

Zeng, Lu 曾鲁
HUA, XI LU 花禧禄 (1912-1946)

ZENG, MAN FANG 曾曼方
Bing 丙
Man si 曼四
Zeng, Yu yang 曾玉羊

ZENG, MAN HUA 曾曼华
Zeng, Hua ding 曾华丁

ZENG, MAN NI 曾曼尼 (1901-)
Da ji 大吉
M
Man ni 曼尼
Sheng ti 圣提
Zeng, Sheng ti 曾圣提

Zeng, Men 曾门
ZENG, XIN XIONG 曾信雄 (1944-)

Zeng, Meng bi 曾梦笔
ZENG, RUI XIONG 曾瑞熊 (1903-)

Zeng, Meng pu 曾孟朴
ZENG, PU 曾朴 (1872-1935)

Zeng, Min da 曾敏达
SHI, ZHE CUN 施蛰存 (1905-)

ZENG, MIN ZHI 曾敏之 (1917-)
Ding, Cong 丁淙
Ding, Ji 丁际
Han liu 寒流
Han shan 寒山
Jie chen 洁尘
Wang tian 望天
Wang yun 望云
Xing shen 省身

Zeng, Ming 曾鸣
TANG, LAN 唐兰 (1901-1979)

Zeng, Ming 曾鸣
MA, HONG ZENG 马鸿增 (1940-)

ZENG, MING 曾鸣 (1959-)
Ming ge 鸣戈
Shi, Ge 师歌

Zeng, Mu 曾畝
ZENG, CHENG JIN 曾成金 (1947-)

Zeng, Mu han 曾慕韩
ZENG, QI 曾琦 (1892-1960)

Zeng, Nan wan 曾南挽
ZENG, TIAN YU 曾天宇 (1895-1928)

ZENG, NIAN 曾念 (1957-)
Xiang shui lang zi 湘水浪子

Zeng, Pei 曾沛
ZENG, YU YING 曾玉英 (1946-)

ZENG, PEI LAN 曾佩兰 (1917-)
Hai, Mou 海牟
Tian, Mu luan 田木峦
Yi ke 一可
Zeng, Hui lan 曾惠兰
Zeng, Ke 曾克
Zeng, Liang 曾亮

ZENG, PU 曾朴 (1872-1935)
Bing fu 病夫
Bing fu guo zhi bing fu 病夫国之病夫
Dong ya bing fu 东亚病夫
Lu, Nan zi 鲁男子
Meng, Pu 孟朴
Meng xun 梦逊

Tai pu 太朴
Xiao mu 小木
Xie mo 蟹沫
Zeng, Meng pu 曾孟朴
Zeng, Tai pu 曾太朴
Zeng, Xiao mu 曾小木
Zeng, Zhai 曾斋
Zeng, Zhou zhai 曾籀斋
Zhi dan 执丹

Zeng, Pu xin 曾普信
ZENG, JING LAI 曾景来

Zeng, Qi 曾岐
WANG, ZENG QI 汪曾祺 **(1920-1997)**

ZENG, QI 曾琦 **(1892-1960)**
Yi shan 移山
Yu gong 愚公
Yu jian 玉剑
Zeng, Mu han 曾慕韩
Zeng, Zhao cong 曾昭琮

Zeng, Qi 曾祺
WANG, ZENG QI 汪曾祺 **(1920-1997)**

Zeng, Qi fei 曾起飞
DU, YOU MING 杜又明 **(1915-1983)**

Zeng, Qi lin 曾麒麟
ZENG, ZHONG YING 曾仲影 **(1925-)**

ZENG, QIAN CHENG 曾前程 **(1948-)**
Mo sheng ren 陌生人

Zeng, Qiang 曾强
HUANG, ZHEN CUN 黄震村 **(1909-)**

ZENG, QING BO 曾庆波
Tu ji 突击

ZENG, QING GUAN 曾庆冠 **(1922-)**
A wen 阿文
Fang, Meng 方萌
Fang, Ning 方宁
Fang, Zuo 方佐
Lin, Wei 林薇
Liu, Jiang 柳江
Lu, Jun 路隽
Ma, Lai 马莱
Rui, Zhong zhan 芮中占
Zeng, Zhuo 曾卓

ZENG, QING HUA 曾庆华 **(1921-)**
Zeng, Yao shan 曾乐山

ZENG, QING HUI 曾庆辉 **(1932-)**
Chuan sheng 川生

ZENG, QING HUI 曾庆辉 **(1940-)**
Zeng, Si qiu 曾四求

ZENG, QING JI 曾清吉 **(1945-)**
Shi hong 拾虹

ZENG, QING REN 曾庆仁 **(1957-)**
Chuan ye 川野

ZENG, QING ZHONG 曾庆中 **(1968-)**
Zeng, Gan 曾赣

ZENG, REN DAO 曾任道 **(1937-)**
Bei, Yi 贝一
Dan, Shi 但是
Ji, Zheng 纪铮
Jiang, Lan 江澜
Long, Xing jian 龙行剑
Lou, Wai lou 楼外楼
Nai jun 迺钧
Si tu, Wa 司徒瓦
Sui di 随堤
Zhen, Gong 甄供

Zeng, Rong 曾戎
WANG, XIN DI 王新弟 **(1950-)**

ZENG, RU ZHONG 曾汝钟 **(1919-)**
Wu sheng 寤生
Xiao shi zi 小石子
Zeng, Xiu cang 曾秀苍
Zhan, Huai xin 詹怀辛

Zeng, Rui 曾锐
YUAN, JIAN PING 袁剑平 **(1926-)**

ZENG, RUI XIONG 曾瑞熊 **(1903-)**
Da jue sheng 大觉生
Feng han 疯汉
Gu, Song mei 古松梅
Jue sheng 觉生
Li, Sheng 栗生
Luo, Ya 罗亚
Mei du yi sheng 梅毒医生
Shen xian 神仙
Ya fu fu 哑夫妇
Ya luo 亚罗
You yin ju shi 幽吟居士
Yu hua ren 玉华人
Yue, Tian 乐天
Yue, Tian sheng 乐天生
Zeng, Meng bi 曾梦笔

Zeng, Run 曾润
YANG, BEN 杨奔 **(1928-)**

Zeng shang 增上
LI, WEN TAO 李文涛 **(1880-1942)**

Zeng, Sheng 曾绳
HONG, SHENG ZENG 洪绳曾 **(1917-)**

Zeng, Sheng ti 曾圣提

ZENG, MAN NI 曾曼尼 **(1901-)**

Zeng, Shi 曾识
ZENG, LI PING 曾立平

Zeng, Shi 曾蓍
WANG, ZENG QI 汪曾祺 **(1920-1997)**

ZENG, SHI LIANG 曾仕良 **(1950-)**
Sang, Ni 桑尼
Si liang 思量
Zhuang, Feng 莊锋

ZENG, SHI LONG 曾仕龙 **(1936-)**
Chun hong 春红
Li, Long 李龙
Long yu 龙玉

ZENG, SHI XIN 曾时新 **(1950?-)**
Zeng, Xin 曾心

ZENG, SHU JI 曾树基
Su qi 素其

ZENG, SHUI SHOU 曾水手
Dao fu shou 刀斧手

ZENG, SHUN WANG 曾舜旺 **(1956-)**
Mo, Na neng 莫那能

ZENG, SHUN XIANG 曾顺祥 **(1927-)**
Long, Jiang 龙江
Xiang, Qian 向前
Zeng, De hua 曾德华

Zeng, Si 曾四
ZENG, GUI MING 曾贵明 **(1939-)**

Zeng, Si qiu 曾四求
ZENG, QING HUI 曾庆辉 **(1940-)**

ZENG, SONG HUA 曾松华 **(1932-)**
Ma, Zu 马卒
Mei, Jing 梅井

Zeng, Tai lang 曾太郎
XIE, ZENG TAI 谢增泰 **(1920-1986)**

Zeng, Tai pu 曾太朴
ZENG, PU 曾朴 **(1872-1935)**

ZENG, TAI SHENG 曾台生 **(1946-)**
Zeng, Xin yi 曾心仪

ZENG, TAO 曾焘 **(1895-1994)**
Hong guan 虹官
Shi, Jiu 师鸠
Xu bai 虚白
Xu bo 煦伯
Zeng, Xu bai 曾虚白
Zeng, Xu bai 曾煦白

ZENG, TIAN 曾天 **(1930-)**
Cao, Fu 曹夫
Gao, Shan luan 高山峦
Gao, Yao tian 高遥天
Lu, Gong 鲁公
Lu, Tian 鲁田
Xin di 新笛
Zeng, Yu qing 曾郁青

ZENG, TIAN CONG 曾天从 **(1910-)**
Zeng, Xiao rong 曾霄容

ZENG, TIAN YU 曾天宇 **(1895-1928)**
Zeng, Nan wan 曾南挽

Zeng, Tie chen 曾铁忱
ZENG, GUANG XUN 曾广勋

Zeng, Tong 曾彤
SHEN, JIA XIN 申家信 **(1941-)**

Zeng, Tu 曾徒
LI, TING HUI 李廷辉 **(1931-)**

Zeng, Wei 曾为
WANG, XIANG FENG 王向峰 **(1932-)**

Zeng, Wei 曾炜
ZENG, JI QI 曾继祺 **(1919-)**

ZENG, WEI HAO 曾维浩 **(1962-)**
Lao gao 老告

Zeng, Wen 曾文
YANG, ZHEN WEN 杨振文 **(1939-)**

Zeng, Wen 曾闻
ZENG, WEN YUAN 曾文渊 **(1935-)**

ZENG, WEN MING 曾文明
Xiao lan 小蓝

ZENG, WEN YUAN 曾文渊 **(1935-)**
Qiu, Yue 丘岳
Xi yan 溪岩
Yan, Yan 严岩
Zeng, Wen 曾闻

ZENG, XI 曾玺 **(1931-)**
Dan ning ju shi 澹宁居士

ZENG, XI 曾熙 **(1861-1930)**
Nong, Ran 农髯

Zeng, Xi 曾熹
LEI, ZENG XI 雷曾熹 **(1906-1990)**

ZENG, XI BANG 曾希邦
Han, Zheng 韩铮
Wang, Ao qi 王奥奇

ZENG, XI JING 曾习经 **(1867-1926)**
Gang fu 刚甫
Hu lou 湖楼
Hu min 湖民
Zhe an ju shi 蛰庵居士

Zhe gong 蛰公
Zhong shen 种参

Zeng, Xia 曾霞
BIAN, ZHEN XIA 边震遐 **(1935-)**

Zeng, xian hua 曾显华
ZHANG, XUE LIANG 张学良 **(1901-)**

ZENG, XIAN RUI 曾宪瑞 **(1936-)**
Ding, Chuan 丁川
Jiang, Zhou 江舟
Yin, Hong 尹鸿

ZENG, XIANG QI 曾祥祺 **(1916-)**
An, Zhi 安之
Ba, Bo 巴波
Chen, Hua 陈华
Ka, Qing ka 卡青卡
Lao zeng 老曾
Shi zheng 诗征
Tian, Ding 田丁
Xia li ba 下俚巴
Zeng, Yi bo 曾艺波

ZENG, XIANG XI 曾祥熙 **(1940-)**
Pu shi 璞石

ZENG, XIAO FAN 曾孝凡 **(1943-)**
Xiao, Fan 肖凡

Zeng, Xiao gu 曾孝谷
ZENG, YAN NIAN 曾延年 **(1873-1937)**

ZENG, XIAO JIA 曾小嘉 **(1954-)**
Jia jia 嘉嘉

ZENG, XIAO MING 曾晓鸣 **(1946-)**
Yan xiang 雁翔

Zeng, Xiao mu 曾小木
ZENG, PU 曾朴 **(1872-1935)**

Zeng, Xiao rong 曾霄容
ZENG, TIAN CONG 曾天从 **(1910-)**

Zeng, Xin 曾心
ZENG, SHI XIN 曾时新 **(1950?-)**

Zeng, Xin gen 曾心艮
CHEN, SHOU MEI 陈守梅 **(1907-1967)**

ZENG, XIN XIONG 曾信雄 **(1944-)**
Men 门
Zeng, Men 曾门

Zeng, Xin yi 曾心仪
ZENG, TAI SHENG 曾台生 **(1946-)**

Zeng, Xing fei 曾杏緋
ZENG, YU 曾瑜 **(1911-)**

Zeng, Xiu cang 曾秀苍
ZENG, RU ZHONG 曾汝钟 **(1919-)**

Zeng, Xu bai 曾虚白
ZENG, TAO 曾焘 **(1895-1994)**

Zeng, Xu bai 曾煦白
ZENG, TAO 曾焘 **(1895-1994)**

Zeng, Yan 曾炎
LU, ZHENG YAN 卢正言 **(1938-)**

Zeng, Yan 曾焰
ZENG, LI HUA 曾丽华 **(1952-)**

Zeng, Yan 曾雁
MA, HONG ZENG 马鸿增 **(1940-)**

ZENG, YAN NIAN 曾延年 **(1873-1937)**
Cun guan 存关
Zeng, Xiao gu 曾孝谷

ZENG, YAN PING 曾燕萍 **(1910-)**
Yan, Ping 严平

ZENG, YAN XIU 曾彦修 **(1919-)**
Bo cun 伯村
Wei, Bi jia 魏璧嘉
Xiao, Shi cong 肖时聪
Yan, Xiu 严秀
Yan xiu 彦修
Yan xiu 烟秀
Yi wu 一无

Zeng, Yang 曾扬
ZENG, JI SHENG 曾季盛 **(1952-)**

Zeng, Yang 曾阳
CHEN, ZHENG YANG 陈拯阳 **(1931-)**

ZENG, YANG HUA 曾扬华 **(1935-)**
Shi, Yu 石愚

Zeng, Yao shan 曾乐山
ZENG, QING HUA 曾庆华 **(1921-)**

Zeng, Ye bai 曾也白
YANG, XI YAO 杨希尧 **(1924-)**

ZENG, YE LU 曾也鲁 **(1938-)**
Ling, Jing 凌静
Tu hong 吐虹
You, Si 尤思

Zeng, Yi 曾一
ZENG, YUE BO 曾月波 **(1917-)**

Zeng yi 增益
HU, ZENG YI 胡增益 **(1934-)**

Zeng, Yi bo 曾艺波
ZENG, XIANG QI 曾祥祺 **(1916-)**

ZENG, YI HUA 曾忆华
Liu, Mang 刘氓
Xi liu shui 西流水

ZENG, YI MEI 曾逸梅 **(1907-)**
Ke li 克里
Wei zi 维子

Zeng, Yin 曾茵
LIN, BING HUANG 林炳煌 **(1934-)**

Zeng, Ying qing 曾莹卿
SHI, ZHE CUN 施蛰存 **(1905-)**

Zeng, Yong 曾庸
FAN, QING RONG 樊庆荣 **(1932-)**

Zeng, Yong can 曾永灿
ZHAO, SHU LI 赵树礼 **(1906-1970)**

Zeng, Yong ye 曾雍也
HU, YUE 胡越 **(1920-1980)**

ZENG, YONG YI 曾永义 **(1941-)**
Yi yuan 谊远

Zeng, You 曾佑
XIA, ZENG YOU 夏曾佑 **(1863-1924)**

Zeng, You 曾佑
HU, QIU YUAN 胡秋原 **(1910-1989)**

Zeng, You chuan 曾幼川
ZENG, JIN ZHANG 曾锦漳 **(1939-)**

ZENG, YOU ZHU 曾幼珠
Xin fang 馨芳

Zeng, Yu 曾与
LÜ, ZHEN YU 吕振羽 **(1900-1980)**

Zeng, yu 曾聿
CHEN, QI SU 陈启肃 **(1911-1975)**

ZENG, YU 曾瑜 **(1911-)**
Zeng, Xing fei 曾杏緋

Zeng, Yu qing 曾郁青
ZENG, TIAN 曾天 **(1930-)**

Zeng, Yu yang 曾玉羊
ZENG, MAN FANG 曾曼方

Zeng, Yu yin 曾雨音
ZENG, YU YING 曾毓英 **(1909-1991)**

ZENG, YU YING 曾玉英 **(1946-)**
Zeng, Pei 曾沛

ZENG, YU YING 曾毓英 **(1909-1991)**
Zeng, Yu yin 曾雨音

Zeng, Yuan 曾元
ZHANG, ZENG YUAN 张曾元 **(1954-)**

Zeng yuan 增援
LI, ZENG YUAN 李增援 **(-1941)**

ZENG, YUAN CHENG 曾渊澄 **(1936-)**
Si kong, Yu 司空俞
Zeng, Hong 曾泓

ZENG, YUE 曾钺 **(1919-)**
Ban, Men fu 班门斧

ZENG, YUE BO 曾月波 **(1917-)**
Fang, Yang 方扬
Yue bo 月波
Zeng, Yi 曾一

ZENG, ZE SEN 曾泽森
Jin, Fang 金芳

Zeng, Zhai 曾斋
ZENG, PU 曾朴 **(1872-1935)**

ZENG, ZHAN LANG 曾展郎 **(1948?-)**
Chu, Ge 楚歌

ZENG, ZHAN MO 曾展模 **(1901-1982)**
Xie, Ren 解人
Zeng, Jue zhi 曾觉之

ZENG, ZHAO CHUN 曾昭淳 **(1930-)**
Li, Yi 黎毅

Zeng, Zhao cong 曾昭琮
ZENG, QI 曾琦 **(1892-1960)**

ZENG, ZHAO HUI 曾兆惠 **(1939-)**
Cun cao 寸草
Feng ye 枫野

Zeng, Zhao xin 曾钊新
ZENG, ZHAO XIN 曾照歆 **(1936-)**

Zeng, Zhao xin 曾照欣
ZENG, ZHAO XIN 曾照歆 **(1936-)**

ZENG, ZHAO XIN 曾照歆 **(1936-)**
Zeng, Zhao xin 曾照欣
Zeng, Zhao xin 曾钊新

ZENG, ZHAO XU 曾昭旭 **(1943-)**
Ming, Xi 明曦

ZENG, ZHAO YANG 曾朝阳 **(1908-)**
Zeng, Zhu shao 曾竹韶

ZENG, ZHEN CHANG 曾真常
Zhen chang 真常

ZENG, ZHENG CHANG 曾正昌 **(1922-1966)**
Chen, Pian da 陈篇达
Chen, Xi bei 陈西贝
Ji, Lu 纪鲁
Lian yu 莲舆
Si ma, Yan lun 司马彦伦
Tian, Ji 田基
Tian, Jia ying 田家英
Zhao, Lu bao 赵陆宝
Zheng, Chang 郑昌

ZENG, ZHI KAI 曾志开 **(1919-)**

Jia, Ke 贾克
Jia, Yi guang 贾艺光
Shi xiong 十兄
Xi shan 西山

Zeng, Zhi tu 曾之徒
LI, TING HUI 李廷辉 **(1931-)**

ZENG, ZHONG LING 曾中令 **(1930-)**
Cao qiao 草樵

ZENG, ZHONG MING 曾仲鸣 **(1896-1939)**
Zhong, Ming 仲鸣

ZENG, ZHONG YING 曾仲影 **(1925-)**
Zeng, Qi lin 曾麒麟

Zeng, Zhou zhai 曾籀斋
ZENG, PU 曾朴 **(1872-1935)**

Zeng, Zhu shao 曾竹韶
ZENG, ZHAO YANG 曾朝阳 **(1908-)**

Zeng, Zhuo 曾卓
ZENG, QING GUAN 曾庆冠 **(1922-)**

ZENG, ZI JING 曾子敬 **(1918-)**
Ling xiang 零湘
Zi you han 自由汉

ZHA, BO HENG 查伯衡 **(1914-)**
Wang, Xun 王旬

Zha dong 扎东
JIA, DONG FENG 贾东峰 **(1950-)**

ZHA, FENG YI 查丰诒
Zha, Yan gu 查烟谷

Zha, Fu xi 查阜西
ZHA, ZHEN HU 查镇湖 **(1895-1976)**

ZHA, GUANG FO 查光佛 **(1885-1932)**
Guang fo 光佛
Jing sheng 竞生

ZHA, GUO HUA 查国华 **(1931?-)**
Gu, Hua 谷华
Lu, Mang 鲁莽

ZHA, HAI SHENG 查海生 **(1964-1989)**
Hai, Zi 海子

Zha, Hong wu 查洪武
ZHA, QUAN WU 查全武 **(1941-)**

ZHA, JIAN YING 查建英 **(1959-)**
Xiao zha 小楂

Zha, Jie 查杰
ZHA, WEN SHENG 查文生 **(1928-)**

Zha ke 扎克
MAI, ZHONG GUI 麦仲贵

ZHA, LIANG YONG 查良镛 **(1925-)**
Jin, Yong 金庸
Lin, Huan 林欢
Yao, Fu lan 姚馥兰
Yao, Jia yi 姚嘉衣

ZHA, LIANG ZHENG 查良铮 **(1918-1977)**
Geng fu 更夫
Liang, Zhen 梁真
Mu, Dan 穆旦
Mu, Dan 慕旦

Zha liao 诈僚
XU, JIE 许杰 **(1901-1993)**

ZHA, MENG JI 查猛济 **(1899-)**
Meng ji 猛济

ZHA, QI DIAN 乍启典 **(1922-)**
Ce ji 册几
Gu, Yuan 古苑
Lu bei yi min 鲁北一民

ZHA, QIANG LIN 查强麟 **(1918-)**
Xia, Chun 夏淳

ZHA, QUAN WU 查全武 **(1941-)**
Chang an 长安
Hong, Wu 洪武
Xiao cha 晓察
Zha, Hong wu 查洪武

Zha, Ru peng 查如彭
ZHA, RU QIANG 查汝强 **(1925-1990)**

ZHA, RU QIANG 查汝强 **(1925-1990)**
Ru peng 如彭
Zha, Ru peng 查如彭

ZHA, SHI YUAN 查士元
Yuan, Sheng 远生

ZHA, WEN SHENG 查文生 **(1928-)**
Zha, Jie 查杰

Zha xi da wa 扎西达娃
ZHANG, NIAN SHENG 张念生 **(1959-)**

Zha xi dong zhu 札西东珠
JIA, DONG FENG 贾东峰 **(1950-)**

ZHA, XIAN LIN 查显琳 **(1923-)**
Gong sun, Yan 公孙嫣
Yu wan ren 余皖人

Zha, Xiao xin 查小欣
LI, XIAO MING 黎小明 **(1958-)**

ZHA, XUE SONG 查雪松 **(1931-)**
Qian qiu jie 千秋节
Song 松
Wan, Di quan 万滴泉

Zha, Yan gu 查烟谷
ZHA, FENG YI 查丰诒

Zha, Yi ping 查夷平
ZHA, ZHEN HU 查镇湖 **(1895-1976)**

ZHA, ZHEN HU 查镇湖 **(1895-1976)**
Zha, Fu xi 查阜西
Zha, Yi ping 查夷平

Zhai 摘
ZHAO, SHU LI 赵树礼 **(1906-1970)**

ZHAI, BING ZHI 翟秉志 **(1889-1965)**
Bing nong shan 秉农山
Bing zhi 秉志
Fu li 伏枥
Ji qian 骥千
Zhai, Ji qian 翟际潜

Zhai, Duan 翟端
CHANG, REN XIA 常任侠 **(1904-)**

Zhai er mei zhai zhu ren 窄而霉斋主人
SHEN, CONG WEN 沈从文 **(1902-1988)**

ZHAI, FEN 翟奋 **(1925-)**
Zhai, Ting zhu 翟廷柱

Zhai fu 斋夫
TAO, XING ZHI 陶行知 **(1891-1946)**

ZHAI, GUO JIN 翟国瑾 **(1919-)**
Yin hui 隐辉
Zhai, Yu 翟玉

ZHAI, GUO ZHONG 翟国忠 **(1938-)**
Dan feng 丹枫

Zhai, Ji qian 翟际潜
ZHAI, BING ZHI 翟秉志 **(1889-1965)**

ZHAI, JIN WEN 翟锦文 **(1917-)**
Jing, Wen 景文
Jun 军
Li, Jun 黎军

ZHAI, JUN 翟军 **(1946-)**
Qin, Geng 秦耕

Zhai, Jun 翟隽
ZHAI, JUN SHI 翟君石 **(1920-1998)**

ZHAI, JUN SHI 翟君石 **(1920-1998)**
Gao, Feng 高风
He, Xun 贺勋
Huang, He 黄河
Shi, Lei 石磊
Shi, Yu 石羽
Zhai, Jun 翟隽
Zhong, Lei 锺雷

ZHAI, KUI ZENG 翟奎曾 **(1934-)**
Kui zeng 奎曾

ZHAI, LI FENG 翟立峰 **(1925-)**
Li feng 厉风
Yu jia 羽佳
Zhai, Xiao feng 翟啸峰

Zhai, Lian 翟联
ZHAI, LIAN BAO 翟连保 **(1939-)**

ZHAI, LIAN BAO 翟连保 **(1939-)**
Yu jia 羽佳
Zhai, Lian 翟联

ZHAI, QING HE 翟庆和 **(-1949)**
Er mei 尔梅
Gu, Le cai 顾乐才

Zhai, Shi 翟始
XIAO, ZHEN 萧真 **(1924-)**

Zhai, Ting zhu 翟廷柱
ZHAI, FEN 翟奋 **(1925-)**

Zhai, Wei 翟韦
WANG, YAO WEI 王耀玮 **(1961-)**

Zhai, Xia 翟夏
ZHOU, GUAN WU 周观武 **(1944?-)**

ZHAI, XIAN LI 翟咸利 **(1919-)**
Huang, He 黄河
Zhai, Xiang dong 翟向东

Zhai, Xiang dong 翟向东
ZHAI, XIAN LI 翟咸利 **(1919-)**

Zhai, Xiao feng 翟啸峰
ZHAI, LI FENG 翟立峰 **(1925-)**

Zhai xing 摘星
SONG, XIA 宋侠 **(1917-)**

Zhai yin 斋隐
JIN, ZI QIAN 金紫千 **(1939-)**

ZHAI, YONG HU 翟永瑚 **(1921-)**
Lu, Yang 鲁阳

Zhai, Yu 翟玉
ZHAI, GUO JIN 翟国瑾 **(1919-)**

Zhai, Zhuang 翟莊
GUO, QING NIAN 郭庆年 **(1930-)**

ZHAI, ZONG ZHU 翟宗祝
Tian zhu 天竹

Zhan 鳣
ZHANG, JI LUAN 张季鸾 **(1888-1942)**

ZHAN, AN TAI 詹安泰 **(1902-1967)**
Wu an 无盦
Zhu, Nan 祝南

Zhan, Bing 詹冰
ZHAN, YI CHUAN 詹益川 **(1921-)**

ZHAN, BO HUI 詹伯慧 **(1931-)**
Bai, Wei 柏苇

Zhan bu lao ren 薝蔔老人
LI, WEN TAO 李文涛 **(1880-1942)**

ZHAN, CHAO LI 詹朝立 **(1954-)**
Zhan, Che 詹澈

Zhan chao 战朝
ZHOU, QUAN SHI 周全世 **(1956-)**

Zhan, Che 詹澈
ZHAN, CHAO LI 詹朝立 **(1954-)**

Zhan, Da bei 詹大悲
ZHAN, PEI HAN 詹培瀚 **(1888-1927)**

ZHAN, DAI ER 詹岱尔 **(1947-)**
Tian hang 天航
Wu, Na 吴娜

Zhan, Ding fei 詹鼎飞
ZHAN, ZUN QUAN 詹尊权 **(1941-)**

Zhan fang 占方
GAO, ZHAN FANG 高占方 **(1937-)**

Zhan fei 占霏
YI, QIONG 易琼 **(1916-)**

Zhan, Fei 詹飞
ZHAN, ZUN QUAN 詹尊权 **(1941-)**

ZHAN, FENG 展锋 **(1954-)**
Zhan, Quan 詹权

Zhan, Han 詹瀚
ZHAN, PEI HAN 詹培瀚 **(1888-1927)**

ZHAN, HENG XUE 詹恒学 **(1941-)**
Shu, Long 束龙

Zhan hong 战鸿
YANG, ZU QUAN 杨祖泉 **(1928-)**

Zhan hua shi zhu 战画室主
LIANG, DING MING 梁鼎铭 **(1898-1959)**

Zhan, Huai xin 詹怀辛
ZENG, RU ZHONG 曾汝钟 **(1919-)**

Zhan jiang 湛江
LI, CHANG SHI 李长士 **(1938-)**

Zhan jing 饘敬
ZHOU, ZUO REN 周作人 **(1885-1967)**

Zhan jun 占军
MA, ZHAN JUN 马占君 **(1954-)**

ZHAN, LI WU 詹励吾
Ban chi 半痴

Zhan lu 湛卢
WANG, WEN CHEN 王文琛 **(1922-)**

Zhan lu 瞻庐
CHENG, ZHAN LU 程瞻庐 **(-1943)**

ZHAN, MEI JUAN 詹美涓 **(1963-)**
Ou, Yang 欧阳

ZHAN, MING LU 詹明禄 **(1923-)**
Ming, Lu 明禄

Zhan, Ming zhi 詹明志
PENG, SHI LONG 彭仕龙 **(1930-)**

Zhan, Mo shi 詹谟士
XU, SHAN YUAN 徐善源 **(1914-1977)**

ZHAN, PEI HAN 詹培瀚 **(1888-1927)**
Da bei 大悲
Han 瀚
Zhan, Da bei 詹大悲
Zhan, Han 詹瀚
Zhi cun 质存

Zhan qing 瞻清
WANG, SEN RAN 王森然 **(1895-1984)**

Zhan, Quan 詹权
ZHAN, FENG 展锋 **(1954-)**

ZHAN, RUI LIN 詹瑞麟 **(1949-)**
Ai, Hua 艾华
Luo ka 洛卡
Rui lin 瑞林
Rui lin 瑞麟

Zhan sen 占森
SHAO, SHENG 邵生 **(1947-)**

ZHAN, SHAO JUAN 詹少娟 **(1954-)**
Si, Yu 斯妤

Zhan shi 战士
DONG, ZUN XIN 董尊鑫 **(1916-1955)**

Zhan su 展甦
WANG, YU REN 王裕仁 **(1955-)**

Zhan, Tong 詹同
ZHAN, TONG XUAN 詹同渲 **(1932-1995)**

ZHAN, TONG XUAN 詹同渲 **(1932-1995)**
Hai, Feng 海风
Zhan, Tong 詹同

Zhan wen 遭闻
LIANG, SHI WEN 梁式文 **(1908-1985)**

ZHAN, WEN HU 詹文浒 **(1905-)**
Yue, Si 乐斯
Yue, Zhi 乐之

Zhan weng 湛翁

MA, FU TIAN 马福田 **(1882-1967)**

Zhan, Wu 詹芜
WU, SHENG FENG 吴晟锋 **(1947-)**

ZHAN, XI KUI 詹锡奎 **(1952-)**
Lao bao 老包

ZHAN, XI YU 詹西玉 **(1947-)**
Li, Yi 李懿

ZHAN, XIAN CI 詹宪慈
Ju ren 菊人
Ju yin 菊隐
Nu li zhi nu li 奴隶之奴隶

Zhan xiang 战香
TANG, XIAO DING 唐小丁 **(1929-)**

ZHAN, YI CHUAN 詹益川 **(1921-)**
Zhan, Bing 詹冰

ZHAN, YI SHUN 詹益顺
Dong cao 冬草

Zhan, Yi zhen 展一真
MU, DE HUI 穆德辉 **(1924-)**

ZHAN, YI ZHI 詹一之 **(1926-)**
Xiang kun 象坤
Yi chi 艺痴

Zhan ying 战鹰
LIU, ZHAN YING 刘战英 **(1943-)**

Zhan, Yu 詹语
ZHAN, ZUN QUAN 詹尊权 **(1941-)**

Zhan yuan 占元
CHEN, ZHAN YUAN 陈占元 **(1909-)**

Zhan, Zhan 詹詹
WANG, TONG ZHAO 王统照 **(1897-1957)**

Zhan zhong 展钟
LI, MING LANG 李明朗 **(1935-)**

ZHAN, ZUN QUAN 詹尊权 **(1941-)**
Ding fei 鼎飞
Zhan, Ding fei 詹鼎飞
Zhan, Fei 詹飞
Zhan, Yu 詹语

Zhang 章
WANG, REN SHU 王任叔 **(1901-1972)**

Zhang, Ai 张皑
ZHANG, XIANG QUAN 张湘泉 **(1917-)**

Zhang, Ai ding 张艾丁
ZHANG, YU XIA 张煜遐 **(1910-)**

ZHANG, AI LING 张爱玲 **(1920-1995)**
Fan, Ssu ping 范思平
Liang, Jing 梁京
Wang, Nai 王鼐
Xu, Jing 徐京
Zhang, Ying 张媖

Zhang, Ai lun 张爱伦
ZHANG, YAN 张彦 **(1938-)**

Zhang, Ai lun 张爱伦
ZHANG, JIN ZHONG 张锦忠 **(1956-)**

ZHANG, AI PEI 张爱培 **(1955-)**
Ai, Bei 艾蓓

ZHANG, AI PING 张爱萍 **(1910-)**
Duan xu 端绪

ZHANG, AN BANG 张安邦
Lan, Ye 蓝野

ZHANG, AN PING 张安平 **(1961-)**
Shang guan, Yu 上官瑜

ZHANG, AN REN 张安人 **(1903-1987)**
Ren, Yuan 任远
Shi fu 实甫
Zhang, Zhong shi 张仲实

ZHANG, AN SAI 张安塞 **(1944-)**
An, Sai 安塞
Zhang, YI 章忆

ZHANG, AN ZHI 张安治 **(1911-)**
Zhang, Fan 张帆
Zi tian 紫天

Zhang, Ang 张昂
LI, RUI 李锐 **(1917-)**

ZHANG, AO LIE 张奥列 **(1951-)**
Zhang, Zhang 章章

ZHANG, BA 张拔 **(1928-)**
Chang shui 长水

Zhang, Bai 章白
WU, CHUN HAN 吴春晗 **(1909-1969)**

ZHANG, BAI DONG 张百栋 **(1936-)**
Shou zhuo 守拙

Zhang, Bai fan 张白帆
ZHANG, HUI REN 张惠仁 **(1932-)**

ZHANG, BAI HUA 张柏华 **(1929-)**
Lu, Ding 鲁丁
Xiao shi 晓士

ZHANG, BAI LIN 张百麟 **(1878-1919)**
Bai ling 百龄
Jing, Fu 景福
Shi, Qi 石麒

ZHANG, BAI LING 张白翎
Bai, Ling 白翎

ZHANG, BAI LU 张百禄 **(1895-1949)**
Huang yan 煌言
Xi man 西曼
Xi man 希曼
Xi wang 西望
Zhang, Xi man 张西曼
Zhang, Xi wang 张西望

ZHANG, BAI QING 张柏青 **(1953-)**
Bai, Qing 柏青

ZHANG, BAI SHAN 张白山 **(1912-)**
Bai, Ling 白灵
Bai, Shan 白山
Bei shan 北山
Bo shan 伯山
Bo sheng 泊生
Fu yu 伏敌
Gan, Tang 甘棠
Gong an 弓庵
Han, Yang 韩阳
Huai, Sha 怀沙
Hui shi 晦室
Jiang, Li 江蓠
Mo fu 默父
Mu, Yang 穆阳
Ru hui 如晦
Sheng ye 圣野
Sheng yu 圣予
Sheng yu 圣俞
Su, Yang 苏阳
Tao an 弢庵
Yu tang 敔堂
Zhang, Bo shan 张伯山

Zhang, Bai xian 张白衔
DAI, MENG OU 戴梦鸥 **(1905-1950)**

Zhang, Ban ban 张斑斑
ZHANG, YI GONG 张檍弓 **(1935-)**

Zhang, Ban yu 张半予
TIAN, JING HUI 田景惠 **(1923-)**

ZHANG, BANG HAN 张邦翰
Shao xuan 绍轩

Zhang, Bao er 张宝儿
ZHANG, BAO PING 张宝苹 **(1934-)**

ZHANG, BAO GUO 张保国 **(1952-)**
Pei ran 沛然

ZHANG, BAO JIE 张宝杰 **(1946-)**
Bao jie 葆劼

ZHANG, BAO MING 张宝明 **(1930-)**
Gao, Li 高立
Xin, Feng 辛枫

ZHANG, BAO PING 张宝苹 **(1934-)**
Yu ping 雨苹
Zhang, Bao er 张宝儿

ZHANG, BAO QING 张宝庆 **(1937-)**
Zhu, Bing 竹兵

ZHANG, BAO QUAN 张宝泉 **(1901-1928)**
Bao, Quan 宝泉

ZHANG, BAO RUI 张宝瑞 **(1952-)**
Pan shi 磐石

ZHANG, BAO SAN 张宝三 **(1956-)**
Zhang shan 掌杉

ZHANG, BAO SHENG 张宝升 **(1955-)**
Shi, Ni 石逆
Zhou, Xin 周馨

ZHANG, BAO XIN 张葆莘 **(1932-)**
Fang, Mao 方矛
You, Cheng 尤诚

ZHANG, BAO YE 张保业 **(1926-)**
Li, Nai yin 李耐因
Mo, Ru 莫如
Mo, Ruo 莫若

Zhang, Bei 张琲
SHEN, CONG WEN 沈从文 **(1902-1988)**

Zhang, Bei 张蓓
ZHANG, ZU PING 张祖苹 **(1922-)**

Zhang, Bei hai 张北海
ZHANG, WEN YI 张文艺 **(1936-)**

Zhang, Ben 张本
WEI, DENG 魏登 **(1923-)**

ZHANG, BEN YOU 张本友 **(1957-)**
Zhang, You 张酉

Zhang, Bi 张弼
ZHANG, MING YANG 张明养 **(1906-1991)**

Zhang, Bi 张壁
YAN, QING SHU 严庆澍 **(1919-1981)**

Zhang, Bi ao 张笔傲
ZHANG, SHU LIN 张树林 **(1956-)**

Zhang, Bi lai 张毕来
ZHANG, QI QUAN 张启权 **(1914-1991)**

ZHANG, BI REN 张笔仁
Sha, Lun 沙仑

Zhang, Biao 张彪
ZHANG, GUO TAO 张国焘 **(1897-1979)**

ZHANG, BIN 张斌 **(1920-)**
Lin, Yu wen 林裕文
Wen, Lian 文炼

Zhang, Bin 张斌
ZHANG, DIAN CHEN 张殿臣 **(1935-)**

ZHANG, BING 张兵 **(1947-)**
Ling, Chang 凌昌
Xiao zhang 晓章
Zhang, Lin chang 张林昌

ZHANG, BING LIN 章炳麟 **(1869-1936)**
Dai, Jiao 戴角
Dao han 菿汉
Dao han da shi 菿汉大师
Dao han ge zhu 菿汉阁主
Du jiao 独角
Du li sheng 独立生
Han zhong zhi zhong yi han zhong 汉种之中一汉种
Jiang shu 绛叔
Liu Zi jun zhi shao shu zhe 刘子骏之绍述者
Liu Zi zheng si shu di zi 刘子政私淑弟子
Lu chen ju shi 陆沉居士
Mao, Yi 毛一
Mei shu 枚叔
Mo di 末底
Mo gong 末公
Qiong huang gu ke 穷荒孤客
Ri ben xi shou zhu yu 日本西狩祝予
Tai wan lü ke 台湾旅客
Tai yan 太炎
Tian, Shou 田狩
Wang shi gong 亡是公
Xi shou 西狩
Xi shou zhu yu 西狩祝予
Xiao, Hai lin 萧海琳
Ye cha 夜叉
Yu hang xian sheng 余杭先生
Zhang, Jiang 章绛
Zhang, Jiang xue 章绛学
Zhang lin xi shou 章磷西狩
Zhang, Mei shu 章枚叔
Zhang shi xue 章氏学
Zhang, Tai yan 章太炎
Zhang, Xue cheng 章学乘
Zhang, Zi 章缁
Zhi, La fu 支拉夫
Zhi, Lie hu 支猎胡
Zhi, Na fu 支那夫
Zhi, Zhuo fu 知拙夫
Zi 缁
Zou ma zou 走马走

ZHANG, BING RAN 张炳然 **(1932-)**
Ou yang, Ge hua 欧阳戈华
Zhang, Xue 张雪

Zhang, Bing sen 张秉森
ZHANG, ZHONG 张中 **(1930-)**

ZHANG, BING SHAN 张秉山 **(1931-)**
Bing shan 冰山

ZHANG, BING WEI 张炳蔚 **(1918-)**
Ji, Wei 季威
Li geng 力更
Li geng 力耕
Su, Wei 苏蔚
Tian, Geng 田耕
Tian, Liu 田流
Yi nong 亦农
Zhong, Li 仲离
Zhong, Li cheng 锺力成

ZHANG, BING WEN 张炳文 **(1915-)**
Fa yang 伐扬
Gao, Zi li 高子里
Hei, Ying 黑婴
Hong mei 红眉
Li, Ming qi 黎明起
Li, Yi 李奕
Qiao sheng 侨生
Tian ma 天马
Zhang, You jun 张又君

ZHANG, BING WEN 章炳文 **(1939-)**
Ming, Zi 明子

ZHANG, BING XIN 张秉新 **(1913-1986)**
Bing gong 丙公
Zhang, Chun feng 张春风
Zhang, Xiang tian 张向天

Zhang, Bo 张伯
WU, CHUN HAN 吴春晗 **(1909-1969)**

Zhang, Bo 张泊
ZHANG, BO 张波 **(1949-)**

ZHANG, BO 张波 **(1949-)**
Bo zhi 泊之
Zhang, Bo 张泊

ZHANG, BO 张波 **(1957-)**
Wen, Gong 文弓

Zhang, Bo 张波
ZHANG, WEN LAN 张文澜

ZHANG, BO FENG 章伯锋 **(1932-)**
Zhang, Di 章迪

Zhang, Bo fu 张伯符
ZHANG, MENG LIN 张梦麟

ZHANG, BO JIAN 张伯简 **(1898-1926)**
Hong hong 红鸿
Xiao xu 晓旭

Zhang, Bo ju 张伯驹

ZHANG, JIA QI 张家骐 **(1898-1982)**

ZHANG, BO LIANG 张伯良 **(1925-)**
Zhang, Ji liang 张吉良

ZHANG, BO NIAN 章伯年 **(1948-)**
Lin zhao 临昭

Zhang, Bo qian 张伯谦
ZHANG, GONG 张恭 **(1877-1912)**

Zhang, Bo shan 张伯山
ZHANG, BAI SHAN 张白山 **(1912-)**

ZHANG, BO SHU 张伯树 **(1928-)**
Ai, Xin 艾欣
Chu, Zi 楚子

ZHANG, BO YAN 张伯彦 **(1917-1944)**
Xin feng 信风
Zheng li 征骊

Zhang, Bo yi 章伯义
ZHANG, YI LIN 张一麐 **(1867-1943)**

ZHANG, BO YING 张伯英 **(1869-1934)**
Xiao lai qin guan 小来禽馆
Yuan, Shan lou 远山楼

Zhang, Bo ying 张伯英
ZHANG, FANG 张钫 **(1886-1966)**

ZHANG, BO YUAN 张伯媛 **(1941-)**
Xu, Nong 许农

ZHANG, BO ZHEN 张伯祯 **(1877-1947)**
Ban seng 半僧
Ban seng lao yu 半僧老渔
Cang hai 沧海
Cang hai yu weng 沧海渔翁
Gan an 干盦
Huang xi 篁溪
Jin, Lü 金缕
Lao yu 老渔
Luo sang, Peng cuo 罗桑彭错
Ren, Cai 任材
Ren hai ju shi 仁海居士
Xi ying lu zhu ren 息影庐主人
Yi diao ting zhu 意钓亭主
Yuan miao zhu tuo 袁庙祝驼
Zhang, Yuan 张园
Zi gan 子干

Zhang, Bo zhen 张伯箴
ZHANG, MIAN XUN 张绵勋 **(1902-)**

Zhang, Bu 张步
ZHANG, BU JI 张步吉 **(1934-)**

Zhang, Bu bai 张不白
ZHANG, SHOU QIAN 张守谦 **(1916-)**

ZHANG, BU JI 张步吉 **(1934-)**
Zhang, Bu 张步

ZHANG, CAI 张才 **(1950-)**
Guan shan ren 冠山人

Zhang, Cai ren 张采人
ZHANG, HOU ZAI 张厚载 **(1895-)**

Zhang, Cai tian 张采田
ZHANG, ER TIAN 张尔田 **(1874-1945)**

Zhang, Cai zhen 张采真
ZHANG, SHI JUN 张士儁 **(1902-1930)**

ZHANG, CAN HUI 张灿辉 **(1949-)**
Ling, Jian 凌渐

ZHANG, CAN ZHAO 张灿昭
Shi, Hua 石华
Zhang, Zhao 张昭

ZHANG, CE 张策 **(1956-)**
Da zhang 达章

ZHANG, CHANG 张长 **(-1937)**
Xi tong 洗桐
Yi ming 一鸣

Zhang, Chang 张长
ZHAO, PEI ZHONG 赵培中 **(1938-)**

Zhang, Chang 张昌
WANG, HUAI MAN 王槐曼 **(1931-)**

ZHANG, CHANG 张昶 **(1930-)**
Chen, Ai 陈艾
Zhang feng 樟枫
Zhang, Yong gui 张永贵

Zhang, Chang gong 张长弓
ZHANG, CONG ZHI 张聪致 **(1905-1954)**

ZHANG, CHANG GONG 张长弓 **(1931-)**
Ch'ang, Gong 常弓

ZHANG, CHANG HAI 张常海 **(1930-)**
Chang, Hai 常海
Yi, Su 伊粟

ZHANG, CHANG HUAI 张长怀 **(1943-)**
Da li 达理

ZHANG, CHANG LIN 张长林
A wei 阿维

Zhang, Chang rong 张长荣
TONG, CHANG RONG 童长荣

Zhang, Chang shi 章长石
ZHANG, WEN LONG 章文龙 **(1917-)**

ZHANG, CHANG XIN 张常信 **(1940-)**
Dong li 东篱

Jue fu 嗟夫
Li, Ren wen 栗仁文
Shi, Zhu 石柱

Zhang, Chao 张超
ZHANG, HUAN TING 张焕庭 **(1910-)**

ZHANG, CHAO 张超 **(1917-)**
Yi fei 逸飞

Zhang, Chao 张潮
ZHANG, XUE SHAN 张学善 **(1943-)**

Zhang, Chao dong 张朝东
ZHANG, SHENG FU 张圣福 **(1947-)**

ZHANG, CHAO XI 张朝玺 **(1927-)**
He, Zuo 何作

ZHANG, CHAO ZUN 张朝尊 **(1924-)**
Niu, Zhong huang 牛中黄

ZHANG, CHAO ZUO 张朝佐 **(1900-)**
Ding, Na 丁娜
Zhang, Wei 张维
Zhang, Zi wei 张紫薇
Zi wei 紫薇

ZHANG, CHE 张彻
Tong, Hua 童华

Zhang, Chen 张晨
ZHANG, TIAN BAI 张天白 **(1902-)**

Zhang, Chen 章晨
CHEN, ZHANG 陈彰 **(1950-)**

ZHANG, CHEN HUI 张晨辉
Chen hui 晨辉

Zhang, Chen yin 张尘因
ZHANG, JING YUN 张景云 **(1940-)**

ZHANG, CHENG 张诚 **(-1971)**
Zhao, Du 赵度

Zhang, Cheng 张诚
ZHANG, CHENG YUAN 张成元 **(1943-)**

Zhang, Cheng 张澂
ZHANG, HONG 张鸿 **(1866-1941)**

ZHANG, CHENG CAI 张成材 **(1932-)**
Cheng, Cai 程采

ZHANG, CHENG HUAN 张澄寰 **(1938-)**
Mei, Ke zi 梅柯子
Qing yu 清宇

Zhang, Cheng lu 张承录
LIU, SHU SHENG 刘树声 **(1927-)**

Zhang, Cheng lu 张承禄
ZHOU, SHU REN 周树人 **(1881-1936)**

ZHANG, CHENG REN 张成仁 **(1926-)**
Zhang, Yun lei 张蕴磊

ZHANG, CHENG YUAN 张成元 **(1943-)**
Cheng yuan 澄源
Zhang, Cheng 张诚
Zhang, Cheng yuan 张承源

Zhang, Cheng yuan 张承源
ZHANG, CHENG YUAN 张成元 **(1943-)**

ZHANG, CHENG ZHI 张承志 **(1948-)**
Zhang, Lu zhi 张录志

Zhang, Cheng zhi 张乘之
ZHANG, YI HE 张一贺 **(1948-)**

ZHANG, CHENG ZHU 张成珠 **(1935-)**
Cheng, Zhu 成竹
Zhu, Gong 竹弓

ZHANG, CHENG ZONG 张承宗 **(1910-)**
Gong chang 恭长
Guan, Lian 关联
Yi, Cun 依存
Zhang, Ren jun 张人俊

Zhang, Chi 张弛
XU, JUE MIN 许觉民 **(1921-)**

Zhang, Chi 张弛
WANG, GUO ZHANG 王国璋 **(1925-)**

Zhang, Chi 张弛
ZHANG, KUN HUA 张昆华 **(1937-)**

Zhang, Chi 张弛
ZHANG, SHENG GUI 张生贵 **(1944-)**

Zhang, Chi 张弛
ZHANG, YAN HAI 张衍海 **(1951-)**

Zhang, Chi 张弛
ZHANG, JIAN WEN 张建文 **(1953-)**

Zhang, Chi 张驰
ZHANG, YU HUA 张玉华 **(1935-)**

Zhang, Chi 张驰
ZHANG, YANG XIA 张扬霞 **(1951-)**

Zhang, Chi 张赤
ZHANG, SONG NIAN 张崧年 **(1893-1986)**

Zhang, Chi 张翅
ZHANG, FU GAO 张福高 **(1925-)**

ZHANG, CHI PING 张池萍 **(1908-)**
Shi, Ping 史屏

Zhang, Chi zhang 张炽章
ZHANG, JI LUAN 张季鸾 **(1888-1942)**

ZHANG, CHONG DING 张崇鼎
Chun jian sheng 春茧生

Zhang, Xun zi 张恂子

Zhang, Chong min 张崇敏
ZHANG, SHOU QIAN 张守谦 (1916-)

Zhang, Chong nan 张崇南
ZHANG, JIN FEN 张近芬 (-1940)

Zhang, Chong tian 张重天
ZHANG, WEI YI 张惟一 (1933-)

Zhang, Chou 张畴
ZHANG, FAN JIU 张范九 (1923-)

Zhang, Chu 张初
ZHANG, XIE CHU 张燮雏 (1927-)

ZHANG, CHU 章楚 (1910-)
L. C. ZONG L. C. 宗
Zong, Lin zhi 宗林之

ZHANG, CHU KUN 张楚琨 (1912-)
Chu, Kun 楚琨
Chu, Yun 楚云
Ke, You 柯游
Yu 郁
Yu, Ru 郁如
Zhang, Nan shi 章南石
Zhang, Zhong 张仲

ZHANG, CHU MING 张楚鸣 (1899-)
Zhang, Fang 张放
Zhang, Shu ming 张殊明
Zhang, Zhen 张震

ZHANG, CHUAN LUN 张传伦 (1937-)
Zhang, Zhang 张涨

ZHANG, CHUAN PU 张传普 (1902-)
Wei lu 微庐
Zhang, Wei lian 张威廉

ZHANG, CHUAN SHI 张传石 (1939-)
Ruo gu 若谷

Zhang, Chuan yin 张传荫
ZHANG, ZHI 张志 (1926-)

Zhang, Chun chi 张春池
ZHANG, JI HONG 张继红 (1943-)

ZHANG, CHUN FAN 张春帆 (1872-1935)
Chun fan 春凡
Chun fan 春帆
Shu liu shan fang 漱六山房
Shu liu shan fang zhu ren 漱六山房主人
Zhang, Yan 张炎

Zhang, Chun feng 张春风
ZHANG, BING XIN 张秉新 (1913-1986)

ZHANG, CHUN FENG 张春峰 (1929-)
Xi yuan 西园

ZHANG, CHUN FU 张纯甫 (1888-1941)
Shou mo lou 守墨楼

ZHANG, CHUN HAO 张春浩
Chun hao 春浩

Zhang, Chun nian 张椿年
ZHANG, TAI LEI 张太雷 (1898-1927)

ZHANG, CHUN QIAO 张春桥 (1917-)
An, De 安得
An, Tang 安汤
Chang gong 长弓
Chang, Shu 常熟
Chun qiao 春桥
Di, Ke 狄克
He, Wen 何闻
He, Ze 何泽
Huang, Pu 黄浦
Ke 克
Lao di 老狄
Li, huai zhi 李怀之
Liu, Hua min 刘化民
Long, Shan 龙山
Lu, Bin 路宾
Lu mian 露面
Lu shi 露石
Lu, Wan 卢湾
Luo, Zhi hua 罗之华
Pu, Xi 蒲西
Shui, Jing 水晶
Qi, Suo 齐索
Qian, Shui jing 钱水晶
Wu, Song 吴淞
Xin, Wei bai 辛未白
Xu, Hui 徐汇
Yu, Zhi 于执
Zhi yu 之渔
Zi yu 子渔

ZHANG, CHUN RONG 张春荣 (1954-)
Qiu, Shi 秋实

Zhang, Chun tao 张春涛
ZHANG, YU ZHONG 张育忠 (1946-)

ZHANG, CHUN YI 张纯一 (1871-1955)
Hua sheng 化声
Hua zhong 化中
Zhang, Zhong ru 张中如
Zhong, Ru 仲如

Zhang, Chuo 张绰
ZHANG, CHUO SHAN 张绰善 (1927-)

ZHANG, CHUO SHAN 张绰善 (1927-)
Shi, Zhu shan 师竹山
Zhang, Chuo 张绰

Zhang, Ci nan 张次南
PENG, SHU ZHI 彭述之 **(1896-1983)**

Zhang, Ci xi 张次溪
ZHANG, ZHONG RUI 张仲瑞 **(1908-)**

Zhang, Ci xi 张次豁
ZHANG, ZHONG RUI 张仲瑞 **(1908-)**

Zhang, Cong bi 张丛碧
ZHANG, JIA QI 张家骐 **(1898-1982)**

ZHANG, CONG ZHI 张聪致 **(1905-1954)**
Chang, Gong 常弓
Chang, Gong 常工
Chang gong 长弓
Zhang, Chang gong 张长弓
Zhang, Ying cai 张英才

ZHANG, CUI FENG 章翠凤 **(1913-)**
Hui qing 慧卿

ZHANG, CUI FU 张翠福 **(1958-)**
Chang gong 长弓
Zhang, Fan 张帆

Zhang, Cui li 张淬砺
ZHANG, ZHAO LIN 张兆林 **(1929-)**

Zhang, Cun 张邨
ZHANG, SHI CHUN 张世椿 **(1935-)**

Zhang, Cun 章村
SHANG, CHENG ZU 商承祖 **(1900-)**

ZHANG, CUN CAI 张存才 **(1942-)**
Mo, Yao 墨瑶
Zhang, Jian guo 张建国

ZHANG, CUN YI 张存义 **(1956-)**
Cun yi 村艺

Zhang, Cuo 张错
ZHANG, ZHEN AO 张振翱 **(1943-)**

Zhang, Da 张达
GUAN, YOU WEI 关有维 **(1909-1941)**

Zhang, Da dong 张达东
ZHANG, TING XIANG 张廷相 **(1877-1945)**

Zhang, Da gong 张大弓
TIAN, JING HUI 田景惠 **(1923-)**

ZHANG, DA GUANG 张大光 **(1931-)**
Zhang, Wang 张望

ZHANG, DA HONG 章大鸿 **(1933-)**
Shui, Fei 水飞

ZHANG, DA HUI 张大晖 **(1924-)**
Ping, Ye 平野

Zhang, Da jun 张大军
ZHANG, DA JUN 张达钧

ZHANG, DA JUN 张达钧
Li, Yuan chang 李沅长
Liu, Hua zhen 刘华珍
Wu, Yong 吴庸
Zhang, Da jun 张大军

ZHANG, DA LONG 张大龙 **(1935-)**
Yu, Long 于龙

ZHANG, DA MING 张大明 **(1937-)**
Fu cun 涪村
Mu, Ming 沐明

Zhang, Da qi 张大旗
ZHANG, ZHEN XIANG 张镇湘

ZHANG, DA QIAN 张大千 **(1899-1983)**
Ba shi si sou 八十四叟
Da feng tang 大风堂
Da qian 大千
Da qian ju shi 大千居士
Fa fa 法筏
Hong qiu zi 弘秋子
Huan bi an 环荜庵
San dao huang shan jue ding ren 三到黄山绝顶人
Ti juan 啼鹃
Xia li ba ren 下里巴人
Yuan 爰
Zhang, Ji yuan 张季爰
Zhang, Quan 张权
Zhang, Yuan 张爰

Zhang, Da shan 张大山
ZHU, JIE FAN 朱介凡 **(1912-)**

ZHANG, DA SHENG 张达生 **(1931-)**
Zhong, Yan 钟颜

Zhang da shi tou 张大石头
ZHANG, ZHI MIN 张志民 **(1955-)**

ZHANG, DA TIAN 张大田 **(1900-)**
Zhang, Ya quan 张亚权
Zhang, Ya quan 张雅泉

ZHANG, DA XIN 张达心
Ling xin 玲心

ZHANG, DA XING 张达行
Zhang, Xiu 张修

Zhang, Da ye 张大野
ZHANG, XIANG HUA 张骧化 **(1927-)**

ZHANG, DA ZHUANG 张大壮 **(1903-1980)**
Fu chun shan ren 富春山人

ZHANG, DA ZONG 张大宗 **(1925-)**
Xie, Yun 谢云

Zhang, Dai 张岱
ZHANG, YUN SHENG 张云生 **(1920-)**

ZHANG, DAI NIAN 张岱年 **(1909-)**
Ji, Tong 季同
Yu, Tong 宇同
Zhang, Ji tong 张季同

Zhang, Dan feng 章丹枫
ZHANG, XUN 章巽 **(1914-)**

Zhang, Dan fu 张丹斧
ZHANG, YAN LI 张延礼 **(1870-1937)**

ZHANG, DAO FAN 张道藩 **(1897-1968)**
Wei, Zhi 卫之
Yu xia mo deng fu 馀暇摩登夫
Zhang, Zhen zong 张振宗

ZHANG, DAO FANG 张道昉 **(1937-)**
Li, Xiang 李向
Ren, Ning 任宁
Zhu ai 主艾

ZHANG, DAO YIN 张道引 **(1938-)**
Wan lin 宛琳

Zhang, De 张德
SHEN, DUAN XIAN 沈端先 **(1900-1995)**

Zhang, De 张德
ZHANG, QI QU 张契渠 **(1910-)**

ZHANG, DE BEN 张德本 **(1952-)**
Wu ye 无叶
Wu ye zi 无叶子

ZHANG, DE BI 张德壁 **(1919-)**
Bai, Shan 白山
Ke, Bei 柯北
Ke, Nan 柯南
Yu xin 雨新
Zhang, Ke nan 张柯南

Zhang, De biao 张得标
CHEN, LANG 陈朗 **(1920-)**

ZHANG, DE FANG 张德芳 **(1929-)**
Xue ping 雪萍

Zhang, De gong 张德功
SHAN, JI 单勣 **(1914-)**

ZHANG, DE QIANG 张德强 **(1947-)**
Qiang, Gong 强弓
Xiao zhang 晓彰

ZHANG, DE SHU 张德恕 **(1938-)**
Jian yu 健宇

ZHANG, DE XIANG 张得祥 **(1925-)**
Zhang, Mu 张牧

ZHANG, DE XUE 张德学
An, Ran 安然
Ban shan ren 半山人
Tian jing 天晶
Tian ran 天然

ZHANG, DE YAN 章德延 **(1949-)**
Zhang, Shi tie 章师铁

ZHANG, DE YAO 张德尧 **(1958-)**
Ken qing 垦青

ZHANG, DE ZE 张德泽 **(1905-)**
Zhang, Xun ru 张洵如

ZHANG, DE ZHEN 张德真 **(1936-)**
Xiao, Xi 肖西

ZHANG, DE ZHONG 张德中 **(1931-)**
Zhang, Mo 张默

Zhang, Deng 张灯
ZHANG, ZHEN DONG 张振东 **(1929-)**

Zhang, Deng 张登
SHA, WEN MO 沙文漠

ZHANG, DENG YING 张登瀛
Lu, Di 鲁荻

Zhang, Di 张荻
ZHANG, JIA LU 张嘉禄 **(1921-)**

Zhang, Di 张笛
ZHANG, SHI XUN 张世勋 **(1925-)**

Zhang, Di 章迪
ZHANG, BO FENG 章伯锋 **(1932-)**

Zhang, Di fei 张涤非
ZHANG, YI HONG 张益弘 **(1913-)**

ZHANG, DI GENG 张棣赓 **(1914-1957)**
Di, Geng 狄耕
Ji, Zhong 纪中
Gao, Rong 高荣
Lu, Cang 陆苍
Mo, Dong 莫东
Zhang, geng yun 张耕云
Zhang, Kui xiang 张魁祥

Zhang, Di hua 张涤华
ZHANG, ZHU AN 张铸安 **(1909-)**

ZHANG, DI XIN 张涤新
Di, Xin 狄辛

ZHANG, DIAN CHEN 张殿臣 **(1935-)**
Zhang, Bin 张斌

ZHANG, DIAN JU 张殿举 **(1928-)**
Qing, Ping 青萍
Zhang, Feng 张锋

ZHANG, DIAN MIN 张殿民 **(1938-)**
Hao feng 浩风

ZHANG, DIAN RU 张殿儒 **(1934-)**
Gong qiao 恭樵

ZHANG, DIAN YING 张殿英 **(1931-)**
Hong, Shi 洪石

ZHANG, DING 张仃 **(1917-)**
Ta shan 它山

ZHANG, DING HE 张鼎和 **(-1933)**
Zhang, Zhang 张璋

Zhang, Ding huang 张定璜
ZHANG, HUANG 张黄 **(1895-)**

ZHANG, DING YA 张定亚 **(1929-)**
Guan, He ling 关河令

Zhang, Dong 张栋
ZHANG, YI ZHOU 张艺舟 **(1961-)**

ZHANG, DONG MIN 张东民
T. M.

ZHANG, DONG SUN 张东荪 **(1886-1973)**
Dong sun 东荪
Sheng xin 圣心
Wang, Cong zhou 王从周

Zhang, Dong yu 张东雨
ZHANG, ZHI GE 张志革 **(1921-)**

ZHANG, DONG ZHI 张东之 **(1909-)**
Shi, Guang 石光

ZHANG, DOU WEN 张斗文 **(1936-)**
Zhang, Min 张敏

Zhang, Du 张渡
ZHANG, RU ZHOU 张汝舟 **(1899-1982)**

Zhang, Du 章独
ZHANG, JING SHENG 张竞生 **(1888-1970)**

ZHANG, DU QIU 张笃秋
Yin, Bai 殷白

ZHANG, DUN NE 张敦讷 **(1895-1979)**
Mo seng 默僧
Zhang, Mo sheng 张默生

ZHANG, DUN ZHI 张敦志 **(1934-)**
Zhang, Li 张力

Zhang, Duo 张多
ZHANG, ZHU AN 张铸安 **(1909-)**

ZHANG, EN CI 张恩慈 **(1928-)**
Xiang, Jing 项晴
Zhang, Fan 章凡

ZHANG, EN NA 张恩娜 **(1940-)**
Zhang, Yi shuo 张翊朔
Zhang, Yi xiang 张一翔

ZHANG, EN XI 张恩袭 **(1909-1938)**
Shu yun 曙云
Zhang, Shu 张曙

ZHANG, EN YU 张恩裕 **(1903-)**
Zhang, Gu ruo 张谷若

ZHANG, ER TIAN 张尔田 **(1874-1945)**
Dun kan 遯堪
Xu cun qiao ren 许村樵人
Zhang, Cai tian 张采田
Zhang, Meng qu 张孟劬

Zhang, Esther
ZHANG, XIAO FENG 张晓风 **(1941-)**

ZHANG, FA 张发 **(1939-)**
Jin xi 晋溪
Long, Chi 龙赤
Lu, Shi 鲁师
Nian, Hong 年红
Xia, Zhi lei 夏之雷
Yi, Zhao 易兆

ZHANG, FA GEN 张法根 **(1930-)**
Zhang, He 张合

Zhang, Fa gui 张法贵
ZHANG, JI HONG 张继红 **(1943-)**

ZHANG, FA ZAN 张发赞 **(1916-)**
A mang 阿芒
Ke zhi 克之
Mang er 芒儿
Xiang, Ming 向明
Zhang, Peng 张抨
Zhang, Wang 张望
Zhang, Zhi ping 张致平
Zi ping 紫瓶

Zhang, Fan 张凡
ZHANG, YOU JI 张友济 **(1920-)**

Zhang, Fan 张凡
ZHANG, ZE FAN 张泽藩 **(1923-1968)**

ZHANG, FAN 张帆 **(1909-)**
Bao, Le di 鲍乐蒂
Deng, Luo fu 邓洛夫
Du, Luo fu 杜洛甫
Du, Luo fu 杜洛夫
Hua, Sheng 华胜
Zhang, Yi fan 张一凡

Zhang, Fan 张帆
ZHANG, AN ZHI 张安治 **(1911-)**

ZHANG, FAN 张帆 **(1918-1981)**
Zhang, Peng 张蓬

Zhang, Fan 张帆
ZHANG, YING CHI 张英池 **(1919-)**

Zhang, Fan 张帆
ZHANG, YOU JI 张友济 **(1920-)**

Zhang, Fan 张帆
ZHANG, ZHEN ZHI 张振之 **(1920-1971)**

Zhang, Fan 张帆
LIU, XIAN MING 刘贤明 **(1931-)**

Zhang, Fan 张帆
DENG, JIA RONG 邓加荣 **(1932-)**

Zhang, Fan 张帆
ZHANG, JING HUA 张景华 **(1954-)**

ZHANG, FAN 张帆 **(1957-)**
Nan, Fan 南帆

Zhang, Fan 张帆
ZHANG, CUI FU 张翠福 **(1958-)**

ZHANG, FAN 张帆 **(1962-)**
A fan 阿凡

Zhang, Fan 张藩
ZHANG, HUAN 张环 **(1909-)**

Zhang, Fan 张藩
ZHANG, ZE FAN 张泽藩 **(1923-1968)**

Zhang, Fan 章凡
ZHANG, EN CI 张恩慈 **(1928-)**

ZHANG, FAN JIU 张范九 **(1923-)**
Fan 範
Si chou 思畴
Zhang, Chou 张畴

Zhang, Fang 张放
ZHANG, CHU MING 张楚鸣 **(1899-)**

ZHANG, FANG 张放 **(1932-)**
Qiu, Feng 秋风
Si tu, Hai 司徒海

Zhang, Fang 张放
ZHANG, JIN WU 张金武 **(1944-)**

ZHANG, FANG 张放 **(1957-)**
Cao shang fei 草上飞
Dan tai yue ming 澹台月明
He, Zhi shuai 何之衰
Zhang, Tan feng 张叹凤

ZHANG, FANG 张方 **(1927-)**
Zhu, Qing 朱青

ZHANG, FANG 张钫 **(1886-1966)**
Zhang, Bo ying 张伯英

ZHANG, FANG XU 章方叙 **(1909-1959)**
Chen, Juan 陈涓
Fang, Xu 方序
Jin, Yi 靳以
Su, Lin 苏麟
Zhang, Yi 章依
Zhang, Zheng hou 章正候

Zhang, Fei 张非
MENG, QING YIN 孟庆寅 **(1914-)**

Zhang, Fei 张非
JIN, CHENG JUN 金成钧 **(1918-)**

Zhang, Fei 章飞
ZUO, XIAO HONG 左啸红 **(1905-1986)**

Zhang, Fei 章斐
ZHANG, WEN LONG 章文龙 **(1917-)**

Zhang, Fen 张汾
ZHANG, XIAO ZHE 张孝者 **(1928-)**

ZHANG, FEN 张芬
Yi an zhu ren 怡庵主人

ZHANG, FEN LING 张芬龄 **(1954-)**
Zhao, Meng na 赵梦娜

Zhang, Feng 张风
ZHANG, YAN GUO 张彦国 **(1951-)**

ZHANG, FENG 张凤 **(1950-)**
Chen, Fan 陈凡
Chen, Fan shu 陈蕃薯
Fan niao 凡鸟
Fei bi 飞碧
Huang, Xiao 黄啸

ZHANG, FENG 张峰 **(1925-)**
Zhang, Feng 张锋
Zhang, Feng 张烽

Zhang, Feng 张烽
ZHANG, FENG 张峰 **(1925-)**

Zhang, Feng 张锋
ZHANG, FENG 张峰 **(1925-)**

Zhang, Feng 张锋
ZHANG, DIAN JU 张殿举 **(1928-)**

ZHANG, FENG 张锋 **(1936-)**
Feng tao 风涛

Zhang, Feng 章风
ZHANG, ZHAN GUO 张占国

Zhang feng 樟枫
ZHANG, CHANG 张昶 **(1930-)**

Zhang, Feng ju 张凤举
ZHANG, HUANG 张黄 **(1895-)**

ZHANG, FENG LI 张凤礼 **(1939-)**
Yu, Chen 余辰

ZHANG, FENG QI 张凤岐 **(1933-)**
Ai, Fei 艾斐

Feng ling cao 风铃草

Zhang, Feng sheng 张枫生
RAO, ZHANG FENG 饶彰风 (1915-1970)

Zhang, Feng wu 张鳳吾
QIAN, XING CUN 钱杏邨 (1900-1977)

ZHANG, FENG XI 张凤兮
Huan nong 幻侬

ZHANG, FO QIAN 张佛千 (1909-)
Fu Jian 服謇

Zhang, Fu 张夫
SHU, FENG 舒风 (1935-)

Zhang, Fu 张甫
ZHANG, FU GAO 张福高 (1925-)

Zhang, Fu 张复
ZHANG, TAI LEI 张太雷 (1898-1927)

ZHANG, FU GAO 张福高 (1925-)
Zhang, Chi 张翅
Zhang, Fu 张甫
Zhang, Jing 张静

Zhang, Fu mai 张夫迈
ZHANG, LIE 张烈 (1918-)

ZHANG, FU WEN 张富文
Shi, Ping zhong 石平中
Tian, Wen chang 田文长

ZHANG, FU XING 张复兴 (1939-)
Lei zhan 磊展

ZHANG, FU XING 张复兴 (1950-)
Lan, Jun 蓝俊
Zhang, Fu xing 张复星

Zhang, Fu xing 张复星
ZHANG, FU XING 张复兴 (1950-)

ZHANG, FU XUN 张福勋 (1939-)
Ai, Si 艾思

ZHANG, FU YUAN 张福源 (1955-)
Qiu, Sheng 秋声

Zhang, Gan ping 张赣萍
ZHANG, ZHEN ZHI 张振之 (1920-1971)

Zhang, Gang 张刚
ZHANG, WEN KAI 张文凯 (1933-)

Zhang, Gang 张岗
HUANG, JIANG 黄江 (1927-)

Zhang, Gang 张钢
HAN, SHU ZHI 韩述之

Zhang, Gao ze 张高泽
ZHANG, XU QING 张续清 (1922-)

Zhang, Ge ming 张戈鸣
ZHANG, RONG RI 张荣日 (1942-)

ZHANG, GE NONG 张个侬
Feng chou sheng 凤俦生

Zhang, Gen xue 张根学
ZHANG, SHU GUANG 张曙光 (1939-)

Zhang, Geng 张庚
YAO, YU XUAN 姚禹玄 (1911-)

Zhang, Geng 张庚
CHENG, XIAN DA 程贤达 (1920-)

Zhang, Geng fu 张耕夫
ZHANG, XING JIAN 张行健 (1959-)

ZHANG, GENG SHENG 张更生 (1943-)
Geng shen 耕深

Zhang, Geng yun 张耕云
ZHANG, DI GENG 张棣赓 (1914-1957)

Zhang, Gong 张弓
ZHANG, SONG NIAN 张崧年 (1893-1986)

ZHANG, GONG 张弓 (1899-1986)
Hai 海
Liu, Hen 柳痕
Mao, Gen kui 卯艮葵
Qing ming 檠铭

Zhang, Gong 张弓
ZHANG, YI HONG 张一鸿 (-1986)

Zhang, Gong 张弓
ZHANG, HONG BEN 张宏本 (1915-)

Zhang, Gong 张弓
LI, JING YUAN 李景元 (1921-)

Zhang, Gong 张弓
ZHANG, ZHI PU 张治谱 (1928-)

Zhang, Gong 张弓
ZHANG, QI ZHEN 张启珍 (1949-)

Zhang, Gong 张弓
LI, ZHANG GONG 李张弓

Zhang, Gong 张公
ZHANG, ZI CHEN 张紫臣 (1929-1993)

ZHANG, GONG 张恭 (1877-1912)
Bo qian 伯谦
Juan chong 卷重
Juan chong 捲重
Juan shi 卷施
Tong bo 同伯
Wan, Ping 万平
Zhang, Bo qian 张伯谦

Zhang, Gong 章贡

WEN, QUN 文群 **(1884-1969)**

Zhang, Gong chang 张弓长
ZHANG, ZHONG JIANG 张忠江

Zhang, Gong quan 张公权
ZHANG, JIA AO 张嘉璈 **(1889-1979)**

ZHANG, GU 张谷 **(1926-)**
Peng lai shu zi 蓬莱竖子
Zhe dong lao xu 浙东老戌

Zhang, Gu 张谷
ZHANG, GUO JUN 张国钧 **(1927-)**

Zhang, Gu chu 张谷雏
ZHANG, HONG 张虹 **(1891-)**

Zhang, Gu fei 张谷非
ZHANG, GUANG REN 张光人 **(1902-1985)**

Zhang, Gu mei 张古梅
ZHANG, ZI PING 张资平 **(1893-1959)**

Zhang, Gu mi 张谷密
ZHANG, LIN 张林 **(1930-)**

Zhang, Gu ruo 张谷若
ZHANG, EN YU 张恩裕 **(1903-)**

Zhang, Gu yin 张古音
ZHANG, GUANG REN 张光人 **(1902-1985)**

ZHANG, GU YU 张古愚
Gu, Yu 古愚

Zhang, Guan bao 张观保
HUANG, YONG YU 黄永玉 **(1924-)**

ZHANG, GUAN SHENG 张冠生 **(1924-)**
Lin, Gang 林岗
Wen jiang 汶江
Zhang, Yi 张毅

ZHANG, GUAN YING 张冠英
Shi, Ying 石瑛

ZHANG, GUAN ZHE 张冠哲 **(1947-)**
Xu lu 虚庐

ZHANG, GUANG 张广 **(1941-)**
Zhang, Guang he 张广和

ZHANG, GUANG 张光 **(1879-1970)**
Hong wei yin guan 红薇吟馆
Wang you xian guan 忘忧仙馆

ZHANG, GUANG BO 张光博 **(1929-)**
Yi, Jia 伊佳

ZHANG, GUANG CHANG 张光昌 **(1938-)**
Xiao guang 小光

ZHANG, GUANG CHEN 张光琛 **(1922-)**
Duan na 端纳

Zhang, Yan 张彦

Zhang, Guang he 张广和
ZHANG, GUANG 张广 **(1941-)**

ZHANG, GUANG HOU 张光厚 **(1881-1932)**
Li dan 荔丹
Tian min 天民

ZHANG, GUANG JUN 张广俊 **(1933-)**
Zhang, Kai 张开

ZHANG, GUANG LIN 张光林 **(1944-)**
Lan, Yu 蓝羽

ZHANG, GUANG LUN 张广纶 **(1943-)**
Tu gu la 土古拉

ZHANG, GUANG NAN 张光楠 **(1931-)**
Ji, Ye 季耶
Zhang, Ji ye 张季耶
Zhang, Jie 张捷

Zhang, Guang nian 张光年
ZHANG, WEN GUANG 张文光 **(1913-)**

ZHANG, GUANG REN 张光人 **(1902-1985)**
Ao zhi 熬直
Chen, Qiao 陈乔
Fei 霏
Feng 风
Gao, Huang 高荒
Gu 谷
Gu, Fei 古飞
Gu, Fei 古斐
Gu, Fei 谷非
Gu, Fen 顾纷
Gu, Feng 谷风
Gu, Feng 顾风
Gu sheng 鼓声
Gu, Yin 古因
Gu, Yin 谷音
Gu, Yin 谷荫
Guang ren 光人
Guo 果
H. V.
Hu, Feng 胡风
Hu, Feng 胡丰
Jiao du sheng 校读生
K. J.
Ma, Huang 马荒
Meng, Lin 孟林
OV
Qiu, Ming 秋明
Wang, Ming zhai 王明斋
X. F.
Zhang, Gu fei 张谷非
Zhang, Gu yin 张古音
Zhang, Guang ying 张光莹

Zhang, Guo 张果
Zhang, Ming zhen 张名桢
Zhang, Yin 张因
Zhong chuan, Huo 中川获
Zhong cun, Hu 中村护

Zhang, Guang ying 张光莹
ZHANG, GUANG REN 张光人 **(1902-1985)**

ZHANG, GUANG ZHEN 张广桢 **(1914-)**
Zhang, Shi fang 张十方

ZHANG, GUI 张桂 **(1911-)**
Hong, Tao 洪涛
Qu, Qu tian 屈曲天

Zhang, Gui 章归
QI, GONG 启功 **(1912-)**

ZHANG, GUI CAI 张贵才 **(1944-)**
Gu fan 孤帆
Hui hui 辉辉
Yun, Hai feng 云海风

ZHANG, GUI CHENG 张贵诚 **(1932-)**
Wu, Le 武乐

ZHANG, GUI HUAI 张桂怀 **(1935-)**
Zhang, Shao 张哨

ZHANG, GUI PENG 张桂朋 **(1931-)**
Zhang, Zhong peng 张仲朋
Zhang, Zhong peng 张仲鹏

Zhang, Gui sheng 张桂生
ZHANG, SHUI JIN 张水金 **(1950-)**

ZHANG, GUI XING 张贵兴 **(1956-)**
Ji, Wen ru 纪文如
Ji, Xiao ru 纪小如
Yu shang 羽裳

ZHANG, GUI ZHEN 张桂珍 **(1947-)**
Zhang, Yi wei 张一为

ZHANG, GUO 张过 **(1928-)**
Qin, Fu 秦夫

Zhang, Guo 张果
ZHANG, GUANG REN 张光人 **(1902-1985)**

ZHANG, GUO DONG 章国栋 **(1929-)**
Dong fang, Mu 东方木
Zhang, Lei 章磊

ZHANG, GUO FAN 张国藩 **(1905-1975)**
Zhang, Tie ping 张铁屏

ZHANG, GUO GAN 张国淦 **(1876-1959)**
Qian yuan 潜园
Shi, Gong 石公
Xu, You 许由
Zhang, Qian ruo 张乾若
Zhong, Jia 仲嘉

ZHANG, GUO GANG 张国刚 **(1956-)**
Wan, Song zhou 宛松舟
Xia, Zhi 夏至

ZHANG, GUO GUANG 张国光 **(1923-)**
Zhang, Xu rong 张绪荣

ZHANG, GUO HUA 张国华 **(1871-1945)**
Bu huo zhai 不获斋
Zhang, Ju pu 张菊圃

ZHANG, GUO JIE 张国杰 **(1941-)**
Min yan 敏言
Zhang, Jie 章杰

ZHANG, GUO JUN 张国钧 **(1927-)**
Ling hu, Yuan 令狐渊
Nie, Ke 聂克
Zhang, Gu 张谷
Zhang, Jun gu 章君穀
Zhang, Yi de 张以德

ZHANG, GUO LIN 张国林 **(1943-)**
Song tao 松涛

ZHANG, GUO LONG 张国龙 **(1957-)**
Lin, Quan 林泉

ZHANG, GUO MING 张国明 **(1961-)**
Shao shuai 少帅

ZHANG, GUO QING 张国擎 **(1950-)**
Guo, Qing 郭青
Zhang, Jing 张景

ZHANG, GUO REN 张国人 **(1956-)**
Guo ren 国人

Zhang, Guo shi 张国士
ZHANG, YANG XI 张漾兮 **(1912-1964)**

ZHANG, GUO TAO 张国焘 **(1897-1979)**
Guo tao 国涛
Guo tao 国焘
Kai yin 恺荫
Kai yin 凯音
Tao 焘
Te 特
Te li 特立
Tian shi 天师
Zhang, Biao 张彪
Zhang, Ke ren 张克仁
Zhang, Qi yin 张愷荫
Zhang, Te li 张特立

ZHANG, GUO ZHEN 张国珍 **(1876-)**
Shi, Ru 石如

ZHANG, GUO ZHEN 张国珍 **(1923-)**
Can mang 残芒

Zhang, Qing tian 张庆田

ZHANG, GUO ZHI 张国治 **(1957-)**
Huang yuan 荒原
Zhang, Xiang 张乡

Zhang, Hai 张海
LU, RU YIN 卢汝吟 **(1918-)**

ZHANG, HAI FENG 张海峰 **(1937-)**
A mu 阿木

Zhang, Hai mo 张海默
ZHANG, ZE FAN 张泽藩 **(1923-1968)**

ZHANG, HAI OU 张海鸥 **(1921-)**
Qin, Xing zhi 秦行之
Wo ye 沃野
Zhang li 杖藜

ZHANG, HAI OU 章海鸥
Jian kang 健康
Kang, Jian 康健

ZHANG, HAI PENG 张海澎 **(1963-)**
Fei wo 非我

ZHANG, HAI PING 张海平 **(1900-1965)**
Bi chuan tang 必传堂
Hai, Ge 海戈
Wu ding shi 无定室

Zhang, Hai shan 张海山
ZHANG, ZHEN ZHI 张振之 **(1920-1971)**

ZHANG, HAI WEI 张海威 **(1927?-)**
Fang, Tian 方天
Xin, Sheng 辛生
Zhang, Wei han 张维翰

Zhang, Han 张汉
ZHANG, XIE HE 张协和 **(1917-)**

ZHANG, HAN 张邯 **(1919-)**
Zhang, Xi geng 张西庚

Zhang, Han 张寒
ZHANG, ZI SHEN 张子深 **(1939-)**

Zhang, Han 张颔
ZHANG, LIAN JIE 张连捷 **(1920-)**

Zhang, Han 张翰
ZHANG, HAN JUN 张翰君 **(1906-1968)**

Zhang, Han 章翰
HAN, SHAN YUAN 韩山元 **(1942-)**

Zhang, Han 章翰
CHEN, ZHANG HAN 陈章汉 **(1947-)**

ZHANG, HAN CHENG 张汉城 **(1923-)**
Du fu 独夫
Jin dou jie zi 金斗节仔
Jin, Zao 金枣
Li, Wen 李闻
Qing cao qing 青草青
Ying ying 莹莹
Zhang, Jing 张菁
Zhang, Qing 张青
Zhang, Yuan 张垣
Zhang, Zhu qing 张竹青

Zhang, Han di 张汉弟
ZHANG, TIAN YI 张天翼 **(1906-1985)**

Zhang, Han fu 张汉夫
ZHANG, HAN FU 章汉夫 **(1906-1972)**

ZHANG, HAN FU 张汉辅 **(1899?-1967)**
He, Feng 何封

ZHANG, HAN FU 章汉夫 **(1906-1972)**
A si 阿四
Bing 丙
Fu 夫
Han 汉
Han fu 汉夫
Han zhang 汉章
Qi, Tai 启泰
Shi, Dong 史东
Shi, Tong 史通
Xie, Qi tai 谢启泰
Zhang, Han fu 张汉夫
Zhuo, Yun 卓芸

ZHANG, HAN HUI 张寒晖 **(1902-1946)**
Han hui 含晖
Han, Yuan 韩源
Yi ming 佚名
Zhang, Lan pu 张兰璞

Zhang, Han jun 张汉均
ZHANG, HAN JUN 张翰君 **(1906-1968)**

ZHANG, HAN JUN 张翰君 **(1906-1968)**
Chen, Nong fei 陈农非
Chen, Nong fei 陈农菲
Chen, Nong fei 陈侬非
Chen, Peng 陈蓬
Chen, Tong sheng 陈同生
Hong, Fei 洪菲
Nan, Kun 南昆
Nong, Fei 农非
Nong fei 侬非
Zhang, Han 张翰
Zhang, Han jun 张瀚君
Zhang, Han jun 张汉均

Zhang, Han jun 张瀚君
ZHANG, HAN JUN 张翰君 **(1906-1968)**

ZHANG, HAN LANG 张寒朗 **(1931?-)**

Tian, Jia feng 田家风
Tian, Jia feng 田家丰
Ye, Hong 叶虹
Ye, Hong 叶红

ZHANG, HAN QING 张汉青 (1931-)
He, Qing 贺青

ZHANG, HAN QING 张汉清
Hui xuan 廻旋

ZHANG, HAN RONG 张汉荣 (1932-)
Su, Su 苏素
Su, Suo 苏索
Xiang ren 乡人
Zhang, Wei 张惟

Zhang, Han shan 张寒杉
ZHANG, ZHONG MIN 张仲民 (1880-1967)

Zhang, Han ting 张寒亭
ZHANG, XING ZHI 张星芝 (1901-1934)

Zhang, Han yin 张汉音
HAN, GONG 韩弓 (1941-)

ZHANG, HAN YING 张汉英 (1872-1915)
Han ying 汉英
Hui fen 慧芬
Hui fen 蕙芬
Hui feng 惠风

Zhang, Han ying 章含英
QIN, GU LAN 覃谷兰 (1906-)

ZHANG, HAN ZI 张憨子 (1952-)
Zhang, Yu 张宇

Zhang, Hang 张航
LIU, XIAN MING 刘贤明 (1931-)

Zhang, Hao 张浩
LIN, YU YING 林毓英 (1897-1942)

Zhang, Hao 张皓
ZHANG, SI JIAN 张思鉴 (1938-)

ZHANG, HAO 张皜
Liu sha 流沙

Zhang, Hao 章皓
HAN, XIAO YING 韩晓鹰 (1921-)

Zhang, Hao li 张好礼
YANG, KUN 杨堃 (1901-)

ZHANG, HAO RAN 张浩然 (1943-)
Cao chuan 草川
Zhang, Mu 张牧

Zhang, He 张合
ZHANG, FA GEN 张法根 (1930-)

Zhang, He 张荷
ZHOU, BAO TAI 周宝泰

Zhang, He 张鹤
ZHANG, YOU SONG 张友松 (1903-)

ZHANG, HE 张鹤 (1911-1941)
Tian shan 天山
Tian xu 天虚
Xu 虚
Zhang, Tian xu 张天虚

Zhang, He 章河
HUANG, WAN YUAN 黄万源 (1939-)

ZHANG, HE LING 张鹤龄 (1917-)
He ling 鹤龄
Jing qiu 惊秋
Shi, Zheng 史正
Wei ai 未艾
Xia shi 硖石
Ye bai 也白
Yin, Bai 殷白
Yin, Qiu 殷秋
Yue, Ling 岳岭
Zhang, Jing qiu 张惊秋

ZHANG, HE LING 张鹤龄 (1935-)
You mei 友梅

ZHANG, HE QUN 张鹤群
He qun 鹤群

Zhang, He tiao 张鹤眺
ZHANG, XING ZHI 张星芝 (1901-1934)

ZHANG, HE YUN 张鹤云 (1923-)
Ding, Bing li 丁丙莉
He, Yun 贺耘
Na yu 呐宇
Zhang, Kai 张开

Zhang, He zi 章何紫
LI, ZHEN PENG 李振鹏 (1922-1980)

Zhang, Hen shui 张恨水
ZHANG, XIN YUAN 张心远 (1895-1967)

Zhang, Hen yan 张恨眼
ZHANG, RU ZHI 张汝智 (1922-)

Zhang, Heng 张恒
ZHANG, HENG 张珩 (1915-1963)

ZHANG, HENG 张珩 (1915-1963)
Xi yi 希逸
Zhang, Heng 张恒

Zhang, Heng 张衡
ZHANG, QIN LING 张亲令 (1913-)

ZHANG, HENG DE 张亨德 (1938-)
Yan, Nian 延年

Zhang, Heng ruo 张衡若
ZHANG, YONG QUAN 张永权 **(1942-)**

ZHANG, HENG SHENG 张衡生 **(1949-)**
Yu, Hang 鱼行

ZHANG, HENG SHOU 章恒寿 **(1931-)**
Jin, Yu 金羽
Ke, Yuan 柯原
Lu wei 芦苇
Lu, Wei 路苇
Xia, Ji 夏季
Yue ru 月如
Zhang, Zi chang 章子长

Zhang, Hong 张弘
ZHANG, WU DE 张武德 **(1936-)**

Zhang, Hong 张弘
ZHANG, XI HOU 张锡厚 **(1937-)**

ZHANG, HONG 张讧 **(1965-)**
A ku 阿苦
Jiang, Ping 江萍

ZHANG, HONG 张虹 **(1891-)**
Zhang, Gu chu 张谷雏

ZHANG, HONG 张鸿 **(1866-1941)**
Man chao ju shi 蛮巢居士
Shi, Zeng 师曾
Qiong yin 璚隐
Qiong yin 琼隐
Yan gu lao ren 燕谷老人
Yin nan 隐南
Zhang, Cheng 张澂
Zhang, Yin nan 张隐南

ZHANG, HONG BEN 张宏本 **(1915-)**
Zhang, Gong 张弓
Zhao, Qing 赵卿

ZHANG, HONG BO 张洪波 **(1956-)**
Jie fu 介夫
Leng, Quan 冷泉
Mang jiao 芒角

ZHANG, HONG DAO 张洪岛 **(1913 -)**
Zhang, Hong Tao 张鸿焘

Zhang, Hong Tao 张鸿焘
ZHANG, HONG DAO 张洪岛 **(1913 -)**

Zhang, Hong xi 章洪熙
ZHANG, YI PING 章衣萍 **(1900-1947)**

Zhang, Hong xi 章鸿熙
ZHANG, YI PING 章衣萍 **(1900-1947)**

ZHANG, HONG XIU 张洪修 **(1950-)**
Ai, Zhi 艾之
Zhang, Zhi hong 张志鸿

Zhang, Hong ye 张鸿业
ZHANG, SI YANG 张泗洋 **(1919-)**

ZHANG, HONG YOU 章鸿猷 **(1913-1994)**
Ding, Qiu ye 丁秋野
He, Wei gui 何为贵
Hong, Qiu 洪遒
Wang, You 王由
Wei fu 蔚夫
Wu, Fei 吴费
Wu, Fu 吴弗

ZHANG, HONG YU 张洪禹 **(1932?-)**
Hong xiao 宏啸

Zhang, Hong zhu 张宏铸
ZHANG, JIANG MING 张江明 **(1921-)**

Zhang, Hou ji 张厚继
MIAO, WEN WEI 缪文渭 **(1915-)**

ZHANG, HOU REN 张厚仁 **(1941-)**
Zhang, Suo shi 张索时

ZHANG, HOU ZAI 张厚载 **(1895-)**
Bai, Ping lou 白苹楼
Cai ren 采人
Liao zhi 了之
Liao zi 醪子
Yang zhuo lou zhu 养拙楼主
Yang zhuo xuan 养拙轩
Zhang, Cai ren 张采人
Zhang, Liao zhi 张聊止
Zhang, Liao zi 张醪子

ZHANG, HU 张虎 **(1941-)**
Hu zi 虎子
Yin qiu 寅秋

Zhang, Hua 张化
SUN, SHUN CHAO 孙顺潮 **(1918-)**

Zhang, Hua 张华
CHEN, WANG DAO 陈望道 **(1890-1977)**

Zhang, Hua 张华
ZHANG, YUN HUA 张云华 **(1948-)**

Zhang, hua 彰华
LIU, YAN WEN 刘衍文 **(1926-)**

Zhang, Hua fu 张华甫
ZHANG, WEN GUANG 张文光 **(1913-)**

ZHANG, HUA QING 张华清 **(1932-)**
Xiao, Mu 肖木

ZHANG, HUA RONG 张华荣 **(1926-)**
Yi bing 艺兵

Zhang, Hua sheng 张化声
ZHANG, HUA SHENG 张华盛 **(1933-)**

ZHANG, HUA SHENG 张华盛 **(1933-)**
Hong di 红笛
Tong, Xun yuan 彤迅原
Wu, Yong 吴永
Zhang, Hua sheng 张化声

ZHANG, HUA XIANG 张化祥 **(1941-)**
Lei, Nan 雷南
Shi, Ma 石马

ZHANG, HUA YING 张华英 **(1921-1992)**
Zhang, Zhou 张周

ZHANG, HUA YU 张化愚 **(1922-)**
Tang, He 唐诃

ZHANG, HUA ZHONG 张华中 **(1956-)**
Hu, Meng li 胡孟丽
Qian fu 倩夫

Zhang, Huai jiang 张怀江
ZHANG, LONG CHAO 张隆超 **(1922-1989)**

Zhang, Huai jin 张怀金
ZHANG, PU JUN 张璞君 **(1917-)**

ZHANG, HUAI QI 张怀奇 **(-1929)**
Shao yan 芍岩
Si gu xuan 思古轩

Zhang, Huai ren 张怀仁
ZHANG, WEI MIN 张为民 **(1937-)**

Zhang, Huai rui 张怀瑞
CHEN, SHOU MEI 陈守梅 **(1907-1967)**

Zhang, Huai xiang 张怀祥
ZHANG, HUAI XIN 张怀信 **(1921-)**

ZHANG, HUAI XIN 张怀信 **(1921-)**
Zhang, Huai xiang 张怀祥

Zhang, Huai zhi 张怀智
ZHANG, SHI YI 张师顗 **(1921-)**

ZHANG, HUAN 张环 **(1909-)**
Zhang, Fan 张藩

ZHANG, HUAN RONG 张焕容 **(1884-1912)**
Mu jiang 木疆
Yin, Hua 阴华
Zhang, Rong 张榕

ZHANG, HUAN TING 张焕庭 **(1910-)**
He, Shang ping 和尚平
Lao li 老力
Ou, Er de 欧尔德
Zhang, Chao 张超

Zhang, Huan zhi 张焕之
ZHANG, TIAN YI 张天翼 **(1906-1985)**

ZHANG, HUANG 张恍 **(1928-)**
Cai yu 彩羽

ZHANG, HUANG 张晃 **(1930-)**
Zhang, Jian wu 张剑舞

ZHANG, HUANG 张黄 **(1895-)**
Feng ju 凤举
Zhang, Ding huang 张定璜
Zhang, Feng ju 张凤举

Zhang, Huang 张鍠
ZHANG, QI HUANG 张其鍠 **(1877-1927)**

ZHANG, HUANG YAN 张荒烟 **(1921-)**
Huang yan 荒烟

Zhang, Hui 张挥
ZHANG, RONG RI 张荣日 **(1942-)**

ZHANG, HUI 张慧 **(1909-)**
Xiao qing 小青
Zhang, Xiao qing 张小青

Zhang, Hui 张慧
ZHANG, HUI ZHEN 张慧贞 **(1928-)**

Zhang, Hui 章回
LÜ, JUN 吕君 **(1963-)**

ZHANG, HUI BAO 张辉豹
Kai fei 恺扉
Zhang, Kai hui 张恺辉

ZHANG, HUI HUAN 张辉环
Fei fang 菲芳

ZHANG, HUI JIAN 张慧剑 **(1904-1970)**
Chen zi 辰子
Jiang, Ma 江马
Shi, Zhen 石珍
Yu, Cang 余苍

ZHANG, HUI LAN 张惠兰 **(1921-)**
Lan, Guang 蓝光
Lan guang 岚光
Lin, Song 林松
Sha, Cao 沙草

ZHANG, HUI LI 张辉利 **(1954-)**
He guang 禾光
Hui li 回力
Guang he 光禾

Zhang, Hui liang 张惠良
ZHANG, REN ZHENG 张任政 **(1916-)**

ZHANG, HUI REN 张惠仁 **(1932-)**
Bai, Fan 白帆
Hua, Yuan chun 华苑春
Hui ren 挥刃
Shao song 少松
Tian, Ye fu 田也夫

Zhang, Bai fan 张白帆
Zhang, Hui ren 章惠人
Zhang, San 张散

Zhang, Hui ren 章惠人
ZHANG, HUI REN 张惠仁 **(1932-)**

ZHANG, HUI SENG 张慧僧
Hui seng 慧僧

Zhang, Hui yi 张惠衣
ZHANG, REN ZHENG 张任政 **(1898-1960)**

ZHANG, HUI YIN 张惠音 **(1966-)**
Hui yin 卉茵

ZHANG, HUI ZHEN 张慧贞 **(1928-)**
Lin, Guo lan 林国兰
Ling, Bing 凌冰
Xiao hui 小慧
Zhang, Hui 张慧

ZHANG, HUO QING 张火庆
Cao hu 草湖

ZHANG, HUO WANG 张火望 **(1930-)**
Li, Si 李泗
Lin, Yuan 林元
Zhang, Zhi 张之

ZHANG, JI 张继 **(1882-1947)**
Huang di zi sun zhi duo shu ren 黄帝子孙之多数人
Huang di zi sun zhi yi ge ren 黄帝子孙之一个人
Pu, Quan 溥泉
Zhang, Pu 张溥
Zhang, Pu quan 张溥泉
Zi ran sheng 自然生

Zhang, Ji 张楫
ZHOU, YONG TAI 周永太 **(1941-)**

Zhang, Ji 张冀
ZHENG, LIAN 郑连 **(1928-)**

ZHANG, JI 章骥 **(1931-)**
Yi ji 一骥

ZHANG, JI CHEN 张寄尘
Ji chen 寄尘

ZHANG, JI CHUAN 张济川
Shen zhou ke 神州客

ZHANG, JI CHUN 张季纯 **(1907-)**
Ji, Chun 季纯

ZHANG, JI CHUN 张继春 **(1934-)**
Chang gong 长弓
Huo xin 火心
Xia, Tian 夏天

ZHANG, JI DI 张继棣 **(1933-)**
Zhang, Yin bo 张荫伯

ZHANG, JI GAO 张继高 **(1926-1995)**
Wu, Xin liu 吴心柳

ZHANG, JI HONG 张继红 **(1943-)**
Zhang, Chun chi 张春池
Zhang, Fa gui 张法贵

ZHANG, JI KUAN 张吉宽
Yin, Quan 殷拳

Zhang, Ji liang 张吉良
ZHANG, BO LIANG 张伯良 **(1925-)**

ZHANG, JI LONG 张吉龙 **(1924-)**
Gao, Yu 高宇

ZHANG, JI LOU 张继楼 **(1926-)**
Ning, Zi 宁子
Yue, Nong 乐农

ZHANG, JI LUAN 张季鸾 **(1888-1942)**
Hang jun 航君
Ji lu zhe 记录者
Ji, Luan 季鸾
Lao bing 老兵
Mu, Liu 慕刘
Shao bai 少白
Wei 苇
Yi ji zhe 一記者
Yi wei 一苇
Yu min 榆民
Yu sheng 榆生
Zhan 鹯
Zhang, Chi zhang 张炽章
Zhang, Yi wei 张一苇

ZHANG, JI SHUN 张继顺 **(1938-1984)**
Zhu, Yi qing 竹亦青

ZHANG, JI TAO 张寄涛 **(1927-)**
Zhang, Xi zhong 张翕仲

Zhang, Ji tong 张季同
ZHANG, DAI NIAN 张岱年 **(1909-)**

ZHANG, JI XUE 张冀雪 **(1951-)**
Bei yu 北雨

Zhang, Ji ye 张季耶
ZHANG, GUANG NAN 张光楠 **(1931-)**

Zhang, Ji yuan 张季爰
ZHANG, DA QIAN 张大千 **(1899-1983)**

Zhang, Ji zhi 张季直
ZHANG, JIAN 张謇 **(1853-1926)**

Zhang, Ji zi 张季子
ZHANG, JIAN 张謇 **(1853-1926)**

ZHANG, JIA 张甲 **(1921-)**
Da yin 大尹
Huang mo 荒漠

Tian yu 天羽
Wu, Bian shi 伍边石
Zhang, Jia 章家
Zhang, Nian ling 张念苓
Zhang, Yu 张羽
Zhang, Zhen huan 张振寰

Zhang, Jia 章家
ZHANG, JIA 张甲 **(1921-)**

ZHANG, JIA AO 张嘉璈 **(1889-1979)**
Gong quan 公权
Jia ao 嘉璈
Zhang, Gong quan 张公权

ZHANG, JIA BIN 张佳宾 **(1957-)**
Mi, Gan gan 米甘干

ZHANG, JIA BIN 张家滨 **(1935-)**
Bin hai 滨海

ZHANG, JIA CHANG 张家昌 **(1947-)**
Jia chang 嘉昌

ZHANG, JIA HUA 张嘉桦 **(1963-)**
Ye tuo 也驼

ZHANG, JIA JUN 张家钧 **(1935-)**
Bi liu 碧流
Zhang, Ren 张韧

ZHANG, JIA LI 张加力 **(1933-)**
Jia li 加力

ZHANG, JIA LONG 张家龙 **(1938-)**
Yang, Zi 扬子

ZHANG, JIA LU 张嘉禄 **(1921-)**
Li, Di 李棣
Li, Di 黎迪
Li, Di 李杕
Li, Di hua 李棣华
Li, Di sheng 李迪生
Zhang, Di 张荻
Zhao, Di 赵棣

ZHANG, JIA MING 张嘉明
Zhang, Xue lei 张雪蕾

ZHANG, JIA QI 张家骐 **(1898-1982)**
Cong, Bi 丛碧
Hao hao xian sheng 好好先生
Su yue lou 素月楼
You chun zhu ren 游春主人
Zhang, Bo ju 张伯驹
Zhang, Cong bi 张丛碧

ZHANG, JIA SEN 张嘉森 **(1887-1969)**
Da liao 大僇
Jun fang 君房
Jun mai 君劢
Shi jie shih zhu ren 世界室主人
Zhang, Jun mai 张君劢
Zhang, Li zhai 张立斋
Zhang, Shi lin 张士林

ZHANG, JIA YAN 张加言 **(1929-)**
Jia yan 嘉言

ZHANG, JIA YAO 张家耀
Li, Lei 李磊
Li, Liu shi 李六石

Zhang, Jia yi 张嘉仪
HU, LAN CHENG 胡兰成 **(1906-1982)**

ZHANG, JIA ZHI 张家治 **(1927-)**
Zhang, Ran 张冉

Zhang, Jia zhu 张家珠
ZHUANG, SHU TANG 庄树棠 **(1932-)**

ZHANG, JIAN 张建 **(1937-)**
Yao, Jian 姚剑
Zhang, Jian 张涧

Zhang, Jian 张健
HAN, CHANG LIN 韩昌林 **(1934-)**

ZHANG, JIAN 张健 **(1939-)**
Dan hui 丹慧
Jia shan 嘉山
Tian, Xin 田辛
Tian xin 恬心
Wen, Jin 文津
Wen jin 汶津
Wu, Sheng 吴生
Xiang dan 湘丹
Zhang, Qian 张虔

Zhang, Jian 张涧
ZHANG, JIAN 张建 **(1937-)**

ZHANG, JIAN 张謇 **(1853-1926)**
Chu mo 处默
Ji, Zhi 季直
Ji, Zi 季子
Mo 默
Se 啬
Se an 啬庵
Yan bo diao tu 烟波钓徒
Yu cai 育才
Zhang, Ji zhi 张季直
Zhang, Ji zi 张季子

Zhang, Jian 章简
LUO, ZHANG LAN 罗章兰 **(1955-)**

ZHANG, JIAN DONG 张建东 **(1963-)**
Dong qing 冬青
Zhang, Jin 张瑾

Zhang, Jian fen 张剑芬

ZHANG, LING 张龄

Zhang, Jian guo 张建国
ZHANG, CUN CAI 张存才 **(1942-)**

ZHANG, JIAN GUO 张建国 **(1965-)**
Yi jian 毅剑

ZHANG, JIAN HUA 张建华 **(1957-)**
Hua, Zhang 华章
Ruo gu 若谷
Xiao ya 小雅

ZHANG, JIAN HUI 张建辉 **(1952-)**
Zhang, Mu xi 张穆希

ZHANG, JIAN JUN 张建均 **(1942-)**
Lu, Jia 鲁嘉

ZHANG, JIAN MENG 张健盟 **(1933-)**
Xie xi ke 榭溪客

ZHANG, JIAN MING 张剑鸣
Ming 鸣
Zhi hong 志鸿

Zhang, Jian nan 张建南
ZHANG, REN TAO 张任涛 **(-1971)**

ZHANG, JIAN NAN 张建南
Bai, Ping 白萍
Zhang, Xiao hang 张小航

Zhang, Jian sheng 张剑声
ZHANG, YI HUI 张贻惠 **(1907-)**

ZHANG, JIAN WEN 张建文 **(1953-)**
Bai, Xu 白絮
Gong ma 弓马
Zhang, Chi 张弛
Zhang, Jian wen 张健文

Zhang, Jian wen 张健文
ZHANG, JIAN WEN 张建文 **(1953-)**

Zhang, Jian wu 张剑舞
ZHANG, HUANG 张晃 **(1930-)**

ZHANG, JIAN XIN 张健新 **(1929-)**
Zhu ge, Qing yun 诸葛青云

ZHANG, JIAN YE 张建业 **(1937-)**
Li jun 立军
Zhang, Ye 张耶
Zhang, Ye 张椰

Zhang, Jian zhi 章建之
ZHANG, KE BIAO 章克标 **(1900-)**

ZHANG, JIAN ZHONG 张建中 **(1896-)**
She wo 舍我
Zhang, She wo 张舍我

ZHANG, JIAN ZHONG 张建中 **(1949-)**
Lin, Mang 林莽

Zhang, Jiang 张江
ZHANG, YU JIAN 张余鉴 **(1915-)**

Zhang, Jiang 张浆
WANG, NIAN QIAO 王年樵 **(1923-)**

Zhang, Jiang 章绛
ZHANG, BING LIN 章炳麟 **(1869-1936)**

Zhang, Jiang cai 张江裁
ZHANG, ZHONG RUI 张仲瑞 **(1908-)**

ZHANG, JIANG MING 张江明 **(1921-)**
Hai, Xiao 海啸
Jiang, Hong 江虹
Lin, Xiu qing 林秀清
Zhang, Hong zhu 张宏铸
Zhang, Ming xun 张铭勋
Zhang, Tie feng 张铁峰
Zhang, Yuan shi 张源湜

Zhang, Jiang xue 章绛学
ZHANG, BING LIN 章炳麟 **(1869-1936)**

ZHANG, JIE 张杰 **(1933-)**
Chun can 春蚕
Xiao min 啸民
Zhang, Jie 章节

Zhang, Jie 张杰
ZHAO, YONG CHUN 赵永春 **(1954-)**

Zhang, Jie 张洁
SHEN, DUAN XIAN 沈端先 **(1900-1995)**

Zhang, Jie 张捷
ZHANG, GUANG NAN 张光楠 **(1931-)**

Zhang, Jie 张捷
ZHANG, SONG NAN 张颂南 **(1934-)**

Zhang, Jie 章节
ZHANG, JIE 张杰 **(1933-)**

Zhang, Jie 章杰
ZHANG, GUO JIE 张国杰 **(1941-)**

Zhang, Jie 章杰
ZHANG, ZHI JIE 张之杰

Zhang, Jie fang 张解方
LUO, SHI FENG 罗时烽 **(1932-)**

ZHANG, JIN 张今 **(1927-)**
Zhang, Qi wei 张企伟
Zhang, You wu 张幼吾

Zhang, Jin 张金
XU, SHENG YAO 许绳尧 **(1897-1984)**

ZHANG, JIN 张晋
Zhang, Xi feng 张希峰

Zhang, Jin 张瑾
ZHANG, JIAN DONG 张建东 **(1963-)**

ZHANG, JIN CE 张金策
Jin, Qu chen 金曲辰
Jin, Wen ji 金文吉

ZHANG, JIN CHUN 张金春
Yu lang 雨浪

ZHANG, JIN DONG 张金栋 **(1944-)**
Jiang, Lei 江雷
Jin dong 今冬

ZHANG, JIN FEN 张近芬 **(-1940)**
CF
CF nü shi CF女士
Fen 芬
Jin fen 近芬
Jin fen nü shi 近芬女士
Zhang, Chong nan 张崇南
Zhang Jin fen nü shi 张近芬女士

Zhang Jin fen nü shi 张近芬女士
ZHANG, JIN FEN 张近芬 **(-1940)**

ZHANG, JIN HAN 张金汉
Li lu 丽鹿

ZHANG, JIN HONG 张锦鸿 **(1908-)**
Yu yi 羽仪

ZHANG, JIN HUI 张金惠 **(1943-)**
Jin, Ge 金戈

ZHANG, JIN JIAN 张金鑑 **(1902-1988)**
Ming, Cheng zhai 明诚斋
Ming Cheng zhai zhu 明诚斋主
Ming Cheng zhai zhu ren 明诚斋主人
San yu tang zhi shi 三余堂知事
Wen, Rong zi 文荣子
Xia han ji ren 夏寒集人
Yun zhen lou 蕴真楼
Yun zhen lou shang ren 蕴真楼上人
Zhang, Liang gong 张亮公
Zhang, Zheng zhi 张正之

ZHANG, JIN LONG 张金龙 **(1939-)**
Huang, Tai 黄泰

ZHANG, JIN RONG 张金荣 **(1945-)**
Jin rong 津容

ZHANG, JIN RONG 章锦荣 **(1954-)**
A rong 阿荣

ZHANG, JIN TANG 张谨唐 **(1911-1983)**
Yue ke 约克
Zhang, Zhi yi 张执一
Zhi yi 执一
Zi yi 子夷

ZHANG, JIN WU 张金武 **(1944-)**
Zhang, Fang 张放

ZHANG, JIN YAN 张金燕 **(1901-)**
C. C.
Huo xing 火星
Jing ling 精灵
Si shi 撕狮
Xi yan 系言
Zi mou 子某

ZHANG, JIN YI 张锦贻 **(1935-)**
Jin yi 锦贻
Zhang, Zhe 张浙

ZHANG, JIN YU 张金玉 **(1940-)**
Jin, Yu 金雨

ZHANG, JIN YUAN 张晋媛
Ya su 亚苏

ZHANG, JIN ZHONG 张锦忠 **(1956-)**
Zhang, Ai lun 张爱伦
Zhang, Rui xing 张瑞星

Zhang, Jing 张菁
ZHANG, HAN CHENG 张汉城 **(1923-)**

Zhang, Jing 张景
ZHANG, GUO QING 张国擎 **(1950-)**

ZHANG, JING 张靖 **(1880-1967)**
Han shan 寒杉
Jian ren 剑人
Qi shi 漆室
Qi shi yin 漆室吟
Qin, Shi min 秦时敏
Zhang, Zhong ming 张仲明
Zhuang, Xie 庄谐

Zhang, Jing 张静
ZHANG, FU GAO 张福高 **(1925-)**

ZHANG, JING 张静 **(1925-)**
Leng, Yun 冷云

ZHANG, JING 张静 **(1929-)**
Chang, Cheng 常成
Chang qing 长青

Zhang, Jing 张静
ZHANG, WEN MIN 张问敏 **(1937-)**

ZHANG, JING 张静 **(1957-)**
Jian ping 建平

ZHANG, JING AN 张敬安 **(1925-)**
Lan, Qing 兰晴
Qiu, Han 秋寒
Xiao, Luo 肖洛

Zhang, Jing han 张景涵
ZHANG, JUN HONG 张俊宏 **(1938-)**

ZHANG, JING HAO 张景豪 **(1913-)**
Jie san 杰三
Zhang, Wen 张文

ZHANG, JING HUA 张景华 **(1954-)**
Xi he 西河
Zhang, Fan 张帆

Zhang, Jing jiang 张静江
ZHANG, REN JIE 张人杰 **(1877-1950)**

ZHANG, JING LONG 张景隆 **(1935-)**
Long dong 隆冬

ZHANG, JING LU 张静庐 **(1898-1969)**
Jing 静
Jing lu 静庐
Lao zu 老卒
Wu, Qi ren 吴齐仁
Zhang, Zu 张卒

ZHANG, JING MIN 张劲民
Shan mei 山莓

Zhang, Jing ping 张静平
WANG, ZHI DUI 王之兑 **(1915-1990)**

Zhang, Jing qiu 张惊秋
ZHANG, HE LING 张鹤龄 **(1917-)**

ZHANG, JING RUI 张精锐 **(1962-)**
Fan ying 帆影
Lao feng 老锋

ZHANG, JING SHENG 张竞生 **(1888-1970)**
Chi ren 痴人
Chi sheng 痴生
Gong shi 公室
Jing sheng 竞生
Xiao jiang ping 小江平
Zhang, Du 章独

ZHANG, JING SONG 张劲松 **(1950-)**
Li mu 力木

ZHANG, JING XIU 张敬秀 **(1940-)**
Gong he wen 弓禾文

ZHANG, JING YING 张竞英 **(1926-)**
Bao, Xiao hui 鲍晓晖
Jing xia 竞遐
Xiao hui 晓晖

ZHANG, JING YUN 张景云 **(1940-)**
Gan, Sha 甘莎
Jun mo 君默
Zhang, Chen yin 张尘因
Zhang, Jun mo 张君默
Zhang, Liu ya 张柳涯
Zhang, Shao qi 张少奇

ZHANG, JING ZHONG 张敬忠 **(1949-)**
Feng xin zi 风信子
Nan, Feng 南风

ZHANG, JIONG 张炯 **(1933-)**
Bai, Yun fei 白云飞
Dong, Fang 董方
Dong fang 东方
Dong fang, Liang 东方亮
Fang, Hui 方惠
Yun, Fei 云飞
Zhang, Zhe sheng 张哲生
Zhe sheng 哲生

Zhang, Jiu 张久
GU, JIE GANG 顾颉刚 **(1893-1980)**

Zhang, Jiu 章玖
PI, ZUO JIU 皮作玖 **(1917-)**

Zhang, Jiu yang 张九阳
ZHANG, QI CHANG 张其昌 **(1952-)**

ZHANG, JU 张菊 **(1917-)**
Wan yi 芄怡
Zhi you 直友

Zhang, Ju hua 张居华
ZHANG, TIAN CI 张天赐 **(1937-)**

ZHANG, JU NING 张聚宁 **(1952-)**
Zhu, Ning 朱宁

Zhang, Ju pu 张菊圃
ZHANG, GUO HUA 张国华 **(1871-1945)**

Zhang, Ju sheng 张菊生
ZHANG, YUAN JI 张元济 **(1867-1959)**

Zhang, Ju sheng 张菊生
ZHANG, SHI YUAN 张式瑗 **(1905-1976)**

Zhang, Ju sheng 张鞠生
ZHANG, YUAN JI 张元济 **(1867-1959)**

Zhang, Ju yi 张举义
ZHANG, JU YI 张举毅 **(1933-)**

ZHANG, JU YI 张举毅 **(1933-)**
Zhang, Ju yi 张举义

Zhang, Juan yi 章卷益
TONG, SHU YE 童书业 **(1908-1968)**

Zhang, Jue 张珏
ZHANG, LI GUO 张立国 **(1948-)**

ZHANG, JUE SHENG 章厥生
Tian xing 天行

ZHANG, JUN 张军 **(1923-)**
Si ma, Wen tian 司马文天

Zhang, Jun 张军
ZHANG, XIAO ZHE 张孝者 **(1928-)**

Zhang, Jun 张军
ZHANG, JUN 张浚 **(1929-)**

Zhang, Jun 张俊
ZHANG, JUN 张峻 **(1899-1960)**

ZHANG, JUN 张俊 **(1933-)**
Ya yun 亚芸
Zhang, Jun 张峻

ZHANG, JUN 张峻 **(1899-1960)**
Zhang, Jun 张俊
Zhang, Zhi fu 张直夫

Zhang, Jun 张峻
ZHANG, JUN 张俊 **(1933-)**

ZHANG, JUN 张浚 **(1929-)**
Qu, Bing 曲兵
Zhang, Jun 张军

ZHANG, JUN 张骏 **(1912-)**
Ling, Yun 凌云

Zhang, Jun biao 张俊彪
ZHANG, QI CHANG 张其昌 **(1952-)**

ZHANG, JUN FU 张俊夫 **(1959-)**
Meng, Xuan 孟璇

Zhang, Jun gu 章君穀
ZHANG, GUO JUN 张国钧 **(1927-)**

ZHANG, JUN HENG 张钧衡
Shi yuan zhu ren 适园主人
Zhang, Shi ming 张石铭
Ze shi ju 择是居

ZHANG, JUN HONG 张俊宏 **(1938-)**
Jing, Han 景涵
Zhang, Jing han 张景涵

ZHANG, JUN LI 张钧莉 **(1959-)**
Yi heng 亦珩

ZHANG, JUN LIU 张均六 **(1924-)**
Ming, Lang 明朗
Zhang, Tuo 张拓
Zhang, Ye 张野

Zhang, Jun mai 张君劢
ZHANG, JIA SEN 张嘉森 **(1887-1969)**

Zhang, Jun mo 张君默
ZHANG, JING YUN 张景云 **(1940-)**

ZHANG, JUN NAN 张俊南
Jun nan 俊南

ZHANG, JUN RUI 张俊锐 **(1959-)**
Rong he 冗禾

ZHANG, JUN SHAN 张峻山 **(1968-)**
Jun shan 峻山
Yu xian 雨仙

ZHANG, JUN SHENG 张俊生 **(1925-)**
Zhang, Pei 张沛

ZHANG, JUN TI 张君悌 **(1910-1971)**
Gao, Man 高曼
GM
Jin ren 近仁
Jin, Ren 金人
Jun lun 俊伦
Tian, Feng 田风
Zhang, Kai nian 张恺年
Zhang, Shao yan 张少岩
Zhang, Shao yan 张少巖

ZHANG, JUN XIAN 张俊贤 **(1925-)**
Xue xing 血星
Xue xing 学星
Zhang, Xue xin 张学新

ZHANG, JUN XIANG 张骏祥 **(1910-)**
Gong ma shi 弓马示
Jun xiang 骏祥
Yuan, Jun 袁俊

Zhang, Kai 张开
ZHANG, HE YUN 张鹤云 **(1923-)**

Zhang, Kai 张开
ZHANG, GUANG JUN 张广俊 **(1933-)**

Zhang, Kai hui 张恺辉
ZHANG, HUI BAO 张辉豹

ZHANG, KAI MING 章开明 **(1930-)**
Wei yang 未央

Zhang, Kai nian 张恺年
ZHANG, JUN TI 张君悌 **(1910-1971)**

Zhang, Kai xi 章恺熙
ZHANG, KE BIAO 章克标 **(1900-)**

ZHANG, KAI ZHENG 张开政 **(1930-)**
Yan geng lou 砚耕楼

ZHANG, KANG QUN 张康群 **(1953-)**
Xiao ying 潇莹

Zhang, Ke 张可
ZHANG, WAN FANG 张万芳 **(1921-)**

Zhang, Ke 张可
ZHANG, QI 张奇 **(1933-)**

Zhang, Ke 张克
ZHANG, KE QIN 张克勤 **(1930-)**

Zhang, Ke 张客
ZHANG, YU JIAN 张余鉴 **(1915-)**

Zhang, Ke 章克
ZHANG, KE BIAO 章克标 **(1900-)**

ZHANG, KE BIAO 章克标 **(1900-)**
Deng, Xiao xian 邓小闲
Jing, Shang 井上
K.
K. C.
K. P.
K. S.
Qi fan 岂凡
Xin, Gu mu 辛古木
Xu, Zhu yuan 许竹园
Yang, Kai 杨恺
Yang, Tian nan 杨天南
Zhang, Jian zhi 章建之
Zhang, Kai xi 章恺熙
Zhang, Ke 章克

ZHANG, KE GANG 张克刚 **(1915-)**
Ge, Gang 葛岗
K K
Kang, Ren yu 康任愚
Ke, Gang 柯岗
Liu, Xie hui 柳斜晖
Lü chuang 绿窗
Zhang, Ke gang 张柯岗

Zhang, Ke gang 张柯岗
ZHANG, KE GANG 张克刚 **(1915-)**

Zhang, Ke nan 张柯南
ZHANG, DE BI 张德壁 **(1919-)**

ZHANG, KE QIN 张克勤 **(1930-)**
Shan xiao 山啸
Si, Mao 斯矛
Yi, Shui 易水
Zhang, Ke 张克

ZHANG, KE QIN 张克勤 **(1941-)**
Yan, Dong 严冬

Zhang, Ke ren 张克仁
ZHANG, GUO TAO 张国焘 **(1897-1979)**

ZHANG, KUAN CANG 张宽苍
Kuan cang 宽苍

ZHANG, KUAN YI 张宽义
Han, Feng 韩凤

Zhang, Kui xiang 张魁祥
ZHANG, DI GENG 张棣赓 **(1914-1957)**

Zhang, Kun 张坤
TIAN, HAN 田汉 **(1898-1968)**

Zhang, Kun 张昆
YANG, SHANG KUN 杨尚昆 **(1907-)**

Zhang, Kun 张堃
TIAN, HAN 田汉 **(1898-1968)**

Zhang, Kun 张堃
ZHANG, TAI KUN 张台坤 **(1948-)**

ZHANG, KUN HUA 张昆华 **(1937-)**
Yue qin 月琴
Zhang, Chi 张弛

ZHANG, KUN LAI 张昆来
Meng lan 梦兰

ZHANG, KUN SHAN 张坤山 **(1953-)**
Zi xian 自闲

Zhang, Kuo 张廓
ZHANG, TIE LU 张铁路 **(1945-)**

ZHANG, KUO QIANG 张扩强 **(1929-)**
Zhang, Meng huan 张梦还

Zhang, Lai 张来
LIANG, ZU QIANG 梁祖强 **(1922-)**

Zhang, Lan pu 张兰璞
ZHANG, HAN HUI 张寒晖 **(1902-1946)**

Zhang, Lang 张朗
LIN, RU JI 林如稷 **(1902-1976)**

Zhang, Lang 张朗
ZHANG, LING YI 张领义 **(1930-)**

Zhang, Lang 张浪
ZHANG, ZHAO LIN 张兆林 **(1929-)**

Zhang, Lang 张郎
XIAO, JUN 萧军 **(1907-1988)**

Zhang, lang 张郎
ZHANG, ZI QIANG 张自强 **(1946-)**

Zhang lao 长老
LU, DAN LIN 陆丹林 **(1898-1972)**

Zhang, Lao san 张老三
ZHANG, XIN MIN 张新民 **(1952-)**

Zhang, Lao shi 张老师
ZHANG, NAI BIN 张廼彬 **(1938-)**

Zhang, Le 张乐
ZHANG, WEN MIN 张问敏 **(1937-)**

Zhang, Le ping 张乐平
ZHANG, SHENG 张昇 **(1910-1992)**

Zhang, Le qi 张乐棋
ZHANG, XIANG QUAN 张湘泉 **(1917-)**

ZHANG, LE RU 张乐儒 **(1929-)**
Zhang, Qi 张歧

Zhang, Le yi 张乐依
ZHANG, LI 张利 **(1947-)**

ZHANG, LEI 张雷 **(1926-)**
Zhang, Wen tong 张文通

ZHANG, LEI 张磊 **(1933-)**
Yan bing 研彬

Zhang, Lei 章磊
ZHANG, GUO DONG 章国栋 **(1929-)**

ZHANG, LI 张力 **(1928-)**
Zhang, Li jun 张丽君

Zhang, Li 张力
ZHANG, DUN ZHI 张敦志 **(1934-)**

Zhang, Li 张力
HONG, BAO SU 洪保苏 **(1947-)**

ZHANG, LI 张力 **(1956-)**
Da li 达丽
Da li 大力

Zhang, Li 张立
ZHANG, WEI 张威 **(1910-)**

ZHANG, LI 张利 **(1947-)**
Zhang, Le yi 张乐依

Zhang, Li 张莉
XU, AI ZHEN 徐爱珍 **(1938-)**

Zhang, Li 张犁
ZHANG, XING HAI 张星海 **(1940-)**

ZHANG, LI 张藜 **(1932-)**
Hua cheng lin 桦成林
Ji, Yi xiao 纪一笑
Zhong, Zi yu 锺子玉

Zhang, Li 张蠡
LI, YONG CHUN 李永春 **(1951-)**

Zhang, Li 章力
ZHANG, LI YUN 张立云 **(1921-)**

Zhang, Li 章里
ZHANG, ZHENG WU 张正吾 **(1926-)**

Zhang, Li 章理
ZHANG, YU ZHONG 张育忠 **(1946-)**

Zhang li 杖藜
ZHANG, HAI OU 张海鸥 **(1921-)**

ZHANG, LI CHEN 张立辰 **(1939-)**
Yu ren 渔人

ZHANG, LI GUO 张立国 **(1948-)**
Zhang, Jue 张珏

ZHANG, LI HUA 张立华 **(1932-)**
Zhang, Ning 张宁

ZHANG, LI HUA 张丽华 **(1958-)**
Hua, Tzi 华子
Li hua 犁铧

Zhang, Li jun 张丽君
ZHANG, LI 张力 **(1928-)**

Zhang, Li sheng 张力生
ZHANG, YUAN RUO 章渊若 **(1904-)**

ZHANG, LI SHENG 张厉生 **(1901-1971)**
Shao wu 少武

ZHANG, LI WEN 张立文 **(1935-)**
Li, Wen 黎文
Li wen 里文
Zhang, Li wen 张理文
Zhang, Xian jiang 张宪江

Zhang, Li wen 张理文
ZHANG, LI WEN 张立文 **(1935-)**

ZHANG, LI YI 张力毅 **(1957-)**
Jin wen 晋文

ZHANG, LI YUN 张立云 **(1921-)**
Li ren 立人
Li ren 立仁
Li, Yong 李用
Li, Yun 李云
Li, Yun 李允
Li, Yun 黎云
Li, Yun 黎耘
Li yun 力耘
Li yun 励耘
Li yun 犁耘
Li, Yun zhang 李云章
Yi fei 一飞
Yi fei 一非
Yi fei 亦非
Yin, Fan 殷凡
Yin, Fan 殷帆
Yin fan 茵梵
Zhang, Li 章力
Zhang, Li yun 章力耘
Zhang, Qing xing 张清醒
Zhang, Yan 张岩
Zhang, Yin 章因
Zhang, Yin 章殷
Zhang, Yin fan 张因凡
Zhang, Yin fan 章因凡

Zhang, Li yun 张丽云
ZHANG, YU XIA 张煜遐 **(1910-)**

Zhang, Li yun 章力耘
ZHANG, LI YUN 张立云 **(1921-)**

Zhang, Li zhai 张立斋
ZHANG, JIA SEN 张嘉森 **(1887-1969)**

ZHANG, LIAN 张联 **(1947-)**
Xiao tian 晓天

ZHANG, LIAN JIE 张连捷 **(1920-)**

Chang gan 长甘
Tuan ni 抟泥
Zhang, Han 张颔

ZHANG, LIAN KE 张连科 **(1914-1964)**
Xiao yue ying 筱月影

ZHANG, LIAN YING 张莲英 **(1964-)**
Da ying 大英

Zhang, Liang 张良
SHEN, DUAN XIAN 沈端先 **(1900-1995)**

Zhang, Liang 张凉
ZHAO, SEN 赵森 **(1946-)**

ZHANG, LIANG DIAN 张良典 **(1919-)**
Qiu, Ying er 丘英二

Zhang, Liang fu 张良辅
ZHANG, MING YANG 张明养 **(1906-1991)**

Zhang, Liang gong 张亮公
ZHANG, JIN JIAN 张金鑑 **(1902-1988)**

ZHANG, LIANG ZE 张良泽 **(1939-)**
Ben yang 奔炀
Tie ying 铁英

Zhang, Liao zhi 张聊止
ZHANG, HOU ZAI 张厚载 **(1895-)**

Zhang, Liao zi 张缪子
ZHANG, HOU ZAI 张厚载 **(1895-)**

ZHANG, LIE 张烈 **(1918-)**
Bing lü 冰旅
Lü, Bing 吕兵
Zhang, Fu mai 张夫迈
Zhang, Shu fang 张舒放

Zhang, Lin 张林
SHEN, DUAN XIAN 沈端先 **(1900-1995)**

Zhang, Lin 张林
ZHANG, SHU ZHI 张淑智 **(1927-)**

ZHANG, LIN 张林 **(1927-)**
Bian, Ji 卞吉
Chang lin 长林
Hua, Zhang 华章
Zhang, Lin 张麟

ZHANG, LIN 张林 **(1930-)**
Leng, An 冷厂
Zhang, Gu mi 张谷密

Zhang, Lin 张琳
ZHANG, QIN LU 张钦禄 **(1929-)**

Zhang, Lin 张琳
ZHANG, YONG SHENG 张永生 **(1931-)**

Zhang, Lin 张麟
ZHANG, LIN 张林 **(1927-)**

ZHANG, LIN 张麟
Wen, Zong 文宗

Zhang, Lin chang 张林昌
ZHANG, BING 张兵 **(1947-)**

ZHANG, LIN LAN 张林岚 **(1922-)**
Lin, Lan 林岚
Ma, Lan 马兰
Ma, Lan 马蓝
Yi zhang 一张
Zhang, Shi 张世

Zhang, Lin long 张林隆
ZHANG, LIN LONG 张遴隆 **(1944-)**

ZHANG, LIN LONG 张遴隆 **(1944-)**
Zhang, Lin long 张林隆

Zhang lin xi shou 章磷西狩
ZHANG, BING LIN 章炳麟 **(1869-1936)**

ZHANG, LIN YI 张林漪 **(1912-)**
Lin, Yi 林簃

Zhang, Ling 张灵
ZHANG, QI 张琪 **(1949-)**

ZHANG, LING 张玲 **(1936-)**
Ling zi 菱紫
Lu, Han 鲁汉

Zhang, Ling 张舲
ZHANG, YE ZHOU 张叶舟 **(1914-1980)**

ZHANG, LING 张龄
Jian fen 剑芬
Zhang, Jian fen 张剑芬

Zhang, Ling 张龄
ZHANG, SONG LING 张松龄

Zhang, Ling 章伶
LIU, NING 刘宁 **(1920-)**

ZHANG, LING LING 张菱舲 **(1936-)**
Luo qin 珞沁
Quan quan 圈圈

ZHANG, LING XUAN 张令瑄 **(1928-1984)**
Shi, Kan 师侃
Xuan mo 玄默
Zheng hua 徵华

ZHANG, LING YI 张领义 **(1930-)**
Zhang, Lang 张朗

ZHANG, LING YU 张令誉 **(1903-)**
Xi ping 西屏
Zhang, Meng wen 张孟文
Zhang, Meng wen 张孟闻

Zhang liu 漳柳
WANG, DONG MAN 王东满 **(1941-)**

Zhang, Liu mang 张留氓
ZHANG, ZHONG LIANG 张仲良

Zhang, Liu ya 张柳涯
ZHANG, JING YUN 张景云 **(1940-)**

ZHANG, LIU YUN 张柳云
Liu, Gong 柳公

Zhang, Long 章龙
LUO, ZHANG LONG 罗章龙 **(1896-)**

ZHANG, LONG CHAO 张隆超 **(1922-1989)**
Fang, Ren 方人
Jiang, Wai jiang 江外江
Lu, Cao 陆草
Shi, Mu 施木
Zhang, Huai jiang 张怀江

ZHANG, LONG DONG 张隆栋 **(1917-)**
Ling, Jun 凌俊

ZHANG, LONG GAO 张隆高 **(1936-)**
Hua, Mei 华嵋
Long, Yin 龙吟
Si ma, Qing tan 司马清潭

ZHANG, LONG YAN 张隆延
Shi zhi 十之

Zhang, Lu 张鲁
ZHANG, SHAO ZENG 张绍曾 **(1919-)**

Zhang, Lu 张路
ZHANG, XUE LIAN 张学廉 **(1919-)**

Zhang, Lu 章鲁
YA, HAN ZHANG 牙含章 **(1916-1989)**

ZHANG, LU BIN 张鲁滨 **(1954-)**
A bin 阿滨
Qian cun 千村
Zhang, Zhang 张章

ZHANG, LU KUN 张鲁坤 **(1927-)**
Fan xing 繁星
Lu, Kun 鲁坤

Zhang, Lu ping 章路平
MA, ZHI YUAN 马志远 **(1918-)**

Zhang, Lu ru 张禄如
ZHOU, SHU REN 周树人 **(1881-1936)**

Zhang, Lu wei 张露薇
ZHANG, WEN HUA 张文华

Zhang, Lu wei 张露薇
HE, ZHI YUAN 贺志远

Zhang, Lu zhi 张录志
ZHANG, CHENG ZHI 张承志 **(1948-)**

ZHANG, LÜ QIAN 张履谦
Mu zi 牧子
Qian di 谦弟

Zhang, Luo 张罗
ZHANG, YOU JI 张友济 **(1920-)**

Zhang, Luo 张罗
HU, ZHEN FAN 胡振凡

ZHANG, LUO 张洛
Du li 独立
Qiu, Xi 秋喜
Ruan, Yi 阮簃

Zhang, Luo fu 张洛甫
ZHANG, WEN TIAN 张闻天 **(1900-1976)**

ZHANG, LUO TIAN 张罗天
Luo, Tian 罗天

Zhang, Man 张蛮
ZHU, KAN 朱侃 **(1925-)**

Zhang, Man man 张蔓蔓
FENG, XIAN ZHANG 冯宪章 **(1908-1931)**

ZHANG, MAN PING 张曼苹
Zhang, Ting ping 张庭平

ZHANG, MAN TAO 张曼涛
Dan si 澹思
Fa yuan 法圆
Fa zheng 法铮
Han xu 涵虚
Jia cao pu tuo 迦草圃陀
Jin, Gang jian 金刚剑
Qing song 青松
Yue, Ming 乐鸣

ZHANG, MAO 张茂 **(1937-)**
Gong yi fan 弓一凡
Qing shan lao yu 青山老愚

Zhang, Mao chen 章矛尘
ZHANG, TING QIAN 章廷谦 **(1901-1981)**

ZHANG, MAO JUN 张懋钧 **(1923-)**
Mi, Na 米纳
Zhang, Wen xin 张文欣

Zhang, Mei 章枚
SU, SHOU PENG 苏寿彭 **(1912-)**

Zhang, Mei an 张梅安
ZHANG, SHEN 张审 **(1895-1961)**

Zhang, Mei an 张梅庵
ZHANG, SHEN 张审 **(1895-1961)**

Zhang, Mei shu 章枚叔
ZHANG, BING LIN 章炳麟 **(1869-1936)**

ZHANG, MEI ZHU 张美珠 **(1958-)**
Zhen zhen 真真

Zhang, Meng huan 张梦还
ZHANG, KUO QIANG 张扩强 **(1929-)**

Zhang, Meng hui 张孟恢
ZHANG, XU QING 张续清 **(1922-)**

Zhang, Meng jiu 张梦九
ZHANG, RUN CANG 张润苍 **(1893-1974)**

Zhang, Meng liang 张孟良
ZHANG, QI ZHI 张齐治 **(1928-)**

ZHANG, MENG LIN 张梦麟
Bo fu 伯符
Lin 麟
Meng lin 梦麟
Tong jun 桐君
Yi qiu sheng 忆秋生
Zhang, Bo fu 张伯符

Zhang, Meng long 张梦龙
ZHANG, QI CHANG 张其昌 **(1952-)**

Zhang, Meng qu 张孟劬
ZHANG, ER TIAN 张尔田 **(1874-1945)**

Zhang, Meng san 张猛三
LIU, JIE 刘捷 **(1911-)**

Zhang, Meng wen 张孟文
ZHANG, LING YU 张令誉 **(1903-)**

Zhang, Meng wen 张孟闻
ZHANG, LING YU 张令誉 **(1903-)**

Zhang, Mi 张弥
ZHANG, SHOU PENG 张寿彭 **(1943-)**

ZHANG, MIAN XUN 张绵勋 **(1902-)**
Zhang, Bo zhen 张伯箴

ZHANG, MIAO CHAN 张妙禅
Miao chan 妙禅

Zhang, Min 张民
ZHANG, XIU MIN 张秀民 **(1908-)**

Zhang, Min 张民
WANG, YUAN MING 王渊明 **(1942-)**

Zhang, Min 张苠
ZHANG, WEI MIN 张为民 **(1937-)**

Zhang, Min 张敏
ZHANG, XIAO 张效 **(1935-)**

Zhang, Min 张敏
ZHANG, DOU WEN 张斗文 **(1936-)**

ZHANG, MIN 张敏 **(1949-)**
Hai, Wen 海汶

Zhang, Min 章泯
XIE, XING 谢兴 **(1907-1975)**

ZHANG, MIN QUAN 张民权 **(1914-)**
Zhang, Zeng 张曾

ZHANG, MIN XIANG 张民享
Bai, yi 白矣
Bo ge 勃戈
Ye, Yao 叶遥

ZHANG, MING 张明 **(1915-)**
Yao, Wei 姚葳

Zhang, Ming 张明
XIE, ZENG TAI 谢增泰 **(1920-1986)**

Zhang, Ming 张明
JI, QING JIANG 吉清江 **(1926-)**

Zhang, Ming 张明
ZHANG, SI MING 张思明 **(1948-)**

Zhang, Ming 章明
ZHANG, YI MIN 章益民 **(1925-)**

Zhang, Ming 章明
HAN, SHAN YUAN 韩山元 **(1942-)**

ZHANG, MING CI 张明慈
Lao zhang 老张
Ming, Chi 明池

Zhang, Ming fei 张冥飞
ZHANG, TAO 张焘 **(1894-)**

ZHANG, MING JIN 张明锦
Da hua 大话
Duo mo 多默

ZHANG, MING QI 张鸣琦 **(1907-)**
La fu si ji 拉夫斯基

ZHANG, MING REN 张明仁 **(1918-)**
Ming ren 鸣人
Shen an 慎盦
Zhang, Shao sun 张少孙

Zhang, Ming ru 张明如
JIN, CHENG JUN 金成钧 **(1918-)**

ZHANG, MING RU 张明儒 **(1924-)**
Lin, Lu 林路
Tian, Lu 田路
Tian lu 天庐
Tian lu 天禄
Zhang, Tian lu 张天鲁
Zhang, Tian lu 张天芦

ZHANG, MING TUN 张名暾 **(1922-)**
Li cao 蓠草
Ruo mu 若木
Xiao, Liu 肖柳

Zhang, Shan 张珊

Zhang, Ming xun 张铭勋
ZHANG, JIANG MING 张江明 (1921-)

ZHANG, MING YANG 张明养 (1906-1991)
Dong xu 东序
Feng, Ming fang 冯明方
Liang, Fu 梁抚
Liang fu 良辅
Zhang, Bi 张弼
Zhang, Liang fu 张良辅

ZHANG, MING YU 张明玉 (1947-)
Xia, Lu 夏露

ZHANG, MING ZHAO 张明照 (1947-)
Ming, Zhao 明照

Zhang, Ming zhen 张名桢
ZHANG, GUANG REN 张光人 (1902-1985)

ZHANG, MING ZHU 张明珠 (1932-)
Zi teng 紫藤

Zhang, Mo 张谟
ZHANG, MO 张模 (1964-)

ZHANG, MO 张模 (1964-)
San niu 三牛
Zhang, Mo 张谟

ZHANG, MO 张默 (1872-1940)
Mo 默
Yun he 蕴和
Zhang, Yun he 张蕴和

Zhang, Mo 张默
MENG, XIAN QI 孟宪棨 (1902-1976)

Zhang, Mo 张默
ZHANG, DE ZHONG 张德中 (1931-)

ZHANG, MO JUN 张默君 (1884-1965)
Bai hua ju shi 白华居士
Da xiong 大雄
Han qiu 涵秋
Mo 默
Mo, Jun 墨君
Mo jun 默君
Mu, Su 穆素
Sha fei ya 莎非亞
Sophie M. K. Chang
Zhang, Zhao han 张昭汉

ZHANG, MO QING 张漠清 (1924-1968)
Mo qing 漠清
Ye, Nong 叶浓

Zhang, Mo sheng 张默生
ZHANG, DUN NE 张敦讷 (1895-1979)

ZHANG, MO YUN 张默芸 (1937-)

Liu, Wei wen 刘蔚文

Zhang, Mu 张牧
ZHANG, DE XIANG 张得祥 (1925-)

Zhang, Mu 张牧
ZHANG, HAO RAN 张浩然 (1943-)

Zhang, Mu 张牧
ZHANG, SONG LING 张松龄

Zhang, Mu 章木
ZHANG, PEI YI 张佩义 (1939-)

Zhang, Mu fei 张慕飞
FENG, JIAN NAN 冯健男 (1922-)

ZHANG, MU HAN 张目寒 (1900-1980)
Mu han 目寒

Zhang, Mu han 张慕翰
ZHANG, QIU REN 张秋人 (1898-1928)

Zhang, Mu liang 张慕良
CAO, YING 曹瑛 (1908-)

Zhang, Mu lin 张慕林
ZHANG, MU LING 张慕陵 (1927-)

ZHANG, MU LING 张慕陵 (1927-)
Hu, Yin 胡音
Li, Shan 黎山
Lin, Ru deng 林如灯
Miao, Lin 苗林
Mu lin 木林
Mu lin 牧林
Zhang, Mu lin 张慕林

ZHANG, MU QIN 张木钦
Tai bao 太保

Zhang, Mu xi 张穆希
ZHANG, JIAN HUI 张建辉 (1952-)

Zhang, Mu xi 张穆熙
ZHANG, TING QIAN 章廷谦 (1901-1981)

ZHANG, MU ZHI 张牧支 (1905-)
Qin shuang 噙霜
Qin shuang jue xue lu 噙霜嚼雪庐
Xin heng shi 莘衡室

Zhang, Mu zhou 张慕周
ZHANG, SHU MO 张树模

ZHANG, NAI BIN 张廼彬 (1938-)
Zhang, Lao shi 张老师

Zhang, Nai huang 张乃煌
LIN, RU JI 林如稷 (1902-1976)

ZHANG, NAI QI 章乃器 (1897-1977)
Jia sheng 嘉生

ZHANG, NAI YAN 张乃燕 **(1893-1958)**
An, Xin shi 安心室

ZHANG, NAI YING 张廼莹 **(1911-1942)**
Ling ling 玲玲
Qiao yin 悄吟
Rong zi 荣子
Tian, Di 田娣
Xiao e 小鹅
Xiao, Hong 萧红
Zhang, Rong hua 张荣华
Zhang, Wan zhen 张婉贞

Zhang, Nan shi 章南石
ZHANG, CHU KUN 张楚琨 **(1912-)**

ZHANG, NAN XIAN 张难先 **(1874-1968)**
Chi lu 耻庐
Dan lu 旦庐
Yi chi 义痴
Yun qi ju shi 云其居士

Zhang, Nan xiang 张南翔
ZHANG, SHEN QIE 张深切 **(1904-1965)**

Zhang, Ni 章妮
WU, YUN SHENG 吴筠生 **(1929-)**

Zhang, Nian ling 张念苓
ZHANG, JIA 张甲 **(1921-)**

Zhang, Nian qing 张念青
ZHANG, ZHI HE 张志和 **(1942-)**

ZHANG, NIAN SHENG 张念生 **(1959-)**
Zha xi da wa 扎西达娃

Zhang, Ning 张宁
ZHANG, LI HUA 张立华 **(1932-)**

Zhang, Nong chao 张弄潮
ZHANG, WAN MING 张婉明

Zhang, Pei 张沛
ZHOU, SHU REN 周树人 **(1881-1936)**

Zhang, Pei 张沛
ZHANG, ZU PING 张祖苹 **(1922-)**

Zhang, Pei 张沛
ZHANG, JUN SHENG 张俊生 **(1925-)**

Zhang, Pei 张沛
ZHANG, PEI YI 张佩义 **(1939-)**

Zhang, Pei ben 张培本
HU, SHAN YUAN 胡山源 **(1897-1988)**

Zhang, Pei chu 张培初
HU, SHAN YUAN 胡山源 **(1897-1988)**

ZHANG, PEI FANG 张沛芳 **(1937-)**
Fang, Xing 方兴
Shui, Cao 水草

Zhang, Pei fang 张培芳
ZHANG, YANG WU 张养吾

ZHANG, PEI QIU 张佩秋
Bu gan nü zi 不甘女子

Zhang, Pei song 章培松
ZHANG, RUO LONG 章若龙 **(1925-)**

ZHANG, PEI YI 张佩义 **(1939-)**
Pei yi 沛一
Zhang, Mu 章木
Zhang, Pei 张沛

Zhang, Peng 张抨
ZHANG, FA ZAN 张发赞 **(1916-)**

Zhang, Peng 张蓬
ZHANG, FAN 张帆 **(1918-1981)**

Zhang, Peng 张鹏
ZHANG, YOU SONG 张友松 **(1903-)**

Zhang, Peng 张鹏
ZHANG, ZHEN XUE 张振学 **(1940-)**

Zhang, Peng 张鹏
ZHANG, ZONG XIAO 张宗孝 **(1940-)**

ZHANG, PENG CHUAN 张朋川 **(1942-)**
Lan, Chang ling 兰长翎
Ye zhou 野舟

ZHANG, PENG ZHOU 张蓬舟 **(1904-1991)**
Sha, Yu 沙雨
Sha, Yu 沙羽
Yang, Ji 杨纪

Zhang, Pin jian 张品健
ZHANG, WEI 张威 **(1910-)**

Zhang, Pin zhen 章品镇
ZHANG, SHI YI 张师顗 **(1921-)**

ZHANG, PING 仉平 **(1917-)**
Zhang, Ping 张平

Zhang, Ping 张平
ZHANG, PING 仉平 **(1917-)**

Zhang, Ping 张平
ZHANG, PING LIANG 张平良 **(1933-)**

ZHANG, PING 张凭 **(1934-)**
Zhang, You dao 张有道

Zhang, Ping 张苹
ZHANG, YI DONG 张奕东 **(1926-)**

ZHANG, PING LIANG 张平良 **(1933-)**
Da ping 大平
Zhang, Ping 张平

Zhang, Ping zhi 张平之
ZHANG, WEN TIAN 张闻天 **(1900-1976)**

Zhang, Pu 张朴
ZHANG, YU FANG 张玉方 **(1922-)**

Zhang, Pu 张普
ZHANG, WEN TIAN 张闻天 **(1900-1976)**

Zhang, Pu 张普
ZHANG, XUE ZHENG 张学正 **(1936-)**

Zhang, Pu 张溥
ZHANG, JI 张继 **(1882-1947)**

Zhang, Pu he 张普和
LI, KE CHUN 李克纯 **(1916-1984)**

Zhang, Pu jun 张普君
ZHANG, PU JUN 张璞君 **(1917-)**

ZHANG, PU JUN 张璞君 **(1917-)**
Jin, Yang 金阳
Jin, Yang 金敭
Jin, Yu yi 金羽衣
Luo, Bin ji 骆宾基
Luo, Bin ji 骆滨基
Yi min 一民
Yu yi 羽衣
Zhang, Huai jin 张怀金
Zhang, Pu jun 张普君
Zhang, Yi wu 张依吾

Zhang, Pu quan 张溥泉
ZHANG, JI 张继 **(1882-1947)**

ZHANG, QI 张奇 **(1929-)**
Da ke 大可

ZHANG, QI 张奇 **(1933-)**
Li ren 利刃
Zhang, Ke 张可
Zhang, Qie 张锲
Zhang, Shu bao 张书宝

Zhang, Qi 张歧
ZHANG, LE RU 张乐儒 **(1929-)**

ZHANG, QI 张琪 **(1949-)**
Zhang, Ling 张灵

ZHANG, QI 章圻 **(1935-)**
Zhang, Zhong e 章仲锷
Zhong, Wei 钟惟

Zhang, Qi 章其
LIANG, HUI YAN 梁惠炎 **(1920-)**

ZHANG, QI CHANG 张其昌 **(1952-)**
Jun biao 峻飙
Jun hua 骏骅
Shi, Huo 石火
Wu zi 午子

Xiao, Zhang 肖章
Xiao zhang 小张
Zhang, Jiu yang 张九阳
Zhang, Jun biao 张俊彪
Zhang, Meng long 张梦龙

ZHANG, QI CHENG 张企程 **(1913-)**
C. Cen
Ding, Da 丁达
Qi cheng 企程
Xue chen 雪尘
Yan bo 烟波

ZHANG, QI CHUN 张其春 **(1913-1967)**
Bei, Jin 贝金

ZHANG, QI DONG 张其栋 **(1921-)**
Xiao, Bai 萧白

ZHANG, QI FAN 张启范 **(1936-)**
Ren, Da 任达
Ren, Jiang 任江
Xin, Xu 忻绪

ZHANG, QI GAN 张其淦 **(1859-1930)**
Shao cun ju shi 邵村居士
Song bai shan fang 松柏山房
Song bai shan ren 松柏山人
Yu dao ren 豫道人
Yu yuan 寓园
Zhang, Yu quan 张豫泉

ZHANG, QI HUA 张其华 **(1941-)**
Tian, Zhong he 田中禾

ZHANG, QI HUA 张其华 **(1943-)**
Hua, Shu 华舒

ZHANG, QI HUAN 张启焕
Qi, Huan 启焕
Qi huan 岂幻

ZHANG, QI HUANG 张其鍠 **(1877-1927)**
Du zhi tang 独志堂
Huang yan 鍠言
Mo se bo xu gu cu zhai 默啬泊虚孤徂斋
Wu jing ju shi 无竟居士
Zhang, Huang 张鍠
Zhang, Zi wu 张子武

Zhang, Qi ke 张其柯
GAO, YU HAN 高语罕 **(1888-1948)**

ZHANG, QI MING 张启明 **(1941-)**
Gong yue 弓月

Zhang, Qi ping 张其平
REN, ZHUO XUAN 任卓宣 **(1896-1990)**

ZHANG, QI QING 张齐清
Bi, Luo 毕洛

ZHANG, QI QU 张契渠 **(1910-)**
A de 阿德
Tan, Yi 谈宜
Zhang, De 张德

ZHANG, QI QUAN 张启权 **(1914-1991)**
Bi, Lai 毕来
Ding, Dong 丁东
Zhang, Bi lai 张毕来
Zhang, Si wei 张四维
Zhang, Xiu wen 张修文
Zhang, Yi zhi 张一之

ZHANG, QI REN 张启仁 **(1913-1983)**
Yi hong 一虹

Zhang, Qi wei 张企伟
ZHANG, JIN 张今 **(1927-)**

ZHANG, QI XUN 章启勋 **(1916-)**
A yu 阿玉
Ge er 格尔
Hong ye 红叶
Jiang, Ping 姜平
Jiang, Yi ping 姜一萍
Jing ying 敬英
Jun ping 君苹
Lang tao 浪涛
Lin, Ling 林菱
Qi xuan 绮绚
Shao bing 哨兵
Shen, Rong ying 沈蓉英
Tuo liu 托流
Wei ni 薇妮
Xiao feng 晓风
Ye, Jun pin 叶君频
Ye, Jun ping 叶君萍
Ye, Pin 叶频
Ye ping 也平
Yi, Ning 伊宁
Yin shi 音石
Yin shi 音式
Zhang, Ye pin 章叶频
Zhuo, Ying 卓英

ZHANG, QI YA 张启亚 **(1923-)**
Shi, Lan 施兰
Shi, Lan 施澜

Zhang, Qi yin 张桤荫
ZHANG, GUO TAO 张国焘 **(1897-1979)**

Zhang, Qi you 张其佑
LIU, SUI YUAN 刘燧元 **(1904-1985)**

ZHANG, QI ZHEN 张启珍 **(1949-)**
Gu, Cheng 古成
Zhang, Gong 张弓

ZHANG, QI ZHI 张岂之
Zhu, Qing 诸青

ZHANG, QI ZHI 张齐治 **(1928-)**
Gong zi gen 弓子艮
Zhang, Meng liang 张孟良

ZHANG, QIAN 张茜 **(1922-1974)**
Geng, Xing 耿星

Zhang, Qian 张虔
ZHANG, JIAN 张健 **(1939-)**

Zhang, Qian fan 张千帆
ZHANG, REN TAO 张任涛 **(-1971)**

ZHANG, QIAN FAN 张千帆 **(1938-)**
Shi, Ling 石伶

Zhang, Qian ruo 张乾若
ZHANG, GUO GAN 张国淦 **(1876-1959)**

ZHANG, QIANG 张强 **(1951-)**
Qin, Han 秦汉

Zhang, Qiang 张蔷
TIAN, JING HUI 田景惠 **(1923-)**

ZHANG, QIAO FU 张乔夫 **(1931-)**
Chang zheng 长争
Fang, Hua 方华
Qiao, Fu 乔夫
Qiao, Li 乔丽
Sha 沙
Wang, Mei 王梅
Wang, Ren 王仁
Yu, Zhang 俞章
Zhang, Zeng rong 张增荣
Zhang, Zheng 张铮
Zuo, Fu 左伕
Zuo fu 佐夫

Zhang, Qie 张锲
ZHANG, QI 张奇 **(1933-)**

Zhang, Qin 章钦
ZHONG, QIN GUI 钟钦贵 **(1945-)**

ZHANG, QIN 章嶔 **(1880-1931)**
Jing, Weng 井翁
Tian xing cao tang 天行草堂
Tian xing cao tang zhu ren 天行草堂主人

ZHANG, QIN LING 张亲令 **(1913-)**
Zhang, Heng 张衡
Zhang, Xing 张行
Zhang, Ying 张英

ZHANG, QIN LONG 张琴龙
Jie chun 接春
Meng, En 蒙恩

ZHANG, QIN LU 张钦禄 **(1929-)**
Zhang, Lin 张琳

ZHANG, QIN ZU 张钦祖 **(1927-)**
Ji, Shui 冀水
Shan ye 山野
Yi, Shui 易水

ZHANG, QING 张庆 **(1936-)**
Meng ran 梦然
Nan, Si 南思

Zhang, Qing 张青
ZHANG, HAN CHENG 张汉城 **(1923-)**

ZHANG, QING CHUN 张庆春 **(1930-)**
Guang ren 广人

Zhang, Qing fang 张庆芳
ZHANG, QING ZHI 张庆芝 **(1931-)**

ZHANG, QING GUANG 张清广 **(1921-)**
Ding, Yan 丁湮
Gao, Meng 高梦
Jing lang 竟浪
Piao jin 飘金
Piao qing 漂青
Xia, Lang 夏郎
Yi xiu 一秀

ZHANG, QING HE 张庆和 **(1931-)**
Qing he 清河

ZHANG, QING JI 张庆吉 **(1916-)**
Mu ren 木人
Mu yin 牧音
Yi, Yun 衣云

ZHANG, QING JIANG 张清江
Jiang, Hao 江浩
Yuan, Si 原思

ZHANG, QING LIANG 张庆良 **(1960-)**
Qiu, Fu 丘夫
Sha, Jin 沙金
Ying zi 颖子
Zhang, Yan ying 张延颖

ZHANG, QING LIN 张庆霖
Bing yuan 病鸳
Jiang tian xiao ge 江天小阁
Qing lin 庆霖
Tui si zhai 退思斋
Zi teng hua an 紫藤花菴

ZHANG, QING RONG 张清荣 **(1902-1955)**
Da sheng 大胜
Fei bing 废兵
Jian hua 剑华
Lao tong sheng 老童生
M. S.
Mi sheng 迷生
Si guang 四光
SM sheng SM 生
Xiao sheng 小生
Ye ma 野马
Yi 忆
Yi lang 一郎
Yi zhai 以斋
Zhang, Wo jun 张我军

ZHANG, QING SHAN 张青山 **(1963-)**
Chuan qin 传芹
Teng, Yun 滕云

ZHANG, QING SHI 张磬石
Tian she sheng 天舍生

ZHANG, QING SHUI 张清水
Qing shui 清水

ZHANG, QING TANG 张庆堂
Tang, De qing 唐得庆

Zhang, Qing tian 张庆田
ZHANG, GUO ZHEN 张国珍 **(1923-)**

Zhang, Qing xing 张清醒
ZHANG, LI YUN 张立云 **(1921-)**

ZHANG, QING YANG 张清扬
Ching yang 清扬
Sun zhang, Ching yang 孙张清扬

ZHANG, QING YU 张青榆 **(1916-)**
Bai, Ling 白零
Ou yang, Fei 欧阳非
Qing yu 青榆
Ye ge 夜歌

ZHANG, QING YUN 张庆云 **(1924-)**
Sha, Qing 沙青

Zhang, Qing yun 张庆云
ZHANG, YU FA 张玉法 **(1936-)**

ZHANG, QING YUN 张青云 **(1929-)**
Sha ping 莎萍

ZHANG, QING ZHI 张庆芝 **(1931-)**
Zhang, Qing fang 张庆芳

Zhang, Qing 章青
KONG, YU QING 孔玉清 **(1929-)**

Zhang, Qing 章青
ZHANG, ZHI QING 张志清 **(1935-)**

Zhang, Qiong 张惸
ZHANG, RU ZHI 张汝智 **(1922-)**

ZHANG, QIONG WEN 张琼文 **(1949-)**
Hai, Ying 海莹

ZHANG, QIU CHONG 张秋虫 **(1904-1974)**

Bai hua tong ri sheng 百花同日生
Jiang, Gong 姜公
Jiang gong 董公
Piao miao sheng 缥缈生
Yi ou 一沤

Zhang, Qiu hong 张秋红
ZHANG, TIAN 张天 **(1939-)**

Zhang, Qiu li 张裘丽
ZHANG, ZHONG XIAN 张钟娴 **(1922-)**

ZHANG, QIU REN 张秋人 **(1898-1928)**
Mu. Han 慕翰
Qiu, Chun 秋莼
Qiu, Ren 秋人
Qiu, Ren 丘人
Zhang, Mu han 张慕翰

Zhang, Qiu sheng 章邱生
ZHANG, SHI ZHAO 章士钊 **(1882-1973)**

ZHANG, QIU ZHONG 张秋忠 **(1935-)**
Qiu, Zhong 秋中
Ri xing 日星
Yu fei 雨霏
Zhang, Yong chang 张永昌

Zhang, Quan 张权
ZHANG, DA QIAN 张大千 **(1899-1983)**

ZHANG, QUAN 张荃
Tian, Lu 田鲁

Zhang, Quan xin 张全新
ZHANG, QUAN XIN 张全欣 **(1913-1984)**

Zhang, Quan xin 张铨新
ZHANG, QUAN XIN 张全欣 **(1913-1984)**

ZHANG, QUAN XIN 张全欣 **(1913-1984)**
Huai, Shuang 怀霜
Lu, Bai 鲁白
Qiu, Zi 秋子
Qiu, Zi 秋紫
Tie xian 铁弦
Wu chao 无巢
Xiao qiu 小秋
Zhang, Quan xin 张全新
Zhang, Quan xin 张铨新
Zhang, Tie xian 张铁弦
Zhang, Xin zhai 张欣斋
Zhang, Yi xian 张佚弦

ZHANG, QUN XIAN 张群先 **(1916-)**
Hua, Sha 华沙
Zhao, Xian 赵先

Zhang, Ran 张冉
ZHANG, JIA ZHI 张家治 **(1927-)**

Zhang, Ren 张韧
ZHANG, JIA JUN 张家钧 **(1935-)**

ZHANG, REN JIAN 张仁健 **(1938-)**
Qi shi 弃石

ZHANG, REN JIE 张人杰 **(1877-1950)**
Jing jiang 静江
Ju pu 鞠普
Qing 青
Wo chan 卧禅
Yin guang 饮光
Zhang, Jing jiang 张静江

Zhang, Ren jun 张人俊
ZHANG, CHENG ZONG 张承宗 **(1910-)**

Zhang, Ren shi 张纫诗
ZHANG, YI 张宜 **(1911-)**

ZHANG, REN TAO 张任涛 **(-1971)**
Zhang, Jian nan 张建南
Zhang, Qian fan 张千帆
Zhang, Xin jian 章欣渐

ZHANG, REN WEI 张人位 **(1929-)**
Ren, Wei 任为

ZHANG, REN XI 张人希 **(1918-)**
Qie ye 伽叶

ZHANG, REN XIAN 张仁仙 **(1916-)**
Xin liang 莘良
Zhang, Xing liang 张星亮

ZHANG, REN XUN 张仁勳
Ren xun 仁勳

ZHANG, REN YI 张仁义 **(1928-)**
Yi zhi 宜之
Zhang, Yan 张言

ZHANG, REN ZHENG 张任政 **(1898-1960)**
Bing deng an 冰灯庵
Zhang, Hui yi 张惠衣

ZHANG, REN ZHENG 张任政 **(1916-)**
Chui yan 炊烟
Jiang, Zhi ge 江之歌
Kan fu 侃夫
Mo, Ba 墨巴
Zhang, Hui liang 张惠良

Zhang, Rong 章容
LU, YU 路逾 **(1913-)**

Zhang, Rong 张榕
ZHANG, HUAN RONG 张焕容 **(1884-1912)**

Zhang, Rong 张荣
ZHANG, YONG 张镛 **(1921-1979)**

ZHANG, RONG 张嵘 **(1953-　　)**
Gong shan 弓山

ZHANG, RONG FU 张荣甫
Yan di 雁棣

ZHANG, RONG GUI 章荣圭
Bai, Fu 白夫
Shao yan 少炎
Zhong guan 中贯

Zhang, Rong hua 张荣华
ZHANG, NAI YING 张廼莹 **(1911-1942)**

ZHANG, RONG LAN 张蓉兰 **(1936-　　)**
Na si 娜斯

Zhang, Rong ming 张容明
ZHANG, XIANG SHAN 张香山 **(1914-　　)**

ZHANG, RONG QING 张荣庆 **(1938-　　)**
Ru qian 茹倩

ZHANG, RONG RI 张荣日 **(1942-　　)**
Jiang, Rong yi 江榕薏
Po zhen zi 破阵子
Yu sang 彧桑
Zhang, Ge ming 张戈鸣
Zhang, Hui 张挥

ZHANG, RONG SHENG 张荣生 **(1932-　　)**
Rong, Sheng 荣升

Zhang, Rong xi 张榕西
ZHANG, YAO ZENG 张耀曾 **(1884-1938)**

ZHANG, RONG XIAN 张荣显 **(1925-　　)**
Zhang, Yi nong 张一农

Zhang, Ru bin 张汝彬
ZHANG, TIE JUN 张铁君 **(1899-　　)**

Zhang, Ru xin 张如心
ZHANG, SHU AN 张恕安 **(1908-1976)**

Zhang, Ru yi 章如意
CHEN, XUAN WEN 陈绚文 **(1922-　　)**

ZHANG, RU ZHAO 张汝钊 **(1900-　　)**
Jiao yuan 蕉园
Ru zhao 汝钊
Yuan tian yi 缘天簃

ZHANG, RU ZHI 张汝智 **(1922-　　)**
A zhi 阿智
She li 舍利
Wen pu 蚊扑
Wu liao ren 无聊人
Zhang, Hen yan 张恨眼
Zhang, Qiong 张惸
Zhang, Wen bo 张文渤

ZHANG, RU ZHOU 张汝舟 **(1899-1982)**
Er wu ju shi 二毋居士
Zhang, Du 张渡

ZHANG, RUI JI 张瑞玑 **(1880-1927)**
Lao heng 老衡

ZHANG, RUI JIN 张瑞瑾 **(1917-　　)**
Ji, Qun zhi 纪群志

ZHANG, RUI LIN 张瑞麟 **(1933-　　)**
Jiang, Shui bi 江水碧
Lu, Shen 鲁深
Lu, Shi yin 鲁诗音
Miao, Ke zi 缪珂子
Niu, Bei shan 牛北山
Qin, Shu bi 秦树碧
Wang, Zhuan 王耑
Ye yin 野垠
Zhang, Xin ye 张新叶
Zhang, Xue ying 张雪影

Zhang, Rui xing 张瑞星
ZHANG, JIN ZHONG 张锦忠 **(1956-　　)**

ZHANG, RUI ZHEN 张瑞桢 **(1969-　　)**
Zhang, Zhen 张桢

ZHANG, RUN CANG 张润苍 **(1893-1974)**
Chi song zi 赤松子
Meng jiu 梦九
Zhang, Meng jiu 张梦九
Zhang, Shang ling 张尚龄

ZHANG, RUN HUI 张润翙 **(1931-　　)**
Hui sheng 翙声
Yu, Shui 鱼水
Ze yu 泽羽

ZHANG, RUO GU 张若谷 **(1904-　　)**
Bai he 百合
Liu, Wu xin nü shi 刘舞心女士
Ma, Er gu 马尔谷
Mo ju 摩矩
Nan, Fang zhang 南方张
Ou yang, Zhong zheng 欧阳忠正
Ruo gu 若谷
Zhang, Tian song 张天松

ZHANG, RUO LONG 章若龙 **(1925-　　)**
Zhang, Pei song 章培松

ZHANG, RUO MING 张若名 **(1902-1958)**
San liu 三六
Shan lu 珊陆
Shan lu 衫陆
Zhang, Ruo ming 张若明
Zhang, Shan lu 张珊陆
Zhang, Yan zhuang 张砚庄

Zhang, Ruo ming 张若明

ZHANG, RUO MING 张若名 (1902-1958)

ZHANG, RUO PING 张若萍 (1918-)
Lin, Jian 林间

Zhang, Ruo yi 章若椅
ZHANG, XIANG DING 张象鼎 (1899-1992)

Zhang, Ruo ying 张若英
QIAN, XING CUN 钱杏邨 (1900-1977)

Zhang, Ruo yu 章若榆
ZHANG, XIANG DING 张象鼎 (1899-1992)

Zhang, San 张三
QIN, HAO 秦浩 (1908-)

Zhang, San 张伞
GUO, JIA GUI 郭嘉桂 (1919-)

Zhang, San 张散
ZHANG, HUI REN 张惠仁 (1932-)

ZHANG, SEN LIN 张森林 (1961-)
Wu, Mu 伍木

Zhang, Shan 张山
LU, GUO WEI 陆国纬 (1932-)

Zhang, Shan 张珊
ZHANG, MING TUN 张名暾 (1922-)

Zhang shan 掌杉
ZHANG, BAO SAN 张宝三 (1956-)

Zhang, Shan lu 张珊陆
ZHANG, RUO MING 张若名 (1902-1958)

ZHANG, SHAN PING 张善平 (1928-)
Tian, Zi 田子
Zui shan 醉山

ZHANG, SHAN QUN 张善群 (1956-)
Li, Jian ou 李剪藕

ZHANG, SHAN TANG 张善堂 (1934-)
Qiu, Shi 秋实

Zhang, Shan zi 张善子
ZHANG, ZE 张泽 (1882-1940)

Zhang, Shang 张尚
ZHANG, SONG NIAN 张崧年 (1893-1986)

Zhang shang 掌上
ZHANG, XIU QI 张绣绮 (1952-)

Zhang, Shang bin 张尚斌
ZHOU, SHAO YI 周绍仪 (1908-1979)

Zhang, Shang da 张尚达
TANG, DUAN YI 唐端毅 (1913-1992)

Zhang, Shang ling 张尚龄
ZHANG, RUN CANG 张润苍 (1893-1974)

Zhang, Shang nong 张尚农
SHANG, LONG 尚龙

Zhang, Shang zhi 张尚之
ZHANG, TONG 张同 (1918-)

Zhang, Shao 张哨
ZHANG, GUI HUAI 张桂怀 (1935-)

ZHANG, SHAO 张韶 (1924-)
Huang ye 荒野
Kuang ye 旷野
Ma, Ben 马奔
Ye, Sang 叶桑
Zhang, Yang 张扬

Zhang, Shao cheng 张少成
ZHANG, SHAO CHENG 张绍诚 (1935-)

ZHANG, SHAO CHENG 张绍诚 (1935-)
Sheng cheng 胜成
Shi fu 实父
Xiao, Xue sheng 肖雪生
Yi cheng 一成
Zhang, Shao cheng 张少成
Zhao, Sheng 兆绳

ZHANG, SHAO FENG 张少峰
Bi bai 比白
Kong, Jun 孔均

ZHANG, SHAO HUA 张少华 (1938-)
Shao, Hua 邵华

ZHANG, SHAO JUN 张绍军
Tie shi 铁石

ZHANG, SHAO LAN 张少兰 (1949-)
Qiao ling 悄凌
Shuang he 双禾
Zhang, Xiao xin 张晓馨

Zhang, Shao qi 张少奇
ZHANG, JING YUN 张景云 (1940-)

Zhang, Shao sun 张少孙
ZHANG, MING REN 张明仁 (1918-)

ZHANG, SHAO WEN 张绍文 (1933-)
Zi sun 紫笋

ZHANG, SHAO WU 张少武 (1933-)
Yi wen 亦闻

Zhang, Shao xian 张绍贤
CHEN, YU SUN 陈虞孙 (1904-)

ZHANG, SHAO XIANG 张绍祥 (1942-)
Ma, Zi 马子

Zhang, Shao yan 张少岩
ZHANG, JUN TI 张君悌 (1910-1971)

Zhang, Shao yan 张少巖

ZHANG, JUN TI 张君悌 **(1910-1971)**

ZHANG, SHAO ZENG 张绍曾 **(1919-　　)**
Luo li 洛黎
Xing san 省三
Zhang, Lu 张鲁

ZHANG, SHAO ZHAI 张少斋
Shao zhai 少斋

Zhang, She wo 张舍我
ZHANG, JIAN ZHONG 张建中 **(1896-　)**

ZHANG, SHEN 张审 **(1895-1961)**
Zhang, Mei an 张梅安
Zhang, Mei an 张梅庵

Zhang, Shen 张甡
ZHANG, YOU JI 张友济 **(1920-　　)**

Zhang, Shen fu 张申甫
ZHANG, SONG NIAN 张崧年 **(1893-1986)**

Zhang, Shen fu 张申府
ZHANG, SONG NIAN 张崧年 **(1893-1986)**

ZHANG, SHEN HUA 张身华 **(1922-1988)**
Da hua 大化
Jun tao 君弢
Kai tian 开天
Shen, Fa 申伐
Shen, Fei 申非
Shen, Fu 申甫
Xiang xia ren 乡下人
Xiang xia ren 项下人

ZHANG, SHEN QIE 张深切 **(1904-1965)**
Chu, Nü 楚女
Zhang, Nan xiang 张南翔
Zhe ye 者也

ZHANG, SHEN XIU 张慎修 **(1936-　　)**
Fang, Li 方理
Rao, Jun 饶君

Zhang, Sheng 张声
ZHANG, ZI PING 张资平 **(1893-1959)**

ZHANG, SHENG 张昇 **(1910-1992)**
Zhang, Le ping 张乐平

ZHANG, SHENG FU 张圣福 **(1947-　　)**
Zhang, Chao dong 张朝东

ZHANG, SHENG GUI 张生贵 **(1944-　　)**
Shu jin 抒今
Zhang, Chi 张弛

ZHANG, SHENG MING 张升明 **(1925?-　　)**
Chang, Liang 常亮
Chang ming 长明

ZHANG, SHENG YU 张盛裕 **(1931-　　)**
He, Ji 何激
Sheng, Yu 盛宇

Zhang, Shi 张世
ZHANG, LIN LAN 张林岚 **(1922-　　)**

Zhang, Shi 张时
ZHANG, YI HUAI 张以淮 **(1928-　　)**

ZHANG, SHI BAO 张世宝
Bai, Ding 白丁
Bu, San 卜三

ZHANG, SHI CHUN 张世椿 **(1935-　　)**
Zhang, Cun 张邨

Zhang, Shi fang 张十方
ZHANG, GUANG ZHEN 张广桢 **(1914-　　)**

ZHANG, SHI FANG 张世方 **(1914-　　)**
Bing 冰
Fang, Bing 方冰
Li, Man 李满
Lin, Zhi qu 林之曲

Zhang, Shi jian 张诗剑
ZHANG, SI JIAN 张思鉴 **(1938-　　)**

Zhang, Shi jie 张世杰
PEI, JIA LIN 裴家麟 **(1933-　　)**

ZHANG, SHI JING 章世菁 **(1926-　　)**
Jin, Zhong 金中
Shi jing 世菁

ZHANG, SHI JUN 张士钧 **(1951-　　)**
Meng sheng 萌生
Shi jun 诗君

ZHANG, SHI JUN 张士儁 **(1902-1930)**
Cai zhen 采真
Zhang, Cai zhen 张采真

ZHANG, SHI KUN 张时坤 **(1941-　　)**
Zhang, You guang 张佑光

ZHANG, SHI LI 张世礼 **(1938-　　)**
Wan ren 皖人

Zhang, Shi lin 张士林
ZHANG, JIA SEN 张嘉森 **(1887-1969)**

ZHANG, SHI MIN 张士敏 **(1935-　　)**
Shi min 士敏
Si ming 思明

Zhang, Shi ming 张石铭
ZHANG, JUN HENG 张钧衡

ZHANG, SHI PENG 张石朋
Shi, Peng 石朋
Wan shi 顽石
Zhang, Ting yun 张廷鋆

ZHANG, SHI QIANG 张世强 **(1942-)**
Gu, Qian 古千

Zhang, Shi ren 张士仁
XU, JIE 许杰 **(1901-1993)**

Zhang, Shi ren 张时任
ZHANG, XIANG SHAN 张香山 **(1914-)**

ZHANG, SHI RONG 张世荣 **(1939-)**
Yang, Shan 杨山

ZHANG, SHI RONG 张世荣 **(1943-)**
Jiang, Fan 江帆

Zhang, Shi ruo 张实若
ZHANG, YONG MEI 张永枚 **(1932-)**

Zhang, Shi song 张石松
ZHANG, YU LU 张玉禄 **(1926-)**

ZHANG, SHI TIAN 章世添 **(1939-)**
Jiang, Lei 姜磊

Zhang, Shi tie 章师铁
ZHANG, DE YAN 章德延 **(1949-)**

ZHANG, SHI WEI 张士伟 **(1939-)**
Lu, Ying 鲁婴
Xin ran 欣然
Zhi wei 峙巍

ZHANG, SHI XIE 张士燮 **(1932-)**
Gong, Chang 龚錩
Tong, Fu 佟伏

Zhang, Shi xing 张士行
ZHU, PU SHENG 朱溥生 **(1934-)**

ZHANG, SHI XING 张世兴
Shi xing 世兴

Zhang, Shi xiong 张时雄
ZHANG, TUO WU 张拓芜 **(1928-)**

Zhang, shi xue 章氏学
ZHANG, BING LIN 章炳麟 **(1869-1936)**

ZHANG, SHI XUN 张世勋 **(1925-)**
Bai, Feng 白讽
Bai, Mang 白芒
Fang, Nan 方南
Hu, Geng 胡耕
Lin, Di 林笛
Lin, Yin 林殷
Liu, Yang 柳央
Sha li 沙粒
Shi, Xu 史序
Shi xun 世勋
Xiao, Mang 肖芒
Xun 勋
Zhang, Di 张笛
Zhang, Yang 张央
Zhang, Yang 张扬
Zhang, Yang 张阳

ZHANG, SHI YAO 张士尧 **(1950-)**
An, Jiang 安江

ZHANG, SHI YI 张师顗 **(1921-)**
Chai, Chi 柴池
Gu, Yao shui 顾乐水
Guo, Fu qi 郭伏其
Shi yin 十音
Wen, Jie 闻界
Xiu zi wu 烋子乌
Yu, Ke 于轲
Zhang, Huai zhi 张怀智
Zhang, Pin zhen 章品镇
Zhou, Ji ye 周戟野

ZHANG, SHI YUAN 张式瑗 **(1905-1976)**
An, E 安娥
An E nü shi 安娥女士
Ding, Na 丁娜
He, Ping 何平
Su, Ni ya 苏尼亚
Zhang, Ju sheng 张菊生
Zhang, Ying 张英
Zhang, Ying 张瑛
Zhang Ying nü shi 张英女士
Zuo, Ping 左平
Zuo Ping nü shi 左平女士

ZHANG, SHI ZENG 张士增 **(1944-)**
Shi, Zhen 石真
Zhang, Zheng 章铮

ZHANG, SHI ZHAO 章士钊 **(1882-1973)**
Ai du ge ming jun zhe 爱读革命军者
Can he shan 灿河山
Gu chang 孤常
Gu tong 孤桐
Gu tong zi 孤桐子
Han, Tian min 韩天民
Huang di zi sun zhi di pai huang zhong Huang 黄帝子孙之嫡派黄中黄
Huang, Zhong huang 黄中黄
Ke, Lao ren 柯老人
Lan ke 烂柯
Lan ke shan qiao 烂柯山樵
Lan ke shan ren 烂柯山人
Min zhi 民质
Qing tong 青桐
Qing tong zi 青桐子
Qiu,Tong 秋桐
Shi zhao 士钊
Wu mao 无卯
Xing yan 行严
Zhang, Qiu sheng 章邱生

Zhang, Xing yan 章行严
Zhi na han zu huang zhong huang 支那汉族黄中黄

Zhang, Shi zhi 章式之
ZHANG, YU 章钰 (1865-1937)

ZHANG, SHI ZHONG 张世忠 (1900-1957)
Qi lu ju shi 七炉居士
Zhang, Shu qi 张书旂

ZHANG, SHI ZHU 张世珠 (1924-)
Wei shan 微山

Zhang shou 樟寿
ZHOU, SHU REN 周树人 (1881-1936)

ZHANG, SHOU CHANG 张守常 (1922-)
Shan gen xiao you 山根小友
Wang, Shu heng 王书衡
Xian fu 先夫

ZHANG, SHOU KANG 张寿康 (1925-1991)
Bian, Hui 卞慧
Shan ding 山丁
Zhong yu 中禹

ZHANG, SHOU LI 张守礼 (1956-)
Jiang, Dong 江东

ZHANG, SHOU LIN 张寿林 (1907-)
Fu cui shi 浮翠室
Xue ya xuan 雪压轩

ZHANG, SHOU PENG 张寿彭 (1943-)
Zhang, Mi 张弥
Zhang, Wang 张望

ZHANG, SHOU QIAN 张守谦 (1916-)
Guan, Yong ji 关永吉
Shang guan, Zheng 上官筝
Wu, Gong han 吴公汗
Wu, Lou 吴楼
Xing hui 省辉
Zhang, Bu bai 张不白
Zhang, Chong min 张崇敏

ZHANG, SHOU REN 张守仁 (1933-)
Qing, Jiang 青江

ZHANG, SHOU SHEN 张守慎 (1924-1968)
Sha, Fu 沙弗
Yi, Ke 伊珂
Zong, Bai 宗白

ZHANG, SHOU SONG 章寿松 (1933-)
Zhang, Tao 章涛

ZHANG, SHOU YI 张守义 (1930-)
Yu lin 玉麟

ZHANG, SHOU YI 张守彝 (-1937)
Tian zhou zhe 天帚者

ZHANG, SHOU YONG 张寿镛 (1876-1945)
Yue yuan 约园

Zhang, Shou zheng 张守正
HUANG, XING 黄兴 (1874-1916)

ZHANG, SHOU ZHONG 张守中 (1920-)
Wan, Li 万力

Zhang, Shu 张抒
LI, CHENG ZHANG 李成章 (1938-)

Zhang, Shu 张树
YAN, ZE MIN 延泽民 (1921-)

Zhang, Shu 张曙
ZHANG, EN XI 张恩袭 (1909-1938)

ZHANG, SHU AN 张恕安 (1908-1976)
Zhang, Ru xin 张如心

Zhang, Shu bao 张书宝
ZHANG, QI 张奇 (1933-)

Zhang, Shu fang 张舒放
ZHANG, LIE 张烈 (1918-)

ZHANG, SHU GUANG 张曙光 (1939-)
Zhang, Gen xue 张根学

ZHANG, SHU HAN 张淑菡 (1930-)
Han ke 寒柯

ZHANG, SHU LIN 张树林 (1956-)
Jiang, Zhen han 江震寒
Ling, Jiang fei 凌江飞
Zhang, Bi ao 张笔傲

ZHANG, SHU LÜ 张叔吕 (1923-)
He, Shu 何叔
Yi zhou 忆舟
Ying 颖
Ying 罂
Zhang, Ying 张颖
Zhang, Ying 章罂

Zhang, Shu ming 张殊明
ZHANG, CHU MING 张楚鸣 (1899-)

ZHANG, SHU MO 张树模
Mu zhou 慕周
Zhang, Mu zhou 张慕周

ZHANG, SHU NAI 张叔耐
Chi jiu 痴鸠

Zhang, Shu qi 张书旂
ZHANG, SHI ZHONG 张世忠 (1900-1957)

ZHANG, SHU RONG 张树荣
Shu, Rong 树荣

ZHANG, SHU SEN 张树森 (1919-)
Su, Guang 苏光

Sai shang ke 塞上客

ZHANG, SU ZONG 张宿宗 **(1941-)**
Cheng, Xiang 程鄉
Shi, Luo 石螺

Zhang sun, You ji 长孙有忌
HAN, DAO CHENG 韩道诚 **(1917-)**

Zhang, Suo shi 张索时
ZHANG, HOU REN 张厚仁 **(1941-)**

ZHANG, TAI KUN 张台坤 **(1948-)**
Zhang, Kun 张堃

Zhang, Tai lai 张泰来
ZHANG, TAI LEI 张太雷 **(1898-1927)**

ZHANG, TAI LEI 张太雷 **(1898-1927)**
Chun 春
Chun 椿
Chun mu 春木
Da 大
Da lei 大雷
Lei 雷
Lei, Yin 雷音
Mu 木
Tai 太
Tai lai 太来
Tai lei 太雷
Tai lei 泰雷
Tai mou 太侔
You mu 有木
Zhang, Chun nian 张椿年
Zhang, Fu 张复
Zhang, Tai lai 张泰来
Zhang, Zeng rang 张曾让
Zhi chun 之椿

Zhang, Tai yan 章太炎
ZHANG, BING LIN 章炳麟 **(1869-1936)**

Zhang, Tan feng 张叹凤
ZHANG, FANG 张放 **(1957-)**

ZHANG, TANG QI 张堂錡 **(1962-)**
Tong, Yan 童颜

ZHANG, TAO 张焘 **(1894-)**
Ming, Fei 冥飞
Zhang, Ming fei 张冥飞

Zhang, Tao 章涛
ZHANG, YONG NIAN 张永年 **(1910-1997)**

Zhang, Tao 章涛
ZHANG, SHOU SONG 章寿松 **(1933-)**

Zhang, Te li 张特立
ZHANG, GUO TAO 张国焘 **(1897-1979)**

ZHANG, TENG JIAO 张腾蛟 **(1930-)**
Lu, Ding 鲁丁
Lu, Jiao 鲁蛟

Zhang, Teng xiao 张腾霄
ZHANG, YONG SHEN 张永慎 **(1915-)**

ZHANG, TI 张悌 **(1946-)**
Shi ti 诗悌
Zhang, Xian 张弦

Zhang, Tian 张天
TANG, KE SHUN 唐克舜 **(1928-)**

ZHANG, TIAN 张天 **(1939-)**
Zhang, Qiu hong 张秋红

ZHANG, TIAN BAI 张天白 **(1902-)**
Dong fang, Sheng 东方生
Ma, Da 马达
Qiu, Kang 丘康
Qiu, Xing zhi 丘幸之
Tai yang 太阳
Xiao guang 晓光
Yan yan 炎炎
Yang, Ming 杨明
Zhang, Chen 张晨
Zhang, Xiao guang 张晓光

ZHANG, TIAN BIAO 张天彪 **(1906-)**
Zhang, Tian lin 张天麟

ZHANG, TIAN CI 张天赐 **(1937-)**
Chu, Tian 楚天
Zhang, Ju hua 张居华

ZHANG, TIAN DING 张天定
Tian, Ding 田丁

ZHANG, TIAN JIAN 张天健 **(1932-)**
Chang jian 长剑

Zhang, Tian lin 张天麟
ZHANG, TIAN BIAO 张天彪 **(1906-)**

Zhang, Tian lu 张天芦
ZHANG, MING RU 张明儒 **(1924-)**

Zhang, Tian lu 张天鲁
ZHANG, MING RU 张明儒 **(1924-)**

ZHANG, TIAN MIN 张天民 **(1946-)**
Cheng mo 澄墨

ZHANG, TIAN MU 张天幕
Tian mu 天幕

ZHANG, TIAN NAN 张天男 **(1959-)**
Jia mu 加木
Ou yang, Bai 欧阳白

ZHANG, TIAN PU 张天璞 **(1917-)**
Zhang, Zhen 张真

ZHANG, TIAN SHOU 张天寿 **(1938-)**

Lao, Si 劳思
Shi, Cheng 石城

ZHANG, TIAN SHOU 张天授 **(1916-)**
Hua, Na 华那
T. S.
Tian shou 天授

Zhang, Tian song 张天松
ZHANG, RUO GU 张若谷 **(1904-)**

Zhang, Tian xu 张天虚
ZHANG, HE 张鹤 **(1911-1941)**

ZHANG, TIAN YI 张天翼 **(1906-1985)**
Ha, Mi chi 哈迷蚩
Lao kua 老侉
Mou han 某汉
Tie chi han 铁池翰
Tie han 铁翰
Wu zheng 无诤
Yi 翼
Yi, Zhi 易之
Yi zhi 一之
Yi zhi 翼之
Zhang, Han di 张汉弟
Zhang, Huan zhi 张焕之
Zhang, Wen ding 张文定
Zhang, Wu zheng 张无诤
Zhang, Yi 张一
Zhang, Yi zhi 张一之
Zhang, Yuan ding 张元定

ZHANG, TIAN ZHEN 张天珍 **(1944-)**
Tian, Chen 田晨

Zhang, Tiao 张眺
ZHANG, XING ZHI 张星芝 **(1901-1934)**

Zhang, Tie feng 张铁峰
ZHANG, JIANG MING 张江明 **(1921-)**

ZHANG, TIE FU 张铁夫 **(1922-)**
Ma, Tie ding 马铁丁
Qiu, Feng 秋风
Tian, He feng 田禾丰
Tie fu 铁夫

ZHANG, TIE JUN 张铁君 **(1899-)**
Qian sou 黔叟
Tie jun 铁君
Zhang, Ru bin 张汝彬

ZHANG, TIE LU 张铁路 **(1945-)**
Zhang, Kuo 张廓

ZHANG, TIE MIN 章铁民 **(1899-)**
Gu, Meng 古梦
Tie min 铁民
Zhang, Zao han 章造汉

Zhang, Tie ping 张铁屏
ZHANG, GUO FAN 张国藩 **(1905-1975)**

ZHANG, TIE SHENG 张铁生 **(1904-1979)**
Tie sheng 铁生

Zhang, Tie xian 张铁弦
ZHANG, QUAN XIN 张全欣 **(1913-1984)**

ZHANG, TING 张挺 **(1922?-)**
Liao, Tie 廖铁
Shen, Jing 沈敬

ZHANG, TING JI 章廷骥 **(1907-)**
Zhuang, Ting yi 庄汀依

ZHANG, TING LIANG 张庭梁
Shi, Qiao 石樵

Zhang, Ting ping 张庭平
ZHANG, MAN PING 张曼苹

ZHANG, TING QIAN 章廷谦 **(1901-1981)**
Ai guan xian shi 爱管闲事
Chuan dao 川岛
Mao chen 矛尘
Mou chen 侔尘
T. C.
Ting qian 廷谦
Wang, Zi xin 王子欣
Xiao, Du 肖度
Yi xi 黄蹊
Zhang, Mao chen 章矛尘
Zhang, Mu xi 张穆熙

ZHANG, TING XIANG 张廷相 **(1877-1945)**
Zhang, Da dong 张达东
Zhang, Xiang 张相

Zhang, Ting yun 张廷鋆
ZHANG, SHI PENG 张石朋

ZHANG, TING ZHU 张廷竹 **(1950-)**
A xi 阿西
Ting zhu 挺竹

ZHANG, TONG 张同 **(1918-)**
A wu 阿五
An, Ping 安萍
Luo, Tian de 罗天德
Zhang, Shang zhi 张尚之

ZHANG, TONG SHENG 张同生 **(1929-)**
Huang, Tu 黄土
Zhang, Xiang huan 张香还

Zhang, Tuo 张拓
ZHANG, JUN LIU 张均六 **(1924-)**

ZHANG, TUO WU 张拓芜 **(1928-)**
E liao 莪蓼
Shen, Dian 沈甸

Shen, Li 沈犁
Tang, Zhuo 唐拙
Zhang, Shi xiong 张时雄
Zhang, Yang 张扬
Zuo can 左残

Zhang, Wan 张皖
ZHUANG, SHU TANG 庄树棠 **(1932-)**

ZHANG, WAN FANG 张万芳 **(1921-)**
Fan, Fang 范方
Zhang, Ke 张可

ZHANG, WAN LING 张万龄 **(1946-)**
Qiu, Mo 邱默
Qiu, Yi zhong 邱一中

ZHANG, WAN MING 张婉明
Zhang, Nong chao 张弄潮

Zhang, Wan shu 张万舒
ZHANG, WEI CHUN 张维春 **(1938-)**

ZHANG, WAN XI 张万熙 **(1920-)**
Mo, Ren 墨人

Zhang, Wan yi 张万一
ZHANG, WAN YI 张万镒 **(1917-)**

ZHANG, WAN YI 张万镒 **(1917-)**
Lao ling 老菱
Zhang, Wan yi 张万一

Zhang, Wan zhen 张婉贞
ZHANG, NAI YING 张廼莹 **(1911-1942)**

Zhang, Wang 张望
ZHANG, FA ZAN 张发赞 **(1916-)**

Zhang, Wang 张望
TAN, JIAN YAO 谭鉴尧 **(1922-)**

Zhang, Wang 张望
ZHANG, DA GUANG 张大光 **(1931-)**

Zhang, Wang 张望
ZHANG, WU DE 张武德 **(1936-)**

Zhang, Wang 张望
CHEN, FAN 陈范 **(1940-)**

Zhang, Wang 张望
ZHANG, SHOU PENG 张寿彭 **(1943-)**

ZHANG, WANG YUN 张望云
Wang yun 望云

ZHANG, WEI 张玮 **(1882-)**
Zhang, Xiao bin 张儆彬

ZHANG, WEI 张威 **(1910-)**
Bing jian 冰溅
Huang, Ye 黄叶
Jian 溅

Lao zhuang 老庄
Wan 顽
Wan shi 顽石
Wei, Ran 魏然
Xin 辛
Xin, Ren 辛任
Xin ye 莘野
Zhang, Li 张立
Zhang, Pin jian 张品健
Zhang, Xi ye 张西野

Zhang, Wei 张惟
ZHANG, HAN RONG 张汉荣 **(1932-)**

Zhang, Wei 张维
ZHANG, CHAO ZUO 张朝佐 **(1900-)**

Zhang, Wei 张维
ZHONG, LUO 钟萝 **(1936-)**

ZHANG, WEI 张维
Lan, Yun 兰云

ZHANG, WEI 张葳
Bai, Mu 白牧

Zhang, Wei 张微
ZHANG, XIAO 张效 **(1935-)**

Zhang, Wei 张碨
YANG, XIU CEN 杨秀岑 **(1929-)**

Zhang, Wei 章微
ZHANG, WEI FEI 章微菲 **(1948-)**

Zhang, Wei 章微
ZHANG, YUE XIA 章月霞

ZHANG, WEI AN 张维安 **(1937-)**
Wei, An 韦岸
Wei an 惟安

ZHANG, WEI CHUN 张维春 **(1938-)**
Zhang, Wan shu 张万舒

ZHANG, WEI CI 张慰慈 **(1890-)**
Wei 慰
Wei ci 慰慈

ZHANG, WEI FANG 张维芳 **(1934-)**
Yi fan 一帆

ZHANG, WEI FEI 章微菲 **(1948-)**
Zhang, Wei 章微

Zhang, Wei han 张維翰
ZHANG, HAI WEI 张海威 **(1927?-)**

Zhang, Wei jun 张为军
ZHANG, ZENG WO 张增我

Zhang, Wei lian 张威廉
ZHANG, CHUAN PU 张传普 **(1902-)**

ZHANG, WEI MIN 张为民 **(1937-)**
Zhang, Huai ren 张怀仁
Zhang, Min 张苠

ZHANG, WEI QI 张维祺
Wei qi 维祺

ZHANG, WEI QING 张薇青 **(1927-)**
Bai, Qing 柏青
Ruan, Bo 阮波
Wen, Wei 文薇

ZHANG, WEI RONG 章维荣 **(1909-1942)**
Feng sha 风沙

ZHANG, WEI XIAN 张维贤
Nai shuang 耐霜

ZHANG, WEI XIANG 张惟骧 **(1883-1948)**
Xiao shuang ji an 小霜寂庵

ZHANG, WEI YAN 张维彦 **(1933-)**
Gong li 弓立

ZHANG, WEI YI 张惟一 **(1933-)**
Sha, Lei 沙磊
Zhang, Chong tian 张重天

ZHANG, WEI ZHI 张为之 **(1943-)**
Ru mo 如墨

ZHANG, WEI ZHOU 张维周
Wei zhou 维周

Zhang, Wen 张文
ZHANG, JING HAO 张景豪 **(1913-)**

Zhang, Wen 张文
LAN, BO ZHOU 蓝博洲 **(1960-)**

Zhang, Wen 张雯
ZHANG, ZONG KE 张宗可 **(1898-1975)**

Zhang, Wen bi 张文陛
ZHANG, WEN QI 张文琪 **(1930-)**

ZHANG, WEN BIN 张文彬 **(1933-)**
Wen bin 问彬

ZHANG, WEN BING 张文炳 **(-1959)**
Wang yun 望云
Zhang, Wen bing 张吻冰

Zhang, Wen bing 张吻冰
ZHANG, WEN BING 张文炳 **(-1959)**

Zhang, Wen bo 张文渤
ZHANG, RU ZHI 张汝智 **(1922-)**

Zhang, Wen da 张文达
ZHANG, XIAO QUAN 张孝权 **(1921-)**

ZHANG, WEN DI 张文第
Shi, Ren 石人

Zhang, Wen ding 张文定
ZHANG, TIAN YI 张天翼 **(1906-1985)**

ZHANG, WEN FENG 张文峰 **(1950-)**
Hua, Chao zi 花朝子

ZHANG, WEN GANG 张文纲 **(1919-)**
Hua, Rui 华瑞
Ke ming 克明
Nan, Nan 南楠
Shi, Ming 施明
Su, Ming 苏明

ZHANG, WEN GUANG 张文光 **(1913-)**
Guang nian 光年
Guang wei ran 光未然
Hua, Fu 华甫
Hua, Fu 华夫
Hua, Shan 华山
Lan, Feng 蓝枫
Li, Huai 李怀
Li, Qing 黎青
Ran 然
Wei ran 未然
Wen, Guang 文光
Wu ming 无明
Xin, Ren 辛仁
Yan, Zhi 言直
Zhang, Guang nian 张光年
Zhang, Hua fu 张华甫

ZHANG, WEN HUA 张文华
Lu wei 露薇
Wen, Hua 文华
Zhang, Lu wei 张露薇

Zhang, Wen hua 张文华
HE, ZHI YUAN 贺志远

ZHANG, WEN HUAN 张文环 **(1909-1978)**
Wen, Mu 文牧

Zhang, Wen jun 张文俊
ZHANG, YAO CHEN 张耀宸 **(1926-)**

ZHANG, WEN KAI 张文凯 **(1933-)**
Zhang, Gang 张刚

ZHANG, WEN LAN 张文澜
Wen lan 文澜
Zhang, Bo 张波

ZHANG, WEN LIN 张文麟
Lu, Ding 鲁丁

ZHANG, WEN LONG 章文龙 **(1917-)**
Chang shi 长石
Mu, Sha 慕沙
Zhang, Chang shi 章长石
Zhang, Fei 章斐

ZHANG, WEN MIN 张问敏 **(1937-)**
Zhang, Jing 张静
Zhang, Le 张乐

ZHANG, WEN QI 张文琪 **(1930-)**
Zhang, Wen bi 张文陛

ZHANG, WEN RONG 张文荣 **(1930-)**
Liu shun 六顺
Yu, Hong 宇虹
Zhang, Xun 张浔

Zhang, Wen song 张文松
ZHANG, XIAO 张骁 **(1919-)**

ZHANG, WEN TIAN 张闻天 **(1900-1976)**
Chang hong 长虹
Da feng 大风
Ge te 歌特
Ji lei 疾雷
Ke de 科德
Liu, Meng yun 刘梦云
Liu, Yun 刘云
Luo 洛
Luo, Fu 罗夫
Luo, Fu 罗浮
Luo fu 洛夫
Luo fu 洛甫
Luo man 萝蔓
Mei 美
Nan kan 难堪
Piao peng 飘篷
Ping, Jiang 平江
San ai 三爱
Si mei 思美
Si, Mian 斯勉
Tian 天
Wen 闻
Wen, Tian 文天
Wen, Tian 闻天
Xi man 西曼
Yu, Huai 于怀
Zhang, Luo fu 张洛甫
Zhang, Ping zhi 张平之
Zhang, Pu 张普
Zhao, Tian 赵天

Zhang, Wen tong 张文通
ZHANG, LEI 张雷 **(1926-)**

Zhang, Wen xin 张文欣
ZHANG, MAO JUN 张楙钧 **(1923-)**

ZHANG, WEN XIN 张文欣 **(1948-)**
Wen, Xin 闻欣
Yan pei 彦沛

ZHANG, WEN XUN 张文勋 **(1926-)**
Bing zhang 炳章
Fan er 凡尔
Luo, Ping shan 罗平山
Ni zi 泥子
Qing ying 清莹
Qiu, Jian 仇剑
Qiu, Yun 秋云
Yan fu 砚夫
Yu lu 愚鲁
Yun, He 云鹤

ZHANG, WEN YI 张文艺 **(1936-)**
Zhang, Bei hai 张北海

ZHANG, WEN YI 张文艺 **(1951-)**
Zhang, Yi fei 张翼飞

ZHANG, WEN YU 张文郁 **(1915-1991)**
Yu, Huai yun 郁怀云
Zhu, Li 朱力

ZHANG, WEN YUAN 张文元 **(1910-)**
Wen, Kui 文魁

ZHANG, WEN YUAN 张文苑 **(1926-)**
Xiao, Quan 肖泉
Zhou, Shan 周珊

ZHANG, WEN ZHI 张文治 **(1898-1956)**
Li zhai 立斋
Run zhi 润之

Zhang, Wo jun 张我军
ZHANG, QING RONG 张清荣 **(1902-1955)**

ZHANG, WO QUAN 张我权
Ge, He 戈禾

ZHANG, WU 张武 **(1938-)**
Jin, Chuan 金川

Zhang, Wu 章武
CHEN, ZHANG WU 陈章武 **(1942-)**

ZHANG, WU DE 张武德 **(1936-)**
Jin, Cheng 晋城
Wu, Wen zhong 武文众
Zhang, Hong 张弘
Zhang, Wang 张望

Zhang, Wu jing 张五经
OU YANG, LIN 欧阳驎 **(1913-)**

Zhang, Wu wei 张无为
ZHANG, YAN LI 张延礼 **(1870-1937)**

Zhang, Wu zheng 张无诤
ZHANG, TIAN YI 张天翼 **(1906-1985)**

Zhang, Xi 章兮
ZHANG, ZHONG 张中 **(1939-)**

Zhang, Xi bao 张锡宝
QIAN, XI BAO 钱锡宝

ZHANG, XI CHANG 张锡昌 **(1902-1980)**
Li, Zuo zhou 李作周
Xi chao 西超
Yi pu 益圃
Zhang, Xi chao 张西超
Zhang, Yi pu 张益圃
Zhang, Zuo zhou 张作周
Zuo zhou 作周

Zhang, Xi chao 张西超
ZHANG, XI CHANG 张锡昌 **(1902-1980)**

ZHANG, XI CHEN 章锡琛 **(1889-1969)**
Fang, Ke 方可
Gao, Lao 高劳
Xue cun 雪村
Zhang, Xue cun 张雪村

ZHANG, XI CHOU 张锡畴 **(1905-)**
Ji chun 继纯

Zhang, Xi feng 张希峰
ZHANG, JIN 张晋

Zhang, Xi geng 张西庚
ZHANG, HAN 张邯 **(1919-)**

ZHANG, XI GUO 张系国 **(1944-)**
Bai, Ding 白丁
San deng bing 三等兵
Xing shi 醒石
Yu wai ren 域外人

ZHANG, XI HOU 张锡厚 **(1937-)**
Sha, Gu 沙谷
Sha, Xiao 沙啸
Xin, Yi 辛夷
Zhang, Hong 张弘

ZHANG, XI KONG 张习孔
Yu bai 羽白

ZHANG, XI LEI 张锡类 **(1895-1958)**
Yue, E 越娥
Zhang, Yi qu 张一渠

ZHANG, XI LU 张希鲁 **(1900-)**
Xi lou 西楼

Zhang, Xi man 张西曼
ZHANG, BAI LU 张百禄 **(1895-1949)**

ZHANG, XI NA 张曦娜 **(1955-)**
Mi man 弥曼
Yang, Zi 阳子
Zhang, Yuan zi 张缘子

ZHANG, XI NAN 张西南 **(1952-)**
Xi nan 西南

ZHANG, XI QIN 张锡勤 **(1939-)**
Shi, Yi zhu 史逸竹

ZHANG, XI RUO 张奚若 **(1889-1973)**
Zhang, Xi ruo 张熙若

Zhang, Xi ruo 张熙若
ZHANG, XI RUO 张奚若 **(1889-1973)**

ZHANG, XI TING 张西庭 **(1947-)**
Quan, Yong 全庸

Zhang, Xi wang 张西望
ZHANG, BAI LU 张百禄 **(1895-1949)**

Zhang, Xi wang 张西望
XU, DONG BIN 徐东滨 **(1927-1995)**

ZHANG, XI WEN 章希文 **(1954-)**
Li, Ge 黎戈

ZHANG, XI XIAN 张喜贤 **(1920-)**
Qin fen 勤奋

ZHANG, XI YA 章西厓 **(1917-)**
Ai, Shi 艾士
Xi ai shi 西艾士

Zhang, Xi ye 张西野
ZHANG, WEI 张威 **(1910-)**

Zhang, Xi zhong 张翕仲
ZHANG, JI TAO 张寄涛 **(1927-)**

ZHANG, XIA CHANG 张遐昌 **(1916-)**
Chi fu 赤父
Yi seng 意僧

ZHANG, XIA HUN 张侠魂 **(-1938)**
Tie xue 铁血
Xia hun 侠魂

Zhang, Xian 张弦
ZHANG, XIN HUA 张新华 **(1934-)**

Zhang, Xian 张弦
ZHANG, TI 张悌 **(1946-)**

Zhang, Xian cheng 张先程
ZHANG, XIAN MIN 张宪民 **(1932-)**

ZHANG, XIAN HUA 张贤华 **(1931-)**
Jian wei 建蔚
Shi, Hua 石化

Zhang, Xian jiang 张宪江
ZHANG, LI WEN 张立文 **(1935-)**

ZHANG, XIAN LIANG 张贤良 **(1936-)**
Zhang, Xian liang 张贤亮

Zhang, Xian liang 张贤亮
ZHANG, XIAN LIANG 张贤良 **(1936-)**

ZHANG, XIAN MEI 张先梅
Ye, Jun yi 叶君漪

ZHANG, XIAN MIN 张宪民 **(1932-)**
Cao qing 草青
Xian cheng 先程
Zhang, Xian cheng 张先程

Zhang, Xiang 张乡
ZHANG, GUO ZHI 张国治 **(1957-)**

Zhang, Xiang 张相
ZHANG, TING XIANG 张廷相 **(1877-1945)**

ZHANG, XIANG DING 张象鼎 **(1899-1992)**
Jie jie 孑孑
Ming zhu 明珠
Ping, Zhou 平周
Ping zhou 萍周
Ping zhou 萍州
Ruo yu 若愚
Ruo yu 若榆
Xiang ting 香汀
Yi jin 疑今
You 蝤
You, Ni 游泥
You ran 悠然
You yi 有疑
You yi 有仪
You yi 忧疑
You yi 犹疑
You yi 忧夷
You yi 友彝
You yu 友愚
You yu 友渔
You yu 忧虞
You yu 犹豫
Zhang, Ruo yi 章若椅
Zhang, Ruo yu 章若榆
Zhang, You yi 张友彝
Zhang, You yu 张友渔
Zhang, You yu 张友榆
Zhang, You yu 张犹豫

ZHANG, XIANG DONG 张湘东 **(1957-)**
A ke 阿克
Zhang, Yi 章熠

ZHANG, XIANG HUA 张香华 **(1939-)**
Ai, Mei 艾玫
Hua, Bai 华白
Yin, Hua 尹华

ZHANG, XIANG HUA 张骧化 **(1927-)**
Hu, Bai ren 胡白刃
Ma, Shu meng 马抒梦
Meng ye 梦耶
Shi, Mei hua 石梅华
Si ma, Hui 司马卉
Xiang hua 骧化
Xiang, Ren hong 向人红
Ye ma 野马
Zhang, Da ye 张大野

Zhang, Xiang huan 张香还
ZHANG, TONG SHENG 张同生 **(1929-)**

ZHANG, XIANG LIN 张祥麟 **(1963-)**
Bei guo feng 北国风

ZHANG, XIANG QUAN 张湘泉 **(1917-)**
Fan ling 梵灵
Huo shi 火石
Shi ju 石菊
Xue lun 雪伦
Yue xiu shan ren 越秀山人
Zhang, Ai 张皑
Zhang, Le qi 张乐棋
Zhang, Xue lun 张雪伦

Zhang, Xiang shan 张香山
GU, FENG CHENG 顾凤城 **(1908-1940)**

ZHANG, XIANG SHAN 张香山 **(1914-)**
Ming 溟
Ming yi 溟漪
Shi, Ren 时任
Shi ren 莳人
Xiang shan 香山
Zhang, Rong ming 张容明
Zhang, Shi ren 张时任
Zhu, Bing 竹冰

Zhang, Xiang tian 张向天
ZHANG, BING XIN 张秉新 **(1913-1986)**

ZHANG, XIANG WEN 张相文 **(1867-1933)**
Dun gong 沌公
Dun gu ju shi 沌谷居士
Nan, Yuan 南园

Zhang, Xiang wu 张向午
ZHANG, XIANG WU 张相武 **(1931-)**

Zhang, Xiang wu 张向武
ZHANG, XIANG WU 张相武 **(1931-)**

ZHANG, XIANG WU 张相武 **(1931-)**
Xiang, Wu 向午
Xiang wu 相武
Zhang, Xiang wu 张向午
Zhang, Xiang wu 张向武

ZHANG, XIANG YANG 张向阳 **(1953-)**
Yang, Yang 阳飏

ZHANG, XIAO 张骁 **(1919-)**
Lin, Ding 林丁
Lin, Nan 林楠
Song 松
Zhang, Wen song 张文松

ZHANG, XIAO 张效 **(1935-)**

Ying, Zi 英子
Zhang, Min 张敏
Zhang, Wei 张微

Zhang, Xiao bin 张攸彬
ZHANG, WEI 张玮 **(1882-)**

ZHANG, XIAO BO 张小波 **(1964-)**
Zhang, Zang zang 张藏藏

Zhang, Xiao cang 张肖伧
ZHANG, ZHAO 张照 **(1881-1978)**

ZHANG, XIAO DONG 张晓东 **(1934-)**
Xin dong 心冬

ZHANG, XIAO DONG 张晓东 **(1941-)**
Zhong, Yuan 钟源

ZHANG, XIAO FEI 张晓非 **(1919-)**
Xiao fei 晓飞

ZHANG, XIAO FENG 张晓风 **(1941-)**
Ke po 可叵
Sang, Ke 桑科
Xiao feng 晓风
Yan ying 岩影
Zhang, Esther

ZHANG, XIAO GU 张小谷 **(1925-)**
Sui shi 碎石

Zhang, Xiao guang 张晓光
ZHANG, TIAN BAI 张天白 **(1902-)**

ZHANG, XIAO GUANG 张晓光 **(1955-)**
Chen, Xi 陈希
Cheng, Shi 程石

Zhang, Xiao hang 张小航
ZHANG, JIAN NAN 张建南

ZHANG, XIAO HU 张肖虎 **(1914-)**
Feng ren 风人
Hui feng 蕙风
Zi fu 子符
Xiao, Hu 萧湖
Xiao hu 啸虎

ZHANG, XIAO HU 张啸虎 **(1924)**
Li, Chun 李纯
Luo, Song 罗松

ZHANG, XIAO JUAN 张晓娟 **(1964-)**
Zi teng 紫藤

ZHANG, XIAO NIU 张小牛 **(1951-)**
Xiao niu 小牛

Zhang, Xiao qing 张小青
ZHANG, HUI 张慧 **(1909-)**

ZHANG, XIAO QING 张小清 **(1939-)**
Zhang, Zi qing 张子清

Zi qin 紫芹

ZHANG, XIAO QUAN 张孝权 **(1921-)**
Lin, Xun 林洵
Zhang, Wen da 张文达

Zhang, Xiao ruo 张孝若
ZHANG, YI ZU 张诒祖 **(1898-1935)**

Zhang, Xiao tian 张笑天
ZHANG, YAN LONG 张延龙 **(1939-)**

ZHANG, XIAO WEI 张晓伟 **(1956-)**
Xiao, Wei 萧微
Zhang, Zhong 张重

Zhang, Xiao wen 张孝文
WANG, JIN SHENG 王进生 **(1935-)**

ZHANG, XIAO XIAN 张小娴
Zhu, Ming 朱明

Zhang, Xiao xin 张晓馨
ZHANG, SHAO LAN 张少兰 **(1949-)**

ZHANG, XIAO YI 张小怿
Liu, Nan 柳南

ZHANG, XIAO YU 张效愚 **(1927-)**
Shu gong 蜀弓
Yu xin 禺心

ZHANG, XIAO ZHE 张孝者 **(1928-)**
Zhang, Fen 张汾
Zhang, Jun 张军
Zhang, Yun 张晕

ZHANG, XIAO ZHONG 张晓钟
Luo, Shi 罗石
Zhang, Zhong xiao 张中晓

Zhang, Xie 张撷
MIAO, WEN WEI 缪文渭 **(1915-)**

ZHANG, XIE CHU 张燮雏 **(1927-)**
Jin, Yi 金依
Yun yun 芸芸
Zhang, Chu 张初

ZHANG, XIE HE 张协和 **(1917-)**
Fang, Xing 方行
Zhang, Han 张汉

ZHANG, XIN 张鑫 **(1939-)**
A ming 阿鸣

ZHANG, XIN GUO 张辛国 **(1926-)**
Xing he 星河

ZHANG, XIN GUO 张新果 **(1952-)**
Gong wan 弓弯
Xin, Guo 辛果

ZHANG, XIN HUA 张新华 **(1934-)**

Zhang, Xian 张弦

ZHANG, XIN JI 张信吉 **(1963-)**
Ji, Ye 吉也

Zhang, Xin jia 张辛稼
ZHANG, XING JIE 张星階 **(1909-)**

Zhang, Xin jian 章欣浙
ZHANG, REN TAO 张任涛 **(-1971)**

ZHANG, XIN MIN 张新民 **(1943-)**
Qin, Xiang yan 秦湘燕
Xue shan 雪山

ZHANG, XIN MIN 张新民 **(1952-)**
Xin, Min 辛民
Zhang, Lao san 张老三

ZHANG, XIN QI 张新奇 **(1949-)**
Xiao shu 小署

Zhang, Xin quan 张新泉
ZHANG, XIN QUAN 张新荃 **(1941-)**

ZHANG, XIN QUAN 张新荃 **(1941-)**
Zhang, Xin quan 张新泉

ZHANG, XIN RANG 张信让 **(1925-)**
Qiao, Fu 乔父

ZHANG, XIN RUO 张昕若 **(1929-)**
Bo ming 伯明
Song, Qi 宋齐

Zhang, Xin shi 张辛实
ZHANG, YING HUA 张英华 **(1917-1984)**

Zhang, Xin ye 张新叶
ZHANG, RUI LIN 张瑞麟 **(1933-)**

Zhang, Xin ye 张新野
ZHANG, XIN YUAN 张心远 **(1895-1967)**

ZHANG, XIN YUAN 张心远 **(1895-1967)**
Ai 哀
Ai li 哀梨
Bai ren 百忍
Bai ren hou ren 百忍后人
Ban ping 半瓶
Ban you 半油
Bao ren 报人
Bei yan 北雁
Bing jian 并剪
Bu ping 不平
Bu yi 布衣
Cang bai lou zhu 藏稗楼主
Chong gong dao 崇公道
Chong qing ke 重庆客
Chou hua hen shui sheng 愁花恨水生
Da you 打油
Da you ci ren 打油词人
Da you shi ren 打油诗人
Da yu 大雨
Dong fang, Hui 东方晦
Dong quo, Wen gai 东郭文丐
Er you 二油
Guan, Zu 关卒
Gui, Yan 归燕
Hen shui 恨水
Hua zu 画足
Hua zu 画卒
Jiang nan bu yi 江南布衣
Jiu yan 旧燕
Jiu you 旧友
Li 梨
Qian shan ren 潜山人
Shui 水
Sui bo 随波
Tian zhu feng jiu ke 天柱峰旧客
Tian zhu shan qiao 天柱山樵
Tian zhu shan xia ren 天柱山下人
Wo 我
Wo yi qian shan ren 我亦潜山人
Xi lai ke 西来客
Xiao ji zhe 小记者
Xing hen 杏恨
You 油
Yu xi 於戏
Zhang, Hen shui 张恨水
Zhang, Xin ye 张新野
Zhu ke 逐客

Zhang, Xin zhai 张欣斋
ZHANG, QUAN XIN 张全欣 **(1913-1984)**

Zhang, Xing 张兴
SI MA, XING 司马兴

Zhang, Xing 张行
ZHANG, QIN LING 张亲令 **(1913-)**

ZHANG, XING 张行 **(1932-)**
Chu, Rong 楚容
Xing zhi 行之

ZHANG, XING CHUN 张兴春 **(1927-)**
Jin, Gong 金弓

ZHANG, XING HAI 张星海 **(1940-)**
Hai, Xiao 海啸
Zhang, Li 张犁

ZHANG, XING JIAN 张行健 **(1959-)**
Zhang, Geng fu 张耕夫

ZHANG, XING JIAN 张星建 **(1905-1949)**
Sao yun 扫云

ZHANG, XING JIE 张星階 **(1909-)**
Zhang, Xin jia 张辛稼

ZHANG, XING JUAN 张杏娟 **(1923-)**
Zhu, Shi 朱媞

ZHANG, XING KUI 张兴魁 **(1932-)**
Ya yan 雅言
Yao xing 遥星
Yuan, She 原涉
Zhang, Xing kui 张星魁

Zhang, Xing kui 张星魁
ZHANG, XING KUI 张兴魁 **(1932-)**

Zhang, Xing liang 张星亮
ZHANG, REN XIAN 张仁仙 **(1916-)**

ZHANG, XING TANG 张兴唐 **(1914-)**
Zui yue lou zhu ren 醉月楼主人

Zhang, Xing yan 章行严
ZHANG, SHI ZHAO 章士钊 **(1882-1973)**

Zhang, Xing yi 张星仪
ZHANG, ZI PING 张资平 **(1893-1959)**

ZHANG, XING YUAN 张兴源 **(1956-)**
Xue ying 雪映
Zhang, Xue ying 张雪映

ZHANG, XING ZHI 张行知 **(1930-)**
Mo, Hong 墨虹
Mo, Long 墨龙

ZHANG, XING ZHI 张星芝 **(1901-1934)**
E.L.
Ling yu 零鱼
Ye, Lin 叶林
Ye lin 耶林
Ye lin 椰林
Ye ling 耶灵
Yi du zhe 一读者
Zhang, Han ting 张寒亭
Zhang, He tiao 张鹤眺
Zhang, Tiao 张眺

Zhang, Xiu 张修
ZHANG, DA XING 张达行

Zhang, Xiong xi 张雄西
ZHANG, YAO ZENG 张耀曾 **(1884-1938)**

ZHANG, XIU MIN 张秀民 **(1908-)**
Zhang, Min 张民
Zhang, Xiu ming 张秀明

Zhang, Xiu ming 张秀明
ZHANG, XIU MIN 张秀民 **(1908-)**

ZHANG, XIU QI 张绣绮 **(1952-)**
Luo, Hong 罗虹
Shui, Yin 水音
Zhang shang 掌上

ZHANG, XIU SHI 张秀时 **(1938-)**
Xiu shi 岫石

Zhang, Xiu wen 张修文
ZHANG, QI QUAN 张启权 **(1914-1991)**

ZHANG, XIU WEN 张修文 **(1930-)**
Dan dong 丹冬
Di feng 笛风
Liu, Du 柳渡
Sa, Zan 萨赞
Wen, Ding 文丁
Yin bo 隐波

ZHANG, XIU XI 张秀喜 **(1922-)**
Chen, Xiu xi 陈秀喜

ZHANG, XIU YA 张秀亚 **(1919-)**
Chen, Lan 陈蓝
Xin jing 心井
Ya lan 亚蓝
Zhang, Ya lan 张亚蓝

ZHANG, XIU ZHEN 张秀贞 **(1953-)**
Ai, Si 艾斯

Zhang, Xiu zhong 张秀中
ZHANG, YU KUN 张毓坤 **(1905-1944)**

ZHANG, XU 张须 **(1895-1968)**
Qiu huai shi 秋怀室
Zhang, Xu hou 张煦侯
Zhang, Zhen nan 张震南

ZHANG, XU 张煦 **(1893-1983)**
Zhang, Yi sun 张怡荪

Zhang, Xu 章埁
XU, ZHI MO 徐志摩 **(1896-1931)**

ZHANG, XU GANG 张绪纲 **(1933-)**
Rui, Yin hao 芮音浩

Zhang, Xu hou 张煦侯
ZHANG, XU 张须 **(1895-1968)**

ZHANG, XU LIN 张旭林 **(1939-)**
Hong, Zhong 洪钟
Xu lin 旭林

ZHANG, XU PING 张旭平 **(1958-)**
Lin, Hua 林桦
Shi, Xiang 石像

ZHANG, XU QING 张续清 **(1922-)**
Ren, Gu 任谷
Wu yi 无以
Zhang, Gao ze 张高泽
Zhang, Meng hui 张孟恢

Zhang, Xu rong 张绪荣
ZHANG, GUO GUANG 张国光 **(1923-)**

ZHANG, XUAN 张宣 **(1916-)**

Mu di 牧笛
Yang, Jiao 羊角

ZHANG, XUAN 张璿 **(1909-)**
Guo, Zhong ping 郭中平
Li, Yin 李因
Xiang, Ruo 向若
Zhang, You wen 张又文
Zhang, Zhong xing 张中行

Zhang, Xue 张雪
ZHANG, ZHI REN 张之仁 **(1919-)**

Zhang, Xue 张雪
ZHANG, BING RAN 张炳然 **(1932-)**

ZHANG, XUE 张雪
Yi fan 佚凡
Yi fan 逸帆
Lin, Zong xue 林宗雪

Zhang, Xue cheng 章学乘
ZHANG, BING LIN 章炳麟 **(1869-1936)**

Zhang, Xue cun 张雪村
ZHANG, XI CHEN 章锡琛 **(1889-1969)**

ZHANG, XUE JIAN 张学俭 **(1951-)**
Chang jian 长剑

Zhang, Xue lei 张雪蕾
ZHANG, JIA MING 张嘉明

ZHANG, XUE LIAN 张学廉 **(1919-)**
Zhang, Lu 张路

ZHANG, XUE LIANG 张学良 **(1901-)**
Yi gong 毅公
Zeng, xian hua 曾显华

Zhang, Xue lun 张雪伦
ZHANG, XIANG QUAN 张湘泉 **(1917-)**

ZHANG, XUE SHAN 张学善 **(1943-)**
Mu, Yu 沐雨
Zhang, Chao 张潮
Zhang, Xue shan 张雪杉
Zhang, Yi shui 张易水

Zhang, Xue shan 张雪杉
ZHANG, XUE SHAN 张学善 **(1943-)**

ZHANG, XUE WEN 张学文 **(1934-)**
Lu, Mo 鲁墨

Zhang, Xue xin 张学新
ZHANG, JUN XIAN 张俊贤 **(1925-)**

Zhang, Xue xuan 张学玄
LU, ZHAO LING 卢昭灵 **(1935-)**

ZHANG, XUE YIN 张雪茵 **(1908-1987)**
Shuang yu 双玉
Xue lan 雪兰
Xue yin 雪茵

Zhang, Xue ying 张雪映
ZHANG, XING YUAN 张兴源 **(1956-)**

Zhang, Xue ying 张雪影
ZHANG, RUI LIN 张瑞麟 **(1933-)**

ZHANG, XUE ZHENG 张学正 **(1936-)**
Zhang, Pu 张普

ZHANG, XUN 张训 **(1925-)**
Li, Bo 黎波

ZHANG, XUN 张勋 **(1854-1923)**
Song shou lao ren 松寿老人

Zhang, Xun 张浔
ZHANG, WEN RONG 张文荣 **(1930-)**

ZHANG, XUN 章巽 **(1914-)**
Dan feng 丹枫
Zhang, Dan feng 章丹枫

Zhang, Xun ru 张洵如
ZHANG, DE ZE 张德泽 **(1905-)**

Zhang, Xun zi 张恂子
ZHANG, CHONG DING 张崇鼎

ZHANG, YA FEI 张亚非
Xiao, Yin 萧引

Zhang, Ya lan 张亚蓝
ZHANG, XIU YA 张秀亚 **(1919-)**

ZHANG, YA QIAN 张雅茜 **(1950-)**
A qian 阿茜
He, Zhi 贺稚

Zhang, Ya quan 张亚权
ZHANG, DA TIAN 张大田 **(1900-)**

Zhang, Ya quan 张雅泉
ZHANG, DA TIAN 张大田 **(1900-)**

ZHANG, YA XIN 章亚昕 **(1949-)**
Ya xin 亚新

ZHANG, YA ZHU 张亚竹
Lü zhu yi 绿竹漪
Zhang, Yi 张漪

ZHANG, YA ZONG 张雅宗 **(1948-)**
Zong, Shi 宗时

Zhang, Yan 张言
ZHANG, REN YI 张仁义 **(1928-)**

Zhang, Yan 张岩
ZHANG, LI YUN 张立云 **(1921-)**

Zhang, Yan 张炎
ZHANG, CHUN FAN 张春帆 **(1872-1935)**

Zhang, Yan 张彦
ZHANG, GUANG CHEN 张光琛 **(1922-　　)**

ZHANG, YAN 张彦 **(1938-　　)**
A guo 阿果
Duan na 端纳
Lan, Zi 蓝子
Xi xi 西西
Zhang, Ai lun 张爱伦

ZHANG, YAN 张彦 **(1946-　　)**
Jiu ge 九哥
Zhang, Yan xin 张彦欣

ZHANG, YAN 张燕 **(1924-　　)**
Hao hao 好好
Lin, Li 林立
Ru xue 如雪
Xia, Qin 夏琴

ZHANG, YAN 张燕 **(1944-　　)**
Chang bei 长北

ZHANG, YAN 章彦 **(1912-1992)**
Zhang, Zheng fan 章正凡

ZHANG, YAN AN 张延安 **(1953-　　)**
Xiao yan 晓燕
Yan, An 严岸

ZHANG, YAN CHAO 张彦超
Zhu sheng 箸生

ZHANG, YAN GUO 张彦国 **(1951-　　)**
Zhang, Feng 张风

ZHANG, YAN HAI 张衍海 **(1951-　　)**
Zhang, Chi 张弛

ZHANG, YAN HOU 张延厚 **(1872-　　)**
Tui lu 退庐
Xi wei xuan 惜味轩

ZHANG, YAN JIN 张燕瑾
Yan, Qi 燕琦

ZHANG, YAN LI 张延礼 **(1870-1937)**
Chi lao 赤老
Dan fu 丹斧
Dan weng 丹翁
Hou le xiao weng 后乐笑翁
Jing jing zhai 敬敬斋
Tong hong de lao tou zi 通红的老头子
Wu e dao ren 无厄道人
Yan li 延礼
Zhang, Dan fu 张丹斧
Zhang, Wu wei 张无为
Zhang, Yi 张扆

ZHANG, YAN LONG 张延龙 **(1939-　　)**
Ji, Hua 纪华
Ji, Yan hua 纪延华
Yan, Dong hua 严东华
Zhang, Xiao tian 张笑天

ZHANG, YAN PING 张彦平 **(1927-　　)**
Yan, Bing 严兵
Yan ping 彦萍

ZHANG, YAN QI 张艳齐 **(1958-　　)**
Yan qi 艳齐

ZHANG, YAN SHENG 张演生 **(1954-　　)**
He, Yi zi 何邑子
Yan, Shen 言申

ZHANG, YAN TING 张燕庭
Zhang, Yi 张贻

Zhang, Yan xin 张彦欣
ZHANG, YAN 张彦 **(1946-　　)**

ZHANG, YAN YI 张延裔 **(1930-　　)**
Chang zheng 长正
Zhang, Yan yi 张延毅

Zhang, Yan yi 张延毅
ZHANG, YAN YI 张延裔 **(1930-　　)**

Zhang, Yan ying 张延颖
ZHANG, QING LIANG 张庆良 **(1960-　　)**

ZHANG, YAN ZHANG 张彦章 **(1920-　　)**
Lu yan 芦焰

Zhang, Yan zhuang 张砚庄
ZHANG, RUO MING 张若名 **(1902-1958)**

Zhang, Yang 张扬
LIU, WEN XIAN 刘文铣 **(1922-　　)**

Zhang, Yang 张扬
ZHANG, SHAO 张韶 **(1924-　　)**

Zhang, Yang 张扬
ZHANG, SHI XUN 张世勋 **(1925-　　)**

Zhang, Yang 张扬
ZHANG, TUO WU 张拓芜 **(1928-　　)**

Zhang, Yang 张扬
ZHANG, YONG MEI 张永枚 **(1932-　　)**

Zhang, Yang 张扬
ZHANG, ZUN KUAN 张尊宽 **(1944-　　)**

Zhang, Yang 张央
ZHANG, SHI XUN 张世勋 **(1925-　　)**

Zhang, Yang 张阳
ZHANG, SHI XUN 张世勋 **(1925-　　)**

ZHANG, YANG 张旸 **(1921-　　)**
Mu, Yu 沐宇
Ou yang, Dong ming 欧阳东明
Zhang, Zhi run 张之润

ZHANG, YANG WU 张养吾
Fang cao 芳草
Zhang, Pei fang 张培芳

ZHANG, YANG XI 张漾兮 **(1912-1964)**
Yang xi 漾兮
Zhang, Guo shi 张国士

Zhang, Yang xia 张扬侠
ZHANG, YANG XIA 张扬霞 **(1951-)**

ZHANG, YANG XIA 张扬霞 **(1951-)**
Wo niu cao tang zhu ren 卧牛草堂主人
Yang, Xia 扬侠
Zhang, Chi 张驰
Zhang, Yang xia 张扬侠

Zhang, Yang yuan 章阳原
CAO, YE HAI 曹业海 **(1944-)**

ZHANG, YAO CHEN 张耀宸 **(1926-)**
Wen jun 问君
Zhang, Wen jun 张文俊

ZHANG, YAO HUA 张瑶华 **(1920-)**
Ji, Zhi 季芝

ZHANG, YAO HUI 张耀辉 **(1943-)**
Jin, Long 靳珑
Lou, Xia cun 楼夏村
Ou, Huo 欧获

ZHANG, YAO ZENG 张耀曾 **(1884-1938)**
Chong shi 崇实
Yao zeng 耀曾
Zhang, Rong xi 张榕西
Zhang, Xiong xi 张雄西

ZHANG, YAO ZHONG 张耀中 **(1944-)**
Tian, Nong 田农

Zhang, Ye 张耶
ZHANG, JIAN YE 张建业 **(1937-)**

Zhang, Ye 张掖
WANG, NIAN QIAO 王年樵 **(1923-)**

Zhang, Ye 张野
ZHANG, JUN LIU 张均六 **(1924-)**

Zhang, Ye 张椰
ZHANG, JIAN YE 张建业 **(1937-)**

ZHANG, YE LONG 张叶隆 **(1914-1988)**
Ding, Qian 丁倩
Ge, Meng 葛蒙
Zhang, Yi qian 张一倩

Zhang, Ye pin 章叶频
ZHANG, QI XUN 章启勋 **(1916-)**

ZHANG, YE ZHOU 张叶舟 **(1914-1980)**
Lan, Gu 蓝谷
Sha, Yu 沙羽
Sheng, Sen 盛森
Su, Shan 苏珊
Wang, Xiao shi 王小石
Xiao shi 小石
Yang, Ji 杨纪
Ye, Zhou 叶舟
Yun, Chuan 云川
Zhang, Ling 张舲

Zhang, Yi 张一
ZHANG, TIAN YI 张天翼 **(1906-1985)**

ZHANG, YI 张宜 **(1911-)**
Zhang, Ren shi 张纫诗

ZHANG, YI 张易
Bo feng 伯峰

Zhang, Yi 张贻
ZHANG, YAN TING 张燕庭

Zhang, Yi 张扆
ZHANG, YAN LI 张延礼 **(1870-1937)**

ZHANG, YI 张颐 **(1887-1969)**
Dan ya 丹崖

Zhang, Yi 张漪
ZHANG, YA ZHU 张亚竹

Zhang, Yi 张毅
ZHANG, GUAN SHENG 张冠生 **(1924-)**

Zhang, Yi 章弋
YANG, DAI ZHANG 杨代漳 **(1947-)**

Zhang, Yi 章忆
ZHANG, AN SAI 张安塞 **(1944-)**

Zhang, Yi 章仪
LIU, ZHANG YI 刘章仪 **(1942-)**

Zhang, Yi 章依
ZHANG, FANG XU 章方叙 **(1909-1959)**

Zhang, Yi 章熠
ZHANG, XIANG DONG 张湘东 **(1957-)**

Zhang, Yi chi 张一驰
CHEN, XUE SHU 陈学书 **(1943-)**

Zhang, Yi de 张以德
ZHANG, GUO JUN 张国钧 **(1927-)**

ZHANG, YI DONG 张奕东 **(1926-)**
Fu song zhai zhu 抚松斋主
Rui si 瑞丝
Xia, Yu tian 夏雨天
Yi zhi 毅之
Zhang, Ping 张苹
Zhang, Yi ping 张逸萍

Zhang, Yi fan 张一凡

ZHANG, FAN 张帆 **(1909-)**

Zhang, Yi fan 张一帆
LIU, XIAN MING 刘贤明 **(1931-)**

ZHANG, YI FEI 张一非 **(1919-)**
Yi fei 一非

Zhang, Yi fei 张翼飞
ZHANG, WEN YI 张文艺 **(1951-)**

Zhang, Yi gong 张一弓
ZHANG, ZHEN JUN 张振钧 **(1923-)**

Zhang, Yi gong 张一弓
ZHANG, YI GONG 张檍弓 **(1935-)**

ZHANG, YI GONG 张檍弓 **(1935-)**
Zhang, Ban ban 张斑斑
Zhang, Yi gong 张一弓

ZHANG, YI HE 张一贺 **(1948-)**
Zhang, Cheng zhi 张乘之
Zhang, Zhi 张礩

ZHANG, YI HONG 张一鸿 **(-1986)**
Zhang, Gong 张弓

ZHANG, YI HONG 张益弘 **(1913-)**
Zhang, Di fei 张涤非

ZHANG, YI HOU 张逸侯 **(1916-1978)**
Bei wang 北望
Du, Wei 杜微
En wei ming 恩维铭
Fang, Xiao bai 方晓白
Lin, Fang 林放
Luo si 洛思
Man, Tao 满涛
Qi, Ren 齐人
Shen, Jie 沈洁
Wan, Shu 万殊
Wu huai 无怀
Zhang, Zhi 张挚
Zhao cun 照存
Zhu, Yu 朱萸

ZHANG, YI HUA 章一华 **(1922-)**
Yan, Ping 燕坪
You you 幼幼

ZHANG, YI HUAI 张以淮 **(1928-)**
Zhang, Shi 张时

ZHANG, YI HUI 张贻惠 **(1907-)**
Zhang, Jian sheng 张剑声

Zhang, Yi ke 张一柯
ZHOU, SHAO YI 周绍仪 **(1908-1979)**

ZHANG, YI LAI 张贻来 **(1925-)**
A hong 阿红
A niu 阿牛

ZHANG, YI LIN 张一麐 **(1867-1943)**
Da huan ju shi 大圜居士
Gong fu 公绂
Gu hong mei ge zhu 古红梅阁主
Jiang dong a dou 江东阿斗
Ju, Yong 居佣
Min yong 民佣
Xin tai ping shi 心太平室
Xin tai ping shi zhu ren 心太平室主人
Zhang, Bo yi 章伯义
Zhang, Zhong ren 张仲仁
Zhong jiao 峥角
Zhong, Ren 仲仁

Zhang, Yi min 张一民
ZHANG, YI MIN 张逸民 **(1943-)**

ZHANG, YI MIN 张逸民 **(1943-)**
Zhang, Yi min 张一民

ZHANG, YI MIN 章益民 **(1925-)**
Ji ye 瘠野
Mu ye 牧野
Zhang, Ming 章明

Zhang, Yi nong 张一农
ZHANG, RONG XIAN 张荣显 **(1925-)**

ZHANG, YI NONG 张一农 **(1961-)**
Yi nong 亦农

Zhang, Yi ou 张一鸥
OU YANG, LIN 欧阳驎 **(1913-)**

ZHANG, YI PENG 张一鹏 **(1873-)**
Bu zhi lao zhi jiang zhi zhai zhu 不知老之将至斋主
Yun, Tuan 云抟

Zhang, Yi ping 张逸萍
ZHANG, YI DONG 张奕东 **(1926-)**

ZHANG, YI PING 章衣萍 **(1900-1947)**
Hong, Xi 洪熙
Kan yue lou 看月楼
Yi 衣
Yi, Ping 衣萍
Zhang, Hong xi 章洪熙
Zhang, Hong xi 章鸿熙

Zhang, Yi pu 张益圃
ZHANG, XI CHANG 张锡昌 **(1902-1980)**

Zhang, Yi qian 张一倩
ZHANG, YE LONG 张叶隆 **(1914-1988)**

Zhang, Yi qu 张一渠
ZHANG, XI LEI 张锡类 **(1895-1958)**

ZHANG, YI QUN 张逸群
Zhi lan 芝兰

ZHANG, YI RAN 章毅然 **(1905-)**
Shi yuan 适园

ZHANG, YI SAN 张伊三 **(1922-)**
Ba lin 芭林
Liu, Feng 柳风
Xia, Yang 夏羊

ZHANG, YI SAN 张益三 **(1921-)**
Yi shan 一山
Yi shan 益山

ZHANG, YI SHENG 张义生 **(1935-)**
Nan, Cao 南草
Xiang, Yang 向阳

Zhang, Yi shui 张易水
ZHANG, XUE SHAN 张学善 **(1943-)**

Zhang, Yi shuo 张翊朔
ZHANG, EN NA 张恩娜 **(1940-)**

Zhang, Yi sun 张怡荪
ZHANG, XU 张煦 **(1893-1983)**

ZHANG, YI TONG 张翼彤 **(1916-)**
Da xia 大夏
Jiu zhi 久之

Zhang, Yi wei 张一为
ZHANG, GUI ZHEN 张桂珍 **(1947-)**

Zhang, Yi wei 张一苇
ZHANG, JI LUAN 张季鸾 **(1888-1942)**

Zhang, Yi wu 张依吾
ZHANG, PU JUN 张璞君 **(1917-)**

Zhang, Yi xian 张佚弦
ZHANG, QUAN XIN 张全欣 **(1913-1984)**

Zhang, Yi xiang 张一翔
ZHANG, EN NA 张恩娜 **(1940-)**

ZHANG, YI XIN 章益新 **(1937-)**
Mei, Xin 梅新

ZHANG, YI YAN 张伊岩 **(1962-)**
Ye qian 冶虔
Yi, Yan 伊岩
Yu, Tan 余坛

Zhang, Yi zhi 张一之
ZHANG, TIAN YI 张天翼 **(1906-1985)**

Zhang, Yi zhi 张一之
ZHANG, QI QUAN 张启权 **(1914-1991)**

ZHANG, YI ZHOU 张艺舟 **(1961-)**
Long, You 龙游
Zhang, Dong 张栋

ZHANG, YI ZU 张诒祖 **(1898-1935)**
Zhang, Xiao ruo 张孝若

Zhang, Yin 张因
ZHANG, GUANG REN 张光人 **(1902-1985)**

Zhang, Yin 张茵
MIAO, WEN WEI 缪文渭 **(1915-)**

Zhang, Yin 张寅
XU, CHANG LIN 徐昌霖 **(1917-)**

Zhang, Yin 章因
ZHANG, LI YUN 张立云 **(1921-)**

Zhang, Yin 章殷
ZHANG, LI YUN 张立云 **(1921-)**

Zhang, Yin bo 张荫伯
ZHANG, JI DI 张继棣 **(1933-)**

Zhang, Yin fan 张因凡
ZHANG, LI YUN 张立云 **(1921-)**

Zhang, Yin fan 章因凡
ZHANG, LI YUN 张立云 **(1921-)**

ZHANG, YIN LIN 张荫麟 **(1906-1942)**
Su chi 素痴
Yan, Chu 燕雏

ZHANG, YIN LUN 张隐沦
Yin lun 隐沦

Zhang, Yin nan 张隐南
ZHANG, HONG 张鸿 **(1866-1941)**

Zhang, Ying 张英
SHEN, DUAN XIAN 沈端先 **(1900-1995)**

Zhang, Ying 张英
ZHANG, SHI YUAN 张式瑗 **(1905-1976)**

Zhang, Ying 张英
ZHANG, QIN LING 张亲令 **(1913-)**

Zhang, Ying 张英
XIE, ZENG TAI 谢增泰 **(1920-1986)**

ZHANG, YING 张英 **(1920-)**
Chang ying 长缨
Qian zi 千子

Zhang, Ying 张英
WANG, XING TANG 王兴堂 **(1921-)**

Zhang, Ying 张媖
ZHANG, AI LING 张爱玲 **(1920-1995)**

Zhang, Ying 张瑛
ZHANG, SHI YUAN 张式瑗 **(1905-1976)**

ZHANG, YING 张瑛 **(1962-)**
De zi 德子
Fan suo 凡索

Zhang, Ying 张颖
ZHANG, SHU LÜ 张叔吕 **(1923-)**

ZHANG, YING 张樱
Nian chu 念初
Zhang, Zhuo 张卓

Zhang, Ying 章罂
ZHANG, SHU LÜ 张叔吕 **(1923-)**

Zhang, Ying cai 张英才
ZHANG, CONG ZHI 张聪致 **(1905-1954)**

ZHANG, YING CAI 张英才 **(1923-)**
Lan, Wan qiu 蓝婉秋

ZHANG, YING CHI 张英池 **(1919-)**
Zhang, Fan 张帆

ZHANG, YING HUA 张英华 **(1917-1984)**
Xin, Shi 辛实
Xin shi 新实
Zhang, Xin shi 张辛实

ZHANG, YING JIE 张英杰 **(1888-1971)**
Ge, Jiao tian 盖叫天

Zhang Ying nü shi 张英女士
ZHANG, SHI YUAN 张式瑗 **(1905-1976)**

ZHANG, YING PING 张映萍
He ye 荷叶

Zhang, Ying xue 张映雪
ZHANG, ZHI HUAI 张之淮 **(1916-)**

ZHANG, YING YING 张盈盈
Ying ying 盈盈

ZHANG, YONG 张勇 **(1958-)**
Cheng zi 橙子
Chi, Cheng 迟骋
Shan gui 山鬼

ZHANG, YONG 张镛 **(1921-1979)**
Zhang, Rong 张荣

Zhang, Yong 张镛
JIANG, BI HOU 蒋璧厚 **(1923-)**

ZHANG, YONG BO 张用博 **(1933-)**
Yun, Bo 云波

Zhang, Yong chang 张永昌
ZHANG, QIU ZHONG 张秋忠 **(1935-)**

Zhang, Yong gui 张永贵
ZHANG, CHANG 张昶 **(1930-)**

ZHANG, YONG HE 张永和 **(1936-)**
A ru 阿如

ZHANG, YONG JIANG 张永江 **(1936-)**
Fang, Chu 方初
Qin, Geng 秦耕
Qin, Jiang 秦江
Ren, Qin 任勤

ZHANG, YONG JIANG 张永江
Yan, Sheng 燕声
Yong jiang 永江

ZHANG, YONG MEI 张永枚 **(1932-)**
Huang, Jue shu 黄桷树
Shi ruo 实若
Zhang, Shi ruo 张实若
Zhang, Yang 张扬

ZHANG, YONG NIAN 张永年 **(1910-1997)**
Gong, Ji mu 龚棘木
Gong mu 公木
Gong mu tiao shui 公木条水
Hun yu 魂玉
Mu gong 木公
Mu nong 木农
Si ming 四名
Song fu 松甫
Song fu 嵩甫
Song ru 松如
Xi, Wai si 席外思
Zhang, Song fu 张崧甫
Zhang, Song fu 张嵩甫
Zhang, Song ru 张松如
Zhang, Tao 章涛

ZHANG, YONG NIAN 张永年 **(1930-)**
Xiao feng 晓风

ZHANG, YONG QUAN 张永权 **(1942-)**
Wei qing 未青
Zhang, Heng ruo 张衡若

ZHANG, YONG QUAN 张永泉
Xue quan 雪泉

ZHANG, YONG SHEN 张永慎 **(1915-)**
Zhang, Teng xiao 张腾霄

ZHANG, YONG SHENG 张永生 **(1931-)**
Zhang, Lin 张琳

ZHANG, YONG SHUN 章永顺 **(1940-)**
Chun shan 春山
Wen, Zhi 文志

ZHANG, YONG TAI 张永太 **(1940-)**
Lu, Yan 陆岩
Qiong ma 琼马

ZHANG, YONG XIANG 张永祥 **(1934-)**
Zhang, Zhi tong 张志彤

ZHANG, YONG XIU 张永修 **(1961-)**
Yi qing 艺青
Yun, Hai fei 云海飞

ZHANG, YONG XU 张咏絮

Ni na nü shi 妮娜女士

Zhang, You 张酉
ZHANG, BEN YOU 张本友 **(1957-)**

Zhang, You dao 张有道
ZHANG, PING 张凭 **(1934-)**

Zhang, You guang 张佑光
ZHANG, SHI KUN 张时坤 **(1941-)**

ZHANG, YOU HE 张友鹤
Shi, Yan 师言

ZHANG, YOU JI 张友济 **(1920-)**
Gan, Niu 甘牛
Zhang, Fan 张凡
Zhang, Fan 张帆
Zhang, Luo 张罗
Zhang, Shen 张甡

Zhang, You jun 张又君
ZHANG, BING WEN 张炳文 **(1915-)**

ZHANG, YOU LUAN 张友鸾 **(1904-1990)**
Bai, Sen 柏森
Bai, Yun 白云
Cao an 草庵
Cao chang 草長
Fu, Da 傅达
Hu, Zi chang 胡子长
Nai dai sheng 褦襶生
Niu, Bu yi 牛布衣
Wei ping 味苹
Xiang sen 相森
You luan 友鸾
You ran 悠然
You you 悠悠

ZHANG, YOU NONG 张幼农 **(1951-)**
You nong 幼农

ZHANG, YOU QING 张有清 **(1942-)**
Han jian zhang 汉简张

ZHANG, YOU QUN 张友群 **(1935-)**
Yun bin 韻斌

ZHANG, YOU SONG 张友松 **(1903-)**
Chang, Jian 常健
Song zi 松子
Y. K.
You song 友松
Zhang, He 张鹤
Zhang, Peng 张鹏

Zhang, You wen 张又文
ZHANG, XUAN 张璿 **(1909-)**

Zhang, You wu 张幼吾
ZHANG, JIN 张今 **(1927-)**

Zhang, You yi 张友彝
ZHANG, XIANG DING 张象鼎 **(1899-1992)**

ZHANG, YOU YI 章有义 **(1919-)**
Ji, Hong 季宏

Zhang, You yu 张友榆
ZHANG, XIANG DING 张象鼎 **(1899-1992)**

Zhang, You yu 张友渔
ZHANG, XIANG DING 张象鼎 **(1899-1992)**

Zhang, You yu 张犹豫
ZHANG, XIANG DING 张象鼎 **(1899-1992)**

Zhang, Yu 张宇
ZHANG, HAN ZI 张憨子 **(1952-)**

Zhang, Yu 张宇
ZHOU, HENG 周恒

Zhang, Yu 张羽
ZHANG, JIA 张甲 **(1921-)**

Zhang, Yu 张羽
CUI, XI ZHEN 崔锡桢 **(1927-)**

Zhang, Yu 张雨
SHEN, DUAN XIAN 沈端先 **(1900-1995)**

Zhang, Yu 张禹
WANG, SI XIANG 王思翔 **(1922-)**

Zhang, Yu 张愈
HUANG, GU NONG 黄谷农 **(1916-)**

ZHANG, YU 张瑀 **(1926-)**
Lin, Sheng 林声
Lin, Yu 林宇
Su, Yu 苏予

Zhang, Yu 章玉
WANG, SI XIANG 王思翔 **(1922-)**

Zhang, Yu 章玉
WU, YUN SHENG 吴锈生 **(1929-)**

ZHANG, YU 章钰 **(1865-1937)**
Bei chi yi lao 北池逸老
Chang ru 长孺
Fu weng 负翁
Hui weng 晦翁
Jian meng 坚梦
Lao shi 老式
Ming li 茗理
Shi zhi 式之
Shu jie xue ren 曙戒学人
Shuang gen lao ren 霜根老人
Xun an 悉闇
Zhang, Shi zhi 章式之
Zhe cun 蛰存

ZHANG, YU DAN 张宇丹 **(1955-)**

Yu, Dan 宇丹

ZHANG, YU FA 张玉法 **(1936-)**
Xia, You xin 夏又新
Yuan, Dian yi 袁甸伊
Zhang, Qing yun 张庆云

ZHANG, YU FANG 张玉方 **(1922-)**
Zhang, Pu 张朴

ZHANG, YU GUANG 张聿光 **(1885-1968)**
He cang tou 鹤苍头
Ye ou zhai zhu 冶鸥斋主

ZHANG, YU HUA 张玉华 **(1935-)**
Hua, Ming 华名
Zhang, Chi 张驰

ZHANG, YU JI 张裕基
Yi, Gu 衣谷

ZHANG, YU JIAN 张余鉴 **(1915-)**
Zhang, Jiang 张江
Zhang, Ke 张客

ZHANG, YU JUN 张羽军 **(1929-)**
Qing he 清河
Yu jun 羽军

ZHANG, YU KUN 张毓坤 **(1905-1944)**
Cao chuan wei yu 草川未雨
Huang cun han yan 荒村寒烟
Zhang, Xiu zhong 张秀中

ZHANG, YU LIANG 张玉良 **(1940-)**
Qing he 清河

ZHANG, YU LIANG 张瑜良 **(1948-)**
Yu bai 瑜白

ZHANG, YU LING 张玉龄 **(1937-)**
Liu, Ming 柳明

ZHANG, YU LU 张玉禄 **(1926-)**
Han yu 寒雨
Shi, Song 石松
Zhang, Shi song 张石松

ZHANG, YU MAO 张毓茂 **(1935-)**
Liao ping 辽平
You huo 幽火

Zhang, Yu quan 张豫泉
ZHANG, QI GAN 张其淦 **(1859-1930)**

ZHANG, YU RUI 张宇瑞 **(1935-)**
Feng xi 枫夕
Yu, Rui 宇瑞

ZHANG, YU TANG 张玉堂
Zhang, Yu tang 张郁棠

Zhang, Yu tang 张郁棠
ZHANG, YU TANG 张玉堂

ZHANG, YU WEN 张育文 **(1945-)**
Pu ren 仆人

ZHANG, YU XIA 张煜遐 **(1910-)**
Ai, Ding 艾丁
Li yun 丽云
Lu yu 鹿雨
Zhang, Ai ding 张艾丁
Zhang, Li yun 张丽云

ZHANG, YU XIANG 张玉祥 **(1912-)**
Lu, Yi 路一

ZHANG, YU XUAN 张玉萱 **(1939-)**
Xiao jun 小军
Xiao jun 晓军
Yan, Jin 言今
Zhang, Zhi xin 张植信

ZHANG, YU XUAN 张育瑄 **(1944-)**
Yun, Zhong yue 云中月

Zhang, Yu ying 张於英
LIU, YA ZI 柳亚子 **(1887-1958)**

Zhang, Yu ying 张於英
QIAN, XING CUN 钱杏邨 **(1900-1977)**

ZHANG, YU ZHONG 张育忠 **(1946-)**
Zhang, Chun tao 张春涛
Zhang, Li 章理

Zhang, Yuan 张园
ZHANG, BO ZHEN 张伯祯 **(1877-1947)**

Zhang, Yuan 张远
HE, CHENG CHAO 何澄超 **(1915-)**

Zhang, Yuan 张垣
ZHANG, HAN CHENG 张汉城 **(1923-)**

Zhang, Yuan 张爰
ZHANG, DA QIAN 张大千 **(1899-1983)**

Zhang, Yuan ding 张元定
ZHANG, TIAN YI 张天翼 **(1906-1985)**

ZHANG, YUAN JI 张元济 **(1867-1959)**
Ju sheng 菊生
She yuan 涉园
She yuan zhu ren 涉园主人
Wu xu jie yi 戊戌孑遗
Xiao zhai 小斋
Zhang, Ju sheng 张菊生
Zhang, Ju sheng 张鞠生

ZHANG, YUAN LING 张元龄 **(1924-)**
Yuan, Ling 袁苓

ZHANG, YUAN QUN 张元群 **(1897-)**
Ren pu 仁圃
Tong pa tie ban lou 铜琶铁板楼

Xiao wei mo shi 小维摩室

ZHANG, YUAN RUO 章渊若 **(1904-)**
Zhang, Li sheng 张力生

Zhang, Yuan shi 张源湜
ZHANG, JIANG MING 张江明 **(1921-)**

ZHANG, YUAN SONG 张元松
Yuan, Song 原松
Zhang, Yuan song 张原松

Zhang, Yuan song 张原松
ZHANG, YUAN SONG 张元松

ZHANG, YUAN YUAN 张媛媛
Yuan yuan 媛媛

Zhang, Yuan zi 张缘子
ZHANG, XI NA 张曦娜 **(1955-)**

Zhang, Yue 张玥
ZHANG, YUE 张钺 **(1945-)**

ZHANG, YUE 张钺 **(1945-)**
Yang, Zi jun 扬子君
Zhang, Yue 张玥

ZHANG, YUE 张越 **(1937-)**
Jiang, Yue 江月
Tong, Xin 童信

Zhang, Yue 张樾
ZHANG, ZI WEI 张子维 **(- 1913)**

Zhang, Yue 章钺
WANG, REN SHU 王任叔 **(1901-1972)**

ZHANG, YUE JIAN 张岳建 **(1924-)**
Jian zhe 健者
Jiu chong 九重
Zhen zhong 镇中

ZHANG, YUE LIN 张跃林 **(1963-)**
Shen jian 神剑

ZHANG, YUE QIN 张月琴 **(1922-)**
Wei, Ying 韦嫈

ZHANG, YUE REN 张悦人 **(1941-)**
Gu can kuang ren 孤残狂人

ZHANG, YUE XIA 章月霞
Zhang, Wei 章微

Zhang, Yun 张云
WANG, CHENG 王诚 **(1898-1940)**

ZHANG, YUN 张匀 **(1953-)**
Xiao tong 晓彤

Zhang, Yun 张晕
ZHANG, XIAO ZHE 张孝者 **(1928-)**

Zhang, Yun 章蕴

DU, YUN ZHANG 杜韫章 **(1905-)**

ZHANG, YUN CHEN 张蕴琛
Xiao yan 晓岩

ZHANG, YUN CHENG 张云骋 **(1924-)**
A pin 阿品
Da yun 大云

ZHANG, YUN FENG 张云凤 **(1936?-)**
Yun, Feng 云凤

Zhang, Yun he 张蕴和
ZHANG, MO 张默 **(1872-1940)**

ZHANG, YUN HUA 张云华 **(1948-)**
Long, Fu 龙夫
Nong, Fu zi 农夫子
Zhang, Hua 张华

Zhang, Yun lei 张蕴磊
ZHANG, CHENG REN 张成仁 **(1926-)**

ZHANG, YUN SHENG 张云生 **(1920-)**
Lu, Qing 鲁青
Zhang, Dai 张岱

ZHANG, YUN SONG 张云松 **(1923-1988)**
Xiao han 晓寒

Zhang, Zai hua 张载华
JIANG, JUN CHEN 姜君辰 **(1904-1985)**

Zhang, Zang zang 张藏藏
ZHANG, XIAO BO 张小波 **(1964-)**

Zhang, Zao han 章造汉
ZHANG, TIE MIN 章铁民 **(1899-)**

ZHANG, ZE 张泽 **(1882-1940)**
Hua hu yuan fei she hu ren 画虎原非射虎人
Sheng ming an qi 圣名安琪
Yi qian bu zhi wan qian bu mai 一钱不值万钱不卖
Zhang, Shan zi 张善子

ZHANG, ZE FAN 张泽藩 **(1923-1968)**
Hai, Man 海漫
Hai, Mo 海默
Zhang, Fan 张凡
Zhang, Fan 张藩
Zhang, Hai mo 张海默

ZHANG, ZE HOU 张泽厚 **(1931-)**
Zhuang, Jia 庄稼
Zhuang, Li tai 庄礼泰
Zhuang, Lian xing 庄联星

ZHANG, ZE ZHONG 张泽忠 **(1949-)**
Bu, Peng 卜蓬

Zhang, Zeng 张曾
ZHANG, MIN QUAN 张民权 **(1914-)**

Zhang, Zeng rang 张曾让

ZHANG, TAI LEI 张太雷 **(1898-1927)**

Zhang, Zeng rong 张增荣
ZHANG, QIAO FU 张乔夫 **(1931-)**

ZHANG, ZENG WO 张增我
Zhang, Wei jun 张为军

ZHANG, ZENG YUAN 张曾元 **(1954-)**
Zeng, Yuan 曾元

ZHANG, ZENG ZHONG 张增忠 **(1963-)**
Bi dong 笔洞

ZHANG, ZHAN GUO 张占国
Zhang, Feng 章风

Zhang, Zhang 张涨
ZHANG, CHUAN LUN 张传伦 **(1937-)**

Zhang, Zhang 张章
ZHANG, LU BIN 张鲁滨 **(1954-)**

Zhang, Zhang 张璋
ZHANG, DING HE 张鼎和 **(-1933)**

Zhang, Zhang 章章
ZHANG, AO LIE 张奥列 **(1951-)**

Zhang, Zhao 张兆
YAO, TIAN PING 姚天平 **(1922-)**

Zhang, Zhao 张招
YANG, FENG QI 杨凤岐 **(1908-)**

Zhang, Zhao 张昭
ZHANG, CAN ZHAO 张灿昭

ZHANG, ZHAO 张照 **(1881-1978)**
Zhang, Xiao cang 张肖伧

Zhang, Zhao han 张昭汉
ZHANG, MO JUN 张默君 **(1884-1965)**

ZHANG, ZHAO HE 张兆和 **(1910-)**
Shu wen 叔文

ZHANG, ZHAO JIA 张兆嘉 **(1956-)**
Cheng, Li 程黎

ZHANG, ZHAO KE 张肇科 **(1913-1988)**
Lu, Ge 鲁歌

ZHANG, ZHAO LIN 张兆林 **(1929-)**
Chang, Qing shu 常青树
Fang, Li 方励
Fang, Rui 方瑞
Meng, Jin 孟晋
Su, Fei 苏飞
Su, Fei 苏非
Su, Fei 苏菲
Xiao, Min 肖敏
Zhang, Cui li 张淬砺
Zhang, Lang 张浪

ZHANG, ZHAO LIN 张兆麟
Meng, Nan 孟南

Zhang, Zhao ming 张昭明
SUN, DAN NING 孙淡宁 **(1922-)**

ZHANG, ZHAO NIAN 张兆年 **(1952-)**
Yi man 亦曼

ZHANG, ZHAO PENG 张兆鹏 **(1940-)**
Ye tao 野涛

ZHANG, ZHAO QI 张肇祺 **(1928-)**
Ping, Sha 平沙

ZHANG, ZHAO TONG 张肇桐 **(1881-)**
Ye, Hou 叶侯
Yi ou 轶欧

Zhang, Zhe 张浙
ZHANG, JIN YI 张锦贻 **(1935-)**

Zhang, Zhe 张赭
ZHANG, SONG NIAN 张崧年 **(1893-1986)**

Zhang, Zhe sheng 张哲生
ZHANG, JIONG 张炯 **(1933-)**

Zhang, Zhen 张桢
ZHANG, RUI ZHEN 张瑞桢 **(1969-)**

Zhang, Zhen 张真
ZHANG, TIAN PU 张天璞 **(1917-)**

ZHANG, ZHEN 张祯 **(1927-)**
Chang, Zhi 常直
Gao, Jie 高捷
Shi zhen 示贞

Zhang, Zhen 张震
ZHANG, CHU MING 张楚鸣 **(1899-)**

ZHANG, ZHEN 张震 **(1923-)**
Chang feng 长风
Zhang, Zhi feng 张稚枫

ZHANG, ZHEN AO 张振翱 **(1943-)**
Ao ao 翱翱
Zhang, Cuo 张错

ZHANG, ZHEN DONG 张振东 **(1929-)**
Zhang, Deng 张灯

ZHANG, ZHEN DUO 张振铎 **(1908-)**
Ding sheng 鼎生
Wen, Tian 闻天

ZHANG, ZHEN GUANG 张贞光
Han, Xi liang 韩希梁

ZHANG, ZHEN GUO 张振国 **(1937-)**
Chang gong 长弓
Yi wu 亦吾

Zhang, Zhen hua 张振华

ZHANG, ZHEN JIN 张振金 **(1940-　　)**

ZHANG, ZHEN HUA 张振华 **(1931-　　)**
Ping, Qing 平青

Zhang, Zhen huan 张振寰
ZHANG, JIA 张甲 **(1921-　)**

ZHANG, ZHEN JIN 张振金 **(1940-　　)**
Zhang, Zhen hua 张振华

ZHANG, ZHEN JUN 张振钧 **(1923-　　)**
Zhang, Yi gong 张一弓

ZHANG, ZHEN LÜ 张枕绿
Zhen lü 枕绿

Zhang, Zhen nan 张震南
ZHANG, XU 张须 **(1895-1968)**

Zhang, Zhen nan 张震南
FU, RUI JIN 符瑞金 **(1906-　　)**

Zhang, Zhen nan 张震南
JIANG, XIAO HAI 蒋晓海

ZHANG, ZHEN QI 张振麒
Zui seng 醉僧
Zui shi 醉石

ZHANG, ZHEN QIAN 张振乾 **(1951-　　)**
Ren dong cao 忍冬草

ZHANG, ZHEN QIAN 章振乾 **(1907-　　)**
Chen qi 辰乞
Da ke 大可
Jiang, Yu ping 姜雨平
Shen qu 伸屈
Shen qu 神曲
Tai a 太阿

Zhang, Zhen wen 张振闻
ZHOU, MU ZHAI 周木斋 **(1910-1941)**

ZHANG, ZHEN XIAN 张轸先 **(1913-　)**
Leng yan ge zhu 楞严阁主

ZHANG, ZHEN XIANG 张镇湘
Da qi 大旗
Tian qi 天祺
Zhang, Da qi 张大旗

ZHANG, ZHEN XUE 张振学 **(1940-　　)**
Zhang, Peng 张鹏

ZHANG, ZHEN YA 张振亚
Zhen 振

ZHANG, ZHEN ZHEN 张珍珍 **(1955-　　)**
Yi zhen 逸珍

ZHANG, ZHEN ZHI 张振之 **(1920-1971)**
Gan ping 赣萍
Jiang hu ke 江湖客
San lang 三郎
Xiao, Xian 萧閒
Zhang, Fan 张帆
Zhang, Gan ping 张赣萍
Zhang, Hai shan 张海山

Zhang, Zhen zong 张振宗
ZHANG, DAO FAN 张道藩 **(1897-1968)**

Zhang, Zheng 张铮
ZHANG, QIAO FU 张乔夫 **(1931-　　)**

ZHANG, ZHENG 张铮 **(1939-　　)**
Meng zhi 梦之

Zhang, Zheng 章铮
ZHANG, SHI ZENG 张士增 **(1944-　　)**

Zhang, Zheng bo 章正博
ZHENG, EN BO 郑恩波 **(1939-　　)**

Zhang, Zheng fan 章正凡
ZHANG, YAN 章彦 **(1912-1992)**

Zhang, Zheng hou 章正候
ZHANG, FANG XU 章方叙 **(1909-1959)**

ZHANG, ZHENG MING 张正明 **(1928-　　)**
Nan, Chuan 南川

ZHANG, ZHENG MING 张正明 **(1938-　　)**
Ji zong 继宗
Run ci 润祠

ZHANG, ZHENG WU 张正吾 **(1926-　　)**
Bi tao 碧涛
Zhang, Li 章里
Zheng, Wu 郑芜

ZHANG, ZHENG YAN 张正言
Zheng yan 正言

Zhang, Zheng zhi 张正之
ZHANG, JIN JIAN 张金鑑 **(1902-1988)**

Zhang, Zhi 张之
ZHANG, HUO WANG 张火望 **(1930-　　)**

Zhang, Zhi 张芝
LI, CHANG ZHI 李长植 **(1910-1978)**

ZHANG, ZHI 张志 **(1926-　　)**
Ai, Lan 艾兰
Gao, Yuan ren 高原人
Zhang, Chuan yin 张传荫

Zhang, Zhi 张挚
ZHANG, YI HOU 张逸侯 **(1916-1978)**

Zhang, Zhi 张礩
ZHANG, YI HE 张一贺 **(1948-　　)**

Zhang, Zhi 章质
ZHANG, ZI 章梓

Zhang, Zhi biao 张志镳
JIANG, BI HOU 蒋璧厚 **(1923-)**

ZHANG, ZHI CHENG 张志诚 **(1933-)**
Qian cheng 千程

ZHANG, ZHI CHUN 张之纯
Chi shan 痴山

ZHANG, ZHI CHUN 张志春 **(1941-)**
Bi bo 碧波
Dong fang, Bi zhu 东方碧珠

ZHANG, ZHI CHUN 张志春 **(1955-)**
Gao, An 高岸
Gao, Feng 高峰
Ji, Xi 季蹊

Zhang, Zhi feng 张稚枫
ZHANG, ZHEN 张震 **(1923-)**

Zhang, Zhi fu 张直夫
ZHANG, JUN 张峻 **(1899-1960)**

Zhang, Zhi gao 张芷皋
ZHANG, ZI GAO 张子高 **(1886-1976)**

Zhang, Zhi ge 张志阁
ZHANG, ZHI GE 张志革 **(1921-)**

ZHANG, ZHI GE 张志革 **(1921-)**
Dong yu 东雨
Dong yu 冬语
Gu ling 孤零
Shi, Wei jiu 石维久
Wang, He 王和
Zhang, Dong yu 张东雨
Zhang, Zhi ge 张志阁
Zhi ge 志阁

ZHANG, ZHI HE 张志和 **(1894-1975)**
Li, Fan fu 李凡夫

ZHANG, ZHI HE 张志和 **(1942-)**
Hai, Yang 海暘
Mei, Zi 梅子
Zhang, Nian qing 张念青
Zhang, Si yuan 张思园

Zhang, Zhi hong 张志鸿
ZHANG, HONG XIU 张洪修 **(1950-)**

ZHANG, ZHI HUAI 张之淮 **(1916-)**
Zhang, Ying xue 张映雪

ZHANG, ZHI JIE 张之杰
Zhang, Jie 章杰

Zhang, Zhi jun 张直君
CHANG, YAN SHENG 常燕生 **(1898-1947)**

ZHANG, ZHI LIANG 张志良 **(1934-)**
An gang 岸冈

ZHANG, ZHI LU 张之路 **(1945-)**
Lu, Yu 路玉

ZHANG, ZHI LU 张稚庐 **(1903-1956)**
Zhi zi 稚子

Zhang, Zhi min 张志民
ZHANG, ZHI MIN 张稚民 **(1926-)**

ZHANG, ZHI MIN 张志民 **(1955-)**
Zhang da shi tou 张大石头

ZHANG, ZHI MIN 张志敏 **(1959-)**
Leng, Si 冷思
Qu, Er 屈尔

ZHANG, ZHI MIN 张芷岷 **(1932-)**
Zhi ming 芷茗
Zi ming 紫茗

ZHANG, ZHI MIN 张稚民 **(1926-)**
Bi zhi 笔直
Wan shi 宛石
Zhang, Zhi min 张志民

ZHANG, ZHI MING 章智明 **(1950-)**
Chun ya 春娅
Hai mu 亥木
Shi cao 时草
Zhi hua 知化
Zhi ming 致明
Zhu ge, Li zao 诸葛立早

ZHANG, ZHI PENG 张志鹏 **(1934-)**
Peng fu 鹏富
Tian, Niu 田牛

ZHANG, ZHI PING 张治平
Bai wu 百无

Zhang, Zhi ping 张致平
ZHANG, FA ZAN 张发赞 **(1916-)**

ZHANG, ZHI PU 张治谱 **(1928-)**
Chang gong 长工
Gong ge 弓戈
Lao pu 老普
Zhang, Gong 张弓

ZHANG, ZHI QING 张志清 **(1935-)**
Shuang mian 双绵
Zhang, Qing 章青

ZHANG, ZHI REN 张之仁 **(1919-)**
Zhang, Xue 张雪

ZHANG, ZHI RUI 张之锐 **(-1924)**
Qiu deng zhai 求等斋

Zhang, Zhi run 张之润
ZHANG, YANG 张旸 **(1921-)**

Zhang, Zhi san 张知三
XU, JIE 许杰 **(1901-1993)**

Zhang, Zhi sheng 张直生
CHANG, YAN SHENG 常燕生 **(1898-1947)**

ZHANG, ZHI SHENG 张直生 **(1923-)**
Ya ping 亚平
Ye ping 野萍

Zhang, Zhi shi 张之石
TAN, XI YONG 谈锡永 **(1935-)**

ZHANG, ZHI TIAN 张芝田 **(1908-1986)**
Huai, Shu 怀树
Mei, Lin 梅林
Mu, Lin 穆林
Qiu zhen 求真
Wei ling 微灵
Wen, Lin 文林
Xi hua 西华

Zhang, Zhi tong 张志彤
ZHANG, YONG XIANG 张永祥 **(1934-)**

ZHANG, ZHI WEN 张织文
Shi, Dai 时玳

ZHANG, ZHI XIAN 张志先 **(1928-)**
Da hai 大海

ZHANG, ZHI XIANG 张致祥
Fen ruo 奋若

Zhang, Zhi xiang 张致祥
GUAN, TONG 管彤

ZHANG, ZHI XIN 张直心 **(1951-)**
Zhi xin 直心

ZHANG, ZHI XIN 张知辛 **(1910-1968)**
Lu, Dun 鲁钝
Lu, Rui 鲁锐

Zhang, Zhi xin 张植信
ZHANG, YU XUAN 张玉萱 **(1939-)**

ZHANG, ZHI XING 张志行 **(1947-)**
Yi, Lu 易路

Zhang, Zhi yang 张植杨
LÜ, ZONG QUAN 吕宗权 **(1928-)**

Zhang, Zhi yi 张执一
ZHANG, JIN TANG 张谨唐 **(1911-1983)**

ZHANG, ZHI YU 张志鱼 **(1891-1963)**
Ji si an zhu 寄思盦主

ZHANG, ZHI YUE 张志岳 **(1911-)**
Zhuan wa zhai 砖瓦斋

ZHANG, ZHI ZHANG 张至璋 **(1940-)**
Kang, An 康安
Xin yu 新雨

ZHANG, ZHONG 张中 **(1930-)**
Zhang, Bing sen 张秉森

ZHANG, ZHONG 张中 **(1939-)**
Hong, Er zhong 洪尔钟
Zhang, Xi 章兮
Zhong, Ping 锺平

Zhang, Zhong 张仲
ZHANG, CHU KUN 张楚琨 **(1912-)**

Zhang, Zhong 张忠
WANG, WEN YI 王文意 **(1923-)**

Zhang, Zhong 张重
ZHANG, XIAO WEI 张晓伟 **(1956-)**

ZHANG, ZHONG CHAO 张仲超 **(1902-1926)**
Gen quan 根泉
Zhong, Chao 仲超

ZHANG, ZHONG DING 张中定 **(1961-)**
Fei ran 非然
Qi, Shan 祁山
Yu, Li 于理

ZHANG, ZHONG DUAN 张锺端
Gu, Min 古民
Hong fei 鸿飞
Yu hou 裕厚
Yu hou 毓厚

Zhang, Zhong e 章仲锷
ZHANG, QI 章圻 **(1935-)**

ZHANG, ZHONG FU 张忠富 **(1945-)**
Lü shui 绿水
Rong, Sheng 戎生
Xing cheng 星城

ZHANG, ZHONG JIANG 张忠江
Bai, Mu 白牧
Zhang, Gong chang 张弓长

ZHANG, ZHONG JIN 张忠进 **(1949-)**
Yu xian 雨弦

ZHANG, ZHONG KANG 张仲康 **(1934-)**
Zhong, Sui 仲遂
Zhong, Xia 仲夏

ZHANG, ZHONG LIANG 张仲良
Shui, Xin 水心
Zhang, Liu mang 张留氓

ZHANG, ZHONG MIN 张仲民 **(1880-1967)**
Zhang, Han shan 张寒杉

ZHANG, ZHONG MIN 张忠民 **(1952-)**
Zhong, Ming 钟鸣

Zhang, Zhong ming 张仲明

ZHANG, JING 张靖 **(1880-1967)**

Zhang, Zhong peng 张仲朋
ZHANG, GUI PENG 张桂朋 **(1931-)**

Zhang, Zhong peng 张仲鹏
ZHANG, GUI PENG 张桂朋 **(1931-)**

ZHANG, ZHONG QING 张忠卿 **(1935-)**
Tian fang 天方

Zhang, Zhong ren 张仲仁
ZHANG, YI LIN 张一麐 **(1867-1943)**

Zhang, Zhong ru 张中如
ZHANG, CHUN YI 张纯一 **(1871-1955)**

ZHANG, ZHONG RU 章中如
Shuang bai yi zhai zhu ren 双百益斋主人

Zhang, Zhong rui 张仲锐
ZHANG, ZHONG RUI 张仲瑞 **(1908-)**

ZHANG, ZHONG RUI 张仲瑞 **(1908-)**
Bai yuan tang 拜袁堂
Ci xi 次溪
Shuang zhao lou 双肇楼
Yan gui lai yi zhu ren 燕归来簃主人
Yuan miao zhu tuo 袁庙祝鸵
Zhang, Ci xi 张次溪
Zhang, Ci xi 张次豂
Zhang, Jiang cai 张江裁
Zhang, Zhong rui 张仲锐

Zhang, Zhong shi 张仲实
ZHANG, AN REN 张安人 **(1903-1987)**

ZHANG, ZHONG XIAN 张钟娴 **(1922-)**
Mei mei 美梅
Zhang, Qiu li 张裘丽

Zhang, Zhong xiao 张中晓
ZHANG, XIAO ZHONG 张晓钟

Zhang, Zhong xiao 张中笑
ZHANG, ZONG XIAO 张宗孝 **(1940-)**

Zhang, Zhong xing 张中行
ZHANG, XUAN 张璿 **(1909-)**

Zhang, Zhou 张周
ZHANG, HUA YING 张华英 **(1921-1992)**

ZHANG, ZHU AN 张铸安 **(1909-)**
Hui feng 徽凤
You mu 攸沐
Zhang, Di hua 张涤华
Zhang, Duo 张多

ZHANG, ZHU FENG 张祝丰 **(1951-)**
Jin, Ge 金戈
Xiao, Zhu 肖珠

ZHANG, ZHU JUN 张竹君
Luo, Pu 罗普
Luo, Xiao gao 罗孝高
Pi fa sheng 披发生
Yu yi nü shi 羽衣女士

Zhang, Zhu qing 张竹青
ZHANG, HAN CHENG 张汉城 **(1923-)**

ZHANG, ZHU SHENG 张祝升 **(1949-)**
Zhu, Sun 竹荪

Zhang, Zhun 张准
ZHANG, ZI GAO 张子高 **(1886-1976)**

Zhang, Zhuo 张卓
ZHANG, YING 张樱

ZHANG, ZHUO LIN 张卓琳 **(1949-)**
Meng fu 勐负

ZHANG, ZHUO XIANG 张灼祥 **(1947-)**
Zhuo xiang 灼祥

ZHANG, ZHUO YUAN 张卓元 **(1933-)**
Yan, Zhen 言真
Zuo xu 作胥
Zuo yuan 作沅

Zhang, Zi 张梓
ZHENG, NAI JI 郑乃吉 **(1943-)**

ZHANG, ZI 章梓
Mu liang 木良
Tai su 太素
Zhang, Zhi 章质

Zhang, Zi 章缁
ZHANG, BING LIN 章炳麟 **(1869-1936)**

ZHANG, ZI BIN 张子斌 **(1938-)**
Zi bin 紫彬

Zhang, Zi chang 章子长
ZHANG, HENG SHOU 章恒寿 **(1931-)**

Zhang, Zi chen 张紫晨
ZHANG, ZI CHEN 张紫臣 **(1929-1993)**

ZHANG, ZI CHEN 张紫臣 **(1929-1993)**
Chang hong 苌弘
Chen zi 晨子
Lin, Bai 林白
Lin, Yi bai 林一白
Zhang, Gong 张公
Zhang, Zi chen 张紫晨
Zi chen 紫晨

ZHANG, ZI GAO 张子高 **(1886-1976)**
Zhang, Zhi gao 张芷皋
Zhang, Zhun 张准

Zhang, Zi gu 章子谷

ZHANG, ZI ZHAI 张子斋 **(1913-1989)**

ZHANG, ZI JUN 张子君 **(1913-)**
Zheng guo 正果

ZHANG, ZI MEI 张子梅 **(1932-)**
Lin, Jian 林间

Zhang, Zi pei 张子培
HAN, ZHEN YAO 韩振耀 **(1922-)**

ZHANG, ZI PING 张资平 **(1893-1959)**
Bing sheng 秉声
Han huang 寒皇
Huang, Qun 黄群
Min jun 敏君
Wei zu 维祖
Zhang, Gu mei 张古梅
Zhang, Sheng 张声
Zhang, Xing yi 张星仪
Zi ping 资平

ZHANG, ZI QI 张自旗 **(1928-)**
Bai, Cao qing 白草青
Bai, Qian 白蒨
Chen, Ye 陈夜
Qin, Meng 秦梦

ZHANG, ZI QIANG 张自强 **(1946-)**
Xia, Hong 夏虹
Zhang lang 张郎

Zhang, Zi qing 张子清
ZHANG, XIAO QING 张小清 **(1939-)**

Zhang, Zi san 张子三
XU, JIE 许杰 **(1901-1993)**

ZHANG, ZI SHEN 张子深 **(1939-)**
Gong chang 弓长
Jie, Yang ke 揭扬客
Pu, He 蒲鹤
Pu, He shou 蒲鹤寿
Zhang, Han 张寒

ZHANG, ZI SHENG 张自生 **(1944-)**
Tian di yi lang 天地一郎
Xi feng shan ren 西峰山人

ZHANG, ZI SHENG 张梓生 **(1892-1967)**
Zi sheng 梓生

Zhang, Zi wei 张紫薇
ZHANG, CHAO ZUO 张朝佐 **(1900-)**

ZHANG, ZI WEI 张子维 **(- 1913)**
Yue 樾
Zhang, Yue 张樾

Zhang, Zi wu 张子武
ZHANG, QI HUANG 张其锽 **(1877-1927)**

ZHANG, ZI ZHAI 张子斋 **(1913-1989)**
Da leng 大楞
Gao, Li 高黎
Gui, Hou 归厚
Jiang, Li 江离
Jiang, Li 姜立
Jiang, Lie 姜烈
Li, Yu sheng 李玉生
Lin, Shi yi 林士诒
Qin, Yue 秦越
Ru shi 如是
Shan zai 山哉
Shi diao 尸雕
Shi, Gang 史刚
Yu chi, Bu gong 尉迟不恭
Yu jiang 愚江
Zhang, Zi gu 章子谷

ZHANG, ZONG DONG 张宗栋 **(1925-)**
Dong mu 东木

ZHANG, ZONG HOU 张宗厚 **(1945-)**
Fang, Shi 方石
Ou yang, Fan 欧阳帆
Zheng, Yan ping 郑言平

ZHANG, ZONG JUN 张宗俊 **(1925-)**
Lu, Zong 鲁宗

ZHANG, ZONG KE 张宗可 **(1898-1975)**
Guo, Pei heng 郭佩衡
Kang, Sheng 康生
Wang, Zhong 王中
Zhang, Wen 张雯
Zhao, Rong 赵蓉

ZHANG, ZONG WEN 张宗文
Zhong wen 中文

ZHANG, ZONG XIANG 张宗祥 **(1881-1965)**
Bu man yan zhai 不满砚斋
Leng, Seng 冷僧
Leng, Sheng 冷生
Tie ru yi guan zhu 铁如意馆主
Zhang, Si zeng 张思曾

ZHANG, ZONG XIAO 张宗孝 **(1940-)**
Zhang, Peng 张鹏
Zhang, Zhong xiao 张中笑
Zhong, Fang 钟放
Zhong xiao 中笑

Zhang, Zu 张卒
ZHANG, JING LU 张静庐 **(1898-1969)**

ZHANG, ZU CHUAN 张祖传
Si ma, Zi yan 司马紫烟

ZHANG, ZU PING 张祖苹 **(1922-)**
Chen, Zhi yan 陈之衍

Zhang, Bei 张蓓
Zhang, Pei 张沛

ZHANG, ZU WEI 张祖慰 **(1937-)**
Zu, Wei 祖慰

ZHANG, ZUN KUAN 张尊宽 **(1944-)**
Zhang, Yang 张扬
Zhou, Yu 周豫

Zhang, Zuo 张左
HUANG, YU LIN 黄毓霖 **(1911-)**

ZHANG, ZUO BIN 张作斌 **(1924-)**
Shi, Ting 石挺

ZHANG, ZUO CHENG 张作丞 **(1936-)**
Gu, Qiao 古桥

ZHANG, ZUO JIN 张作锦 **(1932-)**
Jin, Dao 金刀

Zhang, Zuo wei 张作为
ZHANG, ZUO WEI 张祚炜 **(1931-)**

ZHANG, ZUO WEI 张祚炜 **(1931-)**
Zhang, Zuo wei 张作为

Zhang, Zuo zhou 张作周
ZHANG, XI CHANG 张锡昌 **(1902-1980)**

Zhao 召
JING, YAO YUE 景耀月 **(1883-1944)**

Zhao 钊
LI, DA ZHAO 李大钊 **(1889-1927)**

Zhao 照
WANG, TONG ZHAO 王统照 **(1897-1957)**

ZHAO, AI HUA 赵爱华
Yun xi nü shi 云溪女士

ZHAO, AI JING 赵爱晶 **(1948-)**
Li, Jing 李静

ZHAO, AI MIN 赵爱民 **(1954-)**
Ai, Min 艾民
Ai, Min 艾敏

Zhao, Ai tang 赵蔼棠
ZHAO, JIN CHEN 赵晋臣 **(1862-1929)**

ZHAO, AN JI 赵安济 **(-1975)**
An, Ji 安济
Bai, Yi ren 白衣人
Bu yang 不扬
Guo, Cheng 国澄
Hai, Bo 海波
Li, Ang 李昂
Pei wei 佩苇
Song, Yang 宋阳
Wei, Wei 韦韦
Zhao, Yang 赵扬

ZHAO, AN TING 赵安亭 **(1941?-)**
Xiao ting 宵婷

Zhao, Bai yan 赵柏岩
ZHAO, BING LIN 赵炳麟 **(1873-)**

Zhao, Ban zhi 赵半知
ZHAO, BING HENG 赵秉衡 **(1924-)**

Zhao, Bang 兆邦
LUO, CHUAN KAI 罗传开 **(1932-)**

Zhao bang 钊邦
QIN, ZHAO BANG 覃钊邦 **(1936-)**

ZHAO, BAO NING 赵保宁 **(1942-)**
Wen, Yan 文岩

ZHAO, BAO ZHEN 赵宝珍 **(1942-)**
Gu, Mei 古梅

ZHAO, BAO ZHONG 赵宝忠 **(1919-)**
Bao yan 瀑岩
Jian qiu 鉴秋
Li, Sheng 黎声
Wei qing 蔚青
Zhao, Wei qing 赵蔚青

Zhao, Bei 赵北
ZHAO, FENG ZHANG 赵凤章 **(1918-1986)**

Zhao, Ben fu 赵本夫
ZHAO, BEN FU 赵本福 **(1947-)**

ZHAO, BEN FU 赵本福 **(1947-)**
Zhao, Ben fu 赵本夫

Zhao, Bi 赵壁
ZHAO, SHU REN 赵淑忍 **(1932-)**

Zhao, Bi 赵壁
TAN, ZHENG BI 谭正壁 **(1901-1991)**

Zhao, Bi 赵壁
ZHAO, JIA XIN 赵家欣 **(1916-)**

ZHAO, BI ZHEN 赵必振 **(1872-1956)**
Min shi shi 民史氏
Zhao, Zhen 赵振

ZHAO, BING 赵冰 **(1890-1964)**
Chiu, Vermier Y.

ZHAO, BING BO 赵冰波 **(1957-)**
Bing bo 冰波

ZHAO, BING HENG 赵秉衡 **(1924-)**
Zhao, Ban zhi 赵半知

ZHAO, BING KUN 赵炳坤 **(1944-)**
Bing kun 冰昆

ZHAO, BING LIN 赵炳麟 **(1873-)**
Qian bing lu 潜并庐

Zhao, Bai yan 赵柏岩
Zhu, Yuan 竹园

ZHAO, BING NAN 赵炳南 **(1929?-)**
Bing nan 丙南
Ding, Dong 丁东

ZHAO, BING YI 赵炳彝 **(1924-)**
Miao, Mu 苗木
Zhao, Mu zhi 赵慕志

Zhao, Bing yu 赵冰玉
ZHAO, JU BAO 赵聚宝 **(1951-)**

ZHAO, BING YUN 赵秉筠 **(1935-)**
Lin, Zi 林子

ZHAO, BO HUA 赵伯华 **(1952-)**
Can mo 残墨

Zhao, Bo xian 赵伯先
ZHAO, SHENG 赵声 **(1881-1911)**

Zhao, Bu ren 赵不仁
ZHAO, REN 赵仁 **(1901-)**

Zhao, Bu yi 赵卜一
AI, MAI TI 艾买惕 **(1921-)**

ZHAO, CAI DONG 赵彩东 **(1930--)**
Yu, Guang 余光

Zhao cang 肇仓
GU, XUE JIE 顾学颉 **(1913-)**

Zhao, Chang min 赵长民
LIN, RU JI 林如稷 **(1902-1976)**

ZHAO, CHANG WEN 赵长文 **(1958-)**
Mo, Zhou 墨舟

ZHAO, CHAO GOU 赵超构 **(1910-1992)**
Chao 超
Duo 铎
Gou 构
Guan, Ping 管平
Jing 景
Lin, Fang 林放
Liu, Fu yun 柳拂云
Ruo han 若寒
Sha 沙
Sha, Tuo 沙驼
Tuo 驼
Wen, Mu 文木
Xi 熹
Xiang, Hong 向红
Zhao, Jing xi 赵景熹

Zhao, Chen 赵晨
QIU, YI JUN 邱宜均 **(1929-)**

Zhao chen 昭琛
WANG, YAO 王瑶 **(1914-1989)**

ZHAO, CHEN GUANG 赵晨光 **(1954-)**
Chen guang 晨光
Xiao zhao 晓照

Zhao, Cheng 赵成
ZHAO, RI CHENG 赵日成 **(1938-)**

ZHAO, CHENG 赵诚 **(1933-)**
Xiao, Ding 肖丁
Xiao yan 小言
Xin zhai 信斋
Zhao, Zheng 赵征

Zhao, Cheng fu 赵澄甫
ZHAO, ZONG HAN 赵宗瀚

ZHAO, CHENG GU 赵承嘏 **(1885-1966)**
Zhao, Shi min 赵石民

ZHAO, CHENG KAI 赵承楷 **(1935-)**
Yong an bu yi 永安布衣

ZHAO, CHENG LIAN 赵承廉
Zhao, jing 赵静

Zhao, Cheng zhi 赵承志
ZHAO, XUN BO 赵循伯 **(1908-1980)**

ZHAO, CHI PING 赵赤坪
Chi ping 赤坪
Chi, Ping 池萍

Zhao, Chi yu 赵赤羽
ZHAO, YUN AN 赵允安 **(1898-1965)**

ZHAO, CHI ZI 赵尺子
Chi zi 尺子

ZHAO, CHONG JING 赵崇敬 **(1934-)**
Wang, Yu 王雨

Zhao, Chu 赵初
ZHAO, HONG EN 赵鸿恩 **(1911-)**

ZHAO, CHUAN JING 赵传镜 **(1916-)**
Jian qiu 剑秋
Zhao, Jian qiu 赵剑秋

Zhao chun 照春
FENG, TONG JUN 冯同军 **(1947-)**

Zhao chun 照春
ZHAO, RUI SHENG 赵瑞生 **(1954-)**

ZHAO, CHUN NIAN 赵椿年 **(1869-1942)**
Po lin lao ren 坡邻老人

ZHAO, CHUN REN 赵纯仁 **(1930-)**
Chao bo 超博
Chun ren 春人
Shi, Fu cun 石甫村
Zao bo 早播

ZHAO, CHUN YING 赵春迎 **(1963-)**

Lu, Man 路漫

ZHAO, CI TING 赵次庭
Bin 宾
Guo bin 国宾
Shi, Hu 石虎
Zhao, Hu 兆虎

ZHAO, CONG 赵聪 **(1916-1986)**
Wang, Xu 王序
Zhong, Hua min 钟华敏

ZHAO, CONG CANG 赵丛苍 **(1952-)**
Ge, Fu 戈父
Mu, Zi 沐子
Zhao ming 昭明

Zhao cun 照存
ZHANG, YI HOU 张逸侯 **(1916-1978)**

ZHAO, CUN LU 赵存禄 **(1930-)**
Yi miao 艺苗

Zhao, Da 赵达
ZHAO, RU KANG 赵汝康 **(1926-)**

ZHAO, DA CHENG 赵大成 **(1920-1988)**
Bi nu 笔奴
Ju xing 巨星
Kong, Huai 孔怀
Shi, Chen 史忱
Xi qiao 西樵
Yi duo 以多
Yun chuang 芸窗
Zhao, Rong 赵戎
Zhao, Xin 赵心

Zhao, Da jun 赵大均
ZHAO, DA JUN 赵大钧 **(1938-)**

ZHAO, DA JUN 赵大钧 **(1938-)**
Zhao, Da jun 赵大均

Zhao, Da min 赵大民
ZHAO, RU KANG 赵汝康 **(1926-)**

ZHAO, DA NIAN 赵大年
Da nian 大年

Zhao, Dai jun 赵代君
ZHAO, MING XIANG 赵明祥 **(1962-)**

ZHAO, DAI WEN 赵戴文 **(1867-1943)**
Qing liang shan ren 清凉山人

Zhao, Dan 赵丹
ZHAO, FENG AO 赵凤翱 **(1915-1980)**

Zhao, De lin 赵德林
JUE LUO, DE LIN 觉洛德林 **(1921-)**

ZHAO, DE MING 赵德明 **(1955-)**
A de 阿德

Zhao, De pu 赵德普
HU, ZHEN QING 胡振清 **(1916-)**

Zhao, De pu 赵德普
ZHONG, KAI MING 钟开明 **(1918-1992)**

ZHAO, DE ZUN 赵德尊 **(1913-)**
Luo, Bai 罗白
Luo, Bo 罗伯
Luo, Sang 罗桑
Qiu, Sun 秋隼

Zhao, Deng 赵灯
YANG, GENG SHENG 杨更生 **(1921-1990)**

ZHAO, DENG SHAN 赵登山 **(1933-)**
Zhao, Shu shi 赵述诗

Zhao, Di 赵棣
ZHANG, JIA LU 张嘉禄 **(1921-)**

Zhao, Ding zhi 赵定之
ZHAO, SHU LI 赵树礼 **(1906-1970)**

Zhao, Dong 赵东
MAO, ZE DONG 毛泽东 **(1893-1976)**

Zhao dong 肇东
LI, YUAN CU 李元簇 **(1923-)**

Zhao, Dong hui 赵东辉
ZHAO, TAO QUN 赵陶群 **(1949-)**

Zhao, Du 赵度
ZHANG, CHENG 张诚 **(-1971)**

ZHAO, DUO 赵铎 **(1921-1991)**
Guang xun 光迅
Ke man 克曼
Lin, Yan 林炎
Qing bo 青勃
Qin ni 琴尼
Qu, Man gong 曲满弓
Zhao, Qing bo 赵青勃

Zhao, Er dai 赵二呆
ZHAO, TONG HE 赵同和 **(1916-)**

ZHAO, ER XUN 赵尔巽 **(1844-1927)**
Ci zha 次栅
Wu bu 无补

ZHAO, FA DE 赵发德 **(1943-)**
Zi an 子庵

Zhao, Fan 赵返
QIN, WEI AO 秦维鳌 **(1932-)**

ZHAO, FAN 赵藩 **(1851-1927)**
Shi chan lao ren 石禅老人
Xiang hu cun she 向湖村舍
Zhao, Yue cun 赵樾村

ZHAO, FEI 赵飞 **(1950-)**
Fei fei 菲菲
Liang, Yi 梁毅

Zhao fei 钊飞
SHI, DA ZUO 史大作 **(1964-)**

Zhao, Feng 兆凤
KANG, SHOU HUI 康守惠 **(1918-)**

Zhao, Feng 赵沨
ZHAO, XIAO FANG 赵孝方 **(1916-)**

ZHAO, FENG AO 赵凤翱 **(1915-1980)**
A dan 阿丹
Xiao, Feng 萧凤
Zhao, Dan 赵丹

ZHAO, FENG CHANG 赵凤昌 **(1856-1938)**
Song xue dao ren 松雪道人
Xi yin 惜阴
Xi yin tang 惜阴堂
Zhao, Xi yin 赵惜阴
Zhao, Zhu jun 赵竹君
Zhu, Jun 竹君

ZHAO, FENG CHUAN 赵枫川 **(1915-)**
Mu feng 木风

ZHAO, FENG QI 赵凤岐 **(1930-)**
Bian, Zheng 卞正
Ruo heng 若衡

ZHAO, FENG XIANG 赵凤翔 **(1937-)**
Xiao, Feng 肖凤

ZHAO, FENG ZHANG 赵凤章 **(1918-1986)**
Ren, Wen 任文
Yan, Nan 燕南
Yu, Lin 俞林
Zhao, Bei 赵北

ZHAO, FU CHEN 赵福辰 **(1952-)**
Shen, Yang 沈阳

ZHAO, FU CHENG 赵福成 **(1915-)**
Zhao, Jian 赵坚

Zhao, Fu chu 赵复初
ZHAO, SHAO CHANG 赵绍昌 **(1902-1948)**

ZHAO, FU REN 赵福忍 **(1940-)**
Jin niu shan ren 金牛山人
Dong fang, Jian 东方剑
Zhao, Gang 赵刚

ZHAO, FU SHUN 赵福顺 **(1944-)**
Chang, Cheng 常程
Ruo shui 若水
Xiang, He 项河
Xiao, Chuan 萧川

ZHAO, FU XING 赵复兴 **(1939-)**
Zhao, Tong 赵彤

Zhao, Gang 赵刚
ZHAO, FU REN 赵福忍 **(1940-)**

Zhao, Gao 赵高
LIU, SI HAI 刘斯海 **(1919-)**

ZHAO, GE 赵戈 **(1920-)**
Sha, Zheng 沙征

ZHAO, GENG LU 赵庚禄 **(1934-)**
Xiao gang 晓岗

Zhao, Guan jun 赵冠军
ZHAO, GUO JUN 赵国军 **(1953-)**

ZHAO, GUANG CHEN 赵光宸
Dan wen 丹文

ZHAO, GUANG MING 赵光鸣 **(1949-)**
A zhao 阿召
Bei li 北黎
Nan, Ping 南屏
Zi ting 紫汀

Zhao, Guang rong 赵光荣
WANG, FU YAN 汪馥炎 **(1891-1940)**

ZHAO, GUANG RONG 赵光荣
Mei sou 枚叟
Zhao, Zi mei 赵子枚
Zhi mei 芷湄

ZHAO, GUANG TIAN 赵广田 **(1954-)**
Ying guang 萤光

ZHAO, GUANG XIANG 赵广湘 **(1908-1934)**
He, Fei 贺非
He, Fei 贺菲
Hou, Pu 侯朴

Zhao, Gui 赵归
ZHAO, SHI 赵适 **(1923-)**

ZHAO, GUI 赵瑰 **(1914-1967)**
Zhao, Hui shen 赵慧深

ZHAO, GUI BAO 赵贵保 **(1923-)**
Yuan, Zhan 远展

ZHAO, GUI CAI 赵贵才 **(1943-)**
Xiao yu 笑宇
Ye ge 夜歌
Zhao, Yi 赵毅

ZHAO, GUO CHUN 赵国春 **(1957-)**
Ping, Shan 平山

ZHAO, GUO HUA 赵国华 **(1953-)**
Jiang, Xue 江雪

ZHAO, GUO JUN 赵国军 **(1953-)**
Bei yuan 北远

Ye cun 野村
Zhao, Guan jun 赵冠军
Zhao, Jun 昭骏

Zhao, Guo qin 赵国钦
ZHAO, GUO XI 赵国玺 **(1939-)**

ZHAO, GUO QING 赵国庆 **(1933-)**
Ge qin 舸勤
Zhao, Guo qing 赵国青

Zhao, Guo qing 赵国青
ZHAO, GUO QING 赵国庆 **(1933-)**

ZHAO, GUO QUAN 赵国荃 **(1937-)**
Gu, Qu 谷渠
Mao nu 矛弩

ZHAO, GUO XI 赵国玺 **(1939-)**
Xi, Xin ming 郗欣明
Zhao, Guo qin 赵国钦

ZHAO, HAI FENG 赵海峰 **(1948-)**
Hai, Feng 海风

ZHAO, HAI TAO 赵海涛 **(1927-)**
Nan, Ge 南鸽

Zhao, Han 赵涵
XU, SUI ZENG 许绥曾 **(1921-)**

ZHAO, HAN JU 赵翰举 **(1941-)**
Zi fei 子斐

ZHAO, HAN QING 赵汉卿 **(1889-1950)**
Han qing 汉卿

ZHAO, HAO MING 赵皓明 **(1940-)**
Zhao, Qin 赵琴

ZHAO, HAO RU 赵浩如 **(1938-)**
Hao ran zhai 浩然斋

ZHAO, HE QI 赵和琪 **(1942-)**
Shi yang 视阳

ZHAO, HE QIN 赵鹤琴 **(1894-)**
Ban long 半聋

ZHAO, HE XIANG 赵鹤翔 **(1933?-)**
Yang, Yu 羊羽

Zhao, He zhu 赵禾珠
ZHAO, SHU MIN 赵淑敏 **(1935-)**

ZHAO, HENG TI 赵恒惕 **(1880-1971)**
Heng ti 恒惖

Zhao, Hong 赵泓
LIANG, LIANG 梁良 **(1934-)**

ZHAO, HONG EN 赵鸿恩 **(1911-)**
Hua, Fang 华方
Hui shen 悔深
Li, Rui 李蕤
Lu bai 芦白
Xiao, Yun 肖云
Zhao, Chu 赵初
Zhao, Hui shen 赵慧深
Zhao, Hui shen 赵悔深
Zhao, Qian 赵前
Zhou, Na 周纳

ZHAO, HONG FENG 赵洪峰 **(1957-)**
Hong, Feng 洪峰

ZHAO, HONG JUN 招鸿钧 **(1939-)**
Shang guan, Yun 上官云

ZHAO, HONG WU 赵洪武 **(1930-)**
Hong, Wu 洪武

ZHAO, HONG YAN 赵红雁 **(1949-)**
Can liu 残柳

ZHAO, HONG ZHI 赵鸿志 **(1925-)**
Sha, Fan 沙凡
Xu, Qi hang 徐起航
Zhao, Li sheng 赵立生

ZHAO, HONG ZHOU 赵红州 **(1941-)**
Si yan 司岩
Si yi 司佾
Zhao, Qing he 赵庆和

Zhao, Hu 兆虎
ZHAO, CI TING 赵次庭

Zhao, Hua 赵华
RAO, SHA OU 饶沙鸥

ZHAO, HUA SHENG 赵华胜 **(1939-)**
Hua, Sheng 华胜

Zhao, Huan 赵寰
ZHAO, ZI FU 赵子辅 **(1925-)**

ZHAO, HUAN ZHANG 赵焕章 **(1935-)**
Shi shui 逝水

Zhao, Huang 赵璜
ZHAO, PING FU 赵平复 **(1902-1931)**

Zhao hui 朝晖
YANG, YIN LONG 杨荫隆 **(1936-)**

ZHAO, HUI JIE 赵辉杰
Ji, Qian 季谦

Zhao, Hui shen 赵悔深
ZHAO, HONG EN 赵鸿恩 **(1911-)**

Zhao, Hui shen 赵慧深
ZHAO, HONG EN 赵鸿恩 **(1911-)**

Zhao, Hui shen 赵慧深
ZHAO, GUI 赵瑰 **(1914-1967)**

Zhao, Ji 兆吉

LIU, ZHAO JI 刘兆吉 (1913-)

ZHAO, JI 赵畸 (1889-1968)
Tai mou 太侔
Zhao, Tai mou 赵太侔

Zhao, ji 肇基
LIU, ZHAO JI 刘兆吉 (1913-)

ZHAO, JI BIN 赵纪彬 (1905-1982)
Ji, Xuan bing 纪玄冰
Xiang, Lin bing 向林冰
Zhao, Ji yan 赵济焱

ZHAO, JI HUI 赵吉惠 (1934-)
Ji hui 积慧

Zhao, Ji kang 赵季康
ZHAO, JI KANG 赵继康 (1932-)

ZHAO, JI KANG 赵继康 (1932-)
Ji, Kang 季康
Zhao, Ji kang 赵季康

ZHAO, JI QIN 赵吉琴 (1945-)
Yun shu 韵曙

Zhao, Ji xiang 赵继祥
ZHAO, JIE 赵捷 (1942-)

Zhao, Ji yan 赵济焱
ZHAO, JI BIN 赵纪彬 (1905-1982)

ZHAO, JIA AO 赵家璈 (1924-)
Xiao he 小诃
Zhao, Zi 赵自

ZHAO, JIA BI 赵家璧 (1908-)
Xiao yan 小延
Xiao yan 筱延
Zhao, Xiao yan 赵小延

ZHAO, JIA XI 赵家喜 (1948-)
Xu chu 旭初

ZHAO, JIA XIN 赵家欣 (1916-)
Jia xin 家欣
Zhao, Bi 赵璧
Zhu ge, Zhu 诸葛朱

Zhao, Jian 赵坚
MENG, XIAN QI 孟宪棨 (1902-1976)

Zhao, Jian 赵坚
ZHAO, FU CHENG 赵福成 (1915-)

Zhao, Jian 赵健
ZHAO, WEN FANG 赵文房 (1934-)

ZHAO, JIAN GONG 赵建功 (1928-)
Jian gong 剑弓

ZHAO, JIAN PING 赵建平 (1955-)
Jian shi 剑石

Zhao, Jian ping 赵剑平
ZHAO, MING HONG 赵明鸿 (1956-)

ZHAO, JIAN PING 赵剑平 (1957-)
Jian ping 剑平
Xiao, gan 肖干

Zhao, Jian qiu 赵剑秋
ZHAO, CHUAN JING 赵传镜 (1916-)

ZHAO, JIAN YU 赵建玉 (1953-)
Dun zhe 敦者

ZHAO, JIE 赵杰 (1948-)
Liao liao 聊聊

Zhao, Jie 赵杰
ZHAO, TING JIE 赵廷杰

Zhao, Jie 赵捷
ZHAO, JUN JIE 赵俊杰 (1929-)

Zhao, Jie 赵捷
ZHAO, ZENG KAI 赵增锴 (1929-)

ZHAO, JIE 赵捷 (1942-)
Zhao, Ji xiang 赵继祥

Zhao, Jin 赵锦
LI, PING JIN 李屏锦 (1938-)

ZHAO, JIN CHEN 赵晋臣 (1862-1929)
Lian shi 莲石
Zhao, Ai tang 赵蔼棠
Zhao, Nai tang 赵廼唐

Zhao, Jin hei 赵今黑
LIU, ZHU DAN 刘竹丹

ZHAO, JIN HUA 赵进华 (1966-)
Ye shi 野石

ZHAO, JIN SHENG 赵今昇 (1924-)
Jin sheng 今生

ZHAO, JIN WU 赵今吾
Luo, Te 罗特

ZHAO, JIN XIAN 赵进先 (1939-)
Bing yan 冰焰

Zhao, jing 赵静
ZHAO, CHENG LIAN 赵承廉

ZHAO, JING HUAN 赵经寰 (1934-)
Tian shi 天石

ZHAO, JING SHEN 赵景深 (1902-1985)
Ai si 爱丝
Ai si nü shi 爱丝女士
Bao, Qin cun 鲍芹村
Bo dong 博董
Bu, Meng long 卜朦胧

Jing, Shen 景深
K. S.
Leng, Yan 冷眼
Lu ming 露明
Lu ming nü shi 露明女士
Meng long 朦胧
Tao, Ming zhi 陶明志
Xu chu 旭初
Yan, Da shan 晏达善
Zhao, Xu chu 赵旭初
Zou, Xiao 邹啸
Zou, Xiao 邹萧
Zou, Xiao lu 邹啸露

Zhao, Jing xi 赵景熹
ZHAO, CHAO GOU 赵超构 **(1910-1992)**

ZHAO, JING YU 赵景瑜 **(1935-)**
Zhao, Zou 赵走

ZHAO, JIU QING 赵九卿 **(1937-)**
Zhao, Jiu qing 赵久青

Zhao, Jiu qing 赵久青
ZHAO, JIU QING 赵九卿 **(1937-)**

ZHAO, JU BAO 赵聚宝 **(1951-)**
Zhao, Bing yu 赵冰玉

Zhao, Jun 昭骏
ZHAO, GUO JUN 赵国军 **(1953-)**

Zhao, Jun 赵俊
ZHAO, QI WEN 赵其文 **(1903-1980)**

ZHAO, JUN HAO 赵君豪 **(1903-1966)**
Qi er 其二
Wei san 畏三

ZHAO, JUN JIE 赵俊杰 **(1929-)**
Zhao, Jie 赵捷

ZHAO, JUN MIN 赵俊民 **(1926-)**
Huo guang 火光
Zhao yao 照耀

ZHAO, JUN QI 赵俊奇 **(1950-)**
Geng fu 耕夫
Han chan 寒蝉
Xing su 行素
Xue qiao 雪樵

ZHAO, JUN RUI 赵俊瑞 **(1927-)**
Hang yu 杭雨
Yi ming zhu 忆明珠
Zhao, Zhen rui 赵镇瑞

ZHAO, JUN SHENG 赵俊生 **(1944-)**
Er han 二憨

Zhao, Jun wei 赵君伟
ZHAO, MING XUN 赵铭勋 **(1928-)**

Zhao, Kai 赵恺
GAO, ZHAO KAI 高昭凯

Zhao kai 昭凯
LI, SHI KAI 李世凯 **(1934-)**

Zhao kai 昭凯
KANG, SHI ZHAO 康式昭 **(1935-)**

Zhao, Kang 赵康
ZHAO, ZU KANG 赵祖康 **(1900-)**

ZHAO, KE REN 赵克仁 **(1919-)**
Xiao, Su 肖肃
Xiao, Su 肖素
Xiao su 笑俗

ZHAO, KE WEN 赵克文 **(1936-)**
Yu wen 雨文
Zhao, Ke wen 赵克雯

Zhao, Ke wen 赵克雯
ZHAO, KE WEN 赵克文 **(1936-)**

ZHAO, LAN FEN 赵兰芬 **(1949-)**
Zhao, Yi fen 赵艺芬

Zhao, Leng 赵冷
WANG, REN SHU 王任叔 **(1901-1972)**

ZHAO, LI 赵澧 **(1919-)**
Xiao, Yuan 肖元

ZHAO, LI JUAN 赵丽娟 **(1959-)**
Ge ge 格格
Zhao, Qiong 赵琼

ZHAO, LI JUAN 赵丽娟 **(1969-)**
Meng han 梦寒

Zhao, Li ma 赵枥马
ZHAO, QI MING 赵启明 **(1912-1938)**

ZHAO, LI SHAN 赵立山 **(1946-)**
Cheng, Ling 成岭
Shan li 山里

Zhao, Li sheng 赵立生
ZHAO, HONG ZHI 赵鸿志 **(1925-)**

ZHAO, LI SHENG 赵俪生 **(1917-)**
Feng, Yi 冯夷
Ji long ju 寄陇居
Zhao, Shen 赵甡

Zhao, Lian 赵廉
YU, DA FU 郁达夫 **(1896-1945)**

ZHAO, LIANG ZHANG 赵良璋 **(1921-1948)**
Ye xue 野雪

Zhao, Lin 兆林
SONG, ZHAO LIN 宋兆麟 **(1936-)**

Zhao, Lin 赵林

WU, RUI XIANG 吴瑞祥

Zhao lin 照临
LI, GUANG YUAN 李光远

Zhao, Ling 赵玲
ZHAO, ZI XUN 赵子逊 (1933-)

ZHAO, LING BO 赵凌波 (1952-)
Qiao fu 樵夫

ZHAO, LING FEI 赵灵飞 (1874-1936)
Sai jin hua 赛金花
Wei zhao, Ling fei 魏赵灵飞

ZHAO, LING MAO 赵令茂 (1946-)
Chun xin 纯心
Li, Jiu 李究
Mai, Wen 麦文
Wei xiang 维想
Yi, Fan 易梵
Yu, Feng ling 于凤灵
Zi min 子敏

Zhao, Ling yi 赵令仪
ZHOU, SHU REN 周树人 (1881-1936)

Zhao, Ling yi 赵令仪
RONG, DING CHANG 容鼎昌 (1919-)

Zhao liu ju shi 照流居士
XU, SONG SHI 徐松石 (1899-)

Zhao, Long nan 赵龙男
ZHAO, QUAN YONG 赵泉勇 (1935-)

ZHAO, LU 赵橹 (1922-)
Fang, Bu 方卜
Fang, Ge 方戈
Jing xin 晶心
Tu nu 土弩
Yin zhou 荫舟
Zhao, Ming yuan 赵明远

Zhao, Lu bao 赵陆宝
ZENG, ZHENG CHANG 曾正昌 (1922-1966)

Zhao luo 肇洛
ZHU, YI SHU 朱以书 (1904-)

Zhao mei 昭梅
LIU, ZHAO MEI 刘照美 (1948-)

ZHAO, MEI WEI 赵美薇 (1950-)
Ai mi er 爱弥儿
Ai shan 爱山
Fu luo la 芙罗拉
Yu, Ai shan 余爱山

Zhao, Meng na 赵梦娜
ZHANG, FEN LING 张芬龄 (1954-)

ZHAO, MENG TING 赵梦霆 (1939-)
Tao, San ying 陶三迎

ZHAO, MENG YUAN 赵孟原 (1912-)
Bai, Ye yue 白野月
Hei, Ling 黑玲
Hei, Lun 黑伦
M Y
Meng 梦
Meng, Yuan 孟原
Meng yuan 梦园
Shi ming 失明
Song ping 松屏
Wu, Zhen 吴珍
Xiao, Jiang 萧绛
Xiao song 小松
Ye feng 夜风
Ye yue 野月
Yin, Ming 尹明
Yue han 约翰
Zhao, Meng yuan 赵梦原
Zhao, Shu quan 赵树全
Zhao, Shu quan 赵树权

Zhao, Meng yuan 赵梦原
ZHAO, MENG YUAN 赵孟原 (1912-)

Zhao, Mian yun 赵眠云
ZHAO, SHAO CHANG 赵绍昌 (1902-1948)

Zhao, Min 赵敏
SONG, CHENG SHAN 宋成善 (1930-)

Zhao, Ming 兆铭
WANG, ZHAO MING 汪兆铭 (1883-1944)

Zhao, Ming 赵明
ZHAO, PU LIN 赵普琳 (1919-)

Zhao, Ming 赵明
ZHAO, YUE HUA 赵曰华 (1928-)

Zhao, Ming 赵明
YE, KUN CAN 叶昆灿 (1935-)

Zhao ming 昭明
ZHAO, CONG CANG 赵丛苍 (1952-)

ZHAO, MING HONG 赵明鸿 (1956-)
Zhao, Jian ping 赵剑平

ZHAO, MING XIANG 赵明祥 (1962-)
Zhao, Dai jun 赵代君
Zhao, Xiang 赵翔

ZHAO, MING XUN 赵铭勋 (1928-)
Mo, Cao 莫草
Zhao, Jun wei 赵君伟

ZHAO, MING YI 赵铭彝 (1906-)
Cheng, Yan 成言
Cheng, Yin 成荫
Cheng, Zhi 成之

Li san 立三
Li wu 立五
Lin, Yun 林云
Lü, Lian 吕莲
Ming yi 名一
Ming yi 名逸
Ming yi 铭彝
Mo, Li zhi 莫理之
Mu, Fang 穆芳
Mu fang 木方
Mu, Wei fang 穆维芳
Tang, Yin 唐荫
Yi 逸
Yin tang 荫唐
Yue, Song 岳菘

Zhao, Ming yuan 赵明远
ZHAO, LU 赵橹 (1922-)

ZHAO, MING ZHEN 赵明真
Ming, Zhen 明真

ZHAO, MO 赵默 (1911-1982)
Jin, Shan 金山
Zhao, Xun 赵询

ZHAO, MU HONG 赵牧虹 (1918-)
Mu hong 牧虹

ZHAO, MU SONG 赵慕嵩
Lin, Li lun 林莉伦
Mu, Song 慕嵩

Zhao, Mu zhi 赵慕志
ZHAO, BING YI 赵炳彝 (1924-)

ZHAO, NAI DING 赵迺定 (1943-)
Gu ren 故人
Nai lai 迺莱
Si tu, Kai 司徒凯

Zhao, Nai tang 赵迺唐
ZHAO, JIN CHEN 赵晋臣 (1862-1929)

Zhao, Nai xin 赵乃心
LI, TIAN MIN 李天民 (1920-)

Zhao, Ning 赵宁
SU, ZAI DUN 苏在敦 (1932-)

ZHAO, NONG MIN 赵农民 (1929-)
Qu, Chen 曲辰
Qu, Ren 屈人

Zhao, Pei 赵沛
ZHAO, REN DE 赵仁德 (1924-)

ZHAO, PEI QIAN 赵培谦 (1926-)
Yu, Qian 余谦

Zhao, Pei xin 赵佩馨
QIU, XI GUI 裘锡圭 (1935-)

ZHAO, PEI ZHONG 赵培中 (1938-)
Zhang, Chang 张长

ZHAO, PIN YU 赵贫玉 (1948-)
Yu qiong 玉琼

Zhao, Ping 赵平
QIU, ZHEN SHENG 丘振声 (1934-)

Zhao, Ping 赵苹
ZHAO, ZI XUN 赵子逊 (1933-)

ZHAO, PING FU 赵平复 (1902-1931)
Ai er 爱耳
Fu 复
Fu 福
Jin, Qiao 金桥
Jiu qu ju shi 九曲居士
Liu, Shao xiong 刘少雄
Liu, Zhi qing 刘志清
Ping, Fu 平复
Ping, Fu 平甫
Rou shi 柔石
Shu ping 署平
Xiong 雄
Zhao, Huang 赵璜
Zhao, Ping fu 赵平福
Zhao, Shao xiong 赵少雄

Zhao, Ping fu 赵平福
ZHAO, PING FU 赵平复 (1902-1931)

ZHAO, PU LIN 赵普琳 (1919-)
Jin ye 今也
Liang mu 两穆
Si, Ye 斯也
Wang, Lin 王林
You shi 友实
Zhao, Ming 赵明

ZHAO, QI 赵琪 (1972-)
Nan, Ting 南婷

Zhao qi 肇启
LIU, SHAO QI 刘少奇 (1898-1969)

ZHAO, QI MING 赵启明 (1912-1938)
Li, Ba du 黎巴都
Li, Ye li 李爷里
Li ma 枥马
Ma, Mu li 马木历
Zhao, Li ma 赵枥马

ZHAO, QI MING 赵启鸣 (1928-)
Dan di 丹地
Sha, Li jin 沙里金
Zhao, Yi wu 赵亦吾

ZHAO, QI WEN 赵其文 (1903-1980)
Qi wen 其文

Qi wen 綦雯
Qin, Wen 钦文
Wen 文
Yi zhi 一之
Zhao, Jun 赵俊

Zhao, Qi xiang 赵其相
ZHAO, SHI YU 赵世钰

Zhao, Qian 赵前
ZHAO, HONG EN 赵鸿恩 **(1911-)**

Zhao, Qian sun 赵钱孙
LI, TIAN MIN 李天民 **(1920-)**

Zhao, Qian sun 赵钱孙
LI, NAN HENG 李南衡 **(1940-)**

Zhao, Qiang 赵羌
ZHAO, XU KUI 赵绪奎 **(1963-)**

Zhao, Qiang kang 赵强康
REN, GEN LIU 任根鎏 **(1923-)**

Zhao, Qiao 赵桥
ZHOU, SHU REN 周树人 **(1881-1936)**

ZHAO, QIN 赵芹 **(1946-)**
Qin si 芹思

Zhao, Qin 赵琴
ZHAO, HAO MING 赵皓明 **(1940-)**

Zhao, Qin 赵廑
ZHAO, SHAO HOU 赵少侯 **(1899-1978)**

ZHAO, QIN XUAN 赵勤轩 **(1938-)**
Bing xuan 冰轩

Zhao, Qing 赵卿
ZHANG, HONG BEN 张宏本 **(1915-)**

Zhao, Qing bo 赵青勃
ZHAO, DUO 赵铎 **(1921-1991)**

ZHAO, QING GE 赵清阁 **(1914-)**
Qing ge 清阁
Qing gu 青谷
Qing gu 清谷
Ren yi 人一
Sao ren 骚人
Tie gong 铁公
Zhao, Tian 赵天

Zhao, Qing he 赵庆和
ZHAO, HONG ZHOU 赵红州 **(1941-)**

Zhao, Qiong 赵琼
ZHAO, LI JUAN 赵丽娟 **(1959-)**

ZHAO, QIU HENG 赵秋恒
Qiao, Yuan 乔远

ZHAO, QUAN 赵泉 **(1927-)**
He, Fang 何方

ZHAO, QUAN YONG 赵泉勇 **(1935-)**
Xue cun 雪村
Zhao, Long nan 赵龙男

ZHAO, REN 赵仁 **(1901-)**
Zhao, Bu ren 赵不仁

Zhao ren 招人
CAO, NAI QIAN 曹乃谦 **(1949-)**

ZHAO, REN DE 赵仁德 **(1924-)**
Bai, Di 白地
Huo yan 火焱
Xiao, Shi 肖市
Zhao, Pei 赵沛

Zhao, Ren yuan 赵任远
JIANG, BI HOU 蒋璧厚 **(1923-)**

ZHAO, RI CHENG 赵日成 **(1938-)**
Qiu, Shi 秋实
Zhao, Cheng 赵成

Zhao ri ge ba tu 照日格巴图
WANG, NAI QIAN 王乃谦 **(1932-)**

ZHAO, RI SHENG 赵日升 **(1938-)**
Liao zhi 了之
Zeng, Ji ren 曾冀人
Yue heng 月恒

Zhao, Rong 赵戎
ZHAO, DA CHENG 赵大成 **(1920-1988)**

Zhao, Rong 赵蓉
ZHANG, ZONG KE 张宗可 **(1898-1975)**

ZHAO, RONG SHENG 赵荣声 **(1915-)**
Ren, Tian ma 任天马

ZHAO, RU KANG 赵汝康 **(1926-)**
Da min 大民
Qian, Qian 钱前
Zhao, Da 赵达
Zhao, Da min 赵大民

ZHAO, RU ZHEN 赵汝真 **(-1948)**
Yan yu 炎羽

ZHAO, RUI EN 赵瑞恩 **(1946-)**
Bi quan 碧泉
Jing bo 静波
Qian bing 倩冰

ZHAO, RUI HE 赵瑞禾 **(1923-)**
Shu, Ping 舒平

Zhao, Rui hong 赵瑞蕻
ZHAO, RUI HONG 赵瑞霟 **(1915-)**

ZHAO, RUI HONG 赵瑞霟 **(1915-)**

A hong 阿虹
Shui hong 睡虹
Zhao, Rui hong 赵瑞蕻
Zhu, Xian 朱弦
Zhu, Xuan 朱玄

ZHAO, RUI SHENG 赵瑞生 **(1954-)**
Lao zhao 老照
Zhao chun 照春

ZHAO, SEN 赵森 **(1946-)**
Zhang, Liang 张凉

ZHAO, SHAO CHANG 赵绍昌 **(1902-1948)**
Xin han ge 心汉阁
Xin han ge zhu 心汉阁主
Zhao, Fu chu 赵复初
Zhao, Mian yun 赵眠云

ZHAO, SHAO HOU 赵少侯 **(1899-1978)**
Shao hou 少侯
Zhao, Qin 赵廑
Zhao, Zu xin 赵祖欣

ZHAO, SHAO LIN 赵少琳 **(1960-)**
Xue chuan zi 雪川子

ZHAO, SHAO WEI 赵少伟
Lu, Ji 卢集
Lu, Shi 卢式
Wang, Lu 王卢
Zhao, Yi shen 赵毅深

ZHAO, SHAO XI 赵绍西
S. S.

Zhao, Shao xian 赵少咸
ZHAO, SHI ZONG 赵世宗 **(1884-1966)**

Zhao, Shao xiong 赵少雄
ZHAO, PING FU 赵平复 **(1902-1931)**

ZHAO, SHEN 赵伸 **(1876-1930)**
Zhi zhai 直斋

Zhao, Shen 赵甡
ZHAO, LI SHENG 赵俪生 **(1917-)**

Zhao, Sheng 兆绳
ZHANG, SHAO CHENG 张绍诚 **(1935-)**

ZHAO, SHENG 赵声 **(1881-1911)**
Bai xian 百先
Liu, Yi yang 刘意扬
Song, Wang sun 宋王孙
Tian shui wang sun 天水王孙
Tian xiang ge zhu ren 天香阁主人
Tong ku sheng 痛苦生
Xiong chou zi 雄愁子
Yuan fu 渊父
Yun pu 韵谱
Zhao, Bo xian 赵伯先

Zhao, Yu sheng 赵毓声
Zhen kang 震康

Zhao sheng 召生
WEN, QUN 文群 **(1884-1969)**

ZHAO, SHENG LIANG 赵圣量 **(1861-1940)**
Chang, Can 常惭
Chang can kui Seng 常惭愧僧
Yin, Guang 印光

ZHAO, SHI 赵石 **(1916-)**
Zhao, Wen wei 赵文蔚
Zhao, Yun yu 赵蕴玉

ZHAO, SHI 赵石 **(1962-)**
Shi, Zhi 石之

ZHAO, SHI 赵适 **(1923-)**
Bi guan 壁观
Hu, Yan 胡衍
Ji, Qun 纪群
Li yi 励毅
Ma, Xing gang 马星港
Ren, Geng 任耕
Xian xuan 先宣
Yun mei 韵梅
Zhao, Gui 赵归

ZHAO, SHI GANG 赵时棡 **(1874-1945)**
Er nu lao ren 二弩老人
Zhao, Xian chen 赵献忱

Zhao, Shi heng 赵世衡
MA, GUO LIANG 马国亮 **(1908-)**

ZHAO, SHI KAI 赵世开 **(1926-)**
Bai, Shou 柏寿
Kai si 凯思
Xiao kai 小开

Zhao, Shi min 赵石民
ZHAO, CHENG GU 赵承嘏 **(1885-1966)**

ZHAO, SHI MING 赵式铭 **(1870-1942)**
Hui shu 撝叔
Tao fu 弢父
Zhao, Xin hai 赵心海

Zhao, Shi yan 赵士炎
ZHAO, SHI YAN 赵世炎 **(1901-1927)**

ZHAO, SHI YAN 赵世炎 **(1901-1927)**
Dong sheng 东生
Ji zhe 记者
Le 乐
Lie fu 列父
Lu, Jing 陆敬
Luo, Jing 罗敬
Qin sun 琴荪
Shi yan 士炎

Shi yan 世炎
Shi yin 士寅
Shi yin 识因
Shi, Ying 施英
Yan 言
Yan 炎
Yin 因
Ying 英
Yue, Sheng 乐生
Zhao, Shi yan 赵士炎
Zhi yin 知音

ZHAO, SHI YU 赵世钰
Zhao, Qi xiang 赵其相

ZHAO, SHI YUAN 赵士元 **(1930-)**
Nan, Ling 南凌
Zhao, Shi yuan 赵矢元
Zhao, Shi yuan 赵实元
Zhao,Yuan 赵原

Zhao, Shi yuan 赵矢元
ZHAO, SHI YUAN 赵士元 **(1930-)**

Zhao, Shi yuan 赵实元
ZHAO, SHI YUAN 赵士元 **(1930-)**

ZHAO, SHI ZONG 赵世宗 **(1884-1966)**
Zhao, Shao xian 赵少咸

ZHAO, SHOU DONG 赵守东 **(1959-)**
Wen, Xin 文辛

Zhao, Shu lan 赵淑兰
OU YANG, LIN 欧阳驎 **(1913-)**

ZHAO, SHU LI 赵树礼 **(1906-1970)**
Bai, Chi 白痴
Bian zhe 编者
Bu, Guan 步关
Cao shu 草束
Chang, Zai 常哉
Cheng, Zhong 程中
Cun fu 村夫
Da qiang 大强
Dan hui 丹辉
De yi 得意
Ding 定
Ding zhi 定之
Fang 放
Fang, Ding 方定
Fang, Xuan 方轩
Ge zhong ren 个中人
Guang ji seng 广济僧
Hai, Guang 海光
He 和
He, Hua lu 何化鲁
Hei, Chou 黑丑
Hu, Qi ming 胡启明
Hu, Qi ming 胡起名
Hua piao 画瓢
Ji 吉
Ji 集
Ji, Cheng 吉成
Ji ling ren 畸零人
Ji, Ti 吉提
Jia tu 甲土
Jiang, Ping 江萍
Jing 敬
Jing, Cheng 敬诚
Kong, Yang sheng 孔仰圣
Lao chang 老常
Lao xi 老西
Lao zhao 老赵
Lao, Zhao 劳招
Lao, Zhou 劳舟
Lei, Mang 雷芒
Leng, Zai 冷哉
Li 理
Li bi 立壁
Lie feng 烈风
Lin, Shi zuo 林世祚
Long sou 陇叟
Lu, Jue 卢觉
Lü, Geng 吕耕
Ming, Jing 明经
Mo, Dan 墨淡
Mo, Qiu 墨秋
Niang wu 酿吾
Qi liu 泣六
Qi, Ming 启明
Qi, Ming 启鸣
Qi ming 起鸣
Ruo feng 若枫
Shang, Zai 尚在
Shen, Jia you 申甲由
Sheng dong 升东
Shi, Cai 石菜
Shi, Qing 石情
Shi, Wu 时午
Shi, Ying 史婴
Shu, Li 树理
Si, Li 斯理
Song, Yuan 宋元
Suo yin 索隐
Tai xi 太西
Tang, Ming 唐明
Tao, Lun hui 陶伦惠
Tong xing 同行
Tu 土
Tui bei 推背
Wang, Jia tu 王甲土
Wang, Jing 王敬
Wang, Nong 王农

Wen 文
Wen, Jun 文君
Wen, Rui 文瑞
Wu, Dai 吴戴
Wu jin 悟今
Wu, Shi fa 吴世法
Wu, Xian 武显
Xiao liang 效良
Xiao tan 小潭
Xu wen 绪文
Ye xiao 野小
Yi ming 一鸣
Yi, Ping 衣萍
Yi wen 益文
Ying 英
Yong 庸
Yong jing 永经
You mo 油墨
Yu 玉
Yu cheng 玉成
Zeng, Yong can 曾永灿
Zhai 摘
Zhao, Ding zhi 赵定之
Zhao, Shu li 赵树立
Zhao, Shu li 赵树理
Zhong 中
Zhong 重
Zhou, Jing 周经
Zhu, Zao sheng 朱噪声
Zhui sheng 追生

Zhao, Shu li 赵树立
ZHAO, SHU LI 赵树礼 **(1906-1970)**

Zhao, Shu li 赵树理
ZHAO, SHU LI 赵树礼 **(1906-1970)**

ZHAO, SHU MIN 赵淑敏 **(1935-)**
He zhu 禾珠
Lu, Ai 鲁艾
Lu, Wen 鲁文
Zhao, He zhu 赵禾珠

ZHAO, SHU PING 赵澍萍 **(1930-)**
Guo hui 国辉

Zhao, Shu quan 赵树全
ZHAO, MENG YUAN 赵孟原 **(1912-)**

Zhao, Shu quan 赵树权
ZHAO, MENG YUAN 赵孟原 **(1912-)**

ZHAO, SHU REN 赵淑忍 **(1932-)**
Bai, Ding 白丁
Zhao, Bi 赵壁

ZHAO, SHU SEN 赵树森 **(1947-)**
Lin, Ran 林染

Zhao, Shu shi 赵述诗
ZHAO, DENG SHAN 赵登山 **(1933-)**

ZHAO, SHU YI 赵树义 **(1947-)**
Yu gong 昱公
Zhao, Yu gong 赵宇共

ZHAO, SI WU 赵斯武 **(1931-)**
Yun, Ge 云阁

Zhao, Song cen 赵宋岑
ZHAO, TING JUN 赵廷俊 **(1922-)**

ZHAO, SONG SHENG 赵宋生 **(1940-)**
Song, Sen 宋森

Zhao, Tai mou 赵太侔
ZHAO, JI 赵畸 **(1889-1968)**

Zhao, Tao 赵陶
HUANG, ZHAO TAO 黄炤桃 **(1938-)**

ZHAO, TAO QUN 赵陶群 **(1949-)**
Tao, Qun 陶群
Zhao, Dong hui 赵东辉

Zhao, Tian 赵天
ZHANG, WEN TIAN 张闻天 **(1900-1976)**

Zhao, Tian 赵天
ZHAO, QING GE 赵清阁 **(1914-)**

ZHAO, TIAN CHI 赵天池 **(1921-)**
Jiang, Liu 江流

Zhao, Tian min 赵天民
ZHAO, XIAO FANG 赵孝方 **(1916-)**

Zhao, Tian yi 赵天一
CAO, JU REN 曹聚仁 **(1900-.972)**

ZHAO, TIAN YI 赵天仪 **(1935-)**
Liu, Wen zhe 柳文哲

Zhao, Tiao kuang 赵苕狂
ZHAO, ZE LIN 赵泽霖 **(1892-1953)**

ZHAO, TIE XIN 赵铁信 **(1951--)**
Shan qing 杉青
Shan qing 山青

ZHAO, TING JIE 赵廷杰
Zhao, Jie 赵杰

ZHAO, TING JUN 赵廷俊 **(1922-)**
Huan, Lai 桓来
Tian, Zi 田子
Wang, Si tian 王思田
Zhao, Song cen 赵宋岑

Zhao, Tong 赵彤
LI, XI 李希 **(1911-1989)**

Zhao, Tong 赵彤

ZHAO, FU XING 赵复兴 **(1939-)**

Zhao, Tong guang 赵同光
ZHAO, YIN TANG 赵荫棠 **(1893-1970)**

ZHAO, TONG HE 赵同和 **(1916-)**
Er dai 二呆
Qing shan 青山
Zhao, Er dai 赵二呆

Zhao tu 照图
HUANG, ZHAO TAO 黄熠桃 **(1938-)**

Zhao, Wan chun 赵万春
LIN, MING ZHOU 林明洲 **(1937-)**

ZHAO, WAN JIE 赵万捷 **(1940-)**
Wan, Jie 万捷

ZHAO, WAN LI 赵万里 **(1905-1980)**
Fei yun 斐云
Shun an 舜盦
Yun an 芸盦

Zhao, Wang 赵旺
SHENG, JIAN ZHONG 生鑑忠 **(1928-1995)**

Zhao, Wang yun 赵望云
ZHAO, XIN GUO 赵新国 **(1906-1977)**

ZHAO, WEI FU 赵维富 **(1950-)**
Si cai 思采

ZHAO, WEI GUO 赵卫国 **(1955-)**
Zheng Fan 征帆

ZHAO, WEI MIN 赵卫民
Guan, Hai chao 关海潮

Zhao, Wei qing 赵蔚青
ZHAO, BAO ZHONG 赵宝忠 **(1919-)**

ZHAO, WEI QUN 赵为群 **(1961-)**
Xiao, Jun 肖君

ZHAO, WEI RU 赵炜如
Jian bai 坚白

ZHAO, WEI WEN 赵蔚文 **(1928-)**
Bai, Ta 白塔
Li, Lü 李绿
Su xin 素心
Xin you 新猷
Zhu, Lan 祝兰

Zhao, Wen 兆文
YANG, YONG FENG 杨永峰 **(1951-)**

ZHAO, WEN FA 赵文发 **(1933-)**
Xiao, Wen 肖文

ZHAO, WEN FANG 赵文房 **(1934-)**
Zhao, Jian 赵健

Zhao, Wen hui 赵文徽
ZHAO, YUAN AN 赵元安 **(1856-1927)**

ZHAO, WEN JIE 赵文节 **(1923-1971)**
Wen, Jie 闻捷
Wu, Zhi lu 巫之禄
Wu, Xian 巫咸

ZHAO, WEN WEI 赵文渭 **(1926-)**
Xiao xiao 小肖

Zhao, Wen wei 赵文蔚
ZHAO, SHI 赵石 **(1916-)**

ZHAO, WEN XIONG 赵文雄 **(1952-)**
Xiao, Xiong 肖雄

Zhao, Wu 赵无
SHU, ZENG CAI 舒增才 **(1919-)**

Zhao, Wu ji 赵无忌
ZHU, XIAO QIU 朱啸秋 **(1923-)**

ZHAO, XI 赵熙 **(1867-1948)**
Tian shan yu min 天山渔民
Xiang song 香宋
Xiang song ci ren 香宋词人
Xue wang kan 雪王龛
Yao, Sheng 尧生
Zhao, Xi 赵澌

Zhao, Xi 赵熙
WANG, HENG JI 王恒基 **(1934-)**

Zhao, Xi 赵熙
SHI, YING 石英

Zhao, Xi 赵澌
ZHAO, XI 赵熙 **(1867-1948)**

Zhao xi 钊西
LIU, CHENG HUI 刘承蕙 **(1925-)**

ZHAO, XI CHENG 赵锡诚 **(1936-)**
Jun shi 君实

ZHAO, XI KUN 赵锡堃 **(1901-1955)**
Zhao, Xi yan 赵西岩
Zhao. Zi hou 赵子厚

ZHAO, XI MENG 赵惜梦 **(1898-1959)**
Xi meng 惜梦

Zhao, Xi qing 赵锡庆
XU, LIANG 徐亮 **(1905-1984)**

Zhao, Xi yan 赵西岩
ZHAO, XI KUN 赵锡堃 **(1901-1955)**

Zhao, Xi yin 赵惜阴
ZHAO, FENG CHANG 赵凤昌 **(1856-1938)**

ZHAO, XI YU 赵西玉 **(1949-)**
Ni cheng zi 逆成子

Zhao xia tian 照霞天
YANG, ZHAO NAN 杨召南 **(1928-)**

Zhao, Xian 兆贤
JIANG, MENG LIN 蒋梦麟 **(1885-1964)**

Zhao, Xian 赵先
ZHANG, QUN XIAN 张群先 **(1916-)**

Zhao xian 昭仙
CAI, ZHAO XIAN 蔡昭仙

Zhao, Xian chen 赵献忱
ZHAO, SHI GANG 赵时棡 **(1874-1945)**

ZHAO, XIAN WEN 赵鲜文
Xian wen 鲜文
Xian yu yang 鲜鱼羊

ZHAO, XIAN ZHANG 赵宪章 **(1951-)**
Fei ran 斐然

Zhao, Xiang 兆骧
SU, ZHAO XIANG 苏兆骧

Zhao, Xiang 赵翔
ZHAO, MING XIANG 赵明祥 **(1962-)**

Zhao, Xiao 赵逍
ZHAO, YUE MAO 赵曰茂 **(1936?-)**

ZHAO, XIAO FANG 赵孝方 **(1916-)**
Zhao, Feng 赵沨
Zhao, Tian min 赵天民

ZHAO, XIAO LAN 赵晓澜 **(1950-)**
Yun, Lang 云浪

ZHAO, XIAO LING 赵小玲 **(1929-)**
Xiao ling 晓岭

ZHAO, XIAO LING 赵晓铃 **(1947-)**
Ling wa 铃娃

ZHAO, XIAO MING 赵晓明
Bei ming 北明

Zhao, Xiao yan 赵小延
ZHAO, JIA BI 赵家璧 **(1908-)**

Zhao, Xin 赵心
ZHAO, DA CHENG 赵大成 **(1920-1988)**

Zhao, Xin 赵欣
LU, SHU YUAN 鲁枢元 **(1946-)**

Zhao, Xin chen 赵信忱
ZHAO, XING GUO 赵兴国 **(1916-1984)**

ZHAO, XIN FANG 赵信芳 **(1927-)**
Ban xu 半须

ZHAO, XIN GUO 赵新国 **(1906-1977)**
Zhao, Wang yun 赵望云

Zhao, Xin hai 赵心海
ZHAO, SHI MING 赵式铭 **(1870-1942)**

ZHAO, XIN SHENG 赵辛生 **(1920-)**
Huang yan 徨雁
Zhao, Xun 赵寻

Zhao, Xin yu 赵心餘
YU, MING HENG 俞铭衡 **(1900-1990)**

Zhao, Xing 兆行
WU, XIN RONG 吴新荣 **(1907-1967)**

ZHAO, XING GUO 赵兴国 **(1916-1984)**
Bai, Yuan 白原
Lu, Feng 陆风
Zhao, Xin chen 赵信忱

ZHAO, XING HE 赵性和 **(1899-1926)**
Xi, Wu 席伍
Xing nong 醒侬
Zhao, Xing nong 赵醒侬

Zhao, Xing nong 赵醒侬
ZHAO, XING HE 赵性和 **(1899-1926)**

ZHAO, XING XI 赵幸熙 **(1924-1977)**
Xing, Xi 幸熙
Zhao, Zhi qi 赵之祺

Zhao, Xiong 赵雄
ZHAO, YING XIONG 赵英雄 **(1958-)**

ZHAO, XIU DAO 赵修道 **(1934-)**
You zhi 有之

ZHAO, XIU JIE 赵秀杰 **(1957-)**
Tao, Ye 陶冶

Zhao, Xiu ning 赵休寧
JIAN, XIAN AI 蹇先艾 **(1906-)**

ZHAO, XIU RONG 赵秀戎 **(1940-)**
Hu, Qie 胡茄

Zhao, Xu chu 赵旭初
ZHAO, JING SHEN 赵景深 **(1902-1985)**

ZHAO, XU KUI 赵绪奎 **(1963-)**
Jian gu 剑骨
Zhao, Qiang 赵羌

Zhao, Xuan wu 赵玄武
LI, XI 李希 **(1911-1989)**

ZHAO, XUAN YANG 赵宣扬
Xuan, Weng 宣翁

ZHAO, XUE BIN 赵学彬 **(1935-)**
Lin, Lin 林林

ZHAO, XUE HAI 赵雪海 **(1945-)**
Jin, Xiang 金湘
Qiu, Qin 秋芹

ZHAO, XUE LI 赵学理 **(1925-)**
Xiao li 晓犁

ZHAO, XUE LING 赵学龄 **(1935-)**
Xue ling 雪岭

ZHAO, XUE XIAN 赵学先 **(1950-)**
Jing wa la wa 井瓦拉洼
Jing wang 静王
Jing wang gan 静王甘

Zhao, Xun 赵寻
ZHAO, XIN SHENG 赵辛生 **(1920-)**

Zhao, Xun 赵询
ZHAO, MO 赵默 **(1911-1982)**

ZHAO, XUN 赵洵 **(1917-1988)**
Du, Ke zhan 杜克展

ZHAO, XUN BO 赵循伯 **(1908-1980)**
Xu, Yun 徐匀
Zhao, Cheng zhi 赵承志

ZHAO, YA AN 赵雅安 **(1957-)**
Qing feng 清风
Xiao, Ya 肖雅

ZHAO, YA BO 赵雅博 **(1917-)**
Han liu 寒流
Jing lei 警雷
Xiao xing 晓星

Zhao, Yan 赵彦
WU, CHUN HAN 吴春晗 **(1909-1969)**

Zhao, Yan 赵燕
DENG, WEN GUO 邓文国 **(1955-)**

Zhao yan 昭彦
HUANG, QIU YUN 黄秋耘 **(1918-)**

Zhao yan 照岩
ZHAO, ZHENG MIN 赵政民 **(1944-)**

ZHAO, YAN LIANG 赵彦良 **(1946-)**
Qing xi sheng 清溪生

Zhao, Yan yi 赵燕翼
ZHAO, YING QI 赵应麒 **(1928-)**

ZHAO, YAN ZHANG 赵彦章 **(1927-)**
Jiang, Hong 江洪
Xiao, Zhao 肖照

Zhao, Yang 兆阳
QIN, ZHAO YANG 秦兆阳 **(1916-)**

Zhao, Yang 赵扬
ZHAO, AN JI 赵安济 **(-1975)**

Zhao yang 朝阳
PAN, SHOU HENG 潘寿恒 **(1914-)**

Zhao yang 朝阳
LI, ZI YING 李子英 **(1921-)**

Zhao yang, Bu wei 赵杨步伟
YANG, BU WEI 杨步伟 **(1889-1981)**

Zhao yao 照耀
ZHAO, JUN MIN 赵俊民 **(1926-)**

ZHAO, YAO TANG 赵耀堂 **(1933-)**
Xiao tang 晓棠
Yao, Tang 尧唐

Zhao ye 肇野
AI XIN JUE LUO, YU TONG 爱新觉罗毓桐 **(1912-)**

Zhao, Yi 赵乙
HUO, XI ZHEN 霍希真 **(1921-)**

Zhao, Yi 赵乙 **(1921-)**
He, Zhi jian 何志坚

Zhao, Yi 赵毅
ZHAO, GUI CAI 赵贵才 **(1943-)**

Zhao yi 昭扆
WU, GUANG JIAN 伍光建 **(1867-1943)**

Zhao, Yi bo 赵怿伯
ZHAO, ZHEN DUO 赵振铎 **(1928-)**

ZHAO, YI CHAO 赵益超 **(1941-)**
Yi chao 一超

ZHAO, YI CHEN 赵诒琛 **(-1934)**
Dui shu shu wu 对树书屋
Qiao fan lou 峭帆楼
You man lou 又满楼

Zhao, Yi fen 赵艺芬
ZHAO, LAN FEN 赵兰芬 **(1949-)**

Zhao, Yi man 赵一曼
LI, KUN TAI 李坤泰 **(1905-1937)**

Zhao, Yi ping 赵一平
LI, PING XIN 李平心 **(1907-1966)**

Zhao, Yi ping 赵一萍
LI, PING XIN 李平心 **(1907-1966)**

ZHAO, YI RU 赵翼如 **(1955-)**
Si, Ren 斯人

Zhao, Yi shen 赵毅深
ZHAO, SHAO WEI 赵少伟

Zhao, Yi wu 赵亦吾
ZHAO, QI MING 赵启鸣 **(1928-)**

ZHAO, YI XIN 赵以昕
Yi xin 以昕

ZHAO, YI XUAN 赵宜轩 **(1945-)**

Fang, Chen 方辰

Zhao, Yin 兆寅
YAO, CHANG ZHI 姚昌志 (1962-)

ZHAO, YIN TANG 赵荫棠 (1893-1970)
Qi zhi 憩之
Zhao, Tong guang 赵同光

ZHAO, YIN TANG 赵银棠 (1904-)
Tan 昙
Yu sheng 玉生

Zhao ying 钊影
LI, DA ZHAO 李大钊 (1889-1927)

ZHAO, YING QI 赵应麒 (1928-)
Yan yi 雁翼
Ying, Qi 应奇
Zhao, Yan yi 赵燕翼

ZHAO, YING XIONG 赵英雄 (1958-)
Zhao, Xiong 赵雄

ZHAO, YONG CHUN 赵永春 (1954-)
Zhang, Jie 张杰

ZHAO, YONG HAI 赵永海 (1961-)
Fa ding 法丁

Zhao, Yong qing 赵永清
ZHAO, YUE CHAO 赵越超 (1940-)

Zhao, Yu 兆雨
CHEN, SHAO YU 陈绍禹 (1904-1974)

Zhao, Yu 赵聿
AI XIN JUE LUO, YU TONG 爱新觉罗毓桐 (1912-)

Zhao yu 诏玉
CHEN, SHAO YU 陈绍禹 (1904-1974)

Zhao yu 櫂渔
CHENG, BEN PU 成本璞

Zhao, Yu cang 赵雨苍
ZHAO, ZE LIN 赵泽霖 (1892-1953)

Zhao, Yu gong 赵宇共
ZHAO, SHU YI 赵树义 (1947-)

ZHAO, YU HOU 肇毓厚 (1938-)
Yu hou 雨後

Zhao, Yu lan 赵育岚
WANG, FU REN 王富仁 (1941-)

ZHAO, YU LONG 赵玉龙 (1942-)
Xiao, Bing 肖兵

ZHAO, YU MING 赵玉明 (1928-)
Yi fu 一夫

ZHAO, YU MING 赵玉明 (1936-)
Shi, Guang 史光
Yu, Ming 于明

Zhao, Yu sheng 赵毓声
ZHAO, SHENG 赵声 (1881-1911)

Zhao, Yu ti 赵御禔
LIU, JI 刘吉 (1935-)

ZHAO, YU ZHEN 赵玉振 (1906-)
Pei sheng 佩声

Zhao, Yuan 赵原
ZHAO, SHI YUAN 赵士元 (1930-)

ZHAO, YUAN AN 赵元安 (1856-1927)
Jian lou zhu 剑楼主
Zhao, Wen hui 赵文徽

Zhao yuan ren fu ren 赵元任夫人
YANG, BU WEI 杨步伟 (1889-1981)

Zhao, Yuan shen 赵元申
FANG, GUI DE 方珪德 (1922-)

Zhao, Yuan xin 赵元莘
SUN, PU 孙璞 (1927-)

ZHAO, YUE CHAO 赵越超 (1940-)
Zhao, Yong qing 赵永清

Zhao, Yue cun 赵樾村
ZHAO, FAN 赵藩 (1851-1927)

ZHAO, YUE HAN 赵岳汉 (1945-)
Xiao han 晓寒

ZHAO, YUE HUA 赵曰华 (1928-)
Xiao, He 肖禾
Zhao, Ming 赵明

ZHAO, YUE MAO 赵曰茂 (1936?-)
Zhao, Xiao 赵逍

ZHAO, YUE SHAN 赵岳山 (1920-)
Chen guang 辰光
Ji, Gang 纪刚

ZHAO, YUN AN 赵允安 (1898-1965)
Dong shan xie 东山谢
Hong liu cun ren 红柳村人
Liu sha 流沙
Si tu, Wang 司徒王
Yun an 允安
Zhao, Chi yu 赵赤羽

ZHAO, YUN JIA 赵韵佳
Jia zi 佳子
Ren gui 人圭
Zi yin 梓吟

ZHAO, YUN PENG 赵云鹏 (1931-)
Shan ying 山鹰

ZHAO, YUN PING 赵云平 **(1950-)**
Sha, Liu 沙流
Xiao xi 小溪

Zhao, Yun yu 赵蕴玉
ZHAO, SHI 赵石 **(1916-)**

ZHAO, ZE 赵泽 **(1948-)**
Ai, Hua 艾华

ZHAO, ZE LIN 赵泽霖 **(1892-1953)**
Tiao kuang 苕狂
Yi feng 忆凤
Zhao, Tiao kuang 赵苕狂
Zhao, Yu cang 赵雨苍
Zou xiao sheng 走肖生

ZHAO, ZE XUN 赵则训 **(1942-)**
Liang, Ren 梁人

ZHAO, ZENG KAI 赵增锴 **(1929-)**
Zhao, Jie 赵捷

Zhao, Zhen 赵振
ZHAO, BI ZHEN 赵必振 **(1872-1956)**

Zhao, Zhen 赵震
ZHONG, ZHAO ZHENG 钟肇政 **(1925-)**

ZHAO, ZHEN DONG 赵振东 **(1921-)**
Zhen, Dong 甄冬

ZHAO, ZHEN DUO 赵振铎 **(1928-)**
Tian shui 天水
Xiao, Yun 萧芸
Zhao, Yi bo 赵怿伯

ZHAO, ZHEN KAI 赵振开 **(1949-)**
Bei dao 北岛
Shi, Mo 石默

Zhao, Zhen rui 赵镇瑞
ZHAO, JUN RUI 赵俊瑞 **(1927-)**

Zhao, Zhen sheng 赵振声
LI, BAO HUA 李葆华

ZHAO, ZHEN WAN 赵镇琬 **(1938-)**
Wu, An 吴安
Yi, Ruo 衣若

Zhao, Zheng 兆征
SU, ZHAO ZHENG 苏兆征 **(1885-1929)**

ZHAO, ZHENG 赵正 **(1937-)**
Li, Quan 黎泉

Zhao, Zheng 赵征
ZHAO, CHENG 赵诚 **(1933-)**

ZHAO, ZHENG MIN 赵政民 **(1944-)**
Ge dong shu 歌东曙
Jin, Yan 金岩
Zhao yan 照岩
Zheng min 征敏
Zu xiao 组肖

ZHAO, ZHENG PING 赵正平 **(1878-1945)**
Hou, Sheng 侯声
Hou, Sheng 厚圣
Hou, Sheng 厚生
Hou sheng 後声
Nan feng zhu ren 南风主人
Ren zhai 仁斋
Xi ma la ya 喜马拉雅
Xi ma la ye 喜马拉耶
Yi men 夷门

ZHAO, ZHI CHENG 赵之诚 **(1916-)**
Fan, Jin 范金

ZHAO, ZHI MING 赵志明 **(1923-)**
Meng, Yang 孟氧

Zhao, Zhi qi 赵之祺
ZHAO, XING XI 赵幸熙 **(1924-1977)**

ZHAO, ZHI SHUN 赵治顺 **(1948-)**
Zhen mu 枕木

Zhao, Zhi yue 赵之岳
ZHAO, ZI YUE 赵子岳 **(1909-)**

ZHAO, ZHI ZHONG 赵志忠 **(1954-)**
Yi er gen 宜尔根
Zhi zhong 治中

ZHAO, ZHONG 赵忠 **(1920-)**
Fang, Chun 方春

ZHAO, ZHONG 赵锺 **(1928-)**
Ai hua 爱华
Bai, An 白暗
Chao gu 朝谷
Dong di 冬笛
Gu, Liu 谷流
Hai, Gu 海谷
Hai, Yan 海燕
Li, Jian 黎涧
Lin, Jian 林涧
Luo, Bu sha 骆步沙
Meng, Ke 孟克
Niu, Qu bai 牛曲白
Sha, Tuo 沙驼
Xiao, Po 肖泼
Zhu, Li 朱力

ZHAO, ZHONG YI 赵仲邑 **(1914-1984)**
Qi xin 其信
Ting yan 汀雁
Wo lu 蜗庐
Zhao, Zong yan 赵宗言

Zhao, Zhong yue 赵中悦

ZHAO, ZHONG YUE 赵中越 **(1958-)**

ZHAO, ZHONG YUE 赵中越 **(1958-)**
Zhao, Zhong yue 赵中悦

Zhao, Zhu jun 赵竹君
ZHAO, FENG CHANG 赵凤昌 **(1856-1938)**

ZHAO, ZHU KUAN 赵主宽 **(1950-)**
Shang, Shan 商山

Zhao, Zhuang han 赵壮汉
LIU, XIN WU 刘心武 **(1942-)**

Zhao, Zi 兆梓
JIN, ZHAO ZI 金兆梓 **(1889-1975)**

Zhao, Zi 赵自
ZHAO, JIA AO 赵家璈 **(1924-)**

ZHAO, ZI FAN 赵滋蕃 **(1924-1986)**
Wen, Shou 文寿

ZHAO, ZI FU 赵子辅 **(1925-)**
Zhao, Huan 赵寰
Zhao, Zi hou 赵子厚

Zhao, Zi hou 赵子厚
ZHAO, XI KUN 赵锡堃 **(1901-1955)**

Zhao, Zi hou 赵子厚
ZHAO, ZI FU 赵子辅 **(1925-)**

Zhao, Zi mei 赵子枚
ZHAO, GUANG RONG 赵光荣

ZHAO, ZI MEI 赵子美 **(1920-)**
Zi mei 子美

ZHAO, ZI XUN 赵子逊 **(1933-)**
Fan shan 凡山
Layman
Ling 玲
Luo, Ping 骆平
Luo ping 洛平
Ren 仁
Xie, Zi xun 谢子迅
Yue, Ren 越人
Zhao, Ling 赵玲
Zhao, Ping 赵苹
Zhu ge, Qiu shi 诸葛求实
Zi chuan 子川
Zi xun 子迅

ZHAO, ZI YUE 赵子岳 **(1909-)**
Yi, Ke 依克
Zhao, Zhi yue 赵之岳

ZHAO, ZONG HAN 赵宗瀚
Zhao, Cheng fu 赵澄甫

ZHAO, ZONG JIE 赵宗杰 **(1921-)**
Lao lie 老烈
Su, Lie 苏烈

ZHAO, ZONG LIAN 赵宗濂 **(1914-1943)**
Lu sha 芦沙

ZHAO, ZONG XIN 赵宗信 **(1937-)**
Lü ye 绿野
Xiao feng 潇枫

Zhao, Zong yan 赵宗言
ZHAO, ZHONG YI 赵仲邑 **(1914-1984)**

ZHAO, ZONG YING 赵宗英 **(1935-)**
Zong, Ying 宗鹰

Zhao, Zong yu 赵宗予
ZHAO, ZONG YU 赵宗预

ZHAO, ZONG YU 赵宗预
Si yuan 思源
Zhao, Zong yu 赵宗予

ZHAO, ZONG ZAO 赵宗藻 **(1931-)**
Mu shi 木石

Zhao, Zou 赵走
ZHAO, JING YU 赵景瑜 **(1935-)**

ZHAO, ZU KANG 赵祖康 **(1900-)**
Zhao, Kang 赵康

Zhao, Zu xin 赵祖欣
ZHAO, SHAO HOU 赵少侯 **(1899-1978)**

ZHAO, ZUN YUE 赵尊嶽 **(1896-)**
Gao, Wu 高梧
Shu yong 叔雍
Zhen zhong ge 珍重阁

Zhe 蜇
ZHOU, GUO WEI 周国伟

Zhe an 哲庵
TAO, KANG DE 陶亢德 **(1908-1983)**

Zhe an 蟄庵
QIU, FENG JIA 丘逢甲 **(1864-1912)**

Zhe an 蛰庵
SHI, ZHE CUN 施蛰存 **(1905-)**

Zhe an ju shi 蛰庵居士
ZENG, XI JING 曾习经 **(1867-1926)**

Zhe bin 浙滨
WANG, ZHE BIN 汪浙滨 **(1952-)**

Zhe cheng 哲成
YAO, ZHI ZHONG 姚志忠 **(1939-)**

Zhe cun 蛰存
ZHANG, YU 章钰 **(1865-1937)**

Zhe cun 蛰存
SHI, ZHE CUN 施蛰存 **(1905-)**

Zhe dong 哲东
XU, ZHEN 徐震 **(1929-)**

Zhe dong chi shu sheng 浙东痴书生
WANG, ZU YU 王祖餘

Zhe dong lao xu 浙东老戌
ZHANG, GU 张谷 **(1926-)**

Zhe fei 哲非
WU, CHENG ZHI 吴诚之

Zhe feng 哲峰
LIU, JIAN MING 刘建明 **(1942-)**

Zhe fu 柘夫
PAN, YUN SHENG 潘允生 **(1914-)**

Zhe fu 哲夫
CAI, SHOU 蔡守 **(1879-1941)**

Zhe fu 哲夫
WU, YAO QING 吴瑶青 **(1914-)**

Zhe fu 哲夫
ZHOU, SHUANG LI 周双利 **(1937-)**

Zhe fu 哲夫
SUN, ZHI JIAN 孙志坚 **(1955-)**

Zhe fu 喆夫
CAI, SHOU 蔡守 **(1879-1941)**

Zhe fu 蛰夫
REN, ZHE WEI 任哲维 **(1918-)**

Zhe gong 哲公
TANG, ZHE 唐哲 **(1905-)**

Zhe gong 蛰公
ZENG, XI JING 曾习经 **(1867-1926)**

Zhe gu cun nong 鹧鸪村农
HUANG, DA XUN 黄大埙 **(1861-1930)**

Zhe hou 哲侯
CHEN, FU MIN 陈福民 **(-1926)**

Zhe jie 詟皆
LEI, ZHAO XING 雷昭性 **(1873-1920)**

Zhe lang 哲郎
LI, MENG ZHE 李孟哲

Zhe lu 赭庐
DU, GUO XIANG 杜国庠 **(1889-1961)**

Zhe meng xiong 哲孟雄
JIANG, XI JIN 蒋锡金 **(1915-)**

Zhe min 哲民
MA, ZHE MIN 马哲民

Zhe ming 哲明
LI, YONG XIN 李永欣 **(1933-)**

Zhe pao xiu zhi shi zhe 赭袍绣豸使者
WANG, ZU YU 王祖餘

Zhe qu 哲渠
WEN, ZHE QU 文哲渠 **(1911-)**

Zhe qu 哲渠
CAO, SU LING 曹苏玲 **(1930-)**

Zhe ren 哲人
WANG, REN SHU 王任叔 **(1901-1972)**

Zhe shen 蛰伸
ZHU, DA FU 朱大符 **(1885-1920)**

Zhe shen zi 蛰伸子
ZHU, DA FU 朱大符 **(1885-1920)**

Zhe sheng 哲生
SUN, KE 孙科 **(1891-1973)**

Zhe sheng 哲生
YANG, SHANG KUN 杨尚昆 **(1907-)**

Zhe sheng 哲生
ZHANG, JIONG 张炯 **(1933-)**

Zhe wen 哲文
HU, QI RUI 胡启睿 **(1936-)**

Zhe weng 哲翁
LIAO, PING ZI 廖平子 **(1882-1943)**

Zhe weng 蛰翁
QIU, FENG JIA 丘逢甲 **(1864-1912)**

Zhe wu 折梧
YAN, BAO MING 阎葆明 **(1907-)**

Zhe xian 蛰仙
TANG, ZHEN 汤震 **(1857-1917)**

Zhe xian 蛰仙
QIU, FENG JIA 丘逢甲 **(1864-1912)**

Zhe xian 蛰仙
GAN, DA WEN 甘大文

Zhe xiao 哲晓
QUAN, ZHE 权哲 **(1929-)**

Zhe xing 谪星
QIAN, ZHEN HUANG 钱振鍠 **(1875-1943)**

Zhe xuan 蛰轩
ZANG, QI FANG 臧启芳 **(1894-1961)**

Zhe ya 哲涯
HUANG, JUN 黄浚 **(1891-1937)**

Zhe ye 者也
ZHANG, SHEN QIE 张深切 **(1904-1965)**

Zhe ye 者也
XIAO, JUN 萧军 **(1907-1988)**

Zhe yi 者邑
DU, XING FU 都幸福 **(1935-)**

Zhe yuan 柘园
YUE, QUAN 乐泉 **(1950-)**

Zhe yun 哲韵
GONG, ZE YUN 龚则韫

Zhe yun 蛰云
GUO, ZE YUN 郭则澐 **(1884-1940)**

Zhe zhe 乇乇
JIANG, BING ZHI 蒋冰之 **(1904-1986)**

Zhe zheng 哲正
LI, DE ZHENG 李德政 **(1929-)**

Zhe zhong 哲中
WANG, ZHE ZHONG 王哲中 **(1933-)**

Zhen 贞
ZHOU, WEN QIN 周文钦 **(1882-1929)**

Zhen 振
SHEN, DUAN XIAN 沈端先 **(1900-1995)**

Zhen 振
ZHOU, MU ZHAI 周木斋 **(1910-1941)**

Zhen 振
ZHANG, ZHEN YA 张振亚

Zhen 真
LI, YU YING 李煜瀛 **(1881-1973)**

Zhen 真
SHEN, YAN BING 沈雁冰 **(1896-1981)**

Zhen 震
HE, ZHEN 何震

Zhen 臻
LI, LIAN QING 李连庆 **(1925-)**

Zhen bai 贞白
YANG, JI ZHENG 杨季徵 **(1905-1957)**

ZHEN, BO WEI 甄伯蔚 **(1917-)**
Zhen, Mo 甄陌

Zhen chang 贞长
ZHU, ZONG YUAN 诸宗元 **(1875-1932)**

Zhen chang 真长
ZHU, ZONG YUAN 诸宗元 **(1875-1932)**

Zhen chang 真常
ZENG, ZHEN CHANG 曾真常

ZHEN, CHONG DE 甄崇德 **(1926-)**
Xue qiao 雪桥

Zhen cun 真村
HUANG, ZHEN CUN 黄震村 **(1909-)**

Zhen cun 震村
HUANG, ZHEN CUN 黄震村 **(1909-)**

Zhen da 振达
LIU, ZHENG DA 刘正大 **(1936-)**

Zhen dao 贞岛
LIU, XIANG HAI 刘向海 **(1970-)**

Zhen de 振德
CAI, ZHEN DE 蔡振德

Zhen, Di 甄堤
CHEN, DI 陈迪 **(1925-)**

Zhen di 真谛
SHI, ZHEN DI 施真谛

Zhen, Dong 甄冬
ZHAO, ZHEN DONG 赵振东 **(1921-)**

Zhen dong 镇东
WU, YONG SHAN 吴永珊 **(1878-1966)**

Zhen dong 震东
WU, YONG SHAN 吴永珊 **(1878-1966)**

Zhen duo 圳朵
WANG, ZHEN DUO 王振铎 **(1936-)**

Zhen duo 振铎
DING, ZHEN DUO 丁振铎 **(-1914)**

Zhen duo 振铎
ZHENG, ZHEN DUO 郑振铎 **(1898-1958)**

Zhen er 珍尔
LI, JIAN HUA 李建华 **(1952-)**

Zhen fan 真凡
LI, ZHEN FAN 李振繁

Zhen fu 振夫
LEI, TONG QUN 雷通群 **(1888-)**

Zhen fu 振甫
ZHOU, ZHEN FU 周振甫 **(1911-)**

Zhen gang 振纲
LUO, YI NONG 罗亦农 **(1902-1928)**

Zhen gang qiao zi 贞冈樵子
GAO, LUN 高崙 **(1879-1951)**

Zhen, Gong 甄供
ZENG, REN DAO 曾任道 **(1937-)**

Zhen guang 真光
WANG, ZHEN GUANG 王真光 **(1926?-)**

Zhen gui 鎮圭
QIAN, TONG 钱彤 **(1912-1946)**

Zhen hong 真虹
FENG, ZENG RONG 冯增荣 **(1925-)**

Zhen hua 振华
LIU, HE 刘鹤 **(1890-1975)**

Zhen huan 振寰
GU, JUN ZHENG 顾均正 **(1902-1980)**

Zhen huan 振寰
YAO, ZHEN HUAN 姚振寰 **(1935-)**

Zhen huan 震寰
YU, JING YU 于镜宇 **(1907-1999)**

Zhen huan 震寰
YUAN, ZHEN YING 袁振英

Zhen huang 振煌
WEI, MENG KE 魏猛克 **(1911-1984)**

Zhen hui 振辉
YANG, CHI JUN 杨炽均 **(1941-)**

Zhen ji 贞吉
ZHU, JIA JIN 朱家溍 **(1914-)**

Zhen jiao 臻郊
WANG, ZHONG QI 王锺麒 **(1890-1975)**

Zhen ju 甄居
WANG, CHONG QIAN 王崇谦 **(1932-)**

ZHEN, JUN 震钧 **(1857-1920)**
Hai shang jia yue lou 海上嘉月楼
Man shu zhen jun 曼殊震钧
Min an 悯庵
She jiang 涉江
Tang, Yan 唐晏
Tang, Yan su 唐晏素

Zhen jun 真君
LUO, ZHANG LONG 罗章龙 **(1896-)**

Zhen kang 震康
ZHAO, SHENG 赵声 **(1881-1911)**

ZHEN, KE JUN 甄可君
A sha 阿沙

Zhen kong 真空
LIU, GUANG BI 刘光弼 **(1925-)**

Zhen lei dao ren 枕雷道人
LIU, SHI HENG 刘世珩 **(1875-1937)**

Zhen li 珍理
GU, JU LOU 顾菊楼 **(1928-)**

Zhen liu ju shi 枕流居士
SUN, HONG 孙鸿 **(1889-1965)**

Zhen lou dao ren 枕楼道人
LIU, SHI HENG 刘世珩 **(1875-1937)**

Zhen lü 枕绿
ZHANG, ZHEN LÜ 张枕绿

Zhen lun 振伦
FU, ZHEN LUN 傅振伦 **(1906-)**

Zhen lun 箴论
FU, ZHEN LUN 傅振伦 **(1906-)**

Zhen mei 枕梅
GAO, XU 高旭 **(1877-1925)**

Zhen min 真民
LI, YU YING 李煜瀛 **(1881-1973)**

Zhen ming 真明
CHEN, DONG QI 陈东琪 **(1955-)**

Zhen, Mo 甄陌
ZHEN, BO WEI 甄伯蔚 **(1917-)**

Zhen mu 贞木
FENG, YE XIN 冯叶莘 **(1917-1989)**

Zhen mu 枕木
ZHAO, ZHI SHUN 赵治顺 **(1948-)**

Zhen ni 珍妮
YUAN, GUANG MEI 袁光楣 **(1916-1982)**

Zhen, Ni fo 甄尼佛
CAO, LÜ MING 曹履铭 **(1942-)**

Zhen nuo nü shi 震懦女士
SHEN, YI BIN 沈仪彬

Zhen peng 振鹏
ZHOU, XIU ZHAN 周修展 **(1925-)**

Zhen qing 圳清
SU, ZHEN QING 苏振清

Zhen qing 振青
SHAO, ZHEN QING 邵振青 **(1884-1926)**

Zhen qing 振清
GUO, QUAN BEN 郭全本 **(1920-)**

Zhen quan 振权
LIU, ZHEN QUAN 刘振权 **(1956-)**

Zhen rong 阵容
WANG, ZHEN RONG 王振荣 **(1935-)**

Zhen sheng 振声
CHU, JIA CHANG 储家昌 **(1913-)**

Zhen, Sheng ping 甄升平
ZHEN, YONG AN 甄永安 **(1905-1980)**

Zhen shi 珍师
WANG, YI FEI 王一飞 **(1899-1928)**

Zhen shu 镇蜀
LUO, ZHENG SHU 罗正淑 **(1907-1987)**

Zhen shu 震述
HE, ZHEN 何震

Zhen, Shui 溱水
WANG, ZHENG PING 王正平 (1948-)

Zhen, Suo 甄索
CHEN, ZONG TANG 陈宗棠 (1936-)

Zhen tian 震天
BI, XIU SHAO 毕修勺 (1902-1992)

Zhen, Wei min 甄为民
YAO, SHI HU 姚世虎 (1926-)

Zhen wen 振闻
ZHOU, MU ZHAI 周木斋 (1910-1941)

Zhen, Wen zheng 甄文正
LI, LI MING 李立明 (1926-)

Zhen, Wu 甄悟
ZHU, ZHANG XIN 朱章新 (1923-)

Zhen wu 振吾
MAO, LI RUI 毛礼锐 (1905-)

Zhen wu 振武
XU, XI 徐希 (1940-)

Zhen wu 真吾
CUI, ZHEN WU 崔真吾 (1902-1937)

Zhen wu 震武
LI, ZHEN 李震

Zhen, Xia 甄瑕
BIAN, ZHEN XIA 边震遐 (1935-)

Zhen xian 枕仙
JIANG, RUO 姜若

Zhen xiang 臻祥
JI, WEI ZHOU 纪维周 (1922-)

Zhen xin 枕薪
ZHU, ZHEN XIN 朱枕薪

Zhen, Xing 甄兴
HUANG, YI 黄伊 (1929-)

Zhen xing 振兴
DENG, ZU XING 邓祖兴 (1957-)

Zhen xue li 真学力
WANG, HE HE 王和合 (1948-)

Zhen ya 枕亚
XU, JUE 徐觉 (1889-1937)

Zhen ya ge zhu 枕亚阁主
XU, JUE 徐觉 (1889-1937)

Zhen ya shi zhu 枕亚室主
XU, JUE 徐觉 (1889-1937)

Zhen, Yan 甄言
ZHOU, DAN YA 周丹亚 (1954-)

Zhen yang 贞羊
LIN, ZHEN XIANG 林祯祥 (1910-)

Zhen, Yi 甄祎
HE, ZHEN YI 何振一 (1931-)

Zhen yi 珍怡
XIE, LING RU 谢玲如

Zhen yi 真义
LI, WEN TAO 李文涛 (1880-1942)

Zhen yi 震夷
YANG, JI XIAN 杨济贤 (1927-)

Zhen yin 振因
LI, ZHEN YING 李震瀛

Zhen yin 震银
LI, ZHEN YING 李震瀛

Zhen ying 振瀛
LI, ZHEN YING 李震瀛

Zhen ying 震瀛
WU, XIN RONG 吴新荣 (1907-1967)

Zhen ying 震瀛
YUAN, ZHEN YING 袁振英

Zhen ying 震瀛
LI, ZHEN YING 李震瀛

ZHEN, YONG AN 甄永安 (1905-1980)
Chen, Shen ming 陈慎铭
Liu, Feng 柳风
Zhen, Sheng ping 甄升平

Zhen, Yu 甄予
LI, CHANG LU 李长路 (1904-)

Zhen yu 振宇
XIANG, JUN XIAN 向俊贤 (1895-1928)

Zhen yu 振宇
CAI, HE SEN 蔡和森 (1895-1931)

Zhen yu 振宇
GENG, JIN SHENG 耿金声 (1939-)

Zhen yu 震宇
LÜ, ZHEN YU 吕振羽 (1900-1980)

Zhen yu 震宇
HAN, LI JUN 韩立俊 (1934-)

Zhen yuan 振元
HUANG, ZHEN YUAN 黄振元 (1866-1913)

Zhen yuan 真源
LIN, CHUAN FANG 林传芳

Zhen yuan 震元
HUANG, ZHEN YUAN 黄振元 (1866-1913)

Zhen yue 真月

LI, WEN TAO 李文涛 **(1880-1942)**

Zhen, Yun 甄允
YIN, SHI JIE 尹世杰 **(1922-)**

Zhen yun 真蕴
FENG, ZENG RONG 冯增荣 **(1925-)**

Zhen zhen 贞珍
LI, JIE 李杰 **(1939-)**

Zhen, Zhen 甄真
WANG, ZHENG 王正 **(1940-)**

Zhen, Zhen 甄真
YE, XIAO SHEN 叶孝慎 **(1949-)**

Zhen zhen 真真
LUO, LIANG DE 罗良德 **(1945-)**

Zhen zhen 真真
ZHANG, MEI ZHU 张美珠 **(1958-)**

Zhen zhen 蓁蓁
QIU, LIU CHUAN 丘柳川 **(1949-)**

Zhen zhi 振之
GU, JUN ZHENG 顾均正 **(1902-1980)**

Zhen zhi 振之
LAI, ZHAO ZENG 赖肇增 **(1926-)**

Zhen zhi 镇之
HU, ZHEN BANG 胡振邦 **(1924-)**

Zhen zhi 震之
SHI, RUN DE 施润德 **(1917-)**

Zhen zhong 镇中
ZHANG, YUE JIAN 张岳建 **(1924-)**

Zhen zhong 震仲
ZHOU, CHENG SHU 周承澍 **(1902-1983)**

Zhen zhong 震钟
HAI, ZHEN ZHONG 海振忠 **(1927-)**

Zhen zhong ge 珍重阁
ZHAO, ZUN YUE 赵尊嶽 **(1896-)**

Zhen zhuang 贞壮
ZHU, ZONG YUAN 诸宗元 **(1875-1932)**

Zheng 铮
LEI, ZHAO XING 雷昭性 **(1873-1920)**

Zheng ai 征埃
LIN, WAN QING 林万青 **(1952-)**

Zheng an 正厂
WU, QI CHANG 吴其昌 **(1905-1944)**

Zheng an ju shi 正闇居士
DENG, BANG SHU 邓邦述 **(1868-1939)**

Zheng an xue ren 正闇学人
DENG, BANG SHU 邓邦述 **(1868-1939)**

Zheng, Ao ran 郑敖然
ZHENG, SHI ZHONG 郑世忠 **(1954-)**

Zheng, Bai nian 郑百年
ZHENG, LIANG SHU 郑良树 **(1940-)**

ZHENG, BAO GUO 郑保国 **(1958-)**
Zheng, Shu 郑舒

ZHENG, BAO HONG 郑宝洪 **(1928-1968)**
Zheng, Hong 郑洪
Zheng, Tong 郑同

ZHENG, BAO SHENG 郑宝生 **(1951-)**
Qin, Ling 秦岭

Zheng bi 正璧
TAN, ZHENG BI 谭正璧 **(1901-1991)**

Zheng, Bian 郑变
ZHENG, NAI JI 郑乃吉 **(1943-)**

Zheng, Bin yu 郑宾于
ZHENG, XIAO GUAN 郑孝观

ZHENG, BING BI 郑秉璧 **(1905-1974)**
Ru zhen 汝珍
Zheng, Xin 郑昕

ZHENG, BING QIAN 郑秉谦 **(1930-)**
Hang xie 颃颉
Shuang ye 双页

ZHENG, BING SEN 郑炳森 **(1920-1990)**
Lao sha 老沙

ZHENG, BING ZHONG 郑炳中 **(1922-)**
Bu, Yang 卜央
Ding, Chen 丁琛
Gao, Fang 高放
Geng, Yong 耿永
Geng, Yong 耿庸
Hao, Fu 郝夫
Jian, Wang 简望
Jian, Yun 简韫
Kang, Kang yi 康抗一
Ke, Nian zhong 柯念中
Ke, Xiao pei 柯晓沛
Lao, Mo 劳默
Li, Xian 李现
Li zhong 力衷
Mai, Ding 麦顶
Mo, Ji 墨基
Qiao, Yi xia 乔一霞
San di 散缔
Shao, Yi wang 邵亦望
Shen, You zhi 申右芷
Tan, La 谈拉
Wang, Yi zhao 王逸昭

Xin xin 芯心
Yong, Geng 雍耕
Zang, Hong 臧蕻
Zheng, Cui 郑淬
Zheng, Zhong 郑重

Zheng, Bo chang 郑伯长
ZHENG, FANG ZE 郑芳泽 **(1888-1935)**

Zheng, Bo chang 郑伯常
ZHENG, FANG ZE 郑芳泽 **(1888-1935)**

ZHENG, BO NONG 郑伯农 **(1937-)**
Zheng, Wen 郑汶

Zheng, Bo qi 郑伯奇
ZHENG, LONG JIN 郑隆谨 **(1895-1979)**

ZHENG, BO YONG 郑伯永 **(1919-1961)**
Yi fu 夷夫

Zheng, Bu 郑步
LIU, SHI WEI 刘世威 **(1938-)**

Zheng, Cao feng 郑草风
ZHENG, RUN SHENG 郑润生 **(1925-)**

Zheng, Cha yuan 郑茶园
ZHENG, QI XIAN 郑其贤 **(1929-)**

Zheng chan 证禅
JIANG, RUO 姜若

Zheng, Chang 郑昌
ZENG, ZHENG CHANG 曾正昌 **(1922-1966)**

Zheng, Chang 郑昌
ZHENG, SHU QIN 郑树钦 **(1942-)**

ZHENG, CHANG 郑昶 **(1894-1952)**
Si bin san ren 絲鬓散人
Zheng, Wu chang 郑午昌

ZHENG, CHANG GAN 郑昌淦 **(1918-)**
Cang jian 苍涧

ZHENG, CHANG ZHONG 郑昌中 **(1912-)**
Zheng, Dai 郑玳

ZHENG, CHAO LIN 郑超麟 **(1901-)**
Cao, Zhen 曹真
Chao lin 超麟
Lin, Chao zhen 林超真
Lin, Yi wen 林伊文
Qi wen 绮纹
Yi, Ci 易此

ZHENG, CHAO ZONG 郑朝宗 **(1912-)**
Lin, Hai 林海

Zheng, Chen 郑尘
ZHENG, RUN SHENG 郑润生 **(1925-)**

ZHENG, CHENG BIN 郑澄滨
He hui 禾惠

ZHENG, CHENG YANG 郑成扬 **(1939-)**
Cheng, Yang 成扬

ZHENG, CHENG ZHI 郑诚芝 **(1909-1973)**
Ye fu 野夫
Zheng, Ye fu 郑野夫

ZHENG, CHI YAN 郑赤琰 **(1941?-)**
Dan ru 淡如
Shan shu 山叔
Zheng, Tie 郑铁

Zheng, Chou yu 郑愁予
ZHENG, WEN TAO 郑文韬 **(1933-)**

Zheng, Chuan gu 郑川谷
ZHENG, ZHONG QIN 郑钟琴 **(1910-1938)**

ZHENG, CHUN HUI 郑春辉 **(1927-)**
A zhang 阿章
Xiao hui 小慧
Zheng, Xiu zhang 郑秀章

ZHENG, CHUN MAO 郑春茂 **(1944-)**
Ge, Fan 葛凡
Pin lang 品朗

ZHENG, CHUN YUAN 郑春源 **(1947-)**
Liu, Yin 刘吟

ZHENG, CONG YE 郑从业 **(1949-)**
Zheng, San 郑三

Zheng, Cui 郑淬
ZHENG, BING ZHONG 郑炳中 **(1922-)**

ZHENG, CUN 郑存 **(1928-)**
Chi jun 赤军
Da ke 大可
Meng lin 梦麟
Meng, Qi 孟奇
Qi shou 旗手
Wei min 伟民
Zheng, Meng qi 郑梦麒
Zheng, Wei min 郑伟民
Zhong liu 中流

Zheng, Cun shan 郑存善
ZHENG, XUE LAI 郑雪来 **(1925-)**

Zheng, Da 郑达
ZHENG, DA XING 郑大兴 **(1922-)**

Zheng, Da fu 郑达夫
FANG, GUI DE 方珪德 **(1922-)**

Zheng, Da hai 郑大海
ZHENG, ZI LIN 郑子林 **(1928-)**

Zheng, Da ling 郑大零
ZHENG, SHU RONG 郑树荣 **(1917-)**

Zheng, Da nong 郑大农
ZHENG, NENG RUI 郑能瑞 (1918-1991)

ZHENG, DA XING 郑大兴 (1922-)
Tian, Ke xin 田克辛
Yu, Ling 余玲
Yu, Shang ling 俞尚陵
Zheng, Da 郑达

Zheng, Dai 郑玳
ZHENG, CHANG ZHONG 郑昌中 (1912-)

Zheng, Dan 郑淡
YOU, KUN BING 游琨炳 (1947-)

ZHENG, DAO 郑道 (1880-1906)
Reng jiu 仍旧
Zheng, Guan gong 郑贯公
Zi zhu 自主

ZHENG, DAO CHUAN 郑道传 (1919-)
Dao quan 稻泉
Jing dao quan 静稻泉
Luo fan 落繁
Yi jiong 忆炯

Zheng, Dao le 郑导乐
ZHENG, ZHI 郑志 (1909-)

ZHENG, DAO YUAN 郑道远 (1953-)
Mu ren 牧仁
Xi wen 習文

ZHENG, DE SONG 郑德松 (1923-)
Ge jiang 歌江
Ma, Li ni 马犁泥
Pu, Luo 普洛
Zheng, Pu luo 郑普洛
Zheng, Ying hao 郑应浩
Zhi ni 植泥

ZHENG, DE YIN 郑德音
Zheng, Qi hong 郑绮虹

Zheng, Di 郑地
ZHENG, DING YOU 郑定友 (1932-)

Zheng, Di 郑笛
CHEN, DI 陈迪 (1925-)

ZHENG, DIAN 郑奠 (1895-1968)
Zheng, Jie shi 郑介石
Zheng, Shi jun 郑石君

ZHENG, DIAN BO 郑电波 (1956-)
Yi feng 一风

Zheng, Ding 郑定
ZHU, SI CHENG 朱四成 (1939-)

Zheng, Ding wen 郑定文
CAI, DA JUN 蔡达君 (1923-1946)

ZHENG, DING YOU 郑定友 (1932-)
Zheng, Di 郑地

ZHENG, DU 郑笃 (1914-)
Li, Chai 李柴
Li, Duan 李端
Li, Zheng wen 李正文
Li, Zi 李紫
Yue, Guang 岳光

ZHENG, DUN KAI 郑敦恺 (1918-)
Dun kai 敦恺
Mu, Xi 穆西
Si tian 思恬
Zheng, Kang bo 郑康伯
Zheng, Tong 郑彤

Zheng, Duo en 郑铎恩
WANG, SHI ZHEN 王世祯

Zheng, Duo xuan 郑铎宣
ZHENG, ZHEN WEN 郑振文

ZHENG, EN BO 郑恩波 (1939-)
Hong shan ying 红山鹰
Hong, Ying 洪英
Lian, Ying he 连鹰鹤
Zhang, Zheng bo 章正博

Zheng, Fan 郑帆
MA, YU HUA 马昱华 (1949-)

Zheng fan 征帆
ZHAO, WEI GUO 赵卫国 (1955-)

ZHENG, FANG 郑放 (1920-)
Hai, Yang 海阳
Xin zi 心梓
Xue lang ding 血浪丁

Zheng, Fang 郑放
ZHENG, YING NAN 郑英男 (1944-)

ZHENG, FANG ZE 郑芳泽 (1888-1935)
Yao feng 药风
Zheng, Bo chang 郑伯长
Zheng, Bo chang 郑伯常
Zheng qiu 正秋
Zheng, Zheng qiu 郑正秋

Zheng, Fen 郑奋
HAN, ZHONG KUN 韩钟崑 (1932-)

Zheng, Fen 郑梦
LI, YING 李瑛 (1926-)

Zheng fen 整奋
MAO, ZHENG TIAN 毛正天 (1955-)

Zheng, Feng 郑风
ZHENG, HUI SHAN 郑惠山 (1916-)

ZHENG, FENG 郑峰 (1949-)
Qin, Chuan 秦川
Xue yan 雪岩

ZHENG, FENG QI 郑凤岐 (1960-)
Feng qi 风奇

ZHENG, FENG ZAO 郑凤藻 (1938-)
Bi guo 必果
Si tu 司徒
Wen, Hua bing 闻化冰
Xing, Feng zao 邢凤藻
Yang tai ju shi 阳台居士

Zheng fu 征夫
ZHENG, YU ZHOU 郑玉洲 (1932-)

Zheng fu 征夫
YE, SHU XUN 叶树勋 (1938-)

ZHENG, FU EN 郑富恩 (1918-1976)
Zheng, Lü cheng 郑律成

Zheng fu he yin 征夫和吟
HUANG, ZHENG FU 黄征夫

Zheng, Gang ping 郑刚萍
ZHENG, JIANG PING 郑江萍 (1923-)

Zheng, Ge 郑歌
TIAN, ZHONG LUO 田锺洛 (1924-)

Zheng ge 正戈
LI, WU KUI 李武魁 (1929-)

ZHENG, GENG SHENG 郑更声 (1920-)
Zheng, Jing sheng 郑经生

Zheng, Gong dun 郑公盾
ZHENG, NENG RUI 郑能瑞 (1918-1991)

Zheng, Gong pan 郑公判
ZHENG, ZHEN CONG 郑振聪 (1946-)

Zheng, Guan gong 郑贯公
ZHENG, DAO 郑道 (1880-1906)

ZHENG, GUAN YING 郑观应 (1842-1922)
Dai he shan ren 待鹤山人
Luo fu dai he ren 罗浮待鹤人
Luo fu shan ren 罗浮山人
Mu rong shan ren 慕容山人
Mu yong shan ren 慕雍山人
Qi you sheng 杞忧生
Tao, Zhai 陶斋
Tie cheng mu yong shan ren 铁城慕雍山人
Tie cheng qi you sheng 铁城杞忧生
Zheng, Guan ying 郑官应

Zheng, Guan ying 郑官应
ZHENG, GUAN YING 郑观应 (1842-1922)

Zheng, Guan zhe 郑官哲

ZHENG, SHU NENG 郑树能 (1914-)

ZHENG, GUANG MIN 郑光民
Tian min 天民

ZHENG, GUANG SONG 郑光松 (1933-)
Chen guang 辰光

ZHENG, GUANG ZHAO 郑光召 (1947-)
Zheng, Yi 郑义

ZHENG, GUI FU 郑桂富 (1942-)
Fang, Ye 方烨
Gui, Fu 桂富
Huo hua 火华
Yi bing 弋兵
Zheng ye 正烨

ZHENG, GUI QUAN 郑桂泉
Ai, Tian 艾钿

Zheng guo 正果
ZHANG, ZI JUN 张子君 (1913-)

ZHENG, GUO MAO 郑国茂 (1948-)
Shi, Chuan 石穿

ZHENG, HAI XIANG 郑海翔 (1955-)
Fang zhou 芳洲

Zheng han 征悍
MU, SHAO LIANG 沐绍良 (1912-1969)

Zheng, Han hua 郑含华
ZHENG, XI LIN 郑锡麟 (1914-)

Zheng, He sheng 郑鹤声
ZHENG, SONG BIAO 郑松表 (1901-1989)

ZHENG, HENG XIONG 郑恒雄 (1941-)
Qian shi 潜石
Zheng, Qian shi 郑潜石

Zheng, Hong 郑洪
SHU, ZENG CAI 舒增才 (1919-)

Zheng, Hong 郑洪
ZHENG, BAO HONG 郑宝洪 (1928-1968)

ZHENG, HONG 郑洪 (1936?-)
Chen, Heng 陈衡

Zheng hong 征鸿
CHEN, ZENG HONG 陈增鸿 (1908-)

Zheng hong 征鸿
HU, QIU PING 胡秋坪 (1917-)

Zheng hong 征鸿
XU, DU QIAN 徐笃谦 (1925-)

ZHENG, HONG SHAN 郑鸿善 (1916-)
Yu, Ze 餘泽

Zheng, Hua 郑骅

ZHENG, HUA 郑桦 (1918-)

ZHENG, HUA 郑桦 (1918-)
Zheng, Hua 郑骅

Zheng hua 正华
XU, ZHI ZHENG 许之正 (1916-)

Zheng hua 征骅
ZHU, ZHEN HUA 朱震华 (1915-)

Zheng hua 徵华
ZHANG, LING XUAN 张令瑄 (1928-1984)

ZHENG, HUA QIAO 郑华侨 (1939-)
Li, Hong 李红
Xiao, Bing 萧冰
Zheng, Shi qiao 郑式桥
Zi cai 子才

Zheng, Huan 郑焕
ZHENG, HUAN SHENG 郑焕生 (1925-)

Zheng huan 拯圜
WU, ZHENG HUAN 吴拯圜

ZHENG, HUAN SHENG 郑焕生 (1925-)
Zheng, Huan 郑焕

Zheng, Huang 郑璜
ZHENG, ZHAO HUANG 郑兆璜 (1910-)

Zheng, Hui 郑辉
ZHENG, ZHAO XIAN 郑昭贤 (1942-)

ZHENG, HUI CONG 郑慧聪 (1955-)
Ling zi 灵子

ZHENG, HUI HUA 郑惠华
Hui hua 惠华

ZHENG, HUI SHAN 郑惠山 (1916-)
Cha fei sha 茶菲莎
Zheng, Feng 郑风
Zheng, Liang xiong 郑良雄

ZHENG, JI DUO 郑基铎
Zheng, Yun bo 郑云波

ZHENG, JI EN 郑纪恩
Zheng, Lang ping 郑浪平

ZHENG, JI JIA 郑际嘉 (1930-)
Zheng, Zhi sheng 郑致生

ZHENG, JI QIAO 郑季翘 (1912-1984)
Ji qiao 继侨
Zong, Zhou 宗周

ZHENG, JI QING 郑季清
Zheng, Yan 郑岩

ZHENG, JI YUN 郑吉云 (1919-)
Hong shi yu 红世宇
Ji, Yun 吉云

ZHENG, JI YUN 郑际云 (1895-1992)
Da yu 大迂
Da yu ju shi 大迂居士
Deng xia bai tou ren 灯下白头人
Jiu wen ji zhe 旧闻记者
Leng, Xiang 冷香
Shu, Jing 疏景
Shu, Ying 疏影
Shui zhu cun ren 水竹村人
Tao, Zhuo an 陶拙安
Yi mei 一湄
Yi mei 逸梅
Zheng, Liu 郑留
Zheng wen yu gong 郑文迂公
Zheng, Yi mei 郑逸梅
Zhi zhang tong ping shi zhu 纸帐铜瓶室主
Zhuo jiu 拙鸠

Zheng, Jia he 郑家禾
ZHENG, XUE JIA 郑学稼（1906-1987）

Zheng, Jia zhen 郑加真
ZHENG, JIA ZHEN 郑嘉真 (1929-)

ZHENG, JIA ZHEN 郑家镇
Chu, Zi 楚子
Shuang yu 双鱼
Tong, Hua xin 童华信

ZHENG, JIA ZHEN 郑嘉真 (1929-)
Guan, Er 关耳
Zheng, Jia zhen 郑加真

ZHENG, JIA ZHI 郑嘉治 (1916-1974)
Lin, Jing 林静
Zhu, Hui 朱惠

ZHENG, JIAN BAI 郑健柏 (1927-1991)
Bai mu 百木
Li kuang 力匡

Zheng, Jian fu 郑建夫
FANG, GUI DE 方珪德 (1922-)

ZHENG, JIAN LU 郑健庐
Zheng, Zi jian 郑子健

ZHENG, JIAN QUN 郑健群 (1951-)
Ling shi 灵石

ZHENG, JIAN YING 郑建英 (1951-)
Ying zhi jian 樱之涧

ZHENG, JIANG PING 郑江萍 (1923-)
Gang ping 刚萍
Jiang, Ping 江萍
Jiang, Zi ping 江子萍
Xue ying 雪英
Zheng, Gang ping 郑刚萍

Zheng jiao 峥角
ZHANG, YI LIN 张一麐 (1867-1943)

ZHENG, JIE GUANG 郑杰光 (1948-)
Lin, Qing 林青
Zhu ge, Wen wu 诸葛文武

ZHENG, JIE LIANG 郑杰梁 (1928-)
Ding, Er 丁二
Zheng, Ma 郑马

Zheng, Jie shi 郑介石
ZHENG, DIAN 郑奠 (1895-1968)

Zheng, Jin 郑今
LIU, SI HAI 刘斯海 (1919-)

ZHENG, JIN FU 郑金福 (1929-)
Zheng, Qian yun 郑潜云

ZHENG, JIN XIAN 郑锦先 (1926-)
Bai, Lin 白麟
Dan fei 丹扉
Xie hang 颉颃
Zheng, Ying 郑婴

ZHENG, JIN XUAN 郑锦宣
Zheng, Wei ming 郑微鸣

ZHENG, JIN ZHANG 郑锦章 (1915-)
Ni, Zheng zhong 倪郑重

ZHENG, JING GOU 郑敬构 (1966-)
Tu yin 土吟

Zheng, Jing kang 郑景康
ZHENG, RUN XIN 郑润鑫 (1903-1978)

Zheng, Jing sheng 郑经生
ZHENG, GENG SHENG 郑更声 (1920-)

ZHENG, JIONG JIAN 郑炯坚 (1948-)
Qi jian 骐坚
Zheng, Qi jian 郑骐坚

Zheng, Jiu yuan 郑就远
ZHENG, ZHI HUI 郑至慧

Zheng, Ju hua 郑菊华
ZHOU, YU YING 周毓英 (1900-1945)

ZHENG, JU RU 郑菊如 (1927-)
Ju ru 鞠孺

Zheng, Jue 郑珏
WANG, SONG DAI 王松黛 (1917-)

Zheng, Jue xu 郑爵叙
CHENG, ZHUO RU 程灼如 (1924-)

Zheng, jun 征军
SHI, QI DA 施启达 (1913-1946)

ZHENG, JUN JIAN 郑军健 (1954-)
Jun jian 君健

Zheng, Jun li 郑君里
ZHENG, WEI ZHANG 郑蔚章 (1911-1969)

Zheng, Jun ping 郑君平
ZHENG, LONG JIN 郑隆谨 (1895-1979)

Zheng, Kai 郑锴
ZHENG, YOU SHENG 郑幼生 (1945-)

ZHENG, KAI HUI 郑开慧 (1939-)
Hua, Ming 华铭
Long, Zi 龙子

ZHENG, KAI XIU 郑开修 (1905-1960)
Tie ma 铁马

Zheng, Kang bo 郑康伯
ZHENG, DUN KAI 郑敦恺 (1918-)

ZHENG, KANG YUAN 郑康源 (1921-1992)
He, Wei 何为
He, Wei 何苇

ZHENG, KE 郑柯 (1949-)
Guan, Ke 关可

ZHENG, KE CHENG 郑可成
Ke cheng 可成

ZHENG, KE XI 郑克西 (1929-)
Ke xi 克西
Zhou shan 舟山

ZHENG, KENG HAO 郑铿濠 (1947-)
Hai, Sang 海桑
He, Jun 贺俊
Zi fan 子帆

Zheng, Lang ping 郑浪平
ZHENG, JI EN 郑纪恩

ZHENG, LI 郑立 (1923-)
Zheng, Yun xian 郑云仙

Zheng li 征骊
ZHANG, BO YAN 张伯彦 (1917-1944)

ZHENG, LI SHENG 郑丽生 (1911-)
Dong lang 东廊
Yi xu 一序

Zheng, Lian 郑连
LI, ZHENG LIAN 李正廉 (1924-)

ZHENG, LIAN 郑连 (1928-)
A bao 阿宝
Huang, Jin 黄金
Meng. Li 孟力
Ping guo shu 苹果树
Qiu, Wei 丘危
Zhang, Ji 张冀

Zheng, Liang 郑梁
WANG, DING JUN 王鼎钧 **(1927-)**

ZHENG, LIANG SHU 郑良树 **(1940-)**
Zheng, Bai nian 郑百年

Zheng, Liang xiong 郑良雄
ZHENG, HUI SHAN 郑惠山 **(1916-)**

ZHENG, LIE 郑烈 **(1888-1958)**
Tian xiao sheng 天啸生

Zheng, Lie 郑烈
DONG, HONG LIANG 董宏量 **(1953-)**

Zheng, Lin xi 郑林曦
ZHENG, XI LIN 郑锡麟 **(1914-)**

ZHENG, LIN ZHUANG 郑林庄 **(1908-)**
Shao wei 绍伟

Zheng, Ling ling 郑零零
ZHENG, SHU RONG 郑树荣 **(1917-)**

Zheng, Liu 郑留
ZHENG, JI YUN 郑际云 **(1895-1992)**

Zheng, Liu fang 郑留芳
LIU, WU GOU 柳无垢 **(1914-1963)**

Zheng, Long cai 郑龙财
ZHENG, YU LI 郑玉礼 **(1954-)**

ZHENG, LONG JIN 郑隆谨 **(1895-1979)**
Bo qi 伯奇
Dong shan 东山
Dong you 东游
Fang, Jun 方均
Fang, Jun 方钧
Fang, Xun 方珣
He, Da bai 何大白
Hua, An 华厂
Hua, Shang wen 华尚文
Jun 君
Jun 均
Jun ping 君平
Nai fang 乃方
Nai fang 耐芳
Ping 平
Su, Ping 苏平
Su, Ping 苏萍
Xi, Nai fang 席耐芳
Xu zhou 虚舟
Yong tao 泳涛
Yue, You 乐游
Zheng, Bo qi 郑伯奇
Zheng, Jun ping 郑君平
Zheng, Ping zi 郑平子
Zheng, Xu zhou 郑虚舟
Zheng, Yong tao 郑咏涛

Zhou, Yu zhi 周裕之

Zheng long ju shi 蒸笼居士
LI, BO SHENG 李博生 **(1941-)**

Zheng lu 正路
LÜ, YUAN PENG 吕元鹏 **(1925-)**

Zheng, Lü cheng 郑律成
ZHENG, FU EN 郑富恩 **(1918-1976)**

Zheng, Luo ye 郑洛耶
ZHENG, ZHONG QIN 郑钟琴 **(1910-1938)**

Zheng, Ma 郑马
ZHENG, JIE LIANG 郑杰梁 **(1928-)**

Zheng ma 征马
MA, RUI LIN 马瑞麟 **(1929-)**

Zheng, Man qing 郑曼青
ZHENG, YUE 郑岳 **(1903-1975)**

Zheng, Man ran 郑曼髯
ZHENG, YUE 郑岳 **(1903-1975)**

Zheng, Meng bin 郑梦斌
ZHENG, ZHAO RONG 郑昭荣

Zheng, Meng qi 郑梦麒
ZHENG, CUN 郑存 **(1928-)**

ZHENG, MENG ZHOU 郑梦周 **(1920-1982)**
Fu, Jian 符剑
He, Fu 贺斧
Hu, Jia 胡加
Huang, Huai 黄槐
Liang, Si lan 梁司兰
Ou yang, Bi 欧阳碧
Shi, Bei 石贝
Tang, Xi 唐兮
Xi men, Feng 西门凤
Xiang, Yang ge 向阳戈
Yao, Zi 姚紫

ZHENG, MIAO SHAN 郑妙珊
Yi ling 懿灵

ZHENG, MIN 郑敏 **(1920-)**
Xiao ming 晓鸣

Zheng, Min 郑敏
ZHENG, XIAO MIN 郑小敏 **(1936-)**

Zheng min 征敏
ZHAO, ZHENG MIN 赵政民 **(1944-)**

Zheng, Ming 郑明
LU, MING DE 陆明德 **(1942-)**

ZHENG, MING 郑明
Fei ren 废人
Ming 明
Yi ming 一明

Zheng ming 正明
ZHU, WEI MING 朱维明 **(1910-)**

Zheng ming 诤明
YANG, MENG TING 杨萌亭 **(1939-)**

ZHENG, MING DE 郑明德
Ming, De 明德

ZHENG, MING LI 郑明娳 **(1949-)**
Leng, Quan 冷泉
Liu, Zhong ping 刘中平
Min li 旻黎

Zheng, Mu 郑牧
LAI, QING XIONG 赖庆雄 **(1941-)**

Zheng, Mu 郑牧
XU, MU LAN 徐木兰 **(1949-)**

Zheng, Mu hong 郑慕虹
LIU, CANG LANG 刘沧浪 **(1919-)**

Zheng, Mu yun 郑慕云
DENG, ZHAO 邓钊 **(1917-)**

ZHENG, NAI GUANG 郑乃珖 **(1912-)**
Bi shou weng 壁寿翁
Bi xiao 壁啸
Sha di pu fu 沙堤璞夫

ZHENG, NAI JI 郑乃吉 **(1943-)**
Ai, Wen 艾文
Bei lan ling 北蓝羚
Zhang, Zi 张梓
Zheng, Bian 郑变

Zheng, Nai zang 郑乃臧
ZHENG, PENG NIAN 郑彭年 **(1935-)**

ZHENG, NENG RUI 郑能瑞 **(1918-1991)**
Chen, Kuan 陈宽
Da nong 大农
Ge, Ming 戈明
Gong, Dun 公盾
Gong, Ge 公戈
Gong, Han 公汗
Gong, Mao 公矛
Gong sun, Xian 公孙舷
Ji, Gong 季工
Lin, Dan 林旦
Shu shu 叔舒
Tan, Tuo 谭拓
Wen, Yu 文瑜
Xue, Qiang 薛强
Xue, Wu 薛伍
Zheng, Da nong 郑大农
Zheng, Gong dun 郑公盾

Zheng nong 征农
XIA, ZHENG HE 夏正和 **(1904-)**

ZHENG, PEI GANG 郑佩刚 **(1890-1970)**
Ke lao 克劳

ZHENG, PEI KAI 郑培凯 **(1948-)**
Cheng, Bu Kui 程步奎

ZHENG, PEI XIN 郑佩欣 **(1933-)**
Zheng, Xin 郑欣

ZHENG, PEI YE 郑培业
You long 遊龙

ZHENG, PENG 征鹏 **(1943-)**
Dao xin an 刀新安
Yan wen bang 岩温帮

Zheng peng 正蓬
LIU, ZHEN PENG 刘振鹏 **(1915-)**

ZHENG, PENG NIAN 郑彭年 **(1935-)**
Zheng, Nai zang 郑乃臧

ZHENG, PIN 郑频 **(1949-)**
Qin han 琹涵

Zheng ping 正平
LIU, JIE REN 刘介人 **(1915-)**

Zheng, Ping zi 郑平子
ZHENG, LONG JIN 郑隆谨 **(1895-1979)**

Zheng, Pu luo 郑普洛
ZHENG, DE SONG 郑德松 **(1923-)**

Zheng, Qi 郑绮
ZHENG, SHU QIN 郑树钦 **(1942-)**

ZHENG, QI DONG 郑启东 **(1955-)**
Yu zhi 昱之

Zheng, Qi hong 郑绮虹
ZHENG, DE YIN 郑德音

Zheng, Qi jian 郑骐坚
ZHENG, JIONG JIAN 郑炯坚 **(1948-)**

ZHENG, QI XIAN 郑其贤 **(1929-)**
Zheng, Cha yuan 郑茶园

ZHENG, QIAN 郑骞 **(1906-1991)**
Ben shi zhu ren 本室主人
Da xue zhong yin 大学中隐
Guan yun 灌筠
Kong, Zai qi 孔在齐
Long yuan zhong yin 龙渊中隐
Shu sheng 蜀生
Wen, Shao 闻韶
Yan, Yun 燕筠
Yin bai 因百
Ying bai 颖白

Zheng, Qian li 郑千里

ZHENG, WEI ZHANG 郑蔚章 **(1911-1969)**

Zheng, Qian shi 郑潜石
ZHENG, HENG XIONG 郑恒雄 **(1941-)**

Zheng, Qian yun 郑潜云
ZHENG, JIN FU 郑金福 **(1929-)**

Zheng, Qiang 郑强
NI, ZHENG XIANG 倪政祥 **(1935-)**

ZHENG, QING WEN 郑清文 **(1932-)**
Gu, Lan 谷岚
Zhuang, Yuan 庄园

Zheng qiu 正秋
ZHENG, FANG ZE 郑芳泽 **(1888-1935)**

Zheng qiu 征丘
CHEN, ZHI YU 陈治宇 **(1911-)**

Zheng qiu 征秋
CHEN, ZHI YU 陈治宇 **(1911-)**

Zheng, Qiu shui 郑秋水
SONG, BI YUN 宋碧云 **(1946-)**

ZHENG, QUAN LI 郑权利 **(1935-)**
Fang, Qing 方晴
Lü, Lang 吕朗

ZHENG, QUAN MEI 郑全美 **(1930-)**
Qiao, Mu 乔木

Zheng, Ren 郑仁
ZHENG, XU 郑旭 **(1959-)**

ZHENG, REN 郑稔 **(1941-)**
Mi, Ruo lu 米若路

Zheng ren 正人
SUN, XIN DE 孙信德 **(1934-)**

Zheng ren 征人
KANG, JING XIU 康静修 **(1939-)**

Zheng rong 峥嵘
MA, DENG YUN 马登云 **(1955-)**

ZHENG, RU PEI 郑汝霈 **(1900-1960)**
Zheng, Zheng yin 郑证因

Zheng, Ru zhen 郑汝珍
CAO, LIAN YA 曹联亚 **(1897-1987)**

ZHENG, RUN SHENG 郑润生 **(1925-)**
An cun 厂村
Cao feng 草风
Mo, Xian 墨仙
Zheng, Cao feng 郑草风
Zheng, Chen 郑尘
Zheng, Yu 郑雨

ZHENG, RUN XIN 郑润鑫 **(1903-1978)**
Jing, Kang 景康
Zheng, Jing kang 郑景康

ZHENG, RUO QUAN 郑若泉 **(1927-)**
Bai, Shui 白水

Zheng, San 郑三
ZHENG, CONG YE 郑从业 **(1949-)**

Zheng, Sen 郑森
FU, ZHENG SHEN 傅正深 **(1943-)**

ZHENG, SHAN REN 郑山仁 **(1894-)**
Jiang lang shan ren 江郎山人

Zheng, Shao wen 郑绍文
BI, XIU SHAO 毕修勺 **(1902-1992)**

Zheng, She nong 郑舍农
ZHU, SHOU TONG 朱寿桐 **(1958-)**

ZHENG, SHEN ZHAI 郑慎斋
Ren ze 人仄

Zheng, Shi 郑实
LI, ZHENG ZHONG 李正中 **(1921-)**

Zheng, Shi 郑实
XIONG, TIE JI 熊铁基 **(1933-)**

Zheng, Shi ang 郑师昂
ZHENG, XUE LAI 郑雪来 **(1925-)**

ZHENG, SHI BIN 郑士彬 **(1939-)**
Xin, Bing mao 辛冰茅

ZHENG, SHI CHANG 郑世昌 **(1927-)**
Ou yang, Zi 欧阳子

ZHENG, SHI DONG 郑石栋 **(1927-)**
Shi, Dong 石栋

Zheng, Shi feng 郑拾风
ZHENG, SHI XUE 郑时学 **(1920-)**

ZHENG, SHI GUI 郑士珪
Shi gui 士珪
Zheng, Tian hao 郑天昊

Zheng, Shi jun 郑石君
ZHENG, DIAN 郑奠 **(1895-1968)**

Zheng, Shi qiao 郑式桥
ZHENG, HUA QIAO 郑华侨 **(1939-)**

Zheng, Shi wo 郑适我
ZHOU, SHAO 周劭 **(1916-)**

ZHENG, SHI XUE 郑时学 **(1920-)**
Lan, Yan zhi 兰言之
Ling hu, Wei 令狐畏
Ne zi 讷子
Peng, Bing 彭冰
Pu ou 仆欧
Shi feng 拾风

Shi, Hong 石红
Wei, Ke 魏可
Xiao lu 小路
Zheng, Shi feng 郑拾风
Zhi feng 职蜂

ZHENG, SHI YANG 郑士仰 **(1934-)**
Shi, Yang 石扬

ZHENG, SHI ZHONG 郑世忠 **(1954-)**
Er feng 尔风
Han xing 寒星
Ling, Xing 凌星
Shi, Chuan 石川
Wen, Zheng 文征
Zheng, Ao ran 郑敖然

ZHENG, SHOU YAN 郑寿岩 **(1922-)**
Huo, Xi 霍溪
S. Y.
Shao ya 绍崖
Shi, Mo 史沫
Yu jia 雨佳

Zheng, Shu 郑舒
ZHENG, BAO GUO 郑保国 **(1958-)**

ZHENG, SHU LIN 郑树林 **(1931-)**
Zheng, Zhong 郑重

ZHENG, SHU MEI 郑淑梅 **(1919-)**
Che, Qian cao 车前草
Hai, Xing 海星

ZHENG, SHU NENG 郑树能 **(1914-)**
Zheng, Guan zhe 郑官哲

ZHENG, SHU QIN 郑树钦 **(1942-)**
Bai, Wang 白望
Chen, Ya 陈雅
Fu hui 弗悔
Lü qi 绿绮
Qing feng 清风
Qiu, Shi 秋士
Wang, Ji ren 王吉人
Zheng, Chang 郑昌
Zheng, Qi 郑绮
Zheng, Yi 郑易

ZHENG, SHU RONG 郑树荣 **(1917-)**
Ling ling 零零
Ling, Ling ling 凌零零
Ling nan ren 岭南人
Liu, Ying di 柳映堤
Lu, Liu di 陆柳堤
Wen, Wen wen 文文文
Zheng, Da ling 郑大零
Zheng, Ling ling 郑零零

ZHENG, SHU SEN 郑树森 **(1949-)**

Zheng, Zhen 郑臻

ZHENG, SHU YUN 郑湫云 **(1945-)**
Ruo bing 若冰

Zheng, Shui xin 郑水心
ZHENG, TIAN JIAN 郑天健 **(1900-1975)**

Zheng, Si 郑思
ZHENG, ZHENG SI 郑正思 **(1917-1955)**

Zheng, Si 郑思
QIN, ZHAO JI 秦兆基 **(1932-)**

ZHENG, SONG BIAO 郑松表 **(1901-1989)**
Zheng, He sheng 郑鹤声

Zheng song lao ren 贞松老人
LUO, ZHEN YU 罗振玉 **(1866-1940)**

ZHENG, SONG TANG 郑松堂 **(1901-1949)**
Tai pu 太朴
Zheng, Tai pu 郑太朴

ZHENG, SONG YUN 郑松筠
Xue ling 雪岭

ZHENG, SU E 郑素娥
Zheng, Yi 郑伊

Zheng, Tai pu 郑太朴
ZHENG, SONG TANG 郑松堂 **(1901-1949)**

ZHENG, TAI SHAN 郑泰山 **(1936-)**
Lu, Feng 鲁峰

Zheng tan 徵谈
LIN, ZHEN QUAN 林振权

ZHENG, TIAN BAO 郑天宝 **(1935-)**
Gao, Shan qing 高山青
Ju ying 驹影
Xiao fan 晓帆

Zheng, Tian hao 郑天昊
ZHENG, SHI GUI 郑士珪

ZHENG, TIAN JIAN 郑天健 **(1900-1975)**
Shui, Xin 水心
Shui, Xin lou 水心楼
Zheng, Shui xin 郑水心

ZHENG, TIAN TING 郑天挺 **(1899-1981)**
Jue ri 攫日
Yi sheng 毅生
Zheng, Yi sheng 郑毅生

Zheng, Tian xiang 郑天翔
ZHENG, TING XIANG 郑庭祥

Zheng, Tie 郑铁
BI, XIU SHAO 毕修勺 **(1902-1992)**

Zheng, Tie 郑铁

ZHENG, CHI YAN 郑赤琰 **(1941?-)**

Zheng, Ting tai 郑廷泰
ZHENG, XUE JIA 郑学稼（**1906-1987**）

ZHENG, TING XIANG 郑庭祥
Qi jia 契嘉
Zheng, Tian xiang 郑天翔

Zheng, Tong 郑同
ZHENG, BAO HONG 郑宝洪 **(1928-1968)**

Zheng, Tong 郑彤
ZHENG, DUN KAI 郑敦恺 **(1918-)**

ZHENG, TONG XIAO 郑通校 **(1930-)**
Qian bu 千步

ZHENG, TUI ZHI 郑退之
Tui si lu zhu ren 退思庐主人

Zheng, Wei 郑位
LU, DING YI 陆定一 **(1906-)**

Zheng, Wei 郑苇
MAO, SHUI QING 毛水清 **(1937-)**

Zheng, Wei 郑威
BAO, ZHEN WEI 鲍镇威 **(1930-)**

Zheng wei 正桅
JIANG, QING FENG 蒋庆丰 **(1958-)**

ZHENG, WEI LIANG 郑伟良 **(1962-)**
Ruo si 若思

Zheng, Wei min 郑伟民
ZHENG, CUN 郑存 **(1928-)**

ZHENG, WEI MING 郑伟明 **(1958-)**
Wei ming 苇鸣
Zheng, Wei ming 郑炜明

Zheng, Wei ming 郑炜明
ZHENG, WEI MING 郑伟明 **(1958-)**

Zheng, Wei ming 郑微鸣
ZHENG, JIN XUAN 郑锦宣

Zheng, Wei qun 郑为群
XIE, ZONG YI 谢宗伊 **(1931-)**

ZHENG, WEI ZHANG 郑蔚章 **(1911-1969)**
Jun li 君里
Qian li 千里
Qian lie 前烈
Zheng, Jun li 郑君里
Zheng, Qian li 郑千里
Zheng, Zhong 郑重

Zheng, Wen 郑文
WEN, CHENG YUN 温成筠 **(-1948)**

Zheng, Wen 郑文
DENG, ZHAO 邓钊 **(1917-)**

Zheng, Wen 郑文
ZHENG, ZI JING 郑梓敬 **(1947-)**

Zheng, Wen 郑文
CAO, ZHENG WEN 曹正文 **(1950-)**

Zheng, Wen 郑汶
ZHENG, BO NONG 郑伯农 **(1937-)**

Zheng, Wen 郑闻
DENG, ZHAO 邓钊 **(1917-)**

Zheng wen 正文
WANG, SHANG ZHENG 王尚政 **(1923-)**

ZHENG, WEN GUANG 郑文光 **(1929-)**
Zheng, Yue 郑越

ZHENG, WEN HUI 郑文辉 **(1939-)**
Du, Hui 杜晖
Du, Hui 杜辉
Guang jun 光军
Ling hu, Yi 令狐疑

ZHENG, WEN SEN 郑文森 **(1915-1983)**
He, Yuan 何远
Li, Zheng 黎政
Lu, De 鲁德
Wen, Sheng 文生
Xiao, Yin 肖殷
Xiao, Ying 萧英
Xin wu 心吾
Zheng, Wen sheng 郑文生

Zheng, Wen sheng 郑文生
ZHENG, WEN SEN 郑文森 **(1915-1983)**

ZHENG, WEN SHUI 郑文水 **(1944-)**
Ai, Ling 艾玲
Dong, Fei 董斐
Fei fei 斐斐
Ji kang 纪康
Mai, Xiu 麦秀
Xiao, Jian 萧剑
Xiao kang 小康

ZHENG, WEN TAO 郑文韬 **(1933-)**
Zheng, Chou yu 郑愁予

ZHENG, WEN TONG 郑文通
Zhong, Zhi ling 钟之凌

Zheng wen yu gong 郑文迂公
ZHENG, JI YUN 郑际云 **(1895-1992)**

ZHENG, WEN ZHONG 郑文中 **(1923-)**
A xing 阿兴
Qian qian 芊芊

ZHENG, WEN ZHUO 郑文焯（**1856-1918**）
Da he 大鹤

Da he shan ren 大鹤山人
Jun chen 俊臣
Shou bi 瘦碧
Shu wen 叔问
Shu xiang 叔向
Wen, Zhuo 文焯
Xiao po 小坡
Yu ge 豫格

Zheng, Wu 郑芜
ZHANG, ZHENG WU 张正吾 **(1926-)**

Zheng, Wu chang 郑午昌
ZHENG, XU 郑昶 **(1894-1952)**

Zheng, Xi di 郑西諦
ZHENG, ZHEN DUO 郑振铎 **(1898-1958)**

Zheng, Xi lin 郑西林
ZHENG, XI LIN 郑锡麟 **(1914-)**

ZHENG, XI LIN 郑锡麟 **(1914-)**
Dong fang, Man 东方漫
Dong fang, Meng 东方濛
Dong jun 东君
Fang, Rong 方荣
Han hua 含华
Huang, Hui 黄辉
Ji li ㄐㄧ ㄌㄧ
Ji, Shi 纪实
Ji, Shi zhi 纪实之
Li, Mang ye 李茫野
Li, Xiang zhen 李向真
Lin, Xi 林曦
Rong, Ruo 容若
Si tu, Ge 司徒葛
Xiang, Cheng 向成
Xin lin 新林
Yang da yi shi 杨大医师
Zheng, Han hua 郑含华
Zheng, Lin xi 郑林曦
Zheng, Xi lin 郑西林
Zheng, Zhi dong 郑之东

ZHENG, XI XIANG 郑锡祥 **(1910-)**
Li, Fan fu 李凡夫

ZHENG, XI YUAN 郑西园
Bai, Ruo xue 白若雪
Yuan zhong ren 园中人

Zheng, Xia 郑侠
BIAN, ZHEN XIA 边震遐 **(1935-)**

Zheng xia 征遐
BIAN, ZHEN XIA 边震遐 **(1935-)**

Zheng xia 蒸霞
BIAN, ZHEN XIA 边震遐 **(1935-)**

ZHENG, XIAN HUA 郑仙花 **(1951-)**
Cao ling 草玲
Qian cao 浅草
Qiu, Ling 秋零

ZHENG, XIAN WEN 郑宪文 **(1943-)**
Chang, Wen 常文
Lu, Dun 鲁鈍

ZHENG, XIANG HENG 郑向恒 **(1939-)**
Xiang nian 湘念

Zheng, Xiao cai 郑小采
PI, ZUO JIU 皮作玖 **(1917-)**

Zheng, Xiao cang 郑晓沧
ZHENG, ZONG HAI 郑宗海 **(1892-1979)**

ZHENG, XIAO GANG 郑晓钢 **(1945-)**
Xiao gang 晓钢

ZHENG, XIAO GUAN 郑孝观
Zheng, Bin yu 郑宾于

ZHENG, XIAO LONG 郑小龙 **(1952 -)**
Zheng, Xiao nong 郑效农

ZHENG, XIAO MIN 郑小敏 **(1936-)**
Zheng, Min 郑敏

Zheng, Xiao nong 郑效农
ZHENG, XIAO LONG 郑小龙 **(1952 -)**

ZHENG, XIAO SONG 郑孝嵩 **(1907-)**
H
Ma, Li 马力
Xiao xun 效洵
Zheng, Xiao xun 郑效洵

ZHENG, XIAO XU 郑孝胥 **(1860-1938)**
Hai, Cang 海藏
Hai cang lou zhu ren 海藏楼主人
Su, An 苏庵
Su, Kan 苏勘
Su, Kan 苏堪
Su, Kan 苏戡
Su, Kan 苏龛
Tai yi 太夷
Ye qi an zhu 夜起庵主

Zheng, Xiao xun 郑效洵
ZHENG, XIAO SONG 郑孝嵩 **(1907-)**

ZHENG, XIAO YONG 郑小勇
Xiao yong 小勇

Zheng, Xin 郑昕
ZHENG, BING BI 郑秉壁 **(1905-1974)**

Zheng, Xin 郑欣
ZHENG, PEI XIN 郑佩欣 **(1933-)**

Zheng xin 筝心

CAI, HONG SEN 蔡鸿森

ZHENG, XIN LING 郑心伶（1938- ）
Dong jun 东君
Xie tang 协堂

Zheng, Xin xiong 郑辛雄
ZHENG, XIONG 郑雄 (1930-)

ZHENG, XIN ZHI 郑新知
Li, Wang 黎望
Lu hong 芦蕻
Shu, Wei zhen 舒危震

Zheng, Xing 郑行
ZHOU, ZHENG XING 周正行 (1925-)

ZHENG, XING FU 郑兴富 (1938-)
Bi bo 碧波

ZHENG, XIONG 郑雄 (1930-)
Fan, Jian 范剑
Hai, Xin 海辛
He ye 荷叶
Jun ping 君平
Lü, Ping 吕平
Xin, Yu 辛雨
Zheng, Xin xiong 郑辛雄
Zheng, Zi xiong 郑梓雄

ZHENG, XIU TAO 郑秀陶 (1934-)
Xiu tao 秀陶

Zheng, Xiu zhang 郑秀章
ZHENG, CHUN HUI 郑春辉 (1927-)

ZHENG, XU 郑旭 (1959-)
Zheng, Ren 郑仁

Zheng, Xu zhou 郑虚舟
ZHENG, LONG JIN 郑隆谨 (1895-1979)

Zheng, Xue 郑雪
LIU, XIN HUANG 刘心皇 (1915-)

ZHENG, XUE JIA 郑学稼（1906-1987）
Bai, Shu 白术
Jia he 家禾
Xue lü 学旅
Zheng, Jia he 郑家禾
Zheng, Ting tai 郑廷泰
Zheng, Yong huai 郑永怀

ZHENG, XUE LAI 郑雪来 (1925-)
Lei, Nan 雷楠
Zheng, Cun shan 郑存善
Zheng, Shi ang 郑师昂

ZHENG, XUE MENG 郑学檬 (1937-)
Guan, Zi mu 关子木
Wen, Zhi 闻之

ZHENG, XUE XIN 郑雪心
Xue xin 雪心

ZHENG, YA BEN 郑亚本 (1936-)
Bai, Yong 白庸
Du, Hong 杜红
Hua, Yong zhou 华庸洲
Shao bai 少白
Xue ying 雪影

Zheng, Ya hua 郑亚华
ZHENG, YA HUA 郑雅化 (1946-)

ZHENG, YA HUA 郑雅化 (1946-)
Luo ye 落叶
Xiao dian yi 小奠邑
Zheng, Ya hua 郑亚华

Zheng, Yan 郑言
WANG, TONG ZHAO 王统照 (1897-1957)

Zheng, Yan 郑岩
ZHENG, JI QING 郑季清

Zheng yan 正言
XU, GUANG PING 许广平 (1898-1968)

Zheng yan 正言
LÜ, DE HUA 吕德华 (1927-)

Zheng yan 正言
HU, ZHENG YAN 胡正言 (1949-)

Zheng yan 正言
ZHANG, ZHENG YAN 张正言

Zheng yan 正焱
REN, ZHI YU 任之玉 (1932-)

Zheng yan 征雁
CHEN, DA REN 陈达人 (1937-)

Zheng yan 诤言
ZHOU, YUAN BIN 周元斌 (1915-)

ZHENG, YAN HUI 郑延慧 (1929-)
Bai, Zi 柏子
Yan, Hui 严慧

ZHENG, YAN NIAN 郑延年 (1921-1975)
Zheng, Zhu yan 郑注岩
Zhu yan 注岩

Zheng, Yan ping 郑言平
ZHANG, ZONG HOU 张宗厚 (1945-)

Zheng yang 正阳
DONG, CHUN CAI 董纯才 (1905-)

ZHENG, YANG GUI 郑仰贵 (1940-)
Shan pu 山璞

ZHENG, YANG HONG 郑仰鸿 (1948-)
Bai, Meng 白梦

Zheng, Yao 郑瑶

YAO, MIN YOU 姚民有 **(1935-)**

Zheng ye 正烨
ZHENG, GUI FU 郑桂富 **(1942-)**

Zheng ye 征野
HUANG, ZHEN YA 黄振亚

Zheng, Ye fu 郑野夫
ZHENG, CHENG ZHI 郑诚芝 **(1909-1973)**

Zheng, Yi 郑乙
SUN, ZHONG TIAN 孙中田 **(1928-)**

Zheng, Yi 郑义
HU, ZHI WEI 胡志伟 **(1942-)**

Zheng, Yi 郑义
ZHENG, GUANG ZHAO 郑光召 **(1947-)**

Zheng, Yi 郑伊
ZHENG, SU E 郑素娥

Zheng, Yi 郑易
ZHENG, SHU QIN 郑树钦 **(1942-)**

Zheng, Yi 郑毅
XIAO, QIU SHENG 萧秋生 **(1949-)**

Zheng yi 正义
XU, SHOU YIN 徐守银 **(1941-)**

Zheng yi 正谊
CHEN, DU XIU 陈独秀 **(1879-1942)**

ZHENG, YI CHANG 郑义昌 **(1948-)**
Zheng, Yu 郑郁

ZHENG, YI JIN 郑贻进 **(1912-1946)**
Cang yi 仓夷

Zheng, Yi mei 郑逸梅
ZHENG, JI YUN 郑际云 **(1895-1992)**

ZHENG, YI MIN 郑一民 **(1946-)**
Xiao, Zheng 肖政
Xin ran 欣然

Zheng, Yi sheng 郑毅生
ZHENG, TIAN TING 郑天挺 **(1899-1981)**

Zheng yi zhai zhu 正谊斋主
GU, JING CHENG 顾景程 **(1897-1944)**

Zheng, Ying 郑莹
ZHENG, ZU RONG 郑祖荣 **(1925-)**

Zheng, Ying 郑婴
ZHENG, JIN XIAN 郑锦先 **(1926-)**

ZHENG, YING 郑瑛 **(1888-1962)**
Hong li hu shang nü lang 红梨湖上女郎
Pei yi 佩宜

Zheng ying 铮英
SUN, ZE YU 孙泽宇 **(1936-)**

Zheng, Ying hao 郑应浩
ZHENG, DE SONG 郑德松 **(1923-)**

ZHENG, YING NAN 郑英男 **(1944-)**
Zheng, Fang 郑放

Zheng, Yong huai 郑永怀
ZHENG, XUE JIA 郑学稼 **(1906-1987)**

Zheng, Yong hui 郑永慧
ZHENG, YONG TAI 郑永泰 **(1918-)**

Zheng, Yong shi 郑泳师
ZHENG, YONG SHI 郑詠诗 **(1960-)**

ZHENG, YONG SHI 郑詠诗 **(1960-)**
Da li shi 大理石
Zheng, Yong shi 郑泳师

ZHENG, YONG TAI 郑永泰 **(1918-)**
Zheng, Yong hui 郑永慧
Zi chan 子产

Zheng, Yong tao 郑咏涛
ZHENG, LONG JIN 郑隆谨 **(1895-1979)**

Zheng, Yong yuan 郑咏元
PI, ZUO JIU 皮作玖 **(1917-)**

ZHENG, YOU SHENG 郑幼生 **(1945-)**
You sheng 又生
Zheng, Kai 郑锴

Zheng, Yu 郑羽
GU, JIAN 辜健 **(1939-)**

Zheng, Yu 郑郁
ZHENG, YI CHANG 郑义昌 **(1948-)**

Zheng, Yu 郑雨
ZHENG, RUN SHENG 郑润生 **(1925-)**

Zheng, Yu 郑禹
HU, YU ZHI 胡愈之 **(1896-1986)**

Zheng, Yu 郑豫
WANG, JIE 王杰 **(1960-)**

Zheng yu 正于
LÜ, ZHEN YU 吕振羽 **(1900-1980)**

ZHENG, YU CHI 郑玉墀 **(1913-)**
Tu xi 土犀
Xi yu 樨玉
Xi yu nü shi 樨玉女士
Zheng, Yu zhi 郑玉之

ZHENG, YU HUA 郑玉华
Ba, Lü 巴旅
Fan su tuo 凡俗陀

ZHENG, YU JUN 郑毓钧 **(1917-1943)**
Chen, Wu 陈芜

Deng, Dong zhe 鄧東遮
Deng, Nan zhe 邓南遮
Yu jun 毓钧

ZHENG, YU LANG 郑郁郎
Lu, A lu 陆阿陆
Luo, Si lu 罗斯禄

ZHENG, YU LI 郑玉礼 (1954-)
Ling, Xu 凌旭
Mei, Song liu 梅松柳
Ye ban ke 夜半客
Yin er 霪儿
Zheng, Long cai 郑龙财

ZHENG, YU SHUI 郑玉水 (1938-)
Yi shui 艺水

ZHENG, YU XIU 郑玉岫 (1943-)
Yang, Xiao yun 杨小云

Zheng, Yu zhi 郑玉之
ZHENG, YU CHI 郑玉墀 (1913-)

ZHENG, YU ZHOU 郑玉洲 (1932-)
Hong ying 红缨
Ye lang 夜郎
Zheng fu 征夫
Zheng, Zhou 郑洲

Zheng, Yuan 郑元
YU, ANG 余昂 (1925-)

Zheng, Yuan 郑园
WEN, ZHEN TING 文振庭 (1924-)

Zheng, Yuan 郑远
AN, ZHENG YUAN 安正元 (1918-)
Zheng, Yuan 郑远
GUO, ZHENG YUAN 郭正元 (1937-)

Zheng yuan 正元
YANG, HUAN DIAN 杨焕典 (1931-)

ZHENG, YUAN AN 郑远安 (1925-)
Liu, Yao cun 柳摇村
Lü ru 绿如
Rou mi ou・Zheng 柔密欧・郑

ZHENG, YUE 郑岳 (1903-1975)
Lian fu 莲父
Ran weng 髯翁
Xi chang lou zhu 夕长楼主
Yu jing cao tang 玉井草堂
Yu jing shan ren 玉井山人
Zheng, Man qing 郑曼青
Zheng, Man ran 郑曼髯

Zheng, Yue 郑越
ZHENG, WEN GUANG 郑文光 (1929-)

Zheng, Yun 郑耘
DONG, HONG YOU 董宏猷 (1950-)

Zheng, Yun bo 郑云波
ZHENG, JI DUO 郑基铎

Zheng, Yun xian 郑云仙
ZHENG, LI 郑立 (1923-)

ZHENG, ZAO 郑造 (1921-1966)
Ai, Wei lin 艾未林
Bu zhen 布振
Dian er 奠耳
Gong sun, Hu 公孙虎
He, Jing nian 何敬年
Hua, Qi ping 华齐平
Ma, Lu yi 马路易
Nuo fu 懦夫
Qian ren 潜人
Wang, Lin 王林
You, Gong 尤巩

Zheng, Ze 郑则
LU, GUANG YI 鲁广益 (1911-1984)

Zheng, Zhai 郑斋
SUN, XIONG 孙雄 (1866-1935)

ZHENG, ZHAO HUANG 郑兆璜 (1910-)
Zheng, Huang 郑璜

ZHENG, ZHAO RONG 郑昭荣
Zheng, Meng bin 郑梦斌

ZHENG, ZHAO XI 郑兆玺 (1933-)
Qing feng 清风
Zheng zhi 正之

ZHENG, ZHAO XIAN 郑昭贤 (1942-)
Zheng, Hui 郑辉

ZHENG, ZHEN 郑震 (1922-)
Shi xun 侍熏

Zheng, Zhen 郑臻
ZHENG, SHU SEN 郑树森 (1949-)

ZHENG, ZHEN CONG 郑振聪 (1946-)
Nan, Shan cao 南山草
Xiang, Bei 向北
Xun lang 迅郎
Zheng, Gong pan 郑公判

ZHENG, ZHEN DUO 郑振铎 (1898-1958)
Bian zhe 編者
Bin fen 賓芬
C
C. C. T.
C D
C. T.
Chang le 长乐
Chen, Jing fu 陈敬夫
Di 谛

Duo 铎
Duo min 铎民
Gu 谷
Gu, Yuan 谷远
Guo, Yuan geng 郭源耕
Guo, Yuan xin 郭源新
He, Qian 何谦
He zhong 禾忠
Ji zhe 记者
Jing, Fu 敬夫
Jun shuo 君朔
KH
Mu, Zhi 慕之
Pao zhai 匏斋
Ren qiu 纫秋
Ren qiu guan zhu 紉秋館主
Ren qiu ju shi 紉秋居士
Ren qiu nü shi 紉秋女士
Ren qiu shan guan zhu ren 紉秋山馆主人
Ren qiu zhu ren 紉秋主人
S. C.
T
Wang, Ji 王基
Wen, Ji 文基
Xi 西
Xi di 西諦
Xi di 西蒂
Xi ti 西梯
Xi yuan 西源
Xin 新
Xuan lan ju shi 玄覽居士
Xuan xin 玄辛
Y. K.
Yi zhe 译者
Yi, Zhi 依知
You fang 幼舫
You fang ge zhu 幽芳閣主
You fang ju shi 幽芳居士
You fang nü shi 幽芳女士
You huang 友荒
Yuan 远
Yuan 源
Yuan xin 源新
Yun, Wen 云纹
Zhen duo 振铎
Zheng, Xi di 郑西谛
Zheng, Zhen ze 郑振澤
Zhu bian zhe 主編者
Zi wen 子汶
Zuo zhe 作者

ZHENG, ZHEN MING 郑贞铭 **(1936-)**
Chen xu 晨旭
Wei jun 维俊

ZHENG, ZHEN QIU 郑振球 **(1942-)**
Shu, Ming 舒明

ZHENG, ZHEN WEN 郑振文
Zheng, Duo xuan 郑铎宣

Zheng, Zhen ze 郑振澤
ZHENG, ZHEN DUO 郑振铎 **(1898-1958)**

ZHENG, ZHENG 郑正 **(1866-1925)**
Qian xin ju shi 潜心居士

Zheng zheng 丁丁
WANG, KAI JING 汪开竞 **(1912-1976)**

Zheng zheng 丁丁
GAO, FA LIN 高法霖 **(1950-)**

Zheng, Zheng qiu 郑正秋
ZHENG, FANG ZE 郑芳泽 **(1888-1935)**

ZHENG, ZHENG SI 郑正思 **(1917-1955)**
Zheng, Si 郑思

Zheng, Zheng yin 郑证因
ZHENG, RU PEI 郑汝霈 **(1900-1960)**

ZHENG, ZHI 郑志 **(1909-)**
Sha, Mei 沙梅
Zheng, Dao le 郑导乐

Zheng, Zhi 郑直
ZHENG, ZHI 郑挚 **(1914-1966)**

Zheng, Zhi 郑直
PEI, PENG TU 裴鹏图 **(1950-)**

ZHENG, ZHI 郑挚 **(1914-1966)**
Kong, Jue 孔厥
Shen, Yi 沈毅
Zheng, Zhi 郑直
Zheng, Zhi wan 郑志万

Zheng zhi 正之
XU, ZHI ZHENG 许之正 **(1916-)**

Zheng zhi 正之
ZHENG, ZHAO XI 郑兆玺 **(1933-)**

Zheng zhi 正之
LIN, QING QUAN 林清泉 **(1939-)**

Zheng zhi 正之
JIANG, ZHEN LI 蒋振立 **(1940-)**

Zheng zhi 政之
HU, LIN 胡霖 **(1889-1949)**

Zheng, Zhi dong 郑之东
ZHENG, XI LIN 郑锡麟 **(1914-)**

ZHENG, ZHI FAN 郑之蕃 **(1887-1963)**
Jiao, Tong 焦桐
Tong sun 桐荪

ZHENG, ZHI GANG 郑之纲 **(-1939)**

Zhi gang 止冈

ZHENG, ZHI HUI 郑至慧
Zheng, Jiu yuan 郑就远

Zheng, Zhi sheng 郑致生
ZHENG, JI JIA 郑际嘉 **(1930-)**

Zheng, Zhi shu 郑直淑
WANG, DONG LIN 汪东林 **(1938-)**

Zheng, Zhi wan 郑志万
ZHENG, ZHI 郑挚 **(1914-1966)**

ZHENG, ZHI WEI 郑秩威 **(1925-)**
Ji zhou 寄舟
Yi an 仪庵
Zhong liu 中流

ZHENG, ZHONG 郑中 **(1923-)**
Cong yi 从易

Zheng, Zhong 郑重
ZHENG, WEI ZHANG 郑蔚章 **(1911-1969)**

Zheng, Zhong 郑重
ZHENG, BING ZHONG 郑炳中 **(1922-)**

Zheng, Zhong 郑重
YANG, YU ZHANG 杨玉璋 **(1926-)**

Zheng, Zhong 郑重
ZHENG, SHU LIN 郑树林 **(1931-)**

ZHENG, ZHONG JIN 郑中进
Cai ren 采人

ZHENG, ZHONG LU 郑忠辂
Hou, Bu dao 侯补道

ZHENG, ZHONG QIN 郑钟琴 **(1910-1938)**
Chuan gu 川谷
Zheng, Chuan gu 郑川谷
Zheng, Luo ye 郑洛耶

Zheng, Zhong wei 郑仲维
WU, DE GAI 吴德垓 **(1936-)**

ZHENG, ZHONG ZHU 郑仲珠 **(1961-)**
Ye ge zi 野鸽子

Zheng, Zhou 郑洲
ZHENG, YU ZHOU 郑玉洲 **(1932-)**

Zheng zhu 征铸
WU, ZHENG ZHU 吴征铸 **(1906-1992)**

Zheng, Zhu yan 郑注岩
ZHENG, YAN NIAN 郑延年 **(1921-1975)**

ZHENG, ZHU YI 郑竹逸
Ke lao 克劳

ZHENG, ZHUO LI 郑卓立
Tao kong le 淘空了

ZHENG, ZHUO QUN 郑卓群 **(1913-1942)**
Jin, Jian 金鉴
Jin, Jian 金箭
Jin tie jie ming 金铁皆鸣
Jun yang 君羊
Ming, Zhu 明珠
Tie kang 铁亢
Tie kang 铁抗
Xiang 祥

ZHENG, ZI BAO 郑子褒
Mei hua guan zhu 梅花馆主

Zheng, Zi jian 郑子健
ZHENG, JIAN LU 郑健庐

ZHENG, ZI JING 郑梓敬 **(1947-)**
Ba, Tong 巴桐
Ba, Tong 巴童
Zheng, Wen 郑文
Zi jing 子敬
Zi ren 梓人

ZHENG, ZI LIN 郑子林 **(1928-)**
Da hai 大海
Ting ge si 廷格斯
Zheng, Da hai 郑大海

ZHENG, ZI QING 郑子卿 **(1886-)**
Deng, Hong 邓洪

Zheng, Zi xian 郑子先
TANG, DUAN YI 唐端毅 **(1913-1992)**

Zheng, Zi xiong 郑梓雄
ZHENG, XIONG 郑雄 **(1930-)**

ZHENG, ZI YI 郑自毅
Zhi yi 志毅
Zi yi 子毅
Zi yi 子翊

Zheng, Zi yu 郑子瑜
ZHENG, ZI YU 郑梓瑜 **(1916-)**

ZHENG, ZI YU 郑梓瑜 **(1916-)**
Hai, Yan 海燕
Long, Yi cheng 龙一程
Qiu zhi gu zhai zhu ren 求知古斋主人
Zheng, Zi yu 郑子瑜
Zi yu 子瑜

ZHENG, ZONG HAI 郑宗海 **(1892-1979)**
Su, Lu 粟庐
Zheng, Xiao cang 郑晓沧

ZHENG, ZONG HAN 郑宗汉
Zong, Han 宗寒

Zheng, Zu 郑祖
HONG, ZU QIU 洪祖秋 **(1949-)**

ZHENG, ZU RONG 郑祖荣 **(1925-)**
Mo yang he qing 漠阳河清
Yang, Gang ren 杨刚仁
Zheng, Ying 郑莹

ZHENG, ZUO HENG 郑作衡
Zong heng 纵横

Zhi 之
HU, SHI 胡适 **(1891-1962)**

Zhi 之
JIANG, CHUN FANG 姜椿芳 **(1912-1987)**

Zhi 止
SHEN, YAN BING 沈雁冰 **(1896-1981)**

Zhi 至
FENG, CHENG ZHI 冯承植 **(1905-1993)**

Zhi 芷
YU, HE LIN 余鹤林 **(1910-1939)**

Zhi 直
ZHOU, SHU REN 周树人 **(1881-1936)**

Zhi 直
SHEN, YAN BING 沈雁冰 **(1896-1981)**

Zhi 知
ZHOU, ZUO REN 周作人 **(1885-1967)**

Zhi 知
TAO, XING ZHI 陶行知 **(1891-1946)**

Zhi 智
HU, SHAN YUAN 胡山源 **(1897-1988)**

Zhi an 止庵
WANG, RU TING 王濡廷 **(1896-1936)**

Zhi an 芝厂
GAO, BAI SHI 高拜石 **(1901-1969)**

Zhi an 志盦
WANG, SHI TONG 王式通 **(1863-1931)**

Zhi an 沚盦
PU, DIAN JUN 蒲殿俊 **(1875-1935)**

Zhi an 厔厂
CHEN, HONG TAO 陈洪涛 **(-1919?)**

Zhi an 知安
TAO, KANG DE 陶亢德 **(1908-1983)**

Zhi an 窒暗
TAO, KANG DE 陶亢德 **(1908-1983)**

Zhi ang 志昂
YU, BAO XUAN 于宝轩 **(1876-)**

Zhi ang 峙昂
CHEN, ZHI ANG 陈志昂 **(1927-)**

Zhi bai 知白
ZHU, ZI QING 朱自清 **(1898-1948)**

Zhi bai 知白
XU, YU PU 徐玉璞 **(1939-)**

Zhi bi zhai 纸壁斋
LI, NAI REN 李乃仁 **(1916-)**

Zhi bian 志边
CHEN, HAO ZENG 陈浩增 **(1941-)**

Zhi bu zhi zi 知不知子
ZOU, DE ZHONG 邹德忠 **(1938-)**

ZHI, CAI FENG 志彩凤 **(1926-)**
Lin, Yan 林彦

Zhi cang 之沧
SHI, RUN DE 施润德 **(1917-)**

Zhi cao 之操
WANG, QI 王起 **(1906-1996)**

Zhi chao 志超
WANG, REN SHU 王任叔 **(1901-1972)**

Zhi chao 枝巢
XIA, REN HU 夏仁虎 **(1873-1963)**

Zhi chao zi 枝巢子
XIA, REN HU 夏仁虎 **(1873-1963)**

Zhi cheng 止澄
HU, JIN JIE 胡晋接 **(1870-1934)**

Zhi cheng 志成
SHI, QI GANG 石其刚 **(1933-)**

Zhi cheng ju shi 止澄居士
HU, JIN JIE 胡晋接 **(1870-1934)**

Zhi chu 之楚
LIU, BING SHAN 刘秉善 **(1927-)**

Zhi chu 智初
HU, SHAN YUAN 胡山源 **(1897-1988)**

Zhi chuan 稚川
WU, ZONG JI 吴宗济 **(1906-)**

Zhi chuang 智幢
LI, WEN TAO 李文涛 **(1880-1942)**

Zhi chun 之椿
ZHANG, TAI LEI 张太雷 **(1898-1927)**

Zhi chun 知春
SHU, SHUN ZHEN 树顺贞 **(1916-)**

Zhi chun 芝纯
SONG, BO LU 宋伯鲁 **(1854-1932)**

Zhi cun 质存
ZHAN, PEI HAN 詹培瀚 **(1888-1927)**

Zhi da 之达

ZHOU, SHU REN 周树人 (1881-1936)

Zhi dan 执丹
ZENG, PU 曾朴 (1872-1935)

Zhi deng 智灯
LI, WEN TAO 李文涛 (1880-1942)

Zhi di 之的
LI, JIAN YAO 李鑑尧 (1928-)

Zhi dong 志东
GUO, ZHI DONG 郭志东 (1963-)

Zhi dong 芝栋
SONG, BO LU 宋伯鲁 (1854-1932)

Zhi dong 芝洞
SONG, BO LU 宋伯鲁 (1854-1932)

Zhi dou 志豆
CHEN, YONG ZHENG 陈永正 (1941-)

Zhi fan 之藩
CHEN, ZHI FAN 陈之藩 (1925-)

Zhi fan 芷凡
QI, ZHI FEN 戚志芬 (1919-)

Zhi fang 治芳
WANG, DUO ZHI 王多治 (1936-)

Zhi fei 知非
LAN, GONG WU 蓝公武 (1887-1957)

Zhi fei 知非
XIE, XING YAO 谢兴尧 (1906-)

Zhi feng 之枫
JIANG, MAO XING 江茂星 (1929-)

Zhi feng 职蜂
ZHENG, SHI XUE 郑时学 (1920-)

Zhi feng 智疯
CAI, ZHI FENG 蔡志峰 (1972-)

Zhi feng 質风
JIN, LI XIU 金立修

Zhi, Fo 支佛
CAI, ER KANG 蔡尔康 (1858-1923?)

Zhi fo 芝佛
CAI, ER KANG 蔡尔康 (1858-1923?)

Zhi fu 之夫
QU, QIU BAI 瞿秋白 (1899-1935)

Zhi fu 之茀
CAI, ER KANG 蔡尔康 (1858-1923?)

Zhi fu 芝绂
CAI, ER KANG 蔡尔康 (1858-1923?)

Zhi fu 志復
YANG, ZHEN HONG 杨振鸿 (1874-1909)

Zhi fu 芷祓
CAI, ER KANG 蔡尔康 (1858-1923?)

Zhi fu 直夫
YANG, XIAN JIANG 杨贤江 (1895-1931)

Zhi fu 直夫
WANG, REN SHU 王任叔 (1901-1972)

Zhi fu 智甫
WANG, HUI QIN 王慧芹 (1932-)

Zhi fu 植夫
LIN, ZHI FUI 林植夫

Zhi gang 止冈
ZHENG, ZHI GANG 郑之纲 (-1939)

Zhi gang 志刚
YANG, GUI SEN 杨桂森 (1920-)

Zhi gang 志纲
LI, ZHI GANG 李智纲 (1940-)

Zhi gao 志高
LIANG, ZHI GAO 梁志高 (1942-)

Zhi ge 止戈
WU, ZHI GE 武止戈 (-1933)

Zhi ge 止戈
XU, CHANG WEI 许昌威 (1905-1988)

Zhi ge 止戈
SHENG, SHENG WU 盛绳武 (1926-)

Zhi ge 止戈
YUAN, JIAN 袁简 (1928-)

Zhi ge 志阁
ZHANG, ZHI GE 张志革 (1921-)

Zhi ge 志革
TAO, CHENG ZHANG 陶成章 (1878-1912)

Zhi gen 之艮
ZHOU, SHU REN 周树人 (1881-1936)

Zhi geng 之耕
MA, JIA XIANG 马家骧 (1916-)

Zhi gong 志貢
LIN, YAO HUA 林耀华 (1910-)

Zhi guang 之光
CHEN, ZHI GUANG 陈之光 (1930-)

Zhi guang 志光
JIN, SI JIE 靳思杰 (1917-)

Zhi guang 植光
LIU, ZI GUANG 刘子光 (1944-)

Zhi gui 智桂

LIU, ZHI GUI 刘知贵 **(1945-)**

Zhi gui 稚桂
ZHOU, SHU KUI 周树奎 **(1873-1936)**

Zhi gui 稺桂
ZHOU, SHU KUI 周树奎 **(1873-1936)**

Zhi hai 智海
HUANG, QING LAN 黄庆澜 **(1874-1961)**

Zhi han 志汉
XING, QI ZHOU 邢启周

Zhi han 知馯
XING, QI ZHOU 邢启周

Zhi he 致和
CHEN, ZHI ZHONG 陈之中 **(1913-)**

Zhi hen 之痕
WEI, GUO DING 韦国鼎 **(1928-)**

Zhi heng 芷蘅
XING, GUANG ZU 邢光祖 **(1914-1993)**

Zhi hong 志鸿
ZHANG, JIAN MING 张剑鸣

Zhi hua 之华
YANG, ZHI HUA 杨之华 **(1900-1973)**

Zhi hua 之华
LI, ZHI HUA 李之华 **(1916-)**

Zhi hua 之华
XIAO, YU JING 萧玉井 **(1941-)**

Zhi hua 芝华
YANG, ZHI HUA 杨之华 **(1900-1973)**

Zhi hua 志化
WANG, JIN FENG 王晋枫 **(1927-)**

Zhi hua 治华
LIANG, SHI QIU 梁实秋 **(1902-1987)**

Zhi hua 知化
ZHANG, ZHI MING 章智明 **(1950-)**

Zhi hua 智华
BAO, KE HUA 包可华

Zhi hua 稺华
FANG, FANG 方方 **(1904-1971)**

ZHI, HUI 郅辉 **(1947-)**
Dong qing 冬青

Zhi hui 之辉
ZHOU, ZHI HUI 周之辉 **(1923-)**

Zhi hui 稚晖
WU, JING HENG 吴敬恒 **(1865-1953)**

Zhi jian 志坚
JIANG, YU SHEN 江郁燊 **(1916-1984)**

Zhi jian 志坚
ZHONG, KAI MING 钟开明 **(1918-1992)**

Zhi jian 志坚
YU, QING ZUO 鱼清佐 **(1920-)**

Zhi jian 致艰
JIA, ZHI JIAN 贾志坚 **(1950-)**

Zhi jian 鸷鹣
JIA, ZHI JIAN 贾志坚 **(1950-)**

Zhi, Jian zhong 智建中
ZHI, TI JIE 智体洁 **(1911-)**

Zhi jiang 之江
JIANG, FU ZHOU 姜辅周 **(1917-)**

Zhi jiang 止畺
SUN, ZI QIANG 孙自强 **(1912-1990)**

Zhi jiang suo shi 之江索士
ZHOU, SHU REN 周树人 **(1881-1936)**

Zhi jie 知玠
KE, JIN FENG 柯锦锋 **(1947-)**

Zhi jie 智杰
YANG, ZHI JIE 杨志杰 **(1941-)**

Zhi jin 至津
CAI, CHANG XIAN 蔡长贤

Zhi jin 郅瑾
LI, CHENG ZHANG 李成章 **(1938-)**

Zhi jing 止敬
SHEN, YAN BING 沈雁冰 **(1896-1981)**

Zhi jing 志静
ZHOU, LIANG JI 周良骥 **(1916-)**

Zhi jing 智境
LI, WEN TAO 李文涛 **(1880-1942)**

Zhi jiu 之久
LI, ZHI JIU 李智久 **(1952-)**

Zhi ju 智炬
LI, WEN TAO 李文涛 **(1880-1942)**

Zhi jun 之君
HE, MENG XIONG 何孟雄 **(1898-1931)**

Zhi jun 之君
LI, JIN XIANG 栗金襄 **(1909-1989)**

Zhi jun 止军
ZHOU, ZHI HUI 周之辉 **(1923-)**

Zhi jun 志儁
YAN, ZHI JUN 燕志儁 **(1907-1982)**

Zhi jun 芷君

LI, PENG ZHU 李鹏翥 (1934-)

Zhi ke 志克
TANG, CHENG QING 唐承庆 (1917-)

Zhi ke 直柯
LIU, HOU XIANG 刘厚祥 (1931-)

Zhi kuang 志匡
SONG, LONG FEI 宋龙飞 (1936-)

Zhi, La fu 支拉夫
ZHANG, BING LIN 章炳麟 (1869-1936)

Zhi lan 芝兰
ZHANG, YI QUN 张逸群

Zhi lan 芷兰
LIAN, HENG 连横 (1878-1936)

Zhi lang 之浪
HONG, LIAN SHUN 洪连顺 (1948-)

Zhi le lao ren 至乐老人
BI, YUAN MING 毕渊明 (1907-)

Zhi li 致立
XU, MAO RONG 徐茂荣 (1911-1977)

Zhi li 智理
LI, WEN TAO 李文涛 (1880-1942)

Zhi, Li sou 支离叟
SHEN, ZENG ZHI 沈曾植 (1850-1922)

Zhi lian 植莲
PU, YI 溥仪 (1906-1967)

Zhi liang 直谅
XU, BI BO 徐碧波 (1898-)

Zhi liang 智量
WANG, ZHI LIANG 王智量 (1928-)

Zhi liang 植梁
LIN, ZHI LIANG 林植梁

Zhi, Lie hu 支猎胡
ZHANG, BING LIN 章炳麟 (1869-1936)

Zhi ling 质灵
LIU, PAN XI 刘泮溪 (1914-)

Zhi liu 直流
LI, GONG GUI 李拱贵 (1934-)

Zhi lu 质庐
WANG, ZE LU 王则潞

Zhi mei 芷湄
ZHAO, GUANG RONG 赵光荣

Zhi men 智门
LI, WEN TAO 李文涛 (1880-1942)

Zhi meng 志孟
CHEN, DU XIU 陈独秀 (1879-1942)

Zhi min 之敏
YUAN, MU ZHI 袁牧之 (1909-1978)

Zhi min 志民
CHEN, ZHI MIN 陈志民

Zhi min 志敏
FANG, ZHENG GU 方正鹄 (1900-1935)

Zhi min 直民
SHEN, ZE MIN 沈泽民 (1900-1933)

Zhi ming 芝名
ZHOU, XI GAO 周熙高 (1938-)

Zhi ming 芷茗
ZHANG, ZHI MIN 张芷岷 (1932-)

Zhi ming 致明
ZHANG, ZHI MING 章智明 (1950-)

Zhi mo 之默
HU, SHEN DING 胡申定 (1915-)

Zhi mo 止默
JIN, KE MU 金克木 (1912-)

Zhi mo 志摩
XU, ZHI MO 徐志摩 (1896-1931)

Zhi, Na fu 支那夫
ZHANG, BING LIN 章炳麟 (1869-1936)

Zhi na han zu huang zhong huang 支那汉族黄中黄
ZHANG, SHI ZHAO 章士钊 (1882-1973)

Zhi nan 之南
LIU, YU 刘瑜 (1922-)

Zhi nan 指南
FANG, TAI XING 方泰兴 (1911-)

Zhi ni 植泥
ZHENG, DE SONG 郑德松 (1923-)

Zhi ou 知欧
ZHOU, SUO TONG 周所同 (1951-)

Zhi peng 志鹏
YANG, SAN QIAO 杨三桥 (1955-)

Zhi ping 芷苹
AI, JIA ZHENG 艾家政 (1925-)

Zhi ping 治平
XU, XING KAI 许兴凯 (1900-)

Zhi ping 治平
XU, ZONG SHI 徐宗士 (1910-)

Zhi pu 质朴
WANG, XIU CHUN 王修纯 (1932-)

Zhi qi 芷畦

ZHOU, BIN 周斌（ -1933）

Zhi qi 质琪
KONG, ZHI QI 孔质琪

Zhi qiang 志强
PAN, HE 潘鹤（1925- ）

Zhi qiao 之乔
XU, ZHI QIAO 许之乔（1914-1986）

Zhi qin 志勤
LI, ZHI QIN 李之勤（1923- ）

Zhi qing 止庼
YANG, ZHONG XI 杨钟羲（1854-1940）

Zhi qing 只青
YANG, CHAO XI 杨朝熙（1904-1992）

Zhi qing 芝青
GE, QING FAN 葛青凡（1909- ）

Zhi qing 志青
LUO, DUN WEI 罗敦伟（1898-1964）

Zhi que 之却
WANG, ZU GUANG 王祖光（1919- ）

Zhi qun 志群
CHEN, ZHI QUN 陈志群

Zhi rang 志攘
GAO, XIE 高燮（1878-1958）

Zhi ren 直人
YA, MEI CHANG 牙美昌（1927- ）

Zhi ren 知人
FAN, REN 范任（1906-1971）

Zhi ren 知人
FAN, CHUN FA 范春发（1936- ）

Zhi ren 桎人
TAN, ZHENG BI 谭正璧（1901-1991）

Zhi ren 趾仁
CAO, ZHI LIN 曹志麟

Zhi ri 知日
GU, JIAN ZHI 辜健智（1944- ）

Zhi ru 直入
ZHOU, SHU REN 周树人（1881-1936）

Zhi ru 智入
LI, WEN TAO 李文涛（1880-1942）

Zhi rui 之瑞
WANG, YUN WU 王云五（1888-1979）

Zhi sha lang 芷莎郎
YU, QING LING 喻庆龄（1923- ）

Zhi shan 至善

WANG, JIAN 王鉴（1928- ）

Zhi shan 直山
YE, DE HUI 叶德辉（1864-1927）

Zhi shan 知山
XU, JIE 许杰（1901-1993）

Zhi sheng 志生
LI, QI HAN 李启汉（1898-1927）

Zhi sheng 直生
HUANG, LIU ZHU 黄留珠（1941- ）

Zhi sheng 挚声
DONG, ZI XING 董子兴（1899-1927）

Zhi sheng 智胜
LI, WEN TAO 李文涛（1880-1942）

Zhi shi 知是
XIE, XING YAO 谢兴尧（1906- ）

Zhi shu 之恕
XUE, JING FU 薛景福（1922-1985）

Zhi shui 止水
PU, DIAN JUN 蒲殿俊（1875-1935）

Zhi shui 止水
SHEN, YAN BING 沈雁冰（1896-1981）

Zhi shui 止水
LIN, YANG SHAN 林仰山（1910- ）

Zhi shui 止水
CHEN, YONG ZHENG 陈永正（1941- ）

Zhi shuo 之硕
HE, JIA 何嘉

Zhi si 秩四
PAN, XU LUN 潘序伦（1893-1985）

Zhi sou 芝叟
GAO, BAI SHI 高拜石（1901-1969）

Zhi sun 芝孙
DING, ZU YIN 丁祖荫

Zhi sun 芝荪
DING, ZU YIN 丁祖荫

Zhi sun 直笋
LIU, ZHI XUN 柳直荀（1889-1932）

Zhi sun 直筍
LIU, ZHI XUN 柳直荀（1889-1932）

Zhi tang 志堂
CHEN, MING SHU 陈鸣树（1931- ）

Zhi tang 炙堂
DONG, SHAO MING 董绍明（1899-1969）

Zhi tang 知堂

ZHOU, ZUO REN 周作人 (1885-1967)

Zhi tang 智堂
ZHOU, ZUO REN 周作人 (1885-1967)

Zhi tang 跖堂
ZHOU, ZUO REN 周作人 (1885-1967)

Zhi tang lao ren 知堂老人
ZHOU, ZUO REN 周作人 (1885-1967)

Zhi tao 智涛
SUN, WEI TAO 孙维韬 (1931-)

ZHI, TI JIE 智体洁 (1911-)
Cheng, Ping 成平
Ji feng 疾风
Jing cao 劲草
Zhi, Jian zhong 智建中
Zhi, Wei fan 智維凡
Zhi, Zhuo qing 智濯清

Zhi tian 芝田
SONG, BO LU 宋伯鲁 (1854-1932)

Zhi ting 芝汀
PAN, LIAN SHENG 潘连升 (1913-)

Zhi ting 志挺
PAN, LIAN SHENG 潘连升 (1913-)

Zhi ting 芷汀
PAN, LIAN SHENG 潘连升 (1913-)

Zhi ting 芷庭
PAN, LIAN SHENG 潘连升 (1913-)

Zhi ting 梔町
PAN, LIAN SHENG 潘连升 (1913-)

Zhi ting 梔亭
PAN, LIAN SHENG 潘连升 (1913-)

Zhi tou bao xiang ke 枝头抱香客
XIE, HUA GUO 谢华国 (1882-1939)

Zhi tou bao xiang zhe 枝头抱香者
WANG, ZHAO MING 汪兆铭 (1883-1944)

Zhi wei 之伟
CHENG, ZHI WEI 成志伟 (1941-)

Zhi wei 之伟
SHEN, LU CHANG 沈碌昌 (1941-)

Zhi wei 之炜
SHEN, LU CHANG 沈碌昌 (1941-)

Zhi wei 芷伟
LI, LIAN FENG 李廉凤 (1923-)

Zhi wei 峙巍
ZHANG, SHI WEI 张士伟 (1939-)

Zhi, Wei fan 智維凡
ZHI, TI JIE 智体洁 (1911-)

Zhi wen 之文
XIE, ZI WEN 谢梓文 (1916-)

Zhi wen 至雯
YANG, XI ZHANG 杨锡章 (1864-1929)

Zhi wen 志文
XU, JIE 许杰 (1901-1993)

Zhi wen 志文
GUAN, WEI NING 关卫宁 (1961-)

Zhi wen 质文
SUN, CHUAN JI 孙传基 (1938-)

Zhi weng 止翁
LI, YA RU 李亚如 (1919-)

Zhi weng 芝翁
GAO, BAI SHI 高拜石 (1901-1969)

Zhi weng 枝翁
XIA, REN HU 夏仁虎 (1873-1963)

Zhi weng 知翁
ZHOU, ZUO REN 周作人 (1885-1967)

Zhi wo 知我
YAN, ZHEN 严桢 (1889-1968)

Zhi wu 知屋
WANG, REN SHU 王任叔 (1901-1972)

Zhi wu 稚吾
YOU, BAO LONG 由宝龙

Zhi xi 志希
LUO, JIA LUN 罗家伦 (1897-1969)

Zhi xi 穉犀
LU, RU YIN 卢汝吟 (1918-)

Zhi xia 知侠
LIU, ZHI XIA 刘知侠 (1918-1991)

Zhi xian 志贤
HU, LIANG ZHEN 胡良珍 (1924-)

Zhi xiang 芷香
LI, ZAN HUA 李赞华

Zhi xiang 芷香
LIU, KUN 刘焜

Zhi xiang 治襄
LIU, KUN 刘焜

Zhi xin 之欣
YANG, ZHI XIN 杨志信 (1909-)

Zhi xin 执信
ZHU, DA FU 朱大符 (1885-1920)

Zhi xin 志新

QIAN, YA XIN 钱亚新 **(1903-1990)**

Zhi xin 直心
ZHANG, ZHI XIN 张直心 **(1951-)**

Zhi xin 知新
ZHOU, SHU KUI 周树奎 **(1873-1936)**

Zhi xin shi zhu 知新室主
ZHOU, SHU KUI 周树奎 **(1873-1936)**

Zhi xin shi zhu ren 知新室主人
ZHOU, SHU KUI 周树奎 **(1873-1936)**

Zhi xin zhu 知新主
ZHOU, SHU KUI 周树奎 **(1873-1936)**

Zhi xin zhu ren 知新主人
ZHOU, SHU KUI 周树奎 **(1873-1936)**

Zhi xin zi 知新子
ZHOU, SHU KUI 周树奎 **(1873-1936)**

Zhi xing 志行
PAN, DE FANG 潘德方 **(1902-1983)**

Zhi xing 芷姓
YANG, ZHONG XI 杨钟羲 **(1854-1940)**

Zhi xing 知行
TAO, XING ZHI 陶行知 **(1891-1946)**

Zhi xiong 智雄
LIU, ZHI XIONG 刘智雄

Zhi yan 指严
XU, GUO YING 许国英 **(1875-1923)**

Zhi yan 只眼
CHEN, DU XIU 陈独秀 **(1879-1942)**

Zhi yan 只眼
WANG, REN SHU 王任叔 **(1901-1972)**

Zhi yan 直言
LIU, GUI QING 刘贵卿 **(1932-)**

Zhi yan 知言
DENG, HUA 邓华 **(1951-)**

Zhi yan 智眼
LI, WEN TAO 李文涛 **(1880-1942)**

Zhi yang 之洋
JIANG, CHUN FANG 姜椿芳 **(1912-1987)**

Zhi yao yao 之夭夭
TAO, YU LIN 陶玉麟 **(1924-)**

Zhi, Yi 支义
WU, ZHONG YU 乌钟毓 **(1894-1965)**

Zhi yi 之逸
WANG, REN SHU 王任叔 **(1901-1972)**

Zhi yi 执一
ZHANG, JIN TANG 张谨唐 **(1911-1983)**

Zhi yi 志伊
XUE, GUI LUN 薛桂轮 **(1893-)**

Zhi yi 志毅
XU, GUO YING 许国英 **(1875-1923)**

Zhi yi 志毅
ZHENG, ZI YI 郑自毅

Zhi yi 直逸
WANG, REN SHU 王任叔 **(1901-1972)**

Zhi yi 稚宜
YUN, DAI YING 恽代英 **(1895-1931)**

Zhi yi 贊谊
WU, GENG SHUN 吴赓舜 **(1932-)**

Zhi yin 之茵
LI, YUN LANG 李蕴朗 **(-1969)**

Zhi yin 止茵
LIN, ZHI YIN 林芷茵 **(1921-)**

Zhi yin 芷因
ZHOU, YANG 周扬 **(1908-1989)**

Zhi yin 芷茵
LIN, ZHI YIN 林芷茵 **(1921-)**

Zhi yin 知音
ZHAO, SHI YAN 赵世炎 **(1901-1927)**

Zhi yin 智音
LI, WEN TAO 李文涛 **(1880-1942)**

Zhi ying 志英
FU, ZHI YING 伏志英

Zhi ying 志颖
HAN, ZHI YING 韩志颖

Zhi ying 芷英
XIE, BING YING 谢冰莹 **(1906-2000)**

ZHI, YING CAI 支英才 **(1953-)**
Jian jiang 翦江

Zhi yong 秩庸
WU, TING FANG 伍廷芳 **(1842-1922)**

Zhi you 直友
ZHANG, JU 张菊 **(1917-)**

Zhi you 直由
WU, ZHI YOU 吴直由

Zhi you 知游
JIANG, ZHI YOU 蒋智由 **(1865?-1929)**

Zhi you 智由
JIANG, ZHI YOU 蒋智由 **(1865?-1929)**

Zhi you 芝友

SONG, BO LU 宋伯鲁 (1854-1932)

Zhi, Yu 支宇
DENG, SI YU 邓嗣禹 (1905-1988)

Zhi yu 之渔
ZHANG, CHUN QIAO 张春桥 (1917-)

Zhi yu 止予
FU, YU 傅禺 (1920-1989)

Zhi yu 治宇
CHEN, ZHI YU 陈治宇 (1911-)

Zhi yu 知愚
MA, JING XIAN 马景贤 (1933-)

Zhi yu 稺玉
HE, KAI RONG 何开荣 (1907-1952)

Zhi yu zhi 止于智
MENG, WEN TAO 孟文涛 (1921-)

Zhi, Yuan 郅原
ZHI, ZHEN YUAN 支振垣 (1919-)

Zhi, Yuan 支援
ZHI, ZHEN YUAN 支振垣 (1919-)

Zhi yuan 之元
ZHI, ZHEN YUAN 支振垣 (1919-)

Zhi yuan 芝园
WANG, JI YOU 王季友 (1910-1979)

Zhi yuan 志远
SHEN, HUI CHUN 沈会春 (1902-1965)

Zhi yuan 志渊
TAO, ZHU 陶铸 (1908-1969)

Zhi yuan 志援
MA, ZHI YUAN 马志远 (1918-)

Zhi yuan 致远
CHEN, QI TIAN 陈启天 (1893-1984)

Zhi yun 织云
SUN, XI ZHEN 孙席珍 (1906-1984)

Zhi yun 植云
XIE, ZHI YUN 谢直云 (1948-)

Zhi yun nü shi 织云女士
SUN, XI ZHEN 孙席珍 (1906-1984)

Zhi zang 智藏
LI, WEN TAO 李文涛 (1880-1942)

Zhi zhai 止斋
CHEN, JIAN HONG 陈剑虹 (1880-1946)

Zhi zhai 沚斋
CHEN, YONG ZHENG 陈永正 (1941-)

Zhi zhai 直斋
ZHAO, SHEN 赵伸 (1876-1930)

Zhi zhang tong ping shi zhu 纸帐铜瓶室主
ZHENG, JI YUN 郑际云 (1895-1992)

Zhi zhao 志钊
LI, DA ZHAO 李大钊 (1889-1927)

ZHI, ZHEN YUAN 支振垣 (1919-)
Dai, Guang 戴光
Hong, Yang 洪阳
Shi, You 石右
Xue yuan 雪原
Yi, Wan ge 伊万葛
Zhi, Yuan 支援
Zhi yuan 之元
Zhi, Yuan 郅原

Zhi zheng 知正
WANG, REN SHU 王任叔 (1901-1972)

Zhi, Zhi 支支
WU, ZHONG YU 乌钟毓 (1894-1965)

Zhi zhi 志之
CHEN, DE CI 陈得次 (1942-)

Zhi zhi 植之
DAN, TAO 但焘 (1881-1970)

Zhi zhi zhai zhu 知止斋主
QIAN, E SUN 钱萼孙 (1908-)

Zhi zhong 执中
FEI, YI MIN 费彝民 (1908-1988)

Zhi zhong 执中
LIU, HOU ZE 刘厚泽 (1915-1970)

Zhi zhong 治中
ZHAO, ZHI ZHONG 赵志忠 (1954-)

Zhi zhong 致中
CHEN, DU XIU 陈独秀 (1879-1942)

Zhi zhong 致中
QI, SI HE 齐思和 (1907-1980)

Zhi zhong 致中
LI, ZHI ZHONG 李致中

Zhi zhou 志洲
BAN, ZHI ZHOU 班志洲

Zhi zhu 智住
LI, WEN TAO 李文涛 (1880-1942)

Zhi zhuo fu 知拙夫
ZHANG, BING LIN 章炳麟 (1869-1936)

Zhi, Zhuo qing 智濯清
ZHI, TI JIE 智体洁 (1911-)

Zhi zi 之子
YE, ZONG YUAN 叶宗源 (1887-1946)

Zhi zi 芝子
WANG, SHI NONG 王诗农 **(1912-)**

Zhi zi 稚子
ZHANG, ZHI LU 张稚庐 **(1903-1956)**

Zhi zuo 之作
ZHOU, ZUO REN 周作人 **(1885-1967)**

Zhong 中
DENG, ZHONG XIA 邓中夏 **(1894-1933)**

Zhong 中
ZHAO, SHU LI 赵树礼 **(1906-1970)**

Zhong 仲
CHEN, DU XIU 陈独秀 **(1879-1942)**

Zhong 仲
LI, ZHONG KUI 李仲揆 **(1889-1971)**

Zhong 仲
SHEN, YAN BING 沈雁冰 **(1896-1981)**

Zhong 仲
KE, WEI HAN 柯维翰 **(1902-1964)**

Zhong 重
SHEN, HUI CHUN 沈会春 **(1902-1965)**

Zhong 重
ZHAO, SHU LI 赵树礼 **(1906-1970)**

ZHONG, A CHENG 钟阿城 **(1949-)**
A cheng 阿城

Zhong, An 仲安
CHANG, YAN SHENG 常燕生 **(1898-1947)**

Zhong bai 衷白
ZHOU, FEN 周汾 **(1913-)**

Zhong, Bai wen 钟白文
ZHONG, GUANG YA 钟光亚 **(1928-)**

ZHONG, BAI YU 钟柏榆
Xing chen 星辰

ZHONG, BAO 钟宝 **(1908-1978)**
Tie bi zi 铁笔子

Zhong bao 中宝
ZHONG, LONG BAO 钟龙宝 **(1933-)**

ZHONG, BEN KANG 钟本康 **(1929-)**
Jin, Shui 金水

Zhong, Bin 仲斌
WANG, LI ZENG 王礼曾 **(1921-)**

Zhong bin dan lang 仲斌旦郎
YUAN, ZHEN YING 袁振英

Zhong, Bing 仲冰
GUAN, XIANG YING 关向应 **(1902-1946)**

Zhong, Bing 仲炳
YE, SHAO JUN 叶绍钧 **(1894-1988)**

Zhong, Bo 仲波
ZHU, ZHONG BO 朱仲波 **(1917-)**

Zhong bo 重伯
ZENG, GUANG JUN 曾广钧 **(1866-1929)**

Zhong, Bu qing 钟步卿
ZHONG, QING YUN 钟青云 **(1910-)**

Zhong, Bu qing 钟步清
ZHONG, QING YUN 钟青云 **(1910-)**

Zhong, Cai 仲材
YIN, ZHONG CAI 尹仲材

Zhong, Can zui 钟残醉
ZHONG, XIAO YANG 钟晓阳 **(1962-)**

Zhong, Ce 仲策
WANG, YI NIAN 汪诒年 **(1866-)**

Zhong, Ce 仲策
LIANG, QI XUN 梁启勲 **(1876-)**

Zhong chang 中常
SU, YUAN LEI 苏渊雷 **(1908-)**

ZHONG, CHANG SHENG 钟长生 **(1942-)**
Zhong, Xiao 钟潇
Zhong, Xiao 钟啸

Zhong, Chao 仲超
ZHANG, ZHONG CHAO 张仲超 **(1902-1926)**

Zhong che yu 重车玉
DONG, LIAN BAO 董连宝 **(1935-)**

Zhong, Chen 钟晨
HU, ZHONG CHEN 胡忠臣 **(1933-)**

Zhong, Cheng 钟城
LI, HUA XING 李华兴 **(1933-)**

Zhong, Chi 仲持
HU, ZHONG CHI 胡仲持 **(1900-1968)**

Zhong, Chi 仲篪
LIU, SHAO QI 刘少奇 **(1898-1969)**

Zhong chuan, Huo 中川获
ZHANG, GUANG REN 张光人 **(1902-1985)**

ZHONG, CHUN 钟纯 **(-1980)**
Man qing 曼卿

Zhong cun, Guo xiong 中村国雄
WU, ZAO XI 吴藻溪 **(1904-)**

Zhong cun, Hu 中村护
ZHANG, GUANG REN 张光人 **(1902-1985)**

Zhong, Da 仲达
CHEN, ZHAO RONG 陈钊荣 **(1913-1966)**

Zhong, Dai 钟岱
XU, CHONG DE 许崇德 (1929-)

ZHONG, DAI HUA 钟代华 (1963-)
Jin, Gong 金弓

Zhong, Dan 仲丹
LIN, YU YING 林毓英 (1897-1942)

Zhong, Di 仲弟
DONG, PING 董平 (1929-)

ZHONG, DIAN FEI 钟惦棐 (1919-1987)
Jin, Kao long 金铐龙
Mi, Zhu zhu 米煮竹

Zhong, Ding 钟鼎
YIN, HAO 殷皓 (1956-)

ZHONG, DING WEN 钟鼎文 (1914-)
Fan cao 番草
Zi yuan 梓园

ZHONG, DONG 钟动 (1882-1937)
Xue, Sheng 薛生

Zhong, Du 仲度
ZHOU, SHU REN 周树人 (1881-1936)

ZHONG, E SHENG 钟鄂生 (1930-)
Zhong, Yi bing 钟艺兵

Zhong, En 锺恩
LIN, SHU ZHEN 林淑贞

Zhong fa 忠发
XIANG, ZHONG FA 向忠发 (1880-1931)

Zhong, Fang 仲方
SHEN, YAN BING 沈雁冰 (1896-1981)

Zhong, Fang 仲芳
SHEN, YAN BING 沈雁冰 (1896-1981)

Zhong, Fang 钟放
ZHANG, ZONG XIAO 张宗孝 (1940-)

Zhong, Fei 仲飞
SHI, LAI HONG 石来鸿 (1925-)

ZHONG, FENG MEI 钟逢美 (1914-)
Bai, Yuan 白原
Chen, Hua 陈华
Feng mei 逢美
Li, Cun 李村
Li, Shen 李申
Zhou, Rong 周容

Zhong, Fu 仲父
SUN, RU LING 孙如陵 (1917-)

Zhong, Fu 仲甫
CHEN, DU XIU 陈独秀 (1879-1942)

Zhong, Fu 仲虙
DU, XI 杜羲 (1887-1936)

Zhong fu 众夫
LI, JING KUAN 李经宽 (1918-)

Zhong fu 众甫
CHEN, DU XIU 陈独秀 (1879-1942)

Zhong fu 盅孚
XIAO, TUI 萧蜕 (1863-1958)

Zhong fu 重甫
CHEN, DU XIU 陈独秀 (1879-1942)

Zhong fu 重辅
CHEN, DU XIU 陈独秀 (1879-1942)

Zhong gan 忠干
LI, ZONG JIAN 李宗鉴 (1927-)

Zhong, Gang 仲刚
LI, JIAN WU 李健吾 (1906-1982)

Zhong, Gao yin 钟羔音
ZHONG, JI XIANG 钟济祥 (1945-)

ZHONG, GAO YUAN 钟高渊 (1946-)
Bai, Ding 白丁
Ren, Ran 任然
Shi, Zhu 石竹
Xiao, Chen 肖晨
Zhu, Yin 竹吟

Zhong, Ge 仲哥
DONG, PING 董平 (1929-)

Zhong, Ge 钟歌
XU, ZHONG GUO 胥忠国 (1947-)

Zhong, Gong 仲弓
YANG, ZHONG KUI 杨仲揆 (1923-)

Zhong, Gu 仲谷
WANG, YI NIAN 汪诒年 (1866-)

Zhong, Gu 钟鼓
DING, HONG CHANG 丁宏昌 (1948-)

Zhong gu 中谷
ZHONG, YU GAO 钟裕高 (1930-)

Zhong guan 中贯
ZHANG, RONG GUI 章荣圭

Zhong, Guang 钟广
YANG, ZHONG XI 杨钟羲 (1854-1940)

Zhong, Guang 钟光
YE, MAO SHENG 叶茂盛 (1963-)

ZHONG, GUANG YA 钟光亚 (1928-)
Zhong, Bai wen 钟白文

Zhong, Gui 锺桂

LI, ZHONG GUI 李锺桂 (1938-)

Zhong guo jiao yu she 中国教育社
ZHOU, SHU REN 周树人 (1881-1936)

Zhong guo lao ji shi 中国老骥氏
MA, YANG YU 马仰禹

Zhong guo lao shao nian 中国老少年
WU, WO YAO 吴沃尧 (1867-1910)

Zhong guo ren 中国人
TONG, TIAN JIAN 童天鑑 (1916-1985)

Zhong guo ren 中国人
WANG, CHENG ZONG 汪承宗 (1928-)

Zhong guo shao nian 中国少年
LIANG, QI CHAO 梁启超 (1873-1929)

Zhong guo shao nian zhi shao nian 中国少年之少年
LIU, YA ZI 柳亚子 (1887-1958)

ZHONG, GUO SHENG 钟国胜 (1940-)
Zhong, Yu 钟瑜

Zhong guo wen yi nian jian she 中国文艺年鑑社
DAI, KE CHONG 戴克崇 (1907-1964)

Zhong guo xin min 中国新民
LIANG, QI CHAO 梁启超 (1873-1929)

Zhong guo zhi jiu min 中国之旧民
ZENG, GUANG JUN 曾广钧 (1866-1929)

Zhong guo zhi xin min 中国之新民
LIANG, QI CHAO 梁启超 (1873-1929)

ZHONG, HAI CHENG 钟海诚 (1955?-)
Xiao cheng 小城

Zhong, Han 仲涵
FU, XI HUA 傅惜华 (1907-1970)

ZHONG, HAN 钟汉 (1912-)
C. W.
Ma, Zi hua 马子华
Qiu, Ming 丘明
Qiu, Xing 秋星

Zhong, Han 钟汉
QIAN, ZHONG HAN 钱忠汉 (1926-)

Zhong, Han 钟涵
SONG, HUA MU 宋华沐 (1929-)

Zhong, He 仲和
QIN, SHOU ZHANG 秦绶章 (1849-1925)

Zhong, Heng 仲亨
CHEN, YU SUN 陈虞孙 (1904-)

Zhong, Heng 仲亨
HUAN, XIANG 宦乡 (1909-1989)

Zhong, Heng 仲亨
WANG, YUAN HUA 王元化 (1920-)

Zhong, Heng 仲亨
YAO, ZHEN 姚溱 (1921-1966)

Zhong, Hong 仲弘
CHEN, YI 陈毅 (1901-1972)

Zhong, Hong 仲宏
CHEN, YI 陈毅 (1901-1972)

Zhong hou 忠厚
WANG, YE WEI 王业玮 (1923-)

Zhong, Hu 仲虎
SHA, ZHONG HU 沙仲虎 (1914-)

Zhong, Hua 钟华
ZHONG, SHI YAO 钟士尧 (1923-1987)

Zhong, Hua 钟华
ZHONG, WEN DIAN 钟文典 (1924-)

Zhong, Hua 钟华
WU, SHU PING 吴树平 (1940-)

Zhong, Hua 钟桦
ZHONG, RUI YUAN 钟瑞圆 (1947-)

Zhong hua 中华
XUAN, ZHONG HUA 宣钟华 (1898-1927)

Zhong hua 重华
CAI, CHU SHENG 蔡楚生 (1906-1968)

Zhong hua 重华
LI, TIAN QING 李天庆 (1918-)

Zhong, Hua min 钟华民
WU, XIU MING 吴秀明 (1952-)

Zhong, Hua min 钟华敏
ZHAO, CONG 赵聪 (1916-1986)

Zhong, Huai 鈡怀
QIAN, SHI XIN 钱混辛 (1923-)

Zhong, Huang zhi 钟黄之
DENG, SHI ZHONG 邓式钟 (1919-)

Zhong, Hui 仲辉
SHAO, LI ZI 邵力子 (1882-1967)

ZHONG, HUI CHENG 钟慧成
Hui cheng 慧成

Zhong, Ji dong 钟纪东
LAN, BO ZHOU 蓝博洲 (1960-)

Zhong, Ji ming 钟纪明
LENG, SHAN YUAN 冷善远 (1906-1970)

ZHONG, JI MING 钟纪明 (1906-)
Bai, Shan 白山
Ye huo 野火

ZHONG, JI XIANG 钟济祥 **(1945-)**
Zhong, Gao yin 钟羔音
Zhong, Ji xuan 钟季轩

Zhong, Ji xuan 钟季轩
ZHONG, JI XIANG 钟济祥 **(1945-)**

ZHONG, JI YUAN 钟济源
Meng gao zi 梦羔子

Zhong, Jia 仲嘉
ZHANG, GUO GAN 张国淦 **(1876-1959)**

Zhong, Jian 钟坚
ZHONG, LI HE 钟理和 **(1915-1960)**

Zhong, Jian 钟剑
HU, ZONG JIAN 胡宗健 **(1936-)**

Zhong, Jian 钟健
YANG, ZHONG JIAN 杨钟健 **(1897-1979)**

ZHONG, JIAN HONG 钟建闳 **(1891-1964)**
Zhong, Jie min 钟介民

Zhong, Jie 钟洁
QIN, ZHONG JIE 秦钟洁 **(1938-)**

Zhong, Jie min 钟介民
ZHONG, JIAN HONG 钟建闳 **(1891-1964)**

ZHONG, JIN RONG 钟锦荣 **(1927-)**
Bai, Ding 白丁

ZHONG, JIN SHENG 钟金盛
Fang fu 髣髴

ZHONG, JIN TAO 钟锦涛 **(1928-)**
A tao 阿涛

ZHONG, JIN TIAN 钟进添 **(1935-)**
Mo, Wen 墨文
Tian dao guan zhu 天道馆主

ZHONG, JIN WEN 钟锦文 **(1944-)**
Zhong, Wen 钟文

Zhong, Jing 钟景
ZHU, ZHAO QI 朱兆麒 **(1950-)**

ZHONG, JING WEN 钟敬文 **(1903-)**
Jin, Su 金粟
Jing jun 静君
Jing wen 敬文
Jing wen 静文
Jing wen 静闻
Jing wen ju shi 静闻居士
Tan, Zong 谭宗
Yao hua 瑶华
Zhong, Jing wen 钟静闻
Zhong, Tan zong 钟谭宗

Zhong, Jing wen 钟静闻
ZHONG, JING WEN 钟敬文 **(1903-)**

Zhong, Jiu 仲九
SHEN, ZHONG JIU 沈仲九 **(1887-1968)**

Zhong, Jun 仲俊
YANG, CHAO XI 杨朝熙 **(1904-1992)**

ZHONG, KAI MING 钟开明 **(1918-1992)**
Bao, Lin 宝林
Ha, Hua 哈华
My
Shang guan, Qiong qiong 上官琼琼
Si tu, Hui 司徒徽
Zhao, De pu 赵德普
Zhi jian 志坚

Zhong, Kan 仲堪
FENG, NAI CHAO 冯乃超 **(1901-1983)**

Zhong, Ke 仲可
XU, CHANG 徐昌 **(1869-1928)**

Zhong ke 中可
XU, CHANG 徐昌 **(1869-1928)**

ZHONG, KE MEI 钟克美
Jin, Yan 金琰

ZHONG, KUAN HONG 钟宽洪 **(1937-)**
Cong cong 淙淙
Kuan hong 宽洪
Xiao zhong 晓钟

Zhong, Kui 仲奎
YIN, ZUN MO 尹遵谟 **(1926-)**

Zhong kui 终葵
SHEN, YAN BING 沈雁冰 **(1896-1981)**

Zhong la 中拉
ZHOU, SHU REN 周树人 **(1881-1936)**

Zhong la 中拉
ZHOU, ZUO REN 周作人 **(1885-1967)**

Zhong lan 中岚
ZHOU, ZI MING 周紫明 **(1938-)**

Zhong lang 忠郎
CHEN, MING ZHONG 陈明中 **(1903-)**

Zhong, Lei 锺雷
ZHAI, JUN SHI 翟君石 **(1920-1998)**

Zhong, Li 仲离
ZHANG, BING WEI 张炳蔚 **(1918-)**

Zhong li 忠理
XIE, JUE ZAI 谢觉哉 **(1884-1971)**

Zhong li 衷理
LI, ZHI LIN 李志林 **(1948-)**

Zhong, Li cheng 锺力成
ZHANG, BING WEI 张炳蔚 **(1918-)**

ZHONG, LI HE 钟理和 **(1915-1960)**
Jiang, Liu 江流
Li he 里禾
Zhong, Jian 钟坚
Zhong, Zheng 钟铮

ZHONG, LI HUI 钟丽慧 **(1953-)**
Chen, Tai 陈泰
Xiao zhong 晓鐘

ZHONG, LI ZHU 钟丽珠 **(1929-)**
Dan li 丹荔
Yi shan 逸珊

Zhong, Lian 仲联
QIAN, E SUN 钱萼孙 **(1908-)**

Zhong, Liang 钟良
DING, FENG 丁枫 **(1938-)**

ZHONG, LIANG YI 钟良沂 **(1921-)**
Cheng feng 城风
He, Ren 何人
Jin, Qian li 金千里
Jin, Yu 金雨
Lao, Zhong 劳仲
Tong, Nian 童年
Xiao zhong 晓钟
Yan, Su 严素
Zhong, Ling 钟灵

Zhong, Lin 仲临
ZHONG, WEN LING 钟文灵 **(1931-)**

Zhong, Ling 钟灵
ZHONG, LIANG YI 钟良沂 **(1921-)**

ZHONG, LING 钟玲 **(1945-)**
Yan ling 雁零
Zhong, Yan ling 钟燕玲

Zhong ling 中凌
FU, DE MING 符德铭 **(1925-)**

Zhong ling 中泠
YE, YU SEN 叶玉森 **(1880-1933)**

Zhong ling ting zhang 中泠亭长
YE, YU SEN 叶玉森 **(1880-1933)**

Zhong, Liu 钟流
WANG, YE WEI 王业玮 **(1923-)**

Zhong liu 中流
ZHENG, ZHI WEI 郑秩威 **(1925-)**

Zhong liu 中流
ZHENG, CUN 郑存 **(1928-)**

Zhong liu 中流
XU, ZHI CHENG 徐志成 **(1931-)**

Zhong liu 中流
LIU, JIAN HUA 刘建华 **(1938-)**

Zhong liu 中流
LIU, XIN ZHONG 刘新中 **(1953-)**

Zhong, Long 锺隆
LIN, ZHONG LONG 林锺隆 **(1930-)**

ZHONG, LONG BAO 钟龙宝 **(1933-)**
Ding, Feng 丁峰
Zhong bao 中宝

Zhong, Lu 仲鲁
TANG, DUAN YI 唐端毅 **(1913-1992)**

Zhong lu 中庐
SUN, ZONG LU 孙宗鲁 **(1929-)**

Zhong lu 忠录
MO, YI LE 莫依勒 **(1932-)**

Zhong, Lu jia 钟路家
ZHONG, ZHAO ZHENG 钟肇政 **(1925-)**

ZHONG, LU SHENG 钟露昇
Xi liang 希亮

Zhong luan 中鸾
QIAN, JUN TAO 钱君匋 **(1906-)**

Zhong lun 中轮
DAO, YUAN 道源

Zhong, Luo 钟洛
HU, DING XIN 胡鼎新 **(1912-1992)**

ZHONG, LUO 钟萝 **(1936-)**
Zhang, Wei 张维

Zhong, Luo 钟逻
ZHOU, YUN ZHI 周云之 **(1934-)**

ZHONG, MEI YIN 钟梅音 **(1922-1984)**
Ai jia 爱珈
Lü shi 绿诗
Yin 音
You yin 有音

ZHONG, MEI YING 钟玫莹 **(1956-)**
Zhong, Qiao 钟乔

Zhong, Mi 仲密
ZHOU, ZUO REN 周作人 **(1885-1967)**

Zhong, Mi 仲宓
DU, XI 杜羲 **(1887-1936)**

Zhong, Min 仲民
LIU, ZHONG SHU 刘忠恕 **(1935-)**

Zhong min 重民
WANG, JIAN 王鉴 **(1903-1975)**

Zhong, Min yan 钟民岩
DAI, KE LAI 戴可来 **(1935-)**

Zhong, Ming 仲明
HU, PU AN 胡朴安 **(1878-1947)**

Zhong, Ming 仲明
REN, ZHUO XUAN 任卓宣 **(1896-1990)**

Zhong, Ming 仲明
HU, JIA 胡笳 **(1911-)**

Zhong, Ming 仲明
MA, RUO PU 马若璞 **(1913-)**

Zhong, Ming 仲鸣
ZENG, ZHONG MING 曾仲鸣 **(1896-1939)**

Zhong, Ming 钟明
JIN, ZHONG MING 金钟鸣 **(1935-)**

Zhong, Ming 钟鸣
CHEN, ZONG MING 陈宗明 **(1934-)**

Zhong, Ming 钟鸣
GUO, WEN YUN 郭文允 **(1948-)**

Zhong, Ming 钟鸣
ZHANG, ZHONG MIN 张忠民 **(1952-)**

Zhong, Ming 钟鸣
ZHU, JIAN ZHONG 朱剑钟 **(1955-)**

ZHONG, MING DE 钟明德 **(1953-)**
Li, Fu 黎父

Zhong ming jia 中茗家
YU, GUAN TING 于观亭 **(1940-)**

ZHONG, MING TIAN 钟鸣天 **(1928-)**
He sheng 鹤声

Zhong, Mou 仲谋
XIE, XIAO SI 谢孝思 **(1905-)**

Zhong, Mou 仲谋
WU, DONG QUAN 吴东权 **(1928-)**

Zhong, Mu 仲穆
ZHOU, XIANG JUN 周祥骏 **(1870-1914)**

Zhong nan 众难
LIN, XUE HENG 林学衡 **(1898-1941)**

Zhong ni 中尼
QIU, BIN CUN 丘斌存 **(1903-)**

Zhong, Pei 钟培
SHEN, DUAN XIAN 沈端先 **(1900-1995)**

Zhong, Ping 仲平
KE, WEI HAN 柯维翰 **(1902-1964)**

Zhong, Ping 仲平
WANG, KAI JING 汪开竞 **(1912-1976)**

Zhong, Ping 钟平
CHEN, MEI LAN 陈美兰 **(1937-)**

Zhong, Ping 锺平
LI, ZUAN ZHENG 李缵铮 **(1911-)**

Zhong, Ping 锺平
ZHANG, ZHONG 张中 **(1939-)**

Zhong, Qi 仲起
GU, ZI JIN 顾自谨 **(1903-1929)**

Zhong, Qi 仲琦
XUE, ZHONG QI 薛仲琦 **(1927-)**

Zhong, Qi 钟祺
ZHONG, YING QI 钟应祺 **(1929-1970)**

ZHONG, QI FU 钟契夫 **(1925-)**
Xi ping 西萍
Zhong, Xi ping 钟西萍

Zhong, Qiao 钟乔
ZHONG, MEI YING 钟玫莹 **(1956-)**

Zhong, Qin 仲钦
LIU, BING YI 刘秉彝 **(1933-)**

Zhong, Qin 仲琴
WANG, ZHONG QIN 王忠勤 **(1919-)**

Zhong, Qin 锺钦
LIU, BING YI 刘秉彝 **(1933-)**

ZHONG, QIN GUI 钟钦贵 **(1945-)**
Zhang, Qin 章钦

Zhong, Qing 仲卿
GONG, XIE 龚燮

Zhong, Qing 钟情
TANG, MAN CHENG 唐满城 **(1932-)**

Zhong qing 中青
WANG, XIU GU 王秀谷 **(1923-)**

ZHONG, QING YUN 钟青云 **(1910-)**
Bu, Qing 步卿
Zhong, Bu qing 钟步清
Zhong, Bu qing 钟步卿

Zhong, Qiu 钟秋
XING, JUN JI 邢军纪 **(1955-)**

ZHONG, QIU SHENG 钟秋生 **(1942-)**
Xiao, Hong 萧虹
Xiao, Meng 萧萌
Xiao, Qian 萧倩

Zhong, Quan 仲权
CHEN, YI YI 陈以义 **(-1915)**

Zhong, Quan 钟泉
TIAN, ZHONG QUAN 田中全 **(1935-)**

Zhong, Qun 仲群
LIU, ZHONG SHU 刘忠恕 **(1935-)**

Zhong, Qun 钟群
  LIU, ZHONG SHU 刘忠恕 (1935-)

Zhong rao 中饶
  RAO, ZHANG FENG 饶彰风 (1915-1970)

Zhong, Ren 仲仁
  ZHANG, YI LIN 张一麐 (1867-1943)

Zhong, Rong 仲戎
  ZHONG, WEI TING 仲伟庭 (1931-)

ZHONG, RONG GUANG 钟荣光 (1866-1942)
  Xing he 星河
  Xing ke 惺可
  Zhong, Xing ke 钟惺可

Zhong, Ru 仲如
  ZHANG, CHUN YI 张纯一 (1871-1955)

ZHONG, RU QIAN 钟孺乾 (1950-)
  A ru 阿孺

Zhong, Rui 钟瑞
  WANG, JI WU 王辑五 (1900-1981)

Zhong rui 中睿
  CAI, SHANG SI 蔡尚思 (1905-)

ZHONG, RUI YUAN 钟瑞圆 (1947-)
  Zhong, Hua 钟桦

Zhong, Ruo 钟若
  DING, FENG 丁枫 (1938-)

Zhong sen 忠森
  WU, ZHONG SEN 武忠森 (1923-)

Zhong, Shan 钟山
  ZHONG, TAI 钟泰 (1888-1979)

Zhong, Shan 钟山
  CHEN, CHONG SHAN 陈崇山 (1933-)

Zhong, Shan 钟山
  LIU, CHONG SHAN 刘崇善 (1933-)

Zhong, Shan 钟山
  LÜ, ZHONG SHAN 吕中山 (1934-)

Zhong, Shan 钟山
  WU, QIU LIN 吴秋林 (1955-)

Zhong shan 中山
  SUN, WEN 孙文 (1866-1925)

Zhong shan 中山
  CAI, GUO YING 蔡国英 (1912-)

Zhong shan 中山
  SHI, YOU PING 时佑平 (1920-)

Zhong shan qiao 中山樵
  SUN, WEN 孙文 (1866-1925)

Zhong, Shan song 钟山松
  ZHONG, TING XIAN 钟廷贤 (1935-)

Zhong, Shan xin 钟山心
  LIN, ER QI 林尔启

Zhong, Shan yong 锺山傭
  LIANG, RONG RUO 梁容若 (1905-1982)

Zhong, Shang wen 锺尚文
  LUO, HE MIN 骆何民 (1911-1948)

ZHONG, SHAO BIAO 钟少彪 (1936-)
  Chen zhong 晨钟
  Jin, Qian li 金千里

ZHONG, SHAO KUN 钟绍锟 (1914-)
  Cao ping 草平
  Gu, Nian ci 顾念慈
  Jin, Zhong 金重
  Li, Ang 李昂
  Lü yi 绿衣
  Shui, Cao ping 水草平
  Shui, Zao ping 水藻萍
  Xiao min 小民
  Zao ping 藻萍

Zhong she 中舍
  SHI, ZHE CUN 施蛰存 (1905-)

Zhong shen 中申
  LI, ZHONG SHEN 李中申 (1934-)

Zhong shen 种参
  ZENG, XI JING 曾习经 (1867-1926)

Zhong sheng 钟声
  WANG, ZHONG SHENG 王忠生 (1911-)

Zhong sheng 钟声
  YANG, SONG LIN 杨松林

Zhong sheng 钟声
  MIAO, XUE MIN 苗学敏

Zhong sheng 鐘声
  YUAN, ZI ZHEN 袁子贞

Zhong shi 中实
  YI, SHUN DING 易顺鼎 (1858-1920)

Zhong shi 忠石
  CHEN, CHUAN QIANG 陈川强 (1939-)

Zhong shi 种石
  YI, SHUN DING 易顺鼎 (1858-1920)

Zhong shi 钟士
  LU, YONG GUANG 陆永光 (1955-)

ZHONG, SHI BIN 钟士斌 (1937-)
  Si, Bing 斯冰
  Wen, Tao 文涛
  Zhong, Si bing 钟斯冰

Zhong, Shi dun 钟诗敦
DENG, SHI ZHONG 邓式钟 **(1919-)**

ZHONG, SHI LIN 钟诗林 **(1921-)**
Ben jiang 奔江

ZHONG, SHI PAN 钟士攀 **(1929-)**
Bai, Shan shi 白山石

ZHONG, SHI QING 钟世庆 **(1956-)**
A qing 阿庆

ZHONG, SHI YAO 钟士尧 **(1923-1987)**
Zhong, Hua 钟华

Zhong, Shu 仲恕
CHEN, SHU TONG 陈叔通 **(1876-1966)**

Zhong, Shu 仲殊
MA, ZHONG SHU 马仲殊 **(1900-1958)**

Zhong shu jun 中書君
QIAN, ZHONG SHU 钱钟书 **(1910-1998)**

ZHONG, SHU YUN 钟淑芸 **(1944-)**
Xin yu 新玉

ZHONG, SHUN WEN 钟顺文 **(1953-)**
Si ma, Feng yun 司马风云
Yao long 鳐龙

Zhong shuo 中硕
YI, SHUN DING 易顺鼎 **(1858-1920)**

Zhong, Shuo 仲硕
YI, SHUN DING 易顺鼎 **(1858-1920)**

Zhong, Si bing 钟斯冰
ZHONG, SHI BIN 钟士斌 **(1937-)**

Zhong, Su 仲苏
HUANG, ZHONG SU 黄仲苏 **(1895-)**

Zhong su 中夙
HAO, ZHONG SHU 郝仲术 **(1952-)**

Zhong, Sui 仲遂
ZHANG, ZHONG KANG 张仲康 **(1934-)**

ZHONG, TAI 钟泰 **(1888-1979)**
Dai an 待庵
Zhong, Shan 钟山
Zhong, Zhong shan 钟钟山

Zhong, Tan zong 钟谭宗
ZHONG, JING WEN 钟敬文 **(1903-)**

Zhong, Tao 仲韬
SHE, LI PING 佘立平 **(1912-)**

Zhong, Tao 钟涛
FU, ZONG TAO 符宗涛 **(1926-)**

Zhong tian 中天
WEI, ZHONG TIAN 魏中天 **(1908-)**

Zhong tian 中天
WANG, JUN JIE 王俊傑 **(1927-)**

Zhong tian 中天
WANG, ZHONG YONG 王忠勇 **(1947-)**

ZHONG, TING MING 钟廷明 **(1915-1964)**
Dan mu 丹木
Si tu, Huai 司徒怀
Si tu, Huai bai 司徒怀白

ZHONG, TING XIAN 钟廷贤 **(1935-)**
Zhong, Shan song 钟山松

Zhong tou 中头
ZHOU, SHU REN 周树人 **(1881-1936)**

Zhong, Wang xiang 钟王向
WANG, HAO 王灏 **(1927-)**

Zhong, Wang yang 钟望阳
DU, YE MU 杜也牧 **(1910-1984)**

Zhong, Wei 钟惟
ZHANG, QI 章圻 **(1935-)**

Zhong, Wei luo 锺威洛
GONG, PENG 龚澎 **(1914-1970)**

ZHONG, WEI TING 仲伟庭 **(1931-)**
Yu, Nian xing 余念兴
Yu, Zhi 余峙
Zhong, Rong 仲戎

Zhong, Wen 仲文
WANG, JIA HONG 王家鸿

Zhong, Wen 钟文
ZHONG, JIN WEN 钟锦文 **(1944-)**

Zhong wen 中文
ZHANG, ZONG WEN 张宗文

Zhong wen 忠文
HE, QI ZHANG 何錡章 **(1939-)**

Zhong wen 重闻
WANG, JIAN 王鉴 **(1903-1975)**

ZHONG, WEN DIAN 钟文典 **(1924-)**
Zhong, Hua 钟华

ZHONG, WEN LING 钟文灵 **(1931-)**
Fang, Lin 方麟
Gui, Hong 桂宏
He, Zhi 贺止
Jiang, Ling 姜凌
Jiang, Yan 姜衍
Kun lin 堃粦
Kun wu 堃舞
Lei, Ting 雷霆
Lu, Ke 鲁克

Lu, Man 鲁曼
Si ma, Ban 司马班
Tian, Liu 田流
Tie liu 铁流
Xu, Xing 徐幸
Yang, Zi jiang 杨子江
Yang, Zi jiang 扬子江
Yu, Han ying 于罕英
Yu, Han ying 於罕英
Zhong, Lin 仲临

ZHONG, WEN LING 钟文苓
Li, Jia tu 李嘉图
Sang, Geng chu 桑庚楚
Ye, Er jia 叶儿家

Zhong, Wo 仲我
ZHU, KONG YANG 朱孔阳 **(1842-1919)**

Zhong, Wu 仲武
LI, ZONG WU 李宗武 **(1895-1968)**

Zhong, Wu 钟吾
SHANG, YUE 尚钺 **(1902-1982)**

Zhong wu 中午
XIE, LIU YI 谢六逸 **(1898-1945)**

Zhong wu 众忤
ZHOU, SHU REN 周树人 **(1881-1936)**

Zhong, Xi 仲熙
LIU, XIAN 刘咸 **(1901-1987)**

Zhong, Xi ping 钟西萍
ZHONG, QI FU 钟契夫 **(1925-)**

Zhong, Xia 仲夏
ZHANG, ZHONG KANG 张仲康 **(1934-)**

Zhong xia 中夏
DENG, ZHONG XIA 邓中夏 **(1894-1933)**

Zhong, Xia tian 钟夏田
ZHONG, ZE CAI 钟泽才 **(1943-)**

Zhong, Xian 仲贤
WANG, ZHONG XIAN 汪仲贤 **(1888-1937)**

Zhong, Xian 仲咸
SUN, ZHAO JI 孙昭绩 **(1914-)**

Zhong, Xian 钟咸
SUN, ZHAO JI 孙昭绩 **(1914-)**

ZHONG, XIAN MIN 钟宪民 **(1910-)**
Wei ming 唯明

ZHONG, XIAN PEI 钟贤培 **(1933-)**
Jin, Wen 靳雯
Zhu, Xi wen 竺希文

Zhong, Xiao 钟笑
LI, ZHONG XIAO 李忠效 **(1955-)**

Zhong, Xiao 钟啸
ZHONG, CHANG SHENG 钟长生 **(1942-)**

Zhong, Xiao 钟潇
ZHONG, CHANG SHENG 钟长生 **(1942-)**

Zhong xiao 中笑
ZHANG, ZONG XIAO 张宗孝 **(1940-)**

ZHONG, XIAO YANG 钟晓阳 **(1962-)**
Zhong, Can zui 钟残醉

Zhong, Xie 仲澥
DENG, ZHONG XIA 邓中夏 **(1894-1933)**

Zhong, Xin 钟辛
HE, ZHONG XIN 何钟鑫 **(1924-)**

Zhong xin 中心
CHEN, TIE ZHENG 陈铁铮 **(1906-1990)**

ZHONG, XIN REN 钟信仁 **(1959-)**
Jiang, Er 江儿

Zhong xing gu chui zhe 中兴鼓吹者
LU, ZHENG SHEN 卢正绅 **(1905-1951)**

Zhong, Xing ke 钟惺可
ZHONG, RONG GUANG 钟荣光 **(1866-1942)**

Zhong, Xiu 仲修
CAO, FU YUAN 曹福元

Zhong, Xiu 钟秀
LIU, KAI 刘凯 **(1930-)**

Zhong, Xiu 钟秀
LI, ZHONG XIU 李钟秀 **(1933-)**

Zhong, Xuan 仲宣
SUN, DE XUAN 孙德宣 **(1911-)**

Zhong, Xuan 钟瑄
CHEN, ZHONG XUAN 陈钟瑄 **(1920-)**

Zhong, Ya 钟亚
ZHONG, ZENG YA 钟增亚 **(1940-)**

ZHONG, YAN 钟岩
Shan shi 珊時

ZHONG, YAN 钟研 **(1969-)**
Huang, Liang 黄梁

Zhong, Yan 钟颜
ZHANG, DA SHENG 张达生 **(1931-)**

Zhong yan 重言
WEN, SI XIANG 温嗣翔 **(1916-)**

Zhong, Yan ling 钟燕玲
ZHONG, LING 钟玲 **(1945-)**

Zhong, Yang 仲阳
WU, CHONG YANG 吴重阳 **(1934-)**

Zhong, Yang 钟阳
JIN, ZHONG YANG 金中阳 **(1954-)**

Zhong yang 中央
HUANG, ZONG YANG 黄宗仰 **(1861-1921)**

Zhong yang 忠扬
CHEN, HONG JU 陈鸿举 **(1938-)**

Zhong ye 中野
GUO, JIA GUI 郭嘉桂 **(1919-)**

Zhong, Yi 钟艺
CHEN, BAO YUN 陈宝云 **(1934-)**

Zhong, Yi 钟伊
HE, JING NAN 何竟南

Zhong, Yi 钟毅
RAO, PENG ZI 饶芃子 **(1935-)**

Zhong, Yi 钟毅
CHEN, XIAO YING 陈孝英 **(1942-)**

Zhong yi 中一
YANG, ZHONG YI 杨中一

Zhong yi 众一
FENG, ZHONG YI 冯中一 **(1923-)**

Zhong yi 众异
LIANG, HONG ZHI 梁鸿志 **(1882-1946)**

Zhong yi 终一
MIAO, CHONG QUN 缪崇群 **(1907-1945)**

Zhong yi 种意
WANG, ZAO 王灶 **(1938-)**

Zhong yi 重毅
SHAO, ZHONG YI 邵重毅

Zhong yi 鐘裔
WANG, REN SHU 王任叔 **(1901-1972)**

Zhong yi bei 中一贝
MO, XI FEN 莫西芬 **(1931-)**

Zhong, Yi bing 钟艺兵
ZHONG, E SHENG 钟鄂生 **(1930-)**

Zhong, Yi ping 仲一平
WU, DE GAI 吴德垓 **(1936-)**

Zhong yin 种因
HE, ZHONG YING 何仲英

Zhong, Ying 仲英
WU, ZONG YING 吴宗英 **(1935-)**

ZHONG, YING MEI 钟樱妹
Ying 樱

ZHONG, YING QI 钟应祺 **(1929-1970)**
Zhong, Qi 钟祺

Zhong, Yong 仲雍
GU, ZHONG YONG 顾仲雍

Zhong yong 中庸
YI, SHUN DING 易顺鼎 **(1858-1920)**

Zhong yong 中庸
GU, YONG ZHONG 顾用中 **(1913-)**

Zhong, You 仲祐
DING, FU BAO 丁福保 **(1874-1952)**

Zhong, Yu 仲玉
XU, CHANG 徐昌 **(1869-1928)**

Zhong, Yu 钟雨
FANG, GUI DE 方珪德 **(1922-)**

Zhong, Yu 钟雨
CHEN, ZHANG TAI 陈章太 **(1932-)**

Zhong, Yu 钟瑜
ZHONG, GUO SHENG 钟国胜 **(1940-)**

Zhong yu 中玉
XU, ZHONG YU 徐中玉 **(1915-)**

Zhong yu 中禹
ZHANG, SHOU KANG 张寿康 **(1925-1991)**

Zhong yu 重余
CHEN, SHU ZHANG 陈淑章 **(1906-1991)**

Zhong yu 重禹
FANG, GUI DE 方珪德 **(1922-)**

Zhong, Yu cao 钟玉操
GUO, WEI QIANG 郭伟强 **(1937-)**

ZHONG, YU GAO 钟裕高 **(1930-)**
Zhong gu 中谷

Zhong, Yuan 仲元
SHEN, YAN BING 沈雁冰 **(1896-1981)**

Zhong, Yuan 仲原
CHEN, PAN XU 陈磐绪 **(1940-)**

Zhong, Yuan 仲渊
SHA, ZHONG YUAN 沙重远 **(1901-1982)**

Zhong, Yuan 仲源
WANG, ZHONG YUAN 王仲源 **(1939-)**

Zhong, Yuan 钟元
SHEN, YAN BING 沈雁冰 **(1896-1981)**

Zhong, Yuan 钟元
SUN, XU PEI 孙旭培 **(1944-)**

Zhong, Yuan 钟远
WANG, ZHONG YUAN 王仲源 **(1939-)**

Zhong, Yuan 钟源
SUN, ZHONG YUAN 孙中原 **(1938-)**

Zhong, Zi yu 锺子玉
ZHANG, LI 张藜 (1932-)

Zhong, Zu 仲足
FENG, BIN FU 冯宾符 (1914-1966)

Zhou 周
ZHOU, SHU REN 周树人 (1881-1936)

Zhou, Ai jia 周艾佳
ZHOU, GUO CAN 周国粲 (1934-)

Zhou, Ai li 周艾黎
ZHOU, XIU ZHAN 周修展 (1925-)

ZHOU, AI MIN 周爱民 (1956-)
Ai, Min 艾民

Zhou, Ai ruo 周艾若
ZHOU, AI RUO 周爱若 (1927-)

ZHOU, AI RUO 周爱若 (1927-)
Zhou, Ai ruo 周艾若

ZHOU, AI WEN 周艾文 (1930-1987)
Xiao, Zhou 萧舟
Zhou, Zhi 周稚

Zhou, Bai di 周白棣
ZHOU, BO DI 周伯棣 (1900-1982)

Zhou, Bai fan 周白帆
LÜ, ZONG QUAN 吕宗权 (1928-)

ZHOU, BAI LIN 周柏林 (1951-)
Shu qiu 叔秋

Zhou, Bai ping 周白苹
REN, HU HUA 任护花

ZHOU, BANG SHI 周邦式
Bang shi 邦式
Shu zhai 恕斋

ZHOU, BAO TAI 周宝泰
Zhang, He 张荷
Zhou, Zui ping 周醉平
Zui ping 醉平

Zhou, Bao zhi 周保智
ZHOU, XI LIN 周希霖

Zhou, Bei hua 周偹华
ZHOU, PEI HUA 周佩华

Zhou, Beng wu 周菶梧
ZHOU, SHAO YI 周绍仪 (1908-1979)

Zhou, Bi 周彼
DENG, YING LIE 邓英烈 (1923-)

Zhou, Bi de 周比德
LUO, SHU FAN 罗树藩 (1917-1985)

Zhou, Bi tian 周碧天
QIAN, GUO RONG 钱国荣 (1919-)

Zhou, Bin 周彬
QIAN, JUN RUI 钱俊瑞 (1908-1985)

ZHOU, BIN 周斌 (-1933)
Fen nan yu xia 汾南渔侠
Fen nan yu yin 汾南渔隐
Yu xia 渔侠
Zhi qi 芷畦

ZHOU, BING 周兵 (1958-)
Fang, Ye 方夜
Lao li 老醨
Ning, Fu 宁弗
Zhou, Ya fei 周亚飞

Zhou bo 宙波
HE, ZE PEI 何泽沛 (1924-)

ZHOU, BO DA 周伯达 (1914-1947)
Bo da 伯达
Chu, Xiu 楚岫
De san 德三
Hui xing 慧星
Leng, Yun 冷云
Lian shan 憐山
Yi chuang 艺窗
Zhou, De san 周德三
Zhu, Ke 竹客

ZHOU, BO DI 周伯棣 (1900-1982)
Bai, Di 白棣
Zhou, Bai di 周白棣

ZHOU, BO NAI 周伯乃 (1934-)
Fan wen 帆稳
Fan ying 帆影
Feng, Jun 丰君

Zhou, Can 周粲
ZHOU, GUO CAN 周国粲 (1934-)

Zhou, Cang 舟倉
ZHOU, CHANG YI 周昌义 (1956-)

Zhou, Cang 周苍
ZHU, GUI ZHUO 朱桂棹 (1911-)

Zhou, Ce 周策
JIANG, XI JIN 蒋锡金 (1915-)

ZHOU, CE ZONG 周策纵 (1916-)
Ce zong 策纵

ZHOU, CEN QI 周岑琦 (1927-)
Cen, Ji 岑冀
Cen, Qi 岑琦

ZHOU, CHANG GU 周昌谷 (1929-)
Lao gu 老谷
Zhou, Chang gu 周昌穀

Zhou, Chang gu 周昌穀
ZHOU, CHANG GU 周昌谷 **(1929-)**

ZHOU, CHANG MING 周长明 **(1950-)**
Ning, Han 宁汉

Zhou, Chang ming 周昌明
ZHOU, WAN LIN 周万琳 **(1961-)**

Zhou, Chang nian 周长年
ZHOU, ZUO REN 周作人 **(1885-1967)**

ZHOU, CHANG QI 周昌岐 **(1921-)**
Cang qi 苍騎
Zhou, Mi 周密

ZHOU, CHANG SUO 周长锁 **(1955-)**
Xiao ge 晓歌

ZHOU, CHANG WEI 周昌伟 **(1938-)**
Jiang, Shang zhou 江上舟
Zhou hui 舟慧
Zhou, Wei 周伟

Zhou, Chang wu 周昌武
ZHOU, LI ZHANG 周礼章 **(1932-)**

ZHOU, CHANG YI 周昌义 **(1956-)**
Zhou, Cang 舟倉

ZHOU, CHAO WU 周超武 **(1928-)**
Jiang, Cheng 江城
Li, Bai di 黎白地
Zhou, Dai 周代

Zhou, Cheng 周澄
ZHOU, CHUN BO 周蓴波 **(1941-)**

Zhou, Cheng 周诚
LIU, QI RU 刘起儒 **(1927-)**

ZHOU, CHENG 周琤 **(1968-)**
Mei yin 玫尹

ZHOU, CHENG BIAO 周成儦 **(1927-)**
Zhou, Da 周达

ZHOU, CHENG SHU 周承澍 **(1902-1983)**
C jun C君
Jin, Gan 金干
Luo, Tuo 骆驼
Quan, Ping 全平
Ting sheng 霆生
Ting sheng 霆声
Zhen zhong 震仲
Zhou, Quan ping 周全平

ZHOU, CHENG WU 周程武 **(1937-)**
Shi, Yan 石言
Wen, Lei 文雷
Zhou, Lei 周雷

Zhou, Chi ming 周遲明
ZHOU, HU 周祜 **(1895-1975)**

ZHOU, CHI NAN 周炽南 **(1921-)**
Zhou, Guo jin 周国瑾

ZHOU, CHI XIA 周炽夏 **(1911-)**
Chi ya 炽亚
Zhou, Zi ya 周子亞

Zhou, Chong po 周崇坡
ZHOU, NAI YAO 周乃尧 **(1932-)**

Zhou, Chu 周触
HE, YONG XIANG 何永祥 **(1939-)**

ZHOU, CHUAN ZHI 周传枝 **(1922-)**
Zhou, Miao 周描
Zhou, Qing 周青

ZHOU, CHUN BO 周蓴波 **(1941-)**
Zhou, Cheng 周澄

ZHOU, CHUN LAI 周春来 **(1928-)**
Zhou, Xiang shan 周香山

Zhou, Chuo 周逴
ZHOU, SHU REN 周树人 **(1881-1936)**

Zhou, Chuo 周逴
ZHOU, ZUO REN 周作人 **(1885-1967)**

Zhou, Ci shi 周次石
FENG, RUN ZHANG 冯润章 **(1902-1994)**

Zhou, Ci shi 周茨石
FENG, RUN ZHANG 冯润章 **(1902-1994)**

ZHOU, CONG SHENG 周聪昇 **(1954-)**
Xiu zhi fu 休止符
Zhou, Qing xiao 周清啸

ZHOU, CUI DIAN 周翠钿
He zi 合子

ZHOU, CUI QING 周翠卿 **(1939-)**
Duo si 朵思
Yun ru 韻茹

Zhou, Cun 周村
SHEN, JIAN YING 沈剑英 **(1932-)**

ZHOU, CUN YUN 周存云 **(1967-)**
Lin, Ye 林野

Zhou, Da 周达
ZHOU, GANG MING 周刚明 **(1909-1981)**

Zhou, Da 周达
ZHOU, CHENG BIAO 周成儦 **(1927-)**

Zhou, Da 周达
ZHOU, DA BAO 周达宝 **(1928-)**

Zhou, Da 周达
ZHOU, TI 周倜 **(1934-)**

ZHOU, DA BAO 周达宝 (1928-)
Zhou, Da 周达

ZHOU, DA CHUAN 周大川 (1922-)
Zhou, Meng jiang 周梦江

Zhou, Da feng 周大风
ZHOU, ZHI HUI 周之辉 (1923-)

Zhou, Da kang 周大康
ZHOU, DA LU 周大鹿 (1922-)

ZHOU, DA LU 周大鹿 (1922-)
Da bing 大兵
Da kang 大康
Fang, Fang 方方
Li ang 里昂
Lü, Lin 吕林
Mo li 摩利
Ou yang, Wang hong 欧阳望红
Sheng ye 圣野
Si ma, Yun teng 司马云腾
Si ma, Zi lang 司马子朗
Tang, Ke 汤克
Wan, Bo 万波
Xiao fang 小方
Xiao, Lei 萧雷
Xiao yu 小宇
Xin ye 新野
Ye, Meng han 叶梦寒
Zhou, Da kang 周大康

ZHOU, DA PENG 周大鹏 (1947-)
Wen, Yi xi 闻一夕

ZHOU, DA PU 周大璞 (1909-)
Shi, Er 石耳

ZHOU, DA XIN 周大新 (1952-)
Pu, Du 普度
Wan ren 宛人

ZHOU, DA YUAN 周大源 (1922-)
Hong, Lei 洪蕾
Yu, Xin 余信
Zhou, Wei 周围

ZHOU, DA ZHENG 周大正 (1941-)
Zhou, Ding 周定

Zhou, Dai 周代
ZHOU, CHAO WU 周超武 (1928-)

Zhou, Dan hong 周丹虹
ZHOU, JI GANG 周纪纲 (1916-1968)

ZHOU, DAN YA 周丹亚 (1954-)
A dan 阿丹
Dan ya 丹亚
Zhen, Yan 甄言

Zhou, Dao 周到
XU, BAI RONG 徐柏容 (1922-)

Zhou, Dao 周到
ZHOU, YANG WU 周养吾 (1929-)

Zhou, Dao yi 周道夷
ZHU, JING ZHOU 朱镜宙 (1890-)

ZHOU, DE PEI 周德培 (1918-)
Zhou, Yi zhong 周一中

Zhou, De rang 周德让
ZHOU, ZU TAI 周祖泰 (1920-)

Zhou, De san 周德三
ZHOU, BO DA 周伯达 (1914-1947)

ZHOU, DE XIN 周德馨
De xin 德馨

ZHOU, DI 周荻 (1930-)
Guang hua 光华

Zhou, Di 周迪
YE, HONG 叶洪 (1920-)

Zhou, Ding 周丁
ZOU, WEI XI 邹维熙 (1927-)

Zhou, Ding 周定
ZHOU, DA ZHENG 周大正 (1941-)

Zhou, Ding 周鼎
ZHOU, QU WANG 周去往 (1931-)

ZHOU, DING SHAN 周定山 (1898-1976)
Yi hou 一吼

ZHOU, DING YI 周定一 (1913-)
Xu, Ling fang 许令芳
Yin meng 因梦
Yin, Meng hua 尹梦华
Zhou, Yin meng 周因梦

Zhou, Dong jun 周东郡
YANG, LIAN 杨镰 (1947-)

Zhou, Dong xuan 周动轩
ZHOU, SHU REN 周树人 (1881-1936)

Zhou, Dong ye 周東野
ZHOU, ZHI WEN 周志文 (1942-)

ZHOU, DU YOU 周笃佑 (1929-)
Zhu, Ma 竹马

ZHOU, E MEI 周娥眉 (1929-)
E mei 萼梅

ZHOU, EN 周恩 (1909-)
Xi yuan 翕园

ZHOU, EN LAI 周恩来 (1898-1976)
Chen guang 晨光

Chen, Guang 陈广
Da luan 大鸾
En lai 恩来
Fei 飞
Fei fei 飞飞
Fei fei 非非
Gu zhu ye ren 孤竹野人
Guan 冠
Guan sheng 冠生
Hu, Bi cheng 胡必成
Shao shan 少山
Wu 五
Wu 伍
Wu, Hao 伍豪
Xiang 翔
Xiang yu 翔宇
Yang, Yu zi 羊羽子
Zhou, Fei fei 周飞飞
Zhou, Shao shan 周少山
Zhou, Wu hao 周伍豪
Zhou, Xiang 周翔
Zhou, Xiang yu 周翔宇

Zhou, Er fu 周而复
ZHOU, ZU SHI 周祖式 **(1914-)**

ZHOU, ER XIAN 周尔贤
Bai, Li 柏李
Mei, Lang xian 梅朗贤

ZHOU, FA GAO 周法高 **(1915-)**
Zi fan 子範

ZHOU, FA SHU 周发书 **(1931-)**
Bai, Ting 白汀
Fa shu 发抒
Gao, Shan 高山

ZHOU, FA YANG 周发扬 **(1918-1984)**
Guo, Dong 国楝
Meng, Lin 孟林
Mu ren 牧人
Niu, Wen ren 牛文人
Xing hun 醒魂
Zhou, Mu ren 周牧人
Zhou, You guang 周又光

Zhou, Fan 周梵
KONG, FAN YAN 孔繁衍 **(1912-)**

ZHOU, FAN SHENG 周梵生
Wu liao ke 无聊客

ZHOU, FANG 周方
Jing an 静庵

ZHOU, FANG BAI 周方白 **(1906-)**
Zhou, Gui 周圭

Zhou, Fang gong 周舫公
ZHOU, ZHAO NAN 周召南 **(1902-1962)**

Zhou, Fei 周非
ZHOU, YUAN XUN 周元勋 **(1927-)**

Zhou, Fei fei 周飞飞
ZHOU, EN LAI 周恩来 **(1898-1976)**

ZHOU, FEN 周汾 **(1913-)**
Fen shui 分水
Guang bing 光冰
Zhong bai 衷白
Zhou, Fen shui 周分水

ZHOU, FEN LING 周芬伶 **(1955-)**
Shen, Jing 沈静

Zhou, Fen shui 周分水
ZHOU, FEN 周汾 **(1913-)**

Zhou, Feng 周峰
ZHOU, ZI ZHANG 周紫章 **(1932-)**

ZHOU, FENG 周峰 **(1957-)**
Xiao zhou 小舟

Zhou, Feng 周锋
ZHOU, ZI ZHANG 周紫章 **(1932-)**

ZHOU, FENG 周锋
Jiao feng 蕉风

ZHOU, FENG JI 周凤纪
Guan yu 观鱼

Zhou, Feng wu 周奉悟
ZHOU, SHAO YI 周绍仪 **(1908-1979)**

Zhou, Feng xiang 周凤翔
ZHOU, SHAO YI 周绍仪 **(1908-1979)**

ZHOU, FO HAI 周佛海 **(1897-1948)**
Fo hui tang 佛慧堂
Heng lu 恒庐
Wu xie 无懈

Zhou, Fu 周馥
HU, SHAN YUAN 胡山源 **(1897-1988)**

ZHOU, FU SHUN 周福顺 **(1917-1969)**
Xiao, Zhou 萧舟
Zhou, Xiao bo 周小波
Zhou, Xiao lou 周小樓

ZHOU, GANG 周刚 **(1961-)**
Gu, Chuan 谷川

ZHOU, GANG MING 周刚明 **(1909-1981)**
Da zhi 达之
Gang ming 鋼鳴
K ang, Min 康敏
Zhou, Da 周达
Zhou, Gang ming 周鋼鳴

Zhou, Gang ming 周鋼鳴
ZHOU, GANG MING 周刚明 **(1909-1981)**

Zhou, Ge 周戈
XIA, DE QI 夏得齐 **(1915-)**

Zhou ge 舟戈
ZHOU, MING JIAN 周明鉴 **(1956-)**

Zhou, Ge xin 周鸽心
ZHOU, YU RONG 周玉容 **(1936-)**

ZHOU, GENG SHENG 周鲠生 **(1889-1971)**
Zhou, Lan 周覽

Zhou, Gong 周公
GAO, DE XIONG 高德雄 **(1918-1981)**

Zhou, Gong 周公
ZHOU, YI FU 周亦甫

Zhou, Gong zhi 周公之
ZOU, DI FAN 邹荻帆 **(1917-1995)**

ZHOU, GU CHENG 周谷城 **(1898-)**
Hu, Man ci 胡曼慈

Zhou, Gu yang 周谷扬
ZHOU, YANG 周扬 **(1908-1989)**

Zhou, Gu ying 周谷应
ZHOU, YANG 周扬 **(1908-1989)**

ZHOU, GUAN WU 周观武 **(1944?-)**
Bai, Ning 白凝
Liang, Ren 梁任
Ren, Ping sheng 任平生
Zhai, Xia 翟夏
Zhou, Nan 周楠

ZHOU, GUANG DOU 周光斗 **(1920-)**
Bai, Lang 白浪
Jian fei 剑飞
Shao zuo 少左
Wang yu 望雨

ZHOU, GUANG MIN 周光民 **(1938-)**
Ji, Ai mu 季艾木

ZHOU, GUANG ZENG 周光曾 **(1929-)**
Zhou, Jing 周竟
Zhou, Jing 周兢

Zhou, Gui 周圭
ZHOU, FANG BAI 周方白 **(1906-)**

ZHOU, GUI SHENG 周桂生 **(1885-1911)**
Gui, Sheng 桂生
He, Jing 和劲
Jian ling 剑灵
Shan yang jiu tu 山阳酒徒
Wei dan 蔚丹
Wu jin 无尽
Wu jin an 无尽庵
Wu, Jing 吴劲
Zhou, Shi 周实
Zhou, Shi dan 周实丹

Zhou, Gui sheng 周桂笙
ZHOU, SHU KUI 周树奎 **(1873-1936)**

ZHOU, GUO CAN 周国粲 **(1934-)**
Ai, Jia 艾佳
Ao si 奥斯
Jiang, Shang yun 江上云
Lin, Zhong yue 林中月
Mao, Zhi 毛豸
Qiu, Du 丘渡
Qiu, Ling 丘陵
Xin, Yi 辛夷
Yu, Yin 郁因
Zhou, Ai jia 周艾佳
Zhou, Can 周粲
Zhou, Zhi xiang 周志翔

ZHOU, GUO HUI 周国辉 **(1929-)**
Fa yang 发扬
Lü yin 绿茵
Ou yang, Yan 欧阳雁
Qing ye 青野
Yang, Hong 扬虹
Yang, Yang 扬扬
Zhou, Yao feng 周尧封
Zhou, Yi 周漪
Zhou, Ying nan 周颖南

ZHOU, GUO HUI 周国辉 **(1965-)**
Jiang, He 江荷

Zhou, Guo jin 周国瑾
ZHOU, CHI NAN 周炽南 **(1921-)**

Zhou, Guo jun 周果君
ZHOU, YING PING 周英平 **(1917-)**

ZHOU, GUO KUN 周国坤 **(1925-)**
Bai, He 白合

ZHOU, GUO WEI 周国伟
Guo wei 国伟
Luo luo 落落
Zhe 蜇

ZHOU, GUO XIAN 周国贤 **(1894-1968)**
He xuan 荷轩
Huai, Lan 怀兰
Juan 鹃
Lan, An 兰庵
Mei, Qiu 梅丘
Mei, Wu 梅屋
Qi hong 泣紅
Qie zhu 且住

Shou juan 瘦鹃
Wu jiu sheng 五九生
Wu men shou juan 吴門瘦鹃
Xia chen 侠塵
Xiang xue yuan zhu ren 香雪园主人
Yi lan shi zhu 憶兰室主
Zhou, Shou juan 周瘦鹃
Zi lan zhu ren 紫兰主人
Zi luo lan an zhu ren 紫罗兰盦主人
Zi luo lan zhu ren 紫罗兰主人

Zhou hai 舟海
ZHOU, KAI 周楷 **(1937-)**

Zhou, Han 周寒
CHEN, JUN SHAN 陈君山 **(1922-)**

Zhou, Han 周翰
YANG, ZHOU HAN 杨周翰 **(1915-)**

Zhou, Han feng 周寒峰
ZHOU, ZHONG XUN 周仲勋 **(1925-)**

Zhou, Han ping 周汉平
ZHOU, ZHEN QIU 周振球 **(1920-)**

ZHOU, HAN QIANG 周汉强 **(1950-)**
Zhou, You 周游

Zhou, Hao ran 周浩然
ZHOU, SHI CHAO 周世超 **(-1939)**

ZHOU, HAO ZHENG 周浩正 **(1941-)**
Zhou, Ning 周宁

Zhou, He 周和
DI, WEI JING 邸维精 **(1927-)**

Zhou, He 周鹤
ZHOU, HE GUAN 周鹤官 **(1931-)**

ZHOU, HE DONG 周河冬 **(1923-)**
He, Man zi 河满子
Shi, Qian 史倩

ZHOU, HE GUAN 周鹤官 **(1931-)**
Zhou, He 周鹤

ZHOU, HE TING 周鹤亭 **(1933-1980)**
Xiao yi 晓一

ZHOU, HENG 周恒
Zhang, Yu 张宇

ZHOU, HENG 周珩 **(1928-)**
Zhou, Zhong ying 周仲瑛

Zhou, Hong 周虹
ZHOU, JIAN MING 周鉴铭 **(1935-)**

ZHOU, HONG JUN 周鸿俊 **(1935-)**
Hong zhou 红舟

ZHOU, HONG QING 周泓清
Han ou 寒鸥
Shao, Ping 邵萍

Zhou hong xing 舟红行
ZHOU, HONG XING 周红兴 **(1936-)**

ZHOU, HONG XING 周红兴 **(1936-)**
Xiong fei 雄飞
Zhou hong xing 舟红行
Zhou, Hong xing 周宏兴
Zhou, Ji 周佶

Zhou, Hong xing 周宏兴
ZHOU, HONG XING 周红兴 **(1936-)**

ZHOU, HONG YE 周宏业 **(1878-)**
Bo xun 伯勋
Zhou, Kui 周逵

ZHOU, HU 周祜 **(1895-1975)**
Zhou, Chi ming 周遲明

Zhou, Hua 周化
LI, JIAN QING 李建庆 **(1925-)**

Zhou, Hua man 周华鬘
ZHOU, JIAN XIAO 周剑箫 **(1911-1992)**

Zhou, Hua yan 周华严
ZHOU, JIAN XIAO 周剑箫 **(1911-1992)**

Zhou, Huai 周怀
LIN, BAO HUA 林保华 **(1938-)**

ZHOU, HUAI QIU 周怀求 **(1912-1966)**
Xiao zhou 筱舟
Zhou, Xiao zhou 周小舟

Zhou, Huan 周唤
ZHOU, HUAN HUAN 周焕欢 **(1940-)**

ZHOU, HUAN HUAN 周焕欢 **(1940-)**
He, Yuan 何原
Xiao lao bian 小老编
Zhou, Huan 周唤

Zhou hui 舟慧
ZHOU, CHANG WEI 周昌伟 **(1938-)**

Zhou hui fan 舟挥帆
KE, WEI 柯巍 **(1938-)**

Zhou, Hui jun 周慧君
LI, RONG PEI 李荣培 **(1903-1981)**

Zhou, Ji 周佶
ZHOU, HONG XING 周红兴 **(1936-)**

ZHOU, JI 周济 **(1921-)**
Hu, Wu 胡五

Zhou, Ji 周楫
ZHOU, YONG TAI 周永太 **(1941-)**

ZHOU, JI CHANG 周姬昌 **(1928-)**

Chang, Chun 常春
Zhou, Ye 周烨
Zhou, Ying 周英

ZHOU, JI GANG 周纪纲 (1916-1968)
Da hui 大辉
Dan hong 丹虹
Li, Wen 李文
Yi, Bing 伊兵
Zhou, Dan hong 周丹虹

Zhou, Ji guang 周吉光
HUANG, HUI FU 黄恢复 (1917-)

ZHOU, JI HONG 周纪洪 (1953-)
Ji hong 骥宏
Wen, Jie fu 闻介夫
Zhou, Ji hong 周继鸿
Zhou shan 舟山

Zhou, Ji hong 周继鸿
ZHOU, JI HONG 周纪洪 (1953-)

Zhou, Ji liang 周骥良
JIA, JIU ZHEN 贯究真 (1921-)

ZHOU, JI REN 周吉仁 (1919-1995)
Zhou, Ke nan 周克難

ZHOU, JI REN 周济人 (1932-)
Xu, Xun 徐迅

ZHOU, JI WEN 周纪文 (1941-)
Wu wei 无为

Zhou, Ji ye 周戟野
ZHANG, SHI YI 张师顗 (1921-)

ZHOU, JI ZHANG 周玑璋 (1904-1981)
Bai, Ou 白鸥
Zhou, Xiao xing 周小星

Zhou, Jian 周建
WANG, MING XIN 王明新 (1925-)

Zhou, Jian 周健
FU, RUI JIN 符瑞金 (1906-)

Zhou, Jian 周健
ZHOU, JIAN YI 周建一 (1931-)

Zhou, Jian 周筧
ZHOU, YANG 周扬 (1908-1989)

Zhou, Jian duan 周简段
SI TU, BING HE 司徒丙鹤 (1916-)

ZHOU, JIAN FU 周坚夫 (1926?-)
Jian fu 剑父
Jian fu 鑑甫

Zhou, Jian hua 周建华
DENG, XIAO CUN 邓晓村 (1913-1937)

Zhou, Jian meng 周健孟
ZHOU, JIAN REN 周建人 (1888-1984)

ZHOU, JIAN MING 周鉴铭 (1935-)
Zhou, Hong 周虹

Zhou, Jian qiu 周剪秋
ZHOU, YUAN BIN 周元斌 (1915-)

ZHOU, JIAN REN 周建人 (1888-1984)
Gao, Shan 高山
Jian ren 建人
Ke shi 克士
Li, Zheng 李正
Qiao, Feng 喬风
Qiao, Feng 喬峯
Shan shou 杉寿
Song san 松三
Song shan 松山
Song shan 嵩山
Zhou, Jian meng 周健孟
Zhou, Jian ren 周鑒人
Zhou, Qiao feng 周喬峯
Zhou, Song nian 周松年
Zhou, Song shou 周松寿

Zhou, Jian ren 周鑒人
ZHOU, JIAN REN 周建人 (1888-1984)

ZHOU, JIAN SHI 周剑石 (1956-)
Shi, Ye 石也
Zi chuan 子川

ZHOU, JIAN XIAO 周剑箫 (1911-1992)
Du, Xi bing 杜惜冰
Feng, Zou 冯騶
Gong, Min 龚敏
Hua 华
Hua, Man 华鬘
Hua, Yan 华严
Jing bo 静波
Li, Yi qun 黎翼群
Lin, Yi jun 林逸君
Lin, Zhi shi 林志石
Lin, Zhi shi 林智石
Liu, Cheng 刘诚
Liu, Heng 柳衡
Liu, Jin 柳金
Liu, Pan 刘槃
Liu, Wen ying 柳文英
Man 鬘
Mei shi 玫史
Miao, Lie 苗埒
Miao, Pou 苗埒
Wang, Dai liang 王代梁
Wang wen 罔闻
Wang, Yi An 王易庵
Wei yue yan 危月燕

Wu, Yi An 吴易庵
Xiao, Jian zhou 萧剑周
Yu, Zheng 俞徵
Zhou, Hua man 周华鬘
Zhou, Hua yan 周华严
Zhou, Leng jia 周楞伽
Zhou, Ru hui 周如晖
Zhou, Yan 周燕
Zhou, Yi 周夷

ZHOU, JIAN YI 周建一 **(1931-)**
Zhou, Jian 周健

Zhou, Jian yi 周殲夷
ZHOU, LIANG JI 周良骥 **(1916-)**

ZHOU, JIAN YUN 周剑云 **(1893-1967)**
Jian yun 剑云

Zhou, Jiang feng 周江丰
ZHOU, JIE FU 周介福 **(1910-1982)**

ZHOU, JIAO 周皎 **(1930-)**
Mai, Lu 麦露

Zhou, Jie 周洁
ZHOU, PEI YING 周培瑛 **(1951-)**

ZHOU, JIE CHEN 周介尘 **(1920-)**
Wen, Zong 文宗

ZHOU, JIE FU 周介福 **(1910-1982)**
Gao, Gang 高崗
Gu lin 固林
Jiang, Feng 江烽
Jiang, Feng 江丰
Jie fu 介福
Zhou, Jiang feng 周江丰
Zhou, Xi 周熙

ZHOU, JIE FU 周洁夫 **(1917-1966)**
Lei, Gong 雷弓
Li, Da guang 李大光
Li, Da xing 李大兴
Si ye 思叶

ZHOU, JIE REN 周介人 **(1942-)**
Sang, Cheng 桑城

Zhou, Jin 周金
CHEN, SHANG YOU 陈尚友 **(1904-1989)**

ZHOU, JIN HAI 周金海 **(1913-)**
Li da 力达
Li da 立达

ZHOU, JIN JUE 周今觉
Mei quan 美权
Wu gong 怃公

Zhou, Jin man 周金满
YE, SHI TAO 叶石涛 **(1925-)**

Zhou, Jing 周经
ZHAO, SHU LI 赵树礼 **(1906-1970)**

Zhou, Jing 周竟
ZHOU, GUANG ZENG 周光曾 **(1929-)**

Zhou, Jing 周敬
GAO, QING ZHOU 高擎洲 **(1920-)**

Zhou, Jing 周兢
ZHOU, GUANG ZENG 周光曾 **(1929-)**

ZHOU, JING MING 周京明 **(1962-)**
Jin ming 今明

ZHOU, JING RONG 周静容
Yi xin 一心

ZHOU, JING WEN 周鲸文 **(1908-1985)**
Chang bai shan ren 长白山人

Zhou, Jing xing 周景行
LU, QI ZHI 鲁启智 **(1924-)**

ZHOU, JING ZHI 周景治 **(1929-)**
Hai, Xiao 海啸
Zhou, Shao hua 周韶华

Zhou, Jiu 周九
XU, JIE 许杰 **(1901 1993)**

ZHOU, JUAN GU 周娟姑 **(1933-)**
Xu ming 旭明

ZHOU, JUE 周觉 **(-1933)**
Bai, Nian 柏年
Yan ling 延龄
Yi jiao bai nian 一觉百年

ZHOU, JUE LIANG 周珏良 **(1916-)**
He zhong 合仲
Shu chao 書巢

Zhou, Jun 周军
ZHOU, JUN 周钧 **(1930-)**

ZHOU, JUN 周俊 **(1956-)**
Fang, Zhou 方舟

ZHOU, JUN 周钧 **(1930-)**
Zhou, Jun 周军

ZHOU, JUN 周骏 **(1928-)**
Zhou, Kai guo 周开国

Zhou, Jun bin 周俊斌
ZHOU, MI 周密 **(1923-)**

ZHOU, JUN JIE 周俊杰 **(1941-)**
Lu, Yan 鲁岩

ZHOU, KAI 周楷 **(1937-)**
Zhou hai 舟海

Zhou, Kai guo 周开国

ZHOU, JUN 周骏（1928- ）

ZHOU, KAI QING 周开庆（1906- ）
Er wang 尔忘
Hua, Sheng 华生
Huai, Xxiang 怀襄
Jian lu 健庐
Shu hun 蜀魂
Yu sheng 馀生

Zhou, Kang 周康
JIANG, XI JIN 蒋锡金（1915- ）

ZHOU, KANG MEI 周抗美（1950- ）
Wei shui 渭水

ZHOU, KANG NAN 周康南（1918- ）
Chu, Yu 楚语
Ye, Sai 叶塞
Zhou, Sha chen 周沙尘

ZHOU, KANG YUAN 周康元
Zhou, Xi ding 周希丁

Zhou, Ke 周柯
CHEN, JUN HUA 陈骏华（1936- ）

Zhou, Ke nan 周克難
ZHOU, JI REN 周吉仁（1919-1995）

Zhou, Ke nian 周克年
ZHOU, XIU ZHAN 周修展（1925- ）

Zhou, Ke qin 周克芹
ZHOU, KE QIN 周克勤（1936- ）

ZHOU, KE QIN 周克勤（1936- ）
Zhou, Ke qin 周克芹

ZHOU, KE XIU 周克秀（1943- ）
Zhou, Xin 周鑫

Zhou, Ku yu 周苦雨
ZHOU, ZUO REN 周作人（1885-1967）

Zhou, Kui 周逵
ZHOU, HONG YE 周宏业（1878- ）

Zhou, Kui 周葵
YAO, ZHENG XING 姚正兴（1944- ）

Zhou, Kui shou 周樾寿
ZHOU, ZUO REN 周作人（1885-1967）

ZHOU, KUN 周坤（1828- ）
Bai, Song 白松

Zhou, Lai 周来
MA, YAO XU 马耀煦（1921- ）

Zhou, Lai 周莱
MA, YAO XU 马耀煦（1921- ）

ZHOU, LAI XIANG 周来祥（1929- ）
Lai xiang 来祥

Zhou, Lan 周覽
ZHOU, GENG SHENG 周鯁生（1889-1971）

Zhou, Lei 周雷
ZHOU, CHENG WU 周程武（1937- ）

Zhou, Leng jia 周楞伽
ZHOU, JIAN XIAO 周剑箫（1911-1992）

Zhou, Li 周礼
LI, JIAN QING 李建庆（1925- ）

Zhou, Li an 周黎庵
ZHOU, SHAO 周劭（1916- ）

Zhou, Li bo 周立波
ZHOU, SHAO YI 周绍仪（1908-1979）

Zhou, Li feng 周立风
ZHOU, YI QUN 周逸群（1896-1931）

ZHOU, LI GUANG 周丽光
Ge, Ren 戈人

ZHOU, LI MING 周理明（1927- ）
He zi 禾子
Li, Ming 黎明

Zhou, Li sha 周丽砂
ZHOU, PING YE 周平野（1916- ）

ZHOU, LI TAI 周礼泰（1925- ）
Zhou, Zun rang 周尊攘

ZHOU, LI ZHANG 周礼章（1932- ）
Jie, Xiao 揭晓
Zhou, Chang wu 周昌武

Zhou, Liang 周亮
ZHOU, XI XIAN 周希宪（1935- ）

ZHOU, LIANG 周亮
Liang cai 亮才
Tian shi 天石

ZHOU, LIANG JI 周良骥（1916- ）
He, Li shan 何立山
Jun bo 骏伯
Jun yu nü shi 俊玉女士
Peng, Nian 彭年
Zhi jing 志静
Zhou, Jian yi 周瀸夷
Zhou, Wei zhi 周巍峙

ZHOU, LIANG LIANG 周两亮（1933- ）
Zhou, Liang liang 周谅量

Zhou, Liang liang 周谅量
ZHOU, LIANG LIANG 周两亮（1933- ）

Zhou, Liang si 周良思
YU, BING KUN 于炳坤（1934- ）

Zhou, Lin rui 周麟瑞
ZHOU, ZHEN FU 周振甫 (1911-)

ZHOU, LING LING 周玲玲
Shui, Ling 水菱

Zhou, Long 周龙
JIA, LAN PO 贾兰坡 (1908-)

Zhou, Lu 周鲁
CHAI, ZHI YING 柴之英 (1928-)

ZHOU, LU 周輅 (1916-)
Chen, Zhi 陈芝
Shi, Tian qing 石天青
Tong feng lou zhu ren 通风楼主人

ZHOU, LU QUAN 周鲁泉 (1917-1983)
Cheng pu 逞普
Ding, Yi 丁乙
Fang ping 芳萍
Hai, Feng 海枫
Huang xing 荒星
Lu hong 芦荭
Lu, Quan 鲁泉
Lü sha 绿莎
Luo sha 洛沙
Luo sha 硌砂
Luo, She 駱赦
Shi, Nian 史年
Xiao, Zhou 萧舟
Yuan, Ze 袁則
Zhou, Si yi 周思义

ZHOU, LU SHI 周路石 (1924-)
Bao, Cheng 宝诚

ZHOU, LUN YUAN 周抡元 (1899-)
Xiu sheng 岫生

ZHOU, LUO XIA 周落霞 (1937-)
Chen, Li tian 陈立天
Ding, Zhu jun 丁竹君
Jiang, Ying lan 江映瀾
Tang, Li si 唐麗思
Xie, Yu ning 謝雨凝
Yu ning 雨凝

ZHOU, MEI JUAN 周美娟 (1940-)
A juan 阿娟
Wan qing 晚晴
Yi zhou 一舟

Zhou, Meng die 周梦蝶
ZHOU, QI SHU 周起述 (1920-)

Zhou, Meng die 周梦蝶
TI, YUE PIN 提曰品 (1931-)

Zhou, Meng jiang 周梦江
ZHOU, DA CHUAN 周大川 (1922-)

ZHOU, MENG PU 周孟璞 (1923-)
Bai, Tang 白唐

ZHOU, MENG XIAN 周孟贤 (1944-)
Meng, Zhi 孟之

Zhou, Mi 周宓
KONG, FAN YAN 孔繁衍 (1912-)

Zhou, Mi 周密
BAO, WEN DI 包文第 (1920-)

Zhou, Mi 周密
ZHOU, CHANG QI 周昌岐 (1921-)

ZHOU, MI 周密 (1923-)
Zhou, Jun bin 周俊斌

Zhou, Mi 周密
LIU, REN YONG 刘仁勇 (1927-)

Zhou, Mi 周密
ZHOU, MI MI 周蜜蜜 (1953-)

Zhou, Mi 周蜜
ZHOU, MI MI 周蜜蜜 (1953-)

Zhou, Mi mi 周密密
ZHOU, MI MI 周蜜蜜 (1953-)

ZHOU, MI MI 周蜜蜜 (1953-)
Fang, Yu 方宇
Mi mi 密密
Mi mi 蜜蜜
Ming er 鸣儿
Si, Hou sheng 斯后生
Yun, Nan 云囡
Zhou, Mi 周密
Zhou, Mi 周蜜
Zhou, Mi mi 周密密

Zhou, Miao 周描
ZHOU, CHUAN ZHI 周传枝 (1922-)

ZHOU, MIAO 周淼 (1939-)
Zhou, Miao 周渺

Zhou, Miao 周渺
ZHOU, MIAO 周淼 (1939-)

ZHOU, MIN 周珉
Xiao ming 箫鸣

Zhou, Min 周敏
YANG, JIA WEN 杨家文 (1923-)

ZHOU, MIN ZHEN 周民震 (1932-)
Wu, Niu 乌牛
Ye ping 野萍
Zhuang, Mu 庄牧

ZHOU, MING 周明 (1935-)
Zhou zhi 舟之

ZHOU, MING 周明
Ji chou 疾仇
Liang fu 亮夫
Liang fu 量富

ZHOU, MING JIAN 周明件（**1925-** ）
Lei, Ben 雷奔
Song, Lei 宋垒

ZHOU, MING JIAN 周明鉴（**1956-** ）
Zhou ge 舟戈

ZHOU, MING KUI 周明夔（**1899-1970**）
Cang yan 滄衍
Shui, Yue guang 水月光
Yan ji 演济
Yun, Yin 云音
Zhou, Shu jia 周叔迦

ZHOU, MING TAI 周明泰（**1896-** ）
Zhou, Zhi fu 周志輔

ZHOU, MO 周默
Jun shi 君实
Yan, Nian 延年
Zi mei 子美

Zhou, Mu 周牧
ZHOU, WEN QUAN 周文全（**1934-** ）

ZHOU, MU BIN 周慕斌（**1954-** ）
Shuo mo 朔漠

Zhou, Mu ren 周牧人
ZHOU, FA YANG 周发扬（**1918-1984**）

Zhou, Mu yi 周慕颐
ZHOU, YI BAI 周夷白（**1900-1977**）

ZHOU, MU ZHAI 周木斋（**1910-1941**）
Bian wei 辨微
Ji, Guang 吉光
Lie yu 列禦
Mu zhai 木斋
Shu, Yu 树榆
Wen, Wen 闻问
Xiao mu zhai 小木斋
You tai 猶太
Zhang, Zhen wen 张振闻
Zhen 振
Zhen wen 振闻
Zhou, Pu 周樸
Zun wen 尊闻

Zhou, Na 周纳
ZHAO, HONG EN 赵鸿恩（**1911-** ）

ZHOU, NAI YAO 周乃尧（**1932-** ）
Bu gu 不古
Zhou, Chong po 周崇坡
Zou, Hua 邹华

Zhou, Nan 周南
WAN, WEI ZHOU 万苇舟（**1925-** ）

Zhou, Nan 周南
LI, CHANG WEI 李长蔚（**1926-** ）

Zhou, Nan 周南
GAO, QING CONG 高庆琮（**1928-** ）

Zhou, Nan 周南
GAO, QING LIAN 高庆琏

Zhou, Nan 周楠
ZHOU, GUAN WU 周观武（**1944?-** ）

Zhou, Ni 周尼
YUAN, WEN SHU 袁文枢（**1910-1993**）

Zhou, Ning 周宁
ZHOU, HAO ZHENG 周浩正（**1941-** ）

ZHOU, PEI HUA 周佩华
Zhou, Bei hua 周倍华

ZHOU, PEI LI 周培礼（**1938-** ）
Bai, Qiu yi 白求易
Chun shan 春山
Huai, Xiu 怀秀
Xiang, Nan 向南

ZHOU, PEI YI 周培艺（ **-1958**）
Su yuan 素园
Xin hai tong zhi hou si zhe 辛亥同志後死者

ZHOU, PEI YING 周培瑛（**1951-** ）
Li, Peng peng 李芃芃
Zhou, Jie 周洁

Zhou, Ping 周平
LIU, SI HAI 刘斯海（**1919-** ）

Zhou, Ping 周平
SHEN, XIAO HUI 沈孝辉（**1944-** ）

ZHOU, PING YE 周平野（**1916-** ）
Li, Sha 李沙
Li sha 丽砂
Ping, Ye 平野
Qing guo 青果
Qun li 群力
Zhou, Li sha 周丽砂

ZHOU, PING ZHI 周平之（**1934-** ）
Zhou, Yu 周愚

Zhou, Pu 周樸
ZHOU, MU ZHAI 周木斋（**1910-1941**）

Zhou, Pu shi 周樸士
ZHOU, ZUO REN 周作人（**1885-1967**）

ZHOU, QI 周琪（**1915-1944?**）
Qi zi 琪子

ZHOU, QI 周琪 **(1917-　　)**
Ye, Han 叶菡

Zhou, Qi meng 周启孟
ZHOU, ZUO REN 周作人 **(1885-1967)**

Zhou, Qi meng 周起孟
ZHOU, ZUO REN 周作人 **(1885-1967)**

Zhou, Qi ming 周启明
ZHOU, ZUO REN 周作人 **(1885-1967)**

ZHOU, QI SHU 周起述 **(1920-　　)**
Zhou, Meng die 周梦蝶

Zhou, Qi ying 周起应
ZHOU, YANG 周扬 **(1908-1989)**

Zhou, Qi ying 周起膺
ZHOU, SHAO YI 周绍仪 **(1908-1979)**

Zhou, Qi zi 周弃子
ZHOU, XUE FAN 周学藩 **(1912-　　)**

Zhou, Qiao feng 周乔峰
ZHOU, SHU REN 周树人 **(1881-1936)**

Zhou, Qiao feng 周乔峯
ZHOU, JIAN REN 周建人 **(1888-1984)**

Zhou, Qin 周秦
ZHOU, YING PEI 周应培 **(1917-　　)**

Zhou, Qin 周秦
XIE, ZHEN DONG 谢振东 **(1930-　　)**

Zhou, Qing 周青
ZHOU, CHUAN ZHI 周传枝 **(1922-　　)**

ZHOU, QING HE 周清河 **(1950-　　)**
Jun kang 儁康
Wei yan 微言

ZHOU, QING NING 周庆宁 **(1953-　　)**
Zhou, Rui 周锐

ZHOU, QING TAO 周庆陶 **(1912-　　)**
Liu, Men 柳門
Liu ying 流螢

Zhou, Qing xiao 周清啸
ZHOU, CONG SHENG 周聪昇 **(1954-　　)**

ZHOU, QING YUN 周庆云 **(1864-1933)**
Chen feng lu 晨风庐
Chen feng lu zhu 晨风庐主
Hua e lou 华萼楼
Mei hua xian guan 梅花仙舘
Meng po 梦坡
Meng po shi 梦坡室
Xiang ling 湘舲
Yi yuan 怡园

Zhou, Qiu zi 周秋紫
LI, XI 李希 **(1911-1989)**

Zhou, Qu 周蘧
ZHOU, YU MAO 周毓懋 **(1898-1981)**

ZHOU, QU WANG 周去往 **(1931-　　)**
Zhou, Ding 周鼎

Zhou, Quan ping 周全平
ZHOU, CHENG SHU 周承澍 **(1902-1983)**

ZHOU, QUAN SHI 周全世 **(1956-　　)**
Zhan chao 战朝

Zhou, Ren 周人
WANG, SHAO JI 汪绍箕 **(1906-　　)**

Zhou, Rong 周容
ZHONG, FENG MEI 钟逢美 **(1914-　　)**

Zhou, Rong 周容
JIN, ZHI MANG 金枝芒

Zhou, Rong yao 周荣耀
ZHOU, SAN YUE 周三月 **(1950-　　)**

ZHOU, RU CHANG 周汝昌 **(1918-　　)**
Cang yu 苍禹
Cha ke 茶客
Gu, Yan 顾研
Li, Yu cun 李渔邨
Min an 敏庵
Nian shu 念述
Shi, Wu 石武
Shi yan 师言
Shou kang 寿康
Sun, Mo 孫模
Xue xi 雪羲
Yu gong 玉工
Yu qing 玉青
Yu yan 玉言

Zhou, Ru hui 周如晖
ZHOU, JIAN XIAO 周剑箫 **(1911-1992)**

ZHOU, RU QIAN 周汝谦 **(1923-　　)**
Jing bo 敬伯

Zhou, Rui 周锐
ZHOU, QING NING 周庆宁 **(1953-　　)**

ZHOU, RUI HUA 周瑞华 **(1918-　　)**
A lin 阿林
Song lin 松林
Zhou, Wei lin 周微林

ZHOU, RUI JIN 周瑞金
Huang fu, Ping 皇甫平

ZHOU, RUI LIN 周瑞麟 **(1943-　　)**
Qiao, Lin 乔林

ZHOU, RUI ZHUANG 周瑞莊 **(1930-　　)**

Rui zhuang 睿莊

Zhou, Ruo mu 周若牧
LIU, XI RONG 刘锡荣 **(1920-)**

Zhou, San ji 周三吉
FU, RUI JIN 符瑞金 **(1906-)**

ZHOU, SAN YUE 周三月 **(1950-)**
Wan ren 皖人
Zhou, Rong yao 周荣耀

ZHOU, SEN 周森 **(1931-)**
Gu, Qu lang 顾曲郎

Zhou, Sha chen 周沙尘
ZHOU, KANG NAN 周康南 **(1918-)**

Zhou, Shan 周山
YANG, JIA CHANG 杨嘉昌 **(1914-)**

Zhou, Shan 周珊
ZHANG, WEN YUAN 张文苑 **(1926-)**

Zhou shan 舟山
ZHOU, SU SHAN 周素珊 **(1922-)**

Zhou shan 舟山
ZHENG, KE XI 郑克西 **(1929-)**

Zhou shan 舟山
ZHOU, JI HONG 周纪洪 **(1953-)**

ZHOU, SHAN HU 周山湖 **(1947-)**
Shan quan 珊泉

ZHOU, SHAN PEI 周善培 **(1876-)**
Xiao huai 孝怀

ZHOU, SHAO 周劭 **(1916-)**
Gong xi hua 公西华
Huang, Song yan 黄松岩
Ji, Li 吉力
Ji, Li 吉立
Li, An 黎庵
Li kan 笠堪
Shao 劭
Xi hua 西华
Yuan, Xian 原宪
Zheng, Shi wo 郑适我
Zhou, Li an 周黎庵

Zhou, Shao hua 周韶华
ZHOU, YU MING 周玉铭 **(1925-)**

Zhou, Shao hua 周韶华
ZHOU, JING ZHI 周景治 **(1929-)**

Zhou, Shao hua 周韶华
HU, MING 胡明

ZHOU, SHAO LIANG 周绍良
Yi su 一粟

Zhou, Shao shan 周少山
ZHOU, EN LAI 周恩来 **(1898-1976)**

ZHOU, SHAO XI 周韶西 **(1961-)**
Zi mo 訾墨

ZHOU, SHAO YI 周绍仪 **(1908-1979)**
Ben she 本社
Beng wu 搼梧
Feng xiang 凤翔
Han, Han ming 韩罕明
Li bo 立波
Li, Zheng ming 李正名
Mu, Xin 穆辛
Xiao ni 小妮
Ya 雅
Ya ge 雅歌
Yi ke 一柯
Zhang, Shang bin 张尚斌
Zhang, Yi ke 张一柯
Zhou, Beng wu 周搼梧
Zhou, Feng wu 周奉梧
Zhou, Feng xiang 周凤翔
Zhou, Li bo 周立波
Zhou, Qi ying 周起膺

ZHOU, SHAO YI 周绍颐 **(1930-)**
Chu, Tian 楚天
Mei, Yi 梅艺

ZHOU, SHEN MING 周申明 **(1936-)**
Hua, Dai 华岱

ZHOU, SHENG DONG 周胜栋 **(1950-)**
Zhou, Yu dong 周于栋

Zhou, Shi 周实
ZHOU, GUI SHENG 周桂生 **(1885-1911)**

ZHOU, SHI CHAO 周世超 **(-1939)**
Jue min 觉民
Ming 明
Xin ying 心影
Zhou, Hao ran 周浩然

ZHOU, SHI CHENG 周诗成 **(1925-)**
Bai, Sha 白沙
Jing wei 经纬

ZHOU, SHI CHU 周士楚 **(1895-1975)**
Qi lin tong 麒麟童
Zhou, Xin fang 周信芳

Zhou, Shi dan 周实丹
ZHOU, GUI SHENG 周桂生 **(1885-1911)**

ZHOU, SHI DI 周士第 **(1900-1979)**
Zhou, Shi ti 周士梯

Zhou, Shi ti 周士梯
ZHOU, SHI DI 周士第 **(1900-1979)**

Feng, Yu 丰餘
Feng, Yu 封餘
Feng, Zhi yu 丰之餘
Feng zi zhe 风子者
Fu, Ling 符灵
Fu, Zi zhang 宓子章
Gai yuan 该员
Gan 干
Gan 幹
Ge, He de 葛何德
Geng 庚
Geng chen 庚辰
Geng yan 庚言
Gong, Han 公汗
Gong, Zhi 公直
Gu 谷
Gu, Lang 顾琅
Gu shu 固树
Guan, Dao qing 关道清
He, Dan hong 何丹红
He, Gan 何干
He, Jia gan 何家干
Hu meng 弧孟
Hua, Wei 华围
Hua, Wen 华雯
Hua, Yu 华圉
Hua, Yuan 华园
Hua, Yue se 华约瑟
Huang, Ji 黄棘
Huang, Kai yin 黄凯音
Huo, Chong 霍冲
Huo ren 或人
Ji feng 及锋
Ji zhe 记者
Jia gan 家干
Jia, Jian sheng 戛剑生
Jiang, Ke 姜珂
Jing, Song 景宋
Jing yi zun 敬一尊
Kang, Bo du 康伯度
Kang, Yu 康郁
Gui ji shan xia zhi ping min 会稽山下之平民
Gui ji zhou shi 会稽周氏
L
L. S.
Lao da 老大
Lao shi 老师
Lao xun 老迅
Ling fei 令飞
Ling fei 令斐
Lu 鲁
Lu, Xun 鲁迅
Lü hu ji zhe 旅沪记者
Lü hu yi ji zhe 旅沪一记者
Lü, Sun 旅隼
Luan, Ting shi 栾廷石
Luan, Ting yu 栾廷玉
Lüe wen 略文
Luo 洛
Luo fei 洛飞
Luo wen 洛文
Luo, Wu 罗憮
Man xue 曼雪
Meng, Gu 孟孤
Meng, Hu 孟弧
Meng wen 梦文
Miao, Ting 苗挺
Ming, Se 明瑟
Ming, Zhao 冥昭
Mo, Zhen 莫朕
Mou sheng zhe 某生者
Ni, Shuo er 倪朔尔
Pang 旁
Pang shu 旁树
Pei wei 佩韦
Qi, Ming 启明
Qi wu lun 齐物论
Qian zhe 前辙
Qie jie 且介
Qie jie ting 且介亭
R. S.
Ri chu guo zhong zhi you zi 日出国中之游子
Rong ma shu sheng 戎马书生
Ru chun 茹莼
Ru niu 孺牛
San ge ren 三个人
Shang hai san xian shu wu 上海三闲书屋
Shao 绍
Shen fei 神飞
Shi, Ben 史贲
Shi, Pi 史癖
Shi you 士繇
Shu 树
Shu, Ren 树人
Shuo er 朔尔
Si 俟
Si tang 俟堂
Sui, Luo wen 隋洛文
Sun 隼
Suo shi 索士
Suo zi 索子
Ta yin 它音
Tang 唐
Tang, Feng yu 唐丰瑜
Tang, Si 唐俟
Tang, Yuan chao 唐元朝
Tao zhui 桃椎
Tie mu she 铁木社
Tie mu yi shu she 铁木艺术社
Wei, Shi you 韦士繇

Wei, Su 韦素
Wei suo 苇索
Wen, Gong zhi 文公直
Wen, Gui 文诡
Weng, Sun 翁隼
Wo de da ge 我的大哥
Xia guan 遐观
Xiao hai zi 小孩子
Xiao jiao 晓角
Xu, Guang sheng 许广昇
Xu, Xia 许遐
Xu, Xia 许霞
Xue zhi 雪之
Xun 卂
Xun 迅
Xun, Ji 荀継
Xun weng 迅翁
Xun xing 迅行
Yan, Ao 晏敖
Yan, Ke 燕客
Yan yu 焉于
Yan zhi ao zhe 宴之敖者
Yan zi 焉子
Ye huo 野火
Yi wen she tong ren 译文社同人
YI zhe 译者
Yi zun 一尊
You, Gang 尤刚
You, Guang 游光
Yu 豫
Yu cai 豫才
Yu, Meng 虞萌
Yu, Ming 余铭
Yu, Ming 虞明
Yu shan 豫山
Yu si de zhi dao zhe 语丝的指导者
Yu si pai de zhu jiang 语丝派的主将
Yu ting 豫亭
Yu ting 豫庭
Yu weng 豫翁
Yu zhai 裕斋
Yuan 远
Yuan, Gen 元艮
Yuan, Qi 元期
Yue 越
Yue, Ben 乐贲
Yue, Ding 越丁
Yue, Ke 越客
Yue, Qiao 越侨
Yue, Shan 越山
Yue, Wen 乐文
Yue, Wen 乐雯
Zhang, Cheng lu 张承禄
Zhang, Lu ru 张禄如
Zhang, Pei 张沛
Zhang shou 樟寿
Zhao, Ling yi 赵令仪
Zhao, Qiao 赵桥
Zhi 直
Zhi da 之达
Zhi gen 之艮
Zhi jiang suo shi 之江索士
Zhi ru 直入
Zhong, Du 仲度
Zhong guo jiao yu she 中国教育社
Zhong la 中拉
Zhong tou 中头
Zhong wu 众忤
Zhou 周
Zhou, Chuo 周逴
Zhou, Dong xuan 周动轩
Zhou, Qiao feng 周乔峰
Zhou shi xiong di 周氏兄弟
Zhou, Shu 周树
Zhou xian sheng 周先生
Zhou, Yang 周扬
Zhou, Yu cai 周玉才
Zhou, Yu cai 周豫才
Zhou, Yu shan 周豫山
Zhou, Yu zhai 周裕斋
Zhou, Zhang shou 周樟寿
Zi ming 子明
Zi shu 自树
Zuan shu zhe 纂述者
Zun gu 尊古

Zhou, Shu tao 周叔弢
ZHOU, XIAN 周暹 **(1891-1984)**

ZHOU, SHU WEN 周书文 **(1930-)**
Shu, Wen 树文

Zhou, Shu yu 周漱玉
XU, RUO CHAO 许若潮 **(1913-1977)**

ZHOU, SHUAN LIU 周拴留 **(1944-)**
Wen, Ji 文吉
Zhou, Ti 周倜
Zhou, Yan wen 周彦文

ZHOU, SHUANG LI 周双利 **(1937-)**
Mo, Er gen 莫尔根
Shan fu 山夫
Zhe fu 哲夫

ZHOU, SI MIN 周思民 **(1930-)**
Cun fu 村夫

Zhou, Si yi 周思义
ZHOU, LU QUAN 周鲁泉 **(1917-1983)**

Zhou, Song nian 周松年
ZHOU, JIAN REN 周建人 **(1888-1984)**

Zhou, Song shou 周松寿
ZHOU, JIAN REN 周建人 **(1888-1984)**

ZHOU, SU SHAN 周素珊 **(1922-)**
Bi, Pu 毕璞
Yun hui 蕴慧
Zhou shan 舟山

ZHOU, SUO FEI 周索非 **(1900?-)**
A. A.
A. Sofia
Suo fei 索非
Tai lun 泰伦

ZHOU, SUO TONG 周所同 **(1951-)**
Zhi ou 知欧

ZHOU, TAI XUAN 周太玄 **(1895-1968)**
Tai xuan 太玄
Xuan 玄
Zhou, Zhuo 周焯
Zhou, Wu 周无

Zhou, Tao 周涛
ZHOU, XIAO TAO 周小涛 **(1946-)**

ZHOU, TI 周倜 **(1934-)**
Gan, Niu 甘牛
Zhou, Da 周达
Zhou, Zhou 周舟
Zi tang 子傥

Zhou, Ti 周倜
ZHOU, SHUAN LIU 周拴留 **(1944-)**

Zhou, Tian 周天
ZHOU, WU FU 周五绂 **(1933-)**

Zhou, Tian 周天
ZHOU, YONG TAI 周永太 **(1941-)**

ZHOU, TIAN JIAN 周天健 **(1921-)**
Zi qiang 子强

ZHOU, TIAN ZHE 周天哲 **(1924-)**
Shi, Tian he 石天河

Zhou, Ting 周霆
ZOU, WEI XI 邹维熙 **(1927-)**

ZHOU, TING KUI 周廷奎 **(1932-)**
Guang shi 光时
Lu, Fu 鲁夫
Lu, Wei 路卫
Mo ke 陌客
Qiu, Zi jie 仇子节

ZHOU, TING MO 周廷模
Pu, Wei 蒲苇

Zhou, Tong 周桐
CHEN, YAN HUA 陈艳华

ZHOU, TONG GAN 周桐淦 **(1954-)**
Jin, Mu 金木
Zhou, Zhou 周舟

ZHOU, WAN LIN 周万琳 **(1961-)**
Du jin zi 度今子
Lin, Lin 林琳
Wan, Lin 万琳
Zhou, Chang ming 周昌明
Zhou, Yun chang 周运昌

Zhou, Wang hua 周望桦
ZHOU, WEI JIE 周维介 **(1952-)**

Zhou, Wei 周为
CHEN, FAN 陈凡 **(1915-1997)**

ZHOU, WEI 周伟 **(1885-)**
Ren ju 人菊
Wei ren 伟仁

Zhou, Wei 周伟
ZHOU, CHANG WEI 周昌伟 **(1938-)**

Zhou, Wei 周围
ZHOU, DA YUAN 周大源 **(1922-)**

Zhou, Wei chang 周维畅
WANG, ZHI NONG 王智浓 **(1932-)**

ZHOU, WEI DONG 周卫东 **(1946-)**
Shi, Jian 石坚

ZHOU, WEI JIE 周维介 **(1952-)**
Duan mu, Zhou 端木舟
Liu li cao 琉璃草
Luo, Xin 罗欣
Zhou, Wang hua 周望桦

Zhou, Wei lin 周微林
ZHOU, RUI HUA 周瑞华 **(1918-)**

ZHOU, WEI ZHEN 周维桢
Gan chen 幹臣

Zhou, Wei zhi 周巍峙
ZHOU, LIANG JI 周良骥 **(1916-)**

Zhou, Wei zhou 周伟州
ZHOU, WEI ZHOU 周伟洲 **(1940-)**

ZHOU, WEI ZHOU 周伟洲 **(1940-)**
Qin, Bo 秦波
Qin, Lie xin 秦烈新
Wei, Chuan 韦川
Xi da 希达
Zhou, Wei zhou 周伟州

Zhou, Wen 周文
HE, KAI RONG 何开荣 **(1907-1952)**

Zhou, Wen 周文
ZHOU, YANG 周扬 **(1908-1989)**

ZHOU, WEN BO 周文博 **(1924-)**
Fang, Pu 方浦
Wen, Bo 闻博

Zhou, Wen cang 周问苍
ZHOU, WU XUAN 周武宣 **(1906-1980)**

Zhou, Wen li 周文黎
ZHOU, XIU ZHAN 周修展 **(1925-)**

ZHOU, WEN QIN 周文钦 **(1882-1929)**
Chuan ren 川人
Zhen 贞

ZHOU, WEN QUAN 周文全 **(1934-)**
Zhou, Mu 周牧

ZHOU, WEN SHAO 周文韶 **(1935-)**
Yu, Yi zu 余一卒

ZHOU, WEN TANG 周文棠 **(1960-)**
Gong liu zi 公刘子

ZHOU, WEN YU 周问渔 **(1937-)**
Bai, Yu 白渔

Zhou, Wu 周午
FANG, GUI DE 方珪德 **(1922-)**

Zhou, Wu 周无
ZHOU, TAI XUAN 周太玄 **(1895-1968)**

Zhou, Wu 周吴
QU, WEN KUN 屈文焜 **(1952-)**

Zhou, Wu 周吾
ZHOU, YANG WU 周养吾 **(1929-)**

ZHOU, WU 周芜 **(1921-)**
Bai, Sha 白沙

Zhou, Wu 周武
WANG, QING CHENG 王庆成 **(1928-)**

ZHOU, WU FU 周五绂 **(1933-)**
Zhou, Tian 周天

Zhou, Wu hao 周伍豪
ZHOU, EN LAI 周恩来 **(1898-1976)**

ZHOU, WU XIONG 周武雄
Yun, Ni 云霓

ZHOU, WU XUAN 周武宣 **(1906-1980)**
Wen cang 问苍
Zhou, Wen cang 周问苍

Zhou, Wu zheng 周吴郑
WANG, BO MIN 王伯民 **(1936-)**

Zhou, Xi 周西
ZHOU, XI 周禧 **(1922-)**

Zhou, Xi 周希
ZHOU, XI 周熙 **(1917-1984)**

Zhou, Xi 周熙
ZHOU, JIE FU 周介福 **(1910-1982)**

ZHOU, XI 周熙 **(1917-1984)**
Jian ling 健翎
Zhou, Xi 周希

ZHOU, XI 周禧 **(1922-)**
Kuang ji 匡吉
Zhou, Xi 周西

Zhou, Xi ding 周希丁
ZHOU, KANG YUAN 周康元

ZHOU, XI FU 周锡韨 **(1940-)**
Jin, Wei 金韦
Zhou, Xing 周行

ZHOU, XI GAO 周熙高 **(1938-)**
Chun tai 春台
Xi gao 熙高
Zhi ming 芝名

ZHOU, XI LI 周西篱 **(1964-)**
Xi li 西篱

ZHOU, XI LIN 周希霖
Zhou, Bao zhi 周保智

ZHOU, XI QING 周锡卿 **(1915-)**
Lü, Ming 吕明
Shi zheng 世正

ZHOU, XI XIAN 周希宪 **(1935-)**
Zhou, Liang 周亮

Zhou, Xia shou 周遐寿
ZHOU, ZUO REN 周作人 **(1885-1967)**

Zhou, Xian 周岘
ZHOU, YANG 周扬 **(1908-1989)**

ZHOU, XIAN 周暹 **(1891-1984)**
Zhou, Shu tao 周叔弢

Zhou xian sheng 周先生
ZHOU, SHU REN 周树人 **(1881-1936)**

ZHOU, XIAN WEN 周宪文 **(1907-)**
Gong, De song 龚德松
Xi yu 惜餘
Xue, Yu 薛餘
Ya ping 亚平

ZHOU, XIANG 周湘 **(1871-1933)**
Guan yuan sou 灌园叟
Xue lu 雪庐
Yin an 隐庵

Zhou, Xiang 周翔
ZHOU, EN LAI 周恩来 **(1898-1976)**

ZHOU, XIANG JUN 周祥骏 **(1870-1914)**

Chun meng sheng 春梦生
Feng shan 风山
Geng sheng 更生
Geng sheng zhai 更生斋
Zhong, Mu 仲穆

Zhou, Xiang shan 周香山
ZHOU, CHUN LAI 周春来 **(1928-)**

Zhou, Xiang yu 周翔宇
ZHOU, EN LAI 周恩来 **(1898-1976)**

Zhou, Xiao 周肖
ZHOU, XIAO 周虓 **(1930-)**

ZHOU, XIAO 周晓 **(1933-)**
Mo, Yang 莫扬
Qi xiu 其秀
Shi, Gan 石干
Shi, Ping 石平

ZHOU, XIAO 周虓 **(1930-)**
Zhou, Xiao 周肖

ZHOU, XIAO AN 周晓安
Xiao an 晓安

Zhou, Xiao bo 周小波
ZHOU, FU SHUN 周福顺 **(1917-1969)**

ZHOU, XIAO HONG 周啸虹 **(1932-)**
Xiao, Hong 萧鸿

Zhou, Xiao lou 周小楼
ZHOU, FU SHUN 周福顺 **(1917-1969)**

ZHOU, XIAO TAO 周小涛 **(1946-)**
Zhou, Tao 周涛

Zhou, Xiao xing 周小星
ZHOU, JI ZHANG 周玑璋 **(1904-1981)**

ZHOU, XIAO YANG 周晓扬 **(1953-)**
Xiao yue 晓月

Zhou, Xiao zhou 周小舟
ZHOU, HUAI QIU 周怀求 **(1912-1966)**

Zhou, Xin 周馨
ZHANG, BAO SHENG 张宝升 **(1955-)**

Zhou, Xin 周鑫
ZHOU, KE XIU 周克秀 **(1943-)**

Zhou, Xin fang 周信芳
ZHOU, SHI CHU 周士楚 **(1895-1975)**

ZHOU, XIN ZHONG 周信忠
Lan, Jin 藍金

Zhou, Xing 周行
PAN, QIN PU 潘琹朴 **(1908-1984)**

Zhou, Xing 周行
WU, YU 吴玙 **(1910-1946)**

Zhou, Xing 周行
ZHOU, XI FU 周锡韨 **(1940-)**

ZHOU, XIU ZHAN 周修展 **(1925-)**
Ai, Li 艾黎
Ai, Li 艾藜
Cheng, Peng 程鹏
Hua, Li yu 华里予
Hua, Ye 华野
Li, Ru 李孺
Li yu 里予
Shi, Jian 史鉴
Wan, Niu 万牛
Yi, Zhi 易之
Zhen peng 振鹏
Zhou, Ai li 周艾黎
Zhou, Ke nian 周克年
Zhou, Wen li 周文黎
Zhou, Yi 周一
Zhou, Yi 周易

ZHOU, XU LIANG 周煦良 **(1905-1984)**
He ruo, Bi 贺若璧
Xu liang 煦良
Wen, Mu 文木
Zhou zhai 舟斋

ZHOU, XUE FAN 周学藩 **(1912-)**
Zhou, Qi zi 周弃子

ZHOU, XUE JIAO 周学娇 **(1946-)**
Tang, Min 唐珉

Zhou, Xue mei 周雪嵋
ZHOU, ZUO XIN 周作新 **(1917-)**

ZHOU, XUE XI 周学熙 **(1865-1947)**
Song yun ju shi 松云居士
Yan geng lao ren 研耕老人

ZHOU, XUN 周迅 **(1929-)**
Pei shun 沛舜

Zhou, Ya fei 周亚飞
ZHOU, BING 周兵 **(1958-)**

Zhou, Yan 周延
ZHU, KAN 朱侃 **(1925-)**

Zhou, Yan 周言
WU, DING DI 吴鼎第 **(1914-)**

Zhou, Yan 周彦
DAI, MENG OU 戴梦鸥 **(1905-1950)**

Zhou, Yan 周演
KONG, FAN YAN 孔繁衍 **(1912-)**

Zhou, Yan 周燕
ZHOU, JIAN XIAO 周剑箫 **(1911-1992)**

ZHOU, YAN RU 周艳茹 **(1927-1990)**
Lü fan 绿帆
Zhou, Yan ru 周雁如

Zhou, Yan ru 周雁如
ZHOU, YAN RU 周艳茹 **(1927-1990)**

Zhou, Yan wen 周彦文
ZHOU, SHUAN LIU 周拴留 **(1944-)**

ZHOU, YAN YANG 周艳炀 **(1931-)**
Yan yang 雁洋

Zhou, Yang 周扬
ZHOU, SHU REN 周树人 **(1881-1936)**

ZHOU, YANG 周扬 **(1908-1989)**
Fang, Qiu 方求
Qi 企
Qi xin 企新
Qi ying 企影
Qi ying 起应
Qi ying 綺影
Zhi yin 芷因
Zhou, Gu yang 周谷扬
Zhou, Gu ying 周谷应
Zhou, Jian 周筧
Zhou, Qi ying 周起应
Zhou, Wen 周文
Zhou, Xian 周岘
Zhou, Yuan 周渊
Zuo, Qi 左企

ZHOU, YANG WU 周养吾 **(1929-)**
Zhou, Dao 周到
Zhou, Wu 周吾

Zhou, Yao feng 周尧封
ZHOU, GUO HUI 周国辉 **(1929-)**

ZHOU, YAO PING 周耀平 **(1906-)**
Ding, Yi 丁乙
Lei, Jian 雷简
Wang, Ren 王仁
Xu, Jin wen 徐进文
Xu, Xing 徐行
Y. G.
Zhou, You guang 周有光
Zhu, Ji 朱几

Zhou, Ye 周烨
ZHOU, JI CHANG 周姬昌 **(1928-)**

ZHOU, YE 周野 **(1950-)**
A lao 阿老

Zhou, Yi 周一
ZHOU, XIU ZHAN 周修展 **(1925-)**

Zhou, Yi 周仪
KUANG, ZHOU YI 况周颐 **(1859-1926)**

Zhou, Yi 周夷
ZHOU, JIAN XIAO 周剑箫 **(1911-1992)**

Zhou, Yi 周易
ZHOU, XIU ZHAN 周修展 **(1925-)**

Zhou, Yi 周翌
LIAO, YUN 廖云 **(1921-)**

Zhou, Yi 周裔
WU, YU LIN 吴毓麟 **(1910-1966)**

Zhou, Yi 周漪
ZHOU, GUO HUI 周国辉 **(1929-)**

ZHOU, YI BAI 周夷白 **(1900-1977)**
Jian lu 剑庐
Liu lang 六郎
Yi bai 夷白
Yun, Gu 云谷
Zhou, Mu yi 周慕颐
Zhou, Yi bai 周贻白
Zhou, Yi jie 周一介

Zhou, Yi bai 周贻白
ZHOU, YI BAI 周夷白 **(1900-1977)**

ZHOU, YI BANG 周宜邦
Ji qun 集群

ZHOU, YI FU 周亦甫
Zhou, Gong 周公

Zhou, Yi jie 周一介
ZHOU, YI BAI 周夷白 **(1900-1977)**

ZHOU, YI LIANG 周一良 **(1912-)**
Yi liang 一良
Zhou, Yi liang 周乙良

Zhou, Yi liang 周乙良
ZHOU, YI LIANG 周一良 **(1912-)**

ZHOU, YI QUN 周逸群 **(1896-1931)**
Yi qiong 一穹
Yi, Qiong 易穹
Zhou, Li feng 周立风
Zuo, Ying long 左應龍

Zhou, Yi zhong 周一中
ZHOU, DE PEI 周德培 **(1918-)**

Zhou, yin 籀因
SHAO, LI ZI 邵力子 **(1882-1967)**

Zhou, Yin meng 周因梦
ZHOU, DING YI 周定一 **(1913-)**

Zhou, Ying 周英
ZHOU, JI CHANG 周姬昌 **(1928-)**

ZHOU, YING KUN 周应琨
Xiao yan 晓燕

Zhou, Ying nan 周颖南
ZHOU, GUO HUI 周国辉 (1929-)

ZHOU, YING PEI 周应培 (1917-)
Gong lu 公鲁
Min xing 敏行
Yang, Qian hong 杨千红
Zhou, Qin 周秦

ZHOU, YING PING 周英平 (1917-)
Lei, Te 雷特
Zhou, Guo jun 周果君

ZHOU, YING YAO 周应耀 (1928-)
Sha, Chen 沙尘

Zhou, Yong 周庸
JIANG, XI JIN 蒋锡金 (1915-)

Zhou, Yong 周庸
LIU, SI HAI 刘斯海 (1919-)

ZHOU, YONG JIA 周永家 (1934-)
Yi ke 一轲

ZHOU, YONG JIA 周永家 (1935-)
Lang zhuo hong 朗卓红

ZHOU, YONG TAI 周永太 (1941-)
Zhang, Ji 张楫
Zhou, Ji 周楫
Zhou, Tian 周天

Zhou, You 周游
XIA, DE QI 夏得齐 (1915-)

Zhou, You 周游
ZHOU, YUE QUAN 周月泉 (1920-1990)

Zhou, You 周游
ZHOU, HAN QIANG 周汉强 (1950-)

Zhou, You guang 周又光
ZHOU, FA YANG 周发扬 (1918-1984)

Zhou, You guang 周有光
ZHOU, YAO PING 周耀平 (1906-)

Zhou, Yu 周予
DUAN, ZHU LIN 段竹林 (1929-)

Zhou, Yu 周宇
SHU, ZENG CAI 舒增才 (1919-)

Zhou, Yu 周愚
ZHOU, PING ZHI 周平之 (1934-)

Zhou, Yu 周豫
ZHANG, ZUN KUAN 张尊宽 (1944-)

Zhou, Yu cai 周玉才
ZHOU, SHU REN 周树人 (1881-1936)

Zhou, Yu cai 周豫才
ZHOU, SHU REN 周树人 (1881-1936)

Zhou, Yu dong 周于栋
ZHOU, SHENG DONG 周胜栋 (1950-)

ZHOU, YU FENG 周玉峰 (1919-)
Gai kan za zhi bian ji bu diao cha yuan 该刊杂志编辑部调查员
Guan, Feng 关锋
He, Ming 何明

Zhou, Yu kuan 周裕宽
WANG, LI XING 王立行 (1928-)

ZHOU, YU LIN 周玉林 (1963-)
Zhou, Yu lin 周豫琳

ZHOU, YU LIN 周俞林 (1969-)
Chu, Yu 初玉

Zhou, Yu lin 周豫琳
ZHOU, YU LIN 周玉林 (1963-)

ZHOU, YU MAO 周毓懋 (1898-1981)
Tian xing 天行
Yu tong 予同
Zhou, Qu 周蘧
Zhou, Yu tong 周予同
Zhou, Yu tong 周豫同

ZHOU, YU MING 周玉铭 (1925-)
Ji, Qun 冀群
Lu, Ji 陆霁
Shao hua 韶华
Wei, Qiu zheng 魏求争
Zhou, Shao hua 周韶华

ZHOU, YU RONG 周玉容 (1936-)
Bi nu 笔奴
Hu, Ping 胡苹
Wu zhong jun 雾中君
Zhou, Ge xin 周鸽心
Zhu, Ying 竹影
Zi xi 紫曦

ZHOU, YU RUI 周榆瑞 (1917-1980)
Chou, Eric
Song, Qiao 宋乔
Yu rui 榆瑞

ZHOU, YU SHAN 周玉山 (1950-)
Cha ling 茶陵

Zhou, Yu shan 周豫山
ZHOU, SHU REN 周树人 (1881-1936)

Zhou, Yu tong 周予同
ZHOU, YU MAO 周毓懋 (1898-1981)

Zhou, Yu tong 周豫同
ZHOU, YU MAO 周毓懋 (1898-1981)

Zhou, Yu wen 周郁文
QIU, NAN 邱楠 (1916-1979)

ZHOU, YU YING 周毓英 **(1900-1945)**
Ju hua 菊华
Yu dao 玉道
Yu ying 毓英
Zheng, Ju hua 郑菊华

Zhou, Yu zhai 周裕斋
ZHOU, SHU REN 周树人 **(1881-1936)**

Zhou, Yu zhi 周裕之
ZHENG, LONG JIN 郑隆谨 **(1895-1979)**

Zhou, Yuan 周原
XIA, DE QI 夏得齐 **(1915-)**

Zhou, Yuan 周渊
QIU, YUN DUO 邱韻铎 **(1907-)**

Zhou, Yuan 周渊
ZHOU, YANG 周扬 **(1908-1989)**

ZHOU, YUAN BIN 周元斌 **(1915-)**
Liang, Ren 梁人
Liang, Zheng yan 梁诤言
Shi, Liang ren 石梁人
Zheng yan 诤言
Zhou, Jian qiu 周剪秋
Zhou, Yuan bing 周元冰

Zhou, Yuan bing 周元冰
ZHOU, YUAN BIN 周元斌 **(1915-)**

ZHOU, YUAN LIANG 周元亮 **(1904-)**
Ke an 客庵

Zhou, Yuan qian 周原遷
JIANG, SHI 江石 **(1899-)**

ZHOU, YUAN XUN 周元勋 **(1927-)**
A wen 阿文
Zhou, Fei 周非

ZHOU, YUAN YUAN 周元元
Wan, Wan 宛宛

ZHOU, YUE BIN 周月宾 **(1917-)**
Han, Su yin 韩素音

ZHOU, YUE NIAN 周岳年 **(1910-)**
Jin wu 近梧
Wu sou 梧叟

ZHOU, YUE QUAN 周月泉 **(1920-1990)**
Xiao min 肖敏
Zhou, You 周游

Zhou, Yue ran 周越然
ZHOU, ZHI YAN 周之彦 **(1885-1946?)**

Zhou, Yun 周云
FANG, SI RUO 方思若 **(1931-)**

Zhou yun 縐云
LI, WEN RENG 李文礽

Zhou, Yun chang 周运昌
ZHOU, WAN LIN 周万琳 **(1961-)**

ZHOU, YUN HUA 周蕴华 **(1935-)**
Hong shi 红石

Zhou, Yun ni 周云泥
ZHOU, ZI ZHANG 周紫章 **(1932-)**

ZHOU, YUN PENG 周云鹏 **(1912-1992)**
Jian qiu 剑秋
Men ji 门吉
Shu dong 蜀东

ZHOU, YUN QIN 周蕴琴 **(1948-)**
Yi yun 逸云

ZHOU, YUN ZHI 周云之 **(1934-)**
Zhong, Luo 钟逻

Zhou, Zao 周遭
MA, HUA 马骅 **(1916-)**

ZHOU, ZE HUANG 周泽煌 **(1929-)**
Bi, Jia 毕加

Zhou zhai 舟斋
ZHOU, XU LIANG 周煦良 **(1905-1984)**

Zhou, Zhan sheng 周战生
SHAO, SHENG 邵生 **(1947-)**

ZHOU, ZHAN XIONG 周占熊 **(1924-)**
Ji, Fei 季飞
Jian xun 剑荀

Zhou, Zhang 周章
WU, QIAN YU 吴谦裕 **(1920-)**

Zhou, Zhang shou 周樟寿
ZHOU, SHU REN 周树人 **(1881-1936)**

ZHOU, ZHAO KAN 周昭坎 **(1938-)**
Qing zhou 晴舟

ZHOU, ZHAO NAN 周召南 **(1902-1962)**
Zhou, Fang gong 周舫公

Zhou, Zhe 周哲
HUANG, ZHI KUN 黄志堃 **(1925-)**

ZHOU, ZHEN FU 周振甫 **(1911-)**
Bian, Hui 卞慧
Liu hui 六慧
Zhen fu 振甫
Zhou, Lin rui 周麟瑞

Zhou, Zhen hua 周振华
LI, WEI ZHOU 李威周 **(1928-)**

ZHOU, ZHEN QIU 周振球 **(1920-)**
Fan, Ping 范平

Lao han 老汉
Zhou, Han ping 周汉平

Zhou zhen shan ren 舟枕山人
WANG, YU DAI 王毓岱 **(1845-1917)**

ZHOU, ZHENG 周正 **(1942-)**
Shi, Bu 石卜

ZHOU, ZHENG BAO 周政保 **(1948-)**
Xin, Mo fu 辛漠夫

ZHOU, ZHENG XING 周正行 **(1925-)**
Zheng, Xing 郑行

Zhou, Zhi 周之
YU, XIAN YU 余先予 **(1936-)**

Zhou, Zhi 周稚
ZHOU, AI WEN 周艾文 **(1930-1987)**

Zhou zhi 舟之
ZHOU, MING 周明 **(1935-)**

ZHOU, ZHI CHENG 周质澄 **(1923-)**
Yi ling 一零

Zhou, Zhi fu 周志輔
ZHOU, MING TAI 周明泰 **(1896-)**

ZHOU, ZHI GAO 周志高 **(1945-)**
Ji, Gao 季高
Kang, Ye 康野
Xin, Mo 辛默

ZHOU, ZHI HUI 周之辉 **(1923-)**
Fang, Yang 方飏
Liu, Ting 柳汀
Luo, Shen 罗申
Qian li 千里
Wan, Mu chun 万木春
Zhi hui 之辉
Zhi jun 止军
Zhou, Da feng 周大风

ZHOU, ZHI LIANG 周之良 **(1908-)**
Sun, Tai 孫泰

ZHOU, ZHI NING 周志宁 **(1920-1975)**
A gu 阿谷
Bai, Di 白堤
Bai, Ling 白玲
Xiao shu 小淑
Yang, Gu 杨谷
Yang, Hua 杨华

ZHOU, ZHI SHENG 周之盛
Yi hong xian guan 倚紅仙舘

Zhou, Zhi tang 周知堂
ZHOU, ZUO REN 周作人 **(1885-1967)**

ZHOU, ZHI WEN 周志文 **(1942-)**

Zhou, Dong ye 周東野

Zhou, Zhi xiang 周志翔
ZHOU, GUO CAN 周国粲 **(1934-)**

ZHOU, ZHI YAN 周之彦 **(1885-1946?)**
Yue chuan 月船
Zhou, Yue ran 周越然
Zou huo 走火

ZHOU, ZHI ZHEN 周之贞
Su, Qun 苏羣

ZHOU, ZHONG HOU 周忠厚 **(1938-)**
Wen, Yan 闻岩
Zhou, Zhou 周舟

ZHOU, ZHONG LIANG 周仲良
Ming, Min 明民

ZHOU, ZHONG REN 周中仁 **(1927-)**
Bu zhou 不周
She, Yu 佘余
Si ma, Shuang 司马双
Wei, Zhi 卫之
Wu, Zheng 吴郑
Zong, Reng 宗仍

ZHOU, ZHONG WEN 周忠文 **(1929-)**
Lao zhou 老周

ZHOU, ZHONG XUN 周仲勋 **(1925-)**
Feng lei 风雷
Luo yu 洛雨
Xiao, Bai 萧白
Zhou, Han feng 周寒峰

Zhou, Zhong ying 周仲瑛
ZHOU, HENG 周珩 **(1928-)**

ZHOU, ZHONG YUE 周钟岳 **(1876-1955)**
Xing an 惺庵

ZHOU, ZHONG ZHU 周忠著 **(1910-)**
Dong guan 冬官
Ji, Zi 季子
Jing song 劲松

Zhou, Zhou 周舟
ZHOU, TI 周倜 **(1934-)**

Zhou, Zhou 周舟
ZHOU, ZHONG HOU 周忠厚 **(1938-)**

Zhou, Zhou 周舟
ZHOU, TONG GAN 周桐淦 **(1954-)**

Zhou, Zhuo 周焯
ZHOU, TAI XUAN 周太玄 **(1895-1968)**

Zhou zi 舟子
ZHOU, ZI YU 周子瑜 **(1930-)**

ZHOU, ZI LI 周自立 **(1931-)**
You fei 幼非

ZHOU, ZI MING 周紫明 **(1938-)**
Zhong lan 中岚

Zhou, Zi ya 周子亞
ZHOU, CHI XIA 周炽夏 **(1911-)**

ZHOU, ZI YU 周子瑜 **(1930-)**
Yu ren 渔人
Zhou zi 舟子

Zhou, Zi yu 周子餘
CAI, YUAN PEI 蔡元培 **(1868-1940)**

ZHOU, ZI ZHANG 周紫章 **(1932-)**
Zhou, Feng 周峰
Zhou, Feng 周锋
Zhou, Yun ni 周云泥

ZHOU, ZI ZHONG 周子中 **(1922-)**
Zhu, Wei 朱苇

ZHOU, ZONG QI 周宗奇 **(1943-)**
Zong, Da ke 宗大可

ZHOU, ZU QING 周祖庆
Xiao jun 啸军

ZHOU, ZU SHI 周祖式 **(1914-)**
Wu, Yi 吴疑
Xun, Huan 荀寰
Zhou, Er fu 周而复

ZHOU, ZU TAI 周祖泰 **(1920-)**
Zhou, De rang 周德让

Zhou, Zui ping 周醉平
ZHOU, BAO TAI 周宝泰

Zhou zun 粥尊
ZHOU, ZUO REN 周作人 **(1885-1967)**

Zhou, Zun rang 周尊攘
ZHOU, LI TAI 周礼泰 **(1925-)**

ZHOU, ZUO MIN 周佐民 **(1920-)**
Chu, Jun 楚军
Chu, San hu 楚三户

ZHOU, ZUO QIU 周作秋 **(1934-)**
Gao yang 羔羊
Qiu, Feng 秋枫
Shan zi 山子

ZHOU, ZUO REN 周作人 **(1885-1967)**
An 案
An shan 案山
An, Shan shu 安山叔
Bei dou 北斗
Bi luo 碧罗
Bi luo nü shi 碧罗女士
Bian zhe 编者
Bing ding 丙丁
Bing yun 病云
Bu ke 不柯
Bu ming 不明
Bu xia 不遐
Bu zhi 不知
Cha an 茶菴
Chang geng 长庚
Chang mou 长牟
Chang nian 长年
Chi guang 持光
Chun ming 淳明
Chun yu 淳于
Da xian 大闲
Ding, He sheng 丁鹤生
Dong guo, Sheng 东郭生
Dong guo, Shi tang 东郭十堂
Du 独
Du ying 独应
Fang, Liu 方六
Fang, Mi 房密
He sheng 鹤生
He, Zeng liang 何曾亮
Huai shou 槐寿
Gui ji ping yun 会稽萍云
Jie sun 介孙
Jing shen 京绅
Jing, Sheng 荆生
Kai ming 开明
Kai ming 凯明
Kai ming 垲明
Kai ming 恺明
Ku cha 苦茶
Ku cha an 苦茶庵
Ku cha shang ren 苦茶上人
Ku cha zi 苦茶子
Ku yu 苦雨
Ku yu lao ren 苦雨老人
Ku yu weng 苦雨翁
Ku yu zhai lao ren 苦雨斋老人
Ku yu zhai zhu ren 苦雨斋主人
Ku zhu an 苦住菴
Long, Shan 龙山
Mu lu shan ren 蚨麓山人
Mu lu zi 蚨麓子
Mu shan 木山
Mu shou 木寿
Mu xian 木仙
Nan ming 难明
Nan zhi 难知
Ping, Ming 平明
Ping yu 萍雨
Ping, Yun 平云
Ping yun 萍云

Ping yun nü shi 萍云女士
Pu nian ren 朴念仁
Qi 岂
Qi, Meng 启孟
Qi meng 岂孟
Qi meng 起孟
Qi min 杞民
Qi ming 乞明
Qi ming 岂明
Qi, Ming 启明
Qi ming 起明
Qiu cao yuan ke 秋草园客
Rong, Ji 荣纪
San ye 三叶
Shan dou 山豆
Shan shu 山叔
Shan zun 山尊
Shen, Shou 申寿
Shi fen 式芬
Shi he 十鹤
Shi shan 十山
Shi tang 十堂
Shi tang 什堂
Shi xian 十仙
Shi yao cao tang 十药草堂
Si, Wen sheng 斯文生
Si zhen dao xiao sun shi 思真道笑孙氏
Tao 梼
Tao, Ran 陶然
Tian xi 天欷
Wan, Liu 万六
Wan shi 顽石
Wang, Bu xia 王不遐
Wang, Mu 王母
Wang, Shou xia 王寿遐
Wang, Xia shou 王遐寿
Wen xing 问星
Wu, Ping yun 吴萍云
Wu, Zhuo 吴卓
Xi ling ju shi shao zhi ren 息陵居士杓之人
Xia shou 遐寿
Xiao sun 歗孙
Xin, Min 辛民
Xin ming 信明
Xing dian 刑颠
Xing ming 星命
Xue 学
Xun 迅
Yao 药
Yao lu 药庐
Yao tang 药堂
Yao tang lao ren 药堂老人
Yi, Jin 衣锦
Yi, Jin 易今
Yi jin 夷今
Yi jin 宜禁
Yi jin 益噤
Yi jin 疑今
Yi jin 异襟
Yi jin shan ren 疑今山人
Yi jing 乙径
Yi jing 仪京
Yi jing 义阱
Yi jing 义经
Yi jing 亦荆
Yi jing 曳脛
Yi jing 怡京
Yi jing 揖敬
Yi jing 已惊
Yi qin 一擒
You la 右拉
Zhan jing 饘敬
Zhi 知
Zhi tang 知堂
Zhi tang 智堂
Zhi tang 跖堂
Zhi tang lao ren 知堂老人
Zhi weng 知翁
Zhi zuo 之作
Zhong la 中拉
Zhong, Mi 仲密
Zhou, Chang nian 周长年
Zhou, Chuo 周逴
Zhou, Ku yu 周苦雨
Zhou, Kui shou 周槐寿
Zhou, Pu shi 周樸士
Zhou, Qi meng 周启孟
Zhou, Qi meng 周起孟
Zhou, Qi ming 周启明
Zhou, Xia shou 周遐寿
Zhou, Zhi tang 周知堂
Zhou zun 粥尊
Zhu, You 祝由
Zi rong 子荣
Zi yan 子严
Zun 尊
Zun 樽
Zuo ren 作人

ZHOU, ZUO XIN 周作新 **(1917-)**
Mu, Bei ke 穆北柯
Xiang zi 湘子
Xue, Bai yan 薛白琰
Yu shan 雨山
Zhou, Xue mei 周雪嵋

Zhu 主
XIE, GUO ZHEN 谢国桢 **(1901-1982)**

Zhu 烛
CHENG, JUN 成骏 **(1916-1983)**

Zhu 珠
SHEN, YAN BING 沈雁冰 **(1896-1981)**

Zhu ai 主艾
ZHANG, DAO FANG 张道昉 **(1937-)**

ZHU, AI NAN 朱艾南 **(1923-)**
Ai, Nan 艾南

Zhu, An 朱安
SHEN, REN KANG 沈仁康 **(1933-)**

Zhu, An 竹庵
WANG, HAN 王汉 **(1883-1905)**

Zhu an 铢庵
QU, XUAN YING 瞿宣颖 **(1892-1973)**

Zhu, Bai shui 朱白水
ZHU, GUI 朱桂 **(1923-)**

ZHU, BAI YING 祝百英 **(1902-)**
Bo hu 伯虎
Bo ying 伯英
Fang, Yi ru 方亦如
Yi ying 亦英
Zhu, Bo ying 祝伯英

Zhu, Bang fu 朱邦复
ZHU, FU 朱复 **(1937-)**

ZHU, BANG XIAN 朱邦贤
Xuan ji zi 璇璣子

ZHU, BAO 朱宝 **(1913-)**
Zhu, Hong fu 朱弘复

ZHU, BAO GUANG 朱葆光 **(1910-1979)**
Jian, Qi zhi 简企之
Li, Feng ming 李凤鸣
Zhu, Ping 朱评
Zhu, Zi ping 朱子平

ZHU, BAO KANG 朱葆康 **(1881-1942)**
Di yi 地一
Ping, zi 平子
Ping zi 屏子
Shao ping 少屏
Tian yi 天一
Zhu, San 朱三
Zhu, Shao ping 朱少屏

ZHU, BAO QING 朱宝庆 **(1950-)**
Wen shi 问石
Xiao feng 晓风

ZHU, BAO ZHEN 朱宝蓁 **(1925-)**
Qin, Cao 秦草
Xiao, Ning 萧凝

Zhu, Bei 朱贝
CAI, WEN XUAN 蔡文玄 **(1905-1995)**

Zhu, Ben 祝本
LU, QIN LI 逯钦立 **(1916-1973)**

ZHU, BEN SHAO 朱本绍 **(1903-1985)**
Zhu, Dao nan 朱道南

ZHU, BI QUAN 朱碧泉
Pang tuo 滂沱

Zhu bian zhe 主編者
ZHENG, ZHEN DUO 郑振铎 **(1898-1958)**

Zhu, Bin 朱斌
ZHU, WEI JUN 朱蔚君 **(1933-)**

Zhu, Bing 朱冰
ZHU, PING BEN 朱平本 **(1935-)**

Zhu, Bing 朱兵
ZHU, SI CHENG 朱四成 **(1939-)**

ZHU, BING 朱兵 **(1950-)**
Wu lan qi ri ge 乌兰齐日格

Zhu, Bing 竹冰
ZHANG, XIANG SHAN 张香山 **(1914-)**

Zhu, Bing 竹冰
ZHU, SI CHENG 朱四成 **(1939-)**

Zhu, Bing 竹兵
ZHANG, BAO QING 张宝庆 **(1937-)**

ZHU, BING QIAN 朱秉谦 **(1933-)**
Zhu, Lian rong 朱连荣
Zhu, Wei yi 朱维义

ZHU, BO HUA 朱伯华 **(1947-)**
Yue, Wen 乐闻
Zhu, Que 朱雀

Zhu, Bo shi 朱伯石
ZHU, ZUN ZHU 朱遵柱 **(1919-)**

ZHU, BO XIONG 朱伯雄 **(1932-)**
Yang, Shi 羊石

Zhu, Bo ying 祝伯英
ZHU, BAI YING 祝百英 **(1902-)**

ZHU, BU LOU 朱步楼 **(1955-)**
Wu, Gang 吴刚

ZHU, CAI BIN 朱彩斌 **(1930-1971)**
Cai bin 彩斌

ZHU, CAI FENG 朱彩凤 **(1942-)**
Zhu, Peng 朱鹏

Zhu, Chai 朱茝
ZHU, PEI JUN 朱佩君 **(1920-)**

Zhu chang 柱常
QIU, ZHU CHANG 裘柱常 **(1906-1990)**

ZHU, CHANG LIN 朱长林 **(1954-)**

Zhu lin 珠琳

ZHU, CHANG MIN 朱畅敏
Zhu, Xian ming 朱仙明

ZHU, CHANG SHI 朱昌时 **(-1912)**
Zhu, Shan 朱山
Zhu, Yun shi 朱云石

Zhu, Chang shou 朱长绶
ZHU, MU JIA 朱慕家 **(1890-1970)**

ZHU, CHANG YUN 朱昌云 **(1933-)**
Yun, Ge 云哥
Zhu, Zhe 朱哲

ZHU, CHANG ZHI 朱长志 **(1948-)**
Niu, Ba 牛巴

Zhu chen 烛尘
LI, HUA JIN 李华搢 **(1881-1968)**

Zhu chen 烛尘
XU, REN JIN 徐仁锦 **(1888-1961)**

Zhu, Chen dong 朱沉冬
ZHU, CHEN DONG 朱辰东 **(1933-1990)**

ZHU, CHEN DONG 朱辰东 **(1933-1990)**
Chen dong 沉冬
Du, Di 杜笛
Li, Qi 李齐
Lü, Jin tang 吕锦堂
Song, Wei 宋苇
Zhu, Chen dong 朱沉冬
Zhu, Pin 朱品

Zhu, Chen xian 朱尘仙
ZHU, ZONG LIANG 朱宗良 **(1892-1970)**

Zhu, Cheng 朱诚
QU, JIN JU 瞿金驹 **(1910-1979)**

Zhu, Cheng 朱诚
ZHU, GUAN REN 朱冠人 **(1922-)**

Zhu, Cheng 朱柽
ZHU, SHENG XIAN 朱圣先 **(1922-)**

Zhu cheng 铸成
XU, ZHU CHENG 徐铸成 **(1907-1991)**

ZHU, CHONG SHAN 朱崇山 **(1933-)**
Zhu, Hao ming 朱浩明

Zhu, Chou sun 朱绸孙
WANG, ZHI CHENG 王志诚 **(1958-)**

Zhu, Chuan 竹船
ZHU, CHUAN XIONG 朱传雄 **(1945-)**

Zhu, Chuan qin 朱传勤
ZHU, SHENG 朱声 **(1919-1966)**

ZHU, CHUAN TAI 朱川泰 **(1938-)**

Zhu, Ming 朱铭

ZHU, CHUAN XIONG 朱传雄 **(1945-)**
Hong zhou 红舟
Zhu, Chuan 竹船

Zhu, Chuang 竹窗
HUANG, ZHI 黄质 **(1865-1955)**

Zhu, Chui 竹槌
XU, SHI CHANG 许世昌

Zhu, Chun shan 朱春山
SHAO, YAN XIANG 邵燕祥 **(1933-)**

Zhu, Chun yu 朱春雨
ZHU, ZI CHENG 朱子澄 **(1939-)**

Zhu, Chun yu 朱春舆
ZHU, ZI CHENG 朱子澄 **(1939-)**

ZHU, CONG YU 朱从玉 **(1952-)**
Cheng lei 诚磊

Zhu, Cun 竹村
FU, RUI JIN 符瑞金 **(1906-)**

ZHU, DA FU 朱大符 **(1885-1920)**
He, Zhong 和中
Qian jin 前进
Qin sheng 琴生
Qu fei 去非
Wu ming 无名
Xian xie 县解
Zhe shen 蛰伸
Zhe shen zi 蛰伸子
Zhi xin 执信
Zhu, Qiu gu 朱秋谷
Zhu, Zhe shen 朱蛰伸
Zhu, Zhi xin 朱执信

ZHU, DA HAI 朱大海 **(1941-)**
Zhu, Zhen 朱震

Zhu, Da ke 朱大可
ZHU, QI 朱奇 **(1898-)**

ZHU, DA NAN 朱大枏 **(1900-1931)**
Da nan 大枏

ZHU, DA NIAN 祝大年 **(1916-)**
Ming, Yuan 明远

ZHU, DA PENG 朱大鹏 **(1908-)**
Zhu, Jun 朱军

Zhu, Da zhi 诸大至
ZHU, ZONG YUAN 诸宗元 **(1875-1932)**

ZHU, DAN 朱丹 **(1913-1978)**
Zhu, Dan xi 朱丹西

Zhu, Dan 朱丹
ZHU, JIA YU 朱家瑜 **(1916-1988)**

ZHU, DAN 朱丹 (1917-)
Tie niu 铁牛

Zhu, Dan 朱丹
YE, ZHI QI 叶之琦 (1938-)

Zhu, Dan 竹丹
SUN, YUAN 孙元 (1883-1911)

Zhu, Dan bei 朱丹北
ZHU, JIA YU 朱家瑜 (1916-1988)

Zhu, Dan hong 朱丹红
WANG, ZHONG XIN 王仲莘 (1928-)

Zhu, Dan ru 朱澹如
ZHU, JING NONG 朱经农 (1887-1951)

Zhu, Dan ting 朱丹庭
ZHU, REN JIAN 朱仁健 (1913-1983)

Zhu, Dan xi 朱丹西
ZHU, DAN 朱丹 (1913-1978)

Zhu, Dao nan 朱道南
ZHU, BEN SHAO 朱本绍 (1903-1985)

ZHU, DE AN 朱德安 (1901-1941)
Chun 纯
De an 得安
Gu, Yin 谷荫
Gu, Yin 谷音
Jing wo 镜我
Jing wu 竟吾
Jing wu 镜吾
Xue 雪
Xue chun 雪纯
Yin 荫
Zhu, Jing wo 朱镜我
Zhu, Jing wu 朱镜吾
Zhu, Pan 朱磐
Zhu, Yi an 朱怡庵
Zhu, Zi ming 朱子明

ZHU, DE FA 朱德发 (1934-)
Yi feng 亦风

Zhu, De hong 朱德鸿
SHEN, YAN BING 沈雁冰 (1896-1981)

ZHU, DE MO 朱德模 (1926-)
Chen, Zhong 陈中
Wu, Yun 武耘
Xi ling 西陵

ZHU, DE YING 朱德英 (1947-)
Ying, Zi 英子

ZHU, DI 朱迪 (1931-)
Zhu, Jiu yuan 朱玖远

Zhu, Di qiu 朱涤秋
ZHU, ZHAO ZU 朱肇祖 (1902-1967)

Zhu, Dian ren 朱点人
ZHU, SHI FENG 朱石峰 (1903-1947)

Zhu, Ding 朱定
LI, XI CHENG 李西成 (1929-)

ZHU, DING RONG 朱鼎荣 (1904-)
Zhu, Zhu yu 朱铸禹

ZHU, DING YI 朱定一 (1937-)
Zhu, Yi 朱一

ZHU, DING YUAN 朱鼎元 (1886-1967)
Ji chang 继昌
Zhu, Zhi san 朱峙三

ZHU, DING ZHONG 朱丁中 (1948-)
Han xing 寒星
Zhu, Tao 朱涛

Zhu, Dong 竹冬
LI, ZU JIE 李祖杰 (1912-)

Zhu, Dong liang 朱栋良
ZHU, JI XING 朱济兴 (1947-)

Zhu, Dong run 朱东润
ZHU, SHI ZHEN 朱世溱 (1896-1988)

ZHU, DUAN JUN 朱端钧 (1907-1978)
Gong lü 公吕

Zhu, Duo fu 祝多福
LI, GUO RUI 厉国瑞 (1909-)

Zhu, Duo min 朱铎民
ZHU, JING ZHOU 朱镜宙 (1890-)

ZHU, EN BIN 朱恩彬 (1933?-)
Chi song 尺松

ZHU, EN ZHU 朱恩铸 (1946-)
Dan dan 旦丹
Liu, Xiang ru 刘湘如
Mo, Zi 墨籽
Shen, Chen 申辰
Xiang, Shu 向曙

Zhu, Fan 朱凡
ZHU, YI WEI 朱一苇 (1909-1987)

Zhu, Fan 朱帆
HUANG, HUI FU 黄恢复 (1917-)

Zhu, Fan 朱梵
GAO, JI LIN 高季琳 (1909-)

Zhu, Fan 朱梵
WANG, CHANG JIAN 王长简 (1910-1988)

Zhu, Fan 朱繁
LIU, HUAN ZHANG 刘焕章 (1924-)

Zhu fan 剾繁
QIU, WEI XUAN 丘炜萲 **(1873-1941)**

Zhu, Fan rong 朱凡容
ZHU, YI WEI 朱一苇 **(1909-1987)**

ZHU, FANG HUAI 朱芳淮 **(1909-)**
Meng, Han 孟韩
Meng, Shi 孟世
Meng, Yin 孟引
Zhu, Yi qing 朱挹清

Zhu, Fang ji 朱芳济
ZHU, REN JIAN 朱仁健 **(1913-1983)**

Zhu, Fang ming 祝方明
ZHU, HUAI CAI 祝怀才 **(1921-)**

Zhu, Fei 朱飞
QIU, XIN MIN 邱新民 **(1914-)**

ZHU, FEI 朱飞
Sha, Qiu 沙丘

ZHU, FEI 朱斐
Yu lu 玉鲁

Zhu, Feng 朱锋
ZHUANG, SONG LIN 庄松林 **(1910-1974)**

ZHU, FENG 祝丰 **(1921-)**
Mao ru 茂如
Si tu, Wei 司徒卫
Zhu, Mao ru 祝茂如

ZHU, FENG JUN 朱凤军 **(1956-)**
Dang bing 宕冰
Zao wen 藻文

Zhu, Feng qi 朱凤起
WU, WEN QI 吴文祺 **(1901-1991)**

Zhu, Feng wei 朱凤蔚
ZHU, QIAN LIANG 朱谦良 **(1889-)**

Zhu, Feng zhi 朱风之
LIU, SHI ZE 刘世泽 **(1928-)**

Zhu, Fo lang 祝佛郎
ZHU, GENG MING 祝庚明 **(1907-1986)**

Zhu, Fu 朱孚
RONG, DING CHANG 容鼎昌 **(1919-)**

ZHU, FU 朱复 **(1937-)**
Zhu, Bang fu 朱邦复

Zhu, Fu 朱符
LU, GUO WEI 陆国纬 **(1932-)**

Zhu, Fu 竹付
FU, QI NAN 符气南 **(1944-1978)**

Zhu fu 铸夫
CHEN, JIANG NAN 陈江南 **(1947-1992)**

Zhu, Fu kan 朱复戡
ZHU, YI FANG 朱义方 **(1900-1989)**

Zhu, Fu quan 朱福全
ZHU, WEN SEN 朱文森 **(1912-1944)**

ZHU, FU RONG 祝富荣 **(1939-)**
Fu rong 夫冗

Zhu, Gai 朱改
YANG, CHAO RAN 杨超然

Zhu, Ge 诸葛
SHEN, DUAN XIAN 沈端先 **(1900-1995)**

Zhu ge, Deng 诸葛灯
YANG, PU 杨莆 **(1931-)**

ZHU GE, DONG 诸葛栋 **(1941-)**
Qi, Yuan 启元

Zhu, Ge jian 朱戈坚
SUN, XU FU 孙序夫 **(1920-1980)**

Zhu ge, Jin 诸葛锦
HU, SHI ZHANG 胡士璋 **(1924-)**

Zhu ge, Lang 诸葛郎
YANG, YAN QI 杨彦歧 **(1920-1978)**

Zhu ge, Li zao 诸葛立早
ZHANG, ZHI MING 章智明 **(1950-)**

Zhu ge, Ming 诸葛明
YAN, BING YAO 颜炳耀 **(1935-)**

Zhu ge, Qing yun 诸葛青云
ZHANG, JIAN XIN 张健新 **(1929-)**

Zhu ge, Qiu shi 诸葛求实
ZHAO, ZI XUN 赵子逊 **(1933-)**

Zhu ge, Wen jun 诸葛文军
SHEN, DA REN 沈达人 **(1929-)**

Zhu ge, Wen wu 诸葛文武
ZHENG, JIE GUANG 郑杰光 **(1948-)**

Zhu ge, Zhu 诸葛朱
ZHAO, JIA XIN 赵家欣 **(1916-)**

Zhu, Gen 竹根
LIANG, DING FEN 梁鼎棻 **(1859-1920)**

ZHU, GEN FA 朱根发 **(1948-)**
Geng, Fa 耿法

ZHU, GENG MING 祝庚明 **(1907-1986)**
Can yue 残月
Fo lang 佛郎
Fo lang 佛朗
Shou jia 首甲
Xiu xia 秀侠
Zhu, Fo lang 祝佛郎

Zhu, Xiu xia 祝秀侠

Zhu, Gong 竹弓
ZHANG, CHENG ZHU 张成珠 (1935-)

ZHU, GONG YAN 朱公演 (1905-)
Hong yan 鸿咽

Zhu, Gu huai 朱谷怀
ZHU, ZHEN SHENG 朱振生 (1922-)

Zhu, Gu lü 朱古律
CHENG, YI RONG 程一戎 (1910-)

Zhu, Gu qing 朱谷青
ZHU, GUO QIN 朱国钦 (1942-)

Zhu, Gu wei 朱古微
ZHU, ZU MOU 朱祖谋 (1857-1931)

ZHU, GU ZHONG 朱谷忠 (1946-)
Jing ying 静影
Zhu, Guo zhong 朱国忠

ZHU, GUAN REN 朱冠人 (1922-)
Zhu, Cheng 朱诚

Zhu, Guang 朱光
ZHU, GUANG CHEN 朱光琛 (1906-1969)

Zhu, Guang 朱光
ZHU, GUANG YAO 朱光耀 (1926-)

Zhu, Guang 祝光
HE, ZHU GUANG 何筑光 (1949-)

ZHU, GUANG CHEN 朱光琛 (1906-1969)
Zhu, Guang 朱光
Zhu, Man sheng 朱曼生
Zhu, Yu zhi 朱愈之

Zhu, Guang dou 朱光斗
ZHU, WEN CHANG 朱文昌 (1932-)

Zhu, Guang han 朱光汉
XU, ZI MING 徐子明 (1888-1972)

ZHU, GUANG QIAN 朱光潜 (1897-1986)
Guang qian 光潜
Meng shi 盟石
Meng, Shi 孟石
Meng, Shi 孟实
Meng, Zhe 蒙者
Ming, Shi 明石
Shi 石
Zhu, Meng shi 朱孟实

ZHU, GUANG QING 朱广庆 (1932-)
Ji, Zhong hui 纪中辉
Xue nong 学农

ZHU, GUANG RONG 朱光荣 (1942-)
Miao, Chun 苗春

ZHU, GUANG XI 朱光熹 (1934-)
Zhu, Lang 朱朗

ZHU, GUANG YA 朱光亚 (1936-)
Wan, Shan 万山

ZHU, GUANG YAO 朱光耀 (1926-)
Tian nan 天南
Zhu, Guang 朱光

Zhu, Guang yuan 朱广源
ZHU, XING 朱行 (1933-1988)

ZHU, GUI 朱桂 (1923-)
Gao, Ping 高平
Zhu, Bai shui 朱白水

ZHU, GUI TAO 朱桂涛 (1949-)
Zhu, Jian 朱剑

Zhu, Gui xin 朱桂莘
ZHU, QI QIAN 朱启钤 (1871-1964)

ZHU, GUI ZHUO 朱桂棹 (1911-)
Ji zi 悸子
Ju zi 菊子
Shi, Ling 石灵
Zhou, Cang 周苍
Zhu, Ji zao 朱季灶
Zhu, Xu 朱绪

ZHU, GUO QIN 朱国钦 (1942-)
Zhu, Gu qing 朱谷青

ZHU, GUO SHENG 朱国陞 (1882-1955)
Ji, Qing 纪卿
Zai zao zi 再造子
Zhu, Ji qing 朱霁青
Zhu, Zi xin 朱自新

Zhu, Guo zhong 朱国忠
ZHU, GU ZHONG 朱谷忠 (1946-)

Zhu, Hai guan 朱海观
ZHU, WEN LAN 朱文澜 (1908-)

Zhu hai meng yu sheng 珠海梦馀生
LIAO, EN TAO 廖恩焘 (1864-1954)

Zhu, Hai sheng 朱海生
YI, ZHUN 易准 (1931-)

ZHU, HAI ZHAN 朱海湛 (1960-)
Hai, Zhan 海湛

ZHU, HAN WEN 祝汉文 (1921-)
Yang, Jie 杨杰

Zhu, Hao ming 朱浩明
ZHU, CHONG SHAN 朱崇山 (1933-)

Zhu, Hao wen 朱浩文
ZHU, SHAN JUN 朱善钧 (-1980)

ZHU, HE MING 朱鹤鸣 **(1901-1974)**
Zhu, Xiao nan 朱小南

ZHU, HE SUN 朱鹤孙 **(1930-)**
Zhu, Zi xi 朱子系

ZHU, HENG 朱恒 **(1916-)**
Zhu, Heng you 朱恒有

ZHU, HENG BIN 朱衡彬 **(1922-)**
Xiao bing 小兵
Zhu, Hong bing 朱红兵

Zhu, Heng you 朱恒有
ZHU, HENG 朱恒 **(1916-)**

Zhu, Hong 朱红
TIAN, DE YU 田德裕 **(1915-)**

Zhu, Hong 朱红
WANG, CHONG GANG 汪崇刚 **(1924-)**

Zhu, Hong 朱红
ZHU, HONG 朱弘 **(1936-)**

ZHU, HONG 朱弘 **(1936-)**
Gao, Lei 高磊
Li, Hong 李弘
Mo, Xie 莫邪
Zhu, Hong 朱红

Zhu, Hong 竹红
GU, YONG ZHI 顾永芝 **(1936-)**

Zhu, Hong bing 朱红兵
ZHU, HENG BIN 朱衡彬 **(1922-)**

ZHU, HONG DONG 朱红东 **(1965-)**
Zhu, Hong dong 朱洪东
Zhu, Tie 朱铁

Zhu, Hong dong 朱洪东
ZHU, HONG DONG 朱红东 **(1965-)**

Zhu, Hong fu 朱弘复
ZHU, BAO 朱宝 **(1913-)**

ZHU, HONG GUAN 朱宏观 **(1960-)**
Ce shi 厕石

Zhu, Hong shou 朱洪绶
ZHU, JI LIANG 朱季良 **(1908-1989)**

Zhu, Hong ting 祝红亭
LI, SI QIANG 黎思强 **(1923-)**

ZHU, HONG XUN 朱鸿勋 **(1923-)**
Hong, Xun 洪勋
Hong xun 鸿迅
Jiang, Li yuan 江力员
Song gong 松公
Wen, Qi 闻起
Yan, Zhi 言直
Zhu, Zhai 朱寨

Zhu, Hou 朱侯
WANG, SHAO QING 王绍清 **(1911-)**

Zhu, Hou 诸侯
MA, ZONG RONG 马宗融 **(1895-1949)**

Zhu, Hou 诸侯
CHEN, YU QING 陈瑜清 **(1907-)**

Zhu hu yu yin 珠湖渔隐
GAO, MING 高明 **(1908-)**

Zhu hua 筑华
LIU, RONG MIN 刘荣敏 **(1936-)**

ZHU, HUA YU 朱化雨
Fa yu 法雨
Fo ru 佛如
Hua juan 化卷
Hua yi 化夷
Jun shi 俊士
Xin chang 新昌

ZHU, HUAI CAI 祝怀才 **(1921-)**
Wen, Xin 文新
Xu, Zi 许紫
Zhu, Fang ming 祝方明

ZHU, HUAN 朱寰 **(1926-)**
Hong, Yu 洪宇
Zhu, Jing wen 朱敬文

Zhu, Huan 朱環
SHEN, YAN BING 沈雁冰 **(1896-1981)**

ZHU, HUAN MING 朱焕明 **(1898-1932)**
Zhu, Wu ping 朱务平

ZHU, HUAN TIAN 朱焕添 **(1941-)**
A xi 阿西

Zhu, Huan wen 朱焕文
ZHU, ZHANG XIN 朱章新 **(1923-)**

ZHU, HUAN WEN 朱焕文 **(1927-)**
Yao, Zhuang 姚壮

Zhu, Huan xin 朱焕新
ZHU, ZHANG XIN 朱章新 **(1923-)**

Zhu, Huang wen 朱皇闻
ZHU, WEN 朱雯 **(1911-)**

Zhu, Hui 朱惠
ZHENG, JIA ZHI 郑嘉治 **(1916-1974)**

Zhu, Hui 朱慧
ZHU, ZHONG LI 朱仲丽 **(1915-)**

Zhu, Hui 朱蕙
SHEN, DUAN XIAN 沈端先 **(1900-1995)**

ZHU, HUI FU 朱慧夫 **(1925-)**
Zhuang, Yuan 庄原

ZHU, HUI JIAO 朱蕙椒 (1916-1987)
Hui jiao 蕙椒
Ling ding 伶仃
Pao mo 泡沫
Yin lu 茵露
Ying nu 莺怒
Zhu, Hui jie 朱惠洁
Zhu, Hui jie 朱慧洁
Zhu, Hui shu 朱蕙淑

Zhu, Hui jie 朱惠洁
ZHU, HUI JIAO 朱蕙椒 (1916-1987)

Zhu, Hui jie 朱慧洁
ZHU, HUI JIAO 朱蕙椒 (1916-1987)

ZHU, HUI JUAN 朱慧娟 (1921-1947)
Ying, Zi 英子

Zhu, Hui sheng 朱惠生
XIE, CHI 谢持 (1876-1939)

Zhu, Hui shu 朱蕙淑
ZHU, HUI JIAO 朱蕙椒 (1916-1987)

Zhu, Huo 朱活
ZHU, XUE ZHI 朱学智 (1921-)

Zhu, Huo sheng 朱藿生
ZHU, ZU MOU 朱祖谋 (1857-1931)

Zhu, Ji 朱几
ZHOU, YAO PING 周耀平 (1906-)

Zhu, Ji 朱笄
SUN, SHENG WU 孙绳武 (1917-)

Zhu ji 珠玑
CHEN, YU KUN 陈煜坤 (1934-)

ZHU, JI CHENG 朱吉成 (1937-)
Lu, Ruo dun 鲁若盾
Song, Xiong 宋雄
Xiao yun xia 晓云霞
Yun, Xia 云峡

ZHU, JI GONG 朱继功 (1931-)
Hui feng 惠风

ZHU, JI LIANG 朱季良 (1908-1989)
Bai, Mei 白眉
Liu wu dao shi 六无道士
Liu wu ju shi 六无居士
Lu fu 碌夫
Luo fu 洛甫
Zhu, Hong shou 朱洪绶

Zhu, Ji qing 朱霁青
ZHU, GUO SHENG 朱国陞 (1882-1955)

ZHU, JI SHAO 朱继绍 (1896-)
Zhu, Jing lin 朱经霖
Zhu, Yuan ding 朱元鼎

ZHU, JI SHUN 朱纪舜 (1935-)
Zhu, Qi 朱奇

ZHU, JI XING 朱济兴 (1947-)
Zhu, Dong liang 朱栋良
Zhu, Lei 朱雷

ZHU, JI YING 祝基滢 (1935-)
Wen, Ning 文宁

Zhu, Ji zao 朱季灶
ZHU, GUI ZHUO 朱桂桌 (1911-)

Zhu, Jia 诸家
CAO, JU REN 曹聚仁 (1900-1972)

Zhu jia 筑佳
LUO, DONG SHENG 罗东升 (1949-)

ZHU, JIA CHANG 朱甲昌 (1880-1941)
Da wei 大沩
Ti long 惕龙

ZHU, JIA HUA 朱家骅 (1853-1927)
Zhou shou 粥瘦

ZHU, JIA HUA 朱家骅 (1892-1963)
Liu xian 骝先

ZHU, JIA JIN 朱家溍 (1914-)
Bao, Xiang zhai 宝襄斋
Qian yuan 潜园
Wo ju 蜗居
Yan xu ge 延旭阁
Zhen ji 贞吉

ZHU, JIA JUN 朱家骏 (1930-1968)
Bi ye 碧野
Zhu, Qiao 朱桥

ZHU, JIA MING 朱嘉明 (1915-)
Jia min 稼敏
Qi, Su 齐肃
Qi, Su 齐速

ZHU, JIA YU 朱家瑜 (1916-1988)
Peng, Sheng 彭生
Tian ma 天马
Wei ran 未冉
Wo ran 渥然
Zhu, Dan 朱丹
Zhu, Dan bei 朱丹北
Zhu, Nan 朱楠

Zhu, Jia zhen 朱家振
ZHU, LU YUAN 朱菉园 (1914-1987)

Zhu, Jian 朱剑
ZHU, GUI TAO 朱桂涛 (1949-)

Zhu, Jian 朱健

YANG, ZHEN JI 杨镇畿 (1923-)

Zhu, Jian er 朱践耳
ZHU, RONG SHI 朱荣实 (1922-)

Zhu, Jian feng 朱剑锋
ZHU, ZU SHOU 朱组绶 (1880-1934)

ZHU, JIAN HUI 朱建辉 (1940-)
Han lu 寒露

Zhu, Jian mang 朱剑芒
ZHU, MU JIA 朱慕家 (1890-1970)

Zhu, Jian qun 朱建群
ZHU, JIAN QUN 朱剑群 (1932-)

ZHU, JIAN QUN 朱剑群 (1932-)
Zhu, Jian qun 朱建群

Zhu jian tang 铸剑堂
YANG, YAN WEN 杨延文 (1939-)

ZHU, JIAN XIN 朱建新 (1948-)
Wei ke 威柯
Zhu, Jian xin 朱剑心

Zhu, Jian xin 朱剑心
ZHU, JIAN XIN 朱建新 (1948-)

ZHU, JIAN ZHONG 朱剑钟 (1955-)
Dan qing 丹青
Zhong, Ming 钟鸣

Zhu, Jiang 朱江
CHANG, JUN SHI 常君实 (1920-)

Zhu, Jiang 朱绛
ZHU, ZHEN FANG 朱振方 (1916-)

Zhu, Jiang 朱绛
ZHU, ZONG ZHI 朱宗之 (1930-1987)

Zhu, Jiao 朱郊
MA, HUA 马骅 (1916-)

Zhu, Jie 祝恚
ZHU, JING GUO 祝敬国 (1946-)

ZHU, JIE FAN 朱介凡 (1912-)
Chen, Fu 陈敷
Qi, Si lu 漆思鲁
Qiu, Hui 秋晖
Shou tang 寿堂
Yi ping 一平
Zhang, Da shan 张大山
Zhu, Ke 朱可

Zhu, Jie min 朱介民
GU, QI CHENG 顾其城 (1910-)

Zhu, Jin 朱進
CHEN, MEI YU 陈梅雨 (1914-)

Zhu jin 筑今
CHEN, HUI QIN 陈慧琴

ZHU, JIN CHEN 朱金晨 (1947-)
Chen, Mo yan 陈墨砚
Jing, Shun 景顺
Xiao zi 晓紫
Zhu, Yong chun 朱咏春

Zhu, Jin heng 朱进衡
ZHU, REN JIAN 朱仁健 (1913-1983)

ZHU, JIN SHENG 朱金声 (1916-1983)
Zhu, Tong 朱彤

ZHU, JIN SHUN 朱金顺 (1935-)
Yue, Wen 乐文

Zhu, Jing 朱经
ZHU, JING NONG 朱经农 (1887-1951)

Zhu, Jing 朱旌
SUN, XU FU 孙序夫 (1920-1980)

Zhu, Jing 朱晶
GUO, JIA GUI 郭嘉桂 (1919-)

ZHU, JING 朱晶 (1942-)
Jing cao 劲草
Qi, Fang 齐方

ZHU, JING 朱静
Ni sang 尼桑

Zhu, Jing 朱璟
SHEN, YAN BING 沈雁冰 (1896-1981)

Zhu, Jing 竹菁
OU YANG, BEN YI 欧阳本义 (1902-1993)

ZHU, JING GUO 祝敬国 (1946-)
Zhu, Jie 祝恚

Zhu, Jing hua 朱靖华
ZHU, QING CAI 朱庆才 (1928-)

Zhu, Jing lin 朱经霖
ZHU, JI SHAO 朱继绍 (1896-)

ZHU, JING NONG 朱经农 (1887-1951)
Ai shan lu zhu ren 爱山庐主人
Dan ru 澹如
Niu, Ba 牛八
Zhu, Dan ru 朱澹如
Zhu, Jing 朱经

ZHU, JING QING 朱镜清 (1923-)
Sang, Tong 桑桐

Zhu, Jing wen 朱敬文
ZHU, HUAN 朱寰 (1926-)

Zhu, Jing wo 朱镜我
ZHU, DE AN 朱德安 (1901-1941)

Zhu, Jing wu 朱镜吾

ZHU, DE AN 朱德安 **(1901-1941)**

ZHU, JING YAO 朱经尧
Zhu, Shao tian 朱劭天

Zhu, Jing zhi 祝静枝
FENG, YAN JUN 冯雁军 **(1957-)**

ZHU, JING ZHOU 朱镜宙 **(1890-)**
Yan dang shan ren 雁荡山人
Zhou, Dao yi 周道夷
Zhu, Duo min 朱铎民

ZHU, JIONG QIANG 朱炯强 **(1933-)**
Ding, Song 丁颂
Xiao, Cao 萧草

Zhu, Jiu yuan 朱玖远
ZHU, DI 朱迪 **(1931-)**

Zhu, Juan fu 朱狷夫
HU, YUE 胡越 **(1920-1980)**

Zhu, Jun 朱军
ZHU, DA PENG 朱大鹏 **(1908-)**

Zhu, Jun 朱军
ZHU, PEI LI 朱佩莉 **(1931-)**

Zhu, Jun 朱珺
ZHU, XI HUI 朱玺辉 **(1947-)**

Zhu, Jun 竹君
ZHAO, FENG CHANG 赵凤昌 **(1856-1938)**

Zhu, Jun 竹君
YE, ZONG YUAN 叶宗源 **(1887-1946)**

Zhu, Jun 竹君
GU, ZHU JUN 顾竹君

ZHU, JUN 祝君 **(1955-)**
Yu zhou 宇宙

ZHU, KAN 朱侃 **(1925-)**
Ding, He 丁禾
Hai, Sha 海沙
Kong, Sun 孔孙
Liu, Xu 刘叙
Meng, Yu 孟予
Xue, Cun 薛邨
Zhang, Man 张蛮
Zhou, Yan 周延

Zhu, Ke 朱可
ZHU, JIE FAN 朱介凡 **(1912-)**

Zhu, Ke 竹客
ZHOU, BO DA 周伯达 **(1914-1947)**

Zhu ke 逐客
ZHANG, XIN YUAN 张心远 **(1895-1967)**

Zhu, Kong 竹空
CAI, YONG SHANG 蔡咏裳 **(1901-1940)**

ZHU, KONG YANG 朱孔阳 **(1842-1919)**
Ban yin 半隐
Sheng he lao ren 圣和老人
Zhong, Wo 仲我
Zhu, Kong zhang 朱孔彰

ZHU, KONG ZE 朱孔泽
Zhu, Yun bin 朱云彬

Zhu, Kong zhang 朱孔彰
ZHU, KONG YANG 朱孔阳 **(1842-1919)**

ZHU, KUAN 祝宽 **(1921-)**
Mu di 牧笛
Wei ming 未明
Zhu, Xiao tian 祝晓天

Zhu, Kui chu 朱揆初
ZHU, ZHAO ZU 朱肇祖 **(1902-1967)**

ZHU, KUI YI 朱揆一
Chao ran 超然
Kui yi 揆一
Yi chen 轶尘

ZHU, KUN HUA 朱堃华 **(1918-)**
A hua 阿华
Lan, Ling 蓝苓
Li sha 莉莎
Lin, Ling 林苓

ZHU, KUN QING 朱坤青
Lan, Ling 兰玲

Zhu, Lan 竹岚
XU, SU LAN 许素兰

Zhu, Lan 祝兰
ZHAO, WEI WEN 赵蔚文 **(1928-)**

Zhu, Lan an 朱兰庵
YAO, ZHEN 姚朕

Zhu, Lan cheng 朱兰成
ZHU, MIN WEI 朱民威

ZHU, LAN TING 朱兰亭 **(1935-)**
Mo, Fu 墨夫

Zhu lan wen shi 竹兰文史
YANG, GUAN FEN 杨冠芬 **(1921-)**

Zhu lan zhai zhu 竹兰斋主
YANG, GUAN FEN 杨冠芬 **(1921-)**

Zhu, Lang 朱朗
ZHU, GUANG XI 朱光熹 **(1934-)**

Zhu lang 珠郎
LIU, XU YI 刘绪贻 **(1913-)**

Zhu, Le san 诸乐三

ZHU, WEN XUAN 诸文萱 **(1902-1984)**

Zhu, Lei 朱雷
ZHU, JI XING 朱济兴 **(1947-)**

Zhu, Lei yi 朱雷乙
LI, DING SHENG 李鼎声 **(1914-)**

Zhu, Leng 竹冷
SHI, ZHUO REN 施卓人 **(1921-)**

Zhu, Li 朱力
ZHANG, WEN YU 张文郁 **(1915-1991)**

Zhu, Li 朱力
ZHAO, ZHONG 赵锺 **(1928-)**

Zhu, Li 朱里
ZHU, ZHAO LIN 朱照林 **(1937-)**

ZHU, LI LI 朱立立 **(1942-)**
Jing ji 荆棘

Zhu, Li ye 朱丽叶
WANG, HUI FENG 王惠风 **(-1942)**

ZHU, LI YING 朱丽英 **(1949-)**
Lei, Ri 雷日
Li, Ying 黎英
Zhu, Li ying 朱丽瑛

Zhu, Li ying 朱丽瑛
ZHU, LI YING 朱丽英 **(1949-)**

ZHU, LI YUAN 朱立元 **(1945-)**
Li wen 立文

Zhu, Lian 竹莲
XU, BI XIA 许碧霞

Zhu, Lian rong 朱连荣
ZHU, BING QIAN 朱秉谦 **(1933-)**

Zhu, Liao mei 朱了梅
ZHU, QI DONG 朱其栋

Zhu, Lin 朱林
ZHU, YU LIN 朱玉林 **(1939-)**

Zhu, Lin 竹林
PI, ZUO JIU 皮作玖 **(1917-)**

Zhu, Lin 竹林
DUAN, ZHU LIN 段竹林 **(1929-)**

Zhu, Lin 竹林
WANG, ZU LING 王祖铃 **(1949-)**

Zhu lin 珠琳
ZHU, CHANG LIN 朱长林 **(1954-)**

Zhu lin shan ren 竹林山人
HONG, ZHI JIAN 洪志坚 **(1872-1949)**

ZHU, LING 朱冷 **(1918-)**
Ti min 惕民

Zhu, Ling 朱陵
YUAN, QIONG QIONG 袁琼琼 **(1950-)**

Zhu lou zhu ren 竹楼主人
WANG, BO YI 王伯益

Zhu, Lu 朱庐
SUN, XUAN 孙宣 **(1896-1944)**

ZHU, LU YUAN 朱菉园 **(1914-1987)**
He, Yi 贺宜
Jin, Tong 金童
Qin, Ling 秦陵
Wei ming 未明
Zhu, Jia zhen 朱家振
Zhu, Yi 祝一
Zhu, Yuan 朱园

Zhu, Luo 诸罗
CAI, ZHE MOU 蔡哲谋 **(1947-)**

Zhu, Luo hua 朱罗华
LIN, YANG MIN 林央敏 **(1955-)**

Zhu, Ma 朱瑪
ZHU, XIAN GUI 朱先贵 **(1938-)**

Zhu, Ma 竹马
ZHOU, DU YOU 周笃佑 **(1929-)**

Zhu, Ma 竹马
WANG, DU SHENG 汪笃生 **(1937-)**

Zhu, Man qiu 朱漫秋
MA, HUA 马骅 **(1916-)**

Zhu, Man sheng 朱曼生
ZHU, GUANG CHEN 朱光琛 **(1906-1969)**

Zhu, Mao ru 祝茂如
ZHU, FENG 祝丰 **(1921-)**

ZHU, MAO YAN 朱楙炎 **(1914-)**
Zhu, Yan hui 朱延辉

ZHU, MAO YUN 朱茂芸
Ling xi 菱溪

Zhu, Mei 朱眉
ZANG, JUN SHENG 臧俊声 **(1905-)**

ZHU, MEI XIAN 朱梅先
Li, Shu wen 李淑文

Zhu, Men 朱門
JIANG, SHI 江石 **(1899-)**

Zhu, Meng fei 朱梦飞
ZHU, SHI XIONG 朱士熊 **(1917-)**

Zhu, Meng shi 朱孟实
ZHU, GUANG QIAN 朱光潜 **(1897-1986)**

ZHU, MIN CHE 祝敏彻 **(1929-)**

Zhu, Min che 祝敏澈

Zhu, Min che 祝敏澈
ZHU, MIN CHE 祝敏彻 **(1929-　　)**

ZHU, MIN WEI 朱民威
Zhu, Lan cheng 朱兰成

Zhu, Ming 朱名
SHEN, YAN BING 沈雁冰 **(1896-1981)**

Zhu, Ming 朱名
ZHU, ZONG BIN 朱宗彬 **(1913-1937)**

Zhu, Ming 朱明
LIU, WEN ZHUO 刘文卓 **(1913-　　)**

Zhu, Ming 朱明
ZHU, XIU QUAN 朱秀全 **(1915-　　)**

Zhu, Ming 朱明
ZHANG, XIAO XIAN 张小娴

Zhu, Ming 朱铭
ZHU, CHUAN TAI 朱川泰 **(1938-　　)**

Zhu, Ming 竹铭
WANG, LIN XI 汪林锡 **(1909-　　)**

ZHU, MING PIN 朱明聘 **(1927-　　)**
Ping, Yuan 平原
Zhu, Yi hui 朱逸辉

Zhu, Mo 朱墨
ZHU, YI CHU 朱宜初 **(1925-　　)**

Zhu, Mo 朱墨
PANG, RUI YING 庞瑞瀛 **(1937-　　)**

Zhu, Mo 朱墨
PAN, CHANG DE 潘昌德 **(1954-　　)**

ZHU, MO 竺摩
Zhu, Mo 竹摩

Zhu, Mo 竹摩
ZHU, MO 竺摩

ZHU, MU JIA 朱慕家 **(1890-1970)**
Chang shou 长绶
Chui hua jue rui lu 吹花嚼蕊庐
Gu, Kuang 古狂
Jian mang 剑芒
Jian mang 剑鋩
Mu, Jia 慕家
Pei shuang 佩双
Qiu, Tang shi 秋堂室
Shi, Xia 师侠
Tai chi 太赤
Tian mo 天摩
Zhu, Chang shou 朱长绶
Zhu, Jian mang 朱剑芒
Zhu, Si 朱肆

Zhu, Zhong kang 朱仲康

Zhu, Mu zhi 朱穆之
ZHU, ZHONG LONG 朱仲龙 **(1916-　　)**

Zhu, Nan 朱楠
ZHU, JIA YU 朱家瑜 **(1916-1988)**

Zhu, Nan 祝南
ZHAN, AN TAI 詹安泰 **(1902-1967)**

ZHU, NAN HUA 朱南华
Li, Meng 李猛

ZHU, NAN XIAN 朱南铣 **(1916-1970)**
Yi su 一粟

Zhu, Nian 竹年
LI, YAN SHOU 李延寿 **(1904-1988)**

Zhu, Ning 朱宁
ZHANG, JU NING 张聚宁 **(1952-　　)**

Zhu, Pan 朱磐
ZHU, DE AN 朱德安 **(1901-1941)**

Zhu, Pei jiu 祝裴玖
PI, ZUO JIU 皮作玖 **(1917-　　)**

ZHU, PEI JUN 朱佩君 **(1920-　　)**
Zhu, Chai 朱茝

ZHU, PEI JUN 朱培钧 **(1916-　　)**
Xin, Geng 辛耕

ZHU, PEI LI 朱佩莉 **(1931-　　)**
Zhu, Jun 朱军

ZHU, PEI WEI 朱佩韦 **(1902-　　)**
Zhu, Wu hua 朱物华

ZHU, PEI WO 朱佩我 **(1907-1945)**
Li, Ang 李昂
Liu, Ning 柳宁
Yi ming 亦明
Zhu, Qi hua 朱其华
Zhu, Xin fan 朱新繁

Zhu, Pei xian 朱佩弦
ZHU, ZI QING 朱自清 **(1898-1948)**

Zhu, Peng 朱彭
DU, XING SHUN 杜兴顺 **(1911-1986)**

Zhu, Peng 朱鹏
ZHU, CAI FENG 朱彩凤 **(1942-　　)**

Zhu, Peng xian 朱蓬仙
ZHU, ZONG LAI 朱宗莱

Zhu, Pin 朱品
ZHU, CHEN DONG 朱辰东 **(1933-1990)**

Zhu, Ping 朱平
ZHU, QI KAI 朱其铠 **(1925-　　)**

Zhu, Ping 朱评
ZHU, BAO GUANG 朱葆光 (1910-1979)

Zhu, Ping 竹屏
WANG, YING XIANG 王映湘 (1924-)

Zhu, Ping 祝平
SONG, ZHU PING 宋祝平 (1929-)

Zhu, Ping 诸平
HUANG, HUI FU 黄恢复 (1917-)

Zhu, Ping an 祝平安
WANG, CHENG GANG 王成刚 (1934-)

ZHU, PING BEN 朱平本 (1935-)
Bing bo 冰波
Gan, Mei 甘美
Zhu, Bing 朱冰

ZHU, PING CI 祝平次
Ping, Ping 平平

ZHU, PU 朱朴 (1900-)
Zhu, Pu zhi 朱朴之

Zhu, Pu jun 朱溥君
ZHU, PU JUN 朱溥钧 (1926-)

ZHU, PU JUN 朱溥钧 (1926-)
Tian, Chong 田冲
Tian, Chuan 田川
Zhu, Pu jun 朱溥君

ZHU, PU SHENG 朱溥生 (1934-)
A dan 阿丹
A nong 阿浓
Lin, Jiang shan 林江山
Lu, Jian 陆健
Nong nong 浓浓
Su, Da ming 苏大明
Zhang, Shi xing 张士行
Zhu, Yan 朱燕

Zhu, Pu zhi 朱朴之
ZHU, PU 朱朴 (1900-)

ZHU, QI 朱奇 (1898-)
Lian cha 莲垞
Ya feng 亚凤
Zhu, Da ke 朱大可

Zhu, Qi 朱奇
ZHU, ZI QI 朱子奇 (1920-)

Zhu, Qi 朱奇
ZHU, JI SHUN 朱纪舜 (1935-)

Zhu, Qi 朱淇
ZHU, QI 朱祺 (1859-1931)

Zhu, Qi 朱琪
ZHU, QI 朱祺 (1859-1931)

ZHU, QI 朱祺 (1859-1931)
Ji, Zhen 季箴
Ji, Zhen 季鍼
Lu sheng 菉生
Lu sun 籙孙
Zhu, Qi 朱琪
Zhu, Qi 朱淇

Zhu, Qi 竹奇
WANG, ZHENG XIANG 王正湘 (1931-)

ZHU, QI DONG 朱其栋
Zhu, Liao mei 朱了梅

ZHU, QI FENG 朱起凤 (1874-1948)
Gu, Huan zhai 古欢斋

Zhu, Qi hua 朱其华
ZHU, PEI WO 朱佩我 (1907-1945)

ZHU, QI KAI 朱其铠 (1925-)
Zhu, Ping 朱平
Zhu, Shi ping 朱式平

Zhu, Qi ming 朱启明
ZHU, TAO PU 朱焘谱

Zhu, Qi pei 朱启培
ZHU, YI CHU 朱宜初 (1925-)

ZHU, QI QIAN 朱启鈐 (1871-1964)
Huo yuan 蠖园
Zhu, Gui xin 朱桂莘

Zhu, Qi xia 朱企遐
ZHU, QI XIA 朱企霞 (1904-1984)

ZHU, QI XIA 朱企霞 (1904-1984)
Ji, Xia 季遐
Qi xia 企霞
Xie, Bu hao 谢步豪
Zhu, Qi xia 朱企遐
Zhu, Su chuan 朱素川

Zhu, Qi zhan 朱旗展
SUN, QIN PING 孙钦平 (1922-)

ZHU, QI ZHAN 朱屺瞻 (1892-)
Er zhan lao min 二瞻老民
Qi zai 起哉

Zhu, Qian 朱谦
GUO, HAI QING 郭海清 (1905-)

ZHU, QIAN LIANG 朱谦良 (1889-)
Fan niao 凡鸟
Feng wei 凤威
Feng wei 凤蔚
Jing cao 劲草
Lao feng 老凤
Zhu, Feng wei 朱凤蔚

ZHU, QIAN ZHI 朱谦之 (1899-1972)

A. A.
Gu, Yu 古愚
Min kuang 闽狂
Qian zhi 谦之
Qing qian 情牵
Zuo hai hen ren 左海恨人

Zhu, Qiao 朱桥
ZHU, JIA JUN 朱家骏 **(1930-1968)**

Zhu, Qiao 竹樵
ZHU, TAO 祝焘 **(1933-)**

Zhu, Qin shu 朱琴书
ZHU, TONG SHU 朱彤书 **(1930-)**

Zhu, Qing 朱青
ZHANG, FANG 张方 **(1927-)**

Zhu, Qing 诸青
ZHANG, QI ZHI 张岂之

Zhu qing 竺青
WANG, ZUO YING 王佐英 **(1934-)**

Zhu, Qing bing 朱青冰
ZHU, RONG 朱容 **(1910-1946)**

ZHU, QING CAI 朱庆才 **(1928-)**
Li qing 立青
Zhu, Jing hua 朱靖华

ZHU, QING FENG 朱清峰 **(1930-)**
Lao cu 老粗

ZHU, QING HAI 朱青海 **(1927-)**
Zhu, Xi ning 朱西宁

Zhu, Qing he 朱清和
ZHU, REN JIAN 朱仁健 **(1913-1983)**

Zhu, Qing lai 诸青来
ZHU, XIANG 诸翔 **(-1940)**

ZHU, QING SONG 朱庆松 **(1948-)**
Mu gong 木公

ZHU, QING YING 祝庆英 **(1930-)**
Zhu, Rong 祝融

Zhu, Qing yu 朱青榆
ZHU, REN JIAN 朱仁健 **(1913-1983)**

Zhu, Qiu 祝丘
HU, SHENG 胡绳 **(1918-)**

Zhu qiu 铸秋
DUAN MU, KAI 端木恺 **(1901-1987)**

Zhu, Qiu gu 朱秋谷
ZHU, DA FU 朱大符 **(1885-1920)**

ZHU, QIU HUA 朱秋华 **(1943-)**
Yi, Ping 易萍

Zhu, Qu 竹曲
WANG, YIN QUAN 王印权 **(1940-)**

Zhu, Quan sheng 竹泉生
PENG, XUN ZHI 彭逊之

Zhu, Que 朱雀
ZHU, BO HUA 朱伯华 **(1947-)**

Zhu, Ran 朱然
XU, MAO RONG 许茂荣 **(1939-)**

Zhu, Ren 竹人
GAO, SHI SEN 高世森 **(1935-)**

ZHU, REN JIAN 朱仁健 **(1913-1983)**
Di wei 棣威
Fu chen 凫晨
Guan lang 琯朗
Jie xi 杰西
Jing zi 净子
Qi ren 杞人
Qing yu 青榆
Shi, Mu 石木
Shuang lin 霜林
Sun yi 损衣
Ying dan 英诞
Zao shi lao ren 皂石老人
Zhu, Dan ting 朱丹庭
Zhu, Fang ji 朱芳济
Zhu, Jin heng 朱进衡
Zhu, Qing he 朱清和
Zhu, Qing yu 朱青榆
Zhu, Shi jian 朱石笺
Zhu, Xi 朱曦
Zhu, Ying dan 朱英诞
Zhuang, Sun yi 庄损衣

ZHU, RONG 朱容 **(1910-1946)**
Zhu, Qing bing 朱青冰

Zhu, Rong 郑瑢
ZHU, XIAO ZHU 郑晓珠 **(1934-)**

Zhu, Rong 祝融
CHEN, ZHAN RUO 陈湛若 **(1921-)**

Zhu, Rong 祝融
GUO, WEI 过伟 **(1928-)**

Zhu, Rong 祝融
ZHU, QING YING 祝庆英 **(1930-)**

ZHU, RONG SHI 朱荣实 **(1922-)**
Zhu, Jian er 朱践耳

Zhu, Ru 朱儒
SHEN, DUAN XIAN 沈端先 **(1900-1995)**

Zhu ru 侏儒
SHEN, DUAN XIAN 沈端先 **(1900-1995)**

ZHU, RU YUE 朱如月 **(1941-)**
Ru yue 如月

Zhu, Ruo 朱若
YI, ZHUN 易准 **(1931-)**

Zhu, San 朱三
ZHU, BAO KANG 朱葆康 **(1881-1942)**

Zhu, San 祝三
WANG, MENG YUN 王梦云 **(1894-)**

Zhu, Sen 朱森
ZHU, WEN SEN 朱文森 **(1912-1944)**

Zhu, Shan 朱山
ZHU, CHANG SHI 朱昌时 **(-1912)**

Zhu, Shan 朱山
LIU, SI HAI 刘斯海 **(1919-)**

Zhu, Shan 朱杉
GAO, YAN 高焰 **(1925-)**

Zhu shan 珠珊
ZHU, ZHONG LI 朱仲丽 **(1915-)**

Zhu, Shan gen 朱山根
GU, JIE GANG 顾颉刚 **(1893-1980)**

ZHU, SHAN JUN 朱善钧 **(-1980)**
Fang, Yao 方耀
Zhu, Hao wen 朱浩文

Zhu shan shan ren 竹山山人
WAN, CONG MU 万从木 **(1898-)**

Zhu shan zui weng 筑山醉翁
CHEN, GUANG TAO 陈光焘

ZHU, SHAO HOU 朱绍侯 **(1926-)**
Chu fei 雏飞

Zhu, Shao ping 朱少屏
ZHU, BAO KANG 朱葆康 **(1881-1942)**

Zhu, Shao tian 朱劭天
ZHU, JING YAO 朱经尧

Zhu shen 珠申
QI, GONG 启功 **(1912-)**

ZHU, SHENG 朱声 **(1919-1966)**
Bai, Han 柏寒
Fang, Ran 方然
Mu, Hai qing 穆海清
Xin, Qing 辛清
Zhu, Chuan qin 朱传勤

Zhu sheng 铸生
LIU, ZI HE 刘鼒和 **(1870-1931)**

Zhu sheng 铸生
HU, ZHU SHENG 胡珠生 **(1927-)**

Zhu sheng 箸生
ZHANG, YAN CHAO 张彦超

Zhu, Sheng hao 朱生豪
ZHU, WEN SEN 朱文森 **(1912-1944)**

ZHU, SHENG QIN 朱升芹 **(1887-1968)**
Sheng qin 升芹

ZHU, SHENG XIAN 朱圣先 **(1922-)**
Zhu, Cheng 朱柽

Zhu, Sheng xian 朱绳先
ZHU, ZONG LIANG 朱宗良 **(1892-1970)**

Zhu, Shi 朱实
ZHU, YI SHU 朱以书 **(1904-)**

Zhu, Shi 朱实
GU, ZHU YI 顾竹漪 **(1916-1976)**

Zhu, Shi 朱媞
ZHANG, XING JUAN 张杏娟 **(1923-)**

Zhu, Shi 竹师
TAN, YONG 谭勇 **(1918-)**

Zhu shi 煮石
HE, JIA 何嘉

ZHU, SHI DA 朱世达 **(1940-)**
Zhu, Xiao jun 朱晓君

ZHU, SHI FENG 朱石峰 **(1903-1947)**
Dian ren 点人
Miao wen 描文
Wen, Miao 文苗
Zhu, Dian ren 朱点人
Zhu, Shi tou 朱石头

Zhu, Shi jian 朱石笺
ZHU, REN JIAN 朱仁健 **(1913-1983)**

ZHU, SHI KANG 祝世康 **(1901-1982)**
Lu, Ying 鲁膺
Zhu, Ting mo 祝廷模
Zhu, Yao ren 祝尧人

ZHU, SHI LUN 朱世纶
Ma, Sai 马赛

ZHU, SHI MING 祝实明
Shi ming 拾名

Zhu, Shi ping 朱式平
ZHU, QI KAI 朱其铠 **(1925-)**

Zhu, Shi qiao 朱士乔
ZHU, SHI QIAO 朱士翘 **(1904-1942)**

ZHU, SHI QIAO 朱士翘 **(1904-1942)**
He, Yun 何云
Zhu, Shi qiao 朱士乔

Zhu, Shi tou 朱石头

ZHU, SHI FENG 朱石峰 **(1903-1947)**

ZHU, SHI XIONG 朱士熊 **(1917-)**
Zhu, Meng fei 朱梦飞

ZHU, SHI ZHEN 朱世溱 **(1896-1988)**
Dong run 东润
Song, Dun rong 宋敦容
Zhu, Dong run 朱东润

ZHU, SHOU JU 朱瘦菊
Hai shang shuo meng ren 海上说梦人
Shou ju 瘦菊
Shuo meng ren 说梦人

ZHU, SHOU QING 朱寿青 **(1920-)**
Yi wen 亦文
Zhu, Yi wen 朱亦文

ZHU, SHOU TONG 朱寿桐 **(1958-)**
Zheng, She nong 郑舍农

Zhu shu chong 蛀书虫
WANG, LI AN 汪立安 **(1902-)**

ZHU, SHU LING 朱淑玲 **(1949-)**
Zi ren 子忍

Zhu, Shu zhen 朱树桢
ZHU, SHU ZHENG 朱曙征 **(1931-)**

ZHU, SHU ZHENG 朱曙征 **(1931-)**
Zhu, Shu zhen 朱树桢

Zhu, Shui 朱水
LIU, SI HAI 刘斯海 **(1919-)**

Zhu, Si 朱肆
ZHU, MU JIA 朱慕家 **(1890-1970)**

Zhu, Si 竹思
PAN, JIN YING 潘金英 **(1958-)**

ZHU, SI CHENG 朱四成 **(1939-)**
Bing shui 冰水
Bing zhi 冰之
Zheng, Ding 郑定
Zhu, Bing 朱兵
Zhu, Bing 竹冰

ZHU, SONG LU 朱松芦 **(1900-1939)**
Song lu 松芦
Zhu, Xing gong 朱惺公

Zhu, Su chuan 朱素川
ZHU, QI XIA 朱企霞 **(1904-1984)**

ZHU, SU JIN 朱苏进 **(1953-)**
Su, Jin 苏进

Zhu, Su jun 朱素君
JIANG, XING YU 蒋星煜 **(1920-)**

Zhu, Sun 竹荪
ZHANG, ZHU SHENG 张祝升 **(1949-)**

ZHU, TAI LAI 朱泰来 **(1946-)**
Lan, Xin 蓝新

Zhu, Tang 诸棠
SHEN, DUAN XIAN 沈端先 **(1900-1995)**

Zhu, Tao 朱涛
ZHU, DING ZHONG 朱丁中 **(1948-)**

ZHU, TAO 祝焘 **(1933-)**
Zhu, Qiao 竹樵

Zhu, Tao 诸韬
ZHU, YOU TAO 诸有韬 **(1935-)**

ZHU, TAO PU 朱焘谱
Zhu, Qi ming 朱启明

Zhu, Tao shan 诸涛山
WANG, DUN QING 王敦庆 **(1898-1990)**

Zhu, Ti 朱提
HUANG, WEN ZHOU 黄文周 **(1950-)**

Zhu, Ti xian 朱逿先
ZHU, XI ZU 朱希祖 **(1879-1944)**

Zhu, Tian 竹天
WANG, JI XIAO 王基孝 **(1930-)**

ZHU, TIAN HONG 朱天虹 **(1957-)**
Shi, Chuan 石川

Zhu, Tian ming 祝天明
WANG, ZHI NONG 王智浓 **(1932-)**

ZHU, TIAN MU 朱天目
Shi zu zong 诗祖宗

Zhu tian nong ren 竹天农人
WANG, CHUAN 汪僢 **(1855-1918)**

Zhu, Tie 朱铁
ZHU, HONG DONG 朱红东 **(1965-)**

Zhu tie an zhu 铸铁盦主
CAI, ER KANG 蔡尔康 **(1858-1923?)**

Zhu, Tie sheng 朱铁笙
ZHU, ZE HUAI 朱泽淮

Zhu tie sheng 铸铁生
CAI, ER KANG 蔡尔康 **(1858-1923?)**

Zhu tie xian 铸铁仙
CAI, ER KANG 蔡尔康 **(1858-1923?)**

ZHU, TING GUANG 朱庭光 **(1924-)**
Wei, Yang 韦央
Zhu, Wei yang 朱未央

Zhu, Ting mo 祝廷模
ZHU, SHI KANG 祝世康 **(1901-1982)**

Zhu, Tong 朱彤
ZHU, JIN SHENG 朱金声 (1916-1983)

ZHU, TONG SHU 朱彤书 (1930-)
Zhu, Qin shu 朱琴书

Zhu, Wan 朱宛
SHEN, DUAN XIAN 沈端先 (1900-1995)

Zhu, Wei 朱苇
ZHOU, ZI ZHONG 周子中 (1922-)

Zhu, Wei 朱薇
ZENG, DE ZHEN 曾德镇 (1921-1988)

ZHU, WEI JI 朱维基 (1904-1971)
Wei ji 维基

ZHU, WEI JUN 朱蔚君 (1933-)
Ye fu shan tong 冶父山童
Zhu, Bin 朱斌
Zhu, Ye 朱夜

ZHU, WEI MING 朱维明 (1910-)
Li, Yin sen 李殷森
Qi, Fan 齐凡
Qi, Mo 齐默
Ri ming 日明
Zheng ming 正明
Zhu, Zheng ming 朱正明

Zhu, Wei ming 朱微明
ZHU, XIU QUAN 朱秀全 (1915-)

ZHU, WEI QIN 朱伟钦 (1968-1991)
Lan, Yu hu 蓝玉湖
Meng huan qi shi 梦幻骑士

ZHU, WEI XIN 朱惟新 (1928-)
Zhu, Xing 朱星

Zhu, Wei yang 朱未央
ZHU, TING GUANG 朱庭光 (1924-)

ZHU, WEI YAO 朱惟尧
Zhu, Yun 朱云

Zhu, Wei yi 朱维义
ZHU, BING QIAN 朱秉谦 (1933-)

Zhu, Wei zhi 朱维之
ZHU, WEI ZHI 朱维志 (1905-)

ZHU, WEI ZHI 朱维志 (1905-)
Zhu, Wei zhi 朱维之

Zhu wei 著微
WANG, TONG ZHAO 王统照 (1897-1957)

Zhu, Wen 朱文
ZHU, ZI QI 朱子奇 (1920-)

Zhu, Wen 朱雯
WANG, TONG ZHAO 王统照 (1897-1957)

ZHU, WEN 朱雯 (1911-)
Li, Rui chen 黎瑞臣
Meng, Fu 蒙夫
MONV
Si ma, Sheng 司马圣
Wang, Fen 王坟
Zhu, Huang wen 朱皇闻

ZHU, WEN CHANG 朱文长 (1914-)
Hai, Tao 海涛

ZHU, WEN CHANG 朱文昌 (1932-)
Zhu, Guang dou 朱光斗

ZHU, WEN HUA 朱文华 (1957-)
Wen, Hua 文华

ZHU, WEN HUI 朱文辉
Du, Kang 杜康

ZHU, WEN LAN 朱文澜 (1908-)
Zhu, Hai guan 朱海观

ZHU, WEN LIANG 朱文良 (1927-)
Fang, Ke jing 方可静

ZHU, WEN QUAN 朱文泉 (1935-)
Wen, Quan 文泉

ZHU, WEN SEN 朱文森 (1912-1944)
Cao cao 草草
Zhu, Fu quan 朱福全
Zhu, Sen 朱森
Zhu, Sheng hao 朱生豪

ZHU, WEN XIONG 朱文熊 (1883-1961)
Long tan xuan 龙潭轩
Zao wu 造五

ZHU, WEN XUAN 诸文萱 (1902-1984)
Nan yu shan ren 南屿山人
Wen, Xuan 文萱
Xi zhai 希斋
Zhu, Le san 诸乐三

Zhu, Wen yang 朱文扬
ZHU, WEN YANG 朱文杨 (1944-)

ZHU, WEN YANG 朱文杨 (1944-)
Hua zi 华子
Jia ying zi 嘉应子
Wen, Si 闻思
Yan feng 雁枫
Zhu, Wen yang 朱文扬

ZHU, WEN YAO 朱文尧
F
Ye 叶
Ye, Fu 叶夫

ZHU, WEN YUAN 朱文渊 (1916-)
Bai, Xiao 白晓

Da shan 大山
Fan fan 帆凡
Fan feng 帆风
Jiang, Fan 江帆
Wen, Bai 文白
Wen, Wen 文文
Xiao bai 晓白

ZHU, WEN YUN 诸文蕴 **(1894-1940)**
Tian mu shan min 天目山民
Wen yin 汶隐
Zhu, Wen yun 诸闻韵

Zhu, Wen yun 诸闻韵
ZHU, WEN YUN 诸文蕴 **(1894-1940)**

Zhu weng 铸翁
SUN, XIONG 孙雄 **(1866-1935)**

Zhu, Wu hua 朱物华
ZHU, PEI WEI 朱佩韦 **(1902-)**

Zhu, Wu ping 朱务平
ZHU, HUAN MING 朱焕明 **(1898-1932)**

ZHU, WU SHI 朱吾石 **(1918-1986)**
Feng ning 封宁
Li, Cheng 李诚
Ling hu, Yuan 令狐原
M
M. K.
Mi, Gu 米谷
Shi, Lan 石兰

Zhu, Wu shuang 祝无双
WANG, CHU LIANG 王楚良

Zhu, Xi 朱洗
ZHU, YU WEN 朱玉文 **(1900-1962)**

ZHU, XI 朱玺 **(1894-1921)**
Er yu 尔玉
Nie er 孽儿
Yin xiao jiu zhu 银箫旧主
Yuan chu 鸳雏
Zhu, Yuan chu 朱鸳雏

ZHU, XI 朱溪
Yi 逸

Zhu, Xi 朱曦
ZHU, REN JIAN 朱仁健 **(1913-1983)**

ZHU, XI HUI 朱玺辉 **(1947-)**
Zhu, Jun 朱珺

Zhu, Xi hui 朱喜诲
ZHU, YI XUAN 朱一玄 **(1912-)**

ZHU, XI JIANG 朱希江 **(1936-)**
Gao, Mu 高穆
Jiang, Zhou 江舟
Tian, Yu 田雨

ZHU, XI LIANG 朱锡梁 **(1873-1932)**
Gong sun, Jun chou 公孙君雠
Guai qing 夬庼
Guai qing ju shih 夬庼居士
Huang di zhi zeng sun xiao zi 黄帝之曾孙小子
Jun chou 君雠
Liang, Ren 梁任
Wei jun 纬君

Zhu, Xi ning 朱西宁
ZHU, QING HAI 朱青海 **(1927-)**

Zhu, Xi wen 竺希文
ZHONG, XIAN PEI 钟贤培 **(1933-)**

ZHU, XI ZHI 朱西治 **(1935-)**
Bi jian 碧坚

ZHU, XI ZU 朱希祖 **(1879-1944)**
Xi zu 希祖
Zhu, Ti xian 朱逷先

Zhu, Xia 朱霞
ZHU, ZU SHOU 朱组绶 **(1880-1934)**

ZHU, XIA TIAN 朱霞天
Diao long sheng 雕龙生

Zhu, Xian 朱弦
ZHAO, RUI HONG 赵瑞霟 **(1915-)**

Zhu, Xian 竹僊
WU, ZHU XIAN 吴竹僊

ZHU, XIAN GUI 朱先贵 **(1938-)**
Zhu, Ma 朱瑪

ZHU, XIAN MIN 祝贤民 **(1927-)**
Hu zhong tian 壶中天
Xian min 先敏
Xian ming 闲明

Zhu, Xian ming 朱仙明
ZHU, CHANG MIN 朱畅敏

ZHU, XIAN MING 朱先明 **(1923-)**
Guang ming 光明

ZHU, XIANG 朱湘 **(1904-1933)**
Dong, Tian zhu 董天柱
Tian yong 天用
Zhu, You heng 朱幼衡
Zhu, Zi yuan 朱子沅
Zi yuan 子沅

ZHU, XIANG 诸翔 **(-1940)**
Qing lai 青来
Qiu shi zhai 求是斋
Zhu, Qing lai 诸青来

Zhu xiang 住想

HU, SHEN ROU 胡慎柔

Zhu, Xiang ren 竺襄仁
WEN, XIANG 温祥 (1932-)

ZHU, XIANG YIN 朱相殷 (1934-)
Song po 松坡

ZHU, XIANG YUN 朱湘云
Bing hu 冰壶

ZHU, XIAO GUO 朱晓国 (1947-)
Xiao ying 晓鹰

Zhu, Xiao jun 朱晓君
ZHU, SHI DA 朱世达 (1940-)

Zhu, Xiao nan 朱小南
ZHU, HE MING 朱鹤鸣 (1901-1974)

Zhu, Xiao qi 朱小奇
WANG, YANG 王扬 (1917-1986)

ZHU, XIAO QIU 朱啸秋 (1923-)
Lao zhu 老朱
Xiao qiu 啸秋
Xiao, Qiu 萧秋
Zhao, Wu ji 赵无忌

Zhu, Xiao tian 祝晓天
ZHU, KUAN 祝宽 (1921-)

ZHU, XIAO YAN 朱小燕
Dai si 黛丝

Zhu, Xiao zang 朱孝臧
ZHU, ZU MOU 朱祖谋 (1857-1931)

ZHU, XIAO ZHU 郝晓珠 (1934-)
Zhu, Rong 郝瑢

Zhu, Xin 朱心
WU, FU XI 吴福熙

Zhu, Xin 朱欣
YANG, DAI XIN 杨代欣 (1949-)

Zhu, Xin 朱莘
XU, JING HUA 许静华 (1934-)

Zhu, Xin 竹心
SONG, BO LU 宋伯鲁 (1854-1932)

Zhu, Xin 竹心
GONG, ZHU XIN 宫竹心 (1899-1966)

Zhu, Xin 诸心
LI, HUAN SHEN 李焕燊

Zhu, Xin fan 朱新繁
ZHU, PEI WO 朱佩我 (1907-1945)

Zhu, Xin kang 祝新康
XING, GUO XI 邢国玺 (1937-)

ZHU, XIN YUN 朱鑫云 (1938-)
Lan, Yan 蓝烟

ZHU, XING 朱行 (1933-1988)
Qiao lei 桥雷
You, Yi 尤宜
Zhu, Guang yuan 朱广源

Zhu, Xing 朱星
ZHU, XING YUAN 朱星元 (1911-1982)

Zhu, Xing 朱星
ZHU, WEI XIN 朱惟新 (1928-)

Zhu, Xing 朱星
LI, YING ZHE 李颖哲 (1948-)

Zhu, Xing gong 朱惺公
ZHU, SONG LU 朱松芦 (1900-1939)

ZHU, XING HE 朱星鹤 (1936-)
Ya zhi 亚之

ZHU, XING YUAN 朱星元 (1911-1982)
Zhu, Xing 朱星

ZHU, XIU 朱秀
Chen zhong ren 尘中人

ZHU, XIU KUN 朱秀坤 (1944-)
An, He 安禾

Zhu, Xiu li 祝秀里
LI, LI MING 李立明 (1926-)

ZHU, XIU LIANG 朱秀良 (-1943)
Chen, Jiu 陈九

ZHU, XIU QUAN 朱秀全 (1915-)
Su, Li yun 苏力耘
Xiao, Xiao sheng 萧晓生
Zhu, Ming 朱明
Zhu, Wei ming 朱微明

Zhu, Xiu xia 祝秀侠
ZHU, GENG MING 祝庚明 (1907-1986)

Zhu, Xu 朱旭
ZHU, ZU SHOU 朱组绶 (1880-1934)

Zhu, Xu 朱旭
ZHU, YUN HE 朱运和 (1939-)

Zhu, Xu 朱绪
ZHU, GUI ZHUO 朱桂棹 (1911-)

ZHU, XU BAI 朱虚白 (1902-1981)
Xu bai 虚白

ZHU, XU HUA 朱旭华 (1908-)
Zhu, Xue hua 朱血花

ZHU, XU MING 朱旭明 (1934-)
Xu ming 旭明

Zhu, Xuan 朱玄

ZHAO, RUI HONG 赵瑞霟 (1915-)

Zhu, Xuan 竹宣
DU, ZHU XUAN 杜竹轩 (1883-)

ZHU, XUE DA 朱学达 (1933-)
Zi shang 子上

Zhu, Xue hua 朱血花
ZHU, XU HUA 朱旭华 (1908-)

Zhu, Xue meng 朱学孟
ZHU, ZI CHENG 朱子澄 (1939-)

Zhu, Xue mian 朱学勉
YING, RUI XIAN 应瑞贤 (1912-1944)

ZHU, XUE SHU 朱学恕 (1932-)
Ruo ru 若儒
Yan cun 雁村

ZHU, XUE ZHI 朱学智 (1921-)
Ruo yu 若愚
Zhu, Huo 朱活

Zhu, Xun 朱讯
YANG, ZI BO 杨子波 (1918-1974)

Zhu, Xun 朱逊
YE, SHAO JUN 叶绍钧 (1894-1988)

Zhu, Xun 诸逊
YANG, ZI BO 杨子波 (1918-1974)

ZHU, XUN JIU 朱迅鸠
Xun jiu 迅鸠

ZHU, XUN LING 朱迅翎 (1946-)
Xin ying 欣影

ZHU, YA FU 朱亚夫 (1943-)
Fang, Bo 方波
Pu, Jiang chao 浦江潮
Xiao, Bin 肖斌
Xin, Jia 辛佳

ZHU, YA ZHEN 朱亚珍 (1946-)
Xia, Zhen 夏真

ZHU, YAN 朱彦 (1937-)
Ren yan 人雁
Zi yang 子扬

Zhu, Yan 朱颜
LÜ, LIANG GENG 吕亮耕 (1915-1974)

Zhu, Yan 朱燕
ZHU, PU SHENG 朱溥生 (1934-)

Zhu, Yan 竹衍
WANG, ZUO LIANG 王佐良 (1916-)

Zhu yan 注岩
ZHENG, YAN NIAN 郑延年 (1921-1975)

Zhu, Yan hui 朱延辉
ZHU, MAO YAN 朱懋炎 (1914-)

ZHU, YAO LONG 朱耀龙
Zhu, Yue nong 朱约农

Zhu, Yao ren 祝尧人
ZHU, SHI KANG 祝世康 (1901-1982)

Zhu, Ye 朱夜
ZHU, WEI JUN 朱蔚君 (1933-)

Zhu, Ye 竹叶
SONG, KUN 宋坤 (1951-)

Zhu, Ye 竹野
SHAO, YAN PING 邵燕平 (1928-)

Zhu, Ye 竹野
JIANG, ZHONG WEN 蒋仲文 (1943-)

ZHU, YE HONG 朱野蕻
Ye hong 野蕻

Zhu, Yi 朱一
ZHU, DING YI 朱定一 (1937-)

Zhu, Yi 朱怿
ZHU, ZI NAN 朱子南 (1932-)

Zhu, Yi 祝一
ZHU, LU YUAN 朱菉园 (1914-1987)

Zhu, Yi 诸毅
WANG, REN SHU 王任叔 (1901-1972)

Zhu, Yi an 朱怡庵
ZHU, DE AN 朱德安 (1901-1941)

ZHU, YI CHU 朱宜初 (1925-)
Ni su 尼稣
Ni su 尼苏
Ni tu 泥土
Wang, Dao 王道
Wang, Feng 王风
Xia, Shang zhou 夏商周
Zhu, Mo 朱墨
Zhu, Qi pei 朱启培

ZHU, YI FANG 朱义方 (1900-1989)
Jing kan 静堪
Zhu, Fu kan 朱复戡

Zhu, Yi hui 朱逸辉
ZHU, MING PIN 朱明聘 (1927-)

Zhu, Yi qing 朱挹清
ZHU, FANG HUAI 朱芳淮 (1909-)

Zhu, Yi qing 竹亦青
ZHANG, JI SHUN 张继顺 (1938-1984)

ZHU, YI SHU 朱以书 (1904-)
Bai, Su 白苏

Liu, Xuan 刘玄
Meng, Jiu 孟玖
Xiao, Ren 萧人
Yi shu 怡墅
Yi ye 怡野
Zhao luo 肇洛
Zhu, Shi 朱实
Zhu, Zhao luo 朱肇洛

ZHU, YI WEI 朱一苇 **(1909-1987)**
A lei 阿累
Fan rong 凡容
Xiao xiao 小枵
Yi wei 乙苇
Yi wei 一苇
Zhu, Fan 朱凡
Zhu, Fan rong 朱凡容

Zhu, Yi wen 朱亦文
ZHU, SHOU QING 朱寿青 **(1920-)**

ZHU, YI XIONG 朱一雄 **(1923-)**
Dan feng 丹锋

ZHU, YI XUAN 朱一玄 **(1912-)**
Zhu, Xi hui 朱喜诲

Zhu, Yi zhi 竺夷之
FANG, GUI DE 方珪德 **(1922-)**

Zhu, Yi zu 朱艺祖
CHEN, TIAN YU 陈天育 **(1922-)**

Zhu, Yin 竹吟
ZHONG, GAO YUAN 钟高渊 **(1946-)**

Zhu yin 烛隐
LEI, ZHAO XING 雷昭性 **(1873-1920)**

Zhu yin 蛛隐
GONG, DAO GENG 龚道耕 **(1876-1941)**

Zhu yin nü shi 竹茵女士
FU, ZHU YING 符竹英 **(1903-1986)**

ZHU, YIN QING 朱隐青 **(1888-)**
Yin qing 隐青
Zhu, Zhang bao 朱章宝

Zhu, Ying 竹影
CHEN, SHU ZHANG 陈淑章 **(1906-1991)**

Zhu, Ying 竹影
ZHOU, YU RONG 周玉容 **(1936-)**

Zhu, Ying 竹影
OU YANG, YUAN HUA 欧阳元华 **(1940-)**

Zhu, Ying 竹影
CHEN, FENG 陈丰 **(1958-)**

ZHU, YING 朱英
Yu guang 玉光

Zhu, Ying dan 朱英诞
ZHU, REN JIAN 朱仁健 **(1913-1983)**

ZHU, YING SHI 朱映石
Gen xin 亘心

Zhu yong 筑咏
YANG, WAN BIN 杨婉濒

Zhu, Yong chun 朱咏春
ZHU, JIN CHEN 朱金晨 **(1947-)**

Zhu, Yong ping 祝永平
GAN, ZHAO GUANG 甘兆光 **(1919-)**

Zhu, You 祝由
ZHOU, ZUO REN 周作人 **(1885-1967)**

ZHU, YOU BAI 朱幼柏 **(1923-)**
You bai 幼柏

Zhu, You heng 朱幼衡
ZHU, XIANG 朱湘 **(1904-1933)**

ZHU, YOU TAO 诸有韬 **(1935-)**
Zhu, Tao 诸韬

ZHU, YU 朱羽 **(1938-)**
Du, Fei 杜飞

Zhu, Yu 朱萸
ZHANG, YI HOU 张逸侯 **(1916-1978)**

Zhu, Yu 竹毓
WANG, WEN RU 王文濡

Zhu, Yu 祝敔
LIN, ZHU YU 林祝敔 **(1915-1975)**

Zhu yu 茱萸
YOU, XIANG ZHI 游祥芝 **(1930-)**

ZHU, YU JIN 朱语今 **(1916-1988)**
Huang, Lin 黄磷
Zhu, Yu jing 朱裕璟

Zhu, Yu jing 朱裕璟
ZHU, YU JIN 朱语今 **(1916-1988)**

ZHU, YU LIN 朱玉林 **(1939-)**
Hong shi 红石
Zhu, Lin 朱林

ZHU, YU WEN 朱玉文 **(1900-1962)**
Zhu, Xi 朱洗

ZHU, YU WEN 朱育文 **(1939-)**
Gong, Ming 龚鸣

ZHU, YU YI 朱毓义 **(1934-)**
Shan shi 山石
Shan xing 山行

Zhu, Yu zhi 朱愈之
ZHU, GUANG CHEN 朱光琛 **(1906-1969)**

Zhu, Yuan 朱园
ZHU, LU YUAN 朱菉园 **(1914-1987)**

Zhu, Yuan 朱源
SONG, YUAN MO 宋元模 **(1911-)**

Zhu, Yuan 竹园
ZHAO, BING LIN 赵炳麟 **(1873-)**

Zhu, Yuan 竹园
YU, DE YUAN 虞德元 **(1909-1989)**

Zhu yuan 珠渊
WANG, TONG ZHAO 王统照 **(1897-1957)**

Zhu, Yuan chu 朱鸳雏
ZHU, XI 朱玺 **(1894-1921)**

Zhu, Yuan ding 朱元鼎
ZHU, JI SHAO 朱继绍 **(1896-)**

ZHU, YUAN SHAN 朱元善 **(1866-1920)**
Tian min 天民

Zhu, Yue 竹月
WEN, DU TONG 文笃同

Zhu, Yue nong 朱约农
ZHU, YAO LONG 朱耀龙

ZHU, YUE ZHONG 朱跃忠 **(1952-)**
Wei ming 未名
Xiang, An 向岸

Zhu, Yun 朱云
ZHU, WEI YAO 朱惟尧

Zhu, Yun 竹筠
QIU, ZHI JIE 仇智杰 **(1933-)**

Zhu, Yun 竹韻
CHENG, JING XUAN 程景宣 **(1874-1934)**

Zhu yun 翥云
MA, WEN LUAN 马文鸾 **(1940-)**

Zhu, Yun bin 朱云彬
ZHU, KONG ZE 朱孔泽

ZHU, YUN CHENG 朱韻成 **(1939-)**
Ren mu 人木

ZHU, YUN HE 朱运和 **(1939-)**
Zhu, Xu 朱旭

Zhu, Yun shi 朱云石
ZHU, CHANG SHI 朱昌时 **(-1912)**

Zhu, Yun shi 竺云使
WU, BAI HUI 巫白慧 **(1919-)**

Zhu, Zao sheng 朱噪声
ZHAO, SHU LI 赵树礼 **(1906-1970)**

ZHU, ZE HUAI 朱泽淮
Zhu, Tie sheng 朱铁笙

Zhu, Zhai 朱寨
ZHU, HONG XUN 朱鸿勋 **(1923-)**

Zhu, Zhai 竺斋
CHENG, WEN XI 程文熙 **(1904-)**

Zhu, Zhang bao 朱章宝
ZHU, YIN QING 朱隐青 **(1888-)**

ZHU, ZHANG XIN 朱章新 **(1923-)**
Chen si 沉思
Zhen, Wu 甄悟
Zhu, Huan wen 朱焕文
Zhu, Huan xin 朱焕新

Zhu zhao 烛照
XIE, ZHEN DONG 谢振东 **(1930-)**

ZHU, ZHAO LIN 朱照林 **(1937-)**
Zhu, Li 朱里

Zhu, Zhao luo 朱肇洛
ZHU, YI SHU 朱以书 **(1904-)**

ZHU, ZHAO QI 朱兆麒 **(1950-)**
Zhong, Jing 钟景

ZHU, ZHAO XUE 朱兆雪 **(1937-)**
JIn, DI 金笛
Zao xue 早雪

ZHU, ZHAO ZU 朱肇祖 **(1902-1967)**
Di qiu 涤秋
Suo po sheng 娑婆生
Zhu, Di qiu 朱涤秋
Zhu, Kui chu 朱揆初

Zhu, Zhe 朱哲
ZHU, CHANG YUN 朱昌云 **(1933-)**

ZHU, ZHE JUN 朱哲均
Yu, Jian ting 余建亭

Zhu, Zhe shen 朱蛰伸
ZHU, DA FU 朱大符 **(1885-1920)**

Zhu, Zhen 朱震
ZHU, DA HAI 朱大海 **(1941-)**

Zhu, Zhen chang 诸贞长
ZHU, ZONG YUAN 诸宗元 **(1875-1932)**

ZHU, ZHEN DONG 祝振东 **(1929-)**
Shu, Tie min 舒铁民

ZHU, ZHEN FANG 朱振方 **(1916-)**
Ben shui 奔水
Jiang, Shang leng 江上冷
Shi, Leng 石稜
Xiao yue 晓月
Xin wo 新我
Zhu, Jiang 朱绛
Zi hong 紫红

ZHU, ZHEN HUA 祝振华 **(1925-)**
Bei ren 北人
Lao, Kang 老康

ZHU, ZHEN HUA 朱震华 **(1915-)**
Ding, Dang 丁珰
Jing cao 劲草
Yi feng 逸风
Zheng hua 征骅

Zhu, Zhen mu 朱贞木
ZHU, ZHEN YUAN 朱桢元

ZHU, ZHEN SHENG 朱振生 **(1922-)**
Chu, Du 初犊
Du, Gu chou 杜古仇
Gu, Huai 谷怀
Ji li 蒺藜
Kong, Xiang 孔翔
Xiao feng 啸峰
Zhu, Gu huai 朱谷怀

ZHU, ZHEN SHENG 朱振声 **(1913-)**
Rong ma shu sheng 戎马书生
Tui zhi ji zhe 退职记者

ZHU, ZHEN SHENG 朱振声 **(1933-)**
Cheng, Chen 程辰
Gu, Shan 谷山

ZHU, ZHEN XIN 朱枕薪
Zhen xin 枕薪

ZHU, ZHEN YUAN 朱桢元
Ban xia 伴霞
Zhu, Zhen mu 朱贞木

Zhu, Zhen zhuang 诸贞莊
ZHU, ZONG YUAN 诸宗元 **(1875-1932)**

Zhu, Zheng ming 朱正明
ZHU, WEI MING 朱维明 **(1910-)**

Zhu zhi 助之
DU, LIAN SUN 杜连荪 **(1909-)**

Zhu, Zhi lin 朱智麟
ZHU, ZI QI 朱子奇 **(1920-)**

ZHU, ZHI LING 朱之凌
Ji shui 激水

Zhu, Zhi qi 朱之期
LU, KENG 陆铿 **(1918-)**

Zhu, Zhi qi 朱智麒
ZHU, ZI QI 朱子奇 **(1920-)**

ZHU, ZHI QUAN 朱志权 **(1927-)**
Li, Bing 李冰

Zhu, Zhi san 朱峙三
ZHU, DING YUAN 朱鼎元 **(1886-1967)**

Zhu, Zhi xin 朱执信
ZHU, DA FU 朱大符 **(1885-1920)**

ZHU, ZHI YONG 朱志勇 **(1943-)**
Chen feng 晨风

ZHU, ZHONG BO 朱仲波 **(1917-)**
Zhong, Bo 仲波

ZHU, ZHONG HE 朱忠合 **(1958-)**
Mo geng ge zhu 墨耕阁主

Zhu, Zhong jing 朱仲璟
SHEN, YAN BING 沈雁冰 **(1896-1981)**

Zhu, Zhong kang 朱仲康
ZHU, MU JIA 朱慕家 **(1890-1970)**

ZHU, ZHONG LI 朱仲丽 **(1915-)**
Zhu, Hui 朱慧
Zhu shan 珠珊

ZHU, ZHONG LONG 朱仲龙 **(1916-)**
Zhu, Mu zhi 朱穆之

ZHU, ZHONG LU 朱仲禄 **(1922-)**
Hua, Ding 花丁

Zhu, Zhong yu 朱忠禹
ZHU, ZI QI 朱子奇 **(1920-)**

Zhu, Zhou 祝舟
XIE, FU SEN 谢复森 **(1919-)**

Zhu, Zhu 朱珠
CHENG, YI RONG 程一戎 **(1910-)**

Zhu, Zhu yin 祝竹荫
YANG, DA XIN 杨大辛

Zhu, Zhu yu 朱铸禹
ZHU, DING RONG 朱鼎荣 **(1904-)**

Zhu, Zhuang 竹莊
JIANG, WEI QIAO 蒋维乔 **(1872-1958)**

Zhu, Zi 朱子
YANG, XUAN TANG 杨选堂 **(1921-)**

Zhu, Zi 竹子
YUAN, ZHUO ER 袁卓尔 **(1924-)**

Zhu, Zi 竹子
DAI, YUN 戴筠 **(1928-)**

Zhu, Zi 竹子
SHI, ZHONG XING 史中兴 **(1933-)**

Zhu, Zi 竹子
WEI, YANG QING 魏扬青 **(1960-)**

Zhu, Zi 竹子
XU, CHENG ZHOU 许澄宙

Zhu, Zi 祝子

CHEN, XI ZHEN 陈锡桢 **(1913-1992)**

ZHU, ZI CHENG 朱子澄 **(1939-)**
Chi, Xi 迟犀
Xu, Xin 徐辛
Zhu, Chun yu 朱春雨
Zhu, Chun yu 朱春舆
Zhu, Xue meng 朱学孟

ZHU, ZI CUN 朱自存 **(1922-)**
Su, Wen 苏文
Zi yang 紫阳

Zhu, Zi dong 朱子东
LIAO, BAO YING 廖宝蓥 **(1909-)**

Zhu, Zi hua 朱自华
ZHU, ZI QING 朱自清 **(1898-1948)**

Zhu, Zi jia 朱子家
JIN, XIONG BAI 金雄白 **(1903-1985)**

Zhu, Zi ming 朱子明
ZHU, DE AN 朱德安 **(1901-1941)**

ZHU, ZI MING 祝自明 **(1931-)**
Li hong 里红
Li qiu 里丘

ZHU, ZI NAN 朱子南 **(1932-)**
Hong, Zheng 洪正
Qian, Tang 钱塘
Shen, Gong 申公
Zhu, Yi 朱怿

Zhu, Zi ping 朱子平
ZHU, BAO GUANG 朱葆光 **(1910-1979)**

ZHU, ZI QI 朱子奇 **(1920-)**
Da ke 大可
Fei ge na 费格娜
Pian qing 片青
Xi mi lan 西米兰
Zhu, Qi 朱奇
Zhu, Wen 朱文
Zhu, Zhi lin 朱智麟
Zhu, Zhi qi 朱智麒
Zhu, Zhong yu 朱忠禹
Zi qi 子奇

ZHU, ZI QING 朱子清 **(1900-)**
Jing xin 镜心

ZHU, ZI QING 朱自清 **(1898-1948)**
Bai, Hui 白晖
Bai, Shui 白水
Bai, Xiang 柏香
O. M.
P. S.
Pai pai 拍拍
Pei xian 佩弦
Qing 清
Qiu, Shi 秋实
Xuan xuan 玄玄
Yu, Jie 余捷
Zhi bai 知白
Zhu, Pei xian 朱佩弦
Zhu, Zi hua 朱自华
Zi qing 自清

Zhu, Zi xi 朱子系
ZHU, HE SUN 朱鹤孙 **(1930-)**

Zhu, Zi xin 朱自新
ZHU, GUO SHENG 朱国陞 **(1882-1955)**

Zhu, Zi yuan 朱子沅
ZHU, XIANG 朱湘 **(1904-1933)**

ZHU, ZONG BIN 朱宗彬 **(1913-1937)**
Han, Li sheng 韩立生
He, Gang 贺刚
Jin, Jian 金鑑
Lao zong 老总
Liu, Qun 刘群
Liu, Yi cai 刘易才
Liu, Yi shi 刘易士
Ping hua 萍华
Qian, Quan 钱全
Si tu, Li ming 司徒礼明
Su, Ge 苏戈
Wei ming 未明
Xie, Yu tian 谢玉田
Yu, Shan 余山
Zhu, Ming 朱名

ZHU, ZONG LAI 朱宗莱
Zhu, Peng xian 朱蓬仙

ZHU, ZONG LIANG 朱宗良 **(1892-1970)**
Chen xian 尘仙
Chun xian 纯先
Sheng xian 绳仙
Wu yi 无射
Zhu, Chen xian 朱尘仙
Zhu, Sheng xian 朱绳先
Zong, Liang 宗良

ZHU, ZONG YUAN 诸宗元 **(1875-1932)**
Chang gong 长公
Da zhi 大至
Da zhi ju shi 大至居士
Jia chi 迦持
Zhen chang 贞长
Zhen chang 真长
Zhen zhuang 贞壮
Zhu, Da zhi 诸大至
Zhu, Zhen chang 诸贞长
Zhu, Zhen zhuang 诸贞莊

ZHU, ZONG ZHI 朱宗之 **(1930-1987)**
Zhu, Jiang 朱绛

ZHU, ZU MOU 朱祖谋 **(1857-1931)**
Gu, Wei 古微
Huo sheng 藿生
Jiang cun 畺邨
Jiang cun 疆村
Jiang cun lao ren 疆村老人
Ou dao ren 沤道人
Shang jiang cun min 上疆村民
Shang jiang shan min 上疆山民
Yin, Ou 尹沤
Zhu, Gu wei 朱古微
Zhu, Huo sheng 朱藿生
Zhu, Xiao zang 朱孝臧

ZHU, ZU SHOU 朱组绶 **(1880-1934)**
Qiu, Shui 秋水
Shao yun 少云
Tao zhui xian shi 桃椎仙史
Zhu, Jian feng 朱剑锋
Zhu, Xia 朱霞
Zhu, Xu 朱旭

ZHU, ZU YI 朱祖贻 **(1929-)**
Bei, Tai 贝台

Zhu, Zui sheng 竹醉生
FU, BAO KUN 傅宝堃 **(1902-)**

Zhu zun 柱尊
CHEN, YU CHANG 陈郁瑺 **(1890-1944)**

ZHU, ZUN ZHU 朱遵柱 **(1919-)**
Bo shi 伯石
Si tu, Yu 司徒瑜
Zhu, Bo shi 朱伯石

Zhua xi shan ren 爪西山人
SHI, SHI YUAN 石诗元 **(1928-)**

Zhuan mo guan zhu 砖墨馆主
YAO, HUA 姚华 **(1876-1930)**

Zhuan qi 专其
SUN, CHUAN JI 孙传基 **(1938-)**

Zhuan qing 耑青
XU, JUN XUN 徐君勋 **(1925-)**

Zhuan wa zhai 砖瓦斋
ZHANG, ZHI YUE 张志岳 **(1911-)**

Zhuan xiang ge zhu 篆香阁主
WU, QING XIA 吴青霞 **(1910-)**

Zhuan xiang shi zhu 篆香室主
CHENG, JING XUAN 程景宣 **(1874-1934)**

Zhuang an 戆盦
FAN, GUANG XIAN 范广宪 **(1897-1980)**

ZHUANG, BAI LIN 莊柏林 **(1932-)**
Bai, Lin 柏林

ZHUANG, BIN SONG 庄彬松
Han song 寒松

Zhuang, Bing hai 庄病骸
ZHUANG, JI LIANG 庄继良 **(1885-1970)**

ZHUANG, BO HE 莊伯和
Bo he 伯和
Ru shi 如是
Yi er 已而

ZHUANG, CHUI SHENG 莊垂胜
Fu ren 负人

Zhuang, Cun 庄村
LÜ, JIAN JUN 吕健军 **(1925-)**

Zhuang, Cun 庄邨
ZHUANG, HAN XIN 庄汉新 **(1948-)**

Zhuang, Cuo 莊错
DAI, JUN 戴均 **(1903-1945)**

Zhuang, Feng 莊锋
ZENG, SHI LIANG 曾仕良 **(1950-)**

Zhuang, Fu 庄夫
WEI, CHENG WU 韦承武 **(1933-)**

Zhuang, Fu 庄夫
LIU, YA ZHOU 刘亚舟 **(1943-)**

Zhuang fu 壮夫
LIU, CHENG YU 刘成禺 **(1877-1953)**

Zhuang fu 壮夫
QIAO, ZENG QU 乔曾劬 **(1892-1948)**

ZHUANG, FU CHONG 莊馥冲 **(1901-)**
Shu tong 叔通

Zhuang gong 壮公
FENG, PING 冯平

Zhuang guo wei 壮国威
WU, YONG XUE 吴永学

ZHUANG, HAN XIN 庄汉新 **(1948-)**
Zhuang, Cun 庄邨

ZHUANG, HE SHUI 庄河水 **(1943-)**
Zan gong 赞工
Zhuang, Ying 庄瑛

Zhuang, Hong 庄鸿
ZHUANG, RUI SHENG 庄瑞声 **(1927-)**

Zhuang, Hua 莊骅
ZHUANG, ZHI HUANG 莊志煌 **(-1973)**

ZHUANG, HUAI XIAN 庄怀先 **(1938-)**

Zhuang, Jia 庄稼

ZHUANG, JI LIANG 庄继良 **(1885-1970)**
Bing hai 病骸
Jiao chuan Zhuang, Bing hai 蛟川庄病骸
Zhuang, Bing hai 庄病骸
Zhuang, Yu mei 庄禹梅

Zhuang, Jia 庄加
ZHUANG, RUN GUI 庄润贵 **(1943-)**

Zhuang, Jia 庄稼
JIA, FU XIANG 贯福相 **(1931-)**

Zhuang, Jia 庄稼
ZHANG, ZE HOU 张泽厚 **(1931-)**

Zhuang, Jia 庄稼
ZHUANG, HUAI XIAN 庄怀先 **(1938-)**

Zhuang, Jia 庄稼
ZHUANG, SHAO QUAN 庄绍泉

Zhuang, Jia fu 庄稼夫
ZHUANG, ZHONG QING 庄钟庆 **(1933-)**

Zhuang, Jia han 庄稼汉
MI, JIN BO 米金波 **(1923-)**

Zhuang, Jia nong 莊嘉农
SU, XIN 苏新

ZHUANG, JIE SEN 庄杰森
Yu, Xi 郁熙

ZHUANG, JIN 莊金
Zhuang, Yu 莊玉

ZHUANG, JIN HUI 莊进辉 **(1916-)**
Guang jun 光军

ZHUANG, JIN ZHI 莊金枝
Jin, Ping 金萍

ZHUANG, JING 庄劲 **(1919-)**
Shu, Lin 舒林
Xiang, Xin 向新

Zhuang, Jing 庄敬
HUANG, GU NONG 黄谷农 **(1916-)**

ZHUANG, JING CI 莊靖次
Mu xin 牧心

Zhuang, Jun 庄君
WEI, XING LANG 韦星朗 **(1933-)**

ZHUANG, KE CHANG 莊克昌 **(1900-)**
Lan, Tian 蓝田
Qi, Shi 启时
Wei lan 蔚蓝

Zhuang, Li 庄犁
HUANG, PEI LIANG 黄培亮 **(1930-)**

ZHUANG, LI DAO 庄礼道 **(1946-)**
Ke guan 客观
Lin, Wei 林蔚
Mai, Sha 麦莎
Qin si gang 琴思钢

Zhuang, Li tai 庄礼泰
ZHANG, ZE HOU 张泽厚 **(1931-)**

ZHUANG, LI ZHI 庄立之 **(1929-)**
Wu, Zi bin 吴子斌

Zhuang, Lian 莊练
SU, TONG BING 苏同炳 **(1925-)**

Zhuang, Lian xing 庄联星
ZHANG, ZE HOU 张泽厚 **(1931-)**

ZHUANG, LIAN XING 莊琏星
Zhuang, Xie 莊谐

Zhuang, Lin 庄林
LUO, YUN 罗云 **(1928-)**

Zhuang, Mang 庄莽
SHI, XIAO YONG 史敖颙 **(1931-)**

ZHUANG, MEI YING 莊美英
Zhuang, Wu feng 莊梧枫

Zhuang, Mi 庄弥
JIANG, BI HOU 蒋璧厚 **(1923-)**

ZHUANG, MING CHUN 庄名春 **(1932-)**
Chu chu mao lu 初出茅庐

ZHUANG, MING DANG 莊明铛
Zhuang, Shao yue 莊少岳

ZHUANG, MING FENG 庄鸣凤 **(1920-)**
Ji, Bu xi 吉卜西
Qing shan shi 青衫湿
Shao nong 少侬
Zhuang, Mu 庄牧

Zhuang mo ru 壮寞如
GAO, DE SHENG 高德生 **(1917-1987)**

Zhuang, Mu 庄牧
ZHUANG, MING FENG 庄鸣凤 **(1920-)**

Zhuang, Mu 庄牧
ZHOU, MIN ZHEN 周民震 **(1932-)**

Zhuang, Mu 庄牧
CHEN, JIA GUI 陈家桂 **(1942-)**

ZHUANG, MU 莊牧
Sha, Yan 沙燕

Zhuang, Nan ye 莊南椰
ZHUANG, WEI 莊唯 **(1924-)**

Zhuang, Nong 庄农

LIU, JIA 刘甲 (1924-)

Zhuang, Nu 庄奴
HUANG, HE 黄河 (1922-)

ZHUANG, PEI CHU 庄培初 (1916-)
Qing yang zhe 青阳哲
Yan, Mo xiao 严墨啸

Zhuang, Ping 庄平
LI, MING QIAN 李明谦 (1929-)

ZHUANG, QI DONG 莊启东 (1910-)
Qian dong 千冬

ZHUANG, QIAN XIN 莊虔昕 (1919-1989)
Ying xi 映西
Zhuang, Ying 莊映

Zhuang, Qiu 庄秋
LI, ZE HUA 李泽华 (1960-)

ZHUANG, RONG YUAN 莊荣远
Dong yun 冬云

Zhuang, Ru 庄濡
GAO, JI LIN 高季琳 (1909-)

ZHUANG, RUI LIN 庄瑞霖 (1921-)
Lin, Sui 林绥

ZHUANG, RUI MING 莊瑞明
Xiao ye qu 小夜曲

ZHUANG, RUI SHENG 庄瑞声 (1927-)
He bing 禾兵
Zhuang, Hong 庄鸿

ZHUANG, RUN GUI 庄润贵 (1943-)
Zhuang, Jia 庄加

Zhuang, Sen 庄森
YAN, DA CHUN 严大椿 (1909-)

ZHUANG, SHANG YAN 莊尚严 (1898-1980)
Zhuang, Yan 莊严

ZHUANG, SHAO QUAN 庄绍泉
Zhuang, Jia 庄稼

Zhuang, Shao yue 莊少岳
ZHUANG, MING DANG 莊明铛

Zhuang shi 壮士
FENG, JIAN NAN 冯健男 (1922-)

Zhuang, Shi zong 庄师宗
WANG, REN SHU 王任叔 (1901-1972)

ZHUANG, SHOU CI 莊寿慈 (1913-1971)
Lü, Jie 吕洁
Shou ci 寿慈

ZHUANG, SHU MIAO 莊淑妙
Heng heng 珩珩

ZHUANG, SHU TANG 庄树棠 (1932-)
Zhang, Jia zhu 张家珠
Zhang, Wan 张皖

ZHUANG, SHU ZHAO 莊淑昭 (1946-)
Chang ying 长缨
Zhuang, Xin 莊歆

ZHUANG, SHU ZHEN 莊淑贞 (1965-)
Ling, Yan 凌煙

ZHUANG, SHUANG FENG 庄爽峰
Shang feng 上峰

ZHUANG, SONG 莊嵩
Zhuang, Tai yue 莊太岳

ZHUANG, SONG LIN 庄松林 (1910-1974)
CH
Kang, Dao le 康道乐
KK
Shang, Wei yang 尚未央
Yan, Chun kun 严纯昆
Zhu, Feng 朱锋

Zhuang, Sun yi 庄损衣
ZHU, REN JIAN 朱仁健 (1913-1983)

Zhuang, Tai yue 莊太岳
ZHUANG, SONG 莊嵩

Zhuang, Ting yi 庄汀依
ZHANG, TING JI 章廷骥 (1907-)

Zhuang, Tong 庄彤
ZHUANG, XI CHANG 庄锡昌 (1933-)

Zhuang, Tong bai 莊通百
ZHUANG, XIAN SHI 莊先识

Zhuang, Tong Bo 莊通伯
ZHUANG, XIAN SHI 莊先识

ZHUANG, WEI 莊唯 (1924-)
Zhuang, Nan ye 莊南椰

Zhuang, Wei min 庄卫民
WANG, DING CHENG 王鼎成 (1917-1983)

ZHUANG, WEN GONG 庄文恭
Han, Bai hua 韩白骅
Han, Mu tao 韩慕涛

ZHUANG, WEN HUA 莊文桦
Ba gua shan ren 八卦山人
Geng wu 耕武
Meng die zhen ren 梦蝶真人
Tai yi zhen ren 太乙真人
Xi tou cun ren 溪头村人

Zhuang, Wu feng 莊梧枫

ZHUANG, MEI YING 莊美英

ZHUANG, WU WO 庄无我
Lang ping 浪萍
Yun, Ping 云萍

ZHUANG, XI CHANG 庄锡昌 **(1933-)**
Shi, Jie 史洁
Zhuang, Tong 庄彤

ZHUANG, XI LONG 庄锡龙 **(1949-)**
Jin, Yi 金易

ZHUANG, XIAN SHI 莊先识
Dong bai 恫百
Huo an 豁庵
Huo an ju shi 豁庵居士
Huo weng 豁翁
Shi qi 士器
Shi qiu 诗囚
Tong bo 通伯
Zhuang, Tong bai 莊通百
Zhuang, Tong Bo 莊通伯
Zhuang, Zhuang 庄庄

ZHUANG, XIAO RONG 庄筱荣 **(1934-)**
Bai, Yi 白毅
Xiao, Rong 肖荣

Zhuang, Xie 庄谐
ZHANG, JING 张靖 **(1880-1967)**

Zhuang, Xie 莊谐
WANG, SHOU HUA 王寿华 **(1918-)**

Zhuang, Xie 莊谐
ZHUANG, LIAN XING 莊琏星

Zhuang, Xin 莊歆
ZHUANG, SHU ZHAO 莊淑昭 **(1946-)**

ZHUANG, XIN FU 莊新福 **(1947-)**
Zhuang, Yi 莊易

ZHUANG, XUE LAN 庄雪岚 **(1930-)**
Shan feng 山风

Zhuang xue tang 壮学堂
SHAO, RUI PENG 邵瑞彭 **(1886-1938)**

Zhuang, Xun an 庄巽庵
OU YANG, LIN 欧阳驎 **(1913-)**

Zhuang, Yan 庄严
LI, WEN TAO 李文涛 **(1880-1942)**

Zhuang, Yan 莊严
ZHUANG, SHANG YAN 莊尚严 **(1898-1980)**

ZHUANG, YAN BO 莊延波 **(1945-)**
Ai, Meng 艾梦
Ai, Zhuang 艾莊

Zhuang, Zi 莊子

Zhuang, Yan hua 庄严华
LIU, HOU ZI 刘厚滋 **(1909-)**

ZHUANG, YE 莊野
Ye zhuang 野莊

Zhuang, Yi 庄毅
CHEN, ZHENG YI 陈正毅 **(1952-)**

Zhuang, Yi 莊易
ZHUANG, XIN FU 莊新福 **(1947-)**

ZHUANG, YIN 莊因 **(1933-)**
Sang, Yu 桑雨

ZHUANG, YIN AN 莊银安 **(1855-1938)**
Ji, Fu 吉甫
Xi fu 希复

Zhuang, Ying 庄瑛
ZHUANG, HE SHUI 庄河水 **(1943-)**

Zhuang, Ying 莊映
ZHUANG, QIAN XIN 莊虔昕 **(1919-1989)**

ZHUANG, YONG MING 庄永明 **(1942-)**
Chang yue 昶月
Ye mei 也寐
Yong ming 勇铭

ZHUANG, YONG TAI 莊永泰
Yong fu 庸夫

Zhuang, Yu 莊玉
ZHUANG, JIN 莊金

ZHUANG, YU HUA 莊玉华
Yi hua 逸华

Zhuang, Yu mei 庄禹梅
ZHUANG, JI LIANG 庄继良 **(1885-1970)**

ZHUANG, YU ZHEN 庄育真
Zhuang, Zhuang 庄庄

Zhuang, Yuan 庄园
ZHENG, QING WEN 郑清文 **(1932-)**

Zhuang, Yuan 庄原
ZHU, HUI FU 朱慧夫 **(1925-)**

ZHUANG, YUAN 莊元 **(1934-)**
Zhuang, Yuan zhen 莊元贞

Zhuang, Yuan zhen 莊元贞
ZHUANG, YUAN 莊元 **(1934-)**

Zhuang, Yue 庄约
LU, FANG 卢滂 **(1914-)**

ZHUANG, ZHAN PENG 莊展鹏 **(1954-)**
He, Tu sheng 何徒生

Jiang, Hu bai 江湖白

ZHUANG, ZHAN XIN 莊展信 (1949-)
Zhuang, Zi 莊子

ZHUANG, ZHAO SHUN 莊昭顺 (1924-)
Xin ren 莘人

Zhuang, Zheng ping 庄正平
HONG, SHEN 洪深 (1894-1955)

Zhuang zhi 壮志
MA, YI JIN 马义进 (1921-)

ZHUANG, ZHI HUANG 莊志煌 (-1973)
Zhuang, Hua 莊骅

Zhuang, Zhi ming 庄之明
ZHUANG, ZHI MING 庄志明 (1937-)

ZHUANG, ZHI MING 庄志明 (1937-)
Qing yang 青阳
Zhuang, Zhi ming 庄之明

Zhuang, Zhong 庄重
DAI, MENG OU 戴梦鸥 (1905-1950)

Zhuang, Zhong 庄重
HUANG, YA 黄崖 (1932-1992)

Zhuang, Zhong 庄重
ZHUANG, ZONG HUA 庄宗华 (1937-)

ZHUANG, ZHONG 莊重
Kun 坤

Zhuang, Zhong 庄钟
WANG, JI ZHONG 王吉忠 (1953-)

ZHUANG, ZHONG QING 庄钟庆 (1933-)
Yan, Qiang 严锵
Zhuang, Jia fu 庄稼夫

Zhuang, Zhou 庄周
XU, FU LIN 徐傅霖 (1879-1958)

Zhuang, Zhou 庄周
LIU, GUANG WU 刘光武 (1919-)

Zhuang, Zhuang 庄庄
ZHUANG, XIAN SHI 莊先识

Zhuang, Zhuang 庄庄
ZHUANG, YU ZHEN 庄育真

Zhuang, Zi 莊子
ZHUANG, YAN BO 莊延波 (1945-)

Zhuang, Zi 莊子
ZHUANG, ZHAN XIN 莊展信 (1949-)

ZHUANG, ZI MING 庄子明 (1930-)
Xu, Ming 徐明
Zi ming 紫茗

ZHUANG, ZONG HUA 庄宗华 (1937-)
Hua, Yun 华云
Lu, Shu 鲁東
Zhuang, Zhong 庄重

ZHUANG, ZU HUANG 莊祖煌 (1951-)
Bai, Ling 白灵

Zhui feng 追风
XIE, CHUN MU 谢春木 (1902-)

Zhui guang 追光
RAO, ZHANG FENG 饶彰风 (1915-1970)

Zhui sheng 追生
ZHAO, SHU LI 赵树礼 (1906-1970)

Zhui tie 椎铁
HU, ZI JIN 胡子晋

Zhui yu xuan zhu ren 缀玉轩主人
MEI, LAN 梅澜 (1894-1961)

Zhui zi 锥子
SHE, ZHONG QIU 佘仲秋 (1923-)

Zhun ban dou 準半斗
QIN, YONG LONG 秦永龙 (1943-)

Zhun feng yue ke 准风月客
CHEN, FU CAI 陈福才 (1914-)

Zhun huai 准淮
XU, ZHAO HUAI 徐兆淮 (1939-)

Zhuo 卓
LI, ZHUO 李卓

Zhuo, An 卓庵
GAO, ZENG 高增

Zhuo bing 斫冰
SHUI, TIAN TONG 水天同 (1909-)

Zhuo, Chao fu 卓朝赋
SUN, HUAI CHUAN 孙怀川 (1939-)

Zhuo, Dai 卓呆
XU, FU LIN 徐傅霖 (1880-)

Zhuo, Dai 卓呆
XU, FU LIN 徐傅霖 (1879-1958)

Zhuo dao ren 捉刀人
WANG, XIAO YI 王小逸

Zhuo dao xin ren 捉刀新人
XIE, JUE HONG 谢觉红

ZHUO, EN CHANG 禚恩昶 (1912-1977)
Dong yuan 东园
Meng an 梦庵
Zhuo, Meng an 禚梦庵
Zhuo, Zhong ming 禚仲明

Zhuo, Er 卓尔
HE, JIA LIANG 何家良 (1937-)

ZHUO, FAN 卓凡 (1904-1961)
Shan dong lao 山東佬

Zhuo, Fang 卓芳
CAO, LI JIAN 曹立坚 (1928-)

Zhuo, Fen 卓芬
FANG, ZHUO FEN 方卓芬

ZHUO, GE YUN 卓戈云 (1925-)
A niu 阿牛
A shi 阿十
Ba zhou 拔舟
Fei, Jie 费解
Ge, Yun 戈云
Lao ying 老鹰
Zhuo, Ying 卓英

Zhuo, Gong 卓公
GAO, ZENG 高增

ZHUO, JI MIN 卓济民 (1921-)
Pan pan 盘盘
Yin yin 茵茵

Zhuo jiang huan 濯绛宦
LIU, YU PAN 刘毓盘 (1867-1927)

ZHUO, JIONG 卓炯 (1908-1987)
Meng, Guang 孟光
Yu, Feng cun 于鳳村
Yu, Feng lin 于鳳林

Zhuo jiu 拙鸠
ZHENG, JI YUN 郑际云 (1895-1992)

Zhuo, Jun di 卓君第
LU, HONG JI 卢鸿基 (1910-)

ZHUO, KAI ZE 卓恺泽 (1905-1928)
Kan Shi 砍石
Shi 石

ZHUO, KUANG LAI 卓贶来
Zhuo, Xu 卓旭

Zhuo, Le ou 卓乐欧
QU, QIU BAI 瞿秋白 (1899-1935)

Zhuo, Li 卓力
FENG, LING XIAO 冯凌宵 (1933-)

Zhuo, Li 卓立
LOU, CUN 楼村 (1880-1950)

Zhuo, Lie bing 卓列兵
ZHUO, ZI HAO 卓子好 (1940-)

Zhuo, Lin 卓林
YANG, HUI 杨恢 (-1907)

Zhuo, Meng an 禚梦庵
ZHUO, EN CHANG 禚恩昶 (1912-1977)

Zhuo, Min 卓民
WANG, ZHUO MIN 王卓民 (1965-)

Zhuo, Min 卓敏
SUN, ZUO MIN 孙祚民 (1923-1991)

Zhuo min 倬民
LI, ZHUO MIN 李倬民

Zhuo, Mu 卓木
LU, GAN ZHI 卢幹之 (1922-)

Zhuo mu 拙木
DONG, BAO HE 董葆和 (1925-)

Zhuo, Qi 卓齐
REN, ZHUO XUAN 任卓宣 (1896-1990)

Zhuo, Qin 卓琴
QIN, DE FU 秦德福 (1938-)

Zhuo, Qing 卓青
LU, SHOU XUN 卢受训 (1930-)

ZHUO, RAN 卓然 (1924-)
Hou gong 吼公
Xiao gong 啸公

Zhuo, Ru 卓如
LIANG, QI CHAO 梁启超 (1873-1929)

Zhuo, Ru 卓如
LI, WEI SEN 李伟森 (1903-1931)

Zhuo ru 琢如
CHENG, BEN PU 成本璞

Zhuo shi 拙石
QI, QING LONG 戚庆隆 (1936-)

Zhuo, Shu 卓书
YE, ZONG YUAN 叶宗源 (1887-1946)

Zhuo, Shu 卓曙
DU, ZHUO SHU 杜卓曙 (1954-)

Zhuo shui 拙水
HUANG, KUN 黄堃 (1962-)

Zhuo sou 拙叟
WU, FU NAI 武福鼐 (1900-)

Zhuo tang 拙堂
WANG, REN SHU 王任叔 (1901-1972)

Zhuo tang 拙堂
CAI, ZHUO TANG 蔡濯堂 (1918-)

Zhuo, Ting 卓亭
RU, YU LI 茹欲立

Zhuo, Ting 卓庭

Zi chuan 子川
ZHOU, JIAN SHI 周剑石 (1956-)

Zi chuan 梓川
WEN, YU SHU 温玉书 (1911-)

Zi chun 子纯
SONG, BO LU 宋伯鲁 (1854-1932)

Zi chun 紫醇
XU, ZHI CHUN 徐志纯

Zi dan 子丹
SHANG, YUE 尚钺 (1902-1982)

Zi dan 紫丹
FAN, CHONG SHAN 范崇山 (1938-)

Zi ding 紫丁
WANG, ZHENG 王政 (1914-)

Zi ding 紫丁
WU, YUE JUAN 吴月娟 (1919-)

Zi ding 紫丁
DING, NING 丁宁 (1924-)

Zi ding 紫丁
XIA, ZHI DING 夏智定 (1944-)

Zi dong 紫东
PANG, ZI DONG 庞子东 (1936-)

Zi dun 子顿
SONG, BO LU 宋伯鲁 (1854-1932)

Zi dun 子敦
JIN, ZHAO ZI 金兆梓 (1889-1975)

Zi fan 子凡
LIN, YOU QUAN 林友泉 (1953-)

Zi fan 子帆
ZHENG, KENG HAO 郑铿濠 (1947-)

Zi fan 子范
LIN, CI LONG 林赐龙 (1942-)

Zi fan 子範
ZHOU, FA GAO 周法高 (1915-)

Zi fan 子範
CUI, SHANG ZHI 崔尚志 (1915-)

Zi fan 子璠
WU, YU 吴玙 (1910-1946)

Zi fang 子方
YANG, DE JI 杨德基 (1913-1980)

Zi fei 子斐
ZHAO, HAN JU 赵翰举 (1941-)

Zi feng 子风
WANG, TING FENG 王廷风 (1933-)

Zi feng 紫风
WU, YUE JUAN 吴月娟 (1919-)

Zi feng 紫风
GAN, TIE SHENG 甘铁生 (1946-)

Zi feng 紫枫
LU, DAN LIN 陆丹林 (1898-1972)

Zi feng 紫枫
WEN, HAI 温海 (1972-)

Zi feng 紫峰
LIN, JI CHUAN 林济川

Zi fu 子夫
REN, ZHUO XUAN 任卓宣 (1896-1990)

Zi fu 子孚
HU, YE YU 胡业裕

Zi fu 子茀
CAI, ER KANG 蔡尔康 (1858-1923?)

Zi fu 子符
ZHANG, XIAO HU 张肖虎 (1914-)

Zi fu 梓甫
SHEN, DUAN XIAN 沈端先 (1900-1995)

Zi fu 紫绂
CAI, ER KANG 蔡尔康 (1858-1923?)

Zi fu 紫黻
CAI, ER KANG 蔡尔康 (1858-1923?)

Zi gan 子干
ZHANG, BO ZHEN 张伯祯 (1877-1947)

Zi gang 子冈
PENG, XUE ZHEN 彭雪珍 (1914-1988)

Zi ge 紫戈
LONG, MING WU 龙明五 (1936-)

Zi gong 子贡
WANG, KE LANG 王克浪 (1913-)

Zi gu 子谷
SU, XUAN YING 苏玄瑛 (1884-1918)

Zi gu 子谷
CHEN, ZI GU 陈子谷 (1916?-)

Zi gu 子穀
SU, XUAN YING 苏玄瑛 (1884-1918)

Zi guan 子冠
WU, CHI CHANG 吴炽昌

Zi guang 紫光
JIN, SI JIE 靳思杰 (1917-)

Zi guang 紫光
LI, ZI GUANG 李子光 (1962-)

Zi gui 子规
QU, XIAO QIANG 屈小强 **(1949-)**

Zi han 子涵
GU, NENG HAO 古能豪 **(1955-)**

Zi he 子禾
HE, KAI RONG 何开荣 **(1907-1952)**

Zi he 子鹤
LI, XUE ZHUN 李学準 **(1928-)**

Zi heng 紫珩
CHEN, XUAN WEN 陈绚文 **(1922-)**

Zi hong 紫红
HUANG, ZHANG 黄彰 **(1893-1987)**

Zi hong 紫红
ZHU, ZHEN FANG 朱振方 **(1916-)**

Zi hong 紫虹
CHEN, REN XIA 陈任侠 **(1929-)**

Zi hua 子华
MA, ZHONG HAN 马锺汉 **(1912-)**

Zi hui 子恢
DENG, ZI HUI 邓子恢 **(1896-1972)**

Zi hui 紫晖
LIU, ZI HUI 刘子辉

Zi jia 子佳
LIANG, SHI QIU 梁实秋 **(1902-1987)**

Zi jia 子家
JIN, XIONG BAI 金雄白 **(1903-1985)**

Zi jia 子家
CHEN, ZI JUN 陈子儁 **(1919-1989)**

Zi jia 子家
QIN, HAN CAI 秦翰才

Zi jia 子嘉
CHEN, HENG JIA 陈恒嘉 **(1944-)**

Zi jia 兹嘉
FU, MAO JI 傅懋勣 **(1913-)**

Zi jian 子建
LI, BAO QIANG 李宝强 **(1937-)**

Zi jian 子健
LI, BAO QIANG 李宝强 **(1937-)**

Zi jian 子健
JIA, ZHI JIAN 贯志坚 **(1950-)**

Zi jian 子堅
CHEN, TIE ZHENG 陈铁铮 **(1906-1990)**

Zi jian 子鑑
XU, JING XIN 徐镜心 **(1874-1914)**

Zi jian 紫剑
CUI, ZI JIAN 崔子剑 **(1939-)**

Zi jian 紫笺
SUN, DAN NING 孙淡宁 **(1922-)**

Zi jiang 子江
WANG, ZI JIANG 王子江 **(1958-)**

Zi jing 子敬
ZHENG, ZI JING 郑梓敬 **(1947-)**

Zi jing 子静
HE, MENG XIONG 何孟雄 **(1898-1931)**

Zi jing 紫荆
HU, DAI RUN 胡代润 **(1926-)**

Zi jing 紫荊
LEI, ZI JIN 雷子金 **(1936-)**

Zi jing 紫晶
TAN, YOU JIN 谭幼今 **(1950-)**

Zi jiu 子久
FENG, ZHI JIU 冯志久 **(1939-)**

Zi jiu 兹九
SHEN, MU LAN 沈慕兰 **(1898-)**

Zi jiu 紫九
LIU, GUANG CHENG 刘光城 **(1891-1975)**

Zi juan 紫鹃
RAO, XIANG CAI 饶襄才

Zi jun 子君
SU, FENG XI 苏凤喜 **(1941-)**

Zi jun 子君
PANG, JIAN KE 庞俭克 **(1955-)**

Zi jun 紫君
WANG, ZHENG 王政 **(1914-)**

Zi kai 子恺
FENG, REN 丰仁 **(1898-1975)**

Zi kuang 子狂
FAN, CHUN FA 范春发 **(1936-)**

Zi lan 子兰
YANG, CHUN BO 杨春波 **(1907-)**

Zi lan 孜兰
LIAO, BAO YING 廖宝蓥 **(1909-)**

Zi lan 孳兰
LIAO, BAO YING 廖宝蓥 **(1909-)**

Zi lan zhu ren 紫兰主人
ZHOU, GUO XIAN 周国贤 **(1894-1968)**

Zi lang 子浪
LI, YI XU 李一栩 **(1964-)**

Zi lang 紫郎
WANG, ZHENG 王政 **(1914-)**

Zi lang 紫琅
LU, SHENG PING 陆胜平 **(1952-)**

Zi li 子梨
WU, SHOU FU 吴受福

Zi li 子离
RAO, MENG KAN 饶孟侃 **(1902-1967)**

Zi li 自励
PAN, ZI LI 潘自力 **(1904-1972)**

Zi li 梓励
YANG, ZHONG XI 杨钟羲 **(1854-1940)**

Zi li 紫莉
JIANG, HE 江河

Zi liang 子亮
YU, ZONG YUAN 俞宗原 **(1874-1922)**

Zi liang 梓良
YAO, NAN 姚楠 **(1912-)**

Zi long 子龙
LI, YUAN CHENG 李元成

Zi lü 紫绿
LAN, ZHAN KUI 兰占奎 **(1928-)**

Zi luo lan an zhu ren 紫罗兰盦主人
ZHOU, GUO XIAN 周国贤 **(1894-1968)**

Zi luo lan zhu ren 紫罗兰主人
ZHOU, GUO XIAN 周国贤 **(1894-1968)**

Zi man 紫曼
SHEN, ZU FEN 沈祖棻 **(1909-1977)**

Zi mei 子美
XIA, ZHENG HE 夏正和 **(1904-)**

Zi mei 子美
ZHAO, ZI MEI 赵子美 **(1920-)**

Zi mei 子美
ZHOU, MO 周默

Zi meng ling 紫梦羚
WU, MEI EN 吴美恩 **(1949-)**

Zi mi 紫米
XIONG, WANG PING 熊望平 **(1949-)**

Zi min 子敏
LIN, LIANG 林良 **(1924-)**

Zi min 子敏
MENG, LING RONG 孟令荣 **(1943-)**

Zi min 子敏
ZHAO, LING MAO 赵令茂 **(1946-)**

Zi min 紫悯
LI, ZI MIN 李子敏 **(1930-)**

Zi ming 子明
ZHOU, SHU REN 周树人 **(1881-1936)**

Zi ming 子明
QU, QIU BAI 瞿秋白 **(1899-1935)**

Zi ming 子明
WANG, REN SHU 王任叔 **(1901-1972)**

Zi ming 子明
XU, BING YUE 徐秉钺 **(1926-)**

Zi ming 子明
WU, TAO 吴焘

Zi ming 紫明
MENG, WEN TAO 孟文涛 **(1921-)**

Zi ming 紫茗
ZHUANG, ZI MING 庄子明 **(1930-)**

Zi ming 紫茗
ZHANG, ZHI MIN 张芷岷 **(1932-)**

Zi mo 梓模
CHEN, KAI 陈楷 **(1911-1931)**

Zi mo 紫陌
XU, WEN WU 徐文武 **(1953-)**

Zi mo 紫墨
QI, ZI MING 戚子明

Zi mo 呰墨
ZHOU, SHAO XI 周韶西 **(1961-)**

Zi mou 子某
ZHANG, JIN YAN 张金燕 **(1901-)**

Zi mu 子木
LI, JIAN WU 李健吾 **(1906-1982)**

Zi mu 子木
HE, HE YING 何和应 **(1935-)**

Zi mu 子木
LI, FENG JUN 李凤君 **(1952-)**

Zi mu 自木
TANG, DA BAI 唐大柏 **(1933-)**

Zi mu 自牧
MA, GUO LIANG 马国亮 **(1908-)**

Zi mu 自牧
SUN, RU LING 孙如陵 **(1917-)**

Zi mu 梓木
YAO, NAN 姚楠 **(1912-)**

Zi nan 子南
DONG, ZUN XIN 董尊鑫 **(1916-1955)**

Zi nan 子南
SUN, FU XING 孙福兴 **(1931-)**

Zi nan 滋南
LIANG, RONG RUO 梁容若 **(1905-1982)**

Zi ni 子泥
WU, JUN GANG 吴俊刚 **(1950-)**

Zi nian 梓年
PAN, ZI NIAN 潘梓年 **(1893-1972)**

Zi niao 子鸟
SHAN, XUE PENG 单学鹏 **(1936-)**

Zi niu 子牛
WANG, PIN ZHI 王聘之 **(1919-)**

Zi nong 梓农
LEI, ZI LONG 雷子龙 **(1947-)**

Zi pa 梓葩
MA, ZHONG HAN 马锺汉 **(1912-)**

Zi pei 子培
SHEN, ZENG ZHI 沈曾植 **(1850-1922)**

Zi pei 子培
SHEN, DUAN XIAN 沈端先 **(1900-1995)**

Zi ping 子平
SHEN, DUAN XIAN 沈端先 **(1900-1995)**

Zi ping 资平
ZHANG, ZI PING 张资平 **(1893-1959)**

Zi ping 紫瓶
ZHANG, FA ZAN 张发赞 **(1916-)**

Zi qi 子奇
XIONG, XUE JUN 熊学峻 **(1891-1939)**

Zi qi 子奇
ZHU, ZI QI 朱子奇 **(1920-)**

Zi qian 子谦
HUANG, REN FANG 黄任芳 **(1926-)**

Zi qian 子谦
JIN, ZI QIAN 金紫千 **(1939-)**

Zi qian 子潜
SUN, MING CHUAN 孙铭传 **(1905-)**

Zi qian 紫千
JIN, ZI QIAN 金紫千 **(1939-)**

Zi qiang 子强
ZHOU, TIAN JIAN 周天健 **(1921-)**

Zi qiang shi 自强氏
FENG, SI LUAN 冯斯栾

Zi qin 梓琴
TIAN, TONG 田桐 **(1879-1930)**

Zi qin 紫芹
WANG, WEN YI 王文漪 **(1914-)**

Zi qin 紫芹
ZHANG, XIAO QING 张小清 **(1939-)**

Zi qin 紫琴
SHANG, ZI QIN 商子秦 **(1949-)**

Zi qing 子青
YANG, CHAO XI 杨朝熙 **(1904-1992)**

Zi qing 子青
LIN, ZI QING 林子青

Zi qing 自清
ZHU, ZI QING 朱自清 **(1898-1948)**

Zi quan 子泉
QIAN, JI BO 钱基博 **(1887-1957)**

Zi que 紫鹊
WANG, ZU GUANG 王祖光 **(1919-)**

Zi ran 子然
WANG, SEN RAN 王森然 **(1895-1984)**

Zi ran 自然
HUANG, JIA ANG 黄甲昂 **(1934-)**

Zi ran sheng 自然生
ZHANG, JI 张继 **(1882-1947)**

Zi ren 子任
MAO, ZE DONG 毛泽东 **(1893-1976)**

Zi ren 子忍
ZHU, SHU LING 朱淑玲 **(1949-)**

Zi ren 自任
MAO, ZE DONG 毛泽东 **(1893-1976)**

Zi ren 孜人
GUO, GUANG REN 郭光仁 **(1932-)**

Zi ren 梓人
ZHENG, ZI JING 郑梓敬 **(1947-)**

Zi rong 子荣
ZHOU, ZUO REN 周作人 **(1885-1967)**

Zi rong 梓荣
NIE, ZHI RONG 聂志荣 **(1934-)**

Zi san 子三
XU, JIE 许杰 **(1901-1993)**

Zi shang 子上
ZHU, XUE DA 朱学达 **(1933-)**

Zi sheng 自升
LIU, ZI XING 刘自兴 **(-1934?)**

Zi sheng 梓生
ZHANG, ZI SHENG 张梓生 **(1892-1967)**

Zi sheng sheng 自胜生
HU, SHI 胡适 **(1891-1962)**

Zi shi 子石
LI, JUN MIN 李俊民 **(1930-)**

Zi shi 子实
WANG, YANG 汪洋 **(1879-1921)**

Zi shi 梓室
CHEN, YU WEN 陈郁文 **(1918-)**

Zi shi 紫石
LU, PING 鲁萍 **(1920-)**

Zi shi 紫石
CHEN, FU BIN 陈福彬 **(1922-)**

Zi shu 子书
LI, YUN RU 李云如 **(1940-)**

Zi shu 自树
ZHOU, SHU REN 周树人 **(1881-1936)**

Zi shu 紫曙
XIE, FU SHENG 谢富生 **(1910-)**

Zi su 紫苏
CHEN, TING CHAO 陈听潮 **(1902-)**

Zi sun 子荪
SHEN, YAN BING 沈雁冰 **(1896-1981)**

Zi sun 紫笋
ZHANG, SHAO WEN 张绍文 **(1933-)**

Zi tan 紫谈
CAI, SHI FENG 蔡诗峰 **(1970-)**

Zi tang 子倘
ZHOU, TI 周倜 **(1934-)**

Zi tang 子倘
HONG, ZI CHENG 洪子诚 **(1939-)**

Zi tao 子韬
FENG, NAI CHAO 冯乃超 **(1901-1983)**

Zi teng 紫藤
ZHANG, MING ZHU 张明珠 **(1932-)**

Zi teng 紫藤
ZHANG, XIAO JUAN 张晓娟 **(1964-)**

Zi teng hua an 紫藤花莽
ZHANG, QING LIN 张庆霖

Zi tian 紫天
ZHANG, AN ZHI 张安治 **(1911-)**

Zi ting 紫汀
ZHAO, GUANG MING 赵光鸣 **(1949-)**

Zi wei 子为
QIU, HAN SHENG 邱汉生

Zi wei 子微
CHEN, YAN MIN 陈燕民 **(1954-)**

Zi wei 紫苇
TAN, ZONG YUAN 谭宗远 **(1952-)**

Zi wei 紫薇
ZHANG, CHAO ZUO 张朝佐 **(1900-)**

Zi wei 紫薇
KONG, FAN YAN 孔繁衍 **(1912-)**

Zi wei 紫薇
WANG, WEN 王汶 **(1922-)**

Zi wei 紫薇
XU, XIN JIE 徐新杰 **(1933-)**

Zi wei 紫薇
WANG, XUE YING 王雪莹 **(1963-)**

Zi wei 紫薇
LI, WEN XIU 李文秀

Zi wei dou shu 紫微斗数
TAN, XI YONG 谈锡永 **(1935-)**

Zi wei hua ou 紫微花藕
CHEN, SHOU MEI 陈守梅 **(1907-1967)**

Zi wei hua ou 紫薇花藕
CHEN, SHOU MEI 陈守梅 **(1907-1967)**

Zi wen 子文
LIU, WEI 刘伟 **(1955-)**

Zi wen 子汶
ZHENG, ZHEN DUO 郑振铎 **(1898-1958)**

Zi wen 紫雯
YANG, XI ZHANG 杨锡章 **(1864-1929)**

Zi wen ge 子文哥
WANG, QUN 汪群 **(1904-1928)**

Zi weng 梓翁
CHEN, YU WEN 陈郁文 **(1918-)**

Zi wu 子午
MENG, ZHAO FU 蒙兆甫

Zi xi 子兮
XIE, GENG CHEN 谢庚宸

Zi xi 子希
HUANG, ZI XI 黄子曦 **(1917-)**

Zi xi 梓溪
LUO, FU YI 罗福颐 **(1905-1981)**

Zi xi 紫兮
CAO, ZUO GENG 曹作庚 **(1929-)**

Zi xi 紫溪
LUO, FU YI 罗福颐 **(1905-1981)**

Zi xi 紫曦
ZHOU, YU RONG 周玉容 (1936-)

Zi xi lou zhu 自惜楼主
WU, JIA TANG 吴嘉棠 (1913-1983)

Zi xia 子夏
HU, GUANG WEI 胡光炜 (1888-1962)

Zi xia 梓侠
LI, ZU JIE 李祖杰 (1912-)

Zi xian 子先
KONG, DE XUAN 孔德选 (1949-)

Zi xian 自闲
ZHANG, KUN SHAN 张坤山 (1953-)

Zi xiang 梓乡
MA, ZI XIANG 马自祥 (1949-)

Zi xiang 紫翔
WANG, ZU YU 王祖畬 (1842-1918)

Zi xiang 紫翔
LI, GUANG BI 李光璧 (1914-1976)

Zi xiao 紫霄
SHI, XIN MIN 史新民 (1930-)

Zi xin 子辛
MA, GUO CHAO 马国超 (1938-)

Zi xin 子欣
LU, ZHENG XIANG 陆徵祥 (1871-1949)

Zi xin 子信
LÜ, MENG SHEN 吕孟申 (1951-)

Zi xin 字心
YANG, ZI XIN 杨字心 (1931-)

Zi xin 自新
WANG, FU YAN 汪馥炎 (1891-1940)

Zi xiu 子修
WU, QING CHI 吴庆坻 (1848-1924)

Zi xiu 子修
LU, FANG YU 卢方聿

Zi xu 子虚
SONG, LONG FEI 宋龙飞 (1936-)

Zi xu 梓墟
SONG, DE YI 宋得一 (1917-)

Zi xu 紫圩
SONG, DE YI 宋得一 (1917-)

Zi xu 紫墟
SONG, DE YI 宋得一 (1917-)

Zi xuan 紫轩
WEN, HAI 温海 (1972-)

Zi xun 子迅
ZHAO, ZI XUN 赵子逊 (1933-)

Zi yan 子严
ZHOU, ZUO REN 周作人 (1885-1967)

Zi yan 子燕
WANG, SEN RAN 王森然 (1895-1984)

Zi yan 紫岩
HU, DAI RUN 胡代润 (1926-)

Zi yan 紫焰
HUANG, YOU SHI 黄友士

Zi yang 子扬
SHEN, DUAN XIAN 沈端先 (1900-1995)

Zi yang 子扬
ZHU, YAN 朱彦 (1937-)

Zi yang 滋阳
YANG, ZENG LUO 杨增荦 (1860-1933)

Zi yang 滋阳
WANG, RU MEI 王汝梅 (1935-)

Zi yang 紫阳
ZHU, ZI CUN 朱自存 (1922-)

Zi yang 紫杨
ZANG, JUN SHENG 臧俊声 (1905-)

Zi yang lou zhu 紫阳楼主
LI, XIAO DAN 李晓丹

Zi yang shan ren 滋阳山人
YANG, ZENG LUO 杨增荦 (1860-1933)

Zi ye 子叶
CHEN, JIN 陈进 (1931-)

Zi ye 子页
YAO, ZHENG XING 姚正兴 (1944-)

Zi ye 子夜
HUANG, REN FANG 黄任芳 (1926-)

Zi ye 子野
XUAN, GU YU 宣古愚 (1873?-1942)

Zi ye 紫也
SHI, XUE YUN 史雪云 (1930-)

Zi yi 子义
NIE, SHOU XIN 聂守信 (1912-1935)

Zi yi 子夷
ZHANG, JIN TANG 张谨唐 (1911-1983)

Zi yi 子怡
YUN, DAI YING 恽代英 (1895-1931)

Zi yi 子翊
ZHENG, ZI YI 郑自毅

Zi yi 子毅
YUN, DAI YING 恽代英 **(1895-1931)**

Zi yi 子毅
ZHENG, ZI YI 郑自毅

Zi yi 子懿
WEN, TONG YI 文同懿 **(1947-)**

Zi yi 紫艺
NIE, SHOU XIN 聂守信 **(1912-1935)**

Zi yi 紫夷
LU, RU YIN 卢汝吟 **(1918-)**

Zi yi 紫衣
LIU, YU XUAN 刘禹轩 **(1926?**

Zi yi si 紫一思
LI, SHENG 李生 **(1952-)**

Zi yin 子殷
LI, GENG XU 李赓序 **(1922-1980)**

Zi yin 梓吟
LIN, YI HUA 林益华 **(1951-)**

Zi yin 梓吟
ZHAO, YUN JIA 赵韵佳

Zi ying 子英
WANG, REN SHU 王任叔 **(1901-1972)**

Zi ying 子颖
LIU, MAN SHENG 刘曼生 **(1914-)**

Zi ying 子颖
HAN, ZHI YING 韩志颖

Zi ying 紫英
WU, ZHI YING 吴芝瑛 **(1868-1933)**

Zi ying 紫英
XIE, BING YING 谢冰莹 **(1906-2000)**

Zi ying 紫英
FANG, ZE PU 方泽溥 **(1931-)**

Zi you 子游
SU, QING YUN 苏庆云 **(1903-1931)**

Zi you 自由
FENG, MAO LONG 冯懋龙 **(1882-1958)**

Zi you han 自由汉
ZENG, ZI JING 曾子敬 **(1918-)**

Zi you zhai zhu ren 自由斋主人
LIANG, QI CHAO 梁启超 **(1873-1929)**

Zi yu 子于
FU, YU 傅禺 **(1920-1989)**

Zi yu 子予
FU, YU 傅禺 **(1920-1989)**

Zi yu 子予
LU, GUO SONG 陆国松 **(1937-)**

Zi yu 子羽
WANG, XI LIN 汪习麟 **(1932-)**

Zi yu 子雨
QU, XUE AI 曲学霭 **(1942-)**

Zi yu 子渔
SHEN, YAN BING 沈雁冰 **(1896-1981)**

Zi yu 子渔
ZHANG, CHUN QIAO 张春桥 **(1917-)**

Zi yu 子瑜
ZHENG, ZI YU 郑梓瑜 **(1916-)**

Zi yu 子瑜
HUANG, XIANG 黄骧 **(1916-)**

Zi yu 紫郁
JI, HUA 季华 **(1953-)**

Zi yu 紫瑜
HE, XIAO DA 何孝达 **(1915-1994)**

Zi yuan 子元
YA, HAN ZHANG 牙含章 **(1916-1989)**

Zi yuan 子沅
ZHU, XIANG 朱湘 **(1904-1933)**

Zi yuan 子渊
JING, HENG YI 经亨颐 **(1877-1938)**

Zi yuan 子渊
KONG, XIANG XI 孔祥熙 **(1881-1967)**

Zi yuan 孜源
QI, FENG YUAN 亓丰源 **(1951-)**

Zi yuan 梓园
ZHONG, DING WEN 钟鼎文 **(1914-)**

Zi yuan zhu ren 梓园主人
SONG, AN YE 宋安业 **(1917-)**

Zi yue 子曰
YU, DA FU 郁达夫 **(1896-1945)**

Zi yun 子云
LIU, REN JING 刘仁静 **(1902-1987)**

Zi yun 子云
WU, YU WEI 吴堉威 **(1906-1989)**

Zi yun 子云
LIAN, SHI SHENG 连士升 **(1907-1972)**

Zi yun 紫云
HUANG, CUI YING 黄翠英 **(1945-)**

Zi yun 紫云
SHEN, GUAN DA 沈观大

Zi yun 紫云
CAI, XIU RUN 蔡秀润

Zi yun 紫云
WEN, YU HUA 温玉华

Zi yun shan fang 紫云山房
XU, FU LIN 徐傅霖 **(1879-1958)**

Zi zai 自在
LI, WEN TAO 李文涛 **(1880-1942)**

Zi zai 自在
LU, DAN LIN 陆丹林 **(1898-1972)**

Zi zai lao ren 自在老人
LU, DAN LIN 陆丹林 **(1898-1972)**

Zi zai zhang lao 自在长老
LU, DAN LIN 陆丹林 **(1898-1972)**

Zi zang 子臧
WU, SHI CHANG 吴世昌 **(1908-1986)**

Zi zhan 子展
CHEN, BING KUN 陈炳堃 **(1898-1990)**

Zi zhang 子暲
XIAO, ZI ZHANG 萧子暲 **(1896-1983)**

Zi zhao 子照
WANG, JIAN 王鉴 **(1928-)**

Zi zhao 紫照
GUO, MING XIAO 郭明孝 **(1929-)**

Zi zhen 子真
XIONG, DING ZHONG 熊定中 **(1885-1968)**

Zi zhen 自珍
YAO, ZI ZHEN 姚自珍 **(1910-)**

Zi zhen 梓槙
ZOU, ZI ZHEN 邹自振 **(1949-)**

Zi zhen 紫枕
SHI, ZI CHEN 史紫忱 **(1914-1993)**

Zi zheng 子正
XUE, ZI ZHENG 薛子正 **(1905-1980)**

Zi zhi 子之
PENG, JIAN 彭坚 **(1901-1968)**

Zi zhi 子治
XU, SI 徐思 **(1929-)**

Zi zhi 紫芝
YAO, SAN YOU 姚三友 **(1925-)**

Zi zhi 紫芝
HE, XIAO FENG 何晓峰 **(1935-)**

Zi zhu 自主
ZHENG, DAO 郑道 **(1880-1906)**

Zi zhu 紫竹
PAN, SHOU HENG 潘寿恒 **(1914-)**

Zi zhu 紫竹
GAO, PEI 高沛 **(1936-)**

Zi zhuo 子卓
GUO, MING XIAO 郭明孝 **(1929-)**

Zi zi 孜孜
WANG, HONG ZHI 王宏志 **(1936-)**

Zong 宗
CHEN, YUAN 陈垣 **(1880-1971)**

Zong, Bai 宗白
ZHANG, SHOU SHEN 张守慎 **(1924-1968)**

Zong, Bai 宗白
SUN, ZONG BAI 孙宗白 **(1959-)**

Zong, Bai hua 宗白华
ZONG, ZHI KUI 宗之櫆 **(1897-1986)**

Zong, Cheng 宗诚
WANG, ZHONG CHEN 王中忱 **(1954-)**

Zong chuang 棕窗
WANG, ZHAO YONG 汪兆镛 **(1861-1939)**

Zong, Da ke 宗大可
ZHOU, ZONG QI 周宗奇 **(1943-)**

Zong, Dao 宗道
HUANG, CHONG TAO 黄崇焘 **(1923-)**

Zong, De 宗德
LIN, ZONG DE 林宗德

ZONG, DIAN 宗典 **(1911-)**
Huang weng 荒翁

Zong, E 宗鄂
KOU, ZONG E 寇宗鄂 **(1941-)**

Zong geng 纵耕
SUN, SHU XUN 孙树勋 **(1913-)**

Zong geng 纵耕
TONG, ZHONG GENG 童仲赓

Zong, Gu 宗顾
HU, SHENG 胡绳 **(1918-)**

Zong, Guang 宗光
YAN, FU 严復 **(1854-1921)**

Zong, Gui fu 宗珪父
FANG, GUI DE 方珪德 **(1922-)**

Zong, Hai 宗海
LI, CUN WANG 李存旺 **(1935-)**

Zong, Hai 宗海
LUO, ZONG HAI 罗宗海 **(1935-)**

Zong, Han 宗寒
ZHENG, ZONG HAN 郑宗汉

Zong, Hao 宗浩
LIAO, BAO YING 廖宝蓥 **(1909-)**

Zong heng 纵横
LI, DIAN 李点 **(1914-1983)**

Zong heng 纵横
ZHENG, ZUO HENG 郑作衡

Zong, Hua 宗华
GU, XIU HUA 顾秀华 **(1926-)**

Zong, Hui 宗蕙
WU, ZONG HUI 吴宗蕙 **(1934-)**

Zong, Jie 宗杰
MIAO, JUN JIE 缪俊杰 **(1936-)**

Zong, Jue 宗珏
LU, FANG 卢涝 **(1914-)**

Zong, Lan 宗兰
SUN, ZONG BAI 孙宗白 **(1959-)**

Zong lan 棕蓝
WU, CHONG LAN 吴崇兰 **(1924-)**

Zong, Liang 宗良
ZHU, ZONG LIANG 朱宗良 **(1892-1970)**

Zong, Lin zhi 宗林之
ZHANG, CHU 章楚 **(1910-)**

Zong, Luan 宗鸾
QIAN, JUN TAO 钱君匋 **(1906-)**

Zong, Meng 宗孟
LIN, CHANG MIN 林长民 **(1876-1925)**

Zong, Ming 宗明
WU, ZU GUANG 吴祖光 **(1917-)**

Zong, Mou 宗某
SHEN, ZU MOU 沈祖牟 **(1909-1947)**

Zong, Pu 宗璞
FENG, ZONG PU 冯宗璞 **(1928-)**

Zong quan 棕泉
YANG, YI LIN 杨以琳 **(1928-)**

ZONG, REN FA 宗仁发 **(1960-)**
Bian, Tan 边谭
Shi ren 示人

Zong, Reng 宗仍
ZHOU, ZHONG REN 周中仁 **(1927-)**

Zong, Rong 宗融
MA, ZONG RONG 马宗融 **(1895-1949)**

Zong, Shi 宗时
ZHANG, YA ZONG 张雅宗 **(1948-)**

Zong, Shu 宗叔
DING, JING TANG 丁景唐 **(1920-)**

ZONG, TING HU 宗廷虎 **(1933-)**
Pu, Ren 蒲人
Yi, Pu 易蒲

Zong, Wu 宗武
LI, ZONG WU 李宗武 **(1895-1968)**

Zong, Xue su 宗学素
WU, HUAI SHENG 吴淮生 **(1929-)**

Zong, Yan 宗淹
DING, WEN JIANG 丁文江 **(1887-1936)**

Zong, Yang 宗仰
HUANG, ZONG YANG 黄宗仰 **(1861-1921)**

Zong yang shan ren 宗仰山人
HUANG, ZONG YANG 黄宗仰 **(1861-1921)**

Zong, Yao 宗瑶
GAO, TIAN XIAN 高阗仙 **(1911-1980)**

Zong, Yi 宗义
LIU, TIE PING 刘铁平 **(1946-)**

Zong, Yi 宗益
MIN, ZHONG YI 闵中一

Zong, Ying 宗鹰
ZHAO, ZONG YING 赵宗英 **(1935-)**

Zong yu 纵宇
LUO, ZHANG LONG 罗章龙 **(1896-)**

Zong, Yu 宗鱼
WU, YAO QING 吴瑶青 **(1914-)**

Zong yu yi lang 纵宇一郎
LUO, ZHANG LONG 罗章龙 **(1896-)**

ZONG, YUAN YA 宗远崖 **(1918-)**
Yu yan 羽岩

Zong, Yue 宗越
XU, ZHONG YU 徐中玉 **(1915-)**

Zong, Zheng 宗征
SONG, ZHONG CHENG 宋仲琤 **(1963-)**

Zong, Zhi 宗之
WANG, MENG OU 王梦鸥 **(1907-)**

ZONG, ZHI KUI 宗之樻 **(1897-1986)**
Zong, Bai hua 宗白华

Zong, Zhi zhu 宗之助
SU, XUAN YING 苏玄瑛 **(1884-1918)**

Zong, Zhou 宗周
ZHENG, JI QIAO 郑季翘 **(1912-1984)**

Zong, Zi 宗子
Jin, Qi CONG 金启孮 (1918-)

Zong zi 纵子
WANG, TIAN ZONG 王天纵 (1879?-1921)

Zou ma zou 走马走
ZHANG, BING LIN 章炳麟 (1869-1936)

Zou xiao sheng 走肖生
ZHAO, ZE LIN 赵泽霖 (1892-1953)

ZOU, BAO SHUN 邹保顺 (1924-)
Ding, Man 丁曼
Liao, Yuan 廖原
Zou, Yu ming 邹玉明

Zou, Cheng lu 邹澄庐
ZOU, LU 邹鲁 (1885-1954)

Zou, Cheng zhai 邹澄斋
ZOU, LU 邹鲁 (1885-1954)

Zou, Da ya 邹大雅
ZOU, YA 邹雅 (1916-1974)

ZOU, DAI JUN 邹代钧
Zou, Yuan fan 邹沅帆

Zou, De hong 邹德洪
ZOU, DE HONG 邹德鸿 (1922-)

ZOU, DE HONG 邹德鸿 (1922-)
Fei, Gu 费固
Hao, Qu bing 郝去冰
Shen, Le 沈乐
Yi ye 一野
Zou, De hong 邹德洪
Zou, Jiang 邹绛

ZOU, DE ZHONG 邹德忠 (1938-)
Qi, Hui 齐惠
Tai hua shi zhu 苔花室主
Zhi bu zhi zi 知不知子

ZOU, DI FAN 邹荻帆 (1917-1995)
De fu 德府
Di fan 荻帆
Lu, Quan 陆泉
Shi, Niu si 史纽斯
Wen, Fang 闻方
Xiang lin 祥麟
Yang, Ling 杨令
Zhou, Gong zhi 周公之
Zou, Wen xue 邹文学

ZOU, EN RUN 邹恩润 (1895-1944)
Bian zhe 编者
Can xu 惭虚
Chen xi 晨曦
Chun feng 春风
Cui zhen 粹缜
En run 恩润
Fen fen 奋奋
Gu feng 孤峰
Gu, Seng 谷僧
Gu, Zeng 古曾
Ji zhe 记者
Jing yuan 静渊
Li, Jin qing 李晋卿
Li, Li qing 李立卿
Li, Shang qing 李尚清
Li, Wen qing 李文卿
Ling jue 灵觉
Luo xia 落霞
Mu dan 木旦
Qing feng 清风
Qiu, Yue 秋月
Run 润
Shen, Bai fu 沈白甫
Shen, Wei xia 沈慰霞
Si tui 思退
Sun, Bo fu 孙伯辅
Tai ping 太平
Tao 韬
Tao fen 韬奋
Xiao shi 笑世
Xiao yi sheng 笑意生
Xin shui 心水
Xun an 逊庵
Yin gong 因公
Yu gong 愚公
Yun, Xiao 云霄
Zou, Tao fen 邹韬奋

ZOU, EN XUN 邹恩洵 (1914-)
Zou, Wen xuan 邹文宣
Zou, Wen xuan 邹问轩

ZOU, EN YUAN 邹恩元
Xi shan 西山

ZOU, FANG FANG 邹放放
Chai, Fang 柴放
Chai, Yi 柴艺
Fang, Fang 方放
Jin, Ba 金跋
Yuan, Zheng fan 袁征帆

Zou, Feng 邹风
LÜ, CHAO XIANG 吕朝相 (1919-)

Zou, Feng 邹枫
HE, ZHENG QING 何政清

Zou, Guan qin 邹灌芹
ZOU, GUAN QUN 邹冠群 (1912-)

ZOU, GUAN QUN 邹冠群 (1912-)

Bai, Wei 白苇
Bai, Zhi 白芷
Guan qin 灌芹
Han guang 寒光
Huang, Lu 黄芦
Liu, Ming 柳明
Liu, Shao yue 柳梢月
Lou, Qi 楼棲
Lou, Xi 楼西
Ma, Yi ye 马逸野
Xi shi 昔莳
Xiang fei 香菲
Xiang ping 芗萍
Zou, Guan qin 邹灌芹

Zou, Hai bin 邹海滨
ZOU, LU 邹鲁 **(1885-1954)**

Zou, Han 邹汉
ZOU, XI QIU 邹昔璆 **(1945-)**

Zou, Han xiang 邹翰香
MA, XU LUN 马叙伦 **(1884-1970)**

Zou, Heng 邹衡
ZOU, SHAO QUAN 邹绍权 **(1921-)**

Zou, Hong dao 邹宏道
SUN, XI ZHEN 孙席珍 **(1906-1984)**

Zou, Hua 邹华
ZHOU, NAI YAO 周乃尧 **(1932-)**

Zou, Hua min 邹化民
HU, ZI DAN 胡子丹 **(1929-)**

Zou, Hua sun 邹华孙
MA, XU LUN 马叙伦 **(1884-1970)**

Zou huo 走火
ZHOU, ZHI YAN 周之彦 **(1885-1946?)**

Zou, Ji 邹忌
ZOU, ZONG BIN 邹宗彬 **(1946-)**

Zou, Ji wu 邹纪武
ZOU, ZI ZHEN 邹自振 **(1949-)**

ZOU, JIAN JUN 邹建军 **(1963-)**
Geng, Qiu 耿秋

ZOU, JIAN PING 邹建平 **(1955-)**
Hei, Man zi 黑蛮子

Zou, Jiang 邹绛
ZOU, DE HONG 邹德鸿 **(1922-)**

Zou jie xian 走街先
LAI, HE 赖河 **(1894-1943)**

Zou, Jun 邹君
ZOU, XI QIU 邹昔璆 **(1945-)**

ZOU, LIN 邹琳 **(1888-)**
Da gong 达公

ZOU, LU 邹鲁 **(1885-1954)**
A su 阿苏
Cheng zhai 澄斋
Hai, Bin 海滨
Ya su 亚苏
Yu lang 渔郎
Zou, Cheng lu 邹澄庐
Zou, Cheng zhai 邹澄斋
Zou, Hai bin 邹海滨

Zou, Lü zhi 邹绿芷
ZOU, SHANG LU 邹尚录 **(1914-1986)**

Zou, Ming 邹明
MIAO, YAN SHENG 缪衍生 **(1923-1989)**

Zou, Ni 邹尼
SHI, ZHE CUN 施蛰存 **(1905-)**

ZOU, NU 邹努 **(1902-1927)**
Lei, Lie zhen 雷烈贞
Lei, Te 雷特
Lei te nü shi 雷特女士

ZOU, PEI JI 邹培基 **(1937-)**
Cang ran 苍然

ZOU, QIAN 邹谦 **(1894-)**
Man zhi 曼支

ZOU, QUAN 邹铨 **(1887-1913)**
Min duo 民铎
Tian yi 天一
Ya yun 亚云

ZOU, RONG 邹容 **(1885-1905)**
Fu you sheng 蜉蝣生
Ge ming jun zhong ma qian zu 革命军中马前卒
Rong, Zhi er 容之儿
Wei dan 威丹
Wei dan 蔚丹
You dan 幼丹
Zou, Tao shao 邹陶绍

ZOU, SHANG LU 邹尚录 **(1914-1986)**
Fei, Lei 费雷
He, Xin 贺新
Lü zhi 绿芷
Zou, Lü zhi 邹绿芷

ZOU, SHANG XIAN 邹尚贤
Li, Qi 黎淇

ZOU, SHAO CHEN 邹绍臣 **(1926-)**
Wang, Jue 王珏
Zou, Shao fei 邹绍飞

Zou, Shao fei 邹绍飞
ZOU, SHAO CHEN 邹绍臣 **(1926-)**

ZOU, SHAO QUAN 邹绍权 (1921-)
Zou, Heng 邹衡

ZOU, SHI FANG 邹士方 (1949-)
Si, Fang 斯方
Tang, Ming 唐明
Tang ming 棠明

ZOU, SU HAN 邹素寒
Chen, Tui 陈蜕
Lu, Feng 鲁风

Zou, Tan an 邹坦安
ZOU, YI REN 邹依仁 (1908-)

ZOU, TAO 邹弢
Dai si lou 待死楼
Li tian lou 戾天楼
Liang xi jiu gai 梁溪酒丐
San jie lu 三借庐
Shou he 瘦鹤
Shou si lou 守死楼

Zou, Tao fen 邹韬奋
ZOU, EN RUN 邹恩润 (1895-1944)

Zou, Tao shao 邹陶绍
ZOU, RONG 邹容 (1885-1905)

Zou, Ting 邹霆
ZOU, WEI XI 邹维熙 (1927-)

ZOU, WEI XI 邹维熙 (1927-)
Ai, Wei lin 艾韦林
Che, Xin 车薪
Cheng, Yi sha 程忆莎
Cui, You sheng 崔悠笙
Di, Si liu 狄思浏
Ding, Zhou 丁周
Feng, Ma niu 封马牛
Guan, Cha zhe 管茶哲
Ma, Ji 马基
Qi shi 骑士
Shao, Yu 邵雨
Wei, Xi 韦豯
Wei xi 危豯
Xi, Gu 奚谷
Yan, Zhao shi 燕赵士
Yun, Yun 云芸
Zhou, Ding 周丁
Zhou, Ting 周霆
Zou, Ting 邹霆

Zou, Wen xuan 邹文宣
ZOU, EN XUN 邹恩洵 (1914-)

Zou, Wen xuan 邹问轩
ZOU, EN XUN 邹恩洵 (1914-)

Zou, Wen xue 邹文学
ZOU, DI FAN 邹荻帆 (1917-1995)

ZOU, XI QIU 邹昔璆 (1945-)
Chong han 崇汉
Zou, Han 邹汉
Zou, Jun 邹君

ZOU, XIAN MIN 邹贤敏 (1938-)
Zou, Yuan xiang 邹元湘

ZOU, XIANG BAO 邹祥保 (1948-)
Dai ren 呆人

Zou, Xiao 邹啸
ZHAO, JING SHEN 赵景深 (1902-1985)

Zou, Xiao 邹萧
ZHAO, JING SHEN 赵景深 (1902-1985)

Zou, Xiao lu 邹啸露
ZHAO, JING SHEN 赵景深 (1902-1985)

Zou ya 邹崖
HE, GUO YAN 何国炎 (1865-1930)

ZOU, YA 邹雅 (1916-1974)
Da ya 大雅
Lao mu jiang 老木匠
Zou, Da ya 邹大雅
Zou, Ya ming 邹亚明

Zou ya bu zhe 邹崖逋者
HE, GUO YAN 何国炎 (1865-1930)

Zou, Ya ming 邹亚明
ZOU, YA 邹雅 (1916-1974)

Zou yi 走一
GAN, CI SEN 甘祠森 (1914-1982)

ZOU, YI REN 邹依仁 (1908-)
Zou, Tan an 邹坦安

ZOU, YU 邹遇 (1881-)
Hui hui sheng 悔悔生
Qiu, Shi 秋士
Ren bo 忍伯

Zou, Yu ming 邹玉明
ZOU, BAO SHUN 邹保顺 (1924-)

Zou, Yuan fan 邹沅帆
ZOU, DAI JUN 邹代钧

ZOU, YUAN MO 邹元模 (1947-)
He, Yan 何岩

Zou, Yuan xiang 邹元湘
ZOU, XIAN MIN 邹贤敏 (1938-)

Zou, Zhe 邹哲
DING, KAI SHU 丁开书 (1955-)

ZOU, ZHI CHENG 邹志诚 (1928-)

Wu, Ping 吴平

ZOU, ZHONG JIE 邹中杰 **(1949-)**
Qiu, Shi 秋石

ZOU, ZI ZHEN 邹自振 **(1949-)**
Bai, Chen 白辰
Guan, Zhao 关钊
Zi zhen 梓楨
Zou, Ji wu 邹纪武

ZOU, ZONG BIN 邹宗彬 **(1946-)**
Tian, Ye 田野
Xia, Zhi 夏知
Zou, Ji 邹忌

ZOU, ZONG XU 邹宗绪 **(1938-)**
A gong 阿工

ZU, BAO QUAN 祖保泉 **(1921-)**
Luo yang 洛阳

Zu bi ha er 祖比哈尔
SAI, FU DING 赛福鼎 **(1915-)**

Zu, De tao 祖德陶
TAO, ZU DE 陶祖德 **(1939-)**

Zu, Ding yuan 祖丁远
ZU, DING YUAN 祖鼎元 **(1933-)**

ZU, DING YUAN 祖鼎元 **(1933-)**
Ding, Yuan 丁远
Fang, Wei ai 方未艾
Yan, Ding 燕丁
Zu, Ding yuan 祖丁远

Zu, Guo chun 祖国春
GAO, ZHI 高植 **(1911-1960)**

Zu, Han 祖汉
SHAO, SHENG 邵生 **(1947-)**

Zu, Ji 祖基
SUN, ZU JI 孙祖基

Zu jie 足戒
LIU, GUO FANG 刘国芳 **(1922-)**

Zu, Lan 祖兰
GE, ZU LAN 葛祖兰 **(1887-1987)**

Zu, Ming 祖明
XU, ZU MING 许祖明 **(1948-)**

ZU, MING HUA 祖明华 **(1955-)**
Chi zi 赤子
Deng, Yu 邓雨
Xia, Yi 夏羿

Zu, Qi 祖其
CHEN, ZU QI 陈祖麒 **(1945-)**

Zu, Ren 祖人
HONG, ZU REN 洪祖仁 **(1936-)**

Zu, Shan 祖善
GE, ZHI CHENG 葛志成 **(1920-)**

Zu, Tang 祖堂
BAO, ZU TANG 包祖堂 **(1934-)**

Zu, Ting 祖亭
XU, TING 许挺 **(1943-)**

Zu, Tong 祖同
JIN, ZU TONG 金祖同 **(1912-)**

Zu, Wei 祖慰
ZHANG, ZU WEI 张祖慰 **(1937-)**

Zu, Wei 祖威
DING, ZU WEI 丁祖威

Zu, Xiang 祖襄
WU, ZU XIANG 吴组缃 **(1908-1994)**

Zu xiao 组肖
ZHAO, ZHENG MIN 赵政民 **(1944-)**

Zu, Yi 祖怡
JIANG, ZU YI 蒋祖怡 **(1913-1992)**

Zu, Yin 祖因
WEI, ZU YIN 卫祖荫 **(1937-)**

Zu, Yin 祖荫
WEI, ZU YIN 卫祖荫 **(1937-)**

Zu yu 卒羽
CHEN, SEN HAN 陈森汉 **(1946-)**

Zu zen 族怎
LIU, HUI MIN 刘惠民 **(1917-)**

Zu, Zheng 祖正
XU, ZU ZHENG 徐祖正 **(1897-1978)**

Zuan shu zhe 纂述者
ZHOU, SHU REN 周树人 **(1881-1936)**

Zui dao ren 醉道人
QIU, WEI XUAN 丘炜萲 **(1873-1941)**

Zui fang 醉芳
LI, PEI LIN 李培林 **(1916-)**

Zui feng 醉风
CHEN, ZI ZHONG 陈子忠 **(1919-)**

Zui feng 醉枫
LIU, YI 刘毅 **(1916-)**

Zui ling 醉灵
CHEN, DING SHAN 陈定山 **(1895-1984)**

Zui ling sheng 醉灵生
CHEN, DING SHAN 陈定山 **(1895-1984)**

Zui ling xuan 醉灵轩

CHEN, DING SHAN 陈定山 **(1895-1984)**

Zui meng 醉梦
GAO, MING DE 高明德

Zui meng zhai 醉梦斋
FENG, ZHAO CHANG 冯兆昌 **(1936-1975)**

Zui mian shan ren 醉眠山人
LIANG, JI PEI 梁纪佩

Zui min 晬民
YI, TING XI 易廷熹 **(1874-1941)**

Zui mo 醉墨
DING, YI 丁艺 **(1952-)**

Zui ping 醉平
ZHOU, BAO TAI 周宝泰

Zui ren 罪人
LIU, ZHI LUN 刘志纶 **(1921-)**

Zui ren 醉人
LIU, JIAN JING 刘剑菁 **(1928-)**

Zui seng 醉僧
ZHANG, ZHEN QI 张振麒

Zui shan 醉山
ZHANG, SHAN PING 张善平 **(1928-)**

Zui shi 醉石
CHEN, YAN 陈衍 **(1856-1937)**

Zui shi 醉石
ZHANG, ZHEN QI 张振麒

Zui shi 醉诗
HUANG, YU YE 黄玉液 **(1944-)**

Zui song lao ren 罪松老人
XIAO, TUI 萧蜕 **(1863-1958)**

Zui tang 醉棠
YIN, WEN CAN 印文灿 **(1901-)**

Zui wu 醉吾
LIU, YUAN YUAN 刘渊源

Zui yan 醉言
LIN, JUN DA 林俊达 **(1941-)**

Zui yu 醉愚
SHEN, KUN 沈焜 **(-1938?)**

Zui yue lou zhu ren 醉月楼主人
ZHANG, XING TANG 张兴唐 **(1914-)**

Zui yun 醉云
CHEN, YI 陈逸

Zui zai 醉在
CHEN, TU 陈土

Zun 尊
ZHOU, ZUO REN 周作人 **(1885-1967)**

Zun 樽
ZHOU, ZUO REN 周作人 **(1885-1967)**

Zun chi 尊癡
YAN, FU 严復 **(1854-1921)**

Zun gu 尊古
ZHOU, SHU REN 周树人 **(1881-1936)**

Zun han 尊寒
LI, LIE WEN 黎烈文 **(1904-1972)**

Zun tan shi 尊谭室
FENG, YUAN YI 冯远翼

Zun wen 尊闻
LUO, XIAO HANG 陈小航 **(1898-1971)**

Zun wen 尊闻
ZHOU, MU ZHAI 周木斋 **(1910-1941)**

Zun wen shi zhu 尊闻室主
GAO, MING 高明 **(1908-)**

Zun yi 尊疑
YAN, FU 严復 **(1854-1921)**

Zun yi chi an 尊疑尺盦
YAN, FU 严復 **(1854-1921)**

Zun zi 尊子
HUANG, JI JUN 黄纪钧

Zuo, An 左庵
LIU, SHI PEI 刘师培 **(1884-1919)**

Zuo, Bing 左兵
JIANG, SHOU KANG 蒋寿康 **(1925-)**

Zuo, Bing 左兵
GU, ZE PEI 顾泽培

Zuo bing 作兵
FANG, ZUO BIN 方作斌 **(1919-)**

ZUO, BING LONG 左秉隆 **(1850-1924)**
Leng huan xian sheng 冷宦先生

Zuo can 左残
ZHANG, TUO WU 张拓芜 **(1928-)**

Zuo, Ce fu 左策夫
REN, ZHE WEI 任哲维 **(1918-)**

ZUO, CHAO ZONG 左朝宗 **(1930-)**
Fang, Yang 方杨

Zuo, Chuan 左川
ZUO, JI LI 左济利 **(1941-)**

Zuo chuan san lang 左传三郎
FEI, ZHI XIONG 费之雄 **(1934-)**

Zuo, Ci 左慈

WU, NAN SHENG 吴南生 **(1922-)**

Zuo, Di 左蒂
ZUO, XI XIAN 左希贤 **(1920-1976)**

Zuo, Ding 左丁
LIN, HONG CHANG 林宏昌 **(-1969)**

Zuo, Ding 左丁
LING, YOU 凌佑

Zuo ding 佐丁
LIN, HONG CHANG 林宏昌 **(-1969)**

Zuo dong 作东
LI, ZUO DONG 李作东 **(1924-)**

Zuo, Er 左耳
CHEN, ZUO ER 陈佐洱 **(1942-)**

Zuo, Er 左耳
LIN, YI LIN 林以霖 **(1898-1989)**

Zuo fei 昨非
KUANG, FU 匡扶 **(1911-)**

Zuo fei 昨非
SU, LI REN 苏立人 **(1912-1938)**

Zuo, Feng 左锋
WEI, FEI 隗芾 **(1938-)**

Zuo, Fu 左伕
ZHANG, QIAO FU 张乔夫 **(1931-)**

Zuo fu 佐夫
LI, LI SAN 李立三 **(1899-1967)**

Zuo fu 佐夫
ZHANG, QIAO FU 张乔夫 **(1931-)**

Zuo, Gan chen 左幹臣
ZUO, JING 左敬 **(1908-1966)**

Zuo, Gan chen 左幹忱
ZUO, JING 左敬 **(1908-1966)**

Zuo, Ge 左戈
YANG, JIA JU 杨家驹 **(1917-)**

Zuo, Hai 左海
DENG, TUO 邓拓 **(1912-1966)**

Zuo, Hai 左海
LÜ, YI REN 吕翼仁

Zuo hai hen ren 左海恨人
ZHU, QIAN ZHI 朱谦之 **(1899-1972)**

Zuo, Heng 左蘅
PANG, ZHUO HENG 庞卓恒 **(1935-)**

Zuo, Hong 左宏
SHENG, ZU HONG 盛祖宏 **(1935-)**

Zuo, Hong 左泓
WANG, ZUO HONG 王左泓 **(1955-)**

Zuo, Hui 左辉
YANG, NING 杨凝 **(1912-)**

ZUO, JI LI 左济利 **(1941-)**
Zuo, Chuan 左川

ZUO, JIE YI 左介贻 **(1920-)**
Wang, Ming 王铭

ZUO, JING 左敬 **(1908-1966)**
Mao, Yi si 茅以思
Zuo, Gan chen 左幹臣
Zuo, Gan chen 左幹忱
Zuo, Zong dong 左宗栋

ZUO, JING QING 左景清 **(1912-1984)**
Du, Ruo 杜若

Zuo jiu 作玖
PI, ZUO JIU 皮作玖 **(1917-)**

Zuo jun 佐军
GENG, DAN RU 耿淡如 **(1898-1975)**

ZUO, LIANG 左良 **(1943-)**
Zuo liang 佐良

Zuo liang 佐良
ZUO, LIANG 左良 **(1943-)**

Zuo, Lin 左林
MAI, CHUN QIAN 麦春乾 **(1911-1982)**

Zuo, Lin 左林
ZUO, YI HUA 左义华 **(1923-)**

Zuo, Lin 左林
WANG, ZUO LIN 王作林 **(1951-)**

Zuo lin 佐临
HUANG, ZUO LIN 黄作霖 **(1906-)**

Zuo lin 作霖
GAN, YONG LONG 甘永龙

Zuo, Liu 左柳
ZUO, XIAO HONG 左啸红 **(1905-1986)**

Zuo, Ming 左明
CHEN, YAO SHAN 陈尧山 **(1898-)**

Zuo, Ming 左明
LIAO, ZUO MIN 廖作民 **(1904-1939)**

Zuo ming 作明
LI, WEN TAO 李文涛 **(1880-1942)**

Zuo, Mo ye 左漠野
ZUO, ZHENG ZHENG 左铮铮 **(1913-)**

Zuo mu hua 佐木华
YE, YUN PU 叶韫璞 **(1905-1975)**

Zuo, Ni 左泥

XIONG, WAN XIN 熊晚馨 **(1925-)**

Zuo, Ping 左平
ZHANG, SHI YUAN 张式瑗 **(1905-1976)**

Zuo Ping nü shi 左平女士
ZHANG, SHI YUAN 张式瑗 **(1905-1976)**

Zuo, Qi 左企
ZHOU, YANG 周扬 **(1908-1989)**

Zuo, Qi 左启
ZUO, QING SHENG 左庆生 **(1937-)**

Zuo, Qian 左迁
ZHONG, ZE CAI 钟泽才 **(1943-)**

Zuo, Qin lan 左琴岚
JI, HONG CHUN 纪宏春 **(1923-)**

ZUO, QING SHENG 左庆生 **(1937-)**
Shen sheng 慎生
Zuo, Qi 左启
Zuo, Sen 左森

ZUO, QUAN 左权 **(1906-1942)**
Quan 权

Zuo, Qun 左群
ZUO, YI HUA 左义华 **(1923-)**

Zuo ren 佐人
WANG, JIN ZHU 王金柱 **(1954-)**

Zuo ren 作人
ZHOU, ZUO REN 周作人 **(1885-1967)**

Zuo, San yi 左三衣
LI, DIAN KUI 李殿魁 **(1911-)**

Zuo, Sen 左森
ZUO, QING SHENG 左庆生 **(1937-)**

ZUO, SHAO FU 左绍傅 **(1914-1984)**
Guan, Wai liu 关外柳
Mai, Xun 麦逊
Shu ping 庶平
Zuo, Shu ping 左曙萍

Zuo, Shi jin 左式金
CHENG, HUI CHANG 程会昌 **(1913-)**

Zuo, Shu ping 左曙萍
ZUO, SHAO FU 左绍傅 **(1914-1984)**

ZUO, SHUN SHENG 左舜生 **(1893-1969)**
A dou 阿斗
Hei, Tou 黑头
Shun sheng 舜生
Wan, Zhu lou 万竹楼
Xue xun 学训
Yuan, Fu zhai 远復斋
Zhong, Zi 仲子
Zuo, Xue shun 左学舜
Zuo, Zhong ping 左仲平

Zuo si 佐思
WANG, YUAN HUA 王元化 **(1920-)**

Zuo, Si yi 左思乙
MA, JIN QIAN 马晋乾 **(1942-)**

Zuo teng, Zhen ji 佐滕贞吉
GUO, MO RUO 郭沫若 **(1892-1978)**

Zuo wang 坐忘
QIN, YU LIU 秦毓鎏 **(1879-1937)**

ZUO, WEI 左韦 **(1956-)**
Wei, Ya 韦娅

ZUO, XI XIAN 左希贤 **(1920-1976)**
He, Qi 何琪
Jin tan zhi 今昙智
Luo, Mai 罗迈
Luo, Mai 罗麦
Yue, Di 岳荻
Zuo, Di 左蒂
Zuo, Xin 左辛
Zuo, Yi 左忆

Zuo, Xian 左弦
CHEN, XUE SHU 陈学书 **(1943-)**

Zuo, Xian 左絃
WU, ZONG XI 吴宗锡 **(1925-)**

Zuo, Xiao hong 左笑鸿
ZUO, XIAO HONG 左啸红 **(1905-1986)**

ZUO, XIAO HONG 左啸红 **(1905-1986)**
Gan, Niu 甘牛
Jiang, Hong 江虹
Lin, Feng 林凤
Ling, Lan 凌澜
Shuang qiang jiang 双槍將
Xiao hong 笑鸿
Zhang, Fei 章飞
Zuo, Liu 左柳
Zuo, Xiao hong 左笑鸿

Zuo, Xin 左辛
ZUO, XI XIAN 左希贤 **(1920-1976)**

Zuo, Xin 左辛
WANG, ZHENG 王正 **(1930-)**

Zuo, Xin 左馨
LU, TING JIE 卢廷杰 **(1904-1991)**

Zuo, Xin ren 左辛人
CHEN, XIN REN 陈辛仁 **(1915-)**

Zuo xu 作胥
ZHANG, ZHUO YUAN 张卓元 **(1933-)**

Zuo, Xuan 左旋
WANG, JI CAN 王继粲 **(1924-)**

ZUO, XUAN MING 左萱明 **(1924-)**
Xian ming 鲜明

Zuo, Xue shun 左学舜
ZUO, SHUN SHENG 左舜生 **(1893-1969)**

Zuo, Yang 左羊
LÜ, ZONG QUAN 吕宗权 **(1928-)**

Zuo ye 作业
YANG, CHUAN YE 杨传业 **(1923-)**

Zuo yuan 作沅
ZHANG, ZHUO YUAN 张卓元 **(1933-)**

Zuo, Yi 左忆
ZUO, XI XIAN 左希贤 **(1920-1976)**

Zuo yi 佐夷
JIANG, ZU YI 蒋祖怡 **(1913-1992)**

Zuo yi 祚艺
TAN, ZHONG XING 谭忠兴 **(1964-)**

Zuo, Yi bing 左一兵
JIANG, YI WEI 蒋亦伟 **(1945-)**

ZUO, YI HUA 左义华 **(1923-)**
Jia da er 加答儿
Lan, Hong 蓝虹
Wei, Lin 韦林
Zuo, Lin 左林
Zuo, Qun 左群

Zuo, Ying long 左應龍
ZHOU, YI QUN 周逸群 **(1896-1931)**

Zuo yu 作雨
SONG, CHEN 宋辰 **(1929-)**

Zuo zhe 作者
ZHENG, ZHEN DUO 郑振铎 **(1898-1958)**

Zuo zhe sheng ping bu xiang 作者生平不详
XIAO, BING QIAN 萧秉乾 **(1910-1999)**

ZUO, ZHENG ZHENG 左铮铮 **(1913-)**
Zuo, Mo ye 左漠野

Zuo zhi 佐治
YU, JIA XIANG 于家骧 **(1916-1984)**

Zuo, Zhong ping 左仲平
ZUO, SHUN SHENG 左舜生 **(1893-1969)**

Zuo zhou 作周
ZHANG, XI CHANG 张锡昌 **(1902-1980)**

Zuo, Zi Xuan 左子玄
CHEN, XUE SHU 陈学书 **(1943-)**

Zuo, Zong dong 左宗栋

ZUO, JING 左敬 **(1908-1966)**

夕幺马
YANG, JIN TAO 杨锦涛 **(1896-1931)**

简选目录

Selected Bibliography

The material in this book has been gathered mainly from advertisement, biographies, catalogs, editors' notes, individual books, newpaprers, and periodicals. In addition, the following works on this subject have been extensively consulted.

Bei Ming 北溟, chief ed. Zhonghua wenxue rencai minglu 中华文学人才名录. Beijing: Zhongguo wen lian chubanshe, 1995.

Beijing yuyan xue yuan "Zhongguo wenxue jia cidian" bian wei hui 北京语言学院"中国文学家辞典"编委会. Zhongguo wenxue jia cidian: xian dai bu fen 中国文学家辞典:现代部份. V.1-5. Chengdu: Sichuan renmin chubanshe, 1979-

Beijing yuyan xueyuan "Zhongguo yi shu jia cidian" bian wei hui 北京语言学院"中国艺术家辞典"编委会. Zhongguo yi shu jia cidian 中国艺术家辞典. Changsha: Hunan renmin chubanshe, 1981.

Chen Bing hua 陈炳华, chief ed. Zhongguo gu jin shu hua ming ren da cidian 中国古今书画名人大辞典. Tianjin: Tianjin gu ji chubanshe, 1998.

Chen Yutang 陈玉堂, comp. Zhong gong dang shi renwu bie ming lu (zihao · biming · hua ming) 中共党史人物别名录 (字号· 笔名· 化名). Beijing: Hong qi chubanshe, 1985.

_________. Zhongguo jin xian dai renwu ming hao da cidian 中国近现代人物名号大辞典. Hangzhou: Zhejiang guji chubanshe, 1993.

Gao Zengde 高增德, chief ed. Zhongguo xiandai shehui kexue jia da cidian 中国现代社会科学家大辞典. Taiyuan: Shu hai chubanshe, 1994.

Jiang wang 蒋往, Tuo Chunshuang 庹纯双, chieh eds. Zhongguo wenyi jia zhuan ji (Dang dai) 中国文艺家传集 (当代). v.1. Chengdu: Sichuan ci shu chubanshe, 1993.

___________. Zhongguo wenyi jia zhuan ji (Dang dai) 中国文艺家传集 (当代). v.3. Chongqing: Xi nan shifan daxue chubanshe, 1994.

Jin Tong da 金通达 et al. eds. Zhongguo dangdai guo hua jia cidian 中国当代国画家辞典. Hangzhou: Zhejiang renmin chubanshe, 1996.

Jing Sheng 京声, Xi Dong 溪东, comp. Xin Zhongguo ming ren lu 新中国名人录. Nanchang: Jiangxi renmin chubanshe, 1987.

Li Yunjing 李允经. Luxun bi ming suo jie 鲁迅笔名索解. Chengdu: Sichuan renmin chubanshe, 1980.

Liu Bo 刘波, chief ed. Zhongguo dangdai wenhua yishu ming ren da cidian 中国当代文化艺朮名人大辞典. Berijing: Guoji wenhua chubanshe, 1993.

Liu Xinhuang 刘心皇, ed. Dangdai Zhongguo xin wenxue da xi: Shi liao yu suo yin 当代中国新文学大系：史料与索引. Taibei: Tian shi chu ban shi ye you xian gongsi, 1981.

Liu Yichang, 刘以鬯, chief ed. Xianggang wenxue zuojia zhuan lue 香港文学作家传略.

Xianggang: Shi zheng ju gong gong tushuguan, 1996.

Lu Yaodong 陆耀东 et al., chief eds. Zhongguo xiandai wenxue da cidian 中国现代文学大辞典. Beijing: Gao deng jiaoyu chubanshe, 1998.

Ma Lun 马崙. Xin Ma Hua wen zuo jia qun xiang 新马华文作家群像. Singapore: Feng yun chubanshe, 1984.

Miao Shixin 苗士心, comp. Zhongguo xiandai zuojia biming suoyin 中国现代作家笔名索引. Jinan: Shandong daxue chubanshe, 1986.

Min guo yi lai ren ming zi hao bie ming suo yin 民国以来人名字号别名索引. Dongjing: Dongjing daxue dong yang wenhua yanjiu suo, 1977.

Pan Xulan 潘旭澜, chief ed. Xin Zhongguo Wenxue cidian 新中国文学词典. Nanjing: Jiangsu wenyi chubanshe, 1993.

Qin Mu 秦牧 et al, ed. Tai Gang Ao ji hai wai Hua wen wenxue da cidian 台港澳暨海外华文文学大辞典. Guangzhou: Hua cheng chubanshe, 1998.

Qin Yuanzong 秦元宗, chief ed. Er shi shiji Zhonghua wenxue cidian 二十世纪中华文学辞典. Beijing: Zhongguo guoji guangbo chubanshe, 1992.

Shao Yanmiao 邵延淼, chief ed. Xinhai yi lai ren wu nian li lu 辛亥以来人物年里录. Nanjing: Jiangsu jiaoyu chubanshe, 1994.

Shen Chang 申畅, et al. eds. Zhongguo mu lu xue jia cidian 中国目录学家辞典. Zhengzhou: Henan renmin chubanshe, 1988.

Wang, Jin min 王晋民, chief ed. Taiwan wen xue jia cidian 台湾文学家辞典。 Nanning: Guangxi jiaoyu chubanshe, 1991.

Wang Jing shan 王景山, chief ed. Tai Gang Ao ji hai wai hua wen zuo jia cidian 台港澳暨海外华文作家辞典. Beijing: Ren min wenxue chubanshe, 1992.

Wang Yuming 王玉明, chief ed. Zhongguo fa xue jia cidian 中国法学家辞典. Beijing: Zhongguo lao dong chubanshe, 1991.

Xin wen xue shi liao 新文学史料. Beijing: Renmin wenxue chubanshe, 1978-

Xu Naixiang 徐迺翔, Qin Hong 钦鸿, Zhongguo xiandai wen xue zuo zhe bi ming lu 中国现代文学作者笔名录. Changsha: Hunan wenyi chubanshe, 1988.

Xu Weimin 徐为民, comp. Zhongguo jin xian dai renwu bie ming cidian 中国近现代人物别名词典. Shenyang: Shenyang chubanshe, 1993.

Xue Maosong 薛茂, comp. Dangdai wenyi zuojia bi ming lu 当代文艺作家笔名录. Taibei: Wen shi zhe chubanshe, 1981.

Yan Chunde 阎纯德, chief ed. Zhongguo wenxue jia cidian (Xiandai di 6 fen ce) 中国文学家辞典 (现代第六分册). Chengdu: Sichuan wen yi chubanshe, 1992.

Yang Guangyu 杨广宇, chief ed. Zhongguo dangdai qingnian zuojia ming dian 中国当代青年作家名典. Beijing: Zhongguo huaqiao chubanshe, 1991.

Yao Xin 姚辛. Zuo Lian cidian 左联词典. Beijing: Guang ming ri bao chubanshe, 1994.

Yin Kaide 尹恺德，chief ed. Zhongguo dangdai shehui kexue renwu 中国当代社会科学人物. Chongqing: Chongqing daxue chubanshe, 1990.

Yong Fei 庸非, chief ed. Zhongguo dangdai manhua jia cidian 中国当代漫画家辞典. Hangzhou: Zhejiang renmin chubanshe, 1997.

Yu Jianhua 俞剑华, comp. Zhongguo mei shu jia ren ming cidian 中国美术家人名辞典. Shanghai: Shanghai renmin meishu chubanshe, 1981.

Zeng Jianrong 曾健戎, Liu Yaohua 刘耀华, comp. Zhongguo xiandai wen tan bi ming lu 中国现代文坛笔名录. Chongqing: Chongqing chubanshe, 1986.

Zhang Chao 张超, chief ed. Tai Gang Ao ji hai wai hua ren zuo jia cidian 台港澳暨海外华人作家辞典. Nanjing: Nanjing daxue chubanshe, 1994.

Zhang Jinru 张静如, et at. Wu si yi lai li shi ren wu bi ming bie ming lu 五四以来历史人物笔名别名录. Xi'an: Shansi renmin chubanshe, 1986.

Zhang Pinxing 张品兴, et al., eds. Zhonghua dang dai wenhua ming ren da cidian 中国当代文化名人大辞典. Beijing: Zhongguo guangbo dianshi chubanshe, 1992.

Zhao Rong 赵戎. Xin Ma Hua wen wenyi cidian 新马华文文艺词典. Singapore: Jiaoyu chubanshe, 1979.

Zhongguo dangdai zuojia zizhuan 中国当代作家自传, v. 1-3. Macau: Zhongguo xiandai wenxue yanjiu zhong xin, 1979.

Zhongguo ke xue jia cidian bian wei hui 中国科学家辞典编委会, comp. Zhongguo ke xue jia cidian 中国科学家辞典. Jinan: Shandong ke xue ji shu chubanshe, 1982.

Zhongguo ming ren yanjiu yuan 中国名人研究院, ed. Zhongguo dangdai yishu jie ming ren lu 中国当代艺术界名人录. Beijing: She hui kexue wenxian chubanshe, 1993.

Zhongguo shehui kexue jia cidian bian wei hui 中国社会科学家辞典编委会, ed. Zhongguo shehui kexue jia cidian (xian dai juan) 中国社会科学家辞典（现代卷）. Lanzhou: Gansu renmin chubanshe, 1986.

Zhongguo xian dai ren wu bi ming cidian 中国现代人物笔名词典. Beijing: Beijing tu shu guan, 1985.

Zhongguo xian dai wenxue guan 中国现代文学馆, ed. Zhongguo xiandai zuojia da cidian 中国现代作家大辞典. Beijing: Xin shijie chubanshe, 1992.

Zhongguo xian dai wen yi ziliao congkan 中国现代文艺资料丛刊, v. 1-4. Shanghai: Wen yi chubanshe, 1962-

Zhongguo yi shu yan jiu yuan yin yue yanjiu suo, 中国艺术研究院音乐研究所, comp. Zhongguo jin xian dai yin yue jia zhuan 中国近现代音乐家传. Shanghai: Chun feng wenyi chubanshe, 1994.

Zhongguo yuyan xue jia bian xie zu 中国语言学家编写组, comp. Zhongguo xiandai yuyan xue jia 中国现代语言学家, 5 v. Shijiazhuang: Hebei renmin chubanshe, 1980-1986.

Zhongguo zuo jia xie hui chuang zuo lian luo bu 中国作家协会创作联络部, comp. Zhongguo zuo jia da cidian 中国作家大辞典. Beijing: Zhongguo shehui chubanshe, 1993.

Zhou Jin 周锦. Zhongguo xiandai wenxue zuo jia benming biming suoyin 中国现代文学作家本名笔名索引. Taipei: Cheng wen chubanshe, 1980.

Zhou Weizhou 周伟洲, chief ed. Zhongguo dangdai lishi xue zhe cidian 中国当代历史学者辞典. Xi'an: Xibei daxue chubanshe, 1993.

拼音对照表

Comparative Transcription Table

1. Initials

Chu-yin Fu-hao	Gwoyeu Romatzyh	Hanyu Pinyin	Wade-Giles	Yale	French	German	Russian	International Phonetic Alphabet
ㄅ	b	b	p	b	p	b	б	ḅ Labials
ㄆ	p	p	p′	p	p′	p	п	p′
ㄇ	m/mh	m	m	m	m	m	м	m
ㄈ	f	f	f	f	f	f	ф	f
ㄉ	d	d	t	d	t	d	д	ḍ Dentals
ㄊ	t	t	t′	t	t′	t	т	t′
ㄋ	n/nh	n	n	n	n	n	н	n
ㄌ	l/lh	l	l	l	l	l	л	l
ㄍ	g	g	k	g	k	g	г	ġ Gutturals
ㄎ	k	k	k′	k	k′	k	к	k′
ㄏ	h	h	h	h	h	h	х	x
ㄐ	j	j	ch	j	k	dj	цз	dẓ Palatals
ㄑ	ch	q	ch′	ch	k′	tj	ц	tɕ′
ㄒ	sh	x	hs	s	h	hs	с	ɕ
ㄓ	j	zh	ch	j	tch	dsch	чж	ḍẓ Retroflex
ㄔ	ch	ch	ch′	ch	tch′	tsch	ч	tʂ′
ㄕ	sh	sh	sh	sh	ch	sch	ш	ʂ
ㄖ	r/rh	r	j	r	j	j	ж	ʅ
ㄗ	tz	z	ts/tz	dz	ts	ds	цз	dz Sibilants
ㄘ	ts	c	ts′/tz′	ts	ts′	ts	ц	ts′
ㄙ	s	s	s/ss/sz	s	s/ss	s	с	s
–	–	y	y	(y)	y	y	–	j Semivowels
–	–	w	w	(w)	w	w	в	w

2. Finals

Chu-yin Fu-hao	Gwoyeu Romatzyh	Hanyu Pinyin	Wade-Giles	Yale	French	German	Russian	International Phonetic Alphabet
ㄚ	a	a	a	a	a	a	a	a
ㄛ	o	o	o	o	o	o	o	ɔ
ㄜ	e	e	e/o	e	ö/o	ö	э	əɤʌ
ㄝ	ê	ê						ɛ
ㄞ	ai	ai	ai	ai	ai	ai	аЙ	ai
ㄟ	ei	ei	ei	ei	ei	e	ЭЙ	ei
ㄠ	au	ao	ao	au	ao	au	ao	ao
ㄡ	ou	ou	ou	ou	eou	ou	оу	ɔu
ㄢ	an	an	an	an	an	an	аНЬ	an
ㄣ	en	en	en	en	en	ën	ЭНЬ	ən
ㄤ	ang	ang	ang	ang	ang	ang	аН	aŋ
ㄥ	eng	eng	eng	eng	eng	ëng	ЭН	ʌng
ㄦ	el/l	er/r	erh	er/r	eul	örl	ЭР	ʌɹ/ə
帀	y	i	ih/u	r/z	e/eu	ï	И/Ы	ɿ/ʅ
ㄧ	i	-i	i	i	i	i	Й	i
		yi		yi	yi			
ㄧㄚ	ia	-ia	-ia	ya	-ia	-ia	Я	-ia
		ya	ya		ya	ya		ja
ㄧㄝ	ie	-ie	-ieh	ye	-ie	-iä	e	-iɛ
		ye	yeh		ye	yä		jɛ
ㄧㄠ	iau	-iao	-iao	yau	-iao	-iau	ЯО	-iao
		yao	yao		yao	yau		jao
ㄧㄡ	iou	-iu	-iu	you	-ieou	-iu	Ю	-iu
		you	yu		yeou	yu		ju
ㄧㄢ	ian	-ian	-ien	yan	-ien	-iän	ЯНЬ	-iɛn
		yan	yen		yen	yän		jɛn
ㄧㄣ	in	-in	-in	-in	in	in	ИНЬ	-in
		yin	yin	yin	yin	yin		jin
ㄧㄥ	ing	-ing	-ing	-ing	-ing	-ing	ИН	-in
		ying	ying	ying	ying	ying		jin
ㄨ	u	-u	-u	-u	-ou	-u	у	-u
		wu	wu	wu	wu	wu		wu
ㄨㄚ	ua	-ua	-ua	wa	-oua	-ua	уа	-ua
		wa	wa		wa	wa		wa

Chu-yin Fu-hao	Gwoyeu Romatzyh	Hanyu Pinyin	Wade-Giles	Yale	French	German	Russian	International Phonetic Alphabet
ㄨㄛ	uo	uo	-uo/o	wo	-ouo/o	-uo/o	o	-uɔ
		wo	wo		wo	wo		wɔ
ㄨㄞ	uai	-uai	-uai	wai	-ouai	uai	уай	-uai
		wai	wai		wai	wai		wai
ㄨㄟ	uei	-ui	-ui/uei	wei	-ouei	-ui	уй	-ui
		wei	wei		wei	wei		wei
ㄨㄢ	uan	-uan	-uan	wan	-ouan	-uan	уань	-uan
		wan	wan		wan	wan		wan
ㄨㄣ	-un	-un	-un	-wun	-ouen	-un	унь	-un
	uen	wen	wen	wen	wen	wën		wən
ㄨㄤ	uang	-uang	-uang	wang	-ouang	-uang	уан	-uan
		wang	wang		wang	wang		wan
ㄨㄥ	-ong	-ong	-ung	-ung	-ong	-ung	ун	-uŋ
	ueng	weng	weng	weng	wong	wëng		wəŋ
ㄩ	iu	-ü/u	-ü	yu	iu	ü	юй	y
		yu	yü		yu	yü		
ㄩㄝ	iue	-üe/ue	-üeh	ywe	iue	üä	юз	yɛ
		yue	yüeh		yue	yüä		
ㄩㄢ	iuan	-üan/uan	-üan	ywan	iuan	üan	юань	yan
		yuan	yüan		yuan	yüan		
ㄩㄣ	iun	-ün/un	-ün	yun	iun	ün	юнь	yn
		yun	yün		yun	yün		
ㄩㄥ	iong	-iong	-iung	yung	-iong	-iung	юн	yŋ
		yong	yung		yong	yung		

韦氏拼音和汉语拼音音节对照表

Wade-Giles to Hanyu Pinyin Conversion Table

Wade-Giles	Pin yin	Wade-Giles	Pin yin	Wade-Giles	Pin yin
a	a	cho	zhuo	ha	ha
ai	ai	ch'o	chuo	hai	hai
an	an	chou	zhou	han	han
ang	ang	ch'ou	chou	hang	hang
ao	ao	chu	zhu	hao	hao
		ch'u	chu	hei	hei
cha	zha	chü	ju	hen	hen
ch'a	cha	ch'ü	qu	heng	heng
chai	zhai	chua	zhua	ho	he
ch'ai	chai	ch'ua	chua	hou	hou
chan	zhan	chuai	zhuai	hsi	xi
ch'an	chan	ch'uai	chuai	hsia	xia
chang	zhang	chuan	zhuan	hsiang	xiang
ch'ang	chang	ch'uan	chuan	hsiao	xiao
chao	zhao	chüan	juan	hsieh	xie
ch'ao	chao	ch'üan	quan	hsien	xian
che	zhe	chuang	zhuang	hsin	xin
ch'e	che	ch'uang	chuang	hsing	xing
chen	zhen	chüeh	jue	hsiu	xiu
ch'en	chen	ch'üeh	que	hsiung	xiong
cheng	zheng	chui	zhui	hsü	xu
ch'eng	cheng	ch'ui	chui	hsüan	xuan
chi	ji	chun	zhun	hsüeh	xue
ch'i	qi	ch'un	chun	hsün	xun
chia	jia	chün	jun	hu	hu
ch'ia	qia	ch'ün	qun	hua	hua
chiang	jiang	chung	zhong	huai	huai
ch'iang	qiang	ch'ung	chong	huan	huan
chiao	jiao			huang	huang
ch'iao	qiao	en	en	hui	hui
chieh	jie	erh	er	hun	hun
ch'ieh	qie			hung	hong
chih	zhi	fa	fa	huo	huo
ch'ih	chi	fan	fan		
chin	jin	fang	fang	i	yi
ch'in	qin	fei	fei		
ching	jing	fen	fen	jan	ran
ch'ing	qing	feng	feng	jang	rang
chiu	jiu	fo	fo	jao	rao
ch'iu	qiu	fou	fou	je	re
chiung	jiong	fu	fu	jen	ren
ch'iung	Qiong			jeng	reng

Wade-Giles	Pin yin	Wade-Giles	Pin yin	Wade-Giles	Pin yin
jih	ri	lai	lai	ne	ne
jo	ruo	lan	lan	nei	nei
jou	rou	lang	lang	nen	nen
ju	ru	lao	lao	neng	neng
juan	ruan	le	le	ni	ni
jui	rui	lei	lei	niang	niang
jun	run	leng	leng	niao	niao
jung	rong	li	li	nieh	nie
		lia	lia	nin	nin
ka	ga	liang	liang	ning	ning
K'a	ka	liao	liao	niu	niu
kai	gai	lieh	lie	no	nuo
K'ai	kai	lien	lian	nou	nou
kan	gan	lin	lin	nu	nu
k'an	kan	ling	ling	nü	nü
Kang	gang	liu	liu	nuan	nuan
k'ang	kang	lo	luo	nüeh	nüe
kao	gao	lou	lou	nung	nong
k'ao	kao	lu	lu		
kei	gei	lü	lü	o	e
k'ei	kei	luan	luan	ou	ou
ken	gen	lüeh	lüe		
k'en	ken	lun	lun	pa	ba
keng	geng	lung	long	p'a	pa
k'eng	keng			pai	bai
ko	ge	ma	ma	p'ai	pai
k'o	ke	mai	mai	pan	ban
kou	gou	man	man	p'an	pan
k'ou	kou	mang	mang	pang	bang
ku	gu	mao	mao	p'ang	pang
k'u	ku	mei	mei	pao	bao
kua	gua	men	men	p'ao	pao
k'ua	kua	meng	meng	pei	bei
kuai	guai	mi	mi	p'ei	pei
k'uai	kuai	miao	miao	pen	ben
kuan	guan	mieh	mie	p'en	pen
k'uan	kuan	mien	mian	peng	beng
kuang	guang	min	min	p'eng	peng
k'uang	kuang	ming	ming	pi	bi
kuei	gui	miu	miu	p'i	pi
k'uei	kui	mo	mo	piao	biao
kun	gun	mou	mou	p'iao	piao
k'un	kun	mu	mu	pieh	bie
kung	gong			p'ieh	pie
k'ung	kong	na	na	pien	bian
kuo	guo	nai	nai	p'ien	pian
K'uo	kuo	nan	nan	pin	bin
		nang	nang	p'in	pin
la	la	nao	nao	ping	bing

Wade-Giles	Pin yin	Wade-Giles	Pin yin	Wade-Giles	Pin yin
p’ing	ping	tang	dang	ts’ui	cui
po	bo	t’ang	tang	tsun	zun
p’o	po	tao	dao	ts’un	cun
pou	bou	t’ao	tao	tsung	zong
p’ou	pou	te	de	ts’ung	cong
pu	bu	t’e	te	tu	du
p’u	pu	teng	deng	t’u	tu
		t’eng	teng	tuan	duan
sa	sa	ti	di	t’uan	tuan
sai	sai	t’i	ti	tui	dui
san	san	tiao	diao	t’ui	tui
sang	sang	t’iao	tiao	tun	dun
sao	sao	tieh	die	t’un	tun
se	se	t’ieh	tie	tung	dong
sen	sen	tien	dian	t’ung	tong
seng	seng	t’ien	tian	tzu	zi
sha	sha	ting	ding	tz’u	ci
Shai	shai	t’ing	ting		
Shan	shan	tiu	diu	wa	wa
Shang	shang	to	duo	wai	wai
Shao	shao	t’o	tuo	wan	wan
She	she	tou	dou	wang	wang
Shen	shen	t’ou	tou	wei	wei
Sheng	sheng	tsa	za	wen	Wen
Shih	shi	ts’a	ca	weng	weng
Shou	shou	tsai	zai	wo	wo
Shu	shu	ts’ai	cai	wu	wu
Shua	shua	tsan	zan		
Shuai	shuai	ts’an	can	ya	ya
Shuan	shuan	tsang	zang	yai	yai
shuang	shuang	ts’ang	cang	yang	yang
shui	shui	tsao	zao	yao	yao
shun	shun	ts’ao	cao	yeh	ye
shuo	shuo	tse	ze	yen	yan
so	suo	ts’e	ce	yin	yin
sou	sou	tsei	zei	ying	ying
ssu	si	tsen	zen	yu	you
su	su	ts’en	cen	yü	yu
suan	suan	tseng	zeng	yüan	yuan
sui	sui	ts’eng	ceng	yüeh	yue
sun	sun	tso	zuo	yün	yun
sung	song	ts’o	cuo	yung	yong
		tsou	zou		
ta	da	ts’ou	cou		
t’a	ta	tsu	zu		
tai	dai	ts’u	cu		
t’ai	tai	tsuan	zuan		
tan	dan	ts’uan	cuan		
t’an	tan	tsui	zui		